HISTOIRE UNIVERSELLE

DE

L'ÉGLISE CATHOLIQUE

IX

HISTOIRE UNIVERSELLE

DE

L'ÉGLISE CATHOLIQUE

PAR

ROHRBACHER

CONTINUÉE JUSQU'A NOS JOURS PAR M. L'ABBÉ GUILLAUME

PROFESSEUR AU GRAND SÉMINAIRE DE VERDUN

NOUVELLE ÉDITION

AVEC DES NOTES ET ÉCLAIRCISSEMENTS D'APRÈS LES DERNIERS TRAVAUX

TOME NEUVIÈME

PARIS

LETOUZEY ET ANÉ, ÉDITEURS

RUE DU VIEUX-COLOMBIER, 17

HISTOIRE UNIVERSELLE
DE
L'ÉGLISE CATHOLIQUE.

LIVRE QUATRE-VINGTIÈME.

Pontificat de Grégoire XI. — Vie de sainte Brigitte de Suède et de sainte Catherine de Sienne.

(De l'an 1370 à l'an 1378).

Le Fils de Dieu fait homme, au jour qu'il institua le mystère de son corps et de son sang, disait à ses apôtres : *Si vous m'aimez, gardez mes commandements. Et je prierai le Père, et il vous donnera un autre Paraclet ou consolateur, pour demeurer éternellement avec vous; l'Esprit de la vérité, que le monde ne peut recevoir, parce qu'il ne le voit pas et ne le connaît pas; mais vous le connaîtrez, parce qu'il demeurera parmi vous et qu'il sera en vous* (Joan., 14, 15-17). Or, *le Paraclet, l'Esprit saint, que le Père enverra en mon nom, c'est lui qui vous enseignera toutes choses et vous rappellera tout ce que je vous ai dit* (Ibid., v. 26). *J'ai encore beaucoup de choses à vous dire, mais vous ne pouvez les porter maintenant. Mais quand il viendra, cet Esprit de la vérité vous introduira dans toute vérité; car il ne parlera pas de lui-même, mais il dira ce qu'il aura entendu, et il vous annoncera les choses à venir. C'est lui qui me glorifiera, parce qu'il prendra de ce qui est à moi, et il vous l'annoncera. Tout ce qu'a le Père est à moi; c'est pourquoi j'ai dit qu'il prendra du mien et vous l'annoncera* (Joan., 16, 12-15). Enfin, le jour même de son ascension, Jésus rappelle ces promesses à ses disciples, en leur disant : *Et moi j'enverrai sur vous la promesse du Père; vous, demeurez dans la ville, jusqu'à ce que vous soyez revêtus de la vertu d'en-haut; car vous recevrez la vertu du Saint-Esprit qui descendra sur vous* (Luc., 24, 49; Act. 1, 8).

Nous avons vu l'accomplissement de ces promesses commencer le jour de la Pentecôte. Mais, pour bien saisir l'ensemble des opérations du Saint-Esprit dans l'univers, écoutons saint Ambroise nous expliquant les premières paroles des livres saints : « Dans le principe, Dieu créa le ciel et la terre, et l'Esprit de Dieu reposait sur les eaux. »

« Il en est, dit-il, qui, par cet Esprit, entendent l'air que nous respirons; mais nous, d'accord avec les saints et les fidèles, nous entendons l'Esprit-Saint, en sorte que l'opération de la Trinité se manifeste dans la création du monde. Après avoir énoncé que Dieu a fait le ciel et la terre dans le Principe, c'est-à-dire dans le Christ, il restait la plénitude de l'opération dans l'Esprit, selon ce qui est écrit : *Les cieux ont été affermis par le Verbe du Seigneur, et leur armée par l'Esprit de sa bouche*. L'Esprit de Dieu était donc porté sur les eaux, parce qu'elles devaient par lui produire les semences des nouvelles créatures. Enfin le texte original porte : *Et l'Esprit de Dieu fomentait les eaux*; c'est-à-dire les vivifiait, *pour les transformer en créatures nouvelles, et par sa chaleur les animer à la vie* (Ambros., Hexamer.). » Voilà comme parle saint Ambroise, et avec lui plusieurs autres saints. D'après cela, tout ce qu'il y a de vie, de beauté, de perfection dans notre univers, vient de cette opération mystérieuse de l'Esprit de Dieu, reposant sur les eaux primitives ou la masse liquide dont devait éclore le monde.

Mais outre ce monde matériel, Dieu devait créer un monde spirituel, son Eglise. Les prophètes en prépareront les fondements, pour la pierre fondamentale, qui est Jésus-Christ; les apôtres bâtiront dessus; mais c'est l'Esprit qui animera, qui poussera les uns et les autres. C'est lui qui a parlé par les prophètes, *qui locutus est per prophetas*. C'est lui qui, en divers temps et en divers pays, dans la Judée, en Egypte, à Ninive, à Babylone, dans la Mésopotamie, annonçait par les prophètes que le Christ viendrait, qu'il convertirait à lui toutes les nations. C'est lui encore, cet Esprit saint, qui créera pour ainsi dire de nouveau les apôtres et qui renouvellera par eux la face de la terre. Ainsi, tout ce qu'il y a de vérités et de vertus dans l'Eglise, l'Eglise elle-même, est l'œuvre du Saint-Esprit, comme du Père et du Fils.

Sans l'Esprit de Dieu, l'histoire du monde, comme le monde lui-même, serait demeuré un chaos informe et vide, un je ne sais quoi sans corps ni âme. Dix siècles avant que l'antiquité profane nous offre aucune histoire un peu suivie, Moïse le premier, inspiré et éclairé par l'Esprit-Saint, débrouille ce chaos, y crée la lumière, y distingue des jours et des époques. Moïse le premier lui donne un corps organique et vivant, un ensemble qui embrasse tous les siècles et tous les peuples; le premier, il nous découvre le souffle de vie qui anime ce vaste corps, la divine Providence qui surveille tout le genre humain, comme une mère son fils, pour le conduire de l'enfance à l'adolescence, de l'adolescence à l'âge viril, et le mettre en état de remplir ses grandes destinées. Après Moïse, et inspirés par le même Esprit de Dieu, les prophètes développeront de plus en plus cette histoire vivante de l'humanité; ils écriront des siècles d'avance la succession, la durée, les révolutions de ces grands empires qui feront converger toutes les choses humaines vers un même centre, l'avènement du Christ, d'où rejailliront des torrents de lumière et de vérité sur le passé, le présent et l'avenir. Quand les prophètes auront achevé d'écrire ainsi l'histoire future, cinq ou six siècles avant la venue du Christ, alors seulement apparaîtront les écrivains profanes, pour enregistrer les faits isolés, recueillir les fragments de vérité; faits et fragments qui à eux seuls ne présenteront qu'un amas de décombres, mais qui, dans Moïse, les prophètes et le Christ, trouvent leur ensemble, comme les pierres d'un même édifice.

Le premier qui nous ait révélé cet ensemble divin, c'est le prophète Daniel, dans la statue prophétique de Nabuchodonosor; une, mais composée de quatre métaux qui se suivent; un empire, mais de quatre dynasties successives; statue renversée, mise en poudre par une pierre qui devient une montagne; empire mis à néant et faisant place à l'empire du Christ, qui, faible d'abord, remplit bientôt l'univers. Après le prophète, ce sont les Pères de l'Eglise, saint Justin, saint Théophile d'Antioche, Jules Africain, Clément d'Alexandrie, Eusèbe de Césarée, qui, les premiers, complétant, rectifiant les chronologies profanes par les Ecritures divines, ont montré l'histoire humaine comme une chaîne immense qui, partant du trône de l'Eternel, se prolonge, à travers les siècles, depuis Adam jusqu'au Christ, depuis le premier avènement du Christ jusqu'à son avènement final, et rejoint ainsi par les deux bouts le temps à l'éternité. Pour la durée totale du genre humain, pour la providence cachée qui en fait un tout vivant, nul ne l'a mieux fait ressortir que saint Augustin, dans son grand ouvrage *De la Cité de Dieu*, autrement de l'Eglise catholique. C'est ainsi que l'Esprit-Saint, et par les prophètes d'Israël, et par les docteurs catholiques, nous révèle l'ensemble divin de l'histoire; prions ce même Esprit de nous en faire bien saisir la suite et les détails; prions-le particulièrement de nous faire bien apprécier ce qu'il ne cesse d'opérer lui-même dans l'Eglise et par l'Eglise de Dieu.

Les prophètes prédisent comme à l'envi les merveilles que l'Esprit-Saint opère dans les âmes. Voici ce que, dans Isaïe (44, 2-5), le Seigneur dit au prophète : *Ne crains point. Je répandrai les eaux sur les champs altérés; je ferai couler les ruisseaux sur la terre aride; je ferai descendre mon esprit sur ta race, et ma bénédiction sur ta postérité. Tes enfants croîtront parmi les plantes, comme les saules sur le bord des ruisseaux. L'un dira : Je suis au Seigneur; un autre écrira de sa main : J'appartiens à l'Eternel.* — *Voilà que les jours viennent*, dit le Seigneur dans Jérémie (31, 31-33), *et j'établirai une nouvelle alliance avec la maison d'Israël; je graverai ma loi dans leurs entrailles, et je l'écrirai dans leurs cœurs.* — *Je répandrai sur eux de l'eau pure*, dit encore le Seigneur par Ezéchiel (36, 25-27), *et vous serez purifiés de toutes vos souillures, et je vous purifierai de toutes vos idoles. Je vous donnerai un cœur nouveau, et je mettrai un esprit nouveau au milieu de vous; j'ôterai de votre chair le cœur de pierre, et je vous donnerai un cœur de chair. Je mettrai mon esprit au milieu de vous; je ferai que vous marcherez dans la voie de mes préceptes, que vous garderez mes ordonnances et que vous les pratiquerez.*

Que sommes-nous donc sans la grâce de l'Esprit-Saint? Des champs altérés, une terre aride où rien ne prospère, où tout languit et se dessèche. La grâce du Saint-Esprit est une rosée qui rafraîchit, une pluie qui féconde le terrain et qui fait tout croître. Que sommes-nous sans la grâce de l'Esprit-Saint? Un vêtement rempli de souillures. La grâce du Saint-Esprit est l'eau qui nous purifie. Qu'est-ce que notre cœur sans la grâce de l'Esprit-Saint? Un cœur de pierre, insensible et froid comme les tables de pierre où était gravée la loi de Moïse. C'est la grâce du Saint-Esprit qui nous ôte ce cœur de pierre et nous donne un cœur de chair; c'est la grâce du Saint-Esprit qui change notre cœur insensible et mort pour les choses de Dieu, en un cœur vivant et aimant; qui y écrit la loi de Dieu en lettres vivantes, et nous la fait accomplir par amour. Que sommes-nous sans la grâce de l'Esprit-Saint? Des statues qui ont des yeux et ne voient pas, qui ont des oreilles et n'entendent pas, qui ont des pieds et ne marchent pas, qui ont des mains et n'agissent pas. C'est la grâce du Saint-Esprit qui nous donne les oreilles du cœur pour entendre ce que Dieu nous dit, des yeux pour le voir, des mains pour le faire, des pieds pour nous y avancer de plus en plus.

Ces merveilles s'accomplirent visiblement le jour de la Pentecôte, lorsque l'Esprit-Saint descendit sur les apôtres et les premiers disciples, et leur donna de parler diverses langues en une seule. Quelques-uns les supposant ivres, Pierre leur parla de cette sorte : *Ce n'est pas ce que vous pensez, mais ce qui a été prédit par le prophète Joël. Et après cela*, dit le Seigneur, *je répandrai mon esprit sur toute chair; et vos fils et vos filles prophétiseront; vos vieillards auront des songes, et vos jeunes gens verront des vi-*

sions. *Et même, en ces jours-là, je répandrai mon Esprit sur les serviteurs et sur les servantes. Et je ferai paraître des prodiges dans le ciel, et des signes sur la terre, du sang, du feu et une vapeur de fumée. Le soleil sera changé en ténèbres, et la lune en sang, avant que vienne le jour de Jéhova, ce jour grand et terrible. Et pour lors, quiconque invoquera le nom de Jéhova sera sauvé* (Act. 2, Joël, 2, ou plutôt 3, suivant l'hébreu). D'après cette prophétie de Joël, traduite littéralement sur l'hébreu, l'Éternel doit, dans les derniers jours, ce qui comprend tous les siècles depuis Jésus-Christ jusqu'à la fin du monde, répandre son Esprit, non-seulement sur le peuple de Jacob, mais sur toute chair; non-seulement sur les enfants de famille, mais encore sur les esclaves de l'un et l'autre sexe; non-seulement les vieillards, mais les jeunes gens même auront des songes et des visions prophétiques.

On en voit une foule d'exemples dans les Actes et les Épîtres des apôtres. Les pêcheurs de Galilée, si ignorants et si peureux, l'Esprit-Saint les remplit tout d'un coup de lumière et de force; ils prêchent hardiment la parole, pénètrent les Écritures, convertissent les âmes, ferment la bouche aux docteurs de la Synagogue, se réjouissent de souffrir des outrages pour le nom de Jésus : ceux qui ont crucifié le Sauveur se déclarent ses disciples, et n'ont avec les premiers qu'un cœur et qu'une âme; à la parole des apôtres, les boiteux marchent, les aveugles voient, les morts ressuscitent; l'ombre même de Pierre, le linge de Paul, guérissent les malades; Pierre voit à nu le mensonge caché dans le cœur d'Ananie et de Saphire, il voit dans une extase tous les peuples de la gentilité appelés à l'Église, il se voit délivré de la prison par un ange; le diacre Philippe est transporté par l'Esprit du Seigneur sur le chemin de Gaza, pour baptiser l'eunuque d'Éthiopie, ses quatre filles sont prophétesses; Paul, ravi jusqu'au troisième ciel, y entend des choses ineffables, Jésus-Christ lui révèle ce qu'il lui faudra souffrir pour son nom; un homme de Macédoine le presse en songe de venir à leur secours; il est obligé de prescrire des règles aux fidèles de Corinthe pour user avec ordre des dons de l'Esprit-Saint, notamment le don des langues, le don de prophétie et les révélations. On voit que ce n'était pas une chose particulière aux apôtres ou au premier jour de la Pentecôte, mais une chose commune à toute l'Église, avec laquelle le Saint-Esprit demeure éternellement.

Ceci est tellement vrai, que les apôtres nous recommandent le discernement des esprits et nous en donnent des règles, pour discerner si les esprits sont de Dieu ou d'ailleurs. Car Satan lui-même se transforme en ange de lumière, et ses ministres en apôtres de Christ. De là cette parole de saint Paul aux Thessaloniciens : *N'éteignez pas l'Esprit, c'est-à-dire les dons qu'il aime à communiquer! Ne méprisez pas les prophéties! mais éprouvez toutes choses; retenez ce qui est bon, et abstenez-vous de toute espèce de mal* (1. Thess., 5, 19-22)! Quand l'Apôtre dit : *Éprouvez toutes choses*, il parle des grâces, des inspirations, des révélations particulières faites à nous ou à d'autres : il faut les soumettre à l'examen, à l'épreuve, voir si elles sont conformes ou contraires à la règle de la foi et des mœurs, retenir ce qui est bon et rejeter ce qui est mauvais. C'est ce que dit en termes fort clairs l'apôtre saint Jean : *Mes bien-aimés! ne croyez pas à tout esprit, mais éprouvez les esprits s'ils sont de Dieu, parce que beaucoup de faux prophètes se sont introduits dans le monde. En ceci se connaît l'Esprit de Dieu; tout esprit qui confesse que Jésus-Christ est venu dans la chair, est de Dieu. Et tout esprit qui ne confesse pas que Jésus-Christ est venu dans la chair, n'est pas de Dieu. Et c'est l'esprit de l'antechrist, dont vous avez entendu dire qu'il vient, et qui déjà maintenant est dans le monde*. En un mot, pour discerner les esprits, saint Jean donne cette règle générale : *Tout esprit qui confesse la foi catholique, est de Dieu : tout esprit qui ne confesse pas la foi catholique, n'est pas de Dieu, mais de l'antechrist.*

Que faut-il encore pour apprécier sainement les choses spirituelles? Saint Paul va nous l'apprendre. *Nous parlons sagesse, mais entre les parfaits, non la sagesse de ce monde, ni des princes de ce monde, qui se détruisent de jour en jour; mais nous parlons la sagesse de Dieu en mystère, cette sagesse cachée, que Dieu a prédestinée avant les siècles pour notre gloire; sagesse que nul des princes de ce monde n'a connue; car, s'ils l'avaient connue, ils n'auraient pas crucifié le Seigneur de la gloire. Mais il est arrivé ce qui est écrit : Ce que l'œil n'a pas vu, ce que l'oreille n'a pas entendu, ce qui n'est pas monté dans le cœur de l'homme, c'est ce que Dieu a préparé à ceux qui l'aiment. Or, à nous, Dieu l'a révélé par son Esprit; car l'Esprit scrute toutes choses, même les profondeurs de Dieu. Qui des hommes, en effet, connaît ce qui est d'un homme, si ce n'est l'esprit de cet homme qui est en lui? De même nul ne sait ce qui est de Dieu, sinon l'Esprit de Dieu. Or, nous avons reçu, non l'esprit du monde, mais l'Esprit qui est de Dieu, afin de savoir les grâces que Dieu nous a faites. Nous en parlons, non dans les doctes paroles de la sagesse humaine, mais dans la doctrine de l'Esprit, proposant les choses spirituelles aux hommes spirituels. Or, l'homme animal ne perçoit point les choses de l'Esprit de Dieu; car elles lui sont une folie, et il ne peut les connaître, parce qu'elles se discernent ou se jugent spirituellement. Mais le spirituel discerne tout, et n'est discerné ou jugé lui-même par nul autre. Car qui a l'intelligence du Seigneur pour l'instruire? Or, nous avons l'intelligence du Christ* (1. Cor., 2, 6-16). En un mot, d'après la doctrine de saint Paul, pour bien discerner ou juger ce qui est de l'Esprit de Dieu, il faut vivre soi-même de cet Esprit.

Il y a dans l'homme chrétien, et par suite dans l'humanité chrétienne, trois choses principales, le corps, l'âme, la grâce. De là, trois sortes de vie. La vie selon le corps ou les sens, la vie selon l'intelligence naturelle de l'homme ou selon la raison naturelle, la vie selon la grâce ou selon la foi, raison surnaturelle, vie éternelle, qui se commence sur la terre et se consomme dans le ciel. La première est la vie de bête; la seconde, **la vie d'homme**; la troisième, la vie de chrétien.

L'homme de la chair, l'homme plongé tout entier dans la vie animale, un ivrogne, par exemple, ne conçoit rien au-dessus du boire et du manger, rien au-dessus du corps et de ce qui le flatte. Tout ce qui est intellectuel, science, poésie, beautés morales, lui est folie. L'homme de la raison ou le philosophe, plongé tout entier dans la nature, ne conçoit rien au-dessus des idées naturelles, rien au-dessus de la raison humaine. Tout ce qui est surnaturel, divin, la foi, la grâce, lui est folie. Il est au chrétien ce que l'ivrogne est au philosophe. Mais l'homme de la chair a beau méconnaître ou nier l'ordre intellectuel, cet ordre n'en existe pas moins. De même l'homme de la nature a beau méconnaître l'ordre surnaturel, l'ordre de la grâce, cet ordre n'en existe pas moins. Pour s'élever à l'ordre intellectuel, l'homme de la chair est obligé de mourir en quelque sorte à soi-même, pour entrer dans une nouvelle existence, dans un monde nouveau. Pour s'élever à l'ordre surnaturel, à l'ordre de la grâce et de la foi, l'homme de la nature est obligé de mourir en quelque sorte à soi-même, pour entrer dans une existence nouvelle, dans un nouveau monde qu'il n'avait pas soupçonné. L'homme de la chair, en devenant l'homme de la raison, ne cesse pas d'être homme, mais il le devient plus et mieux. L'homme de la raison, en devenant l'homme de la foi, ne cesse pas d'être homme de la raison humaine, mais il devient de plus l'homme de la raison divine; le savant de la nature, en s'élevant par la grâce de Dieu à l'ordre surnaturel, ne cesse pas d'être savant, il le devient et plus et mieux. Il verra et de plus haut et plus loin.

Sans cela même, il est impossible de bien juger l'homme ni l'humanité. Si, dans le chrétien, vous ne voyez que le corps et la raison naturelle, en méconnaissant le principe divin de la grâce, vous serez un calculateur qui, sur trois éléments d'un problème, oublie toujours le principal; votre calcul sera toujours à faux. Et tel est, depuis des siècles, le calcul de ce qu'on appelle la *politique*, la *philosophie* et la *littérature*. Tout ce qu'elles voient dans l'humanité, c'est un peu d'intelligence et beaucoup de matière. Elles ne voient pas l'Esprit de Dieu qui plane au-dessus de cette espèce de chaos, comme au premier jour de la création, pour lui communiquer sans cesse des principes de lumière et de vie. Aussi, combien de mécomptes et de méprises depuis la première Pentecôte chrétienne jusqu'à nos jours !

Ce que le Sauveur dit à Nicodème : *L'Esprit souffle où il veut*, le monde chrétien le vit vers la fin du XIVᵉ siècle, dans sainte Brigitte de Suède et sainte Catherine de Sienne. La première naquit à l'extrémité de la Suède, en la province d'Upland, dans le domaine de Finstad, non loin d'Upsal, alors capitale de tout le royaume. Elle y naquit au commencement du XIVᵉ siècle, vers l'an 1302. Son nom est proprement *Birgitta*, transformé en *Brigitte* par l'usage commun. Sa famille était des plus illustres, tenait de près à la famille royale, et descendait des anciens rois du pays. La piété y était héréditaire comme la noblesse. L'aïeul, le bisaïeul et le trisaïeul du père de Brigitte, par dévotion pour les mystères de la passion du Sauveur, firent le pèlerinage de Jérusalem et des autres saints lieux, que Jésus-Christ a illustrés par sa présence. Le prince Birger, son père, juge ou gouverneur de la province d'Upland, était un homme plein de piété et de vertu; il fonda un grand nombre d'églises et de monastères; il fit le pèlerinage de Rome, de Jérusalem et autres saints lieux, à l'exemple de Pierre, son père, et de ses ancêtres. Il jeûnait, se confessait et communiait tous les vendredis, afin d'obtenir la grâce de porter patiemment les croix que Dieu lui enverrait jusqu'au vendredi suivant. La princesse, son épouse, nommée Ingeburge, fille de Sigride, n'avait pas moins de piété. Le tombeau des deux époux existe encore dans la cathédrale d'Upsal.

Ils eurent sept enfants : trois garçons, Pierre, Benoit et Israël ; quatre filles, Ingride, Marguerite, Catherine et Brigitte. Catherine épousa Gudmar, gouverneur ou prince de la Gothie occidentale, où leur postérité subsiste encore. Nous savons d'Israël que le roi de Suède le pressa longtemps d'accepter une des premières dignités du royaume, et que longtemps il refusa, dans le désir qu'il avait de marcher contre les infidèles et de mourir au service de Dieu pour la sainte foi. Enfin il accepta pour l'honneur de Dieu, et sur une révélation de la sainte Vierge à sa sœur Brigitte. Après quelques années, il marcha contre les infidèles et tomba malade à Riga. Se sentant près de mourir, il se rendit à la cathédrale, mit un anneau au doigt de la Vierge que l'on y honore avec la plus grande dévotion, et dit tout haut : Vous êtes ma dame, vous m'avez toujours été très-douce, je vous en prends vous-même à témoin ; c'est pourquoi je remets et moi et mon âme à votre providence et miséricorde. Ayant ensuite reçu les sacrements, il mourut dans les plus vifs sentiments de piété (*Acta Sanct.*, 8 octobr.; *Dissertat. præv.*, n. 40).

Quant à sainte Brigitte, dont nous avons une Vie contemporaine par Birger, archevêque d'Upsal, sa naissance fut illustrée par divers prodiges. Sa mère, la princesse Ingeburge, cachait une tendre piété sous des habits convenables à son haut rang. Une religieuse, la voyant ainsi parée, la taxa d'orgueil dans son cœur. La nuit suivante, pendant le sommeil, un personnage vénérable lui apparut, disant : « Pourquoi as-tu pensé mal de ma servante, en la traitant d'orgueilleuse, ce qui cependant n'est pas vrai ! car d'elle je ferai naître une fille, avec qui je ferai alliance, lui conférant une grâce si grande, que toutes les nations ne suffiront point à l'admirer. » A cette circonstance merveilleuse, l'archevêque d'Upsal ainsi que les autres biographes en joignent une seconde. La princesse Ingeburge, étant enceinte de Brigitte, fit naufrage sur les côtes de la Suède, et fut sauvée du péril par le frère du roi. La nuit d'après, un personnage vêtu d'un robe éclatante apparut à Ingeburge, et lui dit : « C'est en considération de l'enfant que vous portez, que vous avez été arrachée à la mort ; ayez soin de nourrir de l'amour de Dieu ce que Dieu vous a donné spécialement. » Enfin, à la naissance de Brigitte, le curé de la paroisse, homme vénérable par son âge et sa vertu, vaquait la nuit à l'oraison dans une église voisine, lorsqu'il vit une nuée lumineuse, et au milieu de la nuée la sainte Vierge assise, tenant en main un livre, et lui disant : Il est né à Birger une certaine fille dont la voix admirable s'entendra par tout le monde. Voilà ce que rapportent l'archevêque d'Upsal, et les autres biographes contemporains de sainte Brigitte.

Cependant la merveilleuse enfant demeura muette pendant les trois premières années. A la fin de cette époque, elle commença, non pas de bégayer comme les enfants, mais de parler parfaitement comme les grandes personnes. On y vit un effet de cette Sagesse divine, qui ouvre la bouche des muets et rend éloquentes les langues des enfants, afin de tirer de la bouche des enfants et de ceux qui sont à la mamelle une louange parfaite. En attendant, sa pieuse mère, pleine de bonnes œuvres et d'aumônes, comme un autre Tabith, tomba grièvement malade. Elle connut et prédit sa mort plusieurs jours d'avance. Voyant l'affliction de son époux et des autres, elle leur dit avec beaucoup de courage : « Pourquoi vous affliger ? C'est assez vécu comme cela ; au contraire, il faut se réjouir de ce que je suis appelée par un Seigneur plus puissant. » Ayant donc fait ses adieux à tous, elle s'endormit dans le Seigneur. La jeune Brigitte fut alors confiée par son père à une tante maternelle aussi prudente que pieuse.

A l'âge de sept ans, l'enfant aperçut vis-à-vis de son lit un autel, et sur cet autel une dame assise avec des habits resplendissants, et tenant en sa main une couronne ; cette dame lui dit : Viens, Brigitte. L'enfant se leva aussitôt et courut à l'autel. La dame lui demanda : Veux-tu cette couronne ? L'enfant ayant dit oui, la dame lui mit la couronne sur la tête, et Brigitte l'y sentit comme un cercle. Elle rentra au lit, et la vision disparut ; mais jamais elle ne put l'oublier. Ce qui n'est pas étonnant, observe l'archevêque d'Upsal, car c'était un signe qu'elle serait un autel d'holocauste, où le feu de la charité divine brûlerait toujours, et que Jésus-Christ, son époux, lui conserverait une couronne immortelle et sans tache dans les cieux.

Vers l'âge de dix ans, c'était comme un lis très-pur qui s'élevait de la terre au ciel. On y voyait le modèle de toutes les vertus, la sobriété avec la modestie, la simplicité avec la retenue, l'humilité avec l'obéissance, la beauté dans la conscience, l'hilarité dans la patience, avec une charité infatigable. Elle apparaissait comme une épouse de Dieu, comme une perle brillante, pleine de grâces à tous les yeux et aimée de tout le monde. Mais elle devait monter encore plus haut.

Un jour elle entendit un sermon sur la passion de Jésus-Christ ; elle en fut si touchée, qu'elle inscrivit cette passion sur les tables de son cœur. Dès la nuit suivante, elle vit Jésus-Christ crucifié et lui disant : Voilà comme j'ai été traité ; elle, pensant que la chose était toute récente, lui répondit : Seigneur, qui vous a fait cela ? — Ceux qui me méprisent et sont insensibles à mon amour, répondit Jésus-Christ. Dès ce moment, revenue à elle-même, elle fut si sensible à la passion du Sauveur, qu'elle ne pouvait guère y penser sans verser des larmes. Une nuit, pendant que ses jeunes compagnes dormaient, elle sortit de sa couche et se prosterna en adoration et en larmes devant le crucifix de sa chambre. Dans ce moment-là même y entra secrètement sa tante, qui, fort étonnée de la voir dans cette situation, crut que c'était une légèreté de jeune fille, et se fit apporter des verges pour la rendre plus discrète. Mais, à sa grande surprise, les verges se rompirent entre ses mains. Elle dit alors : Qu'avez-vous donc fait, Brigitte ? Est-ce que des femmes vous ont enseigné de trompeuses prières ? La jeune vierge répondit en pleurant : Non, madame, mais je me suis levée de mon lit pour louer Celui qui m'assiste toujours. — Et quel est celui-là ? C'est le Crucifié, que j'ai vu dernièrement. — Dès ce jour, la tante commença d'avoir pour elle plus d'affection et de vénération, comprenant que des dispositions pareilles ne s'apprenaient pas de l'homme, mais de Dieu.

Une autre fois, comme la jeune vierge jouait avec ses compagnes, le diable lui apparut sous une forme horrible, ayant cent mains et cent pieds. De frayeur, elle courut à sa chambre, et se recommanda humblement au Crucifié. Le diable y apparut encore, mais disant : Je ne puis rien faire, si le Crucifié ne le permet. La tante ayant appris plus tard ce qui lui était arrivé, lui recommanda de garder le silence sur ce qu'elle avait vu, et de mettre sa confiance en Dieu, en aimant Jésus-Christ par-dessus toutes choses, sachant que la vie de notre pèlerinage ne saurait être sans tentation, afin que chacun apprenne à se connaître ; d'ailleurs, on ne peut être couronné si l'on n'a vaincu, ni vaincre sans combat, ni combattre sans éprouver les tentations de l'ennemi (*Acta Sanct.*, 8 octob.; *Vita S. Brigittæ*).

Brigitte eut bien désiré demeurer toujours vierge ; mais, à l'âge de treize ans, son père lui fit épouser Ulphon, prince ou gouverneur de Néricie, qui en avait dix-huit. A l'exemple du jeune Tobie et de Sara, son épouse, ils gardèrent la continence, pendant près de deux ans, pour obtenir de Dieu la grâce d'user saintement du mariage, et d'avoir des enfants fidèles à le servir. Ils en eurent huit, quatre fils et quatre filles. Les deux fils puînés, Benoît et Gudmar, moururent en bas âge. Les deux aînés, Charles et Birger, suivirent leur mère en pèlerinage à la terre sainte. Charles était d'un caractère fort gai, mais en même temps très-dévot à la sainte Vierge. Il devint gouverneur ou prince de Néricie, et fut marié trois fois. Il reçut l'ordre de la chevalerie, avec les cérémonies et les dispositions chrétiennes que sa sainte mère décrit elle-même en ces termes, au nom du Christ.

« Quiconque veut être chevalier doit s'avancer vers l'église, laisser et son cheval et sa suite au cimetière ; car le cheval n'est pas créé pour la superbe de l'homme, mais pour l'utilité de la vie, pour la défense et pour combattre les ennemis de Dieu. Ensuite il prendra le manteau et en mettra le lien sur le front, en signe de la milice et de l'obéissance qu'il professe pour la défense de ma croix. Il sera précédé de l'étendard de la puissance séculière, afin qu'il sache qu'il doit obéir à cette puissance dans tout ce qui n'est pas contre Dieu. Quand il sera entré au cimetière, les clercs lui iront au devant avec la bannière de l'Eglise, où sont peintes ma passion et mes plaies, en signe qu'il doit défendre l'Eglise de Dieu et la foi, et obéir à ses prélats. Quand il entrera dans l'église, il sera précédé de ma bannière, et l'étendard de la puissance séculière restera dehors, en signe que la puissance divine précède la séculière, et qu'il se faut plus soucier des choses spirituelles que des temporelles. La messe étant dite jusqu'à l'*Agnus Dei*, le plus digne, à savoir le roi, ira près de l'autel et lui dira : Voulez-vous être chevalier ? S'il répond : Je le veux, il ajoutera : Promettez-vous à Dieu et à moi de défendre la foi de la sainte Eglise et d'obéir à ses prélats en tout ce qui est de Dieu ? S'il répond : Je le promets, il lui mettra l'épée en sa main et dira : Voici que je vous mets l'épée dans les mains, afin que vous n'épargniez pas votre vie pour la foi et pour l'Eglise de Dieu, afin que vous abattiez les ennemis de Dieu, pour être l'appui de la veuve et de l'orphelin, et pour augmenter l'honneur de Dieu en toutes choses. Après quoi il lui mettra la main au cou et dira : Voici que vous êtes sujet à l'obéissance et à la puissance. Prenez donc garde que, comme vous vous êtes lié par la profession, vous l'accomplissiez par les œuvres. Enfin il revêtira le manteau et le lien, pour se souvenir continuellement de ce qu'il a voué à Dieu et qu'il s'est obligé, par-dessus les autres, à défendre son Eglise. Ces choses étant parachevées, et l'*Agnus Dei* étant dit, le prêtre qui célèbre la messe lui donnera mon corps, afin qu'il défende la foi de mon Eglise sainte. Je serai en lui, et lui en moi. Je lui donnerai les forces, je l'enflammerai des feux de mon amour, afin qu'il ne veuille que moi et ne craigne que moi, qui suis son Dieu (*Revelat. S. Brigittæ*, l. 2, c. 13).

Charles reçut plus tard de sa sainte mère une ample instruction sur la milice et l'armure spirituelles, dont la milice et l'armure extérieures sont la figure. Il mourut à Naples, l'an 1372, en allant à la terre sainte avec sa mère, qui eut révélation de son salut le jour de l'Ascension (*Ibid.*, l. 4, c. 74; l. 7, c. 13).

Birger, le second fils, devint législateur ou prince de Néricie. Sainte Brigitte, sa mère, lui adressa l'instruction suivante : « Gloire, louange et honneur à Notre Seigneur Jésus-Christ, principalement à cause de sa douloureuse passion sur la croix pour nos péchés! Mon très-cher fils, si vous désirez un sincère amour envers votre créateur et rédempteur, souvenez-vous en tout temps de sa passion, et recevez le plus souvent que vous pourrez, avec piété, la sainte Eucharistie, suivant l'avis du pasteur. En quelque lieu que vous soyez, souvenez-vous des pauvres, assistez-les selon votre pouvoir, Dieu vous en récompensera libéralement. Payez de bon cœur à l'ouvrier son salaire. Dans le châtiment des sujets, soyez miséricordieux. Soyez fidèle envers Dieu, envers le magistrat et envers le prochain. A votre lever, recommandez votre corps et votre âme à Dieu, le priant de diriger lui-même toutes vos actions, et marquez votre visage et votre poitrine du signe de la croix, en disant : *Seigneur Jésus-Christ le Nazaréen, Roi des Juifs, ayez pitié de moi!* Pendant les sermons, rappelez-vous la puissance de Dieu et considérez la passion du Rédempteur, ainsi que vos péchés. A table, unissez votre esprit à Dieu et fuyez les conversations vicieuses. En sortant de table, prenez garde de n'être pas comme cet animal immonde qui, tel que les impies, ne songe point à remercier son bienfaiteur. Ne prononcez pas le nom du diable. Quand vous parlez ou répondez, marquez-vous du signe de la croix, en adorant Notre Seigneur Jésus-Christ, qui vous donnera de parler avec sagesse. Avant de prononcer une sentence, considérez bien les circonstances de l'affaire, ainsi que vos paroles. Jugez avec justice votre prochain, et souvenez-vous que dans peu il faudra rendre compte de tout. Si le prochain vous fait tort, usez envers lui des lois communes. Ne vous laissez point emporter à la colère jusqu'à vous venger. Enfin, ne vous impatientez point si on ne vous rend pas justice, et recommandez votre âme à Notre Seigneur Jésus-Christ. Amen (*Acta Sanct.*, 8 octob.; *Dissert. præv.*, n. 78). »

Birger mourut en Suède l'an 1391, sans laisser d'enfants; il donna tous ses biens au monastère de Watstein, fondé par sa mère, et y fut lui-même enterré. Des quatre filles de sainte Brigitte, Marthe et Cécile se sanctifièrent dans l'état du mariage; Ingeburge et Catherine embrassèrent la vie religieuse. Catherine, sur laquelle nous verrons plus de détails, est honorée comme sainte le 22 mars.

Quant à la mère, après avoir vécu saintement dans la virginité, elle ne vécut pas moins saintement dans le mariage. Elle régla si bien toute sa vie, qu'elle ne laissait lieu à aucun méchant soupçon ni à aucune médisance. Pour cela, elle n'admettait ni compagnes ni servantes dont la réputation ne fût sans tache, de peur que leur familiarité ne lui attirât quelque mauvaise renommée. Sachant que l'oisiveté est la mère de bien des vices, elle travaillait avec ses servantes à des ouvrages pour les églises et pour les pauvres, lisait les Vies des Saints et la Bible, qu'elle s'était fait traduire en langue gothique; tantôt elle allait à l'église et entendait avec joie l'office divin. Ainsi que son époux, le prince Ulphon, elle se confessait tous les vendredis, et communiait tous les dimanches et fêtes. Comme Judith, elle avait un oratoire secret, où de temps en temps elle se recueillait en la présence de Dieu, examinait sa conscience, pleurait ses fautes; où, lorsque son mari était absent, elle passait les nuits entières dans la prière, les veilles, les jeûnes et autres mortifications; toujours elle s'abstenait des mets les plus délicats, mais secrètement, pour n'être point remarquée par son mari ou par d'autres. Elle avait la plus tendre dévotion à la sainte Vierge, qui, dans des couches très-laborieuses, lui procura une heureuse délivrance au moment que tout le monde désespérait de sa vie. Ses aumônes étaient très-considérables. Elle avait une grande maison pour les pauvres. De plus, chaque jour elle en nourrissait douze chez elle; le jeudi, elle leur lavait et baisait humblement les pieds, en mémoire de ce que Notre Seigneur fit à ses apôtres. Elle répara un grand nombre d'hôpitaux dans son pays natal et dans ses terres; elle y allait visiter les pauvres et les malades, accompagnée de ses jeunes filles, notamment de sainte Catherine. Là, cette pieuse mère pansait de ses propres mains les plaies et les ulcères des infirmes, leur donnant avec ses aumônes des paroles de consolation, et montrant à ses enfants, par son exemple, comment elles devaient un jour servir elles-mêmes les pauvres et les malades pour l'amour de Dieu. Après la naissance de leurs huit enfants, Ulphon et Brigitte gardèrent ensemble la continence.

L'an 1335, le roi Magnus de Suède, épousa Blanche, fille du comte de Namur; il voulut que Brigitte, qui était de ses parents, fût gouvernante de la jeune reine. Brigitte s'intéressa vivement au salut et à la prospérité de l'un et de l'autre, d'autant plus que tous deux étaient jeunes. Elle priait pour eux, leur donnait de bons conseils, quelquefois même des avertissements par suite de révélations surnaturelles. Ils en profitèrent d'abord. Mais ils étaient d'un caractère inconstant; d'autres conseils leur étaient suggérés d'autre part. Avec le temps, le mal l'emporta sur le bien; Brigitte annonça des calamités : le roi ne faisait qu'en rire, et demandait à Birger, fils de la sainte : Qu'est-ce que notre cousine, votre mère, a rêvé cette nuit sur notre compte? Mais les prédictions de Brigitte ne s'accomplirent que trop. Le règne de Magnus, par suite de son mauvais gouvernement, fut rempli de troubles et de révolutions; les Etats se soulevèrent contre sa tyrannie; il fut excommunié par le Pape pour avoir confisqué les revenus de l'Eglise; la reine Blanche périt misérablement en 1363; le roi lui-même, après avoir perdu la couronne de Suède, se noya par accident l'an 1374 (*Acta Sanct.*, 8 octob.; *Dissert. prævia*, § 8).

Brigitte quitta la cour d'assez bonne heure, et Ulphon suivit l'exemple de son épouse. Ils ne pensèrent plus qu'à se sanctifier tous deux, ainsi que leur famille. Ils firent un grand nombre de pèlerinages en Norwége, en France, en Espagne, en Italie, en Allemagne : en Norwége, ils visitèrent, à Nidrosie ou Drontheim, capitale du royaume, le tombeau du roi et martyr saint Olaüs; en Espagne, saint Jacques de Compostelle. Quoiqu'ils eussent de nombreux équipages, Brigitte faisait une partie du chemin à pied, par esprit de piété et de mortification. Après avoir ainsi visité bien des sanctuaires, ils retournaient dans leur patrie, lorsque le prince Ulphon tomba malade dans la ville d'Arras; le mal devint si grave, qu'il reçut les derniers sacrements des mains de l'évêque, et que Brigitte était dans une vive anxiété. Elle invoqua saint Denys, apôtre de la France. Le saint lui apparut, lui prédit que Dieu voulait se faire connaître au monde par elle, qu'elle était commise à sa protection spéciale, et que, pour preuve, son époux ne mourrait point de cette maladie. Quelques jours après, elle vit en révélation comment elle passerait à Rome et à la sainte cité de Jérusalem, et enfin sortirait de ce monde. Dieu accomplit miséricordieusement tout cela, dit l'archevêque d'Upsal. Le prince étant revenu en santé après une maladie fort longue, ils revinrent tous deux bien portants en leur patrie. Ils y renouvelèrent leur vœu de garder la continence, et résolurent d'entrer chacun dans un monastère. Ayant donc réglé ses affaires et disposé de ses biens, le prince Ulphon entra dans le monastère d'Alvastre, ordre de Citeaux, fondé l'an 1150 par Suercher, roi de Suède. Il y vécut quelques années dans la pratique de toutes les vertus, et mourut l'an 1344. Le prince Ulphon de Néricie est nommé dans le Ménologue de Citeaux sous le 12 février.

Peu de jours après la mort de son époux, Brigitte partagea tous ses biens entre ses enfants et les pauvres. Elle renonça au rang de princesse, pour se consacrer entièrement à la pénitence. Elle ne porta plus de linge, à l'exception du voile dont elle se couvrait la tête; elle se revêtit d'un habit grossier, qu'elle attachait avec des cordes pleines de nœuds. Les austérités qu'elle pratiquait étaient incroyables; elle les redoublait encore les vendredis, et elle ne vivait ces jours-là que d'un peu de pain et d'eau. Ayant fait bâtir le monastère de Watstein, au diocèse de Lincopen en Suède, elle y mit soixante religieuses; elle plaça dans un bâtiment séparé de celui-ci treize prêtres en l'honneur des douze apôtres et de saint Paul; quatre diacres pour représenter les quatre docteurs de l'Eglise, et huit frères convers; elle leur donna à tous la règle de saint Augustin, y ajoutant quelques constitutions particulières. On lit dans quelques auteurs, que le Sauveur lui-même dicta cette règle, mais avec ordre de la soumettre à l'examen du souverain Pontife, attendu que le Sauveur est venu en ce monde, non pour renverser la loi, mais pour l'accomplir.

Tous les monastères de l'ordre de sainte Brigitte ou du Saint-Sauveur sont soumis aux évêques diocésains, et il faut une permission expresse du Pape pour en ériger de nouveaux. On s'y propose principalement d'y honorer la passion du Sauveur, et sa sainte Mère. Les hommes y sont soumis à la prieure des religieuses pour le temporel, comme dans l'ordre de Fontevrault; mais les religieuses sont sous la conduite des religieux quant au spirituel. La raison de ce règlement particulier est fondée sur ce que l'ordre ayant été spécialement institué pour les femmes, les hommes n'y sont admis que pour leur procurer les secours spirituels. L'habitation des unes et des autres est séparée par une clôture inviolable; mais l'Eglise leur est commune, en sorte cependant qu'ils ne peuvent s'y voir. Les monastères du Nord furent détruits lors de la révolution causée par l'introduction de l'hérésie.

Sainte Brigitte demeura ainsi deux années en Suède, tant auprès du monastère d'Alvastre où était enterré son époux, que dans le nouveau monastère de Watstein. Sa vie pauvre et pénitente, contrastant avec son rang de princesse, lui attira les railleries de bien du monde. Elle répondit : « Ce n'est point à cause de vous que j'ai commencé, ce n'est point à cause de vous que je cesserai. J'ai résolu dans mon cœur de supporter les paroles. Priez pour que je persévère. » Avec son vêtement de pauvre, elle ne laissa pas de se présenter devant le roi de Suède, pour lui annoncer que lui et son royaume seraient punis de grandes calamités, s'ils ne se corrigeaient de certains défauts et désordres. Quelques-uns des grands en murmuraient, ils lui auraient même fait confusion, s'ils ne l'avaient sue parente du roi. Au moins ils s'en raillèrent entre eux, la traitant de sorcière, à tel point que ses fils voulaient en tirer vengeance. Mais elle les pria de n'en rien faire, disant : « Dieu m'est témoin que j'aime mieux pour l'amour de Jésus-Christ souffrir ces mépris et ces dérisions, que d'avoir la couronne du roi sur la tête. »

Si la sainte veuve eut à souffrir de la part des hommes, Dieu l'en consola surabondamment. Quelque temps après la mort de son époux, comme elle était en peine du parti qu'elle devait prendre, elle fut ravie en extase, vit une nuée éclatante, et, du milieu de la nuée, entendit une voix qui lui disait : « Je suis ton Dieu, qui veux te parler. » Saisie d'épouvante, elle craignit que ce ne fût une illusion du malin esprit. Mais elle entendit de nouveau : « Ne crains pas, car je suis le Créateur et non le trompeur de tout ce qui est; je ne parle pas pour toi seule, mais pour le salut des autres. Ecoute ce que je dis, et va au maître Mathias qui connaît par expérience la différence des deux esprits, et dis-lui ce que je te dis, savoir, que tu seras mon épouse et mon intermédiaire, tu entendras et verras les choses spirituelles, et mon Esprit demeurera avec toi jusqu'à la mort. » Cette première vision est consignée à peu près dans les mêmes termes, et dans la vie de sainte

Brigitte, par l'archevêque d'Upsal, et dans le recueil de ses révélations (*Vita*, n. 19; *Revelat. extrav.*, c. 47).

Le docteur Mathias était né en Suède, d'une honnête famille; dès l'enfance, il eut un grand amour pour les lettres et la piété; il fréquenta les académies des pays étrangers. Revenu dans sa patrie, il y était vénéré comme un modèle de doctrine et de vertu; il devint chanoine de Lincopen, et fut le premier confesseur de sainte Brigitte. Comme il avait été tenté très-subtilement par le diable sur beaucoup d'hérésies contre la foi catholique, et que, par la grâce de Jésus-Christ, il avait vaincu toutes ces tentations, il était très-expert pour discerner les opérations de l'Esprit-Saint d'avec les illusions de l'esprit de ténèbres. Le docteur Mathias, surnommé le *docteur de Suède*, mourut à Stockholm l'an 1350. On a de lui plusieurs ouvrages manuscrits, entre autres une glose ou commentaire abrégé sur toute la Bible.

Le second directeur spirituel de sainte Brigitte fut Pierre, prieur du monastère d'Alvastre. Il entendit ses confessions pendant trente ans, l'accompagna dans le pèlerinage de Jérusalem, et mourut en Suède l'an 1390. D'après l'ordre qu'elle en avait reçu, sainte Brigitte écrivait ses révélations en langue vulgaire; le docteur Mathias et le prieur Pierre les traduisirent en latin, les rangèrent en huit livres, avec des préfaces et quelques explications. Pierre, qui fit la plus grande partie du travail, y ajouta un nouveau livre des révélations éparses, qui ne se trouvaient pas dans les huit premiers.

Un autre personnage eut part à ce travail, comme à la confiance de sainte Brigitte. Ce fut Alphonse, évêque de Jaën en Espagne. Son père était de Sienne, sa mère de Ségovie. Il fut fait évêque de Jaën vers l'an 1368, mais il abdiqua peu après, et vint à Rome, où il connut la sainte. Il l'accompagna dans ses pieux voyages. Ce fut lui proprement qui divisa le recueil des révélations en livres. Il finit par embrasser l'état d'ermite, et mourut à Gênes, l'an 1388. Deux fois il fut chargé d'examiner les révélations de sainte Brigitte : en 1377, par le pape Grégoire XI; en 1379, par le pape Urbain VI (*Acta Sanct.*, 8 octob.; *Dissert. prævia*, § 2).

Plus tard, le célèbre Jean de Turre-Cremata, qui fut depuis cardinal, en examina le recueil par ordre du concile de Bâle, et l'approuva comme utile pour l'instruction des fidèles. Le concile regarda cette approbation comme suffisante. Il n'en résultait cependant autre chose, sinon que le livre dont il s'agit ne renferme rien de contraire à la foi, et que les révélations étant appuyées sur une probabilité historique, on peut les croire pieusement. Benoît XIV s'exprime de la manière suivante sur le même sujet : « L'approbation de semblables révélations n'emporte autre chose, sinon qu'après un mûr examen, il est permis de les publier pour l'utilité des fidèles. Quoiqu'on ne leur doive pas et qu'on ne puisse pas leur donner un assentiment de foi catholique, on doit cependant les croire d'une foi humaine, conformément aux règles de la prudence, selon lesquelles elles sont probables, et appuyées sur des motifs suffisants pour qu'on les croie pieusement. Telles sont, suivant les docteurs, les révélations de la bienheureuse Hildegarde, approuvées, dit-on, par Eugène III; de sainte Brigitte, par Boniface IX, et de sainte Catherine de Sienne, par Grégoire XI (*Bened. XIV : De canonisat.*, l. 2, c. 32, n. 11). »

Quant aux révélations ou contemplations de sainte Brigitte, les principaux objets sont la passion du Sauveur et la sainte Vierge. Quant à la passion du Sauveur, on n'y voit rien de plus que dans l'évangile, sinon certaines circonstances de détail assez naturelles. Concernant la sainte Vierge, il y est dit expressément *qu'elle a été conçue sans péché* (L. 6, c. 49), et *qu'elle est montée au ciel en corps et en âme* (L. 6, c. 60, 61 et 62). Une des particularités les plus touchantes, c'est la Vierge elle-même racontant à sainte Brigitte ses progrès dans la connaissance de Dieu et de sa loi. « Dès le commencement de mon enfance, lorsque j'entendis et compris que Dieu était, j'ai toujours été soigneuse et craintive de mon salut et de ma conduite. Mais quand j'eus entendu plus pleinement que le même Dieu était mon créateur et le juge de toutes mes actions, je l'ai aimé intimement, j'ai craint à toute heure de l'offenser, soit par action, soit par parole. Après, quand je sus qu'il avait donné sa loi et ses commandements au peuple, et avait fait avec eux tant de merveilles, je résolus fermement en mon âme de n'aimer rien que lui, et les choses mondaines m'étaient grandement amères. Enfin, ayant appris que le même Dieu rachèterait le monde et qu'il naîtrait d'une vierge, j'ai été touchée d'un si grand amour envers lui, que je ne pensais qu'à Dieu, que je ne voulais que Dieu. Je m'éloignai, autant que je pus, des discours familiers et de la présence de mes parents et de mes amis. Je donnai aux pauvres tout ce que je pouvais avoir, et ne me réservai que le simple vêtement et quelque peu pour vivre; rien ne me plaisait que Dieu. Toujours je désirais dans mon cœur de vivre jusqu'au temps de sa naissance, dans l'espoir que je mériterais peut-être de devenir l'indigne servante de la mère de Dieu. Je fis aussi vœu dans mon cœur de garder la virginité, si Dieu l'avait pour agréable, et de ne rien posséder au monde (L. 1, c. 10). »

Outre les révélations qui concernent la croyance, il y a dans sainte Brigitte, comme dans les prophètes de l'ancienne loi, beaucoup d'exhortations, d'avertissements, quelquefois très-sévères, à des papes, à des rois, à des peuples, à des classes d'hommes, comme de prêtres et de chevaliers. Tel chapitre contient des reproches très-véhéments contre les mauvais prêtres, et même contre le pape qui ne déployait point assez de vigueur pour réprimer leurs scandales. Ce pape semble avoir été Clément VI; car on lui reproche nommément sa négligence à réformer, autant qu'il aurait pu, l'avarice et l'ambition des clercs, ainsi que d'autres abus; on lui recommande d'aller s'établir à Rome, afin de pouvoir corriger de là plus facilement ce qui est à corriger; il est blâmé en particulier de sa tiédeur à procurer la paix entre les rois d'Angleterre et de France, qui sont appelés deux bêtes dangereuses et deux traîtres des âmes. C'est probablement ce même pontife qui fut vu en purgatoire pour ces fautes, dont il se repentit avant sa mort (L. 1, c. 41; l. 6, c. 63; l. 4, c. 143). Toutefois, plusieurs chapitres rappellent ou établissent expressément, que le pape et les prêtres, si coupables qu'on les suppose, ne

LIVRE LXXX. — GRÉGOIRE XI ET LES SAINTES BRIGITTE ET CATHERINE.

perdent point leur juridiction et la puissance d'absoudre des péchés (L. 7, c. 7).

Sainte Brigitte vint à Rome l'an 1346, la quarante-deuxième année de son âge, et y demeura quinze ans. Elle y vint par inspiration divine, pour prier sur le tombeau des apôtres et vénérer les reliques de tant de saints et de martyrs que l'on honore dans cette capitale du monde chrétien. Elle s'y fit admirer par l'éclat de ses vertus. Elle y vivait dans la retraite et dans la pratique des veilles et des autres rigueurs de la pénitence. Elle visitait les églises et allait servir les malades dans les hôpitaux. Dure à elle-même, elle était pleine de douceur pour les autres. Toutes ses actions portaient l'empreinte de l'humilité et de la charité. On voit encore divers monuments de sa dévotion à Rome et dans le voisinage. Elle fonda dans cette ville une maison pour les étudiants et les pèlerins suédois, laquelle fut rebâtie sous le pontificat de Léon X.

Pendant ce séjour de quinze ans à Rome, Brigitte eut beaucoup de révélations sur l'état de cette ville, sur les désordres de ses habitants et sur les châtiments qui les menaçaient. Comme ces révélations devenaient publiques, les Romains en furent très-piqués. Il y en eut quelques-uns qui allèrent jusqu'à menacer de la brûler vive; d'autres la traitaient de trompeuse et de pythonisse. Brigitte souffrit avec patience et leurs menaces et leurs outrages, se confiant en Dieu, qui lui ordonna de demeurer ferme.

Clément VI étant mort l'an 1352 et ayant eu pour successeur Innocent VI, Brigitte eut sur ce dernier la révélation suivante : « Le Fils de Dieu parle à l'épouse, disant : Ce pape Innocent est d'un airain meilleur que son prédécesseur, et une matière plus apte à recevoir les plus excellentes couleurs; mais la malice des hommes exige qu'il soit promptement enlevé. Sa bonne volonté lui comptera pour la couronne et l'augmentation de gloire. Néanmoins, s'il entendait les paroles que je vous ai révélées, il deviendrait encore meilleur, et ceux qui les lui porteraient seraient plus éminemment couronnés (L. 4, c. 136). »

Urbain V, successeur d'Innocent VI, étant venu à Rome, ainsi que l'empereur Charles de Bohême, sainte Brigitte leur présenta ses révélations pour la réformation de l'Eglise. Elle eut sur le nouveau Pape les révélations qui suivent : Le Fils de Dieu dit à l'épouse : Celui qui a une pelote de fil dans laquelle est enfermé un or très-pur, ne cesse de la défiler jusqu'à ce qu'il ait trouvé l'or; il s'en sert ensuite pour son honneur et son utilité. De même ce pape Urbain est un or ductile au bien, mais il est entouré des sollicitudes du monde. Va donc, et dis-lui de ma part : Votre temps est court, levez-vous et considérez comment se sauveront les âmes qui vous sont commises (Ibid., c. 137). Nous avons vu que ce Pape, après quelque séjour en Italie et à Rome, se laissa persuader de retourner en France. Sainte Brigitte lui fit dire par Nicolas, comte de Nole, que, s'il se retirait, il ferait une folie et n'achèverait pas son voyage. De plus, elle déclara au cardinal de Beaufort, en présence d'Alphonse, évêque de Jaën, que pendant qu'elle était à Rome, la sainte Vierge lui avait révélé ce qui suit : La volonté de Dieu est que le Pape ne sorte point d'Italie, mais qu'il y demeure jusqu'à la mort, à Rome ou ailleurs. Autrement, s'il retourne à Avignon, il mourra aussitôt et rendra compte à Dieu de sa conduite. Brigitte découvrit au cardinal cette révélation, afin qu'il la donnât par écrit au Pape très-secrètement; mais le cardinal n'osa le faire, et la sainte veuve la donna elle-même au Pape, écrite de la main d'Alphonse. Urbain V mourut en effet à Avignon, le 19 décembre 1370, peu de temps après son retour en cette ville et au moment qu'il se disposait à se rendre auprès des rois de France et d'Angleterre, pour les amener à la paix. Il mourut, suivant le témoignage de l'évêque Alphonse, avec le regret de n'avoir pas été plus docile, et après avoir fait vœu de retourner en Italie et à Rome, s'il guérissait (*Acta Sanct.*, 8 octob.; *Dissert. prœv.*, n. 250-252).

La vacance du Saint-Siège ne dura que les dix jours destinés au deuil de l'Eglise romaine. Le 29 décembre, les cardinaux qui étaient à Avignon entrèrent au conclave, et dès le lendemain matin, ils élurent tout d'une voix, comme par inspiration, le cardinal de Beaufort. C'était Pierre Roger, né à Maumont, diocèse de Limoges, neveu du pape Clément VI, étant fils de son frère Guillaume, comte de Beaufort en Vallée, qui vivait encore et qui vit ainsi son frère et son fils papes, un autre frère, deux neveux et cinq cousins cardinaux. Pierre fut premièrement notaire du Saint-Siège, puis le Pape, son oncle, le fit, en 1348, cardinal-diacre de Sainte-Marie-la-Neuve, quoiqu'il n'eût pas encore dix-huit ans; mais il était d'un beau naturel, humble, doux, ingénieux, studieux et déjà fort instruit du droit civil, auquel il s'appliquait alors et qu'il continua longtemps; ensuite il étudia les canons et la théologie morale; de sorte qu'en toutes les occasions il en parlait très-pertinemment. Avant d'être pape, il eut plusieurs bénéfices. Il fut chanoine de Narbonne, archidiacre de Rouen, prévôt de Saint-Sauveur de Maëstricht, archidiacre de Cantorbéry et de Bourges, chanoine et archidiacre de Sully dans l'Eglise d'Orléans. C'était dès lors l'usage ou l'abus des cardinaux pour soutenir leur dignité : usage ou abus introduit par le séjour des Papes en France. Étant élu souverain Pontife, il eut de la peine à y consentir et prit le nom de Grégoire XI. Le jour même il écrivit au roi de France, Charles V, pour lui faire part de son élection. Il fut ordonné prêtre le samedi, 4 janvier 1371, et le lendemain sacré et couronné (Raynald, an 1370, n. 26 et seq.).

En l'année même où fut élu dans Avignon le pape Grégoire XI, le fameux Tamerlan ou Timur-beg, issu de Ginguiskhan par les femmes, commençait à Samarcande ses trente-six ans de règne, de guerres, de victoires et de conquêtes.

Quant au Bas-Empire des Grecs de Constantinople, jamais on ne l'avait vu si près de sa fin. L'an 1370, l'empereur Jean Paléologue étant à Rome, s'était réuni à l'Eglise romaine dans l'espoir d'obtenir les secours des Latins contre les Ottomans, car le sultan Amurath continuait à faire des conquêtes en Europe même. Jean Paléologue, dont l'exemple ne fut pas même suivi de sa famille, n'obtint aucun secours efficace. Repassant à Venise, il y fut arrêté pour dettes. Son fils Andronic, qu'il avait laissé régent de l'empire pendant son absence, ne s'empresse aucunement de lui envoyer l'argent nécessaire pour recouvrer sa liberté. Manuel, son second fils, le lui apporte enfin lui-même. Ceux dont Jean Paléologue pouvait attendre le plus prochain secours étaient d'un côté Pierre de Lusignan, roi de Chypre; de l'autre, les Vénitiens et les Génois, si puissants sur mer. La même année 1370, Pierre de Lusignan meurt d'une manière déplorable, les Vénitiens et les Génois recommencent la guerre les uns contre les autres, au lieu de la faire à leur ennemi commun, les Turcs. La même année encore, l'empereur grec, Jean Paléologue, se reconnaît tributaire du chef des Turcs, du sultan Amurath. De jeunes Grecs, élevés dans l'apostasie par le sultan et incorporés dans la milice des Janissaires, se préparaient à consommer la ruine de leur patrie au profit des Turcs. L'an 1373, l'empereur grec, Jean Paléologue, se reconnaît de nouveau vassal du sultan, il renouvelle de la manière la plus solennelle l'engagement qu'il avait pris de le reconnaître pour son seigneur suzerain et d'envoyer en otage à sa cour un de ses fils; de plus, il s'impose la loi, par une clause expresse, de faire auprès de sa personne le service militaire toutes les fois qu'il en serait requis. L'année suivante, son fils Manuel, qu'il avait associé à l'empire, fait tomber par son imprudence la ville de Thessalonique entre les mains des Turcs. La même année 1374, le sultan Amurath oblige les deux empereurs grecs, Jean et Manuel, à le suivre comme ses vassaux dans une expédition d'Asie. Andronic, fils de Jean, et Contouse, fils d'Amurath, laissés par leurs pères pour gouverner en leur absence, forment mutuellement le complot de détrôner leurs pères et de se mettre à leur place. Amurath marche contre son fils rebelle, qui se renferme avec Andronic dans la ville forte de Didymotique. Les habitants livrent Contouse à son père Amurath, qui lui fait crever les yeux et ordonne à tous les pères dont les fils avaient trempé dans la conspiration, de les égorger eux-mêmes. L'empereur grec, Jean Paléologue, ordonne de crever les yeux, non-seulement à son fils Andronic, mais à son petit-fils de cinq ans; mais les bourreaux, plus humains que le père, exécutèrent la sentence de façon qu'Andronic ne perdît qu'un œil et que son fils ne contracta qu'une difformité et une faiblesse de vue. Andronic, avec sa femme et son fils, est jeté en prison. Il en sort sur la recommandation d'Amurath, l'an 1377, et y jette à son tour son père et ses deux frères, Manuel et Théodore, et règne à leur place. Du fond de sa prison, pour mettre les Vénitiens dans ses intérêts, Jean Paléologue leur vend l'île de Ténédos. Délivré par leur entremise, il se sauve avec ses deux fils auprès du sultan Amurath. Pour se le rendre favorable, les deux empereurs grecs, Jean et Manuel, promettent de lui payer un tribut annuel de trente mille écus d'or, et de tenir toujours sur pied un corps de douze mille hommes, prêt à marcher à ses ordres. Enfin ils lui abandonnent Philadelphie en Lydie, la seule ville d'Asie qui jusqu'alors avait bravé la puissance des Turcs et était demeurée fidèle à l'empire. Le sultan n'accepte pas ces offres tout de suite. Il envoie des émissaires secrets à Constantinople, pour savoir en faveur de qui penchait le peuple. Enfin Amurath se déclare pour Manuel. Andronic se soumet; mais les habitants de Philadelphie refusent de recevoir garnison turque. Sur la sommation d'Amurath, les empereurs grecs, Jean et Manuel Paléologue, marchent contre la ville, l'assiègent en forme, pour la livrer au sultan. En vérité, s'il y a un prix d'honneur pour la bassesse, les Grecs le méritent.

A la même époque, la première nation chrétienne, les Arméniens, cessa de faire un royaume, et ne continua plus à vivre que comme Eglise. Le trône d'Arménie fut vacant de 1363 à 1365 : en cette dernière année, d'après l'avis du pape Urbain V, on choisit un prince de la maison de Lusignan, qui porta le nom de Léon VI, et fut le dernier roi d'Arménie. A peine était-il sur le trône, que les Egyptiens, gouvernés par les Mameluks, milice d'esclaves, entrèrent en Cilicie. Pour s'opposer à leur marche, il envoya à leur rencontre son connétable Libarid, qui fut vaincu et tué après des prodiges de valeur. Léon alors demanda en suppliant la paix au sultan des Mameluks, qui la lui accorda en exigeant de lui de fortes sommes d'argent; mais ensuite, informé que le roi d'Arménie avait envoyé des ambassadeurs en Europe pour exciter les princes chrétiens contre lui, le sultan d'Egypte résolut d'anéantir le royaume d'Arménie; il donna en conséquence à son général Schahan Oghli l'ordre d'entrer dans la Cilicie avec une nombreuse armée, et lui enjoignit de poursuivre le roi jusqu'à la dernière extrémité. Les Egyptiens pénétrèrent sans difficulté dans la Cilicie, prirent et brûlèrent, en l'an 1371, la ville de Sis, vainquirent le roi Léon et son général Schahan, prince de Gorigos, qui étaient venus les combattre. Le roi fut blessé dans cette bataille, et contraint de se réfugier dans des montagnes inaccessibles, où il se tint longtemps caché; on le crut mort, mais en 1373, il revint dans la ville de Tarse, dans le temps que sa femme, Marie, allait épouser Othon, duc de Brunswick, qui devait être couronné roi d'Arménie. Léon chercha à entamer encore des négociations avec le sultan, qui, sûr du résultat de cette lutte, ne voulut entendre à aucune proposition. Les Egyptiens recommencèrent la guerre avec une nouvelle fureur en 1374, dévastèrent le pays, prirent toutes les villes et les châteaux, et enfin contraignirent le roi à se renfermer dans la forteresse de Gaban, avec sa femme, sa fille et le prince Schahan, où ils soutinrent un siége de neuf mois, et furent obligés, par le manque de vivres, de se rendre prisonniers. Ce triste événement arriva l'an 1375. Léon VI fut conduit avec sa famille à Jérusalem, et de là au Caire, où il demeura captif pendant six ans. L'an 1381, il obtint sa délivrance par la médiation de Jean Ier, roi de Castille; il passa alors en Europe, alla d'abord à Rome, puis en Espagne, à la cour de son libérateur; il vint ensuite en France, où il fixa son séjour, et mourut à Paris, le 19 novembre 1391. Avec lui fut entièrement éteint le royaume d'Arménie (Saint-Martin, *Mémoires sur l'Arménie*, t. I). Les Arméniens ont continué de subsister comme nation par leurs patriarches, dont la succession ne fut point interrompue.

Les Lusignan, derniers rois d'Arménie, étaient des seigneurs français, alliés aux princes français qui régnaient à Londres et à Paris. Cependant les rois d'Angleterre et de France les laissent succomber, eux et leur royaume, sous les coups d'un ramassis d'esclaves, sous les coups des Mameluks. C'est là une tache que la nation anglaise et la nation française n'ont pas encore effacée de leur histoire.

Et que faisaient donc l'Angleterre et la France, avec leurs rois, leurs noblesses, leur argent, leurs flottes, leurs armées ? Au lieu de les tourner contre les infidèles, pour étendre la civilisation chrétienne, elles les tournaient l'une contre l'autre, pour s'entre-détruire. Et à quel propos ? à propos d'une femme, qui, pour être fille de Philippe le Bel, prétendait joindre le trône de France à celui d'Angleterre, où elle venait de faire périr le roi son époux. C'est pour la prétention de cette femme que l'Angleterre et la France se combattront et se haïront pendant des siècles; c'est pour la prétention de cette femme que l'Angleterre et la France laisseront périr, sous le fer des Musulmans, les royaumes chrétiens et français d'Arménie et de Chypre, les principautés chrétiennes et françaises du Péloponèse et d'Athènes, et enfin l'empire de Constantinople.

Sous le pontificat de Grégoire XI, au lieu de conquérir la France, l'Angleterre perdit l'une après l'autre les provinces qu'elle y possédait depuis longtemps : l'année 1376, elle vit mourir de langueur le prince de Galles, le héros de plusieurs grandes, mais inutiles victoires; le roi, son père, Édouard III, mourut l'année suivante, après cinquante ans de règne. Pendant toute sa maladie, il fut obsédé par une malheureuse concubine, qui lui laissa ignorer sa fin prochaine et le détourna de penser à son salut; le voyant à l'extrémité, elle lui ôta l'anneau qu'il portait au doigt, et partit. Les autres domestiques pillèrent séparément le palais; mais un prêtre, qui se trouvait présent par hasard, se hâta de se rendre auprès du moribond, l'avertit de sa situation et l'exhorta à se préparer à paraître devant son Créateur. Édouard, qui n'avait que les forces nécessaires pour le remercier, prit un crucifix dans ses mains, le baisa, pleura, et expira le 21 juin 1377. Son successeur fut Richard II, fils du prince de Galles, mort l'année précédente. Richard n'avait que onze ans. Il fut couronné à Westminster le 16 juillet, et régna sous la conduite de Jean, duc de Lancastre, son oncle (Vasling, Lingard).

Le pape Grégoire XI ne cessa de travailler, d'année en année, mais inutilement, à rétablir la paix entre les rois d'Angleterre et de France, et à faire tourner leurs armes contre les ennemis communs de la chrétienté. Il fut plus heureux avec les Espagnes. Dès le commencement de son pontificat, il concilie la paix entre le roi de Portugal et le roi de Castille. Celui-ci le choisit pour arbitre de son différend avec le roi de Navarre, qu'il parvient à concilier en 1373. Il engage le roi de Castille à faire la paix avec celui d'Aragon, et y parvient en 1375. Dès l'an 1372, il corrige dans la législation aragonaise certains articles d'une injuste sévérité. L'année précédente 1371, le roi d'Aragon s'était solennellement reconnu feudataire de l'Eglise romaine pour la Sardaigne et la Corse. L'an 1376, comme Ferdinand, roi de Portugal, prépare une expédition contre les Maures, le Pape, sur sa demande, lui accorde pour deux ans une décime dans tout le royaume, avec des conditions sur l'emploi qu'il devait en faire (Raynald).

L'an 1372, Grégoire XI termina les longues hostilités entre la dynastie française de Naples et la dynastie aragonaise de Sicile. Cette dernière avait commencé par l'usurpation. Comme les deux pays étaient feudataires du Saint-Siège, la Sicile, n'ayant pas obéi aux injonctions pontificales, avait été soumise à l'interdit. Cependant deux frères Mineurs, l'un grand-chapelain ou grand-aumônier du roi Frédéric II de Sicile, l'autre confesseur de la reine Jeanne de Naples, travaillaient à un accommodement. Ils y réussirent l'an 1372. Frédéric reconnut tenir de Jeanne en fief la Sicile; il s'obligea de lui payer, en forme de cens annuel, trois mille onces ou quinze cents florins d'or, et de ne prendre que le titre de roi de Trinacrie, au lieu de celui de roi de Sicile, réservé à la reine Jeanne. La reine promit, de son côté, d'agir auprès du souverain Pontife, pour que la Trinacrie fût délivrée de l'interdit et qu'elle obéît tout entière à Frédéric. Le tout, sauf l'approbation du Pape, seigneur suzerain, sans laquelle l'accommodement est déclaré sans effet (Raynald, an 1372, n. 5).

Le traité fut soumis de part et d'autre à l'approbation du Pape, seigneur suzerain, avec plein pouvoir de le modifier comme il le jugerait à propos. Le roi Frédéric lui envoya dans ce sens une ambassade, avec prière de lui accorder, par autorité apostolique, la Trinacrie entière, et avec promesse de lui en faire hommage-lige (Ibid., n. 6). Grégoire XI approuva le traité, mais avec plusieurs changements. Et la reine Jeanne et le roi Frédéric reconnaissaient, de la manière la plus formelle, que le royaume tout entier de Sicile, tant en deçà qu'au delà du Phare, appartenait à l'Eglise romaine. Frédéric et ses légitimes successeurs feront hommage et serment de fidélité au Pape comme au seigneur suzerain; ce qui ne les exempte pas de faire hommage encore à la reine de Naples et à ses légitimes successeurs. Succéderont au royaume de Trinacrie les descendants directs et légitimes de Frédéric, et les collatéraux jusqu'au quatrième degré seulement; à leur défaut, le royaume sera dévolu à l'Eglise romaine. La reine ou la plus proche héritière ne se mariera point sans l'assentiment du Pontife romain. Le roi aura la libre administration du royaume, à dix-huit ans accomplis; s'il en a moins, l'administration appartient au Saint-Siège. On rétablira les droits de l'Eglise, la liberté des élections, sauf le droit de patronage royal; les causes ecclésiastiques seront jugées par les tribunaux ecclésiastiques, et les clercs ne seront pas traduits devant les tribunaux séculiers. La Sicile ne sera jamais réunie ni à la Toscane, ni à la Lombardie, ni à l'empire d'Allemagne. Le roi qui est appelé à l'empire, perd son droit sur la Sicile; son fils ou plus proche héritier est aussitôt émancipé et lui succède. Le roi ou ses héritiers qui usurperaient les villes de l'Eglise romaine, seraient déchus par là même de leur droit sur le royaume. Enfin, parmi beaucoup de règlements analogues, le Pape révoque l'interdit qui pesait sur la Sicile. La bulle est du 1er octobre 1372. (Ibid., n. 7-24).

Grégoire XI envoya l'évêque de Sarlat pour recevoir la ratification des parties : ce qui fut exécuté le 31 mars 1373. L'évêque se rendit en Sicile, où il leva les censures dont cette île était liée depuis longtemps. Le 17 janvier 1374, Frédéric d'Aragon reconnut solennellement, et de vive voix et par écrit, en présence du nonce, que le Pape était suprême seigneur de la Sicile; et il lui fit hommage et serment de fidélité. L'année suivante, à la prière de ce prince, le Pape donna ordre à l'évêque de Sarlat de le couronner roi de Trinacrie. La commission est du 30 mars 1375 (Raynald, an 1372, n. 25; an 1374, n. 19; an 1375, n. 19). Quant à la reine Jeanne, dès le 4 janvier 1372, dans la grande église de Naples, elle avait renouvelé son hommage et son serment de fidélité au Pape, son suzerain, et cela dans les mêmes termes que fit Robert Guiscard lors de l'érection de ce royaume sous le pape saint Léon IX (*Ibid.*, an 1372, n. 4).

Pour ce qui est de l'empire d'Occident ou d'Allemagne, l'empereur Charles IV, un peu plus occupé des intérêts de sa famille que de ceux de l'empire, cherchait à faire élire roi des Romains Wenceslas, son fils aîné, âgé de quinze ans et déjà roi de Bohême. Il en écrivit au pape Grégoire XI, le 16 mars 1376, reconnaissant qu'il ne le pouvait sans sa permission. Le Pape l'accorda. En conséquence, les électeurs s'assemblèrent premièrement à Rentz, diocèse de Trèves, le jour de la Pentecôte, 1er juin, où ils élurent Wenceslas pour roi des Romains. Le père et le fils en écrivirent au Pape des lettres pleines de promesses magnifiques, le priant de confirmer cette élection. Mais Grégoire XI différa jusqu'à sa mort. C'est que cette élection n'était pas sans reproche. Enéas Silvius Piccolomini, depuis pape sous le nom de Pie II, nous apprend que l'empereur Charles acheta les suffrages à prix d'argent; qu'il promit à chaque électeur cent mille florins d'or; ne pouvant les payer comptant, il leur engagea les revenus de l'empire, qui en fut tellement affaibli, qu'il ne s'en releva jamais.

Louis, roi de Hongrie et de Pologne, ne fit aucune expédition remarquable sous le pontificat de Grégoire XI, quoiqu'il y fût sollicité bien souvent par ce pontife, comme étant plus intéressé que personne à repousser les Turcs, qui déjà menaçaient la Hongrie. Seulement on voit qu'il secondait le zèle des missionnaires apostoliques pour la propagation de la foi.

L'an 1372, le Pape donna commission au frère mineur François du Puy, vicaire apostolique de la Tartarie septentrionale, d'amener avec lui douze religieux pour convertir ces peuples barbares. Les frères du même ordre présentèrent au Pape, au nom du roi de Hongrie et au leur, une requête où ils disaient qu'en Bosnie, en Rascie, en Basarat et dans les pays voisins la moisson était abondante, mais les ouvriers en petit nombre; c'est pourquoi ils demandaient la permission d'y fonder plusieurs maisons de leur ordre. Le Pape le leur accorda par sa lettre du 17 juin, adressée au vicaire de l'ordre en Bosnie, nommé Barthélemy d'Auvergne. De plus, à la prière du même roi, le Pape écrivit à tous les principaux custodes et gardiens des frères Mineurs, de permettre à tous les frères de leur dépendance qui le désireraient, et qu'ils en jugeraient capables, d'aller à cette mission de Bosnie, à la charge que ces nouveaux missionnaires n'excéderaient pas le nombre de soixante.

La religion refleurissait dans la Moldavie. Lasco, duc de cette province, ayant quitté le schisme des Grecs, écrivit au Pape sur sa réunion à l'Eglise romaine. Le Pape, par une lettre du 25 janvier 1372, l'exhorte à persévérer et à ramener aussi à l'Eglise la princesse, sa femme, qui demeurait dans le schisme. Plusieurs autres lettres du même Pape, données pendant le cours de la même année, font voir que les frères Mineurs travaillaient puissamment à la conversion des hérétiques et des schismatiques dans les pays voisins (Raynald, an 1372, n. 32).

L'année suivante 1373, comme la religion continuait à faire des progrès en Bosnie et en Russie même, Grégoire XI donna aux frères Mineurs le pouvoir formel d'administrer le baptême et les autres sacrements, attendu qu'il n'y avait pas de paroisses distinctes dans ces deux provinces, et il en informa les habitants. Le Pape le fit parce que certains envieux cherchaient à faire croire aux peuples que les frères Mineurs n'avaient pas ces pouvoirs. De plus, ayant appris que les princes de Lithuanie n'étaient pas mal disposés pour la religion, Grégoire leur écrivit pour les y attirer tout à fait; en même temps il pressa le roi et la reine de Hongrie, ainsi que d'autres princes chrétiens du voisinage, d'y aider de tous leurs moyens (*Ibid.*, an 1373, n. 16).

D'un autre côté, les religieux de saint Dominique, par la grâce de Dieu, avaient converti une multitude d'infidèles dans la grande Arménie, qui persévéraient dans la foi; ils y avaient même fondé un ordre de Frères-Unis, affiliés à l'ordre des frères Prêcheurs. Cependant il se trouva quelques malintentionnés qui détournaient les enfants de saint Dominique de suivre de si beaux exemples. Grégoire XI, l'ayant appris, défendit, sous peine d'anathème, de détourner d'une œuvre si excellente, et ordonna de seconder de toutes manières ceux qui s'y dévoueraient. Un grand nombre d'ouvriers apostoliques s'étant présentés aussitôt, le Pape écrivit aux religieux d'Arménie de bien recevoir leurs nouveaux frères. La lettre porte cette inscription : « Grégoire, évêque, serviteur des serviteurs de Dieu, à nos bien-aimés fils, les frères Prêcheurs, demeurant ou allant chez les Sarrasins, les païens, les Grecs, les Bulgares, les Comans, les Ibères, les Alains, les Gazares, les Goths, les Scythes, les Ruthènes, les Jacobites, les Nubiens, les Nestoriens, les Géorgiens, les Arméniens, les Indous, les Mochites et autres nations infidèles de l'Orient et de l'Aquilon, ou partout ailleurs, salut et bénédiction apostolique! » Le Pape accordait aux missionnaires les plus amples pouvoirs, entre autres de réitérer sous condition le baptême et les ordinations douteuses; mais ils perdaient leurs privilèges dès qu'ils ne persévéraient pas dans leur mission (*Ibid.*, an 1374, n. 8).

En même temps, pour affermir et propager la véritable religion dans la Valachie, où le roi Louis de Hongrie l'avait ramenée par son zèle, il charge les archevêques de Strigonie et de Colocz de se concerter avec le prince, la ville où il conviendrait d'établir un siège épiscopal, et sur la personne qui conviendrait pour évêque; en particulier, de voir si frère Antoine, de l'ordre des Mineurs, qui y avait travaillé avec beaucoup de succès, aurait pour l'épiscopat les qualités requises (*Ibid.*, n. 9).

Allant en Arménie, les frères Prêcheurs firent un

autre bien en passant à Constantinople. Jean Cantacuzène, alors moine et autrefois empereur, se trouvant en cette ville, entra en conférence avec eux, et plusieurs autres Grecs prirent part à la dispute. On y parla des différends entre les Grecs et les Latins, et Cantacuzène dit : « Je crois que l'Eglise romaine a la primauté sur toutes les Eglises du monde, et j'exposerais ma vie, s'il était besoin, pour la défense de cette vérité. » Le pape Grégoire ayant appris ce fait d'un évêque digne de foi, écrivit à Cantacuzène pour l'en congratuler, et dit dans sa lettre : « C'est le refus de reconnaître notre primauté qui a causé la division entre les Latins et les Grecs, et entretenu le schisme. D'ailleurs, vous avez une grande réputation de prudence, de gravité dans vos mœurs et de science, outre l'éclat qui vous reste de la dignité impériale; c'est pourquoi nous vous prions instamment de travailler de toutes vos forces à l'union des Eglises, dont vous pouvez être le principal promoteur, et nous aurions un grand plaisir de vous voir et de traiter cette affaire avec vous, si vous pouviez venir à Rome, où nous avons résolu d'aller l'automne prochain. » La lettre est du 28 janvier 1375.

Un certain nombre de Grecs, tant clercs que religieux et laïques, profitèrent des conférences avec les frères Prêcheurs, quittèrent le schisme et se réunirent à l'Eglise romaine. Ils eurent beaucoup à souffrir des schismatiques opiniâtres, jusqu'à se voir privés de leurs dignités et de leurs biens. Le Pape, l'ayant appris, témoigna sa surprise et sa peine à l'empereur Jean Paléologue, de ce qu'il tolérait de pareilles violences, lui, le fils de l'Eglise romaine, d'autant plus que cela détournerait les chrétiens d'Occident de venir à son secours contre les Turcs. Il écrivit également à l'empereur Manuel, pour l'engager à se réunir au Siége apostolique, comme son père, l'unité dans la foi et dans l'Eglise étant la plus grande force contre toute espèce d'ennemis (Raynald, an 1375, n. 1-5).

On le voit, toujours la Providence offre aux Grecs les moyens et l'occasion de rentrer dans l'unique bercail de l'unique Pasteur, et d'échapper ainsi aux loups et aux lions qui rôdent à l'entour. Quelques âmes sincères, quelques hommes de bonne volonté en profitent; mais la masse de la nation s'obstine dans le mal et marche au devant de sa ruine.

L'île de Crète ou de Candie appartenait alors aux Vénitiens, mais elle était habitée par des Grecs, la plupart schismatiques, que leurs caloyers et leurs prêtres empêchaient autant qu'ils eussent de se réunir à l'Eglise romaine. C'est pourquoi, dès l'an 1368, le pape Urbain écrivit à l'archevêque de cette île et aux évêques, ses suffragants, une lettre où il disait : « A présent que les censures ecclésiastiques peuvent être mieux exécutées avec le secours du bras séculier, on espère parvenir dans cette île à l'extirpation du schisme, et, pour cet effet, nous vous ordonnons qu'aucun Grec ne reçoive la cléricature ou ne soit promu aux ordres que par un évêque latin ou un grec catholique qui lui en donne les lettres; et le prêtre ordonné d'entre eux dira la messe et l'office selon le rite de l'Eglise romaine. Nous défendons, de plus, qu'aucun caloyer ou prêtre grec, ne gardant pas notre rite, ose à l'avenir entendre les confessions ou prêcher au peuple (Ib., an 1368). »

Suivant ce dessein d'éteindre le schisme dans l'île de Candie, le pape Grégoire XI écrivit ainsi au duc ou doge de Venise, André Contarini : « Nous avons appris depuis peu, qu'autrefois le patriarche schismatique de Constantinople envoyait dans votre île de Candie un archevêque de sa communion pour le gouvernement spirituel des Grecs schismatiques, mais un de vos prédécesseurs défendit, sous une grosse peine, qu'on y en reçût à l'avenir, et depuis la mort d'un certain Macaire, on l'a ainsi observé, comme on l'observe encore. Ce même doge avait défendu qu'aucun schismatique sortît de l'île pour aller recevoir ses ordres d'un évêque schismatique, ce qui toutefois ne s'observe plus à présent, et par là le schisme s'entretient dans l'île. C'est pourquoi nous vous prions de faire observer inviolablement cette défense, et de faire par vous-même et par les officiers que vous avez dans l'île, tout ce qui peut contribuer à la conversion des schismatiques, qui vous seront d'autant plus fidèles, qu'ils seront plus unis avec les Latins catholiques. » La lettre est du 27 octobre 1373 (Raynald, an 1373, n. 18).

A cette époque, un seigneur espagnol donnait en ce genre un très-bel exemple. C'était Alphonse, prince d'Exerica, dans l'Aragon. Comme il avait un grand nombre d'esclaves mahométans, il faisait de son mieux pour les attirer au christianisme : ceux qui recevaient le baptême, recevaient la liberté. Grégoire XI, informé de cette piété généreuse, écrivit au roi et à la reine d'Aragon, ainsi qu'aux princes, leurs fils, de travailler de même à la conversion de leurs esclaves infidèles. Il écrivit en outre aux évêques, aux abbés et à d'autres ecclésiastiques du royaume, pour les exciter à instruire les Sarrasins dans la religion chrétienne (Ibid., n. 17).

L'an 1373, Philippe de Maizières, gentilhomme, chancelier du roi de Chypre, et que nous avons vu fidèle compagnon de saint Pierre Thomas, vint en France à la cour du roi Charles V, et lui raconta qu'en Orient, où il avait longtemps demeuré, on célébrait tous les ans la fête de la Présentation de la sainte Vierge, en mémoire de ce qu'elle fut présentée au temple à l'âge de trois ans. Philippe ajouta : « J'ai fait réflexion que cette grande fête n'était point connue dans l'Eglise d'Occident, et, lorsque j'étais ambassadeur du roi de Chypre auprès du Pape, je lui parlai de cette fête, et lui en présentai l'office noté en musique; il le fit soigneusement examiner par des cardinaux, d'autres prélats et des docteurs en théologie, et permit de célébrer cette fête, ce qui fut exécuté à Avignon en présence de plusieurs prélats et d'un grand peuple. »

Après ce récit, Philippe de Maizières présenta le même office au roi Charles, qui le reçut avec joie, et le fit célébrer solennellement dans sa chapelle, le 21 novembre 1373, par le nonce du Pape, Pierre, abbé de Conque et docteur en droit, qui officia et prêcha fort élégamment en présence du roi et de plusieurs prélats et seigneurs que le roi y avait appelés. C'est le sujet d'une lettre du même roi écrite l'année suivante au maître et aux écoliers du collège de Navarre, pour les exhorter à célébrer cette fête de la Présentation de la Vierge (Launoi, Hist. Navarr.).

Philippe de Maizières s'attacha depuis au roi

Charles V, son souverain naturel, et il fut admis aux conseils de ce prince. Ensuite il prit quelque part à l'éducation de Charles VI, pour qui il composa un livre intitulé : *Le Songe du vieil pèlerin*. C'était lui-même qu'il appelait ainsi, à cause de la multitude de ses courses en Orient et dans les diverses contrées de l'Europe. Ce livre est un recueil de traits d'histoire, mêlés de préceptes et de réflexions judicieuses que Philippe met dans la bouche de la Vérité, dont il fait une personne, afin de toucher davantage le jeune roi. Comme le tumulte des affaires et la contagion du monde n'avaient jamais ôté à Philippe le goût de la piété et de la solitude, il se retira, l'an 1380, chez les Célestins de Paris, et il y vécut jusqu'à une extrême vieillesse, partageant avec ces religieux les exercices de la régularité et de la pénitence. Il fit bâtir une chapelle dans leur église, et quelques lieux réguliers dans leur maison. Enfin, plein de vertus et de jours, il mourut le 29 mai 1405, et il fut inhumé, avec l'habit de Célestin, dans le chapitre de ce monastère (*Hist. de l'Egl. gall.*, l. 40).

Grégoire XI, comme Urbain V, eut beaucoup de zèle pour faire tenir des conciles. Sous son pontificat, on trouve les conciles d'Angers et d'Apt en 1365, celui d'Agen en 1366, d'York en 1367, de Lavaur et de Cantorbéry en 1368 ; sous Grégoire XI, on trouve les conciles provinciaux de Magdebourg en 1370, de Narbonne en 1374, de Pologne, à Uniejow, en 1375, de Lyon en 1376. Des deux premiers, on a des constitutions étendues sur la discipline et la jurisprudence ecclésiastiques. Celui de Narbonne rapporte le mandement du Pape à l'archevêque, d'assembler ses suffragants dans l'espace de six mois, pour traiter avec eux de la réformation des mœurs et des autres besoins des Églises ; et afin que les points qui devaient faire la matière du concile fussent plus digérés, le Pape voulut que chaque évêque les examinât dans le synode de son diocèse ; mais comme il souhaitait aussi que les règlements de cette assemblée s'étendissent à toutes sortes de personnes, même aux religieux exempts, il permit à l'archevêque de contraindre tous les abbés et supérieurs réguliers, sans en excepter ceux de l'ordre de Citeaux, à se trouver présents au concile (Mansi, *Concil.*, t. XXVI).

L'an 1373, le roi d'Angleterre envoya des ambassadeurs au Pape, pour le prier de surseoir aux réserves des bénéfices d'Angleterre qui vaquaient en cour de Rome, et de laisser au clergé la liberté des élections pour les évêchés, et aux métropolitains le droit de les confirmer. Le roi et le royaume se plaignaient encore d'être lésés sur plusieurs autres articles. Pour y satisfaire, le pape Grégoire envoya trois nonces, dont deux évêques, qu'il chargea de donner au roi Edouard la déclaration suivante : 1° Toutes les instances pendantes, soit en cour de Rome, soit en celle du roi d'Angleterre touchant les bénéfices vacants en régale, demeureront en suspens jusqu'à la Saint-Jean prochaine, après quoi elles pourront être reprises et poursuivies. 2° Ceux qui possèdent des bénéfices en Angleterre par autorité du Pape, demeureront en possession, sans pouvoir être inquiétés à cause de ce qui s'est passé. 3° Si pendant cet intervalle il vaque des évêchés ou d'autres églises, dont la vacance donne lieu au roi de revendiquer la présentation à quelques bénéfices, il n'innovera rien au préjudice des parties plaidantes ou des autres qui auraient des collations du Saint-Siége. Le reste de cette déclaration contient des précautions semblables pour tenir toutes les affaires en suspens jusqu'au terme marqué. La date est du 21 décembre 1373 (Raynald, an †1373, n. 21).

Mais pendant que l'esprit de Dieu, l'esprit de foi, d'humilité et de zèle, formait des âmes saintes dans le monde et dans le cloître, et suscitait parmi les religieux de saint Dominique et de saint François de nouveaux apôtres, pour amener ou ramener à la foi et à l'Église catholique les nations dévoyées de l'Orient, l'esprit de Satan, l'esprit d'orgueil et d'erreur, suscitait en Occident même de faux apôtres, de faux docteurs, de faux chrétiens, qui renouvelaient les anciennes hérésies ou en forgeaient de nouvelles. Le principal de ces faux docteurs fut Jean Wiclef, professeur dans l'Université d'Oxford, et curé de Lutterworth, dans le diocèse de Lincoln, né l'an 1324 au village de Wiclef ou Wicliffe, dans le comté d'York, d'où il paraît avoir pris son nom.

Durant les divisions qui arrivèrent l'an 1360 dans cette Université entre les moines mendiants et les prêtres séculiers, Wiclef prit la défense des priviléges de ses confrères ; mais, ayant été obligé de céder à l'autorité du Pape et des évêques qui protégeaient les moines, il résolut de s'en venger. Dans ce dessein, il avança plusieurs propositions contraires au droit qu'ont les ecclésiastiques de posséder des biens temporels, d'exercer une juridiction sur les laïques et de porter les censures ; par là il gagna l'affection des chefs du gouvernement, dont l'autorité se trouvait souvent gênée par celle du clergé, et la faveur des grands, qui ayant usurpé les biens de l'Église, méprisaient les censures portées contre eux.

Pour punir Wiclef de cette conduite, Simon Langham, archevêque de Cantorbéry, lui ôta, en 1367, la place qu'il avait dans l'Université, et la donna à un moine ; le pape Urbain V approuva ce procédé de l'archevêque. Wiclef, irrité, ne garda plus de mesures, il attaqua plus vivement qu'il n'avait fait le souverain Pontife, les évêques, le clergé en général et les moines. La vieillesse et la caducité d'Edouard III, jointes à la minorité de Richard II, furent des circonstances favorables pour dogmatiser impunément ; Wiclef en profita. Il enseigna ouvertement que l'Église romaine n'est point le chef des autres Églises ; que les évêques n'ont aucune supériorité sur les prêtres ; que, selon la loi de Dieu, le clergé ni les moines ne peuvent posséder aucun bien temporel ; que, lorsqu'ils vivent mal, ils perdent tous leurs pouvoirs spirituels ; que les princes et les seigneurs sont obligés de les dépouiller de ce qu'ils possèdent ; qu'on ne doit point souffrir qu'ils agissent par voie de justice et d'autorité contre les chrétiens, parce que ce droit n'appartient qu'aux princes et aux magistrats. Ce novateur, en soutenant de pareilles maximes, était bien sûr de ne pas manquer de protecteurs.

En effet, l'an 1377, Grégoire XI, informé de ces faits, écrivit à Simon de Sudbury, archevêque de Cantorbéry, et à ses collègues, de procéder publiquement contre Wiclef. Ils assemblèrent un concile à Londres, auquel il fut cité ; il y parut, mais accompagné du duc de Lancastre, régent du royaume, et de plusieurs autres seigneurs. Par des subtilités scolastiques, des distinctions, des explications, des restrictions et d'autres palliatifs, il réussit à faire paraître sa doctrine tolérable. Les évêques, intimidés par la présence et par les menaces des seigneurs, n'osèrent pousser plus loin la procédure, ni prononcer la sentence. Wiclef en sortit sans essuyer une censure.

Cette impunité l'enhardit; il sema bientôt de nouvelles erreurs. Il attaqua les cérémonies du culte reçu dans les églises, les ordres religieux, les vœux monastiques, le culte des saints, le libre arbitre de l'homme, le droit de propriété, les décisions des conciles, l'autorité des Pères de l'Eglise, etc. Grégoire XI ayant condamné dix-neuf propositions de ce novateur, qui lui avaient été déférées, les adressa avec la censure aux évêques d'Angleterre. Ils tinrent à ce sujet un concile à Lambeth, auquel Wiclef se présenta escorté et armé comme la première fois, et en sortit de même (Bergier, *Dictionnaire théologique*, art. WICLEFITES). Nous verrons plus tard les suites et la condamnation de cette hérésie.

On peut distinguer comme trois phases dans les erreurs de Wiclef. 1º Il attaque l'Eglise catholique, ses usages, ses institutions, sa doctrine, ses droits temporels et spirituels, ses sacrements, son chef. 2º Il attaque la société civile, non moins que l'Eglise; il enseigne que, pour être seigneur, maître ou propriétaire de quoi que ce soit, il faut être en état de grâce; que tout roi, prince, seigneur ou propriétaire en péché mortel perdent par là même tous leurs droits, de même que le Pape, l'évêque et le prêtre dans l'ordre spirituel. Comme les partisans de Wiclef se donnaient pour des saints et leurs adversaires pour des méchants, l'application était facile. Wiclef allait plus loin, il enseigna que l'homme n'a point de libre arbitre, qu'il fait nécessairement tout ce qu'il fait; d'où suit qu'il est aussi injuste de le punir d'un vol ou d'un meurtre que de le punir d'avoir faim ou soif; d'où suit enfin que les lois sont des tyrannies, les législateurs et les magistrats des tyrans (Raynald, an 1381, n. 38). 3º Il attaque Dieu par les plus horribles blasphèmes; il enseigne que Dieu fait nécessairement tout ce qu'il fait; que Dieu approuve qu'on pèche, qu'il nécessite au péché; ce qui est faire un Dieu dominé par la nécessité, et, ce qui en est une suite, un Dieu auteur et approbateur de tous les crimes, c'est-à-dire un Dieu que les athées auraient raison de nier; en sorte que la religion du prétendu réformateur est pire que l'athéisme (Bossuet, *Hist. des variat.*, l. 11, n. 153). Ce n'est pas tout : Wiclef a osé dire : *Toute créature est Dieu*, *tout est Dieu* (Raynald, an 1377, n. 5), c'est-à-dire qu'il faut tout adorer, même l'idole la plus infâme; que toutes les actions de l'homme sont des actions divines, même le vol, le parricide et l'adultère. Tels sont, dans toute hérésie, les trois abîmes qui s'appellent l'un l'autre.

Les Manichéens étaient au fond du troisième abîme, les Vaudois dans le premier. Sous le pontificat de Grégoire XI, on vit en France une secte de Manichéens qui se nommait la *Société des pauvres*; le vulgaire les nommait *Turlupins*. Ils disaient qu'on ne devait avoir honte de rien de ce qui est naturel et par conséquent l'ouvrage de Dieu. Ils découvraient donc leur nudité et se mêlaient indifféremment comme les bêtes, ne distinguant pas de l'institution divine le désordre introduit par le péché. Sur la remontrance du Pape, le roi Charles V arrêta le cours de cette secte infâme par les châtiments (Raynald, an 1373, n. 19, etc.). Les Vaudois et d'autres hérétiques n'étant pas si odieux, furent poursuivis avec moins de vigueur; en sorte qu'ils se multiplièrent dans le Dauphiné et la Savoie, jusqu'à tuer un inquisiteur à Suse et un autre à Turin (Raynald, an 1375).

Vers le même temps, quelques individus avancèrent ou furent accusés d'avancer des opinions erronées, mais qui paraissent n'avoir pas eu de suites. Tel un chanoine de Prague, nommé Milleczi, dont le Pape recommanda aux évêques et à l'empereur Charles de réprimer les erreurs (*Ibid.*, an 1374, n. 10); que l'on ne connaît pas du reste. Tel Albert, évêque de Halberstadt, accusé d'enseigner le fatalisme et l'influence nécessitante des astres, et contre lequel le Pape ordonna une procédure sans qu'on en sache le résultat (*Ibid.*, an 1372, n. 33). Telles certaines opinions appartenant ou attribuées à Raymond Lulle, que le Pape condamna par une bulle du 25 janvier 1376. Telles encore certaines idées singulières au sujet des espèces eucharistiques et de la pauvreté de Jésus-Christ, qui furent avancées ou reproduites en Espagne et contre lesquelles le Pape avertit les prélats.

L'Italie était exempte d'erreur, mais non pas de troubles et de divisions. Les Visconti de Milan, Bernabo et Galéas, étaient habituellement en guerre avec l'Eglise, quelquefois en trêve, rarement en paix. Le Pape procédait contre eux et par les armes spirituelles et par les armes temporelles, pour les amener à une paix sincère et durable. D'un autre côté, le peuple de Florence, se prétendant maltraité par les gouverneurs que le Pape envoyait d'Avignon en Italie, forma une ligue dans laquelle entrèrent beaucoup de villes des États de l'Eglise; plusieurs gouverneurs pontificaux furent chassés, quelques-uns même tués; ce qui troubla singulièrement Grégoire XI dans Avignon.

On vit alors un phénomène bien rare dans l'histoire : une fille de naissance commune, choisie par la république de Florence pour aller en ambassade auprès du chef de l'Eglise et négocier sa réconciliation; on vit cette fille bourgeoise, non-seulement apte, mais supérieure à cette honorable mission.

Dans la ville de Sienne, si féconde en saints personnages, vivait un homme pieux, simple et droit, nommé Jacques, surnommé Benincasa, teinturier de profession; sa femme, nommée Lapa, quoiqu'elle fût sans ombre de malice, soignait cependant si bien les affaires de la maison, qu'ils jouissaient d'une honnête aisance. Dieu bénit leur mariage; ils eurent vingt-cinq enfants, dont plusieurs jumeaux; ils les élevèrent dans la crainte et l'amour de Dieu. Jamais, dans cette nombreuse famille, on ne se permettait une parole qui pût offenser Dieu ou le prochain. Le père donnait l'exemple. Un de ses concitoyens cherchait à le ruiner par des calomnies; jamais cependant il ne put souffrir qu'on en dît du mal en sa présence. Comme sa femme s'en plaignait amèrement, il lui dit avec douceur : « Laissez-le tranquille, ma chère, Dieu lui fera connaître son tort, et il deviendra notre défenseur. » Ce que l'événement vérifia dans la suite.

L'effet de ce bon exemple fut tel sur tous les enfants de la maison, particulièrement sur les filles, qu'elles ne pouvaient ni dire ni entendre une parole indécente. Une d'elles, nommée Bonaventura, ayant épousé un jeune homme qui avait perdu son père et sa mère, fut bien scandalisée de lui entendre proférer, ainsi qu'à ses camarades, des propos déshonnêtes. Elle en conçut une si grande tristesse, qu'elle en tomba malade et dépérissait à vue d'œil. Son mari lui en ayant demandé la cause, elle lui répondit sérieusement : « Dans la maison de mon père, je n'ai pas été accoutumée à entendre des propos comme j'en entends ici chaque jour, je n'ai pas été élevée de cette manière par mes parents. Sachez donc pour certain que si vous n'ôtez pas de cette maison tous ces vilains discours, vous me verrez bientôt morte. » Le mari, bien étonné et en même temps bien édifié, prit aussitôt des mesures pour que sa femme n'entendît plus rien qui pût lui causer de la peine. La modestie du beau-père corrigea ainsi toute la maison du gendre.

Parmi les derniers enfants de cette nombreuse famille, furent deux filles jumelles, qui naquirent en 1347; au baptême, l'une fut nommée Jeanne, l'autre Catherine. Jeanne quitta cette terre peu de jours après, avec l'innocence baptismale; Catherine fut nourrie par sa mère même, avec beaucoup d'affection. C'est la célèbre sainte *Catherine de Sienne*, le prodige de son siècle et de beaucoup d'autres.

Dès qu'elle put marcher seule, sa mère eut de la peine à la garder à la maison. Dieu l'avait prévenue dès lors de tant de grâce, que chacun se sentait heureux de la voir et de l'entendre. C'était donc à qui des voisins ou des parents l'emmèneraient chez soi, pour jouir de cette consolation spirituelle. Vers l'âge de cinq ans, ayant appris la Salutation angélique, elle la redisait avec amour ; bien des fois, en montant ou en descendant les escaliers, elle fléchissait le genou à chaque degré et saluait la sainte Vierge.

Vers l'âge de six ans, comme elle revenait d'auprès de sa sœur Bonaventura avec son petit frère Etienne, Notre Seigneur lui apparut au-dessus de l'église des frères Prêcheurs, assis sur un trône, avec la tiare sur la tête, et accompagné de saint Pierre et de saint Paul, ainsi que de saint Jean l'évangéliste. Cette vue arrêta Catherine immobile au milieu de la place; elle contemplait avec un amour ineffable le Sauveur, qui la bénit avec tendresse par le signe de la croix. Son petit frère, qui avait continué son chemin, voyant qu'elle ne le suivait point, revint sur ses pas, la trouva immobile à la même place, l'appela vainement, et enfin l'entraîna de force. Alors, se réveillant comme d'un profond sommeil, elle abaissa les yeux et lui dit : Ah ! si tu voyais ce que je vois, tu ne m'empêcherais pas de jouir de ce bonheur. Elle porta de nouveau les yeux en haut, mais la vision avait disparu, de quoi elle pleura beaucoup. C'est elle-même qui, dans un âge plus avancé, raconta ce fait à son confesseur et biographe.

Dès lors elle entra comme dans l'âge mûr ; on ne vit plus en elle rien de l'enfance. Dieu la prévenait de jour en jour de grâces plus singulières. Ainsi, comme elle le confessa humblement à son guide spirituel, elle apprit alors, non par la lecture, mais par l'infusion de l'Esprit-Saint, les Vies des Pères du désert, les actions de quelques autres saints, notamment de saint Dominique, et elle en conçut un si grand désir de les imiter, qu'elle ne pouvait plus penser à autre chose. Elle cherchait les lieux retirés, et se donnait secrètement la discipline avec une petite corde. La prière et la méditation remplaçaient tous les amusements. Contre l'habitude des enfants, tous les jours elle mangeait et parlait moins. Son exemple attira plusieurs compagnes de son âge, qui se retiraient avec elle dans un coin de la maison, pour écouter ses ferventes paroles, se donner la discipline et réciter un certain nombre de fois l'Oraison dominicale et la Salutation angélique.

Alors lui arriva un fait dont fut témoin bien des fois sa mère, qui le raconta elle-même à l'auteur de sa Vie. Souvent, quand elle montait ou descendait les escaliers de la maison paternelle, elle paraissait visiblement transportée par les airs, sans que ses pieds touchassent les degrés. Ce que voyant, sa mère tremblait qu'elle ne vînt à tomber. Cela arrivait surtout quand elle voulait fuir la compagnie, particulièrement les jeunes gens d'un autre sexe.

Elle était dans sa sixième année, quand elle sentit un vif désir d'imiter les solitaires d'Egypte. Ne sachant comment s'y prendre, elle sortit par une porte de la ville et vint à une grotte, où elle fut ravie en extase. Elle y connut qu'elle ne devait pas encore quitter la maison paternelle, mais y pratiquer la mortification, pour l'amour du Sauveur crucifié. Revenue à elle et se voyant seule et loin de la ville, elle eut peur que ses parents ne la crussent perdue ; elle se recommanda au Seigneur, qui la transporta par les airs à la porte de Sienne. Elle rentra promptement à la maison, où l'on crut qu'elle revenait de chez sa sœur mariée. En sorte que cet événement demeura inconnu, jusqu'à ce que dans un âge avancé elle le découvrit à ses confesseurs, du nombre desquels fut le biographe qui le raconte.

Elle était dans sa septième année, quand, après avoir beaucoup prié la Reine des vierges et des anges, elle fit vœu de virginité. A genoux dans un lieu solitaire, elle fit cette prière à haute voix : — « Bienheureuse et très-sainte Vierge, qui, la première entre toutes les femmes, avez consacré par un vœu la perpétuelle virginité au Seigneur, qui vous a fait la grâce incomparable de devenir la mère de son Fils unique, je supplie votre ineffable piété, que, sans faire attention à mes mérites ni considérer ma petitesse, vous daigniez me faire la grâce de me donner pour époux celui que je désire de tout mon cœur et de toute mon âme, votre Fils adorable, notre unique Seigneur Jésus-Christ ; je vous promets, à lui et à vous, que jamais je n'admettrai d'autre époux, et qu'à toujours je lui garderai, selon mes petits moyens, une virginité sans tache. » Après avoir fait ce vœu, elle redoubla de ferveur et d'austérités ; elle s'abstint de manger de la chair, autant qu'elle put sans se faire remarquer. Elle conçut une dévotion spéciale pour les saints qui ont travaillé au salut des âmes. Ayant appris que saint Dominique avait fondé à cet effet l'ordre des frères Prêcheurs, elle eut pour cet ordre un si grand respect, que, quand des frères Prêcheurs passaient devant la maison, elle allait baiser dévotement la trace de leurs pas. Elle eut même l'idée de prendre des habits d'homme, comme autrefois sainte Euphrosyne, et d'entrer dans cet ordre pour travailler aussi au salut des âmes. Dieu contentera son zèle d'une autre manière (*Acta Sanct.*, 30 avril).

Elle n'avait pas encore dix ans, lorsque sa mère lui dit un jour : Va à l'église paroissiale, et prie notre curé de dire la messe en l'honneur de saint Antoine, avec tel nombre de cierges et tel argent pour offrande. Catherine fit avec joie ce que lui avait commandé sa mère ; mais elle eut la dévotion d'entendre la messe. La mère qui trouvait le temps un peu long, lui dit au retour, suivant la coutume du pays : « Maudites soient les mauvaises langues, qui disaient que tu ne reviendrais plus ! »

Catherine garda un moment le silence, ensuite, prenant sa mère à part, elle lui dit humblement : « Madame ma mère, si je manque ou transgresse vos ordres, frappez-moi comme il vous plaira, afin que je sois plus attentive une autre fois, parce que cela est digne et juste ; mais je vous supplie, ne veuillez plus, à propos de mes manquements, maudire qui que ce soit, ni bon, ni mauvais, parce que cela ne convient pas à votre grand âge, et que c'est pour mon cœur une affliction extrême. » La mère, surprise au delà de tout ce qu'on peut dire de voir une si petite enfant la reprendre avec une si grande sagesse, lui dit néanmoins : « Pourquoi donc êtes-vous restée si longtemps ? — C'est, répondit-elle, que j'ai entendu la messe pour laquelle vous m'avez envoyée ; après quoi je m'en suis revenue sans m'arrêter nulle part. » La mère, encore plus édifiée de sa fille, raconta le tout au père, qui en rendit grâces à Dieu, et considérait la chose sans rien dire.

Lorsque Catherine fut parvenue à l'âge de douze ans, la famille, qui ne soupçonnait pas son vœu, pensait à la marier. La mère espérait pour elle un parti fort avantageux, à cause de sa vertu et de sa sagesse ; mais elle aurait voulu qu'elle soignât un peu plus sa toilette. Catherine, qui ne cherchait qu'à plaire à l'Époux invisible que déjà elle avait choisi, s'y refusa longtemps. Mais enfin sa sœur Bonaventura, qu'elle aimait avec tendresse, l'en ayant priée instamment, elle s'y prêta quelque temps par complaisance. Bientôt elle s'en repentit comme d'une faute énorme, comme ayant aimé sa sœur plus que Dieu. Ce regret fut d'autant plus vif, que la sœur bien-aimée vint à mourir peu après.

Les parents n'insistèrent que plus vivement pour qu'elle consentît à prendre un mari convenable. Comme ils ne purent la persuader, ils engagèrent un frère Prêcheur, grand ami de la famille, à lui parler dans leur sens. Le religieux, ayant entendu Catherine, lui conseilla de se couper les cheveux, pour montrer à ses parents que sa résolution était immuable : ce qui la porterait peut-être à cesser leurs instances. A l'instant même, elle se coupa les cheveux, qu'elle avait fort beaux. Sa mère, ses frères, son père, s'en étant aperçus, se récrièrent contre elle plus que jamais, disant : « Tu as beau faire, tes cheveux repousseront malgré toi ; dût ton cœur en rompre, tu prendras un mari ; nous ne te laisserons aucun repos, que tu n'y consentes. »

Il fut alors décidé d'un commun accord, que Catherine n'aurait plus de lieu retiré pour vaquer à la prière, mais qu'elle serait constamment occupée aux travaux de la cuisine ; à quoi l'on ajoutait chaque jour des paroles de reproches et de mépris, pour lui faire changer de résolution, d'autant plus qu'on lui avait trouvé un jeune homme fort convenable. Ce fut en vain. Privée de sa cellule extérieure, Catherine, inspirée par l'Esprit de Dieu, se bâtit une cellule intérieure au fond de son âme. Là elle priait, là elle s'unissait à son divin Époux, malgré tout le tracas de la cuisine. Elle imagina un moyen plus merveilleux encore : elle se représenta Jésus-Christ dans son père, la sainte Vierge dans sa mère, les apôtres et les disciples dans ses frères et les autres personnes de la maison ; dans cette pensée, elle les servait avec un empressement et une joie qui excitaient l'admiration de tout le monde. Un autre bien lui arrivait de là : en servant ainsi les autres, elle méditait continuellement sur son céleste Époux, qu'elle servait en eux ; la cuisine devint pour elle comme un sanctuaire, et, en servant ceux qui étaient à table, toujours elle nourrissait son âme de la présence du Sauveur. Ses frères, voyant tout cela, se disaient entre eux : Nous sommes vaincus ! Le père, qui était plus pacifique et considérait avec attention tout ce qu'elle faisait, se convainquit de plus en plus qu'elle était conduite par l'Esprit-Saint, et non par aucune légèreté de jeunesse.

Enfin Catherine, ayant connu dans une vision que Dieu l'appelait au tiers-ordre de saint Dominique, assembla le jour même ses parents et ses frères, et leur parla en ces termes : « Depuis longtemps vous avez résolu entre vous, ainsi que vous avez dit, de me donner en mariage à un homme corruptible et mortel. Quoique j'y eusse une répugnance extrême, comme vous avez pu le voir par bien des signes, toutefois, pour le respect que Dieu m'ordonne de témoigner à mes parents, je ne me suis point expliquée clairement jusqu'ici. Mais maintenant, comme ce n'est plus le temps de se taire, je vous découvrirai nettement mon cœur et ma résolution, résolution que j'ai prise et confirmée non depuis peu, mais depuis mon enfance. Sachez donc que, dans mon enfance même, j'ai fait vœu de virginité, non pas en enfant, mais après une longue délibération et pour une grande cause ; je l'ai fait au Sauveur du monde, mon Seigneur Jésus-Christ, et à sa très-glorieuse Mère ; je leur ai promis que je n'accepterai d'autre époux que le Seigneur lui-même. Or, maintenant que, par la volonté du Seigneur je suis parvenue à un âge et à une connaissance plus parfaits, sachez que mon esprit y est tellement affermi, que vous amolliriez plutôt les pierres que de détacher mon cœur de cette sainte résolution. Plus vous y travailleriez, plus vous y perdriez votre temps. C'est pourquoi je vous conseille à tous de renoncer absolument au dessein de me marier, parce qu'en cela je n'entends nullement faire votre volonté, car je dois obéir à Dieu plutôt qu'aux hommes. Si donc vous voulez m'avoir dans votre maison telle que je suis, fût-ce comme votre servante, je suis prête à vous servir avec joie, dans ce que je saurai et pourrai. Que si, à cause de cela, vous êtes résolus à me chasser de votre maison, vous saurez que mon cœur ne déviera jamais en rien de sa résolution ; car j'ai un époux si riche et si puissant, qu'il ne permettra pas que je vienne à défaillir en manière quelconque, mais sans aucun doute il me procurera le nécessaire. »

A ces mots, tous les assistants, le père, la mère, les frères, se mirent à pleurer et à sangloter, sans que pas un pût faire de réponse. A la fin, le père, qui aimait tendrement Catherine et avait observé avec plus d'attention toute sa conduite, lui répondit : « A Dieu ne plaise, très-douce fille, que nous voulions en aucune manière nous opposer à la volonté divine, de laquelle nous voyons que procède votre sainte résolution. Comme nous avons appris par une longue expérience, et que nous savons à cette heure manifestement que vous y êtes portée, non par légèreté de jeunesse, mais par l'amour divin, accomplissez librement votre vœu. Faites comme vous jugerez à propos et comme l'Esprit-Saint vous enseignera. Nous ne vous détournerons plus de vos saintes œuvres, ni ne vous empêcherons en rien dans vos vertueuses pratiques ; toutefois, priez sans cesse pour nous, afin que nous devenions dignes des promesses de votre Epoux, que, dans un âge aussi tendre, vous avez choisi par sa grâce. »

Puis, se tournant vers sa femme et ses fils, il ajouta : « Que personne ne fasse plus de peine à ma très-chère fille ; que nul n'ose l'empêcher en façon quelconque ; permettez-lui de servir librement son Epoux, et de prier pour nous sans cesse. Jamais nous ne trouverons une alliance pareille à celle-ci, et nous n'avons point à nous plaindre, si, pour un homme mortel, nous recevons un Dieu et homme immortel. » Le père ayant ainsi parlé, Catherine remercia humblement sa famille, et Dieu beaucoup plus encore (Raimondo Capuano, c. 2).

Devenue ainsi libre, la sainte suivit l'attrait intérieur qui la portait à toutes les œuvres de charité et de mortification. Elle faisait aux pauvres d'abondantes aumônes, son père lui ayant laissé pleine liberté à cet égard ; elle servait les malades, elle consolait les prisonniers et tous les malheureux. Rarement elle se permettait l'usage du pain ; sa nourriture ordinaire consistait en des herbes bouillies, sans aucun assaisonnement. Elle portait le cilice avec une ceinture de fer garnie de pointes aiguës. Elle dormait peu, et prenait sur des planches nues le repos qu'elle ne pouvait refuser à la nature. Ses macérations étaient accompagnées d'une humilité profonde, d'une obéissance entière et d'un parfait renoncement à sa propre volonté. Elle n'avait que quinze ans lorsqu'elle commença ce genre de vie. Dieu l'affligea de diverses maladies, que les remèdes des médecins ne firent qu'aggraver. Les douleurs qu'elle souffrait n'altérèrent jamais la tranquillité de son âme ; elle les regardait comme des moyens d'expier ses péchés et de purifier les affections de son cœur.

En 1365, elle prit l'habit du tiers-ordre de saint Dominique dans un couvent qui était attenant à l'église des Dominicains. Elle était alors dans la dix-huitième année de son âge. Son plus grand plaisir était de rester enfermée dans sa cellule et de vaquer à la prière. Ses mortifications n'eurent plus de bornes. Elle garda pendant trois ans un silence qu'elle n'interrompait que pour parler à Dieu ou à son directeur. L'exercice de la contemplation lui prenait une bonne partie des jours et des nuits. Elle en retira de grandes lumières surnaturelles, un amour tendre pour Dieu et un zèle ardent pour la conversion des pécheurs.

Le Sauveur s'étant un jour montré à elle pendant la prière, elle en eut d'abord beaucoup de crainte, et finit par lui demander comment elle pourrait distinguer sûrement une vision ou apparition qui viendrait réellement de Dieu, d'avec celle qui viendrait de l'ennemi. Le Sauveur fit cette réponse : « Il me serait facile d'instruire votre âme par inspiration, à discerner de prime abord entre l'une et l'autre. Mais, pour que cela serve et aux autres et à vous, je vous enseignerai en parole. Les docteurs que j'ai instruits moi-même enseignent, et c'est vrai, que ma vision commence avec la crainte, mais qu'ensuite elle donne toujours une sécurité plus grande ; elle commence avec une certaine amertume, mais devient toujours plus douce. C'est tout l'opposé avec la vision de l'ennemi. Dans le commencement, elle donne, ce semble, une certaine joie, sécurité ou douceur ; mais toujours, en suivant, la crainte et l'amertume croissent continuellement dans l'esprit de qui voit. Cela est très-vrai, parce que mes voies diffèrent de la même manière de ses voies. Car la voie de la pénitence et de mes commandements paraît d'abord âpre et difficile ; mais, plus on y avance, plus elle devient douce et facile. Au contraire, la route des vices paraît d'abord très-agréable ; mais, en avançant, elle devient toujours plus amère et plus funeste. »

Le Sauveur ajouta : « Mais je veux vous donner un autre signe plus infaillible et plus certain. Tenez pour indubitable que, comme je suis la Vérité même, toujours de mes visions il résulte dans l'âme une plus grande connaissance de la vérité. Or, la connaissance de la vérité lui est plus nécessaire par rapport à moi et par rapport à elle, afin qu'elle me connaisse et qu'elle se connaisse ; d'où il arrive qu'elle se méprise et qu'elle m'honore, ce qui est le propre de l'humilité. Donc il est nécessaire que, par l'effet de mes visions, l'âme devienne plus humble, se connaissant mieux elle-même et par là se méprisant davantage. Le contraire a lieu dans les visions de l'ennemi. Comme il est le père du mensonge et le roi sur tous les enfants de l'orgueil, et qu'il ne peut donner que ce qu'il a ; toujours de ses visions il résulte dans l'âme la propre estime et la présomption, ce qui est le propre de l'orgueil, et elle demeure enflée et gonflée de vent. En vous examinant donc bien vous-même, vous pourrez conclure d'où procède la vision, de la vérité ou du mensonge, parce que la vérité rend toujours l'âme humble, tandis que le mensonge la rend superbe (C. 5, n. 58). »

Une autre fois, pendant que la sainte était en prières, le Sauveur lui apparut et lui demanda : « Sais-tu bien, ma fille, qui tu es et qui je suis ? Si tu sais ces deux choses, tu seras bienheureuse. Tu es qui n'est pas, je suis qui suis. Si tu as cette connaissance dans ton âme, jamais l'ennemi ne pourra te tromper, et tu éviteras tous ses pièges ; tu ne consentiras jamais à aucune chose contre mes commandements, et tu acquerras sans peine toute grâce, toute vérité et toute gloire (C. 6, n. 92). »

Le biographe de sainte Catherine de Sienne, qui fut en même temps un de ses directeurs spirituels, admire avec justice cette oraison à la fois simple et sublime. Car elle renferme en deux mots ce qu'il y a de plus élevé dans Platon, qui définit Dieu *ce qui est*, et la créature *ce qui n'est pas*; idée qui semble empruntée de l'Ecriture sainte, où Dieu se définit lui-même *Celui qui est*, et où David dit à Dieu : *Voilà que ma substance est devant vous comme un rien*. Ce sublime résumé de la sagesse divine et humaine, devenu l'oraison familière d'une jeune fille de teinturier, nous paraît à elle seule une preuve évidente d'une illumination surnaturelle et divine.

Catherine ne jouissait pas toujours de ces consolations célestes : Dieu la soumit à de rudes épreuves, sur sa demande même. Plusieurs jours de suite, elle demanda au Seigneur la vertu de force. Le Seigneur, qui lui avait inspiré cette demande, lui fit cette réponse : « Ma fille, si vous voulez acquérir la vertu de force, il faut que vous m'imitiez. Car, quoique je pusse par la vertu anéantir même toutes les puissances aériennes ou les vaincre d'une autre manière, voulant toutefois, par mes actions humaines, vous donner l'exemple, j'ai voulu ne les vaincre que par le moyen de la croix, pour vous enseigner par la parole des faits. Si donc vous voulez devenir forte pour vaincre toute puissance hostile, prenez la croix pour votre rafraîchissement, comme j'ai fait, moi qui, suivant l'Apôtre, ai couru avec allégresse à la croix, cette croix si humiliante et si dure; c'est-à-dire préférez les peines et les afflictions, non-seulement les porter avec patience, mais les embrasser comme des rafraîchissements. Et c'en est de véritables; car plus vous en souffrez à cause de moi, plus vous me devenez conforme. Que si vous me devenez conforme par les souffrances, il s'ensuit nécessairement, selon la doctrine de mon Apôtre, que vous me serez semblable et en grâce et en gloire. Prends donc, ma fille, à cause de moi, ce qui est doux pour amer et ce qui est amer pour doux, et ne doute pas qu'ensuite tu ne sois forte à toutes choses. » Catherine prit dès lors une si ferme résolution de mettre sa joie dans les peines, que rien au monde ne lui faisait tant de plaisir que de souffrir, et que sans afflictions la vie lui eût paru insupportable.

Quelque temps après, comme autrefois saint Antoine, elle se vit assaillie d'horribles tentations. Nuit et jour une multitude d'esprits immondes l'obsédaient de pensées et d'imaginations abominables, représentant même quelquefois devant elle les gestes et les actes les plus lascifs, et la sollicitant, par des paroles séduisantes, de manquer à son vœu. Comme une chaste épouse qui ne répond pas un mot à l'adultère, mais s'en détourne, ainsi Catherine ne répondait pas un mot aux sollicitations impures des démons, mais s'appliquait avec plus de fidélité que jamais à la prière et à la mortification. Seulement, quand les ennemis l'attaquaient sur la persévérance, elle disait : » Je mets ma confiance en Notre Seigneur Jésus-Christ, et non pas en moi. » Ces tentations durèrent plusieurs jours; elles étaient moins violentes à l'église, mais redoublaient dans la cellule.

Un jour que Catherine était prosternée en oraison, un rayon de l'Esprit-Saint éclaira son intelligence; elle se ressouvint comme peu auparavant elle avait demandé au Seigneur le don de la force, et quelle instruction elle en avait reçue; elle comprit le mystère de ces tentations, et, réjouie au dedans, elle résolut de supporter avec joie toutes ces peines tant qu'il plairait à son Epoux. Alors un des esprits immondes lui dit : « Que feras-tu, misérable? passeras-tu toute ta vie dans cette misère? Jamais nous ne cesserons de te vexer, jusqu'à ce que tu consentes à nos désirs. » Elle répondit avec assurance au tentateur : « J'ai choisi les peines pour mon rafraîchissement; il ne m'est pas difficile, mais agréable même, de souffrir ces peines et d'autres pour le nom du Sauveur, tant qu'il plaira à sa Majesté. ». A ces mots, les démons se retirèrent confus; une lumière d'en-haut éclaira toute la cellule, et au milieu de la lumière apparut le Sauveur crucifié, comme quand il est entré dans l'éternel sanctuaire. Il dit à la vierge : « Tu vois, ma fille, combien j'ai souffert pour toi; n'aie donc pas de peine à souffrir pour moi. »

Bientôt il s'approcha d'elle sous une autre forme, pour la consoler et l'entretenir de son triomphe. « Ah! s'écria-t-elle, où étiez-vous, Seigneur, pendant que mon cœur était vexé de tant de turpitudes? » Il répondit: « J'étais dans ton cœur. — Mais, reprit-elle, sauf toujours le respect dû à Votre Vérité et à Votre Majesté, comment puis-je croire que vous habitiez dans mon cœur, alors qu'il n'était rempli que des pensées les plus sales et les plus honteuses. — Mais, demanda le Sauveur, ces pensées ou ces tentations causaient-elles dans votre cœur de la joie ou de la tristesse? du plaisir ou de l'affliction? — Ah! Seigneur, la tristesse et l'affliction la plus grande. — Or, dit le Sauveur, qui est-ce qui faisait que vous étiez triste, ce n'est moi qui étais au milieu du cœur? Si je n'y avais pas été, ces pensées auraient pénétré ton cœur, et tu y aurais pris plaisir; mais ma présence causait ce déplaisir dans ton cœur; et comme vous vouliez les repousser bien loin, vous étant extrêmement déplaisantes, et que vous ne le pouviez pas selon votre désir, vous vous en attristiez et vous en affligiez. Mais c'est moi qui faisais tout cela, moi qui défendais votre cœur tout entier contre les ennemis, caché au dedans et permettant que vous fussiez troublée au dehors, autant qu'il était expédient pour votre salut. Mais lorsque fut accompli le temps marqué par moi pour le combat, j'ai envoyé mes rayons au dehors; aussitôt les ténèbres infernales s'enfuirent, parce qu'elles ne peuvent subsister avec la lumière. Car, que ces peines vous étaient salutaires pour acquérir la force, et qu'il fallait les supporter avec joie, qui vous en a instruite en dernier lieu, si ce n'est mon rayon? Et parce que vous vous êtes offerte cordialement à porter ces peines, elles ont été librement enlevées par la manifestation de ma présence; car ma complaisance est, non pas dans les peines, mais dans la volonté de qui les supporte avec courage.

» Pour que vous compreniez ceci plus parfaitement et plus agréablement, je vous en donne un exemple dans mon corps même; car qui aurait cru que mon corps, lorsqu'il souffrait si cruellement, qu'il mourrait sur la croix et ensuite gisait inanimé, eût toujours en lui une vie latente et qui lui était unie d'une manière indissoluble? Non-seulement les étrangers et les pervers, mais les apôtres mêmes, qui avaient été si longtemps avec moi, ne purent le croire; tous ils perdirent la foi et l'espérance. Et cependant, quoique très-véritablement mon corps ne vécût pas de la vie qu'il recevait de son âme propre, il avait cependant avec lui et unie à lui une vie sans terme, de laquelle vivent tous les êtres vivants; par la vertu de laquelle, au temps marqué de toute éternité, l'esprit propre à ce corps lui fut réuni, avec une communication de vie et de vertu beaucoup plus grande qu'auparavant, savoir, l'immortalité, l'impassibilité et les autres dons surnaturels. Ainsi donc, la vie, la nature divine, unie à mon corps, est demeurée latente quand elle a voulu; et quand elle a voulu, elle a manifesté sa vertu. Or, vous ayant créés à mon image et à ma ressemblance, et vous étant devenu semblable en prenant votre nature, je ne cesse jamais de vous assimiler à moi, autant que vous en êtes capables; et ce qui alors eût lieu dans mon corps, je m'applique à le renouveler dans vos âmes pendant que vous êtes dans la voie. Vous donc, ma fille, qui, par ma vertu et non par la vôtre, avez combattu fidèlement, vous en avez mérité une grâce plus grande; c'est pourquoi, désormais, je me montrerai à vous plus fréquemment et plus familièrement (C. 7, n. 103-111). »

Une de ces manifestations merveilleuses fut la suivante. Depuis longtemps la vierge fidèle demandait à son divin Epoux qu'il lui augmentât la foi, qu'il lui donnât une foi parfaite, afin qu'elle lui fût unie d'une manière plus intime et plus indissoluble. Le Seigneur lui répondait par cette parole, qu'il avait déjà dite par le prophète Osée : *Je te rendrai mon épouse par une foi inviolable.* A l'approche du carême, comme elle renouvelait sa prière avec les plus vives instances, le Seigneur lui dit : « Puisque vous avez renoncé pour l'amour de moi à toutes les vanités, et que, méprisant les plaisirs de la chair, vous avez fixé le plaisir de votre cœur en moi seul, aujourd'hui, pendant que le reste de votre famille se réjouit dans les festins, j'ai résolu de célébrer solennellement avec vous les fiançailles de votre âme, et, comme j'ai promis, vous rendre mon épouse par une foi inviolable. » Il parlait encore, quand parut la sainte Vierge, sa mère, saint Jean l'Evangéliste, l'apôtre saint Paul et saint Dominique, avec le prophète David tenant en sa main le psaltérion. Pendant qu'il en tirait les sons les plus harmonieux, la Mère de Dieu prit la main droite de l'humble vierge, et, en étendant les doigts vers son Fils, elle le suppliait de vouloir bien la prendre pour épouse fidèle. Le Fils, y acquiesçant avec une extrême bienveillance, lui mit au doigt annulaire un anneau d'or orné de quatre perles et d'un diamant, et dit : « Voici que je te prends pour épouse, moi ton Créateur et ton Sauveur, toi qui se qui se conservera toujours inviolable. Désormais, ma fille, fais avec courage et sans délai ce que ma providence te conduira à faire; armée de la force de la foi, tu vaincras tous tes adversaires. » A ces mots la vision disparut. L'anneau resta au doigt de la vierge, mais visible à elle seule, comme elle le confessa souvent à son directeur et biographe (N. 114).

C'était Raymond de Capoue, frère Prêcheur, et depuis général de l'ordre. Il confesse ingénument que bien des fois il fut tenté de ne pas croire aux visions et aux extases dont elle lui rendait compte. « Je cherchais de toutes manières à découvrir si ces choses venaient de Dieu ou d'ailleurs, si elles étaient vraies ou feintes. Car je me souvenais avoir rencontré plus d'une femme à tête faible et facilement séduite par l'ennemi, comme notre première mère à tous. Dans cette anxiété, comme je demandais à Dieu de me diriger lui-même, il me vint en pensée que, si j'obtenais par les prières de Catherine une grande et extraordinaire contrition de mes péchés, ce serait une marque certaine que tout son état procédait de l'Esprit-Saint; car nul ne peut avoir cette contrition que par le Saint-Esprit. Je lui dis donc de demander pour moi au Seigneur le pardon de mes péchés. Elle répondit qu'elle le ferait volontiers; mais, répliquai-je, mon désir ne sera satisfait que quand j'aurai sur cette indulgence une bulle comme de Rome. Elle sourit et demanda quelle bulle je voulais avoir là-dessus. Je répondis : Une grande et extraordinaire contrition de mes péchés. Elle assura aussitôt qu'elle le ferait, et sans aucun doute. Il me sembla que dans ce moment elle voyait toutes mes pensées. C'était au soir. Le lendemain, je me trouvai malade, ayant à mes côtés un frère. Quoiqu'elle fût plus malade que moi, elle vint me rendre visite avec une de ses compagnes. Suivant sa coutume, elle se mit à parler de Dieu et de notre ingratitude, à nous, qui offensons un si grand bienfaiteur. Pendant qu'elle parlait, il me vint une si claire-vue de mes péchés, que je me voyais indubitablement digne de mort aux pieds du juste Juge, qui toutefois, par miséricorde, non-seulement me délivrait de la mort, mais me couvrait de ses vêtements et me prenait à son service. Cette considération ou plutôt cette vue manifeste me fit pleurer, sangloter, rugir même, au point de me faire craindre que mon cœur et ma poitrine ne vinssent à se rompre. La sainte se tut, me laissant pleurer et sangloter à mon aise. Quelques moments après, étonné d'une nouveauté pareille, je me rappelai la demande que je lui avais faite la veille, avec sa promesse. Je lui dis aussitôt : Est-ce là la bulle que j'ai demandée? C'est cela, répondit-elle, souvenez-vous des dons de Dieu; et à l'instant elle se retira. Je restai avec mon compagnon, également édifié et réjoui. Je prends Dieu à témoin que je ne dis pas de mensonge.

» Une autre fois, sans l'avoir demandé, ajoute Raymond de Capoue, j'eus un autre signe. Comme elle était très-souffrante, elle me fit venir pour me rendre compte de certaines révélations qu'elle avait eues. Pendant qu'elle m'en faisait le récit, ne me souvenant plus de la grâce qui m'avait été faite, je pensais en moi-même sur certains articles : Tout ce qu'elle dit est-il bien vrai? Au moment que je pensais ainsi et que je regardais son visage, voilà qu'il est soudain transformé en celui d'un homme de moyen âge, portant une barbe médiocre, qui me regarda avec des yeux fixes, et m'inspira une frayeur extrême. Son aspect était si majestueux, qu'on voyait manifestement que c'était le Seigneur. Dans le moment, je ne pouvais distinguer d'autre visage. Epouvanté et levant les mains, je m'écriai : O ! qui est celui qui me regarde ? La vierge répondit : C'est

Celui qui est. Aussitôt ce visage disparut, et je vis clairement celui de la vierge, que je ne pouvais distinguer auparavant. Je parle ici en présence de Dieu, qui sait que je ne mens pas (C. 5, n. 87-90). »

Tels sont les récits, telles sont les protestations de Raymond de Capoue. Il nous semble que cela n'est pas d'un homme crédule, mais circonspect et consciencieux.

Quant à cette apparition d'un visage dans un autre, il y a peut-être dans les mystères de la foi chrétienne de quoi nous le faire concevoir. L'apôtre Philippe ayant dit : *Seigneur, montrez-nous le Père, et il nous suffit.* Jésus répond : *Voilà si longtemps que je suis avec vous, et vous ne me connaissez pas? Philippe! Qui me voit, voit aussi le Père. Comment dites-vous :* Montrez-nous le Père? *Ne croyez-vous donc pas que je suis dans le Père et que le Père est en moi? Les paroles que je vous dis, je ne les dis pas de moi-même; mais le Père qui demeure en moi c'est lui qui fait les œuvres. Ne croyez-vous pas que je suis dans le Père et que le Père est en moi* (Joan., 14, 8-11)? Nous voyons ici ce que les théologiens appellent *Circuminsession,* existence réciproque d'une personne dans une autre, du Père dans le Fils et du Fils dans le Père. Or, dans la sainte eucharistie, il y a quelque chose de semblable. Car le Sauveur dit lui-même : *Celui qui mange ma chair et boit mon sang, demeure en moi, et moi en lui (Ibid., 6, 57).*

Après tant de visions et d'extases, qui faisaient aimer la contemplation à Catherine par-dessus toute chose, le Seigneur lui commanda d'y joindre la vie active. Elle obéit, quoi qu'il pût lui en coûter. Elle recommença donc à faire l'office de servante, et au couvent et à la maison paternelle. Elle s'appliquait surtout à servir les pauvres et les malades. Il y avait à Sienne une vieille femme, nommée Tecca, tellement infectée de la lèpre, que les magistrats avaient ordonné qu'on la mît hors de la ville, de peur qu'elle ne communiquât son mal aux autres. Catherine la visitait tous les jours, matin et soir, lui préparait et lui donnait de ses mains tout ce qui lui était nécessaire. Elle y considérait son divin Epoux, qui lui-même se présente comme un lépreux dans les Prophètes. La malheureuse femme, la voyant revenir chaque jour deux fois, la regarda bientôt comme sa servante, la grondant, lui faisant de piquants reproches quand elle tardait de quelques minutes. Catherine lui répondait humblement : « Pour l'amour de Dieu, ma chère mère, ne vous troublez pas; si j'ai tardé un peu, j'aurai bien vite fait ce qui convient pour votre service. » Puis elle y travaillait avec tant de diligence, que la pauvre femme, toute impatiente qu'elle était, ne pouvait s'empêcher de l'admirer. Dieu permit qu'en la servant ainsi pour l'amour de lui, Catherine contractât elle-même la lèpre aux mains. Et cela ne dura pas peu. Mais elle aimait mieux devenir lépreuse pour tout le corps, que d'abandonner cet office de charité. La malade étant morte, Catherine lava son corps et l'ensevelit elle-même. Après quoi la lèpre disparut de ses mains, sans qu'il en restât aucune trace (*Vita,* n. 143-146).

Une pauvre veuve, dont le sein était rongé par un horrible cancer, se voyait abandonnée de tout le monde. Catherine la regarda comme lui étant réservée par la providence de son céleste Epoux, et lui offrit ses services jusqu'à la fin de sa maladie. La pauvre veuve s'en montra d'autant plus reconnaissante, qu'elle se voyait plus abandonnée. Catherine la servait donc avec une affection filiale, pansant son ulcère, sans faire attention à la puanteur, en sorte que la malade elle-même en était dans l'admiration. Le démon fut jaloux d'une charité si héroïque. Il s'attaqua d'abord à la sainte même. Un jour donc qu'elle découvrit l'ulcère de la malade, elle sentit une puanteur si extraordinaire, que le cœur lui en bondit et qu'elle fut sur le point de vomir. Mais bientôt, s'indignant contre elle-même, elle se dit : « Comment! tu répugnes ta sœur, rachetée par le sang du Sauveur, toi qui peux tomber dans une infirmité pire encore? Vive le Seigneur, tu ne passeras pas impunie. » En même temps elle appliqua la bouche sur l'ulcère de la malade, jusqu'à ce qu'elle eût éteint les derniers ressentiments de la répugnance.

Le démon s'enfuit pour un temps; mais il revint bientôt à la charge par la malade même. Il lui remplit l'esprit des plus noirs soupçons contre sa bienfaitrice, lui représentant que, tout le temps qu'elle ne passait pas auprès de son lit, elle se livrait aux plus honteux désordres. La malheureuse s'en laissa tellement persuader, qu'elle en parla dans ce sens à d'autres. La calomnie se répandant de plus en plus, les sœurs du couvent appelèrent Catherine et lui en firent des reproches. Sans se plaindre de personne, elle répondit modestement : « Mesdames et mes sœurs, par la grâce de Jésus-Christ, je suis vierge. » Et elle ne cessait de servir avec la même affection celle qui ne cessait de la diffamer. Seulement elle recommandait l'honneur de sa virginité à son céleste Epoux.

Un jour qu'elle priait ainsi avec larmes, le Sauveur lui apparut avec une couronne d'or dans une main, et un diadème d'épines dans l'autre, et lui parla en ces termes : « Sachez, ma fille, que nécessairement vous serez successivement couronnée de l'une et de l'autre. Choisissez donc ce que vous aimez le mieux, ou d'être couronnée du diadème d'épines en cette vie qui passe, et je vous réserverai la couronne d'or, de perles et de pierres précieuses pour la vie qui dure; ou bien d'avoir maintenant la couronne précieuse, et après votre mort celle d'épines. » Elle répondit : « Depuis longtemps, Seigneur, j'ai renié ma volonté propre pour ne suivre que la vôtre, ce n'est donc pas à moi de choisir. Cependant, puisque vous voulez que je réponde, je dirai que je choisis en cette vie d'être toujours conforme à votre bienheureuse passion, d'embrasser toujours, pour l'amour de vous, les peines comme un rafraîchissement. » En même temps elle saisit des deux mains la couronne d'épines, et se l'enfonça si fortement dans la tête, qu'elle en fut percée de toutes parts, et qu'elle en sentit des douleurs le reste de sa vie. Le Seigneur lui dit alors : « Tout est en ma puissance, et, comme j'ai permis que ce scandale arrive, je puis de même y mettre facilement un terme. Toi donc, persévère dans le service que tu as commencé, ne cède point au démon qui veut t'en empêcher; je te donnerai une pleine victoire sur le méchant, de telle sorte que tout ce qu'il aura machiné contre toi retombera sur sa tête et tournera à ta plus grande gloire. »

Cependant la mère de Catherine, quoique bien

sûre de la vertu de sa fille, se laissa troubler par la calomnie, et vint lui dire : « Ne vous ai-je pas dit tant de fois de ne plus servir cette vieille puante? Voyez maintenant quelle récompense elle vous donne! Elle vous a honteusement diffamée auprès de toutes vos sœurs. Si vous la servez davantage, si vous en approchez encore, je ne vous appellerai plus jamais ma fille. » Tout ceci était encore un piége du malin esprit, pour empêcher une si bonne œuvre. La sainte garda un moment le silence, puis, s'approchant de sa mère et se mettant à deux genoux, elle lui dit humblement : « Très-douce mère, est-ce que Dieu, à cause de l'ingratitude des hommes, cesse d'exercer tous les jours sa miséricorde envers les pécheurs? Est-ce que le Sauveur, lorsqu'il était sur la croix, a cessé d'opérer le salut du monde, à cause des paroles outrageantes qu'on lui disait? Votre charité sait que, si j'abandonnais cette malade, personne ne l'assisterait et qu'elle mourrait d'indigence. Devons-nous être l'occasion de sa mort? Elle a été séduite par le démon; peut-être maintenant sera-t-elle éclairée par le Seigneur et reconnaîtra-t-elle son erreur. » Enfin la mère, adoucie par ces paroles et d'autres, donna sa bénédiction à sa fille, qui retourna auprès de la malade, et la servit avec la même joie que si jamais elle n'avait mal parlé d'elle. L'autre, n'apercevant en elle aucun vestige de trouble, demeura stupéfaite et ne put s'empêcher de se reconnaître vaincue. Elle conçut dès lors des regrets, d'autant plus que chaque jour elle voyait mieux la persévérance de la sainte.

Un jour que Catherine entrait dans sa chambre et s'approchait de son grabat, la malade vit se répandre d'en-haut une lumière si douce et si suave, qu'elle en oublia complètement ses douleurs ; comme elle en cherchait la cause, elle aperçut le visage de la sainte transfiguré en visage majestueux d'ange, et cette lumière la couvrant de toutes parts. En même temps une lumière intérieure lui découvrit comme elle s'était laissé séduire par le démon et avait calomnié sa bienfaitrice. Elle se mit à pleurer, à sangloter, à lui demander pardon. Catherine l'embrassa avec tendresse, et la consola, disant : « Je sais, très-douce mère, que c'est l'ennemi du genre humain qui a opéré tous ces scandales, et qui a trompé votre esprit par une prodigieuse illusion ; ce n'est donc pas à vous, mais à lui, que j'ai à imputer quelque chose; quant à vous, je vous dois des actions de grâces du zèle que vous avez eu pour la conservation de ma vertu. » La malade déplora sa faute devant tous ceux qui venaient la voir, et leur raconta la manière merveilleuse dont elle l'avait reconnue : ce qui augmenta beaucoup l'admiration publique pour Catherine. Mais elle ne se prévalait pas plus de la prospérité, qu'elle ne s'était laissé abattre par l'adversité.

Quelque temps après, comme elle découvrait l'horrible ulcère de la pauvre veuve, pour le nettoyer et le laver, elle ressentit une infection si insupportable, que tout son intérieur en fut bouleversé. C'était moins un effet naturel qu'une malice de l'esprit de ténèbres. La vierge de Dieu en fut d'autant plus émue, que ces jours-là mêmes elle avait reçu des grâces plus signalées. Aussi, s'élevant contre son propre corps par une sainte indignation, elle lui dit : « Vive le Très-Haut, l'époux bien-aimé de mon âme, ce que tu répugnes si fort sera logé au fond de tes entrailles. » Elle dit, ramasse dans une écuelle l'eau dont elle a lavé la plaie, se retire à l'écart, et boit tout d'un trait. Dès ce moment elle ne sentit plus aucune tentation de répugnance. Elle avoua de plus à son confesseur que jamais elle n'avait rien bu ni mangé qui lui parût plus agréable.

La nuit suivante, pendant qu'elle était en prière, le Sauveur lui apparut avec les cinq plaies qu'il endura pour nous sur la croix, et lui dit : « Déjà, ma bien-aimée, vous avez supporté beaucoup de combats pour l'amour de moi; et, par mon secours, vous avez vaincu jusqu'à présent; par quoi vous m'êtes devenue très-agréable. Mais hier vous m'avez plu singulièrement, lorsque, non contente de mépriser les plaisirs du corps, les opinions des hommes, et de vaincre les tentations de l'ennemi, mais foulant encore aux pieds la nature de votre corps même, vous avez, par l'ardeur de ma charité, pris avec tant de joie une boisson horrible. C'est pourquoi je vous dis que, comme dans cet acte vous avez surpassé votre nature, de même je vous donnerai une boisson qui surpasse toute nature humaine. » En même temps il lui fit appliquer la bouche sur la plaie de son côté ouvert, comme sur une fontaine de vie, qui devait remplir son âme d'une si grande douceur, que le corps même en serait inondé (*Vita*, n. 154-164).

Par suite de cette grâce extraordinaire, Catherine ne vécut plus que de la sainte communion. Son estomac ne pouvait même plus supporter de nourriture matérielle. Cet état si nouveau parut incroyable. Ses parents et ses amis même l'appelaient une tentation ou déception du malin esprit. Son confesseur donna dans la même idée. Elle eut beau lui représenter que, quand elle ne mangeait pas, elle se trouvait et mieux portante et plus forte, tandis qu'elle devenait faible et malade quand elle prenait de la nourriture; il ne lui répétait pas moins qu'elle devait manger. Elle obéit; mais bientôt elle se trouva si mal, qu'elle était près de mourir. Alors elle dit à son confesseur : « Mon père, si j'étais sur le point de mourir par suite d'un jeûne excessif, est-ce que vous ne me défendriez pas de jeûner, pour ne pas mourir et n'être pas homicide de moi-même? — Sans doute, répondit-il. — Elle reprit : N'est-il pas plus grave d'encourir la mort pour avoir mangé que pour avoir jeûné? » Sur sa réponse affirmative, elle conclut : « Puis donc que, par plus d'une expérience, vous me voyez dépérir pour avoir pris de la nourriture, pourquoi ne me défendiez-vous pas d'en prendre comme vous me défendriez le jeûne en pareil cas? » Le confesseur, ne trouvant point de réponse à cette observation, et voyant des indices certains d'une mort imminente, lui dit : « Faites ce que le Saint-Esprit vous enseignera, car elles sont grandes les choses que je vois que Dieu opère en vous. »

Catherine demeura depuis le commencement du carême jusqu'au jour de l'Ascension, sans prendre d'autre nourriture que la sainte communion : ce jour elle put manger quelque peu. Elle revint ensuite à son abstinence totale. Cependant, par esprit de pénitence et pour ne donner aucun lieu aux critiques, elle se présentait chaque jour avec les autres et s'efforçait de manger quelque chose; mais chaque fois son estomac rejetait ce qu'elle s'était efforcée de prendre, en sorte qu'elle excitait la compassion de ceux qui en étaient témoins. Toutefois, avec ce corps sans nourriture, elle était pleine de courage et d'activité pour toutes les bonnes œuvres. Je l'ai vue, dit Raymond de Capoue, je l'ai vue plus d'une fois, moi et d'autres, réduite à un tel état de faiblesse, que nous nous attendions d'un moment à l'autre à son dernier soupir. Mais se présentait-il une occasion de procurer la gloire de Dieu ou le salut des âmes, elle reprenait non-seulement de la vie, mais des forces, et des forces non pas communes, mais remarquables; elle se levait, elle marchait, elle travaillait sans peine et sans lassitude, plus que les personnes bien portantes qui l'accompagnaient (N. 165-171).

Depuis cette époque, au milieu de ses œuvres extérieures, les visions et les extases devinrent si fréquentes, que tout le monde pouvait en être témoin. Car, dans ces occasions, elle demeurait immobile, raide, privée de sentiment, en sorte qu'on aurait pu lui briser les os sans pouvoir la changer de place. Elle faisait cette prière du Prophète : « O Dieu ! créez en moi un cœur pur, et renouvelez l'esprit de droiture dans mes entrailles, » suppliant le Seigneur de lui ôter son cœur et sa volonté propre. Le céleste Époux daigna la consoler dans une vision. Il lui sembla qu'il lui ouvrait le côté gauche, lui en ôtait le cœur, et après quelque temps y remettait le sien en place. En sorte qu'elle pouvait dire à Jésus-Christ : Mon Dieu, je vous aime de tout votre cœur ! Et avec saint Paul : Je vis, non plus moi, mais c'est Jésus qui vit en moi. Plus tard, elle reçut dans son corps les cinq stigmates du Sauveur, mais sur sa demande, ils demeurèrent invisibles. Elle en souffrait des douleurs si grandes, que naturellement et sans l'intervention divine elle devait en mourir (N. 178, etc.; 194, etc.). »

Dans une de ces merveilleuses extases, où son âme était réellement séparée de son corps, à tel point que les assistants la pleuraient comme morte, le Sauveur lui fit voir les joies du paradis, les tourments de l'enfer, les peines du purgatoire. « Pendant que je contemplais toutes ces choses, dit-elle, l'éternel Époux dit à mon âme : « Tu vois de quelle gloire sont privés et de quelle peine sont punis ceux qui m'offensent. Retourne et fais-leur voir tout à la fois et leur erreur, et leur péril, et leur malheur. » Comme mon âme répugnait beaucoup à retourner dans son corps, le Seigneur ajouta : « Le salut de beaucoup d'âmes demande que tu retournes; mais tu ne tiendras plus la même manière de vie que tu as tenue jusqu'à présent, et tu n'auras plus désormais ta cellule pour demeure; il te faudra même sortir de la ville pour le salut des âmes. Or, je serai toujours avec toi, je te conduirai et te ramènerai; tu porteras l'honneur de mon nom et les enseignements spirituels devant les petits et les grands, tant laïques que clercs et religieux; car je te donnerai une bouche et une sagesse à laquelle nul ne pourra résister. Je te conduirai même devant les pontifes et les prélats des églises et du peuple chrétien, afin de confondre, suivant mon habitude, la superbe des forts par ce qu'il y a de faible. »

Dieu fit dès lors, par le ministère de sa servante, une infinité de miracles, principalement de miséricorde sur les pécheurs. En voici quelques exemples. Un des principaux habitants de Sienne, nommé Nannès, entretenait quatre querelles privées, dans lesquelles s'étaient déjà commis plusieurs homicides. Plus d'une fois des médiateurs s'étaient interposés pour amener la paix. Nannès protestait toujours qu'il n'était pour rien dans ces guerres, tandis qu'il en était la seule cause, et ne cessait de dresser secrètement des embûches. Sainte Catherine, l'ayant su, désirait lui parler; mais il la fuyait. Toutefois, il promit à un religieux Augustin de venir la trouver, mais nullement de faire ce qu'elle lui dirait. Il vint en effet, pendant qu'elle était absente de la maison. Son historien, Raymond de Capoue, s'y trouvant, pria Nannès d'attendre quelques minutes. Mais bientôt il s'ennuya, et dit : « J'ai promis à frère Guillaume de venir et d'entendre cette dame; comme elle est absente et que de nombreuses occupations ne me permettent pas de rester davantage, je vous supplie de m'excuser auprès d'elle. » Voyant cela, dit Raymond de Capoue, et affligé de l'absence de la vierge, je commençai à lui parler de la paix en question. Il me dit : « Voyez-vous bien, je ne dois pas mentir à vous, qui êtes prêtre et religieux, ni à cette pieuse dame qui, comme j'apprends, a une grande réputation de sainteté; je vous dirai la vérité, mais je n'entends rien faire de ce que vous voulez. Il est vrai que c'est moi qui empêche telle et telle paix, mais j'en fais un secret aux autres; si moi seul y consentais, tout serait assoupi. Je n'entends y consentir d'aucune manière, et il ne faut pas me prêcher là-dessus, car jamais je n'y consentirai. Qu'il vous suffise que je vous aie découvert ce que je cache à d'autres, et ne me fatiguez pas davantage. »

Je voulais répliquer, mais il refusait d'entendre, lorsque, par la disposition de la Providence, la vierge entra. Il en fut contristé, et moi réjoui. Elle salua cet homme terrestre avec une charité toute céleste, et, s'étant assise, lui demanda la cause de sa venue. Il lui répéta tout ce qu'il m'avait dit, y compris le refus final de rien faire de tout ce qu'on lui demanderait. La sainte vierge lui représenta le péril de son âme, et le pressa par des paroles tantôt douces, tantôt sévères. Mais il se montra complètement insensible. Alors la sage vierge commença de prier en elle-même, et fut ravie en extase. Ce que voyant, je me tournai vers Nannès, et lui adressai la parole pour le retenir. Après un petit moment, il dit : « Enfin je ne veux pas être si grossier que de vous refuser absolument tout; j'ai quatre querelles : de l'une de ces quatre vous ferez ce qu'il vous plaira. » Et il se levait pour se retirer. Mais, en se levant, il dit : « O mon Dieu ! quelle consolation je sens dans mon âme, par la parole que j'ai prononcée pour la paix! » Il ajouta : « Ah ! Seigneur Dieu, quelle est cette vertu qui m'attire et me retient? je ne puis ni m'en aller ni rien refuser. Oh! qui est-ce qui me presse? Oh! qui est-ce qui me retient? » En parlant ainsi, il fondit en larmes. « Je me confesse vaincu, s'écria-t-il, je ne puis plus respirer. » Et, fléchissant les genoux, il disait en pleurant : « Je ferai, vierge très-sainte, tout ce que vous ordonnerez, non-seulement pour ceci, mais encore pour tout le reste. Je vois que le diable me tenait enchaîné; je veux faire tout ce que vous me conseillerez. Ayez soin de mon âme, pour qu'elle soit délivrée des mains de Satan. »

Dans ce moment même, revenue de son extase, elle rendit grâces à Dieu et dit à Nannès : « Eh bien! cher frère, par la miséricorde du Sauveur, as-tu bien considéré ton péril? Je t'ai parlé, tu as méprisé ma parole; j'ai parlé au Seigneur, et il n'a pas méprisé ma prière. Fais donc pénitence de tes péchés, de peur qu'une tribulation soudaine ne vienne fondre sur toi. » Nannès fit une confession humble et sincère à frère Raymond de Capoue. Il fut éprouvé par divers accidents, qu'il supporta d'une manière chrétienne. Il donna à Catherine une belle maison située à deux milles de Sienne, laquelle fut convertie en couvent par autorité du pape Grégoire XI (*Vita*, n. 235 et seqq.).

Deux fameux assassins venaient d'être condamnés au dernier supplice. On les conduisait à travers les rues de la ville; les bourreaux, avec des tenailles brûlantes, leur arrachaient tantôt un lambeau de chair, tantôt un autre; c'était le supplice dont ils devaient périr. Ni à la prison, ni sur la route, le prêtre qui les accompagnait ne put les ramener à Dieu. Au lieu de se recommander aux prières des fidèles, ils vomissaient d'horribles blasphèmes. Ils étaient agités par les plus violents transports de rage et de désespoir. La Providence voulut que Catherine se trouvât ce jour chez Alexie, l'une de ses compagnes, dont la maison donnait sur le passage du funeste cortège. S'étant mise à la fenêtre, Alexie revint aussitôt à la sainte, en s'écriant : « O ma mère! quelle pitié! deux hommes condamnés aux tenailles, qui passent devant chez nous ! » La sainte, les ayant regardés, se mit soudain en prière. Elle avait vu, autour de chacun, une troupe furieuse de démons qui incendiaient leurs âmes encore plus que les bourreaux ne brûlaient leurs corps. Emue d'une double compassion, elle implora la miséricorde de son céleste Epoux. « Ah! très-doux Seigneur! pourquoi vos créatures, formées à votre image et ressemblance, rachetées de tout votre précieux sang, pourquoi les dédaignez-vous à tel point que, par-dessus une si grande affliction corporelle, elles soient encore si cruellement tourmentées par les esprits immondes? Ce larron qui a été crucifié avec vous, quoiqu'il reçût ce qu'il avait mérité, vous l'avez toutefois éclairé de si grandes lumières, que, pendant que les apôtres doutaient, lui vous confessait hautement sur le gibet et mérita d'entendre cette parole : *Aujourd'hui, tu seras avec moi dans le paradis.* Et pourquoi cela? si ce n'est pour donner l'espérance du pardon à leurs semblables? Vous n'avez pas dédaigné Pierre, vous reniant; mais vous l'avez regardé miséricordieusement. Vous n'avez pas dédaigné Marie la pécheresse, mais vous l'avez attirée à vous. Vous n'avez repoussé ni Matthieu, ni la Cananéenne, ni le prince des publicains, Zachée; au contraire, vous les avez appelés. Je vous supplie donc, par toutes vos miséricordes, de secourir promptement ces deux âmes. »

Elle priait ainsi le Sauveur : en même temps elle suivait en esprit les deux misérables, ne cessant de pleurer et de prier, pour que leurs cœurs vinssent à s'amollir et à se convertir. A la porte de la ville, le Sauveur leur apparut, couvert de plaies, ruisselant de sang de toutes parts, les invitant à se convertir et leur promettant le pardon. Un rayon de lumière divine pénétra ainsi dans leurs cœurs, ils demandèrent avec instance le prêtre, et confessèrent leurs péchés avec une grande contrition. Au lieu de blasphèmes, ils ne firent plus que louer Dieu, s'accuser eux-mêmes, se proclamer dignes de plus grandes peines encore. Les assistants ne pouvaient concevoir un si prodigieux changement; les bourreaux eux-mêmes, adoucis, n'osaient plus infliger de nouvelles plaies. Personne ne savait la cause d'un changement si soudain. Le prêtre qui confessa les malheureux en connut une partie; on sut l'autre d'Alexie et de Catherine, qui revint de son extase dans le moment même que les deux pénitents rendirent l'esprit (*Vita*, n. 228 et seqq.).

La peste ayant fait sentir ses ravages en 1374, la sainte se dévoua généreusement au service de ceux qui en étaient attaqués. Elle obtint de Dieu la guérison de plusieurs, entre autres de deux Dominicains remplis de vertu. C'étaient les Pères Raymond de Capoue, son biographe, et Barthélemy de Sienne. Sainte Catherine insistait principalement sur la nécessité d'apaiser la colère de Dieu par de dignes fruits de pénitence. Ses discours étaient si persuasifs, que les plus grands pécheurs ne pouvaient y résister. On accourait de toutes parts pour l'entendre, et même pour la voir. Ceux qui avaient eu ce bonheur, s'en retournaient glorifiant Dieu et bien résolus de mener à l'avenir une vie plus chrétienne.

Quelque temps après, la sainte fit un voyage à Monte-Pulciano pour consacrer à Dieu deux de ses nièces, qui devaient prendre le voile de saint Dominique; elle en fit un aussi à Pise, où elle était attendue avec impatience; mais elle ne se détermina à l'entreprendre que quand ses supérieurs le lui eurent ordonné. Etant arrivée dans cette ville, elle y rendit la santé à un grand nombre de malades, et y procura la conversion de beaucoup de pécheurs.

Le fait suivant montre assez quelle était, pour cette œuvre de miséricorde, la grâce particulière de notre sainte. Le pape Grégoire XI chargea le Père Raymond de Capoue, avec deux autres Dominicains, d'entendre la confession de ceux que Catherine aurait engagés à changer de vie. Ces religieux étaient au tribunal de la pénitence nuit et jour; ils pouvaient à peine suffire à entendre tant ceux qui ne s'étaient jamais confessés, que ceux qui l'avaient fait sans les dispositions nécessaires (*Vita*, n. 240).

Pendant que la sainte était à Pise, les peuples de Florence, de Pérouse, d'une grande partie de la Toscane, et même de l'Etat ecclésiastique, entrèrent dans une ligue contre le Saint-Siège. Les Guelfes et les Gibelins, qui avaient causé tant de trouble dans l'état de Florence, s'étaient enfin réunis contre le Pape, afin de le dépouiller de tout ce qu'il possédait en Italie. La guerre commença au mois de juin 1373. On leva une armée nombreuse et l'on prit pour signal le mot *liberté*, empreint sur la bannière des ligués. Ceux-ci attirèrent dans leur parti Pérouse, Bologne, Viterbe, Ancône et plusieurs autres villes très-bien fortifiées; mais ils tentèrent inutilement la fidélité des habitants d'Arezzo, de Lucques, de Sienne et de quelques autres places. Catherine les retint dans le devoir par ses lettres, ses exhortations et ses prières.

La sainte était donc à Pise en 1375, lorsque Raymond de Capoue y apprit la défection de Pérouse. Accompagné de frère Pierre de Vellétri, il alla trouver la sainte et lui raconta cette fâcheuse nouvelle; en répandant beaucoup de larmes. Elle compatit d'abord du fond de son âme à un si grand scandale; mais, me voyant excessivement affligé, elle ajouta : « Ne commencez pas à pleurer sitôt; car vous aurez trop à pleurer. Ce que vous voyez est du lait et du miel, en comparaison de ce qui suivra. » A ces mots, je contins mes larmes, non de consolation, mais de douleur plus grande, et lui demandai : « O ma mère, est-ce que nous pouvons voir des maux plus grands que quand nous voyons des chrétiens avoir perdu tout dévouement et tout respect envers la sainte Eglise, ne craindre en rien ses sentences, comme s'ils l'abjuraient de fait et en public? Il ne reste plus, sinon qu'ils renient totalement la foi du Christ. » Alors elle dit : « Père, voilà ce que font dès maintenant des laïques, mais vous verrez bientôt combien pire encore est ce que feront des clercs. » Etonné de plus en plus, je m'écriai : « O malheureux que je suis! Est-ce que les clercs eux-mêmes se révolteront contre le Pontife romain? — Vous le verrez bien, répondit-elle, lorsqu'il voudra corriger leurs mauvaises mœurs; car ils feront alors à toute la sainte Eglise de Dieu un scandale universel, qui la divisera, l'affligera comme une pestilence hérétique. » Sur quoi, devenu comme hors de moi-même, j'ajoutai : Et nous aurons une hérésie, ô ma mère, et nous aurons de nouveaux hérétiques? Elle répliqua : « Ce ne sera pas proprement une hérésie, mais ce sera comme une hérésie et une certaine division de l'Eglise et de toute la chrétienté. Ainsi préparez-vous à la patience, car il vous faudra voir ces choses (*Vita*, n. 285 et 286). »

Raymond de Capoue vit en effet l'accomplissement de cette prophétie quelques années plus tard, et entendit alors de la bouche de la sainte des prédictions plus consolantes pour les siècles à venir. Nous les verrons en leur temps.

Le pape Grégoire XI, qui résidait à Avignon, écrivit aux Florentins; mais ils n'eurent aucun égard à ses lettres. Il jeta un interdit sur le diocèse de Florence, et y envoya le cardinal Robert de Genève avec une puissante armée. Le parti du Pape remporta plusieurs avantages. Les rebelles, ennuyés des maux que la guerre a coutume d'entraîner avec elle, déchirés d'ailleurs par des divisions intestines, résolurent de mettre bas les armes et d'implorer la clémence du souverain Pontife. Les magistrats de Florence envoyèrent des députés à Sienne, afin d'engager Catherine de se faire leur médiatrice. La sainte fut obligée de se rendre à leurs instances; elle se mit aussitôt en chemin pour aller à Florence. Les principaux d'entre les magistrats vinrent au devant d'elle. On lui donna plein pouvoir de traiter avec le Pape; on lui dit qu'on s'en rapportait entièrement à elle pour les conditions de l'accommodement, et on lui promit d'envoyer à Avignon des ambassadeurs qui signeraient et ratifieraient tout ce qu'elle aurait jugé à propos de conclure.

Catherine, qui brûlait du désir de ramener la paix, partit pour Avignon, où elle arriva le 18 juin 1376. Elle y fut reçue avec de grandes marques de distinction. Le pape Grégoire XI, dans une conférence qu'il eut avec elle, admira sa prudence et sa sainteté. « La paix, lui dit-il, est l'unique objet de mes désirs. Je remets toute l'affaire entre vos mains, je vous recommande seulement l'honneur de l'Eglise. » Nous verrons plus tard la suite de cette négociation.

Mais Catherine avait les vues encore plus grandes; elle aspirait à procurer la paix universelle de la chrétienté, moyennant une croisade générale, qui eût jeté et utilisé contre les infidèles les ferments de discorde et de guerre qui troublaient l'Italie et l'Europe. Comme elle en parlait à Grégoire XI, en présence de Raymond de Capoue, le Pape dit : « Il nous faudrait d'abord faire la paix entre les chrétiens, et puis nous ordonnerions la guerre sainte. » Elle répliqua : « Saint-Père, pour pacifier les chrétiens, vous ne pourrez trouver de meilleur moyen que d'ordonner la sainte expédition. Car tous ces hommes d'armes, qui fomentent la guerre parmi les fidèles, iront volontiers servir Dieu selon leur pouvoir. Il y en a très-peu d'assez méchants pour ne point aimer à servir Dieu d'un métier qui leur plaît, et à racheter par là leurs péchés; or, ôter les tisons, c'est ôter le feu. Et ainsi, Très-Saint-Père, d'un seul coup vous ferez plusieurs biens. Vous pacifierez les chrétiens qui cherchent le repos, et, pour ces gens habitués au crime, vous les gagnerez en les perdant. S'ils remportent quelque victoire, vous irez plus avant que les princes de la chrétienté. Que s'ils y meurent, vous aurez gagné leurs âmes qui étaient comme perdues. Trois biens suivront ainsi de là; savoir : la paix des chrétiens, la pénitence de ces hommes d'armes et le salut de beaucoup de Sarrasins (*Vita*, n. 291).

En vérité, la sainte fille de Sienne avait une politique plus grande et plus haute que tous les rois d'alors et depuis, que tous les auteurs modernes de politique et d'histoire; elle comprenait beaucoup mieux l'intérêt véritable de l'humanité entière et de ses diverses parties : employer au dehors la portion turbulente de la chrétienté, afin d'améliorer le dedans, et faire servir le dedans et le dehors à la civilisation chrétienne et progressive de l'univers.

Elle revient sur cet ensemble d'idées dans plusieurs lettres au même Pontife; elle le presse, de la part de Notre Seigneur, d'arborer l'étendard de la croix contre les infidèles, l'assurant qu'aussitôt les guerres intestines cesseront, les loups deviendront des agneaux, et le peuple infidèle sera délivré de son infidélité.

Quant aux rebelles de Florence, de Bologne, de Pérouse et d'ailleurs, elle le conjure de suivre l'exemple de Dieu et de son Fils. « Les hommes coupables par leur rébellion avaient mérité une peine infinie. Dieu cependant, les voyant portés à aimer, leur jette l'appât de l'amour : il nous envoie son Fils unique, qui prend notre nature, pour faire une grande paix. Mais il faut que l'offense soit expiée et la justice satisfaite. La miséricorde condamne le Fils à la mort de la croix pour nous tous, et il satisfait tout ensemble et à la justice et à la miséricorde. Voilà comme Dieu a retiré les hommes de l'enfer, voilà comme, par sa bonté, il a vaincu notre malice, voilà comme il nous attire par l'amour.

» O! très-saint et très-doux Père, je ne vois pas d'autre moyen ni d'autre remède pour retrouver vos brebis, qui, comme rebelles, se sont écartées du bercail de la sainte Eglise. C'est pourquoi je vous prie, de la part de Jésus crucifié, faites-moi cette miséricorde de vaincre leur malice par votre bonté. Nous sommes à vous, ô Père! et je sais que, généralement tous, ils pensent avoir mal fait. Supposons même qu'ils n'ont point d'excuse; toutefois, par suite du grand nombre de peines, d'injustices et d'iniquités qu'ils avaient à souffrir à cause des mauvais pasteurs et gouverneurs, il leur a semblé qu'ils ne pouvaient pas faire autrement; car, voyant la vie corrompue de beaucoup de recteurs, qui, vous le savez, sont des démons incarnés, ils sont venus à cet excès de mauvaise crainte, qu'ils ont fait comme Pilate : pour ne pas perdre sa dignité, Pilate a fait mourir le Christ; eux, pour ne pas perdre leur état, vous ont persécuté. Je vous demande donc miséricorde pour eux, ô Père! ne regardez pas à l'ignorance et à l'orgueil de vos enfants; mais, avec l'appât de l'amour et de votre bonté, leur donnant telle douce correction qu'il plaira à Votre Sainteté, rendez-nous la paix, à nous, vos malheureux enfants qui vous avons offensé. Je vous le dis, bien-aimé christ sur la terre, je vous le dis de la part du Christ dans le ciel, si vous agissez ainsi sans politique ni tempête, ils viendront tous, avec un grand regret de vous avoir offensé, et mettront leur tête dans votre giron. Alors vous vous réjouirez, et nous nous réjouirons, parce que vous aurez remis avec amour la brebis égarée dans le bercail de la sainte Eglise. Alors, bien-aimé Père, vous accomplirez votre saint désir et la volonté de Dieu; vous ferez la sainte expédition que je vous invite, de sa part, à faire bientôt et sans négligence; eux, de leur côté, s'y disposeront de grand cœur : ils sont prêts à donner leur vie pour Jésus-Christ. Ah! pour l'amour de Dieu, arborez, ô Père! arborez l'étendard de la très-sainte croix, et vous verrez les loups devenir des agneaux. La paix, la paix, la paix, afin que la guerre ne se prolonge pas dans cet heureux temps. Que si vous voulez faire vengeance et justice, prenez-la sur moi, misérable, et imposez-moi toutes les peines et tous les tourments qu'il vous plaira, jusqu'à la mort. Je crois que c'est par l'excès de mes iniquités que sont arrivés tant de manquements, d'inconvénients et de discordes; prenez donc sur moi, votre malheureuse fille, toute la vengeance que vous voudrez. O mon Père! je meurs de douleur et ne puis mourir (*Opere scelte di S. Caterina da Siena*. Parme, 1843, t. II, lettre 4). »

Cette lettre, ainsi que les autres, commence en ces termes : « Au nom de Jésus crucifié et de Marie pleine de douceur. Mon très-saint et très-révérend Père dans le Christ, doux Jésus, moi Catherine, votre indigne et misérable fille, servante et esclave des serviteurs de Jésus-Christ, je vous écris dans son précieux sang, avec le désir de vous voir un bon pasteur. » La lettre se termine de la manière suivante : « Je vous demande humblement votre bénédiction, et pour moi et pour tous mes enfants, et je vous prie de me pardonner ma présomption. Je ne dis pas autre chose : demeurez dans la sainte et douce dilection. Doux Jésus, Jésus amour. » Ces derniers mots étaient comme son cachet et sa signature.

Un second article sur lequel sainte Catherine insiste beaucoup auprès du Pape, c'est la nécessité de remplacer les mauvais pasteurs par de bons, les premiers étant la cause de tous les maux. « Je vous dis de la part de Jésus crucifié, lui écrit-elle : Il y a trois choses que vous devez exécuter par votre puissance. L'une, c'est que dans le jardin de la sainte Eglise vous arrachiez les fleurs puantes, pleines d'immondices et de cupidité, enflées d'orgueil, c'est-à-dire les mauvais pasteurs et recteurs, qui empoisonnent et infectent ce jardin. O vous! notre gouverneur, employez votre puissance à extirper ces fleurs; jetez-les dehors, afin qu'ils n'aient plus à gouverner les autres, mais qu'ils apprennent à se gouverner eux-mêmes dans une sainte et bonne vie. Plantez dans ce jardin des fleurs odoriférantes, des pasteurs et des prélats qui soient de vrais serviteurs de Jésus-Christ, qui ne s'appliquent qu'à l'honneur de Dieu et au salut des âmes, et soient les pères des pauvres. Hélas! quelle confusion n'est-ce pas de voir ceux qui doivent être un miroir de pauvreté volontaire, d'humbles agneaux, faire part aux pauvres des biens de la sainte Eglise, de les voir dans les délices, les pompes et les vanités du monde, mille fois plus que s'ils étaient dans le siècle; au contraire, beaucoup de séculiers leur font honte, en vivant dans une bonne et sainte vie. Mais il paraît que la souveraine et éternelle bonté fera faire par force ce qu'on ne fait point par amour. Elle semble permettre que les états et les délices soient ôtés à son épouse, comme pour montrer qu'il veut que la sainte Eglise retourne à son premier état de pauvreté, d'humilité, de mansuétude, comme elle était au saint temps où l'on ne s'appliquait qu'à l'honneur de Dieu et au salut des âmes, ayant soin des choses spirituelles et non des choses temporelles, attendu que, depuis qu'elle a visé plus au temporel qu'au spirituel, les choses sont allées de mal en pis. Aussi voyez que Dieu, par suite de ce jugement, a permis contre elle une grande persécution et tribulation (T. II, lettre 5). »

Parmi les différents degrés de la hiérarchie ecclésiastique, où il y avait des abus à réformer, sainte Catherine de Sienne signala particulièrement à Grégoire XI la cour pontificale d'Avignon. Parmi les grâces extraordinaires qu'elle avait reçues de Dieu était celle de connaître le mauvais état des âmes par une certaine infection qu'elle ressentait à leur approche. Etant donc à Avignon à l'audience du Pape, à qui elle parlait par le moyen de Raymond de Capoue, qui rendait en latin ce qu'elle disait en toscan, elle se plaignit que, dans la cour romaine, où devait être le paradis des vertus célestes, elle trouvait la puanteur des vices infernaux. Le Pape, ayant su de Raymond qu'elle n'était arrivée que depuis peu de jours, lui demanda : « Comment, en si peu de temps, avez-vous pu rechercher les mœurs de la cour romaine? » Catherine, qui baissait humblement la tête, se dressa tout d'un coup avec majesté et s'écria : « Pour l'honneur du Dieu tout-puissant, j'ose dire que, étant encore dans ma ville natale, j'ai ressenti une plus grande infection des péchés qui se commettent dans la cour romaine que n'en ressentent ceux mêmes qui les ont commis et les commettent chaque jour. » Le Pontife garda le silence, et Raymond demeura stupéfait de la hardiesse avec laquelle Catherine lui parlait (*Vita*).

Elle disait au même Pape dans une lettre : « J'ai entendu ici que vous avez fait des cardinaux ; je crois qu'il serait de l'honneur de Dieu et de votre avantage que vous prissiez garde à n'en jamais faire que d'hommes vertueux. Si on fait le contraire, ce sera au grand déshonneur de Dieu et au grand malheur de la sainte Église. Ne nous étonnons plus si Dieu nous envoie ses corrections et ses fléaux, parce que la chose est juste. Je vous prie de faire courageusement et dans la crainte de Dieu ce que vous avez à faire (Lettre 1, n. 6). » Grégoire XI fit deux promotions de cardinaux : l'une de douze, en 1371, dont dix Français, un Italien et un Espagnol ; l'autre de neuf, en 1375, dont sept Français, un Italien et un Aragonais. Dix-sept cardinaux français sur vingt et un était déjà, par soi-même, une immense faute de gouvernement dans un pape. Au lieu de rattacher de plus en plus toutes les nations chrétiennes entre elles et au Siège apostolique, en prenant ce qu'il y avait de mieux chez chacune d'elles pour en former le conseil général de l'Église universelle et de son chef, c'était indisposer toutes les nations contre une seule, c'était leur faire envisager le collège des cardinaux non plus comme le sénat vénérable et impartial de toute la chrétienté, mais comme une coterie nationale, qui voulait exploiter les autres peuples, particulièrement l'Italie, au profit de la France. Aussi de cette faute verrons-nous sortir les plus grands maux. Le cardinal Robert de Genève, de la première promotion de Grégoire XI, sera l'auteur ; le cardinal Pierre de Lune, de la seconde, sera le continuateur du grand schisme d'Occident, par suite duquel la France sera sur le point de disparaître du rang des nations et des royaumes.

Le troisième point sur lequel sainte Catherine de Sienne insistait auprès du pape Grégoire XI, c'était son retour en Italie et à Rome. Sainte Brigitte de Suède, peu avant sa mort, lui en avait écrit dans le même sens. L'an 1371, l'illustre veuve suédoise, comme autrefois l'illustre veuve romaine, sainte Paule, de la famille des Gracques et des Scipions, entreprit dans un âge avancé, sur une révélation particulière, le pèlerinage de Jérusalem. Elle se mit en route avec neuf personnes, parmi lesquelles ses fils Charles et Birger, et sa fille sainte Catherine. Quand ils arrivèrent à Naples, la reine Jeanne fut tellement éprise de Charles, qu'elle voulait absolument l'épouser, quoique la femme de Charles fût encore vivante. Sainte Brigitte, vivement émue, recommanda le salut de son fils à Dieu ; Charles tomba malade et mourut dans de grands sentiments de piété ; la reine Jeanne lui fit faire des funérailles de roi.

De Naples, sainte Brigitte aborda en Chypre au mois d'avril 1372. La reine douairière de Chypre était Éléonore, fille de Pierre d'Aragon, qui avait embrassé l'ordre de saint François. Son mari, Pierre de Lusignan, premier du nom, après avoir fait la guerre aux infidèles, non sans gloire, s'éloigna de sa femme pour vivre publiquement avec une concubine. Le pape Urbain lui fit de fortes rémontrances, sur cet énorme scandale, en 1367. Pierre est assassiné l'an 1369 ; on soupçonne ses frères Jacques et Jean d'être des complices. Il a pour successeur son fils mineur, Pierre II, sous la régence de ses deux oncles, à l'exclusion de sa mère. Il fut couronné le 10 octobre 1372. A cette occasion-là même, il y eut contestation sur la préséance entre les bayles de Venise et les consuls de Gênes. La cour ayant décidé en faveur des premiers, les Génois se vengèrent de cet affront, l'an 1373, par la prise de l'île entière. Ce fut au milieu de ces fâcheuses conjonctures que sainte Brigitte arriva en Chypre, à la mi-avril 1372.

La reine Éléonore la consulta sur le parti qu'elle avait à prendre. Brigitte, après avoir elle-même consulté Dieu dans l'oraison, lui conseilla : 1º de ne pas retourner en Espagne, mais de rester en Chypre, pour y servir Dieu de tout son cœur ; 2º de ne point convoler à de secondes noces, mais de pleurer les péchés qu'elle avait commis, et de réparer par la pénitence le temps mal employé ; 3º de travailler à la paix et à la concorde du royaume, au règne des bonnes mœurs et de la justice, et à ce qu'on n'imposât point au peuple de nouvelles charges ; 4º d'oublier les maux qu'on avait faits à son mari, et cela pour l'amour de Dieu, à qui appartient la vengeance ; 5º de nourrir son fils dans la piété ; de lui donner des conseillers vertueux et sages, desquels il puisse apprendre à craindre Dieu, à gouverner justement, à compatir aux misérables, à fuir les flatteurs comme un poison, à chercher le conseil des justes, même des pauvres ; 6º d'abolir la mauvaise coutume des femmes de se vêtir d'une manière indécente ; 7º d'avoir un confesseur mort au monde, qui aime le salut des âmes plus que les présents, qui ne dissimule point les péchés, qui n'ait ni honte ni crainte de les reprendre, et à qui elle obéisse en ce qui concerne le salut de son âme, comme à Dieu même ; 8º de considérer l'exemple des saintes reines et autres saintes femmes, pour voir comment elle-même pourra contribuer à l'honneur de Dieu ; 9º d'être raisonnable en ses dons et de payer avant tout ses dettes, car il est plus agréable à Dieu de donner peu ou rien que de ne pas payer ce que l'on doit et d'incommoder le prochain (*Revel.*, l. 7, c. 16).

Sainte Brigitte disait encore, comme de la part du Fils de Dieu, touchant le nouveau roi de Chypre : « C'est un grand fardeau que d'être roi ; c'est un grand honneur, mais aussi un très-grand fruit. Il convient donc que le roi soit un homme mûr, expérimenté, prudent, juste, laborieux, plus amateur de l'utilité d'autrui que de sa volonté propre. Aussi les royaumes étaient bien gouvernés anciennement, lorsqu'on élisait pour roi celui qui voulait, savait et pouvait gouverner justement. Maintenant les royaumes ne sont pas des royaumes, mais des puérilités, des radoteries, des *larronnages*. Car, comme le larron cherche les manières, le temps de dresser des embûches et de dérober sans être remarqué, de même les rois cherchent des inventions pour élever leur famille, remplir leur bourse, charger adroitement leurs sujets ; s'ils rendent la justice, ce n'est pas pour obtenir la récompense éternelle, mais quelque lucre temporel. C'est pourquoi le Sage a dit avec vérité : *Malheur au royaume dont le roi est un enfant qui, vivant délicatement et ayant des flatteurs délicats, ne se met en peine ni du bien commun ni de son avancement.* Toutefois, cet enfant ne portera point l'iniquité du père : Si donc il veut profiter et respecter la dignité du nom de roi, qu'il obéisse aux paroles que j'ai dites sur Chypre, et qu'il n'imite point les mœurs de ses prédécesseurs. Qu'il dépose les légèretés d'enfant, et qu'il marche par la voie royale, ayant des assistants qui craignent Dieu, et qui n'aiment pas plus ses présents que son honneur et le salut de son âme; qui haïssent les flatteries et ne craignent pas de dire, de suivre et de défendre la vérité. Autrement, ni l'enfant ne se réjouira en son peuple, ni le peuple en celui qu'il a choisi (*Revel.*, l. 7, c. 16). »

La sainte disait de Famagouste, la capitale du royaume : « Cette cité est Gomorrhe, brûlante du feu de la luxure, de la superfluité et de l'ambition. C'est pourquoi ses édifices tomberont; elle sera désolée, diminuée; ses habitants s'en iront et gémiront sous le faix de la douleur et de la tribulation; ils tomberont à rien, et leur confusion se publiera dans bien des contrées, parce que je suis justement irrité contre eux. Quant au duc qui est complice de la mort de son frère, ainsi parle le Christ : *Il dilate hardiment son orgueil, il se glorifie de son incontinence, il ne considère pas le mal qu'il a fait à son prochain; s'il ne s'humilie, je lui ferai selon le proverbe : Celui qui pleure le dernier, ne pleure pas moins que celui qui pleure le premier. Car il n'aura pas une mort plus douce que son frère, mais plus amère encore, s'il ne se corrige bientôt.* Notre Seigneur parle du confesseur de ce duc : Ce frère-là ne vous a-t-il pas dit que ce duc est bon, et qu'il ne peut mieux vivre, excusant son incontinence scandaleuse. Ce ne sont pas là des confesseurs, mais des trompeurs, qui semblent des brebis simples, mais de fait ce ne sont que des renards et des adulateurs (*Ibid.*). »

De Jérusalem, sainte Brigitte envoya de nouveaux avertissements au roi, aux princes et au peuple de Chypre. « Peuple de Chypre, s'écrie-t-elle dans le dernier, je vous annonce que, si vous ne voulez pas vous corriger et amender, j'effacerai du royaume de Chypre votre génération et votre postérité à tel point, que je n'épargnerai ni le pauvre ni le riche; oui, je la ruinerai tellement, que dans peu on ne s'en souviendra pas plus que si jamais vous n'eussiez été au monde. » Elle ajoute : « Les Grecs sauront aussi que leur empire, leurs royaumes ou domaines ne seront jamais assurés ni en paix, mais toujours sujets à leurs ennemis, dont ils auront à souffrir d'extrêmes dommages et de longues misères, jusqu'à ce que, avec une vraie humilité et charité, ils se soumettent dévotement à l'Eglise et à la foi romaine, se conformant en tout à ses rites et constitutions (*Ibid.*, l. 7, c. 19). »

En repassant à Naples, Brigitte donna des avertissements semblables aux habitants de cette ville, particulièrement à l'archevêque Bernard, sur certains désordres qui régnaient parmi eux, surtout le suivant. Beaucoup de Napolitains achetaient des païens et des infidèles pour leur service; mais quelques-uns ne se souciaient point qu'ils fussent baptisés, et ne voulaient pas les convertir à la foi chrétienne. Que si quelques-uns recevaient le baptême, leurs maîtres n'en avaient pas plus de soin de les faire instruire et de les disposer aux autres sacrements de l'Eglise. En sorte que ces esclaves, même après leur conversion, commettent mille péchés, et ne savent point revenir aux sacrements de pénitence et d'eucharistie, pour rentrer en grâce avec Dieu. Quelques-uns traitent leurs servantes avec non moins d'abjection que si c'étaient des animaux; non-seulement ils les vendent, mais ils les exposent en des lieux infâmes, pour en tirer un argent de turpitude et d'abomination. D'autres les tiennent en leurs maisons comme des prostituées, tant pour eux que pour les autres. Crimes abominables devant Dieu, la sainte Vierge et toute la cour céleste. D'autres rudoient et exaspèrent tellement leurs esclaves par paroles et par coups, que quelques-uns en viennent au désespoir et à la volonté de se tuer eux-mêmes. Ce péché déplaît grandement à Dieu et à toute la cour céleste. Car Dieu aime les esclaves, parce qu'il les a créés, et que, pour les sauver tous, il est venu en ce monde, a pris la nature humaine, a souffert la passion et la mort sur la croix. Sachez aussi que ceux qui achètent de ces païens et de ces infidèles, dans l'intention de les amener à la foi chrétienne, de les y instruire, de les former à la vertu, et de leur donner la liberté pendant leur vie ou à leur mort, afin qu'ils ne passent point à leurs héritiers; ceux-là auront un grand mérite devant Dieu, et lui seront très-agréables. Mais aussi, tenez pour très-certain que ceux qui font le contraire seront grandement punis de Dieu (*Revel.*, l. 7, c. 28).

Revenue à Rome, déjà malade, sainte Brigitte y tomba plus malade encore. Se sentant près de sa fin, elle donna des avis fort touchants à son fils, le prince Birger, et à sa fille, sainte Catherine de Suède, qui était avec elle; après quoi elle se fit étendre sur un cilice pour recevoir les derniers sacrements. Elle mourut le 23 juillet 1373, à l'âge de soixante et onze ans. On l'enterra dans l'église de Saint-Laurent *in Panis-Perna*, qui appartenait aux pauvres Clarisses. L'année suivante, le prince Birger, son fils, et sainte Catherine, sa fille, firent porter son corps dans le monastère de Watstein en Suède. Elle fut canonisée par le pape Boniface IX, le 7 octobre 1391. Sa fête est marquée au 8 du même mois (*Acta Sanct.*, 8 octobr.).

Avant sa mort, sainte Brigitte eut, concernant le pape Grégoire XI, plusieurs révélations qu'elle lui envoya. A peine eut-il été élu, le 30 décembre 1370, qu'elle eut une vision où la Mère de Dieu lui parla du nouveau Pape, déclarant que la volonté de Dieu était qu'il vînt aussitôt à Rome avec une humilité et une charité pastorales, qu'il y réformât l'Eglise universelle et qu'il y persévérât jusqu'à la mort. La révélation finit en ces termes : « S'il n'obéit point aux choses susdites, il sentira indubitablement la verge de la justice, savoir, l'indignation de mon Fils ; car alors sa vie sera abrégée, et il sera appelé au jugement de Dieu. Nulle puissance des seigneurs temporels ne lui aidera. La sagesse et la science des médecins ne lui profiteront de rien, non plus que l'air natal, pour prolonger sa vie quelque peu. C'est-à-dire, bien qu'il vienne à Rome, s'il ne fait les choses susdites, sa vie sera abrégée, les médecins n'avanceront rien, il ne retournera point à Avignon pour profiter de l'air natal, mais il mourra. » Cette révélation fut écrite de la main d'Alphonse, ancien évêque de Jaën, et remise au Pape par un seigneur de Rome, Latino des Ursins (*Revel.*, l. 4, c. 139; *Vita Dissert. prœv.*, n. 253).

Mais, dit l'évêque Alphonse, le Pape, l'ayant reçue, n'y crut pas facilement, et fit consulter de nouveau ladite dame par son nonce, le comte de Nole. Brigitte s'étant mise en prière, la sainte Vierge lui apparut et lui parla de nouveau du Pape, à qui elle fixa un terme certain, le mois de mars ou d'avril 1371, pour venir à Rome; faute de quoi il souffrirait des dommages intolérables, tant en lui-même que dans les terres qui lui étaient soumises temporellement. Elle envoya aussitôt cette révélation, écrite de la main de l'évêque Alphonse, et certifiée de sa main propre. Mais, ajoute cet évêque, après l'avoir reçue, le Pape demeura encore dans Avignon avec la chair et le sang, c'est-à-dire avec ses parents charnels; attendu que, suivant l'Apôtre, l'homme charnel et animal ne conçoit point ce qui est de Dieu. Il envoya une seconde fois le comte de Nole consulter la bienheureuse Brigitte à Naples, et fit venir l'évêque Alphonse pour conférer avec lui sur cette matière (*Revel.*, l. 4, c. 148).

Dans l'intervalle, le Sauveur apparut à la sainte, pendant qu'elle priait pour le pape Grégoire XI, et lui dit : « Faites bien attention à mes paroles. Sachez que ce pape Grégoire est semblable à un paralytique, qui ne remue ni les mains pour travailler, ni les pieds pour marcher. Comme la paralysie s'engendre du sang et de l'humeur corrompue, ainsi que du froid, de même l'amour immodéré de ses parents, le froid de son amour envers moi tiennent ce Pape comme empêché. Mais, par l'oraison de la vierge Marie, ma mère, il commencera de mouvoir les mains et les pieds, c'est-à-dire de faire ma volonté et de travailler à mon honneur en venant à Rome. C'est pourquoi, sachez très-certainement qu'il viendra à Rome; là, il commencera la voie de quelques biens futurs, mais il n'achèvera point. »

Sainte Brigitte dit alors : « O! Seigneur, mon Dieu, la reine de Naples et beaucoup d'autres me disent qu'il est impossible qu'il vienne à Rome, parce que le roi de France et les cardinaux l'en empêchent, ainsi que plusieurs autres. De plus, j'ai entendu dire qu'il y en a beaucoup qui disent avoir l'esprit de Dieu, des révélations et des visions divines, sous prétexte desquelles ils lui dissuadent de venir : c'est pourquoi je crains beaucoup qu'on empêche qu'il vienne. » Dieu répondit : « Vous avez entendu lire que, dans son temps, Jérémie prophétisait en Israël, mais que plusieurs aussi avaient l'esprit de songes et de mensonges; un roi inique les crut, c'est pourquoi il fut emmené en captivité, lui et son peuple. S'il avait cru à Jérémie seul, ma colère eût été apaisée. Il en est de même maintenant. Qui que ce soit, sages, fous, rêveurs, amis de la chair et non de l'esprit, qui conseillent au pape Grégoire le contraire, je prévaudrai néanmoins contre eux, je conduirai ce Pape à Rome; mais non pour leur consolation. Quant à vous, il ne vous est pas permis de savoir si vous le verrez venir ou non. » Sainte Brigitte n'envoya pas cette révélation, parce qu'elle n'en avait pas reçu l'ordre (*Ibid.*, c. 141).

Mais le comte de Nôle étant venu la consulter de la part du Pontife, elle eut une révélation terrible qu'elle lui envoya dans ces termes :

« Saint-Père, cette personne que Votre Sainteté connaît bien, veillant en oraison et ravie en extase, vit un trône où était un homme d'une beauté inestimable et d'une puissance incompréhensible, le Seigneur; autour du trône se tenait debout une grande multitude de saints, une innombrable armée d'anges; devant le trône, mais au loin, était debout un certain évêque revêtu des habits pontificaux. Le Seigneur, assis sur le trône, me dit : « Il m'a été donné toute puissance au ciel et sur la terre par mon Père; et quoique je vous semble parler comme d'une seule bouche, cependant je ne vous parle pas seul, attendu que le Père parle avec moi, et le Saint-Esprit, trois personnes qui sommes une même chose en la substance de la divinité. »

Après quoi il dit à l'évêque : « Ecoutez, pape Grégoire XI, les paroles que je vous adresse. Pourquoi me haïssez-vous tant. Pourquoi votre audace est-elle si grande et votre présomption si insupportable contre moi? car votre cour mondaine ruine ma cour céleste. Vous me dépouillez orgueilleusement de mes brebis; vous extorquez et dérobez injustement, pour donner à vos amis temporels, les biens ecclésiastiques qui sont proprement à moi, et les biens des sujets de mon Église. Vous prenez encore et recevez injustement les biens des pauvres, et les distribuez indécemment à vos riches.

» Que vous ai-je fait, ô Grégoire? J'ai permis patiemment que vous soyez monté au souverain pontificat, je vous ai prédit ma volonté par des lettres envoyées de Rome et contenant une révélation divine, vous y avertissant du salut de votre âme, et vous y prévenant du grand dommage que vous pouviez encourir. Or, qu'est-ce que vous me rendez pour tant de bienfaits? Pourquoi faites-vous qu'en votre cour règne une si grande superbe, une cupidité insatiable, une exécrable luxure, avec l'abîme funeste d'une horrible simonie? De plus, vous me ravissez et me dérobez des âmes innombrables. Car, presque toutes celles qui viennent à votre cour, vous les envoyez dans la géhenne du feu, parce que vous ne considérez point attentivement ce qui est de ma cour, quoique vous soyez le prélat et le pasteur de toutes mes brebis. Et c'est votre faute, parce que vous ne considérez point avec discernement ce qu'il faut faire et corriger pour leur salut spirituel.

» Et bien que, pour les choses susdites, je pusse vous condamner justement, toutefois, par miséricorde, je vous avertis de nouveau du salut de votre âme, à savoir, que vous veniez à Rome, à votre Siége, le plus tôt que vous pourrez; car j'en remets l'époque à votre jugement. Sachez néanmoins que, plus vous retarderez, plus vous diminuerez les progrès de votre âme et de toutes vos vertus. Au contraire, plus tôt vous viendrez, plus tôt s'accroîtront en vous les vertus et les dons de l'Esprit-Saint, et serez-vous enflammé du feu divin de ma charité. Venez donc, et ne tardez pas. Venez, non avec la superbe accoutumée, avec la pompe mondaine, mais avec humilité et une charité ardente. Et après que vous serez ainsi venu, extirpez, arrachez et dissipez de votre cour tous les vices. Ecartez également de vous les conseils de vos amis charnels et mondains. Entreprenez donc, ne craignez point, levez-vous généreusement et revêtez-vous de force. Commencez avec confiance à renouveler mon Eglise, elle que j'ai acquise au prix de mon sang; qu'elle soit renouvelée et ramenée spirituellement à son saint état d'autrefois; car maintenant on honore plus un mauvais lieu que ma sainte Eglise. Que si vous n'obéissez pas à ma volonté, sachez que vous serez condamné en la justice spirituelle devant toute ma cour céleste, comme un prélat qu'on dégrade est condamné et puni temporellement, dépouillé de ses vêtements de gloire, avec honte et malédiction, et couvert d'ignominie et de confusion. Ainsi en ferai-je à vous; car je vous déposerai de la cour céleste, et toutes les choses qui vous sont maintenant à paix et à honneur vous seront à malédiction et à confusion éternelle. Chaque démon de l'enfer recevra un lambeau de votre âme, quoiqu'elle soit immortelle et incorruptible, et, pour bénédiction, vous serez rempli d'une éternelle malédiction. Tant que je vous trouverai désobéissant, vous ne prospérerez pas.

» Cependant, mon fils Grégoire, je vous avertis encore de revenir humblement à moi et d'obéir à mon conseil, moi votre père et votre créateur. Que si vous m'obéissez, je vous accueillerai comme un père plein de tendresse. Entrez donc virilement dans la voie de la justice, et vous prospérerez. Ne méprisez pas qui vous aime; car si vous obéissez, je vous ferai miséricorde, je vous bénirai, je vous revêtirai des ornements précieux et pontificaux d'un vrai pape; je vous revêtirai de moi-même, en sorte que vous serez en moi et moi en vous, et que j'y serai glorifié éternellement (*Revel.*, l. 4, c. 142). »

Cette révélation, signée de la main de sainte Brigitte et enfermée dans sa lettre close, fut portée à Avignon par l'évêque Alphonse, au pape Grégoire, dans un grand secret. Le Pape envoya de nouveau des lettres à Rome, pour consulter très-secrètement la sainte sur la même matière. Au mois de juillet 1373, l'année et le mois où elle mourut, Brigitte reçut une réponse du Sauveur, qu'elle envoya tout de suite à l'évêque Alphonse, pour la communiquer au Pape. Elle le pressait de venir à Rome, sans quoi il perdrait non-seulement le temporel, mais le spirituel. Quant à son différend avec Barnabé Visconti, le Pape eût-il été chassé de son trône, il vaudrait encore mieux qu'il s'humiliât qu'il fît la paix en quelque manière qu'il se pût, afin de prévenir la perte de tant d'âmes. Grégoire XI ayant reçu cette dernière lettre de la sainte, envoya aussitôt l'évêque Alphonse en Italie, et donna des ordres pour son propre voyage de Rome, mais avec lenteur et négligence (*Ibid.*, c. 143; *Vita, Dissert. præv.*).

Voilà comme les âmes les plus saintes et les plus éclairées des lumières d'en-haut envisageaient le long séjour des Papes en France, les fâcheuses conséquences qui en résultaient pour le présent et l'avenir, l'obligation pour le Pontife romain de résider à Rome, pour y travailler plus efficacement à la réforme de l'Eglise universelle, à commencer par la cour pontificale.

Au mois d'octobre 1374, Grégoire XI déclara par ses lettres à l'empereur Charles IV et à tous les princes de l'Europe, que sa résolution était prise d'aller à Rome, et ce devait être en septembre 1375. Le roi de France, Charles V, lui en témoigna sa douleur, et le Pape lui répondit en ces termes : « Quoiqu'il nous soit dur de nous éloigner de vous et de cette contrée qui est notre patrie, cependant la bienséance, l'intérêt de l'Eglise romaine, notre épouse, et le bien de tous les fidèles nous pressent de nous rendre le plus tôt que nous pourrons dans cette sainte ville, qui est le lieu de notre résidence légitime; et après une mûre délibération, nous nous sommes déterminé à partir l'automne prochain. » Le Pape écrivait cela le 9 janvier 1375; mais le désir de concilier les rois de France et d'Angleterre avant son départ, lui fit différer son voyage jusqu'au printemps de l'année suivante (Raynald, an 1374, n. 23; an 1375, n. 22).

Le 28 mars de la même année 1375, il donna une bulle où il dit : « Nous ne pouvons dissimuler la négligence criminelle de quelques prélats qui semblent oublier que leur devoir est de paître le troupeau confié à leurs soins, et de le soustraire aux ravages des loups. Mercenaires plutôt que pasteurs, ils se tiennent éloignés, sous divers prétextes, de leurs églises, qui se trouvent réduites par là à une espèce de viduité. Cela est cause que les vices pullulent dans le clergé et parmi le peuple; que le culte divin est diminué, que les choses saintes sont méprisées, que l'esprit de piété s'affaiblit, que les erreurs se répandent, que la foi s'éteint, que la liberté ecclésiastique est violée, que les édifices et les autres biens de l'Eglise se dégradent. Pendant ce temps-là, on entend les cris des enfants privés de soins et de la subsistance spirituelle qu'ils avaient droit d'attendre de leurs pères; les scandales se multiplient, et les âmes sont en un danger évident de se perdre. Le Pape ordonne ensuite à tous les patriarches, archevêques, évêques, abbés et supérieurs d'ordres de se rendre, dans l'espace de deux mois, à leurs églises ou monastères, et d'y résider assidûment; il excepte seulement les cardinaux, les légats, les nonces, les officiers de la cour romaine, et les quatre patriarches des sièges d'Orient, occupés par les infidèles (Raynald, an 1375, n. 23).

Le zèle du Pape pour la résidence des prélats lui attira une réponse aussi naturelle qu'elle était hardie, de la part d'un évêque étranger qui se trouvait alors à Avignon. « Que faites-vous ici, lui dit le Pape; que n'allez-vous à votre Eglise? — Et vous-même, Saint-Père, répondit l'évêque, pourquoi n'allez-vous pas voir votre épouse, qui est si riche et si belle (Baluze, *Vit.*, t. I, p. 479).

Les Romains s'étaient lassés de demander le retour du Pape comme une grâce; ils menaçaient de se donner un Pontife qui résiderait à Rome, si Grégoire XI ne se rendait à leurs désirs; et, pour faire encore une tentative sur son esprit, ils envoyèrent, au mois d'août 1376, des députés à Avignon, déterminés, dit-on, en cas de refus, à donner le pontificat à l'abbé du Mont-Cassin, qui y avait consenti. D'ailleurs, les amis et les légats que le Pape avait au delà des monts, lui mandaient sans cesse que, s'il ne venait promptement, il arriverait un grand scandale dans l'Eglise et qu'au contraire, sa présence seule rétablirait le bon ordre à Rome, à Florence et dans tous les Etats de l'Italie. Le jurisconsulte Balde le pressait sur cela avec une sorte d'ascendant que son âge et sa qualité d'ancien maître autorisaient. Grégoire XI, dans sa jeunesse et même depuis sa promotion au cardinalat, avait étudié le droit sous ce fameux professeur en l'Université de Pavie. Il s'y était rendu fort habile, et Balde, en expliquant les lois, citait avec complaisance le sentiment du Pape, autrefois son disciple (*Ibid.*, p. 1194; Spoude, an 1370, n. 6).

Grégoire XI avait secrètement fait le vœu de retourner à Rome; mais il n'osait l'accomplir, dans la crainte de déplaire à sa cour, plus française que romaine. Catherine de Sienne étant venue à Avignon, il la consulta sur la conduite qu'il avait à tenir. « Faites, lui répondit-elle, ce que vous avez promis à Dieu. » Le Pape, qui n'avait découvert son vœu à personne, vit bien que la sainte ne pouvait le connaître que par révélation. Cette circonstance augmenta de beaucoup la vénération qu'il avait déjà conçue pour elle; il résolut d'exécuter au plus tôt son pieux dessein. Catherine, après son départ, lui écrivit plusieurs lettres, que nous avons encore, pour l'y confirmer et pour le presser de hâter son retour.

On y voit qu'aux yeux de la sainte, Grégoire était un excellent homme, désirant le bien, mais n'ayant pas toujours assez d'énergie pour l'exécuter, retenu qu'il était par des affections trop humaines envers sa patrie, ses proches, ses amis temporels. Aussi l'engage-t-elle, dans sa première lettre, à prendre pour modèle saint Grégoire le Grand, qui ne connaissait que la gloire de Dieu, le salut des âmes, en particulier de la sienne. De quoi elle le presse avec le plus d'instances, c'est qu'il vienne en Italie, c'est qu'il vienne à Rome, mais qu'il y vienne, comme Jésus-Christ est venu en ce monde, avec douceur, humilité, charité, patience. C'est par la douceur, l'humilité et l'amour que les hommes se laissent prendre, principalement les Italiens. Qu'il annonce, qu'il offre lui-même la paix; pour terminer plus promptement les guerres et les divisions, qu'il se relâche lui-même sur les intérêts temporels, afin d'assurer mieux le principal, les intérêts spirituels, le salut des âmes; qu'il impose aux plus coupables quelque punition modérée, comme un père à ses enfants, et ils ne demanderont pas mieux que d'expier leur faute en marchant contre les infidèles. Qu'il fasse comme le bon pasteur, qui, ayant retrouvé la brebis égarée, la met sur ses épaules et la rapporte au bercail avec joie. Mais surtout qu'il réprime les mauvais pasteurs, les pasteurs mercenaires, dont les scandales impunis ont occasionné tout le mal; qu'il les remplace par de bons pasteurs qui aiment leurs brebis; qui, au lieu de les perdre et de les dévorer, sont prêts à mourir pour elles. Mais, pour opérer un si grand bien, il faut la paix. Le Pape fit-il la guerre avec succès, ses alliés mêmes causeront de nouveaux maux à l'Eglise; il faudra leur accorder des grâces particulières, dont la principale sera des évêques tels qu'il leur convient, non pour le salut de leurs âmes, mais pour leurs intérêts et leurs passions. Il faut donc la paix, non pas une paix fainéante, mais active à réparer le mal et à multiplier le bien.

Tels sont les conseils que sainte Catherine de Sienne donne avec beaucoup d'instance, d'humilité et d'affection dans ses quatorze lettres au pape Grégoire XI. On y respire le même esprit que dans les lettres de saint Bernard au pape Eugène III, le même esprit que dans l'Evangile. Tout y revient à ces paroles du Sauveur : *Cherchez avant tout le royaume de Dieu et sa justice, et tout le reste vous sera donné par surcroît.* Telle est la vraie et bonne politique, et même la seule vraie et la seule bonne, pour bien gouverner une paroisse, un diocèse, comme l'Eglise entière.

Le pape Grégoire XI, voyant l'inutilité de ses bons offices pour calmer l'animosité entre la France et l'Angleterre, fit sérieusement ses préparatifs pour l'Italie, et ordonna aux cardinaux de se disposer à le suivre. Le roi de France, Charles V, voulut faire un dernier effort pour retenir la cour romaine dans ses Etats. Il chargea le duc d'Anjou, son frère, d'aller au plus tôt trouver le Pape, et de tâcher, par toutes sortes de moyens, de rompre son voyage. Les cardinaux virent arriver le duc avec une grande satisfaction. Ils souhaitaient ardemment qu'il fit changer de résolution au Pape, car l'idée seule de Rome les remplissait de frayeur. Le duc d'Anjou exposa ses raisons en habile négociateur; mais il ne gagna rien sur l'esprit du Pontife. Obligé de se retirer, il dit en partant : « Saint-Père, vous allez dans un pays où vous n'êtes guère aimé, et vous en laissez un autre où la religion est plus honorée qu'en aucun lieu du monde. Cette démarche pourra causer de grands malheurs à l'Eglise; car, si vous mourez au delà des monts, comme il y a toute apparence, les Romains seront maîtres du sacré collège, et ils le forceront à faire un pape à leur gré. »

Les plus proches parents du Pape, son père, son frère et ses neveux, firent aussi des instances pour le retenir; mais il résista courageusement, et il partit d'Avignon le 13 septembre 1376, avec la plus grande partie des cardinaux. Il y en eut six qui demeurèrent en France. Le Pape alla d'Avignon à Marseille, et, après y être demeuré douze jours, il s'embarqua sur les galères que lui avait envoyées tous les Etats d'Italie. Le 18 octobre, il rejoignit à Gênes sainte Catherine de Sienne, qui continuait à rendre la santé aux malades le long de sa route. Le 6 novembre, il fut reçu avec grand honneur à Pise. Le 5 décembre, il entra dans Cornéto et y demeura cinq semaines avec sa cour.

Par un acte du 21 décembre 1376, les Romains s'engagèrent à remettre au pape Grégoire XI la pleine et libre seigneurie de Rome, dès qu'il serait arrivé à Ostie. Le Pape arriva dans cette dernière ville le 14 janvier 1377. Le 16, il se leva à minuit pour chanter l'office divin. Après la messe, il prit un peu de repos, puis il fit sonner la trompette pour éveiller tous ses gens. Il rentra dans sa galère et prit le chemin de Rome, remontant le Tibre à voiles et à rames : ce qui dura tout le jour; et la nuit suivante le Pape coucha dans sa galère. Enfin le 17 janvier, qui était un samedi, le pape Grégoire XI arriva à Rome, et y fut reçu en grande cérémonie et avec toutes les démonstrations possibles de joie.

Il descendit près de Saint-Paul, entra dans l'église, et entendit la messe de l'évêque de Sinigaglia, Pierre Amelin de Brenac, au diocèse d'Alet, qui a écrit un journal de ce voyage d'Avignon à Rome. Après la messe, le Pape monta à cheval, et entra dans Rome, accompagné de tous les cardinaux, au nombre de treize. Avec ce cortège et une suite de peuple innombrable, Grégoire XI traversa toute la ville de Rome, et vint à Saint-Pierre vers le soir. On l'y attendait avec quantité de flambeaux dans la place, et on avait allumé toutes les lampes de l'église, dont on faisait monter le nombre à plus de huit mille. C'est ainsi que Grégoire XI entra dans Rome, et depuis cette époque Rome n'a plus été sans le Pontife romain (Rayn., ans 1376-1377).

En ce temps mourut à Foligni, dans l'Etat ecclésiastique, Thomas, ou, par diminutif, *Thomasuccio*, frère du tiers-ordre de Saint-François, homme de grande abstinence et d'un grand mépris du monde et de soi-même, renommé par le don de prophétie. On lui attribue aussi plusieurs miracles, et saint Antonin de Florence dit avoir appris de ceux qui l'avaient vu, plusieurs particularités de sa vie. Après avoir été trois ans reclus, il sortit de sa retraite par ordre de Dieu, et passa plusieurs années à parcourir les villes de Toscane, pour les exhorter à rentrer sous l'obéissance du Pape, et à corriger leurs mœurs, souffrant avec grande patience quantité d'insultes et de mauvais traitements. Enfin il mourut le 15 septembre 1377, à l'âge de cinquante-sept ans (Wadding, an 1377, n. 45 et seqq.; Anton., tit. 22, c. 1, § 6).

Nous avons vu que, l'an 1376, les Florentins envoyèrent sainte Catherine de Sienne à Avignon, pour faire leur soumission et leur paix avec le Pape, s'engageant à ratifier toutes les conditions auxquelles elle jugerait à propos de conclure. Le Pape, de son côté, remit toute l'affaire entre les mains de Catherine, lui recommandant seulement l'honneur de l'Eglise. Mais les Florentins, c'est-à-dire ceux qui dominaient dans la ville, n'avaient rien moins que des intentions pacifiques; ils entretenaient toujours des intrigues secrètes pour détacher l'Italie de l'obéissance de Grégoire XI. Leurs ambassadeurs arrivèrent fort tard à Avignon, et l'insolence avec laquelle ils parlèrent fit assez voir que la paix n'était pas le sujet de leur voyage. L'accommodement ne put donc avoir lieu.

Grégoire XI, étant venu à Rome, fit venir un jour frère Raymond de Capoue, et lui dit : « On me mande que, si Catherine de Sienne allait à Florence, j'aurais la paix. — Non-seulement Catherine, dit aussitôt Raymond, mais nous tous tant que nous sommes, nous sommes prêts, pour l'obéissance de Votre Sainteté, à aller jusqu'au martyre. » Mais le Pape reprit : « Je ne veux pas que vous y alliez de votre personne, ils vous maltraiteraient; mais pour elle, comme elle est femme et qu'ils la respectent, je crois qu'ils ne lui feront point de mal. » Catherine se mit aussitôt en route ; elle fut reçue à Florence avec grande vénération par tous ceux qui étaient fidèles à Dieu et à l'Eglise, notamment par Nicolas Soderini, d'une des principales familles, qui lui servit de conseil. Le parti de la paix, à laquelle aspirait la généralité du peuple, gagnait de jour en jour, lorsque les chefs de la faction opposée, qui tenaient le gouvernement de la ville, excitèrent une émeute dans la populace. Ceux qui s'étaient montrés les plus ardents pour la paix, furent expulsés de Florence, leurs biens confisqués, leurs maisons brûlées. La populace était surtout furieuse contre sainte Catherine, et la cherchait pour la brûler ou la couper en pièces. Ceux chez qui elle logeait, craignant de voir leur maison livrée aux flammes, la congédièrent avec sa compagnie. Catherine se retira tranquillement dans un jardin, et, après avoir fait aux siens une petite exhortation, elle s'y mit en prière.

Pendant qu'elle priait ainsi avec le Christ, son époux, les satellites de Satan arrivèrent en tumulte avec des épées et des bâtons, en criant : « Où est cette méchante femme? où est-elle? » Ce que Catherine ayant entendu, aussitôt, comme si elle eût été appelée au plus délicieux banquet, elle se prépara au martyre, qu'elle avait si longtemps désiré. Voyant un des sicaires qui, l'épée nue, criait le plus fort : Où est Catherine? elle alla droit à lui, se mit à genoux d'un visage joyeux, et dit : C'est moi qui suis Catherine ! Fais tout ce que le Seigneur permettra que tu fasses ! Mais, de la part du Tout-Puissant, je t'ordonne de ne faire de mal à aucun des miens. A ces mots, le sicaire fut consterné, il n'eut la force ni de frapper ni même de rester en sa présence. Autant il l'avait cherchée avec fureur, autant il la repoussait, disant : Retirez-vous de moi ! Mais elle, ayant soif du martyre, répondit : « Me voici bien ici, où faut-il donc que j'aille? Je suis prête à souffrir pour Jésus-Christ et son Eglise: c'est ce que j'ai toujours désiré, c'est ce que j'ai demandé de tous mes vœux. Dois-je donc fuir, lorsque j'ai trouvé ce que je souhaitais? Je m'offre en hostie vivante à mon éternel Epoux. Si tu es assigné pour m'immoler, fais-le avec assurance; je ne fuirai point d'ici; seulement, ne fais de mal à aucun des miens. » Mais Dieu se contenta du désir de sa servante : le sicaire se retira confus avec tous ses compagnons.

Alors les enfants spirituels de Catherine l'entourèrent, pour la féliciter d'avoir échappé aux mains des impies. Mais elle, non médiocrement affligée, leur dit en pleurant : « Oh! malheureuse que je suis! je comptais qu'aujourd'hui le Seigneur tout-puissant compléterait ma gloire, et que, comme par miséricorde, il a daigné m'accorder la blanche rose de la virginité, il daignerait aussi m'accorder la rose empourprée du martyre. Mais, ô douleur! voilà que je me trouve frustrée de mon désir. Ce qui est arrivé à cause de mes péchés sans nombre, qui, par un juste jugement de Dieu, m'ont privée d'un si grand bien. Oh! que mon âme eût été heureuse, si elle avait vu mon sang répandu pour l'amour de Celui qui m'a rachetée de son sang ! »

Quoique la fureur de la sédition fût calmée pour le moment, la sainte n'était pas tout à fait en sûreté avec sa compagnie. D'ailleurs, telle était la terreur générale des habitants, que pas un n'osait la recevoir chez lui. Alors ses enfants spirituels lui conseillèrent de retourner à Sienne. Elle répondit qu'elle ne pouvait quitter le territoire de Florence, jusqu'à ce qu'on y eût proclamé la paix entre le père et les enfants; que tel était l'ordre qu'elle avait reçu du Seigneur. Enfin ils trouvèrent un homme craignant Dieu, qui le reçut dans sa maison, mais secrètement, à cause de la fureur du peuple. Peu de jours après, elle se retira de la ville, mais non de son territoire, dans une certaine solitude. Enfin, par la Providence divine, l'effervescence populaire s'étant calmée et les auteurs ayant été punis par la justice, la sainte vierge rentra dans Florence et finit par y faire accepter et proclamer la paix. Alors elle dit à ses enfants spirituels : Maintenant nous pouvons nous en aller, attendu que, par la grâce de Jésus-Christ, j'ai exécuté ses ordres et ceux de son vicaire, et ceux que j'ai trouvés rebelles à l'Eglise, je les laisse en paix et réconciliés à cette bonne mère. Retournons donc à Sienne, d'où nous sommes venus. Ce qui en effet eut lieu (*Vita*).

LIVRE LXXX. — GRÉGOIRE XI ET LES SAINTES BRIGITTE ET CATHERINE.

Au moment où s'effectua cette pacification de Florence, le pape Grégoire XI avait cessé de vivre. Il tomba malade à Rome le 5 février 1378. Dès sa jeunesse, il avait été faible et valétudinaire, et, quoiqu'il n'eût pas encore atteint sa quarante-septième année, il était fort tourmenté de la gravelle. Se voyant en danger, il donna une bulle du 19 mars, où il dit : « Si notre décès arrive avant le premier jour de septembre prochain, les cardinaux qui se trouveront à Rome, sans appeler ni attendre les absents, choisiront le lieu qu'ils voudront, au dedans ou au dehors de la ville, pour l'élection de notre successeur; ils pourront prolonger ou abréger le temps marqué aux absents pour les attendre avant l'entrée au conclave; sans même y entrer, ils pourront élire un pape, qui sera reconnu pour tel sur le choix de la plus grande partie, quand bien même la moindre y contredirait. Et nous chargeons leurs consciences d'élire un digne pasteur et d'exécuter ce que dessus le plus promptement possible (Raynald, an 1478, n. 2). »

Dans cette bulle, le Pape marquait le terme du mois de septembre, parce qu'il se proposait, s'il eût vécu, de retourner alors à Avignon ; mais Dieu ne le permit pas. Sainte Brigitte avait prédit à ce Pape que, quand même il viendrait à Rome, s'il n'exécutait pas fidèlement ce qui lui était commandé pour la pacification de l'Italie et la réformation de l'Eglise, sa vie lui serait abrégée (*Révélat.*, l. 4, c. 139). Grégoire XI mourut donc à Rome, le 27 mars 1378. Son corps fut porté d'abord à Saint-Pierre, où on lui fit un service solennel. Le lendemain, il fut transféré et enterré dans l'église de Sainte-Marie-la-Neuve, qui avait été son titre de cardinal. Il avait tenu le Saint-Siége sept ans deux mois et vingt-sept jours.

Grégoire XI aima beaucoup ses parents, son père, ses frères et ses neveux, et les conserva dans l'état où Clément VI, son oncle, les avait placés. Il les avait près de lui et fit plusieurs choses par leur conseil en leur faveur, particulièrement dans la promotion de quelques sujets auxquels on aurait pu préférer de plus convenables pour la science et pour les mœurs. Toutefois, il aima singulièrement les hommes de lettres, et il en plaça un bon nombre de son temps. En résumé, le pape Grégoire XI eût été un excellent pontife romain, s'il avait été moins Français et plus Romain. On en peut dire à peu près autant de tous les papes d'Avignon. Quelqu'un pensera que c'est là un petit défaut; mais ce petit défaut va, dès ce moment, attirer sur l'Eglise et sur le monde des maux incalculables et qui ne sont pas encore finis. Leçon terrible de la Providence, à qui fait les papes et à qui fait les cardinaux.

LIVRE QUATRE-VINGT-UNIÈME.

Grand schisme d'Occident. — Concile de Constance. — Réunion de toute l'Église sous le pape Martin V.

(De la mort de Grégoire XI, 1378, à la mort de Martin V.)

Le pape Grégoire XI était mort le 27 mars 1378. Le 19 avril suivant, les seize cardinaux qui étaient à Rome écrivirent aux six qui étaient demeurés à Avignon une lettre où ils disaient : « Afin que vous sachiez la vérité sur ce qui s'est ici passé, et n'ajoutiez pas foi à ceux qui vous l'ont autrement rapporté, sachez qu'après la mort de notre seigneur et père, le pape Grégoire XI, de sainte et heureuse mémoire, nous sommes entrés en conclave le 7 de ce mois, et le lendemain matin, vers l'heure de tierce, nous avons élu librement et unanimement pour pape le seigneur Barthélemi, archevêque de Bari, homme distingué par l'éclat de grands mérites et de beaucoup de vertus, et nous avons déclaré cette élection en présence d'une très-grande multitude de peuple. Le 9 de ce mois, l'élu, intronisé publiquement, a pris le nom d'Urbain, et le jour de Pâques, il a été couronné solennellement dans la basilique du prince des Apôtres, aux acclamations d'un peuple innombrable. Nous vous mandons ces choses, afin que, comme vous avez été affligés de la mort du seigneur Grégoire, vous vous réjouissiez avec nous d'avoir obtenu ce nouveau père ; car nous espérons de Celui dont il tient la place sur la terre, que sous son gouvernement l'état de l'Église romaine et catholique refleurira, et que la foi orthodoxe prendra d'heureux accroissements (Raynald, an 1478, n. 19 ; D'Achery, *Spicileg*, t. I ; *Gesta Pontif. roman. auctore Pallatio*).

Cette lettre est signée des seize cardinaux qui étaient à Rome, notamment de Robert de Genève, fait cardinal-prêtre des Douze-Apôtres en 1371, et de l'aragonais Pierre de Lune, fait cardinal-diacre de Sainte-Marie-en-Cosmedin, l'an 1375, l'un et l'autre par le pape Grégoire XI. Le cardinal Robert de Genève écrivit en son particulier à l'empereur, Charles IV, au roi de France, Charles V, au roi d'Angleterre, Richard II, témoignant de la libre élection d'Urbain VI (Pallat., *Gesta*, t. III). D'autres cardinaux écrivirent individuellement, dans le même sens, à d'autres personnages (*Ibid.*).

Les six cardinaux d'Avignon répondirent à la lettre des seize par une autre dans laquelle ils reconnurent Urbain pour pape ; ils lui écrivirent plusieurs fois à lui-même en cette qualité. Le cardinal d'Amiens venant à Rome, de sa légation de Toscane, le 25 avril, fut reçu en consistoire comme légat, et salua Urbain comme pape. Ainsi il fut reconnu expressément par tous les vingt-trois qui composaient alors le sacré collège. Reconnu par tous les cardinaux, il le fut par tous les royaumes chrétiens, notamment par la France, où l'on trouve plusieurs actes datés de son pontificat.

Cependant l'élection du nouveau Pape avait été accompagnée de circonstances particulières. Il y avait à Rome, à la mort de Grégoire XI, seize cardinaux, onze Français, en comptant Robert de Genève, qui était du comté de Savoie, quatre Italiens et un Espagnol. Les Français formaient un parti assez puissant pour faire encore un pape de leur nation ; mais ils ne s'accordaient pas entre eux. Les Limousins, en possession du pontificat depuis Clément VI, voulaient s'y maintenir. Ils étaient sept, savoir : Jean de Cros, cardinal de Limoges ; Géraud du Puy, cardinal de Marmoutier ; Guillaume d'Aigrefeuille, cardinal de Saint-Étienne, *au mont Coelius*; Guillaume de Nollet, cardinal de Saint-Ange ; Pierre de Vergne, cardinal de Sainte-Marie *in viâ latâ*; Pierre de Sortenac, cardinal de Viviers, et Gui de Malesec, cardinal de Poitiers. Ces deux derniers étaient ceux que la faction portait le plus. Mais ils avaient en tête les autres cardinaux français qui leur donnaient ouvertement l'exclusion, disant que le monde chrétien s'ennuyait de voir toujours des Limousins sur le Saint-Siège, et qu'il était temps de finir une domination qui semblait héréditaire dans un coin de la France.

Ces cardinaux si déclarés contre le parti limousin, étaient Robert de Genève, cardinal des Douze Apôtres ; Hugues de Montalaix, cardinal de Bretagne ; Pierre Flandrin, cardinal de Saint-Eustache, et Bertrand Latger, cardinal de Glandève. Ils voulaient un pape français, non limousin ; mais leur faction ne pouvait se soutenir seule, et ils songeaient à la fortifier en se joignant aux Italiens, qui étaient François Thébaldeschi, cardinal de Saint-Pierre ; Jacques des Ursins, cardinal de Saint-Georges *au voile d'or*; Pierre Corsini, cardinal de Florence, et Simon Broussan, cardinal de Milan. Ceux-ci, de leur côté, souhaitaient un pape de leur pays, et, ne pouvant le faire avec quatre suffrages, ils avaient besoin d'en gagner d'autres, ce qui ne paraissait pas aisé parmi des intérêts si différents. Pour l'espagnol Pierre de Lune, seul cardinal de sa nation, il inclinait plus pour les Français que pour les Italiens. Telle était la situation du sacré collège. Voici maintenant ce qui arriva, d'après les récits des auteurs italiens et les Mémoires du Vatican.

Le pape Grégoire XI étant mort, les officiers de la ville de Rome firent des remontrances aux cardinaux, pour obtenir un pape romain ou italien. Ils leur représentèrent que depuis longtemps Rome, l'État ecclésiastique et l'Italie souffraient de l'absence des Papes ; que les églises, les monastères, les batiments publics tombaient en ruine et n'offraient aux yeux des étrangers qui venaient à Rome pour satisfaire leur dévotion, qu'un spectacle lamentable et scandaleux; que les guerres, les dissensions, les révoltes avaient presque détruit l'ancien patrimoine de saint Pierre; que le gouvernement des étrangers, surtout des Français, était devenu une tyrannie intolérable; que le remède unique à tous ces maux était d'élire un pape romain ou italien; que le peuple le souhaitait avec ardeur, et qu'on ne pouvait lui refuser cette satisfaction sans s'exposer à son ressentiment. Les cardinaux répondirent qu'une affaire de cette importance ne pouvait se traiter que dans le conclave; qu'alors ils feraient ce que la conscience et le bien de l'Eglise leur inspireraient.

Or, ces prélats ne s'accordant point entre eux, à cause de la haine qu'on portait aux Limousins, ceux-ci, pour donner aussi l'exclusion aux autres, jetèrent les yeux sur Barthélemi Prignano, archevêque de Bari. Ils considéraient son mérite personnel, ses habitudes anciennes avec la cour d'Avignon, où il avait rempli la place de vice-chancelier, ses liaisons avec Pierre de Monteruc, cardinal de Pampelune et Limousin, un des six qui étaient demeurés à Avignon, enfin sa qualité de sujet de la reine de Naples, princesse très-affectionnée à l'Eglise et à la cour romaine. Tout cela fut agité avant l'ouverture du conclave. Les cardinaux y entrèrent le 7 avril, et ils y furent gardés par des gens de confiance et nommés de leur part. Ce jour-là même, les cardinaux d'Aigrefeuille et de Poitiers proposèrent l'archevêque de Bari, et trouvèrent déjà les deux tiers des cardinaux assez disposés à le nommer. Le lendemain, après la messe du Saint-Esprit, comme on songeait à terminer l'affaire, le cardinal des Ursins, qui désirait fort lui-même d'être pape, voulut la remettre à un autre jour, sous prétexte qu'on n'était point assez tranquille parmi les cris de la populace, répandue dans la place de Saint-Pierre. Il y avait effectivement quelques gens qui criaient autour du palais : *Romano lo volemo* (*Nous voulons un pape romain*); mais c'était sans mutinerie et sans violence, et seulement par le désir qu'ils avaient d'aller piller la maison de celui qui avait été élu. Des Ursins ne fut point écouté sur cet article; il proposa ensuite d'élire le cardinal de Saint-Pierre : on lui répondit que ce cardinal était trop âgé et trop infirme; et que, d'ailleurs, étant Romain, on croirait que l'élection se serait faite pour obéir aux volontés du peuple.

Après cela, le cardinal de Limoges déclara purement et librement qu'il donnait sa voix à Barthélemi, archevêque de Bari, et presque tous les autres cardinaux furent du même avis. L'élection ainsi faite, on différa néanmoins de la publier, parce que l'archevêque était absent et qu'il y avait sujet de craindre qu'en l'annonçant au peuple, qui demandait un pape romain, il ne se fît quelque tumulte, et que le prélat lui-même, qui était Napolitain, ne fût insulté en venant au palais. On l'appela donc, avec d'autres évêques italiens, sous prétexte de quelques affaires importantes; et, après midi, l'élection fut réitérée d'un consentement unanime.

Cependant il transpira quelque chose de ce qui s'était passé dans le conclave, et le peuple, en criant, demanda qui l'on avait élu pape et de quel pays il était. L'évêque de Marseille répondit : Allez à Saint-Pierre, on vous le dira. Ce mot fit une confusion dans les esprits; on crut que le cardinal de Saint-Pierre était pape, et quelques-uns allèrent piller son hôtel. D'autres, voyant qu'on ne publiait pas encore l'élection et soupçonnant du mystère, entrèrent dans le conclave, comme pour obliger les cardinaux à déclarer le pape élu. Alors le sacré collège, craignant le ressentiment du peuple s'il apprenait qu'on n'avait pas élu un Romain, engagea le cardinal de Saint-Pierre à se laisser revêtir de la chape pontificale et à souffrir les respects qu'on viendrait lui rendre. Cette espèce de jeu contenta effectivement les plus empressés de ces bourgeois, et pendant ce temps-là, les cardinaux se retirèrent les uns dans leurs maisons, les autres dans le château Saint-Ange, quelques-uns à la campagne. Enfin, quand le cardinal de Saint-Pierre eut déclaré qu'il n'était point pape, et que c'était l'archevêque de Bari, le peuple romain, bien loin de s'en plaindre, comme on le craignait, en témoigna au contraire beaucoup de joie.

On le fit savoir aux cardinaux, et on les pria de revenir le lendemain au palais pour ratifier l'élection; ce qu'ils firent avec tout l'ordre et toute la liberté possibles. L'intronisation se passa de même. Toute la semaine sainte le nouveau Pape, qui avait pris le nom d'Urbain VI., célébra les offices de l'Eglise avec le sacré collège. Le dimanche de Pâques, le couronnement se fit à l'ordinaire, et les seize cardinaux étaient présents. Tout le reste du temps qu'ils demeurèrent près d'Urbain, ils le traitèrent comme Pape légitime, lui demandant des dispenses et des grâces pour eux et pour leurs amis, lui faisant à leur tour de petits présents, le nommant en public et en particulier, à la messe et dans les autres prières de l'Eglise, officiant toujours avec lui aux grandes fêtes de Pâques, de l'Ascension, de la Pentecôte et du Saint-Sacrement; surtout écrivant de tous côtés qu'ils avaient élu très-unanimement et très-librement le seigneur Barthélemi, archevêque de Bari, présentement appelé Urbain VI. Aux cardinaux électeurs se joignirent Jean de la Grange, cardinal d'Amiens, qui, pendant l'élection, était légat en Toscane, et qui, à son retour à Rome, rendit à Urbain tous les hommages dus au souverain Pontife. Telle est en somme la narration des auteurs italiens et même de quelques autres, comme d'Alphonse, ancien confesseur de Jaën, et compagnon de sainte Brigitte, ainsi que de Gobelin Person, né en Westphalie, employé à la cour romaine pendant ces événements, et qui, dans son *Histoire universelle*, transcrit et adopte le récit d'Alphonse (Meibom., *Scriptores rer. Ferm.*, t. I; Gobelini, *Personæ cosmodromii ætas* 6, c. 74; Raynald, an. 1378; Papebroch., *Pallat.*).

Les Mémoires du Vatican, qui sont les dépositions des témoins entendus plus tard, rapportent des particularités qu'il ne faut pas omettre. Selon ces actes, il y avait deux factions ou fractions dans le sacré collège : celle du cardinal de Genève, opposée aux Limousins, à la tête de qui était le cardinal de Limoges. Les uns et les autres, pour s'exclure mutuellement, s'attachèrent, même avant le conclave, à Barthélemi Prignano, archevêque de Bari. Ce prélat en sut quelque chose, et il en fut, dit-on, assez mécontent. Les bannerets ou chefs de bannières à Rome avaient d'abord demandé un pape romain ou italien ; mais quand les cardinaux furent au conclave, ils vinrent leur dire que le peuple voulait uniquement un pape romain, et qu'un Italien ne les satisferait point. Cette requête fut rejetée par les cardinaux, qui persistèrent à vouloir l'archevêque de Bari, parce qu'il avait toutes les qualités qui font les bons papes ; et tout aussitôt après le départ des bannerets, on alla aux suffrages. Le cardinal de Limoges nomma l'archevêque ; tous les autres firent de même ; il n'y eut que le cardinal des Ursins qui dit : J'élis celui qui aura le plus de voix. Or, tout cela se passa six heures entières avant qu'il y eût le moindre mouvement parmi le peuple.

Le bruit commença soit par les émissaires du cardinal des Ursins, qui désirait fort la papauté, soit par le faux bruit qui se répandit que Jean de Bar, Français de nation et camérier du feu Pape, était élu. C'est dans cette occasion que les cardinaux, pour se débarrasser de la populace, prièrent le cardinal de Saint-Pierre de se contraindre pendant quelques moments, et de recevoir les honneurs qu'on rend aux nouveaux papes. Quand cette espèce de comédie fut passée, et qu'on sut que l'archevêque de Bari avait eu les suffrages, la sédition devint générale, parce que ce prélat n'était pas romain. Les cardinaux voulurent s'enfuir, mais on les ramena de force dans le conclave, pour procéder à une autre élection. Le tocsin sonnait à Saint-Pierre, on pillait, on insultait les Français, on cherchait l'archevêque de Bari, les uns pour le tuer, les autres pour le forcer à se démettre. Cependant les cardinaux ne se laissèrent point intimider ; ils dirent qu'ils n'éliraient point un pape romain, et que l'élection de l'archevêque de Bari étant faite, ils s'en tiendraient là, dût-il leur en coûter la vie. Enfin plusieurs personnes de considération, entre autres Agapit Colonne et l'abbé du Mont-Cassin, s'entremirent pour faire entendre raison à une troupe de mutins, que la relation dépeint plutôt comme des gens ivres que comme des factieux. Le calme était rétabli dans la ville dès le vendredi 9 avril. Ce jour-là douze cardinaux s'assemblèrent au palais, annoncèrent le pontificat à l'archevêque de Bari, le pressèrent de l'accepter ; et après qu'il se fût excusé quelque temps et qu'il eût consenti ensuite, on l'intronisa, on le couronna sans qu'il parût aucun vestige de sédition dans Rome, ou de mécontentement dans la cour romaine (Raynald, an 1378, n. 2 et seqq.).

D'après ces divers témoignages, il y eut de la part du peuple romain quelque mouvement, quelque violence, non pour faire élire l'archevêque de Bari, mais plutôt pour empêcher son élection. D'où il est naturel de conclure que l'élection d'Urbain VI ne fut point l'effet de la violence, mais qu'elle se fit librement par les cardinaux, comme eux-mêmes l'assurent dans leurs lettres à leurs collègues d'Avignon. D'ailleurs, l'insistance du peuple à demander pour pape, non point telle ou telle personne en particulier, mais un Italien, mais un Romain en général, était-elle déjà si blâmable en soi ? Enfin, le degré de violence qu'y mit le peuple allait-il jusqu'à détruire complètement la liberté des suffrages, de manière à rendre toute élection radicalement nulle ? Cette dernière question est la principale de l'affaire.

Le nouveau pape, Urbain VI, ayant pris possession du Saint-Siège suivant les anciennes coutumes, écrivit à tous les évêques et à tous les princes de la chrétienté, pour leur notifier la mort de Grégoire XI et sa propre élection par le choix unanime des cardinaux (*Extant.*, l. *Brevium Urbani*, p. 166). Celle qu'il écrivit au clergé d'Angleterre est du 19 avril (Wilkins, *Concil. Britan.*, t. III). De leur côté, ainsi que déjà nous l'avons vu, les cardinaux écrivirent dans le même sens, entre autres une lettre commune à l'empereur Charles IV, qui plus tard la rendit publique.

Sainte Catherine de Sienne était encore à Florence, pour en réconcilier les habitants avec le Saint-Siège, quand elle apprit la promotion d'Urbain VI. Elle lui écrivit aussitôt une première lettre pour lui souhaiter et lui insinuer humblement la charité, la justice et la miséricorde, dont l'heureux concours pouvait seul guérir les maux de l'Eglise. « O bien-aimé Père, y dit-elle, déjà le monde n'en peut plus, tant les vices y abondent, et particulièrement en ceux qui sont placés dans le jardin de la sainte Eglise, comme des fleurs odoriférantes ; pour y répandre le parfum de la vertu ; et nous les voyons qui s'abandonnent à des vices si détestables, qu'ils infectent le monde entier. » Le remède le plus efficace qu'y voie la sainte, c'est de choisir de bons cardinaux. Quant aux Florentins, elle conjure le Pape de les recevoir en ses bonnes grâces, quoique leurs dispositions ne fussent pas encore aussi parfaites qu'on aurait pu le désirer. Ce sont des enfants prodigues qui reviennent (Lettre 15).

« Alors, dit Théodoric de Niem, témoin oculaire, il n'y avait aucun doute, aucun bruit sinistre dans la ville de Rome, même entre les cardinaux ou autres personnes quelconques, que le même Urbain ne fût le vrai pape, ou qu'il eût été élu par violence ou d'une autre manière peu canonique ; au contraire, tous les cardinaux disaient unis, et par écrit et de vive voix, et en public et en particulier, à tout le monde, même à ceux qui conféraient avec eux à ce sujet, que le même Urbain était vrai pape, canoniquement et unanimement élu par eux. Telle est la vérité, et on n'a pu la nier (Niem, l. 1, c. 3 ; Raynald, an 1378, n. 17). » Ce témoignage est bien remarquable.

Il y avait cinq à six mois que le monde chrétien reconnaissait ainsi unanimement le pape Urbain VI, lorsqu'on apprit tout à coup que les mêmes cardinaux, qui avaient déclaré dans leurs lettres l'avoir élu très-librement et très-unanimement, venaient d'en élire un autre le 20 septembre de la même année 1378. Voici les principaux faits de cette déplorable division.

Barthélemi Prignano, devenu le pape Urbain VI, serait demeuré en paisible possession de la chaire de Saint-Pierre, s'il avait su se ménager les cardinaux. Il semble que cela était avec toutes les qualités qu'on admira en lui avant sa promotion. Prignano était de Naples, né d'une famille noble, âgé d'environ soixante ans, d'une taille au-dessus de la médiocre et d'une complexion robuste. Il avait été d'abord archevêque de Cirenza, au royaume de Naples; ensuite Grégoire XI le transféra au siége de Bari, et lui confia le soin de la chancellerie romaine en l'absence du cardinal de Pampelune. C'était par estime pour son mérite. Il passait pour un des plus habiles hommes de son siècle dans le droit canon et dans le style de la cour de Rome. D'ailleurs grand homme de bien, ennemi de la simonie et du faste, ami des gens de lettres, modeste, dévot, dur à lui-même, portant sans cesse le cilice, jeûnant tout l'Avent et depuis la Sexagésime jusqu'à Pâques, patient dans l'adversité, sensible au malheur des autres, en un mot l'homme du monde le plus digne d'être pape, s'il ne l'avait jamais été; c'est la réflexion des auteurs, même italiens. Cela veut dire qu'il lui arriva, comme à bien d'autres, de ne pouvoir porter le poids de sa dignité. Barthélemi Prignano fut un homme presque parfait; Urbain VI fut, de l'aveu de tout le monde, trop entier dans ses volontés, trop peu liant pour le caractère, et trop précipité dans les vues de réforme qu'il s'était proposées : conduite qui pensa le renverser du trône apostolique, et qui contribua beaucoup à faire naître dans l'Eglise un schisme de cinquante ans (*Hist. de l'Egl. gall.*, l. 41).

Sainte Catherine de Sienne lui disait dans une de ses lettres : « Savez-vous ce qui arrivera, si vous ne portez remède aux maux de l'Eglise, autant que vous le pouvez? Dieu veut absolument réformer son épouse, et ne veut pas qu'elle soit davantage lépreuse. Si Votre Sainteté ne fait pas suivant votre pouvoir, comme il ne vous a donné votre poste et votre dignité que pour cela, il le fera par lui-même, au moyen de beaucoup de tribulations; il enlèvera tant de ces bois tortueux, qu'à la fin il les dressera à sa manière. Très-Saint-Père, n'attendons pas à être humiliés, mais travaillez virilement, et faites vos affaires secrètement, avec mode et non sans mode; car on les faisant sans mode, on les gâte plutôt qu'on ne les arrange; faites-les avec bienveillance et un cœur tranquille. Ecoutez ceux qui craignent Dieu et vous disent ce qu'il est nécessaire ou convenable de faire, en vous manifestant les fautes qu'ils savent commises autour de Votre Sainteté. Très-cher Père, vous devez être bien aise d'avoir quelqu'un qui vous aide à apprécier et à éviter des choses qui tourneraient à votre déconsidération et à la perte des âmes. Adoucissez un peu, pour l'amour de Jésus crucifié, ces mouvements subits que la nature vous occasionne; par la sainte vertu, réprimez la nature. Comme Dieu vous a donné un cœur naturellement grand, je vous prie de faire en sorte que vous l'ayez aussi grand surnaturellement; c'est-à-dire qu'avec le zèle et le désir de la vertu et de la réformation de la sainte Eglise, vous acquériez aussi un cœur viril, fondé sur une vraie humilité. De cette manière, vous aurez le naturel et le surnaturel. Car le naturel sans l'autre ferait peu; il donnerait plutôt des mouvements de colère et d'orgueil; et, quand il lui faudrait corriger des personnes qui lui sont intimes, il ralentirait le pas et deviendrait pusillanime. Mais lorsqu'y est jointe la faim de la vertu, que l'homme n'a en vue que le seul honneur de Dieu, sans aucun retour à soi-même, alors il reçoit une lumière, une force, une constance et une persévérance surnaturelles, en sorte que jamais il ne se ralentit, mais est tout viril, comme il doit être. C'est de quoi j'ai prié et prie continuellement le souverain et éternel Père de vous revêtir, vous très-saint Père de tous les fidèles chrétiens, d'autant qu'il me paraît que, dans les temps où nous nous trouvons, vous en avez un très-grand besoin (Lettre 21). »

En vérité, cette lettre nous paraît admirable. Il n'y a qu'une âme sainte, éclairée de l'Esprit de Dieu, qui puisse si bien distinguer entre le naturel et le surnaturel, si bien faire connaître quelqu'un à lui-même, ses bonnes et ses mauvaises qualités, avec le moyen de perfectionner les unes et de corriger les autres, par l'influence divine de la charité, de l'humilité, de la justice et de la miséricorde chrétiennes.

Cependant les cardinaux français requirent le pape Urbain VI de transporter la cour romaine à Avignon. Urbain VI s'en excusa, disant qu'il ne pouvait ni ne le devait, puisque ses prédécesseurs Urbain V et Grégoire XI étaient venus à Rome par la permission divine, pour restaurer les sanctuaires de la ville, ramener le peuple à la dévotion de l'Eglise et pacifier l'Italie, ce qui n'était point encore fait : d'ailleurs, le voulût-il, il ne pourrait avoir les galères et les autres choses nécessaires pour le transport. Les cardinaux français répondirent que jamais l'Italie ne serait pacifiée par le Siège apostolique, que le Pape ne devait pas se mettre en peine du reste, qu'il n'avait qu'à vendre tous les biens des Hospitaliers par tout le monde, et il aurait assez pour les frais du voyage. A ces mots, le Pape frémit en lui-même et leur répondit qu'il souffrirait plutôt mille morts que de détruire ainsi le bras de la foi chrétienne. Cette réponse fut pour les cardinaux la cause du trouble. C'est ce que le Pape déclara lui-même à un personnage qui le supplia, au nom de Dieu, de lui dire quelle était l'origine de la discorde (Raynald, an 1378, n. 25).

Une autre cause fut certaines constitutions que fit le Pape pour réprimer dans les cardinaux, certaines choses qui n'étaient pas trop édifiantes, et les ramener à une vie plus canonique et plus sainte. Mais il n'y mit point assez de mode pour réussir. Voici du moins ce que rapporte Théodoric de Niem, alors son secrétaire, mais depuis accusateur de papes au concile de Constance, et qui ne se montre ni sans passion ni sans erreur.

Le premier trait qui aliéna les esprits à Urbain VI, fut une invective qu'il hasarda, dès le lendemain de son couronnement, contre les évêques de sa cour. A la fin des vêpres, où il avait assisté avec eux dans sa chapelle, il les retint pour leur dire qu'ils étaient des parjures d'avoir abandonné leurs Eglises et d'être venus faire leur résidence ordinaire en cour de Rome. Sur quoi Martin de Salve, évêque de Pampelune et référendaire du pape Grégoire XI, prit la parole et répliqua assez vivement qu'il n'était point un parjure, son séjour en cour de Rome n'était que pour les affaires générales de l'Eglise, et qu'au reste, il retournerait volontiers dans son diocèse (Niem, l. 1, c. 4).

Quinze jours après, Urbain tint un grand consistoire; et, dans un sermon dont le texte était : *Je suis un bon pasteur*, il attaqua ouvertement, et d'un style même peu convenable, la conduite des cardinaux et des autres prélats, qui le trouvèrent très-mauvais, et qui n'en furent pas plus disposés à retrancher les abus qu'on leur reprochait. Sur la fin d'avril, le cardinal d'Amiens, Jean de la Grange, vint reconnaître le nouveau Pape. Il en fut reçu d'abord avec honneur; mais bientôt l'humeur prenant le dessus avec Urbain, le cardinal n'entendit plus de sa bouche que des duretés. Un jour Urbain lui reprocha son avarice et sa perfidie, l'une et l'autre à l'occasion de la guerre qui durait depuis si longtemps entre les rois de France et d'Angleterre. « C'était, disait le Pape, un artifice du cardinal, qui, pour s'enrichir en faisant durer sa commission de légat, bien loin de travailler à la paix, comme Grégoire XI le lui avait recommandé, fomentait sous main l'antipathie des deux nations. » Une autre fois il l'accusa d'être l'auteur des divisions entre les rois de Castille, d'Aragon et de Navarre, et d'avoir trompé le Saint-Siége dans les traités conclus avec le duc de Milan et les Florentins. Enfin, dans une autre occasion, il s'échappa jusqu'à dire qu'il n'y avait point de mal au monde que le cardinal d'Amiens n'eût fait. A ce mot, le prélat, piqué au vif, se leva et faisant un geste menaçant : « Comme archevêque de Bari, lui dit-il, vous en avez menti; » et sur-le-champ il prit la fuite, suivi de quelques autres cardinaux.

C'étaient tous les jours de nouvelles scènes, où paraissait à découvert le caractère inflexible du Pape. Tantôt affectant un grand mépris pour les richesses, il renvoyait avec des injures les collecteurs des revenus du Saint-Siége; tantôt oubliant ce qu'il devait à la reine de Naples, il traitait avec peu de ménagement Othon de Brunswick, son mari, et cela dans le temps même que ce prince était à Rome, faisant sa cour avec plus d'assiduité que les officiers du palais et les prélats; tantôt sans égards pour les premières têtes de l'Europe, il disait qu'il saurait bien se faire justice des rois de France et d'Angleterre, dont les divisions avaient causé tant de maux à la chrétienté. Ces manières si déplacées étonnaient fort les cardinaux, et ils étaient tentés de croire que le faîte des honneurs avait ébranlé le cerveau de ce Pontife (Niem, l. 1, c. 4, 5 et 7; Baluze, *Vita*, t. I; Walsingh., *in Rich.*, 2).

Comme les chaleurs sont excessives à Rome en été, les cardinaux français et l'Aragonais Pierre de Lune, demandèrent au Pape la permission d'aller habiter Anagni, ville de Campanie, à trente-trois milles de Rome. Ils s'y retirèrent l'un après l'autre. Le cardinal d'Amiens s'y rendit aussi, et ils se trouvèrent là au nombre de treize, sans compter plusieurs autres prélats de la cour romaine. Ils avaient dans Anagni la protection d'Honoré Cajétan, comte de Fondi, depuis longtemps gouverneur de ce canton, et ennemi d'Urbain, qui avait voulu mettre en sa place le seigneur de San-Séverino. L'archevêque d'Arles, camerlingue de l'Eglise, suivit son frère, le cardinal de Limoges, et emporta avec lui tous les ornements de la chapelle pontificale qu'il avait en sa garde. Comme le Pape avait intention d'aller rejoindre lui-même les cardinaux, le transport de la chapelle pouvait s'expliquer encore. En effet, on trouve que, jusqu'au mois de juillet, les cardinaux d'Anagni entretinrent des rapports avec Urbain, comme le croyant pape légitime; qu'ils lui demandèrent plusieurs grâces par des suppliques qu'on a encore, et qui sont datées du 15, du 20 et du 23 juin, et même du 6 et du 21 juillet; que tous les actes de la pénitencerie furent expédiés par le cardinal de Limoges, président de ce tribunal, sous la date du pontificat d'Urbain VI; que dans toutes les messes qui se célébraient dans le palais d'Anagni, on nomma toujours ce Pontife, et qu'on fit les prières accoutumées pour le bonheur de son gouvernement (Raynald, an 1378, n. 26, 27, 107). Ces faits sont à remarquer.

Cependant le pape Urbain lui-même se mit en route pour Anagni, avec les quatre cardinaux italiens qui étaient demeurés avec lui à Rome. Mais il s'arrêta dans la ville de Tivoli ou Tibur, qui est à moitié chemin. Il apprit de plus d'une manière que les cardinaux français tramaient quelque chose contre lui, qu'ils mettaient en doute la légitimité de son pontificat, et que même ils cherchaient à s'emparer de sa personne.

En effet, le 20 juillet, les cardinaux français écrivirent aux cardinaux italiens une lettre où ils leur représentent l'élection d'Urbain VI comme faite par crainte et par violence, et les invitent à venir délibérer avec eux sur les moyens de pourvoir au salut de l'Eglise romaine, de l'Eglise universelle et de la foi orthodoxe. Les cardinaux italiens n'accédèrent point à la téméraire entreprise de leurs collègues : ils demeurèrent avec le Pape, l'aidèrent de leurs conseils, et lorsque, à la prière de l'empereur Charles IV, il confirma l'élection de son fils Wenceslas comme roi des Romains, et lorsqu'il ratifia la paix faite avec les Florentins par la médiation de sainte Catherine de Sienne. Ils allèrent même, par mandement du Pape, trouver leurs collègues dissidents d'Anagni, pour les réconcilier avec lui; n'y ayant pu réussir, ils revinrent auprès de sa personne, et tinrent avec lui, comme auparavant, des consistoires publics et privés. L'un d'eux, le cardinal de Saint-Pierre, étant tombé malade, protesta, par un acte public du 22 août, qu'il savait et tenait le pape Urbain VI canoniquement nommé, élu, introné et couronné, et cela pour y avoir assisté, l'avoir vu et entendu (*Ibid.*, n. 40 et 41).

Pour s'autoriser dans leur entreprise, les cardinaux français, sur un exposé de leur façon, consultèrent deux fameux jurisconsultes, Jean de Lignan et Balde, touchant l'élection d'Urbain. Tous les deux conclurent que cette élection était valide, et qu'Urbain VI était vrai et légitime pape (*Ibid.*, n. 36-39). Les cardinaux français rejetèrent l'avis des deux jurisconsultes.

Ces mêmes cardinaux s'adressèrent alors individuellement au roi de France, Charles V, se plaignant d'avoir été contraints d'élire Urbain VI. De plus, comme le roi était veuf depuis quelque temps, ils lui offrirent de le nommer pape lui-même (Zantfliet, *Chronic.*; Martène, *Ampliss. Collect.*, t. V; *It. Anecdot.*, t. II). Charles V assembla un conseil d'hommes sages, qui conclurent que cette fâcheuse affaire devait être soumise à un concile général (*Ibid.*, n. 42). Dans le même temps, les trois cardinaux italiens, dans une conférence avec les cardinaux français près de Palestrine, leur proposèrent, le 3 août, de la part du pape Urbain VI, de soumettre le différend à la décision d'un concile œcuménique. Tous les cardinaux français repoussèrent

la voie du concile comme dangereuse et impossible (Raynald, an 1378, n. 42 et 43), et s'érigèrent eux-mêmes en accusateurs, témoins et juges d'un Pontife qu'ils avaient eux-mêmes créé et reconnu. En vérité, d'après ces faits, qui sont hors de doute, nous ne pouvons nous empêcher de répondre comme juré historique : « Oui, les cardinaux français sont
» coupables du grand schisme d'Occident; oui, les
» cardinaux français sont responsables, devant Dieu
» et devant les hommes, des malheurs de la France
» et de l'Eglise, pour avoir refusé, en 1378, l'uni-
» que moyen de les prévenir, la médiation d'un con-
» cile universel, que quarante ans plus tard ils se-
» ront obligés de réclamer comme l'unique moyen
» d'y mettre un terme. »

Ainsi donc la chrétienté, au lieu de s'unir contre les infidèles, allait se diviser de plus en plus contre elle-même. Sainte Catherine de Sienne le prévoyait avec une douleur inexprimable. Elle en écrivait au Pape, elle en écrivait aux cardinaux italiens, elle en écrivit même au cardinal espagnol Pierre de Lune; elle les conjurait, de la part de Notre Seigneur, de lever l'étendard de la croix, comme le grand moyen de faire cesser les guerres intestines des peuples, et même d'étouffer les semences de division dans l'Eglise. Elle priait le cardinal Pierre de Lune de recommander sans cesse au Pape de doter l'Eglise de bons pasteurs, de s'entourer lui-même de fermes colonnes, en faisant cardinaux des hommes virils, qui ne craignissent que Dieu et fussent prêts à souffrir la mort même pour la réformation de la sainte Eglise de Dieu. Elle leur souhaitait à tous d'être de ces colonnes inébranlables; mais elle leur insinuait en même temps que, pour cet effet, ces colonnes devaient être affermies sur le fondement de l'humilité et de l'amour de Dieu et du prochain; que si elles ne posaient que sur le terrain mouvant de l'amour-propre, le moindre orage les jetterait par terre. Ainsi parlait-elle, et au cardinal Pierre de Lune, et au cardinal Jacques des Ursins, et au cardinal Pierre de Porto (Lettres 25, 26, 27, 28 et 29).

Mais le mal allait toujours en augmentant. Les cardinaux français d'Anagni, après avoir refusé de soumettre leur différend avec le Pape au jugement d'un concile œcuménique, s'en constituèrent juges eux-mêmes. Pour n'avoir rien à craindre, ils firent venir de Viterbe une troupe de Gascons et de Bretons, que le cardinal Robert de Genève avait amenés contre les Florentins.

En passant près de Rome, ces étrangers tuèrent cinq cents Romains, qui voulaient leur disputer le passage d'un pont : ce fait produisit à Rome une réaction populaire contre les Français qui y avaient leur domicile. Le château Saint-Ange était occupé par un commandant français, qui refusa de le remettre au nouveau Pape, même sur l'ordre des cardinaux d'Avignon qu'il avait réclamé. Protégés ainsi par les armes étrangères et par celles du comte de Fondi, rebelle au Pape, les cardinaux français commencent leur procédure contre Urbain VI, le déclarent intrus, le citent à comparaître devant leur tribunal avec les cardinaux italiens, adressent à tous les fidèles des lettres encycliques, où, après avoir raconté à leur manière le tumulte arrivé à Rome pendant qu'ils étaient dans le conclave, ils ajoutent :

« Donc, pour éviter le péril de mort qui nous menaçait, nous crûmes devoir élire pour pape l'archevêque de Bari, persuadés que, voyant cette violence, il aurait assez de conscience pour ne point accepter le pontificat; mais lui, oubliant son salut et brûlant d'ambition, consentit à l'élection de plein droit; et, la même crainte durant toujours, il fut intronisé et couronné, et prit le nom de *pape*, méritant plutôt celui d'apostat et d'antechrist (Raynald, an 1378, n. 47-50).

A ce manifeste étrange des cardinaux français, un magistrat de Florence répondit par un écrit avec ce titre : « Aux cardinaux d'au delà des monts, toute la multitude des fidèles. » Il représente à ces Révérendissimes Pères qu'ils ne pouvaient pas être eux-mêmes juges entre eux et celui qu'ils avaient élu et reconnu pape, et fait reconnaître par tout le monde. « Vous dites que vous l'avez élu par crainte. Mais il y en a beaucoup qui assurent que vous étiez d'accord sur son élection, avant qu'il y eût aucun tumulte parmi le peuple. Si c'est par crainte du peuple que vous avez élu l'archevêque, pourquoi donc avez-vous craint de publier cette élection? pourquoi donc avez-vous craint de montrer votre élu? pourquoi donc avez-vous mis momentanément à sa place le cardinal de Saint-Pierre, afin d'apaiser l'effervescence du peuple? Vous dites que vous avez tout fait par crainte. Mais, pendant la comédie du cardinal de Saint-Pierre, plusieurs d'entre vous s'étaient retirés hors de Rome, dans des lieux sûrs, où ils n'avaient rien à craindre du peuple romain. Ce n'est qu'après le rétablissement du calme qu'ils sont revenus, ont confirmé leur première élection, intronisé et couronné paisiblement leur élu. Comment croire que dans le temps même où vous habilliez un d'entre vous en pape pour apaiser le tumulte populaire des Romains, vous ayez élu un autre, dans l'espérance qu'il ne consentirait point à son élection; comment croire que vous ayez élu par crainte un homme que vous voyiez bien ne vous devoir être d'aucun secours? Car on ne fait pas crainte d'un péril que ce qui peut en délivrer. Tout ce qu'on peut vous accorder, c'est que vous l'avez élu dans la crainte, mais non pas par crainte.

» Et maintenant, ce pontife que vous avez créé de vos mains, vous l'appelez dans vos lettres un *apostat* et un *antechrist*. Mais s'il est un intrus, qui est-ce qui ne vous appellera pas les criminels auteurs de son intrusion? S'il est un antechrist, n'est-ce pas vous qui l'avez élevé contre le Christ par vos suffrages? Il est trop ridicule de blâmer impudemment ce que vous ne pouvez nier à la face des hommes avoir fait vous-mêmes. Si votre cause est bonne, pourquoi vouloir la trancher par le fer des Bretons, au lieu de la soumettre à un jugement canonique? Si vous avez confiance dans la bonté de votre cause, de quel front recourez-vous aux armes et rejetez-vous le jugement du concile qu'on vous a offert (*Ibid.*, n. 52 et 53)? »

Au lieu de répondre, soit alors, soit depuis, à ces questions embarrassantes, les cardinaux français s'efforcèrent de gagner les trois cardinaux italiens. Voici le dernier moyen qu'ils employèrent. Ils écrivirent à chacun des trois une lettre confidentielle, avec promesse de le nommer pape à la place d'Urbain VI, on lui demandait seulement le secret. La tentation était bien séduisante : les trois Italiens donnèrent chacun dans le même panneau. Ils se retirèrent d'abord de la cour d'Urbain VI dans le château de l'un d'entre eux, et enfin se réunirent aux Français (Raynald, an 1378, n. 55; Theod. Niem, c. 9).

Le pape Urbain VI se voyant ainsi abandonné de tous les cardinaux, en créa vingt-neuf autres le 18 septembre. Trois n'acceptèrent pas ; sur les vingt-six qui acceptèrent, il y en avait deux Français : Renoul de Gorse et Philippe d'Alençon.

Le premier était évêque de Sisteron et neveu de Pierre de Monteruc, cardinal de Pampelune, un des six qui étaient demeurés à Avignon. Il avait été chanoine de Tournai et docteur en droit canon à Montpellier. Les anciennes liaisons de son oncle avec l'archevêque de Bari attirèrent Renoul à Rome, quand il apprit la promotion de l'archevêque au trône pontifical, et il lui demeura inviolablement attaché. Urbain VI l'en récompensa par la dignité de cardinal et par l'administration de la chancellerie romaine, qu'il lui confia en l'absence du cardinal de Pampelune, demeuré en France.

Le second cardinal français fut Philippe d'Alençon, prince de la maison de France et frère cadet de Charles d'Alençon, qui s'était fait Dominicain l'an 1359, et était mort archevêque de Lyon l'an 1375. Ils étaient arrière-petits-fils du roi Philippe le Hardi, qui avait eu saint Louis pour père. Philippe d'Alençon avait embrassé l'état ecclésiastique avant que son frère Charles entrât dans l'ordre des frères Prêcheurs. Dès l'an 1356, étant encore fort jeune, il fut nommé à l'évêché de Beauvais, et, quatre ans après, à l'archevêché de Rouen. Comme il avait eu quelques démêlés avec le roi, le pape Grégoire XI, à la prière du roi même, le transféra, l'an 1371 à l'archevêché d'Auch, qu'il lui donna en commende, avec le titre de patriarche de Jérusalem. Urbain VI le fit donc cardinal en 1378, et y ajouta, l'an 1381, le patriarcat d'Aquilée. Philippe d'Alençon mourut à Rome, cardinal-évêque d'Ostie, le 15 août 1398, en odeur de sainteté. On dit qu'il se fit des miracles à son tombeau, et que, plus de deux cents ans après sa mort, on trouva son corps sans aucune corruption, quoiqu'il n'eût point été embaumé (Ughelli, *Italia sacra*, t. V).

Ayant appris cette promotion de cardinaux de la part d'Urbain VI, les cardinaux français procédèrent deux jours après à l'élection d'un autre pape. C'était à Fondi, plus près de Naples, où ils s'étaient retirés d'Anagni dès le 27 août 1376. Ils s'assemblèrent, au nombre de quinze, dans le palais du comte, le 20 septembre. Les trois cardinaux italiens étaient présents, s'attendant peut-être chacun à être élu. Ils furent donc trompés. Toutes les voix se portèrent sur le cardinal Robert de Genève, qui prit le nom de Clément VII, mais qui n'est point reconnu comme tel par l'Eglise romaine, où l'on ne reconnaît de Clément VII que Jules de Médicis, successeur de Léon X au XVIe siècle. Les trois Italiens, Pierre de Porto, Simon de Milan et Jacques des Ursins, se voyant ainsi joués, ne portèrent point de suffrages et se retirèrent le même jour sur les terres du troisième d'entre eux. On prétend toutefois qu'ils saluèrent le nouveau Pape (Raynald, an 1378 n. 55, c. 9; Baluze, t. I).

Sainte Catherine de Sienne, ayant appris la défection des trois cardinaux italiens, leur écrivit une lettre et longue et véhémente, où elle leur reproche entre autres leur ingratitude envers l'Eglise, qui les a nourris et élevés avec tendresse et prédilection. « Et qu'est-ce qui me montre, s'écrie-t-elle, que vous êtes de vilains ingrats et des mercenaires? La persécution que vous faites avec les autres à l'épouse du Christ, dans le temps que vous devriez être des boucliers et résister aux coups de l'hérésie; car vous savez la vérité, vous savez que le pape Urbain VI est vraiment Pape, souverain Pontife, élu canoniquement et non par crainte, élu vraiment plus par inspiration divine que par votre industrie humaine; c'est vous-mêmes qui nous l'avez ainsi annoncé. Et maintenant vous tournez le dos, comme de lâches soldats; votre ombre vous fait peur : vous vous êtes écartés de la vérité, qui vous fortifiait; vous vous êtes approchés du mensonge, qui affaiblit l'âme et le corps, en vous privant de la grâce spirituelle et temporelle. Et quelle en est la cause? C'est le venin de l'amour-propre qui empoisonne le monde. Voilà ce qui de colonnes vous a rendus pires que la paille : au lieu d'être des fleurs odoriférantes, vous avez infecté le monde; au lieu d'être des lumières placées sur le chandelier, pour répandre la foi, vous avez caché cette lumière sous le boisseau de la superbe, et répandez les ténèbres et dans vous et dans les autres : d'anges terrestres que vous devriez être, pour ramener les brebis à l'obéissance de la sainte Eglise, vous avez pris l'office de démons; et ce mal que vous avez en vous, vous voulez nous le donner à nous-mêmes, en nous retirant de l'obéissance du Christ en terre, et nous amenant à l'obéissance de l'antechrist, qui est membre du diable, et vous avec lui, tant que vous persisterez dans cette hérésie. Ce n'est pas là un aveuglement qui vienne d'ignorance, qui vienne de ce que l'un vous rapporte une chose et l'autre une autre; non, vous savez bien ce qui est la vérité, c'est vous-mêmes qui nous l'avez annoncée, et non pas nous à vous.

» Oh! comme vous êtes insensés, vous qui nous avez donné la vérité et voulez pour vous-mêmes goûter le mensonge! Maintenant vous voulez séduire cette vérité, et nous faire voir le contraire, en disant que c'est par peur que vous avez élu le pape Urbain; chose telle que quiconque la dit, pour vous parler sans respect, puisque vous vous en êtes privés, celui-là en a menti sur sa tête; car celui que vous montrez avoir élu par peur, il est évident à quiconque veut voir, que ce fut le seigneur de Saint-Pierre. Vous pourriez me dire : Nous qui l'avons élu, nous savons mieux la vérité que vous. Je vous réponds : Vous-mêmes m'avez montré que vous vous écartez de la vérité en beaucoup de manières, et que je ne dois pas vous croire quand vous prétendez que le pape Urbain VI n'est pas le vrai pape. Si je remonte au commencement de votre vie, je ne vous connais pas d'une vie assez bonne et assez sainte, pour que vous vous soyez retirés du mensonge par conscience. Et qu'est-ce qui me montre que votre vie a été peu réglée? Le venin de l'hérésie. Si je viens à l'élection régulière, nous avons su de votre bouche que vous l'avez élu canoniquement, et non par peur; nous l'avons dit, celui que vous avez mis en avant par peur, c'est le seigneur de

Saint-Pierre. Qu'est-ce qui me montre l'élection régulière par laquelle vous avez élu le seigneur Barthélemi, archevêque de Bari, aujourd'hui véritablement le pape Urbain VI? Cette vérité se montre dans la solennité de son couronnement. Que cette solennité se soit faite dans la vérité, la révérence que vous lui avez faite nous le montre, ainsi que les grâces que vous lui avez demandées et que vous avez mises à profit en toutes choses; vous ne pouvez le nier que par un mensonge. Ah! insensés, dignes de mille morts! Comme des aveugles, vous ne voyez pas votre mal; vous êtes venus à un tel degré de confusion, que vous vous faites vous-mêmes menteurs et idolâtres; car, fût-il vrai, ce qui ne l'est pas, au contraire, je confesse encore une fois que le pape Urbain est le vrai pape; mais ce que vous dites fût-il vrai, ne nous auriez-vous pas menti, à nous, quand vous nous l'avez dit souverain Pontife, comme il l'est en effet? Ne lui auriez-vous pas fait mensongèrement la révérence, en l'adorant comme le Christ sur la terre? et n'auriez-vous pas été simoniaques, en sollicitant ses grâces et en en faisant usage? Sans aucun doute.

» Or, voilà qu'ils ont fait un antipape, et vous avec eux. Quant à l'acte et à l'aspect extérieur, vous le faites voir, puisque vous avez souffert de vous trouver là quand les démons incarnés ont élu le démon. Vous pourriez me dire : Non pas, nous ne l'avons pas élu. Je ne sais si je veux le croire, parce que je ne crois pas que vous eussiez souffert de vous trouver là, s'il y était allé de votre vie. Mais admettons que vous ayez fait moins mal que les autres dans votre intention, vous avez toujours mal fait avec les autres, et que puis-je dire? Je dirai : Qui n'est pas pour la vérité, est contre la vérité : qui ne fut point alors pour le Christ en terre, le pape Urbain VI, fut contre lui. Je vous dis donc que vous avez mal fait, ainsi que l'antipape; je puis dire qu'on a élu un membre du diable; mais s'il avait été membre du Christ, il eût mieux aimé mourir que de consentir à un si grand mal, parce qu'il sait bien la vérité et ne peut s'excuser par l'ignorance. Or, vous commettez et avez commis toutes ces fautes à l'égard de ce démon, savoir, de le confesser pour Pape, ce qu'il n'est pas en vérité; de faire l'obédience à qui vous ne la deviez pas. Vous vous êtes écartés de la lumière pour aller aux ténèbres, de la vérité pour vous unir au mensonge. De tous côtés, je ne trouve que mensonge. Vous êtes dignes du supplice, qui, je vous le dis pour la décharge de ma conscience, viendra sur vous, si vous ne retournez à l'obéissance avec une vraie humilité. O misère et aveuglement extrêmes, qui empêchent de voir non mal, le préjudice de l'âme et du corps; si vous l'aviez vu, vous ne vous seriez point écartés si légèrement de la vérité par crainte servile, n'écoutant que la passion, comme des personnes orgueilleuses et habituées à n'avoir d'autre but que les plaisirs et les joies de ce monde. Non-seulement vous n'avez pu supporter une correction effective, mais une parole âpre, répréhensible vous a fait lever la tête; voilà pour quelle raison vous vous êtes émus : cela nous montre bien la vérité, que, avant que le Christ en terre commençât à vous reprendre, vous le confessiez, vous le réviériez comme le vrai vicaire du Christ, qu'il est en effet : le sur-plus est le fruit de votre amour-propre (L. 31). »

Sainte Catherine les conjure enfin, pour l'amour de Dieu et de son Eglise, pour le salut de leurs âmes et de tous les fidèles, de réparer leur faute et de revenir humblement à l'obéissance du pape Urbain. Ils continuèrent à le reconnaître pour Pontife, mais ne retournèrent point auprès de sa personne. Ils gardèrent la neutralité, persuadés que c'était l'unique moyen de terminer le schisme. Urbain VI leur ayant écrit et envoyé pour les rappeler auprès de lui, ils lui répondirent par une lettre du 17 janvier 1379, qu'ils avaient expliqué à ses envoyés leurs idées sur le concile général à tenir pour l'extirpation du schisme et la pacification de l'Eglise et de toute la chrétienté. Dans cette lettre, qui porte en tête *Au très-saint notre Seigneur*, ils appellent Urbain *très-saint Père*, et eux-mêmes *vos dévots cardinaux*. De nouveau ils proposèrent la voie du concile général aux cardinaux français, qui de nouveau le refusèrent. Le cardinal Jacques des Ursins, ayant été pris de la maladie dont il mourut cette année, fit un acte authentique, le 13 août, par lequel il soumet l'affaire du schisme à la décision d'un concile œcuménique. Quelques jours avant sa mort, l'évêque de Viterbe eut avec lui la conversation suivante : « Révérendissime Père, je crois vous avoir fidèlement servi depuis bien longtemps, j'espère donc que vous ne me refuserez pas une grâce. Il répondit : Je ne vous refuserai rien qui concerne votre personne. Alors je lui dis : Je vous prie de me dire si je me trompe en adorant le seigneur Urbain pour pape; que si je me trompais, je voudrais déposer mon erreur; car j'aime mon âme plus que lui. » Le cardinal répondit alors : « Au contraire, vous seriez dans l'erreur si vous ne l'adoriez pas, car il est très-véritablement pape. » Mais alors, lui répliquai-je, pourquoi n'êtes-vous pas retourné à lui? Il répondit : « C'est que la voie du concile me paraît utile pour lui, pour moi et pour toute la chrétienté (Raynald, an 1379, n. 1-4). » On voit que le cardinal des Ursins reconnaissait individuellement le pape Urbain; mais comme il savait que sa connaissance et sa décision personnelles ne seraient jamais approuvées par toute l'Eglise, avant que le jugement d'un concile vînt s'y joindre, il s'en référait dès lors à son infaillible décision.

En France, on avait d'abord reconnu Urbain VI, avec tout le monde; ensuite, sur les premières nouvelles de la dissension entre le Pape et les cardinaux français, on s'était tenu à une espèce de neutralité et on paraissait vouloir attendre la décision d'un concile général; mais quand on eut reçu les procédures et les attestations des cardinaux français, surtout quand on eut appris l'élection nouvelle qu'ils avaient faite de Robert de Genève, le roi Charles V, son conseil, la masse de l'Université de Paris se déclarèrent contre le pape Urbain VI qu'ils avaient reconnu d'abord, et reconnurent pour leur pape Robert de Genève, sous le nom de Clément VII.

Sainte Catherine de Sienne écrivit encore sur ce sujet au roi de France. Après un préambule qui est un éloge de la vraie lumière de l'esprit, opposée aux ténèbres de l'amour-propre : « Je m'étonne, dit-elle, qu'un homme catholique et craignant Dieu comme vous, se laisse conduire par le conseil de ces membres du démon, qui répandent partout qu'Urbain VI n'est pas vrai pape. Il est aisé de les confondre par eux-mêmes. Car s'ils disent qu'ils l'ont élu par la crainte du peuple, on leur répond que l'élection était faite, aussi canoniquement qu'on puisse l'imaginer, avant qu'il s'élevât aucun tumulte dans Rome. D'ailleurs, c'est ce Pape qu'ils ont annoncé à vous, à nous et à tout le monde chrétien ; qu'ils ont couronné avec tant de solennité ; qu'ils ont honoré comme le vicaire de Jésus-Christ ; qu'ils ont reconnu comme le dispensateur de toutes les grâces, en le sollicitant de leur en accorder. Si cependant ils s'obstinent à dire que la crainte les a fait agir, en cela même ne sont-ils pas dignes d'une éternelle confusion ? Quoi ! des hommes choisis pour être les colonnes de la sainte Eglise de Dieu, auraient été plus sensibles à la crainte de perdre la vie du corps, qu'à celle de se damner eux-mêmes et de nous damner avec eux, en donnant pour père aux fidèles un homme qui ne le serait pas ! Eh ! n'auraient-ils pas été idolâtres, d'honorer comme le vicaire de Jésus-Christ en terre celui à qui ce titre n'appartiendrait pas ? N'auraient-ils pas été des usurpateurs, de tourner à leur usage des biens spirituels et des grâces qu'ils ne pouvaient ni demander ni obtenir ?

» Mais, enfin, quand est-ce qu'ils ont commencé à révoquer en doute une vérité qu'ils avaient reconnue eux-mêmes ? C'est quand Sa Sainteté a voulu corriger leurs vices, quand elle leur a témoigné que la vie scandaleuse qu'ils menaient lui déplaisait. Et contre qui encore se sont-ils révoltés ? Contre notre sainte foi : pires en cela que des chrétiens renégats ; misérables de ne pas connaître le danger de leur état et de s'aveugler sur leur propre faute, mais imitant les démons, dont la fonction est de pervertir les âmes et de les détourner du chemin de la vérité, pour les engager dans celui du mensonge.

» Pardonnez-moi, mon très-cher Père, si je parle ainsi ; la douleur que je ressens de la perte des âmes et l'amour que j'ai pour leur salut en sont la cause. Je ne dis point tout ceci par un sentiment de mépris contre les auteurs de tant de troubles ; ce qui me touche, c'est le scandale et l'erreur qu'ils répandent par tout le monde, c'est la cruauté dont ils usent envers eux-mêmes et envers ceux qu'ils font périr avec eux. S'ils avaient eu la crainte de Dieu et des hommes, ils ne se seraient jamais portés à de telles extrémités, quand même le pape Urbain en aurait usé plus mal à leur égard ; et ils auraient mieux aimé mourir mille fois, que de faire une démarche si préjudiciable au bien de l'Eglise (*Hist. de l'Egl. gall.*, I. 41). »

La sainte finit par des exhortations au roi, de pourvoir au salut de tant d'âmes qui se précipitent dans l'erreur, de prendre l'avis de gens sages et éclairés, de se rappeler la pensée de la mort, et de juger de tout selon les lumières de la Sagesse divine, et non suivant les vues de l'intérêt temporel. La lettre est du 6 mai 1379.

Malgré les efforts de sainte Catherine de Sienne, le monde chrétien se divisa dès lors, non sur aucune question de dogme, de morale ou de rite, mais sur la personne du chef de l'Eglise. La plus grande partie de la chrétienté continua de reconnaître pour pape légitime Urbain VI, comme tout le monde l'avait reconnu d'abord ; savoir : tout l'empire d'Allemagne, la Hongrie, la Pologne, la Suède, le Danemarck, l'Angleterre, la Bretagne, la Flandre, et toute l'Italie, hors le royaume de Naples, dans lequel encore il y eut bien des variations, suivant les princes qui y dominèrent. La France ayant rejeté Urbain VI et reconnu pour pape, sous le nom de Clément VII, le cardinal Robert de Genève, entraîna par son exemple les princes habitués à suivre ses impressions, comme la reine de Naples, les rois de Chypre et d'Ecosse. Les rois de Castille et d'Aragon restèrent quelque temps neutres, reconnurent quelque temps Clément VII, mais une grande partie du clergé et du peuple adhérait à Urbain VI. Le Portugal, après avoir été entraîné dans le parti français pendant quelque temps, revint à Urbain VI pour toujours.

Dans ces graves conjonctures, la nation dont le zèle ressembla le plus au zèle de sainte Catherine de Sienne, fut la nation anglaise. Lorsque les Anglais eurent reçu la lettre des cardinaux français contre Urbain VI, ils leur répondirent entre autres choses : « Méchants serviteurs ! vous allez être condamnés par votre propre bouche. Vous dites qu'une multitude indomptée d'hommes en armes entoura votre conclave, vous faisant des menaces terribles et mortelles, si vous n'élisiez un Italien ou un Romain, sans pourtant limiter votre choix à aucune personne en particulier. Il est donc manifeste, quant à la personne que vous convenez d'avoir élue, que vous l'avez élue librement et non par force. Ainsi donc, quant à la personne que vous avez élue, nous tenons et tiendrons fermement que l'élection a été bien et canoniquement célébrée (Walsingham, *in Richard.*, an 1378). »

Ce que les Anglais répondirent dès le premier moment aux cardinaux français, ils le soutinrent constamment contre la nation française, et cela par les raisons suivantes, que leurs adversaires eux-mêmes nous ont fait connaître :

1º Les Romains ne pressaient point les cardinaux d'élire aucune personne en particulier ; ils demandaient seulement, ce qui est raisonnable, qu'on élût un Romain ou un Italien. Ainsi donc, quant à la personne à élire, tous les cardinaux étaient libres. Ayant donc élu l'archevêque de Bari, que les Romains ne demandaient pas, il est clair qu'ils l'ont élu librement. Il est donc Pape.

2º Le seigneur archevêque refusa, avec une grande et très-grande instance, d'accepter la papauté, et il l'accepta enfin sur les vives instances des cardinaux. Puis donc qu'ils l'ont prié d'accepter, ils ne l'ont pas élu malgré eux. Ils l'ont donc élu librement. Il est donc Pape.

3º Par la relation des archevêques, évêques, maîtres en théologie et autres docteurs qui furent alors à Rome, les Anglais savent que, même avant que d'entrer au conclave, ils le nommèrent Pape d'une voix unanime, n'ayant pu s'accorder sur aucun des cardinaux.

4º Et après qu'ils furent entrés au conclave, ils firent sur lui une triple élection, afin qu'elle fût sans aucun doute. On voit donc que son élection fut complètement libre.

5º Ils l'ont librement couronné ; ce qui est manifeste, en ce que les cardinaux qui étaient hors de la ville, y rentrèrent pour son couronnement.

6° Les cardinaux restèrent pacifiquement avec lui pendant plusieurs mois, reçurent de lui la sainte communion, lui demandèrent des bénéfices et des grâces pour eux et pour les leurs : or, il n'est pas vraisemblable qu'ils l'eussent fait, s'ils n'avaient su qu'il est Pape. Il parait donc qu'il l'est vraiment.

7° Les Romains n'ont pas pressé les cardinaux d'écrire pour le même archevêque des lettres de recommandation. Ce qu'ils ont écrit aux princes et aux grands, pour assurer que c'est lui le Pape et pour faire son éloge, ils l'ont donc fait librement. Il paraît donc qu'il est vrai Pape.

8° Pour rien au monde les cardinaux ne doivent tromper l'Eglise de Dieu. Or, de deux choses l'une, ou les cardinaux ont su que Barthélemi Prignano était Pape, où ils ont su qu'il ne l'était pas. Si c'est la première, nous avons gagné ; si c'est la seconde, donc ils ont trompé toute la sainte Eglise de Dieu. Donc il ne faut plus les croire désormais.

9° Le grand pénitencier a scellé les lettres de son tribunal avec son sceau et cette inscription : « Donné à Rome, la première année d'Urbain VI. » Il a donc rendu témoignage, avec toute l'autorité possible, que c'est lui le Pape.

10° Les cardinaux électeurs ont écrit unanimement au parlement du roi d'Angleterre, qu'ils ont élu l'archevêque de Bari, disant : « Nous avons élu l'archevêque de Bari, toutefois par crainte. » Donc ils l'ont élu. Or, cette crainte ne leur fut pas imprimée pour élire cette personne, attendu que les Romains ne la demandaient pas ; parce que nul ne peut être forcé à élire, l'élection étant un acte de libre arbitre, qui ne peut être forcé par l'homme ; parce que, même avant que cette crainte leur fût imprimée, ils avaient nommé l'archevêque de Bari à élire.

11° Les Romains ne demandaient point aux cardinaux d'affirmer par leurs sceaux propres et par des actes publics, que l'archevêque Barthélemi est Pape. Si donc ils l'ont fait, ils l'ont fait librement. Les Anglais doivent donc croire sur ces témoignages qu'il est Pape.

12° Il est dit dans un canon : *Si quelqu'un a été élu souverain Pontife, soit par argent, soit par un tumulte militaire ou populaire, sans le consentement unanime du clergé*, etc. Si donc le consentement est unanime, l'élection est valide, quoiqu'il y ait tumulte militaire ou populaire. On le voit par Grégoire V, qui fut élu Pape à l'instance de l'empereur et reconnu pour tel. On peut dire également de l'archevêque de Bari que, quoiqu'il y ait eu tumulte populaire dans son élection, il y eut néanmoins consentement unanime des cardinaux pour lui.

Enfin, après l'avoir reconnu pour Pape légitime, ils s'en sont séparés, on dit que c'est pour trois causes. La première, parce qu'il voulait maintenir avec justice le roi d'Angleterre et son droit, et ne voulut point favoriser injustement le roi de France contre lui. La seconde, parce qu'il voulait que chacun des cardinaux restaurât son titre cardinalice à Rome. La troisième, parce qu'il voulait en eux moins de faste, mais une vie plus régulière et plus édifiante (Raynald, an 1378, n. 51).

Telles étaient les raisons des Anglais. Les Français tâchaient d'y répondre. Pour apprécier le résultat de leurs efforts, quelques remarques suffisent.

L'unique base de leur défense, c'est le témoignage de ceux qui sont en cause, les cardinaux français. Mais là revient toujours, aujourd'hui comme alors, cette terrible objection : Ces mêmes cardinaux, pendant plusieurs mois, et de vive voix, et par écrit, et par leurs actes, ont dit à tout l'univers qu'ils avaient élu librement et unanimement le pape Urbain VI ; pendant plusieurs mois, et de vive voix, et par écrit, et par leurs actes, ils ont reconnu publiquement Urbain VI pour Pape légitime ; pendant plusieurs mois ils l'ont fait reconnaître pour tel à tout l'univers chrétien. Or, si pendant tout ce temps, ils ont menti à tout l'univers, leur témoignage n'est plus recevable, surtout dans leur propre cause. Ils conviennent qu'ils n'ont pas été forcés d'élire la personne de l'archevêque de Bari : donc ils l'ont élu librement. Quand le peuple de Rome demandait un Pape romain ou italien, ce peuple demandait une chose raisonnable, et même devenue nécessaire, puisque, depuis plus de soixante-dix ans, les cardinaux français tendaient visiblement à inféoder la papauté à la France. D'ailleurs, ces cardinaux ne disconviennent pas de ce que leur rappelle entre autres sainte Catherine de Sienne, que, même avant d'entrer au conclave, ils étaient convenus d'élire l'archevêque de Bari, et que ce fut pour cacher son élection déjà faite qu'ils firent paraître devant le peuple le cardinal de Saint-Pierre habillé en Pape. Enfin, que dans le premier moment, un homme ordinaire se laisse surprendre à la peur, cela se conçoit, mais que seize cardinaux viennent nous dire qu'un tumulte populaire de quelques heures leur a fait une peur si grande, que, pendant quatre mois, ils n'ont pu s'en remettre ; que, pendant quatre mois, ils n'ont osé faire connaître la vérité ; que, pendant quatre mois, ils ont menti à tout le monde dans une chose qui intéresse le salut de tout le monde ; que, pendant quatre mois, ils ont feint, dans les mystères les plus redoutables, de reconnaître pour Pape celui qu'ils savaient ne pas l'être, celui que, dans le fond de leur âme, ils regardaient comme un antechrist : en vérité, une telle excuse est à elle seule un crime ; en vérité, des hommes qui se confessent capables d'une bassesse, d'une lâcheté, d'une hypocrisie pareille, ces hommes-là sont capables de tout, capables de faire un schisme pour se venger de quelques paroles d'un Pape qui veut les ramener à leur devoir. Oui, encore une fois, et d'après leur défense même, oui, les cardinaux français sont coupables du grand schisme d'Occident ; oui, les cardinaux français sont responsables devant Dieu et devant les hommes des malheurs qui vont peser sur la France et sur l'Eglise.

Nous avons vu comme sainte Catherine de Sienne, étant à Pise, avait prédit ce schisme désastreux. Son biographe, Raymond de Capoue, voyant la prédiction accomplie, la lui rappela lorsqu'elle vint à Rome, sur la demande du pape Urbain VI. Elle s'en ressouvenait fort bien, et ajouta : « Comme je vous ai dit alors que ce que vous aviez à souffrir n'était que du lait et du miel, de même je vous dis que ce que vous voyez à présent n'est que jeu d'enfants en comparaison de ce qui sera, spécialement dans la patrie environnante. » Raymond de Capoue lui demanda : Très-chère Mère, après ces maux, qu'y aura-t-il dans la sainte Eglise ? Elle répondit : « A la fin de ces tribulations et de ces angoisses, Dieu, d'une manière imperceptible aux hommes, purifiera sa sainte Eglise, il suscitera l'esprit des élus et il en suivra une telle réformation de la sainte Eglise et une telle rénovation des saints pasteurs, que mon esprit, rien que d'y penser, en tressaille de joie dans le Seigneur. Comme je vous ai déjà dit plusieurs fois, l'Epouse qui est maintenant quasi toute défigurée et couverte de haillons, sera alors très-belle, ornée de précieux joyaux et couronnée du diadème de toutes les vertus : tous les peuples fidèles se réjouiront de se voir illustrés par de si saints pasteurs; les peuples infidèles eux-mêmes, attirés par la bonne odeur de Jésus-Christ, reviendront au bercail catholique et se convertiront au véritable pasteur et évêque de leurs âmes. Rendez donc grâces au Seigneur, parce que, après cette tempête, il donnera à son Eglise une sérénité extraordinairement grande. » Voilà ce que prédit sainte Catherine de Sienne et ce que Raymond de Capoue a consigné dans sa vie (*Vita*, n. 287).

Ni l'un ni l'autre n'ont vu l'accomplissement de cette prédiction. Au moment que nous écrivons ces lignes (1844), les hommes de foi commencent à l'entrevoir; ils commencent à entrevoir les premiers rayons de cette grande sérénité après la tempête : tempête séculaire, qui a commencé par le grand schisme d'Occident au XIVe siècle, continué par la grande révolution d'Allemagne au XVIe, et finira peut-être par la grande révolution de France au XVIIIe; tempête effroyable, qui a bouleversé jusque dans ses abîmes l'Océan religieux et politique de l'humanité, pour que tous les chrétiens apprennent, pasteurs et ouailles, à toujours mettre leur confiance, non dans tel pays, telle nation, tel empire, telle dynastie, tel roi, tel homme, mais en Dieu seul et en leur humble et active coopération à sa providence, qui emploie la tempête même à faire entrer plus vite au port.

En effet, que voyons-nous à la fin de cette tempête de quatre ou cinq siècles ? Nous voyons précisément ces merveilles, dont la vue prophétique, dont la seule pensée faisait tressaillir d'allégresse sainte Catherine de Sienne. Nous voyons tous les peuples fidèles en Italie, en France, en Allemagne, en Hollande, en Angleterre, en Ecosse, en Irlande, en Espagne, en Amérique, en Afrique, à Constantinople, en Syrie, en Chaldée, au Thibet, dans l'Inde, dans le Tonquin, en Chine, en Corée, et dans l'Océanie, se réjouir des saints et saints pasteurs que Dieu leur donne ou leur envoie. Nous voyons Dieu partout suscitant ou ressuscitant l'esprit de ses élus : l'esprit de saint Léon et de saint Grégoire dans la Chaire apostolique; l'esprit de saint Athanase et de saint Ambroise dans l'épiscopat; l'esprit de saint Jérôme, de saint Benoît, de saint Bernard, de saint Dominique, de saint François, de saint Ignace, de saint Vincent de Paul dans les prêtres et les religieux. Nous voyons l'Eglise, belle comme en ses plus beaux jours, ornée du diadème de toutes les vertus, du lis sans tache d'une infinité de vierges, des palmes immortelles d'une infinité de martyrs de tout âge, de tout sexe, de tout rang, de tout pays, depuis la multitude de prêtres et de fidèles qui, il y a cinquante ans, confessaient la foi du Christ et de son Eglise dans les prisons et sur les échafauds de France, jusqu'à nos frères et sœurs d'Orient qui confessent aujourd'hui encore la même foi dans les prisons et sur les échafauds du Tonquin, de la Chine et de la Corée. Nous voyons l'Eglise, unissant la beauté d'épouse à la tendresse de mère, attirer à elle les enfants et les peuples qui l'avaient quittée ou même qui ne lui avaient jamais appartenu. La Hollande, l'Angleterre, l'Ecosse, après avoir si longtemps persécuté ses enfants, commencent à regretter de n'être plus comptés parmi eux; commencent à tourner vers elle des regards attendris, laissent à ses évêques plus de liberté, secondent quelquefois ses missionnaires avec plus d'efficace que ne fait la France. Les meilleures têtes de l'Allemagne protestante travaillent à justifier l'Eglise romaine et ses Pontifes contre les préventions nationales de certains catholiques. En même temps, les sauvages des forêts américaines, les anthropophages des îles de l'Océan, demandent des prêtres pour devenir des anges de douceur, de piété, de bienveillance. Et, pour leur en procurer, les fidèles de toutes les parties du monde unissent ensemble leurs prières et leurs aumônes; et de nouvelles congrégations d'apôtres se forment, et les anciennes se raniment, et le martyre est un attrait de plus pour les émules de saint François Xavier.

Qui donc a donné le branle à tout cela ? Nul roi, nul peuple, nul homme. Ces œuvres infinies de foi et de charité sortent comme de dessous terre. C'est Dieu qui a dit de nouveau : *Que la terre produise!* et la terre produit. C'est Dieu qui, comme l'a prédit sainte Catherine de Sienne, réforme, renouvelle son Eglise d'une manière imperceptible à l'homme.

Cependant, avec le temps et la réflexion, on découvre quelques-unes de ces voies secrètes de la Providence pour corriger les abus et ramener le bien. Par exemple : au XIVe siècle, les cardinaux français, les évêques français, entraînés par l'amour de leur nation, aspiraient à rendre la papauté française, à l'inféoder à la France. Ils oubliaient cette grande loi de l'ordre : *Avant la nation chrétienne est l'humanité chrétienne*, autrement l'Eglise catholique; *la France n'est qu'une province de la chrétienté; le tout ne doit pas être le domaine d'une de ses parties*. Les prélats français tenaient si fort à leur prétention nationale sur la papauté, qu'ils allèrent jusqu'à faire un second pape, jusqu'à faire un schisme. La Providence les a punis par où ils ont péché. Depuis cette époque, pas un cardinal français, pas un évêque français n'a plus été appelé sur le Siége de saint Pierre.

Les prélats français croyaient sans doute, comme le roi Philippe le Bel, qu'en accaparant au profit de la France la papauté catholique, ils rendraient à la dynastie et au royaume de France un service des plus éminents. La Providence a sévèrement puni de ce larcin et la dynastie et le royaume. Nous avons vu les trois fils de Philippe le Bel mourir l'un sur l'autre; nous avons vu sa fille Isabelle, mariée au prince français d'Anjou, qui fut roi d'Angleterre, devenir pour la France une cause de guerres et de calamités; nous allons voir ces guerres et ces calamités se perpétuer d'âge en âge, avec une haine qui n'est pas encore éteinte entre les deux nations.

Le roi de France, Charles V, mourut le 16 septembre 1380, dans la dix-septième année de son règne et la quarante-quatrième de son âge. Empoisonné autrefois, dit-on, par le roi de Navarre, Charles le Mauvais, il avait toujours été d'une santé faible. Il a reçu le surnom de *Sage*, que quelques-uns interprètent par *Savant*, mais que la plupart entendent de la sagesse de son gouvernement, qui fut en effet remarquable. Sans se mettre à la tête des armées, comme le roi Jean, son père, il sut, battre les Anglais, au lieu de s'en laisser battre; il sut, par sa prudence, rétablir l'ordre dans toutes les branches d'administration.

Le roi Charles V était d'une piété solide, éclairée et soutenue; il se proposait saint Louis pour modèle. Attentif sur les mouvements de son cœur, il ne passait aucune semaine sans confesser ses péchés. La faiblesse de sa complexion ne l'empêchait pas d'être fidèle aux observances de l'Eglise; il jeûnait le carême et les autres jours de précepte, à quoi il ajoutait un jeûne de dévotion toutes les semaines. Cependant, comme il avait besoin de quelque adoucissement, il demanda au pape Grégoire XI de pouvoir user en carême d'œufs, de beurre, de lait et de fromage : ce qui lui fut accordé, et en même temps à la reine, son épouse, par une bulle du 23 février 1376, sous la condition toutefois que le confesseur et le médecin du roi jugeraient de la nécessité. Ce prince avait aussi une haute estime de tout ce qui concerne le culte divin. Il s'était fait traduire le traité de Durand, évêque de Mende, touchant les divers offices de l'Eglise, et il s'appliquait à en suivre l'ordre exactement. Au commencement de la journée, il récitait les heures canoniales avec ses chapelains; il allait ensuite à la messe, qui était célébrée solennellement. S'il lui arrivait quelquefois de se trouver engagé, dès le matin, dans une partie de chasse, au plus fort du divertissement, il se ressouvenait de sa pratique d'entendre la grand'messe, et alors, aussi fidèle à Dieu que maître de ses passions, il quittait tout pour assister au saint sacrifice. Son dévouement au service des autels était si entier, qu'après la mort de la reine, son épouse, il forma le dessein d'embrasser l'état ecclésiastique, quand le dauphin, son fils, serait en âge de régner. Ces sentiments, il les avait pris sans doute de saint Louis, qui désirait se consacrer à Dieu dans l'ordre de saint Dominique ou dans celui de saint François : chose assurément digne de remarque, que ce soit précisément les meilleurs rois de France, les plus accomplis sous tous les rapports, qui aient eu cet attrait pour la vie religieuse et le sacerdoce. C'était aussi pour imiter saint Louis, que Charles V allait visiter souvent les reliques de la sainte chapelle de Paris, et que le jour du vendredi saint il montrait lui-même au peuple la vraie croix.

Il était magnifique dans ses palais, dans ses ameublements, dans ses équipages; mais nulle part il ne prodiguait les trésors avec plus de complaisance que quand il s'agissait de la décoration des autels. On a encore l'inventaire des ornements de sa chapelle royale, et l'on est étonné de la prodigieuse quantité de vases, de statues, de reliquaires, de croix d'or et d'argent, avec les diamants et les pierreries sans nombre, dont cet écrit fait mention. Par exemple, on y trouve vingt-cinq croix d'or et vingt-neuf d'argent, dix statues d'or et quatre-vingts d'argent, trente-deux calices d'or et quinze d'argent, le reste à proportion. Le poids de toutes ces pièces étonne encore plus que leur multitude. Plusieurs églises reçurent de lui des présents de même espèce. A Rome, il envoya une statue d'or de sainte Agnès, et les fleurs de lis de pierreries qui servirent à orner les bustes des saints apôtres. Au jour de la dédicace de l'église des Célestins, à Paris, célébrée le 15 octobre 1370, il offrit en personne une grande croix d'argent doré, et la reine, son épouse, une image de la sainte Vierge de même métal. Il fit de riches fondations à Notre-Dame de Paris, à Notre-Dame de Rouen, à Saint-Remi de Reims, aux Célestins de Paris et de Mantes, à Saint-Denys et à Vincennes, c'est dans ce dernier lieu qu'il établit une sainte chapelle, avec un chapitre, sous l'invocation de la Sainte-Trinité et sur le modèle de la chapelle du palais de Paris. C'était un de ses désirs, de voir la vie commune établie parmi les chanoines, comme elle l'était du temps de Louis le Débonnaire. Lorsqu'il entendait lire ce fait dans les chroniques, il s'écriait qu'il aimerait mieux voir cette sainte institution que de réunir sur sa tête la couronne impériale avec celle de France : preuve bien singulière de son zèle pour la régularité des ecclésiastiques.

Cet esprit d'ordre se faisait sentir dans sa cour; elle était réglée comme la maison d'un particulier, avec cette différence que la majesté du maître et la noblesse de ses manières donnaient à tout un air de grandeur que le bon ordre faisait remarquer encore davantage. Les heures étaient marquées pour les soins publics, pour la conversation, pour les délassements, pour la lecture. Chaque année le sage roi lisait la Bible en entier. Il y ajoutait les histoires anciennes des Romains et les maximes des philosophes; de tout cela il se formait à lui-même des règles de conduite pour toutes les circonstances de sa vie et pour toutes les fonctions de sa dignité. Il regardait les mauvais livres et les paroles licencieuses, comme la peste des cours. Un jour, ayant appris qu'un seigneur avait tenu un discours trop libre en présence du dauphin, il le chassa, en ajoutant ce beau mot cité par tous les vieux historiens : *Qu'il faut inspirer aux enfants des princes l'amour de la vertu, afin qu'ils surpassent en bonnes mœurs ceux qu'ils doivent surpasser en dignité.*

Ses aumônes étaient réglées comme les autres actions de sa vie. Il en faisait d'extraordinaires quand on était en temps de guerre et que ses armées marchaient à l'ennemi pour livrer bataille. Il en faisait souvent lui-même; et, reconnaissant dans les pauvres la personne de Jésus-Christ, qu'ils représentent, il leur baisait la main en leur donnant de l'argent. Il aimait sa puissance et ses richesses, parce qu'elles le mettaient en état de faire le bonheur des autres. Le sire de la Rivière le félicitait un jour des prospérités de son règne : *Oui*, dit-il, *je suis heureux, parce que je suis en pouvoir de faire du bien à autrui.*

Que si Charles V suivit les cardinaux français dans l'affaire du schisme, la faute en est à eux beaucoup plus qu'à lui; n'ayant pu voir les choses par lui-même, trop éloigné du lieu où elles s'étaient passées, il a cru de bonne foi devoir s'en rapporter au témoignage des cardinaux, sans trop réfléchir combien ce témoignage devenait suspect par leur variation. Aussi sa conscience ne fut-elle pas tout à fait tranquille.

Le jour même de sa mort, il fit dresser un acte qui contenait en substance : « Qu'il s'était déterminé à embrasser l'obédience du pape Clément sur les écrits des cardinaux, à qui appartient l'élection du Pape, et dont le témoignage, en pareille matière, doit être jugé plus véritable et d'un plus grand poids que celui de tout autre. Qu'il avait aussi suivi en cela les sentiments d'un grand nombre de prélats et d'ecclésiastiques de son royaume, et les avis des personnes de son conseil. Qu'il ne s'était attaché à Clément par aucune raison de parenté ni aucune considération humaine, mais uniquement parce qu'il avait cru bien faire, mû à cela par les autorités ci-dessus expliquées. Qu'au reste, en cas qu'il se fût trompé, ce qu'il n'a pu croire et ne croyait pas encore, il protestait par cet acte, qu'il voulait s'en tenir à la décision de l'Eglise universelle, soit dans un concile général ou autrement, afin qu'il n'eût rien à se reprocher devant Dieu, voulant demeurer dans cette résolution et protestation, comme un véritable enfant de l'Eglise et fidèle catholique. » On voit, par cet acte, que la responsabilité du schisme tombe avant tout sur les cardinaux français, et ensuite sur les conseillers du roi.

Voici comme un auteur contemporain et qui vécut quelque temps à la cour de ce prince, raconte les diverses circonstances de sa mort. Comme sa complexion délicate ne put supporter longtemps une maladie si grave, il jugea que brief serait le terme de sa vie. Pour ce, il voulut disposer de ses dernières ordonnances et songer au salut de son âme. Il avait toujours accoutumé de se confesser chaque semaine. Mais alors, son père spirituel étant continuellement avec lui, et examinant très-diligemment sa conscience, afin que rien n'y demeurât en scrupule, il se confessait derechef par souventes fois, en grande dévotion, larmes et contrition. Et comme déjà il était très-aggravé très-durement, il voulut recevoir son Créateur, lequel, après plusieurs messes par lui entendues, lui fut administré. En la présence du Sacrement, à merveilleux signes de dévotion, il dit ces paroles : « O Dieu mon rédempteur, à qui toutes choses sont manifestes, je reconnais avoir bien des fois péché devant Votre Majesté et digne Sainteté ; soyez propice à moi, pécheur, et comme vous daignez approcher le lit du pauvre languissant, ainsi il vous plaise, par votre miséricorde, que à vous je puisse en la fin parvenir. » Et en ces paroles disant, à grandes larmes, il fut communié, et après rendit grâces à Dieu.

Malgré les douleurs de sa maladie, ce bon roi, pour donner quelque récréation à ses serviteurs qu'il voyait pour lui grandement affligés, voulait chaque jour être levé et vêtu, et manger à table ; et, quelque faible qu'il fût, il leur disait parole de réconfort et bons avertissements, sans donner jamais signe quelconque de douleur, fors en appelant le nom de Dieu, de Notre-Dame et des saints. Et deux jours avant son trépassement, quoiqu'il eût passé une nuit bien douloureuse, étant levé et vêtu, il regardait ses chambellans et autres serviteurs et médecins éplorés, et se prit à leur dire de très-joyeux visage, et en semblant de bonne convalescence : « Éjouissez-vous, mes bons loyaux amis et servi-teurs, car en briève heure serai hors de vos mains. » Eux, entendant ces paroles, ignorèrent, pour la joyeuseté de son visage, en quel sens il avait dit la parole. Bientôt après, l'effet leur en montra la clarté.

Le samedi devant son trépas, apparurent en lui les signes mortels; les douleurs furent horribles, sans que fût aperçue en lui aucune impatience ; mais en continuant sa dévotion, toujours était sa clameur à Dieu. A côté de lui, son confesseur lui admonestait les paroles nécessaires en cet article, et, comme très-vrai chrétien catholique, il y répondait et faisait signes de grande foi à Notre Seigneur.

Quand vint le dimanche au matin et jour qu'il trépassa, il fit appeler devant lui tous ses barons, prélats, son conseil et chancelier, et leur adressa de si touchantes paroles, qu'il les contraignit tous à larmes. Entre les autres choses il dit, du fait de l'Eglise, que, comme il eut été informé par tout le collège des cardinaux, et en faisant toute l'investigation qu'il avait pu et su faire, présumant que tant de vaillants prélats n'auraient jamais voulu se damner pour un seul homme, il avait reconnu le pape Clément pour vrai Pape; et ce qu'il en avait fait, il prenait sur son âme qu'il l'avait fait de bonne foi.

Après ces choses il demanda la couronne d'épines de Notre Seigneur, qui lui fut apportée par l'évêque de Paris; et aussi, par l'abbé de Saint-Denys, la couronne du sacre des rois. Quant à la couronne d'épines, il la reçut à grande dévotion, larmes et révérence, et hautement la fit mettre devant sa face; celle du sacre, il la fit mettre sous ses pieds. Alors il commença cette oraison à la sainte couronne : *O couronne précieuse, diadème de notre salut ! combien est doux et délicieux le contentement que tu donnes, par le mystère qui, en toi, fut compris à notre rédemption ! Daigne celui, par le sang duquel tu as été arrosée, m'être autant propice, que mon esprit sent de joie en la visitation de ta digne présence !* Le roi malade continua cette prière avec beaucoup de dévotion.

Ensuite, s'adressant à la couronne du sacre, il dit : « O couronne de France, que tu es précieuse, et précieusement vile ! précieuse, considéré le mystère de justice, lequel en toi tu contiens et portes vigoureusement ; mais vile, et la plus vile de toutes choses, considérés le faix, labeur, angoisses, tourments et peines de cœur, de corps, de conscience et périls d'âme que tu donnes à ceux qui te portent sur leurs épaules ; et qui à ces choses viserait, plutôt te laisserait en la boue gésir qu'il ne te relèverait pour mettre sur son chef. » Là, dit le roi maintes notables paroles, pleines de si grande foi, dévotion et reconnaissance envers Dieu, que tous les auditeurs étaient émus à grande compassion et larmes.

Après ce, la messe fut chantée, et voulut le roi qu'en chant mélodieux et orgues fussent à Dieu chantées louanges et bénédictions.

Le roi fut porté de sa couche en son lit ; et comme il commençait moult à *faibloyer*; son confesseur lui alla dire : « Sire, vous m'avez commandé, que, sans attendre à la dernière extrémité, je vous fasse penser au dernier sacrement : quoique la nécessité ne soit pas encore pressante, et que plus d'un, après cette onction, soit retourné à bonne convalescence, vous plaît-il, pour le réconfort de votre âme, la recevoir maintenant? » Le roi répondit que moult lui plaisait. Elle lui fut donc apprêtée. Et le roi voulut que toutes manières de gens à qui il plairait entrassent dans sa chambre. Elle fut bientôt remplie de barons, prélats, chevaliers, clercs et gens du peuple, tous pleurant à grands sanglots de la mort de leur bon prince.

Le roi lui-même, selon sa faiblesse, s'aida à recevoir les saintes huiles. Quand la croix lui fut présentée, il la baisa, et, la serrant dans ses bras et regardant la figure de Notre Seigneur, il commença à dire : « Mon très-doux Sauveur et Rédempteur, qui en ce monde avez daigné venir pour me racheter, moi et tout l'humain lignage, par la mort que, volontairement et sans contrainte, vous avez voulu souffrir, et qui m'avez institué votre vicaire, moi indigne et ignorant, pour gouverner votre royaume de France, j'ai tant grièvement envers vous péché; que je dis : *Mea culpa, mea gravissima culpa, mea maxima culpa.* Et nonobstant, mon doux Dieu, que je vous aie courroucé par des fautes innombrables, je sais que vous êtes vraiment miséricordieux et ne voulez point la mort du pécheur; pour ce, à vous, Père de miséricorde et de toute consolation, en l'article de ma très-grande nécessité, criant et vous appelant, je vous demande pardon. »

Cette oraison finie, il se fit tourner la face vers les gens et le peuple qui étaient là et dit : Je sais bien que, au gouvernement du royaume, en plusieurs choses, j'ai offensé grands, moyens et petits, et aussi mes serviteurs, auxquels je devais être *bénigne* et non ingrat de leur loyal service ; et, pour ce, je vous prie, ayez merci de moi : je vous requiers pardon. » A cet effet, il se fit hausser les bras, et leur tendit les mains jointes. Vous pouvez penser quelles larmes répandirent ses loyaux sujets et serviteurs.

Il dit encore : « Sachez tous, et Dieu l'a premièrement connu, que nulle temporalité ni prospérité de vanité mondaine ne m'attire ni incline à vouloir de moi autre chose que ce que Dieu a voulu de moi ordonner; il sait qu'il n'est quelconque chose précieuse pour laquelle je voulusse ou désirasse être sauvé de cette maladie. »

Un peu après, sentant que sa fin était proche, en la manière des anciens patriarches, il fit amener devant lui son fils aîné, le dauphin, et, le bénissant, il commença à dire : « Comme Abraham a béni et établi son fils Isaac, en la rosée du ciel et en la graisse de la terre, en l'abondance du froment, du vin et de l'huile, ajoutant que, qui le bénirait, fût béni, et qui le maudirait, fût rempli de malédiction, ainsi plaise à Dieu donner à ce Charles la rosée du ciel, et l'abondance de la terre, et l'abondance du froment, du vin et de l'huile; et que les lignées le servent, et qu'il soit, le seigneur, et que s'inclinent devant lui tous les fils de sa mère ! Qui le bénira, soit béni! qui le maudira, soit rempli de malédiction ! »

Cette cérémonie accomplie, à la prière du seigneur de la Rivière, il bénit tous les assistants, en disant ainsi : *Benedictio Dei, Patris et Filii, et Spiritûs Sancti descendat super vos et maneat semper !* Laquelle bénédiction ils reçurent tous à genoux, avec grande dévotion et larmes. Puis le roi leur dit : « Mes amis, allez-vous-en, et priez pour moi, et me laissez, afin que mon travail s'achève en paix. » Alors, tourné de l'autre côté et tirant à l'angoisse de la mort, il ouït toute l'histoire de la Passion et encore l'Évangile de saint Jean, à la fin duquel il entra en agonie, et après quelque peu de soupirs et sanglots, entre les bras du seigneur de la Rivière, que moult tendrement il aimait, il rendit l'esprit à Notre Seigneur.

C'est ainsi que Christine de Pisan décrit les derniers moments du roi Charles V. (1). Cette femme de lettres naquit à Venise vers l'an 1363. Son père, Thomas de Pisan, conseiller de la république, et homme fort instruit, fut appelé en France, en qualité d'astronome, par Charles V, qui lui donna place dans son conseil, et lui facilita les moyens de faire venir sa famille à Paris. Christine avait cinq ans lorsqu'elle arriva au château du Louvre avec sa mère, l'an 1368. Le roi les reçut fort gracieusement. Christine fut élevée à la cour. Son père, qui lui voyait d'heureuses dispositions, voulut qu'elle les cultivât. On a d'elle plusieurs écrits en vers et en prose, entre autres, l'histoire de Charles V, qu'elle entreprit sur l'ordre de Philippe, duc de Bourgogne, frère du roi défunt.

Ce monarque avait vu mourir avant lui son fidèle connétable Bertrand Duguesclin. Ce grand capitaine termina sa vie le 13 juillet 1380, devant une forteresse près de Mende, nommée Château-Neuf-de-Randon, qu'il assiégeait actuellement, et dont le gouverneur lui apporta les clés quelques moments avant qu'il expirât. C'est ce que disent positivement d'anciens manuscrits, ainsi que d'anciens mémoires maintenant imprimés. Sur quoi il faut réformer ce que disent la plupart des historiens modernes, que ces clés furent apportées après la mort du connétable, et déposées sur son cercueil. Duguesclin n'écrivait pas, mais il savait signer. On a vu sa signature, *Bertrand*, au bas de quelques dispositions de famille.

Avec les vertus guerrières, Bertrand Duguesclin en avait d'autres, un esprit droit, sincère, attaché à son devoir et à son souverain, un cœur bienfaisant, vraiment chrétien et catholique; c'est l'expression d'un ancien écrivain de sa vie. Il honorait l'Église; il protégeait les pauvres et les innocents. Près de rendre le dernier soupir, il répéta à tous ces vieux militaires qui le suivaient depuis tant d'années, ce qu'il leur avait dit souvent, qu'en quelque pays qu'ils fissent la guerre, ils se souvinssent toujours que les gens d'Église, les femmes, les enfants et le pauvre peuple n'étaient point leurs ennemis. Il reçut les derniers sacrements avec une piété exemplaire. Il se recommanda, dit une ancienne chronique, à Dieu, à la vierge Marie et à leur très-sainte compagnie. Il se fit apporter l'épée de connétable, il la baisa par respect pour la main royale qui la lui avait confiée; et ensuite, ne s'occupant plus que de la vue du crucifix, il expira âgé de soixante-six ans, couvert de gloire, peu riche, et regretté de tous, hors des ennemis de la France. Le roi sentit mieux que personne la perte qu'il avait faite. Il pleura *le bon connétable*, c'était le nom qu'on lui donnait, et voulut qu'on l'enterrât à Saint-Denys, près du tombeau qu'il avait fait élever pour

(1). *Livre des faits et bonnes mœurs du sage roi Charles V.*

lui-même, et où était déjà placée la reine Jeanne de Bourbon, son épouse. Charles V arriva au même terme deux mois après, et se réunit, dans le silence de la mort, aux deux personnes qui avaient le mieux mérité son affection et son estime.(*Hist. de l'Egl. gall.*, l. 41).

Voici maintenant d'autres hommes, et comme un autre monde. Le 1er janvier 1387, mourut le roi de Navarre, Charles le Mauvais. Suivant les chroniques françaises, il s'était fait envelopper de draps imbibés d'eau-de-vie soufrée, soit pour guérir sa lèpre, soit pour ranimer sa chaleur naturelle, affaiblie par les débauches, lorsque le feu y prit par l'imprudence d'un valet de chambre. Ce malheureux prince expira dans des tourments horribles, et comme par un juste châtiment de Dieu, ajoutent les mêmes chroniques. Les historiens de la Navarre traitent ce récit de fable. L'évêque d'Acqs, principal ministre de Charles le Mauvais, écrivit à la reine Blanche, sœur de ce prince et veuve de Philippe de Valois, pour lui annoncer que son frère était mort le 1er janvier 1386, après une longue maladie, supportée avec une patience chrétienne; qu'il avait déployé toutes les vertus les plus exemplaires, et que sa mort, sans douleur et sans angoisse, avait paru être déjà un avant-goût de la joie des bienheureux (*Biographie univ.*; *Anonyme de Saint-Denys*, l. 5, c. 2; Froissart; Mariana; Favyn; *Hist. de Navarre*, l. 8).

Le nouveau roi de France, fils de Charles V, était Charles VI, qui n'avait pas encore treize ans accomplis à la mort de son père. Les ducs d'Anjou, de Bourgogne et de Berri, ses oncles paternels, et le duc de Bourbon, son oncle maternel, se disputèrent l'autorité pendant la minorité du nouveau roi: Le duc de Berri, peu estimé, songeait bien plus à augmenter ses apanages qu'à gouverner; le duc d'Anjou, avare, hautain, ambitieux, voulait s'emparer du pouvoir, et, comme l'aîné, se croyait des droits que le duc de Bourgogne lui disputait avec autant de chaleur que d'adresse; le duc de Bourbon, véritablement attaché à la France, tenait la balance entre eux, et, par l'estime dont il jouissait généralement, les forçait quelquefois à soumettre leurs prétentions à des arbitres. Le duc de Touraine, depuis d'Orléans, frère du roi, épouse Valentine de Milan, fille de Galéas Visconti. L'an 1385, Charles VI épouse Isabelle ou Isabeau de Bavière, petite-fille de l'empereur Louis de Bavière, que nous avons vu persécuter l'Eglise et mourir dans l'excommunication.

Isabelle de Bavière, devenue reine de France, sera pour la France une furie vengeresse, tout comme Isabelle de France devenue reine d'Angleterre. Isabelle de France avait eu pour père Philippe le Bel. Deux surgeons de persécuteurs de l'Eglise sont ainsi les verges pour châtier la France.

Voici quelques traits de ce règne, par Chateaubriand (*Analyse raisonnée de l'histoire de France*) :

« Soulèvement de Rouen et de Paris; Juifs, fermiers et receveurs, pillés et massacrés; Etats où l'on entend parler du *peuple* et de la nation; guerre civile en Bretagne; désordres occasionnés par le schisme : tel est le prologue de la tragédie dont le premier acte s'ouvre à la folie de Charles VI. Le vertueux avocat général, Jean Desmarets, fut traîné à l'échafaud, comme complice des séditions auxquelles il avait au contraire opposé l'autorité de sa vertu.

» Maistre Jehan, lui disait-on en le menant au supplice, criez merci au roi, afin qu'il vous pardonne. Desmarets répondit : J'ai servi au roi Philippe, son grand-ayeul, au roi Jehan et au roi Charles, son père, bien et loyaument, et oncques ces trois rois ne me scurent que demander, et aussi ne feroit cestui s'il avoit connoissance d'homme : à Dieu seul veux crier merci. Paroles magnanimes s'il en fut jamais.

» Les exécutions nocturnes, commencées sous ce règne continuèrent : on ne dérobe pas l'iniquité en la cachant.

» Les corps étaient jetés dans la Seine avec cet écriteau : Laissez passer la *justice du roi*. Avertissement à la Loire, en 1793, pour laisser passer la *justice du peuple*. Les assassinats juridiques datent du gouvernement des Valois : on marchait à la monarchie absolue.

» Grand projet de descente en Angleterre (1386); quinze cents vaisseaux rassemblés au port de l'Ecluse; cinquante mille chevaux destinés à être embarqués; des munitions de guerre et de bouche parmi lesquelles on remarque des barils de jaunes d'œufs cuits et pilés comme de la farine. Une ville de bois de trois mille pas de diamètre, munie de tours et de retranchements, était composée de pièces de rapport qui se démontaient et se remontaient à volonté; elle pouvait contenir une armée; nous n'avons pas aujourd'hui, dans notre état perfectionné d'industrie, l'idée d'un ouvrage aussi gigantesque de menuiserie et de charpenterie; il est évident, par les boiseries qui nous restent du moyen-âge, que l'art du menuisier était porté beaucoup plus loin que de nos jours. Les vaisseaux de la flotte étaient ornés de sculpture et de peinture; les mâts, couverts d'or et d'argent; magnificence qui rappelle la flotte de Cléopâtre. La haute aristocratie était descendue du plus haut point de la puissance au plus haut point de la richesse; elle avait abouti au luxe, comme tout pouvoir, et par conséquent sa force déclinait : les petits hommes qui faisaient ces grands préparatifs furent écrasés dessous. Les intrigues et les passions du duc de Berri, les vols de toutes les espèces d'argent, le retour de la mauvaise saison, empêchèrent la France de reporter en Angleterre les maux que celle-ci lui avait faits, et ce fut en vain que les propriétaires furent taxés à la valeur du quart de leur revenu pour une inutile parade (1386).

» Ces princes de la première maison de Valois étaient des esprits fastueux, bornés et ingouvernables : ils avaient rempli leur maison de cette foule de valets décorés, sangsues du peuple et plaies des cours. Cette noble tourbe jouissait d'immunités successives; il n'y avait pas de surnuméraire de garderobe qui, en attendant l'exercice de ses fonctions, ne fût exempt des charges publiques.

» Isabeau commence à manifester son penchant au luxe et à la galanterie; la cour d'amour fut instituée sur le modèle des cours de justice. Parmi les officiers de cette cour, on trouve avec les princes du sang et les plus anciens gentilshommes de la France des docteurs en théologie, des grands vicaires, des chapelains, des curés et des chanoines. C'est à cette

LIVRE LXXXI. — GRAND SCHISME D'OCCIDENT.

époque que les romanciers ont placé les aventures du petit Jehan de Saintré. Les plus terribles vérités n'interrompirent point ces fictions; on voit marcher, tantôt séparés, tantôt confondus, dans ce siècle, les forfaits et les amours, les fêtes et les massacres, l'histoire et le roman, tous les désordres d'un monde réel et d'un monde fictif : l'imagination entrait dans les crimes, les crimes, dans l'imagination. Les fureurs du schisme et l'invasion des Anglais compliquèrent les querelles des Bourguignons et des Armagnacs.

» Pierre de Craon, favori du duc de Touraine, depuis d'Orléans, fut disgrâcié pour avoir révélé à Valentine de Milan une infidélité de son mari. Craon était l'ennemi du connétable de Clisson, et parent du duc de Bretagne (Jean de Montfort). Craon assassine le connétable de Clisson le jour de la fête du Saint-Sacrement (1392) : Clisson ne mourut pas de ses blessures. Charles VI voulut tirer vengeance de Craon, réfugié auprès du duc de Bretagne. L'armée eut ordre de se mettre en marche. Dans la forêt du Mans, une espèce de fantôme enveloppé d'un linceul, la tête et les pieds nus, se précipite d'entre deux arbres sur la bride du cheval de Charles VI, disant : *Roi, ne chevauche plus avant; retourne, car tu es trahi.* Le spectre rentre dans la forêt sans être poursuivi. Charles, frémissant et les traits altérés, continue sa route. Un page qui portait la lance du roi, la laissa tomber sur le casque d'un autre page; à ce bruit, le roi sort de sa stupéfaction, tire son épée, fond sur les pages en s'écriant : Avant, avant sur ces traîtres! Le duc d'Orléans accourt; Charles se jette sur lui. Fuyez, beau neveu d'Orléans, lui crie le duc de Bourgogne, monseigneur veut vous occire : haro ! le grand meschef (malheur), monseigneur est tout dévoyé! Dieu ! qu'on le prenne! — Le roi ne tua ni ne blessa personne, quoi qu'en ait dit Monstrelet. Il fut ramené au Mans *sur une charrette à bœufs.* Les oncles du roi, le duc de Berri et le duc de Bourgogne, prirent en main le gouvernement.

» Le parlement, toutes les chambres assemblées (1392), confirma l'édit de Charles V, qui fixe à quatorze ans la majorité des rois. La tutelle des enfants de France fut mise entre les mains de la reine et de Louis de Bavière, frère de la reine; des lettres de régence furent accordées quelque temps après au duc d'Orléans, frère du roi. Il y avait un conseil de tutelle de douze personnes; il n'y avait point de conseil de régence à signer. Charles VI fit son testament, et il vécut, après avoir lui-même disposé de tout, comme s'il était mort.

» Et c'est de ce roi mort que l'on entend parler ensuite comme père d'enfants qui naissent au hasard; comme ayant été sur le point d'être brûlé dans un bal masqué où cet insensé figurait déguisé en sauvage; comme niant qu'il eût été roi; comme effaçant avec fureur son nom et ses armes; priant qu'on éloignât de lui tout instrument avec lequel il eût pu blesser quelqu'un, disant qu'il aimait mieux mourir que de faire du mal à personne; conjurant, au nom de Jésus-Christ, ceux qui pouvaient être coupables de ses souffrances, de ne plus le tourmenter et de hâter sa fin; s'écriant à l'aspect de la reine : *Quelle est cette femme? qu'on m'en délivre !* et recevant dans son lit, trompé, la fille d'un marchand de chevaux, que cette reine lui envoyait pour la remplacer : ombre auguste, malheureuse et plaintive, autour de laquelle s'agitait un monde réel de sang et de fêtes ! spectre royal dont on empruntait la main glacée pour signer des ordres de destruction, et qui, innocent des actes revêtus de son nom à la lumière du soleil, revenait la nuit parmi les vivants pour gémir sur les maux de son peuple! Quel témoin nous reste-t-il de cette infirmité d'un monarque que ne purent guérir un *magicien* de Guienne avec son livre *Simagorad*, et deux moines qui furent les premiers criminels assistés à la mort par des confesseurs? quel monument durable atteste, au milieu de nous, les calamités d'un règne qui s'écoula entre l'apparition d'un fantôme et celle d'une bergère? Une amère dérision de la destinée des empires et de la fortune des hommes : un jeu de cartes.

» Sous l'année 1393, on remarque l'ordonnance qui donne des confesseurs aux condamnés; mais le sacrement de l'eucharistie leur était encore refusé dans le dernier siècle. Plusieurs conciles avaient réprouvé cette rigueur, incompatible, en effet, avec la charité chrétienne et avec le principe moral d'une religion qui fait du repentir l'innocence.

» Les prisonniers envoyés à l'échafaud s'arrêtaient deux fois en chemin; dans la cour des Filles-Dieu, ils baisaient le crucifix, recevaient l'eau bénite, buvaient un peu de vin et mangeaient trois morceaux de pain : cela s'appelait *le dernier morceau du patient.* Sauval remarque que cet usage ressemble au repas que les Juives offraient aux personnes condamnées à mort, et au vin de myrrhe que les Juifs présentèrent à Jésus-Christ. Ne serait-ce pas plutôt un souvenir du dernier repas des martyrs, *le repas libre?* Les exécutions avaient presque toujours lieu le dimanche et les jours de fête. Les Cordeliers assistèrent d'abord les criminels, et eurent pour successeurs les docteurs en théologie de la maison de Sorbonne : sublime fonction du prêtre, qui commença en 1395 par l'édit d'un roi de France malheureux, et qui devait donner, en 1793, un dernier consolateur à un roi de France encore plus infortuné.

» Les querelles des maisons d'Orléans et de Bourgogne éclatent. Le premier attentat vint de la maison de Bourgogne. Jean sans Peur, qui avait succédé à son père, Philippe le Hardi, fit assassiner le duc d'Orléans, le 23 novembre 1407. Les deux princes s'étaient juré dans le conseil du roi une amitié inviolable; *ils avaient pris les épices et bu du vin;* ils s'étaient embrassés en se quittant; ils avaient communié ensemble; le duc de Bourgogne avait promis de dîner chez le duc d'Orléans, qui l'avait invité; il n'alla pourtant point chercher au repas des morts, où il l'envoya le lendemain, son convive de Dieu à la sainte table, et son hôte au festin des hommes.

» Le duc de Bourgogne nia d'abord son crime, et s'en vanta ensuite : dernière ressource de ceux qui sont trop coupables pour n'être pas convaincus, et trop puissants pour être punis. Le peuple détestait le duc d'Orléans et chansonna sa mort : les forfaits n'inspirent d'horreur que dans les sociétés en repos; dans les révolutions, ils font partie des révolutions mêmes, desquelles ils sont le drame et le spectacle.

» Le traité de Chartres donna tout pouvoir au duc

de Bourgogne ; on trancha la tête au sire de Montaigu, administrateur des finances, ce qui ne remédia à rien ; on convoqua une assemblée pour réformer l'Etat, et l'Etat ne fut point réformé. Les princes, mécontents, prirent les armes contre le duc de Bourgogne. Le duc d'Orléans, fils du duc assassiné, avait épousé en secondes noces Bonne d'Armagnac, fille du comte Bernard d'Armagnac, d'où le parti du duc d'Orléans, conduit par le comte Bernard, prit le nom d'*Armagnac*. On traite inutilement à Bicêtre ; on se prépare de nouveau à la guerre. Les Armagnacs assiégent Paris ; le duc de Bourgogne arrive avec une armée et fait lever le siége. A travers tous ces maux, la vieille guerre des Anglais se ranime.

» Une sédition éclate dans Paris ; les palais du roi et du dauphin sont forcés ; la faction des bouchers prend le chaperon blanc ; le duc de Bourgogne perd son pouvoir et se retire ; on négocie à Arras.

» Le roi d'Angleterre descend en France. La bataille d'Azincourt perdue, renouvelle tous les malheurs de Crécy et de Poitiers. Paris est livré aux Bourguignons, après avoir été gouverné par les Armagnacs ; les prisons sont forcées, les prisonniers massacrés. Les Anglais s'emparent de Rouen, et Henri V prend le titre de roi de France.

» Un traité de paix est conclu à Ponceau, entre le duc de Bourgogne et le dauphin (1419). Vaine espérance ! les inimitiés sont trop vives : Jean sans Peur est assassiné sur le pont de Montereau.

» Le nouveau duc de Bourgogne, Philippe le Bon, s'allie aux Anglais pour venger son père. Henri V épouse Catherine de France, et Charles VI le reconnaît pour son héritier, au préjudice du dauphin. Deux ans après la signature du traité de Troyes, Henri V meurt à Vincennes, et Charles VI à Paris.

» Le duc de Bedford, revenant des funérailles de Henri V, roi d'Angleterre, ordonne celles de Charles VI, roi de France. Cette course entre deux cercueils, entre le cercueil du plus glorieux comme du plus heureux des monarques, et le cercueil du plus obscur comme du plus misérable des souverains, est une leçon aussi sérieuse que philosophique. Qui en profitera ? Personne. »

Charles VI laissait un fils âgé de dix-neuf ans, qui fut Charles VII. Un autre plus âgé, Jean, duc de Touraine, était mort l'an 1417, empoisonné, disait-on. Deux années auparavant, était mort leur aîné, Louis, duc de Guyenne, épuisé de débauches. Nonobstant l'état déplorable de son père, toutes les nuits le palais du fils se remplissait d'hommes et de femmes de mœurs plus que suspectes ; il retentissait du son des instruments jusqu'à une heure très-avancée. Le prince, épuisé par la danse, la débauche et le libertinage, passait ensuite les journées tout entières au lit, en sorte qu'on ne pouvait obtenir de lui qu'il fût présent à aucun conseil. Du reste, sa mère lui donnait l'exemple. Enfin son père, Charles VI, n'était guère plus sage avant de devenir fou. Il paraîtrait même que sa démence fut un effet de sa vie peu réglée.

Au milieu de cette décadence des grands, un homme leur rappelait à tous les vertus guerrières et chrétiennes des héros de la croisade, des Godefroi de Lorraine et des Tancrède : ce fut le maréchal Jean Lemaingre dit Boucicaut. A l'âge de trois ans, il perdit son père, de même nom, qui fut aussi maréchal de France. On demandait un jour à celui-ci pourquoi, jouissant des bonnes grâces du roi son maître, il n'acquérait ni terres ni seigneuries pour ses enfants. Il répondit : « Je n'ai rien vendu ni pensé vendre de l'héritage que mon père m'a laissé ; je n'ai de même rien acquis ni veux en acquérir. Si mes enfants sont prud'hommes et vaillants, ils auront assez ; si rien ils ne valent, ce sera même dommage de ce qu'il leur en demeurera tant. »

Le jeune Boucicaut se montra toujours digne d'un tel père. Etant à l'école, il fut battu par le maître, pour avoir donné un soufflet à un enfant qui lui avait donné le démenti. Le jeune Boucicaut ne pleura point, mais demeura pensif. Le maître, étonné, lui dit âprement : « Regardez, est-il fier ce seigneur là ? il ne daigne pas pleurer. » L'enfant lui répondit : « Quand je serai seigneur, vous ne m'oserez battre, et je ne pleure point, parce que, si je pleurais, on saurait bien que vous m'auriez battu. »

Il fut élevé avec le dauphin, depuis Charles VI. Dès l'âge de douze ans, il fit plusieurs campagnes ; à dix-huit ans, celle de Flandre, où les Français remportèrent la victoire de Rosbec. Dans cette bataille, il s'attaqua corps à corps à un Flamand d'une taille gigantesque. Ce redoutable ennemi, le prenant pour un enfant, lui fait sauter sa hache des mains, en lui disant : « Va téter, va, enfant ; or, vois-je bien que les Français ont faute de gens, quand les enfants mènent en bataille. » Boucicaut, furieux, tire sa dague, la lui enfonce sous le bras, le renverse par terre, avec cette moquerie : « Les enfants de ton pays jouent-ils à de tels jeux ? »

Après cette campagne, sans compter les autres expéditions, Boucicaut alla jusqu'à trois fois en Prusse, au secours des chevaliers Teutoniques contre les païens de Lithuanie. Il achevait sa troisième campagne de croisé, lorsqu'il fut mandé par le roi de France, Charles VI. Boucicaut, qui avait alors vingt-cinq ans, le trouva dans la ville de Tours, logé dans la maison du maréchal, son père. Le jeune guerrier se mit à genoux devant le roi et le salua humblement. Le roi lui dit à l'instant même : « Boucicaut, votre père a demeuré en cet hôtel et gît en cette ville ; vous êtes né en cette chambre, comme on nous a dit. Aussi nous vous donnons, au propre lieu où vous naquîtes, l'office de votre père, et, pour vous honorer davantage, le jour de Noël qui approche, après la messe, nous vous baillerons le bâton de maréchal de France et ferons recevoir de vous le serment comme il est accoutumé. »

Sigismond, roi de Hongrie, menacé par le sultan Bajazet Ier, implora le secours des princes chrétiens en 1396, et l'élite de la chevalerie française vola sur les bords du Danube. A leur tête, était le comte de Nevers, Jean sans Peur, depuis duc de Bourgogne, et, sous lui, le maréchal de Boucicaut, qui, à ses frais et sous sa bannière, amena soixante-dix gentilshommes, et à qui toute cette brillante milice déféra le commandement. L'issue de cet armement fut la bataille de Nicopolis, le 25 septembre 1396, où Sigismond prit la fuite, où les Français seuls combattirent et furent tous tués ou faits prisonniers. Du nombre des derniers fut Boucicaut. Après avoir fait des prodiges de valeur, il tomba vivant entre les mains des vainqueurs ; il fut amené nu, en chemise, les mains liées, devant Bajazet, qui, furieux d'avoir vu ses plus braves soldats tomber sous les coups d'une poignée de Français, n'épargnait que les prisonniers dont il croyait tirer une forte rançon, tel que le comte de Nevers. Les autres étaient décapités, massacrés, l'un après l'autre, sous les yeux du comte et de Bajazet.

« A icelle piteuse procession fut mené le maréchal de France Boucicaut, dit son biographe contemporain. Mais Dieu, qui voulut garder son servant pour le bien qu'il devait faire le temps à venir, tant en vengeant sur Sarrasins la mort de cette glorieuse compagnie, comme des autres grands biens qui par son bon sens et à cause de lui devaient advenir, fît que le comte de Nevers, sur le point que on voulait férir sur lui, le va regarder moult piteusement, et le maréchal lui. Adonc prit merveilleusement à douloir le cœur audit comte de la mort de si vaillant homme, et lui souvint du grand bien, de la prouesse, loyauté et vaillance qui étaient en lui. Si l'advisa Dieu tout soudainement de joindre les deux doigts ensemble de ses deux mains en regardant Bajazet, et fît signe qu'il était comme son propre frère, et qu'il le répitât (l'épargnât) : lequel signe Bajazet entendit aussitôt et le fît laisser (*Livre des faicts du mareschal de Boucicaut*, c. 26). »

Les prisonniers furent menés à Burse en Bithynie. Le comte de Nevers envoya Boucicaut et le sire de la Trémouille pour traiter de leur rançon. Bajazet n'y voulut point entendre. Le comte de Nevers les renvoie, avec prière au sultan de les délivrer au moins eux deux, afin qu'ils pussent procurer aux autres les finances dont ils avaient besoin dans leur captivité. Bajazet, moyennant une forte rançon, accorde la liberté à Boucicaut et à la Trémouille : ce dernier meurt peu après. Boucicaut, après avoir payé le prix de sa propre délivrance, apporte aux prisonniers le surplus de l'argent qu'il avait pu recueillir. Il était complètement libre, et pouvait s'en aller où il voulait ; il préféra demeurer auprès de ses compagnons d'infortune : générosité qui remplit ceux-ci de reconnaissance et d'admiration. Il fit plus ; à force d'éloquence, de loyauté et de dévouement, il amena Bajazet à traiter de leur délivrance ; il obtint même que le sultan réduisit la rançon à cent cinquante mille livres, au lieu d'un million qu'il exigeait d'abord. Mais il fallut que les prisonniers fissent serment de ne pas porter les armes contre Bajazet. Ce serment ne regardait point Boucicaut, qui était déjà libre : circonstance à laquelle certains auteurs n'ont pas pris garde.

L'an 1400, le maréchal de Boucicaut, sur la prière de l'empereur grec, Manuel Paléologue, alla défendre Constantinople contre les Turcs, qui allaient s'en rendre maîtres. L'invasion de Tamerlan sauva, pour le moment, l'empire grec, et Boucicaut ramena en France l'empereur Manuel, qui espérait, par sa présence, obtenir des secours plus efficaces contre les ennemis de la chrétienté. L'expédition de Hongrie, et les guerres intestines avaient privé la France d'une foule de princes et de seigneurs, de barons et de nobles ; leurs veuves étaient à la merci des gens avides qui profitaient de leur faiblesse pour leur disputer leurs droits ou les dépouilles de leurs biens : Boucicaut fonda, avec la permission du roi, l'ordre de chevalerie *de la Dame-Blanche à l'Ecu-Vert*. Les chevaliers étaient au nombre de treize ; leur serment était « de combattre à outrance pour défendre le droit de toutes femmes nobles à leur pouvoir, qui les en requerraient. » Cet ordre fut institué au retour de Boucicaut, en 1399.

Vers ce temps, les Génois ayant souffert tous les maux de la tyrannie et de l'anarchie, de l'aristocratie et de la démocratie, par suite des querelles entre les Guelfes et les Gibelins, se donnèrent à la France pendant la démence de Charles VI. Les ducs de Bourgogne et de Berri, régents de France, envoyèrent aux Génois, en 1401, le sage et bon maréchal pour les gouverner. Les Génois eux-mêmes l'avaient demandé, sur la renommée de son grand mérite. Leur attente ne fût point déçue. Sa vigilance et sa fermeté rétablirent la sécurité publique ; il punit les plus factieux, fît trancher la tête aux plus coupables, et contint le peuple entier, moins encore par la force que par une justice incorruptible. Pendant dix ans, les Génois durent à la sagesse et à la vigueur de son gouvernement d'être heureux et tranquilles. Dans cet intervalle, Boucicaut ne laissa pas à d'autres la gloire de combattre les Musulmans sur la Méditerranée et sur leur propre territoire ; il secourut le grand-maître de Rhodes et le roi de Chypre, vainquit les flottes vénitiennes et protégea le commerce des Génois au dehors, comme il veillait à leur salut et à leur prospérité au dedans.

Mais ce qu'il y avait de plus admirable dans le maréchal de Boucicaut, c'était la vie de vrai chrétien qu'il menait, ainsi que sa femme, Antoinette de Turenne. Voici comme en parle son biographe contemporain :

« Quant à la nourriture du corps, sa coutume est telle que, quoiqu'il soit très-largement servi, et que son hôtel soit moult plantureux de tous biens, jamais à table il ne mange que d'une seule viande, c'est à savoir de la première à quoi il se prend ; ni ne boit vin qui ne soit le quart d'eau ; ni nulle heure ne boit fors à dîner et à souper, ni ne se délecte en étranges viandes, ni sauces ou saveurs diverses. Il boit et mange très-atrempément et sobrement. Et quoique ses gens soient servis en argent doré moult richement et qu'il ait assez de vaisselle, jamais son corps n'est servi de nulle chose en or ni en argent ; mais en étain, en verre ou en bois. De sa vêture et habillement n'est mignot ni déguisé, quoique son appareil soit propre et net.

» A table il parle peu, ni nulle heure n'a moult de paroles. Et quand de son mouvement il se prend à parler, toujours est son devis de Dieu ou du saint, de vertu ou du bien que aucun a fait, de vaillance et de chevalerie, de quelque bon exemple, et de toutes telles choses. Ni à nulle heure, soit en privé ou en public, on n'ouït saillir de sa bouche parole vaine ou messéante, ni jamais ne dit mal d'autrui ni n'en veut ouïr, ni paroles déraisonnables ou vaines, et où il n'y a aucun bien, il n'écoute pas volontiers. Moult lui plaît ouïr lire beaux livres de Dieu et des saints, des faits des Romains et histoires anciennes. Davantage, nulles fois ne ment, et ce qu'il promet il le tient ; et veut être obéi tôt et sans délai de ce qu'il commande. Il hait les mensongers et flatteurs à merveille, et d'avec soi les chasse. Il hait pareillement jeux de fortune, ni nul temps n'y joue (*Livre des faicts*, etc., part. 4, c. 7 ; Petitot, t. VII).

» Il a telle dévotion à faire bien aux pauvres, et telle pitié il a d'eux, qu'il fait enquérir diligemment où il y ait pauvres ménagers, vieux et impotents, ou chargés d'enfants, ou pauvres pucelles à marier, ou femmes gisant, ou veuves, ou orphelins, et là secrètement très-largement il envoie de ses biens. Et ainsi par lui sont soutenus maints pauvres.

» Et encore ne lui suffisent les aumônes qu'il fait au pays où il est; mais, parce qu'il sait qu'à Paris il y a maintes secrètes grandes pauvretés, il y envoie souvent très-grand argent pour employer à tels usages à gens qu'il commet à ce faire. Et est chose vraie, comme plusieurs gens le savent, que maints pauvres ménages et maints pauvres impotents en ont été réconfortés, et maintes filles mariées. Moult volontiers aussi il aide à secourir couvents et églises, et fait réparation de chapelles et lieux d'oraison.

» Volontiers il donne à pauvres prêtres, à pauvres religieux, et à tous ceux qui sont au service de Dieu. Et à tout dire, jamais ne fault à nul qui lui demande pour l'amour de Dieu. Et quand il chevauche dehors, volontiers donne l'aumône de sa main, non mie un petit denier à la fois, mais très-largement. Enfin il est secourable et très-grand aumônier partout où il peut savoir qu'il y ait pitié, et par espécial des bons; car il aime chèrement tous ceux qu'il peut savoir qui sont de bonne vie et qui aiment et servent Notre Seigneur; car, comme dit le proverbe commun : *Chacun aime son semblable* (*Livre des faicts*, etc., c. 2).

» Avec ce que le maréchal est très-charitable, il aime Dieu, et le redoute surtout, et est très-dévot; car chaque jour, sans nul faillir, il dit ses heures et maintes oraisons et suffrages de saints. Et quelque besoin ou hâte qu'il ait, il entend chaque jour deux messes très-dévotement, les genoux à terre. Nul n'oserait lui parler tandis qu'il est à ses messes et qu'il dit son service et moult dévotement prie Dieu. Et à brief dire, tant donne bon exemple de dévotion à ceux qui le voient, que grands et petits s'y mirent. Tant que tous les varlets de son hôtel servent Dieu en jeûnes et dévotions, et se contientient à l'église aussi dévotieusement que feraient religieux. Et de tels y a qui ne soulaient savoir mot de lettre, qui ont appris leurs heures, et soigneusement les disent. Et avec ce, comme homme très-sage et pourvu du bien de son âme, tout bon chrétien devant vivre comme il voudrait mourir, il a fait son testament, et l'accomplit lui-même par chaque jour. Et quand il fait sa prière, toujours il demande à Dieu sous condition : Si c'est pour le mieux; et, que sa sainte volonté soit faite.

» Il a le jour du vendredi en grande révérence. Il n'y mange chose qui prenne mort, ni revêt autre couleur que noire, en l'honneur de la passion de Notre Seigneur. Le samedi, il jeûne de droite coutume; et tous les jeûnes commandés de l'Eglise; et pour rien nul n'en briserait. De plus, jamais il ne jure Notre Seigneur, ni la mort, ni la chair, ni le sang, ni autre détestable serment, ni le souffrirait jurer à nul de son hôtel. Et n'est pas besoin à ses gens qu'ils renient et maugréent, comme plusieurs font en France; car mal leur adviendrait, s'il venait à sa connaissance, et n'y a si grand qu'il n'en punît.

» Outre cela, il va très-volontiers en pèlerinage ès-lieux dévots tout à pied en grande dévotion, et prend grand plaisir de visiter les saintes places et les bons prudes hommes qui servent Dieu. Il aime moult chèrement toutes gens dont il est informé qu'ils mènent bonne et sainte vie, et volontiers les visite et les hante. Et quand il voyage aucune part en armes, il fait défendre expressément, sur peine de la hart, que nul ne soit si hardi de grever église, ni monastère, ni prêtre, ni religieux, même en terre d'ennemis (*Livre des faicts*, etc., c. 3). » Voilà comme, du vivant de Boucicaut, un auteur anonyme faisait le tableau de ses vertus et de ses exploits.

Boucicaut était revenu en France, lorsqu'en 1415, au mépris de ses conseils, on livra la bataille d'Azincourt. Il y fut fait prisonnier; les vainqueurs le conduisirent en Angleterre, où il mourut en 1421, à l'âge de cinquante-cinq ans.

En France, le roi Charles VI, d'abord mineur d'âge, puis d'intelligence, était sous la tutelle de ses trois oncles, les ducs d'Anjou, de Berri et de Bourgogne. En Angleterre, le roi Richard II, mineur d'âge, était sous la tutelle de ses trois oncles, les ducs de Lancastre, d'York et de Glocester. Richard II était fils du fameux prince de Galles, dit le Prince Noir. Celui-ci avait eu quatre frères : le premier, Lyonnel, duc de Clarence, et les trois qui viennent d'être nommés. Lyonnel était mort, mais laissait un fils, Edmond Mortimer, comte de la Marche, à qui appartenait ainsi le trône; au défaut de Richard II. Le duc de Lancastre ne venait qu'après le comte de la Marche, son neveu.

En ce temps, comme déjà nous avons vu, le curé Wiclef enseignait que le droit de propriété et de souveraineté était fondé sur la grâce divine, et qu'aucun homme, coupable de péché et traître envers Dieu, n'avait droit à aucun service : des prédicateurs ambulants, plus ou moins imbus des mêmes idées, démontraient assidûment l'égalité originelle du genre humain et la tyrannie des distinctions artificielles. Ces idées et ces prédications appelaient une effervescence populaire. De tout cela, il y avait entre autres cette cause.

Pendant les grandes croisades, où les princes et les peuples s'unissaient pour défendre la chrétienté contre les infidèles, toute l'Europe était en paix. A mesure que s'affaiblit l'esprit des croisades, la guerre recommence par toute l'Europe, de nation à nation, de prince à prince, souvent de ville à ville. L'Angleterre venait de faire une guerre ruineuse en France et en Espagne. Pour remplir le trésor épuisé, il faut de nouvelles impositions sur le peuple : de là nouveaux abus et dans l'Etat et dans l'Eglise; ces impositions se lèvent souvent d'une manière arbitraire et tyrannique; des insurrections éclatent, des démagogues se mettent à leur tête.

Ainsi, l'an 1381, les communes d'Essex chassent ou tuent les agents de l'administration financière, portent leurs têtes sur des perches, et prennent pour chef de leur insurrection un mauvais prêtre nommé Jacques Straw. Dans le comté voisin de Kent, un collecteur demande la taxe pour une jeune fille dont le père était couvreur. La mère soutient qu'elle n'a pas l'âge requis par le statut. Le collecteur veut s'assurer du fait par un examen incident de la jeune personne. Le père survient, qui d'un coup de marteau fait sauter la cervelle de l'insolent. Wat-Tyler, c'est le nom du couvreur, est nommé chef des communes soulevées du Kent. Les diverses insurrections marchent bientôt sur Londres, au nombre de cent mille hommes. Un mauvais prêtre, Jean Ball, disciple ou précurseur de Wiclef, est nommé prédicateur de cette multitude irrégulière et tumultueuse; il prit pour texte de son premir sermon deux vers qui disaient : *Quand Adam bêchait et Eve filait, qui était alors gentilhomme?*

Il leur dit que la nature faisait naître tous les hommes égaux; que les distinctions de servitude et de liberté étaient l'invention de leurs oppresseurs, et contraires aux vues du Créateur; que Dieu leur offrait maintenant le moyen de recouvrer leur liberté, et que, s'ils continuaient à être esclaves, le blâme ne devrait en retomber que sur eux; qu'il était nécessaire de déposer l'archevêque, les comtes, les barons, les juges, les hommes de loi et les moines quêteurs; et que lorsqu'on aurait aboli toutes les distinctions de rang; ils seraient tous libres, parce que leur noblesse serait à tous la même, et qu'ils jouiraient d'une égale autorité. Ce discours fut accueilli par les bruyants applaudissements de ses auditeurs infatués, qui promirent de l'élever, en dépit de sa propre doctrine, au siége métropolitain de Cantorbéry, et de le faire chancelier du royaume (Lingard, Walsingham).

La connaissance de tous ces faits est soigneusement propagée dans les comtés voisins par des lettres et des messages. Partout on avait préparé le peuple; et, en peu de jours, la flamme s'étendit des côtés méridionales de Kent à la rive droite de l'Humber. Les insurgés suivaient partout la même marche. Ils pillaient les manoirs de leurs seigneurs, démolissaient les maisons, brûlaient les registres des tribunaux, décapitaient les juges, gens de loi et jurés qui tombaient dans leurs mains, faisaient jurer aux autres d'être fidèles au roi Richard et aux communes, et de se refuser à toutes les taxes, excepté celles du quinzième, l'ancien impôt payé par leurs pères.

A leur entrée dans Londres, ils forcèrent et démolirent les prisons, démolirent et brûlèrent des palais. Afin de prouver cependant qu'ils n'avaient en vue aucun avantage particulier, ils firent une proclamation qui défendait de s'emparer de la moindre des choses pillées, et cette défense fut si sévèrement maintenue, que l'on brisa et coupa en petits morceaux la vaisselle plate, qu'on réduisit en poudre les pierres précieuses et que l'un d'entre eux, qui avait caché une coupe d'argent dans son sein, fut jeté immédiatement dans la rivière avec sa prise. A tous les hommes qu'ils rencontraient, ils faisaient la question suivante : *Pour qui tiens-tu?* et à moins qu'ils ne répondissent : *Pour le roi Richard et pour les communes,* on leur coupait la tête à l'instant. Le soir, fatigués des massacres de la journée, ils se dispersèrent dans les rues et se livrèrent à tous les genres de débauche.

Le lendemain, 14 juin 1381, le roi Richard se présenta devant eux sur une place, pour recevoir leur pétition; ils s'y trouvèrent au nombre de soixante mille hommes. Leurs demandes se réduisaient à quatre : l'abolition de l'esclavage, la réduction de la rente féodale, la franchise des foires et marchés, et le pardon général de toutes les offenses passées. Le roi accorda ces demandes, et la masse entière des pétitionnaires se retire, portant la bannière du roi, comme étant sous sa protection.

Mais Tyler et Straw avaient formé des projets plus ambitieux. Dès que le roi fut parti, ils s'élancent dans la tour de Londres, à la tête de quatre cents hommes. L'archevêque de Cantorbéry y célébrait la messe : il est égorgé avec plusieurs autres personnages. Les séditieux pénètrent dans les appartements de la mère du roi et plongent leurs épées dans son lit. Le lendemain, 15 du mois, Richard, escorté de soixante cavaliers, rencontre le couvreur Tyler à la tête de vingt mille insurgés. On avait envoyé à ces démagogues trois chartes différentes, qu'ils avaient toutes refusées avec mépris. Dès qu'il vit Richard, il fit signe à ses partisans de s'arrêter et s'avança hardiment vers le roi. Une conversation s'engage aussitôt. Tyler, en parlant, affecte de jouer avec son poignard; enfin il met la main à la bride du cheval de son souverain! Mais au même instant, le maire de Londres, soupçonnant son projet, le frappe à la gorge, d'une courte épée. Tyler va tomber un peu plus loin, et reçoit un dernier coup d'un écuyer du roi. Les insurgés, pour venger leur chef, tendent leurs arcs. Richard était perdu, lorsqu'il s'élance au devant d'eux et s'écrie : « Que faites-vous, mes vassaux? Tyler était un traître; venez avec moi, c'est moi qui suis votre chef. » Incertains et déconcertés, ils le suivent à travers champs. Une troupe de mille hommes d'armes arrive pour protéger le jeune roi, qui n'avait que quinze ans; les insurgés tombent à ses genoux et lui crient miséricorde. Plusieurs royalistes demandent la permission de les punir des excès commis; Richard s'y refuse avec fermeté, ordonne aux suppliants de retourner à leurs demeures, et défend à tout étranger de passer la nuit dans la cité sous peine de mort.

Le roi révoque les chartes d'émancipation qu'il avait accordées; pour punir les rebelles, il institue des tribunaux extraordinaires, mais qui procèdent avec autant d'iniquité que ceux qu'ils devaient punir. Les deux chambres du parlement assemblées, le roi propose d'abolir la servitude; les deux chambres du parlement s'y refusent. Tout ce qui est accordé, c'est une amnistie générale pour la multitude entraînée dans l'insurrection. Encore paraît-il que cette amnistie ne fut accordée qu'à l'occasion du mariage du roi, et à l'intercession de son épouse, Anne de Bohême. Elle était fille du dernier empereur, Charles IV, et sœur de Wenceslas, alors roi des Romains. C'était une princesse accomplie, de grande vertu, qui, pendant douze années de son mariage, posséda toutes les affections de son mari, et qui, après sa mort, fut longtemps regrettée par le peuple; qui ne la nommait que *la bonne reine Anne* (Lingard).

Les seigneurs anglais voulaient bien réprimer les principes d'insubordination dans le peuple, mais en profiter pour eux-mêmes. Le duc de Lancastre était le protecteur de Wicleff, ce docteur de l'anarchie. Le duc de Lancastre était soupçonné de vouloir détrôner son neveu, pour se mettre à sa place : un moine présente au roi les détails écrits d'une conspiration à cet effet; ce moine est étranglé la nuit par un seigneur qui l'avait en sa garde; quelque temps après, un confident du roi est assassiné par le même. Le duc de Glocester, autre oncle du roi, forme un parti contre le parlement.

On demande à Richard le renvoi et la mise en jugement de ses ministres et de ses favoris; il résiste, il cède, il revient sur ses pas; la faction parlementaire de son oncle devient de jour en jour plus formidable; il est question de priver le roi non-seulement du trône, mais de la vie. Richard est contraint de céder; on lui impose une commission de régence plus puissante que lui : c'est le duc de Glocester qui règne; les plus constants amis du roi sont condamnés à mort; ni le roi ni la reine ne peuvent obtenir leur grâce du duc de Glocester.

Près d'une année, Richard ne fut qu'un instrument dans les mains de ce duc et de son parti. Enfin, dans un grand conseil tenu vers Pâques 1389, il pria inopinément son oncle de lui apprendre son âge. — « Votre Altesse, répondit le duc, est dans sa vingt-deuxième année. — Alors, ajouta le roi, je dois être certainement assez âgé pour conduire moi-même mes propres affaires. J'ai été plus longtemps sous le contrôle de tuteurs qu'aucun pupille de mes États. Je vous remercie, milords, de vos services passés; mais je ne vous en demande aucun désormais. » Cet acte de vigueur, Richard le soutint plusieurs années par un gouvernement juste et ferme, qui rendit l'Angleterre heureuse et tranquille.

En 1394, à son grand regret, il perd sa femme, la bonne reine Anne. En 1396, il épouse Isabelle de France, fille de Charles VI; ce qui fit cesser la guerre et rétablit l'union entre les royaumes; chose d'autant plus naturelle, que les familles régnantes d'Angleterre et de France étaient toutes deux françaises d'origine. Fort de cette alliance, Richard se détermine à venger le meurtre de ses favoris et les insultes faites à son autorité. Son troisième oncle, le duc de Glocester, ne discontinue pas de cabaler et au dedans et au dehors du parlement; le bruit se répand même qu'il vient de former le complot de s'emparer de la personne du roi et de l'emprisonner. Tout à coup, en juillet 1397, le duc de Glocester est arrêté et transféré dans la forteresse de Calais, par ordre du roi et avec l'assentiment des ducs de Lancastre et d'York, et d'autres de ses parents, en particulier de Henri, alors comte de Derbi, depuis duc d'Héreford, et enfin duc de Lancastre, après la mort de son père.

Le parlement, d'une voix unanime, révoque tous les pardons, généraux et particuliers, accordés jusque-là au duc de Glocester et aux comtes d'Arundell et de Warwick; il les révoque comme préjudiciables au roi et obtenus par contrainte. Le comte d'Arundell est condamné comme traître par le parlement; le duc de Lancastre lui prononce la sentence, et on lui tranche la tête le même jour. Le comte de Warwick se reconnaît coupable; sa sentence de mort est commuée en exil. Quant au duc de Glocester, dans un interrogatoire subi à Calais, il confessa d'avoir conspiré avec d'autres pour déposer le roi, mais seulement pour peu de jours, après lesquels son intention était de le replacer sur le trône. Il y eut ordre de l'amener à la barre de la chambre, pour qu'il répondît aux lords qui l'accusaient de trahison. Trois jours après, on reçoit la nouvelle qu'il vient de mourir. Sous le règne suivant, on prétendit qu'il avait été mis à mort par ordre de Richard. Quoi qu'il en soit, il y a de fortes présomptions pour croire qu'il a existé quelque chose de bien criminel et de bien dangereux dans la conduite de Glocester. Ses neveux, les comtes de Somerset et de Rutland, étaient deux de ses accusateurs; ses frères, les ducs de Lancastre et d'York, se réunirent pour le condamner, et le premier même prononça contre lui la sentence de trahison. Peut-on supposer qu'ils se fussent unis de la sorte pour déshonorer et punir leur propre sang, s'ils n'avaient été entraînés par d'autres motifs que le ressentiment du roi, relatif à une offense commise et pardonnée dix ans auparavant ?

Parmi les pairs qui venaient de consentir à l'arrestation et à la condamnation du duc de Glocester, s'en trouvaient deux qui, précédemment, avaient accusé et fait condamner les favoris du roi : c'étaient le duc de Norfolk et le duc de Héreford, ce dernier fils du duc de Lancastre. Après plusieurs incidents, le duc de Héreford accusa le duc de Norfolk de lui avoir communiqué dans une conversation des défiances sur la disposition du roi à leur égard. Le duc de Norfolk lui donna publiquement le démenti, ils se provoquèrent en duel; le roi intervint, les obligea de sortir du royaume, le duc de Norfolk pour toute sa vie, le duc de Héreford pour dix ans, et encore avec la déclaration qu'il avait rempli le devoir d'un fidèle sujet. Norfolk, après un court séjour en Allemagne, fit le pèlerinage de Jérusalem, et mourut à son retour à Venise. Le duc de Héreford, qui prit bientôt le titre de duc de Lancastre à la mort de son père, se rendit à Paris.

Le roi Richard II se voyait plus puissant que jamais : le parlement l'avait déclaré aussi libre qu'aucun de ses prédécesseurs, le parlement lui avait accordé un subside pour toute sa vie; avec un comité tiré des deux chambres, il pouvait publier toutes les nouvelles ordonnances qu'il lui plairait; comme on pouvait s'y attendre, Richard abusa quelque peu de cette puissance exorbitante, ce qui fit beaucoup de mécontents. Plein de confiance, Richard passe en Irlande pour y réprimer une insurrection. C'était au printemps de 1399. Richard voyait la plupart des rebelles mettre bas les armes et implorer sa clémence, lorsque tout à coup il apprend cette étrange nouvelle : Henri de Lancastre, échappé de France, débarqué en Angleterre avec vingt partisans, est entré à Londres à la tête de soixante mille hommes, réclamant les propriétés de son père, en attendant qu'il réclame le trône même. Richard, revenu en Angleterre, se voit abandonné, livré par trahison au duc de Lancastre : emprisonné, contraint de résigner la couronne comme incapable de régner, il est déposé par le parlement; un seul membre y fait opposition, l'évêque de Carlisle, qui aussitôt est arrêté et jeté dans les fers; Henri de Lancastre réclame le trône comme son héritage, sa conquête, et pour réparer les fautes du roi déchu; les deux chambres du parlement admettent à l'unanimité sa demande, au mépris des droits que le même parlement avait reconnus au comte de la Marche, descendant de la branche aînée de Lyonnel, duc de Clarence, frère aîné du duc Jean de Lancastre, père de l'usurpateur Henri. C'était le 30 septembre 1399.

Il est d'usage parmi les auteurs modernes de déclamer, après Tacite, contre la bassesse du sénat romain sous les empereurs idolâtres; on s'indigne encore volontiers contre la servilité originelle et incurable du sénat byzantin sous le Bas-Empire. Une histoire bien autrement curieuse et piquante dans ce genre, serait l'*Histoire des variations morales, politiques, judiciaires et autres du parlement anglais.*

Le nouveau roi d'Angleterre prit le nom de Henri IV. Son règne, commencé par la révolte et la trahison, fut rempli de révoltes, de trahisons et de meurtres. Il fit mourir de faim son prédécesseur, le roi Richard; suivant d'autres, il le fit assassiner en prison. Une foule de seigneurs furent condamnés au supplice des traîtres. Voici en quoi consistait ce supplice. Un écrivain du temps décrit en ces termes l'exécution de sir Thomas Blount, un de ceux qui avaient entrepris de délivrer de prison le dernier roi. « Il fut d'abord pendu; mais on coupa bientôt la corde, et on le fit asseoir sur un banc, devant un grand feu. L'exécuteur vint ensuite avec un rasoir à la main, et, s'agenouillant devant sir Thomas, dont les mains étaient liées, il lui demanda pardon de sa mort, forcé qu'il était de remplir son devoir. Sir Thomas lui demanda : Etes-vous la personne chargée de me délivrer de ce monde ? Le bourreau répondit : Oui, monsieur, je vous prie de me pardonner. Et sir Thomas l'embrassa et lui pardonna sa mort. Le bourreau se mit à genoux et lui ouvrit le ventre, coupa les boyaux au-dessous du passage de l'estomac, et lia le reste avec un cordon, afin que le vent du cœur ne pût s'échapper, et il jeta les boyaux au feu. Sir Thomas était alors assis devant le feu, le ventre ouvert, et ses entrailles brûlant devant lui. Sir Thomas Erpyngham, chambellan du roi Henri, insultant à Blount, lui dit avec dérision : Allez chercher un maître qui puisse vous guérir. Blount répondit seulement : *Te Deum laudamus!* Béni soit le jour où je suis né, et béni soit ce jour dans lequel je vais mourir pour le service de mon souverain Seigneur, le noble roi Richard ! L'exécuteur se mit à genoux devant lui, l'embrassa de la manière la plus humble, et, bientôt après, lui coupa la tête, et divisa son corps en quartiers (Lingard, t. IV, p. 430, note). » Tel est le récit de l'auteur contemporain. En vérité, ce qu'il y avait alors de plus humain en Angleterre, c'était le bourreau.

L'an 1405, pendant une insurrection, l'archevêque d'York est arrêté par trahison. Quoiqu'il proteste de son innocence, Henri veut le faire condamner à mort. Le grand-juge, Gascoigne, s'y refuse. Henri le fait condamner par un autre, sans acte d'accusation ni jugement. L'archevêque, il se nommait Jean Scroop, s'écrie aussitôt : « Le juste et vrai Dieu sait que jamais je n'ai eu l'intention de faire aucun mal au roi Henri ; et je vous engage à prier, afin que ma mort ne soit pas vengée sur lui ou sur ses amis. » On exécute immédiatement la sentence. L'archevêque reçoit la mort avec calme : le peuple le regarde comme un martyr.

Peu après, le visage de Henri se couvrit d'éruptions dégoûtantes, que le peuple considéra comme le châtiment du meurtre de ce prélat; une suite d'attaques d'épilepsie, dont la violence croissait d'un jour à l'autre, l'entraîna rapidement au tombeau. La perspective de la mort rappela, dit-on, à sa mémoire tous les moyens à l'aide desquels il avait obtenu la couronne, et le sang versé pour la conserver. Il commença enfin à douter de la vérité de sa maxime favorite, *que le succès de l'entreprise était une preuve de l'approbation du ciel.* Quoiqu'il ne fût que dans sa quarante-sixième année, il présentait tous les symptômes de la décrépitude. Aux douleurs du corps, aux remords de la conscience, se joignait l'inconduite de son fils aîné, qui semblait impatient de le voir mourir. Un jour, après une de ses attaques, et quand toutes les apparences faisaient croire à sa mort, le jeune prince porta dans une autre chambre la couronne, qui, suivant la coutume, était placée sur un coussin à côté du lit. Le roi, revenant à lui, demanda sévèrement qui l'avait emportée, et, sur la réponse de ses gardes, fit appeler immédiatement le prince. Adouci par ses expressions respectueuses, il lui dit en poussant un profond soupir : Hélas! beau fils, quel droit avez-vous à la couronne, quand vous savez que votre père n'en avait point? — Monseigneur, répondit le jeune Henri, vous la conquîtes par l'épée, et par l'épée je la conserverai. — Après une pause, le roi répliqua : Bien, faites ce que vous jugerez le mieux. J'en laisse l'événement à Dieu, et j'espère qu'il fera miséricorde à mon âme. — Sa dernière attaque le saisit comme il faisait sa prière dans la chapelle de Saint-Edouard, à Westminster. On le porta dans la chambre de l'abbé, où il expira bientôt après, le 20 mars 1413, dans la quatorzième année de son règne ou de son usurpation.

Son fils aîné, Henri de Monmouth, monta immédiatement sur le trône. Il était depuis si longtemps considéré comme l'héritier présomptif du trône, qu'on ne fit plus mention des droits du comte de la Marche; et quoique ses égarements eussent inspiré contre lui des préventions défavorables, ses sujets aimèrent mieux les attribuer à la légèreté de la jeunesse qu'à la corruption du cœur. Il ne les trompa point dans leur attente. Dès que son père eut rendu les derniers soupirs, il se retira dans son cabinet, passa le reste du jour dans la solitude et la prière, et, le soir, se rendit auprès de son confesseur, religieux de l'église de Westminster, qui l'affermit dans sa résolution d'effacer, par la régularité de sa conduite, le scandale de sa vie passée. Les compagnons dissolus de ses plaisirs furent aussitôt éloignés; les hommes d'instruction et d'expérience rappelés près du trône, et ceux qui s'étaient attiré l'inimitié du prince, en blâmant ses excès, se trouvèrent, à leur grande surprise, honorés de l'approbation et de l'amitié du roi. Il regarda comme un acte de justice de rendre la liberté au comte de la Marche, détenu depuis son enfance par le feu roi, sans autre crime que son droit au trône; et lorsque, par ses ordres, les restes de l'infortuné Richard furent transportés à l'abbaye de Westminster, il témoigna son respect pour ce prince, en conduisant le deuil pendant la cérémonie des funérailles (Lingard, t. V).

Nous avons déjà vu quels principes d'anarchie religieuse et politique répandaient les Wicléfites, nommés aussi *Lollards*. Henri V en était alarmé, aussi bien que les seigneurs et les propriétaires, dont tous les droits étaient menacés. N'étant encore que prince de Galles, il s'était uni aux lords et aux communes pour présenter une pétition à son père, à l'effet d'obtenir l'arrestation et la punition de ces prédicateurs d'anarchie. Toutefois, les chefs de cette secte révolutionnaire, au lieu de travailler à détruire ces impressions défavorables, cherchèrent à intimider leurs adversaires; et, durant la session du premier parlement, ils placèrent aux portes des diverses églises de Londres des affiches par lesquelles ils déclaraient que, si l'on employait l'autorité de la couronne pour combattre leur doctrine, ils pouvaient assembler cent mille hommes, prêts à tirer l'épée pour sa défense. Cette audacieuse menace provoqua une enquête, et l'on découvrit que la personne dont les conseils dirigeaient tout le parti et qui le gouvernait magistralement, était sir Oldcastle, appelé lord Cobham, de l'héritage de sa femme. Son château de Cowling était depuis longtemps le quartier général des Wicléfites ou Lollards. Ils étendaient de là leur propagande révolutionnaire dans le voisinage; et, protégés par ses serviteurs, ils bravaient les interdictions des évêques et les citations devant les cours spirituelles. Par considération pour cet homme, qui avait été l'un des intimes compagnons de Henri, au lieu de le citer devant le tribunal ordinaire, on l'appela directement devant le roi, qui entreprit sa conversion avec le zèle d'un apôtre. Mais l'opiniâtreté du disciple fatigua bientôt la patience du maître : après quelques jours, le roi commença à fortifier ses arguments par des menaces; et Oldcastle jugea qu'il était temps de quitter Windsor et de reprendre sa résidence de Cowling.

Sa fuite fut suivie d'une proclamation du roi, qui ordonnait aux magistrats d'arrêter non-seulement les prédicateurs ambulants, mais encore leurs auditeurs et leurs partisans, et d'un mandat à l'archevêque de Cantorbéry, qui lui intimait de procéder selon la loi contre les fugitifs. Les pouvoirs spirituels de ce prélat furent bientôt épuisés. Oldcastle désobéit à sa sommation et se moqua de son excommunication ; mais il fut forcé de se rendre aux troupes envoyées par le roi, et conduit à la tour de Londres comme prisonnier. Pendant son procès, sa conduite envers le primat fut aussi arrogante et insultante que celle de son juge était digne et modérée. Non content de témoigner son dissentiment de la profession de foi orthodoxe, il vomit des torrents d'injures contre tous ceux qui la défendaient. Il soutint que l'Eglise avait cessé d'enseigner la doctrine de l'Evangile, du moment où elle avait été infectée du poison des richesses mondaines; que le clergé était l'antechrist, que le Pape était la tête du monstre, les évêques et les prélats ses membres, et les ordres religieux la queue de la bête; et que celui-là seul était le véritable successeur de saint Pierre, qui pratiquait les vertus de saint Pierre. Il comparut à la barre à deux jours différents; et, comme il persista dans ses erreurs, on le déclara hérétique obstiné. Toutefois le primat, qui était Thomas d'Arundell, en le remettant au magistrat civil, obtint du roi un sursis de cinquante jours, pendant lequel Oldcastle trouva moyen d'échapper de la tour et de rassembler ses partisans les plus zélés. Ils envoyèrent sur-le-champ des émissaires dans les comtés voisins; une armée fut secrètement organisée, et des milliers de fanatiques se tinrent prêts à marcher sur la capitale, bien qu'ils ignorassent les projets réels de leurs chefs.

Le premier plan des conspirateurs était de surprendre le roi à Eltham; mais son départ inattendu pour Westminster, 7 janvier 1414, le fit échouer : les sectaires prirent alors la résolution de réunir tous leurs partisans dans les champs de Saint-Gilles, près de Londres, le lendemain de l'Epiphanie. Le roi, qui était parfaitement instruit de leurs intentions, fit garder avec soin les portes de la cité, afin de séparer les Lollards qui se trouvaient dans ses murs, de ceux qui étaient dehors, et se rendit un peu après minuit au lieu du rendez-vous, suivi d'un corps de troupes considérable. Les routes étaient couvertes d'insurgés, qui se dirigeaient de toutes parts vers Saint-Gilles; mais les premières compagnies n'y furent pas plus tôt arrivées, qu'elles se trouvèrent enveloppées et gardées; les fugitifs, en s'échappant, répandirent l'alarme; les autres suspendirent leur marche et se dispersèrent précipitamment.

On calcule que le nombre des insurgés, dans cette circonstance, s'élevait à vingt mille. L'objet que se proposaient les chefs, suivant les proclamations du roi et les rapports faits au parlement, eût amené les résultats les plus désastreux. Les communes, dans leur adresse, établissent que les Lollards avaient cherché à renverser la foi chrétienne, le roi, les dignités spirituelles et temporelles, et toute espèce de police et de loi. Henri, dans sa proclamation, déclare que les Lollards voulaient le détruire, ainsi que ses frères et plusieurs lords spirituels et temporels, confisquer les possessions des églises, séculariser les ordres religieux, diviser le royaume en districts confédérés, et reconnaître sir Oldcastle comme président de la république. Ce dernier échappa, et encore que le roi offrît à ceux qui l'arrêteraient des récompenses capables de séduire, il parvint à se soustraire pendant plusieurs années à la poursuite et aux recherches de ses ennemis. Un grand nombre de ses complices furent arrêtés, condamnés et exécutés. Lui-même, en 1416, ayant trempé dans une nouvelle conspiration contre le roi, fut pris, traduit devant le parlement, et condamné comme traître à être pendu, et comme hérétique à être brûlé. Etant sur l'échafaud, il prédit à ses partisans qu'il ressusciterait le troisième jour. Ils allaient donc le vénérer comme un martyr : malheureusement il ne leur tint point parole. Il fut bien pendu et brûlé, mais ne ressuscita point (Lingard, t. V; Rot., part. IV, 107-110; Walsing., 399).

Le roi Henri V, ayant dompté, l'an 1414, l'insurrection des Lollards et rétabli la tranquillité dans le royaume, résolut d'en transporter les éléments de trouble et de les utiliser au dehors par la guerre étrangère. En 1415, il vint avec une armée en France pour réclamer tout à la fois et les provinces qui avaient appartenu à ses ancêtres, les Plantagenets d'Anjou, et même le royaume de France, comme descendant d'Isabelle de France, fille de Philippe le Bel. Le 25 octobre, il gagne la fameuse bataille d'Azincourt, mais y fait égorger les prisonniers. Les années suivantes, il remporte de nouveaux avantages sur les Français, divisés contre eux-mêmes sous un roi en démence. Il joignait le titre de roi de France à celui de roi d'Angleterre. Au printemps 1420, il conclut à Troyes un traité avec le roi Charles VI, la reine Isabelle de Bavière et le duc de Bourgogne. En vertu de ce traité il renonce à son titre de roi de France, mais

Charles VI l'adopte pour son fils et son héritier, à l'exclusion du *soi-disant dauphin* Charles VII. Henri est déclaré régent et administrateur unique du royaume, en attendant la mort de Charles VI, auquel il succédera; les deux royaumes de France et d'Angleterre seront à jamais réunis sous le même sceptre et gouvernés par le même roi. Le 10 décembre, les trois États du royaume de France, assemblés à Paris, acceptent solennellement le traité de Troyes et le déclarent loi de la monarchie. Pour consommer cette alliance, Henri V épouse la princesse Catherine, fille de Charles VI et d'Isabelle de Bavière, qui lui donne un fils le 6 décembre 1421. Henri V, dans la force de l'âge, maître de la France et de l'Angleterre, ayant de plus en son pouvoir le roi d'Ecosse, paraissait au comble de la prospérité humaine.

Une maladie tout ordinaire vint briser tout à coup cette prospérité du maître de la France et de l'Angleterre : les uns disent une dyssenterie, les autres une fistule. Le roi affecta de la mépriser pendant quelque temps; mais elle mina d'autant plus vite sa constitution et confondit toute la science des médecins. A la fin de juillet 1422, Henri allait poursuivre ses conquêtes, lorsque l'épuisement de ses forces l'obligea de se faire transporter à Vincennes, où les progrès du mal ôtèrent bientôt toute espérance de guérison. Il se soumit avec résignation à sa destinée, et partagea le peu de temps qui lui restait entre les dispositions de son âme et les affaires de sa famille. Quand il eut réglé ce qui regardait le gouvernement des deux royaumes et son fils au berceau, il se tourna vers ses médecins et leur demanda combien de temps il avait encore à vivre. On lui répondit que le Très-Haut avait le pouvoir de le rendre à la santé. Mécontent de ces paroles évasives, il répéta sa question, en exigeant une réponse directe. — Eh bien! Sire, répliqua l'un des médecins en se jetant à genoux, songez au salut de votre âme, car il ne vous reste plus que deux heures à vivre! — Le roi entendit cet arrêt terrible sans s'émouvoir, demanda son confesseur et consacra ce moment suprême à des exercices de dévotion. Comme les assistants, rassemblés autour de son lit, récitaient les psaumes de la pénitence, il les interrompit à ce verset : *Tu relèveras les murs de Jérusalem*, et dit d'une voix faible qu'il avait toujours eu l'intention de visiter la Palestine et d'arracher la cité sainte au joug des Sarrasins. Il expira après quelques heures, le 31 août 1422, âgé d'environ trente-six ans, dans la dixième année de son règne, laissant un fils unique âgé de huit mois (Lingard, Tite-Live, Monstrelet, Walsingham).

Sous les trois règnes de Richard II, de Henri IV et de Henri V, qui comprennent toute la durée du grand schisme d'Occident, l'Angleterre continua toujours à reconnaître le pape de Rome, Urbain VI, Boniface IX, Innocent VII, Grégoire XII, lequel autorisa le concile de Constance, et abdiqua par procureur, et reconnut Martin V, dont l'élection mit fin au schisme. L'an 1383, sous Richard II, l'Angleterre entreprit même une croisade contre la France, pour y combattre le schisme et y faire reconnaître Urbain VI. Henri Spencer, jeune et belliqueux évêque de Norwich, fut chargé de cette expédition. Il y fit quelques exploits; mais l'entreprise manqua, dit-on, par la jalousie du duc Jean de Lancastre, père de Henri IV.

Sous le règne de Richard II, il y eut quelques difficultés *sur les provisions du Pape* en Angleterre. On appelle ainsi les lettres par lesquelles le Pape conférait des bénéfices ou offices vacants ou à vaquer dans ce pays. Les évêques s'en plaignaient, comme préjudiciables à leurs droits. Le roi, le parlement, le pape s'en occupèrent. Il y eut enfin cet accommodement. On abolit entièrement les provisions en faveur des étrangers, à l'exception des cardinaux; et en faveur des indigènes, elles ne furent généralement accordées qu'à des personnes qui avaient obtenu préalablement la licence royale (Wilkins, *Conc. Britan.*, t. III).

Or, voici maintenant ce qui arriva, et qui mérite une attention toute particulière; car on y voit quel usage les Papes faisaient généralement de ces provisions.

La durée du schisme permit en Angleterre d'exécuter sans la moindre opposition les statuts relatifs aux provisions pontificales. L'expérience démontra bientôt que l'on s'était engagé, sans réflexion, dans une route qui conduisait à l'abaissement des lettres et à la destruction des universités. Deux de ces corps présentèrent à l'assemblée du clergé, en 1399, des pétitions où ils établissaient que, tant qu'il avait été loisible aux Papes de conférer des bénéfices par provision, ils les avaient toujours donnés à des hommes d'esprit et de talent qui avaient pris leurs degrés dans les universités; et que le résultat de cette préférence avait été de piquer d'émulation les étudiants et de multiplier leur nombre; mais que, depuis les statuts contre ceux qui obtenaient des provisions pontificales, les patrons ayant négligé les membres des universités, les étudiants avaient disparu, et les écoles étaient presque abandonnées. Le mal ne fit qu'accroître. Seize années après, il fixa l'attention des communes, qui, pour arracher les universités à leur ruine complète, demandèrent au roi de rapporter les statuts contre les pourvus ou proviseurs, ou bien de pourvoir à leur sort d'une manière convenable. Le roi les informa qu'il en avait référé aux évêques; mais ces prélats ne se souciaient nullement de la révocation des statuts; et, en 1417, le synode publia une ordonnance qui obligeait tout collateur spirituel, durant les dix années suivantes, à faire présent du premier bénéfice vacant à sa présentation, et, après ce temps, du second, à quelque membre de l'une des universités, gradué dans l'une des trois facultés de théologie, de jurisprudence ou de médecine. On espérait que cet expédient apaiserait toutes les réclamations; mais quatre années s'écoulèrent avant qu'on pût exécuter ce règlement, et cela afin de discuter les objections élevées par les universités elles-mêmes (Lingard, t. V; Wilkins, t. III).

On voit, par ces faits, que les plaintes contre les empiétements et les abus de la cour de Rome peuvent n'être pas toujours bien fondées, et que les abus peuvent se trouver quelquefois du côté de ceux qui se plaignent.

Autre exemple. On admire la politique de Henri V d'Angleterre, qui, pour pacifier son propre royaume, en emploie les éléments de discorde à la guerre étrangère. Aujourd'hui on admirerait les souverains d'Europe qui conviendraient d'unir leurs forces pour repousser la barbarie et faire triompher la vraie civilisation par tout le monde. Et on ne veut pas voir que les Papes faisaient l'un et l'autre par les croisades.

Pendant le grand schisme d'Occident, l'Allemagne eut ses révolutions politiques, aussi bien que la France et l'Angleterre. L'empereur Charles IV, de la maison de Luxembourg, étant mort l'an 1378, eut pour successeur son fils Wenceslas, roi de Bohème en 1363, élu roi des Romains l'an 1376. Wenceslas est surnommé tantôt l'*Ivrogne* et tantôt le *Fainéant*. Sa vie fut un tissu de débauches, de cruautés et de bassesses. Il continua, sur le modèle de son père, d'aliéner les droits et les villes de l'empire. Celles de Souabe et du Rhin firent une ligue pour défendre leur liberté contre les seigneurs qui les acquéraient. L'an 1394, les seigneurs de Bohème voyant augmenter les excès de Wenceslas en tout genre, l'enferment dans une prison comme une bête féroce. Il s'échappe peu de temps après, et reprend le gouvernement. Mais ses fureurs, plus insupportables que jamais, deviennent telles, que les grands du royaume appellent à leur secours Sigismond, son frère, roi de Hongrie. L'an 1397, Wenceslas est enfermé pour la seconde fois dans une forteresse : une seconde fois il s'échappe et remonte sur le trône. Il faisait de l'exécuteur des hautes-œuvres son ami et son confident, l'appelait son compère, tenait son fils sur les fonts de baptême, inventait de nouvelles agonies, envoyait à la mort le confesseur de la reine, parce qu'il refusait de lui révéler le secret de la confession. Les princes électeurs, voyant l'empire se précipiter vers sa ruine, s'assemblent à Ladenstein, y déposent Wenceslas le 20 août 1400, puis, étant passés à Rentz, ils y élisent roi des Romains Frédéric, duc de Brunswick, qui est assassiné deux jours après par le comte de Waldeck. Nouvelle élection à Rentz, le 24 août, en faveur de Robert, comte palatin du Rhin, qui, voulant récupérer le Milanais en 1401, est battu par Galéas Visconti, et meurt le 18 mai 1410. Le 20 septembre de la même année, une partie des électeurs élit à Francfort le roi de Hongrie, Sigismond, tandis que les autres, dans la même ville, élisent Josse, margrave de Moravie. Il y eut ainsi trois empereurs, comme il y avait alors trois papes. Mais la mort de Josse, arrivée le 8 janvier 1411, et l'acquiescement de Wenceslas à l'élection de son frère, terminèrent promptement le schisme impérial.

Les vices de tout genre par lesquels Wenceslas scandalisait l'empire de la Bohème, surtout la ville de Prague, faisaient admirer d'autant plus les vertus de saint *Jean Népomucène*. Jean naquit vers l'an 1330 à Népomuck, petite ville de Bohème, à quelques lieues de Prague. Ses parents étaient plus distingués par la piété que par le rang et la fortune. Ils étaient déjà très-avancés en âge, sans avoir d'enfant, lorsqu'ils obtinrent ce fils par l'intercession de la sainte Vierge, qu'ils allaient prier devant son image dans une église de Cisterciens hors de la ville. Afin que son nom seul rappelât au nouveau-né quelle affection il devait à Marie, ils le nommèrent Jean. Il lui dut en effet non-seulement sa naissance, mais sa conservation ; car, dans ses premières années, il tomba dangereusement malade ; mais ses parents ayant fait un vœu devant la même image de la Vierge, et pris certains engagements pour le reste de leur vie, l'enfant se leva aussitôt guéri. A sa naissance même, des flammes très-sereines, à la grande joie de la ville de Népomuck, parurent descendre du ciel et entourer, sans faire de mal, toute la maison où il venait de naître. Nous verrons des flammes semblables reparaître à sa mort.

Envoyé de bonne heure à l'école, il y apprit d'abord les répons de la messe. Dès qu'il les sut, il allait tous les matins, de lui-même, à l'église des Cisterciens, hors de la ville, et y servait toutes les messes qui s'y disaient. Les personnes sages en auguraient dès lors quelque chose de grand. A la piété la plus tendre, il joignait un esprit très-vif. Ses parents l'envoyèrent étudier la langue latine à Staaze, ville considérable du pays, il y fit ses humanités, surtout sa rhétorique, avec la plus grande distinction.

Charles IV, empereur d'Allemagne et roi de Bohème, venait de fonder l'Université de Prague sur le modèle de celles de Paris, de Bologne et de Padoue. Il y avait attiré des maîtres habiles de toutes les parties de l'Europe, et les y avait fixés en leur promettant de magnifiques récompenses : aussi la nouvelle Université fut-elle célèbre dès sa naissance. Il y vint un nombre prodigieux d'étudiants de différentes contrées de l'Allemagne. Jean y fut aussi envoyé. Outre la philosophie, il y étudia la théologie et le droit canonique, et il prit le degré de docteur dans ces dernières facultés.

Dès ses premières années, il s'était senti une forte inclination pour le sacerdoce ; il y avait rapporté toutes ses études, et en avait fait une espèce d'apprentissage, en participant fréquemment à la sainte communion. Le but qu'il se proposait en embrassant cet état, était de se consacrer sans réserve à procurer la gloire de Dieu. Plus il voyait approcher le jour de son ordination, plus il redoublait de ferveur dans ses différents exercices. Il ne se présenta à son évêque qu'après avoir passé un mois dans la retraite, et purifié son âme par la prière, le jeûne et la mortification.

A peine eut-il reçu l'onction sacerdotale, qu'on lui ordonna de faire valoir le rare talent qu'il avait pour la prédication. Son évêque lui confia la chaire de la paroisse de Notre-Dame de Tein. Les premiers travaux de son zèle produisirent des fruits admirables. Toute la ville s'empressait d'aller l'entendre annoncer la parole de Dieu, et l'on y vit en peu de temps une réforme générale. Les étudiants qui étaient alors au nombre de quatre mille, couraient aussi en foule à ses discours. Les plus effrontés libertins ne pouvaient l'écouter sans être touchés, et ils s'en retournaient chez eux pénétrés des sentiments d'une vive componction.

L'archevêque et le chapitre de Prague résolurent de s'attacher un homme si rempli de l'esprit de Dieu ; ils lui donnèrent donc un canonicat qui vint à vaquer. Jean se montra toujours fort exact à assister au chœur ; mais cela ne l'empêcha pas de trouver encore du temps pour travailler au salut des âmes en exerçant ses premières fonctions.

L'empereur élu Wenceslas, qui demeurait habituellement à Prague, ayant entendu parler du serviteur de Dieu, voulut le connaître par lui-même, et le nomma pour prêcher l'Avent à la cour. Jean sentit combien une telle commission était difficile et dangereuse; il l'accepta cependant, et il s'en acquitta avec l'applaudissement du prince et de tous ses courtisans. Wenceslas fut même touché des discours du saint prédicateur, et il arrêta quelque temps le cours de ses passions déréglées.

Sur ces entrefaites, le siège épiscopal de Leitoméritz vint à vaquer. L'empereur, pour marquer l'estime qu'il faisait de Jean Népomucène, le lui offrit; mais il fut impossible de déterminer le vertueux chanoine à l'accepter. On s'imagina que son refus était peut-être fondé sur les dangers et les travaux indispensables de l'épiscopat; ainsi on lui offrit la prévôté de Wisegrad, qui, après les évêchés, était la première dignité ecclésiastique de Bohême; elle rapportait cent mille florins par an; elle n'exigeait ni soins, ni peines, ni fatigues, et donnait le titre honorable de chancelier héréditaire du royaume. Mais ce n'est guère connaître les saints que de leur faire des offres semblables; s'ils refusent les grandes, lors même qu'elles présentent des travaux à leur zèle et des croix à leur vertu, que doivent-ils penser de celles qui, pour tout attrait, ne leur montrent que des trésors à recueillir et des honneurs à recevoir. Le vertueux chanoine fut donc aussi inébranlable dans cette occasion qu'il l'avait été dans la précédente.

Mais plus il méprisait les grandeurs du monde, plus Dieu permettait que le monde l'estimât. Si, dans la suite, il accepta la place d'aumônier de l'empereur; il ne le fit que pour se mettre à portée d'instruire la cour avec plus d'autorité, et conséquemment avec plus de fruit; il se voyait aussi par là plus en état de satisfaire sa tendresse pour les pauvres. Cette place, d'ailleurs, ne l'exposait point aux distractions, et elle ne lui offrait ni ces richesses ni ces honneurs qui l'avaient si fort effrayé dans les prélatures; ce fut ainsi l'humilité qui le fixa à la cour, où l'ambition conduit presque tous les hommes. Il y parut tel qu'il avait été dans la retraite. Son appartement était le rendez-vous de tous les malheureux. Il leur servait d'avocat et de père; leur cause devenait la sienne, et il leur procurait tous les secours qui dépendaient de lui. Sa charité était ingénieuse à découvrir et à concilier les différends qui s'élevaient à la cour et dans la ville. Il assoupissait beaucoup de querelles, et prévenait quantité de procès. Il reste encore des monuments authentiques de ces accommodements que l'on remit à sa décision; on y admire l'esprit de pénétration, de sagesse et d'équité. Il trouvait du temps pour tous ces objets, parce que les saints, en oubliant ce qui les concerne personnellement, ont bien plus de loisir que les autres hommes pour s'employer au service du prochain.

L'impératrice Jeanne, fille d'Albert de Bavière, comte de Hainaut et de Hollande, était une princesse ornée de toutes les vertus. Touchée de l'onction qui accompagnait les discours de Jean Népomucène, elle le choisit pour le directeur de sa conscience. Elle avait besoin d'un tel guide au milieu des désagréments qu'il lui fallait essuyer de la part de l'empereur. Wenceslas l'aimait avec passion; mais comme il était d'un esprit changeant et capricieux, il se livrait de temps en temps à des accès de jalousie qui, joints à sa férocité naturelle, causaient bien des chagrins à la vertueuse princesse.

Depuis que le monde a été sauvé par les souffrances d'un Dieu, c'est par les afflictions que se forment les saints. Pour sanctifier l'impératrice, en la détachant de tout ce qui pouvait partager son cœur, le ciel employa d'abord la persécution de son mari, laquelle fut souvent portée aux derniers excès; en même temps il lui donna Jean Népomucène pour la consoler et la conduire. Sous un habile directeur, elle fit en peu d'années de très-rapides progrès. Soutenu par un homme que son zèle préparait au martyre, elle apprit à supporter ses peines avec joie.

L'impératrice ne fut pas la seule qui se mit sous la conduite du serviteur de Dieu : toutes les personnes vertueuses de la cour le prièrent de se charger du soin de leur âme. On admirait en lui le talent de former des saints sur le trône, des heureux dans les souffrances, et de faire aimer la vertu au milieu du grand monde, où elle est si souvent méconnue. On l'obligea encore de diriger les religieuses du château de Prague; et il les conduisit si bien dans les exercices de la vie spirituelle, que leur maison devint un modèle de la perfection monastique.

L'impératrice avait de tout temps pratiqué la vertu; mais sa vertu s'augmenta beaucoup lorsqu'elle ne se conduisit plus que par les conseils de Jean Népomucène. On s'aperçut bientôt du changement qui s'était opéré en elle. Les églises devinrent le lieu où on la trouvait ordinairement. Elle y passait les journées entières à genoux, et dans un recueillement qui faisait l'admiration de tout le monde. Ses prières n'étaient interrompues que par le temps qu'elle employait au soulagement des pauvres, et elle ne dédaignait point de les servir de ses propres mains. Ses entretiens avec les dames de sa suite, qui étaient le seul relâchement qu'elle se permit, ne roulaient que sur les vérités éternelles, et ses discours étaient alors accompagnés d'une onction qui annonçait la ferveur de son âme. Elle nourrissait en elle le feu de l'amour divin, par la fréquentation des sacrements, par la pratique des austérités et par l'usage d'une mortification continuelle. La crainte de déplaire à Dieu lui faisait fuir jusqu'à l'ombre du péché, et s'il lui échappait quelqu'une de ces fautes légères dont les plus saints ne sont pas exempts, elle allait aussitôt les porter au tribunal de la pénitence, afin de les expier. Jamais elle n'en sortait que le cœur brisé de componction et les yeux baignés de larmes.

Mais comme tout se change en poison pour un cœur corrompu, la piété de l'impératrice ne fit qu'aigrir le caractère féroce de Wenceslas; il s'offensa même des marques de tendresse et de complaisance qu'elle ne cessait de lui donner. Présente, il la haïssait; absente, il l'aimait éperdument. Sa jalousie ne connut plus de bornes; et, interprétant mal les actions les plus saintes de son épouse, il en prit occasion d'augmenter ses soupçons sur la conduite de la princesse.

Aveuglé par sa passion, il forma un projet aussi nouveau qu'extravagant. Il manda saint Jean Népomucène, lui parla d'abord de chose et d'autre, et prononça comme sans dessein le nom de l'impératrice; sur quoi il observe que, attendu la condition et la soumission de la femme, un mari devait tout savoir, surtout dans la famille des rois et des empereurs. Tout ce que Jean pouvait jamais souhaiter d'honneurs, de richesses et de félicité, il le lui promettait sur sa parole de roi, s'il pouvait se résoudre à lui confier, à lui seul, et si peu que ce fût, de ce que l'impératrice lui avait découvert dans le tribunal de la pénitence. Ce serait pour lui la plus grande des consolations, au milieu de ses soins de roi et d'empereur. A cette demande criminelle, le saint homme fut saisi d'horreur, représenta gravement et librement au roi quel crime il lui demandait, l'exhortant à condamner sa curiosité et à ne plus désirer l'impossible. Wenceslas dissimula son dépit : il pensait que celui qui avait résisté à une première attaque pourrait se laisser vaincre à une seconde ou à une troisième, et que, si une première machine n'avait pas suffi, on en trouverait une plus forte.

Un jour que le prince était à table, on lui servit une volaille qui n'était point assez rôtie. Aussitôt, ne se possédant plus de rage, il ordonne d'embrocher le cuisinier et de le faire rôtir au même feu. Les courtisans, saisis d'horreur, pâlissent, se regardent l'un l'autre; ils voyaient que, pour peu qu'ils vinssent à broncher, ils avaient à s'attendre au même supplice; mais nul n'osait dire un mot d'intercession à la cruauté royale. Seul, le bienheureux Jean Népomucène, ayant obtenu audience de l'empereur, s'efforça d'abord de l'apaiser par de douces paroles. N'y ayant pu réussir, il commence à lui remontrer avec un langage plus ferme, l'atrocité du fait. A peine eut-il dit quelques mots, que le cruel Wenceslas s'emporte, et ordonne de le plonger au fond d'un cachot. Jean souffrit avec joie cet indigne traitement; il n'ignorait pas la cause secrète qui le lui avait attiré : Wenceslas lui-même n'en faisait pas mystère, et on alla de sa part dire au saint qu'il ne recouvrerait point sa liberté, tant qu'il s'opiniâtrerait à ne pas révéler la confession de l'impératrice. Mais le bienheureux martyr était résolu à plutôt mourir mille fois, que de dire un mot de la confession. Quelques jours après, un gentilhomme vint le trouver pour lui annoncer son élargissement. Il ajouta que l'empereur le priait d'oublier le passé, et qu'il l'invitait à dîner le lendemain avec lui, afin de lui donner la preuve la plus authentique de son estime et de son amitié.

Jean Népomucène se rendit le lendemain au palais, et y fut très-bien reçu à l'extérieur. Le repas fini, Wenceslas fit retirer tous ceux qui étaient présents, et resta seul avec le saint. Il s'entretint d'abord avec lui de choses indifférentes; il s'ouvrit ensuite, et employa tous les moyens possibles pour l'engager à découvrir tout ce que l'impératrice lui avait dit en confession. « Vous pouvez, disait-il, compter de ma part sur un secret le plus inviolable; d'ailleurs, je vous comblerai d'honneurs et de richesses. Il vous importe extrêmement de vous rendre à ce que j'exige, et je vous déclare qu'en persistant à me désobéir, vous vous exposez aux plus cruels supplices, et même à la mort. » Le saint répondit, comme auparavant, qu'il était obligé au silence par les lois les plus sacrées, et que rien ne serait jamais capable de lui faire trahir son devoir.

L'empereur, furieux, appelle aussitôt son *compère*, ainsi appelait-il le bourreau. D'après ses ordres, le saint est conduit en prison, étendu sur un chevalet; le bourreau et ses satellites lui appliquent des torches ardentes aux côtés et aux parties du corps les plus sensibles; ils le brûlent à petit feu et le tourmentent avec la plus horrible barbarie. Au milieu de ce supplice, Jean Népomucène ne prononçait d'autres paroles que les noms de Jésus et de Marie. A la fin, on le retira de dessus le chevalet; mais il était presque expirant. Le Seigneur visita son serviteur dans la prison, et remplit son âme des plus douces consolations.

Cependant l'impératrice apprit ce qui se passait. Elle alla se jeter aux pieds de Wenceslas, qu'elle fléchit par ses larmes et ses prières; elle obtint même l'élargissement du serviteur de Dieu. Quelque temps après, Jean Népomucène, guéri de ses blessures, sans les faire connaître à aucun des siens, reparut en public, reprit ses prédications et ses autres bonnes œuvres, avec plus de zèle que jamais, pour se préparer prochainement à la mort, soit qu'il en fût averti par révélation, ou qu'il s'y attendît naturellement d'après le naturel implacable de Wenceslas. Prêchant un jour sur ce texte : *Encore un peu de temps, et vous ne me verrez plus*, il répéta si souvent ces autres paroles : *Je n'ai plus guère de temps à m'entretenir avec vous*, que l'auditoire comprit aisément que son but était de leur apprendre qu'il touchait à sa dernière heure. A la fin du même discours, il fut saisi d'une espèce d'enthousiasme prophétique, des larmes abondantes coulèrent de ses yeux, et il prédit les maux qui devaient bientôt fondre sur la Bohême. La prédiction se vérifia par les ravages affreux que causa la guerre des Hussites. Le saint, avant de descendre de chaire, dit un dernier adieu à son auditoire, puis il demanda pardon aux chanoines et au clergé de tous les mauvais exemples qu'il pouvait leur avoir donnés.

Depuis ce jour-là, il se consacra tout entier aux exercices par lesquels on s'assure une bonne mort. Il avait toujours été persuadé que la protection de la sainte Vierge est fort importante dans les derniers moments; ce fut pour la mériter qu'il fit le pèlerinage de Buntzel, pour visiter la célèbre image de cette mère commune des fidèles, que saint Cyrille et saint Méthode, apôtres des Sclaves, y avaient placée autrefois, et qui était singulièrement révérée dans toute la Bohême.

Il revint sur le soir, après avoir satisfait sa dévotion. L'empereur, regardant par une des fenêtres du palais, l'aperçut dans la rue. Il sentit réveiller tout à tout son indignation et sa curiosité sacrilège; il ordonne qu'à l'heure même on lui amène son aumônier, et, sans lui donner le temps de se reconnaître, il lui dit brusquement qu'il n'avait qu'à opter entre mourir ou révéler les confessions de l'impératrice. Le saint ne répondit rien, mais son silence était assez expressif pour donner à entendre qu'il était inébranlable dans sa première résolution. Alors Wenceslas, ne gardant plus de mesure, s'écria : « Qu'on m'ôte cet homme de devant les yeux, et qu'on le jette dans la rivière aussitôt que les ténèbres seront assez épaisses pour dérober au peuple la connaissance de l'exécution. » Jean Népomucène employa le peu d'heures qui lui restaient à se préparer à son sacrifice. On le précipita, pieds et mains liés, dans la Moldaw; de dessus le pont qui joint la grande et la petite Prague, c'était la veille de l'Ascension, 1383.

L'empereur voulait tenir cette mort bien secrète, Dieu la manifesta aussitôt par des miracles. A peine le martyr eut-il été étouffé sous les eaux, que son corps, flottant sur la rivière, fut environné d'une clarté céleste qui attira une foule de spectateurs. L'impératrice, qui ne savait rien de ce qui s'était passé, courut chez Wenceslas pour lui demander la raison de cette lumière qu'elle avait aperçue de son appartement. Frappé de terreur, il ne fit aucune réponse ; il alla cacher son désespoir à la campagne, où il défendit à qui que ce fût de le suivre. A la pointe du jour, le mystère s'éclaircit, et les bourreaux eux-mêmes trahirent le secret du prince.

Toute la ville accourut pour voir le saint corps. Les chanoines de la cathédrale vinrent processionnellement l'enlever avec toutes les marques d'honneur qu'ils purent imaginer ; ils le portèrent dans l'église de Sainte-Croix-des-Pénitents, voisine du lieu où le crime s'était commis ; en attendant qu'ils lui eussent préparé dans leur église un tombeau plus digne de lui. Il se faisait un concours prodigieux au lieu où était le martyr ; chacun s'empressait de lui baiser les pieds et les mains ; on se recommandait à ses prières, et l'on s'estimait heureux de pouvoir se procurer quelque chose de ses vêtements et de tout ce qui avait été à son usage.

L'empereur eut avis de ce concours dans sa retraite. Craignant que le peuple ne se soulevât, il fit dire aux religieux pénitents d'empêcher le tumulte dans leur église, et de cacher dans un lieu plus écarté le corps du saint. Ils obéirent à l'heure même ; mais le trésor qu'ils avaient caché fut bientôt découvert. Lorsque tout fut prêt pour le recevoir dans la cathédrale, les chanoines et le clergé, accompagnés d'une foule innombrable de peuple, se rendirent en procession à l'église de Sainte-Croix. Ils en tirèrent le corps du martyr, qu'ils portèrent solennellement dans l'église métropolitaine. On l'y enterra, et on mit sur son tombeau une pierre où fut gravée depuis cette épitaphe qu'on y lit encore aujourd'hui : *Sous cette pierre repose le corps du très-vénérable et très-glorieux thaumaturge Jean Népomucène, docteur, chanoine de cette église et confesseur de l'impératrice, lequel, pour avoir été constamment fidèle à garder le sceau de la confession, fut cruellement tourmenté et précipité du pont de Prague dans la rivière de la Moldaw, par les ordres de Wenceslas IV, empereur et roi de Bohême, fils de Charles IV, l'an 1383.*

Plusieurs malades, dont la guérison était désespérée, recouvrèrent la santé durant la translation de son corps ; il s'opéra aussi depuis de semblables miracles à son tombeau. Enfin tous ceux qui réclamèrent son intercession avec foi méritèrent d'obtenir les faveurs qu'ils demandaient.

Les empereurs Ferdinand II et Ferdinand III sollicitèrent la canonisation du serviteur de Dieu, laquelle fut enfin obtenue par Charles VI. On ouvrit son tombeau le 14 avril 1719. On trouva son corps dégarni de ses chairs, mais les os étaient encore entiers et parfaitement joints les uns aux autres ; on y voyait seulement derrière la tête et les épaules les marques de sa chute lorsqu'il avait été précipité dans la rivière. Mais la langue était si fraîche et si bien conservée, qu'on eût dit que le saint venait d'expirer.

Saint Jean Népomucène avait été honoré comme martyr en Bohême depuis sa mort ; ce fut pour rendre son culte plus authentique et plus universel qu'on demanda sa canonisation, et l'on produisit de nouveaux miracles dont la vérité fut juridiquement constatée à Prague et à Rome. Innocent XIII confirma le culte qu'on lui rendait, par un décret équivalent à un décret de béatification. Enfin Benoît XIII publia la bulle de sa canonisation l'an 1729 (*Acta Sanct.*, et Godescard, 16 mai).

Dans la famille même de l'empereur Wenceslas, qui était la maison de Luxembourg, il y avait à l'époque de saint Jean Népomucène, un saint illustre, savoir, saint *Pierre de Luxembourg*, évêque de Metz.

Pierre, fils de Guy de Luxembourg, comte de Ligny, et de Mathilde, comtesse de Saint-Paul, naquit en 1369 à Ligny, petite ville de Lorraine, au diocèse de Toul, maintenant de Verdun. Il était proche parent de l'empereur Wenceslas, de Sigismond, roi de Hongrie, et de Charles VI, roi de France. Il n'avait que trois ans lorsqu'il perdit son père. L'année suivante, la mort lui enleva sa mère. La comtesse d'Orgières, sa tante, qui était en même temps comtesse douairière de Saint-Paul, se chargea du soin de son éducation ; et lorsqu'elle se vit obligée de partager ce soin avec d'autres, elle choisit des personnes recommandables par leur vertu et leur capacité.

Le jeune Pierre seconda parfaitement les vues de sa tante et de ses maîtres. Les exemples qu'il avait sans cesse devant les yeux, et les instructions qu'il recevait tous les jours, firent sur lui de vives impressions et fortifièrent le goût naturel qu'il avait pour la vertu. Dans un âge encore tendre, il prévenait jusqu'aux premières saillies des passions. Son ardeur pour la pratique du bien était si extraordinaire, que ceux qui le connaissaient n'en pouvaient assez marquer leur étonnement. On regardait comme un miracle de la grâce sa ferveur et son assiduité à la prière, son zèle pour la mortification, son abstinence, et surtout son amour pour l'humilité, dans un âge où les autres se laissent ordinairement conduire par les sens. Il n'avait point encore atteint sa septième année, lorsqu'il promit à Dieu de vivre dans une continence perpétuelle. En quelque lieu qu'il se trouvât, il employait mille moyens pour que les pauvres fussent assistés.

A l'âge de dix ans, on l'envoya à Paris pour y achever ses études ; il s'y appliqua successivement aux belles-lettres, à la philosophie et au droit canonique. Pendant qu'il était dans cette ville, Valeran, son frère aîné, comte de Saint-Paul, fut fait prisonnier par les Anglais, dans une bataille qui se livra en Flandre, et où les Français et les Flamands furent battus. Ayant appris que son frère avait été envoyé à Calais, il interrompit le cours de ses études ; il se rendit à Londres, et resta en otage pour le comte de Saint-Paul, jusqu'à ce que celui-ci eût payé sa rançon. Sa vertu lui gagna l'estime et l'affection des Anglais ; ils lui accordèrent généreusement la liberté après un an de séjour à Londres, en lui disant que sa parole leur suffisait pour la sûreté du paiement de la somme stipulée. Le roi Richard II l'invita à venir à sa cour ; mais il donna divers prétextes pour s'en dispenser, et se hâta de revenir à Paris pour y reprendre ses études.

Il maltraitait son corps par de longues veilles et par des jeûnes rigoureux. Jamais il ne faisait de visites, à moins qu'elles ne fussent indispensables; encore ne visitait-il que des personnes d'une piété éminente et dans le commerce desquelles il y eût à gagner pour la sanctification de son âme. Il voyait souvent Philippe de Maizières, qui possédait à un haut degré l'esprit de prière et de pénitence. Philippe, ainsi que nous l'avons vu, avait été chancelier des royaumes de Jérusalem et de Chypre. Il menait depuis vingt-cinq ans une vie retirée chez les Célestins de Paris, sans avoir embrassé cependant l'institut de ces religieux. Les avis que Pierre reçut de ce grand serviteur de Dieu devinrent pour lui une source de nouvelles lumières, et le firent merveilleusement avancer dans les voies intérieures de la perfection.

En 1383, le comte de Saint-Paul, son frère, lui obtint un canonicat dans la cathédrale de Paris. Cette dignité lui parut un nouvel engagement à la ferveur dans le service de Dieu. Toute la ville fut singulièrement édifiée de son assiduité au chœur, de sa charité envers tous les hommes, de l'innocence de sa vie, de sa douceur et de son amour pour les pratiques de la pénitence. Sa modestie voulait inutilement couvrir l'éclat de ses vertus; elles brillaient à proportion des efforts qu'il faisait pour en dérober la connaissance aux autres. Il avait une haute idée des moindres fonctions cléricales, et il saisissait avec empressement l'occasion de les exercer dans l'Eglise.

Le pape d'Avignon, Clément VII, qui était reconnu en France, ayant entendu le bruit de sa sainteté, le nomma archidiacre de Dreux, au diocèse de Chartres, et il le choisit, en 1384, pour être évêque de Metz. Il crut que sa prudence et sa sainteté étaient une raison suffisante pour le dispenser du défaut d'âge. Peut-être y eut-il encore d'autres motifs. Pierre, qui n'avait que quinze ans, mit tout en œuvre pour ne point accepter l'évêché; mais il se rendit à la fin, parce qu'on lui répéta souvent qu'il offenserait Dieu s'il persistait avec opiniâtreté dans son refus. Il ne se rendit donc que par la crainte de pécher, et par suite d'un scrupule qu'on lui avait inspiré à cause de sa désobéissance au Pape.

Il fit son entrée à Metz nu-pieds et monté sur un âne, imitant en cela l'humilité de Jésus-Christ. Il bannit de la cérémonie tout ce qui sentait la magnificence; ou plutôt il ne fut magnifique que dans les aumônes qu'il distribua aux pauvres. Toute sa suite ne respirait que la modestie et la piété. Quand il eut pris possession de son Eglise, il entreprit la visite de son diocèse avec Bertrand, religieux de l'ordre de saint Dominique, qui lui avait été donné pour suffragant, et qui, pour cet effet, avait été sacré évêque de Thessalie. Partout il réforma les abus, et donna des preuves étonnantes de zèle et de prudence.

Il divisa son revenu en trois parts : l'une pour l'église, l'autre pour les pauvres, et la troisième pour l'entretien de sa maison; il ménageait encore sur cette troisième part pour grossir celle des pauvres. Les jours de jeûnes de l'Eglise, il ne vivait que de pain et eau; il faisait la même chose en Avent, ainsi que les mercredis, les vendredis et les samedis de toute l'année.

Quelques villes se révoltèrent contre lui, et se choisirent de nouveaux magistrats sans sa participation, ce qui était attaquer un droit dont ses prédécesseurs avaient toujours joui. Le comte de Saint-Paul, son frère, n'en eut pas plus tôt été averti, qu'il s'avança avec des troupes pour faire rentrer les rebelles dans le devoir. Le saint évêque fut extrêmement mortifié de cet accident, et, avec son patrimoine, il dédommagea même les rebelles des pertes qu'ils avaient essuyées. Une telle charité lui gagna tous les cœurs.

Ceux qui connurent le mieux son intérieur ont assuré qu'il n'avait jamais commis aucun péché mortel; ce qui ne l'empêchait pas d'approcher tous les jours du sacrement de pénitence, tant il avait une haute idée de cette pureté d'âme avec laquelle on doit paraître devant Dieu, surtout quand on participe aux saints mystères. Il avait une conscience si délicate, qu'il ne pouvait retenir ses larmes en faisant l'aveu de ses fautes les plus légères; il craignait jusqu'à l'ombre même du péché.

Le pape d'Avignon, Clément VII, l'ayant créé cardinal du titre de Saint-Georges, le fit venir à Avignon et l'obligea de rester près de sa personne. Pierre ne diminua rien de ses austérités. Lorsque Clément lui eut ordonné de ménager davantage sa santé qui dépérissait sensiblement, il lui répondit : « Saint-Père, si je suis un serviteur inutile, je sais du moins obéir. » Il redoubla les aumônes pour compenser ce qui avait été retranché de ses pratiques de pénitence. Sa table était frugale, ses domestiques peu nombreux, ses ameublements simples et ses habits pauvres; encore n'en changeait-il que quand ils étaient entièrement usés. Il semblait à ceux qui avaient connaissance de ses aumônes, qu'elles ne pouvaient aller plus loin; il trouva cependant de nouveaux moyens de les augmenter en se défaisant de ses meubles et de ses équipages; il vendit jusqu'à son anneau pastoral pour assister les indigents. Tout ce qui l'environnait annonçait en lui l'esprit de pauvreté, et témoignait de son immense charité pour les pauvres.

Jamais il ne perdait de vue la présence de Dieu, même dans les actions qui semblaient les plus indifférentes. Plusieurs fois il lui arriva d'avoir des ravissements en public. On garde dans la collégiale de Notre-Dame d'Autun un tableau qui le représente en extase, et au bas duquel on lit ces paroles qu'il répétait souvent : « Méprisez le monde, méprisez-vous vous-même; réjouissez-vous dans le mépris de vous-même; mais prenez garde de mépriser qui que ce soit. »

Dix mois après sa promotion au cardinalat, il fut attaqué d'une fièvre violente qui altéra tout à fait son tempérament. Sa santé parut d'abord vouloir se rétablir; mais ce n'était qu'une guérison imparfaite, qui fut suivie d'une langueur dont on craignit bientôt les suites. On lui conseilla de se retirer à Villeneuve, petite ville fort agréable, située de l'autre côté du Rhône, vis-à-vis d'Avignon. Il saisit volontiers cette occasion pour s'éloigner du tumulte de la cour de Clément VII. Durant sa maladie, il se confessait et communiait tous les jours. Sa piété et sa ferveur croissaient à mesure qu'il approchait de sa fin.

André, son frère, étant venu le voir, Pierre lui

parla avec force des vanités du monde et des avantages de la piété; ses paroles firent sur le cœur de celui-ci une impression qui ne s'effaça jamais. André prit depuis les ordres, devint évêque de Cambrai, et fut un des plus saints prélats de son temps. Pierre lui recommanda en particulier Jeanne de Luxembourg, sa sœur, qu'il avait engagée à vivre dans une continence perpétuelle, et qui fut toute sa vie un modèle achevé de la perfection chrétienne; il le chargea aussi de lui remettre un petit traité qu'il avait fait pour son instruction.

Sentant que ses forces l'abandonnaient, il demanda les derniers sacrements. Ayant fait venir ses domestiques, qui se rangèrent en pleurant autour de son lit, il les pria de lui pardonner le scandale qu'il leur avait donné, en ne les édifiant point par ses exemples, comme il aurait dû; il les conjura ensuite de lui promettre tous qu'ils feraient pour l'amour de lui ce qu'il allait leur prescrire. Ils furent extrêmement surpris quand ils l'entendirent leur donner l'ordre suivant : « Prenez la discipline qui est sous mon chevet, et que chacun de vous m'en donne plusieurs coups sur le dos, pour me punir des fautes que j'ai commises envers vous, qui étiez mes frères et mes maîtres. » Malgré la répugnance qu'ils avaient à exécuter un pareil ordre, ils obéirent cependant pour ne pas contrister le saint. Après cet acte de pénitence et d'humilité, Pierre s'entretint en silence avec Dieu jusqu'au moment où il rendit l'esprit.

Sa bienheureuse mort arriva le 2 juillet 1387. Il n'avait point encore dix-huit ans accomplis. Quoiqu'il eût le gouvernement de son diocèse, il n'était point prêtre. Il semble cependant qu'il était diacre, et sa dalmatique se garde à Avignon. Il fut enterré sans pompe, comme il l'avait demandé, dans le cimetière de Saint-Michel de cette ville.

Les miracles opérés par son intercession, portèrent les Avignonnais à construire une chapelle sur son tombeau. On a bâti depuis un couvent de Célestins au même endroit, et c'est dans l'église de ces religieux qu'est gardé le corps du saint, enchâssé sous un magnifique mausolée. La ville d'Avignon le choisit pour patron, l'an 1432, à l'occasion d'un miracle qui s'était opéré à son tombeau. Voici de quelle manière il est rapporté. Un enfant âgé d'environ douze ans, tomba du haut d'une tour sur un roc escarpé. Son corps fut brisé, sa tête s'ouvrit, et la cervelle se répandit. Le père de cet enfant, instruit de ce qui était arrivé, accourt, se met à genoux, implore l'intercession de saint Pierre; ramassant ensuite la cervelle avec le corps de son fils, il les porte sur le tombeau du saint. Le peuple et les Célestins se mettent en prières, et, quelques instants après, l'enfant ressuscite. On le plaça sur l'autel, afin que ceux qui l'avaient vu mort pussent le voir vivant. Ce miracle arriva le 5 juillet, jour auquel on a depuis célébré la fête du saint à Avignon (1).

(1) La Lorraine, si fière de ses grands hommes, a gardé fidèlement le culte de Pierre de Luxembourg. Dans la Meuse en particulier, à Ligny, sa ville natale, l'enfant de la cité montre à l'étranger la tour où naquit le bienheureux.
Plus loin, dans la vallée de l'Ornain, belle entre toutes, le beau village de Tréveray a pu compter ce jeune saint parmi ses bienfaiteurs insignes. Dans sa reconnaissance, il lui a érigé une magnifique statue, comme pour dire au passant que la sainteté et la générosité sont sœurs.
B.-H.

La vie et les miracles du serviteur de Dieu ayant été juridiquement examinés, la bulle de sa béatification fut expédiée en 1527 par le vrai pape Clément VII, qui était de la famille des Médicis (*Acta Sanct.*, 2 juin; Godescard, 5 juillet).

Jusqu'ici nous avons vu l'Occident bien malade, divisé entre deux papes; l'Angleterre en guerre contre la France; l'Angleterre et la France en guerre chacune contre elle-même; la France dépérissant sous un chef en démence, l'Allemagne sous un chef extravagant et cruel; et toutefois l'Occident produit encore des saints, des modèles accomplis de toutes les vertus chrétiennes : on sent que le malade n'est pas désespéré, qu'il y a en lui une source cachée de vie et de guérison; on sent que le schisme ne durera pas toujours, et qu'avec l'unité certaine du pasteur suprême et universel reviendront peu à peu tous les biens.

L'Orient est beaucoup plus malade; le schisme et l'anarchie, source de tous les maux, y paraissent dans leur terre natale; plus de saints, plus de saintes; la maladie semble de nature à ne guérir que par la mort.

L'empereur de Constantinople, Jean Paléologue, qui, sous le pape Urbain V, vint à Rome et se réunit à l'Eglise romaine, avait deux fils, Andronic et Manuel. L'an 1373, Andronic s'étant rencontré avec Cuntuza, fils du sultan Amurath, ils conspirent ensemble contre les jours de leurs pères. Le complot ayant été découvert, Amurath fait crever les yeux à son fils; Andronic est mis en prison par ordre de Jean Paléologue, et privé seulement d'un œil. Délivré ensuite par les Génois, il arrête son père, et le met lui-même en prison avec Manuel, son autre fils. L'empereur Jean Paléologue s'échappe au bout de deux ans, et se réfugie près du sultan Bajazet, fils et successeur d'Amurath. Andronic, craignant le Turc, se retire à Sélivrée, où il finit ses jours. Son père, Jean Paléologue, meurt l'an 1391. Manuel Paléologue, second fils de Jean, était en otage à la cour de Bajazet, quand il apprit la mort de son père. A cette nouvelle, il s'échappe furtivement, et se rend à Constantinople. Le sultan, irrité de son évasion, envoie trois armées ravager les terres de l'empire, notamment la Thrace, et bloquer Constantinople. Manuel implore le secours des princes de l'Occident, en particulier du pape Boniface IX. Sigismond, qui avait succédé à Louis, surnommé le Grand, roi de Hongrie, sollicitait aussi, de son côté, des secours auprès de tous les princes chrétiens. Il avait demandé un accommodement avec Bajazet. Le sultan répondit à Sigismond qu'il allait porter la guerre dans le sein de ses Etats; qu'après lui avoir donné des fers, il passerait en Italie; irait à Rome déposer au Capitole toutes les couronnes qu'il aurait conquises, et faire manger l'avoine à son cheval sur l'autel de Saint-Pierre; qu'il y paraîtrait traînant à sa suite comme de vils esclaves, l'empereur de Constantinople et les principaux seigneurs de sa cour (*Hist. du Bas-Empire*, l. 116).

Beaucoup de chevaliers français, ayant à leur tête le comte de Nevers et le maréchal de Boucicaut, volent au secours du roi de Hongrie. En 1396, à la bataille de Nicopolis, abandonnés des Hongrois, ils succombent sous la multitude des Turcs. Sigismond s'enfuit à Constantinople. L'année suivante, Bajazet somme l'empereur Manuel de lui livrer sa capitale; il l'oblige du moins à associer Jean, son neveu, fils d'Andronic, à l'empire. Boucicaut, avec une troupe de Français, vient au secours de Constantinople contre les Turcs. L'an 1399, l'empereur Manuel s'en vient trouver les princes d'Occident avec Boucicaut. Après leur départ, Constantinople se voit resserrée de plus en plus par les Ottomans, qui lui coupent les vivres : la ville allait infailliblement tomber en leurs mains. Mais Boucicaut y a laissé un brave chevalier, Château-Morant, avec quelques Français. Toutefois, malgré leur courage, ils ne la peuvent défendre longtemps. Au dehors, ils ont à combattre les Turcs; au dedans, la peste, la famine et la mauvaise volonté des habitants, qui, réduits aux abois, appelaient eux-mêmes les infidèles dans leurs murs. C'était en 1402. Bajazet pouvait donc se promettre d'entrer sous peu dans Constantinople, lorsqu'il reçut le message d'un chef de Tartares, qui lui ordonnait de rendre aux Musulmans et aux chrétiens tout ce qu'il leur avait pris, et de se reconnaître son tributaire. Cet ordre était signé : *Tamerlan*.

Parmi les conquérants ou ravageurs de provinces, Tamerlan ou Timour-lenk, c'est-à-dire *Timour le Boiteux*, descendu de Ginguishan par les femmes, fut peut-être le plus atroce. Jusqu'en 1380, il avait coloré ses expéditions d'une apparence de justice; le reste de sa vie, qui finit en 1405, n'offre qu'une suite effroyable de conquêtes sanglantes, de scènes de carnage et de dévastation. L'an 1381, deux villes de Perse, Hérat et Sebzwar, furent reprises; les têtes de tous ceux qui avaient été tués dans la première furent empilées en forme de tour : digne monument d'un ravageur de provinces. Tamerlan perfectionne aussitôt cette horrible architecture : à la prise de Sebzwar, il fait égorger tous les habitants, à la réserve de deux mille prisonniers, qu'il entasse tout vivants les uns sur les autres, avec du mortier et de la brique, pour servir de matériaux à la construction de plusieurs tours triomphales. L'an 1387, à la prise d'Ispahan, des états authentiques, tenus à cet effet, nous apprennent que l'on apporta sa tête et faisaient retentir l'air du cri de : *Allah! Allah!* interrompu par leurs gémissements. Aussitôt Tamerlan détache un parti de cavaliers, qui enlèvent respectueusement le livre des mains de ces enfants et puis les écrasent tous sous les pieds des chevaux. Il fit toutefois grâce de la vie aux habitants; mais il réduisit en esclavage les chrétiens, imposa une contribution sur les Musulmans, fit enterrer vivants les quatre mille hommes qui composaient la garnison, et abandonna aux flammes la ville, après l'avoir pillée au mépris de la capitulation. A la prise d'Alep, en la même année, Tamerlan y fait, selon sa coutume élever plusieurs tours de têtes humaines. Elles avaient dix coudées de haut et vingt coudées de circuit. A la prise de Bagdad, en 1401, tout fut égorgé, sans égard pour l'âge ni le sexe. Le carnage dura huit jours; le nombre des morts fut incalculable. On évalua celui des têtes à environ quatre-vingt-dix mille, qui servirent à la construction de cent vingt tours; mais on n'y comprend pas la foule des victimes qui périrent dans le fleuve ou qui s'y précipitèrent, afin d'échapper aux bourreaux. Bagdad fut entièrement détruite. Certes, les guerres entre nations chrétiennes ne sont que jeux d'enfants.

Tel était ce chef des Tartares, quand il envoya son dernier mot au sultan Bajazet. La réponse fut fière et hautaine. Bajazet avait une armée de huit cent mille hommes; celle de Tamerlan n'était pas moindre. Les plaines d'Ancyre en Galatie furent le champ de bataille. Au mois de juin 1402, on s'y battit, on s'y tua, pendant trois jours et deux nuits. Deux cent quarante mille hommes restèrent sur la place. Bajazet fut fait prisonnier; il était borgne, Tamerlan était boiteux. A leur première entrevue, Tamerlan ne put s'empêcher de rire, en voyant l'univers entre les mains d'un boiteux et d'un borgne. Contre son ordinaire, il traita son captif avec humanité; Bajazet n'y répondit que par des menaces, des accès de fureur et des efforts pour s'échapper; il fallut l'enfermer, comme une bête féroce, dans une cage de fer, qui était une voiture ou litière grillée. Il mourut de chagrin au bout d'un an, mais avant d'arriver à Samarcande, où il devait servir au triomphe de son vainqueur (*Biographie univ.*, art. BAJAZET et TAMERLAN).

La victoire d'Ancyre, dont Tamerlan envoya la relation dans toutes les provinces de son empire, lui soumit l'Asie Mineure entière. Il trouva dans Brousse les femmes et une partie des trésors de Bajazet; il y mit en liberté plusieurs Français que ce sultan y gardait prisonniers depuis la bataille de Nicopolis. Il congédia deux ambassadeurs que Henri III, roi de Castille, lui avait envoyés; leur remit plusieurs princesses espagnoles qui étaient captives, et les fit accompagner par un Musulman, auquel il donna des lettres de créance pour le monarque castillan. Mécontent de l'empereur de Constantinople et des Génois établis à Péra, il exigea d'eux un tribut, pour les punir d'avoir manqué au traité par lequel ils s'étaient engagés à ne point fournir aux Turcs les moyens de passer d'Europe en Asie, et à ne pas donner asile aux fugitifs. Tamerlan séjourna un mois à Koutayeh, et y célébra ses triomphes par des fêtes brillantes, tandis que ses troupes dévastaient l'Anatolie jusqu'aux rives du Bosphore. Les richesses que renfermait la ville de Smyrne et le désir de se venger des Grecs le déterminèrent à assiéger cette place, qui avait résisté sept ans aux armes de Bajazet. Il la prit d'assaut en quinze jours, à la fin de décembre 1402, malgré le grand-maître de Saint-Jean de Jérusalem, Philibert de Naillac, et de ses chevaliers. La ville fut pillée, rasée entièrement, et tous les habitants qui ne purent pas se sauver par mer furent massacrés.

Tamerlan s'était mis en marche pour conquérir la Chine, quand il mourut de la fièvre, le 18 février 1405, âgé de soixante-neuf ans, après en avoir régné trente-six. Sa vaste monarchie eut le sort de tous les empires établis par la violence et l'injustice.

LIVRE LXXXI. — SUCCESSIONS SANGLANTES SUR PLUSIEURS TRONES.

Son testament ne fut pas respecté. L'ambition arma ses petits-fils et ses principaux capitaines les uns contre les autres. Les plus mémorables de ses descendants furent son fils, Chah-Rokh, dont la dynastie régna un siècle sur une grande portion de l'Asie; Ouloug-Beig, fils du précédent, renommé par son goût pour les sciences et par ses tables astronomiques ; Babour, fondateur de l'empire mongol dans l'Inde; cet empire, après avoir subsisté deux siècles avec gloire, notamment sous les règnes d'Akbar et d'Aureng-Zeib, a déchu rapidement de nos jours et n'existe plus que dans un fantôme de souverain qui siège encore sur un trône à Dehly, protégé et pensionné par les Anglais (*Biog. univ.*, art. TAMERLAN).

Quant à Bajazet, il laissait entre autres quatre fils : Isa ou Josué, Musulman ou Soliman, Musa ou Moïse, et Mahomet. Ils se disputèrent avec acharnement la succession de leur père. Josué, qui le premier s'empara du trône, fut défait et remplacé par Soliman, qui le fut par Musa, qui le fut à son tour par Mahomet. Ce dernier, le premier sultan de son nom, vécut généralement en paix avec les chrétiens, et mourut l'an 1421, laissant un fils, Amurath II, qui assiégera Constantinople, et dont le fils, Mahomet II, la prendra.

Si les chrétiens avaient été unis entre eux et animés de l'esprit de Charlemagne, de Godefroi de Lorraine, de saint Louis de France, ils auraient profité de la discorde entre les fils de Bajazet et de Tamerlan, pour affaiblir la domination des infidèles et rétablir celle des chrétiens en Orient. Mais depuis le roi Philippe le Bel, au lieu de chercher avant tout le règne de Dieu et sa justice, et d'obtenir ainsi tout le reste par surcroît, les rois et les nations ne cherchent plus que soi, et ne se trouvent où ne se rencontrent que pour leur malheur réciproque.

Le royaume de Naples, feudataire de l'Église romaine, aurait pu être un centre d'opérations contre les infidèles. Une dynastie française y régnait; la même régnait en Hongrie; la maison impériale de Luxembourg, à qui celle-ci devait être unie par alliance, était française d'origine, ainsi que la dynastie régnante en Angleterre; les rois d'Espagne étaient alliés à celui de France; les chevaliers de Saint-Jean, la plupart Français, étaient maîtres de l'île de Rhodes; des seigneurs français régnaient encore en Chypre : tout semblait ainsi concourir à une expédition glorieuse en faveur de la civilisation chrétienne contre la barbarie musulmane. Or, tous ces princes, Français de fait, d'origine ou par alliance, ne feront que des révolutions les uns contre les autres. Le royaume de Naples en aura sa bonne part.

La reine Jeanne Ire, dont le quatrième mari était le duc Othon de Brunswick, avait adopté pour son fils et institué son héritier Charles de Duras, un de ses parents, qui se trouvait à la cour de Hongrie. La reine Jeanne avait d'abord reconnu le pape de Rome, Urbain VI; mais ensuite elle se décida pour le pape d'Avignon, Clément VII. En 1380, Urbain VI la déclare déchue du royaume, et, pour la remplacer, appelle de Hongrie Charles de Duras, qui vient à Rome, y reçoit la couronne et l'investiture du Pape, le 2 juin 1381. Mais dès le même mois de l'année précédente, pour se procurer un auxiliaire puissant, la reine Jeanne avait adopté et déclaré son héritier universel Louis, duc d'Anjou, l'un des trois oncles paternels de Charles VI, roi de France. Louis, couronné le 30 mai 1382, dans Avignon, par Clément VII, passe effectivement en Italie le 13 juin, avec une florissante armée, au secours de la reine Jeanne. Mais c'était trop tard. Dès l'an 1381, Charles de Duras, entré à Naples le 16 juin, assiégea la reine dans la forteresse, défit Othon, son mari, qui venait à son secours, le fit prisonnier, obligea la reine à se rendre, et l'enferma dans une dure prison, où, en mai 1382, il la fit étrangler, selon les uns, étouffer entre deux oreillers, suivant les autres. En 1345, pareille chose était arrivée à son premier mari, André de Hongrie. Il fut étranglé le soir, en sortant de l'appartement de la reine, sa femme. Son corps resta pendant deux jours pendu aux barreaux d'une fenêtre du château d'Averse, où le crime s'était commis, sans que la reine, sa femme, donnât aucun ordre, ni pour le faire inhumer, ni pour informer contre les auteurs de sa mort. Après trente-six ans, le meurtre du mari fut ainsi vengé sur la femme.

Charles de Duras, autrement Charles III, aura son tour. Devenu maître, l'an 1384, de tout le royaume de Naples par le décès de son compétiteur Louis d'Anjou, il se brouille avec le pape Urbain VI, qui l'excommunie. L'année suivante, il est appelé à monter sur un nouveau trône. Le roi Louis de Hongrie, le protecteur et le père adoptif de Charles de Duras, était mort le 11 septembre 1382, après un règne glorieux de plus de quarante ans. Malgré la coutume de Hongrie, qui excluait les femmes de la succession au trône, la noblesse avait consenti que Marie, fille aînée de Louis, portât la couronne à Sigismond, marquis de Brandebourg, second fils de l'empereur Charles IV, à qui elle avait été fiancée en bas âge. La gloire et les vertus de Louis, qui mourait sans descendance masculine, avaient mérité qu'on accordât cette faveur à sa fille. Marie fut couronnée avec le titre de roi. En attendant que son mariage fût accompli, sa mère, Élisabeth, prit le gouvernement du royaume, et le partagea avec Nicolas Gara, palatin de Hongrie, son favori, que Louis avait comblé de richesses et d'honneurs. Mais le gouvernement des deux femmes et celui de leur favori devinrent bientôt également odieux à la nation. Les nobles, mécontents, résolurent d'appeler à la couronne Charles de Duras, le dernier héritier mâle des rois de Hongrie, du sang français. Charles vint mais ne s'annonça point aux deux reines comme venant leur disputer la couronne les armes à la main; il déclara, au contraire, qu'il venait pour être le pacificateur du royaume, et il laissa le soin à la noblesse de demander pour lui la dignité royale. Les deux reines, après l'avoir admis volontairement à Bude, furent en effet contraintes d'offrir leur abdication; et, dans une diète à Albe-Royale, Charles fut proclamé roi par la noblesse, d'une voix unanime. Mais les deux reines avaient opposé à la dissimulation de Charles une égale fausseté. Nicolas Gara rassemblait pour elles ses satellites, sous prétexte de célébrer les noces d'une de ses filles; et un jour de fête solennelle, au mois de février 1386, les reines firent inviter le roi dans leur appartement; le palatin s'y trouvait avec des assassins qu'il avait apostés, il donna le signal. Charles fut renversé d'un coup de sabre sur la tête, et tous ses partisans massacrés. Le roi ne mourut cependant pas de ses blessures; mais, enfermé à Visgrade, le poison acheva, le 3 juin 1386, ce que le fer avait commencé (Sismondi, *Républ. ital.*, c. 51, t. VII).

Le sort des deux reines avait excité la pitié lorsqu'elles étaient dépouillées de leurs droits; mais une indignation générale succéda lorsqu'on leur vit recouvrer la royauté par une atroce perfidie. Jean de Horwath, baron de Croatie, les ayant surprises, massacra leurs gardes, fit trancher la tête en leur présence à Nicolas Gara, jeter dans la rivière la reine-mère Elisabeth, et enferma la jeune reine Marie dans un château, d'où son fiancé Sigismond obtint son élargissement au mois de juin 1387, pour l'épouser un mois après.

L'assassinat de Charles III livra le royaume de Naples à une longue anarchie. Il y laissait régente sa femme, la reine Marguerite, avec un fils de dix ans, nommé Ladislas ou Lancelot. Son compétiteur, Louis d'Anjou, mort en 1384, laissait un fils de même nom, âgé de sept ans, sous la tutelle de sa veuve Marie. Ladislas fut proclamé roi par le parti hongrois, Louis II par le parti angevin; il y eut des neutres, il y en eut qui passèrent d'un parti à l'autre, comme Othon de Brunswick, qui passa de Louis à Ladislas. Le peuple suivait son inconstance naturelle. La confusion devint universelle. Comme Charles était mort excommunié, Urbain VI prétendait le royaume dévolu au Saint-Siége; cependant son successeur, Boniface IX, reconnut Ladislas; le Pape d'Avignon, Clément VII, reconnaissait Louis II. Ainsi, deux papes qui s'excommunient, deux rois enfants sous la tutelle de deux femmes plus intrigantes qu'habiles, tous les barons en armes, les bourgeois et les paysans rançonnés ou pillés par l'un ou l'autre parti; et, au milieu de ce désordre, pas un caractère, pas un talent, pas une vertu éclatante qui annonce un meilleur avenir. Ladislas meurt en 1414, par suite de ses débauches; il meurt avec la renommée d'un prince dont l'ambition ne connut point de bornes, et qui lui sacrifia tout, la bonne foi, la probité, l'honneur, la religion, les biens de ses sujets, leur repos et le sien propre.

A Ladislas succède Jeanne II, sa sœur, qui ne vaut guère mieux. Elle fut toujours en querelle ou même en guerre avec son mari, Jacques de Bourbon, qui finit par rentrer, à Besançon, dans l'ordre de saint François, et y mourut en 1438. Dès l'an 1420, Jeanne, se voyant attaquée par Louis III, duc d'Anjou, son compétiteur, adopte Alphonse V, roi d'Aragon. L'an 1423, elle révoque l'adoption d'Alphonse, et lui substitue Louis III. En 1433, elle annule l'adoption de Louis, et renouvelle celle d'Alphonse. Enfin elle meurt l'an 1435, après avoir institué son héritier René d'Anjou, frère de Louis. On dirait qu'elle a peur que le royaume n'ait point déjà par lui-même assez de semences de discordes et de guerres civiles.

Ainsi donc, tous les trônes d'Europe occupés par des princes français, en Angleterre, en France, en Allemagne, en Hongrie, à Naples, étaient souillés de sang, de meurtres, de révolutions. En Espagne, excepté le meurtre de Pierre le Cruel, par son frère Henri de Transtamare, en 1368, le trône de Castille se montra plus respectable sous le même Henri II et ses descendants, Jean Ier, Henri III et Jean III, celui d'Aragon, sous Pierre IV, Jean Ier, Martin, Alphonse V; celui de Navarre, sous Charles III, dit le Noble, qui par ses belles qualités, compensa la fâcheuse renommée de son père, Charles le Mauvais.

Le Portugal voyait alors un de ses plus grands rois, Jean Ier, surnommé le Grand et le Père de la patrie. Il était frère naturel de Ferdinand Ier, qui mourut sans laisser d'héritier légitime. Les États du royaume se déclarèrent pour son frère Jean, grand-maître de l'ordre d'Aviz. L'an 1387, ayant obtenu dispense de son vœu de chasteté, il épouse la princesse Philippine, fille du duc de Lancastre. L'an 1394, il oblige les principaux seigneurs du Portugal à lui vendre les domaines qu'ils tenaient de la couronne : ce qui ôtait à ces seigneurs presque toute leur puissance en leur ôtant leurs vassaux. L'an 1415, il fait une expédition en Afrique, et s'empare de Ceuta la veille de l'Assomption.

Le second de ses fils, Henri de Portugal, joignait à l'esprit guerrier la culture des arts et des sciences; il s'appliqua d'une manière spéciale à l'étude de la géographie. Les leçons des plus habiles maîtres et les relations des voyageurs lui procurèrent bientôt assez de connaissance du globe pour pressentir la probabilité de découvrir de nouvelles contrées en naviguant le long de la côte d'Afrique. Au retour de l'expédition de Tanger, où il s'était signalé sous les yeux de son père, il se retira de la cour, fixa sa résidence à Sagres, près du cap Saint-Vincent, où la vue de l'Océan portait continuellement ses pensées vers son projet favori. Quelques-uns des plus savants hommes de son pays l'avaient accompagné dans sa retraite, et l'aidaient dans ses recherches. Il consulta les Maures de Barbarie et les Juifs de Portugal; il attira à son service d'habiles navigateurs; sa probité, son affabilité, son respect pour la religion et son zèle pour la gloire de son pays donnaient un nouvel éclat à ses talents. Gonzalès Zarco et Tristan Vas dépassèrent, par ses instructions, le cap Bojador, qui était regardé comme une barrière impossible à franchir, et découvrirent l'île appelée aujourd'hui Porto-Santo. L'année suivante 1419, les mêmes officiers découvrirent Madère, où le prince, outre les semences, les plantes et les animaux domestiques communs en Europe, fit transporter des plants de vigne de Chypre, et des cannes à sucre de Sicile. Ces deux produits y prospérèrent rapidement et devinrent bientôt des articles considérables de commerce. Le cap Bojador fut doublé en 1434, et de nouvelles tentatives conduisirent les navigateurs du prince Henri dans la rivière du Sénégal et dans plusieurs autres contrées, les Açores, les îles du cap Vert (*Biographie univ.*, t. XX). La mort de Henri de Portugal, arrivée l'an 1464, arrêta pour le moment l'impulsion qu'il avait donnée aux navigations et découvertes lointaines; mais nous la verrons se renouveler en son temps et conduire l'Europe, d'un côté, à l'Inde et à la Chine, de l'autre, à tout un nouveau monde, l'Amérique.

La gloire de l'Espagne, à la fin du XIVe siècle et au commencement du XVe, fut saint *Vincent Ferrier* ou *Ferrer*. Il naquit à Valence le 23 janvier 1357. Son père, nommé Guillaume Ferrier, était secrétaire de la ville; sa mère s'appelait Constance Miguel : l'un et l'autre d'honnêtes et anciennes familles. Dans les premiers temps de leur mariage, ils s'étaient beaucoup livrés au monde et aux plaisirs; mais, désabusés ensuite de ces vanités, et revenus à des goûts plus raisonnables, ils avaient compris qu'une conduite véritablement chrétienne était le seul moyen de vivre heureux ici-bas. Leur piété exemplaire et leurs abondantes aumônes les rendirent bientôt à l'édification de leurs concitoyens. Chaque année, après avoir prélevé la somme nécessaire pour les dépenses de leur maison, ils donnaient aux pauvres le reste de leurs revenus, attirant ainsi sur leur famille, par leurs largesses, les bénédictions d'un Dieu qui ne se laisse jamais vaincre en générosité.

Ils eurent plusieurs enfants de l'un et de l'autre sexe. On assure que tous répondirent par une conduite vertueuse à la bonne éducation qu'ils reçurent de leurs parents. Les deux aînés portèrent les noms de Pierre et de Boniface. Celui-ci fut un des plus fameux jurisconsultes de son temps, et eut des emplois distingués dans sa ville natale; mais, après la mort de son épouse, il entra chez les Chartreux de Valence, et donna dans cet ordre une si grande opinion de son mérite, que, quatre ans après s'y être engagé, il en fut fait supérieur général.

Pendant que la mère était enceinte de son troisième fils, le père se vit en songe dans l'église des frères Prêcheurs, où un homme vénérable de cet ordre lui dit du haut de la chaire : « Je me réjouis avec vous, mon fils, du bonheur que vous allez avoir. Votre épouse donnera naissance sous peu de jours à un fils qui sera du même ordre que moi; dont la vie sera si sainte, la doctrine si grande, le zèle si ardent, que tous les peuples de France et d'Espagne l'honoreront comme un apôtre. » Le père se réveilla en louant Dieu. La mère avait des indices semblables : elle n'éprouvait point les incommodités ordinaires de la grossesse; de plus, souvent elle entendait sortir de son sein un bruit pareil à celui d'un chien qui aboie. Elle en fut épouvantée d'abord; mais ayant consulté à ce sujet plusieurs grands serviteurs de Dieu, entre autres un parent qu'elle avait, qui fut depuis évêque de Valence et cardinal, elle apprit que ce bruit merveilleux devait lui donner plus de consolation que de crainte, et qu'elle pouvait espérer qu'elle enfanterait un fils qui ressemblerait à saint Dominique dans ses fonctions de l'apostolat, comme il lui ressemblait déjà dans l'égalité du présage.

Elle mit donc au monde, le 23 janvier 1357, un fils qui fut son troisième. Toute la ville, déjà prévenue des choses extraordinaires que l'on prédisait de cet enfant, vint le voir comme un autre saint Jean. Il fut porté quelques jours après à l'église, pour y être baptisé. Il y eut là une longue contestation au sujet du nom qu'on devait lui donner. Comme on ne s'accordait point, le prêtre, ennuyé de ces longueurs, dit aux assistants : « Puisque vous ne pouvez vous entendre, je vais vous mettre tous d'accord en nommant moi-même l'enfant : il aura nom *Vincent*; » et, en effet, ce fut sous ce nom qu'il reçut une nouvelle vie en Jésus-Christ par le baptême.

Sa mère n'eut pas de peine dans les premiers soins qu'elle lui donna, car il était impossible de trouver un enfant plus tranquille : il ne poussait pas même de cris. Quelque part qu'on le plaçât, il y demeurait en repos, et l'on voyait sur son visage et dans toutes ses petites manières une joie innocente qui se communiquait à ceux qui le regardaient. Dès l'âge de six ans, ses parents commencèrent à lui donner le premier goût des lettres. Il s'y attacha d'inclination, et y fit de si grands progrès, qu'à dix ans il surpassait non-seulement tous ses condisciples de même âge que lui, mais encore les plus âgés. Il jouait rarement avec les autres enfants; et quand il se trouvait avec eux, après leur avoir laissé donner quelques moments au divertissement, il leur imposait silence, les faisait asseoir, et, montant sur quelque endroit un peu élevé, il leur disait : « Écoutez, enfants, ce que je vais dire, et jugez si je serai un jour un bon prédicateur. » Aussitôt il faisait le signe de la croix, et, imitant de son mieux le ton et les gestes des prédicateurs qu'il avait entendus à Valence, il faisait un discours qui n'avait rien d'enfantin, et qui, forçant à l'admiration les personnes les plus âgées et les plus raisonnables, leur donnait lieu d'attendre de grandes choses d'un enfant si extraordinaire.

A l'âge de douze ans, il passa de l'étude de la grammaire à celle de la dialectique, où, par sa pénétration et son jugement, il s'éleva au-dessus de tous ses condisciples. Il conserva toujours soigneusement le trésor de son innocence, avec l'aide, non-seulement de la grâce qui l'avait heureusement prévenu et à laquelle il obéissait fidèlement, mais encore de son caractère, qui le portait naturellement à l'honneur et à la vertu; avantages auxquels il faut ajouter l'éducation chrétienne que ses parents lui donnèrent; ses heureuses dispositions leur faisaient espérer de lui de grandes choses. Ils le portèrent surtout à fréquenter les églises, à se rendre assidu aux offices divins, à s'attacher aux prédications, à s'abandonner aux mouvements d'une piété tendre et affectueuse, à louer Dieu sans cesse et à travailler de bonne heure à dompter son corps par les jeûnes et les austérités. En effet, il s'accoutuma, dès ses plus tendres années, à jeûner les mercredis et vendredis de chaque semaine, et il continua cette pratique jusqu'à la fin de sa vie. Il écoutait avec une sainte avidité tous les prédicateurs qui paraissaient à Valence, et, quand il leur entendait dire quelque chose à l'honneur de la Mère de Dieu, son cœur était pénétré d'une joie qui paraissait jusque dans ses yeux, dont on voyait couler des larmes de tendresse; mais elles coulaient avec bien plus d'abondance lorsqu'il faisait quelque lecture qui traitait de la passion et des souffrances de Jésus-Christ, ou quand il en entendait parler. La sainte Vierge et la passion du Sauveur étaient les deux motifs principaux de sa dévotion; pour en donner des marques chaque jour, il n'en passait aucun sans dire l'office de la Vierge et celui de la passion de notre Sauveur. Sa charité pour les pauvres était presque sans bornes, et ses parents, si charitables eux-mêmes, n'éprouvaient aucune peine de ses abondantes aumônes. Mais, quoique accoutumés à le voir sans cesse soulager les indigents, ils ne laissèrent pas d'être surpris lorsque, lui ayant donné la portion de leurs biens à laquelle il pouvait prétendre, ils remarquèrent qu'il ne mit pas plus de quatre jours à la distribuer aux pauvres.

C'était la meilleure preuve qu'il pût offrir de la sincérité de sa réponse, lorsque son père, lui mettant son partage entre les mains, lui avait proposé trois partis : le premier, d'entrer dans l'ordre de saint Dominique; le second, de se marier et de s'établir richement dans le monde; et le troisième, d'aller à Paris ou à Rome, afin de s'y avancer par la science et la vertu. Le saint jeune homme, qui avait alors dix-huit ans, répondit à son père qu'il avait depuis longtemps renoncé dans son cœur aux plaisirs, aux honneurs et aux biens du siècle, et qu'il avait résolu d'embrasser le premier des trois partis qu'il lui avait proposés. Ses parents en furent ravis de joie, et Vincent prit l'habit des frères Prêcheurs, au couvent de Saint-Dominique de Valence, le dimanche 5 février de l'an 1374.

Il se proposa aussitôt d'imiter en tout ce qu'il pourrait le saint fondateur de son ordre, et dans ce dessein, après s'être fait une étude particulière de sa vie et de ses actions, il commença par s'appliquer sérieusement à l'Ecriture sainte et à la théologie, pour se rendre d'autant plus capable d'éclairer les autres quand il serait parfaitement instruit lui-même. Pénétré de cette vérité dont il avait eu le bonheur de ne pas faire l'expérience, que le plus grand ennemi de la jeunesse est l'oisiveté, il se livrait sans cesse aux occupations sérieuses de ses exercices réguliers, ou à celles qui partageaient son temps entre ses dévotions particulières et ses études; mais, quoiqu'il perdît moins de temps que les autres, il n'en était pas moins sociable, et son humilité croissait à mesure que l'on voyait augmenter sa science. On l'obligea d'enseigner la philosophie à ses jeunes confrères, et il s'en acquitta pendant trois ans avec beaucoup d'éloquence et de capacité, à la grande satisfaction non-seulement de ses confrères, mais encore de plus de soixante-dix étudiants du dehors qui profitèrent de ses leçons. Ce fut alors qu'il mit au jour un ouvrage de logique, également subtil et solide, qu'il intitula : *Des suppositions dialectiques*.

Ses supérieurs, ne voulant pas laisser plus longtemps dans cet emploi un jeune homme de si grande espérance, l'envoyèrent à Barcelone; où il y avait de célèbres professeurs en théologie du même ordre ; et de là on le fit passer à Lérida, autre ville de Catalogne, où les études florissaient à cette époque. Il s'y appliqua avec ardeur à la théologie, et, à l'âge de vingt-huit ans, il reçut le bonnet de docteur des mains du cardinal Pierre de Lune. Vincent fut ensuite appelé à Valence, où, à la prière de l'évêque Jacques, qui était son parent, de tout le chapitre et des magistrats, et avec l'assentiment du gouvernement d'Aragon, il prêcha et enseigna publiquement la théologie pendant six ans, avec tant de réputation, qu'il passait pour le seul homme véritablement docte et véritablement religieux, pour le seul saint et le seul serviteur de Dieu qu'il y eût à Valence. Aussi Pierre de Lune, charmé de sa vertu et de ses riches talents, voulut-il l'avoir auprès de lui pendant le voyage qu'il fit d'Espagne en France pour les intérêts du pape d'Avignon, Clément VII. Le cardinal, après avoir terminé sa négociation, employa les caresses les plus engageantes et les prières les plus persuasives pour fixer Vincent à Avignon; mais il ne put en venir à bout, et le saint religieux retourna continuer à Valence les fonctions de docteur et de prédicateur.

Jaloux de voir tant de vertus dans un homme si jeune, le démon lui tendit bien des embûches, même visibles. Un jour que Vincent, après matines, priait devant une image de la sainte Vierge, pour obtenir de Notre Seigneur, entre autres grâces la vertu de persévérance, il vit tout à coup un vieillard vénérable, à qui une barbe épaisse et noire descendait jusqu'aux genoux, le vieillard lui dit : « Je suis un de ces anciens Pères qui, pendant bien des années, avec grande continence et une abstinence incroyable de nourriture et de boisson, ai habité la solitude d'Egypte; lorsque j'étais jeune, j'ai voulu éprouver toutes les voluptés du corps, mais après avoir passé le temps de ma jeunesse en toute sorte de plaisirs, je rentrai en moi-même, je fis pénitence, et Dieu, dans son infinie clémence, m'accorda le pardon de de mes péchés. Maintenant, s'il faut en croire un vieillard expérimenté, comme je le suis, je vous conseille d'avoir compassion de votre jeune âge, d'omettre pour le moment cette macération du corps et de la réserver pour la vieillesse. Ne craignez point; car Dieu est toujours prêt à recevoir la pénitence des pécheurs. » Vincent fut d'abord bien effrayé; mais, entendant ces paroles de pestilence, il soupçonna que c'était le démon. C'est pourquoi, se recommandant à Dieu et à la sainte Vierge, et se munissant du signe de la croix, il dit pour toute réponse : « Va-t-en, serpent venimeux ! car, tes paroles frauduleuses le prouvent, tu n'es pas un des Pères de l'Egypte, mais un des démons de l'enfer. Tu as cru pouvoir vaincre par tes embûches un nouveau soldat du Christ; mais, quoique je sois nouveau dans cette milice, la grâce de Jésus, pour l'amour de qui je me suis exposé aux travaux et aux tentations, m'armera si bien de toutes parts, que je ne craindrai point de combattre contre toi. » Le démon se voyant reconnu, disparut aussitôt en poussant un grand cri et laissant après lui une horrible puanteur.

Une autre nuit, comme Vincent priait devant un autel où était peint un crucifix, le démon lui apparut sous la forme d'un gros nègre, et dit : « Tu as beau multiplier tes prières et les autres œuvres, pour gagner le ciel, je te dresserai tant de pièges que je te ferai succomber. » Le saint répondit : « Tant que la grâce de Dieu m'accompagnera, je ne craindrai aucun de tes pièges. — Rien n'est plus difficile, reprit le tentateur, que de persévérer jusqu'à la fin dans la grâce dont tu parles. — Celui qui m'a donné de commencer, répliqua Vincent, me donnera aussi de persévérer. » Et il arma son front du signe de la croix. Aussitôt le démon disparut, comme une ombre devant le soleil.

Une autre fois, vers la quatrième heure de la nuit, Vincent lisait dans sa cellule le livre de saint Jérôme sur la perpétuelle virginité de Marie. Au milieu de la douce joie que lui causait cette lecture, il priait la sainte Vierge de lui obtenir la grâce de garder la virginité comme elle. Alors il entendit cette voix : « Nous ne pouvons pas tous être vierges; car, quoique tu aies pu t'appeler vierge jusqu'à présent, je ne souffrirai pas davantage que tu te glorifies de ce nom si honoré. » L'homme de Dieu ne savait que penser de ces paroles. Il pria la sainte Vierge à genoux, de lui en donner l'explication. Peu après, elle lui apparut dans une grande lumière, le consola, et lui dit : « Les paroles que vous avez entendues sont du démon, qui vous propose la difficulté des bonnes œuvres, afin de vous faire abandonner la vertu par découragement. Soyez seulement sur vos gardes, et persévérez avec courage. Quoiqu'il doive vous dresser bien des embûches et s'efforcer bien souvent de mettre en péril votre virginité et les autres vertus qui sont en vous, ne vous laissez point aller à la défiance; espérez toujours dans le Seigneur, car il vous sera lui-même ce bouclier, avec lequel, non-seulement vous pourrez méprisez les armes du diable, mais vous vaincrez encore magnanimement tous ses artifices et ses ruses. »

Il est dit dans saint Luc que, *quand le diable eut fini de tenter le Sauveur, il se retira, mais pour un temps* (Luc, 4, 13). Il en use de même envers les hommes; s'il se retire, ce n'est que pour un temps et pour revenir à l'improviste, d'une manière plus dangereuse.

Parmi ses œuvres de miséricorde, Vincent Ferrier visitait et assistait volontiers les malades. Un jour donc il fut appelé pour confesser une noble et belle dame, qui se mourait, disait-on, d'un mal inconnu des médecins. C'était une autre femme de Putiphar, qui, éprise de la beauté d'un autre Joseph, avait imaginé ce moyen pour le séduire. Elle lui avoua sa passion et le sollicita impudemment au crime. Après quelques paroles sévères sur son infâme proposition, le saint se retira. La malheureuse, comme la femme de Putiphar, voulut crier, pour accuser l'homme vertueux qu'elle n'avait pu corrompre; mais, au premier cri, elle fut saisie du démon. Les gens de la maison étant accourus, la trouvèrent possédée. On employa tous les remèdes, entre autres les exorcismes. L'esprit impur répondit : « Jamais vous ne pourrez me chasser de ce corps, que lorsque celui-là viendra, qui, placé au milieu du feu, n'a pu en être brûlé. » Les assistants cherchaient ce que cela voulait dire, lorsqu'un d'entre eux s'écria : « Qu'on appelle frère Vincent, il a confessé cette femme, lui seul pourra nous donner le sens de cette parole. » Il vint, mais avec peine, se recommandant à Jésus-Christ et le conjurant d'avoir pitié de cette malheureuse. Aussitôt qu'il mit le pied dans la chambre, le démon s'écria d'une voix effroyable : « Voilà cet homme qui, placé au milieu du feu, n'a pu en être brûlé; c'est maintenant qu'il faut partir. » Et, parlant ainsi, il laissa la femme à demi-morte. La vénération pour le saint homme s'en accrut prodigieusement.

Une autre fois, on lui fit ce qu'on avait fait à saint Thomas d'Aquin. Pendant qu'il était à l'église, le soir, on introduisit dans sa cellule une personne de mauvaise vie. A son retour, il la prit d'abord pour une apparition de l'esprit immonde; mais l'ayant reconnue pour ce qu'elle était, il lui parla si fortement sur sa vie criminelle, qu'elle fondit en larmes, promit de se convertir, quitta effectivement les lieux de débauche, se maria et vécut honorablement le reste de ses jours.

Quant à Vincent, l'enfer n'ayant pu le corrompre, voulut au moins le décrier. Parmi les frères Prêcheurs de Valence, il y avait un vieillard impudique, qui, depuis son jeune âge, n'avait cessé de se livrer au vice impur. Comme saint Vincent lui faisait souvent des reproches, il le haïssait et en disait tout le mal imaginable. Un jour ce vieux libertin ayant commis le crime avec une prostituée, celle-ci examina de près son visage pour le reconnaître, parce qu'il ne lui avait pas donné un assez gros salaire; elle voulut même savoir son nom. Le misérable dit qu'il s'appelait frère Vincent Ferrier. Le bruit de cette infamie se répandit aussitôt par toute la ville. Pour savoir la vérité, les magistrats de Valence s'y prirent de cette façon. Ils se placèrent avec la femme sur le passage d'une procession générale. Quant vint à passer saint Vincent, ils le lui montrèrent : Elle répondit : « Ce n'est pas celui que vous cherchez; car je sais que celui-ci est ce serviteur de Dieu que tout le monde court entendre prêcher; je l'ai vu prêcher moi-même quatre fois depuis que je suis à Valence. Celui que vous cherchez à connaître est un vieillard. » Un instant après, le voyant passer, elle dit d'elle-même : « Voilà celui que vous cherchez. » La procession finie, les magistrats le mandèrent devant eux et le sommèrent, sous menace de la mort, d'avouer son exécrable iniquité et de réparer l'infamie qu'il avait jetée sur l'homme de Dieu. Tremblant, il fit ce qu'on voulut, raconta comme il avait fait et alla aussitôt demander pardon avec beaucoup de larmes à saint Vincent, qui ne savait rien de tout cela.

Il y avait six ans que le serviteur de Dieu remplissait avec un grand succès la place de théologal dans la cathédrale de Valence, et tous les devoirs d'un homme apostolique dans l'étendue du diocèse, au milieu des persécutions que lui suscitaient le démon et les méchants, comblé des faveurs du ciel et admiré des gens de bien, qui non-seulement le respectaient comme un ami de Dieu, mais le consultaient aussi comme un oracle, lorsque le cardinal Pierre de Lune, après sa légation d'Espagne, fut nommé par Clément VII pour remplir en France les mêmes fonctions auprès du roi Charles VI. Ce légat, arrivé à Valence en 1390, fut si charmé de tout ce qu'il apprit de la doctrine, du zèle et de la réputation de Vincent, auquel il avait précédemment donné le bonnet de docteur à Lérida, qu'il voulut l'emmener avec lui pour honorer la nouvelle légation. Il obligea le saint de rester à Paris tout le temps qu'il y passa lui-même; et tandis que les affaires de la politique étaient l'objet des soins et des sollicitudes de l'un, l'autre n'était occupé que des intérêts de Jésus-Christ, de la paix de l'Église, de la réforme des mœurs et du salut des âmes. Il fit en France ce qu'il avait fait dans les différentes parties de l'Espagne, il prêcha et il convertit les pécheurs; car il était difficile de tenir longtemps contre l'ardeur de son zèle, la force de ses discours et l'éclat de sa sainteté. On avait tant de preuves que l'Esprit de Dieu parlait par sa bouche, que les grands et le peuple le suivaient et l'admiraient également; mais, loin qu'il s'élevât en lui-même des marques d'estime et de vénération qu'il recevait si fréquemment, son humilité croissait avec sa réputation et ses succès, et ses austérités avec ses travaux apostoliques (*Vies des saints de Bretagne*, t. III, édition de l'abbé Tresvaux).

On s'étonnera de voir saint Vincent Ferrier dans l'obédience du pape d'Avignon, Clément VII, et sainte Catherine de Sienne dans l'obédience du pape de Rome, Urbain VI. Cela montre que la question était en soi-même, ou du moins, avec la distance des temps et des lieux, devenue fort douteuse et embrouillée, et que, sauf les premiers auteurs de la division, le reste pouvait être dans la bonne foi de part et d'autre. Saint Antonin, archevêque de Florence, qui vivait peu après l'extinction du schisme, dit à ce sujet (part. 3, tit. 22, cap. 2) :

« On disputa beaucoup sur cette matière; on écrivit beaucoup pour la défense de l'un et l'autre parti. Tout le temps que dura le schisme, chaque obédience avait pour soi des hommes très-habiles dans l'Ecriture et dans le droit canon, et même des personnes très-pieuses, et, qui plus est, illustres par le don des miracles. Cependant la question ne put jamais être si bien décidée, qu'elle ne laissât toujours du doute dans l'esprit d'un grand nombre. Car, encore qu'il faille croire que, comme il n'y a pas plusieurs églises catholiques, mais une seule, aussi n'y a-t-il qu'un seul vicaire de Jésus-Christ qui en soit le pasteur. Cependant, s'il arrive que, par un schisme, on élise plusieurs papes en même temps, il ne paraît pas qu'il soit nécessaire au salut de croire que c'est celui-ci en particulier, ou celui-là qui est le vrai pape, mais en général celui d'entre eux qui est élu canoniquement. Or, les peuples ne sont point obligés de savoir quel est celui qui est élu canoniquement, de même qu'ils ne sont point obligés de savoir le droit canon; mais ils peuvent en cela suivre le sentiment de leurs supérieurs et de leurs prélats. »

La cause première de ce doute universel, étaient les variations des cardinaux français. Pendant plusieurs mois, ils disent à tout l'univers que le pape Urbain VI est le pape légitime; ensuite ils commencent à dire le contraire. Les dépositions des principaux témoins se contredisant ainsi et se détruisant elles-mêmes, l'univers restait dans l'incertitude. Il y avait schisme, il y avait division, dont les premiers auteurs sont coupables devant Dieu et devant les hommes; mais, nous parlons de la multitude, il n'y avait point de schismatiques formels, il n'y avait point de chrétiens qui, sciemment et volontairement, se fussent séparés d'un pape certainement et notoirement légitime.

Le pape d'Avignon, Clément VII, étant mort le 6 septembre 1394, Pierre de Lune, le 28 du même mois, fut élu par ses adhérents pour lui succéder. Comme il avait pour saint Vincent Ferrier une estime particulière, il lui écrivit aussitôt pour l'appeler auprès de lui, le fit son confesseur et maître du sacré palais. Vincent se rendit à Avignon, où son zèle pour le salut des âmes et son attachement aux devoirs de sa profession l'occupèrent beaucoup plus que la conscience du Pontife. Cependant, pour ne pas laisser périr celui qui se croyait le pasteur pendant que le troupeau se sauvait par son ministère, il eut le courage de montrer à Benoît combien il était nécessaire de faire finir le schisme qui divisait l'Église. Il lui représenta fortement qu'il devait préférer de passer le reste de ses jours dans l'indigence plutôt que de voir les fidèles désunis plus longtemps; et il employa toute son éloquence à insinuer à Benoît qu'il était dans l'obligation de se démettre d'une autorité qui paraissait illégitime. Benoît ne se rendit pas à une proposition qui lui paraissait trop dure; il se contenta, pour satisfaire son confesseur, d'assembler les prélats et les plus habiles gens d'entre ceux qui suivaient sa cour, et de leur proposer l'affaire. Elle fut agitée pendant plusieurs mois, mais sans succès, parce que Benoît avait de la peine à céder. Vincent, le voyant si peu disposé à sacrifier ses intérêts et son ambition au repos de l'Eglise, prit d'autres mesures. Il se donna des mouvements infinis auprès de l'empereur Sigismond, qui était pour lors en Catalogne, auprès de Charles VI, roi de France, et de Martin, roi d'Aragon, pour les déterminer à faire enfin cesser une division si scandaleuse; en sorte qu'on peut regarder comme un effet de ses soins la résolution qu'on prit d'assembler le concile de Constance, qui mit fin au schisme.

Mais avant qu'il s'assemblât, Vincent fut attaqué d'une fièvre très-violente, qui, au bout de douze jours, le réduisit à l'extrémité. On n'attendait plus que sa mort, lorsque, dans la plus grande ardeur de son mal, il eut, dit son premier historien, une apparition dans laquelle il vit Jésus-Christ accompagné d'une multitude d'anges, de saint Dominique, de saint François, qui, après lui avoir prédit la paix prochaine de l'Eglise, lui ordonnait de quitter la cour de Benoît, d'aller prêcher les vérités évangéliques dans toutes les provinces d'Espagne et de France, d'inculquer particulièrement la crainte du jugement, et de faire voir que ce grand jour, qui doit décider du sort de l'univers, n'était pas éloigné. Il ajoutait qu'il mourrait pourtant avant ce terrible jour, et qu'il finirait heureusement sa course à une extrémité de la terre. Vincent fut aussitôt guéri.

Il se leva pour rendre compte à Benoît de cette vision, prendre congé de lui, et obtenir la permission d'exécuter les ordres du ciel. Benoît entrait en même temps au couvent des frères Prêcheurs d'Avignon, pour le visiter, parce qu'on lui avait dit qu'il était à ses derniers moments. Il fut bien surpris de le trouver guéri, et encore plus d'entendre ce qu'il demandait. Il employa toutes les caresses imaginables pour le retenir à sa cour; il lui proposa l'évêché de Valence, qui venait de vaquer; il lui en offrit d'autres; enfin il voulut lui donner le chapeau de cardinal. Vincent refusa, sans les mépriser, des faveurs si éminentes; mais, se trouvant appelé à un ministère qui ne lui permettait pas de se fixer à quelque diocèse en particulier, ni de s'arrêter à la cour, il ne demanda pour toute grâce au Pape que d'être autorisé à suivre sans délai sa vocation. Benoît et ses cardinaux respectèrent la destination que Dieu avait faite de Vincent pour les travaux apostoliques, et, lui donnant pour le ministère de la parole et de la pénitence toute le pouvoir d'un légat du Saint-Siège, ils lui permirent de prêcher, en qualité de missionnaire apostolique, partout où bon lui semblerait.

Vincent avait alors quarante ans, et commença aussitôt les pénibles fonctions qui l'occupèrent jusqu'à la fin de sa vie. Après avoir prêché pendant quelque temps à Avignon, il passa en Catalogne, et y travailla pendant les années 1398 et 1399. Il sortit de Barcelone en 1400, et vint par mer en Provence. Il séjourna à Aix depuis le 27 octobre jusqu'au 1er décembre, et depuis le 5 jusqu'au 10 janvier de l'an 1401. De là il passa en Piémont et en Lombardie, où, voyant dans son auditoire un jeune religieux de saint François, il prédit à toute l'assemblée que, parmi ceux qui l'écoutaient, il y avait un frère Mineur (c'était Bernardin de Sienne), qui ferait un jour un grand saint, honoré de toute l'Eglise. En effet, saint Bernardin fut canonisé le 24 mai de l'an 1450, cinq ans trente-six jours avant celui qui faisait cette prédiction. Saint Vincent passa de Lombardie en Savoie, et, l'an 1403, il écrivit de Genève, le 17 décembre, à son général, maître Jean de Puynoix, pour lui rendre compte de ses travaux, comme il le faisait à certaines époques, par un esprit de soumission et d'obéissance. Voici cette lettre :

« La suite non interrompue de mes occupations ne m'a point laissé la liberté de vous écrire, mon révérend Père, comme il convenait. Depuis mon départ de Romans, je me suis toujours trouvé et je me trouve encore continuellement assiégé d'une foule de peuple, auquel il faut souvent rompre le pain de la parole. Après avoir chanté la messe, je prêche deux ou trois fois par jour, et avec cela, obligé sans cesse de voyager, je puis à peine me ménager quelques courts moments pour prendre un peu de repos et quelque nourriture; je fais toujours ma route et prépare mes sermons en même temps. Cependant, de crainte que Votre Révérence n'attribuât peut-être mon trop long silence à quelque négligence ou à un coupable oubli, j'ai pris un moment sur mes occupations, pour marquer de mois en mois, ou de semaine en semaine, la suite de mes missions et pour vous en rendre compte.

» Vous saurez donc, mon révérend Père, qu'après notre dernière entrevue à Romans, j'employai trois mois entiers à parcourir le Dauphiné, annonçant la parole de Dieu dans toutes les villes, dans les bourgs et les villages où je n'avais pas encore prêché; mais je m'arrêtai principalement dans les trois fameuses vallées du diocèse d'Embrun, dont l'une est appelée Luzerna, l'autre Argenteya, et la troisième Vaupute. Quoique tout ce pays, où je suis revenu deux ou trois fois, soit rempli d'hérétiques, le peuple y écoutait la parole de Dieu avec tant de dévotion et de respect, qu'après y avoir planté la foi par le secours du ciel, j'ai cru devoir y reparaître encore pour confirmer les fidèles dans la profession des vérités qu'ils avaient embrassées avec un si louable empressement.

» Je suis entré depuis dans la Lombardie, à la prière de plusieurs personnes, dont quelques-unes m'avaient invité par leurs lettres, et quelques autres s'étaient rendues auprès de moi pour m'y conduire. Pendant treize mois je n'ai point discontinué d'annoncer l'Evangile à tous ces peuples dans les villes et les châteaux de l'une ou de l'autre obédience. J'ai pénétré ensuite dans le Montferrat et dans quelques autres pays au delà des Alpes, où j'ai trouvé un grand nombre de Vaudois et plusieurs autres hérétiques fort répandus, surtout dans le diocèse de Turin. En parcourant avec soin ces différentes contrées, sans cesser de combattre le vice et l'hérésie, j'ai eu la consolation de voir que l'on s'empressait toujours davantage d'écouter les vérités de la foi et de les recevoir avec soumission. Il est vrai que la grâce du Seigneur soutenait visiblement mon ministère et confirmait par des prodiges les paroles de salut que j'annonçais à ces pauvres peuples.

» La principale source de ces erreurs et de ces hérésies, autant que j'ai pu le découvrir, c'est la profonde ignorance ou le défaut d'instruction. Plusieurs habitants du pays m'ont assuré qu'il y avait plus de trente ans qu'on n'y avait vu ni entendu d'autres prédicateurs que quelques ministres des Vaudois qui avaient coutume d'y venir de la Pouille deux fois l'année. C'est, mon révérend Père, ce qui me fait rougir et trembler en même temps, en considérant le terrible compte qu'auront à rendre au souverain Pasteur les supérieurs ecclésiastiques et tous ceux qui, par leur état et par leur profession, sont obligés d'aller chercher ces pauvres gens pour les instruire, et qui cependant pensent si peu à remplir ce devoir. Tandis que les uns se reposent tranquillement dans leurs riches palais ou dans leurs maisons commodes, les autres ne veulent exercer leur ministère que dans les grandes villes, laissant ainsi périr des âmes que Jésus-Christ a rachetées par l'effusion de son sang. Faute d'un charitable ministre qui rompe le pain de la parole à ces gens oubliés ou méprisés, ils vivent dans l'erreur et meurent dans le péché; et aujourd'hui, plus que jamais, il est vrai que la moisson est grande et le nombre des ouvriers très-petit. Je fais des prières continuelles pour demander au maître de la moisson d'y envoyer lui-même des ouvriers.

» Dans une autre vallée, nommée Luféria, j'ai rencontré un évêque des hérétiques, qui, n'ayant pas refusé d'entrer en conférence avec moi, a enfin ouvert les yeux à la lumière et embrassé la foi de l'Eglise. Je passe ici sous silence tout ce qui regarde les écoles des Vaudois, et ce que j'ai fait pour les détruire, ainsi que les abominations d'une autre secte renfermée dans une vallée nommée Pontia. Je bénis le Seigneur de la docilité avec laquelle ces sectaires ont renoncé à leurs faux dogmes et à toutes leurs coutumes également criminelles et superstitieuses. Un autre vous apprendra de quelle manière on m'a reçu dans une certaine contrée où les meurtriers de saint Pierre, martyr, s'étaient autrefois réfugiés. Je ne parlerai pas non plus de la réconciliation des Guelfes et des Gibelins, et de la pacification générale qui, dans ces quartiers, a heureusement succédé à un grand nombre de factions. Il vaut mieux taire tout cela et rendre à Dieu seul toute la gloire de ce qu'il a daigné faire par mon faible ministère pour l'honneur de son saint nom et le salut des âmes.

» De Lombardie, j'ai été appelé en Savoie par les instances réitérées de plusieurs évêques et de quelques seigneurs du pays, où, pendant cinq mois, je n'ai point cessé d'aller de ville en ville et de bourg en bourg, en parcourant tous les endroits des quatre principaux diocèses d'Aoste, de Tarentaise, de Saint-Jean-de-Maurienne, de Grenoble, qui a une grande partie de son territoire dans la Savoie, et je me trouve à présent dans celui de Genève, où, parmi plusieurs autres superstitions criminelles qu'il faut combattre, il y en a une fort répandue et déjà consacrée par un ancien usage, suivant lequel, tous les ans, après qu'on a célébré la fête du Corps de Jésus-Christ, les peuples s'assemblent de nouveau pour en solenniser une autre, sous le nom imaginaire de *Saint-Orient*. Les religieux et les curés mêmes du pays, quoiqu'ils condamnent tous cette détestable superstition, m'ont cependant avoué qu'ils n'osent plus la combattre publiquement, retenus par la crainte des peuples, qui, non contents de leur refuser à l'avenir leurs aumônes, attenteraient à la vie du prédicateur. Dieu m'a fait la grâce de mépriser ces vaines terreurs, et la divine parole, que je ne me lasse point d'annoncer, a eu déjà la force de déraciner entièrement l'impiété. Ces mêmes peuples, qui s'y étaient si longtemps livrés avec une aveugle fureur, paraissent aujourd'hui tout confus de s'être ainsi égarés en s'éloignant de la pureté de la foi.

» Dès que je les verrai bien affermis dans ces sentiments de conversion, je suis résolu de pénétrer dans le diocèse de Lausanne, où j'apprends que le paganisme règne encore. Les peuples, surtout ceux de la campagne, y font une profession ouverte d'adorer le Soleil et d'adresser tous les matins leurs vœux et leurs prières à cet astre. L'évêque de Lausanne, qui a fait deux ou trois journées pour venir m'inviter à entreprendre cette mission, rapporte que les hérétiques sont en grand nombre dans ce diocèse, principalement dans les villes frontières de l'Allemagne et de la Savoie : on assure de plus que ces sectaires sont naturellement fiers, téméraires et audacieux; mais le Seigneur est ma force, et je ne mets ma confiance que dans son secours. Ayant déjà promis de me rendre dans ces contrées, je pourrai y arriver dans le carême prochain. Quelle que soit la volonté de Dieu, je l'adorerai avec soumission.

» Je me recommande humblement à Votre Révérence. Le père Antoine, compagnon de mes voyages, en fait de même. Nous prions le Seigneur de vous conserver longtemps pour l'exemple de nos frères et le soutien de la vie régulière. Ainsi soit-il. Je finis cette lettre dans la ville de Genève, le 17 décembre 1403. Frère VINCENT, de l'ordre des frères Prêcheurs, inutile serviteur de Jésus-Christ, et votre très-humble fils. »

De Genève, où il écrivit cette lettre à son général, Vincent Ferrier passa en Lorraine, et longtemps on a conservé à Toul la chaire dont il s'était servi dans ses prédications. L'an 1405, Benoît XIII le fit venir à Gênes, où il se rendit au mois de mai. Il y reçut du doge beaucoup de marques de respect et de considération; mais, quoiqu'on le sollicitât de se servir du crédit qu'il avait près de ce magistrat afin de sauver la vie à un homme de Valence, condamné à mort pour ses crimes, il avait tant de zèle pour la justice, que, quoique le criminel fût de son pays, il ne crut pas devoir s'employer à en arrêter le cours en faveur d'un sujet qui ne le méritait pas. Tout ce qu'il jugea pouvoir faire, ce fut d'obtenir quelque consolation au criminel en faisant changer le genre de son supplice.

Après avoir passé un mois à Gênes, il parcourut toute la côte maritime de cette république, d'où il rentra en France, et se rendit ensuite dans les Pays-Bas. Ce fut là que le roi d'Angleterre, instruit de toutes les merveilles que la renommée publiait de lui, l'envoya prier de venir dans son royaume. Il y alla, et, après avoir parcouru l'Angleterre, l'Ecosse et l'Irlande, il revint en France, et séjourna quelque temps dans les provinces de Gascogne et de Poitou. L'an 1407, il alla en Auvergne, et prêcha le carême à Clermont. La chaire qui lui avait servi en ce lieu fut depuis partagée en deux, dont une moitié se conservait dans l'église cathédrale, et l'autre dans le couvent de son ordre. Il s'embarqua à Marseille à la fin de l'année, et se rendit à Grenade, où l'avait appelé le roi musulman Abenalua Mahoma, fils du roi Joseph, avec promesse de le laisser prêcher librement dans tout son royaume. Vincent, qui avait déjà converti un nombre prodigieux de mahométans et de Juifs, avait eu beaucoup de joie de voir dans le roi de Grenade de si heureuses dispositions. Il prêcha trois fois en sa présence, et fut écouté avec une attention merveilleuse; mais comme on vit le peuple ébranlé et prêt à demander le baptême, les grands du royaume firent entendre au roi qu'il se mettrait au hasard de perdre sa couronne, s'il souffrait plus longtemps qu'on prêchât contre la loi musulmane. Il fallut donc renvoyer le saint missionnaire, qui alla porter le flambeau de la parole de Dieu dans les pays de Valence et de Catalogne.

On y voit encore, dans les actes publics, des témoignages authentiques de l'efficacité de ses discours, dans les traités de réunion par lesquels on abolit la mémoire des divisions funestes qui, après avoir fait périr beaucoup de monde, paraissaient encore sans remède, si Dieu ne se fût servi d'un homme aussi puissant en paroles et en œuvres que l'était Vincent. Ce fut aussi dans ces cantons que, par la bénédiction de Dieu, il nourrit deux mille hommes et plus avec quinze pains seulement. Il vint à Barcelone le 15 juin, rendre visite au roi Martin d'Aragon, qui lui avait écrit pour le prier de s'y rendre. Ce fut lui dont on se servit pour apprendre à ce prince la mort de Martin, son fils, roi de Sicile, arrivée le 15 juillet. Le roi d'Aragon se remaria ensuite, et Vincent célébra la messe des épousailles, qui furent faites en présence de Benoît XIII, le 16 septembre. De là, le saint se rendit à Tortose, d'où ayant passé dans le royaume de Valence, en 1410, il prédit la mort du roi d'Aragon huit jours avant qu'elle arrivât. Ce prince mourut le 10 mai de la même année, et, comme il ne laissait point d'enfants, sa succession donna lieu à de grandes contestations. Ce fut pour Vincent une raison de se rendre moins difficilement aux prières des habitants de Florence et de quelques autres villes d'Italie, qui l'invitèrent à passer la mer et à venir travailler à la réformation de leurs mœurs. Il prêcha donc pendant quelque temps à Pise, à Sienne, à Florence et à Lucques, et, étant parvenu à Port-Vendre, sur la rivière de Gênes, il y reçut des lettres par lesquelles le roi Jean de Castille le priait de revenir.

Il passa l'an 1411 et les quatre années suivantes en diverses parties d'Espagne, prêchant toujours avec un très-grand fruit et faisant presque toujours des miracles très-surprenants. On remarque, entre les autres succès de ses prédications, qu'il convertit plusieurs milliers de Juifs à Tolède et qu'il changea leur synagogue en une église de la sainte Vierge. Ce fut dans ce même lieu que, célébrant la sainte messe, il apprit par révélation la sainte mort de sa sœur et en fit part au peuple dans un sermon qu'il leur prêcha immédiatement après être descendu de l'autel. Il resta malade à Tolède pendant six semaines, et, aussitôt qu'il fut guéri, il obtint du roi, contre les Juifs et les Maures, un édit par lequel il était ordonné qu'ils ne demeureraient point avec les chrétiens, qu'ils auraient des habitations séparées et qu'ils porteraient quelque marque extérieure pour les distinguer des autres habitants du pays. Prêchant à Salamanque au commencement de l'an 1412, il vit porter en terre le corps d'un homme qui avait été tué. Il fit approcher le cercueil, et, au nom de Jésus-Christ, commanda au mort de ressusciter. Le mort recouvra aussitôt la vie, et, en mémoire de ce miracle, on dressa au même lieu une croix de pierre.

Cependant les contestations duraient toujours au sujet de la succession au royaume d'Aragon. On finit par convenir de remettre cette grande affaire à la décision de neuf arbitres, au nombre desquels se trouva Vincent, avec Bernard Ferrier, son frère. Enfin, la couronne d'Aragon fut décernée à Ferdinand, infant de Castille, par sentence arbitrale du 24 juin de cette même année 1412. Ferdinand vint bientôt à Sarragosse et à Lérida, où Vincent, qui l'avait aidé à monter sur le trône, employa ses soins, tant dans le tribunal de la pénitence que hors de ce tribunal, à lui apprendre le moyen de régner dans le ciel après avoir régné sur la terre.

Voici quelle était la manière de vivre de saint Vincent Ferrier dans ses voyages et ses missions. Il ne reposait que cinq heures; le reste de la nuit, il le donnait à la prière ou à la lecture de l'Ecriture sainte. Le matin, il se rendait au lieu où il devait prêcher. Il commençait par chanter la messe. Il prêchait ensuite, et, le sermon fini, pour satisfaire à la dévotion du peuple, qui l'accablait par un concours prodigieux, il donnait ses mains à baiser et faisait le signe de la croix sur les malades qu'on lui présentait, et qui ordinairement se trouvaient guéris. Il se servait habituellement de la même formule de prières pour bénir les malades. Il commençait par ces paroles de Jésus-Christ à ses apôtres, rapportées dans le dernier chapitre de saint Marc : *Ceux qui auront cru feront les prodiges suivants, etc. Ils mettront les mains sur les malades, et les malades seront soulagés.* Il ajoutait ensuite : « Que Jésus, fils de Marie, Sauveur et Seigneur du monde, qui vous a attiré à la foi catholique, daigne vous y conserver, vous donner la béatitude, et vous délivrer de cette infirmité. Amen. »

Il mangeait peu, se contentait de poisson, ne pouvait souffrir qu'on apportât beaucoup de soin et d'art à l'accommoder, persuadé que ces délicatesses ne conviennent point à l'état religieux. Depuis son entrée dans l'ordre des frères Prêcheurs jusqu'au jour de sa mort, il ne mangea de viande que lorsqu'il y fut contraint par de pressantes nécessités. Il ne voulait qu'un plat; son vin était toujours trempé de beaucoup d'eau. Il ne buvait jamais plus de trois coups à chaque repas. En un mot, il observa toute sa vie, avec une exactitude scrupuleuse, toutes les constitutions et les règles les plus sévères de son ordre, et même les cérémonies les plus indifférentes qui y sont prescrites. Pendant quarante ans, il jeûna presque tous les jours, excepté les dimanches.

Dans ses voyages, il allait à pied, un bâton à la main; tel fut constamment, pendant quinze ans, sa coutume; mais ayant eu enfin une jambe incommodée et ne pouvant plus marcher qu'avec peine, il se servit d'un âne pour se faire porter de ville en ville. Il couchait sur des fagots de sarment ou sur la paille, avec un sac de laine pour oreiller. Il ne s'est jamais dépouillé devant personne, pas même devant ceux de ses frères avec lesquels il vivait le plus familièrement. Depuis sa première jeunesse, il ne manqua jamais de se donner la discipline toutes les nuits avec des cordes nouées, tant pour dompter son corps que pour honorer les souffrances du Sauveur par ce douloureux exercice. On remarque même une chose surprenante : quand il était malade et que ses bras affaiblis se refusaient à son zèle, il contraignait ses confrères à lui donner la discipline, et les conjurait, au nom de Jésus-Christ, de frapper sans ménagement et de toute leur force.

Comme il ne pouvait suffire seul à ce que son emploi demandait de lui, il avait associé à ses travaux apostoliques cinq de ses confrères : Pierre Rayna, Jean de Beaupré, qu'il avait trouvé étudiant à Toulouse et gagné à l'ordre de saint Dominique, Raphaël Cardoa, Geoffroi Blannès et Pierre Cerdan, tous hommes de mérite, d'une vie sainte et qui avaient l'estime de tout le monde, surtout les deux derniers, qui se distinguaient par leur doctrine et à qui Dieu ne refusa pas la grâce des miracles.

La considération de la grande multitude de peuple qui le suivait ordinairement, soit pour faire pénitence, soit pour profiter de ses instructions et des exemples de sa sainte vie, l'avait engagé à y établir un certain ordre, tant pour entretenir et augmenter la dévotion que pour assurer les fruits de sa doctrine et de ses prédications. Il menait avec lui beaucoup de prêtres, qu'il avait tirés de différents ordres religieux, et chargés d'entendre les confessions comme de servir tant à la messe solennelle qu'à la célébration des offices divins. Son attention était allée jusqu'à se procurer un orgue qui le suivait dans tous ses voyages, pour contribuer par l'harmonie à exciter ceux de sa suite à louer Dieu avec plus d'affection. Il menait aussi des notaires avec lui, pour fixer, par des actes publics, la légèreté et l'inconstance de ceux qui, après s'être réconciliés avec leurs ennemis, auraient ensuite pu être tenté de se repentir de la bonne action qu'ils avaient faite.

Il voulait que ceux qui le suivaient pour faire pénitence fissent des processions publiques, après le coucher du soleil, dans les villes et autres lieux où ils se trouvaient, en chantant des hymnes qu'il leur avait composées lui-même et en se donnant la discipline sur les épaules nues, disant à haute voix : En mémoire de la passion de Jésus-Christ et pour la rémission de mes péchés. Ces gens, pénétrés de componction, s'acquittaient de ces exercices avec une édification si touchante, que les habitants des lieux se laissaient entraîner au désir de les imiter, et, embrassant la pénitence, quittaient tout pour suivre le saint homme, en si grand nombre, qu'on a vu quelquefois jusqu'à dix mille personnes dans cette société de pénitents. Outre ceux-là, le nombre des autres qui accouraient de toutes parts pour entendre saint Vincent s'éleva assez souvent à environ quatre-vingt mille hommes. On a remarqué, au sujet de ces pénitents, que, quoique la flagellation se fit quelquefois en des temps que le froid le vent et la pluie rendaient très-fâcheux, il n'est cependant jamais arrivé que personne en ait eu la moindre incommodité.

Afin qu'il n'arrivât point de confusion dans une aussi grande multitude, Vincent avait fait choix de quelques personnes d'une réputation et d'une conduite hors de tout soupçon, qu'il avait chargées du soin de pourvoir aux vivres et aux logements, et surtout de séparer les hommes des femmes, encore avec plus de précaution qu'il n'en prenait pour séparer les clercs des laïques. Toutes les aumônes qu'on lui donnait, il les distribuait à ses disciples, à chacun selon ses besoins, et employait le reste au soulagement des pauvres. Il ne voulait pas que ceux de sa compagnie reçussent de l'argent, et ne leur permettait d'accepter que ce qui leur était nécessaire pour la provision de chaque jour. Les consuls de Béziers lui présentèrent une fois trente écus d'or en aumône. Il les refusa à son ordinaire; mais les consuls firent de si grandes instances pour le prier d'accepter leur offrande, que le saint, n'osant manquer de respect aux noms de Jésus-Christ et de la sainte Vierge, employés pour le fléchir, il prit véritablement l'or qu'ils lui offraient; mais il le donna sur-le-champ à l'un de ses compagnons, avec ordre de le distribuer aux pauvres, aux orphelins et aux veuves, avant qu'il sortît de la ville.

Il reprenait, avec une autorité pleine de hardiesse, les vices non-seulement du peuple, mais encore des princes et des prélats, et n'épargnait personne de ceux dont la conduite scandaleuse était digne de blâme. Il avait pourtant cette modération et ce ménagement à l'égard des ecclésiastiques, de sauver l'honneur de leur caractère, en leur faisant la réprimande en particulier. Il en usait de même à l'égard des religieuses qui avaient donné lieu de parler d'elles peu avantageusement. Son cœur renfermait une source inépuisable de cette onction qui se répandait dans ses discours. On la remarquait surtout lorsqu'il célébrait la messe; la dévotion tendre dont il était animé lui faisait répandre une si grande abondance de larmes des yeux quand il était prêt à recevoir le corps et le sang de Jésus-Christ, que ses larmes excitaient celles de la nombreuse multitude qui l'accompagnait toujours.

Le fruit de ses prédications fut si grand, que l'on compte plus de cent mille hommes qui vivaient dans le dérèglement, et qu'il mit dans les pratiques d'une pénitence salutaire. Il était impossible de résister à la véhémence de ses paroles. Elles pénétraient dans les cœurs les plus corrompus, et détachaient les âmes criminelles de leurs plus attrayantes habitudes. On en voyait de jour à autre, qui, ne pouvant plus supporter le poids de leurs péchés, se produisaient devant cette nombreuse multitude pressée autour de saint Vincent, et faisaient un aveu public de leurs fautes, sans se mettre en peine de se couvrir de confusion devant les hommes, pourvu que la pénitence pût les réconcilier avec Dieu. Mais, quoiqu'on fût presque toujours infailliblement vaincu et confondu par cet admirable prédicateur, on s'attachait cependant à le suivre, dès qu'on avait une fois commencé de l'entendre, et l'on trouvait une douceur infinie à ne point contester la victoire à l'Esprit-Saint qui parlait en lui. Il insistait le plus ordinairement sur trois points : la passion du Sauveur, le jugement qu'il doit porter des vivants et des morts, et les peines de l'enfer. Quand il était sur ces matières, son éloquence, jointe à sa piété, exprimait si vivement ce qu'il sentait en lui-même, que tout l'auditoire, pénétré de crainte et de douleur, forçait très-souvent le prédicateur au silence par le bruit des gémissements, plus grand que celui de sa voix. Lorsqu'il expliquait quelques endroits de l'Ecriture sainte, il le faisait avec autant de clarté que d'abondance. Tout ce qu'il avançait pour la correction des mœurs, il le prouvait solidement par les passages précis de l'Ecriture sainte et des Pères de l'Eglise. Sa mémoire, qui était d'une vaste étendue, lui fournissait, avec une facilité et une fidélité surprenantes, les exemples et les passages qui lui étaient nécessaires.

Il n'est pas si difficile de persuader la pénitence et la sainteté à des personnes qui ont veilli dans le crime, que de convaincre de la vérité du christianisme les Juifs et les Mahométans. On compte cependant plus de vingt-cinq mille Juifs convertis par le ministère de saint Vincent, dans les divers cantons de l'Espagne, et autant de Musulmans. Parmi les fruits de ses prédications furent un grand nombre de monastères et d'hôpitaux fondés, d'églises bâties, de ponts édifiés sur les passages dangereux; la paix rétablie dans les villes, les haines les plus cruelles apaisées, l'impudicité réprimée, l'usure abolie. Quand il prêchait ces multitudes de peuple dans les places des villes et dans les campagnes, sa voix prenait un tel essor, qu'on l'entendait depuis les premiers rangs jusqu'aux derniers. Dieu renouvelait en sa faveur le miracle de la Pentecôte. Quoique Vincent ne prêchât qu'en sa langue maternelle de Valence, ou en latin, il était entendu par des Grecs, des Allemands, des Sardes, des Hongrois, des Bas-Bretons et autres étrangers, hommes, femmes et enfants, qui ne savaient point d'autre langue que la leur (*Vie des Saints de Bretagne*, t. III).

On le voit, si l'Eglise catholique était divisée par l'incertitude sur la personne de son chef visible, elle était toujours unie et animée par l'esprit de son chef invisible, par l'Esprit de Dieu; car Vincent Ferrier prêchait, convertissait, faisait des miracles, attirait la foule des peuples dans l'une et l'autre obédience. Les peuples reconnaissaient en lui le même Esprit de Dieu qu'en sainte Catherine de Sienne et sainte Catherine de Suède.

Catherine de Sienne avait terminé sa vie sainte le 27 avril 1380, à Rome, où le pape Urbain VI l'avait fait venir pour être plus à portée de profiter de ses conseils. Il forma même le projet de la députer, avec sainte Catherine de Suède, vers Jeanne, reine de Naples, qui s'était déclarée pour le pape d'Avignon, Clément VII; mais cette députation n'eut point lieu. Le Père Raymond de Capoue, directeur et biographe de Catherine de Sienne, craignit et fit craindre au Pape que les suites de cette députation ne fussent dangereuses pour les deux saintes servantes de Dieu. Catherine répondit tout haut à Raymond : « Si Agnès et Marguerite, et les autres saintes vierges, avaient ainsi pensé, jamais elles n'auraient acquis la couronne du martyre. Est-ce que nous n'avons pas un Epoux qui peut nous arracher aux mains des impies et conserver notre pureté au milieu d'hommes corrompus? Ce sont là de vaines pensées, qui procèdent d'un manque de foi, plus que d'une véritable prudence. La sainte, ne pouvant aller vers la reine de Naples, lui écrivit plusieurs lettres pressantes, mais qui demeurèrent sans effet. Nous avons vu quelle fut la fin tragique de cette princesse.

Catherine de Sienne voyait avec la plus vive douleur les maux de l'Eglise. Pendant qu'elle était à Rome, il se forma dans cette ville même une conspiration contre la vie du pape Urbain VI. Catherine conjurait nuit et jour son céleste Epoux de ne point permettre un pareil forfait. Elle vit toute la ville pleine de démons qui excitaient le peuple à ce parricide, et poussaient des cris horribles contre la pieuse vierge en prières. Au lieu de leur répondre, elle priait le Seigneur avec plus d'instances, pour l'honneur de son nom et le salut de son Eglise, de tromper entièrement les désirs des démons, de protéger son Vicaire et de préserver le peuple d'un crime aussi énorme. Le Seigneur répondit que, ce dernier crime mettant le comble à tous les autres, il exterminerait ce peuple rebelle pour satisfaire sa justice. Catherine implora sa miséricorde pendant plusieurs jours et plusieurs nuits de suite, et enfin, pour satisfaire à sa justice irritée, elle s'offrit à endurer toutes les peines que ce peuple avait méritées. Le Seigneur se tut. L'effervescence du peuple se calma peu à peu; mais toute la rage des démons s'exerça contre la sainte, depuis le dimanche de la Séxagésime, 29 janvier, jusqu'au jour de sa mort, 29 avril, dimanche avant l'Ascension.

Le désir qu'elle éprouvait de quitter cette terre, pour contempler Dieu face à face, augmentait de jour en jour; et plus ce désir augmentait, plus aussi Dieu répandait en son âme la lumière surnaturelle. Deux ans avant sa mort, la vérité se manifestait à elle d'une manière si claire, qu'elle pria des scribes de mettre par écrit ce qu'elle dirait pendant ses extases. On recueillit ainsi, en peu de temps, un livre sur l'obéissance, qui contient un dialogue entre une âme et le Seigneur. En voici la récapitulation dans l'avant-dernier chapitre.

« Maintenant donc, très-chère fille, j'ai satisfait à votre désir depuis le commencement jusqu'à la fin, touchant l'obéissance. Si vous vous souvenez bien, vous m'avez demandé d'abord avec un désir inquiet, comme je vous ai fait demander pour vous faire croître dans le feu de la charité, vous m'avez demandé, dis-je, quatre choses. L'une pour vous-même, à quoi j'ai satisfait en vous illuminant des lumières de ma vérité et en vous montrant de quelle manière vous parveniez à connaître cette vérité, par la connaissance de vous et de moi, et moyennant la lumière de la foi. La seconde demande fut que je fisse miséricorde au monde. La troisième fut pour le corps mystique de la sainte Eglise, me priant d'en ôter les ténèbres et la persécution, et de punir sur vous leurs iniquités.

» A ce propos, je vous ai montré que nulle peine finie ou temporelle ne peut satisfaire par elle seule pour une faute commise contre moi, qui suis le bien infini, elle satisfait, néanmoins, si elle est unie à la contrition du cœur et au désir de l'âme; et vous ai expliqué la manière. Je vous ai répondu aussi que je veux faire miséricorde au monde, en vous montrant qu'il m'est propre d'être miséricordieux. Aussi, est-ce par la miséricorde et l'amour inestimable que je portais à l'homme, que j'ai envoyé mon Fils unique et mon Verbe. Et, pour vous le montrer plus clairement, je l'ai comparé à un pont, qui va du ciel à la terre par l'union de ma nature divine avec votre nature humaine. Pour vous éclairer plus encore de ma vérité, je vous ai montré qu'on monte à ce pont par trois degrés, savoir, par les trois puissances de l'âme. J'ai figuré ces trois degrés dans le corps du Verbe même : le premier en ses pieds, le second en son côté ouvert, le troisième en sa bouche, j'y ai distingué trois états de l'âme : l'imparfait, le parfait et le très-parfait, qui atteint à l'excellence de l'amour unitif. Sur chaque point, je vous ai montré ce qui ôte l'imperfection, et par quelle voie on arrive à la perfection; j'ai parlé des tromperies cachées des démons, de l'amour-propre spirituel et des réprimandes que fait ma clémence en ces trois états : la première en la vie, la seconde à la mort, la troisième au jugement général.

» Je vous ai promis et vous promets de nouveau que, moyennant les souffrances de mes serviteurs, je réformerai mon épouse, vous invitant à souffrir, me plaignant avec vous de l'iniquité des mauvais ministres, vous montrant l'excellence où je les ai placés et le respect que je demande aux séculiers pour eux, respect que leurs défauts ne doivent pas diminuer. Je vous ai aussi parlé de la vertu de ceux qui vivent comme des anges, ajoutant quelque chose sur l'excellence du Sacrement de l'autel. Enfin, comme à propos de ces trois états, vous avez demandé d'où procèdent les larmes, je vous ai dit qu'elles jaillissent de la fontaine du cœur, qu'il y en a de quatre sortes, et une cinquième qui donne la mort.

» Quant à votre quatrième demande touchant un événement particulier, j'y ai répondu de même, vous expliquant ma providence tant générale que spéciale, depuis le commencement de la création jusqu'à la fin du monde ; comment je fais tout avec une providence souveraine et divine, donnant ou permettant tout ce qui vous arrive, soit les tribulations, soit les consolations spirituelles et les temporelles, tout pour votre bien, afin que vous soyez sanctifiés en moi, et que ma vérité vienne à se parfaire en vous. Ma vérité est, que je vous ai créés pour avoir la vie éternelle, et je vous l'ai manifestée par le sang de mon Fils unique. Enfin j'ai satisfait à votre désir, en vous parlant de la perfection de l'obéissance, de l'imperfection de la désobéissance, de leur source, et de ce qui vous fait perdre l'obéissance. Je l'ai représentée comme une clé générale, ce qu'elle est en effet. Je vous ai parlé de la paix que l'obéissance procure, de la guerre que la désobéissance entraîne, et combien celui qui n'obéit pas se trompe lui-même, ajoutant que c'est par la désobéissance d'Adam que la mort est entrée dans le monde.

» Moi donc, le Père éternel, la souveraine et éternelle Vérité, je conclus pour vous, que, par l'obéissance de mon Fils unique et de mon Verbe, vous avez la vie éternelle; et comme, depuis le premier vieil homme, vous avez tous contracté la mort, de même, tous ceux qui veulent porter la clé de l'obéissance, ont contracté la vie par l'homme nouveau, Jésus-Christ, duquel je vous ai fait un pont, après que la voie du ciel eut été rompue, afin que, moyennant la clé de l'obéissance, vous puissiez passer par cette voie douce et droite, qui est la Vérité une et lumineuse, traverser les ténèbres de ce monde, et avec la clé de mon Verbe vous ouvrir enfin le ciel. Maintenant je vous invite à pleurer, vous et mes autres serviteurs; car c'est par les pleurs et une humble et continuelle oraison que je veux faire miséricorde au monde. »

A ces communications divines, l'âme répondit : « Grâces vous soient rendues, ô Père éternel, de ce que vous ne m'avez point dédaignée, moi votre créature, ni rejeté mes désirs. Lumière, vous n'avez point fait attention à mes ténèbres; vie, vous n'avez point considéré que je suis morte; médecin, vous n'avez point dédaigné mon infirmité; pureté éternelle, mon indignité et ma misère; infini, moi qui suis finie; sagesse, moi qui suis folie: malgré tous ces maux et défauts innombrables, ainsi qu'une infinité d'autres qui sont en moi, votre sagesse ne m'a point méprisée non plus que votre beauté, votre clémence, votre infini bien. Au contraire, dans votre lumière, vous m'avez donné la lumière; dans votre sagesse, j'ai connu la vérité; dans votre clémence, j'ai trouvé l'amour de vous et du prochain. Qui vous y a obligé? non mes vertus, mais votre charité seule. Puisse ce même amour vous contraindre à éclairer l'œil de mon intelligence de la lumière de la foi, afin que je connaisse et comprenne votre vérité qui m'a été manifestée. Donnez-moi que ma mémoire soit capable de retenir vos bienfaits, que ma volonté s'embrase du feu de votre charité, qui fasse verser à mon corps le sang, par amour de celui que vous avez versé, et que, par la clé de l'obéissance, j'ouvre la porte du ciel. Je vous demande cordialement la même chose pour toute créature raisonnable, en général et en particulier, et pour le corps mystique de la sainte Église. Je confesse que vous m'avez aimée avant que je fusse, et que vous m'aimez d'une manière ineffable, comme un homme qui devient insensé par excès d'amour.

» Ô Trinité éternelle! ô Déité, qui, par l'union de la nature divine, avez fait valoir le sang de votre Fils unique! Trinité éternelle, vous êtes une mer profonde, où, plus je cherche, plus je trouve; et plus je trouve, plus je vous cherche. Vous rassasiez d'une manière insatiable, parce que, dans votre abîme, vous rassasiez l'âme de telle sorte, qu'elle demeure toujours affamée de vous, Trinité éternelle, désirant vous voir lumineusement dans votre lumière. Comme le cerf altéré désire la fontaine d'eau vive, ainsi mon âme désire sortir de la prison de ce corps ténébreux, et vous voir dans la vérité, comme vous êtes. Oh! combien de temps sera cachée votre face à mes yeux! Ô Trinité éternelle, feu et abîme de charité, dissipez le nuage de mon corps! car la connaissance que vous m'avez donnée de vous, dans la vérité, me contraint à désirer de laisser la pesanteur de mon corps et de donner ma vie pour la gloire de votre nom, parce que, avec la lumière de l'intelligence, j'ai vu dans votre lumière votre abîme et la beauté de votre créature. C'est pourquoi, ô Trinité éternelle, me regardant moi-même en vous; je me suis vue votre image; vous, Père éternel, me donnant de votre puissance et de votre sagesse dans l'intellect, laquelle sagesse est appropriée à votre Fils unique; le Saint-Esprit, qui procède de vous et de votre Fils, m'a donné la volonté, qui me rend capable d'aimer. Car vous, ô Trinité éternelle, êtes le Créateur, et moi votre créature; j'ai connu, par la nouvelle création que vous m'avez faite au sang de votre Fils unique, que vous avez été épris de la beauté de votre créature.

» Ô abîme! ô Déité éternelle! ô mer profonde! que pouviez-vous me donner de plus que vous-même? Vous êtes le feu qui brûle toujours et ne se consume pas; vous êtes un feu qui consumez dans votre ardeur tout l'amour-propre de l'âme; vous êtes un feu qui ôte toute froideur; vous éclairez toutes les intelligences, et par votre lumière m'avez fait connaître la vérité. Vous êtes cette lumière au-dessus de toute lumière, avec laquelle vous donnez à l'œil de l'esprit une lumière surnaturelle en si grande abondance et perfection, que vous éclairez la lumière même de la foi; c'est dans cette foi que mon âme a la vie, dans cette lumière qu'elle a reçu la lumière, qui est vous. Car, dans la lumière de la foi, j'acquiers la sagesse, et la sagesse de votre Fils unique; dans la lumière de la foi, je deviens forte et constante, et je persévère; dans la lumière de la foi, j'espère que vous ne me laisserez pas succomber en chemin. Cette lumière m'enseigne la route : sans elle je marcherais dans les ténèbres; c'est pourquoi, Père éternel, je vous ai prié de m'éclairer de la lumière de la très-sainte foi. Véritablement, cette lumière est un océan qui nourrit l'âme en vous, océan pacifique, Trinité éternelle. L'eau de cet océan n'est point troublée : aussi ne donne-t-elle point la crainte, mais la connaissance de la vérité; elle est distillée, et manifeste les choses occultes. C'est pourquoi, où abonde la très-abondante lumière de votre foi, elle rend l'âme sûre de ce qu'elle croit. C'est un miroir, suivant ce que vous me faites connaître, ô Trinité éternelle; lorsque j'y regarde, en le tenant par la main de l'amour, il me représente moi-même en vous, qui suis votre créature, et vous en moi, par l'union que vous avez faite de la divinité avec notre humanité. Dans cette lumière, je vous représente à moi et je vous connais, bien suprême et infini, bien au-dessus de tout bien, bien heureux, bien incompréhensible, bien inestimable; beauté au-dessus de toute beauté; sagesse au-dessus de toute sagesse, car vous êtes la sagesse même (*Acta Sanct.*, 30 avril; *Vita S. Cathar. Sen.*, cap. 12). »

C'est à cette surnaturelle et vivante théologie que sainte Catherine de Sienne se trouvait élevée dans ses extases. On y voit l'accomplissement de cette promesse du Sauveur : *Qui a mes commandements et les garde, c'est celui-là qui m'aime. Or, qui m'aime sera aimé de mon Père, et je l'aimerai aussi, et je me manifesterai à lui moi-même. Si quelqu'un m'aime, il gardera ma parole, et mon Père l'aimera, et nous viendrons chez lui, et nous y ferons notre demeure* (Joan., 14, 21 et 23).

Sentant que sa dernière heure était proche, Catherine fit à ses enfants spirituels de l'un et l'autre sexe, qui l'avaient suivie à Rome, une dernière exhortation, où elle leur recommanda l'abnégation de soi-même, l'application à l'oraison, la promptitude de l'obéissance, la fuite des jugements téméraires, la confiance en Dieu, la charité mutuelle, et surtout un grand zèle pour la réformation de l'Église et pour le Vicaire du Christ. Elle confessa que, depuis sept ans surtout, elle n'avait cessé de prier pour cette cause, et de souffrir à cette fin, dans son corps, des douleurs humainement intolérables, comme autrefois Job; douleurs qui redoublaient dans le moment même où elle en parlait. Enfin, après avoir mis ordre à tout, elle demanda pardon et fit ses derniers adieux à chacun, reçut les sacrements de l'Eglise avec l'indulgence plénière, et mourut le 27 avril 1380, à l'âge de trente-trois ans. Elle fut enterrée dans l'église de la Minerve, où l'on garde encore son corps sous un autel. Son crâne est chez les Dominicains de Sienne. On voit dans la même ville, sa maison, ses instruments de pénitence et quelques autres reliques. Sa vie fut écrite par Raymond de Capoue, son confesseur, qui fut depuis général des Dominicains. Elle a été canonisée par le pape Pie II en 1461. Urbain VIII transféra sa fête au 30 avril. Outre le *Traité de l'Obéissance*, que nous avons de sainte Catherine de Sienne, nous en avons encore un de la Discrétion, un second de l'Oraison, et un troisième de la Providence. C'est le même fond de théologie mystique (*Acta Sanct.*, 30 avril).

Sainte *Catherine de Suède* mourut l'année suivante 1381. Fille de sainte Brigitte, l'amour de Dieu sembla prévenir en elle l'usage de la raison. Ses parents l'envoyèrent, à l'âge de sept ans, au monastère de Risberg, pour y être élevée avec la pratique des vertus chrétiennes. Son désir était de demeurer vierge. Cependant, pour obéir à son père, elle épousa Egard, jeune seigneur rempli de piété. Le premier jour de leurs noces, elle lui persuada de garder ensemble la continence. Egard y consentit, ils vécurent comme frère et sœur le reste de leur vie; couchant l'un et l'autre sur la dure, pratiquant les jeûnes, les veilles, les prières et les aumônes. Dès son enfance, Catherine disait tous les jours l'office de la sainte Vierge, les sept psaumes de la pénitence, avec beaucoup d'oraisons particulières. Avant de se livrer au sommeil, elle passait quatre heures à méditer sur la passion du Sauveur, avec beaucoup de génuflexions et de larmes. Elle pratiquait, autant que possible, la pauvreté dans ses vêtements : ce qui lui attira souvent les reproches de Charles, son frère; elle les supportait avec une inaltérable douceur.

Avec la permission de son mari, qui mourut quelque temps après, sainte Catherine rejoignit sa mère, sainte Brigitte, à Rome, fit avec elle le pèlerinage de Jérusalem et d'autres sanctuaires. Sa mère étant morte à Rome l'an 1373, elle accompagna le corps au monastère de Watstein en Suède. Elle fixa son séjour dans cette maison, en devint abbesse, y donna l'exemple de toutes les vertus. Des miracles sans nombre s'étant opérés au tombeau de sa mère, elle retourna, l'an 1376, à Rome, pour obtenir sa canonisation, au nom du roi, des seigneurs et des prélats, de Suède. Elle poursuivit l'affaire pendant cinq ans. Le schisme étant survenu et mettant obstacle à la conclusion, elle déposa toutes les pièces aux archives de l'Eglise romaine, revint dans sa patrie, au monastère de Watstein, et y mourut le 24 mars 1381. Dieu l'honora de plusieurs miracles, et pendant sa vie et après sa mort. Durant les vingt-cinq dernières années de sa vie, elle ne passa aucun jour sans se purifier, par le sacrement de pénitence, de ces fautes de fragilité qui échappent aux plus justes. Il existe de sainte Catherine de Suède, en sa langue maternelle, un livre manuscrit avec ce titre : *Consolation de l'Ame*. Elle dit dans la préface, que son livre n'est qu'un tissu de maximes tirées de l'Ecriture et des traités de piété; elle se compare à l'abeille qui compose son miel du suc de différentes fleurs (*Acta Sanct.*, 24 mars; Godescard, 22 mars).

Avant de quitter Rome, sainte Catherine de Suède y fut juridiquement interrogée, l'an 1379, sur ce qu'elle savait de l'élection d'Urbain VI, ayant été présente à Rome à cette époque. Voici le résumé de sa déposition. Même avant d'entrer au conclave, les cardinaux parlaient déjà de l'élire; elle le tenait de plusieurs personnes dignes de foi. Au conclave, les deux partis contraires élurent unanimement Urbain, alors archevêque de Bari; elle le tenait du cardinal de Poitiers et de beaucoup d'autres cardinaux, qui la pressèrent de croire fermement qu'il était vrai et légitime Pape, élu canoniquement et par l'inspiration de l'Esprit-Saint. Dans l'élection même, il n'y eut aucune crainte ni violence de la part des Romains; mais, bien après l'élection, il y eut quelque bruit, quelque mouvement de la part de ceux qui désiraient un pontife né à Rome. Elle a vu le nouveau pape couronné à Saint-Pierre, en présence de tous les cardinaux, qui lui rendirent tous les devoirs accoutumés en cette circonstance. Il n'y avait alors aucun bruit, aucune crainte; au contraire, les cardinaux s'en allèrent contents, se réjouissant de ce qu'ils avaient fait, et d'avoir élu un tel pontife, qu'ils assuraient devoir être le salut de l'Eglise romaine : de plus, ils l'accompagnèrent processionnellement de Saint-Pierre à Saint-Jean de Latran.

Interrogée pourquoi les cardinaux, après l'avoir élu, le cachèrent aux Romains : il y avait donc quelque rumeur, quelque crainte? Elle répondit : Au temps de l'élection, il n'y avait ni crainte ni rumeur; mais les cardinaux, requis par les Romains de leur donner un pape romain, n'ayant pas acquiescé à leur requête et ayant élu un autre, craignirent que les Romains n'en voulussent à sa vie. Ils feignirent donc que le cardinal de Saint-Pierre serait pape. Interrogée, quelle était donc la cause du schisme, elle répondit que, suivant sa persuasion, la cause en était à la rigueur de la justice du Pape, qui ne se montrait point assez favorable aux demandes des cardinaux et n'accueillait les corriger. Enfin elle attesta que les mêmes cardinaux lui recommandèrent la personne d'Urbain VI, en lui parlant beaucoup de sa vertu, de sa sagacité, de sa prudence et de son honnêteté. Telle fut la déposition de sainte Catherine de Suède (Raynald, an 1379, n. 20).

Ainsi, comme nous avons déjà vu, la cause du grand schisme d'Occident fut, non la violence du peuple romain, mais, d'une part, le caractère dur et intraitable d'Urbain VI, de l'autre, la vie et les vues trop mondaines des cardinaux français. Parce que le Pape, qu'ils ont élu unanimement, qu'ils ont reconnu pendant plusieurs mois et fait reconnaître à toute la terre, ne met point assez de mode dans ses rapports avec eux, leur fait des reproches intempestifs sur leur vie trop peu cléricale, ils donnent le démenti à tout ce qu'ils ont dit et fait depuis plusieurs mois, ils confessent à toute la terre qu'ils l'ont trompée jusqu'alors, que l'homme qu'ils lui ont présenté comme pape légitime ne l'est point, et qu'ils viennent d'en faire un autre, sans qu'aucun tribunal compétent ait prononcé sur la nullité du premier.

A sa dureté de caractère, Urbain VI joignait un autre défaut bien nuisible dans un pape : il aimait sa famille plus que l'Eglise de Dieu. Quand le Sauveur envoya ses apôtres prêcher l'Evangile, il leur dit : *Qui aime son père ou sa mère plus que moi, n'est pas digne de moi ; et qui aime son fils ou sa fille plus que moi, n'est pas digne de moi* (Matth., 10, 37). Il dit de plus aux peuples qui le suivaient : *Si quelqu'un vient à moi, et ne hait pas son père, sa mère, sa femme, ses enfants, ses frères, ses sœurs, et de plus son âme ou sa personne, il ne peut être mon disciple* (Luc., 14, 26). Telle est la doctrine morale du Christ : c'est au vicaire du Christ, surtout, à la prêcher par son exemple. Pour suivre Jésus-Christ, Pierre abandonne tout ; parce qu'il aime Jésus-Christ plus que les autres, il reçoit à paître tout son troupeau : *Paismes agneaux, pais mes brebis.* Le successeur de Pierre en sa charge, doit aussi lui succéder en son abandon de toutes choses et en son amour préeminent de Jésus. Il doit apparaître dans l'Eglise, ainsi que Melchisédech dans l'Ecriture, *comme le Pontife du Dieu très-haut, comme le roi de la justice, le roi de la paix, sans père, sans mère, sans généalogie, n'ayant ni commencement des jours, ni fin de la vie, mais assimilé au Fils de Dieu, uniquement et éternellement Pontife* (Hebr., 7, 1-3).

Si Urbain VI comprenait cette doctrine, il ne la suivait guère. Il avait un indigne neveu, François Prignano. Ayant déclaré le royaume de Naples dévolu au Saint-Siège pour punir la reine Jeanne, il attribue une partie du royaume à son neveu. Charles de Duras ou de la Paix, qu'il appelle de Hongrie, ratifie la concession. François Prignano, étant à Naples avec son oncle, enlève et viole une religieuse de Sainte-Claire, de race noble. C'était une suite de ses autres débauches. L'oncle disait à tout cela : C'est un jeune homme ! Ce jeune homme avait plus de quarante ans. Ayant refusé de comparaître en justice pour son rapt, il est condamné à mort par contumace. L'oncle se plaint de la sentence. L'affaire s'accommode. Au lieu de perdre la tête, François Prignano épouse une parente du roi, avec la ville de Nocéra pour dot. En 1395, six ans après la mort de son oncle, il éprouve des revers et tente de se tuer. Guéri de sa blessure, il s'embarque et périt dans les flots, avec sa mère et toute sa famille. C'est ainsi que Dieu punit le népotisme d'Urbain VI (Théodor. Niem, c. 33 ; Raynald, an 1381, n. 1 et 20 ; an 1395, n. 16).

Quant à Urbain lui-même, pour soigner les intérêts de son indigne neveu, plus d'une fois il néglige les intérêts de l'Eglise universelle, il se brouille avec le roi de Naples, Charles de Duras, il se brouille avec ses propres cardinaux. Comme il obligeait ceux-ci à le suivre dans ses voyages de Naples et d'Apulie, lesquels n'avaient de but principal que les intérêts de sa famille, les cardinaux en murmuraient. Six d'entre eux sont accusés de conspiration contre le Pape, et livrés à son neveu, qui les fait mettre à la torture. C'était l'an 1385. Le crime qu'on leur imputait, c'était de vouloir donner un curateur à Urbain VI, comme à un furieux. L'année suivante, il en fait mourir cinq clandestinement, et renvoie le sixième, après l'avoir dégradé. Sans doute, comme souverain temporel, il avait droit de vie et de mort. Mais ce n'est pas tout d'avoir ce droit, il faut en user d'une manière irréprochable devant Dieu et devant les hommes (Raynald).

Brouillé avec le roi de Naples pour les intérêts de népotisme, Urbain VI se vit assiégé par ce prince dans un château, d'où il eut bien de la peine à s'évader pour fuir à Gênes. Là il fit mourir les cinq cardinaux, qu'il menait enchaînés à sa suite. Après avoir séjourné un an à Gênes, il se rendit à Lucques, où il reçut des envoyés de plusieurs princes d'Allemagne, qui le sollicitaient de prendre quelque voie d'accommodement avec Clément VII, s'offrant à faire tous les frais de la négociation. Clément même proposait la tenue d'un concile pour l'extinction du schisme, promettant de s'en tenir à ce que l'Eglise déciderait entre lui et son adversaire. Urbain VI, qui autrefois avait lui-même proposé ce moyen, n'y voulut plus entendre, disant qu'étant vrai pape, il ne voulait pas rendre son droit douteux en le mettant en litige. Et comme il était moins occupé de procurer la paix de l'Eglise que de s'emparer du royaume de Naples au profit de sa famille, il publia une croisade pour le réduire, et se mit lui-même en campagne avec les troupes qu'il put rassembler pour en faire la conquête ; mais, n'ayant pas de quoi les payer, il en fut abandonné et se vit contraint de retourner à Rome (Niem, l. 1, c. 66 et 69 ; S. Antonin, part. 3, tit. 22, c. 2).

De Lucques, il s'était rendu à Pérouse, où il donna un rescrit pour l'établissement de l'Université de Cologne. Il confirma aussi la fondation de celle de Heidelberg, faite par Robert de Bavière, comte palatin (Middendorp., *Comment. de Academiis* ; Sponde, an 1410, n. 6). Revenu à Rome, il réduisit la célébration du jubilé de la cinquantième année à la trente-troisième, en mémoire de ce que la vie mortelle du Sauveur, source de toutes les grâces qu'on reçoit dans l'Eglise, a été de trente-trois ans (Raynald, an 1349, n. 2). Il institua la fête de la Visitation de la sainte Vierge, pour être célébrée perpétuellement le 2 juillet. Il ordonna qu'en temps d'interdit ecclésiastique, outre les fêtes de Noël, Pâques, la Pentecôte et l'Assomption de la sainte Vierge, il serait permis de célébrer publiquement la Fête-Dieu (Gobelin, *in Cosmodr. œtat.* 6, cap. 81). Urbain VI mourut le 15 octobre 1389, après avoir siégé onze ans six mois et six jours, à compter de celui de son élection. Pontife accompli, s'il avait eu moins d'amour pour les siens et plus de douceur pour les autres ; car il avait des mœurs très-pures, aimait la justice, haïssait la simonie et le luxe, menait une vie austère, jeûnait presque toujours et portait le cilice (Raynald, an 1389, n. 10 ; Sponde, an 1388).

Les cardinaux romains, étant entrés au conclave, après avoir célébré les obsèques du pape défunt, lui donnèrent pour successeur Pierre Thomacelli, d'une noble famille de Naples, prêtre-cardinal du titre de Sainte-Anastasie. Il fut élu le 2 novembre, consacré et couronné le 9, sous le nom de Boniface IX. Il fit aussitôt part de son exaltation aux princes et états de l'obédience de son prédécesseur ; savoir, à l'empereur Wenceslas, aux rois de Hongrie, d'Angleterre et de Portugal, à Marguerite, reine de Norwège, aux républiques de Venise, de Gênes, de

Florence, de Pise, aux ducs d'Autriche, de Bavière, de Brunswick, et autres (Raynald, an 1389).

Il créa quatre cardinaux, et en rétablit quatre autres qu'Urbain avait déposés. Ces derniers furent l'Anglais Adam, évêque de Londres; Barthélemi Mezzavaca, évêque de Riéti; Landulphe Matamaure, archevêque de Bari; et Pileus de Prata, qui fut appelé le cardinal des Trois-Chapeaux, parce que, ayant reçu d'abord le chapeau des mains d'Urbain, il avait passé au parti de Clément, qui lui en avait donné un nouveau; d'où il était revenu à Boniface, qui lui en avait rendu un autre.

Suivant la constitution d'Urbain, son prédécesseur, il célébra le jubilé à Rome, en l'année 1390. Et comme la diversité des obédiences avait empêché une grande partie des peuples chrétiens de s'y rendre pour le gagner, il en accorda l'extension dans les provinces de l'Église, sur la prière que lui en firent les princes de sa communion.

Il institua l'Université de Ferrare, dans laquelle Barthélemi Salicet, fameux jurisconsulte, donna les premières leçons du droit (Sponde, an 1391). Il institua aussi celle d'Erfurt en Thuringe (Albert Krantz, l. 10; Saxon., c. 15); ce fut la première dans l'Allemagne proprement dite. Il canonisa sainte Brigitte de Suède, morte à Rome en 1373.

Boniface IX avait envoyé des députés à Charles VI, roi de France, pour le prier de donner ses soins à l'extinction du schisme, promettant que de sa part il n'omettrait rien pour faire réussir la chose. Clément VII, de son côté, ordonna des prières publiques pour la même fin, dans toutes les églises de son obédience. Mais on reconnut bientôt que l'un et l'autre voulaient la paix, de telle sorte que chacun d'eux en particulier prétendait son droit indubitable, et qu'il devait l'emporter sur son compétiteur (Sponde, an 1393).

L'Université de Paris proposa le choix d'un des trois moyens suivants pour terminer la dispute : ou la décision d'un concile général, ou la voie du compromis, ou celle de la cession et de la renonciation pleine et absolue des deux prétendants, qu'on regarda comme la plus efficace (D'Achery, *Spicileg.*).

Les cardinaux d'Avignon ayant trouvé la proposition juste et raisonnable, Clément VII en fut si outré de colère et si pénétré de douleur, qu'il tomba dans une langueur suivie d'une apoplexie, qui l'enleva de ce monde. Cet accident lui arriva le 16 septembre 1394, après une administration de seize ans moins quatre jours (*Continuat. Nang. apud* Baluze; Sommier, t. VI).

Robert de Genève, dit Clément VII, était de la maison princière des comtes de Genève, alliée à presque toutes les maisons souveraines d'Europe. En s'emparant de la papauté, il espérait peut-être élever sa famille plus haut encore. Il se trompa. Sa famille s'éteignit avec lui. Cardinal-légat en Lombardie, il s'y montra perfide et cruel. L'an 1376, ayant persuadé aux habitants de Césène de déposer les armes, il en fit faire un horrible massacre, sans distinction d'âge ni de sexe. Trois mille personnes, cinq mille suivant d'autres, périrent sous le fer des Bretons et des Anglais, qu'il avait à sa solde. C'est ce que rapporte saint Antonin dans son Histoire (Antonin, 3ᵉ part., t. XXII, c. 1; § 4; Leon. Aret., l. 8). Après la mort de Grégoire XI, Robert de Ge-

nève prédit plusieurs fois à un de ses amis que l'archevêque de Bari serait pape (Raynald, an 1378, n. 2, 12). Cet archevêque ayant été élu effectivement, Robert de Genève écrivit aux principaux personnages de la chrétienté, qu'il avait été librement élu; il l'écrivit, et collectivement avec les autres cardinaux, et individuellement à l'empereur Charles IV et au comte de Flandre (*Ibid.*, n. 17 et 18). Pendant plusieurs mois, il reconnut et assista publiquement Urbain VI, et lui adressa plusieurs suppliques, dont l'une du 15 juin (*Ibid.*, n. 28). La division ayant éclaté, Urbain VI proposa aux cardinaux français de soumettre l'affaire au jugement d'un concile général : les cardinaux français s'y refusèrent, et firent un second pape de Robert de Genève, sous le nom de Clément VII (*Ibid.*, n. 42 et 43). A cette affligeante nouvelle, Wenceslas, roi des Romains, et Louis, roi de Hongrie, envoient des ambassadeurs à Clément et à ses cardinaux, pour les conjurer de revenir à l'obéissance d'Urbain, que peu auparavant encore ils avaient présenté comme vrai pape à la chrétienté entière. Clément, qui était encore à Fondi, reçut fort mal les ambassadeurs, fit mettre à la torture plusieurs d'entre eux qui étaient ecclésiastiques, et les retint longtemps prisonniers. Voilà ce que rapporte un auteur contemporain, Théodoric de Niem (l. 1, c. 15 et 16; Sponde, an 1378, n. 26).

En revanche, Clément VII eut une facilité excessive à prodiguer les grâces aux princes et aux courtisans, pour les retenir dans son obédience. « Etat misérable ! s'écrie sur cela le Français Clémangis. Notre pontife Clément s'était tellement rendu l'esclave des hommes de cour, qu'il recevait d'eux, sans pouvoir s'en plaindre, les traitements les plus indignes. Il fallait céder à leurs importunités, promettre à ceux-ci, donner à ceux-là, dissimuler, temporiser, cultiver avec grand soin quiconque avait le talent de s'insinuer près des grands, de les flatter et de les divertir. C'était à ces courtisans qu'il conférait les évêchés et les autres dignités de l'Église. Il s'attachait les princes par des présents, par des décimes qu'il leur accordait sur le clergé, par l'ascendant qu'il leur laissait prendre sur les ecclésiastiques; en sorte que les seigneurs séculiers étaient plus papes dans le clergé, que le pape Clément lui-même (Clémang., l. *De corrupt. eccl. statu*, c. 27). »

Cet ouvrage, où le Français Clémangis peint si vivement la servitude de la cour d'Avignon, sous le pape Clément, est un traité intitulé : *De l'état corrompu de l'Église;* monument des malheurs qu'avait causés le schisme, et la preuve aussi du caractère d'esprit satyrique et extrême de cet écrivain. Clémangis y attaque les papes, les cardinaux, les évêques, les chanoines, les religieux, les religieuses; en un mot, tous les ecclésiastiques, hors les gens d'université. Dans le feu de sa déclamation, il lui échappe de temps en temps des traits entièrement outrés et contraires à la vérité : comme quand il dit que dans leur première institution les cardinaux s'occupaient uniquement à donner la sépulture aux morts. Que de son temps un cardinal possédait quelquefois jusqu'à cinq cents bénéfices. Qu'en France tous les monastères de filles étaient plongés dans le plus affreux libertinage. Que la plupart de ceux qu'on élevait au sacerdoce ne savaient presque pas lire. Tous ces reproches sont exorbitants, et en particulier le dernier, puisque toutes les Universités, surtout celle de Paris, étant alors plus ou jamais remplies d'étudiants, et la plupart de ces hommes élevés dans les écoles publiques, parvenant au sacerdoce, on ne peut pas soupçonner que ce fussent des gens qui ne sussent presque pas lire. Mais Clémangis lui-même tempère, à la fin de son livre, la vivacité de ses reproches, par un aveu qu'il est à propos de rapporter. « On ne doit pas croire, dit-il, que tout ce que je viens d'écrire convienne à tous les ecclésiastiques sans aucune exception. Je sais que la Vérité suprême a dit : *Pierre, j'ai prié pour toi, afin que ta foi ne manque point*. Je n'ignore pas que dans tous les états il se trouve des personnes, peut-être même en grand nombre, dont la conduite est irréprochable. »

A considérer de près ce passage de l'auteur, on ne sait s'il ne réfute pas la plus grande partie de ce qu'il avait écrit contre les mœurs de son temps ; mais enfin, quelque idée qu'on se forme de Clémangis et de sa sincérité à représenter l'état de l'Eglise gallicane, il faut toujours se souvenir qu'il invective contre les personnes, non contre les dignités ; contre les membres des sociétés, non contre les sociétés mêmes (*Hist. de l'Egl. gall.*, l. 42).

Les rois de France et d'Aragon ayant appris la mort de Clément VII, écrivirent aussitôt aux cardinaux qui lui avaient été attachés, les exhortant et les priant instamment de différer à lui donner un successeur, jusqu'à ce qu'on serait informé si Boniface voulait sincèrement concourir à la paix de l'Eglise, ou qu'on aurait tenté tous les moyens pour la procurer ; mais ces mêmes cardinaux, qui peu auparavant avaient si fort approuvé le dessein de faire cesser le schisme, soit par la détermination d'un concile général, soit par la cession que les parties intéressées feraient de leurs droits, soit par un compromis sur des arbitres dont ils conviendraient entre eux, n'écoutèrent plus personne et entrèrent au conclave aussitôt qu'ils eurent fait les obsèques de Clément (Monach. Dionys. et Juvenal. Ursin., *in Carolo VI*).

Toutefois, pour éviter le reproche de fomenter le schisme, ils signèrent un formulaire par lequel ils s'obligèrent avec serment de travailler incessamment, de tout leur pouvoir, à l'extirper ; d'aider, par tous les moyens, celui qui serait choisi, à rétablir l'union dans l'Eglise ; à quoi le nouveau Pape s'emploierait promptement et sans excuse, jusque même à renoncer au pontificat, si les cardinaux le trouvaient expédient pour le bien de la paix et l'avantage de l'Eglise (Raynald, an 1394).

Deux jours après leur entrée au conclave, ils élurent le cardinal Pierre de Lune, d'une noble famille d'Aragon. Comme les cardinaux français, il avait autrefois protesté que l'élection d'Urbain VI était canonique ; comme eux et avec eux, il l'avait placé sur le trône pontifical ; comme eux et avec eux, il avait écrit au roi des Romains et aux cardinaux restés dans Avignon, que l'élection d'Urbain VI avait été faite librement ; comme eux et avec eux, il avait assisté Urbain VI dans les consistoires publics, lui rendant tous les devoirs comme au vrai pape ; mais, comme eux, il avait fini par démentir tout ce qu'il avait dit et fait jusqu'alors. Se voyant donc élu pape lui-même par ses complices, il prit le nom de Benoît XIII. Il ne manqua pas de renouveler le serment, qu'il avait fait avant son élection ; mais la suite de ses actions a fait voir qu'il ne pensait à rien moins qu'à l'observer.

Cependant Charles VI, roi de France, cherchant sérieusement à remédier aux maux que causait le schisme, avait envoyé demander à Benoît la formule du serment, que lui et ses cardinaux avaient prêté avant son élection. Benoît fit réponse qu'il ne convenait point de publier une pareille pièce, mais qu'il la communiquerait à ceux qu'il plairait au roi de lui envoyer pour traiter confidemment de ce qui serait à faire. Le roi fit ensuite tenir une assemblée du clergé de son royaume, dans laquelle, après une mûre délibération, il fut résolu que la voie de cession étant la plus abrégée, la plus utile et même l'unique à suivre dans les conjonctures présentes, il fallait prendre les moyens pour obliger les deux compétiteurs au pontificat d'y entrer. Le roi envoya donc à Avignon le duc d'Orléans, son frère, et les ducs de Berri et de Bourgogne, ses oncles, pour porter Benoît à la prendre, suivant le serment qu'il en avait fait avant et après son élection ; mais Benoit leur fit entendre que cette voie n'était conforme ni au droit ni à l'usage ; qu'elle serait d'un exemple pernicieux dans l'Eglise, qu'elle scandaliserait tout le monde et qu'elle serait ignominieuse aux princes et aux prélats de son obédience ; qu'il valait mieux que les deux concurrents, dont il fallait avoir les consentements avant toutes choses, se trouvassent, chacun avec le collège de ses cardinaux, dans un lieu sûr, sous la protection du roi, où ils pourraient trouver les moyens de parvenir à une bonne union ; que, si cette voie ne réussissait pas, on prendrait celle du compromis ou telle autre qui serait raisonnable ; qu'au surplus, il n'y avait nullement à douter qu'il ne fût le pape légitime, et que le serment, qu'il avait fait, n'était pas de nature à l'obliger d'abdiquer (Monach. Dionys., *in Carolo VI*).

Ces princes, ne pouvant obtenir de Benoît ce que le roi en avait espéré, s'adressèrent à ses cardinaux, qui, s'étant assemblés en secret, approuvèrent unanimement le voie de cession, à l'exception d'un seul, qui ne voulut pas signer l'acte qui en fut dressé (*Act. elect. Bened., apud* Baluze).

Après quelques autres négociations, toutes inutiles, on résolut en France de se soustraire entièrement à l'obédience de Benoit, sans néanmoins entrer dans celle de Boniface, et le roi Charles VI fit expédier ses lettres patentes à ce sujet, le 28 juillet 1398. Les cardinaux d'Avignon y accédèrent, excepté cinq, qui apparemment étaient du nombre des créatures de Benoît ; car il en avait créé sept en trois promotions. Benoit ou Pierre de Lune, ainsi abandonné de presque tous ses cardinaux, fut obligé de se tenir enfermé dans son palais d'Avignon, où il fut comme prisonnier pendant plus de cinq ans. Le roi Charles VI, qui l'y faisait garder, pourvut néanmoins à son entretien, après qu'il eut promis d'abdiquer le pontificat, si son adversaire abdiquait ou s'il venait à mourir, et qu'il se trouverait dans l'assemblée tenue pour réunir l'Eglise (Surita, an 1399 ; Ciacon., an 1397).

Quant à Boniface IX, étant retourné de Pérouse à Rome, à l'occasion du jubilé de l'an 1400, il y rétablit et y affermit la domination temporelle du Saint-Siége, qu'avait usurpée certains magistrats de la ville, appelés *bannerets*. Le cardinal Gilles de Viterbe, qui vivait du temps de Léon X, parle de cet événement en ces termes : « Jusqu'alors les Romains n'avaient pu être domptés ou rendus obéissants, par nulle force, nulle arme, nul empereur, nulle puissance des Barbares.

» En vain, pour les réduire à l'état d'une vraie sujétion, avait-on employé tant de guerres, tant d'armées, tant d'incendies, tant de saccagements, tant d'anathèmes, tant d'années, tant de siècles. Boniface seul l'a fait, Boniface seul, après tant de siècles, en est venu à bout, et ce que les autres n'ont pu exécuter par les lois, ni par la violence, celui-ci l'a pleinement accompli, en fuyant, en dissimulant, en temporisant. De sorte que le clergé a pu répéter à juste titre ce vers d'Ennius : « Un seul homme, à force de temporiser, nous a rétabli la chose. » Ainsi la sagesse de ce Pontife a fait que, ménageant le temps, la ville de Rome s'est soumise à l'Eglise ; la réputation de sa vie chaste et sainte a fait que les Romains n'ont osé lui contredire ; le grand pouvoir de la vertu a fait qu'enfin, après tant de siècles, le Pape gouverne tout à Rome à sa volonté (*Ægid. card. Viterb. in Hist. ms., apud* Sommier, t. VI).

Le pape Boniface IX confirma la déposition que, de son consentement et après l'avoir consulté, les électeurs de l'empire avaient prononcée contre l'empereur Wenceslas, et il approuva l'élection de Robert de Bavière.

L'an 1403, Pierre de Lune, dit Benoît XIII, ayant trouvé moyen de sortir de captivité, et s'étant retiré à Marseille, où il se trouvait en sûreté sous la protection de Louis, roi titulaire de Naples et comte de Provence, fit son accord avec Charles VI et son royaume, qui rentra dans son obéissance ; mais il y renonça peu de temps après, parce que Benoit refusa opiniâtrement de s'en tenir aux conditions moyennant lesquelles l'accord s'était fait (Juvénal des Ursins, *in Carolo VI*).

En 1404, Benoit envoya des prélats de son parti à Rome, pour prier et exhorter Boniface de concourir avec leur maître à donner la paix à l'Eglise, mais peut être aussi pour y nouer quelques intrigues. Dans l'audience qu'ils eurent au Vatican, on s'échauffa en paroles de part et d'autre, de manière que Boniface, qui était travaillé des douleurs de la pierre, en prit la fièvre, qui l'enleva de ce monde le 1er octobre. Il avait siégé quatorze ans onze mois et un jour, à compter depuis son élection. Il n'avait que quarante-quatre ou quarante-cinq ans lorsqu'il mourut. Ses mœurs étaient si pures, que jamais il ne s'éleva une ombre de soupçon à cet égard. On disait même que, les médecins lui ayant assuré qu'en usant d'une femme il pourrait guérir de la pierre, il aima mieux mourir que de conserver la vie par un sacrilège. Son malheur fut d'aimer trop ses parents, qui étaient nobles, mais pauvres, et profitèrent de sa faiblesse pour s'enrichir et acquérir de grands domaines. Cette fortune, venue de l'autel, ne leur profita pas mieux qu'aux parents d'Urbain VI. Après la mort de Boniface, observe saint Antonin, ses neveux retombèrent dans une extrême pauvreté, afin que les autres apprennent par leur exemple à ne pas vouloir s'enrichir du patrimoine du Crucifié (Antonin, 3e part., tit. 22, c. 3).

Boniface IX imposa quelquefois de nouvelles taxes sur le clergé de son obédience : ce qui fit murmurer contre lui en Hongrie et en Angleterre ; il prodigua les indulgences, et encore pour de l'argent, dit-on. Il établit ou plutôt exigea plus généralement les annates, en attribuant au Saint-Siège le droit de percevoir sur les bénéficiers les fruits de la première année des évêchés et des abbayes qui venaient à vaquer. Ce droit était comme une pension que l'on payait au souverain Pontife pour son entretien et pour celui de ses ministres appliqués au gouvernement de l'Eglise. Mais, en général, les impôts, quels qu'ils puissent être, sont toujours moins agréables à ceux qui paient qu'à ceux qui reçoivent. Ce qui peut excuser jusqu'à un certain point Boniface IX, c'est qu'il restaura plusieurs édifices publics, qu'il eut la guerre à soutenir dans le royaume de Naples, et qu'il songeait à une expédition en Orient, pour secourir les Grecs contre les Turcs. Quant aux moyens d'éteindre le schisme, il ne voulait point de la voie de cession, mais un concile général (Raynald, an 1397, n. 3 ; Palat., *Gesta Pontific.*, t. III).

Les envoyés de Pierre de Lune, dit Benoit XIII, étaient encore à Rome au temps du décès de Boniface IX. Les cardinaux romains leur demandèrent si leurs instructions ne portaient pas d'offrir, de la part de Benoit, de renoncer au pontificat, auquel cas ils étaient résolus de ne point faire d'élection, jusqu'à ce qu'on serait réuni de part et d'autre. Les envoyés répondirent qu'ils n'avaient aucun ordre sur cet article ; sur quoi les cardinaux de Rome entrèrent au conclave, au nombre de neuf, pour procéder à l'élection. Ils prirent les mêmes précautions que ceux d'Avignon avaient prises lorsqu'ils élurent Pierre de Lune ; c'est-à-dire qu'ils firent dresser un acte authentique du serment qu'ils prêtaient : qu'ils s'obligeaient et obligeraient celui qui serait élu souverain pontife d'employer les moyens les plus convenables, et même la renonciation au pontificat, s'il était expédient, pour réunir l'Eglise sous un même chef. Leur choix tomba sur Cosmat Méliorati, cardinal du titre de Sainte-Croix en Jérusalem, qui prit le nom d'Innocent VII.

Il était né à Sulmone, aujourd'hui ville épiscopale dans l'Abruzze, de parents de condition médiocre. Il devint docteur fameux en droit canon et fort expérimenté dans les affaires de la cour de Rome, bien instruit des bonnes lettres, et de mœurs pures. Au temps du pape Urbain VI, il fut collecteur des revenus de la Chambre apostolique en Angleterre ; ensuite évêque de Bologne, puis trésorier du pape Urbain, et enfin Boniface IX le fit cardinal au commencement de son pontificat. Cosmat était doux, bon et compatissant, et n'avait point de fierté. Il était avancé en âge quand il fut élu pape (Niem, l. 2, c. 39).

Dans les lettres-circulaires que le nouveau Pontife écrivit aux archevêques et autres prélats de l'Eglise, pour leur faire part de son élévation au souverain pontificat, il indiqua un concile général à Rome pour les calendes de novembre 1405, à l'effet d'extirper le schisme. Dans la suite, il en prorogea la célébration jusqu'aux calendes de l'année suivante, à cause des troubles excités dans la ville; la continuation de ces troubles en empêcha absolument la tenue (*Gobelin in Cosmodr.*, æt. 6, cap. 86).

Innocent VII fit une promotion de onze cardinaux. De ce nombre étaient Ange Corrario, Vénitien, patriarche de Constantinople, que nous verrons son successeur sous le nom de Grégoire XII; Pierre Philargue, Candiot, archevêque de Milan, que nous verrons créé pape, au concile de Pise, sous le nom d'Alexandre V; Otton Colonne, Romain, que nous verrons créé pape, au concile de Constance, sous le nom de Martin V, et qui mettra fin au grand schisme d'Occident.

Le roi de Naples, Ladislas, par une extrême ingratitude envers Innocent, qui l'avait comblé de bienfaits, cherchait par de sourdes pratiques à porter les Romains à secouer la domination du Saint-Siége. Il prétextait la liberté, dont il flattait le peuple; mais son vrai dessein était d'envahir lui-même le souverain pouvoir. La cabale eut d'abord le dessus, et Innocent fut obligé de quitter Rome et de se retirer à Viterbe. Les rebelles appelèrent alors Ladislas, qui envoya dans la ville un officier avec des troupes, pour y commander. Mais peu de temps après, les Romains, ne pouvant souffrir cette tyrannie, les chassèrent; et, portant les clés de la ville à Innocent, ils le supplièrent de leur pardonner leur révolte et de revenir régner sur eux. Innocent rentra dans Rome comme en triomphe, et fit ensuite procéder contre Ladislas, qui, étant encore maître du château Saint-Ange, exerçait toutes sortes d'hostilités contre les citoyens. Son procès instruit, Innocent le déclare atteint et convaincu des crimes de félonie, de trahison et de conspiration contre le Pontife romain, son seigneur suzerain; en conséquence, il le prive du royaume et des terres qu'il tenait en fief du Saint-Siége, et le soumet aux mêmes censures qu'Urbain VI avait auparavant fulminées contre Charles de Duras, son père. Ladislas ne sut alors faire autre chose que de recourir à la clémence du Pontife, qui le reçut en grâce et le rétablit dans ses premiers droits sur les Etats qu'il tenait du Saint-Siége, aux conditions qu'un feudataire doit le tenir du seigneur principal (Raynald, an 1406, n. 7; Niem, c. 41).

Pendant le séjour qu'Innocent fit à Viterbe, Benoît XIII, qui avait passé à Gênes, lui fit demander un sauf-conduit pour les personnes qu'il lui enverrait, afin de travailler à réunir l'Eglise. Innocent, persuadé que son adversaire n'agissait que par feinte, refusa de traiter avec lui, et par là, lui donna occasion de faire valoir de toutes parts ses bonnes intentions pour la paix. Innocent, de son côté, répandait des écrits où il exposait qu'il ne convenait point à un pontife légitime d'entrer en négociation avec un intrus. Ainsi, ces compétiteurs paraissaient ne chercher qu'à éloigner la paix, au grand scandale des fidèles (Niem, c. 38).

En 1405, l'empereur grec de Constantinople, Manuel Paléologue, envoya une ambassade au pape Innocent VII, pour implorer les secours de l'Occident contre l'invasion de Tamerlan et des Tartares. Innocent VII fit publier la croisade dans le royaume de Naples, la Sicile, la Dalmatie, la Hongrie, la Rascie, la Bosnie, la Servie, la Bulgarie et la Grèce, avec indulgence plénière pour les croisés, et mit à la disposition de l'empereur grec les oblations des fidèles (Raynald, an 1405, n 1 et seqq.).

On voit en général, pendant le schisme d'Occident, que les Papes de Rome avaient plus l'instinct de la papauté et inspiraient plus de confiance aux nations lointaines que les Papes d'Avignon.

Innocent VII, qui souffrait des pieds et des reins, et qui deux fois avait été frappé d'apoplexie, mourut à plus de soixante-dix ans, le 6 novembre 1406, deux ans et vingt et un jours après son élection. Sauf une trop grande indulgence pour son neveu, il est loué par tous les auteurs contemporains comme un pontife exemplaire et qui prit des mesures sérieuses pour bannir de la cour pontificale et de toute l'Eglise la simonie et les autres abus (*Ibid.*, an 1406, n. 8, avec la note de Mansi).

A la mort d'Innocent VII, les cardinaux qui se trouvèrent à Rome s'étant assemblés, doutèrent quelque temps s'ils procéderaient à l'élection d'un nouveau pape; car ils savaient que les princes de France, craignant que le schisme ne fût perpétuel, avaient fait promettre à leur pape de renoncer au pontificat, si celui de Rome y renonçait, ou si, après sa mort, les cardinaux surséaient à l'élection. Cette voie paraissait la plus certaine pour réunir l'Eglise. D'autre part, on craignait que la surséance n'attirât de grands inconvénients. On supposait que nécessairement elle serait longue, et pendant cet intervalle, Rome n'ayant point de maître, on craignait que les Romains ne voulussent y reprendre l'autorité temporelle. Les cardinaux crurent avoir trouvé un milieu en élisant un pape qui ne fût que comme un procureur pour céder le pontificat.

Donc, le mardi 23 novembre 1406, jour de Saint-Clément, ils dressèrent dans le conclave un acte qui portait en substance : « Les quatorze cardinaux ont tous voué et promis à Dieu, et les uns aux autres, que, si quelqu'un d'entre eux est élu Pape, il renoncera à son droit quand l'antipape y renoncera, ou mourra, pourvu que les anticardinaux veulent s'accorder avec le sacré collège, en sorte qu'ils fassent tous ensemble une élection canonique d'un seul Pape. Si un des cardinaux absents ou quelque autre hors du sacré collège est élu Pape, ceux-ci procureront de bonne foi qu'il fasse la même promesse, et que, dans un mois après son intronisation, il écrive au roi des Romains, à l'antipape et à son prétendu collège, au roi de France et à tous les autres princes et prélats, pour les instruire de tout ce que dessus. Dans trois mois, le Pape élu enverra ses ambassadeurs à qui ses cardinaux jugeront à propos, avec pouvoir de convenir d'un lieu de conférence; et on promettra de part et d'autre de ne point faire de nouveaux cardinaux pendant le traité d'union. » Cet acte fut juré et souscrit par les quatorze cardinaux (Raynald, an 1406, n. 9 et seqq.).

Le jour de Saint-André, 30 du même mois, ils élurent d'une voix unanime Ange Corrario, Vénitien, cardinal-prêtre du titre de Saint-Marc, patriarche titulaire de Constantinople, âgé de soixante-dix ans, et docteur en théologie. Les cardinaux l'élurent comme un homme d'une sainte vie et d'une sévérité antique, persuadés qu'il travaillerait de bonne foi à l'union de l'Eglise. Au sortir du conclave, il ratifia en pleine liberté l'acte qu'il avait fait, et, le jour de son couronnement, il fit un sermon où il exhorta les cardinaux et les courtisans à concourir avec lui pour cette bonne œuvre : de quoi ils furent extrêmement réjouis, et publiaient partout, même par écrit, les louanges de Grégoire.

Il y a même toute apparence qu'il en usait alors avec sincérité, et qu'il avait un vrai dessein de faire finir le schisme. Car, après ses repas, s'entretenant familièrement avec ses domestiques, il leur disait souvent que, pour le sûr, il ne tiendrait pas à lui qu'on ne travaillât à la réunion, en quelque lieu et à quelque distance de Rome qu'il fallût aller pour la faire; que si on manquait de galères ou de bâtiments convenables pour l'y transporter, il serait prêt à entrer dans un esquif ou dans une chaloupe pour s'y rendre; que s'il fallait faire le voyage par terre, le manque de chevaux et de voiture ne l'arrêterait pas, et qu'il marcherait le bâton à la main (Raynald, an 1406, n. 13).

De plus, afin de donner des preuves publiques de la droiture de ses intentions pour la paix, il écrivit à Benoit, son concurrent, à ses cardinaux, à tous les rois, princes, républiques et universités du christianisme, qu'il était disposé à se démettre du pontificat, si, Benoit s'en démettant aussi, on donnait aux cardinaux de l'une et l'autre obédience la liberté de s'assembler pour élire en commun un troisième pontife, que tous les membres du corps de l'Eglise auraient pour chef. Léonard Arétin, secrétaire de Grégoire, assure avoir écrit lui-même ces lettres (Ibid., n. 14).

Mais le même homme n'est pas toujours le même. Lorsqu'il fut question de s'acquitter de toutes ces belles promesses, et Grégoire, et Benoit, qui, dans ses réponses, avait aussi paru très-disposé à la cession, ne voulurent plus tenir parole, et ne firent que se jouer de la crédulité des princes et des peuples, en la manière qui suit.

Les deux prétendants convinrent de Savone, ville maritime dans le voisinage de Gênes, pour le lieu du congrès. Benoit s'y rendit avec ses cardinaux, au temps marqué. Grégoire, commençant à prendre goût au gouvernement, ou plutôt ayant plusieurs neveux qui n'avaient pas encore fait leur fortune, fit paraître beaucoup de répugnance à prendre le chemin de Savone. Il s'avança pourtant jusqu'à Sienne, d'où, après quelques mois de séjour, il se rendit à Lucques, et Benoit à Porto-Venere. Mais il n'y eut pas moyen de les faire approcher plus près l'un de l'autre, pendant que, pour en imposer, ils faisaient semblant de négocier par leurs envoyés, touchant les assurances qu'ils avaient à prendre dans la conjoncture (Niem, l. 3, c. 28; Sommier, t. VI).

Cependant Grégoire fit une promotion de quatre cardinaux, entre lesquels deux de ses neveux. Cette promotion, faite contre le serment qu'il avait prêté de ne mettre aucun nouveau sujet dans le sacré collège, acheva de convaincre tout le monde, surtout les cardinaux de son obédience, que tout ce qui se passait entre lui et Benoit n'était que collusion et artifice. Ainsi chacun prit son parti à cet égard : la France, celui de la neutralité, dans lequel presque toutes les autres nations chrétiennes entrèrent par la suite; les cardinaux des deux obédiences, qui s'étaient réunis à Livourne, prirent le parti d'un concile général, qu'ils indiquèrent à Pise (Labbe, t. XI).

Benoit, ayant appris la résolution de la France touchant la neutralité, employa, dans une de ses lettres au roi, les prières et même les menaces, pour l'en faire désister. Mais cela n'empêcha pas qu'elle ne fût publiée, avec ordre d'arrêter Benoit partout où l'on pourrait le prendre. Sur la nouvelle qu'il en eut à Porto-Venere, il prit la fuite vers l'Espagne. Y étant arrivé et ayant appris que les cardinaux des deux obédiences, qui s'étaient unis, avaient indiqué un concile à Pise, il en indiqua un lui-même à Perpignan, et créa seize cardinaux à cette occasion.

Les Pères, qui formaient le concile de Perpignan, étaient au nombre d'environ vingt-six. Benoit voulait avoir leur sentiment sur ce qu'il avait à faire, dans l'état déplorable où était l'Eglise. La division s'étant mise parmi eux, ils se séparèrent sans rien conclure, à la réserve de dix-huit, qui, dans une dernière séance, supplièrent Benoit de considérer que, pour parvenir à mettre l'union dans l'Eglise, la voie de la renonciation était préférable à toutes les autres. Ils lui conseillaient de l'offrir de la prendre, non-seulement au cas que son adversaire la prît aussi ou qu'il vînt à mourir, mais encore au cas qu'il fût déposé. Qu'il donnât plein pouvoir à des députés de sa part, pour traiter et terminer cette affaire, jusqu'à la renonciation inclusivement. Qu'il mît ordre à ce qu'après sa mort, si elle arrivait avant la réunion, le schisme ne pût continuer. Ces avis étaient sages; Benoit les agréa et les accepta par un acte public, qu'il souscrivit et fit souscrire par l'assemblée (Labbe, t. XI).

Grégoire, de son côté, voulut aussi opposer un concile à celui que les anciens cardinaux des deux obédiences avaient indiqué à Pise. Il déclara qu'il se tiendrait dans la province d'Aquilée ou dans l'exarchat de Ravenne, dont le lieu serait désigné dans un autre temps. Ce fut la ville d'Udine, au diocèse d'Aquilée, qu'il marqua pour cette assemblée (Raynald, an 1408, n. 67). Peu après, il créa neuf cardinaux, ou même dix.

Cependant les anciens cardinaux des deux obédiences réunies avaient fixé la tenue du concile de Pise pour le 25 mars 1409. Ils y avaient fait citer les deux prétendants; en même temps ils avaient envoyé dans toutes les cours des princes chrétiens, les prier de ne plus tenir le parti ni de l'un ni de l'autre, et de protéger le concile qui allait mettre fin au schisme.

Plusieurs grands personnages étaient d'avis qu'on ne pouvait point tenir de concile général sans l'autorité du Pontife romain. Mais les cardinaux réunis prétendaient que, sans y donner aucune atteinte, on le pouvait dans le cas d'alors. Premièrement, parce qu'il n'y avait point de pape certain. En second lieu, parce que ni l'un ni l'autre des prétendants ne pouvait convoquer une assemblée qui fût générale, n'étant ni l'un ni l'autre reconnu généralement pour pape. 3º Parce que le Saint-Siége étant vacant, comme il était censé l'être dans le doute quel est le vrai pontife, il appartient aux cardinaux d'en élire un qui soit certain. 4º Parce qu'il n'était pas question de rien décider touchant la foi, mais seulement de détruire un schisme, auquel les deux prétendants mêmes avaient consenti qu'on mît fin, avec promesse et serment qu'à cet effet ils se démettraient de la dignité douteuse dont ils étaient revêtus. La plus grande partie des évêques et des princes chrétiens approuvèrent ces raisons, et le concile commença dans l'église cathédrale de Pise, au jour déterminé par les cardinaux réunis.

Il s'y trouva d'abord quinze cardinaux : leur nombre s'accrut dans la suite jusqu'à vingt-deux, et même jusqu'à vingt-quatre, selon quelques auteurs. Les patriarches titulaires d'Alexandrie, d'Antioche, de Jérusalem, et celui de Grade ou d'Aquilée y assistèrent, avec cent quatre-vingts archevêques et évêques, environ trois cents abbés, et presque autant de docteurs en théologie. Les rois des Romains, de France, d'Angleterre, de Sicile et plusieurs autres princes souverains y avaient leurs ambassadeurs.

Dans les premières sessions, après les prières et les cérémonies accoutumées, on cita les deux prétendants au souverain pontificat, savoir, Pierre de Lune, dit Benoit XIII, et Ange Corrario, dit Grégoire XII, à ce qu'ils eussent à comparaître au concile, y dire leurs raisons et subir le jugement qui serait rendu en conséquence. Comme, après ces citations juridiques, ils ne parurent point, ni personne de leur part, on les déclara contumaces, et les promoteurs du concile requirent qu'ils fussent privés l'un et l'autre de la dignité papale; que leurs adhérents fussent dépouillés de tous leurs emplois, offices et bénéfices; que les réfractaires fussent abandonnés au bras séculier, et que les princes et les peuples fussent déclarés libres et détachés de leur obéissance.

Le concile ensuite nomma des commissaires pour faire les informations et entendre les témoins qui devaient déposer contre les prétendants. Le procès étant instruit, et le rapport en ayant été fait dans le concile en diverses séances, on prit un délai convenable pour porter le jugement.

Il fut prononcé le 5 juin par le patriarche d'Alexandrie, en présence d'une grande multitude de peuple qui était entrée dans l'église cathédrale, dont on avait laissé les portes ouvertes. Il portait que Pierre de Lune, dit Benoit XIII, et Ange Corrario, dit Grégoire XII, étaient des schismatiques et des hérétiques obstinés. Qu'ils s'étaient écartés de la foi et rendus coupables des crimes énormes de parjure et de violement de vœux. Que, par là, ils s'étaient rendus indignes de toute dignité, et s'en étaient privés et dépouillés eux-mêmes. Que le saint concile les rejetait aussi et les en privait, déclarant le Saint-Siège vacant, les princes et tout le peuple fidèle dégagés de leur obéissance, défendant à toutes sortes de personnes, sous peine d'excommunication, de leur prêter faveur ou secours, et les livrant aux puissances séculières, eux et leurs adhérents, pour être réprimés et châtiés, s'ils refusaient d'obéir. Qu'il cassait et annulait toutes les procédures, sentences, privations et dépositions faites par leur autorité, de même que les promotions de cardinaux qu'ils avaient faites depuis le 3 mai et le 5 juin de l'année précédente (Labbe, t. XI).

Dans les sessions suivantes, on prit des mesures pour procéder à l'élection d'un nouveau Pape ; et le concile en donna le pouvoir aux cardinaux des deux obédiences qui s'étaient réunis pour extirper le schisme, déclarant toutefois qu'il ne prétendait rien innover ni déroger au pouvoir du sacré collège touchant l'élection du Pontife romain.

Les cardinaux, au nombre de vingt-quatre, étant donc entrés en conclave, élurent pour souverain Pontife le cardinal Pierre de Candie, de l'ordre des frères Mineurs, qui prit le nom d'Alexandre V. Cette élection se fit le 26 juin 1409. Un auteur contemporain, Théodoric de Niem, qui vivait à la cour de ce Pontife, rapporte qu'il était né dans l'île de Candie sous la domination des Vénitiens, et qu'étant au lit de la mort, dans un discours touchant qu'il fit à ses domestiques, il déclara qu'il n'avait jamais connu son père, ni sa mère, ni aucun frère ou parent; mais que, comme dans son enfance, il mendiait son pain dans cette île, un religieux italien, de l'ordre de saint François, l'avait retiré auprès de sa personne, lui avait enseigné le latin, et, lorsqu'il avait été dans un âge compétent, lui avait fait prendre l'habit de l'ordre, et, voyant en lui un beau naturel, l'avait mené en Italie. Cet auteur ajoute que, quand il eut fait ses humanités, on l'envoya étudier à Oxford en Angleterre, d'où il vint à Paris : il s'y rendit très-habile en philosophie et en théologie, et reçut le bonnet de docteur. De retour en Italie, il se fit connaître de Jean Galéas Visconti, duc de Milan, par le crédit duquel il devint successivement évêque de Plaisance, de Vicence, de Novarre, et enfin archevêque de Milan. Le pape Innocent VII, le fit cardinal-prêtre en 1405. Il avait environ soixante-dix ans, lorsqu'il fut élu Pape lui-même (Theod. Niem, l. 2, *de Schism.*, c. 52).

Le premier usage qu'il fit de son autorité pontificale, fut de déclarer que les cardinaux des deux obédiences ne feraient qu'un seul sacré collège, et d'approuver toutes les procédures, jugements et règlements qu'ils avaient faits depuis leur union, contre les deux prétendants. Il révoqua, au contraire, et annula toutes les censures portées contre quelque communauté, ou quelque particulier que ce pût être, par les Pontifes prétendus, durant le schisme. Il confirma néanmoins toutes les provisions de bénéfices, les ordinations et les consécrations faites par les mêmes prétendants, à l'égard des personnes qui adhéraient au présent concile, pourvu que l'administration en eût été faite d'une manière canonique et légitime.

Il indiqua la célébration d'un concile général pour le mois d'avril de l'année 1412, remettant à en indiquer le lieu un an avant sa tenue. Il déclara que ce concile ne serait que la continuation de celui de Pise, qui serait censé seulement suspendu, jusqu'au temps marqué pour en reprendre et poursuivre les séances (Labbe, t. XI).

Les erreurs de Wicleff ayant pénétré jusqu'en Bohême, un prêtre appelé Jean Hus s'en déclara le défenseur et le patron, et attira dans son parti tous les ecclésiastiques libertins ou mécontents de leur sort. L'archevêque de Prague fit le procès à ce novateur et fit brûler publiquement plus de deux cents volumes de la composition de Wicleff, que Jean Hus avait traduits en langue vulgaire. Celui-ci, continuant à soutenir et à répandre sa doctrine impie, fut dénoncé au Saint-Siège, et Alexandre V le condamna comme hérétique, avec ordre de le poursuivre en cette qualité et de l'arrêter avec tous ses adhérents, pour en tirer une punition exemplaire (Raynald, an 1409, n. 89).

Par les intrigues de ce Jean Hus, les nations saxonne, bavaroise et polonaise furent dépouillées des droits dont elles jouissaient dans l'Université de Prague, conjointement avec les Bohémiens. Les docteurs et les autres membres de l'Université, qui étaient de ces trois nations, se retirèrent pour la plupart à Leipsick, et, sous l'autorité de Frédéric le Belliqueux, margrave de Misnie, ils y fondèrent une célèbre académie, à laquelle Alexandre V accorda ses priviléges (*Calvisius ad an.* 1409).

Les meilleurs historiens s'accordent à dire que, sauf le reproche que lui fait un d'eux d'aimer un peu trop la bonne chère, Alexandre V avait toutes les grandes qualités requises dans un souverain Pontife. Qu'il était irrépréhensible dans ses mœurs, savant, prudent, généreux, charitable, intrépide et ferme dans l'exécution de ses bons desseins. Il avait résolu de travailler de toutes ses forces à réunir les Grecs avec l'Eglise latine; à ce que les bénéfices ecclésiastiques ne fussent donnés qu'à ceux qui en seraient dignes; à détruire la simonie; à faire observer les saints canons; à extirper absolument le schisme; à procurer la paix entre les princes chrétiens; à bannir le vice et à établir le règne de la vertu (Sommier, *Hist. dogmatique du Saint-Siége*, l. 12, t. VI; Oldoinus, Ægid. Vitebr. Sigon. Platina, Blondus et alii; Raynald; an 1410, n. 7, avec la note de Mansi). Il faisait concevoir tout cela de grandes espérances dans l'Eglise, et il avait déjà commencé d'agir, lorsque la mort l'enleva de ce monde, dans la ville de Bologne, où il avait passé de Pise, à la soixante-onzième année de son âge, après dix mois et huit jours de pontificat. Il était attendu à Rome, et il avait promis aux Romains de s'y rendre au plus tôt; mais il en fut empêché par les troupes du roi Ladislas, qui occupaient les chemins. Le bruit courut qu'il était mort de poison (S. Antonin, tit. 22, c. 5, § 3; Monstrelet, l. 1, c. 62).

Pendant la célébration du concile de Pise, Ange Corrario ou Grégoire XII tint celui qu'il avait indiqué à Udine au diocèse d'Aquilée. Il y eut peu d'évêques; ceux mêmes des Etats de Venise n'avaient pas voulu s'y trouver, parce que la république, encore que Grégoire fût né son sujet, voulait adhérer au concile de Pise, qui cherchait à abolir le schisme, plutôt qu'à celui d'Udine, qui ne tendait qu'à le continuer. Dans cette assemblée d'Udine, Grégoire fit publier un écrit par lequel il déclarait qu'il était dans la résolution de renoncer à la papauté, pourvu que ses deux adversaires y renonçassent de même. Qu'à cet effet, il remettait à la volonté de Robert, roi des Romains, de Ladislas, roi de Sicile, et de Sigismond, roi de Hongrie, le choix du lieu où il se trouverait avec Pierre de Lune et Pierre de Candie, pour faire solennellement leur renonciation. Qu'au refus de ce moyen, il demandait que ses adversaires consentissent à la tenue d'un concile général, où ils se trouvassent en personne avec lui, afin de s'en tenir à ce qui serait décidé touchant leur sort. Enfin que les trois princes susdits auraient plein pouvoir pour l'exécution de tous ces articles (Niem, l. 3, c. 45). Mais on regarda ces propositions de Grégoire comme celles qu'il avait faites captieusement par le passé, et on s'y arrêta d'autant moins, qu'il y apposait des conditions impraticables, savoir, le congrès des trois prétendants et le concours des trois rois, ennemis jurés entre eux.

Au temps de la mort d'Alexandre V, le sacré collége était composé de vingt-trois cardinaux. Il s'en trouva dix-sept à Bologne en état d'entrer au conclave, dans lequel, au quatrième jour, Balthasar Cossa, cardinal-diacre du titre de Saint-Eustache, d'une illustre maison de Naples, fut choisi pour souverain Pontife. Il fut aussitôt installé dans la chaire pontificale, sous le nom de Jean XXIII. Quelques écrivains l'accusent de s'être servi de moyens obliques pour parvenir au pontificat : comme d'avoir employé l'autorité du roi Louis d'Anjou, la violence et les menaces des troupes qu'il tenait à Bologne, où il était légat; d'avoir distribué de l'argent aux pauvres cardinaux, et de s'être nommé lui-même à la papauté, sans que personne eût osé lui contredire (Platina, Naucler, Bergom., Niem). Mais dans tout ce qu'on lui objecta au concile de Constance, il est seulement dit à cet égard, en termes généraux, qu'il avait si bien su faire, qu'il avait été élu pontife romain.

Paul des Ursins, général des troupes de l'Eglise romaine, avait trouvé les moyens de retirer Rome de la tyrannie du roi Ladislas, et de la remettre sous la domination de son souverain légitime. Jean XXIII y fit son entrée la veille de Pâques de l'année 1411, et, après avoir béni les étendards militaires de l'Eglise romaine, il les mit entre les mains du roi Louis d'Anjou et de Paul des Ursins, général de la sainte Eglise, en les envoyant contre Ladislas, son ennemi. L'armée pontificale remporta une victoire complète sur celle de Ladislas, qui fut obligé de prendre la fuite, sans espérance de pouvoir redresser ses affaires. Mais les vainqueurs, ne profitant pas de leur avantage, lui donnèrent le temps de se relever et de causer au Saint-Siége les maux dont il sera parlé dans la suite.

Dans les entrefaites, Jean XXIII fit trois promotions de cardinaux : quatorze, dans la première, et un dans chacune des deux autres. Ils étaient généralement tous personnages de distinction et de mérite : les plus connus sont Pierre d'Ailly, archevêque de Cambrai; Gilles Deschamps, évêque de Coutances, et François Zabarella, évêque de Florence.

Les ennemis du roi Ladislas lui ayant donné le temps de respirer après sa défaite, il en profita pour remettre sur pied des troupes, avec lesquelles il ferma les avenues du royaume de Naples à Louis d'Anjou, qui, ne trouvant pas lieu de remédier aux troubles d'Italie, prit le parti de retourner en France. Ladislas commençait à se rejeter sur les terres de l'Eglise; mais, épouvanté d'une croisade que Jean XXIII publia contre lui, il fit avec lui une paix simulée, dont l'une des conditions fut d'entrer dans son obédience, en renonçant à celle de Grégoire XII. Celui-ci, qui s'était réfugié à Gaëte, sous la défense de Ladislas, fut obligé de chercher un autre protecteur, qu'il trouva à Rimini; Charles Malatesta, son ancien ami, qui en était seigneur, l'y reçut à bras ouverts.

Jean XXIII crut alors avoir trouvé le temps propre pour tenir le concile, qu'il avait indiqué à Rome la première année de son pontificat. Il le tint en effet l'an 1412 et au commencement de 1413. Quelques prélats s'y rendirent de différentes provinces de l'Eglise, lorsqu'on eut nouvelle que la paix faite avec Ladislas rendait les chemins libres. Le Pontife y publia un décret, par lequel tous les ouvrages de Jean Wiclef furent condamnés au feu. Mais comme ce concile n'était pas composé d'un nombre de prélats suffisant pour terminer la quantité d'affaires importantes dont il était question, Jean XXIII le prorogea à un temps plus commode.

Ladislas n'avait fait la paix avec le Pontife romain que pour mieux se mettre en état de lui faire la guerre avec plus d'avantage. A cet effet, il rassembla tout à coup ses troupes, à la tête desquelles s'étant rendu devant Rome, il y fut introduit par les intelligences qu'il y avait. On ne saurait exprimer les cruautés et les profanations qu'il y commit. Il s'empara ensuite de tout l'Etat de l'Eglise, et il espérait se rendre maître de toute l'Italie, mais la mort ne lui en donna pas le temps; elle l'enleva de ce monde le 3 août 1414. Jean XXIII eut beaucoup de peine à se tirer de Rome et à échapper aux mains de cet usurpateur. Il se retira d'abord à Florence, ensuite à Bologne; et, après quelques négociations entre lui et l'empereur Sigismond, il s'aboucha avec ce prince à Lodi, où le 9 décembre 1413, il publia l'indiction du concile de Constance pour le 1er novembre de l'année suivante (Raynald, Bzovius).

Pendant que l'Eglise se donnait tous ces mouvements pour remédier aux maux du schisme, Dieu lui formait deux illustres saints dans l'humilité du cloître.

Un frère Prêcheur, le bienheureux *Jean Dominique*, restaurateur de la vie régulière en Italie et en Sicile, achevait de bâtir son nouveau monastère de Fiésole, près de Florence. C'était vers l'an 1403. Un enfant se présente à lui, de treize ou quatorze ans, petit de taille et grêle de complexion. Il demande à être reçu dans le monastère, au nombre des religieux. Le bienheureux Jean Dominique lui trouve de l'esprit et un beau naturel; mais, le voyant si jeune et si frêle, il lui conseille d'attendre quelques années. Cependant il lui demande à quelle étude il s'appliquait. L'enfant répond qu'il lisait volontiers le décret de Gratien. Eh bien! reprit le bienheureux Jean Dominique, quand vous saurez tout le décret de Gratien par cœur, vous n'aurez qu'à revenir, et vous serez reçu dans l'ordre. C'était une manière honnête de le congédier. Au bout de l'année, le jeune homme se présente au bienheureux Jean Dominique, pour subir son examen : il sait par cœur tout le décret de Gratien, et répond sans faute à toutes les questions qu'on peut lui faire. Cette fois il est accueilli avec empressement, et reçoit aussitôt l'habit de frère Prêcheur. Ce jeune homme ou cet enfant se nommait *Antonin*, c'est-à-dire le petit Antoine, à cause de sa taille.

Saint Antonin, né à Florence l'an 1389, sur la fin du pontificat d'Urbain VI, était fils de Nicolas Forciglioni et de Thomassine, tous deux très-considérés parmi leurs concitoyens, autant par leur religion que par l'antiquité de leur noblesse. Le grand-père du saint, nommé Nicolas Pierrozi, avait été secrétaire de la ville de Florence, et quatre fois proconsul de la république, ce qui lui donnait un rang distingué et une grande autorité. Mais rien sans doute n'a plus illustré cette maison, que d'avoir produit un saint aussi célèbre.

Comme il était fils unique, son père et sa mère mirent d'autant plus de soin à lui donner une éducation chrétienne. Mais l'enfant parut formé à la vertu, avant de pouvoir la connaître. Plein de pudeur et de modestie, toujours docile aux saintes instructions, il ne montra d'inclination que pour la piété, d'horreur que pour le vice. Ennemi dès lors et de l'oisiveté et de tous les vains amusements de l'enfance, la lecture de quelque bon livre, la conversation avec des personnes qui lui parlaient de la religion ou des victoires des martyrs faisaient ses plus chères délices. Son attrait pour la prière n'était pas moins remarquable. Lorsque, après les exercices de l'école, il n'était point enfermé dans sa maison, on était sûr de le trouver dans l'église, plus ordinairement dans une chapelle de la Vierge, ou devant une image du crucifix, qu'on visitait avec une vénération particulière, dans l'église de Saint-Michel, appelée *du Jardin*, à cause du lieu où elle se trouvait.

Soit que le jeune disciple de Jésus-Christ se renfermât dans son oratoire ou qu'il fût devant les autels, il demeurait à genoux prosterné contre terre, avec une persévérance qui surprenait tout le monde. Appliqué en même temps à l'étude, il y fit des progrès considérables, et on n'en était pas surpris, lui voyant faire un si saint usage des talents qu'il avait reçus de la nature. Un esprit aisé, vif, pénétrant, une mémoire heureuse, et autant d'assiduité que d'amour pour le travail, tout cela en fit un savant et le rendit habile dans un âge où les autres ont à peine commencé d'apprendre les éléments des sciences.

Mais quelle que fût sa passion pour l'étude des lettres, elle n'égalait point son ardeur pour acquérir la science du salut. Dans toutes ses prières, il ne demandait pour ainsi dire autre chose à Dieu, sinon que, par sa grâce, il daignât l'éloigner de toute occasion de péché, conduire ses pas et lui apprendre à faire toujours sa volonté. Dès son enfance, il avait souhaité se consacrer au service du Seigneur; et pendant qu'il faisait de sages réflexions sur l'état de vie qu'il devait embrasser, pour travailler plus sûrement à son salut et se rendre utile au prochain, il eut le bonheur d'entendre souvent les prédications du bienheureux Jean Dominique de Florence, et d'être témoin des grands exemples de vertu qui le faisaient admirer des peuples. C'est à lui que le jeune Antonin s'adressa, comme nous avons vu, pour être reçu dans l'ordre de saint Dominique.

Le fervent novice dissipa bientôt toutes les craintes où on était de le voir succomber aux rigueurs de la discipline régulière. Son courage lui donna des forces; et comme il recevait toujours de nouvelles grâces, à mesure de sa fidélité, en peu de temps il fit bien du chemin dans les voies de la perfection. Il parut en toutes choses, non-seulement le plus humble, le plus obéissant, le plus recueilli, mais aussi le plus égal dans les pratiques austères de la régularité. Ses abstinences, ses veilles, l'amour de la pauvreté, l'application et l'assiduité à la prière, tout cela le faisait déjà considérer de ses frères comme un modèle.

Le sacrifice qu'il fit pour toujours de sa liberté par la profession religieuse le rendit encore plus vigilant sur lui-même, et le sacerdoce augmenta sa piété. On ne le voyait jamais à l'autel que trempé de ces douces larmes que le saint amour faisait couler de ses yeux. On eut beau modérer ses austérités, sa vie ne fut qu'un exercice continuel de pénitence. Sain ou malade, il couchait toujours sur la dure. On eût dit qu'il n'avait point de corps, tant il l'avait soumis à l'esprit pour le faire servir à tout ce qui pouvait le conduire à une haute sainteté. Il venait de perdre en quelque manière le saint religieux qui lui servait de guide et de père : Jean Dominique de Florence, devenu archevêque de Raguse et cardinal, avait été obligé de s'arrêter auprès du pape Grégoire XII. Mais son absence ne fit qu'exciter davantage la vigilance et l'émulation de son fidèle disciple. Il était entré dans toutes ses vues, et il remplit parfaitement ses desseins. Ce que le premier avait commencé avec succès pour rendre à plusieurs maisons de son ordre leur première beauté, le second parut en état de le continuer et de le porter à la dernière perfection. La vertu suppléant à l'âge, quoique fort jeune, saint Antonin fut choisi pour gouverner le couvent de la Minerve, à Rome ; et il fit paraître tant de sagesse, de prudence, de modération dans ce premier emploi, qu'on l'élut successivement prieur à Naples, à Gaëte, à Cortone, à Sienne, à Fiésole, à Florence. Dans toutes ces différentes maisons, Antonin rétablit ou affermit la régularité, en y renouvelant l'esprit de ferveur, l'amour de la prière et de l'étude, et le zèle dans l'exercice du ministère apostolique.

La sollicitude du gouvernement et toutes les occupations qui en sont la suite ne l'empêchaient pas de remplir lui-même les fonctions de l'apostolat. Il prêchait souvent, et il prêchait toujours avec fruit, parce que la sainteté de sa vie donnait un nouveau poids à ses discours. Les peuples et les savants montraient le même empressement à le suivre : l'onction de ses paroles attirait les uns, et l'abondance de sa doctrine faisait plaisir aux autres. Les ouvrages qu'il publiait quelquefois, fruits précieux de ses veilles, augmentaient encore sa réputation : il était consulté de tous côtés par les théologiens et les canonistes, et on suivait avec confiance ses décisions.

Devenu vicaire général d'une célèbre congrégation composée de divers couvents, tant de la province de Rome que de celle de Sicile, qui avaient embrassé une plus étroite réforme, le serviteur de Dieu s'appliqua avec un soin incroyable à cultiver, à étendre et à perfectionner tout le bien que ses prédécesseurs avaient introduit dans ce sanctuaire de la piété ; et, à leur imitation, c'était moins par l'autorité du commandement ou par la sagesse des ordonnances, que par la vertu de l'exemple, qu'il inspirait à ses frères la fidélité à toutes les pratiques de la règle. D'autant plus humble qu'on l'élevait davantage, il commençait toujours la visite des monastères par l'exercice des offices les plus humiliants et les plus abjects. On voyait ordinairement le vicaire général confondu avec les derniers des frères dans le même travail ; la ferveur seule le distinguait, et cette ferveur parut quelquefois aller trop loin. Malgré la rigueur des saisons et l'épuisement de ses forces, il continuait avec la même sévérité ses jeûnes, et faisait ses longs voyages à pied.

Ces continuelles fatigues contribuèrent à ruiner sa santé, affaiblie d'ailleurs par des maladies qui l'avaient conduit plus d'une fois aux portes de la mort. Dans les intervalles les moins critiques, il était travaillé d'une fièvre quarte ou d'une espèce de phthisie qui le desséchait entièrement. Mais son esprit, soutenu par la grâce de Jésus-Christ et par la considération de ses souffrances, ne se trouvait jamais plus fort que dans les plus grandes infirmités. Dieu l'avait toujours élevé au-dessus de ses maux ; et ce qui épuisait son corps servait à purifier davantage sa vertu, à éprouver sa fidélité et à le mettre en état de continuer ses services à son ordre et à l'Eglise (Touron, *Hist. des Hommes illustres de l'ordre de saint Dominique*, t. III). Tel était saint Antonin, que plus tard nous verrons archevêque de Florence, sa patrie.

Le bienheureux *Jean Dominique* était né dans la même ville, vers l'an 1360. La fortune n'avait point favorisé ses parents ; mais, dans une condition obscure ou fort médiocre, ils se distinguaient par une solide piété, qu'ils inspirèrent de bonne heure à leur fils. Comme ils avaient besoin du travail de ses mains, ce jeune homme, âgé déjà de dix-huit ans, avait à peine appris les éléments de la grammaire, lorsqu'il se présenta au couvent de Sainte-Marie-Nouvelle pour demander l'habit de saint Dominique. On le refusa d'abord, tant à cause de son incapacité, de son ignorance, de sa difficulté à parler, que parce qu'il était nécessaire à ses parents. Il ne se rebuta point et revint plusieurs fois à la charge. On finit par accorder à sa persévérance ce que l'on croyait pouvoir refuser encore à son mérite. Cependant un religieux des plus graves et des plus anciens de la communauté prédit dès lors que ce jeune homme, dont on faisait si peu de cas, serait un jour l'appui de son ordre, l'ornement de sa patrie et un illustre défenseur de l'Eglise.

Le fervent novice justifia la prédiction. En changeant d'état, on eût dit qu'il avait changé d'esprit et de cœur : il parut un homme nouveau. Tout le temps de son noviciat se passa dans une ferveur extraordinaire et toujours soutenue. Ami du silence, de la retraite, de l'oraison, on le trouvait partout le même, recueilli, modeste, docile, obéissant, attentif aux besoins de ses frères, toujours prêt à prévenir et à leur rendre les petits services qui pouvaient dépendre de lui. Sans le vouloir, il prit un tel ascendant sur l'esprit de tous, ou plutôt sa vertu leur donna une si haute idée de son mérite, qu'après avoir commencé de l'aimer comme un sujet de grande espérance, ils finirent par le respecter presque comme leur maître dans la pratique des observances régulières.

Les progrès de Jean Dominique dans l'étude des sciences ne parurent pas moins surprenants que ses progrès dans la vertu. A beaucoup de pénétration, de vivacité et de justesse d'esprit, il joignait une mémoire si prodigieuse, qu'il n'oubliait jamais ce qu'il avait une fois appris. Résolu de n'accorder à son corps que ce qu'on ne peut absolument refuser à la nature, il mangeait peu et dormait encore moins. Fuyant le sommeil presque autant que l'oisiveté, tout ce que ses exercices de piété ou de pénitence pouvaient lui laisser de loisir, il l'employait à la lecture des bons livres, surtout à la méditation des saintes Ecritures. S'il donna la préférence aux ouvrages des Pères, il ne négligea pas ceux de l'antiquité profane; aussi devint-il en peu de temps habile philosophe, profond théologien : il n'ignora ni les mathématiques ni le droit canon. Ce qu'on doit particulièrement admirer, c'est que, dans l'acquisition de toutes ces sciences, il ne fut aidé que de la grâce. Comme un autre saint Augustin, tout ce qu'il avait lu, il l'avait appris et compris par lui-même, sans le secours d'aucun maître.

Saint Antonin avance ce fait sur le témoignage même du serviteur de Dieu, et il cite ses ouvrages comme la meilleure preuve de la solidité, aussi bien que de l'étendue de son érudition. Nous en trouvons une autre de son humilité, dans le refus constant qu'il fit de prendre le degré et le rang de docteur. Quelques instances que fissent pour cela ses supérieurs et ses amis, il s'excusa toujours avec tant de modestie, qu'on aima mieux le laisser dans les bas sentiments qu'il avait de lui-même, que d'employer le commandement pour lui faire accepter cette marque d'honneur, qui, dans le fond, n'ajoute rien au mérite. Dès les premières années qu'il passa dans le cloître, et avant que de s'adonner à l'exercice des fonctions apostoliques, ce saint homme ne donnait quelque relâche à son esprit que par le travail des mains; après avoir vaqué à l'oraison et à l'étude, il s'occupait quelquefois à écrire des livres de chœur, que l'on conserve encore précieusement dans le couvent de saint Dominique à Fiésole.

Après avoir imité le silence de Jésus-Christ et s'être nourri le premier du pain de sa parole, il commença de l'annoncer aux autres. S'y dévouant par obéissance, n'ayant en vue que la gloire de Dieu et le salut des âmes, il y parut toujours infatigable, jusqu'à prêcher quatre ou cinq fois dans un même jour, pour contenter le pieux empressement des peuples. Suivant la remarque de saint Antonin, il ne citait presque jamais en chaire ni les philosophes, ni les poètes, ni les auteurs profanes, quoique ce fût assez la coutume ou le mauvais goût du siècle. Mais, tout rempli de l'esprit de Dieu et parfaitement versé dans les saintes Ecritures, Jean Dominique y puisait, comme à une source de vie, les eaux salutaires dont il abreuvait les âmes altérées. Il attaquait avec force les vices publics, et ménageait toujours les personnes même les plus vicieuses. En un mot, ce que dans le même temps saint Viencent Ferrier faisait en France et en Piémont, le bienheureux Jean Dominique le faisait en Toscane.

Les Florentins les premiers profitèrent des leçons de sainteté, des avertissements ou des menaces de leur prophète. Pendant plusieurs carêmes, il leur expliquait tous les matins, tantôt l'Evangile, tantôt le Psautier, ou quelque autre livre de l'Ancien Testament; et il faisait des épîtres de saint Paul le sujet ordinaire de ses discours du soir. On ne se lassait point de l'écouter; et il ne pouvait se lasser lui-même de faire admirer partout les miséricordes infinies de notre Dieu, les richesses de sa grâce, la divinité et l'excellence de la religion de Jésus-Christ. C'est de là qu'il prenait plus ordinairement un juste sujet de condamner l'ingratitude des mauvais chrétiens et la corruption de leurs mœurs. Les plus libertins ne pouvaient résister à la force de ses paroles, mais changeaient tout à coup de vie. A Lucques, à Pise, à Venise et à Rome, il prêcha avec le même succès qu'à Florence. Il en bannit les scandales et les vices publics, tout ce qui déshonorait la religion, ou pouvait troubler la tranquillité des peuples et la paix des familles. Il fit fermer ou déserter les lieux de débauche, et remit en honneur plusieurs pratiques de piété qu'on avait trop longtemps négligées. Grand nombre de personnes quittèrent le monde pour mieux assurer leur conversion.

Dans la vue de seconder cette heureuse impulsion de la grâce, Jean Dominique fonda plusieurs nouveaux monastères, et rétablit la régularité dans plusieurs anciens. Deux causes principales y avaient porté le relâchement. Vers le milieu du XIV° siècle, tous les ordres religieux perdirent leurs meilleurs sujets au service des pestiférés. Ceux qui les remplacèrent après la contagion en prirent prétexte de mener une vie moins austère. Survint le grand schisme d'Occident, qui relâcha d'une manière déplorable tous les liens de subordination ; mais le Seigneur n'oublia point son Eglise : il y suscita plusieurs hommes puissants en œuvre et en parole; de ce nombre fut le bienheureux Jean Dominique. Grégoire XII finit par le nommer archevêque de Raguse, puis cardinal et légat dans les pays du Nord. Le cardinal de Raguse, car tel fut dès lors son nom, n'en pressa pas moins son bienfaiteur à tout sacrifier pour la paix de l'Eglise, et nous le verrons y travailler avec succès au concile de Constance (Touron, t. II; *Acta Sanct.*, 10 juin).

Dans le même temps, la ville et république de Venise admirait les commencements de saint *Laurent Justinien*, qui devait être son premier patriarche. La famille des Justiniani est célèbre non-seulement à Venise, mais à Gênes, dans le royaume de Naples, dans l'île de Corse et dans l'île de Chio ou Scio. Celle de Gênes a possédé la seigneurie de Chio, par le don qu'en fit, l'an 1363, l'empereur Andronic à Pierre Justiniani, général des armées de terre de la république de Gênes. Les Justiniani de Venise rappellent par leur histoire les Fabius de l'ancienne Rome. L'an 1156, la république vénitienne envoya, sous le commandement du doge Vital Michiéli, une flotte formidable contre l'empereur grec Manuel. Tous les Justiniani, au nombre de cent, montèrent sur cette flotte. L'expédition, qui eut d'abord de grands succès, finit par de grands revers. Tous les Justiniani périrent, soit par la peste, soit par le fer ou les ruses de l'ennemi. Venise voyait avec douleur cette illustre maison près de s'éteindre : il n'en restait que quelques vieillards et un jeune homme appelé Nicolas, mais qui avait embrassé la vie monastique. Le doge Vital, au nom de la république, obtint du pape Alexandre III que Nicolas fût relevé de ses vœux, pour empêcher l'extinction de sa famille, et lui donna en mariage sa propre fille unique, nommée Anne. Dieu bénit leur union : ils eurent neuf enfants, six garçons et trois filles. Nicolas se voyant une si nombreuse postérité, rentra dans son monastère, après avoir bâti un couvent où Anne son épouse, embrassa de son côté la vie religieuse. Ils moururent tous deux en odeur de sainteté. C'est d'eux que descendait, à la huitième génération, saint *Laurent Justinien*.

Il naquit à Venise en 1580, de Bernardo Justiniani, qui tenait un rang distingué parmi la première noblesse de la république. Sa mère se nommait Quirina, et sortait d'une maison non moins illustre que celle de son père. A l'âge de vingt-quatre ans, Quirina demeura veuve, avec cinq enfants, trois garçons et deux filles. Elle ne se remaria point, mais s'appliqua tout entière à élever sa famille dans la crainte et l'amour de Dieu, priant nuit et jour, portant le cilice avec une chaîne d'airain, domptant sa jeunesse par les jeûnes et les veilles; se montrant surtout miséricordieuse et bienfaisante envers les pauvres, et apprenant à ses enfants, tant par ses paroles que par son exemple, à faire volontiers l'aumône. Toute sa famille, notamment ses trois fils, Laurent, Marc et Léonard, se montra digne d'une si sainte mère.

Laurent surtout, dès ses premières années, se distingua par des mœurs parfaites. Rien de plus beau, ni de plus aimable : se plaisant avec les personnes plus âgées, facile avec ses égaux, caressant avec ses inférieurs. Du reste, une certaine grandeur d'âme, qui aspirait sans cesse à de grandes choses. Le jeu ne l'amusait point, comme les autres enfants ; mais la sagesse divine le portait à quelque chose de grand. Sa mère, Quirina, craignant que cette ardeur juvénile ne vînt à l'égarer et à lui faire ambitionner les honneurs du monde plus qu'il n'était convenable : Laisse-moi, disait-elle à son fils, laisse-moi cette folie. Cet orgueil-là sent l'enfer. Laurent, souriant comme par plaisanterie, lui disait : Ne craignez point, ma mère, vous me verrez un grand serviteur de Dieu. Il le disait comme par enfantillage, mais Dieu l'accomplit peu après.

Voici comme lui-même raconte cette merveille dans un ouvrage de piété, intitulé : *Le Bouquet d'Amour* : « Venez, ô vous qui cherchez la paix, qui aimez le bien immuable, qui avez jusqu'ici travaillé en vain, qui êtes accablés sous l'amour de ce monde périssable! Venez, dis-je, et je vous raconterai gratuitement combien de choses Dieu a faites à mon âme. Je vous communiquerai, pour la gloire de Dieu et votre avancement, ce que j'ai perçu secrètement dans le plus intime de mon cœur. J'étais à une époque semblable à vous, cherchant avec un désir inquiet et bouillant la paix dans les choses extérieures, sans la trouver. Enfin, prévenu par la grâce divine, pendant que je travaillais ainsi, une personne très-belle, plus resplendissante que le soleil, plus odoriférante que le baume, daigna m'apparaître; j'ignorais absolument son nom. Elle s'approcha, d'un visage gracieux, et d'une voix douce me dit : « O jeune homme, qui devez être aimé en moi, pourquoi répandez-vous votre cœur, et, poursuivant la paix, vous dispersez-vous dans une multitude de choses? Ce que vous cherchez est en moi; ce que vous désirez, je vous le promets et vous le garantis, si cependant vous voulez m'avoir pour épouse. » A la parole de cette personne, je le confesse, mon cœur défaillit, et je fus transpercé du trait de son amour. Une certaine joie inaccoutumée remplit mon âme, et tout ce qui est au dedans de moi fut inondé d'une spirituelle allégresse. Dans cet état, comme je souhaitais beaucoup savoir son nom, sa dignité, sa naissance, elle ajouta qu'elle s'appelait et qu'elle était la Sagesse de Dieu, qui, dans la plénitude des temps, pour la réconciliation des hommes, a pris la forme humaine, et, invisible auparavant avec le Père, a pris de sa mère la nature visible, afin d'être plus facile à aimer. Lorsque j'y eus consenti avec une joie immense, elle me donna le baiser de paix et s'en alla. Et alors et depuis, la flamme de son amour s'est accrue, le souvenir en est resté vivant, l'abondance de sa douceur persévère. C'est donc elle que j'aime comme mon épouse, c'est elle que j'embrasse comme mes délices, c'est par elle que j'ai goûté, de quelque façon, le bien de la paix, que je cherchais auparavant. C'est pourquoi je vous exhorte tous avec confiance de courir à elle, sachant qu'elle reçoit avec beaucoup de joie tous ceux qui s'en approchent, qu'elle les enivre du breuvage de la paix, si bien qu'ils ne peuvent plus avoir soif (*Fasciculus amoris*, c. 16). » Voilà comme saint Laurent Justinien raconte lui-même cette divine apparition de sa jeunesse. Il avait alors dix-neuf ans.

Frappé de cette merveille, il s'en ouvrit à Marin, son oncle maternel. C'était un saint et savant prêtre, chanoine régulier de la congrégation de Saint-Georges, dite d'Alga, parce que le monastère était dans une petite île de ce nom, éloignée d'un mille de Venise. Cet habile directeur présageait quelque chose de grand du jeune homme, et le voyait résolu à la vie la plus parfaite; il voulut néanmoins éprouver encore la force de son corps et de son âme. Il lui conseilla donc, sans rien changer à l'extérieur, de s'essayer secrètement à ce que la vie religieuse a de plus austère. Laurent obéit, et commença de coucher la nuit sur des morceaux de bois, ou sur la terre nue. Sa mère s'en aperçut bientôt; et, craignant qu'il ne considérât point assez les difficultés de la vie religieuse, elle voulut mettre à l'épreuve sa résolution : elle entreprit de le marier, et lui choisit à cet effet une fille à la fois belle, noble et riche. Laurent ayant reconnu que sa mère et ses frères conspiraient contre lui, entra en jugement avec lui-même, devant son crucifix. Il se représenta, d'un côté, tous les biens de la fortune, la noblesse, les magistratures, les honneurs, une femme, des enfants, de l'argent, et les plaisirs de toute espèce; d'un autre côté, les jeûnes, les veilles, le chaud, le froid, le renoncement à soi-même; puis, s'interrogeant comme un juge, il se dit : Considère bien, Laurent, ce que tu prétends faire. Crois-tu pouvoir souffrir tout ceci et mépriser tout cela? Alors, jetant les yeux sur la croix du Sauveur, il s'écria : C'est vous, Seigneur, qui êtes mon espérance; c'est là que vous avez placé mon refuge immanquable. Aussitôt il quitte sa mère, ses frères, les richesses et les honneurs, et court prendre l'habit chez les chanoines réguliers de la congrégation de Saint-Georges d'Alga.

Il n'y trouva point d'austérités qu'il n'eût déjà pratiquées, et ses supérieurs furent obligés de modérer l'activité de son zèle à cet égard. Malgré sa jeunesse, il l'emportait sur tous les frères par la rigueur de ses jeûnes et par la longueur de ses veilles. Jamais il ne se permettait de récréation qui ne fût utile; il prenait de sévères disciplines; il ne se chauffait point, même dans les plus grands froids; il ne mangeait que pour soutenir son corps, et ne buvait jamais hors de ses repas. Lorsqu'on lui proposait de boire, sous prétexte que la chaleur était excessive ou qu'il était accablé de fatigue, il avait coutume de faire cette réponse : Si nous ne pouvons supporter la soif, comment pourrons-nous supporter le feu du purgatoire? Cette disposition à souffrir produisait en lui une patience invincible dans toutes les épreuves. Pendant son noviciat, il lui vint au cou un mal pour la guérison duquel il fallut employer le fer et le feu. Le moment de l'opération étant arrivé, il rassurait de la sorte les spectateurs qui tremblaient : Pourquoi craignez-vous? Pensez-vous que je ne puis recevoir la constance dont j'ai besoin de Celui qui sut non-seulement consoler, mais délivrer même des flammes les trois enfants jetés dans la fournaise ? Il souffrit l'opération, sans laisser échapper aucun soupir, et en ne prononçant que le nom de Jésus. Il montra dans la suite le même courage, lorsqu'on lui fit une incision douloureuse. Coupez hardiment, disait-il au chirurgien, qui tremblait, votre instrument n'approche pas des ongles de fer avec lesquels on déchira les martyrs.

Il arrivait toujours le premier aux exercices publics, et il en sortait le dernier. Matines finies, il ne suivait point les frères qui allaient se reposer, mais il restait dans l'église jusqu'à prime, qui se disait au lever du soleil. Rien ne le flattait plus que de pouvoir pratiquer l'humilité ; les bas emplois étaient ceux qu'il choisissait de préférence, et il portait toujours les plus mauvais habits de la communauté. Il obéissait aussitôt que le moindre signe lui manifestait la volonté du supérieur. Dans les entretiens particuliers, il sacrifiait son jugement à celui des autres ; il cherchait en tout la dernière place, autant qu'il le pouvait faire sans affectation. Quand il allait quêter dans les rues, il cherchait toutes les occasions de s'attirer le mépris et les railleries des gens du monde. Ayant un jour été dans un endroit où l'on ne pouvait manquer de le tourner en ridicule, un compagnon le lui fit remarquer. Mais il lui répondit avec tranquillité : Allons hardiment quêter des mépris. Nous n'avons rien fait, si nous n'avons renoncé au monde que de parole : il faut en triompher aujourd'hui avec nos sacs et nos croix.

Il savait que les humiliations acceptées et souffertes avec joie sont le plus sûr moyen de remporter une victoire complète sur soi-même, et de détruire ce fonds d'orgueil qui est en nous un des principaux obstacles à la vertu. Il comprenait encore combien il est avantageux de ne pas se contenter de celles que la Providence envoie, et d'y en ajouter de volontaires, pourvu toutefois qu'on le fasse avec prudence et que l'on évite tout ce qui pourrait sentir l'affectation. Dans le cours de ses quêtes, il se présentait souvent à la maison où il était né ; mais il n'y entrait point : il restait dans la rue, et demandait l'aumône à la porte. Sa mère n'entendait jamais sa voix sans être attendrie. Elle avait beau recommander à ses domestiques de lui donner avec prodigalité, il ne recevait que deux pains ; après quoi il souhaitait la paix à ceux qui l'avaient assisté, et se retirait comme s'il eût été étranger. Le magasin où était la provision annuelle de la communauté étant devenu la proie des flammes, il dit à un frère qui se lamentait : Pourquoi avons-nous fait vœu de vivre dans la pauvreté? Dieu nous a fait cette grâce, afin que nous puissions la ressentir. C'était ainsi qu'il découvrait son amour pour les humiliations et les souffrances, et pratiquant toutes les vertus qui en sont les suites et qui en font le principal mérite.

Dès qu'il eut renoncé au monde, il s'accoutuma tellement à se rendre maître de sa langue, qu'il ne disait jamais rien pour se justifier ou s'excuser. Ayant été un jour accusé en chapitre d'avoir transgressé un point de la règle, il garda le silence, malgré la fausseté de l'accusation. On doit encore remarquer qu'il était alors supérieur ; il quitta sa place, puis, ayant fait quelques pas les yeux baissés, il se mit à genoux, demanda pardon aux frères, et pria qu'on lui imposât une pénitence. L'accusateur en eut tant de confusion, qu'il alla se jeter aux pieds du saint, déclarant qu'il était innocent, et se condamna hautement lui-même. Laurent redouta si fort la dissipation, que depuis le jour de son entrée dans le monastère jusqu'à celui de sa mort, il n'entra dans la maison paternelle que pour assister sa mère dans ses derniers moments.

Quelque temps après sa retraite, il fut exposé à une rude épreuve de la part d'un de ses anciens amis, qui occupait une des premières places de la république, et qui était arrivé depuis peu de l'Orient. Celui-ci s'imagina qu'il viendrait à bout de lui faire changer de dessein, et il résolut d'employer tous les moyens possibles pour y réussir. Il prit donc la route du monastère de Saint-Georges, accompagné d'une troupe de musiciens, et on lui permit d'entrer, à cause de sa dignité. Lorsqu'il aperçut Laurent, il fut extrêmement frappé de sa modestie et de sa gravité ; et l'étonnement où il était lui fit garder quelque temps le silence. A la fin, s'étant fait violence, il lui dit tout ce que l'amitié peut inspirer de plus tendre pour l'engager à entrer dans ses vues. Comme ce moyen ne lui réussissait point, il eut recours aux reproches et aux invectives, qui n'eurent pas plus de succès. Lorsqu'il eut fini de parler, le saint fit un discours si touchant sur la mort et sur les vanités du monde, que son ami, touché d'une vive componction, était hors de lui-même. Il en vint au point que, rompant sans différer tous les liens qui le retenaient dans le siècle, il résolut d'embrasser l'état pour lequel il n'avait eu que du mépris. Il prit l'habit de Saint-Georges, fit son noviciat avec une ferveur qui ne se démentit point dans la suite, devint l'objet de l'admiration et de l'édification de toute la ville, et mourut enfin de la mort des justes.

Saint Laurent fut élevé au sacerdoce, dont il était si digne par ses vertus. L'esprit de prière et de componction dont il était doué dans un si haut degré, la connaissance qu'il avait des choses spirituelles et des voies intérieures de la piété le mettaient en état de travailler avec beaucoup de fruit à la sanctification des âmes. Les larmes qui lui échappaient dans ses exercices, et surtout pendant la célébration de la sainte messe, faisaient une vive impression sur les assistants, et réveillaient leur foi ; il fut aussi favorisé de divers ravissements.

Ayant été élu malgré lui général de son ordre, il le gouverna avec une sagesse admirable. Il en réforma la discipline, au point qu'il en fut regardé depuis lors comme le fondateur. Dans ses discours, tant publics que particuliers, il parlait de la vertu avec une telle onction, que tous les cœurs en étaient attendris. Il animait les tièdes, il remplissait les présomptueux d'une crainte salutaire, il inspirait de la confiance aux pusillanimes, et les portait tous à la ferveur. Sa maxime ordinaire était, qu'un religieux doit trembler au nom de la moindre transgression. Il recevait peu de sujets dans son ordre, et il éprouvait longtemps ceux qu'il jugeait dignes d'être admis. Il se fondait sur ce que la perfection et les devoirs de l'état religieux sont peu de personnes, et que ce n'est pas toujours dans le grand nombre que se trouvent la ferveur et l'esprit essentiel à la religion, il est aisé de comprendre que, s'étant fait de pareils principes, il examinait scrupuleusement tous les postulants. La première chose qu'il exigeait de ses disciples, était une humilité profonde; il leur enseignait que cette vertu, non-seulement purifiait l'âme de tout orgueil, mais qu'elle lui inspirait aussi le vrai courage, en lui apprenant à ne mettre sa confiance qu'en Dieu. Il la comparait à une rivière qui est basse et tranquille en été, mais qui est haute et profonde en hiver. L'humilité, disait-il en suivant la même comparaison, garde le silence et ne s'élève point dans la prospérité; tandis que dans l'adversité elle est haute, magnanime, remplie de joie et d'un courage invincible. Il n'y a rien, continuait-il, où les hommes soient plus exposés à se méprendre; peu connaissent ce que c'est que cette vertu; elle n'est possédée que de ceux à qui Dieu l'a donnée par effusion, en récompense de leurs efforts redoublés et de l'esprit de prière qui était en eux. L'humilité qui s'acquiert par des actes répétés n'est qu'une préparation à celle-ci quoique nécessaire et indispensable; aussi est-elle toujours aveugle et imparfaite. L'humilité infuse éclaire l'âme dans toutes ses vues; elle lui fait voir clairement toutes ses misères, et lui en donne le sentiment; elle lui communique cette vraie science qui consiste à connaître que Dieu seul est tout, et que nous ne sommes rien. Durant les guerres et les calamités publiques, il exhortait les magistrats et les sénateurs à se bien pénétrer d'abord de leur bassesse, parce que cette disposition était la plus propre à attirer sur eux les regards de la miséricorde divine.

Depuis le temps où il reçut la prêtrise jusqu'à sa mort, il ne manqua jamais de célébrer la messe tous les jours, à moins qu'il n'en fût empêché par la maladie. Il disait à ce sujet, qu'on avait bien peu d'amour pour Jésus-Christ, quand on ne tâchait pas de s'unir à lui aussi souvent qu'on le pouvait. Il inculquait fréquemment cette maxime, qu'il y aurait autant de folie à prétendre à la chasteté en menant une vie molle, oisive et sensuelle, qu'il y en aurait à vouloir éteindre le feu en jetant de l'huile dessus. Il ne cessait de rappeler aux riches l'obligation où ils sont de faire l'aumône s'ils veulent se sauver. On ne trouvait point dans ses discours de pensées étudiées; mais il y régnait une onction de laquelle on ne pouvait se défendre (*Acta Sanct.*, 8 janv.; Godescard, 5 sept.).

Voilà comme, par les Laurent Justinien de Venise, les Antonin de Florence, les Vincent Ferrier d'Espagne, et autres âmes d'élite, l'Esprit de Dieu entretenait et ranimait dans l'Eglise la vie et l'unité intérieure; tandis que les évêques, les rois et les peuples, mus par le même Esprit, travaillaient à y rétablir l'unité extérieure.

Depuis le concile de Pise, la chrétienté était partagée en trois obédiences : celle de Jean XXIII, qui comprenait la France, l'Angleterre, la Pologne, la Hongrie, le Portugal, les royaumes du Nord avec une partie de l'Allemagne et de l'Italie; celle de Benoit XIII ou Pierre de Lune, qui était composée des royaumes de Castille, d'Aragon, de Navarre, d'Ecosse, des îles de Corse et de Sardaigne, des comtés de Foix et d'Armagnac; celle de Grégoire XII ou Ange Corrario, qui conservait en Italie plusieurs villes du royaume de Naples, et toute la Romagne, c'est-à-dire tout le canton soumis aux seigneurs Malatesta; en Allemagne, la Bavière, le palatinat du Rhin, les duchés de Brunswick et de Lunebourg, le landgraviat de Hesse, l'électorat de Trèves, une partie des électorats de Mayence et de Cologne, les évêchés de Worms, de Spire et de Verden, sans compter un grand nombre de particuliers, *gens*, au rapport de saint Antonin, *éclairés et craignant Dieu*, qui regardaient toujours Grégoire comme le vrai pape (Antonin, tit. 22, c. 6, § 2).

Le concile de Constance avait été convoqué par le pape Jean XXIII, pour le 1er novembre 1414. Ce Pontife fit son entrée dans cette ville, le dimanche 28 octobre, avec une suite de six cents chevaux; il fut reçu par le clergé et le peuple avec tous les honneurs dus à son rang. Le jour de la Toussaint, qu'on avait fixé pour l'ouverture du concile, le Pape officia pontificalement à la cathédrale. Le cardinal Zabarella, célèbre jurisconsulte, montant à la tribune, déclara que le Très-Saint-Père Jean XXIII, continuant le concile de Pise, l'avait convoqué de nouveau à Constance, et qu'il le commencerait le samedi suivant, 3 du mois. Ce jour, on remit l'ouverture au 5, où, après une procession solennelle et la messe du Saint-Esprit, on la fixa au 16 novembre.

A cette première session, le cardinal des Ursins dit la messe, le pape Jean XXIII prêcha et donna des indulgences. On lut la bulle de convocation, qui exprimait toujours les liaisons intimes du concile de Constance avec celui de Pise. Enfin on nomma les officiers qui devaient servir à transcrire les actes, à proposer et à rapporter les affaires; et le comte Berthold des Ursins fut chargé de la garde du concile. La seconde session fut désignée pour le 17 de décembre; mais une multitude d'affaires considérables la recula jusqu'au 2 mars de l'année suivante 1415.

L'empereur élu Sigismond, couronné roi des Romains à Aix-la-Chapelle, le 8 novembre 1414, fit son entrée à Constance dans la nuit de Noël, et chanta l'évangile en habit de diacre, à la messe solennelle du Pape. Il était venu accompagné de sa femme et d'un grand nombre de seigneurs. Le concile de Constance fut une des assemblées les plus nombreuses qu'on ait jamais tenues dans l'Eglise. Elle attira dans cette ville près de cent mille étrangers, parmi lesquels il y en avait dix-huit mille tant prélats que simples prêtres, docteurs ou ecclésiastiques. Les Italiens et les Allemands faisaient la plus grande partie de cette multitude. Les premiers y avaient été attirés par la présence du Pape, les autres par la proximité du lieu destiné au concile. Le petit nombre, quoique considérable en soi-même, fut des Anglais, des Espagnols et des Français. Mais ces derniers s'y distinguèrent extrêmement par le talent de la parole et par la science des affaires.

Il y avait trois affaires importantes : les erreurs contre la foi, le rétablissement de la discipline, l'extinction du schisme.

Le pape Jean XXIII eût désiré que l'on commençât par la question de la foi, contre Jean Wiclef, Jean Hus et Jérôme de Prague; l'empereur, que l'on s'occupât d'abord de la réformation des mœurs et de la discipline; mais les prélats français, avec le reste du concile, furent d'avis qu'il fallait, avant tout, s'occuper de l'affaire principale, l'extinction du schisme.

Se présentait alors une autre question, le droit de suffrages. Jean XXIII et ses partisans voulaient que les prélats seuls, c'est-à-dire les cardinaux, les archevêques, les évêques et les abbés, eussent voix définitive dans le concile, ou plutôt dans l'affaire de l'union, qui était le premier objet de l'assemblée. C'était l'avantage du pape Jean que la chose fût ainsi, parce qu'il avait un très-grand nombre de créatures et de courtisans parmi les prélats. Mais le cardinal français, Pierre d'Ailly, évêque de Cambrai, soutint, dans un mémoire qui fut rendu public, que non-seulement les évêques et les abbés, non-seulement les docteurs en théologie et en droit canon, mais aussi tous les ambassadeurs des princes et tous les procureurs des prélats et des chapitres pouvaient donner leur suffrage dans l'affaire présente; que telle avait été la pratique du concile de Pise, et que la bulle de convocation s'étendant à toutes sortes de personnes, il n'était pas vraisemblable qu'elle eût voulu ôter à qui que ce soit le privilége de juger et de définir, quand on serait assemblé à Constance. Le concile adopta cet avis, et n'exclut personne du droit de suffrage.

Restait la manière de recueillir les voix dans une si grande multitude. L'usage des conciles est de prendre dans les sessions la voix de chaque personne pour former ensuite les décrets. On reconnaissait à Constance l'ancienneté de cette pratique, et il faut convenir qu'elle n'est point d'une exécution difficile, quand le droit de suffrage est borné aux seuls évêques, ou même quand il ne s'étend qu'aux évêques et aux abbés, parce que dans ces conciles le nombre de ces prélats ne va jamais jusqu'à la confusion; mais à Constance, où l'on voulait prendre les avis de toutes sortes de personnes, comment aurait-on pu écarter des sessions la longueur, l'esprit de controverse et le désordre? Il y avait dix-huit mille ecclésiastiques dans la ville, sans les princes et les ambassadeurs. Quand on n'eût admis aux sessions que la moitié, ou même la quatrième partie de cette multitude, quel embarras n'aurait-ce pas été de consulter chaque fois et séparément tous les particuliers d'une si grande assemblée?

Voici donc l'expédient qu'on imagina pour conserver l'ordre, en ne s'écartant point du plan qu'on avait pris de laisser la liberté à tout le monde d'opiner définitivement. On partagea tout le concile en quatre nations, savoir, celle d'Italie, celle de France, celle d'Allemagne, celle d'Angleterre, et l'on y ajouta depuis celle d'Espagne, quand on eut fait le procès à Pierre de Lune. Toutes les nations avaient un président particulier, qu'on changeait chaque mois. Cela faisait comme des tribunaux séparés, où les affaires étaient portées en première instance; et c'était là que chacun, sans distinction d'état ni de caractère, donnait son suffrage. Les nations se communiquaient ensuite leurs délibérations dans des conférences générales, et l'on en formait un résultat dont le rapport était fait dans la session suivante, pour y être approuvé et confirmé par tout le concile. Ainsi, quand on tenait une session, tout était déjà conclu, et il n'était plus question d'y prendre l'avis de chaque personne, mais seulement d'y ratifier ce qui avait été résolu par le plus grand nombre de nations. De cette manière, la nation d'Italie, qui se trouvait la plus remplie d'évêques, n'entrait que pour un quart dans les décisions du concile : ce qui était un fort grand désavantage pour le pape Jean XXIII, parce qu'il avait plus de partisans parmi les Italiens que dans toutes les autres nations ensemble. Les dispositions que nous venons de dire furent conclues le 7 février 1415 (*Hist. de l'Eglise gallic.*).

Avant cela, un incident avait eu lieu. Le bienheureux Jean Dominique, cardinal-archevêque de Raguse, nonce du pape Grégoire XII, étant à quelques milles de Constance, envoya prier le magistrat de lui assigner un hôtel. On choisit le couvent des Augustins, où l'on commença par y faire afficher les armes de Grégoire XII, son maître, sans doute avec la tiare et les clés pontificales; mais elles furent enlevées la nuit suivante, apparemment, dit un auteur (Schelstrate), par ordre du pape Jean XXIII. Cet événement fit beaucoup de bruit parmi les Pères du concile, et l'on tint, en conséquence, une congrégation nombreuse le 20 novembre, où l'affaire fut discutée de part et d'autre. Plusieurs disaient qu'on avait pu afficher ces armes, et qu'il fallait les replacer; d'autres, en plus grand nombre, pensaient que la démarche du nonce était une espèce d'insulte pour Jean XXIII, reconnu pour seul vrai Pape dans la ville de Constance; qu'ainsi les armes de Grégoire ne devaient point être rétablies sur le portail des Augustins. On demeurait néanmoins d'accord que, si Grégoire lui-même était présent au concile, on devrait lui laisser cette marque d'honneur. La question débattue longtemps, par rapport à son nonce, ne fut point décidée juridiquement; mais, si l'on en juge par la manière dont il entra deux mois après dans Constance, on doit croire que les armes de Grégoire furent encore arborées aux Augustins. En effet, après bien des altercations sur le sauf-conduit que cet envoyé demandait à l'empereur et sur le chapeau rouge qu'il voulait porter en faisant son entrée, on convint que ces deux points, si considérables dans les circonstances, lui seraient accordés. L'empereur, qui était alors à Constance, donna le sauf-conduit, et le nonce parut en habit de cardinal, accompagné du duc de Bavière et des autres princes et seigneurs qui suivaient l'obédience de Grégoire XII. Le cardinal Pierre d'Ailly fut un de ceux qui favorisèrent le plus les prétentions du bienheureux Jean Dominique. C'était sans doute par zèle pour l'union; mais Jean XXIII ne pouvait y être indifférent puisqu'il se trouvait par là comme réduit encore à l'égalité avec les chefs des deux autres obédiences, tout déposés qu'ils avaient été au concile de Pise (*Hist. de l'Eglise gallic.*; Labbe et Mansi).

Par suite de cette déposition de ses deux compétiteurs, Jean XXIII comptait que lui seul serait reconnu pape, et qu'on forcerait les deux autres à se soumettre. Le cardinal Pierre d'Ailly combattit dans un mémoire le système de voie de fait. Ce moyen, disait-il, est très-difficile, et il n'y a pas d'apparence qu'on puisse y réussir. Il faudrait plutôt tenter l'abdication volontaire, en offrant un état raisonnable à ceux des prétendants qui voudraient céder pour le bien de la paix.

Sur ces entrefaites, les nonces de Grégoire et de Benoît furent reçus à Constance durant le mois de janvier 1415. Les premiers étaient chargés de négocier une bonne paix, à condition que Jean XXIII ne présiderait point au concile; les autres offraient simplement un pourparler, à Nice en Provence, entre Sigismond, Benoît et le roi d'Aragon. C'était Sigismond lui-même qui avait imaginé ce projet, et qui l'exécuta dans la suite, autant qu'il le fallait, pour mettre dans un nouveau jour l'opiniâtreté invincible de l'antipape.

Cependant on commençait à conclure, et de vive voix et par écrit, que Jean XXIII lui-même ferait bien d'abdiquer, et que, dans certain cas, il pourrait y être contraint par le concile. A quoi ses partisans opposèrent d'autres mémoires, où ils prétendaient que la proposition faite au pape Jean de céder le pontificat était injurieuse au concile de Pise, puisqu'on faisait entendre par là que ce concile n'avait été ni légitime en soi-même, ni utile à l'Église, ni prudent dans le choix qu'il avait fait d'un nouveau pape. Les auteurs de ces écrits croyaient embarrasser leurs adversaires par l'autorité du concile de Pise et par la supériorité des droits qu'ils faisaient profession de reconnaître les uns et les autres dans le pape Jean XXIII.

Le cardinal de Cambrai, Pierre d'Ailly, toujours partisan de la cession, sut bien modifier ces deux articles dans une réponse qu'il fit au mémoire précédent. « A la vérité, dit-il, le concile de Pise et l'élection d'Alexandre V ont été canoniques. On en convient dans l'obédience de Notre Saint-Père Jean XXIII; mais les obédiences des deux autres compétiteurs sont opposées à ce sentiment, et leur opposition est fondée sur des raisons probables. De sorte que, sur ce point de controverse, il n'y a pas moins d'embarras qu'il y en avait, avant le concile de Pise, sur les droits des deux prétendants. D'où il s'ensuit que, si, avant le concile de Pise, les difficultés de droit et de fait par rapport aux deux compétiteurs, et la crainte de retarder la paix de l'Église, faisaient préférer la voie de cession à tous les autres moyens de finir le schisme, à plus forte raison la même voie doit-elle paraître nécessaire depuis qu'il y a trois concurrents pour la papauté. Et qu'on ne dise pas que la proposition de céder met Notre Saint-Père Jean XXIII au niveau des deux antipapes, ni qu'elle détruit le concile de Pise; car la paix, qui doit être le fruit de la cession, entre dans le plan même de ce concile; et comme l'on en sera redevable à la générosité de Notre Saint-Père, elle ne pourra que l'élever infiniment au-dessus de ses adversaires. Qu'on ne dise point encore qu'un pape légitime, et qui n'est suspect d'aucune hérésie, ne peut être contraint à se dépouiller soi-même. Cela est vrai, régulièrement parlant, et en supposant pour juge un concile particulier; mais, dans une cause aussi compliquée qu'est celle-ci, l'Église universelle ou le concile général qui la représente peut forcer le Pape à se démettre pour le bien de la paix; et, si le Pape refusait de prendre ce parti, il pourrait être condamné comme schismatique et comme suspect d'hérésie. »

Ce qui étonne au milieu de tant de discussions et de docteurs à Constance, c'est que pas un ne rappelle les paroles et la conduite mémorable des évêques d'Afrique avec saint Augustin, dans une conjoncture semblable. L'an 411, lors de la célèbre conférence avec les évêques donatistes à Carthage, trois cents évêques catholiques disaient dans leur lettre au tribun Marcellin : « Si ceux avec qui nous avons affaire peuvent nous démontrer que nous avons tort, nous leur céderons l'honneur de l'épiscopat et nous nous rangerons sous leur conduite. Si, au contraire, nous leur montrons que ce sont eux qui se trompent, nous consentons qu'en se réunissant à nous ils conservent l'honneur de l'épiscopat; car nous ne détestons pas en eux les sacrements, mais leurs erreurs. Chacun de nous, dans les églises où il aura un collègue, pourra présider à son tour, ayant son collègue auprès de lui comme un évêque étranger. L'un pourra présider dans une église, l'autre dans une autre, et, l'un des deux étant mort, il n'y aura plus qu'un à la fois, selon l'ancienne coutume. Et ce ne sera pas une nouveauté, car on en a usé ainsi dès le commencement à l'égard de ceux qui se sont réunis en quittant le schisme. Que si le peuple chrétien ne peut souffrir de voir ensemble deux évêques, contre l'ordinaire, retirons-nous les uns et les autres, et que les évêques qui sont seuls dans leurs églises en établissent un seul où il sera nécessaire. Pourquoi hésiterions-nous de faire à notre Rédempteur ce sacrifice? Il est descendu du ciel pour nous faire devenir ses membres, et nous craindrions de descendre de nos chaires, afin que ses membres cessent de se déchirer par une cruelle division? Pour nous-mêmes, il nous suffit d'être chrétiens fidèles et obéissants; mais c'est pour le peuple qu'on nous ordonne évêques. Usons donc de notre épiscopat selon qu'il est utile pour la paix du peuple. Nous vous écrivons ceci, afin que vous le fassiez connaître à tout le monde (Labbe, t. II; S. Aug., t. IX; en cette Histoire, t. VII, l. 38). »

Il est facile à croire que, si Pierre d'Ailly ou quelque autre fameux docteur eût rappelé à propos ces belles paroles, ce bel exemple, l'effet en eût été prodigieux sur l'assemblée de Constance, même sur Jean XXIII. Mais nulle part on ne voit, ni dans les discussions du concile, ni dans tout le schisme d'Occident, qu'on en fait mention. Au lieu des faits analogues de l'histoire, au lieu des maximes des Pères et des conciles, on ne trouve le plus souvent que des raisonnements scholastiques qui ne sont pas toujours bien justes.

Le pape Jean XXIII se voyait cerner peu à peu de toutes parts, pour être amené à se démettre. Il avait de la peine à y entendre. Tout à coup un particulier fit circuler un long mémoire contenant un récit des crimes les plus énormes; on les imputait à ce Pontife, et l'on requérait l'empereur et les nations d'en informer juridiquement. D'abord cette manière d'attaquer un Pape reconnu de tout le concile déplut à la plupart des membres de cette assemblée. On crut qu'il fallait supprimer ce scandale et presser seulement la voie de cession. Cependant, dès que la requête parut, Jean XXIII en fut consterné. Il avoua confidemment à ses intimes qu'il s'était rendu coupable de quelques-unes des fautes qu'on lui reprochait; mais il protesta qu'il n'avait point commis les autres. Lors donc que, le 15 février 1415, le concile envoya lui proposer la voie de cession, comme étant la plus propre à réunir toutes les obédiences, il reçut la supplique avec une espèce de contentement. Il ne s'agisssait plus que de trouver une formule qui pût satisfaire tout le monde. Le pape Jean en proposa successivement deux, qui ne satisfirent pas; on lui en proposa successivement deux autres, dont la dernière, avec quelques amendements, fut enfin adoptée.

Le 1er mars il y eut donc une congrégation générale à l'évêché, où Jean XXIII faisait sa demeure. L'empereur s'y trouva, et le patriarche d'Antioche, prélat français, présenta au Pape la formule de cession conçue en ces termes : « Pour le repos de tout le peuple chrétien, je m'engage et promets, je jure et voue à Dieu, à l'Eglise et à ce saint concile, de donner librement et de mon plein gré la paix à l'Eglise, par la voie de ma cession pure et simple du pontificat, et de l'exécuter réellement, selon la délibération du concile, toutes et quantes fois que Pierre de Lune, appelé dans son obédience Benoît XIII, et Ange Corrario, appelé dans la sienne Grégoire XII, renonceront, par eux-mêmes ou par leurs procureurs, à leur prétendu pontificat. Je promets la même chose pour tout autre cas de renonciation, de mort ou d'événement quelconque, lorsque les circonstances seront telles, que l'union de l'Eglise et l'extinction du schisme dépendront de mon abdication. »

Jean XXIII ne se montra pas difficile pour la réception de cet écrit. Il le lut d'abord en particulier, puis il assura que son intention avait toujours été de donner la paix à l'Eglise; qu'il n'était venu que pour cela à Constance, et qu'il l'avait bien témoigné au concile, en offrant de son plein gré la voie de cession. Après quoi il lut à haute voix la formule, et l'approuva; ce qui lui attira sur-le-champ mille actions de grâces de la part de l'empereur, des cardinaux, du patriarche d'Antioche et des agents de l'Université de Paris, qui venaient d'arriver à Constance. Les Pères du concile, transportés de joie, entonnèrent le *Te Deum*, et plusieurs ne purent retenir leurs larmes, en bénissant Dieu d'un événement si heureux. On témoigna de même une satisfaction infinie dans toute la ville, et l'allégresse commune fut annoncée par le son de toutes les cloches. Le Pape, de son côté, mit le comble à ses promesses, en déclarant qu'il voulait tenir, dès le lendemain, une session solennelle, afin d'y publier l'acte de renonciation, tel qu'il venait de l'approuver.

Ce fut donc le 2 mars que la seconde session du concile se tint dans la cathédrale de Constance. Le Pape y célébra la messe du Saint-Esprit, à la fin de laquelle il s'assit sur un trône appuyé contre l'autel, et il commença la lecture de la formule de cession. Quant il en fut à ces mots : *Je promets, je jure et je fais vœu de céder le pontificat*, il quitta sa place, s'agenouilla au bas de l'autel, et, mettant la main sur la poitrine, il prononça les paroles de cet engagement solennel. Dès qu'il eut achevé, l'empereur descendit de son trône, ôta sa couronne, se prosterna devant le Pape et lui baisa les pieds; ce que fit également le président de l'assemblée, le patriarche d'Antioche, au nom de tout le concile. Le même jour, après quelques difficultés, Jean XXIII adressa une bulle à tous les fidèles, où il exposait la résolution qu'il avait prise d'abdiquer la papauté, et demandait le secours de leurs prières pour la conclusion d'une si grande affaire.

Restait la manière de faire la cession. Le concile désirait que les trois prétendants, à commencer par Jean XXIII, la fissent par procureur. Pour Grégoire XII, il n'y avait aucune difficulté; ses nonces y étaient dûment autorisés, et ni lui ni eux n'inspiraient aucune défiance. Mais on savait que Pierre de Lune ou Benoît XIII voulait faire la cession en personne, et non par procureur. En conséquence, Jean XXIII voulut se réserver la même liberté. De là des soupçons, des défiances entre lui et le concile, entre lui et l'empereur. On craignit qu'il ne vînt à se retirer et à dissoudre ce concile. L'empereur mit des gardes aux portes de la ville et faisait observer le Pape jusque dans ses appartements. Tout cela, joint à l'avis qu'il reçut que les quatre nations avaient résolu de le contraindre à céder, porta Jean XXIII à s'évader de Constance en habit déguisé et à se retirer à Schaffouse. Il en écrivit à l'empereur, que, par la grâce de Dieu, il se trouvait en liberté et dans un lieu de bon air; qu'il ne s'y était pas retiré dans le dessein de manquer à la promesse qu'il avait faite de renoncer à la papauté pour donner la paix à l'Eglise, mais afin que, ayant mis sa propre personne et liberté en assurance, il pût mettre en exécution la volonté sincère qu'il avait de faire cette renonciation (Martène, *Thesaur.*, t. II).

Il y eut de part et d'autre des lettres-circulaires envoyées de tous côtés, tant pour la justification du Pontife que pour celle de la conduite que le concile tenait à son égard (Sponde, Raynald, Von der Hardt, etc.). Pendant ce temps, Jean XXIII changea plusieurs fois de retraite, passant de Schaffouse à Lauffenbourg, de là à Fribourg, ensuite à Brisach et à Neubourg, enfin à Fribourg, où il fut mis au pouvoir de l'empereur et du concile, ainsi que nous le verrons ci-après.

Cinq jours après que Jean XXIII fût sorti de Constance, savoir le 25 mars 1415, le concile y tint sa troisième session. Furent présents deux cardinaux, Pierre d'Ailly et François Zabarella, cinquante-six archevêques et évêques, selon quelques auteurs, et vingt-cinq abbés. L'empereur Sigismond y assista avec ses ornements impériaux. Quelques écrivains modernes rapportent que le concile avait été composé de trois cents évêques; mais un auteur protestant, Hermann von der Hardt, qui en a publié les actes en 1699, n'en marque que soixante-dix dans cette troisième session (t. IV, p. 73). Six cardinaux s'y présentèrent pour déclarer que le concile était dissous par la retraite du Pape (Niem, *in vita Joan.*). Mais la plupart des Pères, s'élevèrent fortement contre eux, et on y statua 1° que le concile avait été et était légitimement et justement convoqué et commencé à Constance; 2° qu'il n'était point dissous par la retraite du pape Jean ni d'autres prélats, quels qu'ils pussent être, mais qu'il subsistait toujours dans son autorité et intégrité; 3º qu'il ne devait point être dissous que l'Eglise ne fût réformée dans la foi et les mœurs, dans le chef et les membres, ni être transféré ailleurs sans une cause raisonnable, au jugement du concile; 4º qu'aucun des prélats et des autres personnes qui devaient y assister ne s'absenteraient avant cette réformation, que pour un sujet trouvé légitime par des députés du concile; auquel cas, ceux qui quitteraient seraient obligés de faire un déport de leur pouvoir à ceux qui resteraient; et tout cela, sous les peines de droit et autres, à l'arbitrage du concile.

La quatrième session fut célébrée le samedi saint, 30 mars. L'assemblée des quatre nations dont le concile était composé, voulant se soutenir dans la qualité d'un concile œcuménique, contre la prétention de la plupart des cardinaux, qui, depuis la retraite du Pape, la croyaient sans autorité, dressa un acte conçu en ces termes : « Ce saint synode de Constance, qui forme un concile général pour l'extirpation du présent schisme et pour l'union et la réformation de l'Eglise de Dieu dans son chef et dans ses membres, à la gloire du Dieu tout puissant, étant légitimement assemblé au nom du Saint-Esprit, afin de réussir plus facilement, plus sûrement, plus librement et plus utilement à unir et réformer l'Eglise de Dieu, ordonne, règle, statue, décrète et déclare. Et premièrement, que ce synode étant légitimement assemblé au nom du Saint-Esprit, faisant un concile général qui représente l'Eglise catholique militante, il reçoit son pouvoir immédiatement de Jésus-Christ; et que toute personne, de quelque état qu'elle soit et quelque dignité qu'elle possède, même papale, est obligée de lui obéir en ce qui appartient à la foi, à l'extirpation dudit schisme et à la réformation générale de l'Eglise de Dieu dans son chef et dans ses membres. »

Les cardinaux qui se trouvaient à Constance, au nombre de vingt-deux, ayant eu communication de ce décret, trouvèrent très-mauvais que les quatre nations s'arrogeassent le droit de réformer le Pape et l'Eglise romaine, leur mère. Ils refusèrent d'abord d'assister à la session où ce décret devait être publié.

Ils consentirent néanmoins à s'y trouver, à condition que la publication n'en serait point faite, parce que les grandes difficultés que renfermait cette matière exigeaient qu'on en délibérât avec maturité (Schelstrate, *Tractat. de concil. Const.*, *Dissert.* 2, c. 2). Et en effet, le cardinal de Florence, François Zabarella, qui était chargé de faire publiquement dans les sessions la lecture des décrets, supprima dans celle-ci les termes *de la réformation de l'Eglise dans son chef et dans ses membres*.

Après la quatrième session, les quatre nations persistant dans le dessein de faire publier dans la suivante le décret avec l'article que le cardinal Zabarella avait omis, les cardinaux s'y opposèrent de toutes leurs forces et déclarèrent qu'ils n'assisteraient pas à l'assemblée. Louis, duc de Bavière, frère de la reine de France; Renaud, archevêque de Reims; Nicolas de Collaville et les autres ambassadeurs du roi très-chrétien, à la réserve de Gerson, chancelier de l'Université de Paris, s'étaient joints aux cardinaux avant la quatrième session, et leur demeurèrent constamment unis dans leur opposition à l'entreprise des quatre nations. Malgré tout ce qu'ils purent faire les uns et les autres par l'entremise même de l'empereur, la cinquième session fut indiquée au 6 avril, sans qu'on parlât de faire aucun examen touchant une matière aussi importante et aussi épineuse que l'était celle en question. Seulement, dans la matinée avant l'assemblée, il y eut en présence de l'empereur une conférence entre les cardinaux, les ambassadeurs français et les députés des nations, où l'on contesta beaucoup sur le décret publié dans la session précédente et que les quatre nations voulaient voir renouvelé et amplifié dans celle qui allait suivre.

Enfin les cardinaux et les ambassadeurs se déterminèrent à s'y trouver; mais, avant d'y assister, ils firent tous ensemble dans la chambre des parements une protestation secrète, dans laquelle ils déclarèrent qu'ils n'y assistaient que pour éviter le scandale, et non pas dans l'intention de consentir à ce qu'ils avaient appris qu'on y voulait statuer. C'est ce qui est rapporté dans le recueil des actes du concile, fait par Hermann von der Hardt, auxquels actes ceux qui sont dans les registres manuscrits du Vatican, cités par Schelstrate, sont parfaitement conformes (Von der Hardt, t. IV, p. 97; Schelstrate, *ubi supra*). Sur quoi ce dernier auteur fait la réflexion suivante : « Ces paroles sont trop belles pour les laisser passer comme faisant peu à l'affaire. Elles regardent une protestation contre les décrets de la session cinquième, faite par les ambassadeurs du roi très-chrétien; ce sentiment, si jamais il peut être recevable contre les décrets d'aucun concile, devrait spécialement en France être reconnu comme ayant force de loi contre les décrets de la cinquième session du concile de Constance, faits sans délibération et en tumulte, par une partie de la seule obédience de l'un des trois prétendants à la papauté (*Ibid.*). »

Le décret résolu par les quatre nations fut publié dans la cinquième session. On y inséra les expressions *de réformation générale de l'Eglise dans son chef et dans ses membres*, qui avaient été omises dans la publication faite en la session quatrième. Mais il faut remarquer que le cardinal de Florence, qui était chargé de faire la publication des décrets dans le concile, refusa de publier celui-ci, et qu'on fut obligé de le faire lire par un prélat nommé à l'évêché de Posnanie : *Quia cardinalis Florentinus illa noluit pronuntiare* (*Gesta mss. ibid.*; Sommier, t. IV). On y ajouta que quiconque, de quelque condition, état et dignité, même papale, qu'il pût être, qui refuserait avec opiniâtreté d'obéir aux commandements, statuts, règlements ou préceptes du saint synode et de tout autre concile général légitimement assemblé, sur les matières avant dites ou autres, soit décidées ou à décider, qui y auraient rapport, s'il n'entrait en résipiscence, serait soumis à la pénitence et à la punition qu'il mériterait, même en recourant aux autres moyens de droit, s'il était nécessaire.

Ensuite, par application à l'état actuel des choses, il fut défini que le pape Jean était obligé de renoncer, non-seulement dans les cas marqués en sa promesse, mais encore dans tout autre qui pourrait servir à unir l'Eglise. Qu'il devait s'en tenir à cette décision du concile, et que, s'il refusait ou différait de le faire, il devait être tenu pour déposé de la papauté, et qu'il fallait se soustraire absolument de son obédience. Que sa retraite avait été clandestine; qu'il serait requis de revenir pour effectuer ce qu'il avait promis, et que, s'il refusait ou différait de le faire dans le terme qui lui serait prescrit, on procéderait contre lui, comme auteur du schisme, et suspect d'hérésie; que, s'il voulait revenir, on lui donnerait un sauf-conduit très-ample, et qu'après sa renonciation au pontificat, il serait pourvu à son entretien et à celui des siens, par quatre commissaires à son choix, et quatre autres au choix du concile.

Ici se présentent deux questions très-importantes pour toute l'histoire de l'Église catholique : 1° Quel est le sens des décrets de la quatrième et de la cinquième session du concile de Constance? 2° Quelle autorité peuvent avoir ces décrets dans l'Église? — Pour traiter ces matières délicates, nous suivrons l'excellent travail de Monseigneur Jean-Claude Sommier, archevêque de Césarée, dans son *Histoire dogmatique du Saint-Siége* (T. VI, in-12).

Première question : *Quel est le sens légitime des décrets dont il s'agit?*

Le décret de la quatrième session, dans ce qui regarde le Pontife romain, est énoncé en ces termes : « Toute personne, de quelque état qu'elle soit, et quelque dignité qu'elle possède, fût-ce même celle de Pape, est obligée d'obéir au présent concile dans les choses qui appartiennent à la foi et à l'extirpation dudit schisme, et à la réformation de l'Église dans son chef et dans ses membres. » Le décret de la cinquième session, dans ce qui regarde le même Pontife, est conçu en ces termes : « Quiconque, de quelque condition, état et dignité qu'il pût être, quand même il serait Pape, refuserait avec opiniâtreté d'obéir aux règlements de ce saint synode et de tout autre concile général légitimement assemblé, sur les matières avant dites ou autres, soit décidées, soit à décider, qui y auraient rapport, s'il n'entrait à résipiscence, il serait puni comme il devrait l'être. »

Or, dit l'archevêque de Césarée, il ne faut être que grammairien pour voir parfaitement que le sens de ces décrets est restreint aux matières qui étaient alors agitées, savoir, à ce qui serait décidé dans ce concile touchant la foi, le schisme et la réformation à faire dans l'Église, par rapport à l'état actuel où elle se trouvait (1). Qu'ainsi l'autorité, que le concile se donnait sur la personne même des Papes, ne s'étendait que sur les Papes d'alors et sur d'autres, leurs semblables, à l'occasion desquels l'Église se trouverait divisée; et que, par conséquent, c'est sans fondement qu'on voudrait l'étendre indéfiniment sur tous les Papes, n'y ayant pas une seule parole dans ces décrets qui donnât l'idée d'un pareil sens.

Ajoutons qu'on ne trouvera rien dans toute la suite du concile qui autorise une autre explication, mais plutôt qu'on y remarquera en plusieurs endroits que, excepté le cas des Papes faux ou douteux, la supériorité y est donnée au Saint-Siége sur les conciles, et non pas aux conciles sur le Saint-Siége.

C'est ce qu'on peut prouver invinciblement par la doctrine qui y fut reconnue touchant ce Siége auguste, savoir, que l'Église romaine est la mère et la maîtresse de toutes les Églises, comme les saints canons l'enseignent, conformément à la tradition venue de Jésus-Christ. Que dire le contraire serait une hérésie. Qu'étant la maîtresse de toutes les Églises, elle en est aussi le chef, de même que des conciles généraux et de l'Église universelle, qui est le composé et l'assemblage de toutes les Églises particulières. Qu'elle tient ces prérogatives de puissance et d'autorité non pas tant des hommes que de Dieu même; que les autres Églises ont leur partage dans le soin pastoral, mais qu'elle a seule la plénitude de la puissance; qu'elle peut juger toutes les autres, mais qu'elle ne peut être jugée de personne (1).

Les Pères du concile ne firent aucune difficulté d'admettre ces propositions avancées par les cardinaux, exceptant seulement les cas de schisme dans l'Église romaine, arrivé par l'abus d'une élection ou d'autre chose semblable (2). Ces mêmes Pères ajoutant que ces propositions devaient s'entendre des temps auxquels tout serait pareil, c'est-à-dire quand les Églises, tant la romaine que les autres, étaient dans leur état ordinaire et légitime : ce qui ne se trouvait point, à cause du schisme qui les divisait (3).

Ce qui confirme excellemment ces sentiments du concile touchant la prééminence et la supériorité du Saint-Siége dans l'Église universelle, ce sont les termes dans lesquels les propositions de Wiclef furent censurées. Après avoir déclaré, au sujet de la transsubstantiation dans l'eucharistie, qu'on doit être certain, assuré et sans aucun doute que tout ce que le Siège apostolique croit et a défini comme de foi, est véritablement tel, et que tout ce qu'il a déclaré hérétique ou erroné, l'est effectivement (4), la censure en donne la raison. Parce qu'il est impossible, dit-elle, que la foi apostolique et l'Église romaine, de laquelle le Pape, comme vicaire de Jésus-Christ et successeur de saint Pierre, est le chef, et le collège des cardinaux, successeurs aussi des autres apôtres, est le corps, dont l'office est de définir et de déterminer ce qu'il faut croire ou rejeter dans ce qui regarde les matières de religion; il est,

---

(1) In his quæ pertinent ad fidem, et extirpationem dicti schismatis, ac generalem reformationem Ecclesiæ Dei in capite et in membris... — Quicunque præceptis hujus sanctæ synodi, et cujuscunque alterius concilii generalis legitimè congregati super præmissis, seu ad ea pertinentibus, factis vel faciendis, obedire contumaciter contempserit...

(1) Romana Ecclesia secundùm canonicas sanctiones, Christi traditioni conformes, omnium ecclesiarum mater est et magistra, et oppositum dicere, est hæresis implicita. Romana Ecclesia, sicut omnium ecclesiarum magistra est, sic earum caput meritò dici potest. Romana Ecclesia, sicut omnium ecclesiarum caput dicitur, sic et concilii generalis, imò universalis Ecclesiæ, quæ ex omnibus particularibus ecclesiis integratur. Præmissam potestatis et auctoritatis præeminentiam obtinet, non tàm humanâ traditione, quàm divinâ. Romana Ecclesia habet alias in parte sollicitudines, non in plenitudine potestatis. Romana Ecclesia potest de aliis omnibus judicare; sed ipsa non potest à quoquam alio judicari. (*Conclusiones cardinalium*, apud Von der Hardt, t. II, part. 13, p. 237 et seqq.).

(2) Hoc concedatur : tamen non ad fovendum schisma... hoc est verum in aliquo concilio; maximè cùm agitur ad elidendum aliquem errorem contra catholicam fidem seu hæresim extirpandam. Ubi autem agitur de schismate tollendo in Romanâ Ecclesiâ, quod per cardinales ortum habuit, aut quia cardinales alias abusi sunt electione, et in similibus, ibi non habet locum. (*Responsa concilii ad propos. card. — Ibidem*).

(3) Illud intelligendum est cæteris paribus. Sed hic cætera non sunt paria ; ideo non faciunt ad propositum (*Ibidem*).

(4) Exclusâ omni differentiâ et dubietate, securi et certi sint quidquid Sedes apostolica et Ecclesia Romana tenuerit et determinaverit pro fide catholicâ, quod hoc sit fides recta ; et quemcumque articulum determinaverit esse hæreticum, vel erroneum, quod sit talis (*Ibidem*, t. III, p. 218.).

dis-je, impossible que ce Siége et cette Eglise détermine et tienne pour être véritablement de foi ce qui n'en serait pas. Autrement, ce Siége apostolique et cette Eglise romaine serait hérétique et sujette à l'erreur, s'attachant à ce qui n'est pas de foi et rejetant ce qui en serait (1). Comment donc serait-elle la mère et le chef de toutes les Eglises, la maîtresse qu'on serait obligé de suivre en tout, à laquelle il faut avoir recours dans les doutes et les difficultés qui arrivent touchant la foi ? comment n'aurait-elle ni tache ni ride ? comment l'usage et la coutume céderont-ils à son autorité ? comment sera-t-on obligé à lui obéir après Dieu, comme à la mère et au chef de toutes les Eglises, contre l'autorité de laquelle on ne peut parler mal sans être réputé hérétique ? comment pourra-t-elle juger tout le monde, sans pouvoir être jugée de personne ? comment un chrétien, qui refusera de lui obéir, sera-t-il regardé comme un infidèle ? Quoi penser de tout ce qui est dit à son avantage dans le corps des saints canons, s'il paraissait qu'elle fût erronée et hérétique ? Comment serait-elle visiblement sur la terre un refuge assuré et certain, auquel toutes les Eglises et tous les chrétiens pussent sûrement recourir en matière de foi et de discipline, comme toutes les Eglises et toute la communauté des chrétiens y recourent nécessairement, par le besoin pressant qu'elles en ont, suivant l'ordre et la disposition de Jésus-Christ, qui, par ce moyen, a su et pu facilement et abondamment pourvoir aux nécessités de l'Eglise, son épouse ?

Parce qu'il est extrêmement nécessaire et expédient, porte ailleurs la censure, qu'il y ait dans le christianisme, répandu par toute la terre, une Eglise fixe, permanente, ouverte et connue à tout le peuple chrétien, dans laquelle réside le souverain pouvoir ecclésiastique sur la terre, avec l'autorité suprême de commander, d'enseigner, de régir, de juger, de connaître, de définir généralement dans toutes les matières de foi et de discipline, et que cette Eglise soit dans un lieu particulier et connu à tous les peuples. Or, cette Eglise est de nom et d'effet l'Eglise romaine, qui conséquemment est la souveraine en terre, et dans laquelle réside le prince souverain de l'Eglise.

Il y a dans le concile de Constance, en faveur du Saint-Siége, plusieurs autres déclarations de la même force que celles que nous venons de rapporter, et qui sont tirées des censures des propositions de Wiclef, faites par des députés du concile de tout caractère, et approuvées dans la huitième session de la même assemblée.

Enfin, conclut le savant archevêque de Césarée, ce qui prouve invinciblement que le Saint-Esprit, parlant par l'organe des conciles œcuméniques, n'a point déclaré ni défini dans celui de Constance leur supériorité sur le Pontife romain, c'est l'attachement invariable de l'Eglise au sentiment contraire. Nous l'avons évidemment fait connaître dans cette *Histoire*

(1) Impossibile est enim quod Sedes apostolica et Romana Ecclesia, in quâ Papa vice Christi et successor Petri in caput residens, et collegium cardinalium in corpus succedens aliis similiter apostolis, in officio definiendi et determinandi circa universam materiam catholicam et ecclesiasticam, et errores contrarios exterminandi; impossibile, inquam, est quod talis Sedes et talis Romana Ecclesia aliquid determinaret et teneat pro fide catholicâ et rectâ, quod non esset fide recta. Alias in tali casu Sedes illa apostolica et Romana Ecclesia esset hæretica et errones, tenens tenaciter non fidem pro fide, aut fidem pro non fide.

dogmatique par la tradition des siècles antérieurs, et nous le démontrerons encore par celle des temps postérieurs à ce concile. Il faut néanmoins excepter quelques particuliers qui ont préféré une opinion nouvelle à l'ancienne créance : opinion occasionnée, non par le doute de l'autorité pontificale dans un Pape légitime, mais par l'incertitude, si ceux qui prétendaient l'avoir en étaient réellement revêtus ; ou, si l'on veut, par le désir de finir un schisme scandaleux et opiniâtre, on voulait fournir des moyens à l'Eglise pour obliger les divers prétendants à se désister de leurs droits, en préférant le bien public à leur intérêt particulier.

Seconde question : *Quelle autorité peuvent avoir dans l'Eglise les décrets de la quatrième et de la cinquième session du concile de Constance?*

On peut soutenir, dit l'archevêque de Césarée, et même on doit reconnaître qu'ils ne sont pas d'une autorité suffisante pour faire loi dans l'Eglise.

1º Pour être légitimes, la matière en devait être proposée dans les formes, examinée mûrement, durant un temps convenable, et avec la liberté nécessaire à la validité d'une décision synodale.

Il était question d'un point de religion qui n'avait jamais été mis en doute, et qui, au sentiment même des adversaires de la supériorité des papes sur les conciles, n'avait jamais été agité dans l'Eglise. Il fallait donc prendre des mesures justes, et non suspectes, pour procéder dans la recherche de ce qui pouvait ou confirmer l'ancienne créance, ou l'expliquer et la limiter par rapport aux doutes qu'on avait dans les circonstances présentes. Il fallait, selon le raisonnement toujours invincible de M. de Schelstrate, dans une affaire de cette conséquence, recourir, comme on avait toujours fait dans l'Eglise en pareil cas, aux écrits des saints Pères, aux décrets des souverains Pontifes et aux monuments des conciles généraux, où l'on se serait éclairci de ce que la tradition enseigne touchant l'autorité pontificale.

2º On y aurait reconnu la qualité du pouvoir que la vénérable antiquité a toujours révéré dans le Siége apostolique ; celle de la juridiction que ses Pontifes, comme pasteurs de tout le troupeau de Jésus-Christ, ont toujours exercée dans l'Eglise, et le profond respect avec lequel les conciles mêmes ont parlé et traité du souverain pouvoir de saint Pierre et de ses successeurs.

On y aurait reconnu que Célestin Ier, envoyant ses légats au concile d'Ephèse, troisième œcuménique, mit dans leurs instructions : qu'ils devaient soutenir l'autorité du Saint-Siége, à eux confiée ; qu'ainsi, selon les ordres reçus, ils assisteraient aux assemblées, non pour en subir l'examen en cas de dispute, mais pour décider de leurs sentiments sur ce qui viendrait à être controversé.

Que le concile de Chalcédoine, quatrième œcuménique, le plus nombreux de ceux qui ont été tenus en Orient, dans sa lettre synodique, a donné au pape Léon Ier le titre de souverain (*Summitas*). Qu'il envoya au même Pape son canon vingt-huitième, attribuant au siége de Constantinople le second rang dans l'Eglise, pour être confirmé par son autorité, et que, sur le refus de Léon, le décret n'eut point de force.

Qu'au second concile de Nicée, septième œcuménique, les Pères de l'assemblée examinèrent à plusieurs reprises la question du culte des images; qu'ils ne décidèrent contre les iconoclastes qu'après avoir bien consulté la tradition de l'Eglise et y avoir trouvé des témoignages suffisants de la pratique légitime de ce culte.

3° Les cardinaux, qui, avec les prélats des nations, formaient le concile, firent inutilement leur possible pour porter l'assemblée à traiter la matière dans les règles. Ils crurent que Jean XXIII, retiré à Schaffouse, devait être averti de ce qui se passait à cet égard à Constance, et ils lui envoyèrent trois d'entre eux pour l'en informer. Ce pontife, vivement touché des manières hautaines des prélats nationaux à son égard, quoiqu'ils le reconnussent pour pape légitime, en témoigna son indignation aux légats. Et au sujet d'un discours que Gerson, chancelier de l'Université de Paris, venait de prononcer au concile contre l'autorité suprême du Saint-Siége, il en fit des plaintes amères aux ambassadeurs de France, qui l'étaient venus visiter, ajoutant que, depuis son départ de Constance, on y proposait des faussetés et des erreurs contre l'autorité du pontife romain. Il faut remarquer que depuis ce temps-là les ambassadeurs du roi très-chrétien furent toujours unis au sacré collége.

Les cardinaux, à leur retour, voulurent, avec d'autres de leurs collègues, soutenir, dans une congrégation tenue le 26 mars, que le concile était dissous par la retraite et l'absence de Jean XXIII. A quoi plusieurs prélats des nations ayant répondu avec aigreur que le pape n'était pas au-dessus du concile, mais au-dessous, la dispute s'échauffa tellement, et les clameurs contre les cardinaux s'augmentèrent si fort, qu'ils furent obligés de se retirer avec précipitation.

Le lendemain, dans la congrégation du 27, les cardinaux, auxquels s'étaient joints les ambassadeurs de France, voulurent faire leur rapport aux nations, des offres de Jean XXIII pour renoncer au pontificat et pour la continuation du concile. Mais le roi des Romains et les prélats des nations, qui étaient présents, traitèrent tout cela de jeu et de feinte de la part du Pape, et l'assemblée se mit à crier tout d'une voix : Point d'égard à cela! Que la session se tienne! que la session se tienne!

La session, qui fut la quatrième, se tint effectivement trois jours après. Les cardinaux et les ambassadeurs de France, qu'on n'avait pas daigné informer, comme on le devait, des matières à traiter, avaient résolu de ne point s'y trouver, malgré les instances du roi des Romains, qui avait beaucoup pressé les cardinaux d'y assister. Enfin, les prélats des nations, en mitre et en chape, ayant déjà pris séance au concile, le roi ou empereur Sigismond s'aboucha avec les cardinaux et leur proposa un tempérament touchant ce qui serait délibéré dans cette session; moyennant quoi les cardinaux consentirent à assister, et portèrent les ambassadeurs français, avec lesquels ils étaient unis, à y assister aussi. Or, ce tempérament fut que, dans le premier décret qui devait être publié dans cette session, on ne ferait point mention de la réformation de l'Eglise dans son chef et dans ses membres, et qu'on supprimerait absolument le second décret, qui attribuait aux conciles l'autorité de mettre en pénitence les papes qui refuseraient d'obéir à leurs règlements touchant les affaires dont il était alors question. La chose s'exécuta de cette manière, comme il est rapporté dans les actes qu'on a en manuscrits au Vatican, où l'on ne trouve point qu'il soit rien dit dans la quatrième session, ni de la réformation de l'Eglise dans son chef et dans ses membres, ni de l'autorité coactive des conciles à l'égard des souverains Pontifes. M. de Schelstrate prouve que ce furent les Pères du concile de Bâle, ennemis du pape Eugène IV, qui insérèrent ces termes de *réformation de l'Eglise*, etc., dans l'édition du concile de Constance qu'ils firent publier, d'où ils ont passé dans les éditions communes.

Pendant la tenue de cette même session, les cardinaux, craignant quelque décret précipité sur les matières que les prélats des nations avaient en vue, les avertirent encore d'en suspendre la décision jusqu'à ce qu'on aurait employé un temps suffisant à les examiner, d'autant qu'elles renfermaient de grandes difficultés, et qu'elles demandaient qu'on en délibérât avec maturité.

Mais ces prélats, plus occupés du discours emporté de Gerson que des sages remontrances du sacré collége, ne voulurent point s'arrêter dans un pas si glissant. Après avoir formé le dessein de publier dans la session prochaine ce que les cardinaux avaient fait omettre et supprimer dans la précédente, sans autre préparation et discussion de ces points délicats, ils indiquèrent la cinquième session pour le 6 avril, l'y tinrent et y firent solennellement annoncer les décrets que nous avons vus précédemment.

4° On a vu les oppositions qui furent faites à ces décrets par les cardinaux et les ambassadeurs de France. Nous ajouterons ici, sur l'autorité du pape Eugène IV, qu'il y eut même des prélats des plus considérables d'entre ceux des nations qui réclamèrent en plein concile contre les mêmes décrets, mais leur voix fut étouffée par les clameurs de la multitude. Le cardinal Turrecremata et Rodrigue, évêque de Cagliari, assurent pareillement que plusieurs docteurs et plusieurs prélats très-savants de l'assemblée réclamèrent contre les décrets de la cinquième session, et ne voulurent point y consentir.

5° Un défaut essentiel qu'on trouve encore dans les décrets dont il est ici question, qui les empêche d'être revêtus de l'autorité d'un concile universel, c'est qu'ils ont été faits par les prélats de la seule obédience de Jean XXIII.

On sait que des trois prétendants au souverain pontificat, Jean XXIII fut le seul qui fit la convocation du concile; qu'au temps de la quatrième et de la cinquième session et de plusieurs ensuite, les Eglises des obédiences d'Ange Corrario, dit Grégoire XII, et de Pierre de Lune, dit Benoît XIII, ne le reconnaissaient en rien; que le nombre de ces Eglises était pourtant considérable; car Grégoire XII avait dans son parti toutes les villes de la Romagne, avec plusieurs autres d'Italie; celles de Raguse et du voisinage, celles de Trèves, de Worms, de Spire, de Verden et autres d'Allemagne; celle de Strigonie et d'autres en Hongrie; les patriarches de Constantinople, d'Alexandrie et d'Antioche (Von der Hardt, t. I, p. 156 et 157). Pierre de Lune avait dans le sien toutes celles des royaumes de Castille, d'Aragon, de Navarre, d'Ecosse, des îles de Majorque, de Corse et de Sardaigne.

Or, voici le raisonnement que le pape Eugène IV fait sur ce principe. L'obédience de Grégoire ni celle de Benoît, qui ne faisaient pas une petite partie de la chrétienté, n'ont point traité le concile de Constance de *concile plénier*, avant le temps de leur union ; et jusqu'alors elles n'ont pas reçu ses décrets comme revêtus de l'autorité d'un concile œcuménique. Pour cela, il fallut qu'après leur union il se fît une nouvelle convocation du concile, premièrement par l'obédience de Grégoire, ensuite par celle de Benoît, et de cette sorte, par le concours de l'Eglise universelle, cette assemblée eut le nom et la réalité de concile plénier. Par conséquent, tout ce que les Pères qui l'ont composée y ont fait avant ce temps ne doit point être attribué à l'Eglise universelle, mais à ceux-là seulement qui y siégeaient et dont le synode n'était que d'une seule obédience. Voilà comme le savant archevêque de Césarée juge la quatrième et la cinquième session du concile de Constance (Sommier, *Hist. dogm. du Saint-Siége*, t. VI).

La sixième se tint le 17 avril. On y publia un acte de renonciation au souverain pontificat, que Jean XXIII serait obligé de souscrire. Cet acte portait que ce Pontife nommait de son plein gré certains procureurs, qui lui étaient désignés par le concile, pour faire la cession qu'il avait promise et jurée. Que deux de ces procureurs pourraient l'exécuter, nonobstant l'opposition des autres et la sienne propre. Qu'il jurait de ne jamais révoquer ces procureurs, pour quelque raison que ce pût être. Qu'il ne changerait rien à cet acte, ni au fond, ni pour la forme, déclarant nulles dès à présent toutes les exceptions qu'il pourrait y mettre dans la suite, aussi bien que toutes les censures qu'il pourrait infliger à cette occasion. Que, par cette procuration, il ne se tenait pas dégagé du serment qu'il avait fait de céder en tous les cas énoncés dans sa promesse, qui le lierait toujours jusqu'à la consommation de l'union. Que la cession faite en son nom par lesdits procureurs aurait la même force que s'il l'avait faite lui-même en personne, et que de sa pleine puissance, il suppléait à tous les défauts qui pourraient se trouver dans cet acte. Que, quelque opposition qu'il fît, même par le conseil des cardinaux, il renonçait actuellement au pontificat, et dégageait de leur serment les cardinaux, tous les prélats de l'Eglise, tous les officiers de la cour romaine et généralement toute la chrétienté (Sponde, an 1415, n. 24 ; Von der Hardt, t. IV, p. 113 et 114).

Le concile envoya cet acte à Jean XXIII, par deux cardinaux et des députés de chaque nation, qui le trouvèrent d'abord à Brisach. Dans l'audience qu'ils y eurent, le Pontife remit au lendemain pour la réponse qu'il aurait à leur faire. Mais, pour les éviter, il se retira d'abord à Neubourg et de là à Fribourg. Les envoyés du concile, qui s'en retournaient, le trouvèrent par hasard dans cette dernière ville, et lui déclarèrent que, s'il ne donnait sa procuration, le concile allait procéder contre lui. Il ne la leur donna pourtant point ; mais il l'envoya par le comte Berthold des Ursins, préposé à la garde du concile. Il y promettait et jurait qu'il était prêt à céder purement et simplement, dès qu'on aurait pourvu à sa liberté et à son état, en la manière et la forme qu'il avait proposées aux envoyés du concile. La réponse fut rejetée, et la procédure résolue.

Dans la septième session, qui se tint le 2 mai, le concile, à la réquisition de ses promoteurs, ordonna que Jean XXIII serait cité à comparaître en personne avec ses adhérents, neuf jours après la publication de la citation, au bout desquels on procéderait contre lui selon la justice.

Après la huitième session, qui se tint le 4 mai, sur une autre affaire, Jean XXIII, étant abandonné de tout secours humain, fut enlevé à Fribourg, par les troupes du roi ou empereur Sigismond, et conduit à Radolfzell, forteresse à deux milles de Constance. On changea tous ses domestiques, à la réserve de son cuisinier.

Dans la neuvième session, qui se tint le 13 mai, le promoteur du concile requit que Jean XXIII, ayant été cité à comparaître ce jour-là même et ne comparaissant point, ni personne de sa part, fût déclaré suspens de toutes les fonctions du pontificat. On parla d'une procuration qu'il avait envoyée de Fribourg, dans laquelle il nommait trois cardinaux pour prendre sa défense dans le concile ; mais les cardinaux ne voulurent pas accepter la commission ; et d'ailleurs le concile rejeta la procuration sur ce que, la cause étant criminelle, Jean XXIII devait comparaître en personne.

On remit néanmoins au lendemain, jour marqué pour la dixième session, à prononcer jugement contre lui. Ce jugement fut : Etant constant par des preuves légitimes que le seigneur pape Jean XXIII, depuis le temps qu'il avait été élevé au souverain pontificat jusqu'alors, s'était comporté avec scandale dans l'administration de sa dignité et du gouvernement de l'Eglise ; qu'il avait donné de mauvais exemples aux peuples par sa vie damnable et ses mauvaises mœurs ; que, de plus, il avait exercé publiquement la simonie, en conférant pour de l'argent les évêchés, les abbayes, les prieurés et les autres bénéfices ecclésiastiques ; qu'ayant été charitablement averti de se corriger, il avait refusé de le faire, et avait continué et continuait encore à scandaliser l'Eglise par la même conduite : à ces causes, le concile, par la présente sentence, prononçait, jugeait et déclarait ledit seigneur pape Jean devoir être et être effectivement suspens et privé de toute fonction pontificale, dont l'administration spirituelle et temporelle lui est interdite ; et qu'en conséquence de ces délits notoires, on procéderait dans les formes de droit pour le déposer de la papauté.

Dans la onzième session, tenue le 25 mai, le concile ordonna d'envoyer à Jean XXIII, détenu à Radolfzell dès le 17 du même mois, les informations faites contre lui. Le Pontife reçut cette notification avec une patience et une résignation inattendues. Les députés ayant voulut lui lire les articles de la procédure, il les arrêta, et leur dit que cela n'était point nécessaire, puisqu'il voulait obéir entièrement et sans restriction aux décisions du concile. Seulement il remontra les services qu'il avait rendus à l'Eglise avant et pendant son pontificat, et supplia le concile, par les entrailles de la miséricorde divine, d'avoir compassion de sa personne et de ménager son honneur. Il écrivit à l'empereur Sigismond au même sujet. A tout cela, on ne daigna pas même répondre.

Dans la douzième session, célébrée le 29 mai en présence de l'empereur Sigismond, Jean XXIII fut déposé du souverain pontificat par sentence définitive du concile, qui dégageait toute la chrétienté de son obédience, avec défense de l'appeler *pape* et de lui adhérer désormais en cette qualité, recommandant à l'empereur de le faire garder en lieu sûr tout le temps que le concile le trouverait à propos pour le bien de l'Eglise, et se réservant la liberté de le condamner dans la suite à d'autres peines, pour les crimes dont il était coupable.

Restait à lui signifier la sentence. Le 31 mai, l'évêque de Lavaur, accompagné de quelques officiers du concile, alla lui en faire la lecture. Dans un moment si critique, on ne vit en lui aucun signe d'impatience ni d'indignation. Il demanda seulement deux heures pour préparer sa réponse. Après quoi, ayant fait rappeler l'évêque, il acquiesça humblement à tout ce qui était contenu dans la sentence. Il fit serment de ne jamais y contrevenir; il déclara que, dès ce moment, il renonçait à tous les droits qu'il pouvait prétendre au pontificat; et comme il avait déjà fait ôter de sa chambre la croix pontificale, il ajouta que, s'il avait d'autres habits que ceux qui le couvraient actuellement, il les prendrait, pour ôter aussi de sa personne tout ce qui pouvait marquer la dignité dont il avait été revêtu. Il dit ensuite que jamais il ne consentirait à être élu Pape, quand même on voudrait lui faire cet honneur; que, néanmoins, après la démarche qu'il faisait, si quelqu'un voulait encore procéder contre lui et le soumettre à de nouvelles peines, il était résolu de se défendre, implorant même pour cela la protection du concile, qu'il reconnaissait pour son juge. Enfin il se recommanda aux bontés de l'empereur et des Pères, et il demanda acte de sa déclaration.

Malgré tout ceci, la sentence si extraordinaire de la part d'une assemblée de prélats catholiques, contre celui qu'ils avaient vénéré comme leur chef et leur père, fut exécutée avec la dernière rigueur par Sigismond, qui était redevable de l'empire à l'infortuné Jean XXIII. Ce prince, autrefois son ami, le fit mettre dans la forteresse de Gotleben, près de Constance. De là, il fut transféré à Heidelberg, où il fut traité quelque temps avec assez de douceur. Mais enfin confiné à Manheim, il y passa trois années dans une captivité fort dure, n'ayant même personne pour converser, parce que tous ceux qui l'approchaient étaient des Allemands, dont il ne savait pas la langue, et qui ne savaient pas la sienne.

Pour apprécier la conduite de l'empereur Sigismond et des prélats réunis à Constance au commencement du XVe siècle, il est bon de se rappeler la conduite que tinrent, au commencement du VIe siècle, dans une circonstance analogue, le roi ostrogoth et arien Théodoric et les évêques d'Italie, mais surtout les évêques de France.

Par les intrigues des Grecs, un schisme avait éclaté dans l'Eglise romaine, entre le pape saint Symmaque et l'antipape Laurent. Symmaque fut accusé d'adultères et d'autres crimes par les schismatiques, qui devenaient de jour en jour plus redoutables par leur insolence. Les catholiques, pour se délivrer de l'oppression, eurent recours au roi Théodoric, et lui suggérèrent de faire décider cette contestation par un nombreux concile des évêques de son royaume. Ils ne firent pas cette démarche sans le consentement de Symmaque; au contraire, lui-même écrivit au prince, en le priant d'écrire aux évêques qu'ils vinssent sans délai à Rome. Les évêques ayant reçu ces ordres, ceux de l'Emilie, de la Ligurie et de la Vénétie, qui, pour aller à Rome, devaient passer par Ravenne, demandèrent au roi le sujet de cette assemblée. Il répondit que c'était pour examiner les crimes dont Symmaque était accusé par ses ennemis. Les évêques dirent que c'était au Pape lui-même à convoquer ce concile; que le Saint-Siége avait ce droit, d'abord par le mérite et la principauté de saint Pierre, ensuite par l'autorité des conciles, et que l'on ne trouvait aucun exemple qu'il eût été soumis au jugement de ses inférieurs. Le roi dit que le Pape lui-même manifesté, par ses lettres, sa volonté pour la convocation du concile. Les évêques demandèrent à lire ces lettres, et le roi les leur fit donner, ainsi que toutes les pièces du procès.

Le concile s'assembla dans la basilique de Jules, au mois de juillet 501. Il y avait cent quinze évêques. Ceux qui avaient passé par Ravenne firent le récit de ce qu'ils avaient dit au roi. Malgré cela, il restait une inquiétude générale sur la légitimité du concile. Ensuite, comme ils parlaient de l'affaire principale, le pape Symmaque entra dans l'église, témoigna sa reconnaissance envers le roi pour la convocation du concile, déclara qu'il l'avait désiré lui-même, et, en présence de tous les évêques, il leur donna l'autorité de juger cette cause. Ce sont les termes du concile. Après plusieurs incidents, il prononça la sentence en ces termes : « Nous déclarons le pape Symmaque, évêque du Siège apostolique, déchargé, quant aux hommes, des accusations formées contre lui, laissant le tout au jugement de Dieu. » Dans un autre concile de 503, saint Ennodius en donna cette raison, avec l'approbation de tous les Pères. « Dieu a voulu peut-être terminer par des hommes les causes des autres hommes, mais il a réservé à son jugement l'évêque de ce siége. Il a voulu que les successeurs du bienheureux Pierre n'eussent à prouver leur innocence qu'au ciel, devant Celui qui peut en connaître parfaitement. Et si vous dites que toutes les âmes sont pareillement sujettes à ce jugement, je répondrai qu'il n'a été dit qu'à un seul : *Tu es Pierre, et sur cette pierre je bâtirai mon Eglise, et tout ce que tu délieras sur la terre sera délié dans le ciel.* »

Par tout ceci, on voit ce que les catholiques du VIe siècle pensaient de l'autorité et des prérogatives du Pontife romain. Ce qui ne le montre pas moins, c'est la sensation que cette affaire produisit dans les Gaules. Quand on y apprit qu'un concile d'Italie avait entrepris de juger le Pape, tous les évêques furent alarmés, et chargèrent saint Avit, évêque de Vienne, d'en écrire au nom de tous. Il adressa sa lettre aux deux premiers du sénat. Il les prie de ne pas regarder sa lettre comme la lettre particulière d'un évêque, puisqu'il n'écrit que par ordre de tous ses frères, les évêques des Gaules, qui lui en ont donné commission par leurs lettres.

Après cet exorde, il entre ainsi en matière : « Nous étions dans de grandes alarmes et de cruelles inquiétudes touchant l'affaire de l'Eglise romaine, sentant bien que notre état même, l'épiscopat, est chancelant quand le chef est attaqué, et que la même accusation, si elle avait renversé l'état du prince, nous aurait frappés tous; nous étions dans ces anxiétés, lorsque nous avons reçu d'Italie le décret porté par les évêques italiens assemblés à Rome au sujet du pape Symmaque. Quoiqu'un nombreux concile rende ce décret respectable, nous comprenons cependant que le saint pape Symmaque, s'il a été accusé d'abord devant le siècle, aurait dû trouver dans ses collègues des consolateurs plutôt que des juges. Car si l'arbitre du ciel nous ordonne d'être soumis aux puissances de la terre, en nous prédisant que nous paraîtrons devant les rois et les princes en toute sorte d'accusation, il n'est pas aisé de concevoir par quelle raison, ou en vertu de quelle loi, le supérieur est jugé par les inférieurs. En effet, l'Apôtre nous ayant fait un précepte de ne pas recevoir d'accusation contre un simple prêtre, de quel droit a-t-on pu en recevoir contre la principauté de l'Église universelle? Le concile lui-même l'a bien entrevu dans son louable décret, lorsqu'il a réservé au jugement de Dieu une cause que (cela soit dit sans l'offenser) il avait consenti presque témérairement à examiner, et lorsqu'il a rendu cependant témoignage, en peu de mots, comme il a pu, que ni lui ni le roi Théodoric n'avaient trouvé aucune preuve des crimes dont le Pape était accusé.

» C'est pourquoi, en qualité de sénateur romain et d'évêque chrétien, je vous conjure de n'avoir pas moins à cœur la gloire de l'Église que celle de la république, d'employer pour nous le pouvoir que Dieu vous a donné, et de n'aimer pas moins dans l'Eglise romaine la chaire de saint Pierre, que vous n'aimez dans Rome la capitale de l'univers. Si vous y pensez avec la profondeur qui vous est propre, vous n'y verrez pas uniquement l'affaire actuelle de Rome. Dans les autres Pontifes, si quelque chose vient à chanceler, on peut le réformer; mais si le Pape de Rome est mis en doute, ce n'est plus un évêque, c'est l'épiscopat même qu'on verra vaciller. Vous n'ignorez point parmi quelles tempêtes des hérésies nous conduisons le vaisseau de la foi; si vous craignez avec nous ces dangers, il faut que vous travailliez avec nous à défendre votre pilote. Quand les nautonniers se révoltent contre celui qui tient le gouvernement, serait-il de la prudence de céder à leur fureur, en les exposant eux-mêmes au danger pour les punir? Celui qui est à la tête du troupeau du Seigneur rendra compte de la manière dont il le conduit; mais ce n'est pas au troupeau à demander ce compte à son pasteur, c'est au juge (Labbe, t. IV; livre 43 de la présente Histoire). »

Voilà comme pensait, parlait et agissait, au commencement du VIᵉ siècle, le clergé d'Italie, mais surtout le clergé de France. A la fin du VIIIᵉ et au commencement du IXᵉ, l'un et l'autre pensaient, parlaient et agissaient encore de même. L'an 800, le pape saint Léon III fut accusé par une faction. On convoqua dans la basilique de Saint-Pierre une assemblée des archevêques, des évêques et des seigneurs laïcs, francs et romains. Le roi et le pape, s'étant assis, firent asseoir les archevêques, les évêques et les abbés; les prêtres et les seigneurs laïcs demeurèrent debout. Le roi, qui n'était autre que Charlemagne, ayant ouvert l'assemblée par un discours sur le sujet de son voyage, on proposa d'examiner les accusations intentées contre le Pape. Mais tous les archevêques, les évêques et les abbés s'écrièrent d'une voix unanime : « Nous n'osons juger le Siége apostolique, qui est le chef de toutes les Eglises de Dieu; car nous sommes tous jugés par ce Siége et par son vicaire; mais ce Siége n'est jugé par personne : c'est là l'ancienne coutume; mais comme le souverain Pontife jugera lui-même, nous obéirons canoniquement (Anast., *in Leon. III*). »

Cette déclaration unanime et solennelle du clergé de France et du clergé d'Italie est infiniment remarquable. Il est fâcheux que ni l'un ni l'autre ne s'en souvînt au concile de Constance. Ils auraient pu facilement, pour l'extinction du schisme, se contenter de l'abdication de Jean XXIII, sans recourir à la rigueur inutile, et d'ailleurs peu canonique, de la déposition.

Cette rigueur fut loin d'être approuvée alors de tout le monde; elle fut sévèrement blâmée à la cour de France. Les députés de l'Université y ayant paru, le dauphin, qui était encore Louis, duc de Guyenne, les reçut fort mal, et leur dit en colère : « Il y a longtemps que vous vous en faites un peu trop accroire, en vous donnant la liberté d'entreprendre des choses qui sont bien au-dessus de votre condition : ce qui a causé bien du désordre dans l'Etat. Mais qui vous a fait si hardis que d'avoir osé attaquer le Pape et lui enlever la tiare, en le dépouillant de sa dignité, comme vous avez fait à Constance? Il ne vous reste plus, après cela, que d'entreprendre encore de disposer de la couronne du roi, mon seigneur, et de l'état des princes de son sang; mais nous saurons bien vous en empêcher (*Monach. Dionys.*, traduit par Le Laboureur, l. 35, c. 18). » Nous verrons plus loin que les inductions du dauphin n'étaient pas mal fondées.

Dans la quatorzième session du concile de Constance, célébrée le 4 juillet, on vit quelque chose de plus édifiant. Charles de Malatesta, seigneur de Rimini, envoyé de Grégoire XII, était arrivé à Constance dès le 15 juin, avec un plein pouvoir de renoncer à la papauté au nom de ce Pontife. L'abdication ne devait néanmoins se faire qu'à condition que l'envoyé de Grégoire ne s'adresserait d'abord qu'à l'empereur, et non pas au concile, dont il ne reconnaissait pas l'autorité; que dans cette assemblée, dite *concile œcuménique de Constance*, ni Balthasar Cossa, dit Jean XXIII, ni personne de sa part, n'aurait la présidence; et que, pour avoir le nom et la réalité de concile général, elle serait derechef convoquée et approuvée par l'autorité de Grégoire. Toutes ces conditions furent observées. L'empereur présida le commencement de la session, pendant quoi on fit lecture de deux bulles de Grégoire. Dans la première, il nommait le cardinal de Raguse et le patriarche de Constantinople ses légats, avec l'archevêque de Trèves, le comte palatin du Rhin, et Charles de Malatesta, pour faire sa renonciation aux conditions susdites. Dans l'autre, il donnait un pouvoir particulier et plus ample à Malatesta, de mettre à ce sujet ses ordres à exécution, ou par lui-même ou par d'autres. Celui-ci ayant transmis son autorité au cardinal de Raguse pour convoquer et approuver le concile, ce cardinal, qui était le bienheureux Jean Dominique, des frères Prêcheurs, le fit en ces termes :

« Notre Très-Saint-Père le pape Grégoire XII, étant bien informé sur le sujet de l'assemblée célèbre qui se trouve à Constance pour y former un concile général, dans l'ardent désir qu'il a de mettre l'union et la réformation dans l'Eglise et d'extirper les hérésies, a donné à cet effet ses ordres de la manière exprimée dans les lettres qui viennent d'être lues. C'est pourquoi, moi, Jean, cardinal-prêtre du titre de Saint-Sixte, appelé vulgairement *cardinal de Raguse*, assisté de mes collègues en cette partie ici présents : Au nom du Père, et du Fils, et du Saint-Esprit, par l'autorité de mon dit seigneur Pape, autant que la chose le regarde, afin qu'on travaille efficacement à l'extirpation des hérésies, à la réformation des abus, et à la réunion dans le sein de notre mère la sainte Eglise des fidèles qui sont en division sous différents pasteurs, je convoque ce sacré concile général, je l'autorise et le confirme, selon la forme et la manière exprimées plus au long dans les lettres de mon dit seigneur qu'on vient de lire. »

Après cette déclaration, l'empereur quitta la présidence, et le cardinal de Viviers, doyen du sacré collège, qui l'avait de droit, l'ayant reprise, Malatesta, au nom de Grégoire XII, lut la renonciation suivante :

« Moi, Charles de Malatesta, procureur général de l'Eglise romaine et du pape Grégoire XII, ayant un pouvoir spécial, plein et irrévocable, comme il conste par la bulle qui vient d'être lue, n'étant ni contraint ni prévenu, mais pour donner une preuve effective du désir sincère de notre dit seigneur Pape à procurer la paix à l'Eglise, même par la voie de la renonciation, je cède et renonce en son nom, purement, librement, réellement et de fait, au droit, titre et possession de la papauté, dont je fais démission dans ce saint concile général, qui représente la sainte Eglise romaine et universelle. »

Grégoire XII, redevenu Ange Corrario, confirma cette démission aussitôt qu'il en eut la nouvelle.

Dans la seizième session, tenue le 11 juillet, l'empereur Sigismond se chargea d'aller en Espagne s'aboucher avec Pierre de Lune et le roi d'Aragon, afin de trouver les moyens de finir le schisme. Le concile nomma douze prélats pour l'accompagner. Et dans la dix-septième session, tenue quatre jours après, l'empereur prit congé du concile, qui ordonna des prières publiques pour obtenir du Ciel que son voyage fût heureux.

Après les trois sessions suivantes, où l'on s'occupa d'autres affaires, on fut plus de six mois sans tenir aucune session. Dans l'intervalle, l'empereur Sigismond s'étant rendu sur les frontières d'Espagne, et ayant reconnu, après plusieurs allées et venues, et par un congrès fait à Perpignan, que Pierre de Lune n'avait nulle intention de renoncer au pontificat, il se retira à Narbonne. Là, par un accord fait entre lui et les députés du concile, d'une part, et les envoyés des rois d'Aragon, de Castille et de Navarre, des comtes de Foix et d'Armagnac, tous de l'obédience de Benoît ou Pierre de Lune, d'autre part, l'on convint de douze articles, dont les principaux furent : « Les Pères du concile de Constance en feront une nouvelle convocation par rapport aux princes et aux prélats de Benoît; les lettres de cette convocation seront envoyées par le concile aux princes susdits, pour être par eux distribuées aux prélats de leurs Etats; ces prélats s'y rendront dans trois mois, et, à leur arrivée, ils seront unis et incorporés au concile, qui ensuite procédera contre Benoît, s'il refuse de prendre la voie de cession; les cardinaux de la création de Benoît, qui iront au concile, auront voix avec les autres à l'élection d'un nouveau Pape, que si Benoît vient à mourir avant son abdication, il n'y aura point d'autre Pape que celui qui serait élu par le concile. « Ce traité causa dans Constance et par toute la chrétienté une joie qui passe tout ce qu'on en peut dire. Quant à Benoît, il s'était précipitamment retiré à Paniscole, forteresse dans une presqu'île du royaume de Valence, toujours bien résolu à ne jamais abdiquer la dignité pontificale.

Les envoyés du concile en Espagne étant de retour, on confirma, dans une congrégation générale du 4 février 1416, les articles dont nous venons de parler; et en exécution du premier, touchant une nouvelle convocation du concile, on en expédia les lettres. On en adressa vingt exemplaires au roi d'Aragon, vingt au roi de Castille, dix au roi de Navarre, cinq au comte de Foix et cinq à celui d'Armagnac. Le roi d'Aragon fut le premier à soustraire son royaume à l'obédience de Benoît, et les autres princes firent la même chose dans la suite.

Dans la vingt-deuxième session, le 15 octobre, on régla par provision les rangs que les ambassadeurs des rois auraient au concile, sans préjudice aux droits particuliers de leurs maîtres. Jusqu'alors les décisions s'étaient faites par les voix ou suffrages de quatre nations. On y en ajouta une cinquième, qui fut celle d'Espagne.

Le 5 novembre, dans la vingt-troisième session, on commença à procéder juridiquement contre Pierre de Lune, en nommant douze commissaires pour régler la manière dont on travaillerait à la procédure jusqu'à sentence définitive. Dans presque toutes les sessions suivantes, jusqu'à la trente-sixième inclusivement, on donna des décrets d'informations, de citations et d'autres actes nécessaires à l'instruction du procès contre Pierre de Lune. Le 27 janvier 1417, l'empereur, de retour de son voyage d'Espagne, fut reçu à Constance avec une joie et une magnificence extraordinaires.

Enfin le 26 juillet, dans la trente-septième session, le concile prononça une sentence de déposition contre Pierre de Lune, dit Benoît XIII dans son obédience, comme étant un parjure, scandalisant l'Eglise universelle, fomentant et entretenant un schisme invétéré, troublant la paix et l'union des fidèles, étant schismatique et hérétique, prévaricateur obstiné de l'article de foi qui enseigne que l'Eglise est une, sainte et catholique, notoirement et évidemment incorrigible, indigne de tout honneur, rejeté de Dieu, privé de tout droit au pontificat, et retranché de l'Eglise comme un membre pourri, avec défense à tout chrétien de lui obéir, nonobstant tout engagement et tout serment fait à cet égard.

Le 30 octobre, dans la quarantième session, on régla que le conclave pour l'élection du futur Pape serait composé de tous les cardinaux, au nombre de vingt-trois, et de trente députés, six de chaque nation : ce qui faisait cinquante-trois personnes en tout. On convint que, pour rendre l'élection valide, il faudrait les deux tiers de toutes ces voix; que les électeurs occuperaient l'hôtel-de-ville de Constance, qu'ils y entreraient dans l'espace de dix jours, et que, du reste, ils observeraient toutes les lois portées pour l'élection des Papes.

La quarante et unième session, célébrée le 8 novembre, touche encore de plus près les opérations du conclave. On lut la constitution de Clément VI, qui détermine la manière du vivre et du logement des électeurs; on fit prêter les serments ordinaires, tant aux cardinaux et aux députés des nations, qu'aux prélats et seigneurs qui étaient chargés de veiller à la sûreté du conclave; l'empereur lui-même, comme premier protecteur du concile, fit le serment en touchant l'Évangile et la croix. On défendit, sous de très-rigoureuses peines, de piller la maison et les biens de celui qui serait élu : c'était, comme on a vu quelquefois dans cette histoire, la mauvaise habitude de ce temps-là. Le petit peuple disait qu'un cardinal devenu Pape était assez grand seigneur pour n'avoir plus besoin de tout ce qu'il possédait auparavant; et, sous ce prétexte, on dépouillait le nouveau Pontife de tous ses meubles; quelquefois même on étendait le pillage à tous les cardinaux du conclave : ce qui ne pouvait causer que de très-grands scandales et un désordre punissable par les lois. Enfin, dans l'attente d'un événement qui devait rendre la tranquillité à tout l'univers chrétien, on ordonna des prières publiques et une suspension totale des affaires pendantes aux tribunaux établis par le concile.

Les cinquante-trois personnes destinées à faire l'élection du Pape étaient entrées au conclave le 8 novembre, et le 11, fête de Saint-Martin, avant midi, toutes les voix se trouvèrent réunies en faveur d'Othon Colonne, cardinal-diacre du titre de Saint-Georges *au voile d'or*, qui prit le nom de Martin V; en mémoire du jour auquel il avait été élu. Il fut le cinquième du nom, en comptant deux Papes qu'on a quelquefois appelés *Marin* au lieu de *Martin*. Dès qu'on l'eut annoncé au peuple, plus de quatre-vingt mille personnes accoururent aux portes du conclave, témoignant leur joie et rendant des actions de grâces à Dieu d'avoir donné un si digne pasteur à l'Église. L'empereur, pénétré des mêmes sentiments, alla au lieu de l'élection et se prosterna aux pieds du nouveau Pape. Sur le soir, il y eut une procession solennelle qui partit du conclave et se rendit à l'église cathédrale pour y introniser le Pontife. Ce dut être, en fait de cérémonies ecclésiastiques, un des plus magnifiques spectacles qui aient jamais attiré l'attention d'un grand peuple. Tout le clergé de Constance et tous les Pères du concile, docteurs, abbés, évêques, archevêques, patriarches, précédaient en bon ordre. On voyait ensuite le Pape monté sur un cheval blanc caparaçonné d'écarlate; il était revêtu des habits pontificaux, avec la mitre en tête, quoiqu'il ne fût encore ni prêtre ni évêque; autour de lui marchaient les cinquante-trois électeurs, savoir, les vingt-trois cardinaux et les trente députés des nations. Après ce cortège d'ecclésiastiques, paraissait l'empereur à la tête des princes, des comtes, des barons, des ambassadeurs étrangers et des magistrats de la ville. Sigismond, ayant suivi quelque temps le Pape, vint se mettre à sa droite et prit les rênes de son cheval, tandis qu'à la gauche l'électeur de Brandebourg lui rendait un pareil honneur. Le Pape tendit la main à l'un et à l'autre, leur donna sa bénédiction, et parut à l'égard de tout le monde extrêmement affable et populaire.

Martin V, dont la maison était alliée à celle de Brandebourg, avait en effet toutes les qualités dignes de sa haute naissance : la politesse, les manières, l'esprit de conciliation, l'art de traiter les grandes affaires en maître. Il y joignait les vertus d'un bon Pape : la science, l'amour de la justice, le désintéressement, la modestie. Il avait alors environ cinquante ans; les seigneurs de sa maison se trouvant attachés pendant le schisme à l'obédience de Rome, il avait été fait cardinal par Innocent VII. Avant le concile de Pise, il abandonna Grégoire XII, et suivit le parti de Jean XXIII, qui le fit légat en Toscane. Au concile de Constance, il sut tellement se ménager parmi les différents intérêts qui partageaient les esprits, qu'il gagna l'estime et l'affection de tout le monde : aussi n'y eut-il personne qui n'applaudît très-sincèrement à son élévation.

Quand on l'eut intronisé dans la cathédrale de cette ville, il alla occuper au palais de l'évêque l'appartement de Jean XXIII. Le lendemain, il fut ordonné diacre, le jour suivant prêtre, et le troisième jour évêque. Tous ces ordres lui furent conférés par le cardinal Jean de Brognier, évêque d'Ostie, et le dimanche 21 novembre, il fut couronné avec beaucoup d'appareil et de magnificence.

C'est ainsi que l'Église de Dieu, après quarante ans d'incertitude parmi ses enfants sur la personne de son chef visible, le présentait à l'assemblée des nations avec une joie d'autant plus grande, que l'incertitude avait été plus longue et plus pénible. C'était un effet de cette prière du Sauveur : *Père saint ! conservez en votre nom ceux que vous m'avez donnés, afin qu'ils soient un comme nous* (Joan., 17, 11). *Je ne prie pas seulement pour eux, mais encore pour ceux qui croiront en moi par leur parole, afin que tous ils soient un; comme vous, ô Père, êtes en moi et moi en vous, que de même eux soient un en nous, afin que le monde croie que vous m'avez envoyé. Et je leur ai donné la gloire que vous m'avez donnée, afin qu'ils soient un, comme nous sommes un nous-mêmes; moi en eux, et vous en moi, afin qu'ils soient consommés en un, et que le monde connaisse que c'est vous qui m'avez envoyé, et que vous les avez aimés, comme vous m'avez aimé moi-même* (Ibid., 20-23).

Tel est le mystère de l'unité. L'Église doit être une, comme Dieu lui-même est un. Dieu est tellement un, que lui seul est; seul il est par lui-même. Tout ce qui n'est pas lui, n'est pas, à proprement parler : les païens mêmes n'ont pu s'empêcher de le reconnaître (Voir dans le 1er livre de cette Histoire). Mais Dieu, souverainement un, est tout ensemble Père, Fils et Saint-Esprit; un seul Dieu en trois personnes, trois personnes en un seul Dieu : société de trois personnes dans la même substance.

Du Père procède le Fils, du Père et du Fils procède le Saint-Esprit, par une hiérarchie, une communion, une tradition éternelle, ineffable.

Dieu, souverainement un en lui-même, a voulu encore s'unir sa propre créature. Le Fils de Dieu, qui procède du Père, et de qui, ainsi que du Père, procède le Saint-Esprit, s'est fait homme, s'est uni la nature humaine : nature tout ensemble spirituelle et matérielle; en sorte que, dans le Fils de Dieu fait homme, et la création spirituelle, et la création matérielle se trouvent unies à la divinité dans l'unité d'une même personne.

Comme c'est la nature humaine que le Fils de Dieu a prise et s'est unie directement, c'est directement par la nature humaine qu'il glorifie Dieu, son Père, dans toutes les créatures, et toutes les créatures en Dieu, son Père.

Le Fils de Dieu s'unissant ainsi la nature humaine, voilà son Eglise, son épouse, son corps mystique.

« En l'unité de l'Eglise, paraît la Trinité en unité : le Père, comme le principe auquel on se réunit ; le Fils, comme le milieu dans lequel on se réunit ; le Saint-Esprit, comme le nœud par lequel on se réunit ; et tout est un. *Amen* à Dieu, ainsi soit-il.

» Dans l'unité de l'Eglise, toutes les créatures se réunissent. Toutes les créatures visibles et les invisibles sont quelque chose à l'Eglise. Les anges sont ministres de son salut, et par l'Eglise se fait la recrue de leurs légions désolées par la désertion de Satan et de ses complices; mais, dans cette recrue, ce n'est pas tant nous qui sommes incorporés aux anges, que les anges qui viennent à notre unité, à cause de Jésus, notre commun chef, et plus le nôtre que le leur.

» Même les créatures rebelles et dévoyées, comme Satan et ses anges, par leur propre égarement et leur propre malice, dont Dieu se sert malgré eux, sont appliquées aux services, aux utilités et à la sanctification de l'Eglise, Dieu voulant que tout concoure à l'unité, et même le schisme, la rupture et la révolte. Louange à Dieu pour l'efficace de sa puissance, et tremblement de cœur pour ses jugements.

» Les créatures inanimées parlent à l'Eglise des merveilles de Dieu, et, ne pouvant le louer par elles-mêmes, elles le louent en l'Eglise comme étant le temple universel où se rend à Dieu le sacrifice d'un juste hommage pour tout l'être créé, qui est délivré par l'Eglise du malheur de servir au péché, étant employé à de saints usages.

» Pour les hommes, ils sont tous quelque chose de très-intime à l'Eglise, tous lui étant ou incorporés ou appelés au banquet où tout est un.

» Les infidèles sont quelque chose à l'Eglise, qui voit en eux l'abîme d'ignorance et de répugnance aux voies de Dieu, dont elle a été tirée par grâce. Ils exercent son espérance, dans l'attente des promesses qui les doivent rappeler à l'unité de la bénédiction en Jésus-Christ, et ils font le sujet de la dilatation de son cœur, dans le désir de les attirer.

» Les hérétiques sont quelque chose à l'unité de l'Eglise : ils sortent et ils emportent avec eux, même en se divisant, le sceau de son unité, qui est le baptême, conviction visible de leur désertion ; en déchirant ses entrailles, ils redoublent son amour maternel pour ses enfants qui persévèrent ; en s'écartant, ils donnent l'exemple d'un juste jugement de Dieu à ceux qui demeurent.

» Contempteurs et profanateurs du sacerdoce de l'Eglise, ils pressent par une sainte émulation, les véritables lévites à purifier l'autel de Dieu ; ils font éclater la foi de l'Eglise et l'autorité de sa chaire pour affermir la foi des infirmes et des forts; leur clairvoyance, qui les aveugle, montre aux forts et aux infirmes de l'Eglise que l'on ne voit clair qu'en son unité, et que c'est du centre de cette unité que sort la lumière, la doctrine de vérité. *Amen* à Dieu.

» Les élus et les réprouvés sont dans le corps de l'Eglise ; les élus, comme la partie haute et spirituelle, les réprouvés, comme la partie inférieure et sensuelle, comme la chair qui convoite contre l'esprit, comme l'homme animal qui n'entend pas les voies de Dieu et qui les combat. Comme dans l'homme particulier la force est épurée par ce combat de faiblesse, ainsi dans cet homme universel, qui est l'Eglise, la partie spirituelle est épurée par l'exercice que lui donnent les réprouvés. L'Eglise souffre des réprouvés une incroyable violence, plus grande que les douleurs de l'enfantement, parce que, les sentant dans l'unité de son corps, elle se tourmente pour les attirer à l'unité de son esprit, et nulle persécution ne lui est plus dure que leur résistance opiniâtre.

» Elle gémit donc sans cesse dans les justes, qui sont la partie céleste ; pour les pécheurs, qui sont la partie terrestre et animale ; et la conversion des pécheurs est le fruit de ce gémissement intérieur et perpétuel. Dieu ne se laisse fléchir que par le gémissement de cette colombe ; je veux dire que par les prières mêlées de soupirs que fait l'Eglise dans les justes pour les pécheurs ; mais Dieu exauce l'Eglise, parce qu'il écoute en elle la voix de son Fils. Tout ce qui se fait par l'Eglise, c'est Jésus-Christ qui le fait ; tout ce que fait Jésus-Christ dans les fidèles, il le fait par sa sainte Eglise. *Amen* à Dieu, cela est vrai.

» L'Eglise soupire dans ces mêmes justes pour toutes les âmes souffrantes et exercées, ou plutôt elle soupire dans toutes les âmes souffrantes et exercées, pour toutes les âmes souffrantes et exercées ; leurs souffrances, leur accablement porte grâce, soutien et consolation les unes pour les autres.

» Jésus-Christ est en son Eglise faisant tout par son Eglise; l'Eglise est en Jésus-Christ, faisant tout avec Jésus-Christ. Cela est vrai et très-vrai ; celui qui l'a vu en a rendu témoignage : gloire au témoin fidèle, qui est Jésus-Christ, Fils du Père.

» Telle est la composition de l'Eglise, mélangée de forts et d'infirmes, de bons et de méchants, de pécheurs hypocrites et de pécheurs scandaleux : l'unité de l'Eglise enferme tout et profite de tout. Les fidèles voient dans les uns tout ce qu'il faut imiter, et dans tous les autres ce qu'il faut surpasser avec courage, reprendre avec vigueur, supporter avec patience, aider avec charité, écouter avec condescendance, regarder avec tremblement. Et ceux qui demeurent, et ceux qui tombent, servent également à l'Eglise. Ses fidèles voyant dans ceux-ci l'exemple de leur lâcheté et en voyant dans les autres la conviction, tout les étonne, tout les édifie, tout les confond, tout les encourage, autant les coups de grâce que les coups de rigueur et de justice. Adoration à Dieu sur ses voies impénétrables. Tout concourt au salut de ceux qui aiment, même les froideurs, même les défauts, même les lâchetés de l'amour. Qui le peut entendre, l'entende ; qui a des oreilles pour ouïr, qu'il écoute : Dieu les ouvre à qui il lui plaît ; mais il lui faut être fidèle : malheur à qui ne l'est pas.

» Cette Eglise ainsi composée, dans un si horrible

mélange, se démêle néanmoins peu à peu et se défait de la paille. Le jour lui est marqué, où il ne lui restera plus que son bon grain : toute la paille sera mise au feu. Une partie de cette séparation se fait visiblement dans le siècle par le schisme et les hérésies; l'autre se fait dans le cœur et se confirme le jour de la mort, chacun allant en son lieu. La grande, universelle et publique séparation se fera à la fin des siècles par la sentence du Juge. Toute l'Eglise soupire après cette séparation, où il ne restera plus à Jésus-Christ que des membres vivants, les autres étant retranchés par ce terrible *Discedite* (Matth., 25, 41), que Notre Seigneur Jésus-Christ, pour consommer toutes choses aussi bien qu'il les a commencées par son Eglise, prononcera en elle, et avec elle, et par elle, les apôtres tenant leur séance avec tous les élus de Dieu, et condamnant au feu éternel tous les anges rebelles et tous ceux qui auront pris leur parti et imité leur orgueil. Alors l'Eglise ira au lieu de son règne, n'ayant plus avec elle que ses membres spirituels, démêlés et séparés pour jamais de tout ce qu'il y a d'impur : cité vraiment sainte, vraiment triomphante, royaume de Jésus-Christ et régnant avec Jésus-Christ. » Ainsi parle Bossuet dans une *lettre à une personne de piété*.

« Vous me demandez ce que c'est que l'Eglise : l'Eglise, c'est Jésus-Christ répandu et communiqué, c'est Jésus-Christ tout entier, c'est Jésus-Christ homme parfait, Jésus-Christ dans sa plénitude.

» Comment l'Eglise est-elle son corps et en même temps son épouse? Il faut adorer l'économie sacrée avec laquelle le Saint-Esprit nous montre l'unité simple de la vérité, par la diversité des expressions et des figures.

» C'est l'ordre de la créature de ne pouvoir représenter que par la pluralité ramassée, l'unité immense dont elle est sortie; ainsi, dans les ressemblances sacrées que le Saint-Esprit nous donne, il faut remarquer en chacune le trait particulier qu'elle porte, pour contempler dans le tout réuni le visage entier de la vérité révélée; après, il faut passer toutes les figures pour connaître qu'il y a dans la vérité quelque chose de plus intime, que les figures ni unies ni séparées ne nous montrent pas; et c'est là qu'il se faut perdre dans la profondeur du secret de Dieu, où l'on ne voit plus rien, si ce n'est qu'on ne voit pas les choses comme elles sont. Telle est notre connaissance, tandis que nous sommes conduits par la foi. Entendez par cette règle générale les vérités particulières que nous méditons devant Dieu. Seigneur, donnez-nous l'entrée, puisque vous nous avez mis la clé à la main.

» L'Eglise est l'épouse, l'Eglise est le corps : tout cela dit quelque chose de particulier, et néanmoins ne dit au fond que la même chose. C'est l'unité de l'Eglise avec Jésus-Christ, proposée par une manière et dans des vues différentes. La porte s'ouvre, entrons et voyons, et adorons avec foi, et publions avec joie la sainte vérité de Dieu.

» L'homme se choisit son épouse; mais il est formé avec ses membres : Jésus, homme particulier, a choisi l'Eglise; Jésus-Christ, homme parfait, a été formé et achève de se former tous les jours en l'Eglise et avec l'Eglise. L'Eglise, comme épouse, est à Jésus-Christ par son choix; l'Eglise, comme corps, est à Jésus-Christ par une opération très-intime du Saint-Esprit de Dieu. Le mystère de l'élection par l'engagement des promesses paraît dans le nom d'Epouse, et le mystère de l'unité, consommée par l'infusion de l'Esprit, se voit dans le nom de corps. Le nom de *corps* nous fait voir combien l'Eglise est à Jésus-Christ; le titre d'*épouse* nous fait voir qu'elle lui a été étrangère, et que c'est volontairement qu'il l'a recherchée. Ainsi le nom d'*épouse* nous fait voir unité par amour et par volonté, et le nom de *corps* nous porte à entendre unité comme naturelle; de sorte que dans l'unité du corps il paraît quelque chose de plus intime, et dans l'unité de l'épouse quelque chose de plus sensible et de plus tendre. Au fond, ce n'est que la même chose : Jésus-Christ a aimé l'Eglise, et il l'a faite son épouse; Jésus-Christ a accompli son mariage avec l'Eglise, et il l'a faite son corps. Voilà la vérité : *Deux dans une chair, os de mes os et chair de ma chair* (Genèse, 2, 23). C'est ce qui a été dit d'Adam et d'Eve, *et c'est*, dit l'Apôtre, *un grand sacrement en Jésus-Christ et en son Eglise* (Ephes., 5, 32). Ainsi l'unité du corps est le dernier sceau qui confirme le titre d'épouse. Louange à Dieu pour l'enchaînement de ces vérités toujours adorables.

» Il était de la sagesse de Dieu que l'Eglise nous parût tantôt comme distinguée de Jésus-Christ, lui rendant ses devoirs et ses hommages, tantôt comme n'étant qu'une avec Jésus-Christ, vivant de son Esprit et de sa grâce.

» Le nom d'épouse distingue pour réunir; le nom de corps unit sans confondre, et découvre, au contraire, la diversité des ministères : unité dans la pluralité, image de la Trinité, c'est l'Eglise.

» Outre cela, je vois dans le nom d'épouse la marque de la dignité de l'Eglise. L'Eglise, comme corps, est subordonnée à son chef; l'Eglise, comme épouse, participe à sa majesté, exerce son autorité, honore sa fécondité. Ainsi le titre d'épouse était nécessaire pour faire regarder l'Eglise comme la compagne fidèle de Jésus-Christ, la dispensatrice de ses grâces, la directrice de sa famille, la mère toujours féconde et la nourrice toujours charitable de tous ses enfants.

» Mais comment est-elle mère de tous les fidèles, si elle n'est que l'union de tous les fidèles? Nous l'avons déjà dit : tout se fait par l'Eglise, c'est-à-dire tout se fait par l'unité. L'Eglise, dans son unité et par son esprit d'unité catholique, est la mère de tous les particuliers qui composent le corps de l'Eglise; elle les engendre à Jésus-Christ, non à la façon des autres mères, en les produisant de ses entrailles, mais en les tirant de dehors pour les recevoir dans ses entrailles, en se les incorporant à elle-même, et en elle au Saint-Esprit qui l'anime, et par le Saint-Esprit au Fils qui nous l'a donné par son souffle, et par le Fils au Père, qui l'a envoyé, *afin que notre société soit en Dieu et avec Dieu Père, Fils et Saint-Esprit* (1. Joan., 1, 3), qui vit et règne aux siècles des siècles en unité parfaite et indivisible. *Amen*. De là vous pouvez entendre comment les évêques et comment le Pape sont les époux féconds de l'Eglise, chacun selon sa mesure.

» L'Eglise, ainsi que nous avons dit, est féconde par son unité. Le mystère de l'unité de l'Eglise est dans les évêques comme chefs du peuple fidèle, et par conséquent l'ordre épiscopal enferme en soi avec plénitude l'esprit de fécondité de l'Eglise. L'épiscopat est un, comme toute l'Eglise est une; les évêques n'ont ensemble qu'un même troupeau, dont chacun conduit une partie inséparable du tout; de sorte qu'en vérité ils sont au tout, et Dieu ne les a partagés que pour la facilité de l'application. Mais, pour consommer ce tout en unité, il a donné un pasteur qui est pour le tout, c'est-à-dire l'apôtre saint Pierre, et en lui tous ses successeurs.

» Ainsi Notre Seigneur Jésus-Christ, voulant former le mystère de l'unité, choisit les apôtres parmi tous ses disciples, et, voulant consommer le mystère de l'unité, il a choisi l'apôtre saint Pierre pour le préposer, non-seulement à tout le troupeau, mais encore à tous les pasteurs, afin que l'Eglise, qui est une dans son état invisible avec son chef invisible, fût une dans l'ordre visible de sa dispensation et de sa conduite, avec son chef visible, qui est saint Pierre, et celui qui, dans la suite des temps, doit remplir sa place. Ainsi le mystère de l'unité universelle de l'Eglise est dans l'Eglise romaine et dans le Siége de saint Pierre; et, comme il faut juger de la fécondité par l'unité, on voit avec quelle prérogative d'honneur et de charité le saint Pontife est le père commun de tous les enfants de l'Eglise. C'est donc pour consommer le mystère de cette unité, que saint Pierre a fondé, par son sang et par sa prédication, l'Eglise romaine, comme toute l'antiquité l'a reconnu. Il établit premièrement l'église de Jérusalem pour les Juifs, à qui le royaume de Dieu devait être premièrement annoncé, pour honorer la foi de leurs pères, auxquels Dieu avait fait les promesses; le même saint Pierre l'ayant établie, quitte Jérusalem pour aller à Rome, afin d'honorer la prédestination de Dieu, qui préférait les gentils aux Juifs dans la grâce de son Evangile; et il établit à Rome, qui était chef de la gentilité, le chef de l'Eglise chrétienne; cette Eglise devait être principalement composée de la gentilité dispersée, afin que cette même ville, sous l'empire de laquelle étaient réunis tant de peuples et tant de monarchies différentes, fût le siége de l'empire spirituel qui devait unir tous les peuples, depuis le levant jusqu'au couchant, sous l'obéissance de Jésus-Christ; à cette ville maîtresse du monde a été portée par saint Pierre la vérité évangélique, afin qu'elle fût servante de Jésus-Christ et mère de tous ses enfants par sa fidèle servitude; car avec la vérité de l'Evangile, saint Pierre a porté à cette Eglise la prérogative de son apostolat, c'est-à-dire la proclamation de la foi et l'autorité de la discipline.

» Pierre confessant hautement la foi, entend de Jésus-Christ cet oracle : *Tu es Pierre, et sur cette pierre je bâtirai mon Eglise* (Matth., 16, 18). Saint Pierre déclarant son amour à son maître, reçoit de lui le commandement : *Pais mes brebis, pais mes agneaux* (Joan., 21, 15); pais les mères, pais les petits; pais les forts, pais les infirmes, pais tout le troupeau. Pais, c'est-à-dire conduis. Toi donc, qui es Pierre, publie la loi et pose le fondement; toi, qui m'aimes, pais le troupeau et gouverne la discipline. » Ainsi parle Bossuet sur l'unité de l'Eglise.

Les Pères de l'Eglise ont signalé quelque chose de plus intime encore dans cette unité hiérarchique. Souvenez-vous, dit Tertullien, que le Seigneur a donné les clés à Pierre, et par lui à l'Eglise (*Sorpiac.*, n. 10). Pour le bien de l'unité, dit saint Optat de Milève, le bienheureux Pierre a mérité d'être préféré à tous les apôtres et a reçu seul les clés du royaume des cieux, pour les communiquer aux autres (L. 7, n. 3). Notre Seigneur, ajoute saint Cyprien, en établissant l'honneur de l'épiscopat, dit à saint Pierre dans l'Evangile : *Tu es Pierre, etc., et je te donnerai les clés du royaume des cieux, etc.* C'est de là que, par la suite des temps et des successions, découle l'ordination des évêques et la forme de l'Eglise, afin qu'elle soit établie sur les évêques (S. Cyp., *epist.* 33, *aliàs* 27). Le Seigneur nous a confié ses brebis, dit saint Augustin, parce qu'il les a confiées à Pierre (*Sermo* 296, n. 11, t. V, col. 1202). Saint Grégoire de Nysse confesse la même doctrine en Orient. Jésus-Christ, dit-il, a donné par Pierre aux évêques les clés du royaume céleste (t. III, p. 314, édit. Paris). Et il ne fait en cela que professer la foi du Saint-Siége, qui, par la bouche de saint Léon, prononce que tout ce que Jésus-Christ a donné aux autres évêques, il le leur a donné par Pierre (*Sermo* 4, *in an. Assumpt.*, c. 2, t. II, col. 16, édit. Ballerini). Et encore : Le Seigneur a voulu que le ministère (de la prédication) appartînt à tous les apôtres; mais il l'a néanmoins principalement confié à saint Pierre, le prince de tous, afin que de lui, comme du chef, ses dons se répandissent dans tout le corps (*Epist.* 10, *ad episc. prov. Vien.*, c. 1; *ibid.*, col. 633).

C'est avec cette Eglise, si essentiellement une, que Jésus-Christ assure être lui-même tous les jours jusqu'à la consommation des siècles (Matth., 28, 20). C'est aux premiers pasteurs de cette Eglise, unis à Pierre, que Jésus-Christ a dit la veille de sa mort : *Et je prierai le Père, et il vous donnera un autre Paraclet, afin qu'il demeure avec vous éternellement : l'Esprit de vérité, que le monde ne peut recevoir, parce qu'il ne le voit pas, ne le connaît pas. Mais vous le connaîtrez, parce qu'il demeurera chez vous et sera en vous* (Joan. 14, 16 et 17). *Le Paraclet, l'Esprit-Saint, que le Père enverra en mon nom, c'est lui qui vous enseignera toutes choses, et vous rappellera tout ce que je vous ai dit* (Joan., 14, 16 et 17, vers. 26). — *J'ai encore beaucoup de choses à vous dire; mais vous ne pouvez les porter maintenant. Or, quand il sera venu, cet Esprit de la vérité, il vous introduira dans toute la vérité* (Suivant le texte grec). — *Car il ne parlera point de lui-même; mais tout ce qu'il entendra il le dira, et il vous annoncera les choses à venir. Il me glorifiera, parce qu'il recevra du mien, et vous l'annoncera. Tout ce qu'a le Père est à moi ; c'est pourquoi j'ai dit qu'il recevra du mien, et vous l'annoncera* (Joan., 16, 12-15).

Ainsi donc, avec l'Eglise du Dieu vivant, avec cette Eglise bâtie sur ce même Pierre à qui le Père céleste révèle la nature de son Fils, avec cette Eglise contre laquelle les portes de l'enfer ne prévaudront point; avec cette Eglise, le Fils de Dieu est tous les jours jusqu'à la consommation des siècles ; avec cette Eglise et en cette Eglise demeure éternellement l'Esprit-Saint, l'Esprit de vérité ou plutôt de la vérité, pour lui enseigner toute vérité, l'introduire dans la vérité tout entière.

Remarquez encore ces paroles : *L'Esprit-Saint, l'Esprit de la vérité, ne parlera point de lui-même; il dira ce qu'il aura entendu; il recevra, il prendra de ce qui est au Fils, et il vous l'annoncera.* Le Fils de son côté : *Ma doctrine n'est pas de moi, mais de celui qui m'a envoyé* (Joan., 7, 16). — *Je n'ai point parlé de moi-même; mais le Père qui m'a envoyé m'a donné un commandement sur ce que je dois dire, sur ce dont je dois parler. Or, je sais que son commandement est la vie éternelle. Ce que je dis donc, je le dis comme le Père m'a inspiré* (*Ibid.*, 12, 49 et 50). — *Les paroles que je vous adresse, je ne les dis pas de moi-même; mais le Père qui demeure en moi, c'est lui qui fait les œuvres* (*Ibid.*, 14, 10).

Ainsi donc, le Fils de Dieu, la Sagesse éternelle, ne parle point de lui-même, il ne dit à son Eglise que ce que le Père lui a commandé de dire; sa doctrine n'est pas de lui, mais du Père qui l'a envoyé. Pareillement, le Saint-Esprit, l'Esprit de vérité, ne dit rien à l'Eglise de lui-même, mais il prend de ce qui est au Fils pour nous l'annoncer; et tout ce qui est au Fils, est au Père.

Le Fils, de son côté, lui qui ne parle pas de lui-même, dit à l'Eglise, aux premiers pasteurs unis à Pierre : *Il m'a été donné toute puissance au ciel et sur la terre; allez donc, enseignez toutes les nations, les baptisant au nom du Père, et du Fils, et du Saint-Esprit; leur apprenant à observer tout ce que je vous ai commandé. Et voici que je suis avec vous tous les jours jusqu'à la consommation des siècles* (Matth. 28, 18-20). — *Et l'Esprit-Saint que le Père enverra en mon nom vous rappellera tout ce que je vous ai dit* (Joan., 14, 26).

Et, depuis dix-neuf siècles, l'Eglise avec qui le Fils de Dieu est tous les jours, l'Eglise avec qui le Saint-Esprit demeure éternellement, l'Eglise ne cesse d'enseigner à toutes les nations tout ce que le Fils de Dieu lui a commandé, tout ce que le Saint-Esprit lui rappelle.

Voilà l'Eglise, dans le sein de laquelle le catholique naît, vit, et meurt avec une confiance filiale en Elle et en Dieu, Père, Fils et Saint-Esprit.

Et maintenant, qu'est-ce qu'un hérétique ? C'est un homme qui préfère son sentiment particulier au sentiment général de l'Eglise, un homme qui s'opiniâtre à vouloir expliquer l'Ecriture sainte dans un tout autre sens que ne l'explique l'Eglise; cette Eglise avec qui le Saint-Esprit demeure éternellement, avec qui le Fils de Dieu est tous les jours jusqu'à la consommation des siècles; Fils et Saint-Esprit qui ne parlent pas d'eux-mêmes, mais lui disent ce que le Père leur a commandé de dire. — Voilà ce qu'est un hérétique.

Tels étaient Jean Wiclef en Angleterre, Jean Hus et Jérôme de Prague en Bohême, condamnés tous les trois au concile de Constance.

Par exemple : L'Eglise, toujours assistée du Fils de Dieu et du Saint-Esprit, a toujours cru et enseigné, croit et enseigne toujours que le Pape, le Pontife romain, est le successeur de saint Pierre et le vicaire de Jésus-Christ. Wiclef, au contraire, traite le Pape d'antechrist.

L'Eglise, toujours assistée du Fils de Dieu et de l'Esprit-Saint, a toujours cru et enseigné, avec les patriarches, les prophètes, les apôtres, les saints docteurs, que Dieu est tout-puissant, qu'il est souverainement libre, qu'il a créé et racheté le monde, parce qu'il l'a voulu librement; que l'homme, fait à son image, a été créé avec le libre arbitre, qu'il n'est nécessité ni au bien ni au mal, mais qu'il fait librement l'un et l'autre.

Or, voici quelle était, à cet égard, la théologie de Wiclef, tirée de son principal ouvrage, le *Trialogue*.

« Que tout arrive par nécessité; qu'il a longtemps regimbé contre cette doctrine, parce qu'elle était contraire à la liberté de Dieu; mais qu'à la fin il avait fallu céder et reconnaître en même temps que tous les péchés qu'on fait dans le monde sont nécessaires et inévitables (L. 3, c. 7, 8, 23, p. 56, 82, édit. 1525); que Dieu ne pouvait pas empêcher le péché du premier homme, ni le pardonner sans la satisfaction de Jésus-Christ; mais aussi qu'il était impossible que le Fils de Dieu ne s'incarnât pas, ne satisfît pas, ne mourût pas; que Dieu, à la vérité, pouvait faire autrement, s'il eût voulu, mais qu'il ne pouvait pas vouloir autrement, qu'il ne pouvait pas ne point pardonner à l'homme; que le péché de l'homme venait de séduction et d'ignorance, et qu'ainsi il avait fallu, par nécessité, que la Sagesse divine s'incarnât pour le réparer (*Ibid.*, c. 24, 25, p. 85, etc.); que Jésus-Christ ne pouvait pas sauver les démons; que leur péché était un péché contre le Saint-Esprit; qu'il eût donc fallu que le Saint-Esprit se fût incarné, ce qui était absolument impossible; qu'il n'y avait donc aucun moyen possible pour sauver les démons en général; que rien n'était possible à Dieu que ce qui arrivait actuellement; que cette puissance qu'on admettrait pour les choses qui n'arrivaient pas, est une illusion; que Dieu ne peut rien produire au dedans de lui qu'il ne le produise nécessairement, ni au dehors qu'il ne le produise aussi nécessairement en son temps; que lorsque Jésus-Christ a dit qu'il pouvait demander à son Père plus de douze légions d'anges, il faut entendre qu'il le pouvait, s'il eût voulu, mais reconnaître en même temps qu'il ne pouvait le vouloir (*Ibid.*, c. 27; l. 1, c. 10, p. 15; c. 11, p. 18); que la puissance de Dieu était bornée dans le fond, et qu'elle n'est infinie que parce qu'il n'y a pas une plus grande puissance (*Ibid.*, c. 2); en un mot, que le monde et tout ce qui existe est d'une absolue nécessité, et que s'il y avait quelque chose de possible à qui Dieu refusât l'être, il serait impuissant ou envieux; que, comme il ne pouvait refuser l'être à tout ce qui le pouvait avoir, aussi ne pouvait-il rien anéantir (L. 3, c. 4 et 10, p. 16); qu'il ne faut point demander pourquoi Dieu n'empêche pas le péché, c'est qu'il ne le peut pas; ni en général pourquoi il fait ou ne fait pas quelque chose, parce qu'il fait nécessairement tout ce qu'il peut faire (*Ibid.*, c. 9); qu'il ne laisse pas d'être libre, mais comme il est libre à produire son Fils qu'il produit néanmoins nécessairement (L. 1, c. 10); que la liberté qu'on appelle de *contradiction*, par laquelle on peut faire et ne pas faire, est un terme erroné introduit par les docteurs, et que la pensée que nous avons de la liberté est une perpétuelle illusion, semblable à celle d'un enfant qui croit qu'il marche tout seul pendant qu'on le mène; qu'on délibère néanmoins, qu'on avise à ses affaires, qu'on se damne; mais que tout cela est inévitable, aussi bien que tout ce qui se fait et ce qui s'omet dans le monde ou par la créature ou par Dieu même (L. 1, c. 10 et 11); que Dieu a tout déterminé; qu'il nécessite tant les prédestinés que les réprouvés à tout ce qu'ils font, et chaque créature particulière à chacune de ses actions; que c'est de là qu'il arrive qu'il y a des prédestinés et des réprouvés; qu'ainsi il n'est pas au pouvoir de Dieu de sauver un seul des réprouvés (L. 3, c. 9; l. 2, c. 14; l. 3, c. 4); qu'il se moque de ce qu'on dit des sens composés et divisés, puisque Dieu ne peut sauver que ceux qui sont sauvés actuellement (L. 3, c. 8); qu'il y a une conséquence nécessaire qu'on pèche, si certaines choses sont; que Dieu veut que ces choses soient, et que cette conséquence soit bonne, parce qu'autrement elle ne serait pas nécessaire; ainsi qu'il veut qu'on pèche, qu'il veut le péché à cause du bien qu'il en tire, et qu'encore qu'il ne plaise pas à Dieu que Pierre pèche, le péché de Pierre lui plaît; que Dieu approuve qu'on pèche, qu'il nécessite au péché; que l'homme ne peut pas mieux faire qu'il ne fait : que les pécheurs et les damnés ne laissent pas d'être obligés à Dieu, et qu'il fait miséricorde aux damnés en leur donnant l'être, qui leur est plus utile et plus désirable que le non-être; qu'à la vérité il n'ose pas assurer tout à fait cette opinion, ni pousser les hommes à pécher, en enseignant qu'il est agréable à Dieu qu'ils pèchent ainsi, et que Dieu leur donne cela comme une récompense; qu'il voit bien que les méchants pourraient prendre occasion de cette doctrine de commettre de grands crimes, et que s'ils le peuvent ils le font; mais que si on n'a point de meilleures raisons à lui dire que celles dont on se sert, il demeurera confirmé dans son sentiment sans en dire un mot (*Ibid.*, c. 4 et 8). »

On voit par là que Wiclef ressent une horreur secrète des blasphèmes qu'il profère; mais il y est entraîné par l'esprit d'orgueil et de singularité auquel il s'est livré lui-même, et il ne peut retenir sa plume emportée. Voilà un extrait fidèle de ses blasphèmes : ils se réduisent à deux chefs, à faire un Dieu dominé par la nécessité, et, ce qui en est une suite, un Dieu auteur et approbateur de tous les crimes, c'est-à-dire un Dieu que les athées auraient raison de nier; de sorte que la religion de ce prétendu réformateur est pire que l'athéisme (Bossuet, *Hist. des variat.*, l. 11).

Au milieu de tous ces blasphèmes, il affectait d'imiter la fausse piété des Vaudois, en attribuant l'effet des sacrements au mérite des personnes qui les confèrent; « en disant que les clés n'opèrent que dans ceux qui sont saints, et que ceux qui n'imitent pas Jésus-Christ n'en peuvent avoir la puissance; que cette puissance pour cela n'est pas perdue dans l'Eglise; qu'elle subsiste dans des personnes humbles et inconnues; que les laïques peuvent consacrer et administrer les sacrements (L. 4, c. 10, 14, 23, 25, 32); que c'est un grand crime aux ecclésiastiques de posséder des biens temporels; un grand crime aux princes de leur en avoir donné, et de ne pas employer leur autorité à les en priver (*Ibid.*, c. 17, 18, 19, 24). » Ces dernières maximes pouvaient plaire à plus d'un roi, à plus d'un seigneur; mais il n'en était pas de même de cette autre, qui suit de celles-là et que les Wiclé- fites ou Lollards mettaient en pratique l'épée à la main : « Qu'un roi cessait d'être roi pour un péché mortel (Labbe, t. XII, col. 46, prop. 15). »

Pour ce qui est de l'eucharistie, le grand effort de Wiclef est contre la transsubstantiation, qu'il dit être la plus détestable hérésie qu'on ait jamais introduite (L. 3, c. 30; l. 2, c. 14; l. 3, c. 5; l. 4, c. 6, 7, 40, 41; l. 4, c. 1, 6). C'est donc son grand article, de trouver du pain dans ce sacrement. Mais il se rétracta, au moins extérieurement, dans le concile de Londres, et y reconnut en termes exprès, que la substance du pain et du vin ne demeurait pas après la consécration (L. 4, c. 36, 37, 38). Après cette rétractation, sincère ou hypocrite, Wiclef rompit commerce avec les hommes, se retira dans sa cure de Luterworth et mourut dans sa charge : ce qui démontre, aussi bien que sa sépulture en terre sainte, qu'il était mort à l'extérieur dans la communion de l'Eglise.

Le *Trialogue*, son principal ouvrage, est ainsi nommé parce qu'il y a trois interlocuteurs, la Vérité, le Mensonge et la Sagesse : la Vérité et le Mensonge discutent, la Sagesse décide : la Vérité c'est la bonne théologie, le Mensonge la mauvaise, la Sagesse Wiclef. Le style est d'une scholastique des plus barbares. Au lieu de l'Ecriture sainte, expliquée par la tradition constante des saints Pères, ce ne sont que des arguments, des subtilités dialectiques, enveloppées et embarrassées de barbarismes. Ce qui a donné à Wiclef un rang de patriarche parmi les disciples de Luther et de Calvin, ses enfants naturels, c'est d'avoir dit que le Pape était l'antechrist, et que depuis l'an mil de Notre Seigneur, où Satan devait être déchaîné selon la prophétie de saint Jean, l'Eglise romaine était devenue la prostituée et la Babylone (Wic., l. 4, c. 1, etc.).

C'est-à-dire que l'Anglais Wiclef accuse le Fils de Dieu d'avoir, depuis l'an mil, manqué à sa parole d'être avec son Eglise jusqu'à la consommation des siècles; c'est-à-dire que l'Anglais Wiclef accuse le Saint-Esprit d'avoir, depuis l'an mil, manqué à la promesse faite par le Fils, de demeurer avec son Eglise éternellement, pour lui rappeler tout ce que le Fils aura dit. En vérité, quand un homme ou des hommes accusent le Saint-Esprit et le Fils de Dieu de manquer de parole, et Dieu le Père d'être l'auteur et l'approbateur de tous les crimes, il est glorieux au pontife romain d'être traité d'antechrist par cet homme ou ces hommes.

Ignorant autant que blasphémateur, Wiclef suppose que Dieu le Père, le Fils et le Saint-Esprit n'a cessé d'être avec l'Eglise romaine que depuis l'an mil. Eh bien ! que Wiclef et tous ceux qui se glorifient de l'avoir pour ancêtre ou pour complice souscrivent donc à cette profession de foi, qui est, non depuis l'an mil, mais de la fin du V⁰ et des commencements du VI⁰ siècle.

« La première condition du salut, c'est de garder la règle de la vraie foi, et de ne s'écarter en rien de la tradition des Pères. Et parce qu'il est impossible que la sentence de Notre Seigneur ne s'accomplisse point, quand il a dit : *Tu es Pierre, et sur cette pierre je bâtirai mon Eglise*, l'événement a justifié ces paroles; car la religion catholique est toujours demeurée inviolable dans le Siège apostolique. Ne voulant donc pas déchoir de cette foi, suivant, au contraire, en toutes choses, les règlements des Pères, nous anathématisons toutes les hérésies, principalement.... (suivent les principales hérésies condamnées par l'Eglise romaine). C'est pourquoi, comme il a déjà été dit, suivant en toutes choses le Siége apostolique, et publiant tout ce qui a été décrété par lui, j'espère mériter d'être avec vous dans une même communion, qui est celle de la Chaire apostolique, dans laquelle réside la vraie et entière solidité de la religion chrétienne, promettant aussi de ne point réciter dans les saints mystères les noms de ceux qui sont séparés de la communion de l'Eglise catholique, c'est-à-dire qui ne sont point d'accord en toutes choses avec le Siége apostolique. Que si je me permets de m'écarter moi-même en quelque chose de la profession que je viens de faire, je me déclare, par ma propre sentence, au nombre de ceux que je viens de condamner. J'ai souscrit de ma main à cette profession, et je l'ai envoyée par écrit à vous, Hormisda, saint et bienheureux Pape de la grande Rome (Labbe, t. IV). »

Voici les réflexions de Bossuet sur cette profession de foi, à laquelle, sous le règne de Justin, adhérèrent environ deux mille cinq cents évêques d'Orient, d'après l'estimation du diacre Rustique, qui écrivait sous le règne de Justinien (*Biblioth. Patr.*, t. X).

« Toutes les Eglises, en signant cette formule, professaient que la foi romaine, la foi du Siége apostolique et de l'Eglise romaine était assurée d'une entière et parfaite solidité, et que, pour qu'elle ne manquât jamais, elle a été affermie par une promesse certaine du Seigneur. Car c'est cette profession de foi que les évêques étaient obligés d'envoyer aux métropolitains, ceux-ci aux patriarches, et les patriarches au Pape, afin que lui seul, recevant la profession de tous, leur donnât à tous, en retour, la communion et l'unité. Nous savons que dans les siècles suivants on se servait de la même profession de foi, avec le même exorde et la même conclusion, en y ajoutant les hérésies et les hérétiques qui, aux diverses époques, troublèrent l'Eglise. De même que tous les évêques l'avaient adressée au saint pape Hormisda, à saint Agapet et à Nicolas Ier, de même nous lisons qu'au huitième concile on l'adressa, dans les mêmes termes, à Adrien II, successeur de Nicolas. Or, ce qui a été répandu partout, propagé dans tous les siècles et consacré par un concile œcuménique, quel chrétien le rejettera (*Defenso*, 1. 10, c. 7) ? »

Les erreurs de Wiclef ayant reparu dans la Bohème, le concile de Constance les condamna dans sa huitième session, le 4 mai 1415. On y proscrivit généralement, et comme on dit *in globo*, trois cent cinq articles tirés des écrits de cet hérésiarque, c'est-à-dire quarante-cinq, tous exprimés dans le décret, et deux cent soixante qui ne sont qu'indiqués. Le concile défendit à toutes personnes, sous peine d'anathème, de prêcher, d'approuver, ou même de citer cette doctrine, si ce n'est à dessein de la combattre. Il y ajouta un jugement de rigueur contre Wiclef lui-même, quoiqu'il fût mort depuis longtemps. Il ordonna d'exhumer son cadavre et de le jeter à la voirie. Le décret contre ses erreurs fut confirmé dans la quinzième session.

Voici comme les erreurs de Wiclef pénétrèrent en Bohème. Un gentilhomme bohémien, nommé Poisson-Pourri, revenant de l'Université d'Oxford, en apporta certains ouvrages de Wiclef. Il les fit connaître, entre autres, à Jean Hus. C'était un homme de basse naissance, mais distingué par son esprit et sa facilité à parler. Né au bourg de Hussinetz l'an 1373, il devint bachelier et maître-ès-arts à l'Université de Prague l'an 1393, prêtre et prédicateur en la chapelle de Bethléhem l'an 1400, doyen de la faculté de théologie l'an 1401, et recteur de l'Académie en 1409. De plus, dès l'année 1400, il fut donné pour confesseur à la reine Sophie, seconde femme de Wenceslas, lequel fut déposé cette année-là même de la dignité impériale. Le confesseur de sa première femme avait été saint Jean Népomucène, qui mourut martyr du secret de la confession.

Jean Hus s'infatua des erreurs de Wiclef, ainsi que plusieurs autres. L'an 1408, l'Université de Prague ayant eu vent de ce qui se passait, s'assembla solennellement, et Jean Hus s'y trouva parmi les principaux docteurs. On y prit d'un commun consentement une conclusion qui portait : « Sachent tous, que tous les docteurs ici assemblés ont unanimement rejeté et prohibé les quarante-cinq articles de Wiclef, dans leurs sens hérétiques, erronés ou scandaleux ; défendant à tous leurs suppôts, de quelque nation qu'ils soient, qu'aucun ne soit assez hardi pour les soutenir ou les enseigner, en public ou en secret, et cela sous peine d'être exclus de la nation. » C'était la plus grande peine qu'ils pussent alors imposer. Ils défendirent encore que personne au-dessous des docteurs ne lût les livres de Wiclef, principalement ceux de l'*Eucharistie*, le *Dialogue* et le *Trialogue*.

Jean Hus n'osa pas contredire publiquement à la sentence de l'Université de Prague; mais il ne laissait pas, dans les entretiens secrets, d'infecter plusieurs personnes des erreurs de Wiclef. Comme il voyait que les Allemands s'opposaient à son dessein, la haine qu'il leur portait déjà s'en augmenta de beaucoup. La nouvelle Université de Prague, fondée par l'empereur Charles IV, était gouvernée par les docteurs allemands, au grand mécontentement des Bohémiens, naturellement féroces et peu traitables. Jean Hus excita donc ses compatriotes à demander au roi Wenceslas qu'ils eussent le gouvernement de leurs écoles, à l'exclusion des Allemands. Wenceslas, irrité contre les Allemands qui l'avaient déposé de l'empire, accorda facilement aux Bohémiens ce qu'ils demandaient. Irrités à leur tour de ce qu'on leur enlevait ainsi leurs priviléges, les Allemands se retirèrent de Prague au nombre de plus de deux mille, tant docteurs qu'étudiants, et passèrent à Leipsick, où ils fondèrent une nouvelle Université par autorité du pape Alexandre V.

La chapelle ou l'église de Bethléhem avait été fondée par un riche bourgeois de Prague, avec un revenu suffisant pour entretenir deux prédicateurs, qui tous les jours instruisaient le peuple en bohémien. Comme Jean Hus, l'un des deux, était éloquent et avait la réputation d'être réglé dans ses mœurs, on l'écoutait volontiers. S'en étant aperçu, il avança plusieurs propositions tirées de Wiclef, disant que c'était la pure vérité, que l'auteur était un saint homme; et je voudrais, ajoutait-il, qu'après ma mort mon âme fût avec la sienne.

Outre les sermons par lesquels il s'attirait le peuple, Jean Hus gagnait les grands par les livres de Wiclef, qu'il traduisait en langue vulgaire. Il attirait aussi des ecclésiastiques : les uns, chargés de dettes ou de crimes pour lesquels ils craignaient d'être poursuivis en justice, espéraient l'éviter en donnant dans les nouveautés; d'autres, recommandables par leur doctrine et leur vie réglée, étaient indignés que l'on donnât les bons bénéfices à des nobles qui leur étaient bien inférieurs en science. Le dépit et la jalousie leur firent quitter leur premier sentiment, suivant lequel ils avaient condamné Wiclef, et ils abandonnèrent l'Eglise catholique pour se joindre à Jean Hus, déclamant non-seulement contre les prêtres ignorants et vicieux, mais contre tout le clergé en général, sans épargner le Pape même (Cochlæus, *Hist. Hussit.*).

Un des principaux adeptes de Jean Hus était Jérôme de Prague, gentilhomme de la famille de Poisson-Pourri. Il avait étudié à Cologne, à Heidelberg, à Prague, on dit même à Oxford. L'an 1399, il fut maître ès-arts, et peu après bachelier en théologie; il passait pour l'emporter en science sur Jean Hus; il n'entra jamais dans l'état ecclésiastique, mais servit comme chevalier à la cour du roi Wenceslas. La réputation de Jérôme devint telle que le roi de Pologne le fit venir en 1410, pour organiser l'Université de Cracovie. Puis le roi de Hongrie, Sigismond, frère puîné de Wenceslas, désira l'entendre. Il prêcha devant lui à Bude. Mais, comme son discours renfermait de grandes louanges de Wiclef, il fut déclaré hérétique par le clergé, obligé de s'enfuir, et arrêté par l'Université de Vienne, jusqu'à ce que celle de Prague obtînt son élargissement. Jérôme de Poisson-Pourri était naturellement porté à la violence.

Fort de pareils adeptes et surtout de l'émigration des docteurs allemands, Jean Hus gardait moins de mesure. Non-seulement il répandit les écrits de Wiclef parmi les grands de Bohème, mais il envoya une traduction du *Trialogue* à Josse, margrave de Moravie, oncle du roi Wenceslas. Vainement plusieurs docteurs de Prague l'avertirent de se désister d'une semblable entreprise. L'un d'eux informa l'archevêque de Prague, Svincon, d'une famille très-noble, qui demeurait dans son château de Raudnicz. L'archevêque, homme résolu, assembla des docteurs en qualité de légat du Saint-Siége, et se fit apporter les livres de Wiclef. Après les avoir fait examiner par les docteurs, et de leur avis, il les fit tous brûler, au nombre de plus de deux cents. Ils étaient très-bien écrits, reliés en bois à la manière du temps et couverts d'étoffes précieuses et garnis d'or. Mais tous ceux qui avaient de ces livres ne les apportèrent pas, suivant l'ordre de l'archevêque.

Pour se venger de ce que l'archevêque avait fait brûler ces livres de Wiclef, Jean Hus fit composer contre lui et chanter publiquement, par les laïques de son parti, des chansons en langue vulgaire, qui le tournaient en ridicule, et qui firent tant de bruit, que le roi Wenceslas défendit, par ordonnance publique, de les chanter, sous peine de confiscation de tous les biens. Mais Jean Hus trouva un autre moyen de faire que le peuple se moquât du clergé et le rendît méprisable. Il établit des conférences publiques, où les tailleurs, les cordonniers et d'autres artisans, excités par ses sermons et par la lecture de l'Ecriture sainte en langue vulgaire, disputaient avec les prêtres. Les femmes mêmes se mêlaient de parler en ces controverses, et de composer des livres.

Le Pape avait écrit à l'archevêque, le 20 décembre 1409, de défendre par l'autorité apostolique, à qui que ce fût, quelque privilége qu'il pût avoir, de prêcher ailleurs que dans les églises ou dans les cimetières, et de ne permettre à personne d'enseigner en public ou en secret les articles de Wiclef. Le Pape avait mandé encore à l'archevêque de prendre quatre docteurs en théologie et deux docteurs en décret, et de procéder en cette affaire par leur conseil; enfin, que celui qui refuserait d'obéir et d'abjurer ses erreurs fût tenu pour hérétique et mis en prison (Raynald, an 1409, n. 89). L'archevêque manda Jean Hus, lui reprocha son attachement aux erreurs de Wiclef; Jean Hus promit de corriger tout ce qui lui serait échappé contre la doctrine chrétienne; mais quant à la défense de prêcher dans la chapelle de Bethléhem, il en appela au Pape mieux informé, et continua ses prédications.

Ses sectateurs s'enhardirent. Ceux dont l'archevêque avait fait brûler les exemplaires de Wiclef, si richement ornés, lui réclamèrent des dommages et intérêts. Sur son refus, ils actionnèrent les ecclésiastiques qui lui avaient servi de conseil; ils refusèrent de même, mais eurent à souffrir beaucoup de violences, par la coupable connivence de l'indigne roi Wenceslas. Jérôme de Prague se distingua par-dessus les autres sectaires. Il arrêta trois religieux Carmes qui avaient prêché contre Wiclef, et en jeta un dans la Moldau, où il serait infailliblement noyé si un chevalier n'était allé à son secours (*Hist. ecclésiast.*, Schroeckh, t. XXXIV).

Jean Hus fut dénoncé par le clergé de Prague au pape Jean XXIII, comme prêchant des hérésies. Le cardinal Colonne fut chargé de poursuivre l'affaire, et en conséquence le cita à Rome. Il n'y comparut point, mais envoya des députés pour le défendre; après y avoir demeuré un an et demi, ils furent mis en prison, Jean Hus déclaré hérétique, excommunié avec ses adhérents, avec défense de prêcher et avec interdiction des lieux où il se trouverait. L'an 1411, Jean Hus en appela de cette sentence à un concile général. Cependant, par l'entremise du roi Wenceslas et d'autres seigneurs, l'affaire paraissait devoir s'arranger de concert avec l'archevêque Svincon, lorsque ce prélat mourut avant qu'il y eût rien d'exécuté.

Dans l'intervalle, Jean Hus publia plusieurs écrits en faveur de Wiclef et de ses erreurs. Il enseignait et soutenait, entres autres, ces deux propositions : Ceux qui, à cause d'une excommunication humaine, cessent de prêcher ou d'entendre la parole de Dieu, sont excommuniés et seront regardés comme des traîtres au Christ dans le jugement dernier. Un diacre ou prêtre a droit de prêcher, même sans la permission du Saint-Siége ou d'un évêque catholique.

L'an 1412, le pape Jean XXIII ayant fait publier une croisade pour soumettre le roi Ladislas de Naples, Jean Hus et Jérôme de Prague se mirent à prêcher contre la croisade du Pape et contre ceux qui la prêchaient. Jérôme fit même arrêter un prédicateur de la croisade, lui adjoignit deux prostituées, les conduisit tous trois sur une voiture à travers la ville, les deux prostituées ayant la bulle pontificale sur la poitrine découverte, et un crieur annonçant à haute voix qu'on allait brûler les bulles d'un séducteur des peuples. La bulle fut en effet brûlée au pilori de la ville neuve. Le dimanche, les prédicateurs furent interrompus et insultés dans plusieurs églises par des étudiants et des gens de la lie du peuple; on les appelait des menteurs et des imposteurs, et le Pape un antechrist. Trois des perturbateurs furent arrêtés et condamnés à mort, comme séditieux, par le sénat de la ville. Jean Hus accourut au palais avec une multitude d'étudiants, et supplia qu'on leur accordât la vie, attendu que, s'ils étaient punis à raison de l'indulgence papale, lui-même était encore plus coupable. On lui remontra qu'il se mêlait de choses qui ne le regardaient point, qu'il voulait exciter une sédition, après avoir déjà fait un préjudice irréparable à la ville par l'expulsion des Allemands; qu'il n'était pas question de l'indulgence, mais de perturbateurs de la paix publique, qui cherchaient à verser le sang. Toutefois on laissa espérer de faire grâce; mais le sénat leur fit aussitôt trancher la tête. À cette nouvelle, les sectaires se rassemblèrent en foule, enlevèrent de force les cadavres des suppliciés, les enveloppèrent de drap d'or, les portèrent dans toutes les églises, et les enterrèrent dans la chapelle de Bethléhem, en criant : Voilà les saints et les martyrs qui ont donné leur vie pour la loi de Dieu ! Jean Hus lui-même leur donna le nom de martyrs dans un sermon ; mais il reçut défense du sénat d'en parler davantage (*Hist. ecclésiast.*, Schroeckh, t. XXXIV).

En attendant, il multipliait ses écrits contre le Pape. Emporté d'un excès dans un autre, il enseignait que l'Eglise n'est que la société des justes et des prédestinés, de laquelle les réprouvés et les pécheurs ne font point partie. Il en concluait qu'un pape vicieux n'est plus le vicaire de Jésus-Christ; qu'un évêque et des prêtres qui vivent en état de péché ont perdu tous leurs pouvoirs. Il étendit même cette doctrine jusqu'aux princes et aux rois ; il décida que ceux qui sont vicieux et gouvernent mal sont déchus de leur autorité. Après avoir appelé au Pape et au concile, il ne reconnaissait d'autre juge que l'Ecriture entendue à sa manière, c'est-à-dire d'autre juge que lui-même.

L'an 1413, le nouvel archevêque de Prague, Conrad de Vechta, cherchait une conciliation entre le clergé catholique et les partisans de Jean Hus. Le clergé posait comme moyen unique, une entière soumission au Pape et à l'Eglise romaine. Hus et ses partisans, qui ne voulaient d'autre juge que l'Ecriture interprétée par eux-mêmes, soulevèrent beaucoup d'objections ; entre autres, que les évêques et les prêtres mêmes étaient autant les successeurs des apôtres que le Pape et les cardinaux ; que le chef de l'Eglise n'était pas le Pape, mais Jésus-Christ. On se disputait là-dessus à Prague, lorsqu'on apprit qu'au mois de février 1413, le concile de Rome avait condamné les écrits de Wiclef et excommunié Jean Hus, parce qu'il ne s'était point présenté, quoiqu'il eût été cité. En même temps, le chancelier Gerson, doyen de la faculté de théologie à Paris, laquelle venait de condamner dix-neuf erreurs de Jean Hus, tirées de son *Traité de l'Eglise* (*Apud Natal. Alex.,* t. VIII, p. 86, édit. in-fol.), écrivit à l'archevêque Conrad, pour l'exhorter à extirper l'ivraie du champ du Seigneur et à implorer pour cela, si c'était nécessaire, le bras séculier. L'archevêque obtint bientôt le consentement du roi à des mesures plus sévères, pour délivrer son royaume de la mauvaise renommée d'hérésie. On publia donc que tous ceux qui soutiendraient les quarante-cinq articles de Wiclef seraient chassés du royaume. L'archevêque prononça un interdit sur la ville de Prague, à l'exception du quartier où était le palais du roi. Jean se réfugia dans son endroit natal et continua de déclamer contre le Pape et les cardinaux. Il avait d'abord appelé du Pape mal informé au Pape mieux informé, ensuite du Pape au concile : cette fois-ci, il appela du concile à Jésus-Christ (Schroeckh., t. XXXIV).

Avant de quitter la capitale de Bohême, il fit lire dans la chapelle de Bethléhem son *Traité de l'Eglise*, dont le but était de rendre odieux le clergé de Prague et méprisable l'autorité du Siége apostolique. Pour prouver que le Pape ne saurait être le chef de l'Eglise, il cite entre autres la fable de la papesse Jeanne, dont il fait une femme anglaise.

Eloigné de Prague, qui fut délivrée de l'interdit par son absence, Jean Hus écrivit avec une violence toujours croissante contre le clergé et contre le Pape même. Un de ses libelles représente, dès le titre, les prêtres et les moines comme l'abomination de la désolation dans l'Eglise du Christ. Dans un autre, il déclare que l'auteur de tant de canons et lois ecclésiastiques, c'est le diable. Il condamne la vénération des statues de bois, de pierre et d'argent. Dans un autre, le mystère d'iniquité de l'antechrist, il s'écrie : La vraie cause, pour laquelle les hypocrites honorent les saints du ciel, persécutent et égorgent les saints vivants sur la terre, c'est leur aveuglement, que le dieu de ce siècle, le diable, opère en eux (*Ibid.*). Ces saints vivants sur la terre, il est aisé de le voir, c'est Jean Hus et les siens.

Cependant le concile de Constance venait d'être convoqué pour le 1er novembre 1414. Deux docteurs de Prague, Michel de Causis, curé d'une des paroisses de la ville, et Etienne Paletz, autrefois amis de Jean Hus, se disposaient à l'y dénoncer, comme répandant des erreurs contre la foi. Jean Hus pouvait donc s'attendre à y être cité : il résolut de s'y présenter de lui-même pour se défendre. D'ailleurs il avait appelé au concile. Sachant que l'archevêque de Prague allait tenir celui de sa province au mois d'août 1414, il somma chacun, par des affiches publiques, de venir l'y convaincre des erreurs qu'on lui imputait. L'archevêque lui manda que sa présence n'était pas nécessaire, puisqu'il ne s'était pas élevé d'accusateur contre lui. Jean Hus s'en fit donner un témoignage. Il en demanda un pareil au roi, et somma ses adversaires, par de nouvelles affiches, de lui montrer au moins à Constance qu'il avait enseigné des erreurs. Il disait entre autres : Que si l'on peut me convaincre d'une erreur quelconque, ou d'avoir enseigné quelque chose de contraire à la foi chrétienne, je ne refuse pas d'encourir toutes les peines des hérétiques (*Op. Hus., pars* 1, fol. 2 ; Lenfant, *Hist. du concile de Const.*, t. I. p. 38). Il fit plus, au dire des écrivains hussites. Il s'adressa à l'inquisiteur du Pape en Bohême, l'évêque de Nazareth, et en obtint une attestation, que, dans plusieurs entretiens, il l'avait toujours trouvé orthodoxe. Les états de Bohême ayant consulté l'archevêque à cet égard, reçurent la même réponse. Enfin l'empereur Sigismond pria son frère Wenceslas d'envoyer Jean Hus à Constance.

Jean Hus partit donc de Prague le 11 octobre 1414. Il laissait à ses partisans une lettre qui fut lue dans la chapelle de Bethléhem et dans laquelle il y avait ces mots : *Je pars sans sauf-conduit* (1). Arrivé à Constance, il leur écrivit en ces termes : « Nous sommes arrivé à Constance après la fête de tous les Saints, sans aucun dommage, traversant les villes et y affichant des sommations en latin et en allemand. Nous sommes logé à Constance, sur la place près de l'hôtel du Pape. *Et nous sommes venu sans sauf-conduit* (2). »

Accusé par ses deux adversaires, Michel de Causis et Etienne Paletz, d'enseigner les erreurs de Wiclef à Constance même, Jean Hus fut arrêté le 28 novembre 1414 (Von der Hardt, t. IV, p. 21 et 22). Au mois de mai de l'année suivante, ses amis ayant demandé son élargissement au concile, attendu qu'il avait été arrêté contre la foi publique, l'évêque de Lutomile fut chargé de répondre, le 16 du mois, qu'on n'avait point violé la foi publique à son égard, attendu qu'il n'avait point de sauf-conduit de l'empereur lors de son arrestation, mais qu'il en reçut un seulement quinze jours après, comme on l'avait appris de personnes dignes de foi (*Ibid.*, p. 209). Le 18 mai, les défenseurs de Jean Hus répliquèrent que le concile avait été mal informé; que le jour même où Jean Hus fut arrêté, l'un deux, interrogé jusqu'à deux fois par le Pape s'il avait un sauf-conduit du roi, son fils, répondit qu'il en avait un : que cependant il ne le montra point alors, parce que personne ne demandait à le voir; mais que trois jours après il le fit voir à beaucoup de personnes (*Ibid.*, p. 212). D'où il paraît certain, par l'aveu même des défenseurs de Jean Hus, que le sauf-conduit ne fut exhibé que trois jours après son arrestation. Lors donc que des personnes dignes de foi assurèrent au concile que ce ne fut que quinze jours après son emprisonnement qu'on procura le sauf-conduit à Jean Hus, il est possible qu'elles ne se soient trompées que sur le nombre de jours.

Quant au sauf-conduit en lui-même, le voici tout entier. « Sigismond, par la grâce de Dieu, roi des Romains, etc., à tous princes ecclésiastiques et séculiers, etc., ainsi qu'à tous nos autres sujets, salut. Nous vous recommandons d'une pleine affection, à tous en général et à chacun en particulier, honorable homme maître Jean Hus, bachelier en théologie et maître ès-arts, porteur des présentes, allant de Bohême au concile de Constance, lequel nous avons pris sous notre protection et sauvegarde, et sous celle de l'empire, désirant que, lorsqu'il arrivera chez vous, vous le receviez bien et le traitiez favorablement, lui fournissant tout ce qui lui sera nécessaire pour hâter et assurer son voyage, tant par eau que par terre, sans rien prendre de lui ni des siens aux entrées et aux sorties, pour quelques droits que ce soit de tribut ou de péage, et de le laisser librement et sûrement passer, demeurer, s'arrêter et retourner, en le pourvoyant même, s'il en est besoin, de bons passeports, pour l'honneur et le respect de la majesté impériale. Donné à Spire, le 18 octobre de l'an 1414, le trente-troisième de notre règne de Hongrie et le cinquième de celui des Romains. Par ordre du roi. *Et plus bas*, Michel de Pascet, chanoine de Breslau (Von der Hardt, t. IV, p. 12; Lenfant, *Hist. du conc. de Const.*, t. I). »

Par les termes de cette pièce, on voit que c'est tout bonnement un passeport impérial qui invite les princes, les magistrats et sujets de l'empire, comme un passeport moderne invite les autorités civiles et militaires à laisser passer et librement circuler, de tel endroit à tel autre, et à donner aide et protection en cas de besoin. Mais comme un passeport moderne ne vous soustrait point à la juridiction des tribunaux auxquels vous seriez cité ou auxquels vous auriez appelé, ainsi le passeport royal ne pouvait soustraire Jean Hus à la juridiction du concile de Constance, auquel il était cité et auquel il avait appelé, d'autant plus que, pour les jugements de doctrine, ce concile était indépendant de toute autorité royale ou impériale. Ces notions si simples suffisent pour faire évanouir tous les nuages que les protestants, héritiers intéressés de Jean Hus, ont accumulés sur ce fait pour faire croire que le concile de Constance et l'empereur Sigismond ont manqué à la foi publique, le premier en jugeant et condamnant Jean Hus, et le second en lui faisant subir la peine légale, malgré son passeport. Lorsqu'un homme, appelé ou appelant devant un tribunal, y arrive avec un passeport moderne, le tribunal procède suivant les formes juridiques; si l'homme est trouvé coupable, il est condamné et puni, et personne ne s'avise d'accuser le tribunal ou une autre autorité d'avoir violé la foi publique, parce que le coupable avait un passeport. Le concile de Constance n'a fait ni plus ni moins que ce tribunal. Jean Hus lui-même disait dans les placards qu'il affichait le long de sa route : « Je fais savoir à toute la Bohème et à tout l'univers que je vais me présenter au concile où doit présider le Pape, afin que, s'il y a quelqu'un qui me soupçonne d'hérésie, il s'y transporte et fasse voir, en présence du Pape et des docteurs, si jamais j'ai tenu ou enseigné aucune opinion fausse ou erronée. Que si l'on peut me convaincre de quelque erreur ou d'avoir enseigné quelque chose de contraire à la foi chrétienne, je ne refuse pas d'encourir toutes les peines des hérétiques (Lenfant, t. I, p. 38; *Op. Hus.*, t. I, p. 4).

Quant à l'époque précise où Jean Hus reçut le sauf-conduit ou passeport impérial, il y a plusieurs circonstances que les auteurs protestants et hussites ne touchent ou n'expliquent pas. En partant de Bohême, il laisse à ses affidés une lettre avec ces mots : *Je pars sans sauf-conduit* (ou passeport); arrivé à Constance, il leur écrit : *Nous sommes venu sans sauf-conduit*. Les auteurs protestants ne disent mot de ces paroles, qui s'entendent naturellement du passeport impérial. Un auteur hussite prétend que ce passeport, rédigé le 18 octobre, à Spire, fut remis vers le 20 à Jean Hus, lors de son passage à Nuremberg. Mais comment alors Jean Hus n'en dit-il rien dans les lettres qu'il écrivit de Nuremberg en Bohême, et où il décrit toutes les particularités de

---

(1) *Reliqui post me litteram, quæ lecta in Bethlehem, in qud posui, quod* EXEO SINE SALVO CONDUCTU (*Epist.* 49).
(2) ET VENIMUS SINE SALVO CONDUCTU (*Epist.* 5).

son voyage? Comment alors a-t-il pu écrire de Constance : « Nous sommes venu ici sans passeport? » Il est vrai, les hussites ajoutent à la marge : *sous-entendez, du Pape;* mais cela montre seulement combien les paroles non altérées du maître les embarrassaient. Il paraît que le maître s'en trouvait embarrassé lui-même. Car, ayant dit dans une de ses lettres : J'ai laissé une lettre après moi, qui a été lue en Bethléhem, où je dis : *Je pars sans passeport,* il ajoute : *Vous direz à cela que, quand je partis, je n'avais point de passeport du Pape* (*Epist.* 49). Que veulent dire ces singulières rectifications? N'est-il pas permis de soupçonner que Jean Hus ayant été arrêté lorsqu'il n'avait pas encore reçu le passeport impérial, comme l'attestaient des personnes dignes de foi, mais l'ayant reçu quelques jours après, la secte, y compris le chef, entreprit de faire croire qu'il avait ce passeport depuis longtemps, et que quand il avait dit formellement : *Je pars sans passeport, nous sommes arrivé sans passeport,* il sous-entendait fort innocemment le passeport du Pape? Ce qui autorise à soupçonner en tout ceci de la duplicité, c'est que, pendant que Jean Hus vantait à Constance même la pureté de sa doctrine, ses amis cachaient ses livres avec tout le soin possible, et lui-même, par ses lettres, les en pressait et leur en témoignait sa satisfaction (*Epist.* 37; Lenfant, t. I, p. 337 et 423). Que veut dire ce manège, si ce n'est que dans les livres qu'on dérobait au jour, il y avait des choses encore plus impies que dans ceux qui étaient publics, et que les protestations de Jean Hus n'étaient qu'une odieuse hypocrisie? On voit, en effet, par l'édition de ses œuvres, que le concile n'en connaissait pas ce qu'il y a de plus mauvais.

Pendant son voyage de Bohême à Constance, Jean Hus se montrait plus confiant. Voici le placard qu'il fit afficher à Nuremberg : « Maître Jean Hus va à Constance pour y déclarer la foi qu'il a toujours tenue, qu'il tient encore, et que, par la grâce de Dieu, il tiendra jusqu'à la mort. Comme donc il a notifié publiquement par tout le royaume de Bohême, qu'il voulait avant son départ rendre raison de sa croyance dans un synode général de l'archevêque de Prague, et répondre à toutes les objections qu'on pourrait lui faire, il notifie tout de même dans cette ville impériale de Nuremberg que, si quelqu'un a quelque erreur ou quelque hérésie à lui reprocher, il n'a qu'à se trouver au concile de Constance, parce que c'est là qu'il est prêt à rendre raison de sa foi (Lenfant, t. I, p. 39). »

De Nuremberg, il écrivit à ses amis une lettre du 20 octobre, pour leur rendre compte de son voyage. Il leur mande qu'il a toujours marché la tête levée dans toute sa route, sans se déguiser nulle part, et qu'il a été fort bien reçu de tout le monde; qu'à Pernau, le curé et les autres ecclésiastiques, qui l'attendaient depuis plusieurs jours, lui firent un fort bon accueil; qu'étant entré dans le poêle, le curé lui présenta, suivant la coutume du pays, un grand verre de vin, et il le but à sa santé, que le curé et ses vicaires écoutèrent très-favorablement sa doctrine, et que le curé lui protesta qu'il avait toujours été de ses amis. De Pernau, il ne fit que traverser Weiden, suivi d'un grand concours de peuple. Il eut à Sulzbach des conférences fort amiables, tant avec les ecclésiastiques qu'avec les magistrats de ces lieux, enfin sa lettre le montre très-content du bon accueil qu'on faisait partout à sa doctrine et à sa personne. Il ne paraît pas moins satisfait d'une conférence qu'il eut à Lauff, ville à quatre lieues de Nuremberg, avec le curé, les ecclésiastiques et un jurisconsulte du lieu. Comme des marchands avaient donné avis qu'il était sur le point d'arriver à Nuremberg, le peuple sortit en foule dans les rues et les places publiques, pour le voir. Quand il fut arrivé, le curé de Saint-Laurent lui écrivit qu'il y avait longtemps qu'il souhaitait l'entretenir. Jean Hus ayant accepté la conférence, le curé vint chez lui; mais il ne dit pas ce qui se passa dans cet entretien, qui, apparemment, fut interrompu par l'arrivée de quelques docteurs et de quelques citoyens désireux de l'entendre. Comme les docteurs prétendaient que la conférence se fît en particulier, Jean Hus déclara qu'il prêchait publiquement et qu'il ne demandait pas mieux que d'être entendu de tout le monde. Parmi ces docteurs, il y avait un chartreux qu'il traite de chicaneur. Il remarque encore que le curé de Saint-Sébald n'était pas content de voir les citoyens approuver ses sentiments; mais que, à cela près, tous les docteurs et les bourgeois paraissaient satisfaits de lui. « On ne met à exécution, dit-il, nulle part l'interdit contre moi, et on approuve l'écrit que j'ai publié en allemand pour notifier mon arrivée au concile. Ainsi je n'ai pas de plus grands ennemis qu'en Bohême. » On trouve à la marge de cette lettre que les docteurs lui déclarèrent unanimement qu'il y avait déjà plusieurs années qu'ils étaient dans les mêmes sentiments, et que, s'il n'y avait point d'autres accusations contre lui, il se tirerait du concile avec honneur (Lenfant, t. I, p. 40; *Op. Hus.*, t. I).

Arrivé à Constance le 3 novembre 1414, il écrivit les mots déjà rapportés : *Et nous y sommes venu sans sauf-conduit.* Puis on cite une note où il est dit que, le lendemain, deux seigneurs de Bohême qui l'accompagnaient, allèrent trouver le Pape pour lui annoncer l'arrivée de Jean Hus, et lui montrer le sauf-conduit de l'empereur Sigismond (Von der Hardt, t. IV, p. 11). Nous avons vu que, de leur aveu, le sauf-conduit ne fut montré que trois jours après son arrestation, qui eut lieu le 28 du même mois (*Ibid.*, p. 212). Jean Hus était donc à Constance sous le poids de l'interdit et de l'excommunication. Ses deux adversaires, Michel de Causis et Etienne Paletz, le signalèrent dans des affiches, comme hérétique et excommunié. De son côté, il parlait assez librement, soutenant sa doctrine, soit dans ses conversations, soit dans les écrits qu'il composait. Il disait même la messe tous les jours dans une chambre, en présence de tout le voisinage, qui accourait avec empressement. Un de ses sectateurs prétend que le pape Jean XXIII voulut bien, non pas lever, comme on le lui fait dire, mais suspendre les censures. Mais Jean Hus lui-même, interrogé depuis par le concile en audience publique, s'il avait été absous par le Pape, répondit que non. Un témoin oculaire, Ulric Reichenthal, chanoine de Constance, qui écrivit en allemand l'histoire de ce concile, rapporte, au contraire, que l'évêque de Constance y envoya son vicaire et son official pour lui représenter que, ayant été excommuni par le Pape et un concile, il ne devait pas entreprendre de dire la messe; mais que Jean Hus déclara qu'il se souciait peu de l'excommunication, et qu'il dirait la messe tout autant qu'il pourrait (Reichenthal, p. 203). Ce fut par suite de ces faits que Jean Hus fut mis en arrestation le 28 novembre; ce ne fut que trois jours après, savoir, le 1er décembre, que l'un de ses défenseurs montra le sauf-conduit ou passeport de l'empereur Sigismond.

Pendant qu'on intruisait l'affaire de Jean Hus, eut lieu une autre aventure, rapportée par deux témoins oculaires, le même chanoine de Constance et Everard Dacher, de la même ville, chargé par l'électeur de Saxe de la police secrète pendant le concile. Tous deux écrivirent en allemand l'histoire de cette assemblée. Voici donc ce que tous deux rapportent.

Jean Hus, voyant qu'on l'observait de près, prit la résolution de s'enfuir le 23 mars 1415. A cet effet, il prit un pain et une bouteille de vin, et alla se cacher le matin dans un chariot de Henri de Latzenboch, qu'on avait préparé pour aller après midi chercher du foin dans quelque village. A l'heure du dîner, Latzenboch, à qui Jean Hus avait été confié, ne le voyant point, demanda inutilement où il était, parce que personne ne put lui en donner de nouvelles. Alarmé de cette absence, il courut en avertir le magistrat, qui fit aussitôt fermer les portes de la ville et commanda des archers pour aller poursuivre le fugitif. Comme on se préparait à cette poursuite, Jean Hus, ayant été trouvé caché dans le chariot, fut conduit à cheval, avec son chapelain et plusieurs Bohémiens, par Latzenboch lui-même, au palais du Pape. Jean Hus s'étant aperçu qu'on voulait le mettre en prison, il descendit de cheval, dans l'espérance de se sauver à la faveur de la foule prodigieuse du monde qui s'était attroupée à ce spectacle. Mais les gardes du Pape ayant soupçonné son dessein, on l'enferma sous bonne garde dans le palais pontifical (*Ibid.*, p. 203 et 204, édit. de Francfort, an 1576; Lenfant, t. I, p. 88, à comparer avec Schroeckh, t. XXXIV, p. 627). Par le récit de ces deux auteurs dignes de foi, suivi et confirmé par plusieurs autres, on voit que la première arrestation de Jean Hus consistait à être mis sous la surveillance et responsabilité de Henri de Latzenboch, l'un des seigneurs qui l'avaient accompagné de Bohème.

Quant à Jérôme de Prague, il vint à Constance le 24 avril 1415, avec un de ses disciples; ils y entrèrent clandestinement et sans que personne s'en aperçut, à cause de la multitude de peuple qu'il y avait dans la ville. L'historien Reichenthal, chargé de rendre compte des étrangers qui arrivaient de jour en jour, prit des informations sur Jérôme; mais personne ne put lui en donner de nouvelle : il s'était enfui le jour même à Uberling. De là il écrivit à l'empereur et aux seigneurs de Bohème, qui étaient au concile, pour demander un sauf-conduit ou passeport. L'empereur le refusa tout net. Le concile ayant été prié de lui en donner un, il offrit bien de le faire pour venir à Bohème, mais non pas pour s'en retourner en Bohème. Jérôme n'eut pas plus tôt cette réponse, qu'il envoya placarder à toutes les églises et à tous les monastères de Constance, ainsi qu'aux portes des cardinaux,

un écrit en latin, en allemand et en bohémien, adressé à l'empereur et au concile, et conçu en ces termes : « Au très-illustre et très-invincible prince et seigneur, par la grâce de Dieu, empereur élu des Romains et roi de Hongrie, et au sacré synode œcuménique. Moi, Jérôme de Prague, maître ès-arts dans les célèbres académies de Paris, de Cologne, de Heidelberg et de Prague, je notifie à tous, par cet écrit public, que je suis venu à Constance de mon bon gré et sans y être forcé, pour répondre à mes adversaires et à mes calomniateurs, qui diffament le très-illustre et très-célèbre royaume de Bohème, et pour défendre notre doctrine, qui est pure et orthodoxe, aussi bien que pour mettre au jour mon innocence, non en secret, mais en présence de tout le concile. Si donc il y a des gens, de quelque ordre et de quelque nation qu'ils soient, qui aient envie de me calomnier et de m'accuser de quelque crime ou de quelque hérésie que ce soit, je suis prêt à justifier mon innocence et la pureté de ma doctrine, m'offrant à subir la peine qu'on m'aura infligée, s'il on peut me convaincre d'hérésie. C'est pour exécuter un dessein si honnête et si nécessaire, que je supplie, au nom de Dieu, Votre Majesté Impériale de m'accorder un sauf-conduit pour venir à Constance et pour m'en retirer sûrement. Que si, me présentant volontairement comme je fais, on me met en prison et qu'on use de violence envers moi, avant de m'avoir convaincu, le concile manifestera son injustice à tout le monde par un tel procédé, ce que je ne saurais croire d'une assemblée aussi sainte et composée de personnages aussi sages et aussi éclairés (*Op. Hus.*, part. 2, fol. 349 et 354). »

Dans ce placard, comme Jean Hus dans les siens, Jérôme de Prague demandait à justifier son innocence devant le concile, sauf à subir la peine des hérétiques, si on vient à le convaincre d'hérésie: c'est à cette fin qu'il réclame un passeport. Or, suivant le témoignage d'un témoin oculaire, l'historien Reichenthal, dès le 17 avril, lorsqu'il fut cité pour la première fois, le concile lui avait expédié un sauf-conduit ou passeport, qui lui promettait toute sûreté, *sauf la justice et sans préjudice aux intérêts de la foi;* c'est-à-dire, sauf à subir les peines des hérétiques, si l'on venait à le convaincre d'hérésie.

Suivant le témoignage du même historien, Jérôme de Prague reçut ce passeport; mais, ne le trouvant point à sa guise, il feignit de l'ignorer, afin de continuer son voyage ou sa fuite vers la Bohème. Il déclamait contre le concile le long du chemin. Arrivé dans une petite ville de la Forêt-Noire, il fut invité par le curé, qui, ce jour-là, recevait ses confrères.

Là, il se déchaîna contre le concile, jusqu'à l'appeler une école du diable et une synagogue d'iniquité, se vantant d'ailleurs d'avoir confondu les docteurs, et produisant, pour le prouver, un écrit signé par soixante-dix personnes. Les ecclésiastiques, scandalisés de ses discours, le dénoncèrent au commandant de la ville, qui leur recommanda de garder le secret et d'attendre au lendemain. Le lendemain, en effet, le commandant arrête Jérôme, et lui déclare qu'il faut retourner à Constance, pour y rendre raison des discours injurieux qu'il avait tenus

LIVRE LXXXI. — CONCILE DE CONSTANCE.

contre le concile. Jérôme soutient qu'il n'a rien avancé que de véritable, et que d'ailleurs on n'est pas en droit de l'arrêter, puisqu'il a un sauf-conduit. — Sauf-conduit, ou non, répliqua l'officier, il faut retourner à Constance, — et il l'y fit ramener. Tel est le récit de l'historien, qui avait alors la police des étrangers à Constance, et qui, par conséquent, pouvait mieux que personne connaître ces détails (Reic., p. 204).

Jean Hus, arrêté dans sa fuite, comme Jérôme de Prague, fut d'abord gardé dans le palais pontifical, puis successivement dans deux monastères, et enfin dans la forteresse de Gottleben, près de Constance. Une commission fut nommée par le Pape ou le concile, pour entendre les accusations contre Jean Hus, recevoir le serment et les dépositions des témoins, et communiquer à l'accusé le résultat de la procédure (Lenfant, t. I, p. 63). Une autre commission plus nombreuse fut chargée d'examiner en elle-même la doctrine de Jean Hus (*Ibid.*, p. 67). Outre plusieurs audiences particulières avec les commissions, Jean Hus eut trois ou quatre audiences publiques du concile même. Dès Prague, le novateur avait fait afficher cette protestation : « Je fais savoir à toute la Bohême et à tout l'univers, que je vais me présenter au concile où le Pape doit présider, afin que, s'il y a quelqu'un qui me soupçonne d'hérésie, il s'y transporte et fasse voir, en présence du Pape et des docteurs, si jamais j'ai tenu et enseigné aucune opinion fausse ou erronée. Que si l'on peut me convaincre de quelque erreur ou d'avoir enseigné quelque chose de contraire à la foi chrétienne, je ne refuse pas d'encourir toutes les peines des hérétiques (*Ibid.*, p. 38). »

Il sera bon de fixer ici le sens du mot *convaincre*. Il en a deux : un sens vulgaire, et un sens judiciaire. Dans le premier, *convaincre* signifie réduire quelqu'un par le raisonnement, ou par des preuves sensibles et évidentes, à demeurer d'accord d'une vérité, d'un fait ; dans le second sens, *convaincre* signifie donner des preuves suffisantes qu'une personne est coupable d'un crime, d'une faute. Dans le premier cas, la conviction dépend non-seulement de la bonté des preuves, mais encore des dispositions de la personne à convaincre : les preuves fussent-elles excellentes, si la personne n'a point assez d'intelligence ou de droiture, elle ne sera point convaincue. Dans le second cas, ce n'est pas l'individu à convaincre qui est juge ou appréciateur des preuves de conviction, mais le tribunal. Dans une cour d'assises, ce n'est pas l'accusé qui apprécie les preuves du fait, mais le jury : ce n'est pas l'accusé, ce sont les juges qui qualifient le fait par rapport à la loi, et qui appliquent la peine. Or, ces deux significations si différentes du mot *convaincre*, et qui entraînent des conséquences si diverses, Jean Hus, Jérôme de Prague, leurs historiens hussites et protestants aiment toujours à les confondre, afin de conclure artificieusement : Le concile de Constance, malgré ses charitables efforts, n'a pu convaincre *amiablement*, n'a pu faire convenir Jean Hus et Jérôme de Prague d'aucune erreur, ni leur en faire rétracter aucune ; donc le même concile n'a pu les en convaincre *juridiquement*, ni leur appliquer la peine légale.

Au reste, le langage de Jean Hus est tout plein de ces équivoques. Le 31 mai 1415, les nations s'assemblèrent pour traiter son affaire. Le 1er juin, on lui envoya une députation qui lui présenta trente articles tirés de ses livres ou de ses prédications, lui demandant s'il voulait les désavouer ou les défendre. Il répondit purement et simplement aux députés, qu'il se soumettrait à la décision du concile ; mais il écrivit à ses affidés que, quant à ce qu'on exigeait de lui qu'il se rétractât, il voulait se soumettre à l'instruction, à la direction et à la justice du concile, *quand on lui ferait voir* qu'il a écrit, enseigné et répondu quelque chose de contraire à la vérité (*Epist.* 15 ; Lenfant, t. I, p. 307). En sorte que Jean Hus ne considérait le concile œcuménique que comme un tournoi d'arguments et de syllogismes, où lui seul serait juge en dernier ressort.

Le 5 juin, il fut introduit pour la première fois à l'audience publique du concile. On lui présenta ses livres, il les reconnut. On commença la lecture et l'examen des articles sur lesquels il était accusé. Cette lecture et cet examen continuèrent dans la session suivante, deux jours après. On y entendit des témoins. Jean Hus leur donna le démenti. Le cardinal de Florence leur dit alors : « Vous savez que toute affaire se décide sur la déposition de deux ou trois témoins. Or, en voilà contre vous près de vingt, tous hommes graves et dignes de foi. Les uns ont entendu les choses de votre propre bouche, les autres les savent de bonne part, et tous ensemble ils appuient leurs témoignages de raisons si solides, que nous ne saurions nous dispenser d'y ajouter foi. » Jean Hus prit Dieu et sa propre conscience à témoin qu'il n'avait jamais enseigné ce qu'on avait la hardiesse de lui imputer si faussement, et que, quand même il y aurait encore des témoignages en plus grand nombre, ils ne pouvaient prévaloir contre celui de sa conscience. — « Nous ne sommes en droit, dit là-dessus le cardinal, de vous juger selon votre conscience, mais sur la parole de tant de témoins irréprochables, et dans lesquels il ne paraît aucune marque de haine ou de passion, comme vous les en accusez. Vous dites, par exemple, qu'Etienne Paletz vous est suspect et qu'il a fait des extraits infidèles de vos ouvrages. Mais en cela vous lui faites, à mon avis, grand tort, puisqu'il a fait ces extraits avec beaucoup de fidélité, et qu'il a même conçu les articles en termes plus doux qu'ils ne sont dans vos écrits. Vous avez aussi peu de raison de soupçonner d'autres excellents personnages, comme le chancelier de l'Université de Paris, dont le mérite est si distingué dans toute la chrétienté (*Ibid.*, p. 311). »

Dans la troisième audience publique, qui eut lieu le lendemain, on lut à Jean Hus trente-neuf articles tirés de ses écrits et de ses discours ; sur chacun on lui demanda s'il le reconnaissait pour sien. Il reconnut et soutint le plus grand nombre. Les principaux reviennent à cette erreur fondamentale : « Les prédestinés seuls sont membres de l'Eglise catholique ; ceux que Dieu prévoit devoir être réprouvés ne sont jamais membres de l'Eglise. » D'où cette conséquence : « Comme il est impossible à l'homme de discerner en cette vie les prédestinés des réprouvés, l'Eglise est une société invisible dont il est impossible à l'homme de connaître ni les membres, ni les pasteurs, ni le chef. » Conséquence que Jean Hus admet formellement, quand il dit dans l'article treizième : « Sans une révélation, personne ne peut assurer raisonnablement de soi, ni d'un autre, qu'il est le chef d'une sainte église particulière; » et dans l'article quatorzième : « Il ne faut pas croire que celui qui est Pontife romain, qui que ce puisse être, soit pour cela chef d'aucune église particulière, si Dieu ne l'a prédestiné. » Jean Hus en donne pour preuves la papesse Jeanne, qu'il appelle Agnès.

Faites attention que, même à propos du Pontife romain, il ne parle que d'église particulière. C'est qu'il niait tout chef visible de l'Église universelle. Il dit formellement dans l'article neuvième : « Saint Pierre n'a été, et n'est point le chef de la sainte Eglise catholique. » On sent ici les efforts de l'enfer pour prévaloir contre cette pierre sur laquelle le Fils de Dieu a bâti son Eglise. On les voit encore dans ce qui suit.

Jean Hus dit, article quatrième : « Un prédestiné qui n'est pas actuellement en état de grâce, par la justice présente, est toujours membre de la sainte Eglise universelle. » De là on peut conclure : « Donc un pape, un évêque, un prélat, même en état de péché mortel, peut encore être pape, évêque, prélat; car il se peut qu'il soit prédestiné. » Jean Hus se contredira, pour ruiner mieux toute hiérarchie; il dira dans son article vingt-septième : « Si un pape, un évêque ou un prélat est en péché mortel, il n'est ni pape, ni évêque, ni prélat. Il ne craindra point, même en présence de l'empereur, d'appliquer ce principe aux souverains temporels, et de conclure qu'un roi en péché mortel n'est plus roi. » Sur quoi l'empereur et deux princes disaient entre eux, que jamais on n'avait vu un hérétique plus pernicieux que Jean Hus.

Enfin il dira dans l'article trente-troisième : « La condamnation que les docteurs ont faite des quarante-cinq articles de Wiclef, est déraisonnable et injuste; et la raison qu'ils allèguent de cette condamnation, savoir, qu'aucun de ces articles n'est catholique, et qu'ils sont tous hérétiques, erronés ou scandaleux, est entièrement fausse. » Dans cet article, qu'il reconnaît pour sien, ainsi que tous ceux que nous avons cités, Jean Hus se déclare ouvertement, malgré toutes ses dénégations hypocrites, pour les doctrines impies de Wiclef (Von der Hardt, t. IV).

Après l'examen des trente-neuf articles, le concile voulant porter Jean Hus à se rétracter, le cardinal de Cambrai, Pierre d'Ailly, lui adressa le premier la parole en ces termes : « Vous voyez de combien de crimes atroces vous êtes accusé; c'est à vous présentement à bien examiner ce que vous avez à faire. Le concile n'a que deux voies à vous proposer, dont vous ferez bien d'accepter la première. C'est de vous soumettre humblement à sa sentence et à son jugement, et de subir sans murmurer tout ce qu'il lui plaira d'ordonner : auquel cas on vous traitera avec toute la douceur et l'humanité possibles, en considération de l'empereur qui est ici présent, et du roi de Bohême, son frère; aussi bien que pour votre salut. Si, au contraire, vous prenez l'autre parti, qui est de défendre quelqu'un de ces articles qui vous ont été objectés, et de demander encore une audience pour cet effet, on ne vous la refusera pas, à la vérité; mais faites bien réflexion qu'il y a ici un grand nombre de personnes de poids et de savoir qui ont allégué des raisons si fortes contre vos articles, que je crains bien qu'en les voulant défendre, votre obstination ne vous expose à quelque suite fâcheuse. Ce que je vous dis, non comme votre juge, mais par manière d'avertissement. » Les autres prélats joignirent leurs exhortations et leurs instances à celles du cardinal.

Jean Hus répondit : « Mes très-révérends Pères, j'ai déjà dit plusieurs fois que j'étais venu ici de bon gré, non pour rien soutenir avec opiniâtreté, mais pour recevoir instruction, s'il se trouvait que j'eusse erré en quelque chose. Je vous prie donc que je puisse encore expliquer plus amplement mes sentiments, et si je ne les appuie pas par des raisons certaines et solides, alors je me rendrai volontiers à vos instructions, comme vous le souhaitez. » — Sur quoi quelqu'un s'écria : « Voyez l'artifice ! il parle bien de l'instruction du concile, mais non de sa censure et de sa décision. — Eh bien ! répondit Jean Hus, instruction, censure ou décision, comme il vous plaira; car je m'en prends Dieu à témoin que je parle sincèrement. » — On le voit, la sincérité de Jean Hus consistait à confondre à dessein plusieurs choses très-distinctes.

Le cardinal de Cambrai lui dit là-dessus : « Puisque vous vous soumettez au concile, vous devez savoir qu'il a été résolu par environ soixante docteurs, dont quelques-uns se sont déjà retirés, et ensuite approuvé par le concile tout entier : 1° que vous confesserez d'avoir erré en tenant les articles qui ont été allégués contre vous, et que vous en demanderez pardon; 2° que vous promettrez avec serment de ne plus les enseigner et de ne plus les tenir; 3° que vous les rétracterez tous en public. » Jean Hus répliqua : « Je le répète encore, je suis prêt à recevoir instruction du concile; mais je vous prie et vous conjure, au nom de Dieu qui est notre père commun, de ne pas me forcer à rien faire contre ma conscience et au péril de mon salut éternel, ce que je ferais en abjurant tous les articles qui m'ont été proposés. »

Finalement, après toutes ses protestations de soumission et de docilité, Jean Hus préférait opiniâtrément son sentiment particulier au jugement et à la décision de l'Eglise : ce qui est le propre d'un hérétique. L'empereur et plusieurs Pères du concile eurent beau faire de nouvelles instances, promettre un formulaire d'abjuration si équitable et si doux qu'il pourrait s'y accommoder, l'hérésiarque demeura opiniâtre. L'empereur lui dit enfin : « Vous avez de l'âge, et, après ce que je vous ai redit aujourd'hui, c'est à vous à prendre votre parti. Nous ne saurions nous dispenser d'en croire des témoins si dignes de foi que ceux qui ont été ouïs. Car si, sur le témoignage de deux ou trois, toute affaire se décide d'une manière définitive, combien plus sur le témoignage de tant de personnes considérables ? C'est pourquoi, si vous êtes sage, vous vous soumettrez d'un cœur contrit à la pénitence que vous imposera le concile, vous renoncerez à vos erreurs, puisqu'elles sont manifestes, et vous jurerez de ne plus les tenir ni enseigner, mais au contraire de les combattre toute votre vie : sinon, il y a des lois selon lesquelles le concile vous jugera. »

Lorsque Jean Hus fut sorti de l'audience, l'empereur expliqua son sentiment au concile en ces termes : « Vous avez entendu les accusations intentées contre Jean Hus ; elles sont graves, en grand nombre, et prouvées non-seulement par des témoignages dignes de foi, mais par sa propre confession. Il n'y en a aucune qui, toute seule, ne fût, à mon avis, digne du feu. Si donc, il ne rétracte tout, mon sentiment est qu'il soit brûlé. Quand même il obéirait au concile, je suis d'avis qu'on lui défende de prêcher et d'enseigner, et qu'on lui interdise même l'entrée du royaume de Bohême ; car si on lui permettait de prêcher, surtout en Bohême, où il a un puissant parti, il ne manquerait pas de retourner à son naturel, et même de semer de nouvelles erreurs pires que les précédentes. De plus, j'estime qu'on doit envoyer la condamnation en Bohême au roi, mon frère, en Pologne et dans les autres pays imbus de cette doctrine, avec ordre de faire punir par l'autorité ecclésiastique et par le bras séculier tous ceux qui continueront à la croire et à l'enseigner. On ne peut remédier à ce mal qu'en coupant ainsi au même temps et la racine et les branches. Il faut, outre cela, que les évêques et les autres prélats qui ont travaillé ici à l'extirpation de cette hérésie soient recommandés par les suffrages du concile à leurs souverains. Enfin, conclut l'empereur, s'il y a dans Constance quelques amis de Jean Hus, ils doivent être réprimés avec la sévérité qu'ils méritent, surtout Jérôme, son disciple. »

Le lendemain, 9 juin, on présenta à Jean Hus le formulaire de rétractation dont on lui avait parlé le jour précédent. Il était conçu en ces termes : « Moi Jean Hus, etc., outre les protestations que j'ai déjà faites et auxquelles je me tiens, je proteste de nouveau que, quoiqu'on m'impute beaucoup de choses auxquelles je n'ai jamais pensé, je me soumets humblement à la miséricordieuse ordonnance, décision et correction du sacré concile, touchant toutes les choses qu'on m'a imposées ou objectées, et qu'on a tirées de mes livres, ou enfin prouvées par déposition de témoins, pour les abjurer, révoquer, rétracter, et pour subir la pénitence miséricordieuse du concile et faire généralement tout ce que sa bonté jugera nécessaire pour mon salut, me recommandant à sa miséricorde avec une entière soumission (Von der Hardt, t. IV, p. 329). »

L'historien Reichenthal, qui était sur les lieux, rapporte que Jean Hus, et Jérôme de Prague se rétractèrent, ou du moins promirent de le faire, et que cette espérance avait donné tant de joie à tout le monde, qu'aussitôt on avait sonné toutes les cloches de la ville, pour rendre grâces à Dieu de leur conversion (Reichental, p. 205 ; Cochl., p. 108). Ce qui confirme ce récit, c'est un acte du concile qui a pour titre : « Si Jean Hus eût révoqué ses erreurs, *comme il l'avait promis*, on eût porté contre lui cette sentence. » Elle est conçue en ces termes : « Comme on peut conjecturer par quelques signes extérieurs que Jean Hus se repent de ses fautes passées, et que, suivant de meilleurs conseils, comme il l'assure, il veut rentrer sincèrement dans la foi de l'Eglise, le concile l'admet avec joie à abjurer toute sorte d'erreurs et d'hérésies, et particulièrement celles de Wiclef, et lève l'excommunication qu'il a encourue, pourvu qu'il demande humblement son absolution. Mais, parce qu'il est arrivé un grand nombre de scandales et de séditions parmi le peuple à l'occasion de sa mauvaise doctrine, et qu'il a lui-même commis plusieurs péchés contre Dieu et contre l'Eglise, exposé la foi catholique à un danger évident et les clés de l'Eglise à un mépris public, le concile ordonne que le dit Hus, comme un homme pernicieux, scandaleux et séditieux, sera déposé et dégradé de la prêtrise et des autres ordres. Nous commettons l'archevêque de Milan, et les évêques de Feltre, d'Asti et d'Alexandrie, pour exécuter cette dégradation en présence du concile, et pour faire enfermer ensuite Jean Hus à perpétuité entre quatre murailles, comme étant un homme très-dangereux, par rapport à la foi chrétienne. » Le manuscrit porte que, selon les canonistes, la dégradation devait se faire seulement de bouche, parce que Jean Hus, en cas de rétractation, n'aurait pas été livré au bras séculier (Von der Hardt, p. 432).

Jean Hus n'accomplit point sa promesse : vainement les députés de l'empereur et du concile lui représentèrent-ils plusieurs fois qu'il ne devait pas préférer son sentiment particulier à celui de tout un concile, il persévéra dans son opiniâtreté, tout en protestant qu'il était prêt à se rétracter, si quelqu'un pouvait le *convaincre* d'erreur, jouant ainsi jusqu'à la fin sur le double sens du mot *convaincre*. En même temps il écrivait à ses amis, et contre l'Eglise romaine et contre le concile de Constance, des lettres si emportées, que, au jugement de l'historien protestant, elles seules auraient suffi pour lui faire son procès, même avec justice, suivant les principes du concile (Lenfant, t. III, p. 423).

Le 24 juin, ses livres furent condamnés au feu. On espérait que la condamnation de ses ouvrages le porterait lui-même à résipiscence ; s'il en eut quelques mouvements, il les étouffa bientôt. Enfin, le 6 juillet, vu les extraits tirés de ses livres, vu les dépositions des témoins, vu surtout son incorrigible endurcissement, le concile de Constance le déclara hérétique, le dégrada des ordres ecclésiastiques, et le livra au bras séculier. L'empereur, qui était présent, comme défenseur armé de l'Eglise, le fit prendre par son lieutenant, le comte palatin, qui le remit au magistrat de Constance, pour être livré à la justice. Dans la législation temporelle de l'Europe, la peine de l'hérétique était le feu. Jean Hus, après s'être confessé, la subit avec beaucoup de constance, à peu près comme nous avons vu un apostat du christianisme, le philosophe Pérégrin, se brûler lui-même au IIe siècle.

Les protestants ont imprimé les œuvres de Jean Hus en deux volumes in-folio. A peu près la moitié de ces œuvres consiste à dire et à répéter que le Pape est l'antechrist, le vieux serpent, le grand dragon, la bête d'écarlate, l'abomination de la désolation et autres aménités du même genre. Il y a surtout une très-longue anatomie des divers membres de l'antechrist, que suit une autre de son règne, de son peuple, de sa vie et de ses mœurs (1). On y voit des choses curieuses, et dont le monde ne se doute guère, par exemple, quelle est la couronne de l'antechrist, quels sont ses poumons, quel est

(1) *Anatomia membrorum antichristi.* — *De regno, populo, vita et moribus antichristi.*

son foie. On y apprend que la couronne de l'antechrist, ce sont les chanoines, les prévôts et les doyens; que les poumons de l'antechrist, ce sont les indulgences; que le foie de l'antechrist, ce sont les princes séculiers. Non content de cette merveilleuse anatomie, Jean Hus a fait encore vingt-huit sermons sur les principaux membres de son vieux serpent. Un sermon, le quinzième, sur le menton de cette bête d'écarlate, où l'on apprend que ce menton sont encore les indulgences; ce qui prouve que le menton et les poumons sont la même chose. Un sermon, le seizième, sur la barbe de l'antechrist, laquelle n'est que postiche. Un sermon, le vingt-huitième et dernier, sur la queue de l'antechrist, laquelle, au moins par un bout, se trouve encore être les indulgences. Ce qui prouve que la queue, les poumons et le menton, c'est tout un.

Nous souhaiterions qu'un honnête et sensé protestant, comme il y en a, se donnât la patience de lire d'un bout à l'autre ces anatomies et ces sermons, pour nous dire ensuite franchement son avis. Nous ne serions pas étonné de lui entendre conclure : Mais ce Jean Hus est un énergumène d'anarchie universelle. Non-seulement il attaque la hiérarchie catholique, il détruit encore toute autorité civile, et même toute propriété. En effet, dans son pamphlet *Des dîmes*, il a deux articles pour établir formellement qu'un maître séculier, un propriétaire, en péché mortel, n'est plus maître ni propriétaire (1). Ainsi les communistes, les phalanstériens de nos jours, qui épient le moment de se jeter sur nos terres, nos maisons et nos bourses, ne sont que les enfants naturels de ce Jean Hus.

Quant à son disciple, Jérôme de Prague, ayant été entendu, examiné, instruit, exhorté dans plusieurs audiences, tant particulières que publiques, du concile, il fit dans la séance publique du 23 septembre sa rétractation en ces termes : « Moi Jérôme de Prague, maître ès-arts, connaissant la vraie foi catholique et apostolique, j'anathématise toutes les hérésies, principalement celle dont j'ai été infecté jusqu'à présent, et qu'ont enseignée Jean Wiclef et Jean Hus dans leurs sermons et dans leurs livres, et pour laquelle le saint concile les a condamnés comme hérétiques, aussi bien que leurs dogmes et leurs ouvrages, mais surtout quelques articles exprimés dans la sentence dudit concile. Je déclare de bouche et de cœur que j'acquiesce en toutes choses à la sainte Eglise romaine et au Siège apostolique, et que je crois, en général et en particulier, tout ce que ladite Eglise et ledit concile croient, spécialement sur les clés, les sacrements, les ordres, les offices et les censures ecclésiastiques, les cérémonies, et surtout ce qui appartient à la religion chrétienne, reconnaissant que plusieurs des articles susdits sont notoirement hérétiques et condamnés depuis longtemps par les saints Pères, quelques-uns blasphématoires, d'autres erronés, d'autres scandaleux et offensifs des oreilles pieuses, et d'autres enfin téméraires et séditieux, et comme tels condamnés par le saint concile, qui a défendu, sous peine d'anathème, à tous les catholiques de tenir et enseigner lesdits articles (Von der Hardt, p. 499).

---

(1) *Nullus est dominus civilis, dum est in peccato mortali. — Nullus est dignè et justè civilis dominus, dum est in peccato mortali.*

Malheureusement, Jérôme de Prague ne persévéra pas dans le bien. La sincérité de son désaveu étant devenue suspecte, il fut entendu de nouveau, désavoua sa rétractation précédente, confessa publiquement qu'il tenait toutes les erreurs de Jean Hus, et même toutes les impiétés de Wiclef, excepté l'article sur l'Eucharistie. En conséquence, le 30 mai 1416, il est déclaré hérétique opiniâtre, livré au bras séculier, qui lui fait subir la peine du feu comme à son maître.

Le concile décida la question suivante. Jacques de Mise, autrement Jacobel, curé de Prague, se mit en tête de parler contre l'usage de l'Eglise de communier les laïques sous une seule espèce; il prétendit qu'il fallait absolument les communier sous les deux, et de son autorité privée se permit de le faire. Cette innovation cause de grandes disputes. Jacobel, s'étant opiniâtré, est excommunié par l'archevêque de Prague. Déféré au concile de Constance, il s'emporte et contre l'Eglise romaine et contre le concile, qui condamne ses livres au feu, et décide que la communion sous les deux espèces n'est pas nécessaire, que la communion sous une seule suffit, et qu'il n'est point permis de changer cet usage sans l'autorité de l'Eglise (Lenfant, t. I, p. 247, etc.; t. II, p. 216).

Une autre affaire occupa longuement le concile. Pendant la démence du roi de France, Charles VI, le duc de Bourgogne, Jean sans Peur, mais non sans reproche, fit assassiner son neveu, le duc d'Orléans, frère du roi. Comme il était très-puissant, loin de désavouer son crime, il s'en fit gloire. Dans une audience publique qu'il obtint du roi le 8 mars 1408, son avocat, le docteur Jean Petit, prononça une harangue pour prouver que son client n'avait fait que son devoir, et qu'au lieu d'un châtiment, il méritait une récompense. L'effet du plaidoyer fut que, dès le lendemain, le duc de Bourgogne rentra en grâce avec le roi, et en obtint des lettres de pardon ou d'abolition.

Le plaidoyer ou l'argument du docteur Jean Petit consistait en trois parties : la majeure, la mineure, et la conséquence. La majeure roulait sur huit ou neuf propositions principales. En voici le sens et la suite : « Tout sujet ou vassal, qui, méchamment, conspire contre son roi, pour lui ôter la vie ou la souveraineté, commet un crime de lèse-majesté au premier chef, et il est digne d'une double mort. Il est d'autant plus coupable, qu'il est plus proche du roi. Ce traître déloyal et ce tyran, non-seulement il est licite, mais honorable et méritoire de le tuer, surtout s'il est si puissant, que justice ne peut être faite par le souverain. Dans ce cas, il est plus honorable, méritoire et licite, que ce tyran soit tué par un parent du roi que par tout autre. Si les serments ou promesses qu'on lui a faits tournent au détriment du roi, on n'est pas tenu de les garder, non plus que quand ils tournent au préjudice d'un des contractants. Dans tous ces cas, il est licite, honorable et méritoire à chaque sujet de tuer ce traître et ce tyran, par embuscade, surprise, et même en y employant la dissimulation. » Après ces huit ou neuf propositions qui étayaient la majeure, le docteur Jean Petit ajouta : « Or, le duc d'Orléans a été ainsi tyran et traître au roi, son frère; donc il a été licite, honorable et méritoire à leur oncle, le duc de Bourgogne, de le tuer (*Apud* Monstrelet). »

Suivant que le duc de Bourgogne l'emportait ou non à Paris, son assassinat y était loué ou blâmé, ainsi que le plaidoyer de son avocat. Le 30 novembre 1413, les huit ou neuf propositions de Jean Petit furent condamnées par l'évêque de Paris et par l'inquisiteur de la foi. La question revint au concile de Constance : elle fut agitée et débattue dans un grand nombre de sessions : les agents du roi Charles VI demandaient le plus souvent que l'on confirmât à Constance la condamnation prononcée à Paris; les agents du duc de Bourgogne demandaient, au contraire, qu'elle fût annulée. Enfin l'on convint de condamner la proposition générale qui autorise chaque particulier à faire mourir un tyran, par quelque moyen et nonobstant quelque serment que ce soit, pourvu qu'on ne parlât pas de l'auteur de cette proposition qui était mort, et qu'on ne nommât aucun de ceux qui pouvaient y être intéressés de quelque manière que ce pût être. C'est ce qui fut exécuté dans la session du 6 juillet 1415, par la sentence qui suit : « Le saint concile, assemblé pour l'extirpation des erreurs et des hérésies, vient d'apprendre qu'on a publié quelques propositions erronées dans la foi et dans les mœurs, scandaleuses à plusieurs égards, et capables de bouleverser l'état et l'ordre de toute la chose publique, entre autres cette assertion : « Il est permis, obligatoire et même méritoire
» à tout vassal et sujet de tuer un tyran, même par
» embûches et par flatteries ou adulations, nonobs-
» tant toute promesse et confédération jurée avec
» lui, et sans attendre la sentence et l'ordre d'aucun
» juge. » Le saint concile, pour extirper cette erreur, déclare et définit, après une mûre délibération, que cette doctrine est hérétique, scandaleuse, séditieuse, et qu'elle ne peut tendre qu'à autoriser les fourberies, les mensonges, les trahisons et les parjures. Outre cela, il déclare hérétiques tous ceux qui soutiendront opiniâtrément cette doctrine, et entend que, comme tels, ils soient poursuivis et punis selon les lois de l'Église (Mansi, t. XXVII, c. 765). »

Gerson, chancelier de l'Université de Paris, fit tous ses efforts pour faire condamner à Constance, comme il l'avait fait à Paris, les neuf propositions du docteur Jean Petit; mais il ne put l'obtenir, ni du concile, ni du pape Martin V. La doctrine condamnée, on voulut ménager les personnes, afin de rendre plus facile la pacification de la France, par la réconciliation des maisons de Bourgogne et d'Orléans.

Si Gerson poursuivait si vivement la doctrine de Jean Petit, c'est parce que ce docteur permettait et faisait un mérite au premier venu de tuer un tyran par une voie quelconque et sans attendre la sentence d'aucun juge. De son côté, le chancelier de l'Université de Paris était loin de reconnaître les tyrans pour inviolables. Dans un sermon prêché l'an 1405, devant le roi Charles VI et toute la cour de France, et qui commence par ces mots : Vive le roi! vive le roi! vive le roi! pour lui souhaiter les trois vies, corporelle, civile, spirituelle : dans ce sermon, à propos de la vie civile ou politique du roi, Gerson fait parler d'une part la *Sédition*, qui veut qu'on use sans ménagement de cette maxime de Sénèque : « Il n'y a point de sacrifice plus agréable aux dieux que la mort des tyrans », et de l'autre, la *Dissimulation*, qui défend de s'en prévaloir; enfin il introduit la *Discrétion envoyée par la fille du roi, qui est l'Université de Paris, mère des sciences*. La *Discrétion* universitaire établit ces trois vérités : 1° les obligations du souverain et des sujets sont réciproques; 2° le souverain n'est pas maître de tout dans son royaume; 3° comme le venin et l'empoisonnement tuent le corps humain, ainsi la tyrannie est un venin, un poison qui fait périr toute la vie politique et royale.

Arrivée à ce point, la *Discrétion* universitaire, tenant le milieu entre la *Sédition* et la *Dissimulation*, enseigne par la bouche du chancelier quand on doit mettre en pratique la maxime de Sénèque. Elle conclut enfin que, si le chef ou quelque membre de l'Etat voulait sucer le venin de la tyrannie, chaque membre pourrait s'y opposer de toutes ses forces par les moyens convenables, et tels qu'il ne s'ensuivit pas un plus grand mal (*Opera Gersonis*, t. IV, p. 600). Il est à observer qu'il dit dans la phrase précédente que celui-là est un tyran qui opprime ses sujets par des exactions, des impôts, des tributs, et en empêchant le progrès des lettres. En tous ces cas, Gerson veut que chaque particulier s'oppose de toutes ses forces au tyran. Il est vrai que le docte chancelier pose en principe qu'il ne faut pas s'opposer par la rébellion à la tyrannie; mais, selon lui, il n'y a de véritable sédition que lorsqu'on se révolte sans cause (1), et il avoue que, pour juger si on a ou non une juste raison de se révolter, il faut une grande prudence. C'est pourquoi il est d'avis que, pour ne point se tromper, on consulte les philosophes, les jurisconsultes, les légistes, les théologiens, les hommes de bonne vie, de bonne prudence naturelle et de grande expérience. Mais surtout Gerson veut qu'un roi ou un prince chrétien prenne garde de tomber dans des erreurs contre la foi et contre la saine doctrine; car c'est le crime qui le rend plus odieux à Dieu et plus infâme au monde; et alors les lois divines et ecclésiastiques autorisent ses sujets à employer le fer et le feu pour se défaire de lui. Voilà ce que le docte chancelier de l'Université de Paris prêchait l'an 1405 devant le roi et la cour. Il ne s'arrête pas là; l'an 1408, il étend jusqu'à la famille du prince qui embrasse l'erreur, le droit qu'ont ses sujets de le poursuivre par le fer et par le feu (*Opera Gerson.*).

Gerson n'était pas le seul à prêcher cette doctrine. Son contemporain et son ami, le docteur Jean Major, précepteur du fils de Charles VII, enseigne également qu'il y a dans le peuple une puissance supérieure à celle des rois, et qui peut les réduire à la raison quand ils s'en écartent. Le roi, dit-il, tient son royaume de tout le peuple (2) : d'où il conclut que le peuple peut lui ôter le royaume pour une cause raisonnable. Il refuse cette autorité au Pape, mais il veut qu'elle appartienne aux sujets, et, ce qui est plus singulier, à l'Université de Paris; c'est par son entremise et sur son avis que les seigneurs français, selon lui, auraient déposé Childéric, si cette Université avait existé de leur temps; mais par malheur elle ne florissait pas encore, et voilà pourquoi les grands du royaume s'adressèrent au pape Za-

---

(1) *Seditionem voco rebellionem popularem absque causâ* (*Opera Gersonis*, t. I).
(2) *Rex habet regnum à toto populo* (*Apud* Gerson, t. II; Joan. Major, *Tract. de auct. conc. super Pap.*).

charie (*Apud Gerson.*, col. 1129; Joan. Major., *De statu et potest. Ecclesiæ*).

Un autre docteur de l'école de Paris, Jacques Almain, natif de Sens, parle comme Gerson et Major. Dans son *Traité du pouvoir naturel, civil et ecclésiastique*, il établit que le droit du glaive a été donné à la république pour sa conservation; qu'un particulier, quel qu'il soit, n'est, à l'égard de toute la communauté, que comme une partie par rapport au tout; et qu'en conséquence, si quelqu'un est pernicieux à la communauté, c'est une action louable que de le mettre à mort. Il en apporte une autre raison, qui est que, le droit de vie et de mort étant donné au prince par la communauté, il s'ensuit qu'elle possédait ce droit auparavant, et qu'elle ne l'a reçu de personne, à moins que ce ne soit de Dieu. De ce principe, Almain tire les quatre conclusions suivantes : 1° Que la puissance du glaive, quant à son institution, n'est point positive; mais qu'elle est positive, quant à la participation qu'en fait la communauté à une certaine personne, par exemple, au roi ou à plusieurs, selon qu'il lui paraît plus convenable; 2° qu'aucune communauté parfaite ne peut renoncer à cette puissance; 3° que le prince n'use point du glaive par sa propre autorité; que la communauté même ne peut lui donner ce pouvoir, et que c'est à cause de cela que Guillaume de Paris dit que le pouvoir de juridiction des princes n'est que ministériel; 4° enfin, que la communauté ne peut renoncer au pouvoir qu'elle a sur le prince établi par elle, et qu'elle peut s'en servir pour le déposer quand il gouverne mal, cela étant un droit naturel. D'où il suit en outre que naturellement il ne peut exister, dans aucun cas, de monarchie purement royale.

Jacques Almain pose les mêmes principes dans son livre *De l'autorité de l'Eglise et des conciles généraux*, et, dès le titre du premier chapitre, il annonce qu'il traite de l'origine de la juridiction civile, pour faire connaître par comparaison celle de la juridiction ecclésiastique, et montrer que l'autorité de l'Eglise est de droit naturel supérieure à celle du Pape. En conséquence, il soutient, comme dans le précédent traité et presque dans les mêmes termes, que chaque communauté peut, pour sa propre conservation, mettre à mort celui de ses membres dont elle croirait avoir quelque chose à craindre; ce qui le conduit à établir : 1° Que naturellement le droit du glaive appartient à la république; 2° que, quoique tout le pouvoir eût été transféré au roi du consentement du peuple, la république néanmoins conserve toujours ce pouvoir; 3° que la communauté entière peut déposer le prince, s'il ne gouverne pas convenablement, autrement elle n'aurait pas le pouvoir suffisant pour se gouverner. Et ce pouvoir, ajoute-t-il, la communauté des Français en a fait autrefois usage en déposant son roi, non pas tant pour aucun crime que parce qu'il n'était pas habile à soutenir le poids d'un si grand gouvernement. Les Israélites usèrent du même pouvoir en se détachant de Roboam, successeur naturel de Salomon, et en élisant Jéroboam à sa place; et quand Dieu accorderait immédiatement à quelques hommes la juridiction sur un peuple, ainsi qu'il est probable de Saül et de David, ils seraient cependant, comme ses deux princes, toujours soumis à la communauté, en cas qu'ils la gouvernassent mal (*Apud Gerson.*, col. 978).

Il y a quelque chose de plus remarquable encore. Le concile de Constance a condamné l'article dix-septième de Wiclef, qui porte : « Les gens du peuple peuvent à leur gré châtier les seigneurs coupables. » Or, les théologiens du concile, en donnant une censure explicative de cet article, qu'ils qualifient d'hérétique, concluent néanmoins par dire : « Encore que l'empire puisse déposer et châtier par d'autres peines la personne de l'empereur, lorsqu'il se rend si énormément coupable; encore que le royaume puisse faire la même chose du roi, le duché la même chose du duc, à Dieu ne plaise cependant que les gens du peuple, qui doivent être soumis à leurs seigneurs, puissent licitement les corriger par une puissance judiciaire, non pas parler maintenant de ce que l'on ajoute *à leur gré* (1). » Et une preuve que cette doctrine n'était pas un sentiment particulier des théologiens, c'est que le concile de Constance, dans plus d'une session, entre autres dans la dix-septième, prononce sentence de déposition contre les princes, rois, empereurs qui contreviendraient à ses ordres.

Telle était donc, au XV° siècle, la doctrine de l'Université de Paris sur l'origine du pouvoir temporel et sur la responsabilité du roi devant la nation. Nous avons vu les mêmes idées, au commencement du IX° siècle, dans les chartes constitutionnelles de Charlemagne et de Louis le Débonnaire. L'an 806, Charlemagne fit une charte de constitution et de partage, pour diviser l'empire des Francs entre ses trois fils, Charles, Louis et Pepin. Cette charte, jurée par les grands de l'empire, fut envoyée au pape saint Léon III, qui la confirma de son autorité apostolique et la souscrivit de sa main. Or, l'article cinquième de cette charte est conçu en ces termes : « Si l'un des trois frères laisse un fils, que le peuple veuille élire pour succéder à son père dans l'héritage du royaume, nous voulons que les oncles de l'enfant y consentent et qu'ils laissent régner le fils de leur frère dans la portion du royaume qu'a eue leur frère, son père (Baluze, *Capit. reg. franc.*, t. I, col. 442). » Ainsi, au temps et dans l'esprit de Charlemagne, les fils d'un roi ne succédaient point de droit à leur père, ni par ordre de primogéniture, mais il dépendait du peuple d'en choisir un.

Quant à la charte constitutionnelle des fils de Charlemagne, de Louis le Débonnaire, charte proposée, délibérée, consentie et jurée en 817 par les Etats de l'empire; relue, confirmée et jurée de nouveau en 821; envoyée enfin à Rome et ratifiée par le pape Pascal, cette charte de Louis le Débonnaire avait pour but de partager l'empire des Francs entre ses trois fils, Lothaire, Louis et Pepin; d'en élever un à la dignité d'empereur, pour maintenir l'unité de l'empire; de régler les rapports entre le nouvel empereur et les deux rois, ses frères; de fixer la part d'autorité qu'aurait l'assemblée de la nation pour juger leurs différends et pour élire des rois parmi leurs descendants. Le dixième article surtout est remarquable. Il porte : « Si quelqu'un d'entre eux, ce qu'à Dieu ne plaise, devenait oppresseur des

(1) *Licet... imperium personam imperatoris, tàm enormiter delinquentem, possit deponere et aliis pœnis corrigere, et similiter regnum personam regis, ducatus personam ducis*, etc. (Von der Hardt, t. III, p. 254 et 255).

églises et des pauvres, ou exerçait la tyrannie, qui renferme toute cruauté, ses deux frères, suivant le précepte du Seigneur, l'avertiront secrètement jusqu'à trois fois, de se corriger. S'il résiste, ils le feront venir en leur présence et le réprimanderont avec un amour paternel et fraternel. Que s'il méprise absolument cette salutaire admonition, la sentence commune de tous décernera ce qu'il faut faire de lui, afin que, si une admonition salutaire n'a pu le rappeler de ses excès, il soit réprimé par la puissance impériale et la commune sentence de tous (Baluze, t. I. col. 576). »

Ainsi, de Charlemagne à Gerson, la persuasion commune et publique en France était que le pouvoir temporel, le pouvoir des rois, leur vient de Dieu par le peuple, et qu'ils en sont responsables, non-seulement devant Dieu, mais encore devant le peuple. Du reste, comme on peut le voir dans le savant jésuite Suarez, tel est le sentiment commun des théologiens et des jurisconsultes.

Cette doctrine sur le pouvoir des rois et sur leur responsabilité devant la nation, Gerson et quelques autres voulurent l'appliquer au Pape et à l'Eglise, comme moyen le plus efficace pour mettre un terme au grand et long schisme d'Occident. Ils se disaient : Comme le roi reçoit son pouvoir de la nation et peut être déposé par elle, de même le Pape reçoit son pouvoir de l'Eglise et peut être déposé par elle. Ce raisonnement n'est pas juste. Dieu peut abandonner aux hommes le gouvernement des choses humaines et se réserver le gouvernement des choses divines : ainsi l'on ne peut conclure du premier au second. Et de fait, voyez le peuple d'Israël : Dieu lui laisse une certaine part à l'institution de la royauté et à la désignation des rois, mais aucune à l'institution du sacerdoce ni à la désignation des lévites, des prêtres et du pontife. C'est Dieu qui désigne la tribu de Lévi, la famille d'Aaron, et son chef pour le grand-prêtre; pour montrer que lui seul est l'auteur de ce choix, il le confirme par des miracles, le bâton pastoral d'Aaron refleurit, les schismatiques sont dévorés par le feu du sanctuaire, les contradicteurs sont englouties vivants par la terre entr'ouverte. Le Fils de Dieu fait homme a dit expressément : *Mon royaume, mon église, n'est pas de ce monde; ce monde ne lui a donné ni son origine, ni son gouvernement.* On ne peut donc pas conclure de l'un à l'autre.

De plus, quand il veut fonder son royaume, il dit au fils de Jona : *Tu es Pierre, et sur cette pierre je bâtirai mon Eglise; et moi je te dis, je te donnerai les clés du royaume des cieux; et quand tu seras converti, affermis tes frères;* et : *Pais mes agneaux, pais mes brebis.* C'est un seul parlant à un seul et lui soumettant tous les autres : ce n'est pas par les autres qu'il lui communique son pouvoir sur eux, mais par lui-même. Aussi avons-nous entendu les premiers Pères de l'Eglise dire l'un après l'autre : C'est à Pierre que le Seigneur a donné les clés, et par lui à l'Eglise : Pierre seul a reçu les clés du royaume des cieux, pour les communiquer aux autres pasteurs.

On le voit, c'est précisément le contraire de ce qu'avançaient Gerson et ses semblables. Ce qui peut les excuser, c'est le désir extrême de mettre fin au malheureux schisme d'Occident. Bien des choses qu'ils disent peuvent s'appliquer à des papes douteux, comme étaient ceux d'alors, mais nullement à un pape certain. Il arrive même à Gerson de se contredire et de contredire la foi catholique. Dans un passage, voulant prouver qu'un pape peut être déposé par un concile, il avance que le Pape est un membre de l'Eglise, et non pas le chef (Gerson, t. II, col. 181) : ce qui est contraire à la foi. Aussi dit-il dans un autre, que le Pape, en tant que Vicaire du Christ, peut être appelé en quelque manière le chef de l'Eglise (*Ibid.*, col. 112) : ce qui n'est pas tout à fait d'accord avec lui-même, ni tout à fait avec ce que l'Eglise catholique croit et enseigne. Finalement, ce que Gerson a écrit sur ces matières, vu les circonstances malheureuses où il se trouvait, doit être lu avec circonspection et ne peut servir de règle.

Gerson dira cependant : « L'état papal a été institué par le Christ surnaturellement et immédiatement, pour avoir la primauté monarchique et royale dans la hiérarchie ecclésiastique; état unique et suprême, suivant lequel l'Eglise est dite *une* sous le Christ. Oser attaquer cette primauté, ou la diminuer ou l'égaler à un état ecclésiastique particulier, et faire cela avec opiniâtreté, c'est être hérétique, schismatique, impie et sacrilège (*Ibid.*, col. 529).

Enfin, le concile de Constance, que certains auteurs citent volontiers contre les Papes, a porté dans sa dix-septième session la sentence suivante, que les mêmes auteurs ne citent guère : « Le très-saint concile de Constance, représentant l'Eglise catholique, légitimement assemblé dans le Saint-Esprit, décrète, définit et ordonne que quiconque, fût-il roi, duc, prince, comte, marquis, etc., molesterait dans sa route Sigismond, roi des Romains, ou les personnes de sa suite, encore à l'instant même la sentence d'excommunication par l'autorité de ce sacré concile général; et que, de plus, il soit privé par le fait même, *ipso facto*, de tout honneur et dignité, office ou bénéfice, ecclésiastique ou séculier. » Dans le même concile et avec son approbation, le pape Martin V publia une bulle où il prononce les mêmes peines contre tous fauteurs d'hérésie, fussent-ils roi ou reine.

Après la condamnation des hérésies de Wiclef et de Jean Hus, et l'extinction du schisme, ce qui occupa le plus le concile de Constance, fut le rétablissement de la discipline et la réforme des abus qui s'y étaient glissés. Une commission fut nommée pour signaler ces abus et les remèdes. Elle prépara un long travail (Lenfant, t. II, p. 305-363). La plupart de ces abus étaient nés du schisme même. Chacun des deux ou trois papes, ayant une cour et une administration nombreuse, était obligé de pourvoir à sa subsistance. L'obédience de chacun étant rétrécie par le partage, les revenus ordinaires diminuaient d'autant : il fallut en créer de nouveaux; de là des abus et des plaintes faciles à comprendre: Le grand remède était d'avoir un Pape unique et certain. L'empereur Sigismond et les Allemands demandaient qu'on réformât les abus avant d'élire ce Pape : c'était vouloir guérir la maladie sans le remède principal et nécessaire. Le 11 novembre 1417, on élut le pape Martin V.

Le 22 février de l'année suivante 1418, il publia deux bulles. La première, adressée aux évêques et aux inquisiteurs des divers pays où il y avait des hussites, contient, outre la condamnation des quarante-cinq articles de Wiclef et des trente propositions principales de Jean Hus, le modèle de plusieurs interrogations qu'on ordonnait de faire à ceux qui voulaient abandonner cette hérésie. Parmi ces interrogations, il y en a une conçue en ces termes : « Croyez-vous que tous les fidèles doivent tenir et approuver ce que le concile de Constance, représentant l'Eglise universelle, a approuvé et approuve en faveur de la foi et pour le salut des âmes; qu'ils sont obligés de même de tenir pour condamné ce que le même concile a condamné et condamne comme contraire à la foi et aux bonnes mœurs (Mansi, t. XXVII)? »

L'autre bulle du même jour ne porte en titre que ces mots : *Pour servir de mémoire à perpétuité.* Elle rassemble tous les décrets publiés contre Wiclef, Jean Hus et Jérôme de Prague, soit par le pape Jean XXIII au concile de Rome, soit par le concile de Constance. Après quoi Martin V déclare que, par l'autorité apostolique et de sa science certaine, il approuve et ratifie tous ces statuts et décrets, et qu'il supplée tous les manquements qui pourraient s'y rencontrer (Mansi et Raynald, an 1418, n. 2; an 1425, n. 15).

D'un autre côté, voulant satisfaire le concile sur la réforme des abus, Martin V présenta, vers la fin de janvier 1418, un projet de réforme tel qu'il l'avait conçu par rapport aux demandes proposées par les Allemands et contenues la plupart dans les actes de la quarantième session. Le projet énonce des règlements qui paraissent tenir le milieu entre le relâchement et la rigueur littérale des canons. Il conserve au Saint-Siège quelques-uns des usages touchant les réserves, les expectatives, les annates, les dispenses, les décimes, mais tout cela est fort modéré. Par exemple, jamais de réserve pour les évêchés, les abbayes et les premières dignités des chapitres, point de commendes dans les monastères nombreux, plus de droit de dépouille, plus de décimes générales sur le clergé, si ce n'est pour quelque cause qui regarde toute l'Eglise; les annates doivent être réduites à une taxe raisonnable, et le paiement se fera en deux termes; les dispenses seront plus rares, aussi bien que les indulgences et les exemptions. Du reste, le Pape condamne absolument la simonie, l'aliénation des biens d'église, la non-résidence des prélats, etc. A l'occasion de ce dernier abus, il règle qu'un évêque ou un abbé absent pendant six mois, perdra une année de son revenu, et que, s'il s'absente pendant deux années, il sera privé de son bénéfice. La question qui pouvait passer pour la plus considérable dans la mémoire des Allemands et dans la liste du concile, était conçue en ces termes : *Quels sont les cas où le Pape peut être corrigé ou déposé?* Et Martin V répond : « Qu'il ne paraît pas à propos et que la plupart des nations n'ont pas jugé devoir rien statuer ni déterminer de nouveau sur cet article (Von der Hardt, t. I; Schelstrate, *in Comp.*, p. LXXI; *Hist. de l'Eglise gall.*, l. 46).

On voit, par cette réponse, que la présence d'un Pontife certain avait singulièrement ralenti la vivacité des nations pour tout ce qui allait à resserrer l'exercice de la puissance pontificale. Avant l'élection de Martin V, on ne parlait que des cas où le Pape pouvait être corrigé ou déposé; on regardait comme essentiel à la réforme de faire des lois sur ce sujet important; et depuis la création de ce Pape, voilà que la plupart des nations ne jugent pas à propos de rien statuer à cet égard. Et cela se comprend. Une grande famille, par la faute de ses aînés, a perdu son chef : elle ne sait plus où le retrouver; les uns disent : Il est ici; les autres : Il est là. Dans cette perplexité, les membres de la famille, divisés les uns contre les autres, forment toute sorte de projets et pour retrouver le père et pour l'empêcher de s'égarer une autre fois. Après bien du temps et des recherches infructueuses, tout d'un coup le père se présente à eux dans toute sa bonté et sa majesté patriarcale : plus de doute, plus de division, tout le monde est réuni, tout le monde pleure de joie. En vérité, le fils qui, dans ce moment, aviserait encore aux moyens d'interdire son père le cas échéant, ce fils-là mériterait d'être interdit lui-même.

Le pape Martin V n'avait dressé son projet de réforme qu'après avoir entendu les députés des nations; mais il fallait une approbation plus expresse pour faire de cet écrit une décision formelle. Chaque nation l'examina en particulier; quelques endroits peu favorables à la réformation furent apostillés par les examinateurs, apparemment pour les faire corriger. Cette manière toutefois de procéder n'eut pas un fort grand succès, parce que le Pape, sur ces entrefaites, traita séparément avec la nation germanique, ensuite avec la nation anglaise, enfin avec les Français. On ne trouve pas qu'il ait fait la même chose avec les Italiens et les Espagnols.

Ces traités particuliers sont ce qu'on appelle les *concordats de Martin V.* Ils sont relatifs aux besoins et aux intérêts de chaque nation. Un article célèbre est celui qui permet aux fidèles de communiquer avec les excommuniés non dénoncés : excepté toutefois, dit le texte, ceux qui sont notoirement coupables de sacrilége et de violence à l'égard des clercs, en sorte que leur crime ne puisse être couvert par aucune interprétation ou quelque défense. On nomme communément ce décret la bulle *ad vitanda scandala*, parce qu'on lit ces mots à la tête. Il fait partie du concordat germanique, et en cette qualité il entre dans la collection des actes du concile de Constance; d'autant plus que tous ces concordats de Martin V furent approuvés dans la quarante-troisième session du même concile. De plus, ce Pape ayant fait insérer le concordat germanique et les autres dans les règles de chancellerie qu'il publia aussitôt après son élection, c'est encore une source authentique d'où l'on peut tirer ce fameux décret (Von der Hardt, t. I et t. IV).

Quant au concordat de Martin V avec la nation française, il comprenait des règlements sur le nombre des cardinaux, les réserves, les annates, les jugements de la cour de Rome, les commendes, les indulgences et les dispenses; tout cela, dans la même forme et le même style qu'on remarque en lisant les autres concordats. Il n'y avait que deux points particuliers à la France. Le premier réduisait, pour cinq ans, les annates à la moitié, en considération des guerres qui désolaient le royaume; et l'autre était un privilége accordé à l'Université de Paris, pour précéder, une fois seulement, dans la distribution des bénéfices, tous les autres ecclésiastiques ayant des grâces expectatives (*Hist. de l'Eglise gall.*, 1. 46).

La facilité avec laquelle le pape Martin V et les nations s'accordèrent pour des intérêts aussi puissants que ceux de la réformation, marque le grand éclat d'autorité que la présence de ce Pontife répandait à Constance.

Mais ce qui se passa dans la quarante-troisième session du concile a quelque chose encore de plus frappant. C'était la seconde fois, depuis l'élection de Martin V, que tous les Pères se trouvaient assemblés. La première fois, qui fut la quarante-deuxième session, le concile se contenta d'ordonner que Balthasar Cossa serait délivré de sa prison de Manheim, et remis entre les mains du Pape : on ne parla d'aucune autre affaire. Dans la session quarante-troisième, célébrée le 21 mars 1418, et présidée aussi par le Pape, le cardinal Guillaume Filastre ayant dit la messe, monta à la tribune, et lut, de la part du Pape et du concile, sept articles de réformation, conçus à peu près dans les mêmes termes, mais un peu moins étendus que ceux du projet dont on a parlé et ceux des concordats particuliers. Ces sept articles roulent sur les exemptions accordées depuis Grégoire XI : on les révoque en entier; sur les unions de bénéfices, faites depuis le même temps : on les casse de même; sur les biens ecclésiastiques vacants : on défend de les appliquer à la Chambre apostolique; sur les simoniaques et la simonie : on les condamne sous les plus grièves peines; sur les dispenses qui pourraient avoir été accordées pour jouir de certains bénéfices sans prendre les ordres attachés à ces places : on les révoque totalement; sur les décimes et autres impositions pécuniaires : on défend de les lever dans toute l'Eglise en même temps, à moins d'une grande nécessité; on remarque aussi qu'on n'y obligera aucune église particulière, si ce n'est du consentement des prélats de ce canton; enfin, sur la bonne conduite et la modestie des ecclésiastiques : on réprouve d'une manière fort nette certaines manières de s'habiller qu'on regardait comme trop mondaines en ce temps-là. Tels furent tous les points de réformation qu'on publia dans le concile de Constance.

Le cardinal Jean de Brogni, doyen du sacré collège, déclara que ces articles, aussi bien que les concordats, avaient été approuvés des nations, et que, par là, on satisfaisait à tout le projet de réformation dressé le 30 octobre de l'année précédente. Comme ceci se passait en présence de tout le concile, on ne peut nier qu'en effet cette grande assemblée ne s'en tint là finalement pour tout ce qui regardait la réformation tant annoncée depuis trois ans. Il s'en fallait toutefois que les sept articles énoncés ci-dessus exprimassent tout ce qui avait été requis dans le concile et dans les assemblées des nations avant l'élection de Martin V. Mais, observe judicieusement le père Berthier, on jugea apparemment qu'en fait de réforme, il fallait commencer par embrasser moins pour exécuter mieux. On espéra d'ailleurs que les autres conciles généraux, surtout celui qu'on devait tenir dans cinq ans, achèveraient tranquillement ce qu'on n'avait pu qu'ébaucher après la tempête d'un schisme de quarante ans.

Ce fut en effet dans la quarante-quatrième session, qui se tint le 19 avril, qu'on annonça le prochain concile. Il fut dit que la ville de Pavie serait le lieu de l'assemblée. Mais la nation française était si peu contente de cette détermination, qu'elle s'absenta du concile. Il y avait alors un autre sujet de mécontentement dans la plupart des membres de cette nation, surtout dans ceux qui s'étaient déclarés contre la doctrine de Jean Petit, sur le tyrannicide. Un docteur polonais, Jean de Falkenberg, avait fait un livre qui contenait à peu près les principes de cette doctrine; les ambassadeurs de Pologne, soutenus des docteurs français, en poursuivaient la condamnation avec vigueur; et, depuis l'élection de Martin V, c'était au tribunal de ce Pontife que l'affaire était pendante. Comme ces envoyés avaient sur cela des ordres précis de leur cour, ils joignirent le ton des menaces à celui des supplications et des instances; ils déclarèrent au Pape que, s'il ne faisait justice de ce mauvais ouvrage, ils en appelleraient au concile général. Le recours était facile, puisque les Pères de Constance tenaient encore leurs sessions. Le Pape, au contraire, voulait arrêter le cours de cette procédure, non par estime pour la doctrine de Falkenberg, mais parce que l'affaire paraissait devoir entraîner bien des discussions. Il tint donc un grand consistoire le 10 mars de cette année 1418, et il y publia une bulle qui disait qu'il « n'était point permis à personne d'appeler du souverain juge, c'est-à-dire du Siége apostolique, ou du Pontife romain, vicaire de Jésus-Christ sur la terre; ni de décliner son jugement dans les causes de foi, qui, étant causes majeures, doivent lui être déférées (Gerson, t. II, p. 303).

En cette bulle, le pape Martin V ne fait que rappeler au XVᵉ siècle ce que son prédécesseur, le pape saint Gélase, vers la fin du Vᵉ, rappelait aux évêques de Dardanie, disant : « Nous ne passerons pas sous silence ce que sait toute l'Eglise par tout le monde, que, quoi que ce soit qui ait été lié par les sentences de quelques évêques que ce puisse être, le Siége du bienheureux Pierre a droit de le délier, attendu qu'il a droit de juger de toute l'Eglise, et qu'il n'est licite à qui que ce soit d'appeler de son jugement; car les canons ont voulu qu'on appelât à lui de toutes les parties du monde, et qu'il n'est permis à personne d'appeler de lui ailleurs. » Ainsi parle le pape saint Gélase dans sa lettre septième en 494. L'appel du Pape au concile était donc une innovation contraire à la sainte antiquité. Le savant Pierre de Marca, qui n'est pas suspect de favoriser Rome, le reconnaît dans sa *Concorde entre le sacerdoce et l'empire* (l. 4, c. 17, n. 1), où il dit : « Nous avons vu introduire dans l'Eglise une certaine pratique nouvelle par ceux qui se croyaient opprimés par les censures de la cour de Rome, savoir, l'appellation des décrets du Pape au futur concile; j'ai dit *pratique nouvelle*, parce que jamais la provocation du Pape au concile n'a été admise dans l'Eglise. » Gerson eut donc tort d'écrire contre la bulle de Martin V, qui condamnait cette nouveauté et rappelait l'ancienne règle.

Les Polonais et Gerson espéraient qu'avant la conclusion du concile, le Pape et les Pères de Constance se détermineraient à condamner le livre de Falkenberg; mais ce qui se passa dans la quarante-cinquième et dernière session dut les détromper. Tout le concile s'assembla le 22 avril 1418. Le Pape était à la tête, l'empereur et les princes s'y trouvèrent, et, après les prières accoutumées, le cardinal Raynald Brancacio congédia les Pères, en leur disant : *Mes seigneurs, allez en paix.* Les assistants répondirent : *Amen.* Il ne restait plus qu'à entendre le sermon et à recevoir les indulgences que le Pape devait donner, lorsqu'un avocat consistorial supplia le Pape et le concile, de la part du roi de Pologne, de condamner le livre pernicieux de Jean de Falkenberg. L'orateur prétendit que les commissaires de la foi, le collège des cardinaux, et même toutes les nations l'avaient déjà condamné comme hérétique. Les patriarches de Constantinople et d'Antioche, tous deux de la nation française, soutinrent que cette condamnation n'avait pas été unanime. Quelques-uns de la nation italienne et de la nation espagnole les contredirent; cela forma une controverse qui fut suspendue par un discours que commença Paul Valadimir, un des ambassadeurs du roi de Pologne; mais ce ministre n'eut pas le temps d'avancer beaucoup son plaidoyer; car le Pape, lui ayant imposé silence, fit une déclaration qui devait servir de réponse à tout. Telle était du moins la pensée de Martin V, qui s'en expliqua ainsi lui-même, et cette déclaration lui parut si importante, qu'il la fit répéter deux fois, et transcrire ensuite par les notaires du concile, pour servir de monument à la postérité. Or, il était dit dans cet acte extrêmement concis : « Que le Pape voulait tenir et observer inviolablement tout ce qui avait été décerné, conclu et déterminé conciliairement (synodalement) dans les matières de foi, par le concile de Constance; qu'il approuvait et ratifiait tout ce qui avait été fait ainsi conciliairement (synodalement) dans les matières de foi, mais non ce qui avait été fait autrement et d'une autre manière. » Et voilà en propres termes l'approbation que Martin V donna au concile de Constance (Von der Hardt, t. IV, p. 1557).

Il s'est élevé bien des disputes sur le sens que renferme cette approbation. Nous croyons, avec le père Berthier, que Martin V prétend simplement approuver ce qui avait été décidé *en matière de foi dans les sessions du concile*, et qu'il exclut de cette approbation tout ce qui ne regarde point la foi, et qui avait été traité ou même conclu dans les congrégations particulières. Suivant cette explication, le terme *conciliairement* ou synodalement serait dit par opposition aux assemblées des nations, soit entre elles, soit en congrégation; et ces termes, *en matière de foi*, seraient dits par opposition aux décrets de pure discipline.

Or, le concile de Constance ayant condamné la doctrine de Jean Petit et de Jean de Falkenberg sur le tyrannicide, résumé dans une proposition générale, et le Pape approuvant cette condamnation, les ambassadeurs polonais, obtenant ainsi la condamnation irrévocable du principe, pouvaient ne pas insister tant sur la condamnation longue et difficultueuse du livre. Paul Valadimir, qui était à la tête de l'ambassade, n'y voulut point entendre. Quand le Pape eut donné sa déclaration, Paul se mit à reprendre les griefs que le roi de Pologne avait contre le livre de Falkenberg. Il commença même à lire un écrit où tout cela était détaillé; mais le Pape lui fit imposer silence, sous peine d'excommunication. Sur quoi l'ambassadeur protesta, au nom du roi, son maître, et déclara que, si l'on ne déterminait pas cette question avant la fin du concile, il en appelait dès ce moment au futur concile général. On lui donna acte de sa protestation; mais ni le Pape ni les Pères du concile ne passèrent outre sur l'affaire de Falkenberg; ils avaient tous trop d'empressement pour voir la fin de leur séjour à Constance; ils ne songèrent plus qu'à clore cette session, et par elle toutes les opérations du concile. Le sermon se fit; on publia les indulgences qu'accordait le Pape; l'empereur remercia l'assemblée de son zèle et de ses soins; il répéta les assurances de son attachement à l'Eglise, et tout le monde se retira.

C'était le 22 avril 1418. Dès ce moment, le concile de Constance, qui durait depuis le 16 novembre 1414, fut censé fini. Cependant le Pape traita encore quelques affaires avec l'empereur et les princes. Il fit publier, le 2 mai, les concordats dressés de concert avec les nations; surtout celui qu'il avait conclu avec les Français. Enfin, le 15 du même mois, il célébra pour la dernière fois dans la cathédrale de Constance. Le lendemain, il se mit en route avec les cérémonies suivantes. D'abord marchaient douze chevaux de main, caparaçonnés d'écarlate. Ils étaient suivis de quatre gentilshommes à cheval, portant sur des piques quatre chapeaux de cardinaux. Après eux marchait un prêtre, qui tenait une croix d'or. A la suite, on voyait marcher douze cardinaux en chapeaux rouges, suivis d'un prêtre monté sur un cheval blanc, et portant le Saint-Sacrement sous un dais, environné de personnes qui portaient des cierges. Après lui venait un ecclésiastique qui portait aussi une croix d'or, et qui était environné des chanoines et des sénateurs de la ville, tenant des cierges dans leurs mains. Enfin paraissait le Pape, revêtu de ses habits pontificaux, et monté sur un cheval blanc. Il avait sur la tête une tiare enrichie de quantité de pierres précieuses, et marchait sous un dais, porté par quatre comtes de l'empire. L'empereur Sigismond tenait à droite les rênes du cheval du Pape, et il était suivi à la même main de Louis, duc de Bavière, qui relevait le caparaçon du cheval; l'électeur de Brandebourg tenait les rênes à gauche, et, à la même main, Frédéric d'Autriche faisait le même office que Louis de Bavière. Il y avait quatre autres princes, de côté et d'autre, qui tenaient le caparaçon du cheval. Le Pape était suivi d'un cavalier, qui portait l'ombrelle ou le parasol. Ensuite marchait le clergé et toute la noblesse à cheval, en si grand nombre, que ceux qui furent les témoins de ce spectacle en comptèrent jusqu'à quarante mille, sans parler de la foule du peuple, qui suivait à pied. Lorsque le Pape fut à la porte de la ville, il descendit de cheval et quitta ses habits pontificaux pour prendre un habit rouge. Ensuite il remonta à cheval, aussi bien que l'empereur et les princes, qui l'accompagnèrent jusqu'à Gottleben, où il s'embarqua sur le Rhin pour aller à Schaffouse. Les cardinaux et le reste de sa cour le suivirent par terre, et l'empereur retourna à Constance avec les autres princes (Reichenthal, *apud* Lenfant, l. 6, c. 81).

De Schaffouse, le Pape se rendit à Genève, d'où

il envoya un légat en Bohême et en Hongrie, pour pacifier les troubles que les hussites y excitaient, et ramener ces hérétiques dans le sein de l'Eglise; ce fut le cardinal de Raguse, le bienheureux Jean Dominique, qui mourut dans cette légation le 10 juin 1419 (Raynald, an 1418, n. 9). Le Pape avait déjà écrit, dès le 25 mars 1418, une lettre aux barons et aux officiers du royaume de Bohême, se plaignant de ce qu'on y brisait et brûlait les images du Sauveur, de la bienheureuse vierge Marie et des saints; qu'on y méprisait l'autorité de l'Eglise, qu'on en abolissait les cérémonies; qu'on emprisonnait et qu'on chassait les ecclésiastiques; qu'on honorait les images de Jean Hus et de Jérôme de Prague, et qu'on solennisait leurs fêtes. Il les conjurait de ne point approuver ces actions impies, ni la doctrine damnable qui y donnait lieu, mais de demeurer fermement attachés à la foi catholique; qu'autrement il serait obligé, pour extirper ces erreurs et réprimer ces désordres, d'employer tous les moyens et remèdes possibles, jusqu'à demander le secours des puissances temporelles (Cochlæus, l. 4, *Hist. Hussit.*). Il fut obligé dans la suite d'en venir à cette extrémité, toutes les tentatives de la charité paternelle et de la sévérité pastorale ayant été inutiles.

A cet effet, il nomma légat *à latere* le cardinal Jules Césarini, alors son nonce auprès de l'empereur Sigismond, en lui donnant un ample pouvoir de faire tout ce qui conviendrait pour exterminer l'hérésie et les hérétiques de la Bohême, par le moyen d'une croisade et des prières publiques qu'il ferait publier dans toute l'Allemagne. L'expédition se fit; mais, comme nous le verrons plus tard, elle n'eut pas le succès qu'on pouvait en espérer.

Pendant le séjour que le pape Martin V fit à Genève, il reçut dans le sacré collége quatre cardinaux, qui jusqu'alors avaient été attachés au parti de Pierre de Lune, et qui s'en étaient détachés à cause de son obstination. Pierre de Lune n'en conserva plus que deux; mais peu de jours avant sa mort, qui arriva l'an 1424, il en créa quatre autres.

Quant à Grégoire XII, redevenu Ange Corrario par son abdication volontaire, il était mort à Racanati dès le 18 octobre 1417, à l'âge de 92 ans. Martin V lui fit faire à Constance des obsèques très-solennelles.

Martin V, ayant séjourné près de trois mois à Genève, se rendit en Italie; et, passant par Turin, Milan, Mantoue, Ferrare, Ravenne et Forli, il arriva à Florence, où il fut reçu avec toute la magnificence possible. Là on vit un spectacle aussi touchant que rare. Balthasar Cossa, autrefois Jean XXIII, délivré de sa prison d'Allemagne et se trouvant en pleine liberté, vint de son propre mouvement, et sans avoir pris aucune sûreté ni pour lui ni pour personne, se jeter aux pieds du nouveau Pape, le reconnaître pour le vicaire de Jésus-Christ, et ratifier tout ce qui s'était fait au concile de Constance, tant envers lui-même qu'à l'égard de Martin V. Tout le monde fut attendri à la vue de l'humilité et de l'humiliation d'un si grand personnage. Le Pape en fut plus touché que tout autre; il le fit doyen du sacré collége, et voulut que, dans toutes les cérémonies, il fût assis, auprès de son trône, sur un siège plus élevé que ceux des autres cardinaux. C'était le 23 juin 1419. Balthasar Cossa ne jouit que six mois environ de ces honneurs, étant mort le 20 décembre de la même année (Platina et Onuphr.).

La ville de Rome et beaucoup d'autres de l'Etat de l'Eglise était gouvernée par des tyrans, qui s'en étaient rendus maîtres à la faveur du schisme; le Pape, qui souhaitait passionnément d'aller dans sa capitale, fut néanmoins obligé de s'arrêter un an et demi à Florence. Il y reçut un envoyé de Jeanne, reine de Sicile, 2ᵉ du nom, qui promettait de remettre le château Saint-Ange et Civita-Vecchia sous l'obéissance du Saint-Siége, à condition que le Pape lui enverrait un cardinal pour lui donner l'investiture du royaume et la couronner; ce qui fut exécuté de part et d'autre. Bologne, qui s'était révoltée fut aussi réduite, avec plusieurs autres villes du patrimoine de Saint-Pierre. Avant de sortir de Florence, Martin V érigea l'église cathédrale de cette ville en métropolitaine, et lui donna pour suffragants les évêchés de Fiésole, de Pistoie et de Volaterra.

Enfin il se rendit à Rome le 28 septembre 1420, et descendit dans l'église de Notre-Dame-du-Peuple. Deux jours après, les magistrats et les citoyens s'y étant rendus, il fit son entrée dans la ville au milieu des acclamations publiques, et fut conduit par les rues magnifiquement tapissées au Vatican. Les Romains mirent dans leurs fastes ce jour mémorable, le regardant comme un présage assuré de leur bonheur. La ville était dans la dernière désolation. Les rues étaient désertes, les maisons tombaient en ruine, les églises étaient détruites, et la misère régnait partout. Mais Martin V s'appliqua avec tant d'affection et de succès à son rétablissement, qu'on la vit bientôt changer de face; en sorte que ce grand Pape, non-seulement y était révéré comme le doit être un souverain Pontife, mais il y fut encore honoré du titre glorieux de *père de la patrie* (Platina).

Cependant Jeanne II, à laquelle le Pape avait donné l'investiture du royaume de Naples, adopta Alphonse, roi d'Aragon, pour son héritier à ce royaume. D'un autre côté, Louis d'Anjou, prince du sang de France, fils de celui de même nom qui avait disputé ce royaume à Ladislas de Hongrie, fut appelé du consentement du Pape, pour le recouvrer, comme lui appartenant par le droit de sa naissance. Jeanne révoqua l'adoption d'Alphonse, et lui substitua Louis. Alphonse, informé que le Pape favorisait la cause de Louis, n'oublia rien pour faire revivre le schisme, en excitant les derniers cardinaux de Pierre de Lune à lui donner un successeur. Ces schismatiques, ayant caché sa mort pendant quelque temps, firent plusieurs fausses bulles en son nom, et exercèrent un brigandage scandaleux dans les églises qui leur obéissaient (Martène, *Anecdot.*, t. II). Enfin trois d'entre eux, soutenus par Alphonse, élurent à Paniscole un certain Gilles Munion, chanoine à Barcelone, sous le nom de Clément VIII. Un quatrième anticardinal, nommé Jean Carrière, qui n'était pas à cette élection et à qui ses confrères avaient même caché la mort de Pierre de Lune, nomma secrètement pour Pape un ecclésiastique d'Aquitaine, dont il ne dit pas le nom de baptême ni de famille, auquel il donna celui de Benoît XIV. Il en donna avis à Jean, comte d'Armagnac, son protecteur, par une longue lettre, où il déduit les raisons qu'il a eues de faire une élection si extraordinaire (Martène, *Anecd.*, t. II).

Pour éteindre ces restes du schisme qui se rallumaient en Aragon, le Pape y envoya le cardinal Pierre de Foix, frère du comte de ce nom, avec le caractère de légat *à latere*. Ce prélat, d'un mérite proportionné à sa naissance, après avoir essuyé pendant quatre ans bien des traverses de la part du roi, triompha enfin de son obstination sous de certaines conditions réciproques, qui furent agréées par le souverain Pontife (Raynald, an 1427, n. 22). En conséquence, le roi Alphonse obligea l'antipape, ses prétendus cardinaux, avec toute sa cour imaginaire à se rendre auprès du légat pour recevoir l'absolution de leurs attentats contre l'Eglise, et se soumettre à son chef légitime. C'est ce qu'ils firent à genoux et tête baissée, par la bouche du faux pape Gilles, dans les termes suivants :

« Très-révérend Père, moi et ces autres qui sont ici présents, avons appris par des personnes dignes de foi que vous êtes ici envoyé légat *à latere* du Siège apostolique et de notre Très-Saint-Père le pape Martin V. C'est pourquoi nous venons vous jurer obéissance, respect et fidélité pour la personne de ce très-saint Pontife, que nous reconnaissons pour le véritable Vicaire de Jésus-Christ, et vous promettre et assurer que nous serons toujours prêts à obéir à ses ordres et aux vôtres. »

Ces paroles proférées par Gilles et approuvées par ceux de sa troupe, le légat se leva de son siège, et leur dit : « Vous promettez donc et vous jurez entre mes mains que désormais vous serez fidèles et obéissants à notre Très-Saint-Père le pape Martin V et à ses successeurs élus canoniquement? » Ils répondirent tous : « Nous le promettons et nous le jurons. » Après quoi, le légat leur donna l'absolution de toutes les peines et censures qu'ils avaient encourues; et eux, de leur part, renoncèrent par un écrit authentique à tous les titres et dignités qui leur avaient été faussement attribués. Le légat promit sa protection auprès du Pape, qui conféra l'évêché de Majorque à Munion. Pour Jean Carrière, on ne sait ce qu'il devint, non plus que le Pape de sa fabrique. Ce qu'il y a de sûr, c'est que Jean, comte d'Armagnac, qui appuyait ce Carrière, étant rentré sous l'obéissance du Saint-Siège, ce malheureux schisme, qui avait duré cinquante ans dans ces contrées, fut absolument éteint (Raynald, an 1429).

La gloire véritable de l'Aragon, l'apôtre de l'Espagne et de la France, le thaumaturge du son siècle, le restaurateur des mœurs chrétiennes en Occident, saint Vincent Ferrier était mort dès l'an 1419.

Il était retourné à Valence en 1413; un des fruits les plus remarquables de ses prédications fut de changer en confiance et en amitié la haine irréconciliable et invétérée qui régnait depuis longtemps entre deux familles considérables de cette ville. Passé dans l'île de Majorque, il y convertit plusieurs milliers de mahométans. Il employa la plus grande partie de l'année 1415 à voyager et à prêcher dans l'Aragon et la Catalogne. Il se trouva à Perpignan le dernier jour d'août à l'assemblée qui s'y fit pour tâcher de remédier au schisme de l'Eglise. Pierre de Lune, autrement Benoît XIII, s'y rendit avec l'empereur Sigismond et Ferdinand, roi d'Aragon. Vincent employa les plus vives sollicitations auprès de Pierre de Lune pour le porter à se soumettre au concile de Constance et à renoncer à ses prétentions. Ce fut en vain. Ferdinand mourut le 16 avril de l'année suivante, et Alphonse, son fils, pria saint Vincent d'assister au concile de Constance.

Vincent en prit le chemin, et entra dans Toulouse le vendredi de la Passion. Le respect qu'on lui portait était si grand, et l'on avait tant d'avidité pour ses prédications, qu'on faisait cesser toutes sortes de travaux, même les leçons publiques des écoles, quand il était en chaire. Les miracles qu'il fit ensuite à Carcassonne et à Castres donnèrent un grand poids à ses discours. Du Languedoc, il passa dans la Bourgogne, où il reçut à Dijon, vers le 15 septembre 1416, des lettres du roi Alphonse, qui le priait de nouveau de se hâter d'aller à Constance. Le cardinal de Saint-Ange le vint trouver dans la même ville de la part du concile, accompagné de quatre députés, dont deux théologiens et deux jurisconsultes, pour lui proposer une question qui avait été longtemps agitée dans le concile sans qu'on eût pu la décider. « Qui suis-je, dit saint Vincent en versant des larmes, pour qu'un aussi grand homme se soit donné la peine de venir jusqu'ici? Le moindre ordre du saint concile m'aurait fait aller de l'extrémité de la terre à Constance, s'il eût été nécessaire. J'admire, au reste, que tant de gens de mérite assemblés à ce saint concile aient été arrêtés si longtemps sur cette question, qui paraît si facile à décider. Il faut croire que, s'ils n'ont pu parvenir à trouver ce qu'il faut déterminer là-dessus, c'est moins par ignorance que parce que Dieu a voulu mortifier la vanité de certaines gens qui, n'ayant pas Dieu pour but, ne font rien que pour acquérir de l'honneur dans le monde. »

Il donna aussitôt au cardinal et à ceux qui l'accompagnaient la solution de la question qui lui avait été proposée. Le roi d'Aragon eut beau le presser d'aller au concile, il paraît que ces instances mêmes le détournèrent de s'y rendre, pour ne pas prêter son ministère à la cause de Pierre de Lune ou Benoît XIII, qui ne lui paraissait pas bonne; et cependant il est à croire que ce n'était que pour fortifier le parti de cet antipape que le roi d'Aragon, son partisan, souhaitait que Vincent se rendît à Constance.

Ce saint homme prit un chemin tout opposé. Les instances réitérées de Jean V, duc de Bretagne, le déterminèrent à évangéliser ce pays. Il commença ses fonctions apostoliques à Nantes, dans le carême de l'an 1417, et les continua pendant deux ans dans le reste de la province, où il termina sa sainte carrière. La même année 1417, Martin V ayant été élu Pape, saint Vincent le reconnut pour le seul et véritable chef visible de l'Eglise, et reçut de lui les mêmes pouvoirs que lui avait accordés autrefois Benoît XIII.

De Nantes, l'homme apostolique se rendit à Vannes pour y saluer le duc, qui résidait ordinairement dans cette ville. Quand on fut averti de son arrivée, non-seulement l'évêque Amauri de la Motte, le chapitre, le clergé, le peuple, mais encore le duc, la duchesse, tous les princes et seigneurs de la cour allèrent au devant de lui jusqu'à la chapelle Saint-Laurent, située à un quart de lieue de la ville. Il alla d'abord à l'église cathédrale; puis, refusant modestement de loger dans le château ducal de la Motte, que le duc lui avait cédé, il préféra la maison d'un simple particulier appelé Robin le Scarb. Le lendemain, qui fut le quatrième dimanche de carême, il chanta la messe à son ordinaire, et prêcha dans la place des Lices, sur une estrade, parce que l'église cathédrale ne se trouvait pas assez spacieuse pour contenir la foule qui voulait le voir et l'entendre. Il continua de célébrer la messe solennelle et de prêcher tous les jours, au même lieu, jusqu'au mardi de Pâques, qu'il prit congé du duc, de l'évêque, du chapitre et du peuple, pour aller prêcher dans le reste de la Bretagne. Plusieurs personnes d'une qualité distinguée s'attachèrent à la suite du saint homme quand il partit de Vannes, et n'abandonnèrent point dans tout le voyage. Il parcourut toute la province avec un zèle qui ne se ressentait en rien des infirmités qu'il éprouvait. Lorsqu'il montait en chaire, il paraissait si faible et si débile, qu'on ne croyait pas qu'il pût parler; à peine avait-il commencé son sermon, qu'il s'animait et prêchait avec autant d'ardeur, de science, d'à-propos et de clarté que lorsqu'il possédait toutes ses forces. Ce fut ainsi qu'il évangélisa Guérande, Auray, Redon, Guemené, Rostrenen, Pontivy, Croisic, Hennebon, Carhaix, Quimperlé, où il fut logé chez les religieux de son ordre, Concarneau, Pont-l'Abbé, Quimper, Saint-Paul-de-Léon et Morlaix, où il fut reçu dans la maison des Dominicains, ses confrères. Il demeura quinze jours dans cette ville, et allait ordinairement prêcher au haut de la rue des Fontaines, lieu élevé au-dessus de la ville, où l'on bâtit depuis une chapelle en son honneur. De Morlaix, le saint missionnaire vint à Lannion, Tréguier, la Roche-Derien, Guingamp, Châtelaudren, Saint-Brieuc, Lamballe, Quintin, Jugon, Saint-Malo, d'où il se rendit à Dinan et y séjourna dix jours chez les Dominicains. Il trouva dans cette ville une place telle qu'il la lui fallait pour prêcher, puisque c'était alors une des plus grandes du royaume; aussi y annonça-t-il la parole de Dieu à un peuple infini qui accourait de toutes parts. Il évangélisa de même Dol, Antrain, Bazouges, Fougères et Vitré; puis se rendit à Rennes, où il fut reçu par l'évêque, le clergé, la noblesse, les magistrats et la bourgeoisie, avec tout le respect possible. L'évêque lui avait fait préparer un logement dans le palais épiscopal; mais l'humble Vincent ne voulut pas loger ailleurs que chez ses confrères, les religieux de Bonne-Nouvelle. Pendant qu'il fut à Rennes, il prêcha dans une place assez spacieuse appelée le cimetière Saint-Anne. De Rennes, il reprit le chemin de Vannes par Montfort, Josselin, la Chèze et Ploërmel.

Outre les travaux éclatants de son emploi de missionnaire apostolique, il s'abaissait aux moindres fonctions des catéchistes, n'estimant rien de petit de tout ce qui pouvait servir à la gloire de Dieu et au salut des âmes. On le voyait réunir autour de lui les enfants, à des heures fixes, leur enseigner la manière de faire le signe de la croix, l'Oraison dominicale, la Salutation angélique et le Symbole des apôtres, leur apprendre à aimer Dieu, à respecter leurs parents et le prochain. Se faisant tout à tous, à l'exemple de l'Apôtre, il accueillait les pauvres avec autant d'égards que les riches, et les hommes obscurs comme les nobles. Il se montrait agréable à tous, leur témoignait le désir de leur être utile, était pour eux plein de douceur, et gagnait ainsi l'affection et le respect de tout le monde. Les veuves et les orphelins trouvaient en lui un défenseur plein de zèle. Enfin il ne se refusait à aucun des services qu'il pouvait rendre à ses frères. La vertu des miracles et le don de se faire entendre à ceux mêmes qui ne savaient pas sa langue lui demeurèrent en Bretagne comme dans tous les autres lieux qui avaient eu le bonheur de le posséder; mais il fallut enfin que le corps succombât sous les rigueurs de la pénitence et sous les travaux de l'apostolat.

Ses compagnons, voyant approcher la fin de sa vie, employèrent leurs sollicitations pour lui persuader d'aller mourir en Espagne. Le grand intérêt qu'ils paraissaient y prendre l'empêcha d'apporter une trop forte résistance à leurs prières; cependant il ne se rendit pas tout de suite, et se rappela les paroles que Notre Seigneur lui avait dites à Avignon, et l'ordre qu'il lui avait donné d'aller dans les contrées de l'Ouest prêcher son Evangile. Enfin il se laissa vaincre, et, après avoir pris congé des habitants de Vannes, il monta sur son âne et se mit en chemin à minuit. Mais, après avoir marché quelques lieues avec ses compagnons, il se trouva, à la pointe du jour, devant la porte de la ville. Alors il se tourna vers ses frères et leur dit: « Rentrons dans cette ville, mes frères, ce qui nous est arrivé marque assez que Dieu veut que ce soit ici la borne de ma carrière. »

Son retour causa une joie universelle aux habitants; ils accoururent en foule, hommes, femmes, enfants, pour lui baiser les mains et lui marquer leur satisfaction. On entendait partout le son des cloches comme dans les plus grandes solennités, et l'on ne disait autre chose de toutes parts, sinon: *Béni soit celui qui vient au nom du Seigneur!* Quand il fut arrivé à son hospice ordinaire, il dit aux habitants: « Mes enfants, il a plu à Dieu que je revinsse ici, mais ce n'est plus pour y prêcher, c'est pour mourir chez vous. Allez-vous-en, et que Dieu vous récompense de l'honneur que vous avez bien voulu me faire aujourd'hui pour son amour. » Il leur dit encore beaucoup d'autres choses, qui leur tirèrent des larmes des yeux et changèrent en une sensible affliction la joie qu'ils avaient eue de son retour.

Le jour suivant, il fut attaqué d'une fièvre violente accompagnée de douleurs extrêmes dans tous les membres, et d'un épuisement universel; mais, possédant toujours son âme, comme dans la plus parfaite santé, il appela ses frères et leur annonça le jour de sa mort. Il fit venir le prêtre auquel il avait coutume de confier les secrets de sa conscience, il se confessa et le pria de lui accorder l'absolution générale, selon le pouvoir que lui en avait donné le pape Martin V. Il reçut ensuite tous les sacrements avec un redoublement de dévotion, et passa trois jours entiers à exhorter à la pratique de la vertu et à la persévérance dans le bien, ceux qui avaient le bonheur de l'approcher. Quand on eut appris dans la ville qu'il avait reçu les derniers sacrements, l'évêque, la noblesse, les magistrats vinrent le voir, et il leur dit: « Messieurs les Bretons, si vous voulez rappeler dans votre mémoire tout ce que je vous ai prêché pendant deux ans, vous trouverez que cela est aussi utile pour votre salut que conforme à la vérité. Vous n'ignorez pas à quels vices j'ai trouvé que votre province était sujette, et que, de mon côté, je n'ai rien épargné pour vous ramener dans le bon chemin. Rendez grâces à Dieu avec moi, de ce qu'après m'avoir donné le talent de la parole, il a rendu vos cœurs capables d'être touchés et portés au bien. Il ne vous reste plus qu'à persévérer dans la pratique des vertus et à ne pas oublier ce que vous avez appris de moi. Pour ce qui me regarde, puisqu'il plaît à Dieu que je trouve ici la fin de ma vie et de mes travaux, je serai votre avocat devant le tribunal de Dieu, je ne cesserai jamais d'implorer sa miséricorde pour vous, et je vous le promets, pourvu que vous ne vous écartiez point de ce que je vous ai enseigné. Adieu, je m'en irai devant le Seigneur dans dix jours d'ici. »

Ensuite, pour employer plus tranquillement à la contemplation le reste de sa vie, il pria qu'on empêchât le grand concours du peuple. Ses douleurs augmentèrent, mais sa patience plus encore que ses douleurs. Dans les opérations les plus cruelles de la chirurgie, on ne lui entendait prononcer que les noms de Jésus et de Marie. Comme il n'y avait point encore de maison religieuse de son ordre à Vannes, ceux qui avaient la principale autorité dans la ville, voulant prévenir les disputes qu'il pourrait y avoir au sujet de sa sépulture, vinrent lui demander où il souhaitait être enterré. Il répondit : « Je suis un pauvre religieux qui ne me fais gloire que d'une qualité, qui est celle de serviteur de Jésus-Christ. En cette qualité, je regarde le salut de mon âme comme l'unique soin dont je dois m'occuper. Du reste, je m'embarrasse très-peu de ce qui regarde la sépulture de mon corps. Cependant, afin de vous procurer la paix après ma mort, comme j'ai tâché de vous y entretenir pendant ma vie, je vous prie de permettre que le prieur du couvent de mon ordre, qui est le plus près d'ici, soit le maître de régler ce qui regarde ma sépulture. »

Neuf jours après, il demanda qu'on lui lût la passion de Notre Seigneur, selon les quatre Évangélistes; il se fit lire ensuite les sept psaumes de la pénitence, qu'il répéta, avec tous les autres psaumes, jusqu'à ce que les forces lui manquèrent absolument et que sa langue demeura immobile. Il joignit les mains, leva les yeux au ciel et rendit son âme à Dieu, le mercredi 5 avril 1419, dans la soixante-troisième année de son âge. La duchesse de Bretagne, fille de France, voulut elle-même laver son corps. L'eau qu'elle employa servit à la guérison de beaucoup de malades. Le duc Jean, 5e du nom, prépara des obsèques magnifiques à saint Vincent; il se fit un concours si grand, qu'on fut obligé de garder le corps pendant trois jours, pour satisfaire la dévotion du peuple, qui voulait le voir et le toucher. Il fallut même, à la fin, l'environner de gardes en armes, pour qu'on ne le mît pas en pièces. Il fut enterré dans l'église cathédrale, à côté du grand autel, et Dieu a continué de faire, après la mort de saint Vincent Ferrier, autant et plus de miracles par son intercession, qu'il n'en avait accordés à ses prières pendant sa vie.

Aussitôt après sa mort, la plupart des princes, des prélats, des villes et des universités qui avaient eu le bonheur de le connaître et de le posséder, s'adressèrent au pape Martin V, pour procéder à sa canonisation. Jean V, duc de Bretagne, fut un des plus ardents à solliciter cette affaire. Elle ne fut terminée qu'en 1455, par le pape Calixte III ; encore la bulle de sa canonisation ne fut-elle publiée que trois ans après par Pie II. On leva son corps de terre en 1456. Les Espagnols ayant demandé inutilement qu'on le transportât à Valence, résolurent, en 1599, de l'enlever secrètement, comme un trésor qui leur appartenait. Pour prévenir leurs desseins, on cacha la châsse qui le renfermait. On la découvrit en 1637, ce qui donna lieu à une seconde translation, qui se fit le 6 septembre; après quoi on mit cette châsse sur l'autel d'une chapelle qui venait d'être bâtie dans la cathédrale, et elle y est encore exposée à la vénération des fidèles (Godescard, *Vies des Saints de Bretagne*).

Sainte Catherine de Sienne, saint Vincent Ferrier, saint Antonin, le bienheureux Jean, cardinal-évêque de Raguse, ne furent pas les seuls de la famille de saint Dominique qui glorifièrent l'Église de Dieu vers la fin du XIVe et au commencement du XVe siècle; on en vit encore plusieurs autres.

Le bienheureux *Marcolin*, né à Forli, dans la Romagne, entra dès l'âge de dix ans chez les Dominicains de sa ville natale, avec l'intention de s'y consacrer à Dieu. Le Seigneur se plaît à répandre ses dons sur les âmes innocentes; les progrès de Marcolin dans la vie religieuse furent si rapides, qu'il devint bientôt un modèle pour tous ceux d'entre ses frères qui aspiraient à la perfection de leur état. Rigide observateur de sa règle, il la gardait à la lettre, sans jamais user de dispense, et ajoutait plusieurs pratiques à celles que la règle prescrit. Il avait tant d'affection pour la retraite et le silence, qu'il ne sortait jamais de sa cellule et du couvent sans une pressante nécessité. Son humilité lui faisait toujours choisir les dernières places, et son plus grand soin était de cacher aux hommes les grâces particulières qu'il recevait de Dieu. Une âme si fervente devait avoir une grande ardeur pour s'unir à Jésus-Christ; aussi était-ce un spectacle édifiant de voir ce saint religieux offrir l'auguste sacrifice de nos autels. Les larmes abondantes que l'amour divin lui faisait alors répandre, contribuèrent à la conversion de plusieurs pécheurs. Le mérite de la pauvreté et de l'obéissance lui paraissait si grand, qu'il avait pour ces deux vertus une affection toute spéciale. On le voyait toujours calme, modeste, recueilli, mortifié, attentif aux besoins de ses frères, constamment prêt à les prévenir et à leur rendre tous les services qui dépendaient de lui. Il n'était pas moins charitable envers les séculiers, et les pauvres surtout le regardaient comme leur père.

Dieu voulut que son serviteur, qui s'appliquait avec tant de soin à sa propre sanctification, travaillât aussi à celle du prochain. Le saint religieux fut chargé, par le bienheureux Raymond de Capoue, alors supérieur général des Dominicains, de rétablir la régularité dans plusieurs maisons de l'ordre où le relâchement s'était introduit; il s'y employa avec tant de prudence et de zèle, qu'il les réforma et y fit observer les constitutions avec une grande exactitude.

LIVRE LXXXI. — LE BIENHEUREUX JACQUES L'ALLEMAND.

Le bienheureux Marcolin prolongea sa carrière jusqu'à l'âge de quatre-vingts ans, et, pendant ce long espace de temps, sa ferveur et sa tendre dévotion envers la sainte Vierge ne se démentirent jamais. Instruit de l'heure de sa mort, il l'annonça à ses frères, et, après avoir reçu avec la piété la plus affectueuse les sacrements de l'Église, il rendit tranquillement son âme à Dieu, l'an 1397. Dès que le bruit de son décès se fût répandu, tout le peuple courut pour voir son saint corps et pour obtenir de ses reliques. Dieu a opéré un grand nombre de miracles au tombeau de ce bienheureux. Benoît XIV approuva son culte le 9 mai 1750, et permit au clergé de Forli, ainsi qu'à l'ordre des frères Prêcheurs, d'en célébrer la fête (Godescard, 24 janv.; *Bréviaire dominicain*).

Un vertueux marchand de la ville d'Ulm, en Souabe, donna le jour, en 1407, au bienheureux *Jacques*, qu'on surnomme assez souvent l'*Allemand*, à cause de sa patrie. Il reçut une éducation chrétienne et resta au sein de sa famille jusqu'à l'âge de vingt-cinq ans. A cette époque, le désir de voir Rome et de visiter les tombeaux des saints apôtres le détermina à entreprendre le voyage d'Italie; mais il ne se mit en route qu'après en avoir obtenu la permission de son vénérable père, qui lui dit en le bénissant : « Allez, mon cher fils; rappelez-vous votre Créateur pendant tout le trajet, et préférez mourir plutôt que de pécher en sa présence. » Il lui recommanda ensuite de prier pour lui dans les lieux de dévotion qu'il visiterait, et de revenir promptement à la maison paternelle. Jacques, accompagné de quelques autres voyageurs, qui, comme lui, se dirigeaient vers la capitale du monde chrétien, arriva à Rome au commencement du carême. Il passa tout ce saint temps à visiter les églises, et se disposa à célébrer les fêtes de Pâques par une confession générale. De là, il se rendit à Naples, pour y trouver quelques moyens de subsister. Il était bien fait et d'une figure agréable; une dame noble et qui avait un grand nombre de domestiques, l'ayant vu, voulut le prendre à son service; mais le vertueux jeune homme, craignant de trouver dans sa maison quelque danger pour le salut de son âme, refusa ses offres, préférant la conservation de son innocence aux avantages temporels qui lui étaient offerts.

Le besoin contraignit alors Jacques à s'engager comme soldat dans les troupes d'Alphonse II, roi de Naples; mais sa nouvelle profession n'apporta aucun changement dans ses mœurs, et sa conduite fut constamment celle d'un fervent chrétien. Son horreur pour le vol était extrême. Un jour qu'il était logé avec d'autres soldats chez un Juif, et qu'il arriva trop tard pour le dîner, parce qu'il avait passé la matinée dans les églises, un de ses camarades lui présenta à manger les restes d'un plat de légumes, en lui disant que ces légumes avaient été volés. Le serviteur de Dieu repoussa le plat avec indignation, et, le lendemain, il alla demander son congé au capitaine. Il l'obtint, et passa à Capoue, où il entra au service d'un noble, qui lui donna toute sa confiance et le traita plutôt comme son fils que comme son domestique. Jacques passa cinq ans dans cette maison, jouissant de l'estime et de l'affection de son maître; mais le souvenir de son père le détermina à retourner dans sa patrie, malgré les efforts que ce maître fit pour le retenir.

Comme il passa par Bologne, sa dévotion le conduisit à l'église des frères Prêcheurs, dans laquelle on conserve les reliques de saint Dominique; mais il y fut tellement édifié de la modestie des religieux, que, faisant à Dieu le sacrifice de son pays et de sa famille, il sollicita la grâce d'être admis au couvent en qualité de frère convers. Sa demande fut accueillie; il prit l'habit et commença son noviciat. Peu de jours après son entrée, ses compagnons de route d'Allemagne à Rome, qui travaillaient alors à Bologne et qui l'avaient retrouvé dans cette ville avec une grande joie, vinrent le voir, avec le commandant de la citadelle chez lequel ils étaient employés, et qui, autrefois, avait aussi occupé Jacques lui-même. Ce commandant s'adressant aux religieux, leur dit : « Mes Pères, le jeune homme que vous venez de recevoir est le plus modeste et le plus honnête que j'aie jamais vu. Aucun de nous n'a jamais su qu'il eût dit ou fait la moindre chose digne de blâme; nous, de notre côté, nous n'aurions osé prononcer devant lui une seule parole inutile. Je regrette; non qu'il soit entré parmi vous, mais d'être privé d'un jeune homme si pieux et si modeste. »

Les Dominicains furent bientôt convaincus par leur propre expérience que cet éloge n'était pas exagéré. Jacques se montra, dès le commencement de son noviciat, fervent religieux. Ayant un jour demandé à son père-maître quelle était la voie la plus sûre pour parvenir à la sainteté, et ce père lui ayant indiqué celle de l'humilité, dans un très-beau discours qu'il fit à ce sujet, le serviteur de Dieu fut tellement touché, qu'il s'adonna tout entier à la pratique de cette vertu et que bientôt il en devint un parfait modèle. Il se regardait comme le dernier et le plus vil de tous; et cette persuasion le portait à honorer tout le monde, à servir de bon cœur chacun des frères qui composaient la maison. Admis à prononcer ses vœux, il ne changea point de conduite après sa profession; au contraire, il parut animé d'une nouvelle ardeur pour sa sanctification. Il portait un rude cilice, déchirait son corps par de fréquentes disciplines et passait souvent une partie de la nuit en prières. Mais ces mortifications ne lui donnaient point l'air austère; il les cachait sous un extérieur toujours gracieux. Constamment affable, il cherchait à obliger le prochain en toute occasion, se montrait très-attaché à la vie commune et fuyait la moindre singularité.

La pratique du saint religieux était de se rendre de très-bonne heure à l'église, et, après la récitation de ses prières de règle, de visiter toutes les chapelles, commençant par celle de la sainte Vierge; car il avait toujours eu pour la Mère de Dieu la plus tendre dévotion. La veille des jours où il devait communier, il se tenait dans un profond recueillement, et lorsqu'il avait reçu son Dieu, il paraissait tout hors de lui-même. Après avoir accompli ses devoirs de piété, il se mettait à l'ouvrage; car jamais on ne le vit perdre un moment. Il répétait souvent à ses frères ces paroles de l'Apôtre : *Quiconque ne veut pas travailler ne doit pas manger.* Rien n'interrompait son travail. Très-exact observateur du silence, il ne parlait que pour répondre et ne disait que des choses édifiantes. Dieu lui avait donné un talent particulier pour tous les arts mécaniques, et il excellait surtout dans la peinture sur verre ; mais tous ses travaux étaient subordonnés à l'obéissance la plus entière. L'auteur de sa vie en rapporte plusieurs traits admirables et qui montrent à quel degré de perfection le frère Jacques était arrivé dans la pratique de cette vertu.

La réputation de la sainteté du serviteur de Dieu finit par s'étendre au loin. Elle parvint jusqu'à Alphonse, duc de Calabre, qui fut depuis roi de Sicile. Ce prince, se trouvant à Bologne et étant allé visiter le couvent des frères Prêcheurs, témoigna le désir de voir ce saint religieux. Celui-ci lui ayant été présenté, il l'embrassa et se recommanda humblement à ses prières. Lorsque Jacques se fut retiré, le prince en parla dans des termes qui prouvèrent à tous la haute estime qu'il en avait conçue.

Les infirmités, compagnes presque inséparables de la vieillesse, vinrent assiéger le bienheureux Jacques à mesure qu'il avança en âge ; mais il sut les supporter avec une patience invincible. Non-seulement il souffrait sans murmurer, mais il le faisait avec joie, répétant souvent ces paroles de l'Apôtre : *La vertu se perfectionne par l'infirmité.* Il était octogénaire, lorsqu'il fut pris d'une fièvre très-violente qui le réduisit à l'extrémité et le conduisit au tombeau le 12 octobre 1491. Le peuple se porta en foule à ses funérailles, et chacun l'invoquait déjà comme un saint. Au bout de très-peu de temps, les religieux furent obligés de déposer son corps dans une chapelle de leur église, afin de satisfaire la dévotion des fidèles envers ce vertueux frère. Son culte fut approuvé par le pape Léon XII le 30 juillet 1823 (*Acta Sanct.*, 11 octobr.; Godescard, 12 octob.).

La bienheureuse *Clara Gambacorti* naquit à Pise en 1362, et annonça dès sa première enfance les plus heureuses inclinations. Son père, un des premiers magistrats de la ville, crut devoir la fiancer, dès l'âge de sept ans, à un jeune noble de la ville, nommé Simon de Massa, qui était très-riche et très-connu. Cet engagement avait été inspiré au père par la politique ; mais sa fille aspirait à une vie plus parfaite que celle du monde. Elle jeûnait souvent, portait le cilice, faisait de fréquentes prières, était déjà accoutumée à se vaincre, et nourrissait avec soin sa dévotion par la lecture habituelle des livres de piété. En avançant en âge, elle croissait en ferveur, et manifestait souvent le désir de n'avoir d'autre époux que Jésus-Christ.

Sa charité pour le prochain, et surtout pour les infirmes, était admirable ; sitôt qu'elle fut un peu maîtresse de ses actions, oubliant son rang et la faiblesse de son âge, elle allait donner des soins à une pauvre malheureuse dont tout le corps n'était qu'une plaie, et qui avait le visage tellement rongé, que ses yeux mêmes avaient perdu leur forme. Que la religion inspire de courage ! La jeune servante de Dieu prit l'habitude de visiter cette infortunée, de la servir, de nettoyer ses plaies, de lui exprimer la part qu'elle prenait à sa peine, et, pour le lui mieux prouver, elle ne craignait pas de coller son visage à ce visage horrible, tant sa vertu était héroïque.

Clara, parvenue à l'âge de quinze ans, perdit le jeune homme auquel on l'avait fiancée, et qu'elle devait épouser. Aussitôt que cette mort lui est connue, elle se coupe elle-même les cheveux, pour montrer son renoncement au monde, quitte ses habits somptueux, refuse les divers partis que son père et ses frères lui proposaient, et, au bout de quelque temps, elle se retire secrètement dans un monastère de Clarisses, où elle prend l'habit avec le nom de Claire ou Clara. Son père, qui ignorait sa démarche, se livra, dès qu'il en fut informé, à une douleur si amère, que ses fils s'armèrent aussitôt, ainsi que leurs amis, allèrent tous ensemble attaquer le monastère, et forcèrent les religieuses à leur rendre leur sœur. Ensuite ils l'enfermèrent dans une chambre, ne laissant ouverte qu'une petite fenêtre, pour lui faire passer sa nourriture. Personne n'avait permission de la voir, si ce n'est un saint homme nommé Étienne, qui pouvait quelquefois la visiter et la consoler, et elle en avait besoin, car Dieu l'éprouva par des peines intérieures et par la maladie ; mais Clara soutint toutes ces épreuves avec patience, et montra même une sainte joie dans son affliction. Elle passa ainsi cinq mois dans une captivité si rigoureuse, qu'une fois, par oubli des domestiques, elle resta trois jours sans aliments. Ce fut à cette époque qu'elle eut un entretien avec Alphonse, ancien évêque de Jaén, et autrefois confesseur de sainte Brigitte. Ce prélat, après avoir examiné la vocation de Claire, l'engagea à y persévérer, et la fortifia ainsi dans le dessein qu'elle avait manifesté de se consacrer à Dieu dans un monastère.

Le Seigneur exauça enfin les vœux de sa servante. Pierre Gambacorti s'adoucit et permit que sa fille se consacrât à Dieu dans un couvent de Pise, de l'ordre de Saint-Dominique. Plus tard, il lui fit même construire un monastère, dont elle devint prieure treize ans après qu'elle y fut entrée. Elle remplit cette maison de la bonne odeur de ses vertus, et l'on n'avait d'autre reproche à lui faire, sinon qu'elle traitait trop rigoureusement son corps ; mais si elle était dure à l'égard d'elle-même, la tendre charité pour le prochain, qu'elle avait pratiquée avec tant d'ardeur dans sa première jeunesse, sembla prendre, depuis son entrée en religion, de nouveaux accroissements.

Une dame de Pise, son nom était Céa, gouverna longtemps et avec beaucoup de charité l'hospice des enfants trouvés. En mourant, elle recommanda sa famille d'orphelins à la prieure de Saint-Dominique. Clara commença donc, avec une grande sollicitude, à chercher une personne propre à continuer cette œuvre de miséricorde. Elle fit prier à cet effet ses religieuses. Enfin elle jeta les yeux sur un homme riche et dévot, Jean Tonnellier, ainsi nommé de sa profession. Comme il avait une femme âgée et stérile, il destinait tous ses biens au couvent de la sainte prieure, pour laquelle il avait beaucoup de vénération. Elle le fit donc venir, et le pria de se charger dudit hôpital. Il montra beaucoup d'éloignement, tant à cause de lui-même que de sa femme. Enfin il convint avec la bienheureuse Clara de consulter Dieu par la prière, en l'avertissant toutefois de penser à un autre. Étant revenu la trouver, il lui dit : Avez-vous trouvé quelqu'un ? — Oui, répondit-elle. — Qui est-ce ? demanda-t-il avec joie. — Mais, répliqua la sainte, c'est vous-même ! — Il eut beau se défendre, et dire qu'il destinait tous ses biens à son monastère, ce qui ne pourrait avoir lieu s'il chargeait de l'hôpital, Clara ne cessa de le prier que quand il eut consenti à être le père des enfants trouvés; ce qu'il faisait encore avec beaucoup d'édification, pendant qu'une religieuse écrivait la vie de la sainte.

Mais, pour purifier de plus en plus sa servante, Dieu permit qu'elle éprouvât une de ces grandes afflictions, qui semblent exiger une vertu parfaite pour être supportées saintement. Pierre Gambacorti, son père, qui gouvernait Pise depuis vingt-quatre ans, avait élevé dans sa maison un jeune homme nommé Jacques d'Appiano, et qu'il traitait comme un de ses fils. Il l'avait fait son secrétaire et ne lui cachait rien des affaires les plus importantes. Ce malheureux, gagné par les ennemis des Pisans à une époque où les principales villes d'Italie se combattaient avec fureur, fit d'abord, en 1393, assassiner des amis de Gambacorti, puis son bienfaiteur lui-même, qui ne se défiait nullement de sa trahison. Non content de ces crimes, il fit également périr deux des frères de Clara après leur père, en les empoisonnant. On comprend aisément combien le bon cœur de la servante de Dieu dut souffrir de cette affreuse catastrophe; mais la charité triompha de tout son ressentiment : non-seulement elle ne se répandit pas en plaintes contre cet ingrat, mais, la peine qu'elle éprouvait lui ayant causé une grave maladie, elle voulut avoir, pour se guérir, du pain et du vin de la table du meurtrier de sa famille, comme elle en avait autrefois de celle de son père, afin de montrer à ce misérable qu'elle lui pardonnait entièrement. Bien plus, cet homme étant mort et sa veuve craignant pour sa vie, à l'époque d'un changement qui s'opérait dans le gouvernement, Clara, non contente de consoler cette femme et de lui donner de sages conseils, lui ouvrit dans son monastère un asile pour elle et ses deux filles, rendant ainsi le bien pour le mal avec une générosité héroïque.

La bienheureuse Claire mourut saintement le 17 avril 1419. Elle était âgée de cinquante-sept ans, et en avait passé trente-sept dans son monastère. Son corps demeura souple, et exhala une odeur suave qui remplit toute sa cellule. Bientôt, le bruit de sa mort s'étant répandu, le peuple se porta en foule au monastère pour visiter sa dépouille mortelle et lui donner des marques publiques de sa vénération. Plusieurs fidèles qui réclamèrent dès lors son intercession, en éprouvèrent les heureux effets. Elle commença bientôt à être honorée d'un culte public, qui enfin a été approuvé par le pape Pie VIII, le 3 avril (*Acta Sanct.*, et Godescard, 17 avril).

Ce fut dans la ville de Palerme, en Sicile, que naquit, l'an 1381, le bienheureux *Pierre*, de la noble famille des Jérémi. Il commença ses études dans cette ville, et alla les achever à Bologne, dont l'Université, alors dans sa plus grande célébrité, comptait un grand nombre de professeurs distingués, et attirait des jeunes gens des contrées les plus lointaines. Pierre fit de rapides progrès dans la science du droit, qui était celle de son père; lorsque le professeur était empêché de faire la leçon, il le remplaçait, aux applaudissements de ses condisciples. Une nuit qu'il étudiait pour se préparer au doctorat, on frappa violemment à sa fenêtre. Effrayé d'abord, il finit par demander qui se permettait de le troubler de la sorte? Une voix répondit : « Je suis un de vos parents, non médiocrement versé dans l'un et l'autre droit. Avocat, je donnais des conseils aux autres, et ne m'en suis pas donné à moi-même; j'apprenais aux autres à éviter les pièges de leurs adversaires, et je n'ai pas voulu éviter les pièges de l'ennemi commun du genre humain; je suis sorti de ce monde, non comme défenseur, mais comme coupable et pour subir des peines éternelles. Ecoutez-moi, ou plutôt écoutez Dieu qui m'envoie vous avertir : Fuyez cette gloriole qui passe, ainsi que les insignes du doctorat. » Cela dit, la vision disparut. Cet avertissement étrange, Pierre le mit à profit. Il résolut d'entrer dans un ordre religieux. Pour s'éprouver d'abord lui-même, il se ceignit le corps d'une chaîne de fer du poids de dix-huit livres. Après quoi il se présenta au couvent des Dominicains, y demanda et reçut l'habit.

Son père, qui était contrôleur général des finances en Sicile, ayant appris la démarche de son fils, vint en fureur à Bologne, pour l'arracher du monastère. Mais il en arriva autrement qu'il ne pensait. Lorsque son fils le sut à la porte du couvent, il pria le supérieur d'aller le trouver lui-même, pour l'adoucir et le consoler. Le père s'emporta beaucoup de ce qu'on ne lui permettait pas même de voir son fils. Il revint quinze jours après et obtint à grand'peine qu'il le verrait de loin, mais sans lui parler. Lorsqu'il l'aperçut dans un coin du monastère, qu'il vit sa modestie et sa piété, sa colère se fondit en larmes, il leva les mains au ciel, rendit grâces à Dieu et souhaita à son fils toutes sortes de bénédictions. Ayant enfin eu la permission de l'entretenir, avant de repartir pour la Sicile, non-seulement il ne le détourna point de sa vocation, mais l'exhorta longuement à la piété et à la vertu.

Aussitôt que Pierre de Palerme eut été ordonné prêtre, il commença de remplir avec zèle les fonctions du ministère évangélique. Saint Vincent Ferrier qui vint à Bologne, en 1416, visiter le corps de saint Dominique, l'exhorta vivement à continuer, l'assurant que ses travaux étaient agréables à Dieu. En effet, le saint religieux n'omettait rien de ce qui pouvait attirer la bénédiction du ciel sur ses prédications. Prières ferventes, mortifications assidues, humilité profonde, tels sont les moyens par lesquels il cherchait surtout à convertir les pécheurs. Il eut même recours à un genre de pénitence extraordinaire, que l'esprit de Dieu lui avait sans doute inspiré : il enferma son corps dans cinq cercles de fer, si fortement serrés, que, même après sa mort, on ne put le dégager, parce qu'ils avaient pénétré dans les chairs. Il fallut attendre, pour les enlever, que son corps fût entièrement desséché. Des exemples si frappants devaient porter leurs fruits. Aussi vit-on plusieurs jeunes seigneurs de familles nobles, touchés de son détachement et de sa vie si austère, renoncer aux vanités du siècle pour suivre Jésus-Christ; entre autres le bienheureux Licci, qui lui dut son entrée dans l'ordre des Dominicains.

Plus tard il eut occasion de développer son zèle et sa prudence d'une manière toute particulière dans la direction qui lui fut confiée de plusieurs maisons de son ordre. Il s'efforça surtout d'y rétablir la discipline dans toute sa vigueur, et, son exemple achevant ce que ses prédications avaient commencé, il eut la consolation de réussir presque généralement. Nous retrouverons le bienheureux Pierre de Palerme au concile œcuménique de Florence (*Acta Sanct.*, et Godescard, 3 mars).

Nous avons vu saint Vincent Ferrier, prêchant un jour aux habitants d'Alexandrie en Piémont, s'interrompre tout à coup et dire à ses auditeurs : « Sachez, mes enfants, qu'il y a parmi vous un religieux de l'ordre des frères Mineurs, qui, dans peu, sera un homme célèbre par toute l'Italie; de sa doctrine et de ses exemples proviendra un grand fruit dans le peuple chrétien. Et quoiqu'il soit jeune et moi cassé de vieillesse, cependant il arrivera un temps où il me sera préféré en honneur dans l'Eglise romaine. Je vous exhorte donc de rendre grâces à Dieu et de le prier qu'il accomplisse pour l'utilité du peuple chrétien ce qu'il m'a révélé. Et parce que cela sera, je retourne prêcher dans les Gaules et les Espagnes ; quant à ceux des peuples d'Italie que je ne suis pas encore allé prêcher, c'est à lui que je les laisse à instruire. » Ayant ainsi parlé, saint Vincent reprit le fil de son discours.

Ce frère Mineur qui, plus jeune, lui sera préféré en honneur dans l'Eglise romaine, y sera canonisé le premier des deux, c'est saint *Bernardin de Sienne*.

Il naquit à Massa, où son père était gouverneur. Il était de la famille des Albizeschi, l'une des plus illustres de la république de Sienne. Le jour de sa naissance, fut le jour de la Nativité de la sainte Vierge, 8 septembre 1380. Son père et sa mère obtinrent cet enfant unique par l'intercession de la Mère de Dieu, en laquelle tous deux ils mettaient toute leur espérance. On pouvait dire de Bernardin ce qu'on disait de Jean-Baptiste : *Que pensez-vous que sera cet enfant?* car la main du Seigneur était avec lui. Mais il perdit sa mère à l'âge de trois ans, et son père, avant qu'il en eût sept. Perte funeste pour bien des enfants ! Par la Providence divine, Bernardin n'en eut point à souffrir. Une tante maternelle, nommée Diane, prit soin de son éducation, lui inspira une tendre piété envers Dieu, et une dévotion particulière envers la sainte Vierge. Le petit Bernardin était modeste, doux, humble, pieux. Il faisait ses délices de la prière et de la visite des églises. Sa dévotion le portait surtout à servir la messe. D'une mémoire merveilleuse, il répétait à ses camarades, avec autant de fidélité que de grâce, les sermons qu'il avait entendus. Sa compassion pour les pauvres n'était pas moins admirable que sa piété. Un jour, sa tante en renvoya un sans rien lui donner, parce qu'il n'y avait qu'un pain dans la maison pour le dîner de toute la famille. Bernardin en fut si touché, qu'il dit à sa tante : « Pour l'amour de Dieu, donnons quelque chose à ce pauvre homme ; donnez-lui ce que vous me donneriez à dîner, je m'en passerai de bon cœur. » La pieuse tante, étonnée et réjouie de ces paroles, exhorta son neveu à la pratique de toutes les vertus chrétiennes. Elle observait avec admiration ces marques précoces d'une sainteté future. Souvent elle le voyait, prosterné devant une image de la Vierge, fondre en larmes et lui adresser la Salutation angélique avec toute la ferveur d'un ange. Car, nuit et jour, tous les vœux, toutes les prières de Bernardin se dirigeaient vers Marie, mère de Jésus. Dès ses premières années, il se mit à jeûner tous les samedis en son honneur, et il garda cette pieuse coutume le reste de sa vie.

A l'âge de onze ans, il perdit cette vertueuse tante; mais Dieu ne l'abandonna point. Deux oncles paternels, Christophore et Ange, le firent venir à Sienne. Pia, la femme de Christophore, n'ayant point d'enfants, le prit en affection particulière, l'aima comme son fils. Non moins pieuse que Diane, elle eut le même soin de son éducation. Comme il est dit de l'enfant Jésus, Bernardin croissait en sagesse, en âge et en grâce devant Dieu et devant les hommes. A la maison, il construisait des autels, et commençait à réciter chaque jour l'office de la sainte Vierge. Ravie de ses progrès dans la vertu, Pia voulut qu'il pût en faire de semblables dans les lettres et les sciences humaines. Elle lui fit donner les plus excellents maîtres. Ceux-ci ne se lassaient point d'admirer la pénétration de leur disciple et la beauté de son esprit; ils admiraient beaucoup plus encore sa docilité et sa modestie.

Bernardin était d'une beauté remarquable ; mais son amour pour la pureté était encore plus extraordinaire. Quoiqu'il fût naturellement poli, complaisant et respectueux envers tout le monde, il n'était plus maître de lui-même dès qu'un discours indécent frappait ses oreilles. Un des principaux habitants de la ville lui ayant adressé sur la place publique un propos déshonnête, Bernardin lui donna aussitôt sous le menton un si grand coup de poing, que le bruit en retentit par toute la place. Le citoyen, devenu la risée de tous les spectateurs, se retira confus et se corrigea de sa mauvaise habitude. Bien des années après, comme il écoutait Bernardin prêchant le peuple sur la même place, on le vit fondre en larmes au souvenir de ses fautes passées. Une autre fois, un libertin venu de dehors, épris de la beauté de Bernardin, osa lui faire des propositions infâmes. Bernardin le repoussait avec horreur, mais le misérable revenait toujours. Alors le saint jeune homme dit à ses camarades de se remplir de pierres les poches, et, à la première occasion, ils poursuivirent ce libertin à grands cris et à coups de pierres, à travers les rues et les places, en sorte qu'il se crut bienheureux d'échapper à la mort. Ces dispositions de Bernardin étaient si connues, sa présence seule inspirait tant de respect, que quand il arrivait parmi des jeunes gens, toute conversation libre cessait : Silence ! disaient les plus dissolus, voici Bernardin.

Il avait une sainte cousine, nommée Tobie, fille de la pieuse Diane; elle avait trente ans de plus que lui, et, devenue veuve, avait embrassé le tiers-ordre de Saint-François. Voyant Bernardin si bien fait et si jeune, elle craignait beaucoup qu'il ne vînt à perdre la pureté de son corps et de son âme. Pour lui conserver ce précieux trésor, elle adressait continuellement des prières à Dieu, à la sainte Vierge et à tous les saints. Elle lui faisait à lui-même des remontrances à cet égard. Il répondit en riant : « Je suis déjà pris par l'amour ; je mourrais le jour même où je ne pourrais voir celle qui m'est chère. » Bien des fois il ajoutait : « Je m'en vais voir celle que j'aime, qui est plus belle et plus noble que toutes les filles de Sienne. » Tobie, entendant ces paroles et n'en comprenant pas le sens, était profondément affligée; elle le soupçonnait épris d'amour pour quelque fille mortelle; lui, au contraire, entendait la sainte Vierge Marie. Au-dessus de la porte de Sienne qui conduit à Florence, il y avait une image de la sainte Vierge en sa glorieuse assomption. Bernardin avait coutume de la visiter deux fois par jour, le matin et le soir, et d'y faire dévotement ses prières. C'est d'elle qu'il parlait, quand il disait à Tobie : « Je ne puis dormir la nuit, lorsque le jour précédent je n'ai pu voir l'image de ma bien-aimée. » Pour éclaircir ses inquiétudes, Tobie l'épia plusieurs jours de suite, à l'heure qu'il venait de lui dire : « Je m'en vais voir celle que j'aime. » Elle le vit chaque fois s'arrêter devant l'image de la Vierge au-dessus de la porte, se mettre à genoux, réciter dévotement ses prières puis retourner tout droit et promptement chez lui. La pieuse Tobie voyant tous ses soupçons tourner en consolation spirituelle, dit un jour à Bernardin : « Mon cher fils, je vous en prie, ne me tenez pas davantage en suspens, et que je ne sois plus affligée chaque jour à cause de vous. Dites-moi pour qui vous êtes épris d'amour, afin que, si elle est d'un rang convenable, nous puissions vous la procurer pour épouse. » Bernardin répondit : « O mère! puisque vous l'ordonnez ainsi, je vous découvrirai le secret de mon cœur, que je n'aurais découvert à nul autre. Je suis épris d'amour pour la sainte Vierge Marie, Mère de Dieu, que j'ai toujours aimée, que je désire voir de toutes les forces de mon âme, que je me suis fiancée comme une très-chaste épouse, et en qui j'ai mis toute mon espérance; c'est elle que j'aime souverainement, elle que je cherche, elle que je voudrais contempler sans cesse avec le respect qui lui est dû; mais comme je ne puis l'obtenir en ce monde, j'ai résolu dans mon cœur de visiter chaque jour son image. Et voilà celle que j'aime! » A ces mots, la pieuse Tobie ne put retenir ses larmes, elle embrassa Bernardin avec une joie spirituelle et lui dit : « Maintenant je mourrai contente, puisque je suis assurée par votre bouche de votre sainte dévotion envers la Vierge Marie. »

Lorsque Bernardin eut fini son cours de littérature et de philosophie, il se mit à étudier le droit civil et canonique; vint enfin l'étude de l'Ecriture sainte et de la théologie, à laquelle il prit tant de goût, que les autres sciences lui parurent insipides.

A l'âge de dix-sept ans, il entra dans la confrérie de Notre-Dame, établie à Sienne dans l'hôpital de la Scala, pour y servir les malades. Ce fut là qu'il commença particulièrement à mater son corps par les jeûnes, les veilles, les cilices, les disciplines, et par beaucoup d'autres austérités. Il pratiquait surtout la mortification intérieure de sa volonté; aussi était-il toujours humble, patient, doux et affable envers tout le monde.

En 1400, quatre ans après son entrée dans la confrérie de l'Hôpital, la peste, qui avait déjà désolé une partie de l'Italie, attaqua la ville de Sienne. Il mourait chaque jour dans ce seul hospice jusqu'à dix-huit à vingt personnes. Tous ceux qui distribuaient aux pestiférés les secours spirituels et corporels, furent emportés en fort peu de temps, au nombre de plus de cent cinquante. Le directeur de la maison ne savait par qui les remplacer. Tout à coup Bernardin se présente à lui, avec douze jeunes nobles de son âge; tous ils s'étaient confessés et avaient communié, comme pour aller au martyre. Malgré l'opposition de leurs familles, ils venaient servir les malades, les mourants et les morts. Ils le firent, nuit et jour, avec un courage et une charité héroïques, pendant quatre mois que continua la peste. Bernardin et ses compagnons servaient les hommes : sa cousine Tobie servait les femmes.

Bernardin retourna chez lui épuisé de fatigues. Il y fut saisi d'une fièvre violente, qui le retint au lit quatre mois. Durant sa maladie, il édifia autant par sa patience et sa résignation, qu'il l'avait fait par sa charité. A peine fut-il rétabli, qu'il reprit son ancienne manière de vivre. Il rendit de grands services, pendant l'espace de quatorze mois, à une de ses tantes paternelles, nommée Barthélemi : c'était une femme d'une rare piété, qui, après avoir perdu son mari, avait embrassé la règle de sain' Augustin; elle avait quatre-vingt-dix-sept ans, était aveugle et souffrait beaucoup de diverses maladies : elle venait de perdre une vieille domestique, Bernardin voulut lui en tenir lieu tant qu'elle vécut.

Après la mort de cette tante, qui l'avait beaucoup exhorté à la vie religieuse, il se retira dans une maison du faubourg de Sienne, et se donna pour clôture les murs de son jardin; là, il redoubla ses jeûnes et ses prières, afin de connaître la volonté de Dieu sur le genre de vie qu'il devait embrasser. Prosterné aux pieds du crucifix, il se rappelle ces paroles : *Si vous voulez être parfait, allez, vendez ce que vous avez et donnez-le aux pauvres, puis venez et suivez-moi;* il se rappelle comment les apôtres ont suivi ce conseil, et après eux le séraphique François. Aussitôt, pour marcher sur leurs traces, il commence à distribuer tous ses biens aux pauvres.

Il y avait alors dans la maison des frères Mineurs de Sienne un homme vénérable, d'une famille distinguée de la ville. Il avait travaillé trente ans en Bosnie contre les manichéens, qui infestaient cette province; cassé de vieillesse, il était revenu dans sa terre natale; son nom était *Jean Nestor;* il se trouve dans le Martyrologe des Franciscains, au 15 février, sous le titre de bienheureux. C'est à ce saint et vénérable vieillard que Bernardin, qui avait alors vingt-deux ans, s'adressa pour demander l'humble habit de saint François. Le vieillard l'en revêtit avec joie, le jour de la Nativité de la sainte Vierge, en félicitant publiquement son ordre de la gloire que lui procurerait le jeune novice.

Colombière était un couvent dans une solitude à quelques milles de Sienne. Saint François et saint Bonaventure y avaient séjourné plus d'une fois. On avait coutume d'y faire passer quelque temps aux jeunes religieux. Un ancien des plus fervents, désirait y rétablir toute la régularité et l'austérité primitives. Ayant besoin pour cela d'un aide, il demanda Bernardin, qui fit ainsi son noviciat à Colombière, où il fut un modèle de douceur, d'innocence, de patience, d'obéissance et de charité. L'année révolue, il fit sa profession le jour de la Nativité de la sainte Vierge : ce fut encore le même jour que, plus tard, il dit sa première messe et prêcha son premier sermon : c'était pour satisfaire sa tendre dévotion envers la Mère de Dieu.

Sa ferveur prenait chaque jour des accroissements sensibles. Il ajoutait de nouvelles austérités à celles qui étaient prescrites par la règle, afin de crucifier plus parfaitement le vieil homme. Il recherchait avec empressement les rebuts et les humiliations. Son plaisir n'était jamais plus grand que lorsqu'en marchant dans les rues, les enfants lui disaient des injures et lui jetaient des pierres. Il montra les mêmes sentiments quand un de ses parents lui fit des reproches amers, et alla jusqu'à lui dire qu'il déshonorait sa famille et ses amis par le genre de vie abject et méprisable qu'il avait embrassé.

C'était à l'école du Sauveur qu'il étudiait nuit et jour l'humilité et les autres vertus chrétiennes. Souvent il était prosterné devant un crucifix. Un jour, il lui sembla entendre Jésus-Christ lui parlant ainsi : « Mon fils, vous me voyez attaché à la croix ; si vous m'aimez et si vous voulez m'imiter, clouez-vous aussi à votre croix et me suivez ; par là, vous serez sûr de me trouver. » Ce fut aussi aux pieds de Jésus crucifié qu'il puisa ce zèle ardent pour le salut des âmes.

Comme depuis longtemps il se préparait dans la retraite au ministère de la prédication, ses supérieurs lui ordonnèrent de faire valoir le talent qu'il avait reçu de Dieu. Il trouva d'abord de grandes difficultés dans une faiblesse de voix accompagnée d'enrouement ; mais il en fut délivré par l'intercession de la sainte Vierge, son refuge ordinaire. Durant l'espace de quatorze ans, les travaux de son zèle furent renfermés dans le pays de sa naissance. A la fin, il parut dans l'Eglise comme un astre brillant. On ne l'entendait jamais prêcher, sans éprouver les plus vifs sentiments de religion. Les pécheurs retournaient chez eux remplis de componction, fondant en larmes et fortement résolus de quitter leurs désordres. La parole de Dieu était dans sa bouche comme un glaive tranchant et comme un feu qui consume ce qu'il y a de plus dur et de plus capable de résistance.

On demandait un jour à un célèbre prédicateur du même ordre pourquoi ses sermons ne produisaient pas autant de fruits que ceux du saint. « Le Père Bernardin, répondit-il, est un charbon brûlant. Ce qui n'est que chaud ne peut pas de même allumer le feu dans les autres. » Un prédicateur novice demanda au saint lui-même quand il convenait de faire des exclamations dans les discours publics. Bernardin lui donna cet avis : « Ce que vous avez à faire, faites-le pour la gloire de Dieu et dans une charité parfaite, et l'esprit de Dieu vous suggérera lui-même, dans l'occasion, ce qu'il conviendra de faire et dire. » Un autre lui dit un jour : « Comme vos prédications sont si estimées de tous les peuples et qu'elles y produisent tant de fruits, veuillez m'apprendre les règles particulières que vous observez dans le débit. — Mais, dit le saint, je n'en observe qu'une. » L'autre, étonné et réjoui, demanda quelle était cette règle unique et souveraine. « Depuis que j'ai commencé de m'appliquer à cet exercice, répondit Bernardin, je n'ai jamais prononcé une parole, si ce n'est pour l'honneur et la louange de Dieu ; c'est cette règle, que j'ai toujours observée avec soin, qui seule m'a valu tout ce que j'ai pu acquérir et de science, et d'éloquence, et de promptitude, et d'autorité ; c'est elle seule qui m'a valu la conversion de toutes les âmes que j'ai pu ramener à Dieu. »

Bernardin s'appliquait surtout à inspirer l'amour de Jésus-Christ et le mépris du monde. Il désirait avoir une trompette, dont le son pût pénétrer jusqu'aux extrémités du monde, afin de faire retentir aux oreilles de tous les hommes cet oracle de l'Esprit-Saint : *Enfant des hommes, jusqu'à quand aurez-vous le cœur appesanti ? Pourquoi aimez-vous la vanité et cherchez-vous le mensonge* (Psalm. 4, 3) ? *O enfants ! jusqu'à quand aimerez-vous l'enfance* (Prov. 1, 22) ? Sans cesse il faisait entendre le tonnerre de sa voix, afin de réveiller ces hommes charnels qui rampent sur la terre, de les porter à aimer Jésus-Christ et à s'élever à la considération des biens invisibles. Le souvenir de l'incarnation et des souffrances du Sauveur le tirait comme hors de lui-même, et il ne pouvait prononcer le nom de Jésus sans éprouver des transports extraordinaires. Souvent, à la fin de ses sermons, il montrait au peuple ce nom sacré écrit en lettres d'or sur un petit tableau. Il invitait ses auditeurs à se mettre à genoux et à se réunir à lui pour adorer et louer le Rédempteur des hommes.

Quelques personnes malintentionnées, surtout un religieux dont il signalait les maximes et la conduite suspectes, prirent de là l'occasion de s'élever contre lui, et donnèrent une interprétation maligne à certains termes dont il avait coutume de se servir. Elles le peignirent même sous des couleurs noires au pape Martin V. Le souverain Pontife envoya chercher Bernardin, et le condamna à garder le silence pour toujours, ou du moins de s'abstenir des expositions du nom de Jésus. L'humble religieux se soumit à l'instant, sans chercher à faire son apologie. Le Pape revint bientôt des impressions fâcheuses qu'on lui avait données contre le serviteur de Dieu. Après avoir examiné mûrement sa conduite et sa doctrine, il reconnut son innocence, le combla d'éloges et lui permit de prêcher partout où il voudrait, à commencer par Rome ; il le pressa même, en 1427, d'accepter l'évêché de Sienne, auquel il avait été élu unanimement ; mais le saint trouva moyen de refuser cette dignité ; il refusa encore, quelques années après, les évêchés de Ferrare et d'Urbain. Il disait en plaisantant qu'il aimait mieux être évêque de toute l'Italie, que d'une seule ville. Et de fait, sa vie et ses prédications de missionnaire apostolique lui donnaient plus d'influence et d'autorité dans tous les diocèses de la Péninsule qu'il n'en aurait eu dans un diocèse particulier comme évêque. Aussi, quand il eut été élu une seconde fois pour l'évêché de Sienne, le cardinal Gabriel, qui fut depuis Eugène IV, le pria par des amis communs de ne point accepter, de peur que la grande et salutaire autorité qu'il avait acquise par ses travaux ne vînt à s'évanouir et à demeurer sans fruit (*Acta Sanct.*, 20 mai, *Vita* 2. S. *Bernardini*, n. 31).

La première fois qu'il prêcha à Milan, le duc Philippe-Marie Visconti se laissa prévenir contre lui, à l'occasion de certaines choses qu'il avait dites dans ses sermons ; il le menaça même de la mort, au cas qu'il osât dans la suite tenir le même langage. Bernardin déclara généreusement que ce serait pour lui un grand bonheur de mourir pour la vérité. Le duc, pour l'éprouver, ou plutôt pour le surprendre, lui envoya une bourse de cent ducats, en lui faisant dire qu'il voulait par ce présent le mettre en état de fournir plus abondamment aux besoins des pauvres. Le saint la refusa par deux différentes fois. Une troisième personne étant venue la lui apporter, il la mena avec lui dans les prisons, et donna en sa présence les ducats pour obtenir la délivrance de ceux qui y étaient détenus pour dettes. Un tel désintéressement dissipa tous les préjugés du duc; il conçut pour le serviteur de Dieu une estime et une vénération singulières.

Bernardin prêcha dans la plupart des villes d'Italie. On ne parlait de tous côtés que du fruit merveilleux de ses sermons. Les plus grands pécheurs se convertissaient; les biens mal acquis étaient restitués, les injures réparées, les haines oubliées; la vertu prenait la place du vice, la piété faisait chaque jour de nouveaux progrès; on réformait les mauvaises coutumes et même les mauvaises lois; on bâtissait des hôpitaux, des églises, des monastères, qui se peuplaient d'âmes sincèrement converties.

Les ravages, les guerres civiles causées par les factions des Guelfes et des Gibelins donnèrent souvent de l'exercice à son zèle; plus d'une fois, lorsque les citoyens d'une ville étaient armés les uns contre les autres, il arrivait au milieu d'eux, leur faisait déposer les armes et opérait une réconciliation générale. Ayant appris qu'une dissension de cette nature éclate à Pérouse, il s'y rend aussitôt, et dit aux habitants : « Le Seigneur Dieu, que vous offensez grièvement par vos divisions, m'envoie vers vous, comme son ange, pour annoncer la paix aux hommes de bonne volonté sur la terre. » Il prêcha quatre discours sur la paix et la concorde. A la fin du dernier, il s'écria : « Vous tous qui êtes de bonne volonté et désirez la paix, résolus à la garder envers votre prochain, venez à ma droite; ceux, au contraire, qui ne veulent point garder la paix, qu'ils se placent à gauche. » Tous alors s'assemblèrent à sa droite, hormis un jeune gentilhomme avec ses satellites, qui demeura à sa place, murmurant contre le saint homme. Alors Bernardin lui dit : « Voici que toi seul tu méprises ce que j'ai prêché au peuple de la part de Dieu. Or, de la part de Dieu, je te dis de pardonner à ton prochain qui t'a offensé, ainsi que ta famille; de te placer à droite avec les autres, pour garder dorénavant la paix ; que si tu ne le fais pas, jamais tu n'entreras vivant dans ta maison. » Le jeune noble, se moquant et de l'exhortation du saint et de la vengeance divine, s'en retournait chez lui, lorsqu'il tomba raide mort sur le seuil de la porte (*Acta Sanct.*, 20 mai; *Analecta*, n. 13).

Vers le même temps, la ville de Pérouse fut témoin d'un autre miracle, mais plus consolant. L'Italie avait son apôtre dans saint Bernardin de Sienne, l'Espagne et la France avaient eu le leur dans saint Vincent Ferrier; l'an 1413, dans les prisons de Pérouse même, se formait un nouvel apôtre, non-seulement pour l'Italie, mais pour l'Allemagne, apôtre et qui défendra la chrétienté entière contre l'invasion des Turcs, maîtres de Constantinople. Nous voulons parler de saint *Jean de Capistran*.

Il naquit dans la ville de ce nom, l'an 1385. Son père était un gentilhomme d'Anjou, qui, ayant été servir dans le royaume de Naples, s'établit à Aquila, puis dans la petite ville de Capistran, qui en est peu éloignée. Après avoir appris la langue latine dans sa patrie, Jean alla étudier à Pérouse le droit civil et canonique, et fut reçu docteur avec beaucoup d'applaudissement dans ces deux facultés. Ses talents, joints à une fortune considérable, le mirent en état de jouer un grand rôle, et un des principaux habitants de cette ville lui donna sa fille en mariage.

Les brouilleries survenues l'an 1413, entre la ville de Pérouse et Ladislas, roi de Naples, lui fournirent l'occasion de rendre service à ses compatriotes. On le chargea de négocier la paix, et il eut lieu, pendant quelque temps, de se flatter de l'espérance du succès. Cette négociation lui fit faire plusieurs voyages, qui cependant ne produisirent pas l'effet qu'on s'en était d'abord promis. Ceux des habitants de la ville qui avaient pris parti dans la querelle avec le plus d'ardeur, s'imaginèrent que Jean trahissait ses concitoyens, et qu'il favorisait sourdement le roi de Naples, son premier maître. On se saisit de sa personne, et on le renferma dans le château de Bruffa, à cinq lieues de Pérouse. Il souffrit beaucoup dans sa prison; on le chargea de chaînes pesantes, et on lui donna pour toute nourriture du pain et de l'eau. Se voyant abandonné du roi Ladislas lui-même, et connaissant par sa propre expérience l'instabilité des choses humaines, il fit de sérieuses réflexions sur la nécessité de se donner à Dieu, et en peu de temps il devint un homme nouveau. Comme la mort venait de lui enlever sa femme, il résolut de se consacrer à la pénitence dans l'ordre de Saint-François. Il demanda sur-le-champ à y être admis; mais on refusa de lui donner l'habit tant qu'il resterait en prison. Impatient du moindre délai, il se coupa les cheveux et fit donner à son vêtement la forme d'un habit monastique. Lorsqu'il eut obtenu sa liberté, il se rendit à Capistran pour vendre ses biens. La moitié du prix de cette vente fut employée à payer sa rançon, et l'autre fut donnée aux pauvres. De retour à Pérouse, il se retira chez les Franciscains de Monte, dans cette ville, en 1415. Il avait alors trente ans. Le gardien le fit passer par les plus rudes épreuves, pour s'assurer de sa vocation; il exigea même qu'il traversât les rues de Pérouse, monté sur un âne, avec un habit ridicule et un écriteau sur lequel on lisait les noms de plusieurs péchés griefs. C'était quelque chose de bien humiliant pour un homme qui avait de la naissance et de la réputation. Mais la ferveur du saint était si grande, que cette humiliation ne lui coûta rien. On le renvoya deux fois du couvent, et on ne l'y reçut qu'aux conditions les plus dures. La manière dont il supporta ces différentes épreuves lui fit bientôt remporter sur lui-même une victoire complète. Il n'y eut plus rien dans la suite qui lui parût difficile. Une confession générale précéda la première communion qu'il fit après sa prise d'habit. Il passa encore, pour s'y préparer, trois jours dans la prière et les larmes.

Après sa profession, il se fit une loi de ne plus faire qu'un repas par jour; seulement, dans les voyages longs et pénibles, il se permettait le soir une légère collation. Il ne mangea point de viande pendant six ans, à moins qu'il ne fût malade. Le pape Eugène IV lui ayant ordonné d'en manger un peu dans sa vieillesse, il le fit par obéissance; mais il en prenait en si petite quantité, qu'on lui laissa une pleine liberté sur cet objet. Il couchait sur des planches, et ne donnait au sommeil que trois ou quatre heures de la nuit; le reste était employé à la prière et à la contemplation. Pendant plusieurs années, il n'interrompit ce double exercice que par la prédication et par la nécessité de réparer ses forces par quelques moments de repos. Il serait trop long de rapporter ici les exemples de vertus qu'il pratiqua, surtout de sa pénitence, de son humilité et de son obéissance. Il possédait l'esprit de componction et le don des larmes dans un si haut degré, que tous ceux qui conversaient avec lui en étaient dans l'admiration. Son zèle pour la gloire de Dieu et pour le salut des âmes était extraordinaire; aussi croyait-on retrouver un autre saint Paul dans ses prédications et ses actions. Il touchait les pécheurs les plus endurcis; il les pénétrait de la crainte des jugements de Dieu, et leur inspirait de vifs sentiments de componction. A la fin d'un sermon qu'il fit à Aquila, sur la vanité et les dangers du monde, les femmes apportèrent leurs ajustements avec les autres objets qui avaient été si souvent des occasions de péché pour elles et pour les autres, et les jetèrent au feu. On vit arriver la même chose à Nüremberg, à Leipsick et en plusieurs autres endroits. Le saint avait un talent singulier pour étouffer les haines et rapprocher les cœurs désunis. Il rétablit la paix entre la ville d'Aquila et Alphonse d'Aragon; il réconcilia les familles d'Oronesi et de Lanzieni; il apaisa les querelles qui divisaient plusieurs villes, et il calma souvent de violentes séditions.

Il fut élu deux fois vicaire général des Observantins ou Franciscains réformés d'Italie. Il exerça cette charge pendant six ans, et il contribua beaucoup à affermir la réforme qui avait été établie par saint Bernardin de Sienne. Il n'en était pas moins exact à prêcher l'Evangile. A la suite d'un sermon qu'il avait fait en Bohème, sur le jugement dernier, plus de cent jeunes gens embrassèrent la vie religieuse, surtout dans l'ordre de Saint-François. Il retraçait dans sa personne les vertus de saint Bernardin de Sienne, avec sa dévotion pour le nom de Jésus et de la sainte Vierge. La Marche d'Ancône, la Pouille, la Calabre et le royaume de Naples furent les premiers théâtres de son zèle; il parcourut ensuite la Lombardie, l'Etat de Venise, la Bavière, l'Autriche, la Carinthie, la Moravie, la Bohème, la Pologne et la Hongrie (Godescard, 23 octobre). Nous retrouverons encore plus tard les deux illustres disciples de saint François.

Le bienheureux *Matthieu*, évêque de Girgenti ou d'Agrigente, portait, avant sa promotion à l'épiscopat, le nom de *Matthieu de' Cimarra*. Compagnon de saint Bernardin de Sienne, et, comme lui, religieux Franciscain, il imitait son zèle et partageait ses travaux. Sa dévotion aux saints noms de Jésus et de Marie était remarquable. Ayant établi en Sicile plusieurs couvents de son ordre, il se trouvait en celui d'Agrigente, lorsque l'évêque de cette ville mourut; il fut choisi pour lui succéder. Matthieu, revêtu de la dignité épiscopale, se montra exact observateur de la discipline, et voulut la faire observer par son clergé; il n'en fallut pas davantage pour lui susciter des contradicteurs; ils le dénoncèrent au pape Eugène IV, qui, après avoir examiné l'affaire avec soin, reconnut la fausseté de l'accusation; mais le serviteur de Dieu prit occasion de cette difficulté pour se décharger d'un fardeau qu'il ne portait qu'à regret. Il donna sa démission de l'évêché d'Agrigente, rentra dans le cloître et continua de travailler en simple religieux au salut des âmes et à sa propre sanctification, jusqu'à sa bienheureuse mort, qui arriva le 7 février 1451. Sa fête est fixée au 21 du même mois (Godescard, 21 février).

La bienheureuse *Angeline de Dorbara* naquit en 1377, à Monte-Giove, bourg du royaume de Naples, à peu de distance de la ville d'*Orviète*. Son père se nommait Jacques de Monte-Marte, comte de Dorbara, et sa mère, Anne Burgari, de la famille des comtes de Marciano.

A peine avait-elle quinze ans, lorsque son père songea à l'établir dans le monde, et lui proposa pour époux le comte de Civitella, dans l'Abruzze. Bien décidée dès l'âge de douze ans à n'en avoir point d'autre que Jésus-Christ, elle refusa ce parti; mais son père irrité, la menaça de la faire mourir, si elle ne consentait à ce mariage, ne lui donnant que huit jours pour prendre une détermination. Angeline, dans cette extrémité, eut recours à Dieu, qui lui fit connaître qu'elle pouvait se soumettre aux volontés de son père, sans craindre de violer son vœu. Ainsi, en l'année 1393, elle épousa ce comte, et, suivant la coutume, le jour des noces se passa en divertissements, auxquels se livrèrent toutes les personnes que cette fête avait réunies.

La jeune épouse était loin de partager ces plaisirs. Inquiète, et ne sachant comment elle pourrait garder son vœu, elle se retire avant la nuit dans sa chambre; et, toute baignée de larmes, elle se jette au pied d'un crucifix, priant Notre Seigneur de la protéger dans cette circonstance si délicate. Elle était dans cet état, lorsque le comte survint; il fut très-surpris de la trouver ainsi plongée dans la douleur, et lui en demanda la cause. Angeline lui avoua les saints engagements qu'elle avait contractés avec Dieu, et la crainte qu'elle éprouvait d'y être infidèle. Touché de sa vertu, son époux lui promit de la laisser libre et de ne la regarder que comme sa sœur. Il fit lui-même le vœu de chasteté, au même temps qu'elle renouvela le sien, et ils rendirent ensuite grâces à Dieu de leur avoir inspiré ce dessein de perfection.

Le comte mourut saintement l'année suivante, et Angeline, désormais dégagée de tout ce qui pouvait l'attacher au monde, entra dans le tiers-ordre de Saint-François, avec les filles qui la servaient.

Embrasée de zèle pour le salut des âmes, la sainte comtesse crut devoir aller avec ses compagnes dans divers lieux de la province de l'Abruzze. Par ses exhortations, elle y convertit plusieurs pécheurs, et communiqua à plusieurs personnes du sexe l'amour et la pratique de la chasteté. La résurrection d'un jeune homme, d'une des principales familles de Naples, qu'elle obtint par ses prières, lui donna une si grande réputation de sainteté, qu'on la louait publiquement dans les églises. Ces témoignages de vénération alarmèrent son humilité et la déterminèrent à quitter Naples, pour retourner à Civitella. Mais son séjour n'y fut pas de longue durée : les principaux seigneurs du pays, mécontents de voir que beaucoup de jeunes filles, à la persuasion de la sainte comtesse, faisaient vœu de chasteté et entraient dans des monastères, s'en plaignirent au roi, qui la bannit de son royaume avec ses compagnes. Obligée de quitter sa patrie, elle vendit tous les biens qu'elle possédait, donna aux pauvres la plus grande partie du prix qu'elle en avait reçu, et ne garda que ce qui lui était absolument nécessaire pour vivre dans son exil avec les personnes qui l'accompagnaient. Elle se rendit d'abord à Assise, puis à Foligni, pour y fonder un monastère de religieuses de Saint-François. Ugolin de Trinci, seigneur de la ville, donna une place pour construire le monastère, qui fut achevé l'an 1396. Angeline alla l'habiter avec ses premières compagnes, qui étaient au nombre de six. Deux demoiselles de Foligni et trois autres des villes voisines, animées d'un saint zèle pour la vie religieuse, et de plus excitées par l'exemple de ses vertus, se joignirent à la bienheureuse. Ainsi elles se trouvèrent douze, qui reçurent des mains de l'évêque l'habit du tiers-ordre régulier de Saint-François, dont elles firent profession solennelle l'année suivante, en ajoutant aux vœux ordinaires celui de clôture perpétuelle. Telle a été l'origine de ce tiers-ordre régulier, qui s'est depuis considérablement répandu en divers pays.

Le Seigneur, qui était lui-même l'auteur de cette œuvre sainte, répandit sur elle ses bénédictions les plus abondantes. Non-seulement le premier monastère de Foligni prospéra, mais il fallut en établir un second dans la même ville, pour répondre aux désirs d'un grand nombre de filles qui voulaient s'y consacrer à Dieu. La sainteté des religieuses des deux monastères fut bientôt connue, et plusieurs villes désirèrent posséder des établissements de cette édifiante congrégation. Le pape Martin V permit, en 1421, qu'on en formât en Italie. Avec cette permission, quelques-unes des disciples de la servante de Dieu fondèrent de nouveaux monastères en diverses provinces. Elle-même alla en établir un à Assise; et Florence, Viterbe, Ascoli, Pérouse et d'autres villes ne tardèrent pas à en posséder dans leur enceinte.

Après avoir donné à sa fidèle épouse la consolation de voir affermir une œuvre qu'elle n'avait entreprise que pour les motifs les plus purs, le Seigneur voulut récompenser ses vertus, en l'appelant à la gloire éternelle. Angeline mourut à l'âge de cinquante-huit ans, le 25 décembre 1435, dans son premier couvent de Sainte-Anne de Foligni, et fut inhumée dans celui de Saint-François de la même ville. La sainteté de sa vie porta les peuples à réclamer auprès de Dieu sa protection, et à l'honorer d'un culte public. Ce culte fut approuvé par le pape Léon XII, le 5 mars 1825 (Godescard, 22 décembre; Hélyot, t. VIII; Wadding).

Dans cette même période de temps, le tiers-ordre de Saint-François comptait encore la bienheureuse *Luce* ou *Lucie de Venise*, qui mourut saintement au couvent de Salerne en 1400 (*Ibid.*, 26 sept.); de plus la bienheureuse *Élisabeth*, dite *la Bonne*. Cette vertueuse fille, que sa grande douceur fit surnommer *la Bonne*, naquit dans un bourg du diocèse de Constance en Allemagne, et embrassa le tiers-ordre de Saint-François au monastère de Leuth, où elle se distingua par sa grande régularité et sa patience. Ne recherchant que les emplois les plus bas de la maison, elle sut trouver dans toutes ses occupations les moyens de se sanctifier, et fit d'admirables progrès dans la perfection. Elle reçut de Dieu des faveurs particulières et prédit plusieurs fois l'avenir. Elle mettait une si grande simplicité dans toutes ses actions, qu'il était impossible de la voir sans l'estimer et la chérir. Les épreuves et les humiliations qu'elle essuya ne servirent qu'à donner plus d'éclat à l'héroïsme de ses vertus. Cette sainte personne mourut à trente-quatre ans, dans des transports de joie, heureuse d'aller partager avec son époux les délices célestes. Sa mort arriva le 5 décembre 1420. Clément XIII a approuvé son culte (God., 5 déc.).

Une sainte non moins admirable du même siècle fut sainte *Radegonde* ou *Radiane*, au diocèse d'Ausbourg. Elle fut toute sa vie simple servante au château de Wellenbourg, et c'est dans cette humble condition, au milieu des travaux, des fatigues et des peines qui en étaient inséparables, qu'elle pratiqua la vertu la plus pure. Contente de son état de pauvreté et de dépendance envers ses maîtres, elle se trouvait encore plus heureuse qu'une infinité d'autres, et en remerciait souvent le Seigneur dans la sincérité de son cœur. Son premier soin, avant tous les autres, c'était de remplir avec une scrupuleuse exactitude les devoirs attachés à son service, non en vue des hommes, mais en vue de Dieu, dont elle savait que ses devoirs exprimaient la volonté à son égard. Quant au temps libre qui lui restait, elle l'employait soit à la prière, soit à l'exercice des œuvres de charité envers les malheureux du pays; elle faisait même toutes les économies qui lui étaient possibles pour en soulager un plus grand nombre. Elle fut accusée auprès de son maître de faire du bien aux pauvres à ses dépens; mais le Seigneur prit soin de la justifier lui-même, et dès lors elle jouit non-seulement de la confiance la plus entière, mais encore de l'estime et du respect de tous les habitants du château.

On avait construit depuis peu, à quelque distance de Wellenbourg, un lazaret pour les lépreux, les malades, les pauvres et les voyageurs privés de secours. Sainte Radegonde allait fréquemment leur donner ses soins, et appliquait ses propres gages à l'adoucissement de leurs misères. Comme il fallait traverser, pour s'y rendre, une forêt qui la séparait du château, elle y fut attaquée un jour par des loups, qui la déchirèrent de telle sorte qu'elle en mourut trois jours après. Son maître, désolé, la fit enterrer au côté du lazaret, et fit construire une chapelle sur son tombeau. En 1521, l'archevêque de Salzbourg fit remplacer la chapelle par une très-belle église, qu'il dédia en son honneur (*Acta Sanct.*, 13 août; Godescard, 18 juillet).

Vers la fin du XIVe et au commencement du XVe siècle vivait en Suisse un saint curé, le bienheureux *Bourcard*, curé de Reinwille, près du monastère de Muri. L'histoire ne nous a conservé de lui que peu de chose; mais le souvenir de ses vertus, le respect que les fidèles ont conservé pour sa mémoire, et surtout les miracles nombreux qui ont été opérés à son tombeau, nous disent assez quelle fut la sainteté de sa vie (Godescard, 20 août).

Un autre saint curé du même temps, mais dont la vie est plus connue, est le bienheureux *Oddin Barotto*, curé de Fossano en Piémont. Il vit le jour dans la ville même de Fossano; sa famille était noble et ancienne. Les dons du ciel, secondés d'une éducation toute chrétienne, développèrent de bonne heure en lui une affection constante pour la vertu. Sa piété croissait avec l'âge, et, porté par un vif attrait, à seize ans Oddin embrassa l'état ecclésiastique. Promu au sacerdoce, il fut aussitôt nommé curé de la paroisse de Saint-Jean-Baptiste. Son premier soin, dès qu'il eût pris possession de sa cure, fut de s'appliquer à administrer les sacrements avec ponctualité, d'annoncer la parole divine, de visiter les malades et de pourvoir aux besoins des pauvres. Le pieux pasteur, tout entier à ses ouailles, s'oubliait lui-même, et l'évêque de Turin, son supérieur, fut obligé de lui écrire, tant pour lui prescrire de manger de la viande, malgré tout vœu qu'il aurait pu avoir fait, que pour lui recommander de prendre sur les dîmes qu'il avait à Fossano, la somme qui serait nécessaire pour subvenir à ses besoins personnels.

Une conduite si édifiante rendit bientôt le saint pasteur l'objet de la vénération publique. Le chapitre de Fossano, dont il avait été membre, jaloux de le posséder encore, le nomma, l'an 1374, prévôt-curé de cette église. Ce double titre augmenta son zèle : il sut joindre l'accomplissement des obligations d'un bon chanoine avec celui des devoirs d'un véritable pasteur. Malgré tous les soins qu'il donnait au salut de son peuple, il ne se dispensait pas de l'office canonial, et il s'y trouvait assidûment. Telle fut pendant quatre ans la conduite habituelle du serviteur de Dieu dans ce poste important. On ne sait pas au juste quel motif le détermina, au bout de ce temps, à quitter sa prévôté. On croit que la charge des âmes, qui a toujours effrayé les saints, le troublait aussi lui-même, et qu'il fut bien aise de se décharger du fardeau dont il sentait la pesanteur. Quoi qu'il en soit, il est certain qu'il renonça à son titre, et qu'il se livra sans partage aux exercices de la piété chrétienne. Quelques personnes dévotes l'invitèrent à s'associer à elles en qualité de directeur; Oddin fit dans leur compagnie plusieurs voyages de dévotion, tels que celui de Lorette et de Rome. De retour à Fossano, il se sentit inspiré de visiter les saints lieux; mais auparavant, il voulut, par esprit de pénitence, se faire recevoir dans le tiers-ordre de Saint-François. Revêtu de l'habit de cette pieuse société, il partit en 1381 pour Jérusalem, accompagné d'un homme vertueux, qui voulut le suivre dans ce pèlerinage.

Revenu dans sa patrie en 1382, Oddin fut choisi pour gouverner la confrérie du Crucifix; c'était une pieuse association qui avait pour objet le soin des infirmes et la réception des pèlerins, à qui elle procurait l'hospitalité. Elle ne pouvait se donner un plus digne chef que le saint prêtre, qui avait fait de sa propre maison un petit hospice pour le soulagement des pauvres. Il fit plus : appuyé sur la Providence, il entreprit de construire un hôpital considérable, et y réussit; il lui assura des biens-fonds suffisants, et, grâce à son aimable charité, cet établissement peut encore nourrir tous les pauvres qui se présentent, et donner l'hospitalité à tous les pèlerins. Aussi les habitants de Fossano regardent-ils leur saint compatriote comme le fondateur de cet hôpital.

L'heureux succès qu'Oddin avait obtenu dans sa première entreprise détermina le chapitre de la collégiale à le prier de lui construire une église. C'était sans doute lui imposer une tâche pénible et difficile à remplir; mais le saint prêtre, dévoré du zèle de la maison de Dieu, se prêta volontiers au désir de ses anciens confrères. Le Seigneur montra par plusieurs prodiges combien le dévouement de son serviteur lui était agréable. Une charrette traînée par des bœufs, et qui conduisait une poutre très-pesante, destinée au nouvel édifice, se trouva tellement enfoncée dans un marais, que, malgré tous les efforts qu'on fit, il devint impossible de l'en retirer. Les conducteurs, découragés, vinrent trouver le bienheureux et lui exposer leur embarras. Il se rend aussitôt sur les lieux, fait dételer les bœufs, et, prenant le timon de la charrette, il dit : Au nom de Dieu et de saint Juvénal, sortons d'ici ! A l'instant même la voiture roule sans peine et parvient sans aucun obstacle à l'endroit où sa charge devait être déposée. Saint Juvénal, martyr, est le patron de la collégiale, maintenant cathédrale de Fossano. Peu de temps après, un maçon, travaillant au haut du clocher, tombe par terre; la chute fut si violente qu'il était sans mouvement et peut-être sans vie. Oddin se trouvait alors devant le Saint-Sacrement. Averti de l'accident, il se rend près du malheureux qui venait de l'éprouver, et, plein de foi, ainsi que de confiance en Dieu, il prend la main du maçon, et lui dit avec douceur : Levez-vous, vous n'avez pas de mal, retournez à votre travail. Le maçon se lève aussitôt sain et sauf, et, bénissant le Seigneur, il reprend en effet son ouvrage.

La prévôté de la collégiale se trouvant vacante en 1396, les chanoines firent tant d'instances au saint prêtre pour accepter de nouveau cette dignité, qu'il se rendit enfin aux vœux du chapitre et se chargea pour la seconde fois du soin d'un troupeau qu'il connaissait comme il en était connu. Placé encore sur le chandelier de l'Eglise, il y brilla des mêmes vertus qui l'avaient déjà rendu si vénérable et si cher à son peuple. Les pauvres, les infirmes, les veuves, les affligés furent encore les chers objets de sa sollicitude pastorale. Les fidèles, qui connaissaient son mérite, le payaient de retour et lui montraient le plus tendre attachement; mais ils ne devaient pas le conserver assez longtemps à leur tête ! En l'année 1400, une maladie pestilentielle se déclare à Fossano, et y fait de grands ravages. Le saint pasteur, s'oubliant lui-même, est jour et nuit auprès du lit des malades, et leur donne mille marques de son affection paternelle; mais il est victime de son zèle et de son dévouement; atteint lui-même du mal contagieux, il meurt victime de sa charité le 7 juillet 1400, après avoir reçu, avec les sentiments de la plus vive piété, les derniers sacrements de l'Eglise. Plusieurs miracles, opérés par son intercession, portèrent les fidèles à l'honorer publiquement, et son culte fut approuvé par le pape Pie VII, le 3 septembre 1808 (*Acta Sanct.*, et Godescard, 21 juillet).

On se tromperait donc de beaucoup, si l'on s'imaginait que, pendant le long schisme d'Occident, l'Eglise était stérile pour le ciel, et n'enfantait point de saints. Non, non; au contraire, on voit alors mieux que jamais que l'Esprit de Dieu est *toujours* avec elle, et que *toujours*, au milieu des plus grandes difficultés et malgré tous les obstacles, il lui fait produire des âmes et des œuvres saintes. A l'époque la plus critique du schisme, lorsqu'il y avait trois papes douteux, il s'opéra une des choses les plus difficiles, la réforme d'un ancien ordre religieux, l'ordre des Bénédictins, et cela, sans que personne en eût formé le dessein. En voici l'histoire d'après le témoignage de celui-là même dont la Providence se servit pour exécuter cette entreprise, à laquelle il ne songeait pas.

Dans un faubourg de Padoue, il y avait, sous le nom de Sainte-Justine, un ancien monastère de Bénédictins, délabré de toutes les manières, et au temporel et au spirituel. Les revenus avaient été usurpés par le tyran de Padoue; il n'y avait plus ni clôture ni lieux réguliers; à peine quelques réduits pour l'abbé et les trois moines qui restaient encore; le monastère ouvert à des rassemblements d'hommes et de femmes, le cimetière servant de lieu de débauche. Cependant il y avait dans l'église des reliques de plusieurs saints, entre autres de saint Prosdocime et de sainte Justine. Un saint prêtre venait les visiter tous les jours, quelque temps qu'il pût faire. Il se nommait *Marc*, et était curé de l'église de Saint-Michel à Padoue. Telle était sa sainteté, qu'on lui amenait des malades sur des voitures, et il les guérissait tous par la ferveur de sa foi. Tout le peuple de Padoue le respectait et le craignait, avec une affection merveilleuse. Il avait avec lui ses frères et une parente, qui lui ressemblaient par la dévotion, et qui s'appliquaient continuellement à exercer l'hospitalité envers les pauvres pèlerins et les serviteurs de Dieu. Ce saint homme visitant ainsi tous les jours cette église de Sainte-Justine, connut surnaturellement que Dieu, touché des prières et des mérites des saints dont les reliques y reposaient, avait résolu de réformer ce monastère et d'en faire un lieu d'édification éclatante; il s'en réjouissait donc depuis plusieurs années, comme d'une chose certaine, mais sans savoir la manière. A la fin, il apprit par une révélation manifeste, que le futur abbé de ce monastère, qui y mettrait la réforme, était le prieur actuel des chanoines réguliers de Saint-Georges, à Venise, la même maison où nous avons vu entrer saint Laurent Justinien.

Le prieur était Louis Barbo, l'auteur même et l'historien de cette réforme. Comme le monastère de Saint-Georges, à Venise, était le chef-lieu de plusieurs autres, le prieur en faisait de temps en temps la visite. L'an 1408, au mois d'octobre, il vint à Padoue et descendit chez le prêtre Marc, qui, cette fois, le reçut avec plus d'affection encore qu'à l'ordinaire, et lui dit : « Mon fils, vous viendrez ici pour demeurer à Padoue. » L'autre, ne comprenant pas le mystère de ces paroles, lui répondit : « Mais, mon Père, pourquoi viendrais-je demeurer ici? Je suis toujours avec vous de cœur; et, quant au corps, j'ai une sainte demeure avec les serviteurs de Dieu à Saint-Georges, que je n'ai nulle intention de quitter. » Le bon prêtre, souriant, ajouta : « En vérité, mon fils, vous viendrez ici. — Et où? demanda le prieur. » — Le curé, le prenant à part, lui dit : « A Sainte-Justine. Car Dieu veut absolument réformer ce monastère, et vous y verrez des merveilles. » Le prieur, qui en connaissait l'état déplorable, répliqua : « Mon Père, n'ayez point de pensées semblables, l'affection immodérée que vous avez pour moi vous fait supposer que j'ai des vertus et des talents que je n'ai pas. Je n'entends pas quitter Saint-Georges; et depuis que Dieu, par sa miséricorde, m'a donné la lumière de la vérité, et m'a fait connaître sa voix, je ne me soucie plus des dignités et des distinctions du monde. » Le curé insista : « Soyez tranquille, la chose sera ainsi. » Le prieur, attribuant tout ceci à l'affection du saint homme plutôt qu'à une disposition divine, s'en alla visiter ses frères de Vicence et de Vérone.

Étant en cette dernière ville, il reçut la nouvelle certaine qu'il était lui-même nommé abbé de Saint-Cyprien de Muriano, et que le monastère de Sainte-Justine avait été réuni à la congrégation des Olivétains, dont l'abbé en avait déjà même pris possession. « Pour le coup, dit le prieur à ceux qui l'accompagnaient, notre père, le prêtre Marc, n'a point prophétisé juste. » Repassant à Padoue, il lui dit à lui-même : « O mon Père! certainement l'amitié vous a trompé cette fois. Par la révélation des saints, vous avez connu la future restauration du monastère de Sainte-Justine; cependant la manière ne vous a pas été révélée; mais, par affection plus que par connaissance obscure de la vérité, vous avez voulu m'attribuer le ministère de Dieu. Rompez maintenant ces deux liens, pour avoir dit vrai. Je suis promu à l'abbaye de Saint-Cyprien, en voici la lettre; et, ce qui est plus fort, le monastère de Sainte-Justine est transféré à l'ordre des Olivétains, qui ne peut plus jamais perdre ce qu'il a canoniquement acquis : ainsi, ce que vous m'avez dit est impossible, que Dieu m'avait élu pour la réformation de ce lieu. » Le bon curé, sans lui répondre, le laisse au milieu de la porte, fait trois fois le tour du jardin, marchant à grands pas et soupirant, revient au prieur, lui prend la main entre les siennes et dit à haute voix : « En vérité, en vérité, mon fils, il en sera comme je vous ai dit. » Le prieur, admirant la constance du saint homme, mais n'en croyant guère plus à sa prédiction, s'en retourna à Venise.

Cependant il refusa l'abbaye de Saint-Cyprien, tant pour des raisons personnelles que par le conseil de tous ses amis. Un des deux liens était ainsi rompu. D'un autre côté, les trois moines qui restaient à Sainte-Justine après la mort du dernier abbé, s'étant concertés avec les magistrats de la ville, se plaignirent au gouvernement de Venise, qui venait d'acquérir Padoue sur les seigneurs de Carrare, qu'un monastère aussi ancien fût transféré à un autre ordre, pour n'avoir plus désormais qu'un abbé annuel. Le gouvernement de Venise, voulant faire plaisir à ses nouveaux sujets, ordonna aux magistrats de Padoue de veiller à ce que les Olivétains sortissent du monastère et qu'il fût rendu aux Bénédictins. Informé de cet état de choses, le pape Grégoire XII, de l'avis unanime de ses cardinaux, révoqua les concessions faites aux Olivétains, et nomma abbé perpétuel de Sainte-Justine le prieur de Saint-Georges de Venise, que connaissait particulièrement le neveu du Pape, le cardinal Gabriel, depuis pape lui-même sous le nom d'Eugène IV. Tous les amis du prieur, excepté un seul, lui conseillèrent cette fois d'accepter. Il n'en voulut rien faire, et préféra l'avis du seul qui l'en dissuada.

Celui-ci lui disait : Vous êtes jeune, il n'avait que vingt-six ans : vous êtes nouveau dans la voie de Dieu, il n'y avait que cinq ans qu'il était prieur : vous n'êtes pas d'une vertu assez grande pour attirer les hommes par votre exemple à se convertir. L'ordre des moines noirs est presque déchu dans toute l'Italie. Il n'y a plus de moines : c'est un monastère infâme, à cause de la mauvaise vie qu'on y a menée. Qui jamais vous y suivra? Et si vous n'avez pas de moines qui se conforment à votre bonne volonté, mais des prêtres et des clercs séculiers, que ferez-vous tout seul? que deviendrez-vous! Je crains que cette promotion ne soit un piège, pour vous faire revenir par l'ennui au faste de la prélature que vous avez refusée avec tant d'édification. Sur cela le prieur fut si affermi dans son refus, qu'il ne pouvait plus même souffrir qu'on lui parlât en sens contraire.

Dans les entrefaites, deux jeunes hommes de famille distinguée vinrent le trouver secrètement, se mirent à genoux et lui dirent en pleurant : « Père! nous vous demandons le salut de nos âmes. Si vous ne nous accordez pas notre demande, c'est à vous que nous réclamerons notre salut au jour du jugement. » Le prieur, fort étonné, leur dit d'expliquer plus clairement ce qu'ils demandaient. Ils ajoutèrent : « Depuis longtemps nous désirons quitter le monde. Les mœurs et la vie des chanoines de Saint-Georges nous plaisent ; mais parce qu'ils n'ont pas la stabilité d'un ordre religieux, nous n'avons pas voulu entrer dans leur congrégation. Nous avons appris que vous avez été créé abbé de Sainte-Justine; nous sommes certains d'y avoir ce que nous cherchons, car nous aurons la religion de Saint-Benoît, que nous désirons souverainement, et les mœurs de Saint-Georges, que nous vénérons avec toute l'affection possible. Et dans cette résolution se trouvent plusieurs amis et nos domestiques, qui nous suivront. Nous vous prions donc d'accepter ce monastère. » Le prieur, voyant quels commencements Dieu lui préparait, s'abandonne à sa providence, accepte courageusement, s'en va trouver le Pape à Rimini, et en obtient toutes les grâces qu'il pouvait souhaiter.

Pendant qu'il était en chemin pour se rendre à Padoue, une sainte religieuse de Venise lui envoya dire : « Soyez abbé constant et patient, parce que ceux pour qui vous avez accepté l'abbaye de Sainte-Justine vous abandonneront, et que l'œuvre si grande et si agréable à Dieu s'accomplira avec ceux qui jouent encore sur les places, qui pleurent encore au berceau, qui sucent encore la mamelle et même qui ne sont pas encore nés. » Enfin, le 16 février 1409, il prit possession du monastère de Sainte-Justine. A la fin de la cérémonie, le prêtre Marc lui prit la main entre les siennes, comme il avait fait autrefois à l'entrée du jardin : « En vérité, mon fils, en vérité, vous êtes ici! » L'abbé, se rappelant alors ces paroles prophétiques du saint homme, et les voyant si merveilleusement accomplies, se jette à ses pieds et se recommande à ses prières.

Cependant les deux jeunes hommes de Venise, voyant le monastère si délabré, abandonnèrent l'abbé. Il se vit réduit aux trois vieux moines, qui embrassèrent la réforme, à deux autres du monastère de Saint-Cyprien et deux clercs de Saint-Georges. Il fit faire une clôture telle quelle et rétablit en tout l'observance régulière. Ce n'était pas chose facile, avec les éléments si divers qu'il était obligé d'accueillir de toutes parts, pour donner à la maison un air de communauté et satisfaire le peuple. La Providence le laissa dix-huit mois dans un état d'épreuve et d'attente. Il ne savait plus à quoi se résoudre. Tantôt il voulait renoncer à l'abbaye et retourner à son ancien couvent ; tantôt il pensait laisser le monastère à des chapelains et se retirer dans une solitude, en attendant que Dieu lui envoyât des compagnons pour y revenir établir la réforme. A cet effet, il parcourut les montagnes et les vallées, mais ne put s'accorder avec les propriétaires sur un lieu convenable. Il revint découragé à son abbaye, et ne pensait plus qu'à l'abandonner.

Dans le moment même que l'abbé ne conservait plus d'espérance, un jeune homme de Pavie, Paul de Strata, qui était venu avec lui à Padoue, mais uniquement pour suivre ses études, touché du zèle qu'il voyait à l'abbé pour l'observance régulière, vint le trouver pendant la semaine sainte et lui demanda la grâce de devenir moine. L'abbé lui ayant fait connaître la règle, le revêtit de l'habit de saint Benoît, le jour de Pâques 1410. Un jeune compatriote de Paul, de la famille de Salimbeni de Fospert, ayant appris qu'il s'était fait moine, vint au monastère pour l'en tirer; mais il y fut pris lui-même. A force d'y revenir, il se sentit toujours plus attiré, et finit par demander avec beaucoup d'instances l'habit religieux ; mais le jeune homme n'avait que quinze ans, il était fils unique et son père, commandant des troupes, l'avait fiancé à une noble demoiselle. Donc, pendant deux semaines, l'abbé différait de l'admettre, quoiqu'il l'en suppliât chaque jour. Enfin le jeune postulant lui dit avec ferveur : « Pour gagner mon âme, vous devriez, ô Père, exposer votre vie même, et vous semblez craindre de me recevoir! Pourquoi tant m'affliger par vos refus? » L'abbé admirant cette parole du jeune homme, lui répondit : « Mais serez-vous constant contre les embûches de vos parents? — Même jusqu'à la mort, » s'écria le jeune homme. L'abbé lui prenant alors la main, lui dit : « Et moi, quand même je devrais perdre le monastère et la vie, je ne vous abandonnerai point. » Et il lui donna avec joie l'habit de novice, avec le nom de Maur.

Quelques mois après, survint son père avec des lettres du doge de Venise, ordonnant que le jeune homme fût mis entre les mains de l'évêque de Padoue, afin que le père et les autres parents pussent expérimenter librement s'il n'était entré au monastère que par légèreté ou par séduction, comme ils avaient fait entendre. Trois jours durant, ils employèrent toutes les caresses, les promesses, les offres les plus séduisantes pour le faire revenir de sa résolution : ce fut en vain. Ils passèrent aux injures, aux reproches et aux menaces : il y répondit avec une douceur qui excita l'admiration de tous les assistants. Ils s'emportèrent jusqu'à menacer de le faire périr : il répondit qu'il n'était pas digne de souffrir la mort pour Jésus-Christ. Le lendemain, le père et les autres parents étant revenus à la charge, l'enfant garda un absolu silence. Sur quoi le père, frémissant d'impatience, s'écria : « En vérité, il est devenu fou; quand même il voudrait revenir, je ne le recevrais pas. » Et il s'en alla en colère, avec les autres. Le jeune homme demeura près de l'évêque, seul avec la victoire. L'abbé le reçut avec une joie inexprimable.

Cette victoire fit un si grand éclat à Padoue, que le monastère ne pouvait plus contenir tous ceux qui venaient prendre des renseignements sur la réforme qu'on voulait introduire. Dans peu, seize étudiants y furent reçus novices; d'autres les suivaient continuellement: l'abbé en recevait ainsi chaque année une vingtaine. Il les porta par la douceur, plus que par la rigidité, à toute la perfection de la règle. Il y en eut très-peu qui ne persévèrèrent pas. Bientôt le nombre des religieux fut si grand, qu'il fallut établir de nouveaux monastères.

Le premier fut celui de Saint-Fortunat, à Bassano sur la Brenta. Le lieu appartenait à un ecclésiastique vénitien, avec qui l'abbé ne put d'abord convenir du prix. L'abbé était à peine reparti, que l'ecclésiastique fut attaqué de la fièvre, avec un charbon pestilentiel à la main. Désespérant de sa vie, il implora la miséricorde du souverain Médecin, et fit vœu de donner le monastère de Saint-Fortunat aux moines de Sainte-Justine, s'il récupérait la santé. Il guérit, tint parole, et ne demanda que le remboursement des réparations qu'il avait faites.

Un second monastère fut fondé près de Gênes, sous le nom de Nicolas-de-Bousquet; un autre du Saint-Esprit, près de Pavie. Le grand monastère de Saint-Denys, à Milan, reçut la réforme, qui s'étendit successivement à un nombre très-considérable d'autres monastères en diverses provinces, de manière à former une congrégation réformée de Bénédictins. Louis Barbo, qui en fut l'instrument et l'historien, se vit nommé, malgré lui, à l'évêché de Trévise, en 1437, par le pape Eugène IV (Bernard Pez, *Thesaurus anecdot. novissim.*, t. II, *pars* 3).

Un des religieux les plus distingués de cette congrégation, fut le bienheureux *Nicolas* de Prusse, dont la vie a été écrite par un de ses disciples et de ses confidents, Julien de Gênes. Il naquit en Prusse, de parents bien catholiques, qui le firent instruire dans les lettres, mais l'instruisirent encore mieux dans la piété et la vertu. Parvenu à la jeunesse, il cherchait comment il pourrait le mieux plaire au Seigneur. Il forma le dessein de quitter sa famille, d'aller en Italie, et de s'attacher à quelque prélat de la cour romaine; car, dit son biographe, tous ceux des Allemands qui n'ont pas été à cette cour ont des prélats de l'Eglise une grande opinion de sainteté. Il était dans une hôtellerie, non loin de l'Italie, lorsque se présenta tout à coup une dame vénérable, qui lui demanda qui il était et où il allait. Il répondit modestement : « Je suis serviteur d'un certain maître, et je vais à Rome. — Bon jeune homme, lui dit la dame, prenez garde à vous; car de cet endroit à tel autre, le chemin est rempli de voleurs, qui non-seulement dépouillent les passants, mais les tuent : c'est pourquoi je suis venue vous en prévenir. » Nicolas rendit grâces à la dame, qui aussitôt disparut de ses yeux. En y réfléchissant, il soupçonna que c'était la sainte vierge Marie ou la sainte martyre Dorothée, pour laquelle il avait une grande dévotion et à laquelle il s'était beaucoup recommandé en quittant la maison paternelle.

Ayant poursuivi sa route par un autre chemin, il vint à Pise, où était le souverain Pontife et les autres prélats. Leurs mœurs, qu'il étudia de près, n'ayant pas répondu à la haute opinion qu'il s'en était faite, il en fut très-affligé et ne savait à quoi se résoudre. Il pria Dieu de l'éclairer, et résolut de se faire moine. Amené par la Providence à Padoue, il entendit parler et fut témoin par lui-même de la régularité et de la ferveur des moines de Sainte-Justine. Il demanda, obtint d'y être reçu, et fut un modèle de perfection religieuse. Il avait un attrait spécial pour la contemplation, et fut favorisé de bien des grâces extraordinaires.

Devenu sacristain, il remplit cet office avec une dévotion et une révérence souveraines. Comme presque tout ce qu'il y avait à faire concernait l'honneur de Dieu et la passion de notre Rédempteur, dans la méditation de laquelle il se plaisait extrêmement, son esprit n'était point détourné de sa dévotion; au contraire, chaque jour il devenait plus fervent dans l'amour de Jésus-Christ. Un jour, on venait de chanter la messe après tierce : l'homme de Dieu, suivant sa coutume, allait couvrir le grand autel : comme il faisait la génuflexion, tout à coup Notre Seigneur Jésus-Christ lui apparaît en la même forme qu'il conversait avec ses disciples, et lui dit: « Suivez-moi. » L'autre le suivit, transporté de ferveur, jusque derrière l'autel, où il s'arrêta en extase à le contempler. On chantait sexte. Un noble Vénitien, alors prieur de Saint-Benoit près de Mantoue, se trouvait par hasard au chœur. Ne voyant pas revenir le bienheureux Nicolas, il alla derrière l'autel, l'y vit à genoux, immobile, et attendit l'issue de l'événement. Il eut beau le questionner ensuite, il n'en tira jamais d'autre réponse, sinon qu'il était un pécheur, un homme imparfait et indigne d'aucune vision divine. Ce ne fut que sur son lit de mort qu'il fit connaître cette merveilleuse apparition, ainsi que d'autres, à son biographe.

Après quatre ans de profession, il fut envoyé à Saint-Nicolas-de-Bousquet, près de Gênes, où il demeura trente-quatre ans, et fut maître des novices. Parmi ceux qu'il reçut, il y en eut un de qui la conversion est assez extraordinaire. Un jeune Lombard fut incarcéré pour crime et condamné à mort. Désespéré de la sentence, il invoque le diable, et lui dit : « Si tu me délivres de cette prison, je serai à toi pour jamais. » Et de fait, le diable venu, il renie le Christ, renonce au baptême, et se donne à lui pour toujours. Aussitôt le diable le transporte par la fenêtre. Se trouvant en un lieu secret, le malheureux se met à réfléchir sur ce qu'il vient de faire. « Misérable que je suis! j'ai renié mon Seigneur, pour éviter momentanément la mort temporelle. Mais si on me retrouve, je subirai l'une et l'autre mort, et celle du temps et celle de l'éternité. Que ferai-je? quel parti prendre? » Il résolut de s'abandonner à la miséricorde divine, et vint à Saint-Nicolas-de-Bousquet, où il demanda avec larmes d'être reçu. Les pères, considérant que rien n'est impossible à Dieu, y consentirent et le confièrent à ce bienheureux Nicolas de Prusse, qui lui apprit à bien espérer de la miséricorde divine, et à pratiquer toutes les vertus d'un bon religieux : ce que le jeune homme faisait avec une dévotion merveilleuse. Mais le démon, furieux de voir échapper sa proie, l'attaquait jour et nuit par des tentations innombrables, et souvent visibles. Un jour que les frères travaillaient à la boulangerie, il le saisit pour le jeter dans le four. Le bienheureux Nicolas l'arracha du péril, en invoquant le nom de Jésus. Comme ces tentatives réitérées du malin esprit troublaient le repos du monastère, les pères convinrent d'en informer discrètement le magistrat de la ville d'où le jeune homme s'était échappé de prison. Le magistrat, qui était un bon catholique, fut extrêmement surpris de la chose, et dit aux pères d'amener le jeune homme sans rien craindre. Ils lui lièrent donc les mains derrière le dos, sous le manteau, et l'amenèrent devant le magistrat, pour qu'il y confessât Jésus-Christ qu'il avait renié en prison. Cela fait, le novice fut délivré des assauts du diable, vécut encore plusieurs années, et mourut en bon religieux (*Vita B. Nicolai de Prussiâ*, cap. 9, t. II; *Bernardi Pez.*).

Parmi ses disciples, le bienheureux Nicolas de Prusse en avait un, *François de Noris*, qui n'était pas d'une haute science, mais d'une haute perfection. La peste ayant commencé de sévir à Gênes, cet excellent religieux en fut attaqué et mourut vers le soir. Le lendemain, comme on préparait les obsèques, à la grande surprise de tout le monde, il apparut vivant, et, ayant demandé son confesseur, le bienheureux Nicolas, il lui dit : « Mon Père, lorsque mon âme fut sortie du corps, je fus conduit devant le tribunal de Jésus-Christ, et parce que j'ai douté quelque peu que le souverain Pontife pût accorder une indulgence plénière, ce qui m'arrivait, non par malice, mais par une certaine ignorance, le juge me réprimanda, voulant que je retournasse au corps, et qu'ayant reçu l'indulgence plénière par la confession, j'entrasse ensuite entièrement libre dans la patrie céleste. Ce que le Seigneur a peut-être voulu faire connaître, afin d'ôter toute ambiguïté du cœur de ceux qui douteraient; car il assurait dans cette sainte assemblée, que, sans aucun doute, le souverain Pontife a le pouvoir d'accorder l'indulgence plénière à ceux qui sont vraiment pénitents et confessés, comme il l'a donnée à l'apôtre saint Pierre. » Ayant ainsi parlé et reçu l'absolution, la bienheureuse âme retourna sur l'heure même à Jésus-Christ (*Ibid.*, cap. 10).

Vers l'âge de 77 ans, le bienheureux Nicolas de Prusse, ayant dit la messe un vendredi, conduisit dans sa cellule Julien de Gênes, son disciple et son biographe, et lui dit : « Je vais vous dire certaines choses que je n'ai jamais découvertes à personne; mais, parce que la fin de ma vie est proche, pour l'honneur de Dieu et pour votre consolation, j'ai résolu de vous les faire connaître maintenant, la sainte Ecriture m'y exhortant elle-même, quand elle dit : *Il est bon de garder le secret du roi, et utile de révéler les merveilles de Dieu.* Seulement, je vous en prie, ne les dites à personne de mon vivant. Sur quoi il se mit à raconter les grâces extraordinaires que Dieu lui avait faites pendant sa vie. Il promit de lui dévoiler le reste le jour suivant; mais, le jour même, il fut attaqué de pleurésie, de manière à ne pouvoir plus parler longtemps, et mourut saintement le troisième jour, 23 février 1456, jour auquel il est mentionné comme bienheureux dans quelques Martyrologes. Il se fit un grand nombre de miracles par son intercession et par l'attouchement de ses reliques. Son disciple et son biographe en rapporte onze, dont il fut témoin oculaire (Bernard Pez, *Thesaurus anecdot. noviss.*, t. II; *et præfat.*, n. 11).

Dans une autre province de la Péninsule italique, en Ombrie, vers le milieu du XIVe siècle, habitaient deux vertueux époux près de la petite ville de Cascia. Ils étaient avancés en âge, et n'avaient pas d'enfants; mais ils adressèrent à Dieu des prières ferventes, et à la fin il leur naquit une fille qui reçut au baptême le nom de Marguerite; on s'accoutuma à la nommer *Rite*, par abréviation. Ce fut une enfant de bénédiction, prévenue dès son berceau des grâces et des faveurs du ciel les plus signalées. A douze ans, elle voulut faire le vœu de chasteté; mais ses parents l'en détournèrent, et lui firent contracter un mariage qui fut pour elle une source d'épreuves et de mérites. Le mari qu'elle épousa était un homme d'un caractère féroce, la terreur de tout le voisinage. On juge aisément ce que Rite eut à souffrir dans les commencements; mais elle employa tant de douceur et de patience pour le convertir et le gagner à Dieu, qu'elle eut la consolation d'en faire à la fin un véritable chrétien. Elle le perdit au bout de dix-huit ans, et vit bientôt mourir les deux fils qu'elle en avait eus. Ces événements, si tristes pour la nature, réveillèrent dans cette sainte femme l'attrait qu'elle avait eu autrefois pour la vie religieuse. Elle sollicita avec beaucoup d'instances la grâce d'être admise chez les Augustines du couvent de Sainte-Marie-Magdeleine à Cascia; et, quoiqu'on n'eût pas l'usage d'y recevoir des veuves, on trouva quelque chose de si extraordinaire et de si frappant dans sa vocation, qu'on dérogea à la règle en sa faveur.

Rite, au comble de ses vœux, s'empressa de vendre tout ce qu'elle possédait et d'en distribuer le prix aux pauvres. Devenue alors l'épouse d'un Dieu crucifié, elle se crucifia aussi par les plus rigoureuses pratiques de la mortification. Les jeûnes, le cilice et la discipline n'avaient rien qui pût l'effrayer. Elle ne mangeait qu'une fois le jour, et ne prenait que du pain et de l'eau pour toute nourriture. Elle disait que le meilleur moyen de se délivrer des tentations contre la pureté, était de ne pas s'occuper de son corps et de n'avoir pour lui aucune compassion. Son obéissance à ses supérieurs égalait son ardeur pour la pénitence, et pendant assez longtemps, pour obéir à son abbesse, qui voulait éprouver sa vertu, elle alla sans se plaindre arroser chaque jour avec fatigue un morceau de bois sec qui se trouvait dans le jardin du couvent.

Une âme si mortifiée et si obéissante ne pouvait manquer d'être très-agréable à Dieu, et d'en recevoir de précieuses faveurs. Rite posséda bientôt le don d'oraison, et se livrait sans cesse à ce saint exercice. La passion de Notre Seigneur et les tourments qu'il y a soufferts étaient l'objet habituel de sa méditation depuis minuit jusqu'au lever du soleil. Elle s'en occupait avec tant d'attention, qu'elle fondait en larmes et qu'elle paraissait près de succomber à la vivacité de ses douleurs. On rapporte qu'un jour, après avoir entendu un sermon sur les souffrances de Jésus-Christ, prêché par saint Jacques de la Marche, célèbre missionnaire franciscain, Rite s'étant retirée dans sa cellule pour en occuper son esprit, et demandant au Sauveur la grâce de partager ses douleurs, elle sentit les pointes d'une couronne qui lui firent une plaie incurable, de laquelle sortait un pus d'odeur infecte, et qu'elle eut à supporter le reste de ses jours. Afin de ne pas incommoder ses compagnes par sa présence, elle se tenait à l'écart, vivait solitaire et passait quelquefois quinze jours de suite sans parler à personne, ne s'entretenant qu'avec Dieu.

Une maladie, qui dura quatre ans, vint achever de purifier la servante de Dieu, par la résignation qu'elle montra au milieu de ses souffrances; elle ne prenait presque aucune nourriture, et ses sœurs, qui en étaient surprises, croyaient que c'était plutôt la sainte eucharistie que les aliments matériels qui la soutenait. Lorsqu'elle se sentit près de sa fin elle demanda les derniers sacrements; après les avoir reçus, elle exhorta ses sœurs à la fidèle observance de leur règle; puis, ayant mis ses mains en croix, et l'abbesse lui ayant donné sa bénédiction, elle expira tranquillement le 22 mai 1407. Une grande multitude assista à ses obsèques, et bientôt on commença à l'invoquer. Plusieurs miracles ayant prouvé le pouvoir de Rite auprès de Dieu, le pape Urbain VIII la mit au rang des bienheureux le 11 octobre 1627 (*Acta Sanct.*, et Godescard, 22 mai).

La Hollande voyait un exemple de sainteté dans une vierge, la bienheureuse *Lidwine*. Elle montra dès son enfance une tendre dévotion à la Mère de Dieu, et fit à l'âge de douze ans le vœu de virginité. Elle fut affligée d'une horrible complication de maux qui mirent sa patience aux plus rudes épreuves. Dans cet état, elle fut très-longtemps sans pouvoir prendre de repos ni de nourriture. Elle passa les trente dernières années de sa vie sans jamais quitter le lit, et il y en eut sept durant lesquelles elle ne put remuer d'autre membre que la tête et le bras gauche.

Pendant les trois ou quatre premières années de sa maladie, elle eut de la peine à tenir contre la sensibilité de la nature. Son confesseur, touché de ses souffrances, lui conseilla de méditer souvent sur la passion de Jésus-Christ, l'assurant qu'il lui en reviendrait de grands avantages. Lidwine obéit avec simplicité. Elle se mit à méditer la passion du Sauveur, qu'elle divisa en sept points, pour correspondre aux sept heures canoniales de l'Eglise. Elle prit tant de goût à ce saint exercice, qu'elle y passait les jours et les nuits. Il se fit bientôt en elle un heureux changement. Elle ne trouva plus dans ses peines que douceur et consolation; et loin de vouloir en être délivrée, elle priait Dieu de les augmenter de plus en plus, pourvu qu'il lui fît la grâce de les souffrir avec patience. Il lui arrivait même quelquefois d'y ajouter encore des mortifications volontaires. Quand elle parlait de Dieu et de ses miséricordes, c'était avec une émotion qui attendrissait les cœurs les plus insensibles. Elle aimait singulièrement les pauvres; elle les assistait autant qu'elle le pouvait, et, après la mort de ses parents, elle leur distribua tous les biens dont elle avait hérité. Tant de vertus furent récompensées par le don des miracles et par plusieurs révélations.

Lidwine fit aussi un saint usage des peines intérieures que Dieu lui envoya. Dans le temps du combat, elle se fortifiait par la prière, et surtout par la participation au corps de Jésus-Christ. Elle trouvait dans la divine eucharistie un aliment continuel au feu sacré qui la consumait, et à cette source de larmes qui coulaient de ses yeux presque sans interruption. Son humilité n'était pas moins admirable que ses autres vertus. Elle ne désirait rien tant que d'être inconnue aux hommes et méprisée de toutes les créatures. Enfin, après un martyre de trente-huit ans, elle alla recevoir la récompense promise à ceux qui ont souffert en vrais disciples de la croix. Elle mourut le 14 avril 1433, dans la 53e année de son âge. Sa sainteté fut depuis attestée publiquement par des miracles, et Thomas à Kempis, qui a écrit la vie de la sainte, en rapporte plusieurs dont il avait été témoin oculaire.

On lui éleva un mausolée de marbre dans l'église paroissiale de Squidam, qui prit son nom en 1434. On fit de la maison de son père un monastère de sœurs grises du tiers-ordre de Saint-François. Les calvinistes ont démoli la chapelle et changé le monastère en un hôpital pour les orphelins. Les reliques de la bienheureuse Lidwine furent portées à Bruxelles, et enchâssées dans la collégiale de Sainte-Gudule. Sa vie fut écrite par Jean Gerlac, son parent, par Jean Gauthier, son confesseur, et par Jean Brugman, provincial des Franciscains, qui tous trois l'avaient connue personnellement. Thomas à Kempis en a fait un abrégé (*Acta Sanct.*, et Godescard, 14 avril).

Enfin, parmi les dix-huit cardinaux que créa le pape Martin V en différentes promotions, il y en a deux qui sont honorés d'un culte public dans l'Eglise : le bienheureux *Louis Allamani* ou *d'Allemand*, archevêque d'Arles, et le bienheureux *Nicolas Albergati*, évêque de Bologne. Le premier était fils du seigneur d'Arbent, bourgade dans le Bugey. Il fut d'abord chanoine de Lyon, puis évêque de Maguelone, et ensuite archevêque d'Arles. Il se distinguait par l'austérité de sa vie. Clément VII le déclara bienheureux et autorisa son culte dans le diocèse d'Arles (Godescard, 16 sept.).

Nicolas Albergati était d'une des plus anciennes et des plus nobles familles de Bologne en Italie. Il naquit l'an 1375. Appliqué aux études aussitôt qu'il en fut capable, il termina de bonne heure ses humanités et s'occupa ensuite du droit civil sous la direction de son père, qui voulut lui servir de maître. Tout semblait lui annoncer une carrière brillante dans le monde. Sa naissance, son esprit, ses succès dans les sciences avaient fait concevoir de lui de grandes espérances à ses parents; il allait être promu, dans sa ville natale, au baccalauréat, par l'Université, dont il était le meilleur élève. Il avait vingt ans, et allait de temps à autre visiter la Chartreuse, près de Bologne. Un orage, survenu le soir, l'obligea d'y passer la nuit. Il en fut d'abord contrarié, mais s'en félicita bientôt. Réveillé au milieu de la nuit par le son de la cloche qui appelait les religieux à matines, il eut la pieuse curiosité d'y assister. Il fut si édifié de la modestie, du recueillement de ces bons Pères, de leurs chants pieux au milieu du silence de toute la nature, qu'il sentit un grand désir de servir Dieu et de gagner le ciel en leur sainte compagnie. Quelque temps après, il quitta sa famille et le monde, et vint à la Chartreuse recevoir l'habit de saint Bruno. La source divine de sa vocation fut bientôt manifeste, par la ferveur avec laquelle il pratiqua toutes les vertus religieuses. Ses confrères en conçurent une si haute idée, qu'à peine eut-il été ordonné prêtre, on lui confia successivement divers emplois de la maison, et qu'il en fut élu prieur en l'année 1407. Il gouvernait son monastère depuis dix ans, lorsque, l'évêque de Bologne étant mort en 1417, le clergé et le peuple l'élurent pour lui succéder. Des commissaires allèrent lui porter le décret, mais ils ne purent vaincre son humilité. Nicolas, se prosternant par terre, les supplia de ne pas le priver du repos et de la paix dont il jouissait; il leur dit qu'il était sans expérience et qu'il se trouvait incapable et très-indigne du rang où on voulait l'élever, tant la véritable vertu inspire de bas sentiments de soi-même.

La résistance du saint religieux ayant duré six mois, pendant lesquels l'Eglise de Bologne demeura veuve et désolée, les habitants de cette ville employèrent un nouveau moyen pour le contraindre de répondre à leurs vœux : ce fut d'envoyer des députés en France au prieur de la Grande-Chartreuse, général de l'ordre, pour le prier de contraindre Nicolas à accepter l'épiscopat. Les députés s'acquittèrent de leur commission et surent se rendre favorable Dom Jean de Griffemont, qui gouvernait alors les Chartreux, et qui, confirmant l'élection de Nicolas, lui commanda de se soumettre. Le nouveau prélat fut en conséquence sacré le 4 juillet 1417. Sa nouvelle dignité ne lui fit point oublier son premier état; il continua de porter l'habit religieux et d'observer les abstinences de son ordre. Choisi par les habitants de Bologne pour aller en leur nom complimenter le pape Martin V, qui, après la clôture du concile de Constance, retournait en Italie, il fut reçu par ce Pontife avec beaucoup de distinction, et en obtint diverses grâces. De retour dans sa ville épiscopale, il s'appliqua avec un grand zèle à remplir tous les devoirs que sa charge lui imposait. Les pauvres surtout furent l'objet de ses soins particuliers; plein de compassion pour leur misère, il ne se contentait pas de soulager ceux qui venaient réclamer du secours, et qu'il ne renvoyait jamais sans leur avoir donné; il faisait même chercher dans la ville tous les indigents, afin de pourvoir à leurs besoins. Mais il ne se bornait pas à soulager les maux corporels; sans cesse occupé du salut de son troupeau, il travaillait avec ardeur à instruire son peuple, et remplissait toutes les autres fonctions qui sont réservées aux évêques.

Tandis que le bienheureux cherchait ainsi sans relâche à procurer la sanctification des âmes qui lui étaient confiées, la Providence permit qu'il eût à souffrir une rude épreuve, qui servit d'exercice à sa vertu. Sa ville épiscopale était divisée en factions, et les habitants ne voulaient pas vivre sous la domination temporelle du Pape. Ils députèrent donc encore leur évêque vers Martin V, pour tâcher de connaître les intentions de ce Pontife à cet égard. Celui-ci, s'apercevant de la mauvaise disposition des Bolonais et de la résistance qu'ils mettaient à reconnaître sa souveraineté, résolut de les soumettre. N'ayant pu y réussir, il jeta sur la ville un interdit, et confia les lettres qui infligeaient cette peine à Nicolas, avec ordre de partir sur-le-champ pour Bologne et de ne les ouvrir que lorsqu'il y serait arrivé. Le saint prélat, depuis longtemps accoutumé à pratiquer l'obéissance, repart sans délai, et, aussitôt qu'il arrive à Bologne, il se met en devoir d'exécuter la triste commission dont il était chargé, convoquant à cet effet les principaux habitants; mais à peine eut-il prononcé l'interdit, que les factieux se mirent en fureur, se jetèrent sur leur évêque et lui arrachèrent des mains les lettres qu'il venait de lire. Ils ne parlaient rien moins que de lui ôter la vie, et plusieurs des chefs allèrent au palais épiscopal, conduisant avec eux des bourreaux pour le mettre à mort; mais ils ne purent néanmoins exécuter leur dessein sacrilége, car personne n'osa mettre la main sur lui. Nicolas crut devoir fuir ce séjour de confusion. Après donc s'être déguisé, il sortit de la ville dès le lendemain et se retira dans la Chartreuse de Florence, où pendant quelques mois il goûta les douceurs de la solitude. Les Bolonais s'étant enfin soumis à leur souverain, le vertueux pasteur revint au milieu de son troupeau.

Il ne put jouir longtemps, à Bologne, du rétablissement de la tranquillité publique. Le Pape, qui connaissait son mérite et sa vertu, lui confia une mission délicate en l'année 1422. Il ne s'agissait rien moins que de réconcilier ensemble deux nations puissantes, qui se faisaient depuis longtemps la guerre, au grand détriment des peuples : c'étaient les Français et les Anglais. Mais Charles VI, roi de France, et Henri V, roi d'Angleterre, étant morts sur les entrefaites, ces événements empêchèrent le succès des démarches pacifiques du bienheureux, et le forcèrent de retourner en Italie. Après avoir rendu compte de sa commission au souverain Pontife, il s'empressa de partir pour Bologne, où, pendant deux ans, il s'occupa de prodiguer à son troupeau les soins les plus paternels.

Les affaires de l'Eglise exigèrent au bout de ce temps que le pape Martin V réclamât de nouveau les services de Nicolas; mais, avant de l'envoyer traiter avec les puissances, il voulut honorer son mérite et sa vertu en l'élevant à la dignité de cardinal, sous le titre de Sainte-Croix, et le chargea ensuite d'aller rétablir la paix entre le duc de Milan, les Vénitiens et les Florentins. Le saint prélat se livra à cette bonne œuvre avec un grand zèle, et il était sur le point de terminer heureusement cette affaire importante, lorsque la mauvaise foi d'un des personnages rendit tous ses efforts inutiles. Mais comme la charité régnait dans son cœur, et qu'il désirait vivement procurer la paix aux peuples qui en étaient privés, il ne perdit pas courage, et, après une année employée en négociations, il parvint enfin à réconcilier ensemble les parties belligérantes.

Tandis que le serviteur de Dieu s'employait avec tant d'application à pacifier les différends qui s'étaient élevés entre les Milanais et les Vénitiens, et que, de retour à Bologne, il s'occupait à procurer le bien spirituel de son diocèse, ainsi qu'à aplanir quelques difficultés survenues depuis la conclusion de la paix qu'il avait rétablie, des séditieux se révoltèrent de nouveau contre le saint évêque, en criant : *Vivent le peuple et la liberté!* Le désir de se soustraire à l'autorité temporelle du Saint-Siége était le véritable motif de leur révolte. Le peuple prend les armes et fait appeler, par un homme de la populace, son premier pasteur au conseil de la ville. Comme on ne put obtenir qu'il s'y rendît, six des principaux de Bologne viennent chez lui pour lui signifier les intentions de leurs concitoyens, qui n'étaient pas même bien arrêtées. Le saint évêque les reçut en présence de toute sa maison, et leur parla avec tant de raison, et tout à la fois avec tant de force; il montra tant de dignité et tant de charité, que ces députés ne purent répondre un mot et se retirèrent la tête baissée. Néanmoins la fureur populaire continuant toujours à se manifester, Nicolas se sauva une seconde fois de sa ville épiscopale et se retira à Mantoue. Des auteurs assurent que l'irritation des Bolonais fut telle, qu'ils pillèrent son palais, et que, l'ayant déclaré traître à la patrie, ils prétendirent élire à sa place un autre évêque. Cependant, revenu de Mantoue à Ferrare, il parvint encore une fois à calmer cette tempête, et se retira, pendant les années 1429 et 1430, à Rome, auprès du pape Martin V, qui l'envoya bientôt en France pour mettre un terme à la guerre entre les Français et les Anglais, et, en passant, rétablir la paix entre les Milanais et les Vénitiens, armés de nouveau les uns contre les autres (*Acta Sanct.*, 9 mai; Godescard, 3 mars).

L'an 1420, le même Pape étant encore à Florence, allant de Constance à Rome, y reçut les ambassadeurs que Manuel Paléologue, empereur des Grecs, lui envoyait pour traiter de l'union de l'Eglise grecque avec l'Eglise romaine. Martin V envoya le cardinal Pierre Fonseca à Constantinople, pour travailler à cette importante affaire. Il le fit précéder par Antoine Massano, général des frères Mineurs, afin d'étudier à fond les intentions de l'empereur et des Grecs, et en informer le Pape. Le général fut reçu de Manuel avec de grands honneurs, et beaucoup de marques de respect et de vénération pour le Saint-Siège; mais cet empereur étant mort sur les entrefaites, il ne put traiter qu'avec son fils et son successeur, Jean Paléologue, et le patriarche Joseph. Le résultat fut une lettre du nouvel empereur au Pape, où il demandait un concile général des Grecs et des Latins en Orient, aux frais de l'Eglise romaine, tant l'empire grec était épuisé; en attendant, le Pape était supplié d'y envoyer des secours contre les Turcs.

Il avait été statué dans la 39e session du concile de Constance, qu'on assemblerait un autre concile général au bout de cinq ans, et, dans la 44e session, Martin V assigna la ville de Pavie pour l'y célébrer. On l'y commença l'an 1423; mais la peste étant survenue, il fut transféré à Sienne. Le Pape avait résolu de s'y rendre, avec le sacré collège et toute sa cour; mais les troubles que le roi d'Aragon fit exciter, furent cause qu'il s'abstint. Un archevêque, un évêque, un abbé et un général d'ordre y présidèrent. On confirma la condamnation des hérésies de Wiclef et de Jean Hus, et on fulmina contre la mémoire de Pierre de Lune et contre ceux qui continueraient le schisme qu'il avait fomenté (Labbe, t. XII).

On exposa le succès de la négociation des envoyés du Pape à Constantinople, pour l'union des Grecs et des Latins, dont le résultat avait été qu'il fallait absolument un concile général en Grèce, afin que l'union espérée se faisant de concert avec les prélats de l'Eglise grecque, elle n'eût pas le même sort que celle qui s'était faite au concile de Lyon, par le ministère des seuls envoyés de l'empereur. Ce dessein fut approuvé à Sienne; mais comme il ne pouvait être exécuté alors, à cause de la guerre cruelle que les Turcs faisaient à l'empereur grec, on convint que ce concile, à tenir dans la Grèce, s'assemblerait à la première occasion favorable.

Il fut statué que ceux qui travailleraient à l'extirpation des hérésies et à la punition des hérétiques obstinés, gagneraient les mêmes indulgences que ceux qui allaient au secours de la terre sainte.

Pour les affaires de discipline qu'on y devait régler, la conjoncture n'étant point favorable, à cause des guerres et des calamités publiques, et de la division même qu'on avait semée dans l'assemblée, le Pape en réserva la connaissance au Saint-Siège, fit dissoudre le concile de Sienne et en indiqua un autre pour être tenu à Bâle sept ans après (Raynald, an 1424, n. 6).

Martin V ne tarda pas à donner ses soins à la réformation dont nous venons de parler. Afin d'y réussir, il écrivit des lettres-circulaires par lesquelles il avertissait les fidèles de remarquer ce qu'il fallait corriger ou remettre dans un meilleur ordre, et ensuite d'en informer les commissaires qu'il avait nommés pour y travailler. C'était un cardinal-évêque, un cardinal-prêtre et un cardinal-diacre. En même temps, il déclara que, pour que les cardinaux fussent en état d'aider le souverain Pontife à porter le fardeau du gouvernement de l'Eglise, ils devaient y exceller par la pureté de leur conduite, en vivant dans la tempérance, la justice et la piété (*Apud Contelor., in vit. Mart. V*).

Il y eut de son temps un jubilé à Rome, dont les uns mettent la célébration en l'année 1423, les autres en 1425.

Martin V confirma l'élection de deux universités : celle de Rostock, dans le duché de Mecklembourg, fondée par les ducs Jean et Albert, et celle de Louvain, dans le Brabant, fondée par le duc Jean (Sponde, an 1425).

Ce grand et excellent Pape, qui eut la consolation et la gloire de réunir l'Eglise si longtemps divisée en Occident, mourut d'apoplexie dans la nuit du 20 au 21 février 1431, après avoir tenu le Saint-Siège treize ans trois mois et dix jours, en y comptant celui de son élection.

LIVRE QUATRE-VINGT-DEUXIÈME.

Du salut de la France par Jeanne d'Arc à la réunion des chrétiens d'Orient avec l'Eglise romaine, sous le pape Eugène IV. — Concile de Bâle. — Concile œcuménique de Florence.

(De l'an 1431 à l'an 1447.)

La première des nations catholiques, le premier des royaumes chrétiens cessera-t-il d'être une nation, d'être un royaume? L'empire grec, si souvent rebelle à l'Eglise de Dieu, succombera-t-il sans retour sous le fer des Turcs? Constantinople, le siège de tant d'hérésies, sera-t-il le siège final de l'antichristianisme de Mahomet? L'Europe chrétienne, travaillée par des principes d'anarchie politique et même religieuse, aura-t-elle le sort de l'empire grec? Maîtres de Constantinople, qui se disait la nouvelle Rome, les mahométans seront-ils encore maîtres de l'ancienne Rome, et., suivant la menace d'un de leurs sultans, feront-ils manger l'avoine à leurs chevaux sur l'autel de Saint-Pierre?

Au VIII° siècle, nous les avons vus sur le point d'accomplir ce vœu satanique de leur empire antichrétien. Maîtres de l'Asie, de l'Afrique, de la Sicile, de l'Espagne et d'une grande partie de la France, il ne leur restait plus qu'à conquérir l'impuissante Italie, pour anéantir la civilisation chrétienne et faire du monde entier ce qu'ils ont fait de l'Afrique et de l'Asie, des ruines habitées par des Barbares.

Pour prévenir ce malheur, Dieu suscita en la France orientale une famille de héros : Charles Martel, Pepin le Bref, Charlemagne, qui les rejetèrent bien au delà des Pyrénées et donnèrent à la république chrétienne le signal de la défense contre l'antichristianisme armé de Mahomet : lutte mystérieuse et formidable qui, après mille ans, n'est pas encore tout à fait terminée. Au fort de cette lutte, vers la fin du XI° siècle, Dieu suscita du même côté de la France d'autres héros, Godefroi de Lorraine et ses frères, pour conduire à Jérusalem l'Europe en armes sous la bannière de la croix.

Comme à l'époque où nous en sommes, des princes français régnaient en France et en Angleterre, on pouvait espérer que les deux royaumes, unissant leurs forces contre l'ennemi commun de la chrétienté, vivraient en paix l'un avec l'autre. Le contraire arriva. Tant que les Français régnèrent dans la France seule, et les Anglais en Angleterre, les relations des deux pays étaient fort amicales, comme nous avons vu au temps de Charlemagne ; mais depuis que les Français de Normandie, sous Guillaume le Conquérant, et les Français d'Anjou, sous Henri Plantagenet, furent devenus maîtres de l'Angleterre, il s'établit entre l'Angleterre et la France une rivalité, souvent inimitié, qui n'est pas encore éteinte.

C'est que les Français de Normandie et d'Anjou, non contents de régner en Angleterre, auraient encore bien aimé y joindre la France, leur mère-patrie. De sorte que, tout bien considéré, cette rivalité internationale, qui a été si funeste aux deux pays, est, par son origine, beaucoup moins anglaise que française.

Ce qui envenima surtout le mal, ce fut la postérité de Philippe le Bel : ce roi qui mit la main sur le Pape et voulut inféoder la papauté à la France ; entreprise funeste, qui aboutit au long schisme d'Occident et à la ruine humainement inévitable de la France, comme nation indépendante. Philippe avait marié sa fille Isabelle à Edouard II, roi angevin d'Angleterre. Isabelle fait mourir son époux, mais laisse un fils, Edouard III. La postérité masculine de Philippe le Bel s'étant promptement éteinte en France, Edouard III revendique ce royaume du chef de sa mère. Les Français perdent la bataille de Poitiers, le roi Jean II est captif, Calais se rend à Edouard. Charles V lui reprend à peu près toutes ses conquêtes, mais il meurt le 16 septembre 1380, après avoir donné les mains au grand schisme d'Occident. Les ducs d'Anjou, de Berri et de Bourgogne se disputent le gouvernement de leur neveu, le jeune roi Charles VI, et de son royaume. Charles VI tombe en démence. Le duc de Bourgogne fait assassiner le duc d'Orléans, frère du roi ; il est assassiné à son tour par les gens du dauphin, depuis Charles VII. Guerre civile entre les Armagnacs et les Bourguignons. Charles VI, toujours plus ou moins en démence, donne sa fille Catherine en mariage au roi d'Angleterre, Henri V, le déclare régent du royaume et héritier de la couronne de France, à l'exclusion de toute autre personne de la famille royale. C'était le 21 mai 1420. Le 23 décembre de la même année, le dauphin, Charles VII, déshérité et poursuivi en guerre par son père, Charles VI, renié et maudit par sa propre mère, Isabelle de Bavière, se voit condamné par le parlement de Paris, banni à perpétuité et déclaré indigne et incapable de succéder à la couronne. Charles VI meurt le 22 octobre 1421. Les hérauts crient dans les rues de Paris : *Vive Henri de Lancastre, roi d'Angleterre et de France!* C'était Henri VI, âgé de dix mois, fils de Henri V et de Catherine de France. Son oncle et son tuteur, le duc de Bedfort, est régent du royaume de France. Il est soutenu par le nouveau duc de Bourgogne, Philippe dit le Bon,

LIVRE LXXXII. — JEANNE D'ARC.

par le duc de Bretagne et Artus, son frère, comte de Richemond. Paris, son université, son parlement, sa populace ; tout est anglais.

Charles VII, retiré à Bourges, est reconnu d'un certain nombre de Français, parmi lesquels on ne voit ni tête, ni cœur, ni union. Le roi, gouverné par des favoris ou des favorites, n'a ni résolution ni énergie. Le comte de Richemond lui offre ses services, en reçoit l'épée de connétable, fait noyer un de ses ministres favoris et finit par se retirer. Le petit nombre de royalistes français qui tiennent encore à Charles VII sont le plus souvent battus. Le duc de Bedford voulant porter ses conquêtes au delà de la Loire, fait mettre le siège devant Orléans le 12 octobre 1428. Les habitants se défendent avec courage ; mais, livrés à eux-mêmes, ils ne sauraient tenir longtemps contre une armée qui s'augmente toujours. L'an 1429, le 18 février, vendredi des Quatre-Temps, Fastolf, chevalier anglais, amène aux assiégeants un convoi de harengs. Les troupes observaient alors le carême. Il est attaqué par les Français près de Rouvrai, en Beauce, et les met en déroute. Ce combat fut appelé *la journée des harengs*. Après ce dernier échec, Orléans ne pouvait manquer de succomber dans peu : il n'y avait nulle espérance de secours. Charles VII, que les Anglais nommaient par dérision *le petit roi de Bourges*, songeait à quitter la France pour se réfugier en Espagne ou en Écosse.

Or, dans ce moment-là même, arrive à Charles VII, arrive à Orléans, arrive à la France entière un secours inattendu, inespéré ; et cela du même côté que vint autrefois la famille de Charlemagne et Godefroi de Lorraine. L'histoire en est si singulière et en même temps si authentique, que nous n'en dirons presque rien qui ne soit attesté juridiquement.

Dans l'ancien diocèse de Toul, plus tard diocèse de Nancy, actuellement diocèse de Saint-Dié, sur les frontières de la Champagne, de la Bourgogne et de la Lorraine, entre les villes de Neufchâteau et Vaucouleurs, sur la rive gauche de la Meuse, est le petit village de Domremi (1), ainsi nommé de saint Remi, l'apôtre de la France, patron de la paroisse. Là, dans les premières années du XV° siècle, vivaient deux pauvres paysans. Le mari s'appelait Jacques d'Arc : Isabelle Romée était le nom de sa femme. Suivant le rapport unanime de nombreux témoins sous les yeux desquels ils vécurent, c'étaient des gens pieux et honnêtes, et d'une réputation intacte. Ils servaient Dieu avec un cœur simple, élevaient leurs enfants dans le travail et la crainte du Seigneur, étaient purs dans leurs paroles, justes dans leurs actions, et entretenaient avec leurs voisins la concorde chrétienne. La vie était loin de leur être facile, car ce n'était qu'à la sueur de leur front qu'ils gagnaient le strict nécessaire en cultivant un petit champ et en élevant quelque bétail ; mais ils mangeaient leur pain d'un cœur content, et le partageaient encore volontiers avec leurs frères plus nécessiteux, afin d'avoir part, eux aussi, à la miséricorde divine, au grand jour du jugement.

C'est une contrée calme, riante et féconde, que celle qu'ils habitaient, une vallée solitaire et gracieuse, entrecoupée de larges prairies, de champs couverts de moissons, de jardins fruitiers et de vignobles. Les eaux naissantes de la Meuse la traversent joyeusement et baignent en passant de charmants villages, des chapelles paisibles et de vieux châteaux. Sur le sommet des montagnes, on voit encore les restes d'antiques et sombres forêts. Le petit village de Domremi, baigné par la Meuse, communiquait par un pont au château de l'Isle, placé immédiatement sur la rive droite. Comme, à cette époque, la rive droite de la Meuse était Lorraine et la rive gauche France, le village de Domremi, avec son château de l'Isle, était en même temps France et Lorraine. Quoique l'église de Domremi eût dès lors un curé, elle dépendait néanmoins de la paroisse de Greux, village un peu plus considérable, à dix minutes en descendant la rivière.

On peut encore voir aujourd'hui la petite maison dans laquelle Jacques d'Arc et sa femme Isabelle Romée, vivaient il y a plus de quatre cents ans. Elle est à côté de l'église. On la distingue sans peine, entre toutes les autres, à une statue placée au-dessus de la porte, et qui représente une femme armée et agenouillée, les cheveux flottants sur les épaules. La statue, d'abord de pierre, étant à demi détruite par le temps, a été remplacée par une semblable en bronze ; au-dessous, à la clé de voûte de la porte, il y a trois blasons, bien conservés jusqu'en 1830. Celui de droite renferme une épée nue, la pointe tournée en haut et supportant une couronne royale ; celui de gauche est meublé de trois socs de charrue ; mais dans celui du milieu on voit les trois lis, ces antiques armes de la France, surmontés d'un bouquet d'épis et de raisins, avec l'inscription suivante : *Vive labeur ! vive le roi Louis !* et la date de 1481. Cette femme armée, agenouillée, les mains jointes, dans l'attitude de la prière, c'est JEANNE D'ARC, qui naquit dans cette maison l'an 1411.

Jeanne avait trois frères et une sœur ; mais elle se distingua de bonne heure, entre les autres, par une bonté et une piété toute particulière. Aujourd'hui encore nous avons sur son enfance les rapports de plus de trente témoins oculaires de tout rang, grands et petits, chevaliers et prêtres, officiers du roi et paysans, hommes et femmes (1). Tous s'accordent à dire que, depuis ses plus tendres années, sa conduite fut pure et irréprochable. Presque chacun d'eux vanté en elle une vertu spéciale qu'il lui a vu pratiquer. D'après ces témoignages authentiques, elle était d'un cœur très-doux et compatissant, simple et sans défiance, quoique d'un esprit prudent et éclairé, modeste dans ses paroles et ses actions, laborieuse, humble, éloignée de la colère et de l'impatience, timide et en même temps d'un courage inébranlable dans l'accomplissement de ses devoirs.

Mais surtout les mêmes témoins ne se lassent point de vanter sa piété. Au foyer paternel, dans les champs, dans les bois, partout Dieu était présent à sa pensée ; il était son guide dans le bonheur et dans le malheur. La maison de Dieu était sa demeure de prédilection, et, toutes les fois qu'elle le pouvait, chaque jour elle y assistait au service

---

(1) Aujourd'hui *Domremi-la-Pucelle*, en souvenir de Jeanne d'Arc.

(1) Voir leurs dépositions dans l'Histoire de Jeanne d'Arc, par Lebrun de Charmettes, en 4 vol. in-8°, et dans les *Procès de condamnation et de réhabilitation de Jeanne d'Arc*, publiés par Jules Quicherat, 2 vol. in-8°. *Jeanne d'Arc*, par Marius Sepet, ancien élève pensionnaire de l'école des Chartes, 1 vol. 1870, etc.

divin. Elle allait souvent et volontiers confesser ses fautes avec une grande contrition, et se nourrir du pain de vie. Quand elle entendait aux champs la cloche appeler le peuple, si elle était trop loin de l'église, ou que l'ouvrage fût trop pressé, elle se jetait à genoux en plein air et elle priait. Elle aimait surtout à parler de Dieu et de la sainte Vierge. Tandis que d'autres jeunes filles, après leur travail, s'en allaient folâtrant et riant dans les chemins, on la trouvait priant en silence dans quelque coin de l'église, ou à genoux devant une croix, le regard fixé avec une piété profonde sur le Sauveur des hommes ou sur la Mère des douleurs. Cependant elle n'avait pas l'humeur sombre et triste; au contraire, elle était gaie et elle aimait à voir un visage joyeux. On ne lui reprocha jamais de s'être prévalue des grâces qu'elle recevait et de sa piété. Elle écoutait avec patience les plaisanteries de ses compagnes sur sa grande dévotion, la seule chose que celles-ci trouvassent à lui reprocher. Elle-même ne blâmait personne, était bienveillante et affectueuse envers tout le monde, et portait partout où elle pouvait les secours et les consolations. Un paysan de Greux, nommé Jean Morel, témoignait encore, dans sa 70e année, que la pieuse enfant était aimée de tous les habitants du village. Un autre paysan, Simonin Musnier, attestait qu'étant malade, il avait été veillé et consolé par elle avec les soins les plus compatissants. Un troisième témoin raconte que telle était sa charité pour les pauvres, qu'elle ne se bornait pas à leur procurer un asile chez ses parents et ses amis, mais que souvent elle leur prêta son propre lit et coucha elle-même à terre. Quelquefois elle se laissait entraîner par la pitié jusqu'à donner ce qui appartenait proprement à ses parents. L'argent qui restait de ses aumônes, elle le portait au curé pour qu'il célébrât des messes à son intention. Perrin le sacristain de Domremi, attesta aussi que Jeanne lui fit plus d'une fois des reproches pour avoir négligé, de temps à autre, de sonner l'*angelus* le soir, et qu'elle lui promit de l'argent, s'il voulait être plus exact à l'avenir.

Dès ses plus jeunes années, elle aidait ses frères au travail des champs et conduisait, alternativement avec d'autres enfants, le troupeau de son père et ceux des voisins au pâturage. Plus tard, sa mère l'employa davantage à la maison, et elle était fort habile à filer et à coudre.

Parmi les jeunes filles du village, elle avait quelques amies intimes; du reste, elle préférait le commerce d'honnêtes femmes d'un âge mûr. Mais elle savait aussi s'entretenir avec de petits enfants, et ils étaient volontiers auprès d'elle.

La plus douce récréation de Jeanne était d'aller chaque semaine en pèlerinage à une petite chapelle appelée l'Ermitage de Notre-Dame de Vermont. Ce paisible lieu de prière était situé derrière le village, sur une colline, près d'une vieille forêt de chênes. Actuellement on voit encore, à la même place, les ruines de l'humble maison de Dieu.

Au bas de la colline coulait une source salutaire où les fiévreux avaient coutume de boire. Or, on racontait que, dans les vieux temps du paganisme, les fées avaient habité là, qu'elles s'y faisaient encore voir, et qu'on pouvait y trouver des racines d'une merveilleuse vertu. A quelque distance de la fontaine s'élevait un magnifique vieux hêtre, connu du peuple d'alentour sous le nom de *Beau-Mai* ou de *l'Arbre des Fées*. Avec ses branches larges et touffues, qui, en descendant à terre, formaient une tente de verdure, il était le rendez-vous de fête et de plaisir de tous les environs. Chaque printemps, le dimanche où l'on chante à l'introït : *Lœtare Jerusalem*, le seigneur de Domremi, accompagné de sa famille et suivi de la joyeuse jeunesse du village, se rendait solennellement à l'arbre des Fées. Les enfants dansaient en chantant autour du hêtre, allaient à la fontaine, cueillaient des fleurs et tressaient des guirlandes et des couronnes dont ils ornaient le tronc de l'arbre reverdi. Le seigneur du château leur donnait du pain et du vin; et, ce jour-là, qu'on appelait *le dimanche de la Fontaine*, on cuisait dans le village de petits pains tout exprès.

Jeanne célébrait ce jour avec les autres enfants; mais, selon le rapport des témoins, elle y chantait plus qu'elle ne dansait, et, si quelquefois elle ornait de fleurs l'arbre majestueux, le plus grand nombre de ses guirlandes étaient néanmoins destinées à l'image de Notre-Dame de Vermont, devant laquelle, tous les samedis, elle allumait des cierges et priait pieusement. Plus de deux cents ans après la mort de Jeanne, Edmond Richer, un de ses biographes, vit encore cet arbre dans toute sa beauté, et l'on célébrait les mêmes jeux sous son feuillage.

Cependant la division qui mettait la France en guerre avec elle-même pénétra jusque dans les paisibles vallées de la Meuse. On s'y passionna, comme ailleurs, pour ou contre le parti de Bourgogne, qui vendait la France à l'Angleterre, et le parti d'Orléans ou d'Armagnac, qui voulait que la France demeurât aux Français. De ce dernier parti étaient tous les habitants de Domremi, excepté un seul. Un village voisin, au contraire, celui de Maxey, tenait pour le parti de Bourgogne. Il y eut guerre civile entre les enfants des deux villages. Le soir, après le travail, ils s'attaquaient mutuellement et guerroyaient entre eux. Jeanne ne se souvenait pas d'avoir jamais pris part à ces combats d'enfants, mais elle se rappelait fort bien avoir vu plus d'une fois ceux de son village revenir tout sanglants et même grièvement blessés. Elle avoua aussi qu'elle avait souhaité que l'homme de Domremi, qui seul était Bourguignon, eût la tête coupée, à condition toutefois que telle fût la volonté de Dieu. Sans doute elle se réconcilia depuis avec cet homme, puisqu'elle tint avec lui un enfant sur les fonts de baptême. Lui-même ne parlait d'elle qu'avec un grand respect. Une autre fois qu'on lui demandait si, dans son enfance, elle avait eu un vif désir de nuire aux Bourguignons, elle répondit avec une noble simplicité : *J'ai désiré du fond de mon cœur que mon roi recouvrât son royaume;* et c'est ainsi, en effet, qu'elle se montra toujours, pleurant avec ses ennemis vaincus et essuyant leurs larmes.

Telle était la conduite simple et paisible de Jeanne parmi les pauvres gens de son pays natal, et quiconque la voyait, la prenait en affection. Or, cette jeune fille que tous les témoins de sa vie louaient si hautement, que le curé et les habitants de Domremi regardaient comme l'enfant la plus accomplie de sa paroisse, et dont le chevalier Albert d'Ourches disait en justice qu'il avait ardemment désiré que le

Ciel lui eût donné une fille aussi parfaite; cette jeune fille qui, dans la suite, excita par ses hauts faits inouïs l'admiration de tous les peuples de l'Occident, ne savait ni lire ni écrire, et ses pauvres parents n'avaient rien pu lui apprendre autre chose que l'Oraison dominicale, la Salutation angélique et le Symbole des apôtres, d'où l'on peut reconnaître combien un cœur simple qui s'est donné tout entier à Dieu, et que remplit la force divine, est plus puissant que toute la science et la sagesse humaines.

Quant à sa mission providentielle pour le salut de la France, nous la laisserons parler elle-même, nous bornant à réunir ce qu'elle dit plus tard à ce sujet devant ses juges :

« Tout ce que j'ai fait de bien pour la France, dit-elle, je l'ai fait par la grâce et d'après l'ordre de Dieu, le Roi du ciel, comme il me l'a révélé par ses anges et ses saints, et tout ce que je sais, je le sais uniquement par les révélations divines.

» C'est sur l'ordre de Dieu que je me suis rendue auprès du roi, Charles VII, fils du roi Charles VI. J'aurais mieux aimé être écartelée par les chevaux, que d'aller le trouver sans la permission de Dieu, dans la main duquel sont toutes mes actions. Sur lui et sur nul autre reposait tout mon espoir; tout ce que ses voix m'ont ordonné, je l'ai fait de mon mieux, selon mes forces et mon intelligence. Ces voix ne m'ont rien ordonné qu'avec la permission et le bon plaisir de Dieu, et tout ce que j'ai fait en leur obéissant, je crois l'avoir bien fait.

» Si je voulais dire tout ce que Dieu m'a ordonné, huit jours ne suffiraient pas. Il y a maintenant sept ans que les saints m'apparurent pour la première fois. C'était un jour d'été, vers l'heure de midi. J'avais à peu près treize ans et j'étais dans le jardin de mon père; j'entendis la voix à droite, du côté de l'église; je vis en même temps une apparition entourée d'une grande clarté. Elle avait l'extérieur d'un homme très-bon et très-vertueux; elle portait des ailes et était environnée de tous côtés de beaucoup de lumières et accompagnée des anges du ciel. Car les anges viennent souvent vers les chrétiens, sans que ceux-ci les remarquent; moi-même je les ai vus souvent parmi eux. C'était l'archange Michel. Il me parut avoir une voix très-douce mais j'étais encore une jeune enfant, et j'eus grand'peur de cette apparition, doutant fort que ce fût un ange. Ce fut seulement après avoir entendu cette voix trois fois, que je la reconnus pour la sienne. Il m'enseigna et me montra tant de choses, qu'enfin je crus fermement que c'était lui. Je l'ai vu, lui et les anges, de mes propres yeux, aussi clairement que je vous vois, vous, mes juges; et je crois, d'une foi aussi ferme, ce qu'il a dit et fait, que je crois à la passion et à la mort de Jésus-Christ notre Sauveur; et ce qui me porte à le croire, ce sont les bonnes doctrines, les bons avis, les secours avec lesquels il m'a toujours assistée.

» L'ange me disait qu'avant tout je devais être une bonne enfant, me bien conduire, aller souvent à l'église, et que Dieu me soutiendrait. Il me racontait la grande pitié qui était au royaume de France, et comment je devais me hâter d'aller secourir mon roi. Il me disait aussi que sainte Catherine et sainte Marguerite viendraient vers moi, et que je devrais faire tout ce qu'elles m'ordonneraient, parce qu'elles étaient envoyées de Dieu pour me conduire et m'aider de leurs conseils dans tout ce que j'avais à exécuter.

» Sainte Catherine et sainte Marguerite m'apparurent ensuite, comme l'ange l'avait prédit. Elles m'ordonnèrent d'aller trouver le sire de Baudricourt, capitaine du roi à Vaucouleurs, lequel, à la vérité, me repousserait plusieurs fois, mais finirait par me donner des gens pour me conduire dans l'intérieur de la France auprès de Charles VII, après quoi je ferais lever le siège d'Orléans. Je leur répondis que je n'étais qu'une pauvre fille qui ne savait ni chevaucher ni conduire la guerre. Elles répliquèrent que je devais porter hardiment ma bannière, que Dieu m'assisterait, et que j'aiderais mon roi à recouvrer, malgré ses ennemis, tout son royaume. Va en toute confiance, ajoutèrent-elles, et quand tu seras devant ton roi, il se fera un beau signe pour qu'il croie à ta mission et te fasse bon accueil. Elles m'ont dirigée pendant sept ans et m'ont prêté leur appui dans tous mes embarras et mes travaux, et maintenant il ne se passe pas de jour qu'elles ne me visitent. Je ne leur ai rien demandé, si ce n'est pour mon expédition, et que Dieu voulût bien assister les Français et protéger leurs villes; pour moi, je ne leur ai pas demandé d'autre récompense que le salut de mon âme. Dès la première fois que j'entendis leurs voix, je promis librement à Dieu de rester vierge de corps et d'âme, si cela lui est agréable, et elles me promirent, en retour, de me conduire dans le paradis, comme je les en ai priées.

» Les saintes ne m'ont point ordonné de garder le silence sur leurs apparitions, mais je craignais beaucoup d'en parler, de peur que les Bourguignons n'empêchassent mon voyage vers le roi, et surtout de peur que mon père n'y mît obstacle. Du reste, les voix me laissaient libre de le dire ou de le cacher. Je n'en ai parlé qu'à mes parents; mais pour rien au monde je n'eusse voulu le leur découvrir. Dans toutes les autres choses, j'ai fidèlement obéi à mon père et à ma mère, et je ne crois point avoir péché en partant sans les avertir, car je m'en allais sur l'ordre de Dieu, et je serais également partie, quand même j'aurais eu cent pères et cent mères, quand même j'aurais été la fille d'un roi.

» Je ne sais pas si j'ai entendu les saintes sous l'arbre des Fées, mais je sais bien que je les ai vues près de la fontaine. Je les vois rarement sans qu'elles soient entourées de lumière, je vois leur visage, mais je ne saurais dire si elles ont des vêtements, des cheveux, des bras et en général un corps sensible. Je les vois toujours sous la même forme, et jamais je n'ai remarqué une seule contradiction dans leurs discours; je sais bien les distinguer l'une de l'autre, je les reconnais au son de leur voix et à leur salut, car elles se nomment elles-mêmes quand elles commencent à me parler. Quand je suis dans la forêt, je les entends venir à moi. Sainte Catherine et sainte Marguerite portent de riches couronnes, comme il est juste; je comprends très-bien ce qu'elles disent; elles ont une voix douce, modeste et agréable, et elles parlent d'une manière très-digne en bonne langue française. Je voudrais que tout le monde les entendît aussi distinctement que moi. Avant et après la prise d'Orléans, elles m'ont appelée plusieurs fois *Jeanne la Pucelle* et *Fille de Dieu*. De temps en temps, sainte Catherine et sainte Marguerite me disent aussi d'aller à confesse.

» Elles viennent souvent sans que je les appelle, et quand elles tardent à paraître, je prie Notre Seigneur de me les envoyer. Je n'ai jamais eu besoin d'elles sans qu'elles soient venues. Quand saint Michel et les anges et les deux saintes viennent à moi, j'ai une grande joie de n'être pas en péché mortel ; car, si j'y étais, je pense qu'elles me quitteraient sur-le-champ. Je leur rends tous les honneurs qui sont en mon pouvoir, sachant bien qu'elles habitent le royaume du ciel. J'ai aussi offert à la messe des cierges par la main du prêtre, devant l'autel de sainte Catherine, en l'honneur de Dieu, de la sainte Vierge et de mes deux saintes; mais je n'en ai jamais allumé autant que j'aurais voulu. J'ai également orné leurs images de couronnes; dès qu'elles viennent à moi, je m'agenouille devant elles, et si je viens à y manquer, je leur en demande pardon. Quand saint Michel et les anges se séparaient de moi, je baisais aussi la terre où ils s'étaient tenus, et je m'inclinais devant eux. J'ai embrassé avec mes bras sainte Marguerite et sainte Catherine ; j'entends à présent leurs voix tous les jours, et j'en ai grand besoin ; car, sans leur secours, je serais déjà morte (1). »

C'est ainsi que Jeanne racontait elle-même la manière miraculeuse dont Dieu lui ordonna de prendre l'épée pour son roi et sa patrie, et elle soutint inébranlablement, malgré toutes les souffrances et toutes les menaces, la vérité de ces apparitions ; elle la soutint même encore à haute voix au milieu des flammes du bûcher.

Dieu est toujours admirable dans ses saints, anges ou hommes. Nous avons vu l'ange Gabriel apparaître au prophète Daniel, pour lui expliquer la succession et l'histoire des empires de la terre, et leur remplacement final par l'empire du ciel, l'empire des saints du Très-Haut. Nous avons vu, dans le même Prophète, le prince ou l'ange des Perses, le prince ou l'ange des Grecs, le prince ou l'ange du peuple de Dieu, saint Michel (Daniel). Nous avons vu le grand-prêtre Onias et le prophète Jérémie apparaître à Judas Machabée, et lui donner une épée d'or pour la défense de son peuple. Nous avons vu plusieurs fois les anges, sous la forme de cavaliers revêtus d'or, précéder ce général au combat, quelquefois même l'escorter de part et d'autre, et le protéger de leurs armes (Machab.). Nous avons vu le Très-Haut, afin de faire mieux éclater sa puissance, se servir du bras d'une femme, comme Judith et Débora, pour abattre les plus puissants ennemis et opérer la délivrance du peuple d'Israël. Or, Dieu est toujours le même. Si donc il lui plaît de manifester sa puissance par des moyens semblables, parmi les peuples chrétiens, non-seulement il en est le maître, mais il ne ferait même rien de nouveau.

Cependant l'humble Jeanne d'Arc était seule dans le monde avec son grand secret; elle n'avait personne à qui elle pût le confier, et surtout elle redoutait, non sans raison, de s'ouvrir à son père. En effet, comment lui persuader de croire à des apparitions qu'elle seule voyait; et sans cela, pouvait-elle espérer qu'il la laissât partir ; n'avait-elle pas plutôt tout à craindre de son honnête sévérité ? Chose remarquable! le vieux Jacques d'Arc avait un vague pressentiment des destinées de sa fille, et c'est pourquoi Jeanne était surveillée de très-près par ses parents. Deux années environ s'étaient écoulées depuis que les saintes lui avaient apparu pour la première fois, quand sa mère lui raconta, à diverses reprises, que son père avait rêvé qu'elle s'en était allée de la maison avec des gens de guerre, et il avait dit à ses fils. « Si je savais que cela dût arriver à ma fille, je vous ordonnerais de la jeter à l'eau, et si vous refusiez de le faire, je le ferais moi-même. » Quel accueil pouvait-elle espérer de ceux qui ne la connaissaient pas, lorsque telles étaient les dispositions de son père, qui pourtant connaissait sa piété et sa vertu ?

Au reste, il ne pouvait pas manquer de lui échapper, de temps à autre, quelque mot sur la chose qui l'occupait jour et nuit. Un servant d'armes témoigna dans la suite lui avoir souvent entendu dire qu'elle voulait aller dans l'intérieur de la France. De même un paysan attesta qu'elle lui avait dit : « Compère, si vous n'étiez pas Bourguignon, je vous conterais quelque chose. » Cet homme avait cru alors, dans sa simplicité, qu'elle voulait lui parler d'une affaire de mariage. Elle disait à un troisième : « Il y a entre Coussey et Vaucouleurs une jeune fille qui, dans l'espace de moins d'une année, fera sacrer le roi de France. » Merveilleuse prophétie ! qui s'est réellement accomplie, et que l'homme à qui elle fut faite affirma en justice sous la foi du serment. Elle parla plus clairement encore à un autre paysan, et celui-ci assura lui avoir souvent entendu dire qu'elle délivrerait la France et son roi.

Cependant les années s'écoulaient l'une après l'autre ; les voix des saintes qui excitaient Jeanne à se lever et à aller trouver le capitaine du roi à Vaucouleurs, devenaient de plus en plus pressantes ; mais il ne se présentait aucune occasion favorable à l'exécution de ses desseins ; au contraire, tout semblait vouloir s'y opposer ; car précisément à cette époque une troupe de Bourguignons se répandit dans les environs de Domremi. Les pâtres et les laboureurs, qui connaissaient bien les rudes habitudes de ces hôtes, traversèrent la Meuse avec leurs troupeaux et se réfugièrent dans la ville fortifiée de Neufchâteau en Lorraine. Elle est à deux lieues de Domremi. Jacques d'Arc et sa famille y cherchèrent aussi un asile, et prirent leur logement chez une honnête femme, qui tenait une espèce d'hôtellerie. Pendant les quatre ou cinq jours que Jeanne resta dans cette ville, son cœur la poussait incessamment à l'église, et elle se confessa deux ou trois fois aux Franciscains. Le reste du temps, elle menait paître les troupeaux de son père, ou bien, selon des témoignages positifs, elle aidait, sous les yeux de ses parents, la bonne hôtesse dans les soins de sa maison. Et voilà l'unique fondement d'une fable souvent répétée dans la suite, pour présenter Jeanne sous un faux jour, et effacer le caractère miraculeux de sa conduite ; à savoir, qu'elle aurait servi longtemps, cinq années entières, dans une auberge, qu'elle s'y serait habituée à manier les chevaux en les menant à l'abreuvoir, et aurait appris beaucoup d'autres choses qui ne font pas d'or-

---

(1) *Hist. de Jeanne d'Arc*, par Guido Goerres, traduit de l'allemand par Léon Boré, 1843, c. 4.

dinaire partie de l'éducation des jeunes filles. D'après les actes authentiques, tout ceci est entièrement controuvé.

Le séjour de Neufchâteau devint tout à fait intolérable à la pauvre Jeanne ; car elle y était encore plus éloignée de Vaucouleurs, et la pensée de secourir son roi pénétrait plus avant dans son âme avec chaque nouveau malheur qui rendait la position du royaume plus désespérée ; elle n'avait de repos ni le jour ni la nuit, et l'inquiétude la rendit tout à fait malade. Quand on lui demandait ce qu'elle avait, elle répondait simplement qu'elle ne se plaisait point à Neufchâteau, que son séjour en cet endroit altérait sa santé, et qu'elle aimerait mieux être à Domremi. Elle fit tant d'instances à ses parents, que ceux-ci, au bout de quatre ou cinq jours, rentrèrent les premiers dans leur village, d'où les Bourguignons s'étaient retirés.

Mais ce ne fut pas le seul obstacle que Jeanne rencontra sur son chemin. Il s'en présenta un autre d'un genre tout particulier. Un jeune homme, dont elle avait repoussé la demande en mariage, n'imagina rien de mieux, pour parvenir à son but, que de prétendre qu'il avait obtenu d'elle une promesse formelle et d'en réclamer l'exécution devant le tribunal ecclésiastique de Toul. On a lieu de croire que les parents de Jeanne appuyèrent l'imposteur prétendant, car ce moyen dut leur paraître le meilleur pour empêcher leur fille de s'en aller avec les gens de guerre. Mais Jeanne ne se laissa point effrayer, elle pria ses saintes de l'assister, et celles-ci lui dirent d'avoir bon courage, qu'elle gagnerait son procès. Elle s'en alla donc toute rassurée à Toul, où elle affirma par serment qu'elle n'avait fait aucune promesse, et elle fut acquittée.

Toutes ces difficultés n'avaient pu ébranler la résolution de Jeanne, et elle fit enfin le premier pas pour l'accomplir. Elle alla chez son oncle Durand Laxart, honnête paysan qui demeurait au village de Petit-Burey, entre Domremi et Vaucouleurs, et dans lequel elle avait une confiance particulière. Elle lui dit qu'elle désirait demeurer quelque temps auprès de lui. Laxart en fut content, et pria les parents de Jeanne de lui laisser leur fille pour soigner sa femme qui était près d'accoucher. Les parents y consentirent, et Jeanne fut ainsi délivrée de leur sévère surveillance.

Huit jours ne s'étaient pas encore écoulés, quand Jeanne découvrit à son oncle l'ordre de Dieu, et lui dit comment elle était appelée à placer sur la tête du roi Charles la couronne de ses pères, et qu'elle devait en conséquence aller trouver le chevalier Baudricourt, capitaine du roi à Vaucouleurs. On peut se figurer le branlement de tête incrédule avec lequel l'honnête paysan accueillit ces récits merveilleux. Pour le convaincre, Jeanne lui demanda s'il n'avait jamais entendu parler d'une prophétie selon laquelle la France, après avoir été précipitée par une femme dans l'abîme du malheur, en serait tirée par une vierge. Puis elle parla avec une conviction tellement inébranlable et avec une si ferme confiance dans le succès, que le brave homme finit par y croire. Toutefois, il jugea à propos de se rendre d'abord lui-même chez le capitaine pour voir comment celui-ci prendrait la chose, et il s'y rendit en effet. Mais, après que Laxart eût débité son histoire, Baudricourt lui dit pour toute réponse et la répéta plusieurs fois, afin de la lui mieux graver dans l'esprit, qu'il devait donner de bons soufflets à sa nièce et la renvoyer chez son père ; car le capitaine voyait dans tout ceci une folie à laquelle il ne connaissait pas d'autre remède.

Jeanne ne se laissa point effrayer. Elle déclare à son oncle qu'elle veut aller elle-même trouver le capitaine, et que rien au monde ne l'en empêchera. Que pouvait faire à cela le bon Laxart ? Il se décide donc, au nom du ciel, à l'accompagner, et ils arrivent tous deux à Vaucouleurs le jour de l'Ascension de l'an de grâce 1428. Baudricourt fait de nouveau dire à Jeanne qu'il n'était nullement disposé à l'envoyer au roi.

Cependant, à force de persévérance, elle réussit à être introduite auprès du capitaine, et, instruite par ses saintes, elle le reconnut sur-le-champ au milieu de son entourage, bien qu'elle ne l'eût jamais vu. Elle lui déclare comment la voix de Dieu était arrivée jusqu'à elle par l'entremise de sainte Catherine et de sainte Marguerite, et comment elle-même était venue le trouver par ordre de son Seigneur, afin qu'il mandât au roi Charles de se bien tenir et d'éviter de livrer aucune bataille à l'ennemi ; car, avant que la moitié du carême ne fût écoulée, son Seigneur, lui enverrait du secours. Elle dit encore que le royaume de France appartenait, non pas au roi, mais à son Seigneur, et comment celui-ci voulait que le dauphin Charles le reçût de lui en fief. Enfin, elle ajouta que les ennemis ne pourraient pas empêcher l'accomplissement de ce dessein, et qu'elle-même conduirait le roi à Reims pour l'y faire sacrer et couronner.

Le capitaine lui ayant demandé là-dessus quel était son Seigneur ? — Le Roi du ciel, répondit Jeanne. — Mais elle eut beau dire, elle ne put le persuader ; tout ce qu'elle obtint de lui, ce fut qu'il en écrivit au roi.

Jeanne d'Arc sortit très-affligée d'auprès de Baudricourt. Toutefois elle resta à Vaucouleurs, attendant une issue plus favorable, et cherchant en Dieu sa consolation. Elle demeurait chez un charron dont la femme s'était prise d'une grande amitié pour la pieuse et merveilleuse jeune fille. Elles allaient toutes deux à l'église, où Jeanne se confessait fréquemment, et l'un des prêtres attesta dans la suite avoir été fort édifié de ses confessions. Un autre prêtre déclara qu'elle venait souvent dans son église, qu'elle y entendait les messes basses et les messes solennelles, et y restait encore longtemps après le service divin. Plusieurs fois il la vit à genoux devant l'image de la sainte Vierge, tantôt la tête inclinée et comme plongée dans une profonde contemplation, tantôt le visage et les yeux tournés vers la Mère du Sauveur avec l'expression de l'amour, de l'abandon et de la confiance.

A la maison, elle s'occupait à filer ; mais l'idée de partir avant que tout fût perdu lui brûlait l'âme comme du feu. Son hôtesse attesta que, ne pouvant aller trouver le roi, le temps lui paraissait long comme à une femme qui attend sa délivrance. Elle suppliait chacun de la conduire au roi pour le salut du royaume. « Il faut absolument que j'aille le trouver, disait-elle ; car mon Seigneur le veut ainsi. Cette mission m'est confiée par le Roi du ciel ; j'irai, quand même je devrais user mes jambes jusqu'aux genoux. » Elle rappelait aussi à son hôtesse la prophétie alors généralement connue, selon laquelle la France devait être sauvée par une vierge des marches de la Lorraine; et cette femme fut si touchée des paroles et de la conduite édifiantes de Jeanne, qu'elle crut à la vérité de ses promesses : beaucoup d'autres y crurent aussi.

De son côté, le capitaine, voyant bien que les soufflets n'avaient rien à faire dans cette circonstance, ne put s'expliquer l'obstination de Jeanne d'Arc, autrement que par la pensée qu'elle était possédée du diable. En conséquence, il se transporta chez elle un jour, avec le curé, pour examiner la chose à fond. Dès que Jeanne vit entrer le prêtre solennellement revêtu de son étole, elle s'agenouilla. Celui-ci, avant qu'elle y prît garde, commença l'exorcisme en disant : « Si tu es du diable, retire-toi; si tu es de Dieu, viens à moi. » Jeanne s'approcha du curé en se traînant sur les genoux; mais elle fut blessée de ce soupçon, et elle dit plus tard que le curé n'avait pas bien agi, puisqu'il l'avait entendue à confesse.

Ce moyen n'ayant pas mieux réussi au capitaine, il laissa la chose pour ce qu'elle était, comme les gens de sa nature ont coutume de faire, et la pauvre Jeanne dut retourner à la maison de son oncle sans avoir rien obtenu. L'inquiétude qui la dévorait ne l'y laissa pas longtemps; car l'époque où les promesses des saintes devaient s'accomplir approchait de plus en plus. Dès le commencement du carême, le bon Laxart, auquel tous les refus n'avaient pas fait perdre confiance, fut obligé de la reconduire à Vaucouleurs. Ayant trouvé le capitaine dans les mêmes sentiments, elle ne se laissa pas arrêter davantage, et se mit en route à pied, accompagnée de son oncle et de Jacques Alain, qui croyait aussi à sa mission. Quand ils eurent parcouru un certain espace, Jeanne, qui avait eu le loisir de la réflexion en marchant, dit à ses compagnons qu'il ne lui paraissait pas convenable de se présenter ainsi devant le roi, et ils revinrent à Vaucouleurs le même jour qu'ils en étaient partis.

Là, elle attendait de nouveau que le capitaine, après l'avoir refusée trois fois, lui donnât enfin son consentement et une escorte convenable, comme ses voix le lui avaient promis. Dans cet état de choses, Jean de Novelompont, surnommé de Metz, gentilhomme fort considéré dans le pays, rencontra Jeanne chez son ancienne hôtesse, la femme du charron. « Eh bien! lui dit-il, que faites-vous ici, chère enfant? Peut-il arriver autre chose, sinon que le roi soit chassé du royaume et que nous devenions Anglais? » Elle répondit, pleine de tristesse : « J'ai été trouver le capitaine Robert de Baudricourt, afin qu'il me conduisît lui-même ou me fît conduire auprès du roi; mais il ne s'inquiète ni de moi ni de mes paroles. Et pourtant il faut que je sois auprès du roi avant la mi-carême, dussé-je m'user les jambes jusqu'aux genoux; car personne au monde, ni rois, ni ducs, ni même la fille du roi d'Ecosse ne peuvent reconquérir le royaume de Charles VII. Il n'a d'autre secours que moi, bien que j'aimasse beaucoup mieux filer ma quenouille à la maison de ma pauvre mère, de pareilles choses n'étant pas mon fait. Mais il faut que je parte et que j'accomplisse ma mission, parce que mon Seigneur le veut. — Et qui est votre Seigneur, demanda le chevalier ? — C'est Dieu, répliqua-t-elle. » Et elle dit tout cela avec tant de fermeté, avec une conviction si profonde, que le cœur du digne gentilhomme en fut subjugué : il prit la main de Jeanne dans la sienne, et lui jura, par sa foi, de la conduire au roi sous la garde de Dieu.

Dès lors elle trouva de plus en plus créance, par sa vie pieuse, auprès de ceux qui la voyaient, et le bruit de sa mission divine se répandit à l'entour dans le pays. Le duc Charles de Lorraine, attaqué d'une maladie contre laquelle avait échoué tout l'art des médecins, lui envoya un palefroi noir, en la priant de venir le trouver pour qu'il pût la consulter. Elle se rendit à la prière du duc; mais elle lui déclara qu'elle n'avait aucune révélation sur sa maladie. Néanmoins elle ajouta que, s'il voulait recouvrer la santé, il devait abandonner sa vie déréglée, se réconcilier avec Dieu et reprendre en honneur dans son palais sa vertueuse épouse qu'il avait repoussée. Enfin, elle le pria aussi de la faire conduire au roi avec une escorte convenable, lui promettant de demander à Dieu sa guérison; mais le duc ne voulut point y consentir, et il la congédia après lui avoir fait des présents. Jeanne d'Arc profita de l'occasion pour faire le pèlerinage de Saint-Nicolas, à deux lieues de Nancy, où, dans son temps, nous avons vu aller le sire de Joinville, au nom de la reine de France, femme de saint Louis.

Cependant le bruit de l'entreprise de Jeanne était aussi parvenu aux oreilles de ses parents, à Domremi. Ces bonnes et pauvres gens faillirent d'abord perdre la tête, en apprenant que leur fille était réellement allée trouver les hommes de guerre à Vaucouleurs, et ils se mirent aussitôt en route vers cette petite ville; mais il paraît qu'ils y arrivèrent lorsque Jeanne était auprès du duc de Lorraine. Toutefois, ayant trouvé l'opinion publique favorable à leur enfant, et voyant que les personnes les plus considérées croyaient à sa mission, ils se soumirent à la volonté de Dieu et s'en retournèrent à Domremi. Jeanne leur fit écrire une lettre dans laquelle elle leur demandait pardon d'avoir agi ainsi à leur insu et sans leur permission, et les braves gens lui pardonnèrent.

Enfin Robert de Baudricourt, ayant reçu une lettre du roi, se rendit aux prières de Jeanne d'Arc. Les amis qu'elle avait à Vaucouleurs s'empressèrent de lui fournir tout ce qu'il lui fallait pour son voyage; car ils croyaient que Dieu était avec elle, et qu'elle procurerait un grand bien au royaume. Son oncle, qui l'avait si fidèlement assistée dans toutes ses traverses, se cotisa avec Jacques Alain pour lui acheter un cheval. Alors elle déposa ses vêtements de femme et prit un habillement de cavalier, « d'après le conseil de ses voix célestes, » comme elle le dit elle-même, afin de moins exposer les gens d'armes grossiers aux pensées mauvaises, et pour être mieux garantie contre leur brutalité. Le capitaine compléta son armure en lui donnant une épée.

Tous les apprêts étant terminés, Jeanne d'Arc, l'héroïne consacrée à Dieu, partit de Vaucouleurs, le dimanche 13 février 1429, pour porter le secours du ciel à son roi et à sa patrie. Autour d'elle se tenaient ses amis et beaucoup de peuple, et tous s'émerveillaient de voir une jeune fille entreprendre, dans la mauvaise saison, ce long et périlleux voyage de cent cinquante lieues, à travers des forêts et des fleuves, quand toutes les routes étaient occupées par les Anglais et les Bourguignons, par les brigands et les pillards. « Comment pouvez-vous partir ainsi ? disaient-ils ; tout le pays est sillonné de gens de guerre. — Je ne crains pas les gens de guerre, répondait-elle d'une voix ferme ; s'ils me barrent le chemin, j'ai pour moi mon Dieu qui m'ouvrira un passage jusqu'à mon seigneur le dauphin : c'est pour cela que je suis née. »

Elle partit donc pleine de courage et de confiance, car les envoyés de Dieu lui avaient dit : « Marche hardiment dans la voie que t'ouvre le ciel, et, quand tu seras devant le roi, il se fera un beau signe pour que tu sois bien accueillie de lui et qu'il croie à ta mission. » Jeanne était accompagnée de Pierre d'Arc, son plus jeune frère, de deux chevaliers, Jean de Metz et Bertrand de Poulengy, d'un messager du roi, d'un écuyer et de deux valets. Robert de Baudricourt, qui doutait encore, lui dit au moment du départ : Va maintenant, et advienne que pourra.

Il ne faudrait pas s'étonner que Jeanne eût senti plus d'une fois le cœur lui manquer dans ce voyage ; car, sans parler de la route, infestée de brigands et d'ennemis, elle courait d'autres périls du côté même de la petite escorte qui lui avait été donnée pour la protéger. A la vérité, le capitaine avait fait jurer à tous ceux qui composaient cette escorte de conduire Jeanne saine et sauve auprès du roi, et il n'y avait rien à craindre des nobles sentiments des deux gentilshommes ; mais il n'en était pas de même de quelques-uns des autres compagnons. Ceux-ci avouèrent plus tard qu'ils l'avaient d'abord prise pour une folle ou une sorcière, et que, considérant les nombreux dangers auxquels elle les exposerait, ils avaient résolu de la mettre en lieu sûr. Ils confessèrent, en outre, que la beauté de la jeune fille avait éveillé en eux de mauvaises intentions.

Mais Jeanne n'en continua pas moins intrépidement sa route, bien persuadée que le Dieu tout-puissant, qui était son guide, serait en même temps sa défense. Aucune inquiétude ne la préoccupait : bien plus, c'était elle qui rendait le courage à ses compagnons quand ils en manquaient ; et, lorsqu'ils lui demandaient avec anxiété si elle était bien sûre d'accomplir ses promesses : « Ne craignez rien, leur répondait-elle, tout ceci m'est ordonné, et mes frères du paradis me disent ce que je dois faire. » On raconte aussi que plusieurs, voulant éprouver le courage de Jeanne, s'éloignaient secrètement, et ensuite fondaient tout à coup sur elle comme pour l'attaquer, tandis que les autres faisaient semblant de prendre la fuite ; mais alors elle leur criait : Au nom de mon Dieu, ne fuyez pas, il ne vous sera fait aucun mal.

Durant tout le voyage, elle se conduisit comme une sainte ; aussi ses compagnons furent-ils bientôt saisis d'une crainte respectueuse devant elle, comme devant un être supérieur. Le matin, quand elle s'éveillait, sa première pensée était d'invoquer la protection de Dieu en faisant le signe de la croix. Souvent elle disait aux gens de l'escorte : S'il était possible, nous ferions bien d'entendre la messe. Ceux-ci, dans la crainte d'être surpris par l'ennemi, n'accédèrent que deux fois à l'ardent désir de la jeune fille, et elle se soumit sans murmure aux précautions de leur prudence tout humaine, mais d'ailleurs bien intentionnée. En un mot, ils ne voyaient chez elle que ce qui améliore et édifie l'homme et le fait rougir de lui-même, et ils ne remarquèrent jamais rien qui fût tant soit peu blâmable.

De cette manière, il arriva que ceux mêmes qui avaient eu d'abord de mauvaises intentions furent profondément touchés, et ils confessèrent que chaque fois qu'ils avaient voulu suivre leurs criminels desseins, une honte soudaine avait lié leur langue et paralysé leur hardiesse. Ils dirent aussi que peu après le commencement du voyage, ils conçurent une tout autre idée de Jeanne ; de sorte qu'ils n'auraient pas pu résister à ses ordres, ni rien faire qui lui fût désagréable, souhaitant d'ailleurs aussi ardemment de la conduire au roi, qu'elle le désirait elle-même.

Jean de Metz attesta formellement que, dans ce voyage, Jeanne d'Arc lui avait inspiré un tel respect, qu'il n'eût pas osé lui demander la moindre chose déshonnête, et que même la pensée ne lui en vint pas une seule fois. Bertrand de Poulengy affirma également qu'il n'en avait eu ni la volonté ni le désir, et cela, disait-il, à cause de la grande bonté qu'il avait remarquée en elle. C'est pourquoi les deux gentilshommes, selon le témoignage positif de Jean de Metz, eurent foi dans les promesses de Jeanne et se sentirent enflammés du même amour pour Dieu qui l'animait ; et ce fut ainsi qu'ils parcoururent leur longue route à travers la Champagne, la Bourgogne, le Nivernais, le Berri et la Touraine. Le commencement du voyage fut surtout dangereux dans toute la partie du pays occupée par l'ennemi. Ils furent obligés de marcher aussi furtivement que possible. S'éloignant des grands chemins et prenant des sentiers écartés, ils se glissaient à travers les forêts, traversaient les rivières grossies par l'hiver, et passaient les nuits dans les petits villages ; deux fois même ils chevauchèrent la nuit entière.

Au milieu de toutes ces fatigues et de tous ces dangers, la seule peine de Jeanne était de ne pas assister assez souvent au saint sacrifice. Enfin, après une course de onze jours, ils arrivèrent heureusement à Fierbois, qui n'était plus éloigné que de six lieues de Chinon, où le roi tenait sa cour. Or, il y avait là, sous l'invocation de sainte Catherine, un lieu de pèlerinage très-fréquenté. Jeanne, désormais au terme de son voyage, se livra tout entière à l'ardente piété de son cœur, et entendit en une matinée, trois messes l'une après l'autre dans l'église de sa céleste protectrice. Ensuite elle envoya au roi une lettre dans laquelle elle lui demandait si elle pouvait l'aller trouver à Chinon, lui disant qu'elle avait fait cent cinquante lieues pour lui porter secours, qu'elle savait beaucoup de bonnes nouvelles, et qu'elle le reconnaîtrait au milieu de tous les siens (Guido Goerres, c. 5-7 ; Lebrun de Charmettes, t. I).

Le même jour, Jeanne d'Arc arriva à Chinon. Elle avait parcouru des routes infestées d'ennemis et de voleurs ; elle avait traversé des rivières profondes ; rien n'avait pu l'arrêter, et maintenant qu'elle était parvenue au but si longtemps et si vivement désiré, le premier obstacle se dressait devant elle. C'était le 24 février 1429.

Orléans, le dernier boulevard de la France, assiégé par les Anglais depuis cinq mois, était réduit à la dernière extrémité; le 12 février, à la journée des harengs, une armée de huit mille Français, qui devaient secourir la ville infortunée, s'étaient laissé battre par quinze cents Anglais; le 15 du même mois, la ville envoya, mais inutilement, au duc de Bourgogne, pour être reçue en sa protection, en attendant que la querelle touchant la couronne de France fût décidée; Charles VII, le petit roi de Bourges, sans tête ni cœur, livré à ses favoris, n'avait plus dans son épargne que quatre écus, dont la moitié encore appartenait à son trésorier : il songeait à quitter la France pour se réfugier en Espagne ou en Ecosse; l'extrême détresse avait brisé tous les courages, le désespoir avait gagné les plus fidèles eux-mêmes; aussi les riantes promesses de Jeanne d'Arc devaient-elles leur paraître une moquerie d'un cerveau dérangé. Jeanne ne trouva donc pas à la cour beaucoup plus de confiance qu'elle n'en avait inspiré au capitaine de Vaucouleurs.

Le roi manda devant son conseil les deux chevaliers qui accompagnaient la jeune fille, le sieur de Metz et le sieur de Poulengy, et les fit interroger en sa présence. Ils racontèrent ce qu'ils savaient de Jeanne, et avec quel bonheur ils avaient fait leur long voyage à travers les routes les plus dangereuses. Ensuite on discuta vivement dans le conseil la question de savoir s'il convenait à la dignité du roi et s'il était permis d'entendre la prophétesse inconnue. Il fut à la fin résolu que des conseillers ecclésiastiques du roi interrogeraient d'abord Jeanne sur ses habitudes et ses intentions, et décideraient, d'après ses réponses, ce qu'il y aurait à faire ultérieurement.

Les prélats firent ce qui leur était demandé. La jeune fille leur ayant été amenée par les deux chevaliers, ils lui adressèrent une foule de questions. Mais Jeanne ne leur répondit pas autre chose, sinon qu'elle devait parler au roi. Seulement, après que Charles lui eût fait commander de répondre, elle déclara qu'elle était venue par ordre du ciel, pour accomplir deux choses, à savoir, d'abord délivrer la place forte d'Orléans, et ensuite conduire le roi dans sa bonne ville de Reims, pour l'y faire sacrer et couronner.

Après cette déclaration, les conseillers de Charles ne furent pas plus d'accord qu'auparavant. Les uns disaient qu'on ne devait ajouter aucune foi à ses paroles; les autres soutenaient que, puisqu'elle prétendait être envoyée de Dieu et avoir à parler au roi, celui-ci devait au moins l'entendre. Quant à Charles lui-même, il ne savait à quel parti s'arrêter. On décida que Jeanne serait de nouveau soumise à un examen plus rigoureux, et qu'on prendrait des informations, dans son pays natal, sur sa réputation et sa conduite.

En attendant, le château de Coudray lui fut assigné pour demeure, sous la surveillance du sire de Gaucourt, grand-maître de la maison du roi. Jeanne s'affligeait de ces longs regards et priait Dieu de toutes ses forces. Un page, que l'on avait mis à son service, déclara plus tard qu'il la voyait fréquemment agenouillée et qu'elle lui semblait adresser au ciel de ferventes prières, souvent même avec beaucoup de larmes. Tous ses discours avaient Dieu pour objet. Les principaux seigneurs de la cour qui venaient visiter la merveilleuse jeune fille étaient émus de sa piété profonde, de son humble affabilité, de ses manières à la fois ouvertes, simples et prudentes, et de sa confiance inébranlable en sa mission. Aussi croyait-on de plus en plus qu'elle était éclairée de Dieu, comme elle-même le disait.

Une chose bien remarquable, c'est que dans ce même temps deux gentilshommes, le sire de Villars et Jamet de Tilloy, s'étant échappés de la ville assiégée, se rendirent à Chinon, pour apprendre ce qui en était de la jeune fille qu'on disait envoyée de Dieu. Ils venaient par ordre du comte de Dunois, fils naturel du duc d'Orléans, assassiné par le duc de Bourgogne. Le nouveau duc d'Orléans, fils légitime, était prisonnier en Angleterre depuis plusieurs années.

Après avoir longuement discuté pendant deux jours, on décida enfin, le troisième, que Jeanne serait présentée au roi. Or, suivant le témoignage de frère Jean Pasquerel, au moment où Jeanne d'Arc entrait dans le château, un cavalier se mit à la regarder et à se moquer d'elle d'une manière déshonnête, et il renforça ses insolentes paroles d'un jurement blasphématoire : « Ah! s'écria Jeanne, plus sensible au blasphème qu'à sa propre injure, tu renies Dieu et tu es si près de la mort : » Une heure n'était pas encore écoulée depuis la prédiction de la jeune fille, et déjà le malheureux, tombé dans l'eau, était noyé.

Cependant le roi, ébranlé par des objections de toute espèce, était revenu à ses précédentes irrésolutions; l'idée du voyage si merveilleusement accompli l'empêcha seule de renvoyer la Pucelle sans l'entendre.

Ce fut le soir que Jeanne d'Arc fut introduite par le comte de Vendôme. Cinquante flambeaux éclairaient la salle. Toute la cour, plus de trois cents chevaliers, des membres des plus nobles familles de France, les premiers dignitaires de la couronne étaient là, magnifiquement vêtus. Le roi, habillé fort simplement, se tenait à l'écart, voulant voir si la Pucelle reconnaîtrait celui auquel elle prétendait être envoyée de Dieu. Les deux gentilshommes venus d'Orléans étaient aussi présents.

Jeanne d'Arc, calme et sans aucunement se déconcerter, s'avança, au milieu de toute cette pompe, droit vers le roi. Elle, qui avait vu la figure glorieuse et rayonnante des princes du ciel, elle venait maintenant porter secours à un prince de la terre humilié et brisé. Jeanne avait alors dix-sept ans. Elle était d'une belle taille, grande et bien faite, blanche, les yeux noirs et les cheveux coupés court et en rond, suivant l'usage alors pratiqué dans la chevalerie. Elle avait beaucoup de vivacité et une force de corps extraordinaire; en outre, elle était courageuse et habile à manier les armes comme le meilleur chevalier. Simple et modeste, elle parlait peu; mais dès qu'il s'agissait de sa divine mission, son discours était abondant, puissant et inspiré, comme celui d'une prophétesse. Les traits de son visage étaient fins et avaient l'expression d'une piété douce et pleine de confiance en Dieu. En un mot, selon un témoin oculaire, quelque chose de divin brillait dans toute sa personne.

Elle salua humblement le roi, se jeta à terre devant lui, suivant l'usage, et, embrassant ses genoux, elle lui dit avec sa voix douce et mélodieuse : « Dieu vous donne une heureuse vie, noble roi ! — Je ne suis point le roi, répondit Charles ; le voici, dit-il en désignant un des assistants. — Eh mon Dieu ! répliqua Jeanne, c'est vous qui êtes le roi et pas un autre. » — Puis Charles l'ayant questionnée sur son nom et ses projets : « Je m'appelle Jeanne la Pucelle, répondit-elle, et je suis envoyée de Dieu ici pour vous porter secours à vous, gentil sire, et à votre royaume ; et le Roi du ciel vous commande par ma voix de vous faire sacrer et couronner dans la ville de Reims ; et vous deviendrez le vicaire du Roi du ciel, comme tout vrai roi de France doit l'être. »

Ensuite le roi la prit à part et s'entretint à voix basse avec elle. Il lui fit un grand nombre de questions, et fut fort satisfait de ses réponses, comme les assistants le remarquèrent visiblement à la joie qui brillait sur le visage de Charles, sans savoir néanmoins de quoi il s'agissait entre eux. Ainsi s'accomplit ce que les voix saintes avaient prédit à la Pucelle, en lui disant qu'elle n'avait qu'à aller avec courage et confiance ; car il se ferait devant le roi un beau signe, afin qu'il crût à ses paroles. Or, voici quel était ce signe. On savait généralement du temps de Jeanne, et cela nous est rapporté par les témoins et les historiens, que, dans cette conversation, elle découvrit au roi un grand secret, dont Charles VII lui-même dit que Dieu seul et lui pouvaient avoir connaissance. Plus tard, les ennemis de la Pucelle mirent vainement tout en œuvre, pendant son procès, pour lui arracher ce secret. Elle-même dit à l'aumônier de Charles VII, à propos de l'entretien particulier de Chinon, qu'après avoir répondu à beaucoup de questions que le roi lui avait faites, elle avait ajouté : « Je vous le dis de la part de mon Seigneur, vous êtes le véritable héritier de la France et le fils du roi. » Tout le mystère est dans ce peu de mots ; mais les contemporains de Jeanne d'Arc n'en comprirent pas le sens caché, et nous ne le comprendrions pas nous-mêmes, si un merveilleux hasard ne nous en avait donné la solution.

C'est un vieux manuscrit de la bibliothèque de Paris, où un officier de la cour de Charles VIII, nommé Sala, révèle ce secret, pour l'avoir appris d'un vieux chevalier à qui Charles VII l'avait confié lui-même. Ce dernier prince, réduit à l'extrémité, doutait qu'il fût fils légitime de Charles VI, à cause de la mauvaise conduite de sa mère, Isabelle de Bavière. Dans cette pensée, il entra un matin dans son oratoire, tout seul, et pria Notre Seigneur dans son cœur, sans proférer aucune parole, que, s'il était le vrai héritier descendu de la noble maison de France, et que le royaume dût lui appartenir justement, il lui plût le lui garder et défendre ; ou, au pis, lui donner grâce d'échapper, sans mort ou prison ; et qu'il se pût sauver en Espagne ou en Écosse, dont les princes étaient de toute ancienneté frères d'armes, amis et alliés des rois de France. Or, cette prière secrète, que Dieu seul pouvait connaître, Jeanne d'Arc la révéla au roi, comme une preuve qu'elle était envoyée de Dieu (1).

Ainsi donc, les paroles que Jeanne elle-même

(1) Voir le récit tout entier. Guido Goerres, p. 103 et seqq. ; Lebrun de Charmettes, t. I, p. 382 ; *Manuscrits français de l'ancienne bibliothèque royale*, n. 180.

communiqua à l'aumônier et que celui-ci attesta plus tard en justice : « Je vous le dis de la part de mon Seigneur, vous êtes le véritable héritier de la France et le fils du roi, » ces paroles étaient une réponse à la prière secrète de Charles, et le roi n'en fut si vivement frappé que parce qu'elle ne pouvait le savoir que par une inspiration d'en haut. Il est tout à fait naturel que Jeanne gardât un silence complet sur ce grand signe que Dieu lui avait accordé ; car si les Anglais avaient su que le roi lui-même, connaissant l'inconduite de sa mère, doutait de la légitimité de sa naissance et de ses droits au trône, ils se seraient fait une arme de ce doute pour anéantir le peu de considération dont il jouissait encore aux yeux des Français. Mais ce qui n'est pas moins remarquable que le secret même, c'est la manière dont il a plu à la Providence de nous le conserver, et la lumière merveilleuse que se prêtent mutuellement les paroles de Jeanne et le naïf récit de Sala, simple panetier à la cour du petit-fils de Charles VII.

Au reste, pendant tout cet entretien, la bonne tenue de Jeanne et sa modestie furent telles, qu'il semblait aux uns qu'elle avait passé toute sa vie au milieu des habitudes de la cour, tandis que les autres ne voyaient en elle qu'une pauvre et humble bergère.

Le roi ne doutait plus désormais que cette jeune fille, qui lisait dans l'avenir et qui connaissait les plus secrètes pensées du cœur, ne fût inspirée par un esprit particulier ; seulement il ne savait pas si c'était un esprit céleste ou un esprit diabolique. En conséquence, avant de lui confier une armée, comme elle le demandait, il voulut examiner la chose de plus près et consulter à cet égard les hommes les plus distingués et les plus savants du royaume.

Charles lui-même s'entretint encore plusieurs fois avec Jeanne, et le bruit se répandit de plus en plus, dans tout le pays, qu'elle était envoyée de Dieu. Le duc d'Alençon, dont le père, à la bataille d'Azincourt, avait abattu la couronne d'or du casque de Henri V et payé de sa vie cet acte héroïque, s'amusait à la chasse aux cailles, quand son bailli vint lui annoncer la nouvelle qui courait de bouche en bouche. Le duc se rendit sur-le-champ à Chinon, où il trouva la Pucelle auprès du roi, et Charles ayant dit à Jeanne : « Voici le duc d'Alençon : — Soyez le bienvenu, répondit-elle ; plus nous aurons de princes du sang royal de France, mieux vaudra. »

Le lendemain matin, le duc apprit comment la Pucelle, entre autres choses, exigeait de Charles qu'il remît son royaume entre les mains du Roi du ciel, qui ferait pour lui, après cette offrande, comme il avait fait pour ses ancêtres, et rétablirait sa couronne dans son ancien état.

A midi, au sortir de table, le roi et le duc allèrent se promener dans les prairies devant le château. Tout à coup ils virent arriver Jeanne à cheval, la lance à la main et maniant son coursier et ses armes avec l'adresse d'un cavalier exercé. Le duc transporté de joie et d'étonnement, lui donna ce jour même un beau cheval de guerre.

Les deux envoyés d'Orléans retournèrent dans la ville assiégée, tout réjouis des choses merveilleuses qu'ils avaient vues et entendues, pleins d'espoir et d'enthousiasme. Le bon Dunois fit aussitôt convoquer tout le peuple à leur arrivée, et ils racontèrent ce qu'ils avaient vu et appris de la Pucelle à la cour du roi ; comment elle voulait venir délivrer leur ville et conduire ensuite Charles VII à Reims pour l'y faire sacrer et couronner.

D'après l'ordre du roi, Jeanne fut de nouveau interrogée sur ses desseins par une respectable assemblée à laquelle assistaient, entre autres, quatre évêques et le duc d'Alençon. Elle répondit, comme la première fois, qu'elle venait de la part de Dieu, et que des voix célestes lui révélaient ce qu'elle avait à faire pour accomplir la volonté d'en-haut.

Il paraît que tous ces hommes réunis n'osèrent pas prononcer dans une affaire aussi importante. Ils craignaient les railleries de l'ennemi. L'archevêque de Reims surtout ne voulait pas croire aux promesses de la Pucelle. C'est pourquoi on résolut de la conduire à Poitiers. Là se trouvaient, depuis que Paris était au pouvoir des Anglais, un parlement et une université, où l'on comptait un grand nombre de savants, de docteurs et de maîtres, qui devaient interroger Jeanne derechef.

Il était très-juste que l'affaire fût soumise à un sérieux examen ; car c'eût été une légèreté condamnable de confier, sur sa simple parole, les destinées du royaume aux mains d'une jeune fille inconnue. Mais tout a ses bornes en ce monde, la prudence comme le reste, et les plus savants ne sont pas toujours ceux qui voient le plus clair dans les choses de la vie. Aussi Jeanne s'effrayait-elle, au fond de son cœur, des mille difficultés savantes qu'on allait lui faire. « Mon Dieu, disait-elle chemin faisant, je sais bien que j'aurai beaucoup à faire à Poitiers, où on me mène ; mais mon Seigneur m'aidera. Or, allons de par Dieu ! » c'était sa manière de parler. Le roi s'y rendit pareillement.

Ainsi fut convoquée, dans cette ville, par ordre du conseil royal, sous la présidence de l'archevêque de Reims, chancelier du royaume, une grande et solennelle assemblée de docteurs, de professeurs et de bacheliers ; versés dans les saintes Écritures et dans le droit civil et ecclésiastique, à l'effet d'examiner la doctrine et la foi de cette jeune fille qui se disait envoyée de Dieu pour rétablir le roi dans sa puissance. Ils devaient déclarer au roi, leur maître, si elle disait vrai, et s'il pouvait, en bon chrétien, accepter son secours.

En conséquence, l'assemblée se transporta dans la demeure de la Pucelle, que l'on avait placée chez un avocat royal, sous la surveillance de son épouse, femme de la meilleure réputation. Quand tous furent assis dans la salle, Jeanne prit place à l'extrémité du banc inférieur, et leur demanda ce qu'ils désiraient.

Alors l'un d'entre eux, se levant au nom de l'assemblée entière, exposa à Jeanne comment, ayant appris qu'elle avait dit au roi que Dieu l'avait chargée d'une mission pour lui, ils venaient l'examiner. Ensuite les professeurs, les docteurs et les bacheliers commencèrent, l'un après l'autre, à lui démontrer par toutes sortes de preuves savantes, qu'on ne pouvait pas ajouter foi sur ce point à ce qu'elle disait.

Jeanne ne se laissa point embarrasser. A toutes leurs raisons, à toutes leurs questions, à toutes leurs subtilités, elle opposa de si solides et de si belles réponses, que les professeurs et les docteurs et les bacheliers secouèrent la tête, en disant qu'un savant ne parlerait pas mieux. Puis, venant à sa mission divine, quand elle leur raconta comment les anges et les saints lui étaient apparus dans les champs où elle gardait son troupeau, et lui avaient parlé de la grande pitié qui était au royaume de France ; comment là-dessus elle avait pleuré, et comment les saintes lui avaient ordonné d'aller trouver le capitaine de Vaucouleurs et lui avaient promis de la conduire heureusement dans son dangereux voyage vers le roi ; quand elle exposa tout cela, ce fut avec tant d'enthousiasme, d'élévation et de dignité, que les savants furent étonnés d'entendre une simple et ignorante bergère dire des choses si merveilleuses, et répondre d'une manière si habile et si sage à toutes les questions et à tous les doutes.

Quand ils recommençaient à vouloir lui prouver par toutes sortes de livres et d'écrits, qu'on ne pouvait cependant pas ajouter foi à sa parole, elle écoutait tranquillement leurs longs discours depuis le commencement jusqu'à la fin, et disait : Il y a dans les livres de mon Seigneur plus que dans les vôtres.

Elle leur prédit aussi quatre choses dans cet interrogatoire : premièrement, que la puissance des Anglais serait brisée, et Orléans délivré ; mais, pour arriver là, il fallait que le roi lui donnât des gens d'armes, et elle devait d'abord inviter les Anglais à faire d'eux-mêmes leur retraite ; deuxièmement, que le roi serait sacré à Reims ; troisièmement, qu'il rétablirait sa domination à Paris ; quatrièmement enfin, que le duc d'Orléans sortirait de la prison où il était retenu en Angleterre.

Quoique ces quatre merveilleuses prédictions se soient réalisées comme la Pucelle les exposa alors à Poitiers, elles parurent tout à fait invraisemblables aux professeurs et aux docteurs avant qu'elles fussent accomplies, surtout celle relative au couronnement du roi à Reims ; car ils considéraient que toutes les routes et les places fortes, depuis Orléans jusqu'à la ville du sacre, étaient aux mains des ennemis. Ils firent à Jeanne sur ce sujet une multitude d'objections. Par exemple, maître Guillaume Aymeri lui dit : « Tu prétends que la voix t'a dit que Dieu veut délivrer le peuple de France de la calamité où il est ; or, s'il veut, en effet, le délivrer, il n'est pas besoin de gens d'armes. » Jeanne répondit aussitôt et sans se déconcerter : « En mon Dieu, les gens d'armes batailleront, et Dieu donnera la victoire. » Maître Guillaume Aymeri déclara qu'il était content de cette réponse. Alors frère Séguin lui dit : « Dieu ne veut point qu'on croie à vos paroles, à moins que vous ne fassiez voir un signe par lequel il demeure évident qu'il vous faut croire. Nous ne conseillerons donc point au roi, sur votre simple assertion, de vous confier des gens d'armes pour que vous les mettiez en péril, si vous ne nous dites pas autre chose. » Jeanne, qui avait déjà donné un signe indubitable au roi même, répondit : « En mon Dieu, je ne suis point venue à Poitiers pour faire signes (miracles) ; mais conduisez-moi à Orléans, je vous montrerai des signes pourquoi je suis envoyée. Que le roi me donne des gens d'armes en telle et si petite quantité qu'il voudra, et j'irai. »

Les informations et les questions ne finissaient pas. Outre les réunions solennelles, dont la première dura plus de deux heures, et où tous les membres de l'assemblée l'interrogeaient, chacun d'eux avait encore le droit d'aller la visiter et de la questionner en particulier. Ce n'était pas tout. Comme il arrive d'ordinaire en pareil cas, beaucoup d'autres personnes de tout rang, grands et petits, hommes et femmes, affluaient pour voir la merveille de leurs propres yeux. « Avant que ces gens allassent à elle, dit une ancienne chronique, ce qu'elle disoit leur sembloit impossible à faire, disant que ce n'estoit que resveries et fantaisies; mais il n'y eut celluy, quant il en retournoit et l'avoit ouye, qui ne dist après que c'estoit une créature de Dieu; aulcuns mesme, en retournant, ploroient à chaudes larmes. Semblablement y furent dames, damoiselles et bourgeoises, qui luy parlèrent; et elle leur répondit si doulcement et gracieusement, qu'elle les faisoit plorer. Entre aultres choses, ils luy demandèrent pourquoy elle ne prenoit pas ung habit de femme. Et elle leur répondit : Je crois bien qu'il vous semble estrange et non sans cause; mais il faut, pour ce que je me doys armer et servir le gentil Dauphin en armes, que je prenne les habillements propices et nécessaires à cela; et aussi quand je serois entre les hommes, estant en habit d'homme, ils n'auront pas concupiscence charnelle de moy, et me semble qu'en cest estat je conserverai mieulx ma virginité de pensée et de faict. »

Il y en eut aussi quelques-uns qui lui demandèrent pourquoi elle donnait à Charles le titre de *Dauphin* et non celui de Roi. « Je ne l'appellerai roi, répondit-elle, qu'après qu'il aura été sacré et couronné à Reims, où je pense le conduire. »

Ceux que le roi avait chargés d'examiner Jeanne faisaient épier ses moindres paroles et ses moindres actions par des femmes qu'ils avaient placées auprès d'elle. Mais tous les rapports de celles-ci s'accordaient à faire son éloge; elles ne savaient rien dire d'elle autre chose, sinon qu'elle menait une vie entièrement chrétienne, et qu'on ne la voyait jamais oisive. Son excellente hôtesse racontait aussi à sa louange comment chaque jour, après le dîner, elle se mettait à genoux et passait une partie du jour et même de la nuit en prière, ou bien comme elle se retirait souvent dans une petite chambre pour vaquer à ses exercices de piété.

Dans ce long et minutieux examen, la Pucelle eut une bonne occasion de s'exercer à la patience; car il lui fut probablement plus facile de délivrer Orléans des Anglais, que de débarrasser de leurs doutes les professeurs et les docteurs. Aussi ne faut-il pas s'étonner que, plus d'une fois, la patience lui ait échappé au milieu de ces questions interminables, quand elle pensait que chaque jour le fer et la faim mettaient Orléans plus près de sa ruine, et surtout avec le pressentiment très-arrêté qu'elle avait, qu'un temps fort court lui était mesuré par le ciel pour sa miraculeuse mission sur la terre. Elle savait, en outre, qu'il dépendait des hommes de faire un bon ou un mauvais usage de cette grâce, selon qu'ils auraient plus ou moins de foi en la puissance et la miséricorde de Dieu.

Un jour, deux professeurs lui ayant adressé de nouveau cette question toujours la même : « Pourquoi êtes-vous venue et qui vous a envoyée ? — Écoutez, répondit-elle, je ne sais ni A ni B; je viens de la part du Roi du ciel pour lever le siége d'Orléans et pour conduire le roi à Reims, où il doit être sacré et couronné; mais il faut auparavant que j'écrive aux Anglais pour les sommer de se retirer; car telle est la volonté de Dieu. Avez-vous du papier et de l'encre ? » — Et quand les deux professeurs lui eurent apporté ce qu'elle désirait, elle commença à leur dicter une lettre aux Anglais.

Un autre jour, frère Séguin, *bien aigre homme*, suivant une chronique, lui ayant demandé avec l'accent et le dialecte de sa province, il était Limousin, dans quelle langue la voix céleste lui parlait? Dans une langue meilleure que la vôtre, répondit Jeanne. Et comme il osa même lui demander ensuite si elle croyait en Dieu : « Plus que vous-même, » répliqua la Pucelle, indignée de ce soupçon. Mais surtout elle ne cessait de répéter qu'il n'y avait pas de temps à perdre et qu'il fallait agir.

Christophe d'Harcourt, évêque de Castres, confesseur du roi, déclara qu'il la croyait envoyée de Dieu, et que c'était elle dont parlait la prophétie. Enfin les savants examinateurs formulèrent leur avis en disant, suivant le rapport du chevalier d'Aulon : « Qu'ils ne véoient, sçavoient, ne congnoisçoient, en icelle Pucelle, aucune chose fors seulement ce qui peut estre en une bonne chrestienne et vraie catholique, et que pour telle la tenoient; et estoient leur opinion que estoit une très-bonne personne. » En conséquence, vu ses bonnes mœurs, sa simplicité, sa réputation sans tache, la sainteté de sa vie et la sagesse de ses paroles, ils estimaient qu'on devait tenir ses réponses pour des inspirations divines. En outre, vu la grande détresse du royaume et du roi, dont les fidèles sujets, désespérant de tout secours humain, n'attendaient leur salut que de Dieu seul; vu aussi le péril imminent dans lequel la bonne ville d'Orléans se trouvait, si elle n'était pas secourue sans délai, ils pensaient que le roi pouvait accepter le service de cette jeune fille et l'envoyer à Orléans.

Ce qui prouve la réserve et la prudence avec lesquelles on procéda dans toute cette affaire, et qu'on ne s'en rapporta pas légèrement à la parole de Jeanne d'Arc sur sa mission divine, c'est que Charles VII, non content des longues investigations des savants et des célèbres docteurs de l'Université de Poitiers, voulut encore consulter les prélats et les personnages les plus considérés du royaume. Parmi les réponses faites au prince à ce sujet, le temps a épargné celle de Jacques Gelu, qui, après avoir occupé d'abord le siège archiépiscopal de Tours, mourut archevêque d'Embrun dans la même année que la Pucelle.

A la première question qu'on lui avait posée, savoir : *S'il convient à la majesté de Dieu de s'occuper des actes d'un simple particulier ou même de la direction d'un royaume*, l'archevêque répond : L'éternelle Sagesse a dit : *C'est par moi que les rois règnent et que les législateurs proclament la justice. Dieu, l'auteur et le conservateur de chaque être, les aime et les conduit tous avec un égal amour.* En réponse à cette deuxième question : *S'il ne convient pas mieux à la Toute-Puissance divine d'opérer ses miracles par des anges que par des hommes*, Jacques Gelu dit : Qu'à la vérité les anges étaient plus dignes d'être les instruments de la Divinité; mais qu'elle s'était aussi servie des hommes pour accomplir les plus grands prodiges : Dieu avait même envoyé un corbeau porter de la nourriture à Élie dans le désert. Sur la troisième question : *S'il convenait de charger une jeune fille d'un office qui appartient aux hommes*, l'archevêque fait observer : Que l'ancienne loi, pour séparer les sexes, défendait, il est vrai, aux femmes de porter des vêtements du sexe masculin ; mais que Dieu avait révélé quelquefois à des vierges des secrets qu'il avait cachés aux hommes : c'est pourquoi il pense qu'une Vierge peut bien aussi conduire une armée. Quant à savoir si la chose présente était un prestige et une tromperie de l'ennemi du genre humain, on pouvait en juger par la conduite de la Pucelle. Enfin, on devait discerner les esprits, et le jugement étant un don de Dieu, il fallait l'employer aux choses qui arrivent par l'ordre et la disposition de la divine Providence (1).

Enfin, après que le roi eût remis Jeanne entre les mains de la reine de Sicile, sa belle-mère, et de plusieurs autres dames, pour s'assurer si elle avait gardé le vœu de virginité qu'elle avait fait à Dieu ce point étant également décidé à l'avantage de la jeune fille, il résolut dans son conseil, bien que toujours avec une certaine hésitation, de se servir d'elle et de l'envoyer à Orléans, puisque Dieu lui-même la lui avait envoyée à cet effet.

Le célèbre Enéas Sylvius, qui monta sur le trône pontifical, sous le nom de Pie II, en 1458, moins de trente ans après la mort de Jeanne d'Arc, lui donne le témoignage suivant dans son *Histoire*. « Le dauphin, craignant d'être trompé, fit examiner Jeanne par son confesseur, l'évêque de Castres, théologien d'une science éminente, et la confia à la surveillance de nobles dames. Quand elle fut interrogée sur sa foi, elle ne donna que des réponses conformes à la religion chrétienne, et, quand on scruta ses mœurs on ne trouva en elle qu'une pureté virginale et l'honnêteté la plus sévère. L'examen dura plusieurs jours, et l'on ne découvrit en elle rien de feint, aucune ruse ni aucun mensonge. »

Telles furent les nombreuses et dures épreuves auxquelles Jeanne fut soumise avant d'obtenir seulement de son roi la permission de paraître devant l'ennemi, à la tête de la chevalerie française, pour accomplir la volonté de Dieu.

Alors le duc d'Alençon reçut du roi l'ordre de marcher vers Blois avant la Pucelle, afin d'organiser un convoi de vivres et des forces pour l'escorter. La Pucelle elle-même devait ensuite diriger le convoi. Or, quand même le roi aurait eu en elle une entière confiance, il n'aurait rien pu entreprendre de plus considérable, puisqu'il eut même beaucoup de peine à rassembler l'argent nécessaire pour cette expédition.

Pendant ces préparatifs, Jeanne fut aussi équipée comme il convenait à un chef d'armée à cette époque. Elle reçut du roi son armure et sa suite, et de Dieu son épée et sa bannière.

Ce furent ses saintes qui lui annoncèrent comment, dans l'église de Sainte-Catherine de Fierbois, il y avait pour elle une épée enterrée près de l'autel. En conséquence, elle fit écrire aux prêtres de cette église une lettre où elle leur demandait cette

épée. Un armurier de Tours fut chargé de creuser près de l'autel, et l'on trouva en effet, à une médiocre profondeur, une épée marquée de cinq croix. Les prêtres enlevèrent facilement la rouille dont elle était couverte, et y firent faire un riche fourreau de velours rouge semé de fleurs-de-lis. Les bourgeois de Tours voulurent surpasser les prêtres de Sainte-Catherine, et ils offrirent à la Pucelle un fourreau de drap d'or encore plus précieux. L'humble Jeanne s'en fit faire un de cuir, tout simple, mais fort et solide, qu'elle portait habituellement dans les combats.

Elle n'avoua au roi qu'après beaucoup d'instances, comme un secret, que l'existence de son épée lui avait été révélée par ses voix célestes ; car elle ne laissait jamais voir les grâces dont elle était l'objet. Elle se fit aussi faire une bannière telle que sainte Catherine et sainte Marguerite la lui avaient montrée, en lui disant : *Prends cette bannière au nom du Roi du ciel, et porte-la sans crainte*. D'après l'ordre des mêmes saintes, cette bannière fut faite de toile blanche semée de lis. Le Sauveur des hommes y était représenté assis au milieu des nuages, dans un trône placé sur un arc-en-ciel, et tenant à la main le globe de la terre. A ses pieds, à droite et à gauche, étaient agenouillés deux anges ; l'un tenait un lis, qui est le blason de France, et auquel Dieu donnait sa bénédiction. Comme devise, on lisait sur le côté : Ihesus, Maria. Du reste, cette bannière avait la forme de celle d'un chevalier ordinaire. Sur la banderolle particulière à ce genre de pennons était peinte l'Annonciation, avec un ange offrant un lis à la sainte Vierge.

Charles VII attacha au service de la Pucelle Jean d'Aulon, que le comte de Dunois appelait son meilleur chevalier, deux pages, un maître-d'hôtel, deux hérauts et deux servants d'armes. Le roi lui fit aussi faire, à sa taille, une armure complète depuis la tête jusqu'aux pieds. Au moment où elle cherchait ce qui lui tenait le plus à cœur, c'est-à-dire un confesseur ou aumônier, comme on l'appelait alors, son frère Pierre d'Arc et un de ceux qui l'avaient accompagnée auprès du roi lui amenèrent frère Jean Pasquerel, maître-lecteur au couvent des ermites Augustins à Tours. Édifiés de sa grande piété, ils l'avaient déterminé à les accompagner, et ils le présentèrent à la Pucelle en disant : « Jeanne, nous t'amenons ce bon Père ; tu l'aimeras certainement beaucoup, une fois que tu auras appris à le connaître. » Elle répondit qu'elle avait déjà entendu parler de lui, qu'elle l'acceptait avec joie comme père spirituel, et qu'elle se confesserait à lui le lendemain matin. Le frère dit d'abord la messe pour Jeanne, et, ainsi qu'il le témoigna plus tard en justice, il fut extraordinairement édifié de sa confession. Elle le pria de ne pas la quitter et de rester toujours auprès d'elle en qualité de confesseur. Il le lui promit, et a tenu parole.

Avant de prendre congé du roi, Jeanne confirma merveilleusement sa mission divine. Elle dit à Charles VII comment sainte Marguerite et sainte Catherine lui avaient révélé qu'elle serait blessée en délivrant Orléans, mais que sa blessure ne l'empêcherait pas d'accomplir son œuvre. Cette prédiction, qu'elle répéta dans Orléans le matin même du jour où elle fut réalisée, se trouve rapportée d'une ma-

---

(1) *Jacobus Gelu, de Puellâ Aurelianensi*, parmi les manuscrits latins in-4º de la bibliothèque du roi, n. 6199.

nière très-remarquable par un gentilhomme flamand, qui l'annonçait, dans une lettre de Lyon, comme une nouvelle curieuse, avant l'accomplissement; de sorte qu'on ne peut pas élever le moindre doute sur son authenticité. Ici, comme pour le secret que la Pucelle découvrit au roi, et en général dans toute cette histoire, il semble que la Providence elle-même ait voulu amasser les preuves et les témoignages les plus décisifs pour confondre ceux qui ne veulent pas croire à la miraculeuse mission de Jeanne d'Arc.

Ce gentilhomme, nommé le sire de Rotslaer, écrit au duc de Brabant : « Comment il a appris d'un conseiller et maître-d'hôtel du seigneur Charles de Bourbon, qu'il se trouve actuellement auprès du roi Charles VII une jeune fille de la Lorraine, laquelle promet de délivrer Orléans et annonce qu'elle sera blessée d'une flèche dans un combat devant la ville, mais qu'elle ne mourra pas de sa blessure. Le dauphin Charles, dit cette jeune fille, sera couronné à Reims l'été suivant, et elle annonce plusieurs autres choses encore que le roi tient secrètes. Elle monte tous les jours à cheval, armée de pied en cap, la lance au poing, comme les autres chevaliers, et Charles et ses fidèles ont confiance en elle (1). »

Cette remarquable lettre est datée de Lyon le 22 avril 1429; or, c'est le 29 du même mois que Jeanne fit son entrée à Orléans; elle fut blessée le 7 mai, et le 11 juillet suivant le roi était couronné à Reims.

Les préparatifs du duc d'Alençon étant à peu près terminés, et plusieurs braves chevaliers s'étant joints à lui, la Pucelle leva sa bannière et partit de Tours, le 21 avril, pour se rendre à Blois, accompagnée de l'archevêque de Reims, du grand-maître de la maison du roi et d'une petite troupe d'hommes d'armes.

Au commencement, les gens de guerre n'avaient pas grande confiance dans la pieuse jeune fille, et quand ils l'entendaient dire qu'elle mettait tout son espoir, non pas dans le tranchant de l'épée, mais dans la bénédiction de Dieu, ces discours ne pouvaient pas trouver beaucoup d'accès dans leurs farouches esprits. Jeanne, de son côté, avait horreur de l'impiété et des crimes au milieu desquels avaient grandi toutes ces âmes dans des guerres interminables, et elle voulait avant tout mettre fin à ce genre de vie.

Pendant les deux jours qu'elle passa à Blois, les prêtres de la ville se réunirent, à sa demande, le matin et le soir, sous une bannière qu'elle avait fait faire exprès par son confesseur, et qui représentait l'image du Sauveur crucifié. Les ecclésiastiques chantaient des cantiques et des hymnes en l'honneur de la Reine du ciel, tandis que Jeanne priait à genoux au milieu d'eux. Elle n'admettait à ce pieux exercice que ceux d'entre les hommes d'armes qui s'étaient confessés le jour même, et les prêtres étaient prêts à les entendre à toute heure. Jeanne elle-même les exhortait instamment à se réconcilier avec Dieu; car elle ne voulait que des mains pures et agréables au ciel pour l'aider à accomplir sa divine mission. Ainsi qu'elle l'avait demandé, une partie de ces prêtres l'accompagnèrent dans cette guerre sainte jusqu'à Orléans, la ville héroïque et affligée.

---
(1) Lebrun de Charmettes, t. I, p. 424; Guide Goerres, p. 123. Le manuscrit de cette lettre se trouve à la bibliothèque du roi.

Toutefois, avant de quitter Blois, Jeanne envoya aux Anglais, comme ses saintes le lui avaient recommandé, une sommation au nom de Dieu, de quitter la France. Elle était ainsi conçue :

† « IHESUS, MARIA. †

» Roy d'Angleterre, et vous, duc de Bethfort, qui vous dictes régent du royaume de France; vous, Guillaume de la Poulle; vous, comte de Suffort; Jehan, sire de Tallebot; et vous, Thomas, seigneur d'Escalles, qui vous dictes lieutenants dudit Bethfort, faictes raison au Roy du ciel, rendez à la Pucelle qui est envoyée de par Dieu, le Roy du ciel, les clefs de toutes les villes que vous avez prises et violées en France. Elle est ici venue de par Dieu pour réclamer le sang royal, et elle est toute preste de faire paix, si vous lui voulez faire raison, par ainsi que vous voulez vuider de France; et qu'amendez les dommages que y avez faicts, et rendez les deniers qu'avez reçus de tout le temps que l'avez tenu. Et entre vous, archers, compagnons de guerre, gentilshommes et autres, qui estes devant la ville d'Orléans, allez-vous-en, de par Dieu, en vostre pays; et se ainsi ne le faictes, attendez les nouvelles de la Pucelle, qui vous ira voir briefvement à vos bien grands dommages.

» Roy d'Angleterre, se ainsi ne le faictes, je suis chef de la guerre, et vous assure qu'en quelque lieu que je trouverai vos gens en France, je les combattrai et les chasserai, et ferai aller hors, veuillent ou non; et s'ils ne veulent obéir, je les ferai tous occire. Je suis ici envoyée de par Dieu, le Roy du ciel, pour les combattre et pour les bouter hors de toute France; et s'ils veulent obéir, je les prendrai à mercy. Et n'ayez point opinion d'y demeurer plus; car vous ne tiendriez point le royaume de France, royaume de Dieu, le Roy du ciel, fils de la vierge Marie. Ains le tiendra Charles, le vrai héritier, car Dieu, le Roy du ciel, le veut; et lui est révélé par la Pucelle, que bien brief il entrera à Paris en bonne et belle compagnie. Et si vous ne voulez croire les nouvelles de par Dieu et de par la Pucelle, je vous advise que, en quelque lieu que nous vous trouverons, nous vous férirons et frapperons dedans, et y ferons un si grand hay-hay, que depuis mille ans en France n'y en eust un si grand; et croyez fermement que le Roy du ciel envoyera tant de forces à la Pucelle, que vous ne vos gens d'armes ne lui sauriez nuire, ne aux gens de sa compagnie; et aux horions verra-t-on qui aura le meilleur droit. Et vous, duc de Bethfort, la Pucelle vous prie que vous ne vous faciez point destruire; et se vous lui faictes raison, encore pourrez-vous venir en sa compagnie, là où les François feront le plus beau faict que oncques fut fait pour la chrestienté; et vous prie me faire responce, si vous voulez faire paix en la cité d'Orléans où nous espérons être bien brief. Et se ainsi ne faictes, de vos gros dommages vous souvienne.

» Escript, ce mardy de la sepmaine saincte de l'année de Notre Seigneur mil quatorze cent vingt-huit. » Ce qui revient au 22 mars 1429, l'année commençant encore pour les Français à Pâques.

On ignore ce qu'est devenue la minute de cette lettre; on la donne ici d'après la copie qui se trouve dans les actes du procès, et telle qu'on la lut à la

Pucelle devant le tribunal, en lui demandant si elle la reconnaissait pour sienne. Jeanne répondit que c'était bien là sa lettre, sauf trois passages altérés, peut-être par mauvaise intention.

Enfin, le 27 avril, le convoi partit de Blois pour Orléans; et la Pucelle, qui avait le commandement supérieur de l'armée au nom du roi, ordonna de marcher de manière à arriver devant la ville par la rive droite de la Loire. C'était de ce côté que se tenait le comte de Suffolk avec le principal corps des Anglais, et qu'ils avaient établi leurs meilleurs retranchements. Les chevaliers, inquiets, représentèrent vainement à Jeanne les grands dangers de cette route, et que le bâtard d'Orléans, comte de Dunois, si expérimenté dans l'art de la guerre, avait conseillé de prendre la rive gauche pour aborder par eau; la Pucelle, qui ne craignait ni Suffolk, ni ses troupes, ni ses retranchements, voulait percer tout d'abord les plus fortes lignes de l'ennemi; car ses voix le lui avaient ainsi ordonné, et les chevaliers furent obligés de le lui promettre.

En tête du convoi marchaient les prêtres avec la bannière du Sauveur. La Pucelle suivait, entourée des maréchaux de Saint-Sévère et de Rays, de l'amiral de Culan, du grand-maître du palais Gaucourt, du brave Lahire et de beaucoup d'autres vaillants chevaliers accourus à Blois pour l'accompagner. Ensuite venait une troupe de quatre à cinq mille hommes, escortant les troupeaux et les provisions destinées à ravitailler la ville.

Les prêtres, qui marchaient en tête, chantaient à haute voix, en chœur, d'anciennes hymnes de l'Eglise, en particulier le *Veni Creator*. On touchait au mois de mai. Pendant deux jours, le convoi marcha processionnellement à travers ces riantes plaines de la Loire, entrecoupées de vergers et de prairies, et que leur beauté a fait surnommer le *jardin de la France*.

Ainsi précédée de ses prêtres, l'armée ressemblait plutôt à un pacifique pèlerinage qu'à une expédition guerrière, et le cœur des farouches hommes d'armes était de plus en plus pénétré de respect pour leur sainte conductrice. Elle les exhortait sans relâche à la pénitence et à la confiance en Dieu et en sa miséricorde infinie, les assurant qu'il leur donnerait la victoire, s'ils étaient en état de grâce. Elle-même communia solennellement au milieu d'eux en plein air, et l'amour qui brûlait son âme enflamma bientôt celle des autres. Le plus grand nombre d'entre eux allèrent à confesse, toutes les femmes de mauvaise vie durent quitter l'armée par ordre de la Pucelle, et elle observa, pour sa part, une si sévère discipline, qu'elle coucha la première nuit revêtue de son armure, ce dont elle fut incommodée.

Le troisième jour, ils arrivèrent devant Orléans, la cité fidèle, où tous les vœux de Jeanne la portaient depuis longtemps; mais combien sa joie fut mêlée d'amertume, quand, arrivée sur les hauteurs qui dominent la ville, elle reconnut que les chevaliers avaient violé leur promesse et que l'armée se trouvait sur la rive gauche du fleuve, où Orléans n'avait qu'un faubourg, qui encore avait été brûlé.

On vit aussitôt quelle faute on avait commise en suivant les conseils de la prudence humaine pour éviter un danger d'un moment, au lieu de se fier à l'envoyée de Dieu. Le convoi entier était dans la plus fâcheuse position : il n'y avait pas un seul pont sur lequel on pût passer le fleuve, et, près de la ville, les eaux de la Loire étaient si basses, qu'on ne pouvait décharger les provisions dans les bateaux qu'en un seul endroit. Or, cet endroit était défendu par un retranchement anglais, et l'on avait à craindre, à chaque minute, une attaque de toutes les forces de l'ennemi.

Dans ce moment critique, les chefs, qui avaient préféré leur opinion à celle de la Pucelle, ne savaient plus que faire; mais Jeanne, toujours pleine d'assurance en la vertu divine, leur conseilla d'attaquer le retranchement. Ils n'osèrent s'y résoudre, à cause de la disproportion de leurs forces.

Sur ces entrefaites, le comte de Dunois passa la Loire avec une nombreuse troupe de bourgeois. — Etes-vous le bâtard d'Orléans, lui cria la Pucelle? — Oui, répondit-il, et je suis bien aise de votre arrivée. — Est-ce vous, poursuivit-elle mécontente, qui avez donné l'avis de me faire venir de ce côté de la rivière, et non pas directement du côté où sont Talbot et ses Anglais? Les vivres seraient entrés, sans les faire passer par la rivière. — Dunois ayant cherché à s'excuser, en disant que lui et d'autres capitaines plus expérimentés avaient été de cet avis, le regardant comme le meilleur et le plus sûr. « En mon Dieu, reprit Jeanne, le conseil de Dieu notre Seigneur est plus sûr et plus habile que le vôtre. Vous avez cru me tromper, et vous vous êtes trompés vous-mêmes plus que moi; car je vous amène le meilleur secours qui ait jamais été envoyé à qui que ce soit. C'est le secours du Roi des cieux. Or, il ne vous arrive pas par amour de moi; mais il vous vient de Dieu même, qui, à la prière de saint Louis et de saint Charlemagne, a eu pitié de la ville d'Orléans, et ne veut point souffrir que les ennemis aient ensemble le corps du duc d'Orléans et sa ville. »

A la fin, on résolut de remonter le fleuve avec les bateaux et l'armée à deux lieues à l'est d'Orléans, jusque vis-à-vis le village de Checy, où il y avait garnison française et où le passage était plus facile. Toutefois ce plan même ne semblait pas possible à exécuter : le temps était orageux, la pluie tombait par torrents, la nuit approchait et les bateaux ne pouvaient bouger de place, à cause du vent contraire. Mais Jeanne prédit que le vent ne tarderait pas à changer. « Attendez un peu, leur disait-elle, car avec l'aide de mon Dieu tout ira bien. « A peine avait-elle prononcé ces paroles, que, suivant le rapport de frère Pasquerel, témoin oculaire, l'eau sembla croître sensiblement. Dunois fut si frappé de cet événement merveilleux, qu'il dit à ce sujet dans sa déposition juridique : « Il me paraît que la Pucelle et ses faits et gestes à l'armée viennent plutôt de Dieu que des hommes, quand je pense au changement subit qui s'opéra dès qu'elle eut parlé de son espoir dans le secours du ciel, et comment les provisions entrèrent dans Orléans malgré les Anglais, qui pourtant étaient de beaucoup les plus forts. »

Les bateaux passèrent à pleines voiles sous le canon des Anglais, sans que ceux-ci leur envoyassent un seul boulet, ce qui fut vraiment prodigieux. Désormais le courage des Français alla toujours croissant, avec leur confiance en leur miraculeuse conductrice. Les provisions arrivèrent sans obstacle à l'endroit convenu, et furent transportées de l'autre côté du fleuve. Le nombre des bateaux de passage étant insuffisant, on résolut de faire rétrograder l'armée jusqu'à Blois pour y traverser la Loire sur le pont et revenir avec de nouveaux renforts par le chemin que Jeanne avait indiqué; mais on la pria d'entrer elle-même sans retard dans la ville, où les bourgeois l'attendaient avec tant d'impatience. On ne put pas d'abord la décider à se séparer de son armée : Mes gens, disait-elle, se sont repentis de leurs péchés, ils se sont confessés, ils ont bonne volonté, et il est nécessaire de les conduire dans ces dispositions devant l'ennemi. Ce ne fut que sur les instantes prières des chefs et après la promesse qu'ils lui eurent faite de revenir avec des forces plus considérables, qu'elle entra enfin dans le bateau de Dunois et passa la Loire, tenant sa bannière à la main, et accompagnée du brave Lahire, du maréchal de Boussac, autrement de Saint-Sévère, et d'autres chevaliers. Auparavant, elle avait recommandé à son confesseur, Jean Pasquerel, de demeurer à l'armée et de porter avec les prêtres, comme précédemment, en tête des troupes, la sainte bannière du Sauveur.

Pendant que ceux d'Orléans faisaient une vigoureuse sortie contre un retranchement anglais qui défendait le passage, et s'emparaient, dans le combat, d'un drapeau ennemi, les provisions furent heureusement introduites dans la ville affamée, et ainsi s'accomplit une prédiction de la Pucelle, à savoir, que le convoi entrerait dans la ville sans être arrêté par les Anglais.

Quant à la Pucelle elle-même, pour éviter un trop grand concours de peuple, elle attendit jusqu'au soir, avec sa suite, à l'endroit où elle avait débarqué. Il était six heures et demie quand elle partit de là, accompagnée de deux cents lances, qui avaient été détachées de l'armée pour lui servir d'escorte. Or, bien que cette petite troupe ne passât qu'à un jet d'arc des Anglais, ceux-ci ne tirèrent point l'épée contre l'envoyée du ciel et ne bougèrent pas même de place, comme si la main de Dieu eût retenu leurs bras et paralysé leur courage. Environ huit heures du soir, Jeanne entra dans Orléans, armée de toutes pièces, montée sur un cheval blanc, avec sa blanche bannière devant elle : le comte de Dunois marchait à sa gauche. Les habitants la reçurent à la lueur des flambeaux, et faisant telle joie comme s'ils vissent Dieu descendre parmi eux, et non sans cause; car ils avaient plusieurs ennuis, et travaux et peines, et, qui pis est, grand doute de non être secourus et perdre tout corps et biens. Mais ils se sentaient déjà tout réconfortés et comme désassiégés par la vertu divine qu'on leur avait dit être en cette simple pucelle, qu'ils regardaient moult affectueusement, tant hommes, femmes, que petits enfants. Et y avoit moult merveilleuse presse à toucher à elle ou au cheval sur lequel elle étoit. C'est ainsi qu'un bourgeois d'Orléans raconte l'entrée de Jeanne d'Arc, dans une relation du siége, conservée dans les archives de la ville.

Quoique la Pucelle n'eût rien mangé ni rien bu depuis le matin jusqu'au soir, et qu'ayant passé toute la journée à cheval sous sa lourde armure, elle eût grand besoin de repos, elle se dirigea néanmoins droit vers la cathédrale pour rendre grâces à Dieu. Le peuple la suivait incessamment avec un grand respect, comme on suivrait un ange, et la saluait de ses joyeuses acclamations : alors elle adressait de douces et bienveillantes paroles à ceux qui l'environnaient, les exhortant à avoir confiance en Dieu et leur promettant la fin de tous leurs maux, s'ils avaient une foi ferme et une véritable espérance.

De la cathédrale, elle fut solennellement conduite à la maison d'un des bourgeois les plus considérés de la ville, qui avait une femme très-honnête. Ce fut là seulement qu'elle se dépouilla de son armure. On lui avait préparé un magnifique banquet; mais elle se fit uniquement verser un peu de vin et d'eau dans une coupe d'argent, où elle trempa cinq ou six tranches de pain, et, ce soir-là, elle ne mangea ni ne but autre chose.

Elle passa la nuit dans la chambre et à côté de la fille de son hôtesse. Son frère Pierre, le bon Jean de Metz, Bertrand de Poulengy, et le chevalier d'Aulon, écuyer de la Pucelle, avaient leur logement dans la même maison.

Le lendemain matin, il fut tenu chez le comte de Dunois un conseil de guerre auquel assistèrent tous les chefs et les capitaines. La Pucelle soutint fortement que l'on devait employer la nouvelle ardeur des chevaliers et des bourgeois à donner l'assaut aux bastilles de l'ennemi. Le brave Lahire et le chelier Florent d'Illiers partageraient cette opinion; d'autres, qui n'écoutaient que la prudence humaine, la combattirent. Le débat fut très-vif. L'assaut fut rejeté à la majorité des voix, et l'on résolut simplement d'envoyer un renfort au devant de l'armée française qui venait de Blois.

Jeanne fut très-affligée de voir rejeter son opinion. Le bouillant Lahire et Florent d'Illiers, qui l'avaient appuyée, firent, en conséquence, de leur propre mouvement, une sortie, et eurent un rude engagement avec les Anglais.

Alors la Pucelle envoya, pour la seconde fois, par ses deux hérauts d'armes, une lettre à Talbot pour l'engager à se retirer pacifiquement. En entendant ceci, les Anglais devinrent furieux et injurièrent violemment Jeanne, l'appelant fille de mauvaise vie, vachère, et menaçant de la brûler vive; puis ils se mirent à tourner en dérision tout ce qu'elle leur avait dit; mais ce qui fut pis encore, dans leur rage, ils oublièrent les lois de la guerre et de l'honneur au point de retenir un des deux hérauts et de vouloir le brûler. Toutefois ils jugèrent plus prudent d'écrire d'abord à l'Université de Paris pour en obtenir la permission.

Ils renvoyèrent l'autre héraut à la Pucelle avec leur message. — Que dit Talbot, lui demanda Jeanne, aussitôt qu'elle l'aperçut? — Talbot et les autres Anglais, répondit le héraut, disent de vous tous les maux qu'ils peuvent, et que, s'ils vous tenaient, ils vous feraient ardoir (brûler). — Or, t'en retourne, lui dit-elle, et je n'ai aucun doute que tu ramèneras ton compagnon. Et dis à Talbot que, s'il s'arme, je m'armerai aussi; et qu'il se trouve en place devant la ville; et s'il peut me prendre, qu'il me fasse ardoir; et si je le déconfis, qu'il fasse lever les sièges, et qu'ils s'en aillent en leur pays.

Le héraut, à ce qu'il paraît, n'eut pas le courage de retourner tout de suite auprès des Anglais furieux. Jeanne, au contraire, n'avait pas la moindre inquiétude sur son compte; elle disait : En mon Dieu, ils ne lui feront point de mal; et il en fut réellement ainsi.

Le même samedi, vers le soir, la Pucelle monta sur le retranchement élevé près de Belle-Croix, à l'extrémité du pont; de là, elle ordonna de nouveau à haute voix aux Anglais de se retirer pacifiquement, s'ils ne voulaient pas l'obliger à les chasser, les armes à la main et à leur grand dommage. Glacidas et ses compagnons lui répondirent par leurs insultes et leurs menaces ordinaires. Il y en eut même un, nommé le bâtard de Grandville, qui les surpassa tous en insolence. — Penses-tu donc, lui dit-il, que les chevaliers fuiront devant une femme? et il appela les Français magiciens et hérétiques, parce qu'ils suivaient une pareille sorcière.

Jeanne fut si blessée au fond du cœur des audacieuses et déshonnêtes paroles des Anglais, que, ne pouvant plus se contenir, elle cria à Glacidas qu'il mentait. Elle ajouta que, malgré eux tous, ils s'en iraient dans peu; mais lui-même ne le verrait cependant pas, et beaucoup de ses gens y seraient tués. Après cette menaçante prédiction, dont nous verrons le terrible accomplissement, elle rentra dans la ville.

Le lendemain dimanche, Dunois, comme on en était convenu, se dirigea vers Blois avec les siens à la rencontre des Français. Jeanne, armée de pied en cap, sortit aussi de la ville et plaça ses gens entre les remparts et les retranchements anglais, pour couvrir la marche du comte. Mais les ennemis, malgré la supériorité de leurs forces, ne bougèrent pas, et la Pucelle ne rentra dans la ville qu'après avoir entièrement perdu de vue le bâtard d'Orléans. Elle cria de ce côté une dernière fois aux Anglais : « Retournez, de par Dieu, en Angleterre, ou je vous ferai courroucés. » Alors ceux-ci ayant recommencé leurs indécentes insultes, elle se retira précipitamment.

Toutefois, malgré cette furie de langage, les Anglais n'étaient nullement rassurés. Ils avaient perdu leur confiance; car, selon le témoignage de Dunois lui-même, eux qui précédemment, au nombre de deux cents, mettaient cinq cents Français en fuite, cédaient maintenant, au nombre de quatre cents, le terrain à deux cents Français. Bien plus, leurs forces entières étaient journellement attaquées par quatre ou cinq cents hommes, et refoulées dans leurs retranchements. Aussi le courage des habitants d'Orléans croissait-il de jour en jour, avec leur confiance en la vierge envoyée de Dieu. Dans le conseil, elle l'emportait, par le courage, par l'expérience, par la justesse et la rapidité du coup d'œil, sur les meilleurs chevaliers, et, en même temps, elle était humble, pieuse et pure comme une sainte qui a renoncé au monde. Tous s'inclinaient devant son élévation, quand elle exaltait la bonté et la magnificence de Dieu; devant son humilité, quand elle parlait d'elle-même. Sa bienveillance et sa mansuétude subjuguaient les cœurs les plus farouches, et bientôt elle fit pénétrer au fond de toutes les âmes ces paroles qu'elle répétait sans cesse : Dieu m'a envoyée ici; ayez seulement en lui une ferme confiance, il vous délivrera infailliblement. Son ardente piété remuait profondément le peuple, lorsque, au moment où le prêtre élevait la sainte hostie, ses joues étaient inondées de larmes; elle parlait toujours de Dieu et de la sainte Vierge, et exhortait tout le monde à un sincère repentir.

La vie déréglée des gens de guerre donnait surtout beaucoup de souci à la pieuse Jeanne. Tantôt elle les reprenait avec douceur, tantôt elle leur reprochait leurs désordres avec une inexorable austérité qui étonnait chez une si jeune fille, et elle les exhortait à penser au salut de leur âme immortelle.

Le bon chevalier Lahire lui faisait, entre tous, une grande peine. C'était un fougueux compagnon qui avait en lui une foi sincère et était dévoué de corps et d'âme à son roi; mais qui, pour le reste, n'y regardait pas de si près, selon l'habitude des gens de guerre de cette époque; il avait, par exemple, la mauvaise coutume de jurer d'une manière horrible. Jeanne se donna toutes les peines imaginables pour la lui faire perdre. Le brave chevalier avait la meilleure volonté du monde, et, d'après les exhortations de Jeanne, il se confessait souvent; mais l'habitude des jurements ne voulait pas du tout s'en aller. Enfin, voyant qu'il ne pouvait y renoncer, Jeanne lui conseilla de jurer par son bâton, au lieu de renier Dieu et d'invoquer le diable; ce que Lahire fit réellement, du moins tant qu'il était en sa présence.

Ce qui étonnait le plus les gens, c'était son activité extraordinaire et les travaux sans nombre auxquels elle se livrait; car, depuis le matin jusqu'au soir elle était à cheval et sous les armes. Souvent, dans toute la journée, elle ne mangeait qu'un morceau de pain et ne buvait qu'un peu de vin trempé d'eau. On ne savait où elle prenait toutes ces forces, ou plutôt on voyait bien qu'elles lui venaient de Dieu.

Les braves habitants d'Orléans, après une si longue et si dure détresse, ne pouvaient contenir leur joie à la vue de toutes ces merveilles. Le peuple assiégeait, pour ainsi dire, les portes de la maison de Jeanne; et le dimanche, quand elle rentra dans les murs, on la pria et la supplia jusqu'à ce qu'elle consentît à parcourir à cheval la ville entière. Il y avait tant de monde à la regarder, qu'à peine pouvait-on passer dans les rues; car le peuple ne pouvait se rassasier de la voir.

Le lundi suivant, Jeanne chevaucha hors des murs, pour examiner les ouvrages des ennemis. Une grande foule de peuple la suivait; elle passa devant les tours et les retranchements des Anglais tout autour de la ville, sans qu'il lui fût lancé un seul trait et sans qu'une seule épée fût tirée contre elle; puis elle rentra tranquillement et alla entendre vêpres dans l'église de Sainte-Croix.

Cependant les jours s'écoulaient, et ni Dunois ni l'armée n'étaient de retour. Les gens de la ville en conçurent une vive inquiétude. Ils craignaient également pour le maréchal de Saint-Sévère, qui était aussi allé au devant des renforts. Mais Jeanne leur disait : « Le maréchal vient, j'en suis certaine; il ne lui sera fait aucun mal. » En effet, bientôt après, on annonça l'approche des troupes si impatiemment attendues. La Pucelle sortit à leur rencontre, avec Lahire, d'Illiers et beaucoup d'autres chevaliers, pour leur porter secours en cas d'attaque. Mais les Anglais, qui étaient si supérieurs en nombre, se tinrent immobiles et silencieux sur leurs tours et leurs retranchements, comme s'ils avaient été frappés de la foudre, pendant que l'armée, commandée par Dunois, défila processionnellement devant eux. Frère Pasquerel, suivi des prêtres, marchait en tête, et ils entrèrent ainsi, sans coup férir, dans la ville, en chantant des cantiques.

Dans cette circonstance, on vit encore combien la Pucelle avait eu raison, le jour de son arrivée à Orléans, quand elle avait si vivement refusé de se séparer de son armée. Car les chefs ayant de nouveau tenu conseil à Blois, une scission allait éclater parmi eux, si Dunois n'était survenu à propos pour l'empêcher. Maintenant qu'ils étaient tous réunis, Dunois alla annoncer à Jeanne qu'il savait d'une source certaine que le chef anglais Falstof s'avançait vers le camp ennemi avec un renfort d'hommes et de provisions. La Pucelle en fut très-joyeuse. Mais comme on l'avait déjà trompée une fois et que l'on avait rejeté son avis au grand détriment de l'entreprise, et malgré l'autorité dont le roi l'avait revêtue, elle dit d'un ton menaçant au vaillant comte de Dunois : « Bastard ! bastard, au nom de Dieu, je te commande que tantost que tu sauras la venue dudit Falstof, tu me le fasses savoir; car, s'il passe sans que je le sache, je te promets que je te ferai oster la teste. » Dunois, frappé d'un langage aussi extraordinaire dans la bouche d'une jeune fille, lui répondit avec un profond respect qu'elle pouvait être sans inquiétude, et qu'il agirait comme elle l'avait ordonné.

Après que Dunois l'eût quittée, arriva le fait que voici, et qui nous est rapporté par les témoins oculaires :

D'Aulon, écuyer de la Pucelle, se trouvant très-fatigué, s'était jeté à midi sur un lit pour prendre quelque repos; Jeanne avait fait de même avec son hôtesse. Or, à peine le chevalier venait-il de céder au sommeil, que Jeanne se lève tout à coup de son lit et le réveille à haute voix, disant : « Au nom de Dieu, mon conseil m'a dit que j'aille contre les Anglais; mais je ne sais si je dois aller à leurs bastilles, ou contre Falstof, qui les doit avitailler. » Comme elle parlait ainsi, frère Pasquerel et d'autres prêtres entrèrent, et l'entendirent crier : « Où sont ceux qui me doivent armer? Le sang de mes gens coule par terre ! En mon Dieu, c'est mal fait. Pourquoi ne m'a-t-on éveillée plus tôt? Nos gens ont bien à besogner devant une bastille, et il y en a de blessés. Mes armes ! apportez-moi mes armes, et amenez-moi mon cheval ! »

D'Aulon ne savait que penser; car, tout à l'entour, le calme et le silence le plus profond régnaient dans les rues; mais avant qu'il eût pu lui donner son armure, Jeanne était déjà dans le bas de la maison. Là, elle trouva son page, Louis de Contes, qui causait sans souci sur le seuil de la porte. « Ah! sanglant garçon, lui cria-t-elle, vous ne me diriez pas que le sang de France fût répandu. » Elle demanda son cheval, et remonta précipitamment dans sa chambre pour prendre son armure. D'Aulon n'avait pas encore fini de la lui ajuster, quand on entendit du tumulte dans les rues. L'écuyer se mit lui-même en devoir de s'armer; mais avant qu'il fût prêt, Jeanne était à cheval. Alors seulement elle s'aperçut qu'elle avait oublié sa bannière. Le page monte pour la chercher; mais elle était si pressée, qu'elle lui crie de la lui donner par la fenêtre; puis elle pique des deux et se précipite, sa bannière à la main, droit vers la porte de Bourgogne; le feu jaillissait du pavé sous les pas de son cheval. Les gens étaient fort étonnés de lui voir prendre ainsi le chemin le plus direct vers un endroit où elle n'avait jamais été.

Le page restant tout interdit, l'hôtesse lui dit qu'il devait suivre sa maîtresse, et il galopa, en effet, après elle avec le chevalier d'Aulon; mais ils ne la rejoignirent que près de la porte, où le passage se trouvait obstrué par la presse des Français en déroute. Voici comme la chose était arrivée :

Le matin, une troupe de gens d'armes, sans consulter Dunois ni la Pucelle, avaient attaqué un retranchement élevé par les Anglais près de l'église de Saint-Laud. Cette attaque leur réussit d'abord, mais ils ne tardèrent pas à être mis en fuite. Lorsque la Pucelle vit revenir un des blessés, elle s'écria : Jamais je n'ai vu couler le sang français, sans sentir mes cheveux se dresser sur ma tête ! et, disant ces mots, elle pousse son cheval droit au retranchement, à travers les fuyards, suivie seulement de quelques chevaliers. Les siens l'accueillent avec un cri de joie, et retournent contre l'ennemi. Mais elle, qui était sûre de la victoire, commence par faire crier que personne ne se permit d'enlever quoi que ce fût de l'église de Saint-Laud, située au milieu des lignes anglaises; puis elle donne le signal de l'assaut. De son côté, Talbot fait avancer les hommes de plusieurs autres bastilles pour mieux défendre le retranchement attaqué; mais, au même temps, le maréchal de Boussac et le baron de Coulonges amènent d'Orléans six cents chevaliers et gens d'armes, qui coupent ce secours, tandis que la Pucelle, victorieuse, s'emparait du retranchement après trois heures de combat. Ceux des ennemis qui ne se rendirent pas furent tués sans miséricorde : cent quatorze Anglais restèrent sur la place, quarante furent faits prisonniers, et deux cents échappèrent par la fuite. Un certain nombre, s'étant réfugiés dans l'église de Saint-Laud, revêtirent des habits sacerdotaux; mais ils furent pris par les Français, dont les uns voulaient les massacrer, et les autres les épargner à cause de leurs vêtements ecclésiastiques. Le débat fut porté devant la Pucelle, qui voulut qu'on les traitât comme des prêtres. Elle défendit de leur faire le moindre mal, ne souffrit pas même qu'on les pillât, et, pour leur plus grande sûreté, elle les fit conduire dans sa propre maison sans les perdre de vue; car les gens d'Orléans, pour se venger de toutes les misères qu'ils avaient souffertes, avaient égorgé les autres prisonniers loin des yeux de la Pucelle. Jeanne, au contraire, pleurait amèrement à la pensée qu'un si grand nombre de ses ennemis étaient morts sur le champ de bataille; et elle adoucissait, autant qu'elle pouvait, les malheurs de la guerre. Elle voulut se confesser à l'instant même, ayant pris l'habitude d'aller combattre devant Dieu pour son roi, qu'avec un cœur pur; mais cette fois, elle avait été brusquement tirée du sommeil, et n'avait pas eu le temps d'accomplir sa pieuse pratique. C'est pourquoi elle voulait maintenant la remplir, et elle ordonna à tous ceux qui avaient pris part à l'action d'en faire autant, et de rendre grâces à Dieu de la victoire qu'il leur avait accordée; car, autrement, leur disait-elle, Dieu ne serait plus avec eux dans le combat, et il les abandonnerait pour prix de leur ingratitude. Elle fit ensuite mettre le feu au retranchement conquis, et ordonna de le raser au niveau du sol.

Quand la Pucelle rentra dans la ville avec les seigneurs et les chevaliers, toutes les cloches annoncèrent cette première victoire, et l'on remercia Dieu dans les églises, par des chants et des prières, du secours qu'il avait envoyé à la bonne ville d'Orléans dans sa grande détresse. Pour les Anglais, au contraire, ces bruits de fête retentissaient tristement; car ce jour-là, ils avaient beaucoup perdu de leur force et de leur courage. Le soir, la Pucelle déclara que le lendemain étant le jour de l'Ascension, elle n'irait point au combat, qu'elle ne revêtirait pas même son armure à cause de cette grande solennité, et, que, pour la célébrer d'une manière agréable à Dieu, elle se rendrait au tribunal de la pénitence et à la table sainte.

Le jour de l'Ascension, les chefs tinrent un conseil de guerre en l'absence de la Pucelle. Ils convinrent de diriger une fausse attaque d'un côté, pour surprendre les Anglais, et de ne donner connaissance à la Pucelle que de la première partie. Elle répondit d'un ton mécontent : « Dites-moi tout ce que vous avez conclu et arrêté, je puis garder le silence sur des choses encore plus importantes que celles-ci. — Ne vous fâchez pas, répliqua Dunois, parce que nous ne vous avons pas tout dit d'une seule fois; » puis il lui communiqua le plan tout entier, et assura qu'il paraissait excellent. Jeanne s'en montra également satisfaite, mais elle ajouta d'un air de doute : « Pourvu qu'on l'exécute comme vous venez de l'expliquer. » Elle avait raison; car, le soir même, ce projet fut changé, et l'on convint de donner l'assaut à la bastille de Saint-Jean-le-Blanc, située au delà du fleuve.

Là-dessus Jeanne fit publier une ordonnance dans laquelle il était dit : « Qu'aucun ne fût si hardi, le lendemain, de sortir de la ville et d'aller à l'attaque des bastilles, s'il n'avait d'abord été à confesse, et que les hommes d'armes eussent à renvoyer les femmes de mauvaise vie et surtout de les empêcher d'approcher de la Pucelle, parce que, disait-elle, pour punir les péchés des hommes, Dieu permet la perte des batailles. »

Ensuite elle attacha elle-même à une flèche sa lettre aux Anglais, et ordonna à un archer de la leur lancer en criant : Lisez, voici des nouvelles ! Au-dessous, elle avait ajouté les mots suivants : « C'est pour la troisième et dernière fois que je vous écris, et ne vous écrirai plus désormais. Signé, Jhésus, Maria. Jehanne la Pucelle. Et un peu plus bas : « Je vous enverrais mes lettres plus honnêtement, mais vous retenez mes hérauts; car vous gardez mon héraut Guienne. Renvoyez-le-moi et je vous enverrai quelques-uns de vos gens pris à la bastille de Saint-Laud; car tous ne sont pas morts. » Les Anglais répondirent avec leurs insultes accoutumées. « Voilà, crièrent-ils de toutes leurs forces, des nouvelles de la fille perdue des Armagnacs ! » Jeanne soupira et pleura amèrement, puis ayant pris le Roi du ciel à témoin de son innocence, elle se sentit aussitôt consolée d'en-haut, et dit à ceux qui l'entouraient qu'elle venait d'avoir des nouvelles de son Seigneur.

De son côté, Dunois sommait les Anglais de rendre le héraut d'armes de la Pucelle, les menaçant, s'ils le retenaient, de faire mourir *de malemort* tous les prisonniers et avec eux les hérauts qui étaient venus pour traiter de leur rançon. Personne ne voulut d'abord porter ce message, jusqu'à ce qu'enfin l'autre héraut de Jeanne, assuré par elle qu'il reviendrait sain et sauf avec son compagnon, se rendit dans le camp ennemi, d'où il revint en effet.

Au point du jour suivant, frère Pasquerel dit une messe en présence de la Pucelle et des siens. La messe dite, Jeanne sortit de la ville, vers neuf heures du matin, avec les meilleurs chevaliers et environ quatre mille hommes; ils passèrent le fleuve et se portèrent dans une petite île tout auprès de la bastille de Saint-Jean-le-Blanc.

Là ils firent avec deux bateaux un pont pour assaillir le fort; mais, pendant ce temps, Glacidas y mit le feu et se retira avec ses hommes dans leur retranchement le plus vaste et le mieux fortifié, près de l'église des Augustins. Les chefs français, s'estimant trop faibles pour attaquer une aussi forte position, étaient d'avis de battre en retraite; mais Jeanne, accompagnée seulement d'une petite troupe, marcha en avant et planta sa bannière en face de la formidable bastille des Augustins. Alors le bruit se répandit tout à coup que les Anglais de la rive droite passaient le fleuve en grand nombre; les Français, effrayés, reculèrent, et Jeanne fut entraînée malgré elle par le flot des fuyards; ce que voyant les Anglais, ils lui crièrent de grosses injures. Déjà elle était arrivée saine et sauve dans la petite île dont nous avons parlé; mais ne pouvant supporter la honte de sa fuite, elle se jeta avec son cheval dans une barque, et ordonna aux rameurs de la reconduire sur la rive ennemie. Elle était suivie du brave Lahire. Quand ils furent débarqués, elle s'écria : « Maintenant, au nom de Dieu, courons hardiment aux Anglais ! » Ils mirent l'un et l'autre leur lance en arrêt et se précipitèrent avec tant d'audace et d'impétuosité sur les ennemis, qu'ils les repoussèrent jusque dans leurs retranchements.

La Pucelle planta pour la deuxième fois sa bannière sur la bastille des Augustins, et les troupes françaises se pressèrent de plus en plus nombreuses autour d'elle. Alors commença une lutte acharnée; car Glacidas était un terrible capitaine, qui n'avait jamais connu la fuite. Jeanne se distingua entre tous par son courage et son habileté militaires. Les églises d'Orléans sonnaient les vêpres, lorsque la bastille des Augustins, le plus fort retranchement des Anglais de ce côté du fleuve, fut emportée. On y trouva beaucoup de prisonniers français et une grande quantité de munitions de guerre. Un petit nombre d'ennemis seulement parvinrent à se sauver dans la forteresse du pont; le reste fut taillé en pièces. Quant au butin, la Pucelle y fit mettre le feu, pour éviter le désordre du pillage.

Le soir même, les Français s'établirent en face du pont et de la forteresse des Tournelles, qui en défendait l'approche. Jeanne ne retourna qu'à regret passer la nuit dans la ville; mais les chefs la supplièrent instamment de rentrer. Elle portait une si grande sévérité dans l'observation du jeûne, qu'elle ne consentit qu'avec peine, après cette chaude journée, à prendre quelque nourriture avant l'heure. Pendant qu'elle faisait ce léger repas, un des principaux chevaliers vint lui dire que les chefs et les capitaines convenaient unanimement que la victoire obtenue avec des forces si disproportionnées était une grande grâce de Dieu; mais qu'ils n'étaient pas d'avis de conduire le lendemain leurs gens à un nouveau combat, cela n'étant pas nécessaire, puisque la ville se trouvait bien approvisionnée et attendait d'autres renforts. Jeanne, remplie de la force de sa mission divine, répondit au chevalier : « Vous avez été en votre conseil, et moi j'ai été au mien; mais croyez que le conseil de mon Seigneur tiendra et s'accomplira, et que celui des hommes ira à néant. » Ensuite elle se tourna vers son confesseur et lui dit d'être encore plus matinal le lendemain; « car, ajouta-t-elle, demain j'aurai beaucoup à faire et plus que je n'ai eu jusqu'à présent; il sortira demain du sang de mon corps au-dessus du sein; je serai blessée devant la bastille du bout du pont. »

La nuit ne fut pas moins agitée que le jour l'avait été. Les Anglais mirent encore le feu à l'une de leurs bastilles au delà du fleuve, et, à la faveur des ténèbres, ils en rallièrent la garnison au gros de l'armée. La crainte que les siens ne fussent surpris par l'ennemi ne laissa aucun repos à Jeanne pendant la nuit entière; car elle ne savait ce que voulaient dire toutes ces secrètes manœuvres des Anglais.

Bien avant l'aube, elle assista au service divin et prit son armure. Au moment où elle allait sortir de la maison, un homme se présenta à elle, avec une alose qu'il venait de pêcher. La Pucelle n'avait encore rien mangé, et son hôtesse lui dit : « Jeanne, mangeons ce poisson avant votre départ. — Gardez-le jusqu'au soir, répondit la Pucelle; car je vous amènerai un *Godon* (1) qui en mangera sa part, et je repasserai le pont après avoir pris les Tournelles. » Tous ceux qui entendirent cette réponse en furent émerveillés, sachant bien que personne ne pouvait passer le pont, dont plusieurs arches étaient détruites.

La Pucelle, accompagnée d'une multitude de peuple et de beaucoup de gens de guerre, se rendit à cheval à la porte de Bourgogne. Le sire de Gaucourt, maître-d'hôtel du roi, homme ferme et inflexible, avait la garde de ce poste, et il déclara qu'il ne laisserait passer personne, comme on l'avait décidé la veille dans le conseil. La foule, exaspérée, se répandit en cris et en menaces; Jeanne s'avança droit vers Gaucourt, et, ayant imposé silence au peuple, elle dit au maître-d'hôtel du roi : « Vous êtes un méchant homme; mais veuillez ou non, les gens d'armes viendront et obtiendront aujourd'hui comme ils ont déjà obtenu. » La foule voulut alors enfoncer la porte; mais elle fut ouverte, sur les ordres de la Pucelle, par les hommes de Gaucourt, et lui-même raconta dans la suite qu'il avait été, ce jour-là, en grand danger de perdre la vie.

Le soleil se levait à l'instant où Jeanne passa le fleuve. Les chefs s'assemblèrent et convinrent de réunir toutes leurs forces pour donner l'assaut; car la forteresse du pont était entourée de boulevards et de fossés profonds, et si bien retranchée, qu'on la regardait comme imprenable. En outre, elle était couronnée d'une artillerie terrible et défendue par la fleur de la chevalerie anglaise.

Il était environ dix heures : les trompettes de la Pucelle sonnèrent l'assaut, et un effroyable tonnerre de canons éclata des deux côtés. Les Français s'avancèrent tout à l'entour, ayant à leur tête le comte de Dunois, d'Aulon, Lahire, les deux Xaintrailles et Florentin d'Illiers, et tous les capitaines expérimentés du roi Charles VII; mais les Anglais leur opposèrent une noble et ferme résistance.

Jeanne, qui était surtout le point de mire de l'artillerie ennemie, guidait les siens avec une intrépidité et une habileté merveilleuses, encourageant ceux qui faiblissaient et faisant passer dans tous les cœurs l'enthousiasme et la confiance en Dieu, dont elle était elle-même animée. Que chacun, disait-elle, ait bon cœur et bonne espérance en Dieu; car l'heure approche où les Anglais seront déconfits, et toutes choses viendront à bonne fin.

Cependant, malgré ses généreuses paroles et ses courageux exemples, elle vit l'ardeur des siens tomber peu à peu. Déjà il était une heure de l'après-midi, un grand nombre gisaient dans le fossé, çà et là; les autres étaient épuisés de fatigues et sans espoir : alors Jeanne se précipite dans le fossé même, prend une échelle et la pose contre le boulevard; mais, à cet instant, la flèche qu'elle a prédite vient la frapper entre le cou et l'épaule, et elle tombe presque sans connaissance. Les Anglais se jettent sur elle, et elle ne se défend plus qu'à grand'peine avec son épée. Aussitôt Jean de Gamache, le même avec lequel Jeanne avait eu, peu auparavant, une dispute dans le conseil, se fait jour à travers les ennemis avec sa hache d'armes dont il frappe à droite et à gauche. Parvenu auprès de Jeanne, il lui offre son cheval, en disant : « Acceptez ce don, brave chevalière : plus de rancune, j'avoue mon tort, quand j'ai mal présumé de vous. — J'aurais grand tort, répondit-elle, de garder rancune; car oncques ne vis chevalier si bien appris. »

Cependant elle s'obstinait à rester dans le fossé. Il fallut presque l'emporter de force. On la déposa loin du lieu du combat, sur l'herbe, et on lui ôta son armure. Auprès d'elle se tenaient son confesseur, Dunois et les autres chefs. La flèche ressortait derrière le cou, environ d'un demi-pied. Elle pleura d'abord; mais, fortifiée ensuite par ses célestes visions, elle dit qu'elle était consolée et retira elle-même le trait. Plusieurs hommes d'armes s'étant approchés pour conjurer, par toutes sortes de paroles magiques, la blessure d'où le sang jaillissait avec impétuosité, Jeanne se fâcha et leur dit : « J'aime mieux mourir que d'agir contre la volonté de Dieu. » Comme on lui demandait si elle mourrait de cette blessure : « Je sais, répondit-elle, que je mourrai un jour; mais j'ignore où, quand, comment, et à quelle heure. Si vous pouvez me donner sans péché un remède contre ma blessure, je désire bien guérir. » Après qu'on lui eût appliqué un bandage, elle pria les assistants de s'éloigner, et se confessa au frère Pasquerel avec d'abondantes larmes.

Le malheur arrivé à la Pucelle avait enlevé à l'armée découragée son dernier espoir. Vainement elle chercha elle-même, cette jeune fille blessée, à ranimer l'ardeur des hommes pusillanimes par les

(1) Sobriquet donné aux Anglais, d'un de leurs jurons.

généreuses paroles qu'elle tirait de son cœur : elle entendit Dunois donner l'ordre de sonner la retraite, et vit les assaillants se retirer.

Dans ce moment où personne, sans doute, ne croyait plus aux promesses de victoire qu'elle avait faites le matin avec tant de confiance, en sortant de la ville ; dans ce moment où tous désespéraient du succès, Jeanne, remplie d'une force nouvelle, dit à Dunois et aux autres chefs : « En mon Dieu, vous entrerez bien brief dedans ; n'ayez doute. Quand vous verrez flotter mon étendard vers la bastille, reprenez vos armes ; elle sera vôtre. C'est pourquoi reposez-vous un peu, buvez et mangez pour reprendre des forces. »

Ayant dit ces mots, elle chargea un des siens de tenir sa bannière, remonta à cheval aussi lestement que si elle n'eût été ni fatiguée, ni blessée, et se dirigea, accompagnée d'un chevalier, vers une vigne située à quelque distance. Là elle descendit de cheval, commanda au gentilhomme de se tenir attentif, d'observer la bannière et de l'avertir au moment où elle flotterait du côté de la bastille ; puis elle alla quelques pas à l'écart, et se mit à prier. Peu de temps après, le chevalier lui cria que la bannière flottait du côté qu'elle avait dit. Aussitôt Jeanne remonte à cheval, prend sa bannière à la main et se précipite vers la bastille, en répétant d'une voix haute et ferme : En avant ! en avant ! tout est vôtre.

Au moment même les Anglais sont frappés de terreur, et l'assaut recommence. Les plus considérables d'entre les chevaliers et les capitaines français racontèrent, dans la suite, qu'après que la Pucelle eût prononcé ces paroles, ils escaladèrent le boulevard aussi facilement que s'ils eussent monté un escalier, et ne pouvaient s'expliquer la chose que comme une œuvre et un miracle de Dieu.

Toutefois, ce fut encore une rude mêlée. Quand ceux de la ville virent cette nouvelle lutte, les infirmes, les femmes se pressèrent dans les églises pour porter aux combattants le secours de leurs prières ; mais les jeunes gens et les hommes valides coururent au pont, du côté où s'élevait le retranchement de Belle-Croix. Au moyen de grosses poutres qu'ils avaient traînées, ils rétablirent une espèce de communication entre les Tournelles et la redoute de Belle-Croix. Nicolas de Giresme, commandeur de Saint-Jean de Jérusalem, revêtu de l'habit de son ordre, tenant sa hache d'armes dans la main droite et son bouclier de la main gauche, passa le premier, à travers les traits des ennemis, sur les poutres chancelantes, et s'élança contre les remparts, suivi d'un grand nombre des siens. Au même temps, Jeanne avait escaladé le retranchement d'un autre côté, et planté dessus sa bannière victorieuse.

Plus tard, les prisonniers anglais racontèrent qu'il leur avait semblé, en ce moment, être enveloppés d'une multitude d'assaillants, et qu'ils avaient vu dans les airs des jeunes gens d'une éclatante beauté, montés sur des chevaux blancs ; l'archange Michel lui-même leur avait apparu, marchant sur le pont, à la tête des Français.

Du haut du retranchement, Jeanne, tenant à la main sa glorieuse bannière, s'écriait : Glacidas ! Glacidas ! rends-toi, rends-toi au Roi du ciel ; tu m'as appelée fille de mauvaise vie ; j'ai grand'pitié de ton âme et de celle des tiens ! L'effroi entra aussi dans le cœur farouche de l'orgueilleux capitaine ; il voulut se sauver avec les siens dans la forteresse ; mais le pont, brisé par une bombe, se rompit sous la foule qui s'y pressait, et Glacidas roula dans le fleuve avec les autres, en poussant des cris d'épouvante. Ainsi s'accomplit la prédiction que lui avait faite la Pucelle dès le premier jour, quand elle l'avertit que les Anglais seraient contraints de se retirer, mais que lui et beaucoup de ses gens ne verraient pas cette retraite.

Jeanne, qui naguère pleurait sur les outrages dont il l'avait accablée, pleurait maintenant sur son triste sort ; car elle se disait que les âmes des morts paraissaient, en ce moment, devant Dieu, et lui rendaient compte de tous leurs crimes et de toutes leurs cruautés.

Ainsi tomba Glacidas, qui avait si outrageusement insulté la Pucelle et avait menacé de tout passer au fil de l'épée, hommes, femmes et enfants, quand il entrerait dans la ville. Ce que Jeanne avait annoncé le matin était désormais accompli. L'héroïne blessée, mais victorieuse, rentra par le pont rompu, suivie de Dunois, son brave compagnon d'armes, et saluée des acclamations d'une foule immense. Toutes les cloches sonnèrent de nouveau, et des feux d'artifices annoncèrent au loin la victoire de Jeanne la Pucelle. Le peuple et la jeune fille triomphante en rendirent grâces à Dieu et à ses saints dans les églises, et les prêtres chantèrent le *Te Deum*.

Depuis le lever jusqu'au coucher du soleil, la Pucelle avait porté sa lourde armure, sans rien manger ni boire ; elle avait combattu sans relâche et guidé les siens au combat ; et cependant, selon le témoignage de Dunois, après une journée si fatigante, elle ne mangea qu'un peu de pain et ne but qu'un peu de vin trempé de beaucoup d'eau.

Pendant la nuit même, les Anglais, consternés, tinrent un conseil de guerre, et résolurent de lever le siège. Du plus grand matin, — c'était un dimanche, le 7 mai, jour où l'Église célèbre l'apparition de saint Michel sur le mont Gargan, en Italie, — l'armée anglaise se partagea en deux corps et se plaça en ordre de bataille devant ses retranchements, toute prête à opérer sa retraite. Les chevaliers français, pensant que la ville allait être attaquée, coururent immédiatement hors des murs. Jeanne alla aussitôt les rejoindre et les rangea en bataille. Elle défendit à tout le monde, par amour et respect pour la solennité du dimanche, de commencer l'attaque et de rien exiger des Anglais. C'est le plaisir et la volonté de Dieu, disait-elle, s'ils veulent partir, qu'on leur permette de s'en aller. Mais s'ils vous assaillent, défendez-vous fort et hardiment ; n'ayez nulle peur ; car vous serez les maîtres.

Elle fit ensuite dresser en plein air un autel, devant lequel elle s'agenouilla avec toute l'armée et les bourgeois d'Orléans, et deux messes furent célébrées au milieu du plus profond silence, en face de l'ennemi. Les Anglais eux-mêmes n'osèrent pas troubler le calme religieux du service divin. Quand la deuxième messe fut finie, Jeanne, toujours agenouillée, ordonna de s'assurer si les ennemis avaient la figure dirigée vers les Français. Comme on lui répondit qu'ils étaient tournés du côté de Meung, elle s'écria : « En mon Dieu, ils s'en vont, laissez-les partir, et allons rendre grâces à Dieu. Nous ne les poursuivrons pas outre, parce que c'est aujourd'hui dimanche. »

Ce fut ainsi que l'ennemi se retira, après une perte de six à huit mille combattants. Les retranchements, avec une grande quantité de munitions de guerre et de grosse artillerie, tombèrent aux mains des Français et furent brûlés et démolis.

La Pucelle, les chefs et les chevaliers rentrèrent ensuite dans la ville et offrirent leurs actions de grâces à Dieu, avec les prêtres et les habitants. Les prêtres, après avoir adressé au peuple, du haut des chaires, de pieuses exhortations, firent une procession solennelle par les rues et sur les remparts de la ville délivrée; puis ils célébrèrent un beau service funèbre pour les âmes de ceux qui avaient succombé. La procession, le service et le sermon institués le 8 mai 1429, par Jeanne, par les plus nobles chevaliers de France et par les prêtres et les bourgeois d'Orléans, eurent lieu depuis tous les ans, à la même époque, en souvenir de la délivrance de la ville, qui, après un siége de sept mois, fut arrachée en sept jours à la plus grande détresse par une jeune fille de dix-huit ans, quand déjà on désespérait de tout secours humain.

Le miracle de cette délivrance au milieu de l'agonie avait été si manifeste, que non-seulement les bons bourgeois de la ville, mais encore les plus grands capitaines et tous les chevaliers qui avaient vaillamment combattu à côté de la Pucelle, y croyaient d'une foi ferme, et que le brave Dunois l'attestait encore en justice dans les dernières années de sa vie. D'Aulon, l'écuyer de la Pucelle, termine par les paroles suivantes le récit qu'il fit, sous serment, de ce combat merveilleux. « Les Anglais, consternés et vaincus, firent leur retraite, et ainsi, par le secours de Notre Seigneur et de la pucelle Jeanne, la ville d'Orléans fut délivrée de ses ennemis. »

La Pucelle quitta Orléans dès le lendemain, pour annoncer au roi l'heureuse nouvelle et le mener sacrer à Reims, comme elle en avait reçu l'ordre de Dieu. Elle était toujours pressée par l'idée que la durée de sa mission serait courte, et que déjà beaucoup de temps avait été perdu en délais inutiles. Les bons bourgeois d'Orléans la remercièrent très-humblement à son départ, et lui dirent, en versant des larmes de reconnaissance, qu'elle pouvait disposer d'eux et de leurs biens à son gré. Jeanne, de son côté, les remercia de cette offre affectueuse, et prit le chemin que Dieu lui indiquait.

Mais déjà le bruit de sa grande victoire l'avait devancée, et de toutes parts l'heureuse nouvelle se répandait que Dieu, après avoir longtemps et rudement châtié la France pour ses péchés, avait enfin pris pitié d'elle, et que l'humiliation faisait place au triomphe. Ce n'était pas devant quelques-uns et en secret, mais aux yeux de tout le peuple que le miracle s'était accompli. Les Anglais mêmes en rendaient témoignage; car ils ne savaient pas l'expliquer autrement que par une criminelle intelligence de Jeanne avec le démon.

Tous les regards de la chrétienté étaient alors dirigés sur l'issue de l'ancienne lutte entre la France et l'Angleterre; l'étonnement causé par ces faits prodigieux était d'autant plus général, et partout on s'inquiétait de savoir quelle puissance les avait opérés. Parmi les nombreux documents contemporains, un des plus curieux est le récit d'Eberhard de Windeck, trésorier de l'empereur Sigismond, qui rapporte sommairement l'histoire de Jeanne d'Arc comme nous venons de faire, et s'arrête à la délivrance d'Orléans. Un autre est l'écrit d'un prêtre de Landau, adressé au vicaire général de Spire, et terminé le 17 septembre 1429, avant qu'il eût appris le couronnement de Charles VII à Reims. Comme les gens du peuple interrogeaient les ecclésiastiques sur ce qu'il fallait croire des miracles de la Pucelle, le bon prêtre expose les raisons pour lesquelles il croit à sa mission divine.

« La France, dit-il, ayant été perdue par une femme, il était juste qu'elle fût sauvée par une vierge. Le sexe féminin est humble dans ses voies et dévoué à Dieu; il est plein de douceur et de compassion envers les affligés; aussi Dieu lui a-t-il fait, dans notre temps, de grandes grâces pour nous détourner du mal et nous ramener au bien, non par la crainte de ses jugements, mais par l'ardeur de son amour. La France, enflée d'orgueil, s'était placée par sa puissance et ses armes au-dessus de tous les royaumes chrétiens. Comme un lion, elle avait réduit ses voisins au repos, et ensuite, se mettant à rugir, elle avait envahi et dévasté les pays. Trop confiante en son habileté et ses trésors, elle s'était élevée jusqu'aux astres; et maintenant la voilà abattue sur son propre sol; elle ne peut se relever ni par sa bravoure ni par la force de ses armes. Afin donc qu'elle craigne le Seigneur de toutes ses forces, comme il convient à une créature raisonnable, et qu'elle reconnaisse celui qui sème la paix, Dieu a résolu de lui tendre la main et de la relever; ce qu'elle ne pouvait pas faire elle-même, étant tombée au plus profond de l'abîme. Il se peut que la Pucelle ne trouve point parmi le peuple toute la considération et la créance dues à une envoyée du ciel, bien qu'elle soit réellement illuminée d'en-haut, comme le prouvent sa vie et ses actes. Car souvent elle lave et purifie sa conscience à la sainte piscine de la confession, et se fortifie dans l'esprit de la sagesse en recevant le corps sacré de Notre Seigneur Jésus-Christ; elle est humble et modeste dans sa conduite, elle vit en bonne intelligence avec les honnêtes gens, déteste les vols commis sur les pauvres et les veuves, et l'oppression des orphelins. La nation française est plus habile et la nation allemande plus brave. Aussi je crains fort que les Français, dans leur fougue ardente, ne rejettent le joug de Dieu quand la Voyante aura rempli la mesure de ses prédictions et de ses promesses, et que, ne voulant plus l'écouter, ils ne l'envoient en exil. C'est une fille de Dieu; elle ne cherche que ce qui est agréable au Seigneur, afin d'être pure en esprit et de garder son âme et son corps inviolables. »

Dans la seconde partie de sa dissertation, le prêtre de Landau raconte qu'un homme, arrivé dernièrement d'Angleterre, lui a dit au coin du feu, dans un château, que, dans son pays, on maudit la Pucelle; parce qu'elle accomplit ses actes, non par l'esprit de Dieu, mais par l'inspiration du démon et par la magie. Ensuite il cherche à réfuter toutes les objections élevées contre elle, sauf toutefois le jugement supérieur de l'Eglise. « Elle ne se sert, continue-t-il, d'aucun moyen magique, et jamais personne n'a réussi à la faire soupçonner ni à la convaincre de ce crime. Tout le monde, en France, la reconnaît comme professant la foi catholique et solidement attachée aux devoirs et aux pratiques de la religion. Elle a un profond respect pour les sacrements de l'Église, elle mène une vie digne des plus grands éloges, et est entièrement soumise à Dieu dans ses paroles et ses actes. Tout ce qu'elle entreprend, elle le fait au nom de la très-sainte Trinité; elle affermit la paix, soulage la misère du pauvre, aime à pratiquer la justice, et, insensible aux vanités du monde, elle ne recherche en rien ni les louanges ni les richesses (Guido Goerres, p. 176).

Parmi les œuvres de Gerson (t. IV, p. 864 et seqq.), il est un autre traité, du même temps, sur le même sujet. Il porte la suscription suivante : « Voici ce qui a été écrit à Lyon, par monsieur le chancelier, le quatorzième jour de mai, la veille de la Pentecôte, après le miracle qui a eu lieu à Orléans par la levée du siège des Anglais. » Le style est scholastique comme celui de Gerson, qui mourut à Lyon cette année-là même. L'auteur conclut qu'on peut pieusement et sainement soutenir le fait de la pucelle Jeanne, attendu les circonstances actuelles, l'effet qui en résulte, et surtout la justice de la cause qu'elle défend, puisqu'il s'agit de rendre un royaume à son roi légitime et de vaincre ses ennemis. Il appelle en témoignage pour elle la sagesse et la piété de sa conduite depuis sa plus tendre enfance, dont on s'est procuré la preuve. Enfin, dit-il, on ne peut lui faire un reproche légitime à l'occasion des vêtements d'homme dont elle use. Si l'ancienne loi les défendait aux femmes sans aucune distinction, la loi nouvelle n'est pas si rigoureuse. Cette défense subsiste toujours, il est vrai, mais elle n'a lieu qu'en vertu du fondement moral sur lequel elle est appuyée, et alors la défense doit céder au cas de nécessité ou d'utilité. Or, telle est la position dans laquelle elle se trouve. Elle se revêt de l'habit des guerriers pour combattre les ennemis de la justice, pour défendre les Français, et pour prouver que Dieu confond, quand il le veut, les hommes les plus puissants par la main d'une femme.

Après la délivrance d'Orléans, Jeanne d'Arc étant venue à Loches, où était le roi, elle en fut reçue avec de grands honneurs, ainsi que par toute la cour. Toutefois, quand elle pressa Charles VII de partir sans retard, pour aller se faire sacrer à Reims, le doute, l'hésitation et tous les calculs de la sagesse humaine rentrèrent dans l'esprit du prince et de son conseil. Au lieu de marcher d'un pas ferme et rapide dans le chemin de la victoire, on perdit le temps en de longues conférences, bien que Jeanne dit souvent au roi en soupirant : « Je ne durerai qu'un an et guère au delà; il faut tâcher de bien employer cette année. » A cela, les habiles conseillers répondaient qu'il était trop dangereux de faire cette campagne à travers les ennemis; qu'il y avait trois grandes rivières à passer pour arriver à la ville lointaine de Reims; qu'il valait mieux commencer par le commencement et reprendre d'abord les provinces voisines. Mais Jeanne persistait; car ce n'était pas par les lumières de la sagesse humaine qu'elle avait quitté la pauvre chaumière de ses parents, et qu'elle était allée planter sa bannière à Orléans, en face des retranchements anglais. C'est pourquoi elle répondait encore que cette expédition était ordonnée de Dieu; qu'une fois que Charles aurait reçu à Reims la couronne et l'onction sainte, la puissance des ennemis déclinerait de plus en plus, et que, d'ailleurs, ils ne pourraient lui faire aucun dommage, ni à lui ni à elle.

Cependant ses avis demeuraient toujours sans résultat. Or, il arriva un jour que le roi étant seul, dans une chambre particulière, avec son confesseur, l'évêque de Castres, et son ex-chancelier, Jeanne frappa tout à coup à la porte. Charles lui dit d'entrer. Alors elle s'avança très-humblement devant lui, se jeta à terre, et, embrassant ses genoux, elle lui dit : « Noble dauphin, ne tenez plus tant et de si longs conseils, mais venez au plus tôt à Reims prendre votre digne couronne. » L'évêque de Castres lui ayant demandé si cela lui avait été inspiré par son conseil, Jeanne lui répondit que oui, et qu'elle y était fréquemment incitée. « Ne voulez-vous pas, reprit alors le prélat, nous dire ici, en présence du roi, la manière de votre conseil quand il vous parle? » — « Je comprends bien, répondit Jeanne d'Arc, ce que vous voulez savoir, et je vous le dirai volontiers. » Charles VII l'ayant interrompue pour lui demander s'il lui plaisait de le déclarer devant les personnes présentes, elle continua en ces termes : « Quand il me déplaît en quelque manière qu'on n'ajoute pas foi facilement aux choses que je dis de la part de Dieu, je me retire à l'écart et je prie Dieu, me plaignant à lui et lui demandant pourquoi on ne croit pas facilement ce que je dis. Ma prière faite, j'entends une voix qui me dit : Fille de Dieu, va! va! va! je serai ton aide! Et quand j'entends cette voix, j'éprouve une grande joie, et je voudrais toujours être en cet état. »

Le discours de la Pucelle était si plein de conviction, et quand elle répétait ces mots : Va! va! va! l'enthousiasme divin rayonnait si vivement sur son visage, que, dans un âge avancé, les trois assistants se la représentaient encore, telle qu'ils l'avaient vue, les yeux inspirés et tournés vers le ciel.

Enfin le roi consentit à se mettre en marche pour Reims, mais à condition que les places fortes de la Loire, au-dessus et au-dessous d'Orléans, seraient d'abord reconquises. A cet effet, il ordonna une levée d'hommes; les fidèles chevaliers accoururent de toutes parts; de ce nombre étaient Gui et André de Laval, qui, ayant vu la Pucelle, en écrivirent à leur mère et à leur grand'mère une lettre que nous avons encore (Guido Goerres, p. 188; Lebrun de Charmettes, t. II, p. 155).

Telle était déjà la vénération du peuple pour Jeanne, que l'humble jeune fille ne pouvait plus se défendre de l'empressement impétueux dont elle était l'objet. De vieilles et respectables femmes se jetaient à genoux devant elle; beaucoup la priaient de leur montrer ses mains et ses pieds, pour voir s'ils étaient réellement de chair et de sang; on baisait ses vêtements et jusqu'aux pieds de son cheval. Jeanne avait un grand déplaisir de tout cela; car elle s'y voyait une condamnable idolâtrie. Souvent elle s'en fâchait; mais elle craignait de faire de la peine à ces bonnes gens par des paroles dures; de sorte que maître Pierre de Versailles lui fit un jour des reproches à ce sujet, et lui dit qu'elle avait tort de souffrir de pareils honneurs, qui ne lui étaient pas dus; qu'elle devrait prendre garde de faire de ces gens des idolâtres. « En vérité, répondit-elle, je ne sais comment empêcher ces choses, si le bon Dieu lui-même ne les empêche. »

Pendant qu'elle était à Loches, un autre de ses frères vint la trouver du fond de leur paisible village, et lui raconta, entre autres choses, comment le peuple disait là-bas qu'elle avait reçu sa force merveilleuse près de l'arbre des Fées. Elle lui répondit que le peuple se trompait grandement là-dessus, et qu'elle abhorrait toute la magie et sorcellerie du fond de son cœur.

Les préparatifs étant achevés, le roi voulut donner le commandement en chef de l'armée au duc d'Alençon, sous la conduite de la Pucelle. Jeanne en fut satisfaite. Mais la duchesse ne voulait pas laisser partir son époux, car il était resté longtemps prisonnier en Angleterre; depuis peu seulement une énorme rançon avait été payée, et son père n'était jamais revenu du champ de bataille d'Azincourt. Jeanne exhorta la duchesse à avoir bon courage. Ne craignez rien, noble dame, lui disait-elle, je vous le ramènerai sain et sauf, et je vous le rends portant, voire en meilleur état qu'il n'est maintenant. La duchesse eut confiance dans ces paroles de la Pucelle, qui les justifiera au moment du danger. Jeanne pria aussi le roi de lui permettre cette fois de faire des prisonniers; car elle prédit que le duc d'Orléans, malgré la recommandation faite par Henri V à ses frères, sur son lit de mort, de ne jamais le relâcher, serait pourtant rendu un jour à la liberté, et elle voulait que les prisonniers anglais lui servissent de rançon.

Quand la Pucelle eut rejoint l'armée, un nouveau différend s'éleva parmi les chefs. Quelques-uns disaient qu'il fallait attendre, qu'on n'était pas assez nombreux pour attaquer la ville forte de Jargeau, où le comte de Suffolk, un des meilleures capitaines de son temps, tenait garnison avec une troupe d'élite. A cela, Jeanne répondit, pleine d'une ferme assurance en sa mission : « Ne craignez aucune multitude et ne faites point difficulté de donner assaut aux Anglais; car Dieu conduit leur œuvre. Si je n'étais pas sûre que Dieu même conduit ce grand ouvrage, j'aimerais mieux, croyez-le bien, garder les brebis, que de m'exposer à tant de contradictions et de périls. » Cette fois, la confiance de Jeanne l'emporta, et la petite armée de quatre ou cinq mille hommes marcha sur Jargeau.

Lorsqu'ils sont près de la ville, Suffolk les attaque rudement avec les siens. Les Français reculent. Jeanne arrache la bannière des mains du guidon, et se jette, en avant de tous, au milieu des rangs ennemis. Les chevaliers, piqués d'émulation, s'élancent à sa suite, et les Anglais sont refoulés dans la place.

Dès le lendemain matin, les pièces de siège, sous les ordres de la Pucelle, commencent à jouer; au bout de quelques minutes, les tours et les murs sont abattus : tout le monde s'émerveille de voir Jeanne diriger si bien l'artillerie. Voici qui est plus étonnant encore. Le duc d'Alençon s'était arrêté un instant, pour observer les approches de la place. Jeanne lui crie tout à coup : « Jetez-vous de côté, sinon la machine va tirer de là-haut et vous tuer. » A peine le duc a-t-il suivi cet avertissement, que le coup part, et, à l'endroit même qu'il vient de quitter, enlève la tête à un gentilhomme. Bien des années après, le duc d'Alençon disait encore que l'effroi l'avait saisi en ce moment, et qu'il s'était grandement émerveillé de la prédiction de la Pucelle.

Le matin du troisième jour, Suffolk demande une suspension d'armes de deux semaines. Jeanne répond : « Que les Anglais aient la vie et partent, s'ils veulent, en leurs robes et gippons; autrement ils seront pris d'assaut. » A l'instant les trompettes sonnent : Jeanne met son casque et crie au duc d'Alençon : A l'assaut, gentil duc ! Celui-ci hésitant : N'ayez doute, lui dit-elle, l'heure est prête quand il plait à Dieu. Il est temps d'agir quand Dieu veut qu'on agisse et quand il agit lui-même. Et voyant qu'il hésitait encore : Ah! gentil duc, as-tu peur, lui demanda-t-elle ? Ne sais-tu pas que j'ai promis à ton épouse de la ramener sain et sauf? En achevant ces paroles, elle court à l'assaut. Pendant plus de quatre heures, le combat fut terrible : les Anglais se battaient comme des lions furieux. Sa bannière à la main, Jeanne descend elle-même dans les fossés de la forteresse et monte sur une échelle à l'endroit où le combat est le plus acharné. Un des ennemis lance sur elle une pierre énorme qui atteint sa bannière et se brise en morceaux sur son casque. Jeanne roule en bas de l'échelle et tombe à terre sur ses genoux. Un cri de joie retentit du haut de la forteresse et un cri de terreur dans le fossé. Jeanne se relève en criant : Amis! amis! sus! sus! ayez bon courage; Notre Seigneur a condamné les Anglais, à cette heure ils sont tous nôtres.

Ainsi cria la Pucelle, et les Français s'élancèrent à l'escalade, et la ville de Jargeau, si forte et si bien défendue, fut emportée le 37e jour après la délivrance d'Orléans. Onze cents Anglais périrent dans le combat. Suffolk se rendit à un jeune homme, après l'avoir fait chevalier sur le champ de bataille.

Le duc de Bedford s'inquiétait de plus en plus à Paris de l'issue de la guerre. Il écrivait lettre sur lettre en Angleterre, où les grands étaient fort divisés. Dans une de ces lettres, que l'on conserve encore aujourd'hui dans les archives de la tour de Londres, on lit, entre autres choses, le passage suivant : « Tout vous a réussi jusqu'au siége d'Orléans, entrepris, Dieu sait par le conseil de qui. Alors, après la malheureuse aventure de mon cousin Salisbury, auquel Dieu fasse miséricorde, vos sujets, qui étaient rassemblés en grand nombre à ce siége, reçurent, par une permission particulière de Dieu, comme on le doit croire, un échec causé en partie par la fâcheuse et criminelle idée qu'on s'était faite d'une personne insensée, comme un limier, par l'esprit malin et appelée la Pucelle, qui usait de faux enchantements et de sorcellerie. Lesquels coup et déconfiture non-seulement diminuèrent beaucoup le nombre de vos gens ici, mais encore abattirent merveilleusement le courage du reste et enhardirent votre adverse partie et vos ennemis à s'assembler aussitôt en grand nombre (Rymer, *Acta regum Angliæ*, t. IV, part. 4, p. 141). »

Le duc avait raison. L'armée de Charles VII à Orléans grossissait de jour en jour; bientôt elle s'éleva de six à sept mille hommes. La garnison anglaise de Beaugency se rendit, à condition d'avoir la retraite libre. Mais à peine est-elle partie, on annonce que de nouveaux ennemis approchent en grand nombre, et que leur avant-garde seule est forte de plusieurs milliers d'hommes. L'armée française s'étant rangée en ordre de bataille, le duc d'Alençon demande à la Pucelle ce qu'il faut faire. — Avez-vous de bons éperons, répond-elle à haute voix? — Comment, s'écrient les assistants, est-ce pour fuir devant l'ennemi? — Non, répliqua Jeanne, ce sont les Anglais qui fuiront sans se défendre. Ils vous céderont la victoire, et vous avez besoin de bons éperons pour les poursuivre. Elle ajouta que cette victoire ne coûterait, pour ainsi dire, pas une goutte de sang au roi : merveilleuse prophétie que le chevalier Thibaut d'Armagnac, alors présent, certifia plus tard en justice.

Comme, en ce moment, les chefs anglais, Talbot, Scales et Falstof, s'avançaient en bon ordre dans la plaine, la Pucelle cria aux siens : Frappez hardiment sur eux! ils ne seront pas longtemps sans prendre la fuite. Les Anglais se retiraient en grande hâte, les Français hésitaient à les attaquer. La Pucelle criait cependant : « Qu'on aille hardiment contre les Anglais, sans fuite ils seront vaincus. En mon Dieu, il faut les combattre : s'ils étaient pendus aux nues, nous les aurions; car Dieu nous a envoyés pour les punir. Le noble roi aura aujourd'hui la plus grande victoire qu'il ait encore eue, mon conseil m'a dit qu'ils sont tous nôtres. » — En effet, les Français les ayant atteints, les mirent dans une déroute complète. Deux à trois mille morts restèrent sur la place. Falstof échappa, grâce à la vitesse de son cheval. Talbot, le sire de Scales et plusieurs autres capitaines furent faits prisonniers. Telle fut la chasse sanglante de Patay, cette chasse dont la Pucelle avait averti les Anglais dans sa lettre.

Au milieu de sa victoire, Jeanne pleura sur la mort de tant de frères tombés, et avait grande compassion pour les pauvres prisonniers, maltraités par les vainqueurs quand ils ne pouvaient promettre une rançon assez forte.

Ainsi un soldat furieux ayant frappé son prisonnier à la tête, celui-ci tomba mourant par terre. Jeanne descend de cheval et le prend dans ses bras, comme une sœur de miséricorde; puis, voyant qu'aucun remède humain ne pouvait guérir la blessure mortelle, elle l'exhorte, les yeux en pleurs, le console affectueusement et lui soutient la tête, afin qu'il puisse faire sa paix avec Dieu en face du prêtre.

Après la victoire de Patay, l'entreprise la plus difficile pour Jeanne d'Arc fut de décider le roi à marcher sur Reims, pour s'y faire sacrer. Il était porté, d'après les timides conseils de ses favoris, à différer de jour en jour. Jeanne, au contraire, pressait incessamment les préparatifs du départ, tantôt à Orléans, tantôt à Sully, auprès du prince. Elle allait au devant des gens de guerre qui arrivaient, elle hâtait leur convocation, pourvoyait à leur entretien et ne s'épargnait aucune peine. L'insouciant Charles VII, qui ne se donnait pas, à beaucoup près, autant de souci pour sa couronne, raconta souvent, dans la suite, qu'un jour il la vit tellement fatiguée de ses soins multipliés, qu'il eut pitié d'elle et lui ordonna de prendre du repos. Là-dessus Jeanne se mit à pleurer et lui dit qu'il n'eût aucun doute, qu'il obtiendrait tout son royaume et serait bientôt couronné. Elle lui dit aussi qu'une grande foule de gens le suivraient; qu'il devait seulement avoir bon courage. Puis, s'adressant aux siens : Combattez hardiment, leur disait-elle, vous aurez bon conduit.

Enfin, le mercredi 23 juillet 1429, la Pucelle, précédant le reste de l'armée, se mit en marche avec ses deux frères et sa propre compagnie. Il y avait environ quatre-vingts lieues à faire pour arriver à Reims et toutes les places fortes, tous les ponts, toutes les routes jusque-là étaient occupés par l'ennemi. L'armée manquait de vivres : une seule ville pouvait l'arrêter tout entière devant ses murs; il suffisait d'un échec pour lui couper la retraite et l'anéantir; mais la Pucelle allait en avant, confiante dans le secours du ciel, qui l'avait déjà conduite une fois à travers les ennemis, et qui, depuis lors, ne l'avait abandonnée dans aucun danger. Le lendemain, le roi la suivit avec une armée de douze mille combattants.

Auxerre fut la première ville forte et importante devant laquelle ils arrivèrent. Elle tenait pour les Anglais et les Bourguignons, et ferma ses portes aux Français. Jeanne et plusieurs autres conseillèrent de donner l'assaut, promettant bonne réussite; mais Charles et ses favoris préférèrent négocier avec la ville révoltée, et convinrent de passer outre sous ses murs, à condition qu'elle fournît des vivres à l'armée et jurât au roi la même obéissance que lui promettraient les villes de Troyes, de Châlons et de Reims. Jeanne et d'autres chefs exprimèrent leur mécontentement d'un accord si peu honorable. On raconte que la Trémouille, le principal des favoris, reçut deux mille écus pour ménager cet arrangement, tandis qu'il aurait fallu ou que la ville fît sa soumission, ou que l'on y entrât par la force.

On vit bientôt l'effet de cette conduite pusillanime, Troyes refusa également d'ouvrir ses portes et renvoya le héraut du roi. Les bourgeois firent une sortie contre l'avant-garde, et ne rentrèrent dans leurs remparts qu'après un combat opiniâtre. Charles VII, irrésolu, assemble son conseil, qui décide qu'il faut s'en retourner. Un seul membre est d'avis qu'il faut au moins entendre la Pucelle.

Pendant qu'on discute ainsi, quelqu'un frappe très-distinctement à la porte de la salle, et, quand on ouvre, c'est Jeanne elle-même qui entre.

Après qu'elle eût respectueusement salué le roi, le chancelier, qui était l'archevêque de Reims, se tourna vers elle et lui dit : Le roi et son conseil se trouvent dans une grande perplexité et ne savent à quoi se résoudre. Ensuite il lui expose en détail toute la délibération, et la prie de dire au roi ce qu'elle en pense. La Pucelle se tourne alors vers Charles, et lui demande s'il croirait à ses paroles. Le roi répond : Je ne sais. Si vous me dites choses qui soient raisonnables et profitables, je vous croirai volontiers. — Serai-je crue, répéta-t-elle? — Oui, reprit le roi, selon ce que vous direz. — Noble dauphin, dit-elle alors, ordonnez à votre gent de venir et d'assiéger Troyes, et ne tenez pas plus longs conseils; car, au nom de Dieu, avant trois jours je vous introduirai en la cité de Troyes par amour ou par puissance, et sera la fausse Bourgogne bien stupéfaite. — Jeanne, répliqua le chancelier, si on était certain d'y être dans six jours, on attendrait bien ; mais je ne sais s'il est vrai ce que vous dites. — Piquée apparemment de ce doute manifesté par l'archevêque : Ne doutez de rien, dit au roi la jeune envoyée du ciel, demain vous serez maître de la ville.

Cette prophétie, survenue au milieu d'une telle détresse, devait être confirmée si prochainement ou convaincue de fausseté, qu'on ne pouvait reprocher à Jeanne de prendre prudemment son temps pour que la chose pût s'accomplir par des voies naturelles. Quant à la prophétie même, ce ne sont pas seulement les chroniques contemporaines, mais encore les dépositions judiciaires qui attestent qu'elle fut réellement faite en présence des seigneurs assemblés (1).

Le conseil fini, Jeanne monte à cheval, prend sa bannière et conduit l'armée devant les remparts de la ville rebelle. Les chevaliers, les écuyers et les archers, les grands et les petits, tous sont obligés d'apporter des facines, des poutres, des portes, des fenêtres, en un mot ce qu'ils trouvent dans le camp et dans les environs, pour combler les fossés et faire les préparatifs de l'assaut. Ce travail, dirigé par la Pucelle, fut continué sans interruption durant toute la nuit, avec tant d'habileté, que Dunois lui-même, ce chef expérimenté, déclara dans la suite que deux ou trois hommes des plus exercés aux choses de la guerre n'auraient pu en faire autant. Ainsi, dans l'espace de la nuit, tout fut préparé pour l'assaut du lendemain.

Le matin du jour où doit s'accomplir sa prophétie, Jeanne fait sonner l'attaque, et conduit elle-même l'armée aux fossés et ordonne de les combler. Mais dès la veille, suivant leur propre témoignage, les habitants avaient été saisis d'une incroyable terreur; pendant toute la nuit, le peuple s'était porté par troupes dans les églises, implorant la miséricorde de Dieu. Le matin même où l'assaut devait commencer, il leur avait semblé voir voltiger autour de la bannière de la Pucelle une multitude de papillons blancs : ce qu'ils avaient pris, dans leur épouvante, pour un nouveau signe miraculeux. Lors donc qu'ils virent Jeanne au pied de leurs remparts, sa victorieuse bannière à la main, ils demandèrent à grands cris qu'on fît la paix. L'évêque sortit de la ville, à la tête d'une députation, pour en offrir au roi le repentir et la soumission. Charles les reçut avec bienveillance, et accorda l'oubli du passé.

Jeanne d'Arc entra la première dans la ville, afin de placer les archers le long des rues, depuis la porte jusqu'à l'église, pour l'entrée solennelle du roi. Les bourgeois envoyèrent à sa rencontre frère Richard, disciple de saint Vincent Ferrier, qui avait fait des fruits à Paris par ses prédications. Frère Richard, n'étant pas encore tout à fait sûr si elle venait de Dieu ou du diable, fit prudemment le signe de la croix sur elle, et l'aspergea d'eau bénite. — Approchez sans crainte, lui dit Jeanne en souriant, je ne m'envolerai pas comme une sorcière. — Le frère s'approcha d'elle en effet, et, depuis ce moment il la suivit avec beaucoup d'attachement dans ses expéditions, pour exhorter le peuple à se soumettre au roi. Quand les Parisiens, qui étaient tout Anglais, reçurent cette nouvelle, ils furent tellement irrités contre le frère, que, pour le narguer, ils reprirent leurs dés, leurs cartes, leurs vains ajustements, en un mot, toute la vie dissipée dont il les avait retirés pas ses édifiants sermons.

Tout étant disposé, le roi fit son entrée solennelle, suivi de tous les princes et les chefs de son armée. A côté de lui chevauchait la Pucelle, sa bannière à la main, accomplissant ainsi sa promesse de la veille : Demain, vous serez maître de la ville.

Dès le lendemain, l'armée en belle ordonnance, prit la route de Reims, au son des trompettes et aux cris de joie du peuple entier; car la Pucelle ne cessait de presser le roi, au nom de Dieu, de hâter son voyage. Elle-même, armée de pied en cap, chevauchait à la tête des troupes; et cependant, malgré tout son empressement, elle avait encore tenu à Troyes un enfant sur les fonts de baptême, car elle trouvait toujours assez de temps pour le service de Dieu.

Châlons-sur-Marne était la ville la plus prochaine. L'évêque vint respectueusement au devant du roi avec un grand concours de peuple, et, lui ayant remis les clés des portes, il l'introduisit dans la ville. Là, Jeanne, qui n'était plus aussi loin de son pays natal, trouva quatre hommes de Domremi venus tout exprès pour voir, dans l'éclat de ses triomphes, la miraculeuse enfant qui avait grandi au milieu de l'affection de tous dans leur vallée solitaire. L'un d'eux lui ayant demandé, entre autres choses, si elle n'avait pas peur dans les grands dangers et les batailles. — Je n'ai peur de rien, répondit-elle, si ce n'est de la trahison. Elle fit présent d'un habit rouge à un autre de ces braves gens qu'elle ne devait jamais revoir.

L'armée se remit en marche, et elle approchait de plus en plus de Reims. Mais le roi Charles n'avançait qu'à contre-cœur, craignant d'éprouver devant cette ville la même résistance et la même détresse que devant Troyes. La Pucelle lui rendit courage encore une fois avec ces paroles prophétiques : « Ne craignez rien, les bourgeois de Reims viendront à votre rencontre; ils feront leur soumission avant que vous soyez arrivé aux portes de leur ville. Marchez donc sans inquiétude; car, si vous voulez agir en homme, avant un mois, vous reconquerrez tout votre royaume. » Cette merveilleuse prophétie sur la reddition volontaire de Reims est également attestée en justice sous la foi du serment.

Le roi se trouvait encore à quatre lieues, lorsqu'une députation des principaux du clergé et du peuple vint lui annoncer que les Anglais et les Bourguignons s'étaient retirés, et remit à ses pieds les clés de la ville. Le même jour, le chancelier, précédant le roi, prit possession pour la première fois de son siège épiscopal, grâce à Jeanne, en qui pourtant il avait eu si peu de confiance, même après la délivrance d'Orléans et la victoire de Patay.

Vers le soir, le roi Charles entra solennellement dans la ville avec sa chevalerie et l'armée entière. Là était Jehanne la Pucelle qui fut moult regardée de tous, dit une chronique du temps. Une vieille tapisserie, conservée dans la cathédrale de Reims, offrait encore, avant la révolution, le tableau de cette mémorable entrée triomphale.

Le sacre devait se faire le lendemain, on employa la nuit à faire des préparatifs. Jeanne, qui ne perdait pas de vue la réconciliation générale de la France, écrivit le jour même du couronnement une

---

(1) Chronique sans titre; Histoire au vray, etc.; Déposition du comte de Dunois; Déposition de Simon Charles, président en la chambre des comptes; Lebrun de Charmettes, t. II, p. 273.

seconde lettre au duc de Bourgogne, pour le ramener à son devoir. Cette lettre, écrite avant la cérémonie du sacre, se conserve aux archives de Lille. En voici la teneur :

Lettre de Jehanne la Pucelle au duc de Bourgogne.

†

« IHESUS, MARIA.

» Haut et redouté prince, duc de Bourgongne, Jehanne la Pucelle vous requiert de par le Roy du ciel, mon droicturier souverain Seigneur, que le roy de France et vous faciez bonne paix, ferme, qui dure longuement ; pardonnez l'un à l'autre de bon cœur entièrement, ainsi que doivent faire loyaux chrestiens ; et s'il vous plaist à guerroyer, si allez sur le Sarrazin. Prince de Bourgongne, je vous prie, supplie et requiers, tant humblement que requierir vous puis, que de guerroyer plus au sainct royaulme de France, et faictes retraire incontinent et briefvement vos gens qui sont en aulcunes places et forteresses dudit sainct royaulme ; et de la part du gentil roy de France, il est prest de faire paix à vous, sauf son honneur, s'il ne tient en vous ; et vous asscavoir, de la part du Roy du ciel, mon droicturier et souverain Seigneur, pour votre bien et pour votre honneur, et sur vos vies, que vous n'y gaignerez point bataille à l'encontre des loyaulx François ; et que touts ceulx qui guerroyent audit sainct royaulme de France, guerroyent contre le Roy Ihesus, Roy du ciel et de tout le monde, mon droicturier et souverain Seigneur. Et vous prie et vous requiers à joinctes mains que ne faictes nulle bataille, ne ne guerroyer contre nous, vous, vos gens et subgiez ; et croyez seurement, quelque nombre de gens que vous amenez contre nous, qu'ilz n'y gaigneront mie, et sera grant pitié de la grant bataille et du sanc qui sera répandu de ceux qui y viendront contre nous. Et à trois semaines que je vous envoyai escript et envoyai bonnes lettres par un hérault, que fussiez au sacre du roy, qui aujourd'huy dimanche, dix-septiesme jour de ce présent mois de juillet, se fait en la cité de Reims, dont je n'ay eu point de réponse, ne n'ouy oncques puis nouvelles dudit hérault. A Dieu vous command, et soit garde de vous, s'il lui plaist, et prie Dieu qu'il y mette bonne paix. Escript au dit lieu de Reims, le dix-septiesme jour de juillet. » Sur le verso est écrit : *Au duc de Bourgongne* (Lebrun de Charmettes, t. II, p. 309). »

Nous verrons avec le temps de quelle manière peu française le duc Philippe de Bourgogne, prince du sang royal de France, répondit à cette lettre si française et si chrétienne de Jeanne d'Arc, comme aussi de quelle mort funeste, son fils, le dernier duc de Bourgogne, périra sous les murs de Nancy en 1476. Mais nous sommes encore à Reims, au sacre de Charles VII, qui eut lieu le dimanche 17 juillet 1429. Jeanne d'Arc y parut avec sa glorieuse bannière. Elle eut la consolation d'y voir son oncle Durand Laxart et son vieux père Jacques d'Arc, qui furent hébergés aux frais de la ville.

Les cérémonies du couronnement achevées, on vit Jeanne s'agenouiller avec sa bannière devant le roi Charles, et lui dire en pleurant à chaudes larmes : « Gentil roy, ores est exécuté le plaisir de Dieu qui voulait que je levasse le siège d'Orléans, et que je vous amenasse en ceste cité de Reims pour recevoir votre sainct sacre, en monstrant que vous estes vray roy, et celuy auquel le royaulme de France doibt appartenir. » Ainsi parlait et pleurait l'humble jeune fille ; et, dit une chronique contemporaine, moult faisait grant pitié à ceux qui la regardaient.

Comme sa mission était finie, elle demandait la permission de se retirer. Mon fait, répétait-elle souvent, n'était qu'un ministère. Et comme on lui disait : « Jamais on ne vit de telles choses comme on en voit dans votre fait, on ne lit rien de semblable dans aucun livre : — Mon Seigneur, répondit-elle, a un livre dans lequel oncques aucun clerc ne lit, tant soit-il parfaict en cléricature (Déposition de frère Jean Pasquerel). »

Cependant la renommée de Jeanne d'Arc avait déjà franchi les limites de la France, et commençait à faire l'entretien des nations étrangères. Sa personne, son caractère, ses prophéties, les moindres circonstances de ses exploits étaient l'objet de la curiosité la plus avide, et ne tardèrent pas à occuper l'Europe entière. Henri de Gorcum fut un des premiers à écrire sur ce sujet. Ce théologien hollandais, et par conséquent sujet du duc de Bourgogne, ne pouvait s'exprimer sur le compte du roi Charles et de la jeune héroïne que d'une manière infiniment circonspecte ; mais ce qu'il rapporte de favorable à la Pucelle n'en est que plus précieux à recueillir.

« Une jeune fille, dit-il, qui faisait paître les troupeaux dans les champs, fut présentée au fils du roi Charles VI, et l'assura qu'elle était envoyée de Dieu pour remettre tout son royaume sous son obéissance. Pour empêcher toutefois que sa démarche ne fût considérée comme une audacieuse imposture, elle révéla des choses secrètes, dont elle ni elle ni aucun autre ne pouvait avoir connaissance par une voie naturelle. Dès qu'on eut agréé ses services, elle se fit couper les cheveux, se revêtit d'habits militaires et monta à cheval, armée seulement de son étendard. On remarque en elle des talents supérieurs dont les généraux les plus habiles ne sont redevables qu'à une longue expérience. Non-seulement elle enhardit ceux qui combattent avec elle, mais encore elle décourage et abat les forces de l'ennemi. Est-elle descendue de cheval, elle reprend l'habit de son sexe, et fait paraître une admirable simplicité de conduite, une innocence que rien n'égale ; elle ignore même entièrement les choses de la vie. On assure qu'elle a toujours conservé sa virginité, et qu'à une extrême sobriété elle joint une parfaite modestie ; que, pénétrée d'une véritable piété, elle empêche non-seulement les meurtres inutiles, mais encore les pillages et les violences qu'on pourrait exercer sur les peuples qui se soumettent au parti qu'elle sert. C'est ce qui porte toutes les villes à jurer fidélité au fils du roi. Aussi croit-on généralement qu'elle est envoyée de Dieu, pour opérer par le secours céleste les actes qu'on ne pourrait attendre d'un courage purement humain (1). » Ainsi parle Henri de Gorcum.

(1) Lebrun de Charmettes, t. II, p. 325, et dans le recueil : *Sibylla Francica, seu de admirabili Puellâ Joannâ Lotharingâ, pastoris filia*, etc. *Dissertationes aliquot coævorum scriptorum. Urseltiis*, 1606.

On trouve des témoignages semblables dans une lettre écrite trois jours après la grande victoire de Patay, par un chevalier, chambellan de Charles VII, et adressée au duc de Milan (Guido Goerres, p. 248).

Cependant l'humble Jeanne, ayant accompli sa mission, demandait à retourner avec son père. Elle ne put en obtenir la permission. Le roi, les princes, les chefs de l'armée lui firent de si vives instances, qu'elle consentit à rester. Elle combattra donc toujours avec fidélité et courage, mais sans plus recevoir ces lumières surnaturelles qui ne lui manquèrent jamais pour remplir les deux objets de sa mission première, délivrer Orléans et conduire Charles VII à Reims. Une autre carrière s'ouvre devant elle, carrière de souffrances et de martyre, dont le terme est un couronnement, non plus à Reims, mais dans le ciel.

De Reims, le roi Charles VII marcha sur Paris avec toutes ses forces, et, à mesure qu'il avançait, les villes et les forteresses s'ouvraient devant lui ou lui envoyaient des députés pour offrir leur soumission. Pendant que Château-Thierry négociait la sienne, on crut tout à coup que les Anglais arrivaient. Le trouble et le désordre se mirent dans l'armée; mais Jeanne d'Arc, toujours intrépide, releva les courages en assurant que ce n'était qu'une fausse nouvelle, comme on le vit en effet. Alors la ville se rendit, et la forte garnison anglaise qui l'occupait se retira.

La Pucelle montra dans ses jours de bonheur combien elle était attachée à son pays natal. Ce fut à Château-Thierry que, sans rien demander pour elle-même, elle pria le roi d'exempter de toutes tailles et impôts les pauvres villages de Greux et de Domremi. On conserve encore à Greux l'ordonnance royale qui lui accorda sa demande, et qui porte la date du 31 juillet 1429.

A mesure que le roi approchait de Paris, les populations des villes et des campagnes le recevaient avec une joie plus grande. Mais les regards se fixaient particulièrement sur la Pucelle; il était admirable en effet, de la voir chevaucher d'un air si doux et si humble, et en même temps si courageux, semblable à un ange tutélaire du royaume. Quand elle vit cette grande joie du peuple, des larmes coulèrent de ses yeux, et elle dit à l'archevêque de Reims, qui était à ses côtés : « Voici un bon peuple ! et n'ai encore vu aucun autre peuple qui se soit tant réjoui de la venue d'un si noble roi. Plût à Dieu que je fusse assez heureuse, quand je finirai mes jours, pour être ensevelie dans cette terre ! — O Jehanne ! dans quel lieu avez-vous espoir de mourir ? lui demanda l'archevêque avec émotion. — Où il plaira à Dieu, répondit-elle; car je ne suis sûre ni du temps ni du lieu, plus que vous ne l'êtes vous-même. Et plût à Dieu, mon créateur, que je pusse maintenant partir, abandonnant les armes, et aller servir mon père et ma mère en gardant leurs brebis, avec ma sœur et mes frères, qui auraient une grande joie de me revoir ! » En disant ces mots, elle levait les yeux au ciel. Jamais, selon le témoignage de Dunois, les seigneurs qui la virent et l'entendirent en ce moment n'avaient si bien compris qu'elle venait de Dieu et qu'elle n'avait rien de commun avec le malin esprit, comme le publiaient méchamment les Anglais.

D'après le conseil de la Pucelle, Charles VII envoya une députation au duc de Bourgogne, pour lui offrir de se réconcilier; mais il ne put obtenir autre chose que des promesses.

Le chancelier anglais à Paris, inquiet de la marche du roi, exigea des bourgeois un nouveau serment de fidélité à l'Angleterre, et, pour les éloigner de toute réconciliation avec leur souverain légitime, il fit publier que Charles de Valois, ainsi les Anglais l'appelaient-ils, avait promis d'abandonner à ses troupes la ville entière, hommes et femmes, grands et petits.

A Saint-Denys, l'antique sépulture des rois de France, Charles remercia Dieu et le saint patron du royaume des grâces qu'il avait obtenues, et fit de riches offrandes sur les tombes de ses pères. Jeanne y tint deux enfants sur les fonts de baptême, et les gens se pressaient autour d'elle pour baiser son anneau et ses vêtements. Mais là encore un événement singulier montra que sa mission était finie.

Douce, pleine de bienveillance et de compassion envers tous ceux qui s'approchaient d'elle, Jeanne avait une aversion invincible pour les femmes dissolues qui accompagnaient et empestaient l'armée. La vertueuse Pucelle employait tantôt la douceur et tantôt la sévérité pour les retirer de leur vie de péché; souvent elle leur avait défendu de suivre les gens d'armes, si ceux-ci ne les épousaient sur-le-champ. Or, il arriva, dans ce temps-là, qu'elle en aperçut une parmi les soldats. Transportée d'une violente indignation, elle la frappa du plat de son épée; et aussitôt cette excellente lame, qui avait porté de si rudes coups devant Orléans, à Jargeau et à Patay, vola en éclats; et il ne se trouva, disent les chroniques, aucun ouvrier assez habile pour la réparer. Le roi en fut très-contrarié, et on dit à la Pucelle qu'elle aurait pu tout aussi bien se servir d'un bâton. Mais si les seigneurs avaient laissé partir de Reims la pauvre Jeanne, son épée serait restée intacte. Elle-même fut tellement affligée de cette perte et de la manière dont l'arme, que ses saintes lui avaient montrée, s'était brisée par sa trop grande colère, qu'elle ne voulut jamais raconter à ses juges ce qu'était devenue l'épée de Sainte-Catherine de Fierbois.

Les chefs résolurent de se porter de Saint-Denys sur Paris. Mais si Orléans s'était montré si héroïquement français, Paris était servilement anglais. Dès lors, si Paris avait été toute la France, la France entière n'était plus qu'une province anglaise.

L'attaque eut donc lieu, non par le conseil de Jeanne, mais par celui des seigneurs. Le jeudi 8 septembre, fête de la Nativité de la sainte Vierge, à onze heures du matin, l'armée du roi, forte de plus de douze mille hommes, se présenta tout à coup en ordre de bataille, devant les murs de la ville, sous les hauteurs de Montmartre. Elle était pourvue de toutes les machines de siège; mais un homme y manquait, dont la présence et la parole eussent produit plus d'effet que toutes les machines. Le roi était resté avec l'arrière-garde à Saint-Denys. On se battit néanmoins avec acharnement de part et d'autre. Au milieu de la mêlée, Jeanne arracha une riche épée des mains d'un chevalier anglais. Elle avance jusqu'au pied des murs, fait combler le premier fossé, et le passe vers deux heures de l'après-midi. Mais personne ne lui disait, quoique plusieurs le sussent fort bien, que le second fossé était profond et rempli d'eau. Elle va et vient longtemps le long du fossé, ne sachant à quoi se résoudre, sondant la profondeur de l'eau avec sa lance pour trouver un gué, tandis que d'autres y jettent des poutres et des fascines, sous le feu de l'artillerie ennemie. Au milieu d'une grêle de boulets, de pierres et de traits, elle criait aux assiégés : Rendez la ville au roi de France ! Un archer, tout en lui répondant par des outrages, lui décoche une flèche dans la cuisse. Elle voit son porte-étendard tomber mort à ses côtés. Malgré tout cela, elle ne veut pas quitter l'assaut, et continue à faire combler le fossé.

A quatre heures après midi, les Français se décident à la retraite ; mais Jeanne, épuisée par le sang qui coule de sa blessure, reste au pied du mur jusqu'au soir. Richard de Thiebronne et d'autres seigneurs vont à sa recherche ; mais Jeanne ne veut pas quitter la place, et, bien que tous les autres soient déjà en pleine retraite, elle reste au même endroit jusque vers minuit. Ni prières ni exhortations ne purent l'émouvoir, et il fallut à la fin que le duc d'Alençon la fît, pour ainsi dire, emmener de force.

Jeanne s'agenouilla dans l'église de Saint-Denys, devant l'autel du patron de la France, remercia Dieu, la sainte Vierge et les saints martyrs de la grâce qu'elle avait reçue d'échapper à la mort ; puis elle suspendit à une des colonnes du tombeau de saint Denys une armure complète et la riche épée qu'elle avait conquise devant Paris.

Quand, plus tard, ses juges lui demandèrent pourquoi elle avait fait cela, elle répondit : « Que ce fut par dévotion, ainsi qu'il est accoutumé par les gens d'armes quand ils sont blessés, et parce qu'elle avait été blessée devant Paris, les offrant à saint Denys, parce que c'est le cri de France. »

Désormais il devait être clair aux yeux de tout le monde que Jeanne n'était plus revêtue de l'invincible puissance de Dieu. Elle voulait ne pas suivre l'armée plus longtemps, et demandait à rester à Saint-Denys, pour se rendre de là dans sa vallée natale, où elle avait passé son enfance à garder les troupeaux. Elle-même l'a déclaré dans les termes suivants à ses juges : « Ma voix me disait que je devais rester à Saint-Denys. Je voulais aussi le faire ; mais les seigneurs ne me le permirent pas, parce que j'étais blessée ; ils ne m'auraient pas permis davantage sans ma blessure. Je fus guérie au bout de cinq jours. »

Les seigneurs s'efforcèrent de la consoler ; ils louèrent son courage, et plusieurs dirent que, si l'affaire avait été bien conduite, ou si l'on avait attendu jusqu'au lendemain, la ville était gagnée. Jeanne, vaincue par leurs instances, consentit à rester avec eux, et, comme elle l'avoua ensuite dans un interrogatoire, ses voix le lui permirent.

L'hiver approchant, Charles VII distribua une partie de son armée en garnison dans les villes et les châteaux reconquis ; avec le reste, il retourna, par Lagny, Provins et Montargis, à Gien, d'où il était parti trois mois auparavant pour aller se faire sacrer à Reims.

Nous avons vu par des monuments contemporains quelle haute idée l'Europe avait de la vertu de Jeanne d'Arc. D'après la déposition unanime de plus de cinquante témoins oculaires, cette haute idée n'était que juste ; car, sur les champs de bataille, à la cour de son roi, auprès des pauvres et des affligés, dans ses jours de bonheur comme dans ses jours d'infortune, elle resta toujours l'humble et pieuse bergère. Les grâces répandues sur elle ne firent, au rapport des mêmes témoins, que la rendre plus ardente au service de Dieu et dans la fréquentation des sacrements. Pour elle-même, elle ne désirait rien, sinon que Dieu eût pitié de sa pauvre âme. Quelque pieuse et sainte que fut sa vie, et quoique personne ne pût trouver en elle la moindre faute, elle ne se confessait point sans pleurer ses péchés.

Elle n'a jamais tué un seul ennemi dans les combats, car elle ne voulait point répandre le sang ; il lui suffisait de porter sa bannière devant tous les autres. C'est pourquoi elle ne se servait presque pas de son épée ; le plus souvent elle se défendait avec sa lance et avec une petite hache d'armes qu'elle portait à la ceinture.

Tant qu'elle était en campagne, elle se rendait chaque matin, dès le point du jour, à l'église la plus voisine, et, pendant une demi-heure, elle faisait appeler par le tintement des cloches tous les prêtres qui suivaient l'armée, afin qu'ils célébrassent le service divin. Elle s'agenouillait au milieu d'eux, tandis qu'ils chantaient une hymne en l'honneur de la sainte Vierge. Son confesseur était chargé de lui indiquer tous les couvents de son ordre près desquels elle passait ; et un jour elle eut la joie particulière de communier dans une de ces maisons avec de pauvres enfants.

Par respect pour sa mission divine, Jeanne mettait tous ses soins à ne pouvoir pas même être soupçonnée. C'est pourquoi, après le coucher du soleil, elle ne parlait plus à aucun homme. Elle dormait toujours entourée de femmes, ou préférablement encore de jeunes filles. Quand cela était impossible, ou qu'il lui fallut passer la nuit en plein air, elle se couchait armée de pied en cap. Pendant son séjour à Bourges, elle désirait beaucoup assister aux matines ; mais, ne voulant pas aller seule dans les rues de si bonne heure, elle pria instamment son hôtesse de l'accompagner. Jean d'Aulon, qui, à cause de son service, était toujours auprès d'elle, disait souvent qu'il ne pensait pas qu'il y eût sur la terre une femme plus chaste. Souvent, au milieu de la nuit, quand elle croyait tout le monde endormi, elle se levait doucement et priait à genoux pour la prospérité du roi et du royaume.

Remplie du pressentiment de sa fin prochaine, elle disait souvent à son confesseur : « Si je dois bientôt mourir, dites de ma part au roi, notre maître, qu'il lui plaise élever des chapelles où le Seigneur soit invoqué pour l'âme de ceux qui ont succombé dans la défense du royaume. »

Au mois de décembre 1429, à Mehun-sur-Yèvres, Charles VII donna des lettres de noblesse à Jeanne d'Arc, à Jacques, son père, à Isabelle, sa mère, et à ses frères, Jacquemin, Jean et Pierre, ainsi qu'à leur postérité [1].

(1) Le 22 octobre 1723, Léopold, duc de Lorraine et de Bar, donna des lettres de noblesse à Anthoyne Macquart de Ruaire et Henry Macquart d'Armenson, son frère, nés en la ville de Bar-le-Duc,

Vers ce temps arriva un fait qui prouve que Jeanne d'Arc, malgré sa grande piété et ses merveilleuses visions, n'ajoutait point une foi aveugle aux choses surnaturelles qu'on voulait lui faire croire. Elle était, comme elle le raconta elle-même, à Montfaucon dans le duché de Berri, quand une femme nommée Catherine de la Rochelle vint la trouver. Cette femme avait pour directeur spirituel frère Richard; elle menait extérieurement une vie sainte, et le frère et elle répandaient le bruit de toutes sortes de révélations qu'elle recevait d'en-haut. Or, cette prétendue prophétesse raconta à Jeanne qu'une dame blanche revêtue d'une robe d'or lui apparaissait la nuit, et lui ordonnait de demander au roi des hérauts et des trompettes, avec lesquels elle eût à parcourir les villes du royaume et à proclamer que ceux qui avaient de l'or ou de l'argent ou quelque trésor caché, devaient l'apporter sans délai pour payer les hommes d'armes de la Pucelle; que ceux qui voudraient cacher leurs richesses n'y réussiraient pas, et qu'elle saurait bien les découvrir.

Dans la grande pénurie d'argent où l'on se trouvait, cette offre avait quelque chose de séduisant. Plus d'un autre s'y fût laissé prendre, sans examiner à fond l'histoire de la dame blanche vêtue d'or.

La Pucelle, au contraire, demanda soigneusement à la prétendue inspirée, si la dame blanche lui apparaissait toutes les nuits; et celle-ci ayant répondu affirmativement, Jeanne coucha avec elle dans la même chambre pour s'en assurer. Elle veilla jusqu'à minuit sans rien voir, puis s'endormit. Au matin, elle demanda si la dame blanche était venue; Catherine de la Rochelle répondit que oui. C'est pourquoi Jeanne dormit de jour, afin de pouvoir veiller la nuit entière. Mais elle n'en vit pas plus, quoiqu'elle demandât souvent : Est-ce que la dame blanche ne viendra point? et que Catherine de la Rochelle lui répondît : Si fait, bientôt. Enfin, pour savoir toute la vérité, Jeanne consulta sainte Catherine et sainte Marguerite, qui lui dirent que ce n'était que folie et mensonge. Jeanne en écrivit dans ce sens au roi même.

Ce n'est pas la seule occasion où Jeanne d'Arc ait montré combien elle était élevée au-dessus de la superstition, de la vanité et de l'imposture. Elle repoussait elle-même les hommages exagérés dont le peuple l'entourait. Quand on lui disait qu'elle était invulnérable, elle répondait qu'elle l'était aussi peu que personne. Plusieurs femmes à Bourges étant venues avec des rosaires et des cierges, pour la toucher comme une sainte avec tous ces objets, elle se tourna en riant vers son hôtesse et lui dit : Touchez-les vous-même, car ils seront aussi bons de votre toucher que du mien.

Elle habita Bourges trois semaines, chez une dame d'honneur de la reine, dont le mari était conseiller du roi. Pendant tout ce temps, elle vécut avec cette dame dans la plus grande intimité, partageant avec elle le même lit. Dans la suite, la dame en question rendit, comme tout le monde, les meilleurs témoignages à Jeanne; elle attesta sa grande compassion pour les pauvres, sa libéralité envers les malheureux, sa douce bienveillance, sa chasteté et sa piété exemplaires, son extrême habileté à manier les chevaux et les armes, sa simplicité et son innocence en tout le reste. La Pucelle parlait avec le plus grand respect de la reine, cette bonne Marie d'Anjou, qui supporta avec une patience admirable la légèreté et la froideur de Charles VII. Jeanne prit les devants pour l'aller trouver à Selles en Berri, où elle attendait le roi.

Pendant l'hiver, la Pucelle, à l'exemple des autres chevaliers, mit ses gens en campagne, et le conseil royal lui confia le siège de Saint-Pierre-le-Moutiers dans la vallée de la Loire. Les Français, y ayant donné l'assaut, éprouvèrent une telle résistance, qu'ils battirent en retraite. Seule, Jeanne d'Arc ne recula point, accompagnée tout au plus de quatre ou cinq hommes. Elle cria à haute voix : Aux fagots et aux claies tout le monde, afin de faire le pont! Et les Français de revenir, de combler le fossé et de prendre la ville sans trop d'efforts. C'est ce que Jean d'Aulon attesta sous serment, comme témoin oculaire.

Après cette victoire, Jeanne alla à contre-cœur, mais d'après la décision des capitaines, assiéger La Charité. On était au plus fort de l'hiver. Elle resta environ un mois devant cette ville, qu'elle essaya vainement d'emporter avec sa petite armée. Après bien des combats, les Français levèrent le siège à la hâte en abandonnant leur artillerie. Ils s'étaient laissé tromper et effrayer par le commandant ennemi, qui leur avait fait croire que des secours approchaient pour délivrer la place.

Dans la suite, les juges demandèrent à Jeanne pourquoi elle n'était pas entrée dans la ville, Dieu le lui ayant commandé. « Qui vous a dit que Dieu me l'eût commandé, leur répondit-elle? Je n'avais là-dessus aucune révélation; ce siège s'est fait comme celui de Paris, d'après le désir des capitaines, sans aucune indication de mes voix ni pour ni contre. »

De là elle se rendit en toute hâte vers la forteresse de Melun, que les Anglais assiégeaient avec de grandes forces et qu'elle parvint à dégager. Or, d'après les déclarations subséquentes de Jeanne elle-même, ce fut sur les remparts de cette ville qu'elle eut une apparition où ses saintes lui annoncèrent sa prochaine captivité. Elles lui dirent qu'avant la fête de saint Jean, elle tomberait aux mains des ennemis; que cela était tout à fait inévitable; qu'elle ne devait point s'en effrayer, mais, au contraire, accepter avec reconnaissance cette croix de la main de Dieu, qui lui donnerait aussi la force de la porter. Jeanne pria ses saintes bien-aimées de demander à Dieu pour elle, qu'il voulût bien lui épargner la douleur d'un long emprisonnement, qu'il la fît mourir sur-le-champ et l'admît en son saint paradis. Mais les saintes ne lui révélèrent rien à cet égard; elles ne lui dirent ni le lieu ni l'heure où elle tomberait au pouvoir de l'ennemi, et elles lui recommandèrent seulement d'être patiente et résignée.

Plus tard, la Pucelle dit à ce propos, « que, si

---

fils d'une mère réputée noble, savoir Anne Haldat, réputée noble, épouse de George Macquart, commissaire de police audit Bar; ladite Anne Haldat était fille d'Anthoyne Haldat, sr de Bouvet, et lequel Anthoyne Haldat, descendait de George Haldat, capitaine d'infanterie pour le service de France, et de Catherine Du Lys, fille de Pierre d'Arc dit Du Lys, ce dernier frère à Jeanne d'Arc, connue sous le nom de la Pucelle d'Orléans, etc...... Cette pièce sur parchemin, aux armoiries enluminées du duc de Lorraine et de la Pucelle, fait partie de la collection de M. le comte Hip. de Widranges, membre de la Société des Antiquaires de France.

elle avait su d'avance le lieu où elle devait être prise, elle s'y serait difficilement rendue; mais qu'elle aurait fini par se soumettre, quelque peine qu'il dût lui en advenir. »

Depuis ce temps, c'était à Pâques 1430, les saintes lui renouvelèrent presque chaque jour la prédiction du malheur qui approchait; mais Jeanne n'en voulut rien dire aux capitaines, et désormais elle suivit leurs ordres en toutes choses. Car elle était tombée sous la main de Dieu comme une victime, et elle ne voulait pas par ses conseils en entraîner d'autres dans la destinée au devant de laquelle elle marchait avec une tranquille résignation.

Accompagnée de ses deux frères et d'une petite troupe de ses gens, la Pucelle arriva devant Lagny, et y attendit l'ennemi qui s'avançait, et qui était le duc de Bourgogne. Dans les entrefaites, une femme mit au monde un enfant qui ne donnait aucun signe de vie, et qu'on allait enterrer sans lui avoir versé l'eau sainte du baptême. Les parents étaient fort affligés de voir leur enfant n'aurait point part à la grâce de la rédemption divine. Pour les consoler, les jeunes filles de la ville se rendirent dans l'église de Notre-Dame et implorèrent la miséricorde de Dieu sur l'enfant mort. Elles demandèrent à Jeanne de se joindre à leurs prières, ce qu'elle fit de bon cœur. Trois jours s'étaient écoulés, sans qu'on remarquât aucun signe de vie dans l'enfant, et il était déjà tout noir, comme la Pucelle l'affirma elle-même dans la suite; mais à peine se fut-elle agenouillée au pied de l'autel de la sainte Vierge, qu'il reprit l'air d'une créature vivante et bâilla trois fois. Il fut baptisé à l'instant même, et referma aussitôt les yeux pour toujours. Plus tard, on demanda à la Pucelle, dans son interrogatoire, si l'on n'avait pas dit dans la ville qu'elle avait fait ce miracle, et que l'enfant était ressuscité par son intercession. Elle répondit avec sa simplicité ordinaire : « Je ne m'en suis pas informée. »

En ce moment, la nouvelle vint à Lagny qu'un capitaine ennemi, nommé Franquet d'Arras, homme farouche et cruel, approchait de la ville avec une troupe de trois ou quatre cents partisans tout chargés de butin. La Pucelle partit immédiatement à la tête des chefs de la garnison et de quatre cents hommes, pour donner la chasse aux pillards. Franquet fit descendre de cheval ses archers, et les plaça derrière une haie dans une bonne position. Le combat fut rude et sanglant. Deux fois l'intrépide Jeanne fut repoussée avec perte; mais elle ramena toujours les siens à la charge, jusqu'à ce que, renforcée par les garnisons voisines et une bonne artillerie, elle eût défait, après une vive résistance, cette bande furieuse. Le capitaine lui-même fut pris avec le reste de sa troupe. La Pucelle voulut d'abord, ainsi qu'elle l'affirma plus tard en justice, l'échanger contre un seigneur français prisonnier; mais, ayant appris la mort de celui-ci, elle remit Franquet au bailli de Lagny, qui demandait qu'on le lui livrât à cause des horribles cruautés que cet homme avait commises dans le pays, non comme un chevalier en loyal combat, mais comme un brigand et un assassin. Le bailli ayant exposé à Jeanne qu'autrement la justice souffrirait un grand dommage, elle lui répondit « qu'il devait instruire l'affaire et appliquer la loi. » En conséquence, on fit le procès, qui dura quinze jours, et Franquet lui-même s'étant reconnu meurtrier, voleur et traître, le conseil des chevaliers le condamna à être pendu, et il subit son arrêt. Or, ce jugement, auquel la Pucelle ne prit aucune part, lui fut reproché dans la suite, par des juges iniques, comme un acte de violente cruauté et un crime capital.

De Lagny, la Pucelle marcha sur Compiègne. Là, elle se joignit au chancelier du royaume et au comte de Clermont, avec lesquels elle prit la route de Choisy, que le duc de Bourgogne, Suffolk et Arundel assiégeaient et canonnaient à outrance. Mais elle fut obligée de retourner à Compiègne avant même d'avoir vu l'ennemi. Voici pourquoi. Le capitaine qui commandait à Soissons au nom du roi, était un traître vendu aux Anglais, auxquels il livra sa place dans la suite. En attendant, il en ferma les portes à l'armée française. Par suite de cette trahison, Choisy est obligée de se rendre au duc de Bourgogne, qui en fait démolir les fortifications. De là, il s'avance sur Compiègne, et campe autour de cette place dans les villages et les châteaux environnants. Tous les jours de nouveaux renforts, venus des pays soumis à sa domination, renforçaient son armée. En outre, quinze cents Anglais vinrent le joindre pour s'emparer de la ville, au nom de Henri VI, roi d'Angleterre et de France.

A la vue de cet état de choses, le chancelier de Charles VII et le comte de Clermont, perdant courage, s'étaient retirés avec leur corps d'armée vers la Loire. Jeanne, au contraire, tint ferme et fit mander à Compiègne, de tous côtés, au nom du roi, les chevaliers et les hommes d'armes. Un grand nombre répondirent à son appel, et parmi eux plusieurs de ceux qui avaient combattu à ses côtés à Orléans, tel que le vaillant Poton de Xaintrailles. Bientôt elle se vit entourée d'une armée de deux mille hommes; mais elle en abandonna entièrement la conduite aux capitaines, aux ordres desquels elle se soumit en toutes choses, sans les approuver ni les blâmer.

Tandis que la garnison de Compiègne faisait chaque jour de vaillantes sorties, l'infatigable Jeanne s'occupait à rassembler tout à l'entour, dans le pays, de nouvelles troupes, qu'elle introduisait la nuit dans la ville, à la grande joie des assiégés et sans que les assiégeants s'en aperçussent.

C'était la surveille de l'Ascension, 23 mai 1430. Les capitaines ordonnent à Jeanne d'attaquer, avec d'autres chefs et six cents hommes, les retranchements ennemis près de Marigny. Il était cinq heures de l'après-midi. Jeanne s'avançait à la tête de sa troupe. Dans ce moment même, le principal capitaine de l'armée bourguignonne, Jean de Luxembourg, faisait une reconnaissance. Ayant aperçu les Français et Jeanne d'Arc à leur tête, il fait crier aux armes sur toute la ligne. Mais Jeanne n'attaque pas avec moins de vigueur. Jamais, disent les historiens, elle ne déploya autant d'ardeur et d'héroïsme. Déjà elle avait rejeté derrière la barrière de Marigny, Jean de Luxembourg et sa garnison, quand, le cri d'alarme retentissant de poste en poste, les Anglais et les Bourguignons accourent de toutes parts. Les forces de l'ennemi croissent à chaque minute. Elles se portent en avant; Jeanne les repousse une seconde fois. Mais, de plus en plus nombreuses, elles font une troisième attaque; Jeanne ne peut les refouler qu'à moitié chemin. Les Français, s'apercevant alors qu'ils vont avoir toute l'armée ennemie sur les bras, se retirent vers la ville. Jeanne d'Arc marchait la dernière, se retournant sans cesse et faisant face à l'ennemi, afin de couvrir la retraite des siens et de les ramener sans perte dans la place. Les Anglais s'avancent alors à grands pas, pour couper le chemin à sa troupe; ce mouvement jette l'effroi parmi ses guerriers; ils se précipitent en tumulte vers le boulevard du pont. La presse fut telle à la barrière, qu'on ne pouvait plus avancer ni reculer. En ce moment, les Bourguignons, sûrs d'être soutenus de toutes parts, font une charge terrible sur la queue des escadrons français, et y jettent un grand désordre. Saisis d'épouvante, une partie de ceux qui combattaient en cet endroit se précipitent tout armés dans la rivière; plusieurs se rendent prisonniers. Jeanne d'Arc seule continue à se défendre, tenant sa bannière haute, et repoussant les ennemis avec une épée qu'elle leur avait enlevée. Tout l'effort des Bourguignons se porte sur elle, pour s'emparer d'une femme qui était la terreur de l'Angleterre et la victoire de la France. Cependant elle parvient au boulevard du pont; mais elle ne peut y entrer; suivant les uns, à cause de la foule; suivant les autres, parce qu'elle trouve la porte fermée. Plusieurs attribuent cette circonstance à la trahison du gouverneur de Compiègne, qui, jaloux de la renommée de Jeanne, craignait qu'elle ne recueillît toute la gloire du siége. L'historien d'Angleterre, David Hume, étend même cette accusation à la plupart des généraux français. Et de fait, toutes les cloches de Compiègne sonnaient l'alarme; mais personne ne s'avançait pour la sauver. Abandonnée de tous ses compagnons d'armes, entourée d'assaillants, Jeanne fait des prodiges de valeur pour échapper à la captivité, et cherche à gagner les champs du côté de la Picardie; mais un cavalier bourguignon, d'autres disent un archer picard, la saisit par son vêtement et la fait tomber de cheval. Alors même elle ne veut pas se rendre, et il fallut s'emparer d'elle par force. Un Français, nommé Lionel, surnommé le bâtard de Vendôme, l'emmena prisonnière à Marigny, et la vendit à un Français, Jean de Luxembourg, qui la revendit à un autre Français, le duc Philippe de Bourgogne. Mais c'étaient trois de ces Français qui vendaient la France à l'Angleterre.

C'est ainsi que le 23 mai de l'an 1430, devant le pont de Compiègne, Jeanne d'Arc tomba entre les mains de ses ennemis acharnés. Ce malheur arriva quinze mois après son entrée à Chinon, un an après la délivrance d'Orléans, et dix mois après qu'elle eût fait couronner Charles VII dans la cathédrale de Reims; et ainsi s'accomplit la prédiction qu'elle avait faite, et qui a été attestée par le duc d'Alençon : Je ne durerai qu'un an, ou guère davantage; c'est pourquoi voyez à bien employer cette année.

Paris, digne capitale de la France anglaise, sonna toutes les cloches, chanta des *Te Deum*, alluma des feux de joie, à la nouvelle que Jeanne d'Arc, le salut de la France, était prise. L'armée anglaise et la nation anglaise en triomphèrent comme de la plus éclatante des victoires, tant était grande la peur que cette fille de dix-huit ans leur inspirait, et leur inspire encore, car, jusqu'à présent, l'Angleterre n'a pas encore *osé* lui rendre justice. Le duc de Bourgogne vint la voir et l'entretenir dans sa prison : prince français, traître à sa patrie, il vint contempler dans les fers la libératrice de la France, pour la revendre aux Anglais, comme il leur vendait la France même.

Cependant, par les ordres de Jean de Luxembourg, la Pucelle fut conduite de Marigny, au château de Beaulieu. Elle ne put d'abord se faire à sa captivité; et, quoique ses saintes l'exhortassent à la patience et lui dissent qu'elle devait voir le roi d'Angleterre, elle pratiqua secrètement dans sa nouvelle prison une ouverture entre deux poutres et se glissa à travers, bien résolue à enfermer derrière elle ses gardiens dans la tour. Mais, au moment où elle allait sortir, elle fut découverte et ramenée par le geôlier. Alors elle se soumit à la volonté céleste, en disant qu'il n'avait pas plu à Dieu cette fois qu'elle s'échappât, et qu'elle devait voir le roi d'Angleterre, comme ses voix le lui avaient ordonné.

Là-dessus Jean de Luxembourg fit enfermer Jeanne, sous une sévère surveillance, dans son château de Beaurevoir, où elle fut accueillie avec une bienveillante compassion par l'épouse et la tante du comte. Elles le prièrent de prendre des vêtements de femme, parce que ses ennemis lui faisaient un crime capital de porter un costume d'homme. Leurs instances furent si cordiales, que Jeanne elle-même dit plus tard, que, si elle eût dû le faire, elle l'eût plutôt fait à la requête de ces deux dames que d'autres dames qui soient en France, excepté la reine. Mais elle leur répondit alors : Je ne quitterai point les vêtements que je porte, sans la permission de Dieu. Pressée de nouveau : Je n'en ai point le congé de mon Seigneur, dit-elle; et il n'est pas encore temps.

Dans sa captivité, Jeanne d'Arc paraissait plus s'inquiéter du sort des siens que de son propre sort. La détresse chaque jour croissante des assiégés de Compiègne lui causait la plus vive douleur; elle priait continuellement pour eux, et ses saintes priaient avec elle. La nouvelle lui étant parvenue que tout le monde à Compiègne, jusqu'aux enfants de sept ans, devait périr par le fer ou par le feu, la mort après un pareil malheur lui parut mille fois préférable, et elle cria à ses saintes, dans l'amertume de son âme : Comment Dieu laissera-t-il mourir ces bonnes gens de Compiègne, qui ont été et sont si loyaux à leur seigneur?

Quand elle apprit ensuite qu'elle avait été vendue aux Anglais, elle fut saisie d'une telle angoisse, que sa captivité lui devint tout à fait insupportable. Vainement sainte Catherine l'exhortait à ne pas se jeter à bas de la tour, lui disant que Dieu viendrait en aide aux gens de Compiègne, Jeanne lui répondait que, puisque Dieu aiderait à ceux de Compiègne, elle voulait y être. Sainte Catherine lui dit : Sans faute, il faut que vous preniez en gré ce qui arrive; et vous ne serez point délivrée, que vous n'ayez vu le roi des Anglais. — Vraiment, répondait Jeanne, je ne voudrais pas le voir; j'aimerais mieux mourir que d'être mise en la main des Anglais. Mais tout ce que la sainte put lui dire fut inutile; Jeanne ne put maîtriser son inquiétude; elle fit le signe de la croix, se recommanda à Dieu et à la sainte Vierge, et se précipita du haut de la tour de Beaurevoir.

Les saintes eurent pitié d'elle et la sauvèrent de la mort, comme Jeanne elle-même le raconta en justice. Les gardiens la trouvèrent dans le fossé, grièvement blessée et sans connaissance. Elle ne savait où elle était, et on dut lui dire qu'elle avait sauté à bas de la tour. Tout à coup elle entendit à côté d'elle la voix de sainte Catherine qui lui rendait courage, et lui disait qu'elle serait guérie, et que ceux de Compiègne seraient secourus. Pendant deux ou trois jours, elle ne put ni ne voulut prendre aucune nourriture, à cause de la grande douleur et de l'abattement où elle était tombée; jusqu'à ce qu'enfin les douces et graves paroles de ses saintes l'eussent relevée. Sainte Catherine lui ordonna de se confesser du grave péché qu'elle avait commis en se jetant à bas de la tour, et d'en demander pardon à Dieu; et elle lui dit que la ville de Compiègne serait certainement secourue avant la Saint-Martin. Jeanne suivit cet ordre; elle supplia Dieu avec un vif repentir de lui pardonner sa faute, et la sainte lui donna l'assurance que son pardon lui avait été accordé.

Dans la suite, Jeanne avoua sans détour à ses ennemis combien elle se repentait de cette faute, la plus énorme, disait-elle, dont elle eût jamais affligé ses saintes; mais elle ne l'avait pas commise par désespoir, ni par lassitude de la vie; elle avait voulu uniquement se sauver et secourir les siens. Ce n'en fut pas moins un grand péché, ajoutait-elle, puisque mes saintes me l'avaient défendu.

Du château de Beaurevoir, Jeanne d'Arc fut transférée à Arras, puis au château du Crotoy, à l'embouchure de la Somme. Dans cette même forteresse était retenu prisonnier un ecclésiastique d'un mérite et d'un rang considérables, appelé maître Nicolas de Quenville, chancelier de l'Église d'Amiens, docteur en droit canon et en droit civil. Il célébrait souvent la messe dans une des salles du donjon. Jeanne y assistait régulièrement. Elle se confessait à son compagnon d'infortune; il rapporta depuis que c'était une bonne chrétienne, pleine de piété; et il racontait beaucoup de choses à sa louange. Quant à la prophétie de sainte Catherine, que Dieu secourrait certainement la ville de Compiègne avant la Saint-Martin, elle s'accomplit d'une manière inattendue. La Saint-Martin est le 11 novembre. Or, le mardi avant la Toussaint, après plus de six mois de siège, lorsqu'elle allait être forcée de capituler, la ville de Compiègne se vit délivrée par l'arrivée des troupes françaises, et Jean de Luxembourg obligé de se retirer honteusement.

Chose incroyable! désarmée et dans les fers, Jeanne d'Arc inspirait encore aux Anglais une terreur profonde. Le duc de Glocester adressa des lettres royales, le 12 décembre 1430, aux vicomtes de Kent, de Norfolk, de Suffolk, d'Essex, de Londres, de Surrey et de Sussex, et au constable du château de Douvres, gouverneur des cinq ports, pour leur enjoindre de faire arrêter et traduire devant le conseil d'Angleterre les guerriers à qui la peur de la Pucelle ferait abandonner leurs drapeaux (Rymer, *Acta regnum Angliæ*, t. X).

Le gouvernement anglais de France ne vit d'autre remède à cette peur, que l'infamation et l'exécution juridiques de Jeanne d'Arc, comme hérétique et sorcière. Or, l'hérésie de Jeanne était d'avoir battu les Anglais.

Dès le 26 mai 1430, trois jours après que la Pucelle eût été prise, le vicaire général de l'inquisiteur pour la partie anglaise de France, frère Martin Billon, sans doute à l'instigation des Anglais, écrivit au duc de Bourgogne, pour la réclamer comme accusée de plusieurs erreurs, afin de l'examiner devant les docteurs de l'Université de Paris (Quicherat, *Procès de Jeanne d'Arc*, t. I). L'Université de Paris elle-même adressa au duc de Bourgogne une lettre semblable, pour que la jeune captive fût traduite devant un tribunal ecclésiastique, comme suspecte de magie et de sortilège. Cette lettre ne nous a pas été conservée; mais elle est rappelée dans une seconde, adressée au même prince, pour se plaindre de son silence. Dans cette seconde lettre, l'Université de Paris témoigne une crainte extrême que le duc de Bourgogne ne veuille rendre la Pucelle à la liberté, et le conjure de l'envoyer à Paris à l'inquisiteur, ou de la remettre à l'évêque de Beauvais, en la juridiction duquel elle a été appréhendée. L'Université de Paris écrivit dans le même sens à Jean de Luxembourg, une lettre qui, dans un manuscrit, porte la date du 14 juillet 1430 (*Ibid.*).

Muni de ces lettres, l'évêque de Beauvais se rendit de Paris dans le camp de l'armée bourguignonne devant Compiègne, et, le 14 juillet ou le 16, dans une assemblée solennelle, en présence d'une foule de chevaliers et de seigneurs, il les présenta au duc de Bourgogne et à Jean de Luxembourg. Il leur remit en même temps une sommation, qu'il avait lui-même rédigée par ordre des Anglais. Dans cette pièce, il demandait, au nom du roi anglais de France et en son propre nom, qu'on lui livrât la Pucelle, pour détromper par une enquête ceux qu'elle avait jusqu'alors abusés. Il ajoutait que, bien que Jeanne ne pût pas être considérée comme prisonnière de guerre, la libéralité du roi Henri VI leur offrait une indemnité de six mille livres, et au bâtard de Vendôme un revenu de deux ou trois cents livres; que si, malgré ces motifs et ces offres, ils refusaient de la lui soumettre, le roi anglais de France leur donnait une caution de dix mille livres, avec laquelle, d'après la coutume française, il avait droit, en qualité de chef suprême de la guerre, de retirer tout prisonnier, fut-il roi ou dauphin, ou tout autre; et s'ils refusaient encore, il les menaçait de la peine prononcée par les lois (t. I, p. 13-15).

Le duc de Bourgogne et Jean de Luxembourg ayant enfin cédé à cette sommation, ils remirent la Pucelle à ses ennemis aussi cher qu'ils auraient vendu un roi de France. Toutefois, il se passa encore beaucoup de temps avant qu'elle fût livrée, c'est que le duc de Bedford, régent anglais de France, manquait d'argent. Pour s'en procurer, il assembla, le 4 août, les Etats de Normandie et de plusieurs autres provinces, lesquels durent s'imposer extraordinairement; enfin, le 20 octobre, le marché de sang fut payé.

L'entremetteur de ce marché, l'évêque de Beauvais, se nommait Pierre Cauchon, natif de Reims, d'une famille récemment anoblie. Recteur de l'Université de Paris, il était devenu évêque de Beauvais par le crédit du duc de Bourgogne, qui voulut assister à son sacre. Il y avait à cela quelque raison. Au concile de Constance, Pierre Cauchon avait défendu contre le chancelier Gerson le meurtre du duc d'Orléans, assassiné par le père du duc. C'était une attraction de meurtre. Mais Jeanne d'Arc ayant rendu le courage aux armes françaises, la ville de Beauvais était rentrée sous l'obéissance du roi légitime, et avait renvoyé Pierre Cauchon, comme partisan déclaré des ennemis du pays. Pierre Cauchon en fut d'autant plus cher aux Anglais. Ce fut lui qui alla chercher en Angleterre le jeune Henri VI, âgé de huit ans, et qui l'accompagna jusqu'à Rouen. L'église métropolitaine de Rouen était vacante; on la lui fit espérer, pour prix de son zèle passé, présent et futur; la preuve en a été retrouvée (p. 1, note). On sent combien un pareil homme devait aimer Jeanne d'Arc, et combien il était propre à être son juge.

Et que faisait Paris dans ce temps? Paris était si anglais, qu'une femme de Bretagne ayant dit que Jeanne d'Arc était bonne, et que ce qu'elle faisait était bien fait, selon Dieu, elle fut condamnée au feu et brûlée, le dimanche, 3 septembre 1430 (*Journal d'un bourgeois de Paris*). On peut juger de là quelle était l'animosité des Parisiens contre Jeanne d'Arc elle-même.

Aussi, le 21 novembre, l'Université de Paris expédia-t-elle deux lettres, pour presser sa mise en jugement. Dans l'une, elle reproche à Pierre Cauchon sa lenteur à commencer le procès; dans l'autre, elle prie le roi anglais de France de faire juger l'affaire à Paris, parce que les docteurs y étaient en grand nombre; mais cette dernière requête ne fut point prise en considération (*Procès*, t. I).

Après que Jeanne d'Arc eût été traînée, durant six mois, d'une prison dans une autre, et qu'elle se fût montrée partout également pure et pieuse, on l'enferma dans la tour du château de Rouen. Le roi d'Angleterre et les grands de son conseil se trouvaient réunis dans cette ville. L'Université de Paris y envoya plus tard six de ses membres, pour assister au procès. Le 3 janvier 1431, l'évêque de Beauvais fut autorisé, au nom de Henri VI, à commencer l'examen des charges qui pesaient sur la Pucelle. Ces charges étaient, qu'elle avait, d'une manière impie et contrairement à la loi divine, porté des habits d'homme et commis des meurtres les armes à la main; qu'elle s'était présentée à la simplicité du peuple comme envoyée de Dieu et initiée aux secrets de la Providence; enfin, qu'elle était soupçonnée de beaucoup d'autres erreurs dangereuses et actes coupables contre la Majesté divine. Si elle n'était pas convaincue de ces crimes, le roi se réservait de la reprendre.

Pierre Cauchon se prétendait juge légitime de Jeanne d'Arc, parce qu'elle avait été prise sur le territoire de son diocèse. Mais cette raison, telle quelle, n'était pas même fondée. Jeanne d'Arc avait été prise, non point à Compiègne, qui était du diocèse de Beauvais, mais au delà du pont et de la rivière de l'Oise, dans le territoire du diocèse de Noyon. Pierre Cauchon usurpait donc la qualité de juge.

Cependant la pauvre Jeanne, emprisonnée en la grosse tour de Rouen, se trouvait dans une situation affreuse. Le serrurier Etienne Castillon rapporta devant plusieurs témoins qu'il avait eu ordre de faire pour elle une cage de fer; qu'elle y était à l'étroit, attachée par le cou, les pieds et les mains, et qu'elle y avait été renfermée depuis son arrivée au château de Rouen jusqu'à l'ouverture du procès intenté contre elle (Lebrun de Charmettes, t. III). Plus tard, pendant le jour, elle avait les pieds retenus par des ceps de fer, qui tenaient eux-mêmes, par une forte chaîne et au moyen d'une serrure fermant à clé, à une grosse pièce de bois. La nuit, elle était ferrée par les jambes de deux paires de fer à chaîne, et attachée très-étroitement d'une chaîne traversant les pieds du son lit, tenant à une grosse pièce de bois, et fermant à clé; en sorte qu'elle ne pouvait remuer de la place. De plus, une seconde chaîne la retenait alors par le milieu du corps. Telle était sa situation, d'après la déposition de plusieurs témoins oculaires (*Ibid.*).

Mais ce dont elle eut à souffrir beaucoup plus encore, ce fut de ses gardiens, soldats anglais de la pire espèce. Ils étaient cinq, dont trois demeuraient la nuit dans sa chambre, et deux à la porte. Ces misérables prenaient plaisir à l'insulter et à la tourmenter de toutes les manières; ils ne lui laissaient pas même de repos pendant la nuit; ils l'éveillaient, en lui disant qu'on voulait l'emmener et que l'heure de sa mort était venue. Souvent aussi ils cherchèrent à lui faire violence. Une fois, étant réduite au désespoir, elle cria si haut, que le comte de Warwick l'entendit et changea ses gardes; une autre fois, elle donna un soufflet à un tailleur, qui avait porté sur elle une main déshonnête. C'est pour cela qu'elle ne pouvait se résoudre à quitter ses vêtements d'homme, malgré toutes les exhortations et les menaces de ses juges; ce qui lui fut ensuite compté comme une opiniâtreté coupable et un grand crime. Cependant, au milieu de tous ses mauvais traitements, elle ne perdait pas patience, et, suivant le rapport d'un témoin, son langage était plein de sagesse et de modération (*Ibid.*).

De son côté, Pierre Cauchon, qui se prétendait faussement le juge ordinaire de Jeanne d'Arc, en supposant, contre la vérité, qu'elle avait été prise dans son diocèse, ne pouvait exercer sa juridiction prétendue à Rouen, qui n'était pas de son territoire. Il en demanda l'autorisation au chapitre de Rouen, qui, le siège vacant, était investi de l'autorité archiépiscopale. Le 28 décembre 1430, le chapitre lui délivra des lettres où il lui accordait territoire et juridiction pour instruire ce procès dans toute l'étendue du diocèse.

Enfin, le 9 janvier 1431, Pierre Cauchon convoqua une assemblée de neuf docteurs et licenciés. Ils convinrent de faire une nouvelle enquête sur la vie et les méfaits de la Pucelle, les informations que l'évêque avait mises sous leurs yeux leur paraissant insuffisantes. En outre, ils s'adjoignirent, comme conseillers, plusieurs personnes instruites dans le droit canon et civil, et nommèrent promoteur ou accusateur Joseph d'Estivet, homme grossier et méchant, et tout dévoué aux Anglais. La charge de présider aux enquêtes et aux interrogatoires, dans l'absence de l'évêque, fut confiée à Jean de Lafontaine, homme juste et très-savant; Guillaume Manchon et Guillaume Colles furent choisis pour greffiers, et Massieu pour appariteur; ce dernier avait l'esprit droit et le cœur porté à la compassion. Enfin les docteurs convoqués remontrèrent à l'évêque de Beauvais que, la Pucelle devant être jugée par un tribunal ecclésiastique, il était convenable qu'elle fût transférée dans une prison de l'Eglise. Pierre Cauchon répondit qu'il n'y consentirait point, de peur de déplaire aux Anglais; parole qui, seule, lui ôtait le droit de juger, l'eût-il eu jusqu'alors. Sur cette déclaration de Pierre Cauchon, il s'éleva un violent murmure parmi les docteurs. Jeanne réclama son droit à plusieurs reprises, mais Pierre Cauchon ne s'inquiéta ni des docteurs ni d'elle, et laissa la malheureuse en proie aux plus cruels traitements dans une prison injuste. Elle ne trouva de consolation qu'auprès de ses saintes, qui l'assistèrent et la reconfortèrent d'autant plus fidèlement qu'elle était plus abandonnée des hommes.

Après ces arrangements, Nicolas Bailly fut chargé d'aller prendre, dans le pays natal de la Pucelle, des informations sur sa conduite. Lui-même a raconté plus tard comment, avec un bourgeois de Rouen nommé Jean Moreau, il interrogea les gens de Domremi et de cinq ou six villages environnants, et fit confirmer leurs dires en justice par douze ou quinze témoins. Tous lui attestèrent que Jeanne était une très-honnête fille et une excellente catholique; qu'elle ne disait que de bonnes choses, visitait volontiers les églises et autres lieux consacrés, faisait souvent le pèlerinage de Notre-Dame de Vermont, et allait chaque mois à confesse. Quand Nicolas Bailly revint avec ces nouvelles auprès de l'évêque, s'attendant à être récompensé de ses soins et indemnisé de ses dépenses, Pierre Cauchon l'appela traître et méchant homme, et lui reprocha de n'avoir pas rempli les devoirs de sa mission. Quant aux informations ainsi recueillies, l'évêque, à ce qu'il paraît, les tint secrètes; car les greffiers affirment qu'ils n'en virent jamais rien (Lebrun de Charmettes, t. III, p. 201-209).

Le comte de Warwick et l'évêque de Beauvais ne rougirent pas d'employer à leurs odieux desseins un ecclésiastique indigne, nommé Nicolas Loyseleur. Ce misérable se glissa dans le cachot de Jeanne d'Arc. Il lui dit qu'il était aussi Lorrain, partisan fidèle du roi et prisonnier de guerre comme elle; puis il lui raconta toutes sortes de nouvelles agréables. Quand il eut réussi à gagner sa confiance, le comte et l'évêque conduisirent les notaires, Guillaume Manchon et Guillaume Colles, dans une chambre attenant à la prison et à laquelle on avait pratiqué une ouverture d'où l'on pouvait tout entendre sans être vu. Nicolas Loyseleur, vêtu en laïque, vint trouver Jeanne, et les gardes se retirèrent, afin qu'elle pût s'ouvrir en toute liberté à son prétendu ami et compagnon d'infortune. Alors le traître lui fit une foule de questions insidieuses sur ses révélations. Warwick et Pierre Cauchon voulurent que les notaires prissent acte des réponses de Jeanne; mais Guillaume Manchon refusa son ministère à ces indignités, disant qu'il n'était pas permis de commencer un procès de cette manière. Cela n'empêcha pas la malheureuse Pucelle d'accorder à L'Oyseleur une telle confiance, que, suivant le rapport de Manchon, elle le prit pour confesseur, et communiquait d'ordinaire avec lui avant de paraître devant ses juges (Guido Goerres, p. 310; Lebrun de Charmettes, t. III, p. 210).

Il importait beaucoup à Pierre Cauchon de mettre parmi les juges le plus grand nombre de personnes possible. Ceux qui refusèrent de faire partie du tribunal y furent contraints par la force, et aucun ne put sortir de Rouen pendant toute la durée du procès. De cette manière, l'odieux du crime ne devait pas retomber sur l'évêque seul. Il tenait avant tout à s'assurer l'appui du vice-inquisiteur le Maistre, homme faible et sans caractère, qui prit tous les moyens pour échapper à Pierre Cauchon, mais qui n'avait pas le courage de risquer son propre sang pour l'innocence. Il refusa plusieurs fois de se mêler de cette affaire, et produisit tous les prétextes imaginables; mais Pierre Cauchon sut triompher de sa faiblesse en lui disant que, s'il réitérait ses refus, il jouait sa tête. En outre, l'évêque de Beauvais écrivit au grand inquisiteur lui-même, pour qu'il donnât des pleins pouvoirs à son vicaire. Le pauvre le Maistre, ainsi adjoint au tribunal, d'abord en qualité de jurisconsulte et ensuite de deuxième juge, fut tourmenté des plus grands remords pendant toute la durée du procès. Il dit à un des témoins : Je vois bien qu'il faut ou juger selon la volonté des Anglais ou se préparer à la mort.

On agit de même avec la plupart de ceux qui, dans cette inique affaire, souillèrent leurs mains du sang de l'innocence. Les uns cherchaient la faveur des Anglais, les autres craignaient leur fureur et n'avaient pas le courage de se lever contre l'injustice. Cependant tous ne trahirent pas la vérité devant les menaces de Cauchon et de Warwick. Un homme surtout, Nicolas de Houppeville, se distingua par sa généreuse fidélité à la loi du devoir. En vrai serviteur de Dieu et de la justice éternelle, il déclara, dans une des premières assemblées, que ni l'évêque ni les autres personnes chargées du procès ne pouvaient prononcer en conscience, parce que, appartenant au parti contraire à la Pucelle, il leur était défendu d'être juges dans leur propre cause, d'autant plus que Jeanne avait déjà été examinée par le tribunal ecclésiastique de Poitiers et par l'archevêque de Reims, métropolitain de l'évêque de Beauvais. L'observation était sans réplique. Pierre Cauchon fit venir devant lui l'auteur d'une protestation si noble et si courageuse ; mais Nicolas de Houppeville lui signifia que, n'étant pas de son diocèse, il ne lui était point soumis et déclinait sa juridiction. Il n'en fut pas moins saisi et enfermé au château de Rouen. On le menaça de le bannir en Angleterre et même de le noyer : heureusement ses amis parvinrent à le faire élargir. L'évêque de Démétriade était donc bien fondé à affirmer plus tard sous serment, lors de la révision du procès, qu'aucun de ceux qui avaient concouru à cette abominable affaire n'avait agi en pleine liberté (Lebrun de Charmettes, t. III, p. 220 et seqq.).

L'évêque de Beauvais avait aussi fait venir de Paris plusieurs docteurs, pour prendre part au procès poursuivi avec tant de zèle par cette Université, dont il était le protecteur apostolique. Ils reçurent pendant toute la durée de leurs fonctions, vingt sols tournois par jour, c'est-à-dire à peu près six francs de la monnaie actuelle.

Les choses étant ainsi préparées, Jeanne fut citée à comparaître le 21 février 1431, pour la première fois, devant ses juges.

De ce jour au 17 mars, elle fut interrogée dix-sept fois. Or, d'après les déclarations d'un grand nombre de témoins qui assistèrent en qualité d'assesseurs à ces audiences, le tribunal était institué non pas pour rechercher et laisser parler la vérité, mais bien plutôt pour poursuivre et perdre une innocente sous l'apparence de la justice. Les Anglais et Pierre Cauchon avec ses affidés, voulant à toute force assouvir leur méchanceté et leur vengeance, ne reculèrent devant aucun moyen, quelque injuste et quelque vil qu'il pût être. Quand leurs ruses ne réussissaient point à enlacer la victime, ils cherchaient à l'effrayer et à la tourmenter par leurs violences, afin que la malheureuse, au moment du désespoir, témoignât contre elle-même et se soumît au jugement de l'iniquité ; mais la Pucelle, forte de son bon droit, brisa les filets de leur abominable perfidie et supporta ses douleurs avec une patience héroïque.

Dans les premiers interrogatoires, il y avait de cinquante à soixante assesseurs ; ensuite les séances, depuis la septième, n'eurent plus lieu que devant un petit nombre de personnes, dans la prison de l'accusée et presque en secret. Après l'avoir tourmentée de questions, le matin, durant trois ou quatre heures, et l'avoir relancée et poursuivie comme une bête fauve, on se servait de ses réponses mêmes pour lui faire, dans l'après-midi, de nouvelles questions insidieuses. La fatigue impatientait les assesseurs eux-mêmes. La plupart du temps, on n'observait aucun ordre ; on sautait d'un point à un autre, et on ne laissait pas un instant à Jeanne pour réfléchir à ce qu'elle devait répondre sur les sujets les plus difficiles ; on l'interrogeait à grands cris de tous les côtés à la fois. Alors elle disait d'une voix suppliante : Beaux seigneurs, faites l'un après l'autre. Elle priait qu'on lui permît de ne répondre qu'à un seul ou deux interlocuteurs en même temps, et elle se plaignait de l'injustice qu'on lui faisait et de la fatigue dont on l'accablait, en lui adressant une foule de questions qui n'avaient pas de rapport avec le procès ; mais ces hommes sans entrailles ne tenaient aucun compte de ses prières et de ses plaintes, et continuaient de l'interroger avec plus d'acharnement. Souvent les questions étaient fort ardues et au-dessus de l'âge, de l'état et du sexe de Jeanne. Il s'éleva au sein du tribunal même des murmures contre cette inique manière de procéder ; car, maintes fois, les plus savants docteurs auraient eu de la peine à répondre. Le désordre fut surtout grand aux premières séances ; on interrompait l'accusée presque à chaque mot, quand elle parlait de ses visions ; et, en outre, il y avait là plusieurs secrétaires du roi d'Angleterre qui prenaient et laissaient ce qu'ils voulaient de ses réponses ; en sorte que Guillaume Manchon déclara qu'il cesserait de prendre part au procès, si l'on ne suivait pas une autre marche.

On ne permettait pas même à la pauvre prisonnière d'aller chercher à l'église la consolation et la force, et de soulager au pied des autels son cœur oppressé. Dès le commencement, on lui interdit d'assister au saint sacrifice, à cause de ses prétendus crimes et des vêtements d'homme qu'elle portait. L'appariteur Jean Massieu la conduisait de la prison au tribunal : sur le passage se trouvait la chapelle du château. — Le corps de Jésus-Christ y est-il ? demanda Jeanne, et sur la réponse affirmative, elle faisait chaque fois son oraison. Joseph d'Estivet, le promoteur du procès, en faisait des reproches à l'appariteur, disant : Truand, qui te fait si hardi de laisser approcher cette mauvaise fille excommuniée de l'église ? Je te ferai mettre en telle tour, que tu ne verras lune ni soleil d'ici à un mois, si tu le fais encore. Et comme l'appariteur n'obéissait pas, d'Estivet se mit plusieurs fois sur la porte de la chapelle, pour empêcher Jeanne d'y faire son oraison.

Jean Massieu courut un autre danger. Le quatrième ou cinquième jour, un prêtre nommé Eustache Turquetil lui demanda : Que te semble de ses réponses ? sera-t-elle brûlée ? que sera-ce ? — Massieu répondit : Jusqu'ici, je n'ai vu que bien et honneur à elle ; mais je ne sais quelle sera la fin ; Dieu le sache ! Cette réponse ayant été rapportée aux gens du roi anglais de France, Massieu fut signalé comme n'étant pas bon royaliste. L'évêque de Beauvais le manda et lui dit qu'il se gardât de méprise, ou on lui ferait boire une fois plus que de raison. L'appariteur demeura persuadé que, n'eût été le notaire Manchon qui l'excusa, il n'en fût oncques échappé (Voir la déposition de Jean Massieu).

Interrogée dans la première séance, si elle était en effet pucelle ou vierge, suivant son surnom. Jeanne répondit : Je puis bien dire que telle je suis, et, si vous ne me croyez, faites-moi visiter par des femmes. L'examen eut lieu sous la présidence de la duchesse de Bedford. Le résultat en fut favorable à Jeanne, comme à Poitiers. Aussi n'en est-il pas question dans les actes du procès, non plus que des informations qu'on avait fait prendre à Domremi sur sa conduite et sa renommée. Il y a plus : pendant l'examen des matrones, le duc de Bedford contemplait d'un lieu secret la chaste héroïne qu'il vouait aux flammes du bûcher. Une autre fois Jeanne se plaignit qu'un milord avait cherché à lui faire violence. Honte à ces guerriers anglais qui, sur le champ de bataille, tremblent devant une fille mais qui, la voyant dans les fers, ont le courage de vouloir assouvir sur elle leurs bestiales passions ! Honte à ces chevaliers de la peur et de l'infamie (Lebrun de Charmettes, t. III) !

Non contents de harceler et d'embarrasser Jeanne avec des questions difficiles et pleines de pièges, Pierre Cauchon et ses affidés mirent tout en œuvre pour déterminer les greffiers à falsifier les réponses de l'accusée. Ceux-ci refusèrent constamment d'écrire autre chose que ce qu'elle disait ; mais l'indigne évêque réussit au moins une fois à faire omettre une des réponses de la Pucelle, comme le notaire Guillaume Manchon l'avoua lui-même dans la suite. Jeanne s'en plaignit en s'écriant : Hélas ! vous écrivez ce qui est contre moi, et vous ne voulez pas écrire ce qui est dit pour moi.

Cependant Charles VII, dont l'honneur, à proprement dire, était en jeu dans ce procès, — car ce n'était pas pour elle-même, mais pour ce prince, que la Pucelle avait quitté la maison paternelle, et c'était lui qui avait confié à cette bergère sa royale épée, — Charles VII ne faisait rien pour celle qui avait tant fait pour lui. La reconnaissance et le soin de sa réputation lui faisaient pourtant un devoir sacré d'exiger hautement et publiquement du roi d'Angleterre qu'on l'entendît, lui et les siens, dans une affaire dont lui et les siens avaient été témoins, et qu'on lui permît de surveiller l'impartialité et la conduite légale des juges. Son devoir était de soumettre au nouveau tribunal les actes de l'examen subi par Jeanne à Poitiers, ainsi que l'opinion des premiers dignitaires de France, opinion sur laquelle il s'était fondé lui-même pour croire à la mission divine d'une paysanne inconnue, et pour lui confier en même temps l'honneur de sa personne et les destinées du royaume. Il pouvait même déclarer tout le procès nul, parce que ses ennemis et ceux de la Pucelle étaient à la fois accusateurs et juges dans leur propre cause. Il devait protester à la face de la chrétienté entière, de même que les Anglais de leur côté, après l'issue du procès, envoyèrent à l'empereur et à tous les princes une déclaration dans laquelle ils insultaient à la fois le roi de France et Jeanne d'Arc. L'indolent Charles VII ne fit rien de tout cela.

Ainsi abandonnée de ses ingrats amis, et livrée à ses ennemis mortels; entourée de pièges de tous côtés, tourmentée par les menaces et par les mauvais traitements dans une dure prison, exclue des consolations de l'Église, sans conseil et sans assistance, ayant sans cesse devant les yeux les flammes du bûcher dont la lueur se projetait sur chaque question, Jeanne avait le dernier et le plus rude des combats à soutenir. Toutefois, la simple jeune fille, qui n'avait appris de ses parents que le *Pater Noster*, l'*Ave Maria*, et le *Credo*, fixait sur ses ennemis un regard ferme et tranquille; et plus d'une fois elle leur fit baisser les yeux et les remplit de confusion, en déchirant tout d'un coup la trame de leur perfidie, et en leur apparaissant dans tout l'éclat de son innocence. Si naguère les plus braves chevaliers avaient admiré son courage héroïque au milieu des batailles, elle en montrait un bien plus grand encore, maintenant que, chargée de fers et en face d'une mort horrible, elle attestait à ses ennemis eux-mêmes la vérité de sa mission divine, et prophétisait à ce tribunal, prêt à la condamner au nom du roi d'Angleterre, la chute complète de la puissance anglaise en France et le triomphe de la cause nationale. Dans ces suprêmes instants, elle resta attachée avec un amour et une fidélité inébranlables à son roi, dont l'ingratitude l'abandonnait, et elle supporta sans impatience, comme sans haine, les injustices et les cruautés de ses bourreaux. Les voix saintes lui disaient qu'elle devait parler hardiment à ses juges; elle suivit ce conseil, et la crainte demeura loin de son cœur. — En vérité, c'est une bonne et honnête femme; si seulement elle était Anglaise ! dit un des seigneurs anglais, saisi d'admiration en l'entendant parler. Et toutefois, avec ce courage héroïque, elle était toujours l'humble, naïve et pieuse bergère qui, au premier moment de la douleur, pleurait amèrement sur sa cruelle destinée et ne voulait pas y croire. Elle n'en continua pas moins de soutenir la vérité des divines apparitions de ses saintes; et elle dit comment chaque jour encore elles la consolaient, la fortifiaient et la conseillaient dans sa prison, et que, sans leur assistance, elle aurait depuis longtemps succombé sous le poids de ses maux.

Mais jamais la rectitude de son jugement ne se manifestait mieux que dans les questions les plus difficiles. Ses réponses étaient à la fois précises, claires, brèves, sans aucune recherche et allant toujours droit au but. Elles n'avaient rien qui portât un caractère d'exaltation maladive, de rêverie ou d'incertitude; au contraire, elles étaient empreintes d'un esprit courageux, ferme, plein de piété et tout pénétré de la justice de sa cause. Jean Fabri, l'évêque de Démétriade, dont il a été parlé, lequel assista aux interrogatoires en qualité d'assesseur, certifia plus tard, pendant trois semaines, les réponses de la Pucelle furent si excellentes, qu'il les regardait comme inspirées d'en-haut.

Son sens droit et courageux se laissa si peu troubler par les dangers qui l'environnaient de toutes parts, que souvent sa présence d'esprit et la sûreté de sa mémoire furent un objet d'étonnement : elle se rappelait avec exactitude et répétait par cœur ses réponses précédentes. Une fois elle répondit à une question : Qu'elle y avait déjà satisfait tel jour et de telle manière. Le notaire Guillaume Colles assura qu'il n'en était rien, mais plusieurs assesseurs se prononcèrent dans le même sens que Jeanne. On ouvrit les procès-verbaux du jour indiqué, et l'on fut très-étonné de voir qu'elle avait en effet répondu comme elle prétendait. Jeanne, satisfaite du résultat, dit au notaire que, s'il se trompait encore une fois, elle lui tirerait les oreilles. Aussi ceux qui assistaient au procès rendirent-ils, vingt ans plus tard, le témoignage suivant la Pucelle : Elle était très-simple, et cependant répondait avec prudence. Quoique ignorante du droit, elle répliquait très-habilement, et, malgré son jeune âge, elle était très-avisée en ses réponses. Elle répondait avec tant de sagesse, dit Jean Riquier, que, si un des docteurs qui l'interrogeaient eût répondu à sa place, il ne s'en serait pas mieux tiré. — Elle faisait des merveilles dans ses réponses, disent Pierre d'Aron et Jean Marcel.

Nous allons la laisser ici parler elle-même à ses juges, en réunissant une petite partie des réponses qu'elle fit à leurs questions, la plupart décousues (Guido Goerres, p. 323).

« Je suis venue de la part de Dieu, dit-elle, et je n'ai rien à faire ici. Abandonnez-moi au jugement de Dieu, qui m'a envoyée. Par son ordre et par celui de ses anges, je suis allée trouver le roi et j'ai pris des vêtements d'homme; j'aurais mieux aimé être tirée à quatre chevaux que de partir sans qu'il me l'eût ordonné. S'il m'a choisie et non un autre, c'est qu'il lui a plu de chasser les ennemis du roi par une simple jeune fille. N'était la grâce de Dieu, je ne saurais que devenir.

» Les saintes me disaient de porter courageusement ma bannière, et que Dieu m'assisterait. J'accomplis de toutes mes forces, et autant que je le comprends, l'ordre qu'elles me transmettent, et elles ne me commandent rien qui ne soit agréable à Dieu. J'aimerais mieux mourir que de renier ce que Dieu m'a fait faire.

» J'ai déjà dit et je répète aujourd'hui au très-respectable évêque de Beauvais : Vous dites que vous êtes mon juge; si vous l'êtes ou ne l'êtes pas, je n'en sais rien; mais prenez garde de prononcer sur moi un jugement injuste, et de vous mettre par là en grand danger. Je vous en avertis, afin que, si vous êtes puni de Dieu, j'aie fait mon devoir en vous le disant.

» Si vous étiez bien instruits, vous désireriez que je fusse hors de vos mains. Je n'ai rien fait que par révélation. Mes voix m'ont dit de vous répondre et d'avoir un visage joyeux.

» Je vous le dis, seigneur évêque de Beauvais, pensez bien à ce que vous prétendez, quand vous dites que vous êtes mon juge ; car vous prenez une grande charge et vous me tourmentez beaucoup trop. » Je vous assure que je ne voudrais rien faire ni rien dire de contraire à la foi chrétienne, et si j'avais dit ou fait quelque chose que les savants me montrassent être opposée à la religion instituée de Dieu, je ne le soutiendrais pas, mais je le rejetterais. Je désire être conduite devant le Pape, je lui répondrai comme je dois répondre.

» Si vous avez des doutes sur ce que je dis des voix de mes saintes, envoyez à Poitiers où j'ai été d'abord examinée. Mon roi m'a crue sur de bons signes et d'après le jugement de l'autorité ecclésiastique. »

A la septième audience, Jeanne s'exprima dans les termes suivants sur le sort futur de l'Angleterre et sur l'issue de la guerre avec la France : « Avant sept ans, les Anglais perdront un plus grand gage qu'Orléans, ils perdront tout ce qu'ils possèdent chez nous. Ils feront la plus grande perte qu'ils aient jamais faite en France, et cela grâce à une grande victoire que Dieu accordera aux Français. Je le sais par des révélations, aussi sûrement que vous êtes devant moi. Du jour et de l'heure où la chose doit arriver, je n'en sais rien. »

A la dixième séance, elle répéta la même prophétie en disant : « Vous verrez que les Français remporteront une grande victoire qui leur sera donnée de Dieu. Cette victoire sera si puissante, qu'elle ébranlera presque tout le royaume. Je vous dis ceci afin qu'on se souvienne de mes paroles quand elles s'accompliront. »

Ce qu'elle dit sur le duc d'Orléans n'est pas moins remarquable. « Je sais, de science certaine, que Dieu aime le duc d'Orléans, et j'ai eu sur lui plus de révélations que sur aucun autre homme vivant, mon roi excepté. » Déjà à Poitiers elle avait prédit dans son interrogatoire que le duc reviendrait de sa captivité ; cette prophétie s'accomplit en 1440, malgré le serment solennel du duc de Glocester, et après que Charles d'Orléans eût langui vingt-cinq ans chez ses ennemis.

Ce fut précisément dans la maison de l'illustre captif que passa la couronne de France, quand la postérité de Charles VII vint à s'éteindre. Pendant un règne d'un siècle, cette maison donna à la France de bons et de mauvais jours, auxquels faisaient sans doute allusion ces paroles de la Pucelle. Mais, en général, elle ne communiquait à ses juges, qui étaient en même temps ses ennemis, que la moindre partie de ses révélations ; car ces mêmes juges désiraient savoir ce que les voix de la Pucelle lui avaient appris sur l'issue de son procès, si elle serait délivrée ou si elle devait mourir. Ils tenaient d'autant plus à obtenir d'elle une réponse sur ce point, que l'affaire paraissant être tout entière entre leurs mains, il dépendait d'eux, croyaient-ils, de rendre complètement vaine la prédiction que Jeanne leur communiquait au nom de ses saintes. Aussi les paroles de la Pucelle sont d'autant plus remarquables, qu'elles furent adressées aux hommes appelés eux-mêmes à les accomplir, et qui, en les écrivant et en prononçant la sentence capitale contre Jeanne comme convaincue d'imposture, devaient justifier malgré eux la vérité de ses prédictions.

Le lundi, 1er mars 1431, c'est-à-dire trois mois avant sa mort, laquelle eut lieu le 30 mai de la même année, ses juges lui ayant demandé si ses saintes ne lui avaient pas promis autre chose que le triomphe de son roi et l'expulsion des Anglais, elle répondit : « Oui, elles m'ont encore promis quelque chose, mais je ne vous le dirai pas ; cela ne regarde point le procès. Dans trois mois je vous ferai connaître cette autre promesse. » On demanda si les saintes entendaient par là sa délivrance ; elle répondit : « Cela ne touche pas au procès. Mais, du reste, je ne sais pas quand je serai délivrée. Ceux qui veulent me faire mourir pourraient bien s'en aller avant moi. » Et comme on renouvelait la même question : « Parlez-moi de ceci dans trois mois, dit-elle, et je vous répondrai. En attendant, demandez aux assesseurs, sur la foi de leur serment, si cela touche au procès. » Les assesseurs ayant déclaré que oui, on ne put pas tirer d'elle autre chose, parce qu'elle s'était promis de taire les révélations qui lui étaient adressées à elle-même et non à ses juges. « Je vous ai déjà dit, répliquat-elle, que vous ne saurez pas tout de moi. Sans doute, je serai libre un jour ; je demanderai permission de vous répondre là-dessus, mais il me faut du temps. »

Dans la même séance, elle s'exprima plus clairement sur sa mort douloureuse ; c'est dans cette même séance qu'elle dit prophétiquement à l'évêque de Beauvais : « Je vous avertis, afin que, si vous êtes puni de Dieu, j'aie fait mon devoir en vous le disant. » Quant à elle-même, elle ajouta : « Sainte Catherine m'a dit que je recevrais assistance ; je ne sais pas si par là je dois entendre que je serai délivrée de la prison, ou si, pendant la lecture de ma sentence, il s'élèvera un tumulte auquel je devrai la liberté : je pense que c'est l'un ou l'autre. Mes voix me disent en outre, *que je serai délivrée par une grande victoire*, et elles me disent aussi : *Supporte tout avec patience et ne t'afflige pas de ton martyre ; c'est par là que tu arriveras à la fin dans le royaume du paradis*. Mes voix m'ont dit cela d'une manière toute simple et très-précise. J'entends sous le nom de *martyre* les peines et la misère que je souffre ici en prison, et je ne sais pas si de plus grands maux m'attendent encore ; je me confie là-dessus à Notre Seigneur. »

Dans cette réponse mémorable, la Pucelle distingue très-bien ce que ses saintes lui ont dit et ce qu'elle-même entend par leurs paroles. Elles lui avaient annoncé qu'elle serait délivrée de sa captivité, avec l'assistance de Dieu, par une grande victoire. Elle devait prendre son sort en patience, et ne pas s'affliger du martyre qui l'attendait, parce que ce serait pour elle le chemin du paradis. Evidemment, par ce grand triomphe, les saintes entendaient la pieuse résignation, l'amour, le courage et la patience avec lesquels Jeanne, sans haine contre ses meurtriers, après avoir vaincu les tortures du supplice et souffert son martyre, sortirait de la prison de ce monde pour aller dans le ciel recevoir de la main de Dieu la couronne de l'éternelle victoire. Tel était le sens des images sous lesquelles les voix enveloppaient leur prédiction.

Cependant Jeanne frémissait à l'idée de subir, dans la fleur de sa vie, une mort si horrible. Pleine de confiance en sa divine mission, elle ne pouvait supporter la pensée que ce fût là l'unique récompense de tout le bien qu'elle avait fait, par ordre de Dieu, à son pays, sans craindre les fatigues et les périls; elle se refusait à croire que Dieu laissât ainsi martyriser son innocence. Les murs étroits de sa prison, ses impitoyables gardiens et ses juges iniques étaient déjà, pour son esprit actif et infatigable, un si grand tourment, qu'elle serait morte de chagrin sans les consolations de ses saintes. C'est pourquoi, se faisant illusion à elle-même, elle expliquait par une victoire ou par un mouvement en sa faveur les paroles des voix célestes relatives à sa délivrance des mains de ses ennemis. Et précisément c'est la différence entre les paroles des saintes et le sens qu'elle y attachait, qui prouve la vérité des révélations de la Pucelle, et que ses visions n'étaient pas de vains fantômes d'une imagination exaltée.

Si, dans toute sa carrière précédente, ses paroles ne s'étaient pas accomplies avec une aussi merveilleuse exactitude, on aurait toujours pu dire, comme on l'a dit réellement, qu'elle s'était fait illusion à elle-même. Animée d'un brûlant amour pour son roi et sa patrie, dont le malheur ne lui laissait de repos ni jour ni nuit, et pour lesquels elle implorait avec tant de ferveur le secours de Dieu, il était naturel, pourrait-on dire, qu'elle s'imaginât voir ce qui était l'objet de ses désirs les plus ardents, le triomphe de son prince et du bon droit.

Mais ceci ne peut nullement s'appliquer à la prédiction qu'elle fit durant sa captivité. Comme naguère elle avait désiré le salut du royaume, ainsi désirait-elle maintenant sa propre délivrance. Elle avait essayé de l'obtenir au péril de sa vie et même contre la volonté de ses saintes, qu'elle priait souvent et instamment de lui rendre la liberté. Il lui semblait tout à fait incroyable que Dieu la laissât mourir sur un bûcher, après tout ce qu'elle avait souffert et après l'avoir servi avec tant de sincérité et de fidélité jusqu'à ce jour. Toutes ses idées et tous ses vœux étant dirigés sur ce point unique, si ses apparitions n'avaient été que l'effet d'une imagination échauffée et malade, elle eût certainement cru recevoir la nouvelle tant désirée de sa délivrance personnelle, comme elle avait reçu celle de la délivrance du royaume; et pourtant, rien de cela n'arriva. Les saintes continuèrent, il est vrai, de lui prédire en termes clairs et précis la chute des Anglais et le triomphe de son roi; mais, pour elle-même, elles ne lui annoncèrent rien que le martyre et le royaume céleste, d'une manière assez intelligible pour que d'autres pussent les comprendre, et cependant assez voilée pour lui épargner l'effroyable tourment d'avoir trois mois devant les yeux les flammes du bûcher, et de sentir approcher chaque jour l'heure où elle devait y monter. Car elle avait dit à ses juges, qui lui demandaient quand elle serait délivrée : « Interrogez-moi là-dessus dans trois mois, et je vous ferai connaître la promesse de mes saintes. » Ses voix lui disaient donc tout autre chose que ce qu'elle désirait ou regardait seulement comme croyable.

Elle fut spécialement pressée par ses juges de questions innombrables au sujet de ses visions. On y eût volontiers trouvé des contradictions, des inconvenances ou des circonstances opposées à la foi. Souvent les questions étaient posées d'une manière captieuse. Ce que Jeanne y répondit, nous l'avons déjà en partie raconté au commencement de son histoire. Elle disait : « Que maintenant encore ses saintes la visitaient tous les jours pour la consoler et la conseiller, et que jamais elle ne désirait leur assistance, sans qu'elles lui apparussent rayonnantes de lumière et lui parlassent d'une voix douce et aimable. Jamais, ajoutait-elle, je n'ai remarqué en elles la moindre contradiction. Je les vois des yeux de mon corps aussi distinctement que je vous vois vous-mêmes. Dès que je désire quelque chose de sainte Catherine, elle et sainte Marguerite le demandent à Dieu, et ensuite elles me répondent par l'ordre du Seigneur. Je reconnus saint Michel au langage des anges, et je le crus aussitôt, et j'avais en moi la volonté de le croire. Si l'ennemi des hommes m'apparaissait sous la forme d'un ange, je le distinguerais bien d'avec saint Michel. »

Mais on voulait tout savoir de la manière la plus minutieuse, de sorte que Jeanne, ainsi pressée et ayant en outre à craindre un piège dans chaque question, en perdait souvent patience. Quand on lui demandait comment étaient faits les vêtements et les manteaux des saintes, si elles avaient des membres matériels, si elles étaient de son âge, si elles portaient des pendants d'oreilles, elle répondait : Je n'en sais rien, ou : Il ne m'est pas permis de le dire. On alla jusqu'à lui demander si saint Michel était nu : — Croyez-vous que Dieu n'ait pas de quoi le vêtir? — Avait-il des cheveux? — Pourquoi les lui aurait-on coupés? — Telles furent les réponses de la Pucelle. — Comment vos saintes peuvent-elles parler, si elles n'ont pas de membres? — Je m'en rapporte à Dieu. — Croyez-vous que Dieu les ait créées sous cette forme dès le principe? — Pour le moment, vous n'aurez plus rien de moi, répondit Jeanne à cette question inutile.

Les questions suivantes étaient plus insidieuses : — Les voix saintes vous ont-elles révélé dans votre enfance que les Anglais viendraient en France? — Les Anglais étaient déjà en France, quand les saintes me visitèrent pour la première fois. — Dieu hait-il les Anglais? — De l'amour ou de la haine de Dieu pour les Anglais, je n'en sais rien; mais je sais qu'ils seront tous chassés de France, excepté ceux qui y mourront, et que Dieu accordera la victoire aux Français.

On ne l'interrogeait pas d'une manière moins perfide sur tout ce que ses ennemis avaient répandu de méchant et d'odieux sur son compte, afin, sans doute, de la déclarer indigne des grâces et des visions surnaturelles, si elle s'avouait coupable en quelque point. Que si, au contraire, elle se fût déclarée pure de tout péché et eût présenté ses vertus comme sans tache, on lui aurait reproché de manquer d'humilité, on l'aurait également déclarée indigne des révélations divines, et ses apparitions n'auraient été que des mensonges ou l'œuvre du diable. Mais au grand étonnement de ses ennemis, la Pucelle marcha d'un pas droit et ferme à travers ces écueils. On lui demanda un jour : Savez-vous si vous êtes en état de grâce? Jeanne dit d'abord qu'il était fort difficile de répondre à une pareille question, et une partie des assesseurs furent d'avis de ne pas la presser sur ce point. Mais elle les étonna tous, en jetant ces simples paroles au milieu des opinions contradictoires du tribunal : Si je ne suis pas en état de grâce, Dieu daigne m'y mettre! Si j'y suis, qu'il veuille m'y conserver! car je serais la plus malheureuse des créatures et j'aimerais mieux mourir, si je me savais hors de l'état de grâce et de l'amour de Dieu.

Croyez-vous, lui demanda-t-on une autre fois, que vous ne pouvez plus tomber en péché mortel après vos révélations? — Je n'en sais rien, répondit la Pucelle, et je me confie à Notre Seigneur en toutes choses. Je ne crois pas être en péché mortel; si j'en ai commis un, c'est à Dieu d'en juger par l'organe du prêtre dans la confession. Du reste, je crois que, si j'étais en péché mortel, les saintes m'abandonneraient aussitôt, et qu'on ne peut assez purifier sa conscience.

On lui faisait un crime tout particulier de s'être jetée du haut de la tour de Beaurevoir. Elle répondit : Qu'elle avait voulu, non pas se tuer, mais seulement échapper des mains de ses mortels ennemis et porter secours aux braves gens de Compiègne. Elle ajouta : Qu'elle avait mal fait, parce que ses saintes le lui avaient défendu, et qu'elle s'en était confessée, d'après leur exhortation.

Quand on l'interrogea sur la manière dont elle demandait conseil et secours à ses saintes, elle répondit : « Je les implore de la manière suivante : Très-doux Seigneur, en l'honneur de ta sainte Passion, si tu m'aimes, révèle-moi ce que je dois répondre à ces prêtres; quant à mes vêtements d'homme, je sais très-bien que je les ai mis par ton ordre, mais je ne sais si je dois les déposer; c'est pourquoi daigne m'instruire sur ce point. » Telle était l'invocation qu'elle adressait à Dieu dans sa détresse; et cependant on s'efforçait de la présenter comme une sorcière impie, qui avait évoqué les puissances infernales.

Toutefois, ce qui piquait le plus la curiosité des juges, c'était le désir de connaître le secret révélé au roi par Jeanne à Chinon, et grâce auquel il avait d'abord ajouté foi à sa mission divine. Mais Jeanne déclara net et ferme qu'il y avait des révélations qui concernaient son roi seul et non ses juges; qu'elle ne les avait communiquées ni les communiquerait à personne autre que lui, dût-on la faire mourir à l'instant. Envoyez vers le roi, disait-elle, afin qu'il vous le dise lui-même. J'ai promis de garder le silence sur le signe que je lui ai donné, et je ne vous le dirai pas. Elle répéta cette déclaration plusieurs fois, ajoutant que ce ne pouvait pas être la volonté de ses juges de la rendre parjure.

Cependant, comme ils revenaient sur ce point à chaque séance, elle leur présenta, avec des paroles couvertes, sa propre mission auprès de Charles VII comme un signe donné à celui-ci, voulant, par ce moyen, ne pas trahir un secret qu'elle gardait par amour pour son roi, et satisfaire en même temps leur curiosité si pressante. Comme elle était apparue devant le roi en qualité d'envoyée de Dieu, conduite et accompagnée par un ange invisible, elle était elle-même un ange, c'est-à-dire une messagère d'en-haut, laquelle, avec la promesse du secours divin, lui avait rendu réellement une couronne perdue; et celui qui croyait en elle avait vu un envoyé du ciel. Or, de même qu'elle avait rétabli son roi comme un ange visible, elle était conduite et accompagnée par un ange invisible, qui avait posé une couronne sur la tête du roi à Chinon, en signe de celle qu'il devait recevoir à Reims.

Les juges crurent que c'était là le véritable signe qu'elle avait juré de taire, et, poussés par la curiosité, ils lui adressèrent toutes sortes de questions, pour savoir de la manière la plus précise comment étaient cet ange et cette couronne. La Pucelle tomba par là dans un grand embarras, parlant tantôt d'elle-même sous une forme figurée, comme si elle était l'ange qui avait apporté la couronne au roi, et tantôt de l'ange réel qui l'accompagnait, et qui, d'après le dire des témoins, n'avait jamais été vu de personne. Mais plus elle répondait, plus ils en désiraient savoir, et ils mettaient leur plaisir à presser la pauvre fille inquiète; de sorte que, ne voulant à aucun prix trahir son secret, elle ne savait souvent où donner la tête. Les questions matérielles des juges et les réponses symboliques de Jeanne, la couronne royale de Reims et le royaume de France, l'ange invisible et elle-même l'envoyée visible, se croisant et se mêlant, formaient un ensemble ou plutôt un pêle-mêle singulier. Quand, plus tard, on lui demanda de nouveaux éclaircissements sur ce sujet, elle répondit : « Ce que j'ai dit là-dessus, je l'ai dit parce que vous m'y avez forcé. J'avoue que Dieu m'avait chargée d'un message auprès du roi, et de lui annoncer que son royaume lui serait rendu; qu'il serait couronné à Reims et délivré de ses ennemis. C'est pourquoi j'étais messagère de Dieu, en lui disant qu'il me laissât me mettre à l'œuvre, et que je délivrerais Orléans. » Dans le dernier et décisif interrogatoire qu'elle subit dans sa prison, et qui précéda immédiatement sa sentence, on lui somma de dire la vérité relativement à la couronne qu'elle était censée avoir remise au roi à Chinon; elle répondit : « J'ai dit la vérité sur toutes choses dans le procès, aussi bien que je le savais et pouvais dire. » D'où il suit qu'un couronnement symbolique par l'ange, et visible seulement pour elle, avait précédé celui de Reims. Ceci n'a rien de contradictoire en soi, et est plutôt entièrement conforme à l'esprit d'une histoire surnaturelle.

On adressa aussi à Jeanne beaucoup de questions qui tendaient à donner à sa conduite une apparence de superstition et de magie, comme si elle s'était rendue invulnérable, ou avait ensorcelé ses armes et sa bannière. — N'avez-vous jamais prié Dieu de rendre votre épée plus heureuse? — Belle demande! Je désirais que toutes mes armes fussent heureuses; je portais moi-même ma bannière, quand j'attaquais les ennemis, afin de ne tuer personne. *Je n'ai jamais tué personne.* — Ne disiez-vous pas que tous les pennons faits sur le modèle du vôtre étaient heureux? — Je disais : Entrez hardiment parmi les Anglais, et j'y entrais moi-même. — Quand vous étiez sur le point de faire une attaque, ne disiez-vous pas à vos gens que vous arrêteriez au vol les flèches, les traits et les pierres des canons et des machines? — Non, en vérité; car il y en eut cent et plus de blessés à mes côtés; mais je leur disais de n'avoir pas peur et qu'ils délivreraient Orléans. Moi-même j'ai été blessée par une flèche à l'assaut de la bastille du pont; mais sainte Catherine me donna bon courage, et je fus guérie en quinze jours. — Qu'est-ce qui servait davantage, de la bannière à vous-même ou de vous à la bannière? — Ce qui concerne la victoire, qu'elle fût attachée à moi ou à la bannière, tout cela est de Dieu.

Et comme on renouvelait cette question : Votre espérance de victoire était-elle fondée sur votre bannière ou sur vous-même? — Elle était fondée uniquement sur Dieu, répondit-elle. — Pourquoi votre bannière fut-elle portée devant celles des autres chefs, dans l'église de Reims, le jour du couronnement? — Jeanne répondit avec une admirable simplicité : Elle avait été à la peine, il était bien juste qu'elle fût aussi à l'honneur. — Votre ange ne vous a-t-il pas trompée en vous promettant des biens terrestres, puisque vous avez été faite prisonnière? — Jeanne dit avec une résignation pleine de calme : Puisqu'il a ainsi plu à Dieu, je crois que le meilleur pour moi était d'être prise!

Telle se montra Jeanne d'Arc au tribunal de ses ennemis, se faisant à la fois ses accusateurs et ses juges; comme sur le champ de bataille, on la voit toujours héroïne chrétienne. Nous allons voir comme ses accusateurs et ses juges ne se montrèrent jamais que ses ennemis, et ennemis de la plus ignoble espèce.

Avec les procès-verbaux des interrogatoires, le promoteur Joseph d'Estivet rédigea l'accusation en soixante-dix articles. Il en donna lecture aux juges le 26 mars, et il fut résolu que l'on entendrait la Pucelle sur les divers chefs de cette accusation. Ceci devait être, à proprement parler, le commencement du procès, tout ce qui avait précédé n'étant qu'une instruction préparatoire.

Pierre Cauchon somma d'abord Jeanne de se choisir, dans l'assemblée, un ou plusieurs conseillers qui pussent lui prêter leur assistance; mais elle le remercia, en lui déclarant qu'elle ne voulait pas se séparer du conseil de Dieu. Une amère expérience lui avait trop appris combien ses ennemis s'inquiétaient peu de la conseiller et de l'assister.

L'accusation entière, rédigée de la manière la plus méchante par ses mortels ennemis, en fournissait une nouvelle preuve. Ce qui frappe le plus dans ce document, c'est qu'il ne produit aucun témoignage régulier contre la Pucelle, et qu'il accumule les incriminations les plus graves, sans faire la moindre mention des vertus de l'accusée: Pendant près de deux ans, elle avait agi aux yeux du monde entier; elle avait commandé une armée de dix à douze mille hommes ; elle avait été en rapport avec des milliers de personnes; elle avait eu à craindre la fascination de la plus haute fortune, comme les souffrances et le désespoir du malheur le plus extrême; et cependant ses persécuteurs acharnés, tels que d'Estivet, ne purent trouver contre elle aucun témoin. Certes, ceci est une plus grande preuve en faveur de sa vertu sans tache, que tous les témoignages produits dans la suite pour la réhabiliter.

Sur tous les points où les paroles de Jeanne elle-même ne forment pas la base de l'accusation, il est dit simplement, en général, que telle ou telle chose est notoire, ou bien qu'elle est racontée par beaucoup de personnes dignes de foi. Dans un petit nombre de cas seulement, où des noms d'individus se trouvent articulés, les incriminations sont de telle nature, qu'elles ne méritent aucune croyance, ou qu'elles feraient passer Jeanne pour une folle, si on les admettait; ce que personne pourtant n'avait osé prétendre. Ainsi, par exemple, d'après cette pièce monstrueuse, Robert de Baudricourt aurait dit avoir entendu Jeanne se vanter qu'après l'accomplissement de sa mission, elle donnerait le jour à trois fils, dont le premier deviendrait pape, le deuxième empereur, et l'autre roi; et, suivant une prétendue déposition de Catherine de la Rochelle, elle se serait fait honneur d'avoir eu pour conseillers deux esprits de l'arbre des Fées.

La plus grande partie de l'accusation est empruntée aux paroles de la Pucelle, mais travesties et mutilées, ou amplifiées et expliquées selon les convenances du promoteur. Celui-ci partant du principe : — Que l'assertion de la Pucelle relativement à sa mission divine et à ses visions était une imposture ou un prestige du démon, ou une œuvre de sorcellerie, — tout ce qui s'y rattachait formait dès lors une série sans fin des crimes les plus noirs. Aussi Jeanne répondit-elle constamment à chacun de ces articles : « Qu'elle niait comme faux une partie des faits qu'ils contenaient; que, quant au reste, elle s'en référait à ses déclarations précédentes; et enfin, pour ce qui est des conséquences odieuses qu'on en voulait tirer, elle en appelait à Dieu, son souverain Roi et Seigneur, dont elle avait exécuté la volonté en toutes choses. »

On la somma plusieurs fois de se soumettre, elle et sa cause entière, au jugement de l'Eglise. Or, ses juges entendant par là leur propre jugement, elle leur donna toujours sur ce point une réponse évasive. Mais Jean de la Fontaine étant allé, avec deux frères Prêcheurs, la visiter dans sa prison, lui dit que c'était le Pape et les premiers pasteurs, et non Pierre Cauchon et ses docteurs, qui formaient l'Eglise; de plus, frère Isambert lui ayant appris qu'au concile de Bâle, alors assemblé, il y avait autant de membres du parti de ses amis que du parti de ses adversaires, elle répondit, quand on la somma de nouveau de faire sa soumission : « Oh! s'il y a au concile quelques-uns des nôtres, je m'y rendrai volontiers et je me soumettrai à ce qu'il décidera. Je demande qu'on me conduise au Saint-Père; je ne me soumets pas au jugement de mes ennemis. » — Là-dessus Pierre Cauchon se mit à crier : Taisez-vous, de par le diable! Et il dit au greffier qu'il se gardât bien d'écrire la soumission qu'elle avait faite au concile général de Bâle (1). Le vice-inquisiteur fut obligé de protéger contre la colère de l'évêque les deux religieux qui avaient renseigné la Pucelle; et, quand ils retournèrent auprès d'elle par ordre des assesseurs, Warwick les menaça de les faire jeter à la Seine. Jean de la Fontaine, qui avait d'abord présidé les séances, ne voulut plus

(1) Première déposition d'Isambert de la Pierre; quatrième déposition de Guillaume Manchon; Lebrun de Charmettes, t. IV p. 11.

dès lors prendre part à l'injustice, et il quitta Rouen. Dès lors aussi, d'après une ordonnance de Warwick, personne, pas même le vice-inquisiteur, ne put voir la prisonnière sans la permission spéciale de Pierre Cauchon.

C'est ainsi qu'un évêque, vendu aux Anglais, repoussa, de la manière la plus outrageante, l'appellation de l'innocence opprimée au Pape et au concile.

Il était d'usage, dans les procédures relatives aux matières de foi, de soumettre à l'avis d'hommes savants les doctrines de l'accusé, sans le désigner par son nom. Les ennemis de la Pucelle surent faire de cette pratique un poignard avec lequel des mains étrangères devaient, sans peut-être s'en douter, égorger l'innocence. En effet, les juges, aidés de quelques assesseurs choisis par eux, réduisirent tout le procès à douze articles, lesquels étaient censés former un extrait de leurs interrogatoires et ne contenir que des faits irrécusablement établis. Mais là, comme dans les soixante-dix articles, l'histoire de Jeanne était travestie de la manière la plus perfide. On ne disait pas un mot de sa conduite si pieuse, de sa renommée si pure et du bon témoignage que lui rendirent toutes les personnes avec lesquelles elle avait eu des rapports; et cependant, pour prononcer sur ses visions, il fallait connaître exactement toute sa vie. En revanche, on y disait que les saintes lui avaient parlé près de l'arbre des Fées, mais en passant sous silence l'horreur qu'elle avait hautement manifestée pour toute espèce d'opérations magiques et de sortilèges. Il était dit encore qu'elle avait suivi, à l'insu de ses père et mère, une troupe de gens d'armes, avec lesquels elle avait vécu jour et nuit; mais les douze articles, conçus dans le même esprit de mensonge, laissaient de côté la déclaration qu'elle avait faite de n'avoir agi que d'après les ordres de Dieu, lesquels étaient pour elle au-dessus de tous les ordres des hommes; on ne parlait pas non plus de la vie pure et sainte qu'elle avait menée au milieu des camps, et l'acte finissait par accuser Jeanne d'avoir refusé de se soumettre à l'Eglise, elle dont on avait repoussé l'appel au Pape et au concile !

Dans le petit nombre d'individus appelés à rédiger ces articles, il y en eut un qui demanda qu'ils fussent rectifiés sur plusieurs points. On délibéra en secret là-dessus, et, ayant trouvé les rectifications fondées, on résolut de les adopter. Cependant, comme ceci eût renversé facilement tout l'échafaudage du procès, on eut recours au moyen ordinaire, on supprima les rectifications. Mais l'imposture était si manifeste, que le notaire Manchon, comme on le découvrit plus tard, ajouta aux actes une petite note où il disait : « Que les douze articles n'étaient pas bien rédigés et qu'ils différaient, en partie du moins, des déclarations qui avaient été faites; qu'ils avaient dû pour cela être rectifiés et qu'on avait, en effet, décidé d'ajouter et de retrancher plusieurs choses, mais que les changements n'avaient pas eu lieu. »

Ce que le greffier du tribunal dit des douze articles dans une note, l'un des plus grands canonistes du XVe siècle le démontre dans une consultation expresse. L'auteur est Théodore de Lellis, né d'une famille noble de Teramo, auditeur du tribunal de la Rote à l'âge de vingt-cinq ans. Pie II, qui l'appelait *sa harpe*, à cause de son éloquence, le fit évêque de Feltre en 1462; en 1465, il fut transféré au siège de Trévise, et mourut l'année suivante à l'âge de trente-huit ans, après avoir été, sous trois Papes, la lumière du tribunal romain, et avoir rempli les missions les plus importantes en France, en Bourgogne et en Allemagne. Voici comme ce savant canoniste résume d'abord son jugement.

« Touchant les douze articles tirés des confessions de Jeanne la Pucelle, et destinés par ses juges à être adressés à d'autres, il est évident pour qui parcourt le procès et les confessions de ladite Jeanne, qu'ils ont été rédigés probablement avec peu de droiture et de sincérité. Car on y ramasse tout ce qui paraît charger ladite Jeanne; tandis que ces mêmes choses, comparées aux autres confessions, ne paraissent pas si étranges, et peuvent s'expliquer dans un bon sens, par la comparaison de tout ce qu'elle a dit. Cela démontré, il sera assez clair que les consulteurs, ayant suivi l'exemple du fait, ont été trompés dans la consultation (Quicherat, t. II, p. 22). »

Théodore de Lellis justifie sa manière de voir par l'examen comparatif de chacun des articles avec les procès-verbaux des interrogatoires, avec la doctrine de l'Ecriture et des Pères, et les principes d'une bonne théologie. En particulier, il trouve bonnes les raisons qu'alléguait Jeanne pour porter des habits d'hommes dans l'état où elle se trouvait, surtout en prison. Il cite même à son appui l'exemple de la vierge sainte Marine, qui, d'après le conseil de son père, vécut toute sa vie dans un monastère sous des habits d'homme, et dont le sexe ne fut connu qu'à la mort (Voir *Acta Sanct.*, 17 *juin*). On le voit, si les juges de la Pucelle, comme ils le devaient, avaient admis son appel au Pape, elle aurait trouvé à Rome, avec plus de lumières et de science, plus de justice et d'impartialité. Grâce à la violence des Anglais, à la faiblesse ou connivence des juges, il en fut autrement.

Les douze articles rédigés en secret, dont on ne donna d'abord pas même connaissance à l'accusée, dont on supprima les rectifications convenues, formèrent le corps de délit d'après lequel cinquante savants français, l'Université de Paris et le chapitre de Rouen condamnèrent la Pucelle.

Somme toute, il fut donné sur ces articles vingt-cinq consultations, dont les auteurs, quelques-uns exceptés, méritent tous le reproche d'avoir exprimé leur avis sur des faits qu'ils connaissaient si peu. La fausseté intrinsèque des articles ne fut point mise en question, et les membres du jury ne demandèrent pas même à voir les actes du procès, les uns par haine, les autres par crainte, par négligence ou par ignorance. Les abbés de Jumièges et de Cormeil eurent la conscience de déclarer qu'ils ne connaissaient pas assez la matière pour se prononcer; Jean Basset s'exprima dans le même sens. Raoul Saulvaige demanda que l'on soumît au Saint-Siège les articles et les consultations. Beaucoup de ceux qui avaient assisté aux interrogatoires de la Pucelle, et l'avaient vue et entendue, montrèrent une opinion indécise, comme s'ils avaient éprouvé des remords. Ils dirent qu'il fallait excommunier Jeanne et donner aux articles une interprétation défavorable, dans le cas où ses révélations ne seraient pas de Dieu; ce qui ne leur paraissait pas encore démontré. Ce furent là, du reste, les réponses les plus favorables. Le plus grand nombre, au contraire, trouvèrent dans les douze articles les crimes les plus graves, tels que : le blasphème, la désobéissance aux parents, l'idolâtrie, la superstition, le mensonge, etc., etc. Frère Isambart fut envoyé à l'évêque d'Avranches, vieillard très-respectable et très-considéré, pour lui demander son avis. L'évêque répondit que, dans cette matière, il se rangeait à l'opinion de saint Thomas d'Aquin, laquelle était que, sur les points relatifs à la foi, on devait toujours recourir au Pape ou à un concile général. Le chapitre de Rouen différa de se prononcer jusqu'à la sentence de l'Université de Paris.

Malgré le désir de la Pucelle d'être conduite devant le concile et devant le Pape, on la somma de nouveau de se soumettre à l'Église, quand tout à coup elle tomba gravement malade. Warwick ordonna, de la manière la plus pressante, à deux médecins d'employer toutes les ressources de leur art pour la sauver; car, ajoutait-il, le roi, qui avait alors à peine neuf ans, ne voudrait pas, pour tout au monde, qu'elle mourût de mort naturelle; il l'a achetée cher; sa volonté est qu'elle meure par la sentence du tribunal, et je crois qu'elle sera brûlée. Telle était l'humanité anglaise pour la prisonnière. Le promoteur Joseph d'Estivet, suivant son habitude, n'épargna pas les injures à la Pucelle, de sorte que sa fièvre, qui avait diminué, reprit avec plus de violence, et que Warwick lui-même fut obligé de le faire taire. Jeanne, croyant qu'elle allait mourir, voulut se confesser et communier; mais on refusa de lui accorder sa demande, à moins qu'elle ne se soumît, et on menaça de la rejeter comme une païenne. Elle répondit qu'elle était bonne chrétienne, que telle elle avait été baptisée, telle elle voulait mourir, et qu'elle était prête à servir l'Église de toutes ses forces.

Dans trois différentes séances, la Pucelle fut solennellement adjurée de se soumettre. Les nombreuses preuves de la méchanceté et de l'injustice profondes de ses juges, les déclarations contradictoires des docteurs, — dont les uns, ne soupçonnant pas de tromperie, lui conseillaient sérieusement de faire la soumission demandée, tandis que les autres n'entendaient par là qu'une soumission à eux-mêmes, — tout cela devait nécessairement jeter l'ignorante jeune fille dans la plus grande perplexité. Ajoutez-y que Nicolas Loyseleur, entré dans sa confiance en feignant d'être son compatriote, la trahissait et lui donnait des conseils pour la perdre et non pour la sauver. Aussi la pauvre fille répondait-elle avec une réserve extrême, évitant toute déclaration précise et n'en appelant désormais qu'à Dieu, après avoir perdu toute confiance dans les hommes. Or, voilà précisément ce que voulait la perfidie de ses ennemis; car, malgré sa soumission antérieure, ils pouvaient encore la faire regarder comme déclinant le jugement de l'Église, et ce fut, en effet, dès ce moment que le chapitre de Rouen donna, sans hésiter, son avis sur les douze articles.

En lui faisant une dernière sommation, le 9 mai, on essaya d'ébranler par la terreur la fermeté de son esprit. On lui déclara que les tortures et les bourreaux étaient prêts, si elle persistait à ne pas vouloir avouer ses mensonges. Elle répondit avec un admirable sang-froid : « Si la douleur me fait faire de faux aveux, je proteste que vous me les aurez arrachés par la violence. » On délibéra réellement, le 12 mai, sur la question de savoir si l'on emploierait la torture; mais il n'y eut que deux membres du tribunal qui se prononcèrent pour l'affirmative. L'un d'eux, le perfide et atroce Loyseleur, dit que la torture lui paraissait une bonne médecine pour Jeanne, mais il s'en rapportait là-dessus à l'opinion des autres. La chose en resta là.

Il dut dès lors paraître évident à la Pucelle que la mort était l'issue inévitable du procès. Jean de Luxembourg, qui l'avait vendue aux Anglais, étant allé la voir, lui dit : « Jeanne, je suis venu pour traiter de votre rançon, pourvu que vous vouliez promettre que jamais vous ne vous armerez contre nous. » Jeanne répondit : « En mon Dieu, vous vous riez de moi; car je sais bien que vous n'en avez ni le vouloir ni le pouvoir. » Ce qu'elle répéta plusieurs fois. Et comme ledit comte persistait en ses paroles, elle ajouta : « Je sais bien que ces Anglais me feront mourir, croyant après ma mort gagner le royaume; mais fussent-ils cent mille Godons de plus qu'ils ne sont à présent, ils n'auraient pas ce royaume. » A ces mots, un Anglais, le comte de Scanfort, devenu furieux, leva son poignard contre la jeune fille sans défense; mais le comte de Warwick lui retint le bras (Lebrun de Charmettes, t. IV, p. 73). Castillon, qui avait sommé Jeanne, au nom de Pierre Cauchon, de se soumettre, déclara à l'évêque qu'une procédure ainsi conduite était tout à fait nulle : il tomba par là en disgrâce, comme Jean de la Fontaine, et ne prit plus aucune part à cette odieuse affaire.

Enfin on reçut aussi l'opinion de l'Université de Paris. Elle était telle qu'on devait l'attendre d'une Université tout anglaise, qui la première avait demandé sa mise en jugement. Les docteurs parisiens, n'ayant point assisté aux audiences, tombèrent d'autant plus facilement dans tous les pièges et s'abandonnèrent avec plus de tranquillité à leur haine. Ce que les articles avaient laissé indécis fut regardé par eux comme entièrement avéré, et de cette manière il y avait à peine un seul crime qu'ils n'en eussent tiré par voie de conclusion. En outre, dans une lettre spécialement adressée au roi d'Angleterre, ils louèrent fort la manière dont le procès avait été conduit, disant : « Et en vérité, ouïe et bien considérée la relation qui nous en a été faite, il nous a semblé, au fait de cette femme, avoir été tenue grande gravité, sainte et juste manière de procéder, et dont chacun doit être bien content. » Ils finissent par demander que cette affaire soit terminée au plus tôt. Toutefois, la Faculté de droit fait précéder son avis de cette clause : « Si ladite femme, étant saine d'esprit, a opiniâtrement affirmé les propositions exposées dans les douze articles ci-dessus, et si elle a réellement fait les choses y contenues (1). » L'avis de cette Faculté n'était donc que

(1) *Si dicta femina, compos sui, affirmaverit pertinaciter propositiones in duodecim articulis suprà scriptis declaratas, et facta contenta in eisdem opere adimpleverit* (Quicherat, t. 1, p. 417).

conditionnel. Il y a plus : l'une et l'autre Faculté, tant celle de droit que de théologie, soumettent leur délibération et détermination à l'ordination et à la détermination du souverain Pontife, du Saint-Siége apostolique et du concile général (1). C'est-à-dire que l'une et l'autre Faculté réservaient le jugement définitif de cette affaire au Pape et au concile, comme la Pucelle demandait elle-même.

Après avoir reçu toutes ces pièces, les deux juges, l'évêque de Beauvais et le vice-inquisiteur, résolurent enfin de communiquer à la Pucelle les douze articles avec les opinions des docteurs, et de procéder sans délai au jugement, si elle refusait encore de se soumettre. Sans qu'on lui expliquât préalablement la signification et l'importance de cet acte judiciaire, et sans lui laisser le temps de se prononcer sur les détails, Pierre Morice lui lut la pièce entière d'une seule haleine, ajoutant à chaque paragraphe : Vous avez dit. De son côté, la Pucelle s'en référa à ce qu'elle avait dit réellement dans ses interrogatoires, et elle ajouta : « Quand même je verrais le feu préparé, le bûcher allumé et le bourreau prêt à m'y jeter, je ne dirais pas à la mort autre chose que ce que j'ai dit au procès. » Là-dessus on lui signifia que le lendemain elle entendrait, au cimetière de Saint-Ouen, la sentence qui serait rendue.

La Pucelle devant désormais être réellement conduite au supplice, ses ennemis craignirent que la voix du peuple ne les condamnât comme meurtriers. Aussi mirent-ils la plus grande importance à lui arracher une rétractation de ses erreurs et un aveu de ses forfaits prétendus. Dans ce dessein, ils avaient rédigé d'avance deux jugements, dont l'un la livrait au bras séculier, comme convaincue d'hérésie et de blasphème, et l'autre la condamnait, en cas qu'elle fît sa soumission, à une prison perpétuelle pour expier ses crimes.

Le 24 mai 1431, Jeanne d'Arc fut conduite au cimetière ; le bourreau se tenait prêt et le bûcher était préparé. Une multitude immense de peuple était à l'entour. Alors maître Erard prononça contre Jeanne un sermon dans lequel étaient énumérés les méfaits mis à sa charge. Elle écouta patiemment toutes les insultes qui lui étaient personnelles ; mais quand le prédicateur vint à attaquer l'honneur de Charles VII et dit qu'il s'était attaché à une mécréante et hérétique, Jeanne interrompit le discours en s'écriant : « Parlez de moi, mais ne parlez pas du roi : il est bon chrétien. » Et comme il continuait : « Par ma foi, sire, révérence gardée, reprit-elle, je vous ose bien dire et jurer sur peine de ma vie, que c'est le plus noble chrétien de tous les chrétiens, et qui mieux aime la foi et l'Eglise, et n'est point tel que vous dites. » Le prédicateur et l'évêque de Beauvais crièrent alors en même temps à l'appariteur Jean Massieu : « Faites-la taire ! »

Ensuite on lui présenta un papier écrit, en la sommant d'abjurer ce qu'il contenait ; après quoi, lui disait-on, elle serait tirée de la prison des Anglais. Jeanne répondit au prédicateur qu'elle n'entendait point ce que c'était d'abjurer, et que sur ce, elle demandait conseil. Erard dit alors à l'appariteur Jean Massieu, qu'il la conseillât sur cela. Jean Massieu s'en excusa d'abord, mais il fallut obéir. Alors, sans s'engager dans des définitions inutiles et croyant faire saisir à l'accusée le vrai point de la question, il lui dit que c'était à dire que, si elle allait à l'encontre d'aucun desdits articles, elle serait brûlée ; mais il lui conseillait de s'en rapporter à l'Eglise universelle, si elle devait abjurer lesdits articles ou non. Jeanne le crut et s'écria : « Je m'en rapporte à l'Eglise universelle, si je les dois abjurer ou non. » — Tu les abjureras présentement, ou tu seras brûlée ! lui répondit l'impitoyable Erard. — Jeanne reprit : J'ai déjà répondu à ce qui concerne la soumission à l'Eglise, par rapport à mes actions et mes paroles ; je consens qu'on envoie mes réponses à Rome, et je m'y soumets ; mais j'affirme en même temps que je n'ai rien fait que par les ordres de Dieu. Au surplus, j'ajoute qu'aucun de mes faits ni de mes discours ne peut être à la charge de mon roi ni d'aucun autre ; s'il y a quelques reproches à me faire à ce sujet, ils viennent de moi seule et non d'autre. — Alors on lui demanda positivement si elle se soumettait aux docteurs. — Elle répondit encore une fois : *Je m'en rapporte à Dieu et à notre Saint-Père le Pape*, persistant ainsi solennellement dans son appel au chef de l'Eglise.

Si cet appel avait été respecté comme il devait l'être, l'Angleterre et la France se seraient épargné une flétrissure, qu'elles n'ont encore ni expiée ni effacée : d'avoir mis en oubli, foulé aux pieds toutes les lois de la justice, de l'humanité, de la pitié, de la reconnaissance, de la probité même envers une jeune fille dont tout le crime pourtant était d'avoir sauvé sa patrie, de vivre et de mourir pour elle !

A cet appel sacré de l'innocence au vicaire de Jésus-Christ, Pierre Cauchon répondit sèchement que l'on ne pouvait pas aller chercher le Pape, qui était trop éloigné ; que les évêques étaient juges dans leurs diocèses, et qu'ainsi il était nécessaire qu'elle s'en rapportât à sa mère la sainte Eglise et qu'elle tînt tout ce que des clercs et des gens habiles avaient dit et décidé de ses discours et de ses actions. C'est-à-dire que Pierre Cauchon, foulant aux pieds l'autorité suprême du Pape et du concile général, se donnait lui-même et lui seul pour l'Eglise universelle. Sommée trois fois de répondre à cette prétention tyrannique, Jeanne d'Arc refusa trois fois avec une inébranlable fermeté. Alors Pierre Cauchon se mit à lire la sentence de condamnation préparée dès la veille, et, malgré ce qui venait de se passer, malgré l'appel de Jeanne au Saint-Siége, il eut l'audace de prononcer ces mots : « De plus, vous avez, d'un esprit obstiné et avec persévérance, refusé expressément plusieurs fois de vous soumettre à notre Saint-Père le Pape et au concile général (1). »

On croirait que l'iniquité ne peut aller plus loin. Ce qui suit est une preuve du contraire.

Dans ce moment terrible où la mort du feu menaçait Jeanne d'Arc, on la pressa de tous côtés de se rendre. Elle répondait qu'elle n'avait rien fait de mal, qu'elle croyait les douze articles de foi et les dix

---

(1) *Quas deliberationem et determinationem submittit dicta facultas ordinationi et determinationi summi pontificis, Sanctæ Sedis apostolicæ ac sacrosancti generalis concilii* (Quicherat, t. I, p. 419).

(1) *Quinimò expressè, indurato animo, obstinatè atque pertinaciter denegasti, ac etiam expressè et vicibus iteratis domino nostro Papæ, sacro generali concilio submittere recusasti* (Quicherat, t. I, p. 474 et 475).

préceptes du Décalogue. Elle ajoutait qu'elle s'en référait à la cour de Rome et voulait croire tout ce que croyait la sainte Eglise. Nonobstant cette déclaration, on la pressa de plus en plus de se rétracter. Erard, pour la déterminer, alla jusqu'à lui promettre que, si elle faisait ce qu'on lui conseillait, elle serait délivrée de sa prison. Elle résistait encore, mais elle se sentait ébranlée. Ah! s'écriait-elle, vous aurez bien de la peine à me séduire! L'évêque de Beauvais s'apercevant qu'elle commençait à fléchir, interrompit alors la lecture de la sentence de condamnation qu'il avait déjà prononcée en grande partie.

Peu de personnes étaient dans le secret des juges. Cette interruption fut interprétée par les Anglais et par quelques autres ennemis de la Pucelle comme une marque de faiblesse et même comme un témoignage de faveur envers l'accusée; ils commencèrent à faire entendre de violents murmures. Un colloque s'établit entre eux et le prélat; ils lui reprochèrent de ne pas achever la lecture de la sentence et de permettre à l'accusée de se rétracter. Maître Laurent Callot, secrétaire du roi d'Angleterre, et quelques autres, dirent à l'évêque qu'il tardait trop et qu'il jugeait mal. Un docteur anglais, chapelain du cardinal d'Angleterre, lui reprocha de se montrer trop favorable à Jeanne. La dispute s'échauffant, ce docteur alla jusqu'à nommer le prélat traître et fauteur de l'accusée (Lebrun de Charmettes, t. IV, p. 126).

L'appariteur Jean Massieu profita de la durée de ce débat pour faire connaître à Jeanne le péril imminent auquel elle s'exposait, en refusant de signer la cédule qu'il était chargé de lui présenter. C'était un papier de sept à huit lignes, commençant par ces mots : *Je Jehanne*; lesquelles lignes, d'après le témoignage de Massieu lui-même, contenaient la promesse, au nom de la Pucelle, de ne plus porter ni vêtements d'homme, ni armes, ni cheveux courts, et quelque chose dont le souvenir lui avait échappé. L'appariteur lui en donna lecture. Jeanne refusa d'abord de souscrire à cet engagement; mais, obsédée pour qu'elle signât, vaincue par les prières des assistants, contrainte par la frayeur, elle répondit enfin aux instances des docteurs, d'après le témoignage de Jean Massieu : « Que cette cédule soit vue par les clercs et par l'Eglise dans les mains desquels je dois être mise ; et s'ils me donnent conseil de la signer et de faire les choses qui me sont dites, je le ferai volontiers. » Suivant le procès-verbal de cette séance, elle s'écria qu'elle voulait tenir tout ce que l'Eglise ordonnerait, et que sur le tout elle s'en rapportait à sa mère la sainte Eglise et à ses juges (*Ibid.*, p. 129 et 130). Ainsi, et d'après les témoins, et d'après le procès-verbal, elle s'en rapportait, non à ses clercs seuls ni à ses juges seuls, mais à l'Eglise, maintenant ainsi toujours son appel au Pape. Maître Guillaume Erard comprit fort bien ce que voulait dire la Pucelle, car il lui cria : Signe *maintenant*, autrement tu finiras aujourd'hui tes jours par le feu. Jeanne répondit alors qu'elle aimait mieux signer que d'être brûlée (Lebrun de Charmettes, t. IV, p. 131, troisième déposition de Jean Massieu).

Ces paroles entendues, l'évêque de Beauvais demanda au cardinal d'Angleterre ce qu'il devait faire, attendu la soumission de Jeanne. Le cardinal répondit au prélat qu'il devait l'admettre à la pénitence. Aussitôt ce même Laurent Callot, secrétaire du roi d'Angleterre, qui avait d'abord reproché à l'évêque de Beauvais sa lenteur à condamner la Pucelle, tira de sa manche une cédule qu'il donna à signer à l'accusée. Jeanne lui répondit qu'elle ne savait ni lire ni écrire. Callot insista : Jean Massieu remit une plume à la Pucelle. On lui fit répéter mot à mot la formule d'abjuration déjà plusieurs fois lue et qui ne contenait encore que six ou sept lignes. Jeanne obéissait, mais, en prononçant cette formule, elle souriait. Enfin Laurent Callot lui prit la main et lui fit faire au bas de la cédule une marque en forme de croix. Voilà ce qui est attesté par plusieurs témoins oculaires (Lebrun de Charmettes, t. IV, p. 132).

Alors eut lieu un tour de passe-passe judiciaire tel qu'on en voit peu dans l'histoire, si tant est qu'on en voie. La petite cédule de sept à huit lignes et commençant par ces mots : *Je Jehanne*, se trouve transformée sur les procès-verbaux en une pancarte d'une soixantaine de lignes et commençant par ces mots : *Toute personne*. La petite cédule contenait la promesse, au nom de Jeanne, de ne plus porter ni vêtements d'hommes, ni armes, ni cheveux courts, et quelque autre chose de moindre importance, dont l'appariteur ne se souvenait plus. Dans la longue pancarte, on fait dire à Jeanne, entre autres : « Je confesse que j'ai très-grièvement péché, *en feignant mensongèrement* avoir eu révélations et apparitions de par Dieu, par les anges, et sainte Catherine et sainte Marguerite; en séduisant les âmes; *en croyant follement et légèrement*; en faisant superstitieuses divinations; en blasphémant Dieu, ses saints et ses saintes; en outre-passant la loi divine, la sainte Ecriture, les droits canons; en portant habit dissolu, difforme et déshonnête, contre la décence de nature, et cheveux rognés en rond en guise d'homme, contre toute honnêteté du sexe de femme; en portant aussi armures, par grande présomption, et désirant cruellement effusion de sang humain ; en disant que toutes ces choses j'ai fait par commandement de Dieu, des anges et des saintes dessus dites , et que en ces choses j'ai bien fait et n'ai point méprisé; en méprisant Dieu et ses sacrements; en faisant séditions; en idolâtrant, pour adorer de mauvais esprits, et en les invoquant. Je confesse aussi que j'ai été schismatique, et, par plusieurs manières , ai erré en la foi (Quicherat, t. I, p. 447; Lebrun de Charmettes, t. IV, p. 136). »

C'est ainsi que la pancarte substituée fait faire à l'héroïne d'Orléans les aveux les plus lâches, les plus bas, les plus absurdes, comme d'avoir adoré et invoqué les démons; que dis-je? des aveux même contradictoires; par exemple, qu'elle a feint mensongèrement avoir eu des révélations, et au même temps qu'elle y a cru follement et à la légère ; contradiction qui se trouve dans la sentence même des juges , tant ils y regardaient de près. Maintenant, cette substitution infâme d'une pièce à une autre, par qui a-t-elle été faite ? est-ce le secrétaire du roi d'Angleterre qui aura glissé la pancarte en place de la petite cédule, quand il fit signer la Pucelle ? est-ce Pierre Cauchon qui aura substitué l'une à l'autre sur les procès-verbaux ? ou bien l'honneur de cette infamie appartient-il à tous les deux ?

Quoi qu'il en soit, après cette signature subreptice, Pierre Cauchon donna lecture du second jugement qui condamnait Jeanne à une prison perpétuelle. Elle demanda à être conduite, comme on le lui avait promis, dans une prison ecclésiastique. Plusieurs d'entre les assesseurs appuyèrent sa requête bien fondée, disaient-ils, puisqu'elle était condamnée par l'Eglise; mais l'évêque de Beauvais s'écria : Ramenez-la à l'endroit où vous l'avez prise. Ceci ne satisfit nullement les Anglais, et ils se retirèrent en menaçant Pierre Cauchon de leurs épées.

La Pucelle quitta ses vêtements d'homme dans l'après-midi, et, les deux premiers jours, elle se conduisit exactement comme on le lui avait prescrit. Le vice-inquisiteur l'exhorta à ne pas faire de rechute, sans quoi, lui dit-il, elle était perdue. Pierre Morice et quelques autres lui adressèrent les mêmes conseils; mais ils furent en grand danger d'être battus par les Anglais.

Précisément à cette époque, Poton de Xaïntrailles et plusieurs anciens frères d'armes de la Pucelle voulurent surprendre Rouen et s'emparer du roi d'Angleterre et de son conseil; mais ils tombèrent dans une embuscade. Xaintrailles lui-même fut obligé de se rendre, et ce fut à Talbot qu'il remit son épée. Talbot n'avait point oublié qu'il avait été prisonnier de Xaintrailles à la bataille de Patay, et lui avait dû gratuitement sa liberté. Il ne fut pas moins généreux, et renvoya le capitaine français sans rançon.

Cependant la pauvre Jeanne, oubliée et abandonnée de Charles VII, était plus malheureuse que jamais; car ses saintes la réprimandaient fortement, dans leurs apparitions, d'avoir cédé à la crainte. C'est pourquoi elle résolut héroïquement de soutenir sa mission divine, et de marcher avec résignation dans la voie où Dieu voulait la conduire. Ses habits de femme n'étaient plus assez sûrs pour la protéger contre ses gardiens, qui voulaient lui faire violence. Elle se plaignit au frère Ladvenu d'avoir été tourmentée, battue et traînée par les cheveux. Isambert lui-même la vit un jour tout en larmes et défigurée par les mauvais traitements. L'appariteur Massieu raconte, comme le tenant de Jeanne même, que, les Anglais lui ayant enlevé ses vêtements de femme le jour de la Trinité, elle fut obligée, quand elle voulut se lever, de reprendre son ancien costume (Lebrun de Charmettes, t. IV). Dès que ceci fut connu, Pierre Cauchon députa vers les deux docteurs de l'Université de Paris, pour l'avertir de se garder d'une rechute. Mais les Anglais lui crièrent avec menaces, dans la cour du château, que celui qui les jetterait à l'eau ferait une bonne chose. Les assesseurs et les greffiers qui lui furent envoyés le même dimanche pour s'assurer qu'elle avait changé de vêtements, se virent assaillis comme des traîtres par quatre-vingts Anglais furieux, et s'en retournèrent plus vite qu'ils n'étaient venus, devant les haches d'armes et les épées levées sur leurs têtes. Toutefois, André Marguerie parvint, avec quelques-uns, à s'introduire dans la prison; mais quand il voulut commencer à parler, un Anglais lui cria : Tais-toi, de par le diable ! et un autre le menaça de sa hache d'armes. Telle était *la manière juste et sainte de conduire le procès, et dont tout le monde devait être satisfait*, suivant l'Université de Paris.

Le lundi, Pierre Cauchon parut dans la prison avec huit assesseurs. Jeanne s'excusa d'avoir changé d'habits, en disant qu'on lui avait promis de la faire sortir de la prison séculière et de la mettre dans une prison ecclésiastique, sous la surveillance d'une femme; mais qu'on n'avait pas tenu cette promesse, ni celle de lui permettre d'entendre la messe et de communier; qu'elle aimait mieux mourir que de rester plus longtemps dans ses fers; que si on voulait la laisser aller à la messe et lui ôter les chaînes dont elle était chargée, elle était prête à faire ce qui lui serait ordonné par l'Eglise. On n'eut aucun égard aux plaintes réitérées de la Pucelle contre les violences de ses gardiens; et cependant on lui reprochait avec une rigueur pharisaïque d'avoir repris ses habits d'homme.

Pierre Cauchon, sans rien ordonner ni rien faire pour la protéger, se mit à lui parler de ses apparitions, et lui demanda si elle les avait revues. Jeanne répondit avec une héroïque fermeté, sans craindre les conséquences de ses paroles : « Oui, les saintes m'ont apparu de nouveau, et Dieu m'a fait connaître par elles la grande pitié de l'abjuration que j'ai faite pour sauver ma vie. Avant jeudi dernier, elles m'avaient avertie que j'agirais ainsi, et que je ferais ce que j'ai fait. Lorsque j'étais sur l'échafaud, elles m'ont dit de répondre hardiment à celui qui prêchait; et je dis que c'est un faux prédicateur, parce qu'il m'a accusée d'avoir fait des choses que je n'ai pas faites. Depuis jeudi, les deux saintes m'ont déclaré que j'avais fait une grande faute. Enfin, tout ce que j'ai dit et fait depuis jeudi dernier, je ne l'ai dit et fait que par crainte du feu. Mais dans le procès, j'ai toujours répondu la vérité telle que je l'ai sue. »

Alors les juges lui représentèrent qu'étant sur l'échafaud du cimetière de Saint-Ouen, elle avait déclaré s'être vantée faussement que c'étaient les voix des deux saintes qui lui parlaient. — Jeanne reprit la parole et dit : « C'est que je ne croyais ni dire ni faire; je n'ai point entendu révoquer les apparitions, ni dire que ce n'étaient point les voix des deux saintes qui me parlaient; et tout ce que j'ai fait, ce n'a été que par la crainte du feu. C'est contre la vérité que j'ai révoqué tout ce que j'ai pu révoquer. J'aime mieux faire ma pénitence tout d'un coup, que de souffrir plus longtemps tout ce que je souffre en prison. Au surplus, je n'ai jamais rien dit ni rien fait contre Dieu et contre la foi, quelque chose qu'on m'ait ordonné de révoquer. Je ne comprends pas ce qu'il y avait sur le papier qu'on m'a présenté, et je n'ai rien révoqué que dans le cas que cette révocation plairait à Dieu. Enfin, si les juges le veulent, je reprendrai l'habit de femme, mais je ne ferai rien autre chose. »

Telles furent les dernières réponses de Jeanne, suivant le procès-verbal de ses juges. Ils terminèrent là cet entretien, dans la crainte qu'elle ne changeât quelque chose à ce qu'elle venait de dire; et, sans lui faire aucune représentation, sans lui déclarer que, la tenant pour relapse, ils allaient la remettre en jugement, ils fermèrent à la hâte leur procès-verbal par ces paroles : « Ce qu'ayant entendu, nous nous sommes retirés pour procéder ultérieurement; » expression dont il est même à croire qu'ils ne lui donnèrent pas connaissance.

Tel fut le dernier interrogatoire de la Pucelle. L'évêque de Beauvais, sortant de la prison, aperçut le comte de Warwick et grand nombre d'Anglais autour de lui, auxquels, en riant, il dit à haute voix : *Farewell*, qui signifie : Faites bonne chère ! c'en est fait !

Dès le lendemain, 29 mai, les deux juges assemblèrent les assesseurs qu'ils jugèrent à propos de choisir et qu'ils purent engager à s'y rendre : parmi eux trois membres de la Faculté de médecine. La plupart embrassèrent l'avis de l'abbé de Fécamp, qui pensait « que Jeanne était relapse, mais que cependant il était à propos qu'on lût devant elle encore une fois la cédule de son abjuration, et qu'on lui exposât la doctrine de l'Eglise; après quoi, les juges devaient la déclarer hérétique et la livrer à la justice séculière avec la clause : de la traiter avec indulgence dans l'application de la peine. »

Le plus grand nombre opina de la même manière, sans doute avec la persuasion que les douze articles étaient véritables, et que Jeanne avait fait réellement l'abjuration supposée; que, si elle ne l'avait pas faite, elle pouvait s'expliquer là-dessus à une nouvelle lecture. Mais comme ceci pouvait amener la découverte de la substitution d'une pièce à une autre, la nouvelle lecture fut écartée par les deux juges, bien que sur les autres points ils fussent d'accord avec les assesseurs. Ceux-ci, du reste, ne furent pas admis à rédiger le jugement.

Pierre Cauchon et Jean le Maistre, qui devaient prononcer en leur qualité de juges proprement dits, remercièrent les assesseurs de la peine qu'ils avaient prise; et, sans s'expliquer davantage sur le jugement même, ordonnèrent à la Pucelle de comparaître devant eux, le lendemain matin, à huit heures, sur l'ancien marché, près de l'église du Saint-Sauveur, pour entendre sa sentence.

Maintenant que la victime était liée et près d'être immolée, Pierre Cauchon envoya vers elle, dès le point du jour, frère Martin Ladvenu, pour lui annoncer sa mort prochaine et l'exhorter au repentir et à l'aveu de ce qu'on appelait ses crimes. Quand le frère lui eut fait connaître la mort horrible qu'elle devait subir ce jour même, l'âme si grande et si courageuse de Jeanne fut, au premier moment, saisie de terreur; elle éclata en gémissements et en cris, se jeta à terre, s'arracha les cheveux. « Hélas! s'écriait-elle, me traite-t-on ainsi horriblement et cruellement, qu'il faille que mon corps, qui est net et entier, qui ne fut jamais corrompu, soit aujourd'hui consumé et rendu en cendres! Ah! j'aimerais mieux être décapitée sept fois que d'être ainsi brûlée. Hélas, si j'eusse été en la prison ecclésiastique, à laquelle je m'étais soumise, et que j'eusse été gardée par les gens de l'Eglise, non pas par mes ennemis et adversaires, il ne me fût pas si misérablement *méchu*, comme il est. Oh! j'en appelle à Dieu, le grand Juge, des grands torts et *ingravances* qu'on me fait. » — Elle se complaignait merveilleusement en ce lieu des oppressions et violences qu'on lui avait faites en la prison, par les geôliers et par les autres qu'on avait fait entrer contre elle (Déposition de plusieurs témoins; Lebrun de Charmettes, t. IV).

Mais aussitôt que la première douleur se fut ainsi exhalée et que le frère lui eut donné quelque consolation, le pur éclat de son âme sainte et soumise à Dieu brilla à travers ses larmes, comme le soleil se dégage des tempêtes et des nuages de la nuit. Dès lors son esprit, se détachant des soins de la terre, se tourna uniquement vers Dieu. Elle ne pleura plus que pour implorer la divine miséricorde en faveur d'une pécheresse repentante et près de paraître devant le souverain Juge. Elle se confessa au frère Ladvenu, et demanda avec une ardeur extrême la sainte communion, qu'on avait si longtemps refusée à ses instances les plus vives. Le frère ne sachant pas s'il pouvait lui accorder sa demande, en donna connaissance à l'évêque, qui se concerta là-dessus avec plusieurs docteurs, et fit répondre de lui donner la communion et tout ce qu'elle désirerait. Par là, les juges absolvaient réellement la Pucelle, et se reconnaissaient eux-mêmes coupables, en permettant au prêtre de la délier des fautes pour lesquelles ils étaient sur le point de l'excommunier. Si l'absolution du prêtre était valide et Jeanne digne de recevoir le divin Corps de Notre Seigneur, ils ne pouvaient plus l'exclure de l'Eglise comme entachée d'hérésie.

On apporta donc le Saint-Sacrement à la condamnée, mais sans aucune des cérémonies d'usage, soit par crainte des Anglais, soit de peur que la chose ne vînt à se divulguer. Frère Martin Ladvenu s'en indigna très-fort et exigea qu'on accomplît les prescriptions rituelles. Alors le Corps adorable de Jésus-Christ fut apporté en grande pompe, avec beaucoup de cierges, et ceux qui l'accompagnaient chantaient les litanies des agonisants, disant à chaque répons : Priez pour elle! Jeanne reçut pour la dernière fois la communion des mains du frère, avec la plus humble piété et en répandant beaucoup de larmes.

Le coupable évêque, étant venu aussi la visiter, entendit sa propre condamnation de la bouche de la condamnée. Quand la Pucelle le vit entrer, elle lui adressa ces simples et pénétrantes paroles : « Evêque, je meurs par vous! » — Il commença à lui faire des remontrances, disant : Ah! Jeanne, prenez-en patience. Vous mourez, parce que vous n'avez pas tenu ce que vous aviez promis, et que vous êtes retournée à votre premier maléfice. — Et la pauvre Pucelle lui répondit : « Hélas! si vous m'eussiez mise aux prisons de l'Eglise, et rendue entre les mains de concierges ecclésiastiques compétents et convenables, ceci ne fût pas advenu. C'est pourquoi j'appelle de vous devant Dieu. »

En ce moment, Jean Toutmouille, à qui nous empruntons ce détail, révolté apparemment de tant d'iniquités et n'en pouvant plus soutenir le spectacle, s'en alla dehors et n'entendit plus rien. Jeanne aperçut alors Pierre Morice, qu'elle pensait avoir toujours eu pour elle de bonnes intentions. Ah! maître Pierre, s'écria-t-elle, où serai-je aujourd'hui ? — Et ledit maître Pierre répondit : N'avez-vous pas bonne espérance au Seigneur? — Elle répondit que oui, et que, Dieu aidant, elle serait en paradis.

A neuf heures du matin, Jeanne monta dans la lugubre charrette en la cour du château. Elle portait un habit de femme. A ses côtés étaient assis frère Martin Ladvenu, son confesseur, et l'appariteur Jean Massieu. Le bon frère Isambert était aussi auprès d'elle, et il ne la quitta qu'au dernier moment. Plus de huit cents Anglais, armés de haches, de lances et d'épées, l'escortaient; personne, au milieu de cette garde terrible, ne put lui adresser la parole, excepté son confesseur et l'appariteur du tribunal.

Tandis que le convoi s'avançait ainsi par les rues de Rouen vers le lieu du supplice, un homme se fit jour parmi la masse des farouches Anglais avec tant d'empressement et d'inquiétude, qu'on eût pu croire que le bûcher allait s'allumer pour lui et non pour la Pucelle. C'était le Judas, qui avait souillé son vêtement sacerdotal du sang de l'innocence, Nicolas Loyseleur. Il parvint à traverser la foule et s'élança sur la charrette, et pourquoi? — pour demander pardon à Jeanne du grand tort qu'il lui avait fait. De quoi les Anglais furent tellement irrités, qu'ils dirigèrent contre lui leurs armes et l'eussent immolé à leur rage, si le comte de Warwick, pour le sauver, ne lui avait ordonné de quitter la ville à l'instant.

Dans le chemin, Jeanne proférait des lamentations si pieuses, et recommandait si dévotement son âme à Dieu et aux saints, qu'elle provoquait les larmes des assistants. Jean Massieu et frère Martin ne s'en pouvaient tenir. Nicolas de Houppeville, qui la vit sortir du château au milieu de cette foule d'hommes d'armes, et le visage baigné de pleurs, fut tellement attendri de ce spectacle, qu'il n'eut pas la force de la suivre jusqu'au lieu du supplice. Arrivée au Vieux-Marché, Jeanne s'écria : Rouen! Rouen! mourrai-je ici?

Le lieu de l'exécution était déjà encombré par la foule. Trois échafauds y avaient été élevés, l'un pour les juges, le second pour les prélats et les hommes de distinction, le troisième, près du bûcher, pour Jeanne d'Arc. Un grand nombre de personnages considérables, tant Anglais que Français, étaient là présents, parmi lesquels Pierre Cauchon et Jean le Maistre, avec onze assesseurs du tribunal. Mais le peuple assistait à ce triste spectacle d'un air mécontent; il disait tout d'une voix qu'on commettait une grande injustice.

Alors Nicolas Midy commença un sermon sur ce texte des livres saints : *Quand un membre souffre, tous les autres souffrent avec lui*. Il dit que l'Église avait déjà pardonné une fois à Jeanne, mais que maintenant elle était obligée de la repousser et ne pouvait la protéger davantage. Jeanne écouta ce discours avec une grande patience et une complète résignation. Le prédicateur termina par les paroles suivantes : « Jeanne, allez en paix : l'Église ne peut plus vous défendre et vous laisse en la main séculière. »

Après cela, au lieu de lire l'acte d'abjuration, Pierre Cauchon exhorta la Pucelle à penser à son salut éternel, à exciter au fond de son âme un véritable repentir de ses fautes, et surtout à suivre les conseils des deux frères Prêcheurs qu'on lui avait donnés pour l'assister. Sans attendre cet avis, dès que Nicolas Midy eut achevé son sermon, Jeanne s'était jetée à genoux et elle invoquait avec ferveur la miséricorde de Dieu et l'assistance de tous les saints. Elle implorait particulièrement le secours de ses saintes chéries, qui l'avaient jusqu'alors fidèlement accompagnée dans toutes ses voies. Au nom du Sauveur mourant, elle suppliait aussi, avec une entière humilité, tous les assistants, de quelque état et de quelque parti qu'ils fussent, soit ses amis les Français, soit les Anglais ses ennemis, de lui pardonner la peine qu'elle pouvait leur avoir jamais faite, comme, de son côté, elle leur pardonnait toutes les injustices commises à son égard. Ensuite elle demanda à tous le secours de leurs prières, et que les prêtres présents voulussent bien lui faire la charité de dire une messe pour le repos de son âme.

A ce moment suprême où, pour récompense de ses fidèles services, elle était à genoux sur le bûcher, pensant encore à Charles VII et préoccupée de l'honneur de ce prince, elle dit tout haut devant le peuple : Que ce qu'elle avait fait, fût-il bien ou mal, ne devait point être mis au compte du roi. Elle lui avait consacré le fruit et l'éclat de ses victoires, et ne désirait pour elle-même que les outrages et les souffrances.

Ainsi parlait la Pucelle dans ses derniers moments. Elle demandait pardon à ceux qui lui avaient fait une si horrible injustice, à ceux qui avaient tourmenté son âme et martyrisé son corps. Ces grandes et belles paroles traversèrent tous les cœurs comme une épée tranchante, et ses ennemis aussi bien que ses amis, et les juges eux-mêmes, commencèrent à pleurer et à sangloter. C'était la plus magnifique victoire qu'elle eût jamais remportée.

Jeanne pria ainsi durant une demi-heure. Ensuite l'évêque de Beauvais reprit la parole et déclara : « Qu'eu égard à ce qui a été constaté, cette femme n'avait jamais abandonné ses erreurs et ses crimes horribles; qu'elle s'était cachée par une malice diabolique sous une fausse apparence de changement et de pénitence, en parjurant le saint nom de Dieu, en tombant dans des blasphèmes plus damnables encore que les précédents; ce qui la rendait obstinée, rechue en hérésie et indigne de la grâce et de la communion de l'Église qui lui avait été miséricordieusement accordée par la dernière sentence; qu'en conséquence, après avoir tout considéré et entendu la mûre délibération de plusieurs personnes habiles, lui et son collègue avaient rendu la sentence définitive. »

Cette sentence est, comme la première, adressée à la personne de l'accusée. Après lui avoir imputé tous les crimes que nous venons d'entendre, elle termine ainsi : « C'est pourquoi nous, étant sur notre tribunal, vous déclarons relapse et hérétique par notre présente sentence; nous prononçons que vous êtes un membre pourri; et, comme telle, pour que vous ne corrompiez pas les autres, nous vous déclarons rejetée et retranchée de l'Église, et nous vous livrons à la puissance séculière, en la priant de modérer son jugement à votre égard, en vous épargnant la mort et la mutilation des membres. Et si vous montrez de vrais sentiments de repentir, le sacrement de pénitence vous sera administré. »

Ainsi donc, jusque dans leur sentence définitive, deux juges déclarent hérétique et relapse, hypocrite et impénitente, rejetée et retranchée de l'Église, une personne qu'ils viennent d'admettre à la sainte communion. En vérité, l'iniquité s'est menti à elle-même.

D'après l'ancien principe que le pouvoir ecclésiastique ne doit pas verser le sang, Jeanne fut dès lors abandonnée à l'autorité séculière pour subir sa peine. On aurait pu croire alors que cette autorité examinerait l'affaire de son côté, pour voir jusqu'à quel point ses lois avaient été violées par l'accusée, et si elle était digne de l'indulgence que l'évêque avait demandée pour elle; mais rien de cela n'eut lieu; il n'y eut pas même de jugement prononcé, et la Pucelle fut remise immédiatement au bourreau, qui se tenait tout prêt à faire son office.

En un mot, deux ecclésiastiques français, vendus à l'Angleterre, comme les deux juges iniques de Babylone vendus à leur passion criminelle, ont condamné Jeanne d'Arc très-injustement, malgré son innocence, malgré son appel au Pape et au concile; mais les Anglais eux-mêmes l'ont barbarement assassinée, puisqu'ils lui ont fait subir la peine du feu, sans aucune forme de jugement ni de condamnation de leur part.

Jeanne demanda une croix pour se fortifier dans cette dernière lutte. Un Anglais compatissant s'empressa de lui en faire une de bois et de la lui donner. Elle la prit très-respectueusement et la fixa dans sa robe sur sa poitrine. Elle ne cessa de la couvrir de baisers et de larmes, en implorant l'assistance du divin Rédempteur, qui mourut aussi, lui, innocemment sur la croix. Ensuite elle pria l'appariteur Jean Massieu et le frère Isambert d'apporter la croix de l'église voisine, et de la tenir constamment levée devant ses yeux, afin qu'elle pût regarder jusqu'à la mort l'image du Sauveur crucifié. Quand un prêtre de cette église la lui eut apportée, elle la tint embrassée longtemps avec une ferveur singulière et en se recommandant à la miséricorde de Dieu et au secours de l'archange saint Michel et de sa conductrice sainte Catherine.

Mais les Anglais trouvaient le temps long. Ils dirent à l'appariteur, qui exhortait Jeanne : Prêtre, nous ferez-vous dîner ici ? — Et incontinent, sans aucune forme ou signe de jugement, ils l'envoyèrent au feu, en disant au bourreau : Fais ton office. A l'instant, deux valets du bourreau s'approchèrent d'elle pour la faire descendre de l'échafaud où elle était montée. Elle embrassa la croix une dernière fois, fit un dernier salut d'adieu aux assistants, et descendit accompagnée du frère Martin Ladvenu. Quelques Anglais se précipitèrent sur elle avec rage, et la traînèrent sur le bûcher. Cependant elle ne cessait d'invoquer le nom de Jésus d'une voix lamentable, et elle s'écriait douloureusement : Ah ! Rouen ! Rouen ! seras-tu ma dernière demeure !

Ne pouvant soutenir ce cruel spectacle, plusieurs des assistants s'éloignèrent avec précipitation.

Lorsque Jeanne fut arrivée au pied du bûcher, on ceignit sa tête d'une mitre ignominieuse. On y lisait ces mots : *Hérétique, relapse, apostate, idolâtre*. Sur un tableau suspendu devant l'échafaud, on lisait en français du temps : *Jehanne qui s'est fait nommer la Pucelle, menteresse, pernicieuse, abuseresse du peuple, devineresse, superstitieuse, blasphémeresse de Dieu, malcréante de la foy de Ihésuchrist, vanteresse, ydolastre, cruelle, dissolue, invocateresse de déables, schismatique et hérétique*.

Alors Jeanne monta sur le bûcher, où elle fut liée à un poteau. A côté d'elle se tenait le bon frère Prêcheur Martin Ladvenu. Déjà les flammes s'élançaient, et le frère restait toujours à la même place, uniquement occupé de l'âme dont Dieu l'avait fait le gardien. Mais Jeanne, quoique menacée et entourée elle-même par le feu, veillait sur lui; elle le conjura de descendre du bûcher, de tenir la croix levée devant elle, et de continuer à l'exhorter et à la fortifier à haute voix.

A cet instant, Pierre Cauchon s'approcha d'elle encore une fois. Jeanne lui dit ces dernières paroles : « Hélas ! je meurs par vous ! Si vous m'aviez donnée à garder aux prisons de l'Eglise, je ne serais point ici. » Quant à ses révélations, elle ne voulut jamais les révoquer, et y persista jusqu'à la fin. Toujours, jusqu'à la fin de sa vie, d'après la déposition du frère Martin Ladvenu, elle maintint et assura que les voix qu'elle avait eues étaient de Dieu, et que, quoi qu'elle eût fait, elle l'avait fait par ordre de Dieu, et ne croyait point par lesdites voix avoir été trompée. Aussi, avec le profond sentiment qu'elle avait de son innocence et de l'iniquité de ses juges, s'écriait-elle en jetant autour d'elle un regard douloureux : Ah ! Rouen ! j'ai grand'peur que tu n'aies à souffrir de ma mort !

Tous ceux qui entendirent la Pucelle, au milieu des flammes, protester de son innocence, et qui la virent, à peine âgée de dix-neuf ans, dans la fleur de sa vie, endurer avec un si héroïque courage cette mort horrible, Français et Anglais, juges et peuple furent saisis d'une immense compassion. Un des assesseurs, Jean Fabry, évêque de Démétriade, déposa plus tard : Qu'il ne croyait pas qu'il y eût au monde un seul homme dont le cœur fût assez dur, pour, s'il eût été présent, ne pas être ému jusqu'aux larmes. Lui-même ne put supporter ce lamentable spectacle; et il s'en alla. L'émotion de l'évêque de Boulogne éclata avec tant de force, qu'elle attira sur lui tous les regards. Beaucoup murmuraient d'une si grande injustice et se plaignaient que Rouen fût témoin d'une telle exécution.

Cependant il y eut quelques Anglais possédés par la méchanceté et la haine, au point de rire avec une joie infernale. D'autres parmi eux, au contraire, louaient Dieu et le remerciaient de leur avoir fait la grâce d'assister à une mort si belle et si chrétienne. Eux, les ennemis et les persécuteurs de la Pucelle, étaient forcés de lui rendre justice à l'heure de sa mort que leur propre fureur avait causée.

Quand le bourreau eut allumé les matières combustibles, et que Jeanne vit s'élever la flamme, elle s'écria à haute voix : Jésus ! Mais le bûcher était si haut, que le feu ne monta qu'avec peine et lentement autour de l'infortunée. Le bourreau lui-même, qui eût volontiers abrégé ses souffrances fut pris d'une grande pitié.

Lorsque la fumée et les flammes entourèrent la Pucelle de toutes parts, elle demanda encore qu'on lui jetât de l'eau bénite; puis elle invoqua une dernière fois le secours de l'archange Michel et des autres saints, et remercia Dieu de toutes les grâces dont il l'avait comblée. Enfin, le feu étant devenu maître de son corps, elle pencha sa tête mourante, en criant d'une voix assez haute et assez intelligible pour être entendue de tous les assistants : Jésus ! Jésus ! Jésus !

Ce nom avec lequel, en expirant, elle dit adieu à la terre et salua le ciel, perça les cœurs mêmes les plus durs. Près du bûcher se tenait un Anglais, qui, dans sa haine farouche, avait juré de porter de ses propres mains du bois pour brûler l'ennemie maudite de son pays. Au moment où il allait accomplir son cruel serment, il entendit le dernier cri de la victime. Ses sens l'abandonnèrent aussitôt, il crut voir une colombe blanche qui s'élevait des flammes vers les cieux; et frappé de terreur, il tomba à terre sans connaissance. On fut obligé de l'emporter, et il ne revint à lui qu'après avoir bu du vin. Mais son cœur ne lui laissa point de repos jusqu'à ce qu'il se fût confessé le même jour à frère Isambert, et lui eût exprimé ses remords de ce qu'il avait voulu faire à la Pucelle. Beaucoup d'autres racontaient avoir vu le nom de Jésus écrit au milieu des flammes.

Lorsque Jeanne fut morte, les Anglais firent retirer le feu pendant quelque temps, pour que le peuple fût bien assuré qu'elle n'était plus de ce monde, et qu'on ne dît pas qu'elle avait échappé d'une manière miraculeuse. Et toutefois il arriva un merveilleux événement. Quelque quantité d'huile, de soufre et de charbon que le bourreau amassât sur le cœur et les entrailles de la Pucelle, le feu ne parvint pas à consumer ces parties de son corps. Ceci a été attesté sous la foi du serment par le bourreau lui-même, qui en fut étonné au plus haut point, comme d'un miracle. En conséquence, le cardinal d'Angleterre ordonna de jeter dans la Seine le cœur, les cendres et tout ce qui restait de Jeanne, afin qu'il ne demeurât rien d'elle qui pût être un objet de vénération.

Telle fut la mort de la Pucelle d'Orléans. Ainsi périt celle qui s'était sacrifiée pour la France et à qui le peuple français doit de n'avoir pas été rayé de la liste des nations indépendantes. Quoique de lâches serviteurs de l'Eglise, la trahissant comme Judas trahit le Seigneur, l'eussent livrée à la mort, elle n'en resta pas moins fidèle à l'Eglise avec une inaltérable constance, et ne lui imputa point les fautes de ses indignes ministres. De même, elle ne se détacha point de sa patrie, quoique des juges français l'eussent condamnée, et, malgré l'ingratitude de son roi, elle lui resta inébranlablement attachée. Et c'est ainsi qu'elle est le modèle achevé d'une mort sublime et vraiment chrétienne. Ces réflexions sont du biographe allemand de Jeanne d'Arc, dont l'excellent travail nous a beaucoup servi (Guido Goerres, p. 80).

La mort de Jeanne eut lieu juste trois mois après qu'elle eût dit ces paroles suivantes à ses juges, qui les ont consignées pour les siècles à venir dans les actes du procès : « Interrogez-moi dans trois mois sur ma délivrance. Mes saintes m'ont fait une promesse, sur laquelle je vous répondrai dans trois mois. Elles m'ont dit de prendre courage; que je recevrais du secours et serais délivrée par une grande victoire; que je ne devais point m'inquiéter de mon martyre et que j'irais à la fin dans le paradis. »

Qu'elle ait dit vrai en ceci, c'est ce que ses propres juges durent attester à l'heure de sa mort. Beaucoup dirent qu'elle était morte comme une sainte pour son roi. Jean Tressart, secrétaire du roi d'Angleterre, dit en revenant tristement de l'exécution : *Nous sommes tous perdus, car une sainte personne a été brûlée.* Le bourreau lui-même, pressé par une grande angoisse, se rendit dès ce jour, comme un désespéré, auprès de frère Martin Ladvenu. Il craignait que Dieu ne lui pardonnât jamais ce qu'il avait fait à une vierge si sainte, et il disait n'avoir jamais accompli une exécution qui lui eût causé tant de peine. Le repos ne rentra dans son âme, qu'après qu'il se fût confessé au même religieux. Le notaire Manchon fut tellement ému de ce supplice, que, pendant un mois, il en resta pétrifié, et que jamais il ne pleura tant pour chose qui lui advînt. Maître Jean de l'Espée, chanoine de Rouen, dit en fondant en larmes à Jean Riquier, qui se trouvait à côté de lui : Plût à Dieu que mon âme fût dans ce même lieu où je crois l'âme de cette femme être en ce moment (Lebrun de Charmettes, t. IV, p. 210)!

Le peuple disait tout haut que Jeanne avait été immolée par la haine des Anglais, comme une victime pour la France. Le peuple montrait du doigt ceux qui avaient pris part à sa mort, et les chargeait de malédictions. Pierre Cauchon eut peur. Dès le 12 juin 1431, treize jours seulement après la mort de Jeanne, il sollicita pour lui et ses complices et obtint du roi d'Angleterre des lettres patentes, qui défendaient de les citer, ce sujet, ni devant le Pape ni devant le concile. Cette crainte seule de voir leur procédure examinée et jugée par l'autorité supérieure, est une preuve péremptoire contre eux. En outre, il fut adressé à l'empereur, aux princes de la chrétienté et aux villes principales de France, une circulaire où l'on rendait compte du procès, de la même manière dont il avait été conduit, c'est-à-dire avec une entière mauvaise foi. Quiconque osait parler de l'injustice de cette affaire était sévèrement puni.

Mais le sort des principaux coupables fit penser à beaucoup de monde que Dieu, le juge suprême, s'était chargé de punir ceux qui croyaient échapper à toute justice humaine. Pierre Cauchon mourut subitement, l'an 1442, entre les mains de son barbier. La Pucelle lui avait dit : « Je ne sais si vous êtes mon juge ou si vous ne l'êtes pas ; mais prenez garde de mal juger et de vous mettre en grand péril : je vous donne cet avis, afin que, si vous êtes puni de Dieu, j'aie fait mon devoir en vous le disant. » Le vice-inquisiteur, Jean le Maistre, qui n'était coupable que de faiblesse et de lâcheté, disparut d'entre les hommes, sans qu'on pût savoir ce qu'il était devenu. Le dur et méchant promoteur, Joseph d'Estivet, fut trouvé mort sur un fumier devant Rouen; Loyseleur mourut également de mort subite dans une église de Bâle; et Nicolas Midy, qui avait prêché avant l'exécution, fut emporté par la lèpre. L'an 1435, quatre ans après la Pucelle, et dans ce même château de Rouen où elle avait été enfermée, mourut le duc de Bedford, du chagrin et de la honte que lui fit éprouver la ruine de la puissance anglaise en France. Enfin Henri VI, au nom de qui la Pucelle fut immolée, se vit détrôné deux fois, passa la plus grande partie de sa vie en captivité, et périt massacré l'an 1461, par les ordres de son cousin Edouard VII. Ainsi moururent ceux à qui Jeanne d'Arc avait dit : « Vous ne me ferez pas ce dont vous me menacez, sans en éprouver du dommage dans votre corps et dans votre âme. »

Ce qu'elle avait prophétisé aux Anglais avec tant de courage dans les fers, ayant déjà la mort du bûcher devant les yeux, à savoir, la ruine de leur puissance en France, s'accomplit également. « Avant six ans, leur avait-elle dit, vous perdrez un gage plus considérable qu'Orléans. » Précisément à cette époque, c'est-à-dire en 1436, Paris, la capitale du royaume, tomba entre les mains du roi. Et en 1437, quand il fit son entrée au son des trompettes et à la tête de ses chevaliers, dans cette même ville qui l'avait autrefois reçu à coups de canon et dans les fossés de laquelle Jeanne d'Arc était tombée blessée, alors se réalisèrent les paroles suivantes, qu'elle avait fait dire aux Anglais par son héraut devant Orléans : « Le roi entrera à Paris en bonne compagnie. » Rouen fut repris en 1449 : toute la Normandie et la Guyenne furent de même reconquises bientôt après; et enfin, en 1458, lorsque la bannière blanche aux fleurs-de-lis flotta sur Calais, dernier boulevard de la puissance anglaise sur le continent, ce mot que la Pucelle avait prononcé à Rouen dans sa prison, fut aussi vérifié : « Les Anglais perdront tout en France! »

Mais en outre, la justice qui avait été refusée à Jeanne d'Arc pendant sa vie, devait lui être accordée après sa mort. Charles remplit enfin ce devoir qu'il avait négligé si longtemps. S'il avait fait avant la condamnation ce qu'exigeaient de lui l'honneur et la reconnaissance, il eût peut-être sauvé celle à qui il devait sa couronne et qui portait des chaînes pour lui. Désormais il ne lui restait plus qu'à rétablir la mémoire de sa libératrice. L'enquête qu'il ordonna fut conduite avec tant de conscience et une si sévère impartialité, qu'il ne s'est trouvé personne, pas même chez les ennemis les plus acharnés de la Pucelle, qui ait osé l'attaquer. Les juges eux-mêmes ont conservé les actes, afin que la postérité pût s'assurer de ses propres yeux, dans une affaire si importante, qu'ils n'avaient eu en vue que la vérité et la justice.

La première audition des témoins eut lieu à Rouen, l'an 1449, par ordre du roi, dès que la place fut rentrée en son pouvoir. Le cardinal-archevêque, mu par les plaintes réitérées des bourgeois sur l'iniquité qui avait souillé leur ville, ordonna un second interrogatoire. En 1455, le pape Calixte III, sur la prière des parents de Jeanne d'Arc, adressa à l'archevêque de Reims, aux évêques de Paris et de Coutances, ainsi qu'à l'inquisiteur, un bref où il les chargeait d'examiner le procès, d'écouter les deux parties et de prononcer d'après le droit et la justice.

Le 17 novembre 1455, la mère de Jeanne d'Arc, accompagnée des frères et de plusieurs parents de la victime, se présenta, les yeux en larmes, devant les juges, demandant humblement justice pour son enfant innocente, qu'elle avait élevée dans la crainte de Dieu, et que les ennemis, par haine contre le roi, avaient condamnée et exécutée comme hérétique, contrairement à la conscience et à l'équité. Alors commença l'enquête, et l'on entendit les témoins à Rouen, à Lyon, à Domremi, à Orléans et à Paris, tant sur la vie et les actes de la Pucelle que sur son procès et sa mort. Les dépositions, au nombre de cent quarante-quatre, conservées jusqu'à ce jour, proviennent des plus nobles princes, des plus célèbres capitaines et des plus braves chevaliers de la France, aussi bien que des pauvres paysans de Domremi. Les actes réunis furent soumis aux premiers savants et jurisconsultes par les juges eux-mêmes, qui, s'étant adjoint un conseil de docteurs, examinèrent ensuite de nouveau toute l'affaire et prononcèrent après une mûre délibération. L'iniquité du procès entier devint manifeste à leurs yeux; ils virent tout ce qui avait été omis, falsifié, retranché et ajouté; comme on avait effrayé l'accusée par les menaces et la violence, et comme on l'avait maltraitée de toutes manières sans observer aucune des plus simples règles de la justice. Aussi déclarèrent-ils que tout ce procès était nul.

Quant aux apparitions de la Pucelle, ils décidèrent que si l'on s'en rapportait aux signes qui doivent accompagner de pareilles révélations pour être jugées véritables, celles de Jeanne étaient d'une nature telle, qu'il n'y avait pas de motifs légitimes de les rejeter. Sa vie pieuse et irrépréhensible, son vœu de virginité fidèlement gardé, le malheur extrême de la France, qui avait si grand besoin du secours de Dieu, étaient autant de raisons pour croire à la réalité de ses apparitions et à la vérité de sa mission divine. En outre, ses prédictions sur des choses futures et humainement impossibles à prévoir, s'étaient accomplies de manière qu'elles ne pouvaient avoir été inventées. Enfin elle s'était réellement soumise à l'Eglise, et l'abjuration qu'elle avait faite lui avait été arrachée par tromperie.

Le 7 juillet 1456, dans une assemblée solennelle, en présence de la mère et des frères de Jeanne, dans le palais épiscopal de Rouen, l'archevêque de Reims prononça la sentence de réhabilitation. Il rendit compte de toute la marche suivie dans la nouvelle enquête, exposa les motifs du nouveau jugement et déclara que les douze articles qui formaient la base du premier procès étant faux, calomnieux, frauduleusement arrangés et contraires aux déclarations de l'accusée elle-même, étaient cassés par la justice comme nuls et sans valeur.

Cette pièce du procès de condamnation ainsi jugée et à jamais proscrite d'une instruction dont elle était l'unique base, il restait encore à prononcer sur les deux jugements rendus contre Jeanne, c'est-à-dire sur le fond même de l'affaire. C'est ce que font les juges par un second arrêt, dont la teneur suit :

« Vu tout ce qui est au procès; vu principalement les deux jugements rendus contre Jeanne d'Arc, dont le premier est qualifié jugement de *chartre*, parce qu'il la condamne à une prison perpétuelle; l'autre, jugement de *rechute*, parce qu'il la condamne comme relapse;

» Considérant 1° la qualité des juges; 2° la manière dont Jeanne était détenue; 3° les récusations de ses juges; 4° ses soumissions à l'Eglise; 5° les appels et réquisitions multipliés par lesquels elle a soumis au Pape et au Saint-Siège ses actions et ses discours, et très-instamment requis plusieurs fois que le procès fût envoyé en entier au Pape; 6° considéré que l'abjuration insérée au procès est fausse, que celle qui a eu lieu était l'effet du dol, qu'elle a été arrachée par la crainte et en présence du bourreau et du bûcher, et par conséquent tortionnaire et imprévue, et que de plus elle n'a pas été comprise par Jeanne d'Arc;

» Vu enfin les traités des prélats et docteurs de droit divin et humain, concluant tous à l'injustice et à la nullité du procès;

» Tout considéré et n'ayant que Dieu en vue, les juges prononcent que le procès, l'abjuration et les deux jugements rendus contre Jeanne contiennent le dol le plus manifeste, la calomnie et l'iniquité, avec des erreurs de droit et de fait; et, en conséquence, le tout est déclaré nul et invalide, ainsi que tout ce qui s'en est suivi, et, en tant que besoin, est cassé et annulé, comme n'ayant ni force ni vertu. En conséquence, Jeanne, les demandeurs et leurs parents sont déclarés n'avoir encouru aucune note ni tache d'infamie à leur occasion, dont en tout événement ils sont entièrement lavés et déchargés. »

Le surplus du dispositif concerne les réparations dues à la mémoire d'une accusée innocente, condamnée et suppliciée injustement; voici en quoi elles consistent :

« 1° Le jugement que l'on rend sera solennellement publié dans la ville de Rouen; 2° il y sera fait en outre deux processions solennelles : la première à la place Saint-Ouen, où s'est passée la scène de la fausse abjuration; la seconde le lendemain, au lieu même où, par une cruelle et horrible exécution, les flammes ont étouffé et brûlé Jeanne d'Arc; 3° il y aura une prédication publique dans les deux endroits; 4° il sera placé une croix au lieu de l'exécution, en souvenir perpétuel; 5° enfin, il sera fait dans toutes les villes du royaume et dans tous les lieux remarquables que les juges eux-mêmes jugeront à propos de déterminer, une notable publication du jugement intervenu, afin qu'on s'en souvienne dans les temps futurs (Guido Goerres). »

La mémoire de Jeanne d'Arc fut ainsi juridiquement réhabilitée; mais il y a deux de ses contemporaines qui ont encore à réhabiliter leur propre honneur; deux de ses contemporaines qui ont encore à se justifier devant Dieu et devant les hommes de la conduite qu'elles ont tenue à son égard. Ces deux contemporaines encore **vivantes se nomment l'Angleterre et la France.**

L'Angleterre, battue par Jeanne d'Arc, l'a flétrie et brûlée, moins encore par haine que par peur : cette peur et cette haine se trahissent encore plus ou moins dans toutes les histoires anglaises. Cependant voilà plus de quatre siècles que la chose est passée. Quatre siècles peuvent suffire à une nation pour n'avoir plus peur d'une fille morte et pour oser lui rendre pleine justice. Sans parler de la chambre des pairs, où siégent les descendants des capitaines que Jeanne d'Arc a battus, que le premier jury anglais examine les pièces du procès encore existantes; que, pour s'assurer mieux de sa propre impartialité, il suppose noblement que Jeanne d'Arc est Anglaise, et qu'ensuite il prononce ! Individu ou nation, quand on a commis une faute, le seul moyen de s'en justifier devant Dieu et devant les hommes, c'est de la confesser avec une généreuse humilité. Nul autre moyen ne satisfait la justice du temps, encore moins celle de l'éternité. Nous avons vu disparaître l'un après l'autre ceux qui ont trempé dans la mort de Jeanne d'Arc. Ceux au contraire qui n'ont fait que la combattre loyalement sur le champ de bataille, les Talbot et les Arundel, vivent encore dans leurs descendants : Talbot est encore le premier comte d'Angleterre, non-seulement par son rang, mais par ses vertus; naguère il a donné à l'univers un exemple bien rare, en renonçant à toutes les préventions anglaises, pour rendre pleine justice à l'Irlande. Puisse le père de la sainte princesse Borghèse, de Thérèse Talbot (1), ou quelqu'un qui lui ressemble, persuader à l'Angleterre de rendre pleine justice à Jeanne d'Arc ! Triompher de soi, est plus que triompher de l'univers.

Quant à la France, elle a tort de regarder l'Angleterre comme seule coupable envers Jeanne d'Arc. Et de vrai, Jeanne d'Arc a battu l'Angleterre et sauvé la France. Or, elle a été trahie par un Français, vendue par un Français, poursuivie par des Français, jugée et condamnée par des Français, abandonnée par des Français. Ce n'est que longtemps après sa mort ignominieuse, que la France a songé à rétablir sa mémoire. Et encore, est-ce la France du moyen-âge; car la France philosophique et voltairienne a repris et continué l'œuvre de l'Angleterre. Si l'Angleterre a brûlé Jeanne d'Arc, la France voltairienne l'a traînée dans la boue. Voltaire, dans ses œuvres soi-disant philosophiques et historiques, emploie tous les moyens pour dégrader le caractère de celle qui a sauvé la France. Au lieu de cette jeune fille, telle que les témoins oculaires nous la représentent, humble, chaste et pieuse, paissant les troupeaux de son père, ne quittant sa famille que pour arracher la France aux Anglais, c'est une servante de cabaret, âgée de vingt-sept ans. Voici entre autres les paroles de Voltaire : « La plupart de nos historiens, qui se copient tous les uns les autres, supposent que la Pucelle fit des prédictions et qu'elles s'accomplirent. On lui fait dire qu'*elle chassera les Anglais hors du royaume*, et ils y étaient encore cinq ans après sa mort. On lui fait écrire une longue lettre au roi d'Angleterre, et assurément elle ne savait ni lire ni écrire; on ne donnait pas cette éducation à une servante d'hôtellerie dans le Barrois, et son procès porte qu'elle ne savait pas signer son nom. On la fit passer pour une bergère de dix-huit ans. Il est cependant avéré, par sa propre confession, qu'elle avait alors vingt-sept années. » Voilà ce que dit Voltaire philosophe et historien (2).

Or, nous l'avons vu, il est avéré, et par la propre confession de Jeanne, et par plusieurs témoignages juridiques, qu'elle était une bergère de dix-huit ans. Si elle écrivit une longue lettre au roi d'Angleterre, elle-même nous apprend qu'elle la dicta. Elle fit des prédictions, que nous avons vu enregistrer avant l'événement, et s'accomplir ensuite. Nous l'avons vue dire aux Anglais, non pas qu'elle les chasserait du royaume, mais bien qu'avant six ans ils perdraient un gage plus considérable qu'Orléans, que le roi entrerait à Paris en bonne compagnie, et que les Anglais perdraient finalement tout en France.

On se demandera quel motif Voltaire pouvait avoir de dénaturer ainsi l'histoire de Jeanne d'Arc, personnage le plus français, le plus merveilleux, le plus poétique qu'il y a peut-être dans l'histoire humaine. C'est que, Parisien par la naissance, Français par la langue, Voltaire était, on le voit dans ses lettres, Anglais par l'esprit et Russe par le cœur. A tout cela, il est une cause encore plus intime. Jeanne d'Arc, la gloire et le salut de la France, était surtout chrétienne. Voltaire philosophe,

---

(1) Morte naguère en odeur de sainteté à Rome. Son père est le comte de Schrewsburi, chef de la famille Talbot.
(2) *Dictionn. philosoph.*, art. JEANNE D'ARC, et *Essai sur les mœurs et l'esprit des nations*, c. 80.

Voltaire historien, prépare donc la voie à Voltaire poète. Tout doit aboutir à traîner Jeanne d'Arc dans la fange d'un poème où l'obscénité la plus ordurière le dispute à l'impiété la plus exécrable. — Et maintenant qu'a fait la France, qu'a fait sa capitale? — Elle a fait l'apothéose de Voltaire. — Voilà ce que Paris a fait jusqu'à présent pour celle qui a sauvé la France et qui l'a sauvé malgré Paris.

La France et l'Angleterre, qui se disent les deux premières nations du monde, auraient pu, pourraient encore prendre exemple de noble générosité sur les modestes républiques de pâtres, que nous avons vues se former dans les Alpes au commencement du XIVe siècle, et que nous verrons sauvées à la fin du quinzième par un saint compatriote. Le 15 octobre 1315, les cantons confédérés de Schwitz, d'Uri et d'Unterwald consolidèrent leur antique liberté par la victoire de Morgarten, dont ils perpétuèrent le souvenir par la fondation de messes anniversaires. En 1332, ils reçoivent dans leur perpétuelle confédération la ville et le canton de Lucerne, sauf tous les droits des ducs d'Autriche, comme seigneurs de Habsbourg. Les principales familles de Lucerne, qui en avaient eu jusqu'alors toute l'administration, complotent d'égorger dans une nuit tous les partisans de la confédération suisse, et de livrer la ville au duc d'Autriche. Les conjurés ayant remarqué un petit garçon qui les avaient entendus par hasard, lui font jurer de ne rien dire à personne. L'enfant leur tient ainsi parole. Il entre dans l'estaminet des bouchers; et, s'adressant au fourneau, il lui raconte ce qu'il vient de voir et d'entendre, et pourquoi il n'en peut dire mot à âme qui vive. Les auditeurs avertissent les magistrats; on arrête les conjurés; les trois cantons avertis dans la nuit, envoient aussitôt des troupes, on ôte le gouvernement au petit nombre des premières familles et on le transporte à un sénat de trois cents membres, réservant à la commune le reste de la souveraineté. Par la bienveillante et prudente entremise des trois cantons, nul des conjurés ne fut puni de mort, ni exclu de la liberté commune ou des dignités : reconnaissance et crainte devaient guérir peu à peu leur dépit et leurs regrets (Jean de Muller, *Histoire de la Suisse*, liv. 2, c. 1, tome II, page 92, édition allemande de Reutlingen, 1824). En 1334, lors d'une nouvelle paix avec l'Autriche, l'empereur reconnut légitime la confédération perpétuelle des quatre cantons.

L'an 1338, la ville de Berne se vit menacée par une puissante coalition de princes et de seigneurs. L'alliance temporaire qu'elle avait faite avec les trois cantons venait d'expirer. Toutefois, ceux d'Unterwald répondirent à ses messagers, qui réclamaient leur assistance : « L'amitié véritable se montre dans le besoin : retournez à Berne, dites à vos concitoyens que le peuple de la confédération leur fera voir bientôt comme il pense. Les trois cantons envoient sans délai l'élite de leurs guerriers, au nombre de neuf cents; parmi ceux d'Uri était encore Guillaume Tell. Le 20 juin, ils campaient devant Berne. Le prêtre Dibold fit une exhortation à l'armée. L'ennemi s'enorgueillissait de son grand nombre; mais Dieu punit la présomption et bénit le courage. Saint Vincent et saint Ours, patrons de Berne et de Soleure, avaient conquis le ciel, parce qu'ils avaient sacrifié leur vie pour une cause juste. Dans un combat légitime, tel que le combat pour leur pays, la victoire est à eux; la mort pour la patrie assure le ciel, et celui qui ne meurt pas, Dieu le réserve à la liberté et à la gloire. Nuit et jour, hommes et femmes faisaient des prières publiques des processions et des aumônes. Le repos ne fut pas long : à minuit, le général de Berne, Rodolphe, châtelain d'Erlach, donna le signal de départ pour Laupen, qu'assiégeait l'ennemi. Il faisait clair de lune. A la tête de l'armée marchait le prêtre Dibold, tenant en ses mains le Saint-Sacrement. Toutes les femmes et tous les enfants restèrent prosternés tout le jour au pied des autels, dans les églises et les chapelles, en attendant le soir.

La bataille s'étant donnée, les confédérés remportèrent une victoire complète. L'ennemi laissa sur le champ de bataille quatre-vingts comtes ou seigneurs, et vingt-sept bannières. Berne y perdit Jean de Haller. Les vainqueurs étant revenus sur le champ de bataille après avoir poursuivi les fuyards, se jetèrent tous à genoux et rendirent à Dieu des actions de grâces. De grand matin, ils se remirent en route pour Berne, ayant à leur tête le prêtre Dibold. Ceux de Berne et les trois cantons jurèrent alliance. Berne enfin ordonna que tous les ans on célébrerait ce jour par des processions solennelles, avec la croix, les bannières et les reliques des saints, et par des distributions d'aumônes aux pauvres (Jean de Muller, l. 2, c. 1, t. II, p. 180 et seq.). Cette guerre fut suivie d'une paix générale en 1351. Rodolphe d'Erlach fut supplié d'accepter la tutelle des enfants d'un comte ennemi, qui avait péri à Laupen tant les ennemis mêmes avaient confiance dans sa vertu (*Ibid.*, p. 196).

En 1350, la ville de Zurich, menacée dans sa liberté par une conjuration, comme autrefois Lucerne, entre dans la confédération suisse en 1351. Elle est menacée de la guerre par le duc Albert d'Autriche; il veut faire marcher contre elle le canton de Glaris, qui ne s'y croit pas obligé, entre lui-même dans la confédération suisse en 1352, et s'en montre digne en remportant la victoire de Næfels : peu après, ceux de Zurich en remportent une autre à Taitvil. C'était une loi de la confédération, que celui qui fuyait devant l'ennemi était puni de mort, et ses descendants déclarés infâmes jusqu'à la troisième génération. Le canton de Zug, qui devait servir à l'Autriche de porte toujours ouverte contre la confédération suisse, y entre lui-même, sauf les droits légitimes des tiers. Une guerre s'ensuit, mais sans action décisive; l'ennemi cherche à désunir les confédérés, mais en vain : Berne devient suisse à toujours; la paix se conclut en 1358. Il y avait alors huit cantons : Schwitz, Uri, Unterwald, Lucerne, Berne, Zurich, Zug et Glaris; les trois premiers seuls étaient confédérés avec tous les autres, qui ne l'étaient pas toujours entre eux : ils formaient ainsi l'âme de tout le corps. Voici quel était leur esprit. Trois nobles de l'Unterwald ayant entraîné ce canton à violer en quelque chose le pacte fédéral de Berne, et en ayant été convaincus juridiquement, furent condamnés par le peuple d'Unterwald lui-même à la privation perpétuelle de tous droits et honneurs, eux et leurs descendants, pour avoir attiré à leur patrie opprobre et préjudice. C'était une honte alors d'être injuste.

En 1386 éclata une guerre générale des seigneurs contre la confédération suisse. Les seigneurs avaient à leur tête le duc Léopold d'Autriche. Les confédérés n'avaient d'autres secours que leur union et leur courage. Uri, Schwitz et Unterwald mandèrent à Berne d'envoyer son contingent fédéral. Berne s'excusa peu généreusement. Ce qu'ayant entendu, les confédérés gardèrent le silence. Léopold, avec son armée, assiégeait la petite ville de Sempach, à trois lieues de Lucerne. Le 9 juillet, il vit les confédérés déboucher d'une forêt sur une hauteur. Il fait mettre pied à terre à sa cavalerie et éloigner les chevaux, afin de présenter sur toute la ligne un front impénétrable et meurtrier de lances sur quatre rangs. La plupart des nobles, le duc Léopold lui-même, se moquaient de quelques vieux guerriers qui n'étaient pas sans inquiétude et conseillaient plus de précautions. Les Suisses se jettent à genoux et adressent à Dieu leurs prières, suivant leur coutume, puis ils s'élancent à grands cris et à pas de course contre les rangs ennemis, s'efforçant de les rompre, afin de sabrer librement à droite et à gauche. Mais les boucliers opposent un mur impénétrable, et les lances une forêt de pointes de fer. Déjà soixante Suisses ont succombé : leur petite armée court risque d'être enveloppée par un ennemi beaucoup plus nombreux.

Dans ce moment critique, Arnold de Winkelrid, du pays d'Unterwald, dit à ses compagnons : Je vais vous frayer un passage. Il sort des rangs et s'écrie : Chers confédérés, ayez soin de ma femme et de mes enfants, souvenez-vous de ma famille ! En même temps, arrivé devant l'ennemi, il saisit dans ses bras le plus de lances qu'il peut, les enfonce dans sa poitrine, et, comme il était grand et fort, il les abaisse jusqu'à terre. Aussitôt ses compagnons d'armes de passer par-dessus son cadavre, les autres bataillons de les suivre, de tuer à droite et à gauche. Le chevalier qui portait la bannière d'Autriche succombe à ses blessures; le duc Léopold s'élance et la relève pleine de sang; ses plus chers amis meurent à ses côtés; de douleur il s'écrie : « Tant de comtes et de seigneurs sont allés à la mort avec moi, je veux mourir honorablement avec eux ! » Il se dérobe à ses amis, se jette au plus fort de la mêlée, cherche la mort. L'ennemi pénètre de toutes parts. Dans la presse, Léopold est renversé à terre et se bat en désespéré. Un homme du commun, du canton de Schwitz, qui ne le connaît pas ou ne veut pas le connaître, lui porte un coup mortel. Un de ses porte-bannières, le voyant sans vie, se jette sur son cadavre et y meurt, pour le préserver d'être foulé aux pieds. Cependant les bataillons autrichiens cherchent vainement des yeux leur prince; saisis de terreur, ils commencent à fuir. — Amenez les chevaux ! s'écrient les chevaliers. Mais il n'y en avait plus. Les valets, ayant aperçu que les Suisses avaient l'avantage, étaient montés sur les chevaux de leurs maîtres et avaient fui les premiers : à peine en voyait-on encore la poussière. Les maîtres, accablés de leur pesante armure, dévorés par la chaleur et la soif, n'eurent plus qu'à vendre chèrement leur vie. Six cent cinquante-six comtes, seigneurs et chevaliers restèrent sur le champ de bataille; en sorte que la splendeur de la cour d'Autriche en fut anéantie pour plusieurs années, et qu'on disait dans le pays : Dieu a tenu son lit de justice, et il a puni l'insolence présomptueuse des nobles.

Le lendemain, les Suisses proclamèrent un armistice pour enterrer les morts. Le prince d'Autriche, avec soixante seigneurs, fut transporté dans le monastère de Kœnigsfeld, où reposait déjà l'empereur Albert, tué en ce lieu. Vingt seigneurs d'Argovie furent inhumés dans les tombeaux de leurs ancêtres; tous les autres, enterrés sur le champ de bataille. Pour le repos des âmes, sans distinction d'amis ou d'ennemis, on fonda à perpétuité un service anniversaire. Voici en quels termes on l'annonçait tous les ans : « Souvenons-nous, pour l'amour de Dieu, de tous ceux qui sont restés sur ce champ de bataille, tant des nôtres que des Autrichiens, dont se fait aujourd'hui anniversaire et mémoire. » Une chapelle solitaire rappelait le souvenir d'Arnold de Winkelrid, qui décida par son dévouement cette glorieuse journée (Jean de Muller, l. 2, c. 6, t. II).

L'an 1388, ceux de Glaris remportèrent tout seuls une autre victoire sur les Autrichiens. Les vainqueurs passèrent la nuit sur le champ de bataille à remercier Dieu, la sainte Vierge, saint Fridolin, seigneur du pays, et saint Hilaire ou *Hilarius*, dont le canton de Glaris a pris son nom (*Ibid.*). Cette guerre fut suivie d'une paix de sept ans, et ensuite d'une autre de vingt. Au commencement du XVe siècle, le canton d'Appenzell, après plusieurs victoires, mérita d'être reçu dans la confédération.

Aujourd'hui encore, au pays d'Unterwald, en la petite église de Saxlem, sous le grand autel, se voit le squelette d'un homme marqueté d'or et de diamants, portant à son cou les décorations de plusieurs ordres militaires, entre autres la croix de Saint-Louis et la croix d'honneur. C'est un guerrier suisse du XVe siècle, qui se battait le chapelet d'une main et l'épée de l'autre et qui, après avoir quitté les armes, sauva de sa ruine toute la confédération. Les ordres modernes dont il porte les insignes sont les décorations que ses descendants ont gagnées au service étranger. Cet homme est appelé par ses compatriotes frère Klaus : c'est le bienheureux *Nicolas de Flue*, que l'Eglise honore communément le 22 mars (*Acta Sanct.*, 22 mars; Godescard, 31 mars).

Il naquit dans la vallée supérieure d'Unterwald, le 21 mars 1417, au moment même où les prélats de l'Eglise catholique siégeaient au concile de Constance. La cabane de ses parents était placée dans une contrée paisible et boisée, près de la haute montagne de Saxlen. Non loin est ce beau lac des quatre cantons, qu'entourent de riantes prairies, couvertes d'un gazon épais et semées de fleurs odorantes; son onde est claire comme un miroir; on aperçoit au fond des eaux toutes les plantes aquatiques qui s'y baignent et tous les poissons qui s'y jouent. A l'entour, les montagnes s'élèvent, de ce bassin de cristal qui baigne leur pied, jusque dans les régions azurées de l'air; sur leur penchant, ce sont de tous côtés de jolies huttes de bergers, de sombres forêts qui les protègent, des troupeaux qui y paissent et animent le paysage. Enfin leurs cimes superbes, couvertes d'une neige éternelle, s'élancent à une hauteur immense, dominant tout ce qui les environne. Sur les bords du lac, dans les vallées et sur les collines sont situés de charmants villages, de belles églises et de modestes chapelles. On voit s'élever mainte croix, comme pieux souvenir, là où s'est fait une bonne action, où s'est commis un crime, ou bien encore là où l'aspect sauvage et effrayant de la nature révèle à l'homme qu'il est coupable et tourne son cœur à Dieu. Quatre cantons, Uri, Schwitz, Lucerne et Unterwald, pays natal du frère Nicolas, entourent ce beau lac. Tout cela forme un magnifique pays de montagnes, qui remue et élève l'âme humaine par sa grandeur et sa variété ; car tous les contrastes en ces lieux se succèdent rapidement : ici des cascades écumantes ; là des ruisseaux clairs et paisibles ; ici des prés riants ; là des gorges sombres dans la profondeur desquelles le soleil ne pénètre qu'une fois l'année ; à côté des vallées couvertes de populations heureuses et de superbes troupeaux, s'élèvent des rochers et des glaciers que n'a jamais foulés le pied du chasseur de chamois.

C'est là que Nicolas de Flue était né dans une de ces vallées solitaires dont le silence n'est interrompu que par le bruit des clochettes des troupeaux, par le chant sauvage des oiseaux et par le murmure des torrents des Alpes. Il descendait d'une famille de bons et pieux bergers, où l'on se transmettait de père en fils les anciennes vertus des Suisses, et qui jouissait depuis plusieurs siècles de l'estime et du respect de ses concitoyens. Ses parents avaient une honnête aisance ; ils étaient pleins de modération et craignaient Dieu. Ils firent ce qu'avaient fait leurs pères et leurs aïeux, restèrent fermement attachés à la foi de l'Eglise et soumis aux magistrats ; ils élevèrent leurs enfants dans tout ce qui était bon, et prirent de leurs troupeaux un soin infatigable. Puis ils s'endormirent tranquillement et s'en allèrent à Dieu pleins de confiance ; car ils avaient marché devant lui aussi fidèlement que les patriarches sur les bords du Jourdain.

Le jeune Nicolas grandit sous leur tutelle, et, comme s'en souvenaient encore après sa mort des vieillards de soixante-dix ans, il se montra toujours enfant pieux et obéissant, observateur fidèle des avis de ses parents, aimant la vérité, doux et affable envers tout le monde. Ce qui le distingua des hommes ordinaires, ce fut, dès les jours de son enfance, la tendance de son esprit, toujours tourné vers la source suprême du bon et du beau. Ceux qui l'entouraient remarquèrent plus d'une fois qu'après le rude travail de toute une journée dans les prairies, comme on revenait le soir au logis, il disparaissait à la dérobée pour aller prier dans quelque lieu caché. Son esprit parvint de bonne heure à mortifier assez son corps pour pouvoir se livrer sans distraction aux plus hautes contemplations. Quand quelqu'un, par bienveillance, l'avertissait de ne point ruiner sa santé dans sa jeunesse par des jeûnes aussi rudes, il répondait avec douceur que telle était à son égard la volonté de Dieu.

Malgré sa dévotion fervente et austère, il n'était jamais triste et sombre, mais en tout temps affable et joyeux ; et il remplissait tous les devoirs de sa condition : dans sa vingt-troisième année, sur l'appel des magistrats, il porta les armes dans la campagne de Zurich ; il le fit encore quatorze ans plus tard, lors de l'occupation de la Thurgovie, où il commanda comme capitaine une compagnie de cent hommes. Il avait déployé tant de bravoure dans cette guerre, que son pays lui décerna comme récompense une médaille d'or. Une circonstance plus honorable encore de la même expédition, c'est que le monastère de la vallée Sainte-Catherine le révère encore aujourd'hui comme son libérateur. Ce fut grâces à ses exhortations que les Suisses renoncèrent à mettre le feu à ce monastère pour en chasser les ennemis, lesquels l'abandonnèrent d'eux-mêmes bientôt après. A la guerre, Nicolas portait d'une main son épée, de l'autre son chapelet ; il se montra toujours à la fois guerrier sans peur et chrétien miséricordieux, protégeant la veuve et l'orphelin, et il ne permettait pas que les vainqueurs se livrassent à des actes de violence envers les vaincus.

Parvenu à l'âge d'homme, Nicolas se maria pour obéir à ses parents ; il choisit parmi les vierges de la contrée une vertueuse jeune fille nommée Dorothée. Ils vécurent ensemble dans l'union et la paix, et eurent dix enfants, cinq garçons et cinq filles, dont sortit une grande et honorable famille qui ne perdit jamais le souvenir de ses ancêtres : il existe encore à présent des descendants du bienheureux frère Nicolas. On peut juger aussi combien il eut à cœur l'éducation de ses enfants, en apprenant que l'un de ses fils, pendant la vie de son père, obtint la plus haute dignité du pays et qu'un autre l'obtint après sa mort ; il en fit étudier à Bâle et à Paris, un troisième, qui devint curé à Saxlen. Nicolas lui-même fut élu à l'unanimité gouverneur et juge d'Obwalden ; nous savons de sa propre bouche quelle fut sa conduite dans cette place importante. Le curé Henri Im Grund, son ami et le directeur de sa conscience, a révélé après sa mort ce qu'il lui avait dit un jour à ce sujet : « J'ai reçu de Dieu en partage un esprit droit ; j'ai été souvent consulté dans les affaires de ma patrie ; j'ai aussi prononcé beaucoup de sentences ; mais, moyennant la grâce divine, je ne me souviens pas d'avoir agi en quelque chose contre ma conscience. Je n'ai jamais fait acception de personnes, et ne me suis jamais écarté des voies de la justice. » La haute charge de landamman lui fut décernée par l'assemblée du pays à plusieurs reprises ; mais il craignit cette grande responsabilité, et, sans doute, il sentait aussi que Dieu lui avait réservé quelque chose de plus grand. Nicolas de Flue vivait ainsi depuis cinquante ans dans le monde pour le bien de sa patrie et de sa famille, lorsqu'en 1467 un grand changement s'opéra dans son existence.

Tandis que Nicolas accomplissait fidèlement tous les devoirs que lui imposait sa condition, il sentit dans son intérieur croître de plus en plus le penchant à mener une vie plus haute avec Dieu dans la solitude. Voici là-dessus le témoignage de son fils aîné, Jean de Flue. « Mon père est toujours allé coucher en même temps que ses enfants et ses domestiques ; mais, toutes les nuits, je l'ai vu se lever de nouveau, et l'ai entendu prier dans sa chambre jusqu'au matin. » Maintes fois il se rendit aussi, dans le silence de la nuit, à la vieille église voisine de Saint-Nicolas, ou en d'autres lieux saints ; ces paisibles promenades étaient pour lui les heures les plus heureuses de sa vie. Ce qui le poussa de plus en plus à céder à l'impulsion intérieure de ne plus vivre que dans la contemplation des vérités éternelles, ce furent de fréquentes visions miraculeuses où Dieu l'engageait à prendre ce parti. Ainsi il vint un jour dans un de ses biens, nommé Bergmatt, pour visiter son troupeau. Il s'agenouilla sur l'herbe, et commença, comme c'était son habitude, à prier du fond de son cœur et à considérer les merveilles de la grâce divine.

Alors Dieu lui accorda cette vision. Il vit un lis odoriférant, blanc comme la neige, sortir de sa bouche et s'élever jusqu'au ciel. Tandis qu'il prenait plaisir au parfum et à la beauté de la fleur, son troupeau se mit à accourir vers lui en bondissant, et il y avait dans le nombre un cheval superbe. Comme il se tournait de ce côté, le lis s'inclina, se courba vers le cheval, qui accourut et le lui tira de la bouche. Nicolas reconnut par là que son trésor était dans le ciel, mais que les biens et les joies célestes lui seraient enlevés, si son cœur restait trop attaché aux choses de la terre. Une autre fois qu'il vaquait aux occupations de sa maison, il vit venir à lui trois hommes d'un extérieur pareil et vénérable, et dont les manières et les discours ne respiraient que la vertu. L'un d'eux commença ainsi à l'interroger : Dis-nous, Nicolas, veux-tu te remettre corps et âme en notre pouvoir? — Je ne me donne à personne d'autres, répondit-il, qu'au Dieu tout-puissant, que j'ai longtemps désiré servir de mon âme et de mon corps. — A ces mots, les étrangers se tournèrent l'un vers l'autre en souriant, et le premier reprit : « Puisque tu t'es donné tout entier à Dieu et que tu t'es engagé à lui pour jamais, je te promets que, dans la soixante-dixième année de ton âge, tu seras délivré de toutes les peines de ce monde. Reste donc ferme dans ta résolution, et tu porteras dans le ciel une bannière victorieuse au milieu de la milice de Dieu, si tu as porté avec patience la croix que nous te laissons. » Après ces paroles, les trois hommes disparurent.

Cette apparition et d'autres semblables l'affermirent plus que jamais dans sa résolution de quitter le monde; il finit par le déclarer à sa vertueuse épouse, et la pria de lui donner, pour l'amour de Dieu, la permission de remplir la vocation que Dieu lui marquait. Elle y consentit avec une résignation tranquille, et Nicolas se mit alors sérieusement à tout régler dans sa maison; il assigna à chacun de ses enfants sa part d'héritage. En 1467, il rassembla toute sa maison, son vieux père septuagénaire, sa femme, ses enfants et ses amis; il parut devant eux, pieds nus et tête nue, revêtu seulement d'une longue robe de pèlerin, le bâton et le chapelet à la main; il les remercia pour tout le bien qu'ils lui avaient fait, les exhorta pour la dernière fois à craindre Dieu avant tout, à ne jamais oublier ses commandements; puis il leur donna sa bénédiction, et partit. Il témoigna souvent par la suite combien cette séparation lui avait été douloureuse, en remerciant toujours Dieu avant tout de l'avoir rendu capable de surmonter, pour le servir, l'amour qu'il portait à sa femme et à ses enfants.

Nicolas se mit paisiblement en route vers la contrée où Dieu voudrait le conduire; il ne voulait pas rester dans son pays, craignant de devenir un sujet de scandale, et d'être pris pour un imposteur qui se donne une apparence de sainteté. A travers les vallées fertiles et les forêts verdoyantes de sa patrie, il arriva aux limites de la Confédération, à un endroit où il pouvait voir au delà des frontières la petite ville de Liestall; il y eut une vision merveilleuse. La ville, avec ses maisons et ses tours, lui parut entourée de flammes. Effrayé de ce spectacle, il regarda autour de lui, et s'entretint avec un paysan qu'il trouva dans une métairie. C'était un bon et honnête campagnard, auquel, après d'autres entretiens, il découvrit sa résolution, en le priant de lui indiquer un lieu retiré pour l'accomplir. Cet homme trouva le projet bon et louable, mais lui conseilla de rentrer dans sa patrie, parce que les confédérés n'étaient pas toujours bien accueillis partout : on pourrait, ajouta-t-il, le voir de mauvais œil et troubler sa retraite; d'ailleurs, il y avait assez de déserts en Suisse, pour pouvoir servir Dieu en paix. Le frère Nicolas remercia son hôte de ce bon avis, et reprit le même soir le chemin de son pays. Il passa la nuit dans un champ en plein air, pria Dieu de l'éclairer sur le but de son pèlerinage. Bientôt il s'endormit, le cœur toujours triste; mais voilà tout à coup qu'il se vit entouré d'une vive clarté, il lui sembla qu'un lien le ramenait vers sa patrie. Cette clarté surnaturelle pénétra tout son intérieur, et le fit souffrir comme s'il avait senti le tranchant d'un couteau.

Depuis la vision qu'il eut à cette place où il existe encore aujourd'hui une chapelle avec son portrait, Nicolas de Flue, pendant les vingt ans qu'il vécut encore, ne prit plus d'autre aliment ni d'autre boisson que la sainte eucharistie qu'il recevait tous les mois. Cela se fit par la grâce du Dieu tout-puissant, qui a créé de rien le ciel et la terre, et peut les conserver comme il lui plaît. Ce miracle, comme le dit Jean de Muller, l'historien de la confédération suisse, fut examiné pendant sa vie, raconté au loin, livré à la postérité par ses contemporains, et tenu pour incontestable, même après le changement de confession religieuse (Jean de Muller, *Hist. de la Suisse*, l. 5, c. 2, t. V, p. 248).

Le lendemain matin, frère Nicolas se leva et alla le même jour, sans s'arrêter, jusqu'au Melcthal, sa patrie. Comme il avait fait vœu de pauvreté perpétuelle, il ne rentra point dans sa maison, mais se rendit dans un de ses pâturages, appelé le Kluster. Là il se fit une petite cabane de branches et de feuillages sous un mélèze vigoureux, au milieu d'épais buissons d'épines. Il resta là, sans que personne le sût, jusqu'au huitième jour, ne mangeant ni ne buvant, mais absorbé dans la prière et dans la méditation des choses divines; c'est alors que quelques chasseurs le découvrirent, en poursuivant le gibier dans ce désert. Ils en parlèrent à son frère, Pierre de Flue, qui vint le supplier de ne pas se laisser mourir de faim dans une solitude aussi sauvage. Frère Nicolas l'engagea à être sans inquiétude à son égard, parce qu'il n'avait encore éprouvé aucun mal jusqu'ici.

Cependant, pour n'avoir pas l'air de tenter Dieu, il fit appeler secrètement un prêtre vénérable, curé à Kerns, Oswald Isner. Celui-ci a rendu témoignage suivant, après la mort de l'ermite, comme on peut le lire dans le livre de la paroisse de l'an 1488. « Quand le père Nicolas eut commencé à s'abstenir d'aliments naturels et qu'il eut ainsi passé onze jours, il m'envoya chercher, et me demanda secrètement s'il devait prendre quelque nourriture ou bien continuer son épreuve. Il avait toujours désiré de pouvoir vivre sans manger, pour se séparer du monde d'autant mieux. J'ai touché quelquefois ses membres, où il ne restait que peu de chair; tout était desséché jusqu'à la peau; ses joues étaient absolument creuses et ses lèvres amaigries. Quand j'eus vu et compris que cela ne pouvait venir que de la bonne source de l'amour divin, j'ai conseillé au frère Nicolas de persister dans cette épreuve aussi longtemps qu'il pourrait la supporter sans danger de mort, puisque Dieu l'avait soutenu sans nourriture pendant onze jours. C'est ce que fit le frère Nicolas; dès ce moment jusqu'à sa mort, c'est-à-dire environ vingt ans et demi, il continua de n'user d'aucune nourriture corporelle. Comme le pieux frère était plus familier peut-être avec moi qu'avec tout autre, je l'ai maintes fois accablé de questions et lui ai fait les plus vives instances pour savoir comment il soutenait ses forces. Un jour, dans sa cabane, il me dit en grand secret que, quand il assistait à la messe et que le prêtre communiait, il en recevait une force qui seule lui permettait de rester sans manger et sans boire, autrement il ne pourrait y résister. »

Quand le bruit de cette vie miraculeuse se fut répandu, une foule de personnes accoururent de toutes parts pour voir l'homme que Dieu avait honoré d'une telle grâce, et pour s'en convaincre par leurs propres yeux. On peut bien penser qu'aucun bûcheron n'allait abattre un arbre dans ce canton, aucun berger visiter ces prairies, sans rechercher l'entretien du merveilleux habitant de la solitude. Sa vie calme en fut tellement troublée, qu'il voulut chercher un refuge plus isolé encore et moins accessible aux hommes. Après avoir parcouru dans cette vue plusieurs vallées des plus sauvages, il vit enfin, au-dessus d'une gorge sombre, à travers laquelle la Melk se précipite en mugissant, descendre du ciel quatre lumières étincelantes comme des cierges allumés. Obéissant à ce signe de la volonté de Dieu, il se bâtit là une petite hutte entourée d'épais taillis, située seulement à un quart de lieue de distance de sa femme et de ses enfants. Mais cette même année ses voisins, les habitants d'Obwalden, édifiés par sa vie sainte, et sachant par toute sa vie passée qu'il n'était ni un vain enthousiaste ni un imposteur, lui bâtirent une chapelle avec une cellule aussi petite qu'il la voulait avoir, et lui en firent présent pour lui marquer leur attachement. Frère Nicolas entra dans cette nouvelle demeure et y continua de servir Dieu de tout son corps et de toute son âme.

Cependant la renommée de sa vie extraordinaire et surnaturelle retentit au loin, et bien des hommes se refusèrent à croire qu'un homme pût vivre aussi miraculeusement de la seule grâce de Dieu. Tandis que ceux-ci regardaient sa vie comme une imposture, beaucoup d'autres y ajoutèrent foi. Voulant vérifier le fait, les magistrats envoyèrent des gardes, qui pendant un mois occupèrent jour et nuit toutes les avenues de cette retraite, afin que personne n'y portât des vivres.

Le prince-évêque de Constance usa d'un autre moyen : il envoya sur les lieux son suffragant, l'évêque d'Ascalon, avec ordre de ne rien négliger pour acquérir une certitude complète des faits qu'on lui avait rapportés, et pour démasquer l'imposture, s'il la reconnaissait. L'évêque se rendit à Saxlen, bénit d'abord la chapelle à côté de la cellule de Nicolas, puis entra chez le pieux solitaire, et lui demanda quelle était la première vertu du chrétien. Frère Nicolas répondit : La sainte obéissance. — Eh bien! reprit l'évêque aussitôt, si l'obéissance est ce qu'il y a de meilleur et de plus méritoire, je vous ordonne, en vertu de la sainte obéissance, de manger ces trois morceaux de pain, et de prendre ce vin bénit de saint Jean. Nicolas pria l'évêque de le dispenser de cette obligation, parce que cela lui serait excessivement pénible et douloureux; il l'en pria à diverses reprises et avec instance; mais l'évêque ne voulut point céder. Alors frère Nicolas obéit. Mais à peine eut-il avalé quelque peu de pain et de vin, qu'il lui survint une si forte douleur d'estomac, que l'on craignit qu'il n'expirât sur l'heure. Le suffragant, étonné et confus, lui fit des excuses, et déclara que ce qu'il venait de faire lui avait été ordonné par l'évêque de Constance, qui voulait éprouver par l'obéissance du frère si sa voie était de Dieu ou du malin esprit.

L'archiduc Sigismond d'Autriche envoya également son médecin, le savant et habile Burcard de Hornek, afin qu'il observât attentivement Nicolas durant plusieurs jours et plusieurs nuits. Frédéric III, empereur d'Allemagne, lui envoya aussi des délégués pour l'examiner; mais toutes ces perquisitions et recherches ne servirent qu'à confirmer la vérité; tous ceux qui le visitèrent furent tellement frappés de la piété et de l'humilité du serviteur de Dieu, que tous leurs doutes s'évanouirent, et qu'ils se séparèrent de lui pénétrés du plus profond respect, pour aller annoncer ce miracle à toute la chrétienté. Nicolas lui-même ne s'en vanta jamais; il croyait que Dieu lui avait fait une bien plus grande grâce en le rendant capable de triompher de son amour pour les siens, en lui faisant obtenir leur consentement à sa renonciation au monde, et en ne lui laissant pas éprouver trop vivement le désir de retourner auprès d'eux. Quand on lui demandait comment il pouvait exister sans manger, il avait pour coutume de répondre : Dieu le sait !

Pour constater le fait de cette vie extraordinaire, on inscrivit dans les archives de Saxlen ce qui suit : « Qu'il soit fait savoir à tous et à chacun que, dans l'année quatorze cent quatre-vingt-sept, vivait un homme du nom de Nicolas de Flue, né et élevé près de la montagne, dans la paroisse de Saxlen; il a abandonné père et frère, femme et enfants, cinq fils et cinq filles, et s'en est allé dans la solitude qu'on nomme le Ranft, où Dieu l'a soutenu sans nourriture ni boisson jusqu'aujourd'hui où le fait est écrit, c'est-à-dire pendant dix-huit ans. Il a toujours été d'un esprit éclairé, d'une vie sainte, ce que nous avons vu et savons en vérité. Prions donc afin que, délivré de la prison de cette vie, il soit conduit là où Dieu sèche les larmes aux yeux de ses saints (1). »

Le bienheureux Nicolas de Flue vivait ainsi paisiblement dans la solitude, pour la gloire de Dieu et le salut des hommes. Seulement, le dimanche et les jours de fête, il abandonnait sa cellule et assis-

---

(1) Extrait du livre de paroisse de Saxlen, écrit du vivant de frère Nicolas.

tait, comme tous les enfants de la paroisse, au service divin dans l'église de Saxlen, ne voulant en rien être distingué des autres. De même, on le voyait se rendre annuellement à Lucerne pour la grande procession, et visiter les lieux de célèbres pèlerinages, ainsi que ceux où l'Eglise accordait quelque indulgence. Quand la route lui fut devenue trop pénible à cause de son âge avancé, et que les riches dons des personnes pieuses lui permirent de fonder dans cette solitude le service d'un chapelain, il entendit tous les jours la messe dans sa propre chapelle; il s'y confessait et recevait la sainte communion trois fois par mois.

Du reste, tous ses jours se ressemblaient, s'écoulant dans une paix profonde, que ne pouvaient altérer les passions basses des hommes charnels : telles sont les cimes élevées des monts de sa patrie, qui souvent resplendissent des rayons éclatants du soleil, quand, à leurs pieds, d'épais nuages se sont abaissés sur les vallées.

Il consacrait au service de Dieu tout le temps qui s'écoulait depuis minuit jusqu'à midi; c'était alors qu'il priait, qu'il considérait la miséricorde de Dieu dans le gouvernement du genre humain; c'est alors qu'il méditait avant tout la vie et la passion de Jésus-Christ notre Sauveur, qui, comme il le disait, lui communiquait une force miraculeuse, une nourriture surnaturelle. Il ne possédait aucun livre; mais voici, entre autres prières qui échappaient aux élans de son cœur, celle qu'il ne manquait pas de dire chaque jour :

O Seigneur, enlevez tout ce qui m'éloigne de vous! — O Seigneur! faites-moi don de ce qui mène à vous! — O Seigneur! enlevez-moi à moi-même, et donnez-moi tout à fait à vous!

Le sujet de cette courte oraison, c'est-à-dire le désir de devenir sans cesse plus semblable à Dieu, de devenir saint comme le Père qui est dans les cieux, était le but unique de toute sa vie.

Souvent, au milieu de ses prières et de ses méditations, l'ardeur de la contemplation l'emportait dans un monde supérieur; devant cette vive lumière, ses yeux corporels se fermaient, les yeux intérieurs de son âme s'ouvraient, ses regards pénétraient cet autre monde qui rayonne de la magnificence divine. Dans ces heures d'extase, où son âme veillait, il ressemblait extérieurement à un homme endormi ou mort. Un jour, ceux qui le trouvèrent dans cet état l'ayant éveillé et lui ayant demandé ce qu'il lui arrivait, ce qu'il faisait, il répondit qu'il avait été bien loin, et qu'il avait eu des jouissances infinies.

Pendant le reste de la journée, de midi jusqu'au soir, il recevait ceux qui le visitaient; ou bien, quand le temps était beau, il parcourait les montagnes en priant, visitait son ami le frère Ulric, et s'entretenait avec lui des choses célestes. Ulric était un gentilhomme allemand, originaire de Bavière, qui, après des aventures inconnues, avait quitté le monde pour se fixer auprès de Nicolas dans cette solitude. Établi dans le creux d'un rocher, il y menait une vie semblable; seulement il ne pouvait se passer d'aliments, et de pieux campagnards le pourvoyaient. Le soir, frère Nicolas reprenait ses prières; puis il allait prendre un repos bien court sur sa couche, qui ne consistait qu'en deux planches, avec un morceau de bois ou une pierre pour oreiller; il se réveillait bientôt pour prier encore.

Le nombre de ceux qui visitèrent cet homme si parfaitement séparé du monde, devint bientôt infini. Sa vie sainte et miraculeuse inspirait à tous les chrétiens, sans distinction de rang, une telle confiance dans la force de ses prières et dans la vertu de ses conseils, que, dans les autres cantons suisses ou ailleurs, quiconque avait le cœur malade, quiconque désirait un sage avis dans des affaires publiques ou privées, allait trouver frère Nicolas dans son asile, trouvait auprès de lui des conseils et des consolations, et se recommandait à ses prières. Généraux d'armée et hommes d'État, évêques et savants, ne croyaient pas au-dessous de leur dignité de visiter dans ces gorges sauvages ce pauvre ermite, qui ne savait ni lire ni écrire; ils s'étonnaient de sa sagesse si simple, et de son regard clair et profond sur les choses divines et humaines. Tous ceux qui, de près ou de loin, se rendaient en pèlerinage à Einsidlen pour y invoquer la sainte Mère de Dieu, ne croyaient pas pouvoir revenir en paix dans leurs foyers, s'ils n'avaient auparavant visité et entretenu frère Nicolas. Sigismond, duc d'Autriche, et Eléonore, son épouse, fille du roi d'Ecosse, lui envoyèrent, en signe de leur vénération, un riche ornement d'autel pour sa chapelle. D'autres grands personnages le visitèrent ou lui envoyèrent leurs délégués. Dès cette époque, Albert de Bonstetten écrivit sa vie pour le roi de France, Louis XI.

Nicolas se montrait toujours, dans ses discours comme dans toute sa conduite, bon et affable envers ceux qui le visitaient; il leur présentait la main quand ils entraient et sortaient. Il appelait les hommes mon fils, les femmes ma fille; au moment de la séparation, il disait toujours : Prie pour moi, mon fils! Il ne refusait audience qu'à ceux qu'il savait venir à lui, non avec droiture et avec l'intention de devenir meilleurs, mais par vaine curiosité, pour le tenter comme les pharisiens. Il reconnaissait bien ces hommes; car, grâce à sa vie pure et toute en Dieu, l'Esprit-Saint rendait son regard si éclairé et si perçant, qu'il pouvait voir jusque dans les profondeurs de l'âme humaine, et que les pensées des hommes ne pouvaient lui rester cachées.

Voici un fait assez curieux, rapporté par son contemporain, le savant abbé de Spanheim, Jean Trithème, dans ses *Annales de Hirsau*, où il annonce la mort du saint homme.

« Le frère Nicolas a été de notre temps un anachorète vraiment merveilleux; il a longtemps habité dans la solitude et n'a rien mangé pendant l'espace de vingt années. La postérité sans doute s'en étonnera; les uns nous accuseront de mensonge, les autres d'ignorance; mais, quant à ce fait, nous ne l'avons pas trompée et nous n'ignorons pas la vérité. C'est un fait qui est constaté par le témoignage de plus de cent mille personnes, et ce ne sont pas seulement les hommes du peuple, les Suisses et les Lucernois, ses compatriotes, mais encore les plus grands princes, comme les papes Sixte IV, Innocent VIII, l'empereur Frédéric III, Sigismond, archiduc d'Autriche, l'évêque de Constance Thomas, et beaucoup d'autres papes, ducs et prélats, lesquels ont examiné la vérité de ce fait ou personnellement ou par des envoyés, et l'ont trouvée authentique. Aucun de ceux qui viendront après nous ne pourra donc révoquer la chose en doute et la regarder comme controuvée; il est aujourd'hui reconnu publiquement, et constaté par le témoignage de presque toute la nation allemande, que l'ermite Nicolas, dans les vingt dernières années d'avant sa mort, n'a absolument rien mangé, qu'il possédait des connaissances au-dessus de son état, qu'il pouvait révéler les mystères les plus profonds de la sainte Ecriture, et qu'il prédit beaucoup de choses qui se sont accomplies. Citons-en un exemple qui puisse donner une idée du reste.

» Nous connaissons un abbé de notre ordre, homme religieux et savant, mais trop attaché aux choses temporelles et aux biens de ce monde. Ayant été chargé par le chapitre provincial de visiter les monastères de notre ordre dans le diocèse de Constance, il voulut voir le fameux anachorète, plutôt par curiosité que par piété. Conrad, abbé de Wibling, au même diocèse, homme recommandable et véridique, l'accompagna dans cette visite, et c'est de lui que nous tenons ce trait. Quand ils furent arrivés auprès de Nicolas, le premier chercha à l'éprouver par des discours de tout genre, et se mit à l'interroger sur divers points de l'Ecriture sainte, quoiqu'il sût bien que l'ermite ne se mêlait pas de science.

» Celui-ci répondit à tout sans embarras, se montra toujours très-humble, et ne donna aucun signe d'impatience, quoique serré de près par l'abbé, qui voulait absolument savoir ce qu'il y avait de caché en lui. Parmi les nombreuses questions dont cet abbé l'accablait, il se prit à lui dire : Tu es donc l'homme qui se vante de n'avoir rien mangé pendant tant d'années? — Mon père, repartit le solitaire, je n'ai jamais dit, je ne dis pas encore que je ne mange rien. — Son interlocuteur le pressa de nouveau, dans la vue de pousser à bout sa patience, et la conversation tomba sur l'avarice; il demande à Nicolas : Qu'est-ce que l'avarice? — Pourquoi me questionnez-vous sur l'avarice, répondit-il, moi qui suis ignorant et n'ai rien, vous, homme riche et instruit, qui non-seulement savez mieux que moi, mais encore qui avez éprouvé ce que peut l'avarice dans le cœur de l'homme? L'année dernière, c'est en cédant à l'avarice que vous avez acheté à bas prix vingt-sept mesures d'excellent vin pour les revendre plus cher à la fin de l'année. Mais votre évêque vint opposer sa propre cupidité à la vôtre, en faisant enlever tout le vin à vous et à votre acheteur, malgré votre résistance, et en le faisant transporter dans ses caves; il ne vous en a pas donné et ne vous en donnera jamais un denier. Ces preuves d'avarice sont écrites sur votre front, ensevelies dans votre cœur, et vous avez la douleur de les connaître.

» L'abbé fut troublé et frappé au cœur par ce discours, au point qu'il ne trouva rien à répondre. En effet, qui aurait pu se défendre de surprise, en entendant un homme si simple révéler ce qui était arrivé à soixante lieues de là, et ce qu'il n'avait pu apprendre de personne dans sa sauvage solitude. Assurément il n'avait pas appris cela d'une bouche humaine, mais par une révélation de l'Esprit-Saint, qu'il servait de tout son cœur. Voici comme les choses s'étaient passées. L'abbé, dont on a parlé, avait en automne acheté des vignerons vingt-sept mesures de vin, chacune à six florins du Rhin; l'année suivante, le prix du vin augmenta, et il le vendit à un bourgeois de Nüremberg pour vingt-quatre florins la mesure. L'évêque, qui l'apprit, se laissa persuader par les conseils d'hommes pervers, d'enlever le vin avant que l'acheteur eût préparé sa voiture et de le conduire par bateau dans ses caves. Ce vin n'avait pas séjourné dans le monastère, mais dans le petit village où l'avait acheté l'abbé. L'avarice avait ainsi puni l'avare; c'est ce qui fut révélé au saint ermite aimé du Seigneur. »

Ainsi se termine la narration du célèbre Jean Trithème. Mais on nous a conservé encore bien d'autres entretiens et exhortations, dont profitèrent ceux qui visitaient Nicolas, et qui sont salutaires pour tout chrétien. Quand, par exemple, des artisans lui demandaient comment ils devaient s'y prendre pour gagner la vie éternelle, et s'ils ne devaient pas se réfugier dans la solitude, il leur répondait avec bonté et douceur que chacun doit faire honnêtement et loyalement son ouvrage, son métier, ses occupations, quelles qu'elles soient, ne pas surfaire, ne tromper personne, et ne pas négliger les intérêts sous prétexte de travailler à la vie éternelle. On doit, dans l'état de mariage, diriger sa maison dans la crainte de Dieu, et remplir avec droiture la charge à laquelle on a été appelé; de cette manière, on parvient à une existence aussi heureuse qu'en habitant une cellule au milieu des forêts. Le chemin de la solitude n'est pas le seul qui aboutisse au ciel; ce n'est ni la vocation ni le salut de chacun de vivre dans le désert comme saint Jean-Baptiste. Ainsi parlait frère Nicolas.

Lui demandait-on quelle conduite il y avait à tenir en matière de foi, et quant aux commandements et aux préceptes divins? Il exhortait à se laisser instruire dans la doctrine chrétienne par les pasteurs des âmes, à l'écouter avec un cœur pur, à en remplir les devoirs de toutes ses forces. Si quelquefois, disait-il, il arrive malheureusement que la vie du prêtre est en opposition avec la doctrine qu'il enseigne, il n'y a là pour vous aucun motif de désobéir à ses instructions; car vous buvez l'eau douce et agréable de la même fontaine, soit qu'elle vous arrive par des tuyaux de plomb ou de cuivre, ou par des tuyaux d'argent et d'or; de même, vous recevez, par l'entremise de mauvais prêtres, les mêmes grâces, les mêmes dons de Dieu, pourvu qu'auparavant vous en soyez rendus digne.

Nicolas enseignait les Suisses, avec un mélange de douceur et de sévérité, à conserver la simplicité et les mâles vertus de leurs aïeux, leur amour fraternel, leurs sentiments chrétiens, leur attachement à l'Eglise. Il faisait une allusion prophétique à la révolution religieuse qui éclata bientôt après sa mort, lorsqu'il disait : « Il va venir un temps malheureux de révolte et de dissension dans l'Eglise. O mes enfants! ne vous laissez séduire par aucune innovation! Ralliez-vous et tenez ferme; restez dans la même voie, dans les mêmes sentiers que nos pieux ancêtres; conservez et maintenez ce qu'ils nous ont enseigné. C'est ainsi que vous résisterez aux attaques, aux ouragans, aux tempêtes qui vont s'élever avec tant de violence (Guido Goerres). »

Mais nous verrons le bienheureux Nicolas de

Flue, lorsque par ses sages conseils il sauvera de sa ruine la confédération suisse, lui adresser les mêmes avertissements prophétiques et les consigner dans une lettre au sénat de Berne (*Acta Sanct.*, 22 mai; *Vita Nicolai de Rupe*, n. 58).

A l'époque où Dieu sauvait la France par Jeanne d'Arc et sanctifiait la Suisse par le bienheureux Nicolas de Flue, il rétablissait par sainte *Colette* l'austérité primitive dans une branche de la famille de saint François. Cette sainte naquit l'an 1380, à Corbie en Picardie. Son père, charpentier de profession, se nommait Robert Boillet, et sa mère, Marguerite. Elle reçut au baptême le nom de Colette, c'est-à-dire petite Nicole, à cause de la dévotion que ses parents avaient à saint Nicolas. Elle fut élevée dans l'amour des humiliations et des austérités de la pénitence. La crainte qu'elle avait de blesser la vertu de pureté la fit renoncer à toutes les compagnies, même à celles des personnes de son sexe; ou si quelquefois elle voyait ces dernières, ce n'était que pour leur donner des instructions salutaires sur les vanités du monde. Ses discours avaient alors une onction qui, aidée de la grâce, touchait les cœurs les plus insensibles. L'humilité était sa vertu favorite, et sa joie augmentait à proportion du mépris qu'on faisait de sa personne. Vivement pénétrée du sentiment de sa bassesse et de ses misères, elle n'osait paraître aux yeux du monde sans rougir. Elle se regardait comme une très-grande pécheresse, et prévenait les moindres retours de l'amour-propre par la pratique de toutes sortes d'humiliations. Les pauvres et les malades trouvaient en elle une bienfaitrice ou plutôt une mère : elle les servait avec une affection qui seule eût été capable d'adoucir la rigueur de leur sort. Elle s'était fait une solitude de la maison paternelle, vivant retirée dans une petite chambre, où elle partageait son temps entre la prière et le travail des mains. Alarmée du péril auquel sa beauté l'exposait, elle pria Dieu de la lui ôter, et elle devint si maigre et si pâle, qu'elle était à peine reconnaissable. Elle coopéra de son côté à son changement par de rudes macérations. Cela n'empêcha pourtant qu'il ne lui restât un certain air de majesté, de douceur et de modestie qui édifiait tous ceux qui la voyaient. Son père et sa mère, qui découvraient en elle une conduite extraordinaire de l'Esprit de Dieu, ne la gênaient point dans ses exercices et lui laissaient à cet égard une entière liberté.

Après la mort de ses vertueux parents, Colette distribua aux pauvres le peu de bien qu'ils lui avaient laissé, et se retira parmi les Béguines établies en Flandre, en Picardie et en Lorraine. C'était, comme nous avons déjà vu, une société de femmes pieuses qui subsistaient du travail de leurs mains, et qui, menant une vie fort régulière sans faire de vœux, tenaient une sorte de milieu entre les femmes du siècle et celles qui s'étaient consacrées à Dieu dans la solitude du cloître. Notre bienheureuse ne trouvant point assez d'austérités parmi ses compagnes, elle les quitta, et prit, de l'avis de son confesseur, l'habit du tiers-ordre de Saint-François, dit des Pénitents. Trois ans après, elle se rendit chez les religieuses de Sainte-Claire, appelées *Urbanistes*, du nom du pape Urbain IV, qui avait mitigé leur règle. Son dessein était de travailler à la réformation de cet ordre et de le ramener à la pureté primitive de son institut.

Pour se préparer à cette grande œuvre, dont l'Esprit de Dieu lui avait inspiré la pensée, elle se renferma, avec la permission de l'abbé de Corbie, dans un petit ermitage, où elle passa trois ans, tout occupée des pratiques de la plus rigoureuse pénitence et favorisée de plusieurs révélations célestes. Elle alla ensuite chez les Clarisses d'Amiens et de plusieurs autres endroits; mais persuadée qu'elle ne réussirait dans son pieux dessein qu'autant qu'elle serait autorisée, elle fit le voyage de Nice en Provence, afin d'en conférer avec Pierre de Lune, que la France reconnaissait alors pour pape sous le nom de Benoît XIII. Il la reçut avec bonté, lui promit sa protection et lui donna le titre de *supérieure générale des Clarisses*, avec plein pouvoir d'établir dans cet ordre tous les règlements qu'elle jugerait propres à contribuer à la gloire de Dieu et au salut des âmes.

Colette, embrasée d'un nouveau zèle, parcourut les diocèses de Paris, de Beauvais, de Noyon et d'Amiens, afin de ranimer dans les différentes maisons de son ordre le véritable esprit de saint François; mais elle éprouva de grandes difficultés de la part de tous ceux qui ne savaient pas discerner l'œuvre de Dieu; on la traita même de visionnaire et de fanatique. Elle souffrit avec joie les injures dont on la chargeait, et mit toute sa confiance en Dieu, qui fait réussir tôt ou tard les entreprises dont sa gloire est le principe. Elle se retira en Savoie, où les esprits étaient mieux disposés; elle y établit sa réforme, qui bientôt après fut adoptée en Bourgogne, en France, en Flandre et en Espagne. Outre plusieurs anciennes maisons qui la reçurent, la bienheureuse l'introduisit dans dix-sept couvents nouveaux qu'elle fonda de son vivant, et toutes ces religieuses furent dans la suite distinguées des Urbanistes par le nom de *pauvres Clarisses*. Il y eut aussi plusieurs communautés d'hommes qui se soumirent à la réforme de la bienheureuse Colette.

La servante de Dieu avait un amour extraordinaire pour la pauvreté : elle voulait que tout respirât cette vertu dans les églises et les maisons de son ordre. Elle ne portait point de sandales et allait toujours nu-pieds. Son habit était non-seulement d'une étoffe grossière, mais de différentes pièces rapportées et cousues ensemble. Elle inculquait fortement à ses sœurs la nécessité de mortifier sa volonté. Jésus-Christ, disait-elle, n'ayant jamais fait que la volonté de son Père depuis le premier instant de sa vie jusqu'à son dernier soupir, comment voudrions-nous faire la nôtre? Quiconque, ajoutait-elle, est opiniâtrement attaché à son sens, marche dans la voie de l'enfer. La passion du Sauveur était le sujet le plus ordinaire de ses méditations. Les vendredis, elle vaquait à ce saint exercice depuis six heures du matin jusqu'à six heures du soir, sans prendre aucune nourriture. Durant tout ce temps-là, son esprit et son cœur n'étaient occupés que des souffrances de Jésus-Christ, et ils en étaient si vivement touchés, qu'ils donnaient à ses yeux une source abondante de larmes. Sa ferveur pour Jésus-Christ redoublait encore dans la semaine sainte. Elle ne pouvait modérer les transports de son amour pendant l'auguste sacrifice de la messe, et elle se confessait souvent avant d'y assister, afin de le faire avec une plus grande pureté d'âme. Par une suite de l'immense charité qu'elle avait pour le prochain, elle sollicitait continuellement, par des prières ferventes, la conversion des pécheurs et la délivrance des âmes du purgatoire.

Enfin notre sainte tomba malade à Gand et y mourut, munie des sacrements de l'Eglise, le 6 mars 1447, dans la 66e année de son âge. Son corps fut exposé à la vénération publique dans l'église du monastère de son ordre, dit de Bethléhem, puis transféré à Poligny en Franche-Comté, lorsque les pauvres Clarisses de Gand s'y réfugièrent pour éviter les persécutions de l'empereur Joseph II contre les maisons religieuses. Sainte Colette a été canonisée le 24 mai 1807, fête de la Sainte-Trinité. Depuis longtemps, les Franciscains et quelques villes disaient en son honneur un office particulier, qui a été approuvé par les papes Clément VIII, Paul V, Grégoire XV et Urbain VIII. Lorsqu'on leva son corps à Gand, l'année 1747, il s'opéra plusieurs miracles. L'ordinaire du lieu en constata juridiquement la vérité et en dressa le procès-verbal, qui fut envoyé à Rome (*Acta Sanct.*, et Godescard, 6 mars).

L'apôtre saint Jacques (3, 13-17) disait aux chrétiens de son temps : *Que celui d'entre vous est sage et savant, qu'il fasse paraître ses œuvres dans la suite d'une bonne vie, avec une sagesse pleine de mansuétude. Que si vous avez un zèle amer et la contention dans votre cœur, ne vous glorifiez point et ne mentez point contre la vérité; car ce n'est point là cette sagesse qui descend d'en-haut, mais une sagesse terrestre, animale, diabolique. En effet, où est la jalousie et la contention, là est le trouble et toute sorte de mal. Mais la sagesse qui vient d'en-haut est premièrement chaste, ensuite amie de la paix, modérée, docile, portée à tout ce qui est bien, pleine de miséricorde et de fruits de bonnes œuvres; elle ne juge point, elle n'est point dissimulée.*

Dans ces paroles de l'Apôtre, on voit d'un côté la sagesse et la science des saints ; de l'autre, la sagesse et la science des hérésiarques : la première, semblable à Dieu dont elle émane, est pure, douce, pacifique, modeste, docile, portée à la miséricorde et aux bonnes œuvres, ne jugeant point témérairement les autres, n'usant point de dissimulation ni d'hypocrisie; nous l'avons vue dans les apôtres, les martyrs, les saints docteurs, les patriarches des ordres religieux, les hommes apostoliques qui ont réveillé la foi et la piété et dans les peuples et dans les cloîtres; comme en dernier lieu, saint Vincent Ferrier, saint Bernardin de Sienne, le bienheureux Nicolas de Flue, sainte Colette de Corbie. L'autre sagesse, l'autre science sort de l'enfer comme une fumée pestilentielle; elle est amère, contentieuse, indocile, terrestre, animale, diabolique, téméraire, dissimulée, ne gardant du bien que l'apparence, afin d'en ruiner le fond et favoriser toute espèce de maux, d'impiétés, d'impuretés, de désordres, de crimes, de bouleversements. Nous l'avons vue dans Satan même, disant à nos premiers parents : *Vous serez savants comme des dieux* : fausse et funeste science, dont le premier effet fut le péché et la mort, puis le fratricide de Caïn, puis les crimes qui amenèrent le déluge. Nous l'avons vue dans ces faux dieux à qui Satan voulait nous rendre semblables par sa fausse science, et qui se faisaient adorer dans un Jupiter incestueux, une Vénus impudique, un Mars homicide et adultère, un Mercure voleur, enfin dans tous les crimes dont se composaient les impurs mystères de l'idolâtrie. Nous l'avons vue dans les philosophes et empereurs païens qui, pour leurs vaines idoles, calomniaient et égorgeaient les adorateurs du vrai Dieu et de son Christ. Nous l'avons vue dans les manichéens hypocrites, qui, sous une apparence de piété, blasphémaient Dieu et son Christ, et divinisaient à leur place tous les crimes. Nous l'avons vue dans la grande hérésie d'Arius, niant la divinité du Fils et du Saint-Esprit et toutefois les adorant, ramenant ainsi l'idolâtrie avec toutes ses violences et ses fourberies. Nous l'avons vue dans l'hérésie antichrétienne de Mahomet, menteur et homicide dès le commencement, tout comme celui dont il est le prophète. Nous l'avons vue dans les hérésiarques, y compris Jean Wiclef, Jean Hus et Jérôme de Prague.

Le premier des trois, évoquant du fond des enfers les plus horribles impiétés des manichéens et des idolâtres, enseignait que l'homme n'a point de franc arbitre; que Dieu fait nécessairement en nous le mal comme le bien, que Dieu était tout et que tout était Dieu ; ce qui non-seulement innocente l'homme de tous ses crimes, mais encore en fait des actions divines et adorables, et ramène ainsi l'idolâtrie avec ce qu'elle a de plus satanique. Tel est le fond impie de l'hérésie de Wiclef. Ses blasphèmes contre la sainte eucharistie et l'auguste sacrifice de la messe, ses principes subversifs de toute autorité tant civile que religieuse, les séditions et les violences de ses disciples, les Lollards, ne sont que les conséquences naturelles de l'impiété qui est au fond.

Jean Hus exaltait l'hérésiarque Wiclef comme un saint homme, il en prônait la doctrine, il en répandait les livres, mais il n'osait en professer crûment toutes les impiétés : la population de la Bohème était encore trop catholique. Il commence donc par lui rendre odieux les prêtres, les religieux, mais surtout le Pape, qui n'est plus que l'antechrist. Il pose en principe, comme Wiclef, que tout pape, tout évêque, tout roi, tout seigneur qui perd la grâce de Dieu par un péché mortel, perd par là même le droit de gouverner les hommes et de posséder les biens de la terre. La seule autorité que Jean Hus reconnaisse, c'est lui-même, interprétant à son gré la lettre de l'Ecriture. Quiconque ne s'en rapporte point à son interprétation, Jérôme de Prague, son disciple, le jette dès lors dans la rivière. Cités l'un et l'autre devant le tribunal de l'Eglise, devant le tribunal de ceux auxquels le Fils de Dieu a dit : *Qui vous écoute, m'écoute ; qui vous méprise, me méprise moi-même et celui qui m'a envoyé*, ils méprisent l'autorité du concile général, ils préfèrent leur sens privé à la croyance et à l'enseignement de l'Eglise universelle, ils refusent avec une opiniâtreté finale de rétracter leurs erreurs impies. L'Eglise les abandonne à la puissance séculière, qui leur applique les lois existantes de la société civile.

A ces nouvelles, leurs sectateurs, les Hussites, commencèrent une série épouvantable de violences, de massacres et d'incendies. L'arbre se fait connaître à son fruit : on ne cueille point de bon fruit sur un mauvais arbre. En 1415, quand on connut à

Prague le supplice de Jean Hus, il y eut une grande sédition; les sectateurs de l'hérésiarque s'assemblèrent pour lui décerner les honneurs du martyre. Ensuite ils pillèrent la maison de l'archevêque, ainsi que celles des ecclésiastiques, et tuèrent plusieurs personnes. Soixante seigneurs, tant de Bohême que de Moravie, écrivirent au concile de Constance, pour lui reprocher d'avoir fait mourir un si saint homme, à la honte de la Bohême et de la Moravie, pays toujours attachés à l'Église, et ils en appelèrent au futur Pape. Le plus animé d'entre eux fut un chambellan du roi Wenceslas, nommé Jean de Trocznow, qui depuis se rendit fameux et redoutable sous le nom de *Ziska*, qui veut dire *borgne* en bohémien, parce qu'il perdit un œil dans une bataille. Ziska était né d'une famille noble, mais pauvre, dans un bourg de Bohême, nommé Trocznow, appartenant au monastère des chanoines réguliers de Trebone; il avait même été élevé dans ce monastère. Un autre chef des Hussites fut Nicolas de Hussinetz, seigneur du lieu de ce nom, grand protecteur de l'hérésiarque Jean Hus. Quand on apprit en Bohême le supplice de Jérôme de Prague, les Hussites redoublèrent de fureur par tout le royaume; ils mettaient tout à feu et à sang, massacraient les prêtres, brûlaient et pillaient les églises et les monastères, en criant : Vivent Jean Wiclef et Jean Hus! Ils s'attroupèrent, au nombre de quarante mille, sur une montagne non loin de Prague, et, sur la proposition de Nicolas de Hussinetz, allaient élire un autre roi à la place de Wenceslas; un de leurs prêtres les en détourna par cette réflexion, que, si Wenceslas ne pensait pas tout à fait comme eux, au moins il les laissait faire.

Ziska, ayant ramassé une troupe de gens de toute sorte, courait la campagne, mettait tout à feu et à sang. Sa première course fut dans la province de Pilsen, dont il se rendit maître, chassant les prêtres et les moines, et s'enrichissant de la dépouille des monastères et des églises. Il y établit la communion sous les deux espèces; car c'est là que les Hussites attiraient les gens du peuple. Ziska n'ayant point de ville forte, choisit pour lieu de sureté une montagne fortifiée naturellement et défendue de trois côtés par une rivière. En attendant d'y bâtir une ville, il donna ordre à ses gens de dresser des tentes dans les endroits où ils voudraient avoir leurs maisons. Et c'est là l'origine du fameux *Tabor*; mot qui, en bohémien, signifie une *tente* ou un *camp*, selon le témoignage des historiens de Bohême. C'est là et dans les environs que les quarante mille Hussites s'attroupèrent et communièrent sous les deux espèces, sans aucune confession préalable, sans nulle préparation, comme des profanes, ayant en main des épieux, des arbalètes, des massues et d'autres armes alors en usage; leurs prêtres leur en donnaient l'exemple, administrant la communion dans les places publiques, sans aucun vêtement sacerdotal. C'était en 1419.

Ziska étant entré à Prague, les Hussites, qui s'y trouvaient en grand nombre, ne gardèrent plus de mesure. Plus les magistrats leur défendaient le trouble, plus ils y mettaient d'éclat. Ils allaient en armes, insultant les églises et les monastères par leur affectation à porter le calice. Ils pillèrent la maison d'un prêtre : Ziska le dépouilla de ses habits sacerdotaux, le tua de sa main et le pendit aux fenêtres. De là ils s'en allèrent en fureur à l'hôtel-de-ville, où le sénat était assemblé. Ils se saisirent des sénateurs, les jetèrent par les fenêtres, avec le juge et quelques citoyens. Le peuple hussite recevait leurs corps sur les pointes des lances, des broches, des fourches, des épées et des poignards; un Prémontré apostat, pour exciter encore davantage cette populace déjà furieuse, lui montrait avec ostentation un tableau où était peint le calice. Leur chef signait lui-même : *Ziska du Calice, par la divine espérance, chef des Taborites*.

Le lendemain, les Hussites fondirent sur les autres monastères de la Nouvelle-Prague, s'y gorgeant de vin et de bière, pillant les maisons puis y mettant le feu. Ayant ainsi traité une chartreuse, ils conduisirent les religieux en spectacle par toute la vieille ville, avec des couronnes d'épines sur la tête. Arrivés sur le pont de Prague, il y eut entre eux un violent débat, les uns criant qu'on jetât les Chartreux dans la rivière, les autres s'y opposant. On se battit, plusieurs furent blessés, il y en eut deux de tués. Les Chartreux furent mis en prison, pour être égorgés plus tard. L'indolent Wenceslas ayant appris ces horreurs, mourut d'apoplexie le 16 août.

Suivant les historiens de Bohême, Ziska détruisit en ce royaume jusqu'à cinq cent cinquante monastères. Tous ceux de Prague furent pillés et impitoyablement réduits en cendres. On n'eut pas plus pitié des personnes que des édifices. On massacra tout ce qu'il y eut de gens de l'un et l'autre sexe qui ne purent échapper à la fureur des sectaires en se réfugiant chez leurs parents et leurs amis, ou qui ne voulurent pas se faire Hussites. Quelques-uns obtinrent, mais bien difficilement, que la peine de mort fût commuée en celle de bannissement. Tous ces détails, si horribles qu'ils puissent être, sont tirés de l'*Histoire de la guerre des Hussites*, écrite par un ministre protestant, sur le témoignage des auteurs contemporains (Lenfant, *Histoire de la guerre des Hussites et du concile de Bade*, t. I).

La ville d'Aust, qui s'appelait autrement *Sesemi*, était au pied du mont Tabor, et avait pour gouverneur Ulric de Rosenberg, zélé catholique. Ziska, craignant qu'il n'inquiétât les Taborites et ne les empêchât de bâtir leur ville de Tabor, alla surprendre Aust la nuit, dans le temps du carnaval et en l'absence du gouverneur. Tout le monde était endormi, la ville fut prise avant qu'on s'aperçût qu'elle était attaquée. Tous les habitants furent passés au fil de l'épée ou écrasés sous les ruines de leurs maisons. Le monastère des Dominicains fut rasé, on ne fit aucun quartier aux moines. Quelques-uns néanmoins se réfugièrent dans la forteresse de Sedlitz, où était Ulric. Mais les Hussites allèrent également surprendre cette place. Elle fut réduite en cendres, les pauvres moines massacrés et Ulric assommé à coups de fléaux; mort, on lui coupa les pieds et les mains, et on les jeta au feu avec le reste de son corps. Cette désolation fut suivie de celle de plusieurs monastères, entre autres un monastère de Bénédictins, qui fut réduit en cendres, avec les moines, au nombre de cent, et une bibliothèque, la plus riche en manuscrits qui fût en Bohême. C'était en 1420.

Sauf un petit moment de trêve, la guerre et ses

ravages continuèrent toute l'année. Ziska battit deux fois les troupes de l'empereur Sigismond. Les Hussites se distinguaient en deux partis principaux, les Calixtins et les Taborites. Les Calixtins étaient les plus modérés; d'accord avec les catholiques sur le dogme, leur principal grief était la communion sous les deux espèces ou la participation au calice, d'où le nom de *Calixtins*. Les Taborites, plus emportés, ajoutaient à ce premier article plusieurs erreurs de Wiclef. En 1420, il y eut une conférence où les Calixtins reprochèrent aux Taborites trente et un articles ou erronés, ou hérétiques, ou scandaleux. Voici les cinq premiers : 1° que cette année 1420 serait la consommation des siècles et la fin de tous les maux, et que, dans ces jours de vengeance et de rétribution, tous les ennemis de Dieu et les pêcheurs du monde périraient, sans qu'il en restât aucun, par le feu, par le fer, par les sept dernières plaies, par la famine, par les dents des bêtes, par les serpents, les scorpions et par la mort, comme cela est dit au chapitre trente-neuf de l'*Ecclésiastique*; 2° que, dans ce temps de vengeance, il ne faut avoir aucune compassion des ennemis de Dieu, ni imiter la douceur de Jésus-Christ, parce que c'est le temps du zèle, de la fureur et de la cruauté; 3° que tout fidèle est maudit, s'il ne tire son épée pour répandre le sang des ennemis de Jésus-Christ et pour y tremper ses mains, parce que bienheureux est celui qui rendra au double à la grande prostituée le mal qu'elle a fait; 4° que, dans ce temps de vengeance et avant le jugement dernier, toutes les villes, bourgs, châteaux et tous les édifices seraient détruits, comme Sodome, et que Dieu n'y entrera point, ni aucun juste; 5° que, dans ce temps, il ne restera que cinq villes où les fidèles seront obligés de se réfugier, aussi bien que dans les cavernes et les montagnes, où sont assemblés les fidèles, et que Prague serait détruite comme Sodome. Tels étaient les cinq premiers articles que les taborites soutenaient réellement, comme on le sait par d'autres témoignages. Les cinq villes de refuge étaient cinq villes de Bohème qui s'étaient déclarées pour eux. Quant à tous les articles ensemble, quelques Taborites les soutinrent tous véritables. D'autres, plus modérés, en exceptaient quelques-uns où ils trouvaient du venin, et qu'ils disaient leur avoir été faussement attribués. La conférence se sépara sans rien conclure (*Guerre des Hussites*, l. 8).

Un parti de la même secte, plus cruel que les Taborites mêmes, c'étaient les Orébites : troupe de paysans assemblés sur une montagne, qu'ils appelèrent Oreb. De là ils faisaient des courses dans tout le voisinage, pillant, massacrant, brûlant surtout les moines. Ceux qu'ils ne brûlaient pas, ils les mettaient enchaînés sur la glace pour les faire périr par le froid. On rapporte d'eux des choses aussi infâmes qu'inhumaines. Ils coupaient à quelques-uns les parties viriles, et les leur pendaient au cou, en guise d'amulettes. Les Bohémiens ou Calixtins eurent tant d'horreur de cette barbarie, qu'ils entreprirent d'en exterminer les auteurs. Les Orébites en ayant eu vent, se retirèrent à Tabor auprès de Ziska, qui les prit en sa protection.

Enfin il s'éleva parmi les Hussites une secte si corrompue, que Ziska lui-même en eut horreur et l'extermina par le fer et le feu : c'étaient les Picards ou Adamites. En voici l'histoire. Un certain Picard, ainsi nommé de la province de France dont il était originaire, étant venu d'Allemagne en Bohême, se fit d'abord quelques partisans par ses prestiges, et en peu de temps attira une grande multitude d'hommes et de femmes, qu'il nomma *Adamites*, parce qu'il leur ordonnait de marcher nus, comme le premier homme. S'étant emparé d'une certaine île, baignée par la rivière de Lusinitz, il se disait fils de Dieu et se faisait appeler Adam. Les femmes étaient communes parmi eux, quoiqu'il ne fût pas permis d'en prendre une sans le consentement de ce nouvel Adam. Quand quelqu'un se sentait de l'inclination pour une femme, il lui prenait la main pour aller trouver le chef : Mon esprit, disait-il, s'est échauffé pour celle-ci; à quoi le chef répondait : Allez, croissez, multipliez et remplissez la terre. Cet Adam de Picardie prétendait que tous les hommes étaient des esclaves, et qu'il n'y avait de libres que lui et ceux qui naissaient de sa secte. Il en sortit un jour quarante de l'île, qui, forçant les villages voisins, massacrèrent à coups d'épée plus de deux cents paysans, les appelant enfants du diable. Ces nouveaux cyniques, non moins que les chiens, commettaient sans honte les plus abominables incestes, le père avec sa fille, le fils avec sa mère. Ils allaient plus loin que les chiens mêmes : ils tenaient des assemblées de Sodome. Révolté de tant d'infamies, Ziska fondit sur eux avec ses Taborites, et les extermina par le fer et la flamme (*Guerre des Hussites*, l. 5; Raynald, an 1421, n. 5, etc.).

Ziska n'en continua pas moins à se montrer aussi cruel envers les catholiques que ces abominables sectaires, brûlant les monastères et les églises, égorgeant les prêtres et les religieux. En 1421, il voulut toutefois épargner le monastère de Sedlitz, parce qu'il était fort beau. Mais, malgré sa défense, un de ses gens y mit le feu, apparemment la nuit. Ziska, feignant d'en être bien content, fit publier que si celui qui avait fait le coup voulait se faire connaître, il lui donnerait une bonne somme d'argent. L'incendiaire, aussi avare que cruel, fut la dupe de son avarice, il se déclara et reçut l'argent; mais Ziska le lui fit avaler fondu.

Ziska était alors complètement aveugle. Il avait perdu dans une bataille l'unique œil qui lui restait. Mené sur un char, et voyant par les yeux de ses aides-de-camp, il n'en continuait pas moins à commander les armées, à prendre des villes, à battre les troupes de l'empereur Sigismond. Celui-ci eut recours, en 1424, à d'autres moyens. Il lui envoya des ambassadeurs, pour lui offrir le gouvernement du royaume de Bohême, avec les conditions les plus honorables et les plus lucratives, s'il voulait se ranger de son parti et ramener les rebelles. Ziska ne se montrait pas insensible à des offres si avantageuses, lorsque, le 11 octobre de la même année, il mourut de la peste, pendant l'attaque d'une place aux confins de la Bohême et de la Moravie. Les historiens disent qu'en mourant, il ordonna à ses gens de faire un tambour de sa peau, les assurant de la victoire, au bruit de ce tambour. D'autres ajoutent qu'il commanda d'exposer son corps aux bêtes et aux oiseaux, aimant mieux en être dévoré que d'être rongé par les vers. Mais d'autres ne font pas difficulté de traiter de fable cette tradition. Ce qu'il y a de certain, c'est qu'il fut enterré avec sa peau tout entière dans une église (*Guerre des Hussites*, l. 11).

A la mort de Ziska, l'armée des Taborites se partagea en trois bandes. L'une se choisit pour chef Procope Rase le Grand, selon l'ordre qu'en avait donné Ziska, qui lui avait commandé en mourant de faire périr par le fer et le feu tout ce qui s'opposerait à sa religion. L'autre partie, qui prit le nom d'*Orphelins*, déclara qu'elle ne voulait point de général, parce qu'elle n'en trouvait point dans le monde qui fût digne de succéder à Ziska. Elle se choisit pourtant quelques chefs, et entre autres Procope surnommé le *Petit*. Ces Orphelins se tenaient toujours dans leur camp et retranchés avec leurs chariots, sans aller dans les villes que pour un grand besoin, comme pour acheter des vivres. La troisième partie retint le nom d'*Orébites*. Ce partage de l'armée n'empêcha pas qu'ils s'unissaient étroitement quand il s'agissait de leur cause commune. Ils appelaient la Bohême *Terre de Promission*, et les Allemands qui étaient aux environs, ils les appelaient, les uns, les Iduméens; les autres, les Moabites; les autres les Amalécites, et les autres, les Philistins. Après avoir mis tout à feu et à sang dans la ville où Ziska était mort, les armées prirent différentes directions, pillant, brûlant et massacrant partout (*Ibid.*).

L'année suivante éclata une division entre les Orphelins et ceux de Prague ou les Calixtins. Ceux-ci étaient catholiques pour le dogme, mais tenaient opiniâtrément à quelques points de discipline. La principale cause du mal fut la négligence et le mauvais exemple des archevêques de Prague. Albicus était célèbre par son avarice. Il vendit son archevêché à Conrad de Westphalie, auparavant évêque d'Olmütz, dont la conduite subséquente ne répondit que trop à une pareille entrée. Au lieu d'instruire son peuple et de le ramener de ses égarements, il embrassa le parti des Hussites en 1421. Appelé au concile de Constance, il n'y comparut point, non plus que devant le pape Martin V, qui l'avait cité. En conséquence, par une bulle du 2 janvier 1421, Martin V l'excommunia et le déposa, non-seulement comme rebelle, mais comme hérétique déclaré. L'archevêque apostat mourut en 1426. L'administration du diocèse fut donnée à Jean de Roquesane, ainsi appelé du nom de sa ville natale dans la province de Pilsen. C'était un homme de talent, mais aussi d'ambition, que nous verrons tenir une conduite assez équivoque (*Ibid.*).

La même année 1426, ainsi que l'année suivante, les armées impériales de Sigismond furent encore battues par les Hussites, qui cependant éprouvèrent aussi quelques échecs de leur côté. Donc, en 1427, les Bohémiens, principalement les Calixtins, épuisés par tant de guerres, aussi fatigués de leurs victoires que les vaincus de leurs défaites, firent mine de vouloir se réconcilier avec l'Eglise. Ils employèrent à cette négociation un nommé Coribut, neveu du grand-duc de Lithuanie et du roi Jagellon de Pologne, auxquels ils avaient proposé le trône de Bohême à la place de Sigismond. En bon père, le pape Martin, ayant donc reçu ces ouvertures de paix, ne les rejeta point, pourvu que les Bohémiens, comme des enfants fidèles à l'Eglise catholique, se soumissent à son autorité. L'affaire fut mise entre les mains du roi de Pologne et du duc de Lithuanie. Cependant l'empereur Sigismond, à qui cette négociation donnait de l'ombrage, comme pouvant être préjudiciable à son droit sur la couronne de Bohême, fit des reproches au Pape de l'avoir entreprise à son insu. Le Pape, dans sa réponse du 11 septembre, lui représenta 1° que, ayant fait tous les efforts imaginables, tant par ses nonces et par ses légats que par la croisade, pour convertir ou réduire les Bohémiens, tout cela n'avait abouti qu'à la confusion de la foi catholique, des princes allemands, et au triomphe de l'hérésie; 2° qu'il n'avait pu s'empêcher d'écouter les propositions qui lui avaient été faites de la part des Bohémiens, pour les réconcilier à l'Eglise, par le moyen de Coribut; car, bien que suspect, cet homme méritait pourtant d'être entendu, parce qu'il était mieux informé que personne des intentions des Bohémiens; 3° que, dans cette négociation, les Bohémiens voulaient traiter immédiatement avec le Pape, sans l'intervention du roi des Romains; 4° qu'on ne les avait admis à traiter qu'à condition qu'ils se présenteraient, non pas pour disputer, soutenir leurs prétentions, contester les droits de l'Eglise, mais pour se soumettre; 5° que l'empereur ne devait pas trouver mauvais qu'il n'eût pas été requis pour cette négociation, et qu'on se fût adressé au roi de Pologne et au duc de Lithuanie, parce qu'on avait eu des avis certains que l'esprit des Bohémiens était tellement aliéné de lui, qu'il n'y avait nul espoir d'accommodement s'il intervenait; 6° l'empereur devait d'autant moins se formaliser qu'on eût pris d'autres médiateurs, que lui-même avait déclaré que, pourvu que les Bohémiens revinssent au giron de l'Eglise et à son obéissance, il lui était indifférent par quel canal cette importante affaire s'exécutât (Raynald, an 1427, n. 10 en 11).

Les années 1428, 1429 et 1430 se passèrent en courses de la part des Hussites les plus emportés, qui eurent presque toujours l'avantage, mais sans résultat décisif. En 1431, le nouveau pape Eugène IV confirma dans sa légation d'Allemagne le cardinal Julien, qui faisait tous ses efforts pour ramener ou réduire les Bohémiens; il publia contre eux une nouvelle croisade, et en même temps leur adressait des exhortations paternelles pour les porter à la paix. Les Calixtins y inclinaient assez, les Taborites moins, les Orphelins étaient intraitables. La masse des Bohémiens répondit au cardinal, en posant pour conditions de la paix ces quatre articles : 1° Que le vénérable sacrement du Corps et du Sang de Jésus-Christ doit être distribué sous les deux espèces; 2° que la parole de Dieu doit se prêcher librement et selon la vérité; 3° qu'il faut punir les péchés publics, commis sous prétexte de religion; 4° qu'il faut ôter l'administration de la république aux clercs.

Quelque temps après, comme le concile de Bâle devait se réunir sous peu, les Bohémiens publièrent un manifeste où ils adoucissaient les quatre articles dans ce qu'ils présentaient d'équivoque ou de violent. Ils disaient donc sur le premier : Que le sacrement du Corps et du Sang de Jésus-Christ doit être administré aux laïques de bonne foi, par les ministres ordinaires de l'Eglise. C'est qu'on les accusait de faire administrer le sacrement par des laïques. Sur le second : Que la parole doit être prêchée par ceux à qui elle a été commise : paroles importantes qui n'abandonnent plus la prédication à tout le monde. Sur le troisième article, que l'administration des affaires publiques doit être ôtée aux clercs, ils en donnent pour raison que c'est pour eux un poison nuisible. Enfin, dans l'article des péchés publics, ils disaient qu'ils doivent être extirpés par le magistrat politique; ce qui rassurait sur la crainte, assez bien fondée, que chaque Hussite ne voulût se constituer le vengeur des crimes ou de ce qu'il regarderait comme tel. Ces importantes modifications n'étaient point dans la réponse au cardinal. On voit qu'avec le temps et la patience, la multitude des Hussites, si forcenée qu'elle paraisse, pourra être ramenée au bon sens et à l'Eglise.

De son côté, l'empereur Sigismond négociait aussi avec ceux de Bohême, afin qu'ils le reconnussent pour roi. Ce fut avec peu de succès; on n'avait pas beaucoup de confiance à ses promesses. Cependant une armée formidable de quarante mille cavaliers allemands s'avançaient contre les Hussites; mais deux fois cette armée formidable, saisie d'une terreur panique, prit honteusement la fuite : la première fois, même avant d'avoir vu l'ennemi ; la seconde, avant d'en être attaquée. Les chefs, comme l'électeur de Brandebourg et le duc de Bavière, donnèrent des premiers l'exemple de fuir. Quelque temps après, les Hussites furent battus par les Hongrois.

Le cardinal Julien, que le pape Eugène IV avait commis pour présider au concile de Bâle, y invita les Bohémiens par des lettres paternelles et affectueuses, leur assurant une entière liberté de discussion, avec tel sauf-conduit qu'ils pourraient désirer. En effet, le concile leur adressa, au nom de l'Eglise, un sauf-conduit fort ample et sans restriction, avec le droit d'exposer, de discuter, d'expliquer publiquement leurs quatre articles, afin de parvenir à une conclusion amiable. Après quelques délibérations, tous les partis hussites envoyèrent au concile de Bâle une députation de trois cents personnes (*Guerre des Hussites*, l. 16).

Ils entrèrent à Bâle le 6 janvier 1432. Leur arrivée parut un phénomène si nouveau, que, suivant le témoignage d'Æneas Sylvius, qui était présent, tout le peuple se répandit dans la ville et hors de la ville, pour les voir entrer. Il se trouvait même parmi la foule plusieurs membres du concile, attirés par la réputation d'une nation si belliqueuse. Hommes, femmes, enfants, gens de tout âge et de toute condition, étaient, ou dans les places publiques, ou aux portes et aux fenêtres, ou même sur les toits, pour les attendre, et se les montrer au doigt. On était surpris de voir des habits étranges et jusqu'alors inconnus, des visages terribles, des yeux pleins de fureur; en un mot, on trouvait que la renommée n'avait point exagéré leur caractère. C'était un proverbe assez commun en Allemagne que, dans un seul soldat bohémien, il y avait cent démons. Surtout on avait les yeux attachés sur Procope, c'est celui-là, disait-on, qui tant de fois a mis en fuite les armées des fidèles, qui a tant renversé de villes, qui a massacré tant de milliers d'hommes; capitaine invincible, hardi, intrépide, infatigable, aussi redoutable à ses propres gens qu'à ses ennemis (*Æneas Sylv. rer. Bohemic.*).

Quelques jours après, les Bohémiens eurent leur première audience au concile. Le cardinal Julien, président, leur représenta paternellement : Que l'Eglise, épouse de Jésus-Christ, est la mère de tous les fidèles. Elle a le pouvoir de lier et de délier, et ne peut errer dans les choses nécessaires au salut; quiconque la méprise, doit être regardé comme un étranger, un profane, un païen et un publicain; l'Eglise n'est jamais mieux représentée que dans un concile général; les décrets des conciles doivent être regardés comme la foi de l'Eglise, et ils doivent être crus comme les évangiles, qui tirent d'eux leur autorité, suivant la parole de saint Augustin. Puisque les Bohémiens se disent enfants de l'Eglise, ils doivent écouter la voix de leur mère, qui ne peut oublier ses enfants. Il y avait déjà longtemps qu'ils vivaient séparés de leur mère; quoique plusieurs, désireux de leur salut, fussent rentrés dans son sein. Pendant le déluge, tout ce qui n'entra pas dans l'arche, périt. Il faut manger l'agneau pascal dans la même maison. Hors de l'Eglise il n'y a point de salut; c'est le jardin fermé, la fontaine scellée, et quiconque en boira n'aura jamais soif. Les Bohémiens avaient fait prudemment d'en venir chercher la source au concile, et de vouloir enfin écouter leur mère. Il faut mettre en oubli toutes les inimitiés, jeter les armes à terre et retrancher toutes les occasions de guerre. Les Pères du concile sont prêts à écouter avec douceur tout ce que les Bohémiens auraient à dire pour leur défense; pourvu qu'ils se montrassent prêts, de leur côté, à suivre les salutaires conseils du saint concile, auxquels non-seulement les Bohémiens, mais tous les chrétiens doivent acquiescer. Ce discours eut l'applaudissement de tous les Pères.

Les Bohémiens répondirent en peu de mots qu'ils n'avaient méprisé ni les conciles, ni l'Eglise; qu'on les avait condamnés à Constance sans les avoir entendus; qu'ils ne retranchaient rien de la religion chrétienne; que l'autorité des Pères de l'Eglise ne souffrait point d'atteinte parmi eux; que tout ce qu'ils avançaient était fondé sur les saintes lettres et sur l'Evangile; qu'ils étaient venus pour faire connaître leur innocence à toute l'Eglise, et enfin qu'ils demandaient une audience publique, où les laïques pussent assister.

Elle leur fut accordée le 16 janvier. Les Bohémiens y proposèrent les quatre articles dont on a souvent fait mention, parce qu'ils étaient convenus entre eux de s'en tenir là. Le cardinal-légat parut surpris, ne doutant point qu'ils ne s'éloignassent de la doctrine commune en beaucoup d'articles. En effet, les Taborites, les Orébites et les Orphelins tenaient encore à plusieurs erreurs très-damnables de Hus et de Wiclef. Il n'y avait que les Calixtins qui, sauf les quatre articles en question, fussent d'accord sur tout le reste avec l'Eglise. Les Bohémiens répondirent en commun, que ces quatre articles étaient tout ce qu'ils avaient à proposer au concile, de la part de tout le royaume. Cependant le légat leur reprocha que, entre autres choses, ils soutenaient que les ordres mendiants étaient une invention du diable. Procope ne le désavoua point. « Cela est vrai, dit-il; car, si les patriarches, si

Moïse, si les prophètes, si Jésus-Christ, si les apôtres sous l'Évangile, n'ont point institué les mendiants, qui ne voit que c'est une invention du diable et une œuvre de ténèbres? » Cette repartie fut suivie d'un grand éclat de rire; mais le légat, qui voulait ménager les Bohémiens, répondit avec douceur que, outre ce qu'avaient enseigné les patriarches, les prophètes, Jésus-Christ et ses apôtres, il y avait encore les décrets de l'Église qu'il fallait révérer comme divins, parce qu'elle est dirigée par le Saint-Esprit, quoique, d'ailleurs, on puisse établir par l'Évangile l'ordre des religieux mendiants.

Après cette espèce de conférence, les Bohémiens choisirent quatre de leurs docteurs pour défendre leurs quatre articles. Roquesane, l'avocat des Calixtins, employa trois jours pour prouver la nécessité de la communion sous les espèces du pain et du vin, et pour demander qu'elle fût ainsi administrée par les prêtres dans toutes les provinces de Bohême. Un certain Nicolas, théologien des Taborites, employa deux jours pour soutenir qu'il fallait réprimer, corriger et exterminer tous les péchés mortels et surtout les péchés publics, par le ministère de ceux à qui il appartenait de le faire, selon la raison et la loi de Dieu. Ensuite un certain Ulric, curé des Orphelins, soutint, deux jours durant, que la parole de Dieu devait être prêchée publiquement et fidèlement, par des prêtres revêtus des qualités nécessaires pour cette fonction. Enfin Pierre Payne, dit l'Anglais, soutint pendant trois jours que, sous la loi de grâce, il n'était pas permis au clergé de posséder ni de régir des biens temporels et séculiers. Ils donnèrent ensuite copie de leurs discours au concile, et ils le remercièrent de l'audience favorable qu'il leur avait donnée. On se plaignit néanmoins des trois derniers orateurs, qui avaient exalté Jean Wiclef et Jean Hus, les appelant des docteurs évangéliques, quoique depuis longtemps ils eussent été condamnés par l'Église (Æneas Sylv., apud Freher, c. 50).

Le concile, de son côté, nomma quatre docteurs pour répondre aux discours des Bohémiens; savoir: Jean de Raguse en Dalmatie, professeur en théologie, général des Dominicains, et depuis cardinal; Gilles Carlier, professeur en théologie et doyen de l'Église de Cambrai; Henri Kalteisen, de Conflans, docteur en théologie; et Jean de Polémar, archidiacre de Barcelone, docteur en droit et auditeur de Rote. Jean de Raguse parla le premier pendant huit jours, aux heures du matin, sur le premier article. Gilles Carlier en employa quatre à répondre au second; Kalteisen, trois à répondre au troisième, comme Polémar au quatrième. Ces longs discours ne persuadèrent pas encore les Bohémiens; ils y répliquèrent aussi longuement. Roquesane employa six jours dans sa réplique à Jean de Raguse, et les autres à proportion.

Le duc de Bavière était le protecteur du concile. Comme il s'aperçut que la dispute était plus propre à aigrir les esprits qu'à les réunir, il proposa une conférence amiable entre les deux partis, qui nommeraient chacun leurs députés, et où l'on n'entrerait dans aucune discussion particulière sur les dogmes. S'étant donc assemblé le 11 mars 1433, le concile proposa aux Bohémiens de s'unir par avance, dans l'espérance que l'union faciliterait la discussion. Les Bohémiens, ayant délibéré là-dessus, trouvèrent qu'on ne pouvait pas espérer une union solide et sincère, avant qu'on fût convenu de part et d'autre sur les quatre articles. Le cardinal-légat, qui leur adressa un discours, parut être de leur avis. Il leur représenta que, pendant dix jours, le concile avait entendu, avec beaucoup de patience et d'attention, l'exposition qu'ils avaient donnée de leurs quatre articles. Il les congratulait et il se félicitait lui-même des favorables dispositions qu'on remarquait en eux, aussi bien que dans le concile, pour la paix et pour l'union. Il témoignait être fort satisfait de la protestation que Roquesane et les autres avaient faite en ces termes: « Nous croyons que l'Église, qui, selon saint Grégoire et saint Augustin, est l'universalité des fidèles répandus dans le monde; nous croyons que cette sainte Église est tellement fondée sur la pierre, que les portes de l'enfer ne prévaudront point contre elle, et nous espérons, par la grâce de Jésus-Christ qui en est le chef, de souffrir plutôt le plus cruel martyre que de rien dire volontairement qui soit contraire à la doctrine de cette sainte Église. » Comme il est malaisé qu'il ne se mêle pas de l'aigreur dans ces contestations, le cardinal les exhorte à ne pas prendre trop au vif des paroles dures, qui peuvent échapper dans la chaleur du discours, et à regarder plus à l'intention qu'à ce qu'il y a de choquant dans les termes. Il leur représente que, pour obtenir une solide union et aller au devant de toute discorde, il faut s'expliquer nettement sur toutes les controverses et sur tous les points contestés de part et d'autre, sans dissimulation ni suppression quelconque, afin que le concile, qu'il appelle le *creuset du Saint-Esprit*, puisse séparer la rouille de l'or et de l'argent. « Vous n'avez proposé ces jours passés que quatre articles; mais nous savons de bonne part, et par des témoins oculaires, qu'il y a beaucoup d'autres dogmes étrangers en quoi vous différez d'avec nous, et même l'un d'entre vous nous l'a fait assez entendre, en qualifiant Jean Wiclef de docteur évangélique. Or, on sait assez quelle était la doctrine de Wiclef sur plusieurs articles tenus par l'Église. » Le cardinal leur en proposa une douzaine, soutenus par Wiclef et condamnés plus d'une fois. Il les donna par écrit aux Bohémiens, afin qu'à chacun ils pussent dire positivement: *Nous croyons*, ou *nous ne croyons pas cela*. Ils répondirent comme ils avaient déjà fait, qu'ils étaient venus seulement pour proposer les quatre articles, non pas tant en leur propre nom, qu'au nom de tout le royaume (Cochlæus, *Historia Hussitarum*, l. 6).

Rien ne put ainsi se terminer à Bâle; cependant rien n'était perdu. Les Bohémiens, impatients de retourner chez eux, partirent vers le 15 avril 1433. Ils furent aussitôt suivis d'une ambassade solennelle, composée de trois évêques, accompagnés de huit à dix docteurs. A cette ambassade se joignirent les envoyés de plusieurs princes et évêques, ainsi que les députés de plusieurs villes et communautés. Toute l'ambassade fut reçue avec de grands honneurs, et en chemin, et à Prague. Le recteur de l'Université, à la tête de tout le corps, alla les haranguer. Aussitôt après leur arrivée, on assembla les États de Bohême et de Moravie, pour entrer en conférence.

On parla souvent de part et d'autre, sans beaucoup avancer. Les catholiques insistaient sur la soumission à l'Eglise et au concile; les Bohémiens tenaient avant tout à l'adoption de leurs quatre articles. Sans les chicanes des Taborites, qui avaient encore des articles cachés, on aurait peut-être pu s'entendre. Malgré cela, ceux des Bohémiens qui ne tenaient qu'aux quatre articles en discussion, y proposèrent, par de nouveaux députés au concile, des modifications assez notables : 1° Sur la libre prédication de la parole de Dieu, ils disaient qu'elle devait se faire sous l'autorité de l'évêque diocésain; 2° à l'égard de la punition des péchés, ils laissaient au clergé le droit de punir les péchés des clercs, et aux séculiers le droit de punir les séculiers, selon le pouvoir que Dieu en avait donné aux uns et aux autres ; 3° l'article des biens de l'Eglise était plus étendu, mais assez embrouillé ; 4° sur la communion sous les deux espèces, ils disaient qu'elle était utile, méritoire et salutaire, parce qu'elle avait été donnée et instituée par Jésus-Christ, pratiquée par les apôtres et par l'Eglise. Mais comme il y avait encore quelques doutes sur la nature du commandement et de la nécessité de cette pratique, et sur la peine que méritaient ceux qui la négligent, ils s'en remettaient à la décision de l'Eglise, pourvu qu'elle fût fondée sur l'Ecriture sainte et sur l'autorité des Pères. Ils demandaient aussi quelques éclaircissements, sur le genre de nécessité des autres sacrements. A ces articles, les Bohémiens joignaient une formule de réunion, où ils disaient souvent *nous* et *vous*.

Quand ce projet fut lu dans le concile, il parut de l'émotion sur le visage de plusieurs Pères. Est-ce là, disaient-ils, une union ecclésiastique et chrétienne? Ce n'est pas unité, mais dualité. Il ne faut point de *vous* et de *nous*, il ne faut que *nous*, pour former une vraie union, parce qu'il ne doit y avoir qu'un même peuple chrétien. Cependant, comme l'union pressait d'autant plus que les Taborites continuaient leurs hostilités et leurs ravages en Bohême et aux environs, le concile déclara aux députés de Bohême, par l'organe de Polémar, qu'on enverrait encore des députés à Prague pour tâcher d'achever l'union. On renvoya donc les mêmes députés, pour faire un dernier effort sur l'esprit des Bohémiens. Ces députés, après avoir exposé l'intention du concile sur trois des quatre articles, faisaient espérer que le concile trouverait quelque voie pour satisfaire les Bohémiens sur l'article principal, celui de la communion sous les deux espèces.

Donc, sur l'article de la punition des péchés mortels et principalement des péchés publics, le concile était bien d'avis qu'on les punît, autant que cela se pouvait raisonnablement, selon la loi de Dieu et les règlements des saints Pères; mais il ne voulait pas que des particuliers s'ingérassent à les punir de leur propre autorité, et sans l'aveu de ceux qui en ont le droit. Sur l'article de la libre prédication de la parole de Dieu, l'intention du concile était qu'elle fût prêchée librement, mais non indifféremment partout, et que les prédicateurs seraient approuvés et envoyés par les supérieurs qui auraient droit de donner cette mission; et tout cela, sauf l'autorité du Pape, qui, selon l'institution des saints, doit avoir la suprême juridiction dans toutes les affaires. Quant à l'article du domaine temporel séculier sur les biens d'Eglise, que les Hussites prétendaient refuser au clergé, le concile s'exprimait ainsi : « Les ecclésiastiques doivent administrer fidèlement et selon l'institution des saints Pères, les biens d'Eglise dont ils sont établis administrateurs, et ces biens ne peuvent être usurpés par d'autres sans sacrilège. »

Restait encore l'article de la communion sous les deux espèces, sur lequel des députés du concile ne s'étaient pas expliqués. Mais les Bohémiens refusèrent de s'ouvrir sur les trois autres; jusqu'à ce que celui-là fût réglé. Voici donc quelle fut la déclaration des députés du concile. « La coutume de communier le peuple sous la seule espèce du pain a été raisonnablement introduite par l'Eglise et par les saints Pères, pour éviter le danger de l'erreur et de l'irrévérence; et, par ces raisons, personne ne peut changer cette coutume, sans l'autorité de l'Eglise. Mais comme l'Eglise, portée à cela par des motifs raisonnables, a le pouvoir de permettre au peuple la communion sous les deux espèces, on pourrait accorder cette permission aux Bohémiens, pour un temps, par l'autorité de l'Eglise, pourvu qu'ils s'y réunissent; que, dans tous les autres articles de la foi et des cérémonies, ils se conformassent à l'Eglise universelle, et que les prêtres eussent soin de ne la donner qu'à des personnes en âge de discrétion et de les avertir, avant de la leur donner, qu'il faut croire fermement que la chair de Jésus-Christ n'est pas seulement sous l'espèce du pain, et que son sang n'est pas seulement sous l'espèce du vin, mais qu'il est tout entier sous l'une et l'autre espèce.

Cette formule du concile, dit Æneas Sylvius, est courte; mais il y a autant de sentences que de mots. Par là sont bannis tous les sentiments et toutes les cérémonies étrangères à la foi; par là il est ordonné aux Bohémiens de croire et de garder tout ce que l'Eglise universelle croit et garde. Cependant, ajoute-t-il, soit ennui de la guerre, soit mésintelligence entre eux, soit complaisance de l'ambitieux Roquesane, que les députés du concile flattaient de l'espérance de devenir archevêque de Prague, ces conditions furent acceptées par les défenseurs des quatre articles (Æneas Sylv., *rer. Bohem.*, c. 52). On dressa un concordat de cette réunion, le 30 novembre 1433 (Leibnitzii, *Mantina diplom. juris gent.*, pars 2).

Quoique l'exécution entière de ce concordat dût éprouver bien des obstacles, ce fut néanmoins le coup mortel du hussitisme. La Bohême s'en est si bien guérie avec le temps, qu'elle est aujourd'hui un des pays les plus catholiques et les plus pieux. D'abord la masse des Calixtins ou Hussites modérés se réunirent sincèrement à l'Eglise. Les Taborites, les Orébites et les Orphelins, qui s'opposèrent ouvertement à la réunion quand ils la virent consommée, furent battus deux fois en 1434, par les Calixtins réunis aux catholiques : une première fois à Prague, où il en périt de quinze à vingt mille; une seconde fois le 29 mai, à quelques lieues plus loin, où leur défaite fut entière, et les deux Procope, leurs généraux, tués.

Au commencement de 1436, les Etats de Bohême se rassemblèrent pour envoyer une nouvelle ambassade à l'empereur Sigismond, avec d'instantes prières de venir prendre possession du royaume. La paix était conclue. Les Taborites, quoique avec peine et regret, s'étaient soumis au concordat arrêté à Bâle.

L'empereur l'avait déjà confirmé à Albe-Royale, mais comme il restait encore quelques difficultés à lever, il avait promis de le confirmer plus solennellement à Iglaw et d'y mettre la dernière main. Il s'y rendit en effet au mois de juin, avec l'archiduc Albert d'Autriche, son gendre. Il y avait déjà quelques jours que les légats du concile l'y attendaient. Le concordat fut donc solennellement confirmé et muni des sceaux de l'empereur d'une part, des Bohémiens et Moraves de l'autre, aussi bien que des députés du concile. Toutes choses ainsi réglées, les légats levèrent publiquement toutes les sentences d'excommunication contre les Bohémiens et les Moraves du parti hussite; et, de leur côté, les Bohémiens et les Moraves jurèrent obéissance à l'Eglise romaine et à Sigismond (*Guerre des Hussites*, l. 18).

Pour être bien reçu des Bohémiens, l'empereur Sigismond leur avait permis d'élire un archevêque de Prague. Ils lui proposèrent Roquesane, qu'il agréa. Depuis longtemps Roquesane convoitait cette place. Aussi n'eut-il garde de refuser, comme nous avons vu faire à tant de saints évêques. Il accepta avec autant de joie qu'il avait ambitionné avec ardeur. Quelques jours après, il se présenta dans la place publique d'Iglaw, où étaient l'empereur, les légats, l'archiduc, les ambassadeurs de part et d'autre, et où l'on avait élevé une estrade pour la cérémonie. Là, en son nom et au nom de son clergé, il jura solennellement obéissance et fidélité à l'Eglise romaine, contre laquelle il avait si souvent déclamé. L'histoire dit unanimement qu'il entreprit dans cette occasion une chose qui pensa rompre la paix. A la messe solennelle qu'il célébra dans l'église d'Iglaw, en présence de l'empereur et des légats du Pape, il communia sous les deux espèces un séculier, qu'il avait aposté là exprès, dit-on. Les légats en furent très-choqués, soutenant que cette entreprise était une violation du concordat, parce qu'elle se faisait dans un autre diocèse et dans une église toute catholique. On dit même que peu s'en fallut qu'on en vînt aux voies de fait, et que Polémar en fureur voulait mettre les mains sur Roquesane. Mais l'empereur se mit entre eux deux, et, pour apaiser la querelle, allégua l'article du concordat qui portait que, quand même quelque particulier en violerait quelque article, ce ne devait pas être un obstacle à la paix.

Cependant, pour rentrer en possession de son royaume héréditaire, Sigismond avait promis aux Hussites, en outre du concordat, certaines choses qu'il ne pouvait ou ne voulait pas tenir. Pendant la guerre, bien des religieux et des séculiers catholiques avaient été chassés de leurs villes et de leurs biens par leurs ennemis. Sigismond se vit obligé de promettre que, sans la permission de leurs ennemis, aucun de ces catholiques exilés et dépouillés ne rentrerait dans leurs villes et leurs biens. Sigismond, qui avait accordé complète amnistie à leurs adversaires, crut que la partie devait être égale. Il rappela ou laissa revenir quelques-uns des religieux et des catholiques bannis. De plus, il n'offrit l'archevêché de Prague à Roquesane, qu'à la condition de se soumettre tout à fait à l'Eglise romaine et de renoncer à la communion sous les deux espèces, lui déclarant que, sans cela, il ne pouvait être archevêque, quand même il eût été consacré. Roquesane, furieux, s'emporta plus que jamais contre l'empereur et contre l'Eglise romaine. Sigismond cependant donna l'administration de l'archevêché de Prague à Philibert, évêque de Coutances, qui l'avait accompagné. Ce prélat se donna mille mouvements pour remettre les églises dans leur premier lustre, et pour purifier ce qui avait été profané. Il consacra les églises et les baptistères, rétablit les messes, les images, les bannières, fit allumer les cierges, porter de l'eau bénite dans les églises, et rendit aux prêtres les ornements sacerdotaux, négligés depuis longtemps. En un mot, il remit tout au pied de l'Eglise romaine. Roquesane, de son côté, fulminait contre les moines, contre les cérémonies romaines, et contre Sigismond, comme lui ayant manqué de parole. « Chaque jour, s'écriait-il en chaire, chaque jour il revient de ces démons qu'on appelle *moines* pour séduire le peuple; mais, si nous avons du cœur, il faudra les égorger plutôt que de les souffrir. » Un historien dit que cette menace regardait Sigismond lui-même. Ces paroles ayant été rapportées à Sigismond, il répliqua : « Nous immolerions nous-même Roquesane au pied de l'autel (Dubrav., *Hist. Bohem.*, l. 26). » Cette repartie du prince fit peur à Roquesane; il aima mieux se retirer que de risquer sa vie. Il fut accompagné par un seigneur de ses partisans, avec une escorte de cent chevaux, jusqu'à Gratz, où il demeura caché longtemps : sa paroisse fut donnée à un prédicateur plus modéré.

Cependant l'année 1437, les Bohémiens envoyèrent des ambassadeurs au concile de Bâle, pour demander la confirmation de Roquesane à l'archevêché de Prague; mais il leur fut répondu qu'il n'était pas raisonnable que Roquesane fût élevé à cette dignité, parce que, depuis le concordat, il n'avait rien oublié pour troubler la paix et l'union, et que même, depuis peu, il s'était retiré de Prague clandestinement et sans prendre congé de l'empereur. Le concile refusa de même quelques autres articles, que les députés de Bohême avaient demandés au delà du concordat. Les Hussites, mécontents, firent une irruption en Moravie et surprirent la ville de Littovel, où il y avait en abondance toutes sortes de vins : le soldat se mit à boire, malgré les officiers. Pendant la nuit, les catholiques d'Olmütz les surprirent à leur tour et les assommèrent comme des bêtes, tellement qu'il en échappa très-peu.

Le 9 décembre de la même année 1437, l'empereur Sigismond, roi de Hongrie et de Bohême, mourut à Znaïm, à l'âge 70 ans, après en avoir régné 51 comme roi de Hongrie, 27 comme empereur et 17 comme roi de Bohême. Sa seconde épouse, l'impératrice Barbe, suivant les historiens, la plus indigne femme, qui, de mémoire d'homme, fût montée sur le trône, termina l'an 1457 sa vie libertine et honteuse, dans une petite ville de Bohême. Sigismond avait de grandes qualités et des vertus vraiment royales; mais il fut plus illustre par ses malheurs que par ses exploits. S'il fit de belles actions, il fit aussi de grandes fautes qui lui attirèrent bien des infortunes. Ce qui lui manquait le plus, c'est la maturité, la suite et la fermeté dans ses conseils.

Sigismond laissait une fille unique, Elisabeth, qui avait épousé Albert, duc d'Autriche, descendant de Rodolphe de Habsbourg. Albert reçut, à la mort de son beau-père, trois couronnes dans le cours de 1438 : celle de Hongrie le 1er janvier, celle de l'empire le 30 mai, après une élection unanime faite le 20 mars précédent à Francfort, et celle de Bohême le 29 juin suivant. Surnommé le Grave et le Magnanime, il promettait un bon règne; mais il ne jouit pas longtemps de ses dignités : il mourut dès le 27 octobre de l'année suivante 1439. Elisabeth, sa femme, ne lui survécut que de trois ans et mourut le 20 décembre 1442. Son cousin, le duc d'Autriche, Frédéric IV ou III, est élu empereur le 2 février 1440, pour régner jusqu'à la fin du XVe siècle.

Elisabeth, veuve d'Albert II, était enceinte à la mort de son époux. Les seigneurs de Hongrie, dans le doute si elle mettrait un fils au monde, offrirent la couronne de saint Etienne à Ladislas, roi de Pologne, qui l'accepta. Cependant le 23 février 1440, Elisabeth accouche d'un fils, qui fut également nommé Ladislas. Le quatrième mois de sa naissance, elle le fait couronner roi de Hongrie, puis l'emmène en Autriche. Les Hongrois se divisèrent en deux partis et se firent la guerre.

Ladislas, autrement Uladislas VI, roi de Pologne, avait succédé l'an 1434 à son père Uladislas V, le même que le célèbre Jagellon, de grand-duc de Lithuanie devenu roi de Pologne, par son mariage avec la reine Hedwige. Jagellon ou Ladislas V avait de grandes qualités, mais aussi de grands vices. Il trouvait un censeur inexorable dans l'intrépide évêque de Cracovie, nommé Sbinko. L'an 1434, cet évêque, sur le point de partir pour le concile de Bâle comme ambassadeur du roi, lui adressa la remontrance qui suit, et qui fait assez connaître le caractère de l'un et de l'autre :

« Je suis dans une grande inquiétude, lui dit-il, sur le témoignage que je pourrai rendre de vos mœurs à l'Eglise universelle dans le concile, qui ne manquera pas de m'interroger là-dessus. Je sais que vous êtes un prince doux, dévot, libéral, patient, humble et clément; mais vous avez des vices qui voilent ces vertus et qui même les égalent, car vous passez la nuit dans la crapule, et la plus grande partie du jour dans le sommeil. Vous n'entendez souvent la messe qu'à la fin du jour. Vous opprimez tellement les églises et les monastères, que souvent les ecclésiastiques et les religieux sont obligés de les abandonner, et, sous ce prétexte, vous confisquez les biens de l'Eglise. A l'égard de votre cour, qui est-ce qui pourrait en souffrir les excès? Tout le monde se plaint d'en être accablé. On y vit sans règles et sans lois. Une avarice insatiable porte vos courtisans aux exactions les plus onéreuses. Vous faites faire à votre gré des changements à la monnaie, qui ruineront à la fin le royaume. Vous n'écoutez ni la veuve, ni l'orphelin, ni les opprimés. Il y a ici présents plusieurs de vos sujets, sur le bien desquels vous avez porté vos mains avares, sous de vains prétextes et sans les avoir entendus. » Après lui avoir fait d'autres reproches, il finit en ces termes : « Depuis que, de votre sujet, je suis devenu votre père, je vous ai souvent averti de toutes ces choses, tant en particulier qu'en présence de témoins, vous sollicitant instamment de changer de vie avant votre mort, qui sans doute n'est pas éloignée, et de quitter vos anciennes superstitions dont j'ai honte de parler. A présent, que je suis sur mon départ et que, comme j'ai lieu de le croire, je ne vous verrai plus dans cette vie, j'ai voulu vous adresser cette censure publique, pour le bien de votre âme, pour votre honneur et pour satisfaire à mon devoir. O roi ! je voudrais bien aussi vous complaire; mais j'aime mieux votre salut et celui de la république, quand même vous devriez m'en haïr. Que si vous persistez dans votre conduite, je vous déclare que je suis résolu à lancer contre vous les censures de l'Eglise, afin de vous dompter par la verge apostolique, si je ne puis vous ramener par des exhortations paternelles. »

Les conseillers du roi et d'autres seigneurs qui étaient présents applaudirent fort à ce discours. Il n'en fut pas de même du roi. Il entra dans une telle fureur qu'il ne menaçait pas de moins que de perdre le prélat. Cependant il en revint, et témoigna même ce retour avant sa mort par plusieurs restitutions considérables. Il mourut le 31 mai de la même année 1434, à l'âge de 80 ans. En mourant, il donna une belle marque de son bon naturel et de son repentir, lorsque, tirant de son doigt un anneau que la reine Hedwige lui avait donné en foi de mariage et qu'il avait toujours porté, il ordonna à un de ses chambellans d'en faire présent de sa part à Sbinko, évêque de Cracovie, et de le prier de le porter en mémoire de lui, de lui pardonner ses emportements, lorsqu'il l'avait si justement repris (Dlugos, *Historia Poloniæ*).

Après la mort de l'empereur Albert II, les Etats de Bohême, divisés entre les catholiques et les Hussites, voulurent d'abord pourvoir à la régence. Mais la reine Elisabeth, veuve d'Albert, obtint d'eux qu'ils attendraient ses couches. Lorsque Ladislas fut né, les Etats, surtout les Hussites, déclarèrent qu'ils ne voulaient point d'un enfant pour roi. Ils offrirent la couronne à Albert, duc de Bavière, qui la refusa. L'empereur Frédéric, auquel ils firent ensuite la même offre, répondit qu'il voulait conserver à Ladislas les royaumes de ses pères, la Bohême et la Hongrie. Les Bohémiens nommèrent deux administrateurs pendant la minorité : Praczeck fut choisi par les Hussites ou Calixtins, et Meinard de Maison-Neuve par les catholiques. Georges de Podiébrad, étant parvenu, l'an 1444, à l'une de ces places, s'empara de toute l'autorité pendant la minorité de Ladislas, et par là se fraya la route du trône après la mort de ce prince. L'an 1453, Ladislas arrive de Hongrie en Bohême, où il est couronné le 28 octobre, après avoir juré une capitulation favorable aux Hussites. Podiébrad se fait confirmer par ce prince dans la dignité de gouverneur du royaume. L'an 1457, Ladislas envoie des ambassadeurs à Charles VII, roi de France, pour lui demander sa fille Madeleine en mariage. Mais avant que la princesse se mît en route pour la Bohême, Ladislas mourut le 23 novembre 1457, à l'âge de 18 ans. Sa mort fut attribuée à Podiébrad et à Roquesane (*Art de vérifier les dates*).

Depuis la mort de l'empereur Albert II en 1439, jusqu'à l'an 1447, où Georges Podiébrad devint l'unique administrateur du royaume, la Bohême fut assez tranquille, quoiqu'elle n'eût ni roi ni archevêque. Une terrible peste contribua pour sa part à cette tranquillité. Quant à la religion, il y eut plusieurs conférences et discussions entre les Calixtins et les Taborites. Les premiers, ayant Roquesane à leur tête, se montraient catholiques pour le dogme. Les Taborites, au contraire, se montraient crûment sectateurs de l'impie Wiclef, niant l'autorité doctrinale de l'Eglise et de son chef visible, niant l'efficacité des sacrements et n'y voyant que de simples signes; ne reconnaissant encore que deux de ces sacrements, le baptême et la cène; dans celle-ci, niant la présence réelle de Jésus-Christ, niant le saint sacrifice de la messe, niant le purgatoire, niant la prière pour les morts et le culte des saintes images (*Guerre des Hussites*, l. 20, etc.). Roquesane combattait ces impiétés, mais sans s'unir assez franchement aux catholiques. En 1447, le cardinal Carvajal, légat d'Eugène IV, puis de Nicolas V, fit son entrée à Prague et y fut reçu avec de grands honneurs. Les Calixtins lui demandèrent Roquesane pour archevêque : il répondit d'une manière évasive. La même année, après le départ du légat, l'un des gouverneurs du royaume, Georges Podiébrad, ayant fait périr par une conspiration son collègue Meinard de Maison-Neuve, s'empara de toute l'autorité. Roquesane fut rétabli de fait dans l'administration de l'archevêché (*Ibid.*, l. 22). Il promit de se soumettre à l'autorité du Pape, dans l'espérance d'obtenir ses bulles d'archevêque. Ne les recevant pas et s'étant même brouillé avec le cardinal-légat, il résolut de rompre tout à fait avec l'Eglise romaine et de rechercher l'union de l'Eglise grecque. L'Eglise de Constantinople, dans une lettre où elle s'intitule *mère et maîtresse de toutes les Eglises*, fit une réponse favorable, déclamant contre les innovations de l'Eglise romaine, et promettant aux Bohémiens de leur envoyer des pasteurs légitimes et exemplaires. Cette lettre est de 1451, deux ans avant que Constantinople fût pris par les Turcs et devînt la capitale de l'empire antichrétien de Mahomet (*Ibid.*, l. 23, n. 2 et 3).

Cependant Georges Podiébrad se rapprocha de l'empereur Frédéric, lui rendit même des services, et ils vécurent en bonne intelligence depuis cette année 1451.

Æneas Sylvius, depuis pape sous le nom de Pie II, avait été envoyé en Bohême pour travailler à la conversion des Taborites. Se trouvant dans le cas de passer la nuit en pleine campagne, il résolut avec ses collègues de se rendre à la ville de Tabor. Informés de leur arrivée, les Taborites allèrent au devant d'eux et les reçurent avec joie. « C'était, dit-il, un spectacle curieux de voir ce peuple rustique et grossier, qui voulait pourtant paraître civil. Les uns étaient en chemise, quoiqu'il fît alors très-froid et qu'il plût beaucoup; les autres avaient des pelisses : quelques-uns étaient à cheval à nu; d'autres sans brides, d'autres sans éperons. Il y en avait de bottés, et d'autres qui n'avaient point de bottes. L'un était borgne, l'autre manchot. Ils marchaient pêle-mêle, et parlaient rustiquement. Ils nous offrirent pourtant des rafraîchissements, comme du poisson, du vin et de la bière. Nous entrâmes ainsi dans Tabor, que je ne saurais mieux désigner qu'en l'appelant le boulevard et l'asile des hérétiques; car c'est là le rendez-vous et la ressource de tous les monstres d'impiété et de blasphèmes qui se peuvent rencontrer dans la chrétienté. Là, vous voyez autant d'hérésies que de têtes, et il est permis de croire tout ce qu'on veut.

» Au commencement, les Taborites voulaient suivre les mœurs de la primitive Eglise, et avoir tout en commun. Ils s'appelaient *frères*, et ce qui manquait à l'un lui était fourni par l'autre. A présent chacun vit pour soi : l'un a faim, l'autre s'enivre. La ferveur de la charité se refroidit, et on se lassa bientôt d'imiter ce modèle. Les premiers chrétiens, qui jetèrent les fondements de l'Eglise, faisaient part à leurs frères de ce qu'ils avaient en propre; ils ne prenaient du bien d'autrui que ce qu'on leur donnait par charité et pour l'amour de Jésus-Christ; mais les Taborites pillent les héritages des autres, ils n'ont de commun entre eux que ce qu'ils prennent de vive force. Encore n'ont-ils pas vécu longtemps sur ce pied-là. Retournés à leur naturel, ils sont tous avares. Comme ils ne peuvent plus exercer de rapines, parce qu'étant fort affaiblis ils redoutent leurs voisins, ils s'adonnent au négoce et à des gains sordides. Il y a bien dans cette ville quatre mille habitants qui pourraient porter les armes; mais, ayant appris des métiers, ils gagnent leur vie à faire des étoffes de fil et de laine, et on les croit peu propres à la guerre. D'abord ils n'avaient point de biens en fonds de terre; mais ils s'emparèrent de ceux des monastères et de la noblesse, et Sigismond, peut-être contre tout droit divin et humain, les leur a adjugés à perpétuité.

» Je viens de vous raconter, continue Æneas Sylvius, écrivant au cardinal Carvajal, ce que c'est que cette ville, les mœurs de ce peuple, ce sénat d'hérétiques, cette synagogue de méchanceté, ce domicile de Satan, ce temple de Bélial et ce royaume de Lucifer. Ce fut lorsque j'y passai la nuit, que j'appris de mon hôte tout ce que je viens de vous raconter. Je l'exhortais à renoncer à de si grandes erreurs. Il n'était pas tout à fait indocile, et il ne rejetait pas mes remontrances. Il avait dans la chambre où il couchait des images de la bienheureuse Vierge et de Jésus-Christ, auxquelles il rendait son culte en cachette. Je crois qu'il se convertirait, s'il ne craignait de perdre ses biens; car il est riche; mais la plupart aiment mieux perdre leur âme que leur bien, et l'argent en fait périr un grand nombre, selon la parole du Sauveur.

» Le lendemain, les magistrats de cette sale ville nous vinrent trouver et nous remercièrent de notre visite. Comme je jugeais bien qu'ils étaient plus civils en paroles qu'en effet, je dis à mes collègues : Nous avons mal fait d'avoir communication avec une race criminelle et ennemie de Dieu. Je ne croyais pas trouver tant et de si grandes erreurs que j'y en ai trouvé. Je croyais que ce peuple n'était séparé de nous que par la communion sous les deux espèces; mais à présent je sais par expérience qu'il est hérétique, infidèle, rebelle à Dieu et sans religion. C'est pourquoi, si nous voulons décharger nos consciences, il faut parler de manière qu'ils ne puissent pas croire que nous approuvons leur conduite, ni se vanter que les ambassadeurs du roi des Romains n'ont eu communication avec eux. L'un de mes collègues approuva la proposition; mais les Autrichiens, timides comme des lièvres, n'y voulurent pas consentir, quoique je me proposasse de leur parler d'une manière qui ne les aurait point irrités.

Il fallut nous retirer, et sans faire le service divin, quoiqu'il fût dimanche, de peur de communiquer avec des hérétiques (*Guerre des Hussites*, l. 23, n. 7). »

Æneas Sylvius se rendit à la diète de Bohême, qui se tenait non point à Prague, où régnait la peste, mais dans une autre ville. Il y eut une longue conférence avec Georges Podiébrad sur les difficultés qui empêchaient la parfaite réunion des Calixtins avec les catholiques. Les premiers accusaient les seconds de violer le concordat; mais c'étaient eux-mêmes qui le violaient. Car, non contents de communier sous les deux espèces, ils prétendaient que cela était nécessaire au salut : ce qui était violer le concordat dans son article principal, et avancer une erreur contre la foi. Une autre difficulté était Roquesane, que les Calixtins voulaient avoir pour archevêque, mais dont l'élection n'était pas canonique, non plus que les mœurs. Æneas Sylvius répondit là-dessus : « Vous avez promis dans le concordat de vous en tenir aux usages de l'Eglise universelle, sauf la communion sous les deux espèces. Or, l'usage de l'Eglise latine, dont vous êtes membres, c'est que les archevêques soient élus par les chapitres des églises, pour être confirmés par l'autorité apostolique, ou que le Pontife romain pourvoie lui seul aux églises vacantes. Mais vous voulez introduire un autre usage et une nouvelle méthode. Quand une église vient à vaquer, vous faites l'élection par le peuple; et quoique ce soit à l'Eglise à examiner celui qui doit être élu, et au Pape à approuver l'élection, si on ne vous donne pas Roquesane, vous n'en voulez point d'autre. N'est-ce pas là violer les traités ?

» D'ailleurs, l'Apôtre avertit de ne pas choisir de néophyte pour évêque de peur que, enflé d'orgueil, il ne tombe dans la condamnation du diable. Or, votre Roquesane n'est pas, à la vérité, novice dans la foi, car il n'en a point, mais il blâme hautement le Siége apostolique dans ses sermons. En soutenant comme il fait, la nécessité de la communion sous les deux espèces, il taxe d'erreur toute l'Eglise. Il prétend tenir des vérités que l'Eglise romaine conteste. Mais c'est un imposteur, et la vérité n'est point en lui. Il s'est mis de son propre mouvement à la tête des téméraires habitants de Prague, sans nulle vocation divine et sans aucune ordination. Il prend le nom d'évêque et en usurpe l'office, malgré le vicaire de Jésus-Christ. Sa doctrine gagne comme une gangrène, et verse dans les âmes un poison mortel. Ce n'est pas la chaire pontificale, c'est la chaire de pestilence qu'occupe votre Roquesane, qui est un maître sophiste et un franc séducteur. Il a laissé la fontaine d'eau vive pour se creuser des citernes rompues qui ne contiennent pas d'eau. Je vous parle à cœur ouvert. Comment le Pontife romain pourrait-il confier une si grande église à l'ennemi de toute l'Eglise, qui veut y introduire des pratiques nouvelles, qui refuse de se soumettre à aucun examen, qui veut commander à tous et ne dépendre de personne, qui ne trouble la paix par la fureur de la discorde ? N'est-ce pas mettre le loup dans la bergerie ? Que penseraient de nous les autres habitants du royaume, qui sont demeurés inébranlables dans la foi de l'Eglise romaine ? Si le Pape consentait à l'élection de Roquesane, ils lui tiendraient sans doute ce langage : Saint-Père, à qui nous confiez-vous ? Entre les mains de qui nous mettez-vous ? Nous vous avons été fidèles, et vous mettez nos âmes à la boucherie. N'y a-t-il personne parmi nous que vous puissiez nous donner pour archevêque ? Nous sommes encore en grand nombre dans le royaume, tant de la noblesse que du peuple. A quoi nous a servi notre fidélité et notre constance, si vous nous préférez nos ennemis et les vôtres ? Les autres auront un archevêque qui les communiera sous les deux espèces, et nous, qui communions sous une seule, nous serons laissés orphelins ? »

A la fin de la conférence, Æneas Sylvius conseilla à Podiébrad de s'adresser pour le reste à saint Jean de Capistran, qui devait arriver sous peu dans la Bohême. Podiébrad répondit : « Dès que j'ai ouï parler de Jean de Capistran, j'ai résolu par avance de faire ce que vous me conseillez ; car je ne présume pas trop de moi-même, et je ne me fie pas non plus tout à fait à nos prêtres. Mais je prends congé de vous, le temps m'appelle à d'autres affaires. »

Par complaisance pour un seigneur qui l'accompagnait, Æneas Sylvius repassa par la ville de Tabor. A peine fut-il descendu chez son ancien hôte, que les prêtres taborites de la ville, avec plusieurs écoliers et bourgeois qui savaient le latin, vinrent le trouver, et le prièrent de vouloir bien leur adresser quelques paroles de consolation. Il leur répondit :

« Puisque vous souhaitez, messieurs les Taborites, quelque consolation de moi, il faut que vous soyez pressés de quelque mal. On ne console pas les gens heureux, mais ceux qui sont dans l'affliction et dans la misère. Or, comme je vois que votre ville est abondamment pourvue de biens temporels, que vous avez la paix avec vos voisins et que vous jouissez d'une bonne santé, je ne comprends pas que vous ayez besoin de consolation ; si ce n'est peut-être que vous êtes chancelants dans la foi, et que vos doutes vous inquiètent : ce qui est assez vraisemblable. Car, comme vous différez de l'Eglise universelle en plusieurs choses, il faut nécessairement que votre foi soit chancelante et que vos esprits soient troublés par des doutes. C'est donc là-dessus que rouleront mes consolations.

» Les doutes que vous avez viennent apparemment de l'Ecriture sainte ; car elle n'est jamais si claire, qu'elle ne soit susceptible de divers sens, et c'est de là que sont venus la plupart des schismes qui ont eu lieu dans l'Eglise dès son commencement. Mais Dieu savait ce qui devait arriver. C'est pour cela que, quand il a donné sa loi à son peuple, article par article, par son serviteur Moïse, prévoyant qu'il y aurait des gens qui donneraient à ces lois des sens différents de l'intention de la loi même, afin de pourvoir au salut de la postérité et d'aller au devant des hérésies, il éleva sur la terre un tribunal souverain, auquel seraient portées toutes les grandes causes et qui déciderait tous les doutes (Deutéron., 17, 12). C'est par cette précaution que Dieu voulut empêcher que, parmi l'ancien peuple, il ne s'élevât personne qui, séduit par ses propres opinions, donnât lieu à des schismes et fît entrer des religions étrangères dans l'Eglise.

» Mais Notre Seigneur Jésus-Christ, le législateur de la nouvelle loi, le docteur de la vérité, l'auteur du salut, n'a pas non plus omis le recours et le refuge à un tribunal suprême sur la terre. Car il a élu saint Pierre, et, dans sa personne, tous les évêques du siége de Rome, qui, après son Ascension, ont été ses vicaires et ont tenu la première place dans l'Eglise. Quand il lui a promis les clés du royaume des cieux et le pouvoir de lier et de délier; quand il lui a commis la conduite de son troupeau, en lui disant : *Pais mes brebis*, pourquoi a-t-il fait cela? Qu'était-il besoin alors que Pierre fût le pasteur, qu'il tînt les clés du royaume, qu'il eût la primauté, qu'il exerçât le vicariat, sinon pour ramener les errants, pour instruire les ignorants, pour raffermir les timides, pour chasser les opiniâtres, pour subvenir aux fidèles et combattre les hérétiques?

» Si nous étions tels que nous devrions être, nous verrions par nous-mêmes la vérité, nous la suivrions, et nous n'aurions pas besoin de lois ni de maîtres. Mais parce qu'il s'élève des esprits pernicieux, qui sèment des doctrines empoisonnées, et qui versent des venins mortels dans les âmes crédules, il a fallu ériger un tribunal suprême, qui distinguât entre la lèpre et la lèpre. Or, c'est ce qui se trouve dans le Siége apostolique, que le Seigneur a établi, et non aucun autre, pour être le pivot et le chef des infidèles; et comme la porte tourne sur les gonds, ainsi sont gouvernées les églises par l'ordre du Seigneur. Et, pour me servir des paroles du saint pape Calixte : Personne ne doute que l'Eglise romaine ne soit la mère de toutes les églises, des règles de laquelle il ne nous est pas permis de nous écarter.

» C'est pourquoi, ô Taborites, si vous êtes dans quelque doute sur la foi, consultez l'Eglise romaine, écoutez le vicaire de Jésus-Christ. Faites tout ce que vous diront ceux qui président dans le lieu que le Seigneur a choisi. Dites avec Isaïe : *Venez, montons à la montagne du Seigneur et à la maison du Dieu de Jacob; il nous enseignera ses voies, et nous marcherons dans ses sentiers.* Quelle est la montagne du Seigneur, sinon le Siége apostolique? Quelle est la maison de Dieu, sinon l'Eglise? Quel lieu a été choisi par le Seigneur, sinon Rome, qui a été consacrée par le martyre de saint Pierre et de saint Paul? Pierre s'enfuyait de Rome, craignant la mort; il rencontra le Seigneur, et lui dit : *Seigneur, où allez-vous?* — *Je vais à Rome, lui dit le Seigneur, pour être crucifié encore une fois.* — Ainsi Pierre, retourné à Rome, y érigea la chaire du souverain pontificat où il a été crucifié. C'est donc là qu'il faut puiser la doctrine du Seigneur; c'est de là que viennent les eaux salutaires; c'est là que bouillonne la fontaine scellée, d'où coulent les eaux vives. C'est le jardin fermé, c'est l'arche du Seigneur, hors de laquelle il n'y a point de salut. N'ayez pas honte, ô Taborites, de vous en rapporter au Siége apostolique sur votre foi. Quoique saint Paul eût une vocation céleste, et qu'il eût été mis à part pour l'Evangile de Jésus-Christ, il ne voulut pas prêcher l'Evangile sans la participation de Pierre et des autres apôtres (Galat., 2, 1 et 2). Et saint Jérôme si plein de doctrine et qui n'ignora rien, écrivant au pape Damase : « C'est là, dit-il, bienheureux Pape, la doctrine que j'ai apprise dans l'Eglise, et que j'ai toujours tenue.

S'il y a quelque chose à redire, je désire être corrigé par vous, qui avez la foi et le mérite de saint Pierre. » Je vous exhorte à faire la même chose. Montrez-vous, ainsi que votre doctrine, au Pontife de Rome. Faites ce qu'il vous dira, sans vous détourner ni à droite ni à gauche. C'est par là que vous pourrez vous assurer le repos et le salut de vos âmes. »

Æneas Sylvius ayant ainsi parlé, un certain Nicolas, que les Taborites appelaient évêque, répondit : Nous obéirions à la Majesté apostolique et nous lui serions parfaitement soumis, si elle n'était pas contraire à la loi divine. — On ne trouvera pas, reprit Æneas, que jamais le Siége apostolique ait erré dans ce qui regarde la foi, ni qu'il ait acquiescé à de fausses doctrines. — Un autre Taborite insista : Mais l'affaire d'Agnès ne fut-elle pas une erreur manifeste? Il voulait parler de la papesse Jeanne. Æneas observa que l'histoire n'était pas certaine, et que, d'ailleurs, c'eût été une erreur de fait et non de droit.

Le plus long de la conférence fut la communion sous les deux espèces. Les Taborites la prétendaient ordonnée par l'Evangile, et par conséquent nécessaire. Æneas fit voir que leur prétention n'était fondée ni sur le texte sacré ni sur la tradition de l'Eglise. Si Jésus-Christ avait ordonné aux laïques de prendre le calice, cela eût été révélé, non-seulement aux Bohémiens, mais à toutes les nations du monde, depuis tant de siècles. Mais aucune école ne le tient, aucune ville ne l'approuve, et, hors de la Bohême, aucun collége ne l'enseigne. Ce serait merveille si, avec vos grands repas, vos vins mêlés de bière, et en dormant la grasse matinée, vous entendiez mieux l'Ecriture que les autres avec leurs jeûnes et leurs veilles.

Vous nous accusez mal à propos, répliqua l'un d'eux; car ce n'est pas notre propre doctrine que nous suivons, c'est celle des apôtres et des Grecs.

« Mais, repartit Æneas, ceux-là n'ont pas dit que les peuples qui ne reçoivent pas le calice fussent damnés. D'ailleurs, il ne faut point que la Grèce vous fasse illusion; car, quoique les Grecs n'errent pas en suivant l'ancienne pratique, cela ne doit pas vous excuser, vous qui, étant nés et ayant été élevés sous les Latins, rejetez de votre propre autorité un rite pur, louable et sûr de l'Eglise romaine, vous rendant ainsi coupables de transgresser une ordonnance ou une coutume établie par un long usage.

» De plus, je ne sais ce qui peut vous porter à vouloir plutôt imiter en cela l'Eglise grecque que l'Eglise latine. Le sénat latin agit certainement plus purement, plus raisonnablement, et avec plus de sûreté et de prudence que le sénat grec; car le premier a défendu le calice pour trois raisons : la première, de peur que le simple peuple ne croie que Jésus-Christ n'est contenu que sous les deux espèces, et non sous chacune d'elles; la seconde, de peur qu'un corps liquide ne fût répandu à terre, en le prenant avec la main. On dit que c'est arrivé à Prague, où un enfant à peine d'un an, que l'on voulait communier, arracha le calice de la main d'un prêtre imprudent, et répandit le sacrement à terre. La troisième raison est pour remplir la figure de l'ancienne loi. Quoiqu'elle ordonnât de faire part du sacrifice au peuple, les libations étaient néanmoins réservées aux sacrificateurs et aux lévites.

» Quel sujet avez-vous, au reste, de tant louer l'Eglise grecque? Ne voyez-vous pas que l'Eglise latine est beaucoup plus florissante qu'elle? La nôtre domine au long et au large : l'autre est sous la domination des mahométans. L'une est gouvernée par un seul chef : l'autre est déchirée par plusieurs schismes. L'une est ornée de temples magnifiques : l'autre est dénuée de toute splendeur. L'une a toujours enseigné une saine doctrine : l'autre a donné dans plusieurs erreurs. — Je donc, conclut enfin Æneas, vous voulez recevoir les consolations de l'Esprit, si vous aimez le repos, si vous cherchez la vérité, si vous voulez gagner vos âmes, écoutez la Chaire apostolique, suivez ses traditions, honorez-la comme la chaste épouse du Christ, la colombe très-pure et très-blanche dont sort le rameau d'olivier qui promit la paix aux hommes de bonne volonté et menace de faire la guerre aux superbes. »

« Après ce discours, continue Æneas dans son récit, un des principaux Taborites s'approcha de moi et me dit avec beaucoup d'arrogance : Pourquoi nous exaltez-vous si fort le Siège apostolique? Nous savons fort bien que le Pape et les cardinaux sont esclaves de l'avarice, gens impatients, enflés, gonflés, abîmés dans l'intempérance et dans l'incontinence, ministres de toutes sortes de crimes, prêtres du diable et précurseurs de l'antechrist, dont le dieu est le ventre et dont l'argent est le ciel. Or, cet homme étouffait de graisse et avait une large bedaine. Je le regardai, et, mettant tout doucement la main sur son ventre, je lui dis en riant : Je le vois bien, vous macérez beaucoup votre corps par vos jeûnes. Tout le monde se mit à rire et à se moquer de lui. Pour moi, comme je voyais bien que ces prêtres-là m'étaient plutôt venus trouver pour disputer que pour s'instruire, je terminai là nos entretiens et mis fin à la dispute; car il me semblait plus aisé d'apaiser à force de clameur les flots de la mer irritée, que de réprimer par les discours la rage de ces gens-là (*Guerre des Hussites*, l. 23). »

Ce fut cette même année 1451 que, par l'avis d'Æneas Sylvius, le Pape envoya en Allemagne et en Bohême saint Jean de Capistran, avec la qualité de nonce apostolique et d'inquisiteur général de l'hérésie dans la Styrie, la Carinthie, l'Autriche et les pays environnants. Il fut reçu partout, non-seulement comme un légat, mais comme un envoyé du ciel. Le clergé allait en procession au devant de lui, portant la bannière et les reliques des saints. Il traversa toute l'Allemagne, où tout le monde courait à ses prédications; il les faisait en latin, mais un interprète les expliquait en allemand. Les gens se convertissaient à entendre seulement le son de sa voix et à voir ses gestes, tant ils étaient significatifs. D'ailleurs, sa prédication était appuyée des miracles les plus éclatants. Il rendait, dit l'historien Dlugos (l. 13), la vie aux morts, la vue aux aveugles, la parole aux muets; il faisait marcher les boiteux et guérissait des paralytiques (*Ibid.*).

Comme la conversion des Bohémiens était son principal objet, il alla de Vienne en Moravie, où il reçut à peu près le même accueil qu'on lui avait fait partout. Il demeura environ deux mois à Olmütz, capitale de cette province, et y fit de grands progrès. Il venait à ses sermons une si prodigieuse affluence de peuple, que le saint fut obligé de prêcher dans les places publiques. Il avait deux interprètes, l'un Bohémien, l'autre Allemand. Ses sermons tendaient principalement à persuader que la communion sous les deux espèces n'était pas nécessaire, et que Jésus-Christ ne l'avait pas commandée. Voici comme il s'en explique lui-même dans une lettre à l'Université de Vienne : « Dès que je suis entré en Moravie, j'ai, selon mon devoir, combattu de toutes mes forces les damnables hérésies des Bohémiens. Je n'ai pu être détourné de la prédication ni par menaces ni par aucune autre crainte. J'ai parlé ouvertement en public, et j'ai réfuté de toute ma force l'opinion de ceux qui disent que la communion sous les deux espèces est nécessaire. Ce qui m'a si bien réussi, que non-seulement les barons et les gentilshommes, mais aussi les prêtres ont abjuré, au nombre de plus de quatre mille, toutes les erreurs des Hussites, sans parler de la conversion de plusieurs sujets des barons (Czechor. Mars Morav.). » Un autre historien morave nomme, entre les prosélytes de saint Jean de Capistran, un seigneur de grande autorité, nommé Wenceslas de Boscowicz, qui abjura Jean Hus, avec deux mille de ses sujets (Dubrav., l. 29).

Cette espèce de révolution en Moravie ne donnait pas peu d'inquiétude à Roquesane. Il craignait, non sans fondement, que saint Capistran ne fît les mêmes progrès en Bohême, que la communion du calice ne fût abolie, et que l'archevêché de Prague ne lui manquât. Poussé par les principaux de son parti, il proposa une conférence au saint missionnaire, qui accepta et se trouva au rendez-vous; mais Roquesane n'y vint pas, et paraît avoir été d'intelligence avec Podiébrad pour y mettre obstacle. Saint Jean de Capistran y suppléa par un écrit (Cochlæus, l. 10).

Une chose qui dut entraver singulièrement la parfaite soumission des Bohémiens à l'Eglise et au Pape, c'est le mauvais exemple du concile de Bâle; car, au lieu de donner à tous les peuples chrétiens le spectacle édifiant d'une concorde filiale avec le chef certain et légitime de l'Eglise universelle, cette assemblée téméraire leur donna le scandale d'une rébellion opiniâtre et d'un nouveau schisme.

Le pape Martin V était mort le 20 février 1431. Le 3 mars suivant, les cardinaux élurent Gabriel Condolmerio, de Venise, cardinal-prêtre du titre de Saint-Clément, qui prit le nom d'Eugène IV et fut couronné le 11 du même mois. Il était neveu de Grégoire XII. Jeune encore, de concert avec Antoine Corrario, depuis cardinal de Bologne, il renonça au monde, distribua aux pauvres vingt mille écus d'or, et entra au monastère de Saint-Georges à Venise, où nous avons également vu entrer saint Laurent Justinien. Son oncle, Ange Corrario, étant devenu pape, le nomma successivement protonotaire apostolique, préfet du trésor pontifical, évêque de Sienne, et enfin cardinal. Martin V, lui confia le gouvernement de la Marche d'Ancône, avec la qualité de légat. Saint Antonin, qui écrivait alors, en fait ce portrait : Il était de grande et belle taille, d'un esprit non moindre, très-libéral envers les pauvres, allait jusqu'à la munificence pour la réparation des églises, affectionnait et favorisait de tout son cœur les bons religieux, plein de zèle pour la dilatation du culte divin et de la religion chrétienne (S. Anton., IIIe part., tit. 22, c. 10; Raynald, an 1431, n. 3).

Au conclave, les cardinaux s'étaient engagé par serment à faire jurer au nouveau Pontife, avant qu'il fût ceint de la tiare, certains articles pour le bien de la monarchie ecclésiastique et la dignité des cardinaux. Le Pape élu devait promettre de rétablir la discipline ecclésiastique dans son ancienne intégrité, de ne pas transférer le Siége apostolique en divers lieux, de célébrer le concile œcuménique au lieu et au temps marqués, de ne proclamer de cardinaux que suivant le décret de Constance et avec l'assentiment de la majeure partie du sacré collége, à qui serait assignée la moitié des revenus de l'Eglise romaine. Eugène IV confirma cet engagement par une bulle du 12 mars 1431.

Il fit mieux : il exécuta sans délai ce qu'il avait promis. Jusqu'alors c'était la coutume de faire part de l'exaltation des papes aux têtes couronnées, par des nonces qu'on leur envoyait exprès. Ces commissions étaient fort briguées, à cause des présents considérables que faisaient les princes à ceux qui en étaient chargés. Le nouveau Pontife supprima cet usage, bien résolu d'en supprimer encore d'autres qui ressentaient trop le gain et l'intérêt, afin, dit-il, de délivrer son pontificat et la cour romaine de toute tache honteuse. Il se contenta donc de faire informer de son exaltation les rois et les princes souverains par les ministres qu'ils tenaient à sa cour. C'est lui-même qui s'en explique ainsi dans une lettre au roi Jean de Castille (Raynald, an 1431, n. 9).

Rome admirait alors les vertus d'une sainte dame, née en cette ville, l'an 1384, de Paul de Buxo et de Jacqueline de Roffedeschi, deux familles distinguées. Au baptême, elle reçut le nom de *Françoise*. Dès sa première enfance, elle donna des marques étonnantes de pudeur virginale, et souffrant avec peine d'être touchée par un homme, même par son père. Dès qu'elle sut parler, la première chose qu'elle apprit, fut de réciter l'office de la sainte Vierge. Tranquille, humble et docile, enfant par l'âge, matrone par la sagesse, elle ne s'amusait à rien de puéril, ne cherchait point à savoir ou à redire de nouvelles; mais, retirée dans l'intérieur de la maison, elle évitait la conversation des hommes, afin de jouir plus commodément de celle de Dieu. Les yeux toujours modestement baissés, jamais elle ne perdait la présence de Dieu et de ses anges. Ce que le travail et la prière lui laissaient de temps, elle l'employait à lire les vies des vierges illustres pour leur sainteté, dans le désir d'imiter leurs exemples. A peine visible aux personnes de la maison hors des heures nécessaires, il n'est pas étonnant qu'elle fût inconnue du voisinage. Dès lors elle avait coutume de faire l'examen de toutes ses actions, et d'expier par une sévère pénitence ce qu'elle trouvait avoir commis de fautes. C'était merveille de voir avec quel respect et quelle soumission elle obéissait à son confesseur; il n'y avait qu'un point où elle était importune, qu'on lui permît de tourmenter son jeune corps par des pénitences au-dessus de son âge. Plus d'une fois il fallut condescendre à ses pieux désirs; Dieu voulait de bonne heure former à la mortification celle qu'il destinait à une si haute sainteté.

Vivant ainsi à la maison comme une recluse Françoise mûrissait dans son esprit le dessein de garder la virginité et de la consacrer à Dieu dans quelque monastère. Son confesseur lui conseilla d'y penser longuement, de bien examiner le pour et le contre de chaque état, et d'essayer ses forces par quelque austérité secrète. Elle obéit, et se rendit de jour en jour plus affermie dans sa résolution. Elle s'en ouvrit à ses parents, qui en avaient déjà soupçonné quelque chose. Non-seulement ils n'y consentirent point, mais, comme elle avait passé douze ans, ils songèrent aussitôt à la marier. Sur les ordres formels de son père, elle se résigna par obéissance, mais après avoir versé bien des larmes, et épousa Laurent de Ponzanis, jeune seigneur romain dont la fortune égalait la naissance.

Peu après ses noces, elle tomba grièvement malade. Elle dépérissait de jour en jour; les médecins n'y voyaient point de remède. Le père s'affligeait d'autant plus, qu'il regardait la maladie de sa fille comme une punition du ciel, parce qu'il lui avait refusé la permission d'embrasser la vie religieuse. Des personnes osèrent espérer sa guérison par des sortiléges; mais Françoise protesta constamment qu'elle aimait mieux mourir que d'offenser Dieu par aucune superstition. Sans aucun secours des médecins, elle recouvra la santé en partie; mais, retombée quelque temps après, elle fut près d'un an si malade, qu'elle ne pouvait se mouvoir dans son lit ni retenir dans l'estomac aucune nourriture, avec de grandes douleurs et pour elle et pour ses proches, qui s'attendaient à sa mort chaque jour. Une femme qui se mêlait de sortiléges se présenta d'elle-même pour la guérir. Mais elle fut reçue de telle sorte, qu'elle se trouva heureuse d'échapper de la maison sans être battue. C'était la veille de Saint-Alexis, 17 juillet 1398, quatorzième année de Françoise. Au milieu de la nuit, tous les domestiques dormaient profondément, même les gardes-malades; Françoise veillait et pensait à Dieu. Tout à coup la chambre est éclairée d'une lumière extraordinaire; saint Alexis apparaît rayonnant de gloire; il se nomme et lui annonce que Dieu l'envoie pour la guérir; il pose son manteau d'or sur la malade, et lui rend une santé parfaite. Françoise aussitôt se lève bien portante, s'en va trouver son amie d'enfance, sa belle-sœur Vannozie ou Jeannette, qui venait à peine de s'endormir, lui raconte le miracle, l'invite à venir avec elle en remercier Dieu dans l'église voisine : ce qu'elles font toutes deux avec une indicible dévotion. Retournée chez elle, Françoise y est reçue par toute la famille comme une personne ressuscitée d'entre les morts. Tout Rome en fut dans l'admiration.

Revenue ainsi des portes de la mort, Françoise s'applique avec une ardeur plus grande que jamais à toutes les œuvres de piété. Le désir de la vie solitaire se renouvelle dans son cœur, afin de s'y donner à Dieu tout entière. Vannozie, survenant, la trouve tout absorbée dans ces réflexions. S'étant expliquées l'une avec l'autre, Vannozie entre dans les idées de Françoise. Mais comment s'y prendre pour l'exécution, étant mariées toutes deux ? Au plus haut de la maison, où n'allait presque jamais personne, elles se construisirent un petit oratoire; à l'extrémité du jardin, d'anciennes ruines formaient une espèce de grotte. Toutes les fois qu'elles étaient libres, elles passaient des heures entières à prier, le jour dans la grotte, la nuit dans l'oratoire. Un jour, étant en la grotte, elles se demandaient ce qu'elles feraient si Dieu leur accordait la grâce de mener la vie d'ermites. Françoise, qui aimait surtout l'abstinence et le jeûne, répondit : « Quand nous serons dans le désert, nous irons de côté et d'autre chercher des fruits pour nous sustenter. » A l'instant même, elles entendirent tomber deux pommes d'un arbre à coton, quoique ce fût au mois d'avril; elles admirèrent la bonté de leur Père céleste, qui daignait ainsi approuver leurs vœux enfantins; elles en mangèrent une entre elles, avec actions de grâces, et partagèrent l'autre à leurs domestiques, qui n'en furent pas moins émerveillés.

A l'époque de son mariage, Françoise avait encore son père et sa mère; de plus, elle trouva dans la maison de son époux Laurent, son beau-père Andréosse et sa belle-mère Cécile, avec son beau-frère Pauluzzio, époux de Vannozie, lesquels tous ne faisaient qu'une famille. Le beau-père étant mort après quelque temps, toute l'administration domestique retomba sur elle et sur Vannozie; celle-ci, connaissant sa rare prudence, s'en rapportait à elle pour tout, sans qu'il s'élevât jamais la moindre dissension entre elles deux. Malgré toutes ses occupations, Françoise n'était pas moins fidèle qu'auparavant à tous ses exercices de piété. Elle s'approchait deux fois par semaine du sacrement de pénitence, recevait la communion à toutes les grandes fêtes, et récitait chez elle l'office de la sainte Vierge.

Tout le reste du temps, elle l'employait au soin de la famille; Laurent vit bientôt qu'il pouvait couler des jours tranquilles, ayant reçu de Dieu une telle épouse. Quoique le nombre des domestiques de l'un et de l'autre sexe fût très-considérable, elle les regardait néanmoins tous comme ses frères et sœurs. Elle les exhortait à vivre dans la crainte de Dieu, leur donnait l'exemple de conserver la paix domestique, demandant pardon avec beaucoup d'humilité lorsqu'elle croyait avoir offensé quelqu'un. Mais quand elle voyait s'élever des querelles ou d'autres occasions d'offenser Dieu, tout en conservant en son cœur sa douceur habituelle, elle déployait au dehors un zèle ardent, et réprimait avec une grande liberté ce qu'elle voyait qui offensait Dieu et scandalisait le prochain. Un jour, plusieurs nobles soupant chez elle, l'un d'eux remit à Laurent un livre de magie; aussitôt elle le lui prit adroitement des mains et le jeta au feu, quoi qu'il pût dire pour la gronder.

Quelqu'un de la famille tombait-il malade, non-seulement Françoise pourvoyait abondamment à ce qui pouvait le guérir, elle le servait elle-même avec beaucoup d'empressement et de charité. Dans une maladie grave, Vannozie avait perdu l'appétit pour toute espèce de nourriture. Françoise la conjura de lui faire connaître si elle désirait quelque chose. Une écrevisse de rivière, répondit-elle. Mais on eut beau chercher, on n'en trouva point. Tout le monde en était dans la peine, lorsqu'on vit tomber une fort belle écrevisse sur le plancher de la chambre. Cuite et mangée, elle fit disparaître le dégoût de Vannozie et sa maladie.

Voyant sa maison opulente, Françoise défendit de renvoyer aucun pauvre sans lui rien donner. Une année stérile ayant multiplié l'indigence et les maladies à Rome, Françoise dilata aussi les entrailles de sa charité. Non-seulement elle donnait l'aumône à ceux qui la demandaient, elle la faisait aussi porter aux malades qui ne pouvaient pas venir. Dieu manifesta par un miracle, vérifié dans les procès authentiques, combien cette charité lui était agréable. Plus la disette augmentait, plus Françoise multipliait ses aumônes; elles étaient telles, que personne ne pouvait les expliquer. Pauluzzio et Laurent, craignant que la libéralité de leurs femmes ne leur portât préjudice, leur ôtèrent les clés du grenier qui était plein, mirent en réserve ce qui était nécessaire pour la famille, les domestiques et les fermiers, vendirent le reste, et laissèrent le grenier vide. Françoise dit ensuite à Vannozie : Allons au grenier, ramasser ce qui reste pour les pauvres. Elles ne trouvèrent que de la menue paille, qu'elles amassèrent avec des balais; l'ayant ensuite criblée avec soin, elles eurent un muid de pur froment, qu'elles distribuèrent aux plus nécessiteux. Cela fait, Vannozie sortit du grenier, et Clara, sa domestique, le ferma à clé. Après peu de jours, les deux maris y vinrent, et y trouvèrent quarante mesures du meilleur froment; saisis d'admiration, ils racontèrent la chose au beau-père, qui voulut voir par lui-même, et dit que c'était l'œuvre de Dieu approuvant et récompensant la charité de Françoise.

Une autre fois, le vin étant fort rare, Andréosse et ses deux fils mirent à part un tonneau du meilleur pour la famille. Mais les pauvres, connaissant la charité de Françoise, venaient lui demander du vin pour leurs malades. Elle envoyait Clara en chercher au tonneau mis en réserve, et qui se trouva bientôt vide. Andréosse et ses deux fils s'en étant aperçus, se mirent à crier avec grande colère, contre Françoise et Vannozie, qu'il ne leur restait pas une goutte de vin. Françoise leur dit en souriant : Laissez-nous descendre à la cave, et, par la grâce de Dieu, nous vous servirons abondamment du vin que vous désirez. Elles descendent toutes deux avec Clara, trouvent le tonneau plein, en tirent du vin excellent, et l'apportent à leur beau-père et maris, disant : Voici le vin en question; grâces à Dieu, le tonneau est encore plein. Le vieillard en goûta, ses fils en goûtèrent. Ne pouvant en croire leur palais, ils descendent à la cave et trouvent le tonneau plein. Dès lors ils laissèrent pleine liberté aux deux femmes d'administrer tout comme elles jugeraient à propos. Ce prodige, publié par toute la ville, eut un grand nombre de témoins, qui l'apprirent soit de la bouche de Laurent, soit de la bouche de Françoise même, qui le cita plus d'une fois pour exciter les autres à faire l'aumône avec largesse.

Françoise eut plusieurs enfants; on ne connaît les noms que de trois : Baptiste, qui survécut aux autres, se maria et laissa de la postérité; Evangéliste, qui mourut la neuvième année de son âge; une fille nommée Agnès. Evangéliste fut un ange terrestre, tant il se plaisait à la prière et au culte divin. Il eut le don de prophétie. Un jour, prenant l'épée de son père et la lui appliquant sur le côté, il dit : Voilà comme il vous sera fait, mon père. Et dans l'invasion de Rome par Ladislas, roi de Naples, vers 1413, Laurent fut grièvement blessé à l'endroit marqué par son jeune fils. C'était merveille de voir les œuvres que faisait le petit Évangéliste, bien au-dessus de la portée de son âge; ce qui semblait l'occuper uniquement, ce dont il parlait à sa mère avec le plus de joie, c'était de se préparer à la gloire éternelle. Son bonheur ne tarda guère. L'an 1411, la peste qui désolait Rome frappa Évangéliste dans sa neuvième année. Aussitôt il fit venir un confesseur, et, ayant reçu l'absolution, il dit à sa mère : Il vous souvient, maman, que je vous ai dit : Il n'y a rien en ce monde qui me plaise, je ne désire que la vie éternelle et la société des anges. Dieu a regardé favorablement mon désir; voici que nous allons être séparés; mes patrons sont venus ici du ciel, saint Antoine, saint Onuphre, avec une multitude d'anges. Pour vous, ayez toujours bon courage, sachez que je serai bien, et que je prierai pour vous. Maintenant, donnez-moi votre bénédiction. Il dit, et arrangeant lui-même ses mains et son corps, il rendit à Dieu son âme innocente. Au même instant, une petite fille de la maison voisine, qui était à l'extrémité et depuis longtemps ne parlait plus par la violence du mal, s'écria tout à coup : Voyez, voyez Évangéliste Ponzani qui monte au ciel entre deux anges!

Pendant une nuit que Françoise veillait sur sa couche et que sa jeune fille Agnès dormait dans la même chambre, elle vit une blanche colombe, tenant en son bec un cierge allumé, qu'elle approchait de tous les sens de la jeune enfant, puis, ayant volé de côté et d'autre en battant des ailes, elle disparut. C'était à peu près un an depuis la mort d'Évangéliste. Françoise ne savait que penser de cette vision. Une autre nuit, vers l'aurore, elle vit la chambre resplendir d'une lumière insolite, et au milieu de cette lumière apparaître son jeune fils défunt, tel qu'il était de son vivant, mais incomparablement plus beau. A côté, elle voyait un jeune homme bien plus beau encore. Etonnée d'abord, puis remplie d'une joie inexprimable, d'autant plus qu'elle le voyait s'approcher et la saluer gracieusement, elle ne put s'empêcher de lui tendre les bras et de lui demander avec tendresse ce qu'il faisait, où il était? s'il se souvenait de sa mère dans les cieux? — Levant les yeux vers le ciel, il répondit : Notre occupation n'est autre que de contempler l'éternel abîme de la divine bonté, de louer et de bénir sa majesté avec des transports de joie et d'amour. Tout absorbés en Dieu dans cette céleste béatitude, non-seulement nous n'avons aucune douleur, mais nous ne pouvons pas en avoir, et nous jouissons d'une paix qui durera toujours; nous ne voulons ni ne pouvons vouloir que ce que nous savons être agréable à Dieu, lequel est notre entière et unique béatitude. Sachez que les chœurs qui sont au-dessus de nous manifestent les secrets divins. Il ajouta : Puisque vous désirez, ô mère, savoir en quel lieu je suis maintenant, sachez que je suis placé dans le second chœur de la première hiérarchie, parmi les archanges, et associé à ce jeune homme que vous voyez, bien plus beau que moi, parce que, dans le même chœur, il est dans un degré plus élevé. Il est envoyé de Dieu pour vous consoler dans votre pèlerinage, il sera votre compagnon perpétuel, et nuit et jour vous aurez la consolation de le voir. A présent je vous annonce que je suis venu pour em-mener Agnès, qui mourra dans peu de temps et jouira avec moi des joies du paradis.

Alors Françoise comprit ce que signifiait dernièrement la colombe. Après cet entretien, qui dura environ une heure, depuis l'aube jusqu'au lever du soleil, Évangéliste demanda permission à sa mère de se retirer, et lui laissa ledit ange. La beauté de l'un et de l'autre était si éclatante, que jamais elle n'aurait pu y fixer ses regards, si Dieu n'en avait tempéré la splendeur. C'est ce qu'elle témoigna plus d'une fois à son père spirituel, qui l'obligeait par la sainte obéissance à lui faire connaître tout ce qu'elle voyait d'extraordinaire, et qui a écrit sa vie, tant sur ce qu'il apprit de sa bouche que sur ce qu'il connut par lui-même. Certaine donc de la mort prochaine de sa jeune fille, Françoise n'en dit rien à personne; en attendant, elle la servait avec amour et respect, non plus comme sa fille, mais comme une épouse destinée à Jésus-Christ, le Roi éternel; rendant grâces à Dieu de ce qu'il daignait l'appeler à lui. Agnès tomba donc malade, et quitta la vie en la cinquième année de son âge.

Lors de l'invasion de Rome par Ladislas de Naples, Pauluzzio, beau-frère de Françoise, fut jeté dans les fers; son mari, Laurent, condamné à l'exil; il ne restait à la maison que son fils Baptiste. Le commandant du roi, en quittant Rome, voulut l'emmener comme otage. Françoise, qui n'avait plus que celui-là d'enfant, songeait à le cacher. Son confesseur, mu par des vues plus élevées, lui ordonna de le conduire elle-même au commandant. Elle obéit. Le commandant et ses officiers en furent dans l'admiration. Quelques-uns cependant la blâmèrent de ce qu'elle exposait ainsi son fils unique à la captivité, peut-être même à la mort. On lui conseilla d'implorer la grâce du commandant. Elle répondit : J'implorerai la grâce de qui peut me secourir, et se mit à genoux devant une image de la sainte Vierge. Le commandant fit mettre Baptiste sur un cheval pour partir; malgré tous les éperons, le cheval reculait au lieu d'avancer; il en fut de même de plusieurs autres que l'on fit monter au jeune homme. Enfin le commandant, épouvanté, le rendit à sa mère, qui reçut ainsi le prix de son obéissance (*Acta Sanct.*, 9 mars; *Vita* 2; *S. Franciscæ*, n. 49).

Elle avait souvent des extases, durant lesquelles elle demeurait immobile. Mais dès que son père spirituel lui commandait ou demandait quelque chose en vertu de la sainte obéissance, elle faisait et répondait conformément à ses ordres et à ses demandes, sans sortir de l'extase, tandis qu'elle demeurait insensible comme une pierre à la voix de tout autre. Cette expérience eut lieu plus d'une fois devant un grand nombre de personnes. Un jour, elle était dans sa chambre avec Vannozie, récitant l'office de la sainte Vierge; elle était à dire une antienne, lorsque son mari l'appelle par un domestique; aussitôt elle quitte le livre, et exécute ce que son mari lui mande. Revenue dans sa chambre, elle reprend l'antienne interrompue, lorsqu'elle est appelée une seconde fois, elle interrompt l'antienne pour obéir avec promptitude; ce qui arriva jusqu'à quatre fois de suite. La quatrième fois, quand elle reprit en main le livre, elle trouva son antienne écrite en lettres d'or, et apprit de saint Paul, dans une extase, que Dieu l'avait fait par un ange, pour témoigner combien son obéissance lui était agréable. Vannozie, qui était présente, fut témoin oculaire de ce miracle (*Acta Sanct.; Vita 2; S. Franciscæ*).

La peste sévissait à Rome. La charité de Françoise s'empressa au secours des pestiférés; elle les excitait avant tout à sanctifier leur mal, pour le salut de leur âme; puis mettait tout en œuvre pour leur rendre la santé. Dieu lui accorda la grâce des guérisons; en sorte que les malades accouraient à elle de toutes parts, sans que sa tendresse pût en refuser aucun. Pour satisfaire à leur multitude, elle leur arrangea plusieurs appartements dans la maison de son mari, d'où ils sortirent guéris contre toute espérance. Comme ils attribuaient cette guérison aux mérites de la sainte, elle imagina ce moyen pour détourner leur estime. Elle composa un médicament avec de la cire, de l'huile et des sucs de rue et de marjolaine, et s'en servait pour guérir toute espèce de maladies. Elle espérait qu'on attribuerait les guérisons à la vertu naturelle du médicament, et non aux mérites de la personne. Le contraire arriva : les malades, qui guérissaient en foule et subitement, n'en conçurent que plus de vénération pour elle.

Non contente de servir les malades dans sa propre maison, Françoise allait les chercher dans leurs cabanes et dans les hôpitaux, leur donnait à boire, faisait leur lit, bandait leurs ulcères; plus ces ulcères étaient horribles et lui soulevaient le cœur, plus elle les soignait avec attention. Il lui arriva bien des fois, pour mieux vaincre la répugnance de la nature, de prendre de cette lotion infecte, de s'en asperger le visage, et même d'en boire. Mais Dieu, pour montrer combien cette victoire lui était agréable, rendait cette infection plus délicieuse que le mets le plus exquis. Françoise avait coutume de porter à l'hôpital ce qu'il y avait de plus délicat sur la table, et de le distribuer aux plus indigents. Elle rapportait à la maison leurs haillons les plus malpropres, les lavait et les raccommodait avec soin, puis les mettait parmi des parfums, comme devant servir au Seigneur lui-même.

C'est ainsi que Françoise, suivant qu'il a été constaté dans le procès de sa canonisation, servit les malades dans les hôpitaux pendant trente ans, du vivant de son mari. Comme dans les contagions il était difficile de trouver non-seulement des médecins pour soigner les corps, mais encore des prêtres pour soigner les âmes, elle en cherchait elle-même pour les amener auprès des malades qu'elle avait préparés. Elle assura même un traitement à un ecclésiastique, afin qu'il eût tout le temps pour visiter les malades qu'elle lui indiquait dans les hôpitaux. On ne saurait croire combien elle sauva d'âmes par cette charité.

Cependant elle eut la dévotion de faire un pèlerinage à Saint-François d'Assise, tant parce qu'elle portait le nom de ce patriarche, que parce que, comme lui, elle faisait ses délices de méditer la Passion du Sauveur. Elle se mit en route à pied, vers la fin de juillet, pour assister le 2 août à la fête de la Portioncule. Elle était accompagnée de Vannozie, sa belle-sœur, et d'une de leurs amies, nommée Rite, c'est-à-dire Marguerite par abréviation. Elles partageaient leur temps entre de pieuses méditations et de pieux entretiens. Elles approchaient du terme de leur pèlerinage et entraient dans la plaine de Foligno, lorsqu'elles furent rejointes par un religieux vénérable, portant l'habit de Franciscain, qui, après les avoir saluées et leur avoir demandé la cause de leur voyage, se mit à parler avec une ferveur merveilleuse de l'infinie charité que nous a témoignée le Sauveur. La sainte, reconnaissant que celui qui parlait avec cet amour enflammé de la Passion de Jésus-Christ était saint François lui-même, en fut émue jusqu'au fond de l'âme et ressentait une joie indicible. Ses compagnes étaient également charmées d'un entretien si agréable et oubliaient la fatigue du chemin. Cependant, comme on était à la fin de juillet, les chaleurs excessives leur faisaient éprouver une soif bien grande. Pour y pourvoir, le saint voyageur frappa de son bâton un poirier sauvage près du chemin, et en fit tomber des poires si belles et si grosses, que les pieuses pèlerines pouvaient à peine en empoigner une des deux mains. Comme elles en étaient dans l'admiration, le saint disparut de leurs yeux. Elles reconnurent alors toutes que celui qui leur avait parlé n'était pas un des mortels d'ici-bas, et elles rendirent à Dieu les plus ferventes actions de grâces (*Secunda vita*, n. 64 et 65).

Les premiers confesseurs de Françoise étant morts, elle choisit le prêtre Jean Mattéoti, chanoine et curé de Sainte-Marie-la-Neuve, qui n'était pas loin de sa maison. Il fut son père spirituel tant qu'elle vécut. C'est lui qui nous a laissé la première vie de la sainte, dont tous les principaux faits se trouvent d'ailleurs juridiquement attestés dans les procès-verbaux de la canonisation.

Cette vie est en trois livres. Le premier expose assez brièvement les principaux faits de sa vie extérieure; le second présente le récit des ses principales visions, au nombre de quatre-vingt-dix-sept; le troisième contient ses luttes avec le démon, et ses révélations sur les peines de l'enfer, les expiations du purgatoire, les joies du paradis.

Outre son ange gardien, tel qu'en a tout le monde, Françoise avait encore, comme déjà nous avons appris, un archange pour assistant perpétuel. Elle le voyait jour et nuit sous la forme humaine d'un enfant de neuf ans, vêtu d'une tunique blanche comme la neige. Son visage était plus resplendissant que le soleil, en sorte qu'elle pouvait en voir l'éclat, mais non le regarder. Il n'y avait que deux occasions où elle pouvait le contempler plus facilement : lorsqu'elle parlait de l'archange à son père spirituel; alors elle pouvait très-facilement considérer ses cheveux, ses yeux et ses autres membres. Ensuite, lorsqu'elle était battue par les malins esprits, elle regardait sans aucune difficulté l'archange, pour se réconforter par cette vue. Ce qui est plus admirable, lorsqu'elle avait été battue et assommée par les malins esprits, au point d'être près de mourir, l'archange apparaissait avec un visage resplendissant et une chevelure rayonnante, et les esprits malins, n'en pouvant supporter l'éclat, s'enfuyaient aussitôt confus. Tel était le resplendissement de l'archange, qu'à sa clarté Françoise faisait la nuit tous les exercices nécessaires dans la maison, sans aucune lumière matérielle (*Vita prima*, l. 2, n. 1).

Quant à l'histoire et à la destinée générale des anges bons et mauvais, voici ce que Françoise apprit dans ses visions et ses extases. Les anges ont été créés nombreux comme les blancs flocons de neige qui tombent dans les montagnes pendant l'hiver; ils ont ensuite été distingués en trois ordres, et chaque ordre en trois chœurs, suivant la dignité de chacun. Environ le tiers de tous les anges est tombé; les deux autres parties ont persévéré dans la grâce (*Vita prima*, l. 2, n. 46). De la partie déchue, le tiers est dès maintenant en enfer, pour tourmenter les damnés : ce sont ceux qui ont suivi Lucifer par leur propre malice, avec une entière liberté; ils ne sortent de l'abîme que par la permission de Dieu et que quand il s'agit de frapper quelque grande calamité pour punir les péchés des hommes, et ce sont les plus méchants des démons. Les deux autres tiers des anges déchus sont répandus dans les airs et sur la terre : ce sont ceux qui n'ont pris aucun parti entre Dieu et Lucifer, mais ont gardé le silence. Ceux qui sont répandus dans les airs font souvent des grêles, des tempêtes, des brouillards et des vents, par lesquels ils affaiblissent les âmes qui vivent dans la chair, les portent à l'inconstance et à la crainte, les induisent à défaillir dans la foi et à se défier de la Providence divine. Aussi la sainte, qui distinguait fort bien les tempêtes suscitées par les malins esprits, avait-elle coutume alors d'allumer des cierges bénits et de répandre l'eau bénite dans la maison, assurant que c'est le plus grand remède contre les tempêtes de cette nature. Quand aux démons qui circulent parmi nous, afin de nous exercer par la tentation, elle disait qu'ils sont déchus du dernier chœur des anges, et que les anges fidèles qui nous sont donnés pour gardiens sont tous du même chœur.

Le prince et le chef de tous les démons est Lucifer, lié au fond de l'abîme, chargé par la divine justice de punir tous les démons et les damnés : tombé du chœur le plus élevé des anges, les séraphins, et devenu le plus méchant des démons, il est préposé au vice de l'orgueil. Sous lui sont trois autres princes : le premier, Asmodée, est préposé au vice de la chair et fut du chœur des chérubins; le second, appelé Mammon, est préposé à l'avarice et fut du chœur des trônes; le troisième, nommé Béelzébub, qui fut du chœur des dominations, est préposé à l'idolâtrie, aux sortilèges et aux enchantements : c'est le chef de tout ce qu'il y a de ténébreux, et il a commission de répandre les ténèbres sur les créatures raisonnables.

Parmi les anges infidèles qui ont suivi Lucifer par leur propre malice et qui sont dès maintenant en enfer, ceux de la suprême hiérarchie, les séraphins, les chérubins et les trônes, sont dans la partie inférieure de l'abîme, pour y être tourmentés et y tourmenter les âmes les plus coupables. Les apostats de la seconde hiérarchie, les dominations, les principautés et les puissances, sont dans la partie mitoyenne de l'enfer; et dans la partie supérieure, les déserteurs de la hiérarchie infime, les vertus, les archanges et les anges. La distinction entre les hiérarchies subsiste toujours, mais il n'y a nul ordre entre les chœurs ni les individus. Tous sont tourmentés et tourmentent les âmes qui leur sont remises. Les trois princes de l'enfer, non plus que Lucifer, leur chef, n'en sortent jamais; mais, quand Dieu le permet, il en envoie d'autres, surtout quand il s'agit de faire quelque grand mal sur la terre (*Vita prima*, l. 3, c. 8, n. 78 et seqq.).

Dans une vision qu'eut sainte Françoise, l'archange Raphaël, qui l'accompagnait invisible, la mena voir l'enfer. Elle vit d'abord un abîme si effroyable, qu'elle en tremblait encore lorsqu'elle en parlait à son père spirituel. A l'entrée étaient écrits ces mots : *C'est ici le lieu infernal, sans espérance ni intervalle, où il n'y a nul repos.* Les trois zônes de l'enfer sont séparées l'une de l'autre par un très-grand espace, plein de ténèbres et de tourments. Un énorme dragon, le vieux serpent, traverse les trois zônes, la tête dans celle d'en haut, le corps dans celle du milieu, la queue dans le bas. Il avait la gueule ouverte, la langue hors de la gueule; il n'en sortait point de lumière, mais une fournaise brûlante, avec une puanteur inimaginable : un feu noir et puant sortait pareillement de ses yeux et de ses oreilles.

Au milieu de l'enfer, comme sur une poutre, était assis Satan : sa tête touchait à la zône d'en haut, et ses pieds à celle d'en bas; il occupait ainsi les trois zônes. Il tenait ses pieds écartés, ainsi que ses mains, l'une vers le haut, l'autre vers le bas, mais non en forme de croix; la croix n'apparaît pas en enfer. Sa tête était couronnée de cornes de cerfs à plusieurs rameaux, de chacun desquels jaillit un très-grand feu. Son visage, terrible au delà de toute imagination, lance de toutes parts un feu puant et brûlant. Il est lié avec des chaînes ardentes au cou, aux mains, aux pieds, au milieu du corps, en sorte qu'il est entouré de chaînes brûlantes. Ces chaînes sont attachées à toutes les parties de l'enfer, d'en haut, du milieu et d'en bas : une de ces chaînes était attachée au dragon d'une part, et à Lucifer ou Satan de l'autre.

A l'entrée de l'enfer, mais au-dessus, sont les limbes des enfants morts sans baptême. Il n'y a là ni feu, ni froid, ni serpents, ni démons, ni puanteur, ni hurlements, ni blasphèmes, ni aucune peine quelconque, hors les ténèbres. Dans le limbe supérieur, car il y en a trois, sont les enfants non baptisés des chrétiens; dans le second, les enfants des Juifs, qui se trouvent dans une obscurité plus grande que les premiers; dans le troisième, les enfants nés d'un inceste entre chrétiens : ici les ténèbres sont encore plus grandes que dans le second.

La sainte vit les démons de la terre amener à l'entrée de l'abîme les âmes des damnés. Ils les jetaient la tête la première dans la gueule toujours béante du dragon; au sortir de là, d'autres démons les jetaient aux pieds de Satan, qui, les brûlant dès lors des feux qui sortaient de tous ses membres, leur assignait le lieu de leur éternel supplice.

Outre les tourments communs à tous les damnés, les pécheurs de Sodome en subissaient un de particulièrement épouvantable. Ils étaient empalés de bas en haut, dans des broches ardentes que les démons leur tiraient par la bouche avec des tenailles de feu. Les usuriers étaient cloués sur un comptoir brûlant, la tête entourée de feu; à côté, les démons avaient des chaudières pleines d'or et d'argent fondus, et leur en versaient dans la bouche; tantôt ils leur ouvraient un trou sur le cœur et y versaient de ces métaux enflammés, avec d'amères railleries. Après quoi ils les plongeaient dans des tonneaux d'or et d'argent fondus, les faisant passer d'un supplice à un autre, sans aucun relâche.

Les blasphémateurs subissaient en particulier ce tourment. Les démons, avec des crocs de feu, leur arrachent la langue, la posent sur des charbons ardents, leur versent d'autres charbons ardents dans la bouche, les plongent dans des chaudières d'huile bouillante, leur versent de cette huile bouillante dans le gosier, avec de sanglants reproches : Pourquoi, misérable, as-tu blasphémé ton Créateur? Et ces misérables blasphémaient avec une rage plus furieuse encore.

Il y avait deux choses que la sainte ne pouvait comprendre. D'abord, s'il y avait réellement en enfer des chaudières et d'autres instruments de supplice. L'ange Raphaël lui dit que cette vision était pour lui faire comprendre, non pas que ces instruments y fussent matériellement, mais que les âmes y souffrent réellement de pareils supplices, comme si ces instruments leur étaient matériellement appliqués. La seconde difficulté : « Comment des âmes séparées de leurs corps pouvaient néanmoins être suppliciées dans la tête, dans le cœur et dans d'autres membres, » la sainte reçut cette explication : « Quoique l'âme soit séparée de la chair, cependant, jusqu'au jugement dernier, elle est punie matériellement suivant les parties du corps, parce que, encore que l'âme soit spirituelle, elle a toutefois revêtu une nature matérielle; mais après le jugement dernier, et le corps et l'âme seront punis par de tels tourments (*Vita prima*, l. 3, c. 5, n. 46 et seqq.).

Ces tourments varient suivant la diversité des péchés, des états et des professions. Voici le supplice de l'orgueil. Un énorme lion, nommé Mahomet, de métal en feu, la gueule béante : dans le gosier, des rasoirs aigus et brûlants; dans le ventre, des serpents, des crapauds, ou des démons qui en prennent la forme; dans la partie postérieure, des épées tranchantes et enflammées. Les démons lancent en haut les âmes superbes, qui retombent dans la gueule du lion, sont découpées par les rasoirs, et paraissent comme mortes : elle passent dans le ventre, au milieu des infections et des vilenies; enfin d'autres démons les retirent avec des crocs, à travers les épées tranchantes. Ainsi continuellement suppliciées, les âmes orgueilleuses ne cessent de blasphémer avec rage, au milieu des railleries des démons (*Vita prima*, l. 3, c. 6, n. 58).

La sainte vit, parmi les démons mêmes, l'accomplissement littéral de ce qui est dit dans saint Paul, qu'*au nom de Jésus, tout genou fléchira, au ciel, sur la terre et dans les enfers*. Lorsque, sur la terre, quelqu'un prononce le nom de Jésus avec dévotion, tous les démons, tant ceux qui sont répandus sur la terre et dans les airs, que ceux qui sont plongés dans l'abîme, ploient le genou, non de leur propre volonté, mais malgré eux. Il arriva un jour que Françoise, s'entretenant avec son père spirituel, vint à prononcer le nom de Jésus : aussitôt des démons, qu'elle voyait sous diverses formes, frappèrent la terre de leur bouche avec grand respect. Plus la personne qui prononce ce nom adorable est avancée en charité et en perfection, plus les démons en ressentent de peine et de tourment. Lorsque des pécheurs en font un blasphème ou le prononcent en vain, les démons sont toujours contraints de le révérer, et s'inclinent malgré eux; mais ils n'en sont plus attristés comme quand on le loue et le bénit. Chaque fois que ce nom est prononcé, n'importe comment, tous les anges et les saints du ciel font une génuflexion très-respectueuse ; s'il est prononcé avec louange et bénédiction, surtout par des personnes agréables à Dieu, cette génuflexion est accompagnée d'une joie indicible. Il en est de même des autres noms de Dieu et de la sainte Vierge, suivant le mérite des personnes qui les prononcent (*Vita prima*, l. 3, c. 8, n. 25).

De l'enfer, la sainte fut conduite au purgatoire, qui est également divisé en trois trônes ou sphères, l'une au-dessus de l'autre. A l'entrée, elle lut cette inscription : *C'est ici le purgatoire, lieu de l'espérance ; les âmes qui sont ici ont un intervalle, suivant le désir*. La zone inférieure était remplie d'un feu clair, différend de celui de l'enfer, qui est noir et ténébreux. Ce feu du purgatoire a une flamme très-grande et rouge, les âmes y sont illuminées intérieurement par la grâce; car elles connaissent la vérité ainsi que la détermination du temps. Celles qui ont commis des péchés graves sont envoyées dans ce feu par les anges, et y restent selon la qualité des péchés qu'elles ont commis. La sainte disait que, pour chaque péché mortel non expié, il faut y rester sept ans. Quoique, dans cette zone inférieure, la flamme du feu enveloppe toutes les âmes, elle tourmente néanmoins l'une plus que l'autre, en proportion de leurs péchés.

En dehors de ce lieu du purgatoire, au côté gauche, se tiennent les démons qui ont fait tomber ces âmes dans les fautes qu'elles expient. Ils leur en font continuellement des reproches amers, sans toutefois leur infliger d'autre tourment. Les âmes souffrent plus de la vue horrible de ces démons et de leurs reproches, que de la flamme du feu. Dans cette souffrance, elles poussent continuellement des cris si humbles et si pieux, que personne ne saurait s'en faire une idée en ce monde; car elles connaissent toutes que c'est avec raison que la divine justice leur inflige ces peines, et qu'elles les ont bien méritées. Et à cause de ces cris affectueux, elles reçoivent quelques consolations; non pas qu'elles soient tirées du feu, mais parce que la divine miséricorde, touchée de leur résignation, jette sur elles un rayon favorable, qui les soulage et leur rappelle qu'elles arriveront à la gloire bienheureuse.

La sainte vit un glorieux ange conduire en ce lieu l'âme qui avait été confiée à sa garde, puis l'attendre en dehors du côté droit. Les suffrages que des parents, amis ou autres font pour les âmes du purgatoire, par le seul motif de la charité, sont présentés à la divine majesté par leurs anges gardiens. Dieu les rend à l'ange gardien, qui les communique à l'âme pour laquelle ils ont été faits, afin d'alléger ses peines. Les suffrages et les bonnes œuvres que des amis font spécialement, et par motif de charité, pour leurs amis en purgatoire, profitent principalement à ceux-ci, mais encore aux autres âmes du purgatoire, à cause de la charité. Les prières, aumônes et suffrages faits en charité pour des âmes qui sont dans la gloire et qui n'en ont pas besoin, profitent d'abord à ceux qui les font, et ensuite aux âmes du purgatoire. Les suffrages que font des vivants pour des âmes qui sont en enfer, ne profitent ni à celles-ci ni à celles du purgatoire, mais uniquement à ceux qui les font.

La zone ou région moyenne du purgatoire était divisée en trois parties : la première, remplie d'une glace très-froide, la seconde, de poix fondue, mêlée d'huile bouillante; la troisième, de certains métaux fondus, comme de l'or ou de l'argent, telle qu'une matière transparente. Trente-huit anges y recevaient les âmes qui n'avaient pas commis des péchés assez graves pour descendre dans la région inférieure. Ils les recevaient et les transportaient d'un lieu dans un autre, avec beaucoup de charité : ce n'étaient pas leurs anges gardiens, mais d'autres anges commis à cet effet par la divine miséricorde (*Vita prima*, l. 3, c. 9, n. 86-90). La sainte ne dit rien, ou du moins son père spirituel n'a rien laissé d'écrit sur la région plus élevée du purgatoire.

Dans les cieux, les anges fidèles ont gardé leur hiérarchie de trois ordres et de neuf chœurs. Les âmes saintes, qui viennent de la terre, montent dans les chœurs et les ordres que Dieu leur assigne suivant leurs mérites. C'est une fête pour toute la milice céleste, mais particulièrement pour le chœur où l'âme sainte doit se réjouir éternellement en Dieu. Ce qu'elle avait vu de ce bonheur laissait une si vive impression à Françoise, qu'elle ne pouvait en parler sans que son cœur se fondît en quelque sorte de joie. Souvent, les jours de fête, surtout après la communion, lorsqu'elle méditait sur le mystère du jour, son esprit, ravi au ciel, y voyait célébrer le même mystère par les anges et les saints. Cependant, cette vision et toutes les autres, elle les soumettait au jugement de sa mère la sainte Église, suivant lequel elle désirait toujours vivre et mourir (*Ibid.*, n. 91-93). Et l'Église de Dieu a canonisé Françoise, sans avoir rien trouvé à reprendre dans ses visions.

Laurent Ponzani, touché des vertus de sa sainte épouse, et sachant combien elle aspirait à une vie plus parfaite, se résolut de garder avec elle la continence, pourvu qu'elle continuât à demeurer avec lui dans la même maison et à gouverner la famille, lui promettant de ne contrarier plus jamais sa volonté ni lui faire aucune peine. Françoise en fut au comble de la joie. Elle n'avait plus qu'à servir Dieu et son époux : Dieu, par-dessus toutes choses; son époux, comme son frère, dans les infirmités qu'il avait contractées par suite de ses blessures, de ses prisons, de ses exils. Quant à elle-même, se voyant libre pour tout le reste, elle vendit les habits précieux qu'elle portait jusqu'alors par obéissance, en employa le prix à vêtir les pauvres, s'habilla elle-même d'une robe de bure, telle que les servantes eussent à peine voulu en porter. Le monde ne pouvait comprendre qu'une dame si noble et si riche s'abaissât de cette manière. Elle allait à une de ses vignes, près de Saint-Paul, y ramassait des sarments, elle les portait sur sa tête à travers la ville, pour les distribuer aux malheureux. Son mari la vit un jour dans cet équipage; il ne lui en dit rien, connaissant le saint motif qui la faisait agir de la sorte. Quelquefois elle conduisait un petit âne chargé de fagots qu'elle distribuait par les maisons les plus indigentes. Elle fit plus : dans un temps de cherté, elle s'en allait avec sa belle-sœur Vannozie dans les quartiers de Rome où elles n'étaient pas connues, et mendiait de porte en porte de quoi donner aux pauvres. Comme on s'apercevait bien qu'elles n'étaient pas pauvres elles-mêmes, il arriva plus d'une fois qu'on leur donna des injures au lieu d'argent. Dans une de ces quêtes d'humilité et de charité, elles entendirent de grands gémissements dans une maison : un enfant venait d'y mourir sans baptême; Françoise le prend entre ses bras, le rend bientôt vivant à sa mère, recommande aux assistants de ne rien dire, et se dérobe à leurs yeux. Elle affectionnait tellement la pauvreté et l'humiliation, qu'elle se mettait volontiers parmi les mendiants à la porte des églises. Les morceaux de pain qu'on lui donnait comme à une mendiante, elle les gardait pour elle, et en place donnait aux pauvres un pain tout entier de sa maison; les morceaux rompus lui semblaient bien plus délicats, parce qu'ils avaient été donnés pour l'amour de Dieu.

A ce mépris de soi-même, elle joignait des austérités de plus d'un genre. Jamais elle ne but de vin, ni en santé, ni en maladie. Contente d'un seul repas par jour, elle ne mangeait rien le soir, si ce n'est, en cas de maladie grave et par ordre de son confesseur, une pomme cuite, et cela très-rarement encore. Pendant seize ans, que sa bru, nommée Mobilie, continua de l'observer, jamais elle ne la vit manger ni chair, ni œufs, ni laitage, ni poisson, ni rien qui pût flatter les goûts. Bien ou mal portante, toute sa nourriture était du pain ordinaire, des légumes ou des herbes cuites, avec un peu de sel, sans huile. Elle ne prenait que deux heures de sommeil, sur un lit très-dur, dans une position gênante, plutôt assise que couchée. Elle portait sur la chair un double cilice, avec une ceinture de crin et un cercle de fer, qui lui occasionna plus d'une plaie. Ajoutez-y une discipline armée de pointes de fer, avec laquelle elle se frappait jusqu'au sang. Elle persévéra dans cette rigueur de pénitence jusqu'à ce que son confesseur lui interdit le cercle de fer et les disciplines sanglantes. Cependant, si dure à elle-même, Françoise était douce et indulgente envers tout le monde, ne laissait manquer personne de rien, surtout les malades, et remplissait avec une constante sollicitude tous ses devoirs de mère de famille.

Quand elle méditait sur la passion du Sauveur, elle en était si profondément touchée, et versait de larmes si abondantes, que sa bru et ses autres domestiques craignirent plus d'une fois qu'elle n'en mourût de douleur. Cette douleur ne pénétrait pas seulement son âme, mais son corps. Pensait-elle aux pieds et aux mains percés de clous, elle sentait ses pieds et ses mains propres si endoloris, qu'elle n'en pouvait plus faire aucun usage. La couronne d'épines lui occasionnait une couronne de douleurs à la tête; la flagellation lui laissait les membres meurtris. Dans cette contemplation douloureuse, était-elle ravie en extase, ses pieds et ses mains distillaient du sang. En méditant sur le côté ouvert du Sauveur, toute sa poitrine lui demeura couverte de plaies. Cette souffrance lui dura très-longtemps; il en sortait une liqueur semblable à de l'eau; il fallut y appliquer du linge, et en changer de temps à autre. Ne pouvant le faire toute seule, tant la douleur était grande, elle fut obligée de découvrir son secret à Vannozie et à deux autres compagnes intimes, qui gardèrent ces linges comme des reliques. Elle fut guérie de cette plaie dans une extase, le jour de Noël 1432, en présence d'une de ses compagnes et de son confesseur (*Secunda vita*, cap. 4).

Dès son enfance, Françoise allait habituellement à la messe et se confessait dans l'église Sainte-Marie-la-Neuve, non loin de sa maison paternelle. Cette église était desservie par des Bénédictins de la congrégation du Mont-Olivet, fondée par le bienheureux Bernard Ptoloméa de Sienne. Lors de son mariage, Françoise alla demeurer dans un autre quartier, mais elle venait toujours se confesser à Sainte-Marie. Elle s'était attiré l'affection et la confiance de plusieurs nobles dames qui fréquentaient la même église. De pieux entretiens s'établirent entre elles. Un jour, c'était en 1425, leur parlant avec une ferveur extraordinaire, Françoise leur exposa combien ce serait une chose agréable à Dieu, si toutes unanimement elles se consacraient à la sainte Vierge, et, sous sa protection maternelle, formaient une association de piété dans cette même église, comme il y en avait d'autres ailleurs, telles que du Rosaire ou du Scapulaire. Cette pensée plut singulièrement à toutes les dames, qui la regardèrent comme inspirée du Ciel et digne d'être mise à exécution sans délai. Le jour de l'Assomption, elles firent solennellement l'*oblation* de leurs personnes à la sainte Vierge, d'où leur vint le nom d'*Oblates*. Toutes regardaient et écoutaient Françoise comme la mère et la supérieure que Dieu même leur avait donnée. Ceci était un germe qui, avec le temps, devait produire quelque chose de plus parfait. Lorsque Françoise eût reçu de son mari liberté pleine et entière de suivre tous les mouvements de sa dévotion, elle pensa qu'elle pourrait bien se réunir un jour avec ces pieuses dames dans une même maison, et donner naissance à une nouvelle congrégation religieuse. Cette pensée devint une résolution formelle, lorsqu'elle se vit privée de la société si douce de sa belle-sœur Vannozie, avec laquelle elle avait vécu trente années entières dans une telle union, que toutes deux paraissaient n'avoir qu'un cœur et qu'une âme. Vannozie étant tombée malade, Françoise connut qu'elle n'en relèverait point. Elle l'assista constamment, avec un prêtre et d'autres personnes pieuses. Ayant aperçu l'esprit malin qui cherchait à troubler la mourante, elle recommanda au prêtre de le réprimer par l'aspersion d'eau bénite. Cela fait, l'archange qui accompagnait toujours Françoise réduisit le tentateur, par un regard, à se retirer transformé en vile fourmi. La malade mourut saintement, et Françoise vit son âme monter au ciel dans une nuée lumineuse (*Secunda vita*, cap. 8).

Trois saints du ciel excitèrent spécialement Françoise à procurer l'établissement de la congrégation des Oblates: saint Paul, saint Benoît et sainte Madeleine. Au commencement du mois de juillet 1433, le pape Eugène IV commit cette affaire à Gaspar, archevêque de Cosence, qui donna, vers la fin du même mois, un avis favorable. Les pieuses dames, les unes filles, les autres veuves, se réunirent dans une maison appelée la *Tour-des-Miroirs*. Françoise, leur mère et leur fondatrice, ne put les suivre aussitôt. Son mari, qui vivait encore et souffrait beaucoup de ses infirmités, réclamait sa continuelle assistance. Il mourut chrétiennement en 1436. Dès lors elle se réunit à ses chères filles. Ayant mis ordre à ses affaires, elle alla se prosterner à la porte du couvent, nu-pieds, les bras en croix, suppliant les sœurs, au milieu des larmes et des sanglots, de l'admettre dans leur société comme une mendiante et une pécheresse qui, après avoir donné au monde la fleur de la jeunesse, venait offrir à Dieu les restes d'une vieillesse épuisée. Ce spectacle inattendu émut jusqu'aux larmes toutes les sœurs, qui la relevèrent avec empressement et l'introduisirent dans leur maison avec une sainte joie. Elle prit l'habit et fit son *oblation* le jour de Saint-Benoît, 21 mars 1436. La supérieure était alors sœur Agnès de Lellis. Mais toutes supplièrent Françoise de vouloir bien être leur supérieure, comme elle était leur mère et leur fondatrice. Elle résista longtemps, étant venue, non pour être servie, mais pour servir les autres, comme la dernière de toutes. Elle finit par céder à leurs instances. Mais comme ses fréquentes visions et extases pouvaient être un obstacle au parfait accomplissement de certains de ses devoirs, elle prit pour assistante la même Agnès de Lellis. La vie de Françoise était une règle vivante de perfection. Chaque soir, elle se prosternait devant toutes ses sœurs, et, les mains jointes, leur demandait humblement pardon de toutes les fautes qu'elle avait pu commettre. Dieu ne cessa de glorifier son humble servante par le don de prophétie et un grand nombre de miracles juridiquement attestés par des témoins oculaires. Enfin, le 2 mars 1440, ayant appris que son fils Jean-Baptiste était malade, elle alla le voir avec une de ses compagnes. Elle le trouva mieux; mais elle tomba malade elle-même. Elle voulait s'en retourner au couvent dès le soir, suivant la règle; mais, comme c'était loin, son confesseur lui ordonna de rester par obéissance en la maison de son fils. Elle connut par révélation qu'elle mourrait dans sept jours, et s'y prépara comme elle avait vécu, c'est-à-dire saintement. En effet, ayant reçu tous les sacrements de l'Église, elle expira tranquillement le 9 du même mois, en la cinquante-sixième année de son âge. Une minute auparavant, lui voyant remuer les lèvres, son confesseur lui avait demandé si elle voulait quelque chose. Elle répondit: J'achève les vêpres de la sainte Vierge!

Les miracles ne furent pas moins nombreux après sa mort que pendant sa vie. On commença dès lors à l'honorer d'un culte public. Cependant le procès de sa canonisation, commencé sous Eugène IV et Nicolas V, ne fut terminé que sous Paul V, en 1608. On voit son corps à Rome, dans une châsse magnifique, et l'on y célèbre sa fête le 9 mars avec beaucoup de solennité. Les religieuses qui reconnaissent sainte Françoise pour fondatrice ne font point de vœu; elles promettent simplement d'obéir à la mère présidente. Elles ont des pensions, héritent de leurs parents, et peuvent sortir avec la permission de leur supérieure. Il y a dans le couvent qu'elles ont à Rome plusieurs dames de la première qualité (*Acta Sanct.*, et Godescard, 9 mars).

Parmi les visions prophétiques qu'a eues sainte Françoise, il y en a plusieurs qui annonçaient des troubles à Rome et à l'Église. On en vit effectivement d'assez graves sous Eugène IV.

Son prédécesseur, le pape Martin V, laissa trois neveux, tous trois de la famille des Colonne : Antoine, prince de Salerne, Édouard, comte de Gélano, et Prosper, cardinal-diacre du titre de Saint-Georges. Ces trois seigneurs, non contents des grands biens que le Pape leur avait donnés, se saisirent encore de son trésor, c'est-à-dire des grandes sommes d'argent qu'il avait amassées, tant pour défrayer les Grecs qui devaient venir au concile, que pour soutenir la croisade contre les Turcs. Le pape Eugène fit prier les Colonne, par les cardinaux et d'autres seigneurs, de lui rendre ce trésor; mais ils le refusèrent, et mirent des troupes sur pied pour lui faire la guerre. Le Pape, après avoir fait contre eux les procédures nécessaires, prononça, le 18 mai 1431, une sentence par laquelle il déclare que, comme criminels de lèse-majesté, ils ont encouru toutes les peines ecclésiastiques, et les prive de tous leurs biens, leurs dignités et leurs droits. Le Pape voulait soutenir ses procédures par les armes, et la reine de Naples, Jeanne II, lui envoya des troupes sous la conduite de Cadola; mais les Colonne gagnèrent ce chef par argent, et cette guerre troubla quelque temps l'Italie (1).

Ces troubles de Rome, suscités par quelques seigneurs factieux, se rattachèrent bientôt à des troubles plus graves, suscités dans l'Église entière par le concile de Bâle, qui, dès les premiers jours, se montra plutôt une assemblée factieuse qu'un concile vraiment digne de ce nom.

D'après une bulle de Martin V, ce concile devait s'ouvrir le 3 mars 1431, si toutefois il s'y trouvait un nombre suffisant de prélats. Le 1er février de la même année, le même Pape nomma Julien Césarini, cardinal de Saint-Ange et légat en Allemagne, pour y présider en son nom. Mais Martin V mourut le 20 du même mois, et eut pour successeur Eugène IV, élu le 3 mars suivant. Le nouveau Pape confirma la légation du cardinal Julien en Allemagne, l'étendit même à la Hongrie, la Pologne et la Bohême. Puis, le dernier jour de mai, il lui adressa une lettre où il dit : « Le pape Martin vous a enjoint, entre autres choses, de présider au concile qui se doit célébrer à Bâle, s'il s'y trouve un assez grand nombre de prélats pour le tenir. Or, nous avons appris que jusqu'ici il y en est venu peu ou point, en sorte qu'il n'est pas nécessaire d'y envoyer un autre légat. C'est pourquoi nous voulons que, lorsque l'affaire de Bohême sera finie, comme on espère qu'elle le sera bientôt, vous preniez le chemin de Bâle, et que vous vous y conduisiez suivant les ordres que vous avez reçus au concile de Constance. » En exécution de cet ordre, le cardinal Julien envoya à Bâle deux délégués, savoir, Jean de Polemar, chapelain du Pape et auditeur de son palais, et Jean de Raguse, docteur en théologie de la Faculté de Paris, et procureur général de l'ordre des Frères Prêcheurs. Ces deux délégués arrivèrent à Bâle le 19 juillet 1431.

Mais déjà le concile s'était ouvert d'une manière quelconque au jour indiqué par Martin V. C'était, comme nous avons vu, le 3 mars 1431, le même où Eugène IV était élu pape à Rome. Ce jour-là donc

(1) Fleury, l. 102, n. 33 et 34, édition grand in-8º, augmentée de quatre livres publiés pour la première fois d'après un manuscrit de Fleury, appartenant à la bibliothèque royale.

tous les Pères arrivés à Bâle se rendirent solennellement à l'église cathédrale; ils s'y trouvèrent, tout bien compté, au nombre de *un*, ni plus ni moins, encore n'était-ce pas un évêque, mais un abbé, celui de Vézelai. Le lendemain, 4 mars, il prit acte, en présence des chanoines de cette église, des opérations qu'il avait faites le jour précédent. Ce commencement un peu burlesque ne présageait pas mal ce qui est arrivé ensuite.

Jean de Polemar et Jean de Raguse, arrivés à Bâle le 19 juillet, ouvrirent le concile cinq jours après, pour la seconde fois, et d'une manière plus solennelle. Ils s'y trouvèrent eux deux, avec l'abbé de Vézelai, deux députés de l'Université de Paris, et quelques ecclésiastiques de Bâle, sans aucun évêque. En conséquence, ils déclarèrent que le saint concile général de Bâle était légitimement assemblé et ouvert. On peut voir les actes authentiques de ce que nous disons dans le VIIIe tome des *Anciens monuments* publiés par le bénédictin Martène.

Le cardinal Julien était à Bâle vers la mi-septembre; car le 19 du mois il en écrivit une lettre-circulaire à l'archevêque de Reims et à d'autres métropolitains, pour les presser, eux et leurs suffragants, de venir au concile. C'est qu'en effet il n'y venait personne. Dans la congrégation du 26 septembre, où il promulgua les règlements sur la manière de tenir le concile, on dit qu'il n'y avait que trois évêques et sept abbés, dix prélats en tout. Aussi, le 7 octobre, écrivit-il de nouvelles lettres : au roi de France et au duc de Bourgogne, pour les prier d'envoyer leurs ambassadeurs; aux évêques d'Allemagne, pour les presser de venir sans délai et sans pompe; aux abbés et aux prélats du diocèse de Bâle, pour leur reprocher leur négligence et les menacer des peines les plus sévères, s'ils ne venaient assister à la solennité du concile, qui devait avoir lieu le 13 du mois (Martène, p. 3 de la préface).

Le cardinal Julien, touché de cette solitude, envoya au Pape un chanoine de Besançon, nommé Jean Beaupère, pour lui rendre compte de l'état du concile. C'est le même Jean Beaupère, docteur de l'Université de Paris, chef du parti anglais, que nous avons déjà vu dans le procès de Jeanne d'Arc. Ce député fut entendu par Eugène IV en consistoire. On apprit de lui que le clergé d'Allemagne était dans un état déplorable; que l'hérésie des Hussites faisait de très-grands progrès dans les divers États de l'empire; que le mauvais exemple des sectaires avait inspiré aux habitants de Bâle beaucoup de mépris pour les ecclésiastiques; que cette ville n'était pas un lieu tranquille, tant à cause des semences d'erreur qui s'y étaient répandues, que parce qu'on y était exposé aux hostilités qui commençaient entre les ducs d'Autriche et de Bourgogne; qu'en conséquence il était arrivé très-peu de prélats, seulement trois évêques et sept abbés. Le chanoine Beaupère, qui détailla ces fâcheuses nouvelles en présence du Pape et des cardinaux, avait la qualité d'envoyé du légat et du concile de Bâle; par conséquent son témoignage était revêtu de la plus grande autorité qu'on pût désirer dans l'affaire présente. On verra bientôt l'importance de cette observation (Martène et Durand, t. VIII, p. 4 de la préface).

Un événement très-heureux pour l'Église était le désir que les Grecs témoignaient alors de se réunir avec l'Eglise romaine et les Latins; mais cela faisait encore une sorte de contre-temps pour le concile de Bâle, parce que l'empereur et le patriarche de Constantinople voulaient que l'union se consommât dans un concile qui serait célébré en Italie, et le Pape et son conseil souhaitaient que ce fût à Bologne. Or, comme on ne pouvait célébrer en même temps deux conciles œcuméniques, il s'ensuivait que celui de Bâle devait être dissous ou transféré, afin de concourir ensuite à la solennité d'une assemblée nombreuse, dans le lieu où les Grecs seraient convenus de se rendre. La mesure était d'autant plus opportune, que, comme nous le verrons, la réunion des Grecs devait être suivie de celle des Arméniens, des Jacobites, des Ethiopiens, des Syriens, des Nestoriens, des Maronites et des Chaldéens.

Ces considérations firent bientôt la matière d'une bulle, que le Pape adressa au cardinal Julien, où il disait : « Nous avons appris par Jean de Beaupère, que vous nous avez envoyé, que le clergé d'Allemagne est extrêmement déréglé et que l'hérésie bohémienne fait de grands progrès dans le pays. Il nous a dit aussi qu'il s'est élevé bien du scandale à Bâle, et que plusieurs des habitants, suivant les maximes des Bohémiens, persécutent le clergé jusqu'à commettre des meurtres. Il a ajouté que la guerre entre Philippe de Bourgogne et Frédéric, duc d'Autriche, produit de tristes effets, en ce que ces princes ayant des terres proches de Bâle, on ne peut y entrer sans crainte ni même sans péril. Il soutenait toutefois que la célébration du concile et la réformation de l'Eglise seraient très-utiles.

» Nous avons pensé que tant de difficultés et de périls sont peut-être la cause pour laquelle les prélats, que l'on attend depuis si longtemps, ne sont pas venus à Bâle. Nous avons aussi considéré que les sept ans sont passés, dans lesquels le concile devait s'assembler, et que, si nous faisions une nouvelle convocation, les prélats pourraient alléguer les mêmes difficultés, sans compter que l'hiver approche, et qu'il faudrait donner aux prélats un temps convenable pour venir après la convocation.

» D'autre part, Jean Paléologue, qui se dit empereur de Constantinople, nous a depuis peu envoyé un ambassadeur, qui nous a requis, suivant l'ordonnance de notre prédécesseur, de célébrer un concile pour l'union de l'Eglise orientale avec la romaine et l'occidentale; et, suivant la convention de notre prédécesseur, nous avons promis aux Grecs de les défrayer pour venir au concile, et pour leur retour, quand il sera fini. Or, si l'on convoquait un autre concile, il faudrait donc en tenir deux en même temps, et ils se nuiraient l'un à l'autre.

» Par ces raisons, et de l'avis de nos frères les cardinaux, nous vous donnons plein pouvoir de dissoudre le concile, s'il subsiste encore, après en avoir indiqué un nouveau dans notre cité de Bologne, auquel nous entendons présider en personne dans un an et demi, du jour de la dissolution de celui-ci. » Cette bulle est du 12 novembre 1431 (Labbe, t. XII; Sponde, an 1431).

Quelques jours après, le Pape ayant appris que le cardinal-légat et les prélats de Bâle avaient invité les Hussites de Bohême à venir conférer sur les points controversés entre eux et les catholiques, ce fut dans la cour romaine un nouveau motif d'opposition contre le concile; car il semblait dangereux qu'une cause décidée par le concile de Constance et par les bulles apostoliques fût remise en délibération, et l'on craignait qu'il n'y eût une sorte d'inconséquence à ouvrir des conférences de religion avec des gens qu'on avait poursuivis jusqu'alors par les armes spirituelles et temporelles. Eugène IV crut donc devoir porter le dernier coup au concile de Bâle, en le déclarant dissous et transféré à Bologne. Cela fit l'objet d'une autre bulle en date du 18 décembre, et adressée à tous les fidèles.

Le Pape fit porter les deux bulles à Bâle par l'évêque de Parenzo, trésorier de la Chambre apostolique. C'était vers le commencement de 1432. Le cardinal Julien, frappé de ce coup, ne laissa pas de témoigner d'abord son obéissance. Il déclara qu'il ne pouvait plus faire les fonctions de président, puisque le Pape transférait le concile; mais persuadé en même temps qu'il était du bien de l'Eglise que l'assemblée de Bâle continuât, il écrivit à Eugène une lettre extrêmement forte, quoique respectueuse, pour l'engager à se désister de la résolution énoncée dans ses bulles. On ne peut rien ajouter à la multitude et à l'énergie des motifs qu'il proposait. La bonne réputation du Pontife, l'intérêt de la religion en Bohême, l'attente de l'empereur, des autres souverains, les égards dus aux décrets de Constance et de Sienne, aux bulles de Martin V et à celles d'Eugène lui-même, tout cela formait une exhortation pressante en faveur du concile déjà commencé. Le motif principal est l'état déplorable de l'Allemagne, qu'il lui semblait plus important de prémunir contre l'hérésie de Bohême, que de travailler à la réunion des Grecs, qui avaient si souvent trompé l'attente de l'Eglise romaine.

Comme le cardinal Julien était un homme modeste et réservé dans ses démarches, le savant Henri de Sponde et d'autres ont de la peine à se persuader qu'une lettre aussi véhémente soit son ouvrage (Sponde, an 1432, n. 3).

Une observation du jésuite Berthier est surtout remarquable. Dans ses deux bulles, l'une au cardinal Julien, l'autre à tous les fidèles, le pape Eugène IV déclare solennellement que, s'il se décide pour la translation du concile de Bâle, c'est principalement sur les informations données en plein consistoire par Jean Beaupère, envoyé du cardinal et du concile. Or, dans sa réponse au Pape, le cardinal, parlant au nom du concile, s'inscrit en faux contre ces informations, sans désavouer pourtant, ni même nommer le député qui les avait données. Il y a plus : dans sa troisième session, le concile dit d'une part que « le vénérable docteur Jean Beaupère avait été envoyé au Pape et aux cardinaux, pour les prier d'assister au concile; » puis il ajoute, quelques lignes après, que le Pape s'est laissé surprendre par une *information fausse et désavantageuse* (*Hist. de l'Eglise gallicane*, l. 47).

Que veut dire tout cela? Le président du concile envoie un député informer le Pape; le Pape agit d'après les informations du député; le président et le concile blâment le Pape de s'être laissé surprendre par des informations fausses, et ils ne désavouent pas, ne les blâment pas, ils louent, au contraire, leur député qui les lui a données!

Jean Beaupère avait trempé dans la condamnation

de Jeanne d'Arc, où l'on s'est permis de supprimer les informations et les témoignages favorables, d'en altérer d'autres, d'ajouter, de retrancher au gré des juges, de présenter de toute l'affaire un résumé infidèle, afin de livrer au bûcher des Anglais la libératrice de la France. Jean Beaupère et les autres docteurs de Paris qui en avaient usé de la sorte envers Jeanne d'Arc, se trouvèrent des premiers à l'assemblée de Bâle; ils en étaient l'âme. Pierre Cauchon lui-même y viendra, si même il n'y était déjà. Des hommes capables de ces manœuvres d'iniquité envers l'innocence héroïque d'une jeune fille, n'ont-ils pas pu s'en permettre, de semblables envers un Pape, pour avoir le plaisir de le fouler aux pieds, comme des enfants dénaturés et mal appris qui mettraient leur gloire à déshonorer leur père? D'autres indices pourraient justifier ces soupçons.

Au mois de janvier 1432, les prélats de Bâle envoyèrent une solennelle ambassade à Rome, pour supplier le Pape avec instance de révoquer son décret de dissolution (Labbe, t. XII, col. 480). Le bon sens et les convenances les plus vulgaires demandaient que, jusqu'à la réponse du Pape, les prélats s'abstinssent de tout ce qui pouvait envenimer l'affaire. C'est le contraire qu'ils firent. Dans le temps même qu'ils envoyaient une ambassade au Pape, ils adressaient à tous les fidèles des lettres synodales, pour notifier à tout l'univers qu'ils étaient déterminés à continuer leurs séances, envers et contre qui que ce soit. Le cardinal Julien ne scella point ces lettres, parce qu'il s'était démis de la charge de président; ce fut Philbert, évêque de Coutances en Normandie, qui apposa le sceau, et ce prélat normand fut aussi le chef du concile, dans la seconde session célébrée le 15 février, avant qu'on eût reçu aucune réponse du Pape.

Il était spécifié dans la bulle de convocation, que le concile n'aurait lieu que quand il se trouverait *un nombre et un concours de prélats convenable et suffisant*. Or, le 15 février 1432, il s'y trouvait en tout quatorze prélats, tant évêques qu'abbés. Eh bien! le même jour, ces quatorze prélats entrèrent avec solennité dans l'église cathédrale de Bâle et y publièrent leurs décrets en ces termes :

« Le très-saint concile général de Bâle, légitimement assemblé dans le Saint-Esprit, pour la gloire de Dieu, l'extirpation des hérésies et des erreurs, la réformation de l'Eglise dans son chef et dans ses membres, la pacification des princes chrétiens, déclare, définit et ordonne ce qui suit :

» Premièrement, que ce saint concile de Bâle, suivant les décrets faits à Constance et à Sienne, et conformément aux bulles de la Chaire apostolique, est légitimement et dûment commencé et assemblé dans cette même ville de Bâle; et afin qu'on ne doute point de son autorité, on insère ici deux déclarations de celui de Constance. La première, où il est dit que le concile général, assemblé légitimement dans le Saint-Esprit et représentant l'Eglise militante, tient immédiatement de Jésus-Christ une puissance à laquelle toute personne, de quelque état et dignité qu'elle soit, même papale, doit obéir en ce qui regarde la foi, l'extirpation du schisme et la réformation de l'Eglise, tant dans le chef que dans les membres. La seconde porte que toute personne, même de dignité papale, qui refuserait d'obéir aux décrets de ce saint concile (de Constance) et de tout autre concile général légitimement assemblé, sera punie comme il convient, en implorant même contre elle les moyens de droit, s'il est nécessaire.

» En conséquence, poursuivent les quatorze prélats, ce saint concile de Bâle, actuellement assemblé légitimement dans le Saint-Esprit, pour les causes ci-dessus exprimées, décerne et déclare qu'il ne peut-être dissous, ni transféré, ni différé par qui que ce soit, non pas même par le Pape, sans la délibération et le consentement du concile même; qu'aucun de ceux qui sont au concile ou y seront dans la suite, ne peut en être rappelé, ni empêché d'y venir par qui que ce soit, pas même par le Pape, sous aucun prétexte, et quand ce serait pour aller en cour de Rome, à moins que le saint concile n'y donne son approbation; que toutes les censures, privations ou autres voies de contrainte qu'on pourrait employer pour séparer du concile ceux qui y sont déjà présents, ou pour empêcher les autres de s'y rendre, seront nulles; que le concile les déclare telles et les met à néant; faisant défenses très-expresses à quiconque de s'éloigner de la ville de Bâle avant la fin du concile, si ce n'est pour une cause raisonnable qui sera soumise à l'examen des députés de l'assemblée, avec obligation, en outre, à ceux dont les raisons auront été trouvées légitimes, de nommer à leur place quelqu'un qui les représente. »

Voilà donc quatorze prélats, parmi lesquels une demi-douzaine d'évêques, qui, malgré le chef de l'Eglise universelle, se prétendent concile œcuménique, représentant l'Eglise universelle, ayant autorité, non plus seulement sur un pape douteux, mais sur un pape certain et légitime, universellement reconnu de tout le monde. Autant vaudrait dire qu'un troupeau de cent brebis est légitimement représenté par cinq brebis folles, et que c'est à elles de conduire le pasteur.

Un homme était venu souffler le feu de la rébellion, qui, du reste, s'allumait déjà de lui-même. Dominique Capranica, évêque de Ferno, avait été secrètement désigné cardinal par Martin V; mais ce Pape étant mort avant de l'avoir déclaré publiquement, les autres cardinaux ne voulurent point l'admettre au conclave, ni Eugène IV confirmer sa nomination secrète. Outré de dépit, il vint à Bâle, où il fut reçu à bras ouverts et déclaré cardinal par les douze ou treize prélats (Martène, p. 4 de la préface, t. VIII).

Pour se fortifier de plus en plus contre le Pape, les quatorze prélats de Bâle écrivirent au roi de France, Charles VII, à l'empereur Sigismond et à d'autres princes. A Bourges, qui était encore la capitale de Charles VII, eut lieu, le 26 février, une assemblée d'évêques, qui se déclara pour les quatorze prélats de Bâle, mais en leur recommandant, par l'archevêque de Lyon, de traiter avec le Pape d'une manière douce et modeste : « Car enfin, ajoutait l'archevêque, c'est un homme recommandable par l'intégrité de sa vie, c'est le chef de l'Eglise; et si le chef est dégradé, il faudra bien que les membres deviennent arides et infructueux (*Ibid.*, p. 5; et *Hist. de l'Eglise gallic.*, l. 47). » Ainsi parlaient les évêques de France.

L'Université de Paris, composée de simples prê-

tres et de laïques, n'était pas si modérée. Elle mandait aux quatorze prélats de Bâle : « Qu'il n'y avait que des enfants d'iniquité qui eussent pu songer à la translation du concile; que c'était l'ennemi du genre humain qui avait inspiré cette pensée pleine de malice; qu'il fallait se raidir contre des artifices si dangereux; que si le Pape voulait dissiper ou dissoudre l'assemblée avant sa conclusion, on ne devait pas lui obéir, mais plutôt lui résister de la même façon que saint Paul, qui était le modèle des docteurs, avait résisté à saint Pierre, qui représentait les Pontifes (Du Boulai, t. V, p. 412).»
Voilà ce que disaient aux prélats de Bâle les prêtres et les laïques de l'Université de Paris. Il est bon de se rappeler que cette Université était encore plus anglaise que française, et qu'elle avait poussé à la condamnation de Jeanne d'Arc avec le même zèle qu'elle poussait maintenant à la rébellion contre le pape Eugène IV.

L'empereur Sigismond prit également parti pour le concile de Bâle, et envoya au Pape plusieurs lettres et ambassades, pour l'engager à revenir de sa résolution (Martène, *ibid*., p. 6 et seqq. de la préface).

Les quatorze prélats de Bâle, que Sigismond avait soin d'informer de ses démarches, se voyant ainsi soutenus, allaient toujours en avant dans leur entreprise. Dans la troisième session, tenue le 29 avril 1432, ils renouvelèrent le décret de la supériorité du concile sur le Pape, et ajoutèrent une monition juridique, par laquelle ils sommaient le Pape de venir au concile ou d'y envoyer quelqu'un de sa part, dans l'espace de trois mois. Ils intimaient à tous les cardinaux l'ordre de s'y rendre en personne, avec menace de procéder contre le Pape et contre eux, s'ils ne se conformaient aux intentions du concile.

Le même décret s'adressait à tous les prélats du monde chrétien, à tous les généraux d'ordre et à tous les inquisiteurs; il ordonnait outre cela, en vertu de la sainte obéissance et sous peine d'excommunication, à toutes personnes, soit ecclésiastiques, soit séculières, même à l'empereur et aux rois, de faire signifier la présente monition au Pape et aux cardinaux, supposé toutefois que l'accès en cour de Rome ne parût pas dangereux ni incommode.

La quatrième session, en date du 20 juin, prévint de plus d'un mois le terme qu'on avait donné au Pape et aux cardinaux; aussi les prélats de Bâle, qui pouvaient alors être une vingtaine, ne les déclarèrent-ils pas encore contumaces. Mais ils ne perdirent pas leur temps pour cela, car ils firent plusieurs décrets sur le gouvernement de la cour pontificale. Ils déclarèrent donc que, si le Pape venait à mourir, l'élection du successeur se ferait à Bâle; que le Pape ne pourrait faire aucune promotion de cardinaux durant le concile; que les prélats et les officiers de la cour romaine, ne pourraient être empêchés de venir au concile, quelque emploi, devoir ou office qui les attachât au Pape. Enfin, ce qui passa toute créance, les quinze ou vingt prélats de Bâle, non contents de faire des règlements factieux, allèrent jusqu'à usurper le gouvernement des domaines temporels du Saint-Siège. Eugène IV avait nommé son frère pour gouverner Avignon et le comtat Venaissin. Les habitants n'en furent pas contents, et en portèrent des plaintes au Pape. Là-dessus les prélats de Bâle s'avisèrent de donner cette légation à un cardinal espagnol. Pour réprimer cette usurpation manifeste, le Pape nomma légat de ce patrimoine le cardinal Pierre de Foix, qui mit les rebelles en déroute, et gouverna les peuples avec tant de satisfaction de leur part, qu'on l'appelait communément *le bon légat*.

Ces entreprises des prélats de Bâle en annonçaient de plus violentes encore. Dans leur cinquième session, qui se tint le 9 août, ils ne firent que des règlements sur la manière de traiter les causes de la foi; mais peu de jours après vint à Bâle un camérier du Pape nommé Jean Dupré, avec la qualité de nonce apostolique, pour proposer des moyens de conciliation concertés avec l'empereur. Non-seulement il ne fut pas écouté, mais mis en prison et chargé de chaînes (Martène, t. VIII, p. 149, et p. 9 de la préface). Cette première députation fut suivie d'une autre plus considérable, composée de quatre nonces, qui étaient les archevêques de Colocza et de Tarente, l'évêque de Maguelone et un auditeur du sacré palais; ils protestèrent contre l'incarcération et la détention dans les fers du nonce précédent, mais eurent bien de la peine d'obtenir des passeports assez rassurants pour eux-mêmes. Admis enfin à l'audience des prélats de Bâle, après bien des plaintes et des protestations, ils entamèrent, le 22 août, une apologie dans les formes en faveur du Pape, leur maître : ce furent les deux archevêques qui parlèrent.

Celui de Colocza le fit d'une manière plus générale que son collègue. Prenant pour texte ces paroles de saint Paul : *Qu'il n'y ait point de schisme dans le corps* (1. Cor., 12), il disait aux prélats de Bâle : « Mes Pères, qu'il n'y ait point de schisme dans le corps, si vous désirez extirper l'ivraie de l'hérésie. Qu'il n'y ait point de schisme dans le corps, si vous cherchez à réformer la vie ecclésiastique. Qu'il n'y ait point de schisme dans le corps, si vous avez à cœur d'apaiser les esprits hostiles des princes. » Après avoir posé des principes si justes et si clairs, il montre que les conciles généraux avaient toujours été rassemblés du consentement des Pontifes romains; que les Hussites seraient beaucoup moins portés à se soumettre au concile, quand ils le verraient séparé du chef de l'Eglise; que la réunion des Grecs méritait bien qu'on songeât à leur donner un lieu commode où ils pussent s'aboucher avec les Latins; qu'au reste, la vie irréprochable et exemplaire du pape Eugène, son zèle ardent pour l'extirpation des hérésies et pour la réformation, persuadaient assez, sans aucune preuve, qu'il n'avait point cherché à éluder la célébration d'un concile. Des réflexions aussi sages étaient sagement exprimées (Labbe, t. XII).

L'archevêque de Tarente insiste d'abord sur l'unité. Il est un seul Dieu suprême, que les païens mêmes reconnaissaient sous un nom ou sous un autre. Sa providence embrasse tous les temps, tous les lieux, toutes les créatures, et ramène tout à l'unité d'un même dessein. Cette unité se manifeste dans la création de l'univers, dans la législation de Moïse, dans l'incarnation du Verbe, dans l'institution de l'Eglise et de son chef. Il n'y aura qu'un troupeau, et qu'un pasteur. C'est à un seul, à Pierre, que le Seigneur dit avant son Ascension : *Pais mes brebis*. C'est à un seul qu'il dit, avant sa Passion : *Et quand tu seras converti, affermis tes frères*. C'est à un seul qu'il a dit : *Tu es Pierre, et sur cette pierre je bâtirai mon Eglise, et tout ce que tu délieras sur la terre, sera délié dans les cieux*. De là, d'après les Pères et le droit canon, Pierre ou son successeur a seul la plénitude de la puissance, les autres n'étant appelés qu'à une partie de la sollicitude. Dans ces derniers temps, comme la liberté humaine se ruait dans toute sorte de précipices, le Dieu de miséricorde a donné à son Eglise un pasteur doué de toutes les vertus, notre Très-Saint-Père et seigneur, très-digne souverain Pontife, vrai, indubitable et unique vicaire de Notre Seigneur et Dieu Jésus-Christ. Pour le rétablissement de la paix et de la discipline, il a marché sur les traces de son prédécesseur Martin V, en ordonnant la tenue du concile et en confirmant les pouvoirs du cardinal Julien. Mais voyant que le concile n'avait pas le succès qu'il eût désiré ou qui répondît à la grandeur des affaires; apprenant au contraire avec certitude la débilité et la petitesse du concile, et cela par le député même des quelques prélats de Bâle; requis enfin avec instance de faire une nouvelle convocation, il a dissous le concile et convoqué par le même acte, à Bologne. Cette dissolution n'était ainsi qu'une translation de Bâle à une autre ville plus propre à la réunion des Grecs et même à la réduction des Hussites, qui seraient d'autant plus portés à se soumettre, qu'ils se trouveraient plus près de la personne du souverain Pontife. D'ailleurs, le Pape n'avait pu voir d'un œil indifférent le danger auquel on exposait la foi, en offrant aux hérétiques de Bohème de conférer avec eux, « *afin de porter après cela un jugement définitif sur ce qui devait être cru et tenu dans l'Eglise.* » Il était évident que ces promesses rappelaient à un nouvel examen ce qui avait été décidé dans le concile de Constance, et rendaient problématique la croyance des fidèles.

Le nonce représentait ensuite aux prélats de l'assemblée l'esprit d'opposition qu'ils avaient témoigné pour les droites intentions du Saint-Père; comment quelques-uns d'entre eux s'étaient hâtés de se rendre à Bâle, précisément parce que le Pape avait fait une autre convocation; comment ils s'abusaient eux-mêmes en prenant ce système de contradiction et de querelle, puisqu'il est du ressort de la puissance apostolique de convoquer les conciles et de les confirmer. Il les conjure, par ce qu'il y a de plus saint, de ne pas continuer des procédés semblables. Le Pape souhaite le concile avec plus d'ardeur qu'eux-mêmes; non-seulement il se propose d'y présider, mais il veut que la réformation commence par sa personne, qu'on examine sa conduite, non-seulement depuis son pontificat, mais depuis sa première jeunesse, pour de là passer à la réformation de la cour romaine et du reste de la chrétienté. Quant aux deux points qui faisaient l'objet de la controverse, le changement de lieu et le délai de l'assemblée, le nonce offrait de la part du Pape quelque ville que ce fût des terres de l'Eglise, avec une pleine et entière cession de la souveraineté de la ville durant la tenue du concile; et, pour le temps, il laissait les prélats maîtres absolus de le réduire à telle borne qu'il leur plairait. Enfin, si les prélats de Bâle croyaient leur présence nécessaire en cette ville pour l'affaire de Bohème, le Pape les laissait libres d'y rester pour la terminer avec le cardinal Julien. (Labbe, t. XII).

Avec cette condescendance du Pape, on eût pu croire que le différend s'arrangerait à l'amiable. Il n'en fut rien. Les prélats de Bâle, qui alors étaient environ trente, tant évêques qu'abbés, répondirent aux nonces du Pape, le 3 septembre, par un très-long mémoire. En voici la substance.

Les trente prélats commencent par se déclarer eux-mêmes le très-saint concile général de Bâle, légitimement assemblé dans le Saint-Esprit, représentant l'Eglise universelle. Ils disent au Pape et à ses nonces : « Ne veuillez pas contrister le Saint-Esprit. Nous sommes le concile universel ; c'est par nous que le Saint-Esprit prononce ses oracles. Donc, nous contrarier, c'est contrister le Saint-Esprit ; nous résister opiniâtrement, c'est pécher contre le Saint-Esprit. Or, voilà ce que fait le Pape et vous autres. Prenez garde d'abuser davantage de notre mansuétude. Vous nous avez rappelé ces paroles : *Qu'il n'y ait point de schisme dans le corps*. Mais nous représentons l'Eglise universelle : ce n'est donc pas nous qui faisons schisme, mais le Pape, en se séparant de nous. « Telle est en somme la réponse des prélats de Bâle au discours de l'archevêque de Colocza. Ils posent en principe ce qui est en question, savoir, que trente prélats en opposition, comme ils étaient, avec le chef certain et légitime de l'Eglise universelle, représentaient dans leur opposition l'Eglise universelle, et formaient un concile général légitimement assemblé dans le Saint-Esprit.

Répondant à l'archevêque de Tarente, les trente prélats commencent par cette observation : « Il explique d'abord longuement la juridiction et la puissance du souverain Pontife; qu'il est le chef de l'Eglise, le vicaire du Christ, qu'il a été établi pasteur des chrétiens, non par les hommes ni les conciles, mais par le Christ lui-même; qu'il a reçu les clés du royaume, qu'à lui seul a été dit : *Tu es Pierre*; que lui seul a été appelé à la plénitude de la puissance, et les autres au partage de la sollicitude; ainsi que beaucoup d'autres choses de cette nature, qui, étant connues de tout le monde, n'avaient pas besoin d'être énumérées. Nous avouons et croyons parfaitement ces choses, et nous avons intention, dans ce saint concile, de faire en sorte que tout le monde croie de même. Et néanmoins nous disons que le Pontife romain est tenu d'obéir aux mandements, statuts, ordonnances et préceptes de ce saint concile de Bâle, et de tout autre concile général légitimement assemblé, dans les choses qui regardent la foi, l'extirpation du schisme et la réformation générale de l'Eglise dans son chef et ses membres, comme il a été déclaré par le concile général de Constance. »

Là-dessus les trente prélats s'étendent longuement sur l'autorité de l'Eglise universelle et des conciles généraux ; mais puisque, de leur aveu, le Pape est la tête de l'Eglise, on pouvait leur demander : Est-ce donc la tête qui doit obéir au reste du corps, ou le reste du corps qui doit obéir à la tête ? Peut-il y avoir un concile général sans le Pape ? Un concile sans le Pape, sans le chef certain et légitime de l'Eglise universelle, peut-il représenter l'Eglise universelle ? Ce que le concile de Constance a décrété contre des Papes douteux, peut-il s'appliquer à un Pape indubitable ? D'ailleurs, ces décrets de Constance ont-ils été confirmés par l'Eglise et son chef, dans le sens que vous leur donnez ? Et puis, un concile, même universel, est-il vraiment au-dessus du Pape ? Vous citez le concile d'Ephèse, mais il est contre vous ; car, dans son acte le plus solennel, la condamnation de Nestorius, il déclare qu'il a été contraint par les lettres du pape Célestin et par les saints canons d'en venir à cette lugubre sentence. Vous citez le concile de Chalcédoine, mais il est contre vous ; car il demanda la confirmation de ses décrets au pape saint Léon, qui, approuvant les autres, en cassa un sans retour.

Le pape Eugène IV avait signalé, et avec beaucoup de raison, l'imprudence qu'avaient eue les prélats de Bâle de dire dans leur invitation aux Bohémiens : « Venez avec confiance, on écoutera vos raisons, et le Saint-Esprit lui-même décidera ce qu'il faut croire et tenir dans l'Eglise. » Ce qui supposait évidemment que l'Esprit-Saint ne l'avait pas encore décidé dans les conciles de Constance et de Sienne. Comment les prélats de Bâle vont-ils se tirer de ce mauvais pas ? Ils s'étendent longuement sur ce qui n'était pas en question, sur l'utilité des conférences ; ils en citent des exemples, même apocryphes. Ils finissent par insinuer que, quand ils avaient dit : *Le Saint-Esprit décidera*, ils avaient entendu dire : *Nous-mêmes déciderons, comme étant le concile général et l'organe de l'Esprit-Saint*. Mais, nonobstant un pareil sophisme, on pouvait toujours leur dire : Donc, d'après vous-mêmes, le Saint-Esprit n'a pas encore décidé ce qu'il faut croire et tenir dans l'Eglise. Et voilà précisément ce que le Pape vous reproche.

Voici qui n'est pas moins curieux. Les trente prélats disent aux nonces du Pape : « Vous pensez avoir dit quelque chose de grand, en disant que celui qui viole le privilège de l'Eglise romaine, privilège conféré par le chef suprême de toutes les églises, tombe dans l'hérésie. Nous croyons de même, et beaucoup plus fermement ; car nous disons que le souverain Pontife est le chef de l'Eglise, et que la chaire de Rome est la chaire principale entre les autres. Mais, en louant une partie, avez-vous oublié le tout ? En exaltant une église, omettez-vous l'Eglise universelle ? S'il est hérétique celui qui détruit la primauté de l'Eglise romaine, combien plus hérétique ne sera pas celui qui nie que cette église-là, dans laquelle est contenue et préside la romaine, ait puissance sur toutes les églises et tous les hommes ? — Le lecteur ne devinerait guère où les trente prélats de Bâle en veulent venir. Le voici en deux mots. — Or, le concile général représente l'Eglise universelle, et nous sommes le concile général. Donc, quiconque nie notre infaillibilité et notre omnipotence sur toutes les églises et sur tous les hommes, principalement sur le Pape, celui-là est plus hérétique que celui qui nierait la primauté de l'Eglise romaine. »

Quant à l'offre qu'avait faite le Pape de tenir le concile en telle ville d'Italie qu'on voudrait, les trente prélats de Bâle, avec une impolitesse qui n'a pas de nom, lui répondent assez crûment que cette offre n'était qu'un jeu, qu'une farce pour dissiper le concile de Bâle et n'en tenir aucun. Toutefois, s'il veut se réunir et se soumettre à eux, ils lui offrent généreusement l'amnistie du passé (Labbe, t. XII). Telle est en substance la réponse des trente prélats. Nous verrons qu'ils ne furent guère bons prophètes ; car nous verrons Eugène IV tenir avec calme, succès et gloire le concile œcuménique de Florence, où se réuniront à l'Eglise romaine les Grecs, les Arméniens et autres peuples de l'Orient, tandis que l'assemblée de Bâle tournera de plus en plus en farce ridicule et scandaleuse.

Trois jours après, dans la sixième session, le 6 septembre, deux promoteurs de l'assemblée de Bâle, tous deux Français et de l'Université de Paris, requirent qu'on déclarât la contumace du Pape et des cardinaux. L'assemblée députa les évêques de Périgueux et de Ratisbonne pour faire les trois citations canoniques ; mais l'évêque de Maguelone et l'archevêque de Tarente, deux des nonces du Pape, demandèrent si instamment un délai pour leur maître, que l'assemblée ne passa pas outre ce jour-là ; et, à l'égard des cardinaux, quelques docteurs présents à la session s'offrirent de présenter des excuses légitimes de leur part ; ce qui fut accepté au nom de l'assemblée par les évêques de Frisingue et de Belley, qui en avaient la commission.

A cette session, on compta trente-deux prélats, tant évêques qu'abbés, avec deux cardinaux, savoir : Dominique Capranica, cardinal par la grâce de l'assemblée de Bâle ; le cardinal Branda de Castiglione, brouillé avec le Pape pour des querelles particulières. Voici comme Æneas Sylvius, plus tard le pape Pie II, parle de ces deux personnages, ainsi que de quelques autres qui suivirent leur exemple les années suivantes. Il expose l'état où il trouva l'assemblée. « Il y avait à Bâle quelques cardinaux qui s'étaient échappés de la cour romaine et qui, n'étant pas bien avec le Pape, critiquaient ouvertement sa conduite et ses mœurs. D'autres officiers du Pape s'y rendaient tous les jours, et comme la multitude est portée à la médisance, comme elle se plaît à blâmer ceux qui gouvernent, tout ce peuple de courtisans déchirait en mille manières différentes la réputation de son ancien maître. Pour nous, qui étions jeunes, qui sortions tout récemment de notre patrie, qui n'avions rien vu, nous prenions pour des vérités tout ce qui se disait, et nous ne pouvions aimer le pape Eugène, en voyant que tant de personnes illustres le jugeaient indigne du pontificat. Il y avait aussi là des députés de la célèbre école de Paris ; il y avait des docteurs de Cologne et des autres Universités d'Allemagne, et tous, d'un commun accord, exaltaient jusqu'aux nues l'autorité du concile général. Il se trouvait peu de personnes qui osassent parler de la puissance du Pontife romain ; tous ceux qui parlaient en public flattaient les opinions de la multitude. »

Il dit plus bas que, quand il se fut trouvé longtemps après avec des gens pacifiques et qui gardaient la neutralité entre le concile et le Pape, il apprit des anecdotes qu'il ne savait pas auparavant ; par exemple, que le pape Eugène avait été accusé de bien des choses dont il n'était pas coupable, et que les cardinaux qui étaient venus à Bâle avaient noirci *ce bon Pape et ce saint homme*, à cause de leurs animosités particulières. Mais dans la suite, ajoute-t-il, ils retournèrent tous vers lui, et ils lui demandèrent pardon de leur faute (*Pius II, in bullâ retract.*).

De tous les cardinaux présents au concile, quand Pie II, alors Æneas Sylvius, y arriva, celui, dont il dit le plus de bien, est Julien Césarini, cardinal de Saint-Ange. Il avait cessé de présider après les premières bulles données par Eugène pour transférer le concile à Bologne; mais son ardeur n'en était pas plus ralentie, et il la témoigna encore par une lettre au Pape, datée du 5 juin 1432. C'était après une ambassade envoyée aux Hussites, et après les promesses qu'ils avaient données de se rendre au concile; c'était depuis les résolutions prises par les évêques français dans l'assemblée de Bourges. Le cardinal faisait valoir ces raisons; il avertissait le Pape que le nombre des prélats s'augmentait tous les jours à Bâle, il lui répétait encore que ce concile s'appuyait entièrement sur les définitions de celui de Constance, dont on ne pouvait soupçonner l'autorité sans donner atteinte au pontificat de Martin V et d'Eugène lui-même. Il rappelait les jugements de rigueur que les Pères de Constance avaient portés contre Jean XXIII et Benoît XIII, l'un et l'autre privés du pontificat, le premier à cause de sa mauvaise conduite, et le second à cause de son obstination dans le schisme. Mais comme ces remontrances et ces exemples se présentaient sous des dehors sinistres, le cardinal finissait ainsi sa lettre : « Je dis cela, Très-Saint-Père, avec tout le déplaisir possible; et si Votre Sainteté voyait le fond de mon cœur, elle me saurait gré de mon excès de charité, elle me regarderait comme son fils bien-aimé. » — Le même cardinal Julien condamna depuis tout ce qu'il avait pensé ou écrit contre la conduite du pape Eugène. On a le détail de sa rétractation dans la bulle du pape Pie II (*Hist. de l'Eglise gallic.*, l. 47).

Comme Eugène IV était souvent malade, les prélats de Bâle s'occupaient beaucoup de l'idée d'un conclave futur. Ainsi ils réglèrent le 6 novembre, dans la septième session, que, si le Pape venait à mourir durant le concile, les cardinaux ne s'assembleraient qu'au bout de soixante jours, et l'on ajouta que les bénéfices des cardinaux qui agiraient contre les règles de ce conclave futur, seraient dévolus à la collation des ordinaires, non au Saint-Siège.

Dans la huitième session, 18 décembre, les prélats de Bâle portèrent des coups plus directs au Pape. Ils lui donnèrent soixante jours pour révoquer les bulles par lesquelles il transférait le concile, et il était dit qu'après ce terme on procéderait contre lui, selon l'inspiration du Saint-Esprit, et en usant de tous les moyens que le droit divin et humain pouvait suggérer. On lui défendait, durant ces soixante jours, de conférer aucun bénéfice, en vue de dissoudre ou traverser le concile, et cela sous peine de nullité. On ordonnait aux cardinaux et aux autres officiers de la cour romaine de s'en retirer vingt jours après le terme donné au Pape. On renouvelait la citation déjà faite aux autres prélats de la chrétienté, de se rendre à Bâle. On mettait tous les bénéfices de ceux du concile sous la protection de cette assemblée, avec défense au Pape de les déclarer impétrables ou de les donner à d'autres. On lui ôtait même la liberté d'établir de nouveaux impôts sur les terres de l'Eglise, ou d'aliéner la moindre partie de ces biens; et enfin défenses étaient faites à toutes personnes, même au Pape, à l'empereur et aux rois, de reconnaître aucun autre concile, soit à Bologne, soit ailleurs, parce qu'il ne peut y avoir, disent les prélats de Bâle, deux conciles œcuméniques en même temps. Ainsi finit l'année 1432, avec toutes les apparences d'une rupture prochaine entre les prélats de Bâle et le chef de l'Eglise universelle.

Eugène IV fit de nouvelles tentatives pour prévenir cette rupture. Il nomma quatre nonces, dont l'évêque de Servia en Romagne était le plus considérable, et il minuta tout le progrès de leurs démarches dans des instructions dont voici l'abrégé. « Si l'on peut persuader aux prélats du concile de le transporter à Bologne, c'est le mieux et le plus convenable aux intérêts de l'Eglise. Si les Hussites ne veulent point passer en Italie, on pourra traiter avec eux à Bâle, et se rendre ensuite à Bologne pour les autres affaires qu'on doit agiter dans le concile. Si cette dernière ville n'est pas agréée des autres prélats de Bâle, on les laissera maîtres de choisir une ville en Italie, toutefois hors des terres du duc de Milan, actuellement ennemi du Saint-Siége. Si la translation du concile en Italie est tout à fait rejetée, on pourra choisir douze prélats qui, de concert avec les électeurs de l'empire et les ambassadeurs des princes, jugeront s'il faut célébrer le concile à Bâle ou dans quelque autre ville d'Allemagne. Si ce compromis est refusé, les nonces de Sa Sainteté avec les évêques de l'assemblée, décideront la question. Si l'on est d'avis de rester à Bâle, on ne s'y occupera que de la réduction des Hussites et de la pacification des Etats de la chrétienté; on n'y parlera point de ce qui concerne la réformation. Si l'on s'accorde à prendre une autre ville que Bâle pour y célébrer le concile, il sera permis d'y traiter de la réformation, pourvu qu'on n'y entame les articles considérables que quand il y aura soixante-quinze prélats du rang des patriarches, archevêques et évêques. Mais, préalablement à toutes ces dispositions, et quel que soit le résultat des conseils de l'assemblée, on révoquera les procédures faites de part et d'autre, c'est-à-dire celles du concile contre le Pape, et celles du Pape contre le concile. » Telles furent les combinaisons qu'avait imaginées Eugène IV, et qui se trouvent expliquées dans plusieurs bulles qu'il donna sur la fin de décembre 1432, et au commencement de l'année suivante (Martène, t. VIII, p. 551 et seqq.).

De leur côté, les prélats poussaient de plus en plus leur entreprise contre le chef de l'Eglise. Ainsi, dans la neuvième session, 22 janvier 1433, on déclara nul tout ce qu'il aurait fait ou qu'il pourrait faire au désavantage de l'empereur; et ce prince, qui était alors à Sienne, fut reconnu protecteur du concile; le duc de Bavière était comme vice-protecteur en l'absence de Sigismond. Le 19 février, dans la dixième session, où l'on compta quarante-six prélats, les promoteurs requirent que la contumace d'Eugène fût déclarée, et le concile nomma des commissaires pour voir s'il convenait de faire cette déclaration. Dans la session onzième, 27 avril, la célébration des conciles généraux fut recommandée au point même de menacer de suspense et de déposition le Pape, s'il s'y opposait. Défenses étaient faites à toutes personnes, principalement au Pape, de dissoudre, proroger ou transférer un concile général, quel qu'il fût, à moins que le concile n'y consentît; et ces règles universelles s'appliquant ensuite au pape Eugène, on cassait tous les actes faits ou à faire dans la vue d'empêcher les prélats de la cour romaine de se rendre à Bâle.

Les décrets de la douzième session, 13 juillet, ordonnaient au Pape, sous peine de suspense, de révoquer ses premières bulles dans l'espace de soixante jours, et de reconnaître que le concile avait été légitime depuis son commencement. Cet acte, dans l'idée des prélats de Bâle, tenait lieu de troisième monition adressée à Eugène, qui y est peint comme un Pontife *scandaleux et qui paraît vouloir détruire l'Eglise.* Ce sont les termes dont se servit le secrétaire de l'assemblée. On trouve, à la suite de cette procédure, l'abolition de toutes les réserves et le rétablissement des élections, avec la manière de les pratiquer dans les chapitres et dans les abbayes.

La treizième session, 11 septembre, fut employée à entendre le réquisitoire des promoteurs sur la contumace du Pape. Il était question de le déclarer suspens, et l'évêque de Lectoure avait déjà commencé à lire le décret, lorsque deux des envoyés d'Eugène incidentèrent sur la forme, alléguant pour raison que les soixante jours donnés au Pape pour révoquer ses bulles n'étaient point expirés. Le duc de Bavière et les magistrats de Bâle avaient déjà intercédé pour la même cause, et le résultat de la délibération fut qu'on accorderait au Pape un délai de trente jours.

Enfin, dans la quatorzième session, qui eut lieu le 14 novembre et où se trouva l'empereur, on étendit encore le terme à trois mois, et ce fut Sigismond qui obtint cette prorogation, sous la clause toutefois qu'Eugène adhérerait, après ce temps-là, au concile, et qu'il révoquerait les décrets publiés en son nom contre cette assemblée; révocation qui se ferait selon les formules dont on récita le modèle en présence de l'empereur et de tous les prélats. Et tel est en peu de mots tout l'ordre des sessions et des procédures qui y furent faites durant cette année 1433, toujours à dessein d'obtenir du Pape la révocation de ses bulles et la confirmation du concile (Labbe, t. XII).

Voici maintenant de quelle manière, dans l'intervalle des sessions, les mêmes prélats reçurent les offres du chef de l'Eglise. Ses quatre nonces, avec les instructions conciliantes que nous avons vues, parurent dans une congrégation générale, le 7 mars, et ils haranguèrent vivement en faveur du Pape, dont ils expliquèrent les droites intentions dans tout ce qu'il avait fait jusqu'alors par rapport au concile. Ils détaillèrent ensuite les divers tempéraments qu'ils étaient chargés de proposer pour concilier tous les intérêts, et ils ajoutèrent, qu'au reste, tous les ordres qu'ils avaient du Pape n'empêchaient pas que ce Pontife *ne leur eût recommandé très-instamment d'obéir au concile.*

A ces paroles de conciliation, les prélats de Bâle ne répondirent que par des paroles de hauteur et d'empire. Les promoteurs dirent aux nonces que le Pape n'avait point été dans le droit de dissoudre ni de transférer le concile; que cette assemblée tenant immédiatement sa puissance de Dieu même, le Pape devait obéir à ses décrets; qu'on ne pouvait accepter aucun des tempéraments proposés par le Pape, sans blesser l'autorité supérieure qui est dans le concile général; et qu'il n'était pas non plus de la dignité du concile de révoquer ce qu'il avait fait pour maintenir ses droits.

Cependant le chef de l'Eglise avait fait plus encore pour ramener la paix. Le 14 février 1433, il donna une bulle qui portait en substance que la plupart des raisons qui empêchaient la célébration du concile de Bâle ayant cessé, le Pape rétractait et annulait les bulles publiées pour dissoudre et transférer ce concile; que son intention était présentement qu'il fût célébré dans la ville de Bâle, et qu'on y travaillât à l'extirpation de l'hérésie des Bohémiens et au rétablissement de la paix parmi les fidèles. Eugène IV envoya cette bulle à l'empereur Sigismond, qui en fut si content, qu'il l'adressa lui-même au concile, en l'avertissant de se conduire de manière à ne pas exposer l'Eglise aux malheurs d'un schisme. Cet avis plut d'autant moins aux prélats de Bâle, qu'il leur était plus nécessaire; ils en témoignèrent leur mécontentement à Sigismond, et ils lui marquèrent que le Saint-Esprit, au nom de qui ils étaient assemblés, n'était pas un esprit de discorde et de schisme (Martène, t. VIII, p. 537). Et pour preuve, ils feront bientôt un schisme et un antipape; ce qui prouve du moins quel esprit les faisait agir.

Quant à la bulle du Pape, dont l'empereur était si content, ils répondirent qu'elle ne répondait point aux intentions du concile, et en la parcourant depuis le titre et l'adresse jusqu'à la conclusion, ils prétendirent y remarquer un très-grand nombre d'articles qu'on ne pouvait passer.

1º La bulle, faisant l'histoire de la convocation du concile de Bâle, disait que le cardinal Julien de Saint-Ange avait reçu ordre de le célébrer, *s'il trouvait dans cette ville un nombre convenable de prélats;* et les prélats de Bâle se récrièrent sur cet article, prétendant, aussi bien que le cardinal de Saint-Ange, que l'ordre de présider le concile lui avait été donné sans condition. Cependant on trouve cette condition manifestement énoncée dans le bref d'Eugène IV au cardinal de Saint-Ange (Labbe, t. XII).

2º La même bulle indiquait les principales raisons qui avaient porté le Pape à dissoudre le concile : c'étaient les inconvénients exprimés dans le rapport de Jean Beaupère, envoyé du légat et des prélats eux-mêmes. Les prélats trouvaient fort mauvais que le Pape osât leur citer encore le rapport de leur propre envoyé, que jamais cependant ils ne voulurent désavouer.

3º Le Pape marquait dans son décret que, les empêchements du concile ayant cessé, *il allait envoyer quatre légats pour le célébrer;* et ces mots révoltèrent extrêmement les prélats de Bâle; car, disaient-ils, le Pape ne reconnaîtra donc le concile que du moment de l'arrivée de ses légats, et il tiendra pour nul tout ce qui s'est fait jusqu'ici dans les sessions; ce qui détruit manifestement l'autorité de cette assemblée et de tous les autres conciles généraux, surtout de celui de Constance, qui a décidé que le concile général tient son autorité immédiatement de Dieu.

4° Eugène ne parlait dans sa bulle que de l'extirpation de l'hérésie des Bohémiens et de la pacification des princes chrétiens. D'où les prélats concluaient encore qu'il avait voulu exclure des délibérations de l'assemblée l'article essentiel de la réformation de l'Eglise. A la vérité, dans une autre bulle du 1er mai, le Pape avait chargé ses quatre légats de travailler avec le concile à la réformation de l'Eglise dans tous ses membres; mais cela ne contentait point les prélats de Bâle; car ils craignaient que, par cette disposition, les légats ne fussent seuls arbitres de la réformation; que le concile ne fût réduit à donner simplement ses conseils sur cet article; que, si les légats ne voulaient point approuver certains décrets relatifs à cette matière, le concile ne pût pas l'emporter sur eux, et qu'ainsi son autorité suprême ne parût dégradée ou avilie. On se plaignait aussi que le Pape eût parlé de réformation par rapport aux membres, sans faire mention du chef même de l'Eglise; expression consacrée par le concile de Constance, et dont l'omission ne pouvait être tolérée. Voilà, en abrégé, quelle fut la révision sévère de la bulle du 14 février 1433.

Avec des esprits aussi intraitables, Eugène IV voulut au moins mettre à couvert l'autorité du Siége apostolique. Le 29 juillet, il donna une bulle par laquelle il cassait tout ce qui avait été fait à Bâle au delà des trois articles qu'il permettait de traiter dans le concile, savoir: l'extirpation des hérésies, la pacification des princes chrétiens et la réformation de l'Eglise. Mais cet éclat n'eut point de suites, et, trois jours après, pressé de plus en plus par l'empereur Sigismond, le chef de l'Eglise donna une autre bulle où il disait: « Nous voulons bien et nous sommes contents que le concile de Bâle ait été continué, et qu'il continue encore, comme depuis son ouverture. Nous révoquons tout ce qui a été fait par nous pour le dissoudre et le transférer. Nous adhérons à ce concile purement et simplement, et nous avons intention de le favoriser de tout notre pouvoir, à condition toutefois que nos légats seront admis à y présider, et qu'on y révoquera tout ce qui a été fait contre nous, notre autorité, notre liberté, et contre nos cardinaux, ou quiconque s'est attaché à nos intérêts. » La date est du 1er août; et le 13 du même mois, le Pape chargea l'archevêque de Spalatro, l'évêque de Cervia et l'abbé d'un monastère d'Italie, de recevoir à Bâle la révocation des décrets contraires à l'autorité apostolique, en révoquant aussi, de leur côté, et au nom du Saint-Siége, tout ce que le Pape avait fait contre le concile.

Cette bulle du 1er août fut rédigée sous les yeux de l'empereur. Il en parut très-content, et dit même au Pape qu'il en faisait plus qu'il ne devait; et si les Pères de Bâle, ajoutait-il, n'acceptent pas cette bulle, je ferai des merveilles contre eux : c'étaient les termes dont s'était servi Sigismond. Cependant, durant son voyage de Rome à Bâle, il renvoya au Pape pour le prier de faire un changement dans son décret, et ce changement consistait à y mettre: *Nous décernons et nous déclarons*, au lieu de *nous voulons bien et nous sommes contents*. Eugène IV eut encore la condescendance d'y acquiescer; mais toujours à condition que le concile révoquerait tous les actes publiés contre Eugène et ses adhérents.

Une des pièces qui, avec raison, indignait le plus ce Pontife, était la sommation qu'on lui faisait dans la douzième session d'adhérer au concile dans 60 jours, sous peine d'être déclaré suspens de ses fonctions. A cette menace schismatique, il opposa une bulle du 13 septembre, où il cassait tout ce qui avait été réglé dans cette session.

Eugène IV essuyait alors des embarras, des inquiétudes et des chagrins de toutes espèces : poussé par les entreprises militaires du duc de Milan; en butte aux révoltes des Bolonais; ajourné par les prélats de Bâle, abandonné par plusieurs de ses cardinaux; exhorté avec une sorte d'empire par l'empereur; avec cela presque toujours malade; on ne peut guère imaginer de situation plus triste pour la première personne de l'Eglise et du monde; et le comble des honneurs était pour lui une croix bien pesante.

Cependant, à force de négociations, la réconciliation eut lieu sur la fin de cette année 1433; les préliminaires de la paix étaient comme arrêtés, quand on tint la quatorzième session, où le terme de trois mois fut accordé au Pape pour adhérer au concile. L'empereur était à Bâle depuis le 11 octobre. Dès le lendemain de son arrivée, il avait présenté au concile la bulle du 1er août. On l'expliqua, on la modifia, on la réduisit à des formules qu'on imagina plus favorables au concile que l'énoncé du Pape; mais la bulle même fit toujours le fond de ces modèles proposés par le concile. Enfin, suivant les actes publiés par Augustin Patrice, chanoine de Sienne, et qui avait travaillé d'après des manuscrits conservés précieusement à Bâle, l'accord se fit entre les prélats du concile et le Pape Eugène, de manière que les légats du Saint-Siége furent admis à présider, et que tout ce qui s'était fait par le concile contre le Pape, et par le Pape contre le concile, fut révoqué (Labbe, t. XIII). Dans les actes de la seizième session, cette bulle d'Eugène IV n'est pas complète; on n'en a inséré que la première partie : la révocation de ce qu'il avait fait contre l'assemblée de Bâle.

Quoique les princes fussent portés généralement à favoriser cette assemblée, ils étaient loin d'approuver ses entreprises contre le Pape, surtout quand elle osa le menacer de suspense, s'il n'adhérait dans l'espace de soixante jours. Dans le fait, si vingt ou trente prélats en opposition avec le chef de l'Eglise, peuvent se dire le concile général, les états-généraux de la chrétienté, l'Eglise universelle, et, par suite, régenter le Pape, lui prescrire d'un jour à l'autre des lois nouvelles, le menacer, le suspendre, le déposer comme un ministre révocable à leur gré, à plus forte raison vingt ou trente députés pourront-ils se dire les états-généraux d'une nation, le parlement, la représentation nationale, et, par suite, régenter, suspendre, déposer, bannir ou tuer les empereurs et les rois. Aussi, le 20 août 1433, le roi de France, Charles VII, écrivit-il aux prélats de Bâle, pour leur témoigner l'effroi que lui causaient leurs attentats contre le souverain Pontife de l'Eglise universelle, et pour les prier avec instance de ne pas pousser les choses si loin. Les autres princes de l'Europe pensèrent de même. Les monuments du temps, qu'on peut voir dans la grande collection du bénédictin Martène, signalent à cet égard le mécontement de l'empereur, du roi d'Angleterre, des électeurs de l'empire, du doge de Venise, du duc de Bourgogne et du duc de Savoie (Martène, t. VIII).

Les dix sessions, de la quinzième à la vingt-cinquième, sont ce qu'on appelle quelquefois *le beau temps du concile de Bâle;* beau en comparaison de ce qui précède et de ce qui suivra; car, en soi, jamais cette assemblée n'a eu rien de vraiment beau, ni de complètement honorable; jamais elle n'a su se défaire de son mauvais levain d'insubordination, de discorde et de schisme, entretenu par une érudition indigeste et sophistique, pire que l'ignorance. Dans les dix sessions dont il est parlé, le principal devait être de cimenter, par de bons procédés, la réconciliation qu'on avait eu tant de peine à conclure. Nous allons voir si l'assemblée ne fit pas précisément l'opposé.

La seizième session, célébrée le 5 février 1434, fut l'époque de la réconciliation du Pape et des prélats de l'assemblée, qui devint ainsi un concile vraiment canonique. Eugène IV avait nommé, pour y présider, cinq cardinaux : Julien Césarini, cardinal de Saint-Ange; Jourdain des Ursins, cardinal de Sainte-Sabine; Pierre de Foix, cardinal d'Albane; le bienheureux Nicolas Albergati, cardinal de Sainte-Croix; Angelotto Fosco, cardinal de Saint-Marc; avec l'archevêque de Tarente, l'évêque de Padoue et l'abbé de Sainte-Justine de cette dernière ville, pour remplacer les cardinaux qui pourraient ne pas s'y trouver.

Ces présidents ne furent admis par le concile que le 24 avril 1434, dans une congrégation générale, et l'on y détermina qu'ils feraient serment de donner leur avis selon les règles de la conscience, de tenir secrets les suffrages, de ne point s'éloigner de Bâle sans le consentement des députés des nations, de travailler pour l'honneur et la conservation du concile, surtout de maintenir ses décrets, et en particulier ceux du concile de Constance, touchant l'autorité des conciles généraux, au-dessus même de celle du Pape, en ce qui concerne la foi, l'extirpation du schisme et la réformation de l'Eglise, tant dans le chef que dans les membres; on indiquait par là les décrets fameux de la quatrième et de la cinquième session.

Le serment qu'on exigea des légats du pape Eugène n'était qu'en leur privé nom, comme les actes le disent expressément. Le docteur Turrecremata, qui était au concile et qui fut depuis cardinal, dit qu'ils le firent comme particuliers, et non comme nonces apostoliques, qu'ils protestèrent même en cette qualité contre l'engagement auquel on voulait les astreindre (Labbe, t. XIII).

La dix-septième session, qui fut tenue le 26 avril, manifesta encore davantage les intentions du concile par rapport aux légats; car ils ne furent reçus à présider qu'à condition qu'ils n'auraient aucune juridiction coactive, qu'ils garderaient la manière de procéder observée jusque-là dans le concile pour les congrégations générales, les députations, la façon de prendre les suffrages et de publier les décrets. Il fut réglé que le premier des présidents qui se trouverait aux assemblées ferait cette publication, et que, si aucun des présidents ne voulait la faire, ce soin regarderait le prélat qui aurait la première place après eux. On arrêta aussi que tous les actes seraient expédiés au nom et sous le sceau du concile.

Après avoir ainsi réglementé l'autorité des légats du Pape, le concile de Bâle se remit à réglementer l'autorité du Pape même. Dans la dix-huitième session, tenue le 26 juin, il répéta et confirma pour la quatrième ou cinquième fois les décrets de Constance, touchant la supériorité du concile général sur le souverain Pontife, en ce qui regarde la foi, l'extirpation du schisme et la réformation de l'Eglise. Les légats du Pape n'y assistèrent point. En revanche, un docteur de l'école de Paris, nommé Jean, et patriarche d'Antioche, présenta dans cette session un ouvrage qu'il avait composé et répandu quelques mois auparavant, pour appuyer la doctrine du concile.

« Il est clair, dit-il au commencement, que le concile général a plus d'autorité que le Pape; car l'apôtre saint Pierre, qui fut le premier Pape après Jésus-Christ, voyant approcher le temps de sa mort, choisit Clément pour lui succéder dans le Siège apostolique; mais le concile général des apôtres, représentant l'Eglise universelle, crut que cette élection de Clément, faite par saint Pierre, ne convenait point au bon gouvernement de l'Eglise; il la réprouva par manière de réforme, et il ordonna, pour le souverain pontificat, d'abord saint Lin, et ensuite saint Clet : ce qui fut approuvé de toute l'Eglise. » Le patriarche d'Antioche cite en preuve *les Chroniques de saint Clément*, ouvrage totalement apocryphe, aussi bien que l'histoire que nous venons d'indiquer. Telle était l'érudition des docteurs parisiens qui voulaient en remontrer au Pape.

Leurs raisonnements ne sont pas moins curieux. On leur disait, comme on a toujours dit et comme on dira toujours : Le Seigneur a dit à Pierre : *Pais mes agneaux, pais mes brebis.* Or, qui ne distingue point, n'excepte rien. Donc le Seigneur a confié à Pierre toutes ses brebis, tout son troupeau. — Je distingue, moi, répond le même défenseur de la déclaration de Constance et de Bâle, je distingue, par ces paroles : *Pais mes brebis,* le Seigneur a confié à Pierre chacune de ses brebis en particulier, mais non pas toutes les brebis ensemble (1). C'est-à-dire : Quand un propriétaire donne à son berger un troupeau de cent brebis à paître, il lui donne pouvoir de conduire chacune de ces brebis en particulier, mais non pas les cent brebis ensemble; au contraire, son intention est que les cent brebis ensemble ou le troupeau conduisent le berger.

Les adversaires de ce merveilleux système rappelaient encore que, d'après toute la tradition, saint Pierre ou le Pape, son successeur, est le chef et le pasteur de toute l'Eglise, le chef et le pasteur de l'Eglise universelle. — Je distingue, répond le même orateur de Bâle : saint Pierre est le chef et le pasteur de toutes les églises particulières qui composent l'Eglise universelle, mais non pas de l'Eglise universelle, qui est composée de toutes ces églises

---

(1) *Licet Christus potestatem tradiderit Petro supra singularia membra Ecclesiæ, juxta illud,* PASCE OVES MEAS, *non legitur tamen quod potestatem sibi tradiderit supra universalem ecclesiam* (Mansi, t. XXIX, col. 521; Labbe, t. XII, col. 919).

particulières (1). Ce qui suppose, en métaphysique, que le tout est plus grand que toutes ses parties; en subordination militaire, que le chef d'un régiment ou le colonel peut bien commander chaque soldat, chaque escouade, chaque compagnie, chaque bataillon, et même tous les bataillons à la fois, mais non pas tout le régiment; en science naturelle, que la tête est le chef de toutes les parties du corps, mais non pas du corps entier; que la tête peut commander à toutes les parties du corps, mais non pas au corps entier, attendu que le corps entier doit commander à la tête, comme le concile de Bâle au pape Eugène IV.

Le lecteur ne devinerait guère un dernier raisonnement que fait le champion de Bâle; le voici : « Vainement on dirait pour nos adversaires que, d'après le droit canon, le Pape préside à l'Eglise romaine et aux autres églises qui font l'Eglise universelle; car je réponds : Pour que le Pape présidât à l'Eglise universelle, il faudrait qu'il présidât aux chefs et aux membres de toutes les églises établies par l'univers. Or, le Pape ne préside pas au chef de l'Eglise romaine, parce qu'il ne peut pas présider à lui-même. Donc il ne préside pas à toutes les églises qui font l'Eglise universelle (2). » C'est-à-dire la tête ne préside pas à tout le corps, parce qu'elle ne peut présider à elle-même; le colonel ne préside point à tout le régiment, ni le père à toute la famille, parce qu'ils ne peuvent présider à eux-mêmes.

Ceci est déjà prodigieusement inepte : la conséquence l'est encore un peu plus; car voici comme concluaient les défenseurs de la déclaration de Constance et de Bâle : « Le Pape est le chef de tous les » chrétiens, excepté d'un seul, qui est lui-même; » donc les autres sont le chef du Pape! La tête commande à tous les membres du corps, excepté à » un seul, qui est elle-même : donc les autres membres commandent à la tête! »

En vérité, dira plus d'un lecteur, voilà des inepties sans nom ! Ces lecteurs se trompent. Ces inepties ont un nom français : nous le verrons en temps et lieu. Pour le moment, constatons seulement une chose : c'est que le système de Constance et de Bâle est né d'une mauvaise érudition et de la plus mauvaise scholastique, fécondées par l'esprit de discorde. Tel est le péché où il a été conçu. Un Bossuet même n'effacerait pas cette tache originelle.

La dix-neuvième session du concile de Bâle, 7 septembre 1434, roula en grande partie sur la réunion des Grecs. Ceux-ci avaient d'abord agréé l'Italie pour y consommer l'union, et le Pape souhaitait qu'on s'assemblât à Bologne. Mais ce projet ne réussit point, parce que l'empereur Jean Paléologue aimait mieux se rendre à Ancône. Alors le Pape, pour terminer quelque chose à cet égard, fit passer à Constantinople un de ses secrétaires nommé Christophe Garatoni, homme entendu et fidèle : c'était au mois de juillet 1433.

L'envoyé ayant été souvent admis à l'audience de l'empereur, trouva que ce prince, toujours très-zélé pour l'union, n'était cependant plus si porté pour le voyage d'Italie; mais qu'il avait imaginé d'assembler à Constantinople un concile général de l'Eglise grecque, où présideraient les légats du Pape et où l'on entamerait des conférences sur les points contestés entre les deux partis. Sur ces entrefaites, les prélats de Bâle, qui n'ignoraient pas les négociations du Pape auprès de Paléologue, voulurent gagner ce prince, et lui envoyèrent l'évêque de Sude, avec Albert de Crispis, religieux augustin, pour conférer des moyens d'éteindre le schisme. Cette députation fit plaisir aux Grecs, qui ne cherchaient qu'à être assurés d'un plus grand concert de l'Eglise latine, afin d'en tirer des avantages plus grands, soit pour l'union, soit pour la défense de l'empire attaqué par les Turcs.

Paléologue à son tour députa, au printemps de cette année 1434, trois ambassadeurs titrés pour traiter avec les prélats de Bâle. Albert de Crispis les accompagnait; ils prirent leur chemin par la Hongrie; ils souffrirent beaucoup durant le voyage; enfin ils arrivèrent au concile sur la fin de juillet. On les reçut avec honneur, et, dans les congrégations où ils furent admis, on discuta toutes les propositions qu'ils avaient à faire de la part de leur maître.

Cependant le secrétaire pontifical, Christophe Garatoni, était aussi retourné en Italie, et il avait exposé au Pape l'empressement de l'empereur pour tenir le concile à Constantinople. Eugène IV crut ce moyen utile à l'union, parce que l'assemblée des Grecs ne pouvait manquer d'être nombreuse, si elle était convoquée dans la ville impériale. Or, cette multitude de prélats orientaux qui signeraient tous ensemble le traité, devait porter le dernier coup au schisme; au lieu que, s'il ne passait en Occident que quelques députés de l'Eglise grecque, il était à craindre que le gros de la nation ne persistât dans ses préventions contre l'Eglise romaine, lors même que les députés auraient consenti à l'union. L'événement justifia dans la suite ces réflexions du pape Eugène IV; alors ce n'étaient que des conjectures, mais, elles le déterminèrent cependant à renvoyer son secrétaire à Constantinople, pour conclure avec l'empereur et le patriarche le projet du concile général de l'Eglise grecque. Le retour de Garatoni à Constantinople se trouve daté du mois de juillet 1434. C'était le temps auquel les ambassadeurs grecs envoyés au concile tinrent leurs conférences avec les prélats de Bâle. Dès que le Pape sut qu'ils étaient arrivés, il donna avis à ses légats de ce qu'il traitait à Constantinople par l'entremise de Garatoni, afin que le concile ne s'engageât point dans des projets contraires : c'est précisément ce qui arriva.

Après bien des discussions avec les Grecs, on tint donc cette dix-neuvième session du concile, et il y fut décidé que l'Eglise d'Occident ferait la dépense du voyage de l'empereur, du patriarche et de leur suite; que, pour le lieu où serait assemblé le concile général des deux Eglises, les envoyés de Constantinople tâcheraient de faire agréer la ville de Bâle à leur maître, et que, s'il ne l'approuvait pas, le concile accepterait l'endroit qui plairait le plus à ce prince. Les autres articles qu'on régla dans cette session regardaient la conversion des Juifs et le rétablissement des langues savantes dans les Universités.

---

(1) *Sed respondetur illa verba debere exponi, id est, cunctis ecclesiis particularibus, quoniam illis tantum Christus Petrum prætulit, et non ecclesiæ universali* (Mansi, col. 526; Labbe, col. 824).

(2) *... Sed Papa non præsidet capiti ecclesiæ romanæ, quia sibi ipsi præsidere non potest. Igitur non præsidet universis ecclesiis universalem facientibus* (Mansi, col. 533; Labbe, col. 930).

Dans la vingtième session, qui est du 22 janvier 1435, on fit quelques règlements utiles, particulièrement contre le concubinage des clercs. Fleury dit à ce sujet : « Ces remèdes étaient faibles pour un si grand mal, qui n'a été détruit que par d'autres plus efficaces, employés depuis cent cinq ans : l'institution des séminaires, les instructions données aux jeunes clercs, tant sur la doctrine que sur les mœurs, les examens et le choix pour les ordinations et la collation des bénéfices. Enfin on ne voit plus ce scandale public du XV° siècle, et si quelques ecclésiastiques ne sont pas fidèles à leurs vœux, ils s'en cachent tant qu'ils peuvent (Fleury, l. 102, n. 68). »

Mais ce qui manqua toujours au concile de Bâle, même dans ses meilleurs moments, c'est la sagesse pratique des affaires, c'est la prudente lenteur qui ne précipite rien : on n'y voit qu'une ardeur indiscrète de réformer à tort et à travers, au risque de remplacer certains abus par des abus plus grands encore. La cause en était, entre autres, à la composition même du concile. Ce qui dominait, ce n'étaient pas les évêques, seuls juges de droit dans ces assemblées, mais une multitude d'ecclésiastiques du second ordre, venus de toutes parts, des professeurs scholastiques de Paris et d'ailleurs, qui, ne voyant les choses que de bas en haut, voulaient tout brouiller suivant leurs idées étroites et indigestes, ne fût-ce que pour taquiner tout ce qui était au-dessus d'eux.

Ainsi, dans la vingt et unième session, 9 juin, on proposa d'abolir les annates, déports, premiers fruits, menus services et autres redevances qui allaient au Pape ou à des prélats inférieurs, sous prétexte de collation, d'institution, de confirmation, d'investiture en matière de bénéfices, dignités ecclésiastiques ou ordres sacrés.

L'archevêque de Tarente et l'évêque de Padoue, légats du Pape, s'y opposèrent, disant qu'il était injuste de causer un si grand préjudice à l'Eglise romaine, sans avoir consulté le Saint-Siège; que l'institution des annates était ancienne; que tout le clergé avait consenti à les payer; qu'on n'avait fait aucun changement à cet égard dans plusieurs conciles qui s'étaient tenus depuis leur établissement; que c'était, après tout, la ressource unique du souverain Pontife et de sa cour; que, sans cette espèce de subside, la dignité du Pape serait avilie; qu'il n'aurait ni le moyen d'envoyer des légats, ni la puissance de résister aux hérétiques, ni la facilité d'aider les princes et les prélats dépouillés de leurs dignités. Les légats concluaient qu'il fallait abandonner l'idée de ce décret, ou tout au moins chercher, de concert avec le Pape, un dédommagement pour la cour romaine.

Il se trouva, dans les assemblées préliminaires à la séance publique, plusieurs personnes considérables qui approuvaient ces remontrances; mais la multitude y était contraire, et le cardinal Julien, se joignant à elle, le décret passa malgré les oppositions des deux autres légats apostoliques.

On défendit donc totalement la perception de ces sortes de taxes ou redevances. On menaça les contrevenants d'employer contre eux les peines marquées par les canons contre les simoniaques; on déclara nuls tous les engagements pris à cet égard; et, comme pour mettre le comble à de mauvais procédés,

le concile ajouta que, si le Pape donnait atteinte à la disposition précédente, il fallait le déférer au concile général. Voilà ce que les prélats de Bâle décrétaient contre le Pape le 9 juin 1434.

Le Pape, de son côté, qui n'en savait encore rien, leur écrivit, le 22 du même mois, une lettre d'amitié paternelle. Il les assure qu'il ne reste dans son esprit aucun nuage à l'occasion des querelles précédentes. « C'était, dit-il, une dispute sur la forme et les moyens, non sur la fin même, que l'on voulait également de part et d'autre; cela ressemblait à la division qui se mit entre saint Paul et saint Barnabé, quoique le zèle de l'Evangile les animât l'un et l'autre. Nous avons souhaité la paix et la réformation de l'Eglise. C'est pour cela que nous avons cédé à vos empressements, que nous nous sommes conformé à vos décrets... Nous le répétons encore aujourd'hui volontiers : notre dessein, notre désir est de vous aimer comme nos enfants, de vous honorer comme nos frères, d'être lié avec vous par les nœuds d'une ardente charité, et nous comptons que vous serez aussi les mêmes à notre égard; que vous témoignerez votre fidélité et votre dévouement parfait au Saint-Siège apostolique. »

Le reste de la lettre est un détail des persécutions que les Romains, poussés par le duc de Milan, se disant le vicaire du concile de Bâle en Italie, avaient faites depuis peu à la cour romaine. Elle avait eu bien de la peine à s'échapper de leurs mains; elle s'était retirée à Pise, puis à Florence, où elle était alors. Et ce fut là que le concile envoya aussi les cardinaux Nicolas Albergati et Jean de Cervantes, pour pacifier les troubles d'Italie. On prétend toutefois que le cardinal Albergati, qui avait à Bâle la qualité de premier légat du Saint-Siège, ne fut envoyé que parce qu'il était trop zélé pour la dignité du Pape, et que les prélats du concile le trouvaient toujours opposé à leurs desseins (Pagi, Brev., p. 564). Ce qui est assez probable; car le bienheureux Nicolas Albergati était à la fois un très-saint et très-savant homme.

Cependant le concile de Bâle envoya au Pape deux députés lui signifier ses décrets touchant le rétablissement des élections et l'abolition des annates. L'un d'eux, Jean Bachenstein, docteur en droit canon, fit, en présence du Pape, un discours très-véhément sur cela, et il se plaignit fort que les ordonnances du concile ne fussent pas observées en cour de Rome. Cette harangue est datée du 14 juillet 1435. Eugène promit en peu de mots d'y faire réponse par ses nonces. Il envoya à Bâle le général des Camaldules et un auditeur de son palais, qui se plaignirent à leur tour de la conduite du concile par rapport à trois ou quatre articles. Par exemple, on y était résolu de faire publier partout des indulgences, et d'appliquer l'argent qui en reviendrait à la réunion des Grecs : or, le Pape représentait par ses nonces que cette manière de lever des subsides était fort contraire à l'esprit de l'Eglise, fort dangereuse, et toute propre à rendre le clergé odieux, s'il arrivait que l'affaire des Grecs ne réussît point, comme on devait toujours s'en défier. Les prélats du concile avaient aboli les annates et les autres redevances qui allaient à la Chambre apostolique : sur cela, les envoyés du Pape disaient qu'il fallait consulter le Saint-Siège auparavant; qu'il eût été à propos d'attendre des temps plus tranquilles, des temps où le patrimoine de l'Eglise ne serait pas envahi par ses ennemis; qu'on devait du moins assigner préablement d'autres moyens de subsistance à la cour romaine, et que la promesse de les assigner n'était pas suffisante, puisqu'elle n'aurait lieu que pour un temps futur, au lieu que l'abolition des annates était actuelle.

« Cette remontrance n'était pas sans fondement, observe Fleury, et il y a lieu de s'étonner que les Pères de Bâle aient fait ce décret sans avoir pris aucune mesure avec le Pape, et n'aient pas prévu qu'il n'y obéirait point, et que c'était rompre avec lui de nouveau, comme il ne manqua point d'arriver (Fleury, l. 102, n. 70). »

Enfin le concile avait fait faire de grands reproches au Pape sur ce qu'il attirait encore une infinité de causes à son tribunal, malgré les défenses du concile. Les envoyés du Pape répondirent que ces causes venaient au Saint-Siége par une infinité de circonstances qu'on ne pouvait prévoir; que le Saint-Père en diminuait le nombre autant qu'il pouvait; qu'il en faisait de même à l'égard des élections; mais, qu'après tout, il y avait bien plus à se récrier contre la multitude des affaires grandes et petites, générales et particulières, que le concile rappelait à lui; qu'il suffisait d'être *incorporé* au concile pour avoir droit d'y plaider ou d'y demander des grâces; que plusieurs s'y faisaient *incorporer* pour jouir de ces avantages, au détriment de leurs parties, et uniquement par attention sur leurs propres intérêts.

Le concile répliqua aux envoyés du Pape par la bouche du cardinal Julien. Il s'étendit beaucoup sur les annates, sans les remplacer autrement que par des promesses; mais il ne toucha point l'article de la multitude des affaires qui se traitaient à Bâle. Dans le fait, il y avait de si grands excès sur cela, que les plus graves d'entre les prélats étaient les premiers à en témoigner leur mécontentement. L'empereur Sigismond lui-même se plaignit du peu d'égards qu'on avait eu pour lui à Bâle, et de l'étendue trop grande qu'on donnait aux occupations du concile. Il spécifia surtout certaines causes que les prélats avaient entamées, quoiqu'elles regardassent plutôt la puissance impériale que celle de l'Eglise. Par rapport à la France, le concile se réduisait un peu plus dans les affaires ecclésiastiques; mais on lui en porta un si grand nombre, qu'on ne sait comment il pouvait ou voulait satisfaire à tant de discussions (*Hist. de l'Eglise gallic.*, l. 47).

Depuis plus de quatre ans que le concile de Bâle était assemblé, il n'avait encore porté aucun décret dogmatique. Tout le temps s'y passait à taquiner le Pape, à multiplier les règlements de discipline, à discuter une infinité d'affaires de toute espèce; on eût dit qu'il voulait absorber toute l'administration de l'Eglise et de l'empire, et se transformer en parlement perpétuel. Jamais on n'avait vu un concile si long, ni faisant tant de bruit et si peu de fruit. Enfin, dans sa vingt-deuxième session, le 20 octobre 1435, il condamna le livre inepte d'un moine augustin, où se trouvait entre autres cette proposition: *Jésus-Christ pèche tous les jours*, l'entendant de ses membres mystiques. Du reste, l'auteur avait soumis sa doctrine à la décision de l'Eglise.

Dans la session suivante, 25 mars 1436, les prélats de Bâle retombèrent en plein dans leur péché d'habitude de vouloir régenter le Pape et l'Eglise romaine. Ils déterminèrent, par de nouveaux règlements, l'ordre et la police des conclaves; les qualités de ceux qui seraient choisis pour remplir le Saint-Siége; la profession de foi et les serments qu'on exigerait d'eux; le soin qu'il faudrait prendre de les avertir tous les ans des plus essentiels de leurs devoirs. Ils fixèrent le nombre des cardinaux à vingt-quatre. « Ce doivent être, dit le décret, des sujets » choisis dans les divers Etats de la chrétienté, des » hommes sages, éclairés, expérimentés dans les » affaires de l'Eglise, très-rarement des parents de » rois ou de souverains, jamais des neveux de papes » ou de cardinaux. » Enfin les actes nous présentent encore des ordonnances pour rétablir les élections, et pour condamner les réserves.

La vingt-quatrième session, 18 avril 1436, ramena l'affaire de la réunion des Grecs. Aussitôt après la dix-neuvième session, 7 septembre 1434, le concile envoya au Pape un chanoine d'Orléans, nommé Simon Fréron, pour lui faire part de ses décrets et le prier d'y donner son approbation; car, chose remarquable, c'était un point expressément stipulé par les ambassadeurs de l'empereur Jean Paléologue. Le Pape témoigna sa surprise, qu'une affaire de cette importance eût été terminée sans son aveu; il s'en plaignit même au concile, lui témoignant toutefois que, si l'union pouvait réussir de la manière qu'on avait imaginée à Bâle, il y consentait volontiers. La lettre d'Eugène, datée du 15 novembre 1434, est d'une modération qui marque combien il avait à cœur de ménager les prélats de Bâle.

Cependant, avant la fin de la même année, le secrétaire pontifical, Christophe Garatoni, que le Pape avait député à Constantinople au mois de juillet précédent, repassa en Italie avec quelques envoyés munis de pleins pouvoirs de l'empereur des Grecs, pour terminer, en présence du Pape, le projet du concile de Constantinople; et comme ces nouveaux ambassadeurs s'attendaient que leur négociation serait contraire à ce qui aurait été décidé à Bâle, décision qu'ils ne connaissaient pas encore, ils mandèrent promptement aux trois seigneurs de leur nation, qui étaient à Bâle, de casser les conventions faites avec le concile, parce que le Pape et l'empereur avaient pris d'autres mesures.

Ces seconds députés, venus récemment de Constantinople, passèrent eux-mêmes à Bâle quelques mois après, et le Pape leur associa le même Garatoni, son secrétaire, pour exposer au concile tout ce qui avait été réglé avec Jean Paléologue. C'était une déférence que le Pape témoignait aux prélats de Bâle, et une attention nécessaire pour concilier les diverses conclusions qu'on avait prises dans cette affaire extrêmement compliquée. Mais le concile fit savoir à Eugène IV, par une lettre du 5 mai 1435, qu'il n'approuvait point le projet d'une assemblée à Constantinople, et qu'il voulait s'en tenir à ce qui avait été conclu dans la dix-neuvième session. Sur cela, le Pape prit le parti d'envoyer encore à Constantinople pour informer l'empereur de l'embarras qui s'était formé dans la négociation. L'envoyé, qui était toujours le secrétaire pontifical Garatoni, avait ordre de proposer à l'empereur la célébration d'un concile en Italie, et le Pape promettait de s'y rendre en personne, si l'on convenait d'un lieu sûr et commode. L'empereur fut ébranlé de ces propositions; après bien des conférences, il les accepta; on ne parla plus du concile de Constantinople, et les attentions se tournèrent à convenir du lieu qui agréerait le plus aux deux partis.

Dans le même temps arrivèrent à Constantinople trois envoyés du concile de Bâle, tous trois de l'Université de Paris. Ils eurent audience de l'empereur le 25 novembre 1435, et ils lui présentèrent les articles conclus depuis peu dans le concile; quoique non publiés encore en pleine session; c'étaient des assurances générales de la part des prélats de Bâle de concourir à l'union des deux Eglises. Ils offraient tous les saufs-conduits nécessaires pour le transport de l'empereur et de ses évêques; et le terme était marqué au mois de mai 1437. Il n'était encore rien dit du lieu où se traiteraient les affaires : c'était toutefois la question essentielle.

L'empereur et le patriarche répondirent par des lettres datées du lendemain 26 novembre. Ils témoignaient toujours un grand désir de l'union; ils consentaient à la traiter en Occident; mais ils demandaient que le lieu des conférences entre les prélats des deux Eglises fût un port de mer, afin que l'empereur, sa cour et ses évêques pussent s'y rendre plus promptement, plus commodément, et qu'ils fussent moins éloignés de Constantinople, toujours inquiétée par les courses des Turcs.

Ces lettres furent apportées à Bâle par un des envoyés du concile, et il était chargé de déclarer aux prélats, que, nonobstant ce qu'ils avaient réglé dans leur dix-neuvième session, touchant le lieu où se ferait l'union, les Grecs étaient résolus de n'en accepter aucun qui ne fût maritime.

Il faut se souvenir ici qu'on n'avait déterminé aucun endroit particulier dans cette session dix-neuvième; que la plupart des villes nommées ne sont point voisines de la mer, et que celle d'Avignon n'y est point désignée. Tout cela doit être remarqué pour la suite de l'histoire.

Au retour de son député, le concile célébra sa vingt-quatrième session, le 14 avril 1436. Il ne s'y trouva, dit-on, que vingt-trois prélats, dont dix seulement étaient évêques et avaient par leur caractère droit de suffrages. Cette assemblée ne laissa pas de faire des règlements considérables. Elle ratifia les promesses faites à l'empereur de Constantinople; elle publia des indulgences en faveur de la réunion qu'on méditait avec les Grecs. Il était dit dans le décret que quiconque fournirait pour cette bonne œuvre la valeur de ce qu'il dépensait par semaine pour sa subsistance, et qui joindrait à cela les bonnes œuvres ordinaires, confession, communion, prières vocales et quelques jeûnes, obtiendrait une fois durant sa vie, et une autre fois à l'heure de sa mort, la rémission entière de tous ses péchés.

Le concile accordait des pouvoirs très-amples aux confesseurs à cet égard, il étendait le temps des indulgences à deux années, et il réglait la manière de percevoir l'argent des fidèles, afin qu'il ne s'y glissât aucune fraude ni soupçon de mauvaise foi ou de supercherie.

Ce décret éprouva des difficultés infinies, et les légats du Saint-Siége, à la tête des principaux d'entre les prélats, ne voulurent jamais y consentir. Ils savaient les intentions du Pape, qui s'était toujours opposé à cette manière de subvenir aux besoins actuels de l'Eglise. Eugène IV éleva la voix encore plus haut quand il apprit le résultat de la vingt-quatrième session. Il fit repartir les cardinaux de Sainte-Croix et de Saint-Pierre, qu'il avait retenus longtemps auprès de sa personne, et il leur ordonna de remontrer aux prélats de Bâle les inconvénients de cette publication d'indulgences. Il paraît par les monuments qui nous restent de cette controverse, que le Pape disputait même au concile le droit d'accorder des indulgences plénières; mais il considérait apparemment cette assemblée dans l'état où elle se trouvait alors, c'est-à-dire privée du consentement des légats du Saint-Siége, contredite positivement en ceci par le Pape, et réduite à un très-petit nombre d'évêques.

Quoi qu'il en soit, les auteurs du décret se défendirent par un mémoire qui fut lu dans une congrégation générale, en présence des deux cardinaux porteurs des ordres du Pape; et tous leurs raisonnements prouvaient fort bien que le concile œcuménique pouvait accorder des indulgences plénières; mais la question était si celui de Bâle, vu la contradiction et l'opposition de tant de personnes si considérables, pouvait passer alors pour œcuménique. Au reste, l'assemblée de Bâle a toujours tourné dans le même cercle vicieux.

Cependant le Pape, voyant croître de plus en plus l'ardeur des prélats de Bâle, résolut d'envoyer dans toutes les cours des nonces pour informer les princes de ce qui s'était passé depuis le commencement du concile jusqu'alors, c'est-à-dire jusqu'au 1er juin 1436; car c'est le terme que le Pape indiquait lui-même.

Il reprochait aux prélats de Bâle d'avoir dégradé en quelque sorte les légats du Saint-Siége par les modifications mises à leurs pouvoirs; de s'être établis et déclarés *corps acéphale*, en ordonnant que, si les légats ne voulaient pas publier les décrets, on se passerait de leur ministère, et que la publication se ferait par le premier prélat qui serait placé après eux; d'avoir renouvelé et pris dans un sens étranger deux décrets du concile de Constance; soumettant, disait-il, par là le souverain Pontife à la correction du concile; ce qui n'a jamais été reconnu des fidèles, ni enseigné par les docteurs : ce qui d'ailleurs serait d'un mauvais exemple pour les princes; car il suivrait qu'ils sont aussi soumis aux états-généraux de leurs principautés.

Le Pape se plaignait encore des décrets émanés du concile pour l'abolition des annates, et il observait que cette assemblée se contredisait elle-même, puisqu'on voyait partout ses collecteurs et ses agents exiger les annates, et les appliquer au profit du concile. Il condamnait de même tout ce qui avait été réglé à Bâle sur l'ordre des conclaves, l'élection des Papes, le nombre des cardinaux, l'extinction des réserves. Il réprouvait surtout les nouvelles indulgences accordées dans la vingt-quatrième session, malgré les remontrances des prélats les plus distingués. Il détaillait la multitude des affaires dont le concile se surchargeait : provisions de bénéfices, confirmations d'assemblées capitulaires, établissements de commendes, pouvoirs de confesser et d'absoudre des censures, canonisations de saints, dispenses en matières d'ordres, d'irrégularités, de mariage, etc. Ce n'est encore que la moindre partie des objets dont le mémoire fait mention.

Le Pape souffrait aussi impatiemment que le concile se fût donné un sceau particulier; qu'il rappelât à lui les causes jugées par le Saint-Siége; qu'il eût supprimé dans la célébration de la messe l'oraison que toute l'Eglise dit pour le Pape; qu'il eût accordé le droit de suffrage et de voix définitive à d'autres qu'aux prélats. « Ce qui est, disait-il, contre la pratique ancienne des conciles, où les évêques seuls, représentent leurs diocèses, souscrivaient aux décrets; et si l'on a un peu plus étendu ce droit de suffrage dans le concile de Constance, c'est qu'on voulait obtenir plus promptement l'extirpation du schisme; mais les prélats de Bâle abusent de cet exemple par leur manière de terminer tout au moyen de ce qu'ils appellent *les députations;* car souvent ceux qui composent ces tribunaux sont les plus minces sujets et les moins titrés de toute l'assemblée. »

Le mémoire exposait ensuite tout ce que le Pape avait fait pour entretenir la paix avec ceux de Bâle; comment il avait remis à leur décision l'affaire de la réunion des deux Eglises, quoique, avant eux, il fût convenu avec l'empereur de Constantinople d'un moyen plus court et plus facile que tout ce qu'on avait imaginé depuis dans le concile; comment il avait offert pour cette affaire des sommes suffisantes, si l'on voulait convenir à l'amiable du lieu où on recevrait les Grecs; comment il n'avait jamais cherché qu'à faire du bien aux membres du concile, soit en leur conférant des bénéfices, soit en accordant pour eux toute sorte de pouvoirs aux pénitenciers subalternes, par rapport à l'absolution des crimes et des censures.

Enfin, après des plaintes très-vives sur ce que les cardinaux de Sainte-Croix et de Saint-Pierre-aux-Liens avaient été si mal reçus par le concile, le Pape déterminait à ses nonces ce qu'ils avaient à dire dans toutes les cours.

Leur principale fonction devait être d'engager les princes à rappeler de Bâle leurs ambassadeurs et leurs évêques, afin de procéder ensuite à un concile moins tumultueux. Il y avait des remontrances particulières pour les principaux d'entre les souverains : par exemple, ordre aux envoyés de faire ressouvenir l'empereur du serment qu'il avait fait de protéger le Pape et l'Eglise romaine; et pour le roi de France, on le priera, disait le mémoire, de considérer combien ses prédécesseurs ont eu à cœur la gloire du Saint-Siége; combien de fois ils ont procuré un asile sûr et honorable dans leurs Etats aux souverains Pontifes persécutés; combien de mouvements ils se sont donnés pour ménager l'extirpation du dernier schisme.

L'objet capital des prélats de Bâle était toujours la réunion des Grecs; il fallait nommer incessamment un lieu propre à les recevoir. On voulait leur faire agréer la ville de Bâle, et les Grecs excluaient positivement cet endroit. On leur proposait encore Avignon ou quelque autre ville en Savoie. Avignon n'était point marqué dans le traité conclu avec les envoyés de Paléologue. Il y était mention de la Savoie; mais il paraît que les prélats affectionnaient beaucoup plus Avignon.

Sur ces entrefaites, arriva une ambassade de Constantinople; et Jean Dissipati, qui en était le chef, se plaignit fort dans une audience du 15 janvier 1437, qu'on eût choisi des endroits qui n'étaient point contenus dans les actes de la dix-neuvième session du concile. C'était d'Avignon qu'il voulait parler; il exclut encore la ville de Bâle; il dit que sous le nom de Savoie, on avait entendu une ville qui serait de la domination du duc de Savoie, mais située en Italie et non au delà des Alpes. Il demanda qu'on assignât un lieu qui fût agréable au Pape, commode pour eux, et avantageux à l'union. « Eh quoi! dit-il, tandis que notre empereur, notre patriarche, nos prélats passent la mer et viennent de loin, vous refuserez de faire un voyage de sept à huit jours pour réconcilier les deux Eglises! » Ce voyage de sept ou huit jours indiquait le temps qui serait nécessaire pour se rendre en quelque ville d'Italie, voisine de la mer, et à la bienséance des Grecs. L'orateur finit par des protestations authentiques contre tout ce que les prélats pourraient décerner au désavantage de l'empereur de Constantinople et de l'Eglise grecque. Vous seuls, ajoutait-il, serez coupables du mauvais succès de cette négociation, si vous n'entrez un peu plus dans les intérêts de ceux qui nous ont envoyés.

Ces remontrances firent naître bien des altercations dans le concile. Les uns voulaient qu'on s'en tînt à la ville d'Avignon; les légats du Pape et les plus considérables d'entre les prélats ne jugeaient pas à propos de consentir à ce choix. Les légats proposèrent ou Florence ou Udine dans le Frioul, ou quelque autre ville d'Italie, selon qu'il avait été réglé par la dix-neuvième session. Ils étaient appuyés dans leur demande par les ambassadeurs des princes. Ceux du roi de France Charles VII avaient des ordres très-précis pour faire accepter dans le concile un lieu dont le Pape et les Grecs fussent contents. Le roi préférait même la ville de Florence à tous les autres endroits qu'on proposait, et le Pape en fit des remerciements à ce monarque.

Les partisans de l'opinion contraire étaient en plus grand nombre; mais c'était, dit Augustin Patrice, la vile populace du concile. Il entend par là ce qu'il y avait de moins titré et de moins habile parmi les prélats de Bâle. Il dit même que, pour grossir le nombre, on admit aux assemblées une multitude d'ecclésiastiques de la campagne, et de bas officiers attachés au service des prélats. Le cardinal d'Allemand, archevêque d'Arles, était à la tête de ce parti, et dès là il se mit en possession de cette grande autorité qu'il conserva durant le reste du concile. C'était un homme pieux, austère, mais d'un esprit borné, d'une érudition indigeste, et surtout prévenu et piqué contre le pape Eugène IV, parce qu'il n'en avait pas obtenu la dignité de camerlingue. Au contraire, le cardinal de Saint-Ange, Julien Césarini, jusque-là si opposé au Pape, se retourna de son côté, et ne voulut plus souffrir qu'on portât des coups à l'autorité de ce Pontife.

La vingt-cinquième session manifesta les sentiments divers qui agitaient le concile; elle fut tenue le 7 mai 1437. L'assemblée ne pouvant s'accorder sur le lieu qu'on assignerait aux Grecs, la délibération aboutit à deux décrets. Le premier avait pour auteurs les légats du Pape et les plus graves d'entre les prélats. Il y était dit que l'affaire des Grecs se traiterait à Florence ou à Udine dans le Frioul, ou dans quelque autre ville commode en Italie, et que la levée des décimes ne se ferait point avant que l'empereur et le patriarche de Constantinople fussent arrivés au lieu du concile, de peur qu'on ne soupçonnât de la séduction, si l'on percevait des sommes d'argent, et que le projet ensuite ne réussît pas, comme cela pouvait arriver.

D'un autre côté, la multitude, présidée par le cardinal d'Arles, décida que le concile des deux Eglises serait tenu à Bâle ou à Avignon, ou en Savoie; que l'imposition des décimes serait faite au plus tôt; que ceux d'Avignon pourraient envoyer des collecteurs pour les lever jusqu'à la concurrence de soixante-dix mille florins, dont ils avaient déjà avancé une partie; que les évêques de Viseu, de Lubeck, de Parme, de Lausanne iraient prendre les Grecs à Constantinople, et que ceux-ci seraient obligés de se laisser conduire dans quelqu'un des trois endroits qu'on vient de nommer.

Les ambassadeurs des Grecs approuvèrent fort les décrets des légats; ils en demandèrent la confirmation au Pape, et Eugène la donna par une bulle datée de Bologne, le 29 juin 1437. Dès lors tout se suivit régulièrement de ce côté.

A Bâle, au contraire, tout alla de mal en pis. En révolte contre le chef de l'Eglise universelle, privé des légats du Saint-Siége et des prélats les plus recommandables, le concile de Bâle ne fut plus qu'un conciliabule schismatique, où les excès les plus énormes faisaient place à de plus énormes encore.

Dès la vingt-sixième session, 31 juillet 1437, le conciliabule publie un décret où il cite le Pape et les cardinaux à comparaître en personne ou par procureur, dans l'espace de soixante jours. Le 26 septembre, il casse la nomination d'un cardinal faite par le Pape; il défend au Pape d'aliéner la ville d'Avignon et le comtat Venaissin. Le 1er octobre, on déclare Eugène IV contumace; huit jours après, on supprime la bulle qu'il avait donnée pour la translation du concile de Bâle à Ferrare. Les députés du conciliabule, arrivés à Constantinople, y commencent l'accusation du Pape; le patriarche de Constantinople leur impose silence, et leur ordonne de se retirer. A la trentième session, 24 janvier 1438, le conciliabule déclare le pape Eugène suspens de toutes ses fonctions, tant au temporel qu'au spirituel, et mande aux rois, aux princes et à tous les ecclésiastiques, de ne plus lui rendre obéissance. Le 24 mars suivant, le conciliabule de Bâle prononce anathème contre le concile œcuménique ouvert à Ferrare, et le traite de conventicule schismatique.

Au mois d'octobre 1438, le conciliabule de Bâle entreprend d'ériger en vérités de foi, au nombre de huit, ses prétentions séditieuses contre l'autorité du chef de l'Eglise. Les membres du conciliabule se divisent les uns contre les autres. Les évêques se récriaient sur ce que, dans une question de foi, on donnait voix délibérative aux ecclésiastiques du second ordre. « Quand est-ce, demanda l'archevêque de Palerme, que de simples prêtres ont eu voix définitive dans les conciles? Leur état ne les borne-t-il pas à donner simplement leur avis? et l'on verra donc aujourd'hui, pour la première fois, une question de foi terminée sans l'autorité des évêques? Quel scandale (*Comment. Æn. Sylv.*, l. 1, p. 24)!» L'archevêque d'Arles, président de l'assemblée, lui répondit entre autres : « Souvenez-vous que la manière de procéder dont on se sert ici n'est pas nouvelle; qu'elle a été établie dès le commencement du concile, et qu'on ne l'a point changée depuis. Souvenez-vous que cette multitude d'ecclésiastiques inférieurs a été de votre avis en d'autres points, et que vous ne disputiez point alors du plus ou moins d'autorité qui lui convient (*Ibid.*, l. 1, p. 26 et 27). »

Cette réplique signale bien l'inconséquence des évêques, qui, après avoir reconnu le droit de suffrage aux simples prêtres, le veulent repousser comme une innovation; mais cette réplique ne prouve pas que ce ne fût une innovation téméraire de l'assemblée de Bâle, au contraire elle en convient. Cette attaque et cette réponse sont comme deux glaives dont les deux adversaires se percent l'un et l'autre. Ce qu'ajoute l'archevêque d'Arles est encore plus naïf.

« Si les évêques seuls, dit-il, sont juges dans les conciles, il faudra donc que la nation d'Italie l'emporte sur les autres, car les évêchés y sont en plus grand nombre que partout ailleurs. Si les évêques seuls et les cardinaux avaient été admis à donner leurs suffrages dans notre concile de Bâle, qu'aurions-nous fait? que ferions-nous encore? car vous voyez le peu d'évêques qui est de notre côté, et ceux que nous avons ne sont guère propres encore à rompre l'effort des méchants, puisqu'ils craignent beaucoup la puissance temporelle des princes. Il n'y a que les prêtres du second ordre qui témoignent de la fermeté, de l'intrépidité, qui méprisent les menaces et les anathèmes d'Eugène. »

Ainsi donc, le concile de Bâle, d'après l'aveu de son président, n'était pas une assemblée d'évêques, n'était pas un concile, mais *un synode presbytérien*. Non-seulement il l'avoue, mais il soutient que cela devait être. Pour cela, il renouvelle l'erreur de certains hérétiques qui égalaient les prêtres aux évêques. Voici un de ses raisonnements. Dans les anciens conciles, il y avait des prêtres assis comme les évêques; donc, comme eux, ils y avaient droit de suffrage. Autant voudrait dire : Dans les anciens conciles, il y avait des secrétaires et des copistes qui étaient assis; donc ils y avaient droit de suffrage comme les évêques et les patriarches. On lui objecta ce mot célèbre du concile de Chalcédoine : *Un concile est une assemblée d'évêques et non de clercs: Concilium episcoporum, non clericorum.* On devinerait difficilement par quelle subtilité le président du conciliabule se tire de ce mauvais pas. Voici sa réponse. « Quand le concile de Chalcédoine a dit : *Un concile est une assemblée d'évêques et non de clercs*, il a voulu dire : Un concile est une assemblée d'évêques, de prêtres, de diacres, de sous-diacres, de lecteurs et d'acolytes, mais non pas de simples tonsurés (*Comment. Æn. Sylv.*). » Mais, en Orient, il n'y avait pas de simples tonsurés à l'époque du concile de Chalcédoine; mais quand ce concile dit : *Une assemblée d'évêques et non de clercs*, il est clair comme le jour qu'il met en opposition avec les évêques tout le clergé inférieur, y compris les prêtres.

En vérité, quand on considère attentivement l'esprit factieux du concile de Bâle, ses entreprises révolutionnaires contre le chef de l'Eglise, ses principes et ses raisonnements étranges pour les justifier, tout cela sous prétexte de réformer l'Eglise dans son chef et dans ses membres, on ne peut s'empêcher de convenir que, dès le XVe siècle, le concile de Bâle préparait les voies à l'effroyable révolution de Luther et de Calvin, sous le nom de *Réforme* du XVIe siècle.

Le discours de l'archevêque d'Arles parut un chef-d'œuvre aux ecclésiastiques du second ordre. L'archevêque de Palerme et la plupart des évêques n'en jugèrent pas de même. Quand il fut question de conclure sur les huit articles, le trouble et la confusion se mirent parmi les assistants : on criait, on disputait, on mêlait les injures aux reproches ; on se plaignait que la liberté du concile fût violée, tous proposaient leurs avis pêle-mêle sans être interrogés. L'archevêque d'Arles voulait conclure, lorsque celui de Palerme s'écria : « Eh bien ! vous méprisez donc mes prières, vous méprisez les princes et les prélats ; prenez garde de devenir à votre tour la fable du monde entier : vous voulez conclure, cela ne vous regarde point ; je trouve fort singulier que vous entrepreniez une chose comme celle-là avec trois évêques à simple titre qui sont de votre côté. C'est à nous qu'il appartient de prononcer ; nous sommes le plus grand nombre d'évêques, nous sommes le concile, et ce titre n'est point dû à cette cohue de barbouilleurs de papier : *Colluviem istam copistarum*, que nous voyons ici ; enfin, je déclare, au nom des évêques, qu'il faut surseoir à la conclusion. »

A ce mot, il se fit un si grand vacarme dans l'assemblée, que cela ressemblait aux bruits de deux armées qui en viennent aux mains ; c'est l'expression d'Æneas Sylvius, qui était présent. Le promoteur du concile en appela au concile, de l'opposition faite par l'archevêque de Palerme. Jean de Ségovie, théologien espagnol, entreprit un long discours, où il disait que, s'il fallait le plus grand nombre des évêques pour décider, le concile de Bâle serait à néant, puisque, dans la plupart de ses décrets, la pluralité des évêques avait été contraire. Par exemple, ajoutait-il, il n'y avait guère que cinq prélats avec le cardinal de Saint-Ange, quand on a réglé ce qui concerne la célébration des conciles provinciaux et des synodes. — En vérité, pour prouver la nullité du concile de Bâle, il n'y a rien de plus fort que les apologies de ses défenseurs.

Au milieu de ces altercations, l'archevêque d'Arles obtint un moment de silence et dit : « J'apprends de France que les nonces d'Eugène s'y sont répandus partout, et qu'ils exaltent l'autorité du Pontife romain au-dessus de celle des conciles généraux ; or, pour réfuter cette doctrine, il est nécessaire d'établir les vérités déjà proposées dans le concile ; elles sont au nombre de huit ; mais les Pères n'ont pas intention de les décider toutes. Aujourd'hui ils se bornent aux trois premières. Ainsi, au nom du Père, du Fils, et du Saint-Esprit, je conclus qu'il faut tenir ces trois articles. »

Cela dit, il leva la séance, au milieu des acclamations des siens et de la stupéfaction des autres. En effet, jamais faiseur de tours n'escamota si adroitement une affaire.

Le 9 mai 1439, on tint une congrégation générale pour transformer en décret la conclusion escamotée.

Il y eut de nouvelles contestations. L'archevêque de Tours, qui avait qualité de plénipotentiaire de France, dit que, malgré la conclusion du cardinal d'Arles, il se croyait en droit d'élever la voix et de condamner cette démarche, puisque les congrégations n'étaient point le dernier et suprême tribunal du concile. « Je suis archevêque, ajouta-t-il ; j'aurais dû, comme tel, être prévenu de ce qu'on voulait définir ; je suis ministre de France, obligé par conséquent d'informer de tout le roi, mon maître ; je veux donc avoir le temps de conférer pour cela. Mon collègues d'ambassade le souhaitent aussi. » L'évêque de Cuença, ambassadeur de Castille, parla d'un ton encore plus ferme, et l'archevêque de Milan les surpassa tous, en disant au cardinal d'Arles : « C'est vous qui êtes l'auteur de toute cette intrigue. Vous entretenez auprès de votre personne une troupe de barbouilleurs de papier et de pédants : *Gregem copistarum et pedagogorum*, pour faire avec eux des articles de foi. On vous prendrait à juste titre pour un autre Catilina ; vous êtes comme lui l'asile de tous les gens sans aveu, sans espérance et sans conduite : c'est donc par le ministère de telles gens que vous prétendez gouverner l'Eglise, et vous aimez mieux prendre leur avis que ceux des prélats et des ambassadeurs qui représentent ici les souverains ? » — Le cardinal d'Arles essuya encore bien d'autres invectives ; mais il emporta le décret par le suffrage de ses barbouilleurs de papier et de ses pédants, et fixa le 16 mai pour le promulguer en session publique.

Ce jour, on se rendit solennellement à la cathédrale de Bâle. Les ambassadeurs des princes n'y parurent point, non plus que la plupart des évêques. On ne compta dans cette trente-troisième session que vingt prélats, tant évêques qu'abbés : deux d'Italie, aucun d'Espagne, dix-huit de France et d'Allemagne. En revanche, on y vit plus de quatre cents ecclésiastiques du second ordre. On y vit quelque chose de plus merveilleux encore. Pour remplir les fauteuils des évêques absents, le président de l'assemblée y fit mettre les châsses des saints, qu'il avait fait apporter de toute la ville. C'est au milieu de cet appareil théâtral, qu'on publia le décret en ces termes :

« Le saint concile de Bâle déclare et définit ce qui suit : 1º C'est une vérité de foi catholique, que le concile général, représentant l'Eglise universelle, a une autorité supérieure à toute autre, même à celle du Pape. 2º C'est une vérité de foi catholique, que le Pape ne peut en aucune façon dissoudre, transférer ni proroger le concile général représentant l'Eglise universelle, à moins que le concile n'y consente. 3º On doit regarder comme hérétique quiconque contredit les vérités précédentes. »

Dans une congrégation générale du 23 juin, on acheva de déterminer les cinq autres articles, savoir : que le pape Eugène a contredit les trois premières vérités de foi, quand il s'est ingéré de dissoudre et de transférer le concile de Bâle ; qu'ensuite, de l'avis des Pères, il a rétracté cette erreur, mais qu'il y est retombé bientôt après, en voulant une seconde fois dissoudre et transférer le concile ; que, comme il persiste dans sa résolution malgré les monitions du concile, et, tenant même un conciliabule en Italie, il se déclare contumace, opiniatre et rebelle. Tout cela fut publié comme des vérités constantes.

Dès le surlendemain, 25 juin, session trente-quatrième, on en vint à l'application. Le conciliabule schismatique de Bâle, par un attentat sacrilége, déposa le pape Eugène IV, comme désobéissant, opiniâtre, rebelle, violateur des canons, perturbateur de l'unité ecclésiastique, scandaleux, simoniaque, parjure, incorrigible, schismatique, hérétique endurci, dissipateur des biens de l'Eglise, pernicieux et damnable. Le conciliabule défendait à quiconque de le reconnaître pour Pape, et déclarait les contrevenants déchus par le seul fait de toutes leurs dignités, soit ecclésiastiques, soit séculières, *fussent-ils évêques, archevêques, patriarches, cardinaux, rois ou empereurs.*

Voilà ce qui fut statué par une assemblée où l'on comptait trente-neuf prélats, dont il n'y avait que sept à huit qui fussent évêques. Finalement, huit évêques, au plus, osent prononcer une déposition sacrilége contre un Pape certain et légitime, reconnu par l'Eglise universelle. Et encore ces huit étaient-ils tous notés par quelque endroit qui devait les faire récuser dans un jugement bien réglé.

« Par exemple, dit le cardinal Turrecremata, qui les connaissait en détail, le cardinal d'Arles était envenimé contre le Pape, parce qu'il n'avait pu obtenir de lui la charge de camerlingue. Le patriarche d'Aquilée était aussi brouillé avec Eugène, à cause des démêlés qui existaient entre ce prélat et les Vénitiens. Louis de la Palu se souvenait que le Pape ne l'avait pas favorisé dans ses poursuites pour l'évêché de Lausanne. L'ancien évêque de Vence n'avait pu oublier non plus que la cour romaine lui avait refusé l'évêché de Marseille. L'évêque de Grenoble était proche parent du cardinal d'Arles. L'évêque de Bâle était un homme sans lettres et assujéti aux volontés des autres. Raymond Talon, qui prenait la qualité d'évêque de Tricarico, était depuis longtemps ennemi du Pape, parce que celui-ci l'avait privé, pour sa mauvaise conduite, de la charge d'auditeur à la cour d'Avignon. Enfin il y avait là deux autres évêques à simple titre, religieux de profession et apostats de leur ordre (Labbe, t. XIII). » Ces détails nous montrent quels furent les auteurs du décret de déposition contre le Pape.

Pour compléter le schisme, ils firent un antipape le 30 octobre 1439. Ce fut le duc de Savoie, Amédée VIII. En 1434, à l'âge de cinquante-cinq ans, laissant ses Etats à son fils Louis, il se retira dans une terre délicieuse nommée *Ripaille*, pour s'y rendre ermite avec deux gentilshommes. Il retint pour son service vingt de ses domestiques, et pour sa nourriture, il se faisait servir du meilleur vin et des meilleures viandes ; d'où vient, à ce que l'on croit, le proverbe de *faire ripaille*. C'est ce qu'il a fait de plus mémorable, et comme prince et comme antipape. Il prit le nom de Félix V, le porta dix ans, avec une obédience qui ne s'étendit jamais au delà de ses Etats et de quelques cantons suisses. En 1449, il abdiqua et se soumit à Nicolas V, successeur d'Eugène IV. Les débris du concile de Bâle, retirés à Lausanne, élurent alors pour Pape le Pape régnant Nicolas V.

Tel fut le commencement, le milieu et la fin du trop fameux concile de Bâle : le commencement fut un seul homme, le milieu un schisme, et la fin un désaveu qui n'en était pas un : commencement burlesque, milieu scandaleux, fin risible.

Dans sa vingtième session, ce fameux concile défendit la *fête des fous*. Voici en quoi consistait alors cette fête. Le jour des Innocents et le jour du nouvel an, on habillait des enfants en papes et en évêques ; on les conduisait à l'église avec cérémonie, ils y faisaient les fonctions ecclésiastiques, et tout cela était suivi de bien des désordres, des scandales et des irrévérences. Vers le milieu du XVe siècle, il y eut dans l'Eglise universelle une fête semblable, quoique plus sérieuse et plus longue ; car elle dura de 1431 à 1449. Un homme d'abord, et puis une dizaine d'hommes se travestirent en concile œcuménique ; de simples prêtres se travestirent en évêques, en cardinaux, en papes, en Eglise universelle : comme au XIIIe siècle dans l'église de Paris, les enfants de chœur, par manière de jeu, déposaient les chanoines de leurs hautes stalles et se mettaient à leur place un jour dans l'année, ainsi les prêtres parisiens et autres du XVe siècle, travestis en conciles généraux, s'amusaient à déposer les cardinaux et les papes, à réformer l'Eglise universelle, mettant la tête en bas et les pieds en haut. Ce jeu de dix-huit ou dix-neuf ans, c'est ce qu'on appelle le *concile de Bâle*.

Jeu plus sérieux qu'on ne pense, car c'était le jeu de Satan. Le Sauveur dit à saint Pierre : *Simon, Simon, voici que Satan vous a demandé à cribler comme du froment ; lors donc que tu seras converti, confirme tes frères.* Voyez un homme qui crible du froment, comme il le secoue, comme il le jette, comme il l'agite, comme il le tourne et le retourne, en long, en large, en rond, sans ordre ni suite, au gré de son caprice. Image de ce que Satan fait aux apôtres et à leurs successeurs, y compris Pierre et les siens : il les secoue, les jette, les agite les uns contre les autres, de manière qu'ils se heurtent, qu'ils s'entre-choquent, qu'ils ne savent plus où ils en sont. Telle était l'agitation de Bâle, où il y avait plus de zèle que de lumière et de sagesse : agitation qui se communique au reste de la chrétienté : presque tous les royaumes reconnaissent toujours Eugène IV, l'Allemagne reste dans une espèce de neutralité. Quel remède à cette périlleuse tentation ? *Pierre, j'ai prié pour toi : lors donc que tu seras converti, affermis tes frères.* C'est ce que nous allons voir : Pierre, centre d'attraction et d'unité, attirant à lui et affermissant en l'unité ses frères d'Orient, d'Egypte, d'Ethiopie, de Mésopotamie, de Chaldée et d'Allemagne.

Dans la séance du 7 mai 1437, la plus saine partie des prélats de Bâle, unis aux légats du Pape, avaient offert aux ambassadeurs de l'empereur Jean Paléologue, pour y tenir le concile de réunion, soit la ville de Florence ou d'Udine, soit toute autre ville d'Italie qui leur parût commode. Les ambassadeurs grecs approuvèrent fort ce décret et en demandèrent la confirmation au Pape, qui la donna par une bulle datée de Bologne, le 29 juin 1437. Dès lors, tout le reste suivit. Eugène IV fit expédier des saufs-conduits pour les Grecs ; il nomma Antoine Condelmer pour commander les vaisseaux de transport ; il chargea l'archevêque de Tarentaise et Christophe Garatoni, devenu évêque de Coron, de la légation de Constantinople ; il leur recommanda d'agir de concert avec les évêques de Digne et d'Oporto, chargés de la même fonction par cette partie du concile de Bâle qui s'entendait avec Eugène. Tous les préparatifs se firent à point nommé. On conduisit neuf galères bien armées à Constantinople. L'empereur Jean Paléologue, le patriarche Joseph, les évêques grecs et tous les gens de leur suite s'y embarquèrent le 25 novembre 1437. Après une navigation longue et pénible, ils arrivèrent à Venise le 9 février 1438. Venise était la ville natale du pape Eugène IV. L'empereur de Constantinople y fut reçu avec une telle magnificence, que les Grecs en étaient dans l'admiration. Ils restaient stupéfaits en voyant l'église de Saint-Marc, les palais du doge et des autres nobles, l'opulence et la politesse de tous les habitants. L'historien grec du concile de Florence, qui était présent, et que l'on croit être Georges Scholarius, déclare la pompe de cette entrée impossible à décrire. Notre âme était tellement ravie à la vue de toutes ces merveilles, que nous disions dans l'extase : « En vérité, la terre et la mer sont aujourd'hui devenues le ciel ; car de même que personne ne peut comprendre les créatures célestes de Dieu, mais en est seulement émerveillé, ainsi restions-nous émerveillés des magnificences de cette fête. »

Cependant le pape Eugène IV avait indiqué le concile à Ferrare, pour commencer au 8 janvier 1438. Le cardinal Julien Césarini s'y rendit de Bâle, avec les plus recommandables des prélats. L'ouverture se fit le jour indiqué. Il s'y trouva cinq archevêques, dix-huit évêques, quatre évêques élus, dix abbés, quelques généraux et provinciaux d'ordres. Le concile s'ouvrit sous la présidence du bienheureux Nicolas Albergati, ancien chartreux, archevêque de Bologne et cardinal de Sainte-Croix, que déjà nous avons appris à connaître.

Au commencement de son pontificat, Eugène IV l'envoya légat en France pour négocier la paix entre les rois de France et d'Angleterre et le duc de Bourgogne. Au milieu de ses négociations, qui alors n'eurent aucun succès, il fut appelé pour présider le concile de Bâle au nom du Pape. De Bâle, il fut envoyé en Italie, pour réconcilier le duc de Milan et les Vénitiens. Eugène IV, qu'il était allé trouver à Florence, l'envoya de nouveau en France, où il réussit, en 1435, à conclure la paix, non pas encore entre les Français et les Anglais, mais entre le roi de France et le duc de Bourgogne ; ce qui donna moyen au roi Charles VII de chasser les Anglais de tout son royaume, et acheva ainsi l'œuvre de Jeanne d'Arc. Le bienheureux Nicolas Albergati présida donc les premières séances du concile œcuménique de Ferrare ou de Florence. Durant le concile même, le Pape l'envoya légat en Allemagne, pour y combattre les menées schismatiques du conciliabule de Bâle. Revenu d'Allemagne à Florence au concile œcuménique, Eugène IV le nomma grand-pénitencier de l'Eglise romaine. Cette nouvelle dignité ne changea rien au genre de vie simple et modeste du vertueux cardinal. On admirait en lui une humilité sincère, jointe à un caractère ferme et plein d'élévation, la candeur unie à la prudence, une charité pour tous bienveillante, un grand amour pour les pauvres et un zèle ardent pour la religion. Sa maison était parfaitement réglée : aussi plusieurs de ceux qui la composaient parvinrent-ils aux plus hautes dignités de l'Eglise ; deux d'entre eux furent même élevés à la papauté sous les noms de Nicolas V et de Pie II. Attaché de cœur à son premier état, il pratiquait sous la pourpre romaine les austérités des Chartreux. Ami des lettres, il forma une bibliothèque considérable qu'il légua, à sa mort, à divers monastères. Il se disposait à suivre le Pape, qui retournait à Rome, lorsqu'il fut obligé de s'arrêter à Sienne, chez les Augustins, de l'ordre desquels il était le protecteur depuis dix-sept ans. Il y mourut de la pierre, à l'âge de soixante-huit ans, le 9 mai 1443. Ses entrailles furent inhumées dans l'église de la maison, et l'on porta son corps à la chartreuse de Florence, où il est encore conservé. Benoît XIV, qui avait été un des successeurs du bienheureux Nicolas dans le siège de Bologne, approuva, le 6 octobre 1744, le culte rendu de temps immémorial à ce saint pontife (*Acta Sanct.*, 9 mai ; Godescard, 3 mars).

L'historien grec du concile de Florence nous apprend qu'il s'y trouva deux cents évêques, mais on ne connaît le nom et le siège que d'un petit nombre. Parmi eux était sans aucun doute saint Laurent Justinien. Le pape Eugène IV, son compatriote, le nomma évêque de Venise l'an 1433. Le saint employa tous les moyens possibles pour ne point accepter cette dignité ; deux fois ses frères, les chanoines réguliers de Saint-Georges, observèrent un jeûne et écrivirent au Pape, pour obtenir qu'il leur laissât leur père et leur guide : deux fois le Pape les consola par des lettres paternelles, les engageant toutefois, par de bonnes raisons et par l'exemple des saints, à ne point résister à la volonté divine. Justinien ne put donc pas ne point obéir au Pontife, commandant pour la troisième fois. Il avait cinquante et un ans. Il prit possession de son église avec tant de simplicité et si secrètement, que ses propres amis ne le surent que quand la cérémonie fut faite. Il passa toute la nuit suivante en prière devant un autel, pour attirer sur lui les grâces du ciel ; il fit la même chose la nuit qui précéda son sacre. Il ne diminua rien des austérités qu'il avait pratiquées dans le cloître. Son assiduité à la prière lui mérita des lumières toutes célestes, cette fermeté invincible, cette activité infatigable dont toute sa conduite porta l'empreinte. Il sut pacifier les dissensions intestines qui agitaient la république, et gouverna son diocèse dans les temps les plus orageux, avec autant de facilité qu'il eût gouverné un monastère. Son ameublement ressentait son amour pour la simplicité et la pauvreté ; et comme on lui représentait qu'il devait quelque chose à sa naissance, à la dignité de son siège et à la république, il répondit que la vertu était le seul ornement du caractère épiscopal, et qu'un évêque ne devait avoir d'autre famille que les pauvres de son diocèse. Sa maison n'était composée que de cinq personnes ; il mangeait dans de la vaisselle de terre ; il n'avait pour lit qu'une paillasse couverte de haillons et n'avait qu'une mauvaise soutane pour vêtement. Sa sévérité envers lui-même, jointe à un grand fonds d'affabilité et de douceur envers les autres, le faisait universellement respecter. Il acquit un tel ascendant sur tous les esprits et sur tous les cœurs, qu'il vint facilement à bout des abus qui s'étaient glissés dans le clergé et parmi les laïques. Son troupeau l'aimait et le respectait, et il n'y avait personne qui ne se soumît avec docilité à toutes ses ordonnances. Si l'exécution de ses pieux desseins éprouvait d'abord quelque difficulté, il savait en triompher par sa douceur et sa patience.

Son zèle contre les théâtres lui suscita quelques ennemis. Un d'entre eux, qui était puissant, s'éleva avec beaucoup d'indécence contre un mandement qu'il avait donné à cet égard; il faisait passer le saint évêque pour un homme qui voulait porter dans le monde la rigidité du cloître, pour un moine minutieux que de vains scrupules agitaient, et il fit tous ses efforts pour soulever le peuple contre lui. Une autre fois, Justinien fut insulté publiquement dans les rues et traité d'hypocrite. Il écouta les injures dont on le chargeait sans changer de visage et sans rien perdre de sa tranquillité. Il n'était pas moins insensible aux louanges et aux applaudissements qu'on lui donnait; on ne remarquait en lui aucun mouvement de tristesse ni de quelque passion que ce fût; il jouissait d'une égalité d'âme que rien ne pouvait altérer.

La première visite qu'il fit de son diocèse opéra des fruits incroyables. Il fonda quinze monastères et un grand nombre d'églises; il réforma tous les abus qui s'étaient introduits par rapport à la célébration de l'office divin et à l'administration des sacrements. Il établit un si bel ordre dans sa cathédrale, qu'elle devint le modèle de la chrétienté; il y fonda de nouvelles prébendes, afin qu'elle fût desservie avec plus de décence et de dignité; il érigea dix paroisses à Venise, et il y en eut alors trente dans cette ville, au lieu de vingt qui y étaient auparavant. On voyait tous les jours une multitude innombrable de peuple dans son palais; les uns venaient y chercher de la consolation dans leurs peines, ou des secours dans leurs misères; les autres venaient consulter le saint dans leurs doutes. Sa porte n'était jamais fermée aux pauvres. Il aimait mieux distribuer du pain et des habits, pour éviter le mauvais emploi de l'argent, qui n'est que trop commun, même parmi les indigents; ou s'il en donnait, c'était toujours en petite quantité. Des dames pieuses portaient ses aumônes aux pauvres honteux ou à ceux qui avaient souffert des pertes considérables. Dans les charités qu'il faisait, il n'avait égard ni à la chair ni au sang. Quelqu'un étant venu le trouver de la part de Léonard, son frère, il le renvoya en lui disant : « Retournez vers celui qui vous a envoyé, et je vous charge de lui dire qu'il est en état de vous assister lui-même. » Personne ne porta jamais plus loin que lui le mépris de l'argent. Il confia le soin de son temporel à un économe fidèle, et il avait coutume de dire à ce sujet : « Il est indigne d'un pasteur des âmes d'employer une partie considérable de son temps qui est si précieux, à entrer dans les petits détails qui ont l'argent pour objet (*Acta Sanct.*, 8 janvier; Godescard, 5 sept.). »

L'an 1438, saint Laurent Justinien publia un *Manuel de discipline canonique* pour son diocèse. Il était tiré des Constitutions provinciales des patriarches de Grade, des Ordonnances synodales de Castella et de Venise, parmi lesquelles plusieurs du saint évêque même (Mansi, *Concil.*, t. XXXI). Au lieu de crier ou de procéder tumultuairement à la réforme des autres, comme les prélats de Bâle, il commençait la réforme sans bruit par lui-même et par son diocèse. C'est qu'il était vraiment animé de l'Esprit de Dieu. Son exemple fut plus efficace que bien des conciles. Les étrangers comme les indigènes, les cardinaux et les princes comme le peuple, accouraient pour le voir, étudier sa vie, sa chambre, ses ameublements, et s'en édifier (*Vita acta Sanct.*, 8 janv., c. 9, n. 51). Le pape Eugène IV lui ayant mandé de venir le voir à Bologne, il le reçut avec de grandes marques de distinction, et l'appela *l'ornement de l'épiscopat*. C'était sans doute à l'approche du concile œcuménique de Ferrare et de Florence.

Ce concile s'était ouvert le 8 janvier 1438, sous la présidence du saint cardinal Albergati. Deux jours après, il y eut une première session, où se trouvèrent deux évêques de plus. On y déclara que le Pape ayant transféré le concile de Bâle à Ferrare pour de très-justes causes et qui avaient paru nécessaires au Saint-Siége, et avaient été approuvées par les prélats de la cour de Rome, cette translation était légitime et canonique, et qu'ainsi le concile général de Ferrare était dûment et légitimement assemblé pour travailler à l'union de l'Église grecque avec l'Église romaine, et achever ce qui avait été commencé à Bâle; que tout ce qu'on ferait dans cette dernière ville après cette translation serait nul, à moins que cela ne tendît à la réduction des Bohémiens, ce qui serait approuvé par le concile de Ferrare; qu'enfin tous étaient absous du serment qu'ils avaient déjà fait à Bâle (Labbe, t. XIII).

Le pape Eugène IV partit de Bologne, arriva le 24 janvier au monastère de Saint-Antoine, hors des murs de Ferrare. Le 27, il fit son entrée solennelle dans la ville : l'ambassadeur de Castille et de Léon tenait les rênes de son cheval à droite, le marquis de Ferrare à gauche. Le 8 février, il présida une congrégation où assistèrent tous les cardinaux, évêques et docteurs. Il s'y plaignit des prélats de Bâle, et déclara que, quoiqu'il fût très-innocent, si néanmoins lui ou les siens se trouvaient coupables de quelques fautes, il se soumettait volontiers à la correction des Pères, et il les exhorta à se gouverner avec tant de régularité, qu'ils fussent le modèle des autres. Le plus ancien des cardinaux le remercia au nom de ses collègues et lui promit leur active coopération. Le plus ancien des archevêques, celui de Ravenne, parla de même au nom de tous les autres prélats.

Le 10 février, dans une autre congrégation générale, en présence du cardinal Jourdain des Ursins, que le Pape avait nommé président du concile, comme le plus ancien des cardinaux; on arrêta dans quel rang et quel ordre chacun serait assis. On tint encore deux autres congrégations générales, pour préparer le décret de la seconde session, qui se tint le 15 février. Le Pape y présida, ayant avec lui soixante-douze évêques. On y lut le décret par lequel le Pape, après avoir déduit fort au long tout ce qu'il a fait pour porter à la paix les prélats de Bâle, prononce, avec l'approbation du concile, que tous leurs décrets séditieux sont nuls, et déclare que tous ceux qui continueront cette assemblée, de quelque dignité qu'ils soient, encourent l'excommunication et autres peines marquées dans la bulle de translation, ordonnant à tous ceux qui sont à Bâle pour la tenue du concile, d'en sortir dans trente jours, sous les mêmes peines et censures; aux magistrats, officiers et habitants de cette ville, de les en chasser après l'expiration de ce temps, sous peine d'excommunication et d'interdit pour le peuple; défendant enfin, sous la même peine, de porter aucune marchandise ou chose nécessaire à la vie des hommes dans cette ville de Bâle, si ceux qui y tiennent le concile persistent dans leur opiniâtreté (Labbe, t. XIII).

Le cardinal de Sainte-Croix, le bienheureux Nicolas Albergati, après avoir fait l'ouverture du concile, se rendit à Venise pour saluer l'empereur de Constantinople de la part du Pape. Il était accompagné de Nicolas d'Este, marquis de Ferrare. Ils furent bientôt suivis du cardinal Julien Césarini, qui avait présidé le concile. L'empereur grec envoya de son côté à Ferrare, rendre ses devoirs au Pape. Jean Paléologue y étant arrivé lui-même par eau, y fit son entrée le 4 mars. Tous les cardinaux, suivis d'un très-grand nombre de prélats, allèrent à sa rencontre jusque hors de la ville. L'empereur marchait à cheval, sous un dais bleu céleste, porté par les fils et les plus proches parents du marquis de Ferrare. Lorsque le cortège fut arrivé au palais où le Pape faisait sa résidence, tous ceux qui étaient à cheval mirent pied à terre à la grande porte. L'empereur seul resta sur le sien et monta sur l'escalier, qui était en rampe douce, jusqu'à l'entrée de la salle qui précédait la chambre du Saint-Père. Il descendit alors de cheval, et, ayant traversé la salle, il entra chez le Pape, qui vint au devant de lui et sut si bien mesurer ses pas, qu'il le joignit au milieu juste de l'appartement. L'empereur voulant mettre le genou en terre, le Pape le retint et l'embrassa. Puis, lui donnant la main, que ce prince baisa avec respect, il l'introduisit dans une chambre plus reculée, où il le plaça à sa droite. Eugène, après avoir conversé avec Jean Paléologue pendant quelque temps, le fit reconduire au logement qu'on lui avait préparé et où il fut traité avec autant de somptuosité et de magnificence qu'il aurait pu l'être à Constantinople.

Le patriarche n'arriva que trois jours après à Ferrare, avec une partie des métropolitains et des évêques du clergé grec députés au concile. Il y fut amené par eau, sur un navire d'une construction particulière et qui ressemblait à un palais flottant. Ce navire lui avait été envoyé de Ferrare à Venise par le marquis d'Este. Le patriarche ne débarqua pas sur-le-champ. Il resta sur son bâtiment le reste du jour et la nuit suivante, pour attendre qu'on eût réglé le cérémonial suivant lequel il voulait être reçu. Tout l'ayant été à sa satisfaction, deux cardinaux, accompagnés de vingt-cinq évêques et d'un grand nombre de prélats et d'officiers de la cour romaine, le marquis d'Este, avec les princes, ses fils, et des grands du pays, allèrent le recevoir à la descente du navire. Après les premiers compliments, on lui présenta, ainsi qu'à ceux de sa suite, de superbes chevaux, sur lesquels ils montèrent. Le cortége se mit en marche et s'avança dans le plus bel ordre vers le palais du souverain Pontife. Le patriarche avait à ses côtés deux cardinaux, dont l'un était Prosper Colonne, neveu de Martin V. Lorsqu'on fut arrivé au palais pontifical, le patriarche descendit de cheval et on le conduisit, en lui faisant traverser les antichambres et les salles, jusqu'à l'appartement secret du Pape, qui, pour éviter le cérémonial, avait arrêté que cette audience ne serait pas publique. Les portes s'étant ouvertes, le patriarche entra, suivi seulement de six métropolitains. Le Pape se leva de son trône pour le recevoir. Le patriarche s'étant approché, le Pape et lui s'embrassèrent. Eugène se replaça sur son trône, le patriarche prit place à sa droite sur un siége semblable à celui des cardinaux. Les six archevêques qui accompagnaient ce prélat furent également admis au baiser du Saint-Père et se rangèrent à la gauche de leur chef, mais ils se tinrent debout, comme firent aussi toutes les autres personnes de sa suite, lesquelles furent introduites six à six. A mesure qu'elles entraient, elles saluaient le Pape, les unes comme les évêques, en lui baisant la main et la joue, et les autres comme les simples ecclésiastiques, en lui faisant une profonde inclination. Il n'y eut que les laïques qui se prosternèrent pour lui baiser les pieds.

Une des difficultés du cérémonial était celle-ci. Nous avons vu le prophète Daniel prier à genoux à Babylone, Salomon dans le temple de Jérusalem, Jésus au jardin des Olives, saint Paul dans ses épîtres et les Actes des Apôtres, et le concile de Nicée ordonnant de prier à genoux hors les dimanches et le temps pascal. Cependant les Grecs avaient pris l'habitude de ne prier que debout. Les ecclésiastiques grecs se firent donc scrupule de se mettre à genoux devant le Pape, suivant l'usage reçu. Eugène IV condescendit à ce scrupule des ecclésiastiques grecs.

On convint de part et d'autre de tenir la première séance publique le 9 avril, qui, cette année 1438, tombait le mercredi saint. On s'assembla dans la cathédrale de Saint-Georges, suivant l'ordre qui avait été réglé. Devant le grand autel, sur un trône magnifique, était le livre des Evangiles, avec les chefs de saint Pierre et de saint Paul, qu'on avait fait venir de Rome. Au côté droit de l'autel, s'assit le Pape, sur un trône plus élevé que les autres et surmonté d'un dais. Plus bas était le trône de l'empereur d'Occident, mais vide : l'empereur élu des Romains était Albert II d'Autriche. Vis-à-vis, du côté gauche, était placé le trône de l'empereur de Constantinople; plus bas, on établit le siége du patriarche, mais sans dais et sans autre ornement qu'un tapis de pourpre qui le couvrait. Ensuite étaient disposés le long de l'église, de part et d'autre, des siéges pour tous ceux qui devaient avoir rang au concile. Du côté des Latins, outre les cardinaux, les archevêques et les évêques, qui étaient au nombre d'environ cent soixante, il y avait des abbés, des généraux d'ordres, des docteurs et une foule d'ecclésiastiques. On y voyait aussi des ducs, des marquis, des comtes, et des ambassadeurs de quelques princes occidentaux.

Après que les Latins eurent chanté la messe du Saint-Esprit, l'empereur et les prélats grecs, qui avaient de leur côté célébré l'office suivant leur rite, arrivèrent dans l'église et s'y rangèrent à la gauche de l'autel. Toute l'assemblée se leva, par honneur, lorsque les Grecs parurent. Le jeune Démétrius, despote de la Morée, fut assis sur un petit siége auprès de l'empereur, son frère. On avait préparé, au-dessous du patriarche de Constantinople, des places destinées aux vicaires des trois autres patriarches d'Orient. Les vicaires étaient, pour Philotée, patriarche d'Alexandrie, Antoine, métropolitain d'Héraclée en Thrace, et Grégoire, protosyncelle, confesseur de l'empereur; pour Dosithée, patriarche d'Antioche, Marc, évêque d'Ephèse, avec Isidore, métropolitain de Kiovie en Russie, mais dont la place resta vide pour le moment. Ce prélat n'arriva qu'au mois d'août, accompagné de quelques évêques moscovites et avec une suite de deux cents chevaux. Joachim, patriarche de Jérusalem, fut représenté par les métropolitains de Sardes et de Monembasie au Péloponèse. A la suite de ces prélats furent placés les métropolitains de Trébisonde, de Cyzique, de Nicée, de Nicomédie, de Métélin, celui des Géorgiens ou Ibériens avec un de ses suffragants et plusieurs autres encore. Venaient ensuite les dignitaires de l'Eglise de Constantinople, les abbés, les prêtres et les moines du mont Athos. Au pied du trône de Jean Paléologue, furent assis les ambassadeurs de l'empereur de Trébisonde; ceux du grand-duc de Moscovie, du prince des Ibériens, des despotes de Servie et de Valachie, et les principaux officiers de l'empereur, parmi lesquels étaient plusieurs sénateurs et quelques personnages distingués dans les lettres, entre autres Georges Scholarius, de qui nous avons en grec une histoire de ce concile. On fit asseoir aux deux côtés du patriarche les cinq assistants ou diacres, qu'on appelait *stauropores* ou porte-croix, parce qu'ils avaient sur leurs bonnets des croix qui les distinguaient des autres. L'historien grec dit qu'à cette première séance il y avait environ deux cents évêques, ce qui, avec les cent soixante du côté des Latins, en suppose trente à quarante orientaux.

Les membres du concile ne se réunirent ce jour-là que pour proclamer la bulle du Pape, qui annonçait, comme on en était convenu, que, du consentement exprès de l'empereur, du patriarche de Constantinople, et de tous les Pères qui se trouvaient à Ferrare, le concile pour la réunion des deux Eglises était ouvert dans cette ville, et qu'on accordait à tous ceux qui voulaient y assister, quatre mois entiers pour s'y rendre et y envoyer leurs représentants. Cette bulle déclarait en même temps excommuniés tous ceux qui, après s'être dispensés de déférer à cette invitation, refuseraient de se soumettre aux décrets de cette sainte assemblée. Le patriarche de Constantinople, qui avait plus de quatre-vingts ans, étant malade, ne put assister à la séance, mais il envoya ses lettres d'adhésion.

Comme les princes d'Occident, tous attachés au pape Eugène IV, cherchaient néanmoins à lui réconcilier les prélats mutins de Bâle, il vint de leur côté beaucoup moins d'évêques qu'on n'aurait pu attendre. Parmi les prélats français, on trouve les évêques de Térouanne, de Châlon-sur-Saône, de Nevers, d'Angers, de Digne, de Grasse, de Cavaihon et de Bayeux. Les trois premiers étaient de la domination du duc de Bourgogne, qui les envoyait comme ses ambassadeurs; les quatre suivants étaient de celle du duc d'Anjou, comte de Provence et roi de Sicile; pour l'évêque de Bayeux, il était soumis au roi d'Angleterre, maître encore de plusieurs places en Normandie. Il est à remarquer que ce prélat signa au concile de Ferrare et de Florence, en son nom et au nom de l'archevêque de Rouen, de l'évêque de Lisieux et de l'abbé de Saint-Michel.

Cependant, après les fêtes de Pâques et en attendant l'arrivée de nouveaux évêques, les Latins demandèrent aux Grecs que l'on ne perdît pas de temps, et que l'on s'assemblât souvent pour examiner les dogmes contestés. Après un assez long intervalle, les Grecs y consentirent avec peine. On choisit des commissaires de part et d'autre; pour les Latins, deux cardinaux, deux métropolitains, deux évêques, deux moines-prêtres, deux abbés et deux notaires; douze en tout. Les Grecs en choisirent autant de leur part, et ils conféraient ensemble deux fois la semaine, dans l'église de Saint-François.

La première de ces conférences particulières fut le 4 juin. Les Latins proposèrent la question du purgatoire, et exposèrent ainsi la doctrine de l'Eglise romaine : « Les âmes des justes, qui sont pures et sans tache, vont droit au ciel et jouissent immédiatement de la vue de Dieu ; mais celles qui décèdent avec des péchés véniels, ou n'ont pas satisfait pleinement pour des péchés mortels déjà remis, sont purifiées par le feu, soulagées ou délivrées par les prières, les aumônes et les suffrages de l'Eglise ; quant à ceux qui meurent en péché mortel et sans pénitence, ils sont aussitôt envoyés en enfer. » Les Latins appuyèrent cette doctrine de plusieurs passages de l'Ecriture et des Pères. Marc d'Ephèse répondit alors au nom des Grecs : « Tout ce que vous avez dit, et les témoignages des saints que vous avez lus, l'Eglise grecque les embrasse et les lit. Sur cet article, il y a peu de différence entre nous. Mais nous vous prions de nous donner votre sentiment par écrit ; nous y répondrons de même. Les Latins eurent une grande joie d'entendre ces paroles, et en rendirent grâces à Dieu. » Ainsi se termina la première conférence. Les suivantes roulèrent, non sur la substance du dogme, où l'on se trouvait d'accord, mais sur des questions théologiques. Par exemple, les Grecs admettaient que les âmes du purgatoire sont purifiées par la tristesse et d'autres peines, et soulagées par les prières de l'Eglise ; mais ils ne convenaient pas qu'elles souffrissent d'un feu proprement dit, comme celui de l'enfer. On discuta encore sur ce que la résurrection des corps ajouterait à la gloire des saints et au supplice des réprouvés.

Cependant les Grecs s'ennuyèrent d'attendre les autres prélats latins, particulièrement ceux de Bâle, dont aucun ne vint au temps marqué. De plus, la peste survint à Ferrare, et Denys, évêque de Sardes, vicaire du patriarche de Jérusalem, en mourut. Enfin les quatre mois de surséance étant écoulés, on résolut de commencer les sessions du concile, et la première se tint le 8 octobre de la même année 1438.

Ce ne fut pas dans l'église cathédrale, mais dans la chapelle du palais où logeait le Pape, parce qu'il était malade. Pour porter la parole, on avait choisi, de la part des Grecs, trois prélats : Marc, métropolitain d'Ephèse ; Isidore de Russie, et Bessarion de Nicée ; Xantopule, grand-sacristain de Constantinople ; Michel Balsamon, garde des archives, et Georges Gémiste ; et, de la part des Latins, le cardinal Julien Césarini, le saint cardinal Nicolas Albergati, André, archevêque de Rhodes ; Jean, évêque de

Forli ; et deux moines, docteurs en théologie. Bessarion fit en grec une harangue qui nous a été conservée tout entière. Après avoir marqué la joie que devaient ressentir tous les fidèles dans l'espérance de voir bientôt réunis les membres divisés de l'Eglise, il loue beaucoup le Pape, l'empereur et le patriarche du zèle avec lequel ils voulaient contribuer à la paix, et les exhorte à persévérer courageusement jusqu'à la fin. Il parla jusqu'au soir, et la session fut remise au samedi suivant. Entre les deux rangs de ceux qui devaient porter la parole, se voyait, sur un petit siège, Nicolas Secondin, de l'île de Négrepont, qui traduisait sur-le-champ en latin, avec une facilité et une fidélité prodigieuses, ce qu'on venait de dire en grec, et en grec ce qu'on venait de dire en latin.

Dans la seconde, qui fut célébrée le 11 octobre, André, archevêque de Rhodes ou de Colosse, traita en latin le même sujet que Bessarion, et aussi longuement, en sorte que son discours ne finit qu'avec la fin de la séance, qui fut ajournée au mardi d'après. Cependant on examina l'ordre qu'on observerait dans la discussion, quelle matière on y traiterait, et qui des Latins ou des Grecs commencerait; si l'on userait de demandes et de réponses, ou si ce serait en faisant des dissertations de part et d'autre. On convint qu'on se servirait de la méthode dialectique, et les Grecs furent nommés pour commencer la discussion dans la session troisième.

Elle se tint le mardi 14 septembre, et Marc d'Ephèse, ayant parlé de la charité que l'on devait garder dans les discussions, fit entendre qu'il commencerait à parler de l'addition faite au Symbole du mot *Filioque*. André de Rhodes répondit, de la part des Latins, qu'ils priaient les Grecs d'avoir pour eux la même affection réciproque, et que, s'il lui échappait quelque expression un peu dure, on l'attribuât plutôt au sujet de la discussion qu'aux personnes qui discutaient. Il voulut ensuite entrer en matière sur l'addition du mot *Filioque;* mais Marc d'Ephèse l'arrêta, en lui disant qu'il n'était pas encore temps de répondre sur cet article ; et, après avoir insinué que l'Eglise romaine avait négligé par le passé la paix qu'elle souhaitait à présent, il dit que cette paix ne pouvait se faire, si l'on n'ôtait entièrement les principes de la discorde. Il finit par demander qu'avant de rien faire, on lût les définitions des conciles précédents. Premièrement, dit-il, lisons les définitions des saints Pères, si le temps nous le permet, afin que nous puissions faire voir que nous pensons et que nous parlons comme eux; c'est ce que nous croyons absolument nécessaire, avant que d'entrer en matière et de commencer la discussion. André de Rhodes répondit à son discours qu'il réduisit à cinq chefs, et dit à Marc d'Ephèse : « J'admire comment vous avez oublié la sollicitude que l'Eglise romaine a toujours eue pour l'Eglise orientale; elle a été telle, que jamais il ne s'y élève une hérésie quelconque, sans qu'elle travaille à y porter remède, soit par ses lettres, soit par ses légats, soit par tous autres moyens. Car vous vous souvenez que Sylvestre présida au concile de Nicée et aux autres, sinon par soi-même, du moins par ses légats. Et si les empereurs ont aidé aux Pontifes romains, cela n'est pas étonnant. Depuis que le lien de la paix a été rompu, les pontifes romains n'ont point cessé d'exhorter les empereurs et les autres orientaux à revenir à la paix par l'obéissance. Or, quoique ce que je vais dire semble dur, je vous prie de l'écouter sans trouble. Si c'est nous qui n'avons pas gardé la paix, quand est-ce que vous autres l'avez demandée? Quand est-ce que vous avez réclamé cette dilection, que vous nous reprochez d'avoir abandonnée? Quand est-ce que vous avez envoyé des ambassadeurs à ce sujet ? Pour ce que vous dites aujourd'hui que l'Eglise romaine a rappelé la paix, cela est véritable; témoin le bienheureux Pape, qui a consacré de grandes sommes à cette affaire, et envoyé souvent des légats. Que si vous aviez cherché cette dilection auparavant, vous l'auriez trouvée comme aujourd'hui ; témoin le pape Grégoire, qui envoya des légations à l'empereur, au patriarche et aux Orientaux, célébra le concile de Lyon, et y conclut l'affaire de l'union qui se fit alors. Vous n'avez donc pas de quoi accuser l'Eglise romaine touchant la charité, qui, soit dit sans vous offenser, demeure et demeurera toujours en elle. »

Marc d'Ephèse convint que la charité de l'Eglise romaine était véritable; mais il conclut que, pour cela même, elle devait ôter la cause de la division, l'addition au Symbole. André de Rhodes lui fit observer avec beaucoup de justesse, que ce n'était pas une cause de division, puisque la paix avait subsisté longtemps et s'était rétablie plusieurs fois, sans que cette addition eût été ôtée. Enfin il s'offrit de prouver deux choses : 1° que ce n'était pas une addition ; 2° que, en fût-elle une, elle était juste et nécessaire.

La quatrième session, 15 octobre, se passa tout entière à disputer sur la manière de procéder; on remit la décision à une commission de six membres. Dans la session du lendemain, on lut les définitions des conciles de Nicée, d'Ephèse, de Chalcédoine et autres, le tout pour conclure, de la part des Grecs, que ces conciles avaient défendu de faire aucune addition au Symbole.

Dans la session sixième, 20 octobre, on convint de ne point parler du huitième concile général, attendu que les catholiques reconnaissaient pour tel celui où Photius fut condamné, tandis que Marc d'Ephèse entendait sous le nom de faux concile où Photius fut rétabli. Ensuite André de Rhodes commença un long discours où il fit voir que ce mot *Filioque* n'est ni une addition ni un changement, mais une simple explication, une simple conséquence tirée de son principe. Il le prouve par les Pères grecs, notamment par saint Chrysostome, qui dit : Tout ce qu'a le Père, le Fils le possède aussi, excepté la paternité. Ce que le Fils de Dieu dit positivement dans l'Evangile : *Tout ce qu'a le Père, est à moi.* D'où il s'ensuit que, si le Père est le principe d'où procède le Saint-Esprit, le Fils est aussi nécessairement le même principe. Ce n'est donc qu'une de ces explications, comme le deuxième concile en inséra plusieurs au Symbole du premier. D'ailleurs, quand le sens est le même, il ne faut pas s'inquiéter des paroles. C'est ce qu'enseigne votre docteur Grégoire Palamas, que vous estimez beaucoup, quand il dit Je me soucie peu des expressions; car ce n'est pas dans les mots, mais dans les choses, que consiste la piété, suivant Grégoire le théologien : ce sont les dogmes et les choses que j'ai à cœur; et si quelqu'un s'accorde dans la chose, je ne dispute pas des mots. Enfin, comme il n'y a qu'un Dieu, qu'une foi, qu'un baptême, il n'y a aussi qu'une Église, qui est toujours la même. Si donc elle a pu, dans un temps, ajouter quelque explication au Symbole, elle le pourra également dans un autre, d'autant plus que le Seigneur a promis d'être avec elle tous les jours jusqu'à la consommation des siècles.

Ayant ainsi constaté sommairement que le mot *Filioque* n'était pas une addition, mais une explication orthodoxe, et que, fût-ce une addition proprement dite, l'Église avait pouvoir de la faire, l'archevêque de Rhodes annonce dans la session suivante, qu'il lui reste à prouver que c'est un dogme vrai et nécessaire, et que tout chrétien doit tenir. Mais auparavant il répondra aux objections des Grecs. C'étaient les conciles généraux qui défendaient de composer une autre créance. Mais ces conciles s'expliquent assez par eux-mêmes. Ceux qui viennent après les autres disent toujours que les définitions précédentes suffiraient, si tout le monde voulait bien les entendre; mais que les chicanes des hérétiques obligent de faire des définitions ou déclarations contre de nouvelles erreurs. Il y a plus : Marc d'Éphèse convenait que le Symbole de Nicée et de Constantinople était le même; cependant le concile de Constantinople y avait ajouté des lignes entières. On ne pouvait donc faire un crime à l'Église romaine d'avoir ajouté un mot, pour expliquer un dogme vrai et nécessaire. Vrai, comme on le voit par les Pères latins et grecs, entre autres par Siméon Métaphraste que vous lisez tous les jours dans vos églises, par Anastase le Sinaïte et saint Epiphane; nécessaire, non-seulement parce qu'il est vrai, mais à cause des circonstances où l'explication en a été ajoutée au Symbole par l'Église romaine; Église qui en a le pouvoir. Car votre docteur Etienne, que vous appelez le nouveau martyr, c'est saint Etienne d'Auxence, disait aux hérétiques assemblés à Constantinople : Comment osez-vous convoquer un synode et tenir votre assemblée illégitime, sans la présence du souverain Pontife des Romains, ou d'un autre qui tienne sa place? Paroles qui montrent bien que la présence du Pontife romain est nécessaire, mais non celle des autres.

Dans la huitième et la neuvième sessions, 1er et 4 novembre, Bessarion, métropolitain de Nicée, répondit de la part des Grecs à l'archevêque de Rhodes ou de Colosse. Voici la substance de sa longue argumentation, où il recommande toutefois beaucoup la brièveté : « Il n'est plus permis de faire au Symbole aucune addition quelconque, fût-elle la vérité même. Cela était permis d'abord, puisque le deuxième concile a fait des additions au Symbole du premier. Mais le troisième concile l'a défendu, non-seulement à des particuliers, mais encore, suivant nous, aux conciles généraux et à l'Église universelle. Ce qui suppose qu'après le troisième concile, celui d'Éphèse, l'Église n'avait plus le même pouvoir que devant, et qu'ainsi elle n'était plus la même; ce qui suppose au concile œcuménique d'Éphèse une intention absurde et impossible. Car il est impossible et absurde qu'un législateur entende s'ôter à lui-même le pouvoir d'ajouter jamais à une loi qu'il vient de publier, un seul mot explicatif, que des circonstances ultérieures pourront rendre utile ou nécessaire. »

L'archevêque de Nicée finit son discours par poser cette question : « La défense du troisième concile, de rien ajouter ou retrancher, regarde-t-elle » le Symbole ou non? »

Les six orateurs latins s'étant consultés entre eux et avec les cardinaux, et ayant pris les ordres du Pape, le cardinal Julien dit : « Cette sainte assemblée a ouï ce que vous avez allégué aujourd'hui et avant-hier. Mais nous étions convenus que les discours se communiqueraient par écrit. C'est pourquoi, pour observer cette forme, les écrivains collationneront leurs écritures, et, à la prochaine réunion, vous recevrez une pleine et pertinente réponse. Quant à votre question, nous y répondons en cette manière : D'après votre propre exposition du troisième concile, les Pères y lurent le Symbole de Nicée, l'épître de saint Cyrille à Nestorius, les blasphèmes de Nestorius, son symbole, celui de Taraise, les autorités des autres saints, avec quelques définitions de la foi. Puis viennent ces paroles : Qu'il ne soit permis à personne d'exposer une autre foi, etc., que ce qui a été exposé par les Pères de Nicée. Nous disons que la défense se rapporte à tout ce qui a été exposé à Nicée, non pas plus au Symbole qu'aux autres définitions. Mais nous prions les Pères d'écouter avec patience quelque chose que l'archevêque de Colosse aurait à leur dire. »

Comme le discours de Bessarion avait rempli deux séances, l'archevêque de Colosse eut à cœur de bien ramener l'état de la question. « Votre problème était : Comment la sainte Église romaine a fait une chose défendue. A cela j'ai dit que ce n'était pas une addition, que ce n'était pas défendu, que c'était vrai, que c'était nécessaire, que c'était une vérité manifeste dans l'Église de Dieu, et que cela devait se faire par le Pontife romain que ces affaires regardent spécialement. D'où j'ai conclu qu'il était tout à fait loisible à l'Église romaine de faire cette déclaration. Mais, en répétant ce que j'ai dit, vous n'en avez observé ni l'ordre ni le sens. Par exemple, je me suis servi de cet argument : Nulle explication ou déclaration de quelque parole n'est une addition; or, dire que le Saint-Esprit procède du Fils, est une explication de ce qui est contenu dans ce qui précède; donc ce n'est pas une addition. Vous, au contraire, vous me faites dire : Toute addition se fait de dehors; donc une exposition n'est pas une addition. » L'archevêque de Colosse prouve sa mineure par ce syllogisme : « *Tout ce qu'a le Père, le Fils l'a*; or, le Père a que l'Esprit procède de lui; donc le Fils l'a aussi. Vous admettez les prémisses qui sont de l'Évangile; il faut donc aussi admettre la conclusion. » L'archevêque la prouve d'ailleurs par des passages de saint Epiphane, qui dit expressément que le Saint-Esprit procède du Père et du Fils.

Voilà ce que l'archevêque de Colosse ou de Rhodes dit à la fin de la neuvième session, d'après les actes latins recueillis par Horace Justiniani, bibliothécaire en chef du Vatican. On voit que l'archevêque de Colosse ne se laissait pas dérouter par les longs discours. Or, voici maintenant à ce sujet une curiosité historique.

Le continuateur de Fleury, l'oratorien Fabre, année 1438, numéro 49, dit en parlant du concile de Ferrare : « Tout ce que nous dirons de ce concile est tiré des actes qu'en a recueillis Horace Justiniani, premier bibliothécaire du Vatican, que l'on a imprimés à Rome en 1630. » Or, sur la même année, numéro 99, ce même continuateur résume ainsi la fin de la neuvième session : « Après que Bessarion eut fini son discours, ceux des Latins choisis pour la dispute, avec tous les cardinaux et quelques autres, s'approchèrent du Pape et s'assirent auprès de lui, après avoir délibéré quelque temps ; et, quoiqu'il fût nécessaire de répondre au discours de Bessarion, cependant aucun ne le fit ; il n'y eut qu'André de Colosse ou de Rhodes qui osa l'entreprendre ; mais, comme il n'était pas préparé, les actes disent qu'il battit la campagne et qu'il s'écarta beaucoup de son sujet. Enfin, après avoir dit plusieurs choses inutiles, il tomba sur le fond du dogme, mais d'une manière si vague, que le secrétaire qui écrivait ces disputes, dit qu'il n'a pas cru qu'il fût à propos de les rapporter, d'autant plus que ce n'était pas le dessein des Grecs d'y répondre. » Voilà comme l'oratorien Fabre, après avoir promis de ne rien dire que d'après les actes du Vatican, dit tout le contraire. Quel est ce mystère ? — Fabre était janséniste, et tous les sectaires sont parents. — En conséquence, sans en prévenir son lecteur, il suit ici l'histoire altérée ou non d'un Grec.

Quant à l'orateur grec des deux séances, Bessarion de Nicée, il est loin de nous donner une chétive idée des Latins. Voici comme il en parle, au sujet de ces mêmes conférences, dans une lettre à Alexis Lascaris. « Les Latins sont si studieux et si diligents dans tous leurs actes, comme vous l'avez éprouvé vous-même, que, non-seulement dans les choses divines, mais encore dans les choses humaines et civiles, rien ne leur échappe des anciens gestes ou écrits. C'est pourquoi, dans chaque ville, vous trouverez dans leurs archives beaucoup d'écrits sur leur ancienne histoire. La même chose s'observe dans l'Église catholique et dans les lieux de piété. Il y existe beaucoup d'actes des Pontifes, beaucoup d'épîtres et de canons de conciles. C'est de là qu'ils nous ont produit, sur un très-ancien parchemin, une lettre du pape Libère au bienheureux Athanase (Labbe, t. XIII). » C'est ainsi que le plus savant des Grecs parle de la science commune des Latins au concile de Ferrare et de Florence.

En la dixième session, 8 novembre, Jean, évêque de Forli, répondit au long discours de Bessarion. Le point principal de la controverse pour les Grecs était de dire : Le mot *Filioque* est une addition de dehors ; donc elle est justement défendue, et, fût-ce la vérité même, il n'est pas permis de l'ajouter. L'évêque de Forli répond : Nous disons tout nettement le contraire ; niant que ce soit une addition proprement dite, niant qu'elle soit défendue, et nous le démontrons par les paroles des saints et par des explications faciles. Que ce ne soit pas une addition, l'ensemble des deux Testaments en est une preuve. Les Pères nous disent que le Nouveau Testament est une évolution de l'Ancien Testament, et non pas une addition. Les temps ont varié, dit saint Augustin, mais non la foi, qui est la même chez les ancêtres et chez les descendants. Cela se voit encore dans le développement progressif des articles de la foi. Il est dit à Abraham : *Toutes les nations seront bénies dans votre race*. Vient ensuite une explication plus grande dans Isaïe : *Voici que la Vierge concevra et enfantera un Fils, qui sera nommé* EMMANUEL, *c'est-à-dire Dieu avec nous*. Enfin, quand la Vierge demande de quelle manière, une explication plus grande encore lui est donnée : *L'Esprit-Saint viendra sur vous*. La même chose est arrivée pour l'article du Saint-Esprit. Au temps des apôtres, l'Église le professait en ces termes : *Je crois au Saint-Esprit*. Lorsqu'ensuite elle dit dans le concile : *Qui procède du Père*, ce ne fut pas une addition d'un article nouveau, mais une explication plus claire du même. Pareillement, lorsque plus tard on l'expliqua par ces mots : *Et du Fils*, on n'ajouta point un nouvel article, mais on fit du même une détermination plus précise.

Ces idées nous paraissent aussi justes que grandes et profondes. Les Latins, on le voit, entraient tout d'abord dans le fond même de la question, tandis que les Grecs se tenaient toujours à la surface des mots.

L'évêque de Forli montra ensuite, et par la nature de la chose, et par l'exemple des Pères et des conciles eux-mêmes, que quand ils défendaient de rien ajouter à la foi, ils entendaient rien de contraire, ou rien de divers, mais nullement des explications orthodoxes, même au Symbole, lorsqu'elles s'y inséraient par l'autorité compétente.

Dans la même session ou dans la suivante, car le collecteur grec les distingue, tandis que le latin les réunit, le cardinal Julien demanda la permission de faire quelques observations simples et faciles à comprendre, non-seulement pour les théologiens, mais encore pour le commun des laïques, et qui cependant pourraient éclaircir tous les doutes. L'empereur l'ayant invité à parler, le cardinal dit : « Pour en venir à la racine même de la difficulté, il est question de la défense portée par le concile d'Éphèse, en ces termes : Qu'il ne soit permis à personne de proférer, ou d'écrire, ou de composer, ou de croire une autre foi que celle de Nicée. Nous disons que ces paroles doivent s'entendre en ce sens, qu'il n'est permis à personne de dire rien de contraire à la foi de Nicée. Vous dites qu'il faut les entendre non-seulement d'une foi autre et contraire, mais de toute explication, exposition ou addition, et qu'il est interdit par cette défense d'insérer dans le Symbole aucune exposition ni explication quelle qu'elle puisse être. Or, les jurisconsultes nous disent qu'on ne peut bien comprendre une loi, si on ne la considère pas tout entière. Pour l'intelligence de cette affaire, il faut donc examiner ce qui a précédé cette loi. Or, on voit par les actes du concile d'Éphèse, que le prêtre Carisius y lut deux professions de foi, la sienne et celle de deux Nestoriens : le concile approuva la sienne, comme conforme à celle de Nicée, quoique conçue en d'autres termes, et il condamna celle des Nestoriens comme y étant contraire. Ce qui montre évidemment que l'intention du concile était de ne défendre que ce qui est contraire à la foi de Nicée.

» En second lieu, ce concile a défendu à qui que ce soit, non-seulement de proférer, d'écrire, etc., mais encore de croire ou de penser autrement que ne porte la foi de Nicée. Si je vous demandais

Croyez-vous au fond de votre cœur que Dieu soit éternel? Vous répondriez sans doute affirmativement. Or, quelqu'un pourrait dire que par là vous êtes soumis à l'anathème, parce que cela n'est pas contenu dans le Symbole, et que vous croyez autrement que le Symbole ne porte. On en peut dire autant de vérités sans nombre.

» A coup sûr, on ne pouvait réfuter les Grecs d'une manière à la fois plus simple, plus spirituelle et plus péremptoire. Pour se tirer de là, ils allèrent jusqu'à cette subtilité incroyable, qu'il était permis à chaque particulier d'exposer sa foi en la manière qu'il jugerait à propos, mais que cela n'était point permis à l'Église catholique. Le cardinal les réfute encore de même.

» Quant à ce que vous dites, qu'il est permis aux personnes privées, de faire par leur autorité propre, des expositions et des déclarations comme il leur plaît, mais que cela n'est pas permis à l'Église catholique, moi je dis que c'est contraire aux paroles du concile; car on lit au commencement : Il ne sera permis à personne, etc., et à la fin : Si c'est un évêque ou un clerc, ils seront déposés; si c'est un laïque, il sera excommunié. Il est donc incontestable que la défense s'adresse à tous en général et à chacun en particulier, évêques, clercs et laïques. Si donc il faut entendre cette défense comme vous faites, il y aura bien des chrétiens sous l'anathème, peut-être tous. »

Le cardinal termina par le trait suivant, qui ne décèle pas moins de génie. « Vous savez qu'Eutychès fut condamné dans un concile de Constantinople par Flavien; qu'ensuite se tint le concile d'Éphèse, qui a été réprouvé, où présida tyranniquement Dioscore et où assista Eutychès. Celui-ci, pour plaider sa cause et montrer qu'il n'avait point erré, récita sa foi, c'est-à-dire le Symbole de Nicée, mot à mot, et dit ensuite : Telle est la foi des Pères, dans laquelle je veux vivre et mourir. Mais comme la foi de Nicée a été confirmée par le concile d'Éphèse, qui défendit de proférer une autre foi que cette première, d'y ajouter ou d'en retrancher quoi que ce soit, Eutychès disait : Je tiens la foi orthodoxe, mais Flavien ne la tient pas, puisqu'il soutient que le Christ est de deux natures et en deux natures, tandis que, dans le Symbole de Nicée, il n'est pas dit que le Christ ait deux natures, ou qu'il soit de deux natures. Eutychès détruisait ce grand mystère de la piété, jusqu'à en proscrire les termes. Ce qu'entendant Eusèbe de Dorylée, il s'écria : Vous en avez menti, nul canon ne l'a déterminé. Dioscore répondit : Comment, nul canon ? Voici deux exemplaires, dans tous deux on lit qu'il n'est pas permis d'ajouter rien au Symbole. Ces paroles ont été lues au concile de Chalcédoine, qui ne dit rien contre Eusèbe de Dorylée, mais le reçut et l'embrassa. Plus loin, Dioscore prononce la sentence contre Flavien, et dit : qu'il le prive de l'épiscopat, parce qu'il a violé le décret d'Éphèse, ordonnant de déposer l'évêque ou le clerc qui ajouterait à la foi de Nicée. Or, quand on lut cette partie des actes à Chalcédoine, tout le concile s'écria : Anathème à Dioscore, parce qu'il a mal jugé. Le concile cassa donc tout ce qu'on avait fait contre Flavien, et décida que Flavien n'avait agi ni contre le concile de Nicée, ni contre celui d'Éphèse, en disant que Jésus-Christ avait deux natures, parce que, si ces paroles ne sont pas textuellement dans le Symbole de Nicée, elles n'y sont pas contraires, mais renfermées virtuellement. Aucun exemple ne me paraît plus propre à éclaircir la question. Je conclus donc que la défense du concile d'Éphèse s'applique à ceux qui tiennent une foi contraire à celle de Nicée ou diverse, ou qui font des changements à l'Écriture sainte et au Symbole de Nicée.

» Voilà ce qui, d'après mon petit jugement, peut éclaircir tous les doutes. S'il n'en est pas ainsi, je désire être redressé par vous. C'est pourquoi, comme l'Église latine dit qu'elle n'a rien ajouté ni contre la vérité, ni contre la sainte Écriture, ni contre le Symbole de Nicée, ni contre les définitions d'autres conciles, il serait convenable de laisser cette question, s'il est permis ou non, et de passer à cette autre : Est-il vrai que le Saint-Esprit procède du Fils? Que si vous pouvez démontrer qu'il n'en procède pas, je conviendrai sans détour que c'est une addition, et qu'il n'a point été loisible à la sainte Église romaine d'ajouter ce qui est contraire à la vraie foi. Mais si vous ne pouvez démontrer que cela est faux, si, au contraire, on démontre que c'est utile et vrai, alors il faudra bien accorder qu'on a pu l'expliquer dans le Symbole, et la paix sera de part et d'autre. Voilà ce que j'ai pu dire, le soumettant à la correction de notre bienheureux Père et Seigneur, ainsi que du sérénissime empereur et des autres révérendissimes Pères. »

A ces mots, Bessarion, archevêque de Nicée, fit compliment au cardinal sur tout ce qu'il venait de dire, et annonça la réponse des Grecs pour les séances suivantes. Ces remarquables détails sont tirés textuellement des actes grecs du concile.

La douzième session, 15 novembre, se passa tout entière de la part de Marc d'Éphèse à incidenter sur l'affaire de Carisius et d'autres accessoires, essayant, par une foule de petites questions captieuses, à dérouter, à surprendre le cardinal Julien, sans pouvoir y réussir. Au contraire, le cardinal releva une contradiction flagrante dans la réponse écrite des Grecs. Ceux-ci soutenaient que, d'après le concile d'Éphèse, il était permis à tous les particuliers d'exposer leur foi en tels termes qu'ils voulaient, et en même temps, ce même concile le défendait aux évêques, aux clercs et aux laïques, c'est-à-dire à tout le monde (Mansi, t. XXXI).

Il fit encore cette observation : « Vous avez dit bien des fois que la défense de rien ajouter n'existait pas avant le troisième concile. Moi je pense qu'elle est plus ancienne. Le pape saint Célestin écrivait avant la tenue de ce concile : Nous lisons dans nos livres, qu'il ne faut rien ajouter ni retrancher. Et bien longtemps avant Célestin, quelqu'un disait : Ne transportez pas les bornes anciennes qu'ont posées vos pères; c'est Salomon ou plutôt l'Esprit de Dieu. Plus haut que Salomon, Moïse s'écriait : *Maudit quiconque transporte les bornes éternelles, maudit qui transporte les bornes de ses pères (Ibid.).*

En la treizième session, 27 novembre, on reçut les ambassadeurs du duc de Bourgogne. Ils présentèrent leurs respects au Pape, puis allèrent à leur place, sans saluer l'empereur grec; ce qui le piqua tellement, qu'il menaça de quitter le concile avec tous les siens, si on ne lui faisait réparation de cette insulte. Le Pape et le patriarche eurent bien de la peine à calmer cette affaire. Dans la session suivante, 4 décembre, les ambassadeurs saluèrent l'empereur, mais d'une manière qui pouvait paraître une nouvelle offense. L'empereur dissimula pour le bien de la paix.

Après cet incident, Marc d'Éphèse reprenant ses arguties, fit un très-long discours, dans l'espérance que personne ne pourrait y répondre. A l'instant même le cardinal Julien prit la parole et dit entre autres : «Si vous me proposez dix chapitres, je vous en rendrai dix mille. » Et de fait, il divisa le long discours de son antagoniste en vingt-huit points, les réfuta l'un après l'autre avec une telle abondance de preuves et de paroles, que Marc d'Ephèse ne trouva point où placer un mot. Ce fut dans ces dernières conférences que le cardinal produisit un ancien exemplaire d'une lettre du pape Libère à saint Athanase, qu'il venait de recevoir de Vérone, et dans laquelle on lisait que le concile de Nicée lui-même avait défendu de rien ajouter, retrancher ou changer au Symbole, sous peine de déposition contre les évêques et les clercs, d'anathème contre les moines et les laïques. En sorte que la prétention des Grecs, que cette défense n'existait que depuis le troisième concile, se trouvait ruinée une fois de plus. Cette lettre fit grande impression sur Bessarion de Nicée (Labbe, t. XIII).

Les Grecs, voyant que les Latins ne se rendaient point aux longs discours, commencèrent à s'ennuyer, et parlaient de retourner à Constantinople. L'empereur ranima leur courage. Les Grecs auraient voulu une fin à ces longues disputes. Les Latins répondaient que, pour cela, il fallait examiner le fond même de la question, si le Saint-Esprit procède du Fils aussi bien que du Père; car cette parole : *Du Fils, Filioque*, une fois mise dans le Symbole, ne pouvait en être ôtée, si on ne montrait auparavant que c'est un blasphème. Marc d'Éphèse disait : « Qu'on l'ôte du Symbole et qu'on la mette dans une définition. » Mais le cardinal Julien répliquait : « Qu'on l'examine, mon Père, qu'on l'examine ! Si cette parole : *Du Fils*, se trouve un blasphème, elle ne doit être ni dans le Symbole ni ailleurs; car un blasphème n'est jamais à dire. Si, au contraire, c'est une parole de piété, il faut la recevoir partout, et elle est souverainement nécessaire dans le Symbole. » Voilà ce qu'on lit dans le collecteur grec (Mansi, t. XXXI).

Mais Bessarion, archevêque de Nicée, nous révèle le véritable état des esprits et des affaires, dans sa lettre déjà citée à Lascaris. Voici ses paroles : « Les Latins ayant dit ces choses et autres semblables, comme nous n'avions rien à y répondre, — car que dire impudemment contre une telle vérité? — nous gardions le silence. Les Latins, au contraire, après avoir prouvé qu'il est permis d'ajouter une vérité au Symbole, promettaient encore de prouver que le dogme ajouté au Symbole était vrai, savoir, que l'Esprit-Saint procède du Père et du Fils; mais les nôtres, vaincus dans un premier combat, craignaient d'en subir un second, et il leur arriva ce que j'avais prévu dès le commencement, lorsque je les empêchais de commencer par cette question. Ils craignaient donc, et ne voulaient absolument demeurer davantage; mais chacun désirait s'en retourner chez soi : « Retournons, retournons ! s'écriaient-ils sans cesse. » Interrogés pourquoi, ils ne pouvaient le dire. « Que dirons-nous donc aux Latins, lorsqu'ils nous demanderont pourquoi ceci au milieu du combat ou plutôt au commencement? car ce qu'on a dit jusqu'à présent sur ce qu'il n'est pas permis de rien ajouter, ne touche pas seulement à la question. Pourquoi donc s'en retourner, sans avoir même commencé? » A cela, ils ne savaient que dire. Mais ils criaient sans raison aucune : Retournons, retournons ! Ils disaient aussi entre eux avoir appris que les Latins étaient en état de produire de nombreuses autorités des Pères occidentaux, pour prouver clairement que le Saint-Esprit procède du Père et du Fils. Qu'y répondrons-nous? Partons, retournons, allons-nous-en ! — Attendez-vous la sentence des Pères et des Docteurs? Puisque, disent-ils, les Latins ont à produire plusieurs autorités de saints, auxquelles nous n'avons rien à répondre, allons-nous-en d'eux. A peine le sentiment de ce qu'il y avait d'absurde dans leur projet, ainsi que les discours de l'empereur, purent-ils leur faire prendre la résolution de demeurer (Labbe, t. XIII).

Cependant la peste s'étant déclarée à Ferrare, le Pape proposa aux Grecs de transférer le concile à Florence. L'empereur et le patriarche y ayant consenti, Eugène IV publia la bulle de translation le 10 janvier 1439. Il partit le 16 pour Florence. Le patriarche et l'empereur s'y rendirent de leur côté, et furent reçus l'un et l'autre avec de grands honneurs.

Alors on reprit les sessions du concile, dont la première de Florence eut lieu le 26 février. Elle se tint au palais du Pape, en présence de l'empereur. Mais le patriarche n'y assista pas, ayant les pieds si enflés, qu'il ne pouvait se soutenir. Le cardinal Julien y parla de la part du Pape, et dit que l'on était convenu de part et d'autre de conclure promptement l'affaire, et, pour cet effet, de s'assembler trois fois la semaine, et de conférer trois heures au plus. Mais, ajouta-t-il, l'empereur a jugé plus à propos que l'on traitât en particulier des moyens de l'union, avant que d'en venir aux conférences publiques; et le Pape en est convenu. Le cardinal parla ce jour assez longuement, après avoir fort recommandé la brièveté; et presque tous, tant Grecs que Latins, en usaient de même.

Les Grecs ne purent convenir entre eux des moyens d'union, et voulurent continuer la discussion sur le fond de la doctrine. C'est pourquoi le Pape leur dit de choisir des commissaires qui parleraient de leur part, comme firent aussi les Latins. Ainsi recommencèrent les sessions, dont la dix-huitième fut le 10 mars. Celui qui y parla pour les Latins fut Jean de Montenegro, provincial des frères Prêcheurs en Lombardie, qui passait pour grand philosophe et savant théologien. Il justifia pleinement cette réputation.

Comme on allait discuter directement la procession du Saint-Esprit, frère Jean demanda aux Grecs ce qu'ils entendaient par *procession*, quand ils disaient que le Saint-Esprit *procède* du Père. Marc d'Éphèse répondit : « J'entends une production par laquelle l'Esprit-Saint reçoit de lui l'être et tout ce qu'il est proprement. — Fort bien! reprit le Dominicain, nous avons cette conclusion : Le Saint-Esprit reçoit du Père l'être, ou il en procède, c'est la même chose. Voici donc comme je raisonne: De qui l'Esprit-Saint reçoit l'être, de celui-là aussi il procède; or, l'Esprit est dit recevoir l'être du Fils : donc l'Esprit procède du Fils, suivant le sens propre du mot procession, comme vous l'avez accordé. Or, que l'Esprit reçoive l'être du Fils, on peut le démontrer par beaucoup de témoignages.

Mais, interrompit Marc d'Ephèse, d'où tenez-vous que le Saint-Esprit reçoit l'être du Fils? nous n'accordons pas cela. — Votre demande me plaît, répliqua frère Jean, car je vais y répondre à l'instant même. Donc, que le Saint-Esprit reçoive du Fils l'être, cela se prouve par la parole de saint Epiphane dans son *Ancorat*, traduit en latin par Ambroise le Camaldule, sur un vieux manuscrit grec, et où, parlant de la personne du Père, il s'exprime ainsi : J'appelle Fils celui qui est de lui, et Esprit-Saint celui qui seul est des deux. D'après cette parole de saint Epiphane, si l'Esprit est des deux, il reçoit donc aussi des deux l'être. Il dit de plus dans le même livre : Et comme personne n'a vu le Père, si ce n'est le Fils, ni le Fils, si ce n'est le Père, de même j'ose dire : Personne non plus ne connaît le Saint-Esprit, si ce n'est le Père et le Fils, duquel il reçoit et procède, ni le Père et le Fils, si ce n'est le Saint-Esprit, qui glorifie véritablement, qui enseigne toutes choses, qui est du Père et du Fils. Dans ce passage, saint Epiphane prend pour synonyme *être du Fils*, et *recevoir du Père et du Fils*. Nous savons donc premièrement, par saint Epiphane, que le Saint-Esprit reçoit son être du Père et du Fils (Mansi, t. XXXI).

L'argument était sans réplique, d'autant plus que saint Epiphane est un des plus anciens Pères grecs. Aussi Marc d'Ephèse se réduisit-il à observer que saint Epiphane ne disait pas textuellement que le Saint-Esprit reçoit son être du Fils, et que cela ne résultait pas non plus de ses paroles par une conclusion nécessaire. A cette fin, il employa tout le reste de la séance en arguties interminables, pour soutenir que *d'être de quelqu'un* ou *d'en recevoir l'être*, n'était pas du tout la même chose, mais une chose bien différente: ce qui prouve du moins que l'argument du Dominicain l'embarrassait beaucoup.

Le provincial des Dominicains comptait exposer de suite les autorités des Pères, lorsque Marc d'Ephèse jeta au milieu de la discussion un passage de saint Basile, sur le sens duquel on se disputa toute la séance suivante. Ce qui était d'autant plus facile, que, comme nous l'avons vu en son temps, saint Basile ne s'était exprimé que d'une manière couverte sur l'article du Saint-Esprit. Toutefois, malgré toutes les subtilités de Marc d'Ephèse, la discussion fit un grand pas. Frère Jean montra clairement que, d'après les Latins, le Saint-Esprit procède du Père et du Fils, comme d'un seul principe, et non pas de deux (*Ibid.*). Ce qui commença à détruire une des plus fortes préventions des Grecs, qui s'imaginaient toujours que les Latins croyaient que le Saint-Esprit procédait du Père et du Fils, comme de deux principes.

Ce qui augmentait la difficulté, c'est que le texte de saint Basile n'était pas le même dans tous les exemplaires. Dans ceux que produisaient les Latins, il était tout à fait en leur faveur. Eunomius avait conclu, de ce que le Saint-Esprit était le troisième en ordre dans la Trinité, qu'il était le troisième en nature. Saint Basile disait dans sa réfutation : « Quelle nécessité y-a-t-il, de ce qu'il est le troisième pour la dignité et pour l'ordre, qu'il soit aussi le troisième pour la nature? car, pour la dignité, il est le second après le Fils, ayant de lui l'être, et recevant de lui, et nous l'annonçant, et dépendant absolument de cette cause; voilà ce que nous apprend la doctrine de la piété (Mansi, t. XXXI). » Marc d'Ehpèse convint que ce texte se trouvait ainsi dans plusieurs exemplaires; mais il prétendait que ces paroles *ayant de lui l'être, et recevant de lui, et nous l'annonçant, et dépendant absolument de cette cause*, étaient une addition qui ne se trouvait pas dans le plus grand nombre d'exemplaires à Constantinople. Aussitôt le provincial des Dominicains produisit un exemplaire grec, récemment apporté de Constantinople par Nicolas de Cusa, et qui, d'après le parchemin et le caractère des lettres, paraissait avoir plus de six cents ans, sans aucune trace de rature ni d'addition, et dans lequel pourtant le texte se trouvait complet. Il ajouta que, d'après l'histoire et les actes des conciles, ce n'étaient pas les Latins qui avait coutume d'altérer les conciles (Mansi, t. XIII).

Saint Antonin, qui assistait à ces séances par ordre du Pape, rapporte une autre particularité. Les Grecs paraissant ainsi convaincus d'avoir retranché ces paroles de Basile, l'empereur dit qu'on ne devait pas s'arrêter à ces quelques exemplaires qui avaient cette addition, mais au plus grand nombre en Grèce et qui ne l'avaient pas. Le cardinal Julien répondit aussitôt : « Puisque Votre Majesté a voulu venir elle-même à ce combat, ne devait-elle pas avoir apporté ses armes, sans les attendre au fort de la mêlée? » Les Grecs demeurèrent sans réplique et vaincus (Antonin, tit. 22, cap. 13).

Dans l'intervalle de la vingtième session à la vingt et unième, frère Jean eut connaissance d'une homélie de saint Basile touchant le Saint-Esprit, sur un manuscrit grec très-ancien et traduit par Léonard Arétin, chancelier de Florence. Il en cita un passage qui donnait à conclure que l'Esprit-Saint recevait du Fils la divinité même. Marc d'Ephèse contesta beaucoup; mais il se vit tellement pressé par les arguments du Dominicain, que plusieurs fois il ne sut que répondre, et finit par convenir que le passage pouvait avoir le sens que lui donnait son antagoniste. Celui-ci aussitôt fit voir que, si on lui donnait le sens de Marc d'Ephèse, saint Basile aurait avancé une ineptie et se contredirait lui-même. Marc d'Ephèse, encore une fois, ne répondit mot (Mansi, t. XXXI).

Cette discussion se termina dans la session vingt-deuxième, où frère Jean exposa de nouveau de quelle manière le Saint-Esprit procède du Père et du Fils, comme d'un seul principe: « Ecoutez avec patience, mon révérendissime Père, dit-il à l'archevêque d'Ephèse, et comprenez ce que je veux dire. Absolument, dans les personnes divines, nous disons une seule cause et un seul principe, le Père; du Fils par la génération, de l'Esprit par la procession ; et parce que le Père, en engendrant *intemporellement* le Fils, produit aussi l'Esprit, le Fils reçoit du Père et d'être et de produire l'Esprit; non de lui-même, mais de celui dont lui-même reçoit son être. De cette manière, le Père est primordialement et absolument cause ou principe de l'Esprit; il n'y a donc pas deux causes ou deux principes, puisque tout ce qu'a le Fils se ramène au Père (Mansi, t. XXXI).

Dans ces diverses séances ou congrégations, le provincial des Dominicains produisit encore une foule d'autres passages des Pères, tant grecs que latins, dont l'auteur grec ne parle pas, mais qui sont rapportés dans les actes du Vatican, entre autres la profession de foi du pape saint Damase à Paulin d'Antioche.

Dans la vingt-troisième session, Marc d'Ephèse parla encore très-longuement, mais hors de la question. Frère Jean finit par lui dire : « Vous avez commencé une longue théologie, sans doute, pour instruire vos auditeurs, mais sans comprendre ce que nous croyons de la consubstantielle Trinité. Je vous l'apprendrai et vous donnerai cette réponse bien nette. Nous qui suivons la Chaire apostolique, nous reconnaissons une seule cause ou principe du Fils et de l'Esprit, le Père; car, depuis le commencement de la prédication des apôtres, notre foi resplendit avec plus d'éclat que le soleil. Car la parole du Seigneur disant à Pierre : *Les portes de l'enfer ne prévaudront pas contre elle*, n'a point passé et ne passera point; car l'unique base et fondement à toutes les églises des chrétiens, c'est l'Eglise romaine, comme ayant la vraie piété et fermant la bouche à tous les hérétiques. C'est pourquoi elle ne croit pas deux principes ou deux causes, mais un seul principe et une seule cause; quant à ceux qui en disent deux, nous les anathématisons. »

L'orateur latin ayant ainsi parlé, et les Grecs en ayant assez touchant la confession de la foi, on leva la séance. Nous sortîmes de l'assemblée, dit l'auteur grec, et nous ressentîmes une grande joie de ce que les Latins reconnaissaient une seule cause du Fils et du Saint-Esprit, le Père, et ne disaient pas deux causes (*Ibid.*).

Dans ces dispositions, il y eut une nouvelle assemblée le 21 mars, qui était un samedi. Marc d'Ephèse n'y parut point; non plus qu'Antoine d'Héraclée. Le provincial des Dominicains en témoigna du regret, récapitula ce qui avait été discuté, et lut les passages d'un grand nombre de Pères, surtout de l'Occident. Il termina dans la session suivante par les Pères grecs, entre autres par ces paroles de saint Epiphane dans son *Ancorat* : Si le Christ est cru de Dieu, comme Dieu de Dieu, l'Esprit l'est des deux. Comme nul ne connaît le Père, si ce n'est le Fils, de même j'ose dire que nul ne connaît le Fils, si ce n'est l'Esprit, qui procède de l'un et de l'autre (*Ibid.*).

Les Grecs prièrent les Latins de leur passer leurs livres, afin d'examiner les passages des Pères plus à loisir. On convint d'un jour pour le faire ensemble. Après y avoir considéré les livres de part et d'autres, on reconnut qu'il y avait quelque moyen de concilier la paix. Mais, à la demande du patriarche, le Pape trouva bon qu'on ne tint point de séances pendant les fêtes de Pâques, mais en recommandant aux Grecs de chercher dans l'intervalle quelque moyen de réunion, ou le moyen de s'en retourner dans leur patrie.

Les Grecs s'étant donc assemblés chez le patriarche, Isidore, métropolitain de la Russie, parla en ces termes : Il vaut mieux nous réunir d'esprit et de corps, que de nous en aller sans rien faire; car de s'en aller est facile, mais comment, mais par où, mais quand, c'est ce que je ne vois pas. Après qu'il eût développé ces idées, Bessarion parla dans le même sens, avec beaucoup de prudence et d'éloquence. Dosithée de Monembasie répondit : « Et que voulez-vous ? que nous retournions dans notre patrie, aux frais du Pape, en trahissant notre dogme ?. J'aime mieux mourir, que de jamais latiniser. » Le métropolitain de Russie répliqua : « Ni nous non plus ne voulons latiniser; mais nous disons que la procession du Saint-Esprit est attribuée au Fils, non-seulement par des saints d'Occident, mais encore par des saints d'Orient. C'est pourquoi il est juste que, nous conformant à nos saints, nous nous unissions avec l'Eglise romaine. »

A ces mots, Antoine d'Héraclée dit : « Et qui sont les plus nombreux parmi les Pères des conciles ? Sont-ce tous nos saints, ou ceux de l'Occident ? Il faut donc suivre le plus grand nombre qui disent que le Saint-Esprit procède du Père, non du Fils. » Marc d'Ephèse, prenant la parole, fit un long discours pour répéter la même chose, ajoutant que les Latins étaient non-seulement schismatiques, mais hérétiques : « Notre Eglise, dit-il, l'a dissimulé, parce qu'ils étaient trop nombreux et plus forts que nous; mais nous ne nous sommes séparés d'eux pour nulle autre raison que parce qu'ils sont hérétiques. C'est pourquoi il ne convient en aucune façon de nous réunir à eux, à moins qu'ils n'ôtent l'addition du Symbole, et qu'ils ne récitent le Symbole comme nous. »

Bessarion de Nicée reprit aussitôt : « Donc, ceux qui disent que le Saint-Esprit procède aussi du Fils, sont hérétiques ? » — Sans aucun doute, répondit Marc d'Ephèse. — « Que Dieu me pardonne ! s'écria le prélat de Nicée, et les saints qui disent cela seront hérétiques ? Qu'elles deviennent muettes, les lèvres frauduleuses qui parlent contre les saints ! Mais vous autres, écoutez avec intelligence. Les saints de l'Occident et de l'Orient ne diffèrent pas entre eux, mais le même Saint-Esprit a parlé dans tous les saints. S'il vous plaît, comparons leurs écrits entre eux, et nous verrons que les saints ne sont pas en désaccord. »

Et qui sait, insista celui d'Ephèse, si les livres n'ont pas été corrompus par eux ? — « Et qui osera soutenir, répliqua Bessarion, que toutes les homélies, toutes les interprétations de l'Evangile, tous les traités de théologie ont été corrompus ? Si nous en venons là, il ne restera plus dans les livres que du parchemin blanc. » Après ces discours et autres semblables, les Grecs se levèrent divisés entre eux, et sans rien conclure.

Le mercredi saint, ils se réunirent au logis du patriarche, qui leur demanda s'ils avaient quelque chose à dire. Celui d'Héraclée répondit : « Nous sommes venus pour la messe des présanctifiés, et nous n'avons pas autre chose. » Celui de Métélin ou Mitylène dit au contraire : « Comment, nous n'avons rien à dire ? est-ce que nous ne disputons pas ? est-ce que nous ne sommes point en combat les uns contre les autres ? Oui, seigneur, nous avons beaucoup de choses à dire. Les voici; faisons de deux choses l'une, ou suivons les saints et unissons-nous aux Latins; ou biffons les saints, et allons-nous-en. Cependant si le grand Maxime disait quelque chose, le recevriez-vous. » — Nous le recevrions. — « Or, le grand Maxime dit que le Saint-Esprit procède substantiellement du Père par le Fils. » Bessarion confirma la chose par plusieurs citations de Pères, en particulier de saint Taraise. Le patriarche ordonna de les mettre par écrit, afin d'en délibérer ensemble avec l'empereur.

Les métropolitains de Nicée et de Russie, avec quatre autres ecclésiastiques, furent députés au Pape pour lui dire que les Grecs ne voulaient plus disputer, et pour le prier d'indiquer lui-même une voie de réunion.

Le Pape répondit : « Vous le voyez vous-mêmes, je n'ai cessé et ne cesse encore de travailler à la réunion des Eglises ; mais depuis le commencement vous traitez cette affaire avec négligence et perdez le temps ; et, ce qui est pis encore, vous ne vous assemblez point comme il a été convenu pour la discussion. Je déclare donc au sérénissime empereur, au patriarche, mon frère, et à toute l'Eglise orientale, et je dis : Vous avez à vous décider entre quatre partis. Si vous êtes satisfait de la démonstration claire et évidente que nous vous avons donnée par les Ecritures, que le Saint-Esprit procède du Père et du Fils, c'est bien : sinon, dites en quoi vous doutez et ce que vous ne recevez pas encore, afin que nous y appliquions le remède et que nous démontrions avec évidence que le Saint-Esprit procède aussi du Fils. En second lieu, si vous avez des autorités de l'Ecriture sainte qui disent le contraire de ce que nous disons, produisez-les. Troisièmement, si vous avez des passages de l'Ecriture qui prouvent que votre sentiment est plus pieux que notre doctrine, produisez-les encore. Quatrièmement, si vous ne voulez rien de tout cela, réunissons-nous ensemble, tenons un concile, qu'un pontife célèbre le sacrifice, jurons ensemble, Grecs et Latins, de suivre la vérité, et embrassons, vous et nous, ce qui sera reconnu par le plus grand nombre ; car, pour les chrétiens, le serment ne trompe pas.

Quand nous apprîmes tout cela de la bouche de nos députés, dit l'historien grec du concile, nous nous regardâmes les uns les autres, et, trouvant le tout sans réplique, nous dîmes : « A cela, nous n'avons rien à répondre ; car, pour le premier point, comme il y a des saints qui disent que le Saint-Esprit procède aussi du Fils, quel doute pouvons-nous apporter contre ? Quant au second, et quels sont les saints qui contredisent les saints qui l'assurent ? nous ne pouvons pas dire que les saints pensent le contraire les uns des autres. Quant au troisième, comment pourrons-nous prouver que notre dogme est meilleur et plus pieux que le dogme des Latins ? car le nôtre est pieux, étant transmis par les Pères ; mais leur dogme ne l'est pas moins, puisqu'il y a des saints Pères qui le soutiennent. Quant au quatrième parti, de jurer sur le Corps et le Sang du Christ, quel autre concile l'a fait, pour que nous le fassions de même ? A cela encore, il n'y a point de réponse. »

L'archevêque de Mitylène dit alors : « Pourquoi disputer avec la vérité et flotter dans l'incertitude ? Connaissez et voyez que notre dogme est pieux ; mais que celui que les Latins ont ajouté au Symbole comme déclaration et explication, est pris des saints et qu'il est également pieux ; car le sacré Symbole est tiré des divines Ecritures, et c'est des divines Ecritures que les Latins ont ajouté ce mot, *du Fils*. Ainsi donc, le nôtre est pieux ; mais le leur n'est impie en rien ; car nous avons une même foi, une même religion, un même Dieu en trois personnes. Ne perdez donc plus le temps, mais accédons à la vraie unité de l'Eglise de Dieu, et n'allons pas plus loin. Que telle soit notre réponse auprès de notre bienheureux Pape. »

Quand il eut ainsi parlé, personne ne contredit, personne ne fit opposition. Mais l'empereur dit : « Ce n'est pas ce dont il est question ; mais nous voulons répondre au Pape, lequel des quatre partis proposés nous choisissons. »

Alors Grégoire, protosyncelle et confesseur de l'empereur, et vicaire du siége d'Alexandrie, répondit : « Et que pouvons-nous répondre à cela ? car de dire que tels de ces écrits sont faux, que tels autres sont altérés, que nous ne connaissons pas ceux-là, et que nous ne recevons pas ceux-ci, c'est une chose déraisonnable. Que reste-t-il donc ? répondre des mensonges ? c'est indigne de nous. »

Une nouvelle députation fut envoyée au Pape, pour le prier de trouver un autre moyen de réunion que les quatre déjà proposés. Il promit de mander sa réponse par des cardinaux.

Dans l'intervalle, Bessarion, métropolitain de Nicée, fit dans l'assemblée particulière des Grecs un long discours en faveur de la réunion. Il montra successivement, comme il dit lui-même : 1º Quelles étaient les causes du schisme, et que, si avant le concile général nous avions quelque excuse dans notre division d'avec les Latins, maintenant qu'un concile œcuménique a été célébré, nous ne pouvons plus nous séparer d'eux sans crime, à moins que nous ne prouvions qu'ils s'écartent de la vérité. 2º Que nécessairement les saints docteurs, tant de l'Occident que de l'Orient, sont d'accord entre eux. 3º Que, quoiqu'il n'y ait aucune contradiction dans leurs paroles, si cependant il y en avait une d'apparente, nous devrions nous efforcer de les concilier, cela étant nécessaire à notre foi. 4º Pour l'intelligence des docteurs qui ont parlé plus obscurément, il faut se servir des Pères qui ont parlé plus clairement. 5º Quand les Pères orientaux disent que le Saint-Esprit procède du Père *par* le Fils, cette préposition *par* signifie une cause intermédiaire. 6º Quand les mêmes Pères disent que le Saint-Esprit procède, proflue, émane du Fils ou bien de l'un et de l'autre, ils ne l'entendent pas de la grâce du Saint-Esprit, mais de sa personne même. 7º Les docteurs de l'Occident disent ouvertement la même chose, comme il est évident pour ceux qui considèrent les autorités qui nous ont été fournies par les Latins.

« Comment donc, s'écria Bessarion en finissant, pourrions-nous avec justice nous séparer de tels hommes ? Quelle excuse aurions-nous pour fuir leur communion ? Quelle apologie nous restera-t-il auprès de Dieu au sujet d'un si grand mal que la division d'avec des frères pour la réunion desquels lui-même est descendu des cieux, s'est incarné et a été crucifié ? Quelle sera notre défense auprès de la postérité, ou plutôt auprès de la génération présente ? Car j'ignore s'il y aura une postérité de notre race, devant les calamités effroyables et sans nombre que volontairement nous lui préparons. Ah! mes Pères et mes frères, ne prenons pas un parti si funeste pour nous-mêmes! Ne devenons pas des loups au lieu de pasteurs, pour ceux qui nous regardent! Ne les livrons pas aux ennemis, pour la perte de leurs corps et de leurs âmes! Quant à moi, ces paroles seront une protestation éternelle à toutes les générations et à tous les chrétiens, jamais je ne partagerai un tel sentiment, jamais je ne trahirai ainsi les corps, les âmes, la foi, les cités, les sépulcres des Pères, la liberté, et tout ce qu'il y a de précieux au monde. Car, à mon avis, la perte de tout cela suivra inévitablement le schisme et notre injustifiable séparation d'avec les Latins. Pourquoi donc irions-nous choisir de préférence tant et de si horribles calamités? Je vous en conjure, adoptez le parti que je vous conseille, soit tous, s'il est possible, soit au moins le plus grand nombre. Sinon, j'en prends à témoin et Dieu et vous-mêmes et nos descendants, que, sans passion et sans fraude, depuis le premier moment jusqu'à cette heure, je n'ai jamais cessé de dire, de conseiller et de procurer ce que je croyais vrai, juste et profitable à l'utilité commune. Quant à vous, comme la volonté est libre, vous ferez ce qu'il vous plaira. Puisse, par la grâce de Dieu, le meilleur parti prévaloir auprès de vous! Que si, ce qu'à Dieu ne plaise! le plus mauvais doit l'emporter, je proteste de nouveau devant tout le genre humain, je suis innocent du crime de la séparation, jamais je n'ai pensé qu'on puisse se diviser d'avec les Latins contre toute raison. Car je ne puis me persuader qu'ils n'ont pas une créance vraie et pieuse, et qu'ils ne pensent pas comme les saints de l'Occident et de l'Orient. Je n'ignore pas les calamités et les ruines qui suivront pour nous et notre nation; au contraire, je les ai prévues, je les ai prédites, et j'ai fait ce qui est en moi pour les prévenir. Si je n'ai pu réussir, ce n'est pas la faute de celui qui parle, mais de ceux qui écoutent. »

Quand Bessarion eut terminé, Georges Scholarius présenta aussi trois discours assez prolixes pour exhorter les Grecs à la réunion. Déjà il leur avait adressé une lettre dans le même sens, où il leur faisait des observations assez curieuses. « Quelques-uns d'entre vous, je le sais, se sont crus capables de l'emporter sur la science des Latins, et de les ramener à leur sentiment. Ce que j'admire dans ces hommes d'ailleurs instruits, c'est qu'ils se soient trompés en ceci à tel point, et cela sachant bien en eux-mêmes qu'ils n'avaient pas trop le talent de persuader, non-seulement lorsqu'on les contredirait sur des choses graves, mais même si quelqu'un leur niait que *deux* est le premier des nombres pairs, ou que l'homme soit composé d'un corps et d'une âme; tandis que les Latins sont exercés dans la dialectique et dans toute espèce de science, particulièrement dans la plus noble de toutes, la théologie, autant qu'il peut être donné au génie de l'homme. — Vous voyez tous avec quelle habileté ils ont défendu leur sentiment; c'est à tel point que personne, s'il veut être juge équitable, ne peut y trouver à redire. D'après la parole du Seigneur et même d'après la loi civile, le témoignage ou la décision de deux ou trois hommes termine toute affaire quelconque. Or, les Latins ont produit pour témoins de leur doctrine six principaux docteurs de l'Eglise, dont chacun vaut l'univers entier, parlant d'une manière si précise qu'on les aurait crus les juges de la controverse, ne se bornant point à exprimer nettement le dogme, mais l'appuyant des autorités de l'Ecriture et de raisons nécessaires; docteurs si nombreux et si vénérables que nous ne pourrions les regarder d'une manière irrespectueuse, quand même nous le voudrions. A ces docteurs principaux, ils en ont ajouté d'autres, ceux de l'Orient, qui disent la même chose, quoique avec moins de clarté que ceux-là. »

Georges Scholarius continue sur le même ton l'éloge des Latins, et dit assez nettement que les Grecs ne leur ont répondu que par une stérile loquacité qui n'allait jamais au but; infériorité qu'il attribue à ce qu'il n'y avait plus d'écoles publiques parmi les Grecs, que l'amour des sciences et des lettres se trouvait éteint chez eux, et que chacun ne songeait qu'aux besoins de la vie (Mansi, t. XXXI; Labbe, t. XIII).

Après les fêtes de Pâques, le cardinal Julien vint trouver les Grecs et leur proposa de reprendre les conférences publiques, afin d'éclaircir ce qui pouvait encore avoir besoin d'éclaircissement. Mais l'empereur ni les siens ne voulurent plus de discussions sur la doctrine, en ayant eu assez. On convint seulement de nommer dix personnes de chaque côté, pour chercher ensemble les moyens d'effectuer la réunion. Les commissaires grecs proposèrent d'abord la lettre de saint Maxime, où il est dit que le Saint-Esprit procède du Père *par* le Fils. Mais quand on vint à l'explication de la préposition *par*, il se trouva que les Grecs l'entendaient dans un sens, et les Latins dans un autre. Ils ne purent donc s'accorder.

Pour détruire de plus en plus la principale prévention des Grecs, les Latins leur envoyèrent successivement jusqu'à deux déclarations, que le Saint-Esprit procède du Père et du Fils, non comme de deux principes ou deux causes, mais comme d'un seul principe et d'une seule puissance productive. Les Grecs, de leur côté, envoyèrent une déclaration dans laquelle, sans dire encore textuellement que le Saint-Esprit *procède* du Fils, ils disaient que le Fils *épanche* l'Esprit, l'*épand*, le *fait sourdre* et *jaillir*, que le Saint-Esprit *émane* du Fils, en est *émis* et *épanché*, qu'il en *proflue*. Comme ces paroles pouvaient s'appliquer à l'émission temporelle du Saint-Esprit dans ses dons, et à la procession éternelle du Saint-Esprit dans sa personne, les Latins demandèrent aux Grecs dans quel sens ils les entendaient. Les Grecs, divisés entre eux, ne voulurent pas donner d'explication.

Il y eut plusieurs allées et venues, plusieurs entretiens particuliers de l'empereur avec le Pape, plusieurs conférences des Grecs entre eux devant le patriarche, qui était habituellement malade. Le Pape demandait qu'on reprît les conférences réciproques pour éclaircir tous les doutes, ou que l'on donnât des explications. L'empereur finit par dire : « Je ne suis pas le maître du concile, ni ne veux tyranniser les miens pour les obliger de dire quelque chose. Je ne puis y apporter aucun remède. — Eh bien! dit alors le Pape, permettez donc que votre concile nous réponde. » Là-dessus les Grecs allèrent trouver le Pape en son consistoire. Il leur rappela ce qui avait été fait de part et d'autre; combien, de son côté, il y avait mis de zèle et de volonté, et eux de lenteur et d'inconstance; combien toutefois la réunion était importante et nécessaire. Le métropolitain de la Russie, répondant pour les autres, reconnut la justesse de tout ce qu'avait dit le Saint-Père, mais excusa la lenteur des Grecs sur l'importance de l'affaire à décider.

Le même métropolitain de Russie, avec ceux de Nicée, de Lacédémone et de Mitylène, alla trouver l'empereur pour le presser de conclure l'union. Tous les quatre lui déclarèrent entre autres : Si Votre Majesté ne se réunit pas, nous nous réunissons.

A ces mots, le prince eut peur, les voyant ainsi séparés des autres. Il convoqua une assemblée; les exhorta tous à l'union. Les Grecs répondirent : « Si quelqu'un n'aime pas l'union des Eglises, qu'il soit anathème, pourvu qu'elle se fasse avec piété. » Pressé par tous les autres de prendre la parole, le métropolitain de Russie leur dit : « Vous savez, mes frères, que la cause de cette négligence et de ces lenteurs a été notre dissension et notre peu de concorde. Maintenant donc, qu'on lise les livres des saints d'Occident et d'Orient. Etablissons la concordance entre eux, car ils sont d'accord. Car les saints écrivent des choses qui s'accordent, attendu que le Saint-Esprit n'est pas en désaccord avec lui-même. Ils sont saints les uns et les autres, et le même Saint-Esprit a parlé en eux. Il faut donc croire que tous ils disent la même chose, et ne sont point en dissentiment. Ne vous semble-t-il point à vous-mêmes que cela soit ainsi? » — Ils répondirent : Nous pensons comme vous.

Alors le métropolitain de Nicée leur dit : « Si vous pensez que les saints sont d'accord les uns avec les autres, pourquoi ne croyez-vous pas que le Saint-Esprit procède aussi du Fils? » Et, commençant par le livre de saint Epiphane, nommé l'*Ancorat*, l'exposition de saint Cyrille sur l'évangile de saint Jean, et les *Trésors* du même Père, il lut un grand nombre de passages entiers, dont les uns disaient que le Saint-Esprit procède du Père et du Fils; les autres, qu'il procède des deux; ceux-là, que l'Esprit a son être du Fils; ceux-ci, qu'il en est épandu, qu'il en profiue.

Après cette lecture, le métropolitain de Mitylène produisit les Pères occidentaux, qui disent évidemment que le Père et le Fils sont un seul et même principe du Saint-Esprit; que l'Esprit est primordialement du Père, mais aussi de son Fils consubstantiel; que l'Esprit-Saint procède du Père et du Fils. Tous les assistants lurent ces passages, et ils furent persuadés, et ils s'écrièrent : « Jamais nous n'avons vu les saints d'Occident, jamais nous ne les avons lus; mais maintenant nous les connaissons, nous les avons lus, et nous les recevons. — Si vous les recevez, dit l'empereur, portez-en tous une sentence. » — Et tous ils portèrent une décision avec le patriarche, qu'ils recevaient les saints d'Occident, qu'ils tenaient leurs écrits pour vrais et authentiques, et non altérés; car ils ont été remplis du même Esprit; en sorte que nécessairement leurs écrits sont vrais et tendent au même but. Cela se passait le jeudi de la Pentecôte, 28 mai 1439.

Le lendemain, ils se réunirent de nouveau; et, avant et après dîner, ils lurent et relurent les paroles des saints, particulièrement des Orientaux, saint Basile, saint Athanase, saint Cyrille en ses *Trésors* et ses livres à Hermias; saint Epiphane, saint Anastase Sinaïte, saint Grégoire de Nysse et saint Jean Damascène, et tous comprirent les dogmes de la vérité. Ce sont les paroles du secrétaire grec, de qui nous tenons tous ces détails, et qui paraît avoir été un des métropolitains.

Le jour suivant, samedi, comme on était réuni chez le patriarche avec l'empereur, arriva Georges Scholarius. Il était laïque, mais très-savant. L'empereur voulait avoir son opinion sur l'affaire présente. Georges, après avoir rappelé qu'il l'avait déjà fait connaître par plusieurs discours, conclut en ces termes : « Voulant donc sanctifier ma langue par la confession de la foi, et attendre la confession de notre Sauveur Jésus-Christ, qu'il promet comme récompense à ceux qui le confessent devant les hommes, je crois d'une pieuse intelligence et confesse, avec les saints d'Orient et d'Occident, qui sont nécessairement d'accord, que le Saint-Esprit procède du Père et du Fils; qu'il procède du Père par le Fils; qu'il est du Fils, qu'il en est envoyé, qu'il est du Père par le Fils, qu'il est épandu du Fils comme du Père, qu'il est épandu substantiellement de tous deux, qu'il sourd ou jaillit, et autres expressions semblables; que de tout cela ressort une seule et même vérité, et que le Saint-Esprit reçoit son être du Père et du Fils, comme d'un seul principe et d'un seul producteur, et que le Père et le Fils sont un seul et même principe de l'Esprit-Saint; qu'il ne s'ensuit pas que le Père et le Fils soient deux principes ni qu'on les confonde en une seule personne, quoique quelques-uns, qui ne peuvent comprendre parfaitement ces choses, y soupçonnent cette conséquence absurde. C'est pourquoi j'accède à ce sentiment et à cette proposition : *Que le Saint-Esprit procède du Père et du Fils, ou du Père par le Fils, comme d'un seul principe et d'une seule cause;* et je dis que cela est très-vrai et que les saints d'Occident sont nécessairement d'accord avec ceux d'Orient, autrement il serait impossible de les accorder; et je soumets à l'anathème ceux qui posent deux principes et ceux qui ne conservent pas intacte la distinction personnelle du Père et du Fils. » Ayant ainsi parlé, Georges Scholarius se retira.

Ceux de l'assemblée, prenant en main les livres des docteurs orientaux, y lurent encore beaucoup de passages. Aussi l'affaire se conclut. On demanda les avis, les sentiments se manifestèrent, la vérité fut proclamée librement. Le patriarche parla le premier et dit : « Ayant entendu les paroles des saints Pères d'Occident et d'Orient, les unes disant que le Saint-Esprit procède du Père et du Fils, les autres qu'il procède du Père par le Fils, quoique *du Fils* soit le même que *par le Fils*, et *par le Fils* le même que *du Fils*, nous disons que le Saint-Esprit procède du Père par le Fils éternellement et substantiellement, comme d'un seul principe ou seule cause, la proposition *par* signifiant ici cause dans la procession du Saint-Esprit. » Le patriarche termina ainsi son avis, et reçut les saints d'Occident qui disent que le Saint-Esprit est du Père et du Fils : avertissant, pourvu que nous ne l'ajoutions pas au

Symbole; mais, gardant tous nos rites, nous nous unirons à eux. L'empereur se prononça dans le même sens.

Alors Isidore, métropolitain de la Russie, tenant la place du patriarche d'Antioche, dit : « Et l'on doit recevoir les paroles des saints d'Occident, et l'Esprit a son être du Fils, et le Père et le Fils sont un même principe de l'Esprit-Saint. Ainsi je m'y accorde, ainsi je professe, ainsi je prêche devant Dieu et devant vous. » Bessarion de Nicée opina de même et fit un discours où il prouva évidemment qu'il est impossible à un chrétien d'obtenir le salut, s'il ne confesse que le Saint-Esprit est du Père et du Fils. Ce sont les paroles du secrétaire.

Il y eut quatre prélats opposants : Antoine d'Héraclée, Marc d'Ephèse, Dosithée de Monembasie et Sophrone d'Anchiale. Ils déclarèrent qu'ils ne pouvaient absolument se persuader que le Fils est cause du Saint-Esprit ni que le Saint-Esprit procède du Père et du Fils comme d'un seul principe. Au contraire, Dorothée de Mitylène déclara que dès son enfance il avait été opposé aux Latins, comme s'ils enseignaient que le Saint-Esprit procède du Père et du Fils comme de deux principes et non d'un seul ; mais que dans le concile il avait reconnu son erreur et pensait maintenant comme les Latins.

Enfin, dit le secrétaire grec, nous fûmes dix métropolitains pour l'union : ceux de Russie, de Nicée, de Lacédémone, de Mitylène, de Rhodes, de Nicomédie, de Distre, de Ganne, de Drame, de Mélénice. Il y eut de plus le grand syncelle Grégoire, confesseur de l'empereur et vicaire du patriarche d'Alexandrie ; parmi les chefs de monastères, l'abbé Pacôme. Se joignirent ensuite à nous les métropolitains de Cyzique, de Trébisonde, d'Héraclée, de Monembasie ; celui d'Héraclée représentant le patriarche d'Alexandrie, et celui de Monembasie le patriarche de Jérusalem. Les quatre patriarches d'Orient se trouvaient ainsi d'accord pour la réunion, celui d'Antioche étant représenté par Isidore de Russie.

Celui-ci fut envoyé par l'empereur au Pape, pour lui annoncer cette heureuse nouvelle et lui demander ce qu'il ferait pour leur secours. Le Saint-Père répondit qu'il ferait encore plus qu'il n'avait promis. Il y eut encore quelques allées et venues pour la rédaction définitive de ce qui regardait le Saint-Esprit. Voici la rédaction des Grecs, dont un exemplaire fut envoyé au Pape : « Nous sommes d'accord avec vous, l'addition que vous avez faite au Symbole vient des saints, nous l'approuvons et nous sommes unis à vous, et nous disons que le Saint-Esprit procède du Père et du Fils comme d'un seul principe et d'une seule cause (Mansi, t. XXXI). » Enfin, dit le secrétaire grec, le 8 juin, nous allâmes trouver le Pape et le priâmes que l'affaire se terminât en sa présence.

On lut donc notre rédaction ou tome ; et, Dieu aidant, elle fut approuvée ; et, se levant, ils nous embrassèrent, et ce fut une grande joie parmi nous. Comme c'était l'heure du dîner, le Pape nous dit de revenir ensuite pour entendre la lecture de la rédaction latine. Elle fut également approuvée, en conséquence, tous s'embrassèrent et se baisèrent de nouveau avec tendresse. Le Pape envoya porter cette nouvelle à l'empereur, et tous nous tressaillîmes d'une grande joie.

Le lendemain, les métropolitains de Russie, de Nicée, de Trébisonde et de Mitylène ayant été, en députation auprès du Pape, celui-ci leur dit : Par la grâce de Dieu nous sommes unis, et nous nous accordons sur le dogme principal, et il n'y a plus rien à dire sur cet article. Maintenant éclaircissons encore ce qu'il peut y avoir de doute sur le feu du purgatoire, sur la principauté du premier siège, sur le pain fermenté et azyme, et sur le divin sacrifice. Ensuite l'union se fera sur-le-champ, car le temps presse.

Le patriarche aurait voulu qu'on célébrât sur-le-champ la dernière session, pour y publier le décret d'union entre les deux Églises. Il désirait de tout son cœur voir l'accomplissement de ce grand ouvrage, avant sa mort, qu'il sentait prochaine. Mais on lui remontra que, pour rendre cet ouvrage parfait, il fallait encore éclaircir les autres points ; ce qui ne tarderait guère, attendu qu'on y avait déjà beaucoup travaillé à Ferrare.

On s'en occupait donc, lorsque le mardi au soir, 9 juin, on vint tout à coup dire aux prélats grecs que le patriarche était mort. Ils y accoururent tous et apprirent de ses gens, qu'après son souper il était entré, selon sa coutume, dans son cabinet, et qu'ayant pris du papier et un roseau, il s'était mis à écrire ; sur quoi, ayant été surpris d'un tremblement et d'une grande agitation, il avait expiré. Les prélats, étonnés, lurent ce qu'il avait écrit et trouvèrent que c'était une dernière confession de foi conçue en ces termes :

« Joseph, par la miséricorde de Dieu, archevêque de Constantinople, la nouvelle Rome, et patriarche œcuménique. Puisque me voici arrivé à la fin de ma vie, tout prêt à payer la dette commune à tous les hommes, j'écris par la grâce de Dieu très clairement et souscris mon dernier sentiment, que je fais savoir à tous mes chers enfants. Je déclare donc que tout ce que croit et enseigne la sainte Église catholique et apostolique de Notre Seigneur Jésus-Christ de l'ancienne Rome, je le crois aussi, et que j'embrasse tous les articles de cette créance. Je confesse que le Pape de l'ancienne Rome lest le bienheureux Père des Pères, le souverain Pontife et le Vicaire de Notre Seigneur Jésus-Christ, pour rendre certaine la foi des chrétiens. Je crois aussi au purgatoire des âmes. En foi de quoi j'ai souscrit le neuvième de juin, l'an mil quatre cent trente-neuf, « indiction deuxième. »

Le Pape lui fit faire de magnifiques funérailles dans l'église du monastère des Dominicains, où il était logé. Les prélats grecs y officièrent selon leur rite, en présence de l'empereur, de tous les Grecs mêmes et des évêques latins qui honorèrent les obsèques.

Ensuite on s'assembla pour délibérer sur les articles proposés. On commença par la question du pain azyme, sur quoi les Grecs se montrèrent de bonne composition, accordant qu'on pouvait se servir indifféremment de pain levé et de pain azyme, pourvu que ce fût du pain de froment ; que le ministre eût reçu l'ordination et que le lieu dans lequel on célébrait fût consacré. Ce fut Jean de Turrecremata, depuis cardinal, qui parla sur cette question. Il prouva qu'on pouvait consacrer le pain sans levain aussi bien que l'autre ; et qu'il était même plus convenable d'en user ainsi, selon la coutume des Latins, parce que Jésus-Christ, comme il fit voir par les textes de l'Evangile, ne s'était servi que d'azymes dans l'institution. Et comme on avait dit au Pape que selon les Grecs, la forme de ce sacrement n'était pas seulement les paroles de Jésus-Christ, mais encore les prières que le prêtre fait dans la liturgie en invoquant l'Esprit-Saint, le même théologien employa un second discours à montrer par l'autorité des Pères et par de bonnes raisons, que ce sont les paroles de Jésus-Christ seules qui opèrent cet admirable changement de la substance du pain et du vin en la substance du Corps et du Sang de Notre Seigneur. Le métropolitain de Russie assura que les Grecs étaient en cela de même créance que les Latins, et n'attribuaient qu'aux seules paroles de Jésus-Christ la vertu d'opérer ce changement. On convint donc déjà de ces deux articles.

Touchant le purgatoire on s'en tint à ce qui avait été examiné et accordé dans les conférences de Ferrare, et l'on convint que les âmes des saints avaient obtenu dans les cieux une parfaite récompense en qualité d'âmes; que celles des pécheurs morts dans l'impénitence étaient punies souverainement; et que les âmes de ceux qui étaient entre les uns et les autres étaient dans un lieu où elles souffraient, jusqu'à ce qu'elles fussent purifiées; mais qu'il importait peu d'expliquer le genre de leurs souffrances, si c'est par le feu ou par les ténèbres, par la tempête ou de quelque autre manière; que tous les hommes cependant paraîtront au jour du jugement dernier devant le tribunal de Jésus-Christ, avec leurs corps, pour rendre compte de leurs actions.

Il y eut plus de contestations sur la primauté du Pape, non pas de la part des évêques, mais de l'empereur. Quant aux évêques grecs, le secrétaire du concile, l'un d'eux, dit en propres termes : « Nous nous assemblâmes tous dans la maison de l'empereur et examinâmes les propositions des Latins. Toutes les cinq, nous les trouvâmes justes et exactes : la première, de la procession du Saint-Esprit; la seconde de l'azyme et du pain fermenté; la troisième, de la primauté du Pape; la quatrième, de l'addition; la cinquième, du purgatoire. Nous pressâmes beaucoup l'empereur, en disant : Nous recevons tout, et qu'on termine l'affaire (Mansi, t. XXXI). »

L'empereur consentait bien qu'on reconnût la primauté du Pape en général, mais non pas en particulier qu'on pût appeler à lui du jugement de tous les patriarches, ni qu'il eut pouvoir, sans l'empereur et les patriarches de célébrer les conciles généraux. C'est pourquoi le prince assembla, le 17 juin, les prélats grecs, qui, à l'exception de Marc d'Ephèse, votèrent tous pour l'union. Le dimanche suivant, ils examinèrent les privilèges du Pape et les approuvèrent tous, hormis deux points : qu'il ne pourrait convoquer de concile œcuménique sans l'empereur et les patriarches, et qu'en cas d'appel du jugement de ceux-ci, il ne pourra pas évoquer la cause à Rome, mais enverra des juges sur les lieux. Le Pape répondit par trois cardinaux : qu'il voulait tous les privilèges de son Eglise, les appellations, régir et gouverner toute l'Eglise du Christ, comme pasteur des brebis; que, de plus, il avait l'autorité pour célébrer un concile œcuménique quand cela était nécessaire, et que tous les patriarches étaient tenus d'obéir à sa volonté. Tout cela fut prouvé doctement aux Grecs par le provincial des Dominicains.

L'empereur, qui se voyait enlever l'espèce de suprématie que ses prédécesseurs s'étaient arrogée sur l'Eglise, fut sur le point de rompre toute la négociation; mais les évêques grecs commençaient peut-être à entrevoir la base de leur propre liberté et indépendance dans la liberté et l'indépendance du Pontife romain. Ce qu'il y a de sûr, c'est que peu de jours après ils dressèrent l'article relatif au Pape en ces termes : « Touchant la primauté du Pape, nous confessons qu'il est le souverain Pontife, l'intendant, le lieutenant et le vicaire du Christ, le pasteur et le docteur de tous les chrétiens, pour régir et gouverner l'Eglise de Dieu, sauf les privilèges des patriarches d'Orient, savoir, de celui de Constantinople, qui est le second après le Pape, ensuite de celui d'Alexandrie, d'Antioche et enfin de Jérusalem. » Ce projet fut agréé par le Pape et les cardinaux, et l'on convint de travailler dès le lendemain à composer le décret de l'union.

On tint plusieurs conférences à cet effet; car il fallait examiner, peser chaque phrase, chaque mot, chaque particule; enfin le projet ayant été rédigé, fut approuvé de part et d'autre. On nomma de chaque côté six commissaires pour la rédaction définitive de la bulle. Ils y travaillèrent pendant huit jours avec tant d'application, qu'ils s'assemblaient deux fois le jour. La bulle fut lue dans l'assemblée générale qui se tint le 4 juillet devant le Pape et l'empereur; tous l'ayant approuvée d'un commun consentement, on arrêta qu'elle serait solennellement publiée deux jours après dans la dernière session des Latins et des Grecs. On n'y parle point de la forme de la consécration de la messe, attendu que les Grecs protestèrent et en particulier et en public devant le Pape, que sur cet article ils n'avaient jamais eu d'autre créance que celle de l'Eglise romaine. De quoi le Pape se déclara satisfait.

En conséquence, le 6 juillet 1439, qui était un lundi, jour de l'octave des apôtres saint Pierre et saint Paul, on célébra la dernière session du concile entre les Grecs et les Latins dans l'église cathédrale de Florence, dans le même ordre qui fut observé à Ferrare, si ce n'est que le trône du Pape, qui devait officier pontificalement, fut mis, selon la coutume, tout près de l'autel. Les magistrats de la république s'y trouvèrent en corps : tous les prélats grecs, aussi bien que les Latins, allèrent, selon leur rang, faire une profonde révérence au Pape et lui baiser la main. La musique de l'empereur chanta le *Veni Creator* d'une manière très-suave. Les Grecs observèrent et adorèrent avec beaucoup de religion et de respect la messe et toutes les cérémonies de l'Eglise latine. Tout l'office terminé, le souverain Pontife alla prendre sa place sur son trône auprès de l'autel à droite : l'empereur prit la sienne sur un autre trône à gauche, et plus bas tous les prélats dans leurs sièges, avec leurs ornements pontificaux. Le décret de l'union fut lu, d'abord en latin par le cardinal Julien de Sainte-Sabine, ensuite en grec par Bessarion, métropolitain de Nicée. Il est conçu en ces termes :

« Eugène, évêque, serviteur des serviteurs de Dieu, pour servir de monument à perpétuité, du consentement de notre très-cher fils en Jésus-Christ, Jean Paléologue, illustre empereur des Roméens, consentant à ce qui suit; ainsi que de ceux qui tiennent la place de nos vénérables frères les patriarches, et des autres qui représentent l'Eglise orientale.

» Que les cieux se réjouissent, et que la terre tressaille! car le mur qui divisait l'Eglise d'Orient et d'Occident vient d'être enlevé : la paix et la concorde est rétablie sur la pierre angulaire, Jésus-Christ, qui des deux peuples n'en a fait qu'un, joignant l'un et l'autre mur par le lien indissoluble de la paix et de la charité; après le long nuage de la tristesse, après la noire et affligeante obscurité d'une longue division, s'est levée pour tous la sereine splendeur de l'union tant désirée. Qu'elle se réjouisse, l'Eglise nôtre mère : ses enfants, jusqu'alors en dissension les uns contre les autres, elle les voit revenus à l'unité et à la paix; elle qui auparavant pleurait avec tant d'amertume sur leur séparation, qu'elle rende maintenant avec une joie ineffable des actions de grâces au Dieu tout-puissant pour leur merveilleuse concorde. Que tous les fidèles s'en conjouissent par tout l'univers, et que tous ceux qui portent le nom de chrétien en félicitent l'Eglise catholique, leur mère; car voici que les Pères de l'Occident et de l'Orient, après une si longue période de dissensions et de discordes se sont exposés aux périls de la mer et de la terre, ont surmonté toutes les fatigues, sont venus à ce saint concile œcuménique avec un joyeux empressement, dans le désir de la sainte union et pour rétablir l'ancienne charité : leur intention n'a pas été frustrée. Après de longues et laborieuses recherches, par la clémence du Saint-Esprit, ils sont enfin parvenus à cette union si désirable et si sainte. Qui donc pourrait au Tout-Puissant rendre des actions de grâces dignes de tels bienfaits? qui n'admirerait profondément les richesses de la miséricorde divine? Y a-t-il un cœur de bronze que la vue de cette clémence infinie n'amollirait pas? car ce sont là des œuvres tout à fait divines, et non pas des inventions de la fragilité humaine; il faut donc les recevoir avec la plus profonde vénération, et les reconnaître par de saints cantiques. A vous la louange, à vous la gloire, à vous l'action de grâces, Jésus-Christ, fontaine de miséricorde, qui avez conféré un si grand bien à votre épouse, l'Eglise catholique, et qui, dans notre génération, avez manifesté les miracles de votre tendresse, afin que tous célèbrent vos merveilles.

» Car, assemblés dans ce saint concile œcuménique, les Latins et les Grecs ont donné les uns et les autres tous leurs soins pour discuter, avec toute l'exactitude possible, l'article relatif à la procession du Saint-Esprit. On a produit les témoignages des divines Ecritures, de nombreux passages des saints docteurs de l'Orient et de l'Occident, les uns disant que le Saint-Esprit procède du Père et du Père et du Fils, les autres qu'il procède du Père par le Fils, les uns et les autres aboutissant au même sens sous des paroles diverses. En effet, les Grecs ont assuré qu'en disant que le Saint-Esprit procède du Père, ils n'excluent pas le Fils; mais, parce qu'il leur semblait que les Latins, en disant que le Saint-Esprit procède du Père et du Fils, admettaient deux principes et deux spirations, ils se sont abstenus de dire que le Saint-Esprit procède du Père et du Fils. Les Latins, au contraire, ont assuré que, en disant que le Saint-Esprit procède du Père et du Fils, ils n'ont pas dessein d'exclure le Père, ni de nier qu'il soit la source et le principe de toute divinité, savoir, du Fils et du Saint-Esprit, ni de prétendre que le Fils ne reçoive pas du Père que l'Esprit-Saint procède de lui, ni enfin d'admettre deux principes ou deux spirations; mais qu'ils reconnaissent qu'il n'y a qu'un seul principe et une seule spiration de l'Esprit-Saint, comme ils l'ont toujours tenu. Et comme toutes ces expressions reviennent à un même sens véritable, ils sont enfin convenus, et, d'un consentement unanime, ont fait l'union qui suit, union sainte et chérie de Dieu.

» Au nom de la sainte Trinité, Père, Fils et Saint-Esprit, ce saint concile universel de Florence approuvant, nous définissons que cette vérité de la foi soit crue et reçue par tous les chrétiens, et qu'ainsi tous professent que le Saint-Esprit est éternellement du Père et du Fils, qu'il a son essence et son être subsistant à la fois du Père et du Fils, qu'il procède éternellement de l'un et de l'autre, comme d'un seul principe et par une seule spiration; déclarant que les saints docteurs et les Pères qui disent que le Saint-Esprit procède du Père par le Fils, n'ont point d'autres sens, et font connaître par là que le Fils est comme le Père, selon les Grecs, la cause, et, selon les Latins, le principe de la subsistance du Saint-Esprit; et parce que le Père a communiqué à son Fils unique en l'engendrant tout ce qu'a le Père, à l'exception de ce qu'il est Père, cela même que l'Esprit-Saint procède du Fils, le Fils l'a éternellement du Père, par lequel il est aussi éternellement engendré.

» Nous définissons de plus que l'explication de ces paroles : *Et du Fils, Filioque*, a été légitimement et avec raison ajoutée au Symbole, pour éclaircir la vérité et par une nécessité alors imminente.

» Nous définissons aussi que le corps de Jésus-Christ est véritablement consacré dans le pain de froment, qu'il soit azyme ou levé, et que les prêtres doivent se servir de l'un et de l'autre, chacun selon l'usage de son Eglise, soit occidentale, soit orientale.

» Que les âmes de ceux qui, vraiment pénitents, sont morts dans la charité de Dieu, avant d'avoir fait de dignes fruits de pénitence pour expier leurs péchés de commission ou d'omission, sont purifiées après leur mort par les peines du purgatoire, et qu'elles sont soulagées de ces peines par les suffrages des fidèles vivants, comme sont le sacrifice de la messe, les prières, les aumônes, les autres œuvres de piété que les fidèles ont coutume de faire pour les autres fidèles, suivant les règles de l'Eglise; et que les âmes de ceux qui n'ont point péché depuis leur baptême, ou celles qui, ayant contracté la tache du péché, en ont été purifiées dans leurs corps ou après en être sorties, comme nous venons de dire, entrent aussitôt dans le ciel et voient clairement le Dieu un et trine, comme il est, les uns plus parfaitement que les autres, selon la diversité de leurs mérites; mais que les âmes de ceux qui décèdent dans un péché actuel mortel, ou dans le se-

péché originel, descendent aussitôt en enfer, toutefois pour y être punies de peines inégales.

» Nous définissons encore que le Saint-Siége apostolique et le Pontife romain est le successeur du bienheureux Pierre, prince des apôtres, qu'il est le véritable Vicaire du Christ et le Chef de toute l'Eglise, le Père et le Docteur de tous les chrétiens : qu'à lui a été donnée, par Notre Seigneur Jésus-Christ, dans le bienheureux Pierre, une pleine puissance de paître, de régir et de gouverner l'Eglise universelle, comme cela est *aussi* (1) contenu dans les actes des conciles œcuméniques et dans les saints canons. Renouvelons en outre l'ordre des autres patriarches marqués dans les canons, en sorte que celui de Constantinople soit le second après le très-saint Pontife romain, le troisième celui d'Alexandrie, le quatrième celui d'Antioche et le cinquième celui de Jérusalem, sauf, bien entendu, tous leurs priviléges et leurs droits.

» Donnée à Florence, dans la session publique du concile, célébrée solennellement dans la grande Eglise, l'an de l'incarnation du Seigneur 1439, le jour avant les nones de juillet (c'est le 6), de notre pontificat, l'année neuvième. Moi Eugène, évêque de l'Eglise catholique, j'ai souscrit en définissant ainsi. *Seigneur, vous êtes mon aide et mon protecteur; ne m'abandonnez pas, ô mon Dieu !* » Ces paroles étaient des psaumes étaient la devise du pape Eugène IV.

Viennent ensuite les souscriptions de huit cardinaux, qui mettent simplement : *J'ai souscrit aux définitions précédentes.* Le premier est le bienheureux Nicolas Albergati, cardinal de Sainte-Croix. Après les cardinaux, on voit les souscriptions de l'empereur Jean Paléologue, de son confesseur Georges, protosyncelle; d'Isidore, métropolitain de Kiow et de toute la Russie; des métropolitains d'Héraclée, de Nonembasie, de Cyzique, de Trébisonde, de Nicomédie, de Lacédémone, de Mitylène, d'Amasée, de Rhodes et des Cyclades, de Distre, de Ganne, de Melénice, de Drame. Nous remarquons en particulier la souscription d'Ignace, métropolitain de Tornovo, capitale de la Bulgarie, et celle de Damien, métropolitain de la Moldavie et de la Valachie, et, de plus, député de celui de Sébaste. On voit aussi beaucoup d'évêques latins, entre autres huit évêques de France. Mais les actes observent que toutes les souscriptions n'y sont pas, attendu que beaucoup s'en allèrent à la fin de la dernière session, et avant qu'on vint à souscrire. On lit dans un ancien manuscrit que les patriarches et métropolitains de Grèce, de Trébisonde, d'Ibérie et de Russie, qui souscrivirent au décret d'union, furent au nombre de quarante. Enfin, dans ce moment solennel, l'empereur de Constantinople, les nobles grecs, les ambassadeurs de Trébisonde, ceux du roi des Ibériens, les archevêques et les évêques russes, ainsi que tous les autres, qui étaient au nombre de cinq cents, s'approchèrent du Pape, en fléchissant le genou suivant la coutume, et lui baisèrent les mains (Labbe, t. XIII).

Eugène IV envoya aussitôt le décret de foi et d'union par toute la terre. Philothée, patriarche d'Alexandrie, reçut les lettres du Pape par le nonce

(1) La particule *aussi, etiam,* καὶ, se trouve dans le texte grec et le texte latin.

Albert, frère Mineur; au même temps, il reçut de Constantinople des lettres tout à fait conformes de l'empereur et de ses propres vicaires. Il ressentit une grande joie de cette heureuse union, répondit au Pape une lettre affectueuse, où il l'appelle la Pierre de la foi, le Chef de toutes les Eglises chrétiennes, le Pape de la grande Rome, le Protecteur des autres patriarches. D'après une résolution qu'il a prise avec les évêques et les clercs de sa communion en Egypte, on fera mémoire de Sa Sainteté au sacrifice de la messe avant les autres patriarches, comme cela est ordonné par les saints canons. Le patriarche d'Alexandrie écrivit en même temps à Constantinople, à l'empereur et à quelques prélats, que si quelqu'un ne reçoit pas ce qui a été décrété et défini dans le concile, il doit être tenu pour tyran et hérétique, et privé de la communion de l'Eglise universelle (Labbe, t. XIII).

Dès le lendemain de la session solennelle, Eugène IV adressa une lettre-circulaire, avec le décret d'union, à tous les princes, prélats, universités de la chrétienté, pour leur notifier que la longue dissension entre l'Eglise orientale et l'occidentale venait de finir après quatre cent cinquante ans; que, défrayés par l'Eglise romaine, étaient venus au concile œcuménique, l'empereur Jean Paléologue, le patriarche Joseph de Constantinople, les députés des autres patriarches, les ambassadeurs de l'empereur de Trébisonde, ceux des Ibériens, des Russes et des Valaques. Après des discussions approfondies, les Grecs comme les latins ont professé que le Saint-Esprit procède du Père et du Fils; ils ont reconnu aussi avec reconnaissance la souveraine autorité de l'Eglise romaine et du Saint-Siège apostolique, que quelques-uns s'efforcent malignement d'opprimer. Une joie nouvelle, c'est que, d'un jour à l'autre, doivent arriver les Arméniens, prêts à se soumettre à l'Eglise romaine. En conséquence, le Pape ordonne de faire des prières et des processions publiques, tant pour remercier Dieu du bien déjà fait que pour attirer ses grâces sur ce qui est encore à faire. La lettre est du 7 juillet 1439 (*Ibid.*).

Peu après arrivèrent effectivement à Florence quatre députés de Constantin., patriarche des Arméniens, à qui le pape Eugène avait annoncé le concile comme à tous les autres; ils furent suivis successivement des envoyés du patriarche des Jacobites, de l'empereur d'Ethiopie, des Syriens, des Maronites, des Chaldéens, qui tous venaient demander d'être reçus à la communion de l'Eglise romaine.

Lorsque les Grecs prirent congé du Pape, il leur accorda beaucoup plus qu'il ne leur avait promis L'empereur Jean Paléologue partit de Florence le 26 août, accompagné de trois cardinaux et d'un grand nombre de prélats qui le conduisirent jusqu'aux frontières de la république. Arrivé à Venise le 6 septembre, il s'y embarqua le 11 octobre, avec son frère et leur suite, pour retourner à Constantinople, où ils n'arrivèrent que le 1er février de l'année suivante 1440.

Le 18 décembre 1439, dans le concile même de Florence, le pape Eugène IV fit une promotion de dix-sept cardinaux. Le premier fut le célèbre Bessarion, natif de Trébisonde; après avoir étudié à Constantinople, il se fit moine suivant la règle de saint Basile, et passa vingt ans dans un monastère du

Péloponèse, occupé de l'étude des belles-lettres qu'il joignit à celle de la théologie. Le philosophe Gémistus Pléthon fut un de ses maîtres. Tiré de sa retraite et devenu archevêque de Nicée, il assista comme tel au concile de Florence, où il se distingua également par son éloquence et par sa doctrine. Fixé en Italie par sa dignité de cardinal-prêtre du titre des Saints-Apôtres, Bessarion ne s'écarta point de la vie simple et studieuse qu'il menait dans son couvent du Péloponèse. Sa maison était le rendez-vous de tous ceux qui cultivaient les lettres ou qui les aimaient. Quand il sortait, on voyait dans son cortège Argyropule, Philelphe, Le Pogge, Valla, Théodore Gaza, Georges de Trébisonde, Calderino. Il obtint la confiance et l'amitié de plusieurs Papes. Nicolas V le nomma archevêque de Siponto, et cardinal-évêque de Frascati. Pie II lui conféra le titre de patriarche de Constantinople. A la mort de Nicolas V et de Paul II, Bessarion fut sur le point d'être nommé pape lui-même, tant il était universellement aimé et estimé.

Le second cardinal de la promotion de Florence fut Isidore, natif de Thessalonique, aussi moine de Saint-Basile et abbé de Saint-Démétrius à Constantinople, puis archevêque de Kiow et métropolitain de toute la Russie. Nous avons vu quelle sagesse il montra au concile œcuménique dans l'affaire de la réunion. Il fut cardinal-prêtre du titre de Saint-Marcellin et Saint-Pierre, ensuite évêque de Sabine, et enfin patriarche de Constantinople.

Parmi les quinze autres cardinaux, il y avait cinq Italiens, trois Français, deux Anglais, un Hongrois, un Allemand, un Portugais, un Polonais, Sbinco, l'évêque de Cracovie, que nous avons vu à la fois censeur et ami du roi Ladislas Jagellon; enfin un Espagnol, le fameux docteur de Turrecremata, ainsi nommé du lieu de sa naissance. Il était de l'ordre des frères Prêcheurs, fort zélé pour la discipline régulière et pour l'autorité du Pape, qu'il soutint avec autant de courage que de doctrine contre les excès du conciliabule de Bâle.

Le Pape, entouré des cardinaux, est comme Moïse entouré des septante-deux sénateurs qui, d'après l'ordre de Dieu, lui aidaient à gouverner, non telle ou telle tribu, mais tout le peuple d'Israël. Les cardinaux aident au Pape à gouverner, non telle église particulière ou tel peuple chrétien, mais toutes les églises, tous les peuples, toute l'humanité chrétienne, toute l'Eglise universelle. Dès les premiers siècles, au temps de saint Cyprien, pendant la vacance du Saint-Siège, nous les avons vus, sous le nom de prêtres ou de clergé de Rome, non-seulement gouverner l'Eglise romaine, mais tracer des règles de conduite aux autres églises durant la persécution. Appliqués ainsi au gouvernement de l'Eglise universelle, il n'est pas étonnant qu'ils aient la préséance sur ceux qui gouvernent les églises particulières. C'est ce que le pape Eugène fit entendre à l'archevêque de Cantorbéry.

Moïse vit s'élever contre lui la faction, le conciliabule de Coré, Dathan et Abiron; Coré était le chef d'une des principales familles de Lévi. Eugène IV voyait s'élever contre lui une faction, les prélats du conciliabule de Bâle : un cardinal égaré se trouvait à leur tête. Nous avons vu à Constance une des trois obédiences dans lesquelles l'Eglise était alors divisée, pour sortir enfin du schisme déplorable entre trois papes douteux, poser en principe que toute personne, fût-elle de dignité papale, est tenue d'obéir au concile général dans ce qui regarde la foi et l'extirpation dudit schisme. Sur quoi il y a deux questions : 1° Cet article est-il réellement du concile de Constance, ou simplement d'une de ses fractions, l'obédience de Jean XXIII? 2° Cet article ne se restreint-il pas lui-même à un temps de schisme, à des papes douteux, et n'est-il pas inapplicable à un temps d'unité, à un Pape certain, reconnu de toute l'Eglise? — Or, les quelques prélats de Bâle décidèrent que cet article était du concile général de Constance, et même une vérité de foi; que c'était également une vérité de foi que cet article s'appliquait non-seulement à un temps de schisme, à un pape douteux, mais à un temps d'unité, à un pape certain, notamment à Eugène IV. — En conséquence, les quelques prélats de Bâle citèrent Eugène IV comme hérétique, le déclarèrent suspens, le déposèrent, comme autrefois Dioscore déposa saint Léon, et le remplacèrent par un antipape; et cela dans le moment même où il réconciliait à l'Eglise les divers peuples de l'Orient. Eugène IV ne pouvait se taire en présence de pareilles énormités. Par une bulle du 4 septembre 1439, avec l'approbation du concile œcuménique de Florence, il condamna les susdites propositions, entendues dans le mauvais sens des prélats de Bâle, sens que les faits démontrent contraire à l'Ecriture sainte, aux saints Pères, au sens même du concile de Constance; il condamne et réprouve ces propositions comme impies et scandaleuses, comme tendant manifestement à déchirer l'Eglise, à confondre tout l'ordre ecclésiastique et toute principauté chrétienne; il les condamne et les réprouve avec tout ce qui s'en est suivi et tout ce qui peut s'ensuivre (1).

C'est ici une chose à remarquer par tous les catholiques, mais surtout par les théologiens. L'interprétation donnée par les prélats de Bâle au décret de Constance touchant la supériorité du concile général sur le Pape, a été condamnée et réprouvée par le concile œcuménique de Florence, comme impie, scandaleuse et subversive de tout ordre et de tout gouvernement ecclésiastique. Cette condamnation, prononcée si solennellement par un Pape et un concile général, mérite une attention sérieuse.

Les députés de Constantin, patriarche des Arméniens, arrivèrent à Florence au mois de septembre 1439, avant le départ des Grecs; ils étaient quatre, un évêque nommé Joachim, et trois docteurs nommés Sarchis, Marc et Thomas. Après avoir présenté leurs hommages au Pape, ils allèrent trouver l'empereur, lui exposèrent leur dessein de se réunir à l'Eglise catholique, le suppliant de leur prêter pour cela son aide et ses conseils. L'empereur Paléologue répondit que leur dessein lui plaisait fort, qu'il verrait avec grand plaisir leur accession à la foi orthodoxe et à l'Eglise catholique : Je prie Dieu de diriger à bonne fin votre réunion. Si elle se fait, je vous serai en aide partout où vous aurez besoin de moi. Ainsi parla l'empereur grec avant son départ

(1) *Ipsasque propositiones superiùs descriptas, juxta pravum ipsorum Basileensium intellectum... tanquam impias et scandalosas... ipso sacro approbante concilio damnamus et reprobamus* (Labbe, t. XIII, col. 1190).

(Labbe, t. XIII). C'était bien approuver d'avance la réunion des Arméniens avec l'Eglise romaine. D'ailleurs tous les Grecs ne partirent point avec l'empereur. Bessarion, métropolitain de Nicée, Isidore, métropolitain de toute la Russie, devenus cardinaux quelque temps après, continuèrent à siéger dans le concile de Florence.

Dans ses lettres de créance, le patriarche des Arméniens disait qu'il envoyait ses députés au concile, pour rétablir la paix, la charité et l'union, comme elle existait jadis entre le pape saint Sylvestre et saint Grégoire l'Illuminateur, entre l'empereur Constantin et Tiridate, roi d'Arménie. Les lettres sont du 25 juillet 1438.

Quand elles eurent été présentées au concile, le souverain Pontife, avec l'approbation du concile même, désigna trois cardinaux avec plusieurs docteurs, pour conférer avec les Arméniens. Les cardinaux étaient l'évêque d'Ostie, le cardinal de Sainte-Croix, autrement le bienheureux Nicolas Albergati, et le cardinal de Sainte-Sabine, autrement le cardinal Julien. Les conférences eurent lieu presque tous les jours sur les matières touchant lesquelles les Arméniens étaient dans l'erreur ou dans le doute. Ces diverses questions ayant été éclaircies par l'Ecriture, la tradition et les Pères, le pape Eugène IV, avec l'approbation du saint concile, résuma le tout dans un décret qui fut publié le 22 novembre en la session vingt-septième.

Le vicaire du Christ invite tous les chrétiens à bénir le Seigneur, qui, après neuf cents ans et plus, venait d'ôter de son Eglise une autre pierre de division, par la réunion de la puissante nation des Arméniens; réunion effectuée peu après celle des Grecs, et qui en augmentait la joie. Puissent les autres nations suivre leur exemple! Les Arméniens sont d'autant plus dignes d'éloge, qu'à peine invités par le successeur de saint Pierre à venir au concile œcuménique, ils ont député des personnages respectables, avec ordre de recevoir tout ce que l'Esprit-Saint inspirerait au saint concile. Pour que cette heureuse union persévère à jamais sans aucun nuage, le Pape donne aux Arméniens, du consentement de leurs députés, et avec l'approbation de ce saint concile de Florence, un abrégé de la foi orthodoxe, que l'Eglise romaine professe sur les articles objets de ces conférences.

1° On leur présente le Symbole dressé au concile général de Constantinople avec l'addition que le Saint-Esprit procède aussi du Fils, en statuant qu'on chanterait ainsi dans les églises arméniennes.

2° On leur propose la définition du concile de Chalcédoine, quatrième œcuménique, renouvelée dans le cinquième et le sixième, touchant les deux natures de Jésus-Christ dans une seule personne. On rappelle dans le même article la condamnation de ceux qui niaient la divinité du Saint-Esprit, et l'économie du mystère de l'incarnation du Verbe, si excellemment développée dans les lettres synodales de saint Cyrille d'Alexandrie et de saint Léon le Grand à Flavien.

3° On expose le dogme touchant les deux volontés et les deux opérations en Jésus-Christ, défini dans le sixième concile général.

4° On déclare qu'il faut recevoir non-seulement les trois premiers conciles généraux auxquels les Arméniens avaient créance, mais encore tous les autres conciles œcuméniques, célébrés légitimement par l'autorité du Pontife romain. De plus, qu'il fallait honorer comme un grand saint le pape Léon, qui avait été la colonne de la vraie foi.

5° Qu'il y a sept sacrements de la nouvelle loi, savoir : le baptême, la confirmation, l'eucharistie, la pénitence, l'extrême-onction, l'ordre et le mariage. Ils diffèrent de ceux de la loi ancienne, en ce qu'ils confèrent la grâce, que ceux-là ne faisaient que signifier. Trois choses les constituent, la matière, la forme et le ministre qui les confère dans l'intention de faire ce que fait l'Eglise. Le baptême, la confirmation et l'ordre ne se réitèrent point, parce qu'ils impriment dans l'âme un caractère indélébile; au lieu que les quatre autres, n'en imprimant point, peuvent être réitérés. Ensuite on expose la doctrine de l'Eglise romaine touchant les choses qui constituent chacun de ces sacrements, le ministre qui les confère, et les effets qu'ils produisent.

6° On propose le Symbole de saint Athanase *Quicumque*, comme une règle de foi.

7° On fait admettre et recevoir le décret de l'union avec les Grecs, promulgué *dans ce saint concile œcuménique de Florence*.

8° On fixe aux Arméniens les jours auxquels ils célébreront les fêtes de l'Annonciation de la sainte Vierge, de la Nativité de saint Jean-Baptiste, de la Nativité de notre Sauveur, de la Circoncision, de l'Epiphanie, et de la Purification de la Mère de Dieu, qui sont les mêmes jours auxquels l'Eglise romaine les célèbre.

Après l'explication de toutes ces choses, les députés des Arméniens, tant en leur nom qu'au nom de leur patriarche et de tous les prélats et les peuples soumis à sa juridiction, reçurent avec toute l'affection et la soumission possibles ce très-salutaire décret synodal, avec tous ses chapitres, déclarations, définitions, règlements, ordonnances et statuts, ainsi que toute la doctrine qu'il contient et qu'enseigne le Saint-Siège apostolique et l'Eglise romaine. Ils reconnurent aussi les Docteurs et les saints Pères que l'Eglise romaine reconnaît, rejetant et condamnant les personnes et la doctrine, que la même Eglise rejette et condamne, et professant au nom et en la qualité susdite, que, comme vrais enfants d'obéissance, ils avaient une entière soumission pour les règlements et les ordonnances du Siège apostolique. Ce décret fut promulgué solennellement à Florence dans la session synodale du 22 novembre 1439, l'an 9 du pontificat d'Eugène IV (Labbe).

Certains auteurs ont avancé que ce décret de l'union des Arméniens avec l'Eglise romaine n'avait pas l'autorité d'un concile œcuménique, qui, selon eux, ne subsistait plus à Florence après le départ des Grecs; mais, comme nous avons vu, tous les Grecs ne s'en allèrent pas. Ensuite, à qui doit-on s'en rapporter, ou à ces écrivains, ou au Pape même qui présidait à ce concile, et qui déclare en termes exprès : Que le concile auquel ont été envoyés les députés des Arméniens, est le même concile où il les avait invités, pour y apprendre et recevoir tout ce que le Saint-Esprit y inspirerait; que son décret est approuvé par ce même concile, et fait du consentement de ces députés; que le décret d'union avec les Grecs a été publié dans ce même concile œcuménique de Florence qu'il célèbre encore actuellement (1).

L'autorité de ces particuliers doit-elle prévaloir sur celle d'un souverain Pontife et de ce saint concile, qui se regarde comme œcuménique : *Sacro approbante concilio?* Doit-elle prévaloir à celle du cardinal-légat présidant au concile de Trente, qui déclara dans une congrégation générale, tenue le 26 février 1547, que ceux qui s'imaginaient que le concile de Florence avait été fini par l'union des Grecs avec l'Eglise romaine, se trompaient, puisqu'il avait encore duré longtemps après, savoir, pendant près de trois ans, jusqu'en 1442, où il fut transféré à Rome; que la chose résulte clairement de plusieurs constitutions publiées dans l'entre-temps, lesquelles sont rapportées dans les actes du concile, et dont Augustin Patrice, chanoine de Sienne, fait mention dans le sommaire du concile de Bâle (Labbe, t. XIII; Sommier, *Hist. dogmatique du Saint-Siége*, t. VI).

On se demandera peut-être pourquoi certains auteurs ont essayé de révoquer en doute l'œcuménicité du concile de Florence, depuis le départ de l'empereur grec. On peut supposer la raison suivante : Depuis cette époque, le concile de Florence condamna les actes schismatiques du conciliabule de Bâle, ainsi que ses doctrines impies et scandaleuses. Or, certains auteurs ressentent pour les prélats récalcitrants de Bâle et leur principe de rébellion, une tendresse de famille qui ne leur permet pas de supporter qu'on en dise du mal. Donc le concile de Florence qui les condamne, eux et leurs doctrines, ne peut pas être un concile œcuménique. Tel est, croyons-nous, le mot de l'énigme.

Dans la session publique du 22 mars 1440, avec l'approbation du même concile de Florence, et après avoir observé les délais de droit, le pape Eugène IV condamna l'antipape de Ripaille, le déclarant schismatique et hérétique, avec monitions à ses électeurs, fauteurs et adhérents que, si dans quarante jours ils ne venaient à résipiscence et ne recouraient aux grâces du Saint-Siége, ils encourraient, sans autre jugement, les peines ordonnées par le droit contre les hérétiques, schismatiques et criminels de lèse-majesté (Labbe, t. XIII).

Tandis que les prélats factieux de Bâle scandalisaient l'Eglise par leur schisme, les peuples les plus lointains continuaient à venir la consoler par leur soumission. Le 26 avril 1441, le pape Eugène IV annonça au concile de Florence que les ambassadeurs du roi d'Ethiopie étaient près d'arriver au concile œcuménique pour y recevoir la foi orthodoxe. En même temps, pour donner au concile encore plus d'autorité, et pour plusieurs autres raisons, avec l'approbation du concile même, il en indiqua la translation à Rome, pour s'y continuer dans l'église de Latran quinze jours après qu'on y serait arrivé (Raynald, an 1441, n. 2, avec la note de Mansi, qui est importante; Labbe, t. XIII).

Au mois d'août de la même année 1441, les ambassadeurs d'Ethiopie arrivèrent à Florence. Ils étaient deux : André, abbé de Saint-Antoine en Egypte, et Pierre, diacre. Ils venaient au nom de Jean, patriarche des Jacobites, et de Constantin Zaré-Jacob, empereur d'Ethiopie. Ils demandaient, au nom de ce patriarche et de cet empereur, ainsi que des peuples de leur dépendance, d'être reçus dans la communion du Saint-Siége et de l'Eglise romaine.

La lettre de créance écrite par le patriarche commence par ces paroles : « Jean, humble serviteur des serviteurs de Jésus-Christ, ministre du siége de saint Marc, c'est-à-dire d'Alexandrie la grande et de toute l'Egypte, de la Lybie, de l'Ethiopie, de la Pentapole occidentale et de tous les peuples instruits par les prédications de l'apôtre saint Marc; je dis humble par mes péchés, dont je demande le pardon et l'absolution au Seigneur. Je me prosterne jusqu'à terre devant vous, Très-Saint-Père, vous la perfection du sacerdoce, le très-bon pasteur, le prince de l'honneur et de la sainteté, le très-pieux conducteur de ceux qui marchent dans la voie de ce pèlerinage, vous qui, par vos soins et votre sainteté, montrez aux autres le chemin du salut; seigneur Eugène, pape de la grande ville de Rome, pasteur apostolique de toutes les églises chrétiennes, unique prince des premiers siéges, des Pères et des prêtres de Jésus-Christ, et médecin des âmes malades.

» Les lettres du Pape pour appeler au concile ont été apportées en Egypte par le nonce Albert; elles ont été lues devant tout le clergé et le peuple avec une satisfaction inexprimable ; ce fut comme une fête solennelle : on pleurait de joie. Le patriarche a reçu, comme venus du ciel, les présents que Sa Sainteté daignait lui envoyer. Le nonce Albert et le député André, abbé de Saint-Antoine, ont charge de communiquer de vive voix au Saint-Père, soit en particulier, soit en public, bien des choses qui ne sont pas écrites. » La lettre est datée du Caire, le 12 septembre, l'an du monde 6940, l'an 1157 depuis le temps des martyrs, suivant les Jacobites, et l'an de l'incarnation du Seigneur, 1440 (Labbe, t. XIII).

Le 31 août, dans une congrégation générale du concile, présidée par Eugène IV, le légat du patriarche des Jacobites, et en même temps ambassadeur de l'empereur d'Ethiopie, parla en ces termes : « Quand je considère votre haute majesté et ma bassesse, Très-Saint-Père, j'éprouve une telle frayeur, que, si je fais quelque faute dans le peu que je vais dire, je vous supplie de me le pardonner; car rien autre que la terreur ne peut me saisir, moi qui suis un homme, poussière et cendre, je parle devant vous qui êtes un dieu sur la terre. En effet, sur la terre, vous êtes Dieu, vous êtes le Christ et son vicaire; vous êtes le successeur de Pierre, et le père, et le chef, et le docteur de l'Eglise universelle, à qui ont été données les clés pour fermer et ouvrir le paradis à qui vous voudrez. Vous êtes le prince des rois, et le plus grand des maîtres. Lorsque je considère ces choses et autres semblables, je tremble d'adresser la parole à Votre Sainteté, surtout quand je jette les yeux non-seulement sur votre puissance, mais sur la sagesse des Latins, qui, depuis l'origine et constamment, s'étant appliqués à l'étude des choses divines et de la doctrine de Jésus-Christ, tiennent et croient encore maintenant ce que leur ont transmis dès le commencement, les bienheureux princes des apôtres, Pierre et Paul.

» Quant aux Eglises qui, privées de cette sagesse

---

(1) *Decretum unionis cum Græcis consummatæ pridem in hoc sacro œcumenico Florentino concilio promulgatum* (*Decret. Eugen. IV ad Arm. postinitium*).

et de cette discipline, n'ont pas gardé les premiers fondements, et se sont séparées de la mère et maîtresse, l'Eglise romaine, Dieu les a livrées en opprobre aux nations et en rapine aux infidèles, comme on peut le voir évidemment dans les Grecs et les Arméniens, et pareillement en nous, Ethiopiens jacobites, depuis que nous avons été séparés de vous l'an neuf cent. Mais une chose nous console et tempère notre tristesse par l'espérance : c'est que celui qui vous a donné de réunir à l'unité de la foi catholique les Grecs et les Arméniens, et qui vous a inspiré de nous inviter à la même union, par votre très-cher fils Albert, de l'ordre des Mineurs, ce même Dieu de bonté, notre Dieu, nous accordera la grâce d'avoir avec vous la même pensée et les mêmes sentiments dans l'Eglise catholique de Dieu : ce qui certainement s'accomplira. Moi, comme vous voyez, déjà appesanti par l'âge, je suis parti de chez moi pour parvenir, à travers bien des périls sur terre et sur mer, aux pieds et en la présence de Votre Sainteté, comme indigne représentant de mon patriarche, ainsi que vous verrez dans ses lettres de créance, et que pourra certifier le même frère Albert, qui a subi avec moi bien des dangers et des travaux pour cette très-sainte union de la foi chrétienne (Labbe, t. XIII). »

Voilà comme parlait au concile de Florence le député du patriarche des Jacobites et de l'empereur d'Ethiopie. On ne peut rien de plus humble, de plus touchant, rien surtout de plus profondément juste sur le sort des nations chrétiennes qui se séparent du centre de l'unité. Mais qu'il est admirable de voir la haute, la religieuse idée que les nations les plus lointaines conservent du Pontife romain, du successeur de saint Pierre, du vicaire de Jésus-Christ !

Le 2 septembre de la même année 1441, parurent au concile œcuménique de Florence d'autres députés éthiopiens. Ils venaient de la part de l'abbé Nicodème, préposé par l'empereur d'Ethiopie à tous les Ethiopiens établis à Jérusalem. Voici comme ces députés parlèrent au pape Eugène IV dans la congrégation publique de ce jour :

« Tous les hommes qui arrivent en votre présence, Très-Saint-Père, doivent de grandes actions de grâces à Dieu de ce qu'il les rend dignes de voir en vous le Christ sur la terre, conversant parmi les hommes pécheurs. Mais nous, nés en Ethiopie, nous devons, beaucoup plus que toute autre nation, bénir le Seigneur, qui nous a donné de contempler présentement votre sainte foi. Premièrement, nous croyons que personne ne vient ici de plus loin que nous, qui habitons non-seulement à l'extrémité de l'univers, mais presque hors de l'univers même, en Ethiopie.

» En second lieu, sans vouloir offenser les autres nations, nous ne croyons pas qu'il y en ait une qui vénère le Pontife romain avec plus de foi et de dévotion. Cela se fait chez nous par expérience, à tel point que, retournant dans notre patrie, nous sommes obligés de craindre les applaudissements et les réjouissances de nos gens et du peuple qui viendront à notre rencontre; car toujours on l'a observé pour ceux qui reviennent de la présence du Pontife romain, le peuple en foule, de tout sexe et de tout âge, leur baise les pieds et s'efforce d'arracher quelque lambeau de leurs vêtements comme des reliques. D'où l'on peut comprendre quelle idée nos compatriotes ont de la sainteté du Pontife romain.

» En troisième lieu, notre allégresse doit être accueillie avec une joie d'autant plus grande, que nous croyons notre empire plus grand qu'un autre. Maintenant encore, cent rois sont soumis à notre empire. De plus, une partie non médiocre de notre gloire c'est la reine de Saba, qui, sur la renommée de la sagesse de Salomon, vint à Jérusalem, tout comme nous, qui sommes beaucoup moins que la reine de Saba, nous sommes venus à vous, qui êtes beaucoup plus que Salomon. Enfin, c'est de notre nation que furent la reine Candace et l'eunuque que baptisa Philippe, l'apôtre de Notre Seigneur. En considération de ces grandes choses, vous qui êtes le plus grand parmi les grands, vous nous accorderez, quoique nous soyons petits, la grâce de vous regarder comme nous en avons la confiance.

» La dernière raison, et la principale, pour laquelle nous nous réjouissons d'être arrivés, la voici. Il est reconnu par les effets mêmes, il est devenu manifeste au monde, que tous ceux qui se sont éloignés de vous et de l'Eglise romaine sont tombés complètement. Cependant, parmi les églises qu'on voit s'être éloignées de l'Eglise romaine, la nôtre est demeurée forte, puissante et libre. De quoi les sages diront qu'il n'y a pas d'autre cause, sinon que la séparation et la rébellion des autres églises a été volontaire; de là, leurs peuples ont été livrés à la servitude et à l'extermination. Mais notre intermission et notre éloignement de votre Siège ne viennent pas de perfidie ni de légèreté, mais plutôt de la distance des pays et des périls du voyage, et aussi de la négligence des Pontifes romains, vos prédécesseurs, attendu qu'on ne se souvient pas parmi nos gens que nul pasteur, avant vous, ait eu la sollicitude de visiter tant de brebis de Jésus-Christ; car la renommée porte chez nous qu'il y a huit cents ans qu'aucun Pontife romain ait eu attention de nous saluer, ne fût-ce que par un seul mot. Le comble de votre gloire et de notre joie est donc que vous seul, et le premier, vous ayez à cœur d'unir notre empereur et notre nation à la foi catholique et à vous-même, par les soins de votre assemblée et de notre abbé Nicodème, votre serviteur à Jérusalem, qui se recommande, lui et ses fils, à Votre Sainteté, au mandement de laquelle il est prêt à entreprendre des travaux quelconques pour avoir et conclure cette très-sainte union. Ce qu'il vous assure avant tout, c'est que l'empereur d'Ethiopie n'a rien sur la terre de plus à cœur que de s'unir à l'Eglise romaine et de se mettre à vos pieds sacrés, tant est grand auprès de lui le nom romain et la foi des Latins, que Jésus-Christ veuille augmenter et conserver avec vous dans les siècles des siècles. *Amen.* (Labbe, t. XIII) ! »

Dans ce discours de l'ambassadeur d'Ethiopie au pape Eugène IV, président le concile œcuménique de Florence, il y a surtout une chose qui mérite d'être considérée avec une profonde attention par les premiers pasteurs de l'Eglise. Une des nations les plus lointaines, l'Ethiopie, se plaint que depuis des siècles les Pontifes romains ne l'ont ni visitée ni saluée par leurs lettres ou leurs légats. Au jugement de Dieu, qui est l'histoire éternelle, c'est là un reproche formidable aux papes, aux cardinaux, aux autres personnages qui, pour des intérêts de nation ou de famille, et non de l'Eglise universelle, ont amené la translation du Saint-Siège de Rome en France, depuis le grand schisme d'Occident, puis les scènes scandaleuses de Bâle, préparant les voies à la révolte de Luther et de Calvin, et faisant oublier, assises à l'ombre de la mort, tant de nations qui, comme la Chine, la Tartarie, l'Inde, avaient commencé d'ouvrir les yeux à la lumière. Dans le dernier jour, le souverain Juge dira : *J'ai été malade, j'ai été en prison, et vous n'êtes pas venus me visiter; car, en vérité, je vous le dis, chaque fois que vous négligez de faire une de ces choses au dernier de mes frères, c'est à moi que vous l'avez refusé.* Si le Christ parle ainsi à qui l'oublie, le néglige, le délaisse dans un individu, que dira-t-il à qui l'oublie, le néglige, le délaisse dans une paroisse, dans un diocèse, dans une nation entière? — Un jugement très dur est réservé à ceux qui président : *Judicium durissimum iis qui Præsunt fiet.*

Les lettres de créance de l'abbé Nicodème à ses députés portent cette inscription : « Au nom de la sainte Trinité. Ces lettres sont envoyées de Jérusalem par Nicodème, abbé de la nation des Ethiopiens, pour être données au grand Père de la ville de Rome, Eugène, chef de tous les sièges. Paix à vous et à tout votre Siège, paix à votre Grandeur, qui êtes assis sur le Siège des apôtres Pierre et Paul, Siège dont la splendeur illumine le monde. Quelque part de l'univers que je sois, je me prosterne devant vous, non pas moi seul, mais tous les patriarches et tous les évêques, les rois et les empereurs s'inclinent devant vous. »

Nicodème a ressenti la plus vive joie à l'arrivée du nonce apostolique. Il se rendrait en personne au concile, n'était la crainte des Sarrasins, auxquels il importait de cacher une pareille démarche. Il assure le Pape de toute la bonne volonté du roi d'Ethiopie. Il envoie ses députés en cachette des Sarrasins et du patriarche des Jacobites, de peur qu'ils ne viennent à contrecarrer l'affaire de l'union. Les députés viennent, non pour disputer avec le Pape, de la vérité de la foi, mais pour acquiescer à ses décisions; car vous êtes le grand soleil et la vraie splendeur de la création, et nul ne trouverait facilement dans le monde une lumière préférable au soleil. Qui donc, s'il n'est insensé et ignorant, pourra ou voudra disputer avec vous, lorsque l'univers entier connaît la sagesse immense et antique des Latins, et que, d'après l'Evangile, le disciple n'est pas au-dessus du maître, ni le serviteur au-dessus de son seigneur (Labbe, t. XIII)?

Ainsi, dans le même temps et à l'insu l'une de l'autre, deux députations éthiopiennes arrivèrent au Pape, l'une de Jérusalem, l'autre du Caire. Le patriarche des Jacobites, dont Nicodème se défiait, l'avait prévenu dans sa bonne œuvre. Le patriarche, dans sa lettre de créance, ne parle que d'André, abbé de Saint-Antoine. Les actes du concile et le Pape, dans une de ses lettres, parlent encore du diacre Pierre. Il est possible que ce dernier fût le chef de la députation venue de Jérusalem. Quant à l'empereur ou roi d'Ethiopie, son propre nom était Constantin; Zaré ou Zarah-Jacob, c'est-à-dire fils de Jacob, était un nom de famille. Ce Jacob, suivant les Ethiopiens, était le fils de Salomon et de la reine de Saba, duquel descendaient les rois d'Ethiopie.

A peine arrivés à Florence, les ambassadeurs éthiopiens, André et Pierre, témoignèrent un grand désir de faire le pèlerinage de Rome, pour y vénérer les reliques des saints, en particulier l'image du Sauveur, qu'on appelait la *sainte Véronique*. Pour récompenser leur filiale dévotion, le Pape manda aux chanoines de Saint-Pierre de leur faire voir, même ce qu'il n'était pas permis de montrer dans les temps ordinaires (Labbe, t. XIII). C'était au mois d'octobre 1441.

Le Pape avait nommé des commissaires pour conférer avec ces députés, touchant les points de religion dont ils ne convenaient pas avec l'Eglise romaine. Après une discussion suffisante, il fit un décret qui fut publié, avec l'approbation du saint concile œcuménique de Florence : *Sacro approbante œcumenico concilio Florentino*; dans la session du 4 février 1442, sur ce que les Jacobites devaient croire et rejeter touchant les articles suivants : « De la très-sainte Trinité et des erreurs des anciens hérétiques à son sujet, de la création du monde, des livres de l'Ancien et du Nouveau Testament, dont Dieu même est le seul auteur, et de la condamnation des manichéens, qui en ont des sentiments contraires; de la divinité et de l'humanité de Jésus-Christ, de sa passion, de la rédemption du genre humain, et de la proscription des hérésies contraires; de l'usage des observations légales, et du temps de leur durée; du choix des viandes, de la réception des conciles œcuméniques de Nicée, de Constantinople, d'Ephèse et de Chalcédoine, et des hérésies qu'ils ont rejetées, généralement *tous les conciles universels légitimement assemblés, célébrés et confirmés par l'autorité du Pontife romain, et particulièrement le saint concile de Florence*, des paroles de la consécration eucharistique, et de la qualité du pain qui doit être employé pour ce sacrement; du mariage, et qu'il peut être successivement réitéré, pourvu qu'il n'y ait point d'empêchement canonique (*Ibid.*). »

Le décret ayant été lu solennellement en latin et en arabe, le député des Jacobites, nommé Jacobins dans le texte, ajouta cette déclaration : « Très-Saint-Père, seigneur Eugène, souverain Pontife de la sainte Eglise romaine et universelle, vrai vicaire du Christ et successeur du bienheureux Pierre, et vous très-saint concile universel de Florence, tout ce saint décret qui vient d'être lu en votre présence, avec les saints décrets de l'union des Grecs et des Arméniens qui y sont insérés, moi André, humble abbé de Saint-Antoine, député du révérend Père, le seigneur Jean, patriarche des Jacobites ayant eu dudit décret pendant plusieurs jours une pleine connaissance et instruction, je reconnais et confesse que tout le contenu de ce décret est conforme à la vérité divine et catholique. En conséquence, au nom dudit seigneur patriarche, au nom de tous les Jacobites et au mien, comme Votre Sainteté en est témoin, je reçois et accepte, avec toute la dévotion et la révérence possibles, le très-salutaire décret synodal, avec tout ce qu'il renferme, et enfin tout ce que croit et enseigne le Saint-Siège apostolique et l'Eglise romaine. Je reçois avec respect les Docteurs et les saints Pères que l'Eglise romaine reçoit; je réprouve et condamne les personnes et les choses qu'elle réprouve et condamne, promettant, au nom que dessus, que le patriarche, les Jacobites et moi-même, comme vrais fils de l'obéissance, nous obéirons fidèlement et toujours aux règlements et aux ordres de Votre Sainteté et du Siège apostolique. » Le décret est signé du Pape et de douze cardinaux, dont le dixième est le cardinal grec Bessarion de Trébisonde (Labbe, t. XIII). »

Dans ce décret, il n'est nommément question que des Jacobites. Quant à la réponse directe au roi d'Ethiopie, que le Pape avait remise à Rome pour plus de solennité, elle ne se retrouve pas jusqu'à présent.

Après l'ambassade des Ethiopiens et des Jacobites, il en vint à Rome une autre des peuples qui habitaient entre le Tigre et l'Euphrate, dans la Mésopotamie, l'ancien pays d'Aram, patrie d'Abraham et de Sara. La foi de l'Eglise romaine y était si renommée, que, l'an 1444, Ignace, patriarche des Syriens, en son nom et en celui de toute sa nation, envoya l'archevêque Abdala d'Edesse en ambassade à Rome au concile de Latran, pour demander humblement au Pape la règle de foi que professait l'Eglise romaine. Eugène IV nomma des prélats du concile pour conférer avec cet archevêque touchant la créance du patriarche et des peuples dont il était l'envoyé. Leur foi et leur morale furent trouvées saines et pures, excepté les articles de la procession du Saint-Esprit, des deux natures et deux opérations qu'on doit reconnaître en Jésus-Christ. Cet envoyé ayant été pleinement instruit de ce qu'il fallait croire à cet égard, témoigna qu'il était prêt à recevoir, tant en son nom qu'en celui du patriarche et des nations qui lui étaient soumises, tous les points de foi et de doctrine qui lui seraient proposés par le Pape avec l'approbation du saint concile. Sur quoi Eugène IV fit dresser la formule suivante, qui fut publiée dans la trente et unième session : « Que le Saint-Esprit est éternellement du Père et du Fils; qu'il a son essence et son être subsistant du Père et du fils ensemble, et qu'il procède éternellement de l'un et de l'autre, comme d'un seul principe et par une seule spiration. Que Notre Seigneur est parfait dans la divinité et parfait dans l'humanité, et qu'on doit reconnaître en lui deux natures sans confusion, sans changement, sans division, sans séparation; qu'il n'est point partagé en deux personnes, mais qu'il est un seul et même Fils de Dieu et de l'homme. Que, dans le même Seigneur Jésus-Christ, vrai Dieu et vrai homme, il y a deux opérations naturelles, indivisibles, inconvertibles, inséparables, inconfusibles, comme aussi deux volontés naturelles, une divine, l'autre humaine, qui ne sont point contraires; mais que l'humaine est soumise à la divine. » L'archevêque d'Edesse reçut avec la même soumission les décrets d'union avec les Grecs, les Arméniens et les Jacobites, publiés dans le saint concile œcuménique de Florence (Labbe, t. XIII).

Après cette réunion des peuples de la Mésopotamie, Eugène IV envoya l'archevêque André de Colosse en Orient et en Chypre, pour confirmer les Grecs, les Arméniens et les Jacobites dans la foi qu'ils venaient de recevoir de l'Eglise, et pour ramener les Chaldéens et les Maronites des erreurs de Nestorius et de Macaire d'Antioche, dont ils étaient infectés. Les Chaldéens disaient, avec le premier de ces hérésiarques, que Jésus-Christ était homme seulement, et par conséquent que la sainte Vierge ne devait pas être appelée mère de Dieu. Les Maronites, sectateurs du second, reconnaissaient Jésus-Christ pour vrai Dieu et vrai homme; mais ils n'admettaient en lui qu'une volonté et une opération, qui était la divine.

Par la grâce de Dieu, l'archevêque de Colosse réussit dans son entreprise : il parvint à désabuser de ces erreurs Timothée, métropolitain des Chaldéens, et Elie, évêque des Maronites en Chypre. Tous les deux, avec les prélats et les peuples qui leur étaient soumis, reçurent publiquement la foi romaine. Les Chaldéens envoyèrent à Rome leur métropolitain Timothée ; Elie, évêque des Maronites, y envoya un nommé Isaac, pour y faire, au nom de leur clergé et de leurs peuples, profession solennelle de la foi catholique en présence du Pape. Ils le firent l'un et l'autre, au commencement du mois d'août 1445, dans une congrégation du saint concile œcuménique de Latran. Eugène IV en dressa une bulle datée du jour même (Labbe, t. XIII).

La même année 1445, le Pape écrivit à Thomas, roi de Bosnie, l'ancienne Dardanie, pour le féliciter de sa persévérance dans la foi catholique, et lui accorder certains priviléges. Au mois d'octobre 1442, un ambassadeur de Bosnie était venu trouver le Pape, et abjurer en sa présence, au nom du roi et de la nation, toutes les erreurs des Manichéens. Depuis ce temps, le roi s'appliquait avec zèle à purger son royaume de toute hérésie (Raynald, an 1445, n. 23 ; an 1444, n. 2, avec la note de Mansi; Martène, t. I).

Outre la joie spirituelle que ressentait Eugène IV du retour de tant de peuples au sein de l'Eglise, il espérait encore par ce moyen sauver l'empire de Constantinople contre les Turcs, et récupérer la terre sainte. Il faisait pour cet effet d'incroyables efforts, au milieu de difficultés sans nombre. Nous verrons plus tard comme l'incurable division des Grecs rendit inutiles les efforts du pape Eugène et de ses successeurs, et attira enfin sur Constantinople et sur la nation grecque les derniers malheurs.

Un même esprit d'insubordination s'était répandu de Bâle, comme d'une autre Byzance, sur les peuples de l'Occident. Mais ces peuples n'étaient pas des Grecs à jamais abâtardis : leur bon sens répugna au schisme.

Le duc Philippe Visconti de Milan avait d'abord fait la guerre à Eugène IV, en qualité, disait-il, de vicaire du concile de Bâle en Italie. Philippe était gendre d'Amédée de Savoie, devenu l'antipape de Ripaille. Cependant Philippe rejette l'antipape, son beau-père, avec toutes ses promesses, et se réconcilie avec Eugène IV (Raynald, an 1435, n. 10 ; an 1439, n. 19 ; an 1440, n. 7 ; an 1444, n. 12). Alphonse V, roi d'Aragon, le même qui prolongea tant le schisme de Pierre de Lune, fut encore l'instigateur du schisme de Bâle. Son motif et sa règle, c'était l'intérêt politique. Il voulait s'assurer le royaume de Naples contre René d'Anjou, favorisé par Eugène IV. Il marchande en même temps avec le Pape et avec l'antipape : en 1443, il obtient ou extorque du premier d'être reconnu et confirmé dans le royaume de Naples, fief de l'Eglise romaine, et alors dévolu au Saint-Siège par la mort de Jeanne II, décédée en 1435 sans héritier direct (1). La Sardaigne et la Corse étaient également des fiefs de l'Eglise romaine, tenus ordinairement par les rois d'Aragon, que plus d'une fois nous avons vus rendre hommage aux Papes. En 1444, les principaux habitants de la Corse, poussés à bout par ceux qui la tyrannisaient depuis plusieurs années, demandèrent et obtinrent de rentrer sous le gouvernement immédiat du Saint-Siége. Eugène IV leur envoya un gouverneur pontifical en 1444 et en 1447 (Raynald, an 1444, n. 11; an 1447, n. 12).

Les royaumes de Castille et de Léon, de Navarre, de Portugal, d'Ecosse, d'Angleterre, de Norwége, de Suède, de Danemarck et de Pologne restèrent toujours fidèles au Pape légitime.

La France reconnut toujours Eugène IV. Mais comme l'assemblée de Bâle était composée en grande partie de docteurs français, le roi Charles VII s'efforçait de la réconcilier avec le Pape. N'y ayant pu réussir, il tint une assemblée à Bourges, au mois de juillet 1439, où il assista lui-même avec le dauphin, son fils, depuis Louis XI, plusieurs princes du sang, et d'autres seigneurs, avec un grand nombre d'évêques et de docteurs. Les députés du pape Eugène IV et ceux des prélats de Bâle y furent entendus les uns après les autres. Le résultat de cette assemblée de Bourges fut une ordonnance en vingt-trois articles que l'on nomma *pragmatique sanction*, d'un nom introduit sous les anciens empereurs.

On y adopta, quelquefois avec des modifications, la plupart des décrets de Bâle, entre autres le premier, conçu en ces termes : « Les conciles généraux seront célébrés tous les dix ans, et le Pape, de l'avis du concile finissant, doit désigner le lieu de l'autre concile, lequel ne pourra être changé que pour de grandes raisons et par le conseil des cardinaux. Quant à l'autorité du concile général, on renouvelle les décrets publiés à Constance, par lesquels il est dit que le concile général tient sa puissance immédiatement de Jésus-Christ ; que toute personne, même de dignité papale, y est soumise en ce qui regarde la foi, l'extirpation du schisme et la réformation de l'Eglise dans le chef et dans les membres ; et que tous lui doivent obéir, même le Pape ; qui est punissable s'il lui contrevient. En conséquence, le concile de Bâle définit qu'il est légitimement assemblé dans le Saint-Esprit, et que personne, pas même le Pape, ne peut le dissoudre, le transférer, ni le proroger, sans le consentement des Pères de ce concile. »

Les autres articles se réduisent principalement aux propositions suivantes. Les élections canoniques seront observées, et le Pape ne pourra plus réserver les évêchés ni les autres bénéfices électifs. Les grâces expectatives seront abolies, les gradués seront préférés aux autres dans la collation des bénéfices ; et, pour cet effet, ils feront enregistrer leurs degrés pendant le carême. Toutes les causes ecclésiastiques des provinces à quatre journées de Rome seront terminées dans le lieu même, hors les causes majeures et celles des églises qui dépendent immédiatement du Saint-Siége. Dans les appels, on gardera l'ordre des tribunaux. Jamais on n'appellera au Pape sans passer auparavant par le tribunal intermédiaire. Si quelqu'un, se croyant lésé par un tribunal immédiatement sujet au Pape porte son appel au Saint-Siége, le Pape nommera des juges sur les lieux mêmes, à moins qu'il n'y ait de grandes raisons d'évoquer tout à fait la cause à Rome. Les appellations frivoles sont punies. On règle la célébration de l'office divin, et on défend les spectacles dans les églises. On défend le concubinage, surtout aux clercs. On réprime l'abus des censures ecclésiastiques, et on déclare que personne n'est obligé d'éviter les excommuniés, s'ils ne sont nommément dénoncés, ou bien que la censure ne soit si notoire qu'on ne puisse ni la nier ni l'excuser. Voilà les principales matières de la *pragmatique sanction* de Bourges. Elle fut enregistrée au parlement de Paris, le 13 juillet de l'année suivante 1439 ; mais le roi en ordonna l'exécution du jour même de sa date, 7 juillet 1438 (*Hist. de l'Eglise gallic.*, l. 47).

La pragmatique sanction de Bourges avait un grand défaut, elle était radicalement nulle ; car tout contrat est nul, qui n'est point consenti par les deux parties contractantes. Or, la pragmatique était un contrat entre les Eglises de France et le Pape, pour régler les rapports mutuels de part et d'autre. Le consentement du Pape y était donc absolument nécessaire, d'autant plus qu'il était le supérieur ; car, dût-on admettre qu'un concile général est supérieur au Pape, l'assemblée de Bourges n'était certainement pas un concile général. Aussi le premier usage qu'elle fit de sa pragmatique, fut d'y manquer, et heureusement. Dans ses premiers articles, elle avait reconnu le concile de Bâle pour œcuménique et pour supérieur au pape Eugène IV, avec obligation à toute personne d'obéir à ses décrets. Or, l'année suivante 1439, le concile de Bâle dépose Eugène IV et lui substitue Félix V, avec obligation à toute personne, sous peine d'anathème, de rejeter le premier et de se soumettre au second. Cependant la France ne fait ni l'un ni l'autre ; elle continue à reconnaître Eugène IV, et se moque du pape de Ripaille et de Bâle, comme elle le déclare dans une nouvelle assemblée de Bourges en 1440. C'est qu'au dessus de certaines lois que les hommes écrivent sur le papier, ils portent en eux-mêmes une autre loi écrite de la main de Dieu, et qui est le bon sens. Heureuses les nations qui ne s'écartent jamais de cette loi vivante et commune, ou qui du moins savent y revenir promptement !

Donc, le 2 septembre 1440, dans la nouvelle assemblée de Bourges, le roi Charles VII publia une déclaration par laquelle il ordonnait à tous ses sujets d'obéir au pape Eugène, avec défense de reconnaître un autre Pape, ou de répandre dans le public aucune lettre ou expédition portant le nom de quelque autre que ce fût qui prétendrait au pontificat. Cependant Monsieur de Savoie (car ainsi Charles VII appelait-il l'antipape), lui était uni par les liens du sang. Cette déclaration du roi et de l'assemblée de Bourges fut religieusement observée dans toute la France, excepté dans l'Université de Paris, où l'on se déclara assez ouvertement pour l'antipape. La raison en est fort simple. Les docteurs de Paris dominaient dans la cohue de Bâle, l'antipape était de leur fabrique, leurs confrères de Paris ne pouvaient manquer de le reconnaître.

---

(1) Voir son nom dans l'*Index* de Raynald, année 1424 et suiv.

Quant au roi Charles VII, sur la fin de l'année 1441, il envoya une ambassade au pape Eugène, pour demander la convocation d'un concile général qui pût terminer les troubles de la chrétienté. L'orateur principal fut l'évêque de Meaux, Pierre de Versailles, auparavant évêque de Digne, et originairement religieux de l'abbaye de Saint-Denys. Il eut son audience en plein consistoire, le 16 décembre, et il parla au Pape en ces termes :

« Le roi très-chrétien, notre maître, implore votre assistance, Très-Saint-Père, ou plutôt c'est tout le peuple fidèle qui vous adresse ces paroles de l'Ecriture : *Soyez notre chef et notre prince.* Non que personne doute parmi nous que vous n'ayez la principauté dans l'Eglise ; car nous savons que l'état de l'Eglise a été constitué monarchique par Jésus-Christ même ; mais nous vous demandons d'être *notre prince* par les fonctions du zèle et par les attentions. Nous vous prions de gouverner sagement la barque de saint Pierre, au milieu des tempêtes dont elle est agitée.

» Les princes de l'Eglise, Très-Saint-Père, ne doivent pas ressembler à ceux des nations. Ceux-ci n'ont souvent d'autre règle de gouvernement que leur propre volonté ; au contraire, les princes de l'Eglise doivent tempérer l'usage de leur autorité ; et c'est pour cela que les saints Pères ont établi des lois et des canons. Or, voici la source des maux qui affligent l'Eglise. Il y a deux extrémités : l'une consiste à exercer l'autorité ecclésiastique, comme les princes des nations exercent la leur, sans règle et sans mesure ; l'autre est l'entreprise de ceux qui, pour corriger ses abus, ont voulu anéantir l'autorité, qui ont nié que la puissance suprême réside dans l'Eglise, qui ont attribué cette puissance à la multitude, qui ont changé tout l'ordre ecclésiastique en détruisant la monarchie que Dieu y a placée, pour y substituer la démocratie ou l'aristocratie ; qui en sont venus, non-seulement sous le rapport du chef, mais encore sous celui de la doctrine, jusqu'à causer un schisme exécrable parmi les fidèles.

» Ces considérations, Très-Saint-Père, ont touché le roi très-chrétien ; et, pour éviter ces deux extrémités, il a résolu de solliciter la convocation d'un concile général. Celui de Bâle a poussé trop loin la seconde extrémité, quand il s'est efforcé d'éteindre la vérité sur la puissance suprême dans un seul. Celui de Florence, que vous tenez actuellement, a bien éclairci cette vérité, comme on le voit dans le décret pour les Grecs ; mais il n'a rien déterminé pour tempérer l'usage de cette puissance. C'est ce qui fait que plusieurs le croient trop voisin de la première extrémité. Un troisième pourra donc prendre le juste milieu, et remettre tout dans l'ordre.

» On me dira sans doute, qu'il n'est plus besoin de conciles généraux ; qu'on en a assez tenu jusqu'ici ; que l'Eglise romaine suffit pour terminer toutes les controverses ; qu'un prince ne confie pas volontiers ses droits à la multitude ; qu'on s'expose encore par la convocation d'un concile, aux mouvements qui ont agité l'assemblée de Bâle ; mais, pour répondre à cela, il suffit de jeter les yeux sur l'état présent de l'Eglise. Il doit y avoir dans vous, Très-Saint-Père, et dans tous les autres prélats, deux sortes d'autorités : l'une de puissance et d'institution divine, l'autre de confiance auprès des peuples et de bonne réputation. La première, quoiqu'elle ne puisse vous manquer, a besoin toutefois d'être relevée par la seconde, et vous obtiendrez celle-ci au moyen d'un concile général, non tel qu'il est à Bâle, mais tel que le roi très-chrétien le demande, c'est-à-dire un concile qui soit célébré par votre ordre, et qui soit réglé selon les décrets des saints Pères. Une telle assemblée ne sera point une multitude confuse ; et votre puissance monarchique, qui vient du ciel, qui est attestée par l'Evangile, qui est reconnue des saints et de l'Eglise universelle, ne sera exposée à aucun danger. »

L'orateur montre ensuite combien il est dangereux de refuser la convocation de ce concile ; s'étend fort au long sur les entreprises des prélats de Bâle, qu'il condamne très-vivement, jusqu'à dire que, d'après leur pratique et leurs maximes, il n'y a plus de paix possible dans l'Eglise, et qu'un très-grand nombre se demandent si ce schisme ne serait pas cette grande apostasie dont parle saint Paul aux Thessaloniciens, et qui doit ouvrir la porte à l'antechrist. Il termine toute sa harangue par cette déclaration : « J'ai voulu dire tout ceci en public, Très-Saint-Père, pour vous faire connaître les droites intentions du roi, mon maître, dans l'affaire présente ; il ne s'attache point à la chair et au sang, mais il écoute la voix du Père céleste : d'où il apprend à vous reconnaître et à vous révérer comme le souverain Pontife, le chef de tous les chrétiens, le vicaire de Jésus-Christ, conformément à la doctrine des saints et de toute l'Eglise ; et parce qu'il voit que ces vérités s'obscurcissent aujourd'hui, il demande la célébration d'un concile général. En quoi il manifeste également sa justice et sa piété.

» Quant à votre personne, Très-Saint-Père, il a pour vous des sentiments qui passent les bornes de l'amour filial ordinaire. Il parle toujours de vous avec considération ; il n'aime pas que d'autres se permettent d'en parler autrement ; il conçoit de vous les espérances les plus favorables ; il compte que, après avoir réconcilié tous les Orientaux à l'Eglise romaine, vous rétablirez aussi les affaires de l'Occident (Raynald, an 1441, n. 9). »

Certes, ce discours fait honneur au bon sens de la France. Malgré les intrigues des docteurs universitaires, le roi et l'épiscopat remarquèrent bientôt et nettement la tendance révolutionnaire et anarchique de Bâle. Quant à régler amiablement les rapports des Eglises de France avec le Saint-Siège, pour remédier à certains abus, la chose n'était pas malaisée ; il aurait suffi d'envoyer à Florence quelques évêques de plus, comme l'évêque de Meaux : tout se serait arrangé bien vite, à la satisfaction de tout le monde, et l'exemple de la France aurait entraîné le reste de l'Occident. Mais vouloir un troisième concile, n'était plus de la même sagesse. Aussi le Pape n'eut-il garde d'y consentir.

En 1444, Eugène IV créa général et grand-gonfalonier de l'Eglise romaine, le dauphin de France, qui fut depuis le roi Louis XI, lui assignant quinze mille florins de pension à prendre chaque année sur la Chambre apostolique. Le dauphin fit effectivement une expédition jusqu'aux portes de Bâle, où il battit un corps de Suisses et répandit la consternation parmi ceux qui se trouvaient encore au prétendu concile (Raynald, an 1444, n. 13). Cette expédition fut suivie d'une longue trève entre la France et l'Angleterre; événement qu'on regarda comme le prélude d'une bonne paix. Pour obtenir de Dieu ce bien si nécessaire et si désiré, il y eut à Paris des fêtes publiques, entre autres une procession solennelle où l'on porta toutes les reliques de la ville (*Journal de Charles VII*).

Au mois de novembre 1446, le roi Charles VII étant à Tours, fit avec son conseil un projet d'accommodement entre les deux partis qui divisaient l'Eglise; il portait que toutes les censures publiées de part et d'autre seraient révoquées; que le Pape Eugène serait reconnu de tous comme avant le schisme; que Monsieur de Savoie, appelé Félix dans son obédience, renoncerait à la papauté; qu'on lui conserverait le plus haut rang dans l'Eglise après la personne du Pape, et que ses partisans seraient maintenus aussi dans leurs dignités, grades et bénéfices (*Spicilég.*, t. IV; Jean Chartier, p. 229).

L'empire d'Allemagne travaillait à peu près dans le même sens. Il était demeuré vacant par le décès de Sigismond, qui mourut le 8 décembre 1437. Sigismond eut pour successeur Albert d'Autriche, son gendre, élu roi des Romains le 20 mars 1438. Le pape Eugène, ayant appris son élection, lui écrivit de Ferrare pour l'en féliciter, l'exhortant à protéger l'Eglise, particulièrement le Saint-Siége, et lui promettant le secours de Dieu, s'il lui était fidèle. Albert II n'eut point assez d'énergie pour le bien. Le 23 avril de l'année suivante, le Pape lui écrivit de Florence : « Dans la réponse que j'ai reçue de votre part, je vois que vous craignez de n'être plus en état d'apaiser les troubles que nous voyons dans l'Eglise, si vous témoignez incliner à un parti plus qu'à un autre. Nous croyons que votre intention est bonne, voulant ainsi paraître neutre; mais ce n'est pas le moyen de détourner le péril dont l'Eglise est menacée : au contraire, c'est donner lieu à une pernicieuse doctrine contre l'autorité du Saint-Siége et l'unité de l'Église, que quelques-uns veulent troubler, sous prétexte de la réformation qu'ils ont toujours eue en horreur. Si leurs efforts ne sont point réprimés, ils ouvrent une large porte à la désunion de l'Eglise, à la sédition des peuples et au renversement de tout ordre politique. Or, vous n'ignorez pas ce que vous avez à faire, comme premier défenseur du Saint-Siége et de toute l'Eglise. » Dans une autre lettre du 4 juillet, le Pape le presse de nouveau, lui promettant de la part de Dieu la paix et la victoire, s'il vient au secours de son Eglise. Albert demeura sourd aux prières du Pontife, quoique facilement il eût pu dissiper l'assemblée séditieuse de Bâle; il essaya aussi faiblement que vainement, dans une diète de Nuremberg, de rétablir la paix entre les deux partis : aussi ne mérita-t-il point la protection du ciel; il marcha contre les Turcs, revint sans gloire et mourut peu après, savoir, le 27 octobre de la même année 1439 (Raynald, an 1439, n. 22, 23 et 39).

Frédéric d'Autriche, son cousin paternel, fut reconnu roi des Romains le 21 mars de l'année suivante. Il fut élu à l'unanimité dans une diète de Francfort, qui, ce jour-là même, fit une protestation portant en substance :

« Nous, princes, électeurs du saint empire romain, faisant attention à ce qui nous fut hier proposé par Antoine, evêque d'Urbin, de la part de notre Saint-Père le pape Eugène IV, et ensuite par le patriarche d'Aquilée, l'archevêque de Palerme et l'évêque de Varmie, au nom du saint concile de Bâle, avons trouvé que leurs propositions tendent à des fins contraires. Le Pape prétend que le concile n'est point légitime et ne lui défère aucune autorité. Au contraire, le concile de Bâle n'attribue au Pape aucun exercice de ses fonctions. On publie tous les jours dans nos diocèses et nos provinces des édits et des procédures contraires du Pape et du concile; ce qui nous fait craindre que cette division ne s'étende jusqu'aux chefs des deux puissances de l'empire et du sacerdoce, et que les deux étant brisés, ne se puissent secourir l'un l'autre.

» Nous craignons aussi que l'élection d'un roi des Romains, que nous allons faire, ne soit annulée, sous prétexte de quelque censure. Pour prévenir ces dangers et conserver l'union, nous protestons, avant toutes choses, que, par ce que nous disons maintenant et pourrons faire à l'avenir, nous ne voulons point nous retirer de l'obéissance et du respect dus au Saint-Siége apostolique et à l'Eglise de Rome. Mais, assemblés pour l'élection d'un roi des Romains, nous ne devons point nous en détourner pour penser autre chose, suivant l'ordonnance de l'empereur Charles IV. Nous ne pouvons donc tenir compte des censures que le Pape et le concile publient l'un contre l'autre. C'est pourquoi nous demeurons en suspens, sans paraître favoriser un parti plus que l'autre, et nous maintiendrons dans nos diocèses et nos provinces les juridictions des ordinaires, sous la souveraine puissance du Pape ou du concile, jusqu'à ce que nous ayons élu un roi des Romains avec lequel nous puissions traiter des moyens les plus convenables pour l'union entre le Pape et le concile de Bâle (Cochlæi, l. 9, p. 333). »

Tel fut l'acte de neutralité des princes de l'empire, daté de Francfort, le 21 mars 1440. Cette neutralité consistait, non pas à ne reconnaître ni l'un ni l'autre, du pape et du concile, mais à les reconnaître l'un et l'autre, toutefois avec une différence notable.

Il se tint deux diètes en Allemagne, l'une à Mayence, l'autre à Francfort, pour concilier les deux partis. Les Bâlois y avaient leurs députés, le Pape ses légats. Dans toutes les occasions, ceux-ci eurent l'avantage sur leurs adversaires ; en sorte qu'à Mayence, les députés des Bâlois furent la risée des princes de l'empire, qui ne voulurent plus les écouter, après avoir entendu avec de grands applaudissements les légats d'Eugène (*Acta Patritiana*, cap. 117 et 118; Labbe, t. XIII, col. 1590 et seqq.).

Ces députés ne réussirent pas mieux à Francfort, où l'empereur Frédéric III était présent. Ils dirent tout ce qu'ils purent en faveur de leur concile, de la déposition d'Eugène et de l'exaltation de Félix. Mais les légats d'Eugène ayant parlé à leur tour, firent connaître qu'on ne devait point écouter des gens condamnés; que les fruits de l'assemblée de Bâle étaient le schisme, la division et l'abomination dans l'Église de Dieu; qu'au contraire, le concile de Florence avait produit l'union et la conversion des Grecs, des Arméniens, des Jacobites et des Ibériens; et par conséquent qu'il fallait rejeter les Bâlois avec leur idole et recevoir et honorer le pape

Eugène comme le vrai vicaire de Jésus-Christ. Cependant l'Allemagne persista encore dans la neutralité, mais avec cette différence que les ambassadeurs de l'empire, qui furent envoyés auprès d'Eugène, eurent ordre de l'honorer comme le vrai Pontife romain, de le prier d'excuser, si le roi et les princes demeuraient si longtemps neutres, et de demander à Sa Sainteté la tenue d'un autre concile non douteux en Allemagne, comme l'unique moyen d'établir la paix dans l'Eglise. Au contraire, ceux qui furent envoyés à Bâle eurent défense de rendre aucun hommage à l'antipape Amédée, avec lequel ils devaient seulement traiter par la médiation de quelques personnes tierces.

Le Pape répondit aux ambassadeurs de l'empire : « Il est surprenant que le roi des Romains et les princes demandent un concile général non douteux, pendant que lui-même, souverain Pontife, en célébrait un par son autorité apostolique et du consentement de tous les patriarches de l'univers chrétien ; concile général que l'on ne pouvait regarder comme douteux, sans combattre la foi catholique et résister à l'ordre de Dieu. Ceux qui étaient dans cette erreur devaient se faire instruire, rejeter les sentiments perfides et insensés des Bâlois et recevoir la doctrine du siège apostolique. Il n'y avait qu'à s'adresser à ce concile œcuménique, célébré par un grand concours de prélats, pour être éclairci de ses doutes, si l'on en avait. Cependant, pour obliger le roi des Romains et les princes, sitôt que lui, pape Eugène, serait arrivé à Rome, où il avait transféré ce même concile dans l'église de Latran, il y convoquerait un plus grand nombre de prélats, avec lesquels il verrait s'il était expédient d'en assembler un autre, et quels seraient ceux qu'on y appellerait ou qu'on exclurait. En attendant, il enverrait ses légats en Allemagne pour en traiter avec le roi et les princes ; encore qu'il ne lui parût pas qu'on pût rien négocier de bon avec eux, s'ils ne quittaient la neutralité, chose inouïe à la foi chrétienne, et s'ils ne rentraient sous l'obédience du Siège apostolique ; ce qui était l'unique moyen de donner la paix à l'Eglise. Moyennant cela, il concourrait volontiers avec les autres rois et princes, qui lui étaient demeurés attachés, pour célébrer un autre concile (*Acta Patritiana*, cap. 135). »

La neutralité de l'Allemagne ne fut d'abord résolue que pour six mois, elle dura six ans. Enfin, l'année 1445, les prélats restants de Bâle pressèrent le roi et les princes de se déclarer en leur faveur. Frédéric III reconnaissait personnellement Eugène IV pour seul et vrai pape. Il résolut de profiter de la conjoncture pour le reconnaître et le faire reconnaître officiellement. Il lui envoya Æneas Sylvius, son secrétaire intime.

Æneas Sylvius Picolomini naquit dans la Toscane, de parents illustres, mais exilés et si pauvres, qu'il lui fallut d'abord gagner sa vie à la sueur de son visage. Comme il montrait du génie pour les lettres, quelques amis de la famille prirent soin de ses études. Il les poussa si loin et si heureusement, qu'il passa pour un des plus savants hommes et des grands politiques de son siècle. Le cardinal Capranica le sachant fort habile en droit, voulut qu'il l'accompagnât au concile de Bâle. Il y fut honoré de la charge de secrétaire ; et il y soutint pendant quelque temps les intérêts de cette assemblée, avec beaucoup de chaleur, contre Eugène IV. Il se déclara ouvertement pour l'antipape Félix V, qui l'envoya en ambassade à Frédéric III. L'empereur, charmé de son mérite et de sa capacité, en fit son secrétaire et son conseiller, lui donna beaucoup de part dans ses bonnes grâces et enfin l'envoya au Pape, avec des instructions confidentielles.

Admis à l'audience d'Eugène IV, Æneas Sylvius commença par lui dire : « Très-Saint Père, avant que de vous exposer les ordres de l'empereur, souffrez que je dise un mot de moi-même. Je ne doute pas qu'il ne soit venu à vos oreilles quantité de choses sur mon sujet, qui ne sont pas à mon avantage. Elles ne méritaient pas de vous être rapportées ; mais je dois pourtant avouer que mes délateurs n'ont rien dit que de vrai. Oui, j'ai dit, fait et écrit à Bâle plusieurs choses contre vous. Je ne puis le nier. Ce n'a pourtant pas été dans le dessein de vous nuire, mais plutôt d'être utile à l'Eglise. J'ai été dans l'erreur ; qui peut le nier ? mais j'y ai été avec un grand nombre de grands hommes : avec Julien, cardinal de Saint-Ange, avec Nicolas, archevêque de Palerme, avec Louis Pontanus, secrétaire de votre Siège, qui passaient pour les plus grandes lumières dans le droit et pour les docteurs de la vérité ; sans parler des universités et des collèges, dont la plupart étaient contre vous. Qui est-ce qui n'aurait pas erré, avec des personnages de ce caractère et de ce mérite ? Il est vrai que, quand je m'aperçus de l'erreur de ceux de Bâle, je ne me réfugiai pas d'abord vers vous, comme la plupart ont fait ; mais, craignant de tomber d'une erreur dans une autre, et, comme on dit, de Charybde en Scylla, je me suis rangé, après bien des consultations et des combats, avec ceux qui avaient pris le parti de la neutralité. J'ai demeuré pendant trois ans auprès de l'empereur dans cette situation, où, après avoir entendu assidûment les contestations entre ceux de Bâle et vos légats, j'ai été convaincu que la vérité était de votre côté. C'est par ce motif que, l'empereur voulant m'envoyer à Votre Clémence, j'ai accepté ce parti avec joie, dans l'espérance de rentrer en grâce avec vous. Me voici donc devant vous, et, comme j'ai péché par ignorance, je vous prie de me pardonner. Après quoi je vous expliquerai les intentions de l'empereur (*Gobelini Commentarii papæ Pii II*, l. I, p. 9). »

Eugène IV non-seulement lui pardonna, mais, quelque temps après, le fit son secrétaire, sans qu'il quittât cette charge auprès de Frédéric. De plus, pour suivre cette négociation à Vienne, il envoya son chapelain, Jean de Carvajal, qui avait de plus la mission ostensible de régler les affaires ecclésiastiques de Hongrie. Carvajal était un homme habile, il réussit dans sa négociation. Le Pape promit à Frédéric de faciliter de toutes manières son couronnement comme empereur, de supporter même une partie des frais, de lui accorder ensuite une décime sur toutes les prébendes et bénéfices en Allemagne, avec le droit exceptionnel, une fois pour toutes, de conférer cent prébendes et bénéfices, dans ses pays héréditaires, à des sujets capables. Il lui accorda de plus, sa vie durant, de présenter des sujets pour les six évêchés de Trente, de Brixen, de Coire, de Gurck, de Trieste et de Piben ; enfin, le droit perpétuel de proposer au Saint-Siége des hommes de mérite, pour visiter et surveiller sous son autorité tous les monastères, exempts ou non, dans les Etats héréditaires d'Autriche (Jos. Chmel, *Hist. de Frédéric IV (III)*, t. II, l. 3, c. 4).

Fort de cet appui, Eugène IV déposa les archevêques de Cologne et de Trèves, pour avoir pris ouvertement le parti de l'antipape Félix et du conciliabule de Bâle, et il mit Adolphe de Clèves sur le siége de Cologne, Jean de Cambrai sur celui de Trèves. Les électeurs, choqués de cette entreprise contre deux de leurs collègues et contre les priviléges de l'empire, assemblèrent une diète à Francfort, pour en délibérer, ainsi que sur d'autres points concernant les libertés de l'Allemagne. Il y fut résolu que, si Eugène ne révoquait la déposition des archevêques, n'ôtait les taxes dont la nation était chargée par la cour de Rome et ne reconnaissait la supériorité des conciles œcuméniques, comme elle avait été décidée à Constance, ils se rangeraient du parti de Félix. Ils députèrent en même temps à l'empereur pour le prier de se liguer avec eux et d'envoyer au Pape pour lui notifier cette confédération. Il refusa d'entrer dans la ligue, la regardant comme une rébellion; mais il promit d'envoyer à Eugène, pour le prier de révoquer la sentence de déposition et de ne pas traiter si cavalièrement les électeurs. Æneas Sylvius fut encore choisi pour cette ambassade. Il était chargé de représenter au Pape que, s'il voulait rétablir les archevêques de Cologne et de Trèves dans leurs dignités, la neutralité cesserait en Allemagne, et que tout le monde se déclarerait pour lui; mais que, s'il persistait à soutenir sa sentence, il était à craindre que le schisme ne durât longtemps et qu'on ne se déclarât pour Félix, comme les électeurs l'avaient déjà résolu dans un traité particulier entre eux. Sur cette proposition, Eugène promit de faire tout ce que l'empereur voudrait; mais il n'était pas tout à fait le maître de se dédire. Adolphe de Clèves, nommé par Eugène à l'archevêché de Cologne, était neveu du duc de Bourgogne, et Jean de Cambrai, nommé à celui de Trèves, était frère naturel de ce duc. Il fallait donc avoir le consentement de ce dernier pour destituer l'un et l'autre d'une charge conférée à sa sollicitation. Le duc y consentit, et le Pape promit de rétablir les prélats dépouillés dans leurs dignités.

Cependant les princes d'Allemagne s'étaient ajournés à Francfort pour le mois de septembre de la même année 1446. Le Pape y envoya quatre nonces : Thomas de Sarzane, évêque de Bologne, Jean de Los, évêque de Liége, Jean de Carvajal et Nicolas de Cusa. Thomas de Sarzane, qui fut depuis le pape Nicolas V, devait passer chez le duc de Bourgogne, pour obtenir son assentiment à l'affaire de Cologne et de Trèves. Il fut retardé quelque temps par une maladie. Les autres, étant arrivés à la diète de Francfort, y trouvèrent l'archevêque d'Arles, en qualité de légat du concile de Bâle et qui était sur le point d'officier comme tel à la diète; mais les envoyés de l'empereur s'y opposèrent, ainsi que la bourgeoisie de Francfort. Æneas Sylvius, principal envoyé de l'empereur, avait pour commission secrète de rompre la coalition des électeurs, ou du moins d'en détacher quelques-uns. Il parvint à gagner l'archevêque de Mayence, non sans peine;

car Thomas de Sarzane n'étant pas encore arrivé, les autres légats ne pouvaient donner que des promesses, mais non une réponse définitive et satisfaisante sur le rétablissement des deux archevêques de Cologne et de Trèves. Thomas étant arrivé enfin avec une décision favorable, les princes résolurent d'envoyer une nouvelle ambassade à Rome, pour jurer obéissance à Eugène IV, aux conditions suivantes : qu'il assemblerait un nouveau concile œcuménique, qu'il reconnaîtrait la supériorité des conciles généraux, qu'il remédierait aux griefs de la nation germanique, qu'il rétablirait dans leurs dignités les deux archevêques, à condition de lui adhérer par une vraie obéissance.

Le pape Eugène IV satisfit à ces demandes par plusieurs bulles, qui portaient : 1° Une amnistie de tout ce qui s'était passé entre le concile de Bâle et Eugène, aussi bien que pendant la neutralité, avec une abolition de tous les procès à cette occasion (Raynald, an 1447, n. 4). 2° A l'égard du concile, que l'empereur, les électeurs et les princes d'Allemagne demandaient dans l'une des cinq villes, Constance, Strasbourg, Mayence, Worms, Trèves, le Pape promit qu'on en assemblerait un dans dix mois, pourvu qu'on pût en obtenir l'agrément des autres princes de l'Europe; et, à défaut de ce consentement, il offrait d'en assembler un dans dix-huit mois, au lieu qu'il jugerait convenable. 3° « Quant au concile général de Constance, son décret *Frequens* et ses autres décrets, ainsi que les autres conciles représentant l'Eglise catholique militante, nous en recevons, embrassons et vénérons la puissance, l'autorité, l'honneur et l'éminence, comme l'ont fait nos prédécesseurs, des traces desquels nous n'entendons aucunement nous écarter (Raynald, an 1447, n. 5). » Telles sont les propres paroles d'Eugène, dans sa bulle du 5 février 1447; paroles auxquelles la plupart des historiens n'ont guère fait attention. On y voit qu'il ne reçoit le concile de Constance que sur le pied où le reçut Martin V, qui ne laissa pas de défendre, par une constitution expresse, d'appeler des jugements du Pape au concile général. 4° Dans une autre bulle du même jour, sur les instances de l'empereur et des princes d'Allemagne, il promet aux archevêques de Cologne et de Trèves le rétablissement dans leurs sièges, dès qu'ils l'auront reconnu pour le vrai vicaire de Jésus-Christ par une pleine obéissance (*Ibid.*, n. 7).

Dans une lettre du 22 juillet de l'année précédente 1446, à ses nonces en Allemagne, il les autorisait à reconnaître, en son nom, le concile de Bâle depuis son commencement jusqu'à sa translation à Ferrare; « mais sans préjudice du droit, de la dignité et de la prééminence du Saint-Siége apostolique et de la puissance qui lui a été donnée par Jésus-Christ dans la personne de saint Pierre, ainsi qu'à celui qui y est canoniquement assis (*Ibid.*, an 1446, n. 3). » Enfin, par une bulle du 5 février 1447, il déclare que la violence de sa maladie ne lui permettant pas de donner à cette importante affaire toute l'attention qu'il aurait fallu, il révoque, annule, comme non-avenu, tout ce qui, dans ses réponses et concessions, se trouverait contraire à la doctrine des Pères, aux prérogatives et à l'autorité du Saint-Siége (*Ibid.*, an 1447, n. 7).

Eugène IV était effectivement très-malade. Et ce fut dans sa chambre et sur son lit que les ambassadeurs de l'empereur et des princes lui offrirent l'hommage et la soumission de l'Allemagne, le reconnaissant pour vrai, unique et indubitable pasteur de l'Église romaine, successeur de saint Pierre et vicaire de Jésus-Christ. C'est là qu'il remit ses lettres de pacification à Æneas Sylvius, le principal de l'ambassade.

De la chambre du Pontife malade, les ambassadeurs se rendirent au consistoire, où présidaient les cardinaux, et y renouvelèrent l'obédience de l'Allemagne au vicaire du Christ. On ordonna des prières publiques en actions de grâces, on sonna les cloches et les trompettes dans toute la ville, on alluma des feux de joie. Les cardinaux et les autres prélats assistèrent à une procession solennelle, depuis l'église de Saint-Marc jusqu'à celle de Saint-Jean-de-Latran. Dans cette procession, on porta la mitre du pape saint Sylvestre, qu'on venait de rapporter d'Avignon et qu'Eugène IV avait fait transférer du Vatican au palais de Latran. On porta pareillement le chef de saint Jean-Baptiste et les autres principales reliques des églises; on chanta la messe, et le prédicateur ne manqua pas de faire l'éloge du pape Eugène et de l'empereur Frédéric (Antonin, l. 22, c. 11, § 17).

Nous apprenons ces détails d'un frère Prêcheur, saint Antonin. Il était venu au concile de Florence par ordre d'Eugène IV; il assista, en qualité de théologien, à toutes les sessions et à toutes les disputes que les Latins eurent avec les Grecs. Durant le séjour qu'il fit à Florence, on l'élut prieur du couvent dominicain de Saint-Marc, qui était dans cette ville, et pour lequel le célèbre Cosme de Médicis, surnommé *le père de sa patrie*, faisait bâtir alors une magnifique église, qui fut consacrée par le pape Eugène IV. Lorsqu'il y eut établi une parfaite régularité, il entreprit la visite des couvents de son ordre dans la Toscane et dans le royaume de Naples.

Pendant qu'Antonin était dans le cours de ses visites, le siège archiépiscopal de Florence vint à vaquer par la mort de Barthélemi Zabarella. On fut longtemps sans donner de successeur à ce prélat, à cause des intrigues de plusieurs prétendants; mais Eugène IV n'eut pas plus tôt nommé Antonin comme possédant toutes les qualités requises dans un bon évêque, que les Florentins, qui désiraient d'ailleurs un homme de leur ville, acquiescèrent unanimement à son choix. Le saint, absent depuis deux ans, fut sensiblement affligé de la nouvelle de son élection. Il forma le dessein de prendre la fuite et d'aller se cacher dans l'île de Sardaigne; mais on l'empêcha de l'exécuter. Ayant été obligé de se rendre à Sienne, il écrivit de là au Pape une lettre fort touchante. Il le conjurait de ne le pas charger d'un fardeau que ses épaules ne pourraient porter, alléguant qu'il approchait de la fin de sa carrière et qu'il était d'ailleurs épuisé par les fatigues et les maladies. Il insistait encore beaucoup sur son indignité personnelle et sur son défaut de capacité. Voudriez-vous, disait-il, traiter en ennemi un homme à qui vous avez donné tant de marques de bonté? Le Pape fut inflexible, et il lui ordonna de se retirer sans délai au couvent de Fiésoli. Il écrivit en même temps aux Florentins, pour leur mander qu'il leur avait envoyé un archevêque aux portes de leur ville.

Les personnes les plus qualifiées de Florence, ayant à leur tête Cosme de Médicis, allèrent à Fiésoli pour y faire leur compliment à Antonin; mais tous le trouvèrent entièrement opposé à leurs désirs. Ils ne purent, malgré les plus instantes prières, obtenir de lui qu'il devînt leur pasteur. Le Pape, informé de tout ce qui s'était passé, lui envoya un ordre d'obéir, et le menaça même de l'excommunication, s'il persistait dans sa résistance à la volonté de Dieu. Antonin se rendit, après avoir versé beaucoup de larmes; il se laissa sacrer, et prit possession de son archevêché au mois de mars 1446.

La régularité qui régnait dans sa maison et dans toute sa conduite retraçait les temps apostoliques. Sa table, ses habits et ses ameublements montraient l'estime qu'il faisait de la pauvreté, de la modestie, de la simplicité. Il disait ordinairement qu'un successeur des apôtres ne devait avoir d'autres richesses que la vertu. Il pratiquait les observances de sa règle, autant que son état pouvait le lui permettre. Sa maison n'était composée que de six personnes, auxquelles il donnait des gages assez considérables pour leur ôter la tentation de rien désirer au delà, et par conséquent pour couper racine à toutes sortes d'injustices. Il nomma d'abord deux grands vicaires; mais il se réduisit depuis à un seul, afin qu'il y eût moins de variations dans le gouvernement; et comme il était persuadé qu'un évêque est obligé de travailler par lui-même, il expédiait presque toutes les affaires, après avoir cependant pris l'avis de son conseil. Il se déchargea du soin de son temporel sur une personne de probité et entendue, pour ne s'occuper que du spirituel. Chaque jour il donnait audience à ceux qui se présentaient, et il se montrait en toute occasion le protecteur et le père des pauvres. Sa bourse et ses greniers étaient moins à lui qu'aux indigents; et lorsqu'ils étaient épuisés, il donnait une partie de ses meubles et de ses habits. On ne le vit jamais rien posséder de précieux. Il n'avait ni chiens ni chevaux; une mule suffisait aux nécessités de sa maison, encore la vendait-on quelquefois pour assister les pauvres. Des personnes riches demandaient alors à l'acheter, pour avoir occasion de la rendre au saint en forme de présent.

Ce fut par une suite de cette même charité que le saint archevêque fonda le collège de Saint-Martin. Il fut destiné à fournir du soulagement à ceux qui se trouvaient dans le besoin, et qui n'osaient faire connaître leur misère. Il suffit aujourd'hui à l'entretien de plus six cents familles. A tant de vertus, Antonin joignait une patience admirable. Il supportait non-seulement les importunités et l'insolence des pauvres, mais même les mauvais traitements de ses ennemis : aussi cette patience opéra-t-elle souvent les plus heureux effets. On imputait divers crimes à un nommé Ciardi. L'archevêque le cita à comparaître devant lui, pour répondre aux accusations dont on le chargeait. Ce malheureux forma le noir projet d'ôter la vie à son pasteur; il lui porta même un coup de poignard. Le saint, par une protection de Dieu, ne fut point blessé. Loin de chercher à se venger de son assassin, il lui pardonna généreusement, et pria pour sa conversion. Le coupable reconnut l'énormité de son crime; il en fit pénitence, et entra dans l'ordre de Saint-François.

Antonin savait montrer de la fermeté, lorsque la

gloire de Dieu y était intéressée. Il supprima les jeux de hasard, et réforma plusieurs autres abus qui s'étaient glissés dans tous les ordres. Il prêchait tous les dimanches et tous les jours de fête. Chaque année, il faisait la visite de son diocèse, et toujours à pied.

Il jouissait d'une grande réputation de sagesse et d'intégrité; aussi venait-on le consulter de toutes parts. Les personnes les plus qualifiées s'adressaient à lui avec confiance, et respectaient ses décisions comme des oracles. Ce fut ce qui lui fit donner le surnom d'*Antonin le conseiller*.

Malgré la multiplicité des affaires dont il était accablé, il n'en était pas moins recueilli devant Dieu. Outre l'office de l'Eglise, il disait chaque jour celui de la Vierge et les psaumes de la pénitence. Il récitait l'office des morts deux fois la semaine, et tout le psautier les jours de fête. Au milieu des plus fortes occupations, il ne perdait rien de la sérénité de son âme. François Castillo, son secrétaire, lui ayant dit une fois que les évêques seraient bien à plaindre, s'ils devaient être, comme lui, perpétuellement accablés d'affaires, il fit une réponse qu'il faudrait, selon l'auteur de sa vie, écrire en caractères d'or. « Toutes les affaires, dit-il, ne nous empêcheront point de jouir de la paix intérieure, si nous nous réservons dans nos cœurs une retraite où nous puissions être avec nous-mêmes, et où les embarras du monde n'aient jamais la liberté d'entrer (*Acta Sanct.*, 2 mai ; Godescard, 10 mai).

Un saint de même caractère était le bienheureux Nicolas Albergati, cardinal de Sainte-Croix, que nous avons vu mourir à Sienne, le 9 mai 1443. Il était de l'ordre des Chartreux.

L'année suivante 1444, mourut saint Bernardin de Sienne, de l'ordre de Saint-François. On l'avait élu, en 1438, vicaire général de son ordre. Il établit une réforme rigoureuse parmi les Franciscains de l'étroite observance d'Italie. Cinq ans après, il demanda à être déchargé de la supériorité. Il continua de prêcher avec de grands fruits dans la Romagne, à Ferrare et dans la Lombardie. Il refusa plusieurs évêchés, entre autres celui de Sienne, disant comme saint Paul : *Que le Seigneur l'avait envoyé non pour baptiser, mais pour prêcher l'Evangile.* Il envoya de zélés missionnaires dans les diverses parties de l'Orient, en Egypte, en Ethiopie, en Assyrie et dans l'Inde. C'est ce qui amena tant d'ambassades lointaines, entre autres celle d'Ethiopie, au concile œcuménique de Florence, pour se réunir à l'Eglise romaine (*Acta Sanct.*, 20 mai ; *Vita antiquior*, cap. 3, n. 17). Cependant la doctrine de Bernardin fut déférée au Saint-Siège comme suspecte; mais ayant été bien examinée, elle fut trouvée aussi sainte que sa vie. D'ailleurs, ses prédications étaient accompagnées de beaucoup de miracles. Il revint à Sienne en 1444. A la fin de l'hiver de la même année, il se rendit à Massa, où il fit un discours fort pathétique sur l'union et la charité chrétienne. Les commencements d'une fièvre maligne ne purent arrêter la vivacité de son zèle. Il continua de prêcher dans plusieurs villes et provinces. Enfin il succomba sous la violence du mal, et fut obligé de se mettre au lit en arrivant à Aquila dans l'Abruzze. Il reçut les sacrements de l'Eglise le 20 mai 1444, la veille de l'Ascension, dans sa soixante-quatrième année; sentant sa mort approcher, il se fit poser à terre, et, les yeux élevés au ciel, il rendit à Dieu son âme, au moment qu'on chantait cette antienne des premières vêpres : *Père, j'ai manifesté votre nom aux hommes, et maintenant je viens à vous!*

Il se fit encore plus de miracles après sa mort que pendant sa vie. Sa canonisation fut entreprise aussitôt par Eugène IV, puis terminée par Nicolas V en 1450. Son corps, renfermé dans une double châsse, dont l'une est d'argent et l'autre de cristal, se garde chez les Franciscains d'Aquila. Les ouvrages de saint Bernardin de Sienne furent imprimés à Paris, en 1636, cinq volumes in-folio. Ce sont des traités de piété, qui ont principalement pour objet la prière, l'amour de Dieu, l'imitation de Jésus-Christ et les fins dernières (*Acta Sanct.*, et Godescard, 20 mai).

Cependant Eugène IV approchait lui-même de sa fin. Voici comme un de ses camériers raconte les derniers moments de sa vie. Le jour de Noël 1446, il se montra au peuple, revêtu de ses habits pontificaux : ensuite son corps commença à défaillir. Le jour de la Circoncision, il immola l'hostie salutaire dans sa chambre secrète, se préparant à la rencontre du Roi, pour s'en aller au devant de l'Epoux; car il voyait la dissolution de son corps imminente, et sentait que le Seigneur l'appelait, comme il daigna nous l'apprendre lui-même. De là une marche plus lente, une nourriture plus rare, la pâleur dans le visage, la fatigue dans le corps. Ainsi fut-il les deux jours suivants. Le mercredi, ayant convoqué le collège des cardinaux, il entendit les ambassadeurs de l'empereur et des électeurs de l'empire, qui lui apportaient la paix et l'obéissance de toute la nation germanique. Le soir, avant de se livrer au sommeil, il lisait matines, suivant sa coutume. Arrivé au capitule de laudes, il s'arrêta un peu, comme par lassitude. Un de nous, le pasteur Arsène, croyant le moment favorable de lui dire quelque chose, se mit à lui parler de je ne sais quoi. Mais le Saint-Père lui dit gracieusement : Laissez-nous achever l'œuvre de Dieu, et alors je dirai un mot pour rire, qui sera toutefois à mon propos. Quand il eut fini les louanges de Dieu, nous demandâmes ce qu'il avait promis. Il dit : « Il y avait à Athènes un certain Thémon, connu de peu de monde, parce qu'il se montrait rarement en public. S'étant donc un jour avancé au milieu de la place, une grande foule l'entoura, étonnée de voir cet homme. Lorsqu'il vit la multitude accourue de toutes parts, il se mit à crier tout haut : *Si quelqu'un veut se pendre à mon figuier, qu'il se hâte avant que je l'abatte; car j'en ai besoin pour réparer ma maison.* C'est que déjà plusieurs, emportés par le désespoir, étaient allés se pendre à cet arbre. » Le Pape s'étant tu à ces mots, Arsène reprit : A quel propos ceci, Très-Saint-Père? que veut dire cette parabole ? — « Voici la parabole, fut sa réponse. Si quelqu'un de vous a besoin de me demander quelque chose, qu'il se hâte et se dépêche, car je n'en puis plus : je ne me porte pas bien du tout. » Alors, simulant bonne espérance sur le visage, et comprimant la profonde tristesse dans le cœur, nous tâchions de lui persuader de belles paroles. Mais lui, persévérant dans son idée, entra au lit, dont il put à peine sortir encore. Après quatre ou cinq jours, ayant goûté quelque chose pour son souper, il nous appela tous les quatre, et se mit à nous avertir comme un père ses fils, disant : « Ces médecins me donnent espérance de guérison; mais moi, je ne crois pas que je puisse relever de cette maladie. Qu'il soit fait comme le ciel voudra. J'ai dit beaucoup de choses sans retenue; j'ai fait beaucoup de choses sans modération; c'est pourquoi je n'ai pas donné des exemples d'édification : de grâce, pardonnez-moi ! »

A cette grande humilité, jugez quels furent nos sentiments et notre confusion ! Que faire devant Dieu, lorsque le souverain Pontife s'humilie à ce point devant ses domestiques? Alors, gémissant et versant d'abondantes larmes, nous nous accusâmes de nos excès et de nos négligences, et demandâmes l'indulgence et la bénédiction de Sa Sainteté. Nous nous rappelâmes les douces paroles de saint Jean l'Evangéliste avant le jour de sa mort. Nous pensâmes à la dernière cène que Notre Seigneur Jésus-Christ fit avec ses disciples avant de souffrir et d'aller à son Père.

Mais, pour en revenir à notre sujet, quelle ne fut pas sa patience, sa glorification dans la maladie ! Il n'était importun ni à demander ni à refuser, quelque chose que les médecins jugeassent à propos de faire. Telle était toujours sa tranquillité d'âme et sa modestie, qu'il disait très-souvent : Faites ce que vous voudrez; je suis prêt à obéir. Rarement il demandait quelque chose, comme il arrive à cet âge et dans la maladie; et il demandait pour l'amour de Dieu, comme un mendiant et un pauvre, disant que sur la terre il faut tout demander et faire pour l'amour de Dieu. Combien de fois il gémit de se voir secouru, lorsqu'il se rappelait les pauvres et les indigents, qui n'ont ni feu ni lieu ! Il se souvint bien des fois des apôtres Pierre et Paul, et des autres saints; combien ils avaient souffert pour le nom de Jésus. Il admirait la patience du très-saint homme Job, dont il entendait volontiers l'histoire au milieu de la fièvre. Il parlait aussi souvent de saint Bernard, dont, en un corps infirme, l'esprit était fervent, altéré du Dieu vivant, désireux de mourir, pour être avec Jésus-Christ. Quelquefois il demandait trois grains de raisin, à cause de l'ardeur de la fièvre et de la sécheresse de sa langue; et quand il les voyait apporter, il ne voulait plus les prendre, pénétré du souvenir de David, qui se repentit d'avoir désiré de l'eau.

Lorsque des religieux, des serviteurs de Dieu venaient le voir et lui promettaient de prier pour sa santé : Non pas ainsi, répondait le Saint-Père, non pas ainsi; mais priez seulement que le Seigneur fasse suivant sa volonté. Souvent nous demandons ce qu'il vaudrait mieux n'avoir pas obtenu. Car le médecin sait ce qui convient au malade, mieux que le malade lui-même. Je ne souhaite pas vivre longtemps, mais mourir bien et bientôt, et que mon esprit retourne sauf vers Dieu. Quelqu'un ne manquera pas pour gouverner l'Eglise, pour diriger la barque de Pierre. Car maudit l'homme qui met sa confiance dans l'homme ! Il écoutait avec plaisir les louanges de Dieu dans des cantiques vulgaires, ou les chantait lui-même avec goût, de telle voix qu'il pouvait (Muratori, *Scriptores rer. italic.*, t. III).

Comme on le croyait à l'extrémité, l'archevêque de Florence, saint Antonin, se mit en devoir d'apporter les saintes huiles. Qu'est-ce que c'est? dit le Pontife. C'est vous qui me ferez les onctions? Vous croyez que je ne sais pas le temps? Je suis encore assez fort. Quand l'heure sera venue, je vous avertirai. Pour le moment, tenez-vous tranquille. Ayant ensuite fait venir les cardinaux, il leur parla en ces termes :

« C'est mon temps, c'est mon jour, vénérables et bien-aimés frères. Il me faut mourir. Je ne me plains pas des lois de la nature. J'ai vécu longtemps et honoré. Puissé-je avoir satisfait à mon devoir ! Mais Dieu regarde à la volonté plus qu'aux œuvres. Le pontificat m'est advenu, sinon sans l'avoir espéré, du moins sans l'avoir ambitionné. Il est survenu bien des adversités pendant que j'ai présidé au Siège apostolique. Cependant nous ne nous en croyons pas moins agréable à Dieu; car ceux qu'il aime, il les corrige et les châtie. Il veut nous faire entendre, non pas qu'il est irrité contre les hommes qui luttent avec la fortune, mais qu'il est des causes secrètes auxquelles nulle curiosité humaine ne saurait atteindre. Mais de quelque manière que les choses aient tourné jusqu'à présent, ce nous est une très-grande consolation, avant de fermer les yeux, de voir l'Eglise réunie. Nous l'attribuons à notre fils Frédéric, roi des Romains, à notre frère Théodoric, archevêque de Mayence, et à notre cher fils le marquis de Brandebourg. Au reste, comme nos heures s'échappent et que nous serons peu de temps avec vous, comme je suis appelé devant le juge et le père des rois, nous voulons tester auparavant, et vous laisser le testament de Notre Seigneur Jésus-Christ, qui, devant passer de ce monde à son Père, dit : *Je vous laisse ma paix.* Je vous ai tous créés cardinaux, excepté un, que néanmoins j'ai traité comme mon fils; je vous ai aimés tous, et vous m'êtes des frères. Je vous conjure, mes bien-aimés, conservez le lien de la paix, aimez-vous les uns les autres; qu'il n'y ait point de division parmi vous; accomplissez la loi du Christ, et portez mutuellement les fardeaux les uns des autres. Tout à l'heure la Chaire apostolique sera vacante. Vous savez quel homme réclame ce trône. Choisissez un successeur qui me surpasse en doctrine et en vertus. Qu'aucune affection ne vous séduise. Ayez en vue, non l'intérêt particulier, mais l'intérêt public. Du reste, si vous me croyez, vous choisirez plutôt unanimement un homme médiocre, qu'un homme excellent avec discordance. Où est la paix, là est l'Esprit de Dieu. Nous venons de faire l'union, mais nous n'avons point encore extirpé les racines du schisme. Prenez garde qu'il ne pullule, qu'il ne germe, que vous ne fomentiez vous-mêmes la scission. L'Eglise est sauve, si vous êtes d'accord; malheureuse, si vous êtes en discorde. Mais tout cela, nous le disons à votre discrétion, plus par affection paternelle que par nécessité ; car, prudents comme vous êtes, vous n'ignorez pas ce qui convient à l'Eglise et à votre dignité. Enfin, pour qu'après ma mort vous ne vous disputiez pas sur les funérailles, faites seulement ce qui est écrit dans le Pontifical : que personne ne fasse rien de plus, ni n'ajoute des ornements funèbres. Point de pompe ni de vaine gloire dans la sépulture. Je désire être enseveli humblement auprès d'Eugène III. Si quelqu'un y met obstacle, qu'il soit anathème ! »

Ces paroles firent verser des larmes à tous les

cardinaux. Après quelques moments de silence, plusieurs le prièrent de rappeler d'exil le cardinal de Capoue, c'était Prosper Colonne. Mais il leur répondit : « Vous ne savez ce que vous demandez. Il convient que vous désiriez son retour, mais il convient qu'il reste en exil (Muratori, *Scriptor. rer. italic.*). »

Ayant ainsi parlé, il reçut des mains du saint archevêque de Florence le Corps adorable de Notre Seigneur et les autres sacrements de l'Eglise, avec tant de respect et de dévotion, que tous les assistants fondaient en larmes. C'était la 16e année de son pontificat, la 66e de son âge. A la Chaire de saint Pierre, 22 février, qui était le jour des Cendres, il fit refaire sa couche. La nuit suivante, ses camériers lurent le psaume 118e, avec ses graduels. Vers l'aurore, saint Antonin lui parla dévotement et longuement des joies du ciel, où il allait passer. On chanta les litanies, suivant la tradition chrétienne. Il s'endormit tranquillement dans le Seigneur, lorsqu'on fut à ces mots : *Partez, âme chrétienne!*

LIVRE QUATRE-VINGT-TROISIÈME.

Fin de ce qu'on appelle le Moyen-âge. — Commencement de l'âge moderne.

(De l'an 1447, mort d'Eugène IV, à l'an 1517, cinquième concile général de Latran.

§ Ier.

Résultats inattendus et prodigieux des croisades. — Invention de l'imprimerie. — Découverte du Nouveau-Monde. — Le cardinal Ximenès. — Inquisition d'Espagne. — Découvertes des Portugais dans l'Inde.

CETTE période de soixante-dix ans vit mourir : sur le siége de saint Pierre, les papes Nicolas V, en 1455; Calixte III, en 1458; Pie II, en 1464; Paul II, en 1471; Sixte IV, en 1484; Innocent VIII, en 1492; Alexandre VI, en 1503; Pie III, en 1503; Jules II, en 1513, remplacé par Léon X. Sur le trône impérial d'Occident, Frédéric III, en 1493, laissant la place à Maximilien Ier, qui, en 1519, la laissera à Charles-Quint. Sur le trône impérial d'Orient, Jean Paléologue II, en 1448; Constantin XII ou Dragasès, expirant avec l'empire, en 1453, sous les coups de Mahomet II, fils d'Amurath II et père de Bajazet II, qui le fut de Sélim Ier. Sur le trône royal de France, Charles VII, en 1461; Louis XI, en 1483; Charles VIII, en 1498; Louis XII, en 1515, est remplacé par François Ier. Sur le trône d'Angleterre, Henri VI, en 1471; Edouard IV, en 1483; Edouard V, en 1483; Richard III, en 1485; Henri VII, en 1509, remplacé par Henri VIII. Sur les trônes d'Espagne, Alphonse V d'Aragon, en 1458; Jean II d'Aragon et de Navarre, en 1479; sa fille, Eléonore de Navarre, en 1479; François de Navarre, en 1483; sa sœur, Catherine, en 1516, laissant un fils, Henri II. Sur le trône de Castille et de Léon, Jean II, en 1454; Henri IV, en 1474; Ferdinand V le Catholique, roi de Castille, d'Aragon et de Navarre, en 1516, ayant pour successeur Charles Ier, autrement l'empereur Charles-Quint. Sur le trône de Portugal, Alphonse l'Africain, en 1481; Jean II, en 1495, remplacé par Emmanuel le Fortuné. Sur le trône de Pologne, Casimir IV, en 1492; Jean-Albert, en 1501; Alexandre, en 1506, laissant la place à son frère, Sigismond. Sur le trône de Hongrie, Ladislas le Posthume, en 1457; Mathias Corvin, en 1490; Ladislas VII, en 1516, laissant la place à son fils, Louis II. Sur le trône de Danemarck, Christophe III, en 1448; Christiern Ier, en 1481; Jean, en 1513, remplacé par son fils, Christiern II. Sur le trône d'Ecosse, Jacques II, en 1460; Jacques III, en 1488; Jacques IV, en 1513, laissant pour successeur Jacques V, père de Marie Stuart. Quant au trône de Naples ou de Sicile, disputé entre les Français et les Aragonais, il mourut plus de rois à côté que dessus.

Dans cette même période, les vues de la divine Providence sur l'humanité chrétienne vont s'accomplissant d'une manière aussi merveilleuse que peu remarquée. Les croisades paraissaient stérilement épuisées, lorsqu'elles produisent des résultats incalculables et humainement impossibles à prévoir. Nous l'avons vu par les lettres des Pontifes romains, ces saintes expéditions avaient pour but de défendre la chrétienté contre les infidèles et de protéger la prédication de l'Evangile où elle avait besoin de protection. Par suite de cette impulsion universelle, des prédicateurs, des envoyés apostoliques pénètrent dans la Perse, dans la Tartarie, dans l'Inde, dans la Chine; nous avons vu les ambassadeurs des Tartares au concile général de Lyon, les empereurs de la Tartarie et de la Chine en relation amicale avec les Pontifes de Rome, un archevêque catholique à Péking au commencement du XIVe siècle : les missionnaires, les voyageurs rapportaient à l'Occident étonné ce qu'ils avaient vu de nouveau en fait de terres, de mers, de royaumes, de sciences, d'arts, d'inventions et d'usages. Ces récits fermentent dans les têtes et vont opérer des prodiges.

Nous avons vu, au XIIIe siècle, le Franciscain Roger Bacon parler clairement de la nature et des effets de la poudre à canon, de voitures et de bateaux à vapeur; le Dominicain Vincent de Beauvais prouver que la terre est ronde et que l'opinion contraire est une absurdité.

Par suite de cette dernière idée et d'autres semblables, voici ce qui arriva le 12 octobre 1493. Après une navigation de trente-cinq jours sur le grand Océan, où ils ne virent que ciel et eau, trois vaisseaux espagnols, commandés par l'Italien Christophe Colomb, découvraient le Nouveau-Monde ou l'Amérique, et en prenaient possession au chant du Te Deum. En 1519, Fernand Cortès, avec sept cents Espagnols, fera la conquête de l'empire du Mexique; en 1531, l'Espagnol Pizarre, avec deux cents hommes, fera la conquête de l'empire du Pérou. En 1497, le Portugais Vasco de Gama fait le tour de l'Afrique, arrive avec trois navires dans l'Inde, y commence la domination du Portugal, que consolidera bientôt le grand Albuquerque. Les chrétiens avaient pris la croix et combattu contre les infidèles, pour reconquérir la Palestine. Dieu leur donne en récompense tout un monde.

La terre fut ainsi mieux connue : on connut aussi mieux les astres. Il y eut alors trois astronomes distingués : le cardinal de Cusa, Muller ou Regiomontanus, évêque de Ratisbonne, et Copernic, chanoine de Warmie.

Nicolas de Cusa est ainsi appelé d'un village du diocèse de Trèves, sur la Moselle, où il vit le jour en 1401. Son père était un pauvre pêcheur, nommé Jean Crebs. Le comte de Manderscheid l'ayant pris à son service, lui reconnut d'heureuses dispositions pour les sciences, et l'envoya faire ses études à Deventer. Après avoir parcouru son cours académique de la manière la plus brillante, le jeune Cusa voulut visiter les principales universités d'Allemagne, d'où il alla recevoir le bonnet de docteur en droit canon à Padoue. Avide de connaissances en tout genre, il se rendit habile dans l'hébreu et le grec, dans la philosophie et la théologie, et dans plusieurs autres sciences, notamment l'astronomie et les mathématiques. Ce qui le distingue surtout comme astronome, c'est qu'il est le premier d'entre les modernes qui ait ressuscité le système de Pythagore, sur le mouvement de rotation et celui de translation. Les uns font de Cusa un Dominicain, les autres un chanoine régulier. Ce qu'il y a de certain, c'est qu'il fut d'abord doyen de Saint-Florin de Coblentz, puis archidiacre de Liège. C'est en cette dernière qualité qu'il assista au concile de Bâle, où il proposa un projet pour la réforme du calendrier. Le pape Eugène IV lui confia plusieurs légations importantes, à Constantinople, où il disposa les Grecs à la réunion; à Nuremberg et en d'autres parties d'Allemagne, où il soutint les droits du pape Eugène contre l'intrusion de l'antipape Amédée. En 1448, Nicolas V l'éleva à la pourpre romaine, le fit évêque de Brixen et l'envoya de nouveau auprès des princes d'Allemagne, pour les porter à suspendre leurs querelles et à se liguer contre Mahomet II, qui, après s'être emparé de Constantinople, menaçait toute la chrétienté. Ce fut à cette occasion qu'il composa son traité *De la paix de la foi*, pour faire sentir aux puissances réunies par la profession d'une même croyance, combien elles étaient intéressées à faire cause commune contre les Turcs. Pie II le députa une troisième fois en Allemagne pour soutenir les droits du Saint-Siège contre les entreprises des princes, et le chargea de travailler à la réunion des Bohémiens, auxquels le cardinal adressa plusieurs lettres ou traités sur la communion sous les deux espèces, l'unité de l'Eglise, etc.; le même Pape le nomma gouverneur de Rome pendant son absence. L'archiduc Sigismond, protecteur de quelques moines dissolus dans le diocèse de Brixen, parmi lesquels Cusa voulait rétablir la subordination, le fit enlever et mettre en prison; il n'en sortit, après une longue détention, qu'à des conditions dures et injustes. Cette fâcheuse affaire l'obligea de se retirer à Todi, où il mourut le 11 août 1464. Son corps fut enterré à Rome, dans l'église de Saint-Pierre-ès-Liens, et son cœur transporté dans le lieu de sa naissance, où il avait fondé un hôpital, enrichi d'une ample bibliothèque de livres grecs et latins.

C'était un homme pieux, modeste, d'une rare simplicité. Il voyageait monté sur une mule, escorté d'un personnel domestique peu nombreux, n'admettant autour de lui que des personnes d'une éminente vertu et d'une grande capacité. Chargé de prêcher le jubilé, il défendit, sous peine de nullité des indulgences, de rien donner pour les frais de sa mission et de taxer personne pour la guerre contre les Turcs, laissant à chacun la liberté de contribuer selon ses moyens, refusant lui-même les présents qui lui étaient offerts, soit à titre de pur don, soit pour le défrayer de sa légation. Dans les monastères qui se trouvaient sur sa route, il prêchait, assistait aux offices, faisait de sages règlements. On s'empressait partout de lui rendre des honneurs qui s'adressaient encore plus à sa personne qu'à sa dignité; les princes mêmes allaient au devant de lui, sans que son humilité en fût altérée. Tous les ouvrages du cardinal de Cusa ont été imprimés l'an 1565, en trois volumes in-folio (*Biographie universelle*, t. X).

Jean Muller, plus connu sous le nom de *Regiomontanus*, astronome célèbre, naquit le 6 juin 1436, au village d'Unfind, près Kœnigsberg en Franconie. Le surnom de Regiomontanus ou de Royaumont est pris de Kœnigsberg, qui veut dire la même chose en allemand. A l'âge de douze ans, ses parents l'envoyèrent à Leipsick, où il étudia la sphère avec ardeur et montra le goût le plus décidé pour l'astronomie, que Georges de Peurbach en Autriche enseignait alors avec éclat dans l'Université de Vienne. Muller, à peine âgé de quinze ans, prit la route de Vienne et alla se présenter à Peurbach, qui l'accueillit avec bonté. Le trouvant déjà fort instruit, son nouveau professeur lui donna une première idée de la théorie des planètes, pour le préparer à la lecture de Ptolémée. Muller trouva bientôt, dans l'ouvrage de l'astronome grec, la matière de nombreux problèmes dont il cherchait les solutions, et qu'il calculait ensuite, pour se familiariser avec les méthodes astronomiques. Ces occupations ne l'empêchaient pas de lire Archimède et tous les géomètres grecs dont il existait des traductions latines. Dès lors Peurbach et Regiomontanus entrèrent en société de travaux : ils observèrent ensemble quelques éclipses et une conjonction de Mars, pour laquelle ils reconnurent deux degrés d'erreur dans les tables alphonsines. Le cardinal Bessarion était alors à Vienne. Il avait entrepris une version latine de la *grande composition* ou *Almageste* de Ptolémée, parce qu'il était peu content des traductions qu'on avait de cet important ouvrage. Ses diverses missions politiques et religieuses l'empêchant d'exécuter son projet; il engagea Peurbach à donner au moins un abrégé de son auteur favori. Peurbach se chargea de cet abrégé; mais à peine avait-il pu le commencer, qu'il mourut à l'âge de trente-neuf ans. D'après l'invitation qu'il avait reçue de son maître, Muller s'offrit pour le suppléer, et, en 1462, il suivit le cardinal à Rome. Il commençait à lire le grec : il fit connaissance avec Georges de Trébisonde, traducteur de Ptolémée et de Théon.

A Rome, il observait toutes les éclipses, et passait son temps à la recherche des manuscrits grecs, dont il achetait les copies, ou qu'il copiait lui-même. De là il se rendit à Ferrare, pour y converser avec Blanchinus. Il s'y lia d'amitié avec Théodore de Gaza, auprès duquel il se perfectionna dans la connaissance du grec. Alors il reconnut nombre d'erreurs dans la traduction de Théon, et même dans celle de Ptolémée. En 1463, il était à Padoue, où il fut invité à faire un cours d'astronomie. Il prit pour texte l'ouvrage d'Alfergani, astronome arabe du IXe siècle. En 1464, Regiomontanus vint à Venise, pour y attendre Bessarion. C'est là qu'il composa ses cinq livres *des Triangles*, et sa réfutation de la quadrature du cardinal de Cusa. Il y rédigea une espèce de calendrier, auquel il joignit, pour trente années, la table des jours où la Pâque devait être célébrée, suivant l'usage de l'Eglise. De retour à Rome, il eut quelques démêlés avec Georges de Trébisonde, dont il avait critiqué les traductions. Peu de temps après, il partit pour Vienne, où il reprit ses cours de mathématiques. Le roi de Hongrie, Mathias Corvin, l'appela à Bude, où il se plaisait à rassembler les manuscrits grecs enlevés à la prise d'Athènes et à celle de Constantinople. Muller composa, pour l'archevêque de Strigonie, des tables de direction, dans lesquelles il ne se montra pas moins passionné pour l'astrologie que pour l'astronomie. Les troubles de Hongrie lui firent désirer de retourner à Nuremberg.

Il s'y lia de la manière la plus intime avec Bernard Walter, l'un des principaux et des plus riches citoyens. Ils firent construire, en cuivre, de grandes règles comme celles de Ptolémée, un grand rayon astronomique, un astrolabe armillaire, semblable à celui d'Hipparque, et le météoroscope décrit par Ptolémée. Walter se chargea de la dépense. Avec ces instruments, ils commencèrent un cours régulier d'observations, et acquirent bien des preuves de l'inexatitude des tables alphonsines. Une comète vint à paraître, et fournit à Regiomontanus l'occasion de composer un traité des parallaxes. Dans le même temps, il dirigeait une imprimerie d'où l'on vit sortir les *Théoriques* de Peurbach, le poème de Manilius, un calendrier et des Éphémérides pour trente ans, de 1475 à 1506. Ce livre eut un tel succès, que, malgré le prix de douze écus d'or que coûtait chaque exemplaire, l'édition entière se répandit en peu de temps dans la Hongrie, dans l'Italie, dans la France et dans la Grande-Bretagne. Muller projetait bien d'autres ouvrages; mais le pape Sixte IV, qui voulait réformer le calendrier, l'attira près de lui par les promesses les plus magnifiques et le nomma à l'évêché de Ratisbonne. Il quitta donc Walter, et s'achemina vers Rome, en juillet 1475. Il y mourut le 6 juillet 1476, âgé de quarante ans et quelques semaines. Il fut enterré au Panthéon, fort regretté de tout le monde, et laissant un grand nombre d'ouvrages. Sa vie a été écrite par l'abbé Gassendi (*Biograph. univers.*, t. XXX, art. MULLER (Jean).

Nicolas Copernic naquit à Thorn en Prusse, le 19 février 1473, d'une famille distinguée. Après avoir appris, dans la maison paternelle, les lettres grecques et les latines, il alla terminer ses études à Cracovie; il s'appliqua à la philosophie, à la médecine, et obtint dans cette dernière science le grade de docteur; mais comme, dès ses plus jeunes années, il avait montré une passion ardente pour les mathématiques, il en suivit surtout les leçons avec avidité. Il étudia également l'astronomie, et se familiarisa avec l'usage des instruments. Frappé de l'éclat que Regiomontanus jetait alors dans cette science, il résolut de faire un voyage en Italie, afin de visiter cet homme célèbre, et, pour ne rien perdre de ce que ce voyage pourrait lui offrir d'instructif, il s'appliqua au dessin et à la peinture, à quoi, dit-on, il réussit parfaitement.

Il partit, en effet, à vingt-trois ans pour l'Italie. Il s'arrêta d'abord à Bologne pour entendre l'astronome Dominique Maria, qui bientôt, charmé de sa sagacité, l'admit dans sa société la plus intime. Il fit à Bologne quelques observations astronomiques. De là étant passé à Rome, il fut bientôt aussi étroitement lié avec Regiomontanus. On lui confia une chaire de mathématiques, qu'il remplit avec beaucoup de distinction. Il continua aussi d'observer le ciel, et, après quelques années, il revint dans sa patrie, où il fut accueilli très-favorablement pour ses grandes connaissances et pour l'aménité de ses mœurs. Enfin il vint se fixer à Frauenbourg, comme qui dirait Château-Notre-Dame, où son oncle, évêque de Warmie, lui donna un canonicat. Cependant, ayant eu des démêlés à soutenir et des prétentions injustes à combattre, il ne jouit pas tout de suite du loisir que cette place lui promettait. Mais son bon droit, aidé de sa constance, l'emporta complètement, et il jouit enfin d'un sort tranquille; alors il distribua pour toujours son temps entre trois occupations principales, qui étaient d'assister aux offices divins, de faire gratuitement la médecine pour les pauvres, et de consacrer le reste à ses études chéries.

Quel que fût son éloignement pour les affaires, il ne put refuser l'administration des biens de l'évêché qu'on lui confia plusieurs fois pendant les vacances du siège. Cette commission exigeait de la probité et du courage; il fallait défendre les droits de l'évêché contre les chevaliers Teutoniques, alors très-puissants. Copernic ne se laissa ni éblouir par leur autorité, ni intimider par leurs menaces. On voit encore à Altenstein la maison qu'il habitait à cette occasion. Il y avait fait pratiquer, aux murs de sa chambre, des trous pour observer le passage des astres par le méridien. On montre aussi les ruines d'une machine hydraulique dans le genre de celle de Marly, qu'il avait construite pour élever l'eau d'un ruisseau à Frauenbourg.

Copernic avait vu les plus célèbres astronomes, ses contemporains. Il connaissait les travaux des anciens, et il était aussi étonné de la complication de leurs systèmes, que de leur discordance et du peu de symétrie qu'ils supposaient dans l'arrangement de l'univers. Il entreprit de relire encore une fois tous ces systèmes, de les étudier comparativement, de chercher dans chacun d'eux ce qu'il y aurait de plus vraisemblable, et de voir s'il ne serait pas possible de réunir le tout en un seul système plus symétrique et plus simple. Dans cette variété de sentiments, il s'arrêta bientôt à deux idées qui méritaient principalement d'être distinguées : celle des Egyptiens, qui faisaient tourner Mercure et Vénus autour du Soleil, mais qui mettaient Mars, Jupiter, Saturne et le Soleil lui-même en mouvement autour de la Terre; et celle d'Apollonius de Perge, qui choisit le Soleil pour centre commun de tous les mouvements planétaires, mais qui fait tourner cet astre autour de la Terre comme la Lune, arrangement qui devint depuis le système de Tycho-Brahé. Ce qui attacha surtout Copernic à ces idées, c'est qu'il trouvait qu'elles représentaient admirablement les excursions limitées de Mars et de Vénus autour du Soleil; qu'elles expliquaient leurs mouvements, tour à tour directs, stationnaires et rétrogrades; avantage que le dernier de ces systèmes étendait même aux planètes supérieures. Ainsi déjà les systèmes astronomiques n'étaient plus pour lui de simples jeux de l'imagination; il les éprouvait par l'expérience; il avait trouvé les conditions auxquelles il fallait les obliger de satisfaire; et la partie la plus difficile de sa découverte était déjà faite, puisqu'il connaissait les moyens de les juger.

D'un autre côté, il vit que les pythagoriciens avaient éloigné la Terre du centre du monde, et qu'ils y avaient placé le Soleil. Il lui parut donc que le système d'Apollonius deviendrait plus simple et plus métrique, en y changeant seulement cette circonstance, et de faire tourner la Terre autour de lui. Il avait vu aussi que Nicétas, Héraclide et d'autres philosophes, tout en plaçant la Terre au centre du monde, avaient osé lui donner un mouvement de rotation sur elle-même, pour produire les phénomènes du lever et du coucher des astres, ainsi que l'alternative des jours et des nuits. Il approuvait davantage encore Philolaüs, qui, ôtant la Terre du centre du monde, ne lui avait pas seulement donné un mouvement de rotation sur elle-même autour d'un axe, mais encore un mouvement de circulation annuelle autour du Soleil. Ce fut ainsi qu'en prenant ce qu'il y avait de vrai dans chaque système, et rejetant ce qu'il y avait de faux et de compliqué, le chanoine de Warmie en composa cet admirable ensemble que nous nommons le *Système de Copernic*, et est réellement l'arrangement véritable du système planétaire dans lequel nous nous trouvons.

Copernic commença vers l'an 1507 à arrêter ainsi ses idées et à écrire ses découvertes; mais, comme on l'a déjà fait voir, il ne se bornait point à vouloir accorder les apparences les plus générales; il sentait que, pour éprouver son système, il fallait entrer dans le détail et dans le calcul même des phénomènes particuliers; qu'il fallait en déduire des tables de tous les mouvements célestes, qui donnassent le moyen de les prédire avec toute la simplicité, toute la précision que semblaient promettre la grandeur de l'idée et les premières épreuves qu'elle avait subies. Ce fut le travail de toute sa vie. Il se mit à faire des observations, à réunir celles qu'il ne pouvait se procurer par lui-même, et s'attacha surtout à tirer de sa théorie les phénomènes qui jusqu'alors avaient paru les plus compliqués du système du monde, tels que les stations et les rétrogradations des planètes, et la précession des équinoxes. Enfin, quand il crut avoir assez d'observations et de preuves, il entreprit d'exposer l'ensemble de ses découvertes dans un ouvrage divisé en six livres qu'il intitula : *Des Révolutions des globes célestes*, et qui soumet à une seule idée toute l'astronomie. Il paraît que tout cet ouvrage était terminé vers l'an 1530. Copernic avait alors cinquante-sept ans.

Déjà le bruit de ces idées nouvelles s'était répandu : les astronomes les plus célèbres en désiraient le développement avec impatience; on le pressait de les publier. Il résistait, il attendait encore; il corrigeait chaque jour les données que lui fournissaient des observations plus exactes, il ajoutait ce que des réflexions nouvelles lui avaient appris. Enfin il permit à ses amis de publier son livre, et il le dédia au pape Paul III. « C'est, dit-il à ce pontife, pour qu'on ne m'accuse pas de fuir le jugement des personnes éclairées, et pour que l'autorité de Votre Sainteté, si elle approuve cet ouvrage, me garantisse des morsures de la calomnie. »

L'ouvrage s'imprima donc à Nuremberg, par les soins de Rhéticus, l'un des disciples de Copernic. L'impression venait d'être terminée et Rhéticus envoyait à Copernic le premier exemplaire, lorsque celui-ci, qui avait joui toute sa vie d'une santé parfaite, commença à être attaqué d'une dyssenterie qui fut suivie presque aussitôt d'une paralysie du côté droit. Prêtre aussi pieux que profond astronome, il termina saintement une vie de science et de bonnes œuvres. Le jour même de sa mort, et seulement quelques heures avant qu'il rendît le dernier soupir, l'exemplaire de son ouvrage, envoyé par Rhéticus, arriva; il le toucha, il le vit, mais il était alors occupé d'autres soins. Il mourut le 24 mai 1543, âgé de 70 ans. Son tombeau, qui ne se distinguait pas de celui des autres chanoines, fut orné, en 1581, d'une épitaphe latine par l'évêque Cromer, le Tite-Live de la Pologne. On lui a élevé, en 1800, un petit monument. Sa vie a également été écrite par Gassendi (*Biogr. univ.*, t. IX).

Restait un autre monde à découvrir, le monde des livres. Avant le christianisme, les livres étaient en petit nombre : chaque peuple n'avait guère que ceux de sa langue, la Grèce des livres grecs, l'Italie des livres latins. Mais pour la chrétienté, c'est bien différent. Il y a d'abord le livre universel, livre vivant et parlant, vivant tous les siècles, parlant à tous les peuples et toutes les langues, enseignant toutes les vérités et condamnant toutes les erreurs, livre vivant et parlant qui suffit tout seul à l'âme fidèle : c'est l'Église même de Dieu. Mais comme l'Église combat toutes les erreurs, dans tout peuple, dans toute langue, il faut que, par ses pontifes et ses docteurs, elle connaisse toutes les langues, toutes les sciences, tous les livres, latins, grecs,

LIVRE LXXXIII. — LES INVENTEURS DE L'IMPRIMERIE.

hébreux, arabes et autres : livres dispersés par lambeaux en divers recoins de la terre; livres écrits de différentes mains, avec des caractères différents, avec des abréviations souvent indéchiffrables; livres en langues étrangères pour lesquels il n'y a ni grammaire, ni dictionnaire disponible; livres d'un prix exorbitant et inaccessible à la très-grande majorité des hommes; livres qui vont se multipliant à l'infini, à tel point que pour transcrire correctement un seul docteur de l'Eglise, saint Thomas d'Aquin, il faudrait à un bon copiste plusieurs années, attendu qu'il y a dix-huit volumes in-folio, très-petit texte. Que sera-ce donc de tous les Docteurs et Pères de l'Eglise! de tous les théologiens, de tous les interprètes de l'Ecriture, de tous les canonistes, de tous les jurisconsultes, de tous les poètes, de tous les historiens, de tous les auteurs en toute sorte de langues et sur toute sorte de matières? Qui donc réunira les éléments épars de ce monde littéraire, y mettra de l'ordre, de la clarté, de la correction; le rendra accessible à tous les hommes de bonne volonté?

Il y a une sagesse qui se joue dans l'univers. Quand le genre humain dut être puni par le déluge, elle apprit à l'homme juste à y échapper au moyen d'un bois frêle et méprisable. Quand il faut trouver un guide pour franchir l'immense océan et annoncer l'Evangile à un monde et à des îles inconnues, elle fait remarquer au navigateur une petite aiguille de fer, qui, se tournant toujours vers le nord, lui indique, au milieu des vagues et des ténèbres, la direction que prend son navire. Faut-il rendre accessibles aux moins fortunés les richesses infinies et de la littérature divine et de la littérature humaine? elle indique à l'artiste intelligent un chétif métal, qui, gravé ou fondu en *a b c*, reproduira fidèlement tous les livres qu'on voudra et autant de fois qu'on voudra. Mais quel Ptolémée d'Egypte, quel Attale de Pergame fournira tout le papier nécessaire? Cette même sagesse vous apprend à le fabriquer vous-même sans mesure, avec les vils chiffons que vous jetez sur le fumier.

Trois hommes du XVᵉ siècle commencèrent à imprimer des livres en Occident : Guttenberg, Fust et Schœffer.

Jean Guttenberg, qui était d'une famille noble, naquit à Mayence en 1400. Il était à Strasbourg en 1424, et y contracta, l'an 1436, société avec André Dryzehn et quelques autres, *pour tous ses arts et secrets tenant du merveilleux*. Il paraît que l'invention de la typographie était au nombre de *ces secrets merveilleux*, motifs de l'association. C'est donc en 1436, et dans Strasbourg, qu'on peut placer la naissance de l'imprimerie. Mais on ignore quels en ont été les premiers procédés et les premiers produits. Depuis longtemps on imprimait au bas des gravures quelques mots d'explication, et par le même procédé que les gravures mêmes. Guttenberg eut le premier l'idée d'appliquer ce procédé à des écrits de longue haleine. On croit assez communément que, dès 1436, il avait employé des caractères mobiles en bois; mais il n'a nas, dans aucun temps, son nom à ses ouvrages ; et l'on est ici réduit à des conjectures. Ce qui est certain, c'est que Guttenberg était encore compté, en 1444, parmi les habitants de Strasbourg; mais, dès 1443, il avait loué une maison à Mayence; et, en 1450, il y contracta société avec Fust.

Jean Fust, orfèvre à Mayence, était l'un des citoyens notables, et distingué par ses richesses non moins que par ses connaissances dans les arts. Il vint au secours de Guttenberg. Il paraît que les deux associés pratiquèrent successivement trois sortes d'impressions. 1° La *tabellaire*, c'est-à-dire en tables ou planches sculptées, comme aujourd'hui les gravures en bois; 2° la *xylographique*, ou en caractères mobiles de bois; 3° enfin l'impression en caractères, tirés de *matrices fondues*.

Pierre Schœffer était natif de Gernsheim, ville du pays de Darmstadt, et exerçait à Paris le métier de copiste. Il y était encore en 1449, et il se rendit à Mayence vers 1450. On croit qu'il fut admis ou employé dans la société que Guttenberg et Fust avaient contractée pour établir une imprimerie. Il est certain du moins qu'il fut d'abord le subordonné, puis l'associé et le gendre de Fust. Les différents auteurs représentent Schœffer comme un jeune homme plein de talent, fort adroit et d'un esprit inventif. La société de Guttenberg et de Fust se servait de lettres fondues, qu'elle obtenait par le moyen des matrices fondues elles-mêmes. Schœffer imagina les poinçons : c'est donc lui qui a complété la découverte de l'art typographique.

On appelle ici *poinçon* un morceau d'acier où les lettres sont gravées en relief, et avec lequel on frappe les matrices qui servent à fondre les caractères d'imprimerie. *Matrice* est la pièce, ordinairement de cuivre, qui a reçu en creux l'empreinte de la lettre gravée sur le poinçon d'acier, et qui s'ajuste au fond du moule dans lequel on fond les caractères.

Le premier fruit de la nouvelle découverte fut la *Biblia latina*, dite aux quarante-deux lignes, sans date, nom de lieu ni d'imprimeur. On l'attribue généralement à la société de Guttenberg et Fust. Un Psautier de 1457, 14 août, le plus ancien des ouvrages imprimés avec date, porte les noms de Fust et de Schœffer : aujourd'hui encore il est regardé comme un chef-d'œuvre. La première Bible imprimée avec date, est la *Biblia latina* de 1462, à quarante-huit lignes, portant également les noms de Fust et de Schœffer.

Cette importante découverte de la typographie, comme plusieurs autres du même genre, est due aux croisades qui mirent l'Occident en communication avec l'extrémité de l'Orient. Dès lors l'imprimerie existait à la Chine, mais, comme elle y est encore, à l'état d'enfance, à l'état de stéréotypie ou gravure immobile sur bois. Il paraîtrait même que, déjà du temps de Cicéron, au siècle d'Auguste, on imprimait de cette manière les billets d'enterrement à Rome. Il a fallu quinze siècles pour faire faire à cet art un pas de plus, mais un pas qui enjambe tout l'espace. La Providence se plaît à stimuler l'intelligence de l'homme, comme la mère stimule l'intelligence de l'enfant. Par exemple, qu'y a-t-il de plus vulgaire que la marmite et l'eau bouillante ? Cependant ce n'est que de nos jours qu'on s'est avisé d'en faire des applications aux voitures et aux bateaux à vapeur : marmite ou vapeur qui produira sur la terre une telle révolution que jamais conquérant n'en produisit de pareille, s'appelât-il Cyrus, Alexandre ou César.

Les deux nations les plus fidèles à l'esprit des croisades, furent les Espagnols et les Portugais.

Aussi Dieu les chargera-t-il de soumettre à l'empire du Christ tout un nouveau monde.

Les Espagnols arrachent d'abord leur propre patrie à la domination des infidèles, par une croisade continue de huit cents ans. Commencée en 719, sous Pélage Ier, elle finit en 1492, sous Ferdinand le Catholique et Isabelle de Castille. Ferdinand V, surnommé *le Catholique* par le chef de l'Eglise, naquit le 10 mars 1452; il était fils de Jean II, roi d'Aragon, et il épousa, l'an 1469, Isabelle ou Elisabeth de Castille, fille de Jean II, roi de Castille, et sœur de Henri IV, dit l'Impuissant. Ce mariage réunit les Etats de Castille à ceux d'Aragon, mais sans les confondre. Ferdinand et Isabelle étaient tendrement unis comme époux, mais ils gouvernaient séparément leurs deux royaumes; aussi les appelait-on, non pas le roi et la reine, mais les deux rois.

Ils virent à leur cour, et parmi leurs serviteurs, Gonsalve de Cordoue, surnommé le Grand-Capitaine; Christophe Colomb, l'inventeur du Nouveau-Monde; Fernand Cortès, le conquérant du Mexique; Ignace de Loyola, le fondateur de la compagnie de Jésus, et le cardinal Ximenès, duquel Leibnitz a dit que, « si les grands hommes pouvaient s'acheter, l'Espagne n'aurait pas payé trop cher, par le sacrifice d'un de ses royaumes, le bonheur d'avoir un pareil ministre. »

Les Mahométans ne possédaient plus en Espagne que le royaume de Grenade, mais ils étaient très-forts et très-puissants. Les apostats s'étant réfugiés dans cette province comme dans une sentine, Ferdinand, de concert avec Isabelle, résolut d'en délivrer tout à fait l'Espagne. Il ouvrit la première campagne en 1482. Le pape Sixte IV exhorta les fidèles, et non sans fruit, à le seconder dans cette entreprise (Raynald, an 1482, n. 38 et seqq.). Innocent VIII vint également à son secours en publiant une croisade (*Ibid.*, an 1485, n. 27 et seqq.). Toujours à la tête de ses armées, Ferdinand se distingua autant par sa prudence que par sa valeur; malgré la sévérité de son caractère, il se signala par plusieurs traits de générosité et de clémence. Il assiégeait la ville de Ronda; son artillerie avait détruit les tours, les murailles, une grande partie des édifices, et les habitants se défendaient encore avec le courage du désespoir. Ferdinand jura de les passer tous au fil de l'épée, s'ils tardaient encore à se rendre. On emporte enfin la ville d'assaut; tous allaient périr, lorsque le roi, voyant ces guerriers couverts de blessures, ces enfants en pleurs, ces femmes désolées, empêcha aussitôt le carnage, permit aux vaincus de se transporter en Castille avec leurs familles et les biens qu'ils pourraient emporter, leur laissant en même temps le libre exercice de leur religion. Il usa de la même clémence envers les autres places qui lui opposèrent une égale résistance. Cependant, au siége de Malaga, il faillit être assassiné avec la reine, son épouse. Parmi les prisonniers qu'on avait faits dans une des fréquentes sorties des Maures, il s'en trouva un qui demanda avec instance d'être présenté au roi, s'engageant de lui découvrir le moyen de prendre la place. On le conduisit au quartier du monarque et on le fit entrer dans la tente d'une dame de la reine, qui, dans ce moment, jouait aux échecs avec le prince de Bragance. Le Maure, les prenant pour Isabelle et Ferdinand, tira de dessous son manteau un court cimeterre dont il frappa à la tête le prince de Bragance. Il réservait à la dame le même sort, mais on se jeta sur lui et on le mit en pièces.

La guerre de Grenade semblait toucher à sa fin, par les rapides progrès que les Espagnols avaient faits dans ce royaume. Mais l'an 1490, le sultan d'Egypte députa deux religieux de Jérusalem pour signifier aux deux rois, Ferdinand et Isabelle, que, s'ils ne renonçaient à la conquête de Grenade, il traiterait les chrétiens, qui étaient en grand nombre dans ses Etats, comme ennemis de son pays et de sa religion. Ferdinand ne put entendre sans frémir cette terrible menace; mais, rassuré par les conseils et par le courage de son épouse, il envoya dire au sultan que, s'il osait faire le moindre mal aux chrétiens de ses Etats, il ne garderait plus, à son tour, de modération envers ses mahométans, et les condamnerait à la mort ou à l'esclavage.

Grenade obéissait alors à un nouveau souverain, Boabdil, dont le parti avait prévalu sur celui de Zagal, qui ne possédait que deux places fortes, les seules qui restassent à conquérir à Ferdinand pour arriver jusqu'à la capitale. Jugeant toute défense impossible, Zagal alla au devant du vainqueur pour lui en remettre les clés. Lorsqu'il aperçut Ferdinand, il descendit de cheval et voulut lui baiser les mains, mais ce prince s'y refusa, et, ayant fait remonter à cheval le roi maure, il l'embrassa affectueusement et le mit à ses côtés. Il lui assigna une ville et quelques places voisines, avec trois mille vassaux et six millions de maravédis de revenus. Zagal, préférant dans la suite passer en Afrique, reçut en argent le fonds de ces revenus.

Après avoir conquis trente places fortes et autant de villes, outre celles qui s'étaient rendues sans résistance, Ferdinand se trouva enfin campé dans les environs de Grenade. Toute la fleur de la noblesse espagnole se trouvait réunie sous ses drapeaux et ceux d'Isabelle, et chaque guerrier se signalait par de nombreux exploits. Ce fut dans ce siége fameux que le grand Gonsalve de Cordoue fit ses plus brillantes armes, et ce fut là qu'Isabelle déploya toute la grandeur et l'énergie de son caractère. Dès l'âge le plus tendre, Gonsalve fut destiné au métier des armes; il avait à peine quinze ans, qu'il servait déjà sous les ordres du maréchal don Diégo, son père, dans la première guerre contre les Maures de Grenade. Le roi Henri IV de Castille, ayant admiré la bravoure et l'intelligence du jeune guerrier, ne tarda pas à lui confier une compagnie de gens d'armes, avec lesquels il porta la terreur jusqu'aux portes de Malaga; ce fut, dans la suite, cette compagnie qui, la première, enfonça les nombreux bataillons ennemis à la bataille de las Yeguas, en 1460. L'action de Gonsalve lui mérita l'honneur d'être armé chevalier, par les mains du roi, sur le champ de bataille. Dans les huit ans que dura la guerre terrible de Grenade, Gonsalve ne démentit jamais la réputation d'habileté et de valeur qu'il s'était acquise. Briguant les postes les plus périlleux et les entreprises les plus difficiles, souvent avec une poignée de soldats il culbuta les plus nombreux bataillons; toujours un des premiers sur la brèche, et le dernier à la retraite, il emporta d'assaut plusieurs places importantes; et, dans les plaines de

Grenade, il demeura toujours vainqueur des Maures qui osèrent se mesurer avec lui.

Isabelle s'était montrée véritablement roi dès les premières années de son règne. Presque toujours à cheval à la tête de ses troupes, elle travaillait elle-même à l'expédition de toutes les affaires, passait avec ses secrétaires une partie des nuits, et donnait souvent des audiences publiques. Aux grâces de son sexe, elle joignait la grandeur d'âme, une politique profonde et adroite, l'intégrité du magistrat et les qualités même du conquérant. Elle se trouvait toujours au conseil. Ferdinand ne régnait point à sa place : elle régnait avec Ferdinand. Fière, noblement ambitieuse, jalouse à l'excès de son autorité, elle répugnait aux moyens immoraux et aux petites mesures; elle se vengeait avec franchise, pardonnait sincèrement, devinait le talent, ne craignait point la vertu, et se montrait encore plus jalouse de sa gloire que de son pouvoir, qu'elle affermit avec autant de constance que d'habileté. Toutes ces grandes qualités étaient sanctifiées par la piété la plus tendre.

Isabelle se trouva au siége de Grenade. Elle avait l'habitude d'employer quelques heures de la nuit à la lecture; sa lumière, placée sans précaution, mit en un instant le feu à sa tente. La reine put échapper aux flammes, mais sans pouvoir empêcher l'incendie de se communiquer dans le camp, dont les cabanes n'étaient couvertes que de roseaux et de chaume : il fut la proie des flammes. Ferdinand accourut, et, mettant les troupes sous les armes, en imposa aux Maures. Ce malheur fut bientôt réparé par Isabelle. On vit s'élever à la place du camp incendié une ville qui, en raison de la piété de la fondatrice, reçut le nom de *Santa-Fé* ou Sainte-Foi.

Enfin, après un siége de huit mois, les Maures rendirent Grenade le 2 janvier 1492, après l'avoir occupée sept cent quatre-vingt-neuf ans. Les deux rois, Ferdinand et Isabelle, y firent leur entrée le jour des Rois ou de l'Epiphanie. La croix dominait sur le plus haut de la citadelle. Boabdil fut traité avec la même générosité que son oncle Zagal. Cette glorieuse expédition mit fin en Espagne à la domination des Maures, qui avait duré environ huit siècles; Ferdinand reçut le surnom de *Catholique*, qui lui fut donné par Innocent VIII, et confirmé par Alexandre VI. Dès lors tous les royaumes chrétiens et mahométans, qu'on avait vus se former et s'étendre successivement dans les diverses contrées de l'Espagne, se trouvent réunis sous la puissance d'Isabelle et de Ferdinand, qui prirent en commun le titre de *rois d'Espagne*.

Cette puissance s'étendit bientôt jusqu'au nouvel hémisphère. Ce fut Isabelle qui soutint seule Colomb dans sa périlleuse entreprise; et, à ce point de vue, elle doit partager avec lui la gloire de la découverte du Nouveau-Monde. Elle n'eut d'abord d'autre dessein, en favorisant les découvertes de Colomb, que de contribuer à la propagation de la foi chrétienne parmi les peuples sauvages plongés dans les ténèbres. Tant qu'elle vécut, non-seulement elle pourvut à l'instruction de ses nouveaux sujets, mais elle leur procura un gouvernement doux et humain (*Biographie universelle*, t. XXI).

Christophe Colomb naquit dans le pays de Gênes en 1441. Tous les historiens sont d'accord sur ce fait, mais ils diffèrent sur le lieu de sa naissance. Les petits villages de Cogoreo et de Nervi disputent aux villes de Savone et de Gênes l'honneur de lui avoir donné le jour. Suivant plusieurs, sa famille était une des plus illustres de Plaisance. L'empereur Othon II avait fait donation à cette famille de plusieurs biens, et, entre autres, du château de Cogoreo. D'autres disent que sa famille faisait le commerce des laines. Cependant Christophe Colomb écrivait lui-même à la nourrice de don Juan de Castille : « Je ne suis pas le premier amiral de ma famille. Qu'on me donne le nom qu'on voudra; David a gardé les brebis, et je suis le serviteur du même Dieu qui l'a placé sur le trône. » Les ancêtres de Colomb perdirent leur fortune pendant les guerres de Lombardie, et cherchèrent à la réparer par le commerce maritime. Son père, Dominique Colomb, l'envoya faire ses études à Pavie; mais il les interrompit, jeune encore, pour aller se livrer à la navigation. Ses progrès cependant avaient été très-rapides, et il conserva toute sa vie le goût des belles-lettres qu'il ne cessa pas de cultiver. Ses facultés se développèrent ensuite; il surpassa ses contemporains dans la géométrie, l'astronomie et la cosmographie; son expérience dans la navigation était très-étendue, lorsqu'il pensa d'entreprendre la découverte du Nouveau-Monde. Près de quarante années de sa vie avaient été employées à visiter les parties connues de notre globe.

Les Portugais avaient alors la navigation la plus étendue; ils venaient de découvrir les côtes occidentales d'Afrique. Lisbonne était le lieu où se réunissaient les hommes les plus habiles de toutes les nations, en astronomie, en géométrie et en navigation. Fernand Colomb, son fils, nous apprend qu'il les consulta sur la possibilité de découvrir, en allant par l'ouest, les terres de Cipangu et du Cathai, autrement la Chine, dont parle Marc-Paul. Martin Béhaim, de concert avec les deux médecins de Jean II, venait de proposer aux marins l'usage de l'astrolabe pour observer la latitude en pleine mer. Ce fut cet instrument qui donna à Colomb la possibilité de perdre pendant longtemps la terre de vue. Il s'en servit le premier, et imagina des règles pour fixer la position des vaisseaux par la latitude et la longitude : c'est ainsi que son génie créateur perfectionna l'art nautique, avant de mettre son grand projet à exécution. Il avait étudié les ouvrages des anciens et avait comparé leurs connaissances géographiques à celles qui nous ont été transmises par Marc-Paul. Ses méditations et quelques faits nouvellement observés le confirmèrent dans l'espoir de retrouver le Cipangu du voyageur moderne, en se dirigeant d'abord vers l'ouest.

Il vint s'établir à Lisbonne avec son frère Barthélemi, et y épousa la fille d'un navigateur portugais, dont il eut un fils, nommé Diégo Colomb, qui fut après lui vice-roi des Indes. Outre les traditions anciennes et nouvelles sur l'existence de l'Atlantide, des faits certains et récents donnaient lieu à Colomb de conclure la même chose. Pierre Torrea, parent de sa femme, avait trouvé sur le rivage de Porto-Santo, près de Madère, des pièces de bois qui y avaient été portées par les flots, après un vent d'ouest impétueux; d'autres navigateurs avaient vu au large de cette île et du cap Saint-Vincent, des cannes d'une grosseur extraordinaire et des plantes d'espèces inconnues dans ces contrées. L'ensemble de ces faits persuada à Christophe Colomb qu'il trouverait Cipangu ou quelque autre terre en faisant route à l'ouest. Il s'occupa dès lors d'exécuter son projet; le commerce ne lui avait procuré qu'une honnête aisance, et sa fortune était loin de pouvoir en supporter les frais. Il en fit hommage à sa patrie, et le proposa à la république de Gênes, qui le rejeta avec mépris. Colomb le présenta ensuite à Jean II, roi de Portugal, qui le fit examiner. Les idées de Colomb furent appréciées, mais, par un manque de foi très-peu honorable, on prit le parti d'exécuter son projet secrètement. Le pilote qui en fut chargé, n'avait pas le génie de Colomb; incapable de diriger son vaisseau hors de vue des côtes, par l'aspect des astres, il devint le jouet des flots, et ne regagna le port qu'après avoir erré pendant longtemps sur la vaste étendue des mers. Il crut se justifier en traitant Colomb de visionnaire.

Celui-ci, outré du peu de justice qu'on lui rendait, prit la résolution de quitter le Portugal. La nécessité de prévenir un nouvel abus de confiance lui inspira la pensée de faire en même temps des ouvertures aux rois d'Espagne et d'Angleterre. Il envoya son frère, Barthélemi Colomb, à Londres, où il fut accueilli favorablement; mais sa négociation fut interrompue par les engagements qui furent pris avec la cour d'Espagne.

Christophe Colomb partit secrètement par mer de Lisbonne sur la fin de 1484, et arriva au port de Palos. Il resta plus de cinq ans entiers à la cour d'Espagne sans rien obtenir. Rebuté par des refus si peu motivés, il eut le dessein de s'adresser au roi de France. Au moment où il allait quitter l'Espagne, un religieux de ses amis, qui jouissait de quelque crédit auprès de la reine Isabelle, lui procura l'appui de cette princesse. Les négociations furent reprises de nouveau, mais elles n'eurent pas plus de succès. Cette fois, on rendait justice à la supériorité de ses vues; mais on trouvait ses prétentions exagérées. Enfin la reine consentit à faire les frais de l'entreprise. Colomb venait de s'éloigner mécontent; un courrier fut envoyé sur ses pas; on le joignit à deux lieues du camp de Santa-Fé, où était la cour, et il se mit en marche pour revenir. Enfin, au bout de huit ans de sollicitations infructueuses, accompagnées de dégoûts sans nombre, la recherche du Nouveau-Monde fut arrêtée. Le 19 avril 1492, quatre mois après la conquête de Grenade, on signa les articles d'un traité par lequel Christophe Colomb reçut les titres héréditaires d'*amiral et de vice-roi de toutes les mers, îles et terres qu'il découvrirait*.

Le 12 mai suivant, il se rendit au port de Palos, où devait se faire l'armement. Trois navires furent choisis pour ce voyage; celui de Colomb fut nommé *Santa-Maria*. Le nombre d'hommes des trois équipages était, suivant les uns, de quatre-vingt-dix, et, suivant d'autres, de cent vingt. Le vendredi 3 août 1492, on mit à la voile. L'escadre se dirigea d'abord sur les îles Canaries, où elle relâcha. Le 6 septembre, on quitta ces îles, et ce jour peut être regardé comme le premier du plus mémorable voyage que les hommes aient osé entreprendre. On n'eut d'abord que des vents légers et du calme, et l'on fit très-peu de chemin; le second jour, on perdit la terre de vue. Les compagnons de Colomb, qui s'avançaient sur l'Océan sans voir de terme à leur voyage, furent alors étonnés de la hardiesse de leur entreprise. Plusieurs soupirèrent et se mirent à pleurer, croyant qu'ils ne la reverraient jamais. Colomb les consola et ranima leur courage. Le 11 septembre, étant à cent cinquante lieues de l'Ile-de-Fer, on vit un tronc de mât de navire qui paraissait avoir été entraîné par le courant. Colomb observait tous les jours la hauteur méridienne du soleil avec l'astrolabe, et vérifiait la direction de l'aiguille aimantée sur l'étoile polaire; il était attentif à remarquer tous les phénomènes et surtout les différents aspects des astres. Le 15, à trois cents lieues de l'Ile-de-Fer, et, par un temps calme, on vit un trait de feu qui se précipita dans la mer à cinq lieues des bâtiments. Depuis neuf jours qu'on était en mer, sans voir autre chose que le ciel et l'eau, les vents avaient soufflé sans interruption de la partie de l'est; les matelots, qui n'étaient jamais restés si longtemps loin de la terre, voyant qu'ils étaient contraires pour aller en Europe, craignirent de ne pouvoir jamais y retourner. On aperçut le jour suivant des oiseaux qui ranimèrent leurs espérances, parce qu'ils les crurent d'une espèce qui ne s'éloigne jamais plus de vingt lieues des côtes. La mer parut ensuite couverte de plantes marines, qui semblaient nouvellement détachées du fond ou de quelques îles, et ils furent persuadés du voisinage de la terre. Le 18 septembre, Alonzo Pinçon, qui commandait le second navire, nommé la *Pinta*, et marchait en avant, vint dire à Colomb qu'il avait vu dans l'ouest une multitude d'oiseaux, et avait cru apercevoir la terre dans le nord. Il demanda à l'aller chercher; mais Colomb, jugeant qu'il s'était trompé, lui ordonna de continuer sa route. On sonda néanmoins à cent brasses, sans trouver de fond.

Les matelots, ne voyant aucune apparence de terre se réaliser, commencèrent à se décourager et à se plaindre d'être ainsi abandonnés au milieu des mers, loin de tout secours. Le 20, on vit des oiseaux venant de l'ouest et une baleine; la mer parut couverte d'herbes flottantes. Ces divers indices de terre réprimèrent leurs murmures. Le 21, le vent, qui jusqu'alors avait été favorable, tourna au sud-ouest et devint contraire. Ces hommes, disposés secrètement à la révolte, s'écrièrent tous que les vents étaient bons pour retourner en Espagne, et qu'ils voulaient y aller. Colomb chercha à les apaiser, en leur disant que ce n'étaient que des vents légers occasionnés par le voisinage de quelque terre. La rumeur s'accrut, malgré ses représentations, et ils finirent par perdre tout respect. Ils murmuraient contre le roi qui avait ordonné le voyage, et persistaient à vouloir s'en retourner. Colomb se conduisit avec une prudence extrême; il encourageait les uns en leur promettant que le voyage serait court, et menaçait les autres de l'autorité du roi. Les vents contraires commencèrent à forcer, la mer devint grosse, et l'on ne put continuer la route; ce retard, conforme à leur désir, les calma. On vit plusieurs oiseaux dans la journée, et l'on prit des crabes de mer dans les herbes répandues sur la surface de l'eau.

LIVRE LXXXIII. — CHRISTOPHE COLOMB.

L'amiral crut pouvoir profiter d'un moment où les esprits lui paraissaient plus tranquilles pour continuer la route de l'ouest; mais cette tranquillité n'était qu'apparente. Les murmures recommencèrent bientôt; il se formait des groupes au milieu desquels on disait hautement que Colomb, avec sa folie, avait voulu devenir grand seigneur aux dépens de leur vie; qu'ils avaient rempli leur devoir en allant plus loin qu'aucun homme n'avait encore été; qu'ils ne devaient point être auteurs de leur propre perte, en s'avançant ainsi jusqu'à ce que leurs bâtiments, qui faisaient eau de toutes parts, leur manquassent sous les pieds. Personne, disaient-ils, ne le trouvera mauvais. Notre chef a tant d'ennemis, qu'on ajoutera plus de foi à notre rapport qu'au sien. Il y en eut qui s'emportèrent jusqu'à dire que le plus sûr était de le jeter à la mer, et de s'en retourner; qu'on dirait ensuite qu'il y était tombé par malheur, pendant qu'assis sur le bord du vaisseau, il était occupé à considérer les astres. Personne, disaient-ils, ne s'embarrassera de le vérifier. Colomb sentit le danger de sa position; il leur fit envisager les châtiments qui les attendaient, s'ils l'empêchaient de continuer son voyage. Le plus souvent, il cherchait à calmer leur insolence par la douceur. Il rappelait en détail, à chacun d'eux, tous les indices de terre qu'il avait vus, et leur promettait qu'ils ne tarderaient pas à la rencontrer. Peu à peu leur mécontentement s'apaisa; mais leur inquiétude et leur chagrin ne purent jamais être entièrement dissipés.

Le 25 septembre, au coucher du soleil, pendant que Colomb était à parler à Yanèz Pinçon, commandant du troisième navire, la *Ninia*, une voix cria : Terre! terre! Celui qui avait crié montra, dans le sud-ouest, une masse obscure qui ressemblait à une île, éloignée au moins de cent kilomètres. Tout le monde reprit courage, rendit grâces à Dieu et ensuite à Colomb. Celui-ci fit aussitôt gouverner sur cette apparence de terre, et fit route toute la nuit, à pleines voiles, dans la même direction. Le lendemain, tous les regards furent fixés de ce côté; mais cette terre, qui leur avait causé tant de joie, disparut, et ils apprirent que des nuages pouvaient causer ces fausses apparences. La route de l'ouest fut reprise aussitôt, à leur grand regret.

On croit que ce fut un stratagème dont Colomb se servit avec succès pour les tirer de leur abattement. Ils y retombèrent peu de temps après; cependant le grand nombre d'oiseaux qu'on vit les jours suivants, les morceaux de bois qu'on aperçut à la surface de la mer, et plusieurs autres indices de terre, qui devenaient plus fréquents, les empêchèrent de se livrer au désespoir. Colomb, au milieu de l'inquiétude et du chagrin universels, conservait seul sa sérénité. Le 1er octobre, il se croyait à sept cents lieues des Canaries. Le jour suivant, les espérances furent soutenues par un grand nombre d'oiseaux; le vaisseau était entouré de poissons. Le 3 se passa sans que rien s'offrît à la vue; les équipages craignirent que l'on eût dépassé quelque île. Ils s'imaginèrent que les oiseaux qui, les jours précédents, avaient traversé leur route, se rendaient d'une île dans une autre, et désirèrent qu'on se détournât vers la droite ou vers la gauche, pour aller chercher la terre qu'ils croyaient être de l'un ou de l'autre côté. Colomb demeura inébranlable, et continua la route de l'ouest. Il avait d'autant plus raison, que rien ne pouvait lui indiquer de quel côté il fallait se diriger. Sa fermeté excita parmi ses gens un esprit de révolte plus fort que jamais; il voyait l'instant où il n'en serait plus le maître. La Providence vint à son secours.

Le jour suivant, 4 octobre, les indices de terre se multiplièrent; des oiseaux vinrent voler si près des bâtiments, qu'un matelot en tua un avec une pierre; l'espérance commença à renaître. Le 7, on crut voir la terre à bord du navire de Christophe Colomb; mais elle paraissait couverte de nuages, et l'expérience du passé fit que personne n'osa s'y fier. La *Ninia*, qui était en avant, crut que c'était réellement la terre; elle fit une décharge de son artillerie et arbora ses pavillons. L'allégresse fut extrême dans toute l'escadre; mais, plus on s'avançait, et moins l'apparence qui l'avait causée se réalisait; elle diminua insensiblement, et s'évanouit pour faire place à la tristesse la plus profonde.

Cependant des troupes immenses d'oiseaux continuaient à planer sur leurs têtes. Colomb crut en voir d'une espèce qui ne s'éloigne jamais de terre, et remarqua que ceux-là se rendaient tous dans le sud-ouest; il se persuada qu'ils allaient chercher quelque île, et prit la résolution de suivre la même direction. Il dit à ses équipages qu'il n'avait jamais espéré rencontrer la terre avant d'avoir fait sept cent cinquante lieues, et leur annonça que, ce terme étant dépassé, ils devaient la trouver dans les environs. Il ajouta qu'il était temps de se détourner de la route qu'ils avaient suivie. Près de toucher au but, conformons-nous, dit-il, aux exemples des Portugais, qui ont fait presque toutes leurs découvertes en se dirigeant d'après le vol des oiseaux. Le 8, on prit une douzaine d'oiseaux de différentes couleurs; pendant la nuit, on en vit beaucoup de grands et de petits, qui tous venaient du nord et allaient vers le sud. A la pointe du jour, le nombre semblait avoir augmenté; ils prenaient toujours la même direction. L'air était beaucoup plus frais qu'il ne l'avait été pendant le voyage; le vent apportait une odeur végétale semblable à celle dont il est chargé, en Europe, au retour du printemps. Le découragement était tel, que les gens de Colomb, qui avaient été si souvent trompés, étaient devenus insensibles à tout ce qui aurait pu ranimer leur courage. Colomb, par sa prudence et sa fermeté, était parvenu à calmer les révoltes; mais il n'avait jamais entièrement réussi à faire taire les murmures, et craignait tous les jours de nouveaux éclats.

Le 11 octobre les indices de terre devinrent plus certains; un jonc encore vert passa près du vaisseau, et, peu de temps après, on vit de ces poissons qui ne se tiennent pas loin des rochers. La *Pinta* vit un tronc de canne, et recueillit une planche travaillée de main d'homme; la *Ninia* aperçut un rameau d'épines chargé de fruits; on sonda au coucher du soleil, et l'on trouva fond. Le vent soufflait alors avec inégalité; cette dernière circonstance acheva de convaincre Colomb que la terre ne pouvait être éloignée. On se rassembla comme à l'ordinaire, pour faire la prière du soir; dès qu'elle fut achevée, il dit à tous ses gens de remercier Dieu de la grâce qu'il leur avait faite de les conserver pendant un si long et un si périlleux voyage; les assura que les indices de terre devenaient de plus en plus certains. Il leur recommanda de veiller attentivement pendant la nuit; car ils la verraient certainement avant le jour. Il promit de donner une veste de velours à celui qui l'apercevrait le premier, en outre des dix mille maravédis de pension qu'il devait recevoir du roi.

Colomb étant, à dix heures du soir, assis sur la poupe de son vaisseau, aperçut une lumière; il la fit remarquer à Pedro Gutières. Tous deux firent venir Sanchez de Ségovie, commissaire des guerres; mais, lorsqu'il arriva, elle avait disparu. On la revit cependant encore deux fois. A deux heures après minuit, la *Pinta*, qui était de l'avant, signala la terre. Ce fut dans la nuit du 11 au 12 octobre 1492, après une navigation de trente-cinq jours, que se fit la découverte du Nouveau-Monde.

On attendit le jour avec impatience. Chacun désirait contempler cette terre après laquelle ils avaient si longtemps soupiré, et que la plupart d'entre eux avaient désespéré de jamais voir. Enfin, elle se montra avec le jour naissant, et ils jouirent du spectacle de montagnes et de collines couvertes de la plus agréable verdure. Les trois bâtiments firent route au lever du soleil. La *Pinta*, qui les précédait, entonna le *Te Deum*, et tous lui répondirent de concert, en pleurant de joie et de reconnaissance. Au même temps, les matelots se jetèrent aux pieds de Colomb, pour lui demander pardon des chagrins qu'ils lui avaient causés. On vit, en s'approchant, un grand nombre d'hommes attroupés sur le rivage. Colomb fut le premier qui mit le pied dans le Nouveau-Monde, qu'il venait de découvrir. Il était richement vêtu et tenait l'épée nue à la main. Ses compagnons l'ayant rejoint, ils se prosternèrent tous les larmes aux yeux, baisèrent la terre, remercièrent Dieu, plantèrent une croix, pour prendre possession du Nouveau-Monde, au nom de Jésus-Christ et de ses serviteurs Ferdinand et Isabelle. En se relevant, Colomb nomma cette île *San-Salvador* ou Saint-Sauveur.

Elle fait partie des îles Lucaies, qui ne sont pas éloignées de plus de cent lieues de la Floride. Les habitants de San-Salvador, qui la nommaient *Guanahari*, parurent simples et bons; ils furent d'abord étonnés du blancheur du teint des Espagnols, de leur barbe et de leurs vêtements; mais, ensuite, ils s'approchèrent avec confiance. On leur donna des bonnets de diverses couleurs, des grains de verre et d'autres bagatelles. Lorsque l'amiral retourna dans son navire, les uns le suivirent à la nage, d'autres dans leurs pirogues : sa chaloupe en était environnée. Leur teint était olivâtre. Les hommes et les femmes allaient entièrement nus; l'usage du fer leur était inconnu; ils ne craignaient pas de prendre les sabres par la lame, et souvent se blessaient. Le lendemain, ils vinrent au bâtiment troquer du coton contre des choses de peu de valeur. Ils avaient à leurs oreilles de petites plaques d'or, qui frappèrent les Européens. On leur demanda d'où ils tiraient cet or, et ils indiquèrent, en étendant les bras vers le sud, qu'il venait d'un pays situé dans cette direction. Christophe Colomb résolut d'aller le chercher, et retint à son bord sept Indiens destinés à lui servir d'interprètes.

L'escadre fit d'abord route au sud, et découvrit successivement l'*île de la Conception*, les *îles Ferdinandine et Isabelle*. Plus on s'avançait, plus on obtenait de renseignements sur le pays riche en or dont on avait entendu parler. On apprit qu'il se nommait *Cuba*, et l'on se hâta de s'y rendre. On en découvrit les côtes le 27 octobre. Partout où l'on voulut aborder, les habitants prirent la fuite; on parvint cependant à leur inspirer de la confiance, en leur faisant parler par les naturels de San-Salvador que l'on avait embarqués. On découvrit ensuite une île que les habitants appelaient Haïti : Colomb la nomma *Hispaniola* ou la Petite-Espagne; mais le nom de *Saint-Domingue* a prévalu. On eut beaucoup de peine à communiquer avec les habitants; ils se mettaient en fuite, ainsi que ceux de Cuba, à l'approche des bâtiments. Un événement imprévu changea tout à coup leurs dispositions.

Tandis que l'escadre était à louvoyer, on sauva un Indien qui était près de périr avec sa pirogue. Colomb le recueillit à son bord, le traita le mieux qu'il put, et ensuite le fit mettre à terre. Cet homme fit part à ses compatriotes de l'obligation qu'il avait aux Espagnols, et des bons traitements qu'il en avait reçus. La confiance s'établit aussitôt; ils accoururent de toutes parts, avec des fruits et d'autres provisions, près des navires. Ils troquaient leur or contre des éclats de faïence cassée et les choses les plus viles. Le prince du pays ou le *cacique* voulut voir des hommes dont on lui disait tant de bien. Colomb le traita avec de grands égards. Il s'établit entre eux une amitié qui ne se démentit jamais.

Le 24 décembre, pendant la nuit, le navire de Colomb toucha sur des bancs, et s'ouvrit en un moment. Colomb, avec tout son équipage, se retira à bord de la *Ninia*. L'autre navire, la *Pinta*, s'était séparé de l'escadre pour découvrir plus vite le pays d'or. Le cacique envoya aussitôt des barques au secours des Espagnols, ordonna à ses sujets de les aider à sauver leurs effets, et leur désigna un lieu pour les déposer. Aucun vol ne fut commis, et la bonne volonté qu'ils témoignèrent est digne de louanges. Guacanagari, c'était le nom du cacique, vint lui-même consoler Christophe Colomb; dans ses épanchements, il lui confia que ses sujets avaient beaucoup à souffrir des descentes que les Caraïbes, peuple féroce, faisaient sur leur île, et lui dit que les habitants d'Haïti avaient pris la fuite à l'approche des Espagnols, parce qu'ils avaient craint que cette nouvelle nation ne fût aussi barbare qu'eux. Colomb lui promit de le défendre contre ses ennemis, et profita de cette ouverture pour lui demander à faire un établissement dans ses Etats. Le cacique y consentit. On construisit un fort des débris du bâtiment qui s'était perdu. Colomb choisit trente-huit hommes pour y rester sous les ordres de Diégo d'Arena.

Continuant ensuite ses découvertes, il rejoignit la *Pinta*, dont le commandant lui fit des excuses. Ils se mirent en route pour revenir en Espagne, le 16 janvier 1493. Près d'arriver, ils furent séparés par une tempête. Alonzo Pinçon aborda au nord de l'Espagne, et mourut quelques jours après. Christophe Colomb arriva le 15 mars 1493 au port de Palos, d'où il était parti sept mois et demi auparavant. Il fut reçu avec enthousiasme. On sonna toutes les cloches; les magistrats, suivis de tous les habitants, vinrent le recevoir sur le rivage. On ne se lassait pas d'admirer comment il avait terminé si heureusement une entreprise que tout le monde avait crue impossible.

Son voyage pour se rendre à la cour fut un nouveau triomphe; on accourait de toutes parts pour considérer l'homme qui avait fait des choses si extraordinaires. Il fit une entrée publique à Barcelone. Toute la ville vint au devant de lui. Il marchait au milieu des Indiens qu'il avait amenés et qui avaient conservé le costume de leur pays. L'or, les bijoux et les autres choses rares étaient portés devant lui dans des corbeilles et des bassins découverts. Il s'avança ainsi au milieu d'une foule immense jusqu'au palais. Ferdinand et Isabelle l'attendaient assis sur leur trône. Lorsqu'il parut au milieu de son cortège, ils se levèrent. Colomb vint se mettre à genoux à leurs pieds et ils lui ordonnèrent de s'asseoir en leur présence. Colomb les remercia des grâces qu'il en avait reçues, et, continuant de parler modestement et avec une noble assurance, il leur rendit compte de son voyage et des découvertes qu'il avait faites. Ensuite il leur présenta les Indiens qui l'accompagnaient et les choses précieuses qu'il avait apportées. Alors le roi, la reine, toute l'assemblée se mit à genoux, et l'on chanta, dans la salle même du trône, le cantique d'actions de grâces.

Colomb fut confirmé dans la dignité héréditaire de vice-roi et d'amiral du Nouveau-Monde. Il repartit bientôt après, avec une flotte de dix-sept voiles, pour aller faire des établissements dans les pays qu'il venait de découvrir et pour en découvrir de nouveaux. En arrivant à Saint-Domingue, il trouva le fort réduit en cendres; tous ceux qu'il y avait laissés avaient été tués en trahison ou en combattant contre les insulaires. Colomb eut beaucoup de peine à retenir ses gens, qui voulaient venger la mort de leurs compatriotes. Enfin il réussit à les calmer et vint fonder la ville d'*Isabella* au milieu d'une plaine fertile. Il continua ses découvertes; mais, dans l'intervalle, l'intrigue et la jalousie le desservirent auprès du roi Ferdinand. Il n'eut d'autre ressource que de venir lui-même à la cour pour se justifier. Sa présence et ses discours produisirent l'effet qu'il en avait attendu : le roi lui rendit sa confiance et le combla de nouvelles faveurs. On lui donna une flotte pour continuer ses découvertes et retourner ensuite à Saint-Domingue.

Le 30 mai 1498, Christophe Colomb partit pour son troisième voyage; c'est celui pendant lequel il découvrit le continent du Nouveau-Monde, par la côte où l'on a bâti depuis la ville de *Caracas*, et par l'embouchure de l'Orénoque. Mais une sédition s'éleva dans la colonie espagnole de Saint-Domingue, Colomb fut calomnié auprès de Ferdinand et remplacé par un certain Bobadilla, qui le renvoya en Espagne chargé de fers. Dans le trajet, le commandant du vaisseau voulut les lui ôter, mais Colomb persista à les garder, disant qu'on les lui avait mis au nom du roi et qu'il ne les quitterait que par ses ordres. Il les conserva toujours depuis, et ordonna qu'après sa mort ils fussent déposés dans son tombeau. Quant il fut arrivé en Espagne, Ferdinand et Isabelle parurent affligés du traitement qu'il avait souffert, et envoyèrent sur-le-champ un de leurs officiers lui porter des consolations et lui donner ordre de venir en leur présence. Ils le reçurent avec bonté et parurent compatir à ses peines; ils l'assurèrent qu'ils n'avaient jamais ordonné qu'on lui fît un pareil traitement; la reine surtout, qui l'avait toujours défendu contre ses ennemis, lui témoigna beaucoup de compassion. Colomb, ne pouvant proférer une parole, tomba à leurs pieds les yeux baignés de larmes. Il se releva par leurs ordres, et, dès que son émotion fut calmée, il leur rendit compte de sa conduite, des peines qu'il avait souffertes, les assura de sa fidélité et du désir qu'il avait d'employer le reste de ses jours à leur service. Bobadilla, auteur de ses maux, fut rappelé et périt dans une tempête; mais Colomb n'a jamais été, depuis, réintégré dans son gouvernement; l'abord lui en fut même expressément défendu dans le quatrième voyage qu'il eut la magnanimité de faire après tant de disgrâces.

Il y fit de nouvelles découvertes, éprouva de nouvelles souffrances et revint en Espagne épuisé de fatigues. La reine Isabelle venait de mourir; cette nouvelle lui porta le dernier coup; effectivement, le roi le traita depuis avec beaucoup de froideur. Il tenta de lui faire renoncer à toutes ses charges; mais Colomb ne voulut jamais y consentir. Le chagrin augmenta ses infirmités et il mourut à Valladolid, d'une attaque de goutte, le 20 mai 1506, âgé de soixante-cinq ans. Ses restes furent déposés dans l'église de Séville et transférés ensuite dans la cathédrale de Saint-Domingue. Il laissa deux fils : Diégo, qui hérita de ses titres, et Fernand, qui a écrit l'histoire de sa vie.

Christophe Colomb était d'une taille au-dessus de la moyenne; il avait le visage long, le nez aquilin, les yeux bleus, le teint fin, mais un peu enflammé. Ses cheveux avaient été roux dans sa jeunesse, mais ils blanchirent de très-bonne heure. La noblesse de son maintien donnait de l'autorité à ses discours et commandait les égards et le respect. Son élocution était facile et sa conversation remplie de grâces et de vivacité. Affable avec les étrangers, doux et enjoué dans sa maison, ses manières posées et mêlées d'un peu de gravité lui conciliaient tous les cœurs. Il était sobre et d'une grande modération dans ses actions. Quoique l'un des meilleurs astronomes de son temps et le plus habile navigateur, il n'avait cessé de cultiver les belles-lettres; elles contribuèrent à fortifier son âme contre l'adversité et lui servirent de délassement dans des temps plus heureux; il faisait souvent des vers latins. Sa piété était exemplaire; son âme élevée était continuellement occupée de grandes pensées (*Biographie univ's.*, t. IX).

Comme il découvrit le Nouveau-Monde en cherchant la route aux Indes, il le nomma *les Indes*, et les habitants *les Indiens*. Aujourd'hui encore on l'appelle les Indes occidentales. Le nom d'*Amérique* lui vient d'Améric Vespuce, de Florence. Voici comment. Nous avons vu que Christophe Colomb découvrit le continent même du Nouveau-Monde en son troisième voyage, l'an 1498. Or, un historien contemporain de cette époque, Herréra, dit que Alonzo de Ojéda, qui avait fait le second voyage de Christophe Colomb et s'était distingué sous ses ordres à Saint-Domingue, partit de Cadix le 20 mai 1499, ayant pour pilote Jean de Cosa, et ajoute immédiatement après qu'Améric Vespuce, Florentin et habile cosmographe, était sur son bâtiment en qualité de marchand. On trouve dans la collection de Théodore de Bry, publiée en latin, la traduction de la relation de ce voyage, faite par Améric Vespuce lui-même. Elle s'accorde assez avec celle de Herréra; mais l'époque du départ, au lieu d'être fixée au mois de mai 1499, l'est au mois de mai de l'année 1497, c'est-à-dire qu'elle est avancée de deux années entières. Cette différence de date a donné lieu à la question, qui des deux a découvert le premier le continent du Nouveau-Monde, ou de Christophe Colomb, qui le vit certainement en 1498, ou du marchand florentin, qui prétend l'avoir vu l'année d'auparavant, sur le navire d'un des compagnons de Colomb. Mais la chose fût-elle aussi certaine qu'elle l'est peu, quel serait le mérite d'Améric Vespuce? — Un général d'armée, à travers mille obstacles réputés insurmontables, vient de se rendre maître d'une immense capitale : il n'est encore que dans les faubourgs, lorsqu'un subalterne court dans la cité, pour se dire à lui-même qu'il en a fait la conquête.

A l'époque de sa découverte, les peuples du Nouveau-Monde étaient sauvages, à l'exception du Mexique et du Pérou, où il y avait une espèce de civilisation avortée. Nulle part on ne connaissait ni lettre ni écriture. Chez les Mexicains, l'unique manière de transmettre la connaissance des faits était une peinture hiéroglyphique assez grossière; chez les Péruviens, de petites cordes nouées de diverses façons, et nommées *quipos*. Nulle part on ne connaissait l'usage du fer : dans tous les édifices du Nouveau-Monde, pas un clou, ni une cheville. Peu ou point d'animaux domestiques. La femme est réduite à l'état d'esclavage. Tous les peuples idolâtres, tous immolant à leurs idoles des victimes humaines, et en dévorant les restes, même à la table de l'empereur du Mexique. Seulement au Pérou on s'abstenait de sacrifices humains depuis quelques générations. Mais là comme ailleurs on enterrait vivants des hommes et des femmes avec le cadavre du maître défunt.

Cependant, comme déjà nous l'avons remarqué ailleurs, par-dessus ce chaos d'erreurs et de ténèbres, planait une certaine connaissance du vrai Dieu. Les Mexicains reconnaissaient un Créateur suprême, un Dieu conservateur de l'univers. Ils l'appelaient *Teut*, *Téot*, ou plutôt *Téolt*, noms qui se rapprochent singulièrement du grec *Théos*. Un de leurs rois avait composé, en langue aztèque, soixante hymnes en son honneur. Les Toltèques nommaient cet être invisible *Jpalne-Moani* et *Tloque-Nahuaque*, parce qu'il *n'existe que par lui-même*, et qu'il *renferme tout en lui* (Solis, *Hist. de la conquête du Mexique*; Humboldt, *Vues des Cordillières*). On l'adorait au Pérou sous le nom de *Pacha-Camac*, mot composé qui signifie le *Créateur du monde* (Carli, *Lettres américaines*).

Le temple dédié à Pacha-Camac était rempli d'idoles auxquelles les *Junches* rendaient un culte; mais, ayant été soumis par Pacha-Cutu, ils convinrent, par le premier article du traité de paix rapporté dans Garcilasso, Péruvien d'origine, qu'on abattrait dans ce temple toutes les idoles, parce qu'il était absurde qu'elles fussent dans le même lieu que le Créateur de l'univers; qu'à l'avenir on ne lui dédierait plus aucune figure, mais qu'on l'adorerait de cœur, attendu que, n'étant pas visible comme le soleil, on ne pouvait pas savoir sous quelle figure il fallait le représenter (Carli, *Lettres américaines*, et Clavigero, *Hist. ancienne du Mexique*).

Les habitants de l'Amérique septentrionale distinguaient les génies subalternes, le Créateur du monde. Ils appelaient celui-ci *Isnèz*. Plusieurs tribus sauvages connaissent Dieu sous le nom de *Grand-Esprit* (Charlevoix, *Hist. de la nouvelle France*). Ramon, religieux espagnol, que Colomb avait amené avec lui à Saint-Domingue, et qui en avait appris la langue, a laissé, sur la religion des habitants de cette île, un ouvrage qu'on trouve en entier dans l'histoire d'Alphonse Ulloa. Ces peuples croyaient, dit-il, à un Etre suprême, créateur et premier moteur de l'univers. Ils l'appelaient *Jocanna*. Cet Etre tout-puissant manifestait sa volonté aux caciques par le moyen de certains êtres intermédiaires (Carli, t. I).

Les sauvages de la Guiane croient en Dieu, comme auteur suprême de tout bien, et qui n'a jamais la volonté de leur faire le moindre mal; mais ils rendent un culte aux mauvais génies pour détourner les maux dont ils peuvent les affliger (*Hist. de l'Orénoque*, par le P. Gumila, c. 26).

Même croyance à la Louisiane, au Brésil et chez les Araucans. Ils reconnaissent un Etre suprême, auteur de toutes choses, qu'ils appellent *Pillan*. Ce mot dérive de *Pulli* ou *Pilli*, âme ou esprit par excellence. On l'appelle aussi *Guenu-Pillan*, esprit du ciel; *Eutagen*, grand-être; *Thalcave*, le tonnant; *Vivennvoe*, créateur de tout; *Vilpepilvoe*, tout-puissant; *Molghelle*, éternel; *Aunonolli*, infini. Ils disent qu'il est le *Grand-Toqui* du monde invisible, et, en cette qualité, il a ses *Apo-Ulmenes* et ses *Ulmenes*, ou divinités subalternes auxquelles il confie l'administration des choses d'ici-bas (*Annales des voyages*, t. XVI, et *Essai sur l'indiff.*, t. III).

Quant à l'immortalité de l'âme et à l'existence d'une autre vie, tous les Américains y croyaient. Pierre Martyr, dans son *Sommaire*, rapporte qu'un vieil Indien dit à Christophe Colomb : « Tu nous as effrayés par ta hardiesse; mais souviens-toi que nos âmes ont deux routes après la sortie du corps : l'une est obscure, ténébreuse; c'est celle que prennent les âmes de ceux qui ont molesté les autres hommes; l'autre est claire, brillante et destinée aux âmes de ceux qui ont donné la paix et le repos. » La même croyance était répandue dans le Nouveau-Monde (Carli, t. I, p. 123 et seqq.), notamment au Pérou. Garcilasso de la Vega, Péruvien de naissance, après avoir comparé ce qu'avaient écrit les écrivains espagnols, Acosta, Ciera de Léon, Gomara, Valera et autres, nous apprend que les Incas croyaient l'âme immortelle, une vie future heureuse ou malheureuse, et même la résurrection des corps. Ils appelaient le corps de l'homme *alpacamasca*, ou *terre animée*. Ils divisaient l'univers en trois parties : 1° *Hanan-pacha*, ou le *haut-monde*, *le ciel*; c'était là que se rendaient les âmes des bons; 2° *Hurin-pacha*, ou le *bas-monde* que nous habitons; 3° *Vehu-pacha*, le *centre de la terre*, ou *l'enfer*, des tiné aux âmes des méchants. Ils gardaient leurs cheveux et leurs ongles, espérant les retrouver à la résurrection (Garcilasso, l. 2, c. 7). Les Mexicains célébraient trois fêtes en mémoire des morts; la petite fête, la grande fête, puis la fête de tous les morts, et enfin, ce qui est extrêmement remarquable, la fête de *tous les Seigneurs*, comme qui dirait de tous les saints (Humboldt, *Vues des Cordillières*, t. I et II).

La chute de l'homme, la nécessité de sa rédemption n'étaient pas oubliées dans le Nouveau-Monde. *La mère de notre chair*, ou *la femme au serpent Cihuacohuatl*, est célèbre dans les traditions mexicaines, qui la représentent déchue de son premier état de bonheur et d'innocence. Nous avons parlé ailleurs du monument découvert en Pensylvanie, qui montre que la même tradition était répandue dans toute l'Amérique. On y pratiquait un certain baptême sur les nouveau-nés. Au Yucatan, on apportait l'enfant dans le temple, où le prêtre lui versait sur la tête de l'eau destinée à cet usage, et lui donnait un nom. Mêmes expiations prescrites par la loi des Mexicains. « La sage-femme, en invoquant le dieu Ometeuctli, ou du paradis céleste, et la déesse Omecihuatl, qui vivent dans le séjour des bienheureux, jetait de l'eau sur le front et la poitrine du nouveau-né. Après avoir prononcé différentes prières dans lesquelles l'eau était considérée comme le symbole de la purification de l'âme, la sage-femme faisait approcher des enfants qui avaient été invités pour lui donner un nom. Dans quelques provinces, on allumait en même temps du feu et on faisait semblant de passer l'enfant par la flamme, comme pour le purifier à la fois par l'eau et le feu. Cette cérémonie, observe Alexandre de Humboldt, rappelle des usages dont l'origine, en Asie, paraît se perdre dans une haute antiquité (*Ibid.*). »

Ce n'est pas le seul rapport qu'eussent les usages et les traditions mexicaines avec les traditions et les usages des Juifs, et même des chrétiens. « On trouvait parmi eux, outre leurs traditions sur la mère des hommes, déchue de son premier état de bonheur et d'innocence, l'idée d'une grande inondation dans laquelle une seule famille s'est échappée sur un radeau; l'histoire d'un édifice pyramidal élevé par l'orgueil des hommes et détruit par la colère des dieux; des idoles faites avec de la farine de maïs pétrie, et distribuées en parcelles au peuple rassemblé dans l'enceinte des temples; les déclarations de péchés faites par les pénitents; des associations religieuses ressemblant à nos couvents d'hommes et de femmes (*Ibid.*, t. I; Carli, t. I; Gerbet, *Principe générateur de la piété chrétienne*).

L'espérance d'un rédempteur se conservait également. Les Salives d'Amérique disaient que le *Puru* envoya son fils du ciel pour tuer un serpent horrible qui dévorait les peuples de l'Orénoque; que le fils de *Puru* vainquit ce serpent et le tua; qu'alors *Puru* dit au démon : Va-t-en à l'enfer, maudit, tu ne rentreras jamais dans ma maison (Gumila, t. I). Dans les peintures mexicaines, la *femme au serpent*, appelée aussi *femme de notre chair*, parce que les Mexicains la regardaient comme la mère du genre humain, est toujours représentée en rapport avec un grand serpent; et d'autres peintures nous offrent une couleuvre panachée, mise en pièces par le grand esprit *Tezcatlipoca* ou *Téotl*, qui prend la forme d'une des divinités subalternes (Humboldt, t. I).

« Une prophétie ancienne faisait espérer aux Mexicains une réforme bienfaisante dans les cérémonies religieuses; cette prophétie portait que Centeotl... triompherait à la fin de la férocité des autres dieux, et que les sacrifices humains feraient place aux offrandes innocentes des prémices des moissons (*Ibid.*). »

On trouve dans plusieurs rituels des anciens Mexicains la figure d'un animal inconnu, orné d'un collier et d'une espèce de harnais, mais percé de dards. « D'après les traditions qui se sont conservées jusqu'à nos jours, dit Alexandre de Humboldt, c'est un symbole de l'innocence souffrante; sous ce rapport, cette représentation rappelle l'agneau des Hébreux ou l'idée mystique d'un sacrifice expiatoire destiné à calmer la colère de la Divinité. »

« Tous les Américains, dit un auteur du XVIIIe siècle, attendaient du côté de l'Orient, qu'on pourrait appeler le pôle de l'espérance de toutes les nations, des enfants du soleil; et les Mexicains, en particulier, attendaient un de leurs anciens rois qui devait venir les revoir par le côté de l'aurore, après avoir fait le tour du monde. Enfin, il n'y a aucun peuple qui n'ait eu son expectative de cette espèce (Boulanger, *Recherches sur le despotisme oriental*, sect. 10). »

Avec l'arrivée de Christophe Colomb, cette expectative commença à se réaliser pour l'Amérique. L'étendard du roi, du sauveur attendu, la croix, avait été planté tout d'abord sur le rivage. Depuis assez longtemps, l'Amérique pouvait avoir entendu quelques rumeurs de la bonne nouvelle, soit par le Groënland, où, dès Louis le Débonnaire, nous avons vu des missions chrétiennes, soit par d'autres voies providentielles. C'étaient quelques lueurs d'aurore au milieu de la nuit. Avec Christophe Colomb, c'est le soleil qui se lève. Le royaume du Christ en ce monde, l'Eglise de Dieu, va se manifester comme le grand jour. Avec le hardi navigateur arrivent les ambassadeurs de Jésus-Christ, envoyés par son Vicaire pour porter la bonne nouvelle à tous ces peuples, et les agréger tous au royaume de Dieu et de son Christ.

Voilà ce que les conquérants espagnols annonçaient aux peuplades parmi lesquelles ils s'avançaient. On le voit par la proclamation suivante de l'un d'entre eux. Elle est de l'an 1509.

« Moi, Alonso de Ojeda, serviteur des très-hauts et puissants rois de Castille et de Léon, conquérants des nations barbares, leur envoyé et leur capitaine, je vous notifie et vous déclare, dans la forme la plus ample dont je suis capable, que Dieu, Notre Seigneur, qui est unique et éternel, a créé le ciel et la terre, et un homme et une femme, desquels vous et moi, et tous les hommes qui ont été et seront sur la terre, sont descendus. Comme il est arrivé, pendant l'espace de plus de cinq mille ans, qu'ils se sont dispersés dans différentes contrées du monde, où ils ont formé plusieurs royaumes et plusieurs provinces, parce qu'un seul pays n'était pas assez vaste pour les contenir et fournir à leur subsistance, Dieu, Notre Seigneur, a confié la conduite de tous ces peuples à un homme appelé saint Pierre, qu'il a constitué chef et souverain de toute la race humaine, afin que tous les hommes, dans quelque endroit qu'ils naissent et dans quelque croyance qu'ils soient élevés, lui obéissent. Il a soumis tout le monde à sa juridiction, et lui a ordonné d'établir sa résidence à Rome, comme le lieu le plus propre pour veiller au gouvernement de l'univers. Il lui a même promis et donné pouvoir d'établir son autorité dans toutes les autres parties du monde, et de juger et gouverner tous les chrétiens, Maures, Juifs, Gentils et tous les autres peuples, de quelque secte et religion qu'ils soient. On lui donne le nom de Pape, mot qui signifie *admirable*, *grand-père* et *tuteur*, parce qu'il est le père et le gouverneur de tous les hommes. Ceux qui vivaient du temps de ce saint Père lui obéirent et le reconnurent pour leur seigneur, leur roi et le souverain de l'univers. On a observé la même chose depuis, à l'égard de ceux qui ont été élevés au souverain pontificat. Cette coutume dure encore et subsistera jusqu'à la fin du monde.

» Un de ces pontifes, comme maître de l'univers, a fait donation de ces îles et de la terre ferme de la mer océane, aux rois catholiques de Castille, Ferdinand et Isabelle, de glorieuse mémoire, et à leurs successeurs, nos souverains, de même que de tout ce qu'elles contiennent, ainsi qu'il est dit dans certains actes passés dans cette occasion, que je vous montrerai, si vous le désirez. Vous voyez donc qu'en vertu de cette donation, Sa Majesté est reine et souveraine de ces îles et de la terre ferme; et la plupart de celles à qui elle a montré son titre, l'ont reconnue en cette qualité et lui obéissent aujourd'hui volontairement et sans résistance. Les peuples qui les habitent n'ont pas plus tôt été instruits de ce qui se passait, qu'ils ont obéi aux religieux que le roi leur a envoyés pour leur prêcher et les instruire de notre sainte religion; ils sont tous devenus chrétiens volontairement, sans aucun espoir de récompense, et continuent de l'être; et Sa Majesté les ayant pris sous sa gracieuse protection, a ordonné qu'on les traitât de même que ses autres sujets et vassaux. Vous êtes obligé de suivre leur exemple.

» Je vous conjure donc d'examiner attentivement ce que je viens de vous dire, et, pour que vous puissiez le comprendre mieux, de prendre le temps qu'il faut pour délibérer, afin que vous reconnaissiez l'Eglise comme maîtresse directrice de l'univers, le Saint-Père qu'on appelle le Pape, comme tel, et Sa Majesté qu'il a choisie, comme reine et souveraine de ces îles et de la terre ferme; et que vous consentiez à ce que ces saints Pères, dont je vous ai parlé ci-dessus, vous prêchent et vous annoncent les doctrines susdites. En agissant de la sorte, vous ne ferez que remplir votre devoir, et Sa Majesté et moi, en son nom, vous recevrons avec amitié et vous laisserons vivre, vous, vos femmes et vos enfants, libres et exempts de servitude, dans la jouissance de ce que vous possédez, de même que les habitants des îles. Sa Majesté vous accordera de plus quantité de privilèges, d'exemptions et de récompenses. Si vous ne vous soumettez point et si vous différez malicieusement d'obéir à mes ordres, j'entrerai, avec l'aide de Dieu, dans votre pays, par la force; je vous ferai la guerre à outrance, je vous contraindrai d'obéir à l'Église et au roi; je prendrai vos femmes et vos enfants, je les réduirai en esclavage, je les vendrai ou en disposerai selon le bon plaisir de Sa Majesté. Je saisirai vos biens et vous ferai tout le mal que je pourrai, comme à des sujets rebelles, qui refusent de se soumettre à leur légitime souverain. Je vous proteste que ce sera vous, et non le roi, ni moi, ni ceux qui servent sous mes ordres, qui serez responsables de tout le sang qu'on répandra et de tous les malheurs qui arriveront. Telle est la déclaration que j'avais à vous faire, et j'ordonne au notaire ici présent de m'en donner un certificat signé en bonne et due forme (Herréra, *Decad*. 1, l. 7, c. 14).

Dans ce manifeste, qui était le même pour tous les conquérants espagnols, on voit trois idées principales : Dieu, roi suprême du ciel et de la terre; le Pape, à qui Jésus-Christ donne toutes les nations à convertir et à régir; le roi d'Espagne, à qui le Pape donne commission de seconder par sa puissance la propagation de la foi et de la civilisation chrétienne dans une partie du Nouveau-Monde. Et la commission s'exécute de telle sorte, qu'après trois siècles, lors même que les Espagnols n'y sont plus, l'Amérique demeure chrétienne et catholique, et marche la première en civilisation après l'Europe.

Voici qui peut servir de pendant. Nous avons vu l'Angleterre catholique et soumise au Pape, convertir l'Allemagne par saint Boniface et ses autres missionnaires. Depuis un demi-siècle, l'Angleterre protestante est maîtresse de l'Inde. Or, tout le fruit religieux qu'elle y a produit jusqu'à présent, ce sont des idoles mieux faites, qu'elle fabrique et qu'elle vend aux Indiens idolâtres. Aujourd'hui les Anglais mettent le pied en Chine, non pas au nom de Dieu et du Pape, comme les Espagnols d'autrefois en Amérique, mais au nom de quelques têtes de pavots, dont ils veulent absolument faire boire le suc aux Chinois, pour leur abrutir l'âme et le corps.

Un homme qui eut la main à toutes les grandes choses que fit alors l'Espagne, ce fut un moine Franciscain. *François Ximénès de Cisneros* naquit l'an 1437 à Tordelaguna, petite ville de Castille. Sa mère, Marie-Anne de la Torre, était de race noble, mais on conteste la noblesse de son père Alphonse Ximenès de Cisneros. Ce qu'il y a de certain, c'est que, pour entretenir sa nombreuse famille, le père n'avait qu'une place de percepteur dans les décimes que les Papes avaient accordés aux rois d'Espagne pendant les guerres de Grenade. Toute son ambition était que son fils aîné François nommé d'abord Gonzalès, pût lui succéder en sa place, et que pour cela il apprit à lire, à écrire et à chiffrer. Mais l'extrême aversion du fils pour l'emploi du père, les grandes dispositions qu'il annonçait pour les sciences, son penchant pour l'état ecclésiastique, l'obligèrent à changer de dessein. Le jeune Ximénès étudia d'abord à Alcala de Hénarès, ensuite à l'Université de Salamanque, la plus savante qu'il y eût alors en Espagne. A l'étude de la philosophie et de la théologie, du droit civil et du droit canon, il joignit celle des langues orientales. Après avoir reçu les ordres sacrés, il professa quelque temps le droit; et, lorsque ses ressources pécuniaires lui permirent d'entreprendre un voyage à Rome, il partit plein d'espoir pour une fortune que semblait lui révéler son génie, mais qui devait se faire acheter par bien des traverses.

Dépouillé d'abord par des voleurs, il dut à un

ancien condisciple les moyens d'achever son voyage et de subsister jusqu'à ce qu'il pût lui-même pourvoir à ses besoins, en plaidant les causes des Espagnols devant les tribunaux ecclésiastiques de Rome. La réputation qu'il acquit dans cet emploi lui valut du pape Sixte IV une bulle d'expectative pour le premier bénéfice vacant dans le diocèse de Tolède. Rappelé en Castille par la mort de son père, Ximenès saisit bientôt l'occasion que lui offrit la vacance de l'archiprêtré d'Uceda, pour s'en mettre en possession, en vertu de la bulle qui lui avait été donnée. L'archevêque, qui déjà en avait disposé, refusa son consentement; mais le jeune ecclésiastique, fort de son bon droit et de son caractère, entreprit la lutte. Il fut enfermé dans la tour d'Uceda, où l'on raconte qu'un vieux prêtre, depuis longtemps prisonnier, lui prédit qu'un jour il serait archevêque de Tolède. Mais, loin de ces rêves de fortune, il fallait, pour arriver à la possession du bénéfice qui lui était dû, supporter des épreuves qui eussent certainement lassé tout autre courage. Ce fut après six années d'inutiles oppositions que l'archevêque se vit enfin obligé de céder; mais Ximenès permuta aussitôt cet archiprêtré, pour devenir grand-vicaire de Siguença, sous le cardinal Gonzalès de Mendoza, dont la réputation l'attirait. L'estime et la confiance de ce prélat mirent les talents de Ximenès dans un très-grand jour. Ces talents étaient d'ailleurs soutenus par des vertus qui n'étaient pas moindres. Le comte de Cifuentes en fit l'expérience. Ayant été retenu prisonnier de guerre par les Maures, il nomma Ximenès administrateur de tous ses biens. A son retour, il trouva ses terres dans un meilleur état qu'il ne les avait laissées, et une grande partie de ses dettes éteintes. Le comte, qui était aussi généreux que riche, se promettait de témoigner noblement sa reconnaissance, d'autant plus qu'il avait beaucoup de crédit à la cour ; ce qui, avec la faveur du cardinal de Mendoza, ne pouvait manquer d'avancer la fortune de Ximenès, lorsque Ximenès lui-même y mit obstacle, en résignant ses bénéfices à l'un de ses frères, et alla prendre l'habit de saint François chez les Cordeliers de Tolède.

Ximenès vécut dans le noviciat de la manière la plus exemplaire. Il ne se pouvait rien ajouter à son amour pour le silence, la pauvreté et la retraite; sa modestie et son humilité étaient telles, qu'il semblait avoir oublié ce qu'il avait été dans le monde, et toutes les grandes qualités qui l'y avaient distingué. L'année de son noviciat finie, il fit profession dans le monastère de Talavéra. Ce fut alors qu'il changea le nom de Gonzalès, qu'il avait reçu au baptême, en celui de François, pour honorer le patriarche de l'ordre dans lequel il était entré. Sa profession ne changea rien à sa première façon de vie, il n'en fut ni moins exact ni moins retiré; l'étude des livres saints et des langues orientales dans lesquelles ils ont été premièrement écrits, faisaient toute son occupation. Ses supérieurs l'ayant fait revenir à Tolède, il y devint bientôt célèbre et comme prédicateur et comme directeur des âmes. Tout le monde courait à ses sermons, tout le monde voulait se mettre sous sa direction spirituelle : ce qui lui suscita bien des envieux. Pour se soustraire à tous ces inconvénients, il se retira dans le couvent de Castagnar, situé au milieu des bois. Là une cabane de feuillage fut souvent le lieu de ses méditations; et, dans sa plus haute fortune, on l'entendit regretter sa solitude de Castagnar.

Ximenès avait déjà cinquante-six ans, lorsque, sur la proposition du cardinal de Mendoza, alors archevêque de Tolède, la reine Isabelle de Castille le choisit pour confesseur. Ses refus modestes ne cédèrent qu'à de longues instances, et surtout à la condition de ne pas demeurer à la cour; ce qui ne put empêcher que la confiance d'une princesse si digne d'apprécier le mérite ne l'appelât à la connaissance de toutes les affaires; il n'y en eut aucune qui, avant d'être portée au conseil, n'eût été d'abord soumise à son avis. Ce crédit, que tous les soins de Ximenès ne pouvaient entièrement cacher, détermina les Cordeliers à le choisir pour provincial. On le vit alors entreprendre à pied la visite de toutes les maisons de l'ordre. Suivant la règle de saint François, il mendiait sa subsistance. Comme il s'y prenait mal, le frère qui l'accompagnait lui en faisait agréablement des reproches : « Chacun a ses talents, lui disait-il, vous n'êtes pas fait pour mendier de porte en porte ; pour peu que vous vous obstiniez à le faire, nous mourrons de faim tous les deux. Je m'y entends beaucoup mieux que vous, laissez-moi faire, et nous ne manquerons de rien. »

Ximenès, dans ses voyages, ne se contentait pas de ne vivre que d'aumône, il était toujours fort grossièrement vêtu : ce qui pourtant ne diminuait rien de l'air grand et majestueux qu'il avait naturellement. Quelques affaires qu'il eût, il ne se dispensait jamais des exercices réguliers. Quand il était dans quelque maison de son ordre, jamais il ne mangeait hors du réfectoire ; et, quelque fatigué qu'il pût être, il ne souffrait point qu'on lui servît rien de particulier, de mieux apprêté, ni en plus grande quantité qu'aux autres. Que si, contre ses défenses très-expresses, on lui servait quelque chose d'extraordinaire, il l'envoyait sur-le-champ aux malades du monastère, ou, s'il n'y en avait point, aux malades du lieu où le monastère était situé. Il demeura si ferme dans cette pratique, qu'il abolit enfin, par son exemple, les festins que les Cordeliers avaient coutume de faire à leurs provinciaux.

En visitant ainsi les maisons de son ordre, il vint à Gibraltar, aux extrémités de l'Espagne, d'où il apercevait l'Afrique. La vue d'un si beau pays, qui n'était alors habité que par les sectateurs de Mahomet, le toucha vivement. S'il n'eût consulté que son zèle, il y serait passé dès-lors, pour faire part à ces infidèles des lumières de l'Évangile. Mais, ne sachant pas si Dieu l'appelait à un ministère si sublime, et persuadé qu'il y travaillerait en vain sans la vocation divine, il résolut de consulter quelque personne qui pût lui faire connaître la volonté de Dieu.

Il y avait près de là une fille pieuse, renommée par ses révélations et de qui l'on racontait des choses extraordinaires. Ximenès se rendit auprès d'elle, lui découvrit son dessein de passer en Afrique, et la pria de lui dire le lendemain ce que Dieu lui aurait inspiré là-dessus. La pieuse fille le détourna de ce voyage, et lui dit que Dieu le réservait à de grandes choses, et qu'il servirait l'Église en Espagne beaucoup plus utilement qu'il ne pourrait faire en Afrique. Ximenès n'insista pas davantage, et résolut d'attendre que Dieu lui fît connaître plus clairement ce qu'il demandait de lui.

Le cardinal de Mendoza, qui avait toujours conservé pour Ximenès la plus haute estime, le désigna en mourant pour son successeur au siége de Tolède. Dès ce moment, la reine Isabelle destina à l'humble disciple de saint François cette première dignité de l'Eglise d'Espagne, alors ambitionnée par le roi Ferdinand pour un de ses fils naturels; mais, pressentant les difficultés qu'opposerait la modestie de Ximenès, la princesse garda ses intentions secrètes jusqu'à l'arrivée des bulles du Pape. Encore cette précaution ne surmonta pas entièrement la résistance qu'elle avait prévue, et Ximenès ne céda enfin qu'à un ordre exprès du chef de l'Eglise. Il fallut recourir à la même autorité pour faire renoncer l'humble religieux à la stricte observation des austérités de son ordre. Près des magnifiques appartements qui lui étaient destinés, Ximenès occupait une cellule; il couchait sur la dure, et, faisant porter aux malades les mets qui lui étaient servis, il se nourrissait des aliments les plus grossiers. Alexandre VI, plus sensible aux pompes de l'Eglise que touché de ses humilités, exigea, sur la demande de la reine de Castille et pour faire cesser les murmures des grands, que l'archevêque de Tolède prît une manière de vivre plus convenable à sa haute dignité. Le prélat se soumit au faste qu'on lui imposait; il le porta même à la fin plus loin qu'aucun de ses prédécesseurs, mais sans renoncer, dans le secret, aux privations que lui prescrivaient ses vœux.

Partagé entre les affaires du royaume, le soin de son Eglise et celui de son ordre, le vaste génie de Ximenès avait à lutter contre les oppositions des intérêts particuliers, qu'il voulait, dans toutes les occasions, sacrifier à ses grandes vues de bien public et à son amour pour la justice. Les abus introduits dans la perception de l'impôt doublaient le fardeau pour les peuples, sans que le trésor en retirât plus d'avantage. La difficulté n'était pas dans le choix d'un mode plus équitable : il fallait surmonter des préjugés, froisser des intérêts, vaincre les résistances du conseil et des grands. Ximenès eut besoin d'adresse et de persévérance; mais enfin il réussit, et la reconnaissance publique, les bénédictions du peuple furent la récompense d'un changement si utile.

Ses projets de réforme pour les Cordeliers, longtemps mûris dans le secret, avaient cependant été pénétrés; et l'ordre, effrayé, cherchait tous les moyens de les éluder. Le général appelé d'Italie vint inutilement en Espagne, plus inutilement encore il tenta d'abaisser dans l'esprit de la reine un crédit trop solidement établi pour être ébranlé. L'activité, la pénétration de l'archevêque, la persévérance de sa volonté, le pouvoir dont il jouissait furent à peine suffisants pour combattre, tant à Rome qu'en Espagne, les efforts de l'ordre. L'animosité fut portée à un tel point, qu'un de ses propres frères, engagé comme lui parmi les Franciscains, non content de l'avoir déchiré dans un libelle, il se nourrissant pour le pardon généreux qu'il en avait reçu, attenta à ses jours dans un accès de fureur. Mais l'archevêque, secouru à temps, arrêta toutes les procédures; il voulut que les rigueurs du cloître fussent la seule punition du coupable, qui même, par la suite, obtint une pension du frère dont il avait été l'assassin.

Depuis trois ans Ximenès était archevêque de Tolède, et la reine, dont la confiance le retenait toujours auprès d'elle, ne lui avait point encore laissé la liberté d'aller prendre en personne possession de ce siége. Il y était attendu par des honneurs qui ne parurent pas l'étonner, et dont il se montra vraiment digne par toutes les choses grandes et utiles qui signalèrent sa présence. La visite qu'il fit de toutes les églises de son diocèse lui donna de fréquentes occasions de développer son amour pour l'ordre et la justice, la grandeur de ses vues et celle de sa charité. Partout il rétablissait, édifiait, dotait. La cathédrale de Tolède lui dut un grand accroissement; le gouvernement ecclésiastique et la justice, qui se rendait au nom de l'évêque, furent puissamment réformés, des synodes diocésains établis, et les plus sages règlements donnés à toutes les parties de l'administration.

Ximenès, jeune encore, avait commencé ses études dans Alcala; Ximenès, archevêque, y fonde une Université, la dote richement, et y appelle les hommes les plus habiles de l'Europe, pour les charger d'une entreprise dont l'idée, conçue dès sa jeunesse, avait été le motif d'une grande partie de ses études. C'était une Bible *polyglotte*, c'est-à-dire en plusieurs langues. Lui-même concourut à ce travail. Les textes hébreu et chaldaïque, la version des Septante, les travaux de saint Jérome et d'autres anciens auteurs y étaient réunis. Ce monument, le plus complet qui eût été élevé jusqu'alors, devint le type et le modèle des Bibles polyglottes qui ont été publiées depuis.

Rien de ce qui pouvait contribuer à la gloire de la religion et maintenir l'autorité des anciennes traditions n'échappait aux soins de Ximenès. L'ancien rituel des Eglises d'Espagne, connu sous le nom de *mosarabique*, parce que, depuis l'adoption des rites romains, il n'était resté en usage que dans les Eglises soumises à la domination des Maures, ce vieux monument de l'uniformité des principes de l'Eglise depuis un temps si reculé, allait périr de vétusté avec les anciens manuscrits qui en étaient dépositaires; l'archevêque en fit publier une édition très-soignée, dont les exemplaires furent déposés non-seulement dans les églises d'Espagne, mais encore au Vatican et dans toutes les grandes bibliothèques de l'Europe. Il voulut aussi que des chapelains établis à cet effet conservassent à perpétuité ces rites antiques dans une des chapelles de la cathédrale de Tolède.

Parmi plusieurs monastères fondés par le même prélat, celui d'Alcala, auquel par reconnaissance il donna le nom de la reine Isabelle, mérite une mention particulière. Il était destiné à l'éducation gratuite des filles de la noblesse pauvre. Les principes de leur institution devaient être dirigés vers les devoirs de famille et de société. Un fonds considérable, qui fut depuis fort augmenté par la munificence des rois d'Espagne, était destiné à doter ces jeunes personnes. Il est impossible de méconnaître dans cette belle institution le modèle de celle de Saint-Cyr, si honorable pour la mémoire de la dame de Maintenon et de Louis XIV, et qui a été imitée par Napoléon dans son institution de Saint-Denys pour les filles de la Légion-d'Honneur.

Mais ces travaux, si dignes d'occuper la vie d'un prélat et les revenus de son archevêché, ne suffisaient pas à l'activité d'un zèle qui semblait s'étendre avec les circonstances.

Le royaume de Grenade, nouvellement conquis par les armes de Ferdinand, n'était pas encore converti à la foi chrétienne; dans la capitale même du royaume, il y avait plus de deux cent mille mahométans, des ferments de révolte se manifestaient parmi eux. Par le conseil de Ximenès, le roi et la reine allèrent s'y établir avec une cour nombreuse. La reine logeait à l'Alhambra, palais magnifique des rois maures et en même temps citadelle formidable qui dominait toute la ville. La garnison fut augmentée sans que le peuple s'en doutât. Tout à coup les morabites et les alfaquis, lesquels sont parmi les mahométans ce que sont les prêtres et les moines parmi les chrétiens, reçoivent ordre de se rendre à la cour. Admis à l'audience, Ferdinand leur dit en peu de mots qu'il les a mandés pour des affaires importantes, dont l'archevêque de Tolède les informerait plus amplement. Ximenès leur apprend qu'on sait toute la conspiration pour soulever le peuple, particulièrement dans les montagnes; plusieurs d'entre eux y ont trempé directement, les autres pour ne l'avoir pas révélée à Leurs Majestés Catholiques; tous avaient mérité la mort. Néanmoins Leurs Majestés veulent bien encore leur pardonner, mais à une condition : c'est de ne rien épargner pour porter leurs compatriotes à embrasser la religion chrétienne, et de leur en donner les premiers l'exemple. Les morabites et les alfaquis furent d'autant plus consternés de cette alternative, qu'ils s'y attendaient moins. Ils protestent d'abord de leur innocence et finissent par promettre ce qu'on leur demande. Aussitôt Ximenès, changeant de visage et de manières, leur fait autant de caresses qu'il leur avait inspiré de terreur; il leur promet, de la part de Leurs Majestés et de la sienne, au delà de ce qu'ils pouvaient prétendre; il leur donne un magnifique repas, leur montre tout ce qu'il y avait de curieux dans ses cabinets, et fait présent à chacun de ce qu'il avait remarqué lui plaire davantage. Ce qui acheva de les gagner, c'est qu'étant allés prendre congé du roi et de la reine, Ferdinand et Isabelle leur confirmèrent tout ce que Ximenès leur avait promis, et firent présent à chacun de robes et de turbans d'honneur.

Les choses ainsi préparées, Ximenès, avec l'archevêque de Grenade, commença les fonctions d'apôtre et de missionnaire. Ils prêchaient l'un et l'autre en public et en particulier. Le succès fut prodigieux. Les alfaquis et les morabites se montrèrent fidèles à leurs promesses. Il ne se passait guère de jour qu'il ne s'en convertît quelqu'un, et son exemple était toujours suivi d'un grand nombre. Les emplois, les charges, les pensions étaient toutes pour ces nouveaux chrétiens. Le succès devint enfin si grand, qu'on fut obligé d'omettre les cérémonies du baptême, afin de pouvoir satisfaire tout le monde. Un jour Ximenès prêcha avec tant de force, qu'à la sortie du sermon, trois à quatre mille personnes se présentèrent aux fonts sacrés. Ximenès les baptisa sur-le-champ par aspersion.

Les choses allant ainsi d'elles-mêmes et sans qu'il fût besoin d'employer la violence, Ferdinand et Isabelle retournèrent à Séville. C'était un peu trop tôt. Dans la ville de Grenade, les Mahométans étaient encore si nombreux, que, d'un jour à l'autre, ils pouvaient mettre plus de cent mille hommes sous les armes. Une simple garnison ne suffisait point pour soutenir l'autorité en cas de révolte. Après le départ du roi et de la reine, il y eut des murmures dans la population musulmane, les murmures furent suivis d'attroupements et d'insultes publiques aux nouveaux chrétiens. La résolution de Ximenès lui tint lieu d'une armée entière. Il publia une défense, sous peine de punition corporelle, de faire des assemblées, de parler mal de la religion chrétienne, et d'offenser de parole ou d'action ceux qui l'auraient embrassée. Les contrevenants étaient jetés en prison, et n'en sortaient qu'après avoir abjuré le mahométisme et embrassé la foi catholique.

Ximenès frappa un coup bien plus hardi encore. Il y avait à Grenade un prince maure nommé Zégri. Il descendait en droite ligne d'Aben-Hamar, roi de Grenade et fameux dans l'histoire de cette nation. Tout ce qui restait de princes de cette famille le reconnaissaient pour chef. Il était grand, bien fait, spirituel; son crédit parmi les Maures répondait à la grandeur de sa naissance; sa valeur surpassait encore ses autres qualités. Pendant le dernier siège de Grenade, il s'était mesuré en combat singulier avec Gonsalve de Cordoue, *le Grand-Capitaine*, sans que celui-ci pût avoir sur lui aucun avantage. La lutte se termina par une estime et une amitié réciproques de toute la vie.

Or, ce prince musulman, le point de mire de ses coreligionnaires, Ximenès le fit arrêter inopinément, comme ayant contrevenu à son ordonnance. De plus, il lui manda qu'il ne recouvrerait sa liberté que quand il serait chrétien. Zégri, indigné, répondit que ce n'était pas à une personne de son rang qu'on pouvait faire une proposition pareille. Ximenès lui fit dire que, si dans trois jours il ne prenait le parti proposé, on le conduirait au fond de la Castille, et que jamais tous les Maures ensemble ne pourraient le tirer de ses mains. Le second jour, Zégri envoya dire à Ximenès qu'un prince méritait bien quelques égards. Je veux bien faire ce qu'on me demande; mais, auparavant, qu'on me remette en liberté, afin que je ne paraisse pas avoir fait par contrainte l'action du monde qui doit être la plus libre. Ximenès s'y refusa, mais avec les ménagements les plus exquis. Il logea le prince dans un appartement magnifique, le fit servir en prince, et entretenir par des personnes également habiles et insinuantes. Après quelque temps, Zégri témoigna le désir d'être instruit. Ximenès se chargea lui-même de ce soin. A la suite de plusieurs conférences, le prince demanda de lui-même le baptême, le reçut en public avec beaucoup de solennité, et y prit les noms de Ferdinand et de Gonsalve, en l'honneur de son ami le *Grand-Capitaine*.

Avant son baptême, Ximenès lui avait offert jusqu'à cinquante mille écus de pension sur ses propres revenus. Zégri refusa, tant parce qu'il n'en avait pas besoin, que pour n'avoir pas l'air de changer de religion par intérêt. Ximenès les lui offrit encore après son baptême : Zégri persista dans son refus. Toutefois, sur de nouvelles instances, il finit par accepter, mais à condition que cette somme serait employée tout entière à gagner ses compatriotes à la religion chrétienne. Zégri fut en effet, non-seulement un chrétien très-sincère, mais un chrétien des plus zélés, et personne ne travailla depuis avec plus de succès à la conversion des Maures. Quelques jours après, on ne pouvait plus suffire à ceux qui demandaient le baptême.

Enhardi par le succès, Ximenès alla plus loin. Ayant fait allumer un bûcher sur la grande place de Grenade, il livra aux flammes jusqu'à cinq mille alcorans qu'il s'était fait remettre par les nouveaux chrétiens. Zégri avait déconseillé cette mesure comme indiscrète. Les Mahométans formaient encore le plus grand nombre. Ils comprimèrent leur dépit pour le moment, mais il éclata bientôt avec fureur.

Il y avait à Grenade un quartier nommé Albaizin, séparé du reste de la ville par des remparts : il était si populeux, qu'on y comptait jusqu'à cinq mille maisons. Un domestique de Ximenès y étant allé avec deux de ses estafiers, fut rencontré par deux Maures avec lesquels il avait eu des différends depuis quelques jours. La querelle commença par des injures de part et d'autre; des injures on vint aux coups : le peuple prend parti pour les deux Maures; on court aux armes, les deux estafiers sont tués, le domestique échappe, le soulèvement se propage dans le reste du quartier. Tout le peuple de l'Albaizin prend les armes, il se jette dans la ville en criant : Liberté! vive Mahomet! La ville se joint à eux : en moins de deux heures, il y a plus de deux cent mille hommes sous les armes.

A l'entrée de la nuit, Ximenès se voit investi dans son palais, où il est seul avec ses domestiques; à peine a-t-il le temps de barricader les portes. Partout on entendait des cris de mort contre l'archevêque; d'un moment à l'autre le palais pouvait être forcé; nul moyen d'échapper à la fureur du peuple. Tout à coup Ximenès voit devant lui un homme qui s'est introduit par une porte secrète : c'est le prince Zégri. Il offre de le conduire à l'Alhambra, où il n'aura plus rien à craindre. Ximenès trouve le moyen praticable; mais que deviendront ses domestiques? Il veut mourir avec eux ou se sauver avec eux. Il reste donc au milieu du danger : seulement il combine avec Zégri les moyens d'apaiser la multitude, qui n'avait point encore de chef. La nuit se passe au palais dans des transes mortelles. Le matin, Ximenès aperçoit devant la porte des amas de matières combustibles, et le peuple prêt à y mettre le feu. Dans le moment même, Zégri paraît à cheval, entouré de ses amis et de ses domestiques; il harangue le peuple, lui remontre à quoi il s'expose de la part du roi et de la reine, déjà les canons de l'Alhambra sont braqués sur la ville pour la réduire en cendres; le seul moyen d'obtenir grâce, est de conserver l'archevêque : lui-même se charge de le garder, il en répond sur sa tête et le représentera toutes les fois qu'on le demandera. Ximenès est ainsi sauvé. Au même temps, les alfaquis et les morabites qu'il avait gagnés par ses largesses et ses bonnes manières, achevèrent d'apaiser le peuple. Après quelques jours, tous les séditieux étaient rentrés dans l'ordre, à la seule condition que l'archevêque implorerait pour eux la clémence du roi et de la reine.

Ximenès se rendit auprès d'eux à Séville. Dès les commencements de la sédition, il leur avait dépêché un coureur très-habile ; en effet, il fit trente lieues le premier jour. Mais, comme c'était un homme du peuple, la seconde journée, il trouva le vin bon, il en prit tant et si souvent, qu'au lieu d'arriver en deux jours à Séville, il en mit cinq, et ne remit les dépêches que le sixième. Dans l'intervalle, les ennemis de Ximenès indisposèrent contre lui le roi, et même la reine, qui lui écrivit une lettre de reproche, de ce qu'il négligeait de l'informer à temps dans une conjoncture aussi grave. Ximenès envoie aussitôt ce même frère, qui lui reprochait de ne savoir pas mendier son pain, et qui satisfit le roi et la reine par le récit exact des événements. L'arrivée de l'archevêque en personne acheva de dissiper la cabale. Après avoir concerté avec Ferdinand et Isabelle les mesures à prendre, il reparut à Grenade lorsqu'on le croyait encore à Séville.

Il fut reçu avec une joie mêlée d'inquiétude. Il rassure d'abord les députés qui viennent le voir, puis fait publier solennellement par toutes les rues, que le roi Ferdinand et la reine Isabelle faisaient grâce pleine et entière à la ville de Grenade, à la seule condition d'être plus fidèle à l'avenir, de quoi lui-même s'était porté garant. A cette proclamation, la joie du peuple est inexprimable; pendant plusieurs jours ce ne sont que festins, on n'y parle que de Ximenès, les Maures le nomment partout le libérateur de leur patrie.

Il n'en fut pas de même dans l'Albaizin : les habitants de ce quartier remarquèrent avec effroi qu'ils n'étaient pas compris dans l'amnistie; ils voyaient toute la ville de Grenade prête à marcher contre eux au moindre signal de Ximenès, ils apercevaient certains mouvements dans la garnison, et les canons de l'Alhambra braqués de leur côté. La consternation augmente d'un moment à l'autre. Les plus coupables essaient de s'enfuir : ils rencontrent des corps de cavalerie qui les forcent de rentrer. La terreur est à son comble. Tout à coup Ximenès mande chez lui les principaux du quartier. Ils rencontrent dans les salles et les antichambres tous les officiers de la garnison, qui, contre l'ordinaire, ne leur font aucune civilité. A l'entrée de la chambre de Ximenès, on leur fait quitter le sabre et le poignard. Ximenès est seul, avec l'archevêque de Grenade et le comte de Tendilla, gouverneur de la citadelle. Ximenès reproche aux chefs de l'Albaizin leur révolte en des termes qui ne pouvaient être plus forts ni plus humiliants pour eux; il leur déclare que le roi et la reine ont laissé à sa disposition de les punir selon l'énormité de leur crime. Il se tourne vers l'archevêque de Grenade, pour lui demander son avis; mais ce prélat, au lieu d'opiner contre eux, demande leur grâce en des termes d'autant plus touchants, qu'il était le plus doux des hommes et parlait de l'abondance de son cœur. Le comte de Tendilla, qui agissait de concert avec le bon archevêque, demanda la même chose. Ximenès, comme ne pouvant rien refuser à une telle intercession, déclare aux chefs du quartier coupable qu'il leur pardonne au nom de Leurs Majestés Catholiques, mais à condition que tous les habitants de l'Albaizin, sans en excepter un seul, embrasseraient la religion chrétienne. Et ces chefs, et tout le peuple, qui s'attendaient aux dernières extrémités, acceptèrent la condition avec joie et comme une grâce. Ainsi, sans aucune violence, tout l'Albaizin embrassa la religion chrétienne. Ce qui restait de mahométans dans la ville fut entraîné par ce grand exemple, et, comme Ximenès l'avait promis au roi et à la reine, dans peu de temps, il ne resta pas un seul mahométan de considération dans la ville de Grenade. Cela se passait en 1499 (*Vie de Ximenès*, par Marsollier et Fléchier; *Gomecii de rebus gestis Franc. Ximenii, apud Scriptores rer. Hispanic.*, t. I).

Le plus grand obstacle à la conversion des sectateurs de Mahomet, c'est leur obstination fanatique à ne pas vouloir étudier, raisonner, comparer, méditer, approfondir, discuter, ni leur religion propre, ni celle d'autrui, si ce n'est à coups de sabre. Le difficile est de les tirer de là et de les porter à réfléchir sérieusement sur ces matières. Les moyens et les circonstances que Ximenès sut mettre à profit, y étaient merveilleusement propres. Le prince Zégri lui-même bénissait l'espèce de contrainte dont on avait usé à son égard, non pas directement pour lui faire embrasser la religion chrétienne, mais pour l'y faire penser et s'en instruire.

Afin d'assurer la foi, l'union, la tranquillité et le bonheur de leurs peuples, Ferdinand et Isabelle établirent l'inquisition royale d'Espagne.

Nous l'avons déjà remarqué, sous un nom ou sous un autre, l'inquisition se trouve dans toute société, domestique ou publique. Dans la famille, le grand-inquisiteur est le père; il veille sur les enfants, les domestiques, les journaliers, les survenants de toute espèce. Chacun fait-il son devoir? il se rassure, la surveillance est moins rigide. Remarque-t-il quelque chose de suspect? son œil est partout, sans qu'on l'aperçoive. Un regard, un geste, un mot à l'oreille avertit le coupable: admonition mystérieuse et inattendue, qui inspire la retenue et la crainte. Ne suffit-elle pas? la correction s'aggrave. Enfin, le fils est-il absolument incorrigible? la loi de Moïse ordonne au père et à la mère de le dénoncer aux sénateurs de la ville, et tout le peuple le fera mourir à coups de pierres (Deutéron., 21, 18-21). En un mot, l'inquisition domestique abandonne le coupable impénitent au bras de la vindicte publique.

Celle-ci a pareillement son inquisition dans toute espèce de gouvernement: monarchie, aristocratie, démocratie. Le grand-inquisiteur de la république romaine était le censeur. Dans les gouvernements modernes, c'est le ministre de la police générale, avec ses commissaires et ses gendarmes. Enfin, dans le gouvernement général du monde, Dieu même a son inquisition. Outre qu'il voit tout par lui-même, il a partout des agents invisibles qui lui rendent compte. De là ces mystérieux avertissements, ces corrections inattendues au coupable. S'il n'en profite pas, s'il s'endurcit dans l'impénitence finale, il est livré aux ministres de la justice éternelle, dans les prisons et les flammes de l'enfer.

Nous avons vu, dans la constitution divine du peuple d'Israël, quels châtiments ce peuple devait infliger à quiconque voudrait l'attirer au culte des faux dieux. Voici la loi:

« S'il s'élève au milieu de vous un prophète, ou quelqu'un disant avoir eu une vision en songe, qui prédise quelque chose d'extraordinaire et de prodigieux, et que ce qu'il prédit arrive, et qu'il vous dise en même temps: Allons, suivons les dieux étrangers qui vous sont inconnus, et servons-les; vous n'écouterez point les paroles de ce prophète ou de cet inventeur de songes, parce que l'Éternel, votre Dieu, vous met à l'épreuve, afin qu'il paraisse clairement si vous l'aimez ou non de tout votre cœur et de toute votre âme. Suivez donc l'Éternel, votre Dieu, craignez-le, gardez ses commandements, écoutez sa voix, servez-le, et attachez-vous à lui seul. Quant à ce prophète ou cet inventeur de songes, qu'il soit puni de mort, parce qu'il vous a parlé pour vous détourner de l'Éternel, votre Dieu, qui vous a tirés de l'Égypte et rachetés de la maison de servitude, et pour vous détourner de la voie que l'Éternel, votre Dieu, vous a prescrite; et vous ôterez ainsi le méchant du milieu de vous.

» Si votre propre frère, votre fils, votre fille, votre femme entre vos bras, ou l'ami de votre cœur, veut vous persuader et vient vous dire en secret: Allons, servons les dieux étrangers qui vous sont inconnus comme ils l'ont été à vos pères, les dieux de toutes les nations dont vous êtes environnés, de près ou de loin, depuis un bout de la terre jusqu'à l'autre; ne vous laissez point aller à ses discours, n'y prêtez point l'oreille; votre œil ne l'épargnera point, vous n'en aurez point compassion, et vous ne couvrirez point l'affaire; mais vous le ferez mourir, en le dénonçant au juge, qui le condamnera sur la déposition de deux ou trois témoins (Deutéron., 17, 7): votre main sera d'abord sur lui pour le faire mourir, ensuite la main de tout le peuple. Qu'il périsse accablé de pierres, parce qu'il a voulu vous détourner de l'Éternel, votre Dieu, qui vous a tirés de l'Égypte, de la maison de servitude, afin que tout Israël l'entende et soit saisi de crainte, et que personne n'entreprenne plus un mal semblable.

» Si dans quelqu'une de nos villes que l'Éternel, votre Dieu, vous donnera pour habiter, vous entendez dire à quelques-uns: Des enfants de Bélial sont sortis du milieu de vous, et ont perverti les habitants de leur ville en disant: Allons et servons les dieux étrangers qui vous sont inconnus; vous ferez une inquisition, une recherche, une information bien exacte, et si vous trouvez que l'avis est vrai et certain, et que cette abomination a été commise effectivement, vous passerez au fil de l'épée les habitants de cette ville, vous la dévouerez par anathème au fil de l'épée, avec tout ce qui est en elle, jusqu'aux animaux. Vous en amasserez toutes les dépouilles au milieu de la rue, et vous les brûlerez avec la ville, consumant le tout en l'honneur de l'Éternel, votre Dieu, de manière que cette ville soit un monceau de ruines à toujours, et qu'elle ne soit jamais rebâtie. Il ne demeurera rien dans vos mains de cet anathème, afin que l'Éternel, votre Dieu, apaise sa colère, qu'il ait pitié de vous et qu'il vous multiplie comme il l'a juré à vos pères, tant que vous écouterez sa voix et que vous observerez toutes ses ordonnances (Deutéron., 13). »

Voilà bien une loi formelle de dénonciation, d'inquisition et de punition contre les individus, contre les villes mêmes qui, au mépris du premier commandement de Dieu, voudraient attirer le peuple au culte des idoles. Et parce que, avec le temps, le peuple d'Israël n'observe pas cette loi et tombe lui-même dans l'idolâtrie, il est condamné au châtiment, Jérusalem est détruite, le temple livré aux flammes, les habitants massacrés, un petit reste traîné en exil, pour y faire une pénitence de soixante-dix ans.

Et, pour notre instruction, Dieu a déployé la même sévérité sur d'autres crimes que l'idolâtrie. Le genre humain, concentré encore dans son père et sa mère, se rend coupable de désobéissance; il est condamné à l'exil et à la mort, et la sentence s'exécute depuis six mille ans; et quand la justice humaine condamne à mort, elle ne fait que hâter de quelques heures le moment de l'exécution naturelle. Nous avons vu le même genre humain, ayant corrompu sa voie, être enseveli dans les eaux du déluge. Nous avons vu Sodome et Gomorrhe ensevelies sous un déluge de feu. Et ces trois sentences, c'est Dieu même qui les exécute. Il en exécute d'autres par des ministres visibles; il punit les Assyriens par les Perses, les Perses par les Grecs, les Grecs par les Romains. Ne nous faisons pas illusion, Dieu est bon et miséricordieux à l'infini envers l'innocence et le repentir; mais pour le crime impénitent, sa rigueur est inflexible et inévitable.

Sous la loi de grâce, sous l'Evangile, la bonté et la miséricorde sont épanchées sans mesure. Témoin le Fils de Dieu, se faisant homme, venant au monde dans une étable, menant une vie pauvre et humble, guérissant les malades, annonçant aux pauvres la bonne nouvelle, mourant lui-même sur la croix pour le salut de tous, et instituant dans son Eglise les sacrements de son amour et de sa miséricorde, pour l'innocence et le repentir. Mais cela veut-il dire que quiconque ne profitera pas de tant de grâces évitera la punition? Nullement. Voyez Jérusalem, sur qui le Sauveur a versé des larmes, voyez-la égorgée, brûlée, ruinée par les Romains, sans qu'il y reste pierre sur pierre; voyez son peuple, depuis dix-neuf siècles, dispersé par toute la terre, sans roi, sans patrie, sans prêtre, sans autel ni sacrifice. Voyez l'empire romain, pour avoir repoussé la souveraineté du Christ et fait la guerre à son Eglise, voyez l'empire romain mis en pièces et dévoré par les nations barbares. Voyez les pays d'Orient, la Grèce, l'Asie, l'Afrique, pour avoir abusé des grâces de Dieu, pour avoir rompu avec l'Eglise et son chef par des hérésies et des schismes, voyez-les asservis, abrutis, foulés aux pieds par la barbarie mahométane. Voyez et comprenez.

L'Europe chrétienne le comprenait au moyen-âge. En conséquence, elle prenait des mesures pour prévenir un malheur pareil. La première de ses lois, pour être prince ou citoyen, c'est de professer la foi catholique. Elle a de nombreuses sentinelles et au dehors et au dedans : au dehors, afin de repousser l'invasion brutale de l'erreur; au dedans, afin d'en arrêter la contagion clandestine. Les sentinelles au dehors, c'étaient les croisades; les sentinelles au dedans, c'était l'inquisition, sous un nom et sous une forme ou sous une autre. Le grand inquisiteur de toute la chrétienté, c'est son pasteur suprême. En effet, le pasteur doit garantir son troupeau, non-seulement contre l'invasion brutale des loups, mais aussi contre la contagion clandestine de la lèpre; il doit donc fréquemment faire des inquisitions, des inspections parmi ses ouailles, pour en prévenir la maladie et la mort. Nous l'avons vu faire par tous les Papes, notamment saint Léon le Grand, que nous avons vu ordonner à son peuple de dénoncer les hérétique manichéens à l'Eglise, afin qu'elle pût les ramene à la foi catholique, ou les livrer au bras séculie pour être punis suivant les lois.

Le grand inquisiteur de chaque diocèse, c'est so évêque; son nom seul l'indique, *surveillant, ins pecteur*. Saint Paul écrit à l'évêque d'Ephèse[1]: *Timothée, gardez le dépôt, évitant les profanes nouveautés de paroles et les oppositions ou antithèses d'une soi-disant gnose ou science; quelques-uns l'ayant promise, se sont égarés de la foi* (1. Tim., 6, 20 et 21). *Ayez une formule des paroles saines que vous avez entendues de ma bouche. Gardez le bon dépôt. Car, dans les derniers jours, il y aura des temps périlleux, des séducteurs, qui se glisseront dans les maisons. Persévérez donc dans les vérités que vous avez apprises et qui vous ont été confiées; prêchez la parole, insistez à temps et à contre-temps; veillez, accomplissez votre ministère* (2. Tim., 3 et 4). Et ce que l'Apôtre prescrit à son disciple, il le fait lui-même le premier. Voyez, dans toutes ses épîtres, avec quelle vigilance il signale les divers abus et y porte remède; voyez surtout avec quel zèle il démasque les fausses doctrines et les faux docteurs,

Et, chose singulière : quand le mal est par trop grand, il livre le coupable au bras séculier, il livre le coupable au prince de ce monde, au dieu de ce siècle. Il dit de l'incestueux de Corinthe, qu'il l'a livré à Satan, pour la perte de sa chair et le salut de son âme (1. Cor., 5, 5). Il dit d'Hyménée et d'Alexandre : *Je les ai livrés à Satan, afin qu'ils apprennent à ne point blasphémer* (1. Tim., 1, 20).

Les inquisiteurs à titre spécial n'ont été établis dans certains temps et dans certains pays, que pour suppléer à l'insuffisance et quelquefois à la négligence des évêques. Vers la fin du XIIᵉ siècle, nous avons vu la plupart des évêques du Languedoc favorisant par leur négligence ou leur connivence les ravages du manichéisme dans leur province. Ce fut donc une nécessité aux souverains Pontifes, pour empêcher la ruine de ces Eglises, d'y envoyer directement des légats, des inspecteurs, des inquisiteurs apostoliques chargés de travailler au maintien de la foi et à l'extirpation de l'hérésie, de concert avec des évêques plus zélés. En 1232, un inquisiteur particulier fut nommé pour le royaume d'Aragon, parce qu'un évêque même y était devenu suspect dans la foi (Bzovius, an 1232, n. 8 et 9). Toutes ces iniquités étaient purement ecclésiastiques.

L'an 1477, le roi Ferdinand et la reine Isabelle, voyant toute l'Espagne réunie sous leur domination, essayèrent d'établir une inquisition générale qui dépendît uniquement d'eux. Ce fut le cardinal Gonzalès de Mendoza, archevêque de Séville, puis de Tolède, qui leur en suggéra l'idée. Voici comment : Les Juifs étaient nombreux en Espagne; plusieurs de ceux qui avaient embrassé le christianisme judaïsaient en secret. Mendoza, étant à Séville avec la reine, fit une enquête à cet égard, et punit les opiniâtres. La chose ayant réussi, il conseilla aux deux majestés catholiques d'introduire un tribunal général de cette nature. Ils en obtinrent la permission du pape Sixte IV, par une bulle de l'année 1480. Dès l'année précédente, il leur avait accordé d'établir à Séville deux juges de la foi, pris de l'ordre de Saint-Dominique. Mais dès 1478, ils avaient nommé pour premier inquisiteur général de Castille et de Léon, Thomas de Turrecremata, prieur du couvent dominicain de Ségovie. Cette institution déplut à l'archevêque de Tolède, Alphonse Carillo, qui avait été autorisé par Sixte IV à faire des inquisitions touchant la foi, et qui, en 1479, condamna plusieurs propositions de Pierre d'Osma, professeur de Salamanque. Mais Carillo mourut bientôt après. Mendoza, qui fut son successeur et cardinal, sut porter les Etats de Castille, dans une assemblée de 1480, à consentir à l'érection d'une inquisition suprême et générale. Le Pape fut loin d'y consentir aussi vite. Tout en confirmant, dans l'année 1482, les deux juges d'hérétiques que les rois avaient établis à Séville, il leur ordonna de procéder dans les causes de la foi avec la participation des évêques, et dénia aux princes le droit d'établir des inquisiteurs en d'autres lieux. Bientôt après, il institua pour lesdits royaumes sept de ces juges, parmi lesquels Turrecremata, et donna commission, l'an 1383, à l'archevêque de Séville, de faire des enquêtes dans certaines causes de la foi. Mais, dès la même année, il fut obligé de reconnaître, par une bulle particulière, le royal inquisiteur général Turrecremata, de lui permettre d'instituer à son gré des inquisiteurs subalternes, de supprimer ceux nommés par le Pape, et de remplir son office suivant un nouveau règlement. Bientôt après, il lui soumit les royaumes d'Aragon, de Valence et de Murcie. Son successeur, Innocent VIII, confirma de nouveau Turrecremata dans sa dignité; l'an 1485, ordonna que les inquisiteurs à nommer seraient docteurs en théologie ou en droit, et leur accorda de continuer à percevoir les revenus de leur office précédent; mais ils ne devaient point procéder dans leurs affaires, sans en donner préalablement connaissance aux évêques (Schroeckh, *Hist. ecclés.*, t. XXXIV, p. 477 et seqq.).

Voilà comme un historien protestant expose l'origine et l'établissement de l'inquisition générale d'Espagne. Il a soin de remarquer que c'est une inquisition royale et non papale; il observe même que l'inquisition purement ecclésiastique n'avait point rencontré d'obstacles en Aragon, pays si chatouilleux sur ses libertés et franchises, tandis que la nouvelle inquisition y en éprouva beaucoup d'abord. Cette distinction est souverainement importante. L'inquisition d'Espagne étant une institution royale et non point ecclésiastique, s'il y a des abus, l'Église n'en est pas responsable, et on ne peut pas les mettre sur son compte.

Thomas de Torquemada ou Turrecremata, premier inquisiteur général d'Espagne, ne doit nullement être confondu avec le cardinal Jean de Torquemada ou Turrecremata. Quoique de la même famille et tous deux Dominicains, ce sont deux personnages tout à fait différents; les confondre l'un avec l'autre, est une erreur aussi grave que commune.

Jean de Torquemada, cardinal de Saint-Sixte, fut l'un des plus célèbres théologiens du XVe siècle. Né en 1388, à Valladolid, d'une des plus illustres familles de Castille, il prit, à quinze ans, l'habit de saint Dominique, et partagea dès lors son temps entre la pratique de ses devoirs et l'étude des lettres sacrées. Les talents qu'il annonça dès son début lui méritèrent bientôt l'estime de ses confrères. Le Père Louis de Valladolid le choisit, en 1417, pour l'accompagner au concile de Constance. Après la clôture de cette assemblée, il fut envoyé par ses supérieurs à Paris, où il fut reçu docteur en théologie, l'an 1423, et professa même quelque temps avec un grand succès. De retour en Espagne, il fut élu prieur de la maison de son ordre, à Valladolid, et ensuite à Tolède, et montra dans cet emploi beaucoup de capacité. Sur sa réputation, le pape Eugène IV fit venir à Rome Torquemada, le revêtit, en 1431, de la dignité de maître du sacré palais, et le nomma son théologien au concile de Bâle. Il s'y distingua par son éloquence, par son érudition et par une infatigable activité, non moins que par son zèle pour les intérêts du Saint-Siége. Il fit condamner les erreurs de Wiclef et de Jean Hus, qui conservaient encore de nombreux partisans; il défendit l'institut de sainte Brigitte, qu'il avait été chargé d'examiner, et les révélations de cette sainte, dans lesquelles il ne trouvait rien qui ne pût venir de Dieu, et soutint avec succès les dogmes attaqués par les hérétiques; il défendit entre autres l'immaculée conception de la sainte Vierge, pour laquelle se déclara le concile de Bâle.

N'ayant pu calmer les ennemis du pape Eugène, il quitta Bâle en 1437; mais il ne tarda pas à retourner en Allemagne, pour engager les princes et les évêques à se réunir au nouveau concile indiqué par le Pape à Ferrare, et transféré depuis à Florence. Il ne put assister lui-même qu'aux dernières sessions de cette assemblée. Il travailla cependant avec beaucoup d'ardeur à terminer le schisme des Grecs, et reçut du Pape, à cette occasion, le titre de *Défenseur de la foi.* Député par Eugène vers Charles VII, pour l'engager à faire la paix avec les Anglais, il fut nommé cardinal pendant sa légation en France. Il se rendit à l'assemblée de Bourges, et contribua fortement par son éloquence à la maintenir dans la communion d'Eugène IV, que le conciliabule de Bâle venait de déposer. De retour en Italie, il eut à Sienne une discussion très-vive avec le savant Tostat, et fit condamner quelques propositions de son antagoniste. La mort d'Eugène ne diminua rien de la considération dont Torquemada jouissait à la cour de Rome. Il fut nommé par Calixte III évêque de Palestrine, et transféré par Pie II sur le siége de Sabine.

L'étude n'avait jamais cessé d'occuper ou de charmer ses loisirs; il employait les revenus de ses bénéfices à fonder de pieux établissements et à protéger la culture des lettres. Les hommes les plus savants dont s'honorait alors l'Italie, entre autres Bessarion, étaient au nombre de ses amis. Cet illustre prélat mourut le 26 septembre 1468, à quatre-vingts ans, dans le couvent de la Minerve, et fut inhumé dans la chapelle de l'Annonciation, qu'il avait reconstruite et décorée avec magnificence, sous une tombe de marbre ornée d'une épitaphe. Il a laissé plusieurs ouvrages, dont vingt-sept sont imprimés, et quatorze manuscrits. Parmi les premiers, il y en a des premiers temps de l'imprimerie (*Biogr. univ.*, t. XLVI; Touron, *Hommes illust. de l'ordre de Saint-Dominique*, t. III).

Thomas de Torquemada, neveu du cardinal, naquit vers l'an 1430, dans la petite ville de Torquemada, Vieille-Castille, dont son père était seigneur, et mourut dans le couvent d'Avila, le 16 septembre 1498. Il marcha sur les traces de son oncle, entra comme lui dans l'ordre de Saint-Dominique, devint prieur de la maison de Ségovie, confesseur d'Isabelle en son enfance, et un de ses conseillers intimes. Dans bien des provinces, la population espagnole était un mélange de chrétiens, de Juifs et de Mahométans. On voyait des Mahométans et des Juifs, après avoir embrassé volontairement la religion chrétienne, retourner à leurs anciennes superstitions : leur apostasie n'était pas toujours secrète ; le mal devenait contagieux. Après huit siècles de glorieux combats, l'Espagne courait grand risque de se laisser corrompre, et de n'être qu'un informe mélange d'hommes sans foi, sans loi ni caractère. Dès qu'il vit Ferdinand et Isabelle affermis sur le trône, Thomas leur signala le danger et le remède.

« Ce bon religieux, dit Fléchier, leur représenta à l'un et à l'autre que la licence des mœurs et le libertinage croissaient les jours; que le mélange des chrétiens avec les Juifs et les Sarrasins pervertissait la foi et la piété des peuples; qu'il était nécessaire de faire une exacte recherche des erreurs et des impiétés du temps, et de remettre la discipline dans sa vigueur; que les évêques, à qui, par le droit ancien, cette censure appartenait, ne procédaient que par voie d'anathèmes et de punitions spirituelles; que, pour arrêter des dérèglements extrêmes, il fallait des remèdes plus sensibles; et que la plus grande et la plus importante de toutes les affaires, qui est celle de Dieu et de la religion, demandait un tribunal particulier plus souverain et plus sévère que les autres (Fléchier, *Hist. de Ximenès*, l. 2, p. 247). »

L'inquisition fut donc établie, comme nous avons vu, et Thomas de Torquemada nommé premier inquisiteur général. Mais afin que ses travaux fussent plus utiles et que ses subordonnés agissent tous dans le même esprit, il convoqua une assemblée générale à Séville, le 21 novembre 1484; plusieurs membres du conseil royal de Castille y assistèrent. Thomas y proposa les règlements qu'il avait sagement médités, divisés en vingt-huit articles; ils furent lus, examinés et reçus d'un consentement unanime, pour servir de règle à tous les ministres de la foi dans l'exercice de leurs fonctions. Dans une seconde assemblée, qu'il tint l'année suivante dans la même ville, il ajouta quelques nouveaux statuts aux premiers (Eccard., t. I, p. 893, col. 1).

Voici un exemple de la manière dont ce grand inquisiteur exerçait ses fonctions. Quand on eut tous les éclaircissements nécessaires pour ne point confondre les innocents avec les coupables, Thomas fit publier une proclamation par laquelle il offrit la grâce et le pardon à tous ceux qui viendraient d'eux-mêmes se présenter à lui pour reconnaître et avouer leur faute. Il y en eut plusieurs qui, pour ne pas quitter leur manière de vivre et de penser, prirent la fuite et se retirèrent dans les pays étrangers; quelques-uns, encore plus obstinés, aimèrent mieux s'exposer à toute la rigueur des lois, que de se ranger aux devoirs du christianisme, qu'ils avaient cependant embrassé. Mais le grand nombre suivit de plus sages conseils. « On dit, ce sont les paroles de l'historien Mariana, qu'il y eut jusqu'à dix-sept mille personnes, tant hommes que femmes, de tout âge et de toute condition, qui, gagnés par cette espérance de pardon qu'on leur donnait, vinrent s'offrir, obtinrent leur grâce et furent réconciliés à l'Eglise par Turrecremata, » dont l'historien Sponde loue à cette occasion la prudence et la sagesse (Mariana, l. 24; Sponde, an 1478, n. 17).

Enfin les anciens historiens d'Espagne reconnaissent que, par les soins, la vigilance et la sage fermeté de ce grand homme, aussi incapable de cupidité que d'ambition, on vit dans tous les royaumes de Leurs Majestés Catholiques un amendement considérable, aussi avantageux à l'Etat qu'à l'Eglise. « Les choses, dit Mariana, changèrent de face en Espagne, dès que le tribunal de l'inquisition y fut établi, et que les magistrats, prenant en main l'autorité, fort affaiblie jusqu'alors, commencèrent à s'en servir pour administrer la justice, réprimer le vice, arrêter les brigandages, punir les meurtrés et châtier les méchants. Une nouvelle lumière se répandit sur l'Espagne, et ses forces devinrent capables d'abattre la puissance des Maures et leur orgueil (Mariana, l. 25). »

Ceux des Juifs qui avaient embrassé le christianisme, mais qui n'en étaient pas plus chrétiens, on les appelait *Marhans*, virent avec dépit l'établissement de l'inquisition. A Sarragosse, ils se portèrent aux derniers excès. Un des inquisiteurs y était Pierre Arbuès, chanoine de la cathédrale (1). Les Juifs sou-

---

(1) Pierre d'Arbuès, plus généralement connu en Espagne sous le nom de maître d'Epila, *el Maestro de Epila*, ou par abréviation *Mastrepila*, naquit vers 1435. Le lieu de sa naissance, Epila, était un petit bourg ou château-fort de l'Aragon, à sept lieues espagnoles à l'occident de Saragosse. Ce fut là, sur les bords de la petite rivière du Xalon, que s'écoula sa première enfance. Son père, dont Antonio de Arbuès, appartenait à la grandesse d'Espagne, ainsi que l'attestent ses armoiries : trois bandelettes d'azur sur champ d'or. Les Arbuès étaient alliés au roi Jacques le Victorieux; ils avaient déjà donné deux archevêques à Saragosse, la capitale du royaume. Sa mère, Sancha Ruiz, était de la noble famille de Sabada.
Dès que le jeune Pierre fut en âge de suivre les écoles publiques, il fut envoyé d'abord à Huesca, puis à Bologne, la grande université d'Italie, où il obtint le premier prix de théologie. Son mérite rehaussé par sa naissance et ses grandes relations ne pouvait pas le laisser inaperçu. En 1476, il fut élu membre du chapitre de Saragosse, et fit profession parmi les chanoines réguliers de Saint-Augustin. Thomas de Torquemada, grand inquisiteur, avait besoin, pour l'aider dans sa mission remplie de difficultés et de périls, d'hommes hardis, fermes, incorruptibles, mais en même temps éclairés, au jugement sûr, au cœur intrépide. Il ne s'en trouva aucun dans Saragosse qui parût réunir toutes ces qualités à un degré plus élevé que le chanoine Pierre d'Arbuès. Il lui proposa donc l'emploi de premier inquisiteur d'Aragon, conjointement avec le P. Gaspard Inglorio, dominicain. Pour tirer de ses fonctions tout le fruit qu'il en espérait, notre saint comptait moins sur la puissance d'une administration savamment organisée que sur la force de la persuasion et de la charité. On le voyait souvent prêcher en public; on le rencontrait partout où se trouvait une âme ébranlée par la grâce de Dieu, partout où un cœur chancelant et d'une persévérance douteuse, lui était signalé. Mais comme la prédication la plus efficace est celle de l'exemple, Pierre tenait surtout à montrer dans sa personne les vertus du prêtre et de l'apôtre. Pauvre volontaire, libéral envers les pauvres, il priait avec effusion. Telle était son humilité que, selon l'expression de son biographe italien, il se conduisait envers ses inférieurs, comme un égal, envers ses égaux, comme un inférieur. Un espagnol contemporain, Juan Gracia Salverto, ajoute qu'il fut doué du don de prophétie et qu'il annonça la chute de Grenade.
Tant de travaux et de vertus lui attirèrent avec la vénération des fidèles, l'animadversion des ennemis de l'Eglise. Son collègue Gaspard Inglorio étant mort en 1484, et n'ayant pas été remplacé, en arrivèrent-ils à se figurer que si Pierre d'Arbuès venait à disparaître à son tour, le redouté tribunal resterait aboli? Tout ce que nous savons c'est qu'un certain nombre de Juifs tinrent un conciliabule nocturne où il fut résolu. Le secret ne fut pas si bien gardé qu'il n'en transpirât quelque chose. Antonio Salverto, entre autres, conseiller royal et beau-frère du saint, le conjura de se tenir sur ses gardes. — Si je meurs de leurs mains, je mourrai pour la foi, répondit-il d'un air qui indiquait assez que cette per-

doyèrent deux scélérats pour l'assassiner. Un mercredi, 14 septembre 1485, Pierre Arbuès faisait sa prière à genoux devant le grand autel, près de la balustrade; les assassins se jettent sur lui et le percent de plusieurs coups de poignard; ils sont arrêtés par la justice, et dévoilent leur marché avec les Juifs. Le chanoine, blessé mortellement, vécut encore jusque dans la nuit du 15 septembre, ne cessant de louer le Seigneur d'avoir été jugé digne de souffrir pour sa cause. Son corps fut inhumé dans le lieu même où il avait été assassiné. La ville de Sarragosse lui fit faire de magnifiques funérailles; quelque temps après, on mit une lampe sur son tombeau; et, dans la suite, l'empereur Charles-Quint obtint du pape Paul III sa canonisation et la permission de célébrer tous les ans sa fête le 15 septembre (Hiéron. Blanc. Aragon., *Rerum. Comment., apud Script. rer. His.*, t. III, p. 706 et seqq.; Mariana, l. 25).

Malgré tout ce qui avait déjà été fait pour conserver la pureté de la foi parmi les peuples, et empêcher le mauvais effet que produisait le mélange des Juifs, on continuait à voir tous les jours que la plupart des nouveaux chrétiens n'étaient que des fourbes et des hypocrites, et que leur commerce, souvent préjudiciable à ceux qui étaient faibles dans la foi, pouvait le devenir à la sûreté de l'Etat. Dans la guerre de Grenade, on vint à découvrir que ces prétendus convertis, aussi mauvais sujets que mauvais chrétiens, avaient entretenu des intelligences secrètes avec les Maures. Mais si on devait tenir pour suspects ceux mêmes qui faisaient extérieurement profession du christianisme, on pouvait encore plus appréhender de la mauvaise volonté d'une multitude infinie de Juifs qui ne dissimulaient pas trop leurs sentiments ni leur haine invétérée contre les chrétiens. Turrecremata communiqua ses réflexions au roi Ferdinand et à la reine Isabelle; les arrangements, qu'ils méditèrent ensemble et à loisir, parurent lorsque le temps fut propre pour les exécuter. Les deux rois étant à Grenade, qu'ils venaient de conquérir, publièrent, au mois de mars 1492, une déclaration ordonnant à tous les Juifs ou d'embrasser la religion chrétienne ou de sortir de tous les Etats qui dépendaient des couronnes de Castille et d'Aragon. On leur donna quatre mois pour se déterminer, et on permit, pendant ce temps-là, à tous ceux qui ne voudraient point changer de religion, de vendre leurs biens et d'emporter leurs effets. Dès le mois d'avril suivant, le grand inquisiteur défendit à tous les chrétiens, après les quatre mois, d'avoir aucun commerce avec les Juifs, de leur fournir ni vivres ni aucune chose nécessaire à la vie, avec des menaces très-sévères et des peines très-rigoureuses contre tous ceux qui violeraient la défense. A ce coup, un assez grand nombre de Juifs embrassèrent le christianisme, les uns sincèrement, les autres par feinte; un plus grand nombre, que l'on porte à huit cent mille âmes, sortirent de l'Espagne. Certains politiques disent que c'était faire un grand préjudice à ce pays, de le priver d'une population si industrieuse. D'autres observent, au contraire, que, la principale industrie des Juifs étant l'usure, le préjudice n'était déjà pas si grand. D'ailleurs, cette année-là même, la Providence dédommagea bien amplement l'Espagne par la découverte et l'acquisition du Nouveau-Monde (Mariana, l. 26).

Quant aux règlements constitutifs et administratifs de l'inquisition royale d'Espagne, le premier et le plus remarquable est celui qui fut dressé en novembre 1448, à Séville, où Torquemada, par ordre des rois, convoqua les inquisiteurs de cette ville, de plus ceux de Cordoue, de Ciudad-Réal et de Jaën, avec les chapelains du roi et des jurisconsultes; d'après quoi ce tribunal devait agir pour le service de Dieu et de Leurs Majestés.

Il y fut statué que, dans chaque commune, les inquisiteurs annonceraient un terme de grâce de trente ou quarante jours, dans lequel tous ceux qui se sentaient coupables d'un péché d'hérésie ou d'apostasie, ou d'avoir pratiqué des observances qui s'éloignent du christianisme, devaient le déclarer aux inquisiteurs; s'ils s'en repentent et abjurent leurs erreurs, on leur imposera, à la vérité, des pénitences pour le salut de leur âme, mais ils ne subiront point d'autres peines, si ce n'est peut-être quelque amende pécuniaire, les rois voulant leur faire grâce à tous.

Il fut décidé, en outre, que les hérétiques et les apostats, même lorsqu'ils auront été reçus en grâce, seront tenus pour juridiquement infâmes, ne pourront de leur vie gérer aucun office public ni ecclésiastique, aller à cheval, porter ni or, ni argent, ni bijoux, ni armes, sous peine d'être traités comme relaps. Et pour sentir combien grand a été leur

---

pective le réjouissait au lieu de l'attrister. Et il ne changea rien à sa conduite.

Dans la nuit du 14 au 15 septembre, Juan Sperandis et Vital Durant pénétrèrent dans l'église métropolitaine, à l'heure de l'office nocturne et purent frapper Pierre d'Arbuès de trois coups de poignard. Le saint tomba en prononçant ces seuls mots : « *Loué soit Jésus-Christ ! Je meurs pour son saint nom !* »

Les chants cessèrent; les autres chanoines accoururent et le relevèrent respirant encore, ne poussant pas une plainte, et radieux. Il vécut encore deux jours, reçut les sacrements et expira doucement à minuit le 17 septembre 1485.

Le convoi fut accompagné de l'archevêque vice-roi et de tout le clergé. On déposa le corps dans un cercueil de pierre, à l'endroit même où il avait reçu le coup mortel. Vivant, Pierre d'Arbuès avait été considéré comme un saint; mort et assassiné, il ne pouvait qu'être vénéré davantage : mais ce qui y contribua le plus, ce fut la multitude de miracles que Dieu opéra à son tombeau ou par son intercession.

Ferdinand et Isabelle élevèrent à l'inquisiteur martyr, avec la magnificence qui convenait à de si grands princes, un tombeau de marbre sur lequel on voyait sa statue et qu'ils firent entourer d'inscriptions commémoratives.

Lorsque le pape Urbain VIII en 1625 et 1634 eut prohibé, en général, tous les cultes ayant pour objet des serviteurs de Dieu non encore béatifiés ou canonisés, le culte du vénérable Pierre d'Arbuès fut rangé formellement parmi les exemptions, par un décret de la sacrée Congrégation des Rites, en date du 23 mars 1662.

C'était s'engager en quelque sorte à faire plus encore, et à instruire un jour le procès de sa canonisation. Déjà l'empereur Charles-Quint et les rois Philippe III et Philippe V en avaient adressé la demande formelle à la cour de Rome. Le pape Paul V commença, en 1615, une information régulière et rigoureuse, qui fut poursuivie par trois auditeurs de Rote et trois évêques espagnols, à Saragosse et dans tous les lieux où vivaient des souvenirs se rattachant au martyr. Enfin le 27 avril 1664, sous le pape Alexandre VII, la cérémonie solennelle de la béatification eut lieu avec toute la pompe romaine et espagnole, dans la basilique de Saint-Jean de Latran.

Celle de la canonisation était réservée au glorieux pontificat de Pie IX, en juillet 1867.

Les reliques de Pierre d'Arbuès ont été transférées dans une chapelle latérale de l'église métropolitaine de Saragosse, enrichie de tout ce que la piété des peuples a pu trouver de plus précieux. On y voit le tombeau sa statue célèbre, en marbre blanc, il est représenté en habits de chanoine régulier, avec la palme et l'instrument de son martyre.

Bien des orages et des révolutions ont passé sur ce tombeau, sans que les populations aragonaises aient cessé de lui rester fidèles. Ces révolutions ont emporté la prépondérance politique et jusqu'au repos intérieur des royaumes de Ferdinand et d'Isabelle : puissent l'intercession et les exemples du saint Mastrophila, en ces jours où l'Eglise vient de nous les rappeler solennellement, faire revivre en Espagne toutes les vertus chrétiennes qui lui ont assuré jadis de longs âges de calme, de gloire et de puissance ! (D'après l'étude de J.-M. Villefranche. *Revue du monde catholique*, Juillet 1867).

E. H.

crime, ils donneront une partie de leurs biens, comme amende, pour le soutien de la guerre contre les Maures. Mais à aucun de ceux qui se déclarent seulement après le terme de grâce, ni le roi ni la reine ne remettront la confiscation de leurs biens.
— Ces renseignements et ceux qui suivent, nous les tirons, pour plus de sûreté, d'un historien protestant (Schroeckh, t. XXXIV).

Dans les règlements pour la procédure, le seizième article porte : Attendu qu'en Castille et en Aragon il y a un grand nombre d'hérétiques, les inquisiteurs, à cause du péril et du préjudice qui en résulteraient, ne feront point connnaître les noms des personnes qui auront déposé contre eux, mais bien les dépositions elles-mêmes. Si les accusés doivent être mis à la question, les inquisiteurs et l'évêque du diocèse seront présents; que s'ils en sont empêchés, ils seront remplacés par des hommes intelligents et consciencieux. On devait faire le procès même aux absents et aux morts, y eût-il trente ou quarante ans depuis leur décès, dès qu'il y avait des témoins suffisants : leurs ossements devaient être déterrés des églises, couvents et cimetières, et leurs biens confisqués par le trésor royal. Par une autre instruction, dressée à Valladolid en 1487, par le même Torquemada, on voit que dès lors la caisse de l'inquisition était chargée de tant d'assignations royales, que les inquisiteurs eux-mêmes et leurs officiers ne pouvaient en tirer leur solde aux temps voulus. Ces règlements, et ceux qu'on y ajouta dans la suite furent dressés au nom des rois; ce sont les rois qui nommaient le grand inquisiteur; c'est par les rois, ou du moins avec leur agrément, qu'étaient institués ses assesseurs, même des laïques, parmi lesquels deux du conseil suprême de Castille ; le tribunal dépendait uniquement des rois, qu'il rendait maîtres de la vie et de la fortune de tous leurs sujets. Telles sont les indications et les remarques de l'historien protestant, qui trouve même étrange que les Papes aient consenti à cette transformation d'un tribunal ecclésiastique en un tribunal séculier indépendant du Pontife et dépendant uniquement du roi.

Voici, du reste, une sentence de l'inquisition du genre le plus sévère : « Nous avons déclaré et déclarons l'accusé N. N. véritable hérétique, apostat, fauteur et recéleur d'hérétiques, faux et simulé confessant, et impénitent relaps; par lesquels crimes il a encouru les peines de l'excommunication majeure et de la confiscation de tous ses biens au profit de la chambre royale et du fisc de Sa Majesté. Déclarons de plus que l'accusé doit être abandonné, ainsi que nous l'abandonnons, à la justice et au bras séculier que nous prions et chargeons très-affectueusement, de la meilleure et de la plus forte manière que nous le pouvons, d'en agir à l'égard du coupable avec bonté et commisération (*L'inquisition dévoilée*, p. 180 et 181; de Maistre, *Lettres à un gentilhomme russe sur l'inquisition d'Espagne*).

Par ces documents, que nous avons empruntés à des autorités non suspectes, on voit clairement quelles étaient la nature et la composition de ce tribunal, contre quelles personnes et quels actes il procédait, et de quelle manière, et enfin quelle sentence il prononçait.

Quant à sa nature, l'inquisition d'Espagne était un tribunal, non point papal et ecclésiastique, mais politique et royal, dépendant uniquement des rois et pour la nomination de ses juges et pour l'exécution de ses jugements. Il était composé de conseillers clercs et de conseillers laïques, comme les parlements de France; parmi les conseillers clercs, au nombre de huit, six étaient toujours séculiers, et deux réguliers, dont l'un, mais un seul, toujours Dominicain, en vertu d'un privilége accordé par le roi Philippe III. En sorte que, dans chaque tribunal de l'inquisition, il n'y avait jamais que deux religieux, dont un seul Dominicain (De Maistre, *Prem. lettre*, p. 28).

Ainsi composé, ce tribunal procédait, non pas contre les Mahométans ni les Juifs, mais contre les chrétiens qui étaient tombés ou retombés dans le judaïsme, le mahométisme ou une autre hérésie. Et encore comment ce tribunal procède-t-il contre eux? Il leur annonce un terme de grâce de trente ou quarante jours, pendant lesquels ils sont libres de confesser leur faute, d'en demander pardon et de se soumettre à des expiations religieuses. Dès ce moment le *délit* se change en *péché*, et le *supplice* en *pénitence*. Le coupable jeûne, prie, se mortifie. Au lieu de marcher au supplice, il récite des psaumes, il confesse ses péchés, il entend la messe, on l'exerce, on l'absout, on le rend à sa famille et à la société. — Depuis l'origine du monde, quel est le tribunal qui commence ainsi par offrir la grâce et la miséricorde aux coupables?

Les juges faisaient connaître aux accusés les dépositions faites contre eux, et même les noms des témoins. Si, sur ce dernier article, il y eut exception pour la Castille et l'Aragon, ce n'était qu'une exception locale et temporaire, attendu le grand nombre et l'emportement des hérétiques et apostats qui se trouvaient alors dans ces deux pays ; et, de fait, nous les avons vu assassiner un juge même, et cela au pied des autels. L'accusé devait-il être mis à la question, comme c'était l'usage dans tous les tribunaux civils, ainsi qu'autrefois chez les Grecs et les Romains ? la loi obligeait les inquisiteurs et l'évêque du diocèse d'y assister, afin d'en modérer la rigueur par leur présence.

Enfin, quelle sentence prononçait ce tribunal ? Jamais le tribunal de l'inquisition ne prononçait de sentence de mort. La sentence qu'il prononçait n'était au fond qu'une déclaration de jury : Oui, l'accusé est un apostat ou un hérétique opiniâtre; oui, l'accusé est un apostat ou un hérétique relaps. Après cette déclaration, le tribunal de l'inquisition avait épuisé son pouvoir. C'était à d'autres tribunaux, aux tribunaux purement civils, à faire l'application de la loi civile, ainsi que font aujourd'hui les juges après la déclaration du jury. Les inquisiteurs n'étaient pas plus responsables des suites de leur déclaration, que ne le sont aujourd'hui les jurés de France et d'Angleterre. Enfin, même après la condamnation à la peine légale par les tribunaux civils, le roi était encore maître d'en suspendre l'exécution et de faire grâce.

Voilà ce qu'était en soi et de sa nature le tribunal de l'inquisition d'Espagne. Quant aux abus de détail qui ont pu s'y introduire ou s'y commettre, comme il peut s'en commettre ou s'en introduire dans toutes les institutions humaines, il n'est pas facile d'en juger. Jusqu'à présent, nous n'avons guère, à cet égard, que des déclamations passionnées, mais pas une histoire intelligente et consciencieuse. Cet important ouvrage est encore à faire.

Quant au résultat général de l'inquisition d'Espagne, il est plus facile à constater ; on a une expérience de trois siècles. Instituée vers la fin du XVe, cette inquisition a été supprimée dans les premières années du XIXe. Or, ces trois siècles ont été pour l'Espagne une période de paix et de gloire : paix, union, bonheur au dedans ; gloire, puissance au dehors : rivalisant avec l'Italie pour la culture des lettres et des arts, surpassant toutes les nations de l'Europe en puissance et en étendue, embrassant dans sa domination l'Ancien et le Nouveau-Monde, jamais le soleil ne se couchant sur ses possessions, et ses rois sur le point de devenir les maîtres de l'univers. L'inquisition est-elle supprimée ? L'Espagne perd l'Amérique, et commence à déchirer ses propres entrailles par des guerres civiles.

Ce n'est pas tout : nous avons de quoi faire la contre-épreuve. Ces trois siècles de gloire et de bonheur pour l'Espagne avec l'inquisition, qu'ont-ils été pour l'Allemagne, la France et l'Angleterre sans l'inquisition ? Trois siècles de guerre ou de dissensions civiles et religieuses, qui ne sont pas encore guéries, qui peuvent se ranimer d'un jour à l'autre et replonger l'Europe dans le chaos. Voyez, en Allemagne, la guerre de Trente-Ans allumée par les arguments de Luther ; les excès inouïs des anabaptistes et des paysans ; voyez les guerres civiles de France, d'Angleterre et de Flandre ; le massacre de la Saint-Barthélemi, le massacre de Mérindol, le massacre des Cévennes ; l'assassinat de Marie Stuart, de Henri III, de Henri IV, de Charles Ier, du prince d'Orange, de Louis XVI, de Marie-Antoinette et autres. Voyez l'Allemagne divisée contre elle-même en catholiques et protestants, et menacée par cette division de devenir aujourd'hui ou demain une proie de la sauvage Russie, avec la Scandinavie protestante, plus encroûtée de préjugés anticatholiques que ne le fut jamais la Scandinavie païenne. Voyez la France politique, sans principe, sans boussole ni ancre, tremblant, à chaque coup de vent, de s'abîmer sous elle-même. Voyez l'Angleterre, séparée de l'unité catholique, divisée contre elle-même en une infinité de sectes, ne sachant plus de laquelle se réclamer, et aussi incertaine que les vagues de la mer qui l'environne.

« Mais, ce qui est véritablement extraordinaire et peu connu, ce me semble, dit le comte de Maistre, c'est l'apologie complète de l'inquisition, faite par Voltaire (*Essai sur l'histoire générale*, t. IV, c. 177), et que je vais vous présenter comme un monument remarquable du bon sens qui aperçoit les faits et de la passion qui s'aveugle sur les causes.

« Il n'y eût, dit-il, en Espagne, pendant le XVIe
» et le XVIIe siècle, aucune de ces révolutions san-
» glantes, ces conspirations, de ces châtiments
» cruels qu'on voyait dans les autres cours de l'Eu-
» rope. Ni le duc de Lerme, ni le comte Olivarès
» ne répandirent le sang de leurs ennemis sur les
» échafauds. Les rois n'y furent point assassinés
» comme en France, et n'y périrent point par la
» main du bourreau comme en Angleterre. *Enfin*,
» *sans les horreurs de l'inquisition, on n'aurait eu*
» *alors rien à reprocher à l'Espagne.* »

« Je ne sais, ajoute le comte de Maistre, si l'on peut être plus aveugle. *Sans les horreurs de l'inquisition, on n'aurait rien à reprocher à cette nation qui n'a échappé que par l'inquisition aux horreurs qui ont déshonoré toutes les autres.* C'est une véritable jouissance pour moi de voir ainsi le génie châtié, condamné à descendre jusqu'à l'absurdité, jusqu'à la niaiserie, pour le punir de s'être prostitué à l'erreur. Je suis moins ravi de sa supériorité naturelle que de sa nullité, dès qu'il oublie sa destination.

» Après les horreurs que nous avons vues en Europe, de quel front ose-t-on reprocher à l'Espagne une institution qui les aurait toutes prévenues. *Le saint-office, avec une soixantaine de procès dans un siècle*, a dit quelqu'un, *nous aurait épargné le spectacle d'un monceau de cadavres qui surpasserait la hauteur des Alpes et arrêterait le cours du Rhin et du Pô* (De Maistre, *Lettre quatrième*). »

Ximenès, voyant l'Espagne entièrement délivrée de la domination des Maures, entreprit quelque chose de plus : ce fut de leur porter la guerre en Afrique même, pour leur ôter l'envie de jamais repasser. Les Maures d'Oran venaient d'infester les côtes d'Espagne. La reine Isabelle était morte en 1504. Le roi Ferdinand venait d'ôter, en 1507, la vice-royauté de Naples à Gonsalve de Cordoue, qui restait depuis sans emploi. Ximenès, dans la suite cardinal, proposa donc au roi la conquête du royaume d'Oran en Afrique. Sur le refus de Ferdinand, Ximenès offrit de diriger et de solder l'expédition lui-même, à la seule condition du remboursement des frais lorsque la conquête serait assurée. Ximenès avait alors soixante-dix ans ; il fut nommé généralissime de l'expédition : il demanda pour un de ses lieutenants-généraux le Grand-Capitaine Gonsalve de Cordoue, relégué à Valladolid ; il ne put l'obtenir. Il eut pour unique lieutenant-général Pierre de Navarre, et pour chef d'état-major le Vénitien Vianelli, deux hommes habiles, mais qui, jaloux de son autorité, cherchaient plus souvent à le contrarier qu'à le seconder. De plus, bien des courtisans cabalaient pour faire avorter l'entreprise. Mais rien n'y fit. Pendant que les courtisans cabalaient, pendant que le Grand-Capitaine n'avait d'autre occupation que de visiter les églises et les monastères, le Cordelier septuagénaire Ximenès, déjouant toutes les intrigues, déployait l'activité et les talents d'un généralissime consommé : les préparatifs sont achevés avant l'époque. Mais, au moment même de l'embarquement, par les intrigues de Navarre et de Vianelli, une révolte éclate dans l'armée : le soldat veut recevoir avant l'embarquement la solde qu'il ne devait toucher que sur la flotte. Ximenès, qui du premier coup d'œil pénètre toute l'intrigue, ne se déconcerte pas ; il apaise les mutins par les officiers et les soldats demeurés fidèles, les réunit près de sa tente, et leur adresse la parole. Mais à peine a-t-il dit quelques mots, qu'un soldat se met à crier : De l'argent, point de harangue ! Ximenès le cherche des yeux, le fait arrêter et pendre sur-le-champ, puis continue son discours, comme si de rien n'était. Cette fermeté héroïque imprima un tel respect à toute l'armée, qu'elle n'y manqua plus jamais.

La harangue à peine finie, on vit sortir de la tente du généralissime, au bruit des tambours et des trompettes, des hommes couronnés de lauriers, avec des sacs couronnés de même : c'était l'argent destiné pour les troupes. Ces hommes prennent le chemin de la mer : en même temps, on publie partout le camp que, qui veut être payé n'a qu'à s'embarquer. A cette nouvelle, chacun prend le chemin du port. Ximenès s'y rend lui-même pour présider à l'embarquement ; là il embrasse tous les chefs, leur promettant d'oublier tout ce qui s'est passé, et les réconciliant les uns avec les autres, pendant que les officiers subalternes s'empressaient à lui baiser la main et les soldats le bas de sa robe. Ximenès est le dernier à s'embarquer ; il visite tous les vaisseaux, fait distribuer en sa présence une gratification extraordinaire, outre la solde, qui ne fut jamais plus exactement payée. La flotte se trouvait abondamment pourvue de toutes choses ; on ne pouvait admirer assez la prévoyance de Ximenès : tout retentissait de ses louanges. Il profita du temps qu'on resta dans le port ou sur mer, pour faire des exhortations chrétiennes sur tous les navires, afin d'attirer les bénédictions de Dieu sur l'expédition : il eut la satisfaction d'apprendre que tout le monde avait fait son devoir.

Partie de Carthagène le 16 mai 1509, la flotte découvrit le 17, vers le midi, les côtes d'Afrique : il était nuit lorsqu'elle arriva devant le port de Mars-el-Kebir, à une lieue d'Oran. Ximenès la fit entrer dans le port et débarquer l'armée la nuit même, à l'exception de deux mille chevaux, qu'il envoya surprendre Oran, où depuis deux ans il avait des intelligences. Tout réussit à souhait. Le débarquement s'opéra au milieu des ténèbres, sans qu'il périt une chaloupe. Au matin, les infidèles furent excessivement surpris de voir l'armée chrétienne rangée en bataille : la croix pontificale de Ximenès brillait dans les premiers rangs, avec ces mots sur une banderole flottante : *Vous vaincrez par ce signe.* Tous les drapeaux et les étendards portaient la même devise, et dans tous les rangs on voyait briller la croix. Ximenès lui-même, sur les instances des officiers et des soldats, s'était retiré dans la forteresse, d'où il pouvait tout voir et où il demeura prosterné en prière. Les deux armées en vinrent aux mains, les Maures sont repoussés et mis en déroute jusqu'à une hauteur d'où l'on apercevait Oran et la bannière chrétienne flottant sur les murs : la ville avait été prise. Cette vue redouble le courage des chrétiens, malgré la chaleur excessive qu'il faisait ; ils anéantissent l'armée ennemie, et remportent une victoire complète, sans perdre plus de trente hommes.

Pierre de Navarre, avec l'élite de ses troupes, marche sur Oran pour secourir les siens, qui, en trop petit nombre pour occuper toute la ville, s'étaient bornés à occuper les portes. Il y entra donc sans peine, mais trouva les rues et les places barricadées par les habitants, revenus de leur première surprise. Ces barricades furent emportées sans beaucoup d'efforts ; mais il n'en fut pas de même des mosquées, où une partie de la population s'était retranchée et se défendit à toute extrémité. Cette résistance exaspéra les vainqueurs, qui tuèrent plus de quatre mille habitants, et en firent huit mille esclaves. Restait à prendre la forteresse. Le commandant répondit qu'il n'était pas en état de se défendre, mais qu'il voulait avoir la gloire de la rendre à Ximenès.

Le cardinal vint par mer. Dès qu'il aperçut Oran, il leva les mains au ciel et remercia Dieu d'une si belle conquête. Pendant tout le chemin, il ne cessa de répéter ces paroles : *Ce n'est pas à nous, Seigneur, ce n'est pas à nous, mais à votre nom qu'il faut rendre gloire.* Mais, en voyant tant de morts dans les rues, il ne put s'empêcher de verser des larmes et de témoigner qu'une victoire moins sanglante lui eût été plus agréable. Pierre de Navarre lui dit entre autres pour excuse : Qu'après tout c'étaient des infidèles qui ne méritaient pas qu'on les plaignît. « C'étaient des infidèles, il est vrai, repartit Ximenès, mais c'étaient des hommes dont on aurait pu faire des chrétiens : leur mort me ravit le principal avantage de la victoire, qui était de les gagner à Jésus-Christ. »

A quelque distance du château, il rencontra le gouverneur, qui lui en présenta les clés, avec trois cents esclaves chrétiens qu'on y avait mis aux fers dès que la flotte d'Espagne avait paru. Ces infortunés se jetèrent aux pieds de Ximenès, en lui présentant leurs chaînes rompues et l'appelant leur libérateur. Il leur donna sur-le-champ la liberté, avec un établissement dans la ville ; il permit à la garnison de se retirer à Tlemcen avec armes et bagages. Pour le gouverneur et deux autres individus qui avaient aidé à prendre Oran, il leur fit un sort très-avantageux en Espagne.

S'étant ensuite rendu à la grande place, où l'on avait porté tout le butin, il fait l'éloge des chefs et des soldats, les remercie au nom du roi et au sien, et, après avoir fait mettre à part quelques pièces des plus précieuses, il les envoie à Ferdinand par un courrier. Tout le reste, il l'abandonne aux officiers et aux soldats. La libéralité de Ximenès va plus loin. Comme il était reconnu pour généralissime de cette armée et qu'il en avait fait tous les frais, on avait mis à part, pour lui seul, environ la cinquième partie des dépouilles. Il la fit apporter au même endroit, il en fait des présents de sa propre main à Pierre de Navarre, à tous les officiers-généraux et subalternes, et même à de simples soldats en qui il avait remarqué ou de la probité, ou de la conduite, ou de la valeur. Il destina le reste pour les besoins publics, comme pour la transformation des mosquées en église. Pour lui-même, il se réserva très-peu de chose, si ce n'est plusieurs livres arabes des mieux conditionnés, qu'il destina pour la bibliothèque d'Alcala ou de Complut, où on les voit encore.

Après la distribution du butin, son premier soin fut de nettoyer la ville des cadavres qui commençaient à l'infecter. Il purifia ensuite les mosquées, les fit orner à l'usage des chrétiens et dédia lui-même la plus grande à Notre-Dame-de-la-Victoire. Il établit dans cette même ville un clergé, des moines, des hôpitaux, leur assigna des fonds pour leur subsistance et des maisons commodes pour les loger.

On put admirer alors combien Ximenès avait eu raison, malgré l'avis contraire de Pierre de Navarre et d'autres officiers, de faire débarquer son armée la nuit même et de surprendre aussitôt Oran ; car, un jour plus tard, c'eût été trop tard. On vit arriver le roi de Tlemcen avec des troupes nombreuses au secours de la ville : la voyant prise, il s'en retourna comme il était venu.

De nos jours, on connaît peu l'histoire de cette conquête : on s'imagine ordinairement que ce ne fut qu'une irruption momentanée, sans résultat durable. C'est une erreur. Les Espagnols occupèrent la ville et le royaume d'Oran sans interruption, de 1509 à 1708. A cette dernière époque, pendant la guerre pour la succession d'Espagne, les Algériens s'emparèrent d'Oran ; mais dès le 30 juin 1732, les Espagnols la reprirent sur les Maures et l'occupèrent jusqu'en 1792, où, grâce à la Révolution française, les Algériens purent s'en emparer de nouveau. Les Espagnols l'ont ainsi occupée pendant près de trois siècles.

Après la conquête d'Oran, Ximenès proposa celle de la ville et du royaume de Bougie : on s'y résolut. Mais ce projet réveilla toute la jalousie de Navarre et de Vianelli, étrangers tous deux, piqués d'être subordonnés à un moine. Ximenès s'en aperçut bien vite. De plus, il eut connaissance d'une lettre où le roi Ferdinand disait à Pierre de Navarre : « Empêchez le bonhomme de repasser sitôt en Espagne. Il faut user sa personne et son argent autant qu'on pourra. Amusez-le dans Oran, si vous pouvez, et songez à quelque nouvelle entreprise. » Ximenès ne fut pas long à prendre son parti. Il nomma Pierre de Navarre général en chef, Vianelli lieutenant-général, s'embarqua le 23 mai et arriva le même jour à Carthagène, d'où il était parti le 16 du mois. Son expédition n'avait ainsi duré que sept jours. Non-seulement il écrivit au roi pour lui rendre un compte exact de tout ce qui s'était fait et de tout ce qu'on avait résolu d'entreprendre, mais il employa tout l'argent qui lui restait ; il s'engagea même pour de fortes sommes pour acheter des blés et toutes sortes de munitions à l'armée d'Afrique, avant de partir de Carthagène. On sent que, si la reine Isabelle eût encore été en vie ou si Ferdinand eût été Isabelle, Ximenès et Gonsalve de Cordoue auraient pu faire la conquête de l'Afrique entière, pendant que Christophe Colomb découvrait le Nouveau-Monde.

La même année 1509, Pierre de Navarre prit la ville et le royaume de Bougie ; l'année suivante, la ville et le royaume de Tunis : il devint la terreur de l'Afrique. Mais la suite ne répondit point à ces beaux commencements. Son armée fut défaite, Vianelli tué, et de tant de conquêtes, il ne resta aux Espagnols que la ville d'Oran, la conquête du moine Ximenès.

Ferdinand, bien étonné de voir le cardinal revenu sitôt, l'invita à venir à la cour recevoir les louanges qu'il avait méritées. Ximenès s'en excusa, se rendit à Complut ou Alcala par des chemins détournés, pour éviter le concours du peuple et les réceptions qu'on lui préparait dans toutes les villes. Dans Alcala même, quoiqu'il en fût seigneur spirituel et temporel, il défendit les inscriptions, les compliments et les harangues. Il parla toujours de sa victoire comme s'il n'y eût contribué que par ses prières. Quand quelqu'un l'appelait le Vainqueur des nations barbares, il témoignait que ces grands noms ne lui étaient pas dus, et ne manquait jamais de répéter ces paroles de David : *Ce n'est pas à nous, Seigneur, ce n'est pas à nous, mais à votre nom qu'il faut rendre gloire.*

Ximenès n'eut pas plus à se louer de la reconnaissance de Ferdinand que de celle de Navarre et de Vianelli. Il avait été convenu qu'en cas de réussite, Ferdinand rembourserait les frais : le succès dépassait toutes les espérances, mais Ferdinand ne voulait point tenir sa parole. Ximenès lui envoya un état exact de la dépense, en avertissant que, s'il n'obtenait pas du prince la satisfaction qui lui était due, il la demanderait aux Etats de Castille. Or, rien ne faisait tant de peur à Ferdinand que cette assemblée. Il satisfit donc Ximenès, mais de mauvaise grâce.

Ferdinand V ou *le Catholique* mourut le 23 janvier 1516. Il eut de son mariage avec Isabelle un prince qui mourut jeune et plusieurs princesses, parmi lesquelles Jeanne, qui épousa Philippe, duc d'Autriche, fils de l'empereur Maximilien, et Catherine, qui épousa Henri VIII, roi d'Angleterre. En mourant, Ferdinand déclara sa fille Jeanne héritière de tous ses Etats, et, après elle, le prince don Carlos, son fils, qui était toujours resté en Flandre, et qui, en 1519, devint l'empereur Charles-Quint.

Ximenès, qui portait le titre de *cardinal d'Espagne*, fut nommé régent de Castille. Il eut à s'occuper plus d'une fois des affaires du Nouveau-Monde. L'île d'Hispaniola ou Saint-Domingue fut la première colonie espagnole. Il s'agissait d'utiliser les terres, d'assainir le pays, en éclaircissant les forêts, en faisant écouler des eaux stagnantes. Les colons venus d'Espagne n'y pouvaient suffire. Les indigènes étaient en grand nombre, mais d'une complexion faible ; contents d'une très-chétive nourriture, ils abhorraient le travail ; leur bonheur était l'indolence et la paresse. De là des difficultés sérieuses. Les terres n'étant pas cultivées, le pays n'étant pas assaini, les colons d'Europe restaient exposés à mourir de faim ou de maladies. D'ailleurs, il y avait dans le nombre plus d'un aventurier sans conduite. De plus, on eut l'idée en Espagne d'y envoyer les condamnés pour y subir leurs peines. Une pareille population n'était guère propre à gagner les naturels à l'amour de la domination espagnole et du travail. Les insulaires voyant donc que les étrangers, au lieu de s'en aller, prétendaient les obliger à cultiver la terre et à exploiter les mines, se soulevèrent en masse pour les exterminer. Comme ils ne formaient qu'une multitude confuse, ils furent aisément défaits par la discipline des quelques Européens, et condamnés à payer aux vainqueurs un tribut en nature. Par antipathie, tant pour le travail que pour leurs maîtres, ils se soulevèrent une seconde fois, furent une seconde fois défaits, déchargés du tribut, mais condamnés en place à cultiver certaines portions de terres au profit des colons. En conséquence, ils furent répartis en des plantations diverses. C'était un commencement de servitude. Dans ces répartitions, il y eut bien des abus, et de la part des autorités espagnoles qui les faisaient, et de la part des colons qui en profitaient. Comme c'était une administration tout à fait nouvelle, où le passé ne pouvait pas beaucoup servir de leçon, et que, d'ailleurs, le souverain, qui devait décider en dernier ressort, était à deux mille lieues par delà les mers, il y eut naturellement bien des incertitudes, bien des divergences, même entre les hommes les mieux intentionnés. Quant à la conduite des religieux espagnols dans ces conjonctures, voici comme en parle le protestant Robertson, dans son *Histoire d'Amérique* :

« Les missionnaires envoyés dans l'Amérique s'aperçurent, dès le moment où ils y entrèrent, que la rigueur avec laquelle les Espagnols traitaient les Indiens rendait leur ministère entièrement infructueux. Ces missionnaires, se conformant à l'esprit de la religion qu'ils étaient chargés de prêcher, blâmèrent hautement les maximes de leurs compatriotes au sujet des Américains, et condamnèrent les répartitions des Indiens en qualité d'esclaves, comme contraires à la justice naturelle, aux préceptes du christianisme et à la véritable politique. Les Dominicains, auxquels on avait d'abord confié l'instruction des Indiens, furent ceux qui s'opposèrent le plus aux *répartitions*. L'an 1511, le Père Montesino, un de leurs plus fameux prédicateurs, invectiva contre cette coutume dans la grande église de Saint-Domingue, avec toute l'impétuosité d'une éloquence populaire. Le gouverneur, les principaux officiers de la colonie et tous les laïques qui avaient assisté à son sermon s'en plaignirent à ses supérieurs, lesquels, loin de la condamner, approuvèrent sa doctrine comme pieuse et convenable aux circonstances actuelles. Les religieux de Saint-François, guidés par l'esprit de rivalité qui régnait entre les deux ordres, parurent vouloir prendre le parti des laïques et la défense des *répartitions*; mais comme ils ne pouvaient décemment approuver un système d'oppression aussi contraire à l'esprit de la religion qu'ils professaient, ils tentèrent de pallier ce qu'ils ne pouvaient justifier, et alléguèrent, pour excuser la conduite de leurs compatriotes, qu'il était impossible de faire fleurir la colonie, à moins que les Espagnols n'eussent assez d'autorité sur les Indiens pour les contraindre à travailler (Herrera, *Dec.* 1, l. 8, c. 11 ; Oviedo, l. 3, c. 6).

» Les Dominicains, dont les vues n'étaient ni aussi politiques, ni aussi intéressées, ne voulurent point se départir de leurs sentiments, et refusèrent d'absoudre et d'admettre aux sacrements ceux de leurs compatriotes qui avaient des Indiens en qualité d'esclaves. Les deux partis renvoyèrent au roi la décision de cette question importante. Ferdinand chargea un comité de son conseil privé et quelques-uns des plus fameux juristes et théologiens d'Espagne d'écouter les raisons des députés qu'on avait envoyés d'Hispaniola. Après une longue discussion, le point de controverse fut décidé en faveur des Dominicains. Il fut déclaré que les Indiens seraient réputés libres, et traités comme tels ; mais que les *répartitions*, à cela près, restaient sur le pied où elles étaient (Herrera, l. 8, c. 12 ; l. 9, c. 5). Comme cette décision admettait le principe sur lequel les Dominicains appuyaient leur sentiment, elle ne servit ni à leur imposer silence, ni à les convaincre. A la fin, pour tranquilliser la colonie au sujet de leurs censures et de leurs remontrances, Ferdinand publia un décret de son conseil privé, par lequel il déclarait que, ayant mûrement examiné la teneur de la bulle apostolique et les titres en vertu desquels la couronne de Castille possédait le Nouveau-Monde, il avait reconnu que la servitude des Indiens était autorisée par les lois divines et humaines; que, à moins qu'ils ne fussent soumis à la domination des Espagnols et contraints à vivre sous leur inspection, il était impossible de les tirer de l'idolâtrie et de les instruire des principes de la religion chrétienne; qu'on ne devait plus douter de la légitimité des *répartitions*, et que le roi et son conseil prenaient cette affaire sur leur conscience; qu'il enjoignait, par conséquent, aux Dominicains et aux autres religieux de s'abstenir dorénavant des invectives qu'un excès de charité et un zèle malentendu les avaient portés à répandre contre cet usage (Herrera, l. 9, c. 14).

» Pour que personne n'ignorât l'intention qu'il avait de maintenir ce décret, Ferdinand fit de nouvelles concessions d'Indiens à plusieurs de ses courtisans; mais, pour qu'on ne l'accusât point de négliger les droits de l'humanité, il publia un édit par lequel il tâchait d'adoucir le joug qu'il leur imposait; il régla la nature du travail qu'on pouvait exiger d'eux, l'habillement et la nourriture qu'on devait leur fournir, et les instructions qu'on devait leur donner.

» Les Dominicains, jugeant de l'avenir par le passé, s'aperçurent aussitôt de l'inutilité de ces ordres, et prétendirent que, tant que ce serait l'intérêt des individus de traiter les Indiens avec rigueur, les règlements publics ne rendraient leur condition ni plus douce, ni plus supportable. Ils firent remarquer que c'était perdre son temps et ses peines que de vouloir communiquer les vérités sublimes de la religion à des hommes dont l'esprit était abattu par l'oppression. Quelques-uns prièrent leurs supérieurs de leur permettre de passer dans le continent, pour continuer leur mission chez les Indiens qui n'étaient point encore corrompus par les mauvais exemples des Espagnols, ni aigris contre le christianisme par leur cruauté. Ceux qui restèrent à Hispaniola continuèrent de s'opposer avec fermeté à ce qu'on traitât les Indiens en esclaves.

» Les opérations violentes d'Abuquerque, le nouveau répartiteur des Indiens, réveillèrent le zèle des Dominicains contre les *répartitions*, et procurèrent à ce malheureux peuple un avocat qui possédait le courage, les talents et l'activité nécessaires pour défendre une cause aussi désespérée : ce fut le Dominicain *Barthélemi de Las-Casas*, né à Séville en 1474, d'une famille noble, un des ecclésiastiques qui suivirent Christophe Colomb dans le second voyage qu'il fit à Hispaniola pour s'établir dans cette île. Il adopta de bonne heure l'opinion dominante chez les missionnaires, au sujet de l'injustice qu'il y avait à réduire les Indiens à l'esclavage ; et pour prouver qu'il en était convaincu, il renvoya tous ceux qui lui étaient échus lors du partage qu'on en fit, déclara qu'il déplorerait toute sa vie le malheur qu'il avait eu et le crime qu'il avait commis en exerçant un moment son autorité sur ces pauvres heureuses créatures. Dès lors il se déclara protecteur des Indiens, il intercéda pour eux, et se fit tellement respecter par son caractère et ses talents, qu'il eut souvent le mérite de mettre des bornes aux excès de ses compatriotes. Il ne manqua pas de se plaindre hautement des procédés d'Abuquerque, et, quoique l'attention que celui-ci donnait à ses propres intérêts le rendît sourd à ses remontrances, il n'abandonna cependant pas le malheureux peuple dont il avait épousé la cause. Il se rendit en Espagne, dans l'espoir d'ouvrir les yeux et de fléchir le cœur de Ferdinand par le tableau frappant qu'il lui ferait de l'oppression que souffraient ses nouveaux sujets (Herrera, *Dec.* 1, l. 10, c. 12; *Dec.* 2, l. 1, c. 11).

» Il obtint d'autant plus aisément audience du roi, que la santé de celui-ci dépérissait de jour à autre. Il lui représenta, avec autant de franchise que d'éloquence, les funestes effets des *répartitions* dans le Nouveau-Monde. Il lui fit un crime d'avoir autorisé un usage impie qui avait fait périr une multitude d'hommes innocents que la Providence avait mis sous sa protection. Ferdinand, dont la maladie avait affaibli l'esprit et le corps, fut alarmé de ce reproche d'impiété qu'il eût méprisé dans un autre temps. Il écouta avec beaucoup de componction le discours de Las-Casas, et lui promit de remédier aux maux dont il se plaignait; mais la mort l'empêcha d'exécuter sa résolution. Charles d'Autriche, son successeur, résidait alors en Flandre, le domaine de ses pères. Las-Casas, avec son ardeur ordinaire, résolut d'y aller, pour instruire ce jeune monarque de ce qui se passait dans les Indes; mais le cardinal Ximenès, qui venait d'être déclaré régent du royaume, lui ordonna de n'en rien faire, lui promettant de lui donner une audience particulière.

» Il examina cette affaire avec toute l'attention qu'elle méritait; et, comme il aimait naturellement les projets hardis et extraordinaires, il forma aussitôt un plan qui surprit des ministres accoutumés à l'administration lente et circonspecte de Ferdinand. Sans consulter les droits de Diégo Colomb, fils de Christophe, ni les règlements que le feu roi avait faits, il résolut d'envoyer trois personnes en Amérique pour veiller sur les colonies, en qualité de surintendants, avec pouvoir, après qu'ils auraient examiné les circonstances sur les lieux, de décider définitivement le point en question. La difficulté fut de trouver des sujets capables de remplir un poste aussi important. Comme tous les laïques établis en Amérique, qu'on avait consultés sur l'administration de ce gouvernement, avaient répondu que les Espagnols ne pouvaient garder leurs nouveaux établissements, à moins qu'ils ne conservassent l'autorité qu'on leur avait donnée sur les Indiens, il comprit qu'il ne pouvait se fier à eux, et il résolut de confier cet emploi à des gens d'Eglise. Comme les Dominicains et les Franciscains étaient d'un sentiment opposé sur cet article, il crut devoir les exclure de cette commission. Elle fut donnée aux Hiéronymites, dont l'ordre était peu nombreux, mais très-respecté en Espagne. Il choisit, de concert avec leur général et Las-Casas, trois sujets dont il connaissait la capacité. Il leur adjoignit Zuazo, jurisconsulte d'une probité distinguée, auquel il donna le pouvoir illimité de juger tous les procès qui surviendraient dans les colonies. Las-Casas fut chargé de les accompagner en qualité de protecteur des Indiens (Herrera, *Dec.* 2, l. 2, c. 3).

» Le premier acte d'autorité que firent les surintendants en arrivant à Saint-Domingue, fut d'accorder la liberté aux Indiens, qu'on avait donnés aux courtisans et à d'autres personnes ne résidant pas en Amérique. Cette démarche, jointe aux avis que l'on reçut d'Espagne touchant l'objet de leur commission, répandit une alarme générale. Les colons conclurent qu'on allait leur ôter les mains qui exécutaient leurs travaux, et que leur ruine était, par conséquent inévitable. Mais les religieux de Saint-Jérôme se conduisirent avec tant de circonspection et de prudence, que leurs craintes furent bientôt dissipées. Ils déployèrent dans toutes leurs démarches une connaissance des affaires du monde qu'on acquiert rarement dans le cloître, et, qui plus est, une modération et une politesse encore plus rares parmi les personnes élevées dans la solitude et dans les austérités de la vie monastique. Ils écoutèrent tous les avis qu'on leur donna; ils les pesèrent et les comparèrent, et, après avoir mûrement examiné le tout, ils conclurent qu'il était impossible, vu l'état de la colonie, d'adopter le plan que Las-Casas avait proposé, et que le cardinal avait recommandé. Ils virent clairement que les Espagnols établis en Amérique étaient en si petit nombre, qu'ils ne pouvaient ni exploiter les mines ni cultiver les terres, sans le secours des Indiens, et que, si on leur ôtait cette ressource, il fallait nécessairement qu'ils abandonnassent leurs conquêtes et les avantages qu'ils en retiraient; que rien ne pouvait vaincre l'aversion des Indiens pour le travail, et qu'il n'y avait que l'autorité d'un maître qui pût les forcer à mettre la main à l'œuvre; que leur indolence et leur paresse étaient telles, que, à moins de veiller continuellement sur eux, ils n'assisteraient point aux instructions religieuses, ne pratiqueraient point les exercices de piété qu'on leur avait enseignés. Ils jugèrent donc qu'il fallait tolérer les *répartitions*, et laisser les Indiens sous la domination des Espagnols. Ils employèrent néanmoins tous leurs soins pour prévenir les mauvais effets de cet établissement, et pour assurer aux Indiens le meilleur traitement compatible avec leur état de servitude. Pour cet effet, ils firent revivre les anciens règlements; ils en ajoutèrent de nouveaux, et ne négligèrent rien de ce qui pouvait adoucir la pesanteur du joug; ils s'efforcèrent, par leur autorité, par leurs exemples et leurs exhortations, d'inspirer à leurs compatriotes des sentiments de douceur et d'humanité pour les malheureux dont ils ne pouvaient se passer. Zuazo seconda, de son côté, les efforts des surintendants. Il réforma les tribunaux, de manière que leurs décisions furent plus promptes et plus équitables, et fit divers règlements qui perfectionnèrent la police intérieure de la colonie. Les Espagnols furent généralement satisfaits de sa conduite et de celle des surintendants; ils admirèrent et la hardiesse avec laquelle Ximenès s'était écarté de la route ordinaire, et la sagacité avec laquelle il avait choisi des personnes dignes, par leur prudence, leur modération et leur désintéressement, du poste qu'il leur avait confié (Herrera, *Dec.* 2, l. 2, c. 15; Robertson, *Hist. d'Amérique*, l. 3). »

Las-Casas fut seul mécontent. Il repasse en Europe. Ximenès étant à la mort, il s'adressa aux ministres flamands de Charles-Quint: les surintendants hiéronymites sont rappelés, un nouveau juge est envoyé dans l'île: voilà tout ce qu'il obtient. Il propose d'envoyer des laboureurs à Saint-Domingue; son projet n'est point adopté. Il propose de fonder sur le continent même une colonie de laboureurs, de journaliers et d'ecclésiastiques. Il voulait traiter les Indiens de la même manière que les Jésuites ont fait depuis dans le Paraguay. Son plan est approuvé, mais il échoue dans l'exécution. Des historiens rapportent que, ne voyant plus d'autre moyen de secourir les indigènes d'Amérique, Las-Casas proposa de leur substituer les nègres d'Afrique, quatre fois plus robustes pour le travail : ce que Ximenès avait refusé de faire, trouvant inconséquent et injuste de réduire en esclavage une race d'hommes, pendant qu'on travaille à rendre la liberté à une autre (Robertson, l. 3 ; Herrera, *Dec.* 2, l. 2, c. 8). Tout cela prouve que la question n'était pas facile aisée.

L'humanité est une grande famille, provenue d'un seul père et d'une seule mère : tous les membres doivent s'aimer comme des frères et des parents. Mais dans une famille aussi nombreuse, il y a des enfants et des adultes, des sages et des insensés, des bien portants et des malades. Les adultes doivent avoir soin des enfants, les sages des insensés, les bien portants des malades. Il est permis d'emmailloter un enfant, de le mener en lisière, de le conduire par la main, puis de le laisser aller tout seul, mais en le surveillant de près : on peut même employer la verge pour corriger de vicieux penchants, tels que le mensonge, le vol, la malfaisance, la cruauté. Quant aux insensés, surtout les frénétiques, on peut les enfermer, les empêcher, par la force, de nuire soit à eux-mêmes, soit aux autres, et les ramener ainsi au bon sens par des voies de contrainte graduellement adoucies. Autant en est-il à peu près des malades qui ont la fièvre, le délire, ou qui ne sont point assez raisonnables pour suivre par eux-mêmes le régime du médecin. A mesure que l'enfant approche de l'âge viril, l'insensé du bon sens, le malade de la santé, le régime de l'enfance et de la maladie doit diminuer, pour cesser enfin tout à fait. Or, dans cette grande famille du genre humain, les enfants, les insensés, les malades sont quelquefois des peuples entiers, peuples sauvages, idolâtres, hérétiques et autres. La partie adulte, saine et sensée de la famille, c'est l'Église catholique. C'est donc à elle, avec son chef, à soigner ce qui est enfant, ce qui est insensé ou malade, et à varier les moyens suivant les temps, les lieux, les personnes et les circonstances. Plus d'une fois l'enfant, l'insensé, le malade se plaindront de son régime ; mais, avec le temps, ou du moins avec l'éternité, tous lui rendront grâces ou du moins justice.

Ximenès, pendant qu'il était régent de Castille, fit un autre acte d'humanité intelligente et généreuse. La reine Jeanne, fille de Ferdinand et d'Isabelle, et mère de Charles-Quint, ayant vu mourir, l'an 1506, son époux Philippe d'Autriche, en fut si inconsolable, qu'elle perdit entièrement la raison ; ce qui la fit surnommer *Jeanne la Folle*. Ximenès voyait avec un extrême chagrin la vie misérable qu'elle menait dans le château de Tordesillas. Quoique ce fût un des lieux les plus agréables de l'Espagne, elle s'en était fait une affreuse prison. Elle n'en sortait jamais, elle y avait choisi la chambre la plus obscure et la plus incommode, elle ne pouvait souffrir qu'on la nettoyât, elle ne changeait ni de linge ni d'habits, et ne voulait pas qu'on la servît autrement que dans de la vaisselle de terre. Là, au milieu de l'ordure et de la puanteur, son occupation la plus ordinaire était de se battre avec des chats. Souvent, de ces ridicules combats, elle remportait des égratignures qui lui défiguraient le visage.

Quoique Ximenès fût persuadé que Dieu seul pouvait guérir la reine, il ne laissa pas de se rendre à Tordesillas dans le dessein de lui procurer quelque soulagement. Il remarqua d'abord que le gouverneur que Ferdinand, son père, lui avait donné, était trop vieux et trop mélancolique pour s'acquitter bien de son emploi. Il lui en donna un autre, dont l'esprit adroit, insinuant, jovial, était plus propre à la divertir. Il se mit ensuite à l'étudier avec attention. Ayant donc remarqué que de toutes les passions auxquelles elle avait été sujette, il ne lui restait que l'ambition, il la prit par ce faible, lui représenta que sa manière de vie la rendait méprisable à ses sujets, que c'était l'unique chose qui les empêchait de venir lui faire la cour, que les peuples se prenaient par l'éclat et la dépense ; enfin il sut la tourner si adroitement, qu'il la fit consentir à habiter un appartement plus magnifique, à manger en public, à sortir tous les jours pour entendre la messe dans le voisinage et pour la promenade. Il plaçait alors des personnes sur les chemins, qui ne manquaient pas de crier : Vive la reine ! lorsqu'elle venait à passer. Enfin il l'accoutuma si bien à se comporter en reine, que, si elle ne guérit pas de sa folie, elle vécut au moins d'une manière infiniment plus agréable qu'elle n'avait fait depuis la mort de son père.

Ximenès reçut plus de témoignage de reconnaissance pour cette action que pour toutes les grandes choses qu'il avait faites jusqu'alors. Le roi Charles l'en remercia, les grands lui en firent leurs compliments, et toute l'Espagne retentit de ses louanges.

Charles-Quint vint en Espagne l'an 1517, accompagné de quelques favoris belges : Ximenès, qui était malade, lui conseilla de renvoyer ces étrangers, s'il voulait être bien reçu des Espagnols ; conseil dont la suite fit connaître la prudence. Les favoris belges, peu contents de Ximenès, lui firent écrire par Charles une lettre où il le remerciait de ses services passés et l'engageait au repos : c'était une lettre honnête de disgrâce. On ne sait si Ximenès en eut connaissance ; car il mourut sur les entrefaites, dans de grands sentiments de piété, le 8 novembre de la même année 1517, à l'âge de 81 ans, après avoir, dans ses vingt-deux mois de régence, soumis les grands d'Espagne, conservé la Navarre, puni les Génois et la révolte de Malaga, trouvé le secret d'entretenir dans la Castille une puissante armée sans qu'il en coûtât rien au roi ni au royaume, nettoyé les côtes d'Espagne, assiégé Alger, conservé Oran, bâti des arsenaux de terre et de mer, et acquitté les dettes de la couronne sans le secours des impôts (*Vie de Ximenès*, par Gomez, Fléchier et Marsollier).

L'Espagne avait été devancée, mais non surpassée par le Portugal dans les grandes découvertes sur l'Océan. Les deux peuples durent ces glorieuses entreprises aux croisades. Leur lutte séculaire pour reconquérir l'Espagne et le Portugal sur les Mahométans leur communiqua, à l'un et à l'autre, une surabondance de vie, d'activité et de hardiesse aventureuse qu'il fallait satisfaire. Dieu leur donna pour tâche d'explorer le grand Océan, d'y frayer de nouvelles routes, d'y découvrir de nouvelles îles, de nouveaux mondes. Les Portugais, ayant fini les premiers avec les Mahométans, furent les premiers à s'élancer dans cette nouvelle carrière.

C'était au commencement du XVe siècle. En 1412, Jean Ier, roi de Portugal, envoie une expédition contre les Mahométans de Barbarie : à cette occasion, les navigateurs portugais s'avancent le long des côtes occidentales d'Afrique, jusqu'au cap Bojador : ce qu'ils n'avaient encore osé faire jusque-là. En 1418, sous la protection du prince Henri de Portugal, quatrième fils de Jean, ils allèrent plus loin, découvrirent une île inconnue qu'ils nommèrent *Porto-Santo*, d'où ils aperçurent l'île de Madère. Ils y firent des établissements utiles, qui durent encore.

Le cap Bojador fut doublé en 1434, et de nouvelles tentatives conduisirent les navigateurs du prince Henri dans la rivière du Sénégal et dans plusieurs autres contrées, les îles Canaries, les Açores, les îles du cap Verd : un peu plus tard, la côte de Guinée et le royaume de Bénin.

Pour encourager ses navigateurs et assurer au Portugal le fruit de leurs découvertes, le prince Henri pria le pape Eugène IV de vouloir bien sanctifier ses entreprises par l'autorité apostolique. Il lui représenta le zèle avec lequel il travaillait depuis vingt ans à découvrir des pays inconnus, dont les malheureux habitants, ignorant la vraie religion, étaient plongés dans l'idolâtrie ou séduits par les illusions du mahométisme. Il supplia le Saint-Père, à qui, en qualité de vicaire de Jésus-Christ, sont assujétis tous les royaumes de la terre, de conférer à la couronne de Portugal un droit sur tous les pays des infidèles qu'elle découvrirait par l'industrie de ses sujets, ou qu'elle subjuguerait par la force de ses armes. Il le conjura d'enjoindre à toutes les puissances chrétiennes, sous des peines très-sévères, de ne point inquiéter les Portugais, pendant qu'ils étaient engagés dans cette louable entreprise, et de ne point s'établir dans aucun des pays qu'ils découvriraient. Il lui promit que les Portugais n'auraient d'autre objet, dans toutes leurs expéditions, que d'étendre la connaissance de la religion chrétienne, d'établir l'autorité du Saint-Siège et d'augmenter le troupeau du pasteur universel.

Eugène IV rendit une bulle par laquelle, après avoir loué, dans les termes les plus flatteurs, la conduite passée des Portugais, et les avoir exhortés à persévérer dans la carrière où ils étaient entrés, il leur accordait un droit exclusif sur tous les pays qu'ils découvriraient depuis le cap *Non*, jusqu'au continent de l'Inde. On appelait cap *Non*, le promontoire d'Afrique au delà duquel les Portugais n'avaient osé s'aventurer jusqu'en 1412.

Le prince Henri ne tarda pas à sentir les avantages que lui procurait la donation apostolique. Ses projets étaient autorisés et sanctifiés par une bulle qui les approuvait. L'esprit de découvertes était lié avec le zèle pour la religion, qui, en ce temps-là, était un principe si actif et si puissant, qu'il influait sur la conduite des nations. Tous les princes chrétiens n'osèrent ni entrer dans les pays découverts par les Portugais, ni interrompre les progrès de leur navigation et de leurs conquêtes. Ainsi, quelques marchands anglais ayant voulu commercer sur la côte de Guinée, Jean II, roi de Portugal, envoya des ambassadeurs à Edouard IV, pour lui représenter le droit que le Pape lui avait accordé sur ce pays, et le prier de défendre à ses sujets d'entreprendre le voyage qu'ils projetaient. Edouard fut tellement convaincu du droit exclusif des Portugais, qu'il donna des ordres dans les termes qu'ils désiraient (Roberston, *Hist. de l'Amérique*, l. 1; Garcia de Resende).

La mort du prince Henri de Portugal, arrivée l'an 1463, ralentit la passion pour les grandes découvertes. Elle se réveilla en 1486, sous son neveu, le roi Jean II. On conçut l'espérance de faire le tour de l'Afrique, comme on le disait des anciens Phéniciens et Carthaginois. Dans cette vue, le roi de Portugal envoya des ambassadeurs à l'empereur chrétien d'Ethiopie, pour prendre des renseignements sur le côté oriental de l'Afrique et sur l'Inde. D'un autre côté, il donna trois navires à Barthélemi Diaz, pour continuer les recherches sur le côté occidental. Parvenu à cent vingt lieues au delà du point visité par les derniers navigateurs, Diaz y érigea une croix aux armes de Portugal; puis, se lançant sur l'Océan, il ne prit plus terre. Poussé par les vents, il dépassa l'extrémité méridionale de l'Afrique, sans l'apercevoir; arrivé à un îlot à plus de quarante lieues au delà, on y érigea une seconde croix, d'où lui resta le nom de *Santa-Cruz* : plus loin, dans la baie de Lagoa, ils donnèrent encore le nom de la Croix à plusieurs petites îles. En revenant sur leurs pas, ils éprouvèrent une joie et une surprise extrême en apercevant, au milieu d'une tourmente affreuse, le promontoire où le cap qu'ils cherchaient depuis si longtemps. Ils y élevèrent une croix, et la dédièrent à saint Philippe. Ils appelèrent ce promontoire le *cap des Tourmentes* ou des Tempêtes; mais le roi de Portugal, auprès duquel ils revinrent à la fin de 1487, le nomma cap de Bonne-Espérance, persuadé que le passage de ce cap devait ouvrir la route des Indes (*Hist. univers.*, t. XI, art. Diaz) : espérance qui fut confirmée par la relation des ambassadeurs envoyés en Ethiopie.

Malgré des circonstances aussi favorables, le zèle des découvertes se ralentit encore une fois, lorsqu'il fut puissamment réveillé, en 1492, par la prodigieuse nouvelle que Christophe Colomb, dédaigné par le gouvernement portugais, venait de découvrir un nouveau monde au profit de l'Espagne. Sous le règne d'Emmanuel, successeur de Jean II, en 1495, les navigateurs portugais complétèrent les découvertes précédentes. Vasco de Gama doubla le cap de Bonne-Espérance en 1497, reconnut la côte orientale de l'Ethiopie, où il fut averti par les chrétiens de Mélinde d'être sur ses gardes vis-à-vis des Musulmans, qui de fait cherchèrent plus d'une fois à le perdre avec les siens; il aborda finalement à Calicut, sur la côte de Malabar, dans l'Inde. Cette expédition de Vasco de Gama est devenue un poème épique sous la plume de son compatriote Louis Camoëns. Alvarès de Cabral arriva au Brésil, dans le Nouveau-Monde, déjà visité par Améric Vespuce, fit alliance avec les souverains du pays en 1500, y construisit des forts et assura au Portugal la possession de cette riche contrée; François d'Almeyda, envoyé dans les Indes avec le titre de vice-roi, en 1506, y soutint avec gloire l'honneur des armes portugaises, et son fils y forma des établissements dans les Maldives et à Ceylan; Alphonse d'Albuquerque s'empara, l'an 1507, de l'île d'Ormutz; Jacques Sigueira, l'an 1510, de celle de Sumatra; Albuquerque, en 1511, surprit l'île de Goa, et obligea les habitants de la presqu'île de Malaca à se ranger sous la domination portugaise; Antoine Corréa, l'an 1520, parcourut en vainqueur le royaume de Pégou. L'an 1521, les Portugais établis dans l'Inde furent bien étonnés de voir arriver une flotte espagnole, du côté de l'orient, par la mer Pacifique. Elle était commandée par Fernand Magellan, qui, après avoir concerté son expédition avec le cardinal Ximenès, avait longé les côtes du Nouveau-Monde et trouvé le passage qui a été appelé de son nom, le détroit de *Magellan*. De toutes parts la route était ainsi frayée pour aller aux Indes, à la Chine et au Japon. Aussi verrons-nous partir bientôt les conquérants des âmes, particulièrement l'apôtre des Indes, saint François Xavier, pour reprendre l'œuvre des enfants de saint Dominique et de saint François, interrompue par le grand schisme d'Occident, la spirituelle et perpétuelle croisade, la conversion du monde.

§ II.

Rechute et obstination des Grecs dans le schisme. — Ruine de leur empire et prise de Constantinople par les Turcs.

Si les Grecs, au centre de l'ancien continent, comme les Espagnols et les Portugais à l'extrémité occidentale, avaient voulu seconder cette croisade à la fois spirituelle et temporelle, Dieu, sans doute, les eût récompensés spirituellement et temporellement, comme ces deux peuples; car sa miséricorde et sa puissance sont les mêmes pour tous. Les Visigoths, devenus coupables, sont réduits par les Mahométans à se cacher dans les montagnes des Asturies. Ils reconnaissent leur faute, et avec le secours de Dieu et de son Eglise, ils entreprennent de la réparer. Insensiblement, Dieu les tire de leurs antres et de leurs montagnes, et, par une lutte de huit cents ans, il les fait triompher de tous leurs ennemis. Puis, comme un roi qui est content de ses troupes, il leur donne tout un monde pour gratification.

Il n'en est pas de même des Grecs, qui ressemblent beaucoup plus aux enfants d'Israël et aux Juifs. Pendant huit cents ans, Dieu les menace, les frappe, les corrige par le glaive des mêmes Mahométans, pour les faire revenir de l'hérésie et du schisme à l'unité de la foi et de l'Eglise. Comme les enfants d'Israël, ils reviennent de temps en temps, mais d'une manière peu sincère et peu durable. Leurs différentes réunions avec le centre de l'unité, avec l'Eglise romaine, y compris la réunion de Florence, profitent à quelques individus; mais le corps de la nation empire de plus en plus, jusqu'à ce que Dieu s'en lasse, comme il s'est lassé des enfants d'Israël, et qu'il frappe les derniers coups, comme nous allons voir.

Dans le récit de cette catastrophe, nous ne ferons guère que traduire les auteurs grecs, notamment Michel Ducas, qui était d'une des familles impériales de Constantinople. Voici comme il résume la réunion de Florence.

Commencé à Ferrare, le concile fut transféré à Florence, à cause d'une maladie contagieuse, et se termina dans cette dernière ville. Le chef des métropolitains grecs était Marc d'Ephèse, qui passait pour très-instruit et un modèle dans les lettres grecques et les règles de l'Eglise. Parmi les Latins, c'était Julien, cardinal de Sainte-Croix, fort habile dans les sciences profanes et sacrées. Il y en avait encore quelques autres très-savants, comme Bessarion, métropolitain de Nicée; Isidore, métropolitain de Russie; Balsamon, garde des archives et archidiacre. Parmi les sénateurs, Gémiste de Lacédémonie, Georges Scholarius, juge général, et Argyropule, fort versés dans la doctrine des Grecs. Du côté des Latins, il y en avait un grand nombre. Après plusieurs conférences, ils terminèrent leurs contestations, et, à l'exception de Marc d'Ephèse, ils s'accordèrent tous, confirmèrent le décret de l'union par serment, et prononcèrent des malédictions contre quiconque le violerait. Le fruit du décret fut la profession commune: que le Saint-Esprit procède du Père et du Fils, comme d'un seul principe et par une seule procession. Ce que les Grecs expriment en disant que le Saint-Esprit procède du Père par le Fils. Lors donc que, à l'exception du seul Marc d'Ephèse, ils eurent tous signé le décret, qu'ils eurent sacrifié et communié ensemble, et se furent donné le baiser de paix, ils partirent de Florence.

Ce qui choquait Marc d'Ephèse, c'était l'addition que les Latins avaient faite au Symbole. « Effacez-la, disait-il, d'entre les articles de la foi, mettez-la partout ailleurs où il vous plaira, et chantez-la dans l'Eglise, comme on chante que *le Fils est unique et le Verbe immortel*. » Les Latins répondaient : « Montrez-nous que l'addition contienne quelque chose de contraire à la vérité, et nous l'effacerons, non-seulement du Symbole, mais encore de tous les livres qui traitent de théologie, comme des livres de Cyrille, d'Ambroise, des deux Grégoire de Nazianze et de Nysse, de Basile, de Jérôme, d'Augustin, de Chrysostome et de beaucoup d'autres. Puisque nous autres Latins disons que le Père est un seul et même principe, une seule et même cause, racine et fontaine du Fils et du Saint-Esprit, et que nous ne reconnaissons pas deux principes, quelle nécessité y a-t-il d'ôter l'addition, qui, en réalité, est moins une addition qu'une explication de la doctrine du Symbole (Ducas, *Histoire byzantine*, c. 31, t. XVI, édit. de Venise). »

C'est ainsi que Michel Ducas résume le concile de Florence. Voici maintenant comme il raconte l'arrivée des évêques grecs à Constantinople. » Lorsqu'ils descendirent de dessus les galères, les habitants vinrent les saluer et leur demandèrent : « En quel état sont nos affaires? comment s'est passé le concile? est-ce nous qui avons remporté la victoire? » Les prélats répondirent : « Nous avons vendu notre foi, nous avons changé la piété contre l'impiété, nous avons trahi le pur sacrifice, nous sommes devenus azymites. » Ils disaient ces choses et d'autres plus honteuses, et qui encore? Ceux mêmes qui avaient souscrit le décret d'union, Antoine d'Héraclée et les autres. — Et si quelqu'un leur demandait : Et pourquoi donc avez-vous signé?

ils répondaient : Nous avions peur des Francs.
— Mais, leur disait-on, est-ce que les Francs vous ont fait violence? est-ce qu'ils vous ont battus de verges ou jetés en prison? — Non pas, répliquaient-ils; mais, puisque la main a signé, qu'on la coupe; puisque la langue a confessé, qu'on l'arrache! — Ils n'eurent pas à dire autre chose.

Il y eut un aveu plus étrange, ajoute Michel Ducas. Quelques-uns des métropolitains, au moment de souscrire le décret d'union, disaient : Nous ne souscrivons pas, si vous ne nous comptez de l'argent en suffisance. L'argent compté, ils trempèrent la plume dans l'encre et signèrent. On dépensa effectivement des sommes immenses pour leur entretien, et on donna en outre de l'argent à chacun des Pères. Cependant, lorsqu'ils se repentirent d'avoir signé, ils ne reportèrent point l'argent qu'ils avaient reçu. Ainsi, de leur propre aveu, ils avaient vendu leur foi et s'étaient rendus plus coupables que Judas, qui reporta l'argent à qui le lui avait donné. Mais le Seigneur l'a vu, et il a différé; et le feu s'est allumé en Jacob, et la colère est montée sur Israël (Michel Ducas, c. 31, t. XVI).

Au milieu de cette défection, il y eut cependant plus d'un homme fidèle. Tel fut Métrophanes, métropolitain de Cyzique, qui avait souscrit le sixième au concile de Florence. Elu patriarche de Constantinople et installé le 4 mai 1440, veille de l'Ascension, il fit tout ce qui était en son pouvoir pour réprimer les schismatiques et maintenir l'union avec l'Eglise romaine. Ceux qu'il ne pouvait ramener par la persuasion, il les déposait de l'épiscopat et leur substituait des amis de l'unité. Il en agissait ainsi, sans doute avec l'autorisation du Pape, jusque dans les patriarcats d'Alexandrie, d'Antioche et de Jérusalem. Ces trois patriarches avaient souscrit par leurs députés à la réunion de Florence. Mais, dès 1443, retournés au schisme, comme certains animaux à leur vomissement, ils publièrent une lettre d'excommunication contre Métrophanes de Constantinople, et menacèrent l'empereur Jean Paléologue de l'excommunier lui-même, s'il continuait à le soutenir. Métrophanes mourut catholique le 1er août de la même année 1443 (*Acta Sanct.*, t. I, août; *Hist. chronologica patriarch. Const.*, art. 129; Allatius, *De perpetuâ consens. Eccl. occid. et orient.*, l. 3, c. 4).

Un autre défenseur de l'unité catholique fut Grégoire, protosyncelle, confesseur de l'empereur Jean Paléologue. Marc d'Ephèse ayant publié deux lettres ou libelles contre les Grecs-Unis, Grégoire y fit une réponse apologétique, qui se rapporte comme à cinq chefs : la procession du Saint-Esprit, l'addition du mot *Filioque* au Symbole, l'usage du pain azyme dans l'eucharistie, le purgatoire et enfin l'autorité du Pape. Grégoire met d'abord les paroles de Marc, puis la réfutation, tirée presque toujours des Pères de l'Eglise, dont il compare la doctrine au soleil dissipant les ténèbres de la nuit par sa seule présence.

Que le Saint-Esprit procède du Père et du Fils, il le prouve par saint Cyrille, saint Augustin, saint Epiphane dans son *Ancorat*, et saint Anastase d'Antioche, lequel dit en toutes lettres : *Que le Saint-Esprit procède et est envoyé, non-seulement du Père, mais encore du Fils.* Il prouve par une infinité d'exemples tirés des Pères, que dire, avec les Grecs, que le Saint-Esprit procède du Père par le Fils, est synonyme de dire, avec les Latins, que le Saint-Esprit procède du Père et du Fils (Labbe, t. XIII).

Marc d'Ephèse disait entre autres : Avec Damascène et tous les Pères, nous ne disons pas que l'Esprit procède du Fils, mais eux le disent avec les Latins. Grégoire répond : Nous aussi, avec saint Damascène, nous ne disons pas que l'Esprit procède du Fils, mais qu'il procède *aussi* du Fils; car cette conjonction copulative indique très-bien que l'Esprit procède et du Père et du Fils. Dire absolument que l'Esprit procède du Fils, cela dénote que le Fils en est la cause primordiale, ce qui était le sentiment d'Eunomius et de ses partisans; mais nous, avec Damascène et tous les Pères, nous disons que l'Esprit procède, et du Fils et par le Fils. L'expression d'Eunomius voulait dire *du Fils seul*, attendu qu'il introduisait les divinités à divers degrés. Mais l'expression *et du Fils*, est l'expression même des Pères.

Grégoire avait déjà amplement expliqué le passage entier de saint Damascène, que Marc d'Ephèse tronquait comme les autres. Le saint docteur disait : Nous ne disons pas que l'Esprit procède du Fils, *mais par le Fils*. Marc omettait toujours ces derniers mots, qui rentraient dans la doctrine des Latins (*Ibid.*).

Quant à l'addition du mot *Filioque* dans le Symbole des Latins, Grégoire montre que ce n'est pas une addition proprement dite, mais une explication très-orthodoxe, tirée des Pères, tant latins que grecs : explication comme il en a été inséré au Symbole de Nicée par les conciles subséquents. Que si les Grecs-Unis n'ajoutent pas ce mot à leur Symbole, c'est que, si bonne que soit une explication, il n'est pas nécessaire de la mettre partout (*Ibid.*). Lorsque Marc d'Ephèse avance que c'est l'addition de ce mot qui a causé le schisme, il trompe ses lecteurs; car, avant et après Photius, les Grecs ont été unis aux Latins. Or, avant et après Photius, au su et au vu des Grecs, les Latins disaient et chantaient ce mot dans leur Symbole. Donc ce n'est pas l'addition de ce mot qui a causé la division (*Ibid.*).

Marc d'Ephèse reprochait aux Grecs-Unis de dire avec les Latins que l'azyme consacré est le corps de Jésus-Christ, et cependant de n'oser pas le prendre, non plus que les Grecs schismatiques.

Grégoire répond : L'Ephésien sait nous dire des injures à cause de l'azyme, mais il ignore que c'est avec du pain azyme que le Seigneur a d'abord accompli le sacrifice mystique; il ne regarde pas non plus comme indifférent qu'on le fasse avec de l'azyme ou du pain fermenté; mais, d'après ce qu'il s'imagine, tout est inefficace; le sacerdoce, l'autel, la parole du Seigneur : *Faites ceci en commémoration de moi*; et ces paroles divines : *Ceci est mon Corps, ceci est mon Sang*, ainsi que les autres rites qu'on observe. Tout cela, s'imagine-t-il, est vain, parce que, dans la même matière, il n'y a pas quelque petite portion d'aigri ou de fermenté. Or, que le Seigneur ait célébré d'abord la pâque légale et donné ensuite les mystères à ses disciples, écoutez le saint père Chrysostome en son homélie 81e : *Mais pourquoi célébrait-il la pâque? Pour montrer en tout, jusqu'au dernier jour, qu'il n'était point contraire à la loi.* Prenez garde à ce qu'il dit : Le Seigneur célébrait la pâque, pour n'être pas contraire à la loi. Aura-t-il donc violé la loi, en gardant du pain fermenté? Or, que pendant sept jours on ne gardât alors rien de fermenté, le même saint Chrysostome en est témoin sur la première épître aux Corinthiens : « Disons d'abord, ce sont ses paroles, pourquoi l'on » rejette le levain de toutes les frontières. Il faut » que le fidèle soit exempt de toute malice ; car, » ainsi que périssait alors celui chez qui l'on trou- » vait du vieux levain, de même périra celui d'entre » nous chez qui se trouve la malice. Si sous l'ombre » de la loi il y a eu des peines sévères, il ne faut » pas s'imaginer que pour nous il n'y en ait pas de » plus sévères encore. Si donc ils nettoyaient alors » leurs maisons, jusqu'à scruter les trous de souris, » nous devons à bien plus forte raison scruter les » secrets replis de notre âme. » Puis donc que, suivant saint Chrysostome, le Seigneur a célébré la pâque, pour montrer jusqu'au dernier jour qu'il n'était pas contraire à la loi, et que pour observer cette même loi on fouillerait alors jusque dans les trous de souris pour faire disparaître tout ce qui était fermenté, le Seigneur n'eut-il pas été contraire à la loi, s'il eut avait gardé du pain fermenté pour célébrer la pâque? Or, que cela fût défendu par la loi sous les peines les plus sévères, nous le voyons au chapitre 12º de l'Exode.

« Cela étant, et le Seigneur ayant offert d'abord le sacrifice avec du pain azyme, comment pouvons-nous blâmer ceux qui l'offrent de même? Quant à ce qui nous regarde, nous suivons la coutume que nous avons reçue. Les apôtres faisaient le sacrifice, en rompant le pain dans les maisons, et on ne lit pas qu'ils aient demandé du pain azyme. Pareillement, lorsqu'ils c'étaient les jours des azymes et qu'il n'y avait point de pain fermenté à Jérusalem, on ne voit pas qu'ils aient cherché de celui-ci pour sacrifier, sachant que la matière était la même, savoir, de la farine de froment ; car, de ce qu'il n'y a pas un peu de levain, tout le sacrifice ne sera pas inefficace pour cela, principalement les paroles du Seigneur, qui changent le pain et le vin avec l'eau en son corps et son sang. Or, que ces paroles opèrent ce changement, écoutez saint Chrysostome dans son discours sur la trahison de Judas : « Maintenant » encore, c'est Jésus-Christ même qui dresse cette » table ; car celui qui dressait alors celle-là dresse » encore celle-ci. En effet, ce n'est pas un homme » qui fait que les dons offerts deviennent le corps » et le sang du Christ, mais celui qui a été crucifié » pour nous, le Christ lui-même. Le prêtre debout » à l'autel ne remplit que la figure et offre des priè- » res, lorsqu'il prononce ces paroles-là ; mais c'est » la grâce et l'efficace de Dieu qui opèrent tout. » Ceci, dit-il, est mon Corps : ces paroles changent » la matière proposée. Et comme cette parole : Crois- » sez et multipliez, et remplissez la terre, proférée » une seule fois, produit son effet dans tous les » temps, en fortifiant notre nature pour la généra- » tion, de même cette parole, une fois émise par » cette langue divine : Ceci est mon Corps, produit, » par sa vertu propre, un sacrifice complet, sur » tous les autels, dans toutes les églises, jusqu'à ce » jour et jusqu'à son futur avénement. » Si donc ces paroles changent la matière proposée au corps et au sang du Christ et en font les redoutables mystères, il serait bien étonnant qu'ils ne pussent être parfaits, à moins d'un peu de levain, d'autant plus que le Christ lui-même a consacré sans levain comme nous avons prouvé (Labbe, t. XIII). »

Marc d'Ephèse avançait dans un libelle que les saints n'entraient pas tout droit au ciel, ni les réprouvés en enfer, mais seulement au jugement dernier, et il reprochait aux Grecs-Unis de croire le contraire et de ne différer le sort définitif que des âmes intermédiaires du purgatoire. Grégoire, qui avait traité cet article dans une apologie à part, montre que Marc est en opposition et avec les saints Pères et avec lui-même. En effet, dans une homélie qu'il fit pour l'Eglise de Candie, non pas tout à fait gratuitement, mais moyennant un baril de vin, il disait en toutes lettres que *les méchants, après leur mort, allaient tout droit en enfer* (Ibid.).

Quant au Pape, Marc d'Ephèse disait : « Nous reconnaissons bien le Pape pour un des patriarches, et cela, s'il est orthodoxe ; mais ces autres déclarent avec beaucoup de gravité qu'il est le vicaire du Christ, le père et le docteur de tous les chrétiens. »

« Et nous aussi, répond Grégoire, nous disons que le Pape est un des patriarches. Toutefois, même entre plusieurs du même ordre, il y en a un qui tient le premier rang. Saint Chrysostome dit en sa 17ᵉ homélie sur les Actes des Apôtres : « Voyez comme, » même parmi ces sept, il y en a eu un de préposé » et tenant la primauté ; car, quoique l'ordination » fût commune, il reçut néanmoins une plus grande » grâce. » Du reste, nous disons que tout pontife est successeur du Christ et assis sur la Chaire de Jésus, mon Dieu, lui-même disant : *Qui vous reçoit, me reçoit, et qui vous écoute, m'écoute.* Voilà ce qui est de commun ; car le sacerdoce est également en tous, quant à ce qui est de conférer le baptême, d'offrir le saint sacrifice, d'absoudre les pénitents, de faire le saint-chrême, de donner la tonsure monastique ou cléricale, de bénir l'huile et de consacrer les prêtres. Nous disons donc, comme l'ayant reçu des Pères, que chacun a la vertu pour remplir toutes les fonctions ecclésiastiques.

» Mais ce que nous disons du Pape, nous ne le disons pas de nous-mêmes ; car Théodore Studite parle ainsi dans sa lettre à l'empereur Michel : « Si » Votre Majesté doute encore ou ne trouve pas suf- » fisante la résolution qui lui a été donnée, qu'elle » en demande une explication à l'ancienne Rome, » suivant la tradition primordiale des Pères. C'est » elle *la plus coryphée* des Eglises de Dieu, où » Pierre a présidé le premier, lui auquel le Seigneur » adresse ces paroles : *Tu es Pierre, et sur cette » pierre je bâtirai mon Eglise, et les portes de l'en- » fer ne prévaudront point contre elle.* » Le même Théodore dit dans sa lettre à Naucrace : « J'en at- » teste Dieu et les hommes, ils se sont séparés du » corps de Jésus-Christ, de la Chaire principale, » en laquelle Jésus-Christ a placé les clés de la foi, » contre laquelle n'ont jamais prévalu et ne prévau- » dront jamais jusqu'à la fin du monde les portes de » l'enfer, c'est-à-dire les bouches des hérétiques, » comme l'a promis Celui qui ne ment pas. » Et dans le troisième concile général, l'évêque Arcade dit : « Votre Béatitude voudra bien faire lire les » lettres du très-vénérable et saint pape Célestin, » évêque de la Chaire apostolique ; vous y verrez » quelle sollicitude il a pour toutes les Eglises. » L'évêque Project se servit des mêmes expressions, et Cyrille d'Alexandrie dit peu après : « Qu'on lise » avec l'honneur convenable la lettre du très-saint et » auguste Célestin, évêque de la sainte et apostoli- » que Eglise de Rome. » De même, au quatrième concile, on lit dans la lettre de Valentinien à Théodose : « Afin que le bienheureux évêque de Rome, » à qui l'antiquité attribue la principauté du sacer- » doce sur tous, ait lieu et faculté de juger de la » foi et de ceux qui sont revêtus du sacerdoce. » Puis donc qu'il a pouvoir de juger de la foi, ainsi » que des évêques et des prêtres, il a été justement » qualifié dans la définition de *docteur de tous les* » *chrétiens* (Labbe, t. XIII). »

Dans les Conciles de Labbe se trouve une autre apologie contre les déclamations de Marc d'Ephèse. Elle y porte le nom de Joseph, évêque de Méthone. Ailleurs elle porte le nom de Grégoire ou Gennade. Le docte Mansi présume, non sans des raisons plausibles, que l'auteur en est le même que celui de la précédente; car il y parle de la défense des cinq chapitres, comme sienne (Raynald, an 1445, n. 16, note de Mansi). La nouvelle apologie réfute un dernier libelle de Marc d'Ephèse, dirigé particulièrement contre le concile de Florence et les Latins.

On y voit que Marc tombait fréquemment du mal caduc; que, pour avoir enseigné la grammaire avec quelque succès, il croyait surpasser tous les Latins et les amener facilement à ses opinions, mais qu'il y fut bien trompé; car, dit l'auteur, qu'il y ait en Italie des hommes doctes et parfaits, et nullement inférieurs aux bienheureux de l'antiquité, personne ne le niera, s'il n'est aveuglé par la malice. Et s'il en est ainsi dans l'Italie, combien plus dans l'Eglise romaine, où jamais n'a demeuré ni l'infidélité, ni aucun dogme pervers (Labbe, t. XIII).

Marc se vantait, dans son libelle, d'avoir réduit les Latins au silence par ses arguments. Le patriarche répond : « Qui fut réduit au silence par les arguments, les actes le montrent; car, vous-même, vous nous disiez le premier : « Séparons-nous, retirons- » nous, et partons. Les Latins sont savants, fermes » et très-habiles dialecticiens. Que si, dans la dis- » pute sur l'addition du *Filioque*, ils ont été si forts » qu'il ne nous restait plus aucun moyen de dé- » fense, quels ne seront-ils pas quand nous exa- » minerons la doctrine même, pour laquelle ils » peuvent alléguer même des Pères de l'Eglise, » qui attribuent aussi au Fils la procession de l'Es- » prit-Saint. Il vaut donc mieux nous en aller, être » vaincus et nous en retourner avec ignominie. » Voilà ce que vous disiez, réduit effectivement au silence par leurs arguments. L'Eglise romaine n'avait donc pas besoin d'être redressée par vous; car c'est elle le pilote de toutes les Eglises, et le très-habile médecin pour toutes celles qui sont malades, ayant reçu du Christ la puissance de régir, de gouverner, de confirmer, et de redresser les autres Eglises, bien loin qu'elle doive être redressée par les autres. *Et lorsque tu seras converti*, dit le Sauveur à Pierre, *confirme tes frères;* il ne dit point : Sois confirmé par tes frères, mais *confirme-les.* Vous deviez donc être confirmé par elle, comme l'ont été de plus sages et de plus doctes que vous (*Ibid.*). »

Marc d'Ephèse, qui, à Florence, avait engagé ses compatriotes à quitter le concile, attendu qu'il n'y avait nul moyen de se défendre contre les arguments des Latins, lesquels avaient de plus pour eux les Pères de l'Eglise, ce même Marc se vantait, dans son libelle, d'avoir prouvé sans réplique que tous les passages allégués par les Latins étaient apocryphes ou corrompus. A cette vanterie, voici la réponse du patriarche Grégoire ou Gennade :

« Le premier à traiter le fond même de la doctrine, fut cet homme si pénétrant en théologie, Jean, provincial dans l'ordre de Saint-Dominique. Avec la bénédiction du Très-Saint-Père, dit-il, je discuterai avec vous la procession du Saint-Esprit. Il produisit des textes, non de livres apocryphes ou inconnus, corrompus ou dépravés, comme vous dites ; à moins que vous n'entendiez par apocryphes, les œuvres du grand Basile et d'Athanase, d'Epiphane et de saint Cyrille, de qui Jean citait les paroles au nom des Latins, pour prouver la vérité du dogme ; car ces hommes vénérables ne voulurent point prouver ce dogme par l'autorité des docteurs occidentaux, mais par les orientaux, afin que vous n'eussiez rien à dire, comme il est arrivé. Mais vous, ne pouvant supporter la vérité, vous appeliez corrompus et dépravés les livres des docteurs, à tel point que vous devintes la risée de tout le concile. Les prélats de l'extrême France surtout, quand ils vous entendirent appeler *corrompus* les livres des docteurs orientaux, s'écrièrent à toute voix : Mais ce misérable est hérétique ! il faut le frapper d'une éternelle excommunication, car il rejette les docteurs ; et s'il n'ajoute aucune créance à ses propres docteurs de l'Orient, que dira-t-il de ceux de l'Occident et des nôtres ? Toute l'assemblée étant ainsi émue, vous vous levâtes, sans rien faire de plus.

» Dans la session suivante, comme les Latins argumentaient des paroles du grand Cyrille, vous niâtes absolument que saint Cyrille parlât ainsi. Jean ayant produit Epiphane qui disait la même chose que Cyrille, vous criâtes que le passage était corrompu. Sur quoi ce profond et sublime théologien vous cita forcément le grand Basile, disant les mêmes choses que les précédents dans son livre contre Eunomius ; vous répondites encore que cet endroit était altéré. En sorte que, comme vous appeliez corrompus tous les livres qu'on avait produits, tout le monde vous regardait comme la folie même.

» Dans cette même occasion, vous envoyâtes un officier du métropolitain de Nicomédie chercher un manuscrit de saint Basile, où se trouve le passage qui commence par ces mots : *Pourquoi est-il nécessaire, etc.?* Lui, soit par sa propre malice, soit sur votre recommandation, voulut cacher la vérité. Ayant pris l'exemplaire, il se mit auprès d'une fenêtre, dans le dessein d'effacer le mot en question. Ayant donc marqué le feuillet, il chercha un couteau. Mais l'Esprit de vérité ne permit pas qu'elle fût ainsi obscurcie : dans l'intervalle, un petit souffle renverse le feuillet : le faussaire, dans son empressement, efface un mot pour un autre. Puis il revole triomphant au concile, pour convaincre les Latins. Le maître ayant ouvert le livre et trouvant le passage entier, regarde l'autre de travers et le lui montre. Le serviteur, tremblant, s'écrie tout haut : J'en jure par votre bénédiction, j'ai gratté le passage ; mais j'ignore comment il se trouve de nouveau tout entier. — Le passage se trouvant donc ainsi complet, vous vous retirâtes avec confusion. Et maintenant vous ne rougissez pas de dire que vous avez démontré absurde le dogme des Latins? vous devriez avoir honte d'avancer de pareilles choses; car vous n'écriviez pas à des ignorants, à des régions désertes, où il n'y eût personne qui pût savoir de quoi il s'agit. Les actes sont là qui attestent la vérité, savoir, que vous ne faisiez que crier : Le livre proféré est apocryphe : la citation de saint Cyrille est corrompue, celle de saint Basile est altérée. Telle était toute la force de votre raisonnement. Quand on vous sommait de produire le passage authentique, vous demandiez le temps d'aller à Constantinople pour le trouver. Telle était la merveille de votre éloquence et la vigueur de votre dialectique. En vérité, on est honteux de rappeler de pareilles choses (Labbe, t. XIII). »

Marc d'Ephèse, qui combattait ainsi sciemment et frauduleusement la vérité connue, ce que plusieurs entendent du péché contre le Saint-Esprit qui n'est remis ni en ce monde ni en l'autre, Marc d'Ephèse mourut de même que le perfide Arius. Comme il ne cessait de crier contre l'union, l'empereur et les grands de l'empire désirèrent qu'il eût une conférence publique avec l'évêque latin de Coron, qui accompagnait le cardinal-légat à Constantinople. Elle eut lieu, suivant les uns, en 1445; suivant d'autres, en 1447. Marc y ayant été confondu de nouveau, en conçut une si grande tristesse, qu'il expira peu de jours après, en rendant son âme avec ses excréments : de quoi tout Constantinople fut témoin (Labbe, t. XIII, et Raynald, an 1445, n. 17, avec la note de Mansi sur le n. 16).

Grégoire, protosyncelle, surnommé Mélissène et Mammas, fut élu patriarche de Constantinople en 1445, bien malgré lui, et quelque résistance qu'il pût faire : c'est le témoignage que lui rendent ses ennemis mêmes. Il était aussi saint que savant; mais l'empereur Jean Paléologue meurt en 1448. Les schismatiques deviennent plus hardis. Le patriarche Grégoire voit la division s'envenimer de plus en plus; il prédit la prise de Constantinople; il prédit au grand-duc Notaras, dont il avait tenu les enfants sur les fonts de baptême, que ces mêmes enfants seraient égorgés sous les yeux de leur père : en 1451, il se retire de Constantinople à Rome (*Acta Sanct.*, t. I, août; *Hist. patr. Const.*, art. 130).

La dynastie impériale de Constantinople n'était pas moins divisée contre elle-même par les intérêts politiques, que les sujets de l'empire ne l'étaient sur la religion. Constantin, frère de l'empereur Jean Paléologue, s'empara des domaines de Démétrius, son frère, qui avait accompagné l'empereur au concile de Florence. Démétrius, voyant que Jean Paléologue ne lui donne aucune satisfaction, s'adresse au sultan Amurath, qui lui donne des troupes avec lesquelles il vient assiéger Constantinople le 23 avril 1443. Obligé de lever le siége, après avoir ravagé tous les abords de la ville, il fait sa paix, et obtient une principauté sur les bords du Pont-Euxin, où il va s'établir.

L'année suivante, Jean Paléologue se voit menacé de toutes les forces des Turcs, sans apercevoir aucune ressource contre ces infidèles. Dans cette extrémité, il a recours à la clémence du sultan, qui lui accorde la paix, et le laisse tranquille le reste de ses jours. Jean Paléologue meurt sans enfants le 31 octobre 1448. Il a pour successeur son frère Constantin XII, surnommé Dragasès, de sa mère Irène Dragase. Son frère cadet, Démétrius, ayant voulu lui disputer l'empire, ils prennent ou acceptent pour arbitre le sultan Amurath, qui décide en faveur de Constantin. C'était bien reconnaître pour suzerain de Constantinople le vicaire de Mahomet (*Art de vérifier les dates*).

Le sultan Amurath mourut le 9 février 1451. Comme il leur avait fait bien du mal, les Grecs se réjouirent beaucoup de sa mort. Leur joie ne fut pas longue. Amurath laissait un fils, appelé Méhémet par les Grecs, et connu sous le nom de Mahomet II. Il avait reçu de la nature d'excellentes qualités, un corps robuste, un esprit vif, fécond en ressources et propre aux sciences; mais jamais prince ne manqua plus des qualités qui font l'honnête homme. Il n'avait ni foi ni loi, comptait la probité pour rien, et se moquait de toutes les religions, sans excepter celle de son prophète. Pour rendre plus magnifiques les funérailles de son père, il fait étouffer un jeune frère que son père lui avait recommandé en mourant, puis il fait périr l'exécuteur de son fratricide. Vers la fin de sa vie, il fera étrangler son propre fils Moustapha, parce qu'il était trop brave et trop heureux à la guerre. C'est entre ces deux atrocités de tigre que se passe le règne de Mahomet II.

La capitale des Ottomans était alors Andrinople. Mahomet y reçut les ambassadeurs de divers princes, leur prodiguant à tous des assurances de paix et d'amitié, particulièrement à l'empereur des Grecs, Constantin Dragasès. Celui-ci, pour resserrer les liens de leur alliance, demanda même à épouser la sultane, veuve d'Amurath, fille du despote de Servie. La sultane s'y refusa, et se renferma dans un cloître pour le reste de ses jours, car elle était chrétienne. Constantin conclut alors un mariage avec la fille du roi de Géorgie; mais la jeune épouse n'eut pas le temps de voir son époux ni sa capitale. Mahomet, qui avait juré la paix à Constantin, éleva bientôt une forteresse à deux lieues de Constantinople, comme pour commencer dès lors le siège de la nouvelle Rome.

Dans cette situation, l'empereur Constantin Dragasès envoie une ambassade au pape Nicolas V, pour lui demander du secours dans ce péril extrême qui menace l'empire grec. Le Pape lui envoie pour légat le cardinal Isidore, métropolitain de Russie, avec une lettre semblable aux réponses que le prophète Jérémie faisait aux consultations du roi Sédécias, lorsque Nabuchodonosor était sur le point d'assiéger ou de prendre l'infidèle Jérusalem. Il relève d'abord la négligence de Jean Paléologue à publier et à consommer l'union conclue à Florence ; « le nouvel empereur doit prendre garde de tomber dans la même faute, la peine ne devant pas être moindre. » Il s'agit d'un article principal du Symbole, l'unité de l'Eglise. Or, l'Eglise n'est point une, si elle n'a un seul chef visible, tenant la place du Pontife éternel, et auquel tous les chrétiens doivent obéir. L'empire ne serait pas un, s'il avait deux chefs. Hors de cette unité de l'Eglise, il n'y a point de salut; qui ne fut pas dans l'arche de Noé, a péri dans le déluge, et les schismes sont punis plus sévèrement que les autres péchés. Coré, Dathan et Abiron, qui ont entretenu un schisme dans le peuple de Dieu, nous les voyons punis d'une manière plus terrible que ceux qui s'étaient rendus coupables d'idolâtrie.

» L'empire grec en est lui-même une preuve. Jamais il ne s'est vu dans un état si déplorable, jamais il n'a été si près de devenir la proie des Turcs. Quelle en peut être la cause? Pour le péché d'idolâtrie, le peuple d'Israël et de Juda subit une captivité de soixante-dix ans à Babylone. Pour avoir mis à mort le Fils de Dieu fait homme, nous voyons les Juifs condamnés à avoir jusqu'à présent tout l'univers pour exil. Or, depuis que les Grecs ont embrassé la foi catholique, nous ne croyons pas qu'ils aient adoré des idoles, ni commis le déicide des Juifs, pour mériter de tomber en la captivité et la servitude des Turcs. Il faut donc un autre crime, qui ne peut être que le schisme; schisme commencé la Photius, et qui dure depuis cinq siècles. Cela est triste à dire, et nous voudrions l'ensevelir dans un éternel silence; mais si vous attendez quelque remède du médecin, il faut que vous découvriez la plaie.

» Voici bientôt cinq siècles que Satan, le prince et l'auteur de tous les péchés, mais principalement du schisme et de la division, a détaché l'Eglise de Constantinople de l'obéissance du Pontife romain, qui est le successeur de Pierre et le vicaire de Notre Seigneur Jésus-Christ. Des traités infinis sont intervenus, beaucoup de conciles ont été célébrés, des légats sans nombre ont été envoyés, pour guérir cette plaie cruelle dans l'Eglise de Dieu. Dernièrement enfin, par la Providence divine, au concile de Ferrare et de Florence, l'empereur Jean Paléologue et le patriarche Joseph de Constantinople, accompagnés d'une suite nombreuse de prélats et de seigneurs, s'étant assemblés avec le pape Eugène IV, les cardinaux de la sainte Eglise romaine et une multitude considérable de prélats occidentaux, ont mis tous leurs soins à extirper ce schisme invétéré; et enfin, par la grâce de Dieu, toutes les difficultés étant surmontées, on est arrivé à publier de concert le décret de cette union.

» Ces choses ont été faites sous les yeux de l'univers entier, et le décret de cette union, rédigé en lettres grecques et latines, avec la souscription manuelle de tous les assistants, a été transmis par toute la terre. En est témoin l'Espagne, avec ses quatre royaumes chrétiens de Castille, d'Aragon, de Portugal et de Navarre; témoin la Grande-Bretagne, soumise au sceptre du roi des Anglais; témoins l'Hibernie et l'Ecosse, situées à l'extrémité du monde; témoin la Germanie, habitée par des peuples sans nombre et étendue sur un immense territoire; témoins le Danemarck, la Norwége et la Suède, à l'extrémité du septentrion; témoin l'illustre royaume de Pologne; témoins la Hongrie et la Pannonie; témoin toute la Gaule, qui s'étend depuis la mer occidentale jusqu'à la Méditerranée, et qui, placée entre les Germains et les Espagnols, s'accorde en ceci avec les Espagnols et les Germains. Tout cet univers a des exemplaires du décret où ce schisme invétéré est aboli, d'après le témoignage de l'empereur Jean Paléologue, du patriarche Joseph, et des autres qui de Grèce vinrent à Florence, et dont les souscriptions se trouvent consignées partout. Nous omettons de rappeler toute l'Italie, qui ne le cède à aucune des provinces, et qui a des exemplaires du décret dans toutes les villes.

» Et cependant, depuis tant d'années, ce décret d'union est passé sous silence chez les Grecs, on n'y voit aucune disposition dans les esprits pour embrasser cette union, on diffère d'un jour à l'autre, on répète toujours les mêmes excuses. Que les Grecs ne s'imaginent pourtant pas que le Pontife romain et l'Eglise occidentale soient privés de la vue, où qu'ils ne comprennent pas où tendent ces excuses et ces délais. Ils comprennent, mais ils patientent, fixant leurs regards sur le Seigneur Jésus-Christ, le Pontife éternel, qui ordonna de conserver encore jusqu'à la troisième année le figuier infructueux que le propriétaire voulait couper à cause de sa stérilité. »

Ces paroles du pape Nicolas V contenaient une prédiction formidable. Prononcées et écrites en 1451, elles se virent accomplies la troisième année après, en 1453, par la prise de Constantinople et la ruine de l'empire grec, retranché du milieu des empires et des nations, comme un figuier stérile.

« Votre Sérénité saura donc, continue le Pape dans sa lettre, que nous aussi nous dissimulerons, jusqu'à ce que vous ayez répondu à ces lettres d'une manière quelconque. Si, prenant le parti le plus sage, avec vos grands et le peuple de Constantinople, vous embrassez le décret d'union, vous nous trouverez, ainsi que nos frères les cardinaux et toute l'Eglise occidentale, toujours attentif à votre honneur et à votre bien-être. Si, au contraire, vous refusez avec le peuple de recevoir le décret d'union, vous nous forcerez de pourvoir à ce que demande votre salut et votre honneur. » Enfin le Pape exige, comme préliminaires, que l'empereur rappelle le patriarche de Constantinople, que le nom du Pape soit mis dans les diptyques et récité dans toutes les églises grecques; que, s'il y en a qui ont besoin d'explication, on les envoie à Rome, où l'on s'empressera d'éclaircir leurs doutes et de les traiter honorablement. La lettre est du 11 octobre 1451 (Raynald, an 1451, n. 1 et 2).

Quant aux suites de cette négociation, voici comme en parle le grec Michel Ducas : « L'empereur avait envoyé à Rome pour demander du secours, confirmer l'union faite à Florence, réciter le nom du Pape dans les diptyques de la grande église, et rappeler le patriarche Grégoire sur son siège. Il priait en même temps d'envoyer des légats pour apaiser les inimitiés implacables du schisme. Le Pape envoya le cardinal de Pologne, Isidore, archevêque de Russie, Grec de nation, homme sage et prudent, bien instruit dans les dogmes orthodoxes, et qui avait assisté au concile de Florence.

» L'empereur le reçut avec les égards et l'honneur convenables. Quand on vint à parler d'union, l'empereur et quelques particuliers y consentirent; mais la plupart des ecclésiastiques, des moines et des religieuses n'y consentirent point. Que dis-je, la plupart? Ce que j'ai reconnu des religieuses m'oblige d'écrire que personne n'y consentit, et que l'empereur feignit seulement d'y consentir. En conséquence, les prêtres, les diacres, les clercs, l'empereur avec le sénat, qui faisaient semblant de consentir à l'union, s'assemblèrent dans la grande église, pour y faire leurs prières et y célébrer la liturgie dans une sincère concorde. Au même temps, les schismatiques coururent au monastère du Pantocrator, et, s'adressant à Gennade, qu'on appelait alors Georges Scholarius, ils lui dirent : Que ferons-nous? — Comme il était enfermé dans sa cellule, il prit du papier et écrivit son avis en ces termes : « Misérables Roméens, pourquoi vous égarez-vous, et mettez-vous votre espérance dans les Francs au lieu de la mettre en Dieu? En perdant la foi, vous perdez votre ville. Ayez pitié de moi, Seigneur! je jure en votre présence que je suis innocent de ce crime. Misérables citoyens, considérez ce que vous faites. Dans le temps même que vous renoncez à la religion de vos pères et que vous embrassez l'impiété, vous subissez le joug de la servitude. Malheur à vous lorsque vous jugez! » Quand il eut écrit ces choses et d'autres, il les attacha à la porte de sa cellule et se renferma dedans.

» Les religieuses, qui semblaient surpasser les autres par la sainteté de leur vie et la pureté de leur foi, suivant l'avis de Gennade et de leurs directeurs spirituels, ainsi que les prêtres et les laïques de leur parti, condamnèrent le décret de l'union, et prononcèrent anathème contre ceux qui l'avaient approuvé ou qui l'approuveraient. Le menu peuple, en sortant du monastère, entra dans les tavernes; là, tenant en leurs mains des verres pleins de vin, ils condamnaient ceux qui consentaient à l'union, et, buvant en l'honneur d'une image de la Mère de Dieu, ils la suppliaient de prendre la protection de la ville et de la défendre contre Mahomet, comme elle l'avait autrefois défendue contre Chosroès et contre le Cagan. Nous n'avons que faire, ajoutaient-ils, du secours et de l'union des Latins. Loin de nous le culte des azymites !

» Mais les chrétiens qui s'étaient assemblés dans la grande église, après avoir fait leurs prières et entendu un discours du cardinal, consentirent à l'union, à cette condition néanmoins que, quand il aura plu à Dieu de leur rendre la paix et de les délivrer du danger qui les menaçait, le décret serait examiné par des personnes capables, et corrigé, si on le trouvait à propos. Après quoi ils convinrent que l'on célébrerait dans la grande église une messe commune aux Italiens et aux Grecs, dans laquelle on ferait mention du pape Nicolas et du patriarche Grégoire qui était alors en exil. Le 12 du mois de décembre de l'an 6961 (1452 de l'ère vulgaire) fut choisi pour cette cérémonie. Plusieurs s'abstinrent de recevoir les dons consacrés, les regardant comme un sacrifice impur, parce qu'il avait été offert dans la solennité de la réunion. Le cardinal, cependant, qui explorait tous les cœurs et tous les desseins des Grecs, voyait bien leurs ruses et leurs tromperies; toutefois, étant de la même nation, il faisait des efforts, mais assez faibles, pour procurer du secours à la ville. Quant au Pape, ce qui est arrivé le justifie suffisamment; le reste a été attribué à la volonté de Dieu, qui dispose de tout pour le plus grand bien.

» Mais le peuple farouche, ennemi du bien, racine d'orgueil, branche de vaine gloire, fleur de vanité, la lie de la nation grecque, qui méprise tout le genre humain, quoiqu'elle soit elle-même ce qu'il y a de plus méprisable, comptait pour rien tout ce qui avait été fait. Ceux mêmes qui avaient consenti à l'union disaient aux schismatiques : Attendez que nous voyions si Dieu détruira ce grand dragon qui veut engloutir notre ville, et alors vous verrez si nous sommes unis avec des azymites. »

« En parlant ainsi, observe Michel Ducas, ces misérables ne se rappelaient pas tant de serments jurés pour la paix et la concorde des chrétiens et des églises, et dans le concile de Lyon, sous le premier des Paléologues, et dans le concile de Florence, sous le dernier d'entre eux, et tout récemment au milieu de la sainte liturgie; ils ne pensent pas que des serments tant de fois répétés (et tant de fois violés), entraînant avec eux des excommunications insolubles au nom de la Trinité sainte, la mémoire et d'eux et de leur ville sera bientôt effacée de dessus la terre. Misérables que vous êtes! pourquoi méditez-vous de vains projets dans vos cœurs? Voilà que vos prêtres, vos clercs, vos moines, vos religieuses, qui n'ont pas voulu recevoir le Corps et le Sang du Sauveur des mains de prêtres grecs célébrant suivant le rite de l'Eglise orientale, sous prétexte que leurs sacrifices étaient profanés et non plus chrétiens, au point de nommer leurs églises des autels païens; les voilà qui demain seront livrés aux mains des Barbares, pour être souillés et profanés eux-mêmes et dans leur corps et dans leur âme. En effet, j'ai vu de mes propres yeux une religieuse qui avait été instruite dans les saintes Ecritures, je l'ai vue non-seulement manger de la viande et s'habiller à la façon des Barbares, mais sacrifier au faux prophète et faire profession publique de son exécrable impiété, avec une impudence qui n'a point de nom. »

Voilà comme le grec Michel Ducas (c. 36) nous fait connaître les dispositions des Grecs de Constantinople touchant la réunion avec l'Eglise romaine, lorsque Mahomet II se préparait à prendre leur ville et à ruiner leur empire. Pour trouver quelque chose de semblable, il faut remonter au siège de Jérusalem par Vespasien, au siège de Jérusalem par Nabuchodonosor. Dans l'un, les Juifs repoussèrent les avertissements de Jérémie; dans l'autre, les avertissements du Christ lui-même, pour écouter les rêves de leur propre cœur et les visions de leurs faux prophètes. A Constantinople, on repousse les avertissements du Vicaire de Jésus-Christ, on repousse sa paix, pour écouter des visionnaires.

Dans les premiers mois de l'année 1453, les Turcs s'emparèrent de plusieurs places autour de Constantinople : c'étaient les préludes de sa désolation finale. « Au milieu de cette espèce d'escarmouches, dit Michel Ducas, on vit insensiblement arriver le printemps et le carême, mais on ne vit point la fin des contestations de l'Eglise; au contraire, on les vit continuer et s'accroître par l'opiniâtreté de ceux qui étaient préposés à entendre les confessions des fidèles. Ils leur demandaient s'ils avaient communié avec les excommuniés, et s'ils avaient entendu la messe d'un prêtre qui avait consenti à l'union. Quand ils avouaient l'avoir fait, ils leur imposaient des pénitences très-rigoureuses. Lorsqu'ils les avaient accomplies et qu'ils étaient trouvés dignes de participer au Corps et au Sang du Seigneur, ils leur défendaient, sous de grandes peines, de le recevoir de la main d'un prêtre uni, parce, disaient-ils, qu'il n'est pas prêtre et que ses sacrifices ne sont pas de véritables sacrifices. Que s'ils étaient mandés où pour la sépulture d'un mort ou pour les prières que l'Eglise fait en sa faveur, et qu'ils aperçussent un prêtre uni, ils ôtaient aussitôt leur étole et le fuyaient comme le feu. La grande église était pour eux un temple payen et une retraite de démons. Il n'y avait plus ni cierges ni lampes ; ce n'était qu'une affreuse obscurité et une triste solitude, funeste image de la désolation où nos crimes allaient la réduire dans peu de jours. Gennade enseignait le monde de sa cellule, et lançait des anathèmes contre ceux qui aimaient la paix. »

Enfin, dans les premiers jours du mois d'avril 1453, Mahomet II parut devant Constantinople avec une armée de trois cent mille hommes, suivie d'une flotte de quatre cents navires. Constantin Dragasès n'avait que huit à neuf mille hommes de garnison, avec deux mille Génois commandés par le brave Justiniani. La population de la ville, au lieu de se réunir contre l'ennemi du dehors, se divisait d'avec elle-même, comme d'avec le centre de l'unité catholique.

« Depuis que l'union s'était faite dans la grande église, dit Michel Ducas, les habitants la fuyaient comme une synagogue de Juifs, et il ne s'y faisait plus d'oblation, de sacrifice, ni d'encensement. S'il arrivait qu'en un jour de fête un prêtre y célébrât les saints mystères, ceux qui s'y trouvaient, tant hommes que femmes, tant religieux que religieuses, y demeuraient debout jusqu'à l'oblation ; mais alors ils s'en allaient tous. Que dirai-je davantage ? Ils regardaient cette église comme un temple de payens, et la sainte messe comme un sacrifice fait à Apollon. C'est pour cela que Dieu leur dit par la bouche d'Isaïe : *Voilà que je transporterai ce peuple, je les transporterai certainement, je perdrai la sagesse des sages, et je dissiperai la prudence des prudents. Malheur à ceux qui forment de grands desseins sans consulter Dieu ; qui prennent leurs résolutions en secret, qui font leurs actions dans les ténèbres, et qui disent : Qui est-ce qui nous a vus, et qui est-ce qui saura ce que nous faisons* (1) ? Aussi le Seigneur ajoute : *Malheur aux enfants apostats ! vous avez fait votre volonté sans moi, vous avez fait vos traités sans mon Esprit, pour ajouter péchés sur péchés* (Isaïe, 30, 1).

» Gennade enseignait et écrivait continuellement contre l'union, et faisait des syllogismes contre le très-savant et bienheureux Thomas d'Aquin, et contre le seigneur Démétrius de Cidone, qu'il accusait d'être dans l'erreur. Il avait pour compagnon et pour approbateur le premier du sénat, le grand-duc, qui porta l'impudence à un point contre les Latins ou plutôt contre la ville, lorsque parut cette armée si nombreuse et si formidable des Turcs, que de dire : J'aimerais mieux voir régner au milieu de la ville le turban des Turcs que la tiare des Latins. Tandis que les habitants, ne voyant plus d'espérance, disaient : Plût à Dieu que la ville eût été réduite sous la puissance des Latins, qui reconnaissent le Christ et la Mère de Dieu, et que nous ne fussions pas livrés aux mains des impies ! Isaïe disait à ce grand-duc comme autrefois à Ezéchias : *Ecoute la voix du Seigneur des armées. Des jours viennent auxquels on pillera tout ce qui est dans ta maison, et l'on emportera dans Babylone toutes les richesses que tes pères ont amassées ; les enfants que tu as et que tu auras, on les prendra et on les fera eunuques dans le palais du roi de Babylone* (Isaïe, 39, 5 et 6). » Ainsi parle Michel Ducas (c. 37).

Léonard de Chio nous apprend que ce grand-duc, Lucas Notaras, et Georges Scholarius, autrement Gennade, étaient, à Ferrare et à Florence, les plus empressés à paraître devant le Pape, pour avoir l'air d'être les seuls qui comprissent la chose, et pour être loués comme les principaux auteurs d'une telle union (1).

Après plusieurs combats de part et d'autre, où les Turcs ne furent pas toujours vainqueurs, Mahomet annonça un assaut général pour le 27 mai, en allumant des feux par tout son camp. L'empereur Constantin Dragasès, après avoir harangué sa petite troupe, entre pour la dernière fois à Sainte-Sophie, y reçoit la dernière communion, passe ensuite pour la dernière fois dans son palais, fait les derniers adieux à sa famille, demande pardon à tout le monde, puis vole sur les remparts pour livrer son dernier combat. L'attaque commence à la nuit, et dure sans relâche jusqu'au jour : alors Mahomet combat avec quelque langueur jusqu'à neuf heures. Au coucher du Soleil, l'assaut recommence avec un nouvel acharnement. Les assiégés se défendent avec bravoure. Les Turcs sont repoussés par endroits, mais ils reviennent toujours plus nombreux. Enfin le génois Justiniani, principal espoir des Grecs, reçoit une grave blessure et se retire. L'empereur continue à combattre ; mais les Turcs pénètrent par une porte voisine, et le prennent à dos. Le grand-duc Notaras quitte son poste et se retire dans sa maison. Assailli ainsi de toutes parts, Constantin Dragasès s'écrie : « Ne se trouvera-t-il pas un chrétien pour me couper la tête ? » A peine a-t-il achevé ce mot, qu'un Turc lui porte un coup au visage, et qu'un autre Turc, l'étend mort, sans savoir que c'était l'empereur. Les Turcs entrèrent ainsi à Constantinople, à une heure après minuit, le 29 mai 1453 (Phrantzès et Michel Ducas).

« A la première nouvelle, dit Michel Ducas, que les Turcs entraient dans la ville, les femmes qui se trouvaient dans les rues n'y voulurent pas croire. Mais, quand elles virent les Grecs s'enfuyant l'un après l'autre des remparts dans leurs maisons, couverts de sang et de poussière, elles reconnurent que la colère de Dieu allait fondre sur elles. Hommes, femmes, religieux, religieuses, coururent en foule vers la grande église. Ceux qui avaient des enfants les portaient dans leurs bras, et, abandonnant leurs maisons, cherchent leur salut au pied des autels. Les chemins sont remplis d'une foule innombrable. Mais d'où vient qu'ils se pressent de la sorte pour entrer dans la grande église ? C'est qu'ils ont ouï dire à certains imposteurs, que les Turcs devaient un jour entrer de force dans Constantinople et tailler les Grecs en pièces jusqu'à la colonne de Constantin ; que là un ange descendrait du ciel avec une

---

(1) Isaïe, 29, 14 et 15, suivant le texte grec. Le verset 13, qui précède immédiatement, dit : « Ce peuple m'approche de bouche et m'honore des lèvres ; mais son cœur est loin de moi. C'est en vain qu'ils m'honorent, en enseignant des ordonnances et des doctrines d'hommes. »

(1) *Hist. byzant.*, t. XVI, dans les notes sur Michel Ducas p. 196, dernière note sur le c. 37.

épée, et donnerait cette épée et l'empire à un pauvre qu'il trouverait sur la colonne, et lui dirait : Prends cette épée, et venge le peuple du Seigneur. Que les Turcs prendraient la fuite à l'heure même ; et que les Grecs les poursuivraient en tuant sans cesse, et les chasseraient de l'Occident et de l'Anatolie, jusqu'à un endroit nommé Monadenère, qui est sur la frontière de Perse. Quelques-uns couraient donc de toute leur force, et conseillaient aux autres de courir, dans la créance que cette prédiction allait arriver, et dans l'assurance que, s'ils pouvaient passer la colonne de la Croix, ils éviteraient la colère du ciel. Voilà pourquoi le peuple courut avec tant d'empressement à la grande église, et pourquoi, en une heure de temps, le bas et le haut fut rempli d'une foule innombrable de personnes qui s'enfermèrent dans cette église, croyant y être dans une pleine sûreté.

» Misérables Grecs, ajoute le grec Michel Ducas, maintenant que la colère de Dieu est tombée sur vous, vous entrez dans cette église comme dans un asile ; dans cette église que vous regardiez, il n'y a que deux jours, comme un repaire d'hérétiques, où pas un de vous n'eût voulu entrer, de peur d'être souillé par la communion de ceux qui avaient consenti à l'union. Mais ces effets si terribles de la colère qui vous poursuit ne sont pas capables de toucher votre endurcissement, ni de vous porter à la paix. Car si, au milieu de tant de malheurs qui vous environnent, un ange descendait du ciel et vous disait : « Consentez à l'union de l'Église, et j'extermine vos ennemis ! » vous repousseriez ses offres, ou vous ne les accepteriez pas de bonne foi. Ceux qui disaient, il y a peu de jours, qu'il valait mieux tomber entre les mains des Turcs qu'entre les mains des Latins, savent bien que ce que je dis est véritable (Ducas, c. 39). »

Et les circonstances rapportées par Michel Ducas, et les réflexions dont il les accompagne, sont infiniment remarquables. Une autre particularité ne l'est pas moins. Les soldats turcs, étant entrés dans la grande église, réduisirent en esclavage toute la multitude qui s'y était rassemblée ; ils ne mirent pas plus d'une heure à les lier de cordes, hommes, femmes, religieux, religieuses, et à les emmener comme des troupeaux de bêtes. L'église fut pillée et profanée de toutes les manières. Après avoir retracé ces scènes de désolation et d'autres, Michel Ducas ajoute :

« Tout ce qui vient d'être raconté se passa depuis la première heure du jour jusqu'à la huitième. Alors le tyran, délivré de toute sorte de crainte et de défiance, entra dans la ville avec ses visirs et ses satrapes, environné d'une troupe de satellites. — C'étaient les Janissaires, composés en grande partie d'apostats, d'enfants chrétiens élevés dans l'antichristianisme du faux prophète. — Quand Mahomet II fut arrivé à la grande église, il descendit de cheval, y entra, appela un de ses prêtres impies, qui monte au pupitre où il fait ses prières abominables. En même temps, le fils de perdition, le précurseur de l'antechrist, monte sur l'autel ! Quelle calamité ! quel effroyable prodige ! Qu'avons-nous fait, et qu'avons-nous vu ? Un Turc et un impie sur le saint autel, où sont les reliques des apôtres et des martyrs ! un Turc et un impie dans le lieu même où l'Agneau de Dieu, le Verbe du Père, est sacrifié et mangé, bien qu'il ne soit pas consumé ! Nous avons été mis au nombre des adultères, et notre culte a été méprisé par les nations pour nos péchés. Cette église, bâtie en l'honneur du Verbe et de la sagesse de Dieu, et appelée le sanctuaire de la sainte Trinité, cette nouvelle Sion est devenue aujourd'hui le temple des Barbares et la maison de Mahomet. Seigneur, vos jugements sont justes (Ducas, c. 40). »

Ce récit de Michel Ducas mérite une particulière attention. Saint Paul disait dans sa 2e épître aux Thessaloniciens (2-4).: *Ne vous laissez point troubler comme si le jour du Seigneur était proche ; car il n'aura pas lieu, que ne vienne d'abord l'apostasie ou la défection ; que ne soit manifesté l'homme du péché, le fils de la perdition, l'adversaire ou Satan, qui s'élève au-dessus de tout ce qu'on appelle Dieu ou qu'on adore, au point d'entrer dans le temple de Dieu, de s'y asseoir et de s'y montrer comme étant Dieu.* Ces paroles contiennent une description littéralement exacte de ce que fit Mahomet II, quand il entra dans l'église de Sainte-Sophie, et que, pendant la prière, il s'assit sur le grand autel, comme étant le dieu du temple, à la place de Jésus-Christ, dont il se manifestait ainsi l'adversaire. L'histoire nous apprend d'ailleurs qu'il s'élevait réellement au-dessus de tout ce qu'on appelle Dieu ou qu'on adore, qu'il n'avait ni foi ni loi, et se moquait de toutes les religions, sans excepter celle du faux prophète dont il portait le nom. Il se montrait également l'homme du péché, par ses débauches de Sodome, et le fils de la perdition, en consommant la perdition temporelle et spirituelle des Grecs et d'autres peuples.

Lorsque Mahomet fut sorti de l'église, on lui amena le grand-duc Notaras, qui se prosterna à ses pieds et lui offrit les trésors immenses qu'il avait tenus cachés : il espérait obtenir sa liberté et celle de sa famille. Mahomet lui dit : « Pourquoi, ayant tant de richesses, n'en avez-vous pas secouru votre empereur et votre patrie ? Voulez-vous me tromper de même ? Où est votre empereur ? » Le grand-duc répondit qu'il l'ignorait, attendu qu'il avait été occupé à garder une porte, et que l'empereur se trouvait à une autre. Dans ce moment, deux soldats turcs apportèrent la tête de l'empereur, que le grand-duc reconnut. Mahomet la fit clouer sur le haut d'une colonne, où elle demeura jusqu'au soir ; puis il en ôta la peau, la remplit de paille et l'envoya, comme un trophée de sa victoire, aux princes des Perses, des Arabes et aux autres Turcs.

Après quoi Mahomet fit asseoir le grand-duc et le consola ; il commanda même qu'on allât chercher sa femme et ses enfants dans le camp et sur la flotte. Quand on les eut amenés, il leur donna à chacun mille pièces d'argent, et, les renvoyant à leur maison, il dit au grand-duc : « Je veux vous donner le gouvernement de la ville et vous élever à de plus éminentes dignités que vous n'en possédiez sous l'empereur. Ayez donc bon courage. » Comme il avait appris de lui les noms de principaux officiers et des autres personnes considérables de la cour, il les fit chercher et paya mille pièces d'argent pour chacun d'eux. Le lendemain, Mahomet alla chez le grand-duc, qui vint au devant de lui pour le recevoir. Comme la duchesse était malade, Mahomet lui dit ces paroles : « Ma mère, je vous donne le bonjour et vous supplie de ne point vous affliger de tout ce qui est arrivé. Il faut se soumettre aux ordres de Dieu : je puis vous rendre plus que vous n'avez perdu. Ayez seulement soin de bien vous porter. » Les enfants du grand-duc vinrent le saluer et lui rendre de très-humbles actions de grâces de la bonté avec laquelle il les traitait. Après quoi il se promena dans la ville, qui n'était plus qu'un désert et où il n'y avait plus ni homme ni bête.

Vers le soir, Mahomet ayant fait un grand festin et beaucoup bu, dit au premier de ses eunuques : « Allez demander de ma part au grand-duc le plus jeune de ses fils. » C'était un jeune homme de quatorze ans, merveilleusement bien fait. Le grand-duc, qui savait que c'était pour des débauches de Sodome, changea de visage et répondit presque à demi-mort au premier eunuque : « Notre religion ne permet pas à un père de livrer son fils pour être corrompu de la sorte. Il me serait plus supportable qu'il m'envoyât le bourreau pour me demander ma tête. » L'eunuque ayant apporté cette réponse, Mahomet dit en colère : « Prenez le bourreau avec vous, amenez-moi le fils du grand-duc, et que le bourreau amène le grand-duc et ses autres enfants. » Arrivés à l'entrée du palais, le bourreau eut ordre de leur couper la tête. Les fils furent décapités sous les yeux de leur père, et le père sur les cadavres de ses fils. L'eunuque porta les têtes à Mahomet au milieu du festin. Mahomet fit tuer à la même occasion tous les grands et tous les officiers, dont il avait appris les noms du grand-duc : celles de leurs filles et de leurs femmes qui lui parurent belles, furent asservies à son harem. Constantinople n'avait plus un seul habitant; tous étaient liés dans le camp des Turcs, pour être emmenés captifs à Andrinople (Ducas, c. 40; Phrantzès, l. 3, c. 18).

Ce grand-duc Notaras est le même qui avait dit : « J'aimerais mieux voir régner à Constantinople le » turban de Mahomet que la tiare du Pape. » C'est le même à qui le patriarche Grégoire, parrain de ses fils, avait prédit, trois années auparavant, que Constantinople serait pris par les Turcs et qu'ils égorgeraient ses enfants sous ses yeux. Heureux si l'accomplissement terrible de ces prédictions lui fit reconnaître sa faute et déplorer son vœu exécrable !

Le cardinal-légat, Isidore de Russie, se trouva au milieu du désastre de Constantinople. Pour échapper à la mort, il revêtit de son habit de cardinal un cadavre, à qui les Turcs coupèrent la tête, pour la porter à leur sultan avec le chapeau rouge. Isidore cependant fut vendu comme un prisonnier vulgaire, au faubourg de Galata, d'où il trouva moyen de s'échapper et de gagner l'Italie. Il écrivit à tous les princes de la chrétienté une lettre dans laquelle il leur retrace les calamités, surtout les horribles profanations dont il avait été témoin, et les exhorte à réunir leurs forces contre les Ottomans (Raynald, an 1453, n. 6; Calcondyle, l. 8).

Mahomet, voyant la ville de Constantinople déserte et voulant la repeupler, se mit à traiter les Grecs avec moins de rigueur; il obligea même ceux des provinces à venir habiter la capitale. Un jour il se plaignit que le patriarche ne venait pas le voir, et témoigna quelque désir de le connaître. On lui répondit que le siége était vacant, et qu'on n'avait pas osé lui demander la permission de le remplir.

Le siége vaquait dans ce sens que le patriarche légitime, Grégoire, voyant l'endurcissement de son peuple dans le schisme, s'était retiré à Rome, d'où il lui adressait encore, comme un autre Jérémie après la prise de Jérusalem, des exhortations à se convertir. Mahomet ayant donné la permission d'élire un patriarche, on élut Georges Scholarius, qui, d'après le sentiment le plus probable, est le même personnage qui, au concile de Florence et devant le Pape, se montrait des plus empressés pour l'union, et qui ensuite, à Constantinople, ameuta le peuple contre l'union du fond de sa cellule, comme le moine Gennade. Mahomet lui donna le bâton pastoral, avec cette formule des empereurs grecs : « La sainte Trinité, qui m'a donné l'empire, te fait, par l'autorité que j'en ai reçue, archevêque de la nouvelle Rome et patriarche œcuménique. » Suivant d'autres, il lui dit seulement : « Soyez patriarche, et que le ciel vous protége ! Usez de notre amitié dans toutes les choses que vous voudrez. Jouissez de tous les droits et priviléges dont ont joui vos prédécesseurs (*Hist. du Bas-Empire*, l. 119). »

Jésus-Christ, le bon pasteur, le pontife éternel, la porte unique du bercail, a dit à son Vicaire : *Pais mes agneaux, pais mes brebis*. Nous avons vu les Pères de l'Eglise, grecs et latins, conclure de ces paroles : que c'est par Pierre seul, toujours vivant dans son successeur, que Jésus-Christ donne aux pasteurs de son Eglise l'autorité et la grâce de paître ses ouailles, et que ceux qui n'entrent point par cette porte, mais par ailleurs, sont des voleurs et des larrons. Les pasteurs grecs n'ont pas voulu recevoir leur houlette du vicaire de Jésus-Christ; ils la reçoivent du Vicaire de Mahomet, du vicaire de l'antechrist.

Rien ne ressemble plus à l'aveugle endurcissement des Juifs pendant et depuis la ruine de Jérusalem et de leur royaume, que l'aveugle endurcissement des Grecs schismatiques pendant et depuis la prise de Constantinople et la ruine de son empire. Ces calamités, bien loin de leur ouvrir les yeux, ne firent que leur inspirer plus d'aversion pour la vérité et l'unité, qui seules pouvaient y porter remède. Nous l'avons vu dans Michel Ducas; nous le voyons encore dans une addition que le patriarche Grégoire ou Gennade fit à sa défense des cinq chapitres.

« Nous savons, disaient les schismatiques, nous savons que le Pape est un homme, et qu'il peut se plonger dans le péché et dans le crime; c'est pourquoi nous ne voulons pas lui être unis dans les choses de la foi. — Mais, répond le patriarche, cela n'est rien dire; car il est nécessaire que nous suivions un pasteur. Or, ce pasteur, étant homme, pèche tous les jours. Notre vie, ne fût-elle que d'une heure, ne serait pas sans tache. Mais chacun rendra compte de ses péchés propres. Il nous suffit d'être conduits dans de bons pâturages, suivant le grand théologien Grégoire.

» Le schismatique cependant s'écrie : Je ne veux point d'un pêcheur pour chef. Les Juifs parlaient du Christ, comme les Grecs schismatiques parlent de son Vicaire. Ils disaient à l'aveugle-né : Qui vous a ouvert les yeux ? Il répondit : L'homme, nommé Christ, m'a dit d'aller me laver à la piscine de Siloé; je m'y suis lavé, et j'ai recouvré la vue. Eux, enflammés de colère, disaient : Rends gloire à Dieu, parce que cet homme est un pécheur. — S'il est un pécheur, leur répliqua le ci-devant aveugle, je l'ignore ; ce que je sais, c'est que, ayant été aveugle, je vois maintenant. Il serait bien merveilleux que, pécheur, il m'ait ouvert les yeux. Jamais on n'a entendu que quelqu'un ait ouvert les yeux d'un aveugle-né. Si cet homme n'était pas de Dieu, il ne pourrait rien faire.

» Eh bien ! je vous dirai de même : Si le pape Nicolas V est un pécheur, comme vous dites, comment Dieu lui aurait-il accordé de prédire ce qui est arrivé ? Ils vivent encore les ambassadeurs de l'empereur Constantin Dragasès, à qui ce Pape remit des lettres pleines de prédictions terribles et précises sur la ruine des malheureux Grecs. Ayant su tous les outrages que les Grecs répandaient chaque jour avec une impudence extrême contre l'union, il dit ces étonnantes paroles : Toutes les nations ont reçu le décret qui en a été dressé ; les Grecs seuls ne l'ont point reçu et ne paraissent pas disposés à jamais recevoir ce qui est de la concorde, témoins les délais et les excuses qu'ils prétextent les uns après les autres. Que les Grecs cependant n'imaginent pas le Pontife romain et l'Église occidentale tellement privés d'intelligence, qu'ils ne comprennent pas la frivolité de ces délais et de ces réponses. Nous connaissons bien tout, mais nous patientons, fixant nos regards sur Jésus, le pontife éternel et le maître, qui ordonna de conserver jusqu'à la troisième année le figuier stérile, lorsque le laboureur se mettait déjà en devoir de l'abattre, parce qu'il ne portait point de fruits. Effroyable calamité ! L'an 1451, le Pape écrit cette lettre, et en 1453, Constantinople est prise. Pouvez-vous dire que cela n'est pas vrai ? Nullement, car c'est manifeste, et la chose parle d'elle-même : suivant le précepte du Sauveur touchant le figuier, nous attendons trois ans, et vous revenez du schisme et acquiescez à l'union ; sinon, vous serez coupés, pour ne pas occuper inutilement la terre. Voilà le miracle des miracles : c'est que, comme le dit le pape Nicolas dans sa lettre, la nation grecque, si grande et si formidable, si sage, si illustre et si vaillante, maîtresse de tant de pays, soit livrée en la servitude des Barbares par la vengeance divine. Cette ruine de notre nation m'arrache des larmes ; vous, au contraire, vous n'y regardez pas même (Raynald, an 1451, n. 3). » Ainsi parlait le patriarche Grégoire, qui mourut saintement à Rome l'an 1459.

Et aujourd'hui, après quatre siècles, les Grecs n'y regardent pas davantage. Ce peuple, comme le Juif, a des yeux pour ne pas voir, des oreilles pour ne point entendre, une mémoire pour ne point se rappeler, une intelligence pour ne point comprendre la leçon formidable que Dieu lui inflige depuis quatre siècles, pour son obstination dans le schisme, dans la révolte contre le Vicaire du Christ et dans l'antipathie contre les chrétiens d'Occident. Après les avoir châtiés pendant quatre siècles sous la rude domination des sectateurs de Mahomet, la Providence suscite parmi les Grecs un royaume libre, et cela par la généreuse commisération des nations occidentales. On aurait pu croire que la vieille antipathie contre les chrétiens d'Occident cesserait, ne fût-ce que par reconnaissance ou savoir-vivre. Il n'en est rien. Pendant l'année 1844, les députés de la Grèce libre délibérèrent une constitution politique du royaume. Un de leurs premiers soins est de décréter que le royaume grec appartient à la religion et à l'église orthodoxe-orientale, et qu'il n'est pas permis de solliciter un Grec d'embrasser la religion et l'Église orthodoxe-occidentale ; autrement, en français, que les Grecs appartiennent au schisme moscovite, et qu'il n'est pas permis de les ramener à l'unité catholique de l'Église romaine. C'est toujours comme à la prise de Constantinople : plutôt le cimeterre de Mahomet ou bien le knout du czar, que la houlette de saint Pierre !

§ III.

Etat de l'Allemagne, de la France, de l'Angleterre et du reste de l'Europe, gouvernée d'après les principes de la politique moderne, résumée par Machiavel.

Mais pendant que l'empire grec, rebelle à l'unité catholique, disparaît sous le fer des Mahométans ; pendant que les chrétiens du Portugal et de l'Espagne, fidèles à l'Église et à la croisade contre l'antichristianisme de Mahomet, recevaient en récompense tout un nouveau monde, que faisait donc l'Allemagne, que faisait la France, que faisait l'Angleterre, ces nations autrefois unies sous l'étendard de la croix, comme les chrétiens de Portugal et d'Espagne, pour la défense de l'humanité chrétienne, et à qui Dieu avait accordé pour gratification, notamment aux Français, le royaume de Jérusalem, le royaume de Chypre, le royaume d'Arménie, et même l'empire de Constantinople ? L'Allemagne, la France, l'Angleterre étaient occupées à se faire la guerre l'une à l'autre, et souvent chacune à elle-même, comme pour aider Mahomet II à prendre toute l'Europe de la même manière qu'il avait pris Constantinople, et asservir les Allemands, les Français, les Anglais, les Italiens sous le même joug abrutissant que les Grecs.

En Allemagne, c'était l'empereur Frédéric, quatrième du nom, en comptant Frédéric III, de la même famille d'Autriche, et compétiteur de Louis de Bavière. Ce qu'il y a de plus remarquable dans le règne de Frédéric IV, c'est la longueur. Élu roi des Romains le 2 février 1440, couronné empereur par le pape Nicolas V, le 18 mars 1452, il meurt le 19 août 1493 : ce qui fait cinquante-trois ans de règne. L'an 1447, de concert avec le cardinal Carvajal, légat du Pape, il dresse le concordat germanique qui rétablit les élections dans les églises cathédrales et abbatiales ; ce traité, qui a fait loi dans l'empire jusqu'à la dissolution de l'empire même, fut approuvé le 19 mars 1448 par le pape Nicolas V. L'an 1453, Frédéric érige en archiduché son duché patrimonial d'Autriche. L'an 1457, au mois de décembre, il prend le titre de roi de Hongrie après la mort de Ladislas le Posthume. Mathias Corvin lui est préféré par les États du royaume, le 24 janvier suivant, et se met en possession du trône. Frédéric ne retient que la couronne matérielle de saint Étienne, dont il s'était emparé pendant la minorité de Ladislas. L'an 1464, moyennant soixante mille florins qu'il reçoit, il la renvoie à son rival, et fait ensuite avec ce prince, le 19 juillet de la même année, le traité remarquable d'une succession éventuelle pour le royaume de Hongrie. L'an 1474, il érige en duché le Holstein, en faveur de Christiern I*er*, roi de Danemarck. L'an 1477, Frédéric augmente la grandeur de sa maison par le mariage de Maximilien, son fils, avec Marie, héritière unique de Bourgogne et des Pays-Bas. La maison de Bourgogne était une branche de la maison royale de France, et portait ainsi à l'Autriche une partie de la France même. L'an 1482, le roi de Hongrie déclare la guerre à l'empereur; elle ne produit que des événements honteux pour Frédéric. Mathias se rend maître de Vienne le 1*er* juin 1485, s'empare de tous les pays autrichiens les années suivantes, et réduit l'empereur à mener une vie errante, sans avoir de domicile qui lui fût propre. Sous un règne aussi faible et aussi lâche, on sent que les guerres privées durent être fréquentes. L'an 1488, les seigneurs et les villes de Souabe firent une ligue pour y mettre un terme, moyennant une armée permanente de dix mille hommes. L'an 1490, Frédéric rentre dans Vienne après la mort de Mathias, et meurt lui-même à Lintz, le 19 août 1493, à l'âge de soixante-dix-huit ans. Quant aux Papes contemporains, il vécut toujours en bonne intelligence avec eux. Il avait pris pour devise les cinq voyelles A, E, I, O, U, qu'il expliquait de cette manière : *Austriæ est imperare orbi universo* : C'est à l'Autriche de commander à tout l'univers (*Art de vérifier les dates*; *Biographie univ.*; Æneas Sylvius, *Hist. Freder.*).

Son fils Maximilien, 1*er* du nom, régna de 1493 à 1519. Né en 1459, élu roi des Romains le 16 février 1486, il fut reconnu empereur l'an 1493, après la mort de son père. Il avait épousé, le 20 août 1477 ; Marie, héritière de Bourgogne. Ce mariage occasionna la guerre entre ce prince et Louis XI, roi de France, dont il défait les troupes à Guinegaste au mois d'août 1479. Marie de Bourgogne, sa femme, étant morte le 17 mars 1484, Maximilien épouse par procureur, en 1489, Anne, héritière de Bretagne; mais Charles VIII, roi de France, le prévient, et a la princesse en mariage. L'an 1491, Maximilien fait avec Ladislas, roi de Hongrie, un nouveau traité de succession éventuelle à ce royaume. L'an 1495, diète de Worms, où l'on dresse la célèbre constitution pour la conservation de la paix publique dans l'empire; la chambre impériale, pour la répression des guerres privées, est établie à Worms, puis transférée à Spire, et enfin à Wetzlar. Des lois sont faites pour modérer le penchant originel des Allemands à l'ivrognerie, d'où naissaient bien souvent des querelles sanglantes. L'empereur, dans la même diète, érige le comté de Wurtemberg en duché. Le 21 octobre 1496, Philippe, fils de l'empereur, épouse Jeanne, fille de Ferdinand, roi d'Aragon, et d'Isabelle, reine de Castille; mariage qui porte les royaumes d'Espagne et même le Nouveau-Monde dans la maison d'Autriche : Charles-Quint naît de ce mariage.

L'an 1498, Maximilien entre, avec une armée composée d'Allemands et de Suisses, dans le duché de Bourgogne, à dessein de s'en emparer. Les Suisses l'ayant abandonné au milieu de la campagne, il leur déclare la guerre l'année suivante.

Malheureux dans huit combats que ses troupes leur livrent, il fait la paix avec eux la même année, à Bâle, par la médiation du duc de Milan. L'an 1408, Maximilien, se préparant au voyage de Rome, demande aux Vénitiens passage sur leurs terres. Ils l'accordent, mais à condition qu'il ne se ferait pas suivre par ses troupes. Cette permission valant un refus, Maximilien met les Vénitiens au ban de l'empire. Le voyage est rompu. Depuis ce temps, Maximilien prend le titre d'*empereur élu*. La même année, il accède à la ligue de Cambrai, formée entre le pape Jules II, Louis XII, roi de France, et Ferdinand, roi d'Aragon, contre les Vénitiens. Maximilien n'y contribue guère que de son nom. Il s'en détache l'an 1512, et s'unit avec le Pape et l'Espagne contre la France. L'an 1513, il vient au siège de Térouanne se joindre aux Anglais. On vit alors le chef du corps germanique servir en qualité de soldat volontaire dans l'armée du roi d'Angleterre, et recevoir en cette qualité cent écus par jour pour sa solde. L'an 1516, l'empereur fait une descente dans le Milanais pour l'enlever aux Français. Les Suisses, qui étaient dans son armée, se soulèvent faute de paiement. Maximilien s'enfuit, de peur qu'ils ne le livrent à ses ennemis. L'an 1518, il tient une diète à Augsbourg, dans la vue de pacifier les troubles religieux qui commençaient à agiter l'Allemagne. Il meurt le 12 janvier de l'année suivante, son fils Charles-Quint régnant en Espagne depuis 1516.

Le caractère de Maximilien I*er* paraît plein de contradictions. Il était tout à la fois laborieux et négligent, entreprenant et timide, le plus avide et le plus prodigue de tous les hommes. Une de ses idées les plus singulières fut son envie d'être pape. Il avait demandé sérieusement à Jules II d'être nommé son coadjuteur, et, sur son refus, il s'était lié avec Louis XII pour la convocation du concile de Pise, dans la vue d'y faire déposer Jules et de se faire élire en sa place. Maximilien divisa l'Allemagne en dix cercles pour faciliter l'administration, et y établit le service des postes. Il aimait les sciences et les savants. Il était savant lui-même. La théorie de la guerre ne lui était pas moins familière que la pratique; il perfectionna la manière de fondre les canons, la construction des armes à feu, et la trempe des armes défensives. On lui attribue plusieurs découvertes dans la pyrotechnie. Il établit le premier, dans les États autrichiens, une armée permanente; il arma ses troupes de lances d'une nouvelle forme et dont l'usage devint bientôt général. Enfin ce prince a composé et laissé en manuscrit de nombreux traités sur presque toutes les branches des connaissances humaines; sur la religion, sur la morale, sur l'art militaire, sur l'architecture, sur ses propres inventions, sur la chasse au tir et à l'oiseau, sur l'art de cultiver les jardins, et même sur celui de faire la cuisine. Aussi jaloux d'illustrer sa maison que d'en étendre les domaines, Maximilien fit parcourir l'Allemagne à des savants chargés de compulser les archives des couvents, pour y recueillir les généalogies de sa famille, et copier les inscriptions placées sur les tombeaux des princes autrichiens. Ce fut dans ces recherches qu'on retrouva l'ancien itinéraire de l'empire romain, connu sous le nom de *table de Peutinger*. On rapporte que l'empereur, s'occupant lui-même de ces investigations sur l'antiquité de sa famille, dit un jour à un de ses intimes dans l'expansion de la joie : Je viens de découvrir deux générations de plus ! L'autre répondit : Si Votre Majesté continue, nous finirons par être parents. — Comment cela? demanda Maximilien. — C'est bien simple, répliqua le savant; si Votre Majesté continue ainsi de remonter sa généalogie de génération en génération, elle arrivera bientôt à Noé, et alors il faudra bien que nous soyons cousins. — Cette réflexion modéra l'ambition généalogique de l'empereur (*Art de vérifier les dates; Biographie univ.*, t. XXVII; Schroeckh, t. XXX).

Nous avons vu les Francs et les Français, dévoués à l'Eglise et à la défense de la chrétienté contre les Mahométans, recevoir en récompense l'empire d'Occident en la personne de Charlemagne, le royaume de Jérusalem en la personne de Godefroi de Bouillon, le royaume de Chypre en la personne de Guy de Lusignan, le royaume d'Arménie dans un membre de la même famille, l'empire de Constantinople dans Baudouin de Flandre. Nous avons vu aussi les Français, devenus infidèles à cette vocation dans la personne de Philippe le Bel, au lieu de se mettre au service de l'Eglise de Dieu, comme Charlemagne, vouloir la réduire à leur service, comme les empereurs byzantins ou tudesques; au lieu de se soumettre politiquement à la loi divine, faire de leur politique sécularisée la loi suprême; au lieu d'avoir principalement en vue, comme leur saint roi Louis, la gloire de Dieu et le salut de la chrétienté, ne regarder en tout, non plus que le Juif, l'Arabe ou le sauvage, que leur intérêt du moment : nous les avons vus, en récompense, se diviser les uns contre les autres, perdre le sens comme leur roi Charles VI, se tuer mutuellement pour vendre à l'étranger leur patrie, effacer la France du rang des nations indépendantes, et en faire une province anglaise. Et il a fallu qu'il vînt une jeune fille de Lorraine, pour rendre la France aux Français, et pour leur refaire un cœur français; et, quand elle eut ainsi sauvé la France, des Français l'ont condamnée à être brûlée pour faire plaisir aux Anglais.

Charles VII, devenu roi de France et sacré à Reims, l'an 1429, par les victoires de Jeanne d'Arc, ne fait rien pour sauver des flammes la libératrice de son royaume; il oublie son honneur, il oublie son royaume entre les bras adultères d'une concubine, qui, dit-on, est obligée de l'en faire souvenir. Après une trêve conclue entre la France et l'Angleterre, et qui expira l'an 1448, Charles VII ou plutôt ses généraux reprennent toute la Normandie, la Guienne et Bordeaux. Les Anglais sont chassés de France, où, après une si longue occupation et tant de malheurs, ils ne conservent que Calais, première conquête d'Edouard III. Charles VII, craignant d'être empoisonné, se laisse mourir de faim à Mehun en Berry, le 22 juillet 1461. On a dit ingénieusement qu'il n'avait été que le témoin des merveilles de son règne; en sorte que le surnom de *Victorieux*, qu'on lui donne quelquefois, voudrait dire qu'il a été le témoin de ses victoires.

Son fils et successeur, Louis XI, a une assez mauvaise renommée. On dit qu'il n'a été ni bon fils, ni bon père, ni bon mari, ni bon frère, ni bon ami, ni bon sujet, ni bon roi : il y en a même qui vont jusqu'à l'appeler un tyran cruel et soupçonneux. Cependant Louis XI n'a été qu'un fidèle observateur, un praticien accompli de la politique moderne. Cette politique a pour principe fondamental, qu'un roi, comme personne privée, peut avoir de la religion, de la conscience, des remords, et aller à confesse; mais que, comme roi, comme gouvernement, il n'a point de religion, point de conscience, point de remords et ne se confesse pas. Or, tout le monde convient que Louis XI, comme personne privée, avait de la religion, de la conscience, des remords, allait à confesse, faisait des pèlerinages et des pénitences. S'il employa la ruse, la dissimulation, de faux serments, la séduction de l'or et de l'argent, des exécutions clandestines, peut-être sans remords ni confession, ce fut comme roi, comme gouvernement de la France. La politique moderne n'a donc rien à lui reprocher, si ce n'est peut-être de n'avoir pas encore été assez habile trompeur pour donner à ses tromperies le vernis gouvernemental de l'honneur et de l'innocence. Encore Louis XI peut-il alléguer pour excuse que, comme il a été le premier des rois chrétiens qui entrât complètement dans cette voie moderne, il n'est pas étonnant que d'autres l'y aient surpassé en quelque chose.

Au reste, cette politique si moderne est plus vieille qu'elle ne pense. Nous avons entendu les impies se disant, au temps de Salomon : *Que notre force soit la loi de justice; car ce qui est faible est inutile. Ainsi donc circonvenons le juste, parce qu'il nous est inutile, contraire à nos œuvres, qu'il nous reproche les péchés de la loi et signale contre nous les péchés de notre conduite* (Sap., 2, 11 et 12). Nous avons vu, en conséquence de cette loi, les hommes politiques et le gouvernement du peuple juif condamner à mort le juste par excellence. Nous avons vu, en vertu de cette loi, les césars de Rome païenne, à la fois empereurs, souverains pontifes et dieux, condamner le christianisme à mort pendant trois siècles. Nous avons vu, en vertu de cette loi, les césars de Byzance vexer, persécuter, et enfin déchirer l'Eglise de Dieu. Nous avons vu, en vertu de cette loi, les césars de Germanie se proclamer la loi vivante et suprême, les seuls propriétaires et arbitres du monde, et persécuter les Pontifes romains qui ne voulaient point sanctionner cette politique athée. Et nous avons vu cette politique du siècle finalement aboutir à la ruine de Jérusalem, de son temple et de son peuple, à la ruine et au démembrement de l'empire romain, à la ruine de l'empire grec, à la ruine des dynasties persécutrices d'Allemagne.

Philippe le Bel adopta cette politique comme une prérogative de la couronne de France; elle porta bien vite les fruits naturels. Si le roi, comme roi, est au-dessus de la loi de Dieu interprétée par l'Eglise de Dieu; si le roi, comme roi, est au-dessus de la conscience; si le roi, comme roi, n'a de règle que son intérêt du moment, il en sera des princes comme du roi, des seigneurs comme des princes, des pères de famille comme des seigneurs, de la nation entière comme de son chef, de tous et de chacun comme d'un seul. Nous en verrons les conséquences se développer avec le temps par des révolutions souvent terribles, jusqu'à ce que les sociétés temporelles s'écroulent, ou peu s'en faut. Les princes commenceront dans les palais, les goujats finiront dans les rues. Quelque temps après Philippe le Bel, nous avons vu les princes français se dispensant d'avoir ni foi ni loi, se trahir, se tuer les uns les autres et mettre la France à deux doigts de sa perte. Une jeune fille, suscitée par la Providence, la sauve des mains de l'étranger. Mais ses princes ne sont pas encore revenus de leur politique nouvelle, que, comme princes, ils ne sont pas soumis à la loi de Dieu interprétée par son Eglise. Au mépris de la subordination féodale, au mépris de leurs serments, ils conspirent les uns contre les autres, ils conspirent les uns et les autres contre le roi, et plus encore contre le royaume, soit pour le démembrer, soit pour le vendre à l'étranger, soit pour s'en emparer eux-mêmes.

Nous avons vu que, dans l'origine, le système féodal fut le système militaire, implanté sur le sol pour en faciliter la défense. Le roi était le généralissime; les ducs, les comtes, les barons étaient les généraux, les colonels, les capitaines, avec leurs intermédiaires et leurs soldats. Dans ce sens, les mots *anarchie féodale* sont une contradiction; mais, avec le temps, la royauté étant devenue strictement héréditaire, le généralissime se trouva plus d'une fois être un enfant ou un homme peu capable. Les ducs ou généraux héréditaires d'une province, profitaient volontiers de l'occasion pour s'agrandir aux dépens du généralissime, surtout depuis qu'on eût admis en principe que l'ordre politique n'était point subordonné à l'ordre moral ni à l'ordre religieux, mais uniquement à l'intérêt. Ainsi le duc de Bourgogne, dit Philippe le Bon, prince du sang royal, implante la guerre civile en France, y appelle l'étranger, lui livre la capitale, l'y fait proclamer roi, lui vend pour être brûlée, la libératrice du royaume; puis, pour mettre un terme à sa longue félonie et trahison, exige du roi légitime, Charles VII, la cession d'une dizaine de comtés, seigneuries ou cités, avec cette clause étrange que, pendant sa vie et celle du roi, il serait dégagé de tout hommage, ressort et souveraineté, en sorte qu'il demeurât absolument indépendant du roi et que ses sujets ne fussent point tenus à prendre les armes sur l'ordre de la France (*Traité d'Arras*, 21 sept. 1435).

L'ordre politique n'étant plus subordonné à l'ordre moral et à l'ordre religieux, mais à l'intérêt seul, la justice même devenait arbitraire. Dès que le roi ou le prince trouvait de sa politique ou de son intérêt qu'un tel fût trouvé coupable et condamné à la confiscation ou à la mort, avec ou sans forme de procès, il n'y avait rien à dire. Supposé un prince dominé par ses concubines ou ses favoris, ce sont ses favoris et ses concubines qui disposeront souverainement de l'honneur, de la fortune et de la vie de tout le monde. On en vit quelque chose dans les dernières années de Charles VII. Une de ses concubines étant morte, les favoris accusèrent, en 1451, Jacques Cœur, argentier du roi, de l'avoir empoisonnée, et s'en partagèrent d'avance les dépouilles. Absous de ce crime, il fut condamné par les favoris pour de prétendues malversations de finance : cependant, sur la recommandation du Pape, le roi lui fit grâce de la vie. L'année précédente 1450, un receveur général des finances avait été condamné d'une manière semblable et ses biens partagés entre le roi et les courtisans. La même année 1450, un neveu du roi, Gilles de Bretagne, sur une procédure pareille et malgré son appel au roi, son oncle, avait été étouffé entre deux matelas, par ordre de son frère, le duc de Bretagne, François II. Gilles devait mourir de faim dans un cachot; mais une pauvre femme ayant entendu ses cris, venait nuitamment lui passer à travers les grilles du pain et de l'eau. Les favoris de son frère voyant qu'il vivait trop longtemps, finirent donc par l'étouffer, le 25 avril 1450. Le duc, son frère, s'en allait coucher au mont Saint-Michel, lorsqu'il rencontra sur la grève un Cordelier qui l'arrête : le moine le tire à part et lui dit qu'il vient de recevoir la confession de monseigneur Gilles, son frère, la pauvre femme qui avait donné du pain au captif lui ayant amené un confesseur de nuit dans les fossés de sa prison. Il savait tout ce que monseigneur Gilles avait souffert par son ordre, et il l'avait entendu assigner le duc, son seigneur et son frère, à comparaître dans quarante jours devant le tribunal de Dieu, pour rendre compte de sa conduite. François, frappé en même temps de terreur et de remords pour son crime, revient à Vannes dans un état d'abattement, de langueur et de noire mélancolie, qui ne tarde pas à lui être fatal. Le 16 juillet, il fait son testament, appelant son frère Pierre, ensuite Arthur de Richemond, son oncle, et enfin François, comte d'Etampes, son cousin, à lui succéder au duché, de préférence à ses filles, qui ne devaient hériter qu'en cas d'extinction de la ligne masculine. Ce jour-là, il était encore debout, se promenant sans aide dans sa chambre; mais le chagrin qui le rongeait avait desséché les sources de la vie. Il expira le 19 juillet 1450, en exprimant à haute voix ses remords et son humiliation (Lobineau, *Hist. de Bretagne*, l. 18, p. 646).

Le fils aîné du roi Charles VII, Louis, dauphin, témoignait ouvertement du mépris pour les concubines et les favoris de son père. Il craignit d'avoir le même sort que les trois personnages dont on vient de parler. Pour se mettre en garde, il se retira de la cour dans son gouvernement du Dauphiné, où il se regardait comme un souverain indépendant. Il y rassembla des soldats. Le 8 mars 1451, il épousa la fille du duc de Savoie, et n'ouvrit qu'après le mariage les lettres qu'il venait de recevoir de son père, et qui y mettaient opposition. En 1456, voyant que les ministres ou favoris de son père, faisaient marcher contre lui des troupes, effrayé de l'accusation injuste qu'ils intentèrent contre le duc d'Alençon, prince du sang, le dauphin se retire dans les Etats du duc de Bourgogne. Arrivé à Saint-Claude, il écrit aussitôt au roi, son père, lui déclarant qu'il se rendait auprès du duc de Bourgogne pour lui offrir ses services comme gonfalonier de l'Eglise, dignité dont le Pape l'avait revêtu pour la croisade contre les Turcs. Il écrit aux évêques de France pour se recommander à leurs prières, afin d'obtenir sa réconciliation avec son père. Il écrivit enfin au duc de Bourgogne pour lui demander un asile dans ses Etats. Le duc, qui était encore Philippe le Bon, l'invita, par sa lettre du 15 septembre, à se rendre à Bruxelles, et il écrivit en même temps au roi pour lui rendre compte de cette transaction (Sismondi, *Hist. des Français*).

Quant à la littérature française, dont les ducs de

Bourgogne étaient des protecteurs; voici ce qu'en dit l'auteur d'une *Histoire des Français :*

« La littérature française, laissée loin en arrière durant ce siècle par celle des autres nations, suivait tout au plus l'impulsion qu'elle recevait du dehors. La communication entre les écrivains français et ceux qui honoraient à cette époque l'Italie, l'Espagne et l'Allemagne, devenait sans doute plus fréquente, et elle influait un peu sur leurs ouvrages; on ne sentait point cependant qu'un esprit nouveau les animât, aucune révolution ne s'était opérée dans les lettres, et le compte que nous allons chercher à en rendre comprend également tout le XIVᵉ et presque tout le XVᵉ siècle.

» Les ouvrages appartenant proprement à la littérature, qui avaient été écrits en français depuis le commencement du XIVᵉ siècle, et qui exerçaient seuls quelque influence sur le public de France, pouvaient se ranger sous un bien petit nombre de classes : des romans de chevalerie, des fabliaux et des contes, des poésies allégoriques ou lyriques, des mystères, et enfin des mémoires historiques et chevaleresques. Ces ouvrages se trouvent encore dans les grandes bibliothèques, mais la plupart ne portent point de nom d'auteur. Aucune grande réputation française de ces deux siècles n'est arrivée jusqu'à nous.

» Le goût de la lecture, longtemps exclusif parmi les moines et les clercs, était devenu général parmi les gens du monde, c'est-à-dire que dans toutes les cours, dans tous les châteaux, les nobles ou les chevaliers, et les dames, lisaient ou se faisaient lire. C'était le public nouveau de la France, le public qui, par sa curiosité et son désœuvrement, avait créé la seule littérature à la mode. Il n'y avait qu'une chose qui pût lui plaire, le récit des combats et des aventures surprenantes. Pour ce public avaient été composés, au XIIᵉ et au XIIIᵉ siècle, les premiers romans de chevalerie; mais à cette époque les gentilshommes lisaient rarement eux-mêmes; aussi les romans avaient été composés en vers, pour que les trouvères et les conteurs les retinssent plus aisément dans leur mémoire. Depuis que les gentilshommes s'étaient accoutumés à supporter la lecture d'autrui ou à lire eux-mêmes, les romans en vers avaient été jugés fatigants et monotones; le grand travail du XIVᵉ et du XVᵉ siècle fut de les traduire en prose et en langage plus moderne. Le roman de *La fée Mésuline*, protectrice de la maison de Lusignan, fut dédiée au roi Jean, pendant qu'il était encore prince royal, ou avant l'an 1350. On vit plusieurs fois reproduire ses aventures les plus merveilleuses, dans les fêtes de la maison de Bourgogne. Les romans de Huon de Bordeaux, d'Ogier le Danois et des autres paladins de Charlemagne furent écrits ou traduits pendant les règnes de Charles VI et de Charles VII; on croit que les romans de la Table-Ronde ou du roi Artus, et ceux du petit Artus de Bretagne, furent aussi écrits pendant le règne de Charles VII, mais dans les provinces qui, comme la Normandie et la Bretagne, suivaient le parti anglais; en sorte qu'on reconnaîtrait la patrie ou la faction du romancier au choix qu'il faisait de la cour d'Artus ou de Charlemagne pour y placer le siège de toute chevalerie. Philippe, duc de Bourgogne, ayant épousé Isabelle, fille du roi Jean de Portugal, les romanciers de sa cour traduisirent du Portugais Amadis de Gaule, et les autres Amadis, ainsi que tous les romans espagnols. Cette triple origine dans les trois cours de Charles VII, de Henri VI et de Philippe explique la division des romans de chevalerie en trois classes, en trois grandes époques, qui n'ont aucun rapport l'une avec l'autre.

» Non-seulement ces romans se retrouvent en grand nombre dans toutes les anciennes bibliothèques, leur influence sur les opinions du siècle, sur la conduite des grands, se reconnaît à chaque événement. Dans les historiens du temps, on trouve sans cesse des allusions à ces fables, qui prouvent qu'elles étaient dans la mémoire de tous. Aucun homme d'armes ne concevait la guerre, aucun prince ne concevait la politique autrement qu'il ne la trouvait dans les romans. Ceux mêmes qui, d'après le progrès des études, abordaient quelquefois les historiens de l'antiquité, ne savaient les juger que comme des livres de chevalerie. Le comte de Charolais, fils de Philippe de Bourgogne, avait joint à la lecture des romans celle des histoires qu'une érudition nouvelle commençait à rendre recommandables. « Jamais ne se couchoit, dit Olivier de La Marche, qu'il ne fit lire deux heures devant lui; et lisoit souvent devant lui le seigneur d'Hymbercourt, qui moult bien lisoit, faisoit lors lire des hautes histoires de Rome, et prenoit moult grand plaisir ès faits des Romains. » Mais si jamais prince prit pour règle unique de sa conduite les romans de chevalerie, ce fut ce même comte de Charolais. Nous ne savons le nom d'aucun de ceux qui publièrent le nombre infini de romans de chevalerie qui datent de cette époque : comme ils n'étaient que des traducteurs, ils ne croyaient pas peut-être devoir attacher leur nom à leurs ouvrages.

» Les fabliaux, comme les romans de chevalerie, avaient d'abord été la propriété des trouvères et des conteurs, qui les récitaient dans les châteaux et à la table des riches bourgeois, pour égayer les festins : c'étaient des récits en vers de quelque aventure ou galante ou bouffonne, quelquefois des contes dévots empruntés à la légende, quelquefois même des leçons de morale contenues dans quelque fable. Mais, à en juger par le langage, la plupart avaient été écrits au plus tard dans le XIIᵉ et le XIIIᵉ siècle; ce langage était même antérieur encore à cette époque, parce que les fabliaux étaient en vers, et tous ceux qui écrivaient en vers paraissaient croire que des mots vieillis et presque hors d'usage donnaient à leur style quelque chose de plus poétique. Les fabliaux n'étaient pas dépourvus de naïveté et de grâce; mais ils étaient devenus presque inintelligibles, par l'emploi des plus vieilles expressions du langage, et cet air d'antiquité faisait en même temps presque leur seul mérite poétique. Après avoir traduit en prose les romans de chevalerie, on commença aussi à traduire les fabliaux, ou plutôt à composer, pour charmer les loisirs des chevaliers et des dames, des recueils de contes et de nouvelles, qui commencèrent, au XVᵉ siècle à se multiplier. Les *Cent Nouvelles nouvelles* furent recueillies, d'après l'ordre du dauphin Louis, comme « contes qui sont moult plaisans à raconter en toutes bonnes compaignies par manière de joyeuseté. » Et, en effet, ils sont attribués au dauphin lui-même, au duc de Bourgogne, aux seigneurs de la Roche, de Saint-Paul et à d'autres grands seigneurs de la cour de Bourgogne. Beaucoup d'autres recueils du même genre furent publiés dans le même siècle et le suivant. L'usage de lire ou de conter des nouvelles paraît avoir été général dans les châteaux, dans les cours, dans toutes les réunions de la haute société : ces nouvelles, presque toutes licencieuses, n'avaient point le mérite poétique des romans de chevalerie; elles roulent sur les amours ou les mésaventures conjugales des bourgeois autant que des chevaliers, et elles donnent une idée très-favorable de la grossièreté de cette époque, et par les mœurs qu'elles représentent, et par le peu de pudeur des dames qui en écoutaient le récit. Les romans de chevalerie et les nouvelles galantes formaient la base de la littérature populaire au XIV° et au XV° siècle; et c'est justement parce que des copies ou des fragments des uns et des autres se retrouvaient dans toutes les villes, dans tous les châteaux, que les noms de leurs auteurs, négligés par des copistes populaires, se sont perdus. Mais d'autres poètes de la même époque attachaient plus d'importance à leurs vers, et comptaient sur une gloire que la postérité ne leur a point confirmée. Le *Roman de la Rose*, commencé au milieu du XIII° siècle par Guillaume de Lorris, et continué dans le XIV° par Jean de Mehun, avait gâté le goût des Français, en les accoutumant à regarder comme une œuvre de génie une longue allégorie, souvent fort indécente, entremêlée de prétendue philosophie de prétendue morale, et de tout ce que l'auteur possédait d'érudition. Le *Roman de la Rose* était placé par Pasquier lui-même à côté de l'admirable poème du Dante; aussi, pendant les XIV° et XV° siècles, les imitateurs de cet ennuyeux ouvrage se succédèrent en grand nombre. Le *Pèlerinage*, de Guillaume de Guilleville, le *Champ vertueux de bonne vie*, et l'*Evangile des femmes*, de Jean Dupin, le *Respit de la Mort*, de Jean Lefèvre, qui passèrent alors pour de savantes et ingénieuses allégories, pour des ouvrages riches en instructions, dont chacun était aussi volumineux qu'un long poème épique, furent admirés sans être beaucoup lus, et influèrent peu sur le goût qu'ils n'auraient pu que gâter.

» La poésie lyrique était aussi cultivée à cette époque, et elle continuait à être presque exclusivement le partage des grands seigneurs. On l'avait vue commencer au XIII° siècle parmi les chevaliers compagnons de saint Louis, et l'on conserve les chansons ou plutôt les odes en cinq strophes et un envoi de Thibaud, roi de Navarre, de Gasce Brûle, de Coucy, de Thierry de Soissons, et de plusieurs seigneurs qui marchèrent aux dernières croisades. Au XIV° siècle, Froissart mit à la mode les pastourelles, les rondeaux et les virelais; et, au XV° siècle, Charles, duc d'Orléans, pendant sa longue captivité en Angleterre, acquit, par ses ballades, une réputation qui ne fut pas sans influence sur la politique. Les poésies du duc d'Orléans sont peut-être celles qui marquent le mieux les progrès de la langue et du goût. Leur langage est facile à comprendre; les rimes sont soignées, elles sont croisées, souvent avec artifice; les vers sont à peu près conformes aux règles qu'on suit aujourd'hui, avec peu d'enjambements, peu de hiatus, seulement l'e muet paraît avoir été plus fortement prononcé qu'il ne l'est aujourd'hui, car il porte fréquemment la césure. On ne trouve dans les œuvres du duc d'Orléans que des poésies légères et galantes, surtout des madrigaux en trois couplets, suivis d'un envoi. René d'Anjou, roi de Sicile, fut aussi au nombre des princes poètes de ce siècle : dans ses vers, comme dans ceux du duc d'Orléans, son cousin, on peut remarquer les progrès du langage et ceux de la versification; mais le talent, l'inspiration manquaient à René, aussi bien dans la poésie, la musique, la peinture, que dans l'art de régner. On a conservé de lui plusieurs ennuyeuses et pédantesques allégories, et rien de naïf ou de vivement senti. Si l'on pouvait croire à l'authenticité des poésies de Clotilde de Surville, qu'on prétend avoir vécu à cette même époque (1405-1495), on trouverait dans ces vers un progrès bien autrement marquant vers les hautes pensées, les sentiments nobles et purs qui font de la poésie l'institutrice du genre humain. Mais il suffit de lire quelques vers de Clotilde, après ceux qui ont été réellement écrits dans le XV° siècle, pour être assuré qu'ils sont l'ouvrage d'un homme de notre temps.

» Au XV° siècle, on compta encore parmi les poètes lyriques, Olivier de La Marche et Georges Châtelain, qui se distinguaient en même temps parmi les chevaliers de la cour de Bourgogne; Martin Franc qui fut secrétaire du pape Félix V; Alain Chartier, secrétaire de Charles VII. On raconte de celui-ci, qui était fort laid, que Marguerite d'Ecosse, première femme du dauphin Louis, le voyant un jour endormi, lui donna un baiser, disant à ceux qui l'accompagnaient, qu'elle honorait ainsi « la précieuse bouche de laquelle sont issus et sortis tant de bons mots et vertueuses paroles. » Ses paroles, cependant, sont demeurées imprimées; et son *Débat de deux Fortunés d'amour*, son *Bréviaire des Nobles*, son livre des *Quatre Dames* semblent, par leur platitude, bien peu dignes d'une telle récompense. Enfin, l'an 1431, naquit François Villon, dont le poète Marot a recueilli les œuvres, et que Boileau célèbre, comme ayant été le premier donner des règles à la langue et à la versification; ces éloges donnés à un homme crapuleux, dont les vers n'obtinrent quelque succès que par leur indécence et leur impiété, surtout par l'amère raillerie de l'auteur, qui plaisantait même sur la potence à laquelle il fut condamné, montrent quelle était alors la disette des poètes. Villon peut être regardé comme le créateur de la poésie burlesque; Coquillart et quelques autres l'imitèrent.

» Pour compléter la revue des poésies du XV° siècle, il nous reste encore à parler des spectacles présentés au peuple, qu'on peut regarder comme les premiers commencements du théâtre moderne. Nous avons dit ailleurs que Charles VI protégea la *Confrérie des mystères de la passion*, et s'y associa. Peu après, des poètes anonymes composèrent le mystère de la Conception et celui de la Résurrection; puis plusieurs Vies des saints reçurent une forme dramatique. Leur représentation, sur des échafauds, avec de riches costumes, et en rassemblant quelquefois pour un seul mystère plusieurs centaines de personnages, était considérée comme une cérémonie religieuse; ni les prêtres ni les femmes ne se scandalisaient jamais de leur indécence, quoiqu'elle fût souvent extrême. On prétendait devoir toujours faire voir le vice dans toute sa difformité pour en dégoûter les spectateurs, et cependant on n'était point fâché de leur apprêter à rire en même temps par ce tableau. Les moralités des élèves de la Basoche et les farces commencèrent bientôt après; les jeunes gens qui les représentaient crurent pouvoir amuser le public, comme les prêtres, par des bouffonneries, sous prétexte de donner une leçon morale au lieu d'un spectacle religieux à leurs auditeurs. Pendant le XVe siècle, Paris, presque toujours abandonné par la cour royale, dépeuplé et appauvri, ne put pas contribuer beaucoup à l'encouragement de ces nouveaux théâtres; cependant la bourgeoisie, dans toutes les occasions solennelles, dans toutes les entrées de rois ou de reines, dans toutes les grandes fêtes, dressait des échafauds sur les carrefours pour célébrer des mystères et des moralités aux yeux de tout le royal cortége. Les autres grandes villes imitaient cet exemple; et lorsque le duc de Bourgogne accorda un pardon d'abord à Bruges, puis à Gand, ces deux villes reçurent leur duc, à son entrée, avec des spectacles de ce genre.

» La période que nous venons de parcourir ne nous a guère été retracée que par des historiens qui avaient cherché à se mettre en rapport avec ses goûts poétiques et chevaleresques. Ce n'étaient plus des moines qui consignaient dans les chroniques de leur couvent les grands événements d'un monde auquel ils étaient étrangers, et qui, le plus souvent, s'y intéressaient peu et ne les comprenaient pas; c'étaient désormais des gens attachés aux cours et à la nouvelle chevalerie, des gens élevés, comme les hérauts et les rois d'armes, dans une profonde admiration pour les princes; dans la persuasion que les nobles étaient une race d'hommes toute différente de celle des roturiers, et que seule elle méritait quelque ménagement; dans la confiance que, pour constituer un honnête homme, il fallait seulement être issu d'un sang illustre, être brave et libéral. Ces historiens, se destinant surtout à amuser les loisirs des chevaliers et des grandes dames, changent autant qu'ils peuvent leur histoire en roman de chevalerie; ils rapportent et exagèrent tous les actes de bravoure de ceux qu'ils choisissent pour leurs héros; ils représentent avec bien plus de détails, ils étudient avec bien plus d'attention les fêtes de cour, et surtout les tournois, que les révolutions des Etats; ils montrent enfin pour la politique une incapacité, pour la vraie morale une indifférence, pour la liberté et l'humanité un mépris qui nous font, à notre tour, placer leur caractère au-dessous encore de celui des écrivains monastiques des siècles antérieurs. Froissart fut, en quelque sorte, le fondateur et le modèle de cette nouvelle école historique; Monstrelet, qui n'avait ni son imagination ni ses goûts poétiques, l'imita de lui que ses défauts, et raconta avec platitude ce que l'autre décrivait avec enthousiasme. Le roi d'armes, Berry, écrivit sa Chronique dans le vrai esprit de son métier, cherchant de bonne foi à conserver une mémoire fidèle des hauts faits royaux et chevaleresques; Jean Chartier, nommé *historiographe de France* par Charles VII, ne sut faire qu'un panégyrique militaire d'un roi qui n'était nullement militaire. Jacques du Clercq et Matthieu de Coucy, plus éloignés des cours et des personnages puissants, mais aussi plus désireux de connaître la vérité, ont recueilli avec bonne foi tout ce qu'ils ont pu apprendre; et s'ils nous fatiguent souvent par la prolixité avec laquelle ils décrivent les tournois et les fêtes, ils nous instruisent davantage en nous introduisant dans la province qu'ils habitaient, et en détaillant les événements presque domestiques. Olivier de La Marche, page de Philippe le Bon, et capitaine des gardes de Charles le Téméraire, a aussi écrit des Mémoires en chevalier et avec tous les préjugés de son état, mais en voyant les événements auxquels il avait part du point de vue d'une station plus élevée; tandis que Guillaume Gruel, écuyer ou page du comte Arthur de Richemont, en écrivant la vie de ce grand connétable, laisse souvent percer l'âme d'un valet plus occupé de rehausser le mérite de son maître que de s'assurer de la vérité des faits qu'il rapporte.

» Il ne faut pas s'étonner si l'influence que de tels écrivains exercèrent sur leurs compatriotes fut rarement avantageuse. Ils pervertirent complètement leur jugement sur tous les faits militaires, en présentant toujours à leurs yeux l'idéal d'une vaine chevalerie qui occupait dans leurs esprits la place de toutes les vérités historiques. Combattre et répandre des flots de sang leur parut la seule gloire du guerrier, sans qu'ils élevassent jamais leur pensée ou vers la morale, qui leur aurait fait distinguer le but des combats, ou vers la science militaire, qui leur aurait fait rechercher les moyens de les rendre profitables. Loin de seconder les sentiments populaires de liberté, de dignité humaine, qui commençaient à fermenter dans les masses, ils semblèrent prendre à tâche de les décrier, tandis qu'ils encouragèrent le faste des rois, ces fêtes insensées, ces tournois qui dissipaient en peu de jours les finances des plus grands princes, et qui les laissaient ensuite sans ressources dans toutes les nécessités de l'Etat. Loin de relever la morale, ils la dégradaient toujours plus, tantôt par les idées et les images les plus licencieuses; tantôt par la doctrine qu'ils professaient tous, que tous les vices, toutes les cruautés, toutes les perfidies, comme toutes les impuretés, pouvaient se racheter par l'ardeur de la dévotion. Charles VII et son fils, le dauphin Louis, le duc de Bourgogne et son fils, le comte de Charolais, furent célébrés par tous les historiens du temps comme des princes très-religieux. »

Ainsi parle Sismondi, l'auteur protestant de l'*Histoire des Français*, t. XIII, c. 11. Dans les faits qu'il rapporte, on voit les effets de la politique moderne : que le prince, comme personne privée, peut être soumis à la loi de Dieu et de son Eglise, mais que, comme prince, il est au-dessus des lois et libre de faire comme il lui plaît. L'auteur protestant paraît trouver cette politique mauvaise. Ailleurs, il trouve mauvais que l'Eglise romaine prétendît soumettre les princes à la loi de Dieu et leur en faire l'application. Enfin sa conclusion générale est que, pour remédier à tous les inconvénients, le prince n'a qu'à se faire protestant, rejeter l'autorité de l'Eglise, ne reconnaître d'autre loi que son jugement privé, penser de tout comme il lui plaît, et agir comme il pense. Telle est la quintessence philosophique de toutes les histoires du protestant Sismondi. On pourrait lui objecter : Mais si chacun, le prince comme les autres, a le droit de penser comme il veut et d'agir comme il pense, comment pouvez-vous blâmer qui que ce soit? — A cela, nulle réponse dans Sismondi: son intellect ne va pas jusque-là.

Quant à Philippe le Bon, voici comme l'auteur résume sa conduite : « Le moindre tort du Bon Philippe de Bourgogne était le scandale qu'il donnait par le rang qu'il faisait tenir à la cour à ses quatorze bâtards. La cruauté de ses vengeances, son manque de foi envers ses peuples, ses dissipations auxquelles il ne pouvait pourvoir que par des taxes excessives et arbitraires, son indulgence sans bornes pour les gens de guerre, sa confiance aveugle dans ses favoris, exposaient ses sujets à tous les genres d'oppression. Il exerçait entre autres sa tyrannie en disposant des femmes à marier. » Le chroniqueur Jacques du Clerc rapporte en effet que, quand ils savaient une fille ou une veuve riche, le duc, son fils, ou autres de ses pays, les mariaient de force à leurs archers et autres serviteurs, à moins qu'elles ne rachetassent à prix d'argent le droit de se marier à leur gré (Sismondi, *Hist. des Français*, t. XIII, c. 11).

Le duc Philippe de Bourgogne, auprès de qui s'était retiré le dauphin de France, était brouillé avec son fils, comme le roi Charles VII avec le sien. Le 17 février 1457, il y eut entre eux une si violente querelle, que le duc tira l'épée contre son fils, et qu'il l'aurait tué si la duchesse ne s'était jetée à la traverse. Après beaucoup d'efforts du dauphin et de l'évêque de Liége, le duc et son fils se réconcilièrent, du moins en apparence. Cependant le duc ne pardonna point à sa femme de lui avoir préféré son fils; il exila deux serviteurs de celui-ci, et s'abandonna plus que jamais à la domination de ses favoris, les seigneurs de Croy, qui avaient été l'occasion de la querelle.

Le comte de Saint-Paul, qui était vassal du duc de Bourgogne et du roi de France, excitait l'un contre l'autre. Il espérait, en les brouillant, se rendre nécessaire ou même redoutable à tous deux. Les principaux seigneurs de France poussaient dans le même sens : ils avaient en vue d'empêcher le dauphin Louis de monter sur le trône. Les concubines de Charles VII visaient au même but. L'une d'elles lui faisait croire que son fils avait empoisonné la concubine précédente. Le dauphin écrivait à son père les lettres les plus humbles; en réponse, Charles le pressait de revenir à lui, de se soumettre et de faire preuve d'obéissance. Mais Louis, qui savait son père dominé par les concubines et les favoris, ne voulait pas s'y fier. Et de fait, les choses allèrent si loin, que Charles VII consulta le pape Pie II sur un projet qu'il avait formé pour appeler à la succession son second fils, de préférence au premier; mais le Pontife l'en dissuada, en raison des guerres civiles qu'une si grande dérogation aux lois du royaume ne manquerait pas d'exciter (Raynald, an 1461, n. 47). A cette époque, il survint à Charles un abcès dans la bouche qui le fit cruellement souffrir; peut-être, en lui donnant la fièvre, égara-t-il sa raison. Pie II, le pontife qui régnait alors, a écrit : Que Charles, dont l'esprit n'était pas exempt de la démence de son père, se figura qu'il était menacé de périr par le poison, et refusa toute nourriture; il ne voulut pas même se fier à son plus jeune fils Charles, qui goûtait devant lui les mets qu'on lui offrait. Ses amis, ses parents, qui le voyaient périr de faim, le suppliaient en vain de manger; mais on disait aussi qu'un ulcère qui s'était formé dans sa gorge le lui rendait impossible (Raynald, an 1461, n. 37). »

Charles VII mourut ainsi le 22 juillet 1461, à Mehun-sur-Yèvre en Berry. Son corps étant arrivé à Paris le 5 août, on fit le service funèbre le 6, et on le transporta le lendemain à Saint-Denys. Un héraut d'armes, en abaissant sa masse sur la fosse, cria : « Priez pour l'âme du très-excellent, très-puis» sant et très-victorieux prince le roi Charles, sep» tième de ce nom ! » Puis il la releva après l'espace de temps suffisant pour dire un *Pater noster*, en criant : « Vive le roi Louis ! » C'est la première occasion bien authentique où l'on ait, par cette cérémonie, proclamé le principe qu'en France le roi ne meurt jamais (Matthieu de Coucy, c. 130).

Le nouveau roi était Louis XI, premier roi capable et complet de la politique moderne, étranger aux vertus comme aux vices, aux passions comme aux faiblesses de ses plus proches parents. Né le 3 juillet 1423, Louis XI avait alors trente-huit ans accomplis. Il était mûri par l'expérience et la réflexion. Son père et son aïeul avaient eu de la bonté et de l'indulgence dans le caractère : ce qui ne les avait pas empêchés de commettre et, plus encore, de tolérer beaucoup d'actions cruelles. Louis, au contraire, n'aimait personne et ne ressentait point de pitié; d'autre part, il n'était pas très-susceptible de colère ni de ressentiment. Il ne faisait que le mal qu'il jugeait utile; malheureusement, la plus légère utilité pour lui-même lui paraissait un motif suffisant pour la cruauté la plus excessive. Charles VI et Charles VII ne pouvaient se dissimuler que leur tête était faible; ce sentiment, joint à l'indolence et au dégoût pour le travail, les avait toujours disposés à se laisser conduire par ceux qui les approchaient. Louis XI était actif, inquiet, désireux de tout voir, se défiant de tous, décidé enfin à ne croire personne et à faire tout par lui-même. Le long règne du favoritisme lui avait causé un profond dégoût. Il était résolu à ne pas tomber dans des défauts qui l'avaient fait souffrir; et, pour les éviter, il se décidait presque toujours pour la conduite contraire à celle de ses prédécesseurs. Dans sa retraite de Génappe en Brabant, il avait beaucoup lu; en Dauphiné, il avait beaucoup conversé avec ceux qui avaient fréquenté les cours des tyrans d'Italie; il avait appris d'eux, entre autres choses, à se défier de la noblesse et à se rapprocher du peuple. Il avait surtout beaucoup étudié François Sforce, son voisin, son allié, qui, de son temps, presque sous ses yeux, avait réussi, par un mélange d'audace et d'adresse, de talent militaire et de trahison, à s'asseoir sur le trône de Lombardie, et il s'était proposé pour modèle ce prince, qui ne manquait pas de qualités brillantes et d'une raison supérieure. C'était en l'étudiant que Louis avait compris que la politique était une science, que l'administration des Etats devait être soumise au calcul et non abandonnée au caprice et aux passions du moment. Louis eut toujours un but dans ses actions, un plan dans sa politique, quelquefois mal conçu, quelquefois mal suivi, mais toujours présent à sa pensée; et c'était presque une révolution que de voir avec lui l'esprit entrer pour quelque chose dans le gouvernement de la nation. En un mot, Louis XI conçut nettement la théorie et y joignit efficacement la pratique de ce gouvernement dont un écrivain du même siècle, le florentin Nicolas Machiavel, n'a fait que retracer la théorie; gouvernement où l'ordre politique se met au-dessus de la religion et de la morale, et ne voit que son intérêt; où tous les moyens sont bons, même la religion et la morale, dès qu'ils servent à l'intérêt gouvernemental. Et c'est la politique moderne.

Charles VII, plus par indolence que par défiance, s'était dérobé à tous les yeux; Louis XI, beaucoup plus défiant que lui, beaucoup plus incapable d'affection, rechercha cependant la familiarité de ceux qui l'approchaient, et voulut, dans l'abandon d'une conversation animée et souvent imprudente, saisir leur esprit et leur caractère. Tous les princes de France avaient aimé le faste et s'étaient crus obligés à une représentation toujours théâtrale, qui ne laissait pas oublier un instant leur grandeur. Louis XI, recherchait l'occasion de briller par lui-même et non par son rang, et repoussa avec une affectation dont on n'avait pas encore d'exemple, la pompe des habits et des équipages, et tout ce qui sentait l'apparat (*Hist. des Français*, t. XIV, c. 12).

Louis XI est sacré à Reims, le 15 août 1461; le duc de Bourgogne le supplie à genoux de pardonner à ceux qui l'ont offensé : Louis le promet, à la réserve de huit personnes. Arrivé à Paris, il commence par casser la plupart des officiers de son père; il reconnut plus tard que c'était une faute, et sut la réparer. Nul homme ne déploya jamais tant d'adresse pour se tirer d'un mauvais pas où il s'était jeté lui-même par imprudence. Libéral envers tous ceux qui pouvaient lui faire bien ou mal, il prodigue l'argent. Les impôts se trouvant augmentés, au lieu d'être diminués, occasionnent des insurrections particulières, qui sont réprimées sévèrement. La *pragmatique sanction* ayant été dressée sans le consentement nécessaire du Saint-Siége, Louis XI l'abolit le 27 novembre, à la demande du pape Pie II. Dans le même mois, il donne le duché de Berry à son frère cadet, Charles, alors âgé de quinze ans, que ses ennemis avaient songé quelque temps à faire concourir à sa place. Louis fut presque toujours en voyage. Le 3 mai 1462, il a une entrevue sur les frontières d'Espagne avec le roi Jean d'Aragon, qui lui cède le Roussillon et la Cerdagne contre un secours de troupes. Cette vie errante obligeait Louis à s'interdire toute habitude de luxe et dans sa demeure et dans ses habillements; en effet, aucun souverain ne dépensa moins pour lui-même, ne se montra à ses sujets vêtu avec plus de négligence. Non-seulement ses habits étaient de l'étoffe la plus grossière, mais il ne les renouvelait que le moins souvent possible. Les registres de la chambre des comptes font mention d'une dépense de vingt sols pour des manches neuves mises à un vieux pourpoint. Jamais aucun souverain ne se fit plus servir par les gens des lieux où il passait, au défaut de ses courtisans et d'un cortége royal; ne vécut enfin plus familièrement avec des hommes de tout ordre. Au reste, ces voyages continuels, dirigés quelquefois par des parties de chasse, quelquefois par des pèlerinages, s'accordaient également avec son activité, sa défiance et son désir de tout soumettre dans son royaume à son autorité personnelle. Pour s'affectionner la Guienne, occupée si longtemps par les Anglais, il confirma tous ses priviléges, que son père avait abolis, et établit un parlement à Bordeaux. Vers la fin d'avril 1463, il eut sur la Bidassoa une entrevue avec le roi de Castille, Henri IV, surnommé *l'Impuissant*, qui crut racheter sa figure ignoble et son peu d'esprit par le déploiement d'un faste extraordinaire. Louis, au lieu de chercher à le disputer en pompe aux Castillans, affecta au contraire une simplicité exagérée. Son habit était d'un drap commun de couleur brune, et sa tête était couverte d'un vieux chapeau, orné seulement d'une petite madone de plomb. De retour à Paris la même année, il rachète les villes de la Picardie, telles qu'Amiens, Abbeville, Saint-Quentin, que Charles VII, par le traité d'Arras, avait laissées en gage au duc de Bourgogne, pour la somme de quatre cent mille écus d'or. Ainsi, sans livrer de combats, Louis XI avait, dans les deux premières années de son règne, étendu et assuré ses frontières, au midi, par l'acquisition du Roussillon et de la Cerdagne, au nord, par le recouvrement des meilleures forteresses de son royaume, qui commandaient le passage de la Somme.

L'extrême activité du roi Louis XI contrastait d'une manière qui causait une surprise continuelle avec l'apathie et l'indolence de ses prédécesseurs. Il était sans cesse en voyage, se contentant de peu, appelant les hommes de tout état autour de lui, employant jusqu'aux prêtres de village à écrire des lettres qu'il leur dictait sur les affaires d'État, se mêlant des intérêts des particuliers, surveillant les princes, se défiant d'eux ainsi que de tous ceux qui l'approchaient. Avide cependant de conseils, sachant choisir les plus habiles, et, dans les lettres où il les consultait, employant un mélange de familiarité et de plaisanterie qui aurait aisément fait croire qu'il avait beaucoup d'affection pour eux. Sa finesse et sa défiance habituelles lui faisaient découvrir les menées de ceux qui l'approchaient de plus près, et reconnaître des manquements qui méritaient à bon droit son courroux. Il avait récompensé généreusement ceux qui s'étaient dévoués à lui dans le malheur, mais avait ôté leurs emplois aux serviteurs de son père, qui avaient aigri ce monarque contre lui; peu susceptible de rancune et faisant cas de l'habileté, soit qu'elle se déployât pour ou contre lui, il avait bientôt reconnu que plusieurs de ceux qui s'étaient montrés ses ennemis étaient supérieurs en talents à ses serviteurs; que d'ailleurs l'habitude des affaires les avait formés; en sorte qu'il commençait à les rappeler auprès de lui (*Hist. des Français*, t. XIV, c. 14).

Louis mettait dans sa conversation beaucoup d'abandon, d'esprit et souvent de méchanceté; il demandait bien conseil aux plus habiles sur le détail des affaires; mais il ne se déterminait que par ses propres idées, et il n'admettait personne à connaître le plan général qu'il s'était proposé de suivre. Les princes, habitués à brouiller la cour et le royaume pour leurs intérêts particuliers, furent singulièrement contrariés d'un roi qui entendait régner et gouverner sans eux et pour la France. Ils firent donc entre eux une ligue secrète qu'ils appelèrent du *Bien-*

public : c'était bien le moins qu'ils pussent faire de donner un beau nom à la coalition intéressée de leurs ambitions personnelles, comme la suite le fit voir. L'agent le plus actif était le comte de Saint-Paul, le chef occulte, le comte de Charolais, fils du duc de Bourgogne et gouvernant pour son père malade. Jean II, duc de Bourbon, beau-frère du roi, entra dans la ligue, ainsi que le propre frère du roi, Charles, duc de Berry, qui se retira de France auprès du duc de Bretagne, autre conjuré ; là, il trouva le comte de Dunois et plusieurs autres qui avaient été les plus accrédités dans les conseils de Charles VII, ainsi que le duc d'Alençon, qu'il avait au contraire condamné à mort, et que Louis XI avait remis en liberté. Jean V, comte d'Armagnac, auquel Louis XI n'avait pas montré moins d'indulgence ; qu'il avait rappelé de son exil et auquel il avait pardonné tous ses crimes, avait promis son assistance à la ligue, aussi bien que son cousin, Jacques d'Armagnac, que Louis avait fait duc de Nemours.

La ligue fut tramée avec tant de secret, que Louis ne la connut qu'en voyant les princes en armes vers la mi-mars 1466. Louis ne perdit pas de temps. Par sa promptitude, il empêche ses ennemis de se réunir, afin de les battre en détail. Dès le 15 mars, il envoie de la Touraine à Paris son lieutenant, Charles de Melun, et Jean Balue, évêque élu d'Evreux, pour mettre la ville en état de défense et gagner l'affection des bourgeois par de bonnes promesses. Quoiqu'il sût que le duc de Calabre était engagé avec ses ennemis, il appela son père, le roi René de Sicile, et le comte du Maine à Angers, les chargeant de veiller sur les démarches du duc de Bretagne. Il avait déjà rassemblé près de vingt mille combattants ; à leur tête, il entre dans le Berry ; il n'essaie point de soumettre la ville de Bourges, qui avait une bonne garnison, mais il attaque de plus petites places, accordant les meilleures conditions à toutes celles qui veulent capituler, ne se vengeant de personne, ne menaçant personne, écoutant toutes les propositions qu'on voulait lui faire, et faisant observer à ses soldats une si bonne discipline, que tout le pays fut bientôt pour lui. De cette manière, il se trouve maître, avant le milieu de mai, d'une bonne partie du Berry et du Bourbonnais. Pendant ce temps, le duc de Nemours et la duchesse de Bourbon négociaient, et lui faisaient, au nom de la ligue du *Bien public*, les demandes les plus exorbitantes. Berry voulait une augmentation d'apanage ; Nemours demandait le gouvernement de Paris et de l'Ile-de-France ; Dunois, la Normandie ; le duc de Calabre, la Champagne ; Saint-Paul, le Cotentin ; Bourbon, le Lyonnais et le Forez ; et Armagnac, l'épée de connétable. Voilà comme les princes entendaient le bien public. Louis, tout en négociant, força les ducs de Bourbon et de Nemours et le comte d'Armagnac à demander un armistice, avec promesse, de sa part, d'examiner leurs plaintes dans une assemblée du royaume, et avec l'engagement, de leur côté, de poser les armes.

Louis, revenant sur Paris pour empêcher la jonction du comte de Charolais avec le duc de Bretagne, rencontra le premier à Montlhéri. De chaque côté, une partie de l'armée s'enfuit sans combattre, soit par peur, soit par trahison. Le comte de Charolais faillit être pris ou tué, mais il se trouva maître du champ de bataille, le roi ayant continué sa marche sur la capitale. La conjoncture était des plus critiques. Paris se vit bientôt menacé par l'armée des princes, qui avaient au moins cinquante mille hommes sous leurs ordres. Les ducs de Bourbon et de Nemours et le comte d'Armagnac étaient venus rejoindre le comte de Charolais, malgré l'engagement qu'ils avaient pris à Riom de poser les armes. De Paris, Louis était allé en Normandie chercher des troupes et des vivres. Dans l'intervalle, une conférence s'établit entre les princes et une députation de la capitale. Les princes demandaient à être reçus dans la ville, et à convoquer l'assemblée des états généraux, pour réformer le royaume. Les députés de Paris trouvaient ces demandes assez justes, mais ils ne voulaient pas admettre les gens de guerre dans leur ville ; ou si des soldats devaient y passer, ils exigeaient que ce fût à la file et par petits détachements. La négociation, sur ce point seulement traîna en longueur. Le moment était des plus critiques et pour le roi et pour le royaume. Les princes une fois entrés dans Paris, Louis XI n'avait d'autre ressource que de se sauver à l'étranger. Le royaume de France risquait de disparaître. Les princes demandaient, ou peu s'en faut, à le partager entre eux. C'était l'exécution du projet qu'ils avaient formé sur la fin du règne de Charles VII, quand ils cherchaient à exclure Louis de la succession. La maladie trop rapide du vieux monarque les avait seule empêchés de le mettre à exécution (*Hist. des Français*, t. XIV, p. 187).

Louis rentra dans Paris à temps ; c'était quelque chose, mais pas tout. Pendant qu'il cherchait à se faire des amis dans l'armée des princes, il se voyait trahi par les siens. Le 21 septembre, le gouverneur de Pontoise livre cette ville aux Bretons ; le 27, Rouen est livré au duc de Bourbon. Cependant il y avait des jours de trêve, où l'on négociait de part et d'autre. Au milieu de conjonctures aussi périlleuses, Louis XI montrait une confiance, une bonne foi, une bonne humeur, qu'on ne lui suppose guère.

Un jour, les comtes de Charolais et de Saint-Paul étant sur le bord de la Seine, un homme demanda au premier de dessus un bateau : Mon frère, m'assurez-vous ? Le comte répondit : Monseigneur, oui, comme frère. Aussitôt cet homme descendit à terre, avec quatre ou cinq autres. Or, cet homme était Louis XI, qui se confiait ainsi à la parole de son principal ennemi. — Mon frère, ajouta Louis, je connais que vous êtes gentilhomme et de la maison de France. — Pourquoi, monseigneur ? demanda le comte. — Parce que, dit-il, quand j'envoyai mes ambassadeurs à Lille, naguère, devers mon oncle, votre père, et devers vous, et que ce fou de Morvillier vous parla si bien, vous me mandâtes que je m'en repentirais avant qu'il fût le bout de l'an. Vous m'avez tenu promesse, et encore beaucoup plus tôt que le bout de l'an. Avec telles gens veux-je avoir à besogner, qui tiennent ce qu'ils promettent. Louis XI dit ces paroles d'un visage riant, désavoua celles de Morvillier, et se promena longtemps entre les deux comtes, sous les yeux de l'armée bourguignonne. Il accorda au comte de Charolais ses demandes, et offrit au comte de Saint-Paul l'office de connétable, puis leur fit un adieu très-gracieux. Mais, à la nouvelle que la ville de Rouen s'était livrée au duc de

Bourbon, pour son frère le duc de Berry, le roi demanda une nouvelle entrevue au comte de Charolais, pour conclure une paix générale. Lui-même apprit au comte ce qui venait d'arriver à Rouen, et déclara qu'il passerait le traité sous les formes proposées les jours précédents. Comme cet accord leur faisait plaisir et qu'ils s'occupaient, en se promenant, à régler certains détails, ils ne faisaient pas attention où ils allaient, et se trouvèrent tout à coup dans un des boulevards de Paris. Le comte eut bien peur que Louis ne profitât de l'occasion pour s'emparer de sa personne : Louis, au contraire, lui donna une escorte de quarante ou cinquante chevaux, qui le ramena dans son camp, où on loua d'autant plus la foi du roi qu'on avait eu plus d'inquiétude. Ces détails nous sont assurés par un témoin oculaire, Philippe de Comines (*Mémoires*, c. 12-14). Bien des lecteurs seront aussi étonnés que nous d'apprendre un si beau trait de Louis XI.

La trève fut proclamée dans les deux camps le 1er octobre 1465 : depuis ce jour jusqu'au 30 où la paix fut enregistrée au parlement et publiée, le roi continua de montrer aux princes, et surtout au comte de Charolais, une amitié et une confiance presque illimitées, fournissant leur camp de vivres; il accueillait leurs soldats dans Paris, il assistait aux revues de leur armée sans gardes, s'abandonnant entre leurs mains, enfin il accordait à leurs demandes des conditions qui semblaient le mettre dans leur absolue dépendance. Trente-six commissaires furent nommés par lui pour réformer dans le royaume tous les abus dont les princes s'étaient plaints; le passé devait être mis en oubli; nul ne pouvait reprocher à autrui ce qu'il avait fait pendant la guerre, et toutes les confiscations qu'avaient prononcées les tribunaux étaient révoquées. Le roi accordait à son frère, comme apanage et en échange du Berry, le duché de Normandie, avec l'hommage des duchés de Bretagne et d'Alençon, pour être transmis en héritage à ses enfants de mâle en mâle. Il restituait au comte de Charolais les villes de la Somme qu'il avait si récemment rachetées, se réservant seulement de pouvoir les racheter de nouveau, non de lui, mais de ses héritiers, au prix de deux cent mille écus d'or. Il lui abandonnait de plus, en propriété perpétuelle, Boulogne, Guines, Royes, Péronne et Montdidier. Il donnait au duc de Calabre régent de Lorraine, Mouzon, Sainte-Ménehould, Neufchâteau, cent mille écus comptant, et la solde de cinq cents lances pour six mois. Il abandonnait au duc de Bretagne la régale, objet de leur querelle, et une partie des aides; il lui cédait Étampes et Montfort. Il donnait au duc de Bourbon plusieurs seigneuries en Auvergne, cent mille écus comptant, et la solde de trois cents lances; au duc de Nemours, le gouvernement de Paris et de l'Ile-de-France, avec une pension et une solde de deux cents lances; au comte de Dunois, la restitution de ses domaines, une pension et la solde de cent lances; au sire d'Albut, diverses seigneuries sur sa frontière. Il rendait au sire de Lohéac l'office de maréchal, avec deux cents lances; il faisait Tannegui du Châtel grand-écuyer; de Beuil, amiral; le comte de Saint-Paul, connétable. Il pardonnait enfin à Antoine de Chabannes, comte de Dammartin; il lui rendait tous ses biens, et lui accordait une compagnie de cent lances. Telles furent les principales clauses du traité de Conflans, le plus humiliant que des sujets rebelles eussent jamais arraché à la Couronne, mais aussi le plus dégradant pour le caractère des princes ligués; car ils terminaient, en se partageant les dépouilles du peuple, aussi bien que celles du roi, la guerre qu'ils avaient entreprise sous le prétexe du bien public (*Hist. des Français*, t. XIV, c. 14).

Cette ligue des princes fut une rude leçon pour Louis XI; il en profita. Comme il y avait donné lieu en congédiant tous les serviteurs de son père, il les rappela gracieusement l'un après l'autre. « Entre tous ceux que j'ai jamais connus, dit Philippe de Comines (l. 1, c. 10), le plus sage pour se tirer d'un mauvais pas, en temps d'adversité, c'était le roi Louis XI, notre maître, le plus humble en paroles et en habits, et qui plus travaillait à gagner un homme qui le pouvait servir ou qui lui pouvait nuire. Il ne s'ennuyait point d'être refusé une fois d'un homme qu'il prétendait gagner, mais y continuait, en lui promettant largement, et donnant par effet argent et états qu'il connaissait qui lui plaisaient. Et ceux qu'il avait chassés et déboutés en temps de paix et de prospérité, il les rachetait bien cher quand il en avait besoin, et s'en servait et ne les avait en nulle haine pour les choses passées. D'une autre part, son frère Charles et le duc de Bretagne se brouillent ensemble à l'occasion du gouvernement de Rouen; le duc de Bretagne s'empare de la Basse-Normandie et fait un traité particulier avec le roi, qui reprend la Normandie à son frère, disant que l'aliénation de cette province compromettait la sûreté du royaume, et que le vœu des peuples était qu'elle n'en fût plus séparée. Effectivement, les trente-six commissaires institués pour la réforme des abus se prononcèrent dans ce sens. De plus, les états-généraux assemblés à Tours l'an 1468, déclarèrent unanimement que, pour rien au monde, le roi ne devait acquiescer à la séparation de la Normandie. D'après les lois, ajoutèrent-ils, monseigneur Charles aurait dû se contenter d'un apanage de douze mille livres de rente avec le titre de duché ou de comté; et puisque son frère voulait bien lui en accorder soixante mille, il devait en être fort reconnaissant. Quant au duc de Bretagne, qui excitait des troubles dans le royaume et qui contractait alliance avec les Anglais, il devait être sommé d'évacuer les villes qu'il avait usurpées, et, s'il ne le faisait, il en serait chassé à force ouverte, les gens d'église offrant pour cela le secours de leurs prières, et les autres ordres leurs corps et leurs biens; enfin les Etats résolurent d'envoyer une ambassade au duc de Bourgogne, pour l'inviter à assister le roi dans le rétablissement d'une bonne justice par tout son royaume (*Chron. de Georges Chastellain*, c. 299).

C'est à cette volonté de Louis XI et à cette décision des états-généraux de 1468, que la France moderne doit son unité et son indivisibilité politique contre la tendance des princes à la démembrer, soit entre eux, soit avec l'Angleterre. Louis XI tenait si fort à cette unité indivisible de la France, qu'il songeait dès lors à y établir l'unité des états et des coutumes, avec l'unité de poids et de mesures. Les postes, qu'il établit en 1464, tendaient à cette même concentration nationale. L'inamovibilité des juges, qu'il décréta l'an 1467, témoigne de la même pensée, rendre la France complètement une et stable.

Cette unité était toujours menacée, la ligue des princes subsistait toujours : le frère du roi, Charles de France, les ducs de Bourgogne et de Bretagne, négociaient toujours entre eux et avec l'Angleterre. Les deux derniers se disposaient ouvertement à la guerre. En 1478, le duc de Bretagne, chez qui Charles de France s'était réfugié, se voit attaqué inopinément par deux armées du roi, et réduit à signer la paix. Pour achever son œuvre, Louis XI demande une entrevue au duc de Bourgogne. Ce n'était plus Philippe le Bon, mort à Bruges le 15 juin 1467, mais son fils Charles le Téméraire. La ville de Péronne fut choisie pour lieu de la conférence. Louis XI, pour toute sûreté, ne demandait que la parole de son cousin Charles. Celui-ci se souciait fort peu de cette entrevue; il disait qu'ayant fait de grandes dépenses pour assembler son armée, il aimait mieux vider tout d'un temps sa querelle. Louis, au contraire, était si empressé d'entrer en conférence, qu'il fit offrir à Charles cent vingt mille écus d'or pour payer ses troupes, et que, sans avoir pris plus de sûreté, il lui en fit payer la moitié comptant. Enfin le duc de Bourgogne écrivit au roi la lettre suivante : « Monseigneur, très-humblement en votre bonne grâce je me recommande. Monseigneur, si votre plaisir est de venir en cette ville de Péronne pour nous entrevoir, je vous jure et promets, par ma foi et sur mon honneur, que vous y pouvez venir, demeurer et séjourner, et vous en retourner sûrement, à votre bon plaisir, toutes les fois qu'il vous plaira, franchement et quittement, sans qu'aucun empêchement de ce faire soit donné à vous ni nul de vos gens, par moi ni par autre, pour quelque cas qui soit ou puisse advenir. En témoignage de ce, j'ai écrit et signé cette cédule de ma main en la ville de Péronne, le huitième jour d'octobre 1468. Votre très-humble et très-obéissant sujet, CHARLES. »

Ayant reçu ce sauf-conduit, Louis XI se rendit à Péronne. Peu de personnes l'accompagnaient; le connétable de Saint-Paul, le cardinal Balue, le duc de Bourbon, avec le sire de Beaujeu et l'archevêque de Lyon, ses frères, le confesseur du roi, enfin l'évêque d'Avranches. Le duc de Bourgogne vint à sa rencontre; les deux princes rentrèrent ensemble à Péronne. Le roi appuyait familièrement la main sur l'épaule du duc, en causant avec lui. Il fut logé dans la maison du receveur de la ville, parce que le château était vieux, inhabité et mal en ordre.

Mais au moment même où le roi entrait dans Péronne, l'armée du duché de Bourgogne y entrait par une autre porte. Elle avait été levée pour faire la guerre à la France, et elle était animée des sentiments les plus hostiles. Tous les mécontents et les bannis de France s'y trouvaient, et reçurent du duc l'accueil le plus favorable. Louis XI commença dès lors à s'accuser d'imprudence. Il craignit qu'ils ne tentassent contre lui une attaque nocturne dans la maison bourgeoise qu'il habitait, et il demanda à être logé dans le château, où sa garde particulière pourrait tout au moins le défendre contre une surprise. Le duc le lui accorda sans difficulté, et les conférences commencèrent. Un incident survint, qui brouilla tout.

Il y avait eu plusieurs guerres et plusieurs réconciliations entre le duc de Bourgogne et la ville de Liége. Tout à coup on apprend à Péronne qu'il y a eu dans Liége un nouveau soulèvement, excité, disait-on, par les émissaires de Louis XI. A cette nouvelle, le duc Charles, contre sa foi jurée et écrite, déclare le roi prisonnier. C'était un parjure et une félonie manifeste. Louis XI se trouvait dans une position bien dangereuse; on lui montrait dans le même château, tout à côté de sa chambre la grosse tour où Charles le Simple était mort en 929, après avoir été tenu quatre ans enfermé par Héribert, comte de Vermandois. Charles le Téméraire, avec son caractère irascible, pouvait se porter aux dernières violences. Heureusement un de ses confidents, Philippe de Comines, parvint à le calmer quelque peu, et à prévenir en même temps le roi du danger qu'il y aurait pour lui à refuser quoi que ce fût. Louis, qui dans l'intervalle avait distribué jusqu'à quinze mille écus d'or parmi les serviteurs du duc, approuva donc tout le traité qu'on lui présenta. L'apanage de son frère était changé de nouveau; au lieu de la Normandie, il devait recevoir la Champagne et la Brie, avec quelques seigneuries voisines. Le roi promit de nouveau de marcher contre Liége avec le duc, et d'y mener autant ou aussi peu de troupes que celui-ci voudrait. Le roi portait toujours avec lui le morceau de la vraie croix que Charlemagne avait possédé, et qu'on nommait la croix de Saint-Laud, parce qu'on la conservait dans l'église de Saint-Laud d'Angers. Cette relique, qui inspirait au roi une sorte de terreur, parce qu'il lui supposait le pouvoir de se venger dans l'année d'un parjure, fut tirée de ses coffres et placée entre les deux princes, qui posèrent la main dessus pour jurer la paix; après quoi les cloches furent mises en branle, les deux princes déjeûnèrent ensemble, puis montèrent à cheval pour se faire voir dans la ville.

Louis XI observa religieusement le traité de Péronne; mais, honteux du piége où il était allé se jeter de lui-même, il ne voulut point entrer à Paris, pour ne pas s'exposer aux malins propos du peuple. Un beau jour même, il fit saisir toutes les pies, les geais, les corbeaux auxquels on avait appris à parler et enregistrer les mots que leurs maîtres leur avaient enseigné à prononcer. C'est que plusieurs leur avaient appris les mots de Pérette et de Péronne, avec des allusions moqueuses. En même temps, Louis travaillait à réparer sa faute. S'étant réconcilié avec son frère, auquel il devait donner la Champagne et la Brie, il lui fit accepter en échange le duché de Guienne, qui était beaucoup plus considérable. Le duc de Bourgogne y avait consenti implicitement dans une conversation; il ne pouvait donc s'en offenser, quoique cette mesure contrariât beaucoup les siennes. Maître de la Hollande et de la Belgique d'une part, et de l'autre de toute la Bourgogne, avec espoir d'hériter de la Provence, la Champagne, entre les mains d'un prince ami et incapable, lui offrait une communication facile entre les deux parties de ses États, avec la facilité de s'emparer de la Lorraine et de Nancy, dont il voulait faire la capitale d'un nouveau royaume allant des bouches du Rhin aux bouches du Rhône. Tous ses États se trouvant ainsi reliés, il lui semblait facile de s'emparer de la Suisse et de l'Italie, et même de la France, ayant épousé depuis peu la sœur du roi d'Angleterre, Édouard IV. Tels étaient les vastes projets de Charles le Téméraire, qui, l'an 1469, reçut encore en gage, du duc Sigismond d'Autriche, le landgraviat d'Alsace, avec les quatre villes forestières du Rhin. Dans ce péril, que fit Louis XI?

« Entouré de princes et de nobles, dont il n'y en avait pas un seul qui ne lui manquât de foi, Louis sut comprendre que son plus ferme appui serait l'affection du peuple; il sut la rechercher par la familiarité de ses manières avec les bourgeois, qu'il visitait dans leurs maisons; il sut même la mériter par des réformes importantes dans la législation... Tandis qu'il contient dans la discipline et l'obéissance les gens de guerre, qui, sous le règne précédent, avaient si cruellement opprimé toutes les provinces; qu'il les soumet, pour la répression de leurs offenses, à la justice des lieux où ils résident (*Ordonn. d'Amboise*, 13 mai 1470), il relève les bourgeois et leur donne le moyen de se faire respecter; il arme leurs milices; il distribue toute la population de Paris sous soixante et une bannières, qui forment en même temps des corps de métiers et une milice nationale; il leur laisse choisir eux-mêmes leurs officiers dans les assemblées tenues chaque année à la Saint-Jean, où chaque chef de famille a suffrage dans sa compagnie (*Ordonn. de Chartres*, juin 1467). Considérant ensuite le service qu'ils font dans cette milice nationale comme acquittant leur dette pour la défense de l'État, il les dispense des convocations au ban et à l'arrière-ban, adressées aux autres sujets du royaume (*Ordonn. d'Amboise*, 18 février 1470).

» Le plus sûr moyen de relever la considération des bourgeois était sans doute de leur donner des armes, une organisation militaire, et les moyens de se défendre, mais Louis XI ne s'en tient pas là : dans un grand nombre de chartes accordées à des villes différentes, il crée une administration municipale, qui doit son pouvoir aux suffrages et à la confiance du peuple. Ainsi, par exemple, à Troyes, ce sont tous les citoyens qui doivent se réunir au son de la cloche, pour élire trente-six personnes, lesquelles désigneront douze d'entre elles pour être échevins, et les vingt-quatre autres demeureront conseillers de la municipalité (*Ordonn. d'Amboise*, mai 1471). A Poitiers, à Tours, à Niort, à Fontenai, les échevins sont de même élus par l'assemblée du peuple; ils lèvent certains impôts qui sont réservés pour les dépenses municipales (*Ordonn.* de mars 1472); à La Rochelle, l'administration est également républicaine, et un privilége bien important est accordé à cette ville de commerce, c'est celui de pouvoir trafiquer avec les Anglais, même au milieu de la guerre (*Ordonn. de La Rochelle*, 26 mai 1472). En même temps les bourgeois de ces villes privilégiées obtiennent la permission d'acquérir et de posséder des fiefs nobles. Orléans, Amiens et un grand nombre d'autres riches communes durent cette prérogative à la libéralité de Louis XI. Mais en les mettant sur le même niveau que les nobles, Louis XI n'oubliait pas que c'était au commerce que les bourgeois devaient leur indépendance et leur fortune; plusieurs de ses ordonnances sont destinées à encourager le commerce, tantôt en multipliant et protégeant les foires, tantôt en organisant les corps de métiers, tantôt enfin en réglant les cours de monnaies étrangères aussi bien que nationales, proportionnellement à leur valeur intrinsèque; et malgré les préjugés qui obscurcissaient encore la science de l'économie politique, la plupart de ces ordonnances sont justes et sages (*Histoire des Français*, t. XIV, c. 17). »

En 1470, à la suite d'une révolution en Angleterre, Louis XI convoqua une assemblée de notables à Tours, composée de soixante et une personnes. Il y fit exposer ses griefs contre le duc de Bourgogne, et l'accusa d'avoir, en pleine paix, fait attaquer par sa flotte les ports de Normandie, d'y avoir tenté plusieurs descentes, d'y avoir fait proférer par ses officiers, contre le roi, les plus outrageuses paroles; d'avoir porté en public l'ordre de la Jarretière de son ennemi Edouard, et son enseigne la croix rouge; d'avoir exigé de ses vassaux, sujets de la Couronne, le serment de servir le duc envers et contre tous, sans excepter le roi; d'avoir fait saisir les biens des Français venus à la foire d'Anvers, au mépris des franchises qu'il avait lui-même octroyées; d'avoir accordé des lettres de représailles à Jacques de Saveuse pour une cause pendante au parlement de Paris; d'avoir enfin omis d'accomplir plusieurs des conditions auxquelles il s'était engagé par le traité de Péronne. Ces différents griefs furent longuement débattus dans l'assemblée des notables; après quoi ils déclarèrent unanimement que, par ces actes d'hostilité, Charles avait dégagé Louis des obligations qu'il avait contractées à Péronne; qu'il lui avait, au contraire, imposé le devoir d'en chercher par les armes le redressement, auquel tous s'offrirent de contribuer. De nouveau les notables furent appelés à délibérer sur les garanties que plusieurs d'entre eux, aussi bien que les ducs de Guienne et de Bretagne, avaient données au traité de Péronne, et, après une discussion assez longue, ils convinrent qu'ils en étaient également dégagés. Louis donna, le 3 décembre, à Amboise, sa sanction royale à cette délibération, dont il fit dresser acte par trois notaires apostoliques (*Ibid.*, et *Ordonn. de France*, t. XVII).

Après l'assemblée des notables, un huissier du parlement de Paris osa se présenter au duc de Bourgogne dans la ville de Gand, pour le citer à comparaître. Il en conçut une si furieuse colère, qu'il fit jeter l'huissier en prison. Cependant il y avait des traîtres dans l'assemblée même des notables et dans l'armée du roi, qui, de son côté, avait des intelligences parmi les Bourguignons. L'an 1471, il récupéra les deux villes de Saint-Quentin et d'Amiens. Charles de Bourgogne se vit abandonné par ses frères naturels, qui alla se donner au roi. Une guerre de plume, pleine d'invectives et de grossièretés, avait commencé en même temps que les hostilités entre les deux princes. Charles le Téméraire aposta un homme, nommé Jean Roc, marchand de Genève, qui vint offrir au roi d'assassiner le duc de Bourgogne. Louis reconnut bientôt en lui un émissaire de celui qu'il offrait d'assassiner; il comprit que le duc voulait seulement obtenir des preuves contre lui pour le compromettre, et il fit faire le procès de Jean Roc, qui fut condamné à mort par le parlement. Bientôt après, Charles accusa le roi d'avoir voulu le faire assassiner par le bâtard Baudouin de Bourgogne, le sire d'Arson et

Jean de Chassa, qui avaient successivement abandonné la cour de Bourgogne pour celle de France ; et, pour donner plus de poids à cette accusation, il fit punir du dernier supplice quelques malheureux comme étant leurs complices. Jean de Chassa publia, en réponse, une sorte de manifeste, dans lequel il « certifie et affirme, sur son honneur, que oncques ledit maître Baudouin, bâtard de Bourgogne, ledit Jean d'Arson ni autres, ne lui parlèrent de conspirations ni entreprises quelconques contre la personne dudit Charles de Bourgogne... mais que, pour son honneur et la vérité de la justice, il doit déclarer, non sans grand déplaisir, que la cause qui l'a mu à s'absenter sans congé de la maison de Bourgogne, c'est pour très-viles, très-énormes et déshonnêtes choses que ledit Charles de Bourgogne fréquentait et commettait contre Dieu, notre Créateur, contre nature et contre notre loi. » Le bâtard Baudouin, de son côté, publia un manifeste, dans lequel il assura que son frère Charles l'avait sollicité autrefois d'assassiner le duc Philippe, leur père (*Hist. des Franç.*, t. XIV; *Preuves de Duclos*, t. III).

Une nouvelle révolution en Angleterre suspendit pour un moment les hostilités en France ; elle tourna contre les intérêts de Louis XI ; il se vit tout seul en Europe, menacé de toutes parts au dehors et au dedans ; tous les princes français étaient ses ennemis, et conspiraient de nouveau à démembrer la France. J'aime le bien du royaume plus qu'on ne croit, disait confidemment Charles le Téméraire à Philippe de Comines ; car, pour un roi qu'il y a, j'y en voudrais dix (Phil. de Comines, l. 3, c. 8). » Le propre frère du roi, le duc Charles de Guienne, était de la conspiration. Pour le gagner, le roi lui faisait toutes les offres possibles, jusqu'à vouloir le nommer lieutenant-général du royaume et lui donner sa propre fille en mariage. De plus, dès longtemps le roi avait pris le Pape pour juge entre lui et son frère. Rien n'y fit. Le duc de Guienne demandait en mariage la fille unique du duc de Bourgogne, et rassemblait des troupes pour attaquer le royaume de tous les côtés à la fois. Dans ce péril, Louis XI fit faire des processions à Paris en l'honneur de la sainte Vierge, à laquelle il avait une grande dévotion ; il voulut même que, au moment où sonnerait à midi la grosse cloche, chacun se mît à genoux et récitât trois fois la Salutation angélique, pour la paix du royaume. Cependant le duc de Guienne, toujours délicat et maladif, avait la fièvre quarte depuis huit mois ; il mourut à Bordeaux le 24 mai 1472.

Le duc de Bourgogne n'avait jamais voulu croire les avis qu'on lui avait donnés de la longue maladie du duc de Guienne. Il venait de jurer un nouveau traité avec le roi, mais assurait en même temps le duc de Bretagne qu'il n'avait aucune intention de le tenir ; et son armée était toute prête pour soutenir sa mauvaise foi par les armes, en envahissant le royaume. La nouvelle de la mort du duc de Guienne, qui renversait tous ses projets, le frappa donc comme un coup de foudre. Dans son ressentiment, il fit écrire et répandit partout un manifeste dans lequel il accusait le roi d'homicide, de lèse-majesté, de trahison, de parricide et d'autres crimes énormes. Il avait tenté, disait-il, deux ans auparavant, de le faire périr lui-même *par glaive ou par venin* ; et à présent il avait fait mourir piteusement son frère, *par poisons, maléfices, sortilèges et incantations diaboliques* (*Hist. des Franç.*, t. XIV ; *Preuves à l'hist. de Bourgogne*, t. IV, n. 265).

Ces accusations d'un homme qui, après avoir juré sûreté à son roi, le fit prisonnier par un infâme parjure, ne prouvent certainement rien par elles-mêmes. Autant en est-il de Brantôme, conteur d'historiettes au siècle suivant, qui prétend que le fou de Louis XI l'entendit un jour se confessant à la sainte Vierge d'avoir empoisonné son frère. D'ailleurs, comme on l'a observé, aucun poison produira-t-il une fièvre quarte de huit mois ? Enfin le duc de Guienne lui-même témoigne du contraire : bien loin de soupçonner le roi, son frère, il le nomma son héritier le jour même de sa mort, et lui demanda pardon des chagrins qu'il lui avait causés. Autre circonstance. La même année 1472, Louis XI écrivait confidemment à Tannegui du Châtel, au sujet du sire de Lescun, favori du défunt duc de Guienne, et alors favori du duc de Bretagne : « Monsieur de Lescun me veut faire jurer sur la vraie croix de Saint-Laud, pour venir devers moi, mais je voudrais bien avant être assuré de vous, que vous ne fissiez point d'embûche sur le chemin ; car je ne voudrais point être en danger de ce serment-là, vu l'exemple que j'en ai vu cette année de monsieur de Guienne (*Lettre de Louis XI*, du 13 nov. ; *Preuves de Duclos*, t. III ; *Actes de Bretagne*, t. III.) » Assurément, si Louis XI avait empoisonné son frère après avoir prêté serment avec lui sur la croix de Saint-Laud, il n'aurait pas cru que ce frère fût mort pour avoir violé son serment, ou il aurait craint de le suivre de près.

A la nouvelle que son frère était mort, Louis XI fait occuper promptement la Guienne, et rétablit le parlement de Bordeaux, qui avait été transféré à Poitiers. Mais, au même temps, le roi est attaqué de tous les côtés à la fois. Au nord, le duc de Bourgogne entre dans le royaume, jurant de tout mettre à feu et à sang. La trêve ne devait expirer que le 15 juin 1472. Dès le 12 il s'empara de la petite place de Nesle et la livra aux flammes ; tout y fut massacré, sauf ceux à qui l'on se contenta de couper le poing. Dans l'église même, où la population s'était réfugiée, on allait dans le sang jusqu'à la cheville. On rapporte que le duc y entra à cheval, et dit : Qu'il voyait moult belles choses, et qu'il avait avec lui de moult bons bouchers.

Le 27, l'armée bourguignonne arrive devant Beauvais. Le connétable de France, comte de Saint-Paul, avait reçu les ordres du roi pour la défense de cette partie du royaume ; mais il trahissait à la fois et le roi et le duc de Bourgogne. Les habitants de Beauvais, avec une faible garnison, se défendent avec un courage héroïque ; ils repoussent plusieurs assauts, transportent sur les murs l'image de leur patronne sainte Angadrème. Les femmes rivalisent de courage avec les hommes : une jeune fille, Jeanne Laîné, surnommée Hachette, arrache l'étendard des Bourguignons comme ils venaient de le planter sur la muraille, et le porte en triomphe à l'église des Dominicains. Finalement, la ville ayant reçu des vivres et des renforts de la part du roi, le duc de Bourgogne devenu plus furieux par son mauvais succès, se retire à travers la Normandie jusqu'à la mer, brûlant sur son passage les villes et les bourgades. Il attendait que le duc de Bretagne vînt le rejoindre, pour mettre à feu et à sang tout le royaume; mais le Breton était empêché par le roi, qui lui prit plusieurs places et l'obligea de convenir d'une trêve le 18 octobre. Charles le Téméraire convint d'une autre le 23 du même mois, à Senlis. Dans cette occasion, le sire de Lescun quitta le duc de Bretagne et Philippe de Comines le duc de Bourgogne, pour s'attacher l'un et l'autre à Louis XI.

Depuis la trêve de Senlis, Charles le Téméraire ne porta plus uniquement sur la France ses projets ambitieux. Ses Etats étaient presque également partagés entre la France et l'empire. Le duché de Bourgogne relevait du roi des Français, aussi bien que la Flandre, l'Artois, la Picardie, le Charolais, les comtés d'Auxerre et de Mâcon. D'autre part, le comté de Bourgogne relevait de l'empereur, aussi bien que les duchés de Brabant, de Limbourg et de Luxembourg, la Hollande et le reste des Pays-Bas. Cette double dépendance était insupportable à un caractère aussi fier et aussi ombrageux que le sien; son orgueil s'indignait de reconnaître un supérieur; il voulait être roi, et affranchir en même temps ses grands fiefs des deux suzerainetés entre lesquelles ils étaient partagés. Il avait commencé par lutter avec Louis, dont la supériorité l'offensait davantage; tout à coup il tourna ses efforts contre l'empereur Frédéric III, et il fit dès lors peser sur l'Allemagne le pouvoir que lui donnait l'armée redoutable et la richesse avec lesquelles, depuis la guerre du bien public, il troublait la France (*Hist. des Français*, t. XIV, c. 18).

Le 7 décembre 1472, il acheta du vieux Arnolphe d'Egmont, duc de Gueldre, pour le prix de trois cent mille florins, le duché de Gueldre et le comté de Zutphen, dont ce vieillard ne voulait pas laisser la succession à son fils Adolphe, qui l'avait retenu sept ans au fond d'un cachot. Au mois de septembre 1473, il eut une conférence à Trèves avec l'empereur Frédéric, où il étala un luxe incroyable. L'empereur et les princes allemands le pressaient de conclure le mariage de sa fille, Marie de Bourgogne, avec Maximilien, fils de Frédéric : c'était le but annoncé de la conférence; mais c'était aussi la conclusion que Charles éloignait de tout son pouvoir. Il demandait auparavant que ses Etats fussent érigés en royaume; il voulait être investi lui-même de la dignité de vicaire général de l'empire, ou même être désigné pour roi des Romains, afin que le sceptre de l'empire passât par ses mains avant de parvenir à son gendre. Il retardait encore les négociations en portant à l'empereur ses plaintes contre le roi de France, qu'il fit accuser de nouveau par le chancelier de Bourgogne, Guillaume Hugonet, d'avoir empoisonné son frère. Le 4 novembre, Frédéric III donna à Charles l'investiture du duché de Gueldre. Les préparatifs étaient faits pour une cérémonie bien plus importante, dans laquelle, peu de jours plus tard, Frédéric devait couronner le nouveau roi; mais le mécontentement entre les deux princes allait croissant, avec la haine entre les deux peuples; des agents français étaient parvenus à l'oreille du monarque autrichien, et avaient excité sa défiance. Tout à coup, la veille du jour fixé pour le couronnement, Frédéric III monte furtivement dans un bateau sur la Moselle et se retire à Cologne, où il est suivi de toute sa cour; et Charles le Téméraire, humilié de perdre une dignité dont il se croyait déjà sûr, s'aperçoit qu'en voulant tromper les Autrichiens par l'espoir d'un riche mariage, il n'avait trompé que lui-même (*Hist. des Français*, t. XIV; *Lettre d'Arnold de Lalain sur cette conférence*, dans Godefroy, t. IV).

Demeuré seul à Trèves, le duc de Bourgogne résolut de visiter la Lorraine, dont il avait besoin pour établir la communication entre ses divers Etats. Le nouveau duc, René II, quoique dévoué secrètement au roi, n'avait pas osé refuser de signer avec lui, le 15 octobre, un traité d'alliance; il le reçut avec respect à Nancy, au milieu de décembre, lorsque Charles, à la tête de huit mille combattants, traversa son duché. De là, le duc de Bourgogne entra dans son comté de Ferrette en Alsace. C'était le domaine qu'il tenait en gage du duc Sigismond d'Autriche; son lieutenant, le sire de Hagenbach, y avait exercé la plus cruelle tyrannie. Charles avait paru approuver ses violences et ses caprices, les extorsions auxquelles il soumettait les bourgeois et les marchands, l'insolence de ses débauches avec leurs filles et leurs femmes. Le duc de Bourgogne se plaisait à professer ainsi hautement son mépris pour la race allemande, qu'il traitait de brutale et grossière, son dessein étant d'anéantir tous les priviléges des cités, et de défier les Suisses, qui lui avaient envoyé des ambassadeurs pour se plaindre des affronts qu'ils avaient reçus de Hagenbach. Le duc voulut que celui-ci commandât son avant-garde, composée de mille cavaliers et de deux mille aventuriers lombards qu'il avait pris à sa solde; et, sans accorder d'audience aux ambassadeurs suisses, il les conduisit avec lui à travers l'Alsace et la Franche-Comté jusqu'à Dijon, où il fit son entrée le 23 janvier 1474 (*Hist. des Franç.*, t. XIV, c. 18; *Hist. de Bourgogne*, l. 21, t. IV; Barante, t. X).

La même année, pour narguer l'empereur, il promet à Robert de Bavière, archevêque déposé de Cologne, de le rétablir sur son siége, et d'en chasser Herman de Hesse-Cassel, élu archevêque à sa place. Il persistait toujours dans son projet d'ériger ses Etats en royaume indépendant, auquel il songeait à donner le titre de *royaume de la Gaule-Belgique*. Il avait, le 3 janvier, institué à Malines un parlement sur le modèle de celui de Paris, et ordonné que toutes les causes de sa nouvelle monarchie en ressortissent. Il paraissait considérer comme les limites naturelles de cette nouvelle monarchie celles dans lesquelles avait été renfermé l'ancien royaume de Lorraine, après le partage de Charlemagne, et il voulait soumettre à sa domination tous les pays situés sur les deux rives du Rhin, de sa source à la mer. Cette ambition l'appelait à dompter les Suisses et plusieurs peuples de race allemande qui interrompaient la communication entre la Franche-Comté et les Pays-Bas. L'entreprise n'était point aisée; mais outre qu'il était très-puissant, une bonne fortune vint encore à son aide. René d'Anjou offrit de lui vendre son héritage, la Provence, le duché de Bar et d'Anjou, aussi bien que ses prétentions aux couronnes de Sicile, de Jérusalem et d'Aragon. Charles comptait, de cette manière, pouvoir se passer de la consécration de l'empereur pour se faire roi, et renouveler les royaumes d'Arles, de Bourgogne et de Lorraine, se fondant sur le fait seul qu'il en réunissait tous les Etats (Barante, t. X, p. 212).

Mais, d'autre part, il apprit que son lieutenant, Hagenbach, dont il n'avait pas voulu réprimer la tyrannie, avait été arrêté, jugé et décapité; que le peuple avait rendu le pays à Sigismond d'Autriche, qui d'ailleurs offrait de lui rendre la somme pour laquelle il avait été engagé; que les princes et les villes le long du Rhin avaient fait entre eux une alliance de dix ans; que les Suisses avaient fait un traité avec le roi Louis XI. A cette nouvelle, Charles le Téméraire ne se possède plus de fureur. Aussitôt il traite avec le roi d'Angleterre, Edouard IV, promettant de lui rendre son royaume de France, à condition d'en avoir une partie pour arrondir le sien. Charles s'occupait, dans le Luxembourg, à rassembler une armée formidable, avec laquelle il comptait triompher en peu de temps de tous ses ennemis. Il se proposait d'abord d'envahir l'électorat de Cologne, puis de se venger d'une manière effroyable des Alsaciens et des Suisses, enfin de revenir sur le roi de France et de terminer par une grande victoire leur longue rivalité.

Au mois de juillet 1474, il entra dans l'électorat de Cologne et mit le siège devant la petite et forte ville de Neuss ou Nuits, où Hermann de Hesse, l'archevêque rival de Robert, s'était enfermé avec dix-huit cents hommes. Charles rencontra bien plus de résistance qu'il ne s'y était attendu. Guillaume d'Aremberg, sire de La Mark, surnommé *le Sanglier des Ardennes*, rassembla sur la rive droite du Rhin une armée avec laquelle il tenait en échec toute la puissance des Bourguignons. Frédéric III, au mois de novembre, s'était avancé sur la gauche du même fleuve avec l'armée de l'empire, qu'on disait forte de soixante mille hommes. Un héraut d'armes vint trouver Charles dans son camp devant Neuss pour lui déclarer la guerre au nom de la ligue de la Haute-Allemagne. Le duc René II de Lorraine l'envoya défier de même et entra dans le Luxembourg. Les Suisses entrèrent en Bourgogne et détruisirent une armée de Bourguignons. Charles le Téméraire s'épuisa au siège de Neuss; il y perdit seize mille hommes, les plus braves de son armée; le reste, fatigué, découragé, était peu en état de recommencer la campagne. Après avoir obtenu l'avantage dans un combat, le 24 mai 1475, contre Frédéric, il entra en négociation avec lui, et, le 27 juin, leva le siège de Neuss, qui avait duré onze mois. A son instigation, le roi d'Angleterre, Edouard IV, venait de passer la mer avec une armée brillante, pour faire avec lui la conquête de la France; mais Charles n'osa lui montrer les débris de son armée, et la fit passer en Lorraine, pour venir de là au couronnement d'Edouard à Reims comme roi de France. Ce contre-temps, joint aux adroites négociations de Louis XI, fit avorter cette grande entreprise. Elle finit, la même année 1475, par un traité de paix entre Edouard et Louis, et une trêve de neuf ans entre Louis et Charles le Téméraire, laquelle, un mois après, fut également changée en un traité de paix.

Le but de Charles le Téméraire en ceci, était de faire la conquête de la Lorraine. Il y entra au mois de septembre et se rendit maître de Nancy le 30 novembre 1475. Quoique la résistance eût été longue et obstinée, il accorda à la ville la capitulation qu'elle dressa elle-même. Il se soumit à faire le serment que faisaient les ducs de Lorraine, et il reçut celui des Lorrains; il rendit la justice en personne, comme faisaient les ducs, écoutant tout le monde avec patience, tenant les portes de son hôtel ouvertes jour et nuit, accessibles à toute heure. Il ne voulait pas être le conquérant, mais le vrai duc de Lorraine, accepté du pays qu'il adoptait lui-même. Cette belle plaine de Nancy, cette ville élégante et guerrière lui semblait autant, et plus que Dijon, le centre naturel du nouvel empire, dont les Pays-Bas, l'indocile et orgueilleuse Flandre, ne seraient plus qu'un accessoire. Depuis son échec de Neuss, il détestait tous les hommes de langue allemande, et les impériaux, qui lui avaient ôté des mains Neuss et Cologne, et les Flamands, qui l'avaient laissé sans secours, et les Suisses, qui, le voyant retenu là, avaient insolemment ravagé ses provinces (Michelet, *Hist. de France*, t. VI).

De Nancy, Charles le Téméraire alla plus loin. La Suisse, par laquelle il allait commencer, n'était qu'un passage pour lui; les Suisses étaient bons soldats, il les battrait d'abord, puis les paierait, les emmènerait. La Savoie et la Provence étaient ouvertes; le bon roi René l'appelait. Le petit duc de Savoie et sa mère lui étaient acquis, livrés d'avance par Jacques de Savoie, oncle de l'enfant, qui était maréchal de Bourgogne. Maître de ce côté-ci des Alpes, il descendait aisément l'autre pente. Une fois là, il avait beau jeu, dans l'état misérable de désolation où se trouvait l'Italie. Le fils du roi de Naples de la maison d'Aragon, l'un de ses gendres en espérance, ne le quittait pas. D'autre part, il avait recueilli les serviteurs italiens de la maison d'Anjou, tels que Campobasso. Le duc de Milan, qui voyait le Pape, Naples et Venise déjà gagnés, s'effrayait d'être seul, et il envoya en hâte au duc pour lui demander alliance. Donc, rien ne l'arrêtait, il suivait la route d'Annibal, et, comme lui, préludait par la petite guerre des Alpes; au delà, plus heureux, il n'avait pas de Romains à combattre, et l'Italie l'invitait elle-même (*Ibid.*).

Ses premiers pas furent des succès, mais sans gloire. Après avoir surpris Yverdun, occupé Orbe, il arrive avec cinquante mille hommes devant la petite ville et le château de Grandson, défendu par huit cents Suisses. Un premier assaut est repoussé, un second se fait les Bourguignons maîtres de la ville. Le château est canonné jour et nuit pendant dix jours, sans qu'il y ait moyen d'y faire passer aucun approvisionnement. Des filles de mauvaise vie y pénètrent du camp ennemi, et amollissent la résolution de quelques soldats. Un gentilhomme bourguignon y pénètre après elles. Connu et estimé des Suisses, il leur parle d'un ton cordial. Il admire leur courage, mais déplore leur erreur, d'espérer encore aucun secours de leur confédération. « N'avez-vous vu la fumée et la rougeur au ciel, là, par-dessus la montagne ? Fribourg n'est plus. On n'a épargné ni magistrats, ni prêtres, ni moines, ni hommes, ni femmes, ni enfants; tous sont ensevelis sous les débris de leurs maisons brûlées. Berne et Soleure ont présenté leurs clés, mais le duc a juré leur destruction. La confédération est dissoute : l'Allemagne attend le bon plaisir de Charles le Grand. Vous seuls lui avez résisté : cela lui plaît, il vous estime ; mais ne poussez pas la chose à l'extrême. Tout à l'heure, à table, il parlait de vous avec admiration : aussitôt nous intercédâmes tous. Il me permit de vous offrir une libre retraite. C'est une grâce. Il pensait que vous m'en sauriez quelque gré ; car je suis votre sauveur. » Les Suisses rappelèrent une circonstance où le duc avait manqué à sa promesse : l'entremetteur les rassura sur sa parole de gentilhomme et sur l'honneur de sa famille. Les Suisses, rassurés, lui donnèrent cent écus d'or pour lui témoigner leur reconnaissance, et sortirent du château. A mesure qu'ils entraient dans le camp, on les liait ensemble par dix et par vingt, pour les donner en spectacle à toute l'armée. Le duc, en les voyant, s'écria : Par saint Georges ! quelles gens sont ceci ? — Monseigneur, dit le Bourguignon gentilhomme, c'est la garnison de Granson qui s'est mise à votre miséricorde. — Je ne leur ai rien promis, répliqua Charles, et il les livra au prévôt de son armée, qui en fit pendre les uns aux arbres du voisinage, et noyer les autres dans le lac. Le calme avec lequel ils endurèrent la mort inspira la terreur à leurs ennemis. Ce fut pour Charles de Bourgogne le dernier jour de l'honneur et du bonheur.

Le 3 mars 1476, au matin, les guerriers de Lucerne entendaient la messe dans leur camp, lorsqu'ils furent rejoints par une petite troupe du canton de Schwitz et par d'autres braves : ils allaient présenter la bataille à toute l'armée de Bourgogne, près de Granson même. Dès que Charles en est averti, il met son armée en mouvement et s'écrie : Marchons à ces vilains, quoique ce ne soient pas gens pour nous ! A ce moment, parvenus au milieu des vignobles qui entourent le lac, les Suisses se jettent à genoux et font leur prière, suivant leur coutume, avant d'engager le combat. Les Bourguignons en font de grandes risées, croyant que déjà ils demandaient miséricorde. Déterminés à n'en accorder aucune, ils s'élancent sur ce carré long, tout hérissé de hallebardes, qui avançaient d'un pas égal et ferme : toute leur bravoure et leurs efforts répétés ne peuvent l'entamer un seul instant. Les plus nobles et les plus vaillants de l'armée de Bourgogne tombent tout autour sans obtenir aucun résultat.

Les Bourguignons s'épuisèrent ainsi jusqu'à trois heures après midi, contre les seules milices de Schwitz, Berne, Lucerne, Fribourg et Zurich, sans pouvoir les entamer. A ce moment, un écho effroyable attire tous les yeux, une nouvelle armée de Suisses couvre la montagne voisine, les trompes d'Uri et d'Unterwald annoncent la mort à l'ennemi. Les Bourguignons sont glacés de terreur : en vain Charles les rallie, les ramène au combat, se précipite où le danger paraît le plus imminent, de toutes parts les bataillons dont il s'éloigne prennent la fuite ; son camp déjà est traversé par les vainqueurs ; ses soldats ont déjà dépassé Granson dans leur retraite, quand lui-même, séparé des siens, pour lesquels il ne voit plus de salut, prend la fuite à son tour, et, avec cinq cavaliers seulement, vient chercher un refuge dans le fort de Joigne, au passage du Jura. Les immenses richesses dont il avait fait un pompeux étalage tombent au pouvoir des paysans vainqueurs, qui n'en connaissaient pas le prix : Les trois plus gros diamants de la chrétienté, qui ornent encore aujourd'hui les trésors du Pape, de l'empereur et du roi de France, furent d'abord vendus pour quelques écus : la vaisselle d'or et d'argent ne fut point distinguée de celle d'étain ou de cuivre, et les riches tapis de Flandre se vendirent à l'aune, dans une petite boutique de village, comme une étoffe lourde et grossière.

Le duc de Bourgogne avait perdu peu et beaucoup ; peu d'hommes, le nombre ne montait qu'à mille ; mais il avait perdu tout son trésor ; mais il avait perdu sa renommée, il avait fui. Vaincu par des ennemis qu'il méprisait, lui accoutumé à ce que rien ne lui résistât, il en perdit comme l'esprit. Il se retira dans la solitude, laissa croître sa barbe, se mit à boire du vin, qu'auparavant il ne goûtait jamais ; fut quelque temps gravement malade. Toutefois il fit effort sur lui-même, et reprit bientôt son activité, avec son désir ardent de se venger. Mais son caractère en était devenu plus impérieux et plus féroce encore : c'était désormais sous peine de la vie qu'il ordonnait à ses serviteurs d'exécuter ses ordres ; personne ne songeait plus à s'approcher pour lui donner un conseil ; et lui-même ne montrait plus dans sa conduite la prudence ou la connaissance de l'art de la guerre, qu'on y avait remarquées autrefois (Phil. de Comines, l. 5, c. 3).

Ayant réorganisé son armée à Lausanne, il en partit à la tête de soixante mille hommes. Après sa défaite de Granson, il avait envoyé porter au roi Louis XI des paroles humbles et gracieuses. Se voyant de nouveau à la tête d'une puissante armée, il reprit tout son orgueil, et envoya menacer le même roi, s'il ne s'arrangeait point avec le Pape touchant les possessions du Saint-Siége en Provence. Pour se venger des Suisses, il vint avec ses soixante mille hommes assiéger la petite ville de Morat, défendue par deux mille confédérés. Des assauts répétés, dix jours durant, ne produisirent rien. Morat était comme le faubourg de Berne, où se rassemblait l'armée des Suisses et de leurs alliés ; ils se trouvèrent trente-quatre mille hommes. Parmi eux on remarquait le jeune duc de Lorraine, René II, âgé de vingt-cinq ans, beau, bien fait, brave, bon et sage. Dépouillé de ses Etats par Charles le Téméraire, il s'était retiré auprès de Louis XI, qui lui donna de belles paroles. D'autres, qui n'étaient pas rois, se montrèrent plus généreux. Lorsque le duc entra dans Lyon à la suite de Louis, une garde d'honneur, aux couleurs de Lorraine, le reçut au milieu de la porte, l'accompagna à son hôtel, l'escortait à la messe, pendant tout son séjour. C'étaient de jeunes Allemands que le négoce avait attirés à Lyon, et qui s'étaient fait faire secrètement l'uniforme lorrain, pour témoigner leur affection à un prince pauvre et délaissé. Son aïeule, Marie d'Harcourt, épouse du comte Antoine de Vaudémont, qu'il alla voir sur son lit de mort, lui donna des vêtements de soie, avec tout ce qu'elle avait d'argent. Il demeura quelque temps à Joinville, auprès de sa mère Yolande d'Anjou, fille aînée du roi René de Sicile, et veuve de Ferri II de Vaudémont. Bientôt il reçut une députation des Suisses et des Allemands, qui l'invitaient à venir prendre le commandement de leur armée. Il en écrivit à Louis XI, qui, avec quelque argent, lui envoya quatre cents lances, avec lesquelles il traversa la Lorraine, où déjà quelques places avaient secoué le joug des Bourguignons. Arrivé à Saint-Nicolas-du-Port, entre Nancy et Lunéville, il entendit une messe solennelle dans l'église du pèlerinage. Pendant la messe, une bonne femme, la femme du vieux Gautier, passa près de lui, le poussa du coude et lui glissa une bourse où il y avait plus de quatre cents florins, disant tout bas : Monseigneur, pour aider à notre délivrance ! Il baissa la tête, en la remerciant. On racontait de lui maint trait de bonté. Un prisonnier bourguignon se plaignit de manquer de pain depuis vingt-quatre heures : « Si tu n'en as pas eu hier, dit René, c'est ta faute ; il fallait m'en parler ; désormais ce sera la mienne, si tu en manques. » Quoique la Lorraine eût beaucoup souffert, il ne manqua de rien, non plus que sa troupe. Arrivés à Sarrebourg, le duc, les commandants français et les seigneurs du pays logèrent dans la ville, et leurs troupes dans les villages voisins. On les y traita pendant trois jours à l'allemande, comme disent les chroniques, c'est-à-dire force vin et viande, à cinq repas par jour. L'hospitalité de Strasbourg ne fut pas moins cordiale. Les Suisses y envoyèrent une escorte, avec laquelle il arriva par Zurich à Morat, le 22 juin 1476.

La veille au soir, pendant que tout le monde à Berne était dans les églises à prier Dieu pour la bataille, ceux de Zurich passèrent. Toute la ville fut illuminée ; devant toutes les maisons on dressa des tables pour eux, on leur fit fête. Après quelques moments de repos, ils partirent à dix heures, on les embrassa, on faisait pour eux les vœux les plus ardents. Ils entonnèrent leur chant de guerre ; la nuit était obscure, la pluie battante. Quand ils eurent rejoint l'armée, tout le monde entendit matines.

De son côté, Charles de Bourgogne, par une grande pluie de la matinée, met ses troupes sous les armes ; puis, à la longue, les arcs et la poudre se mouillant, ils finissent par rentrer. Les Suisses prennent ce moment. De l'autre versant des montagnes boisées qui les cachaient, ils montent ; au sommet, ils font leur prière. Le soleil reparaît, leur découvre le lac, la plaine et l'ennemi. Ils descendent à grands pas en criant : Granson ! Granson ! La lutte fut terrible ; le duc René de Lorraine eut son cheval tué sous lui ; les Bourguignons furent enfoncés, quinze à vingt mille périrent sur le champ de bataille, dans le lac, dans la fuite ; les Suisses, qui, cette fois, avaient des chevaux, les poursuivirent à outrance. Charles le Téméraire, voyant la bataille perdue, son armée détruite et son camp au pouvoir de l'ennemi, s'enfuit, la rage dans le cœur, avec trois mille chevaux, qui bientôt se dispersèrent, en sorte qu'en arrivant sur le lac de Genève, il ne lui restait pas plus de douze compagnons. Les vainqueurs, revenus sur le champ de bataille, se jetèrent à genoux pour remercier Dieu. Puis le son des trompettes, le son des cloches, des messagers couronnés de laurier annoncèrent la victoire à toute la confédération. Suivant la coutume de leurs ancêtres, ils campèrent trois jours sur le champ de bataille, attendant que quelqu'un vînt leur disputer la victoire.

Les Suisses donnèrent au duc René de Lorraine les tentes du duc de Bourgogne, avec une partie de l'artillerie qui se trouva au camp ; ils lui promirent, ainsi que les autres alliés, de le mettre en possession de ses États. En attendant que les choses fussent prêtes, il se tint dans la ville de Strasbourg, dont les habitants lui témoignèrent beaucoup d'affection et de dévouement en ces conjonctures. Dans l'intervalle, les seigneurs lorrains reprenaient aux Bourguignons tantôt une ville, tantôt une autre ; ils finirent par mettre le siège devant Nancy. Le duc leur vint en aide, avec plus de deux mille Strasbourgeois et plusieurs garnisons lorraines. Le commandant bourguignon rendit la ville le 6 octobre 1476. C'était Antoine de Rubempré et de Bièvre, parent par alliance des deux ducs de Bourgogne et de Lorraine. Quand il parut avec ses parents au sortir de la ville, René descendit de cheval, mit la main au chapeau, et s'inclina devant lui. Antoine de Bièvre voulut aussi mettre pied à terre, mais René l'empêcha et lui dit : « Monsieur mon oncle ; je vous remercie très-humblement de ce que vous avez si courtoisement gouverné mon duché. Si vous avez pour agréable de demeurer avec moi, vous aurez le même traitement que moi-même. » Car ce seigneur était très-doux et très-humain, et avait gouverné le pays avec beaucoup de bonté, se faisant aimer de tout le monde. Il remercia très-humblement le duc, et lui dit : « Monsieur, j'espère que vous ne me saurez pas mauvais gré de cette guerre. J'aurais fort souhaité que monsieur de Bourgogne ne l'eût jamais commencée ; et je crains qu'à la fin lui et nous n'y demeurions et n'en soyons les victimes. »

Trois jours après la reddition de Nancy, le duc Charles de Bourgogne arrivait à Toul. Battu à Morat, il courut douze lieues jusqu'à Morges, sur le lac de Genève, sans dire un mot ; puis il passa à Gex, où le maître-d'hôtel du duc de Savoie l'hébergea et le refit un peu. La duchesse vint, comme à Lausanne, avec ses enfants, et lui donna de bonnes paroles. Lui, farouche et défiant, demanda si elle voulait le suivre en Franche-Comté. Il n'y avait à cela nul prétexte. Sur sa réponse évasive, il la fit enlever aux portes de la ville, avec ses enfants. Un seul des enfants échappa, le seul qu'il importât de prendre ; l'aîné, le jeune duc, qui fut caché dans les blés par son gouverneur. Ce guet-à-pens ne porta ni honneur ni bonheur au duc de Bourgogne. Tous ses sujets se montrèrent rétifs à ses demandes d'hommes et d'argent ; la Flandre refusa de lui envoyer sa fille unique. La duchesse de Savoie, sœur de Louis XI, échappa de sa prison par le secours de son frère. Il formait un camp, et il n'y venait personne, à peine quelques recrues. Ce qui venait, et coup sur coup, c'étaient les mauvaises nouvelles ; tel allié avait tourné, tel serviteur désobéit, elle ville de Lorraine s'était rendue, et le lendemain une autre. A tout cela, il ne disait rien ; il ne voyait personne, il restait enfermé. Mais quand on vint lui apprendre qu'il allait perdre Nancy, la capitale désignée de son empire bourguignon, il se réveille, il y arrive avec ce qu'il a ramassé de troupes, mais trois jours trop tard ; Nancy est repris par le duc de Lorraine ; repris, mais non approvisionné ; il y a chance encore de s'en rendre maître.

Après la victoire de Morat, les confédérés de la Haute-Allemagne et de la Suisse avaient promis des secours à René de Lorraine pour rentrer dans son duché. Maintenant qu'il leur en vient demander pour empêcher Charles de Bourgogne de reprendre sa capitale, ils remettent d'un jour à l'autre. La chose pressait pourtant; Nancy, dépourvu de munitions et de vivres, souffrait beaucoup. Enfin, à force d'instances, René obtient des cantons suisses la permission de lever quelques hommes à quatre florins par mois. C'était tout obtenir; il s'en présenta tant, qu'on fut obligé de leur donner les bannières des cantons; il fallut borner le nombre de ceux qui partaient; tous seraient partis. Pour payer tant de monde, René employa tout son argent, sa vaisselle; il empruntait; Louis XI, suivant Comines, lui en envoyait sous main.

Cependant l'hiver, cette année-là, fut terrible; dans le camp bourguignon, devant Nancy, quatre cents hommes gelèrent dans la seule nuit de Noël, beaucoup perdirent les pieds et les mains. Les chevaux mouraient, le peu qui restait était malade et languissant. Et pourtant comment quitter le siége, lorsque d'un jour à l'autre tout pouvait finir, lorsqu'un Gascon, échappé de la place, annonçait qu'on avait mangé tous les chevaux, qu'on dévorait les chiens et les chats? La chose n'était que trop vraie. Ce qui augmentait l'inquiétude des Nancéiens, c'est qu'ils avaient mandé leur détresse à René, et n'en recevaient ni secours ni nouvelles. Sur les entrefaites, un bûcheron, revenant du bois avec un fagot, traversait le quartier des Bourguignons, qui demandèrent à l'acheter; il répondit qu'il était déjà vendu au quartier des Anglais, près de la porte. Arrivé là, il profite d'un moment, s'élance au bas des remparts en criant : Lorraine! Lorraine! Reçu dans la ville, il court à l'église remercier Dieu du succès de son voyage. C'était le nommé Thierry, qui venait de Bâle, d'auprès du duc René, lequel en partait peu de jours après avec dix mille Suisses, pour délivrer sa capitale. Cette nouvelle, annoncée par le son des cloches, répandit une joie incroyable et dans la ville et dans tout le pays. Les Lorrains ont toujours aimé leurs princes. Quand le duc René revint donc par Saint-Dié, ce fut une joie, un bonheur à quiconque pouvait l'approcher. Arrivé à Saint-Nicolas avec ses dix mille Suisses, il y trouva quatre mille Lorrains en armes; de plus, les troupes auxiliaires des villes confédérées d'Alsace et d'Allemagne attendaient son arrivée à Ogéviller, près de Lunéville; son armée se vit encore renforcée par un bon nombre de noblesse française; tout compris, elle allait à vingt mille hommes.

C'était le dimanche 5 janvier 1477, veille de la fête des Rois. Le duc de Bourgogne, s'attendant à la bataille, sortit de son camp et alla se poster sur la route de Saint-Nicolas, à l'endroit même où est maintenant Notre-Dame de Bon-Secours. Les Nancéiens, avertis pendant la nuit, par des fallots allumés sur les tours de Saint-Nicolas, qu'il y avait quelque chose d'extraordinaire, firent une sortie le matin et mirent le feu au camp des Bourguignons. Au même temps, un déserteur, introduit dans la ville, leur apprit positivement que le duc René s'avançait de Saint-Nicolas avec son armée, et que, dans le moment même, il n'était pas à une demi-lieue du duc de Bourgogne. Aussitôt les capitaines assemblèrent tout le peuple et tous les prêtres, et firent faire des prières et des processions publiques pour le bon succès de la bataille, pendant que les gens de guerre et leurs officiers étaient sur les remparts pour observer s'ils pourraient voir la bataille et aider à la victoire.

A Saint-Nicolas, toutes les troupes lorraines et auxiliaires étant réunies, on dit la messe le dimanche matin en plusieurs endroits de la ville, afin que tout le monde pût l'entendre. L'armée prit ensuite son repas. Les habitants n'épargnèrent pas leur vin, et les soldats, fatigués d'une longue marche, ne s'en laissèrent pas manquer. D'ailleurs il faisait grand froid : c'était le 5 janvier. Quand le duc fut arrivé près de l'ermitage de la Madelaine, à quelque distance de la ville, plusieurs gentilshommes, tant de Lorraine que d'Allemagne, le prièrent de les faire chevaliers. Il leur fit prêter le serment ordinaire, leur ceignit le baudrier et l'épée, et leur donna l'accolade.

Le duc de Bourgogne les attendait avec son artillerie sur la route, à l'endroit où est Bon-Secours, étendant de là son armée sur la rivière de la Meurthe. Le duc de Lorraine lui opposa sur la route un corps d'aventuriers ayant derrière eux, au coin du bois de Jarville, le bagage de l'armée, pour faire croire que le gros de l'armée débusquerait par là. Mais, laissant les Lorrains et une partie des Suisses pour attaquer à droite sur la Meurthe, le duc René, avec le reste des Suisses et les alliés, s'avança silencieusement derrière ce même bois, jusque plus loin que la Malgrange, afin de prendre en flanc l'armée bourguignonne, qui ne s'était pas aperçue de cette marche. Ayant passé la Malgrange, et sur le point de commencer l'attaque, tout le monde s'arrête : le duc René au milieu des bannières de Berne, Zurich, Fribourg, Sarnen, Soleure, Bâle, Strasbourg, Schelestadt, Thann et Colmar, avec cent hommes pour sa garde. Un prêtre allemand, revêtu d'un surplis et d'une étole, monte sur une éminence, tenant à la main le Saint-Sacrement; il remontre à toute l'armée l'injustice que le duc de Bourgogne fait au jeune duc René, les exhorte à combattre généreusement pour sa défense, leur dit que, s'ils ont une foi sincère, une véritable espérance et une bonne contrition, combattant pour une cause aussi juste, ils seraient tous sauvés. Au même temps, ils se mettent à genoux, lèvent leurs mains jointes vers le ciel, font une croix avec la main sur la terre, la baisent dévotement, et se relèvent pleins de courage.

Le duc de Bourgogne, qui s'attendait à être fortement attaqué sur la route, ne s'y vit que harcelé. Son aile gauche, appuyée sur la Meurthe, est enfoncée par les Suisses et les Lorrains, qui ont dérobé leur marche à son artillerie dans des chemins creux et derrière des buissons. Au même temps, à sa droite, il entend les funestes trompes ou cornes d'Uri et d'Unterwald, qui, des hauteurs de la Malgrange, sonnent l'épouvante et la mort, comme des hauteurs de Granson et de Morat. La mêlée, le carnage furent effroyables. La plupart des Bourguignons prennent la fuite, les uns à travers la Meurthe, les autres par ailleurs, du côté de Metz. Le duc de Bourgogne tenait ferme. Un lion d'argent doré, qui surmontait son casque, lui tombe sur l'arçon : *Hoc est signum Dei*, dit-il en latin (c'est un signe de Dieu). Il se jette au plus fort de la mêlée, fait des prodiges de valeur, mais ne peut rassurer les siens, qui l'entraînent dans leur fuite. La plupart se sauvaient vers le pont de Bouxières-aux-Dames; mais un chef bourguignon, passé aux Lorrains dès avant la bataille, le comte de Campobasso, qui occupait ce poste, les arrête, les tue, les noie, tandis que les Lorrains et les Suisses les pressent et les écharpent par derrière; de manière qu'il y eut en cet endroit autant de morts que sur le champ de bataille.

Le duc René était encore dans les jardins de Bouxières-aux-Dames à cinq heures du soir, toujours fort inquiet de savoir ce qu'était devenu le duc de Bourgogne. L'auteur d'une chronique de Lorraine, qui était présent, lui dit : « Monseigneur, j'ai fait un prisonnier qui m'a assuré qu'il avait vu ce prince abattu de son cheval auprès de Saint-Jean; mais il ne sait s'il est mort ou pris. » Effectivement, le duc de Bourgogne voulut gagner ce quartier où il logeait pendant le siège; mais comme il passait à la queue de l'étang, qui en est près, il s'embourba; un gentilhomme lorrain lui porta par derrière un coup qui le renversa de cheval; frappé de nouveau, il s'écria : « Sauvez le duc de Bourgogne ! » Mais l'autre, qui était sourd, crut entendre : « Vive le duc de Bourgogne! » et lui fendit la tête depuis l'oreille jusqu'à la mâchoire. Telle fut, suivant les récits les plus communs, la fin du dernier duc souverain de Bourgogne, Charles le Téméraire.

Le soir même, le duc René entra dans Nancy comme en triomphe, accompagné de sa noblesse, de ses gardes et des bannières des alliés, qui ne le quittèrent point. Il y entra aux flambeaux, et les habitants le reçurent avec des marques de joie inexprimables. Il alla d'abord rendre grâces à Dieu dans l'église de Saint-Georges; puis il entra dans son palais, dans la cour duquel les habitants avaient élevé une espèce de trophée avec les têtes de chevaux, d'ânes, de chiens, de chats et de rats, qu'ils avaient été réduits à manger pendant le siège.

Cependant un page romain, de la famille des Colonne, qui se trouvait auprès du duc de Bourgogne, quand il fut abattu de cheval, donna des indications sur le lieu de sa mort. Le troisième jour après la bataille, lendemain de l'Epiphanie, il visita, lui et plusieurs autres, le marais glacé de Saint-Jean, dit aussi *Virilet*. On examinait, on retournait tous les cadavres. Enfin on en trouva un tout nu, une partie du corps et du visage engagée dans la glace du ruisseau et couvert du sang de trois blessures. C'était le duc de Bourgogne, Charles le Hardi ou le Téméraire, le prince aux vastes projets, le fondateur manqué d'un nouvel empire. Il fut reconnu par ses deux frères bâtards, par ses deux médecins, ses valets de chambre, sa lavandière et plusieurs personnes de sa maison. Le duc René lui fit faire de magnifiques funérailles. Le corps resta exposé sur un lit funèbre pendant trois jours. Le duc René y vint en cérémonie, suivi de sa cour, en habits de deuil. Il était vêtu à l'antique, portant une grande barbe à fil d'or, qui lui venait jusqu'à la ceinture, pour marquer la victoire qu'il avait remportée et pour imiter l'air des anciens preux; puis, s'approchant du corps, il lui prit la main, fondant en larmes, et lui dit : « Chier cousin, votre âme ait Dieu ! vous nous avez fait moult maulx et douleurs. » Puis, s'étant mis à genoux et ayant prié un quart d'heure, il lui donna l'eau bénite.

Le duc Charles de Bourgogne fut enterré dans l'église de Saint-Georges; il y resta sous un mausolée jusqu'en 1550 (1), où, à la demande de l'empereur Charles-Quint, il fut transféré à Bruges. On dit que le gentilhomme lorrain qui le tua sans le connaître, en mourut de chagrin. Le seigneur de Rubempré et de Bièvre, ce gouverneur bourguignon si humain, de Nancy et de Lorraine, fut trouvé mort à ses côtés. L'étang et le marais de Saint-Jean ou du Virilet ont été transformés en prairies et en jardins (2). A l'endroit même où succomba le duc de Bourgogne, s'élève une croix de lorraine, c'est-à-dire à deux croisillons.

Quant à l'endroit où le même duc de Bourgogne s'était posté au commencement de la bataille, sur la route de Nancy à Saint-Nicolas, le duc René y fit

---

(1) Ni la majesté de l'événement, dit M. P. Guerrier Dumast, ni la noblesse de la poésie, ne firent obtenir grâce au moindre débris de ce mausolée, devant les calculs d'une peur royale qui s'effarouchait des gloires éteintes. Tant de petitesse, tant de vandalisme, ne paraît pas chose croyable de la part d'un souverain, et d'un souverain honnête homme; mais l'impartial burin de l'histoire ne saurait altérer la vérité. Lorsque Stanislas fit abattre Saint-Georges, rien de ce sanctuaire national n'échappa à son marteau; rien, pas même la table de marbre où ces vers étaient écrits :

Carolus hoc busto, burgundæ gloria gentis,
Conditur, Europæ qui fuit antè timor.
Ganda rebellatrix, hoc plebs d.mitore, crematas
Post patriæ leges, perpete pressa jugo est;
Nec minus hunc sensit tellus leodina cruentum,
Quùm ferro et flammis urbs populata fuit.
Monte sub Hericio francas cum rege cohortes
In pavidam valido truserat ense fugam.
Hostibus expulsis, Edwardum in regna locavit
Anglica, primævo restituens solio.
Bella ducum, regum, vel Cæsaris, omnia spernens,
Totus in effuso sanguine lætus erat.
Denique, quùm solitis fluit TEMERARIUS *armis,*
Atque Lotharingno cum duce bella movet,
Sanguineam vomuit, media inter prælia vitam,
Aureaque hostili vellera liquit humo.
Ergò, triumphator, longæva in sæcla Renatus
Palmam de tanto principe victor habet.
O! tibi qui terras quæsiti, Carole, cœlum,
Det Deus, et spreías aniea pacis opes !
Nunc dic, Nanceios cernens ex œthere muros:
« *A clemente ferox hoste sepulchror ibi.* »

Discite terrenis quid sit confidere rebus!
Hic, toties victor, denique victus adest.

TRADUCTION.

Sous ce mausolée, repose Charles, la gloire de la Bourgogne et jadis la Terreur de l'Europe. Le peuple de Gand, révolté, vit brûler par la main de ce vainqueur les titres de ses anciens droits, et courba la tête sous son joug, sans pouvoir désormais le secouer. Le territoire des Liégeois n'éprouva pas moins son pouvoir sanguinaire, lorsque leur ville fut ravagée par le fer et par la flamme. De sa forte épée, sous les tours de Mont-l'Héry, il avait mis en fuite les troupes françaises et leur roi. Ce fut lui qui rendit à Edouard, débarrassé de ses adversaires, la possession du royaume d'Albion, et qui fit rasseoir ce prince sur son trône primitif. Bravant les armes des seigneurs et des rois, celles mêmes de l'Empereur, il semblait ne mettre sa joie que dans les flots du sang versé.

A la fin, lorsque, se fiant au succès accoutumé de ses armes, le *Téméraire* eut entrepris de guerroyer contre le duc de Lorraine, il lui fallut vomir au milieu des combats son âme avec son sang, et laisser tomber sur un sol ennemi, l'orgueil de la Toison d'Or. Ainsi, René, victorieux, possède la palme d'un triomphe qui, remporté sur un si grand prince, durera pendant de longs siècles. Toi qui convoitas ardemment la terre, puisse Dieu t'accorder le ciel, ô Charles..., et ce trésor de la paix, naguère l'objet de tes dédains ! Dis maintenant, en abaissant ton regard sur les murs de Nancy : « Moi, si farouche, si dur, je reçois là de la clémence d'un adversaire, les honneurs du tombeau. »

Passants, apprenez ce que c'est que de mettre sa confiance aux choses terrestres. Un homme tant de fois vainqueur, le voici vaincu à la fin (*Nancy. Histoire et Tableau*, p. 40).

(2) Aujourd'hui l'étang Saint-Jean et le lieu où s'est passé le récit qu'on vient de lire sont occupés par le dépôt et des ateliers de la Compagnie du chemin de fer de l'Est. La croix commémorative a été religieusement conservée.

amasser tous les morts qui avaient été tués. On y en rassembla, de compte fait, trois mille neuf cents, parmi lesquels n'étaient pas compris ceux qui avaient péri dans les eaux, dans les bois et au pont de Bouxières. On fit une procession solennelle pour leur rendre les derniers devoirs, et on les enterra tous dans plusieurs grandes fosses. Au même endroit, le duc René fit bâtir une chapelle qui fut appelée *Notre-Dame de la Victoire et des Rois*, — *Chapelle des Bourguignons*, — *Notre-Dame de Bon-Secours;* ce dernier nom a prévalu. Un prêtre desservait la chapelle. Donnée plus tard aux religieux de Saint-François de Paule, ils y commencèrent, en 1629, une nef plus grande. Stanislas, roi de Pologne et dernier duc de Lorraine, la rebâtit en 1738 telle qu'elle est encore. Il y a son tombeau, ainsi que la reine sa femme. Aujourd'hui, Notre-Dame de Bon-Secours est un chapitre collégial pour les prêtres émérites du diocèse de Nancy, à qui l'âge ou les infirmités ne permettent plus de remplir les fonctions du ministère pastoral. Matin et soir on y voit les vétérans et les invalides du sacerdoce lorrain, priant sur la tombe commune de la Lorraine, de la Bourgogne et de la Pologne.

Cependant le duc René de Lorraine n'est pas entièrement mort, il règne encore dans ses descendants, et sur le trône impérial d'Autriche, et sur le trône royal de Hongrie et de Bohême. On le voit, il y a une récompense même en ce monde, pour les dynasties sincèrement chrétiennes et loyales. La dynastie de Bourgogne, qui pensait n'avoir pas besoin de l'être, a fini dans un marais.

Louis XI, dont la postérité devait expirer avec son successeur, profita des circonstances. L'an 1473, voyant le duc de Bourgogne occupé avec l'Allemagne, il se mit à punir l'un après l'autre les princes du sang, qui n'avaient cessé de conspirer contre la France et son roi. Le premier fut Jean II, duc d'Alençon, l'un des moins puissants, mais non des moins coupables. Condamné à mort l'an 1458, pour avoir traité avec les Anglais contre la France, Charles VII lui fait grâce de la vie. Louis XI lui pardonne entièrement à son avénement au trône. Alençon en profite pour faire assassiner ceux qui avaient déposé contre lui; il fabrique ensuite de la fausse monnaie; il entre dans la ligue du *Bien public* et dans chacun des complots contre le roi; il venait enfin de traiter avec le duc de Bourgogne pour lui vendre le duché d'Alençon et le comté du Perche. Louis XI le fait arrêter en février 1473, et le remet au parlement, qui le condamne une seconde fois à mort. Le roi commue la sentence en une prison perpétuelle. Au mois d'août 1473, Louis fit son entrée dans Alençon, pour remettre la ville et tout le duché sous sa main. Comme il s'avançait en pompe, un page, aux fenêtres du château, qui le regardait passer fit tomber par mégarde une énorme pierre qui se trouvait détachée, et qui déchira le manteau du roi sans le blesser. Louis se crut sauvé par un miracle; il fit le signe de la croix, baisa la terre, releva la pierre, et la porta en pèlerinage au Mont-Saint-Michel avec son manteau. Cependant, ayant reconnu que le page n'avait eu aucun mauvais dessein, dès le troisième ou quatrième jour, il le fit sortir de prison (Jean de Troyes, etc.; *Hist. des Français*, t. XIV).

Le second des princes du sang que le roi résolut d'apaiser fut Jean V, comte d'Armagnac. A l'égal du duc d'Alençon, il s'était signalé par des crimes honteux, des trahisons, et une noire ingratitude envers Louis XI, qui avait commencé son règne par lui faire grâce. Ainsi parle Sismondi (*Hist. des Français*, t. XIV). Louis avait, dès son avénement, signé au comte d'Armagnac une grâce de tous ses crimes, grâce qui, elle-même, était un crime; il avait, sans souci du droit ni de Dieu, accordé absolution complète à cet homme effroyable, condamné pour meurtre et pour faux, marié publiquement avec sa sœur. Et, au bout d'un an, le brigand mettait les Anglais dans ses places, si le roi n'en eût pris les clés. Ainsi parle Michelet (*Hist. de France*, t. VI). Le comte d'Armagnac avait effectivement deux femmes, dont l'une, sa propre sœur, qu'il épousa publiquement sur une prétendue dispense du Pape. Incestueux et bigame, il se faisait un jeu du brigandage et de la trahison. En 1473, il surprit la ville de Lectoure et Pierre de Beaujeu, beau-frère de Louis XI, qui y commandait. Pour punir enfin un pareil homme, Louis envoie deux grands-officiers de justice, les sénéchaux de Toulouse et de Beaucaire, avec des troupes de Languedoc et de Provence, sous la surveillance du cardinal d'Albi. Armagnac se défendit trop bien, et on lui fit espérer un arrangement, pour tirer de ses mains Beaujeu et les autres prisonniers. Pendant les pourparlers, un seul article restant à régler, les troupes entrèrent, firent main-basse partout, tuèrent tout dans la ville. Un des soldats, sur l'ordre d'un des sénéchaux, poignarda Armagnac sous les yeux de sa femme.

La seule source contemporaine qu'on puisse citer pour cet obscur événement, c'est le factum des Armagnac eux-mêmes contre Louis XI, présenté par eux aux états-généraux de 1484. Tout le monde a puisé dans ce plaidoyer; cependant il offre peu de garantie : il assure, par exemple, qu'on fit avaler un breuvage empoisonné à la femme d'Armagnac, et qu'elle en mourut deux jours après. Or, on voit, par les arrêts du parlement de Toulouse, que trois ans après, savoir, en 1476, elle plaidait pour obtenir paiement de la pension viagère que le roi lui avait assignée sur les biens de son mari (Michelet, p. 362, note 3).

Le connétable de Saint-Paul ne pouvait guère espérer mieux. Il était un exemple illustre d'ingratitude, s'il en fut jamais. Trois fois le roi faillit périr par lui. D'abord à Montlhéry, et cette fois, pour sa récompense, il obtient l'épée de connétable. — Le roi le comble, lui fait épouser la sœur de la reine, il le dote en Picardie, le nomme gouverneur en Normandie; et c'est alors qu'il va lui ruiner ses alliés, Dinant et Liége. — Le roi lui donne des places dans le Midi, et il travaille à unir le Midi et le Nord, Guienne et Bourgogne, pour la ruine du roi. — Dans sa crise de 1472, le roi, dans le danger le plus extrême, se fie à lui, lui laisse à défendre la Somme, Beauvais et Paris, et tout était perdu, si le roi n'eût en hâte envoyé le comte de Dammartin. — Le duc de Bourgogne s'éloigne de la France, s'en va faire la guerre en Allemagne; Saint-Paul le va chercher, il lui amène l'Anglais, il lui répond que le duc de Bourbon trahira comme lui..... Si celui-ci l'eût écouté, que serait-il advenu de la France? — Un matin, tout cela éclate. Cette montagne de trahisons retombe d'aplomb sur la tête du traître; le roi, le duc et le roi d'Angleterre échangent les lettres qu'ils ont de lui, et se convainquent qu'il les trahit les uns et les autres. Le duc de Bourgogne le livre au roi de France, le roi au parlement de Paris, qui, lui ayant fait son procès, le livre au bourreau le 19 décembre 1475 (Michelet, p. 363).

Jacques d'Armagnac, cousin de Jean, était un ami d'enfance de Louis XI, qui avait été élevé avec lui, qui avait fait pour lui des choses folles, iniques, comme de forcer les juges à lui faire gagner un mauvais procès. Cet ami le trahit au Bien public, le livra autant qu'il fut en lui. Il revint vite, fit serment au roi, sur les reliques de la Sainte-Chapelle, et tira de lui, par-dessus tant d'autres choses, le duché de Nemours, le gouvernement de Paris et de l'Ile-de-France. Le lendemain, il trahissait. — Quand le roi frappa Jean d'Armagnac, cousin de Nemours, près de frapper celui-ci, et l'épée levée, il se contenta encore d'un serment. Nemours en fit un, solennel et terrible, devant une grande foule, appelant sur sa tête toutes les malédictions, s'il n'était désormais fidèle et n'avertissait le roi de tout ce qu'on machinerait contre lui. Il renonçait, en ce cas, à être jugé par ses pairs, et consentait d'avance à la confiscation de ses biens. — La peur passa et il continua d'agir en ennemi. Il se tenait cantonné dans ses places, n'envoyant pas un de ses gentilshommes pour servir le roi. Quiconque se hasardait d'en appeler au parlement, était battu, blessé. Les consuls d'Aurillac ne pouvaient sortir, pour les affaires des taxes, sans être détroussés par les gens de Nemours. Il correspondait avec Saint-Paul, et voulait marier sa fille au fils du connétable; il promettait d'aider au grand complot de 1475, en saisissant d'abord les finances du Languedoc. Un mois avant la descente des Anglais, il se mit en défense, se tint tout près d'agir, fortifia ses places de Murat et de Carlat. Le roi le fit arrêter en 1476, emprisonner à la Bastille, dans une cage de fer, et juger par le parlement, qui le condamna à mort et le fit décapiter le 4 août 1477. Quelques modernes ont dit que ses enfants avaient été placés sous l'échafaud, pour recevoir le sang de leur père. Mais les contemporains n'en parlent point, même les plus hostiles. On peut conclure que c'est une fable (Michelet, t. VI, p. 448-451).

Pendant que Charles de Bourgogne était occupé aux guerres de Suisse et de Lorraine, le roi Louis se tenait à Lyon. Dès qu'il le sut mort devant Nancy, il saisit les deux Bourgognes avec la Picardie et l'Artois. L'an 1481, il réunit encore la Provence à la couronne. Voici comment.

René d'Anjou, roi titulaire de Sicile et souverain de Provence, mourut le 10 juillet 1480, à l'âge de plus de 72 ans. Fort affaibli depuis plusieurs années, de tête aussi bien que de corps, il était uniquement gouverné par Palamède de Forbin, que Louis XI avait eu soin de gagner. Les fils et les petits-fils de René l'avaient précédé au tombeau; mais il lui restait son neveu, Charles, comte du Maine, et deux filles, Yolande et Marguerite : la première avait transmis tous ses droits à son fils René II, duc de Lorraine; et la seconde, exilée d'Angleterre, où elle avait vu égorger son fils unique sous ses yeux, avait cédé tous ses droits à Louis XI. Charles du Maine était l'héritier légitime des prétentions de René au trône de Naples, du comté de Provence et des duchés d'Anjou et de Bar; et, après lui, René II n'avait pas un titre moins clair à Naples, à la Provence et au Barrois, qui étaient tous des fiefs féminins. Louis XI occupait cependant déjà presque tout l'Anjou, et, profitant des besoins de René Ier, que ses prodigalités tenaient toujours à court d'argent, il s'était fait passer par lui un bail de la ville et prévôté de Bar pour six ans, en vertu duquel il occupait aussi ce duché. René cependant avait voulu assurer son héritage à son petit-fils, le duc de Lorraine, mais à condition de quitter les armes de son duché pour prendre l'écusson d'Anjou : ce que refusa le prince lorrain. Finalement, René l'Ancien appela son neveu, et après lui le roi de France, à recueillir son héritage.

Charles IV, roi titulaire de Sicile, ne conserva que dix-sept mois et ce titre et la souveraineté de la Provence. Prince faible et valétudinaire, il s'abandonna entièrement à ce Palamède de Forbin, premier ministre de son prédécesseur, que Louis avait gagné par des présents; et comme il manifestait déjà l'intention de laisser après lui la Provence à Louis XI, plusieurs barons provençaux se déclarèrent ouvertement pour René II, et essayèrent même d'établir son bon droit par les armes. Charles n'eut pas le temps de les réduire à l'obéissance; il mourut lui-même à Aix en Provence, le 11 décembre 1481, après avoir fait un testament, par lequel il nommait le roi Louis son héritier universel.

Palamède de Forbin, qui avait persuadé à Charles de faire ce testament, en donna avis si promptement à Louis, que, huit jours après, il put déployer de pleins pouvoirs pour prendre possession de la Provence au nom du roi. Il réduisit à l'obéissance les partisans de René II, qui s'étaient soulevés à Aix; il y assembla les Etats de Provence, par lesquels il fit reconnaître la validité du testament de Charles et l'autorité du roi au nom duquel il leur promit le maintien de leurs priviléges; il accomplit enfin la réunion de cette grande province à la France, dont elle était séparée dès les temps des premiers Carlovingiens. Louis, en donnant à Palamède de Forbin un pouvoir presque absolu sur la contrée qu'il annexait à la couronne, lui dit en plaisantant : « Tu m'as fait comte (de Provence), je te fais roi. » Paroles dont la maison de Forbin a fait sa devise (*Hist. des Français*, t. XIV, c. 21).

Louis XI réunit ainsi à la France le Maine, l'Anjou, la Guienne, le Roussillon, la Provence, la Bourgogne, la Franche-Comté, la Picardie, et prépara la réunion de la Bretagne. Il créa l'unité et l'indivisibilité de la France moderne, malgré les intrigues et les trahisons de tant de princes qui voulaient la démembrer; il fonda la paix perpétuelle dans les provinces du centre, et relégua la guerre sur les frontières hérissées de forteresses. Quant aux moyens qu'il employa pour parvenir à ses fins, la religion et la morale catholiques peuvent sans doute y reprendre plus d'une chose; mais la politique moderne n'a rien à lui reprocher; car cette politique se règle, non sur la religion ni sur la morale, mais sur l'intérêt seul. Admettre cette politique en principe et blâmer Louis XI de l'avoir suivie, c'est ne savoir pas ce que l'on dit : c'est le cas de bien des auteurs modernes.

Philippe de Comines, son confident, nous apprend que dans les dernières années de sa vie, Louis XI avait une chose singulièrement à cœur, de pouvoir mettre une grande police au royaume, et principalement sur la longueur des procès : à cet effet, il désirait fort qu'il n'y eut dans le royaume qu'une coutume, un poids, une mesure; que toutes les coutumes fussent mises en français dans un beau livre, pour éviter les chicanes et les pilleries des avocats, qui étaient alors en France plus grandes que partout ailleurs (Phil. de Comines, l. 6, c. 6).

Suivant le même historien, Louis XI avait une activité d'esprit prodigieuse. Le temps qu'il reposait, son entendement travaillait, car il avait affaire en tant de lieux que merveille; et il se fût aussi volontiers occupé des affaires de ses voisins que des siennes, jusqu'à mettre des gens en leur maison et leur départir leurs offices. Quand il avait la guerre, il désirait paix ou trêve : quand il avait la paix ou la trêve, à grand'peine les pouvait-il endurer. De maintes menues choses de son royaume se mêlait, dont il se fût bien passé; mais sa complexion était telle, et ainsi vivait. Aussi sa mémoire était si grande, qu'il retenait toutes choses et connaissait tout le monde, et en tout pays, et à l'entour de lui. A la vérité, il semblait plus fait pour gouverner un monde qu'un royaume (*Ibid.*, c. 12).

Au mois de mars 1480, il était allé entendre la messe au village de Forges, près de Chinon. Pendant son dîner, il eut une attaque d'apoplexie qui lui ôta le sens et la parole. Il voulut s'approcher de la fenêtre pour prendre l'air, mais on l'en empêcha, croyant bien faire. Son médecin, l'archevêque de Vienne, étant survenu, ouvrit la fenêtre et lui administra un remède qui lui fit revenir le sens et un peu la parole. Il demanda aussitôt l'official de Tours pour se confesser. Comme il n'y avait que Philippe de Comines qui pût encore bien le comprendre, il lui servit d'interprète pour la confession. Comines ajoute : Il n'avait pas grandes paroles à dire, car il s'était confessé peu de jours auparavant, parce que, quand les rois de France veulent toucher les malades des écrouelles, ils se confessent, et notre roi n'y faillait jamais une fois la semaine. Quand il sut quels étaient ceux qui l'avaient empêché de s'approcher de la fenêtre, il les renvoya tous de son service. Il en faisait plus de semblant qu'il ne lui tenait au cœur. Son principal motif était qu'on n'allât pas, sous prétexte que son sens ne fût pas bon, s'emparer de la direction des affaires.

Il s'enquit des travaux du conseil, des affaires qu'on y avait expédiées pendant les dix ou douze jours qu'il avait été malade; il voulut voir les lettres closes que l'official avait arrivées et qui arrivaient chaque heure. On lui montrait les principales, et je les lui lisais, dit Comines; il faisait semblant de les entendre et les prenait en sa main, et feignait de les lire, bien qu'il n'eût aucune connaissance; il disait quelque mot, ou faisait signe des réponses qu'il voulait qui fussent faites. Nous faisions peu d'expédition, en attendant la fin de sa maladie, car il était maître avec lequel il fallait charrier droit.

Cette maladie lui dura bien environ quinze jours, et il revint, quant au sens et à la parole, en son premier état; mais il demeura très-faible, et en grande suspicion de retourner en cet inconvénient, car naturellement il était enclin à ne vouloir bien souvent croire le conseil des médecins.

Dès qu'il se trouva bien, il délivra le cardinal Balue, qu'il avait tenu quatorze ans prisonnier, et mainte fois en avait été requis du Siège apostolique et d'ailleurs : à la fin il s'en fit absoudre par un bref que lui envoya notre Saint-Père le Pape à sa requête.

Quelque temps après son mal lui reprit, il perdit de nouveau la parole, et pendant bien deux heures on le crut mort. Philippe de Comines et les autres personnes présentes le vouèrent à saint Claude. Incontinent la parole lui revint, et sur l'heure il alla par la maison, quoique très-faible. Il voyagea comme devant, et fit le pèlerinage de Saint-Claude.

Cette même année 1481, mourut inopinément, d'une chute de cheval, la fille unique du dernier duc de Bourgogne, Marie, qui avait épousé Maximilien, archiduc d'Autriche. Elle laissait un fils, Philippe, et une fille, Marguerite, que Louis XI entreprit de marier au dauphin, son fils, depuis Charles VIII.

Cependant, retiré au château du Plessis-les-Tours, Louis s'y tenait tellement enfermé, que peu de gens le voyaient; il entra en merveilleuse suspicion de tout le monde, craignant qu'on ne lui ôtât ou diminuât son autorité. Il écarta de lui tous les gens qu'il avait accoutumés, même les plus intimes qu'il eût jamais : sans leur rien ôter, il les envoyait en leurs offices et charges, ou en leurs maisons ; il faisait des choses bien étranges, à tel point que ceux qui le voyaient le croyaient dénué de sens; mais, ajoute Comines, ils ne le connaissaient point. Louis savait n'être point aimé des grands du royaume, ni de beaucoup de gens du peuple, à cause des charges qu'il leur avait imposées, et qu'il aurait bien voulu alléger, mais il s'y prit trop tard. On ne doit donc pas s'étonner qu'il eût des imaginations et des craintes.

Il se fortifia dans le château du Plessis comme dans une place assiégée; gardes au dehors, gardes au dedans ; toutes les mesures possibles pour prévenir une surprise : personne n'entrait que son gendre, Pierre de Beaujeu, depuis duc de Bourbon; tous les gens suspects à Tours et dans les environs, il les faisait emmener plus loin. A le voir, il semblait un homme mort plutôt que vivant, tant il était maigre. Il s'habillait richement, ce qu'il n'avait jamais accoutumé de faire; il donnait des robes précieuses, sans qu'on les demandât; car nul n'eût osé lui demander, ni lui parler de rien. Il faisait d'âpres punitions, pour être craint et de peur de perdre obéissance : lui-même s'en expliqua ainsi à Comines.

Il renvoyait officiers et cassait gens d'armes, rognait pensions et ôtait de tout point; peu de jours avant sa mort, il dit à Comines qu'il passait le temps à faire et à défaire des gens, et faisait plus parler de lui parmi le royaume qu'il n'avait jamais fait; et il le faisait ainsi, de peur qu'on ne le crût mort; car peu de gens le voyaient, mais quand on entendait parler des œuvres qu'il faisait, chacun en avait crainte, et à peine pouvait-on croire qu'il fût malade.

On ne lui parlait que des affaires d'Etat : de tous côtés, il envoyait des ambassades, avec des paroles d'amitié et des présents considérables. Il faisait acheter un bon cheval ou une bonne mule, quoi qu'il lui coûtât, mais dans les pays étrangers, où il voulait qu'on le crût bien portant. Des chiens, il en faisait chercher partout : en Espagne, des chiens courants; en Bretagne, de petits lévriers et des épagneuls; à Valence, de petits chiens velus, qu'il faisait acheter plus cher que les gens ne les voulaient vendre. Il envoyait de même acheter au double des mules en Sicile, des chevaux à Naples, de petits lions en Barbarie, des élans et des rennes en Danemarck et en Suède. Par ces choses et autres semblables, il était plus craint, tant de ses voisins que de ses sujets, qu'il n'avait été : et tel était son but (Phil. de Comines, l. 6, c. 8).

Il lui arrivait, inquiet qu'il était toujours, de se lever le premier, et, pendant qu'on dormait, de courir le château, pour tout voir par lui-même. Un jour il descend aux cuisines; il n'y avait encore qu'un enfant qui tournait la broche : « Combien gagnes-tu? — L'enfant, qui ne l'avait jamais vu, répondit : Autant que le roi. — Et le roi, que gagne-t-il? — Sa vie, et moi la mienne. »

Au milieu de cette vie étrange, Louis XI conclut, l'an 1483, le mariage du dauphin avec Marguerite de Flandre, qui fut amenée auprès de son époux au château d'Amboise. Le pape Sixte IV, informé que, par dévotion, le roi désirait d'avoir le corporal sur lequel chantait monseigneur saint Pierre, le lui envoya aussitôt avec plusieurs autres reliques, qui furent renvoyées plus tard. La sainte ampoule qui est à Reims, qui jamais n'avait été déplacée, lui fut apportée jusque dans sa chambre au Plessis, et elle était encore sur son buffet à l'heure de sa mort. Son intention était d'en recevoir une onction semblable à celle qu'il en avait prise à son sacre. Le sultan Bajazet II, lui envoya une ambassade, avec quantité de reliques de Constantinople (Phil. de Comines, l. 6, c. 10).

Louis XI envoya chercher jusqu'au fond de la Calabre saint François de Paule, qu'il appelait le *saint homme*, et qui ne vint que sur l'ordre du Pape. Le roi le reçut comme si c'eût été le Pape même, se mettant à genoux devant lui, afin qu'il lui plût allonger sa vie. Comines ajoute : « Il répondit ce que sage homme devait répondre. Je l'ai maintes fois ouï parler devant le roi Charles VIII et tous les grands du royaume; mais il semblait qu'il fût inspiré de Dieu ès-choses qu'il disait en remontrait, car autrement il n'eût su parler des choses dont il parlait » (*Ibid.*, c. 8).

Au milieu de ses bizarreries de malade, Louis XI conservait son bon sens. Il alla trouver le dauphin et lui fit jurer de ne rien changer aux grands offices, comme il avait fait lui-même, à son dommage, lors de son avénement. Puis, de retour au Plessis, il ordonna à tous ses serviteurs d'aller rendre leurs respects au roi. C'est ainsi qu'il désigna le dauphin.

Toute sa vie, il eut une peur terrible de la mort. Toujours il pria ses serviteurs, notamment Comines, quand ils le verraient en danger de mourir, de lui dire seulement ces mots : *Parlez peu!* et de l'exhorter simplement à se confesser, sans lui pro-

noncer ce cruel mot de la mort, car il lui semblait n'avoir pas le cœur pour ouïr une si cruelle sentence. Or, il lui arriva précisément ce qu'il craignait. Après une nouvelle attaque, lorsque le sens et la parole lui furent revenus, ses nouveaux serviteurs lui dirent sans ménagement : Sire, il faut que nous nous acquittions. N'ayez plus d'espérance en ce saint homme ni en autre chose, car sûrement c'en est fait de vous, et pour cela pensez à votre conscience, car il n'y a nul remède. — Cette cruelle sentence, dit Comines, il l'endura toutefois vertueusement, et toutes autres choses, jusques à la mort, et plus que nul homme que jamais j'aie vu mourir. Il répondit à ses serviteurs : J'ai espérance que Dieu m'aidera; car, par aventure, je ne suis pas si malade que vous pensez.

Il se confessa très-bien, demanda lui-même et reçut les sacrements, les accompagnant de prières convenables. Il manda plusieurs choses à son fils, qu'il appelait roi; il envoya le chancelier lui porter les sceaux, de plus toute sa cour, avec une partie de sa garde. Tous ceux qui venaient le voir, il les envoyait à Amboise devers le roi, ainsi l'appelait-il, les priant de le servir bien, et, par chacun, il lui mandait quelque chose. De sa dernière attaque à la mort il eut tout son esprit et toute sa mémoire, avec un parler aussi net que s'il n'avait pas été malade. Jamais, dans tout le cours de sa maladie, il ne se plaignit une seule fois. Il fixa le lieu de sa sépulture et nomma ceux qu'il voulait qui l'accompagnassent par le chemin. Tombé malade le lundi, il disait qu'il n'espérait mourir qu'au samedi, et que Notre-Dame lui ferait cette grâce, elle en qui toujours il avait eu grande confiance et dévotion. Et ainsi lui en arriva-t-il, car il décéda le samedi pénultième jour d'août, l'an 1483, à huit heures du soir. Tels sont les détails que nous donne sur ses derniers moments un témoin oculaire, Philippe de Comines, qui ajoute : Notre Seigneur ait son âme, et la veuille avoir reçu en son royaume du paradis (l. 6, c. 12)!

Louis XI avait réglé qu'Anne de France, dame de Beaujeu, sa fille, serait chargée du gouvernement de la personne du roi Charles VIII. Il s'était souvenu des abus de la régence sous Charles VI. Les Etats de Tours de 1484 confirmèrent Anne dans ce gouvernement, malgré l'opposition du duc d'Orléans, qui s'était adressé au parlement de Paris, lequel déclina sa compétence et renvoya l'affaire aux Etats. Ils nommèrent un conseil de dix personnes où devaient assister les princes du sang.

Le duc d'Orléans, depuis Louis XII, s'était retiré en Bretagne : il commence, aidé des Bretons et d'une troupe d'Anglais, une courte guerre civile. Il est défait et pris à la bataille de Saint-Aubin, que gagna Louis II, sire de la Trémouille, en 1488.

Charles VIII épouse, en 1491, Anne, héritière du duché de Bretagne; Marguerite, fille de Maximilien, qu'il avait fiancée et ensuite renvoyée à son père, est mariée à l'infant d'Espagne, Jean d'Aragon. Expédition de Charles VIII en Italie. Ses droits sur la souveraineté de Naples étaient la cession qui lui en avait été faite par Charles d'Anjou, héritier de son oncle René. Charles VIII, arrivé à Rome en 1494, y trouva un empire aussi chimérique que le royaume qu'il prétendait conquérir : André Paléologue, héritier de l'empire de Constantinople, qu'il n'avait pas, céda ses prétentions au roi de France, et le pape Alexandre VI livra à Charles, Zizim, frère de Bajazet, exilé dans les Etats du Saint-Siège. Charles VIII entra dans Naples le 21 février 1495, avec les ornements impériaux. Une ligue conclue à Venise, entre le Pape, l'empereur, le roi d'Aragon, Henri VII, roi d'Angleterre, Ludovic Sforce et les Vénitiens, oblige Charles VIII à évacuer l'Italie. Les Français repassent les Alpes, après avoir vaincu à Fornoue. Charles VIII expire au château d'Amboise, le 7 avril 1498 : son fils, le dauphin, était mort âgé de trois ans. Charles VIII, petit homme de corps et peu entendu, dit Comines, était si bon, qu'il n'est point possible de voir meilleure créature (Châteaubriand, *Analyse raisonnée de l'histoire de France*).

Une branche collatérale monta sur le trône de France : ce fut Louis, duc d'Orléans, petit-fils d'un frère de Charles VI, et arrière-petit-fils de Charles V. Devenu le roi Louis XII, il annonça les dispositions les plus généreuses et donna sa confiance à ceux-là mêmes qui l'avaient combattu dans sa révolte, disant : « Le roi de France ne venge pas les querelles du duc d'Orléans. »

Il avait pour femme sainte Jeanne de Valois. Elle était fille de Louis XI et de Charlotte de Savoie, et naquit en 1464. La difformité de son corps la rendit un objet d'aversion pour son père, qui cependant la maria, en 1476, à Louis, duc d'Orléans, son cousin-germain. Ce prince s'étant révolté, était sur le point d'être condamné à mort par Charles VIII; mais Jeanne fit tant par ses prières et ses larmes, qu'elle obtint du roi son frère, la grâce de son mari. Quoique le duc d'Orléans fût redevable de la vie à sa vertueuse épouse, il n'en continua pas moins de lui faire ressentir les effets de l'antipathie qu'il avait conçue pour elle. L'infortunée duchesse n'opposa que la douceur et la patience à tous les mauvais traitements qu'elle avait à essuyer, et ne trouvait de consolation que dans les exercices de piété. Le duc d'Orléans étant parvenu à la couronne de France, sous le nom de Louis XII, ne chercha plus que les moyens de faire casser son mariage avec Jeanne de Valois. La principale raison qu'il alléguait, était que ce mariage devait être regardé comme nul, attendu qu'il avait été contracté sans liberté et uniquement par les ordres cruels de Louis XI. Mais il agissait par d'autres motifs : il avait envie d'épouser Anne, héritière de Bretagne et veuve du feu roi. L'affaire fut portée au pape Alexandre VI, auquel on demanda des commissaires qui pussent juger conformément aux lois. La sentence prononcée par ces commissaires fut telle que le roi le désirait, et le mariage fut déclaré nul.

Jeanne apprit cette nouvelle avec résignation; elle témoigna même beaucoup de joie de se voir en liberté et en état de servir Dieu d'une manière plus parfaite. Le roi, charmé de sa soumission, lui assigna pour son entretien le duché de Berry, Pontoise avec ses dépendances, et plusieurs autres places. La sainte, libre désormais de tout engagement, se retira à Bourges, où elle ne parut plus vêtue que d'un habit fort pauvre, et n'eut plus de goût que pour les pratiques de la pénitence et les exercices de la piété. Ses revénus, qui étaient considérables, furent totalement consacrés aux bonnes œuvres que lui suggérait une charité toujours active. Elle fonda, l'an 1500, de l'avis de son confesseur, l'ordre des religieuses de l'Annonciation de la sainte Vierge, lequel a été approuvé par les papes Alexandre VI, Jules II, Léon X, Paul V et Grégoire XV. Elle y prit elle-même l'habit en 1504 ; mais elle n'y fut pas longtemps, car elle mourut en odeur de sainteté le 4 février de l'année suivante. Les huguenots brûlèrent ses reliques en 1562. Le pape Clément XII la canonisa l'an 1738; mais elle était honorée à Bourges depuis sa mort (*Acta Sanct.*, et Godescard, 4 fév.).

Les religieuses de cet ordre, connues sous le nom d'*Annonciades*, portent un voile noir, un manteau blanc, un scapulaire rouge, un habit brun, une croix et une corde qui leur sert la ceinture. La supérieure s'appelle par humilité la mère Ancelle; ce mot vient d'*ancilla*, servante. L'imitation des dix principales vertus dont la sainte Vierge a été un parfait modèle dans les différents mystères que l'Eglise honore chaque année, fut la fin que sainte Jeanne se proposa en instituant le nouvel ordre. Il a pris son nom du premier comme du plus grand des mystères joyeux de la Mère de Dieu.

Louis XII épousa donc, en 1499, la veuve de Charles VIII. La Bretagne fut le dernier grand fief revenu à la Couronne. La France étant tranquille au dedans, il lui fallait au dehors une nouvelle issue à son humeur guerrière. Autant en était-il de toute l'Europe. Autrefois il y avait les croisades, où les Francs gagnaient à l'Europe chrétienne, à la véritable civilisation, des royaumes et des empires. Maintenant, ces empires et ces royaumes conquis par la valeur de leurs ancêtres, ils les laissent retomber sous le joug des infidèles et de la barbarie. En récompense, ils se tueront les uns les autres, les Français en France, les Anglais en Angleterre, les Italiens en Italie, les Allemands en Allemagne; et, sont-ils par hasard tranquilles chez eux, les Anglais iront se faire tuer en France, les Français en Italie, et cela sans pouvoir ajouter jamais un pouce de terre ni à l'Italie, ni à la France, ni à l'Europe chrétienne, ni à la civilisation. Aussi les politiques modernes appellent-ils cela *progrès des lumières :* ce qui montre jusqu'où s'étendent leurs vues.

Louis XII porta donc la guerre en Italie. Il prétendait au duché de Milan par les droits de Valentine de Milan, son aïeule, et au royaume de Naples par les droits de la maison d'Anjou. Le Milanais fut conquis dans l'espace de vingt jours; le royaume de Naples, en moins de quatre mois : ce royaume fut occupé de concert avec Ferdinand le Catholique. Bientôt les Français et les Espagnols se brouillent pour le partage de cet Etat. Les Français perdent la bataille de Séminare, le vendredi 21 avril 1502, et le vendredi 28 du même mois, le duc de Nemours, le dernier des Armagnacs, est vaincu et tué à Cérignole par Gonsalve de Cordoue, dit le *Grand-Capitaine*. La maison d'Armagnac finit en la personne du duc de Nemours, et ce duc de Nemours, suivant toutes les probabilités généalogiques, n'était rien moins que le dernier descendant de Clovis, le chef des Mérovingiens : reste étrange au commencement du XVIᵉ siècle

Pour conserver ou reprendre ses conquêtes en Italie, Louis XII fait la guerre au pape Jules II, assemble contre lui un conciliabule à Pise pour l'y faire déposer, suspend l'obédience de la France à son égard, et commence un schisme : ce qui, à coup sûr, ne prouve pas beaucoup de sens. Il put s'en convaincre par le résultat : plusieurs victoires, plusieurs défaites, pour perdre trois fois l'Italie, attirer les ennemis sur la France, à l'Est et au Nord, voir mourir la reine Anne de Bretagne, à l'âge de trente-sept ans, en 1514; mourir lui-même le 1er janvier 1515, dans la 54e année de son âge, laissant une jeune veuve, Marie d'Angleterre, qu'il venait d'épouser depuis deux mois.

Comme sous son règne il n'y eut point de guerre dans l'intérieur de la France, que les impôts furent diminués, excepté à la fin, Louis XII se vit aimé de ses sujets, et reçut le nom de *Père du peuple*. Il dut peut-être cette gloire moins à lui-même qu'au cardinal Georges d'Amboise; car c'est après la mort de ce ministre, arrivée le 25 mai 1510, qu'il eut la malheureuse idée de faire un schisme et d'assembler un conciliabule pour déposer le Pape : extravagance depuis laquelle ses victoires mêmes furent des revers, comme celle de Ravenne en 1512, où périt Gaston de Foix, nouveau duc de Nemours, avec un grand nombre de braves officiers; ce qui l'obligea de rétablir des impôts qu'il avait supprimés.

Quant à la manière de faire la guerre, les historiens signalent bien des cruautés de la part de Louis XII et de ses troupes en Italie. Ils taxent également sa politique de perfide. Voici comme parle l'un d'entre eux, l'auteur de l'*Histoire des Français* : « Nous sommes réduits à trouver toute l'histoire des Français à cette époque dans leur action sur le reste de l'Europe, et, pour comprendre cette action, à recourir le plus souvent aux historiens étrangers, surtout aux Italiens, qui avaient alors la liberté de penser et la liberté d'écrire, et qui nous donnent seuls l'intelligence de mouvements qui, dans les historiens français contemporains, ne sont que le jeu de forces aveugles et brutales. Ils présentent Louis XII sous un jour bien désavantageux : en effet, aucun règne n'est souillé par des transactions plus honteuses, dans ses rapports avec les autres peuples. Nous avons vu Louis XII acheter la trahison de Novarre, signer le perfide traité de Grenade; nous l'avons vu s'allier à César Borgia et le seconder dans tous ses crimes. Dans un autre ouvrage (*Républiq. ital.*, t. XIII, c. 101-104), nous avons fait voir comment il trahit les Florentins, les Pisans, les Bolonais, tous les petits peuples, tous les petits princes qui s'étaient fiés à lui; nous passons ici rapidement sur ces détails, et nous arrivons à une transaction plus honteuse encore, à une transaction marquée par une noire perfidie, méditée pendant quatre ans au traité de Cambrai (1508), qui n'était que l'accomplissement du traité de Blois, signé dès le 22 septembre 1504 (Sismondi, *Histoire des Français*, t. XV). » Le protestant Sismondi parle de la ligue de Cambrai pour le démembrement de la république de Venise, ancienne alliée de la France. Supposé, avec la politique moderne, que les gouvernements n'ont point à se régler sur la religion et la morale, mais sur leur intérêt seul, le protestant Sismondi a tort d'en vouloir pour cela au gouvernement de Louis XII, ni d'aucun autre prince.

Louis XII eut pour successeur sur le trône de France, son gendre, François Ier, comte d'Angoulême et duc de Valois, arrière-petit-fils de Louis, duc d'Orléans, frère de Charles VI. Sa première expédition fut encore le recouvrement du Milanais, où nous le retrouverons avec le pape Léon X.

En Angleterre, les Plantagenet d'Anjou, oubliant de plus en plus l'esprit des croisades pour l'esprit de la politique moderne, offrent pendant soixante-dix ans le spectacle horrible d'une guerre parricide les uns contre les autres. Au lieu de consacrer leurs armes à la défense de la chrétienté contre les infidèles et les Barbares, nous les avons vus, usant ou abusant de la démence de Charles VI et de la division des princes, s'acharner à vouloir arracher la France aux Français; nous les avons vus, vaincus par une jeune fille, s'en venger en barbares et la livrer aux flammes : le supplice de Jeanne d'Arc retombe sur eux comme une malédiction inexpiable. Henri VI, au nom duquel Jeanne d'Arc a été brûlée, se verra égorger lui-même par son propre parent; ce meurtre de roi sera précédé et suivi d'une infinité d'autres. Pendant soixante-dix ans, l'Angleterre sera un théâtre de carnage; quatre-vingts princes du sang royal y périront, avec onze cent mille Anglais : c'est le calcul d'un contemporain, Philippe de Comines, et, lorsqu'il écrivait, la boucherie septuagénaire n'était pas finie. En voici l'origine ou le prétexte.

Le Plantagenet Édouard III, petit-fils de Philippe le Bel par sa mère, et qui, en cette qualité, prétendit à la couronne de France, laissa trois fils : Édouard, Lionnel et Jean. Édouard, connu sous le nom de Prince Noir, mourut avant son père, laissa un fils qui régna sous le nom Richard II et mourut sans postérité. Lionnel mourut également avant son père, ne laissant qu'une fille nommée Philippe, qui fut la tige de la maison d'York; Jean, duc de Lancastre et tige de cette maison, laissa un fils qui fut proclamé roi l'an 1399, après la déposition de Richard II et à l'exclusion de la descendance féminine de Lionnel, autrement de la maison d'York. Comme la royauté n'était pas encore strictement héréditaire, mais d'une hérédité élective, la préférence d'une branche cadette, mais masculine, sur une branche aînée, mais féminine, pouvait être soutenue, mais aussi pouvait être attaquée. Il n'y eut aucune difficulté en 1413, lorsque Henri V succéda à son père, Henri IV, ni en 1422, lorsque Henri VI, âgé de dix mois, succéda à son père, Henri V. Mais, après le supplice de Jeanne d'Arc, les affaires anglaises allant toujours plus mal en France, il se forma de grandes divisions à la cour d'Angleterre, notamment sur la question si l'on ferait la guerre ou la paix avec les Français.

Henri VI n'était point vicieux, mais dépourvu de toute capacité. Doux et inoffensif, l'ombre même de l'injustice lui était insupportable; mais, facile, et sans volonté, il était toujours prêt à adopter l'opinion de ses conseillers. L'an 1444, il épousa Marguerite d'Anjou, fille de René, roi de Sicile, princesse non moins remarquable par sa beauté que par l'étendue de son esprit et l'énergie de son caractère.

Elle prit bientôt l'ascendant sur l'esprit facile de son mari. Le comte de Suffolk, qui avait négocié leur mariage, devint leur favori commun. Les oncles du roi, le cardinal de Winchester et le duc de Glocester, se brouillent l'un contre l'autre; le 11 février 1447, le duc de Glocester est accusé, comme coupable de haute trahison, et, dix-sept jours après, on le trouve mort dans son lit, sans aucune marque extérieure de violence. Le 8 juillet, cinq écuyers à son service, convaincus d'avoir voulu massacrer le roi et placer Glocester sur le trône, sont condamnés à mort, mais Henri VI leur fait grâce, à la suite d'un sermon qu'il avait entendu sur le pardon des injures.

Le cardinal de Winchester s'était retiré de la cour, et vivait dans son diocèse, constamment appliqué à tous les exercices de la piété chrétienne. Il avait quatre-vingts ans, était malade, quand il apprit la mort de son frère le duc de Glocester. Trois semaines après, il se fit transporter dans la grande salle de son palais, où étaient assemblés le clergé de la ville et les moines de la cathédrale. Il s'y tint assis ou couché, tandis qu'on chantait un service funèbre et qu'on lisait publiquement son testament. Le lendemain, ils s'assemblèrent encore: on célébra une messe de *Requiem*, et son testament fut encore lu, ainsi que plusieurs codicilles. Il prit alors congé de tous, et fut rapporté dans sa chambre, où il mourut le 11 avril. Selon ses dispositions, son bien fut principalement employé en donations chrétiennes; il avait épargné la somme considérable de quatre mille livres sterling pour racheter les prisonniers indigents de la capitale; et l'hôpital de Sainte-Croix, dans le voisinage de Winchester, existe encore comme un monument durable de sa magnificence. Son exécuteur testamentaire offrit au roi un présent de deux mille livres sterling. Henri VI le refusa disant : « Pendant sa vie, il fut toujours un excellent oncle pour moi, que Dieu le récompense ! Remplissez ses intentions. Je ne prendrai pas son argent. » Il fut distribué aux deux colléges fondés par le roi à Eton et à Cambridge (1).

La mort du duc de Glocester et de son frère le cardinal anéantit les deux plus fermes soutiens de la maison de Lancastre, et réveille l'ambition de Richard, duc d'York, chef de la descendance féminine de Lionnel, second fils d'Edouard III. Le mauvais succès des armes anglaises en France excite des murmures contre la reine et le duc de Suffolk, premier ministre; ce dernier est déféré au parlement sur la fin de l'année 1449, comme coupable de haute trahison et d'autres crimes d'Etat. L'an 1450, le roi, pour soustraire le duc de Suffolk au jugement des pairs, l'envoie le 17 mars en exil. Mais le duc s'étant embarqué pour la France, ses ennemis font courir après lui un corsaire, qui l'ayant arrêté au passage, lui coupe la tête, sans aucune forme de procès.

Cette exécution, loin de rendre le calme à l'Angleterre, devient le commencement d'une sanglante révolution. Le duc de Sommerset, proche parent du roi, succède au crédit de Suffolk et à la haine du peuple ou de la faction qui en prenait la place. Richard, duc d'York, profite de ces dispositions pour aspirer ouvertement à la couronne. Dans cette vue, il engage un Irlandais, nommé Cade, à faire soulever la province de Kent. Lui-même, revenu sans permission de son gouvernement d'Irlande, prend les armes en 1452, et se présente devant Londres, qui lui ferme les portes; il offre au roi de congédier son armée, pourvu que le duc de Sommerset soit mis à la Tour; ce qui lui est accordé : le duc d'York est arrêté lui-même, et ensuite mis en liberté, après avoir prêté un nouveau serment au roi.

L'an 1453, la reine accouche d'un fils, qui est nommé Edouard. La guerre civile s'allume en Angleterre. Le duc d'York prend les armes pour soutenir ses prétentions; le comte de Salisburi, autre Plantagenet, et le comte de Warwick, son fils, se déclarent pour le duc d'York. L'an 1455, le 31 mai, Henri VI est battu et fait prisonnier à Saint-Alban, par le duc d'York, qui ramène le roi à Londres, et se fait déclarer protecteur du royaume. L'an 1458, le 3 avril, les deux partis font un traité d'accommodement; mais bientôt après les troubles recommencent. L'an 1460, le 19 juillet, l'armée royale est battue à Northampton par Warwick, général des mécontents, et Henri VI tombe une seconde fois entre les mains des seigneurs victorieux; la reine s'enfuit à Durham avec son jeune fils, le prince de Galles. Le roi est conduit à Londres le 16 août, et convoque un parlement le 2 octobre; il y est décidé que Henri gardera la couronne sa vie durant, et que le duc d'York lui succédera. La reine Marguerite, égale en courage aux plus grands hommes, assemble une armée, et gagne, sur la fin de décembre, la bataille de Wakefield sur le duc d'York, qui est tué dans l'action. Le duc de Rutland, son second fils, est égorgé par Clifford, dont le duc d'York avait tué le père. Le comte de Salisburi, fait prisonnier, perd la tête sur un échafaud. L'an 1461, la reine marche vers Londres, défait le comte de Warwick, le 15 février, près de Saint-Alban, et a la satisfaction de délivrer le roi, son mari. Le nouveau duc d'York, fils du défunt, sans se décourager, soutient les prétentions de son père, marche vers Londres, où il entre comme en triomphe au commencement de mars; il est élu roi d'Angleterre par les intrigues du comte de Warwick, et proclamé le 5 du mois, à Londres et aux environs, sous le nom d'Edouard IV. Le 22 du même mois, dimanche des Rameaux, il gagne la bataille de Taunton qui coûte la vie à près de quarante mille Anglais. Le 20 juin, il est couronné à Westminster; il y convoque un parlement, qui approuve son élection et casse tous les actes faits contre la maison d'York. La reine Marguerite, qui s'était retirée en Ecosse avec le roi Henri, après la bataille de Taunton, passe en France pour demander du secours.

L'an 1463, Henri VI et la reine rentrent en Angleterre, et sont bientôt suivis d'un grand nombre d'Anglais; leur camp est forcé par Montaigu, frère du comte de Warwick, général d'Edouard; Henri et la reine fuient chacun de leur côté. Quelque temps après, Henri est arrêté, conduit ignominieusement à Londres les jambes liées sous le ventre d'un mauvais cheval, au milieu des huées de la population, et enfermé dans la Tour. La reine se sauve dans une forêt, où elle est rencontrée par des voleurs et dépouillée de ses pierreries; elle s'échappe des mains de ces brigands, tenant son fils entre ses bras, à la faveur d'une querelle qui s'élève entre eux pour le

(1) Lingard, t. V, p. 180 et 181. Un poète anglais fait mourir le cardinal en désespéré; c'est une licence poétique.

partage du butin. Marguerite rencontre un autre voleur, qui, touché de compassion, la conduit au bord de la mer, où elle trouve une barque qui la passe à l'Ecluse en Flandre; elle est bien reçue par le duc de Bourgogne, qui lui donne deux mille écus, et la fait conduire auprès de son père, le roi René.

L'an 1465, pendant que le comte de Warwick conclut à la cour de France le mariage de Bonne de Savoie avec le roi Edouard, ce prince change de goût; il conçoit de l'inclination pour Elisabeth Wodeville, fille du baron de Rivers, veuve du chevalier Gray, mort au service de la maison de Lancastre, et il l'épouse. Le comte de Warwick apprend cette nouvelle en France; outré d'avoir été joué, il revient en Angleterre le cœur rempli de haine et de vengeance contre Edouard.

Au commencement de l'an 1469, Warwick commence à exécuter le projet qu'il avait formé pour renverser du trône celui qu'il y avait placé; il gagne l'archevêque d'York et le marquis de Montaigu, ses frères; il gagne même le duc de Clarence, frère aîné d'Edouard, et pour cimenter leur union, il lui donne sa fille en mariage. Warwick se retire ensuite dans son gouvernement de Calais, d'où il excite, par ses émissaires, une révolte dans la province d'Yorck. Le roi Edouard IV fait marcher le comte de Pembrock contre les rebelles. Ce général est défait et tué dans la bataille, près de Ramburi, et, peu de jours après, les insurgés ayant pris le comte de Rivers, père de la reine Elisabeth, et Jean, son fils, leur coupent la tête à Northampton.

L'an 1470, le duc de Clarence et le comte de Warwick se déclarent ouvertement, et se mettent à la tête des mécontents; Warwick surprend Edouard, le fait prisonnier, et l'envoie au château de Médelham, d'où il s'échappe et rentre dans Londres. Edouard ayant pris le dessus, Warwick passe en France avec le duc de Clarence; il se réconcilie avec la reine Marguerite, et va trouver Louis XI à Angers, où le prince de Galles, fils de Henri VI, épouse la fille de Warwick. Le duc de Clarence et le comte de Warwick retournent en Angleterre, lèvent une armée de soixante mille hommes, marchent contre Edouard qui, étant abandonné des siens, s'enfuit, et se retira en Flandre dans les Etats du duc de Bourgogne, son beau-frère. Victorieux sans avoir combattu, le duc de Clarence et le comte de Warwick entrent en triomphe dans Londres, au commencement d'octobre. Le 6 de ce mois, Warwick, appelé *faiseur de rois*, tire Henri VI de sa prison, où il était enfermé depuis sept ans, et le rétablit sur le trône : le parlement, convoqué le 29 novembre, approuve la nouvelle révolution, et déclare Edouard traître et usurpateur.

L'an 1471, Edouard revient en Angleterre avec des secours que le duc de Bourgogne lui avait fournis, il est joint par le duc de Clarence, son frère, avec lequel il s'était réconcilié, rentre dans Londres le 11 avril, remet Henri VI dans la tour, et marche contre Warwick, la bataille se donne à Barnet le jour de Pâques, 14 avril; le comte de Warwick et Montaigu, son frère, la perdent avec la vie. Le 4 mai, Edouard gagne la bataille de Teuksbury, qui décide du sort de la maison de Lancastre. La reine Marguerite et le prince de Galles, son fils, sont pris; le jeune prince, âgé de dix-huit ans, est égorgé de sang-froid par les frères d'Edouard, en sa présence et par ses ordres, après qu'il lui eût donné un coup de son gantelet sur le visage. La reine est mise dans la Tour, et y demeura jusqu'en 1475 qu'elle en sortit, et fut envoyée en France moyennant une rançon de cinquante mille écus d'or. Le 22 mai, veille de l'Ascension, Edouard VI fait son entrée dans Londres; le même soir, Henri VI est égorgé par le plus jeune frère d'Edouard, le duc de Glocester, le même qui en avait déjà égorgé le fils, le jeune prince de Galles.

Le comte de Richemond, seul reste de la maison de Lancastre, fils de Marguerite de Sommerset et d'Edmond Tudor, s'embarque avec le comte de Pembrock, son oncle, pour se retirer en France : le vent les ayant jetés sur les côtes de Bretagne, ils sont menés au duc, qui les retient comme prisonniers. L'an 1475, Edouard IV s'étant ligué avec le duc de Bourgogne contre le roi Louis XI, fait une descente au mois de juillet à Calais. le duc vient l'y joindre, mais non avec une armée, comme il avait promis. Edouard s'en retourne après avoir fait un traité de paix, le 29 août, avec le roi de France. N'ayant plus d'ennemis à redouter, Edouard IV se livre à l'indolence et à l'oisiveté. Les Wodeville, parents de la reine, s'emparent de l'administration des affaires.

L'an 1478, le duc de Clarence, jaloux du crédit des Wodeville, et traversé par eux dans tout ce qu'il entreprenait, s'échappe en discours indécents et même séditieux contre le roi, son frère. Il est arrêté, conduit à la Tour de Londres, et condamné secrètement à perdre la vie. Suivant quelques historiens, on lui donne l'option du genre de mort; il préfère être noyé dans un tonneau de malvoisie, et il l'obtient. Edouard IV mourut lui-même, épuisé de débauche, le 9 avril 1483.

Son fils, Edouard V, est aussitôt proclamé roi d'Angleterre. Un des premiers à lui prêter serment de fidélité, est son oncle, Richard, duc de Glocester. Ce même oncle s'étant saisi du jeune roi, son neveu, l'amène à Londres et fait d'immenses préparatifs pour son couronnement. Au même temps, il convoque un grand conseil, dans lequel il se fait déclarer protecteur du royaume. Il oblige la reine Elisabeth, qui s'était retirée dans l'asile de Westminster, de lui livrer son second fils Richard, duc d'York. Le protecteur, étant ainsi maître des deux princes, fait répandre des soupçons sur leur naissance, et même sur celle d'Edouard IV; enfin il réussit, par l'artifice et la violence, à faire dépouiller Edouard V, son neveu, de la couronne, après environ deux mois de règne.

Enfin lui-même est proclamé roi le 22 juin 1483, sous le nom de Richard III, et couronné le 6 juillet, Monté sur le trône par des crimes, il emploie le même moyen pour s'y maintenir. Il commence par faire étouffer ses deux neveux, Edouard V et le duc d'York. Jacques Tyrrel fut l'exécuteur de ses ordres, au refus de Brakenburi, gouverneur de la Tour de Londres. Le duc de Buckingham forme une conspiration pour détrôner Richard; il est arrêté et décapité, et les conjurés se dispersent.

L'an 1484, dans un parlement tenu au commencement de l'année, les enfants d'Edouard IV sont déclarés bâtards. Richard envoie une ambassade en

Bretagne, pour engager le duc François II à lui livrer le comte de Richemond. Landois, ministre du duc, se prête aux vues de Richard; mais le comte de Richemond, étant averti du complot, échappe heureusement et se retire auprès de Charles VIII, roi de France.

L'an 1485, Henri, comte de Richemond, s'embarque à Harfleur le 31 juillet, et passe en Angleterre, avec un secours d'hommes et d'argent que le roi Charles lui fournit : tout le pays de Galles se déclare en faveur de Henri; Richard III marche contre lui, et perd, le 22 août, la bataille de Bosworth, dans laquelle il est tué, n'ayant joui que deux ans et deux mois de sa cruelle usurpation. Telle fut l'issue de cette guerre parricide entre les familles des deux frères Plantagenet, York et Lancastre, qu'on appelle aussi de *la rose blanche* et de *la rose rouge*, d'après la couleur qu'elles avaient adoptée.

Henri, comte de Richemond, descendait, par son père, d'Owen Tudor, Gallois d'origine, et du roi Édouard III, par sa mère Marguerite, mais d'une descendance illégitime. Il est proclamé roi d'Angleterre par son armée, sous le nom de Henri VII, aussitôt après la bataille de Bosworth, le 22 août 1485. Il en prend dès lors le titre, et se fait couronner le 13 octobre. L'année suivante 1486, le 18 janvier, Henri épouse Elisabeth, fille d'Edouard IV; par ce mariage, les droits des deux maisons de Lancastre et d'York se trouvent réunis sur sa tête.

Comme le roi et la reine étaient parents, une dispense avait été accordée, avant le mariage, par l'évêque d'Imola, légat d'Innocent VIII. Mais Henri s'adressa au Pape lui-même pour en obtenir une autre. Son but ostensible était d'écarter toute espèce de doute sur la validité du mariage; et son objet réel d'y introduire les principes de son acte de succession, afin que ces principes reçussent leur sanction de l'autorité pontificale. Innocent, dans son rescrit, nous apprend que, conformément à la représentation qui lui a été faite au nom du roi, la couronne d'Angleterre appartenait à Henri, par le droit de la guerre et par un droit de succession notoire et incontestable, par le vœu et l'élection des prélats, des nobles et des communes du royaume, et par un acte des trois États en assemblée de parlement; mais que, néanmoins, pour mettre fin aux guerres sanglantes causées par la rivalité de la maison d'York, et à la pressante sollicitation des États, le roi avait consenti à épouser la princesse Elisabeth, fille aînée et véritable héritière d'Edouard IV, d'immortelle mémoire. Le Pontife, en conséquence, à la prière du roi, et pour conserver la tranquillité du royaume, confirme la dispense qui a déjà été accordée, l'acte de succession passé en parlement : il déclare que le sens de cet acte est que, si la reine mourait sans enfants avant le roi, ou si ses enfants ne survivaient pas à leur père, la couronne passerait, dans ce cas, aux autres enfants de Henri, s'il en avait d'un mariage subséquent; et il termine en excommuniant tous ceux qui tenteraient dorénavant de le troubler, lui ou sa postérité, dans la possession de ses droits. C'est ainsi que, par sa bulle du 27 mars 1486, à la demande du roi et du parlement d'Angleterre, le pape Innocent VIII confirma et légitima la promotion de la dynastie anglaise des Tudor (Raynald, an 1486, n. 46; Lingard, t. V).

Henri VII tenait fort à cette bulle. Faisant la tournée de ses provinces, il assistait publiquement au service divin, tous les dimanches et fêtes; et, dans ces occasions, il entendait le sermon d'un des évêques, qui avait ordre de lire et d'expliquer la bulle du Pape confirmative de son mariage et de son titre de roi (Lingard, p. 421).

Cependant il restait un descendant direct et légitime des Plantagenet dans la branche d'York, Edouard Plantagenet, comte de Warwick, jeune homme de quinze ans, mais enfermé dans la Tour de Londres. L'idée du jeune prince, jointe à la négligence de Henri VII à se concilier les Yorkistes, occasionna plus d'une insurrection. Vers la fin de l'année 1486, Henri VII ayant eu un fils, un Yorkiste des plus exaltés entreprit de le renverser du trône. C'était un prêtre d'Oxford, nommé Richard Simon. Pour y réussir, il dressa un certain Lambert Simnel, fils d'un boulanger à jouer le rôle du jeune comte de Warwick. Simnel prit le nom de ce prince, qu'un bruit public disait s'être échappé de sa prison. Bientôt il eut un parti considérable en Irlande, où son instituteur avait établi le lieu de la scène. Le roi, soupçonnant Elisabeth, sa belle-mère, d'avoir eu part à cette imposture, la fait renfermer et confisque ses biens. L'an 1487, le comte de Lincoln, neveu par sa mère d'Edouard IV, et plusieurs barons, s'étant rendus auprès de Simnel au mois de mai, le font couronner à Dublin. Le roi marche contre les rebelles, les défait le 6 juin à la bataille de Stoke, prend Simnel, lui accorde la vie, l'honore d'une charge de marmiton dans sa cuisine, et, peu après, en récompense de sa bonne conduite, l'élève à la charge de fauconnier.

L'an 1492, Henri VII porte la guerre en France. Il ne l'avait entreprise que pour tirer de l'argent de ses sujets, au moyen des subsides qu'il se fit accorder; il la termina dans la même année, par un traité qui lui valut quarante-cinq mille écus, que la France lui donna pour les frais de son armement, avec une pension de vingt-cinq mille écus pour lui et ses héritiers. Ainsi la guerre et la paix remplirent également ses coffres. Sous Louis XI, les principaux seigneurs de la cour d'Angleterre recevaient une pension du roi de France.

L'an 1493, un aventurier nommé Perkin Warbeck, suivant quelques-uns, fils d'un Juif converti de Tournai, se fait passer pour le duc d'York, d'après les leçons de Marguerite d'York, duchesse douairière de Bourgogne, ennemie mortelle de Henri VII. Plusieurs seigneurs forment en sa faveur une conspiration contre le roi; quelques-uns des conjurés, entre autres le grand chambellan, sont arrêtés et exécutés. L'an 1496, Jacques IV, roi d'Ecosse, qui avait reçu dans ses Etats Perkin, et lui avait donné en mariage une de ses parentes, fait une invasion en Angleterre, ravage le Northumberland, et retourne chez lui chargé de butin. L'an 1498, les rebelles de Cornouaille appellent Perkin, qui se met à leur tête, et prend le titre de roi d'Angleterre. Bientôt, abandonné de ses partisans, il se retire dans un asile religieux, et se rend au roi, qui le fait mettre dans la Tour de Londres. Pour en sortir, Perkin ayant fait un complot avec le jeune comte de Warwick, dernier rejeton direct des Plantagenet, ils sont condamnés à mort l'un et l'autre l'an

1499; le premier à être pendu, le second décapité.

L'an 1501, Arthur, prince de Galles, né l'an 1486, épouse, le 14 novembre, Catherine d'Aragon, qui lui apporte en dot deux cent mille écus d'or. Ce jeune prince étant mort dans les premiers mois de l'an 1502, le roi Henri VII, pour n'être pas obligé de rendre la dot de Catherine, la fiance à Henri, son second fils, par dispense du pape Jules II, datée du 26 décembre 1503. Cette même année 1503, Henri VII maria sa fille aînée, Marguerite, à Jacques IV, roi d'Ecosse, ce qui transféra depuis la couronne d'Angleterre à la maison des Stuart. Henri VII mourut le 22 avril 1509. Lingard dit : Si ce roi était économe dans ses dépenses et porté à amasser des trésors, on doit ajouter aussi qu'il récompensa souvent avec générosité, et déploya, dans des occasions d'apparat, la magnificence d'un grand monarque. Ses aumônes étaient journalières et abondantes. Parmi les édifices qu'il bâtit, on comptait six couvents de moines, qui furent abattus sous le règne suivant. Sa chapelle existe encore à Westminster, comme un monument de sa richesse et de son goût (Lingard, t. V; *Art de vérifier les dates*).

Son fils, Henri VIII, qui venait d'accomplir sa dix-huitième année, monte sur le trône d'Angleterre le 22 avril 1509. Le 7 juin, il épouse solennellement, avec la dispense du pape Jules II, Catherine d'Aragon, veuve de son frère Arthur, mais qui n'avait point consommé son mariage avec elle, ainsi que Catherine l'assura avec serment et que l'attestèrent les matrones. Henri lui-même convint qu'il l'avait reçue vierge. Ils furent couronnés ensemble le 24 du même mois.

L'an 1513, Henri attaque la France. Pendant son absence, Jacques IV, roi d'Ecosse, fait une invasion dans ses Etats, et perd, le 9 septembre la bataille de Floddenfield, dans laquelle il périt. Ce prince est un des plus grands rois qu'ait eus l'Ecosse : il égala ou surpassa tous ses prédécesseurs par sa valeur, sa grandeur d'âme, sa sagesse, sa piété et toutes ses grandes qualités. Sous son règne, les meurtres et les brigandages furent arrêtés par la sévérité des lois; il fit fleurir la religion par son zèle et son exemple, et régner l'abondance par le commerce. Il eut pour successeur son fils aîné, Jacques V, à peine âgé de deux ans, qui, dans la suite, épousa Marie de Lorraine, d'où naîtra l'infortunée Marie Stuart, que nous verrons succéder à son père à l'âge de huit jours.

L'an 1514, Henri VIII fait un traité de paix avec Louis XII, à qui il donne Marie, sa sœur, en mariage; il renouvelle, l'année suivante, ce traité avec François Ier, successeur de Louis (*Ibid.*).

Dans la Scandinavie, il y avait comme un flux et un reflux continuel de révolutions entre le Danemarck et la Suède. L'an 1448, mourut Christophe III, après avoir régné neuf ans sur les trois royaumes de Danemarck, de Suède et de Norwège. Comme il ne laissait pas d'enfant, les trois royaumes se désunirent. Christiern Ier fut élu, la même année 1448, roi de Danemarck, y eut pour successeurs en 1481, son fils Jean, remplacé en 1513 par son fils, Christiern II. Ces trois princes essayèrent de se faire aussi rois de Suède et de Norwège, où ils avaient un parti considérable : ils y réussirent pour un moment; des insurrections, des guerres presque continuelles furent à peu près le seul résultat. L'an 1448, Charles Canut-Son, maréchal de Suède, est proclamé roi de Suède et de Norwège. En 1458, un parti de mécontents proclament roi de Suède Christiern de Danemarck, et le couronnent à Upsal. L'an 1465, Charles, battu près de Stockholm par l'archevêque d'Upsal, est obligé de renoncer à la couronne. L'an 1471, Christiern abandonne la Suède, fatigué de la mésintelligence et des révoltes continuelles des Suédois. Stéen-Sture est choisi pour administrateur par les Etats de Suède, en attendant qu'ils pussent convenir pour l'élection d'un roi. Ce moment n'arrivait point. A la mort de Stéen-Sture, en 1503, il y eut successivement deux autres administrateurs du royaume.

Les Russes étaient tributaires des Tartares de Casan. L'an 1425, le grand-duc, Basile III, dit Basilowitz, succéda à Basile II, son père, par le choix du khan des Tartares. Georges, son oncle, refusa de le reconnaître, parce qu'il prétendait avoir été lui-même désigné grand-duc par Basile II. L'an 1434, après avoir vaincu son neveu dans trois batailles, il prend le titre qu'il ambitionnait et le transmet, l'année suivante, étant près de mourir, à Basile, son fils. Celui-ci fut pris et mis à mort, après avoir remporté quelques succès. Démétrius, son frère, continua la guerre contre Basilowitz, qu'il fit prisonnier l'an 1447. L'ayant relâché ensuite, il eut lieu de s'en repentir. Basilowitz, contre la promesse qu'il lui avait faite, travailla à recouvrer le grand-duché, et y réussit. Son fils, Iwan ou Jean III, lui succéda l'an 1462. Ce prince entreprit d'affranchir sa nation du joug des Tartares; il y réussit à tel point, que les Tartares furent obligés de payer tribut. L'an 1505, Basile IV succède à son père, Iwan III, au préjudice de son neveu, Démétrius, qu'il fit mourir peu après son intronisation (*Art de vérifier les dates*).

A Constantinople, le sultan Mahomet II, établissait pour loi de l'empire turc que chaque nouveau sultan ferait égorger ses frères, et il en donna l'exemple. C'était la vieille politique de Caïn. En Italie, les petites républiques, les petits princes, comme César Borgia, n'étaient guère plus scrupuleux. Partout, et en France où les princes se trahissent, et en Angleterre, où les Plantagenet s'entr'égorgent, comme à Moscou et à Constantinople, ce sont les mêmes principes de gouvernement : la politique, la raison d'Etat n'est point subordonnée à la religion ni à la morale, mais à l'intérêt seul : l'intérêt, telle est la règle, tel est le but suprême; pour y parvenir, tous les moyens sont bons, même les moyens déshonnêtes.

Un auteur italien a résumé cette pratique gouvernementale dans un manuel en vingt-six chapitres, dédié, l'an 1515, à Laurent de Médicis. Le résumé n'est que fidèle. L'auteur est *Nicolas Machiavel*, de Florence. Bien des gens lui en veulent furieusement, comme s'il avait inventé cette politique sans religion et sans morale, qu'on a stigmatisée de son nom. Machiavel l'a inventée, comme un miroir invente les traits des personnes qui s'y regardent. Machiavel n'est qu'un fidèle miroir de ce que les gouvernements faisaient de son temps, de ce qu'ils font encore et de ce qu'ils ont droit de faire, dès que la politique ou la raison d'Etat n'est plus subordonnée à la religion et à la morale, mais à l'intérêt seul.

Machiavel intitula son livre : *Des Principautés*, et non pas *le Prince*, comme on l'a fait depuis à tort. Les premiers mots sont la pensée fondamentale de l'écrivain. D'ailleurs, lui-même s'en explique dans une lettre à son ami Vettori :

« J'examine ce que c'est qu'une principauté ; combien il y en a d'espèces ; comment on les acquiert, comment on les garde, comment on les perd : et si jamais quelqu'un de mes caprices vous a plu, celui-là ne devrait pas vous déplaire ; il devrait être agréable à un prince, surtout à un prince nouveau. »

« Chapitre Ier. Tous les Etats, toutes les autorités qui ont eu et qui ont pouvoir sur les hommes, ont été et sont, ou des républiques ou des principautés ; les principautés sont ou héréditaires, parce que la famille de leur seigneur en a été longtemps souveraine, ou elles sont nouvelles. »

« Chapitre II. Je laisserai de côté les républiques, parce qu'ailleurs j'en ai disserté longuement. Je m'occuperai seulement du *principat* ; je m'avancerai, en décrivant les ordres ci-dessus dénommés, et je dirai comment les principautés peuvent être maintenues. Je dis donc que dans un Etat héréditaire et accoutumé à la famille de ses princes, il y a moins de difficulté à les maintenir, que dans les nouvelles. Là, il suffit de ne pas dépasser les règles de ses ancêtres, de temporiser avec les accidents, de manière que si ce prince est d'une habileté même ordinaire, il se maintiendra toujours dans son Etat, à moins qu'une force extraordinaire et excessive ne l'en prive ; enfin, quand il en est privé, il recouvre le pouvoir, au premier sinistre qu'éprouve l'*occupateur*. »

« Le prince naturel a moins de raisons et se trouve moins dans la nécessité d'offenser, d'où il résulte qu'il peut être plus aimé : si des vices extraordinaires ne le font pas haïr, il est raisonnable que ses sujets l'aiment. Dans l'antiquité et la continuité du pouvoir, s'effacent les souvenirs et les causes des innovations, parce que toujours une mutation laisse les pierres d'attente pour en soutenir une autre. »

« Chapitre III. C'est dans le *principat* nouveau que se rencontrent le plus de difficultés. » Ce que Machiavel développe et éclaircit dans le reste de son ouvrage par plusieurs exemples anciens et contemporains, où il signale pourquoi tel moyen a réussi et non pas tel autre, et comment on aurait pu mieux faire.

Dans le chapitre XIV on lit ces paroles : « Quant à l'exercice de l'esprit, le prince doit lire les histoires et y considérer les actions des grands hommes, voir comment ils se sont conduits dans les guerres, examiner les causes des victoires et des défaites, pour pouvoir éviter ces dernières, imiter les bons chefs et faire ce qu'a fait auparavant tout homme très-excellent, qui a imité lui-même ce qui avant lui a été honoré et couvert de gloire, et qui s'en est constamment rappelé les faits et les actions. C'est ainsi qu'on dit qu'Alexandre imitait Achille ; César, Alexandre ; Scipion, Cyrus. Quand on a lu la vie de Cyrus écrite par Xénophon, on rencontre dans la vie de Scipion tout ce que l'imitation a donné de gloire à celui-ci, et combien dans les sentiments de chasteté, d'affabilité, d'humanité et de noblesse, Scipion se conformait à ceux que Xénophon rapporte dans l'histoire de Cyrus. Voilà les règles que sait observer un prince sage ; il ne doit pas les oublier, même dans les temps de loisir ; il doit se les approprier avec habileté, pour s'en servir dans l'adversité, et afin que la fortune venant à changer, elle le trouve prêt à résister à ses coups. »

Dans le chapitre XVII, où il traite de la clémence et de la cruauté, Machiavel fait cette question « *Est-il mieux* (pour un prince) *d'être aimé que d'être craint ? ou est-il mieux d'être craint que d'être aimé ?* On répond qu'il faudrait tâcher d'être l'un et l'autre ; mais comme il est difficile d'accorder cela ensemble, il est plus sûr d'être craint que d'être aimé, quand on doit renoncer à l'un des deux. Des hommes, on peut dire cela généralement, qu'ils sont ingrats, changeants, dissimulateurs, *fuyeurs* de périls, cupides de gain ; pendant que tu leur fais du bien, ils sont tout à toi, ils t'offrent leur sang, leur fortune, leur vie, leurs enfants ; mais c'est, ainsi que je l'ai dit, quand le danger est éloigné ; lorsqu'il s'approche, ils changent de sentiment. Le prince qui a fait fond sur leur parole, se trouvant nu de toute autre préparation, périt ; les amitiés qu'on achète avec de l'argent, et non avec la grandeur et la noblesse de son âme, on les a méritées, mais on ne les possède pas, et, au temps venu, on ne peut les dépenser. Les hommes se décident plutôt à offenser celui qui se fait aimer que celui qui se fait craindre. L'amour est maintenu par un lien d'obligation qui, parce que les hommes sont méchants, est rompu devant toute occasion d'avantages pour eux ; mais la crainte est contenue par une peur du châtiment qui ne t'abandonne jamais. »

« Cependant le prince doit se faire redouter de manière que s'il n'obtient pas l'amour, il fuit la haine ; car il peut arriver à être à la fois craint et point haï : ce qu'il obtiendra toujours, s'il s'abstient de *prendre les biens de ses citoyens et de ses sujets, et d'insulter leurs femmes*. »

« Si le prince doit procéder contre la vie d'une personne, il ne doit le faire que lorsqu'il y a pour lui justification convenable et cause manifeste ; surtout il ne doit pas prendre les biens des autres, parce que les hommes oublient plutôt la mort de leur père que la perte de leur patrimoine. »

« Les motifs pour enlever le bien ne manquent pas, et toujours celui qui commence à vivre de rapine trouve des raisons pour s'emparer de ce qui appartient aux autres ; au contraire, les motifs pour répandre le sang sont plus rares et manquent plus tôt. »

« Je conclus donc, en revenant à cette demande : *Est-il mieux d'être craint que d'être aimé ?* les hommes aiment à leur profit et craignent au profit du prince. Un prince sage doit faire fond sur ce qui est à lui, et non sur ce qui est aux autres ; il doit seulement s'ingénier de manière à fuir la haine (Artaud. *Machiavel, son génie et ses erreurs*, t. I, c. 22). »

On a pu remarquer comment, en ce chapitre, Machiavel donne aux princes, même mauvais, des raisons naturelles et politiques pour qu'ils ne prennent pas le bien de leurs sujets. Au moins, sur cet article, Machiavel ne mérite point de blâme, d'autant plus qu'il est le premier qui ait ainsi réclamé contre les confiscations.

Le chapitre XVIII, le plus fameux de tous, traite de la *manière dont les princes doivent garder leur parole*. Le voici tout entier :

« Chacun comprend combien il est louable dans un prince de maintenir sa foi, et de vivre avec intégrité et sans astuce.

» Néanmoins on voit par expérience, *de nos temps*, qu'ils ont fait de grandes choses, ces princes qui ont tenu peu de compte de leur parole, qui ont su par leur astuce embarrasser la cervelle des hommes, et ils ont à la fin vaincu ceux qui avaient fait fond sur leur loyauté.

» Vous devez donc savoir qu'il y a deux manières de combattre, l'une avec les lois, l'autre avec la force. La première manière est propre à l'homme, la seconde est propre à la bête. Comme la première souvent ne suffit pas, il arrive qu'on recourt à la seconde ; ainsi est-il nécessaire qu'un prince sache bien être la bête et l'homme. Cette doctrine a été enseignée d'une manière détournée par les anciens auteurs qui écrivent comment Achille et beaucoup d'autres de ces princes furent nourris par le centaure Chiron, qui les tint sous sa garde. Avoir ainsi pour précepteur une demi-bête et un demi-homme, ne veut pas dire autre chose, sinon qu'il faut qu'un prince emploie les deux natures, et que l'une sans l'autre n'est pas durable. Un prince étant contraint de recourir au moyen de la bête, il doit, dans cette nature, suivre l'exemple du lion et du renard, parce que le lion ne sait pas se défendre des lacs, et que le renard ne sait pas se défendre des loups ; il faut donc être renard et connaître bien les lacs, et lion pour effrayer les loups. Ceux qui simplement s'en tiennent au lion, ne s'y entendent pas. Donc un seigneur prudent ne doit pas observer la foi, quand une semblable observance tourne contre lui, et que les raisons qui ont décidé sa promesse sont détruites.

» Si les hommes étaient tous bons, ce précepte ne serait pas bon. Mais, comme les hommes sont méchants, et qu'ils ne l'observeraient pas envers toi, toi, encore, tu n'as pas à l'observer avec eux.

» Jamais les motifs pour colorer la non-observance ne manqueront pas à un prince. De cela, on pourrait donner une foule d'exemples modernes, et montrer combien de paix, combien de promesses ont été rendues nulles et vaines par l'infidélité des princes, et celui qui a su le mieux faire le renard, a le mieux tourné. Mais il est nécessaire de savoir colorer cette nature et d'être grand dissimulateur. Les hommes sont si simples, ils obéissent tellement aux nécessités présentes, que celui qui trompe trouvera toujours qui se laissera tromper. Parmi les exemples récents, il y en a un que je ne veux point passer sous silence. Alexandre VI ne fit jamais que tromper les hommes ; il ne pensa pas à autre chose, et trouva toujours moyen de le faire ; il n'y eut jamais d'homme qui réussît plus bien à protester ; qui, avec plus de serments, affirmât une chose en l'observant moins. Cependant, les tromperies lui réussirent à souhait, parce qu'il connaissait bien cette partie des affaires.

» Il n'est donc pas nécessaire qu'un prince ait les qualités ci-dessus rappelées, mais il est bien nécessaire qu'il paraisse les avoir ; même j'aurai la hardiesse de dire cela, que, quand on les a et qu'on les observe toujours, elles sont préjudiciables ; lorsqu'il semble qu'on les possède, elles sont utiles, c'est-à-dire qu'il faut paraître clément, fidèle, humain, religieux, intègre, et l'être en effet. Mais il faut se trouver ensuite dans l'esprit, construit tellement, que, s'il ne convient pas d'avoir ces vertus, tu puisses et tu saches prendre le rôle contraire. Entends bien ceci : c'est qu'un prince, et surtout un prince nouveau, ne peut observer toutes les choses qui font réputer les hommes bons, parce que, pour conserver l'État, il est souvent dans l'obligation d'opérer contre la foi promise, contre la charité, contre l'humanité, contre la religion.

» Il faut donc qu'il ait un esprit disposé à se tourner selon que *les vents* et les variations de la fortune le lui commandent, *et, comme j'ai dit ci-dessus, il ne doit pas s'écarter de ce qui est bien, quand il le peut*, mais il doit savoir entrer dans le mal, quand il y est forcé. En conséquence, un prince doit bien veiller à ce qu'il ne sorte pas de sa bouche une chose qui ne soit empreinte de cinq conditions ; il convient qu'à le voir et à l'entendre, il soit tout clémence, tout foi, tout humanité, tout intégrité, tout religion. Cette dernière qualité, il faut surtout paraître l'avoir, parce que les hommes jugent par les yeux plus que par les mains. Il arrive un petit nombre de voir, et un petit nombre d'entendre ; chacun voit ce que tu parais être, peu entendent ce que tu es, et le petit nombre n'ose pas s'opposer à l'opinion du grand nombre qui a devant lui la majesté du pouvoir. Dans les actions des hommes, surtout des princes, *là où il n'y a point de tribunal auprès duquel on puisse réclamer*, on considère le résultat.

» Qu'un prince s'attache donc à vaincre et à maintenir l'État ; les moyens seront toujours jugés honorables et loués de chacun ; le vulgaire marche toujours avec ce qui paraît et avec l'événement qui est arrivé, et le monde n'est encore que le vulgaire. Le petit nombre ne peut rien là où le grand nombre n'a pas de quoi s'appuyer ; un prince du temps présent (Ferdinand d'Aragon), qu'il ne serait pas bien de nommer, ne prêche rien autre que paix et bonne foi, et il est ennemi de l'une et de l'autre ; et l'une et l'autre, s'il les avait observées, lui auraient fait perdre sa réputation et ses États. »

Dans ce fameux chapitre de Machiavel, la religion et la morale chrétienne interprétée par l'autorité compétente, pourraient sans doute reprendre plus d'une chose. Mais si la politique, si la raison d'État n'est point subordonnée à la religion et à la morale chrétienne (1) ; si même, y étant subordonnée, chaque prince est juge suprême, dans sa propre cause, de l'explication et de l'application de cette morale, nul n'a rien à dire à personne, ni à Machiavel qui fait de cela un mystère suivi, ni aux princes qui le mettent en pratique. Or, depuis longtemps, les hommes qui se mêlent du gouvernement des États ou d'en raisonner, ne supposent-ils pas tous que la politique, la raison d'État, n'est point subordonnée à la religion et à la morale chrétienne interprétée par la seule autorité compétente, l'Église catholique ? Soyez donc alors conséquents avec vous-mêmes, et ne blâmez point dans autrui les

(1) Voir ce que dit Bossuet dans sa *Défense*, l. 1, sect. 2, c. 32 et 35.

conséquences naturelles des principes que vous-mêmes avez posés.

Un Français aurait tort de se plaindre des Anglais, comme le fait un écrivain diplomate dans les observations suivantes sur ce fameux chapitre de Machiavel : « Remarquons encore que Machiavel, qui donne ces préceptes diaboliques, n'est pas arrivé cependant à conseiller ce que les Anglais du siècle dernier et du commencement du siècle actuel ont pratiqué et voudraient, dit-on, ce que je ne veux pas croire, pratiquer encore à chaque déclaration de guerre.

» Quelquefois, deux mois, trois mois, avant de commencer les hostilités en Europe, quand, pour eux, la guerre a été bien résolue, ils ont envoyé aux Indes l'ordre d'arrêter nos vaisseaux, de faire prisonniers les équipages, et d'envahir nos possessions et nos îles; pendant ce temps, leur ambassadeur pouvait rester en France, donner ou recevoir des fêtes, se présenter à l'audience du souverain, communiquer des rapports, négocier peut-être quelques articles de traité de commerce, s'asseoir à nos banquets, nous inviter aux siens, et ne demander ses passeports que lorsqu'enfin un de nos bâtiments, échappé à une attaque subite faite en pleine paix, était naturellement sur le point d'annoncer que, depuis trois mois, on faisait la guerre à la France. Machiavel n'a dit cela nulle part; nulle part il ne l'a conseillé. Le démon qui l'inspirait ne l'a pas instruit de toutes ses malices (*Machiavel, son génie*, etc.). »

Voilà comme parle ce diplomate français. Or, si la politique, si la raison d'État, comme le dit Bossuet même, n'est pas subordonnée à la morale chrétienne (1), mais à l'intérêt seul, la république et la société ne consistant ainsi que dans le commerce et les échanges (2), les Anglais, en faisant tout cela, sont dans leur droit; ils n'ont fait que perfectionner la politique ou la morale commune à tous les gouvernements, même réunis en congrès. Voici ce que nous révèle là-dessus le même diplomate :

« Je laisse un moment Machiavel et son écrit..... et je me transporte successivement dans chacun des conseils, où, entre autres exemples, on a décidé au milieu d'un tas immense de traités d'alliance et d'amitié, où l'on a décidé, dis-je, du sort de la Pologne, de Venise, des princes allemands sécularisés, et de l'État de Gênes. Là, ce sont d'autres hommes que Machiavel qui ont pris la parole; ce ne sont pas des précepteurs ardents, des hommes tourmentés par la faim, des logiciens raisonnant, comme il l'a fait, en quelques points, dans la sphère de ses erreurs; ce sont des seigneurs polis, froids, mesurés, dînant bien, discutant sur l'état du *sujet* déposé sous leurs yeux *en travers du marbre noir*, le dépeçant avec calme, pesant les parts, retranchant la portion trop forte, ajoutant l'appoint *des âmes*, demandant une rivière en compensation d'une montagne, trouvant tout naturel qu'on soit dépouillé, parce qu'on ne s'entend pas dans les assemblées turbulentes, parce qu'on a possédé une puissance fondée dans les temps des irruptions barbares, statuant que des principautés provenant de titres antiques seront données au membre d'une confédération nouvelle qui sera le plus voisin, et qui promettra le plus de troupes et de subsides; prêts à convenir que, parce qu'on a acquis des richesses dans un commerce probe et intelligent, on doit, en conséquence, perdre sa liberté. Je me présente ces graves personnages, les uns allumant leur pipe avec des chartes, les autres prouvant que l'homme est naturellement remuant et importun, disant entre eux mille fois plus d'injures à la faible humanité, que n'en a pu dire l'indiscret secrétaire de la république de Florence, ensuite n'en persistant que davantage à renverser l'ordre antique, proférant à huis-clos de bien autres maximes, ou citant, si on veut, celles du Florentin, et se quittant en se disant dans ces propres termes : « C'est dommage qu'il ait fallu en venir à cette extrémité, » mais de pareilles déterminations étaient nécessai- » res. La raison d'État a prononcé. Nous avons jugé » sur ses exigences; maintenant gardons-nous respectivement le secret sur les motifs qui nous ont » décidés. Sauvons aux hommes la honte d'une pu- » blication des motifs qu'il faut considérer pour bien » gouverner les États. S'il y a lieu, nous nous reverrons pour appliquer les mêmes doctrines. Si » nous n'y sommes plus, nos élèves, nos succes- » seurs accompliront la sévère mission de la politi- » que (*Machiavel, son génie*, etc., t. II, c. 47). »

Ainsi donc, d'après le témoignage de ce diplomate, aujourd'hui encore, les gouvernements d'Europe, réunis en concile politique dans la personne de leurs ambassadeurs, agissent sans foi ni loi, étouffent des souverainetés légitimes, s'en partagent les dépouilles, sans nul égard pour la religion, la morale ni la justice, mais par des motifs si honteux que l'humanité en rougirait éternellement, si elle venait à les connaître.

§ IV.

Soins des pontifes romains pour sauver l'Europe au dedans et au dehors. — Grand nombre de savants, d'artistes et de saints en Italie.

Maintenant donc, quelles seront les suites naturelles d'un pareil état de choses? — Comme dit le proverbe, l'univers entier se formera sur le modèle des rois; les peuples, sur les gouvernements; les familles, sur les peuples; les individus sur les familles. On dira : La raison d'État n'étant pas subordonnée à la religion et à la morale, la raison de famille, la raison d'individu ne doit pas l'être davantage; chacun n'a plus d'autre règle que soi. Conséquemment il n'y aura plus de famille, plus de justice, plus de société ; à moins que, pendant que les Allemands se brouillent, que les Français se trahissent, que les Anglais s'égorgent, le Turc ne vienne les réduire tous à la même servitude, comme il a fait les Grecs, et comme, d'après la politique moderne, il a droit de faire; car, la reli-

---

(1) *Est ergo imperium, seu civile regimen, religioni subordinatum et ab ea pendet in ordine morali; non autem in ordine politico, seu quod attinet ad jura societatis humanæ : cùm hoc postremo ordine et religio et imperium sine se invicem esse possunt* (Bossuet. *Defens.*, pars I, l. I, sect. 2, c. 5, 32 et 35).

(2) *Quoniam respublica ac civilis societas stat commerciis ac permutationibus* (*Ibid.*, pars I, l. I, sec. 2, cap. 14).

gion et la morale une fois de côté, il ne reste que l'intérêt pour but, la ruse et la force pour moyens.

Qui donc alors sauvera l'humanité et l'Europe, et contre l'oppression musulmane au dehors, et contre l'anarchie princière au dedans? Qui, malgré tous les obstacles, conservera l'unité et l'union dans l'humanité, dans l'Europe, dans la nation, dans la famille? Qui, en dépit de la politique moderne, maintiendra l'empire de la religion, de la morale, de la justice et de l'honneur? — Dieu seul et son Eglise, l'Eglise et son chef. Et ce sera, comme toujours, le fond de l'histoire. — Et de cette source mystérieuse procédera tout ce qu'il y a de vrai, de juste, de moral, d'honorable, de permanent, d'universel dans l'opinion publique : puissance indirecte de l'Eglise sur le monde même, qui ne s'en doute pas; filet impalpable par où l'Eglise retient en certaines bornes ses ennemis mêmes les plus emportés.

Le pape Eugène IV était mort le 23 février 1447, après avoir reçu de nouveau l'obédience de l'Allemagne, qui avait gardé une espèce de neutralité durant le schisme du conciliabule de Bâle. Dès le 6 mars, les cardinaux, au nombre de dix-huit, élurent tout d'une voix le cardinal Thomas de Sarzane, évêque de Bologne. Il était né l'an 1398, à Pise, où son père, Barthélemi Parentucelli, enseignait les arts libéraux et la médecine. Il fut surnommé de Sarzane, du bourg natal de sa mère. Il manifesta de bonne heure de grandes dispositions pour la piété et pour les sciences. Il reçut la tonsure cléricale à l'âge de dix ans. Deux ans après il se rendit à l'Université de Bologne, où il surpassa tous les étudiants en la connaissance de la dialectique et de la physique, et apprit par cœur, ou peu s'en faut, tous les livres d'Aristote sur ces matières. Dans sa dix-huitième année, il fut appelé à Florence, comme précepteur des enfants de deux nobles. A vingt-deux ans, il retourna à Bologne, et s'acquit tellement l'amitié et l'estime du saint cardinal et évêque Nicolas Albergati, qu'il fut établi son majordome. Dans une position aussi agréable, il étudia tous les écrits remarquables des scholastiques, ainsi que les Pères de l'Eglise, et, comme il avait une mémoire très-heureuse, il retint toute sa vie, tant de ces écrivains que d'autres en plusieurs sciences, des passages innombrables, qu'il appliquait avec une merveilleuse présence d'esprit. Ordonné prêtre à vingt-cinq ans, les Papes l'employèrent à plusieurs négociations en divers pays; Eugène IV lui donna l'évêché de son défunt bienfaiteur, et lui envoya le chapeau du cardinal pendant qu'il revenait de sa légation d'Allemagne. Ayant donc été élu pape le 6 mars 1447, il prit le nom de Nicolas V, en mémoire de son bienfaiteur, le bienheureux Nicolas Albergati.

Nicolas V fut reconnu de toute l'Allemagne dans la diète d'Aschaffenbourg, de la France, de l'Angleterre, et enfin de tous les pays chrétiens, hormis la Savoie, où l'antipape Amédée, se disant Félix V, conservait son petit parti. A la mort d'Eugène IV, il s'était flatté d'être reconnu de tout le monde, avait envoyé de prétendus légats de côté et d'autre; mais on se moqua d'eux. Le nouveau Pape menaçait de procéder contre lui avec sévérité, pour mettre fin aux restes de son schisme et de son conciliabule, qui, de Bâle, s'était réfugié à Lausanne. Trois fois l'empereur Frédéric IV fit notifier aux quelques prélats schismatiques qui s'opiniâtraient à vouloir prolonger le concile à Bâle, qu'il leur retirait tout sauf-conduit; il finit par commander aux habitants de mettre son ordonnance à exécution, sous peine d'être mis au ban de l'empire; ce qui obligea la poignée de schismatiques de se retirer à Lausanne, auprès de leur antipape. L'évêque et le peuple de Bâle firent leur soumission au nouveau pape Nicolas V.

Cependant le roi de France, Charles VII, que le Pape légitime avait invité à occuper la Savoie pour réduire par la force l'antipape et son schisme, espéra parvenir au même but par des négociations : en quoi il fut secondé par les rois d'Angleterre et de Sicile. Effectivement, après bien des voyages et des conférences, on convint de rétablir la paix aux conditions suivantes : Qu'Amédée de Savoie renoncerait au titre de pape et à toutes ses prétentions sur le Saint-Siège, se soumettant entièrement au pape Nicolas, qui lui conserverait la dignité de cardinal avec la légation en Savoie, que toutes les censures encourues à l'occasion du schisme seraient levées, et toutes les grâces accordées de part et d'autre confirmées. Nicolas V accorda volontiers ces conditions, et cela dans des termes très-honorables pour Amédée, qui, le 7 avril 1449, dans le soi-disant concile œcuménique de Lausanne, pour la paix de l'Eglise, disait-il, renonça entièrement à la papauté. Pour terminer dignement ce drame, ses huit cardinaux, avec les assesseurs du prétendu concile, élurent pape le cardinal Thomas de Sarzane, sous le nom de Nicolas V, et déclarèrent leur assemblée dissoute. Amédée retourna à Ripaille où il mourut fort chrétiennement dès l'année suivante 1450. Ce fut le dernier antipape.

Le plus zélé de ses partisans, Louis d'Alleman, cardinal d'Arles, finit à peu près comme lui. Rentré en grâces auprès du pape Nicolas V, il en fut envoyé légat en Allemagne; revenu dans son diocèse, il s'adonna uniquement aux bonnes œuvres et aux exercices de la pénitence. Après sa mort, qui arriva au mois de septembre 1450, il se fit des miracles à son tombeau, et le pape Clément VII autorisa dans la suite le culte religieux que lui rendaient les peuples. Au XVIIe siècle, on cessa de faire son office et de l'invoquer par des prières publiques dans l'église d'Arles, tant on y était mal édifié des éclats qu'il s'était permis dans le concile de Bâle, contre le pape Eugène IV, en faveur du schisme (*Hist. de l'Eglise gallic.*, 1. 48).

Une autre œuvre de pacification avait été conclue dès l'année 1448. Ce fut le concordat germanique ou *pragmatique sanction* réglant les relations entre le Saint-Siège et les églises d'Allemagne. Il fut arrêté à Vienne, le 17 février 1448, entre le cardinal Carvajal, légat du Pape, d'une part, et l'empereur Frédéric IV, de l'autre, assisté de plusieurs princes et évêques. En voici les dispositions principales.

Le Pape réserve au Saint-Siège la nomination de tous les bénéfices généralement qui vaqueront en cour de Rome, de même que tous ceux des cardinaux et des officiers de la même cour, en quelque lieu que meurent les titulaires. Il accorde aux églises métropolitaines, aux cathédrales et aux monastères immédiatement soumis au Saint-Siège, le droit d'élire respectivement aux archevêchés, évêchés et abbayes, avec obligation de s'adresser au Saint-Siège pour la confirmation, dans le temps prescrit par la constitution de Nicolas III : faute de quoi, ou si l'élection n'était pas canonique, ou que, de l'avis des cardinaux, le Pape, pour de bonnes et évidentes raisons, trouvait à propos d'y nommer un sujet plus digne, le Saint-Siège y pourvoirait. A l'égard des monastères qui ne sont pas soumis immédiatement au Saint-Siège, ils ne seront pas obligés de s'y adresser pour la confirmation.

A l'égard des autres dignités et bénéfices séculiers et réguliers, excepté la première dignité après l'épiscopale dans les cathédrales et la principale dans les collégiales, la provision en appartiendra à ceux qui en jouissent de droit. Ceux qui ont le droit de nommer, d'élire, de pourvoir, de quelque manière que ce soit, aux bénéfices, l'exerceront librement lorsqu'ils viendront à vaquer dans les mois de février, avril, juin, août, octobre et décembre, nonobstant toutes les réserves faites ou à faire. Le Saint-Siège disposera pendant les six autres mois; et si, après trois mois depuis la vacance connue, le Saint-Siège n'y avait pas pourvu, l'ordinaire ou le collateur aurait la liberté d'y pourvoir. Les annates se paieront suivant la taxe de la Chambre apostolique, que l'on modérera, si elle était trouvée trop forte. Les bénéfices, dont le revenu n'excédera point vingt-quatre florins d'or de la Chambre, n'en paieront aucune (*Bullarium*).

Tels sont les principaux articles du concordat germanique, arrêté à Vienne le 17 février 1448, et confirmé par Nicolas V le 18 mars de la même année. Ils ont été observés en Allemagne jusque dans ces derniers temps. Le pape Nicolas V, par un indult spécial, permit à plusieurs évêques de nommer aux bénéfices réservés au Saint-Siège.

L'esprit pacificateur du nouveau Pontife se fit également sentir en Espagne. Pendant un tumulte populaire contre l'autorité royale, les séditieux y avaient publié une loi qui excluait de tous les emplois civils et ecclésiastiques toutes les personnes d'origine juive. Nicolas V, en étant informé, cassa ce règlement injuste; et, confirmant les lois de quelques rois de la nation, il déclara que tous les nouveaux convertis, soit du judaïsme, soit de la gentilité ou de toute autre secte d'erreur, à la religion chrétienne, et vivant chrétiennement, de même que leurs descendants, étaient et seraient réputés habiles à posséder toutes sortes de bénéfices et d'emplois, tant dans le royaume que dans l'Eglise, sans qu'à raison de la nouveauté de leur conversion, ou de celle de leurs auteurs, on mît aucune différence entre eux et les anciens fidèles (*Diploma Nicol. V, apud* Mariana, l. 22, cap. 5).

L'an 1450 fut l'année du jubilé. Nicolas V l'ouvrit la veille de Noël 1449. On vit affluer à Rome une si grande multitude de pèlerins, que plusieurs furent étouffés dans la presse. Le Pape en fut sensiblement affligé, et les fit enterrer honorablement. Il fit même abattre plusieurs maisons, pour élargir le passage des rues. Parmi les pèlerins on remarqua plusieurs grands personnages, entre autres l'électeur de Trèves, qui obtint l'érection d'une université. Dans cette même année du jubilé, Nicolas V canonisa saint Bernardin de Sienne, mort six ans auparavant.

Il transféra de plus à Venise le patriarcat d'Aquilée, qui avait été uni à l'église de Grade; et il revêtit de cette dignité saint Laurent Justinien, évêque de cette première ville.

Le sénat de Venise, toujours jaloux de sa liberté, forma de grandes difficultés; il craignait que ses droits et ses priviléges ne fussent lésés en quelques circonstances. Pendant qu'on agitait cette affaire avec beaucoup de vivacité, Laurent se rendit dans le lieu où le sénat était réuni, et déclara qu'il aimait mieux quitter une place pour laquelle il n'était point propre, et qu'il occupait depuis dix-huit ans contre sa volonté, que d'aggraver, par l'acceptation d'une dignité nouvelle, le fardeau qu'il avait tant de peine à porter. Le discours qu'il fit en cette occasion marquait de sa part tant de charité et d'humilité, que le doge lui-même ne put retenir ses larmes; il en vint jusqu'à prier Laurent de ne point penser à sa démission, et de se conformer au décret du Pape, dont l'exécution serait utile à l'Eglise et honorable à leur pays. Les sénateurs applaudirent au doge, et la cérémonie de l'installation du nouveau patriarche se fit, au grand contentement de tout le monde.

Laurent se regarda comme un homme qui avait contracté une nouvelle obligation de travailler avec ardeur à l'accroissement du règne de Jésus-Christ et à la sanctification des âmes. On vit alors, de la manière la plus sensible, ce que peut un saint dans les grandes places. Laurent trouvait du temps pour se sanctifier lui-même et pour rendre service au prochain. Jamais il ne se faisait attendre par sa faute; il quittait tout pour donner audience à ceux qui voulaient lui parler, sans distinction de pauvres ni de riches. Toutes les personnes qui se présentaient, il les recevait avec tant de douceur et de charité, il les consolait d'une manière si touchante, il paraissait si parfaitement libre de toute passion, que l'on ne s'imaginait pas qu'il eût participé à la corruption originelle. Chacun le regardait comme un ange descendu sur la terre. Ses conseils étaient toujours proportionnés à l'état des personnes qui s'adressaient à lui. On rendait si universellement justice à sa vertu, à sa sagesse, à ses lumières, que l'on ne voulait plus examiner de nouveau à Rome les causes décidées par lui, et que, dans le cas d'appel, on y confirmait toujours ses sentences. Plein de mépris pour lui-même, il était insensible à l'idée que l'on pouvait se former de sa personne. Si quelqu'un le louait, il en prenait occasion de s'humilier davantage devant Dieu et devant les hommes. Il cachait ses bonnes œuvres autant qu'il lui était possible. Quand il lui échappait de ces larmes qui avaient leur source dans l'amour divin ou dans la vivacité de sa componction, il s'accusait de faiblesse et d'une excessive sensibilité d'âme. Il était entièrement mort à lui-même. Un domestique lui ayant un jour présenté à table du vinaigre au lieu de vin et d'eau, il le but sans rien dire. Tout, jusqu'à sa bibliothèque, annonçait en lui l'amour de la pauvreté.

La république fut agitée de son temps par de violentes secousses et menacée des plus grands dangers. Un saint ermite, qui, depuis plus de trente ans, servait Dieu avec ferveur dans l'île de Corfou, assura qu'il avait su, d'une manière surnaturelle, que l'état avait été sauvé par les prières du saint évêque. Le neveu de Laurent, qui a écrit sa vie d'un style pur et élégant, rapporte comme témoin oculaire, qu'il fut favorisé du don des miracles et de celui de prophétie.

Il avait soixante-quatorze ans, lorsqu'il composa son dernier ouvrage, intitulé : *Les degrés de perfection*. Il l'eut à peine achevé, qu'il fut pris d'une fièvre violente. Voyant ses domestiques occupés à lui préparer un lit, il leur dit tout troublé : « Que voulez-vous donc faire ? Vous perdez votre temps. Mon Seigneur est mort étendu sur une croix. Est-ce que vous ne vous rappelez point que saint Martin disait dans son agonie, qu'un chrétien doit mourir sur la cendre et le cilice ? » Il voulut absolument qu'on le couchât sur la paille. Tandis que ses amis pleuraient autour de lui, il s'écriait dans des ravissements de joie : « Voilà l'Epoux ; allons au devant de lui ! » Puis, levant les mains au ciel, il ajoutait : Seigneur Jésus, je m'en vais à vous ! D'autres fois, il se livrait aux sentiments de cette sainte frayeur qu'inspire la pensée des jugements de Dieu. Quelqu'un lui disant un jour qu'il devait être pénétré de joie, puisqu'il allait recevoir la couronne, il se troubla et répondit : « La couronne est pour les soldats courageux, et non pour des lâches tels que moi ! Sa pauvreté était si grande, qu'il n'avait rien dont il pût disposer. Il fit cependant son testament, et ce fut seulement pour exhorter tous les hommes à la vertu et pour ordonner qu'on l'enterrât comme un simple religieux dans le couvent de Saint-Georges. Mais, après sa mort, le sénat ne voulut point permettre que cette dernière clause fût exécutée. Durant les deux jours qui précédèrent sa mort, les différents corps de la ville vinrent recevoir sa bénédiction. L'entrée de sa chambre fut ouverte aux pauvres comme aux riches, et il fit à tous des instructions fort touchantes. Marcel, un de ses disciples bien-aimés, pleurant amèrement, il le consola, en lui disant : « Je vais vous précéder, mais vous me suivrez bientôt. Nous nous réunirons à Pâques prochain. » La prédiction fut vérifiée par l'événement. Ayant fermé les yeux, il expira tranquillement le 8 janvier 1455, dans la 74e année de son âge. Il y avait 22 ans qu'il était évêque et 4 qu'il était patriarche. On ne l'enterra que le 17 mars, à cause de la contestation qui s'éleva sur le lieu de sa sépulture. Il fut béatifié en 1524, par Clément VII, et canonisé par Alexandre VIII, en 1690. On marqua sa fête au 5 septembre, qui était le jour où il avait été sacré évêque (*Acta Sanct.*, 8 janv., et Godescard, 5 sept.).

Les œuvres de saint Laurent Justinien ont été imprimées plusieurs fois. Ce sont des sermons, des lettres et des traités de piété. Le langage du saint est celui du cœur ; il n'y a point d'auteur qui soit plus propre à enflammer d'amour pour Dieu, à inspirer une tendre dévotion pour tous les mystères du salut, à perfectionner dans l'esprit de componction, d'humilité, de renoncement, de retraite, et à remplir de zèle pour l'acquisition de toutes les vertus.

Frédéric III ou IV, élu empereur d'Occident, désirait beaucoup recevoir la couronne impériale des mains du Pape : il se rendit donc à Rome, accompagné d'Eléonore de Portugal, son épouse, qui le joignit à Sienne, et du jeune Ladislas, roi de Hongrie et de Bohême. Le Pape, assis dans une chaire d'ivoire, les reçut à la porte de l'église de Saint-Pierre, où ils furent introduits, après que les deux rois eurent baisé les pieds du Pontife et qu'ils lui eurent fait leur harangue. Ensuite le Pape, à la prière de Frédéric, lui imposa la couronne de fer, symbole du royaume de Lombardie, avec déclaration néanmoins que c'était sans préjudicier à l'usage qui attribuait ce droit à l'archevêque de Milan. En même temps, il donna la bénédiction nuptiale à Frédéric et à Eléonore, que ce prince avait épousée auparavant par procureur. Ces cérémonies se firent le 15 mars 1452. Quatre jours après, le même prince ayant prêté le serment ordinaire, fut reçu chanoine de Saint-Pierre, sacré et couronné empereur avec la couronne de Charlemagne, qu'on avait apportée de Nuremberg pour cette cérémonie. Eléonore, son épouse, fut aussi couronnée impératrice des mains du Pape, avec la couronne dont Martin V avait couronné l'épouse de l'empereur Sigismond. Au sortir de la basilique de Saint-Pierre, le Pape étant monté à cheval, l'empereur lui servit d'écuyer jusqu'à l'église de Sainte-Marie-Transpontine (Raynald, an 1452, n. 1 et seqq.).

Une grande sollicitude occupait alors les pontifes romains. Les Ottomans, surtout après la prise de Constantinople, menaçaient l'Europe chrétienne, et par la mer, et par la Hongrie. Peu ou point de secours à espérer des Allemands, des Français, des Anglais, qui ne connaissaient plus que les dissensions et les guerres intestines. Il faudra que les pontifes romains sauvent l'Europe avec quelques troupes particulières de croisés, avec les religieux militaires de Saint-Jean ou de Rhodes, avec le prince d'Albanie, Scander-beg, avec le vaivode de Transylvanie, Jean Huniade.

On aurait pu s'attendre, dans ce péril extrême de la chrétienté, que les religieux militaires du nord de l'Allemagne, connus sous le nom de *chevaliers Teutoniques*, la défendraient de ce côté contre les infidèles, comme les religieux militaires de Saint-Jean ou les chevaliers de Rhodes la défendaient du côté de la mer. Mais depuis longtemps les chevaliers Teutoniques, dégénérés de leur noble vocation, ne savaient plus faire la guerre que contre les chrétiens et les évêques. Oubliant leurs vœux de chasteté et d'obéissance, ils corrompaient par leurs scandales les populations qu'ils devaient édifier. Nous verrons leur supérieur général, le moine Albert de Brandebourg, triplement parjure, finir par l'apostasie et le vol, se marier au mépris de ses vœux, dérober la Prusse à l'ordre Teutonique et à l'Église, pour en enrichir sa famille. De ce côté, il y avait donc pour l'Europe chrétienne plus de danger que de secours.

Tandis que l'Europe, menacée de devenir une province turque, attendait vainement d'Angleterre un Richard Cœur-de-Lion, de France un saint Louis, un Godefroi de Bouillon, un Tancrède, il était né dans les commencements du XVe siècle, au fond de la Transylvanie, un homme appelé *Jean*, surnommé *Corvinus*. Sa mère était Grecque, son père était Valaque. Par sa mère, dit-on, il descendait des empereurs de Constantinople, et, par son père, de Valérius Corvinus de l'ancienne Rome. Mais il est plus célèbre sous le nom de *Huniade*. Dès sa jeunesse, il se distingua dans les guerres d'Italie; et Philippe de Comines, dans ses *Mémoires*, le préconise sous le nom du chevalier *blanc* de Valakie. Huniade ne tarda pas à se montrer avec bien plus d'éclat, en défendant la chrétienté contre les armées ottomanes.

Devenu général des armées de Ladislas, roi de Pologne et de Hongrie, il gagna, l'an 1442, plusieurs batailles importantes : l'une contre les généraux du sultan Amurath, qu'il obligea de se retirer de devant Belgrade, après un siège de sept mois; l'autre dans la Transylvanie; la troisième à Vascap, sur les confins de la même province. Son nom devint si redoutable aux Turcs, que les enfants mêmes de ces infidèles ne l'entendaient prononcer qu'avec frayeur, et ne l'appelaient que *Janeus Lain*, c'est-à-dire Jean le Scélérat.

Pour faciliter ces succès, les augmenter encore et arrêter ainsi les progrès des Ottomans, le pape Eugène IV faisait partout prêcher la croisade. Le cardinal Julien Césarini, si distingué au concile de Bâle et de Florence, était légat en Hongrie et y remuait tout par ses exhortations. La Hongrie était comme le champ de bataille entre la chrétienté et le mahométisme. De là on envoya des ambassadeurs à Frédéric, aux chevaliers de Prusse et de Livonie, en Pologne et aux Valaques, afin d'en obtenir quelques secours; mais l'empereur s'excusa sur les troubles de Bohême qui l'occupaient alors, les chevaliers sur l'épuisement de leur pays par les guerres précédentes. Il n'y eut que les Polonais et les Valaques qui envoyèrent une puissante armée de cavalerie et d'infanterie, qu'ils promirent de défrayer pendant six mois. Plusieurs volontaires de France et d'Allemagne se rendirent aussi en Hongrie, excités par la croisade que le Pape faisait prêcher dans tous les royaumes; ce qui rendit l'armée des Hongrois assez nombreuse et composée de troupes d'élite. Elle passa le Danube sous le commandement de Huniade et du jeune roi Ladislas, s'empara de Sophie, ville servienne, surprit l'armée musulmane, en tua un nombre prodigieux, avec quatre mille prisonniers, treize pachas ou généraux, et neuf étendards. Elle avança jusqu'aux frontières de la Thrace et de la Macédoine, défit une autre armée de Turcs au mont Hémus, que le sultan Amurath avait amenée d'Asie pour garder les avenues des montagnes. Après cette glorieuse expédition, le roi Ladislas, rentré à Bude, alla nu-pieds à l'église de Notre-Dame, pour témoigner à Dieu son action de grâces, et suspendit à la voûte les enseignes de l'ennemi vaincu.

Déjà précédemment, dans une exhortation du 1er janvier 1442 à tous les fidèles, le pape Eugène IV avait exposé les périls imminents de la chrétienté, les progrès effrayants et cruels des Turcs, et comment, sans la victoire de son bien-aimé fils Huniade, la Hongrie était perdue (Raynald, an 1443, n. 13 et seqq.). Ces nouvelles victoires augmentèrent les espérances des chrétiens et le zèle du Pontife. Il conclut une alliance générale entre toutes les puissances chrétiennes, y compris l'empereur Jean Paléologue, encore maître de Constantinople, afin de combiner leurs forces respectives de manière à vaincre et à repousser l'ennemi commun. Un secours inattendu vint aux chrétiens, du milieu de leurs ennemis mêmes.

Les Turcs étaient dans l'usage de réduire en servitude les jeunes enfants des chrétiens, de les élever dans le mahométisme et d'en faire des soldats dans le corps des janissaires. Ces malheureux renégats devenaient ainsi des instruments pour détruire la chrétienté d'où ils étaient sortis. D'autres fois leurs maîtres les faisaient eunuques, pour le service abject de leurs troupeaux de femmes. Ce qui est plus hideux encore, plus d'une fois ils se voyaient réduits à servir leurs maîtres dans des passions de Sodome. C'est à de tels usages que les sultans employaient les jeunes enfants qu'ils levaient comme un tribut dans les provinces chrétiennes. C'est contre ce tribut exécrable que le Pape cherchait surtout à soulever et à garantir les peuples chrétiens.

Un prince d'Épire ou de Macédoine se vit réduit à le payer. C'était Jean Castriot, prince d'Épire ou d'Albanie, qui avait épousé Veisave, fille d'un petit prince voisin. Comme tous les despotes ou princes de la Grèce, Jean Castriot s'était soumis à la domination des Musulmans; vivement pressé par Amurath II, il avait été forcé non-seulement de lui payer un tribut ordinaire, mais encore d'envoyer ses quatre fils en otage à la cour du sultan. Ils furent tous circoncis et élevés dans la religion musulmane, contre la parole formelle qu'Amurath avait donnée à leur père. Les trois aînés restèrent confondus dans la foule des esclaves d'Amurath; Georges, qui était le quatrième, plut à l'empereur turc par sa belle et noble figure, et par des traits qui annonçaient un grand caractère. Il le conserva auprès de lui, lui fit donner une belle éducation, et le conduisit à la guerre dès sa première jeunesse. Les actions de courage et de force de corps de Georges Castriot lui valurent le surnom d'Alexandre (*Scander* en langue turque), qui fut accompagné du titre de *Bey* ou *Beg*, qu'il tenait du sultan. C'est sous ces noms réunis de *Scander-beg*, que Georges Castriot avait reçus des Ottomans, qu'il signala contre eux ses talents pour la guerre, accrus et cultivés à leur école et dans leur armée.

Doué d'une conception rapide, Scander-beg parla bientôt parfaitement les langues grecque, turque, arabe, italienne et sclavonne, et montra une adresse merveilleuse pour tous les exercices du corps. Il n'avait pas encore atteint dix-huit ans, lorsque le sultan le nomma *sangiac*, premier degré d'honneur militaire chez les Turcs, et lui confia le commandement de cinq mille chevaux. A la tête de ses troupes, Scander-beg déploya une brillante valeur contre les ennemis d'Amurath, et accompagna ce prince aux sièges de Nicomédie, d'Otrée, etc. A l'attaque de cette dernière ville, il en escalada le premier les remparts, y arbora un drapeau, et s'élança ensuite dans l'intérieur les armes à la main. Ce trait de hardiesse et de témérité, dont Alexandre le Grand lui avait donné l'exemple, surprit tellement les habitants, qu'ils demandèrent sur l'heure à capituler. Scander-beg avait vaincu précédemment, dans un combat singulier, un Tartare d'une taille gigantesque qui l'avait provoqué; et, comme les héros de l'antiquité, il attachait beaucoup de mérite à ce genre de triomphe.

A la mort de Jean Castriot, arrivée en 1432, Amurath, se défit, par le poison, des trois fils aînés de ce prince, et envoya dans Albanie un de ses meilleurs généraux, qui s'empara de Croïa, capitale des Etats du père de Scander-beg. Celui-ci dissimula si bien l'indignation et le mécontentement que lui inspirait la conduite du sultan, qu'Amurath lui donna le commandement de l'armée qu'il avait destinée à l'envahissement des domaines du despote ou prince de Servie. Ce prince fut vaincu dans une bataille que lui livra Scander-beg; celui-ci, sans se compromettre cependant par des promesses positives, prêta, dès ce moment, l'oreille aux propositions de quelques seigneurs albanais, fatigués du joug des Musulmans.

Ladislas, roi de Hongrie, ayant envoyé une armée au secours du despote de Servie, Amurath, pour se venger, entreprit le siége de Belgrade; mais, comme nous l'avons vu, il fut obligé de le lever, après être resté sept mois devant cette place. Résolu de venger l'honneur des armes musulmanes, il confia, l'an 1443, à Scander-beg et au pacha de Romélie le commandement d'une armée de quatre-vingt mille hommes, qui campèrent sur la rivière Morava, vis-à-vis de l'armée chrétienne. Scander-beg, s'attendant à une grande bataille, pensa qu'il pouvait enfin exécuter les projets qu'il méditait depuis longtemps. Il y mit toute l'adresse et la circonspection que demandait le péril où il s'exposait, et se concerta, avant de rien entreprendre, avec ses confidents les plus intimes, et particulièrement avec Amèse, son neveu. Huniade, général en chef des troupes chrétiennes, avec lequel il semblerait que Scander-beg avait noué des intelligences, passa la Morava et attaqua l'armée turque à l'improviste. Dans le fort de l'action, Scander-beg ayant fait faire un mouvement rétrograde au corps qu'il commandait, le désordre et la confusion se mirent parmi les Turcs, dont la déroute ne tarda pas à être complète.

Le prince épirote en profita pour se saisir du secrétaire d'Amurath; et, le poignard sur la gorge, il le força de signer, au nom de son maître, et de sceller du sceau impérial un ordre au gouverneur de Croïa de remettre la place entre ses mains et de lui en céder le gouvernement. A peine cet ordre était-il expédié, que Scander-beg, pour se débarrasser de témoins incommodes et qui pouvaient devenir dangereux, fit mettre à mort le secrétaire d'Amurath et quelques Turcs qui étaient avec lui, et se rendit en toute hâte en Epire, avec trois cents Albanais d'élite, dont le dévouement lui était assuré. La ville de Haute-Dibre, la première des Etats de son père par où il eût à passer, lui ouvrit ses portes dès qu'elle connut ses intentions. Il en tira trois cents hommes, et marcha sans s'arrêter sur Croïa, dont le gouverneur turc, trompé par l'ordre supposé d'Amurath, ne crut pas devoir refuser de lui remettre le commandement. Après avoir confié la défense de la citadelle et des postes principaux à ses soldats qu'il avait amenés, Scander-beg renonça publiquement à la religion musulmane, et reprit la foi de ses pères; il abandonna ensuite la garnison turque de Croïa à l'animosité des chrétiens, qui en firent un grand carnage. Tous les vestiges de la domination des Mahométans disparurent immédiatement; les croissants furent arrachés, les armes d'Amurath mises en pièces, ses enseignes déchirées et jetées au feu; et la ville reprit en fort peu de jours la forme de son ancien gouvernement, les magistrats leur pouvoir, la justice et la religion chrétienne leur autorité. A la nouvelle de cet événement, la plupart des villes de l'Epire qui dépendaient des Etats de Scander-beg, après avoir chassé les Turcs, lui prêtèrent serment de fidélité, et lui envoyèrent des renforts avec lesquels il conquit les places occupées encore par les Musulmans.

Lorsqu'Amurath apprit cette révolution, il s'empressa de conclure une trêve avec les Hongrois, et envoya une armée considérable contre Scander-beg. Celui-ci, qui venait d'être déclaré chef de la confédération des seigneurs épirotes, et général des troupes de l'Epire, plutôt que roi proprement dit, livra bataille aux Turcs dans une plaine de la Basse-Dibre, les battit complètement, et leur fit essuyer une perte de près de vingt-deux mille hommes. Il fit ensuite une incursion en Macédoine, d'où il ne se retira qu'avec un riche butin, et il contracta une étroite alliance avec Ladislas, roi de Hongrie, et avec Huniade, vaivode ou prince de Transylvanie (*Biographie univers.*, t. XLI, art. SCANDER-BEG).

Le sultan Amurath, en se hâtant de conclure avec le roi de Hongrie une trêve particulière de dix ans, avait plus d'une finesse. Il rompait ainsi, du moins il entravait la grande ligue des chrétiens, dont les forces se combinaient par terre et par mer. En se conciliant l'ennemi le plus proche, il se donnait le temps d'en écraser d'autres plus éloignés, comme le prince de Caramanie, le prince d'Epire. Pour lui-même, certains versets de l'Alcoran le laissaient toujours maître de rompre le traité quand il jugerait à propos, et même dès lors il ne l'observait plus.

Cette convention particulière était à peine conclue, quand le commandant de la flotte chrétienne dans l'Hellespont manda au roi de Hongrie, que le moment était favorable pour exécuter les plans de la confédération, attaquer les Turcs par terre, pendant que la flotte les attaquerait par mer. La lecture de ces lettres rendit la cour de Ladislas un peu confuse, et causa des regrets à ceux qui avaient signé ou conseillé la trêve avec les Turcs.

Presqu'en même temps arrivent des dépêches de l'empereur de Constantinople. Jean Paléologue y complimentait d'abord Ladislas de ses exploits, puis il le priait de lui envoyer le plan de ses opérations pour la campagne qui allait s'ouvrir, afin qu'il pût, de son côté, se mettre en harmonie avec lui. Il apprenait à ce prince que déjà il s'était rendu à Misithra, la nouvelle Lacédémone, pour se rapprocher des confédérés et du foyer de la guerre. En même temps il lui témoignait l'étonnement que lui causaient certains bruits qui couraient sur un prétendu traité de paix qu'il avait fait, disait-on, avec le sultan. Il lui représentait tous les malheurs qu'entraînerait après elle une pareille démarche de sa part, si elle était vraie, ce qu'il ne croyait pas; il lui disait, entre autres choses, qu'il se rendrait responsable aux yeux de l'univers des torts infinis que souffrirait, par sa désertion, chacun des membres de cette confédération à la tête de laquelle il se trouvait, et qui s'était formée sous ses auspices et même à son instigation; que les frais immenses déjà faits pour cette glorieuse entreprise seraient perdus; qu'il laisserait échapper le plus beau moment que le ciel eût jamais préparé pour anéantir d'un seul coup la puissance des infidèles; enfin l'empereur de Constantinople pressait Ladislas de lui faire connaître ses dernières intentions, afin qu'il pût, d'après sa réponse, prendre de sages précautions pour qu'il n'allât pas, aveuglé par la confiance que lui-même lui avait inspirée, se précipiter dans les piéges de l'ennemi (Lebeau, *Hist. du Bas-Empire*, l. 118, n. 11).

Le cardinal-légat, Julien Césarini, malgré lequel on avait conclu cette trève isolée, parla dans le même sens que l'empereur de Constantinople. Ladislas, disait-il, étant lié par le traité qu'il a fait avec le Pape, avec Philippe, duc de Bourgogne, avec les Vénitiens, les Génois et tous les membres de la sainte ligue, dont il est le chef, n'a pu en conclure un autre avec Amurath au préjudice de ses premiers engagements. En second lieu, ajoutait le cardinal, Amurath l'a rompu lui-même, ce traité, puisqu'il n'en a point encore rempli les clauses, quoique le terme fixé pour leur exécution soit expiré depuis longtemps. Ces raisons étaient péremptoires. Pour lever les derniers scrupules, le légat Julien, par l'autorité apostolique, déclara le traité nul. Un fait bien remarquable, c'est que Méhémet Assara ou Kodja-Effendi, historien très-estimé des Musulmans, ne songe pas même à taxer de mauvaise foi, dans cette circonstance, les guerriers de Hongrie.

Le 10 novembre 1444, il y eut près de Varna une grande bataille entre l'armée hongroise et les Turcs. Les chrétiens attendaient Scander-beg avec trente mille hommes; mais le prince de Servie, que cependant on regardait comme un allié, et pour lequel auparavant on avait pris les armes, ne lui permit pas de passer sur ses terres. Malgré l'absence de ce renfort, la bataille fut longue et sanglante. Dans les premiers moments de l'action, les chrétiens, qui n'étaient que vingt mille contre soixante, eurent tellement la supériorité, que le sultan Amurath était sur le point de prendre la fuite; ce qu'il aurait fait, si deux de ses janissaires ne l'en eussent empêché en le retenant par la bride de son cheval. On prétend même qu'ils osèrent le menacer de la mort, s'il était assez lâche pour les abandonner. Des écrivains modernes supposent que, dans ce moment, le sultan Amurath éleva vers le ciel le traité violé, comme pour en demander vengeance; mais l'historien musulman déjà cité n'en dit mot: ce qui donne lieu à conclure que c'est une fable, et que ce n'est pas la seule. Cependant la bataille durait toujours avec le même acharnement; Huniade mettait en fuite les pachas d'Europe et d'Asie, mais Amurath était inaccessible au milieu de ses janissaires. Tout à coup le jeune roi Ladislas (il avait vingt ans) s'élance à travers leurs rangs les plus serrés, l'épée à la main, pour donner au sultan le coup de la mort au milieu de ses gardes; d'une impétuosité indomptable, il allait atteindre sa victime, lorsque son cheval tombe par accident, et qu'il est lui-même tué. Les Musulmans recommencent la bataille avec une nouvelle fureur, et ont l'avantage. Huniade s'enfuit avec le reste de l'armée; le cardinal Julien avait échappé à l'ennemi, lorsqu'il fut tué par des voleurs. Il resta sur le champ de bataille plus de Musulmans que de chrétiens; mais, eu égard à leur nombre qui était moindre, la perte des chrétiens fut plus grande. Amurath ne triompha point de cette victoire, et répondit à ceux qui lui en demandaient la cause: « Je ne voudrais pas vaincre souvent à ce prix. » Au lieu de poursuivre les fuyards, il ramassa le butin et congédia son armée (Raynald, an 1444).

Après la mort de Ladislas, Jean Huniade fut élevé, par un suffrage unanime, au rang de capitaine général et de gouverneur de la Hongrie. Une régence de douze années prouva qu'il était aussi grand politique que bon guerrier. Quatre ans après la défaite de Varna, on le vit reparaître dans le cœur de la Bulgarie, et soutenir pendant trois jours, dans les plaines de Cassovie, tout l'effort de l'armée ottomane, quatre fois plus nombreuse que la sienne. Ce fut à la suite de ces combats, que, fuyant à travers les bois de la Valakie, Huniade fut surpris par deux brigands; pendant qu'ils se disputaient une chaîne d'or qu'ils lui avaient arrachée du cou, le brave chevalier *blanc* eut le bonheur de ressaisir son sabre : il tue l'un de ces misérables, fait prendre la fuite à l'autre, et, après avoir couru mille fois le danger d'être tué ou fait prisonnier, il reparaît au milieu des chrétiens, qui déjà pleuraient sa perte.

Scander-beg, comme nous avons vu, marchait au secours de ses alliés, lorsqu'il apprit leur défaite à Varna. Malgré cet échec, il rejeta les propositions d'accommodement que le sultan victorieux ne dédaigna pas de lui faire, et il battit encore, avec un petit nombre de soldats, la nouvelle armée qu'Amurath avait chargée de le réduire. Des discussions s'étant alors élevées entre Scander-beg et les Vénitiens, le sultan voulut profiter de l'embarras dans lequel se trouvait le héros de l'Epire; mais celui-ci mit en déroute les troupes ottomanes qui avaient pénétré dans le pays, et conclut bientôt après la paix avec Venise.

Irrité de ses défaites, qu'il attribuait aux fautes de ses lieutenants, Amurath entra lui-même en Albanie à la tête d'une puissante armée, et mit le siège devant Sfétigrade, l'une des plus fortes places du pays. C'était en mai 1449. Scander-beg, voltigeant sans cesse autour du camp du sultan avec une troupe choisie, trouva plusieurs fois le moyen d'y pénétrer et de faire un grand carnage, sans se laisser entamer. Il s'emparait de tous les convois et tenait les Turcs dans des alarmes continuelles. Amurath commençait à désespérer du succès de son attaque, lorsqu'à la fin du mois de juillet la trahison le rendit maître de Sfétigrade, dont il avait abandonné le siège à un de ses pachas. Voici comme on raconte la chose. La garnison de Sfétigrade était composée de Dibriens, peuples extrêmement superstitieux. Ils n'osaient manger ni boire de ce qui avait touché à un corps mort d'homme ou de bête, s'imaginant qu'il en résultait une corruption qui souillait le corps aussi bien que l'âme. Un habitant de la place, gagné par les Turcs, profita de cette superstition pour jeter un corps mort dans le seul puits qui se trouvât à Sfétigrade; et la garnison, ne voulant plus se servir de l'eau, força le gouverneur à se rendre.

En 1450, Amurath cerna Croïa, place aussi forte par sa situation que par les travaux d'art qui la défendaient, et qui était en outre approvisionnée de manière à pouvoir soutenir un long siège. L'intrépide Scander-beg, avec dix mille hommes seulement, entreprit de tenir tête à soixante mille chevaux et à quarante mille janissaires que le sultan avait amenés. Loin de défendre les gorges qui conduisaient à Croïa, Scander-beg ne voulut les fermer que lorsque l'ennemi eut pénétré dans une espèce de bassin fermé par une chaîne de montagnes disposée en cercle; il y trouva de grands avantages, parce que ses troupes, postées sur ces rocs escarpés, foudroyaient tout ce qui passait sous leurs pieds, avec l'artillerie qu'on avait fait monter à mi-côte. Après avoir jeté dans Croïa une garnison de six mille hommes, sous le commandement du comte d'Uruena, il demeura dans les montagnes à la tête de ses troupes, qui devenaient chaque jour plus nombreuses. Les Turcs essayèrent d'abord de tenter la fidélité du comte d'Uruena par des offres immenses, qu'il rejeta avec dédain; ils attaquèrent ensuite vivement la place. Mais l'infatigable Scander-beg seconda si bien les assiégés, avec lesquels il s'entendait parfaitement au moyen de feux allumés sur les hauteurs ou de billets portés par des espions, que toutes les attaques étaient déjouées. Chaque jour il interceptait des convois qui se rendaient au camp des Turcs; il pénétrait tantôt dans un de leurs quartiers et tantôt dans un autre, et ne leur laissait pas un instant de repos.

Au milieu de l'automne, les pluies rendant les travaux plus difficiles, le sultan dut songer à la retraite. Mais pour regagner Andrinople, il fallait nécessairement traverser les défilés où Scander-beg l'attendait. Suivant Barlesio et Philelphe, écrivains contemporains, Amurath, battu en voulant franchir ces défilés, fut obligé de rentrer dans son camp devant Croïa, et y mourut de regret et de honte; au contraire, le Grec Phranza, Paul Jove et quelques autres racontent que le sultan, accablé de chagrin, tomba d'abord malade devant Croïa, dont il leva le siège, et qu'il se retira, avec les débris de son armée, à Andrinople, où il mourut au mois de novembre 1450, selon les uns, et au mois de février de l'année suivante, selon les autres.

Peu de temps après sa victoire, Scander-beg épousa, au mois de mai 1451, Donique, fille d'Ariamnite, l'un des plus puissants princes de l'Epire, à qui, l'an 1444, le pape Eugène IV envoya des lettres d'encouragement avec un étendard de l'Eglise (Raynald, an 1444, n. 6). Après les fêtes des noces, il parcourut son royaume ou sa principauté avec son épouse, et fit construire au haut d'une montagne, dans le territoire de la Basse-Dibre, par où les Turcs avaient coutume de pénétrer en Albanie, une forteresse qu'il munit d'une bonne garnison. Quoique l'un de ses meilleurs généraux et son propre neveu l'eussent trahi pour se joindre aux Turcs, il n'en repoussa pas moins toutes les armées que Mahomet II, fils et successeur d'Amurath, envoya successivement contre lui (*Biographie univ.*, t. XLI).

Supposé maintenant que les Grecs eussent été plus sincères dans leur union avec l'Eglise romaine, naturellement les chrétiens d'Occident auraient écouté plus volontiers les exhortations d'Eugène IV et de Nicolas V, pour aller au secours de Constantinople et de son empire. Certainement, avec des capitaines, avec des héros tels que Scander-beg et Huniade, jamais Constantinople et son empire n'eussent succombé sous le glaive des Turcs. Mais nous avons vu les Grecs obstinés comme les Juifs, s'écriant à Constantinople même : « Plutôt le turban de Mahomet que la tiare du Pape! » Ils ne peuvent se plaindre ni de Dieu ni des hommes; ils ont eu ce qu'ils ont demandé. La perte de Constantinople causa au bon pape Nicolas V, qui pourtant l'avait prédite, une affliction si profonde, qu'elle le conduisit peu à peu au tombeau.

Mais s'il ne put sauver l'Empire grec et sa capitale, il sut du moins en sauver les trésors littéraires. Quoique d'une naissance peu distinguée, Nicolas V égalait, surpassait même les plus grands princes, par la grandeur de ses vues, la noblesse de ses sentiments, la magnificence de sa générosité. Capitale de l'univers chrétien, Rome devait en être digne de toutes manières. Nicolas V l'orna d'abord de superbes édifices, mais dont il ne put achever quelques-uns, notamment la basilique de Saint-Pierre, qui, d'après la description qu'en fait son biographe contemporain, Manetto, devait être une des merveilles du monde (Muratori, *Scriptores rer. ital.*, t. III, *pars* 2).

Ce que le pape Nicolas V avait particulièrement à cœur, c'était de faire pour Rome ce que le roi d'Egypte, Ptolémée de Philadelphie, avait fait pour Alexandrie : fonder une immense bibliothèque, où les savants trouvassent non-seulement les manuscrits et les livres, mais encore les logements et l'entretien convenables. Son zèle pour recueillir les manuscrits était si connu, que jusqu'au dernier jour de sa vie, on lui en apportait journellement de presque toutes les parties de la terre. Il envoyait à grands frais en chercher, tant latins que grecs, jusqu'au fond de la Germanie et de l'Angleterre, jusqu'en Grèce et à Constantinople, soit avant, soit après la chute de cet empire. Il promit jusqu'à cinq mille ducats à qui lui apporterait l'évangile de saint Matthieu en hébreu. Il recueillit de cette manière plus de cinq mille manuscrits, tant grecs que latins, sur toute espèce de science et de littérature. Il avait auprès de lui, avec des honoraires considérables, un grand nombre d'hommes habiles pour transcrire les manuscrits, traduire les ouvrages, ou en composer eux-mêmes. On fit de son temps jusqu'à deux versions de l'*Iliade* en vers latins : on put également lire en latin la *Géographie* de Strabon, l'*Histoire* d'Hérodote, de Thucydide, Xénophon, Polybe, Diodore, Appien et autres, la *République et les Lois* de Platon, l'*Histoire naturelle des animaux* d'Aristote, les *Plantes* de Théophraste, la *Préparation évangélique* d'Eusèbe, et la foule des Pères grecs.

Parmi les hommes de talent que Nicolas V sut attirer et employer à cette entreprise littéraire, fut son secrétaire et biographe, *Jannoce Manetto*. Né à Florence l'an 1395, d'une noble famille, appliqué d'abord au négoce par son père, puis étudiant en cachette le latin, le grec, l'hébreu, les poètes, les orateurs, les historiens, les mathématiques, la philosophie, mais surtout la théologie, qu'il regardait comme la science finale, à qui toutes les autres ne doivent servir que d'introduction : tout cela, il le fit avec tant de succès, qu'il parlait le latin, le grec et l'hébreu avec autant de facilité que sa langue maternelle, et que le monde fut bien émerveillé de voir sortir d'un comptoir de négoce un homme si éminent dans toutes les sciences humaines, Manetto était aussi pieux que savant : quelle que fût sa passion pour l'étude, il commençait toujours la journée par entendre la messe. Après avoir rempli plusieurs magistratures et ambassades, il se retira de Florence à Rome, où le pape Nicolas V, qui l'aimait beaucoup, le fit son secrétaire, et l'envoya légat à Florence, pour le faire triompher plus facilement de la faction contraire, qui voulait le faire condamner à l'exil : ce qui réussit à tel point, que Manetto fut élu dans ce temps-là même comme un des magistrats de la république. Ses principaux ouvrages sont : Histoire de Gênes, Histoire de Pistoie, plusieurs vies, un ouvrage contre les Juifs, traduction latine des *Morales* d'Aristote, version des psaumes sur l'hébreu, du Nouveau Testament sur le grec. Le style de Manetto sent la belle latinité, mais un peu trop l'homme de lettres (Voir sa Vie, *apud* Muratori, *Script. rer. ital.*, t. XX).

En ornant ainsi Rome de monuments d'architecture et de littérature, Nicolas V enrichissait particulièrement les églises de vases d'or et d'argent, et d'ornements précieux : il avait surtout à cœur que toutes les cérémonies s'y fissent avec un ordre et une piété qui pussent servir de modèle à toutes les nations chrétiennes. Chez lui, une bonne œuvre n'en gênait pas une autre : tout à la fois il versait les trésors de sa munificence sur les savants, il mariait de ses épargnes les filles pauvres, et rassemblait des armées contre le Turc. C'est au milieu de ces occupations que la mort vint le prendre. Sa dernière maladie fut très-douloureuse : non-seulement il ne se plaignait point, mais il louait continuellement le Seigneur. Voyant son ami, l'évêque d'Arras, fondre en larmes près de son lit : « Ne pleurez point, lui dit-il, mais changez vos larmes en prières, afin de m'obtenir une sainte mort. » Il expira ainsi le 24 mars 1455. Des lettres d'indulgence, qu'il accorda au royaume de Chypre, peu de temps avant sa mort, forment le plus ancien monument connu de l'art typographique, portant une date d'année. Un des cardinaux de sa création fut le célèbre et savant Nicolas de Cusa, que déjà nous avons appris à connaître au commencement de ce livre, et qui n'avait pas moins de zèle pour la restauration des sciences et de la littérature.

Depuis plus d'un siècle, à commencer par Dante et Pétrarque, la Toscane et Florence semblaient la patrie des lettres et des arts. L'un des principaux restaurateurs des lettres grecques et latines au XIVe et au XVe siècle, fut *Léonard Bruni*, né l'an 1369, dans la ville d'Arezzo en Toscane : ce qui le fait appeler communément Léonard Arétin, ou d'Arezzo. Il fit ses premières études dans sa patrie. Rien n'annonçait en lui des dispositions particulières, lorsqu'ayant été fait prisonnier par les Français avec son père, et enfermé dans le château de Quarata, un portrait de Pétrarque qui se trouva dans la chambre, et qu'il regardait souvent, frappa son imagination, et alluma en lui cet amour des lettres qui ne s'éteignit plus. Il se rendit à Florence, où les bons maîtres de littérature, de philosophie et de droit l'eurent parmi leurs disciples, et le distinguèrent par ses progrès. Il quitta ensuite pendant deux ans toutes ces études pour se livrer entièrement à celle du grec, sous Emmanuel Chrysoloras, un des ambassadeurs de l'empereur Jean Paléologue, qui avait fini par revenir en Occident et enseigner la langue grecque à Florence, à la prière des magistrats de cette république. En 1405, Léonard, par l'entremise de son ami Le Pogge, obtint une place de secrétaire apostolique auprès d'Innocent VII. Ce Pape, en le voyant, le trouva trop jeune et le lui dit; mais il le soumit à des épreuves dont ce jeune homme se tira mieux que des concurrents plus âgés, et alors Léonard obtint la préférence. Il exerça cet emploi sous Grégoire XII, Alexandre V et Jean XXIII. En 1410, la république de Florence l'ayant nommé son chancelier, il se rendit à son poste, y renonça quelques mois après, reprit son service auprès du Pape, et, quoiqu'il se fût marié en 1412, il resta attaché à Jean XXIII jusqu'au moment où celui-ci fut déposé dans le concile de Constance. Léonard, qui l'y avait accompagné, s'enfuit à pied, et n'ayant, pendant trois jours, d'autre nourriture que de mauvais fruits.

Arrivé à Florence, il y reprit, en 1415, les études qu'il avait interrompues depuis plusieurs années. Il y composa, entre autres ouvrages, une *Histoire de Florence*, dont la république le récompensa par le titre de *citoyen* ; elle y joignit même quelques revenus transmissibles à ses enfants. Alors il se fixa entièrement à Florence, où était la famille de sa femme. On lui offrit de nouveau la place de chancelier; après l'avoir refusée pendant quelque temps, il l'accepta enfin : c'était en 1427, et il la conserva jusqu'à sa mort; il eût même été gonfalonier ou magistrat suprême, s'il eût vécu davantage. Le respect que ses concitoyens avaient pour lui était partagé par les étrangers. Tous ceux qui passaient par Florence le visitaient; on assure qu'un Espagnol qui l'alla voir de la part du roi, se mit à genoux devant lui, et ne se releva qu'après les plus vives instances. Son caractère, plein de dignité, de bonté, de gravité, lui attirait ces hommages, plus encore que sa renommée littéraire et son profond savoir. Il mourut subitement à Florence le 9 mars 1444. Son oraison funèbre fut prononcée solennellement à ses funérailles dans l'église de *Sancta-Croce* : l'orateur, Giannozzo Manetti, biographe de Nicolas V, par décret de la république, le couronna de lauriers. Son *Histoire de Florence* fut placée sur sa poitrine, et le sculpteur Bernardino Rossellino fut chargé de lui élever un tombeau de marbre qui subsiste encore (*Biographie univers.*, t. VI, art. BRUNI).

Poggio Bracciolini, connu en France sous le nom du *Pogge*, naquit l'an 1380 près de Florence, dans la petite ville de Terra-Nuova. Son père était notaire et jouissait d'une honnête fortune. Il essuya des malheurs, et, à demi-ruiné, fut obligé de prendre la fuite. Le Pogge étudiait alors à Florence, où Jean de Ravenne enseignait la langue latine, et Emmanuel Chrysoloras les lettres grecques. La célébrité de ces deux maîtres se répandit sur leurs élèves, à tel point que, lorsque Le Pogge, âgé de vingt-deux ans, quitta Florence et vint à Rome, on l'y accueillit comme un homme de lettres déjà distingué. A ce titre, il ne tarda pas d'obtenir de Boniface IX un emploi de secrétaire apostolique, qu'il a continué de remplir sous sept autres Papes. Comme nous avons vu, il eut assez de crédit pour faire appeler à une fonction du même genre, peu après l'installation d'Innocent VII, Léonard d'Arezzo, avec lequel il avait contracté, dès l'enfance, une amitié qui est restée inaltérable. Pendant les dernières fluctuations du grand schisme d'Occident, la plupart des officiers de la cour de Rome, ne sachant à quel maître ils appartenaient, se retirèrent, et Le Pogge revint à Florence, où l'attendait un de ses meilleurs amis, Nicolo Niccoli, savant laborieux, qui lui inspira le goût de la recherche des chefs-d'œuvre de l'antiquité. En 1414, Le Pogge suivit au concile de Constance, en qualité de secrétaire intime, le pape Jean XXIII. La déposition de ce pontife, prononcée l'année suivante, priva encore une fois Le Pogge de l'emploi qui l'aidait à subsister : ce fut dans l'étude qu'il chercha des consolations et des ressources. Parmi diverses aventures, il découvrit plusieurs manuscrits précieux d'anciens auteurs. Martin V ayant réuni toute l'Église sous son obédience, Le Pogge alla reprendre auprès de lui les fonctions qu'il avait exercées sous les pontifes précédents : il les remplit encore auprès d'Eugène IV et de Nicolas V. Ce dernier le chargea de traduire Diodore de Sicile et la *Cyropédie*. Le Pogge était clerc, mais non dans les ordres : sa conduite eût pu être plus décente; il finit par se marier. Comme écrivain, il s'est distingué par des facéties, des lettres, des satyres; d'un caractère irascible, il eut des démêlés avec des confrères en littérature, et n'y garda pas toujours la bienséance, non plus que dans ses autres productions. Il mourut le 30 octobre 1459 (*Biogr. univers.*, t. XXXV).

Un des émules et des contemporains du **Pogge** fut *François Philelphe*, né le 25 juillet 1398 à Tolentino, dans la Marche d'Ancône, d'une famille obscure. Envoyé jeune à Padoue, il y apprit en même temps le droit, l'éloquence et la philosophie, et fut, avant l'âge de dix-huit ans, chargé d'enseigner la rhétorique. Appelé à Venise en 1417, il eut le plaisir de voir accourir à ses leçons les hommes les plus distingués, qui devinrent bientôt ses amis. Il souhaitait, à l'exemple de Guarini de Vérone et d'autres savants, de pouvoir étudier le grec à Constantinople; mais l'état de sa fortune était un obstacle à ce voyage. Ses amis, qui lui avaient déjà procuré le droit de cité, le firent attacher comme secrétaire à la légation vénitienne, et il arriva l'an 1420 dans la capitale de l'Orient. Il se mit aussitôt sous la direction de Jean Chrysoloras, frère d'Emmanuel; et cet habile maître lui fit faire des progrès aussi grands que rapides dans la langue et la littérature grecques. Son application à l'étude ne l'empêchait pas de remplir tous les devoirs de sa place, et le talent qu'il avait montré pour les négociations l'ayant fait connaître de Jean Paléologue, ce prince le nomma, l'an 1423, son ambassadeur près de l'empereur Sigismond, alors à Bude.

Enfin, après bien des incidents, il vint à Florence avec la fille de Jean Chrysoloras, qu'il avait épousée à Constantinople. Il fut accueilli avec distinction dans la capitale de la Toscane. Il y ouvrit des cours de littérature grecque et de littérature latine, qui furent suivis par une foule immense d'auditeurs : il donnait jusqu'à trois leçons par jour, et, pour satisfaire la curiosité de ses élèves, il leur expliquait en outre, les dimanches et les fêtes, le poème du Dante, dans l'église de *Santa Maria del Fiore*. Mais la vanité de Philelphe lui fit bientôt des ennemis de tous les savants qui l'avaient attiré à Florence : il se permettait contre eux les injures les plus grossières; il les peignit, dans ses satyres, sous les traits les plus odieux; enfin il poussa l'ingratitude jusqu'à se déclarer contre les Médicis, ses bienfaiteurs, comme ils le furent de tous les gens de lettres, et il mêla leurs noms dans toutes ses querelles, auxquelles ils étaient étrangers. Ces travers envenimèrent tout le reste de sa vie, qui, sans cela, eût été des plus heureuses. Il eut parmi ses disciples Æneas Sylvius, plus tard Pie II. Le pape Paul II le soutint par ses libéralités; Sixte IV le nomma, l'an 1474, à une chaire de philosophie morale à Rome, avec un traitement considérable. Philelphe mourut à Florence, l'an 1481, à l'âge de 83 ans (*Biograph. univ.*, t. XXXIV).

Georges de Trébisonde, dont il a été parlé, naquit l'an 1396, non à Trébisonde, mais à Chandace dans l'île de Crète : Trébisonde était la patrie de ses ancêtres. Il vint en Italie sur l'invitation de François Barbaro, noble vénitien, pour y professer le grec à Venise, vers l'an 1430. Ses leçons eurent le plus grand succès; et sa réputation s'étant répandue par toute l'Italie, le pape Eugène IV l'appela à Rome et le fit son secrétaire. Aux fonctions de secrétaire apostolique, qu'il continua sous Nicolas V, Georges joignit celles de professeur de littérature et de philosophie. Les Italiens, les Français, les Allemands, les Espagnols accouraient pour l'entendre, et, pendant plusieurs années, sa gloire, comme professeur et comme écrivain, alla toujours augmentant. Mais, vers 1450, Laurent Valla, né à Rome, ayant pris publiquement la défense de Quintilien, que Georges censurait sans ménagement et sans justice, la querelle fut poussée si loin, que Georges abandonna l'enseignement public. Dès lors sa réputation commença à déchoir : la concurrence de Gaza de Thessalonique acheva de le perdre. Georges avait traduit en latin les *Problèmes* d'Aristote; Gaza les traduisit après lui, et la nouvelle traduction effaça la première. On s'aperçut, vers le même temps, que Georges, qui était fort employé par le Pape à la traduction des auteurs grecs, ne répondait pas à sa confiance et qu'il passait des pages entières, même des livres entiers : on attribuait ses négligences et ses infidélités à une excessive précipitation, et cette précipitation à l'envie peu honorable d'achever plus vite son travail, pour recevoir plus promptement la récompense promise par le souverain Pontife. Ce fut de cette manière expéditive qu'il traduisit la *Préparation évangélique* d'Eusèbe, et le *Trésor* de saint Cyrille. Le mécontentement du Pape fut tel, que Georges se vit obligé de s'éloigner, et il se retira auprès du roi de Naples; mais Philelphe fit sa paix avec le souverain Pontife, et Georges revint à Rome, où il mourut l'an 1486, âgé de 90 ans. Le cardinal Bessarion, son contemporain et son compatriote, a dit de sa traduction latine de Platon : Que si quelqu'un avait assez de loisir pour la vouloir comparer avec le texte, il y trouverait certainement autant d'erreurs que de mots (*Ibid.*, t. XVII).

Théodore Gaza ou *Gazis*, né à Thessalonique, vint habiter l'Italie, après la prise de sa ville natale par les Turcs, en 1429. Après avoir professé le grec à Sienne, il se rendit à Ferrare, sur l'invitation du duc, et y fonda une académie dont il fut le premier recteur. Il y enseigna le grec pendant plusieurs années, avec tant d'éclat et de succès, que, lorsqu'il eut quitté Ferrare pour aller à Rome, où l'appelait le pape Nicolas V, l'usage s'établit, parmi les amateurs des lettres savantes, de ne point passer sans se découvrir devant la maison qu'il avait occupée; et cet usage subsista longtemps même après sa mort. Ce fut vers 1454 que Gaza fit le voyage de Rome. Il savait parfaitement le latin, qu'il avait étudié sous Victorino de Feltre; et le Pape voulait l'employer à traduire, dans cette langue, quelques-uns des meilleurs ouvrages grecs. La traduction des *Problèmes* d'Aristote le mit en querelle avec Georges de Trébisonde, mais lui concilia l'estime et la protection du cardinal Bessarion. Il traduisit aussi les *Problèmes* d'Alexandre d'Aphrodise, la *Tactique* d'Elsen, le *Traité de la Composition*, par Denys d'Halicarnasse; les cinq homélies de saint Jean Chrysostome, sur l'incompréhensible nature de Dieu; l'*Histoire des animaux*, par Aristote, et celle des plantes, par Théophraste. Ces deux dernières traductions furent la principale occupation de ses dernières années. Il mourut l'an 1478 jouissant d'un bénéfice qu'il avait obtenu dans l'Abruzze par la faveur du cardinal Bessarion. Parmi les productions originales de Théodore Gaza, on distinguera toujours sa *Grammaire grecque*, en quatre livres, ouvrage excellent, imprimé très-souvent, en totalité ou par partie. Elle est écrite en grec; Erasme l'a traduit en latin les deux premiers livres; d'autres savants en ont complété la traduction et l'ont expliquée par des remarques. Les Grecs font le plus grand cas de cette grammaire (*Biographie univ.*, t. XVI).

Laurent Valla naquit à Rome en 1406. Ses parents appartenaient à de bonnes familles de Plaisance, et son père, savant docteur en droit, était avocat consistorial près le Saint-Siége. Il le perdit à l'âge de treize ans; mais il lui restait, pour surveiller son éducation, un oncle, secrétaire apostolique, et sa mère, qui jouissait d'une fortune honorable. De très-bonne heure il profita des leçons de Léonard d'Arezzo sur la langue latine. Il étudia aussi la langue grecque. A l'âge de trente-six ans, il prenait encore des leçons particulières de Jean Aurispa; mais, bien qu'il ait rendu d'éminents services à son siècle par de nombreuses versions d'auteurs grecs, c'est surtout comme latiniste qu'il acquit une immense célébrité. Son mérite ne tient qu'au style, nullement au fond des choses. Tant par la trempe de son caractère que par l'effet des circonstances, il passa toute sa vie dans des guerres de plume et de libelles, où les lois de la politesse étaient loin d'être respectées; car c'était à qui dirait à l'autre les injures les plus sanglantes, mais les plus latines. Il était à Naples, lorsqu'il reçut, en 1447, du nouveau pape Nicolas V, une lettre honorable qui l'invitait à revenir se fixer à Rome, en lui offrant des conditions avantageuses. Il s'empressa de s'y rendre par mer, apportant au savant pontife une partie des poèmes d'Homère qu'il avait traduits en prose, et huit livres de notes philologiques sur le Nouveau Testament. Le Pape voulut qu'il se bornât à traduire des textes grecs. Lorsque Laurent lui apporta la traduction de Thucydide, il reçut en récompense, des propres mains de Nicolas V, une somme de cinq cents écus, fut nommé secrétaire apostolique et chanoine de Saint-Jean de Latran. Laurent Valla mourut à Naples au mois d'août 1457 (*Biographie univ.*, t. XLVII).

On a supposé bien des fois que la restauration des sciences, lettres et arts ne commença en Italie qu'après la prise de Constantinople par les Turcs. C'est une grande erreur. Plus d'un siècle et demi avant cette époque, nous avons vu la poésie italienne, dans le poème du Dante, s'élever à une hauteur et à une perfection qui n'ont été surpassées dans aucune langue. Nous avons vu son contemporain Pétrarque chercher avec ardeur les manuscrits des bons auteurs de l'antiquité, et se former sur leur style. Nous avons vu cette impulsion, secondée par les Papes, aller toujours en augmentant, les savants grecs sollicités par les villes d'Italie à venir professer dans leur enceinte, les plus célèbres d'entre eux appelés dans la confiance des Pontifes romains ou même honorés de la pourpre romaine, et cela bien avant que Constantinople fût tombée au pouvoir des Turcs.

Ce serait une erreur bien plus grossière encore de supposer que cette restauration des sciences, lettres et arts en Italie et en Occident n'a été provoquée que par l'hérésie de Luther et de Calvin. Car si cette restauration a commencé un siècle et demi avant la chute de Constantinople, comment aurait-elle été occasionnée par une hérésie venue encore soixante ans plus tard? D'ailleurs un fait décisif est là. L'Italie a une littérature depuis cinq siècles, l'Espagne depuis trois, la France depuis deux; mais il n'y a guère que soixante ans, depuis la fin du XVIIIe siècle, que l'Allemagne commence à écrire d'une manière raisonnable, d'une manière qui sente la bonne littérature. L'Allemagne sera tellement déchirée, ensanglantée, bouleversée par l'hérésie de Luther, qu'il lui faudra plus de trois siècles pour s'en remettre et pour aspirer enfin à la perfection des lettres et des arts, où l'Italie en est depuis trois siècles et au delà.

Dès le XVe siècle, les princes mêmes d'Italie se distinguaient en littérature. Le 24 février 1462 naquit *Jean Pic de la Mirandole*, troisième fils de Jean François, seigneur de la Mirandole et de Concordia. Sa mère, persuadée que la Providence avait des vues particulières sur lui, ne voulut céder à personne le soin de sa première éducation, dont elle se chargea elle-même; elle le confia ensuite aux maîtres les plus habiles, sous lesquels il fit de rapides progrès. Son goût le portait vers la littérature; il avait à peine dix ans, que le suffrage public le plaçait au premier rang des orateurs et des poètes. Mais sa mère, qui ambitionnait pour lui les dignités ecclésiastiques, l'envoya, à l'âge de quatorze ans, étudier à Bologne le droit canon. Il s'en dégoûta bientôt, et résolut de se livrer entièrement à l'étude de la philosophie et de la théologie. Il parcourut pendant sept ans les plus célèbres Universités de l'Italie et de la France, cheminant à pied, le sac sur le dos, le bâton de pèlerin à la main, se familiarisant avec tout le monde, pour tout savoir. Il étudia la méthode de Raymond Lulle, suivit les leçons des plus illustres professeurs, et acquit, en disputant contre eux, une facilité d'élocution étonnante. Sa mémoire tenait du prodige; il n'oubliait rien de ce qu'il avait lu ou seulement entendu réciter, et son esprit était si pénétrant, qu'on ne pouvait lui proposer aucune difficulté qu'il ne résolût à l'instant même. A la connaissance de la langue grecque et de la langue latine, il désira joindre celle de l'hébreu, du chaldéen et de l'arabe, et il s'y appliqua avec son ardeur accoutumée. Il étudia de même les livres cabalistiques des rabbins, et apprit jusqu'à vingt-deux langues.

Après avoir terminé ses voyages scientifiques, il se rendit à Rome, en 1486, sous le pontificat d'Innocent VIII. Voulant trouver l'occasion d'y étaler sa vaste érudition, il publia une liste de neuf cents thèses : *De omni re scibili* : *De tout ce qu'on peut savoir*, qu'il s'engageait de soutenir publiquement contre tous les savants qui se présenteraient pour les attaquer; et il offrit de payer le voyage de ceux qui seraient éloignés, et de les défrayer pendant leur séjour. Ce trait de vanité princière excita l'envie de quelques graves personnages, fâchés de se voir éclipsés par un jeune homme à peine sorti des bancs. Ils lui firent défendre toute discussion publique, et dénoncèrent au souverain Pontife treize de ces propositions, comme entachées d'hérésie. Le jeune homme lui présenta de son côté une apologie écrite avec une foi tout enfantine. Innocent VIII en fut touché et défendit d'inquiéter Pic de la Mirandole (Tiraboschi, t. VI, p. 375 et 376). On se tut, dit l'historien français de Léon X, et la papauté eut la gloire de protéger la liberté de penser dans une des plus hardies intelligences de l'époque. C'est un beau triomphe pour la tiare. Voltaire n'en a pas parlé : notre devoir, à nous, était d'en rappeler le souvenir (Audin, *Hist. de Léon X*, t. I, p. 45).

Pic dut quitter Rome. Cette victoire avait coûté à ses adversaires trop d'humiliations pour qu'il espérât jouir en paix de sa gloire. Il reprit ses voyages. A peine arrivé en France, il apprend la mort d'Innocent VIII, l'exaltation d'Alexandre VI et les nouveaux efforts de ses adversaires pour accuser d'hérésie ses neuf cents thèses. Dans une lettre au nouveau Pape, il se plaint qu'on ravive cette tache d'hérésie qu'Innocent VIII avait eu soin de laver lui-même; il dit que, nourri du lait de la sainte Eglise romaine, il aime cette Eglise comme sa nourrice et sa mère; qu'il veut vivre et mourir catholique. Il demande qu'on lui donne des juges, et proteste de sa soumission et de son obéissance au Saint-Siége. Alexandre nomme sur-le-champ une commission; l'innocence de Pic est reconnue solennellement, et le Pape lui en adresse une bulle.

Jeune encore, il riait de ses amis qu'il voyait courir comme de véritables enfants après des bulles de savon. Un jour que son ami Ange Politien chantait en poète le bonheur que procurent les lettres : « Insensé, lui dit-il, qui te fatigues à chercher dans la science ce que tu ne saurais trouver que dans l'amour divin. »

C'est dans ces pieuses dispositions que Pic de la Mirandole termina sa vie. A l'âge de trente ans, ayant cédé tous ses domaines à son neveu, il jeta au feu ses poésies amoureuses, et prosterné devant un autel de la sainte Vierge, dit adieu au monde, à toutes les sciences profanes, et passa le reste de ses jours dans la prière et dans l'exercice des vertus les plus austères du christianisme. Il mourut à Florence le 17 novembre 1494, après avoir partagé tout son bien entre les pauvres et ses domestiques. La dernière édition de ses œuvres complètes, celle de Bâle, est de 16 volumes in-folio (*Biographie universelle*, t. XXIX, et Audin).

Quelque chose de plus merveilleux encore que le prince de la Mirandole, quelque chose peut-être d'unique dans l'histoire, c'est tout une famille de princes savants et protecteurs des sciences, princes issus du négoce et vivant dans une république : les *Médicis* de Florence, qui ont donné leur nom à leur siècle. C'est Cosme de Médicis, surnommé l'*Ancien* ou *le Père de la Patrie*; c'est Pierre, fils de Cosme et père de Laurent le Magnifique, dont le fils Jean, plus connu sous le nom de Léon X, rappelle à l'imagination le plus beau siècle de la littérature et de l'art moderne.

Cosme de Médicis, né en 1389, fut chef de la république florentine, de 1434 à 1464. Il avait le goût des lettres et de la philosophie. Dans un siècle et un pays où les littérateurs distingués étaient en grand nombre, il s'entoura des plus recommandables. Il fut leur ami; il les aida de sa bourse et de son crédit dans leurs études et leurs voyages; il achetait à grand prix les manuscrits précieux qu'il faisait recueillir par les correspondants de son commerce, des extrémités de la Grèce et de l'Egypte à celles de l'Allemagne et de l'Angleterre. Il fonda une Académie à Florence pour l'enseignement de la philosophie platonicienne; enfin, il jeta les fondements de la bibliothèque, connue aujourd'hui sous le nom de *Laurentiana*, pour laquelle il rassembla un grand nombre de manuscrits divers, non-seulement en grec et en latin, mais en hébreu, en chaldéen, en arabe et en indien.

Il avait acquis d'immenses richesses par le commerce. Il était le citoyen le plus renommé de Florence. Sa magnificence apparaît dans l'histoire, quand on veut compter les édifices qu'il a construits, les couvents et les églises de Saint-Marc et de Saint-Laurent, le monastère de Sainte-Verdiane; sur le mont de Fiésole, Saint-Jérôme et la Badia; dans le Mugello, une église pour les frères Mineurs; qu'on ajoute un nombre considérable de chapelles, le don de magnifiques ornements; ses palais particuliers dans la ville, quatre autres palais dans les environs. Comme s'il ne se fût pas contenté d'acquérir cette réputation en Italie, il avait fait construire à Jérusalem un hospice pour les pauvres et les pèlerins malades. Toutes ces œuvres pouvaient être appelées royales. Au milieu de tant de bienfaits, sa prudence était si tempérante, qu'il n'allait jamais au delà de la modestie ordinaire dans les conversations, dans le choix des serviteurs, dans ses cavalcades, dans sa manière de vivre; en tout cela il n'était que semblable au plus modéré des citoyens.

Après les premières années de sa vie, pendant lesquelles il n'avait eu qu'une santé délicate, après la prison, le danger de mort, l'exil, épreuve ordinaire de presque tous les grands personnages dans la république de Florence, il fut si heureux, que non-seulement ceux qui s'attachaient à lui dans les entreprises publiques, mais encore ceux qui administraient ses trésors dans toute l'Europe, participèrent à son bonheur. Il enrichit une foule de familles florentines. Enfin, quoiqu'il dépensât tant à bâtir des temples et à distribuer des aumônes, il se plaignait quelquefois à ses amis en ces termes :

« Jamais je n'ai pu dépenser en l'honneur de Dieu les sommes dont, en lisant mon livre de compte, je me suis trouvé son débiteur. » Il mourut le 1er août 1464, et la république fit graver sur son tombeau le titre de *Père de la Patrie* (*Biographie univ.*, et Artaud, *Hist. d'Italie*).

Jean Argyropule, né à Constantinople, passa en Italie vers l'an 1434, et séjourna quelque temps à Padoue. Il retourna ensuite dans sa patrie, où il enseigna la philosophie; mais les Turcs s'en étant emparés, il se rendit à Florence, où il fut accueilli par Cosme de Médicis, qui le chargea d'enseigner la philosophie péripatéticienne, en lui assignant un traitement très-considérable. Après la mort de Cosme, il ne fut pas moins en faveur auprès de Pierre de Médicis, et il compta, parmi ses disciples, Laurent, fils de Pierre, ainsi que Politien. La peste s'étant déclarée à Florence, il passa à Rome, où il enseigna le grec et la philosophie, et Reuchlin fut un de ses auditeurs. Il mourut dans cette ville, on ne sait en quelle année, à l'âge de 70 ans. Il avait traduit en latin plusieurs ouvrages d'Aristote (*Ibid.*).

Georges Gémiste, surnommé *Pléthon*, né à Constantinople au commencement du XVe siècle, s'était trouvé à Florence, sous le pape Eugène IV, en 1438, et s'y était fait admirer dans le concile œcuménique par son éloquence et son grand savoir. Un jour, il vint au palais de Médicis avec un manuscrit de Platon sous le bras; il en lut quelques pages au prince. C'était comme un monde nouveau dont Gémiste venait de faire la découverte. Dans sa joie, Cosme imagine sur-le-champ une académie où l'on enseignera les principes de la philosophie platonicienne. Ce fut le commencement d'une lutte entre Platon et Aristote, c'est-à-dire entre leurs partisans exclusifs et passionnés. Gémiste fut pour Platon; Georges de Trébizonde pour Aristote. Ils auraient mieux fait, où les lettres à demi-mortes, se réciter Cicéron, saint Augustin et saint Thomas, de les réunir l'un à l'autre, et de suppléer par la sagesse chrétienne ce qui manquait à tous les deux. Mais dans le premier enthousiasme, on ne pensait pas plus loin. D'ailleurs, parmi ces savants, tous n'aimaient pas uniquement la vérité; la gloire, la renommée y entrait pour beaucoup.

Un de ces platoniciens enthousiastes fut *Marsile Ficin*, chanoine de la cathédrale de Florence. Il naquit en cette ville l'an 1433, dans ce siècle d'or, comme il dit, où les lettres à demi-mortes, se réveillaient à la voix de Médicis. Melchisédech, ajoute-t-il, eut à peine un père; moi, pauvre petit prêtre, j'en comptai jusqu'à deux, Ficin le médecin et Cosme de Médicis. Quand il fut baptisé, le curé ne put s'empêcher de sourire à la vue de ce corpuscule d'enfant qui aurait tenu dans un soulier de femme. Grâces aux soins de la science, Marsile triompha d'une foule de maladies qui vinrent le tourmenter dès son berceau. A douze ans, il commença de sérieuses études. Sa mémoire était prompte, son imagination vive, ses instincts poétiques. Il aimait Virgile de prédilection, et son bonheur était de réciter quelques vers des *Géorgiques*, le matin, sur les bords fleuris de l'Arno. Toute sa vie, il eut besoin du soleil pour composer. Quand le ciel se voilait de nuages, son cerveau rebelle n'obéissait que difficilement aux exigences de sa pensée. Il travaillait fort avant dans la nuit, mais seulement à des œuvres de recherche ou de révision; le matin était à l'inspiration. Cosme lui fit présent d'une petite lampe, qu'il oubliait quelquefois d'éteindre, et que le jour retrouvait brûlant encore, tant il avait éprouvé de bonheur à ces doux songes où son âme s'endormait. Les livres de sa bibliothèque avaient été achetés également par le prince, qui ne s'était pas trompé sur l'avenir de Marsile.

Un moment toutefois l'enfant fut menacé d'être arrêté dans cette route de lumière qu'il avait rêvée. Son père voulut en faire un médecin. Cosme sourit à cette idée : « Le ciel, dit-il au docteur, vous a créé pour guérir les corps, mais votre fils est destiné de Dieu à guérir les âmes. » Il n'y avait rien à répondre. Marsile revint à son soleil et à ses livres.

On avait apporté de Venise à Florence divers manuscrits de Platon; le grand-duc en acheta quelques-uns dont il fit présent à son protégé, qui, dès ce moment, délaissa les muses pour la philosophie. Dans sa ferveur pour Platon, l'adolescent oubliait l'heure des repas, ses amis les lettrés, son Mécène, et Florence elle-même. Cosme cependant entretenait toujours le feu de la petite lampe, qui brûlait plus longtemps que de coutume. Les veilles nocturnes de Ficin étaient si longues, qu'il tomba dans un véritable marasme. On craignait pour ses jours. La voix de l'amitié eut peine à faire comprendre à l'écolier qu'un peu de repos lui était nécessaire pour rétablir des forces épuisées par l'étude. Marsile céda, et renonça pour quelques mois à ses chants du matin, à ses promenades sur les bords du fleuve, à ses causeries avec les humanistes florentins, à ses visites au grand-duc, à Platon, son maître; la santé revint. C'était en 1456.

Après deux années entières employées à sonder les mystères de la nouvelle philosophie, Marsile vint au palais ducal pour lire, devant une docte assemblée dont Cosme était président, quelques pages des *Institutions platoniciennes*, qu'il avait divisées en quatre livres, et qu'il se proposait de mettre bientôt sous presse. Sa lecture achevée, Cosme hocha la tête en souriant. Marsile comprit le signe muet, ferma son manuscrit, dit adieu à ces rêves de gloire qui l'avaient soutenu pendant son travail, et promit, avant de rien publier, d'apprendre le grec qu'il ne savait qu'imparfaitement. Il avait alors vingt-trois ans. Platina, dit-on, fut le nouveau maître qu'il choisit; ses progrès furent rapides. Cette fois il pouvait faire à son aise des songes, car il connaissait la langue hellénique comme un rapsode de Samos. Il refait sa version, et c'est au juge le plus compétent qu'il veut la montrer, à Marcus Musurus, le maître de Lascaris. Il apportait avec lui deux ou trois feuillets de sa traduction nouvelle. Musurus, en lisant ces belles pages, écrites avec une patience de calligraphe ou de jeune fille, s'amusait à jouer avec son écritoire. Ficin, impatienté, interrompt le lecteur : — Voyons donc, lui demande-t-il d'un ton suppliant, qu'en pensez-vous? — Voilà, dit Musurus, en répandant l'encre en guise de poudre d'or sur le manuscrit qu'il rend tout noirci à l'auteur. Tout autre que Ficin se serait emporté; heureusement il avait lu dans le Timée d'admirables préceptes sur la colère, et il n'aurait pas voulu pécher contre Platon. Donc, sans mot dire, il retourne à la petite habitation rurale que

Cosme lui avait donnée dans la villa Careggi, et se remet une troisième fois à l'ouvrage.

L'œuvre s'étend, grandit et reste cachée aux regards jusqu'à l'époque de la mort de son bienfaiteur. Pierre venait de succéder à Cosme, et Ficin ne s'était pas aperçu du changement de règne; heureusement pour les lettres, la dynastie de Médicis avait encore de longs jours à vivre. Pierre avait voulu continuer Cosme; par ses soins, une chaire s'éleva où Marsile monta pour expliquer Platon. On ne se douterait pas de toutes les belles choses qu'il trouvait dans le fils d'Ariston : la Sainte-Trinité, le Verbe de saint Jean l'Évangéliste, la Création de Moïse, l'Eucharistie de saint Paul. Il faisait du philosophe un génie céleste qui avait eu l'intuition des mystères enfermés dans nos saints livres. Est-il besoin de dire qu'il plaçait dans son paradis l'écrivain antique que Jésus, dans sa descente aux enfers, venait arracher aux limbes purificateurs, pour le couronner de l'auréole des bienheureux ? Il avait renoncé aux formules de salutation ordinaire, et il n'appelait ses auditeurs que mes *frères en Platon*. A ses yeux, le Criton était un second Évangile tombé du ciel. Ses élèves partageaient son enthousiasme et ses croyances.

Parmi les auditeurs de Ficin, *Michel Mercatin* se faisait remarquer par une expression indicible de mélancolie qu'il portait constamment aux leçons du professeur; il doutait. L'avenir le tourmentait, et l'existence de l'âme après cette vie était un problème dont il demandait vainement la solution à ses savants amis : ses amis le ramenaient toujours à Platon. Malheureux qui ne savait pas lire l'immortalité de la pensée dans cette intelligence qui, chaque semaine, développait si poétiquement en chaire les harmonies du monde spiritualiste ! Il avait besoin de croire cependant, car le doute le faisait souffrir. Un jour qu'il disputait avec Ficin sur les destinées futures de l'homme : — Maître, lui dit-il, faisons un pacte. — Et lequel ? répondit le professeur. — Que celui qui mourra le premier vienne dire à l'autre s'il y a quelque chose là-haut ; et, en prononçant ces mots, Mercati regardait tristement le ciel. Ficin prit la main de Mercati et inclina la tête.

A quelque temps de là, un matin, quand tout dormait dans Florence, Mercati est réveillé par le bruit des pas d'un cheval et la voix rauque d'un cavalier qui crie : Mercati ! L'homme du doute se lève, entr'ouvre sa fenêtre et aperçoit, sur un cheval blanc, un fantôme qui du doigt lui montre le ciel, en murmurant : Michel ! Michel ! cela est vrai ! Mercati descend précipitamment l'escalier, pousse la porte, regarde de tous côtés, la vision avait disparu.

Il se rappelle alors le pacte qu'il a fait avec Ficin, et prend le chemin de la demeure du néo-platonicien. Il frappe. — Que voulez-vous ? demande une vieille femme. — Parler à mon ami Ficin.

— Mon maître vient de mourir, dit la servante ; priez Dieu pour son âme (Audin, *Hist. de Léon X*, c. 2).

Marsile Ficin mourut le 1er octobre 1499, à l'âge de 66 ans, il avait été fait prêtre à quarante-deux. Il a laissé un grand nombre d'ouvrages : le principal est sa *Version latine de Platon*.

Ange Politien, autre chanoine de l'église métropolitaine de Florence, naquit le 14 juillet 1456 à Monte-Pulciano, d'où lui est resté le surnom de *Politien*, sous lequel il est généralement connu. Son père, quoique peu riche, l'envoya de très-bonne heure aux écoles de Florence. Ange y étudia, sous Christophore Landino, les lettres latines; sous Andronic de Thessalonique, les lettres grecques : Marcile Ficin l'initia dans la philosophie platonicienne; et Jean Argyropule, dans celle d'Aristote. Ses progrès furent si rapides, qu'il osa commencer, bien jeune encore, une traduction d'Homère en vers latins.

A vingt-neuf ans il professait à Florence, l'éloquence latine. Son cours était fréquenté par une foule d'intelligences qui se sont fait un nom dans les lettres. Pic de la Mirandole vint plus d'une fois pour l'écouter. C'est des bancs de son école que sortit cette pléiade d'humanistes dont Érasme a glorifié les travaux : Guillaume Grocin, qui fut depuis professeur de grec à Oxford; Thomas Linacre, l'ami du chancelier Morus; Denys, le frère de Reuchlin ; les deux fils de Jean Tessira, chancelier du roi de Portugal. Politien, en rappelant le souvenir de ses triomphes de professeur, ne peut réprimer un mouvement de vanité bien pardonnable dans un rhéteur. « Vraiment, écrit-il à un de ses amis, je ne sais pas si, depuis mille ans, maître d'éloquence latine compta pareil nombre d'écoliers. »

Quand, pour la première fois, on apercevait en chaire ce professeur, au nez difforme, à l'œil gauche louchant disgracieusement, au col mal emboîté, (c'est Paul Jove, historien contemporain, qui a tracé cette silhouette), il était impossible de retenir un mouvement involontaire de dépit ou de surprise ; mais lorsque Politien ouvrait la bouche, son organe doux et vibrant, sa parole, véritable bouquet de fleurs, et sa phrase parfumée de sel attique, avaient fait bientôt oublier les torts de la nature. Il s'enthousiasmait aisément, et savait faire passer dans l'âme de ses auditeurs les émotions diverses qui l'agitaient. Il aimait à expliquer les poètes bucoliques. Trouvait-il dans l'un d'eux quelque allusion au bonheur des champs, il posait son livre et commençait une improvisation pleine d'un coloris tout champêtre. Il n'oubliait ni la voix susurrante du pin, ni le sifflement du vent qui balance l'ombelle conique du cyprès, ni le gazouillement de l'onde à travers les cailloux colorés, ni les jeux de l'écho qui redit les vers du poète.

Sa leçon finie, il prenait souvent par le bras son docte ami Laurent de Médicis, et tous deux s'acheminaient à pied vers Fiésole, par une fraîche soirée dont il chantait les charmes, au milieu de la route, pour se reposer. C'est à Fiésole qu'il a composé plusieurs de ses petites poésies ; il les lisait le lendemain à ses élèves et on les aurait prises pour quelques poèmes antiques.

Voici une pièce d'un autre genre, qu'il adressa un jour à son noble protecteur Laurent :

« Les sots ! ils rient des haillons qui me couvrent le corps et des sandales trouées qui montrent mes pieds à nu. — Ils me plaisantent sur ce que ma chaussure, n'emprisonnant plus mes doigts, laisse à l'air un plus libre cours. — Mon vêtement a perdu son lustre et son duvet, la corde seule reste encore, et la maudite traîtresse atteste qu'elle est formée des fils les plus grossiers, les derniers qui restaient à la brebis tondue à ras. Ils rient et ne font plus cas de moi. Ils disent que mes vers ne sont point de ton goût. — Laurent, envoie-moi donc une de tes belles robes. »

Laurent le Magnifique cherchait tout aussitôt dans sa garde-robe et faisait remettre à Politien un vêtement de drap de Venise, que le poète, sans même le donner au tailleur, endossait sur-le-champ; et le peuple de s'écrier : « C'est un habit de Son Altesse : il faut que les vers d'Angelo soient bien beaux, puisque le grand-duc l'habille si richement ! » Le poète avait besoin de remercier son bienfaiteur : il invoquait l'assistance de Calliope, qui descendait de l'Olympe, et ne reconnaissant plus son favori, tant il était richement vêtu, se hâtait de regagner le ciel; Politien se frappait inutilement le cerveau; le vers reconnaissant ne venait pas.

Mais tout le monde ne regardait pas, comme cette *plébécule* dont parle Politien, au vêtement du poète. Sa petite maison près de l'église Saint-Paul, dont il était prieur, était chaque matin assiégée d'une foule de visiteurs qu'il n'avait pas la force d'éconduire. Il a peint d'une manière fort comique le malheur de celui qui avait un nom littéraire à cette époque. — « En voici un qui vient un glaive à la main frapper à ma porte, dont il ne peut lire les lettres mystérieuses; un autre qui veut absolument une inscription pour son cabinet d'études; un troisième qui attend une devise pour sa vaisselle; d'autres qui me demandent des épithalames, des chansons : c'est à peine si j'ai le temps d'écrire! Dieu me pardonne, il faut interrompre jusqu'à la récitation de mon bréviaire (1). »

Élève, condisciple, collègue de tous ces savants, *Laurent de Médicis* était l'ami et le protecteur de tous les savants du monde. Des Grecs, chassés de Constantinople, après un court séjour à Venise, s'embarquaient sur la *Brenta*, saluaient Padoue en passant, et venaient s'établir à Florence, attirés par les sollicitations de Cosme ou de Laurent. Laurent les fêtait comme des hôtes venus du ciel, les admettait à sa table, tâchait de les retenir à force de caresses, et, s'ils résistaient à ses séductions, ne les laissait jamais partir sans quelques lettres de recommandation pour les souverains qu'ils devaient rencontrer sur leur passage. Tantôt, comme Démétrius Chalcondyle, ils venaient se loger près de *Santa Maria del Fiore*, tantôt, comme Politien, ils cherchaient sur l'une des collines environnantes une retraite à l'abri du tumulte de la cité, du bruit des marteaux des ouvriers en cuivre, du ciseau des architectes et des sculpteurs, de la lime des orfèvres, et de ce mouvement d'artistes en tout genre dont elle était le rendez-vous et la patrie.

On venait de France, d'Allemagne, d'Angleterre pour y étudier l'antiquité. Rome ne faisait que de naître à la lumière, que Florence avait déjà des bibliothèques, des académies, des gymnases, des réunions de lettrés. Grocin, Linacre, Sulpizio, Pomponio Leto avaient voulu la visiter avant de voir Rome. Laurent les avait invités à sa table, leur avait donné des fêtes; avait, avec eux, visité ses belles villas, où il rassemblait les chefs-d'œuvre de la sculpture antique, récemment trouvés en Italie, ou rapportés de la Grèce, et les manuscrits que les Juifs, ces grands marchands de l'époque, achetaient en Orient, pour les revendre à Florence.

C'est que jamais prince n'aima les lettres d'un amour plus éclairé que Laurent de Médicis ! Il était heureux quand, le soir, loin de Florence et dans un de ces palais que lui avait laissés en mourant Cosme, son grand-père, il pouvait montrer à ses protégés ces beaux manuscrits qu'un Israélite lui avait vendus au poids de l'or ! Il disait quelquefois à Nicolas Leoniceno : Je les aime tant, ces livres, que je vendrais jusqu'à ma garde-robe de prince pour m'en procurer. A Careggi, Cosme avait fait élever une maison toute royale, distribuée en petites cellules où Laurent logeait ses humanistes chéris. Il y avait deux salles pour les livres, une pour les œuvres et les partitions musicales.

Après des causeries toutes philosophiques, imprégnées de poésie platonique, où brillait surtout Ficin, on passait dans la salle du concert, et Squarcialuppi, son chanteur de prédilection, entonnait un hymne dont le prince avait composé les paroles, et on se séparait pour se réunir le lendemain au coucher du soleil. Laurent revenait toujours avec quelque nouvelle miniature d'un moine ignoré, quelque codex antique acheté à Venise, quelque statuette récemment déterrée à Rome. Les poètes, les philosophes, les lettrés tombaient en extase et se mettaient à célébrer la bonne fortune du prince.

C'est sous les verts ombrages de la villa du grand Cosme, restaurée par Laurent, dans une petite chambre dont il ouvrait les fenêtres, au lever du soleil, pour entendre le chant du rossignol ou respirer l'odeur des chèvrefeuilles et des aubépines en fleurs, que Ficin s'écriait : « O doux loisir ! ô asile secret des muses ! jamais ton souvenir ne s'effacera de ma mémoire ! »

Dans l'intérêt de la santé de ses hôtes, Laurent voulut fonder d'autres asiles aussi poétiques, mais plus salubres. L'air de la villa de Careggi était trop tiède, des eaux trop abondantes l'imprégnaient d'une humidité malfaisante, le soleil avait trop de peine à percer les touffes épaisses des bois qui l'entouraient. Il fit bâtir à Fiésole une maison de plaisance où l'on évitait les inconvénients de l'autre.

Avant de mourir, Cosme avait fondé l'*Académie platonicienne*. Son petit-fils Laurent et ses doctes amis étaient sincèrement catholiques : nous l'avons vu par Pic de la Mirandole. Néanmoins, ils poussèrent jusqu'à une espèce de culte leur enthousiasme pour Platon et sa doctrine; ils célébraient une fête littéraire en son honneur. Mais cela se conçoit. Nous avons vu le chanoine Marsile Ficin découvrir dans la doctrine de Platon les principaux dogmes de la foi chrétienne : en quoi il n'est ni le premier ni le seul. Leur enthousiasme avait donc sa racine dans l'amour même de ces dogmes. D'ailleurs, la philosophie de Platon a pour caractère distinctif de chercher en Dieu même la source du vrai, du bon et du beau. Comment des âmes poétiquement chrétiennes et chrétiennement poétiques n'auraient-elles pas aimé une telle philosophie ? Mais, ce que nous ne

---

(1) *Adeò mihi nullus inter hæc scribendi restat aut commutandi locus, ut ipsum quoque horarium, sacerdotis officium pené, quod vix expiabile credo, minutatim considatur* (Ep. 9. Donato, 2 lib). On connaît cette vieille anecdote qui traîne dans tous les recueils d'*Ana*, où Politien se vante de n'avoir jamais ouvert son bréviaire, de peur de se gâter au latin des offices. Bayle, qui l'a donnée le premier, n'avait pas la correspondance de l'auteur : on en a dit autant de Bembo, et avec aussi peu de raison (Audin).

concevons pas, c'est ce qu'on leur impute de n'avoir vu dans les arts, la sculpture et la peinture, que le beau sensuel et non le beau idéal, que la forme extérieure et non l'idée intime, l'idée platonique, l'idée divine. Si cela est, ce ne pouvait être de leur part qu'une inconséquence passagère et facilement guérissable. Mais il nous semble que ce procès, bien loin d'être jugé, n'a pas même été instruit. On allègue le protestant Brucker avec son *Histoire de la philosophie*. Mais pour comparer ce qu'il y a de plus élevé dans Platon avec ce qu'il y a de plus profond, de plus intime, de plus surnaturel dans la foi chrétienne, et juger d'après cela les conceptions enthousiastes de quelques âmes catholiques, il faudrait, comme saint Thomas, à la pensée sublime de Platon et au langage précis d'Aristote, joindre la connaissance expérimentale et raisonnée de la théologie, surtout de la théologie mystique. Or, l'homme qui manque le plus de tout cela, c'est le protestant Brucker; il n'a pas même une idée nette de ce qu'il pense lui-même. C'est donc une cause à revoir.

Après tant d'hommes célèbres, nés ou accueillis en Italie et à Florence, on croira peut-être que nous en avons fini. On se trompe : il en reste encore une classe tout entière.

- Vers l'an 1460 arrivait à Florence un jeune homme qui n'avait absolument rien. Il demeura plusieurs mois dans cette ville, n'ayant d'autre lit qu'un coffre, et gagnant à peine de quoi se nourrir. Ce fut le premier des grands peintres d'Italie; c'est *le Pérugin*, ainsi nommé de Pérouse, parce qu'il était né dans cette ville l'an 1446, ou qu'il vint s'y établir de bonne heure. Nous en parlons dans l'histoire de l'Eglise, attendu que les peintres italiens sont généralement des poètes religieux, et que leurs chefs-d'œuvre sont quelques pages de l'Ecriture sainte ou de l'histoire ecclésiastique, traduites en couleurs. Le chef-d'œuvre du Pérugin est la *Sainte-Famille*, que l'on admire à la chartreuse de Pérouse.

Le second en date est *Léonard de Vinci*, né à Florence l'an 1452, à la fois peintre, sculpteur, architecte, ingénieur, chimiste, mécanicien et littérateur. Son chef-d'œuvre est le tableau de la Cène ou dernier souper du Sauveur, dans le réfectoire des Dominicains de Milan. Aussi recommandable par ses vertus que par ses talents, il mourut fort chrétiennement en France, l'an 1519, entre les bras de François Ier, qui était venu le voir sur son lit de mort.

Bramante, né l'an 1444 à Castel-Durant, dans l'Etat d'Urbin, de parents honnêtes, mais sans fortune, commença par la peinture. Bientôt le goût de l'architecture prit le dessus, et il fut le premier des grands architectes. Son chef-d'œuvre, sa gloire, est la basilique de Saint-Pierre de Rome, dont il forma le plan et jeta les fondations; mais elle ne fut conduite à la perfection que par Michel-Ange.

Michel-Ange Buonarotti, né le 6 mars 1474, au château de Caprèse, dans le territoire d'Arezzo, descendait de l'ancienne et illustre maison des comtes de Canosse. Ses dispositions extraordinaires pour le dessin contraignirent sa famille à lui laisser suivre sa vocation d'artiste. Le jeune Michel-Ange fut placé chez Dominique et David Ghirlandaï, les plus célèbres peintres de ce temps, pour y demeurer trois années. C'était une espèce d'apprentissage qu'on lui faisait faire. Mais ce qu'il y eut de singulier, c'est que le maître, loin de recevoir aucune rétribution de son élève, s'était engagé par écrit à payer progressivement par an la somme de six, huit et dix florins à un jeune homme de quatorze ans, tant ses maîtres le connaissaient déjà, moins pour un élève qui venait leur demander des leçons, que comme un coopérateur capable de partager leurs travaux.

Laurent de Médicis, ayant conçu le projet de former une école de sculpteurs, jeta d'abord les yeux sur Michel-Ange. Ses premiers essais dans cet art ne furent pas inférieurs à ses premiers travaux dans le dessin et la peinture. Laurent de Médicis le vit avec étonnement; il voulut l'avoir lui-même dans son palais, lui assigna un logement particulier, et le traita comme son propre fils. Et le palais et les jardins étaient remplis de statues et de fragments antiques de toute espèce. Michel-Ange reçut de plus les instructions d'Ange Politien, qui, entre autres, lui procura les moyens d'étudier l'anatomie. Depuis cent ans, un immense bloc de marbre gisait sur une place de Florence; un inhabile artiste n'avait réussi qu'à faire sortir d'une masse informe un ouvrage avorté; aucun statuaire depuis n'avait cru qu'il fût possible d'en tirer parti. Michel-Ange, dans peu de temps, transforma ce bloc en une statue colossale de David, que l'on admire encore; sa proportion est telle, que l'homme de la taille la plus avantageuse arrive à peine à son genou.

Le pape Jules II appela Michel-Ange à Rome, pour faire son tombeau, peindre la chapelle Sixtine, achever la basilique de Saint-Pierre. A Rome, Michel-Ange rencontra deux rivaux, Bramante et Raphaël.

Raphaël Sanzio naquit l'an 1483, à Urbin, dans l'Etat ecclésiastique. Son père était un peintre médiocre, mais il le savait. Il s'aperçut bientôt que le jeune Raphaël était déjà trop habile pour rester son écolier. Il obtint de l'amitié du Pérugin qu'il prendrait son fils au nombre de ses disciples. Dès les premiers jours, Pérugin pronostiqua que Raphaël serait bientôt son maître. A l'âge de dix-sept ans, il peignit un chef-d'œuvre, saint Nicolas de Tolentin. Il habita Florence, où l'on dit qu'il profita des travaux de Michel-Ange. Sur la recommandation de Bramante, qui était son parent, Jules II le fit venir à Rome pour peindre les salles du Vatican, où l'on admire entre autres ce qu'on appelle la *Bible de Raphaël*, l'histoire de l'Ancien Testament en cinquante-deux sujets. Il eut pour élève Jules Romain, dont le chef-d'œuvre est le martyre de saint Etienne. Les meilleurs tableaux particuliers de Raphaël sont : le Sauveur en croix, la Sainte Famille, la Vierge et l'enfant Jésus, mais surtout la Transfiguration, qui fut son dernier ouvrage. Il mourut le 7 avril 1520, le jour du vendredi saint, à l'âge de 37 ans. On dit qu'il abrégea lui-même ses jours par son incontinence. Il reconnut sa faute, et mourut dans les sentiments les plus chrétiens, après avoir donné de quoi restaurer et fonder, dans l'église de Sainte-Marie de la Rotonde, une chapelle à la Vierge, qui fut le lieu de sa sépulture.

Michel-Ange vécut jusqu'à l'âge de quatre-vingt-dix ans. Il n'eut que deux maladies dans le cours d'une si longue vie : la gravelle rendit ses derniers jours douloureux. Il n'avait connu dans sa jeunesse d'autre besoin que d'exercer son esprit, d'autre plaisir que de cultiver les arts. Devenu riche et dans un âge plus avancé, il méprisa le luxe et méconnut même les commodités de la vie. Dormir tout habillé, ne vivre souvent que de pain et d'eau, passer les nuits au travail ou en promenades solitaires, sont les moindres traits qui puissent caractériser les habitudes de sa vie. S'il eût vécu chez les Grecs d'autrefois, on l'eût admiré comme philosophe avant de le louer comme artiste; mais, à coup sûr, il eût été de la secte de Zénon. Économie, frugalité, désintéressement, austérité de mœurs, inflexibilité de caractère, mépris de la fortune et même de la gloire : telles furent les vertus stoïques qu'il professa toujours. Michel-Ange était aimé et recherché des grands; mais il les fuyait. Il refusait de travailler pour des souverains; mais il donnait son temps et ses conseils à des faiseurs de saints pour les villages. Un prêtre de ses amis lui reprochait un jour de ne s'être pas marié, et regrettait qu'il n'eût pas laissé d'héritier de son nom et de ses talents. « De femme, dit Michel-Ange, j'en ai eu trop d'une pour le repos de ma vie. C'est mon art. Mes enfants, ce sont mes ouvrages. Cette postérité me suffit. Laurent Ghiberti, ajouta-t-il, a laissé de grands biens et de nombreux héritiers. Saurait-on aujourd'hui qu'il a vécu, s'il n'eût fait les portes de bronze du baptistère de Saint-Jean? Ses biens sont dissipés, ses enfants sont morts; mais les portes de bronze sont encore sur pied. »

On lui demandait son avis sur le mérite d'un sculpteur qui avait passé beaucoup de temps à copier des statues antiques. « Celui, répondit-il, qui s'habitue à suivre, n'ira jamais devant, et qui ne sait pas faire bien de soi-même, ne saurait profiter du bien des autres. »

Michel-Ange avait le cœur aussi bon que son génie était vaste. — Quand je serai mort, dit-il un jour à son domestique, que feras-tu, mon cher Urbain? — Il faudra bien, lui répondit l'autre, que je serve un autre maître. — Non, je ne le souffrirai pas, répliqua Michel-Ange, et il lui donna deux mille écus (dix mille livres de France). Il eut la douleur de lui survivre; il le soigna nuit et jour dans sa maladie et pleura sa mort. On voit par sa correspondance, qu'il en agissait ainsi par principe de religion.

Michel-Ange vécut jusque sous le pontificat du saint pape Pie V. Accablé sous le poids des années, il ne vivait plus que dans l'espérance et les contemplations de la vie future. Une fièvre lente lui annonça que son dernier moment approchait; il fit venir son neveu, Léonard Buonarotti, auquel il dicta son testament en ce peu de mots : « Je laisse mon âme à Dieu, mon corps à la terre, mon bien à mes plus proches parents. » Il mourut le 17 février 1564, âgé de quatre-vingt-dix ans. On le porta dans l'église des Saints-Apôtres, où le Pape avait arrêté que son tombeau serait placé, en attendant qu'on pût lui en élever un dans la basilique de Saint-Pierre. Mais Florence réclama sa dépouille mortelle : le grand-duc le fit déterrer secrètement et transporter dans la capitale de la Toscane, où il reçut une sépulture de prince (*Biographie universelle*, t. XXVIII).

Les principaux chefs-d'œuvre de Michel-Ange sont : la statue de Moïse, pour le mausolée de Jules II; la peinture du jugement dernier, pour la chapelle Sixtine, la basilique et la coupole de Saint-Pierre, pour l'univers entier.

Nous avons vu à Florence, sous Laurent de Médicis, une tendance païenne vouloir prédominer dans les lettres, les arts et les mœurs; elle y rencontra une opposition puissante dans un moine, qui lui-même ne gardera pas toujours la mesure convenable.

Jérôme Savonarole naquit à Ferrare, le 21 septembre 1452. Enfant, il aimait l'étude et la prière, les couvents, et surtout la blanche soutane des Dominicains, les grands prédicateurs de l'époque. Quand l'un d'eux montait en chaire, on était sûr de trouver Jérôme debout en face de l'orateur, dont il suivait tous les mouvements. Un jour qu'il assistait au sermon prêché par un frère, il se sentit troublé jusqu'au fond du cœur par les paroles de l'orateur, et résolut d'abandonner le monde et de s'ensevelir dans la solitude d'un monastère : il avait alors vingt-deux ans. Sans rien dire à ses parents, il quitte Ferrare, le 24 avril, prend la route de Bologne, et vient frapper à la porte du couvent de Saint-Dominique. Quelque temps après, il recevait l'habit clérical, et écrivait à son père : « M'aimez-vous ou non? Si vous m'aimez, comme j'en suis convaincu, vous savez bien qu'il y a en moi deux substances, l'âme et le corps. Préférez-vous le corps à l'âme? Vous direz que non, parce que sans cela, vous ne m'aimeriez pas réellement; vous aimeriez en moi la plus vile partie de moi-même; mais si vous préférez en moi l'âme au corps, vous approuverez le parti que j'ai dû prendre. »

Ses supérieurs comptaient en faire un professeur, car il avait la parole facile, le geste magnifique, l'œil d'une rare beauté. Savonarole enseigna donc la métaphysique à Ferrare; mais il s'ennuya bientôt de la langue qu'il était obligé de parler : Aristote le fatiguait par sa sécheresse. Pour trouver un aliment à son imagination rêveuse, il se mit à étudier l'Écriture. La parole de Dieu le charma; il n'eut plus qu'un livre, qu'il lisait la nuit et le jour, l'Ancien et le Nouveau Testament. Ferrare, pressée par les Vénitiens, fut obligée de faire évacuer le couvent des Dominicains; Savonarole, regardé comme une bouche inutile, prit le chemin de Florence.

A Florence, au couvent de Saint-Marc, il partagea son temps entre la confession et la prédication; par goût, il quitta bientôt le tribunal de la pénitence pour la chaire; il comprenait sa vocation. C'est dans l'intérieur du cloître qu'il annonça d'abord la parole divine; le site était admirablement choisi : pour temple, un jardin tout plein de beaux rosiers de Damas; pour pavillon, le ciel; pour auditeurs, des frères aux robes blanches : comment l'orateur n'aurait-il pas été inspiré?

Des jardins de Saint-Marc, il passa d'abord à Sainte-Marie-la-Neuve, cette église que Michel-Ange appelait son épouse, puis à Sainte-Marie-de-la-Fleur, le chef-d'œuvre de Brunellesco. Il aimait à commenter l'*Apocalypse*, parce qu'il y trouvait des images toutes matérielles, telles que le cheval blanc, la coupe où s'empoisonnent, la clé de l'abîme, dont il se servait pour effrayer ses auditeurs. Ce qu'il cherchait surtout, c'était de réveiller de leur sommeil toutes ces âmes de chair réunies autour de lui. On voit qu'il connaissait admirablement son auditoire. A des hommes comme Florence en offrait alors, commerçants enrichis par la fraude, usuriers qui spéculent sur la faim, jeunes seigneurs qui courent les tabagies, le jeu et les femmes; à des courtisanes qui affichent publiquement leurs désordres; à des artistes qui cherchent leurs inspirations dans l'Olympe payen; à des âmes amollies par le luxe, la bonne chère et la débauche; à des philosophes qui préfèrent à l'Evangile le *Criton* de Platon, il fallait des épouvantements tout charnels, des menaces sensuelles, des images prises dans le monde visible. L'orateur avait raison de s'armer d'une lanière, d'une épée, d'une coupe empoisonnée; le Christ ne faisait pas autrement sur le perron de ce temple d'où son fouet chassait les vendeurs (Audin, *Hist. de Léon X*).

La voix sourde et caverneuse du prédicateur, sa figure où, de chaque côté, deux os en saillie semblaient percer la peau, son teint blême, ses doigts décharnés à travers lesquels pouvaient passer la lumière, ses yeux azurés surmontés de sourcils roux, étaient autant d'instruments de terreur. Souvent, en descendant de chaire, on le voyait essuyer son front tout humide de sueur. Rentré dans son couvent, il se jetait à genoux pour prier. Bientôt on entendait frapper à la porte du monastère: c'était une Madeleine enveloppée de sa mantille noire, qui demandait à se confesser; un vieillard qui venait livrer pour qu'on le brûlât, une peinture lascive; un usurier dont les poches étaient pleines d'or qu'il offrait de restituer; des paralytiques qui demandaient à toucher la ceinture du Dominicain. On affirmait que sa robe avait rendu plus d'une fois la vie à des moribonds.

Le soir, Savonarole retournait à l'église pour prêcher. Il montait en chaire et continuait son commentaire sur l'*Apocalypse*: c'étaient d'autres images tout aussi saisissantes que celles dont il effrayait son auditoire du matin. Audin dit à ce sujet: Quand, après trois siècles, nous lisons les discours du moine, nous comprenons l'enthousiasme de la multitude; nous aurions fait comme elle: nous aurions accompagné notre père jusqu'à l'église, nous aurions essayé de toucher un pan de sa robe, de baiser la poussière de ses pieds; peut-être même que nous aurions cru tout ce qu'on racontait de lui, ses visions nocturnes, le don qu'il avait reçu de guérir les malades par un simple attouchement, son intuition de l'avenir, et son commerce avec les anges. A dire vrai, quelque chose de réellement merveilleux nous aurait attirés vers lui: c'était sa parole, soit qu'il reproche aux Florentins de boire dans la coupe des réprouvés, c'est-à-dire aux eaux corrompues de l'antiquité païenne, soit qu'il menace tous ces savants qui crient: Vive la voie de Bersabée! c'est-à-dire le chemin qui n'est éclairé par d'autre lumière que celle de la raison; soit qu'il s'indigne que les Florentins, comme autrefois les Juifs, préfèrent à la manne du désert les poissons d'Egypte, c'est-à-dire à l'or de la parole divine le plomb vil du rhéteur; soit qu'arrachant à l'artiste un pinceau tout trempé de couleurs païennes, il lui dise: Je ne reconnais plus ma Vierge de Bethléhem dans cette jeune fille vêtue comme une courtisane, ma Vierge qui ne paraissait jamais en public que sous les habits d'une pauvre petite dérobant jusqu'à son visage; soit que, frappant sur la poitrine de tous ces philosophes amoureux, jusqu'à l'idolâtrie, de l'antiquité, il la trouve dure comme de la pierre; soit qu'il se lamente sur l'ingratitude de Florence, et, prêt à pleurer sur elle dans le désert comme les filles de Sion, il s'écrie douloureusement: « Florence! tu ne détruiras pas mon œuvre, car c'est l'œuvre du Christ. Que je meure ou que je vive, la semence que j'ai jetée dans les cœurs n'en portera pas moins ses fruits. Si tes ennemis sont assez puissants pour me chasser de tes murs, je n'en serai point affligé; car je trouverai bien un désert où je pourrai me réfugier avec ma Bible. »

Quand le cœur de l'auditeur résiste, Savonarole a des paroles qui le remuent bien vite et lui arrachent des larmes, comme le samedi de la seconde semaine de carême, à *Santa-Maria del Fiore*. L'orateur n'avait pas obtenu son succès ordinaire; de sa chaire il n'avait entendu aucun sanglot: il lui fallait des pleurs.

Il reste un moment silencieux, puis se tournant vers l'autel: « Je n'en puis plus, s'écrie-t-il, les forces me manquent. Seigneur, ne dors plus sur la croix, exauce mes prières, *respice in faciem Christi tui*. O glorieuse Vierge! ô saints, bienheureux du paradis! ô anges! ô archanges! ô céleste milice, priez le Seigneur qu'il ne tarde pas plus longtemps à nous écouter. Ne vois-tu pas, ô mon Dieu, que les méchants se réjouissent, qu'ils se moquent de nous? Ici chacun nous tourne en dérision, nous sommes devenus l'opprobre du monde. Nous avons prié; que de larmes nous avons répandues, que de soupirs! Qu'est donc devenue ta providence? qu'est devenue ta bonté? que sont devenues tes promesses? Seigneur, *respice in faciem Christi tui*. Ah! ne tarde plus, afin que le peuple infidèle ne dise pas: Où est leur Dieu? Où est le Dieu de ceux qui ont fait pénitence et jeûné? Tu vois que les méchants deviennent pires de jour en jour, et qu'ils semblent désormais incorrigibles; étends ta main, et montre ta puissance. Je ne sais plus que dire, je n'ai plus que des larmes: qu'elles éclatent dans cette chaire. Je ne dis pas, Seigneur, que tu nous entendes à cause de nos mérites, mais pour l'amour que tu portes à ton Fils: *respice in faciem Christi tui*. Prends pitié de ton pauvre troupeau; ne vois-tu pas son affliction, ses souffrances? Ne l'aimes-tu plus, mon Dieu! ne t'es-tu plus incarné pour lui? n'as-tu pas été crucifié, n'es-tu pas mort pour lui? Si ma prière n'est pas écoutée, ôte-moi la vie, Seigneur. Que t'a fait ton troupeau? il ne t'a rien fait; il n'y a que moi de pécheur. Mais, Seigneur, ne regarde pas à mes iniquités; regarde plutôt à ton amour, regarde à ton cœur, regarde à tes entrailles, regarde à ta miséricorde: miséricorde! ô mon Dieu (Audin, t. I). »

Ainsi parlait Savonarole, et les larmes éclataient dans l'auditoire.

Savonarole en voulait aux Médicis, dont l'or, disait-il, avait corrompu la population florentine. Lorsqu'il eut été élu prieur de Saint-Marc, on lui conseilla d'aller remercier le grand-duc. — « Et pourquoi? demanda le Père. Qui m'a nommé prieur, Dieu ou Laurent? Dieu, n'est-il pas vrai?........ Je n'irai pas au palais. »

Laurent prit le parti de venir au couvent. « Père, dit un frère à Savonarole, c'est une personne de distinction qui se présente au monastère. — Son nom? — Père, c'est Laurent de Médicis. — Et qui vient pour prier? Laissez-lui faire ses dévotions : je ne veux pas qu'on l'interrompe. »

« Il faut que je le voie cependant, disait Laurent à Politien, et que je lui parle. » Il imagina de faire déposer, par son secrétaire, un grand nombre de pièces d'or dans le tronc du couvent. Le frère, en l'ouvrant, jette un cri de surprise et de joie, et court raconter sa trouvaille au prieur. Il n'y avait qu'un prince, et un prince comme le Magnifique, qui pût faire des dons semblables. Laurent disait : « Le prieur sera forcé de venir me remercier. » Il se trompait. Jérôme, en prenant une à une ces belles pièces, disait : « Ceci pour les besoins de notre couvent, ceci pour les pauvres de Saint-Martin, ceci pour faire dire des messes pour le salut du donateur. » Ce fut là tout; il ne prononça pas même le nom de Laurent.

On risquerait de méconnaître Savonarole, observe Audin, si l'on ne voyait en lui qu'un des plus merveilleux artistes en parole qui jamais aient existé : son éloquence n'expliquerait pas suffisamment l'ascendant qu'il exerça si longtemps sur le peuple de Florence. Machiavel a dit qu'il fut un homme de science, d'habileté, de courage, qualités dont l'orateur pourrait au besoin se passer, mais que doit posséder quiconque veut gouverner l'opinion. Savonarole aurait pu choisir toute autre condition que celle du cloître; il eût manié le ciseau aussi bien que la plume, le pinceau aussi bien que la parole; s'il l'avait voulu, il aurait été plus grand philosophe que Ficin, rhéteur plus habile que Politien, et poète plus admirable que Sannazar. En lisant ses sermons, on voit qu'il a sondé toutes les sources littéraires connues de son époque; qu'il s'est inspiré du Christ, de Moïse, d'Homère, de Platon et d'Aristote; qu'il connaît ce qu'on nommait alors *la doctrine d'Alexandrie;* qu'il a étudié l'astronomie, la physique, la mécanique et les sciences naturelles, et surtout qu'il a médité longtemps sur les lois et les constitutions de la Grèce et de l'Italie antiques.

Savonarole avait le courage du prophète. Quand il se trouvait en face des rois, il leur parlait un langage qu'ils n'étaient point accoutumés à entendre, et les rois devenaient peuple et se laissaient subjuguer.

Charles VIII avait imposé Florence à cent mille écus d'or, dont il avait besoin pour marcher en avant. Il avait donné vingt-quatre heures pour qu'on lui comptât cette somme : les vingt-quatre heures expirées, sans que la ville eût payé sa rançon, il menaçait de la mettre à feu et à sang. Les heures s'écoulaient, et les marchands ne voulaient ni prêter ni donner. Le peuple, répandu dans les rues, criait : Miséricorde ! Miséricorde ! — Alors une voix se fit entendre au milieu de la foule : Allez, disait-elle, allez à frère Jérôme. Ce fut une inspiration céleste.

On va frapper à la porte du moine : J'irai trouver le prince, dit Savonarole au messager. Suivi de deux de ses frères, il se présente en effet à la demeure du roi; mais les officiers refusent de le laisser passer. Le prieur se retire, entre dans l'église de *Santa Maria Novella*, prie longtemps, et, prenant à la sacristie un crucifix qu'il cache sous sa robe, suit, mais seul, le chemin de la demeure royale.

Cette fois on le laisse entrer ! on lui permet de parler à Charles VIII. Le moine et le roi sont en présence. Savonarole, entr'ouvrant sa robe, saisit le Christ qui reposait sur sa poitrine, et, le promenant lentement devant l'œil du prince : « Sire, lui dit-il, connais-tu cette image ? C'est l'image du Christ, mort pour toi, mort pour moi, mort pour nous sur la croix, et qui, en mourant, pardonnait à ses bourreaux. Si tu ne m'écoutes pas, tu écouteras du moins celui qui parle par ma bouche et qui créa le ciel et la terre, le Roi des rois, qui donne la victoire aux princes, ses bien-aimés, mais qui punit ses ennemis et renverse les impies. Il t'humiliera dans la poussière, toi et les tiens, si tu ne renonces à tes projets homicides, si tu veux, comme tu l'as dit, réduire en cendres cette malheureuse cité, où il y a tant de serviteurs de Dieu, tant de pauvres innocents qui crient et pleurent devant sa face la nuit et le jour. Ces larmes désarmeront la majesté de mon Dieu; elles seront plus puissantes que toi et tous tes canons. Qu'importent au Seigneur le nombre et la force ? Connais-tu l'histoire de Sennachérib ? Sais-tu que Moïse et Josué n'avaient besoin, pour triompher, que de quelques mots de prières ? Nous prierons si tu ne pardonnes; veux-tu pardonner ? »

En achevant, le Dominicain agitait, devant la figure de Charles VIII, l'image du Christ. Le prince, comme si cette image eût été de feu, essayait de tourner la tête, mais il était vaincu : il fit signe qu'il pardonnait. Et, au sortir du palais, Savonarole annonçait au peuple réuni le succès de son ambassade, et criait aux riches : « Apportez-moi des grains, du vin, des vêtements pour ce pauvre peuple qui souffre de la faim, de la soif et du froid. »

Tout est prodigieux dans l'histoire du moine. Les Médicis chassés, Florence a besoin d'un autre maître; car, comme le dit Machiavel, de république, Florence n'a pas même l'idée. Un peuple fou de spectacles, de musique, de chevaux, de carnavals, veut à toute force qu'on satisfasse ses goûts : il lui faut donc un roi. Mais comment empêcher ce maître de tomber dans la tyrannie ? C'est le problème que cherchait Florence en ce moment et que devait résoudre le frère de Saint-Marc.

Savonarole renonça pour quelques jours à la chaire, se mit à l'œuvre et improvisa pour Florence une constitution calquée sur celle de Venise. Elle est lue par lui à la cathédrale, devant le peuple et les magistrats. Dès ce moment, le frère de Saint-Marc est prêtre, magistrat, juge et législateur. On le consulte à la seigneurie comme au confessionnal; c'est l'homme de tous. Il faut le dire à sa louange, observe Audin, il est vraiment digne d'admiration. Si vous l'entendiez en chaire demander à son Dieu de prendre pitié de ce peuple florentin qui refuse de se convertir, vous vous sentiriez ému jusqu'au fond du cœur. Écoutez-le donc un moment :

« Ô Italie ! ô princes de l'Italie ! ô prélats de l'Église d'Italie ! je voudrais que Dieu vous eût tous rassemblés ici; je vous montrerais qu'il n'est d'autre remède à vos maux qu'une conversion sincère. Et toi, Florence ! ne te souviens-tu plus que jadis je t'annonçais que tes grandes citadelles tomberaient, que tes grands murs s'écrouleraient et que Dieu prendrait le cheval du vainqueur par la bride et le mènerait ici? Crois-moi, crois-moi; je te dis qu'il ne te servirait de rien de t'appuyer sur tes grands rocs et sur tes hautes murailles; je te dis, Italie, que tu n'as d'autre moyen de salut que de te convertir au Seigneur... Et toi, Florence! tu devrais bien croire en moi, et tu n'y crois pas. Fais pénitence, je t'en conjure; autrement, prends garde, Florence! »

Mais Florence résistait encore. Ville de plaisirs sensuels, de joies mondaines, de spectacles bruyants, où vous la voyez exposer les robes de ses courtisanes, les chevaux espagnols de ses nobles, les bijoux émaillés de ses orfèvres, la soie de ses marchands, elle ne veut ni jeûner ni faire pénitence : elle restera païenne. Mais le frère ne perd pas courage : il recommence ses prières, ses adjurations, ses menaces. Il se jette au pied de ce crucifix où toujours il trouve de nouvelles consolations et quelquefois des inspirations poétiques, qu'il confie à la marge du premier volume placé à ses côtés par le hasard. Il a de nouveau recours à ses lamentables images, et, pour attendrir, il se met lui-même en scène.

« O ingrate Florence! ô peuple ingrat, ingrat envers ton Dieu! j'ai fait pour toi ce que je n'aurais pas voulu faire pour mes frères charnels. Pour eux, je n'aurais pas daigné parler à un seul de ces princes qui m'en priaient dans des lettres que je conserve au monastère. Pour toi, je suis allé à la rencontre du roi de France, et, quand je me trouvai au milieu de ses soldats, je crus être tombé dans les profondeurs de l'enfer, et lui dis des choses que tu n'aurais pas osé lui dire, et il s'apaisa. Et je lui dis des choses, à lui grand prince, que je n'aurais pas osé te dire à toi, et il m'écouta sans colère. Et ce que j'ai fait pour toi, Florence, m'a valu la haine des religieux et des séculiers..... mais que m'importe? Convertis-toi, Florence... Fais ce que je t'ai dit : crucifie-moi, lapide-moi; mais fais ce que je t'ai dit : tue-moi, je mourrai content. J'ai tout fait pour toi, parce que je t'aime à la folie, parce que je suis fou de toi. O mon Dieu! ô mon Jésus crucifié! oui, je suis fou de ce peuple : pardonne-le-moi, Seigneur! »

Florence était entraînée, et alors une révolution s'accomplit, qu'on ne peut humainement expliquer, Florence finit par écouter la voix de son père : elle fait pénitence dans les larmes; on dirait une ville aux purs temps du christianisme, où tout ce qui frappe l'œil ou l'oreille exalte la foi et nourrit la piété. Le soir, quand la journée du travail est achevée, vous voyez de longues files d'ouvriers s'acheminer vers l'église, chantant sur le chemin, de peur de distraction, des cantiques dont le moine a retouché les paroles et la musique. Les paroles anciennes étaient trop mondaines, la mélodie trop profane; toutes deux parlaient trop vivement à l'imagination. Savonarole aimait avec passion nos vieux airs, comme ceux du *Pange lingua*, de l'*Ave maris stella*, du *Veni creator* ; il préférait le plain-chant aux accords trop souvent passionnés de la musique d'église. Toutes ces jeunes âmes peuvent prier maintenant au pied de l'autel, sans crainte que leur regard soit souillé par ces nudités qu'étalait hier encore le temple chrétien. Jérôme est sans pitié pour ces peintures de Vierge, faites trop souvent à l'image de quelques jeunes femmes de Florence renommées par leur beauté : il lui faut; à lui, un peintre qui prie avant de commencer son œuvre et qui cherche au ciel son idéal; car, disait le Père, il n'y a pas de beauté sans lumière et de lumière sans Dieu. Le soir, avant de se coucher, on récitait le rosaire dans chaque famille. Jérôme avait la plus tendre dévotion à la sainte Vierge, qu'il appelait de toutes sortes de doux noms.

C'est dans la jeunesse que Savonarole trouva l'instrument le plus actif de sa propagande réformatrice. Il avait conçu l'idée d'une congrégation formée de jeunes gens appartenant aux diverses classes de la société. Qui voulait en faire partie devait observer les commandements de Dieu et de l'Église, se confesser une fois chaque mois et communier; assister, les dimanches et les fêtes, à la sainte messe, à vêpres, au sermon; fuir les mauvaises compagnies; les jeux, les spectacles, les feux d'artifice, les mascarades; porter des vêtements sans poches de côté, de petits chapeaux rabattus sur l'oreille; ne point lire de romans; ne jamais se montrer aux concerts, ni sur les places publiques aux exercices des acrobates. Sa république chrétienne était admirablement organisée.

Chaque quartier, chaque œuvre spéciale avait ses fonctionnaires. La dignité la plus importante était celle des inquisiteurs ou inspecteurs.

L'inquisiteur, pendant toute l'année, le dimanche, parcourait les rues, après vêpres, pour confisquer les cartes, les dés et tous les jeux qu'il pouvait trouver : au besoin, il réclamait l'intervention d'un commissaire nommé spécialement pour l'aider dans son ministère. Chemin faisant, l'inquisiteur rencontrait-il une jeune fille vêtue avec trop de coquetterie, il l'arrêtait et lui disait : « Au nom du Christ, roi de cette ville; au nom de la vierge Marie, sa mère; au nom des saints anges, quittez ces beaux habits, où vous vous attirerez la colère du ciel. » La pauvre enfant ordinairement ne soufflait mot, et, toute honteuse, retournait au logis pour changer de robe. L'inspecteur allait frapper à la porte des riches, des usuriers, des banquiers, des marchands, en disant : « Me voici, donnez-moi vos *anathèmes*, c'est-à-dire vos cartes, vos tables de jeu, vos harpes, vos partitions de musique profane, vos sachets, vos poudres odorantes, vos miroirs, vos nattes et vos frisons, au nom de Dieu et de la sainte vierge Marie. » Si la maîtresse de la maison apportait aussitôt ces trésors de vanité mondaine, l'inspecteur lui disait : Soyez bénie. Si elle refusait, l'inspecteur lui disait : Dieu vous maudira. Mais rarement il avait besoin d'appeler à son aide la colère du ciel, les femmes donnaient souvent jusqu'à leurs bijoux. Un moment, le couvent de Saint-Marc fut transformé en bazar oriental, où l'on voyait rassemblées toutes les futilités de la mode : des essences de Naples, des parfums de Florence, des miroirs de Venise, des poudres de Chypre, et jusqu'à des faux tours en cheveux.

Savonarole voulait offrir en holocauste à son Dieu, toutes ces frivolités d'un monde sensuel. Un jour il fit élever sur la place des Seigneurs un mât de trente brasses de hauteur, autour duquel étaient disposées huit pyramides, divisées chacune en quatre étages, dont le plus large occupait la base inférieure. La première pyramide contenait, sur divers gradins, des modes étrangères offensant la pudeur; la deuxième, les portraits des belles florentines, œuvres de peintres de la renaissance païenne; la troisième, des intruments de jeux; la quatrième, des partitions de musique profane, des harpes, des luths, des guitares, des cymbales, des violes, des cornets; la cinquième, des pommades et autres cosmétiques; la sixième, les œuvres des poètes érotiques, anciens et modernes; la septième, des travestissements, des barbes postiches, des masques; sur le sommet du mât, était assise la figure grimaçante du carnaval.

A dix heures du matin, on vit s'avancer, à travers les rues de Florence, deux lignes d'enfants vêtus de blanc, la tête couronnée de guirlandes d'oliviers, tenant à la main des croix peintes en rouge et chantant des hymnes et des strophes de la composition de Savonarole. Les fenêtres étaient tendues de tapisseries, les pavés cachés sous les fleurs. Les fronts se découvraient à la vue d'un petit Jésus, œuvre admirable de Donatello, qui reposait couché sur un lit d'or; d'une main il bénissait la multitude, et, de l'autre, montrait les instruments de son supplice, la croix, la couronne d'épines et les clous. La procession se rendit d'abord à l'église de Saint-Marc, ensuite à la cathédrale, où l'on distribua aux pauvres les aumônes recueillies par les quêteurs de la confrérie. Puis la foule fit silence, et un frère entonna un hymne plein de sainte colère contre le carnaval, et toutes les voix crièrent à la fois : Vive Jésus !

C'était comme le prélude des vengeances que les confrères allaient exercer contre la monstrueuse image arborée sur le mât. Les chants finis, la procession se dirigea vers la place des Seigneurs, où devait avoir lieu le supplice du carnaval. Tout autour du mât, on avait amassé des sarments, de la poudre et des étoupes. Quatre officiers de la confrérie vinrent, au signal donné, mettre le feu à toutes ces matières. L'arbre s'enflamma et s'écroula bientôt, emportant dans sa chute toutes les pyramides d'*anathèmes*, au son des fanfares, du canon, des trompettes et de la voix joyeuse du peuple, qui dominait tous ces bruits divers. Le paganisme était vaincu, et frère Jérôme allait s'agenouiller au pied des autels, pour rendre grâces à Dieu (Audin, *Hist. de Léon X*, t. I).

Plus tard nous verrons Savonarole, par un étrange contre-coup, finir lui-même sur le bûcher.

Avec tous les hommes illustres que nous lui avons déjà vus, Florence avait encore deux écrivains de premier rang.

Nicolas Machiavel y naquit le 3 mai 1469, et y mourut le 22 juin 1527, à l'âge de 59 ans, après avoir reçu les derniers sacrements de l'Église. Voici ce qu'un de ses fils écrivit à l'autre : « Je ne puis, sans pleurer, vous dire que, le 22 de ce mois, Nicolas, notre père, est mort de douleurs d'entrailles, causées par un médicament qu'il a pris le 20 de ce mois. Il a confessé ses péchés au frère Matthieu, qui lui a tenu compagnie jusqu'à la mort. Notre père nous a laissés en grande pauvreté, comme vous savez. »

La famille de Machiavel remontait aux anciens marquis de Toscane. Son père était jurisconsulte, et vivait dans un état de fortune malaisé. Sa mère aimait la poésie, et composait des vers avec facilité. A peine âgé de vingt-neuf ans, il fut admis dans les hautes magistratures de la république, qui lui confia successivement vingt-trois légations au dehors, et de fréquentes commissions auprès des villes dépendantes de Florence. Machiavel éprouva les vicissitudes ordinaires dans cette république. Cette expérience, jointe à sa pénétration naturelle et à son immense lecture en histoire, lui donna des affaires humaines une connaissance pratique et raisonnée, qu'on ne retrouve peut-être chez nul autre écrivain, du moins au même degré et dans un aussi bon style. Quant à sa politique, nous avons vu qu'elle n'est autre que la politique moderne, mais rendue diaphane. C'est la prudence du serpent : le chrétien n'a qu'à y joindre la simplicité de la colombe, et tout sera bien et à la lecture de Machiavel lui profitera beaucoup pour la connaissance approfondie du monde et de l'histoire, connaissance qui est loin d'être inutile à qui veut servir généreusement Dieu et les hommes. Les principaux ouvrages de Machiavel sont : *De la principauté*, *De l'art militaire*, *Histoire de Florence*, *Discours politiques sur Tite-Live*.

François Guichardin, auteur d'une célèbre *Histoire d'Italie*, naquit à Florence, l'an 1482, d'une famille qui subsiste encore de nos jours. Ses ancêtres avaient occupé les places les plus distinguées de la république florentine. Il fut d'abord destiné au barreau, et il y eut tant de succès, qu'à l'âge de vingt-trois ans il devint professeur de jurisprudence, dans un temps où toutes les chaires de l'Italie étaient occupées par les plus habiles jurisconsultes. Quoiqu'il n'eût pas encore atteint l'âge exigé par les lois, il fut choisi pour ambassadeur auprès de Ferdinand le Catholique, dont il sut gagner les bonnes grâces, et procura ainsi un puissant protecteur à sa république. Mais surtout les papes Léon X, Adrien VI et Clément VII surent apprécier son mérite, l'appelèrent à leur cour et lui confièrent le gouvernement de différentes provinces; il fut même nommé lieutenant-général du Saint-Siège. A la fin, malgré les instances de Clément VII, il se retira dans sa patrie, où il vécut dans la retraite, écrivant son *Histoire d'Italie*. Elle comprend vingt livres, dont seize, de l'aveu des meilleurs critiques, sont d'un mérite supérieur ; les quatre derniers ne doivent être considérés que comme des mémoires ébauchés, la mort n'ayant pas permis à l'auteur d'y mettre la dernière main.

De 1446 à 1459, Florence eut pour archevêque un de ses propres enfants, et cet archevêque fut un saint : aucune gloire ne devait manquer à cette ville. Nous avons vu saint *Antonin* assister le pape Eugène IV à ses derniers moments. Nicolas V ne lui témoigna pas moins d'affection et de confiance; il disait même qu'il ne craindrait pas de le canoniser vivant, comme il venait de canoniser mort saint Bernardin de Sienne. Il aurait bien aimé le retenir à Rome, mais le saint lui demanda sa bénédiction et revint à Florence.

L'année suivante 1448, il eut la douleur de voir son diocèse ravagé par la peste. Il donna l'exemple du zèle à son clergé, tant séculier que régulier; il reçut surtout de grands secours de ses frères les Dominicains. Il périt un très-grand nombre de ces religieux; en sorte qu'il fallut en faire venir de la province de Lombardie pour repeupler les couvents de Saint-Marc de Florence et de Fiésole, qui étaient presque entièrement déserts. La peste, comme il arrive ordinairement, fut suivie de la famine. Le saint archevêque chercha tous les moyens possibles de fournir aux besoins des malheureux. Ses discours et ses exemples ouvrirent la bourse de plusieurs personnes riches; il obtint aussi de Rome des secours abondants. Le pape Nicolas V accorda tout ce qui lui fut demandé; il ordonna même que l'on n'appellerait plus à Rome des sentences que le saint aurait rendues.

Lorsque les fléaux publics eurent cessé, Antonin n'en continua pas moins ses libéralités envers les pauvres. Il apprit par hasard que deux mendiants aveugles avaient amassé, l'un deux cents francs, et l'autre trois cents ducats; il leur enleva cet argent, pour assister ceux qui étaient réellement dans le besoin, se chargeant toutefois de les nourrir et de les entretenir le reste de leur vie.

Son humilité empêchait que l'on ne connût la plupart de ses bonnes œuvres. Par une suite de cette humilité, il se dérobait à lui-même la connaissance de ses vertus. Il ne voyait qu'imperfection dans tout ce que les autres admiraient en lui; aussi n'entendait-il qu'avec confusion les éloges que l'on donnait à son rare mérite. Il forma plusieurs imitateurs de ses éminentes vertus.

De ce nombre fut un artisan, qui, dans l'obscurité de sa condition, menait une vie très-pénitente et ne soupirait qu'après les biens du ciel. Il passait dans les églises les dimanches et les jours de fêtes. Tout ce qu'il gagnait par son travail était distribué aux indigents, à l'exception de ce qui lui était absolument nécessaire pour sa subsistance. Il se chargea du soin d'entretenir un pauvre qui était lépreux; il le servait avec cordialité, et le pansait de ses propres mains. Il souffrait avec joie les murmures et les reproches continuels de ce misérable. Les choses en vinrent au point que le lépreux fit des plaintes à l'archevêque contre son bienfaiteur. Le saint prélat, après avoir examiné l'affaire, découvrit dans l'artisan un trésor de sainteté; il punit en même temps l'insolence du lépreux.

La ville de Florence ressentit de fréquents tremblements de terre durant l'année 1453 et les deux suivantes; il y eut même un quartier où tout fut bouleversé. Le saint procura des vivres et des logements aux plus nécessiteux, et fit rebâtir leurs maisons. Ces calamités publiques lui fournirent la matière de plusieurs instructions; il exhorta fortement le peuple et les grands à désarmer le bras de Dieu par la pénitence, et à vivre d'une manière plus conforme à l'Evangile. Cosme de Médicis comptait beaucoup sur le crédit de son archevêque auprès de Dieu, et il avait coutume de dire que c'était principalement à ses prières que la république de Florence était redevable de sa conservation.

On avait dessein de l'envoyer en ambassade en Allemagne vers l'empereur Frédéric IV; mais on ne put lui faire accepter cette commission, dont personne n'était plus capable que lui de se bien acquitter. Il avait trop d'éloignement pour les honneurs; il aimait d'ailleurs tendrement son troupeau, et il en eût coûté infiniment à son cœur pour s'en séparer.

Dieu l'enleva de ce monde le 2 mai, dans la 70º année de son âge, et la 30º de son épiscopat. Dans ses derniers moments, il répétait ces paroles, qu'il avait souvent dans la bouche lorsqu'il était en santé : *Servir Dieu, c'est régner.* Il fut enterré, comme il l'avait demandé, dans l'église des Dominicains de Saint-Marc. Le pape Pie II, qui se trouvait alors à Florence, assista à ses funérailles. Il s'opéra un grand nombre de miracles par la vertu de ses reliques. Adrien VI le canonisa l'an 1522. Son corps, entier l'an 1559, fut transféré solennellement dans une chapelle de l'église de Saint-Marc, qu'on avait préparée pour le recevoir, et qui a été magnifiquement décorée.

Nous avons plusieurs écrits de saint Antonin : 1º Une *Somme théologique*, divisée en quatre parties. On y trouve une explication des vertus et des vices, avec les motifs qui portent à la pratique des unes et à la fuite des autres. 2º Un *Abrégé d'histoire*, appelé aussi *Chronique tripartite*, depuis la création du monde jusqu'à l'an 1458. L'auteur montre de la sincérité et de la bonne foi; mais il manque souvent d'exactitude lorsqu'il raconte des faits éloignés de son temps. 3º Une *Petite Somme*, où sont renfermées les instructions nécessaires aux confesseurs. 4º Quelques *Sermons* et quelques traités particuliers sur les vertus et les vices (*Acta Sanct.*, 2 mai; Godescard, 10 mai).

Saint Antonin était de l'ordre de Saint-Dominique, qui, à cette époque, produisit encore d'autres saints personnages.

Le bienheureux *Matthieu Carrieri* naquit à Mantoue vers la fin du XIVº siècle. Elevé avec soin par des parents pieux; il passa sa première jeunesse dans l'innocence, et, lorsqu'il fut en âge de choisir un état, il entra dans l'ordre des frères Prêcheurs. L'ardeur avec laquelle il s'appliqua d'abord à acquérir la perfection religieuse le rendit bientôt le modèle de ses frères, et lui mérita leur estime. Après un fervent noviciat et de grands succès obtenus dans l'étude, on le jugea propre à la prédication, et on lui confia la charge d'annoncer la parole de Dieu. Il s'en acquitta avec un zèle infatigable, et le Seigneur bénissant ses efforts, il eut la consolation de ramener dans le sentier de la vertu un grand nombre d'âmes qui s'en étaient écartées. Il est vrai que tout prêchait en Matthieu : c'était non-seulement un éloquent orateur, mais aussi un homme de prière, et, depuis son entrée en religion, il menait une vie pénitente et mortifiée. Sa réputation s'étendit bientôt de tous côtés; aussi ne se borna-t-il pas à prêcher dans le duché de Mantoue, mais il fut obligé de parcourir successivement toute l'Italie, pour obéir aux ordres du Saint-Siège, répondre aux invitations des évêques, et satisfaire à l'empressement que les peuples avaient de l'entendre.

Un objet qui mérita particulièrement la sollicitude du saint religieux, fut la réforme de plusieurs couvents de son ordre. Chargé par ses premiers supérieurs de travailler à cette grande œuvre, il s'y livra avec un zèle et une prudence qui eurent pour résultat le rétablissement de la discipline régulière dans ces maisons. Il s'appliqua particulièrement, dans chaque couvent qu'il réformait, à préparer des sujets qui devinssent des hommes apostoliques, et qui pussent répondre à leur vocation de frères Prêcheurs, en travaillant à se rendre capables d'annoncer avec fruit aux peuples les vérités du salut. Matthieu lui-même ne laissait échapper aucune des occasions qui se présentaient de remplir cette fonction du saint ministère. Aussi Dieu bénissait ses paroles, et des conversions éclatantes en étaient le fruit. Une des plus célèbres fut celle d'une jeune dame, Lucine, qui, après avoir reçu une éducation chrétienne, se laissa tellement aller à la vanité que lui donnait la beauté de sa figure, qu'elle devint le scandale de toute la ville. Quoique mariée, elle était toujours entourée d'une foule de jeunes gens; ses richesses lui permettaient d'étaler un grand luxe : aussi ne se montrait-elle partout qu'avec faste, et, si elle entrait dans les églises, c'était moins pour y adorer Dieu que pour y recevoir elle-même de sacrilèges hommages. Les efforts qu'avaient faits des gens de bien pour la ramener à une vie plus régulière, avaient été jusqu'alors inutiles, et l'on ne pouvait que gémir sur la conduite de cette misérable pécheresse. Le Seigneur la regarda enfin d'un œil de compassion, et ce fut le père Matthieu qui devint l'instrument de la miséricorde divine en faveur de cette brebis égarée; mais, bien persuadé que les paroles de l'homme ont peu d'efficacité si elles ne sont accompagnées de l'onction de la grâce, il se prépara de longue main à cette importante conquête, par la prière, les larmes et un redoublement de pénitence. Enfin le moment du repentir arriva. Un jour que le saint religieux prêchait dans une église, Lucine s'y trouva, mais avec tout l'étalage du luxe le plus recherché. Bientôt le discours du prédicateur la touche; on la voit verser des pleurs et se frapper la poitrine; à la fin du sermon, ce n'était plus cette insolente mondaine qui venait braver Dieu dans son temple, c'était une humble pénitente qui, par sa ferveur et par sa constance dans le bien, répara autant qu'il était en son pouvoir les nombreux scandales qu'elle avait donnés à ses compatriotes.

Le serviteur de Dieu, qui montrait tant de zèle pour la conversion des pécheurs, n'en avait pas moins pour conduire dans les voies de la perfection les âmes d'élite que le Seigneur lui adressait. Ce fut lui qui jeta dans le cœur de la bienheureuse Stéphanie Quinzani, alors jeune enfant, ces semences de vertu qui, plus tard, se développèrent et produisirent des fruits si abondants de sainteté. Des jeunes gens de l'un et de l'autre sexe, touchés de ses exhortations, quittèrent généreusement le monde et embrassèrent l'état religieux. Il y en avait d'autres qui, en restant au milieu de la société, s'efforçaient d'imiter la vie austère des cloîtres. On peut dire que le saint prédicateur avait donné à tout ce peuple qu'il évangélisait un mouvement général vers le bien. Cependant des méchants s'en alarmèrent et représentèrent au duc de Milan le père Matthieu comme un homme qu'un zèle outré emportait hors des bornes de la modération. Le prince voulut juger lui-même du poids de l'accusation, et fit venir devant lui le serviteur de Dieu, afin de l'engager à être plus circonspect dans ses prédications; mais celui-ci lui parla avec tant de force, et défendit si bien la morale qu'il prêchait, que le duc finit par l'engager à continuer d'exercer son ministère avec la même liberté, et se recommanda à ses prières.

Il n'en fallait pas davantage pour augmenter la réputation du saint religieux, et lui donner un nouveau crédit sur l'esprit des peuples. Alarmé des marques de respect qu'il recevait, il sortit du Milanais et se rendit dans les Etats de Venise, où Dieu répandit encore les bénédictions les plus abondantes sur les travaux de son ministère. Appelé ensuite par les habitants de Gênes, qui étaient jaloux de posséder un tel prédicateur, Matthieu s'embarque sur une galère qui devait le conduire à Savone; mais ce bâtiment est bientôt attaqué par un pirate qui s'en empare, et qui manifeste promptement le dessein de réduire tous les passagers en esclavage. Le saint religieux, conduit devant le chef, lui parle avec tant de grâce et de dignité, qu'il en obtient sa liberté sans qu'il la demandât. Parmi ses compagnons d'infortune se trouvaient une dame et sa fille, qui fondaient en larmes à la vue des périls dont elles étaient menacées. Le serviteur de Dieu sollicite en vain leur délivrance par les plus instantes prières. Ne pouvant y réussir, il porte la charité jusqu'à s'offrir de servir comme esclave à la place de ces infortunées. Quelque dur et barbare que fût le pirate, il ne peut tenir à tant de générosité, et rend la liberté, non-seulement à ces deux femmes, mais à tous les prisonniers qu'il venait de faire sur la galère.

Le père Matthieu continua d'annoncer la parole de Dieu avec le même zèle, jusqu'à ce qu'enfin, ses forces l'abandonnant, il comprit que sa mort approchait. Retiré dans le couvent de Vigevano, qu'il avait autrefois réformé, sa seule occupation était de se préparer à la mort et de méditer la passion de Jésus-Christ. Un jour qu'il priait Notre Seigneur de lui faire partager ses douleurs, il se sentit le cœur comme percé d'une flèche, et éprouva un mal si violent, qu'il en fut réduit à l'extrémité. On s'empressa de lui administrer les sacrements de l'Eglise, et il expira tranquillement le 5 octobre 1470. Plusieurs miracles, opérés à son tombeau, déterminèrent le pape Sixte IV à permettre qu'on rendît à ce bienheureux un culte qui fut depuis approuvé par Benoît XIV le 25 septembre 1742 (*Acta Sanct.*, et Godescard, 7 oct.).

Dans ces temps, un autre Dominicain fut pris sur mer. *Antoine Nayrot*, né à Rivoli, dans le diocèse de Turin, de parents honnêtes, se consacra très-jeune au service de Dieu dans l'ordre de Saint-Dominique. Après sa profession, les supérieurs jugèrent à propos de l'envoyer à Naples, et lui firent entreprendre le voyage par mer; mais, dans la traversée, il fut pris par des corsaires de Tunis et conduit en Afrique. On sait tous les mauvais traitements que ces Barbares faisaient souffrir à leurs esclaves pour les obliger à renier la foi et à embrasser le mahométisme. Le jeune religieux les supporta d'abord avec patience; mais à la fin, il eut le malheur de se laisser vaincre et de renoncer à Jésus-Christ. Pendant quatre mois il demeura dans cette déplorable apostasie; mais, au bout de ce temps, la grâce le toucha; il abjura les superstitions mahométanes, et se prépara, par la mortification et la prière, au combat qu'il devait avoir bientôt à soutenir. Un jour qu'il avait reçu les sacrements de pénitence et d'eucharistie, il se revêtit de son habit religieux, et, dans un lieu très-fréquenté, s'en alla attendre le dey qui devait y passer. Lorsque ce prince parut, Antoine confessa publiquement en sa présence le crime qu'il avait commis, et déclara que la religion chrétienne qu'il avait eu la faiblesse d'abandonner, était la seule véritable.

Le dey voulut d'abord essayer, par des promesses et des caresses, de gagner de nouveau le jeune religieux; mais, voyant qu'il ne pouvait réussir, il le remit entre les mains du chef de la secte, qui était chargé de le juger. Celui-ci enferma Antoine dans une obscure prison, et, pendant trois jours, il employa tous les moyens possibles pour le déterminer à apostasier de nouveau ; mais le serviteur de Dieu résista avec beaucoup de force à la séduction, et supporta avec une grande patience les outrages et les tourments que les bourreaux lui firent souffrir. Il distribuait aux pauvres les aliments que les chrétiens lui envoyaient, se contentant de pain et d'eau pour sa nourriture, et se préparant ainsi à la mort. Le cinquième jour de sa captivité, le juge le fit encore venir devant lui, et, l'ayant trouvé inébranlable dans sa résolution, il le condamna à être lapidé. On conduisit aussitôt Antoine au lieu du supplice; lorsqu'il y fut arrivé, il fléchit les genoux, éleva les mains au ciel, et, s'étant mis en prières, il reçut sans remuer la grêle de pierres qui lui ôta la vie. Son martyre arriva le 10 avril 1460.

Les Mahométans voulurent brûler son corps; mais, n'ayant pu y réussir, ils le vendirent à des marchands génois qui se trouvaient à Tunis, et qui l'apportèrent avec eux dans leur patrie, non sans remarquer la bonne odeur qu'il exhalait. En 1469, Amédée III, duc de Savoie, fit transporter ce précieux trésor à Rivoli. La généreuse confession d'Antoine et la mort qu'il avait soufferte pour la foi inspirèrent aux fidèles de la confiance en son intercession; plusieurs grâces obtenues par son crédit auprès de Dieu déterminèrent à lui rendre un culte public, approuvé par le pape Clément XIII, le 22 février 1767. Ce pontife permit à tout l'ordre des frères Prêcheurs de célébrer la fête du saint martyr (Godescard, 26 avril).

Le bienheureux *Constant de Fabiano*, né à Fabiano, dans la Marche d'Ancône, entra, très-jeune encore, dans l'ordre de Saint-Dominique. Il eut le bonheur d'avoir pour maîtres, dans la science de la vie intérieure, le bienheureux Conradin de Bresce et saint Antonin, qui le prirent en affection et lui donnèrent tous leurs soins. Sous leur conduite, il s'éleva à un tel degré de perfection, qu'il était l'admiration de tous ses frères, avant même qu'il eût prononcé ses vœux solennels de religion. Lorsqu'après son noviciat, il se fut irrévocablement consacré au Seigneur, il marcha avec une telle ferveur sur les traces du saint fondateur de son ordre, qu'il semblait avoir hérité de son esprit. Les jeûnes prescrits par la règle ne lui paraissant pas assez sévères, il y ajoutait des austérités de toute sorte. Il couchait habituellement sur une natte de joncs et portait un rude cilice. L'étude, la théologie et la lecture des livres saints faisaient, après la prière, toutes ses délices : presque tous les jours, à l'issue des matines, il restait seul au chœur pour prier et méditer sur les vérités éternelles. Pendant le service divin, on le voyait pousser d'ardents soupirs, et, la face prosternée contre terre, les yeux baignés de larmes, il priait pour lui-même et pour toute l'Eglise; puis, quand étaient arrivées les heures de récréation, lorsque tous ses confrères étaient à la promenade ou se livraient à quelque honnête délassement, Constant, seul et dans un recueillement profond, récitait l'office des morts et souvent y joignait tout le psautier. On lui a entendu dire que, toutes les fois qu'il avait récité le psautier pour obtenir quelque grâce, ses vœux avaient été exaucés.

A cette époque, plusieurs personnages élevés en dignité dans l'Eglise vinrent prier Constant d'invoquer le Ciel et de réciter le psautier pour la cause des Grecs contre les Turcs. Le saint répondit que déjà plusieurs fois il avait fait ce qu'on lui demandait, mais sans succès, parce que Dieu voulait punir le peuple schismatique de s'être séparé de l'Eglise romaine. Il prédit plusieurs événements longtemps avant qu'ils n'arrivassent, et annonça dans son monastère la mort de son ami, saint Antonin, au moment où elle avait lieu à Florence. Ce dernier fait, entre autres, a paru si frappant, que plusieurs Papes ont eu soin de le rapporter dans les bulles qui concernent la canonisation de saint Antonin.

La science qu'avait acquise le bienheureux Constant, jointe à la haute idée qu'on avait de sa sainteté, attirait une grande foule à ses prédications. Il ne cherchait qu'à toucher et à ramener les pécheurs dans le chemin de la vertu, sans s'embarrasser des grâces du style ni des charmes de l'élocution, mais ses succès n'en étaient que plus grands, les conversions qu'il opérait plus frappantes et plus nombreuses. Il eut le bonheur de réconcilier des familles entières divisées par des haines invétérées. Ce fut aussi d'après ses exhortations que les habitants d'Ascoli consentirent à rétablir dans leur ville un monastère de son ordre où il fit ensuite régner la discipline et la règle dans toute leur sévérité.

Constant mourut et s'endormit dans le Seigneur, le 25 février 1481. Son tombeau devint célèbre par plusieurs guérisons miraculeuses qu'y obtinrent les habitants d'Ascoli, et les peuples s'empressèrent de l'honorer d'un culte public. Ceux de Fabiano, ses compatriotes, le choisirent pour leur patron et obtinrent d'être dépositaires de son chef. Son culte a été autorisé par le pape Pie VII, en 1821 (Godescard, 25 février).

Le bienheureux *André Grégo* naquit, au commencement du XVᵉ siècle, à Peschéria, dans le diocèse de Vérone en Italie, de parents pauvres, mais vertueux. Il entra chez les Dominicains, et, lorsqu'il eut reçu la prêtrise, on l'adjoignit au père Dominique de Pise, qui allait en mission dans la Valteline. Saint Dominique avait autrefois lui-même visité cette contrée et y avait laissé des souvenirs profonds de sa charité et de son zèle. André résolut de marcher sur les traces d'un si glorieux prédécesseur. Plusieurs fois il parcourut en tous sens ces pays montueux et sauvages. Les difficultés les plus grandes, les privations les plus cruelles n'étaient point capables de l'arrêter. Il visitait les cabanes des pauvres bûcherons et partageait souvent leur frugal repas : du pain noir, des châtaignes et l'eau de la source voisine étaient tous ses aliments; un peu de paille sous une humble chaumière était sa couche habituelle. Continuellement occupé de la prédication de l'Evangile, il ne se délassait de toutes ses fatigues qu'en allant visiter les pauvres et les malades, pour les faire participer aussi, par les consolations qu'il leur portait, aux fruits de son apostolat. Il fit construire plusieurs églises et institua plusieurs monastères dans les gorges et les vallées les plus reculées de ces montagnes; mais son humilité et son ardeur pour la prédication évangélique l'empêchèrent toujours d'accepter la direction des maisons religieuses qu'il avait fondées et de se fixer dans aucune; seulement il se retirait quelquefois dans celle de Morbègue, pour s'y livrer à la contemplation et à la prière.

André passa quarante-cinq ans dans la Valteline et les pays circonvoisins, et, malgré ses fatigues et ses travaux excessifs pendant ce long espace de temps, il parvint à un âge très-avancé. Sa mort arriva le 18 janvier 1485. Son corps fut enterré sans appareil; mais plusieurs miracles ayant illustré son modeste tombeau, on lui érigea un monument plus somptueux. Lorsqu'en 1630, la peste ravagea Morbègue et les environs, les magistrats de cette ville firent un vœu en l'honneur du bienheureux André, et, en 1461, après l'entière cessation de ce fléau, on transféra ses reliques dans l'église où elles ont été depuis cette époque l'objet de la vénération particulière des fidèles du pays. Le pape Pie VII approuva le culte du bienheureux André de Peschéria par un bref daté du 23 septembre 1820 (*Acta Sanct.*, t. IV; et Godescard, 19 janv.).

En Sicile, mourut vers le même temps le bienheureux *Bernard de Scammaca*. Né à Catane, d'une famille riche et distinguée, il s'était abandonné à toute la fougue de ses passions et ne s'était refusé aucun plaisir; mais Dieu l'arrêta au milieu de ses désordres, en lui envoyant une maladie qui, le forçant de rester en chambre pendant longtemps, lui donna occasion de faire de sérieuses réflexions sur le malheureux état de son âme. Eclairé alors d'une lumière céleste, il résolut d'abandonner un monde dont il ne connaissait que trop, par sa propre expérience, la corruption et la vanité, et dans le commerce duquel il n'avait recueilli que des mécomptes et des disgrâces. Lorsqu'il fut guéri de son infirmité, il se présenta au couvent des Dominicains et sollicita son admission avec tant d'instances, qu'elle lui fut accordée. Bientôt on put aisément se convaincre que ce n'était pas le feu d'une ferveur passagère qui avait porté ce pécheur converti à embrasser l'état religieux, mais qu'il s'était véritablement et entièrement dépouillé du vieil homme, pour se revêtir du nouveau. Son obéissance, son humilité, sa douceur, sa modestie et ses autres vertus montrèrent quelle perfection un chrétien est capable d'atteindre lorsqu'il revient à Dieu dans la sincérité de son cœur.

Bernard n'ignorait pas que le but principal de l'institut des frères Prêcheurs est de travailler au salut des âmes. Il se dévoua donc au service du prochain, afin de l'assister dans toutes ses nécessités spirituelles. Mais, comme il craignait de négliger sa propre sanctification en cherchant à procurer celle des autres, non content de supporter les peines et les fatigues attachées à la vie apostolique, et voulant d'ailleurs expier les péchés de sa jeunesse, il se livrait à diverses pratiques de pénitences, déchirait son corps par de sanglantes disciplines et menait la vie la plus austère. Étranger désormais aux choses de la terre, il ne suspendait ses œuvres de zèle que pour s'adonner avec ardeur à la méditation des choses célestes. Le Seigneur voulut récompenser d'une manière sensible la vertu de son serviteur. On assure que les religieux du couvent qu'habitait le bienheureux le virent plusieurs fois, pendant son oraison, élevé de terre et entouré d'une lumière surnaturelle.

Ce saint homme, après avoir fourni, dans l'état religieux, une carrière pleine de mérite devant Dieu, par la fidélité avec laquelle il observa la règle, mourut de la mort des justes, l'an 1486. A peine eut-il expiré, que le peuple de Catane se porta en foule au couvent des Dominicains pour honorer son corps, tant on avait une haute idée de sa sainteté. Ce corps vénérable ayant été exhumé après quelques années, fut trouvé entier, sans corruption, et il se conserve encore dans cet état. Le pape Léon XII, informé du culte qu'on rendait de temps immémorial au bienheureux Bernard Scammaca, approuva ce culte le 5 mars 1825, et permit à l'ordre des frères Prêcheurs, ainsi qu'au clergé du diocèse de Catane, d'en faire l'office (Godescard, 9 février).

Au même pays de Sicile, dans le diocèse de Palerme, naquit, vers l'an 1397, de parents pauvres, le bienheureux *Jean Liccis*. A l'âge de six mois, il perdit sa mère, et l'indigence de son père le privant des soins d'une nourrice, il n'eut d'autre aliment que du jus de grenades, jusqu'au moment où une femme pieuse, touchée de l'état d'épuisement où il était réduit, se chargea de l'allaiter et reçut aussi la récompense de sa bonne action; car le mari impotent de cette femme, obligé de garder le lit, n'eut pas plus tôt touché l'enfant, qu'il se trouva délivré de son infirmité. Jean, dès son bas âge, se livra avec ardeur à la prière; il jeûnait fréquemment et traitait rudement son corps. Parvenu à un âge plus avancé, il voulut embrasser la vie religieuse et entra dans l'ordre de Saint-Dominique, où il reçut de ses supérieurs la mission d'annoncer la parole de Dieu. Il s'acquitta de cet emploi avec tant de bénédictions, et son éloquence était si puissante, qu'il excitait à la componction les cœurs les plus endurcis, et qu'il arrachait des larmes de repentir aux pécheurs les plus insensibles.

Après avoir passé par les emplois les plus élevés et contribué par ses pieux exemples à l'édification de la nombreuse famille de saint Dominique, Jean, parvenu à l'âge de cent quinze ans, rendit paisiblement son âme à son Créateur, au mois de novembre 1511, en baisant son crucifix et en produisant les actes d'amour de Dieu les plus fervents. On avait de sa sainteté une si haute idée, que, pendant trois jours que son corps resta exposé, avant d'être inhumé, il se fit un concours extraordinaire de peuple qui venait vénérer la dépouille mortelle du bienheureux. De nombreux miracles opérés par son intercession portèrent les fidèles à lui rendre un culte public, qui fut approuvé par Benoît XIV, le 25 avril 1753 (Godescard, 14 novembre).

Brescia, dans l'Italie septentrionale, fut la patrie du bienheureux *Sébastien*. Il était de la famille Maggi, l'une des plus anciennes et des plus nobles du pays. Le désir de travailler au salut du prochain le détermina, dès sa première jeunesse, à se consacrer à Dieu dans l'ordre de Saint-Dominique, où il se fit bientôt remarquer par l'austérité de sa vie, son amour pour la régularité et son ardeur pour les études ecclésiastiques. Ses succès dans les lettres furent si grands, qu'il devint pour ses frères un maître plein de sagesse et de lumière. Ayant été élevé au sacerdoce, il se livra, par l'ordre de ses supérieurs, dans le ministère de la prédication, et s'appliqua surtout à bien régler les mœurs des peuples auxquels il annonçait la parole de Dieu. Ses sermons produisirent des fruits abondants. Il convertit un grand nombre de pécheurs, réconcilia des ennemis et rétablit ou affermit la piété dans plusieurs villes d'Italie.

La vertu et le mérite de Sébastien le firent choisir successivement pour prieur de divers couvents de son ordre.

Les frères Prêcheurs de Lombardie avaient formé une congrégation particulière. Le serviteur de Dieu la gouverna deux fois en qualité de supérieur; mais cette dignité ne lui fit rien changer à l'austérité de son genre de vie. Sa prière était continuelle; il y joignait un profond mépris pour lui-même et des pratiques de mortification par lesquelles il châtiait son corps et s'appliquait à le réduire en servitude. Étant allé, dans sa vieillesse, à Gênes, pour y visiter le couvent de Sainte-Marie-du-Château, il eut connaissance de sa mort, et, s'étant tourné vers ses compagnons, il leur dit que ce serait là le lieu de son repos. Ce saint religieux ayant reçu les derniers sacrements, mourut en paix l'an 1494. Aussitôt que la nouvelle de sa mort se fût répandue, les habitants de Gênes vinrent en grand nombre vénérer son corps. On inhuma d'abord les précieux restes du bienheureux dans un lieu peu apparent; mais ils furent ensuite placés d'une manière plus convenable dans l'église de Sainte-Marie, où on les honore depuis longtemps et où il s'est fait, dit-on, de nombreux miracles. Le pape Clément XIII ayant acquis la certitude que le culte du serviteur de Dieu n'avait jamais été interrompu, l'approuva le 9 décembre 1760, et permit de célébrer sa fête (Godescard, 16 déc.).

Le bienheureux *Antoine*, né l'an 1394, à Saint-Germain, près de Verceil en Piémont, était de l'illustre famille des marquis de Roddi. Dès sa plus tendre jeunesse, il se sentit un attrait prononcé pour la vie religieuse, et il obtint enfin de ses parents, après beaucoup de résistance, la permission d'entrer chez les Dominicains. Ses progrès dans les vertus et dans les sciences y furent rapides, et en firent en peu de temps un des membres les plus distingués de l'ordre. En 1422, il fut fait prieur du couvent de Côme; il y fit observer avec soin toutes les prescriptions de la règle. Les monastères de Savone, de Bologne et de Florence lui furent aussi redevables des sages réformes que son zèle parvint à y établir. Pendant plusieurs années il fut le compagnon de saint Bernardin de Sienne dans ses travaux apostoliques. La ville de Côme, entre autres, changea presque entièrement de face par l'effet de ses prédications, et ses habitants passèrent des mœurs les plus dissolues à une vie régulière et chrétienne.

Les mortifications du bienheureux Antoine étaient extrêmes, et l'on a peine à concevoir comment elles pouvaient ne pas altérer profondément sa santé. Mais il en fut récompensé dès ce monde par des grâces extraordinaires et par la sainteté éminente à laquelle il s'éleva. Il mourut le 22 janvier 1459, et fut inhumé avec pompe dans l'église de Saint-Jean, près de Côme, où il resta jusqu'en 1810. A cette époque, le 28 juillet, il fut solennellement transféré dans l'église de Saint-Germain, sa patrie, où il continue à être vénéré par les fidèles. Son culte a été approuvé le 15 mai 1819 par le pape Pie VII (Godescard, 28 juillet).

Dans le même diocèse de Verceil, la petite ville de Trino, au marquisat de Montferrat, fut la patrie de la bienheureuse *Madeleine Panatiéri*. Elle naquit vers le milieu du XVe siècle d'une famille honnête. Unissant les charmes de l'esprit aux agréments extérieurs, elle avait tout à craindre de la séduction du monde; mais l'Esprit-Saint lui fit comprendre, dès sa première jeunesse, que Dieu seul méritait son cœur, et lui inspira le désir de se consacrer uniquement à son service. Docile aux inspirations de la grâce, Madeleine vivait dans un grand éloignement des vanités du siècle, dans la pratique du silence et de la plus exacte modestie. Elle s'attacha au Seigneur par le vœu de virginité à la fleur de son âge, et afin d'être à Dieu d'une manière plus parfaite, elle sollicita avec instance la faveur d'être admise dans le tiers-ordre de Saint-Dominique. Dès qu'elle fut agrégée à cette pieuse société, elle se proposa pour modèle l'illustre sainte Catherine de Sienne, et se livra comme elle aux jeûnes, aux veilles, à la prière et à la pratique de la mortification. Elle s'exerçait sans cesse à la patience, à l'humilité et à la douceur. Son sommeil était court et son attrait pour l'oraison si grand, qu'elle y passait quelquefois les nuits entières. C'était pendant ces fervents entretiens avec son divin Époux que cette sainte fille nourrissait sa tendre dévotion à la passion de Jésus-Christ, et apprenait à supporter courageusement ses propres souffrances. Le nom adorable du Sauveur lui inspirait un respect profond, et son ardeur pour la communion était si vive, qu'elle approchait tous les jours de la table sainte.

Madeleine se faisait surtout remarquer par sa charité pour les pauvres et les malades; elle les assistait de toutes les manières, et s'oubliait souvent elle-même pour subvenir à leurs besoins. Mais sa charité ne se bornait pas à soulager les nécessités corporelles; animée de l'esprit de saint Dominique, elle travaillait avec ardeur à procurer le salut des âmes, et les pécheurs ne pouvaient guère résister à ses pressantes exhortations. On cite surtout un grand seigneur qui fut subitement changé, par l'effet des prières ferventes qu'elle adressa pour lui au Seigneur.

Entre les faveurs spirituelles que ses vertus lui méritèrent, on cite le don de prophétie, et l'on assure qu'elle prédit les calamités qui affligèrent l'Italie à la fin du XVe siècle; elle obtint du Seigneur que Trino, sa patrie, fût préservée des malheurs qui menaçaient le pays, et elle connut l'heure de sa mort trois ans avant qu'elle arrivât. Madeleine, riche en mérite, vit avec calme sa fin prochaine. Elle s'y prépara par la réception des sacrements de l'Église, et recommanda à Dieu avec ferveur l'ordre de Saint-Dominique, ainsi que son pays natal, qu'elle chérissait tendrement. Parvenue à ses derniers moments, elle récita le psaume : *Seigneur, j'ai espéré en vous;* et lorsqu'elle en fut à ces paroles : *Je remets mon âme entre vos mains,* elle rendit tranquillement son esprit à son Créateur, le 15 octobre 1503. Son corps, qui resta trois jours sans être inhumé, répandait la plus suave odeur. De nombreux miracles attestèrent promptement la gloire de cette bienheureuse vierge et son crédit auprès de Dieu. Dès lors elle devint l'objet de la vénération de tous ses concitoyens, qui la regardaient comme un refuge assuré dans leurs besoins. Le culte de la bienheureuse Madeleine s'étant perpétué jusqu'à nos jours, le pape Léon XII l'approuva le 22 septembre 1827. Le même Pontife permit aux Dominicains et au diocèse de Verceil de célébrer sa fête chaque année (Godescard, 11 octobre).

Ainsi donc, pendant la seconde moitié du XV° siècle, l'ordre de Saint-Dominique, comme un champ béni de Dieu, ne cessait point de produire de saints personnages. Nous verrons plus tard que l'ordre de Saint-François ne le cédait point à celui de son ami saint Dominique.

Dans cette période de temps, l'Eglise eut encore la gloire d'envoyer au ciel plus d'un martyr.

Le premier fut un jeune enfant. Saint *André* naquit le 16 novembre 1459, près d'Inspruck, dans le Tyrol. Ayant perdu son père de bonne heure, il fut élevé par son parrain qui habitait une maison près de la grande route de Bolsano. André, jouant un jour dans la rue avec ses petits camarades, fut aperçu par une troupe de Juifs que séduisit sa beauté. Ces malheureux prièrent le parrain de le leur confier, afin de soigner son éducation; ils lui offrirent même une forte somme d'argent. Ils étaient au nombre de dix, ayant un rabbin à leur tête. Dès qu'ils furent maîtres d'André, ils le conduisirent dans une forêt, le placèrent sur un rocher et le circoncirent, en proférant les plus horribles blasphèmes contre le nom de Jésus-Christ. L'enfant voulut appeler du secours; alors ils lui ouvrirent les veines, l'attachèrent en forme de croix à un arbre et se sauvèrent. Dès que la nouvelle de cette horrible mort fut connue dans le pays, on s'empressa de recueillir les restes du malheureux enfant, et on les ensevelit à Rinn, où le Seigneur attesta la sainteté du jeune martyr par une multitude de guérisons qui y attirèrent une foule de chrétiens. Depuis ce moment, le tombeau du bienheureux André fut visité par les pèlerins de toutes les contrées voisines ; on s'y rendit même de plusieurs parties de la France. L'empereur Maximilien lui fit élever une chapelle (*Acta Sanct.*, et Godescard, 12 juillet).

Le mardi de la semaine sainte 1472, les Juifs de la ville de Trente s'assemblèrent dans leur synagogue, pour délibérer sur les préparatifs de leur pâque, qui tombait le jeudi suivant ; ils résolurent, pour assouvir leur haine contre Jésus-Christ et ses disciples, d'égorger un enfant chrétien le lendemain de leur pâque, qui était, cette année, un vendredi saint. Un médecin d'entre eux se chargea du soin de fournir la victime; il choisit pour l'exécution de son horrible projet le mercredi au soir, temps où les chrétiens étaient à ténèbres. Ayant donc trouvé à la porte d'une maison un enfant seul, nommé *Simon*, âgé d'environ deux ans, il l'attira par des caresses perfides, et l'emmena avec lui.

Le jeudi au soir, les principaux des Juifs s'assemblèrent dans une chambre attenant à leur synagogue, et commencèrent, à minuit, leur abominable opération. Après avoir mis un mouchoir sur la bouche de l'enfant, ils firent sur son corps plusieurs incisions, et reçurent dans un bassin le sang qui coulait de toutes parts : les uns lui tenaient les jambes, les autres les bras étendus en forme de croix. On le leva ensuite droit sur ses pieds, quoiqu'il fût presque sans vie ; deux de la troupe le soutenaient tandis que les autres lui perçaient les différentes parties de son corps avec des alènes et des poinçons. Lorsqu'il eût expiré, ils se mirent tous à chanter autour de lui : Voilà comme nous avons traité Jésus, le Dieu des chrétiens ! Puissent tous nos ennemis être ainsi confondus à jamais !

Les Juifs, pour échapper aux perquisitions des magistrats, cachèrent le cadavre dans un grenier à foin, puis dans un cellier, et enfin le jetèrent dans la rivière; mais Dieu permit qu'on découvrit un crime aussi atroce. Les coupables, ayant été pleinement convaincus devant les tribunaux, furent condamnés à mort. On détruisit la synagogue et l'on bâtit une chapelle à l'endroit où l'enfant avait été martyrisé.

Nous avons encore l'instruction du procès et la relation du médecin qui visita le corps du saint. D'ailleurs, Dieu glorifia cette innocente victime par plusieurs miracles. Les reliques de saint Simon sont à Trente, dans l'église de Saint-Pierre. On trouve son nom au Martyrologe romain le 24 mars (*Acta Sanct.*, Surius et Godescard, 24 mars; Martène, *Amplissima collectio*, t. II).

L'an 1510, le 6 février, dans le margraviat de Brandebourg, un voleur, nommé Paul Form, entré furtivement dans l'église du village de Knobloch, rompit le tabernacle, et enleva le ciboire avec deux hosties consacrées; il en avala une. Il offrit à un Juif de lui vendre le reste. Le Juif, ayant considéré le ciboire, lui dit : Je te donnerais beaucoup plus, si tu m'avais encore apporté ce qui a été dedans. Le voleur tira de son sein la seconde hostie, qui était une grande, et la marchanda. Le Juif donna neuf gros, autrement neuf gros sous. Le voleur, épouvanté de son sacrilége, se sauva dans une autre contrée, où ce fait se trouva déjà connu. Revenu chez lui, il fut arrêté, mis à la question, et avoua son crime. Quant au Juif, ayant mis la sainte hostie sur une table, il s'efforçait de la transpercer à coups de poignards, mais elle demeura toujours entière. Ce que voyant, il s'écria de rage : Si tu es le Dieu des chrétiens, manifeste-toi, au nom des démons. Aussitôt partagée en trois, l'hostie parut humide de sang sur les bords. Le Juif, épouvanté, garda chez lui pendant un mois les trois parcelles enveloppées dans un linge, puis il en envoya une à deux autres Juifs domiciliés l'un à Brandebourg, l'autre à Stendel, et garda la troisième. La transperça de nouveau avec un poignard; elle répandit visiblement des gouttes de sang. Le Juif, craignant que le fait ne vînt à être découvert par quelque miracle, cherchait à consumer la parcelle, mais il ne put : il la jeta dans l'eau, mais elle surnagea : il la jeta dans le feu, elle demeura intacte. A l'approche de la fête de Pâques, il mêla cette parcelle de l'hostie à la pâte du pain azyme, qu'il mit au four. Mais le four devint aussitôt tout lumineux, et la masse de pain s'élança dehors au visage du Juif. Effrayé de plus en plus, le malheureux envoya la masse de pain avec la parcelle de l'hostie à un autre Juif.

Cependant la chose étant devenue publique par la confession du voleur, le marquis de Brandebourg fit arrêter tous les Juifs de ses États. Mis à la question, ils avouèrent une foule de crimes, entre autres d'avoir fait mourir, depuis peu d'années, jusqu'à sept petits enfants, en les perçant avec des alènes et des poinçons. Convaincus juridiquement et par leurs propres confessions, ils furent condamnés au feu et exécutés à Berlin le 19 juillet 1510. Ces faits sont rapportés par des auteurs du temps et du pays, Jean Trithème et Nicolas Basel (Raynald, an 1510, n. 40 et 41).

Nous verrons plus loin les huit cents martyrs d'Otrante, massacrés en 1480 par les Turcs.

L'excellent pape Nicolas V étant mort le 24 mars 1455, le 8 avril suivant, les cardinaux élurent Alphonse Borgia, cardinal-prêtre du titre des Quatre-Couronnés, qui prit le nom de Calixte III.

Il avait prédit son élévation, sur l'assurance qu'il en avait reçue, disait-il, de saint Vincent Ferrier, son compatriote. On le traitait à cet égard de vieux rêveur, à cause de son grand âge, près de 78 ans, et du peu d'apparence de son exaltation. Mais il s'en tenait si sûr, qu'avant son élection il avait fait une formule de vœu sous le nom pontifical qu'il prit ensuite, et conçue en ces termes : « Moi Calixte, pape, je voue à Dieu tout-puissant et à la sainte et indivisible Trinité, que je poursuivrai les Turcs, ennemis très-cruels du nom chrétien, par la guerre, les malédictions, les anathèmes, les exécrations, et de toutes manières qui seront en ma puissance (*Ibid.*, an 1455, n. 17; Platina). »

Il s'acquitta de son vœu parfaitement. Ses premiers soins furent d'envoyer des prédicateurs par toute la chrétienté, pour exhorter les princes et les peuples à contribuer de leurs biens et de leurs personnes, autant qu'ils pourraient, à cette sainte expédition. Il continua au Franciscain saint *Jean de Capistran* la commission de prêcher la croisade en Allemagne.

La plupart des princes chrétiens promirent d'abord qu'ils seconderaient les desseins du Pontife. Par la harangue d'Æneas Sylvius, envoyé de l'empereur auprès du Pape, on voit que ce prince était dans la résolution d'y employer toutes ses forces; que les rois de France, d'Angleterre, d'Aragon, de Castille, de Portugal étaient disposés à faire de même; que le duc de Bourgogne s'était croisé à cette fin, et que plusieurs princes d'Allemagne en avaient fait vœu (Æneas Sylvius, *Epist.* 398). Les peuples chrétiens, de leur côté, excités par les discours des prédicateurs apostoliques, fournirent des sommes considérables : de quoi le Pape se servit pour construire et équiper une flotte de seize galères, qu'il envoya contre les ennemis de la croix du Sauveur. Calixte III eut aussi recours aux prières, et en ordonna par toute l'Église, afin d'obtenir la protection et le secours du ciel. On en ressentit bientôt les effets, et en Europe et en Asie, par les victoires que Dieu accorda aux princes qui tournèrent leurs armes contre l'ennemi de la chrétienté.

Mahomet II, après la prise de Constantinople, comptait que la conquête de l'empire d'Occident lui coûterait peu, et il se regardait déjà comme maître de toute la chrétienté. Ainsi, ne doutant point qu'il ne dût bientôt arborer le croissant ottoman dans les villes de Vienne et de Rome, il s'avança dans la Hongrie, avec une armée de cent cinquante mille hommes, et mit le siége devant Belgrade, le 3 juin 1456. Le jeune roi Ladislas s'enfuit de Vienne; mais le brave Jean Corvin, communément appelé Huniade, vaivode de Transylvanie et régent de Hongrie, lequel avait si souvent battu les Turcs sous Amurath, rassembla promptement tout ce qu'il put de forces : c'était bien peu auprès de celles de Mahomet. En même temps, il envoya prier saint Jean de Capistran de faire presser la marche des croisés qu'il avait engagés à prendre les armes. Cependant les Turcs couvrirent le Danube de vaisseaux d'une construction particulière et adaptée à ce fleuve, sur lesquels ils embarquèrent de vieilles troupes accoutumées à vaincre. Huniade, à la tête d'une flotte composée de vaisseaux plus légers, et conséquemment en état de mieux manœuvrer, attaqua les infidèles et les vainquit, puis entra dans Belgrade, petite ville, mais très-forte, au confluent du Danube et de la Save. Saint Jean de Capistran, qui était avec lui, animait les soldats au milieu de la mêlée, tenant à la main une croix qu'il avait reçue du Pape. Les Turcs revinrent à la charge, et résolurent d'emporter la ville. Quoique repoussés avec de grandes pertes, ils ne reculaient point, et passaient sur les cadavres de leurs compatriotes étendus çà et là. Une telle opiniâtreté ramenait la victoire sous leurs étendards, et déjà les chrétiens prenaient la fuite. C'était le 22 juillet. Lorsque tout paraissait désespéré, le moine s'élance dans les premiers rangs, sa croix à la main. Il exhorte les soldats à vaincre ou à mourir, en répétant ces paroles : « Victoire! Jésus! victoire! » Les chrétiens, animés, fondent sur les infidèles, les précipitent des remparts de la ville, et les taillent en pièces. Vainement Mahomet cherche à rallier ses troupes, elles fuient de toutes parts, insensibles aux promesses et aux menaces. Blessé lui-même dangereusement et sur le point d'être fait prisonnier, on l'emporte dans un village. La retraite se fait dans un tel désordre, que quarante drapeaux, seize pièces d'artillerie, toutes les munitions et une partie du bagage demeurent au pouvoir du vainqueur. Les historiens attribuent cette victoire autant au zèle et à l'activité de Jean de Capistran, qu'à la valeur de Huniade. Au reste, c'étaient deux hommes dignes l'un de l'autre.

Le prince tomba malade des fatigues de cette pénible campagne, et mourut à Zemplin, le 10 septembre de la même année 1456. Il voulut aller recevoir le saint viatique à l'église, disant qu'il ne méritait pas que le Roi des rois vînt dans sa maison. Son ami, saint Jean de Capistran, qui l'avait assisté dans sa maladie, prononça son éloge funèbre. Le pape Calixte III fut très-affligé de la mort de ce héros, et tous les chrétiens le pleurèrent. Mahomet lui-même le regretta, et dit qu'il ne restait plus sur la terre de prince digne de lui. L'Europe, sauvée par son bras, lui doit une reconnaissance éternelle.

Saint Jean de Capistran survécut peu de temps à Huniade. Il fut attaqué d'une complication de maux qui terminèrent sa vie dans le couvent de Willock, près de Sirmick. Le roi, la reine de Hongrie et un grand nombre de princes et de princesses vinrent le visiter dans sa dernière maladie. Sa patience et sa résignation édifiaient tout le monde. Son humilité lui faisait confesser publiquement ses fautes. Il reçut le viatique et l'extrême-onction avec la plus grande ferveur. Sans cesse il répétait que Dieu ne le traitait pas comme il méritait. Il expira tranquillement le 23 octobre 1456, à l'âge de 71 ans. Les Turcs s'étant emparés de Willeck, on porta son corps dans une autre ville. Les luthériens pillèrent depuis sa châsse, et jetèrent ses reliques dans le Danube. Mais on les en retira, et on les garde encore aujourd'hui. Le pape Léon X approuva un office en l'honneur du serviteur de Dieu, pour la ville de Capistran et pour le diocèse de Sulmone. Alexandre VIII le béatifia l'an 1694, et Benoît XIII publia la bulle de sa canonisation l'an 1724 (Raynald, an 1456; Godescard, 23 oct.).

En Asie, Ussum-Cassan, roi de Perse et d'Arménie, et un roi des Tartares, ayant pris les armes contre Mahomet, à la sollicitation du pape Calixte, remportèrent sur lui plusieurs victoires, qu'ils attribuèrent aux prières des chrétiens et du Pape, plutôt qu'à la valeur de leurs troupes (Platina *in* *Calixt. III;* Raynald, an 1457, n. 66).

C'était fait des Turcs, dit un auteur contemporain, Platina, si les princes chrétiens, renonçant aux guerres intestines et à la haine qu'ils se portaient les uns aux autres, avaient profité de ces avantages, en poursuivant cet ennemi commun par mer et par terre, comme le Pape ne cessait de les y exhorter (*Ibid.*); mais autant ils avaient paru prompts et zélés à s'engager de parole pour la guerre, autant firent-ils connaître qu'ils en avaient d'éloignement, lorsqu'il fut question d'en venir aux effets, leurs intérêts particuliers étouffant en eux tout ce qu'ils avaient témoigné d'ardeur pour la cause commune.

A la mort de Huniade, l'Europe chrétienne, parmi tous ses princes et rois, n'en trouva qu'un seul qui songeât à la défendre : c'était le héros de l'Albanie. Lorsque Mahomet II se fut emparé de Constantinople, l'an 1453, et eut ensuite subjugué la Morée, Scander-beg, loin de partager l'épouvante qui avait saisi toute la chrétienté, et las de se tenir sur la défensive, résolut, après avoir invité vainement les princes chrétiens à réunir des forces, sous sa conduite, contre l'ennemi commun, de déclarer seul la guerre au sultan. Il se jeta dans la Macédoine, à la tête de huit mille hommes, y prit quelques châteaux, et ravagea la campagne. Le sultan ne daigna pas combattre lui-même un si faible adversaire, ou plutôt il craignit de se commettre contre un si grand capitaine. Trois ans de suite, ses meilleurs lieutenants attaquèrent l'Epire, à la tête d'armées nombreuses; et trois ans de suite ils furent battus. Scander-beg savait tirer un si grand parti des inégalités du terrain et des circonstances que le hasard faisait naître, qu'il taillait en pièces ou finissait par dissiper toutes les troupes qu'on lui opposait.

Un seul homme lui envoyait des secours et des encouragements : c'était le pape Calixte, avec lequel il entretenait une correspondance assidue. L'an 1457, ce Pontife lui procura une somme d'argent considérable, sur les décimes levées pour la croisade dans les contrées limitrophes; avec ce secours en argent, il lui envoya plusieurs galères bien armées; fréquemment il l'encourageait par ses lettres, le proclamant le principal défenseur de la chrétienté, et disant aux autres princes qu'il était presque le seul. La flotte pontificale était commandée par Louis, cardinal-patriarche d'Aquilée. Combinant ses opérations avec celles de Scander-beg, elle remporta plusieurs avantages sur les Turcs, battit leur flotte en toute occasion, et leur enleva plusieurs îles, entre autres celle de Mitylène ou Lesbos. Dans cette dernière, les Turcs assiégeaient une ville assez considérable, déjà ils entraient par la brèche, déjà les chrétiens parlaient de se rendre ou de s'enfuir, lorsqu'une jeune fille, armée de pied en cap, encourageant ses concitoyens, les ramène au combat, se poste elle-même sur la brèche, tue plusieurs Musulmans, et contraint les autres à s'enfuir sur leurs vaisseaux, où ils sont attaqués et défaits par la flotte chrétienne. Le pape Calixte s'empressa de faire connaître en Occident les exploits de cette héroïne, dont il est à regretter qu'on ne sache pas le nom (Raynald, an 1457, n. 27-32).

Si les hommes d'Allemagne, si les **hommes de** France avaient eu autant de cœur que cette jeune fille de Mitylène, que cette autre Jeanne d'Arc, ils auraient pu reprendre la Grèce et Constantinople même aux Turcs, et se couvrir d'une gloire immortelle. Mais au lieu de seconder le Pape dans la défense des peuples chrétiens, les Allemands lui faisaient une guerre de chicanes, se plaignant avec amertume : 1° que, sous prétexte de pourvoir aux frais de la guerre sainte, il exigeait beaucoup plus d'argent qu'il ne devait; 2° qu'il violait le concordat dans les élections des évêques et des abbés, et dans les réserves des bénéfices.

Æneas Sylvius leur montra, au nom du Pape, que leurs plaintes étaient mal fondées. L'argent qu'il a reçu pour la guerre contre les Turcs n'est point entré dans ses coffres, mais a été dépensé effectivement à la guerre contre les Turcs, et cette dépense n'a pas été inutile : le Saint-Père peut se glorifier en Jésus-Christ d'avoir beaucoup affaibli la puissance de Mahomet, malgré la lâcheté de presque tous les princes chrétiens; il a rendu ses efforts inutiles dans la Hongrie, lorsque la religion chrétienne était menacée d'une ruine entière; sans les vaisseaux envoyés à Rhodes, en Chypre, à Mitylène et en d'autres îles, les chrétiens n'auraient pu résister aux infidèles; son légat, le patriarche d'Aquilée, par sa bonne conduite et la force de ses armes, non-seulement a défendu ces îles, mais il a converti un grand nombre d'habitants qui faisaient profession de mahométisme; l'Albanie eût été perdue, sans l'argent qu'on avait envoyé à Scander-beg. Voilà, dit Æneas, l'usage que le Pape a fait de ces grandes sommes au sujet desquelles se plaignent les Allemands. Convenait-il de laisser le Turc fouler aux pieds le nom chrétien? et le Saint-Père n'y pouvant suffire lui seul, tous les autres n'étaient-ils pas obligés d'y contribuer et de fournir à la défense de la cause commune.

Quant au second chef de plaintes, Æneas fait observer aux Allemands que, par le concordat, le Pape n'étant pas obligé de confirmer toutes sortes d'élections, mais seulement les élections canoniques, dans la réalité, il n'avait fait qu'appliquer cette règle. Autant en est-il des réserves et des provisions. D'ailleurs, y eût-il quelque chose à reprendre dans la conduite du Saint-Siége, ce n'est point aux particuliers à se faire eux-mêmes justice, détruisant ainsi la hiérarchie ecclésiastique : il fallait avoir recours au Saint-Siége, et lui demander le redressement de leurs griefs, s'il y avait lieu de la part. (Æneas Sylvius, *Epist.* 371).

S'il y eut des abus dans l'emploi de l'argent destiné à la guerre contre les Turcs, ce ne fut pas de la part du Pape. Le roi de Castille s'en réserva la moitié pour faire la guerre aux Mahométans de Grenade. Christiern, roi de Danemarck, en fit autant, et leurra le nonce Marin, sous prétexte d'employer les levées contre les schismatiques qui étaient aux confins de son royaume. Saint Antonin reproche à la France d'avoir fait la même chose pour continuer la guerre contre les Anglais (Antonin, tit. 22, c. 18, § 1). Le clergé de Normandie donna même l'exemple ou le scandale d'appeler du Pape au concile œcuménique, touchant les subsides qu'on levait pour la guerre contre les Turcs et la défense de la chrétienté. Le Pape annula, et avec raison, une tentative aussi téméraire que peu généreuse. Il semblait que les Papes dussent sauver l'Europe malgré elle.

Il y avait vingt-cinq ans que, dans la capitale de la Normandie, les partisans français de la domination anglaise avaient condamné au feu Jeanne d'Arc, la libératrice de la France. Le roi Charles VII, étant devenu maître de Rouen, voulut effacer ce qu'il y avait de flétrissant pour lui dans cette affaire. Il obligea les parents de Jeanne à se pourvoir au Saint-Siége, pour obtenir la révision de son procès. Le pape Calixte III accorda leur demande par une bulle du 15 juillet 1455, et nomma l'archevêque de Reims et d'autres commissaires pour y travailler. On entendit plus de cent témoins, tant en Lorraine qu'en France, sur la naissance et la vie de Jeanne d'Arc. Et par le jugement qui intervint, il fut déclaré que le procès fait à la défunte et la sentence prononcée contre elle étaient un tissu de dols, de calomnies, d'injustices, de contradictions et d'erreurs, dans le fait et dans le droit; que, pour ces causes, les juges nommés par le Saint-Siége cassaient et annulaient cette procédure inique, avec tout ce qui s'en était suivi, et déclaraient Jeanne d'Arc et tous ses parents n'avoir encouru par telle mort aucune tache ni infamie. La mort de ses premiers juges, qui avaient péri d'une manière funeste, ainsi que nous avons vu, exempta les seconds d'en faire la recherche.

Après avoir sauvé l'Europe, Calixte III institua une fête pour perpétuer le souvenir de sa délivrance. En mémoire des grâces que le ciel avait répandues sur les armées chrétiennes dans la défaite des Turcs à Belgrade, le 6 août, il ordonna qu'on célébrerait en ce même jour par toute l'Eglise la fête de la Transfiguration de Notre Seigneur; il en composa lui-même un office propre, et y attacha les mêmes indulgences qu'à la Fête-Dieu.

Le même Pape, à la demande des peuples de la Perse et de la Géorgie, qui s'appelaient Francs, leur accorda la permission de se choisir un archevêque, qui serait confirmé par le Saint-Siége, à condition de venir à Rome dès qu'il pourrait (Raynald, an 1457, n. 68). La demande de ces peuples fut apportée à Calixte III par Louis de Bologne, frère Mineur, qu'il avait envoyé, avec la qualité de nonce, à divers rois et peuples de l'Orient, notamment à l'empereur de l'Ethiopie.

Un autre personnage que le même pontife employa dans diverses légations, fut saint *Jacques de la Marche*, également religieux de Saint-François. Il eut pour patrie la petite ville de Montbrandon, dans la Marche d'Ancône, l'ancien Picénum. Ses parents étaient d'une condition médiocre, mais fort vertueux; ils l'élevèrent dans de grands sentiments de religion. Un prêtre du voisinage lui enseigna les éléments de la langue latine, et il était encore très-jeune lorsqu'on l'envoya à l'Université de Pérouse. Il y fit de si rapides progrès dans les lettres, qu'un gentilhomme de Florence crut devoir lui confier l'éducation de son fils. Ce gentilhomme s'applaudissait tous les jours du choix qu'il avait fait. Frappé de la vertu et de la prudence de notre saint, il lui proposa de l'accompagner à Florence, et il lui procura un poste considérable dans cette république.

Jacques de la Marche, pour se préserver des dangers qu'on court dans le monde, vivait dans le recueillement et dans la prière. Il trouvait tant de charmes dans cette sainte pratique, qu'il résolut d'embrasser un genre de vie plus parfait. Ayant eu occasion de passer près d'Assise, il alla faire sa prière dans l'église de Notre-Dame-des-Anges ou de la Portioncule. La ferveur des religieux de Saint-François, qu'il y vit, l'édifia tellement et fit sur son âme une impression si vive, qu'il leur demanda l'habit. Les frères acquiescèrent à sa demande et l'envoyèrent faire son noviciat dans le couvent dit des Prisons, non loin d'Assise. Il y jeta les fondements de cette éminente sainteté à laquelle il parvint dans la suite, et qui ne se démentit jamais. Son noviciat achevé, il revint au couvent de la Portioncule. Il ne laissa, pendant quarante ans, passer aucun jour sans prendre la discipline. Toujours il portait ou un rude cilice ou une ceinture de fer armée de pointes. Il ne dormait que trois heures chaque nuit, et il employait le reste à la prière et à la méditation. Il s'interdit l'usage de la viande, et il mangeait si peu, qu'on ne concevait pas comment il pouvait vivre. Tous les jours il disait la messe, et il le faisait avec une dévotion admirable. Son amour pour la pauvreté allait si loin, que c'était pour lui un sujet de joie que de manquer du nécessaire. Les habits les plus grossiers et les plus usés étaient ceux qu'il portait de préférence. Il sut durant toute sa vie conserver une inviolable pureté; il ne conversait avec aucune femme que quand la nécessité ou la charité l'exigeait. Son obéissance n'était pas moins digne d'admiration; elle était prompte et entière dans les moindres choses. Son zèle pour le salut des âmes paraissait n'avoir point de bornes; tous les jours il instruisait le peuple ou les religieux de son ordre. Ses discours étaient simples, mais pleins de force et d'onction.

Un sermon, qu'il prêcha à Milan, fit entrer dans la carrière laborieuse de la pénitence trente-six femmes débauchées. Ayant été élu archevêque de cette ville, il prit la fuite. On l'eut bientôt rejoint;

mais il obtint, à force de prières, qu'on le laisserait exercer les fonctions de simple missionnaire. Il accompagna saint Jean de Capistran dans quelques-unes de ses missions en Allemagne, en Bohême et en Hongrie, et il fut envoyé trois fois dans ce dernier royaume par les papes Eugène IV, Nicolas V et Calixte III. Le don des miracles ajouta un nouveau lustre à sa sainteté; il en opéra plusieurs à Venise et en d'autres lieux. Il rendit la santé au duc de Calabre et au roi de Naples, attaqués de maladies dangereuses.

Il s'éleva alors une grande dispute entre les Franciscains et les Dominicains. Il s'agissait de savoir si le sang de Jésus-Christ, qui fut séparé de son corps durant sa passion, était toujours resté hypostatiquement uni au Verbe. Le saint fut déféré à l'inquisition, comme ayant soutenu la négative; mais il sortit de cette affaire avec honneur. Il mourut dans le couvent de la Trinité, près de Naples, le 28 novembre 1479, à l'âge de 90 ans. Son corps se garde à Naples dans l'église de Notre-Dame-la-Neuve, et la châsse qui le renferme est dans une chapelle de son nom. Il fut béatifié par Urbain VIII, et canonisé en 1726 par Benoît XIII, qui avait été témoin oculaire d'un miracle opéré par son intercession (Godescard, 28 nov.; Raynald, an 1457 et 1458, etc.).

Calixte III canonisa un de ses compatriotes, saint Vincent Ferrier, de Valence en Espagne, et mort en 1419. Calixte lui-même mourut le 6 août 1458, à l'âge de 80 ans, après avoir tenu le Saint-Siège trois ans trois mois et seize jours.

Calixte III eût été un excellent pape, s'il n'avait été que pape. Le Seigneur dit à ses apôtres : *Si quelqu'un aime son père, sa mère, ses frères, ses sœurs plus que moi, il n'est pas digne de moi.* Le pape Calixte ne se souvint point assez de ces paroles. Il avait deux sœurs noblement mariées en Espagne : chacune d'elles avait un fils. Plus oncle que pape, Calixte promut au rang des cardinaux ses deux neveux, qui n'en étaient guère dignes.

L'un des deux était *Rodrigue Lenzuoli*, né à Valence l'an 1431. Jusqu'à dix-huit ans, il s'appliqua aux sciences avec un succès remarquable; dès cet âge, son père, qui avait obtenu successivement les fonctions les plus éminentes, lui confia d'importantes affaires dont il vint à bout avec une rare habileté : c'étaient particulièrement des procès difficiles, qu'il débrouilla heureusement. Tout à coup il embrassa l'état de son père, la profession des armes, moins par vocation, ce semble, que par légèreté et par amour de l'indépendance. Dans cet état, il s'éprit d'une veuve romaine, qui vint en Espagne avec ses deux filles; à la mort de la mère, il s'éprit pareillement de l'une des filles, nommée Vannozie, mariée dès lors ou depuis à Dominique d'Arignan; Il en eut cinq enfants; mais il sut tenir si secrète cette liaison criminelle, qu'on n'en eut connaissance que bien des années après. Ces désordres, si déplorables qu'ils soient, n'étonnent pas beaucoup dans un militaire. Mais son oncle, étant devenu pape l'an 1455, l'invita à venir à Rome pour avoir part aux plus éminentes faveurs. Rodrigue, qui se voyait au milieu des richesses et des plaisirs en Espagne, se pressa si peu de se rendre à cette invitation, que son oncle dut envoyer un prélat pour l'amener à sa cour. Là il reçut des bénéfices considérables, fut nommé, l'an 1456, archevêque de Valence, cardinal, et peu après vice-chancelier de l'Église romaine. Secrètement, il continuait ses relations avec Vannozie ; publiquement, il faisait le prélat pieux, fréquentait les églises et les hôpitaux, était libéral envers les pauvres, et s'acquit une renommée généralement très-favorable (Voir le protestant Schroeckh, t. XXXII, p. 382 et 383).

Son oncle, il est probable, s'applaudissait de son choix; il lui fit même quitter le nom de son père, Lenzuoli, pour prendre le nom de sa mère, Borgia, qui était celui du Pape. Les circonstances favoriseront singulièrement le népotisme de Calixte III. Son neveu Rodrigue Lenzuoli, dit Borgia, deviendra pape sous le nom d'Alexandre VI, mais pour faire monter avec lui sur le trône de saint Pierre le déshonneur de ses vices devenus publics, mais pour imprimer à son nom adoptif une tache indélébile que ne pourront jamais couvrir bien des Borgia vertueux et accomplis, mais pour faire de ce nom comme un écho à jamais funeste, qui, jusqu'à la fin du monde, provoquera le gémissement du chrétien fidèle, avec le ricanement infernal de l'hérétique et de l'impie. Puissent tous les papes, les cardinaux, les évêques et les prêtres profiter de cette implacable leçon !

A la mort de Calixte III, le Saint-Siège ne vaqua que douze jours. Il se trouvait à Rome dix-huit cardinaux ; entrés au conclave, ils rédigèrent quelques articles pour faire jurer à celui d'entre eux qui serait élu pape. En voici les principaux : « Le Pape futur ne transférera point la cour de Rome d'une province à l'autre sans le consentement des cardinaux. Il n'en fera point de nouveaux, à la prière de quelque prince que ce soit, sans le consentement des autres cardinaux, donné en consistoire; et, en leur création, il observera l'ordonnance du concile de Constance, tant sur le nombre que sur la qualité. Il pourvoira chaque cardinal de cent florins de la Chambre apostolique par mois, jusqu'à ce qu'il ait d'ailleurs quatre mille florins de revenus, et maintiendra tous les cardinaux dans la possession des bénéfices, même incompatibles, qu'ils ont en titre ou en commende. Il ne donnera aucune provision d'églises cathédrales ou d'abbayes, soit en titre ou en commende, sinon en consistoire et du consentement de la plus grande partie des cardinaux, si ce n'est des bénéfices qu'il conférera aux cardinaux mêmes. Il ne permettra d'insérer dans aucune bulle la clause, *du consentement de nos frères*, qu'il ne l'ait effectivement demandé et obtenu. Il n'accordera à aucun prince ou prélat la faculté de présenter ou nommer à aucune prélature ou bénéfice, sinon du consentement exprès des cardinaux. Il ne fera aucune inféodation ou autres aliénations des terres de l'Église, que du consentement par écrit des cardinaux. Il ne s'emparera point de leurs biens ni de ceux des prélats à leur mort, mais il les en laissera disposer à leur volonté. Il ne mettra point de nouveaux impôts et n'augmentera point les anciens. Les cardinaux s'assembleront tous les ans pour voir si le Pape observe ces articles, et, s'il y manque, il l'en admonesteront jusqu'à trois fois. »

En ce conclave, on pensa élire d'abord le cardinal de Rouen, Guillaume d'Estouteville; les Italiens s'y opposèrent, craignant qu'il ne ramenât en France la cour de Rome : ce qu'ils regardaient comme la ruine de l'Italie. Et certes, ils n'avaient pas tort; le séjour des papes dans Avignon, suivi du long schisme d'Occident, était une leçon assez parlante. D'ailleurs, tant que le clergé de France conservera sur l'autorité du Pontife romain certaines idées nationales qui ne sont pas celles de l'Eglise romaine, convient-il qu'un cardinal ou un évêque français devienne encore pape? On élut donc le cardinal de Sienne, Æneas Sylvius, qui prit le nom de Pie II. Comme nous avons déjà vu, il était né à Corsigni, territoire de Sienne, de la noble maison de Piccolomini. Son prédécesseur l'avait fait cardinal-prêtre du titre de Sainte-Sabine. Il se fraya le chemin au souverain pontificat par sa science, son éloquence, son habileté et sa prudence à manier les affaires, qualités où il excellait par-dessus tous ceux de son temps. Son élection eut lieu le 19 août 1458, et son couronnement le 3 septembre. Toute la ville de Rome en témoigna une joie extrême, qui se communiqua de proche en proche à toute la chrétienté.

Sous les Papes précédents, il avait travaillé avec zèle à faire entre les princes chrétiens une sincère et sainte alliance contre le Turc, pour la défense de l'humanité chrétienne. Persévérant dans ce zèle, comme pape, il forma le dessein d'une assemblée générale où l'on traiterait des moyens de l'entreprise et de l'exécution de cette importante affaire. Il désigna la ville de Mantoue pour le lieu du congrès, et en fixa l'époque au 1er juin 1459, laissant ainsi neuf mois d'intervalle pour s'y préparer. Il invita tous les potentats de l'Europe à s'y trouver en personne, ou du moins à y envoyer leurs ambassadeurs. Il pressa instamment le roi de France, Charles VII, comme pouvant y attirer les autres par son exemple. Il y invita aussi en particulier l'empereur Frédéric et les électeurs de l'empire, Mathias Corvin, roi de Hongrie, fils du célèbre Huniade, et Georges Podiebrad, prétendant au trône de Bohême, à qui le Pape donna le titre de roi, et qui sut bien s'en prévaloir.

Pour apaiser les troubles de l'Italie, Pie II se persuada que le moyen le plus sûr était de donner l'investiture du royaume de Naples à Ferdinand, fils naturel du roi Alphonse d'Aragon, qui l'en avait déclaré l'héritier. En conséquence, il envoya le cardinal Latino des Ursins pour en faire la cérémonie. Les conditions furent à peu près semblables à celles de la première concession faite à Charles d'Anjou, frère de saint Louis. Néanmoins, sur les protestations du roi René d'Anjou et de Jean, son fils, il voulut qu'on insérât dans l'acte de l'investiture, que c'était sans préjudice du droit d'autrui (Raynald, an 1458).

L'année suivante 1459, le Pape, accompagné de six cardinaux, partit de Rome le 21 janvier pour se rendre à Mantoue. Il fit son voyage à petites journées, s'arrêtant dans les villes, plus ou moins, suivant le besoin des affaires. Le 22 février, il célébra la Chaire de saint Pierre à Corsigni, lieu de sa naissance, qu'il érigea en ville épiscopale et appela de son nom de pape, Pienza. Le 24, il vint à Sienne, où il séjourna jusqu'au 23 avril. Comme il en avait été évêque, il travailla beaucoup à la pacifier, en réconciliant le peuple avec la noblesse; il en érigea le siège en archevêché, et y mit en sa place, pour premier archevêque, Antoine Piccolomini, son parent, de l'ordre des Camaldules. La bulle d'érection est du 19 avril. Le Pape, étant à Sienne, apprit qu'en quelques lieux d'Allemagne l'usage de porter le Saint-Sacrement à découvert, même au jour de la fête, avait été interrompu, et que le cardinal-légat, Nicolas de Cusa, autorisait cette interruption. Sur quoi le Pape, à la demande des marquis de Brandebourg, approuva l'usage de le porter à découvert, sans aucun voile, comme propre à augmenter la dévotion des fidèles. La bulle est du dernier jour de mars (Raynald, an 1459, n. 27).

Ce fut encore à Sienne que Pie II apprit qu'en Angleterre l'évêque de Chichester semait diverses erreurs. Il se nommait *Réginald*, était docteur de l'Université d'Oxford, et passait pour grand théologien. Il fut premièrement évêque de Saint-Asaph, puis transféré à Chichester. On l'accusait de dire: qu'on n'était pas obligé de s'en tenir aux décisions de l'Eglise romaine; que l'Eglise même universelle peut errer dans ce qui est de la foi, et avait erré souvent; qu'il n'est pas nécessaire de croire que le corps de Jésus-Christ soit réellement dans l'eucharistie. Sur cet avis, le Pape manda à l'archevêque de Cantorbéry d'assembler son concile et de déposer cet évêque. Il se rétracta publiquement, et ses livres furent brûlés en sa présence. Mais sa rétractation ne fut pas sincère, et il mourut peu de temps après.

A Sienne encore, le Pape reçut les ambassadeurs des peuples de Silésie, qui faisaient des plaintes contre Podiebrad, roi de Bohême. L'année précédente, ce prince avait renoncé aux erreurs des Hussites, mais on prétendait que ce n'était pas sincèrement. Pie II envoya dans le pays deux nonces qui procurèrent la paix entre Podiebrad et les Silésiens; il commit de plus un prélat pour administrer l'église de Prague. Mais l'ambitieux Roquesane, que déjà longtemps nous avons appris à connaître, et qui prétendait devenir archevêque, parvint de nouveau à brouiller les choses.

De Sienne, le Pape se rendit à Florence, où il fut reçu magnifiquement par Cosme de Médicis, et assista aux funérailles de saint Antonin. De Florence, il vint à Bologne, puis à Ferrare, et enfin à Mantoue, où il arriva le 27 mai.

Il y reçut une ambassade de Thomas Paléologue, prince grec, frère du dernier empereur de Constantinople et seigneur de la Morée ou du Péloponèse, où il faisait la guerre aux Turcs, ainsi qu'à son propre frère, Démétrius; car celui-ci avait fait alliance avec les Turcs, et donné sa propre fille en mariage à Mahomet II. C'est ainsi que les princes grecs aidaient les Turcs à les ruiner les uns par les autres. Il y a plus: un autre Paléologue, devenu apostat, commandait la flotte musulmane et faisait aux chrétiens tous les maux qu'il pouvait. Le Pape ne put envoyer au prince Thomas d'autre secours que trois cents hommes; mais il lui en promit de plus considérables de la part des princes d'Occident (*Ibid.*, n. 46).

Pie II vit également arriver à Mantoue les ambassadeurs de Chypre, de Rhodes et de Lesbos, d'Albanie, de l'Epire, de la Bosnie et de tous les confins de l'Illyrie, qui venaient demander du secours. Le 1er juin, il fit l'ouverture de l'assemblée par une messe solennelle, après laquelle l'évêque de Coron, puis le Pape lui-même, prêchèrent sur la défense de la chrétienté contre les Turcs. Pie II parla plusieurs fois sur le même sujet, et toujours avec tant de force et d'onction, qu'il tirait les larmes des yeux de toute l'assemblée.

On y convint de la nécessité de la guerre sainte, qui fut résolue, aussi bien que les mesures à prendre et les troupes à employer pour l'exécution; le Pape levait toutes les difficultés qu'on lui opposait, offrait tout ce qui était à lui ou qui dépendait de lui, se chargeant de tout le poids qu'on voulait lui imposer dans l'expédition, et assurant qu'il était prêt à donner sa vie pour le succès de l'entreprise (Pii II, *Epist.* 397).

Pendant que tout se disposait à Mantoue selon les désirs du chef de la chrétienté, tout se brouillait dans les provinces; au lieu de se préparer à la guerre contre l'ennemi commun, elles se préparaient à la guerre les unes contre les autres. L'Allemagne, qui avait plus d'intérêt et plus de facilité qu'aucune autre à s'opposer aux progrès de l'infidèle, tournait ses armes, partie contre elle-même, partie contre la Hongrie, qui avait le plus besoin d'être secourue contre l'ennemi de tous. L'Angleterre était divisée en deux factions fratricides. L'Aragon, aidé de la France, portait la guerre en Catalogne, à laquelle le reste de l'Espagne préparait du secours. L'Italie même devenait le théâtre d'une guerre intestine. Jean, fils de René d'Anjou, ayant pénétré dans le royaume de Naples, une partie de la population se déclara pour lui contre l'autre, qui tenait pour le roi Ferdinand, son adversaire. Ce qui intéressait encore plus particulièrement le Pape, c'est que tout était en trouble dans l'Ombrie, le Picentin, la Sabine, à Viterbe, dans d'autres terres du Saint-Siège, et à Rome même, par les séditions qu'y excitaient certains factieux (Platina *in Pium II*).

Pie II fut donc obligé de quitter Mantoue, et de laisser imparfaite, à son grand regret, sa négociation pour la guerre sainte, résolu néanmoins de la reprendre aussitôt qu'il aurait rétabli l'ordre dans ses États, et qu'il aurait porté les princes chrétiens, du moins les mieux intentionnés, à le seconder, suivant le plan et les engagements pris dans l'assemblée.

Au lieu de seconder les Papes dans leurs efforts pour défendre la chrétienté contre les Turcs, nous avons vu des gens en appeler du Pape au futur concile œcuménique: moyen commode pour tous les brouillons de se moquer de l'autorité existante, par respect pour une autre qui n'existe pas. Pie II condamna cette témérité par une décrétale, dont voici les termes:

« Pie, évêque, serviteur des serviteurs de Dieu, pour mémoire perpétuelle. Il s'est glissé de nos jours un abus détestable et inconnu dans les temps anciens, qui est que certains esprits rebelles, afin d'éviter la punition de leurs délits, et non dans le désir d'un jugement plus sain, ont l'audace d'appeler au futur concile des jugements du Pontife romain, qui est le vicaire de Jésus-Christ, auquel il a été dit dans la personne de saint Pierre: *Pais mes brebis, et tout ce que tu lieras sur la terre sera aussi lié dans les cieux*. Quiconque n'est pas ignorant dans le droit, peut connaître combien cet abus est contraire aux saints canons, et combien il est nuisible à la république chrétienne; car, sans parler des autres raisons qui répugnent évidemment à ce désordre, chacun voit que c'est une chose ridicule d'appeler à ce qui n'existe nulle part et dont l'existence est tout hypothétique. Les puissants oppriment les faibles en plusieurs manières, les crimes demeurent impunis, on fomente la rébellion contre le premier Siège, on accorde la liberté de mal faire, et on renverse toute la discipline ecclésiastique, ainsi que l'ordre de la hiérarchie.

» Voulant donc éloigner cette peste de l'Église de Jésus-Christ, pourvoir au salut du troupeau qui est sous notre conduite et en ôter toute matière de scandale, de l'avis et du consentement de nos vénérables frères, les cardinaux de la sainte Église romaine, de tous les prélats, théologiens et juristes qui suivent notre cour, et de notre science certaine, nous condamnons ces sortes d'appels, nous les réprouvons comme erronés et détestables, nous les cassons et annulons entièrement, s'il s'en trouve qui aient été jusqu'à présent interjetés, les déclarant vains et de nul effet. Ordonnons qu'à l'avenir personne ne soit assez téméraire d'interjeter, sous quelque prétexte que ce soit, de semblables appels d'aucun de nos règlements, sentences ou ordonnances, quelles qu'elles puissent être, non plus que celles de nos successeurs; d'y adhérer, s'ils sont interjetés par d'autres, ou de les employer de quelque manière que ce puisse être.

» Que si, deux mois après la publication des présentes dans la chancellerie apostolique, quelqu'un, de quelque état, dignité, rang ou condition qu'il puisse être, fût-il empereur, roi ou évêque, fait le contraire, qu'il encoure, par le fait même, la sentence d'excommunication, dont il ne puisse être absous que par le Pontife romain et à l'heure de la mort. Les universités et les collèges réfractaires seront soumis à l'interdit, et encourront, aussi bien que les personnes susdites et tous autres, les mêmes peines et censures qu'encourent les criminels de lèse-majesté et les fauteurs d'hérésie, de même que les tabellions et témoins, qui auront été présents à de pareils actes, et généralement tous ceux qui sciemment, auront prêté aide, conseil ou faveur à de tels appelants. Que personne n'ait donc l'audace d'enfreindre notre présente ordonnance.

» Donné à Mantoue, le 18 janvier, l'an de l'incarnation de Notre Seigneur 1459, le 2e de notre pontificat (*Bullarium*). »

On pouvait faire à Pie II une objection qu'il se fait lui-même, savoir: qu'ayant autrefois écrit pour le concile de Bâle et pour sa supériorité sur le Pontife romain, il n'avait changé de sentiment que depuis et parce qu'il était devenu Pontife romain lui-même.

Il répond à cela, dans une rétractation qu'il fit à l'imitation de celle de saint Augustin, en rendant compte au public du temps et de la manière de sa résipiscence. Après avoir raconté par quelle aventure il s'était trouvé au concile de Bâle, et comment il y avait été induit en erreur par les faux rapports que des personnes d'autorité, mécontentes d'Eugène IV, faisaient continuellement contre ce Pontife, il déclare que ce qui commença à l'ébranler en faveur du Saint-Siège, furent les fréquentes conversations qu'il eut à la cour de l'empereur Frédéric, dont il était secrétaire avec le cardinal Julien; celui-ci, ayant été dans les mêmes erreurs, les avait abandonnées, et s'était déclaré aussi zélé défenseur de la supériorité des Papes qu'il avait eu d'ardeur autrefois à l'attaquer.

« J'avoue, disait ce cardinal à Æneas Sylvius, que j'ai dit et écrit à Bâle plusieurs choses très-éloignées de la vérité; mais comme vous reconnaissez qu'à ma persuasion vous vous êtes livré à la créance des Bâlois, m'ayant suivi dans mes égarements, pourquoi ne me suivriez-vous pas dans la bonne voie. J'ai abandonné la société des méchants, et je n'ai plus voulu prendre séance avec les impies. Le Seigneur m'a ouvert les yeux : j'ai considéré les merveilles de sa loi; j'ai reconnu mes premières erreurs, et j'ai vu combien les Bâlois s'étaient écartés de la vérité. Je me suis rendu à la cour romaine; je me suis soumis au pape Eugène, qui m'a pardonné ma révolte. J'ai travaillé à l'union des Grecs avec l'Eglise romaine, et ensuite j'ai été chargé d'une légation contre les Turcs. Le Seigneur m'a châtié, et n'a point voulu ma perte. M'ayant humilié, il m'a relevé, parce que, connaissant l'erreur, je l'ai aussitôt quittée pour suivre la bonne doctrine. De maître m'étant fait disciple et petit de grand, j'ai purgé le vieux levain pour me revêtir de l'homme nouveau; et, me nourrissant du lait de ma vraie mère, je suis parvenu à la source de la vérité, montrée par les saints docteurs grecs et latins, qui disent tous d'une voix commune qu'on ne peut être sauvé si on ne tient l'unité de la sainte Eglise romaine, et qu'il n'y a point de vraie vertu en celui qui refuse d'obéir au souverain Pontife, s'habillât-il d'un sac, couchât-il dans la cendre, passât-il les jours et les nuits dans le jeûne et dans la prière, et parût-il accomplir le reste de la loi; car l'obéissance vaut mieux que le sacrifice, tout homme est soumis aux puissances supérieures, il est sûr que le Pontife romain est établi sur toute l'Eglise, et qu'il n'y a personne dans le troupeau de Jésus-Christ qui ne soit dépendant de son autorité. Je suis rentré dans le bercail après de longs égarements. J'ai écouté la voix du pape Eugène : vous ferez la même chose, si vous êtes sage. »

Au moyen de ces conversations, qui respiraient la charité la plus ardente, et de celles d'autres doctes personnes, qui fréquentaient la cour de l'empereur, Æneas Sylvius, jeune encore et simple clerc, détrompé de ses erreurs, rejeta la doctrine de Bâle; ayant eu occasion d'aller à Rome, il fit sa soumission au pape Eugène, se réconcilia avec l'Eglise romaine, professa hautement sa doctrine, et déclara, comme autrefois saint Jérôme : « Qu'en vrai disciple de Jésus-Christ, il était uni de communion avec le Pontife romain et la Chaire de saint Pierre; qu'il savait que l'Eglise était fondée sur cette Chaire; que quiconque mangeait l'Agneau hors de cette maison, était un profane; que celui qui ne serait pas dans cette arche de Noé, périrait dans le déluge. »

Dans la suite de cette rétractation, Pie II adresse à Eugène IV et à tous les autres Papes ces paroles que saint Bernard adressait à Eugène III : « Vous êtes le grand-prêtre, le souverain Pontife, le prince des évêques, l'héritier des apôtres; Abel par la primauté, Noé par le gouvernement, Abraham par le patriarcat, Melchisédech par l'ordre, Aaron par la dignité, Moïse par l'autorité, Samuël par la judicature, Pierre par la puissance, Christ par l'onction. Vous êtes celui à qui ont été données les clés et confiées les brebis. A la vérité, il est encore d'autres portiers du ciel et d'autres pasteurs de troupeaux; mais vous êtes l'un et l'autre d'autant plus glorieusement, que vous avez hérité d'un nom plus différent du leur. Ils ont chacun les troupeaux particuliers qui leur ont été assignés. A vous seul nous avons été confiés tous. Vous seul êtes, non-seulement le pasteur des brebis, mais encore le pasteur des pasteurs mêmes, étant le pasteur de tous. »

« Tels sont, conclut Pie II, nos sentiments touchant le Pontife romain, qui a reçu le pouvoir d'assembler les conciles généraux et de les dissoudre; quoique fils de l'Eglise par son baptême, il en est le père par sa dignité; et, s'il doit la respecter comme sa mère, il lui est cependant préposé et supérieur, comme le pasteur l'est au troupeau, le prince au peuple et le père à sa famille. C'est ce que nous assurons véritable, étant déjà avancé en âge et élevé au sommet de l'apostolat. Que si nous avons autrefois écrit des choses contraires à cette doctrine, nous les rejetons et nous les rétractons comme des erreurs et des sentiments d'une jeunesse précipitée (*Bullar. Pii II*). »

Dans le congrès de Mantoue, le Pape s'était beaucoup plaint aux ambassadeurs de France de la pragmatique sanction, disant que c'était l'acte le plus injurieux qu'on eût jamais fait contre l'autorité du Saint-Siége; qu'on en avait introduit la pratique en France, sans la décision d'aucun concile général et sans le décret d'aucun pape. Ces plaintes ne firent pas grand effet du vivant de Charles VII. Mais Louis XI, son successeur, qui avait fait vœu d'abolir cette pragmatique, s'il parvenait à la couronne, assura le légat du Pape qu'il accomplirait incessamment cette promesse, et en fit serment sur les saints Evangiles.

Il ne manqua pas de le faire, et il en écrivit au Pape une lettre datée de Tours le 27 novembre 1461, et qui portait en substance : « Nous avons reconnu, Très-Saint-Père, que la pragmatique sanction est très-contraire à votre autorité et à celle du Saint-Siége; qu'elle a été faite dans un temps de schisme et de sédition; qu'elle ne peut causer que le renversement des lois et du bon ordre, puisqu'elle vous empêche d'exercer la souveraine puissance législative attachée à votre dignité : c'est par elle que la subordination est détruite, que les prélats de notre royaume élèvent un édifice de licence; que l'unité et l'uniformité, liens nécessaires de tous les états chrétiens, se trouvent rompues. Tant de considérations nous ont fait prendre le dessein d'abolir entièrement cette pragmatique. Plusieurs personnes très-habiles ont voulu nous en détourner; mais nous vous reconnaissons, Très-Saint-Père, pour le chef de toute l'Eglise, pour le grand-prêtre, pour le pasteur du troupeau de Jésus-Christ; et nous voulons demeurer unis à votre personne et à la Chaire de saint Pierre. Ainsi nous cassons dès à présent et nous détruisons la pragmatique dans tous les pays de notre domination. Nous rétablissons les choses sur le pied où elles étaient avant cette ordonnance, et nous voulons que le bienheureux apôtre saint Pierre, qui nous a toujours assisté, et vous, qui êtes son successeur, ayez dans ce royaume la même autorité pour les provisions des bénéfices et pour toutes les matières ecclésiastiques, qu'ont eue vos prédécesseurs Martin V et Eugène IV. Nous vous la rendons cette autorité; vous pouvez désormais l'exercer tout entière; et soyez sûr que les prélats de l'Eglise gallicane rendront une pleine obéissance à vos décrets; qu'ils entretiendront avec Votre Sainteté une parfaite harmonie. S'il arrivait cependant que quelques-uns d'entre eux osassent vous contredire, nous vous promettons, sur notre parole royale, de les réprimer avec force et de les réduire au parti de la soumission (*Inter epist. Pii II, epist. 388; Hist. de l'Eglise gallic.*, l. 49). »

L'évêque d'Arras, Jean Geoffroi, fut le confident du roi pour tout ce qui concernait l'abolition de la pragmatique. Il ne manqua pas d'en écrire au Pape, pour le féliciter. C'est, selon lui, la lettre de Pie II au roi qui a gagné le cœur de ce monarque; le roi admire cette lettre, il la baise avec respect; il la destine à être conservée dans une boîte d'or : c'est sous ce pontificat que les Turcs vont être entièrement détruits, que l'Eglise jouira d'une paix profonde, d'un bonheur parfait. Il ajoute, que le roi a détruit la pragmatique, sans stipuler aucune condition. — L'évêque d'Arras désirait être cardinal; il le fut. Alors il écrivit de nouveau au Pape que la pragmatique serait détruite sans retour, si Sa Sainteté voulait abandonner le parti de Ferdinand d'Aragon à Naples, et se déclarer pour la maison d'Anjou; que le roi avait cela extrêmement à cœur, parce qu'il venait de promettre sa fille en mariage au petit-fils de René d'Anjou, roi de Sicile; qu'au reste la cour de France était déterminée à soutenir ce prince de toutes ses forces, et qu'il ne serait pas avantageux au Pape de s'opposer à une puissance aussi formidable. Pie II, rompu de longue main aux négociations politiques, ne se laissa point émouvoir. Sur quoi Louis XI revint quelque peu sur sa parole royale, et rendit quelques ordonnances, qui rétablissaient certains articles de la pragmatique sanction (*Hist. de l'Egl. gall.*, l. 49).

Comme le Pape, à son retour, fit un assez long séjour à Sienne, il y reçut beaucoup d'ambassadeurs qui ne s'étaient pas trouvés à l'assemblée de Mantoue. Il en vint des patriarches d'Orient. Le chef de leur députation était un archidiacre d'Antioche, appelé Moïse, homme très-savant dans la langue grecque et la langue syriaque, et d'une grande réputation. Il parut devant le Pape au nom des patriarches d'Antioche, d'Alexandrie et de Jérusalem, et lui dit : Que celui qui sème la zizanie les avait empêchés jusqu'alors de recevoir le décret du concile de Florence touchant l'union de l'Eglise grecque avec l'Eglise romaine, mais que Dieu leur avait enfin inspiré de s'y soumettre; que ce décret avait été accepté solennellement dans une assemblée convoquée à ce sujet, et qu'à l'avenir ils voulaient tous être soumis au Pape, comme au vicaire de Jésus-Christ. Le Saint-Père répondit avec beaucoup de bonté, loua fort les patriarches de leur obéissance, fit traduire en latin le discours de Moïse, et commanda de le déposer aux archives de l'Eglise romaine (Raynald, an 1460, n. 55).

Peu de jours après, on vit arriver les ambassadeurs d'une ville de l'ancienne Laconie, que plusieurs regardaient même comme l'ancienne Sparte. Elle était située sur une montagne, non loin de la mer, et nommée en grec Monembasie, parce qu'elle était si bien fortifiée de tous côtés par la nature et par l'art, que l'on ne pouvait y entrer que par un seul passage fort étroit. Ces nouveaux Spartiates envoyèrent donc des ambassadeurs au pape Pie II, qui lui dirent en substance : « Saint-Père, regardez-nous en pitié. Si vous ne nous tendez la main, nous sommes la proie des Turcs. Démétrius Paléologue, dont nous étions sujets, a pris leur parti, et s'est efforcé de nous soumettre à eux; mais nous avons fermé l'entrée aux Turcs, nous avons appelé Thomas, frère de Démétrius, et l'avons prié de prendre la ville et de la défendre. Thomas déclara qu'il n'avait point assez de forces pour nous défendre, et nous conseilla de prendre pour seigneur Votre Sainteté ou quelque autre. Ayant pris conseil, nous fûmes tous d'avis d'avoir recours à vous et de vous livrer la ville et le peuple. Recevez-nous donc, et ne méprisez pas notre ville, qui est la plus propre pour recevoir une flotte. Si vous voulez en envoyer une en Orient, elle trouvera chez nous un port et un abri très-sûrs. Si vous nous abandonnez, nous serons contraints de subir le joug des Turcs. » Le Pape fut ému jusqu'aux larmes, de voir une ville autrefois si puissante réduite à cette extrémité; il reçut leur serment de fidélité au nom de l'Eglise romaine, et leur envoya un gouverneur avec des vivres (Raynald, an 1460, n. 56 et 57).

Au commencement de son pontificat, Pie II envoya vers les rois chrétiens d'Arménie et de Mésopotamie, un frère Mineur, nommé Louis de Bologne, pour engager ces princes à prendre les armes contre les Turcs en Asie, pendant qu'on les attaquerait du côté de l'Europe. Louis revint de sa légation, fort peu de temps après que le Pape fût retourné de Mantoue à Rome. Il était accompagné des ambassadeurs de David, empereur de Trébisonde, de ceux de Georges, roi de Perse, des princes des deux Arménies, et de ceux de plusieurs autres princes d'Orient. Ils avaient pris leur route par la Colchide et la Scythie, ils avaient passé le Tanaïs et le Danube, traversant la Hongrie et l'Allemagne, où ils saluèrent l'empereur Frédéric, et avaient été reçus avec beaucoup d'honneur à Venise. Lorsqu'ils approchèrent de Rome, quelques prélats allèrent au devant d'eux, et, lorsqu'ils furent arrivés, le Pape leur donna audience dans un consistoire. Ils promirent à Sa Sainteté de répondre à ses vœux; ils lui dirent que les princes, qui se faisaient la guerre, avaient posé les armes aux premiers ordres du souverain Pontife; qu'ils étaient tous prêts à attaquer les Turcs en Asie; qu'ils s'avanceraient jusqu'à l'Hellespont, la Thrace et le Bosphore avec une armée de cent vingt mille hommes, pendant que ceux de l'Europe les attaqueraient de leur côté; que leur légation n'avait point d'autre motif que d'informer Sa Sainteté de ces dispositions, et de lui baiser les pieds comme au vicaire de Dieu en terre. Nous avons pour alliés Bendias, roi de Mingrélie et d'Arabie; Pancrace, roi des Ibériens, qu'on nomme Géorgiens; Manion, marquis de Gorie; Ismaël, seigneur de Sinope et de Casatimène; Fabia, duc d'Anagosie, et Caraman, seigneur de Cilicie, desquels on obtiendra de grands secours. Nous demandons seulement que Louis, qui nous a conduits ici à Rome, soit établi patriarche sur tous les catholiques d'Orient. Pie II loua beaucoup leur zèle, accepta leurs offres, exposa ce qui s'était passé à Mantoue; il y avait fait tout son possible, mais il n'avait pas été secondé des princes chrétiens: ceux-ci, toutefois, pourraient bien y concourir, s'ils savaient les propositions des Orientaux: les ambassadeurs feraient donc bien d'aller trouver le roi de France et le duc de Bourgogne; car, sans les Français, il n'est guère possible d'entreprendre des expéditions sérieuses contre les infidèles (Raynald, an 1460; n. 101 et 102).

Comme on voit, si les princes d'Europe, au lieu de se brouiller, de se trahir, de se tuer les uns les autres, s'étaient concertés avec ceux d'Orient, il leur eût été facile d'arrêter les armes de Mahomet, et même de lui arracher ses conquêtes précédentes. Mais à cette époque-là même se rallumèrent les troubles civils en Allemagne, en France et en Angleterre. Mahomet II eut le temps de ruiner l'empire de Trébisonde en 1461, d'envahir l'île de Lesbos et le Péloponèse, où cependant les Vénitiens, avec leurs seules forces, reprirent quelques places.

Le Pape en écrivit de nouveau aux princes chrétiens, mais sans plus de succès. Il prit alors le parti d'écrire à Mahomet même, dans l'espérance que, comme les jugements de Dieu sont incompréhensibles, sa miséricorde pourrait, à cette occasion, arrêter ce fléau, dont sa justice se servait pour punir son peuple.

Dans une longue instruction, il exhorta le monarque ottoman à cesser de faire la guerre aux chrétiens, par la considération des forces et de la valeur des nations auxquelles il n'avait pas encore eu affaire, et qui, malgré leurs divisions intestines, ne manqueraient pas de se réunir contre lui, quand il serait question de la religion. S'il a vaincu les Grecs, c'est que les Grecs n'étaient pas vraiment chrétiens. Pour lui-même, il devait plutôt abandonner les illusions et les superstitions de la secte mahométane, et se convertir à la foi chrétienne, qui est la seule dépositaire de la vérité. En recevant le baptême, il affermira son empire, et acquerra une gloire immortelle, comme avaient fait en divers temps plusieurs princes, qui renoncèrent à l'idolâtrie pour embrasser le christianisme; tels que Clovis chez les Francs, Reccarède chez les Goths, Constantin chez les Romains. Le Pape alors le reconnaîtrait et le déclarerait empereur des Grecs et d'Orient; de manière qu'il deviendrait légitime possesseur de ce qu'il avait usurpé par violence et dont il jouissait par injustice. Qu'enfin il acquerrait la vie éternelle, qu'on doit rechercher principalement, et à laquelle on ne peut parvenir que dans la religion chrétienne, qui est pure, stable et sainte; au lieu que le mahométisme n'est que vanité, impiété et turpitude (*Pii II, Epist.* 369; Raynald, an 1461, n. 44 et seqq.; Sommier, *Hist. dogmatique du Saint-Siége*, t. VI).

On ne sait quel fut le sort de cette lettre. De nos jours, où l'empire turc est près de tomber en lambeaux comme un cadavre, les princes ottomans seraient peut-être capables de comprendre qu'en devenant chrétiens, ils pourraient lui redonner une vie nouvelle.

Cependant Pie II ne se décourageait point. Après une dernière tentative auprès des princes chrétiens, il crut avoir déterminé efficacement le duc Philippe de Bourgogne, l'un des plus puissants princes de l'Europe, à se trouver en personne avec toutes ses forces dans l'expédition sainte. Ayant de plus engagé une partie des puissances d'Italie, les Vénitiens entre autres, dans le parti de cette guerre; il résolut d'y aller lui-même et de monter la flotte qu'il armerait à ce sujet. Il fit part de ce dessein aux cardinaux, leur déclarant que, quoique cassé de vieillesse et d'infirmités, il avait résolu de passer en Grèce et en Asie. Qu'il ne savait plus que ce moyen pour porter les princes chrétiens à la guerre sainte, en joignant l'exemple aux exhortations et aux paroles. Que peut-être, quand ils verraient le Pontife romain, leur père, le vicaire de Jésus-Christ, quoique vieux et infirme, aller à la guerre, ils auraient honte de demeurer à la maison. Que les Vénitiens l'accompagneraient avec une puissante flotte. Que les autres potentats d'Italie y joindraient leurs forces. Que le duc de Bourgogne entraînerait les puissances d'Occident. Que du côté du Nord, on aurait les Hongrois et les Sarmates. Que l'Albanie, la Servie, l'Épire, les Grecs mêmes nouvellement asservis, profiteraient de l'occasion pour secouer le joug des infidèles. Que l'Ottoman avait aussi de grands ennemis en Asie, lesquels ne manqueraient pas de se déclarer contre lui (*Pii II Commentar.*, l. 2, c. 1).

Le sacré collège applaudit à cette résolution du Pontife, qui, par un décret du mois d'octobre 1463, adressé à tous les évêques, princes et peuples chrétiens, déclara qu'il se rendrait dans le mois de juin suivant au port d'Ancône, pour de là passer contre les Turcs, promettant toutes les bénédictions du ciel à ceux qui l'aideraient dans cette guerre, et menaçant de son courroux ceux qui y mettraient obstacle (Raynald, an 1463, n. 29).

Quoique le duc de Bourgogne, en qui il mettait sa principale confiance, lui eût manqué de parole, s'étant contenté de lui envoyer deux mille soldats, mais promettant de le joindre l'année suivante avec toutes ses forces, Pie II ne laissa pas de se rendre à Ancône vers le milieu de juillet. Le doge de Venise s'y rendit aussi avec l'armée navale de la république. Le Pape y fut attaqué d'une grande fièvre qui, jointe à ses autres incommodités, l'enleva de ce monde, le 14 août 1464, et fit évanouir ses projets formés pour la gloire et les avantages du nom chrétien.

Il était âgé de 58 ans 9 mois et 20 jours; il avait tenu le Saint-Siège six ans moins cinq jours. Le cardinal de Pavie, qui l'assista dans ses derniers moments, a fait son éloge en peu de paroles, disant que ce fut un pontife très-vertueux, très-religieux, très-intègre, d'un très-grand génie, très-savant et très-humain. Il avait une dévotion particulière à la sainte Vierge, et, quelque temps avant sa mort, il était allé en pèlerinage à Notre-Dame de Lorette (*Ibid.*, an 1464).

Pie II a laissé beaucoup d'écrits. Il serait à souhaiter qu'on en eût une édition bonne et complète; car il en existe une de Bâle, 1571, qu'on assure, non sans raison, avoir été falsifiée par les docteurs luthériens (*Biographie univ.*, t. XXXIV).

Une année avant ce Pape, mourut sainte *Catherine de Bologne*, née en cette ville l'an 1413, d'une des premières familles du pays. L'amour de la vertu parut avoir prévenu en elle l'usage de la raison. A l'âge de douze ans, on la mit, en qualité de dame d'honneur, auprès de la princesse Marguerite, fille de Nicolas d'Este, marquis de Ferrare. Il y avait deux ans qu'elle occupait cette place, lorsqu'on maria Marguerite : elle profita de cette circonstance pour recouvrer sa liberté. Le premier usage qu'elle en fit, fut de se retirer à Ferrare, dans une société de femmes du tiers-ordre de Saint-François. Cette société ayant ensuite été érigée en un monastère de religieuses, sous le nom du *Corps du Christ* et sous la règle de Sainte-Claire, Catherine s'y engagea par la profession des vœux solennels; elle y resta jusqu'à la fondation du couvent des Clarisses de Bologne, dont elle fut la première prieure.

Elle avait un zèle extraordinaire pour la conversion des pécheurs, qu'elle ne cessait de solliciter par ses larmes et par ses prières. Son amour pour l'oraison et sa fermeté au milieu des épreuves intérieures qu'elle eut à souffrir, la rendirent digne de l'admiration des anges. Pénétrée des sentiments de l'humilité la plus profonde, elle ne désirait rien tant que de servir ses sœurs et d'être employée aux plus viles fonctions du monastère. Son éminente vertu fut récompensée, dès cette vie, par le don des miracles et par celui de prophétie. Elle mourut le 9 mars 1463, dans la 50ᵉ année de son âge. Son nom fut inséré dans le Martyrologe romain par Clément VIII en 1592. Le procès de sa canonisation se fit sous Clément XI; mais la bulle n'en fut expédiée qu'en 1724, sous Benoît XIV. Sainte Catherine de Bologne a laissé quelques traités en latin et en italien. Le plus fameux de tous ses ouvrages est le livre *des sept armes spirituelles* (Acta Sanct., et Godescard, 9 mars).

La même année, mourut un autre disciple de saint François. *Didace* ou *Diégo*, le même nom que Jacques en espagnol, était d'une famille peu considérable selon le monde, et eut pour patrie le bourg de Saint-Nicolas, au diocèse de Séville dans l'Andalousie. Il se distingua dès son enfance par son amour pour Dieu et par la pratique des vertus chrétiennes. Il y avait auprès du bourg de Saint-Nicolas un saint prêtre qui menait la vie érémitique. Didace lui demanda et obtint la permission de se mettre sous sa conduite. Tout jeune qu'il était, il imita les austérités de son maître. Ils cultivaient ensemble un petit jardin et s'occupaient à faire différents ouvrages en bois. Quelques années après, Didace fut obligé de retourner chez ses parents; mais le désir ardent qu'il avait de suivre les traces de Jésus crucifié lui fit bientôt abandonner le monde pour toujours. Il se retira dans le couvent des Franciscains de l'observance, dit de Saint-François d'Arrizafa, et y prit l'habit en qualité de frère convers. On sait que la fonction de frères convers dans les communautés est de servir les religieux de chœur et de remplir les plus bas emplois du monastère.

Lorsque Didace eut fait profession, il fut envoyé avec un prêtre de son ordre dans les îles Canaries. Il y montra un zèle infatigable pour la conversion des idolâtres, et, quoiqu'il ne fût que laïque, ses supérieurs le firent gardien d'un couvent qui venait d'être bâti dans une de ces îles, appelée Forteventure. Il s'offrait sans cesse en sacrifice au Seigneur par la mortification de sa chair et de sa volonté, et par ce martyre prolongé il se préparait à verser son sang pour la foi, si l'occasion s'en présentait.

Ayant été rappelé en Espagne, il habita successivement divers couvents de son ordre, sans rien diminuer de sa ferveur. Il était tellement absorbé en Dieu, qu'il ne pouvait parler qu'à lui ou de lui. Son humilité et la vivacité de sa foi prouvaient qu'il était entièrement mort à lui-même et rempli de l'Esprit-Saint. Il se rendit à Rome en 1450. C'était l'année où l'on venait de canoniser saint Bernardin de Sienne, franciscain, et la cérémonie de cette canonisation avait attiré à Rome près de quatre mille religieux du même ordre, qui s'étaient réunis dans le célèbre couvent nommé *Ara-Cœli*. Didace avait accompagné Alphonse de Castro. Celui-ci fut attaqué dans le voyage d'une maladie dangereuse. Didace le servit nuit et jour avec un zèle et une charité admirables. Il rendit les mêmes services à plusieurs autres malades de son ordre, pendant le séjour qu'il fit à Rome.

De retour en Espagne, il passa la plus grande partie de sa vie dans les couvents de Séville, de la Saunaye et d'Alcala de Henarez en Castille. Il avançait de jour en jour dans la perfection, et il avait le talent d'inspirer les sentiments dont il était animé à ceux qui conversaient avec lui. Non content d'observer sa règle, il y ajoutait de nouvelles pratiques pour acquérir une ressemblance plus entière avec le bienheureux patriarche de son ordre. Il se mettait au-dessus de toutes les créatures, et cette humilité profonde produisait en lui une paix inaltérable. Il avait tellement maîtrisé ses passions, et il était si détaché de toutes les choses de la terre, qu'on ne remarqua jamais en lui aucun trouble ni aucune de ces émotions qui échappent quelquefois à la nature dans les âmes mêmes qui servent Dieu avec ferveur. Comme il n'avait d'autre volonté que celle du Seigneur, il se soumettait avec joie à tous les événements, et il bénissait également le ciel dans la prospérité et dans l'adversité. Il joignait aux macérations corporelles un amour extrême pour la pauvreté, qui se manifestait dans ses habits et dans tout son extérieur. Sa prière était continuelle; plus d'une fois il y eut des ravissements et y reçut d'autres grâces extraordinaires. La passion du Sauveur était le plus cher objet de ses pensées et de ses affections; aussi méditait-il souvent sur cet adorable mystère, un crucifix à la main. Du sacrifice sanglant qui a été offert une fois sur la croix, il passait au sacrifice non sanglant qui se renouvelle tous les jours sur l'autel, et par là son amour pour Jésus-Christ s'enflammait de plus en plus. Il ne pouvait se lasser d'admirer le prodige par lequel un Dieu devient dans l'Eucharistie la nourriture spirituelle de nos âmes. Plus il recevait ce Dieu fréquemment, plus il se sentait transformé en lui par l'effusion de cette charité dont il est le principe. Il avait une tendre dévotion pour la sainte Vierge, qu'il honorait comme sa mère et son avocate.

Ce fut en 1463 qu'il tomba malade à Alcala, où il avait passé les dernières années de sa vie. Il redoubla de ferveur aux approches de son heure dernière. Dans son agonie, il se fit apporter une corde qu'il mit à son cou, puis, fixant ses yeux baignés de larmes sur un crucifix qu'il tenait à la main, il demanda pardon à tous les religieux de la communauté, qui étaient en prières autour de son lit. Il expira tranquillement le 12 novembre 1463. Divers miracles attestèrent sa sainteté avant et après sa mort. Un de ces miracles fut opéré sur don Carlos. Ce prince, en tombant, s'était fait à la tête une plaie que les chirurgiens jugèrent mortelle. On apporta dans sa chambre la châsse du saint, et à l'instant il fut parfaitement guéri. Philippe II, roi d'Espagne, père de don Carlos, sollicita par reconnaissance la canonisation du serviteur de Dieu. Sixte V le mit au nombre des saints, et publia sa bulle en 1588. Innocent XI fit insérer un office en son honneur dans le Bréviaire romain, et assigna le 13 novembre pour le jour de sa fête, qui se célèbre cependant le jour précédent chez les Franciscains (Godescard, 13 nov.).

Beaucoup d'autres religieux du même ordre glorifiaient alors Dieu et son Eglise.

Le bienheureux *Antoine de Stroconio*, ainsi nommé du village où il était né en Ombrie, désira dès l'âge de douze ans s'engager dans l'ordre de Saint-François. Le supérieur du couvent dans lequel il se présenta, arrêté par sa grande jeunesse, différa de lui donner l'habit; mais la ferveur du postulant, suppléant à la faiblesse de l'âge, le fit admettre au noviciat et ensuite à la profession. Lorsqu'il eut prononcé ses vœux, il fut mis sous la direction du bienheureux Thomas Bellacio, qui, l'ayant gardé plusieurs années auprès de lui, l'envoya en Corse, où Antoine établit plusieurs couvents de l'observance. Revenu en Italie, il passa quelque temps en Toscane, d'où il retourna dans son pays natal, qu'il habita jusqu'à la fin de ses jours. Il vivait dans les maisons les plus solitaires, ne se nourrissait que de pain, d'eau et d'absinthe. Il avoua qu'il lui avait fallu quatorze ans pour s'habituer à l'amertume de cette plante. Ses austérités étaient étonnantes; cependant il parvint à l'âge de quatre-vingts ans. Le Seigneur voulait alors récompenser la vie tout à la fois pure et mortifiée de son serviteur; Antoine mourut en 1471, au couvent de Saint-Damien, près d'Assise. En 1769, la congrégation des Rites publia l'approbation du culte public du bienheureux Antoine, donnée en 1687 par le pape Alexandre VIII. Sa fête tombe le 7 février (Godescard, 7 fév.).

Le bienheureux *Jean*, surnommé de *Dukla*, du nom de la ville de Pologne où il reçut le jour, se consacra au service de Dieu, dès sa jeunesse, parmi les religieux de Saint-François, appelés *Conventuels*. Ensuite, par les conseils de saint Jean de Capistran, qui prêchait alors en Pologne, il s'attacha à ceux qu'on nomme de l'*Observance*. On remarquait surtout en lui un vif amour pour sa règle, un grand soin d'entretenir la paix, une pureté et une obéissance parfaites. Il avait pris pour modèle la sainte Vierge, qu'il honorait d'une manière particulière, et il s'appliqua toute sa vie à l'imiter. Ses prédications produisirent plusieurs conversions éclatantes. Devenu aveugle quelque temps avant sa mort, il ne cessa pas néanmoins d'exercer les fonctions du saint ministère jusqu'à son bienheureux trépas, qui arriva le 29 septembre 1484, dans la ville de Léopold. Clément XI a autorisé son culte et a permis aux Polonais, ainsi qu'aux Lithuaniens, de l'honorer comme un de leurs patrons. Sa fête est fixée au 19 juillet (*Ibid.*, 19 juillet).

La bienheureuse *Eustochie*, religieuse de Sainte-Claire, naquit à Messine l'an 1430. Son père était de l'illustre maison de Calafato, et sa mère de celle des Colonne. Eustochie, dès sa première jeunesse, fut aussi remarquable par la perfection de ses vertus que par sa grande beauté. Plusieurs seigneurs de Sicile la recherchèrent vainement en mariage; décidée à n'avoir d'autre époux que Jésus-Christ, elle refusa les plus riches partis, résista aux sollicitations de ses parents, supporta avec patience les mauvais traitements qu'ils lui firent éprouver à cette occasion, et réussit enfin à entrer dans le monastère de Sainte-Claire de Bassicano. Fixée dans cette pieuse demeure par des vœux de religion, Eustochie devint bientôt le modèle de ses compagnes. Elle se distinguait surtout par son amour pour les austérités. Son zèle pour l'exacte observance de la règle de son ordre la porta à solliciter auprès du pape Calixte III la permission de fonder un nouveau monastère où cette règle serait rigoureusement observée. Ayant obtenu cette autorisation, elle établit, après mille difficultés, la maison appelée le *Mont-des-Vierges*, dont elle devint ensuite abbesse. Elle y donna les exemples de la vertu la plus pure et de la dévotion la plus tendre envers le saint Sacrement de l'autel et la sainte Vierge. Elle mourut âgée de 54 ans, le 20 janvier 1484. Les miracles opérés à son tombeau ont porté les fidèles à lui rendre un culte public, que le pape Pie VI approuva le 14 septembre 1782. Sa fête se célèbre maintenant le 27 ou le 28 février (Godescard, 28 fév.).

La bienheureuse *Séraphine*, fille de Gui Antoine, comte d'Urbin, et de Catherine Colonne, manifesta sa piété dès sa première jeunesse. Ayant perdu de bonne heure les auteurs de ses jours, elle fut élevée avec soin chez les parents de sa mère. Lorsqu'elle fut en âge d'être mariée, elle épousa Alexandre Sforce, seigneur de Pesaro et connétable de Sicile. Quoique sa conduite fût exempte de reproches, elle tomba dans la disgrâce de son époux, qu'une passion criminelle attachait ailleurs. Au bout de douze ans de mariage, Séraphine fut forcée de se réfugier dans le couvent des religieuses de Sainte-Claire, dit *du Saint-Sacrement*, à Pesaro. Elle fut même obligée de se fixer dans ce monastère par les vœux de religion; mais, en femme vraiment chrétienne, elle sut sanctifier son malheur par sa soumission à la volonté de Dieu, et rendre son sacrifice agréable au Seigneur. Elle ne songea plus qu'à acquérir la perfection de son nouvel état. Sa vertu frappa tellement toutes ses compagnes, qu'elles la choisirent pour leur abbesse. Séraphine se montra digne de ce choix par sa prudence, sa charité, son équité et son zèle pour la discipline. Elle vécut vingt-deux ans en religion, et mourut le 8 septembre 1478. Son culte a été approuvé par Benoît XIV, et on l'honore le 9 septembre (*Ibid.*, 9 sept.).

Le bienheureux *Pacifique de Cérédano*, né dans le diocèse de Novarre, se distingua dans l'ordre de Saint-François par sa capacité pour la direction des âmes. Il composa une Somme des cas de conscience, qui fut appelée la *Somme pontificale*, parce que le pape Sixte IV l'approuva. La sainteté de sa vie et ses succès dans la prédication engagèrent le même pontife à l'établir commissaire apostolique, pour prêcher la croisade contre les Turcs, qui ravageaient alors l'Italie. Ce saint religieux mourut dans l'île de Sardaigne l'an 1482. Son ordre honore sa mémoire le 5 juin (Godescard, 5 juin).

Saint *Jacques* d'Esclavonie ou d'Illyrie, franciscain, reçut le surnom qu'il porte, de la Dalmatie où il était né. Il passa en Italie, où il entra en qualité de frère convers chez les Franciscains de Bictecto, petite ville à neuf milles de Bari. La ferveur avec laquelle il tendait à la perfection fit juger qu'il deviendrait un des plus beaux ornements de son ordre. Il fut en effet l'admiration des diverses maisons où ses supérieurs l'envoyèrent, et surtout du couvent de Conversano, à dix-huit milles de Bari, où il exerça l'office de cuisinier. La vue du feu terrestre lui rappelait celui de l'enfer, et le portait à s'attacher à Dieu de plus en plus. Souvent il lui arriva d'avoir des extases et des ravissements. Ayant été ensuite rappelé à Bictecto, il y termina sa bienheureuse vie le 27 avril 1485. Il s'est opéré plusieurs miracles par son intercession, et l'on en a publié l'histoire d'après des témoins dignes de foi. Le nom de saint Jacques d'Illyrie est marqué au 20 avril dans le Martyrologe franciscain publié par Benoît XIV (*Acta Sanct.*, et Godescard, 20 avril).

Le bienheureux *Pierre de Moliano*, issu d'une famille honnête de la ville dont il porte le nom, et qui est située dans la Marche d'Ancône, se livra dans sa jeunesse à l'étude des belles-lettres et à celle du droit. Il cultiva cette dernière science avec succès, et il obtint le grade de bachelier à l'Université de Pérouse. C'est dans cette ville qu'ayant entendu prêcher un religieux de l'ordre de Saint-François, il conçut le désir d'abandonner le monde et d'embrasser cet institut. Le Seigneur lui donna la force d'exécuter son pieux dessein. Revêtu de l'habit de religion, Pierre s'adonna avec ardeur à l'étude de la théologie, et travailla surtout avec empressement à acquérir la science des saints. Dieu bénit ses efforts, et bientôt le nouveau religieux devint célèbre par la réputation de doctrine qu'il avait acquise et plus encore par la réputation de sa sainteté.

Sa célébrité s'étendant chaque jour, on le choisit pour aider saint Jacques de la Marche dans ses prédications, et pour partager, en qualité de compagnon, ses travaux apostoliques. Après la mort de ce saint homme, Pierre fut chargé de le remplacer. On ne peut dire avec quelle ardeur et quelle charité il s'efforça de porter les peuples à la pénitence, de corriger leurs mœurs et de les rendre conformes à la sainteté du christianisme. Il passait les jours et les nuits à entendre les confessions, à accommoder les différends, à apaiser les querelles, à détruire les haines et à rétablir la paix entre tous. Ses actions et ses discours contribuaient sans doute à lui faire obtenir les succès qu'il désirait ; mais la grâce des miracles que Dieu lui accorda, fut aussi un moyen puissant pour opérer le bien qui l'occupait sans relâche.

Ses frères, charmés de ses vertus et de son mérite, le chérissaient tendrement. Ils désirèrent l'avoir pour supérieur. Deux fois il fut élu malgré lui provincial de la Marche d'Ancône et une fois de la Romagne. Son attention à remplir exactement tous les devoirs de sa charge, sa prudence et sa charité montrèrent combien il en était digne. De si belles qualités gagnèrent à Pierre l'affection du duc de Camérino et l'estime des habitants de cette ville. C'est là qu'il passa une partie de sa vie, et qu'il termina sa sainte carrière. Se sentant proche de sa fin, il ne voulut pas recevoir le saint viatique dans son lit ; il se fit transporter à l'église, où il communia avec des sentiments de piété si vifs, qu'il en inspira à tous les assistants. Après s'être acquitté de ce devoir, il exhorta le duc de Camérino et ses fils, qui étaient présents, à la fidèle observation de la loi de Dieu, ses frères à celle de la règle de leur institut ; il mourut ensuite de la mort des justes, le 25 juillet 1490, et fut enterré dans l'ancien couvent de l'Observance.

Douze ans après, les religieux de cette maison ayant été obligés de la quitter, parce qu'on voulait bâtir sur ce terrain une citadelle, désirèrent emporter avec eux le corps du bienheureux Pierre ; ils le trouvèrent entier et sans aucune marque de corruption. Le pape Clément XIII, informé du culte public qu'on rendait depuis un temps immémorial à ce saint religieux et des miracles opérés par son intercession, l'inscrivit au catalogue des bienheureux. Sous le pontificat de Pie VI, le 5 août 1780, la congrégation des Rites publia le décret relatif à son culte (Godescard, 25 juillet).

Nous verrons plus tard un autre religieux de Saint-François, le bienheureux *Bernardin de Feltre*, fondateur des *monts-de-piété* en Italie.

Le bienheureux *Ange de Clavasio* naquit en Piémont, d'une famille noble, et fut toute sa vie un modèle de candeur et d'innocence. Les sentiments de piété que sa mère lui avait inspirés se développèrent en lui dès son enfance d'une manière extraordinaire ; son bonheur était de prier, et plus d'une fois sa mère le surprit, au milieu de la nuit, à genoux devant le crucifix, et s'entretenant avec son Dieu. Le récit des souffrances de Jésus-Christ lui arrachait souvent des larmes ; on voyait ses pleurs couler à la seule pensée de l'amour que l'Homme-Dieu nous a témoigné dans le mystère de la rédemption, de la noire ingratitude par laquelle les hommes ne paient que trop souvent sa miséricorde et ses bienfaits.

Le zèle de son salut lui fit abandonner toutes les espérances du monde, pour se consacrer à Dieu dans l'ordre de Saint-François, dont il fut l'un des religieux les plus fervents et les plus exemplaires. Honoré de la confiance de son ordre, de celle du Pape et des princes d'Italie, il se montra toujours ami de la pauvreté et de l'humilité, et ne pensa jamais à tirer vanité de l'estime dont il était environné.

Il mourut à Coni en Piémont, l'an 1495, et fut enterré avec une pompe extraordinaire dans l'église des Franciscains. Les habitants de Coni l'invoquèrent presque aussitôt après sa mort, et plusieurs fois ils ont ressenti les effets de son crédit auprès de Dieu. Depuis fort longtemps ils lui rendent un culte solennel, qui a été approuvé et autorisé par une bulle de Benoît XIV (Godescard, 12 avril).

Le bienheureux *Vincent d'Aquila*, né en cette ville d'Italie, se consacra pareillement à Dieu dans l'ordre de Saint-François. Pour prévenir la rébellion de ses sens, il pratiquait d'étonnantes austérités, ne vivant que de pain et d'eau, de quelques herbes crues et d'absinthe. Comme il ne respirait que pour Dieu, il fuyait la conversation des hommes, même celle des religieux, ses frères, et passait en oraison les jours et souvent les nuits entières. L'humilité et la patience furent des vertus qui ne se démentirent jamais en lui.

Dieu permit que Vincent, simple frère lai, possédât le don de prophétie. Il annonça à Ferdinand d'Aragon, roi de Naples, les ravages que Charles VIII, roi de France, ferait dans ce royaume, et lui prédit la perte de la bataille que, contre son avis, ce prince voulut livrer à l'armée du pape Innocent VIII. Après avoir édifié par ses exemples, et fait éclater la grandeur et la puissance de Dieu par ses miracles, Vincent mourut l'an 1504. Il fut enterré au couvent de Saint-Julien, près d'Aquila. Au bout de quatorze ans, on trouva son corps sans corruption. Il fut alors levé de terre et placé dans une châsse garnie de cristaux. Le pape Pie VI approuva, le 19 septembre 1787, le culte de ce bienheureux, dont la fête se célèbre le 7 août (Godescard, 7 août).

Le bienheureux *Ladislas de Gielniow* naquit dans ce bourg de la Pologne, dépendant du diocèse de Gnésen. Il eut le bonheur d'être du nombre des religieux franciscains, que saint Jean de Capistran dirigeait vers la perfection par ses leçons et surtout par ses exemples. Il s'était consacré au Seigneur dès sa première jeunesse. Le zèle de la gloire de Dieu le porta, lorsqu'il fut profès, à entreprendre, avec douze compagnons, une mission chez les Tartares Kalmoucs, livrés à l'idolâtrie ou engagés dans le mahométisme. Les obstacles que le grand-duc de Russie mit à cette sainte entreprise en empêchèrent le succès. Revenu en Pologne, Ladislas se livra tout entier à l'accomplissement des devoirs de sa profession. Son obéissance était merveilleuse; il montra une prudence consommée dans les charges de gardien du couvent de Varsovie et de provincial de son ordre. Sa vertu et son éloquence lui acquirent une grande réputation comme prédicateur. Prêchant la Passion un vendredi saint, il fut ravi en extase après avoir prononcé le nom de Jésus, et fut élevé au-dessus de la chaire, à la vue de tout le peuple. Il tomba bientôt dans une maladie de langueur, dont il mourut à Varsovie, l'an 1505. Dieu manifesta tellement, après la mort de Ladislas, les mérites et la sainteté de son serviteur, que les Polonais et les Lithuaniens le choisirent pour l'un de leurs premiers patrons. Le pape Benoît XIV a permis qu'on l'honorât comme bienheureux. L'ordre de Saint-François en fait la fête le 22 octobre (*Ibid.*, 22 oct.).

On voit que la famille du saint patriarche d'Assise n'était pas moins féconde en saints personnages, que la famille de saint Dominique. Nous verrons encore d'autres ordres marchant sur leurs traces. Parmi eux, nous voudrions bien compter l'antique ordre de Saint-Benoît, autrefois si fécond en apôtres zélés, en saints à miracles, en savants illustres. Mais, depuis bientôt trois siècles, à compter du XIIIe, nous n'y voyons plus ni savants, ni saints, ni apôtres. Dans la foule de missionnaires que nous avons rencontrés parmi les Grecs, parmi les Arabes, parmi les Tartares, jusqu'au fond de la Chine, jusque sur les plages du Nouveau-Monde, nous n'avons pas reconnu un seul Bénédictin. On dirait que les antiques maisons de Cluny, de Cîteaux, de Clairvaux, du Mont-Cassin ont été ruinées par les Turcs, et sont mortes pour l'Eglise. Hélas! elles sont mortes pour l'Eglise, sans avoir été ruinées par les Turcs. — Enfants de saint Benoît! craignez la sentence du maître contre le serviteur inutile.

Comme nous l'avons vu, le pape Pie II était mort le 16 août 1464. Le 31 du même mois, les cardinaux élurent Pierre Barbo, Vénitien, cardinal du titre de Saint-Marc, qui prit le nom de Paul II. Il était fils de Nicolas Barbo et de Polixène, sœur d'Eugène IV, lequel lui donna l'archidiaconé de Bologne, l'évêché de Cervie dans la Romagne, une charge de protonotaire apostolique, et enfin le titre de cardinal en 1440. Calixte III l'envoya comme légat dans la Campagne de Rome. Quelques auteurs ont dit qu'il pleurait aisément, et qu'il avait recours aux larmes quand il manquait de bonnes raisons pour persuader ce qu'il disait ou obtenir ce qu'il voulait : aussi Pie II l'appelait-il, dit-on, Notre-Dame de pitié. Au reste, il était bel homme, bien fait, magnifique, et dans la force de l'âge, approchant de quarante-huit ans. Il ordonna de construire à Lorette une grande église autour de la sainte chapelle, en reconnaissance de ce qu'il avait été délivré de la peste par l'intercession de la sainte Vierge.

Suivant l'exemple de ses prédécesseurs, Paul II s'appliqua d'abord à chercher les moyens d'abattre la puissance des Ottomans, ou du moins d'arrêter le cours de leurs conquêtes sur les terres des chrétiens. Il lui sembla convenable que les puissances d'Italie fussent les premières à faire leurs offres pour la guerre sainte, afin d'exciter les autres à concourir à l'exécution de ce grand dessein. Elles le firent effectivement, à force d'instance de la part du Saint-Père auprès des ministres qu'elles avaient en sa cour. Mais comme ces offres étaient plutôt à leur avantage particulier qu'à celui de la cause commune, le Pape ne les accepta point, sans néanmoins se désister de son entreprise, en assistant de tout son pouvoir le roi de Hongrie, les Vénitiens, et Scander-beg, qui étaient aux prises avec les infidèles.

Ainsi, il s'obligea à fournir tous les ans cent mille écus d'or aux Hongrois, et autant à Scander-beg, après qu'il l'eût engagé à entrer dans l'alliance contre le Turc.

Il convint ensuite avec l'empereur Frédéric qu'ils écriraient l'un et l'autre à tous les princes chrétiens, pour les presser d'envoyer leurs ambassadeurs à Rome, afin d'y traiter des moyens de réprimer l'ennemi commun.

Il accorda la décime sur les biens d'Eglise aux Vénitiens, qui devaient imposer le trentième sur ceux des séculiers, et le vingtième sur ceux des Juifs, pour être employés à cette guerre. De plus, il leur envoya vingt galères pour joindre à leur flotte.

Il envoya le cardinal François Piccolomini dans une diète de l'empire, dont il procura l'assemblée au sujet de la même guerre. On y fit des promesses merveilleuses, jusqu'à dire qu'on se cotiserait en Allemagne de manière qu'on serait en état de lever une armée de deux cent mille hommes, et de l'entretenir pendant plusieurs années. Mais rien de tout cela ne fut effectué; et, comme disent les écrivains de cette époque, ni les victoires des Turcs, ni le triste état de la religion, ni les mouvements que

Paul II se donna pendant tout le cours de son pontificat pour un objet si glorieux et une cause si juste, ne furent capables de surmonter l'indifférence du chef et des membres de l'empire (1).

Il leur eût fallu quelque chose de l'âme de Scanderbeg. Ce grand homme, cédant aux instances du pape Pie II et à celles de Ferdinand Ier, roi de Naples, traversa l'Adriatique, avec un corps d'élite de troupes albanaises, et alla délivrer la ville de Bari, où Ferdinand était assiégé; le remit en possession de celle de Trani, et contribua puissamment à la victoire que ce souverain remporta, près de Troie, le 18 août 1462, sur Jean d'Anjou, son compétiteur. Les services que Scander-beg avait rendus au roi de Naples furent récompensés par le don des villes de Trani, de Siponte et de Saint-Jean-le-Rond. Il se hâta de retourner dans ses Etats, en apprenant que Mahomet II faisait des levées considérables. Le sultan venait alors à la tête de cinquante mille hommes, pour former le siège de Croïa; mais il changea d'avis en chemin, et laissa un de ses généraux tenter ce siège. Cette expédition ne fut pas plus heureuse que les précédentes. Après deux mois de pertes presque continuelles, le pacha se vit obligé de se retirer.

Cependant Mahomet II envoya, quelque temps après, de nouvelles forces en Albanie, et réussit à s'emparer, par surprise, de Chidna, place forte où Scander-beg avait jeté une partie de ses meilleures troupes. Celui-ci se rendit alors secrètement à Rome pour implorer l'assistance du pape Paul II. Il en fut accueilli avec de grands honneurs, comme le défenseur de la chrétienté, et en reçut un secours considérable en argent. A son retour, il trouva sa capitale assiégée de nouveau par les Turcs. Toujours heureux contre ces ennemis du nom chrétien, Scander-beg les battit, et les força d'abandonner honteusement le siège. L'Albanie, province pauvre, dévastée, impraticable par ses défilés, défendue par un héros et des soldats qu'on croyait, pour ainsi dire, invulnérables, humiliait chaque jour l'orgueil de Mahomet. Il voulut enfin se débarrasser de Scander-beg; convaincu qu'il ne pouvait le vaincre, il tenta de le faire assassiner. Cette perfidie fut reconnue, et les assassins périrent du dernier supplice.

L'invincible Scander-beg survécut peu à cette tentative; s'étant rendu à Lissa, aujourd'hui Alésie, ville qui appartenait aux Vénitiens, pour conférer avec eux sur une ligue dont ses succès devaient le faire nommer chef, il fut attaqué d'une maladie aiguë qui l'emporta en peu de jours; il mourut le 17 janvier 1467, après avoir reçu avec beaucoup de piété les derniers sacrements de l'Eglise. Il laissait un fils encore dans l'enfance, dont il confia les intérêts et la tutelle à la république de Venise.

Comme Godefroi de Bouillon, Scander-beg avait une force de corps extraordinaire. On en cite des traits presque incroyables; il aurait, dit-on, abattu d'un seul coup de sabre la tête de taureaux sauvages et furieux, et de sangliers énormes, et fréquemment il aurait fendu du premier coup des hommes armés de pied en cap. Comme quelques personnes prétendaient que cela venait de la bonne trempe de son cimeterre, Mahomet, dans le temps où il était en paix avec lui, le pria de lui faire présent du sabre qu'il portait. Mais lorsque le sultan se fut assuré que ce cimeterre, essayé par des gens très-robustes, ne produisait aucun des prodiges qu'on en racontait, il le renvoya, disant qu'il en avait beaucoup d'aussi bons et de meilleurs que celui-là. Scander-beg se contenta de répondre à l'émissaire de Mahomet: Dites à votre maître, qu'en lui envoyant le cimeterre, je ne lui ai pas envoyé le bras.

A cette force extraordinaire, Scander-beg, endurci à la fatigue, joignait un courage et une activité qui n'étaient pas moins surprenants. Quoique Croïa fût la capitale de ses Etats, il l'habitait rarement, n'avait pour ainsi dire aucune demeure fixe, se trouvant partout où sa présence était nécessaire. Devant l'ennemi, jour et nuit, il était à cheval; tantôt à la découverte, tantôt dans son camp pour en visiter tous les quartiers et s'assurer de l'exactitude du service; toujours le premier au combat, il s'en retirait le dernier; et il n'y en avait point où il ne se mêlât et ne combattît comme un simple soldat. Cette témérité apparente, peut-être nécessaire pour enflammer le courage de ses troupes, ne l'empêchait pas de posséder toutes les qualités d'un excellent général. Connaissant parfaitement le terrain sur lequel il combattait, il tendait continuellement des embûches à ses ennemis, savait les y faire tomber et profiter habilement de leurs moindres fautes. Quoiqu'il maintînt sévèrement la discipline, sa popularité, sa bienfaisance et sa générosité le rendaient l'idole de ses soldats; il était la terreur des Turcs, qu'il abhorrait, et qu'il avait vaincus, pendant vingt-trois ans, dans plus de vingt-deux combats, à une époque où toute l'Europe tremblait devant eux, et où leur puissance était à son apogée. Il eût empêché probablement la prise de Constantinople et mis une digue à la puissance ottomane, si les puissances chrétiennes et en particulier les Vénitiens avaient aidé de leurs troupes et de leurs trésors un guerrier aussi intrépide que le héros albanais.

Quelques années après sa mort, les Turcs, s'étant emparés de Lissa, coururent d'abord au lieu où Scander-beg avait été enseveli; ils déterrèrent son corps, le considérèrent avec attention et curiosité: loin de lui faire aucun outrage, ils lui rendirent des honneurs qui allaient jusqu'à l'adoration, et se disputèrent les parcelles de ses ossements, qu'ils firent, dit-on, enchâsser dans de l'or et de l'argent, pour les porter toujours sur eux, persuadés que ces reliques leur communiqueraient une partie de sa valeur guerrière, et les rendraient invincibles (*Biographie univ.*, t. XLI).

Le pape Paul II ne s'appliqua pas seulement à la défense de la religion contre les ennemis du dehors; il eut encore de grandes attentions au dedans, pour la conserver contre ses ennemis domestiques, qui en voulaient à la pureté de sa foi.

Celle de Georges Podiebrad ou Pogebrac, roi de Bohême, avait toujours été très-suspecte; et, à l'instance des catholiques du royaume, duquel il s'était emparé par artifice, on avait commencé à Rome, sous le pontificat précédent, à faire son procès pour cause d'hérésie. C'était celle des Hussites. Ce procès fut suspendu, à la prière de l'empereur Frédéric, soutenue des démonstrations extérieures d'obéissance de Pogebrac envers le Saint-Siége.

---

(1) Krantz, l. 13, c. 5; Campan., *epist.*, l. 6; *Apud card. Pamiens.*, *epist.* 375, 376, 286 et 387; Sommier, *Hist. dogmat. du Saint-Siége*, art. PAUL II.

L'instance en fut reprise sous Paul II, à la réquisition des mêmes catholiques, qu'il ne cessait de vexer, et qui demandèrent d'être absous du serment de fidélité par lequel ils étaient liés à lui. Par les informations, il fut convaincu de parjure, de sacrilège et d'hérésie. Cependant le Pape avait de la peine à se déterminer à prononcer jugement, l'affaire étant délicate, et Sa Sainteté voyant peu d'apparence à pouvoir mettre à exécution ce qui serait décidé. Jean Carvajal, cardinal-évêque de Porto, homme d'autorité et grand adversaire des hérétiques, leva les difficultés qui arrêtaient le Saint-Père et le sacré collège, en leur disant dans un consistoire : « Qu'il ne fallait pas toujours juger des événements sur les sentiments des hommes, mais que, dans les grandes affaires, on devait espérer que, si les secours humains manquaient, il en viendrait d'en haut pour renverser les desseins des impies. Qu'ainsi, il n'y avait qu'à remplir son devoir et rendre la justice, laissant faire le reste à la Providence. » Le Pape prononça donc jugement le jour de Noël 1466, dans l'église de Saint-Pierre, en condamnant Pogebrac comme coupable d'hérésie, et le déclarant privé du royaume de Bohème, qu'il avait mal acquis et plus mal administré (Raynald, an 1466, n. 29).

Aussitôt qu'on eut nouvelle en Bohème de ce jugement du Saint-Siège, les grands du royaume s'assemblèrent avec les députés du peuple catholique, et résolurent d'offrir la couronne à Casimir, roi de Pologne, pour un de ses fils, qui, par leur mère, descendaient de la race de leurs rois. Sur son refus, ils la présentèrent à Mathias, fils de Huniade, roi de Hongrie. Celui-ci, étant occupé dans une guerre contre les Transylvaniens et les Moldaves, ses sujets révoltés ne put d'abord profiter de ces offres. Le Pape voulut faire agir les princes d'Allemagne contre Pogebrac, qu'ils haïssaient tous et dont ils souhaitaient fort l'expulsion de la Bohème. Mais, comme ils étaient divisés entre eux, et qu'ils n'étaient pas de bonne intelligence avec l'empereur, il n'y en eut point qui osassent se joindre aux Bohémiens catholiques pour les délivrer de Pogebrac. Chacun, au contraire, affectait de le flatter, de crainte qu'en se déclarant contre lui on ne s'attirât tout le parti qu'il pourrait aisément former, même parmi eux, pour le soutenir. C'est ce qui fut rapporté au Pape par l'évêque de Ferrare, son nonce à la diète de Nuremberg.

Cependant, quelque temps après, le roi de Hongrie, ayant pacifié ses États, se rendit à Olmutz en Moravie, et y fut couronné roi de Bohème et margrave de Moravie par le parti catholique. D'un autre côté, Uladislas, fils aîné du roi de Pologne, fut désigné par le parti contraire comme successeur de Pogebrac; et les affaires demeurèrent en suspens tant que cet excommunié vécut. Aussitôt après sa mort, arrivée l'an 1470, Uladislas fut unanimement reconnu et reçu pour roi de Bohème par tous les États du royaume (Bonfin, 4 déc.; Cromer, l. 27).

On avait fait dans le conclave, où Paul fut élu pape, certains règlements que ce pontife avait d'abord ratifiés; mais il les rejeta ensuite, par la raison, assez grave, que les cardinaux n'avaient pas le droit de mettre des bornes à l'autorité pontificale. Cette conduite ne plut point aux cardinaux; quelques-uns en firent même des plaintes très-amères.

Pour les apaiser, Paul II leur permit de porter des mitres de soie et des bonnets rouges : ce qui avait été jusque-là réservé au souverain Pontife; de plus, de faire mettre à leurs chevaux et à leurs mules des housses de la même couleur (Sommier, t. VI).

Nous avons vu, sous le pontificat de Pie II, que, nonobstant l'abolition de la pragmatique sanction en France et les instances de ce Pape pour lui faire pleinement exécuter cet édit, l'affaire était demeurée imparfaite. Pour la reprendre, Paul II envoya le cardinal d'Arras, le même qui avait travaillé auprès du roi Louis XI à obtenir cette abolition. Le point principal était de la faire ratifier au parlement de Paris, sans quoi elle restait sans force. On prit le temps des vacances de ce parlement pour publier l'édit au Châtelet : ce qui se fit sans contradiction. Mais quand il fut question de le faire enregistrer au parlement même, le procureur général d'alors s'y opposa fortement, comme avait fait la première fois son prédécesseur. L'Université de Paris fit la même chose; en sorte qu'on vit bien à Rome qu'il fallait attendre un meilleur temps pour mettre la dernière main à cet ouvrage (Sponde, an 1467).

Le cardinal d'Arras avait employé dans cette négociation le cardinal Balue, que Louis XI avait fait son premier ministre. Celui-ci, afin de conserver son crédit auprès du roi, prit les moyens qu'il crut les plus efficaces pour se rendre toujours plus nécessaire; il entretint la mésintelligence entre ce monarque et les ducs de Berry, de Bourgogne et de Bretagne. Le roi, dont il trahissait les intérêts, ayant découvert sa perfidie, le fit arrêter avec Guillaume de Haraucourt, évêque de Verdun, son confident, et les fit mettre en prison. Voilà du moins une des versions sur la cause de leur disgrâce. Mais avec le caractère artificieux de Louis XI et des princes de son temps, il n'est pas facile de dire où est la vérité. Quoi qu'il en soit, Louis XI envoya demander des commissaires au Pape pour faire leur procès, le privilège des personnes de ce caractère étant de ne devoir être jugées que par le Saint-Siège. Le Pape députa cinq commissaires sur les lieux, avec pouvoir d'instruire la procédure, qui devait être envoyée à Rome, où, après un examen exact de toutes les pièces, on dresserait le jugement dans un consistoire, en présence de Sa Sainteté, qui l'enverrait en France pour y être exécuté selon sa forme et teneur (Papiens, *Comment.*, l. 7; Raynald, an 1471, n. 54).

Le cardinal de Pavie, qui rapporte ces faits, ne dit rien de la suite; et les historiens français, qui ont parlé du même sujet, ne nous en apprennent pas autre chose, sinon que Balue, ayant abusé de son crédit, fut détenu en prison pendant onze ans, et l'évêque de Verdun pendant quatorze.

L'empereur Frédéric IV avait fait vœu de visiter les tombeaux des saints apôtres; il se mit en route sur la fin de 1468 pour l'accomplir. Aussitôt que le Pape le sut entré en Italie, il l'envoya complimenter par un de ses secrétaires, ensuite par quatre évêques, deux auditeurs de rote et deux avocats consistoriaux, enfin par deux cardinaux, qui eurent ordre d'aller à sa rencontre à deux journées de Rome. Comme ce prince y venait pour un sujet particulier, on n'observa pas à son égard toutes les cérémonies qui étaient d'usage lorsqu'un empereur s'y rendait pour être couronné. Il y arriva pendant la nuit de Noël, et se rendit d'abord dans l'église de Saint-Pierre, où le Pape assistait aux matines de la fête. Il fut admis sur-le-champ au baiser des pieds, de la main et de la bouche, et placé sur un siége entre le Saint-Père et les cardinaux. L'office achevé, il fut conduit par deux cardinaux-diacres au pied de l'autel, où il fit sa prière à genoux, pour s'acquitter de son vœu, pendant que le Pape récitait sur lui quelques oraisons. Il assista à la messe de l'aurore, et, revêtu d'une aube, d'une étole et d'une chape, il y chanta le texte de l'Evangile de la septième leçon, entre deux cardinaux-diacres, l'un desquels reprit et chanta l'homélie. Il y reçut des mains du Pape l'épée nue, bénie par Sa Sainteté, et la remit de même à son écuyer. A la troisième messe, il fut communié par le Pape d'une partie de l'hostie dont le Pape s'était communié lui-même. Après la messe, un cardinal-diacre, annonçant l'indulgence plénière pour tous les assistants, recommanda l'Eglise romaine, le Pape et l'empereur à leurs prières. Frédéric IV, qui avait toujours témoigné un vrai attachement aux intérêts du Saint-Siége, sans jamais appuyer aucun parti contraire, retourna en Allemagne comblé de dons spirituels et temporels. Paul II fournit magnifiquement à sa dépense et à celle de plus de six cents cavaliers qui étaient à sa suite; il y fournit tant à Rome que dans les provinces de l'Etat ecclésiastique (Papiens, *Comment.*, l. 7; Raynald).

Pendant le pontificat de Paul II, il y eut de grands troubles en Castille, excités par la rébellion des grands du royaume contre Henri, leur roi. Ils l'accusaient d'impuissance, et ils avaient déféré la couronne à Alphonse, son frère. Le Pape les avait excommuniés; et comme ils envoyèrent à Rome pour justifier leur conduite, le Pape renvoya leurs députés, avec ordre de leur signifier qu'il réitérerait les anathèmes encourus, sans qu'ils dussent jamais espérer de pardon, s'ils ne rentraient sous l'obéissance de Henri, leur souverain légitime. Il leur prédit en même temps la mort soudaine d'Alphonse, qui arriva bientôt après : ce qui fit rentrer ces rebelles dans le devoir (Mariana, l. 23, cap. 11 et 13).

Le jubilé de l'année sainte à Rome avait été institué par Boniface VIII, pour être gagné la première fois en 1300, et ensuite pendant la dernière année de chaque siècle. Clément VI réduisit ce terme à cinquante ans, et Urbain VI à trente-trois. Paul II, considérant que la vie des hommes devenait toujours plus courte; qu'elle est souvent traversée par des maladies contagieuses, par des guerres et d'autres fléaux de la colère de Dieu provoqués par les péchés des chrétiens, et qui laissent à peu de personnes le temps et l'occasion d'en recevoir les grâces, l'accorda pour chaque vingt-cinquième année, à commencer en 1475 (*Bullarium Pauli II, const.* 7). Ce qui a continué jusqu'à présent.

Dans la même année 1469, Paul II institua l'académie de Vienne en Autriche et celle de Saint-André en Ecosse (Raynald, an 1469, n. 8 et 31) : l'an 1471, il envoya au roi, Mathias de Hongrie, fils de Huniade, une épée et un chapeau d'honneur, comme au plus vaillant défenseur de la foi, accompagnant le tout de lettres non moins honorables et d'une somme considérable d'argent pour la guerre contre les Turcs (*Ibid.*, an 1471, n. 40). La même année, il recommanda aux chevaliers de Rhodes de bien fortifier leur ville, afin de pouvoir résister aux attaques des infidèles. Au même temps, il reçut des lettres d'Ussum-Cassan, roi de Mésopotamie et de Perse, qui venait de remporter de grandes victoires sur Mahomet II, et pressait le Pape de faire marcher les armées d'Occident, suivant le plan convenu de part et d'autre (Raynald, n. 49). On voit combien l'occasion était favorable, si les princes d'Europe avaient eu de l'intelligence et du cœur; mais ils étaient plus divisés que jamais. De plus, le pape Paul II mourut subitement d'apoplexie le 28 juillet de la même année 1471, après six ans dix mois et vingt-six jours de pontificat.

Parmi les auteurs contemporains, plusieurs ne disent que du bien de Paul II, quelques-uns en disent du mal. Platina, dans ses *Vies des Papes*, l'a beaucoup décrié. Mais cet auteur perdit un emploi d'abréviateur, par la suppression que Paul II fit de cet office à la cour romaine, et il souffrit, par ordre de ce pontife, une dure prison, comme accusé d'avoir trempé dans une conspiration contre lui; on peut donc croire que le désir de la vengeance a eu plus de part dans son récit, que l'amour de la vérité. D'ailleurs, plus d'une fois il se réfute lui-même. Voici entre autres comme il prouve son intempérance : « Il voulait qu'on lui servît des mets divers, mais il ne goûtait jamais que des plus mauvais. Il était très-grand buveur, mais il buvait extrêmement peu de vin, et encore trempé d'eau. » Autant vaudrait dire qu'il était très-sobre. C'est ce que dit effectivement le contemporain Phidelphe; selon lui, Paul II ne faisait qu'un repas par jour, et se contentait des aliments les plus communs; la veille de sa mort, après avoir donné audience, à jeun, la plus grande partie de la journée, il ne mangea que du pain avec du melon, quelques petits poissons blancs pris du Tibre, et ne but que de l'eau du même fleuve (Voir *Gesta pontificum Palatii.* Paul II).

Les cardinaux s'étant réunis en conclave à la mort de Paul II, le cardinal grec Bessarion eut d'abord quelques voix; mais, le 9 août 1471, on élut son ami François d'Albescola de la Rovère, cardinal-prêtre de Saint-Pierre-aux-Liens, qui prit le nom de Sixte IV. Les historiens sont divisés sur son origine. Les uns lui donnent pour père un pêcheur de Celles, près de Savone, nommé Léonard Rovère; d'autres le font descendre de l'illustre famille des Rovères en Piémont; d'autres enfin prétendent que cette famille l'adopta pour parent, lorsqu'elle vit son élévation. Tous conviennent qu'il naquit le 22 juillet 1414. Un songe et une maladie grave engagèrent sa mère à le vouer à saint François, qui devait pendant six mois porter la robe. L'ayant quittée après ce temps, il tomba malade. Sa mère la lui rendit, renouvela son vœu, et il récupéra la santé. Comme, avec les années, l'enfant se montrait fort agréable et spirituel, on faisait reproche à ses parents de ce qu'ils l'avaient voué à un ordre si sévère, au lieu de le laisser vivre dans le monde : on finit par lui ôter la robe de Franciscain. Aussitôt il fut pris de la fièvre et d'une enflure à la gorge, qui mirent sa vie en danger. Sa mère lui rendit la robe de saint François, et il cessa d'être malade. Laissé enfin à lui-même, il entra tout jeune dans l'ordre du bienheureux patriarche, auquel il était voué (Raynald, an 1471, n. 67).

Il étudia successivement à Savone, à Pavie, à Bologne, avec beaucoup de succès, et à l'âge de vingt ans, au chapitre général de Gênes, il soutint une thèse de philosophie et de théologie, qui le fit regarder comme le plus savant de tous. Ayant reçu les degrés à Padoue, il enseigna lui-même publiquement à Padoue, à Bologne, à Pavie, à Sienne, à Florence et à Pérouse : les habitants de cette dernière ville furent si enchantés de son mérite, qu'ils lui accordèrent le droit de cité. Il s'attachait beaucoup moins aux subtilités de la dialectique, qu'à trouver le vrai par des raisons évidentes. Aussi n'y eut-il guère de savants en Italie qui ne fussent ses auditeurs. Le célèbre Bessarion l'entendit bien souvent, et le prit en telle amitié et confiance, qu'il ne publiait rien sans l'avoir soumis à sa critique. Beaucoup de villes italiennes l'admirèrent comme prédicateur. Les généraux de son ordre le prirent pour assistant, il devint enfin ministre général lui-même. Il composa plusieurs écrits estimés sur divers sujets. Le pape Paul II, instruit de son mérite, le nomma cardinal : sa vie était si régulière et si édifiante, que son palais ressemblait plutôt à un monastère qu'à l'habitation d'un prince de l'Eglise (*Vita Sixti IV*, apud Muratori; *Script. rer. ital.*, t. III, *pars* 2).

Animé du même esprit que ses prédécesseurs, le nouveau pape Sixte IV, couronné le 23 août 1471, donna ses premiers soins à former une ligue entre les princes chrétiens contre les Turcs. Pour y réussir, il pensa d'abord assembler un concile à Rome ; mais y ayant trouvé trop d'opposition de la part des puissances temporelles, il résolut de négocier l'affaire par des légats.

Il choisit le cardinal d'Aquilée pour l'empire d'Allemagne, la Hongrie et la Pologne; le cardinal Bessarion pour la France; le cardinal Lenzolo dit Borgia pour les Espagnes. En même temps il nomma le cardinal Olivier Caraffe pour commander l'armée de mer, composée de la flotte pontificale et de celles des Vénitiens et du roi de Naples.

Le cardinal d'Aquilée s'acquitta parfaitement de sa commission; mais, n'ayant pu accommoder les différends que les princes de Germanie avaient entre eux, il fut obligé de s'en revenir à Rome sans avoir rien fait.

Le cardinal Bessarion ne réussit pas mieux en France auprès de Louis XI. On en donne communément pour raison l'imprudence du légat, de passer d'abord à la cour de Bourgogne avant de se rendre à celle de France; mais deux écrivains français, Duclos et Garnier, observent que c'est une erreur (Duclos, *Hist. de Louis XI*, t. II, p. 79 ; Garnier, *Hist. de France*, t. XVIII, p. 26) : seulement Bessarion écrivit au duc de Bourgogne avant d'avoir vu Louis XI; il s'agissait de réconcilier les deux princes. Le caractère seul du roi suffit pour tout expliquer. Nous avons vu, d'après Philippe de Comines, que, dans la mauvaise fortune, il déployait des qualités rares et estimables; mais que, dans la paix et le repos, il devenait inquiet, difficile, tracassier, de manière à s'aliéner tout le monde. Il envoya depuis une ambassade au Pape, pour qu'il ne s'offensât point de la mauvaise réception faite à son légat. Mais les affaires n'en allèrent pas mieux pour la croisade, à cause des conditions peu recevables qu'y mettait Louis XI (Papiens, *Epist.* 450; Bzovius, an 1472).

Bessarion reprit le chemin de Rome, et mourut à Ravenne, le 19 novembre 1472, à l'âge de 77 ans, ou même de 83, suivant quelques-uns. Son corps fut transporté à Rome, et le Pape assista à ses funérailles, honneur qui n'avait encore été fait à aucun cardinal. Il fut loué en latin par Platina, en grec par Michel Apostolius. Il légua sa bibliothèque au sénat de Venise; elle était fort riche en manuscrits, qu'il avait fait venir à grands frais de toutes les parties de la Grèce. Les écrits de Bessarion sont fort nombreux, tant sur la philosophie que sur la théologie : la plupart sont encore manuscrits (*Biograph. univ.*, t. IV).

De son côté, le cardinal Lenzolo dit Borgia fut reçu magnifiquement en Espagne, sa patrie. Il brilla dans les cours de Ferdinand, roi de Sicile ; de Ferdinand, roi d'Aragon ; de Henri, roi de Castille, et d'Alphonse, roi de Portugal. Mais tout le succès de ses négociations, suivant un de ses confrères, le cardinal de Pavie, fut d'amasser pour son compte de grandes sommes d'argent dans ces divers royaumes; mais en retournant à Rome, il les perdit dans un naufrage, où il manqua lui-même de périr.

Outre le mauvais succès de ces légations, on refusa encore presque partout de payer les décimes, dont Sixte IV avait ordonné la levée pour fournir aux frais de la guerre sainte. On les refusa en Allemagne, jusque même à vouloir appeler au futur concile de la sentence d'excommunication dont étaient menacés ceux qui refuseraient de les payer. On les refusa en France, sous prétexte que le clergé, épuisé d'ailleurs, n'était pas en état de les fournir. On les refusa presque par toute l'Espagne, à cause de la mauvaise conduite du cardinal Borgia, qui, plus soigneux à satisfaire sa vanité qu'à remplir les devoirs de sa légation, laissa partout des marques d'ambition, de luxe et d'avarice ; et, toujours suivant le cardinal de Pavie, sortit de ces royaumes aussi haï des petits et des grands, qu'on lui avait témoigné d'estime et d'amitié à son arrivée. On les refusa en Angleterre, aussi bien que la redevance appelée le *Denier de saint Pierre*; et même on mit en prison le prélat établi par la Chambre apostolique pour en faire la levée (Sommier, t. VI; Papiens, *Epist.* 534; Raynald et Bzovius, an 1472). C'était en Angleterre pendant la guerre fratricide des deux roses.

Seul le cardinal Olivier Caraffe eut un heureux succès dans l'expédition navale qu'il fit conjointement avec la flotte vénitienne et la flotte napolitaine. Cette armée de mer, composée de près de cent galères, fit telle peur à celle des Turcs, que celle-ci n'osa sortir du Bosphore, crainte d'être engagée à un combat. Elle prit Attalie dans la Pamphilie, avec son port, malgré la grande résistance des Turcs. Elle se rendit encore maîtresse de Smyrne, ville opulente dans l'Ionie, après avoir battu l'armée venue à son secours. Après ces exploits, le cardinal-légat reconduisit sa flotte pour hiverner en Italie, et, entrant à Rome comme en triomphe, il fit attacher au Vatican les enseignes prises sur l'ennemi et les autres marques de ses victoires (*Onup. in Sixto IV*)

Dans le même temps, Ussum-Cassan, roi de Perse, remporta de grands avantages sur les Turcs, et on aurait pu les chasser de l'Asie, si, pendant que ce prince les attaquait par terre avec une armée qu'on dit de cent mille hommes, les états chrétiens eussent mis en mer une flotte capable de le seconder (Papiens, *Epist.* 455, et Michov., l. 4, c. 69).

Mais leur désunion continuant toujours, le Turc se ressentit peu de ses pertes, qui ne l'empêchèrent pas d'agrandir son empire par de nouvelles conquêtes; car il battit à son tour le roi de Perse et le mit en déroute de manière qu'il eut bien de la peine à regagner son royaume. Il fit une irruption dans les provinces du royaume de Hongrie, où il força plusieurs places et d'où il emmena plus de quarante mille personnes en captivité. Il prit sur les Vénitiens, Scutari, le promontoire de Ténare et l'île de Lemnos, et, pénétrant dans leurs Etats d'Italie, il y fit de grands ravages et n'en fut repoussé qu'avec peine. Enfin, l'an 1480, furieux de n'avoir pu forcer Rhodes, il revint devant Otrante, ville maritime de la Calabre, qu'il prit d'assaut, et où il mit tout à feu et à sang.

Le pays était sans défense et dégarni de troupes. Le pacha Geduc Achmet, qui commandait les Turcs, au nombre de dix-huit mille hommes, envoya un interprète proposer aux habitants de rendre leur ville, leur promettant la vie sauve et la permission de se retirer dans les lieux qu'ils voudraient choisir, ainsi que la faculté d'emporter tout ce qu'ils possédaient et dont ils pourraient se charger. Il leur représenta qu'ils ne pourraient longtemps lui résister ni être secourus par le roi de Naples. Mais ces généreux citoyens rejetèrent courageusement ces propositions, et dirent d'une voix unanime qu'ils aimaient mieux mourir en confessant leur foi et en prouvant leur fidélité à leur légitime souverain, que de traiter avec les infidèles. Dès que cette réponse fut connue du pacha, il commença l'attaque, et les murs étant en mauvais état, au bout de trois jours il y ouvrit une brèche. Les assiégés se battirent avec persévérance et firent des prodiges de valeur; mais, après une résistance de quinze jours, ils furent obligés de céder au nombre, et les Turcs emportèrent la ville d'assaut, le vendredi 11 août.

Ces Barbares, mesurant leur fureur sur la résistance qu'ils avaient éprouvée, massacrèrent aussitôt tous les habitants qui leur tombèrent sous la main. L'archevêque Etienne, vieillard plus qu'octogénaire, venait de célébrer les saints mystères dans son église métropolitaine; il avait communié une partie du peuple, et l'avait engagé à souffrir volontiers la mort pour la foi de Jésus-Christ. Il retournait à la sacristie, revêtu de ses habits pontificaux, lorsque les vainqueurs, entrant tumultueusement dans l'église, le tuèrent impitoyablement, sans aucun égard à son grand âge, et firent captifs les ecclésiastiques qui l'accompagnaient. Dans les autres églises, plusieurs prêtres périrent également par le fer du soldat, et les autres furent réduits en captivité. On cite, entre autres, un prédicateur dominicain qui, se trouvant en ce moment en chaire, et n'en voulant point descendre, malgré l'injonction que lui en faisaient les Turcs, fut par ces barbares coupé en deux dans la chaire même, et mourut en prononçant ces paroles : Sainte foi! sainte foi! sainte foi!

Le pacha qui commandait l'armée ennemie ne jugea point à propos d'entrer dans la ville avant qu'elle eût été nettoyée et qu'on en eût enlevé les cadavres amoncelés dans les places publiques. Il campait à un quart de lieue, sur une colline appelée alors le mont Saint-Jean de la Minerve. Le 12 août, il ordonna qu'on lui amenât tous les hommes au-dessus de quinze ans qui se trouvaient encore à Otrante; on en réunit environ huit cents, qui avaient été ou pris, ou blessés, ou qui étaient malades, et on les lui conduisit presque nus, la corde au cou et les mains attachées derrière le dos. Pendant le trajet, ces généreux soldats de Jésus-Christ s'animaient mutuellement à souffrir courageusement la mort; le père exhortait son fils, le fils exhortait son père, le frère son frère, l'ami son ami à mériter la palme du martyre. Lorsqu'ils furent arrivés dans la vallée, le cruel pacha, devant lequel on les présenta, leur fit dire par un interprète que, s'ils voulaient abjurer la foi chrétienne et embrasser la religion de Mahomet, il leur rendrait leurs épouses, leurs enfants et leur liberté, et qu'ils rentreraient dans la ville, où ils seraient soumis à la domination du sultan. Cet interprète était un malheureux apostat, qui joignit à ces paroles un grand nombre de blasphèmes.

Au nombre des captifs se trouvait un vieillard, nommé Antoine Primaldi, simple artisan, mais recommandable par ses sentiments de religion. Etant placé tout près du pacha, il prit la parole pour ses compagnons, et répondit qu'ils confessaient tous que Jésus-Christ était le Fils de Dieu, leur Seigneur, et vrai Dieu lui-même; qu'ils aimaient mieux mourir mille fois que d'embrasser le mahométisme et d'écouter ce que venait de leur dire ce misérable apostat. Puis, se tournant vers ses compatriotes, il leur adressa ce discours : « Mes frères, nous avons jusqu'ici combattu pour défendre notre patrie et notre vie; maintenant nous devons combattre pour nos âmes et pour Jésus-Christ, qui, étant mort pour nous, mérite que nous mourions aussi pour lui, fermes et constants dans la foi. Par cette mort temporelle, nous obtiendrons la véritable vie et la couronne du martyre. » A ces paroles, cette sainte troupe tout entière, sans en excepter un seul, s'écria qu'elle aimait mieux mourir mille fois, n'importe par quel genre de mort, que de renier Jésus-Christ. Le pacha ayant connu ce qu'ils disaient, en fut extrêmement irrité et les condamna tous à avoir la tête tranchée, à commencer par Antoine Primaldi, qui, ayant parlé le premier, avait, disait-il, suggéré la réponse aux autres.

Ce fut le 14 août que ces bienheureux confesseurs furent menés sur la colline de la Minerve, depuis appelée le mont des Martyrs, pour y consommer leur sacrifice. Ils y étaient conduits au nombre de cinquante à la fois, et les mains liées derrière le dos. Ils marchaient d'un pas ferme et montraient une sainte allégresse. On rapporte qu'une jeune fille, captive des Turcs, se trouva sur le passage, et que, reconnaissant parmi les victimes ses deux propres frères, elle s'écria : O mes frères! où allez-vous? Un d'eux lui répondit : Nous allons mourir pour l'amour de Jésus-Christ! A ces mots, elle tomba par terre, et un Turc lui ayant donné dans la tête un coup de cimeterre pour l'obliger à se relever, elle expira à l'instant même. Lorsque les confesseurs furent parvenus au sommet de la colline, ils y trouvèrent le cruel pacha et les bourreaux, tout préparés à consommer le crime; mais avant d'en venir à l'exécution, on voulut encore une fois tenter leur constance. Un Turc, tenant à la main une feuille écrite en sa langue, disait à haute voix ces paroles, que le misérable interprète rendait ensuite en latin : Quiconque voudra croire ceci, obtiendra la vie; s'il ne le veut pas, il sera mis à mort. Mais ce nouvel effort pour les faire apostasier demeura inutile. Pas un des chrétiens ne manifesta le moindre changement de résolution.

Le massacre commença à l'instant même, et le premier frappé fut Antoine Primaldi, qui, jusqu'à ce moment, n'avait cessé d'exhorter avec ardeur ses compagnons au martyre; il tenait les yeux élevés au ciel, assurant qu'il le voyait ouvert, et les anges préparés à recevoir avec joie les âmes de ceux qui allaient répandre leur sang pour la foi. On dit que, malgré tous les efforts des Turcs, son corps, après qu'il eût été décapité, demeura debout jusqu'à la fin de l'exécution. Ainsi périrent glorieusement pour Jésus-Christ ces huit cents habitants d'Otrante, que l'Église compte aujourd'hui au nombre de ses martyrs. Par un raffinement de barbarie, les Turcs ne voulurent pas donner la sépulture à ces corps saints, et les laissèrent exposés dans le lieu de leur supplice, pendant treize mois qu'ils furent maîtres du pays; mais, durant tout ce temps, ces précieuses reliques se conservèrent sans corruption, et aucun animal carnassier n'en approcha. En 1481, Alphonse, duc de Calabre, fils du roi de Naples, ayant repris la ville sur les infidèles, fit transporter dans une belle chapelle de l'église métropolitaine les corps des saints martyrs. Quatre ans plus tard, il en prit deux cent quarante, qui sont maintenant honorés à Naples, dans l'église de Sainte-Catherine. Le culte de ces bienheureux s'établit peu après à Otrante, à la suite de plusieurs miracles opérés par leur intercession. L'archevêque de cette ville fit faire, en 1539, une information touchant leur martyre, et plusieurs anciens habitants, qui en avaient été témoins, confirmèrent par leur déposition les faits que nous venons de rapporter. Le pape Clément XIV approuva, le 14 décembre 1771, le culte rendu au bienheureux Primaldi et à ses compagnons (*Acta Sanct.*, et Godescard, 14 août).

Sur mer, le boulevard de la chrétienté contre les infidèles étaient les moines-soldats, connus d'abord sous le nom de *frères* ou *chevaliers de Saint-Jean*, puis *de Rhodes*, et enfin *de Malte*. De l'île de Rhodes, dont ils avaient la souveraineté, mais sous la suzeraineté du Pape, ils infestaient sans relâche tantôt les côtes, tantôt les flottes musulmanes. Comme ils se recrutaient dans toute la noblesse européenne, leur ordre était le rendez-vous de tout ce qui ressemblait, par la piété et la valeur, aux Godefrois et aux Tancrèdes des âges héroïques. Avec un centre perpétuel d'opérations dans la Méditerranée, les Pontifes romains combinaient les croisades particulières d'Italie, les flottes réunies temporairement, la croisade perpétuelle de Scander-beg, en Albanie, de Huniade et de Mathias Corvin sur le Danube. En réunissant ainsi les efforts de quelques princes de second rang, de quelques moines-soldats, de quelques particuliers dévoués, les Papes sauvèrent l'Europe, sauvèrent la civilisation chrétienne, tandis que les plus grands princes mettaient leur politique et leur gloire à se tromper, à se trahir, ou même à s'entre-tuer, comme les Plantagenet en Angleterre. Déjà la première croisade, la croisade héroïque de Godefroi et de Tancrède, ne comptait que des princes de second rang, avec la foule de la noblesse et du peuple, enrôlés à la voix du pape Urbain II. Les religieux de Saint-Jean ou de Rhodes, en tant que militaires, sont une suite de cette première croisade. Ils en avaient conservé l'esprit et la valeur.

En 1440 et 1444, ils sont attaqués par le sultan d'Égypte : après bien des assauts, le sultan d'Égypte est contraint de se rembarquer. Les religieux militaires de Saint-Jean ou de Rhodes avaient alors pour supérieur ou grand-maître, frère Jean Bonpar de Lastic, né en Auvergne vers l'an 1371. Maître de Constantinople, Mahomet II somma frère Jean, l'année 1454, de se reconnaître son vassal et de lui payer tribut. Frère Jean de Lastic s'y refusa et commença les préparatifs pour résister à un nouveau siège, lorsqu'il mourut, le 19 mai de la même année. Il eut pour successeur frère Jacques de Milli. Mahomet II avait juré d'exterminer ces moines-soldats; mais c'est alors qu'il éprouve sa terrible défaite devant Belgrade, par la pieuse valeur de Huniade et de Capistran. Dans l'intervalle, les moines-soldats ravagent ses côtes, bloquent ses ports, entravent son commerce. Pour s'en venger, Mahomet envoie une flotte considérable attaquer plusieurs châteaux de l'ordre; partout elle est repoussée. Seulement, par surprise, elle emmène en esclavage quelques habitants de la campagne, à qui Mahomet ne laisse de choix qu'entre la mort et l'apostasie.

Frère Jacques de Milli étant mort l'an 1461, on élut à sa place frère Pierre-Raymond Zacosta, Castillan de naissance. Il apaisa les troubles qui s'étaient élevés dans l'ordre et mit l'île de Rhodes en état de défense contre les ennemis de Mahomet II. L'an 1467, étant venu à Rome pour le chapitre général qui devait s'y tenir, il y mourut le 24 février. Le pape Paul II le fit inhumer avec pompe dans l'église de Saint-Pierre. Frère Jean-Baptiste des Ursins, prieur de Rome et d'une maison illustre, fut élu dans le chapitre qui se tenait alors sous les yeux du Pape. L'an 1470, après avoir battu une flotte musulmane, il envoie du secours aux Vénitiens, attaqués par les Turcs dans l'île de Négrepont ou d'Eubée. L'an 1476, il meurt le 8 juin, dans un âge avancé.

Sous frère Zacosta, comme Mahomet II faisait d'immenses préparatifs par terre et par mer, les moines ou chevaliers de Rhodes se croyaient menacés directement : le coup tomba sur l'empire de Trébizonde. Cette ville est située sur le rivage de la mer Noire, et faisait autrefois partie de l'ancienne Colchide. A la prise de Constantinople par les Français ou les Latins, Isaac Comnène se réfugia dans Trébizonde et en fit la capitale d'un nouvel empire, qui ne comprenait que deux ou trois petites provinces. Ses successeurs s'y conservèrent avec assez de tranquillité jusqu'au règne d'un Alexis Comnène, qui vivait au temps d'Amurath II. Les fils du prince grec, dans l'impatience de lui succéder, se révoltèrent, prirent les armes contre l'empereur, leur père, et ensuite les uns contre les autres. Le vieil empereur périt dans ces guerres civiles. Jean, un de ces princes impies, demeura seul le maître, recueillit le fruit de tant de crimes et fut reconnu pour empereur. Il ne jouit pas longtemps de cette dignité : la mort lui enleva la couronne, objet de son ambition. David Comnène, le dernier de ses frères, fut nommé régent et tuteur d'un jeune prince qu'il laissa dans sa quatrième année. Le tuteur, qui n'avait point dégénéré de la perfidie de ses frères, priva de la vie et de la couronne son neveu et son pupille. Il épousa ensuite une princesse de la maison des Cantacuzène, appelée Hélène, dont il eut huit fils et deux filles. Il regardait avec complaisance ces nombreux enfants comme les soutiens du trône qu'il avait usurpé; mais la justice de Dieu, qui punit ou récompense les dynasties et les empires dès ce monde, suscita Mahomet, qui, à la tête de deux armées formidables par terre et par mer, vint l'assiéger dans sa capitale : le siége dura trente jours. David Comnène craignant d'être emporté d'assaut, consent à livrer ses États, à condition que le sultan lui donnerait en échange une province et épouserait sa fille aînée, Anne Comnène. Mahomet y souscrit : il épouse la princesse, mais après lui avoir fait abjurer la foi. Quant à son père et à ses frères, il les accuse d'entretenir des correspondances avec les princes chrétiens, leur donne à choisir entre la mort et le mahométisme, et, sur leur refus d'apostasier, leur fait couper la tête, au père et à sept de ses fils, en présence de leur mère, l'impératrice Hélène ou Irène. On dit que le plus jeune, âgé de trois ans, échappa au massacre, et que c'est de lui que descendent les Comnène réfugiés en France. Telle fut la fin sanglante de l'empire de Trébisonde.

Mahomet attaqua peu après le prince grec de l'île de Lesbos, qui se nommait Gattilusio et qui avait pour auxiliaires dans Mitylène, sa capitale, des chevaliers de Rhodes et des armateurs chrétiens, tant génois que catalans. Un cousin de Gattilusio le trahissait, et livra une porte de Mitylène, à condition que Mahomet lui donnerait la principauté de l'île : le sultan promit au prince même un échange de terres en Grèce. Les moines-soldats de Rhodes, ainsi trahis par ceux qu'ils étaient venus secourir, meurent tous les armes à la main. Les armateurs génois et catalans, sur l'assurance du grand-visir qu'ils auraient la vie sauve, se rendent aux infidèles. Mahomet les fait scier par la moitié, avec ordre d'en abandonner les membres aux chiens. Quant aux deux Grecs Gattilusio, avant de leur tenir sa promesse, il exige qu'ils abjurent la foi chrétienne : quand ils ont eu cette lâcheté, il les accuse, à propos d'une promenade, d'avoir voulu quitter ses États, et leur fait couper la tête.

Au siége de Négrepont, le commandant vénitien Erizzo, manquant enfin de vivres et de munitions de guerre, et voyant la plupart de ses soldats criblés de blessures, fut obligé de capituler. Il ne voulut pourtant point ouvrir les portes du château, qu'il n'eût pour assurance de sa vie la parole expresse du sultan. Mahomet II jura par sa tête que celle d'Erizzo serait en sûreté; mais dès qu'il se vit maître de sa personne, il le fit scier par le milieu du corps, en disant qu'il lui avait bien garanti la tête, mais non pas le buste.

Ce brave Vénitien avait avec lui Anne Erizzo, sa fille, jeune personne aussi belle que vertueuse. Son père, craignant qu'elle ne devint la proie du soldat insolent, conjura ses bourreaux de la faire mourir avant lui; mais on lui répondit qu'elle était réservée pour le plaisir du sultan. On la conduisit à ce prince, qui, charmé de sa beauté, lui offrit de la faire régner sur son cœur et sur son empire. Anne répondit qu'elle était chrétienne et vierge, et qu'elle abhorrait plus que la mort les débauches de son sérail et les douceurs empoisonnées de ses promesses. Mahomet employa inutilement tous les moyens pour la séduire; on lui porta de sa part des pierreries et des habits magnifiques qu'elle rejeta avec mépris. Transporté de fureur, Mahomet lui trancha la tête et en fit une martyre (Vertot, *Hist. de l'ordre de Malte*, l. 7).

Frère Jean-Baptiste des Ursins étant mort l'an 1476, on élut d'une voix unanime, pour lui succéder comme grand-maître, frère Pierre d'Aubusson, né l'an 1423. Il descendait, par son père, des anciens vicomtes de La Marche, et, par sa mère, il était allié aux rois d'Angleterre. Presque au sortir de l'enfance, il porta les armes dans la Hongrie contre les Ottomans. Au milieu du tumulte des camps et dans les intervalles de repos, il s'était livré à l'étude de la géographie, de l'histoire et des mathématiques. Animé par les nobles exemples de Huniade et de Scander-beg, il entra dans la milice religieuse de Saint-Jean, pour s'y vouer à la défense de la chrétienté contre les infidèles. Il s'y distingua non moins par la prudence que par la valeur; il devint comme l'âme et le bras de tout l'ordre. Mahomet II menaçait l'île de Rhodes avec toute sa puissance. Frère d'Aubusson fit tête à cet orage. Le port de Rhodes fut fermé par ses ordres, avec une grosse chaîne; de nouveaux forts, de nouveaux ouvrages furent construits, et tous les préparatifs d'une défense vigoureuse furent achevés avant l'apparition des Ottomans.

Le nouveau grand-maître convoqua près de lui tous les chevaliers, par la lettre suivante :

« Mes très-chers frères, au milieu des plus grands périls dont Rhodes est menacée, nous n'avons point trouvé de secours plus assuré que la convocation générale et une prompte assemblée de tous nos frères. L'ennemi est aux portes; le superbe Mahomet ne met plus de bornes à ses projets ambitieux; sa puissance devient de jour en jour plus formidable; il a une multitude innombrable de soldats, d'excellents capitaines et des trésors immenses : tout cela est destiné contre nous. Il a juré notre perte; j'en ai des avis bien sûrs. Ses troupes sont déjà en mouvement; les provinces voisines en sont remplies, tout file du côté de la Carie et de la Lycie; des vaisseaux et des galères en nombre prodigieux n'attendent plus que le printemps et le retour de la belle saison, pour passer dans notre île. Qu'attendons-nous nous-mêmes? Ignorez-vous que les secours sont éloignés, ordinairement très-faibles, et toujours incertains? Nulle ressource que dans notre propre valeur; et nous sommes perdus, si nous ne nous sauvons nous-mêmes. Les vœux solennels que vous avez faits, mes frères, vous obligent à tout quitter pour vous rendre à nos ordres. C'est en vertu de ces saintes promesses, faites au Dieu du ciel et au pied des autels, que je vous cite. Revenez incessamment dans nos Etats, ou plutôt dans les vôtres : accourez avec autant de zèle que de courage au secours de la religion. C'est votre mère qui vous appelle : c'est une mère tendre qui vous a nourris et élevés dans son sein, qui se trouve en péril. Y aurait-il un seul chevalier assez dur pour l'abandonner à la fureur des Barbares? Non, mes frères, je ne l'appréhende point : des sentiments si lâches et si impies ne s'accordent point avec la noblesse de votre origine, et encore moins avec la piété et la valeur dont vous faites profession (Vertot, l. 7). »

Les chevaliers arrivèrent à Rhodes de toutes les parties de la chrétienté. Frère d'Aubusson ouvrit le chapitre au 28 octobre 1479. « Généreux chevaliers, leur dit-il, voici enfin l'occasion de faire paraître votre zèle et votre courage contre les ennemis de la foi. Dans une guerre si sainte, c'est Jésus-Christ lui-même qui sera votre chef; il n'abandonnera pas, mes frères, ceux qui vont combattre pour ses intérêts. En vain Mahomet, ce prince impie et qui ne connaît d'autre divinité que sa propre puissance, se vante d'exterminer notre ordre. S'il a des troupes plus nombreuses que les nôtres, ses troupes ne sont composées que de vils esclaves qu'on traîne par force dans les périls et qui ne s'exposent à la mort que pour éviter la mort même; dont ils sont menacés par leurs officiers : au lieu que je ne vois parmi vous que des gentilshommes nés d'un sang illustre, élevés dans la vertu, déterminés à vaincre ou à mourir, et dont la piété et la valeur sont des gages sûrs de la victoire. »

Les chevaliers qui composaient l'assemblée répondirent par l'assurance de répandre jusqu'à la dernière goutte de leur sang pour la défense de la religion. Afin que le service ne fût point retardé par la diversité du commandement et la lenteur des conseils, tout le chapitre conjura le grand-maître de se charger seul, et avec une autorité absolue, du commandement des armes et de l'administration des finances. C'était une espèce de dictature dont on jugea à propos de le revêtir pendant l'orage dont Mahomet menaçait l'ordre.

Au mois de mai 1480, la grande flotte des Ottomans parut devant Rhodes : elle était forte de cent soixante vaisseaux de haut bord, portant cent mille hommes de débarquement, commandés par le grand-visir Misach Paléologue, renégat de la race des derniers empereurs grecs, et qui s'était vendu au chef de l'empire antichrétien. Sous lui commandaient trois autres fameux renégats. On appelle renégats ou apostats, ceux qui, comme Satan et ses anges, ne sont pas demeurés dans la vérité de Dieu, mais lui ont préféré le mensonge. Cette armée est nombreuse : c'est contre elle que l'Eglise et le chrétien fidèle ont toujours à combattre. Ce qui assure la victoire, c'est la foi.

Le siège de Rhodes par ce renégat de la dernière dynastie grecque dura deux mois. Tous les moyens de réduire la place furent employés : attaques de jour et de nuit, canonnades effroyables, surprises silencieuses, transfuges qui n'étaient que des espions et des traîtres cherchant à empoisonner frère Aubusson, et à signaler à l'ennemi les endroits faibles. Il y eut même des frères qui, dans un moment, perdirent courage, et parlèrent de se rendre. Aubusson les fait venir et leur dit, non plus : Mes frères, mais : « Messieurs, si quelqu'un de vous ne se trouve pas en sûreté dans cette place, le port n'est pas si étroitement bloqué, que je ne trouve le moyen de l'en faire sortir. Mais si vous voulez demeurer avec nous, qu'on ne parle jamais de composition, ou bien je vous fais tous mourir. » Les frères, honteux et confus, détestèrent leur faiblesse, promirent de l'expier par leur sang ou par celui des infidèles, et ils tinrent parole.

Cependant la ville, battue nuit et jour, devait être prise le 27 juillet : ses défenseurs, accablés de veilles et de fatigues, s'étaient endormis la plupart dans un moment de relâche : un peu après le soleil levé, les Turcs, en bon ordre et en grand silence, s'avancent, montent sans faire de bruit sur les remparts, s'en rendent maîtres sans la moindre résistance, et y arborent leurs drapeaux. Le renégat Paléologue fait avancer de nouvelles troupes : le rempart en est bientôt couvert.

C'était fait de Rhodes. Néanmoins frère Aubusson, averti du péril, fait déployer le grand étendard de l'ordre, et dit à ceux qui l'entourent : « Allons, mes frères, combattre pour la foi et pour la défense de Rhodes, ou bien nous ensevelir sous ses ruines. » Il dit, et s'avance à grands pas. Mais deux mille cinq cents Turcs occupent la brèche et le rempart; il faut monter contre eux à l'assaut; Aubusson est le premier sur l'échelle; on le reçoit à coups de mousquets, de flèches et de pierres : deux fois il est renversé, deux fois il est blessé, deux fois il se relève, et parvient enfin sur le rempart avec ses frères. Le combat devient plus égal : les Turcs commencent à plier; mais douze janissaires, envoyés par le renégat Paléologue, s'attachent uniquement à tuer Aubusson; il reçoit à la fois cinq grandes blessures, son sang coule en abondance : ses frères le conjurent de se retirer : « Mourons ici, leur répond-il, plutôt que de reculer. Pouvons-nous jamais mourir plus glorieusement que pour la défense de la foi et de notre religion? » Cette parole, cet exemple élèvent les chrétiens au-dessus d'eux-mêmes. Ils se jettent au travers des bataillons infidèles, et en font un horrible carnage. Les Turcs, épouvantés de leurs coups, les prennent pour d'autres hommes : tous prennent la fuite, et se tuent les uns les autres pour s'ouvrir un passage : le renégat Paléologue a beau crier, promettre, menacer, il est entraîné dans la déroute générale, et réduit à se rembarquer avec autant de honte que de désespoir.

Frère Aubusson, tout couvert de sang, fut porté dans sa demeure, où il recouvra la santé en peu de temps. Dès qu'il fut en état de marcher, il alla dans l'église de Saint-Jean rendre grâces au Dieu des armées de la victoire qu'il venait de remporter; et pour laisser des monuments durables de sa reconnaissance et de sa piété, il fit construire trois églises en l'honneur de la sainte Vierge et des saints patrons de l'ordre; il fit dans ces églises différentes fondations pour prier Dieu à perpétuité pour les âmes des frères qui avaient été tués dans un siège aussi meurtrier. Les chevaliers vivants qui s'étaient le plus signalés, et jusqu'aux moindres soldats, eurent part à ses grâces; et pour consoler les paysans et les habitants de la campagne dont les infidèles avaient ravagé les terres, il leur fit distribuer des grains pour les nourrir jusqu'à la prochaine récolte, et les déchargea pour plusieurs années des tributs qu'ils payaient avant le siège (Vertot, l. 7). Frère d'Aubusson fut nommé cardinal par le pape Innocent VIII.

Furieux de n'avoir pu s'emparer de Rhodes, Mahomet II envoya une flotte en Italie. Tel auteur dit que ce fut à l'instigation des Vénitiens. Ce fut alors que la ville d'Otrante fut prise d'assaut après dix-sept jours de siège. Les Turcs y mirent tout à feu et à sang. On compta jusqu'à douze mille chrétiens mis à mort ou faits prisonniers. L'archevêque Etienne Pendinelli, vieillard vénérable par son âge et sa sainte vie, revêtu de ses habits pontificaux, venait de distribuer la sainte communion dans l'église métropolitaine, et d'exhorter ses ouailles à demeurer fermes dans la foi, lorsque lui-même fut arraché de l'église par les Turcs, et scié en deux avec une scie de bois. Tous les prêtres furent massacrés; huit cents citoyens, entre autres n'ayant pas voulu renier Jésus-Christ, furent emmenés tout nus hors de la ville, et égorgés comme nous avons vu. C'était le 11 août 1480 (Raynald, an 1480, n. 17).

Le sac d'Otrante répandit la terreur en Italie. Le pape Sixte IV songea dans le premier moment à quitter Rome et à se réfugier en France. Mais, s'étant un peu rassuré, il prit des mesures convenables pour empêcher les Turcs de faire des progrès. Une flotte de vingt-quatre galères, destinée au secours de Rhodes, fut envoyée contre eux, et les mit en fuite au moment qu'ils allaient piller le sanctuaire de Lorette.

Cependant Mahomet II rassemblait une armée de trois cent mille hommes : on ne savait contre qui, car il était d'un secret impénétrable. Dans une occasion du même genre, le premier magistrat de Constantinople s'avisa de lui demander sur qui allait fondre l'orage. Mahomet lui répliqua : « Si un seul poil de ma barbe savait mon secret, je l'arracherais à l'instant et le jetterais au feu. » Le magistrat ne demanda pas davantage, il craignait d'être le poil. On ne savait donc pas contre qui était dirigé cet armement formidable : contre l'Egypte, contre l'île de Rhodes, contre la Hongrie et le reste de l'Europe chrétienne. Les premiers mouvements allaient bien du côté de l'Egypte; mais au moment qu'on s'y attendait le moins, l'orage pouvait éclater sur l'Europe, l'Europe divisée contre elle-même, et où, à l'exception du Pape, chaque prince ne voyait à peu près que soi. Le danger était immense, d'autant plus que Mahomet avait fait le vœu impie d'anéantir la chrétienté; il était dans la force de l'âge, n'ayant que 53 ans; nul sentiment humain ne pouvait adoucir son ambition froidement atroce; il avait étranglé son fils aîné Mustapha, jaloux qu'il était de ses talents et de ses succès militaires. L'Europe, la chrétienté, la civilisation se voyaient donc menacées de périr; le pape Sixte IV faisait faire des prières publiques, lorsque tout à coup on apprit que, le 3 mai 1481, dans une bourgade de la Bithynie, Mahomet II, à la tête de trois cent mille hommes, était mort de la colique, comme le dernier des manants. Cette nouvelle causa une joie universelle dans toute la chrétienté; partout on rendit grâces à Dieu d'avoir délivré son Eglise d'un si redoutable adversaire. La ville d'Otrante fut reprise par le roi de Naples, aidé des troupes du Saint-Siège.

Cette mort de Mahomet II donna même occasion aux patriarches grecs de Constantinople de faire observer chez eux, aussi bien que dans les églises de Russie et de Lithuanie, qui relevaient de leur siège, le décret du concile de Florence touchant l'union des Eglises grecque et latine. C'était, disaient-ils, pour n'avoir pas voulu suivre ce décret, que l'Eglise grecque était captive sous la domination des Turcs (Bzovius, *Annal. ad an.* 1489). Vers la fin du XVe siècle, les Eglises de Grèce et de Russie furent donc unies à l'Eglise romaine. De tout cela, le pape Sixte IV prit aussi occasion de bâtir à Rome l'église de la Paix, suivant le vœu qu'il en avait fait, et il y plaça une image miraculeuse de la sainte Vierge.

La vénération singulière qu'il avait pour cette glorieuse Mère de Dieu le porta, l'an 1476, à ordonner par une bulle, qu'on célébrât dans toute l'Eglise la fête de sa Conception, qu'il appelle *immaculée*. Elle avait déjà été ordonnée par le concile de Bâle, mais sans effet, parce que l'Eglise romaine tenait cette assemblée pour illégitime (Labbe, t. XIII).

Sixte IV donna de nouvelles preuves de son zèle envers cette Reine des cieux contre l'audace de certains prédicateurs. Scandalisant les fidèles au lieu de les édifier, ces hommes téméraires se répandaient en invectives contre le sentiment qui tenait pour son immaculée conception, et contre l'office qu'on en récitait dans l'Eglise. A ce sujet, le Pape publia, l'an 1483, une bulle où il condamne comme erronées, fausses et éloignées de la vérité, les propositions de ceux qui osent débiter que c'est une hérésie ou un péché mortel de croire ou d'enseigner que la Mère de Dieu a été préservée du péché originel dans sa conception, ou qu'on ne peut réciter l'office de cette fête ni en écouter les sermons sans péché. Il proscrit les livres où ces propositions étaient contenues; il déclare excommuniés par le fait même les prédicateurs et les autres personnes, de quelque état, dignité, rang ou condition qu'elles puissent être, qui seraient assez téméraires pour prêcher ou autrement soutenir ces damnables propositions, ou lire et tenir pour vrais les livres qui les contiendraient, réservant l'absolution de ces censures au seul Pontife romain, excepté à l'article de la mort (Labbe, t. XIII ; Raynald, an 1483, n. 64).

Le même Pape donna aussi des preuves de sa dévotion envers saint Joseph, époux de la sainte Vierge, en ordonnant sa fête, qui ne se faisait que dans les cloîtres de quelques ordres religieux, fût célébrée par toute l'Eglise (*Acta Sanct.*, et Godescard, 19 mars).

Il célébra dans celle de Rome le grand jubilé, en l'année 1475, après avoir confirmé la réduction que son prédécesseur en avait faite de trente-trois à vingt-cinq. Ferdinand, roi de Naples, s'y rendit pour le gagner; et le Pape le reçut avec toutes sortes de témoignages d'amitié, et lui remit le cens annuel qu'il payait au Saint-Siège comme feudataire, le restreignant à un cheval blanc, dit *la haquenée*, que les rois de Naples ont continué jusque dans ces derniers temps à présenter au souverain Pontife.

Le roi et la reine de Bosnie se rendirent aussi à Rome pour le jubilé. La reine, qui y demeura, mourut trois ans après. Par son testament, elle institua le Saint-Siége héritier de son royaume, à condition qu'un fils qu'elle avait, mais qui s'était fait Turc, y serait rétabli, si, abandonnant la secte de Mahomet, il rentrait dans le giron de l'Eglise. Le Pape accepta la donation et en fit mettre le texte original dans les archives apostoliques. Le corps de la princesse fut inhumé dans l'église d'*Ara-Cœli*, où l'on voit encore son sépulcre (Raynald, an 1478, n. 42).

Le Pape étendit les grâces du jubilé à plusieurs provinces de l'Eglise, d'où il était très-difficile de se rendre à Rome pour les obtenir. Il permit même aux pèlerins d'au delà des monts de s'arrêter à Bologne et d'y faire leurs stations, prières et autres dévotions pour la même fin, parce que la crainte des gens de guerre les aurait empêchés de passer outre (Sommier, *Hist. dog. du Saint-Siége*, t. VI).

Charlotte, reine de Chypre, visita aussi vers ce même temps les tombeaux des saints apôtres (Raynald, an 1475, n. 1), comme fit pareillement Christiern, roi de Danemarck, que le Pape reçut avec de grands honneurs, mais qui lui témoigna du respect, jusqu'à le haranguer à genoux, lui tenir le bassin pour se laver et ne vouloir aller à l'adoration de la croix le vendredi saint, qu'après tous les cardinaux (*Ibid.*, an 1474, n. 1). Alphonse, roi de Portugal, s'était déguisé pour se rendre à Rome, dans le dessein, dit-on, de s'y renfermer dans un monastère; mais il fut reconnu et arrêté en chemin, et reconduit dans son royaume, dont le prince Jean, son fils, l'obligea de reprendre le gouvernement (*Ibid.*, an 1477, n. 13).

L'an 1472, Sixte IV reçut une ambassade solennelle de Jean Basile, duc de la Russie-Blanche, lui annonçant qu'il adhérait au concile de Florence, lui demandant un légat pour corriger ce qui aurait besoin de correction parmi les Moscovites, et le priant de lui donner pour épouse la princesse Sophie, fille de Thomas Paléologue, retiré depuis plusieurs années à Rome : ce que le Pape lui accorda de grand cœur (*Ibidem*, an 1472, n. 48). Le même prince demanda au Pape le titre de roi ou d'empereur de Russie ; mais comme le roi de Pologne, Casimir, y mettait opposition, l'affaire ne put se conclure avant la mort du pontife (*Ibid.*, an 1484, n. 26). La ville de Kiow ayant été prise et réduite en cendres par les Turcs et les Tartares, le Pape accorda, l'an 1483, des indulgences à tous ceux qui contribueraient par leurs aumônes à la rebâtir (*Ibid.*, an 1483, n. 57). L'an 1481, il reçut une ambassade de l'empereur d'Ethiopie, demandant à resserrer l'amitié avec l'Eglise romaine, avec l'envoi d'un évêque latin, pour enseigner aux Ethiopiens la pureté de la doctrine (*Ibid.*, an 1481, n. 41). Enfin, dès l'an 1477, il institua l'académie d'Ingolstadt, à la prière de Louis, duc de Bavière, et l'académie de Tubing, à la prière d'Eberhard, comte de Wittemberg (*Ibid.*, an 1477, n. 5).

Un malheur pour Sixte IV fut d'aimer trop ses proches. La république de Florence était divisée entre deux familles puissantes, les Médicis et les Pazzi. Les chefs des premiers étaient Laurent et Julien, fils de Pierre et petit-fils de Cosme. Les Pazzi avaient, de leur côté, le neveu du Pape, Jérôme Riario, à l'agrandissement duquel les Médicis mettaient obstacle. De Florence, cette division s'étendit à toute l'Italie. Ferdinand, roi de Naples, s'unit au Pape pour agir de concert avec les Pazzi : les Vénitiens et le duc de Milan s'allièrent aux Florentins en faveur des Médicis. Alphonse, fils de Ferdinand, vint les attaquer avec une armée, sous prétexte de reprendre quelques places du patrimoine de l'Eglise, occupées dans la Toscane par des seigneurs ; mais en réalité pour perdre les Médicis, afin qu'après leur mort, le Pape pût disposer de Florence en maître absolu.

Le nombre des conjurés était grand ; le neveu du Pape les excitait et les protégeait autant qu'il était en lui. Leur dessein était de faire mourir les deux frères Laurent et Julien. Pour l'exécuter, ils prièrent Sixte IV, qui n'était point informé de leur projet, de leur envoyer le cardinal de Saint-Georges, fils de la sœur de Jérôme Riario et petit-neveu du Pape, pour voir la ville de Florence par divertissement, afin qu'à cette occasion ils pussent s'assembler sans soupçon et mieux surprendre Laurent et Julien, lorsqu'ils viendraient rendre leur devoir au cardinal ; mais, n'ayant pu y réussir dans la visite que les Médicis rendirent au petit-neveu du Pape, ni dans le repas qu'ils lui donnèrent, ils résolurent, pour ne pas manquer leur coup, de tuer les deux frères un dimanche, 26 avril, lorsque le cardinal irait entendre dans la grande église, la messe solennelle à laquelle les Médicis ne manqueraient pas d'assister. On prit pour signal la communion du prêtre. Julien fut poignardé et mourut sur la place, laissant, d'un mariage secret, un fils qui fut depuis le pape Clément VII. Laurent, son frère, échappa : le peuple, au lieu de se déclarer pour les Pazzi, se déclara contre eux ; l'archevêque de Pise, un des conjurés, fut pendu à l'hôtel-de-ville ; plusieurs autres eurent le même sort. Laurent de Médicis sauva le cardinal de Saint-Georges, en lui donnant une garde. L'archevêque de Pise ayant été exécuté sans aucune forme de procès au mépris des lois de l'Eglise, le pape Sixte IV jeta l'interdit sur Florence et excommunia Laurent de Médicis ; il s'ensuivit une guerre où prirent part plusieurs princes ; mais enfin les choses s'accommodèrent ; les Florentins, avec Laurent de Médicis, firent la paix avec le Pape et le roi de Naples. Le neveu ou ces neveux participant à des assassinats politiques jusque dans la maison de Dieu, au moment même du redoutable sacrifice, c'est une bien vilaine tache dans le pontificat de Sixte IV, surtout s'il avait connaissance de tous leurs projets (Raynald, an 1478, n. 1 et seqq.; Audin, *Hist. de Léon X*). C'est d'autant plus fâcheux, que le reste de sa vie paraît exemplaire.

Il institua l'octave de la fête de tous les Saints, pour implorer leur intercession contre le progrès des armes turques. Il approuva la congrégation des Augustins déchaussés, établie par Baptiste Poggio, de Gênes. Il décerna l'honneur des autels aux cinq frères Mineurs que nous avons vu martyriser à Maroc. Il canonisa également saint Bonaventure, supérieur général du même ordre.

Pierre d'Osma, professeur de théologie à Salamanque, dans un traité de la confession, enseignait quelques propositions erronées. — 1º Que les péchés mortels, quant à la coulpe et à la peine de l'autre vie, sont effacés par la seule contrition du cœur, sans le pouvoir des clés confié à l'Eglise. — 2º Que la confession des péchés en particulier, et quant à l'espèce, n'est point de droit divin, mais seulement fondée sur un statut de l'Eglise universelle. — 3º Qu'on ne doit point se confesser des mauvaises pensées, qui sont effacées par l'aversion qu'on en a, sans rapport à la confession. — 4º Que la confession doit avoir pour matière les péchés secrets, et non ceux qui sont connus. — 5º Qu'il ne faut point donner l'absolution aux pénitents, avant qu'ils aient accompli la satisfaction enjointe. — 6º Que le Pape ne peut remettre les peines du purgatoire. — 7º Que l'Eglise de la ville de Rome peut errer dans ses décisions. — 8º Que le Pape ne peut pas dispenser des décrets de l'Eglise universelle. — 9º Que le sacrement de pénitence, quant à la grâce qu'il produit, est un sacrement de la loi de nature, nullement établi par le texte de l'Ancien ni celui du Nouveau Testament.

Ces propositions ayant été examinées pendant plusieurs jours par un grand nombre de docteurs, Alphonse Carillo, archevêque de Tolède, les condamna par un mandement du 24 mai 1479, comme hérétiques, erronées, scandaleuses, mal sonnantes, et le livre fut brûlé par les soins du promoteur de Tolède. On frappa l'auteur d'anathème, s'il ne rétractait ses erreurs. Pierre d'Osma se soumit. La sentence de l'archevêque fut confirmée par une constitution du pape Sixte IV, du 19 août de la même année (D'Argentré, *Collectio judiciorum de novis erroribus*, t. I).

La même année 1479, l'inquisiteur de Cologne fut appelé à Mayence par l'archevêque Thierry, pour examiner juridiquement Jean Ruchrad de Vésalie, docteur en théologie et prédicateur à Worms, que l'on accusait de plusieurs erreurs réduites à seize, savoir : 1º Les prélats de l'Eglise n'ont aucun pouvoir de faire des lois, ni de rien ajouter à ce que Jésus-Christ et les apôtres ont enseigné. — 2º Il n'est permis à aucun homme, quelque saint et savant qu'il soit, d'expliquer l'Evangile et les paroles de Jésus-Christ; et les Pères n'ont pas expliqué l'Ecriture dans le même esprit qui l'a inspirée. — 3º Les indulgences sont des fraudes pieuses, et c'est une sottise d'aller chercher à Rome ce que l'on peut trouver chez soi, si on est véritablement contrit de ses péchés et si l'on s'est confessé avec la résolution de se corriger. — 4º Les commandements du Pape et des prélats n'obligent point sous peine de péché mortel. — 5º Il n'y a jamais eu de péché originel, et les enfants morts sans baptême ne souffrent aucune peine. — 6º Tous les prêtres sont égaux en pouvoir et en dignité aux évêques, et ne diffèrent que de nom, encore par l'institution des hommes. — 7º Le Pape, les évêques, ni les prêtres ne contribuent point au salut des fidèles, qui se pourraient sauver sans leur ministère, par la foi, la paix et l'union entre eux. — 8º Les évêques ne peuvent obliger personne à jeûner, puisque Jésus-Christ ne l'a point ordonné. C'est saint Pierre qui, étant pêcheur, a institué le carême pour vendre son poisson plus cher. — 9º L'extrême-onction n'est point un sacrement, et l'huile qu'on y emploie demeure telle qu'avant la consécration de l'évêque. — 10º Les Grecs ont raison de dire que le Saint-Esprit ne procède que du Père. — 11º Il est difficile et dangereux à présent d'être chrétien, à cause de la multitude des canons et des censures. — 12º Les prières canoniales, auxquelles l'Eglise a obligé les clercs, sont superflues, et ce temps serait mieux employé à l'étude; c'est ce que disaient aussi les Hussites. — 13º Les bénédictions et les exorcismes sur l'eau, le sel, le pain et les choses semblables, sont vaines et superflues. — 14º Il ne faut point célébrer les fêtes en l'honneur des saints, mais seulement le dimanche, Noël et Pâques. — 15º La continence des prêtres est une superstition inventée par les Papes contre l'Evangile : Jésus-Christ ni les apôtres ne l'ont point commandée; ainsi il est libre aux prêtres de la garder ou non. — 16º L'Eglise universelle peut errer et a erré effectivement en plusieurs articles, comme en la canonisation des saints, en ses constitutions, dans ses censures et ses indulgences.

Le docteur Ruchrad révoqua toutes ses erreurs le dimanche de la Quinquagésime, 21 février. Tous ses livres furent brûlés en sa présence, et il mourut de chagrin peu de temps après (Trithème, an 1479).

Depuis bien des années, au fond de la Calabre, vivait un saint ermite, patriarche d'un nouvel ordre religieux.

Saint *François de Paule* naquit vers l'an 1416, à Paule, petite ville de la Calabre. Ses parents, sans être riches, trouvaient dans leur industrie le moyen de subsister d'une manière honnête. Ils étaient contents de leur état par principe de religion et ne se proposaient dans toute leur conduite que l'accomplissement de la volonté divine. Ayant vécu plusieurs années ensemble sans avoir d'enfants, ils s'adressèrent à Dieu par l'intercession de saint François d'Assise, pour en obtenir un fils; ils s'engagèrent en même temps, si leurs vœux étaient exaucés, à consacrer ce fils au service du Seigneur. Ce qu'ils désiraient si ardemment leur fut accordé : ils eurent un fils, de la naissance duquel ils se crurent toujours redevables à leurs prières; on le nomma François au baptême. Ceux qui lui avaient donné le jour prirent un soin particulier de lui inspirer de bonne heure de grands sentiments de piété; et ils avaient la consolation de le voir entrer dans leurs vues et aller même au delà de ce qu'on devait naturellement attendre de son âge. Il fit paraître, en effet, dès son enfance, beaucoup d'amour pour la prière, la retraite et la mortification.

Lorsqu'il eut atteint sa 13ᵉ année, son père, nommé Martotille, le mit chez les Franciscains de la petite ville de Saint-Marc. Le saint apprit chez ces religieux les premiers principes des sciences, et jeta les fondements de cette vie austère qu'il mena toujours depuis. Il s'interdit dès lors l'usage du linge et de la viande; et quoiqu'il n'eût pas fait profession de la règle de saint François, il ne laissait pas de la suivre dans tous ses points; il y ajoutait même de nouvelles mortifications, et donnait à tous les religieux l'exemple de la plus rigoureuse pénitence. Un an se passa de la sorte.

Le saint pria ensuite ses parents de l'accompagner dans les pèlerinages qu'il avait envie de faire à Assise, à Rome et à Notre-Dame-des-Anges. De retour à Paule, il se retira, de leur consentement, dans une solitude peu éloignée de sa patrie; mais, ne s'y trouvant point assez tranquille, ni suffisamment séparé du commerce du monde, il s'avança vers la mer, et se creusa une caverne dans le coin d'un rocher. Il avait à peine quinze ans. Il couchait sur le roc et ne vivait que des herbes cueillies dans le bois voisin, ou que des âmes charitables lui apportaient parfois.

Deux personnes pieuses se joignirent au saint ermite, qui n'avait pas vingt ans révolus, et embrassèrent le même genre de vie. Les habitants des lieux voisins leur bâtirent à chacun une cellule avec une chapelle, où ils se réunissaient pour chanter les louanges de Dieu. Un prêtre de la paroisse venait leur dire la messe. Le nombre des disciples de François ayant considérablement augmenté, il entreprit, l'an 1454, de bâtir, avec la permission de l'archevêque de Cosenza, une église et un monastère. Lorsqu'on fut instruit de son projet, on vint lui aider de toutes parts à l'exécuter.

Chacun s'empressait à porter les matériaux; il y eut même des personnes distinguées par leur naissance qui voulurent mettre la main à l'œuvre. François fit plusieurs miracles en cette circonstance. Un de ces miracles fut la guérison d'une maladie qui avait été jugée incurable par les forces de la nature; celui qui en fut l'objet en attesta la vérité, avec serment, dans le procès de la canonisation du serviteur de Dieu.

Quand les bâtiments du monastère furent achevés, le saint y logea ses disciples. Il s'appliqua d'abord à établir la régularité parmi eux, et à les assujétir à des pratiques uniformes. Pour lui, il ne diminua rien de ses premières austérités. Il est vrai qu'il ne couchait plus sur le roc, mais il n'avait d'autre lit qu'une planche ou la terre nue; une pierre ou un tronc d'arbre lui servait d'oreiller. Ce ne fut que dans sa vieillesse qu'il consentit à coucher sur une natte. Il ne mesurait le temps du sommeil que sur les bornes étroites de la nécessité, et il n'accordait de soulagement à la nature que pour se mettre en état de reprendre ses exercices avec une nouvelle ferveur. Il ne faisait qu'un repas par jour, sur le soir; encore ne vivait-il ordinairement que de pain et d'eau. Quelquefois il passait deux jours sans manger, surtout à l'approche des grandes fêtes.

François voulut que la charité, la pénitence et l'humilité fussent la base de sa règle. Il obligea ses disciples à observer un carême perpétuel, et à ne se permettre jamais l'usage de la viande, des œufs, du lait, du fromage, du beurre, ni généralement de toutes les choses que les anciens canons interdisaient en carême. L'observation de cette rigoureuse abstinence lui parut si essentielle à son ordre, qu'il en fit la matière d'un quatrième vœu. Son but en cela était de réparer, au moins par une sorte de compensation, les abus auxquels se livraient la plupart des chrétiens durant le carême. Il gémissait sans cesse à la vue du relâchement qui s'était introduit par rapport au jeûne, et des adoucissements que la tiédeur forçait l'Église de tolérer. Il espérait que l'exemple de son ordre serait une leçon muette, mais peut-être plus efficace que tous les discours. Il prit la charité pour la devise de son ordre. Cette vertu devait en être l'âme et le caractère distinctif, et unir les membres les uns avec les autres; elle devait encore les unir aux autres fidèles par un amour tendre

pour leur salut. Entre toutes les vertus qui brillaient dans notre saint, son humilité se faisait principalement remarquer. Quoiqu'il fût honoré des papes et des rois, il se regardait comme le rebut du monde, et s'abaissait au-dessous de toutes les créatures. Il eût voulu vivre caché et inconnu à tous les hommes. Son humilité était d'autant plus solide, qu'il ne la connaissait pas lui-même. A l'entendre, il n'était qu'un misérable pécheur qui étudiait Jésus crucifié, et quoiqu'il fût rempli de l'esprit de Dieu, il ne voyait en lui qu'un abîme de bassesse et de néant. Ce fut encore par un effet de sa vertu favorite qu'il voulut que ses disciples portassent le nom de *Minimes*, comme pour marquer qu'ils étaient les derniers dans la maison du Seigneur. Le supérieur de chaque maison ne devait prendre que le titre de *correcteur*, et se souvenir sans cesse qu'il était le serviteur de tous les autres, conformément à ces paroles de Jésus-Christ : *Que celui qui est le plus grand parmi vous devienne comme le plus petit.*

L'archevêque de Cosenza approuva le nouvel ordre en 1471. Le pape Sixte IV le confirma par une bulle datée du 23 mai 1474, et en créa François supérieur général. Le saint ne comptait encore parmi ses disciples qu'un petit nombre de clercs, et un seul prêtre. Ce dernier, Balthasar de Spino, était docteur en droit; il devint depuis confesseur du pape Innocent VIII.

Vers l'an 1476, le saint fonda deux nouvelles maisons de son ordre, l'une à Paterno, sur le golfe de Tarente, et l'autre à Spezza, dans le diocèse de Cosenza. Trois ans après, il passa en Sicile, où il fut reçu comme l'ange du Seigneur. Il opéra dans cette ville plusieurs guérisons miraculeuses, et y fonda un monastère qui donna bientôt naissance à d'autres. Étant revenu dans la Calabre l'année suivante, il jeta les fondements d'un nouveau monastère à Corigliano, au diocèse de Rossane.

Quelques avis donnés par le saint à Ferdinand, roi de Naples, et à ses deux fils, Alphonse, duc de Calabre, et Jean, cardinal d'Aragon, lui attirèrent une persécution de la part de ces princes. Frédéric, prince de Tarente, troisième fils du roi, n'avait pas de François la même idée que son père et ses frères; il le respectait et l'aimait. Ferdinand ne cherchait plus que l'occasion de se venger du saint, et, pour mieux cacher les motifs qui le faisaient agir, il prétexta que François avait bâti des monastères dans son royaume sans son consentement. Ayant appris qu'il était au couvent de Paterno, il chargea un capitaine de galères d'aller se saisir de sa personne, et de le conduire dans les prisons de Naples. L'officier partit sur-le-champ pour exécuter les ordres du roi; mais lorsqu'il eut vu le saint, il fut si touché de son humilité et de la disposition où il était de le suivre, qu'il n'osa rien entreprendre contre lui. Il retourna à Naples, et parla si fortement au roi en faveur du serviteur de Dieu, qu'il résolut de le laisser en liberté.

L'éminente sainteté de François était encore relevée aux yeux des hommes par le don de prophétie. Il prédit la prise de Constantinople par les Turcs, plusieurs années avant l'événement : il prédit aussi que les mêmes infidèles s'empareraient d'Otrante, qui était comme la clé du royaume de Naples; mais il promit aux chrétiens, surtout au pieux Jean, comte d'Aréna, l'un des généraux de Ferdinand, que les affaires prendraient l'année suivante une face nouvelle. Effectivement, Otrante fut reprise, et les Turcs chassés de l'Italie.

Les prodiges que Dieu ne cessait d'opérer par son serviteur excitaient partout l'admiration. Le pape Paul II, voulant s'assurer de la vérité des faits, chargea un de ses camériers, l'an 1469, de se rendre sur les lieux, et de s'adresser à l'archevêque de Cosenza, pour avoir une connaissance exacte de tout ce que publiait la renommée. Le prélat dit au député qu'il connaissait particulièrement le saint; que c'était un homme d'une vertu extraordinaire, et que Dieu semblait l'avoir fait le dépositaire de sa puissance. Il ne tient qu'à vous, ajouta-t-il, de le voir, de l'interroger; vous donnerez par là une nouvelle force à votre témoignage. Le camérier suivit le conseil de l'archevêque, et fit une visite à François. Il fut accompagné par Charles Pyrrho, chanoine de Cosenza, que le saint avait guéri d'une maladie dix ans auparavant.

Lorsqu'ils arrivèrent l'un et l'autre, le saint travaillait avec les ouvriers aux fondations de son église; mais il ne les eut pas plus tôt aperçus, qu'il quitta son travail pour aller au devant d'eux. Le camérier s'étant mis en devoir de lui baiser la main, comme cela se pratiquait en Italie à l'égard des prêtres et des religieux, il n'y voulut jamais consentir. C'est à moi, dit-il au camérier, en se prosternant à ses pieds, c'est à moi de baiser vos mains, qui sont consacrées depuis trente ans par l'oblation du saint sacrifice. Le camérier fut fort étonné de ce discours, et comme le saint ne l'avait jamais vu ni connu, il comprit que Dieu seul lui avait révélé depuis combien de temps il était prêtre. Il lui dit, sans toutefois lui déclarer le sujet de son voyage, qu'il serait bien aise de l'entretenir dans son couvent. François le conduisit dans une chambre. Le député du Pape, qui avait de l'esprit et qui possédait le talent de rendre plausible tout ce qu'il disait, fit tomber la conversation sur le nouvel institut. Il l'accusa d'introduire une rigueur indiscrète et des singularités blâmables; il parla aussi fort au long des illusions auxquelles exposent les grâces extraordinaires, et conclut son discours par exhorter le saint à rentrer dans la voie commune où tant de grands hommes avaient marché avec succès. Celui-ci reprit modestement les objections qu'on lui avait faites, et les réfuta toutes avec beaucoup de solidité; mais, voyant que le camérier ne se rendait point, il prit dans sa main des charbons ardents, et dépouilla le feu en sa présence de la vertu qu'il a de brûler, en disant que *Dieu obéissait à ceux qui le servaient dans la sincérité de leur cœur;* paroles qui furent depuis insérées dans la bulle de sa canonisation. Le camérier, frappé de ce prodige, conçut pour lui une profonde vénération, et alla rendre au Pape un compte fidèle de tout ce qu'il avait vu.

Voici un autre miracle. La sœur du saint, ayant perdu son fils, le vint trouver, fondant en larmes, dans l'espérance qu'il lui procurerait quelque consolation. Lorsqu'on eut achevé l'office qui se dit pour les défunts, François fit porter le corps du mort dans sa cellule, et se mit en prières. Quel fut l'étonnement de la mère, quand, quelque temps après, elle vit paraître son fils plein de vie! Le jeune homme ressuscité entra dans l'ordre des Minimes, où il se distingua par la pratique de toutes les vertus, et suivit plus tard son oncle en France.

Ce fut Louis XI qui y fit venir le saint, comme déjà nous l'avons vu. Il l'en pria d'abord par des envoyés et des lettres, lui promettant, à lui et à son ordre, les plus grands avantages. Comme le saint ne venait point, Louis XI s'adressa au roi de Naples. François répondit qu'il ne lui semblait pas raisonnable de faire un voyage de quatre cents lieues pour un homme qui ne demandait que la guérison du corps, et cela dans des vues tout humaines. Louis XI s'adressa au pape Sixte IV, qui envoya deux brefs au serviteur de Dieu, avec ordre de se rendre en France au plus tôt.

François partit sans délibérer davantage. Il passa par Naples et par Rome, où il fut traité de la manière la plus honorable. La Provence, ravagée par la peste, éprouva les effets du pouvoir que Dieu lui avait donné de guérir les maladies. Le roi fut si charmé d'apprendre qu'il était arrivé dans ses Etats, qu'il fit présent d'une bourse de dix mille écus à qui lui en apporta la première nouvelle. Le dauphin, son fils, et les seigneurs les plus qualifiés de la cour eurent ordre d'aller le recevoir à Amboise, et de l'amener au château de Plessis-les-Tours. Le roi alla au devant de lui avec sa cour, et se jeta à ses pieds pour le conjurer d'obtenir que Dieu lui prolongeât la vie. Le saint lui répondit ce qu'une personne sage devait répondre à une pareille demande : il lui fit entendre que la vie des rois a ses bornes comme celle des autres hommes; que les décrets de Dieu étaient immuables, et qu'il n'y avait d'autre parti à prendre que de se soumettre avec résignation à la volonté du ciel, et de se préparer à mourir saintement. Louis le logea dans son palais et lui donna un interprète. Il eut plusieurs conférences avec lui tant en particulier qu'en présence des seigneurs de la cour. François s'exprimait avec beaucoup de sagesse, quoiqu'il n'eût aucune teinture des lettres; au rapport de Philippe de Comines, qui l'entendit plusieurs fois, tout le monde était persuadé que le Saint-Esprit parlait par sa bouche. Enfin, ses exhortations, jointes à de ferventes prières, obtinrent au roi la grâce de rentrer en lui-même. Il prit des sentiments plus chrétiens, et mourut dans les bras du serviteur de Dieu le 13 août 1483, après lui avoir recommandé ses trois enfants.

Charles VIII, fils et successeur de Louis XI, honora le saint encore plus particulièrement que n'avait fait le roi, son père. Il le consultait dans toutes les choses qui regardaient sa conscience et même dans les affaires de l'Etat. Tant qu'il resta à Plessis, il n'y eut aucun jour qu'il n'allât le visiter pour recevoir ses leçons. Il voulut qu'il tînt sur les fonts et qu'il nommât le dauphin son fils. Il lui fit bâtir un beau couvent dans le parc du Plessis, au lieu appelé Montils, et un autre à Amboise, à l'endroit même où il l'avait reçu n'étant encore que dauphin. Durant son séjour à Rome, où il fut proclamé empereur de Constantinople par le pape Alexandre VI, il fonda sur le mont Pincio un monastère du même ordre pour la nation française. Ce fut aussi sous le règne de Charles VIII que le saint fonda le couvent de Nigeon, près de Paris. Deux docteurs qui s'étaient fort opposés à cet établissement dans le conseil de l'évêque de Paris, n'eurent pas plus tôt vu François, qu'ils changèrent de sentiment; ils se mirent même au nombre de ses disciples, et embrassèrent son institut l'an 1505.

La règle du saint n'avait pas reçu d'abord toute sa perfection; diverses circonstances avaient rendu quelques changements indispensables. Lorsqu'elle fut en état d'être présentée au souverain Pontife, Alexandre VI l'approuva, et cette approbation fut depuis confirmée par Jules II.

Après la mort de Charles VIII, arrivée l'an 1498, Louis XII monta sur le trône. Le saint lui ayant demandé la permission de retourner en Italie, il la lui accorda, mais la révoqua bientôt après. Il voulut encore enchérir sur ce que ses prédécesseurs avaient fait pour lui; il le combla d'honneurs et de bienfaits, ainsi que ses disciples et ses parents.

Le saint, intérieurement averti de la proximité de sa mort, s'y prépara par un renouvellement extraordinaire de ferveur. Il s'enferma dans sa cellule les trois derniers mois de sa vie, et ne voulut plus avoir de communication avec les hommes. Il ne s'occupa, durant tout ce temps-là, que de l'éternité. Enfin, il fut pris de la fièvre le dimanche des Rameaux. Le jeudi saint, il assembla ses religieux dans la sacristie qui servait de chapitre, pour leur recommander l'amour de Dieu, la charité entre eux, et la fidélité à tous les points de leur règle; s'étant ensuite confessé, il reçut la sainte eucharistie en la posture qu'on la reçoit ce jour-là dans son ordre, c'est-à-dire nu-pieds et la corde au cou. Il mourut le lendemain, 2 avril 1508, à l'âge de 91 ans, et fut canonisé par Léon X en 1519 (*Acta Sanct.*, et Godescard, 2 avril).

Le pape Sixte IV était mort le 13 août 1484, dans la 71ᵉ année de son âge, après avoir tenu le Saint-Siège 13 ans et 5 jours. Depuis quelque temps, il souffrait beaucoup de la goutte, avait déjà reçu les derniers sacrements, lorsqu'une fâcheuse nouvelle parut hâter sa mort.

Le 19 du même mois, les cardinaux lui donnèrent pour successeur Jean-Baptiste Cibo, dit le cardinal de Melfe, noble Génois, Grec d'extraction; il fut couronné le 12 septembre, et prit le nom d'Innocent VIII, en mémoire du pape Innocent IV, également natif de Gênes. Le nouveau Pape, dans sa jeunesse et avant que de recevoir les ordres sacrés, avait épousé une fille noble de Naples, dont il eut plusieurs enfants, deux desquels vivaient encore quand il fut pape, savoir, François Cibo, et une fille nommée Théodorine; il fit épouser à François Cibo la fille de Laurent de Médicis; et de ce mariage vinrent dans la suite les princes de Massa (Fleury, l. 104, n. 11).

Voilà comme parle Fleury dans la partie ultérieure de son histoire qu'on a retrouvée. Des auteurs italiens ne parlent pas d'une manière aussi favorable de la jeunesse d'Innocent VIII. Mais, à cette époque, divisés les uns contre les autres, soit politiquement, soit littérairement, les Italiens aimaient à se lancer des épigrammes, des satires, ne fût-ce que pour exercer leur plume. Tels antagonistes littéraires, à les en croire, seraient de fieffés scélérats; cependant, s'ils sont plus noirs que d'autres, ce n'est que par l'encre de leur adversaire. L'historien, qui est à la fois témoin, juré et juge, doit savoir faire la part de l'animosité, de la prévention, du style même. Cela ne veut pas dire que les papes, les cardinaux, les évêques n'auraient pas pu et dû se conduire si bien, que la malignité même n'eût pas trouvé où mordre. Saint Paul le suppose, lorsqu'il recommande à son disciple de se montrer en tout le modèle des bonnes œuvres, en sorte que l'adversaire demeure confus, n'ayant point de mal à dire de nous (Tit. 2, 7 et 8).

Il était passé en habitude qu'un pape signalât le commencement de son pontificat par témoigner du zèle pour la défense de la chrétienté contre le Turc. Le nouveau pontife ne manqua pas de suivre en ceci les traces de ses prédécesseurs. Mais comme il n'était pas possible aux princes chrétiens de s'unir contre l'ennemi commun, tant qu'ils seraient divisés entre eux, Innocent VIII s'appliqua de tout son pouvoir à les pacifier. Pour cela, il ne cessait de leur représenter que les guerres entre les princes chrétiens ne servaient qu'à ruiner leurs Etats, à y donner ouverture aux infidèles et entraîner la perte d'une infinité d'âmes, de même que celle des corps et des biens de leurs sujets. Ceux qui ont de la religion ne font jamais la guerre, qu'ils n'y soient absolument contraints. Il y a peu d'autres guerres que celles qui se font contre les infidèles ou pour une légitime défense, qui soient justes et nécessaires, et qui puissent être de quelque avantage spirituel ou temporel aux peuples (Onuphr. Panvin., *in Innoc. VIII*).

Innocent VIII redoubla ses instances, lorsqu'il eut appris que Bajazet, empereur des Turcs, préparait une armée formidable pour fondre sur l'Italie et en faire la conquête. Il fit équiper lui-même une flotte de soixante galères et de vingt vaisseaux de haut bord, pour empêcher cet ennemi de faire une descente dans les Etats de l'Eglise. Il fit en même temps munir de troupes et de vivres les villes de la Marche d'Ancône, par où le Turc pouvait pénétrer. Il écrivit au roi de Naples et aux autres puissances d'Italie, pour les engager à fournir chacun son contingent et à se mettre en état de défense, s'offrant lui-même à employer tous ses biens et à sacrifier encore sa propre vie pour la cause commune. Il avertit Ferdinand et Isabelle d'Espagne de pourvoir à la sûreté de leur royaume de Sicile, qui était menacé par le Turc. Il détourna de l'île de Chio le malheur de tomber sous la puissance du même barbare, en portant le grand-maître de Rhodes à s'intéresser pour ses habitants. Tels furent les mouvements et les dépenses que fit Innocent VIII contre les entreprises des Turcs la première année de son pontificat (Raynald, an 1485).

Deux ans après, il eut de nouveaux soins à prendre, tant en faveur du roi de Pologne, dont les Turcs ravageaient les Etats, que pour mettre les siens propres à couvert de la trahison d'un certain Bucolini; celui-ci avait promis à Bajazet de lui livrer toute la Marche d'Ancône, pourvu qu'il lui envoyât dix mille hommes de ses troupes. Ce perfide s'était rendu maître d'Osimo, ville de la Marche. Le Pape la fit assiéger, sans pouvoir la prendre. Il fallut donner une somme d'argent à Bucolini, et employer le crédit de Laurent de Médicis pour l'en faire sortir. Il se retira à Florence, d'où étant passé à Milan, il y fut pendu (*Ibid.*, an 1487).

A l'égard de la Pologne, par un bref aux nations voisines, le Pape les exhorta fortement à secourir ce royaume, comme un des boulevards de la chrétienté, accordant une indulgence plénière à tous ceux qui lui prêteraient assistance, et déclarant excommuniés ceux qui mettraient directement ou indirectement obstacle à sa défense (Raynald, an 1487).

L'an 1488, le souverain Pontife publia une croisade en Angleterre, et fit son possible, par ses négociations en Allemagne et dans les royaumes voisins, pour engager les peuples à la guerre sainte contre Bajazet II. La conjoncture était favorable, attendu que ce sultan des Turcs était alors aux prises avec le sultan d'Égypte. Mais tout ce travail du chef de l'Église n'eut aucun succès.

Le sultan Mahomet II avait entre autres trois fils, Mustapha, Bajazet et Zizim; il étrangla le premier, dont il jalousait la valeur guerrière; il mourut sans désigner de successeur parmi les deux autres; en conséquence il y eut deux empereurs, et guerre civile entre les deux frères. Zizim était soutenu par le sultan d'Égypte. Deux fois néanmoins ses armées furent mises en déroute. Alors il se réfugia près de frère Aubusson, supérieur des religieux militaires de Saint-Jean à Rhodes. De là il vint en France, puis à Rome, auprès du pape Innocent VIII. Avec ce personnage, si les princes d'Europe avaient su et voulu, ils auraient pu porter à l'empire ottoman un coup mortel, ou du moins le mettre hors d'état de nuire à la chrétienté. Ils n'en feront ni plus ni moins. Il paraîtrait que le sultan Bajazet négocia secrètement avec le grand-maître de Rhodes, peut-être même avec le Pape, pour tenir son frère Zizim en Occident, moyennant une pension convenable, et avec promesse de ne point inquiéter pendant ce temps ni les chevaliers de Rhodes ni les autres pays chrétiens. Et de fait, Bajazet porta la guerre en Égypte contre les Mameluks.

Les chrétiens d'Italie, de France, d'Angleterre et d'Allemagne ne firent donc rien pour chasser le Turc d'Europe : aussi n'eurent-ils rien pour récompense. A chaque ouvrier suivant son travail : la Providence le montrait alors d'une manière frappante. Les chrétiens d'Espagne, guidés par Ferdinand et Isabelle, achevaient leur croisade de huit cents ans, par la défaite et l'expulsion finale des Sarrasins. Aussitôt, comme à des soldats qui ont bien combattu, Dieu leur donne pour gratification tout le Nouveau-Monde, que Christophe Colomb venait de découvrir. Ainsi que nous avons vu en son lieu, Innocent VIII et les autres Papes secondèrent de toutes manières les chrétiens d'Espagne dans l'entière délivrance de leur patrie.

La pomme de discorde pour l'Italie et la France, c'était à qui seraient Naples et Milan. Le roi de France prétendait à Milan, les princes d'Anjou-Lorraine prétendaient à Naples. Le plus clair de part et d'autre furent des succès et des revers. Ce n'était pas un petit problème pour les Papes de se maintenir convenablement entre deux parties belligérantes, qui, régulièrement, triomphaient aujourd'hui et fuyaient demain.

L'an 1472, Ferdinand, devenu maître de tout le royaume de Naples, marie une de ses filles naturelles à un neveu du pape Sixte IV, duquel il obtient entres autres l'exemption du cens annuel pour le royaume sa vie durant, mais à des conditions qu'il ne réalisa point (Raynald, an 1472, n. 52). En 1480, il laisse prendre Otrante par les Turcs, sans y envoyer aucun secours. En 1482, il fait la guerre à Sixte IV, son bienfaiteur. En 1485, il soulève contre lui les divers ordres du royaume, qui en appellent au Pape, leur suzerain. Il avait fait enlever, au mépris de sa parole, le duc de Sessa et ses fils, qu'il retint en prison jusqu'à leur mort. Sa trahison envers Jacques Piccinino fut plus honteuse encore. Ce grand général était venu à sa cour, muni d'un sauf-conduit. Le roi, qui l'avait appelé avec les plus vives instances, l'avait reçu avec affection, et lui avait donné pendant tout un mois des fêtes brillantes; tout à coup il le fit arrêter dans le palais, et étrangler dans sa prison. Tous les ennemis politiques de Ferdinand furent successivement en butte à sa perfidie et à sa cruauté. A tous les vices de son père, son fils Alphonse joignait une débauche honteuse et un orgueil insupportable. Les barons du royaume, voyant approcher le moment où il monterait sur le trône, prirent tous les armes, en 1485, contre le père et contre le fils. Ils étaient secondés par Innocent VIII, leur suzerain, ainsi que par les Vénitiens et les Génois. Ferdinand obtint d'eux la paix en accordant aux barons insurgés et à leurs alliés tout ce qui lui était demandé; puis, aussitôt que les armées ennemies se furent retirées, il fit saisir tous ceux qui l'avaient attaqué, confisqua leurs biens, et fit trancher la tête à plusieurs d'entre eux. Le Pape également trompé, après d'inutiles réclamations, excommunia Ferdinand en 1489. Déjà précédemment il avait révoqué l'exemption du cens annuel. Pour se venger, Ferdinand essaya de faire un schisme. Il finit néanmoins par se soumettre à Innocent VIII en 1492.

Ferdinand de Naples était un prince tout entier de la politique moderne, n'ayant ni foi ni loi; ne consultant que son intérêt; ne devenant traitable que quand il était menacé par des armes plus puissantes. Il mourut d'apoplexie l'an 1494, à l'âge de 70 ans, emportant la haine de ses sujets, suivant Sismondi, et ne pouvant exciter de regrets, si ce n'est par la comparaison qu'on faisait de lui avec son fils et son successeur, Alphonse II, qu'on haïssait davantage encore (*Biographie univ.*; Raynald, *index* des t. XXIX et XXX).

La sollicitude pastorale d'Innocent VIII s'étendait par tout le monde. L'an 1485, il prie Jean Basile, duc des Moscovites, de ne point porter la guerre en Livonie, attendu que cette province est du droit apostolique; et il presse le roi Jean de Danemarck, de Norwège et de Suède, de s'opposer au Moscovite (Raynald, an 1485, n. 16). La même année, dans une lettre à l'archiduc d'Autriche, il dit qu'il est défendu par le droit d'employer l'épreuve du fer chaud dans les jugements, et qu'il faut y procéder suivant les saints canons et les lois impériales (*Ibid.*, n. 20). La même année encore, il confirma la paix entre le roi d'Écosse et ses sujets, et envoya un internonce à Liège pour y apaiser les troubles civils (*Ibid.*, n. 47 et 51). L'an 1486, les sept électeurs de l'empire germanique prièrent Innocent de confirmer le choix qu'ils avaient fait de Maximilien, fils de l'empereur Frédéric IV, pour roi des Romains.

La même année, il met fin aux guerres civiles d'Angleterre, en unissant par le mariage les deux branches rivales des Plantagenet, et en excommuniant ceux qui susciteraient de nouvelles chicanes sur la succession (Rayn., an 1486, n. 42, 45 et 46). Il s'occupa plusieurs fois de la conversion des Hussites, et l'an 1487 il en réconcilia un bon nombre à l'Eglise. Il créa l'archevêque de Saint-André primat et légat-né en Ecosse. L'an 1488, il établit l'évêque de Réval son légat dans le Nord, pour réconcilier le roi de Danemarck avec les princes de son royaume, et pour avoir soin de toutes les Eglises septentrionales (*Ibid.*, an 1488, n. 18).

L'an 1491, l'Evangile fut porté dans la Nigritie et dans le Congo par les Portugais. L'année suivante 1492, Innocent VIII trouva le titre de la croix du Sauveur dans l'église de Sainte-Croix à Rome. Le même Pape confirma la confrérie de la Miséricorde, instituée à Rome sous l'invocation de la Décollation de saint Jean-Baptiste, et lui accorda plusieurs priviléges et indulgences. Les fonctions des confrères sont d'assister les criminels condamnés à la mort, en leur faisant administrer les sacrements, et leur inspirant des sentiments salutaires dans les derniers moments de leur vie; d'avoir ensuite soin de leur sépulture. La bulle est du 1er septembre 1490.

Le 27 du même mois, le pape Innocent VIII eut une attaque d'apoplexie qui le laissa près de vingt-quatre heures sans connaissance. Comme on le disait mort, les cardinaux pensaient à lui donner un successeur. La bonté de son tempérament, secondée par quelques remèdes, le fit revenir. Il vécut encore deux ans, mais sans récupérer jamais une santé parfaite. Dans l'intervalle, il apprit la reddition de Grenade, la fin de la domination musulmane en Espagne, et honora Ferdinand et Isabelle du titre de *rois catholiques*. Sentant sa fin approcher, il s'y disposa de la manière la plus édifiante, et mourut le 25 juillet 1492, à l'âge de 60 ans, après avoir gouverné l'Eglise 7 ans, 10 mois et 27 jours.

Dans l'oraison funèbre d'Innocent VIII, l'évêque Léonelli disait aux cardinaux : « Hâtez-vous de choisir un successeur au Pape décédé, car Rome est à chaque heure du jour le théâtre de meurtres et de rapines. » Les cardinaux suivirent ce conseil. Innocent VIII était mort le 25 juillet; dès le 11 août ils lui donnèrent pour successeur Rodrigue Lenzuoli, dit cardinal Borgia, qui prit le nom d'Alexandre VI, fut couronné le 26 du même mois, occupa le Saint-Siège 11 ans et 8 jours, et mourut le 18 août 1503.

Sur plus de deux cent cinquante Papes qu'il y a eu depuis saint Pierre, Alexandre VI est un des trois dont il paraît certain que les mœurs ne furent pas plus chastes que les mœurs de la plupart des souverains temporels, ou même de la plupart des hommes. On y ajoute des crimes qui ne sont pas si communs : la trahison, l'inceste, l'empoisonnement.

Le genre humain, du moins la partie intelligente, est un grand jury devant qui l'histoire expose certains procès qui ne sont pas encore définitivement jugés ni complétement éclaircis. Alexandre VI nous paraît de ce nombre. Pour en porter un jugement équitable, il faut d'abord que les jurés et les juges qui, supposé qu'il soit convaincu, puissent le flétrir et le condamner sans se mettre en contradiction avec eux-mêmes, avec leurs propres lois, leur propre religion; car il ne serait pas juste à vous de condamner un homme que vos lois, votre religion déclarent innocent.

Supposé donc Alexandre VI convaincu de tous les crimes que la renommée lui impute, qui pourra raisonnablement le condamner ? Supposez-le pareil aux grands dieux du paganisme, infanticide comme Saturne, incestueux et parricide comme Jupiter, adultère et meurtrier comme Mars, ainsi du reste, quel païen pourra le condamner, sans condamner ce qu'il adore ? Ne devra-t-il pas plutôt se dire : Qui sait ! c'est peut-être un nouveau dieu. — Il en sera de même du mahométan, lui qui reconnaît, avec son prophète, que Dieu opère en nous le mal comme le bien, la passion de l'inceste comme la volonté de donner l'aumône; le mahométan devra donc, dans tous les crimes imaginables d'Alexandre VI, bénir les opérations du Dieu qu'il adore. — Il en sera des disciples de Luther et de Calvin comme de celui de Mahomet; car, tout ainsi que Mahomet, Luther et Calvin enseignent que nous n'avons point de libre arbitre, que Dieu opère en nous le mal comme le bien, le désir de corrompre une religieuse comme celui de garder la chasteté. Comment donc le calviniste et le luthérien pourraient-ils, dans Alexandre VI, condamner pour crime ce qu'ils regardent comme les œuvres mêmes de leur dieu ? — Il en est du disciple de Jansénius comme des disciples de Luther et de Calvin; car, suivant leur maître, nous ne sommes pas plus libres dans ce que nous faisons, que le fléau d'une balance qui incline d'un côté ou de l'autre, suivant le poids qui l'entraîne. — Ainsi donc, ni païens, ni mahométans, ni luthériens, ni calvinistes, ni jansénistes ne sauraient condamner quoi que ce soit dans Alexandre VI, sans se mettre en contradiction avec eux-mêmes, avec leur religion, avec leur dieu. Raisonnablement, ils ne sauraient être du jury.

Quant à ce que, dans le langage moderne, on appelle des *philosophes*, c'est-à-dire des hommes qui, n'ayant ni foi ni religion certaine, raisonnent à l'aventure sur le vrai et le faux, sur le bien et le mal, sur Dieu et sur l'homme, sans arriver jamais à rien de fixe, ni entre eux ni avec eux-mêmes, il est clair comme le jour que des hommes qui ne savent pas encore si la vertu et le vice sont autre chose que des préjugés de vieilles femmes, ne sauraient, sans injustice et inconséquence, blâmer ou condamner quoi que ce soit, pour quoi que ce fût. Ceux de nos jours, qui, comme les brames idolâtres de l'Inde, supposent que Dieu est tout et que tout est Dieu, pour ceux-là, s'ils comprennent ce qu'ils disent, tous les crimes imaginables d'Alexandre VI seront autant d'actions divines méritant les honneurs de l'apothéose. Aucun de ces hommes ne peut donc raisonnablement être du jury.

Ce n'est pas tout : non-seulement le bon sens les récuse, il s'élève encore une question incidente : « Quel est le plus coupable, de celui qui se laisse entraîner à la passion, contre la loi qu'il respecte, et de celui qui corrompt la loi même, de manière à lui faire légitimer, même diviniser les crimes les plus énormes ? Toutes choses égales d'ailleurs, c'est évidemment ce dernier, c'est-à-dire le philosophe, le janséniste, le calviniste, le luthérien, le mahométan, le païen.

Qui donc pourra être de ce jury de l'histoire? de cette cour des grandes assises, première instance des assises éternelles? — Le catholique, et le catholique seul. — Seul il a une loi, une règle certaine : loi expliquée et appliquée des milliers de fois par une autorité certaine et infaillible, loi qui est la même pour le petit et pour le grand, pour la brebis et pour le pasteur, pour le laïque et pour le pontife, pour le temps et pour l'éternité.

Maintenant, de qui sont les grands scandales, les scandales certains d'Alexandre VI? est-ce de l'homme ou du pape? — Nous avons vu qu'ils sont du jeune homme, du militaire, de l'officier espagnol; c'est comme officier que Rodrigue Lenzuoli eut d'une dame romaine, réfugiée à Barcelone, cinq enfants clandestins : François, qui devint duc de Gandie; César, que Louis XII fit duc de Valentinois; Lucrèce, qui mourut duchesse de Ferrare; Guifry, prince de Squillace; le nom du cinquième est resté ignoré. Leur père, qui mourut à soixante-douze ans, en avait soixante et un lorsqu'il devint pape : ce n'est plus l'âge des folies scandaleuses; pour y croire, il faut d'autres garants que des contes et des satires.

Voulons-nous conclure qu'Alexandre VI n'est point coupable? Nullement. — Il est coupable, mais beaucoup moins que nous ne pensions. Il est coupable, ne fût-ce que d'avoir une si mauvaise renommée. Il est surtout coupable, après une pareille jeunesse, avec de pareils antécédents, d'être entré dans le sanctuaire. Son oncle, Calixte III, est coupable de l'y avoir appelé. Les cardinaux sont coupables de l'avoir placé à la tête de l'Église. On excuse le jeune homme, on excuse le militaire, on excuse l'officier espagnol, mais il n'y a point d'excuse pour le prêtre, point d'excuse pour le cardinal, point d'excuse pour le pape. Et papes et cardinaux ont pu s'en convaincre depuis trois siècles. Espérons que cette leçon toujours vivante leur profitera pour, d'ici à la fin du monde, ne placer sur le trône de saint Pierre, et autour, que des hommes dignes de Dieu et de son Église, des hommes tels que nous y en voyons depuis cent ans et au delà.

Lucrèce Lenzuoli, plus connue sous le nom de *Lucrèce Borgia*, passe communément pour un monstre de dépravation; son nom seul réveille dans bien des imaginations l'idée d'inceste avec père et frères. Un historien protestant, l'Anglais Roscoë, fait à cet égard des observations qu'un jury impartial trouvera peut être bien graves. Il y a quelques écrivains du temps qui lui imputent ces crimes énormes ; mais il y en a beaucoup d'autres, également contemporains, qui la représentent comme une femme accomplie, non-seulement sous le rapport de l'esprit et de la beauté, mais encore sous celui de la vertu. Les premiers accusateurs sont des poètes napolitains, politiquement furieux contre Alexandre VI, pour avoir expulsé du trône de Naples les princes d'Aragon. Un de ces poètes fit dans ce sens une épitaphe satirique de Lucrèce, vingt ans avant sa mort. L'historien Guichardin parle aussi de ces imputations d'inceste, mais seulement comme d'un bruit qui courait, et peut-être sur la seule autorité de ces poètes. Voilà tout ce qu'il en est des accusateurs contemporains. Le protestant Roscoë ajoute : « Des historiens venus ensuite ont jugé ces autorités suffisantes pour accuser Lucrèce Borgia dans les termes les plus positifs, et les écrivains catholiques eux-mêmes n'ont pas hésité à la déclarer coupable. En conséquence, tous les recueils historiques, toutes les compilations donnent la chose pour incontestable. Il n'y a donc pas lieu d'être surpris que les auteurs protestants se soient fréquemment étendus sur un sujet qu'ils regardent comme la honte de l'Église romaine. » Voilà comme s'exprime le protestant Roscoë. Il fait ensuite l'historique de Lucrèce (Roscoë, *Hist. de Léon X*, t. I : *Dissertation sur le caractère de Lucrèce Borgia*).

Elle fut d'abord mariée à un gentilhomme espagnol, puis à Jean Sforce, prince de Pesaro. Ces deux mariages ayant été successivement déclarés nuls, elle épousa en troisièmes noces Alphonse, duc de Bisaglia, fils naturel du roi de Naples, dont elle eut un fils l'an 1499. Alphonse mourut l'année suivante, après avoir été blessé à mort par des assassins. Le 19 décembre 1501, elle épousa en quatrièmes noces Alphonse d'Este, fils d'Hercule, duc de Ferrare, deux princes des plus illustres et des plus honorables de leur siècle. Le mariage fut célébré à Rome avec une magnificence extraordinaire. Le voyage de Lucrèce à Ferrare et l'entrée pompeuse qu'elle fit dans cette ville, le 2 février 1502, ont été des sujets intarissables d'éloge pour les historiens contemporains.

Depuis cette époque jusqu'à sa mort, ce qui forme un espace de plus de vingt ans, elle tint la conduite la plus exemplaire. Son époux lui remit, durant ces expéditions où il acquit tant de gloire, le gouvernement de l'État, et elle usa de cette confiance de façon à mériter l'approbation du duc et l'amour de ses sujets. De son mariage avec Alphonse, sortirent trois fils, dont l'aîné régna dans Ferrare sous le nom d'Hercule II. C'est de lui que descend la maison régnante d'Angleterre. Lucrèce se livra, sur la fin de ses jours, à des actes de piété et des œuvres de charité. Il paraît, par les lettres de Léon X, que peu de temps après qu'il eût été élevé au souverain pontificat, elle lui demanda des avis et des consolations, qu'il lui donna en louant la régularité de sa conduite.

Les historiens de Ferrare, loin de supposer que la maison d'Este se soit avilie par le mariage d'Alphonse avec la fille d'Alexandre VI, n'ont parlé de Lucrèce Borgia que de la manière la plus avantageuse. Giraldi l'a traitée de femme accomplie. Selon Sardi, c'était la princesse la plus aimable et la plus belle, et elle était ornée de toutes les vertus. Libanori va plus loin; il accorde à la duchesse de Ferrare la beauté, la vertu, toutes les qualités de l'esprit et un goût exquis. « Elle faisait, continue-t-il, les délices de ses contemporains, et était un véritable trésor pour eux. » L'Arioste, dans son grand poème, élève à l'excellence féminine un temple dont les superbes niches sont remplies par des femmes du rang le plus éminent et du plus grand mérite, qu'il y eût en Italie. Lucrèce Borgia occupe la première et la plus apparente de ces niches. L'Arioste dit à cette occasion que Rome doit préférer la moderne Lucrèce à l'ancienne, tant sous le rapport de la modestie que sous celui de la beauté : comparaison qui, si toutes les imputations faites à la fille d'Alexandre VI avaient obtenu quelque croyance, n'aurait pu être considérée que comme la satire la plus sanglante.

Enfin, le célèbre imprimeur Alde Manuce de Venise lui dit dans une dédicace : « Votre principal désir, ainsi que vous l'avez si noblement assuré vous-même, est de plaire à Dieu et d'être utile non-seulement à vos contemporains, mais aux générations futures, afin qu'en sortant de cette vie vous puissiez laisser des monuments qui prouvent que ce ne sera pas en vain que vous aurez vécu. » Alde Manuce loue ensuite avec chaleur la piété, la libéralité, la justice et l'affabilité de cette princesse. Si elle avait été coupable des crimes dont on l'accuse, la prostitution de son panégyriste aurait surpassé la sienne; mais plusieurs des écrivains que nous avons déjà cités étaient incapables d'une pareille bassesse, et il doit nous être permis de déclarer que, selon toutes les règles du raisonnement et d'après la connaissance du cœur humain, il est presque impossible que l'incestueuse, que l'abominable Borgia ait été la même personne que cette duchesse de Ferrare qui a été si respectable et si honorée. Telles sont les observations et les paroles mêmes du protestant Roscoë (*Hist. de Léon X*, t. I : *Dissertation sur le caractère de Lucrèce Borgia. Ubi suprà*).

Pour faciliter de plus en plus la décision du jury, nous joindrons le résumé de certaines circonstances par Audin.

« Quand les feudataires de l'État ecclésiastique voulaient, ils pouvaient affamer le pape, les cardinaux et les habitants de la Romagne. A peine Alexandre VI a-t-il pris les rênes du pouvoir, que l'abondance renaît dans Rome; de la Sabine on peut y venir vendre sans crainte ses denrées; personne n'a plus peur de mourir de faim comme autrefois. Avec l'existence de tous ces demi-monarques, aux portes mêmes de la capitale, toute justice était devenue impossible; il suffisait à ces exarques d'acheter, au prix de quelques milliers de ducats, la conscience des juges, pour s'assurer d'avance l'impunité de ces grands méfaits qui attristaient l'humanité. Ce n'est pas la bonne volonté qui manquait à Innocent VIII, mais la santé; l'âme était belle, mais le corps débile. Sous Alexandre VI, le pauvre comme le riche put trouver des juges à Rome; peuple, soldats, citoyens se montrent attachés au pontife, même après sa mort, parce qu'il avait des qualités vraiment royales.

» La nuit, Alexandre dormait à peine deux heures, il passait à table comme une ombre, sans s'y arrêter; jamais il ne refusait d'ouïr la prière du pauvre; il payait les dettes du débiteur malheureux, et se montrait sans pitié pour la prévarication.

» Pour juger une vie où l'ombre trop souvent se mêle à la lumière, il faut bien se garder de s'en rapporter aux pasquinades d'un poète de cour comme Sannazar, dont l'épigramme, du reste, est aujourd'hui contestée; au témoignage de Guichardin, qui ne dissimule pas sa haine toute florentine pour les Borgia; encore moins au journal d'un Allemand, qui, en véritable Teuton, cherche toujours à prendre en défaut l'homme du Midi : on risquerait de s'égarer. Temps affreux que ceux où vécut Alexandre, où l'épigramme fait souvent l'office du poignard, et la poésie tient la place de l'histoire. La postérité a fait justice de plus d'une accusation dont on a flétri la mémoire de ce Pape. Voltaire l'absout, dans sa dissertation sur la mort de Henri IV, de l'empoisonnement du cardinal Corneto, que lui impute Guichardin. L'auteur de la *Galerie universelle* (article *Alexandre VI*), malgré ses penchants philosophiques, s'est permis de rire de ces soupers de Trimalcion auxquels Burchard le fait trop souvent assister. Roscoë, l'anglican, refuse de croire, pour de bonnes raisons, au commerce incestueux que le grand journaliste de l'époque lui prête avec la belle Lucrèce. Muratori a démontré, d'après une autorité décisive, celle de l'ambassadeur de Ferrare à Rome, que la mort du pontife ne fut point occasionnée par le breuvage qu'il destinait, suivant Gordon, à quelques cardinaux. Et, tout récemment, un critique romain, M. de Mathias, a mis à nu l'absurde mensonge de Giannone, qui lui fait empoisonner Gem (*Zizim*), le frère du sultan Bajazet, mort de la dyssenterie à Capoue, dans le camp même de Charles VIII (Audin, *Hist. de Léon X*, t. I, p. 299). »

Quant à César Lenzuoli, autrement *César Borgia*, frère de Lucrèce, il est une question préjudicielle à décider par le jury : — Lequel est le plus coupable, de celui qui pose un mauvais principe et punit d'en tirer la conséquence, ou de celui qui, admettant le principe une fois posé, en tire toutes les conséquences naturelles ? — Tout le monde conviendra que c'est un premier crime de poser un principe mauvais, puis un autre de trouver criminel qu'on en tire les conséquences; car la logique est un droit naturel pour tout être raisonnable. Or, depuis trois siècles et plus, tous les historiens, tous les philosophes, tous les publicistes, tous les jurisconsultes, ou peu s'en faut, ont posé en principe fondamental, que l'ordre politique n'est point subordonné à la morale et à la religion, interprétées par l'Église de Dieu, mais à l'intérêt seul, expliqué par soi-même; et César Borgia, conseillé par Machiavel, n'a fait que tirer les conséquences naturelles de ce principe. Donc César Borgia et Machiavel ne sont pas les plus coupables.

« Quelques semaines s'étaient à peine écoulées depuis la mort d'Innocent, que déjà, d'après le témoignage d'Infessura, plus de deux cents homicides avaient été commis dans les murs de Rome, par deux ou trois familles qui avaient le privilège du sang et de l'impunité, car Rome leur appartenait. Le séjour prolongé des Papes à Avignon, le schisme qu'on vit éclater lors de leur retour en Italie, les débats scandaleux des Pères de Bâle avaient admirablement servi les intérêts des grands vassaux du Saint-Siège.

» A l'abri du châtiment, de feudataires ils s'étaient constitués souverains indépendants. C'est ainsi que les Malatesta s'étaient approprié Césène; les Riario, Imola et Forli; les Manfredi, Faënza; les Sforce, Pesaro; les Bentivogli, Bologne; les Baglioni, Pérouse. Quand Charles VIII descendit en Italie, la plupart de ces grands seigneurs vinrent offrir leurs services au vainqueur. Ce n'est pas la faute d'Alexandre si Charles franchit les Alpes. Nous savons aujourd'hui, grâce aux savantes recherches de Rosmini, que le Pape essaya, mais vainement, d'empêcher l'alliance de Louis le More avec Charles VIII. Il proposait à Sforce une triple alliance entre Rome, Milan et Naples, qui certainement eût rendu l'invasion impossible. Deux maisons puissantes hâtèrent, par leur défection, l'occupation de Rome : c'étaient celles des Colonne et des Ursins, qui livrèrent ainsi, par une lâche trahison, le patrimoine du Saint-Siége. Au besoin, les Ursins et les Colonne étaient sûrs de trouver un refuge dans les Etats de Venise, car la politique de cette république était intéressée à ce que Rome n'eût jamais qu'un Pape débile et infirme. Alexandre VI dissimula son ressentiment, et attendit patiemment le moment de la vengeance. César Borgia fut l'instrument dont il se servit pour châtier la félonie de ses vassaux (Audin, *Hist. de Léon X*, t. I, p. 293).

La devise de Borgia était : *Aut Cæsar aut nihil* (ou César ou rien). On sent l'homme d'énergie qui, d'un principe une fois posé, sait tirer hardiment toutes les conséquences. Si donc l'ordre politique n'est point subordonné à l'ordre moral, on en verra tout à l'heure une explication exemplaire.

« Les Colonne, qui, les premiers, avaient trahi les intérêts du Saint-Siége, furent les premiers châtiés. En vain, pour échapper au ressentiment du pontife, avaient-ils placé leurs fiefs sous la protection du sacré collége ; Alexandre avait lu Tacite, et savait le secret de ne jamais trembler. Aussi les Colonne furent-ils obligés de venir en suppliants déposer dans le bassin d'or du Saint-Père les clés de leurs forteresses. Pendant que le cardinal, leur parent, rachetait son salut par l'abandon de la riche abbaye de Subbiaco, les Savelli, alliés des Colonne, obtenaient leur pardon à la même condition, en se dépouillant de leurs richesses en faveur du Pape.

» Puis vint le tour des Ursins, ces feudataires de l'Eglise, serpents au dard plein de venin, comme les nomme le poëte. Eux, leurs parents et leurs confidents, le duc de Gravina, Vitellozzo Vitelli, P. Baglioni, Oliveretto da Fermo, réunis à Pérouse, songeaient à secouer le joug du vieux pontife, à se déclarer indépendants, à recommencer cette existence de grande route qui leur convenait si bien. César Borgia, abandonné de ses soldats, trahi par ses lieutenants, pour la première fois de sa vie, sentit un frisson de frayeur, quand un mauvais ange, le poëte même dont nous venons de parler, Machiavel, vint le trouver à Imola. Que se passa-t-il dans cette entrevue ? L'historien n'en a dit mot ; seulement on sait, à n'en pas douter, que le Valentinois reprit courage, et conçut sous l'œil, et peut-être sous l'inspiration du Florentin, le drame de Sinigaglia, où la plupart des conjurés de Pesaro allèrent sans armes, comme de véritables enfants, se livrer aux lacets du bourreau, que César menait dans toutes ses expéditions.

» Machiavel a consacré à cette sanglante exécution de Sinigaglia un chapitre auquel il a donné pour titre : *Des particuliers que la fortune, la faveur ou la force élève au pouvoir souverain*. Assurément, on ne devinerait pas, à ce titre, qu'il va décrire une scène si pleine de douloureuse émotion. Du reste, il en parle comme il eût fait d'une expédition des Volsques, sans aucun battement de cœur : pas une parole d'indignation contre César ; pas une larme aux victimes ! Des morts il dit, — qu'ils furent assez dupes pour se mettre entre les mains du Valentinois ; du Valentinois, — qu'ayant exterminé les chefs de la faction des Ursins, et fait ses amis de leurs partisans, il créa de solides fondements à sa puissance.

Il y a ici un mystère psychologique qui semble d'abord inexplicable. Cherchez un cœur qui ne batte de pitié ou de colère au récit d'une si horrible trahison ; un œil qui ne se voile de larmes ? Vous n'en trouverez pas. Un jour il prend envie à Machiavel de donner le récit complet de ce qui s'est passé à Sinigaglia, et il écrit vingt pages où vous ne surprendrez pas, chez le narrateur, un mouvement de pitié. Une semblable insensibilité chez Machiavel lui-même n'est pas naturelle. Si sa narration est sans couleur, c'est qu'il a pris part, comme conseiller, au drame qu'il raconte.

» Florence se hâta d'envoyer à Borgia Jacques Salviati, un de ses plus grands citoyens, pour le féliciter. Du moins ici Machiavel nous vient en aide pour commenter la joie de la république, en nous rappelant ce que nous savions déjà, — que la plupart de ces condottieri, sacrifiés avec une si froide cruauté, étaient perdus de débauche, souillés de toute espèce de crimes, et la terreur de Florence. L'un d'eux, Oliveretto, un an auparavant, jour pour jour, avait invité son oncle, Jean Fogliani, à un repas du soir, et, le repas fini, l'avait conduit dans une chambre voisine de la salle à manger, où des soldats armés l'avaient poignardé. Le crime commis, Oliveretto monte à cheval, parcourt Fermo, force le palais du gouverneur, tue les partisans de son oncle et arbore son étendard sur les murailles de la ville. Vitelozzo, étranglé par Borgia, était, au témoignage du même écrivain, le maître d'Oliveretto dans l'art de la guerre et de l'homicide. Le titre du chapitre où le parricide d'Oliveretto est raconté, dit quelque chose au moins ; il est ainsi conçu : *De ceux qui arrivent au trône par des crimes*. On voit bien que Machiavel n'assistait pas au repas de Fermo (Audin, t. I, p. 293 et seqq.). »

Aux yeux de la vieille morale, qui craint Dieu et respecte sa loi, César et Machiavel semblent atroces : aux yeux de la politique moderne, qui n'a de règle que son intérêt, ce ne sont que des esprits fermes et conséquents. Admettre le principe et les blâmer d'en tirer les conséquences, c'est aussi raisonnable que de planter des buissons d'épines pour y cueillir du raisin. Bien des auteurs et des orateurs en sont là.

Un des premiers actes d'Alexandre VI, comme souverain Pontife, fut d'assurer, par ses bulles au roi Ferdinand et à la reine Isabelle, ainsi qu'à leurs successeurs, les rois de Castille et de Léon, la possession de toutes les îles et terres fermes, nouvellement découvertes sous leur autorité par Christophe Colomb, et à découvrir dans la suite, vers l'Occident. Voici la teneur des bulles :

« Nous, par la plénitude de la puissance apostolique, l'autorité que Dieu nous a donnée dans la personne de saint Pierre, et en notre qualité de vicaire de Jésus-Christ, dont nous faisons les fonctions sur la terre, nous vous donnons, accordons et assignons par les présentes, pour toujours, et à vos héritiers et successeurs, rois de Castille et de Léon, toutes les îles et terres fermes, découvertes et à découvrir par vos envoyés et capitaines, vers le couchant et le midi, en tirant une ligne d'un pôle à l'autre, à cent lieues des îles Açores, du côté du midi et du couchant. N'entendons néanmoins préjudicier en rien à la possession des rois et princes chrétiens, dans ce qu'ils en auraient découvert avant Noël dernier.

A condition aussi que, en vertu de la sainte obéissance à nos ordres et suivant les promesses que vous nous en faites et que nous tenons pour certaines, vous ayez grand soin d'envoyer dans ces terres fermes et ces îles des hommes savants, expérimentés et vertueux, pour en instruire les habitants dans la foi catholique et dans les bonnes mœurs. » La bulle est du 4 mai 1493 (Raynald, an 1493, n. 19).

L'année suivante, il autorisa, par bref et par bulles, les conquêtes que les rois d'Espagne feraient sur les infidèles dans les royaumes d'Alger et de Tunis en Afrique, sans néanmoins préjudicier à celles que les rois de Portugal avaient faites ou feraient dans les royaumes de Fez, Mequinèz et Maroc, en vertu de la concession du pape Pie II. A la prière de ces monarques, il accorda plusieurs indulgences à ceux qui les assisteraient dans ces entreprises (*Ibid.*, an 1494 et 1496).

Il confirma au roi d'Espagne et à ses successeurs le titre de *roi catholique*, qu'Innocent VIII lui avait accordé, après qu'il eût entièrement délivré l'Espagne de la domination des Maures. Il attribua au même Ferdinand, à Isabelle, son épouse, et à leurs successeurs dans les royaumes d'Aragon et de Castille, la dignité et les revenus des grands-maîtres des ordres militaires de Calatrava, de Saint-Jacques et d'Alcantara. A la prière de Charles VIII, roi de France, il confirma celui de Saint-Michel, institué l'an 1469, par Louis XI. Pour remédier aux débauches publiques des ordres militaires de Portugal, il dispensa les chevaliers du vœu de chasteté perpétuelle, et leur permit de se marier. Il confirma l'ordre des Minimes, fondé par saint François de Paule, dont la règle avait déjà été approuvée par Sixte IV ; celui des Filles pénitentes, établi à Paris par Jean Tisserand, Franciscain, en l'honneur de sainte Madeleine, et celui des Annonciades, au scapulaire rouge, institué par sainte Jeanne de Valois.

Par plusieurs de ses brefs, il exhorta les rois de Pologne et de Hongrie, à soutenir de leur autorité les ecclésiastiques qui travaillaient à purger les Etats de l'erreur des Hussites (*Ibid.*, an 1493, n. 5). Il reçut un religieux de Saint-Basile, ambassadeur de Constantin, roi de Géorgie, pour reconnaître le Pape comme vicaire de Jésus-Christ, se soumettre au décret du concile de Florence sur l'union des Grecs, et solliciter une expédition des chrétiens d'Occident contre les Turcs, tandis que ceux d'Orient les attaqueraient de leur côté (*Ibid.*, an 1496, n. 21 et seqq.). Après l'entière expulsion des Maures du royaume de Grenade, il y rétablit quatre évêchés : l'un à Grenade, qu'il érigea en métropole ; les autres à Malaga, à Alméria et à Cadix, qu'il fit suffragants de cette capitale. Les Turcs ayant fait de grands ravages dans l'Istrie, la Dalmatie et le Frioul, le Pape fit de fortes instances auprès des princes chrétiens pour les porter à une sainte ligue contre ces ennemis de la chrétienté. Mais ses remontrances furent aussi inutiles que celles de la plupart de ses prédécesseurs. Il créa quarante-cinq cardinaux en neuf promotions différentes (Sommier, t. VI).

Sous le pontificat d'Alexandre VI, il y eut de grandes révolutions au royaume de Naples, fief de l'Eglise romaine. Le roi Ferdinand avait mis tout en usage pour détourner la guerre dont il était menacé par Charles VIII, roi de France, qui prétendait avoir droit sur ce royaume ; mais ayant appris que ses ambassadeurs en France avaient eu ordre d'en sortir, cette nouvelle l'étourdit si fort, qu'elle lui causa une attaque d'apoplexie dont il mourut.

Le Pape accorda l'investiture du royaume à Alphonse, fils de Ferdinand, malgré les instances de Charles VIII, qui fit solliciter Sa Sainteté de la suspendre jusqu'à ce qu'il aurait justifié de son droit, et qu'il l'aurait décidé par les armes. Le Pape répondit qu'il n'avait en cela suivi que l'exemple de ses prédécesseurs, desquels le père et l'aïeul d'Alphonse avaient eu l'investiture du même royaume ; que d'ailleurs il n'aurait pu la refuser à Alphonse, sans exposer à être ravagés, par ce prince et par ses alliés, ses propres Etats enclavés dans les leurs. Sur cela Charles VIII passa en Italie avec une puissante armée, que le Pape, vu la trahison de ses feudataires, fut obligé de laisser entrer dans Rome, après s'être enfermé au château Saint-Ange. Deux cardinaux seulement l'y suivirent, pendant que dix-huit des autres, s'étant livrés au roi Charles, voulurent porter ce prince à se saisir du Pape et à faire procéder contre lui pour le déposer du pontificat sur une intrusion prétendue et à cause de sa vie scandaleuse ; mais le roi, plus sage que ces prélats, se contenta de faire, avec Alexandre VI, cet accord : Que le roi tiendrait garnison dans certaines places de l'Etat ecclésiastique, jusqu'à ce qu'il eût conquis le royaume de Naples ; que le Pape lui donnerait l'investiture de ce royaume ; que les cardinaux et les seigneurs romains déclarés pour le roi n'en seraient pas recherchés ; que Zizim, frère du sultan Bajazet, serait remis entre les mains du roi ; que le cardinal César Borgia lui serait donné pour otage, et que cependant, par honneur, il passerait dans la cour de ce prince pour légat du pontife.

Ce traité fait, le Pape se rendit au palais du Vatican, et trois jours après, le 19 janvier 1495, il y eut un consistoire où le roi se trouva pour rendre au chef de l'Eglise son obédience filiale. Dans cette cérémonie, il fit d'abord trois révérences ou génuflexions : la première, à l'entrée du consistoire ; la seconde, en approchant le trône pontifical ; et la troisième, aux pieds du Saint-Père, qu'il baisa à genoux, aussi bien que la main ; après quoi le Saint-Père, l'ayant relevé, l'admit au baiser de la bouche. Le lendemain, le Pape célébra pontificalement la messe ; le roi y assista, et y donna à laver au Saint-Père, tant à l'offertoire qu'à la communion. La mémoire de ces cérémonies s'est conservée dans les peintures de la galerie du château Saint-Ange (Raynald, an 1495).

A la mort de Ferdinand Ier, roi de Naples, son fils Alphonse fut couronné roi le 8 mai 1494. Du vivant de son père, il avait fait ses preuves de valeur, de luxure, d'avarice et de cruauté. Ce prince, néanmoins, au bruit de l'arrivée des Français en Italie, fut saisi d'une si grande frayeur, que, le 23 janvier 1495, il abdiqua la couronne, et passa, le 3 février suivant, en Sicile, où, ayant embrassé la règle monastique des Olivétains, il mourut le 19 novembre de la même année. Le jour même de son abdication, on reconnut pour roi de Naples son fils, Ferdinand II. A peine celui-ci est-il sur le trône, que les Napolitains, voyant Charles VIII approcher, députent à ce prince pour l'assurer de leur fidélité. Ferdinand, après avoir fait de vains efforts pour les engager à se défendre, quitte Naples le 21 février; Charles VIII y entre le lendemain, et en sort le 20 mai. Peu après, Ferdinand récupère tout son royaume; mais il n'en jouit pas longtemps, étant mort en l'automne 1496, sans laisser de postérité. Son oncle, Frédéric III, lui succéda. L'an 1501, il est dépouillé de ses Etats par Louis XII, roi de France, et par Ferdinand d'Espagne, lesquels avaient forcé le pape Alexandre VI à leur en donner l'investiture à tous deux. Frédéric ayant obtenu de Louis XII la permission de se retirer en France et des revenus pour subsister, se rendit à Tours, où il fixa sa résidence, et mourut le 9 septembre 1504, âgé de 52 ans. Il ne resta finalement de lui qu'une princesse, qui transporta dans la maison de la Trémouille des prétentions jusqu'à présent infructueuses sur le trône de Naples. Dès l'an 1503, Ferdinand le Catholique s'empara de tout le royaume, même de la moitié qui était échue à Louis XII. Ce fut tout le profit qu'en retira la France.

Ces révolutions et d'autres portèrent malheur à Savonarole. Nous avons vu ce moine dominicain, maître absolu à Florence, lui donner une constitution, avec cet article, entre les autres : « Que tout citoyen qui aurait été condamné pour délit politique pourrait en appeler au grand conseil. » Savonarole ne sut point demeurer semblable à lui-même, ni garder la mesure convenable. Au lieu de se borner à prêcher contre les vices, il déclama plus d'une fois contre les personnes. La conduite d'Alexandre VI n'était pas bien édifiante; Savonarole, comme un autre Cham, révélait publiquement l'ignominie de son père. On remarqua dans ses discours quelques propositions peu conformes à la foi catholique. Trop souvent la chaire devenait pour lui une tribune de harangues politiques. Cinq conspirateurs, condamnés à mort, en appellent au grand conseil, suivant la loi de Savonarole; Savonarole s'oppose à leur appel, et ils sont exécutés. Machiavel a fait un chapitre tout exprès pour blâmer Savonarole d'avoir ainsi violé sa propre loi. Bien des personnes s'en plaignent; c'est l'archevêque de Florence, ce sont ses grands vicaires, c'est le clergé, ce sont tous les ordres religieux de la ville. On l'accuse de jouer le rôle de prophète en chaire, de parler de ses visions, de se vanter de révélations célestes.

Des plaintes nombreuses arrivent de tous côtés au Pape. Le Pape veut faire taire le moine; il le cite à comparaître à Rome. Dans une occasion pareille, Pic de la Mirandole partit à l'instant pour aller se justifier. Savonarole n'imita point son ami. A la lettre du Pape, il répond par un refus, sous prétexte qu'il est malade. Et il reste en chaire. Le Pape le somme encore une fois de comparaître à Rome ou devant le vicaire général de Bologne; le moine refuse, en invoquant les mêmes raisons pour colorer sa désobéissance. Alexandre lui défend alors de prêcher. Savonarole obéit d'abord, puis s'en lasse et remonte en chaire. Le Pape alors l'excommunie; le 18 juin 1497, la sentence est lue dans six églises. Au lieu de se soumettre, Savonarole se moque et de l'excommunication et de celui qui l'a portée. Le Franciscain Rondinelli l'accuse de tromper le peuple, et s'offre d'entrer avec lui dans le feu. L'épreuve est acceptée par les magistrats. Le bûcher était allumé, le Franciscain se soumettait à toutes les conditions, Savonarole faisait naître une difficulté après l'autre, encore n'était-ce pas lui qui devait entrer dans le feu, mais un de ses confrères. Le peuple allait se soulever d'impatience, lorsque, par un temps clair et serein, un orage épouvantable, accompagné d'éclairs et de tonnerre, éclata sur Florence, et la flamme du bûcher s'éteignit sous une pluie abondante.

Après quelques autres incidents, Savonarole est arrêté avec un de ses confrères, auquel s'adjoint un troisième. Ils sont interrogés par les commissaires du gouvernement, et appliqués à la torture. Le 19 avril 1498, l'instruction terminée, les accusés comparurent, pour entendre la lecture du procès, devant une assemblée formée de juges, de vicaires généraux de l'archevêque de Florence, de plusieurs chanoines de la cathédrale, des principaux citoyens de la cité et de six religieux de Saint-Marc, le couvent de Savonarole. La lecture achevée, le notaire public demanda à Savonarole, qui avait signé les interrogatoires, si tout ce qu'il venait d'entendre était vrai. Il répondit : « Ce que j'ai écrit est vrai. » On ne put en obtenir d'autre réponse. Les six religieux de Saint-Marc signèrent le procès-verbal. Le soir même, les trois frères furent condamnés à mort. Ils se confessèrent, communièrent tous les trois, acceptèrent l'indulgence plénière que le pape Alexandre VI leur fit offrir, et endurèrent chrétiennement le supplice du feu : c'était la veille de l'Ascension (Audin, *Hist. de Léon X*, t. I, c. 9).

L'an 1497, Alexandre VI, frappé de la mort funeste d'un de ses fils, qu'on retira du Tibre percé de plusieurs coups de poignard, craignit pour lui-même quelque coup de la vengeance divine. Il conçut le dessein d'abdiquer la papauté, et s'en ouvrit au roi Ferdinand d'Espagne, qui lui répondit que cette affaire méritait une grande délibération, et qu'il fallait au moins attendre que son affliction fût calmée. Il nomma de plus une commission de six cardinaux, pour travailler au rétablissement de la discipline ecclésiastique. Si l'on n'en voit pas de résultat, on voit du moins que cet homme si décrié n'était point insensible (Raynald, an 1497).

L'an 1500, 29 juin, fête de saint Pierre et de saint Paul, vers quatre heures, Alexandre VI s'entretenait dans sa chambre avec un cardinal et un camérier. Tout à coup un furieux ouragan, accompagné d'une grêle prodigieuse, éclate sur la ville de Rome. Le cardinal et le camérier, sur l'ordre du Pape, vont fermer les fenêtres, et échappent ainsi à la mort. Car une énorme cheminée, renversée par l'orage, enfonce les étages supérieurs, brise en deux la poutre au-dessus du pontife, fait tomber de l'étage d'en haut trois personnes mortes ou mourantes à ses pieds; lui-même disparaît sous les décombres; on l'appelle, il ne répond pas : on le crut mort. Cependant il ne l'était pas. La poutre, rompue en deux, restait par un bout dans la muraille au-dessus de sa tête, et par l'autre s'abaissait devant lui à terre, de manière à faire tomber les pierres et les autres débris à droite et à gauche. On trouva le Pape assis sur son siège, non pas mort, mais seulement étourdi, et blessé à la tête et à la main droite. Il n'y avait aucun danger. Alexandre VI avait alors 70 ans. Dès le 25 juillet, étant parfaitement guéri, il alla lui-même à Sainte-Marie-du-Peuple rendre ses actions de grâces à Dieu pour sa conservation (Raynald, an 1500, n. 3).

Il avait publié le jubilé de cette même année séculaire 1500. Il en étendit les grâces sur les provinces éloignées de Rome, en dispensant les particuliers d'en faire le voyage pour le gagner, à condition qu'ils contribueraient, chacun selon son pouvoir, aux frais de la croisade qu'il voulait publier contre les Turcs. Les Franciscains de l'observance furent chargés de prêcher les indulgences en Italie, d'y lever les décimes et les taxes sur le clergé, et d'en remettre le produit aux Vénitiens, pour les aider dans la guerre qu'ils soutenaient contre les infidèles. Les cardinaux ne furent pas exempts; on a encore le rôle de ce que chacun dut payer. Ascagne Sforce, riche de trente mille ducats de rente, fut obligé d'en verser trois mille dans la caisse instituée pour le Pape; le cardinal Jean de Médicis, depuis Léon X, six cents seulement; le dixième de ses revenus annuels; le cardinal Cornaro ne dut rien payer, parce que, dit le rôle, il n'a point de revenus : *nullos habet reditus.* Ces paroles sont à remarquer; car ce cardinal est un de ceux qu'on accuse Alexandre VI d'avoir voulu empoisonner, pour s'approprier son argent (Raynald, an 1500, n. 9).

Ce Pape mourut le 18 août 1503, âgé de 72 ans, après avoir occupé le Saint-Siège 11 ans et 8 jours. Le bruit courut et court encore qu'il mourut du vin empoisonné qu'il avait préparé pour un cardinal, et dont il but lui-même par mégarde. Mais il existe un journal de Burcard, son maître de cérémonies, où l'on trouve, soit qu'elles viennent du journaliste ou de son éditeur protestant, toutes les suppositions et les insinuations les plus malveillantes. Or, dans ce journal, il n'est pas dit un mot du vin empoisonné. On y lit au contraire : « Le samedi, 12 août, au matin, le Pape se sentit mal portant; après vêpres, survint la fièvre, qui fut continue. Le 15, on lui tira près de treize onces de sang, et il eut la fièvre tierce. Le jeudi 17, il prit médecine. Le vendredi 18, vers la douzième heure, il se confessa au seigneur Pierre, évêque de Culm, qui dit ensuite la messe en sa présence, et, après sa communion, donna le sacrement de l'eucharistie au Pape, assis dans son lit. Cinq cardinaux étaient présents, auxquels le Pape dit qu'il se trouvait mal. Vers l'heure de vêpres, ayant reçu l'extrême-onction de l'évêque de Culm, il expira en présence du dataire et de l'évêque. (Burcard, *Diarium*, dans les *Notices sur les manuscr. du roi*, t. I, p. 118). » L'historien Odoric Raynald cite d'autres journaux manuscrits qui rapportent absolument les mêmes choses, ni plus ni moins (Raynald, an 1503, n. 11). Muratori y joint Alexandre Sardi, auteur du temps, dont l'histoire se conserve manuscrite dans la bibliothèque d'Este. Après avoir mentionné le bruit du poison, il ajoute : « Mais Bertrand Costabile, qui était alors ambassadeur du duc Hercule de Ferrare, à Rome, et Nicolas Boucane de Florence, ami intime du gonfalonier Soderini, dans dix lettres écrites par eux en l'espace de cinq jours au duc et au cardinal d'Este, et lues par nous, montrent que la mort du Pape fut causée dans l'espace de huit jours par la fièvre tierce, qui régnait cet été à Rome : en ayant été attaqué le 10 août, sans que la saignée ni la manne pût la calmer, il expira le soir que nous avons dit. Comme l'effervescence du sang putréfié en ces jours rendit le cadavre noirâtre et gonflé, ceux qui ne connaissaient pas la cause de ces effets donnèrent naissance au bruit du poison. » Voilà comme parle l'auteur contemporain cité par Muratori (*Annali d'Italia*, an 1503). D'après tout cela, il serait bien à souhaiter qu'un honnête et docte protestant, comme il y en a de nos jours, nous donnât une histoire vraiment impartiale d'Alexandre VI.

Dans le conclave tenu pour lui donner un successeur, les cardinaux firent un règlement qu'ils jurèrent tous d'observer, et à l'exécution duquel le Pape futur devait s'engager par serment : c'était d'assembler dans deux ans un concile général pour rétablir la discipline dans l'Église, réformer les abus qui s'y étaient glissés, et remédier à la corruption des mœurs, qui était portée à l'excès (Mariana, l. 18, n. 18).

L'élection tomba sur le plus zélé et le plus propre qu'il y eût dans le sacré collège pour exécuter ce grand dessein : ce fut François Piccolomini, Siennois, archevêque de Sienne, cardinal-diacre du titre de Saint-Eustache. Il était, par sa mère, neveu de Pie II, en mémoire duquel il prit le nom de Pie III.

Son premier objet fut d'arrêter la licence du faste et des vices honteux qui régnaient impunément dans toutes sortes de classes sous le dernier pontificat; mais ce Pape, regardé de tous les gens de bien comme envoyé de Dieu pour l'avantage et la gloire de son Église, n'eut pas le temps d'y travailler. Sa santé, qui était déjà chancelante au conclave, se trouva très-affaiblie six jours après son élection. Il languit encore pendant vingt jours, et il mourut le 26ᵉ de son pontificat, regretté de tous ceux qui aimaient véritablement le bien et l'honneur de l'Église. Presque tous les artistes portèrent son deuil.

Les cardinaux se réunirent en conclave le 1ᵉʳ novembre 1503. Le même jour, le conclave n'étant pas encore fermé, ils élurent tout d'une voix le cardinal Julien de la Rovère, qui prit le nom de Jules II. Neveu de Sixte IV, il était né au bourg d'Abizal, près de Savone, de parents pauvres et obscurs, suivant l'opinion la plus commune. Son oncle, devenu Pape, le nomma cardinal de Saint-Pierre-aux-Liens, pendant qu'il était évêque de Carpentras, puis cardinal-évêque d'Albane, d'Ostie, grand-pénitencier, légat d'Avignon, de Bologne et de la Marche d'Ancône.

Les conjonctures étaient graves. D'après le principe moderne, que l'ordre politique n'est point subordonné à la morale et à la religion, les gouvernements temporels ne suivaient habituellement de règle que leur intérêt. Cela tendait à rompre l'humanité chrétienne en autant de fractions athées, que de gouvernements ou même d'individus. — Qui donc, malgré cette tendance anarchique des gouvernements temporels, maintiendra l'unité sociale parmi les peuples chrétiens ? — Le centre de l'unité religieuse, le successeur de saint Pierre, la sainte Église romaine. Mais, pour cela, il faut que cette

Eglise même soit libre et indépendante. C'est ce que ne comprennent guère les petits princes, ni même les grands. Jules II le leur fera comprendre.

Les Vénitiens s'étaient jetés dans la Romagne, avaient surpris Faënza, et menaçaient les autres places de la province. Il fallait les chasser des Etats de l'Eglise. *Seigneur, délivrez-nous des Barbares!* s'était écrié Jules II, quand on vint lui dire qu'il était Pape; et par les Barbares, il entendait d'abord l'étranger, puis tous ceux qui retenaient quelque parcelle du patrimoine de Saint-Pierre. Jules envoie à Venise des ambassadeurs, qui plaident vainement devant le sénat la cause du Saint-Siège : on ne les écoute pas. Il se rappelle alors qu'il tient entre ses mains un capitaine auquel la plupart des villes de la Romagne sont restées fidèles, parce qu'il les a délivrées des bandits qui les pillaient, et qu'il maintient par le sang et les supplices la sûreté des rues et l'administration de la justice. Jules fait arrêter Borgia. César, étonné de ce grand coup de foudre, en demande le motif; on lui répond qu'il sera libre dès qu'il aura restitué ou fait rendre au Pape, comme il l'a du reste promis, toutes les places fortes de la Romagne; en d'autres termes, quand il aura chassé jusqu'au dernier Vénitien des terres de l'Eglise.

On peut juger de la colère du Valentinois, qui se vantait d'avoir fait donner la tiare à Jules II, et qui, pour prix de son dévouement aux Rovère, avait reçu le titre de gonfalonier de la sainte Eglise. La liberté, pour César, c'était plus que la vie. Les forteresses seront restituées. Il donne un blanc-seing pour gage de son obéissance; mais ses lieutenants refusent de le reconnaître : même l'un d'eux, qui tient Césène, fait pendre aux créneaux de la citadelle le porteur des ordres du prince. A ce sang méchamment versé, le Pape répond en confinant le duc dans un château qui depuis, en souvenir du prisonnier, a porté le nom de *Tour de Borgia.* Pour la première fois de sa vie, César avait trouvé son maître : il fallait qu'il restituât ou qu'il languît peut-être toute sa vie entre quatre murailles : son choix ne pouvait être douteux. Cette fois il comprend que la ruse a fait son temps; des ordres sérieux sont donnés aux commandants des forteresses occupées par ses partisans. Presque tous obéissent, et en quelque mois le Pape recouvre, sans effusion de sang, des châteaux-forts où César comptait se maintenir, et le duc, dirigé sur Ostie sous la conduite de Carvajal, cardinal de Sainte-Croix, s'embarque bientôt pour Naples. Il allait quitter cette ville, quand, au mépris d'un sauf-conduit que lui avait délivré Gonsalve de Cordoue, il est arrêté, conduit en Espagne, et retenu deux ans dans le château de Médina del Campo. Echappé de là, il se réfugie auprès de Jean d'Albret, roi de Navarre, son beau-frère. Il fait avec lui la guerre aux Castillans, lorsqu'il est tué le 12 mars 1507, d'un coup de feu, devant le château de Viane, où on l'ensevelit sans honneur (Audin, *Hist. de Léon X; Biogr. univ.*, t. V).

D'après tout cela, on serait tenté de croire que, pendant le XVe siècle, il n'y eut aucun prince pour pratiquer les vertus chrétiennes dans un degré éminent. C'est une erreur.

La maison de Bade, qui tire son origine des anciens ducs d'Alsace, eut le bonheur, au milieu du XVe siècle, de donner un saint à l'Eglise, dans la personne du bienheureux *Bernard.* Jacques, margrave de Bade, son père, fut un des princes les plus accomplis de son temps. La sagesse qu'il fit constamment paraître dans sa conduite privée et publique ; le soin qu'il eut de maintenir la paix dans ses terres au milieu des troubles qui agitaient ses voisins; sa libéralité envers les églises, sa charité pour les pauvres, son équité à l'égard de tous ses sujets lui ont mérité le surnom de *Salomon de l'Allemagne.* Il fut, au rapport d'Æneas Sylvius, renommé partout pour sa prudence et sa justice. Il ne lui manquait, ajoute le même auteur, que la culture des lettres pour être le plus grand prince de son siècle. Comme il sentait vivement ce défaut, il ne négligea rien pour l'éducation de ses enfants. Il mourut à Bade l'an 1453, et fut enterré dans la collégiale de cette ville, qu'il venait de fonder. Il avait épousé, l'an 1426, Catherine, fille de Charles Ier, duc de Lorraine, laquelle ne mourut qu'en 1491. Il en eut cinq fils et une fille. Charles et Bernard, les deux aînés, lui succédèrent dans le margraviat, et en partagèrent les domaines entre eux. La maison aujourd'hui régnante de Bade descend de Charles. Bernard est celui dont nous retraçons la vie. Jean, Georges et Marc embrassèrent l'état ecclésiastique. Jean devint archevêque de Trèves en 1456, et mourut le 10 février 1503. Georges, nommé coadjuteur de Metz en 1457, en devint évêque trois ans après. Marc, chanoine des cathédrales de Cologne et de Strasbourg, mourut en 1478. Marguerite, leur sœur, épousa, l'an 1445, Albert, marquis de Brandebourg.

Le bienheureux Bernard, doué des plus belles qualités du corps et de l'esprit, reçut une éducation conforme à son rang et aux vues que son illustre famille avait sur lui. On ignore l'année de sa naissance; mais il est certain qu'on doit la mettre avant 1438, puisqu'on voit, par le testament de son père, que dès lors il était majeur. Bernard avait été fiancé, du vivant de son père, à Madeleine, fille de Charles VII, roi de France; mais son amour pour la retraite et la chasteté lui fit refuser cette alliance honorable ; il céda même à Charles, son frère, en 1455, la partie du margraviat qui lui était échue. Il parcourut ensuite les différentes cours des princes de l'Europe, pour les engager à entreprendre une nouvelle croisade contre les Turcs, qui venaient de s'emparer de l'empire d'Orient. L'empereur Frédéric IV, qui avait donné en mariage Catherine d'Autriche, sa sœur, à Charles de Bade, frère de Bernard, mit ce dernier à la tête de l'entreprise. Bernard se rendit d'abord à la cour de Charles VII, roi de France, puis à celle de Louis, duc de Savoie. Il fut très-bien reçu par ces deux princes. Il partit de Turin au commencement de juillet 1458, pour aller à Rome trouver le pape Calixte III; mais il tomba malade en route, à Montiscalier, ville située sur le Pô, près de Turin. On le transporta dans le couvent des Franciscains, où il mourut le 25 juillet, laissant des marques non équivoques de sa sainteté. Il fut enterré dans la collégiale de Sainte-Marie de cette ville, près du grand autel.

Les vertus que Bernard de Bade avait pratiquées dans le monde et la retraite reçurent un nouvel éclat des miracles qui s'opérèrent à son tombeau, ainsi que dans la collégiale de la ville de Vic, appartenant à l'évêché de Metz, où le portrait du saint avait été placé par l'ordre de l'évêque Georges, son frère. Ces prodiges frappèrent si vivement le pieux prélat, qu'il en écrivit, l'an 1478, aux magistrats de Montiscalier, pour délibérer avec eux sur la béatification de Bernard, mort vingt ans auparavant. Le pape Sixte IV nomma, le 23 décembre de la même année, des commissaires pour informer sur la vie et les miracles du vénérable Bernard. Il choisit de nouveau, le 4 août 1479, les évêques de Turin et de Carpentras pour continuer la procédure. Enfin le même Pape publia, l'an 1481, le décret de la béatification du serviteur de Dieu, laquelle fut célébrée du vivant de la mère de Bernard et d'une partie de ses frères. Georges, évêque de Metz, mourut le 11 octobre 1484. Christophe, margrave de Bade, fils de Charles, fit frapper, dans les années 1511, 1512, 1513 et 1519, différentes médailles d'or et d'argent, où le bienheureux Bernard est représenté en casque et en cuirasse, la tête environnée d'une auréole, tenant d'une main l'étendard de Bade, et de l'autre l'écu de sa maison, avec cette inscription : *Beatus Bernardus Marchio*. On conserve son cilice dans le trésor de Bade-Dourlach. Le serviteur de Dieu était particulièrement honoré dans l'abbaye de Saint-Vannes de Verdun. Sa mémoire obtint une nouvelle célébrité par les soins d'Auguste-Georges Simpert, dernier margrave de la branche de Bade-Bade, lequel fit confirmer la béatification par une bulle de Clément XIV, qui, au commencement de son pontificat, déclara le bienheureux Bernard patron du margraviat. Louis-Constantin de Rohan, cardinal-évêque de Strasbourg, par son Mandement du 20 juin 1770, étendit la fête du bienheureux Bernard dans tout son diocèse, et la fixa au 24 juillet (Godescard, 15 juillet; Trithème, *Chron. Hirsaug.*).

La bienheureuse *Marguerite*, issue de la royale maison de Savoie, l'une des plus anciennes et des plus religieuses de l'Europe, annonça de bonne heure ce qu'elle deviendrait un jour. Elle montra dès l'âge le plus tendre un éloignement prononcé pour le monde, ses plaisirs et ses vanités, fuyant les sociétés bruyantes et tout ce qui était capable de distraire son esprit, porté aux choses sérieuses. Tels furent les fruits de la bonne éducation qu'elle reçut. Cependant, pour se conformer à la volonté expresse de ses parents, elle consentit à épouser Théodore, marquis de Montferrat. Mais celui-ci étant mort assez peu de temps après, les entretiens spirituels qu'elle eut avec saint Vincent Ferrier la décidèrent à prendre et à porter publiquement l'habit de saint Dominique, que portent les sœurs dites *de la Pénitence*. Elle prit même solennellement les engagements propres aux veuves, pour les observer le reste de ses jours. Philippe, duc de Milan, s'étant présenté, sur ces entrefaites, pour l'épouser en secondes noces, avec une dispense de la part du souverain Pontife, qui la relevait de ses vœux, elle le remercia l'un et l'autre avec beaucoup de grâce et de modestie.

On ne saurait dire de quelle charité elle était animée pour soulager les pauvres et les malades. Elle les servait de ses propres mains, elle leur rendait les services les plus dégoûtants. Mais enfin, désirant s'éloigner plus encore de l'air du siècle qui l'importunait, et jouir des avantages de la solitude d'une manière plus particulière, elle fit construire un monastère à Albe, tant pour elle que pour les autres personnes du sexe qui voudraient s'y consacrer à Dieu sous la conduite des religieux de saint Dominique. Là, elle fit ses vœux solennels et s'y consacra à Dieu pour toujours. Dès qu'elle eut embrassé ce nouveau genre de vie, elle se livra à tous les exercices de piété avec une nouvelle ardeur. Elle était si fidèle aux saintes règles de l'ordre, qu'elle ne s'en écarta jamais, même dans les choses les plus légères. Elle était d'une telle humilité et obéissait si promptement, qu'on n'eût pas dit qu'elle avait été élevée à la cour, mais dans la condition la plus humble du peuple. Elle avait pour les ordres de ses supérieurs une soumission et une déférence qui allaient jusqu'au scrupule; tout ce qu'il y avait de plus bas, elle le choisissait volontiers pour sa tâche. Ses habillements et ses meubles étaient si simples et si pauvres, qu'il eût été impossible d'y trouver quelque chose qui rappelât son ancien rang.

Dans une vision où Notre Seigneur lui apparut et lui donna le choix de trois afflictions, la calomnie, la maladie ou la persécution, elle accepta les trois choses ensemble avec le dévouement le plus héroïque. Très-souvent, pendant ses oraisons, elle était ravie en extase, et les douceurs qu'elle goûtait dans cette union divine ne sauraient être comprises que par ceux qui en ont été favorisés. Elle possédait le don des prières et des larmes à un tel point, qu'elle obtenait de Dieu tout ce qu'elle voulait. Sa nièce Amédée étant affligée d'une maladie dont les médecins désespéraient, elle la guérit entièrement en priant pour elle. C'est ainsi qu'elle procura une moisson abondante à un pauvre dont le champ avait été totalement ruiné par la grêle. Elle entreprit de grandes austérités pour procurer la paix à l'Eglise, et Dieu lui accorda la consolation de la voir enfin rétablie après les divisions qui l'avaient déchirée si longtemps. Enfin Marguerite, mûre pour le ciel, ayant passé quatre ans dans l'ordre de Saint-Dominique, s'endormit paisiblement dans le Seigneur l'an 1467. Dieu glorifia sa servante par plusieurs miracles opérés tant pendant sa vie qu'après sa mort, et Clément X permit d'en célébrer la fête dans tout l'ordre de Saint-Dominique (Godescard, 27 nov.).

Le bienheureux *Amédée*, 9e du nom, duc de Savoie, naquit à Thonon, le 1er février 1435, de Louis II et d'Anne, son épouse, fille du roi de Chypre. La princesse, sa mère, voulut elle-même prendre soin de son enfance et de son éducation; laissant au duc, son père, le choix des études et des exercices propres à le former selon sa naissance, elle s'appliqua tout entière à l'élever selon la sainteté du christianisme. Elle lui inspira de bonne heure une vive horreur du péché, et s'efforça de le mettre en garde contre les séductions de la grandeur et les pièges que le monde tend sans cesse aux faiblesses des princes.

La piété du jeune duc parut presque dès le berceau. Aussi on ne pouvait lui causer de plus grand plaisir que de lui apprendre quelque nouvelle pratique de dévotion. Une messe lui tenait lieu de divertissement, et il ne se délassait de ses études que par des lectures pieuses. Elevé au sein de l'opulence et des grandeurs, dans l'une des cours les plus brillantes de l'Europe, rien ne fut jamais capable d'amollir son cœur et de le séduire. Un fréquent usage des sacrements, accompagné de secrètes austérités, voilà les remèdes qu'il employait pour se préserver des funestes impressions de tout ce qui l'environnait.

Jamais prince ne fut plus aimé, et ne mérita mieux l'amour de ses peuples. Il savait allier beaucoup de grandeur et de noblesse avec beaucoup de bonté et d'affabilité pour tous ceux qui l'approchaient. Son bonheur était de faire plaisir aux autres et de leur être utile.

A l'âge de dix-sept ans, Amédée épousa Yolande de France, fille de Charles VII et sœur de Louis XI, à laquelle il avait été promis dès le berceau. Rien de mieux assorti que cette union. Les deux jeunes époux avaient le même goût pour la piété, le même éloignement pour le faste, la même inclination pour tous les genres de bonnes œuvres. Aussi la cour eut-elle bientôt changé de face, et tous les seigneurs s'empressèrent à l'envi de tenir la seule conduite qui pût les rendre agréables à leur souverain. Voici ce que dit à cet égard un ancien historien : « Il ne pouvait souffrir ni les blasphèmes, ni les parjures, ni les perfidies, ni les friponneries; tous ces vices étaient bannis de sa cour. Si le plus brave de ses sujets eût été convaincu d'avoir proféré un seul blasphème, quand tous les potentats de la terre eussent parlé pour lui, il ne l'eût pas retenu une heure dans sa maison. Ce fut à son exemple qu'un prince de Milan fit bâtir une chapelle qu'on appelait la *chapelle des blasphèmes*, parce qu'elle était construite avec les amendes des courtisans surpris à blasphémer. » Fût-on des premiers officiers, si on était libertin, il fallait quitter le service. Sa maxime était que Dieu doit toujours être servi le premier, et que l'esprit de la religion doit régler tous les détails de notre conduite. A sa prière du matin succédait une lecture de piété, après laquelle il entendait la messe avec un si profond respect et un recueillement si édifiant, qu'on avait coutume de dire qu'il suffisait de voir le duc de Savoie à la messe pour avoir de la dévotion. Il entrait ensuite au conseil, où les causes des pauvres, des veuves et des orphelins étaient toujours rapportées les premières. L'injustice avait beau s'envelopper de voiles épais, l'œil perçant du prince savait la découvrir, sous quelque subterfuge qu'elle essayât de se cacher.

La charité envers les pauvres était pour le pieux Amédée une véritable passion. On aurait dit qu'il n'avait en main le pouvoir souverain que pour soulager les malheureux dans ses Etats; il mettait son bonheur à distribuer des aumônes. Chaque jour il nourrissait un grand nombre de pauvres dans ses palais; les plus rebutants et les plus sales y étaient toujours les mieux reçus; il les servait quelquefois lui-même à table, et, à cette occasion, quelques-uns de ses courtisans ayant osé lui représenter que c'était avilir la dignité royale que d'en agir de la sorte, il se contenta de leur demander froidement s'ils croyaient à l'évangile; puis il ajouta : « Souvenez-vous donc que Jésus-Christ regarde comme fait à lui-même ce que l'on fait au plus petit des siens; et quel plus grand honneur pour un prince que celui de servir Jésus-Christ ! » Ses ministres lui dirent un jour que ses aumônes épuisaient ses finances, et qu'il leur semblerait plus utile de fortifier les places de guerre et de lever de nouvelles troupes, que de nourrir tant de fainéants. « Je loue votre zèle, répondit aussitôt le bienheureux Amédée; mais apprenez que les charités qu'un prince fait aux pauvres sont les plus sûres fortifications d'un Etat, les pauvres sont les meilleures troupes, et le secret pour faire régner l'abondance, c'est de faire de grandes largesses aux malheureux. » La Savoie fut appelée sous son règne *le paradis des pauvres*.

Un jour, en passant dans une rue de la capitale, le bienheureux Amédée entendit un pauvre artisan se plaindre amèrement du surcroît de charges que faisait peser sur le peuple un nouvel impôt; il demanda sur-le-champ à ses ministres s'il ne serait pas possible de diminuer cette taxe; et comme ceux-ci alléguèrent des besoins impérieux et pressants, alors le prince détacha le collier d'or qu'il portait à son cou, et ordonna qu'il fût converti en monnaie, afin que ses sujets fussent soulagés d'autant.

Quoique ennemi du luxe, Amédée savait, lorsque l'éclat de son rang l'exigeait, déployer une sage magnificence; c'est ainsi que, lorsqu'il parut à la cour de France, il étonna par le brillant cortége et la beauté des équipages dont il était accompagné.

Pendant les dernières années de sa vie, il veilla, avec un soin particulier, sur l'éducation des princes, ses fils; il sentait que le sort de ses Etats, après sa mort, dépendait en quelque sorte du soin qu'il prendrait de leur inspirer des sentiments dignes de leur rang et conformes aux maximes de la religion; il ne négligea rien pour se donner en eux de dignes successeurs.

La fin de sa vie fut marquée par de grandes infirmités, qu'il supporta avec autant de courage que de résignation; mais elles ne changèrent rien à ses austérités habituelles, et, malgré ses souffrances, il ne laissait pas de se condamner encore à des jeûnes très-fréquents. Lorsqu'il sentit, dans sa dernière maladie, qu'il n'avait que peu de temps à vivre encore, il déclara la duchesse, son épouse, régente de ses Etats, et ayant fait appeler les principaux seigneurs, qui fondaient en larmes, il leur parla ainsi : « Je vous recommande les pauvres et les malheureux; répandez libéralement sur eux vos charités, et le Seigneur répandra abondamment sur vous ses bénédictions. Rendez la justice sans acception de personnes; faites que la religion fleurisse et que Dieu soit bien servi. » Peu après il expira, ayant reçu le saint viatique et l'extrême-onction avec une nouvelle ferveur, le 31 mars 1472, à Verceil, âgé seulement de 37 ans.

Son corps fut enterré dans l'église de Saint-Eusèbe, sous les marches du maître-autel, ainsi qu'il l'avait demandé. On était si persuadé de sa sainteté, que les évêques assistant à ses funérailles délibérèrent longtemps s'ils diraient la messe des morts pour se conformer aux usages de l'Eglise; mais enfin l'archevêque de Turin dit la messe de la sainte Vierge, et l'évêque de Verceil celle du Saint-Esprit. Dieu, qui avait manifesté plus d'une fois les grandes vertus de son serviteur pendant sa vie, déclara sa sainteté après sa mort par un grand nombre de miracles. L'évêque de Verceil en rapporte cent trente-huit. C'est ce qui a déterminé le pape Innocent XI à permettre qu'on fît l'office et qu'on dît la messe en l'honneur du bienheureux Amédée dans tous les Etats du duc de Savoie (Godescard, 31 mars).

Saint *Casimir*, prince de Pologne, fut le troisième des treize enfants que Casimir III, roi de Pologne, eut d'Elisabeth d'Autriche, fille de l'empereur Albert II. Il vint au monde le 5 octobre 1458, et fit paraître dès son enfance, beaucoup d'inclination pour la vertu. Il eut pour précepteur Jean Dlugosz, dit Longin, chanoine de Cracovie et historien de Pologne, homme qui joignait une rare piété à une grande étendue de connaissances ; il refusa, par humilité, plusieurs évêchés que son mérite extraordinaire lui avait fait offrir. Casimir et les autres princes, ses frères, lui étaient si tendrement attachés, qu'ils ne pouvaient souffrir qu'on les en séparât un moment ; mais notre saint fut celui qui profita le plus des leçons d'un si habile maître.

On le vit, à la fleur de l'âge, se livrer avec ardeur aux exercices de la piété et aux pratiques de la mortification. Il avait une souveraine horreur pour le luxe et la mollesse qui règnent à la cour des rois ; il portait un cilice sous ses habits qui étaient toujours fort simples ; souvent il couchait sur la terre nue, et passait une grande partie de la nuit à prier et à méditer. La passion de Jésus-Christ était le sujet le plus ordinaire de ses méditations. Il sortait fréquemment la nuit pour aller prier à la porte des églises, où il attendait qu'on les ouvrît pour assister aux matines. Son esprit et son cœur étaient continuellement unis à Dieu, et la paix intérieure de son âme se manifestait à tout le monde par la sérénité de son visage. Plein de respect pour tout ce qui concernait le culte divin, les plus petites cérémonies de l'Eglise intéressaient sa piété. Une chose lui devenait chère du moment que la gloire de Dieu en était l'objet. Il avait une dévotion particulière à Jésus souffrant, et il ne pensait jamais au mystère de notre rédemption, sans fondre en larmes et sans se sentir embrasé d'amour. Quant au saint sacrifice de la messe, il y assistait avec tant de ferveur et de recueillement, qu'il paraissait ravi en extase. Pour marquer la confiance qu'il avait en la protection de la sainte Vierge, il composa, ou du moins il récitait souvent en son honneur l'hymne qui porte son nom, et il voulut à sa mort qu'on en mît une copie dans son tombeau. Il aimait si tendrement les pauvres, qu'il ressentait en quelque sorte leurs misères. Non content de leur distribuer ses biens, il employait encore, pour les soulager, tout ce qu'il avait de crédit auprès de son père et de son frère Uladislas, roi de Bohême.

Les Hongrois, mécontents de Mathias, leur roi, voulurent élever notre saint sur son trône en 1471 ; ils envoyèrent pour ce sujet une députation au roi de Pologne, son père. Le jeune Casimir, qui n'avait pas encore treize ans accomplis, eût bien voulu refuser la couronne qu'on lui offrait ; mais, par complaisance pour son père, il partit à la tête d'une armée, pour soutenir le droit de son élection. Etant arrivé sur les frontières de la Hongrie, il apprit que Mathias venait de réunir seize mille hommes pour aller au devant des Polonais, et qu'il avait regagné le cœur de ses sujets. Il sut aussi que le pape Sixte IV s'était déclaré pour le roi détrôné, et qu'il avait envoyé une ambassade à son père pour lui faire abandonner son entreprise. Toutes ces circonstances réunies donnèrent une joie secrète au jeune prince. Il demanda à son père la permission de revenir sur ses pas, ce qui ne lui fut que très-difficilement accordé ; mais, pour ne pas augmenter le chagrin que son père ressentait d'avoir vu échouer ses desseins, il évita d'abord de paraître en sa présence ; au lieu d'aller droit à Cracovie, il se retira au château de Dobzki, qui en est à une lieue, et il y passa trois mois dans les pratiques d'une austère pénitence. Ayant reconnu dans la suite l'injustice de l'expédition qu'on l'avait forcé d'entreprendre contre le roi de Hongrie, il refusa constamment de se rendre à une seconde invitation que lui firent les Hongrois, et cela malgré les sollicitations et les ordres réitérés de son père.

Casimir employa les douze dernières années de sa vie à consommer l'ouvrage de sa sanctification. Il vécut dans la plus grande continence, malgré les raisons pressantes qu'on alléguait pour le porter au mariage. Il mourut de phthisie à Vilna, capitale de la Lithuanie, le 4 mars 1483, à l'âge de 24 ans et 5 mois. Il avait prédit sa mort avant qu'elle arrivât, et s'y était préparé par un redoublement de ferveur et par la réception des sacrements de l'Eglise. On l'enterra dans l'église de Saint-Stanislas. Il s'opéra un grand nombre de miracles par son intercession. Le pape Léon X le canonisa l'an 1522. Cent vingt ans après sa mort, on trouva son corps sans corruption. Les riches étoffes dont on l'avait enveloppé furent aussi trouvées entières, malgré l'excessive humidité du caveau où il avait été enterré. On a fait construire une magnifique chapelle de marbre pour y déposer ses reliques. Saint Casimir est patron de la Pologne, et on le propose communément aux jeunes gens comme un parfait modèle de pureté (*Acta Sanct.*, et Godescard, 4 mars).

Saint Casimir eut pour contemporain et compatriote saint *Jean de Kenti*, prêtre apostolique suscité par Dieu pour garantir la Pologne contre les erreurs des Hussites. Né vers l'an 1403, dans le village dont il porte le nom, et qui est du diocèse de Cracovie, il dut aux soins que prirent ses pieux parents de lui donner une bonne éducation, l'avantage précieux de passer sa jeunesse dans l'innocence. Mais il répondit d'une manière si parfaite à leurs soins et à leurs sages conseils, que l'on put dès lors pressentir à quel degré sublime de vertu il s'élèverait un jour. Ses premières études achevées, il alla faire sa philosophie et sa théologie à l'Université de Cracovie. Il prit les degrés et y devint même professeur. Pendant plusieurs années, il remplit les fonctions de l'enseignement dans cette ville, et, comme il mettait la vertu infiniment au-dessus de la science, il sut profiter de toutes les occasions et de tous les moyens que sa position lui donnait, pour inspirer à ses disciples les sentiments de piété dont il était pénétré lui-même, et qu'il leur inculquait par ses exemples autant et plus que par ses discours. Lorsqu'il fut parvenu au sacerdoce, on le vit joindre à l'application qu'il avait à l'étude, un zèle plus ardent encore pour la perfection. Il était profondément touché de voir Dieu si peu connu et si mal servi par un trop grand nombre de chrétiens. La seule pensée de tant d'offenses qui se commettent chaque jour contre lui, l'accablait d'une vive douleur. Elle lui faisait souvent verser des torrents de larmes, surtout pendant qu'il célébrait le saint sacrifice de la messe. Il ne pouvait considérer l'ingratitude du pécheur et la miséricorde infinie que le Sauveur nous témoigne dans l'adorable sacrement de nos autels, sans se sentir comme accablé par un contraste si déplorable.

Après avoir enseigné avec succès, Jean fut appelé au gouvernement de la paroisse d'Ilkusi. Ce pénible emploi, en lui imposant de nouvelles obligations, fit aussi éclater en lui de nouvelles vertus. Véritable pasteur des âmes, il remplit avec le zèle le plus édifiant et une prudence consommée, tous les devoirs du saint ministère; sévère pour lui-même, indulgent pour les autres, il était le père de son troupeau, et tous étaient sûrs de trouver en lui un ami tendre et actif dans leurs peines temporelles ou spirituelles. Il se refusait toute superfluité pour secourir les indigents, et souvent même il se dépouilla pour eux de ses habits et de ses souliers; il laissait dans ces circonstances son manteau traîner le plus qu'il lui était possible, afin qu'on ne vît pas qu'il retournait nu-pieds à sa demeure. Un dimanche matin, en se rendant à l'église, il trouva un pauvre homme étendu, presque sans vêtement, sur la neige, mourant de faim et de froid; il ôta aussitôt sa soutane, en couvrit cet infortuné, le conduisit dans son presbytère et le fit manger avec lui. En mémoire de cette charitable action, chaque professeur du collège de Varsovie était obligé, un jour dans l'année, de faire dîner un pauvre à sa table.

La charge des âmes a effrayé tous les saints. Jean, pénétré de cette crainte, quitta, après quelques années d'exercice, la paroisse dont il était chargé, et, sur la demande de l'Université, il vint reprendre sa place de professeur. Ce changement de situation et d'état n'influa en rien sur sa conduite. Tous les instants que son emploi lui laissait libres, il les consacrait ou à travailler au salut du prochain, surtout par la prédication, ou il les donnait à la prière, dans laquelle il recevait des faveurs extraordinaires. Le souvenir de la passion de Jésus-Christ le touchait tellement, qu'il passait quelquefois toute la nuit dans la contemplation de ce mystère. Pour le graver encore plus profondément dans son esprit, ce saint prêtre fit, sous l'habit de pèlerin, le voyage de Jérusalem. Brûlant du désir de terminer ses jours par le martyre, il ne craignait pas de prêcher aux Turcs Jésus-Christ crucifié. Outre ce voyage de la terre sainte, Jean fit quatre fois celui de Rome, pour visiter les tombeaux des saints apôtres, donner au Saint-Siège des marques publiques de son respect, et tâcher, ainsi qu'il le disait, de se préserver, par ses voyages de piété, des peines du purgatoire. Il faisait ses pèlerinages à pied, portant lui-même son bagage. Dans un de ses voyages, des voleurs l'ayant rencontré, lui prirent ce qu'il possédait, et l'interrogèrent ensuite pour savoir s'il n'avait plus rien; le saint homme leur répondit que non. Mais, s'étant aperçu, lorsqu'ils l'eurent quitté, qu'il avait encore quelques pièces d'or cousues dans son manteau, il courut après eux, les appela à haute voix et leur présenta son or. Ceux-ci, étonnés d'une pareille conduite, refusèrent de le recevoir, et lui rendirent même ce qu'ils lui avaient pris.

Profondément pénétré de respect pour le précepte de l'Évangile qui nous ordonne d'aimer notre prochain comme nous-mêmes, Jean de Kenti l'observait avec la plus grande exactitude. A l'exemple de saint Augustin, il avait inscrit sur les murs de sa demeure des vers qui montraient son horreur pour la médisance. Sa charité ne consistait pas seulement à éviter de faire du mal à ses frères, elle le portait à leur procurer tout le bien qui lui était possible. On l'a vu se priver de sa nourriture, pour la donner à ceux qui en avaient besoin. Autant animé d'une sainte haine contre lui-même, qu'il montrait d'affection pour le prochain, il ne donnait que très-peu de temps au sommeil, ne s'habillait que pour se couvrir, et ne mangeait que pour s'empêcher de mourir de faim. Le désir qu'il avait de conserver sa pureté le porta à la pratique des plus rudes mortifications. Il était couvert d'un cilice, jeûnait et prenait fréquemment la discipline. Trente ans avant sa mort, il s'abstint entièrement de l'usage de la viande. Telle fut la vie de ce saint prêtre, dont tous les jours furent donnés à la vertu. Uni à Dieu d'une manière intime, par le souvenir habituel de sa sainte présence, tout ce qu'il disait, tout ce qu'il faisait montrait son recueillement et son zèle pour la gloire du Seigneur et pour le salut du prochain. Il mourut le 24 décembre 1473, dans la 70° année de son âge, aimé et respecté de tous. Plusieurs miracles furent opérés par son intercession. Cent trente ans après sa mort, on ouvrit son tombeau, et il en sortit l'odeur la plus douce et la plus agréable. On conserva religieusement la robe de pourpre qu'il avait portée comme docteur; on en revêtait le doyen de l'école de philosophie le jour de son installation, et on lui faisait jurer d'imiter les exemples et les vertus de saint Jean de Kenti, comme il en portait le vêtement.

Il fut canonisé par le pape Clément XIII, le 16 juillet 1757; sa mémoire est en grande vénération en Pologne et en Lithuanie, et il est un des patrons de ce pays. Il a laissé après lui une haute réputation de savoir, mais aucun de ses ouvrages n'est parvenu jusqu'à nous; on lui en attribuait quelques-uns qui furent déclarés apocryphes, par la congrégation des Rites, pendant le procès pour sa canonisation (Godescard, 20 octobre).

Le bienheureux *Nicolas de Flue* n'était ni un savant, comme saint Jean de Kenti, ni un prince, comme saint Casimir de Pologne; cependant, par sa sainteté seule, il fut le sauveur, et, par là même, le prince de sa patrie.

L'an 1481, après les trois glorieuses victoires sur le duc de Bourgogne, à Granson, à Morat et à Nancy, les députés de la confédération helvétique étaient assemblés à Stanz, dans le pays d'Unterwald, pour délibérer sur le partage du butin et sur l'admission des villes de Soleure et de Fribourg dans la confédération. C'était à la mi-décembre. Après bien des discours, on ne put s'accorder sur rien. Les députés s'apprêtaient à partir, irrités les uns contre les autres. On s'attendait à une guerre civile, à la rupture de la confédération. Dans ce péril extrême, le curé de Stanz (il se nommait Henri) se souvint de frère Nicolas de Flue, qui, depuis vingt ans, demeurait dans l'ermitage du Ranft, et y vivait depuis treize ans sans prendre aucune nourriture corporelle. Il crut que sa vertu seule et la confiance qu'elle inspirait pourrait sauver la patrie.

Déjà la nuit était avancée quand le curé Henri arriva devant l'ermitage. La cellule où le pieux frère habitait depuis près de vingt ans était tellement basse, qu'il en touchait la voûte avec la tête ; elle n'avait que trois pas de longueur, et la moitié en largeur ; à droite et à gauche il y avait de petites fenêtres grandes comme la main, une porte et une petite fenêtre donnaient sur la chapelle. C'était par là que Nicolas saluait ordinairement ceux qui le visitaient. On n'y voyait d'autre meuble qu'un lit où il reposait, avec une mauvaise couverture grise et une pierre ou un morceau de bois pour oreiller.

Le bon curé expliqua au frère le grand péril où l'on était ; il lui dit comment l'assemblée, que lui-même avait conseillée pour pacifier les esprits, avait eu une issue déplorable, et que les choses les plus graves étaient à craindre ; il l'engagea au nom de Dieu à venir secourir sa pauvre patrie dans ce pressant danger. Frère Nicolas lui recommanda d'annoncer sa prochaine venue. Bientôt, en effet, on vit le saint vieillard à Stanz. Il portait son simple habit de couleur foncée, qui lui tombait jusqu'aux pieds ; il tenait d'une main son bâton, de l'autre son chapelet ; il était pieds nus et tête nue, comme toujours. Lorsqu'il parut dans la salle, toute l'assemblée se leva spontanément et s'inclina devant le frère Nicolas.

« Chers seigneurs, fidèles confédérés ! leur dit-il, soyez salués au nom de Jésus ! Mon bon père m'a envoyé ici pour que je vous harangue à propos de vos discordes qui peuvent entraîner la ruine de la patrie. Je suis un homme pauvre et sans lettres, mais je veux vous donner conseil dans toute la sincérité de mon cœur, et je vous parle comme Dieu m'inspire. Je vous souhaite beaucoup de bien, et, si j'étais capable de vous en faire un peu, je voudrais que mes paroles vous portassent à la paix. O chers confédérés ! traitez vos affaires avec de bons sentiments, car un bien amène l'autre. Songez que c'est à une constante union que vous et vos pères devez votre prospérité. Maintenant que, grâce à la concorde qui régnait parmi vous, Dieu vous a accordé de si belles victoires, voudriez-vous, par jalousie et par cupidité pour un partage de butin, vous séparer et vous perdre réciproquement ? Gardez-vous bien de toute dissension, de toute défiance ; en Dieu on doit toujours trouver la paix : Dieu, qui est la paix même, n'est sujet à aucun changement ; mais la discorde est sujette au changement et elle détruit tout.

» C'est pourquoi je vous en conjure, chers confédérés des campagnes ! recevez dans votre alliance les deux bonnes villes de Fribourg et de Soleure ; elles vous ont prêté un fidèle secours dans le danger ; elles ont souffert avec vous par la bonne et par la mauvaise fortune ; elles ont beaucoup perdu pour votre cause. Je ne veux pas seulement vous exhorter et vous conseiller, mais je vous supplie instamment, parce que je sais que c'est la volonté de Dieu. Il viendra un temps où vous aurez bien grand besoin de son secours et de son appui.

» Et vous, confédérés des villes ! renoncez à ces droits de garantie que vous avez établis avec ces deux villes, car ils sont une cause de discordes. N'étendez pas trop loin le cercle de la confédération, afin de maintenir d'autant mieux la paix et l'unité, et de jouir en repos de votre liberté si chèrement achetée. Ne vous chargez pas de trop d'affaires à l'extérieur, et ne vous alliez pas à des puissances étrangères.

» N'acceptez, ô chers confédérés ! ni présents ni subsides d'argent, afin de ne point paraître avoir vendu votre patrie pour de l'or, afin que la jalousie et l'égoïsme ne germent point parmi vous et n'empoisonnent pas vos cœurs. Conservez dans toutes vos relations votre équité naturelle ; partagez le butin selon les services, les terres conquises d'après les localités. Ne vous laissez jamais entraîner à des guerres injustes par espoir du pillage ; vivez en paix et en bonne intelligence avec vos voisins ; s'ils vous attaquent, défendez vaillamment la patrie et combattez en hommes de cœur. Pratiquez la justice à l'intérieur, et aimez-vous les uns les autres comme des alliés chrétiens. Que Dieu vous protège et soit avec vous pendant toute l'éternité ! »

Ainsi parla le frère Nicolas, et Dieu donna sa grâce aux paroles du saint anachorète, dit le vieux chroniqueur Tchudi, au point qu'en une heure toutes les difficultés furent aplanies. Les confédérés, d'après son conseil, reçurent dans leur ligue les villes de Fribourg et de Soleure ; les anciens traités d'alliance furent confirmés, on les consolida en leur donnant pour bases de nouvelles lois reçues à l'unanimité. La pacification de tous les cantons de la Suisse, le maintien de l'ordre public et du pouvoir des magistrats contre les perturbateurs, le partage du butin d'après la règle qu'avait donnée frère Nicolas, tels furent les points sur lesquels tombèrent d'accord, le jour même, ces confédérés qui avaient lutté si longtemps et avec tant d'animosité. Ce bonheur inespéré était dû à la sainteté de frère Nicolas, avec lequel était la bénédiction de Dieu.

Le frère retourna le soir même dans son paisible ermitage. A Stanz, on mit les cloches en branle ; ce concert de jubilation retentit d'un lieu à l'autre, le long des lacs et des vallées, à travers les villages et les villes de toute la Suisse, depuis les hauteurs du Saint-Gothard, couvert de neige, jusqu'aux plaines riantes de la Thurgovie. Il y eut partout autant de joie et d'allégresse qu'après les victoires de Granson et de Morat. C'était à juste titre : là les confédérés avaient sauvé leur patrie des ennemis étrangers ; ici ils la sauvaient de leurs propres passions. Leur vrai libérateur, qui leur avait fait remporter cette grande victoire sur eux-mêmes, était le pauvre frère Nicolas ; tous le reconnurent et le louèrent comme leur sauveur. Dans les lettres authentiques que chaque délégué rapporta de l'assemblée de Stanz dans son lieu natal, on lit : « Tous les envoyés doivent en premier lieu faire connaître à leur pays la fidélité, la sollicitude, le dévouement qu'a montrés le pieux frère Nicolas dans toute cette affaire, et c'est à lui qu'on doit rendre grâces de ce qui s'est fait. »

Nicolas mena encore six années dans la retraite sa vie paisible et riche en bénédiction. Avant sa mort, Dieu lui envoya une maladie aiguë, où des douleurs indicibles lui pénétraient jusqu'à la moelle des os. Dans cet état de supplice, il se retournait en tous sens, il se remuait sur sa couche comme un ver foulé aux pieds qui ne peut plus rester en repos. Ces effroyables souffrances durèrent huit jours, pendant lesquels son corps fut comme anéanti ; il les supporta avec la plus grande résignation ; il exhortait encore ceux qui entouraient son lit de mort à toujours se conduire en cette vie de manière à pouvoir la quitter avec une conscience calme. « La mort est terrible, disait-il, mais il est bien plus terrible encore de tomber entre les mains du Dieu vivant. » Quand ses douleurs furent un peu apaisées et que l'instant de sa mort approcha, frère Nicolas, avec toute l'ardeur de sa piété, désira recevoir le corps adorable du Sauveur et d'être fortifié par le sacrement de l'extrême-onction. Près du mourant se tenait son fidèle compagnon, le frère Ulrich ; son vieil ami, le curé Henri de Stanz, et la pieuse anachorète Cécile, qui, après sa mort, mena encore soixante-dix ans cette vie solitaire dans une cellule voisine ; autour de lui se trouvaient sa fidèle épouse et ses pieux enfants. En leur présence, il reçut les saints sacrements avec une humilité profonde ; puis il remercia Dieu pour tous les bienfaits qu'il lui avait dispensés, se prosterna et mourut de la mort des justes, le 21 mars 1487, le jour même où, soixante-dix ans auparavant, il était né pour la gloire de Dieu et l'édification de tous les fidèles.

Sa mort répandit le deuil par tout le peuple. Tous les ateliers furent fermés, et chaque maison pleura frère Nicolas, comme si le père de famille lui-même était mort. Son corps fut transporté avec pompe à Saxlen, et inhumé dans l'église de Saint-Théodule. Tous les cantons lui firent de magnifiques funérailles ; Sigismond, archiduc d'Autriche, fit dire pour lui cent messes de *Requiem*. Des miracles nombreux s'opérèrent à son tombeau, et le nom de Nicolas de Flue devint célèbre non-seulement en Suisse, mais en Allemagne, en France et jusque dans les Pays-Bas. En 1518, son corps fut levé de terre avec solennité par l'évêque de Lausanne, et placé dans un tombeau plus riche. Depuis il a été enfermé dans une châsse et placé dans un autel où il reçoit encore de nos jours les hommages des fidèles. Plusieurs Papes ont approuvé le culte qu'on lui rend (*Acta Sanct.*, et Godescard, 31 mars ; *Vie du B. Nicolas de Flue*, par Guido Goërres).

Le pape Jules II fut le sauveur de l'Italie, comme Nicolas de Flue le fut de la Suisse, seulement d'une autre manière. Vers 1504, la royauté temporelle du Pape et la nationalité de l'Italie couraient de véritables dangers. Rome fut heureuse d'avoir Jules II pour pontife.

Louis XII avait passé les Alpes pour venger la défaite de Charles VIII : c'était toujours la même idée folle qui troublait l'intelligence du monarque français ; il lui fallait en Italie une position militaire, grande ou petite, à Naples ou à Milan. Avec l'Italie, il avait la Méditerranée, avec la Méditerranée l'Orient, avec l'Orient la terre sainte. Tout réussissait à Louis XII ; il avait chassé de Milan Louis Sforce qui venait d'entrer prisonnier à Lyon, dompté les Vénitiens, et menaçait la Romagne. L'Italie allait être une province française, si Jules II fût resté dans le repos ; il en sortit. A peine est-il délivré de César Borgia, qu'accompagné de vingt-quatre cardinaux et à la tête de quatre cents gens d'armes, il marche sur Pérouse pour en chasser le tyran qui l'opprime. Délaissé par tous ceux qui l'entouraient au moment du danger, Baglioni n'a pas d'autre ressource que de venir implorer la clémence de son souverain, qui lui pardonne. Dès ce moment, Pérouse rentre sous la domination de l'Eglise, et recouvre son collége de républicains et ses vieilles franchises municipales (Léo, *Hist. d'Italie*, t. II).

Bentivoglio régnait à Bologne comme Baglioni à Pérouse, par la terreur et le sang ; il veut se soumettre, mais il fait ses conditions. Jules lui répond de Césène, le 10 octobre 1506, par une bulle qui le déclare rebelle, lui et les siens, livre leurs biens au pillage, leurs personnes à l'esclavage, et le lendemain il entre l'épée au poing dans Bologne, dont il rétablit les anciennes libertés (Léo, l. 100, p. 511 ; Audin, t. I).

Les Vénitiens refusent de rendre Faënza et Rimini. Après de vaines tentatives d'accommodement, le Pape lance contre eux une bulle, dont ils appellent au futur concile. Jules condamne leur appel comme illégal et téméraire, et les déclare schismatiques et hérétiques, s'ils s'y opiniâtrent. En même temps il accepte le bras séculier que lui offre la ligue de Cambrai entre Louis XII, roi de France, et Maximilien, empereur d'Allemagne. Les Vénitiens, battus par les Français, le sont encore par le nouveau duc d'Urbin, neveu du Pape, qui leur enlève tout ce qui n'avait pas été rendu par le traité précédent. Les Vénitiens reconnaissent leur faute, et demandent pardon.

Un moment Jules II occupe toute la scène, on n'aperçoit que lui ; on le voit étouffer ses ressentiments contre Venise ; lever l'interdit jeté sur la république, en recevoir les ambassadeurs à la porte de Saint-Pierre ; obtenir de Ferdinand d'Espagne, Fabrice Colonne, un des plus braves capitaines de l'époque, avec quatre cents lances ; lever des Suisses sur les bords du lac de Côme ; équiper une flotte que douze galères vénitiennes vont rejoindre, sous la conduite de Contarini, et donner pour auxiliaire à l'armée de mer Marc-Antoine Colonne, qui vient de lever dans le pays de Lucques une cavalerie et une infanterie redoutables.

Il voulait chasser l'étranger d'Italie. Et cet étranger, c'étaient les Allemands de l'empereur Maximilien, et les Français du roi Louis XII : deux armées formidables. Comme on voit, l'entreprise n'était pas petite.

D'abord, le succès ne répondit pas aux espérances du Pape ; ses troupes furent battues. Alors quelques cardinaux, cinq en tout, se détachent du Saint-Siège, et convoquent à Pise un prétendu concile œcuménique, où ils ont l'insolence de citer le Pape pour rétablir, disaient-ils, l'ordre et la discipline ecclésiastiques. C'était un attentat contre l'autorité du chef spirituel de la chrétienté que la révolte des cardinaux de Carvajal, de Saint-Séverin, de Saint-Malo, de Bajosa et de Cosenza ; ajoutons, avec Audin, une lâcheté envers un prince malheureux. Ils croyaient le lion mort ; mais le lion que la fièvre tenait couché dans son lit se réveilla bientôt ; il n'était qu'endormi. Il se lève tout souffrant, le corps brisé, mais l'âme sans atteintes, va faire sa prière à l'autel des Saints-Apôtres, et se rend à l'armée qui bloquait en ce moment la Mirandole. On était au mois de décembre 1511, la neige tombait en abondance, mêlée d'une grêle de balles que les assiégés dirigeaient de leur camp. Jules, à cheval, après avoir arrêté les dispositions du siége, commande lui-même le feu. La brèche est ouverte, et le Pape, à travers la mitraille, l'épée en avant, entre dans la ville, qui obtient son pardon. Grand et beau caractère, comme le remarque le protestant Ranke, qui s'apaise aussi vite qu'il s'irrite (Audin, *Hist. de Léon X*, t. I, p. 324).

Les cardinaux transfuges avaient décrété un conciliabule; Jules convoque un concile à Latran, et les rebelles sont sifflés par le monde catholique quand on apprend qu'ils n'ont donné que quatre mois aux prélats étrangers pour se rendre à Pise. Il paraît qu'ils ne connaissaient pas mieux leur géographie que leur devoir de chrétien.

Soderini, gonfalonier de Florence, fit une faute en cédant Pise aux cardinaux révoltés pour y tenir leur conciliabule : c'était de sa part un acte d'hostilité contre le Saint-Siége, et une manifestation imprudente en faveur des étrangers. Avec le caractère de Jules, on pouvait s'attendre à quelque grand éclat. Le Pape fut noble et prudent; il fit avertir le gonfalonier de se tenir sur ses gardes, de ne plus travailler au succès des armes françaises, d'éloigner d'une ville encore tout en désordre des cardinaux félons; mais Soderini, ébloui par les victoires de Louis XII, peut-être par l'éloquence de Carvajal, ou cédant aux sollicitations de son frère, le cardinal Soderini, refusa d'écouter les sages avis du pontife.

Jules II avait fait son devoir de père en avertissant Soderini : comme prince, il en avait un autre à remplir. Pour déjouer les trames de son ennemi, il nomma le cardinal Jean de Médicis, depuis Léon X, légat à Bologne : ce choix était significatif. Revêtu d'une charge aussi importante, le cardinal pouvait travailler à la chute du gonfalonier et au rétablissement des Médicis à Florence; c'était un nouvel adversaire pour Soderini, qui en comptait déjà de nombreux jusque dans les conseils de la république. Soderini crut avoir écarté le danger qui le menaçait personnellement, en transportant le concile à Florence, afin de faire peur au Pape et de s'attacher plus étroitement Louis XII; mais la noblesse s'opposa fortement au séjour des cardinaux schismatiques à Florence, et Soderini fut obligé de céder. Le peuple, dans la crainte d'un interdit, fit cause commune avec l'aristocratie. L'autorité du gonfalonier reçut ainsi une double atteinte dont il était difficile qu'il se relevât. Chassés par les Pisans, consignés à la porte des églises, honnis sur le grand chemin, repoussés de Florence, ces prétendus Pères, qui croyaient représenter le monde chrétien, n'eurent que le temps de se sauver à Milan; le courage leur étant revenu, ils s'amusèrent, cachés derrière l'ombre royale de Louis XII, à fulminer des foudres contre cette grande Majesté qui siégeait au Vatican, et qui laissa pour le moment le soin de sa vengeance aux poètes italiens. Les Pères furent mis en chanson.

Au commencement de décembre 1511, le cardinal légat Jean de Médicis résolut de réduire Bologne, où le peuple venait de renverser la statue du Pape, chef-d'œuvre de Michel-Ange; il l'avait traînée dans les rues, couverte de boue, mise en pièces, et il en avait envoyé les débris au duc de Ferrare; celui-ci bientôt en fit faire un canon, qu'il baptisa du nom de Jules II. Mais la véritable image du pontife restait intacte, cette tête que la populace n'avait osé frapper, soit par admiration pour le sculpteur florentin, soit par peur de cet œil que l'artiste avait su rendre si menaçant.

Le cardinal-légat avait ordre, non pas de punir l'insolence de mutins prêts à inaugurer une autre statue quand les Français auraient quitté Bologne, mais de reprendre une place importante qu'on regardait comme la clé de la Romagne. Le légat conduisait, sous Raymond de Cardonne, huit cents cavaliers et huit mille fantassins, commandés par Marc-Antoine Colonne, Jean de Vitelli, Malatesta de Baglioni et Raphaël de Pazzi. L'armée française, renforcée par les Allemands, était commandée par Gaston de Foix, duc de Nemours, dernier descendant de Clovis; elle comptait parmi ses officiers Lautrec et le chevalier Bayard. Du côté de Jules II, dans l'armée de la sainte ligue, on voyait la vieille infanterie espagnole, habituée à vaincre les infidèles.

La guerre fut rude de part et d'autre. Les Français emportent d'assaut la ville de Brescia : l'un des commandants vénitiens, Avogadro, est pris et pendu avec ses deux fils. Les Français remportent encore la victoire de Ravenne, mais en laissant dix mille cinq cents hommes sur le champ de bataille, avec la fleur de leur noblesse, avec Lautrec, et surtout avec Gaston de Foix, leur général, qui seul valait une armée. Le cardinal-légat, Jean de Médicis, s'occupait à donner l'absolution aux soldats mourants, lorsqu'il fut fait prisonnier de guerre.

Quand la nouvelle de cette terrible journée vint à Rome, on eût dit qu'Attila, comme autrefois, frappait aux portes; les cardinaux, les mains jointes, suppliaient Jules II de faire la paix avec les vainqueurs, d'équiper des galères, de fuir loin de Rome. Le noble vieillard fut inébranlable comme le roc; son œuvre n'était pas accomplie. S'il avait eu peur, il n'aurait pas sauvé la nationalité italienne.

Au reste, jamais prisonnier n'avait été l'objet de prévenances semblables à celles dont on entourait le légat Jean de Médicis : c'est qu'il représentait cette papauté vénérée de ceux mêmes qui faisaient la guerre à l'homme qui en était revêtu. On renversait la statue de Jules II; mais quand le Pape passait, on s'inclinait pour lui demander sa bénédiction. A Bologne, les Bentivogli, à force de doux soins, parvinrent à faire oublier au cardinal la perte de sa liberté. Sur sa route, quand, par ordre de Louis XII, on le conduisait à Milan, une noble dame de Modène, Blanche de Rangone, vendit ses joyaux pour secourir le légat : charité tout évangélique, qui ne tarda point à être récompensée : le cardinal oubliait que les injures.

A Milan, il vit venir à lui le cardinal transfuge, Saint-Sévérin, les Trivulce, les Visconti, les Pallavicini, tout ce que la ville renfermait d'illustres citoyens; c'était là que le conciliabule avait transporté ses assises. Chaque matin, un crieur public, placé devant la porte de la cathédrale, sommait le Pape de comparaître en personne, pour répondre de sa conduite devant ces fils ingrats que le peuple de Milan sifflait, comme avait fait celui de Pise. A Rome, venait de s'ouvrir le cinquième concile œcuménique de Latran. Le 3 mai 1512, on vit descendre du Vatican un vieillard dont les cheveux avaient blanchi dans les souffrances de l'âme et du corps :

c'était Jules II qui se rendait à la basilique de Latran, assisté de tous ses cardinaux, de quatre-vingt-trois évêques, de prélats, de députés, de grands dignitaires nationaux et étrangers. A son aspect, le peuple fléchissait le genou. L'empereur Maximilien, Henri VIII d'Angleterre, le roi d'Aragon, la république de Venise étaient représentés dans le cortége pontifical par leurs ambassadeurs.

Pendant que Rome assistait à cette glorieuse cérémonie, un autre spectacle, qui avait bien aussi sa grandeur, se passait à Milan. Le légat prisonnier, Jean de Médicis, absolvait, au nom du Pape, ceux qui, par obéissance aux ordres de leur souverain temporel, avaient pris les armes contre le Saint-Siége. La foule était grande autour du cardinal : gendarmes français, lansquenets allemands, cavaliers albanais, montagnards suisses, qui, à Ravenne, à Brescia, avaient porté de si furieux coups aux soldats de la sainte ligue, s'inclinaient pieusement pour recevoir le pardon du légat (Guichardin, l. 10; Audin, c. 12).

Jules II avait raison de ne pas désespérer de l'avenir. Pendant qu'effrayés de la défaite de Ravenne, les cardinaux romains conseillaient au Pape de s'embarquer à Ostie, Jules de Médicis, admis dans le consistoire, y lisait les dépêches du légat, son cousin; le cardinal y racontait tout ce qu'il avait vu : la déroute des alliés; mais aussi les pertes énormes en hommes, en chevaux, en canons, qu'avaient essuyées les vainqueurs, qui n'avaient plus de chef depuis la mort de Gaston de Foix. A Ravenne, l'Italie avait appris à connaître l'infanterie espagnole, que l'artillerie française avait écharpée, mais non pas anéantie, et qui avait opéré sa retraite sous le feu des boulets, avec autant d'ordre que de courage. A Bologne, à Brescia, les populations, domptées et décimées par la famine et le feu, commençaient à se lasser de l'étranger. Le supplice de Louis Avogrado et de ses deux fils avait jeté la consternation dans Venise, qui s'apprêtait à venger son capitaine. La plupart des officiers allemands à la solde de Louis XII, gorgés de butin, aspiraient au repos et n'attendaient que le moment propice pour quitter l'armée française et regagner leur patrie. Les soi-disant Pères du soi-disant concile de Milan n'avaient aucun ascendant sur les soldats; ce n'était plus au bruit des rires, mais à coups de pierre qu'on les poursuivait dans les rues de Milan.

Alors le courage revint aux membres du sacré collège, et Jules II put, sans être inquiété par des clameurs pusillanimes, poursuivre la délivrance du continent italien. Les princes et les peuples se ralliaient à sa politique. Chaque jour il se rendait à Saint-Pierre pour remercier la Providence d'un nouveau bonheur. De cette glorieuse armée que Louis XII a formée avec tant de peine, il ne reste bientôt plus qu'un petit nombre de soldats mutilés dans les cent batailles que leur livra leur implacable adversaire, et n'emportant de tout cet or trouvé dans le sac des villes, que deux ou trois florins que les paysans armés s'apprêtent à leur voler; leurs canons les embarrassaient pour traverser les montagnes, ils les ont encloués, jetés à la rivière, abandonnés à l'ennemi; presque tous leurs chefs sont morts glorieusement sur le champ de bataille ou sont couverts de blessures. De toutes leurs conquêtes, les Français n'ont sauvés que quatre ou cinq cardinaux transfuges, qui, confondus à la queue de l'armée avec les goujats et les vivandiers, parlent sérieusement de refaire en France leur synode de Pise, où ils n'avaient pour spectateurs que des enfants. Le plus beau trophée de l'armée française, c'est un cardinal resté fidèle à Dieu comme à son prince, le cardinal Jean de Médicis. Qu'un soldat tombe mourant sur le chemin, c'est la bénédiction et le pardon du légat qu'il implore; encore ce cardinal échappe-t-il de sa captivité.

Qu'un vieux Pape, presque toujours malade, s'avise de battre tout à la fois et le roi de France et l'empereur d'Allemagne, pour leur apprendre qu'il est maître chez lui, c'est certainement une chose curieuse. Ce qui ne l'est pas moins, c'est de voir des Français ou des Allemands, dans mainte histoire et biographie, reprocher à ce Pape, comme un abus scandaleux, de les avoir battus, au lieu de s'en laisser battre. Le premier Français qui s'est donné ce ridicule, c'est le roi de France, Louis XII.

Le vieux pontife, Jules II, marchait avec des troupes, pour mettre à la raison son vassal, le duc de Ferrare, et renvoyer les Français chez eux; car il lui semblait que les Italiens pouvaient être maîtres en Italie, tout comme les Français en France et les Allemands en Allemagne; mais le roi des Français et l'empereur des Allemands voulaient au contraire être maîtres chez les Italiens l'un et l'autre. Et comme le vieux Pape n'entendait pas de cette oreille, ce roi et cet empereur se décident à le traduire devant un concile général, pour lui apprendre à penser comme eux. Une chose leur donnait cette singulière confiance : c'était le puissant renfort des quatre ou cinq cardinaux traîtres que nous avons cités. L'empereur Maximilien nourrissait une idée non moins singulière : c'était de se faire nommer Pape lui-même, après la mort ou la déposition de Jules II.

En attendant, que faisait Louis XII ? — Au lieu d'envoyer des renforts à ses généraux d'Italie, que le vieux Pape se permettait de battre, il s'amusait en France à combattre le vieux Pape avec des assemblées ecclésiastiques. Il en convoqua d'abord une à Orléans pour la fin d'août 1510. Elle fut transférée à Tours. Le roi lui proposa huit questions, que voici avec les réponses.

1° Est-il permis au Pape de faire la guerre aux princes temporels dont les terres ne sont ni du patrimoine, ni du domaine de l'Eglise ? — *Réponse* : Il ne le peut ni ne le doit.

2° Un prince, obligé de défendre sa personne et ses biens, peut-il, non-seulement repousser l'injure que lui ferait le Pape, mais encore s'emparer des terres de l'Eglise, non dans l'intention de les retenir, mais pour empêcher seulement que le Pape, son ennemi, n'en tire des forces pour envahir celles de ce prince qu'il attaque ? — *Réponse* : Cela est permis, sous les conditions et modifications dont la question parle.

3° Lorsque le Pape témoigne évidemment sa haine à un prince et lui fait une guerre injuste, soit par ses propres forces, soit en soulevant contre lui les autres princes et communautés, est-il permis à ce prince de se retirer de l'obéissance d'un tel Pape ? — *Réponse* : L'assemblée conclut que cela pouvait se faire sans crime, en observant toutefois que ce fût seulement pour la défense et la manutention de ses droits temporels.

4° Cette soustraction faite, comment le prince, les sujets et le clergé devraient-ils se conduire dans le cas où l'on avait coutume auparavant de s'adresser au Pape? — *Réponse*: Il fut dit sur cela qu'on s'en tiendrait au droit ancien et qu'on observerait la pragmatique sanction tirée des décrets du concile de Bâle.

5° Un prince, dans les circonstances qu'on vient de dire, peut-il en secourir un autre, son allié, et attaqué injustement? — *Réponse*: On répondit qu'il le peut.

6° Lorsque le Pape prétend que certains droits lui appartiennent, comme étant du domaine de l'Eglise, et qu'un prince soutient au contraire qu'ils sont à l'empire ou à lui, offrant néanmoins de laisser vider le différend par les voies de la justice, est-il permis au Pape, en de telles circonstances, de prendre les armes contre ce prince, et ce prince peut-il se défendre, ou d'autres princes, ses alliés, peuvent-ils lui donner du secours, étant notoire surtout que l'Eglise romaine n'a pas joui de ces droits prétendus depuis cent ans? — *Réponse*: La décision fut que ce prince pouvait se défendre par les armes, et que les autres princes pouvaient lui donner des secours pour la conservation de ses droits.

7° Lorsque le Pape ne veut pas entendre les raisons de ce prince et porte une sentence contre lui, faut-il prendre le parti de la soumission, dans le cas surtout où il n'est pas sûr, ni à ce prince ni à ses agents, d'aller en cour de Rome pour se défendre selon les formes de la justice? — *Réponse*: Il fut décidé que ce prince n'était point obligé de se soumettre.

8° Lorsque le Pape ne garde aucune formalité de droit, mais agit par voie de fait, en prononçant des censures contre un prince, ou ses alliés, ou ses sujets, faut-il obéir à ces censures, et de quelle manière convient-il de se comporter dans ce cas-là? — *Réponse*: L'assemblée déclara que les censures étaient nulles, et qu'on n'était aucunement tenu d'y déférer.

Voilà comme le roi de France, avec le clergé gallican, apprenait aux rois et aux peuples à justifier la révolte envers le souverain par le schisme envers le Pape. Car c'est de quoi il est question. Depuis huit siècles, l'exarchat de Ravenne, le duché de Ferrare appartenaient à l'Eglise romaine, par la donation de Pepin et de Charlemagne, confirmée d'âge en âge. Alphonse d'Este n'était duc de Ferrare que comme feudataire du Saint-Siège, à qui il devait hommage et fidélité comme à son souverain. Il se met en état de révolte, et conspire avec l'étranger contre son souverain légitime. Et c'est pour le soutenir dans cette rébellion, que le roi de France, le fils aîné de l'Eglise, recourt à la théorie et à la pratique du schisme, rompt ou menace de rompre avec le centre de l'unité catholique, promène de Pise à Milan, de Milan à Lyon le scandale d'un conciliabule de quelques cardinaux traîtres à leur chef! Il ira jusqu'à traiter d'ivrogne un vieux pontife qui ne boit que de l'eau, et dont les repas ne durent que le temps d'un *Pater* et d'un *Ave*! Il ira jusqu'à promettre sur une médaille la ruine de Rome chrétienne sous le nom injurieux de Babylone!

En vérité, Louis XII n'avait guère de sens, non plus que ceux qui l'entourent. Aussi, à cette époque, et depuis longtemps, n'apparaît-il en France ni un saint ni un savant, tandis qu'on en voit beaucoup ailleurs: ce fait est grave et mérite une sérieuse attention.

Au reste, les autres princes ne ressemblaient pas plus à Charlemagne que Louis XII: ils n'avaient pas plus d'intelligence ni de zèle pour l'Eglise de Dieu.

« Parmi tous ces princes, nos alliés ou nos adversaires, dit un auteur français, il n'en est pas un qui agisse franchement. Donnez le Milanais à Maximilien, qui, dans son livre rouge, tient note chaque jour de tous les chagrins qu'il reçoit des Français, et il ne vous retirera pas ses Tyroliens; assurez au roi d'Aragon la dîme du clergé de ses Etats, e' équipera pour vous douze belles galères; au duc de Ferrare, livrez la Mirandole et Concordia, et il vous fera présent de ses meilleurs canons; promettez à Soderini qu'il mourra gonfalonier dans son palais, et Pietra-Santa vous appartiendra en toute propriété; ajoutez aux possessions du roi d'Espagne quelques places en Italie, et son grand capitaine, Gonsalve de Cordoue, est à vous pour toujours. Pas un de ces souverains, nationaux ou étrangers, ne songe sérieusement aux intérêts du Saint-Siège, à l'intégrité de la Romagne, à la délivrance de l'Italie, à la gloire du catholicisme, au salut des arts et des lettres. Jules II domine toutes ces têtes couronnées, comme la coupole de Saint-Pierre la flèche des autres églises. Il a un but, lui, un plan, une idée: c'est l'affranchissement de son pays, qu'on envahit et qu'il veut sauver. Ne nous parlez pas de son ambition; n'est-elle pas sanctifiée par le but qu'il a devant lui, et où il arrivera malgré la fièvre qui le retient au lit, comme après la proclamation du conciliabule de Pise; malgré les mouvements insurrectionnels du peuple romain, comme le jour où Pompée Colonne, évêque de Riéti, et Antoine Savelli parlent de monter au Capitole pour proclamer la république; malgré le serment que Louis XII a fait graver à Milan sur une monnaie d'or, où le destin de Rome est écrit en trois mots: *Perdam Babylonis nomen*; malgré les pleurs de ses cardinaux, qui lui montrent, après la journée de Ravenne, les galères préparées à Ostie pour emmener le pontife vaincu. Est-ce que le Pape seul aurait le privilège de ne pouvoir se défendre (Audin, *Léon X*, t. I, c. 13)? »

Tout en défendant ainsi l'indépendance de Rome et la nationalité italienne contre presque toutes les puissances de l'Europe, même y compris plusieurs de l'Italie, le vieux pontife Jules II dotait Rome de trois chefs-d'œuvre: son tombeau, la chapelle Sixtine, la basilique de Saint-Pierre. A peine est-il pape, qu'il songe à ses funérailles. Il avait connu un artiste à Florence: il le fait venir, et lui dit avec une familiarité affectueuse: Je te connais; c'est pourquoi je t'ai fait venir ici. Je veux que tu fasses mon tombeau. — Je m'en charge, répond Michel-Ange. — Un magnifique tombeau, reprend le Pape. — Il coûtera cher, dit en souriant Michel-Ange. — Et combien? — Cent mille écus. — Je t'en donnerai deux cent mille. — Et Michel-Ange commença le tombeau de Jules II.

Au commencement de son pontificat, ce Pape fut

sollicité d'accorder une dispense de mariage au premier degré d'affinité entre Henri, fils du roi d'Angleterre, et Catherine, fille de Ferdinand, roi d'Espagne, veuve d'Arthur, frère de Henri. Le cas fut examiné à Rome, savoir : si le Pape avait pouvoir de dispenser de la loi qui défend à une femme d'épouser successivement les deux frères. L'empêchement paraissait à quelques-uns être de droit divin, sur ce qu'il est dit dans le Lévitique : *Que si un homme épouse la veuve de son frère, il fait une chose défendue* (Lévit., 20, 21). D'autres soutenaient, avec plus de raison, que cette loi n'était que cérémonielle ou judiciaire, n'obligeant que les sujets de la Synagogue, et non pas un précepte de morale qui obligeât toutes sortes de personnes et dans tous les temps; que même elle n'obligeait les Juifs que dans le cas où la femme aurait des enfants de son premier mari. Et, de fait, une autre loi porte : *Que dans une famille où il y a deux frères, lorsque l'un d'eux sera mort sans enfants, la veuve épousera le frère du défunt, afin de susciter des enfants à son frère* (Deutéron., 25, 5). Or, ces préceptes, qui formaient la police des Hébreux, ayant été abrogés par la loi de l'Évangile, n'avaient point passé dans l'Église comme émanés de la loi mosaïque; mais si l'Église en a établi quelques-uns de semblables, ils n'ont que force de loi humaine, dont conséquemment le Pape avait l'autorité de dispenser.

Jules II en dispensa effectivement en faveur de Henri, prince de Galles, et de Catherine d'Aragon, sa belle-sœur. La dispense porte : Que Henri et Catherine avaient présenté au Pape leur supplique, remontrant que Catherine avait été mariée au prince Arthur, frère de Henri; que ce mariage avait peut-être été consommé; qu'Arthur étant mort, Henri et Catherine souhaitaient se marier ensemble, pour entretenir par ce moyen une paix ferme et solide entre les royaumes d'Angleterre et d'Espagne; que, dans cette vue, Sa Sainteté, faisant usage du pouvoir qu'elle avait reçu de Dieu, donnait à Henri et à Catherine l'absolution des censures qu'ils pouvaient avoir encourues, et les dispensait de l'empêchement d'affinité qui existait entre eux, nonobstant toutes ordonnances et constitutions apostoliques faites au contraire. Qu'elle leur permettait de se marier ensemble, et même, au cas qu'ils le fussent déjà, elle confirmait leur mariage, ordonnant à leurs confesseurs de leur enjoindre une pénitence salutaire pour s'être mariés avant la dispense (Raynald, an 1503, n. 22).

Jules II ne fit en cela qu'imiter Alexandre VI, qui, quelques années auparavant, avait accordé à Emmanuel, roi de Portugal, une dispense de semblable espèce, en vertu de laquelle ce prince épousa en secondes noces la sœur de son épouse défunte.

Nous avons vu Théodoric, roi des Ostrogoths, proscrire le duel comme une atrocité barbare, et Gondebaud, roi des Bourguignons, le prescrire comme un moyen judiciaire de découvrir la vérité. Avec le temps, un faux point d'honneur rendit les hommes bien autrement féroces que les Ostrogoths et les Burgondes : ce fut de s'entretuer, de leur autorité particulière, souvent pour des sujets très-légers et même honteux, ou pour de vaines paroles. Au temps de Jules II, cette fureur était si fort autorisée dans le monde, que les princes temporels, au lieu d'imiter l'Ostrogoth Théodoric et de la proscrire de leurs Etats, comme étant contraire aux lois divines et humaines, assignaient à ces malheureux combattants des endroits dans leurs terres où ils pussent l'assouvir en toute sûreté. Le pape Jules, pour arrêter ce désordre, fit une constitution par laquelle il condamne cet usage si funeste à la société. Outre la peine de l'excommunication encourue par le fait, il ordonne que, dans les terres du Saint-Siège, ces sortes de champions seraient appréhendés partout où ils pourraient se réfugier; qu'ils seraient punis comme homicides, et que les corps de ceux qui auraient été tués dans ces combats seraient privés de la sépulture ecclésiastique. Et à l'égard des seigneurs temporels et des gouverneurs de places ou de provinces dépendantes du Saint-Siège, qui assigneraient un champ libre pour ces duels, outre la même peine d'excommunication, Sa Sainteté les condamne à une amende de quatre mille ducats pour la première fois; et, en cas de récidive, elle les prive des terres féodales ou des gouvernements et magistratures qu'ils tiendraient de l'Église romaine (Jules II, *constit.* 19).

§ V.

Cinquième concile général de Latran. — Autres savants ou saints personnages de cette période.

Un monument éternel de Jules II, c'est le cinquième concile œcuménique de Latran. Il le convoqua le 18 juillet 1511, pour le 19 avril 1512. La bulle de convocation portait le sceau pontifical, avec cette devise de Jules II : *Le Seigneur m'est en aide, je ne crains pas ce que me fera l'homme.* Ensuite venait sa souscription : *Moi Jules, évêque de l'Église catholique, j'ai souscrit.* Suivent les souscriptions de vingt et un cardinaux, parmi lesquels Jean de Médicis, que nous verrons succéder à Jules II sous le nom de Léon X. La bulle est adressée à tout le monde catholique; le concile aura pour but la répression du schisme, la pacification entre les princes chrétiens, la réformation des mœurs et la défense de la chrétienté contre les Turcs. Les guerres d'Italie avaient empêché de le convoquer plus tôt. La bataille de Ravenne obligea d'en remettre l'ouverture du 19 avril 1512 au 3 mai suivant.

Mais dès avant de publier la bulle de convocation, il avait établi dans un consistoire une congrégation de huit cardinaux, pour examiner mûrement les préparatifs à faire, et pour travailler avec soin à une réformation plus sévère des mœurs dans le peuple romain, mais surtout dans la cour pontificale. « Car il ne convient pas, disait-il, que là où doit être le domicile de la sainteté et de la vertu, la source des lois morales, le centre de la justice et de la religion, là règne une dépravation profonde qui offenserait les yeux et les esprits des évêques affluant de toutes les parties de l'univers. Le souverain pontificat ne doit admettre que des saints, ou rendre tels ceux qu'il admet (Mariana, l. 30, n. 43; Raynald, an 1512, n. 30 et seqq.). »

Le dimanche, 2 mai, le pontife fut porté dans une litière au palais de Latran, accompagné de tous les cardinaux présents à Rome, au nombre de seize, et de quatre-vingts prélats; les chevaliers de Rhodes marchaient devant lui armés de pied en cap, ainsi que d'autres troupes considérables. On craignait une émeute, un coup de main du parti français.

Le lendemain lundi 3 mai, fête de l'Invention de la Sainte-Croix, eut lieu l'ouverture du concile dans la basilique de Latran. Il y eut une affluence de plus de cinquante mille personnes. Le Pape se rendit à l'église avec la tiare sur la tête; il était escorté des chevaliers de Rhodes; la messe fut chantée par le doyen du sacré collège, premier des cardinaux-évêques; seize cardinaux y assistaient en chape rouge, avec quatre-vingt-trois prélats mitrés. La messe finie, Egidius de Viterbe, général de l'ordre de Saint-Augustin, prononça un discours latin d'une élégance achevée.

C'était un religieux non moins pieux que docte, né de pauvres cultivateurs. A cette époque, il n'est pas d'homme comme le Pape pour découvrir le mérite, même quand il se cache dans la prison d'un cloître. Jules II tira notre moine de son monastère, et l'employa comme légat à Venise et à Naples. La chaire convenait mieux au moine que la cour. Il y monta donc pour remplir une œuvre toute catholique, pour prêcher une croisade contre ce Turc qui ne pouvait laisser un seul jour de repos à la chrétienté. Un historien compare la parole de l'orateur tantôt à un torrent qui entraîne l'auditeur, tantôt à une sirène qui séduit et endort les grands et le peuple, le docte et l'ignorant, l'homme et la femme, le vieillard et l'adolescent. Egidius était poète, historien, philosophe, théologien, linguiste. Il savait l'hébreu, le chaldéen, le grec, le latin. Ajoutez, pour connaître pleinement cette nature d'homme, qu'aussitôt sa tâche remplie, il allait bien vite se cacher dans sa solitude. Quant à son discours prononcé au concile œcuménique de Latran, Jacques Sadolet s'empressa de l'envoyer à son ami Pierre Bembe : c'étaient les deux plus parfaits humanistes de leur époque. Tous deux ils appelaient Egidius de Viterbe la plus éclatante lumière de leur siècle, et disaient que, si par malheur les lettres et la politesse humaines avaient péri, elles pourraient être représentées par ce seul homme (Labbe, t. XIV; Audin, *Hist. de Léon X*, t. II).

Une vingtaine d'années auparavant, Egidius de Viterbe, évangélisant les peuples d'Italie, leur avait annoncé plus d'une fois qu'ils verraient de grandes agitations, de grandes calamités dans l'Eglise, mais ensuite aussi un commencement de restauration. Cette sorte de prophétie, qu'on se rappelait, le fit choisir pour le discours d'ouverture du concile qui devait remédier à ces maux. Egidius les décrit avec une latinité tout à fait cicéronienne, mais où les considérations historiques ne sont pas toujours aussi solides que le style est élégant. Il insiste sur la nécessité et l'utilité des conciles, fait l'éloge du pape Jules, et implore l'assistance de saint Pierre et de saint Paul sur l'assemblée, pour pacifier les princes chrétiens, défendre la chrétienté contre les Mahométans, et rendre à l'Eglise son ancienne splendeur et sa pureté.

Après le discours, le Pape donna la bénédiction, et le même orateur publia une indulgence plénière.

S'étant ensuite revêtu de ses habits pontificaux comme pour célébrer la messe, le Pape entonna le *Veni Creator*, et se rendit processionnellement de la basilique, avec tous les Pères, à la salle préparée pour les séances. Là, étant assis sur un trône, il reçut l'obéissance de tous les cardinaux, patriarches, archevêques, évêques, abbés et autres prélats. Toutes les cérémonies étaient accompagnées des prières marquées dans l'Ordo romain. Au milieu du concile, deux chantres à genoux entonnèrent les grandes litanies; le reste des chantres y répondaient au nom du Pape et de tous les Pères, également à genoux. Quand on eut chanté cette invocation : *Que vous daigniez conserver dans la sainte religion le Seigneur apostolique et tous les degrés de l'Eglise : nous vous en prions, écoutez-nous!* le Pape se leva, et chanta lui-même trois fois une invocation semblable sur tout le concile, que chaque fois il bénissait de la main. Après les litanies, un diacre, le cardinal d'Aragon, chanta l'évangile qui contient la mission des soixante-douze disciples, et les instructions que Jésus-Christ leur adresse. A la fin de la séance, le cardinal de Farnèse, premier des diacres, annonça la première session pour le 10 mai suivant, et lut, au nom du Pape, la cédule que voici :

« Ce saint concile de Latran indiqué par nous, nous y avons pensé bien des fois étant encore dans un rang inférieur; appelé au faîte du souverain apostolat, nous avons résolu absolument de le célébrer; mais pendant que, avant de le commencer, nous nous efforçons d'apaiser les guerres allumées entre les chrétiens et de ramener les brebis perdues au bercail du Seigneur, tout à coup une hérésie intestine, par l'instigation de Satan, le perturbateur de toutes les bonnes œuvres, envahit la maison de Dieu, dont la sainteté est la parure convenable. Pour que cette peste contagieuse ne s'étende donc pas davantage et n'infecte pas insensiblement le troupeau du Christ qui nous a été confié, nous, veillant continuellement à notre office de pasteur, et répétant dans notre esprit cette parole d'Isaïe : *Prenez conseil, assemblez le conseil,* nous n'avons pas cru devoir attendre plus longtemps. Nous nous sommes donc réunis, vénérables frères, et vous bien-aimés fils, en ce jour solennel, dans cette basilique de Latran, afin que, assemblés dans le Saint-Esprit, nous choisissions la voie de la vérité, et, rejetant les œuvres de ténèbres, nous revêtions les armes de la lumière. Nous vous exhortons ainsi dans le Seigneur, fixant vos regards sur celui qui est la Voie, la Vérité et la Vie, à proposer librement votre avis, cherchant à plaire à Dieu plus qu'aux hommes. Car nous espérons dans ce saint concile, le Seigneur y coopérant, extirper complètement les ronces et les épines du champ du Seigneur, ramener les mœurs dépravées à un état meilleur, concilier la paix entre les princes chrétiens, et combiner des expéditions contre les ennemis de la foi divisés entre eux, afin que, par cet étendard sacré de la croix, qui a si heureusement inauguré ce saint concile, nous puissions vaincre les embûches de l'antique ennemi (Raynald, an 1512, n. 39). »

La première session eut lieu le lundi, 10 mai, sous la présidence du Pape. Il s'y trouva quinze cardinaux, avec quatre-vingt-six prélats, dont deux patriarches, dix archevêques, soixante-huit évêques, deux abbés et quatre chefs d'ordre, savoir : Thomas, général des frères Prêcheurs; Démétrius, vicaire des frères Mineurs; Egidius, général des Ermites de Saint-Augustin, et Bernard, vicaire de l'ordre des Carmes. On y voyait de plus l'ambassadeur du roi et de la reine d'Espagne, ainsi que les ambassadeurs des républiques de Venise et de Florence. La messe du Saint-Esprit fut célébrée par le cardinal-évêque de Porto, et le sermon prêché par Bernard, archevêque de Spalatro dans l'Etat de Venise.

Après avoir insisté sur la vérité invincible de la foi chrétienne, l'unité de l'Eglise dans son chef, le crime de l'hérésie et du schisme, l'orateur termine par les dangers que court la chrétienté de la part des infidèles, et conjure, de la manière la plus pressante, les Pères du concile d'aviser à une expédition générale contre les Turcs.

« Je ne puis, sans la plus vive douleur, sans des sanglots et des larmes, ni me rappeler, ni considérer, beaucoup moins exprimer en paroles, l'effroyable cruauté et la puissance des Turcs. Votre Sainteté le sait, vous le savez tous, vénérables Pères, depuis environ cent quatre-vingts ans, c'est-à-dire depuis le premier Ottoman jusqu'à Bajazet, actuellement leur onzième prince, ils ont occupé une grande partie de l'Asie, et la meilleure; ensuite ils ont usurpé, déchiré, mis en pièces une partie non moindre de l'Europe, après avoir usurpé deux empires et douze royaumes ; et, ce qui est bien formidable, ils ont étendu leur empire jusqu'à la Dalmatie et la Liburnie : de là, aux villes de Votre Sainteté dans la Marche d'Ancône, peut facilement aborder dans l'espace d'une seule nuit cette nation si cruelle, et ennemie implacable du nom chrétien, car elle croit obéir à son impur Mahomet en persécutant les chrétiens, en les déchirant et en les tuant. Et, pour ne pas faire le recensement des calamités qu'ils nous ont infligées dans les temps antérieurs, comme vous étant connues à tous, considérez les afflictions présentes des fidèles du Christ, contre lesquels les Turcs sévissent avec une cruauté extrême : ils arrachent les fils aux embrassements de leurs pères, les enfants aux mamelles de leurs mères ; ils violent les femmes sous les yeux de leurs maris ; ils enlèvent les vierges aux bras de leurs mères, pour les asservir à leur passion brutale : les vieux parents, ils les égorgent sous les yeux de leurs enfants, comme des êtres inutiles; les jeunes hommes, ils les attellent à la charrue comme des bœufs et les contraignent à retourner la terre avec le soc. Mais qu'est-il besoin de m'étendre davantage ? Il n'y a parmi eux nul respect pour le sexe, nulle pitié pour l'enfance, nulle commisération pour la vieillesse. Ces choses, très-saint Pontife et très-sages Pères, je les répète, non pour les avoir entendues ou lues, mais pour les avoir vues moi-même : j'ai vu de mes propres yeux, je les ai vus ravageant jusqu'aux faubourgs de mon infortunée métropole de Spalatro, dévastant tout par le fer et le feu, traînant dans une misérable captivité les enfants des deux sexes, enfants de Votre Sainteté et les miens. Ils ont vu les mêmes choses dans leurs villes, les douze suffragants de Votre Sainteté et les miens. Il y a de plus ici un témoin bien croyable et qui sait le tout par expérience, le primat de toute la Hongrie, l'archevêque de Strigonic, qui, ayant appris ces jours derniers leur cruelle invasion sur nos compatriotes de la Dalmatie, de l'Illyrie, de la Croatie, de la Pannonie, ou plutôt contre toute la chrétienté, a versé des larmes amères.

» Souvent, Très-Saint-Père, et bien souvent, moi-même, infortuné que je suis, au moment où j'assistais aux offices divins, j'ai été contraint de quitter la chape et les ornements pontificaux, de prendre les armes, de courir aux portes de la ville, de consoler et d'encourager le peuple affligé de Spalatro que m'a confié votre bienveillance apostolique, et de m'avancer contre ceux qui ont soif de notre sang. Très-Saint-Père et seigneur, ayez donc pitié de vos enfants et de vos serviteurs, venez en aide à ceux qui sont sous l'oppression, rachetez d'une misérable servitude ceux que Jésus-Christ, par son sang précieux, a délivrés de la mort éternelle. Ayez pitié, vous aussi, Vénérables Pères, et ne vous croyez pas en sûreté parce que vous demeurez peut-être loin des Turcs : nul n'est si loin, qu'on ne puisse le trouver. Si, dans le péril, vous délaissez votre voisin qui est plus proche de l'incendie, vous serez délaissés vous-mêmes par vos voisins qui demeurent au delà de vous. Nous devons être tels envers les autres, que nous désirons que les autres le soient envers nous. Vous Allemands, n'espérez pas les secours des Français, si vous n'en portez aux Hongrois, ni vous Français, ceux des Espagnols, si vous n'en portez aux Allemands. Comme vous aurez mesuré aux autres, on vous mesurera à vous-mêmes. Au reste, Votre Sainteté, non plus que ces Vénérables Pères, ne doit pas s'imaginer que les Turcs sont invincibles : ils peuvent être vaincus, et ils l'ont été plusieurs fois ; la multitude, par laquelle ils remportent principalement la victoire, est sans armes, ils se confient en la vitesse de leurs chevaux. Ajoutez qu'un grand nombre de leurs sujets sont chrétiens, qu'ils embrassent avec ardeur la religion chrétienne, et qu'ils attendent l'arrivée de Votre Sainteté, le secours, la rédemption et la délivrance de leur misérable servitude. »

Après le sermon, eurent lieu les litanies et les prières accoutumées : le cardinal d'Aragon chanta l'Evangile qui commence par ces paroles : *Je suis le bon pasteur.* Le Pape fit une petite allocution dans le sens de la cédule rapportée à la fin de la séance d'ouverture, puis entonna le *Veni Creator*. Le cardinal de Farnèse lut ensuite la bulle d'indiction, dont voici l'occasion et la substance :

« Comme nous avons vu, le pape Jules II se proposait avant tout de rendre à l'Eglise romaine son indépendance temporelle, afin qu'elle pût exercer son autorité spirituelle avec plus de liberté, et travailler plus efficacement à la réformation de la discipline et des mœurs. Parmi les feudataires rebelles de l'Eglise romaine était le duc de Ferrare : le roi de France, Louis XII, qui retenait lui-même des villes que réclamait le Pape, prit parti pour le vassal rebelle; le Pape les excommunia l'un et l'autre. Pour s'en venger, Louis XII convoque à Tours le clergé de France, sur la réponse duquel il passe les Alpes et porte la guerre dans le Bolonais. L'empereur Maximilien devait en même temps la continuer en personne contre les Vénitiens, qui s'étaient réconciliés avec le Saint-Siège. De plus, par un traité, fait entre eux, les deux princes étaient convenus que l'on convoquerait un concile, pour faire le procès au Pape. Jules excommunia tous ceux qui défèreraient aux délibérations du clergé de France et qui se trouveraient dans ses assemblées, de même que dans celle qu'on avait médité de tenir en forme de concile. Il fulmina les mêmes censures contre le duc de Ferrare et ses adhérents. Ensuite, comme nous avons vu, il fit lui-même le siège de la Mirandole, la prit par capitulation et entra par la brèche.

» Cependant cinq cardinaux mécontents, sous prétexte d'un pèlerinage à Lorette, s'étaient retirés d'auprès du chef de l'Eglise sans sa permission. De ces cardinaux déserteurs, deux étaient Espagnols, trois étaient Français; ceux-ci avaient été menacés par Louis XII de perdre tous leurs bénéfices en France, s'ils ne quittaient le Pape. Un cardinal français, Robert de Guibé, évêque de Nantes, aima mieux tout perdre que d'imiter la défection de ses trois compatriotes (Raynald, an 1510, n. 18-20). Arrivés à Pavie, les fugitifs se repentirent de leur désertion, et envoyèrent demander pardon au Pape, qui le leur accorda. Mais bientôt ils se repentirent de leur repentir (*Ibid.*, an 1511, n. 9).

» L'empereur et le roi de France se servirent du ministère de ces prélats félons pour faire convoquer le conciliabule projeté. Les cardinaux traîtres publièrent donc un manifeste en forme d'indiction, où il était dit : Que, par un décret du concile de Constance, il avait été jugé nécessaire, pour le bien et l'honneur de l'Eglise, de tenir de dix ans en dix ans des conciles généraux. Que cette nécessité était alors très-urgente, par rapport à la réformation de l'Eglise dans son chef et dans ses membres. Que le pape Jules, qui s'était obligé par serment, avant et après son exaltation, d'en convoquer un, avait négligé de le faire. Qu'ainsi le droit en était dévolu à ceux du sacré collège qui n'adhéraient point à la négligence du pontife, lequel était d'ailleurs coupable de crimes énormes et scandaleux, dans lesquels il était incorrigible. Le lieu du conciliabule fut indiqué à Pise, et le Pape lui-même y fut cité. Ce manifeste ou libelle portait les noms de neuf cardinaux; mais c'était une imposture : il n'y avait en réalité que les trois meneurs, les Espagnols Carvajal et Borgia, et le Français Briçonnet de Narbonne. Plusieurs des autres réclamèrent publiquement contre leur souscription supposée (*Ibid.*, n. 7).

» Informé de cet attentat à l'autorité apostolique, Jules II publia une bulle dans laquelle, ayant rappelé la défection des cardinaux schismatiques, le pardon qu'ils avaient demandé et obtenu, les fausses signatures qu'ils avaient apposées à leur libelle, il détruit ainsi leurs faux prétextes :

« Quel est le complice d'une si grande erreur, qui puisse nous accuser de négligence touchant la convocation d'un concile, lorsque, pendant les onze ans que nous avons été cardinal, nous n'avons rien eu plus à cœur que de voir célébrer le concile général et réformer en mieux l'Etat de l'Eglise romaine? Car qu'est-ce qui nous a rendu moins sympathique au pape Alexandre VI, d'heureuse mémoire, notre prédécesseur, si ce n'est notre zèle pour la célébration d'un concile général ? qu'est-ce qui nous a fait traverser tant de fois les Alpes, parcourir les Gaules par les chaleurs, les neiges et les glaces, si ce n'est que nous efforcions de faire indiquer, convoquer et célébrer le concile par le Pontife romain? Nous rappelons des choses notoires, manifestes aux princes chrétiens, et pleinement connues de ceux-là mêmes qui nous calomnient, nous et le collège de nos frères. Notre conduite passée répondant ainsi de notre conduite présente et future, il n'y a nulle raison pourquoi les cardinaux qui nous ont quittés désespèrent de nous voir faire ce que si longtemps, si ardemment, et non sans risque de notre vie, nous avons désiré et tâché qui fût fait.

» Qu'ils ouvrent les yeux de leur cœur et retranchent les obstacles de la haine, et se rappellent de quelle voix, de quels regards, de quel visage nous avons promis, ou, comme ils disent, juré et fait vœu, dans notre promotion au pontificat, de célébrer un concile général; car ils étaient présents à notre promesse. Certainement, ils sentiront d'une manière palpable que ce n'est pas de la voix seule ni avec feinte, mais dans la simple vérité du cœur, que nous avons fait ce qu'ils rappellent. Que s'ils ne veulent pas faire attention à ce que nous avons dit, qu'ils examinent et considèrent toute l'application que nous avons déployée dans notre pontificat touchant ces promesses. Tous les princes chrétiens qui nous ont envoyé des ambassadeurs pour nous prêter obédience, ne les avons-nous pas avertis du concile général à tenir, et de l'expédition à y concerter et poursuivre contre les perfides Turcs ? Pendant les deux premières années de notre pontificat, n'avons-nous pas mis tout en œuvre pour pacifier les potentats chrétiens, afin qu'on célébrât le concile avec des esprits réconciliés ? Qu'avons-nous dû et pu faire de plus pour rétablir la paix de l'Eglise, que nous ayons omis? Il le sait, ce cardinal qui se donne pour l'auteur de l'édit ou de l'indiction, et qui se glorifie d'être le pilote du gouvernail; il sait les ordres qu'il avait reçus de nous, lorsque nous l'envoyâmes notre légat à l'empereur par toute l'Allemagne; qu'il le communique à ceux de ses frères qui paraissent de même sentiment avec lui, qu'il leur montre les instructions écrites qui lui ont été remises : il sera plus manifeste que l'évidence, et plus clair que le jour, que le désespoir qu'on affiche de voir célébrer un concile par nous, n'est pas seulement vain et futile, mais faux, déraisonnable et impossible. Ce n'est pas notre faute ni celle des cardinaux de la sainte Eglise romaine, si l'indiction, la convocation et la célébration du concile général ont été différées. Cela vient du malheur des temps, qui, dès le pontificat d'Alexandre VI, n'a pas discontinué en Italie; de la nécessité de recouvrer les terres de l'Eglise et d'en rétablir les droits; car notre résolution a toujours été bien prompte et bien intense pour la célébration du concile. Que les auteurs de cette calomnie déposent donc leur esprit de défiance, et, rentrés en eux-mêmes, qu'ils cessent de mordre le pasteur et le père de leurs âmes ; qu'ils cessent aussi de calomnier leurs frères, les cardinaux de la sainte Eglise romaine.

» Que s'ils ont si ardemment à cœur de se poser comme les chefs et les auteurs d'un concile général, qu'ils apprennent auparavant ce qu'il faut faire pour cela; qu'ils consultent les Vies des saints Pères et des Pontifes romains; qu'ils considèrent l'ancienne manière d'indiquer, de convoquer et de célébrer les conciles œcuméniques; qu'ils recourent à la tradition et aux lois établies à ce sujet. Ils verront que le droit en appartient aux seuls Pontifes romains, et que ceux qu'on a assemblés d'une autre manière ont été rejetés.

» Le décret du concile de Constance, qu'ils citent contre nous, n'a point été en usage depuis quatre-vingts ans qu'il est fait; et quand même il aurait été observé, nous avons pu, selon le témoignage d'Eugène IV et des saints canons, n'y point avoir égard; et ce qui est plus fort, tant qu'il existait un empêchement légitime, il est plus certain que la certitude même que le décret n'avait pas lieu.

» Quant au vœu et au serment qu'ils nous objectent, nous aurions pu, de droit, les transgresser pour les causes susdites; mais, de fait, nous ne les avons point transgressés, puisque, retenus par un empêchement légitime, nous ne pouvions point l'observer. Enfin, comme le vœu et le serment, quant à la matière, regardent le for de la conscience, et que l'équité canonique admet toujours la purgation du retard, qu'ils cessent donc de nous reprocher, à nos frères, une négligence qui n'a point existé, et qui, fût-elle réelle, pourrait être imputée à eux, qui sont demeurés avec notre prédécesseur Alexandre et avec nous.

» Si, comme disent les prophètes, ils exercent leurs langues à mentir; si, contre le précepte divin, ils maudissent le prince de leur peuple, en lui imputant des crimes atroces, notoires, suivant eux, et qui scandalisent toute l'Église; s'ils ajoutent que, sur la négligence des autres cardinaux, le droit de convoquer le concile leur est dévolu, nous ne nous en étonnons pas, puisque, selon le témoignage de saint Jérôme, quand les schismatiques se doutent que leur cause va être condamnée, ils ont recours aux outrages. Ils le savent, ces hommes, cardinaux de nom, mais enfants de ténèbres comme Dathan, Abiron, Acace et Dioscore, que le pouvoir d'assembler le concile général appartient au souverain Pontife, lors même qu'il est question de sa propre cause? Outre les anciens canons, qu'ils lisent encore les actes du concile de Constance, sur lequel ils s'appuient principalement, afin que, comme les Juifs, ils trouvent leur condamnation dans leurs propres livres. Ils verront que Jean XXII convoqua lui-même ce concile, quoiqu'on y dût traiter de ses propres affaires.

» Après d'autres remarques sur les inconvénients du temps et du lieu de ce prétendu concile de Pise, après les peines d'excommunication et d'interdit contre les personnes et les lieux de cette assemblée schismatique, le pape Jules déclare que, voulant réaliser sa bonne intention, extirper les restes des anciennes hérésies, étouffer le nouveau schisme qui menace l'Église, réformer les mœurs des ecclésiastiques et des séculiers, qui, de droit ou de coutume, sont soumis à la juridiction des conciles; prévenir les malheurs des guerres, rendre à chacun ce qui lui appartient, allier la paix et la justice, réunir les fidèles entre eux et les porter à une expédition contre les ennemis de la religion, il annonce, convoque, indique et ordonne, par l'autorité de Dieu tout-puissant, et celle de saint Pierre et de saint Paul, qu'il exerce en terre, de l'avis et du consentement des cardinaux, un concile œcuménique, universel et général, pour, le 19 avril 1512, être commencé, ensuite célébré et terminé à Rome, patrie commune des chrétiens, dans l'église de Latran, où Dieu a établi le Siége de saint Pierre. Donné à Rome, auprès de Saint-Pierre, le 18º de juillet 1511. »

Après cette bulle de convocation, le cardinal Farnèse lut les deux de prorogation, et une autre par laquelle le Pape ordonnait qu'on célébrât tous les jours des messes dans toutes les églises de Rome, pour attirer les grâces du Seigneur sur le concile, et accordait des indulgences à ce sujet. On lut aussi le canon du onzième concile de Tolède, qui recommande la modestie, le silence et l'union; puis on déclara que, si quelqu'un n'était pas placé dans son rang, ce serait sans préjudice de ses droits.

Enfin on nomma les officiers du concile. Premièrement, Constantin Conunat, duc de Macédoine et prince d'Achaïe, qui possédait quelques terres dans le Montferrat, fut choisi pour être le gardien général du concile, conjointement avec les conservateurs de Rome et les officiaux romains. Les chevaliers de Rhodes ou de Saint-Jean de Jérusalem eurent la garde personnelle du Pape. On nomma aussi quatre notaires apostoliques, pour avoir soin de recueillir ce qu'on écrirait et ce qu'on signerait; ils avaient sous eux quatre secrétaires. Il y avait en outre deux autres secrétaires, quatre scrutateurs des suffrages, trois procureurs et cinq maîtres des cérémonies. La cédule de ces nominations ayant été lue, le cardinal Farnèse demanda à tous les Pères s'ils en agréaient le contenu; tous l'agréèrent, sans exception. Alors les officiers présents firent serment aux pieds du Pape, et les absents entre les mains du cardinal-évêque d'Ostie, camérier de l'Église romaine. Ainsi finit la première session.

La seconde se tint le 17 mai; le Pape y présida comme à la première. Il s'y trouva seize cardinaux, quatre-vingt-sept tant archevêques qu'évêques, deux abbés et quatre chefs d'ordre. La messe fut célébrée par Thomas, cardinal-prêtre de Saint-Marc-des-Monts.

Thomas de Vio Cajétan, général des Dominicains, prêcha sur ces paroles de saint Jean dans l'Apocalypse (ch. 21) : *J'ai vu la cité sainte, la nouvelle Jérusalem descendant du ciel.* « J'ai vu la cité, dit-il, je l'ai vue sainte, je l'ai vue Jérusalem, je l'ai vue nouvelle et descendant du ciel. Quelle est cette cité que Jean a vue? que, sous diverses figures et allégories, le maître a révélée au disciple, le Christ à l'apôtre, l'Esprit-Saint à l'évangéliste et au prophète? C'est la cité de la république chrétienne, environnée et défendue, non par un rempart terrestre, par des murailles périssables, mais par la multitude innombrable de ses citoyens. Elle a tout ce qui constitue une république parfaite; elle propage le genre humain par le sacrement de mariage; elle engendre des enfants à Dieu par le baptême, les nourrit par la communion du corps de Jésus-Christ, les fortifie par la vertu de l'Esprit-Saint, les revêt de son autorité et de sa puissance par les ordres ecclésiastiques, les guérit de leurs chutes par le sacrement de pénitence, et achève de les purifier par l'onction des malades. Elle a, de plus, des apôtres, des évangélistes, des prophètes, des pasteurs, des docteurs, des martyrs, les divers dons de l'Esprit-Saint, la puissance de fermer et de rouvrir le ciel, en sorte que ce qu'elle lie ou délie sur la terre est lié ou délié dans les cieux. Elle a les révélations et la protection des anges, avec lesquels elle ne fait qu'une même société; en sorte que ses habitants ne sont plus des étrangers ou des passants, mais les concitoyens des saints, mais la famille de Dieu, mais les membres du Christ, et tellement membres d'un même corps mystique, qu'ils sont membres les uns à l'égard des autres se chérissant par une communion mutuelle. Enfin dans cette cité, où tous sont héritiers de Dieu, cohéritiers de Jésus-Christ, tout se rapporte à Dieu même, comme à la fin propre du genre chrétien. Par là même elle est sainte, sainte par la vérité qu'elle conserve sans tache, sainte par la charité qui l'unit au Christ et le Christ à elle; en sorte qu'il demeure avec elle tous les jours jusqu'à la fin du monde.

» C'est Jérusalem, cité de la paix. Comme dit saint Augustin, la paix, c'est la tranquillité de l'ordre. Tout y tend, tout y aspire. Mais elle vient de Dieu seul, mais elle vient de Jésus-Christ qui l'a donnée à son Eglise, non telle que le monde la donne, mais une paix qui est le lien de l'amour, la tranquillité de l'âme, la simplicité du cœur, la participation de la divinité. Paix nouvelle, nouvelle Jérusalem, homme nouveau, loi nouvelle, établie d'une nouvelle manière, par un Dieu-Homme, un Homme-Dieu, attaché à la croix, et des apôtres ignorants, qui convertissent le monde entier. Aussi descend-elle du ciel. Dieu y a constitué un gouvernement semblable à celui de la république céleste, non le gouvernement de tous ou de plusieurs, mais d'un seul. »

Faisant l'application de ces caractères à l'assemblée schismatique de Pise, il fait voir qu'au lieu d'être la cité sainte, la nouvelle Jérusalem, c'est plutôt la tour de Babel, la cité de la confusion, non pas descendue, mais tombée du ciel comme les anges déserteurs; enfin il exhorte le concile et le Pape à mettre tout en œuvre pour extirper ce mal (Labbe, t. XIV).

Après ce discours, un secrétaire du Pape monta à la tribune et lut l'acte d'alliance faite entre Sa Sainteté et Henri VIII, roi d'Angleterre. Ensuite Thomas Phédra, bibliothécaire du Pape et un des secrétaires du concile, lut aussi les lettres patentes de Ferdinand, roi d'Aragon, par lesquelles il établissait, tant en son nom qu'en celui de Jeanne, reine de Castille, sa fille, pour procureur spécial touchant les affaires du concile, Jérôme de Vic, son ambassadeur ordinaire près du Pape. Ces lettres patentes sont datées de Burgos, le 2 décembre de l'année précédente 1511. Toutes ces pièces étant lues, l'évangile chanté par le cardinal d'Aragon, ainsi que l'hymne du Saint-Esprit, l'archevêque de Spalatro, Bernard Zane, lut à haute voix, par ordre du Pape, une bulle du 16 avril 1512, par laquelle Jules II, avec l'approbation du concile, condamna tout ce qui avait été fait ou pouvait se faire par l'assemblée des schismatiques, soit à Pise, à Milan, à Verceil ou ailleurs, et confirma, au contraire, de nouveau, tout ce qui avait été fait jusqu'alors pour et dans le concile général de Latran. Les officiers du concile demandèrent à tous les Pères, qui étaient au nombre de cent deux, s'ils agréaient le contenu de la bulle; tous répondirent: *Placet*. La troisième session fut renvoyée au 3 novembre, tant à cause des grandes chaleurs de l'été, que pour donner plus de temps à ceux qui n'étaient pas encore arrivés, et particulièrement à l'ambassadeur de l'empereur Maximilien, l'évêque de Gurck, que l'on y attendait. Après qu'on eût chanté le *Te Deum*, le Pape bénit les assistants par le signe de la croix, comme pour les congédier.

Dans l'intervalle de la seconde session à la troisième, le roi de France, auteur du schisme et du conciliabule de Pise, n'éprouva que des revers: les Français furent obligés d'évacuer Bologne, Milan, Gênes et enfin toute l'Italie; les Suisses vinrent au secours du Pape, non avec six mille hommes, comme ils avaient promis, mais avec vingt-quatre mille, conduits par le cardinal Schinner, évêque de Sion en Valais. Les villes italiennes, délivrées des Français, font leur soumission à Jules II; les Médicis rentrent à Florence; les princes de l'Europe envoient l'un après l'autre leurs ambassadeurs au concile général de Latran; et, de ses efforts impies pour diviser l'Eglise par un schisme, Louis XII ne recueille que la honte et le ridicule.

La troisième session du cinquième concile général de Latran eut lieu, non le 3 novembre, comme elle avait été annoncée, mais le 3 décembre. La cause de ce retard furent des maladies contagieuses qui régnèrent pendant l'été, et qui emportèrent plusieurs personnages illustres, entre autres l'archevêque d'Avignon et celui de Reggio, tous deux d'un mérite distingué et également recommandables par leur piété et leur érudition. A cette session, présidée par le Pape, se trouvèrent cinq cardinaux-évêques, neuf cardinaux-prêtres, trois cardinaux-diacres; deux patriarches, quatre-vingt-douze tant archevêques qu'évêques, deux abbés, quatre généraux d'ordre, les ambassadeurs de l'empereur Maximilien et du roi d'Espagne. La messe fut célébrée par le cardinal-évêque de Préneste.

Alexis, évêque de Melfi, prêcha sur l'unité de l'Eglise, non pas précisément sur l'unité visible de son gouvernement, mais sur cette unité invisible, intime, profonde, vivante, unité d'esprit, d'âme, de vie, d'action, dont la source et le modèle est Dieu même: Dieu, Père, Fils et Saint-Esprit : Unité trine, Trinité une, qui crée l'homme dès l'origine par une opération commune: *Faisons l'homme à notre image et à notre ressemblance* : Unité trine, Trinité unitive, qui se manifeste de nouveau lorsque le Fils incarné régénère l'homme dans les eaux du Jourdain. Unité divine que le Christ demande pour ses disciples: *Faites, ô Père, qu'ils soient un comme nous sommes un*. Aussi, nous dit saint Luc, le cœur de la multitude était un et l'âme était une. Unité qui se manifeste et agit dans les conciles. Du concile de la province, les affaires plus importantes sont déférées au chef suprême, qui, entouré des plus doctes et des plus experts de toute l'Eglise, et embrassant dans sa vue comme dans sa charité tout le genre humain, approuve, confirme, modifie, annule, condamne, avec une autorité qui réjouit les bons, terrifie les méchants, surmonte tous les obstacles. Ainsi Urbain II, à la tête d'un concile, transporta presque tout l'Occident en Asie, récupéra, avec une gloire immense, les églises d'Antioche et de Jérusalem, avec d'autres illustres cités et même des royaumes. Les pontifes suivants ont opéré des prodiges semblables pour la défense de la chrétienté contre les infidèles. Ils ont contraint des empereurs égarés et rebelles à venir demander pardon au pied du trône apostolique.

Remontez plus haut : de saint Pierre à Miltiade, vous voyez trente-trois pontifes, domptant l'empire romain et le reste du monde par leur vertu, leur sang et leur martyre : leurs successeurs adoucissant les nations les plus féroces, les Goths, les Vandales, les Lombards, et en faisant des enfants soumis de l'Eglise. Après ces merveilles, qu'on vienne nous vanter encore Zoroastre, ou Trismégiste, ou Pisistrate, ou Lycurgue, ou Solon, ou Numa, ou d'autres.

Tel est le fonds remarquable du discours de l'évêque de Melfi, mais qu'une indisposition corporelle ne lui permit pas de développer avec toute la vigueur et la clarté désirables. Il en concluait que le pape Jules II et le concile œcuménique de Latran devaient s'armer de cette foi vive et de cet indomptable courage pour réprimer le mal et faire le bien (Labbe, t. XIV).

On chanta ensuite, comme à l'ordinaire, les litanies, les oraisons, le *Veni Creator*, l'évangile : *Je suis le bon pasteur*. Après quoi un secrétaire du concile monta dans la tribune et lut les pleins-pouvoirs donnés par l'empereur Maximilien à Matthieu, évêque de Gurck, pour révoquer, en son nom, tout ce qui s'était fait en France, à Tours, ensuite à Pise, et adhérer pleinement au concile de Latran. Après cette lecture, l'évêque de Gurck lut lui-même l'acte de révocation et d'adhésion dans toutes ses formes, et alla baiser les pieds du Pape, accompagné d'Albert de Carpi, ambassadeur ordinaire de l'empereur. L'évêque de Gurck fut élevé à la dignité de cardinal.

L'empereur Maximilien et le roi Louis XII avaient tenté d'abord d'entraîner dans le schisme du conciliabule de Pise, le roi de Danemarck et de Norwège, ainsi que celui d'Ecosse. Mais le premier répondit aux deux tentateurs qu'il ne ferait quoi que ce fût, sans consulter auparavant le Pape, vrai régulateur des conciles. Le roi d'Ecosse répondit qu'il ne ferait ni plus ni moins que le roi de Danemarck, son oncle. Ils envoyèrent donc l'un et l'autre des ambassadeurs au pape Jules II, pour adhérer publiquement, avec tous leurs évêques, à tout ce qui s'était fait et se ferait au concile de Latran. Les ambassadeurs de Jean, roi de Danemarck et de Norwège, au nombre de trois, arrivèrent à Rome dès le mois d'août de cette année 1512, et remplirent fidèlement leur mission. Ils annoncèrent même que, par les bons offices du roi, leur maître, le prince des Moscovites et l'empereur des Tartares se disposaient à donner leur adhésion au concile indiqué par le Pape, et à demander d'être admis dans la réformation du monde et de l'Eglise. Jules II, dans sa réponse aux ambassadeurs, donna de grands éloges aux rois de Danemarck et d'Ecosse, au prince des Moscovites et aux autres (Raynald, an 1512, n. 82-85). Certes, voilà des faits aussi curieux que peu connus.

Ce bel exemple fit impression sur l'empereur d'Allemagne. Il tint plusieurs assemblées d'évêques et de seigneurs : Campêche, nonce du Pape, s'y trouvait, ainsi qu'un nonce du prétendu concile de Pise. Dans ces diètes, on révoqua tout ce qu'on avait fait en faveur des schismatiques, et l'on adhéra publiquement au concile indiqué par le Pape. L'évêque de Gurck fut envoyé pour faire solennellement cette révocation et cette adhésion au nom de l'empereur et de l'empire, devant le pape Jules II et dans le concile de Latran. Il fut reçu dans les Etats de l'Eglise avec les plus grands honneurs, et remplit sa mission de la manière que nous avons vu (Raynald, an 1512, n. 86-94).

Ensuite, comme il y avait un grand nombre de députés, de princes et de prélats absents, qui demandaient à présenter leurs commissions au Pape dans le concile même, le promoteur fit citer par trois fois tous les prélats appelés au concile, et pria le Pape de procéder contre ceux qui négligeaient de s'y rendre. Le Pape dit qu'il répondrait dans la session suivante. Alors comparurent en grand nombre les députés des évêques de Pologne, de Hongrie, de Danemarck, d'Espagne, d'Italie et de beaucoup d'autres nations, qui jurèrent sur l'âme de ceux qui les envoyaient, qu'ils étaient ou légitimement ou justement empêchés. Le Pape, ayant entendu leurs raisons, admit leurs excuses (*Ibid.*, n. 95).

Toutes les nations chrétiennes se trouvaient ainsi dès lors représentées au cinquième concile œcuménique de Latran, excepté la France, du moins en grande partie. A cette unanimité des rois et des peuples chrétiens, présidée par le Pape, le roi Louis XII, ne faisant guère honneur ni à son intelligence ni à son caractère, préférait opiniâtrement le schisme honteux et ridicule de quatre cardinaux déserteurs, qui, sifflés à Pise, sifflés à Milan, sifflés à Verceil, sifflés dans toute l'Italie, venaient à Lyon, avec une enseigne théâtrale de concile œcuménique, continuer leur farce sacrilège. La reine de France, Anne de Bretagne, était loin d'y donner son approbation : elle avait plus de sens que le roi et son conseil. La Bretagne, son duché héréditaire, ne prit aucune part au schisme. Nous avons même vu le cardinal de Nantes perdre tous ses biens par la tyrannie de Louis XII, plutôt que de manquer à son devoir de prince de l'Eglise. Aussi le Pape sut-il rendre justice aux fidèles Bretons.

Dès le 13 août de cette année 1512, de l'avis du sacré collège, le pape Jules II condamna de nouveau les ci-devant cardinaux Bernardin Carvajal, Guillaume Briçonnet, Réné de Prie, Frédéric de Séverin, cassa, réprouva, annula tout ce qu'ils avaient pu ou pourraient faire dans leur conciliabule de Pise, de Milan, de Lyon ou d'ailleurs ; et comme c'était le roi de France, avec plusieurs prélats français, qui soutenaient ces schismatiques dans leur scandaleuse rébellion, le Pape jeta l'interdit ecclésiastique sur tout le royaume, hormis la Bretagne ; et comme la ville de Lyon, devenue, sans doute malgré elle, le foyer du schisme, attirait une multitude d'étrangers par ses foires, le pape Jules II la soumit nominativement à l'interdit, et transféra ses foires à Genève, avec toutes leurs franchises : ce qui, étant reçu par toutes les nations chrétiennes, devenait pour Lyon un châtiment bien considérable. Et de fait, toutes ces dispositions de la bulle du 13 août ayant été lues dans la troisième session du concile général de Latran, y furent approuvées à l'unanimité par tous les Pères, **au nombre de cent vingt** (*Ibid.*, n. 97-99).

Vers ce temps, on vit arriver à Rome le prince Henri, fils d'Alphonse, roi de Congo en Afrique. Le père avait reçu le baptême en 1491, par les soins des Portugais, qui découvrirent ce royaume en 1484. Douze missionnaires y furent envoyés en 1510, pour augmenter les progrès de la foi chrétienne. Le prince Henri, ayant achevé son éducation en Portugal, vint donc à Rome, au nom de son père, rendre ses hommages au chef de l'Eglise catholique. Son père l'avait chargé d'une lettre où il racontait au Pape sa conversion et celle de son royaume. Le roi Alphonse de Congo fut un chrétien fervent: dans une occasion, n'ayant avec lui que trente-six hommes, il défit, en invoquant le nom de Jésus-Christ, une armée immense d'infidèles. Il fit pendant cinquante ans le bonheur de son royaume, dont il était le modèle et l'apôtre par ses vertus (Raynald, an 1512, n. 109 et seqq.).

La quatrième session eut lieu le 10 du même mois de décembre 1512. Avec le Pape, qui présidait, il s'y trouva cinq cardinaux-évêques, dix cardinaux-prêtres, dont deux français, quatre cardinaux-diacres, quatre-vingt-dix-sept archevêques et évêques, quatre abbés, quatre généraux d'ordres : parmi les ambassadeurs étaient ceux de la Suisse. La messe du Saint-Esprit fut chantée par Nicolas de Flisque, cardinal-prêtre.

Le discours fut fait par Christophe Marcel, noble vénitien et notaire apostolique. Il parla de l'office du prince, pour bien constituer et gouverner la cité. « Il est nécessaire d'en parler, dit-il, dans ces temps où la très-sainte république chrétienne paraît extrêmement troublée par la confusion diverse des citoyens. Ce n'est pas, Très-Saint-Père, pour vous apprendre quelque chose que vous n'ayez pas encore fait, mais pour que chacun apprenne de votre exemple ce qu'il doit faire. D'après tous les philosophes, la meilleure des républiques est celle qui est gouvernée par un seul prince, habile et vertueux : vertueux, pour donner l'exemple à tout le monde ; habile, pour diriger tout au bien public. »

Après le discours et les prières accoutumées, on lut la procuration de l'ambassadeur de Venise. Ensuite le pape Jules II fit lire les lettres patentes du roi Louis XI pour la révocation de la pragmatique sanction, et décerna un monitoire contre ceux qui prétendaient la soutenir, c'est-à-dire les prélats et les seigneurs de France et ses parlements, leur donnant le terme de deux mois pour venir défendre leur cause et empêcher l'abrogation de la pragmatique. On lut ensuite les lettres que le pape Jules II avait données depuis longtemps pour la réforme générale des officiers de la cour romaine et de leurs exactions. Le Pape renouvela et confirma ces lettres dans le concile ; mais il voulut qu'il y eût une commission nommée parmi les Pères pour examiner l'affaire en détail et en produire le rapport, ainsi que pour la pragmatique sanction de France. Le Pape indiqua la cinquième session pour le 16 février de l'année suivante 1513 (*Ib.*, n. 100 ; Labbe, t. XIV).

Elle se tint en effet ce jour-là ; mais Jules II, étant tombé malade, ne put y assister : le cardinal-évêque d'Ostie présida en sa place. Alphonse, patriarche d'Antioche, célébra la messe du Saint-Esprit. Les Pères étaient au nombre de cent dix. L'archevêque de Siponto dans le royaume de Naples fit le discours, où il releva l'utilité du concile général, la prudence et la magnanimité de Jules II qui avait procuré celui de Latran, et ce qu'il restait à faire pour atteindre le but qu'on se proposait. Après les prières et les cérémonies d'usage, on lut les lettres de créance que présenta l'ambassadeur de la république de Lucques.

Jules II, la seconde année de son pontificat, 1505, avait donné une bulle par laquelle il condamnait de nullité l'élection d'un Pape dans laquelle il y aurait eu simonie, soit en promettant, donnant ou recevant de l'argent, des terres, des emplois ou des bénéfices, par soi-même ou par d'autres, en quelque manière que ce fût ; soit que l'élection eût été faite par la voie des deux tiers des cardinaux, ou de tous unanimement, ou par voie d'accession et sans scrutin. Déclarant en outre le prélat élu de la sorte privé du cardinalat et de toute autre dignité ou bénéfice qu'il aurait possédé auparavant, et inhabile à en posséder aucun dans la suite. Il serait tenu pour apostat et hérétique. Il n'acquerrait aucun droit à la papauté, ni par l'intronisation, ni par aucun acte de sa part ni de celle des cardinaux, non plus que par la prescription. Ceux qui auraient concouru à son élection seraient aussi privés de toutes leurs dignités et bénéfices, si, dans un temps donné, ils ne s'unissaient à ceux qui n'auraient point eu de part dans la simonie, pour procéder à une autre élection, et convoquer même un concile général, s'il était expédient de le faire. On ne serait pas schismatique en refusant d'obéir à un pareil simoniaque, contre lequel il faudrait implorer le secours du bras séculier, pour l'empêcher de s'ingérer dans le gouvernement de l'Eglise, s'il voulait l'entreprendre.

Cette bulle fameuse fut lue dans la cinquième session du concile œcuménique de Latran, avec une autre qui la confirmait. Voici comme le vieux pontife s'exprimait dans cette dernière :

« Considérant de quelle gravité et de quel malheur seraient les élections adultérines des vicaires du Christ en terre et quel détriment elles pourraient apporter à la religion chrétienne, surtout dans ces temps si difficiles, où toute la religion chrétienne est vexée de diverses manières ;

» Voulant, autant qu'il nous est permis, obvier aux artifices et aux embûches de Satan, ainsi qu'à la présomption et à l'ambition humaine ;

» Afin que les lettres susdites soient d'autant mieux observées, qu'il sera constaté plus clairement qu'elles ont été approuvées et renouvelées après une mûre et saine délibération du saint concile ;

» Quoique, pour leur force et validité, elles n'eussent pas besoin d'autre approbation ;

» Mais, par surabondance de précaution et pour ôter aux malintentionnés et aux prévaricateurs tout sujet d'user de fraude et de malice, et pour affermir ces lettres d'autant mieux qu'elles auront été approuvées par un plus grand nombre de Pères aussi distingués ;

» Nous, de l'autorité et de la plénitude de la puissance apostolique, ce saint concile de Latran y donnant son approbation, *approuvons* les lettres susdites ; nous les renouvelons dans tous leurs points, décrets, peines, défenses, et ordonnons qu'elles soient inviolablement et irréfragablement observées à perpétuité. »

Ces lettres apostoliques ayant été lues, il fut demandé à chacun des Pères s'il les agréait. Tous les agréèrent. Il n'y en eut que cinq qui firent quelque observation. L'évêque de Tortone dit qu'il s'abstenait de voter, parce qu'il n'était pas bien au courant de l'affaire. Le second approuvait les dispositions de la bulle, mais non pas la forme. Le troisième pensait qu'on ferait bien de modifier les peines. Les deux autres firent des observations semblables sur des points secondaires.

Depuis longtemps on parlait de la réformation de l'Eglise dans son chef et dans ses membres; les brouillons en profitaient pour augmenter le mal au lieu de le guérir: ils allaient répétant que, tant que les Papes seraient les maîtres, jamais ils ne consentiraient à cette réforme si nécessaire; et voilà qu'un vieux Pape, après avoir vaincu tous ses ennemis, surmonté tous les obstacles, met hardiment la main à l'œuvre, commence tout d'abord par le chef, et par ce qu'il y a dans le chef de plus capital et de plus délicat, son élection. Et ce que commence un vieux Pape, un plus jeune le continuera, d'autres l'achèveront.

On lut enfin une lettre du Pape malade, où il rappelle les deux affaires remises à des commissions spéciales: la réforme détaillée de la cour romaine, puis la discussion et le jugement à intervenir sur la pragmatique sanction de France. Et pour que cette dernière cause se traitât avec toute la maturité convenable, il voulut qu'on citât de nouveau les fauteurs de la pragmatique à comparaître devant le Pape et le concile, afin d'y produire les raisons pour lesquelles la pragmatique ne devait ni être déclarée nulle ni être abrogée. Tous les Pères, sans exception, approuvèrent la proposition du Pape.

Après tout, on lut les lettres d'un grand nombre d'évêques absents, qui exposaient les motifs de leur absence et nommaient des procureurs pour tenir leur place. La sixième session fut indiquée pour le 11 avril (Labbe, t. XIV).

Mais, dès le 4 février, le pape Jules II, qui avait 72 ans, fit venir près de son lit de malade Paris des Grassi, maître des cérémonies, et lui dit avec beaucoup de piété que la dissolution de son corps était proche, que déjà sa vie était entre les mains de Dieu, qu'il ne pensait plus à la santé, mais que son corps mourrait dans peu et se résoudrait en poussière. Sur quoi il remerciait Dieu de ce qu'il obtenait une si bonne mort, telle que tout chrétien peut la désirer, et non une mort imprévue et subite, la mort de beaucoup de Papes, qui furent enlevés subitement, et ne purent mettre ordre ni à leurs affaires, ni à leurs funérailles, ni au salut de leur âme. Dans cet état, le vieux pontife pria lui-même le maître des cérémonies, en qui il avait toute confiance, d'avoir soin de son corps qui allait mourir, non pas jusqu'à mettre trop de pompe à son enterrement, il ne l'avait pas mérité, ayant été un trop grand pécheur pendant sa vie, mais d'éviter seulement une lésinerie messéante. C'est le maître des cérémonies lui-même qui nous apprend ces détails et les autres qui suivent.

Le surlendemain, le Pape se trouva mieux et répondit à tous d'un visage gai. Il pria tous les cardinaux de tenir la cinquième session au jour indiqué, sous la présidence de leur doyen, l'évêque d'Ostie, mais de n'y discuter que les choses proposées dans la session précédente. La maladie ayant empiré, ses anciennes sollicitudes reprirent à Jules II sur la bonne élection de son successeur: c'est pourquoi, ne pouvant assister en personne à la session cinquième, il y fit lire et confirmer par tout le concile la bulle qu'il avait publiée sur ce sujet dès le commencement de son pontificat. La session eut lieu le 16 février.

Le 20 du même mois, le pape Jules II reçut les derniers sacrements de la main du cardinal-évêque d'Ostie, doyen du sacré collège. Le maître des cérémonies suggéra au pontife malade de demander l'indulgence plénière au cardinal, qui la lui accorderait par l'autorité apostolique; ce qu'il fit aussitôt. Ensuite il communia très-dévotement sous les deux espèces. — Le cardinal lui demanda s'il voulait donner quelques ordres, parce que tous les cardinaux étaient disposés à y obéir; il ajouta que les cardinaux désiraient extrêmement recevoir sa bénédiction, lui baiser la main et lui demander pardon.

Quand les cardinaux furent arrivés, le Pape leur dit qu'il était à l'extrémité de la vie, que déjà il voyait la mort: il les priait d'intercéder pour lui auprès de Dieu, parce qu'il avait été un grand pécheur et qu'il n'avait pas gouverné utilement l'Eglise, comme il aurait dû; qu'ils fissent pour lui, après sa mort, ce qu'on avait accoutumé de faire pour les autres Papes, même moins, comme étant pécheur; mais qu'ils célébrassent l'élection du futur pontife avec une parfaite intégrité, suivant la bulle qu'il avait publiée et qui venait d'être approuvée dans le concile: que cependant l'élection du pontife appartenait, non pas au concile, mais au collége des cardinaux; chose décrétée par l'autorité apostolique, qu'il voulait qui eût toute sa vigueur. Il voulait aussi que les cardinaux fussent admis à l'élection, c'est-à-dire les cardinaux légitimes et véritables, et non ceux qui avaient été privés de leur dignité, ni les schismatiques. Quant à ceux-ci, il dit absolument que, comme Julien de la Rovère et comme homme, il leur pardonnait et leur remettait toutes les injures; en effet, il ouvrit la main, les bénit et leur pardonna, et recommanda de leur faire connaître cette disposition de sa part; « mais comme Jules et pontife, nous voulons absolument qu'on observe la justice et qu'on ne les admette d'aucune manière, non-seulement dans le conclave, mais pas même dans la ville; car, à notre avis, la ville de Rome serait polluée par leur admission, encore que le droit ne le dise pas. »

Le Pape mourant dit toutes ces choses en latin, avec gravité et pontificalement, parlant au pluriel, comme en consistoire. Puis, s'exprimant en italien, il témoigna le désir que le duc d'Urbin, son neveu, fût vicaire perpétuel de Pésaro, conquis par son travail, par l'argent du cardinal de Mantoue et par l'affection de ses peuples, d'autant plus qu'il rendrait au cardinal les sommes dues. Les cardinaux s'y accordèrent tous, l'un après l'autre. Alors il leur recommanda sa famille et leur donna sa bénédiction; Pape et cardinaux, tous pleuraient. Jules II mourut dans la nuit du 20 au 21 février 1513. Peu avant d'expirer, il protesta avoir éprouvé dans son pontificat des sollicitudes si poignantes, qu'elles pouvaient être comparées au martyre. Il était âgé de 72 ans, et avait occupé le Saint-Siége 9 ans, 3 mois et 20 jours.

Il fut grand prince et grand pontife : prince, il sut tirer le glaive pour réduire des vassaux rebelles, délivrer l'Italie des étrangers, et rendre à l'Eglise romaine son indépendance temporelle; pontife, il n'usa de tous ces avantages que pour commencer sérieusement la réformation de l'Eglise dans son chef et dans ses membres. Il est cependant un grave reproche que lui font les Français et les Allemands : c'est d'avoir été trop guerrier. Effectivement, ne s'est-il pas avisé de les battre, de les renvoyer chez eux, et de vouloir que les Italiens fussent les maîtres en Italie, et le Pontife romain à Rome ? Quelle idée !

Les obsèques de Jules II étant achevées le vendredi 4 mars, la messe du Saint-Esprit fut célébrée par le cardinal de Strigonie, et le sermon prononcé par l'évêque de Castellamare. Ensuite les cardinaux, au nombre de vingt-quatre, entrèrent processionnellement dans le conclave. Les premiers jours furent employés à pourvoir au gouvernement de Rome, et à examiner un mémoire des conclavistes sur leurs priviléges. Le jeudi 10 mars, à la demande des anciens cardinaux, on lut la bulle de Jules II contre l'élection simoniaque du futur pontife; tous, la main sur l'Evangile et sur la croix, promirent de s'y conformer. Le lendemain vendredi, 11 mars, huitième jour du conclave, le cardinal Jean de Médicis fut élu à l'unanimité, et prit le nom de Léon X.

Né à Florence, le 11 décembre 1475; il n'avait encore que trente-sept ans. Il était le second fils de Laurent de Médicis, surnommé *le Magnifique;* il eut pour maîtres Marsile Ficin, Pic de la Mirandole, Ange Politien et les autres savants de cette époque; il étudia trois ans la théologie et le droit canon à l'Université de Pise, et fut reçu docteur en droit. Il reçut la tonsure à sept ans; à quatorze ans, il fut nommé cardinal par Innocent VIII, mais à condition qu'il n'en porterait les insignes qu'après trois ans d'études en théologie. Sous le pontificat d'Alexandre VI, il fit un voyage littéraire dans une grande partie de l'Europe; revenu à Rome, il passait la plus grande partie de son temps dans sa bibliothèque. Jules II le nomma légat à Bologne; nous avons vu sa captivité en France, puis sa délivrance. Sa famille venait de rentrer à Florence, il était le premier des cardinaux-diacres, lorsqu'il fut élu Pape, le 11 mars 1513, ordonné prêtre le 15, sacré évêque le 17, et couronné souverain Pontife le 19. Un de ses premiers actes, après avoir notifié sa promotion à tout l'univers chrétien, fut de citer les Français à comparaître à la sixième session du concile de Latran, qui se tiendrait le 27 avril, afin d'y produire leurs raisons en faveur de la pragmatique sanction qui devait y être abrogée. La session avait été fixée d'abord au 11 avril; mais ce jour-là même le nouveau Pape fit son entrée solennelle dans le palais de Latran : c'était le jour anniversaire où, une année auparavant, il avait été fait prisonnier à la bataille de Ravenne (Raynald, an 1513, n. 13 et seqq.).

La sixième session du cinquième concile général de Latran, première sous Léon X, se tint effectivement le 27 avril. Le nouveau Pape présidait. On y comptait vingt-deux cardinaux et quatre-vingt-dix prélats mitrés, avec une foule de princes, de nobles et d'ambassadeurs. La messe fut célébrée par le cardinal-évêque de Sabine. Le discours fut prononcé par Simon, évêque de Modrusse, ville alors considérable de la Croatie, province ecclésiastique de Spalatro, mais depuis entièrement ruinée par les Turcs. L'évêque Simon prévoyait ce malheur, aux ravages continuels que ces barbares faisaient dans son pauvre diocèse. Il en fit le sujet principal de son discours, pour engager les chrétiens d'Occident à se réunir contre les infidèles. La cause principale des progrès effrayants des Turcs, il l'attribue au grand schisme d'Occident, dont il expose ainsi l'origine :

« Grégoire XI, à qui nous devons beaucoup pour avoir restitué la cour romaine à l'Italie, étant mort à Rome, Urbain VI lui succéda légitimement. Ce que les cardinaux français ayant incriminé, ils élisent Clément VII, auquel, après sa mort, ils substituent Benoît XIII. A Urbain succède Boniface IX, à Boniface Innocent VII, à Innocent Grégoire XII. Ensuite, Grégoire et Benoît ayant été déposés au concile de Pise, par le consentement commun de tous les cardinaux, pour n'avoir pas tenu leurs promesses, on élit Alexandre V, à qui l'on donne pour successeur Jean XXIII. Ainsi, pendant près de quarante ans, l'Eglise, affligée de bien des maux, eut un mélange de huit pontifes, légitimes et autres. Le voile du temple de Dieu, déchiré en trois, ne pouvant plus protéger l'Eglise catholique, les schismatiques en prirent occasion d'étendre leurs ravages au long et au large; les nôtres mêmes furent entraînés par cette peste à sévir contre nous et contre nos entrailles, non sans quelque soupçon que les pontifes de cette époque, qui auraient dû éteindre les guerres et étouffer les discordes, les excitaient, au contraire, et les nourrissaient. Dès lors on alla comme vers un précipice. Le pontificat de Martin V apporte quelque remède et quelque repos. Mais bientôt nouveau péril : sous Eugène IV, l'assemblée de Bâle renouvelle le schisme; lorsque Nicolas V y met fin, on apprend la prise de Constantinople par les Turcs; Pie II allait secourir les chrétiens d'Illyrie et de Grèce, lorsque les guerres civiles d'Italie viennent y mettre obstacle. En attendant, les Turcs continuent leurs conquêtes et leurs ravages; l'évêque Simon en fait un tableau effrayant; son diocèse y est exposé plus qu'aucun autre; rien que depuis deux mois, deux forteresses y ont été emportées et détruites, plus de deux mille habitants emmenés en esclavage. Qui ne l'a su ? qui n'en a gémi, excepté nous, dans cette ville, qui connivons, qui écoutons à peine, qui dissimulons ? Sans les efforts des Vénitiens, des Hongrois, des Polonais, depuis longtemps vous verriez les Turcs en Italie. Mais rien ne nous émeut. Les chrétiens se font la guerre, au lieu de la faire à leur ennemi commun. C'est peu que le sang italien soit versé par des mains italiennes, on appelle des mains étrangères pour le répandre. »

L'évêque Simon conclut qu'il faut penser sérieusement à une expédition générale contre les Turcs, mais surtout porter un remède efficace aux maux intérieurs de la chrétienté, par une réformation exemplaire de l'Eglise romaine; car c'est de ses cardinaux, c'est de ses pontifes que sont venues originairement ces funestes divisions qui ont affaibli l'Eglise au dedans et au dehors. Jules II a commencé l'œuvre sainte, c'est à Léon X à l'achever (Labbe, t. XIV).

Après ce discours, un cardinal-diacre chanta l'évangile de saint Jean, qui commence par ces paroles : *Sur le soir du même jour, qui était le premier de la semaine, et les portes de l'endroit, où étaient assemblés les disciples, étant fermées par la crainte des Juifs, Jésus vint, et se tint debout au milieu d'eux, et leur dit : La paix soit avec vous* (Joan., 20, 19).

Enfin le Pape, après qu'on eût chanté l'hymne du Saint-Esprit, qu'il entonna lui-même, parla aussi pendant quelque temps pour exhorter les Pères à procurer l'avantage de la religion, et dit que son dessein était de continuer le concile, jusqu'à ce qu'il y eût une union solidement établie entre les fidèles.

Son allocution étant finie, l'ambassadeur de Florence présenta ses lettres pour assister au concile au nom de sa république; elles furent lues à haute voix. Le procureur du concile produisit une seconde fois la bulle ou le monitoire porté par Jules II contre les partisans de la pragmatique sanction, et demanda une citation contre la contumace des Français en cette cause; mais le Pape n'y fit point de réponse, dans la vue de les gagner par la douceur.

Après qu'on eût fait sortir tous ceux qui n'avaient aucun droit d'assister au concile, l'archevêque de Reggio lut la bulle de Léon X, par laquelle il approuvait le concile général de Latran et tout ce qu'on y avait fait jusqu'alors, et souhaitait avec ardeur sa continuation. Cette bulle est du 27 avril. On demanda à tous les Pères du concile s'ils agréaient ce qui y était contenu. Tous ayant répondu : *Placet*, on indiqua la septième session au 23 mai, qui fut toutefois prorogée jusqu'au 17 juin, par une bulle du 20 mai, à cause des ambassadeurs de Sigismond, roi de Pologne, qu'on attendait de jour en jour.

Dans l'intervalle, on nomma quelques savants prélats pour aviser avec les cardinaux, en présence du Pape, aux moyens de terminer les propositions à présenter. On reçut les procurations des évêques de Brixen, de Coïmbre, de Viterbe et de Misme pour assister au concile en leur nom. Le 3 juin, les prélats furent divisés en trois sections, dans la première desquelles on traiterait de ce qui concernait la paix des princes, l'extirpation du schisme; dans la seconde, ce qui regardait la foi; et dans la troisième, ce qui appartenait à la réformation des mœurs, et aux moyens d'abolir la pragmatique sanction (Labbe, t. XIV).

Cependant le repos de l'Italie était de nouveau menacé. Louis XII, qui ne pouvait renoncer au duché de Milan, venait de détacher Venise de l'alliance du Saint-Siége : un traité avait été conclu à Blois, le 15 mars 1513. A cette nouvelle, Léon X écrit à Louis XII une lettre qu'on peut regarder comme un modèle de douceur évangélique. Le Père de la chrétienté engage son cher fils, au nom de Dieu, à renoncer à cette funeste expédition qui ne peut que causer de nouvelles douleurs à l'Italie : « Nous avons vu de nos yeux, lui dit-il, et le souvenir nous déchire le cœur, des villes incendiées ou ruinées, des églises violées et ensanglantées, des jeunes filles déshonorées, de saintes femmes immolées. N'est-il pas temps que l'Italie respire? Si la guerre doit éclater de nouveau, qu'elle épargne au moins ce malheureux pays! Au nom du Dieu des miséricordes, nous vous en prions, songez au beau nom que vous portez; rappelez-vous votre ancienne tendresse pour le Saint-Siége. Si vos droits sont fondés, ayez recours aux négociations et non point aux armes. Nous sommes prêts à vous aider, à vous servir de toute notre bienveillance, de tout notre amour; nous n'avons qu'un seul désir, c'est que la paix règne dans toute la chrétienté (Sadolet, *Epist. pon.*, n. 11). »

Ces conseils ne furent pas entendus. Les Français entrèrent en Italie avec des troupes auxiliaires d'Allemands. Toutes les villes de Lombardie se rendirent, à l'exception de Novarre et de Côme. Le duc de Milan, Maximilien Sforce, se vit expulsé de sa capitale et alla s'enfermer dans Novarre, avec quelques Suisses qu'il avait à sa solde.

Léon X voyant ses conseils repoussés, avait pris d'autres mesures pour préserver et sauver l'Italie. En moins de quelques semaines, il conclut avec Henri VIII d'Angleterre, l'empereur Maximilien et le roi d'Espagne une ligue qui est signée à Malines, le 5 avril 1513. Le Pape comptait sur les Suisses. Le cardinal de Sion, Matthieu Schinner, alla dans les montagnes d'Uri, d'Unterwald et de Zug, recruter de nouveaux soldats. C'est quelque chose de merveilleux que le dévouement au Saint-Siége de ces cantons alpestres. Un pâtre sur la cime d'un rocher, fait retentir un cor : à ce son, tous les habitants des villages se rassemblent autour de l'église paroissiale; un moine annonce en chaire la croisade nouvelle, et, quelques jours après, souvent le lendemain, ils partent pour le rendez-vous assigné, précédés d'une bannière où on lit en lettres d'or : *Dompteurs des princes.* — *Amateurs de la justice.* — *Défenseurs de la sainte Église romaine.*

Trivulce, le général des troupes françaises, s'était vanté de prendre les Suisses comme on prend du plomb fondu dans une cuiller. Ces Suisses étaient enfermés dans Novarre. La brèche fut ouverte en quelques heures. Bien loin d'être effrayés, les assiégés font dire au général français qu'il pouvait garder sa poudre pour l'assaut, et qu'ils étaient prêts à élargir la brèche. Cependant les recrues de Schwitz, d'Unterwald et d'Uri, arrivaient par le Simplon et le Saint-Gothard. Les Français lèvent le camp et vont l'asseoir à quelque distance de Novarre. Les Suisses se déterminent à les attaquer. Le 6 juin, ils s'ébranlent en colonnes serrées sous le canon ennemi, qui leur emportait des files de cinquante hommes, ils abordent les Français, les prennent corps à corps, et se servent pour les tuer de hallebardes et de dagues : c'est un duel plutôt qu'une mêlée. Après cinq heures d'une lutte acharnée, les Suisses se jettent à genoux pour entonner un vieux cantique montagnard en l'honneur de Marie; ils étaient vainqueurs : huit mille cadavres français jonchent le champ de bataille : de nouveau, les Français survivants sont expulsés de toute l'Italie.

La Papauté a maintenant de grands devoirs à remplir, dit Audin; voyons comment elle s'en acquittera.

Marie-Maximilien Sforce, chassé de Milan par ceux qui l'avaient reçu sous des arcs-de-triomphe, rentrait dans sa capitale, irrité contre ses sujets : le sang allait couler peut-être ; Léon écrit au prince : « Rendez grâces à Dieu, qui vient de vous donner la victoire, et montrez-vous digne de sa protection, en ne vous laissant pas succomber aux enivrements du succès. Non, ceux qui vous ont offensé ne voulaient pas votre ruine. Je vous en prie, je vous en conjure, au nom de l'amour que je vous porte, vengez-vous de vos ennemis, non pas par le châtiment, mais par la clémence..... Encore une fois, je vous en prie, usez avec modération de votre victoire (Petri Bembi, l. 3, *Epist.* 1). » — Et Maximilien se laisse fléchir.

Raimond de Cardonne, vice-roi de Naples, avait contribué à la victoire des Suisses ; Léon lui écrit : « Je viens d'apprendre la victoire des Suisses et le retour de Maximilien à Milan, Combien je déplore la mort de tant de braves soldats, de tant d'illustres capitaines qui auraient pu rendre de si grands services à la cause chrétienne ! Ce que nous devons désirer, ce n'est pas la guerre, mais la paix ; ce n'est pas le sang, mais de la pitié..... Vous avez, je le sais, une grande influence sur l'esprit de Maximilien ; servez-vous-en pour lui prouver qu'il n'est rien qui sied à un prince comme la douceur, la bonté, la clémence. Qu'il oublie les injures, qu'il pardonne, qu'il s'étudie à gagner, non pas la fortune, mais le cœur de ses sujets (*Ibid.*, *Epist.* 2). » — Et le vieux général entend la voix du pontife et intercède efficacement pour des sujets révoltés.

Le marquis de Montferrat avait livré passage aux Français qui marchaient sur Milan ; il allait être puni sévèrement, quand Léon intervint en sa faveur : « Le prince était trop faible, écrit le Pape au duc de Milan, pour s'opposer de vive force au passage des Français ; il vous aurait ouvert ses Etats, si vous aviez voulu envahir la France. Pitié donc pour le marquis ! Si vous pratiquez la clémence, Dieu vous récompensera dès cette vie (*Ibid.*, *Epist.* 3). » — Et Maximilien écoute encore une fois la voix de Léon X.

Henri VIII, à l'instigation du Saint-Siège, au moment où Louis XII signait avec les Vénitiens le traité de Blois, passait à Calais avec un corps de troupes considérables. Le comte Shrewsbury assiégeait Térouanne ; le duc de Longueville, accouru pour secourir la place, avait livré bataille aux Anglais, et avait été défait à Guinegate, dans cette terrible affaire, connue sous le nom de *la journée des Eperons*. Cependant Louis XII sentait la nécessité de se réconcilier avec le Saint-Siège ; des propositions avaient été faites au Pape. Léon X écrit à Henri VIII : « On vient de m'apprendre vos victoires ; j'ai fléchi le genou, levé les mains au ciel et remercié Dieu. Ce n'est pas vous qui avez vaincu, c'est le Seigneur qui vous a donné la victoire : humiliez-vous, ce sera vous montrer digne de votre triomphe. Maintenant, qu'une seule pensée vous occupe : il n'est plus qu'un ennemi que vous deviez poursuivre, le Turc, dont il faut dompter l'orgueil. Votre ambassadeur, l'évêque de Worcester, vous entretiendra plus longuement à ce sujet (*Ibid.*, l. 5, *Epist.* 19). » — Et Henri VIII rappelle ses armées, quitte Lille le 17 octobre, et arrive le 24 à son palais de Richmond.

Ce sont là, dit Audin, ce sont là des choses qu'on raconte simplement : les louer, ce serait les gâter (*Hist. de Léon X*, t. I, c. 18).

La septième session du cinquième concile général de Latran se tint au jour indiqué, 17 juin 1513. Le pape Léon X y présida : il s'y trouva vingt-deux cardinaux, avec quatre-vingt-six archevêques et évêques, les ambassadeurs de l'empereur Maximilien, des rois d'Espagne, d'Angleterre, de Pologne, des ducs de Savoie, de Milan, de Ferrare, de Mantoue, des républiques de Venise et de Florence. Comme il y avait beaucoup d'affaires à traiter, au lieu d'une messe haute, il n'y eut qu'une messe basse, dite par l'archevêque de Durazzo.

Le discours fut prononcé par Baltassar del Rio, ecclésiastique de Palencia, protonotaire apostolique, et secrétaire du cardinal Albornos. Son texte rappela ces paroles du Sauveur à ses apôtres : *Si vous aviez de la foi comme un grain de sénevé, vous diriez à cette montagne : Va-t-en d'ici, et elle s'en irait ; et rien ne vous serait impossible* (Matth., 17). Il en fait l'application à la grande affaire dont on parlait toujours, et pour laquelle, faute de courage, on ne faisait jamais rien ou peu de chose : la défense de la chrétienté contre les Turcs. Il met en contraste l'activité et les progrès continuels de ces barbares avec l'apathie des chrétiens qui n'ont d'esprit et de cœur que pour se faire la guerre entre eux et faciliter ainsi la besogne à leurs ennemis communs. De nos jours, combien de pays Mahomet II ne nous a-t-il pas arrachés d'entre les mains, pour les joindre à son empire ? Car, outre le Pont, la Bithynie, la Cappadoce, la Paphlagonie, la Cilicie, la Pamphylie, la Lycie, la Carie, la Lydie et la Phrygie, il a incendié des royaumes, des provinces, des cités illustres, presque tout l'Hellespont. Il a saccagé Péra et Mitylène, colonies des Génois, envahi le Péloponèse, maltraité les peuples chrétiens de l'Achaïe, de l'Arcananie, de l'Epire, de la Macédoine, ajouté à ses domaines et enlevé aux nôtres les provinces de Rascie et de Servie, ainsi que tout ce qui, depuis Andrinople, se trouve entre la Save et le Danube. Par suite de cela, la plupart des Valaques, subjugués par la crainte, ont passé de son côté. Fondant sur la Bosnie, comme une horrible tempête, il en a fait enchaîner, éventrer, dépecer les habitants, y compris les femmes, les enfants et les vieillards, comme des animaux de boucherie. Sinope et Trébisonde, antiques monuments de nos pères, il les a soumis à sa cruelle domination. Enfin Byzance même, l'auguste cité de Constantin, qui se reposait sous la foi d'une alliance, il l'a surprise, pillée, incendiée, réduit sa population au plus dur esclavage, égorgé sa noblesse après lui avoir octroyé un simulacre de liberté. Voilà ce qui est arrivé, non au temps de nos ancêtres, mais de nos temps. Et si l'on ne porte un prompt secours aux calamités de la Hongrie et de la Pologne, bientôt vous verrez en Italie même la désolation de l'Orient ; car le successeur actuel du cruel Mahomet II est plus cruel encore (Labbe, t. XIV).

C'était Sélim Ier, second fils de Bajazet II, qui, l'an 1512, monte sur le trône par l'abdication forcée de son père, à l'âge de quarante-six ans. Ahmed, son frère aîné, soutient ses droits les armes à la main. Il est pris dans un combat et étranglé sur-le-champ. Sélim se défait, par la même voie, de son frère Korkud, homme paisible et ami des lettres. L'an 1514, il marche contre Ismaël, sultan de Perse, le bat dans la plaine de Calderon et lui enlève Tauris. L'an 1516, il tourne ses armes contre Kansou, sultan d'Égypte, qui périt dans un combat. L'an 1517, il gagne, près du Caire, une nouvelle bataille sur Toumonbai, successeur de Kansou. Une troisième bataille, gagnée aux portes du Caire, le rend maître de la personne de Toumonbai, qu'il fait pendre, et du royaume d'Egypte. L'an 1518, il marche contre les Perses et leur enlève plusieurs places. Sélim, enflé de ces succès, se proposait de porter la guerre en Europe et d'en détruire les principales monarchies, lorsqu'il mourut le 22 septembre 1520, à l'âge de 54 ans (*Art de vérifier les dates*).

On voit que les orateurs du cinquième concile général de Latran n'avaient pas tort d'insister sur le danger imminent que courait la république chrétienne de la part des Turcs. Pour exciter à les combattre, Baltassar del Rio ajoute qu'ils ne sont pas invincibles. Eux-mêmes s'attendaient, d'après certaines prophéties, à la décadence prochaine de leur empire. Ladislas, roi de Hongrie, avec les seuls magnats de son royaume, en a défait souvent une multitude innombrable. Tout récemment, Sigismond, roi de Pologne, a remporté une victoire où plus de quarante mille de ces infidèles sont restés sur le champ de bataille. Ferdinand d'Espagne leur enlève Grenade, avec les provinces qu'ils occupaient depuis huit cents ans, et leur fait sentir sa puissance jusqu'en Afrique, où il leur enlève Oran, Bougie et grand nombre d'autres villes. Emmanuel de Portugal, après les avoir expulsés de tout son royaume, va les attaquer et les vaincre jusque sur les rives du Gange, et planter la croix dans des régions qui ne la connaissaient point. Si ces princes avaient imité notre lâcheté, déjà l'Europe serait perdue : imitons leur foi et leur courage, et rien ne nous sera impossible (Labbe, t. XIV).

Après ce discours, les prières accoutumées et l'évangile, qui fut chanté par le cardinal Farnèse, le secrétaire du concile, Thomas Phèdre, lut en chaire les lettres par lesquelles Sigismond, roi de Pologne, Maximilien Sforce, duc de Milan, François, marquis de Mantoue, Stanislas et Jean, ducs de Mazovie et de Russie, accréditaient leurs ambassadeurs auprès du concile général de Latran. L'ambassadeur des deux derniers princes était Laurent de Medizeldri, prévôt de la cathédrale de Vilna.

Le même secrétaire lut ensuite quelque chose qui dut causer une grande joie à tous les Pères du concile. C'étaient les lettres des deux ex-cardinaux, Bernardin de Carvajal et Frédéric de Saint-Sévérin, qui renonçaient au schisme, condamnaient tous les actes du conciliabule de Pise, approuvaient ceux du concile général de Latran, promettaient obéissance au pape Léon, et reconnaissaient que le pape Jules et le concile général les avaient justement retranchés du nombre des cardinaux.

Enfin Pompée de Colonne, évêque de Riéti, lut une bulle du Pape, qui citait les Français à comparaître à la première session après le 1er novembre prochain, pour produire leurs défenses en faveur de la pragmatique sanction : il fixait également l'époque où la commission pour la réformation de la cour romaine devait présenter son travail, et proposait les moyens à prendre pour amener la paix entre les princes chrétiens. La bulle fut approuvée de tous les Pères : un seul, l'évêque de Trani, trouva que le terme donné aux Français était trop long, ainsi que celui pour la réformation des officiers de la cour romaine. La session suivante, qui était la huitième, fut indiquée au 22 novembre.

Peu de jours après, les ex-cardinaux Carvajal et Saint-Sévérin, ayant conçu une espérance certaine de l'indulgence du Pape et du concile, vinrent secrètement à Rome et se jetèrent aux pieds de Léon X, qui les fit loger secrètement dans le Vatican. Précédemment déjà, on avait discuté leur affaire; les ambassadeurs de l'empereur et du roi d'Espagne, ainsi que les cardinaux de Sion et d'York, s'opposèrent à leur réintégration et remontrèrent que ce serait une chose indigne de la majesté apostolique, d'un pernicieux exemple pour la postérité, et même une injure à la mémoire de Jules II, de pardonner si facilement à de pareils coupables. Mais Léon prit le parti le plus doux, aimant mieux abolir le nom même du conciliabule de Pise par la clémence que par la sévérité, et ne plus exaspérer le roi de France, Louis XII, qui avait intercédé pour eux. Toutefois, il voulait une expiation. « En ce jour, disait-il, la Miséricorde embrassera sa sœur la Justice. » Cela se fit dans un consistoire public, le lundi 27 juin.

Dépouillés par le maître des cérémonies des marques de leurs dignités; de cette barrette que Saint-Sévérin étalait à tous les regards à la bataille de Ravenne, devant les rangs français; de cette robe rouge que Carvajal portait si orgueilleusement, lorsqu'à Pise et à Lyon il insultait aux cheveux blancs de Jules II, les deux coupables, introduits dans la salle du consistoire, firent trois génuflexions jusqu'à terre et restèrent à genoux jusqu'après l'absolution du Pape.

Bernardin de Carvajal dit le premier : « Très-Saint-Père, nous avons vu récemment la face de Votre Sainteté et le trône de Votre Majesté, que, par la multitude de nos iniquités, nous ne méritions pas de voir, ni ne méritons. C'est pourquoi nous n'osons même lever les yeux, parce que nous avons péché, agi injustement, commis l'iniquité. Seigneur, ayez pitié de nous, faites-nous miséricorde, nous vous en supplions, prosternés à vos pieds : n'ayez pas égard à la multitude de nos péchés, qui surpassent en nombre les grains de sable de la mer. »

« L'Église est une bonne mère, dit le Pape, elle pardonne à ceux qui reviennent à elle; mais l'Église ne voudrait pas, par une charité coupable, exciter le pécheur à faillir de nouveau. Afin donc que vous ne puissiez tirer gloire de vos iniquités, j'ai résolu de vous infliger le châtiment qu'elles méritent. » Aussitôt il fit le dénombrement de tous leurs méfaits, de manière à les couvrir de confusion, leur disant : « N'avez-vous pas fait telle et telle chose, et encore telle et telle autre? — Eux, n'ayant mot à dire, confessèrent tout. — « Eh bien ! reprit le Pape, que pensez-vous avoir mérité pour tant de crimes atroces, auxquels il n'a pas tenu que votre mère la sainte Église romaine, de qui vous avez reçu tant de bienfaits, ne descendît aux lieux infâmes et en l'abîme du déshonneur? Prononcez vous-mêmes votre sentence ! »

Comme ils gardaient le silence, avec un air de pleurer, le Pape leur présenta une cédule, disant :

« Tenez, lisez avec attention ; si vous voulez observer le contenu et en faire serment, le Siége apostolique usera de miséricorde. » Carvajal le premier prit la formule, la lut à demi-voix et dit enfin qu'il voulait observer tout. Alors le Pape lui répondit : « Lisez tout haut la cédule, de manière que vous soyez entendu de tous les cardinaux. — Je ne puis parler plus haut, dit Carvajal, parce que je suis enroué. » Le Pape répliqua d'un ton élevé : « Vous ne pouvez parler plus clairement, parce que vous n'avez pas un bon estomac : prenez garde, vous êtes libres. Si vous ne voulez pas observer le contenu de la cédule, parce qu'il vous paraît trop dur, nous vous renverrons tous deux à Florence, d'où vous êtes venus avec notre sauf-conduit ; mais si vous voulez l'observer et revenir sincèrement au giron de votre mère l'Eglise romaine, nous vous recevrons. » Alors Frédéric de Saint-Sévérin ayant pris la formule la lut à haute voix de manière à être entendu de tous les cardinaux.

Elle renfermait le désaveu formel de tous leurs actes schismatiques ; ils en demandaient humblement pardon et adhéraient au concile général de Latran, comme à l'unique concile véritable et légitime. A la fin, ils dirent tous deux qu'ils voulaient observer le contenu. Le Pape leur ordonna de souscrire chacun de sa main ; ils souscrivirent et en firent serment. Sur quoi le Pape leur donna l'absolution, les réintégra dans leur dignité de cardinal et dans ceux de leurs bénéfices qui n'avaient pas été conférés à d'autres.

Alors seulement ils se levèrent. Le Pape leur remit la barrette et le chapeau rouge, avec les autres ornements de leur dignité ; ils lui firent serment comme les nouveaux cardinaux. Il les admit au baisement des pieds, de la main et de la bouche, avec beaucoup d'affection, disant à Carvajal : « Maintenant vous êtes mon frère et mon père, puisque vous avez fait ma volonté ; vous êtes la brebis perdue, qui a été retrouvée ; réjouissons-nous dans le Seigneur. » Ensuite il les envoya tous deux recevoir le baiser de tous les cardinaux, qui se levèrent alors pour les saluer, et non auparavant. Enfin le Pape leur imposa pour pénitence de jeûner un jour par mois toute leur vie, ou, s'ils ne le pouvaient, de visiter en place deux églises. Vingt et un cardinaux étaient présents ; trois autres ne voulurent pas venir, quoique le Pape les en eût beaucoup priés : c'était le cardinal anglais d'York, le cardinal suisse de Sion, et le cardinal de Saint-Pierre-aux-Liens ; mais ce dernier était réellement malade. Tels sont les détails que nous donne le maître des cérémonies, Paris des Grassi, alors évêque élu de Pésaro (Raynald, an 1513, n. 44 et seqq.).

Dès le lendemain de la réintégration des deux cardinaux et de l'extinction complète du schisme, Léon X manda cette heureuse nouvelle à l'empereur Maximilien et aux autres souverains catholiques, par des lettres d'une grâce et d'une élégance parfaites. Ses secrétaires pour les lettres latines étaient Sadolet et Bembo ; l'un et l'autre, pour la belle latinité, rappelaient le siècle de Cicéron et d'Auguste. Un autre latiniste non moins élégant était Bernard Bibbiena. Léon X l'avait choisi pour son compagnon dans le dernier conclave. Suivant la coutume, le Pape lui fit don de tous les meubles qui garnissaient sa maison de cardinal sur la place de Navonne. Le 23 septembre 1513, il conféra le cardinalat à Jules de Médicis, son cousin ; à Laurent Pucci, nommé dataire par Jules II ; à Innocent Cibo, petits-fils d'Innocent VIII, et à Bernard Bibbiena, qui avait pris les ordres et était alors diacre. Léon X écrivit à Ferdinand d'Espagne une lettre où il vante la prudence, l'intégrité, les vertus et les talents de son conclaviste (*Apud* Bemb.).

La huitième session du concile de Latran eut lieu le 18 décembre 1513, sous la présidence de Léon X. Il s'y trouva cent vingt-cinq Pères, dont vingt-trois cardinaux, quatre-vingt-treize archevêques et évêques, cinq abbés et cinq généraux d'ordres, avec les ambassadeurs de l'empereur Maximilien, des rois de France, d'Espagne, de Pologne, du marquis de Brandebourg et d'autres princes. Comme il y avait beaucoup d'affaires à traiter, l'archevêque dit seulement une messe basse.

Le discours fut prononcé par Jean-Baptiste de Garges, chevalier ecclésiastique de Saint-Jean de Jérusalem, autrement de Rhodes. Il parla sur la milice chrétienne : l'esprit de cette milice doit animer tous les membres de l'Eglise, les revêtir de l'armure spirituelle, pour résister aux traits de l'ennemi invisible, qui cherche sans cesse à corrompre et à diviser les soldats du Christ ; cette milice doit veiller en même temps à la défense extérieure de la chrétienté contre les ennemis visibles, contre les Turcs, dont l'empire anti-chrétien ne tend pas moins à la perte des royaumes que des églises, de la liberté que de la foi, des corps que des âmes. Un corps de cette milice chrétienne, c'est l'ordre de Saint-Jean, qui, dans son île de Rhodes, est le boulevard de la république chrétienne contre les Turcs, boulevard menacé alors par les armements formidables du sultan Sélim. L'orateur recommande son ordre au Pape et au concile, et les presse d'envoyer à son secours, de peur que, ce boulevard une fois emporté, l'Europe entière ne devienne la proie des infidèles (Labbe, t. XIV).

De nos jours, dans les assemblées législatives d'un pays quelconque, entendons-nous un homme, une idée qui a l'air de s'élever au-dessus de l'intérêt matériel, au-dessus même de l'intérêt purement national, et aspirer au bien commun de l'humanité, à la résurrection politique et morale d'une nation longtemps opprimée, au salutaire affranchissement des esclaves, à la civilisation des barbares, à la charité et à la paix universelle du genre humain ? Tout ce qu'il y a de généreux au monde applaudit, partout on aime cet homme, partout on aime cette idée, partout on aime la nation qui enfante de ces idées et de ces hommes. Or, ce qui de nos jours et dans nos assemblées législatives paraît un effort de génie ou bien une philanthropie idéale de poète, est ailleurs une chose vulgaire. Depuis le premier concile œcuménique de Nicée jusqu'au cinquième concile œcuménique de Latran, depuis les lettres apostoliques de saint Pierre jusqu'à celles de Léon X, de quoi s'occupe l'Eglise catholique? Maintenir dans sa pureté la source divine et vivante de la civilisation véritable, en épandre les eaux salutaires sur toute nation, sans distinction de Latins, de Grecs, de Juifs, de Mongols, de Chinois, de blancs, de noirs, de sauvages ni de barbares; unir tous ces peuples dans la même foi, la même espérance, la même charité, comme les membres d'une même famille; sans cesse améliorer cette grande famille au dedans, et la défendre au dehors. Se peut-il rien de plus beau, de plus noble, de plus grand, de mieux fait pour réjouir un cœur d'homme et de chrétien? Or, c'est là ce qui se voit, comme un fleuve continu de vie, dans les lettres des Papes et dans les actes des conciles présidés par eux, notamment dans le cinquième concile général de Latran. Mais voilà ce qu'on ignore, voilà ce que bien des savants ne soupçonnent même pas. Qui leur eût dit, en effet, que, dans le cinquième concile œcuménique de Latran, les plus beaux esprits développaient, dans un latin de Cicéron, les idées les plus généreuses pour le bien de l'humanité, et qu'ils y travaillaient d'une manière efficace?

A la huitième session de ce concile, nous remarquons les ambassadeurs de France. A force de revers, Louis XII commençait à devenir sage. Lui-même dit expressément à Jérôme Cavanilla, ambassadeur du roi d'Espagne, que son schisme et son conciliabule de Pise n'étaient qu'une comédie, un jeu inventé pour effrayer le pape Jules II (*Petri Anglerii epistolæ* 469, 477, 484; Raynald, an 1512, n. 11). Plus sensée que lui, la reine, son épouse, Anne de Bretagne, le supplia plus d'une fois, avec larmes et à genoux, de ne point donner lieu à ce schisme funeste, autrement il attirerait sur lui la colère du ciel. L'enfant dont elle était enceinte, elle n'espérait pas le mettre heureusement au monde, ou du moins le voir vivre : ce qui arriva. Elle enfanta péniblement un fils qui devait porter la couronne de France, mais qui mourut aussitôt après son baptême (Raynald, an 1512, n. 96). Elle-même ne fit plus que dépérir, et mourut le 9 janvier 1514. Louis XII se vit encore malheureux dans ses armées : elles furent battues à Novarre par les Suisses, elles sont battues à Guinegate par les Anglais et les Allemands; il perd Térouanne et Tournai; son allié, le roi d'Ecosse, Jacques IV, est battu et tué par les Anglais dans le Northumberland : tout cela dans la même année 1513.

Tant de désastres dans l'espace de quatre ou cinq mois, le mépris où était tombé le conciliabule de Pise, réfugié à Lyon, les exhortations fréquentes du cardinal Robert de Guibé, que Léon X avait envoyé légat en France, les larmes et les inquiétudes de la reine Anne, qui ne voyait qu'avec un extrême chagrin les démêlés de son époux avec le chef de l'Eglise : tout cela réuni dans l'esprit du roi lui fit hâter ses négociations auprès de Léon X et du concile de Latran. Il envoya donc à Rome, dès le mois d'août 1513, Claude de Seyssel, évêque de Marseille.

Le prélat avait ordre de traiter un accommodement avec le Pape; mais Louis XII ne voulait pas qu'il demandât des absolutions, qu'il offrît des satisfactions pour tout ce qui s'était passé; il ne devait être question, pour la France, que d'abandonner le conciliabule de Pise, et d'adhérer au concile de Latran;

encore le roi prétendait-il excuser toutes les démarches qu'il avait faites, et en attribuer la cause aux procédés violents du pape Jules II. Comme cette négociation était délicate, il y eut deux autres ambassadeurs associés à l'évêque de Marseille, savoir, Louis de Forbin, seigneur de Solliers, et le cardinal Frédéric de Sévérin, rentré alors en la grâce du Saint-Siège. Léon X, de son côté, nomma quatre cardinaux pour régler les articles du traité, et enfin, le 6 octobre 1513, les ambassadeurs du roi signèrent un acte qui portait en substance :

« Les ennemis du roi très-chrétien l'ayant desservi auprès du feu pape Jules II, de bonne mémoire, ce pontife quitta les sentiments d'un père et déclara une guerre ouverte à la France. Le roi fit tous ses efforts pour éteindre cette funeste division, mais il ne put y réussir; et sur ces entrefaites, quelques cardinaux, avec plusieurs autres ecclésiastiques très-savants et très-illustres, s'assemblèrent à Pise, disant qu'ils avaient le pouvoir d'y célébrer un concile général. L'empereur autorisa pour lors cette assemblée, le roi permit aux prélats et docteurs de l'Eglise gallicane d'y prendre part, et il a reçu encore depuis dans ses Etats les membres de ce prétendu concile : tout cela, sans avoir dessein d'offenser la sainte Eglise romaine ou de fomenter un schisme, mais seulement à cause des querelles que lui faisait le pape Jules II.

» Enfin, le Saint-Siège étant venu à vaquer, et le Très-Saint-Père Léon X ayant été choisi pour le remplir, le roi a reconnu que le prétendu concile de Pise n'avait point été convoqué selon les règles; que Sa Sainteté réprouvait cette assemblée, et qu'elle voulait qu'on adhérât au concile de Latran, comme au seul légitime concile œcuménique. Le même prince a aussi éprouvé que le nouveau Pape était très-porté à la paix et qu'il avait à cœur d'étouffer toutes les semences de division qui étaient nées sous le pontificat précédent : ainsi, pour marcher sur les traces des rois très-chrétiens, ses ancêtres, Sa Majesté a nommé trois ambassadeurs, Frédéric, cardinal de Saint-Sévérin; Claude de Seyssel, évêque de Marseille, et Louis de Forbin, seigneur de Solliers, lesquels, munis de pleins pouvoirs et de procurations en bonne forme, ont renoncé, de la part du roi, leur maître, au prétendu concile de Pise, et ont adhéré purement, librement et simplement au concile de Latran, promettant, en vertu des mêmes pouvoirs, que désormais le roi ne donnera aucune assistance ni protection à ce prétendu concile de Pise; qu'il obligera tous ceux qui le composent, de quelque qualité ou condition qu'ils puissent être, de se séparer dans l'espace d'un mois; qu'il fera aussi en sorte que six prélats et quatre des principaux docteurs de cette assemblée se rendent à Rome avant le 1er janvier prochain, pour se faire absoudre, pour renoncer au prétendu concile de Pise et reconnaître celui de Latran comme seul vrai et légitime; que, s'ils ne veulent pas se soumettre, le roi fera exécuter contre eux les sentences et censures du Siège apostolique. De plus, les mêmes ambassadeurs ont promis, au nom du roi, que le plus tôt qu'il sera possible, quelques prélats et d'autres ecclésiastiques de marque viendront se réunir au concile de Latran avec des pouvoirs légitimes de tout le clergé de France. »

Cet acte fut signé par les trois plénipotentiaires du roi, et ce prince le ratifia dans le même mois d'octobre; mais sur le dernier article, qui regardait l'adhésion de l'Eglise gallicane au concile de Latran, comme il fallait du temps pour les délibérations de tous les prélats du royaume, le roi stipula que ses trois ambassadeurs à Rome demanderaient un délai, tant par rapport à la présence personnelle des députés de cette Eglise, qu'à l'égard des procédures contre la pragmatique sanction. Tous ces divers actes furent lus et approuvés dans la huitième session du concile de Latran.

Cependant, après qu'ils eurent été lus, l'ambassadeur du duc de Milan supplia le Pape de ne pas permettre que le roi de France prît le titre de duc de Milan, comme il faisait dans ces actes, attendu que ce prince avait usurpé ce duché, que Maximilien Sforce n'avait recouvré que par le secours du Saint-Siège; qu'ainsi il protestait contre ce titre. L'évêque de Marseille répliqua que la difficulté proposée devait être discutée et examinée dans un autre temps et dans un autre lieu. A quoi le Pape répondit qu'il fallait laisser les choses dans l'état où elles étaient, sans préjudice des parties intéressées. La discussion n'étant pas allée plus loin, on lut les procurations des marquis de Brandebourg et du marquis de Montferrat à leurs ambassadeurs, par lesquelles ils adhéraient au concile.

Le promoteur du concile général lut ensuite une plainte contre le parlement de Provence, sur ce qu'il empêchait dans son district l'exécution des mandats apostoliques, apparemment ceux qui regardaient la provision des bénéfices. Le promoteur fit des instances pour qu'on procédât contre les magistrats de cette cour par la voie des censures. Le concile ne publia encore à cet égard qu'une monition, portant ordre à ce parlement de se rendre à Rome dans l'espace de trois mois; ce qui n'arriva pourtant point au temps marqué; il se passa même près d'une année avant qu'on répondît à la citation. Le roi ne vit pas non plus la fin du procès concernant la pragmatique; et ce fut François Ier qui mit la dernière main à cette importante affaire (Labbe, t. XIV; Rayn., an 1513; *Hist. de l'Egl. gallic.*, l. 51). Quant au parlement de Provence, il fit satisfaction au Pape en 1515, et demanda l'absolution des censures par l'ambassadeur Forbin (Maussac, *Recueil touchant l'annexe*).

Après la lecture des actes concernant le parlement de Provence, on fit sortir du concile tous ceux qui n'avaient pas voix définitive. Alors Jean, archevêque de Gnésen et ambassadeur du roi de Pologne, étant monté à la tribune, lut à haute voix un décret du pape Léon X contre certaines erreurs touchant la nature de l'âme raisonnable, savoir qu'elle est mortelle et qu'il n'y en a qu'une seule dans tous les hommes, et quelques-uns, philosophant en téméraires, soutenaient que c'était au moins vrai suivant la philosophie.

« Voulant donc apporter des remèdes opportuns contre cette peste, avec l'approbation de ce saint concile, nous condamnons et réprouvons tous ceux qui soutiennent que l'âme intellective est mortelle, ou qu'il n'y en a qu'une seule dans tous les hommes, ainsi que ceux qui révoquent ces choses en doute; attendu que non-seulement l'âme est par elle-même essentiellement la forme du corps humain, comme il a été décidé par notre prédécesseur, le pape Clément V, dans le concile de Vienne, mais elle est encore immortelle et multiplicable, multipliée et à multiplier, suivant la multitude des corps dans lesquels elle est infuse. Cela paraît manifestement par l'Evangile, où le Seigneur dit : *Mais ils ne peuvent tuer l'âme*. Et ailleurs : *Qui hait son âme dans ce monde, la garde pour la vie éternelle*. D'autant plus qu'il promet des récompenses éternelles et d'éternels supplices, suivant leurs mérites, à ceux qui doivent être jugés. Autrement l'incarnation et les autres mystères du Christ ne nous eussent servi de rien, il n'y aurait non plus de résurrection à attendre, et les saints et les justes, suivant l'Apôtre, seraient les plus misérables de tous les hommes.

» Et comme le vrai ne contredit nullement le vrai, nous définissons que toute assertion contraire à une vérité de la foi illuminée est absolument fausse, et nous défendons en toute rigueur de dogmatiser autrement; et nous décidons que tous ceux qui adhèrent à ces assertions erronées doivent être évités et punis partout, comme de détestables et d'abominables hérétiques et infidèles, semant d'exécrables hérésies et ébranlant la foi catholique. De plus, nous ordonnons étroitement à tous les philosophes qui enseignent publiquement dans les Universités d'études générales et ailleurs, lorsqu'ils exposent à leurs auditeurs les principes ou les conclusions de philosophes qui s'écartent de la vraie foi, comme la mortalité de l'âme, son unité, l'éternité du monde et autres points semblables, de leur rendre manifeste, de toutes leurs forces, la vérité de la religion chrétienne et de résoudre de même les arguments contraires de cette espèce de philosophes, puisque tous sont réfutables.

» Mais quelquefois il ne suffit pas de couper les racines des chardons, si on ne les arrache tout à fait, pour qu'ils ne repullulent, et si on n'éloigne les semences et les causes originelles qui les font naître; d'autant plus que les études trop prolongées de la philosophie humaine, que Dieu, suivant l'Apôtre (1. Cor., 1), a rendue vaine et insensée, lorsque ces études se font sans l'assaisonnement de la sagesse divine et sans la lumière de la vérité révélée, conduisent quelquefois plus à l'erreur qu'à l'éclaircissement de la vérité. En conséquence, pour ôter toute occasion de tomber dans l'erreur, nous ordonnons que tous ceux qui sont dans les ordres sacrés ou y aspirent, séculiers ou réguliers, qui suivent des cours publics dans une Université ou ailleurs, ne s'appliquent pas plus de cinq ans à l'étude de la philosophie ou de la poésie, après la grammaire et la dialectique, sans y joindre quelque étude de la théologie ou du droit pontifical; si, après ces cinq ans, ils veulent continuer les mêmes études, ils en seront libres, pourvu qu'ils s'appliquent, soit simultanément, soit séparément, ou à la théologie, ou aux saints canons, afin que, dans ces saintes et utiles professions, les prêtres du *Seigneur* trouvent de quoi purger et guérir les racines infectées de la philosophie et de la poésie. »

Ce décret pontifical ayant été lu, tous les Pères du concile l'approuvèrent. Il y en eut seulement deux qui n'agréèrent pas aux dispositions accessoires (Labbe, t. XIV).

Les erreurs condamnées dans ce décret peuvent avoir été occasionnées par certains ouvrages de Pierre Pomponace, né à Mantoue en 1462, reçu docteur en médecine et en philosophie à l'Université de Padoue, où il enseigna la philosophie avec beaucoup d'éclat. Dans son *Traité de l'immortalité de l'âme* (Bologne, an 1516, in-8°), il soutient qu'Aristote ne l'a point reconnue, que la raison toute seule pencherait à la repousser, mais que la révélation ne permet point que le philosophe hésite à l'admettre. Réfuté par de nombreux adversaires, il donna deux apologies pour justifier en même temps sa foi et sa doctrine, trouva dans le célèbre cardinal Bembo un défenseur puissant auprès de Léon X, soumit son livre à l'inquisition et le publia de nouveau, avec les corrections qu'elle lui avait indiquées. La subtilité de son esprit l'égara aussi dans l'explication des sentiments d'Aristote, sur l'action indirecte que Dieu s'est réservée sur le monde terrestre. Pomponace fit une mort très-édifiante. D'après ces faits, il ne mérite nullement le nom d'*impie* ou d'*athée* qu'on lui donne dans quelques livres (*Biographie univ.*).

Dans la même session, l'archevêque de Sienne lut une bulle du pape Léon X, sur la paix à procurer entre les princes chrétiens, les nonces qu'il envoyait de toutes parts à ce sujet, et les Bohémiens à ramener au sein de l'Eglise. Il chargeait spécialement de cette dernière négociation le cardinal Thomas, archevêque de Strigonie, son légat en Hongrie et en Bohême. Ceux des Bohémiens qui tenaient encore à quelques erreurs des Hussites étaient engagés à venir au concile; et, afin qu'ils pussent s'y rendre en toute sûreté, on leur donnait par cette bulle un sauf-conduit en bonnes formes. Tous les Pères du concile y donnèrent leur adhésion (Labbe, t. XIV).

L'évêque de Turin lut ensuite une autre bulle touchant la réformation des officiers de la cour romaine. C'était une des raisons pour lesquelles Jules II avait indiqué le concile œcuménique de Latran; déjà il avait publié à cet égard une bulle de réformation générale, qui obligeait chaque officier, sous les peines les plus graves, à s'en tenir aux anciens statuts de son office; il avait nommé une congrégation de cardinaux, dont était Jean de Médicis, actuellement Léon X, pour appliquer cette réformation des abus. La mort ne lui permit pas d'en voir la fin. Maintenant, le travail de la commission étant terminé, Léon X l'approuve et oblige tous les officiers de s'y conformer, sous peine d'excommunication dont ils ne peuvent être absous que par le Pape; de plus, avec suspense de six mois pour la première contravention, et de privation perpétuelle de leur office pour la seconde. Tous les Pères du concile y donnèrent une adhésion complète, hormis deux ou trois. L'archevêque de Trani n'agréait pas la forme de la bulle; l'évêque de Potentino agréait la bulle même, mais voulait les réformations en détail; l'archevêque de Spalatro approuvait fort le décret, mais non les réformations, jusqu'à ce qu'elles fussent entendues et publiées; les évêques de Melfi et de Pésara dirent qu'ils approuvaient bien ce qui venait d'être fait, mais à condition que la réformation devînt générale (*Ibid.*).

On ordonna que toutes ces bulles seraient affichées au champ de Flore, et on fixa la neuvième session au 9 avril 1514. Quelques raisons la firent proroger jusqu'au 12, et enfin jusqu'au 5 mai, auquel jour on la fixa définitivement.

Dans l'intervalle, entre les deux sessions, moururent plusieurs cardinaux. Le principal fut le cardinal de Nantes, Robert de Guibé, prélat très-respectable par ses vertus, et qui avait toujours cherché les voies d'accommodement entre Louis XII et le pape Jules II. Comme jamais il n'avait voulu entrer dans le schisme du conciliabule de Pise, il eut à souffrir de la part de Louis XII une vraie persécution. Tous les biens qu'il possédait dans la Bretagne, sa patrie, furent saisis et mis en la main du roi. Il se trouva réduit à une véritable indigence, et cette épreuve dura presque tout le reste de sa vie, qu'il termina cette même année 1513, au retour de sa légation en France.

La neuvième session du concile eut lieu le 5 mai 1514. Outre le pape Léon X, qui présidait, on y compta cent quarante-trois prélats, dont vingt-cinq cardinaux, cent douze archevêques et évêques, avec les ambassadeurs de l'empereur, des rois de France, d'Angleterre, de Pologne, de Portugal, du marquis de Brandebourg, des républiques de Venise et de Florence, ainsi que d'autres princes. Parmi les prélats français, nous remarquons l'évêque d'Agen, Léonard, cardinal-prêtre du titre de Sainte-Susanne; Claude, évêque de Marseille, ambassadeur du roi de France; Orland, archevêque d'Avignon; Denis, évêque de Toulon; François, évêque de Nantes. L'archevêque de Durazzo dit une messe basse du Saint-Esprit; Antoine Pucci, clerc de la Chambre apostolique, prêcha le discours.

Excellence de l'Eglise, principaux motifs d'en achever la réformation, c'est ce que développe l'orateur. Son Excellence : Le Fils de Dieu, résolu de toute éternité à se faire homme pour la rédemption du genre humain, l'a choisie de toute éternité pour son épouse, il se l'est unie d'une manière indissoluble, il l'a rendue féconde d'une postérité innombrable. L'Eglise est unie au Christ, comme en sa personne l'humanité est unie inséparablement à la divinité. Cette union est bien plus étroite que ne peut l'être parmi les hommes l'union conjugale : celle-ci se rompt par la mort de l'époux ou de l'épouse. Jésus-Christ, après sa mort, jouit d'une manière encore plus intime de son épouse immortelle, qui par là même ne connaît ni vieillesse ni stérilité.

Combien donc et le Pape et le concile ne doivent-ils pas travailler à rendre cette Eglise entièrement digne de son Epoux divin? Ils le doivent d'autant plus, que l'œuvre est heureusement commencée. Le concile œcuménique, moyen principal, a été assemblé par Jules II; la réformation de la cour romaine est en voie d'exécution; le schisme vient de s'éteindre par la prudence de Léon X; tout le corps est soumis à son chef unique.

Mais tout cela, je le demande, à quoi servira-t-il, si les rois, si les princes chrétiens, membres les plus nobles de l'Eglise, ne cessent pas de se vexer, de se déchirer, de s'égorger mutuellement par le glaive temporel? Si je parcours en esprit l'univers entier, notamment l'Italie, l'Allemagne, la France, l'Espagne, l'Angleterre, je les aperçois pleines d'or, d'argent, de richesses, de peuples, d'armes, de vigueur, de génie; mais en même temps, qu'est-ce que je découvre partout, qui ne me navre de douleur? la terreur d'hostilités réciproques, des invasions, des incursions, des attaques imprévues, des combats, des pillages, des incendies, des massacres, des carnages innombrables d'adorateurs du Christ! Oh! cœurs affamés des princes, qui n'êtes pas encore rassasiés des entrailles innocentes des populations chrétiennes! oh! terre altérée, qui n'êtes pas encore gonflée du fleuve fumant de sang chrétien! oh! rage aveugle des démons, qui n'êtes point encore assouvie des massacres innombrables de fidèles! jusqu'à quand ne respirerez-vous que la ruine des hommes? Depuis vingt ans, cinq cent mille chrétiens ont été égorgés par le glaive; et vous avez encore faim? et vous avez encore soif? et vous aspirez encore le sang? Voilà, Très-Saint-Père, un mal horrible auquel il faut porter remède.

Mais il est un mal plus horrible encore : ignorants et aveugles, nous voulons jouir des douceurs de la paix temporelle, et nous courons aux effroyables supplices de la guerre éternelle! Nous espérons apaiser la fureur des hommes, et nous encourons tranquillement la colère du Dieu tout-puissant qui brandit le glaive sur nos têtes! Vous souhaitez, pontife suprême, ramener la paix parmi les chrétiens. Visez d'abord à étouffer les guerres intérieures de nos vices, et la paix extérieure refleurira bientôt. Voyez le siècle, voyez le cloître, voyez le sanctuaire, partout il y a des abus énormes à réformer; il faut commencer par le sanctuaire, par la maison de Dieu, mais il ne faut pas s'arrêter là.

Tel est l'ensemble des idées que l'orateur développe avec des détails et un style très-convenables. On y voit qu'on pensait sérieusement à la réformation des mœurs, et qu'on ne dissimulait rien.

Après le discours et les prières accoutumées, les ambassadeurs du roi de Portugal, au nombre de trois, vinrent baiser les pieds du Pape, et lui présentèrent la procuration de leur maître pour assister au concile en son nom. Thomas Phèdre, secrétaire du concile, en fit lecture à haute voix. Cette procuration était datée de Lisbonne dès l'an 1512, le 21 octobre.

Cela fait, le promoteur du concile, Marius de Peruschi, représenta que tous les délais accordés aux prélats de la nation française et à tous ceux qui se servaient de la pragmatique sanction étaient expirés, sans que personne de leur part se fût mis en devoir de comparaître pour défendre cette pragmatique; qu'ainsi il était temps de déclarer la contumace et de porter le décret d'abolition. Sur quoi l'ambassadeur de France, Claude de Seyssel, évêque de Marseille, montra par un acte en bonne forme que les évêques de Châlon-sur-Saône, de Lisieux, d'Angoulême, d'Amiens et de Laon, accompagnés de quatre docteurs, et munis de pleins pouvoirs au nom des prélats qui avaient formé l'assemblée de Pise, s'étaient mis en chemin pour venir à Rome; mais qu'étant arrivés jusqu'au passage des Alpes, ils n'avaient pu obtenir de sauf-conduits de Maximilien Sforce, qui se disait duc de Milan, et d'Octavien Frégose, qui prenait la qualité de doge de Gênes. Cette démarche était très-véritable, et elle avait été faite avec toute la bonne foi possible. Comme les députés ne pouvaient continuer leur voyage, ils prirent acte de ce refus, l'envoyèrent à Rome, et déclarèrent en même temps au Pape qu'ils renonçaient à l'assemblée de Pise, c'est leur mot; et qu'ils se soumettaient au concile de Latran, conjurant de plus Sa Sainteté de leur accorder l'absolution de tout le passé, et de recevoir comme une partie de leur pénitence le séjour forcé qu'ils faisaient dans l'abbaye d'Outches, près du Pas-de-Suze, en attendant l'expédition des passeports.

L'ambassadeur de Maximilien Sforce, présent au concile lorsque l'évêque de Marseille produisit ces excuses, protesta que son maître n'avait point voulu empêcher les évêques français de se rendre à Rome, et qu'il s'était simplement réservé la liberté de délibérer sur cela. Cependant, comme en effet les passages n'étaient pas libres, le Pape leva les censures que ces prélats pouvaient avoir encourues, stipulant toutefois qu'ils y retomberaient, s'ils ne se rendaient pas à Rome pour la prochaine session. Il fit publier en même temps une bulle, contenant des ordres très-précis pour laisser passer tous ceux qui voudraient prendre part au concile de Latran. Ce fut Claude de Seyssel, ambassadeur du roi de France, qui lut ce décret en présence de tous les Pères assemblés; après quoi il n'est plus mention de lui dans les actes du concile. C'est qu'il retourna en France, pour y prendre possession de son évêché de Marseille dont il n'avait encore que le titre et qu'il ne garda pas longtemps, ayant été fait bientôt après archevêque de Turin en Piémont.

En attendant que les cinq évêques désignés pussent arriver à Rome, d'autres prélats de l'Eglise gallicane se réconcilièrent en particulier avec le pape Léon X, et demandèrent aussi l'absolution des censures. Tels furent Jean Ferrier, archevêque d'Arles, et François de Rohan, archevêque de Lyon, qui était aussi évêque d'Angers. On a les rétractations, et l'on ne peut rien ajouter aux termes dont ils se servent pour exprimer leur soumission au pape Léon X, et leur repentir d'avoir participé au schisme et au conciliabule de Pise (Raynald, an 1514, n. 8 et 9). Ce fut aussi vers ce temps-là que le cardinal Briçonnet fit sa paix, et que le Pape le rétablit dans toutes ses dignités, dont il ne jouit que quelques mois, étant mort à Narbonne sur la fin de cette année 1514. Enfin, pour consommer toutes les réconciliations de la France avec Léon X, l'ambassadeur du roi, Louis de Forbin, chargé de la procuration du parlement d'Aix, notifia au Pape l'obéissance parfaite de cette cour, et la rétractation pleine et entière qu'elle faisait de tout ce qui aurait pu contredire les décrets du Saint-Siège. Le Pape leva aussi toutes les peines que ces magistrats avaient encourues; et tout cela fut accepté, ratifié et enregistré juridiquement à Aix le 26 février, et à Rome le 21 juin 1515 (Hardouin, *Concil.*, t. IX; *Hist. de l'Eglise gall.*, l. 51).

A la fin de cette neuvième session du concile de Latran, l'archevêque de Naples lut un ample décret touchant la réformation de la cour romaine, qui contient beaucoup de règlements de discipline.

1° On choisira des personnes dignes, de bonnes mœurs et d'âge compétent, pour remplir les bénéfices; les évêques à vingt-sept ans, et les abbés à vingt-deux. Le cardinal chargé de faire le rapport de l'élection, postulation ou provision, avant que de proposer la personne élue dans le consistoire, s'adressera au plus ancien cardinal de chaque ordre pour examiner le tout, entendre les opposants, s'il y en a, consulter des témoins dignes de foi, et en faire son rapport au consistoire.

2º Aucun évêque ou abbé ne pourra être privé de sa dignité, de quelque crime qu'il soit accusé, même notoire, à moins que les parties n'aient été entendues auparavant, et aucun ne pourra être transféré malgré soi d'un bénéfice à un autre, si ce n'est pour des raisons justes et nécessaires.

3º Les commendes étant très-préjudiciables aux monastères, tant pour le temporel que pour le spirituel, après la mort des abbés réguliers, leurs abbayes ne pourront être données en commende, si ce n'est pour la conservation de l'autorité du Saint-Siége; et celles qui sont en commende cesseront d'y être après la mort des abbés commendataires, ou ne seront données en commende qu'à des cardinaux ou autres personnes qualifiées. Les commendataires qui ont une mense séparée de celle des moines fourniront la quatrième partie de leur mense pour l'entretien du monastère; et si leur mense est commune avec celle des religieux, on prendra la troisième partie de tout le revenu pour l'entretien des moines et du monastère.

4º Les cures et les dignités, dont le revenu n'est pas de deux cents ducats, ne seront pas données en commende aux cardinaux, si ce n'est qu'elles vaquent par la mort de leurs familiers; auquel cas elles pourront leur être données en commende, à condition qu'ils les remettront dans six mois entre les mains de ceux qu'ils agréeront.

5º Il ne se fera aucun démembrement ni aucune union d'églises, si ce n'est dans les cas permis par le droit et pour une cause raisonnable; on n'accordera point de dispense pour posséder plus de deux bénéfices incompatibles, sinon aux personnes qualifiées ou pour des raisons pressantes; ceux qui possèdent plus de quatre bénéfices, cures, vicairies ou dignités, même en commende, ou sous titre d'union, seront tenus, dans deux ans, de se réduire au nombre de quatre, et de remettre les autres qu'ils possèdent au delà entre les mains des ordinaires.

6º Les cardinaux de la sainte Eglise romaine étant les premiers en honneur et en dignité après le souverain Pontife, ils doivent surpasser tous les autres par l'éclat d'une vie exemplaire, s'appliquer à l'office divin, célébrer la messe, avoir leurs chapelles dans un lieu propre et convenable, comme c'est leur coutume. Leur maison, leurs meubles et leurs tables ne se ressentiront point de la pompe du siècle; ils se contenteront de ce qui convient à la modestie sacerdotale. Ils recevront favorablement ceux qui viennent à la cour de Rome. Ils traiteront honorablement les ecclésisatiques qui sont auprès d'eux, et ils ne les emploieront jamais à des fonctions basses et peu honnêtes. Sans aucune partialité, ils prendront également soin des affaires des pauvres comme de celles des princes. Ils visiteront tous les ans une fois, par eux-mêmes ou par un vicaire, s'ils sont absents, les églises dont ils sont titulaires. Ils auront soin des biens du clergé et du peuple, y laissant un fonds pour entretenir un prêtre, ou y faisant quelque autre fondation. Ils ne dépenseront pas mal à propos les biens des églises, mais ils en feront un bon usage. Ils auront soin que les églises cathédrales qu'ils ont en commende soient desservies par des vicaires ou évêques suffragants; qu'il y ait un nombre suffisant de religieux dans leurs abbayes, et que les bâtiments des églises soient bien entretenus. Ils éviteront également dans le train de leur maison le luxe et la prodigalité, l'avarice et la lésinerie, attendu que la demeure d'un cardinal doit être un port, un refuge, un hospice ouvert à tous les gens de bien, à tous les hommes doctes, à tous les nobles indigents, à toute personne de bonne vie.

Ils montreront, par la conduite réglée de leur domestique, qu'ils savent bien gouverner les autres. Les ecclésiastiques qui sont chez eux porteront l'habit de leur état, et vivront cléricalement. Ceux de leurs familiers qui contreviennent à cette ordonnance seront excommuniés après trois mois; suspens des revenus de leurs bénéfices, après trois autres; et, après six autres d'obstination, privés de leurs bénéfices mêmes. Cette règle est applicable aux familiers du Pape. Comme c'est surtout aux cardinaux de seconder tout bien à faire, ils sauront quels pays sont infectés par des hérésies, des erreurs ou des superstitions; dans lesquels la discipline ecclésiastique se relâche; quels rois et quels peuples sont affligés ou menacés de la guerre: ils en informeront le Pontife romain, et lui indiqueront les remèdes qui leur paraîtront les plus convenables. Dans ce même but, les légats se rendront au lieu de leur légation, et ne s'en absenteront que pour de bonnes raisons et pour très-peu de temps. Dans les consistoires, chacun dira librement et impunément, selon Dieu et sa conscience, tout ce qu'il pense; mais il gardera le secret sur les délibérations, sous peine de parjure et de désobéissance, et même d'excommunication, si le secret a été spécialement recommandé.

A l'égard des autres officiers de la cour romaine, il est ordonné aux maîtres et aux précepteurs d'enseigner à leurs écoliers ce qui regarde la religion et les bonnes mœurs. Les blasphémateurs, les concubinaires et les simoniaques y sont condamnés à différentes peines. Un clerc ou un prêtre qui blasphème sera privé du revenu de son bénéfice pendant un an, si c'est la première fois; pour la seconde, il en sera privé tout à fait; une troisième, il sera inhabile à en posséder jamais aucun. Un laïque blasphémateur, s'il est noble, est condamné à vingt-cinq ducats d'amende; on double la somme s'il retombe, et enfin il est dégradé de sa noblesse s'il continue. S'il est homme du peuple et roturier, il sera mis en prison, et aux galères, s'il ne se corrige pas. Les juges sont aussi exhortés à en faire bonne justice, sinon on les soumettra à la même peine, de même que ceux qui écoutent les blasphémateurs et qui ne les dénoncent pas. On y soumet à la rigueur des canons les concubinaires, ecclésiastiques et laïques, de même que les simoniaques. On y oblige tous ceux qui ont des bénéfices à charge d'âmes ou non, six mois après les avoir obtenus, de réciter l'office divin, sous peine d'être privés des fruits, à proportion du temps qu'ils ne l'auront pas récité, et même du bénéfice, s'ils ne se corrigent pas. Le décret défend aussi aux rois, aux princes, et généralement à tous les seigneurs et laïques, de séquestrer ou de saisir, sous quelque prétexte que ce soit, les biens ecclésiastiques, sans la permission du Pape. Il renouvelle les lois touchant l'exemption des personnes et des biens ecclésiastiques de la juridiction laïque, et la défense de faire des impositions sur les clercs. Enfin il ordonne qu'il sera procédé par les inquisitions contre les hérétiques, les Juifs, les relaps, refusant tout pardon à ces derniers (Labbe, t. XIV).

Après la lecture du décret, tous les Pères y donnèrent leur adhésion, hormis sept qui firent des observations sur certains détails. Le Pape répondit qu'on changerait les mots, mais que le fond resterait le même.

Le même archevêque de Naples lut ensuite une bulle où le Pape disait que, pour faciliter aux prélats les moyens de venir au concile, il indiquait la dixième session au 1er décembre. Elle fut ensuite différée au 23 mars 1515; enfin, comme on y devait traiter de matières très-importantes, qui demandaient beaucoup de temps pour être préparées, on la remit encore au 4 de mai; et les lettres en furent affichées aux portes des églises de Saint-Pierre et de Saint-Jean de Latran, le 22 mars 1515.

Le roi de Portugal, dont nous avons vu l'ambassade solennelle assister à la neuvième session du concile, était Emmanuel, surnommé *le Grand*, et plus justement le Fortuné, qui régna de l'an 1495 à 1521. Sous son règne, les Portugais continuèrent leurs découvertes et leurs conquêtes, en Afrique par le Congo et la Guinée, en Amérique par le Brésil, en Asie par les Indes.

Dans cette dernière partie du monde, ils avaient pour gouverneur un homme d'un génie extraordinaire, Alphonse d'Albuquerque, surnommé *le Grand* et *le Mars portugais*. Il naquit à Lisbonne l'an 1452, d'une famille qui tirait son origine des rois de Portugal. Il fut nommé vice-roi des nouveaux établissements portugais en Asie, et y arriva pour la première fois le 26 septembre 1503, avec une flotte et quelques troupes de débarquement. Son premier exploit fut la conquête de Goa, place très-importante sur la côte du Malabar, dont il fit le centre de la puissance et du commerce des Portugais dans l'Orient. Bientôt après, il soumit le reste du Malabar, Ceylan, les îles de la Sonde et la presqu'île de Malaca. En 1507, il s'empara d'Ormuz, à l'entrée du golfe Persique. Le roi de Perse, suzerain de cette île, réclama le léger tribut que ses princes avaient coutume de lui payer; Albuquerque, faisant apporter devant les ambassadeurs des grenades, des boulets, des sabres : Voilà, leur dit-il, la monnaie des tributs que paie le roi de Portugal.

Les peuples et les monarques de l'Orient cédaient de toutes parts à l'ascendant de ce grand homme. Après la prise de Malaca, les rois de Siam et de Pegu, dont la domination s'étendait jusqu'aux frontières de la Chine, lui firent demander l'alliance et la protection du Portugal. Toutes les actions, tous les projets d'Albuquerque caractérisent un génie extraordinaire. Il s'était avancé dans la mer Rouge, pour y détruire le port de Suez, où l'on armait une escadre qui devait disputer aux Portugais l'empire de l'Asie; ne pouvant pénétrer avec ses vaisseaux au fond de ce golfe orageux, il voulut obliger l'empereur d'Éthiopie à détourner le cours du Nil; en lui ouvrant un passage pour se jeter dans la mer Rouge : l'Egypte serait devenue un désert inhabitable; et le port de Suez, ses armements et son commerce, la rivalité dangereuse dont il menaçait le Portugal, tout aurait été détruit. Mais il n'eut pas le temps d'exécuter ce vaste projet; peu de temps après qu'il en eût conçu l'idée, les Turcs s'emparèrent de l'Egypte.

Alors, tranquille au centre des colonies portugaises, Albuquerque réprima la licence des troupes, établit l'ordre dans les comptoirs, affermit la discipline militaire, et se montra tout à la fois actif, prévoyant, sage, humain, juste et désintéressé. L'idée de ses vertus avait fait une impression si profonde sur les Indiens, que, longtemps après sa mort, ils allaient à son tombeau pour lui demander justice des vexations de ses successeurs. C'est à lui que les Portugais durent la création de cette puissance singulière, qui, même après sa ruine, a laissé dans l'Inde des souvenirs ineffaçables. Malgré les services importants qu'il avait rendus à la cour de Portugal, Albuquerque ne put échapper à l'envie des courtisans, ni aux soupçons du roi Emmanuel, qui fit partir Lopès Soarez, ennemi personnel d'Albuquerque, pour le remplacer dans la vice-royauté des Indes. Ce grand homme était alors malade à Goa, et y mourut peu de jours après, en 1515. Emmanuel honora sa mémoire par de longs et inutiles regrets (*Biographie univ.*, t. I).

Albuquerque était catholique aussi pieux que grand homme. Il rapportait fidèlement à Dieu ses prodigieuses victoires. En 1510, pendant qu'il construisait les fortifications de Goa, on découvrit dans les ruines d'une maison un crucifix d'airain, preuve que, dans un temps antérieur, la religion chrétienne y était connue. On trouva même, gravé sur une plaque de métal, un acte par lequel, en 1391, le roi Mantrasar, feudataire du roi de Bisnage, faisait une fondation pour l'entretien de plusieurs prêtres (Raynald, an 1510, n. 36). L'an 1512, étant sur mer, son navire donna contre un écueil, s'entr'ouvrit, et commençait à sombrer. Albuquerque, voyant un petit enfant qui déjà se noyait, le prit sur ses épaules, disant que, par la bonté de Notre Seigneur, l'innocence de cet enfant les sauverait des flots : ce qui arriva (*Ibid.*, an 1512, n. 108). L'année suivante 1513, étant sur la mer Rouge et cherchant le port d'Ethiopie, ils aperçurent dans les airs, et toute son armée, une croix lumineuse de pourpre qui leur montrait ce qu'ils cherchaient. Tous les Portugais, prosternés à genoux et pleurant de joie, la saluèrent par des prières et des acclamations, au son des trompettes et au bruit du canon. Albuquerque envoya une relation authentique de ce prodige au roi de Portugal (*Ibid.*, an 1513, n. 119). Il mourut à l'âge de 63 ans, en pleine connaissance, après avoir reçu tous les sacrements de l'Eglise, en se faisant lire la passion de Notre Seigneur.

Ce qui occupait les pensées de ce grand homme, c'était la destruction de l'empire antichrétien de Mahomet : pour cela, détourner le Nil dans la mer Rouge, afin de ruiner la puissance musulmane en Egypte; puis raser le temple superstitieux de la Mecque. S'il y avait eu sur les trônes d'Allemagne, de France et d'Angleterre, des hommes de cette trempe, la chose était faite, et la civilisation chrétienne dominait de l'Angleterre à la Chine.

L'arrivée des Portugais dans l'Inde et dans la mer Rouge empêcha du moins l'empire chrétien d'Abyssinie ou d'Ethiopie de devenir la proie du mahométisme. Il y eut des ambassades et une alliance entre l'Ethiopie et le Portugal. L'empereur David, sollicité par le monarque portugais de renouveler l'union de l'Ethiopie avec l'Eglise romaine, entra volontiers dans ces vues. Le 10 octobre 1514, le pape Léon X lui écrivit la lettre suivante : « A David, roi des Abyssins. André Corsalo, citoyen de Florence, partant pour aller vous voir, je lui ai mandé de vous saluer affectueusement de notre part, et de vous assurer que, tant à cause de votre vénération pour nous, que de votre zèle et dévouement merveilleux pour la république chrétienne, je vous aime grandement, et vous estime de même. J'ai voulu vous en instruire par ces lettres, et vous exhorter en même temps à propager, autant qu'il vous sera possible, dans ces régions si éloignées de l'Eglise romaine, le nom et la gloire de Dieu et de Notre Seigneur Jésus-Christ; si vous y appliquez votre esprit et vos soins, vous pourrez toujours beaucoup. Le Seigneur lui-même, que vous aurez servi et à qui vous vous serez montré reconnaissant de ses immenses bienfaits, vous favorisera, vous aidera, vous avancera de plus en plus (Raynald, an 1514, n. 102; Bembo, l. 9, *Epist.* 41). »

La même année 1514, l'empereur David et sa femme Hélène envoyèrent au roi de Portugal une ambassade solennelle, qui lui fit présent d'une croix précieuse, formée du bois de la vraie croix. Le chef de l'ambassade était un Arménien nommé Matthieu : le but était de se concerter avec les princes chrétiens pour attaquer les Turcs à la fois de tous les côtés et récupérer le Saint-Sépulcre (Rayn., an 1514, n. 103).

Le pape Léon X travaillait incessamment à confédérer entre eux les princes d'Europe contre les Turcs, d'autant plus que l'Italie se voyait menacée par les armements formidables du sultan Sélim. Le Pape s'efforça d'abord de gagner les Vénitiens et l'empereur d'Allemagne, comme les plus intéressés à cette confédération : ce fut en vain. Toutefois il ne perdit pas courage et trouva moyen de former une ligue, dans laquelle entrèrent le duc de Milan et les Génois; il se flattait même de pouvoir y engager encore les autres princes chrétiens, et surtout les rois de France, d'Angleterre et de Portugal. Les principaux articles de cette confédération furent : 1° Que, pour couvrir les Etats des princes chrétiens et pour empêcher les infidèles de s'en saisir, les alliés fourniraient un certain nombre de cavalerie, dont on conviendrait à proportion de leurs forces, et contribueraient d'une somme réglée pour lever de l'infanterie et pour payer les troupes. 2° Que, si quelqu'un déclarait la guerre à l'un des alliés, tous les autres regarderaient l'agresseur comme l'ennemi commun, et prendraient la défense de celui qu'on attaquerait. 3° Qu'enfin les princes confédérés prendraient à leur solde au moins seize mille Suisses (Mariana, l. 30, n. 109). Pour entrer dans cette alliance défensive de l'Europe, il ne fallait aux princes que l'instinct de leur propre conservation. Toutefois leur ambition, leur jalousie, leurs haines mutuelles firent avorter cette alliance. Heureusement la guerre de Perse entraîna les Turcs d'un autre côté, et sauva l'Italie.

Quant au roi de France, Louis XII, son idée fixe était de conquérir le Milanais, pour le perdre ensuite : ce qui lui était arrivé déjà deux fois. Le 9 janvier 1514, il perd la reine sa femme, Anne de Bretagne, qui ne lui laisse que deux filles. Comme il désirait passionnément un fils, il épouse, au mois d'octobre de la même année, Marie d'Angleterre, sœur de Henri VIII; mais les réjouissances des noces n'étaient pas encore terminées, lorsqu'il tomba malade d'épuisement et mourut le 1er janvier 1515, à l'âge de 54 ans. Il a pour successeur son gendre, le comte d'Angoulême et duc de Valois, connu sous le nom de François Ier, arrière-petit-fils de Louis, duc d'Orléans, et de Valentine Visconti, desquels Louis XII était petit-fils. François Ier aura la même idée fixe de conquérir le Milanais, jusqu'à ce que, fait prisonnier à Pavie, il aille dans la prison de Madrid apprendre à renoncer, non-seulement à ses prétentions sur Milan et sur Naples, mais encore au duché de Bourgogne et à d'autres terres de France. C'est où aboutira finalement l'ambition provinciale des monarques français qui, au lieu de consacrer glorieusement l'humeur belliqueuse de leur nation à défendre l'ancien monde contre les infidèles ou bien à en conquérir un nouveau sur les sauvages, l'useront mesquinement à se faire battre par le Pape, par les Suisses, par les Espagnols, pour une province italienne où ils ne conserveront pas un pouce de terre.

Cependant la dixième session du cinquième concile général de Latran se tint au jour indiqué, 4 mai 1515. Avec le Pape, il y eut vingt-trois cardinaux et un grand nombre d'archevêques, évêques, abbés et docteurs. L'archevêque de Gnésen, ambassadeur du roi de Pologne, célébra la messe. L'archevêque de Patras en Achaïe, excellent latiniste, fit un discours sur l'importance d'une expédition contre les Turcs et la négligence impardonnable des princes chrétiens à cet égard. Son invocation à la sainte Vierge est en vers. Après les prières et le chant de l'Evangile, les ambassadeurs du duc de Savoie présentèrent leurs lettres de créance pour assister au concile en la place de leur maître, et baisèrent les pieds du Pape.

Ensuite on fit sortir tous ceux qui n'avaient pas voix délibérative, et Bertrand, évêque d'Adria, lut un décret pontifical touchant les monts-de-piété.

Malgré les règlements et les censures de l'Eglise, l'Italie était en proie à la rapacité des Juifs, qui prêtaient à d'énormes intérêts, et, en plein midi, faisaient le métier que certains hommes d'armes, en Allemagne, pratiquaient à l'entrée d'une forêt, lorsque la nuit était venue.

Un pauvre moine franciscain, nommé Barnabé, résolut de venir au secours de ses frères. Il monte en chaire, à Pérouse, vers le milieu du XVe siècle, et propose de faire dans la ville une quête générale, dont le produit serait employé à fonder une banque qui viendrait en aide aux indigents. A peine est-il descendu de chaire, que la ville répond à son appel, apporte des bijoux, des pierres précieuses, de l'or, de l'argent en abondance pour former les premiers fonds de cette charitable institution, dont un simple religieux avait eu l'heureuse idée.

Alors l'ouvrier ne fut plus obligé de s'adresser aux Juifs dans un moment de détresse; quand il n'avait pas de quoi se nourrir ou nourrir sa famille, il venait avec ce qu'il avait de plus précieux dans son ménage, son gobelet d'argent, son anneau de fiançailles, ses vêtements du dimanche, et il recevait en échange une somme d'argent qu'il était obligé de rendre dans un court délai, mais sans aucun intérêt qu'une somme minime, quelques liards au plus, pour les frais de l'administration. On donna à cette maison le nom de *mont-de-piété*, c'est-à-dire de masse, parce que les fonds de la banque ne consistaient pas toujours en argent, mais souvent en grains, en épices, en denrées de diverses sortes.

Bientôt d'autres villes d'Italie suivirent l'exemple de Pérouse; Savone, une des premières, eut son mont-de-piété; le Saint-Siège encourageait dans ses bulles l'institution du frère Barnabé. Il fallait organiser ces établissements de charité : on n'a que des notions imparfaites sur les éléments constitutifs des premières banques de providence en Italie. A Mantoue, le mont-de-piété était administré par douze directeurs, quatre religieux, deux nobles, deux jurisconsultes ou médecins, deux marchands et deux bourgeois. Ainsi l'élément populaire prédominait dans une fondation créée en faveur du prolétaire. Comme l'idée en appartenait au cloître, les moines, presque partout, étaient nommés directeurs à vie de l'établissement, tandis que les laïques n'en faisaient partie que pendant deux ans.

La chaire chrétienne ne cessait d'exciter le zèle des populations en faveur des monts. Les Franciscains opéraient de véritables miracles : on eût dit le temps des croisades revenu; les dames se dépouillaient de leur parure pour fonder de nouvelles banques; l'or des Juifs dormait intact dans leurs coffres-forts. La charité, aussi ingénieuse qu'ardente, s'était constituée banquière des ouvriers; elle prêtait aux malheureux travailleurs, et presque toujours sans intérêt. Les Juifs, maudits par toutes les classes de la société, quittaient l'Italie et allaient porter ailleurs leur industrie ruineuse. Dans cette ligue contre les usuriers, un Franciscain du nom de Bernardin Thomitano, né à Feltre en 1439, se distingua surtout par ses succès. Le peuple le suivait en foule, et écoutait dans le ravissement ses imprécations contre des hommes qu'il appelait des vendeurs de larmes. Partout où le moine mettait le pied, un mont-de-piété s'organisait. Il en fonda à Parme, à Montefiore, à Assise, à Rimini, à Montagnana, à Chietri, à Narni, à Lucques. S'il trouvait, comme à Campo San Pietro, un Juif qui refusât de faire l'aumône aux chrétiens, il le chassait de la ville.

Il est vrai que ces usuriers étaient sans pitié pour les chrétiens malheureux. A Parme, ils tenaient vingt-deux bureaux où ils prêtaient à vingt pour cent : le succès de la parole du moine s'explique donc facilement. En passant à Padoue, Bernardin de Feltre renversa toutes ces maisons de prêt, entretenues à l'aide des larmes du peuple, et la ville bientôt vit s'élever, grâce à la pitié de quelques hommes riches, une banque où le pauvre put venir emprunter, sur nantissement, à deux pour cent.

L'usure eut un moment de répit à la mort du bienheureux Bernardin, l'an 1494. Jamais religieux ne fut aussi amèrement pleuré; le peuple le regardait comme un envoyé céleste. Trois mille enfants, vêtus de robes blanches, symbole de cette vie si pure que le frère avait menée sur la terre, assistaient à ses funérailles, portant chacun un gonfalon où étaient brodés le nom de Jésus et l'image d'un mont-de-piété. C'est au nom de Jésus, que le frère invoquait au commencement et à la fin de ses sermons (il en prêcha trois mille six cents), qu'il dut ses grands triomphes oratoires. Et pourtant Dieu ne lui avait accordé aucun de ces dons extérieurs qui séduisent la multitude; il était si petit, qu'il dépassait à peine de la tête la chaire à prêcher; mais la grandeur de sa charité suppléait à la petitesse de sa taille.

Nul jusqu'alors n'avait su faire parler avec tant d'éloquence la misère populaire, porter à Dieu, avec des accents plus déchirants, les larmes du pauvre, faire gémir plus sympathiquement la voix de la veuve et de l'orphelin. Et puis ce grand prédicateur est un homme d'une sainteté éminente : il couche sur la paille ou sur la pierre, il jeûne plusieurs fois la semaine, ne boit que de l'eau, et reste quelquefois pendant plus d'une heure plongé dans les extases de la prière. La peste exerce-t-elle ses ravages quelque part? Bernardin y court servir les malades, jusqu'à tomber malade lui-même. Déchirée en factions rivales, une ville est-elle près de voir ses habitants en venir aux mains les uns avec les autres? Bernardin arrive, et, par la puissante douceur de sa parole, rétablit la paix et la concorde. Tel était le désir qu'on avait partout de l'entendre, que les princes et les cités s'adressaient au Pape, pour qu'il lui ordonnât de venir chez eux. Dans sa vie, qui mériterait d'être publiée à part et mieux connue, on trouve plusieurs lettres des papes Innocent VIII et d'Alexandre VI à leur cher fils, frère Bernardin de Feltre, où ils lui mandent d'aller prêcher le carême dans telle ville, d'aller apaiser la discorde dans telle autre, d'aller réformer tels abus dans une troisième. Et frère Bernardin allait où on l'envoyait, et il faisait ce qu'on lui disait de faire. Souvent Dieu honora son ministère par d'éclatants miracles, qui continuèrent après sa mort. En attendant sa canonisation, le pape Innocent X autorisa son culte, et Benoit XII accorda un office et une messe propres. Le bienheureux Bernardin de Feltre avait une dévotion particulière à l'immaculée conception de la sainte Vierge (Voir sa vie, *Acta Sanct.*, 28 septemb.).

Cependant les monts-de-piété furent critiqués par un autre religieux, le Dominicain Thomas Cajétan, le même que nous avons vu prononcer le discours dans la seconde session du concile de Latran sous Jules II. Le Dominicain ne cherchait pas, comme on le pense bien, à venir en aide aux usuriers; c'est l'usure, au contraire, qu'il poursuivait dans l'institution des monts-de-piété. Rigide argumentateur, il désapprouvait le prêt à intérêt, quelque forme qu'il revêtit, et accusait formellement les fondateurs de ces banques de désobéissance aux commandements de Dieu et de l'Église. Au fond, les deux moines plaidaient la même cause, celle du pauvre : l'un en attaquant comme usuraire, l'autre en défendant comme charitable la banque populaire. La querelle dura longtemps. Les ordres s'en mêlèrent : celui de Saint-Dominique se signala par sa polémique toute théologique; celui de Saint-François, par une notion plus profonde des besoins de la société.

Dans cet antagonisme des couvents, observe Audin, l'attitude de la Papauté resta ce qu'elle devait être : la Papauté se tut et écouta. Cependant Sixte IV, en 1484, à Savone, et, vingt-deux ans plus tard, Jules II, s'étaient formellement prononcés en faveur des monts-de-piété. Dans sa sagesse infinie, la Papauté, si le dogme eût été mis en cause, aurait imposé silence à qui l'aurait attaqué ; mais elle ne voyait dans cette institution qu'une œuvre humaine dont il était permis à un simple religieux de contester l'efficacité, même quand Rome l'avait prise sous sa protection. C'est, nous le pensons, un bel exemple de tolérance politique que Jules II nous donne en laissant attaquer brutalement quelquefois, les monts qu'un moine dominicain appelle ironiquement des *monts d'impiété*, et que Sixte IV, Innocent VIII, Alexandre VI ont approuvés et protégés. Celui qui se distingua dans cette polémique est justement l'un des orateurs de Jules II, Cajétan ; au sortir de la chapelle pontificale où il a prouvé si éloquemment l'immortalité de l'âme, il va bientôt, en véritable aristotélicien, accabler de ses arguments, pris dans la Bible, une institution que le Pape a voulu lui-même fonder à Bologne, afin, dit la bulle, que la charité des fidèles pût procurer aux pauvres des secours abondants, et prévenir les maux résultant des usures dont les Juifs fatiguaient les Bolonais (Bulle donnée à Bologne, en 1506 ; Audin, t. II).

La Papauté résolut de terminer des disputes qui troublaient les consciences ; les questions sur le prêt, en divisant les religieux, jetaient dans les couvents des germes d'inquiétude qui menaçaient le repos de ces saintes retraites. Léon X voulait la paix ; le concile de Latran s'occupa donc, à la demande du Pape, des monts-de-piété. Les Pères auxquels la question avait été déférée étaient connus par leur savoir et leur charité. L'examen fut lent, patient et profond ; les livres nombreux des adversaires et des apologistes de ces maisons de prêt furent étudiés et comparés, et quand il ne resta plus aucune objection sérieuse à résoudre, l'autorité parla.

Léon X, après une brève exposition de la dispute, reconnut qu'un vif amour de la justice, un zèle éclairé pour la vérité, une charité ardente envers le prochain ont animé ceux qui soutenaient ou combattaient les monts-de-piété, mais déclare qu'il est temps, dans l'intérêt de la religion, de mettre fin à des débats qui compromettent la paix du monde chrétien. Rappelant donc l'approbation qu'ont donnée aux monts-de-piété ses prédécesseurs, Paul II, Sixte IV, Innocent VIII, Alexandre VI et Jules II, il déclare et définit, avec l'approbation du concile, qu'il n'y a rien d'illicite ni d'usuraire dans des établissements institués et approuvés par l'autorité du Siège apostolique, où l'on perçoit de l'emprunteur une somme modique pour couvrir les dépenses indispensables à leur gestion ; que, bien au contraire, c'est une chose louable, méritoire et digne des indulgences de l'Église, quoiqu'il fût beaucoup plus parfait et plus saint d'établir des lieux où l'on prêtât tout à fait gratuitement, à quoi il invite les fidèles par l'offre d'indulgences plus considérables. Enfin, il est défendu, sous peine d'excommunication, de rien avancer dorénavant contre ce décret.

Bertrand, évêque d'Adria, en ayant fait lecture à la tribune, on demanda, suivant la coutume, à tous les Pères du concile s'ils approuvaient ce qui était contenu dans la cédule. Un seul refusa son approbation, parce qu'il savait par expérience, disait-il, que lesdits monts étaient plus nuisibles qu'utiles. C'était Jérémie, archevêque de Trani. Sa protestation fut enregistrée dans les actes (Labbe, t. XIV).

Dans un second décret, qui fut lu par l'évêque de Trévise, et qui concerne les exemptions ecclésiastiques et l'affermissement de l'autorité épiscopale, le Pape ordonne que les chapitres exempts ne pourront se prévaloir de leur exemption pour vivre d'une manière peu régulière et éviter la correction des supérieurs. Ceux à qui le Saint-Siège en a commis le soin puniront les coupables ; s'ils négligent de le faire, ils seront avertis de leurs devoirs par les ordinaires ; et si, après avoir été avertis, ils refusent de punir ceux qui sont en faute, les ordinaires pourront, dans ce cas, instruire le procès et l'envoyer au Saint-Siège. On permet aux évêques diocésains de visiter une fois l'année les monastères de filles soumises immédiatement au Saint-Siège, suivant la constitution publiée au concile de Vienne. On déclare que les exemptions qui seront données à l'avenir sans juste cause et sans y appeler les personnes intéressées, seront nulles ; cependant on accorde le droit d'exemption aux protonotaires et aux commensaux des cardinaux. On ordonne que les causes concernant les bénéfices réservés, et non d'un revenu qui n'excède pas vingt-quatre ducats, seront jugées en première instance par-devant les ordinaires, et qu'on ne pourra appeler de leur jugement avant qu'il y ait une sentence définitive ; est excepté le cas où l'interlocutoire contient un grief qui ne puisse pas être réparé par la sentence définitive. Que si l'un des plaideurs redoute le crédit de son adversaire, ou s'il a quelque autre raison particulière dont il pourrait faire une semi-preuve autre que le serment, les causes seront portées en première instance à la cour de Rome. On fait défense aux princes et aux seigneurs de molester les ecclésiastiques, de s'emparer des biens des églises, d'obliger les bénéficiers de les leur vendre ou donner à bail emphytéotique. Enfin il enjoint aux métropolitains de tenir des conciles provinciaux, conformément aux dispositions des saints canons (Labbe, t. XIV).

Tous les Pères donnèrent leur approbation au décret, excepté l'archevêque de Trani, qui n'agréa point l'ordre intimé aux évêques de former la procédure contre les exempts, et de l'envoyer à la cour de Rome.

Un troisième décret fut lu par François, évêque de Nantes, qui concerne l'impression des livres. Il est conçu en ces termes :

— « Parmi les sollicitudes qui nous pressent, une des plus vives et des plus constantes est de pouvoir ramener dans la voie de la vérité ceux qui en sont éloignés, et de les gagner à Dieu, avec le secours de sa grâce. C'est là, sans contredit, l'objet de nos plus sincères désirs, de nos affections les plus tendres, de notre vigilance la plus empressée.

» Sans doute, l'art de l'imprimerie, dont l'invention s'est toujours perfectionnée de nos jours, grâce à la faveur divine, est très-propre, par le grand nombre de livres qu'il met sans beaucoup de frais à la disposition de tout le monde, à exercer les esprits dans les lettres et les sciences, et à former des érudits dans toutes sortes de langues, surtout des érudits catholiques, dont nous aimons à voir la sainte Eglise romaine abonder parce qu'ils sont capables de convertir les infidèles, de les instruire et de les réunir par la doctrine chrétienne à l'assemblée des fidèles. Cependant nous avons appris, par les plaintes de bien des personnes, que plusieurs maîtres de cet art, en diverses parties du monde, ne craignent pas d'imprimer et de vendre publiquement, traduits en latin, du grec, de l'hébreu, de l'arabe, du chaldéen, ou nouvellement composés en latin et en langue vulgaire, des livres contenant des erreurs même dans la foi, des dogmes pernicieux ou contraires à la religion chrétienne, des attaques contre la réputation des personnes mêmes les plus élevées en dignité, et que la lecture de tels livres, loin d'édifier, enfantait les plus grands égarements dans la foi et les mœurs, faisait naître une foule de scandales, et menaçait le monde de plus grands encore.

» C'est pourquoi, afin qu'un art si heureusement inventé pour la gloire de Dieu, l'accroissement de la foi et la propagation des sciences utiles ne soit pas perverti en un usage contraire, et ne devienne pas un obstacle au salut pour les fidèles du Christ, nous avons jugé qu'il fallait tourner notre sollicitude du côté de l'impression des livres, pour qu'à l'avenir les épines ne croissent pas avec le bon grain, et que le poison ne vienne pas se mêler au remède. Voulant donc pourvoir à temps au mal pour que l'art de l'imprimerie prospère avec d'autant plus de bonheur qu'on apportera dans la suite plus de vigilance, et qu'on prendra plus de précaution; avec l'approbation de ce saint concile, nous statuons et ordonnons que, dans la suite et dans tous les temps futurs, personne n'ose imprimer ni faire imprimer un livre ou autre écrit quelconque dans notre ville, dans quelque cité ou diocèse que ce soit, qu'il n'ait été examiné avec soin, approuvé et signé, à Rome, par notre vicaire et le maître du sacré palais, et dans les diocèses par l'évêque ou tout autre délégué par lui ayant la science compétente des matières traitées dans l'ouvrage, et par l'inquisiteur du lieu; signature que l'examinateur apposera de sa main propre, gratuitement et sans délai, sous peine d'excommunication. Les contrevenants sont condamnés à la perte des livres, à une amende de cent ducats, à une suspension pendant un an du droit d'imprimer, à l'excommunication, et même à des peines plus graves, en cas d'opiniâtreté (Labbe, t. XIV). »

Le décret du concile de Latran, dit Audin à ce sujet, est une grande mesure d'ordre social et religieux. Depuis vingt ans, le duché de Milan a passé sous la domination de maîtres divers; les grands vassaux du Saint-Siège, abattus un moment, se sont bientôt relevés; Venise a trahi chacun de ses alliés; la Suisse est divisée en deux camps, la plaine et la montagne; la plaine obéit à la France, et la montagne à l'Eglise; Gênes a relevé et abattu cinq à six drapeaux; Naples a suivi ou délaissé Rome; l'empire n'est jamais resté fidèle au même parti: laissez la presse libre, et chacun de ces peuples s'en servira pour récriminer contre le passé, excuser sa politique, attaquer ses maîtres, ses vainqueurs ou ses alliés, et continuer dans les livres une lutte qu'on croyait finie faute de combattants. Alors la paix du continent italien et du monde chrétien sera de nouveau compromise.

En Italie, où tout sentiment devient une passion, si la presse reste libre, il faut s'attendre à voir se renouveler ces combats à la manière des héros de Pontano (satirique ordurier du temps), où la parole humaine se traîne dans la fange. Fille de la lumière incréée, la Papauté ne pouvait consentir à cette dégradation de l'intelligence. Au moment même où elle était obligée, dans l'intérêt de la famille chrétienne, de prendre des mesures de répression contre la licence de la presse, elle publiait, sous la direction de Béroalde, l'œuvre d'un des plus grands historiens de l'antiquité, Tacite, dont la plume avait courageusement flétri les scandales de la vie impériale; puis elle rassemblait les chefs-d'œuvre de la littérature grecque et de la romaine dans le palais du Vatican, dont elle ouvrait les portes à tous les hommes de talent; enfin, elle érigeait, car c'est une véritable création, ce collège de la Sapience, que toutes les universités allaient prendre pour modèle, et où elle appelait ce que l'Italie possédait de plus éminent dans les lettres et dans les sciences (Audin, *Hist. de Léon X*, t. II, c. 3).

Enfin il y eut un quatrième décret qui fut lu par Pierre, évêque de Castellamare, et qui concernait le dernier terme donné aux Français pour produire les raisons qu'ils peuvent avoir de s'opposer à l'abolition de la pragmatique sanction. On décerne contre eux une citation péremptoire et finale avant le 1er octobre, pour tous les évêques, abbés et ecclésiastiques de France que cette affaire regarde; après lequel temps expiré, il sera procédé à un jugement définitif, et les parties intéressées condamnées par un jugement de contumace, qui sera prononcé dans la session soixantième. Ce décret ayant été lu, le seigneur de Forbin, un des ambassadeurs de France, fit remontrer au Pape que les prélats du royaume ne pouvaient pas se rendre à Rome à cause des troubles de la Lombardie, les ennemis de la France ne craignant pas les censures contenues dans la bulle *In Cœna Domini*; qu'ainsi il priait Sa Sainteté de les excuser et de les dispenser de venir au concile; ou bien de faire en sorte qu'ils pussent y arriver sans aucun risque de leurs personnes. A quoi le Pape répondit qu'ils pouvaient venir par Gênes; qu'il avait donné ordre que les Génois leur accordassent un passeport, d'où il conclut que sa constitution demeurerait dans toute sa force et serait exécutée.

Un des procureurs du concile demanda qu'on prononçât la contumace contre ceux qui ne s'étaient pas rendus au concile, après y avoir été invités; mais le Pape leur accorda un délai jusqu'à la prochaine session, et l'on reçut les excuses d'un grand nombre de prélats qui n'avaient pu s'y rendre. Les procureurs du concile demandèrent, de plus, qu'on enregistrât dans les actes celui qui avait été passé par-devant les notaires d'Aix en Provence, et la soumission du parlement de cette province, que nous avons déjà rapportée. La dixième session finit par là, et la suivante ne fut tenue qu'au 19 décembre 1516 (Labbe, t. XIV).

Lorsque l'Eglise et le Pape prennent sous leur

surveillance la propagation des livres par l'imprimerie, c'est une surveillance de père et de mère, pour prévenir les excès qui déshonorent, qui corrompent, qui tuent. Car jamais les sciences, les lettres et les arts n'ont eu d'amis plus vrais et plus constants que les Papes et l'Eglise romaine. Ailleurs, cela dépend d'un prince qui meurt, d'une mode qui passe; Auguste est suivi de Tibère, le siècle d'or du siècle de fer. Mais dans l'Eglise romaine, souveraineté essentiellement spirituelle, et par là même essentiellement scientifique et littéraire, cette rechute des lettres dans la barbarie est impossible.

Et de fait, à travers les siècles et les révolutions, toujours nous avons vu Rome le centre de l'Europe littéraire. A plus d'une époque, le Pape est le commissionnaire général de librairie pour tout le monde catholique. On écrit des Gaules à saint Grégoire le Grand : « Très-Saint Père, envoyez-nous les écrits de saint Irénée, dont nous avons le plus grand besoin (*Greg. M.*, l. 9, *epist.* 50); » et d'Alexandrie : « Expédiez-nous le Martyrologe d'Eusèbe (*Ibid.*). » Saint Amand, évêque de Tongres, demande des livres à Martin Ier; l'évêque de Sarragosse a besoin des livres des *Morales* de saint Grégoire (Baron., an 649); Pépin s'adresse au souverain Pontife pour solliciter quelques manuscrits grecs dont il veut faire don à l'abbaye de Saint-Denys (Cenni, *Codex Carol.*, v. 1); Loup, abbé de Ferrière écrit à Benoît III, pour lui demander les commentaires de saint Jérôme sur Jérémie; l'orateur de Cicéron, les commentaires de Donat sur Térence (Muratori, *Antiq.*, t. III, p. 835), en promettant, si Sa Sainteté obtempérait à sa demande, de restituer fidèlement les ouvrages. Les Papes prêtaient; mais il arriva que les églises oublièrent de renvoyer exactement les manuscrits. Ces Papes alors ne laissèrent plus sortir un seul livre de Rome.

On pourrait regarder Nicolas V comme le créateur de la Bibliothèque vaticane. Vespasiano y comptait, de son temps, plus de cinq mille manuscrits grecs et latins. Le Pape avait nommé conservateur de cette bibliothèque Jean Tortelli, célèbre grammairien. On sait qu'il entretenait un grand nombre de savants dont l'unique occupation était de parcourir la France, l'Allemagne, la Grande-Bretagne, la Grèce, afin d'y chercher des manuscrits. Calixte III, Pie II et Paul II ajoutèrent de nouveaux trésors à ceux que Nicolas V avait si heureusement découverts. Sixte IV eut le premier l'idée d'ouvrir la Vaticane au public romain. Il avait choisi pour son bibliothécaire Jean André de Russi, évêque d'Aléria en Corse. Parmi les successeurs, on trouve Platina, Persona, Julien de Volterre, Inghirami, Béroalde, tous hommes de science et de lettres. Le dernier fut nommé par Léon X.

A cette époque, il y avait des bibliophiles qui passaient leur vie à courir le monde pour y découvrir des manuscrits : Politien les nommait des chasseurs de livres. Nul comme Fauste Sabée ne flairait d'aussi loin un ouvrage inédit. Léon X, qui connaissait l'humaniste, l'avait employé d'abord à fouiller les abbayes, les monastères, les presbytères, les bibliothèques des princes et des particuliers. Le savant se mettait en route, parcourait à pied, le plus souvent, l'Italie, la France, l'Allemagne, la Grèce, supportant, comme il le raconte poétiquement, la faim, la soif, la pluie, le soleil, la poussière, pour délivrer de l'esclavage un écrivain antique, qui, en recouvrant sa liberté, reprend l'usage de la parole, et vient remercier, en beaux vers, son libérateur (Audin, *Léon X*, t. II, c. 4).

Le manuscrit de Tacite, que possédait l'abbaye de Corbie en Allemagne, fut acquis par Léon X au prix de cinq cents ducats. C'est que ce manuscrit était bien précieux; tous ceux que l'on connaissait étaient incomplets. A celui dont s'était servi à Milan, en 1495, François Puteolano, pour imprimer les *Annales*, il manquait les cinq premiers livres de l'historien : on venait de les retrouver dans un monastère de Westphalie, et les moines, qui savaient le trésor qu'ils possédaient, n'avaient voulu s'en dessaisir qu'à prix d'or, même en faveur du Pape; l'or avait été donné. Ajoutez que le Tacite de Milan était fautif, mal imprimé et sur mauvais papier.

Léon X voulut que le Tacite romain parût dans toute la pureté du texte antique, comme si l'historien eût revu lui-même les épreuves de son ouvrage. Il confia la direction de l'entreprise à Béroalde, son bibliothécaire, et l'impression à un Allemand établi récemment à Rome, Étienne Guilleret, du diocèse de Toul en Lorraine. Afin que l'un et l'autre pussent être récompensés de leur travail, et eussent l'honneur et les bénéfices de cette réimpression, il menaça d'une amende de deux cents ducats d'or quiconque contreferait l'édition publiée à Rome.

La bulle de Léon X, placée par l'éditeur en tête de l'ouvrage, renferme une magnifique glorification des lettres humaines : le plus beau présent, dit le Pape, après la connaissance de la vraie religion, que Dieu, dans sa bonté, ait fait aux hommes; leur gloire dans l'infortune, leur consolation dans l'adversité.

Et le livre finit encore beaucoup mieux qu'il n'a commencé, par ces lignes imprimées au-dessous des armes du Pape : « Au nom de Léon X, bonne récompense à quiconque apportera à Sa Sainteté de vieux livres encore inédits. » — L'annonce fit son effet : les volumes arrivaient de tous côtés, et la récompense était fidèlement donnée.

C'était un prélat, Ange Arcimbold, qui avait apporté au Pape le manuscrit de Corbie. Dans cette chasse aux livres, les empereurs, des rois, des électeurs, des doges étaient les pourvoyeurs de Léon X. Les commissaires ordinaires partaient de Rome munis de lettres de recommandation pour les princes dont ils devaient parcourir les Etats. Jean Heytmers fut chargé de visiter l'Allemagne, le Danemarck, l'île de Gothland. Le bruit courait à Rome qu'à Magdebourg, dans la bibliothèque des chanoines, se trouvait une partie des *Décades* de Tite-Live. Heytmers avait ordre d'en acheter à tout prix le manuscrit. Il devait être aidé dans cette négociation par l'électeur de Mayence. Le manuscrit était ailleurs; Heytmers avait également une lettre pour Christiern, roi de Danemarck.

Au Pape, il ne fallait pas seulement des livres et des manuscrits, mais des hommes, et il n'épargnait aucune dépense pour s'en procurer. Il écrit à Nicolas Leoniceno : « Vous savez si je vous estime, si je vous ai toujours aimé, si j'ai toujours fait grand cas de votre savoir. Bembo, mon secrétaire, qui vous chérit tendrement, et qui, à Ferrare, adolescent, eut le bonheur comme il s'en vante, de tremper ses lèvres aux eaux de cette philosophie dont vous possédez la source, à force de me parler de vous, me fait penser à vous offrir de nouveaux témoignages de mon attachement à votre personne. Il faut que vous me permettiez de faire quelque chose pour vos beaux talents acquis par tant d'études. Parlez; si mon amitié peut vous être utile, je vous l'offre de nouveau; demandez, et vous obtiendrez de moi tout ce que vous voudrez (Bembo, l. 10). » Nonobstant une lettre si gracieuse, le savant reste enseveli dans son obscurité.

Or, sait-on ce qu'il refusait? Une belle et une riche abbaye; car Léon était prodigue envers l'humaniste qu'il aimait; une villa aux environs de Rome; tous les trésors bibliographiques de la Vaticane; et un logement sur l'Esquilin, afin que, tout en étudiant, l'humaniste eût sous les yeux de beaux jardins et de belles forêts. C'est sur ces auteurs que Jean Lascaris, appelé par Léon X, enseignait à de jeunes Grecs la langue hellénique. Ces jeunes gens avaient été conduits de la Morée à Rome, par Marc Musurus, qui entendait admirablement la langue, et parlait le latin aussi bien que Théodore Gaza et Lascaris.

Léon X lui écrivait en 1513 : « Comme j'ai le vif désir de faire revivre la langue et la littérature grecques, de nos jours presque éteintes, et d'encourager de tous mes efforts les belles-lettres; et que je connais du reste votre savoir et votre goût, je vous prie de nous amener de la Grèce dix à douze jeunes gens, doués d'heureuses dispositions, qui enseigneront à nos Latins les règles et la prononciation de la langue hellénique, et formeront comme un séminaire ouvert aux bonnes études. Lascaris, dont j'aime les vertus et la science, vous écrira à ce sujet plus amplement. Je compte, en cette occasion, sur votre dévouement à ma personne (*Ibid.*, l. 4, *Epist.* 8). »

Musurus vint à Rome, apportant avec lui un exemplaire d'un Platon qu'Alde Manuce venait de publier, et dont il avait corrigé les épreuves; un poème grec qu'il avait composé en l'honneur du Pape, et une épître en prose de l'imprimeur à Sa Sainteté, mise en tête des œuvres du philosophe. Le Platon fut placé dans la bibliothèque de la Vaticane; Musurus, bientôt récompensé par l'évêché de Malvoisie, et Alde Manuce honoré d'une bulle magnifique, où le Pape rappelait les services que la typographie avait rendus aux lettres. Il lui accordait le privilège de vendre et de publier les livres grecs et latins qu'il avait imprimés, ou qu'il imprimerait plus tard, avec ces caractères italiques dont il était l'inventeur, et qui reproduisent, dit le Pape, toute l'élégance de l'écriture cursive. Et afin que la cupidité ne vînt pas élever une concurrence nuisible, ruineuse peut-être pour l'imprimeur, le Saint-Père menaçait de l'excommunication quiconque violerait la défense du Saint-Siège. Seulement, Léon X imposait une obligation à Manuce, c'était de vendre les livres à bas prix; il s'en rapportait, du reste à la probité bien connue du typographe (Audin, *Léon X*, tome II, c. 4).

Depuis un siècle, la Papauté avait formé le projet de restituer à Rome ses collèges littéraires. Eugène IV fit jeter, au milieu de la ville, près de l'église de Saint-Jacques-l'Apôtre, les fondements d'un gymnase, où des maîtres habiles devaient enseigner gratuitement les sciences humaines.

Nicolas V est une des gloires de son siècle. C'était aux lettres qu'il devait la tiare : il les honora magnifiquement. A Laurent Valla, qui lui avait offert sa traduction de Thucydide, il donna cinq cents écus d'or; à Gianozzo Manetti, pour des œuvres de théologie, une pension de six cents écus d'or; à Guarin, pour la traduction de Strabon, quinze cents écus d'or; à François Filelfe, qui voulait mettre en vers latins l'Iliade et l'Odyssée d'Homère, il avait promis une belle maison à Rome, une ferme à la campagne, et dix mille écus d'or qu'il avait déposés chez un banquier et que le poète devait toucher dès que sa version serait terminée. C'est à l'instigation de ce pontife que Diodore de Sicile, Xénophon, Polybe, Thucydide, Hérodote, Strabon, Aristote, Ptolémée, Platon, Théophraste et un grand nombre de Pères furent traduits en latin. Les lettres, sous le règne de ce prince, donnaient de la gloire et des richesses : aussi Rome était-elle remplie d'humanistes venus des quatre parties du monde. Quand on ouvre un livre écrit à cette époque, on est sûr d'y trouver le nom de Nicolas V; mais nul ne lui a décerné un plus brillant hommage que le protestant Isaac Casaubon, qui le représente levant l'étendard de la science au moment où elle paraissait pour jamais ensevelie sous les ruines de Byzance, chassant les ténèbres qui menaçaient le monde, et faisant luire à Rome la lumière des arts et des lettres (Audin, *Léon X*, tome II, c. 5).

Sous le règne de Pie II, des professeurs illustres occupèrent les diverses chaires du gymnase romain. Sixte IV, qui n'avait que cent écus à donner au traducteur d'Aristote, Théodore Gaza, ne put dépenser qu'une modique somme à l'entretien de cette belle école. Plus heureux, Alexandre VI, cet habile administrateur qui, pendant son pontificat, eut pour principe de payer exactement la pension des docteurs, la solde du soldat, le salaire des ouvriers, agrandit et dota splendidement le gymnase.

Jules II, au milieu de ses sollicitudes guerrières, n'oublia pas l'œuvre de ses prédécesseurs, et loin de détourner, comme le dit Roscoë, les revenus affectés par Alexandre VI à l'entretien de l'Université, il donna l'ordre, dans sa bulle de 1512, que certains revenus du Capitole fussent rigoureusement employés aux besoins du gymnase, et assigna cinquante ducats d'or pour la célébration annuelle de la fête anniversaire de la fondation de Rome, le 21 avril.

Léon X voulut que l'Université romaine égalât en splendeur celles que l'Italie citait avec le plus d'orgueil : Pavie, Milan, Bologne, et que Rome régnât sur le monde entier par les lettres, comme elle régnait par les arts.

Le gymnase romain était sous le patronage de trois cardinaux, de l'ordre des évêques, de l'ordre des prêtres et de l'ordre des diacres. Il y avait des recteurs et des réformateurs qui, après avoir consulté le Pape, étaient chargés du choix des professeurs. Les réformateurs visitaient les classes deux fois par semaine; le recteur, une ou deux fois par mois, et toujours à des heures et à des jours inconnus.

Le recteur administrait les deniers et payait les

professeurs et les appariteurs. Ceux-ci étaient des employés chargés de la police matérielle des classes : ils affichaient, à la porte du gymnase, le nom des professeurs, l'heure et le jour des leçons. On ne pouvait lire, expliquer au collége aucun ouvrage dont le titre n'eût été préalablement affiché par l'appariteur sur les murs de l'école.

Dès le XIIIe siècle, l'enseignement était libre et gratuit en Italie ; il était même permis aux élèves de faire des cours, et on leur donnait, à cet effet, une salle et une chaire. Afin d'attirer les étrangers, on offrait aux étudiants des franchises et des priviléges. D'abord, ils jouissaient de toute espèce de droit de cité ; ils n'étaient assujétis à aucune taxe et ne pouvaient être mis en prison. A Padoue, la ville était obligée de prêter de l'argent aux écoliers qui n'avaient pas de quoi étudier. Le professeur entretenu par la ville pouvait donner des leçons particulières, mais s'il se faisait payer, il était sur-le-champ rayé du rôle de l'université. A Naples, au XIIIe siècle, l'université avait des priviléges exorbitants : le maître et les écoliers ne pouvaient être jugés que par un tribunal spécial, formé d'un président et de trois assesseurs. Les Papes se distinguent à cette époque par la protection qu'ils accordent à l'étude des lettres. Au concile général qui se tint à Lyon, en 1245, Innocent IV veut que dans chaque cathédrale, dans chaque église possédant des revenus suffisants, l'évêque et le chapitre nomment un maître pour enseigner gratuitement la grammaire aux enfants pauvres, et qu'au maître soit concédé une prébende dont il jouira tout le temps qu'il exercera les fonctions de pédagogue. Rennazzi a publié un document qui prouve qu'en 1319 les élèves en droit canon de l'Université de Rome firent casser une élection et nommer le professeur qu'ils avaient choisi.

Léon X voulut qu'on enseignât, au collége romain, la théologie, le droit canon, le droit civil, la médecine, la philosophie, la botanique, la philosophie morale, la rhétorique, la grammaire, la langue grecque. Sur un tableau de l'Université de Rome, en 1514, à côté du nom de chaque professeur, est indiquée la somme qu'il reçoit annuellement. Maître Luca de Burgo a cent florins pour enseigner les mathématiques ; Varino, professeur de grec, trois cents florins ; maître Augustin Sessa, professeur de philosophie, trois cents florins. Ce sont les médecins qui sont les mieux rétribués. Maître Angello de Sienne a cinq cent trente, et maître Scipion Lancellotti cinq cents florins. Nous savons, grâce à ce curieux document, qu'un professeur de grammaire, espèce d'instituteur primaire, gagnait cinquante florins par an, et il y en avait treize, autant que Rome avait de quartiers.

C'est le 3 novembre que les cours et les écoles s'ouvraient. Il y avait des leçons le matin et le soir, même les jours de fête. Pandolfe Volfgand, qui professait le droit à Padoue, avait fait un grand bruit en posant, dans une de ses leçons, cette question : « Est-il permis de lire, d'écrire, d'étudier les jours de fête ? et il l'avait affirmativement résolue. La question était restée indécise : Léon, comme on voit, la trancha pour toujours.

Chaque science avait plusieurs maîtres ou lecteurs ; la rhétorique était enseignée, le matin, par six professeurs ; le soir, par cinq ; les jours de fête le matin, par trois ; le soir, par quatre. Il n'y avait pas moins de onze professeurs de droit canon, vingt professeurs de droit civil, quinze professeurs de médecine, cinq professeurs de philosophie morale. Dans sa bulle du 19 décembre 1513, Léon X recommande aux élèves de s'adonner désormais aux études sérieuses et de renoncer à cette philosophie mensongère nommée le Platonisme, et à cette folle poésie, qui n'était propre qu'à gâter l'âme. On voit quelle était la sollicitude de ce pontife pour les saintes lettres.

Tous les professeurs choisis par Léon X étaient non-seulement des savants distingués, mais des hommes de vie exemplaire. Le Pape, en les appelant à lui, leur disait qu'il en faisait des précepteurs de vertus et de bonnes mœurs, plus encore que de belles-lettres, et qu'il leur remettait la charge d'enseigner et de défendre la vérité, c'est-à-dire la religion du Christ, les libertés de l'Eglise, l'autorité du Saint-Siége : grande et noble mission, à laquelle nul d'entre eux ne faillit (Audin, *Léon X*, t. II, c. 5).

Cependant le roi François Ier se disposait à faire son tour d'Italie, comme ses prédécesseurs ; sans cela il n'eût pas cru être vraiment roi de France ; mais les Suisses lui barraient le chemin des Alpes, les Suisses conduits par un homme dont voici l'histoire.

Un jour, sur la place publique de Sion en Valais, un jeune écolier chantait quelque vieil air des montagnes, pour obtenir de ses auditeurs de quoi continuer ses études. Un vieillard, ravi de la figure de l'enfant, l'appelle, l'interroge et dit aux assistants : Celui-ci sera notre évêque et notre prince !

Le jeune écolier était Matthieu Schinner, né dans le petit village de Muhlibach, de pauvres gens qui cultivaient la terre. Il apprit donc à lire à Sion. De Sion, il passe à Zurich, et de Zurich à Côme, où, sous Théodore Lucino, il étudie les lettres. L'enfant ne mendiait plus ; il avait, à force de travail et de succès, conquis le droit de s'asseoir sur les bancs de l'école ; à dix-sept ans, il savait le grec, l'italien et l'allemand. On assure qu'il avait peu de goût pour les poètes profanes de l'antiquité : il préférait Boèce à Virgile. Après l'Evangile, c'est le livre *De la Consolation* qu'il feuilletait le plus souvent. Il disait, dans un vague pressentiment d'avenir, qu'il aurait un jour plus besoin de philosophie que de poésie. C'était, du reste, une de ces âmes contemplatives, comme on en trouve dans les pays des montagnes ; qui se plaisent sur les hauts lieux, auprès d'un torrent ou d'une avalanche, partout où la nature physique étale quelque horreur. Schinner, à peine entré dans les ordres, était appelé à desservir une petite cure dans un village, où sa piété, dit la chronique, jeta toutes sortes de bonnes odeurs. L'évêque de Sion voulut se l'attacher, et le fit chanoine de la cathédrale. A Sion, la chronique encore nous le représente prêchant le matin et le soir la parole de Dieu, apaisant les discordes, priant, et vivant dans la chasteté ; si bien que, l'évêque étant mort, il fut choisi par le peuple pour son pasteur et son prince ; Jules II confirma l'élection.

Comme chrétien et comme Suisse, Matthieu Schinner voulait la double indépendance de son pays et de l'Eglise romaine. Or, l'une et l'autre étaient menacées par la domination des Français en Italie.

Les historiens disent que jamais, depuis saint Bernard, parole sacerdotale n'avait été entraînante comme celle de l'évêque de Sion. A sa voix, Uri, Unterwald, Zug, Schwitz s'ébranlent pour porter secours à l'Eglise menacée, guidés par Schinner, qui n'a pas plus peur du canon que des balles. On le trouve aux avant-postes, au centre, à l'arrière-garde, partout où il y a une lance à affronter, l'âme d'un soldat mourant à recommander à Dieu, un fuyard à ramener, un rocher à rouler sur l'ennemi. Ses soldats l'aiment et l'admirent; il sait les fasciner de la voix, de la parole et du regard. Il couche sur la neige comme le dernier du peuple; il escalade les pics de glace comme un chasseur de chamois, et vit au camp comme un ascète, jeûnant plusieurs fois la semaine, ne mangeant jamais de viande, ne buvant que de l'eau, disant son bréviaire le matin et le soir, et restant en prières des heures entières, la veille d'une bataille.

L'an 1512, Jules II le nomma cardinal de Sainte-Potentienne et légat en Lombardie; et quelques jours après, avec ses montagnards de Suisse, il battait les Français à Novarre, les renvoyait chez eux, puis rentrait dans son diocèse pour chanter un *Te Deum* en actions de grâces, prêt à reparaître, si ses ennemis repassaient les Alpes; mais il avait eu soin de les garnir de lances et de canons, se reposant du reste, pour dormir tranquille, sur ces pics de neige et de glaces, seul chemin par où, cette fois, les Français pouvaient pénétrer en Italie.

Ils y pénétrèrent, grâce à leur courage intelligent, grâce à un montagnard qui leur indique un passage moins impraticable, grâce à l'Espagnol Pierre de Navarre, que nous avons vu avec Ximenès en Afrique : ils comblent les ravins, ils escaladent les rochers, ou les font sauter avec de la poudre; en moins de huit jours, ils sont en Italie. Au premier bruit de leur marche, Milan se soulève et chasse son duc, Maximilien Sforce; l'empereur d'Allemagne n'envoie pas les secours qu'il avait annoncés, ni Ferdinand d'Espagne l'argent qu'il avait promis aux Suisses. Les Français n'étaient plus qu'à quelques journées de Milan, quand les contingents suisses de Berne, de Fribourg et de Soleure, au nombre d'environ douze mille, prennent peur et gagnent le chemin d'Arona pour retourner dans leurs montagnes. Mais dans ce moment est accouru le cardinal de Sion; il se présente aux fuyards, les harangue et en ramène un bon nombre, tambour battant, jusqu'à Milan, où ses paysans de Schwitz, d'Uri, de Zug, d'Unterwald saluent son arrivée de leurs acclamations. Aussitôt il les rassemble sur la place, et leur adresse un discours. C'était le 13 septembre 1515, au soir. Quelques heures du jour restaient encore. Les Suisses, au signal de Matthieu Schinner qui les précède en habits pontificaux, s'ébranlent et marchent sur les lieux où campait l'armée française. C'était à Marignan.

Le lendemain eut lieu la bataille. On se battit toute la journée. Un moment, les Français étaient défaits comme à Novarre, sans le courage intelligent de leur roi. Le carnage fut affreux, la nuit seule y mit fin. Les Suisses couchèrent sur le champ de bataille, François Ier sur un affût de canon. La bataille recommence le lendemain, la victoire est encore incertaine. Enfin Trivulce, général français, fait rompre la digue d'un ruisseau, dont les flots inondent le terrain occupé par les Suisses, qui ont ainsi deux ennemis à combattre, les Français dont le feu redouble d'activité, et le sol trempé, glissant, qui se dérobait sous leurs pieds. Il fallut céder. Les divers corps se réunissent, se rallient et se retirent, mais l'arme au bras, la mine fière, les rangs serrés, dans un silence lugubre, emportant avec eux leurs caissons, leurs canons, leurs bagages, leurs blessés, leurs prisonniers et douze belles bannières, trophées de la journée. Une seule enseigne leur manquait, mais qu'ils avaient perdue et qui n'avait point été enlevée. Le roi ne veut pas qu'on les inquiète dans leur retraite. Ils avaient perdu de cinq à quinze mille hommes, car les récits varient entre ces deux extrêmes, et les Français la fleur de leur noblesse. Trivulce, qui s'était trouvé à dix-sept batailles rangées, disait que ce n'étaient que des jeux d'enfants auprès de celle de Marignan, vrai combat de géants.

A Milan, les Suisses tinrent conseil et parlèrent de paix. Schinner, cet autre Annibal, aima mieux s'exiler que de traiter avec les Français. Il quitta donc Milan et se rendit à Inspruck. François Ier disait de lui à l'historien Paul Jove : « Rude homme que ce Schinner, dont la parole indomptable m'a fait plus de mal que toutes les lances de ses montagnards (Audin, *Léon X*, t. II, c. 6). »

Sur le champ de bataille de Marignan, le roi donna ordre de célébrer trois messes solennelles, où les vainqueurs assistèrent sous les armes : l'une en signe de joie, pour remercier Dieu de la protection qu'il accordait à la France; l'autre en signe de douleur, pour l'âme de tant de braves tombés si glorieusement; la troisième en signe d'espérance, pour le rétablissement de la paix. Une petite chapelle, où l'on aurait recueilli les restes des chefs de l'armée française, devait porter aux siècles à venir le témoignage de la piété du prince envers celui qui donne et ôte les couronnes, et de sa reconnaissance pour les soldats morts à ses côtés (Roscoë, *Vie de Léon X*, t. III).

L'issue de la bataille de Marignan contrariait les vues de Léon X. Il désirait naturellement, comme ses prédécesseurs, que les Italiens fussent maîtres en Italie, et le Pape à Rome. Un roi de France, maître en Lombardie, avec des prétentions sur Naples, menaçait la liberté et l'indépendance de l'Eglise, surtout si, comme Louis XII, il était disposé à soutenir ses prétentions par le schisme d'un conciliabule. Dans la nécessité, chacun fait comme il peut, et non pas comme il veut. Ce fut la règle de Léon X. Dès avant d'entrer en Italie, François Ier lui avait envoyé en ambassade le premier Helléniste de France, Guillaume Budé. Léon l'accueillit avec une bienveillance extrême; mais décemment il ne pouvait entrer dans une ligue contre la liberté de l'Italie et de l'Eglise. Après la bataille de Marignan, les négociations se renouèrent. Le Pape y envoya Louis Canosse, de Vérone, homme adroit, délié, causeur aimable et bon humaniste. Il fallut céder Parme et Plaisance, pour être annexés au Milanais: mais, d'autre part, l'autorité des Médicis à Florence fut garantie, et Bologne rendue définitivement au Saint-Siège.

Les relations entre le roi et le Pape devinrent bientôt affectueuses; ils eurent le désir de se voir pour mieux s'entendre; le lieu de l'entrevue fut Bologne. Léon X prit son chemin par Florence, et quand il fut arrivé dans cette ville, il nomma deux cardinaux, Nicolas de Fiesque et Jules de Médicis, pour aller au devant du roi jusque sur les frontières de l'Etat ecclésiastique. Quatre autres prélats eurent ordre d'aller le recevoir aux environs de Parme, et Léon X se rendit lui-même à Bologne le 8 décembre 1515, accompagné d'un grand nombre de cardinaux. La relation observe que les habitants de cette ville eurent l'imprudence d'envoyer pour le Pape un dais magnifique, et un autre très-médiocre pour le Saint-Sacrement, qu'on portait devant lui; mais que le Saint-Père fit servir son dais pour le Saint-Sacrement, et n'en voulut point pour lui-même : ce qui édifia beaucoup la multitude accourue pour voir cette entrée.

Le roi s'avança jusqu'à Modène, à la tête de six mille lansquenets et de douze cents hommes d'armes; mais il ne prit que sa garde ordinaire et les officiers de sa maison pour entrer dans Bologne. Vingt cardinaux, le doyen à la tête, l'attendaient hors de la ville, tous en chapes couleur de feu. Le roi parut bientôt en habit de guerre, marchant entre les deux cardinaux qui étaient allés le recevoir sur la frontière. Le cardinal d'Ostie le complimenta en latin au nom du Pape et du sacré collége; ce petit discours était un éloge du monarque, de ses favorables inclinations pour le Saint-Siége, de ses succès militaires; et l'orateur ne manqua pas de lui offrir tous les bons offices qui pouvaient dépendre de Sa Sainteté.

François Ier, répondant en français, dit avec cette éloquente brièveté qui sied si bien à un souverain, qu'il était le fils, l'ami et le serviteur du Saint-Père et du Siége apostolique; qu'il souhaitait toute sorte de biens à messieurs les cardinaux, et qu'il les honorait comme ses pères et ses frères. Ensuite il les embrassa tous, l'un après l'autre, et à mesure qu'ils se présentaient, le maître des cérémonies, Paris des Grassi, évêque de Pésaro, les nommait au roi. C'est de ce prélat que nous tenons tout ce récit, qu'on doit par conséquent regarder comme très-sûr dans toutes ses circonstances.

Le roi entra dans Bologne le mardi 11 décembre; tous les cardinaux précédaient en deux files; le monarque les suivait, ayant à sa droite le cardinal d'Ostie, et à sa gauche le cardinal de Saint-Séverin. Les seigneurs français et une partie de la garde fermaient la marche. On entendait le bruit des trompettes, joint à celui de toutes les cloches de la ville; un peuple immense bordait les rues, tout cela sans désordre et sans confusion. Le Pape, qui s'était mis à une des fenêtres de son palais pour être témoin de cette entrée, en fut très-satisfait, et loua l'attention du maître des cérémonies, qui, dans cet endroit de sa relation, paraît s'applaudir lui-même et sacrifier un peu la modestie à l'amour de la vérité.

François Ier alla loger avec le Pape, et quand on l'eut conduit à l'appartement qui lui était destiné, les cardinaux le quittèrent, hors quatre qui l'accompagnèrent toujours, et qui mangèrent même avec lui. C'étaient les deux derniers de l'ordre des prêtres, et les deux derniers de l'ordre des diacres. Après son dîner, on vint le prier d'aller au consistoire; il se mit aussitôt en marche, prenant le maître des cérémonies par la main, et ne voulant point le quitter, afin d'être instruit, à point nommé, de ce qu'il faudrait faire. Quand on fut en présence du Pape, assis sur son trône, le roi et son guide firent les trois génuflexions, à quelque distance l'une de l'autre, et le prince baisa ensuite les pieds du Pape, la main et la bouche, disant d'un ton naïf et d'un air de gaîté que tout le monde remarqua : « Très-Saint-Père, je suis charmé de voir ainsi, face à face, le souverain Pontife, vicaire de Jésus-Christ. Je suis le fils et le serviteur de Votre Sainteté; elle me voit prêt à exécuter tous ses ordres. » Le Pape, de son côté, voyant un si grand prince prosterné à ses pieds, s'écria : « C'est à Dieu, et non à moi, que ceci s'adresse. » Il ajouta quelques autres compliments tournés avec délicatesse et prononcés avec grâce; car Léon X avait, plus que personne, le talent de bien penser et celui de s'exprimer noblement. Tout concourait à relever les charmes de sa conversation. Il n'avait que quarante ans; sa figure était noble et gracieuse; son esprit était très-cultivé, et il s'étudiait à dire aux personnes qui l'approchaient des choses dont elles pouvaient se trouver flattées. L'entrevue d'un tel pontife avec un roi de vingt-deux ans, du caractère le plus aimable, couvert de gloire et entouré d'une cour extrêmement polie, faisait un spectacle digne de la curiosité des hommes de goût et de l'attention des historiens.

Le maître des cérémonies, Paris des Grassi, nous peint encore, dans la même audience, le chancelier du Prat, vêtu d'une robe d'étoffe d'or, et prêtant l'obédience filiale au nom du roi, dans un plus grand détail que ce prince n'avait fait. Quand il en fut venu aux termes de respect, de révérence et de soumission, le roi, qui s'était couvert en se retirant un peu à côté du trône, voulut ôter son chapeau; mais, le Pape l'en ayant empêché, il se contenta, pour entrer dans les sentiments de la harangue du chancelier, de faire une inclination de tête. Après quoi tous les seigneurs français vinrent baiser les pieds de Sa Sainteté, et le consistoire fut terminé par cette cérémonie (*Hist. de l'Eglise gallic.*, l. 5).

Le discours latin du chancelier est un manifeste en l'honneur du Saint-Siége, dont l'orateur proclame les titres à l'amour non moins qu'à la reconnaissance du royaume de France. C'est en même temps une profession de foi du roi très-chrétien envers l'autorité du chef de l'Eglise. Il est beau d'entendre le vainqueur de Marignan s'écrier, par l'organe de son orateur officiel : « Très-Saint-Père, l'armée du roi très-chrétien est à vous; disposez-en à votre gré : les forces de la France sont à vous; ses étendards sont les vôtres. Léon, voici devant vous votre fils soumis, vôtre par la religion, vôtre par le droit, vôtre par l'exemple de ses ancêtres, vôtre par la coutume, vôtre par la foi, vôtre par la volonté. Ce fils dévoué est prêt à défendre en toute occasion vos intérêts sacrés, et par la parole et par l'épée (Audin, t. II, p. 156; Roscoë, t. III, p. 466). »

Comme le Pape ne voulait pas retenir longtemps le roi à Bologne, il se hâta de célébrer solennellement sa présence. C'était une cérémonie principale où les rois avaient coutume de rendre plus d'honneurs aux souverains Pontifes. On prépara donc pour le 12 décembre l'église de Sainte-Pétrone. Le Pape s'y rendit en grand cortége ; il était précédé du roi en personne, et ce prince marchait au milieu de tous ses officiers. Quand le Pape alla à son trône pour y prendre les ornements pontificaux, le roi fit la fonction de caudataire, et Léon voulant l'en empêcher, François Ier répondit qu'il se trouvait honoré de rendre les moindres services au Vicaire de Jésus-Christ. Quand le Pape alla commencer la messe, le roi se mit à genoux près de lui, et répondit aux prières qui se disent au bas de l'autel. On lui avait préparé un fauteuil, mais il ne s'en servit point. Il se tenait debout quand le célébrant et les officiants étaient en cette posture, excepté depuis l'élévation jusqu'à ce que le Pape eût communié ; car alors il demeura prosterné, priant Dieu très-dévotement et tenant les mains jointes devant son visage. Quand le Pape allait à son trône, le roi se plaçait après le cardinal d'Ostie, qui faisait la fonction d'assistant ; et il reçut aussi l'encens et la paix immédiatement après ce cardinal, avant tous les autres cardinaux-évêques.

La communion du célébrant, du diacre et du sous-diacre étant faite, le Pape demanda au roi s'il voulait communier ; il répondit qu'il ne s'était pas préparé pour cela, mais qu'il y avait plusieurs personnes de sa cour qui le feraient volontiers. Sur quoi le Pape se mit à distribuer la communion, et il y eut environ quarante personnes qui la reçurent ; mais comme il ne se trouva que trente hosties, il fallut en rompre dix pour satisfaire la dévotion des assistants. Cependant, ajoute la relation, ce n'était que la moindre partie de ceux qui auraient voulu communier de la main du Pape. Le roi lui-même fut obligé d'écarter la foule et de ne laisser approcher que les plus considérables de ses courtisans. Un d'entre eux ne pouvant pénétrer jusqu'au sanctuaire, on l'entendit s'écrier tout à coup en français : « Très-Saint-Père, puisque je ne suis pas assez heureux pour communier de votre main, au moins je veux me confesser à vous ; et parce qu'il n'est pas possible de vous dire mon péché à l'oreille, je vous déclare tout haut que j'ai combattu en ennemi, et autant qu'il m'a été possible, contre le feu pape Jules II, et que je ne me suis point mis en peine des censures fulminées en cette occasion. » Cet aveu public attira l'attention de toute l'assemblée. Le roi dit qu'il était dans le même péché : la plupart des barons s'avouèrent également coupables, et demandèrent pardon. Le Pape leva la main, les bénit et leur donna l'absolution. Sur quoi François Ier ajouta : « Saint-Père, ne soyez point surpris que ces gens-ci aient été ennemis du pape Jules ; car c'était bien aussi le plus grand de nos adversaires, et nous n'avons jamais connu d'homme plus terrible dans les combats. C'était en vérité un très-habile capitaine, et il aurait été mieux à la tête d'une armée que sur le trône de saint Pierre. »

Tout cela fut terminé par les dernières cérémonies de la messe. Le Pape prit les ablutions et le roi lui donna ensuite à laver. Les trois premières fois que le Saint-Père s'était lavé les mains durant cette messe pontificale, le même service lui avait été rendu par les ducs d'Alençon, d'Orléans et de Bourbon, chacun d'eux dans l'ordre que nous les nommons ici ; et, pendant l'office, ils furent assis sur le banc des cardinaux-diacres, après le dernier de ces prélats. Le lendemain, le roi touchait un grand nombre de malades, après avoir communié dans l'église des Dominicains (Raynald, an 1515, n. 29-34).

Le jour suivant, il y eut encore un grand consistoire, où le Pape donna le chapeau de cardinal à l'évêque de Coutances, Adrien de Boissy, de l'illustre maison de Gouffier. On lui fit faire serment d'obéissance au Pape, parce qu'on s'était aperçu, depuis quelque temps, que les cardinaux promus par la faveur des monarques s'attachaient plus dans la suite à ces princes qu'au souverain Pontife. Or, le cardinal de Boissy était un prélat qui devait tout à François Ier à cause de son frère Artus de Boissy, grand-maître de France, qui avait été gouverneur du roi et qui disposait absolument des grâces de son ancien élève.

Léon X et François Ier, pendant trois jours, s'occupèrent d'affaires sérieuses : de la question de Naples, de la question des feudataires du Saint-Siège, de la question de la pragmatique sanction. Les deux premières furent ajournées.

Comme nous avons vu, la pragmatique sanction de Bourges était un contrat entre deux fait par un seul contre l'autre. On conçoit que *l'autre* le trouvait mauvais. A Bologne, on eut l'idée d'y substituer un concordat, c'est-à-dire un accord entre deux et fait par les deux. Le roi nomma pour plénipotentiaire dans cette négociation le chancelier du Prat, et le Pape deux cardinaux. Nous en verrons le résultat confirmé au concile général de Latran.

François Ier prit congé de Léon X le 15 décembre, emportant avec lui plusieurs grâces spirituelles et temporelles que lui accordait le Pape : la suppression des évêchés de Bourg et de Chambéry, nouveaux siéges élevés au détriment des églises de Lyon et de Grenoble ; l'autorisation de lever une décime sur tous les biens de l'Eglise de France ; l'abolition des censures que les prélats français avaient encourues sous Jules II ; le privilége de nommer sa vie durant aux évêchés et aux abbayes de la Bretagne, de la Provence et du Milanais. Le Pape, en outre, fit présent au prince d'une croix enrichie de pierres précieuses, estimée quinze mille ducats, et contenant un fragment du bois de la vraie croix.

François Ier repassa par Milan, et fit un traité avec les Suisses ; mais cinq des treize cantons refusèrent de le ratifier, parce qu'il les obligeait à restituer les places du duché de Milan, qu'ils occupaient depuis l'an 1512. Les autres huit cantons l'acceptèrent aux conditions suivantes : 1° Qu'on leur donnerait les six cent mille écus promis, payables en trois mois, outre leurs pensions, qui seraient continuées. 2° Que les Suisses serviraient la France envers et contre tous, excepté le Pape, l'empereur et l'empire ; qu'ils rendraient les vallées du Milanais, mais qu'ils ne seraient point obligés d'agir pour ce sujet contre leurs compatriotes (Raynald, an 1515, n. 76 et seqq.). Le roi, étant arrivé à Lyon, alla de son pied en pèlerinage à Chambéry, pour remercier Dieu de l'avoir préservé des dangers de cette guerre (*Ibid.*, an 1516, n. 21).

Au printemps 1516, l'empereur Maximilien fit une expédition en Italie pour surprendre Milan. Il avait avec lui le fameux Schinner, évêque de Sion, et quinze mille Suisses recrutés dans les cantons qui n'avaient pas voulu faire leur paix avec la France. Il y avait des Suisses des deux côtés. L'entreprise ne réussit pas, faute à l'empereur de marcher droit sur Milan, au lieu de ralentir sa marche et de donner aux Français le temps de se remettre de leur première épouvante.

On a prétendu que le pape Léon X avait sourdement excité Maximilien à descendre en Italie. L'histoire doit la vérité à tout le monde, même à un Pape. Or, Léon X remplit toutes les conditions du traité qu'il avait conclu quelques mois auparavant avec François Ier. En cas d'attaque du Milanais, il avait offert à son allié cinq cents hommes d'armes et un corps de trois mille Suisses. Requis d'exécuter le traité, Léon répondit qu'il n'était pas en état de fournir le contingent stipulé; mais, en compensation, il promit l'assistance d'un corps de troupes florentines, qui se mit en marche pour Bologne, où il arriva quand l'empereur était en pleine déroute (Sismondi, *Républ. ital.*, t. XIV).

Il fit plus encore, comme on le voit par sa correspondance. Le 28 décembre 1515, il notifie aux Suisses qu'il vient de conclure un traité d'alliance avec François Ier, et que, d'après un des articles, il est obligé de défendre le roi et ses domaines contre tous ceux qui entreprendraient de lui faire la guerre. « Je vous en informe, afin que vous sachiez qu'avec la majesté de la république chrétienne est unie la puissance du roi de France; et aussi, comme j'en sais qui pensent envahir ses États par les armes, afin que vous connaissiez qu'en cela ils agiront non-seulement contre le roi, mais encore contre moi, et que je l'envisagerai tout comme s'ils avaient pris les armes contre moi seul (Bembi, l. 11, *epist.* 18). » Le 14 février 1516, il répondait aux huit cantons : « J'ai reçu avec un extrême plaisir les lettres par lesquelles vous me mandez que, poussés par mes exhortations, vous avez contracté amitié et alliance avec le roi de France. » Il les exhorte avec tendresse à mettre tout en œuvre pour amener les autres cantons au même traité. « Quant au cardinal de Sion, ajoute-t-il, nous lui écrivons de telle sorte que, nous l'espérons, touché de nos conseils et de nos prières, il n'entravera plus vos efforts pour la concorde (Bembi, l. 11, *epist.* 28). »

La lettre au cardinal, écrite le même jour, est conçue en ces termes :

« Les députés des huit cantons confédérés avec nous, réunis à Berg, nous ont informé par leurs lettres que, pour établir plus facilement la concorde universelle parmi les chrétiens et préparer l'expédition nécessaire contre les Turcs, ils ont déposé leur inimitié avec le roi de France; les autres confédérés eussent consenti aussitôt, si vous n'y aviez mis obstacle et ne les en aviez détournés. De quoi ils se sont grièvement plaints auprès de nous; car ils prévoient que, si vous réussissez dans vos efforts, il y aura de nouvelles guerres dans la république chrétienne et de grandes dissensions parmi eux-mêmes. Tout cela nous a causé un incroyable chagrin, à nous qui, depuis si longtemps et avec tant d'ardeur, désirons et attendons la concorde de cette nation si brave et l'unanime conspiration des princes chrétiens pour cette expédition glorieuse. C'est pourquoi j'ai cru devoir vous écrire aussitôt ces lettres, pour vous avertir et vous exhorter à renoncer à cette entreprise, à chercher plutôt à rétablir le repos et la tranquillité qu'à semer la guerre et la discorde; à considérer s'il vous sied beaucoup d'être avec nous dans un tel dissentiment, vous qui soutenez avec nous le soin de la république romaine, et puis de diviser contre elle-même la nation si brave des Suisses, dont vous êtes né et qui désire tant la concorde. Quand vous seriez une personne privée ou même un étranger, vous devriez encore unir votre volonté et vos efforts à ceux de la république romaine et de son pontife, et vouloir qu'une nation si brave et si illustre soit d'accord avec elle-même, plutôt que de se déchirer par des guerres intestines; car il n'y a rien de si éloigné d'un homme vertueux et prudent, que de vouloir ruiner par les dissensions ce qui demande à prospérer par la paix. Mais comme vous êtes un de nos frères les cardinaux, et né de parents suisses, voyez ce que vous ferez penser de vous aux hommes, en vous mettant en opposition, avec nous, et en poussant votre patrie de la paix à la guerre. Quoique cette considération doive encore vous toucher beaucoup, qu'en cela vous servez fort mal les intérêts de la république chrétienne, qui, pour les succès qu'elle espère, compte principalement sur la concorde des Suisses et sur leur union avec la république romaine. »

Enfin le Pape rappelle la tendre affection qu'il a toujours eue pour le cardinal, et le prie de ne pas le contrarier dans ses efforts pour la pacification universelle, d'autant plus que c'est la paix recommandée par le Sauveur en quittant la terre (Bembi, l. 11, *epist.* 29). Voilà ce que le pape Léon X écrivait aux Suisses et au cardinal de Sion.

Cependant on lit dans le protestant Roscoë : « A cette époque, Léon X envoyait Ennio, évêque de Véruli, en qualité de légat près des cantons helvétiques, pour les engager à fournir des troupes aux ennemis de François Ier, qui ne l'ignorait pas (Roscoë, t. III). »

Or, sait-on ce que Léon X écrivait à Ennio le dernier février 1516 ? « Comme je vous l'ai dit dans mes premières lettres après mon traité de bonne amitié avec le roi de France, prenez garde, dans vos relations avec les Suisses, d'offenser en rien l'esprit du roi. Quoique je me persuade, connaissant votre prudence, que vous avez été fidèle à mes recommandations, toutefois les ministres de prince ne sont pas entièrement revenus sur votre compte. Il est donc bien important pour vous de ne prendre aucune part à ces diètes qu'on annonce en Suisse; tenez-vous à l'écart et montrez ainsi que vous n'avez pas même la pensée de rien faire qui puisse déplaire au roi de France (*Ibid.*, *epist.* 34). »

Voilà comme Léon X et son internonce engageaient les Suisses à fournir des troupes contre le monarque français. Cependant on continuera d'écrire dans les histoires de France : *Léon X fausse son serment et trahit François Ier*. Voilà comme, depuis trois siècles, l'histoire ne semble qu'une grande conspiration contre la vérité.

François de la Rovère, duc d'Urbin, avait manqué à ses devoirs de feudataire envers le Pape, son souverain. Déjà précédemment il avait assassiné en pleine rue le cardinal de Pavie. François de la Rovère, déclaré rebelle, est privé du duché d'Urbin, que Léon X confère à Laurent de Médicis. Une nouvelle révolution a lieu. François de la Rovère, soutenu de quelques insurgés, rentre dans le duché d'Urbin. Avec le secours des rois d'Angleterre, de France et d'Espagne, Léon X l'en prive de nouveau et sans retour.

Cependant, le 15 décembre 1516, on tint une congrégation générale dans le palais du Pape, pour y examiner les décrets qu'on devait proposer dans la session suivante du concile de Latran. Un des secrétaires du concile, de l'ordre du sacré collège, lut un acte qui contenait le concordat entre le Pape et le roi de France : un seul évêque, celui de Tortone, y trouva à redire, en ce qu'il accordait aux séculiers une juridiction contre les ecclésiastiques. Un autre secrétaire lut l'acte qui abolissait la pragmatique sanction, et qui fut approuvé de tous. On approuva de même un acte qui déterminait les devoirs des prédicateurs, spécialement par rapport aux évêques. Un autre, concernant les privilèges des religieux, dut être remis au lendemain, pour en concerter mieux le dispositif. Parmi les Pères, il y avait l'évêque de Saint-Domingue en Amérique.

La onzième session du concile général de Latran se tint le 19 décembre 1516. Le pape Léon X y présida. Comme il y avait beaucoup d'affaires à traiter, on ne dit qu'une messe basse, sans discours. Après les autres prières et cérémonies accoutumées, les députés de Pierre, patriarche des Maronites du Mont-Liban, furent admis à rendre obéissance au Pape au nom du patriarche, du clergé et de la nation des Maronites. Leur lettre fut lue à haute voix, en arabe par l'un d'eux, en latin par André, secrétaire du concile. Elle portait une profession de foi dans laquelle les Maronites reconnaissent que le Saint-Esprit procède du Père et du Fils comme d'un seul principe et d'une unique spiration ; qu'il y a un purgatoire ; qu'il faut se confesser de ses péchés au moins une fois l'an à son propre pasteur, et recevoir l'eucharistie au temps de Pâques. Le patriarche remercie le Saint-Père de ce qu'il a bien voulu lui envoyer Jean-François de Potenza, frère Mineur, pour lui enseigner certains points de la foi catholique et l'instruire des cérémonies que les Maronites manquaient d'observer. Il témoigne que ce religieux s'est dignement acquitté de son devoir, qu'il le lui renvoie avec quelques-uns des siens, pour prêter obéissance et fidélité en son nom et au nom de tout le clergé et des peuples maronites, et qu'il l'informera de l'état dans lequel ils gémissent sous la tyrannie des infidèles. Cette lettre était datée du 14 février 1515, dans le monastère de Camibin au Mont-Liban (Labbe, t. XIV).

Ensuite Jean, évêque de Reval, ambassadeur du marquis de Brandebourg, lut la décrétale de Léon X, établissant les règles que les prédicateurs doivent observer en prêchant la parole de Dieu. « Placé sur tout le troupeau du Seigneur par le Seigneur lui-même, le Pontife romain doit veiller comme une sentinelle, surtout à ce que la parole de Dieu soit annoncée fidèlement, suivant le modèle que le Seigneur lui-même nous en donne, ainsi que les apôtres et les saints docteurs. Quelques prédicateurs cependant, au lieu d'édifier les peuples dans la foi et les bonnes œuvres, leur annonçaient des choses vaines, des interprétations erronées de l'Ecriture, des miracles feints, des histoires apocryphes, de prétendues révélations, de prétendues prophéties, jusqu'à s'en autoriser pour décrier les prélats, déclamer contre leur personne et leur conduite, ce qui causait des troubles et des scandales. En conséquence, avec l'approbation du saint concile, nous statuons et ordonnons qu'à l'avenir, aucun clerc séculier ou régulier ne sera admis aux fonctions de prédicateur, quelque privilège qu'il prétende avoir, s'il n'a été auparavant examiné sur ses mœurs, son âge, sa doctrine, sa prudence et sa probité ; s'il ne prouve qu'il mène une vie exemplaire et qu'il a l'approbation de ses supérieurs en bonne et due forme et par écrit. Ainsi approuvés, ils prêcheront l'Evangile et la sainte Ecriture, d'après l'interprétation des docteurs que l'Eglise, ou un long usage, a autorisé ou autorisera ; ils ne présumeront point de fixer l'époque des calamités futures, comme de la venue de l'antechrist ou du jugement dernier, la vérité même nous disant que ce n'est point à nous d'en savoir les temps et les moments. Ils n'allégueront point de révélations ou d'inspirations particulières, mais s'appliqueront à inspirer l'horreur du vice, l'amour de la vertu, la charité envers tout le monde, sans déclamer contre les personnes, surtout contre les supérieurs.

» Cependant, comme l'Apôtre nous recommande de ne pas éteindre l'Esprit, de ne pas mépriser la prophétie (Thess. 5), on observera désormais la règle suivante. Les révélations et inspirations particulières, avant d'être rendues publiques ou prêchées au peuple, sont réservées à l'examen du Siège apostolique. Si, par extraordinaire, la chose ne souffrait point de délai, elles seront déférées à l'ordinaire du lieu, qui, après les avoir examinées avec trois ou quatre hommes doctes et graves, pourra, de leur avis, en permettre la publication : ce que nous mettons sur leurs consciences. Les contrevenants, outre les autres peines, encourront l'excommunication, dont ils ne pourront être absous que par le Pontife romain. » Cette décrétale ayant été lue dans le concile, fut approuvée unanimement par tous les Pères (Labbe, t. XIV).

Cela fait, l'évêque d'Iserni monta sur l'ambon et lut le concordat de Léon X avec François Ier. Dans une cédule préliminaire, le Pape rappelle que ce concordat étant approuvé par le Pontife romain et les cardinaux de la sainte Eglise romaine, avait par là seul une fermeté pleine et entière. Si l'on y ajoute l'approbation du concile général, c'est pour lui donner plus de force encore et pour que les rois et leurs sujets puissent jouir avec plus de sécurité des privilèges qui y sont contenus. Le but de cet acte est de resserrer l'unité catholique, en sorte que l'Eglise entière ne se serve que des canons publiés par le Pontife romain et les conciles généraux. Quant au concordat lui-même, voici le préambule.

Dès que la primitive Eglise fondée sur la pierre angulaire par notre Sauveur Jésus-Christ, élevée par les prédications des apôtres, consacrée et augmentée par le sang des martyrs, commença, avec l'aide du Seigneur, à mouvoir ses bras par l'univers, considérant avec prévoyance quel fardeau elle avait sur les épaules ; combien de brebis elle avait à paître et à garder ; à combien de pays même les plus lointains il fallait porter ses regards, par un certain conseil divin, elle institua des paroisses, divisa des diocèses, créa des évêques et proposa des métropolitains, afin que, membres obéissant à leur chef, rapportant tout à sa volonté dans le Seigneur, ils ne laissassent pas un coin du champ de Dieu sans l'arroser. De là, comme les autres Pontifes romains, nos prédécesseurs, ont mis en leur temps tous leurs soins pour que cette Eglise fût bien unie et conservée dans cette sainte union sans ride et sans tache, pour en extirper les ronces et les vices, et lui faire produire les vertus, moyennant la grâce divine, de même, en notre temps, et durant ce saint concile, nous devons faire et procurer ce qui paraîtra utile à l'union et à la conservation de la même Eglise. C'est pourquoi nous cherchons à ôter et à extirper radicalement toutes les épines qui s'opposent à cette union et ne laissent pas pulluler la moisson du Seigneur, et à les remplacer, au contraire, par des vertus.

Une de ces épines est la pragmatique sanction de France, pour l'extirpation de laquelle les papes Pie II, Sixte IV, Innocent VIII, Alexandre VI et Jules II n'ont pas cessé de négocier avec les rois très-chrétiens. Pour vaincre les oppositions, Jules II a saisi de cette affaire le présent concile de Latran, légitimement convoqué par lui, et représentant l'Église universelle. Enfin, à la prière de Léon X, François Ier vient de détruire ce mur de division.

La bulle détaille ensuite toutes les dispositions du concordat. Les élections sont abolies dans les églises cathédrales et métropolitaines. En cas de vacance, le roi nommera au Pape un docteur ou un licencié en théologie ou en droit, âgé de vingt-sept ans, et ayant, d'ailleurs, toutes les qualités requises ; cette nomination se fera dans les six mois depuis la vacance du siège. Si le sujet n'est pas tel qu'on vient de dire, le roi aura encore trois mois pour en nommer un autre ; et si la seconde nomination n'est pas mieux faite que la première, le Pape sera en droit de pourvoir à cette Eglise ; il appartiendra aussi à lui seul de donner des successeurs aux prélats qui viendraient à mourir en cour de Rome. En faveur des princes du sang, des grands seigneurs et des religieux mendiants qui seraient d'un grand mérite, et qui ne pourraient par leur état aspirer aux distinctions académiques, on déclare que le défaut de degrés n'empêchera pas la validité de la nomination et des provisions.

Pour les abbayes et les prieurés conventuels, le roi en usera comme à l'égard des évêchés, excepté qu'il sera obligé de nommer des religieux du même ordre ; mais il suffira que ces religieux aient vingt-trois ans, et il n'est point dit qu'ils doivent être gradués dans les universités. On ajoute que les chapitres et les monastères qui auraient des privilèges particuliers d'élire leurs évêques, leurs abbés ou prieurs, ne sont point compris dans ces règlements ; mais on les oblige de produire ces privilèges dans des bulles ou lettres émanées du Saint-Siège.

Les réserves et les expectatives n'auront plus lieu dans le royaume, et le Pape les déclare nulles, au cas que quelqu'un en obtint dans la suite par importunité. Il se réserve toutefois le droit de créer des chanoines, dans les chapitres où l'on ne peut posséder ni dignité ni office, sans avoir auparavant le titre de chanoine ; mais ce sera seulement à l'effet de posséder cette dignité ou cet office, et non pour être mis en possession de la première prébende qui viendrait à vaquer. Il oblige, de plus, le collateur ordinaire à conférer dans chaque église cathédrale une prébende à un docteur, ou licencié, ou bachelier en théologie qui ait fait des études pendant dix ans dans une université. La fonction de ce chanoine, appelé *Théologal*, sera de faire des leçons au moins une fois la semaine ; et afin qu'il ait plus de temps pour étudier, il pourra s'absenter du chœur, sans rien perdre des émoluments attachés à la résidence personnelle.

Outre la prébende théologale, les collateurs ordinaires et les patrons ecclésiastiques seront tenus de conférer la troisième partie des bénéfices, quels qu'ils soient, à ceux qui auront pris des grades dans les universités ; ce qui se fera selon une distribution de quatre mois dans chaque année, savoir, le premier, le quatrième, le septième et le dixième ; en sorte que le quatrième et le dixième soient pour les gradués spécialement nommés par les universités, et les deux autres pour les gradués simples.

Le concordat détermine ainsi les temps des études. Dix ans pour les docteurs et licenciés en théologie ; sept ans pour les docteurs et licenciés en droit et en médecine ; cinq ans pour les maîtres et licenciés aux arts ; six ans pour les simples bacheliers en théologie, et cinq ans pour les simples bacheliers en droit. On pourra même exempter de deux années ceux qui seront nobles de père et de mère, à condition que ce titre de noblesse sera prouvé par quatre témoins entendus juridiquement, dans le lieu même où les sujets en question auront pris naissance.

Les gradués feront insinuer leurs lettres chaque année dans le carême, et s'ils y manquent, ils ne pourront forcer les collateurs ou les patrons ecclésiastiques à les nommer cette année-là ; par la même raison, le collateur ou le patron ayant pourvu quelque autre non gradué d'un bénéfice qui serait venu à vaquer dans les mois affectés aux gradués, la provision ne serait pas nulle.

Dans les deux mois affectés aux gradués nommés, le collateur préférera celui des gradués qui est plus ancien ou plus titré dans la même faculté, ou qui a pris des degrés dans une faculté supérieure. Ainsi le docteur l'emportera sur le simple licencié, et le licencié sur le bachelier. De même la théologie sera préférée au droit, et le droit à la médecine ; et pour honorer particulièrement les études théologiques, les bacheliers de cette faculté auront la préférence sur les licenciés des facultés inférieures.

Les gradués nommés exprimeront dans leurs lettres de nomination les bénéfices qu'ils possèdent déjà et leur valeur. Ces gradués nommés et les gradués simples seront censés remplis, c'est-à-dire qu'ils ne pourront plus requérir de bénéfices en vertu de leurs grades, lorsqu'ils en posséderont déjà un de la valeur de deux cents florins d'or. Enfin, dans toute cette matière des grades, on observera exactement la règle qui assigne les bénéfices réguliers aux religieux, et les bénéfices séculiers à ceux qui ne sont pas moines. Ainsi un gradué séculier ne pourra requérir un bénéfice ou office monastique, et un religieux ne pourra prétendre à un bénéfice ou office séculier.

Ce sera encore une attention des collateurs de ne-

conférer les cures des villes qu'à des gradués ou à ceux qui auront étudié trois ans en théologie ou en droit, ou bien à des maîtres ès-arts. On avertit les universités de ne donner des lettres de gradués nommés qu'à ceux qui auront rempli le temps d'étude. On défend aux gradués de traduire les collateurs en justice, pour extorquer d'eux les bénéfices qui seraient venus à vaquer dans les mois des gradués. On veut que les collateurs donnent ces bénéfices aux gradués, mais que le tout se fasse sans procès et sans querelle.

L'article des mandats apostoliques devait paraître très-considérable, lorsqu'il était en vigueur; mais avec le temps il fut abrogé. Le Pape s'y réservait le droit de pourvoir d'un bénéfice sur un collateur qui en aura dix à sa collation, et de deux sur un collateur qui en aura cinquante, pourvu toutefois que ces deux mandats ne soient pas pour deux prébendes de la même église. Ceux qui auront été pourvus de cette manière l'emporteront sur les gradués.

Le Pape ordonne ensuite que les causes ecclésiastiques, excepté celles qu'on nomme *majeures*, seront terminées par les juges du lieu; qu'on n'appellera point au juge supérieur, sans avoir passé par le subalterne; que les causes des exempts seront jugées par des commissaires pris du lieu même et nommés par le Saint-Siége; qu'on ne différera point au delà de deux ans le jugement d'une cause ecclésiastique; qu'après la seconde sentence interlocutoire et la troisième définitive, le jugement sera exécuté, nonobstant l'appel; qu'après trois années de possession pacifique, on ne pourra plus inquiéter un bénéficier, n'eût-il même qu'un titre coloré; que les clercs concubinaires seront punis, d'abord par la soustraction des fruits de leurs bénéfices, et ensuite par la privation de leurs bénéfices mêmes et par l'inhabileté aux saints ordres; que les supérieurs négligeant d'en faire justice pourront être privés pour un temps de la collation des bénéfices; que les personnes suspectes seront éloignées de la maison et de la compagnie des ecclésiastiques, en implorant même contre elles le secours du bras séculier; que les enfants nés de ces commerces illicites ne seront pas laissés dans la maison de leurs pères.

Le Pape dit après cela : « Pour éviter le scandale et pourvoir à la tranquillité des consciences timorées, on ne sera point tenu, dans la suite, d'éviter les excommuniés, à moins que la sentence n'ait été publiée juridiquement et dénoncée, ou bien qu'il ne soit notoire qu'ils sont tombés dans l'excommunication, de sorte que la chose ne puisse être dissimulée, cachée ou excusée en quelque manière que ce soit. » Ce décret est le même qu'on lit dans le concile de Bâle et dans la pragmatique sanction. Il est tiré originairement du concile de Constance, mais non absolument le même que l'article contenu dans ce concile ; car dans cet article on ne désigne que les *sacriléges* et les *percusseurs des clercs*, comme gens à éviter quand leur crime est d'une notoriété entière et évidente; au lieu que le concile de Bâle, la pragmatique sanction et le concordat veulent qu'on évite tous les excommuniés notoires de cette notoriété qu'on vient de dire.

Dans les trois derniers articles du concordat, on défend de prononcer la sentence d'interdit pour des causes légères, ou pour le crime de quelques particuliers. On supprime la Clémentine *Litteris*, par laquelle quelques-uns prétendaient que tout ce qui était énoncé, même en forme de narration, dans une bulle du Pape, était dès lors prouvé, et ne pouvait être contesté par la voie des témoins ou des autres monuments publics. On déclare enfin que le concordat a force de loi, de contrat et d'engagement entre le royaume de France et le Saint-Siége, à condition néanmoins que le roi le fera recevoir dans ses Etats six mois après la confirmation qui en sera faite par le concile de Latran (Labbe, t. XIV).

Le concordat ayant donc été lu, tous les Pères du concile y donnèrent leur adhésion pure et simple, excepté deux ou trois qui firent quelques remarques sur des points accessoires. Plusieurs des articles de ce concordat étaient déjà renfermés dans la pragmatique sanction, mais sans y avoir, comme à présent, la sanction nécessaire de l'autorité apostolique. La diversité essentielle consiste dans la manière des élections. Le Pape dit dans le préambule du concordat, que cette manière de pourvoir au gouvernement des Eglises était sujette aux brigues, aux violences, aux conventions simoniaques, et que tout cela était notoire à Rome, parce qu'on y avait souvent occasion d'accorder des absolutions et des dispenses à ceux qui étaient entrés dans les prélatures par des voies illicites (*Ibid.*).

Brantôme, auteur du temps, signale les mêmes désordres, mais avec beaucoup moins de réserve. Ce que l'historien de François Ier résume en ces termes : « Outre l'inconvénient des brigues de la part des prétendants et de la discorde parmi les électeurs, il y avait un autre inconvénient plus universel dans le motif même qui déterminait chaque élection. Les chanoines, les religieux, plongés dans la débauche et dans l'ignorance, choisissaient le plus ignorant et le plus débauché d'entre eux, pour se mettre à l'abri de la réforme ; souvent ils le faisaient jurer d'entretenir le déréglement, comme on jurait autrefois de faire observer la règle. On ne pouvait point reprocher aux évêques la non-résidence ; ils vivaient dans leurs diocèses, ils aimaient à y vivre au sein des richesses, de la puissance et des plaisirs, loin des censeurs qu'ils eussent trouvés à la cour, ce n'étaient pour la plupart que de grands seigneurs stupides et voluptueux, qui n'avaient d'autre mérite que de troubler peu l'Etat; la volupté corrompt, mais elle ne trouble point, elle a trop peu de vigueur. Les abbés et les autres gros bénéficiers marchaient sur les traces des évêques, à proportion de leurs revenus et de leur puissance. » Voilà ce que dit cet historien (Gaillard, *Hist. de François Ier*, t. VI, in-12).

Certains faits généraux qu'on remarque dans le clergé de France, des commencements du XIVe siècle aux commencements du XVIe, confirment les révélations qu'on vient d'entendre. Pendant cette période de deux siècles, le clergé français occasionne le grand schisme d'Occident; le clergé français transforme le concile de Bâle en conciliabule, et recommence le schisme à peine éteint ; le clergé français ajoute un troisième schisme, celui du conciliabule de Pise. Et pendant ces deux siècles, ni parmi les évêques, ni parmi les prêtres, ni parmi les moines français, on ne rencontre pas un seul personnage d'une vertu, d'une sainteté et d'une doctrine entièrement approuvées par l'Eglise. Cette expérience de deux siècles accuse dans le clergé français une diminution de l'Esprit de Dieu. La pragmatique sanction elle-même en est une preuve; car c'était au fond une insurrection de quelques membres contre le chef de tout le corps.

Cette pragmatique sanction se trouvait abrogée par le concordat. Léon X crut devoir la détruire par une bulle expresse; cette bulle est ainsi conçue :

« Léon, évêque, serviteur des serviteurs de Dieu, pour la perpétuelle mémoire, avec l'approbation du saint concile.

» Le Pasteur éternel, qui jamais n'abandonnera son troupeau jusqu'à la consommation des siècles, a tellement aimé l'obéissance, suivant le témoignage de l'Apôtre, que, pour expier la désobéissance de notre premier père, il s'est humilié, en se rendant obéissant jusqu'à la mort. Et près de quitter le monde pour retourner à son Père, il a institué pour ses lieutenants Pierre et ses successeurs, auxquels, d'après le livre des Rois (ou plutôt le Deutéronome, 17, 12), il est tellement nécessaire d'obéir, que qui ne leur obéit pas doit mourir de mort. Et comme on dit ailleurs, celui-là ne peut être dans l'Eglise, qui abandonne la chaire du Pontife romain; car, selon saint Augustin et saint Grégoire, l'obéissance seule est la mère et la gardienne de toutes les vertus, seule elle possède le mérite de la foi ; sans elle, on est convaincu d'être infidèle, parût-on fidèle à l'extérieur.

» C'est pourquoi, suivant la doctrine du même Pierre, ce que les pontifes romains, nos prédécesseurs, avec maturité et pour des causes légitimes, ont entrepris, principalement dans les saints conciles, pour le maintien de cette obéissance, ainsi que pour la défense de l'autorité et de la liberté ecclésiastique et du Saint-Siège, nous devons employer tous nos soins à le parfaire et à le mener à bonne fin, et à délivrer les âmes simples; nous rendrons aussi compte à Dieu, des pièges qui leur sont tendus par le prince des ténèbres. Or, notre prédécesseur, d'heureuse mémoire, le pape Jules II, ayant assemblé pour des causes très-légitimes le saint concile de Latran, du consentement de ses frères, les cardinaux, au nombre desquels nous étions, et, considérant avec ce concile que la corruption berrichonne du royaume de France, qu'ils appellent *pragmatique sanction*, était encore en vigueur, au grand péril et scandale des âmes, au détriment et au mépris de la dignité du Siège apostolique, il choisit, avec l'approbation du même concile, un certain nombre de cardinaux et de prélats pour l'examiner. Et quoiqu'elle parût notoirement nulle par beaucoup d'endroits, qu'elle entretînt un schisme manifeste dans l'Eglise, et qu'on pût, sans aucune citation préalable, la déclarer nulle et invalide de soi; néanmoins, pour plus grande précaution, notre prédécesseur voulut citer. auparavant les prélats français, les chapitres des églises et des monastères, les parlements, et autres laïques qui en prenaient la défense ou en faisaient usage : les monitoires furent affichés le plus près qu'il fut possible de leur contrée, aux portes des églises de Milan, d'Ostie et de Pavie; mais cette affaire n'ayant pu être terminée du vivant de notre prédécesseur, qui mourut sur les entrefaites, nous avons cru devoir la reprendre et citer par différentes monitions les parties intéressées, et prolonger le terme en différentes sessions, aussi loin qu'il nous a été possible, sans qu'aucun ait comparu pour alléguer les raisons à eux favorables.

» C'est pourquoi, considérant que cette pragmatique sanction ou plutôt cette corruption sortie de Bourges a été dressée dans un temps de schisme par des gens sans pouvoir; qu'elle n'est nullement conforme au surplus de la république chrétienne et de la sainte Eglise de Dieu; que déjà elle a été révoquée, cassée et abolie par le roi très-chrétien Louis XI; qu'elle violé et diminue l'autorité, la liberté et la dignité du Siège apostolique et du Pontife romain, etc., nous jugeons ne pouvoir en différer davantage l'annulation totale, sans exposer notre salut éternel et celui des Pères de ce concile. Et comme notre prédécesseur Léon Ier, de qui nous suivons les traces, autant que nous pouvons, fit révoquer dans le concile de Chalcédoine ce qui avait été fait témérairement à Ephèse contre la justice et la foi catholique, de même nous ne croyons pouvoir nous abstenir de révoquer une sanction aussi coupable, sans blesser notre conscience et notre honneur, ainsi que celui de l'Eglise.

» Et nous ne devons pas nous arrêter à ce que ladite sanction a été dressée dans le concile de Bâle et acceptée dans l'assemblée de Bourges; car c'est après la translation du concile de Bâle par Eugène IV, que ces choses ont été faites par le conciliabule ou plutôt le conventicule de Bâle, qui ne méritait plus le nom de concile, et ainsi elles n'ont pu avoir aucune force.

» D'ailleurs, que le Pontife romain, comme ayant autorité sur tous les conciles, ait plein droit et puissance de les indiquer, transférer et dissoudre, cela se constate manifestement, non-seulement par le témoignage de l'Ecriture sainte, les paroles des saints Pères et des autres Pontifes romains, nos prédécesseurs, ainsi que les décrets des saints canons, mais encore par la confession manifeste des conciles mêmes. »

A cet endroit de son histoire, le continuateur janséniste de Fleury fait cette observation bénévole : « Le Pape eût été bien embarrassé de produire ces autorités : aussi n'était-ce pas ce qu'il cherchait; il ne voulait qu'éblouir et l'emporter (l. 124, n. 125). » Mais le continuateur de Fleury a pu. lire dans Fleury même plusieurs de ces autorités. Ainsi, livre douze, numéro dix, à l'occasion d'un concile particulier tenu à Antioche l'an 341, Socrate, historien grec, ancien auteur contemporain, taxe d'irrégularité en ce que personne n'intervint à ce concile au nom du pape Jules; il en donne pour raison *qu'il y avait un canon qui défendait aux Eglises de rien ordonner sans le consentement de l'évêque de Rome* (Fleury, l. 12, n. 10). L'historien grec Sozomène, saint Théodore Studite et d'autres Grecs disent la même chose. Ce n'est pas tout. Quand le continuateur nous dit avec tant d'assurance : « Le Pape eût été bien embarrassé de produire ces autorités, » c'est une escobarderie janséniste dont un honnête homme ne se douterait guère. Car ces autorités qu'il défie le Pape de produire, le Pape les produit dans un long alinéa, mais que le continuateur janséniste a la prudence de supprimer, pour mettre en place un perfide mensonge. Voici en quels termes le Pape produit ces autorités :

« Il nous a semblé bon d'en rapporter quelques-unes, et de passer sous silence les autres, comme étant connues de tout le monde. Le concile d'Alexandrie, sous saint Athanase, d'après ce que nous lisons, écrivit au pape Félix : Le concile de Nicée a statué qu'on ne devait point célébrer de concile sans l'autorité du Pontife romain. Nous n'ignorons pas non plus que le même saint Léon transféra le second concile d'Ephèse à Chalcédoine ; que le pape Martin V donna à ceux qui présidaient en son nom au concile de Sienne le pouvoir de le transférer, sans mentionner aucunement le consentement du concile ; le premier concile d'Ephèse a témoigné le plus grand respect à notre prédécesseur, le pape Célestin, celui de Chalcédoine à Léon, le sixième à Agathon, le septième à Adrien, le huitième à Nicolas et à Adrien II, et ils ont respectueusement et humblement obéi aux institutions de ces mêmes Pontifes, publiées dans leurs assemblées. C'est pourquoi le pape Damase et les autres évêques assemblés à Rome, écrivant aux évêques illyriens touchant le concile de Rimini, attestent que le nombre des évêques assemblés à Rimini ne pouvait faire aucun préjudice, par la raison que le Pontife romain, dont il faut avant tout considérer le décret, n'y a point donné de consentement : on voit que saint Léon, écrivant aux évêques de Sicile, était du même sentiment. Ensuite les Pères de ces anciens conciles, pour la corroboration de leurs actes, avaient coutume d'en demander humblement la souscription et l'approbation au Pontife romain, comme on le voit par les actes de ceux de Nicée, d'Ephèse, de Chalcédoine, du sixième à Constantinople, du septième à Nicée, et du concile romain sous Symmaque, ainsi que dans le livre d'Aimar sur les conciles. Enfin, tout dernièrement, les Pères de Constance ont fait la même chose. Si ceux qui composaient l'assemblée de Bâle et celle de Bourges avaient voulu suivre cette louable coutume, nous serions certainement quittes de cet embarras (Labbe, t. XIV). »

On voit maintenant si le Pape était embarrassé de produire des autorités, et des autorités décisives et qui tombent d'aplomb sur les assemblées téméraires de Bâle et de Bourges.

« Désirant donc finir cette affaire, conclut le Pape, de notre science certaine et par la plénitude de notre puissance et autorité apostolique, avec l'approbation du saint concile, nous déclarons que la pragmatique sanction, ou plutôt corruption, n'a eu et n'a aucune force. En outre, pour plus grande sûreté et précaution, nous la révoquons, la cassons, l'abrogeons, l'annulons, la condamnons, avec tout ce qui s'est fait en sa faveur. Et comme il est nécessaire au salut que tout fidèle soit soumis au Pontife romain, suivant la doctrine de l'Ecriture et des saints Pères, et la constitution du pape Boniface VIII, qui commence par ses mots : *Unam sanctam*, nous renouvelons cette constitution avec l'approbation du présent concile, sans préjudice toutefois à celle de Clément V, qui commence par : *Meruit* ; défendant, en vertu de la sainte obéissance et sous les peines et censures marquées plus bas, à tous les fidèles, laïques et clercs, etc., d'user à l'avenir de cette pragmatique, ni même de la conserver, sous peine d'excommunication majeure et de privation de tous bénéfices et fiefs ecclésiastiques (Labbe t. XIV). »

Cette bulle ayant été lue, tous les Pères du concile y donnèrent leur approbation, à l'exception d'un seul, l'évêque de Tortone, qui n'agréait pas la révocation de ce qui s'était fait à Bâle et à Bourges.

On lut ensuite une autre bulle touchant les priviléges des religieux. Le Pape y ordonne que les ordinaires auront droit de visiter les églises paroissiales qui appartiennent à des réguliers, et de célébrer la messe dans les églises des monastères. Les réguliers seront obligés de venir aux processions solennelles quand ils y seront mandés, pourvu que leurs maisons ne soient pas éloignées de plus d'un mille des faubourgs de la ville. Les supérieurs des religieux sont tenus de présenter aux évêques ou à leurs grands-vicaires, les frères qu'ils veulent employer à entendre les confessions et à la prédication ; les ordinaires ont droit de les examiner sur leur doctrine et sur la pratique des sacrements ; ceux qui se seront confessés à ces religieux approuvés de l'ordinaire, ou refusés sans raison, seront censés avoir satisfait au canon *Utriusque sexûs*, quant à la confession seulement ; ces religieux pourront entendre les confessions des étrangers, mais ils ne pourront absoudre les laïques ou les clercs séculiers des sentences *ab homine*, ni administrer les sacrements de l'eucharistie et de l'extrême-onction aux malades, à moins qu'on ne les leur ait refusés sans juste cause, et que ce refus soit prouvé par témoins ou par une réquisition faite devant un notaire ; ils pourront les administrer à leurs domestiques, pourvu qu'ils soient actuellement à leur service.

Le Pape entre ensuite dans un plus grand détail de ce qui regarde les mêmes religieux, il veut, par exemple, que les traités faits pour un temps, avec les prélats et les curés, subsistent, s'ils n'ont été révoqués par le chapitre général ou provincial ; qu'ils ne puissent entrer avec la croix dans les églises des curés, pour y prendre le corps de ceux qui ont choisi chez eux leur sépulture, si ce n'est du consentement du curé, ou s'ils ne sont en possession actuelle de ce droit. Il ordonne que ceux qui doivent être promus aux ordres seront examinés par les évêques ou leurs grands-vicaires ; qu'ils ne pourront faire consacrer leurs églises que par l'évêque diocésain, à moins qu'il ne l'ait refusé, en ayant été prié et requis par trois fois ; qu'ils ne pourront sonner leurs cloches le samedi saint qu'après que celles des églises cathédrales auront commencé à sonner ; qu'ils refuseront l'absolution à ceux qui ne veulent pas payer les dîmes, et qu'ils ne pourront absoudre les excommuniés qui désirent entrer dans leur ordre, quand il s'agira de l'intérêt d'un tiers ; que les frères ou sœurs du tiers-ordre pourront choisir leur sépulture dans les églises des religieux mendiants, mais qu'ils ne pourront y recevoir l'eucharistie à Pâques, ni recevoir d'eux l'extrême-onction et les autres sacrements, à l'exception de celui de la pénitence. La bulle finit par recommander aux religieux une respectueuse déférence pour les évêques, et aux évêques une paternelle bienveillance pour les religieux.

La lecture en ayant été faite, les Pères du concile y donnèrent leur approbation pure et simple, à l'exception de huit ou neuf qui y mirent quelques réserves ou observations de détail. On entendit ensuite les procurations de plusieurs prélats absents, entre autres, les évêques de Grasse, de Lubeck, d'Utrecht, de la Conception dans l'île de la Petite-Espagne, de Havelberg, et les archevêques de Magdebourg, de Mayence et de Compostelle. Enfin, la session suivante et dernière, indiquée d'abord au 2 mars 1517, fut prorogée au 16 du même mois.

Dès le 13, se tint une congrégation où assistèrent les cardinaux, archevêques, évêques et autres. Et parce que dans une congrégation particulière il y avait eu quelque différend entre l'évêque de Syracuse, ambassadeur du roi d'Espagne, et le patriarche d'Aquilée, au sujet de la préséance, il fut résolu que ces deux prélats n'auraient point de places marquées, et se mettraient où bon leur semblerait en entrant dans la chapelle. Ensuite on parla des matières qui devaient être agitées dans la dernière session. Sur la proposition qu'on fit de confirmer et même d'étendre la bulle *Pauline* contre ceux qui s'emparaient des biens de l'Église, les cardinaux furent d'avis de laisser ladite bulle dans l'état où elle était, et de n'en point parler. Sur l'imposition des décimes pour faire la guerre aux Turcs, un évêque demanda que la bulle dirait expressément qu'on n'exigerait point les décimes avant la déclaration de la guerre; mais cet avis ne fut point goûté.

Le 16 mars 1517, on tint la douzième et dernière session. Avec le pape Léon X, il s'y trouva cent dix prélats, parmi lesquels nous remarquons les archevêques de Durazzo, d'Antibari, de Spalatro, de Monembasie en Illyrie; l'archevêque de Colocz et l'évêque de Bude en Hongrie; l'évêque de Réval, ambassadeur du margrave de Brandebourg; l'archevêque de Vienne, les évêques de Digne et de Grasse en France; l'évêque de Lausanne en Suisse, les évêques de Salamanque et de Sarragosse en Espagne. La messe fut chantée solennellement par le cardinal de Sainte-Croix, qui avait été un des principaux auteurs du conciliabule de Pise. L'évêque d'Iserni prêcha sur l'origine, l'autorité et la dignité des conciles, et parla aussi du zèle qui devait animer les princes pour délivrer la Grèce de l'oppression des Turcs. Le cardinal-diacre de Sainte-Marie chanta l'évangile; et après les prières accoutumées, un secrétaire du concile monta dans la tribune, et lut à haute voix une lettre de l'empereur Maximilien, datée de Malines-en Brabant, le dernier jour de février. Ce prince y témoignait sa douleur de voir l'Église affligée par les Turcs et les progrès de leurs armes; il promettait d'entrer dans les vues du Pape et des Pères du concile pour leur faire la guerre. Il y parlait aussi de la victoire du roi sur les Perses, et conjurait le Pape d'employer ses soins pour ne pas laisser triompher davantage cet ennemi de la religion chrétienne.

On proposa ensuite la bulle qui renouvelait les défenses de piller les maisons des cardinaux quand ils sont élus Papes; et sur quelques endroits qui ne furent pas approuvés de tous, on la rectifia et on en fit lecture. Cette bulle renouvelle les constitutions d'Honorius III et de Boniface VIII pour un semblable sujet.

Enfin on publia une dernière bulle où le Pape rappelle l'histoire du cinquième concile général de Latran. Les affaires pour lesquelles il avait été assemblé se trouvaient heureusement terminées. La paix était rétablie entre les princes chrétiens, la réformation des mœurs et de la cour romaine était réglée, le schisme et le conciliabule de Pise étaient abolis, aussi bien que la pragmatique sanction de France. Pour consommer le tout, Léon X, avec l'approbation du concile général, confirme par la présente bulle tout ce qui avait été fait et arrêté dans les onze sessions précédentes, et déclare que rien n'empêchait plus de terminer le présent concile général. La même bulle ordonnait aussi une imposition des décimes, et exhortait tous les bénéficiers à permettre qu'on les levât sur leurs bénéfices, afin qu'on les employât à la guerre contre le Turc. Plusieurs Pères dirent qu'il y avait encore plusieurs choses à régler, et qu'il ne fallait pas finir si tôt le concile; mais la pluralité des voix l'emporta. Le cardinal de Saint-Eustache dit à voix haute et intelligible : *Messieurs, allez en paix!* Les chantres de la chapelle du Pape répondirent sur le même ton : *Rendons grâces à Dieu!* On chanta aussitôt le *Te Deum*. Après quoi le Pape monta sur sa mule et retourna au palais apostolique, accompagné des cardinaux, patriarches, archevêques, évêques, ambassadeurs et autres grands seigneurs. Ainsi finit le cinquième concile œcuménique de Latran, qui avait duré près de cinq ans (Labbe, t. XIV; Raynald, an 1517).

Le concordat de 1516, entre Léon X et François Ier, confirmé dans le concile général de Latran, a servi de règle dans les Églises de France jusqu'au concordat de 1802, entre Pie VII et Napoléon Bonaparte, premier consul de la République française, depuis empereur.

Le concordat de 1516 éprouva d'abord bien des difficultés en France, mais qui s'aplanirent assez promptement. Elles venaient du Parlement de Paris et de l'Université de cette ville, et avaient pour principe, peut-être beaucoup moins les changements apportés par le concordat à la discipline, que l'esprit de schisme et d'insubordination qui avait présidé aux actes de Bâle et de Bourges. Pour être loi du royaume, le concordat devait être enregistré au parlement. Le roi vint présider cette assemblée en personne. Le chancelier Du Prat en fit l'ouverture, et dit que le roi ordonnait à la cour d'enregistrer ce corps de discipline. Le parlement demanda du temps pour délibérer. Il fit des remontrances, envoya des mémoires et des députations : le roi, de son côté, envoyait ordre d'enregistrer, le chancelier réfutait les mémoires du parlement par un écrit remarquable dont on trouve la substance dans l'*Histoire de l'Église gallicane*.

Après quelques réflexions sur les maux qu'avait causés la division entre le pape Jules II et le roi Louis XII, le chancelier entre ainsi en matière :

« C'est au concile de Pise qu'il faut rapporter l'origine de ces grands démêlés. Si ce concile avait été convoqué et célébré au nom du Saint-Esprit, sa fin n'eût pas été si malheureuse ; les prélats qui le composaient n'eussent pas été obligés d'y renoncer dans la suite, et la France entière n'aurait pas essuyé tant de traverses en Italie, en Bourgogne et en Flandre. Cependant le feu roi y remédia en partie, s'étant déterminé à reconnaître le concile de

Latran, et la valeur du roi actuellement régnant a réparé avantageusement les brèches qu'avait souffertes la domination française; mais il restait un point tout à fait impossible à obtenir du Pape : c'était la suppression des procédures contre la pragmatique. On poussait toujours cet article dans le concile; on allait porter le dernier coup à ce corps de discipline, lorsque le roi prit la résolution de faire un traité qui, en conservant la plupart des décrets de la pragmatique sanction, ne causât toutefois point d'ombrage à la cour romaine, parce qu'au lieu du concile de Bâle, d'où la pragmatique était tirée, ce serait désormais le Pape et le concile de Latran qui autoriseraient la discipline des Eglises de France.

Or, cet expédient était tout ce qu'il y avait de plus sensé dans les circonstances et de plus favorable aux affaires du royaume; car, qu'aurait fait le roi, si la pragmatique avait été condamnée hautement et absolument par le concile de Latran? Il n'y avait sur cela que deux partis à prendre, ou celui de l'obéissance, ce qui aurait ramené tous les inconvénients auxquels on avait voulu remédier par la pragmatique, où celui de la contradiction, déclarant qu'on voulait maintenir ce décret et ne point reconnaître la condamnation qui en aurait été faite; mais c'était une source éternelle de contestations. Le Pape eût fulminé des censures de toute espèce : la plupart des Français auraient cru devoir y déférer; quelques-uns y auraient résisté : de là les divisions, les scandales, un schisme peut-être aussi funeste que les précédents. Et convenait-il au roi très-chrétien d'être traité comme un membre séparé de l'Eglise? La paix, la concorde ne sont-elles pas le boulevard d'un Etat? Le roi Louis XI, qui était assurément très-sage et très-redouté, ne renonça-t-il pas de lui-même à la pragmatique sanction, afin de vivre en bonne intelligence avec le Pape? Et si l'on se fût sauvé pour lors de faire un concordat semblable à celui de Léon X et de François Ier, n'aurait-on pas abandonné pour toujours l'usage de cette pragmatique, qui ne fut rétablie que parce qu'on n'avait supprimé aucun des abus dont on s'était plaint dans le clergé de France?

Mais qu'on examine enfin toutes les autorités sur lesquelles sont fondés les deux corps de discipline dont il est ici question. Le Pape, le concile de Latran et le roi concourent à établir le concordat, au lieu que la pragmatique n'est composée que de quelques décrets du concile de Bâle et de l'assemblée de Bourges, décrets dont la validité est contestée parmi les théologiens et les jurisconsultes. Quelques-uns, il est vrai, les tiennent pour légitimes; mais nous ne pouvons disconvenir que le Saint-Siège, le collège des cardinaux, les autres nations et le plus grand nombre des docteurs ne soient contraires à cette opinion, et cela suffit pour donner des scrupules aux âmes timorées; car, pour ne parler ici que du concile de Bâle, si nous considérons quelle en fut la fin, nous ne pourrons nous persuader que le Saint-Esprit présidât à cette assemblée. Tout le monde sait qu'on y fit un pape, illustre par sa naissance et par ses rapports avec les maisons souveraines, mais qui n'eut pourtant jamais dans son obédience que les terres de sa domination; et, ce qu'il y a de singulier, c'est que la Savoie même, qui l'avait reconnu d'abord, ne tient plus les décrets du concile de Bâle. D'ailleurs, la plupart des cardinaux et des princes qui avaient adhéré à ce concile l'abandonnèrent enfin, et ses décisions n'ont point été reçues par toute la chrétienté, mais seulement par la France. Or, pour le dire encore une fois, si ce concile eût été dirigé par le Saint-Esprit, les choses ne se seraient pas ainsi allées en fumée.

Le mémoire du chancelier discute ensuite les abus énormes qui s'étaient glissés depuis longtemps dans les élections. Il fait voir que le concordat est le remède le plus efficace contre des excès si scandaleux; qu'on pourra espérer désormais des pasteurs revêtus de toutes les qualités convenables; qu'il se consumera moins d'argent pour l'impétration des bulles, qu'il ne s'en dépensait ci-devant pour la multitude des procès que les élections capitulaires faisaient naître, soit à Rome, soit en France; qu'il fallait, outre cela, tenir compte au Saint-Siège de l'honneur qu'il faisait à nos rois de leur confier la nomination des premières places du clergé de France : ce qui relevait beaucoup l'éclat de la couronne et méritait bien que le parlement se fît le défenseur d'un si beau droit.

Le mémoire fait voir, après cela, combien le concordat est préférable à la pragmatique sanction, en ce qui regarde le bon ordre des églises, la manière de pourvoir les gradués, la tranquillité des consciences, le concert de la cour de France avec l'Eglise romaine, l'honneur du roi, l'extirpation des pratiques simoniaques. Il montre qui sont ceux dont les plaintes se feront entendre à l'occasion de ce nouveau traité. Des chanoines, dit-il, et des religieux regretteront le trafic qu'ils avaient coutume de faire de leurs voix, quand il était question d'élire leurs évêques ou leurs abbés. D'autres, sans examen et sans raison, se récrieront contre le concordat, précisément à cause du changement de nom et parce qu'on ne parlera plus de pragmatique sanction dans l'Eglise de France : semblables à certains habitants de Rouen et de Normandie qui se plaignirent fort lorsqu'on donna le nom de *Parlement* à leur cour de justice, qu'on avait appelée jusqu'alors *Echiquier*; car, quoiqu'il n'y eût que la dénomination qui fût changée, ils disaient néanmoins que tout était renversé et que les lois n'auraient plus d'appui parmi eux, parce qu'il n'y avait plus d'*Echiquier*. Or, pour mépriser les plaintes de ces mécontents, il ne faut qu'écouter la voix de la raison et considérer les vues pleines de sagesse qui ont déterminé le roi et son conseil; car le concordat n'a pas été une affaire précipitée; on a pris, avant que de la conclure, l'avis des personnes les plus habiles, soit du clergé, soit de la magistrature, et ceux qui ont conseillé au roi de terminer de cette manière tous les différends entre le Saint-Siège et la France, ne peuvent être soupçonnés d'avoir agi par intérêt ou par ambition.

Vient ensuite une réfutation suivie et méthodique des objections proposées par le parlement contre le concordat et contre la révocation de la pragmatique. Le chancelier ajoute des observations sur ce que le parlement refusait d'enregistrer une loi qui ne pouvait qu'être utile au royaume, qui du moins ne lui était pas pernicieuse, comme l'avait été autrefois l'exhérédation cruelle et scandaleuse du dauphin, fils unique de Charles VI. Et toutefois, conclut le chancelier, l'enregistrement de cet acte si injuste n'éprouva aucune opposition de la part du parlement. Ce mot, qui contient une récrimination sanglante, est suivi, dans le mémoire, d'un long morceau, pour justifier la révocation de la pragmatique. Le chancelier fait voir que toutes les dispositions de ce décret, les plus avantageuses à l'Eglise gallicane, sont conservées dans le concordat; que le concile de Latran, auteur de l'abolition de la pragmatique, avait une supériorité marquée sur le concile de Pise, assemblé contre la volonté du Pape et réprouvé depuis par les prélats français, par les rois Louis XII et François Ier (*Hist. de l'Eglise gallic.*, l. 51).

Enfin le concordat fut enregistré au parlement de Paris le 22 mars 1518, et reçut peu à peu une pleine et entière exécution.

Quant à la réformation de la cour romaine, réglée par le concile de Latran, un fait arrivé l'an 1517 montre combien cette réformation était nécessaire. Un cardinal Petrucci, d'intelligence avec François de la Rovère, ci-devant duc d'Urbin, conspira contre la vie du Pape : il eut pour complices le cardinal Bandinelli et le cardinal Riario. Le Pape devait être empoisonné par un chirurgien, aidé du secrétaire de Petrucci. Le complot fut découvert, les coupables arrêtés. Trois cardinaux, nommés par le Pape, les interrogent : Petrucci, mis à la question, avoue son crime et découvre tous ses complices. Les cardinaux Corneto et Soderini ayant eu connaissance du complot, ne l'avaient point révélé. Ils confessèrent leur faute en plein consistoire, demandèrent pardon et furent reçus en grâce : toute leur punition fut une amende. Les cardinaux Petrucci, Bandinelli et Riario furent dégradés, Petrucci étranglé, son secrétaire et le chirurgien écartelés. Quant à Bandinelli et Riario, ils reçurent leur grâce quelque temps après et furent rétablis dans leur dignité de cardinal (Raynald, an 1517, n. 92 et seqq.).

Pour combler le vide du sacré collége et aussi pour en éliminer le mauvais esprit qui avait amené ce vide, le pape Léon X créa dans une même promotion trente et un cardinaux. Ils étaient généralement hommes de mérite et de vertu. Les principaux furent Adrien d'Utrecht, né en cette ville l'an 1459. Son père, nommé Florent Boyers, était ou tisserand, ou brasseur de bière, ou, selon d'autres, menuisier. Adrien fit ses études à Louvain, dans le collège des Portiens, où l'on nourrissait de pauvres écoliers gratuitement. Quelques succès brillants qu'il eut dans la philosophie et dans la théologie engagèrent Marguerite d'Angleterre, sœur d'Edouard IV et veuve de Charles le Téméraire, duc de Bourgogne, à faire les dépenses nécessaires pour sa réception au grade de docteur. Devenu successivement chanoine de Saint-Pierre, professeur de théologie, doyen de l'Eglise de Louvain, et enfin vice-chancelier de l'Université, il paya dans la suite sa dette de reconnaissance envers cette université, en fondant à Louvain un collége qui porta son nom et fut destiné à l'entretien gratuit des pauvres qui voudraient s'appliquer à l'étude. Bientôt l'empereur Maximilien le choisit pour précepteur de son petit-fils, Charles-Quint, et ensuite l'envoya comme ambassadeur près de Ferdinand le Catholique, qui le nomma évêque de Tortose en Espagne. Après la mort de Ferdinand, Adrien partagea la régence de ce royaume avec le cardinal Ximenès. Nous verrons le cardinal Adrien devenir pape sous le nom d'Adrien VI.

Parmi les autres cardinaux de cette promotion, on distingue encore Thomas de Vio, général des Dominicains, plus connu sous le nom de *Cajétan*, de la ville de Gaëte, où il était né; nous l'avons vu prononcer le discours à la seconde session du concile général de Latran : nous le retrouverons en Allemagne comme légat apostolique; Egidius de Viterbe, général des ermites de Saint-Augustin, que nous avons vu prononcer le discours dans la première session; Christophe Numali, général des frères Mineurs; Dominique Jacobatius, de Rome, auteur d'un *Traité des Conciles*, que l'on joint ordinairement à la collection des actes de ces assemblées; Laurent Campège, de Bologne, que nous verrons légat apostolique en Angleterre.

Le cardinal Ximenès, comme nous avons vu, en valait plusieurs autres, il mourut cette même année 1517.

Cette même année, le pape Léon X nomma le célèbre Raphaël intendant des travaux de l'église de Saint-Pierre. Ce Pape avait alors pour secrétaires intimes deux écrivains distingués, Sadolet et Bembe.

Jacques Sadolet naquit à Modène en 1477. Son père, savant jurisconsulte, et successivement professeur de droit aux académies de Pise et de Ferrare, prit soin de sa première éducation. Doué d'une grande vivacité d'esprit et d'une mémoire fort heureuse, il fit de rapides progrès dans la langue grecque et la langue latine, la poésie, l'éloquence et la philosophie. Il suivit les leçons que Nicolas Léonicène, l'un des collègues de son père, faisait sur Aristote, et se lia dès lors d'une amitié durable avec le Bembe. Le père de Sadolet aurait désiré lui voir embrasser la profession d'avocat; mais il lui permit enfin d'aller à Rome se perfectionner par la fréquentation des artistes et des savants. Il y trouva moins un protecteur qu'un ami dans le cardinal Olivier de Caraffe, qui le prit pour secrétaire, et lui fit obtenir un canonicat du chapitre Saint-Laurent *in Damaso*, que Sadolet résigna dans la suite. Cependant il se livrait avec ardeur à la culture des lettres. Les leçons de Scipion Carteromaco le familiarisèrent avec les beautés de la langue grecque; et il se montrait assidu aux assemblées de l'académie romaine, qui réunissaient les hommes les plus éminents par leur naissance et leur érudition. Après la mort du cardinal Caraffe, Sadolet accepta les offres de Frédéric Frégosè, évêque de Gubio; mais Léon X, appréciateur de ses talents, parvenu au trône pontifical, le choisit avec le Bembe pour secrétaire. Cet emploi brillant ne détourna point Sadolet de l'étude, et il continua d'assister aux réunions littéraires, dont il était l'un des ornements. Les savants se ressentirent de son crédit, et plusieurs lui durent des pensions et des bénéfices; mais il ne sollicita jamais aucune faveur pour lui-même. Il fit un pèlerinage à Notre-Dame de Lorette, en 1517, pour satisfaire sa dévotion. Pendant son absence, le Pape le nomma évêque de Carpentras, et il fallut user de violence pour lui faire accepter cette dignité. A l'étude de la philosophie dans Aristote, de la théologie dans les Pères, particulièrement de saint Thomas, Sadolet joignit l'étude de l'Ecriture sainte, et nous avons de lui un commentaire sur l'épître aux Romains.

Pierre Bembo ou le *Bembe* naquit à Venise en 1470. Il n'avait que huit ans, lorsque son père nommé ambassadeur à Florence, l'y conduisit avec lui. De retour à Venise, après deux ans, il acheva, sous Alexandre Urticio, l'étude de la langue latine, qu'il avait commencée à Florence. Lorsqu'il fut parvenu à l'écrire avec élégance, le désir d'apprendre le grec le conduisit, en 1492, à Messine, où résidait alors le célèbre Constantin Lascaris. Pendant deux ans, il suivit avec ardeur les leçons de cet habile maître, et revint ensuite dans sa patrie, où, se voyant sans cesse assiégé de questions sur le mont Etna, il écrivit son traité sur cette montagne, qu'il publia bientôt après. Il alla faire à Padoue son cours de philosophie, et voulut ensuite, pour obéir à son père, entrer dans la carrière des emplois publics; mais il s'en dégoûta bientôt, et se consacra totalement à la culture des lettres. Il prit alors l'habit ecclésiastique, mais sans entrer dans les ordres, qu'il reçut sur la fin de sa vie. A Ferrare, où il acheva ses études philosophiques, il se lia intimement avec Hercule Strozzi, Tibaldeo, et surtout Sadolet, qui resta toujours un de ses plus chers amis. Il acquit aussi la faveur du duc et de la duchesse de Ferrare, que déjà nous avons appris à connaître. De Ferrare, Bembo revint à Venise. Une savante académie s'était formée dans la maison d'Alde Manuce; il en devint un des principaux membres, et se fit, pendant quelque temps, un plaisir de corriger les belles éditions qui sortaient de cette imprimerie célèbre.

Il avait suivi, l'an 1512, à Rome, Julien de Médicis, frère du cardinal Jean, qui fut bientôt après Léon X, lorsqu'on envoya de la Dacie, au pape Jules II, un ancien livre écrit en notes ou en abréviations, que personne ne pouvait expliquer. Bembo parvint à le déchiffrer et à l'entendre; le Pape en fut si satisfait, qu'il lui donna, dit-on, la riche commanderie de Bologne, de l'ordre de Saint-Jean de Jérusalem. Jules mourut peu de temps après. Léon X, son successeur, avant de sortir du conclave, nomma Bembo son secrétaire, avec trois mille écus d'appointements, et lui donna son ami Sadolet pour confrère. Outre les fonctions de cet emploi, il lui confia encore quelques missions particulières et de confiance intime. Les mœurs de Bembo ne furent pas toujours aussi exemplaires que celles de son ami Sadolet. Ces deux littérateurs sont surtout renommés pour la pureté et l'élégance avec lesquelles ils écrivirent le latin : leur purisme va même un peu jusqu'à la superstition (*Biographie universelle*).

En 1516, mourut le seul écrivain célèbre que nous trouvons dans l'ordre de Saint-Benoît depuis des siècles.

Jean Trithème ou *Tritheim* naquit le 1ᵉʳ février 1462, dans l'électorat de Trèves, à Trittenheim, et c'est de ce nom qu'on a formé le sien. Son père, Jean Heindenberg, était vigneron suivant les uns, chevalier suivant les autres. On dit aussi qu'Elisabeth de Longwi, mère de Trithème, était d'une noble famille. Ayant perdu son époux douze à quinze mois après la naissance de leur fils, elle resta sept ans veuve, et prit ensuite un second mari, dont elle eut plusieurs enfants; ils moururent tous fort jeunes, excepté un seul, nommé Jacques. L'éducation de Jean Trithème avait été fort négligée. A peine à quinze ans avait-il commencé d'apprendre à lire; mais il se sentait du goût pour l'étude; et ce penchant devint si vif, qu'il résolut de s'y livrer, malgré la défense de son beau-père. Les menaces et les mauvais traitements ne l'effrayèrent plus; et s'il ne pouvait étudier à son aise en plein jour, il allait passer une partie de la nuit chez un voisin, qui lui enseignait, tant bien que mal, à lire, à écrire, à décliner et conjuguer des mots latins. Il vit bientôt que cette instruction ne le conduirait pas fort loin, et prit le parti de quitter la maison paternelle, impatient de fréquenter les meilleures écoles. Ses talents se développèrent à Trèves, puis en quelques autres villes, particulièrement à Heidelberg. Lorsqu'il crut avoir acquis un assez grand fond de connaissances, l'idée lui vint de retourner à Trittenheim. Il se mit en route au commencement de l'année 1482 : le 25 janvier, il arrivait à Spanheim. Les neiges qui tombèrent durant toute cette journée le forcèrent de s'arrêter au monastère de ce lieu, non sans un secret pressentiment qu'il y fixerait sa demeure. En effet, après y avoir séjourné une semaine, il déclara qu'il renonçait au monde, quitta l'habit séculier le 2 février, fête de la Purification, fut admis au nombre des novices le 21 mars, et fit profession le 21 novembre. Il était encore le dernier des profès, quand ses confrères l'élurent pour abbé le 9 juillet 1484.

L'abbaye dont Trithème prenait possession était dans un état si déplorable, qu'effrayé des obligations qu'il venait de contracter, il craignit de n'avoir point assez d'expérience et d'autorité pour les bien remplir. On avait négligé même le soin du temporel. Les bâtiments tombaient en ruine; les biens étaient aliénés, ou engagés, ou mal régis. D'énormes dettes, qu'il fallait payer, rendaient cette administration de plus en plus difficile. Cependant le jeune abbé vint à bout de remédier à tant de désordres : il fit des réparations et des constructions, opéra des remboursements, rétablit l'équilibre entre les recettes et les dépenses. Son zèle s'exerçait avec plus d'ardeur encore sur le régime intérieur et moral de sa communauté. Il exigea des mœurs plus régulières, et persuadé qu'aucune réforme ne serait efficace au sein de l'ignorance et de l'oisiveté, il s'efforça de ranimer les études sacrées et profanes. Dans ses sermons à ses moines, il recommanda surtout de lire et d'écrire; selon lui, le meilleur travail manuel auquel ils puissent se livrer, est de transcrire des livres. Il voudrait les voir presque tous occupés de cet exercice honorable ou des services accessoires qu'il entraîne, comme de préparer le parchemin, l'encre et les plumes, de régler les pages, de corriger les fautes, d'enluminer les titres et les capitales, et de relier les tomes. Au moyen de ses copies et des acquisitions qu'il faisait, soit d'anciens manuscrits, soit des livres qui s'imprimaient depuis 1450, il parvint à former une riche collection. Il n'avait trouvé dans ce couvent que quarante-huit volumes, même que quatorze, à ce qu'il dit quelque part : il y en avait seize cent quarante-six en 1502, et bientôt après deux mille, en tous genres et en toutes langues, spécialement en latin, en grec et en hébreu. On venait voir par curiosité cette bibliothèque nouvelle. On était d'ailleurs assez attiré à Spanheim par le désir de connaître le savant abbé dont la réputation s'était rapidement étendue. Des seigneurs, des prélats, des hommes de lettres accouraient d'Italie, de France et de toutes les parties de l'Allemagne, pour jouir de ses entretiens. Les princes qui ne pouvaient le visiter eux-mêmes envoyaient, nous dit-il, des nonces et des orateurs, pour traiter d'affaires littéraires.

En 1505, Philippe, comte palatin du Rhin, le pria de venir à Heidelberg, où il voulait conférer avec lui sur une affaire monastique. Trithème s'y rendit, y tomba malade et y reçut la nouvelle d'une révolte qui venait d'éclater contre lui dans son couvent de Spanheim. Pour être mieux informé des détails et des suites de cette révolution claustrale, il se retira d'abord à Cologne, puis à Spire; mais il apprit que ses moines persévéraient à s'affranchir de son autorité, ne voulant plus d'un abbé qui prétendait les obliger à s'instruire et à se comporter raisonnablement. De son côté, il résolut de ne jamais retourner près d'eux, quoiqu'il se sentit rappelé dans leur monastère par la bibliothèque qu'il y laissait et par le souvenir de tout le bien qu'il y avait fait durant vingt-deux années. On lui conféra l'abbaye de Saint-Jacques à Wurtzbourg, il en prit possession le 15 octobre 1506, y passa les dix dernières années de sa vie, n'acceptant aucune des places éminentes qu'on s'empressait de lui offrir ailleurs, et y mourut le 26 décembre 1516.

Les ouvrages de Trithème sont très-nombreux : lui-même nous fait connaître les titres de plus de soixante. Les principaux sont : *Livre des écrivains ecclésiastiques*, continuation de celui de saint Jérôme; — *Catalogue des hommes illustres de la Germanie, de l'ordre de Saint-Benoît, de l'ordre des Carmes*; — *la Polygraphie et la Sténographie, ou art d'écrire de diverses manières, en notes, en chiffres, de façon à être impénétrable à quiconque n'a pas la clé*. A ce propos, un docteur de Paris l'accusa de nécromancie; mais Trithème protesta contre cette assertion. Viennent ensuite beaucoup d'opuscules de piété, des *Vies des saints, Chroniques des monastères de Spanheim, de Wurtzbourg et de Hirsau*. Cette dernière est le plus renommé de tous ses ouvrages, parce qu'on y trouve un grand nombre de détails importants qui appartiennent à l'histoire de l'Allemagne et de la France.

Un estimable contemporain de Trithème fut *Albert Krantz*, mort en 1517, doyen du chapitre de Hambourg, et auteur de plusieurs chroniques, ainsi que de quelques ouvrages de piété. Né à Hambourg vers le milieu du XVe siècle, il parcourut une partie de l'Europe, fréquentant les leçons des plus illustres professeurs, recherchant la société des savants, visitant les bibliothèques; il parvint ainsi à se procurer des connaissances aussi étendues que variées. L'an 1490, il fut reçu docteur en théologie et en droit canon. Il enseigna quelque temps ces deux sciences à Rostock; rappelé dans sa ville natale, il y fut professeur de théologie dans le collége de la cathédrale, et doyen du chapitre. Il prêchait assidûment, et s'efforçait d'amener le clergé à une vie plus exemplaire. Il fut employé dans plusieurs ambassades. Il y montra tant de prudence, de sagesse et d'intégrité, que Jean, roi de Danemarck, et Frédéric, duc de Holstein, le choisirent en 1500 pour terminer leur différend au sujet de la province de Ditmarsen. Albert Krantz mourut le 7 décembre 1517, et fut inhumé près de la porte orientale de sa cathédrale.

On a de lui un opuscule très-pieux sur le sacrifice de la messe, et un ordo de la messe selon le rite de l'Église de Hambourg. Ses ouvrages les plus considérables sont : *Chronique des royaumes septentrionaux; le Danemarck; la Suède et la Norwége; la Saxe, ou de l'origine et des anciennes expéditions de la nation saxonne; — Histoire des Vandales; — Métropole, ou histoire ecclésiastique de la Saxe*. Les éditeurs luthériens de ces Chroniques affectent d'indiquer à la marge les passages où il est question des désordres du clergé; ils se sont même permis d'en interpoler plusieurs. Voilà pourquoi les ouvrages d'Albert Krantz ont été mis à *l'index*, avec la clause *jusqu'à ce qu'ils soient épurés* (*Biogr. univ.*).

Dans cette même période de temps, l'ordre de Saint-Bruno produisit plusieurs personnages distingués par leur doctrine et leurs vertus. Le principal est *Denys*, surnommé le *Chartreux*, auquel on donne généralement le titre de *saint*. Il naquit à Rickel, dans le diocèse de Liége, près de Saint-Trond. Comme il avait de merveilleuses dispositions pour l'étude, ses parents l'envoyèrent à l'Université de Cologne, où il prit les degrés à l'âge de vingt-deux ans, et s'appliqua dès lors à la culture des sciences divines et humaines. Il entra, l'an 1423, chez les Chartreux de Ruremonde, où il parvint à une haute perfection. Ses vertus chéries étaient l'humilité, l'abnégation, la piété et la charité. Il était presque toujours absorbé dans la contemplation. Toute sa vie n'était qu'une prière entremêlée de travail. Il fit des miracles, eut fréquemment des extases, des révélations sur l'état de l'Église et du monde. Le cardinal de Cusa, légat apostolique en Allemagne, l'appela près de lui pour profiter de ses lumières dans la direction des affaires ecclésiastiques. Denys obéit, quoique à regret, et parvint à réformer plusieurs monastères d'hommes et de femmes. Il fut le médiateur entre Arnoul, duc de Gueldre, et son fils Adolphe, qui avait pris les armes contre son père. Il mourut de la mort des justes dans le monastère de Ruremonde, le 12 mars 1471, à l'âge de 69 ans. Les Martyrologes français, allemands et ceux de la Belgique le nomment en ce jour. Sa fête se célébrait autrefois avec beaucoup de solennité à la grande Chartreuse, près de Grenoble, où l'on conservait plusieurs de ses reliques. Il faut cependant faire observer que l'Église ne l'a pas encore inscrit dans le catalogue des saints (*Acta Sanct.*, et Godescard, 12 mars).

Les ouvrages de Denys le Chartreux sont en si grand nombre, que le jésuite Labbe avait promis d'en faire une édition en douze volumes in-folio. Voici l'article de Trithème sur le pieux et savant Chartreux, dans son *Catalogue des écrivains ecclésiastiques*.

« Denys Rickel, autrement de Leeuwis, Teutonique de nation, de l'ordre des Chartreux, de la maison de Bethléhem à Ruremonde, homme très-affectionné aux divines Écritures, et s'y rendant habile par une continuelle application, n'ignorant pas la philosophie séculière, d'un génie pénétrant, d'un style convenable à qui enseigne, singulièrement dévot dans sa vie et ses mœurs, tellement qu'il a été jugé digne de révélations divines, a tant écrit, que nul d'entre les Latins, Augustin excepté, ne peut lui être comparé pour le nombre des opuscules. Il s'adonnait à la contemplation et à la prière avec tant de ferveur, que vous ne l'auriez jamais pensé capable de rien écrire. En même temps, il était si appliqué à écrire et à lire, que vous ne l'auriez jamais cru adonné à la prière et à la contemplation. Il dormait très-peu, était d'une abstinence admirable dans le boire et le manger, faisant ses délices, comme saint Jérôme, de méditer jour et nuit la loi du Seigneur, écrivant ou lisant toujours quelque chose d'utile, en sorte que la prière interrompait souvent la lecture, et que la lecture suivait la prière. Luimême a donné la liste de ses écrits. » Trithème la rapporte; elle renferme deux cent six traités; encore n'est-elle pas complète.

Ce sont des commentaires sur le *Maître des Sentences*; des commentaires sur toute la *Bible*; des abrégés de Philosophie et de Théologie; des commentaires sur les ouvrages de saint Denys l'Aréopagite et de saint Climaque; beaucoup de Sermons, de Méditations, Traités de piété et autres : comme de la garde du cœur, de la paix intérieure, de la vie contemplative, de la prière, de l'autorité du Pape et du concile, de la réformation de l'Eglise et des monastères, contre la simonie et la pluralité des bénéfices, contre les superstitions, contre les magiciens et les Vaudois, contre l'Alcoran et la secte mahométane, des devoirs de tous les états, entre autres des militaires; des lettres à des princes et à d'autres personnes (Trithème, *De Script. eccl.*).

Les autres Chartreux que Trithème nous montre se distinguant par leur doctrine, de la fin du XIVe siècle à la fin du XVe, sont les suivants : *Henri de Kalkar*, prieur de Sainte-Barbe à Cologne, florissait en 1390; — *Henri de Cosveld*, prieur de Sainte-Marie en Hollande, très-versé dans les saintes Ecritures, d'une vie exemplaire, et prédicateur fameux, a laissé plusieurs Sermons et Opuscules, et mourut en 1410; — *Jean de Teneramonde* ou *Termonde*, prieur en Savoie; — *Herman de Stutdorp*, vicaire de la maison de Sainte-Anne, près de Bruges, mort en 1428; — *Henri de Hesse* le jeune, prieur de Sainte-Marie; — *Boniface Ferrier*, prieur de la grande Chartreuse, frère du célèbre saint Vincent Ferrier; — *Gérard Stredan*, prieur de Tous-les-Apôtres, près de Liége, mort en 1443; — *Barthélemi*, prieur de Bethléhem à Ruremonde, mort en 1446; — *Jean Rode*, gradué à l'Université de Heidelberg, chanoine de Metz, doyen de Saint-Siméon de Trèves, official de l'archevêque, quitta tout pour embrasser l'ordre des Chartreux, d'où, après quelques années, par l'autorité du Pape, l'archevêque le tira pour l'établir abbé du monastère bénédictin de Saint-Mathias, et lui confier la réformation de plusieurs autres. Il mourut en 1439, à Trèves, où il était né. — *Jacques Interbuch*, vicaire de la maison Saint-Sauveur, près d'Erford; — *Jean Hagen*, autrement *de Indagine*, prieur d'Eisenach et de Stettin, mort en 1460, est auteur de plus de trois cents traités; — *Jacques de Gruytrode*, prieur des Saints-Apôtres, près de Liége, mort en 1472; — *Henri de Piro*, docteur en droit civil et en droit canon, profès de la maison Sainte-Barbe à Cologne, mort en 1470; — *Henri*, surnommé le *Prudent*, prieur du Val, près de Bruges, mort en 1483; — *Henri Arnoldi de Saxe*, prieur de la chartreuse de Bâle, mort en 1487; — *Jean de Lapierre*, Allemand de nation, docteur en théologie à l'Université de Paris, un des fondateurs de l'Université de Tubing, chanoine de Bâle, et enfin mort Chartreux dans cette ville l'an 1493; — *Jean de Venise*, du couvent de cette ville; — *Werner Rolevinck de Laër*, natif de Westphalie, prieur de Sainte-Barbe à Cologne, vivait encore en 1493.

Voilà pour le moins dix-huit écrivains parmi les Chartreux pendant le XVe siècle. Trithème indique un grand nombre de leurs ouvrages, mais en déclarant que beaucoup d'autres lui ont échappé. Plus d'un lecteur s'étonnera de voir tant de savants et d'auteurs dans un ordre qui ne se propose pas directement la science. Son étonnement ne sera pas moindre, quand il apprendra du même Trithème combien de Carmes se sont distingués par leur doctrine et leurs écrits dans cette même période de temps.

C'est *Jean Fust*, de Creutznach, prieur des Carmes à Strasbourg et prédicateur excellent; — *Guillaume Clifford*, Anglais, qui s'illustra par son enseignement à Cantorbéry; — *François Martini*, Catalan, qui s'illustra dans le couvent de Barcelone; — *Etienne de Petringon*, Anglais, se fit remarquer à l'Université d'Oxford; — *Thomas Lombe*, Anglais, docteur et professeur de la même Université; — *Philippe Riboti*, Catalan, provincial de Catalogne; — *Nicolas Ritzonis*, Toulousain, provincial dans le royaume de Sicile; — *Richard de Maydescon*, Anglais, se distingua dans l'Université d'Oxford; — *Jean Schodehoven*, Allemand, prieur de Malines; — *Michel Angrian*, de Bologne, général de tout l'ordre; — *Philippe Ferrier*, de Toulouse, prédicateur en Sicile, puis évêque en Espagne; — *Walter Disse*, Anglais, légat du pape Boniface IX dans les royaumes d'Angleterre, d'Espagne, de Portugal et plusieurs autres; — *Jean*, surnommé le *Gros*, de Toulouse, 19e général de l'ordre; — *Jean Gluel*, d'Aix-la-Chapelle, prieur de Cologne; — *Henri d'Andernach*, philosophe et prédicateur distingué; — *Blaise Audernaire*, Français, très-versé dans la sainte Ecriture et dans la scholastique; — *Richard Lavinham*, Anglais, se fit remarquer à l'Université d'Oxford; — *Jean de Campsen*, autre Anglais; — *François de Bacon*, Catalan, se distingua tellement à l'université de Paris, qu'on le surnomma le *Docteur sublime*; — *Michel Herbrandt*, de Duren, prieur de Creutznach, prédicateur universellement admiré; — *Thomas de Valden*, Anglais, provincial en Angleterre, confesseur et secrétaire du roi Henri, mourut à Rouen l'année 1430; — *Jean Noblet*, Français, médecin de profession, puis Carme de la maison de Paris; — *Jean Gauver*, professeur d'Ecriture sainte dans le couvent de Mayence; — *Jean Beetz*, Allemand de nation, théologien excellent et philosophe subtil, mort en 1476; — *Jean Joreth*, de Normandie, 25e général de l'ordre dont il fut à la fois le réformateur et le modèle; — *Jean*, né en Portugal, prêcha dans ce pays et en Angleterre avec beaucoup de succès contre différentes erreurs; — *Baptiste*, de Ferrare, dont il a composé une Chronique, écrivait élégamment en grec et en latin, en prose et en vers; — *Laurent Burel*, de Dijon; — *Hubert Léonard*, natif d'Allemagne, professeur de théologie à Paris, inquisiteur dans le pays de Liége, puis évêque; — *Jean d'Aronde*, également natif d'Allemagne et évêque; — *Baptiste Mantouan*, célèbre par tout le monde comme théologien et comme philosophe, comme poète et comme orateur; — *Arnold Bostius*, du monastère de Gand, distingué sous les mêmes rapports que le précédent; — *Jean de Dusseldorf*, prieur de Strasbourg : ces sept derniers vivaient encore, quand Trithème rédigeait son Catalogue en 1493. Ainsi, dans l'espace d'un siècle, voilà une trentaine d'écrivains parmi les Carmes. Trithème, à son ordinaire, indique plusieurs de leurs ouvrages.

Le Carmel produisit en même temps une sainte.

Jeanne Scopello naquit en 1428, à Reggio, dans le duché de Mantoue. Ses parents, qui y tenaient un rang distingué, jouissaient d'une grande réputation de vertu, et firent élever leur fille dans toutes les pratiques de la vie chrétienne. Jeanne fut dès son enfance comblée d'abondantes bénédictions; de bonne heure elle résolut de n'avoir jamais d'autre époux que le Sauveur, et, malgré les instances, les menaces même de ses parents, qui voulaient la contraindre à former un établissement dans le monde, elle ne voulut jamais consentir à partager son cœur entre Dieu et la créature. Cependant elle consentit à ne point quitter la maison paternelle, mais elle s'y revêtit de l'habit de Carmélite, et y vécut de la manière la plus pauvre et la plus austère, jusqu'au moment où elle devint entièrement libre de suivre son attrait pour la vie religieuse, par la mort de son père et de sa mère. Elle renonça, par amour de la pauvreté, à la succession considérable qu'ils lui avaient laissée; et comme elle voulait néanmoins fonder un monastère, elle s'appliqua à recueillir dans cette vue les aumônes et les libéralités des personnes pieuses. Après quatre ans de prières et d'efforts, elle réussit à établir un couvent qui fut appelé Sainte-Marie-du-Peuple, et elle se plaça, avec toutes ses compagnes, sous la direction des Pères de la congrégation de Mantoue. Jeanne fut aussitôt nommée supérieure de la maison qu'elle avait fondée, et s'appliqua surtout à guider ses sœurs dans les voies de la perfection, par l'exemple de toutes les vertus qu'elle leur montrait dans sa personne.

Saintement ennemie de son corps, elle l'affligeait par des jeûnes, des veilles et des mortifications de tous genres. Depuis le jour de l'Exaltation de la Sainte-Croix jusqu'à la fête de Pâques, sa nourriture n'était que du pain et de l'eau. On comprend aisément qu'une âme aussi pénitente devait avoir un attrait particulier pour l'oraison; elle s'y livrait avec ardeur, et l'on peut dire que sa vie était une méditation continuelle. Chaque jour elle donnait au moins cinq heures à la prière, et elle s'appliquait avec tant de ferveur à ce saint exercice, qu'elle obtenait de Dieu toutes les grâces qu'elle lui demandait. Une mère affligée vint un jour lui recommander son fils, nommé Augustin, engagé dans les erreurs des manichéens. Jeanne fait venir au monastère ce pauvre aveugle, et lui représente avec force son égarement. Quelque pressants que fussent les motifs de conversion qu'elle lui présentait, le malheureux n'en fut pas ébranlé, et resta sourd au langage de la charité; mais si les paroles de la sainte fille furent infructueuses, ses prières finirent par obtenir un succès complet. Elle fait au Seigneur une douce violence, et le jeune homme, subitement touché, abjure ses erreurs, les confesse humblement, et donne toutes les marques d'un véritable repentir. La bienheureuse obtint aussi la guérison de Julie Sessi, femme distinguée de la ville de Reggio, qui était attaquée d'une maladie très-grave, et avait réclamé son crédit auprès de Dieu.

Jaloux d'une si grande sainteté, le démon fit mille efforts pour effrayer et troubler Jeanne, afin de la détourner ensuite plus facilement de la voie de la perfection; mais ce fut en vain : cette sainte fille, qui trouvait sa force dans la prière, y recourait avec confiance dès qu'elle était tentée, et par ce moyen elle triompha constamment de l'ennemi du salut. La prière était sa ressource, non-seulement dans les nécessités spirituelles, mais aussi dans les temporelles. Un jour que le pain manquait pour la communauté au moment du repas, elle se contenta de prier en silence, et aussitôt on en eut en assez grande abondance pour rassasier toute la maison.

A l'âge de 63 ans, se voyant près de sa fin, elle reçut avec beaucoup de dévotion les derniers sacrements de l'Eglise; puis, ayant appelé près d'elle toutes ses religieuses, elle leur parla avec beaucoup de force et d'onction, les exhortant surtout à la piété, à la charité mutuelle, à l'exacte observance de la règle. Elle rendit son âme au Créateur le 9 juillet 1491.

Les religieuses de son monastère, qui l'avaient vénérée pendant sa vie, lui conservèrent les mêmes sentiments après sa mort. Au bout de deux ans, ayant trouvé son corps sans corruption et répandant une odeur très-suave, elles en avertirent l'évêque de Reggio, qui, s'étant transporté sur les lieux, vit lui-même avec admiration ce prodige. Il voulut transférer dans un lieu plus apparent les précieux restes de la servante de Dieu, et, à cet effet, il ordonna une procession solennelle qui attira une grande foule de peuple. A la fin de cette pieuse cérémonie, le saint corps fut placé dans une châsse auprès du maître-autel de l'église du monastère, où il repose maintenant. On y lit une épitaphe très-honorable à la mémoire de la bienheureuse Jeanne. Ses reliques sont exposées à la vénération publique, et le pape Clément XIV approuva, le 24 août 1771, le culte rendu depuis près de trois siècles à cette sainte Carmélite (*Acta Sanct.*; Godesc., 11 juillet).

Trithème nous fait connaître deux prodiges d'érudition de son temps.

Nicaise de Voerd, né à Malines, ayant perdu la vue à l'âge de trois ans, et ignorant ainsi absolument les premiers éléments des lettres, fut un autre Didyme, et devint très-habile dans toutes les sciences divines et humaines; car, dans l'Université de Cologne, il enseigna publiquement l'un et l'autre droit; sans en avoir jamais vu les livres, il les apprit d'ouïr, et les récitait exactement. A l'Université de Louvain, il fut reçu maître ès-arts, licencié en théologie, et à Cologne, docteur en droit-canon et interprète des lois impériales, avec le consentement de tous les docteurs. Par une dispense spéciale du Pape, il fut ordonné prêtre, prêchait publiquement, entendait les confessions, récitait l'Evangile devant tout le monde, seulement il ne célébrait pas la messe par lui-même. Il écrivit entre autres quatre livres sur les *Institutes* de Justinien, et adressa quelques lettres élégantes à Trithème, dans l'une desquelles il lui raconta toute son histoire. Il mourut l'an 1492, et fut inhumé dans la grande église de Cologne.

Charles Fernand, né à Bruges, fut une merveille du même genre. Aveugle dès son bas âge, et ignorant tout à fait les lettres, il rappela l'ancien Homère, devint poète, musicien, philosophe et orateur célèbre, profond interprète des divines Ecritures, excellent en vers et en prose, d'un génie pénétrant, d'une élocution facile, d'une vie et d'une conduite exemplaires. Il reçut un traitement public et perpétuel du roi de France dans l'Université de Paris, où il enseigna longtemps avec grand succès les lettres humaines. Enfin, méprisant toutes choses, il quitta le monde avec ses récompenses, et se retira, vers l'an 1492, à Chaise-Benoit, monastère réformé de Bénédictins, à dix milles de Bourges. L'an 1494, où Trithème écrivait sa notice, Charles Fernand vivait encore, plein de ferveur pour le salut des âmes. Ordonné diacre par dispense du Saint-Siége, il prêchait avec l'admiration universelle. Il écrivit bien des ouvrages en prose et en vers, entre autres : *Eloge de l'ordre des Carmes*, quatre livres d'odes à la louange du Christ, un livre en prose et un autre en vers, *De l'Immaculée Conception de la sainte Vierge*, contre le Dominicain Vincent de Castelnau; beaucoup de lettres en deux livres, des poésies presque sans nombre, des élégies sur le mépris du monde, et beaucoup d'autres pièces (Trithème, *De Script. eccl.*).

Une famille religieuse qui, dans cette période, produisit plusieurs savants et saints personnages, fut la famille de saint Augustin, divisée en chanoines réguliers et en ermites. Parmi les premiers, le plus illustre est Thomas à Kempis.

Thomas Hemercker naquit à Kempen, dans le territoire et le diocèse de Cologne, vers l'an 1380. Ses parents étaient de pauvres artisans, qui gagnaient leur vie, le père au travail des champs, et la mère en tenant une école de petits enfants au village de Kempen. Ce fut là que Thomas reçut sa première éducation, et il montra dès son enfance de bonnes dispositions pour l'étude, comme l'atteste Badius, son contemporain.

A l'âge de douze ans, on l'envoya à Deventer, dans le collége des frères réguliers *de la Vie commune*. Là, sous la direction de Florent Radewins, vicaire de l'église, qui avait succédé au célèbre Gérard de Groot comme maître, il étudia la grammaire, le latin et le plain-chant. Thomas lui-même nous apprend ce fait dans la vie de Gérard de Groot, écrite par lui; il dit qu'il fut perfectionné dans ses études de la grammaire et du latin par Jean de Bohême et par son frère, Jean Kempis, chanoine régulier à Windesem; enfin, il ajoute qu'il serait coupable d'ingratitude, s'il ne donnait pas au bon Père Florent les éloges qu'il mérite pour l'accueil gracieux qu'il lui avait fait et pour l'avoir dirigé gratuitement dans la piété et les études, avec les secours d'une dame pieuse. C'est le même Florent qui exerça Thomas, ainsi que son compagnon de chambre, Arnold, à bien transcrire les manuscrits. Il montra une aptitude si particulière à ce genre de travail, qu'il fut vivement sollicité par son maître à entrer dans son collège. Thomas accepta avec ardeur cette offre; il fut reçu dans le collège appelé *de la Vie commune*, institution très-exemplaire, où l'occupation journalière était de copier des manuscrits au profit de la communauté, et on employait la nuit à la prière, suivant la règle donnée par le même Florent, qui fut le premier supérieur de cette congrégation.

Dès l'enfance, Kempis avait été habitué par ses parents à réciter des prières à la sainte Vierge, et, dans sa jeunesse, distrait par le travail que lui imposait la communauté, il avait négligé et même oublié ces prières, lorsqu'un soir il vit en songe la Mère du Christ, qui, après avoir embrassé ses collègues, vint à lui et lui reprocha son oubli. « Oh! s'écrie-t-il, réprimande heureuse, qui m'a corrigé et m'a rendu plus dévoué à ma patronne. »

Après avoir demeuré sept ans dans l'institut *de la Vie commune* et en avoir pris toutes les vertus, en 1399, Thomas, muni de lettres du Père Florent, se rendit au mont Sainte-Agnès, près de la ville de Zwol, où demeurait son frère, Jean Kempis, qui venait d'être nommé prieur; car il avait aidé à fonder, en 1395, cette maison de chanoines réguliers de Saint-Augustin. Dans ce couvent très-pauvre et peu connu, les prêtres et les laïques vivaient aussi en commun; la nourriture y était très-frugale, et le vêtement simple et grossier. C'est là que Thomas, sur sa demande, fut admis en qualité de novice, et il s'écria : Combien il est beau et agréable que des frères habitent ensemble! Le noviciat dura cinq années entières; à la sixième année, il fut revêtu de l'habit de chanoine, et inscrit, l'an 1406, dans le registre du couvent. Après six années d'habit, il fut, en 1413, promu au sacerdoce, et célébra sa première messe dans la nouvelle église que son frère et lui aidèrent à terminer avec le produit de l'héritage paternel, vendu pour cela.

Thomas fut l'exemple de l'obéissance et du travail; jamais oisif, il lisait les saintes Ecritures, copiait des manuscrits ascétiques pour le profit de la communauté, ou bien écrivait dans la nuit des ouvrages si pieux, si touchants, que du nom de sa famille, Hemercker, en français Martel, il fut appelé *le Marteau des cœurs*. En effet, on y trouve des sentiments et même des phrases tirées de l'*Imitation* et de l'Ecriture sainte.

Parmi les livres copiés par l'infatigable Thomas, il existait une Bible en quatre volumes in-folio, commencée en 1417 et terminée en 1439; de plus, un missel de 1414, portant l'un et l'autre ces mots : *Fini et achevé par les mains de frère Thomas à Kempis.*

Moyennant ce genre de travail de copiste par goût et par profession, Thomas avait appris par cœur les sentences de l'Ecriture sainte et des Pères de l'Eglise, et, en parlant, il les employait très-fréquemment, pour engager ses frères à supporter patiemment les adversités, ou pour les animer à rester dans leurs cellules, disant toujours que c'est dans la retraite qu'on peut trouver la paix et la félicité.

L'affabilité de Thomas et le bon exemple qu'il donnait lui attirèrent la vénération de tous les frères; pour marque d'estime, ils le nommèrent unanimement leur supérieur vers l'an 1429. Plus tard, il fut appelé à la difficile dignité de procureur de la communauté; mais dans la suite il fut déchargé d'un emploi qui ne lui laissait plus le loisir de transcrire des livres.

Quelque temps après, de cruelles persécutions furent dirigées contre lui et ses confrères, qui n'avaient pas violé l'interdit lancé sur le diocèse d'Utrecht, lors d'une dissidence entre le chapitre et le Pape, à l'égard de la nomination de son évêque. Les religieux de Sainte-Agnès furent obligés d'opter entre l'adhésion au choix du clergé ou leur bannissement du diocèse comme attachés au chef de l'Eglise; ils préférèrent se retirer à Lunckercke en Hollande.

Thomas partagea cet exil, et, pendant ce malheur, il composa un livre : *De la croix à porter*, qu'il tira du traité de l'*Imitation*. Il fut ensuite envoyé dans un des colléges près d'Archeim avec son frère presque septuagénaire, que la mort vint y surprendre en 1432.

A cette époque, l'interdit fut levé, et Thomas revint à Sainte-Agnès, où il fut de nouveau, d'après la chronique du monastère, élu supérieur; mais, attendu son âge avancé, il renonça bientôt à cette charge; il continua alors de s'occuper à la correction d'anciens manuscrits des docteurs de l'Eglise. A l'exemple de son frère, qui, comme l'atteste Buschius, avait établi dans le couvent un grand atelier duquel sont sortis plus de trente volumes in-folio, Thomas continua cette utile entreprise et il copia les quatre livres de l'*Imitation*, pour laquelle il fit usage des plus anciens manuscrits qu'il put se procurer. A la fin de cette copie, on lit ces mots : *Fini et achevé l'an du Seigneur* 1441, *par les mains de frère Thomas à Kempis, du couvent du mont Sainte-Agnès, près de Zwoll*. C'est cette copie qui a donné lieu aux premiers imprimeurs de l'*Imitation* de lui attribuer cet ouvrage comme auteur : question que déjà nous avons tâché d'éclaircir.

Thomas parvint à l'âge de 92 ans, après avoir composé un grand nombre d'ouvrages ascétiques, soit en transcrivant, soit en employant des sentences du livre de l'*Imitation de Jésus-Christ*, de ce livre qu'il avait plus d'une fois copié et débité au profit de la communauté. Attaqué d'hydropisie, il rendit son âme à Dieu le 1er mai 1471, dans le couvent de Sainte-Agnès, et sa mort fut pleurée, non-seulement par ses frères de la communauté, mais par tout l'ordre des chanoines réguliers de Saint-Augustin (Grégory, *Hist. du livre de l'Imitation de Jésus-Christ*, c. 6).

Parmi les religieux du même ordre qui se firent un nom dans le XVe siècle par leur science et leurs écrits, Trithème nous fait connaître les suivants : *Jean de Schonhoven*, du couvent de la Vallée-Verte, diocèse de Cambrai, où Jean Rusbrock avait été prieur autrefois : il florissait en 1420. — *Thilman*, prévôt du monastère de Ravensbourg, diocèse de Mayence, écrivit quelques opuscules pour ses religieux, et mourut en 1485. — *Roger Venray*, du couvent de Saint-Pierre non loin de Worms, vivait encore au moment où Trithème écrivait.

En 1484, entra chez les chanoines réguliers en Hollande un jeune homme de dix-sept ans nommé *Gérard*. Il était né à Rotterdam, le 28 octobre 1467, d'un père et d'une mère qui n'étaient pas mariés, à cause de l'opposition de leur famille. Par suite de cette opposition, le père s'était réfugié à Rome, où, sur la fausse nouvelle que la mère était morte, il reçut la prêtrise. De retour dans sa patrie, s'il ne put réparer sa faute par une union légitime, il consacra les dernières années de sa vie à l'éducation de ses enfants. Son fils Gérard, de même nom que lui, fut placé de bonne heure, en qualité d'enfant de chœur, dans la cathédrale d'Utrecht, où il resta jusqu'à l'âge de neuf ans. De là il passa dans l'école de Deventer, alors très-florissante, où ses progrès furent assez rapides pour faire augurer à ses maîtres qu'il serait un jour la lumière de son siècle ou du moins de son pays. Il avait quatorze ans lorsque la peste lui enleva sa mère, à laquelle son père ne survécut pas longtemps.

A dix-sept ans, il fut forcé, dit-il, par ses tuteurs, qui avaient dissipé son bien, à prendre l'habit de chanoine régulier dans le monastère de Stein, près de Gouda, non loin de Rotterdam. L'état monastique était peu convenable à l'indépendance de son caractère et à la faiblesse de son tempérament; cependant, à l'en croire, il aurait surmonté ses dégoûts, s'il avait pu satisfaire sa passion pour l'étude. Il composa néanmoins quelques ouvrages, et charma ses ennuis par la culture des arts. Un heureux événement vint mettre un terme à sa captivité. Sur la réputation de ses talents, Henri de Bergue, évêque de Cambrai, l'appela auprès de lui pour le mener à Rome. Le voyage n'eut pas lieu, mais le jeune religieux, au lieu de retourner au couvent, obtint de ce prélat la permission d'aller se perfectionner à Paris.

Comme les humanistes de son temps, il avait transformé son nom batave de Gérard au nom grec d'*Erasme*, sous lequel il est connu de tout le monde. Littérateur semblable à son siècle, sans assez de génie pour bien saisir le fond et l'ensemble de la foi chrétienne, sans assez de cœur pour la défendre hardiment contre l'hérésie; mais bel esprit, philosophe superficiel, plus érudit païen que théologien catholique, un peu vaniteux, un peu pédant, quêtant partout la louange par de bons mots, souvent aux dépens des autres, particulièrement des moines.

Parmi les ermites de Saint-Augustin on remarquait *Jacques*, surnommé *le Grand*, originaire de Tolède, versé dans les saintes Écritures, dans la philosophie naturelle et dans la lecture des anciens : il florissait en 1400. — *Paul de Venise*, auteur de plusieurs traités philosophiques; personne ne le surpassait dans la connaissance de la philosophie d'Aristote : il mourut, jeune encore, l'an 1400, et fut enterré à Venise, dans la sacristie de son ordre. — *Barthélemi d'Urbin* fit entre autres des extraits de saint Augustin et de saint Ambroise, et florissait en 1410. — *Pierre de Spire* a laissé des sermons et huit livres sur les *Morales* d'Aristote. — On voyait dans le même temps frère *Jourdain*, Allemand de nation; — frère *Pierre*, évêque en Italie; — frère *Augustin* de Rome, général de l'ordre, tous trois auteurs de plusieurs ouvrages de piété et de théologie. — *Denys*, de Borgo San-Sepulcro, a laissé entre autres des commentaires sur plusieurs poètes latins. — *Gabriel Spolète*, excellent prédicateur, auteur d'un livre contre les hérétiques et de quelques autres. — *Antoine de Gènes*, professeur et auteur en droit canon. — *Ambroise Coriolan*, de Rome, supérieur général de l'ordre, s'illustrait par sa doctrine et ses écrits vers l'an 1470. — *Jean de Dorsten*, Allemand de nation, écrivain et prédicateur, enseigna dans le gymnase d'Erford avec grand succès. — *Jacques de Bergame*, auteur d'une *Histoire universelle*, vivait encore lorsque Trithème en rédigeait la notice (*De Script. eccl.*). — Enfin, un ermite de Saint-Augustin dont Trithème ne parle pas et qui lui survécut, c'est cet *Egidius de Viterbe*, général de l'ordre, latiniste élégant, que nous avons vu pérorer dans la première séance du concile de Latran, puis devenir cardinal.

Avec un si grand nombre de savants hommes, le même ordre produisait aussi des saints.

Le bienheureux *Antoine*, surnommé *de Mondola*, parce qu'il vint au monde dans les environs de ce lieu, qui fait partie de la Marche d'Ancône, naquit dans le XVe siècle. Il eut dans sa première jeunesse l'avantage d'être instruit dans les lettres par un religieux Augustin, et lorsqu'il fut en âge de faire choix d'un état, il entra dans cet ordre quelque temps après que saint Nicolas de Tolentin eût donné, par la perfection de ses vertus, un nouvel éclat à cet institut. Antoine devint l'imitateur de ce grand serviteur de Dieu, et se consacra comme lui à la plus austère pénitence. Rempli de charité pour le prochain, il travaillait avec zèle au salut des âmes, ramenant à Dieu les pécheurs et consolant les affligés; il visitait les prisonniers et soulageait les pauvres par des quêtes qu'il faisait pour eux. Il eut à supporter de grandes tentations; mais il sortit victorieux de toutes les attaques du démon. Après avoir prolongé sa carrière jusqu'à l'âge de près de quatre-vingt-dix ans, il mourut de la mort des justes en 1450. On l'honore dans son ordre le 6 février, par la permission du pape Clément XIII, qui approuva, le 11 juillet 1759, le culte de ce bienheureux.

Lagos, ville maritime de la province des Algarves en Portugal, fut la patrie du bienheureux *Gonsalve*. Il se fit remarquer, dès sa première jeunesse, par la pureté de ses mœurs et son application à l'étude. Son innocence était tellement respectée, que ses compagnons n'osaient en sa présence dire la moindre chose qui pût blesser même légèrement la pudeur. Effrayé de la corruption du monde, il le quitta de bonne heure, en embrassant l'institut des ermites de Saint-Augustin. Après sa profession, ses supérieurs l'appliquèrent au ministère de la chaire. Il y réussit si bien, que sa réputation s'établit dans tout le Portugal, et que son mérite le fit successivement choisir pour gouverner plusieurs couvents en qualité de prieur. L'humilité était la vertu qui brillait le plus dans ce saint religieux. Ce fut par ce motif qu'il refusa constamment le titre de docteur qu'on voulait lui conférer, et dont sa capacité le rendait très-digne. Il s'appliquait surtout à instruire des vérités du salut les enfants et les ignorants. Il mourut âgé de plus de soixante ans, après avoir saintement vécu. Son culte a été approuvé par le pape Pie VI, le 27 mai 1778, et sa fête fixée au 21 octobre (Godescard, 28 avril, édition de 1835).

Palenza, petite ville du diocèse de Novarre, fut la patrie de la bienheureuse *Catherine*. Cette sainte fille perdit de bonne heure ses parents, qui moururent de la peste, et fut élevée dans la pratique de toutes les vertus chrétiennes, par sa marraine, qui habitait la ville de Milan. Après la mort de cette seconde mère qu'elle chérissait, elle désirait beaucoup d'entrer dans une maison religieuse; mais le tuteur dont elle dépendait s'y opposa, et elle resta au milieu du monde, attendant des circonstances plus favorables pour se consacrer à Dieu sans réserve et sans partage.

A cette époque, le bienheureux *Albert de Sarzane*, frère Mineur de l'étroite observance, prêchait dans les principales villes d'Italie, avec un succès prodigieux. Il vint à Milan, et prêcha sur les souffrances de Notre Seigneur. Catherine, qui assistait au sermon, en fut si touchée, que, de retour à la maison, elle se prosterna devant un crucifix, et fit vœu de chasteté perpétuelle. Bientôt Dieu lui inspira de se retirer au mont Varèse, et de s'y réunir à quelques femmes qui y menaient la vie solitaire, près d'une célèbre église de la Sainte-Vierge, qui se trouve en ce lieu. Qu'on se représente le sommet aride d'une montagne n'offrant d'autre abri que quelques cabanes, et l'on aura une idée du courage et de la générosité de Catherine, se dévouant à ce genre de vie si pénible. Elle sentait bien tout ce qu'il avait de rude; aussi fit-elle au Seigneur cette prière, en rentrant dans son ermitage, le 24 avril 1452 :
« O Dieu éternel, tout-puissant Créateur et Rédemp-
» teur, voici votre humble servante qui est venue
» dans ce lieu aride et sauvage, afin de faire plus
» parfaitement votre volonté. Je vous recommande
» mon âme et mon corps; protégez-moi, défendez-
» moi, gouvernez-moi, car sans vous je ne puis
» rien faire; mais, ô mon unique espoir, je peux
» tout avec votre secours. »

Un des premiers soins de Catherine fut de nettoyer et d'arranger la pauvre cabane qui devait lui servir de demeure; elle y passa tout le jour, et le soir elle était encore à jeûn; elle se mit alors en oraison, et, lorsqu'elle eut fini sa prière, elle trouva près d'elle un morceau de pain, qui lui parut une attention particulière de la Providence à son égard. Elle passa les six premières années de sa retraite dans la pratique d'austérités extraordinaires, jeûnant presque tous les jours, et ne mangeant que ce qui lui était nécessaire pour se soutenir. Afin de combattre continuellement la sensualité, elle était souvent dans l'usage de mêler de la cendre à ses aliments. Trois fois le jour elle se déchirait le corps par de sanglantes disciplines. Pendant dix-sept ans, elle porta sous ses habits un rude cilice qui serrait une corde de crin. Le temps qu'elle donnait au sommeil était très-court, et lorsqu'elle allait le prendre, elle disait en versant des larmes : « O dur lit de mon Bienaimé ! *Les renards ont leurs tanières et les oiseaux du ciel leurs nids, mais le Fils de l'homme n'a pas où reposer sa tête*; et moi, misérable pécheresse, je couche sur la paille, afin d'être plus à l'aise ! »
Ce souvenir des souffrances du Sauveur occupait presque continuellement Catherine. Chaque jour elle lisait la Passion selon saint Jean; et, pendant cette lecture, ses larmes coulaient en abondance.

La renommée des vertus de cette sainte fille s'étendit bientôt dans tout le pays, et lui attira des compagnes. Celles-ci, que ses pieux discours et ses exhortations pressantes édifiaient, étaient édifiées encore davantage par les actes de perfection qu'elles lui voyaient pratiquer. Une fois, ayant reçu un soufflet, elle présenta tranquillement l'autre joue, sans faire paraître le moindre trouble. Animée de l'esprit de Dieu, elle parlait aux pécheurs d'une manière si forte et si persuasive, qu'elle les faisait sortir de leurs égarements. C'était par de telles œuvres que la bienheureuse gagnait le cœur de ses filles et les retenait sous sa conduite; aussi prirent-elles la résolution de se fixer tout à fait dans ce lieu. Elles y vécurent pendant quelque temps, mais sans appartenir à aucun ordre religieux. Certaines gens en murmuraient, et prétendaient même qu'elles étaient excommuniées. Catherine, avec sa patience ordinaire, souffrit d'abord cette insigne calomnie; mais, craignant ensuite d'y donner matière, elle sollicita, après de longues et ferventes prières, auprès du pape Sixte IV, qui gouvernait alors l'Eglise, la permission pour elle et ses compagnes de faire des vœux solennels. Le souverain Pontife y consentit, et donna à l'archiprêtre de Milan la permission de changer en monastère l'ermitage du mont Varèse. La bienheureuse en fut élue supérieure, et embrassa la règle de Saint-Augustin. Pendant vingt mois qu'elle fut à la tête de cette maison, elle ne cessa d'offrir à ses sœurs les plus beaux exemples de perfection, et surtout d'une patience invincible dans de douloureuses infirmités. Enfin, instruite que sa mort était proche, elle en avertit ses filles, leur donna les plus salutaires avis, et, fixant les yeux sur le crucifix, elle rendit son âme à son Créateur, le 6 avril 1478. Les miracles opérés par l'intercession de cette servante de Dieu déterminèrent le pape Clément XIV à approuver son culte le 16 septembre 1769 (*Acta Sanct.*, et Godescard, 6 avril).

Le bienheureux *André de Mont-Réal* naquit à Masciuni, bourg situé près de Mont-Réal, dans le diocèse de Riéti en Ombrie. Il y vint au monde en l'année 1397. Ses parents, qui étaient pieux, ne purent, à cause de leur pauvreté, soigner son éducation, et l'employèrent, dès son bas âge, à la garde de leur troupeau. Cette occupation paisible contribua sans doute à l'entretenir dans les sentiments de dévotion dont il fut rempli dès son enfance. Parvenu à l'âge de quatorze ans, il rencontre un jour le prieur d'un couvent d'Augustins; il se jette à ses pieds, lui exprime le désir qu'il avait de mener une vie parfaite, le prie instamment de le recevoir dans son ordre, et lui promet d'en observer fidèlement la règle. Sa demande ayant été favorablement accueillie, il fut, après avoir fini son temps de probation, admis à prononcer ses vœux, et plus tard il parvint au sacerdoce. Joignant la science à la piété, André se fit bientôt distinguer sous ce double rapport; aussi ses frères, persuadés de sa capacité, le nommèrent-ils à plusieurs emplois, lui donnant ainsi une preuve de la confiance qu'il leur avait inspirée. Elle fut si grande, qu'en 1444 ils le choisirent pour provincial d'Ombrie, et le députèrent au chapitre général qui devait se tenir à Avignon, mais qui fut transféré à Bourges.

Ce n'était pas la première fois que le bienheureux venait en France; il avait déjà, l'an 1430, assisté au chapitre de Montpellier, où le titre de docteur lui avait été conféré. Il est probable que, lors de son premier séjour en ce royaume, il avait appris la langue française; car, après avoir fréquemment annoncé la parole de Dieu en Italie, il s'adonna également à cette fonction du saint ministère, lorsque, pour la seconde fois, il revint en France. Il paraît qu'il y fit un long séjour. Ce qu'il y a de certain, c'est que pendant cinquante ans, il prêcha dans l'un ou l'autre pays, avec un zèle infatigable, les vérités du salut. Sa vie donnait à ses paroles une autorité merveilleuse, et ses austérités continuelles l'avaient rendu l'objet de la vénération des peuples. En effet, rien de plus rigoureux que sa pénitence. Trois fois chaque semaine, il jeûnait au pain et à l'eau, portait constamment un long et rude cilice, se déchirait chaque jour le corps par de sanglantes disciplines, se frappait la poitrine avec un caillou, et couchait sur une simple paillasse, n'ayant qu'une pierre pour oreiller. C'est de cette manière qu'il prenait son repos. Il ne donnait que peu d'heures au sommeil, et il employait le reste du temps à prier, à prêcher, à instruire le prochain ou à l'assister de quelque autre manière, se trouvant heureux de pouvoir secourir et consoler ceux qui, de toutes parts, avaient recours à lui.

Tel fut constamment le genre de vie de ce saint religieux pendant le cours de sa longue carrière. Parvenu à l'âge de quatre-vingt-trois ans, il tomba dangereusement malade et annonça bientôt le jour ainsi que l'heure de sa mort. Sa réception des derniers sacrements fut touchante par les sentiments de piété qu'il y fit éclater. Tous les frères de la maison étant rassemblés auprès de lui, il les exhorta à l'exacte observance de leur règle, puis il récita les sept psaumes de la pénitence, qu'il entremêlait de soupirs et de pleurs. Enfin, en disant ces paroles de David : *C'est en lui que je dormirai et me reposerai en paix*, il s'endormit dans le Seigneur le 11 avril 1479. On fut obligé de le laisser exposé pendant trente jours, avant de le mettre en terre, pour satisfaire la dévotion des fidèles qui venaient en foule donner à son saint corps des témoignages publics de leur vénération. Plusieurs miracles prouvèrent bientôt le crédit d'André auprès de Dieu, et on commença à l'honorer publiquement comme bienheureux. Ce culte n'ayant pas été interrompu, le pape Clément XIII l'approuva et le confirma le 18 février 1764 (*Acta Sanct.*, et Godescard, 11 avril).

La même année 1479 mourut en Espagne un saint du même ordre, dont la vie fut écrite peu après par son confrère en religion, le bienheureux *Jean de Séville*, et adressée en forme de lettres à Gonzalve de Cordoue, afin que ce grand capitaine pressât la canonisation du serviteur de Dieu auprès du Saint-Siège. Nous voulons parler de saint *Jean de Sahagun*.

Il naquit à Sahagun ou Sant-Fagondez, dans le royaume de Léon. Son père se nommait Jean Gonzalès de Castrillo, et sa mère Sancia Martinez. Ils étaient l'un et l'autre distingués par leur naissance et leur vertu.

Le saint fit ses études chez les Bénédictins de Saint-Fagondez. Etant entré dans l'état ecclésiastique, il s'attacha à la personne de l'évêque de Burgos. Ce prélat lui donna des marques de son estime en lui conférant un canonicat de sa cathédrale. Jean possédait déjà trois petits bénéfices dont la nomination appartenait à l'abbé de Saint-Fagondèz. Cette pluralité de bénéfices aurait été illégitime dans le cas où chacun eût été suffisant pour l'entretien du jeune ecclésiastique.

La conduite que Jean avait menée jusqu'alors avait toujours été irréprochable; on remarquait même dans sa vie une vertu supérieure à celle du commun des chrétiens; mais la grâce lui ayant ouvert les yeux, il s'aperçut qu'il s'en fallait de beaucoup qu'il fût un véritable disciple de Jésus-Christ. Il vit en lui des défauts essentiels qu'il s'appliqua sérieusement à réformer. La première démarche qu'il fit, fut de demander à l'évêque de Burgos la permission de se démettre de ses bénéfices, permission qu'il n'obtint qu'avec beaucoup de peine; il ne se réserva qu'une chapelle où il disait la messe tous les jours, prêchaient souvent, et enseignait les mystères de la foi à ceux qui les ignoraient. La pauvreté, la mortification, la retraite, devinrent ses délices. Il descendit dans le fond de son âme pour en connaître parfaitement l'état. L'expérience lui apprit que tous les plaisirs du monde n'approchent point de cette joie pure que l'on rencontre dans l'exercice de la prière et de la méditation, ainsi que dans la lecture des livres de piété.

Le désir qu'il avait de se perfectionner dans la connaissance des dogmes de la religion, le porta à demander à son évêque la permission de se retirer à Salamanque. Il s'y appliqua durant l'espace de quatre ans à l'étude de la théologie; il fut ensuite appelé à la conduite des âmes dans l'église paroissiale de Saint-Sébastien. Les instructions fréquentes qu'il y faisait produisirent des fruits merveilleux. Il demeurait chez un vertueux chanoine, où il avait la liberté de pratiquer de grandes austérités. Neuf ans se passèrent de la sorte. La pierre, dont il fut attaqué, lui causa longtemps de vives douleurs, et il se vit même obligé de se faire faire l'opération.

Sa santé s'étant rétablie, il résolut de quitter entièrement le monde. Il se retira chez les ermites de Saint-Augustin, établis à Salamanque, et prit l'habit religieux en 1463. La ferveur qu'il fit paraître durant son noviciat montra qu'il était déjà un maître consommé dans la vie spirituelle. Après le temps des épreuves préliminaires, il se consacra à Dieu, par la profession des vœux solennels, le 20 août 1464. Il était si parfaitement animé par l'esprit de sa règle, qu'aucun de ses frères ne portait plus loin que lui la mortification, l'obéissance, l'humilité, le détachement des créatures.

Ses supérieurs lui ayant ordonné d'exercer le talent qu'il avait reçu pour la prédication, il annonça la parole de Dieu avec un zèle extraordinaire. Il parlait avec tant de force et d'énergie, qu'on voyait bien que son esprit était éclairé par les plus pures lumières de la foi, et son cœur pénétré d'amour pour la pratique des saintes maximes de l'Évangile. Les instructions qu'il faisait en public et en particulier eurent bientôt renouvelé la face de toute la ville de Salamanque. On vit cesser cet esprit de haine et d'animosité qui régnait surtout parmi les gentilshommes, et qui produisait tous les jours de funestes effets. Le caractère de douceur dont le saint était doué le rendait plus propre que personne à étouffer toutes les semences de division. Quand il trouvait des hommes pleins d'amertume contre le prochain, il leur inspirait des sentiments de paix et de charité, et bientôt il les amenait au point d'oublier les injures, et même de rendre le bien pour le mal à leurs ennemis.

Il donna de nouvelles preuves de sa douceur et de sa prudence dans la manière dont il exerça l'emploi de maître des novices que ses supérieurs lui confièrent. On l'élut prieur du couvent en 1471. Cette maison était fort renommée pour la sévérité de sa discipline et pour son zèle à conserver le véritable esprit de l'ordre. Jean s'attacha surtout à conduire ses religieux par la voie de l'exemple, qui est beaucoup plus efficace que celle de l'autorité, pratiquant le premier tout ce qu'il exigeait des autres. La haute idée que chacun avait de sa sainteté donnait une force merveilleuse à ses paroles.

L'amour de la prière et la pureté du cœur préparèrent le saint à recevoir de Dieu la grâce d'une prudence extraordinaire, avec le don du discernement des esprits; il pénétrait dans les replis les plus cachés des consciences. Il entendait les confessions de tous ceux qui se présentaient à lui; mais il n'accordait pas l'absolution indifféremment à tous; il la différait aux pécheurs d'habitude, jusqu'à ce qu'ils se fussent corrigés, et aux ecclésiastiques qui ne vivaient pas d'une manière conforme à la dignité de leur profession. Il disait la messe avec une ferveur qui édifiait extrêmement tous ceux qui y assistaient.

Le vice allumait son zèle, dans quelque personne qu'il se rencontrât : la liberté avec laquelle il le reprenait lui attira diverses persécutions. Un certain duc, irrité de ce qu'il l'avait exhorté à ne plus opprimer ses vassaux, forma l'horrible projet de lui ôter la vie, et deux assassins furent chargés de l'exécuter; mais ces misérables n'eurent pas plus tôt aperçu le saint homme, qu'ils se sentirent déchirés de cruels remords; ils se jetèrent à ses pieds et lui demandèrent pardon de leur crime. Le duc, étant tombé malade, rentra aussi en lui-même; il témoigna un vif repentir, et mérita de recouvrer la santé par la vertu des prières et de la bénédiction du saint.

Lorsque le serviteur de Dieu fut attaqué de la maladie dont il mourut, il prédit sa dernière heure. Il s'endormit dans le Seigneur le 11 juin 1479. Plusieurs miracles opérés avant et après sa mort attestèrent publiquement sa sainteté. Il fut béatifié par Clément VIII, et canonisé en 1690 par Alexandre VIII. Benoît XIII ordonna d'insérer son office dans le bréviaire, sous le 12 juin (*Acta Sanct.*, et Godescard, 12 juin).

Sainte *Véronique de Milan* naquit dans un village peu éloigné de cette ville. Ses parents, d'une condition basse aux yeux du monde, étaient entièrement dépourvus des biens de la fortune; ils n'avaient que le travail de leurs mains pour faire subsister leur famille; mais s'ils n'étaient pas riches, ils avaient en récompense la crainte de Dieu, qui est infiniment préférable à toutes les richesses. Les lois de la probité la plus exacte furent toujours la règle invariable de leur conduite; et ils portaient si loin l'horreur de la fraude, que quand le père de la sainte avait quelque chose à vendre, il en découvrait ingénument les défauts, afin de ne tromper personne.

La pauvreté dans laquelle ils vivaient ne leur permettant pas d'envoyer leur fille aux écoles, Véronique n'apprit point à lire; cela ne l'empêcha pas de connaître et de servir Dieu pour ainsi dire dès le berceau. Elle avait continuellement sous les yeux des exemples domestiques qui gravèrent dans son cœur l'amour de la vertu. L'exercice de la prière était le plus cher objet de ses délices; elle écoutait attentivement les instructions familières que l'on a coutume de faire aux enfants, et le Saint-Esprit lui en donnait l'intelligence. Les lumières intérieures que la grâce lui communiquait la mirent en état de méditer presque sans cesse les mystères et les principales vérités de notre sainte religion : c'était ainsi que son âme, nourrie d'une manne toute céleste, acquérait de jour en jour de nouvelles forces. Les devoirs de la piété ne prenaient rien sur ceux de son état. Elle travaillait avec une ardeur infatigable, et obéissait à ses parents et à ses maîtres, jusque dans les plus petites choses. Elle prévenait ses compagnes par mille manières obligeantes, et se regardait comme la dernière d'entre elles : sa soumission à leur égard était si entière, qu'on eût dit qu'elle n'avait point de volonté propre.

Son recueillement avait quelque chose d'extraordinaire. Sa conversation était toujours dans le ciel, même au milieu des occupations extérieures; elle ne remarquait rien de tout ce qui se passait parmi ceux qui travaillaient avec elle. Était-on dans les champs, elle allait travailler à l'écart, afin d'être moins distraite et de s'entretenir plus librement avec son divin époux. Cet amour de la solitude, qui faisait l'admiration de ceux qui en étaient témoins, n'avait pourtant rien de sombre ni d'austère. Véronique n'avait pas plus tôt rejoint sa compagnie, qu'une douce sérénité se répandait sur son visage : ses yeux paraissaient souvent baignés de larmes; mais on n'en savait pas la cause, parce que la sainte cachait soigneusement ce qui se passait entre Dieu et elle.

Cependant Véronique sentait un vif attrait pour la vie religieuse; persuadée que Dieu l'appelait à cet état, elle prit la résolution d'entrer chez les Augustines de Sainte-Marthe de Milan, où l'on suivait une règle fort austère. Malheureusement elle ne savait ni lire ni écrire; elle ne perdit pas pour cela courage. Comme elle était tous les jours occupée au travail, elle prenait sur la nuit pour apprendre à lire et à écrire, et elle y réussit sans le secours d'aucun maître. Qu'on imagine les difficultés qu'elle eut à surmonter. Un jour que la lenteur de ses progrès l'avait jetée dans une grande inquiétude, la sainte Vierge, qu'elle avait toujours honorée avec une dévotion particulière, la consola dans une vision. « Bannissez cette inquiétude, lui dit-elle; il suffit que vous connaissiez trois lettres : la première est cette pureté de cœur qui consiste à aimer Dieu par-dessus tout, et à n'aimer les créatures qu'en lui et pour lui; la seconde est de ne murmurer jamais, et de ne point s'impatienter à la vue des défauts du prochain, mais de le supporter avec patience et de prier pour lui; la troisième est d'avoir chaque jour un temps marqué pour méditer sur la passion de Jésus-Christ. »

Enfin, après une préparation de trois ans, notre sainte fut reçue dans le monastère de Sainte-Marthe; elle s'y distingua bientôt par sa ferveur dans tous les exercices, et par son exactitude à observer tous les points de la règle. Sa fidélité embrassait les plus petites choses comme les plus importantes; la volonté de ses supérieures était l'unique mobile de sa conduite. S'il lui arrivait de ne pas obtenir la permission de veiller dans l'église aussi longtemps qu'elle l'eût désiré, elle se soumettait humblement, dans la persuasion que l'obéissance est le plus agréable sacrifice que l'on puisse offrir à Dieu, puisque Jésus-Christ s'est rendu obéissant jusqu'à la mort, pour accomplir la volonté de son Père.

Dieu permit que sa servante fût éprouvée par une maladie de langueur qui dura trois ans; mais elle n'en fut pas moins exacte à l'observation de sa règle. On avait beau lui recommander d'avoir égard à sa mauvaise santé, elle répondait toujours : « Il faut que je travaille pendant que je le peux et que j'en ai le temps. » Elle n'avait jamais plus de plaisir que quand elle pouvait servir les autres et exercer les plus bas emplois; elle ne voulait pour toute nourriture que du pain et de l'eau. On jugeait par son silence de la grandeur de son recueillement. Son cœur était continuellement uni à Dieu par la prière; et la vivacité de sa componction allait si loin, que ses larmes ne tarissaient presque jamais. Ce don des larmes et cet esprit d'oraison, elle les entretenait par des méditations fréquentes sur ses propres misères, sur l'amour de Dieu, sur la passion du Sauveur et sur les chastes délices du paradis. Quoique sa vie eût toujours été très-pure et très-innocente, elle la regardait pourtant comme fort criminelle, et elle n'en parlait qu'avec des sentiments de douleur et de pénitence. Ses discours avaient tant d'onction, que les pécheurs les plus endurcis en étaient vivement touchés. Tant de vertus réunies ne pouvaient manquer d'attirer sur Véronique les plus abondantes bénédictions du ciel. Elle mourut en 1494, à l'heure qu'elle avait prédite, étant âgée de 52 ans.

Sa sainteté fut aussitôt confirmée par plusieurs miracles. Le pape Léon X, après les informations nécessaires, donna une bulle par laquelle il permettait aux religieuses de Sainte-Marthe d'honorer Véronique avec le titre de bienheureuse. Son nom a été inséré parmi les saints du 13 janvier, dans le Martyrologe romain que Benoît XIV publia l'an 1749; mais sa fête est marquée au 28 du même mois dans le Martyrologe des Augustins, approuvé par le même Pape (*Acta Sanct.*, et Godescard, 13 janvier).

Tandis que la ville de Milan admirait les vertus d'une pauvre fille, la ville de Gênes admirait les vertus non moins héroïques d'une noble veuve, sainte Catherine de Gênes.

Catherine de Fiesque Adorno naquit à Gênes en 1447. Elle eut pour père Jacques de Fiesque, qui mourut vice-roi de Naples, sous René d'Anjou, roi de Sicile. La famille des Fiesque a été très-illustre en Italie pendant plusieurs siècles. Ses chefs étaient comtes de Lavagna, dans le territoire de Gênes. Ils furent longtemps vicaires perpétuels de l'empire en Italie, et eurent depuis de grands priviléges dans la république de Gênes, et entre autres celui de battre monnaie. Cette famille produisit de célèbres généraux durant les guerres que Gênes fit en Orient et contre les Vénitiens. Elle donna aussi à l'Église plusieurs cardinaux et deux papes, savoir : Innocent IV et Adrien V. Sainte Catherine eut trois frères et une sœur, qui embrassa la vie religieuse (Voir, tome VIII, pp. 48 et 244).

Pour ce qui est de Catherine même, dès l'âge le plus tendre elle donnait des marques de sa sainteté future. A peine âgée de huit ans, elle s'éloignait des amusements de l'enfance, montrait dans toutes ses actions une modestie merveilleuse, apprenait les mystères de la foi chrétienne, s'efforçait d'en pénétrer le sens, les méditait avec amour, faisait des progrès étonnants dans la voie de la perfection, obéissant à ses parents avec une docilité exemplaire, gardant le silence, et s'abstenant de tout discours où il n'était pas question de Dieu. Dans sa chambre était suspendu un tableau représentant le Sauveur descendu de la croix, et couché sur les genoux de sa mère, qu'on appelle ordinairement *Notre-Dame de la Pitié*. Catherine contemplait souvent cette pieuse image, elle en était si vivement attendrie, qu'elle semblait vouloir exprimer en elle-même toutes les douleurs du Christ mourant. Bientôt son cœur s'embrasa d'un violent désir de souffrir pour l'amour de Jésus. Méprisant les délices de la maison paternelle, elle couchait sur la paille, n'ayant qu'un morceau de bois pour oreiller, cachant avec soin ces austérités aux yeux des domestiques qui la servaient. On la surprit pourtant plus d'une fois méditant à l'écart sur la passion du Sauveur, et versant d'abondantes larmes. A treize ans, elle voulut quitter le monde et se retirer dans un monastère, pour y aimer Dieu à son aise. Elle jeta les yeux sur les Augustines de Gênes, chez qui se trouvait déjà sa sœur Limbanie. Mais son jeune âge ne permit point aux religieuses de la recevoir alors. Trois ans après, ses parents lui firent épouser un jeune seigneur de Gênes, nommé Julien Adorno. C'était pour confirmer la réconciliation de ces deux puissantes familles, longtemps ennemies l'une de l'autre. Son mari, qui était passionné pour le plaisir et entraîné par l'ambition, lui causa mille chagrins pendant les dix années qu'ils passèrent ensemble. Elle les supporta avec une patience admirable, et y trouva les moyens de se sanctifier de plus en plus. Adorno, par ses profusions, dissipa son bien et celui que sa vertueuse épouse lui avait apporté en mariage. Catherine en était bien moins touchée que de la vie déréglée de son époux. Elle demandait tous les jours sa conversion à Dieu. Ses prières furent à la fin exaucées. Adorno, revenu de ses égarements, en fit pénitence, entra dans le tiers-ordre de Saint-François, et mourut dans de vifs sentiments de piété. Catherine avait une proche parente, nommée Thomase de Fiesque, qui devint veuve vers le même temps, et qui prit l'habit chez les Dominicains, dont elle mourut prieure en 1534.

Pendant son mariage, après la cinquième année, à la sollicitation de ses amies, Catherine s'était relâchée quelque peu de sa vie solitaire et pénitente, et condescendit à fréquenter les sociétés du monde, sans pourtant commettre contre Dieu aucune faute grave. Sa ferveur première en fut comme assoupie. Les plaisirs du monde ne lui laissèrent qu'un profond dégoût. Elle consulta sa sœur religieuse, qui lui indiqua un sage confesseur. A peine fut-elle à ses pieds, une lumière d'en-haut la vint éclairer sur l'état de son âme, un trait de l'amour divin atteignit son cœur, elle conçut une douleur inexprimable de son relâchement et de ses négligences, elle était prête à s'en confesser publiquement et à faire les pénitences les plus rigoureuses. Jésus-Christ lui apparut, portant sa croix, ruisselant de sang par tout le corps. Cette vue lui fit une telle impression, que tout ce qu'elle voyait lui semblait arrosé du sang de Jésus-Christ. Elle eut dès lors un désir immense de souffrir, pour se conformer à la passion du Sauveur. Cette conversion, non pas précisément de mal en bien, mais de bien en mieux, lui arriva l'an 1474, la 27e année de son âge.

Son attrait principal était la contemplation; mais elle y joignit la vie active. Elle servit pendant plusieurs années les malades, dans le grand hôpital de Gênes, avec une charité et une tendresse incroyables. Elle ne se laissa pas abattre par les répugnances que la nature lui faisait éprouver dans les commencements; elle les surmonta peu à peu par sa patience et par le désir de plaire à Jésus-Christ, en le servant dans ses membres souffrants. Sa charité n'était point renfermée dans l'enceinte de l'hôpital, elle embrassait tous les pauvres malades de la ville; ils ne lui étaient pas plus tôt connus, qu'elle leur faisait procurer tous les secours dont ils avaient besoin. Son amour pour eux parut surtout pendant la peste qui fit à Gênes de terribles ravages dans les années 1497 et 1501.

Ses austérités avaient quelque chose d'effrayant. Elle s'était tellement accoutumée à jeûner, qu'elle passa vingt-trois Carêmes et autant d'Avents sans prendre aucune nourriture. Elle recevait seulement la communion tous les jours, et buvait de temps en temps un verre d'eau, où elle mêlait un peu de vinaigre et de sel. Les hosties que l'on donnait alors aux laïques, lorsqu'on leur administrait l'eucharistie, étaient beaucoup plus grandes qu'elles ne sont aujourd'hui. On lit aussi dans la vie de la sainte, qu'immédiatement après la communion, on lui présentait un calice avec du vin, comme on fait encore à la communion des ordinands : on ne le faisait que pour lui faciliter le moyen d'avaler les particules de l'hostie qui pouvaient être restées dans sa bouche. Ainsi Baillet se trompe en disant que Catherine recevait l'eucharistie sous les deux espèces. Cette réception de l'eucharistie sous les deux espèces fut en usage pendant plusieurs siècles; mais les Hussites ayant prétendu qu'elle était de précepte, l'Eglise catholique confirma d'abord par sa pratique, et quelque temps après par ses décrets, la coutume universelle de ne communier que sous une espèce (*Acta Sanct.*, 15 sept., et Godescard, 14 sept.).

Sainte Catherine de Gênes a écrit un merveilleux dialogue entre l'âme et le corps, l'amour-propre, l'esprit, l'humanité et Notre Seigneur Jésus-Christ. Ce dialogue est en trois livres. Elle y décrit la suite des opérations divines, par où Notre Seigneur la conduisit dès imperfections de son premier état jusqu'à la perfection la plus haute. Voici comme elle débute.

« Je vis une âme avec le corps, qui devisaient ensemble. Et premièrement l'âme disait : — Mon corps, Dieu m'a créée pour aimer et me délecter, et je voudrais bien me tourner de quelque part où je pusse avoir ce que je désire et prétends, et que paisiblement tu vinsses après moi, parce que toi-même t'en trouverais bien. Nous irons par le monde ; si je trouve quelque chose qui me plaise, j'en jouirai ; tu feras de même quand tu trouveras quelque chose qui te plaira, et qui trouvera mieux à son gré en jouira. — Le corps répondit : Encore que je sois obligé de faire tout ce qu'il te plaît, je vois bien néanmoins que, sans moi, tu ne peux faire tout ce que tu veux. Si toutefois tu veux que nous allions de compagnie, premièrement entendons-nous l'un l'autre, afin que, par le chemin, nous n'ayons pas de noise ensemble. Je suis bien content de ce que tu m'as dit ; mais il faudra qu'un chacun ait patience, laissant jouir son compagnon à sa commodité, du bien qu'il aura rencontré, et ainsi nous supportant l'un l'autre, ce sera ce qui nous tiendra en paix. Je dis ceci, parce que, quand j'aurai trouvé chose qui me soit agréable, je ne voudrais pas que tu me trompasses par après, en disant : Je ne veux pas que tu demeures tant ici, parce que je veux aller ailleurs pour donner ordre à mes affaires ; car, s'il me fallait ainsi laisser, pour ta volonté, ce que je désire et à quoi je tends, alors je te dis que je mourrais et que notre dessein serait rompu. Et, pour cette cause, il me semble qu'il serait bon que nous prissions un tiers, qui fût personne juste et qui n'eût point de propriété ni d'acception de personnes, au jugement de laquelle tous nos différends seraient remis.

» J'en suis bien contente, dit l'âme ; mais quel sera ce tiers ? — Le corps : Ce sera l'amour-propre, lequel vit avec l'un et avec l'autre, et me donnera à moi ce qui m'appartiendra, et j'en jouirai avec lui ; et il te fera tout de même, te donnant tout ce qu'il te faudra ; et, en cette façon, chacun aura ce qu'il désire et prétend, selon ce qui sera propre et convenable à son degré et qualité. — Après quelques autres propos, l'âme et le corps conviennent de faire chacun sa semaine, pendant laquelle l'autre lui obéirait, sauf d'offenser Dieu. — L'amour-propre étant survenu, l'âme lui demanda : Veux-tu être notre tiers en notre voyage, et notre juge et compagnon en cette affaire ? — Je veux bien, répondit l'amour-propre ; je vois clairement que je serai fort bien avec vous, et je donnerai volontiers à chacun de vous ce qui lui appartiendra, parce que cela ne me nuit point ; et je vivrai ainsi tant avec l'un qu'avec l'autre ; et quand même je serais forcé par quelqu'un de vous et que je n'eusse point ma nourriture, tout aussitôt je me retirerais avec l'autre partie ; car je ne veux pour rien que ma nourriture me manque. — Le corps dit : Je ne suis pas pour devoir jamais t'abandonner. — L'âme ajouta : Ni moi non plus, pourvu principalement que nous nous accordions tous et que nous prenions garde sur toutes choses que Dieu ne soit point offensé, et que qui de nous péchera ait toujours les deux autres contre lui. Or, maintenant, au nom de Dieu, allons ! et moi, comme étant la plus digne, je ferai la première semaine.

» L'âme dit alors en soi-même : Moi qui suis pure et sans aucune tache de péché, je commencerai à considérer le commencement de ma création, avec tous les autres bienfaits que j'ai reçus de Dieu. Je reconnais que j'ai été créée pour une si grande béatitude, et en si grande dignité, que je passe quasi les ordres des anges, et je me vois être une âme quasi-divine, et me sens toujours attirée, avec une grande pureté, à méditer et contempler les choses divines avec un continuel désir de manger le même pain que les anges. Je suis vraiment invisible, et pour cela je veux que toute ma nourriture et toute ma délectation soient ès choses invisibles, parce que j'ai été créée à cette fin ; c'est ici que je trouve mon repos, et n'ai besoin d'autre chose, sinon de me fortifier ici par-dessus les cieux, et de mettre tout le reste sous le pied. Et, partant, toute cette semaine je veux m'arrêter en cette contemplation ; de tout le reste, je ne me soucie. Qui s'en peut repaître, s'en repaisse ; celui qui ne peut, qu'il ait patience ! — Mais je vois mes compagnons être de mauvaise volonté et mal contents, je m'en vais les trouver. — Or çà ! compagnons, j'ai achevé ma semaine. Toi, ô corps, traite-moi en la tienne comme tu voudras. Mais, avant de passer outre, dites-moi, comment vous êtes-vous portés en cette mienne semaine.

» L'amour-propre : Nous avons été mal, parce que ni l'amour-propre ni le corps mortel ne peut entrer en ces endroits-là. Nous n'avons eu aucune nourriture, pour petite qu'elle fût ; au contraire, nous sommes demeurés comme morts : mais nous espérons bien toutefois en avoir la revanche.

» Le corps : C'est ici ma semaine. O toi, âme, viens avec moi ; je veux te montrer combien de choses Dieu a faites pour moi. Vois et regarde le ciel et la terre avec tous leurs ornements, la mer avec les poissons, et l'air avec les oiseaux ; puis après, tant de royaumes, de seigneuries, de villes, de provinces, tant de grandes dignités et au spirituel et au temporel, tant de trésors, de chants et sons harmonieux, de viandes de toutes sortes, desquelles je dois vivre et qui ne me manqueront jamais, tant que je serai en ce monde, avec beaucoup d'autres plaisirs : toutes choses dont je pourrai jouir sans offenser Dieu, puisqu'il les a toutes créées pour moi. Tu ne m'as pas montré ton pays, comme je te montre le mien. Mais, parce que je ne puis avoir ce que je prétends et désire, si tu ne condescends à m'en donner délectation, je te rappelle que tu m'es grandement obligée, afin que tu ne penses pas aller en ton pays et me laisser ici en terre sans viande ni nourriture. Tu ne le peux pas faire, car tu serais cause que je mourrais, et tu offenserais Dieu ; et puis nous serions tous deux contre toi. Je me trouve avoir cet avantage par-dessus toi, que je puis, tant que je vivrai, jouir des biens de mon pays, et par après enfin jouir encore des délices de ton pays en l'autre vie, me sauvant avec toi, ainsi que je le désire. Or, sache qu'il m'importe que tu te sauves, parce que je serai toujours avec toi, et, partant, ne te persuade pas que je veuille rechercher et demander chose ni contre raison ni contre Dieu. Demande à l'amour-propre, notre compagnon, si je ne dis pas vrai. Je ne demande chose injuste. Je m'en veux rapporter et arrêter à son jugement ; et je suis certain qu'il ne se peut moins faire que ce que je te demande, et même selon Dieu.

» L'amour-propre : J'ai vu vos motifs et vos discours ; ils m'auraient paru raisonnables, si, quant à l'ordre de la charité, vous n'aviez tous deux passé les bornes, vu que Dieu dit : Aime ton prochain comme toi-même. Premièrement, l'âme n'a fait compte d'aucun de nous, de sorte que nous avons été quasi en danger de mort. D'un autre côté, j'ai vu que le corps a montré à l'âme tant de choses, qu'il y avait de l'excès, parce qu'elles ne sont pas toutes nécessaires. Partant, ô âme, il faut que tu règles et modères ta véhémence et impétuosité, et que tu condescendes à la nécessité de ton prochain, c'est à savoir, de ton corps, de moi aussi, qui suis venu pour vivre avec vous. Je n'ai trouvé dans ton pays aucune chose pour moi, parce que le lieu est tel, que je n'y puis habiter. Et toi, ô corps, il suffit que l'on te donne ta nécessité, parce que toute superfluité non-seulement te serait nuisible, mais aussi à l'âme, si elle y consentait. Mais si tu ne recherches ni demandes chose superflue, chacun pourra vivre modérément selon son degré, et ainsi je pourrai vivre avec vous; de sorte que, étant ainsi unis ensemble, chacun participera au bien de l'autre avec toute discrétion. Et quant à toi, ô âme, si tu veux te servir de ton corps, il faut que tu lui bailles ce qui lui est nécessaire, autrement il ne ferait autre chose que murmurer. Que si tu lui donnes, il demeurera coi et paisible, et tu pourras faire de lui ce que tu voudras; et ainsi vous demeurerez en paix, et je vivrai avec tous deux. Que si tu ne le fais pas, il sera force que je m'en aille, parce que je ne pourrais vivre avec vous : tel est mon avis.

» L'âme craignit que, sous prétexte de contenter le corps, on ne la rendît elle-même terrestre, jusqu'à lui faire perdre le goût des choses célestes. Le corps, d'accord avec l'amour-propre, la rassura, lui disant qu'après tout, elle serait toujours la maîtresse, et que lui-même ne demandait que le nécessaire. Interrogé sur ce qu'il entendait par là, il dit : J'ai besoin d'être vêtu, de manger, de boire, de dormir, d'être servi et de prendre plaisir en quelque chose, afin que je puisse te servir quand tu auras affaire de moi. Et si tu veux que j'aie le pouvoir d'être attentif au spirituel, ne me travaille point trop; car, si je suis affaibli tant soit peu, je ne pourrai être attentif à tes œuvres; mais si tu condescends à me donner le nécessaire, tu pourras recueillir ton esprit à penser que, si Dieu a fait tant de choses si agréables pour ce corps mortel, combien davantage et de plus grandes a-t-il faites pour toi, âme, qui es immortelle? Et ainsi Dieu sera loué, et chacun nourri et repu selon son degré; et s'il arrive entre nous quelque difficulté, notre amour-propre, qui est fort subtil, nous réglera, et il pourra vivre avec nous, et nous avec lui, en très-sainte paix (L. 1, c. 1-3).

» L'âme s'étant accordée à ce pacte, voulut faire sa semaine comme devant, mais, tiraillée sans cesse en bas par le corps et l'amour-propre, elle ne put aller jusqu'au bout; tandis que le corps eut, non-seulement la sienne tout entière, mais encore la moitié de celle de l'âme. Celle-ci, se voyant ainsi trompée, proposa de ne plus faire de semaine, mais que chacun vécût à sa mode. Ce fut encore pis. L'âme finit par se laisser emporter aux plaisirs du corps et de l'amour-propre, jusqu'à s'imaginer pouvoir y trouver son bonheur. Elle n'y trouva que le péché, le dégoût et le remords. Une lumière divine survint, qui lui fit voir, d'un côté, ses fautes et son état déplorable; de l'autre, la bonté, le pur amour, l'infinie miséricorde de Dieu à son égard : ce qui la remplit de confusion, de regret, de bon propos et d'espérance. Dès lors elle annonça au corps et à l'amour-propre qu'elle leur ferait ce qu'ils avaient voulu lui faire, qu'elle les assujétirait à soi, comme ils avaient voulu l'assujétir à eux.

» Comme Dieu éclairait cette âme de plus en plus de sa lumière, et l'embrasait de plus en plus de son amour, il lui inspira de se mépriser soi-même, et d'ôter à l'humanité non-seulement toutes les choses superflues, mais encore celles qui semblaient nécessaires. Il l'incita, de plus, à la prière, et la faisait tenir en oraison six ou sept heures à genoux, contre le vouloir de l'humanité. Il lui défendait de manger des fruits, qui lui plaisaient naturellement ou grandement; et, afin qu'elle perdît le goût de ce qu'elle mangeait, il lui faisait tenir toujours avec soi de l'aloès épatique et de l'agaric battu et pulvérisé, et quand elle s'apercevait de quelque goût ou bien qu'une chose lui plaisait plus qu'une autre, elle y mettait secrètement un peu de cette amertume, et en mangeait par après. De même, pour s'empêcher de dormir, elle se couchait dans son lit sur des objets piquants; et toutefois Dieu ne lui ôta jamais le sommeil, quelque chose qu'elle fît au contraire; mais elle dormait, encore qu'elle ne voulût pas.

» L'humanité, se voyant menée si durement, se plaint à l'esprit, et demande de participer au moins quelque peu aux consolations spirituelles. L'esprit lui annonce qu'elle en jouira à la fin. Dans une communion suivante, la joie fut si grande, que l'humanité même en fut comme nourrie. Mais bientôt le pur amour, qui voulait Dieu seul et non ses consolations, le pria de ne plus lui en donner. L'humanité s'en plaint à l'esprit, comme d'un manque de parole. Mais l'esprit lui rappelle qu'il lui a promis les consolations pour la fin, dans l'autre vie, attendu que, dans la vie présente, l'attachement aux consolations spirituelles n'est pas moins dangereux que l'attachement aux plaisirs terrestres. Le meilleur pour nous en ce monde est d'y faire notre purgatoire.

» L'humanité, s'apercevant que la voie devenait de plus en plus étroite, demande à faire au moins quelque chose. L'esprit y consent, mais à condition que ce serait sans y prendre goût. Premièrement, je veux que tu éprouves ce que c'est que d'être obéissante, afin que tu deviennes humble et soumise à toute créature. Et afin que tu puisses t'employer à quelque exercice, tu travailleras pour pourvoir à ton vivre. Je veux encore, quand tu seras appelée pour faire œuvres de piété envers les pauvres et malades de toutes sortes, que tu y ailles toujours; je ne veux point que tu refuses jamais; mais tu feras tout ce à quoi je te pousserai. C'est à savoir, je veux que tu nettoies toutes les immondices que tu verras aux malades; et quand tu seras appelée pour le faire, encore que tu fusses à parler avec Dieu, je veux que tu laisses tout et que tu ailles vitement à celui qui t'appelle et où tu seras conduite, sans regarder aucunement qui t'appelle ni ce qu'il te faut aller faire. Je ne veux point que tu aies de choix ni d'élection, mais plutôt que la volonté d'autrui soit la tienne, et que jamais tu ne fasses la tienne propre.

» Je te tiendrai en ces exercices tant et si longuement que je le verrai nécessaire, parce que je veux éteindre et mortifier en toi tout désordre de plaisirs ou de déplaisirs que tu puisses avoir en cette vie. Je te veux ôter toutes imperfections, et ne veux point que tu t'arrêtes pour aucun plaisir ni déplaisir; non plus que si tu étais morte; et je veux voir cela par expérience. C'est pourquoi je te mettrai à certaines épreuves qui me sembleront nécessaires. Et quand je te ferai faire quelque œuvre qui doive être en horreur, si j'aperçois que tu la sentes ou la voies, je te la tiendrai sur toi jusqu'à ce que tu ne la sentes ni ne la voies plus. De même pour toutes les choses dont tu peux recevoir quelque consolation, je te ferai faire et embrasser le contraire, tant et si longuement, que tu ne voies ni ne sentes plus chose aucune qui te plaise ou te contente. Et pour mieux faire telles expériences, je ne te correspondrai en rien qui puisse te plaire ou déplaire.

» Je ne veux point encore que tu fasses amitié avec personne, ni que tu retiennes celle d'aucun parent que tu aies en particulier; mais je veux que tu aimes chacun sans amour et affection, et cela indifféremment, autant les riches que les pauvres, autant les amis que les parents. Je veux qu'en ton intérieur tu ne distingues pas l'un de l'autre. Je ne veux pas encore, sous ombre du spirituel, que tu fasses amitié avec personne, quelque religieux ou spirituel qu'il soit; ni que tu ailles à quelqu'un par amitié particulière que tu lui portes, mais il suffit d'y aller quand tu seras appelée, comme je t'ai dit. Et c'est la règle que je veux que tu tiennes en conversant avec les créatures sur la terre (L. 1, c. 18). »

Pour l'exécution de ces choses, l'esprit rendit l'humanité si pauvre, qu'elle n'aurait su vivre, si Dieu n'y eût pourvu par quelques aumônes. Par après, il la fit servir les malades les plus dégoûtants. Et quand le cœur lui soulevait à la vue de la vermine et du pus des ulcères, il lui en faisait manger une partie : ce qui la guérit de toute répugnance. Après qu'elle eut été ainsi éprouvée trois ans, elle fut employée comme servante, puis comme supérieure, dans un hôpital, afin de mourir à la louange comme au mépris. Plus elle perdait ainsi l'habitude de l'amour-propre, plus elle brûlait du pur amour de Dieu. L'esprit dit alors : Je ne la veux plus appeler créature humaine, parce que je la vois tout absorbée, perdue et transformée en Dieu, sans y reconnaître rien de l'humanité. (Ibid., c. 21).

Après que cette créature fut ainsi dépouillée du monde, de la chair, des biens, des exercices, des affections, et de toute autre chose que Dieu, Dieu voulut encore la dépouiller d'elle-même, et séparer l'âme de l'esprit, répandant en elle un nouvel amour. Voici en quelle manière.

Dieu, qui est esprit, tire à soi l'esprit de l'homme, et l'esprit y demeure occupé. L'âme, qui ne peut être sans son esprit, va après lui et y est tenue occupée, parce qu'elle ne peut vivre sans lui, et, ne pouvant faire autrement, elle y demeure tant que Dieu tient l'esprit en soi. Le corps, qui est soumis à l'âme, ne pouvant avoir sa nourriture sans cette âme qui ne lui répond pas, demeure comme perdu et hors de son état naturel. L'esprit est seul qui demeure comme en son être, atteignant la fin pour laquelle Dieu l'a créé; car, ainsi dépouillé, il demeure en Dieu, et y est tenu tant qu'il lui plaît, sauf l'assistance qu'il doit au corps pour l'entretien de la vie.

L'âme et le corps, par après, retournent à leurs opérations naturelles, puis, étant bien refaits et recréés par le moyen du repos de l'esprit, Dieu les tire comme devant à la même opération, et en cette façon, petit à petit, se consument toutes les imperfections animales, et l'âme, ainsi purifiée, demeure esprit pur et net, et le corps, purgé et nettoyé des mauvaises habitudes et inclinations, demeure net et propre à s'unir avec son esprit, en temps opportun, sans empêchement (L. 2, c. 1).

La suite de ces opérations, qui sont une espèce de martyre et de purgatoire, remplit le second livre. Dans le troisième, l'âme demande à Dieu pourquoi il aime tant l'homme, qui lui est si contraire, et ce que c'est que l'homme, duquel il a tant de soin.

« Notre Seigneur lui répond : Tu demandes une si grande chose, que tu ne la pourras comprendre; néanmoins, pour satisfaire à ton entendement en cela débile et pauvre, je t'en montrerai une étincelle; encore si tu la voyais clairement, tu ne pourrais vivre, à moins d'être soutenue par ma grâce.

» Sache premièrement, comme je suis Dieu immuable et qui ne change point, que j'ai aimé l'homme avant de le créer, que je l'ai aimé d'un amour infini, pur, simple et net, sans cause aucune; et je ne puis que je n'aime ce que j'ai créé et destiné pour ma gloire; chacun dans son degré. Je l'ai encore pourvu amplement de tous les moyens convenables pour parvenir à sa fin, avec dons naturels et grâces surnaturelles, lesquelles de ma part ne lui manqueront jamais. Mais, avec mon amour infini, je l'environne par diverses voies et moyens, pour le rendre soumis à ma providence, et je ne trouve rien qui me soit contraire, sinon le franc arbitre que je lui ai donné, avec lequel sans cesse je combats par amour, jusqu'à tant qu'il me le donne et m'en fasse un présent; et depuis que je l'ai reçu et accepté, je le réforme petit à petit par une opération occulte et secrète et un soin amoureux; et je ne l'abandonne jamais, que je ne l'aie conduit jusqu'à sa fin ordonnée.

» Quant à ton autre demande, à savoir pourquoi j'aime cet homme qui m'est tant contraire et qui est plein de si grandes pauvretés et misères, que son infection monte de la terre jusqu'au ciel, je te réponds que, pour mon infinie bonté et pour le pur amour avec lequel j'aime cet homme, je ne puis voir ses défauts ni cesser de faire mon œuvre; qui est de lui faire du bien; je lui montre avec ma lumière et lui fais reconnaître ses défauts, et, les connaissant, il les pleure, et, les pleurant, il les purge; et sache que je ne puis être offensé de l'homme, sinon quand il fait obstacle à l'œuvre que j'ai ordonnée pour sa fin, à savoir quand il m'empêche par le péché mortel d'opérer en lui par amour selon sa nécessité.

» Quant à cet amour lui-même, tu ne peux le comprendre par le moyen de l'entendement, parce qu'il n'est point compréhensible; il se connaît jusqu'à un certain point par les effets, lesquels sont petits et grands, selon la quantité de l'amour qui fait opérer. Celui qui, ayant la foi, voudrait voir les effets divins que cette étincelle d'amour verse dans le cœur des hommes, je suis certain qu'il brûlerait si fort d'amour qu'il ne pourrait vivre, à cause de la véhémence de cet amour qui le consumerait et le réduirait à néant; mais, encore que l'homme en soit presque toujours ignorant, néanmoins tu vois que, par cet amour inconnu, les hommes abandonnent le monde, les biens, les amis, les parents, et tous les autres amours et délectations leur sont en haine. Par cet amour, l'homme se vend pour esclave et demeure sujet aux autres jusqu'à la mort; et tant croît cet amour, qu'il endurerait mille martyres : ce qu'on a toujours vu par expérience et se voit encore continuellement. Tu vois que cet amour fait de bêtes devenir hommes, d'hommes anges, et d'anges quasi dieux par participation. Tu vois les hommes se changer totalement, de terrestres devenir célestes, et avec l'âme et le corps s'exercer aux choses spirituelles. Tu les vois changer de paroles, de vie, et faire tout au contraire de ce qu'ils étaient accoutumés de faire et de dire. Chacun s'en émerveille, et, jugeant cette chose être bonne, lui porte presque envie, encore que personne n'entende l'œuvre, je le sais ni l'extérieur, mais ce n'est celui qui l'éprouve ; mais cet amour intime, pénétrant, doux et gracieux, que l'homme sent en son cœur, ne se connaît pas et ne se peut exprimer ni entendre qu'avec une intelligence d'affection, en laquelle l'homme se sent occupé, lié, transformé, content, pacifique et ordonné ses sentiments corporels, sans aucune contradiction : en sorte qu'il n'a rien, ne veut rien, ne désire rien et demeure en repos, paisible et satisfait au fond de son cœur, ne connaissant rien autre chose. Il demeure étroitement lié d'un fil très-subtil, secrètement tenu de la main de Dieu, qui laisse l'homme combattre et faire tête au monde, au démon, à soi-même ; se voyant alors fort débile et ne se pouvant aider de quelque côté que ce soit, il appréhende sa ruine en tout lieu; mais Dieu ne le laisse pas tomber.

» Ce vrai amour que tu cherches à entendre, ô âme, n'est pas encore celui-là; mais c'est quand, par des moyens possibles à la misère humaine, j'ai consumé les imperfections de l'homme, et en l'intérieur, et à l'extérieur. Par après, pour le reste qu'on ne se voit pas, j'opère en cette façon. Je descends avec un fil d'or très-subtil, qui est mon amour occulte et secret, et à ce fil est attaché un hameçon qui prend le cœur de l'homme; et ce cœur qui vient de moi, je le tire continuellement à moi, en sorte qu'il ne touche plus à terre; et par cet amour intime, toutes les occultes, subtiles et inconnues imperfections de l'homme meurent, et tout ce qu'il aime par après, il l'aime avec l'amour de ce fil, duquel il se sent avoir le cœur lié.

» De même encore, toutes les autres opérations faites par lui sont faites avec cet amour et sont rendues agréables par la grâce sanctifiante, parce que Dieu est celui qui opère avec son pur amour, sans que l'homme s'en entremette. Et Dieu ayant pris soin de cet homme et l'ayant tiré tout à soi, opère par ce moyen et l'enrichit de ses biens, avec si grande augmentation, qu'à l'heure de la mort il se trouve attaché au fil de l'amour et noyé dans l'abîme divin, sans qu'il le sache. Et, encore que l'homme en cet état semble une chose morte, perdue et abjecte, il trouve néanmoins sa vie cachée en Dieu, où sont tous les trésors et toutes les richesses de la vie éternelle, et il ne se peut dire ni penser ce qu'il a préparé à cette âme sa bien-aimée (L. 3, c. 1). »

« Quand elle eut entendu ces choses, l'âme s'écria toute transportée : O langue, pourquoi parles-tu, ne trouvant point de termes propres pour l'amour que sent mon cœur ? O cœur enflammé d'amour, que ne consumes-tu le corps dans lequel tu es ? O esprit, que fais-tu encore ici lié en terre ? Ne vois-tu pas la véhémence d'amour avec laquelle Dieu te tire et te désire ? Démembre et déchire ce corps, afin que chacun aille au lieu qui lui appartient.

» Dieu, voyant l'âme enflammée d'un feu si extrême et la voulant arrêter un peu, lui montra une petite étincelle de l'amour avec lequel il aime l'homme, amour si pur, si simple et si net, que, quand l'âme le vit, elle en demeura tout étonnée et comme abandonnée en soi-même (Ibid., c. 2). »

A la lumière de cette étincelle divine, il semblait à l'âme que la foi n'avait plus lieu, car elle voyait; que l'espérance n'avait plus lieu, car elle possédait : elle ne ressentait que l'amour. Le nom de Jésus, prononcé par elle ou par d'autres, la ravissait pour ainsi dire hors d'elle-même.

Mais en même temps, à la lumière de cette étincelle de l'amour divin, l'âme s'aperçut que dans l'amour qu'elle avait eu pour Dieu jusqu'alors, il y avait encore de l'amour-propre. Elle demanda au Seigneur ce que c'est que cet amour pur dont il lui avait montré une petite étincelle. Le Seigneur lui répondit qu'elle ne pouvait le comprendre en ce monde, attendu que cet amour pur n'est autre que lui-même, qui est incompréhensible en son essence et ne peut être compris que par ses effets.

« O mon Seigneur ! lui demanda un jour cette âme, dites-moi, s'il vous plaît, comment vous opérez en l'homme avec votre secret amour, dans lequel l'homme demeure près de vous, sans savoir comment ni comprendre la manière dont il se trouve emprisonné par l'amour, avec un si grand contentement d'esprit.

» Notre Seigneur : J'émeus avec mon amour le cœur de l'homme, et, avec ce mouvement, je lui donne une lumière par laquelle il connaît que je l'inspire à bien faire; et, avec cette lumière, il s'abstient de mal faire et combat ses mauvaises inclinations.

» L'âme : Qu'est-ce que ce mouvement, et comment vient-il à l'homme, qui ne le connaît et ne le demande pas ?

» Notre Seigneur : Le pur, net et grand amour, que je porte à l'homme, me dispose à lui faire cette grâce de frapper à son cœur, pour voir s'il me veut ouvrir et me laisser entrer au dedans de soi pour y faire ma demeure et jeter dehors toutes les autres choses.

» L'âme : Qu'est-ce que cette grâce ?

» Notre Seigneur : Vois et considère les rayons du soleil, qui sont si subtils et si pénétrants, que les yeux humains ne les peuvent regarder, parce qu'ils en seraient éblouis et en perdraient la vue. Tels sont les rayons de mon amour, que j'envoie aux cœurs humains : ils font perdre à l'homme le goût et la vue de toutes les choses mondaines.

» L'âme : Comment est-ce que ces rayons-là viennent aux cœurs des hommes ?

» Notre Seigneur : Comme des flèches, tantôt à celui-ci, tantôt à celui-là ; ils touchent en secret le cœur, l'embrasent et le font soupirer ; et l'homme ne sait ce qu'il veut, mais, se trouvant blessé d'amour, il ne sait rendre compte de soi-même et demeure ignorant et étonné.

» L'âme : Qu'est-ce que cette flèche ?

» Notre Seigneur : C'est une étincelle d'amour que je verse et répands dans l'homme ; qui ramollit sa dureté et le fait fondre et s'écouler comme la cire au feu, le pousse et l'incite à me renvoyer et à me rapporter tout l'amour que je lui verse et répands au dedans.

» L'âme : Qu'est-ce que cette étincelle ?

» Notre Seigneur : C'est une inspiration envoyée de moi ; comme un feu, elle enflamme les cœurs des hommes, par laquelle le cœur conçoit une si grande ardeur et force, qu'il ne peut faire autre chose que d'aimer. Cet amour tient secrètement l'homme attentif à moi, moyennant cette inspiration qui continuellement l'avertit dans son cœur. Ce que c'est que cette intérieure inspiration qui fait secrètement une si grande chose, la langue ne le saurait dire. Enquérez-vous-en du cœur, qui la sent ; enquérez-vous-en de l'entendement, qui l'entend ; enquérez-vous-en de l'esprit, qui est rempli de cette œuvre que Dieu fait par leur moyen. La moindre connaissance qui s'en puisse avoir, c'est par le moyen de la langue. Dieu remplit l'homme d'amour, il le fait opérer par amour avec une grande force et vertu, contre tout le monde, contre l'enfer et contre nous-mêmes ; et un tel amour demeure inconnu, et l'on n'en peut parler (L. 3, c. 13). »

Tels furent, d'après sainte Catherine de Gênes, la suite et l'ensemble des opérations divines dans son âme. Nous avons vu des choses semblables dans les autres saints, notamment le roi saint Louis, saint François d'Assise. C'est le mystère pratique de ce que dit saint Paul aux Galates : *Je suis mort à la loi par la loi même, pour vivre à Dieu : j'ai été crucifié avec le Christ. Je vis encore, non plus moi ; c'est le Christ qui vit en moi* (Gal. 2, 19 et 20). *Mystère dont l'accomplissement est que Dieu sera tout en tous* (1. Cor., 15, 28).

Sainte Catherine termine ainsi son dialogue :

« Que dirai-je davantage de cette œuvre d'amour ? Je suis contrainte de me taire, et je voudrais parler, encore que je ne puisse dire ce que je sens. Celui qui veut expérimenter ces choses, qu'il s'abstienne de toute espèce de mal, comme dit saint Paul ; car, quand l'homme s'en abstient, Dieu aussitôt verse et répand en lui le bien par sa grâce, ce bien qu'il fait ensuite croître en nos esprits avec si grand amour, que l'homme demeure perdu, noyé, transformé et surmonté. Et encore qu'il semble que ce soit beaucoup de s'abstenir de toute espèce de mal, néanmoins qui verrait la promptitude dont Dieu use envers l'homme, et le soin diligent et amoureux qu'il en prend pour l'aider et le défendre de tous ses adversaires, il n'y aurait aucune contrariété qui le pût empêcher de faire toute chose pour l'amour de Dieu. Mais quand l'homme a commencé de marcher par le droit chemin, alors il connaît que Dieu opère en nous et par nous tout le bien que nous faisons, par le moyen de ses gracieuses inspirations, et par l'amour qu'il verse et répand dans l'âme ; amour qui opère presque sans peine et fatigue, par le moyen de cette douceur que Dieu mêle à toutes nos peines et nos travaux.

» Quant à l'homme, il lui suffit de ne rien faire contre sa conscience ; parce que Dieu nous inspire dans la suite tout le bien qu'il veut que nous fassions, il nous y pousse et incite, et nous en donne la force et la vigueur : autrement l'homme ne pourrait faire aucun bien. Et Dieu donne encore la facilité et les moyens de le faire ; en sorte qu'il nous faut faire toutes choses avec très-grande délectation et plaisir, encore qu'il semble aux autres que ce soient grandes pénitences. O quel grand amour ! quelle grande bonté et miséricorde Dieu montre à l'homme en ce misérable monde !

» La justice ensuite se connaît, au point que l'âme part du corps. Si elle n'a rien à purifier, Dieu la reçoit en lui-même avec son ardent amour, et, transformée en un instant, elle se trouve en Dieu sans fin. Autrement, au même instant, elle va en purgatoire ou en enfer. Et le tout, par l'ordonnance et la disposition de Dieu, qui envoie chacun en son lieu. Chacun porte avec soi la sentence du jugement qui lui est fait, et lui-même se condamne. Et si les âmes ne trouvaient pas ces lieux ordonnés de Dieu, elles demeureraient en plus grand tourment, parce qu'elles seraient hors de cette ordonnance et disposition divine, vu principalement qu'il ne se trouve aucun lieu où il n'y ait de sa miséricorde, et pour cela elles ont moins de peine qu'elles n'auraient.

» L'âme a été créée de Dieu pour Dieu, et destinée à Dieu comme à sa fin dernière, et elle ne peut trouver de repos qu'en Dieu. Celles qui sont en enfer sont en Dieu par justice. Si elles en étaient dehors, elles auraient un enfer bien plus grand, par la contrariété de l'ordonnance et disposition divine, qui leur donne un instinct terrible d'aller en ce lieu qui leur est député : n'y allant pas, elles auraient double peine. Elles n'y vont pas toutefois pour avoir une peine moindre, mais comme forcées par ce souverain et infaillible ordre de Dieu, qui ne peut manquer (L. 3, c. 14). »

On s'étonnera peut-être de ces dernières pensées de sainte Catherine de Gênes, mais nous avons vu des idées semblables dans un dialogue de Platon, où le plus sage des philosophes grecs, Socrate, démontre invinciblement que le coupable impuni est plus malheureux que celui qui subit la punition, et que, par conséquent le coupable doit aller s'accuser au juge, et lui demander la peine, pour être guéri de son mal (Plato, Gorgias). Sainte Catherine résume ainsi, dans son dialogue, ce qu'il y a de plus élevé dans la sagesse humaine, et le complète par les lumières de la sagesse divine.

Elle revient sur ces mêmes idées dans son traité *Du Purgatoire*. En subissant son purgatoire en ce monde, elle comprit ce qu'est le purgatoire de l'autre, et comment les âmes y sont détenues et tourmentées. Elles sont contentes d'être en l'ordonnance et la disposition de Dieu ; elles sont en état de pure charité, ne pouvant plus offenser Dieu ni mériter. Pour le reste, les peines qui les purifient sont très-grandes, semblables à celles de l'enfer ; et la plus grande de leurs peines, c'est cette espèce de rouille qui les dépare et qui les empêche de voir Dieu, vers qui, cependant, elles sont attirées avec une ardeur indicible.

Parmi les épreuves où Dieu fit passer sainte Catherine de Gênes, fut celle de ne trouver souvent personne qui comprît son état et pût lui donner des conseils, et de se voir privée bien des fois de son confesseur, qui la comprenait et aux avis de qui elle s'empressait de recourir. Enfin, les neuf dernières années de sa vie, elle endura une maladie extraordinaire, à laquelle les médecins ne pouvaient trouver de remède. C'était comme un martyre et un crucifiement continuels. Aux fêtes des saints, elle ressentait toutes les douleurs que ces saints avaient souffertes. Dans les derniers temps, elle ne pouvait prendre d'autre nourriture que la sainte eucharistie. Le jour de l'Assomption de la sainte Vierge 1510, elle reçut l'extrême-onction, suivant ses désirs. Les anges la visitèrent ; elle passa sept jours dans une joie continuelle : on la croyait guérie. De violentes convulsions lui reprirent, le démon lui apparut sous une forme horrible ; comme elle ne pouvait parler, elle indiqua aux assistants de faire le signe de la croix sur sa poitrine, et de jeter de l'eau bénite sur son lit et dans sa chambre. Après une demi-heure, cette vision effroyable disparut, et elle reprit sa tranquillité ordinaire.

Le 3 septembre, le céleste Epoux voulut lui faire ressentir, et dans le corps et dans l'âme, toutes les douleurs de sa passion. Elle étendit les bras en forme de croix, et dit tout haut ces paroles : « Qu'elle soit la bien-venue, et cette passion, et tout supplice quelconque, que m'enverra l'aimable volonté de Dieu. Car voici environ 36 ans, ô mon amour, que vous m'avez éclairée, et depuis cette époque jusqu'à cette heure, j'ai toujours désiré de souffrir intérieurement et extérieurement ; et parce que c'était mon désir, jamais il ne m'a semblé avoir rencontré aucun tourment, mais quoique toutes les peines passées et la douleur extérieure parussent un grand supplice, votre providence me transformait tout en immense joie intérieure. Me voici maintenant au terme ; je viens à vous avec une souveraine douleur extérieure et intérieure, oppressée de la tête aux pieds, à la point que je ne crois pas qu'un corps humain, si robuste qu'il soit, pût endurer cet effroyable tourment : il me semble que non-seulement un corps de chair et d'os y succomberait, mais que sa violence anéantirait un corps de fer et de diamant. Il est évident que c'est vous qui modérez tout par votre juste providence, qui ne veut pas encore que je meure. Et quoique j'aie enduré sans aucun remède ces excessifs tourments dans mon corps, toutefois je me trouve l'esprit plein de courage, et je suis tellement disposée, que je ne puis pas dire que je souffre ; au contraire, il me semble nager dans une joie continuelle, joie si grande et si délicieuse, que je ne puis ni l'exprimer, ni même la comprendre. »

Le 14 septembre 1510, jour de l'Exaltation de la Sainte-Croix, elle parla avec plus de force et d'amour que jamais. Le lendemain, 15, qui était un dimanche, on lui demanda si elle voulait communier. Ravie en extase, elle éleva un doigt vers le ciel, pour faire entendre qu'elle était appelée à l'instant même au banquet céleste. Puis, chantant d'une voix très-douce les dernières paroles de Jésus : Seigneur, je remets mon âme entre vos mains, elle alla se réunir pour jamais à Dieu, la soixante-troisième année de son âge.

Les peuples commencèrent aussitôt à l'honorer comme sainte ; des guérisons miraculeuses augmentèrent la dévotion publique ; plusieurs de ces miracles ayant été constatés juridiquement, le pape Clément XII la canonisa solennellement en 1737, par une bulle du 16 juin, où il fait l'éloge de ses vertus et même de ses écrits (*Acta Sanct.*, 15 septembre).

Un génie plus merveilleux encore que la sainte veuve Catherine de Gênes fut une petite fille née en Espagne, le 28 mars 1515, dans Avila, ville épiscopale de la vieille Castille. Son père, qui était gentilhomme, s'appelait Alphonse de Cepède ; sa mère, Béatrix d'Ahumade. Son père eut un grand nombre d'enfants : trois de sa première femme, et neuf de la seconde. Le troisième des neuf fut une fille, l'illustre sainte *Thérèse*. Voici comme elle-même écrit sa vie, d'après les ordres de son Père spirituel.

« Je souhaiterais que, comme on m'a ordonné d'écrire très-particulièrement la manière de mon oraison et les grâces que j'ai reçues de Dieu, on m'eût permis de faire connaître, avec la même exactitude, la grandeur de mes péchés et la vie si imparfaite que j'ai menée. Ce me serait beaucoup de consolation ; mais au lieu de me l'accorder, on m'a lié les mains sur ce sujet. Ainsi il ne me reste qu'à conjurer, au nom de Dieu, ceux qui liront le discours de ma vie, de se souvenir toujours que j'ai été si méchante, que je ne trouve pas un seul de tous les saints qui se sont convertis à Dieu, dont l'exemple puisse me consoler ; car je vois que depuis qu'il lui a plu de me toucher, ils n'ont point continué à l'offenser ; au lieu que non-seulement je devenais toujours plus mauvaise, mais il semblait que je prisse plaisir à résister aux grâces que Notre Seigneur me faisait, quoique je comprisse assez qu'elles m'obligeaient à le mieux servir, et que je ne les pouvais trop reconnaître. Qu'il soit béni à jamais de m'avoir attendue avec tant de patience : je ne saurais trop l'en remercier, et j'implore de tout mon cœur son secours, pour pouvoir écrire, avec autant de clarté que de vérité, cette relation que mes confesseurs m'ont ordonné de faire et que je n'avais jusqu'ici osé entreprendre, quoique Dieu m'eût, il y a longtemps, donné la pensée d'y travailler. Je souhaite qu'elle réussisse à sa gloire, et que me faisant mieux connaître à ceux qui m'y ont engagée, ils me fortifient dans ma faiblesse, afin que je puisse faire un bon usage des grâces que j'ai reçues de Dieu, à qui toutes les créatures doivent donner de continuelles louanges. »

Après cet avant-propos, Thérèse entre ainsi en matière :

« Les faveurs que j'ai reçues de Dieu, et la manière dont j'ai été élevée auraient dû suffire pour me rendre bonne, si ma malice n'y eût point apporté d'obstacle. Mon père était fort affectionné à la lecture des bons livres, et en avait plusieurs en langue vulgaire, afin que ses enfants les pussent entendre. Ma mère secondait ses bonnes intentions pour nous ; et le soin qu'elle prenait de nous faire prier Dieu et de nous porter à concevoir la dévotion pour la sainte Vierge et pour quelques saints, commença à m'y exciter à l'âge de six ou sept ans. J'y étais aussi poussée parce que je ne voyais en mon père et en ma mère que des exemples de vertu.

» Mon père était très-charitable envers les pauvres

et les malades, et avait une si grande bonté pour les serviteurs, qu'il ne put jamais se résoudre à avoir des esclaves, tant ils lui faisaient de pitié. Ainsi ayant eu, durant quelques jours, chez lui, une esclave qui appartenait à l'un de ses frères, il la traitait comme si elle eût été sa propre fille, et disait qu'il ne pouvait sans douleur voir qu'elle ne fût pas libre. Il était très-sincère dans ses paroles : on ne l'entendit jamais jurer ni médire de personne, et il n'y avait rien dans toute sa conduite que de fort honnête et de fort louable.

» Ma mère était aussi très-vertueuse, et son peu de santé la fit tomber dans de grandes infirmités. Quoiqu'elle fût extrêmement belle, elle faisait si peu de cas de cet avantage que sa vie fut celle d'une personne âgée; et pourtant elle mourut à trente-trois ans. Son humeur était extrêmement douce, elle avait beaucoup d'esprit; sa vie fut traversée par de grandes peines, et elle la finit très-chrétiennement.

» Nous étions douze enfants, trois fils et neuf filles; et tous, par la miséricorde de Dieu, ont imité ses vertus et celles de mon père, excepté moi, quoique je fusse celle de tous ses enfants qu'il aimait le mieux. Je paraissais, avant d'avoir offensé Dieu, douée de quelque esprit; et je me souviens avec douleur du mauvais usage que j'ai fait des bonnes inclinations que Notre Seigneur m'avait données. J'étais en cela d'autant plus coupable, que je ne voyais aucun mauvais exemple qui m'empêchât d'en profiter.

» Quoique je les aimasse tous extrêmement et que j'en fusse fort aimée, il s'en trouvait un pour qui j'avais une affection encore plus particulière. Il était environ de mon âge, et nous lisions ensemble les Vies des saints. Il me parut, en voyant le martyre que quelques-uns d'eux ont souffert pour l'amour de Dieu, qu'ils avaient acheté à bon marché le bonheur de jouir éternellement de sa présence; et il me prit un grand désir de mourir de la même sorte, non par un violent mouvement d'amour pour lui, mais afin de ne point différer de jouir d'une aussi grande félicité que celle du ciel. Mon frère entra dans le même sentiment, et nous délibérions ensemble du moyen que nous pourrions tenir pour venir à bout de notre dessein. Nous nous proposâmes de passer dans les pays occupés par les Maures, et de demander à Dieu de nous faire la grâce de mourir par leurs mains. Quoique nous ne fussions encore que des enfants, il me semble qu'il nous donnait assez de courage pour exécuter cette résolution, si nous en pouvions trouver le moyen; mais nous étions sous la puissance d'un père et d'une mère, et c'était la plus grande difficulté que nous y voyions. Cette éternité de gloire et de peines que ces livres nous faisaient connaître, frappait notre esprit d'un étrange étonnement; nous répétions sans cesse : Quoi! pour toujours, toujours, toujours! Et, bien que je fusse dans une si grande jeunesse, Dieu me faisait la grâce, en prononçant ces paroles, qu'elles imprimaient dans mon cœur le désir d'entrer et de marcher dans le chemin de la vérité. »

Thérèse avait sept ans lorsqu'elle s'échappa de la maison paternelle avec son petit frère, pour aller tous deux se faire martyriser chez les Maures et arriver plus vite au ciel; mais ils furent rencontrés par leur oncle, qui les ramena au logis. C'est à ce contre-temps que Thérèse fait allusion, quand elle ajoute :

« Lorsque nous vîmes, mon frère et moi, qu'il nous était impossible de réussir dans notre dessein de souffrir le martyre, nous résolûmes de vivre comme des ermites, et nous travaillâmes ensuite à faire des ermitages dans le jardin; mais les pierres que nous mettions pour cela les unes sur les autres, venant à tomber, parce qu'elles n'avaient point de liaison, nous ne pûmes en venir à bout. Je ne saurais encore maintenant penser, sans être beaucoup touchée, que Dieu me faisait dès lors des grâces dont j'ai si peu profité.

» Je donnais l'aumône autant que je le pouvais, et mon pouvoir était petit. Je me retirais dans la solitude pour faire mes prières, qui étaient en grand nombre, avec le rosaire, pour lequel ma mère avait une grande dévotion, et nous l'avait inspirée. Lorsque je me jouais avec les petites filles de mon âge, mon grand plaisir était de faire des monastères et d'imiter les religieuses; et il me semble que je désirais de l'être, quoique non pas avec tant d'ardeur que les autres choses dont j'ai parlé.

» J'avais environ douze ans quand ma mère mourut, et, connaissant la perte que j'avais faite, je me jetai toute fondante en larmes au pied d'une image de la sainte Vierge, et la suppliai de vouloir être ma mère. Quoique je fisse cette action avec une grande simplicité, il m'a paru qu'elle me fut fort avantageuse; car j'ai reconnu manifestement que je ne me suis jamais recommandée à cette bienheureuse Mère de Dieu, qu'elle ne m'ait assistée. Elle m'a enfin appelée à son service; et je pense avec douleur que je ne persévérai pas aussi fidèlement que je devais dans les bons désirs que j'avais alors. « Seigneur,
» mon Dieu, puisque j'ai sujet de croire que, me
» faisant tant de grâces, vous aviez dessein de me
» sauver, n'aurait-il pas fallu que, par le respect
» qui vous est dû, encore plus que pour mon inté-
» rêt, mon âme, dans laquelle vous vouliez habiter,
» n'eût point été profanée par tant de péchés? Je ne
» saurais en parler sans en être vivement touchée,
» parce que je n'en puis attribuer la cause qu'à moi
» seule, étant obligée de reconnaître qu'il n'y a rien
» que vous m'ayez fait pour me porter, dès cet âge,
» à être absolument toute à vous, mon père et ma
» mère ont pris tant de soin de m'élever dans la
» vertu, et m'ont donné de si bons exemples, qu'au
» lieu de me pouvoir plaindre d'eux, j'ai tous les
» sujets du monde de m'en louer. »

» Lorsque je fus un peu plus avancée en âge, je commençai à connaître les dons de la nature dont Dieu m'avait favorisée et que l'on disait être grands; mais, au lieu d'en rendre grâces à Dieu, je m'en servis pour l'offenser, ainsi que je le dirai dans la suite.

» Il me semble que ce que je vais rapporter me nuisit beaucoup; cela me fait quelquefois apprécier combien grande est la faute des pères et des mères qui ne prennent pas soin d'empêcher leurs enfants de rien voir qui ne les puisse porter à la vertu; car ma mère avait telle que je l'ai dit, et de bonnes qualités que je voyais en elle firent peu d'impression sur mon esprit, lorsque je commençai à devenir raisonnable, et ce qu'elle avait de défectueux me fit grand tort. Elle prenait plaisir à lire des romans, et ce divertissement ne lui faisait pas tant de mal qu'à moi; car elle ne laissait pas de prendre tout le soin qu'elle devait avoir de sa famille, et peut-être ne le faisait-elle que pour occuper ses enfants, afin de les empêcher de penser à d'autres choses qui auraient été capables de les perdre; mais nous oubliions nos autres devoirs, pour ne penser qu'à cela seul. Mon père le trouvait si mauvais, qu'il fallait bien prendre garde qu'il s'en aperçût. Je m'appliquai donc entièrement à une si dangereuse lecture; et cette faute que j'exemple de ma mère me fit faire, causa tant de refroidissement dans mes bons désirs, qu'elle m'en fit commettre beaucoup d'autres. Il me semblait qu'il n'y avait point de mal à employer plusieurs heures du jour et de la nuit à une occupation si vaine, sans que mon père le sût, et ma passion pour cela était si grande, que je me trouvais de contentement qu'à lire quelqu'un de ces livres que je n'eusse point encore vu.

» Je commençai de prendre plaisir à m'ajuster et à désirer de paraître bien; j'avais un grand soin de mes mains et de ma coiffure; j'aimais les parfums et toutes les autres vanités, et, comme j'étais fort curieuse, je n'en manquais pas. Mon intention n'était pas mauvaise, et je n'aurais pas voulu être cause que quelqu'un offensât Dieu pour l'amour de moi. Je demeurai durant plusieurs années dans cette excessive curiosité, sans comprendre qu'il y eût du péché; mais je vois bien maintenant qu'il était fort grand.

» Comme mon père était extrêmement prudent, il ne permettait l'entrée de sa maison qu'à ses neveux, mes cousins-germains; et plût à Dieu qu'il la leur eût refusée aussi bien qu'aux autres! car je connais maintenant quel est le péril, dans un âge où l'on doit commencer à se former à la vertu, de converser avec des personnes qui non-seulement ne connaissent point combien la vanité du monde est méprisable, mais qui portent les autres à l'aimer. Ces parents dont je parle étaient un peu plus âgés que moi; nous étions toujours ensemble, ils m'aimaient extrêmement, mon entretien leur était fort agréable; ils me parlaient du succès de leurs inclinations et de leurs folies, et, qui pis est, j'y prenais plaisir; ce qui fut cause de tout mon mal.

» Si j'avais à donner conseil aux pères et aux mères, je les exhorterais de prendre bien garde de ne laisser voir à leurs enfants, à cet âge, que ceux dont la compagnie peut leur être utile, rien n'étant plus important, parce que notre naturel nous porte plutôt au mal qu'au bien. Je le sais par ma propre expérience; car, ayant une sœur plus âgée que moi, fort sage et fort vertueuse, je ne profitai point de son exemple, et je reçus un grand préjudice des mauvaises qualités d'une de mes parentes qui venait souvent nous voir. Comme si ma mère, qui connaissait la légèreté de son esprit, eût prévu le dommage qu'elle me devait causer, il n'y avait rien qu'elle n'eût fait pour lui fermer l'entrée de sa maison; mais elle ne le put, à cause du prétexte qu'elle avait d'y venir. Je m'affectionnai extrêmement à elle, et ne me lassais point de l'entretenir, parce qu'elle contribuait à mes divertissements et me rendait compte de toutes les occupations que lui donnait sa vanité. Je veux croire qu'elle n'avait point d'autre dessein dans notre amitié, que de satisfaire son inclination pour moi, et le plaisir qu'elle prenait à me parler des choses qui la touchaient.

» J'arrivai ainsi à ma quatorzième année, et il me semble que durant ce temps je n'offensai point Dieu mortellement, ni ne perdis point sa crainte; mais j'en avais davantage de manquer à ce que l'honneur du monde oblige. Cette crainte était si forte en moi, qu'il me paraît que rien n'aurait été capable de me la faire perdre. Que j'aurais été heureuse si j'avais toujours eu une aussi ferme résolution de ne faire jamais rien de contraire à l'honneur de Dieu! mais je ne prenais pas garde que je perdais, par plusieurs autres voies, cet honneur que j'avais tant de passion de conserver, parce qu'au lieu de me servir des moyens nécessaires pour cela, j'avais seulement un extrême soin de ne rien faire de ce qui peut ternir la réputation d'une personne de mon sexe.

» Mon père et ma sœur voyaient avec un sensible déplaisir l'amitié que j'avais pour cette parente, et me témoignaient souvent ne la point approuver; mais comme ils ne pouvaient lui défendre l'entrée de la maison, leurs sages remontrances m'étaient inutiles, et il ne se pouvait rien ajouter à mon adresse pour réussir dans les choses où je m'engageais si imprudemment.

» Je ne saurais penser sans étonnement au préjudice que cause une mauvaise compagnie; et je ne le pourrais croire si je ne l'avais éprouvé, principalement dans une si grande jeunesse. Je souhaiterais que mon exemple pût servir aux pères aux mères, pour les faire veiller attentivement sur leurs enfants; car il est vrai que la conversation de cette parente me changea de telle sorte, que l'on ne reconnaissait plus en moi aucune marque des inclinations vertueuses que mon naturel me donnait; elle et une autre qui était de son humeur m'inspirèrent les mauvaises qu'elles avaient. C'est ce qui me fait connaître combien il importe de n'être qu'en bonne compagnie, et je ne doute point que si j'en eusse rencontré à cet âge une telle qu'il eût été à désirer, et que l'on m'eût instruite dans la crainte de Dieu, je ne serais entièrement portée à la vertu et fortifiée contre les faiblesses dans lesquelles je suis tombée.

» Ayant ensuite entièrement perdu cette crainte de Dieu, il me resta seulement celle de manquer à ce qui regardait mon honneur, et elle me donnait des peines continuelles. Mais me flattant de la créance que l'on n'avait point de connaissance de mes actions, je faisais plusieurs choses contraires à l'honneur de Dieu, et même à celui du monde pour lequel j'avais tant de passion.

» Ce que je viens de rapporter fut donc, à ce qui m'en paraît, le commencement de mon mal, et je ne dois pas, peut-être, en attribuer la cause aux personnes dont j'ai parlé, mais à moi-même, puisque ma seule malice suffisait pour me faire commettre tant de fautes, joint que j'avais auprès de moi des filles toujours disposées à me fortifier dans mes manquements; et, s'il y en eût eu quelqu'une qui m'eût donné de bons conseils, je les aurais peut-être suivis; mais leur intérêt les aveuglait, de même que j'étais aveuglée par mon affection à suivre mes sentiments. Néanmoins, comme j'ai naturellement de l'horreur pour les choses déshonnêtes, j'ai toujours été très-éloignée de ce qui peut blesser l'honneur; et je me plaisais seulement dans les divertissements et les conversations agréables; mais, parce qu'en ne fuyant pas les occasions on s'expose à un péril évident, je me mettais au hasard de me perdre et d'attirer sur moi la juste fureur de mon père et de mes frères. Dieu m'en garantit par son assistance; toutefois ces conversations dangereuses ne purent être si secrètes qu'elles ne donnassent quelque atteinte à ma réputation, et que mon père n'en soupçonnât quelque chose.

» Trois mois environ s'étaient passés de la sorte, lorsqu'on me mit dans un monastère de la ville où j'étais, et où l'on élevait des filles de ma condition, mais plus vertueuses que moi. Cela se fit avec tant de secret, qu'un seul de mes parents le sut. On prit pour prétexte le mariage de ma sœur, et ce que, n'ayant plus de mère, je serais demeurée seule à la maison. L'affection que mon père avait pour moi était si extraordinaire, et ma dissimulation si grande, qu'il ne me pouvait croire aussi mauvaise que je l'étais; ainsi je ne tombai point dans sa disgrâce, bien qu'il se répandît quelque bruit de ces entretiens trop libres que j'avais eus; on n'en pouvait parler avec certitude, parce qu'ils durèrent peu, et que ma passion pour l'honneur me faisait prendre tous les moyens pour les cacher, sans considérer, mon Dieu, qu'ils ne pouvaient être cachés à vos yeux. « Quel mal, ô mon Sauveur, n'arrive-t-il point de ne se pas représenter cette vérité et de s'imaginer qu'il puisse y avoir quelque chose de secret de ce qui se fait contre votre volonté! Pour moi, je suis persuadée que l'on éviterait beaucoup de maux, si l'on se mettait fortement dans l'esprit que ce qui nous importe n'est pas de cacher nos fautes aux hommes, mais de prendre garde à ne rien faire qui vous soit désagréable. »

» Les huit premiers jours que je passai dans cette maison me furent fort pénibles, non pas tant par le déplaisir d'y être, que par l'appréhension que l'on eût connaissance de la mauvaise conduite que j'avais eue, car j'en étais déjà lasse; et parmi tous ces entretiens si vains et si dangereux, je craignais beaucoup d'offenser Dieu, et me confessais fort souvent. Au bout de ce temps, et encore plus tôt, ce me semble, cette inquiétude se passa, et je me trouvais mieux que dans la maison de mon père.

» Les religieuses étaient fort satisfaites de moi, et me témoignaient beaucoup d'affection, parce que Dieu me faisait la grâce de contenter toutes les personnes avec qui je me trouvais. J'étais alors très-éloignée de vouloir être religieuse, mais j'avais de la joie de me voir avec de si bonnes filles; car celles de cette maison avaient beaucoup de vertu, de piété et de régularité. Le démon ne laissa pas néanmoins, pour me tenter, de pousser des personnes du dehors à tâcher de troubler le repos dont je jouissais; mais comme il n'était pas facile d'entretenir un tel commerce, il cessa bientôt; je commençai à rentrer dans les bons sentiments que Dieu m'avait donnés dès mon enfance; je connus combien grande est la grâce qu'il fait à ceux qu'il met en la compagnie des gens de bien, et il me semble qu'il n'y avait point de moyen dont son infinie bonté ne se servît pour me faire retourner à lui. Que vous soyez, mon Sauveur, à jamais béni de m'avoir supportée si longtemps! Amen.

» La seule chose qui me paraît pouvoir excuser ma conduite précédente, si je n'avais commis tant d'autres fautes, c'est que tout ce commerce que j'avais eu se pouvait terminer avec honneur par un mariage, et que mon confesseur et d'autres personnes dont je prenais conseil en diverses choses, me disaient que je n'offensais point Dieu en cela. Une des religieuses du monastère couchait dans la chambre où j'étais avec les autres pensionnaires, et il me semble que Dieu commença, par son moyen, à m'ouvrir les yeux, ainsi que je le dirai dans la suite.

» Comme cette bonne religieuse était fort discrète et fort sainte, je commençai à profiter de ses sages entretiens : je prenais plaisir à l'entendre si bien parler de Dieu, et il me semble qu'il en fut toujours ainsi. Elle me raconta comme cette seule parole de l'Evangile : *Plusieurs sont appelés, mais peu sont élus*, l'avait portée à se faire religieuse, et me représentait les récompenses que Dieu donne à ceux qui quittent tout pour l'amour de lui. De si saints entretiens commencèrent à bannir de mon esprit mes mauvaises habitudes, à y rappeler le désir des biens éternels et à m'ôter l'extrême aversion que j'avais d'être religieuse. Je ne pouvais voir quelqu'une des sœurs pleurer en priant Dieu, ou faire quelques autres actions de piété, sans lui porter envie, parce que j'avais en cela le cœur si dur, que j'aurais pu entendre lire toute la Passion de Notre Seigneur sans jeter une seule larme, et j'en souffrais beaucoup de peine.

» Je demeurai un an et demi dans ce monastère, et j'y profitai beaucoup. Je faisais plusieurs oraisons vocales, et priais toutes les sœurs de me recommander à Dieu, afin qu'il lui plût de me faire connaître en quelle manière il voulait que je le servisse; mais j'aurais désiré que sa volonté ne fût pas de m'appeler à la religion, quoique d'un autre côté j'appréhendasse le mariage. Au bout de ce temps, je me sentis plus portée à être religieuse, mais non pas dans cette maison, parce que les austérités m'en paraissaient alors excessives, et quelques-unes des plus jeunes religieuses me fortifiaient dans cette pensée; au lieu que si toutes se fussent rencontrées dans une même disposition, cela m'aurait beaucoup servi. Ce qui me confirmait encore dans ce sentiment, c'est que j'avais une intime amie dans un autre monastère, et que si j'avais à me faire religieuse, j'aurais voulu être avec elle, considérant ainsi davantage ce qui flattait mon inclination, que mon véritable bien. Mais ces bonnes pensées de me donner entièrement à Dieu dans la vie religieuse s'effaçaient bientôt de mon esprit et n'avaient pas la force de me persuader d'en venir à l'exécution.

» Quoique je ne négligeasse pas entièrement alors ce qui regardait mon salut, Notre Seigneur veillait beaucoup plus que moi pour me disposer à embrasser la profession qui m'était la plus avantageuse : il m'envoya une grande maladie qui me contraignit de retourner chez mon père. Quand je fus guérie, on me mena voir ma sœur; elle demeurait à la campagne, et avait tant d'affection et de tendresse pour moi, qu'elle aurait désiré de tout son cœur me garder toujours avec elle. Son mari me témoignait aussi beaucoup d'amitié, et j'ai l'obligation à Notre

Seigneur que je n'aie jamais été en lieu où l'on ne m'en ait fait paraître, quoique je ne le méritasse pas, étant aussi imparfaite que je le suis.

» Je m'arrêtai en chemin en la maison d'un de mes oncles, frère de mon père, et qui était veuf : c'était un homme fort sage et très-vertueux, et Dieu le disposait à une vocation particulière; quelques années après, il abandonna tout pour se faire religieux, et finit sa vie de telle sorte que j'ai sujet de le croire maintenant dans la gloire. Il me retint durant quelques jours près de lui. Son principal exercice était de lire de bons livres en langue vulgaire, et son entretien ordinaire, de parler des choses de Dieu et de la vanité de celles du monde. Il m'engagea de prendre part à sa lecture, et, quoique je n'y trouvasse pas grand goût, je ne le lui témoignai point; car il ne se pouvait rien ajouter à ma complaisance, quelque peine qu'elle me donnât; elle était même si excessive, que ce que l'on aurait dû considérer en d'autres comme une vertu était en moi un grand défaut. « O mon Dieu, par quelles voies Votre Majesté me conduisait-elle à l'état auquel vous m'appeliez, en me contraignant, contre ma propre volonté, de me faire violence! Que vous soyez béni éternellement! Amen. »

» Quoique je n'eusse demeuré que peu de jours auprès de mon oncle, ce que j'y avais lu et entendu dire de la parole de Dieu, joint à l'avantage de converser avec des personnes vertueuses, fit une telle impression dans mon cœur, qu'il m'ouvrit les yeux pour considérer, ce que j'avais compris dès mon enfance, que tout ce que nous voyons ici-bas n'est rien, que le monde n'est que vanité et qu'il passe comme un éclair. J'entrai dans la peur d'être damnée, si je venais à mourir dans l'état où j'étais; et quoique je ne me déterminasse pas entièrement à être religieuse, je demeurai persuadée que c'était pour moi la condition la plus assurée, et ainsi peu à peu je résolus de me faire violence pour l'embrasser.

» Ce combat intérieur dura trois mois; et, pour vaincre mes répugnances, je considérais que les travaux de la religion ne sauraient être plus grands que les douleurs du purgatoire; et qu'ayant mérité l'enfer, je n'aurais pas sujet de me plaindre d'endurer en cette vie autant que je ferais dans le purgatoire, pour aller après dans le ciel où tendaient tous mes désirs; mais il me semble que j'agissais en cela plutôt par une crainte servile que par un mouvement d'amour. Le démon pour me détourner d'un si bon dessein, me représentait que j'étais trop délicate pour pouvoir supporter les austérités de la religion. A quoi je répondais que Jésus-Christ ayant tant souffert pour moi, il était bien juste que je souffrisse quelque chose pour lui, et que j'avais sujet de croire qu'il m'aiderait à le supporter. Je ne me souviens pas bien toutefois si j'avais dans l'esprit cette dernière pensée, ou je fus assez tentée durant ce temps. Ma santé continuait d'être fort mauvaise, et j'avais, outre la fièvre, de grandes faiblesses; mais le plaisir que je prenais à lire de bons livres me soutenait, et les épîtres de saint Jérôme m'encouragèrent tellement, que je résolus de déclarer mon dessein à mon père, ce qui était presque comme prendre l'habit de religieuse, parce que j'étais si attachée à tout ce qui regarde l'honneur, que rien ne me paraissait capable de me faire manquer à ce à quoi je m'étais une fois engagée.

» Comme mon père avait une affection tout extraordinaire pour moi, il me fut impossible d'obtenir de lui la permission que je lui demandais, quelque instance que je lui en fisse et quelques personnes que j'employasse auprès de lui pour tâcher de le fléchir. Tout ce que je pus tirer de lui fut que je ferais après sa mort ce que je voudrais. La connaissance que j'avais de ma faiblesse me faisant voir combien ce retardement pouvait m'être préjudiciable, je tentai une autre voie pour venir à bout de mon dessein, comme on verra dans la suite.

» Lorsque j'étais dans ces pensées, je persuadai à l'un de mes frères de se faire religieux, en lui représentant qu'il n'y a que vanité dans le monde, et nous résolûmes ensemble d'aller de grand matin au monastère où était cette amie si chère. Mais quelque affection que j'eusse pour elle, j'étais dans une telle disposition, que je serais entrée sans difficulté en quelque autre monastère que ce fût, où j'aurais cru pouvoir mieux servir Dieu, et qui aurait été plus agréable à mon père, parce que, n'ayant alors devant les yeux que mon salut, je ne pensais plus à chercher ma satisfaction particulière.

» Je crois pouvoir dire avec vérité que, quand j'aurais été prête à rendre l'esprit, je n'aurais pas souffert davantage que je fis au sortir de la maison de mon père. Il me semblait que tous mes os se détachaient les uns des autres, parce que mon amour pour Dieu n'était pas assez fort pour surmonter entièrement celui que j'avais pour mon père et pour mes proches, et il était si violent, que, si Notre Seigneur ne m'eût assistée, je n'aurais jamais pu continuer dans ma résolution; mais il me donna la force de me surmonter moi-même, et ainsi je l'exécutai.

» Dans le moment que je pris l'habit, j'éprouvai de quelle sorte Dieu favorise ceux qui se font violence pour le servir. Personne ne s'aperçut de celle qui se passait dans mon cœur; mais chacun croyait, au contraire, que je faisais cette action de grande joie. Il ne se peut rien ajouter à celle que j'eus de me voir revêtue de ce saint habit, et elle a toujours continué jusqu'à cette heure. Dieu changea en une très-grande tendresse la sécheresse de mon âme : je ne trouvais rien que d'agréable dans tous les exercices de la religion; je balayais quelquefois la maison dans les heures que je donnais auparavant à mon divertissement et à ma vanité, et j'avais tant de plaisir à penser que j'étais délivrée de ces vains amusements et de cette folie, que je ne pouvais assez m'en étonner ni comprendre comment un tel changement s'était pu faire. Ce souvenir fait encore maintenant une si forte impression sur mon esprit, qu'il n'y a rien, quelque difficile qu'il fût, que je craignisse d'entreprendre pour le service de Dieu. Car je sais par diverses expériences que, quand c'est son seul amour qui nous y engage, il ne se contente pas de nous aider à prendre de saintes résolutions, mais il veut, pour augmenter notre mérite, que les difficultés nous étonnent, afin de rendre notre joie et notre récompense d'autant plus grandes que nous aurons eu plus à combattre, et il nous fait même goûter ce plaisir dès cette vie par les douceurs et des consolations qui ne sont connues que de ceux qui les éprouvent. Je l'ai, comme je viens de le dire, expérimenté diverses fois en des occasions fort importantes. C'est pourquoi, si j'étais capable de donner un conseil, je ne serais jamais d'avis, lorsque Dieu nous inspire de faire une bonne œuvre, et nous l'inspire diverses fois, de manquer à l'entreprendre par la crainte de ne la pouvoir exécuter, puisque, si c'est seulement pour son amour que l'on s'y porte, elle ne saurait ne pas réussir par son assistance, rien ne lui étant impossible. Qu'il soit béni à jamais ! Ainsi soit-il.

« O mon souverain bien et mon souverain repos,
» la grâce que votre infinie bonté m'avait faite de
» me conduire par tant de divers détours à un état
» aussi assuré qu'est celui de la vie religieuse, et
» dans une maison où vous aviez un si grand nombre
» de servantes de qui je pouvais apprendre à m'a-
» vancer dans votre service, ne devait-elle pas me
» suffire ? Comment puis-je passer outre dans la
» suite de ce discours, lorsque je pense à la manière
» dont je fis profession, à l'incroyable contentement
» que je ressentis de me voir honorée de la qualité
» de votre épouse, et à la résolution dans laquelle
» j'étais de faire tous mes efforts pour vous plaire ?
» Je n'en puis parler sans verser des larmes ; mais
» ce devrait être des larmes de sang, et mon cœur
» devrait se fendre de douleur, lorsque je vois que,
» ces bons sentiments, grands en apparence étaient
» bien faibles, puisque je vous ai offensé depuis. Je
» trouve maintenant que j'avais raison de n'oser pas
» m'engager dans un état si relevé, quand je con-
» sidère le mauvais usage que j'en ai fait ; mais
» vous avez voulu, mon Dieu, pour me rendre meil-
» leure et me corriger, souffrir que je vous aie of-
» fensé durant vingt ans, en employant aussi mal
» que j'ai fait une telle grâce. Il semble, mon Sau-
» veur, vu la manière dont j'ai vécu, que j'eusse ré-
» solu de ne rien tenir de ce que je vous promettais.
» Ce n'était pas néanmoins mon intention ; mais,
» repassant par mon esprit de quelle sorte j'ai agi
» depuis, je ne sais quelle elle pouvait être. La
» seule chose dont je suis assurée, c'est que cela
» fait bien connaître, ô Jésus-Christ, mon saint
» époux, quel vous êtes et quelle je suis. Et je puis
» dire, avec vérité, que ma douleur de vous tant
» offenser est souvent modérée par la joie que je
» ressens de ce tant de patience, avec laquelle vous
» me souffrez, fait voir la grandeur de votre mi-
» séricorde. Car en qui, Seigneur, a-t-elle jamais
» plus paru qu'en moi, qui me suis rendue si indi-
» gne des grâces que vous m'avez faites ? Hélas !
» mon Créateur, j'avoue qu'il ne me reste point
» d'excuse. Je suis coupable de toutes les fautes que
» j'ai commises, et n'avais, pour les éviter, qu'à
» répondre par mon amour pour vous à celui dont
» vous me donnez tant de preuves. Mais n'ayant
» pas alors été assez heureuse pour m'acquitter
» d'un devoir si avantageux pour moi, que puis-je
» faire maintenant que d'avoir recours à votre bonté
» infinie. »

« Le changement de vie et de nourriture altéra ma santé, quoique j'en fusse fort contente ; mes défaillances augmentèrent, et mes maux de cœur étaient si grands, que, se trouvant joints à tant d'autres maux, on ne pouvait les voir sans étonnement. Je passai ainsi la première année ; et il me semble qu'en cet état je n'offensais pas beaucoup Dieu. Le mal était si grand, que j'avais presque toujours fort peu de connaissance, et je la perdais quelquefois entièrement. Il ne se pouvait rien ajouter aux soins que mon père prenait de moi ; et, parce que les médecins de ce lieu-là ne réussissaient point à me traiter, il me fit transporter dans un autre où il s'en trouvait de très-habiles, espérant que leur science me guérirait. Comme on ne faisait point vœu de clôture dans le monastère d'où je sortais, la religieuse que j'ai dit m'avoir prise en grande affection, et qui était déjà ancienne, m'accompagna. Je demeurai presque un an dans le lieu où l'on me mena ; la quantité des remèdes employés durant trois mois me fit tant souffrir, que je ne sais comment je pus les supporter.

» Étant partie à l'entrée de l'hiver, je demeurai jusqu'au mois d'avril en la maison de ma sœur, parce qu'elle était proche du lieu où l'on devait commencer au printemps à me traiter. J'avais passé, en y allant, chez celui de mes oncles dont j'ai parlé, et il me donna un livre qui porte pour titre : *Le troisième Abécédaire*, lequel enseigne la manière de faire l'oraison de recueillement. J'avais renoncé à lire de mauvais livres depuis que j'avais reconnu combien ils sont dangereux, et depuis un an je n'en lisais plus que de bons ; je reçus donc celui-là avec grande joie, et me résolus de faire tout ce que je pourrais pour en profiter : car je ne savais point encore comment il fallait faire oraison et se recueillir ; mais Notre Seigneur m'avait favorisée du don des larmes. Cette lecture me toucha fort ; je commençai à me retirer quelquefois dans la solitude, à me confesser souvent et à marcher dans le chemin que me montrait ce livre, mon directeur ; car je n'en ai point eu durant vingt ans, ni de confesseur qui m'entendît, quoique j'en aie toujours cherché ; ce qui m'a fait beaucoup de tort et a été cause que souvent je me suis retournée en arrière, et que j'ai même couru fortune de me perdre entièrement : au lieu qu'un directeur m'aurait au moins aidée à éviter les occasions d'offenser Dieu.

» Sa Souveraine Majesté me fit dès lors beaucoup de grâces ; et, sur la fin des neuf mois que je passai dans cette solitude, quoique je ne fusse pas si soigneuse de ne la pas offenser que ce livre m'enseignait, et que je passasse par-dessus beaucoup de choses que j'aurais dû pratiquer, parce qu'il paraissait impossible d'agir avec tant d'exactitude, je prenais garde néanmoins de ne point tomber dans quelque péché mortel. Plût à Dieu que j'eusse toujours usé d'une semblable vigilance ! Mais quant aux péchés véniels, je n'en tenais pas compte, et ce fut là mon grand mal.

» Pendant que je marchais dans ce chemin, il plût à Notre Seigneur de me donner l'oraison de quiétude, et quelquefois celle d'union, encore que je ne comprisse rien ni à l'une ni à l'autre et que j'ignorasse le prix de cette faveur qu'il m'eût été si avantageux de connaître.

» Cette oraison d'union durait très-peu, et moins, à ce que je crois, qu'un *Ave Maria* ; mais elle produisait un tel effet dans mon âme, que n'ayant pas encore vingt ans, je me trouvais dans un grand mépris du monde ; il me semblait que je le voyais sous ses pieds et avait compassion de ceux qui s'y trouvaient engagés, quoiqu'ils ne s'occupassent qu'à des choses permises.

» Ma manière d'oraison était de tâcher, autant que je le pouvais, d'avoir toujours Notre Seigneur Jésus-Christ présent en moi; et lorsque je considérais quelqu'une des actions de sa vie, je me la présentais dans le fond de mon cœur. Mais j'employais la plupart de mon temps à lire de bons livres, et c'était là tout mon plaisir, parce que Dieu ne m'a pas donné le talent de discourir avec l'entendement et de me servir de l'imagination. J'étais si grossière, que malgré mes efforts, je ne pouvais me représenter au dedans de moi l'humanité de Jésus-Christ.

» Encore que par cette voie de ne pouvoir agir par l'entendement, on arrive plus tôt à la contemplation, pourvu que l'on persévère, elle est extrêmement pénible, parce que la volonté n'ayant point de quoi s'occuper, ni l'amour d'objet présent qui l'arrête, l'âme demeure comme sans appui et sans exercice dans une sécheresse et une solitude difficiles à supporter; d'où il arrive qu'elle se trouve combattue par les diverses pensées qui lui viennent. Ceux qui sont dans cette disposition ont besoin d'une plus grande pureté de cœur que ceux qui peuvent agir par l'entendement, parce que ces derniers se représentent le néant du monde, ce que nous devons à Jésus-Christ, ce qu'il a souffert pour nous, le peu de service que nous lui rendons et les grâces qu'il fait à ceux qui l'aiment, en tirent des instructions pour se défendre des mauvaises pensées et fuir les occasions de péché. Ainsi, comme ceux qui sont privés de cet avantage sont en plus grand péril, ils doivent beaucoup s'occuper à de saintes lectures, pour en tirer le secours qu'ils ne peuvent trouver dans eux-mêmes. Cette manière de prier sans que l'entendement agisse est si pénible, et la lecture, quelque brève qu'elle soit, est si nécessaire pour se recueillir et suppléer à l'oraison mentale, que si le directeur ordonne sans cette aide de demeurer longtemps en oraison, il sera impossible de lui obéir, et la santé des personnes qu'il conduira de la sorte se trouvera altérée, et une non aussi grande peine que sera celle qu'elles souffriront.

» J'ai maintenant, ce me semble, sujet de croire que ç'a été par une conduite particulière de Dieu que, durant dix-huit ans que je demeurai dans de si grandes sécheresses, et ignorance de la méditation, je ne trouvai personne qui m'enseignât cette manière d'oraison, parce qu'il m'aurait été impossible, à mon avis, de la pratiquer. Ainsi, excepté lorsque je venais de communier, je n'osais jamais m'engager à prier que je n'eusse un livre, et je n'appréhendais pas moins de demeurer en oraison sans cette assistance, qu'un homme craindrait de s'engager à combattre seul contre plusieurs. Ce livre m'était comme un second ou un bouclier pour me défendre de la distraction que tant de diverses pensées pouvaient me donner; il m'assurait et me consolait, parce qu'il faisait que ces sécheresses ne m'arrivaient guère; au lieu que je ne manquais d'y tomber quand je n'avais pas un livre, et mon âme s'égarait dans ses pensées; mais je n'avais pas plus tôt pris un livre qu'elle se recueillait, et mon esprit, comme attiré doucement par ce moyen, devenait calme et tranquille. Quelquefois même il me suffisait d'ouvrir le livre, sans avoir besoin de passer outre : d'autres fois je lisais un peu; d'autres fois je lisais beaucoup, selon la grâce que Notre Seigneur me faisait.

» Il me paraissait alors qu'avec des livres et de la solitude, je n'avais rien à appréhender, et je crois qu'étant assistée de Dieu, cela se serait trouvé véritable, si un directeur ou quelque autre personne m'eût avertie de fuir les occasions et m'eût aidée à ne point différer d'en sortir lorsque j'y serais tombée. Que si le démon m'eût en ce temps-là attaquée ouvertement, il me semble que je ne me serais jamais laissée aller à commettre encore de grands péchés; mais il était si artificieux et moi si mauvaise, que je profitais peu de mes bonnes résolutions, quoiqu'elles me servissent beaucoup pour pouvoir souffrir avec autant de patience qu'il plût à Notre Seigneur de m'en donner en d'aussi grands maux que furent ceux que j'endurai dans ces terribles maladies. J'ai sur cela pensé cent fois avec étonnement quelle est l'infinie bonté de Dieu, et je ne saurais, sans en ressentir beaucoup de joie, considérer la grandeur de ses miséricordes. Qu'il soit béni à jamais de m'avoir fait voir si clairement que je n'ai point eu de bon dessein dont il ne m'ait récompensée, même dès cette vie. Quelque imparfaites et mauvaises que fussent mes œuvres; mon divin Sauveur les perfectionnait et les rendait bonnes : il cachait mes péchés, obscurcissait les yeux de ceux qui les voyaient, pour les empêcher de les apercevoir; et, s'il arrivait qu'ils les remarquassent, il les effaçait de leur mémoire. Ainsi je puis dire qu'il couvrait mes fautes pour les rendre imperceptibles et qu'il faisait éclater la vertu qu'il mettait en moi comme malgré moi.

» Mais il faut revenir à mon sujet, pour obéir à ce que l'on m'a commandé : sur quoi je me contenterai de dire que si je m'engageais à rapporter particulièrement la conduite que Dieu a tenue envers moi dans ces commencements, j'aurais besoin de beaucoup plus d'esprit que je n'en ai pour pouvoir faire connaître les infinies obligations dont je lui suis redevable, et quelle a été mon extrême ingratitude qui me les a fait oublier : qu'il soit à jamais béni de l'avoir soufferte! Ainsi soit-il.

» J'ai oublié de dire que, durant l'année de mon noviciat, des choses qui étaient de peu de conséquence en elles-mêmes me causèrent beaucoup de chagrin, parce que l'on m'accusait souvent sans raison, et qu'étant fort imparfaite, j'avais peine à le souffrir; mais la joie de me voir religieuse me les faisait supporter. Comme j'aimais la solitude et pleurais quelquefois pour mes péchés, les sœurs s'imaginaient et disaient entre elles que je n'étais pas contente. J'étais néanmoins affectionnée à toutes les choses de la religion : il n'y avait que le mépris que j'avais peine à souffrir, tant je désirais d'être estimée. Du reste, j'étais exacte en tout ce que je faisais, et il ne paraissait rien en moi que de vertueux. Cela ne me justifie pas toutefois, parce que je ne pouvais ignorer que j'y recherchais ma satisfaction, et qu'ainsi mon ignorance dans le reste ne me pouvait servir d'excuse, si ce n'est une que ce monastère n'étant pas établi dans une grande perfection, ma malice faisait que je laissais ce qui s'y faisait de bon, pour suivre ce qu'il y avait de mauvais.

» Il y avait alors une religieuse malade d'une effroyable maladie, qui lui causa bientôt la mort. C'étaient des ulcères qui s'étaient faits en son ventre, et par lesquels elle rendait la nourriture. Ce mal, qui donnait de l'horreur à toutes les sœurs, ne produisit d'autre effet en moi que de me faire admirer la patience de cette bonne religieuse. Je disais à Dieu que s'il lui plaisait de m'en accorder une semblable, il n'y avait rien que je ne fusse prête à souffrir; et il me semble que j'étais véritablement dans cette disposition, parce que j'avais un si violent désir de jouir des biens éternels, que j'étais résolue d'embrasser tous les moyens qui me les pouvaient procurer. Je ne saurais assez m'étonner que je fusse alors dans ce sentiment; car je ne me sentais point encore avoir cet amour pour Dieu, qu'il me paraît avoir eu depuis que j'ai commencé à faire oraison. J'étais seulement éclairée d'une certaine lumière qui me faisait considérer comme digne de mépris tout ce qui prend fin, et comme d'un prix inestimable ces biens célestes et permanents que l'on peut acquérir par le détachement des biens périssables et passagers. Dieu exauça ma prière. Deux ans n'étaient pas encore accomplis, que je me trouvai en tel état, qu'encore que mes souffrances ne fussent pas de la même nature que celles de cette bonne religieuse, je crois qu'elles n'étaient pas moins grandes, comme on pourra le connaître par ce que je vais dire.

» Le temps de faire des remèdes pour ma guérison étant venu, mon père, ma sœur et cette religieuse qui avait tant d'amitié pour moi, et qui sortit pour m'accompagner, me firent transporter, avec toute l'affection imaginable, au lieu destiné pour cette cure. Alors le démon commença à jeter du trouble dans mon âme, et Dieu tira du bien de ce mal.

» Il y avait en ce lieu-là un ecclésiastique qui avait d'assez bonnes qualités et de l'esprit, mais qui n'était que médiocrement savant. Je le pris pour mon confesseur, parce que j'ai toujours aimé les gens de lettres; les demi-savants m'ont fait beaucoup de tort, et j'ai connu par expérience qu'il vaut mieux en avoir qui ne soient pas du tout savants, pourvu qu'ils soient vertueux et de bonnes mœurs, parce que, se défiant d'eux-mêmes, et moi ne m'y fiant pas non plus, ils ne font rien sans demander conseil à des gens habiles, et ceux-là ne m'ont jamais trompée; au lieu que ces demi-savants l'ont souvent fait, quoiqu'ils n'en n'eussent pas l'intention, mais seulement parce qu'ils n'en savaient pas davantage, et que, les croyant capables, je ne me tenais pas obligée à faire plus que ce qu'ils me conseillaient. Ils me conduisaient par une voie large, ne faisaient passer des péchés mortels que pour des péchés véniels, ne comptaient pour rien les véniels; et j'étais si mauvaise, que, s'ils m'eussent traitée avec plus de rigueur, je pense que j'en aurais cherché d'autres.

» Une telle conduite m'a été si préjudiciable, que je me suis crue obligée de la noter ici, afin d'épargner aux autres un si grand mal. Mais cela ne m'excuse pas devant Dieu, parce qu'elle était par elle-même si dangereuse, et les fautes qu'elle me faisait commettre si grandes, que cela seul devait suffire pour m'empêcher d'y tomber. Je crois que Dieu permit, pour punition de mes péchés, que ces confesseurs se trompassent et me trompassent de la sorte, et je trompai d'autres personnes en leur répétant ce qu'ils me disaient. Je demeurai pendant plus de dix-sept ans dans cet aveuglement, jusqu'à ce qu'un savant religieux de l'ordre de Saint-Dominique commença à me détromper, et que des Pères Jésuites achevèrent de me faire connaître combien cette conduite était dangereuse, me faisant appréhender le péril où elle me mettait, comme je le dirai dans la suite.

» Lorsque je commençai de me confesser à ce prêtre séculier, il me prit en fort grande affection, parce que depuis que j'étais religieuse, je m'accusais de peu de fautes en comparaison de celles dont je me suis accusée dans la suite de ma vie. Il n'avait aucune mauvaise intention dans cette affection qu'il me portait; mais elle était si excessive, qu'elle ne pouvait passer pour bonne. Je lui faisais connaître que pour rien au monde je n'aurais voulu offenser Dieu en des choses importantes, et il m'assurait qu'il était dans la même disposition. Ainsi nous entrâmes en de grandes communications; et comme mon esprit était plein des pensées de la grandeur de Dieu, et mon plaisir, dans ces conversations, de parler de lui, cet amour pour sa divine majesté d'une personne aussi jeune que j'étais alors, donna tant de confusion à cet ecclésiastique, qu'il se résolut de me déclarer l'état déplorable où il était; car il y avait près de sept ans qu'il était engagé dans une affection très-périlleuse avec une femme de ce même lieu, et il ne laissait pas de dire la messe : ce qui était une chose si publique, qu'elle l'avait ruiné de réputation, sans que l'on osât néanmoins lui en parler. Comme je l'aimais beaucoup, cela me donna une extrême compassion, parce que j'étais dans un tel aveuglement, que je considérais comme une vertu de l'aimer les personnes qui nous aiment. Que maudite soit cette maxime, lorsqu'elle s'étend jusqu'à nous porter à faire des choses contraires à la loi de Dieu! C'est l'une de ces folies qui trompent le monde, et qui me trompaient comme les autres; car c'est à Dieu seul que nous sommes redevables de tout le bien que nous recevons des hommes; et ainsi comment peut-on attribuer à une vertu de ne point rompre les amitiés qui lui sont désagréables et qui l'offensent? « Malheureux monde, que vous êtes
» aveugle! que votre aveuglement est périlleux! et
» que vous me feriez, Seigneur, une grande grâce,
» s'il vous plaisait de me rendre très-ingrate envers
» lui, et que je ne le fusse point envers vous! » Pour m'éclaircir encore davantage de cette affaire, je m'informai particulièrement des personnes du logis où cet ecclésiastique demeurait, et j'appris que, si quelque chose le pouvait excuser dans le malheureux état où il se trouvait, c'est que cette méchante femme lui avait donné et l'avait obligé de porter à son cou, pour l'amour d'elle une médaille de cuivre où il y avait un sort, et que l'on n'avait jamais pu le décider à la quitter. Je ne suis pas persuadée de tout ce que l'on dit de ces sortilèges; mais je dirai ce que j'en ai vu, afin que les hommes se gardent de ces détestables créatures, qui, après avoir renoncé à toute crainte de Dieu et à la pudeur que leur sexe les oblige d'avoir en si grande recommandation, sont capables de commettre toute sorte de crimes pour satisfaire les

passions que le démon leur inspire. Quelque grande pécheresse que je sois, je n'ai jamais été tentée d'ajouter foi ni d'avoir recours à ces moyens diaboliques; je n'ai jamais eu intention de mal faire; et je n'aurais jamais voulu, quand je l'aurais pu, contraindre quelqu'un de m'aimer, parce que Dieu m'a empêchée de tomber dans ces crimes, où, s'il m'eût abandonnée à moi-même, je serais tombée comme les autres, n'ayant en moi que misère et que faiblesse. Lorsque j'eus appris tout ce fait particulier, je témoignai à cet ecclésiastique plus d'affection qu'auparavant : en quoi mon intention était bonne; mais ma conduite ne l'était pas, puisque l'on ne doit jamais faire le moindre mal pour en tirer du bien, quelque grand qu'il soit. Je ne lui parlais presque toujours que de Dieu, et cela put lui servir; mais je crois que cette grande amitié qu'il avait pour moi fut ce qui le fit résoudre à me remettre entre les mains cette médaille. Je la fis jeter dans la rivière, et il se trouva aussitôt comme un homme qui se réveille d'un profond sommeil. Tout ce qu'il avait fait durant un si long temps se représenta à ses yeux; il en fut épouvanté, connut la grandeur de son péché, et en conçut de l'horreur. Je ne doute point que la sainte Vierge ne l'ait extrêmement assisté en cette rencontre; car il avait une grande dévotion à la fête de sa conception, et il la solennisait très-particulièrement. Il abandonna entièrement cette malheureuse femme, et ne pouvait se lasser de rendre grâces à Dieu de lui avoir ouvert les yeux pour sortir d'un si grand aveuglement. Il mourut au bout d'un an que j'avais commencé à le voir, et il en avait passé plusieurs au service de Dieu. Je n'ai jamais cru que l'affection qu'il me portait fût mauvaise, quoiqu'elle eût pu être plus pure, et il s'est rencontré des occasions où j'aurais pu commettre de plus grandes fautes, si je n'avais toujours appréhendé d'offenser Dieu; mais, comme je l'ai déjà dit, je n'aurais jamais voulu faire ce que j'aurais cru être un péché mortel; et il me semble que cette disposition dans laquelle cet ecclésiastique me voyait, augmentait l'affection qu'il avait pour moi, parce que, si je ne me trompe, les hommes estiment beaucoup plus les femmes lorsqu'ils les voient portées à la vertu, et elles acquièrent par ce moyen un plus grand pouvoir sur leur esprit, comme on le connaîtra dans la suite. Ainsi, je suis persuadée que Dieu a fait miséricorde à ce prêtre; car il mourut dans de fort bonnes dispositions, très-détaché de ce dangereux commerce, et il me semble que Notre Seigneur voulut le sauver par le moyen que j'avais.

J'eus durant trois mois de très-grandes douleurs en ce pays dont je viens de parler, parce que les remèdes étaient plus forts que la délicatesse de ma complexion ne pouvait porter. Les médecins qui me virent durant les deux premiers mois me mirent presque à l'extrémité; et ce mal de cœur si extraordinaire, pour lequel on me traitait, s'augmenta avec tant de violence, qu'il me semblait quelquefois qu'on me l'arrachait avec des ongles de fer; et il me mettait dans un tel état, que l'on appréhendait que l'excès d'une douleur si insupportable ne passât jusqu'à la rage. La fièvre ne me quittait point; les médecines que l'on m'avait données sans discontinuation durant un mois, m'avaient si extrêmement abattue, que j'étais réduite à ne pouvoir prendre que des bouillons; le feu qui dévorait mes entrailles fit que mes nerfs se retirèrent avec des douleurs excessives, et je n'avais, ni jour ni nuit un seul moment de repos; tant de maux réunis me mirent dans une profonde tristesse.

» Mon père me ramena alors au lieu d'où j'étais partie; les médecins me virent encore et perdirent toute espérance de me guérir, parce que, outre tous ces maux, j'étais étique. Mais ce qui me donnait de la peine n'était pas de me voir condamnée par eux; c'étaient les douleurs que ce retirement de nerfs me faisait souffrir depuis la tête jusqu'aux pieds, et qu'ils disaient eux-mêmes être les plus grandes que l'on puisse endurer. Ainsi, on aurait pu dire que j'aurais été à plaindre dans un si étrange tourment, si mes péchés ne l'eussent bien mérité.

» Trois mois se passèrent dans cette souffrance, et l'on ne comprenait pas comment il était possible que je résistasse à tant de maux. Ils étaient tels, que je ne puis m'en souvenir sans étonnement, et ne point considérer comme une grâce particulière de Dieu la patience qu'il me donna, et que l'on connaissait visiblement venir de lui seul. L'histoire de Job, que j'avais lue dans les *Morales* de saint Grégoire, me servit beaucoup, et il paraît que Dieu, pour me donner la force de supporter tant de douleurs, me prépara par cette lecture et par le secours que je tirais aussi de ce que je commençais à faire oraison. Tous mes entretiens n'étaient qu'avec lui seul, et j'avais presque toujours dans l'esprit et dans la bouche ces paroles de Job, qui, me semblait-il, me fortifiaient : *Après avoir reçu tant de bienfaits de la main de Dieu, pourquoi ne souffrirais-je pas avec patience les maux qu'il m'envoie?*

» Je fus travaillée de la sorte, depuis le mois d'avril jusqu'au 15 août; mais principalement les trois derniers mois : la fête de l'Assomption de la sainte Vierge étant venue, et ayant toujours aimé à me confesser souvent, je voulus remplir ce devoir. On crut que c'était l'appréhension de la mort qui m'y portait, et mon père, pour me rassurer, ne voulut pas me le permettre. O amour qui ne procédez que d'une excessive tendresse naturelle, combien êtes-vous à craindre, puisqu'encore que mon père fût si sage et si bon catholique, l'affection qu'il avait pour moi me pouvait être si préjudiciable ! Il me prit cette même nuit une défaillance qui dura près de quatre jours, sans qu'il me restât aucun sentiment. On me donna durant ce temps le Sacrement de l'extrême-onction; on croyait à tous moments que j'allais rendre l'esprit; on me récitait le *Credo*, comme si j'eusse été en état de pouvoir l'entendre; et l'on doutait si peu que je ne fusse morte, que, quand je revins à moi, je trouvai sur mes yeux des traces de la bougie que l'on avait présentée pour voir si j'étais passée. Dans la douleur qu'avait mon père de m'avoir empêchée de me confesser, il poussait des cris jusqu'au ciel; il adressait ses prières à Dieu, et je ne saurais trop louer son infinie bonté d'avoir daigné les entendre. La fosse pour m'enterrer avait, durant un jour et demi, été ouverte dans notre monastère, et un service fait pour moi dans un couvent de religieux de notre ordre, lorsqu'il plut à Dieu de me faire revenir comme des portes de la mort. Je me confessai aussitôt, et communiai en répandant quantité de larmes; mais il me semble que ces larmes ne procédaient pas du seul regret d'avoir offensé Dieu; ce qui aurait suffi pour me sauver, si ces péchés, que l'on me faisait passer que pour véniels, et que j'ai connu clairement depuis être mortels, n'y eussent point apporté d'obstacle. Car, encore que les douleurs que je souffrais fussent insupportables et qu'il me restât peu de sentiment, il me semble que je me confessai entièrement de toutes les choses en quoi je croyais avoir offensé Dieu; et il m'a fait cette grâce entre tant d'autres, que, depuis que j'ai commencé à me confesser, je n'ai point manqué à m'accuser de tout ce que j'ai cru être péché, quoique véniel. Je suis néanmoins persuadée que, si je fusse morte, mon salut était fort douteux, à cause de l'ignorance de mes confesseurs, et que j'étais mauvaise. Ainsi, je ne saurais penser sans trembler à la manière dont Dieu voulut me conserver comme par miracle.

» Pouvez-vous, mon âme, trop considérer la grandeur de ce péril d'où Notre Seigneur vous tira? et quand votre amour pour lui ne vous empêcherait pas désormais de l'offenser, la crainte ne devrait-elle pas vous retenir, puisqu'il pourrait vous ôter la vie lorsque vous vous trouveriez dans un état encore mille fois plus dangereux? Je crois même que je pourrais, sans exagérer, dire mille et mille fois au lieu de mille, quand je devrais être reprise par celui qui, en me commandant d'écrire ma vie, m'a ordonné de me modérer en ce qui regarde l'aveu de mes péchés, dans lesquels je ne me flatte que trop. Je le conjure, au nom de Dieu, de trouver bon que je les fasse connaître sans en rien dissimuler, afin de mieux faire voir combien la miséricorde de Dieu est admirable, et avec quelle patience il supporte nos offenses. Qu'il soit béni à jamais! Je le prie de me réduire plutôt en cendre, que de souffrir que je sois si malheureuse que de cesser de l'aimer.

» Dieu seul connaît jusqu'à quel point allaient les incroyables douleurs que je souffris ensuite de cette défaillance qui me dura quatre jours. Ma langue était toute déchirée à force de l'avoir mordue, et mon gosier en tel état, par mon extrême faiblesse, que l'eau même n'y pouvant passer, j'étais comme étranglée. Il me semblait que mes os n'avaient plus de liaison; j'avais un étourdissement de tête incroyable; j'étais toute ramassée comme en un peloton, sans pouvoir non plus remuer les bras, les mains et les pieds que si j'eusse été morte, et il me semble que j'avais seulement la liberté de remuer un doigt de la main droite: je ne pouvais souffrir que l'on me touchât pour peu que ce fût; et s'il était besoin de me faire changer de place, il fallait que ce fût avec un drap que deux personnes tenaient par les deux bouts. Je demeurai ainsi jusqu'au dimanche des Rameaux, sans aucun soulagement lorsqu'on me touchait; mais mes douleurs cessaient assez souvent, pourvu que l'on ne me touchât point, et dans la crainte où j'étais que la patience ne me manquât, je me tenais heureuse de voir que ces douleurs si aiguës n'étaient pas continuelles, quoique les frissons de la fièvre double-quarte qui me restait fussent assez violents pour paraître insupportables, et que mon dégoût fût extrême.

» Je désirais avec tant d'ardeur de retourner dans notre monastère, que, ne pouvant me résoudre d'attendre davantage, je m'y fis ramener en cet état. Ainsi, on me revit en vie lorsqu'on me croyait morte, mais avec un corps plus que mourant, et que l'on ne pouvait regarder sans compassion. Ma faiblesse allait au delà de tout ce qui se peut dire : il ne me restait que les os, et cela dura plus de huit mois. Je demeurai ensuite durant près de trois ans toute percluse, quoique avec un peu de soulagement; et lorsque je commençai à me pouvoir traîner, je rendis de grandes actions de grâces à Dieu. Je souffris tous ces maux avec beaucoup de résignation à sa volonté, et les derniers avec joie, parce qu'ils me paraissaient n'être rien en comparaison des premiers; mais quand ils auraient toujours duré, je me trouvais très-disposée à me soumettre à tout ce qu'il lui plairait d'ordonner de moi; il me semble que mon désir de guérir n'était que pour pouvoir m'occuper à l'oraison dans la solitude, en la manière qu'on me l'avait enseignée, parce qu'il n'y avait point dans l'infirmerie de lieu propre pour cela. Je me confessais fort souvent et parlais beaucoup de Dieu; toutes les sœurs étaient édifiées, et s'étonnaient de la patience que Notre Seigneur me donnait, car il leur paraissait impossible, sans son secours, que je souffrisse avec plaisir de si grands maux.

» Je ne saurais trop le remercier de la grâce dont il me favorisait de pouvoir faire oraison, parce qu'elle me faisait comprendre quel bonheur c'est de l'aimer, et que je sentais alors en moi des dispositions à la vertu que je n'avais point auparavant, quoiqu'elles ne fussent pas encore assez fortes pour m'empêcher de l'offenser. Je ne disais du mal de personne, et j'excusais celles dont on se plaignait, parce que j'avais toujours devant les yeux que je devais traiter les autres comme j'aurais voulu que l'on me traitât. Je ne perdais donc point d'occasion d'en user ainsi, quoique ce ne fût pas si parfaitement que je ne fisse des fautes en quelques rencontres; mais j'évitais pour l'ordinaire d'en commettre. Celles avec qui je conversais plus particulièrement en étaient si persuadées, qu'elles croyaient n'avoir rien à appréhender de moi sur ce sujet; ce qui n'empêche pas que j'aie un grand compte à rendre à Dieu du mauvais exemple que je leur donnais en d'autres choses. Je prie sa divine Majesté de me le pardonner, et de ce que j'étais la cause de plusieurs maux, quoique mon intention ne fût pas si mauvaise qu'étaient les effets de ma mauvaise conduite.

» J'entrai dans un grand amour de la solitude, et prenais tant de plaisir de penser à Dieu et d'en parler, que si je trouvais quelqu'un avec qui m'en entretenir, sa conversation m'était beaucoup plus agréable que toute la politesse, ou pour mieux dire la grossièreté du monde. Je me confessais et communiais souvent; j'étais très-affectionnée à lire de bons livres, et j'avais un tel repentir de mes péchés, que je n'osais quelquefois faire oraison, tant j'appréhendais l'extrême peine que la pensée d'avoir offensé Dieu me donnait, et qui me tenait lieu d'un grand châtiment. Cela augmenta encore de telle sorte, que je ne sais à quoi comparer le tourment que j'en souffrais; ce n'était pas la crainte qui le causait, car je n'en avais aucune ; mais c'était le souvenir des faveurs que Notre Seigneur me faisait dans l'oraison, de tant d'autres obligations que je lui avais, et de mon extrême ingratitude. Les larmes que je répandais en si grande abondance pour mes péchés m'affligeaient au lieu de me consoler, lorsque je considérais que je n'en devenais pas meilleure, et que toutes les résolutions que je faisais, et la peine que je prenais pour m'en corriger, ne m'empêchaient pas d'y retomber quand les occasions s'en offraient. Il me semblait que ces larmes n'étaient que des larmes feintes, et que mon repentir n'était qu'une dissimulation, qui me rendait encore plus coupable par le mauvais usage que je faisais de ces larmes qu'il plaisait à Dieu de me donner.

» Je tâchais dans mes confessions de ne rien dire que de nécessaire, et il me semble que je faisais tout ce que je pouvais pour me rendre Dieu favorable ; mais mon malheur venait de ce que je ne coupais pas la racine des occasions qui donnaient sujet à mes fautes, et de ce que je ne tirais presque point de secours de mes confesseurs ; car s'ils m'eussent avertie du péril où je me trouvais, et m'eussent dit que j'étais obligée de renoncer entièrement à ces dangereuses conversations, je ne doute point qu'ils n'eussent remédié à ce mal, et fait cesser toutes mes peines, parce que j'avais tant d'horreur du péché mortel, que si l'on m'eût fait connaître que j'y étais tombée, je n'aurais pu souffrir d'y demeurer seulement durant un jour.

» Toutes ces marques de la crainte que j'avais d'offenser Dieu étaient des effets de mon oraison, et cette crainte était tellement enveloppée et comme étouffée par mon amour pour lui, qu'elle ne me pouvait permettre de penser au châtiment que j'aurais dû appréhender. Durant tout le temps que je fus si malade, je pris un grand soin de ne point commettre de péchés mortels ; mais je désirais la santé pour mieux servir Dieu, et ce désir fut cause de mon mal. Me trouvant percluse, quoique si jeune, et voyant l'état où les médecins de la terre m'avaient mise, je résolus de recourir à ceux du ciel pour obtenir ma guérison. Je supportais néanmoins mon mal si patiemment, que je pensais quelquefois que si cette santé que je souhaitais tant devait être cause de ma perte, il m'était beaucoup meilleur de demeurer comme j'étais ; mais je servirais mieux Dieu si j'étais saine : en quoi je me trompais fort, rien ne nous étant si avantageux que de nous abandonner entièrement à la conduite de Dieu, qui sait beaucoup mieux que nous-mêmes ce qui nous est utile. Je commençai donc à demander que l'on dît des messes pour moi, et que l'on fît des prières approuvées, n'ayant jamais pu souffrir certaines dévotions de quelques personnes, et particulièrement de femmes que l'on a connu depuis être superstitieuses.

» Je pris pour patron et pour intercesseur le glorieux saint Joseph ; je me recommandai beaucoup à lui, et j'ai reconnu depuis que ce grand saint m'a donné, en cette occasion et en d'autres où il allait même de mon honneur et de mon salut, une plus grande et plus prompte assistance que je n'aurais osé la lui demander. Je ne me souviens pas lui avoir jusqu'ici demandé une grâce que je ne l'aie obtenue, ni ne puis penser sans étonnement à celles que Dieu m'a faites par son intercession, et aux périls dont il m'a délivrée, tant pour l'âme que pour le corps. Il semble que Dieu accorde à d'autres saints la grâce de nous secourir dans de certains besoins ; mais je sais par expérience que saint Joseph nous secourt en tous ; comme si Notre Seigneur voulait faire voir que, de même qu'il lui était soumis sur la terre, parce qu'il lui tenait lieu de père et en portait le nom, il ne peut dans le ciel lui rien refuser. D'autres personnes à qui j'ai conseillé de se recommander à lui l'ont éprouvé comme moi ; plusieurs ont maintenant en lui une grande dévotion, et je reconnais tous les jours de plus en plus la vérité de ce que je viens de dire.

» Je n'oubliais rien de tout ce qui pouvait dépendre de moi pour faire que l'on célébrât sa fête avec grande solennité ; en quoi, bien que mon intention fût bonne, j'agissais fort imparfaitement, parce qu'il y entrait plus de vanité que de cet esprit de piété tout simple et tout intérieur ; car j'étais si imparfaite, que je mêlais toujours de grands défauts au bien que Notre Seigneur m'inspirait de faire, tant j'étais naturellement vaine et curieuse : Je le prie de tout mon cœur de me le pardonner. L'expérience que j'avais des grâces que Dieu accorde par l'intercession de ce grand saint me faisait souhaiter de pouvoir persuader à tout le monde d'avoir une grande dévotion pour lui, et je n'ai connu personne qui en ait eu une véritable, et la lui ait témoignée par ses actions, qui ne se soit avancé dans la vertu. Je ne me souviens point de lui avoir, depuis quelques années, rien demandé le jour de sa fête, que je ne l'aie obtenu ; et s'il se rencontrait quelque imperfection dans l'assistance que j'implorais de lui, il en réparait le défaut pour la faire réussir à mon avantage. Si j'avais la liberté d'écrire tout ce que je voudrais, je rapporterais plus particulièrement, avec grand plaisir, les obligations que j'ai à ce glorieux saint, et que d'autres personnes lui ont comme moi ; mais, pour demeurer dans les bornes que l'on m'a prescrites, je passerai plus légèrement que je ne le désirerais sur plusieurs choses, et m'étendrai sur d'autres plus que je ne devrais, par mon peu de discrétion en tout ce que je fais. Je me contenterai donc en cette rencontre de prier, au nom de Dieu, ceux qui n'ajouteront pas foi à ce que je dis, de le vouloir éprouver ; et ils connaîtront par expérience combien il est avantageux de recourir à ce grand patriarche avec une dévotion particulière. Les personnes d'oraison lui doivent, ce me semble, être fort affectionnées ; car je ne comprends pas comment l'on peut penser à tout le temps que la sainte Vierge demeura avec Jésus-Christ enfant, sans remercier saint Joseph de l'assistance qu'il leur rendit ; et ceux qui manquent de directeur pour s'instruire dans l'oraison n'ont qu'à prendre cet admirable saint pour leur guide, afin de ne se point égarer. Dieu veuille que je ne me sois point égarée moi-même dans la hardiesse que j'ai prise de lui parler et de publier le respect que je lui porte, après avoir tant manqué à le servir et à l'imiter ! Ma guérison fut un effet de son pouvoir : je sortis du lit, je marchai, je cessai d'être percluse, et le mauvais usage que je fis d'une telle grâce fut un effet de mon peu de vertu.

» Qui aurait pu s'imaginer que je fusse si tôt tombée, après avoir reçu de si grandes faveurs de Dieu; après qu'il avait commencé à me donner des vertus propres à m'animer à le servir ; après qu'il m'avait retirée d'entre les bras de la mort et du péril d'une condamnation éternelle, et après avoir comme ressuscité mon âme aussi bien que mon corps, en sorte que toutes les personnes qui m'avaient vue dans un état si déplorable ne pouvaient alors voir sans étonnement que je fusse encore en vie? Mais peut-on, mon Dieu, nommer une vie celle que l'on passe au milieu de tant de dangers? Il me semble néanmoins qu'écrivant ceci, je pourrais, me confiant en votre assistance et en votre miséricorde, dire avec saint Paul, quoique non pas si parfaitement que lui : *Je ne vis plus, mais c'est vous, mon Créateur, qui vivez en moi* depuis quelques années, parce que je vois, ce me semble, que vous me conduisez par la main et m'inspirez une ferme résolution, dont j'ai éprouvé l'effet en plusieurs rencontres, de ne rien faire de contraire à votre volonté, quoique je vous aie sans doute offensé en beaucoup de choses sans le connaître. Je crois aussi qu'il n'y a rien que je ne fisse de tout mon cœur pour votre service, si j'en rencontrais des occasions, ainsi qu'il y en a eu quelques-unes où je vous ai été fidèle par votre assistance; il me semble que je n'aime ni le monde ni ce qui est dans le monde, et que, hors de vous seul, mon Dieu, qui êtes tout mon bonheur et toute ma joie, je considère tout le reste comme des croix fort pesantes. Il se peut faire que je me trompe ; mais vous, Seigneur, qui voyez le fond de mon cœur, vous savez que mes sentiments sont conformes à mes paroles. Quel sujet n'aurais-je pas toutefois d'appréhender, si vous cessiez de m'assister, connaissant, comme je fais, que je n'ai de force et de vertu qu'autant qu'il vous plaît de m'en donner ! Mais dans cette opinion que j'ai de moi-même n'entre-t-il point, ô mon Sauveur, quelque présomption qui vous porte à m'abandonner? Détournez, s'il vous plaît, de moi un si grand malheur par votre bonté et par votre miséricorde. Je ne sais comment nous pouvons aimer une vie pleine de tant de dangers : cela me paraissait impossible et m'est néanmoins arrivé diverses fois. Puis-je donc cesser de craindre, voyant que pour peu que vous vous éloigniez de moi, mes bonnes résolutions ne m'empêchent pas de tomber? Soyez béni à jamais! Quoique je vous aie abandonné, vous ne m'avez pas abandonnée de telle sorte que votre main secourable ne m'ait souvent relevée! Je ne saurais dire, et serait bien fâchée de le pouvoir dire, combien de fois il vous a plu de me faire cette grâce, ainsi qu'on le verra dans la suite.

» Je me rengageai alors dans tant d'occasions si périlleuses, que, passant d'un divertissement à un autre, et de vanité en vanité, mon âme tomba dans un tel dérèglement, que j'avais honte d'oser m'approcher de Dieu par une communication telle qu'est celle dont il nous favorise dans l'oraison ; et, à mesure que mes péchés se multipliaient, je perdais le goût qui se rencontre dans la pratique des vertus. En quoi je voyais clairement, mon Dieu, que ce n'était pas vous qui vous retiriez de moi, mais que c'était moi qui me retirais de vous. Ainsi, me trouvant trompée par le plus grand artifice dont le démon se puisse servir, et me voyant si malheureuse, je commençai, sous prétexte d'humilité, à craindre de faire oraison. Je crus que, puisque nulle autre n'était plus imparfaite que moi, je devais suivre le train ordinaire, et me contenter des prières vocales, auxquelles j'étais obligée, sans oser converser avec Dieu par l'oraison mentale, dans le même temps que je méritais d'être en la compagnie des démons.

» Étant en cet état, je trompais le monde, parce qu'il ne paraissait rien en moi dans l'extérieur que de louable, et il n'y avait point de sujet de blâmer les autres religieuses de la bonne opinion qu'elles en avaient. Je n'agissais pas néanmoins en cela avec dissimulation, ni à dessein de paraître avoir plus de piété que je n'en avais; car, par la grâce de Dieu, je ne me souviens point de l'avoir jamais offensé par hypocrisie ou par vaine gloire. J'en avais, au contraire, tant d'aversion, qu'aussitôt que je sentais les premiers mouvements, ma peine était si grande, que le démon se voyait contraint de me laisser en repos, sans plus oser me tenter en cette manière, parce que, y perdant plus qu'il n'y gagnait, il voyait que ses vains efforts tournaient à mon avantage ; c'est pourquoi il ne m'a guère attaquée de ce côté-là. Peut-être, néanmoins, que, si Dieu eût permis qu'il m'eût tenté aussi fortement en cela qu'en d'autres choses, je n'aurais pu y résister ; mais sa divine Majesté m'en a jusqu'ici préservée, et je ne saurais trop lui en rendre grâces. Ainsi, comme je ne pouvais ignorer ce qui était dans mon cœur, j'étais si éloignée de vouloir passer dans l'esprit de ces bonnes filles pour meilleure que je n'étais, que je ne pouvais voir sans beaucoup de peine la trop bonne opinion qu'elles avaient de moi.

» Ce qui leur cachait ainsi mes défauts venait de ce qu'elles voyaient qu'étant encore si jeune et dans tant d'occasions de perdre mon temps, je me retirais souvent pour prier et lire beaucoup ; que je prenais plaisir à parler de Dieu, à faire peindre en plusieurs lieux son image, et à mettre dans mon oratoire diverses choses qui excitaient la dévotion ; que je ne disais du mal de personne, et autres choses semblables qui avaient quelque apparence de vertu, à quoi il faut ajouter que je réussissais assez en ce que l'on estime dans le monde. Tout cela faisait que l'on me donnait plus de liberté qu'aux plus anciennes, et que l'on prenait une grande confiance en moi. Je n'en abusais pas, car je ne faisais rien sans en demander la permission ; il ne m'est jamais arrivé de parler par des trous, ou à travers des fentes de murailles, ou de nuit, et je ne pouvais comprendre que l'on en usât de la sorte dans un monastère, parce que Dieu m'assistait ; et y faisant réflexion, je trouvais qu'étant aussi imparfaite que j'étais, et les autres si bonnes, je n'aurais pu, sans un grand péché, donner sujet de douter de leur vertu, en commettant de semblables fautes ; mais j'en faisais assez d'autres dans lesquelles, il est vrai néanmoins, je ne tombais pas de propos délibéré, et avec autant de connaissance que j'aurais fait en celles-ci.

» Ce que je viens de rapporter me donne sujet de croire que je reçus un grand préjudice d'être en une maison où il n'y avait point de clôture, parce que les libertés que les bonnes religieuses pouvaient prendre innocemment, parce qu'elles ne s'étaient pas obligées à davantage, auraient été capables de me damner, étant aussi mauvaise que je suis, si

Dieu ne m'eût soutenue par des grâces particulières. Ainsi je trouve qu'un monastère de femmes sans clôture les met dans un grand péril ; c'est plutôt le chemin de l'enfer pour celles qui sont mauvaises, qu'un remède à leurs faiblesses. On ne doit pas toutefois prendre ce que je dis pour le monastère où j'étais alors, puisqu'il y a tant de religieuses qui servent Dieu avec une grande perfection, et qu'étant aussi bon qu'il est, il ne saurait ne point continuer à les favoriser de ses grâces. Ce monastère n'est pas du nombre de ceux dont l'entrée est fort libre, et l'on y observe toute la règle ; mais j'entends parler de quelques autres monastères que j'ai vus, et qui me font une très-grande compassion. Il ne suffit pas que Dieu fasse entendre sa voix une seule fois à ces pauvres filles pour les rappeler à lui ; il faut qu'il frappe diverses fois aux oreilles de leur cœur pour les faire rentrer dans leur devoir, tant elles sont remplies de l'esprit du monde, de sa vanité et de ses plaisirs, et comprennent peu leurs obligations. Dieu veuille même qu'elles ne tiennent point pour vertu ce qui est péché, comme cela m'est arrivé trop souvent ; et il est si difficile de ne pas s'y tromper, qu'il n'y a que Dieu qui, par une assistance particulière de sa grâce, puisse donner la lumière nécessaire pour le comprendre.

» Que si les parents voulaient suivre mon conseil, quand même ils ne seraient point touchés de la considération du salut de leurs filles, en les mettant dans des maisons où elles courent plus de risque de se perdre que dans le monde, ne devraient-ils pas l'être par la considération de leur honneur, et les marier plutôt moins avantageusement, ou les retenir auprès d'eux, que de les mettre, pour s'en décharger, en de semblables monastères, si ce n'est qu'ils reconnussent en elles de très-bonnes inclinations ? Dieu veuille encore que cela leur serve ; car si elles se portent au mal dans le monde, on les connaîtra bientôt : au lieu que dans les monastères elles se peuvent longtemps cacher ; mais enfin on le découvre, et ce mal est d'autant plus grand, qu'elles le communiquent aux autres, sans que quelquefois il y ait de la faute de ces pauvres filles s'abandonnant, sans y penser, au mauvais exemple qu'on leur donne.

En vérité, on ne peut trop plaindre celles qui, renonçant au siècle pour échapper à ses périls, et passer leur vie au service de Dieu, se trouvent en beaucoup plus grand hasard que jamais, et ne savent comment y remédier, parce que la jeunesse, la sensualité et le démon les poussent à faire les mêmes choses qu'elles avaient voulu éviter en quittant le monde ; et elles s'aperçoivent si peu qu'elles sont mauvaises, qu'elles sont presque persuadées qu'elles font bien. Il me semble qu'on peut, en quelque sorte, les comparer à ces malheureux hérétiques qui s'aveuglent volontairement, et tâchent d'engager les autres dans leur erreur, qu'ils prennent pour la vérité, sans pouvoir néanmoins en être entièrement persuadés, parce qu'ils sentent dans le fond de leur cœur comme une voix intérieure qui leur dit qu'ils se trompent.

» Quel malheur est donc plus grand que celui des monastères, d'hommes et de femmes, qui ne sont pas réformés, et où l'on marche également par deux voies si différentes, l'une de la vertu, et l'autre du relâchement ? Mais, que dis-je, également ? hélas ! on suit beaucoup plus la voie qui est si périlleuse, parce que nos mauvaises inclinations nous y poussent, et que beaucoup y marchant nous la font paraître encore plus agréable. Ainsi le chemin de la véritable observance est si peu battu, que le religieux et la religieuse désireux de satisfaire aux obligations de leur vocation ont plus de sujet d'appréhender les personnes avec qui ils vivent que les démons ; doivent être plus retenus à parler de l'amour que l'on doit avoir pour Dieu, que des amitiés et des liaisons que le diable fait contracter dans ces monastères.

» Y a-t-il donc sujet de s'étonner de voir tant de maux dans l'Église, puisque ceux qui devraient porter les autres à la vertu ont tellement éteint en eux l'esprit des saints fondateurs de leurs ordres ? Je prie Dieu de tout mon cœur d'y vouloir apporter le remède qu'il sait y être nécessaire.

» Quand je m'engageai dans ces conversations dont j'ai parlé et que je voyais pratiquer aux autres, je ne croyais pas qu'elles me dussent être aussi préjudiciables que je l'ai éprouvé depuis ; mais il me semblait que ces visites, si ordinaires dans plusieurs monastères, ne me feraient pas plus de mal qu'aux autres religieuses que je voyais être bonnes. Je ne considérais pas que, comme elles étaient beaucoup meilleures que moi, elles ne s'exposaient pas par là à un si grand péril que je faisais, et je voyais bien néanmoins qu'il y en avait, quand ce n'aurait été qu'à cause du temps qui s'y employait si mal.

» Lorsque je commençai de faire connaissance avec une certaine personne, Dieu m'ouvrit les yeux pour me faire voir l'état où j'étais, et que ces sortes d'amitiés me convenaient mal. Jésus-Christ se présenta à moi avec un visage sévère, et me fit connaître combien ma mauvaise conduite lui était désagréable. Je le vis plus clairement des yeux de mon âme, que je ne le pourrais voir avec ceux de mon corps ; et quoiqu'il y ait plus de vingt-six ans que cela se passât, cette vue fit une telle impression sur mon esprit, qu'elle m'est encore aussi présente qu'elle me le fut dans ce moment. Je demeurai si épouvantée et si troublée, que je ne voulus plus voir cette personne ; mais je reçus un grand dommage d'ignorer que l'on peut voir quelque chose sans l'entremise des yeux corporels ; et le démon, pour me confirmer dans cette ignorance, me faisait entendre que c'était une chose impossible ; que ce que j'avais vu n'était qu'une imagination ; que ce pouvait être un artifice du malin esprit, et autres choses semblables. Néanmoins il me paraissait toujours que c'était Dieu, et que je ne me trompais pas ; mais comme cela ne s'accordait point avec mon inclination, j'aidais aussi moi-même à me tromper ; de sorte que, n'osant en parler à qui que ce fût, je ne pus résister aux instances que l'on me fit de recevoir cette personne, et à l'assurance que l'on me donnait que non-seulement cela ne pouvait nuire à ma réputation, mais que sa conversation m'était honorable. Ainsi je m'y rengageai, et à d'autres encore, en d'autres temps, parce que, durant le grand nombre d'années que je goûtai un plaisir si dangereux, il ne me paraissait pas qu'il le fût beaucoup, quoique je reconnusse quelquefois qu'une telle récréation n'était pas bonne. Nulle autre ne me causa tant de distraction que mes entretiens avec cette personne, parce que je conçus beaucoup d'amitié pour elle.

» Un jour que j'étais avec cette même personne et avec une autre, nous vîmes venir vers nous un crapaud, mais qui marchait beaucoup plus vite que ces sortes d'animaux n'ont accoutumé. Je n'ai jamais pu comprendre comment il pouvait venir, et en plein midi, du côté d'où il venait. Je crus que cela n'était pas sans quelque mystère, et l'impression qu'il me fit ne s'est jamais effacée de mon esprit. « Dieu tout-puissant, avec combien de soin et de bonté me donniez-vous, en tant de manières différentes, de salutaires avertissements, et que j'en ai peu profité ! »

» Il y avait dans ce monastère une religieuse, ma parente, fort ancienne et grande servante de Dieu. Elle me donnait quelquefois de très-bons avis; non-seulement je ne les suivais pas, mais ils me causaient de l'éloignement pour elle, parce qu'il me semblait qu'elle se scandalisait sans sujet. Je rapporte ceci pour faire voir l'extrême bonté de Dieu, et ma malice, qui me rendait digne de l'enfer par mon ingratitude; comme aussi, afin que si Dieu permet que quelques religieuses lisent un jour ceci, elles apprennent, par mon exemple, à ne pas tomber en de semblables fautes. Je les conjure, en son nom, d'éviter de telles récréations, et je le prie de me faire la grâce de désabuser, par ce que je dis ici, quelques-unes de celles que j'ai trompées, en les assurant qu'il n'y avait point de mal ni de péril; en quoi je ne saurais trop déplorer mon aveuglement et les maux dont le mauvais exemple que j'ai donné a été la cause; car je n'avais pas dessein de les tromper, mais j'étais trompée la première, dans la créance que j'avais qu'il n'y avait pas grand mal à cela.

» Étant donc si imparfaite et si incapable de m'aider moi-même, j'avais un très-grand désir d'être utile aux autres; ce qui est une tentation ordinaire à ceux qui commencent, et néanmoins elle me réussit. Ainsi, comme j'aimais extrêmement mon père, je lui souhaitais ardemment le bonheur de savoir faire oraison, que je croyais posséder, et qui passait dans mon esprit pour le plus grand dont on puisse jouir en cette vie. J'usai donc de toute l'adresse que je pus pour lui en faire naître le désir; je l'y engageai, et lui donnai des livres pour l'en instruire; et comme il était très-vertueux, il s'y appliqua avec tant de soin, qu'il y fit, en cinq ou six ans, un fort grand progrès. La consolation que j'en eus fut telle que l'on peut s'imaginer, et je ne pouvais me lasser d'en louer Dieu. Il eut beaucoup de traverses, et il les supportait avec une très-grande soumission à sa volonté. Il venait souvent me visiter, pour se consoler avec moi par des entretiens de piété, et je ne pouvais voir, sans une étrange confusion, qu'il me croyait toujours la même qu'auparavant, quoique je fusse alors si distraite, que je ne faisais plus d'oraison.

» Je demeurai, durant plus d'un an, en cet état, m'imaginant témoigner en cela plus d'humilité. Mais ce fut, comme je dirai dans la suite, la plus grande tentation que j'aie eue, et dont la continuation aurait été capable d'achever de me perdre, parce qu'en faisant oraison, on se recueille après avoir offensé Dieu, et l'on prend davantage garde à fuir les occasions. Mon père venant donc me voir, dans la créance que je continuais toujours ce saint exercice, je ne pus souffrir plus longtemps de le voir trompé. Ainsi, je lui dis que je ne faisais plus d'oraison; mais je ne lui en dis pas la cause. Je pris pour prétexte mes infirmités; il est vrai qu'il m'en était beaucoup resté depuis que j'avais été guérie de cette grande maladie dont j'ai parlé; et ce n'est que depuis peu que je sens quelque soulagement dans ce qu'elles me font souffrir.

» J'ai, durant vingt ans, été travaillée d'un vomissement qui ne me permettait de manger qu'à midi, et quelquefois encore plus tard; mais depuis que je communie plus souvent, ce vomissement me prend le soir avant que je me couche, et m'incommode encore plus qu'auparavant. Je suis même obligée de le provoquer avec une plume ou quelque autre chose, parce qu'autrement il me ferait souffrir davantage. Je ne suis aussi presque jamais sans ressentir diverses douleurs; et elles sont quelquefois bien grandes, principalement des maux de cœur, quoique je ne tombe pas souvent dans cette défaillance qui m'était auparavant si ordinaire; mais je me trouve délivrée de cette paralysie et de ces fièvres qui me tourmentaient si fort; et je suis, depuis huit ans, si peu touchée de ces maux qui me restent, que quelquefois je m'en réjouis, parce qu'il me semble que c'est, en quelque manière, servir Dieu, que de les supporter avec patience.

» Comme mon père était très-droit, et qu'il ne me soupçonnait point de vouloir mentir, il crut aisément ce que je lui dis; et, parce que je connaissais bien que ce prétexte ne suffisait pas, j'ajoutai, pour le mieux persuader, que tout ce que je pouvais faire était d'assister au chœur. Mais cela même ne devait pas me dispenser de continuer à faire oraison, puisque l'on n'y a point besoin de forces corporelles; qu'il ne faut que de l'amour, et que, pourvu qu'on le veuille et que l'on ne se décourage point, Dieu donne toujours le moyen de s'y occuper. Je dis toujours, parce qu'encore que la violence des maux empêche quelquefois l'âme de rentrer en elle-même, elle ne laisse pas de trouver d'autres moments où elle le peut, même au milieu des douleurs; et jamais l'oraison n'est plus parfaite qu'en ces rencontres, où une âme qui aime Dieu véritablement offre avec joie à Jésus-Christ ces mêmes douleurs, dans la pensée que c'est pour se conformer à sa volonté qu'elle les souffre, et qu'elle devient, en quelque sorte, par ce moyen, semblable à lui.

» Ainsi, on voit que ce n'est pas seulement dans la solitude que l'on peut pratiquer utilement l'oraison, mais qu'avec un peu de soin, on tire aussi de grands avantages des temps mêmes où notre Seigneur nous ôte celui de la faire, par les souffrances qu'il nous envoie; et c'est ce qui m'arrivait lorsque j'étais dans la disposition qu'il désirait de moi.

» Cependant mon père m'aimait de telle sorte et avait si bonne opinion de moi, qu'il ne doutait point de la vérité de ce que je lui disais, et me plaignait extrêmement. Comme il était déjà arrivé à un si haut degré de perfection, il se contentait de me voir sans beaucoup m'entretenir, disant que c'était perdre du temps inutilement; et je ne m'en mettais guère en peine, parce que je l'employais en de vaines et inutiles occupations.

» Je ne portai pas seulement mon père à faire oraison, j'y excitai encore d'autres personnes, lors même que j'abusais de telle sorte des grâces de Dieu. Car aussitôt que je voyais qu'elles avaient quelque inclination pour la prière, je les instruisais de la manière de méditer, et je leur donnais des livres qui en traitaient, parce que je ne fus pas plus tôt entrée dans ce saint exercice, que je fus touchée du désir de voir les autres y entrer aussi. Il me semblait que, ne servant pas Dieu comme j'y étais obligée, je devais au moins, pour ne pas rendre inutile la faveur qu'il me faisait, faire que d'autres le servissent au lieu de moi. Ce que je dis ici prouve jusqu'à quel point allait mon aveuglement de négliger mon salut lorsque je travaillais pour celui des autres.

» Mon père ensuite tomba malade de la maladie dont il mourut, et qui ne dura que peu de jours. Je sortis pour l'aller assister; et cette maladie qu'il souffrait dans son corps n'était pas si grande que celle où mon âme était tombée, par ces vains amusements et ces vaines occupations, quoique durant tout le temps que j'étais en si mauvais état, je ne croyais pas pécher mortellement, et que si je l'eusse cru, je n'aurais voulu pour rien au monde y demeurer. Les peines que je pris dans cette maladie de mon père, pour satisfaire à mon devoir, furent si grandes, que je m'acquittai, en quelque sorte, de celles qu'il s'était données pour moi durant mes longues infirmités. Je faisais plus que ma santé et mes forces ne me permettaient; et, bien que je connusse assez que je perdrais, en le perdant, tout mon repos et toute ma consolation, il n'y eut point de contrainte que je ne me fisse pour lui cacher ma douleur, encore qu'elle fût si violente, et que je l'aimasse avec tant de tendresse, qu'il me sembla, lorsqu'il expira, qu'on m'arrachait l'âme.

» La manière dont il mourut, le désir qu'il en avait et les choses qu'il nous dit, après avoir reçu l'extrême-onction, nous obligèrent à rendre à Dieu de grandes actions de grâces. Il nous chargea de lui demander pour lui sa miséricorde, de le prier de nous assister pour persévérer dans son service et considérer quel est le néant du monde. Il nous témoignait par ses larmes son extrême regret de n'avoir pas servi Dieu comme il l'aurait dû, et il nous dit qu'il aurait souhaité de mourir religieux dans l'un des ordres les plus austères. Je ne doute point que Dieu ne lui eût fait connaître qu'il mourrait de cette maladie; car, encore que les médecins le trouvassent beaucoup mieux, il ne tenait pas compte de l'assurance qu'ils lui donnaient, et ne pensait qu'à se préparer à la mort. Son plus grand mal était une douleur dans les épaules, qui ne le quitta jamais, douleur quelquefois si violente, qu'elle le contraignait de se plaindre. Sur quoi je lui dis qu'ayant une si grande dévotion pour ce que souffrit Notre Seigneur, lorsqu'il porta sa croix sur ses épaules, il devait croire qu'il voulait lui faire sentir par cette douleur combien grande avait été la sienne. Ces paroles lui donnèrent tant de consolation, qu'on ne l'entendit plus se plaindre. Il demeura trois jours sans sentiment; mais le jour qu'il mourut, Dieu lui rendit le jugement entier, et nous ne pouvions assez nous en détourner; et il le conserva toujours, jusqu'à ce qu'au milieu du *Credo*, qu'il disait lui-même, il rendit l'esprit. Son visage ressemblait à celui d'un ange, et il me paraissait l'être, en quelque sorte, par les excellentes dispositions où était son âme lorsqu'elle abandonna son corps. Mais qui peut mieux que ce que je viens de rapporter faire connaître combien, après avoir vu une telle vie et une telle mort, je suis coupable de ne pas m'être corrigée de mes défauts, pour ressembler, en quelque sorte, à un si bon père? Un religieux Dominicain fort savant, et qui était son confesseur depuis quelques années, disait avoir trouvé en lui une grande pureté de conscience, et il ne doutait point qu'il n'augmentât dans le ciel le nombre des bienheureux.

» Comme ce religieux était extrêmement vertueux, j'en reçus beaucoup d'assistance; car, m'étant confessée à lui, Dieu lui donna une grande charité pour moi, et il s'appliqua avec soin à me faire connaître le mauvais état où j'étais. Il me faisait communier tous les quinze jours. Je pris peu à peu confiance en lui, lui parlai de mon oraison, et il me dit de ne la pas discontinuer, parce qu'elle ne me pouvait être que fort utile. Je commençai donc à la reprendre, et je ne l'ai jamais quittée depuis; mais je n'évitais pas les occasions qui m'étaient si préjudiciables. Ainsi je passais une vie très-pénible, parce que l'oraison me donnait connaissance de mes fautes. Dieu m'appelait d'un côté, le monde m'entraînait de l'autre. Les biens célestes m'attiraient, ceux de la terre me retenaient attachée; et j'aurais voulu pouvoir allier deux contraires aussi opposés que la vie spirituelle et la satisfaction que donnent les plaisirs des sens. Ce combat qui se passait en moi-même me faisait beaucoup souffrir dans mon oraison, parce que ma manière de la faire étant de me recueillir intérieurement, et que mon esprit se trouvant alors esclave au lieu qu'il aurait dû être le maître, je ne pouvais le renfermer au dedans de moi, sans enfermer avec lui mille choses vaines. Je passai plusieurs années dans cette peine; et je ne saurais penser sans étonnement comment il se peut faire que je ne me corrigeai point de ce défaut, ou que je n'abandonnai point l'oraison. Mais il n'était pas en mon pouvoir de l'abandonner, parce que Dieu, qui voulait se servir de ce moyen pour me faire des grâces encore plus grandes, m'y retenait et m'y soutenait de sa main toute-puissante.

« Seigneur, mon Dieu, de quelles occasions ne
» m'avez-vous point alors délivrée par votre bonté,
» et de quelle sorte ne m'y rengageais-je point par
» ma misère? de quel péril de me perdre entièrement
» de réputation ne m'avez-vous point garantie, lors-
» que je m'abandonnais si imprudemment à faire des
» choses qui pouvaient me faire connaître pour
» aussi imparfaite que je l'étais? Vous cachiez mes
» fautes, Seigneur, aux yeux des hommes; vous leur
» laissiez seulement apercevoir ce qu'il y avait de
» bon en moi, et le leur faisiez paraître si grand,
» qu'ils continuaient à me beaucoup estimer. Ainsi,
» bien que quelquefois ils entrevissent mes vanités,
» les autres choses qui leur paraissaient dignes de
» louanges les éblouissaient et les empêchaient de
» s'y arrêter et de les croire, parce que, sans doute,
» votre suprême sagesse, à qui toutes choses sont
» présentes, le jugeait nécessaire pour me con-
» server l'estime des personnes à qui vous vouliez

» que je parlasse dans la suite des temps pour les
» porter à vous servir ; et au lieu de considérer la
» grandeur de mes péchés, vous considériez seule-
» ment le désir que j'avais de vous être fidèle, et la
» peine que je souffrais de ne pas en avoir la force.

» O Dieu de mon âme, comment pourrai-je ex-
» primer les grâces dont vous m'avez favorisée du-
» rant ce temps, et comme, lorsque je vous offen-
» sais le plus, vous me disposiez par un très-grand
» repentir à les goûter ? Vous usiez, pour cela, mon
» Dieu, du châtiment que vous connaissiez me de-
» voir être plus pénible, en ne punissant que par de
» très-grandes faveurs d'aussi grandes fautes qu'é-
» taient les miennes. Je ne crois pas, Seigneur, en
» parlant ainsi, dire une sottise, quoiqu'il n'y aurait
» pas sujet de s'étonner que j'eusse l'esprit troublé
» par le souvenir d'une aussi étrange ingratitude
» qu'était la mienne. »

» C'était une chose insupportable à mon humeur de recevoir des faveurs au lieu de châtiments ; une seule m'était plus difficile à supporter que ne l'auraient été plusieurs grandes maladies, parce que, connaissant que je les avais bien méritées, j'aurais cru satisfaire en quelque sorte, par ce moyen, à la justice de Dieu ; mais recevoir de nouvelles grâces après s'être rendue indigne des premières, c'est une espèce de tourment qui me paraît terrible, et il le doit être à tous ceux qui ont quelque connaissance de Dieu et quelque amour pour lui, puisque c'est une marque de vertu. Ces sentiments étaient le sujet de mes larmes et de ma douleur de me voir toujours à la veille de faire de nouvelles chutes, quelque véritables que fussent mes désirs, et quelque fermes que fussent mes résolutions. Qu'une âme est à plaindre de se trouver seule au milieu de tant de périls ! car il me semble que, s'il y eût eu quelqu'un à qui je pusse communiquer toutes mes peines, il m'aurait empêchée de retomber dans les mêmes fautes, par la honte de l'avoir pour témoin de ma faiblesse, quand même la crainte d'avoir offensé Dieu ne m'aurait pas retenue.

» Ainsi, je conseillerais à ceux qui s'appliquent à l'oraison, et principalement dans les commencements, de lier amitié avec des personnes qui soient dans le même exercice. C'est une chose très-importante, quand même ils n'en tireraient d'autre avantage que de s'entr'aider par leurs prières ; car si dans le commerce du monde, quelque vain et inutile qu'il soit, on tâche de faire des amis pour soulager son esprit en leur témoignant ses déplaisirs, et augmenter sa satisfaction en leur faisant part de ses joies, je ne vois pas pourquoi il ne serait point permis à ceux qui commencent à aimer et à servir Dieu véritablement de communiquer à quelques personnes ces consolations et ces peines, que les personnes d'oraison ne manquent jamais d'avoir ; et pourvu qu'ils veuillent sincèrement se donner à Dieu, ils n'ont pas sujet de craindre en cela la vaine gloire. Elle pourra bien les attaquer et leur faire sentir la pointe de ses premiers mouvements, mais ce ne sera que pour leur faire acquérir du mérite en les rendant victorieux, et ils profiteront, à mon avis, aux autres et à eux-mêmes par la lumière qu'ils en tireront pour leur conduite. Ceux qui se persuadent, au contraire, que l'on ne peut, sans vanité, entrer dans une communication si sainte, trouveraient donc qu'il y a de la vanité à entendre dévotement la messe à la vue du monde, ou à faire d'autres actions auxquelles on est obligé, comme chrétien, et la crainte qu'il s'y rencontre de la vanité ne doit jamais empêcher de faire.

» Cela est important pour ceux qui ne sont pas encore bien affermis dans la vertu, et qui, outre les obstacles opposés à leurs bons desseins, ont des amis qui les en détournent ; je ne saurais trop en représenter la conséquence. Il n'y a rien que ces dangereux amis ne fassent pour empêcher ceux qu'ils voient dans une véritable disposition d'aimer et de servir Dieu, de la témoigner ; et ils poussent, au contraire, ceux qui sont engagés dans des affections déshonnêtes à les publier hautement : ceci est ordinaire, et passe aujourd'hui pour galanterie.

» Je ne sais si ce que je dis est une rêverie ; mais, si c'en est une, vous n'aurez, mon père, qu'à jeter ce papier dans le feu. Et si ce n'en est pas une, je vous supplie de m'aider à faire connaître la grandeur de ce mal, afin qu'on évite d'y tomber. On agit aujourd'hui si faiblement en ce qui regarde le service de Dieu, que ceux qui marchent dans ses voies doivent se donner la main les uns aux autres pour y avancer : de même ceux qui n'ont l'esprit que rempli des plaisirs et des vanités du siècle s'exhortent à les rechercher. En quoi il est étrange que si peu de gens aient les yeux ouverts pour remarquer leurs folies : au lieu que, quand une personne commence à se donner à Dieu, tant de gens en murmurent, qu'elle a besoin de compagnie pour se défendre et se soutenir contre leurs attaques, jusqu'à ce qu'elle soit assez forte pour ne point craindre de souffrir, puisque autrement elle se trouvera dans une grande détresse. Je pense que c'est à ce sujet que quelques saints s'enfuyaient dans les déserts ; et c'est une espèce d'humilité que de se défier de soi-même et d'espérer du secours de Dieu par l'assistance des personnes vertueuses avec lesquelles on converse. La charité s'augmente par la communication ; et il s'y rencontre tant d'avantages, que je ne serais pas assez hardie pour en parler de la sorte, si je ne les avais éprouvés. Mais, quoique je sois la plus faible et la plus misérable de toutes les créatures, je crois que ceux mêmes qui sont affermis dans la vertu ne perdront rien en ajoutant foi, par humilité, à ceux qui ont éprouvé ce que je dis. Pour ce qui est de moi, je puis assurer que, si Dieu ne m'eût fait connaître cette vérité et donné le moyen de communiquer souvent avec des personnes d'oraison, je serais, en suite de diverses chutes et rechutes, tombée dans l'enfer, parce qu'ayant tant d'amis qui m'aidaient à tomber, je me trouvais seule lorsqu'il fallait me relever ; je ne comprends pas maintenant comment je le pouvais faire. Dieu seul, par son infinie miséricorde, me donnait la main, et je ne saurais trop l'en remercier. Qu'il soit béni aux siècles des siècles ! Ainsi soit-il.

» Ce n'est pas sans raison que je me suis tant étendue sur cette partie de ma vie, dont les imperfections pourront donner un si grand dégoût aux personnes qui la liront, puisque je souhaite de tout mon cœur qu'ils aient de l'horreur de voir qu'une âme ait pu être aussi opiniâtre dans ses péchés et ingrate envers Dieu, après en avoir reçu tant de grâces. Je voudrais que l'on m'eût permis de rapporter particulièrement tous les péchés que j'ai commis durant ce temps, pour ne m'être pas appuyée sur cette inébranlable colonne de l'oraison. Je passai près de vingt ans sur cette mer agitée par de continuels orages; mes chutes étaient grandes; je ne me relevais que faiblement, je retombais aussitôt dans un état si déplorable, que je ne tenais point compte de mes péchés véniels; et, quoique j'appréhendasse les mortels, ce n'était pas autant que je l'aurais dû, puisque je ne m'éloignais pas des occasions qui me mettaient en danger de les commettre. C'était, à mon avis, l'état le plus pénible que l'on puisse imaginer, parce que je ne goûtais ni la joie de servir Dieu fidèlement ni le plaisir que donnent les contentements du monde. Lorsque j'étais engagée dans ces derniers, le souvenir de ce que je devais à Dieu me troublait; et quand j'étais avec Dieu dans l'oraison, ces affections du monde m'inquiétaient; c'était une guerre si pénible, que je ne sais comment je pus la soutenir, non-seulement pendant vingt ans, mais durant un mois. Cela me fait voir clairement la grandeur de la miséricorde que Dieu m'a faite, de me donner la hardiesse de continuer à faire oraison lorsque j'étais si malheureusement engagée dans le commerce du monde. Je dis la hardiesse, car peut-il y en avoir une plus grande que de trahir son prince et son roi? et sachant qu'il le connaît, ne laisser pas de continuer, puisqu'encore que nous ne puissions pas être toujours en la présence de Dieu, il me semble que ceux qui font oraison y sont d'une manière très-différente des autres, parce qu'ils sont assurés qu'il les regarde; le commun des hommes demeure au contraire quelquefois plusieurs jours sans se souvenir qu'il les voit. Il est vrai que, durant ces vingt années, il se passa plusieurs mois, et même, ce me semble, un an tout entier, pendant lequel je prenais grand soin de ne point offenser Dieu et de m'occuper de l'oraison.

» La vérité, que je veux exprimer très-exactement, m'a obligée de dire cela. Mais combien peu ai-je passé de ce temps heureux auquel je me tenais plus sur mes gardes, en comparaison de celui que j'ai passé d'une manière si déplorable! Il y avait néanmoins peu de jours que je n'employasse beaucoup de temps à l'oraison, si ce n'était que je fusse malade ou fort occupée. Mais c'était dans mes maladies que j'étais le mieux avec Dieu et que je travaillais davantage à porter les personnes avec qui je communiquais à se donner entièrement à lui. Je les y exhortais souvent et le priais de vouloir leur toucher le cœur. Ainsi, excepté cette année dont j'ai parlé, depuis vingt-huit ans que je commençai à faire oraison, dix-huit se sont passés dans ce combat de traiter en même temps avec Dieu et avec le monde. Quant aux autres dix années dont il me reste à parler, la cause de cette guerre changea, et elle ne laissa pas d'être grande. Mais, comme je commençais alors à connaître la vanité du monde, et que je tâchais, ce me semble, de servir Dieu, tout me paraissait doux et facile, ainsi que je le dirai dans la suite.

» Deux raisons m'ont obligée à rapporter ceci particulièrement : l'une, pour faire connaître la miséricorde de Dieu et mon ingratitude, et l'autre, pour faire connaître combien grande est la grâce dont il favorise une âme lorsqu'il la dispose à s'affectionner à l'oraison, quoique ce ne soit pas si parfaitement qu'il serait à désirer, puisque, pourvu qu'elle persévère nonobstant les tentations, les chutes et les péchés où le diable l'a fait tomber par ses artifices, je ne doute point que Notre Seigneur ne la conduise enfin au port; j'ai sujet de croire qu'il lui a plu de me faire cette grâce, que je le prie de tout mon cœur me vouloir continuer. Plusieurs personnes fort saintes ont démontré l'avantage qu'il y a de s'exercer à l'oraison mentale, et il y a sujet d'en louer Dieu. Sans cela, je n'aurais pas la présomption d'en oser parler.

Je suis assurée, par l'expérience que j'en ai, que ceux qui ont commencé à faire oraison ne la doivent point discontinuer, quelques fautes qu'ils y commettent, puisque c'est le moyen de s'en corriger, et que sans cela, ils y auraient beaucoup plus de peine; mais il faut qu'ils prennent garde à ne pas se laisser tromper par le démon, lorsque, sous prétexte d'humilité, il les tentera, comme il m'a tentée, d'abandonner ce saint exercice; et ils doivent, en s'appuyant sur la vérité des promesses de Dieu, qui sont infaillibles, croire fermement que, moyennant une confession sincère et une forte résolution de ne plus l'offenser, il leur pardonnera, les assistera comme auparavant et leur fera même de plus grandes grâces, si la grandeur de leur repentir les en rend dignes.

» Quant à ceux qui n'ont pas encore commencé à faire oraison, je les conjure, au nom de Dieu, de ne pas se priver d'un tel avantage. Il y a en cela tout sujet de bien espérer et rien à craindre, puisque, encore que l'on n'avance pas beaucoup dans ce chemin et que l'on ne fasse pas assez d'effort pour se rendre parfait et digne de recevoir les faveurs que Dieu accorde à ceux qui le font, on connaîtra au moins le chemin du ciel; et si l'on continue d'y marcher, la miséricorde de Dieu est grande, et l'on doit espérer que cette persévérance ne sera pas vaine, parce qu'il ne manque jamais de récompenser l'amour qu'on lui porte, et que l'oraison mentale, à mon avis, consiste à témoigner dans ces fréquents entretiens que l'on a seul à seul avec lui, combien on l'aime, et la confiance que l'on a d'en être aimé. Comme l'amitié doit être fondée sur le rapport qui se rencontre entre ceux qui s'aiment, si l'extrême disproportion qu'il y a entre Dieu, tout parfait, et des créatures aussi imparfaites que nous sommes, fait que nous ne l'aimons pas encore, nous devons nous représenter combien il nous importe de nous rendre dignes de son amitié, et supporter par cette considération la peine que nous avons de converser beaucoup avec une majesté qui nous est si disproportionnée.

« O vous, mon Seigneur et mon Dieu, dont la
» vue fait la félicité des anges, il me semble que ce
» que je viens de dire est la manière dont je me
» trouve avec vous, et je ne saurais y penser sans
» souhaiter de pouvoir fondre comme de la cire au
» feu de votre divin amour. Que ne devez-vous point
» souffrir, mon Sauveur, lorsque vous êtes avec
» une créature qui ne peut souffrir d'être avec vous?
» Votre bonté est néanmoins si excessive, que non-
» seulement vous ne la rejetez pas, mais vous lui

» faites des faveurs ; vous attendez avec patience
» qu'elle s'approche de vous en se conformant à vos
» volontés, et ne laissez pas cependant de l'aimer
» telle qu'elle est. Vous lui tenez compte des mo-
» ments où elle vous témoigne de l'amour, et un lé-
» ger repentir vous fait oublier toutes ses fautes. Je
» l'ai éprouvé, mon Créateur, et je ne comprends
» pas comment tout le monde ne tâche point de s'ap-
» procher de vous pour avoir quelque part au bon-
» heur de votre amitié. Les méchants, qui sont si
» éloignés de vous par leurs mauvaises habitudes,
» doivent s'en approcher, afin que vous les rendiez
» bons et que vous souffriez d'être avec eux durant
» quelques heures chaque jour, encore qu'ils ne
» soient pas avec vous, ou que, s'ils y sont, ce ne
» soit comme si j'y étais, qu'avec mille distractions
» provenant des soins et des pensées du monde.
» Je sais qu'ils ne pourraient au commencement,
» ni quelquefois même dans la suite, se défendre
» de ces distractions; mais, pour les récompenser
» de la contrainte qu'ils se font de demeurer avec
» vous, vous empêchez les démons de les attaquer
» aussi fortement qu'ils feraient; vous diminuez le
» pouvoir que ces esprits de ténèbres auraient de
» leur nuire, et vous donnez enfin à ces âmes le
» pouvoir de les surmonter et de les vaincre. Ainsi,
» ô mon Dieu! qui êtes la vie de tous ceux qui se
» confient en votre assistance, vous n'en laissez
» perdre aucun; mais, en rendant la santé de leurs
» corps plus vigoureuse, vous leur donnez aussi
» celle de l'âme. »

« Je ne sais d'où peut procéder la crainte de ceux qui appréhendent de faire l'oraison mentale; mais je n'ai pas peine à comprendre que le démon nous jette dans l'esprit de vaines terreurs pour nous faire un mal véritable, en nous empêchant de penser aux offenses que nous avons commises contre Dieu, à tant d'obligations que nous lui avons, aux extrêmes travaux et aux incroyables douleurs que Notre Seigneur a souffertes pour nous racheter, aux peines de l'enfer et à la gloire du paradis.

» C'étaient là, dans ces périls que j'ai courus, les sujets de mon oraison, et à quoi mon esprit s'appliquait quand il le pouvait. Il m'est arrivé quelquefois, durant plusieurs années, de désirer tellement que le temps d'une heure que je m'étais prescrit pour faire oraison fût achevé, et je m'étais plus attentive à écouter quand l'heure sonnerait, qu'aux sujets de ma méditation, et il n'y a point de pénitence, quelque rigoureuse qu'elle fût, que je n'eusse souvent plutôt acceptée que la peine que j'avais de me retirer pour prier. La répugnance que le diable me causait, ou ma mauvaise habitude était si violente, et la tristesse que je ressentais en entrant dans l'oratoire était si grande, que j'avais besoin, pour m'y résoudre, de tout le courage que Dieu m'a donné, et que l'on dit aller beaucoup au delà de mon sexe, dont j'ai fait un si mauvais usage; mais enfin Notre Seigneur m'assistait, car, après m'être fait cette violence, je me trouvais tranquille et consolée, et j'avais même quelquefois le désir de prier.

» Que si, étant si imparfaite et si mauvaise, Dieu m'a soufferte pendant si longtemps, et s'il paraît clairement que ç'a été par le moyen de l'oraison qu'il a remédié à tous mes maux, qui donc, quelque méchant qu'il soit, devra appréhender de s'y engager, puisque je ne crois pas qu'il s'en trouve aucun autre qui, après avoir reçu de Dieu tant de grâces, en ait été si ingrat durant tant d'années? qui peut, dis-je, manquer de confiance, en voyant quelle a été sa patience envers moi, parce que je tâchais de me retirer pour demeurer avec lui, quoique souvent avec tant de répugnance, qu'il me fallait faire un grand effort sur moi, ou qu'il m'y poussât contre mon gré?

» Si l'oraison est donc si nécessaire et si utile à ceux qui non-seulement ne servent pas Dieu, mais qui l'offensent, comment ceux qui le servent pourraient-ils l'abandonner sans en recevoir un grand préjudice, puisque ce serait se priver de la consolation la plus capable de soulager les travaux de cette vie, et comme vouloir fermer la porte à Dieu lorsqu'il vient pour nous favoriser de ses grâces?

» Je ne saurais penser sans comparaison à ceux qui servent Dieu en cet état, et que l'on peut dire en quelque manière le servir à leurs dépens. Car, quant aux personnes qui font oraison, il les en récompense par des consolations qui rendent leurs peines si faciles à supporter, qu'elles peuvent passer pour très-légères. Mais comme je traiterai amplement ailleurs des faveurs que Dieu fait à ceux qui persévèrent en l'oraison, je n'en dirai pas ici davantage. J'ajouterai seulement que l'oraison a été le moyen dont Dieu s'est servi pour me faire tant de faveurs, je ne vois pas comment il peut venir à nous si nous lui fermons cette porte, parce que quand il a résolu d'entrer dans une âme pour se plaire en elle et la combler de ses grâces, il veut la trouver seule, pure et dans le désir de le recevoir. Ainsi, comment pouvons-nous espérer qu'il accomplisse un dessein si avantageux pour nous, quand, au lieu de lui en faciliter les moyens, nous y apportons de l'obstacle?

» Pour faire connaître quelle est la miséricorde de Dieu et l'avantage que je tirai de ne point abandonner l'oraison et la lecture, il faut que je parle ici de l'artifice dont le démon se sert pour perdre les âmes, de la bonté et de la conduite dont Notre Seigneur use pour les regagner, afin que mon exemple serve à faire éviter les périls dans lesquels je suis tombée. Sur quoi je les conjure, par l'amour qu'elles doivent avoir pour ce divin Sauveur et par celui qu'il leur porte, de prendre garde principalement à fuir les occasions; car lorsqu'on s'y engage, quel sujet n'y a-t-il point de trembler, pour nous qui avons tant d'ennemis à combattre, et si peu de force pour nous défendre!

» Je voudrais pouvoir bien représenter la servitude où mon âme se trouvait alors réduite. Je connaissais assez qu'elle était captive; mais je ne comprenais pas en quoi, et j'avais peine à croire que ce que mes confesseurs considéraient comme des fautes légères, fût un aussi grand mal qu'il me semblait être. L'un d'eux à qui je dis le scrupule que cela me donnait, me répondit qu'encore que je fusse dans une haute contemplation, de semblables occasions et entretiens ne m'étaient point préjudiciables. Ceci m'arriva sur la fin, lorsqu'avec l'assistance de Dieu je prenais davantage soin d'éviter les grands périls; mais je ne fuyais pas encore entièrement les occasions.

» Comme mes confesseurs me voyaient dans de

si bons désirs et que je m'occupais à l'oraison, ils s'imaginaient que je faisais beaucoup; mais je sentais bien dans le fond de mon cœur que je n'en faisais pas assez pour répondre aux obligations que j'avais à Dieu. Je ne saurais maintenant penser, sans un extrême regret, à tant de fautes que cela me fit commettre, et au peu de secours que l'on me donnait pour les éviter, n'en recevant que de Dieu seul; car ceux qui auraient dû m'ouvrir les yeux pour me faire connaître mes manquements, me donnaient, au contraire, la liberté de continuer, en me disant que ces satisfactions et ces divertissements, auxquels j'aurais dû renoncer, étaient permis.

» J'avais une telle affection pour les prédications, que je n'aurais pu en être privée sans en ressentir beaucoup de peine; et je ne pouvais entendre bien prêcher sans concevoir une grande amitié pour le prédicateur, quoique je ne susse d'où cela venait. Il n'y avait point de sermon qui ne me parût bon, encore que je visse les autres en porter un jugement tout contraire; mais lorsqu'en effet il était bon, ce m'était un plaisir sensible; et, depuis que j'ai commencé à faire oraison, je ne me suis jamais lassée de parler ni d'entendre parler de Dieu. Que si, d'un côté, les prédications me donnaient tant de consolation, elles ne m'affligeaient pas peu de l'autre, parce qu'elles me faisaient connaître combien j'étais éloignée d'être telle que je devais. Je priais Dieu de m'assister; mais il me semble que je commettais une grande faute, en ce que, au lieu de mettre toute ma confiance en lui seul, j'en avais encore en moi-même. Je cherchais des remèdes à mes maux, et me tourmentais assez; mais je ne considérais pas que tous mes efforts seraient inutiles, si je ne renonçais entièrement à cette confiance que j'avais en moi pour n'avoir recours qu'à lui seul. Mon âme désirait vivre, et je voyais bien que ce n'était pas vivre que de combattre ainsi sans cesse contre une espèce de mort. Mais il n'y avait personne qui me pût donner cette vie après laquelle je soupirais; je ne pouvais moi-même me la donner, et Dieu, de qui seul je pouvais la recevoir, me la refusait avec justice, puisque après m'avoir fait la grâce de me ramener tant de fois à lui, je l'avais toujours abandonné.

» Dans un état si déplorable, mon âme se trouvait lasse et abattue, et je cherchais inutilement du repos dans mes mauvaises habitudes. Entrant un jour dans l'oratoire, j'y vis une image de Jésus-Christ tout couvert de plaies, que l'on avait empruntée pour une fête de notre maison. Cette image était si dévote et représentait si vivement ce que Notre Seigneur a souffert pour nous, que je me sentis pénétrée de l'impression qu'elle fit en moi par la douleur d'avoir si mal reconnu tant de souffrances endurées par mon Sauveur pour notre salut. Mon cœur semblait se vouloir fendre; et alors, toute fondante en larmes et prosternée contre terre, je priai ce divin Sauveur de me fortifier de telle sorte, qu'à commencer dès ce moment je ne l'offensasse jamais.

» J'avais une dévotion particulière pour sainte Madeleine, et pensais souvent à sa conversion, principalement lorsque je communiais, parce qu'étant assurée que j'avais Notre Seigneur au dedans de moi, je me jetais comme elle à ses pieds, dans la créance qu'il serait touché de mes larmes. Mais je ne savais ce que je faisais; car c'était beaucoup qu'il souffrît que je les répandisse, puisque le sentiment qui les tirait de mes yeux s'effaçait sitôt de mon cœur. Je me recommandais à cette glorieuse sainte pour obtenir de Dieu, par son intercession, qu'il me pardonnât.

» Il me paraît que rien ne m'avait encore tant servi que la vue de cette image dont je viens de parler, parce que je commençais à beaucoup me défier de moi-même et à mettre toute ma confiance en Dieu. Il me semble que je lui dis alors que je ne partirais point de là jusqu'à ce qu'il lui eût plu d'exaucer ma prière; et je crois qu'elle me fut très-utile, ayant été depuis ce jour beaucoup meilleure qu'auparavant.

» Comme je ne pouvais discourir avec l'entendement, ma manière d'oraison était de me représenter Jésus-Christ au dedans de moi, et de le considérer dans les lieux où il était le plus seul et où il souffrait davantage, parce qu'il me semblait qu'en cet état il était encore plus touché des prières de ceux qui, comme moi, avaient tant besoin de son assistance. J'avais beaucoup de ces simplicités, et ne me trouvais nulle part si bien que quand je l'accompagnais en esprit dans le jardin des Olives, et me représentais cette incroyable souffrance qui lui fit, dans son agonie, arroser la terre de son sang. Je désirais ardemment de l'essuyer; mais la vue du grand nombre de mes péchés m'empêchait d'oser l'entreprendre. Je demeurais là aussi longtemps que mes pensées n'étaient point troublées par ces autres pensées qui me donnaient tant de peine. Durant plusieurs années, et avant même d'être religieuse, lorsque je me recommandais à Dieu avant de m'endormir, je pensais toujours un peu à cette oraison de Jésus-Christ dans le jardin, parce que l'on m'avait dit qu'on pouvait gagner par là plusieurs indulgences. Je suis persuadée que cela me servit beaucoup, car je commençai, par ce moyen, à faire oraison sans savoir que je la faisais; et j'y étais si accoutumée, que je n'y manquais pas plus qu'à faire le signe de la croix.

» Pour revenir à la peine que j'avais dans ces méditations où l'entendement n'agit point, je dis que l'âme y perd ou y gagne beaucoup. Elle y perd en ce que l'esprit n'a rien à quoi s'attacher, et elle y gagne parce que son amour pour Dieu est la seule chose dont elle s'occupe; mais elle ne souffre pas peu avant d'en venir là, si ce n'est que Dieu lui veuille donner bientôt l'oraison de quiétude, ainsi que je l'ai vu arriver à certaines personnes; et, quand on marche par ce chemin, il est bon d'avoir un livre afin de pouvoir se recueillir. La vue des campagnes, des eaux, des fleurs et autres choses semblables, réveillait aussi mon esprit, y rappelait le souvenir de leur Créateur et le portait à se recueillir; lors même que j'étais plus ingrate envers Dieu et l'offensais davantage. Mais, quant aux choses célestes et sublimes, mon entendement était si grossier, qu'il ne m'a jamais été possible de me les imaginer jusqu'à ce que Notre Seigneur me les ait représentées dans une autre voie.

» Mon incapacité en cela était si extraordinaire, qu'à moins de voir les objets de mes propres yeux, je ne pouvais me les imaginer, ainsi que les autres font lorsqu'ils se recueillent en eux-mêmes. Tout ce que je pouvais faire était de penser à Jésus-Christ en tant qu'homme; mais, quoi que mes lectures m'apprissent de ses divines perfections, et que je visse plusieurs de ses images, je ne pouvais me les représenter au dedans de moi. J'étais comme un aveugle, ou comme une personne qui se trouve dans une telle obscurité, que, parlant à une autre qu'elle sait être présente, elle ne la voit point: c'est ce qui m'arrivait lorsque je pensais à Notre Seigneur, et ce qui faisait que je prenais tant de plaisir à considérer ses images. Que ceux qui négligent de se procurer ce secours sont malheureux! c'est une marque qu'ils n'aiment point leur Sauveur; car, s'ils l'aimaient, ne prendraient-ils point plaisir à voir son portrait, comme on en prend à voir ceux de ses amis?

» Je n'avais point lu, jusqu'alors, les *Confessions* de saint Augustin, et Dieu permit, par une providence particulière, qu'on me les donnât sans que j'y pensasse. J'étais fort affectionnée à ce saint, tant parce que le monastère où j'avais demeuré séculière était de son ordre, que parce qu'il avait été pécheur, et que je trouvais de la consolation à penser aux saints que Dieu avait convertis à lui, après en avoir été offensé, parce que j'espérais qu'ils m'assisteraient pour obtenir de sa miséricorde de me pardonner comme il leur avait pardonné. Mais je ne pouvais penser qu'avec beaucoup de douleur que, depuis qu'il les avait une fois appelés à lui, ils n'étaient plus retombés dans les mêmes péchés; au lieu qu'il m'avait appelée tant de fois sans que je me fusse corrigée. Néanmoins, considérant son amour extrême pour moi, je reprenais courage, et, dans la défiance que j'ai si souvent eue de moi-même, je n'ai jamais cessé de me confier en sa miséricorde.

» Je ne saurais penser sans étonnement à la dureté et à l'obstination de mon cœur au milieu de tant de secours que je recevais de Dieu; car, puis-je ne point craindre, lorsque je considère combien peu je pouvais sur moi-même et que les chaînes qui me retenaient attachée m'empêchaient toujours d'exécuter la résolution de me donner entièrement à lui?

» Quand je commençai à lire *les Confessions* de ce grand saint, je m'y vis, ce me semblait, comme dans un miroir, qui me représentait à moi-même telle que j'étais : je me recommandai extrêmement à lui, et lorsque j'arrivai à sa conversion, et que j'y lus les paroles que lui dit la voix entendue dans ce jardin, mon cœur en fut si vivement pénétré, qu'elles y firent la même impression que si Notre Seigneur me les eût dites à moi-même. Je demeurai, durant longtemps, toute fondante en pleurs et dans une douleur très-sensible; car, que ne souffre point une âme, lorsqu'elle perd la liberté de disposer d'elle-même comme il lui plaît? et j'admire à cette heure comment je pouvais vivre dans un tel tourment. « Je ne saurais trop vous louer, mon
» Dieu, de ce que vous me donnâtes alors comme
» une nouvelle vie, en me tirant de cet état, que
» l'on pouvait comparer à une mort, et à une mort
» très-redoutable. Il m'a paru que depuis ce jour
» votre divine majesté m'a extrêmement fortifiée,
» et je ne saurais douter qu'elle n'ait entendu mes
» cris et n'ait été touchée de compassion de me voir
» répandre tant de larmes. »

» Je commençai à me plaire encore davantage dans une sainte retraite avec Dieu, et à éviter les occasions qui pouvaient m'en distraire, parce que j'éprouvais que je ne les avais pas plus tôt quittées, que je m'occupais de mon amour pour son éternelle majesté; car je sentais bien que je l'aimais; mais je ne comprenais pas, comme j'ai fait depuis, en quoi consiste cet amour, quand il est véritable; et à peine me disposais-je à le servir, qu'il me favorisait de ses grâces. Il semblait qu'il me conviât à vouloir bien recevoir les faveurs que les autres tâchent, avec grand travail, d'obtenir de sa bonté; et dans ces dernières années, il me faisait déjà goûter ces délices surnaturelles, qui sont des effets de son amour. Je n'ai jamais eu la hardiesse de les lui demander, ni cette tendresse que l'on recherche dans la dévotion; mais je le priais seulement de me faire la grâce de ne le point offenser et de me pardonner mes péchés. J'en connaissais trop la grandeur pour oser désirer de recevoir des faveurs, et je voyais bien que sa bonté me faisait une assez grande miséricorde de me souffrir en sa présence, et même de m'y attirer, n'y pouvant aller de moi-même. Il ne me souvient pas de lui avoir demandé des consolations qu'une seule fois, alors que mon âme était dans une extrême sécheresse, et je n'y eus pas plus tôt fait réflexion, que ma confusion et la douleur de me voir si peu humble me procurèrent ce que j'avais eu la hardiesse de demander. Je n'ignorais pas que cela est permis; mais j'étais persuadée que ce n'est qu'à ceux qui s'en sont rendus dignes par une véritable piété, qui s'efforcent de tout leur pouvoir de ne point offenser Dieu, et qui sont résolus et préparés à faire toutes sortes de bonnes œuvres. Il me semblait que mes larmes étaient seulement des larmes de femme, inutiles et sans effet, puisqu'elles ne m'obtenaient pas ce que je désirais. Je crois néanmoins qu'elles m'ont servi, et particulièrement depuis ces deux rencontres dont j'ai parlé, dans lesquelles je souffris tant, puisque je commençai à m'appliquer davantage à l'oraison, et à perdre moins de temps dans les choses qui pouvaient me nuire. Je n'y renonçais pas toutefois entièrement; mais Dieu, qui m'aidait à m'en retirer, et n'attendait pour cela que de m'y voir en quelque sorte disposée, me fit, comme on le verra dans la suite, de nouvelles grâces, qu'il n'a accoutumé d'accorder qu'à ceux qui sont dans une grande pureté de conscience.

» Je me trouvais quelquefois dans l'état que je viens de dire; mais cela se passait promptement, et commença de la manière que je vais le rapporter. En me représentant ainsi Jésus-Christ, comme si j'eusse été auprès de lui, et d'autres fois, en lisant, je me trouvais tout d'un coup si persuadée qu'il était présent, qu'il m'était impossible de douter qu'il ne fût dans moi, ou que je ne fusse entièrement comme abîmée en lui : ce qui n'était point par cette manière de vision que je crois avoir entendu nommer *théologie mystique*. L'âme, en cet état, se trouve tellement suspendue, qu'elle pense être hors d'elle-même. La volonté aime; la mémoire me paraît comme perdue, et l'entendement n'agit point, mais il ne me semble pas qu'il se perde; il est seulement épouvanté de la grandeur de ce qu'il voit, parce que Dieu prend plaisir à lui faire connaître qu'il ne comprend rien à une chose si extraordinaire.

» J'avais auparavant presque toujours ressenti une tendresse que Dieu donne, à laquelle il me semble que nous pouvons contribuer en quelque chose. C'est une consolation qui n'est ni toute sensible, ni toute spirituelle, mais qui, telle qu'elle est vient de Dieu. Il me semble, comme je l'ai dit, que nous pouvons y contribuer beaucoup, en considérant notre bassesse, notre ingratitude envers Dieu, les obligations infinies que nous lui avons, ce qu'il a souffert pour nous dans toute sa vie, et les extrêmes douleurs de sa passion; comme aussi en nous représentant avec joie les merveilles de ses ouvrages, son infinie grandeur, l'amour qu'il nous porte, et tant d'autres choses qui s'offrent à ceux qui ont un véritable désir de s'avancer dans son service, lors même qu'ils n'y font point de réflexion. Que si quelque mouvement d'amour se joint à ces considérations, l'âme se réjouit, le cœur s'attendrit, et les larmes coulent d'elles-mêmes. Il paraît, d'autres fois, que nous les tirons de nos yeux comme par force; et qu'en d'autres rencontres Notre Seigneur nous les fait répandre sans que nous puissions les retenir. On dirait que, nous faisant la grande faveur de n'avoir pour objet de nos larmes que sa suprême majesté, il veut comme nous payer du soin que nous prenons de nous occuper si saintement. Aussi, je n'ai garde de m'étonner de l'extrême consolation que l'âme en reçoit, puisqu'elle ne saurait trop s'en consoler et s'en réjouir.

» Il me paraît dans ce moment que ces consolations et ces joies qui se rencontrent dans l'oraison peuvent se comparer à celles des bienheureux; car, Dieu ne faisant voir à chacun d'eux qu'une félicité proportionnée à leurs mérites, ils sont tous parfaitement contents, quoiqu'il y ait encore plus de différence entre les divers états de gloire qui se trouvent dans le ciel, qu'il n'y en a dans les consolations spirituelles dont on jouit sur la terre. Lorsqu'ici-bas Dieu commence à faire à une âme la faveur dont je viens de parler, elle se tient si récompensée des services qu'elle lui a rendus, qu'elle croit n'avoir plus rien à désirer, et certes, c'est avec raison, puisque les travaux du monde seraient trop bien payés par une seule de ses larmes. Car, quel bonheur n'est-ce point de recevoir ce témoignage que nous sommes agréables à Dieu? Ainsi, ceux qui en viennent là ne sauraient trop reconnaître combien ils lui sont redevables, ni trop lui en rendre grâces, puisque c'est une marque qu'il les appelle à son service, et qu'il les choisit pour leur donner part à son royaume, s'ils ne retournent point en arrière.

» Il faut bien se garder de certaines fausses humilités dont je parlerai, telle que celle de s'imaginer qu'il y aurait de la vanité à demeurer d'accord des grâces que Dieu nous fait. Nous devons reconnaître que nous les tenons de sa seule libéralité, sans les avoir méritées, et que nous ne saurions trop l'en remercier. Autrement, comment pourrions-nous nous exciter à l'aimer, si nous ignorions les obligations que nous lui avons? Car, qui peut douter que plus nous connaîtrons combien nous sommes pauvres par nous-mêmes, et riches par la magnificence dont il plaît à Dieu d'user envers nous, et plus nous entrerons dans une solide et véritable humilité? Cette autre manière d'agir n'est propre qu'à nous jeter dans le découragement, en nous persuadant que nous sommes indignes et incapables de recevoir de grandes faveurs de Dieu. Quand il lui plaît de nous les faire, nous pouvons bien appréhender que ce ne nous soit un sujet de vanité; mais alors nous devons croire que Dieu ajoutera à cette grâce celle de nous donner la force de résister aux artifices du démon, pourvu qu'il voie que nous agissons sincèrement, que notre seul désir est de lui plaire, et non pas aux hommes. Et qui doute que, plus nous nous souvenons des bienfaits que nous avons reçus de quelqu'un, et plus nous l'aimons? Si donc, non-seulement il nous est permis, mais il nous est très-avantageux de nous représenter sans cesse que nous sommes redevables à Dieu de notre être, qu'il nous a tirés du néant, qu'il nous conserve la vie après nous l'avoir donnée, qu'il n'y a point de travaux qu'il n'ait endurés pour chacun de nous, et même la mort, et qu'avant que nous fussions nés, il avait résolu de les souffrir, pourquoi me sera-t-il défendu de considérer toujours qu'au lieu que j'employais mon temps à parler de choses vaines, il me fait la grâce de ne trouver maintenant du plaisir qu'à parler de lui? Cette grâce est si grande, que nous ne saurions nous souvenir de l'avoir reçue et de la posséder, sans nous trouver, non-seulement conviés, mais contraints d'aimer Dieu, en quoi consiste tout le bien de l'oraison fondée sur l'humilité.

» Que sera-ce donc quand une âme se verra qu'elle a reçu d'autres grâces encore plus grandes, telles que sont celles que Dieu fait à quelques-uns de ses serviteurs, de mépriser le monde et eux-mêmes? Il est évident que ces personnes, si favorisées de lui, se reconnaissent beaucoup plus obligées à le servir que celles qui sont aussi pauvres, aussi imparfaites et aussi indignes que je le suis. La première et la moindre de ces grâces devait être plus que suffisante pour me contenter, et il a plu néanmoins à son infinie bonté de m'en accorder d'autres, que je n'aurais osé espérer. Ceux à qui cela arrive doivent plus que jamais s'efforcer de le servir, afin de ne pas être indignes de ses faveurs, puisqu'il ne les accorde qu'à cette condition. Que s'ils y manquent, il les retire, et ils tombent d'un état si heureux et si élevé dans un état encore pire que celui où ils étaient auparavant, et sa majesté donnera ces mêmes grâces à d'autres, qui en feront un meilleur usage pour eux-mêmes et pour autrui. Comment, d'ailleurs, voudrait-on que celui qui ignore qu'il est riche fasse de grandes libéralités d'un bien qu'il ne sait pas qu'il possède? Nous sommes faibles par nous-mêmes, et il me paraît impossible que nous ayons le courage d'entreprendre de grandes choses, si nous ne sentons que Dieu nous assiste. Car comment cette violente inclination, qui nous porte toujours vers la terre, nous permettrait-elle de nous en détacher, et d'avoir même du dégoût et du mépris de tout ce qui est ici-bas, si nous ne goûtions déjà quelque chose du bonheur dont on jouit dans le ciel? Ce n'est que par ces faveurs que Notre Seigneur nous redonne la force que nous avions perdue par nos péchés; et ainsi, à moins que d'avoir reçu ce gage de son amour, accompagné d'une vive foi, pourrions-nous

nous réjouir d'être méprisés de tout le monde, et aspirer à ces grandes vertus qui peuvent nous rendre parfaits? Nous ne regardons que le présent; notre foi est comme morte, et ces faveurs la réveillent et l'augmentent. Comme je suis très-imparfaite, je juge des autres par moi-même; mais il se peut faire que la lumière de la foi leur suffise pour entreprendre de grandes choses. Quant à moi, qui suis si misérable, j'avais besoin de cette assistance et de ce secours.

» Je laisse à ces personnes, plus parfaites que je ne suis, à dire ce qui se passe en elles-mêmes, et je me contente, pour obéir à celui qui me l'a ordonné, de rapporter ce que j'ai éprouvé. Il en connaîtra mieux les défauts que moi; et s'il se trouve que je me trompe, il n'aura qu'à jeter ce papier au feu. Je le prie seulement, au nom de Dieu, ainsi que tous mes confesseurs, de publier ce que j'ai dit de mes péchés; et s'ils jugent à propos d'user, même de mon vivant, de cette liberté que je leur donne, afin que je ne trompe pas davantage ceux qui ont bonne opinion de moi, j'en aurai beaucoup de joie. Mais quant à ce que j'écrirai dans la suite, je ne leur donne pas cette même liberté; et s'ils le montrent à quelqu'un, je les conjure, aussi au nom de Dieu, de ne lui point dire en qui ces choses se sont passées, ni qui les a écrites. C'est pour cette raison que je ne me nomme point, et ne nomme point les autres; je me contente de rapporter, le mieux que je puis, ce que j'ai à dire, sans me faire connaître. Que s'il y a quelque chose de bon, il suffira, pour l'autoriser, que des personnes savantes et vertueuses l'approuvent, et on le devra entièrement attribuer à Dieu, qui m'aura fait la grâce d'y réussir, puisque je n'y aurai point eu de part, et qu'étant si ignorante et si imparfaite, je n'ai été assistée en cela de qui que ce soit. Il n'y a que ceux qui m'y ont engagée par l'obéissance que je leur dois, et qui sont maintenant absents, qui sachent que j'y travaille; je le fais avec peine et comme à la dérobée, parce que cela m'empêche de filer, et que je suis dans une maison pauvre, où je n'ai pas peu d'affaires. Si Dieu m'avait donné plus d'esprit et plus de mémoire, je pourrais me servir de ce que j'ai entendu dire et de ce que j'ai lu; mais ma capacité est si petite, que, s'il se rencontre quelque chose de bon dans cet écrit, Notre Seigneur me l'aura inspiré pour en tirer quelque bien; et, au contraire, tout ce qui s'y trouvera de mauvais étant entièrement de moi, je vous prie, mon père, de le retrancher. Il serait, dans l'un et l'autre cas, inutile de me nommer, puisqu'il est certain que l'on ne doit point, durant la vie d'une personne, publier ce qu'il y a de bon en elle, et que l'on ne pourrait, après ma mort, dire du bien de moi, sans rendre inutile ce que j'aurais écrit de bon, lorsque l'on verrait que c'est l'ouvrage d'une personne aussi défectueuse et si méprisable. Dans la confiance que j'ai que vous et ceux qui doivent voir ce papier, m'accorderez cette grâce que je vous demande si instamment, au nom de Dieu, j'écrirai avec liberté : au lieu que je ne pourrais autrement le faire sans un grand scrupule, excepté pour ce qui regarde mes péchés; car en cela je n'en ai point; et quant au reste, il me suffit d'être femme, et femme très-imparfaite, pour n'avoir pas les ailes assez fortes pour m'élever davantage. Ainsi, excepté ce qui regarde simplement la relation de ma vie, le reste sera, s'il vous plaît, sur votre compte, et ce sera à vous de vous en charger, puisque vous m'avez tant pressée d'écrire quelque chose des grâces que Dieu m'a faites dans l'oraison. Que si ce que j'en dirai se trouve conforme à la vérité de notre sainte foi catholique, vous pourrez vous en servir comme vous le jugerez à propos; et s'il y est contraire, vous n'aurez, s'il vous plaît, qu'à le brûler à l'heure même, pour me détromper, afin que le démon ne tire pas avantage de ce qui m'avait paru m'être avantageux. Car Notre Seigneur sait, comme je le dirai dans la suite, que j'ai toujours fait ce que j'ai pu pour trouver quelqu'un qui fût capable de m'empêcher, par ses avis, de tomber dans les fautes que mon peu de lumière pouvait me faire commettre.

» Quelque désir que j'aie de rendre intelligible ce que je dirai de l'oraison, il paraîtra sans doute bien obscur à ceux qui ne la pratiquent pas. Je parlerai des obstacles et des dangers qui se rencontrent dans ce chemin, selon que je l'ai appris par ma propre expérience et par une longue communication avec des personnes fort savantes et fort spirituelles, qui croient que Dieu m'a donné autant de connaissance depuis vingt-sept ans que je marche dans cette voie, quoique j'y aie bronché plusieurs fois, qu'il en a donné à d'autres en trente-sept ou quarante-sept ans, en pratiquant toujours la pénitence et la vertu.

» Que Notre Seigneur soit béni à jamais et qu'il se serve de moi comme il lui plaira! Il m'est témoin que je ne prétends autre chose dans tout ce que je rapporte, sinon qu'il le tourne à sa gloire, et que ce lui en soit une de voir qu'il lui a plu de changer en un jardin de fleurs odoriférantes un fumier aussi infect que je suis. Je le prie de tout mon cœur de ne pas permettre que j'arrache ces fleurs, pour retourner au même état que j'étais, et je vous conjure en son nom, mon père, de lui demander pour moi cette grâce, puisque vous me connaissez mieux que vous ne me permettez de me faire connaître aux autres.

» J'ai donc à parler maintenant de ceux qui commencent à devenir heureusement esclaves de l'amour de Dieu; car l'oraison n'est autre chose, à mon avis, que le chemin par lequel nous nous engageons à dépendre, absolument comme des esclaves, de la volonté de celui qui nous a témoigné tant d'amour. Cette qualité d'esclave est si relevée et si glorieuse, que je ne saurais y penser sans une joie extraordinaire, et nous n'avons pas plus tôt commencé de marcher avec courage dans un si heureux chemin, que nous bannissons de notre esprit la crainte servile. « Dieu de mon cœur, que je regarde comme mon unique et souverain bien, pourquoi ne voulez-vous pas que lorsqu'une âme se résout à vous aimer, et qu'afin de ne s'occuper que de vous, elle fait ce qu'elle peut pour abandonner tout le reste, elle n'ait pas aussitôt la joie de s'élever jusqu'à ce parfait amour qui vous est dû? Mais que dis-je, Seigneur, c'est de nous-mêmes, et non pas de vous, que nous avons en cela sujet de nous plaindre, puisque ce n'est que par notre faute que nous différons de jouir pleinement de votre amour, qui est la source de tous les biens imaginables. »

» Nous sommes si lents à nous donner entièrement à Dieu, et un bonheur si précieux ne se peut et se doit acheter avec tant de peine, qu'il n'y a pas sujet de s'étonner que nous soyons longtemps à l'acquérir. Je sais bien qu'il n'a point de prix sur la terre; mais je ne laisse pas d'être persuadée que si nous faisions tout ce qui est en notre pouvoir pour nous détacher de toutes les choses d'ici-bas, et porter tous nos désirs vers le ciel, ainsi qu'ont fait quelques saints, sans remettre d'un jour à un autre, nous pourrions espérer que Dieu nous accorderait bientôt une si grande faveur. Mais lorsque nous nous imaginons que nous nous donnons entièrement à lui, il se trouve que ce n'est que l'intérêt et les fruits que nous lui offrons, et que nous retenons en effet le principal et le fonds. Après avoir fait profession de pauvreté, ce qui est sans doute d'un grand mérite, nous nous rengageons souvent dans des soins temporels, et particulièrement dans celui d'acquérir des amis, afin qu'il ne nous manque rien pour le nécessaire, ni même pour le superflu. Ainsi nous rentrons dans de plus grandes inquiétudes, et nous nous mettons peut-être dans un plus grand péril que lorsque nous avions dans le monde la disposition de notre bien.

» Nous croyons de même avoir renoncé à l'honneur du siècle en nous faisant religieuse ou en commençant à mener une vie spirituelle, dans le désir d'arriver à la perfection. Mais, pour peu que l'on touche à ce qui regarde cet honneur, nous oublions aussitôt que nous l'avons donné à Dieu; nous voulons, pour le reprendre, le lui arracher des mains; nous voulons disposer comme auparavant de notre volonté, après l'en avoir rendu le maître; et nous en usons ainsi dans tout le reste.

» C'est une plaisante manière de prétendre acquérir l'amour de Dieu, de le posséder pleinement, et d'avoir de grandes consolations spirituelles, en même temps que nous demeurons toujours dans nos anciennes habitudes; que nous n'exécutons point nos bons desseins, et que nous ne nous élevons point au-dessus des affections de la terre. Quel rapport y a-t-il entre des choses si opposées? et ne sont-elles pas absolument incompatibles? Comme nous ne nous donnons pas tout d'un coup à Dieu, il ne nous enrichit pas non plus tout d'un coup par le don d'un trésor si précieux; et nous devons nous estimer trop heureux s'il lui plaît de nous en gratifier peu à peu, quand même il nous en coûterait tous les travaux que l'on peut souffrir en cette vie. C'est une assez grande miséricorde qu'il fait à une âme lorsqu'il lui donne le courage de se résoudre à travailler de tout son pouvoir pour acquérir un tel bien, puisque si elle persévère, il la rendra, avec le temps, capable de l'obtenir; mais il est besoin qu'il lui donne ce courage, et un courage tout extraordinaire, pour ne point tourner la tête en arrière, car le diable ne manquera pas de lui tendre plusieurs pièges pour l'empêcher d'entrer dans ce chemin, parce qu'il sait que, non-seulement elle lui échapperait des mains, mais qu'elle lui ferait perdre plusieurs autres âmes; je suis persuadée que celui qui commence de courir dans cette sainte carrière et fait tous ses efforts pour arriver, avec l'assistance de Dieu, au comble de la perfection, n'ira pas seul dans le ciel, mais que Dieu lui donnera, comme à un vaillant capitaine, des soldats qui marcheront sous sa conduite.

» Je traiterai maintenant de la manière dont on doit commencer pour réussir dans une telle entreprise, et remettrai à parler ensuite de ce que j'avais commencé à dire de la théologie mystique; c'est ainsi, ce me semble, qu'on la nomme. Le grand travail est dans ce commencement, quoique Dieu l'adoucisse par son assistance; car dans les autres degrés d'oraison il y a plus de consolation que de peine, bien qu'il n'y en ait aucun qui ne soit accompagné de croix, mais fort différentes. Ceux qui veulent suivre Jésus-Christ ne sauraient, sans s'égarer, prendre un autre chemin que celui qu'il a tenu, et peut-on se plaindre de ces heureux travaux dont on est si libéralement récompensé, même dès cette vie?

» Étant femme, et ne voulant écrire que tout simplement pour satisfaire à ce que l'on m'a ordonné, je désirerais pouvoir m'exempter d'user de comparaisons; mais il est difficile aux personnes ignorantes comme moi de bien exprimer le langage du cœur et de l'esprit, que je suis contrainte de chercher quelque moyen pour m'en tirer; et si je rencontre mal, comme cela arrivera le plus souvent, mon ignorance vous sera, mon père, un petit sujet de récréation.

» Je crois avoir lu ou entendu dire cette comparaison, sans savoir ni où je l'ai lue, ou de qui je l'ai entendue, ni à quel propos, tant j'ai mauvaise mémoire, et elle me paraît assez propre pour m'expliquer. Je dis donc que celui qui commence doit s'imaginer qu'il entreprend de faire, dans une terre stérile pleine de ronces et d'épines, un jardin qui soit agréable à Dieu, dont il faut que ce soit Notre Seigneur lui-même qui arrache les mauvaises plantes pour en mettre de bonnes en leur place; et il peut croire que cela est fait quand, après s'être résolu de pratiquer l'oraison, il s'y exerce, et qu'à l'imitation des bons jardiniers, il cultive et arrose ces nouvelles plantes, afin de les faire croître et produire des fleurs, dont la bonne odeur invite sa divine majesté à venir souvent se promener dans ce jardin et prendre plaisir à considérer ces fleurs, c'est-à-dire les vertus dont nos âmes sont parées et embellies.

» Il faut maintenant voir de quelle sorte on peut arroser ce jardin; comment on doit y travailler; considérer si ce travail n'excèdera point le profit que l'on en tirera, et combien de temps il doit durer. Il me semble que cet arrosement peut se faire de quatre manières : ou en tirant de l'eau d'un puits à force de bras, ou en tirant avec une machine et une roue, comme j'ai fait quelques fois, ce qui n'est pas si pénible et fournit plus d'eau; ou en la tirant d'un ruisseau par des rigoles, ce qui est d'un moindre travail et arrose néanmoins tout le jardin; ou enfin par une abondante et douce pluie que Dieu fait tomber du ciel, ce qui est incomparablement meilleur que tout le reste et ne donne aucune peine au jardinier.

» Ces quatre manières d'arroser un jardin pour l'empêcher de périr, étant appliquées à mon sujet, pourront faire connaître en quelque sorte les quatre manières d'oraison dont Dieu, par son infinie bonté, m'a quelquefois favorisée. Je le prie de tout mon cœur de me faire la grâce de m'expliquer si bien, que ce que je dirai serve à l'un de ceux qui m'ont ordonné d'écrire ceci, et à qui il a fait faire en quatre mois plus de chemin dans ce saint exercice que je n'en ai fait en dix-sept ans. Aussi s'y est-il mieux préparé que je n'avais fait, et il arrose par ce moyen, sans grand travail, ce jardin en toutes ces quatre manières, quoique dans la dernière cette eau céleste ne lui soit encore donnée que goutte à goutte; mais de la manière dont il marche, je ne doute point qu'il ne la reçoive bientôt en telle abondance, qu'il pourra, avec l'assistance de Dieu, s'y plonger entièrement. Que si les termes dont je me sers pour m'expliquer lui paraissent extravagants, je serai bien aise qu'il s'en amuse.

» On peut donc comparer ceux qui commencent à faire oraison à ceux qui tirent de l'eau d'un puits avec grand travail tant ils ont de peine à recueillir leurs pensées, accoutumées à suivre l'égarement de leurs sens, lorsqu'ils veulent faire oraison. Il faut qu'ils se retirent dans la solitude, pour ne rien voir et ne rien entendre qui soit capable de les distraire, et que là ils se remettent devant les yeux leur vie passée. Les parfaits, aussi bien que les imparfaits, doivent en user ainsi, mais moins souvent, comme je le dirai dans la suite.

» La difficulté est au commencement, parce que l'on n'ose s'assurer si le repentir que l'on a de ses péchés est un repentir véritable, accompagné d'une ferme résolution de servir Dieu, et l'on doit alors extrêmement méditer sur la vie de Jésus-Christ, quoiqu'on ne le puisse faire sans que cette application lasse l'esprit.

» Nous pouvons arriver jusque-là par notre travail, supposé le secours de Dieu, sans lequel il est évident que nous ne saurions seulement avoir une bonne pensée. C'est commencer à travailler pour tirer de l'eau du puits; et Dieu veuille que nous y en trouvions ! Mais au moins il ne tient pas à nous, puisque nous tâchons d'en tirer et que nous faisons ce que nous pouvons pour arroser ces fleurs spirituelles. Dieu est si bon que, quand pour des raisons à lui connues et pour nous peut-être fort avantageuses, il permet que le puits se trouve à sec, dans le temps que nous faisons, comme de bons jardiniers, tout ce que nous pouvons pour en tirer de l'eau, il nourrit les fleurs sans eau et fait croître nos vertus. J'entends par cette eau nos larmes, et, à leur défaut, la tendresse et les sentiments intérieurs de dévotion.

» Mais que fera celui qui ne trouvera dans ce travail, durant plusieurs jours, que sécheresse et que dégoût de voir que quelques efforts qu'il fasse, et encore qu'il ait tant de fois descendu le seau dans le puits, il n'aura pu en tirer une seule goutte d'eau ? N'abandonnerait-il pas tout, s'il ne se représentait que c'est pour se rendre agréable au Seigneur de ce jardin qu'il s'est donné tant de peine, et qu'il l'aurait prise inutilement, s'il ne se rendait digne, par sa persévérance, de la récompense qu'il en espère ? Il lui arrivera même quelquefois de ne pouvoir pas seulement remuer les bras, ni avoir une seule bonne pensée, puisqu'en avoir c'est tirer de l'eau de ce puits. Que fera, dis-je, alors ce jardinier ? Il se consolera, il se réjouira et regardera comme une très-grande faveur de travailler dans le jardin d'un si grand prince. Il lui suffira de savoir qu'il contente ce Roi du ciel et de la terre, sans chercher sa satisfaction particulière. Il le remerciera beaucoup de la grâce qu'il lui fait de continuer de travailler avec très-grand soin à ce qu'il lui a commandé, encore qu'il n'en reçoive point de récompense présente, et de ce qu'il lui aide à porter cette croix, en se souvenant que lui-même, tout Dieu qu'il est, a porté la croix durant toute sa vie mortelle, sans chercher ici-bas l'établissement de son royaume, et n'a jamais abandonné l'exercice de l'oraison. Ainsi, quand même cette sécheresse durerait toujours, il doit la considérer comme une croix qu'il lui est avantageux de porter, et que Jésus-Christ lui aide à soutenir d'une manière invisible. On ne peut rien perdre avec un si bon maître, et un temps viendra où il paiera avec usure les services qu'on lui aura rendus; que les mauvaises pensées ne l'étonnent donc point; mais qu'il se souvienne que le démon en donnait à saint Jérôme, au milieu même du désert. Comme j'ai souffert ces peines durant plusieurs années, je sais qu'elles sont toujours récompensées; et ainsi je considérais comme une grande faveur que Dieu me faisait, lorsque je pouvais tirer quelques gouttes d'eau de ce puits. Ce n'est pas que je demeure d'accord que ces peines sont très-grandes et que l'on a besoin de plus de courage pour les supporter que pour supporter plusieurs grands travaux que l'on souffre dans le monde; mais j'ai reconnu clairement que Dieu les récompense avec tant de libéralité, même dès cette vie, qu'une heure de consolation donnée depuis dans l'oraison m'a payée de tout ce que j'y avais souffert durant si longtemps. Il me semble que Notre Seigneur permet que ces peines et plusieurs autres tentations arrivent aux uns au commencement, et aux autres dans la suite de leur exercice en l'oraison, pour éprouver leur amour pour lui et connaître s'ils pourront se résoudre à boire son calice et à lui aider à porter sa croix, avant qu'il ait enrichi leurs âmes par de plus grandes faveurs. Je suis persuadée que cette conduite de Dieu sur nous est pour notre bien, parce que les grâces dont il a dessein de nous honorer dans la suite sont si grandes, qu'il veut auparavant nous faire éprouver notre misère, afin qu'il ne nous arrive pas ce qui arriva à Lucifer.

« Que faites-vous, Seigneur, qui ne soit pour le
» plus grand bien d'une âme, lorsque vous connais-
» sez qu'elle est à vous, qu'elle s'abandonne entiè-
» rement à votre volonté, qu'elle est résolue de vous
» suivre partout jusqu'à la mort, et à la mort de la
» croix, de vous aider à porter cette croix, et enfin
» de ne vous abandonner jamais. »

» Ceux qui se sentent dans cette résolution et avoir ainsi renoncé à tous les sentiments de la terre pour n'en avoir que de spirituels, n'ont rien à craindre; car qui peut affliger ceux qui sont déjà dans un état si élevé, que de considérer avec mépris tous les plaisirs que l'on goûte dans le monde, et de n'en rechercher point d'autres que de converser avec Dieu seul ? Le plus difficile est fait alors. Rendez-en grâces, bienheureuses âmes, à sa divine majesté; confiez-vous en sa bonté, qui n'abandonne jamais ceux qu'elle aime; et gardez-vous bien d'entrer dans cette pensée : Pourquoi donne-t-il à d'autres, en si peu de jours, tant de dévotion, et ne me la donne pas en tant d'années ? Croyons que c'est pour notre plus grand bien; et puisque nous ne sommes plus à nous-mêmes, mais à Dieu, laissons-nous conduire par lui comme il lui plaira. Il nous fait assez de grâces de nous permettre de travailler dans son jardin et d'y être auprès de lui, comme nous ne saurions n'y point être, puisqu'il y est toujours. S'il veut que ces plantes et ces fleurs croissent et soient arrosées, les unes par l'eau que l'on tire de ce puits, et les autres sans eau, que nous importe?

« Faites donc, Seigneur, tout ce qu'il vous plaira,
» pourvu que vous ne permettiez pas que je vous
» offense et que je renonce à la vertu, si vous m'en
» avez donné quelqu'une dont je ne suis redevable
» qu'à vous seul. Je désire souffrir, puisque vous
» avez souffert; je souhaite que votre volonté soit
» accomplie en moi, en toutes les manières que vous
» l'aurez agréable; ne permettez pas, s'il vous plaît,
» qu'un trésor d'un aussi grand prix que votre
» amour enrichisse ceux qui ne vous servent que
» pour en recevoir des consolations. »

» Il est essentiel de remarquer, et l'expérience que j'en ai faite le confirme, qu'une âme qui commence à marcher dans ce chemin de l'oraison mentale, avec une ferme résolution de continuer et de ne pas faire grand cas des consolations et des sécheresses qui s'y rencontrent, ne doit pas craindre, quoiqu'elle bronche quelquefois, de retourner en arrière, ni de voir renverser cet édifice spirituel à peine commencé, parce qu'elle le bâtit sur un fondement inébranlable. Car l'amour de Dieu ne consiste pas à répandre des larmes, ni en cette satisfaction et cette tendresse que nous désirons d'ordinaire, parce qu'elles nous consolent, mais il consiste à servir Dieu avec courage, à exercer la justice et à pratiquer l'humilité. Autrement, il me semble que ce serait vouloir toujours recevoir et ne jamais rien donner.

» Pour des femmes faibles comme moi, je crois qu'il est bon que Dieu les favorise par des consolations telles que j'en reçois maintenant de sa divine Majesté, afin de leur donner la force de supporter les travaux qu'il lui plaît de leur envoyer; ainsi que j'en ai eu assez. Mais je ne saurais souffrir que des hommes savants, de grand esprit, et qui font profession de servir Dieu, fassent tant de cas de ces douceurs qui se trouvent dans la dévotion, et se plaignent de ne les point avoir. Je ne dis pas que, s'il plaît à Dieu de les leur donner, ils ne les reçoivent avec joie, parce que c'est une marque qu'il les juge avantageuses pour eux; je dis seulement que, s'ils ne les ont pas, ils ne s'en mettent point en peine, mais qu'ils ne se les croient point nécessaires, puisque Notre Seigneur ne les leur accorde pas; qu'ils demeurent tranquilles, et considèrent l'inquiétude et le trouble d'esprit comme une faute et une imperfection qui ne convient qu'à des âmes lâches, ainsi que je l'ai vu et éprouvé.

» Je ne dis pas tant ceci pour ceux qui commencent, quoiqu'il leur importe beaucoup d'entrer dans ce chemin avec cette résolution et cette liberté d'esprit, que je le dis pour ce grand nombre d'autres qui, après avoir commencé à marcher, n'avancent point. Et je crois que l'on doit principalement en attribuer la cause à ce qu'ils ne se sont pas d'abord fortement résolus d'embrasser la croix. Aussitôt que leur entendement cesse d'agir, ils s'imaginent qu'ils ne font rien, et s'affligent, quoique ce soit peut-être alors que leur volonté se fortifie sans qu'ils s'en aperçoivent. Ce qu'ils considèrent comme des manquements et des fautes, n'en est pas moins aux yeux de Dieu. Il connaît mieux qu'eux-mêmes leur misère, et se contente du désir qu'ils ont de penser toujours à lui et de l'aimer. C'est la seule chose qu'il demande d'eux; et ces tristesses ne servent qu'à inquiéter l'âme et à la rendre encore plus incapable de s'avancer.

» Je puis dire avec certitude, comme le sachant par diverses expériences et opérations que j'en ai faites, et par les conférences que j'ai eues avec des personnes fort spirituelles, que cela vient souvent de l'indisposition du corps. Notre misère est si grande, que, tandis que notre âme est enfermée dans cette prison, elle participe à ses infirmités; le changement de temps et la révolution des humeurs font que, sans qu'il y ait de sa faute, elle ne peut faire ce qu'elle voudrait, et souffre en diverses manières. Alors, plus on veut la contraindre, plus le mal augmente; ainsi, il est besoin de discernement pour connaître quand la faute procède de là, et ne pas achever d'accabler l'âme. Ces personnes doivent se considérer comme malades, changer même durant quelques jours l'heure de leur oraison, et passer comme elles pourront un temps si fâcheux, puisque c'est une assez grande affliction à une âme qui aime Dieu de se voir réduite à ne pouvoir le servir comme elle le désire, à cause des infirmités que son corps lui communique par la liaison qu'il a avec elle.

» Je dis qu'il faut user de discernement, parce qu'il arrive quelquefois que c'est le démon qui cause ce mal; et qu'ainsi, comme il ne faut pas toujours quitter l'oraison, quoique l'esprit soit distrait et dans le trouble, il ne faut pas non plus toujours gêner une âme, en voulant lui faire faire plus qu'elle ne peut. Il y a des œuvres extérieures de charité, et des lectures auxquelles elle pourra s'occuper. Que si elle n'est pas même capable de cela, elle doit s'accommoder, pour l'amour de Dieu, à la faiblesse de son corps, afin de le rendre capable de la servir à son tour. Il faut se divertir par de saintes conversations, et même prendre l'air des champs, si le confesseur en est d'avis. L'expérience nous apprend ce qui nous convient le plus en cela. En quelque état que l'on se trouve, on peut servir Dieu. Son joug est doux, et il importe extrêmement de ne pas contraindre et gêner l'âme, mais de la conduire avec douceur à ce qui lui est le plus utile.

» Je le répète encore, et je ne saurais trop le répéter, il ne faut ni s'inquiéter ni s'affliger de ces sécheresses, de ces inquiétudes et de ces distractions de notre esprit. Il ne saurait se délivrer de ces peines qui le gênent, et acquérir une heureuse liberté, s'il ne commence à les point appréhender les croix; mais alors Notre Seigneur l'aidera à les porter; sa tristesse se changera en joie, et il avancera beaucoup. Autrement, n'est-il pas évident, par ce que j'ai dit, que s'il n'y a point d'eau dans le puits, nous ne saurions y en mettre? Mais il n'y a rien que nous ne devions faire pour en tirer s'il y en a, parce que Dieu veut que notre travail soit le prix de notre vertu, et qu'elle ne peut augmenter que par ce moyen.

» Après avoir dit avec quel travail il faut tirer à force de bras de l'eau du puits pour arroser ce jardin spirituel, j'ai maintenant à parler de la seconde manière d'en avoir par le moyen d'une roue où des seaux seront attachés : ce qui sera un grand soulagement au jardinier, et lui fournira avec beaucoup moins de peine de l'eau en plus grande abondance. Dans une sorte d'oraison que l'on nomme *oraison de quiétude*, l'âme commence à se recueillir et à éprouver quelque chose de surnaturel qu'il lui serait impossible d'acquérir par elle-même. Il est vrai qu'elle a, durant un peu de temps, de la peine à tourner la roue et à travailler avec l'entendement à remplir les seaux; mais elle en a beaucoup moins qu'à tirer de l'eau du puits, parce que celle-ci est plus à fleur de terre, parce que la grâce se fait alors connaître plus clairement. Cela se fait en recueillant au dedans de soi toutes ses puissances, c'est-à-dire l'entendement, la mémoire et la volonté, afin de mieux goûter cette douceur toute céleste. Ces puissances ne s'endorment pas néanmoins, mais la seule volonté agit sans savoir en quelle manière elle agit : elle sait seulement qu'elle est captive, et donne son consentement avec joie à cette heureuse captivité qui l'assujétit à celui qu'elle aime. « O Jé-
» sus, mon Sauveur, c'est alors que nous éprouvons
» si heureusement quelle est la puissance de votre
» amour, puisqu'il tient le nôtre tellement uni à lui,
» qu'il nous est impossible, en cet état, d'aimer
» autre chose que vous. »

» L'entendement et la mémoire contribuent à rendre la volonté capable de jouir d'un si grand bien; mais il arrive quelquefois qu'ils lui nuisent au lieu de l'aider, et alors elle ne les doit point considérer, mais continuer à jouir de sa tranquillité et de sa joie, parce qu'en voulant les rappeler de leur égarement, elle s'égarerait avec eux. Ils sont comme des pigeons qui, ne se contentant pas de la nourriture qu'on leur donne, vont en chercher à la campagne, d'où, après qu'ils n'ont rien trouvé, ils reviennent au colombier pour voir si on leur donnera encore à manger; et, voyant qu'on ne leur en donne point, ils retournent de nouveau en chercher. C'est ainsi qu'agissent ces deux puissances à l'égard de la volonté, dans l'espérance qu'elle leur fera quelque part des faveurs qu'elle reçoit de Dieu. Elles s'imaginent sans doute la pouvoir servir en lui représentant le bonheur dont elle jouit, et il arrive souvent, au contraire, qu'elles lui nuisent; ce qui l'oblige de se conduire envers elles de la manière que je dirai dans la suite.

» Tout ce qui se passe dans cette oraison de quiétude est accompagné d'une très-grande consolation, et donne si peu de peine, que, quelque longtemps qu'elle dure, elle ne lasse point l'âme, parce que l'entendement n'y agit que par intervalles, et tire néanmoins beaucoup plus d'eau qu'il n'en tirerait du puits dans l'oraison mentale avec beaucoup de travail. Les larmes que Dieu donne alors sont des larmes toutes de joie, et on sent qu'on les répand sans pouvoir contribuer à les faire naître.

» Cette eau si favorable et si précieuse, dont Notre Seigneur est la source, fait incomparablement plus croître les vertus que celle que l'on pouvait tirer de la première manière d'oraison, parce que l'âme s'élève au-dessus de sa misère, et commence déjà un peu à connaître quel est le bonheur de la gloire : ce qui la fait, comme je l'ai dit, croître en vertu, parce qu'elle l'approche de Dieu qui est le principe de toutes les vertus, et qu'il ne commence pas seulement à se communiquer à elle, mais veut qu'elle connaisse qu'il s'y communique. Ainsi l'âme ne se trouve pas plus tôt dans cet état, qu'elle perd le désir de toutes les choses d'ici-bas, et qu'elles lui paraissent méprisables, parce qu'elle voit clairement qu'il n'y a ni honneurs, ni richesses, ni plaisirs dont la possession puisse approcher un seul moment du bonheur dont elle jouit alors, et qu'elle connaît certainement être véritable et solide; au lieu qu'il est difficile de comprendre sur quoi l'on se fonde pour croire qu'il puisse y avoir de véritables contentements dans cette vie, puisque ceux qui passent pour les plus grands sont toujours mêlés de dégoûts et d'amertume, et qu'après les avoir possédés un peu de temps, on tombe dans la douleur de les perdre, sans espérance de pouvoir les recouvrer.

» Quant à cette seconde manière d'oraison, que l'on nomme, comme je l'ai déjà dit, oraison de quiétude, il n'y a ni prières, ni travaux, ni pénitences qui nous la puissent faire acquérir. Il faut que ce soit Dieu lui-même qui nous la donne; et il veut, pour faire paraître son immensité qui le rend présent partout, que l'âme connaisse qu'elle n'a pas besoin d'entremetteurs pour traiter avec lui, mais qu'elle peut lui parler elle-même et sans élever sa voix, parce qu'elle est si proche de lui, qu'elle n'a qu'à remuer les lèvres pour se faire entendre.

» Il semble qu'il soit ridicule de parler ainsi, puisque personne n'ignore que Dieu nous entend toujours; mais je prétends dire qu'il veut alors montrer à l'âme quels sont les effets de sa présence, et lui faire connaître, par cette merveilleuse satisfaction intérieure et extérieure qu'il lui donne, si différente de toutes celles d'ici-bas; qu'il commence d'agir en elle d'une manière particulière, et de remplir le vide que ses péchés y avaient fait.

» L'âme ressent cette satisfaction dans le plus intime d'elle-même, sans savoir d'où ni comment elle la reçoit; elle ne sait pas même souvent ce qu'elle doit faire ni ce qu'elle doit désirer et demander, parce qu'il lui semble que rien ne lui manque, quoiqu'elle ne puisse comprendre ce que c'est qu'elle a trouvé. J'avoue ne savoir non plus comment l'expliquer; j'aurais besoin en cela, ainsi qu'en plusieurs autres choses où je puis m'être trompée, de l'aide de la science, pour apprendre à ceux qui l'ignorent qu'il y a deux secours que Dieu donne, l'un général et l'autre particulier, et que, dans ce dernier, il se fait si clairement connaître à l'âme, qu'elle croit le voir de ses propres yeux. Mais j'agis sans crainte, parce que je sais que ce que j'écris sera vu par des personnes si savantes et si habiles, que, s'il s'y rencontre des erreurs, elles ne manqueront pas de les corriger. Je voudrais néanmoins pouvoir bien expliquer ceci, parce qu'une âme à qui Dieu fait de semblables faveurs dès qu'elle commence de s'occuper à l'oraison, n'y comprend rien ni ne sait ce qu'elle doit faire; car si Dieu la mène par le chemin de la crainte, comme il m'a menée, elle se trouvera dans une fort grande peine, à moins qu'elle ne rencontre quelqu'un qui lui donne lumière; mais alors cette peine se changera en consolation, parce qu'elle verra clairement quel est le chemin qu'elle doit tenir, et y marchera avec assurance.

» En quelque état que nous soyons, c'est un si grand avantage pour s'avancer de savoir ce que l'on doit faire, que j'ai beaucoup souffert et perdu beaucoup de temps faute d'avoir cette connaissance. C'est ce qui me donne une grande compassion des âmes qui se trouvent seules et sans assistance lorsqu'elles arrivent à ce point-là ; car encore que j'aie lu plusieurs livres spirituels qui traitent en quelque sorte de ce sujet, c'est fort obscurément ; et quand même ils en parleraient avec beaucoup de clarté, on aurait grand'peine à le comprendre, à moins d'être fort exercé dans cette manière d'oraison.

» Je désirerais de tout mon cœur que Dieu me fît la grâce de représenter si clairement ce que cette oraison de quiétude, qui commence à nous mettre dans un état surnaturel, opère en l'âme, que l'on peut connaître par ses effets si c'est l'esprit de Dieu qui agit. Quand je dis qu'on le peut connaître, j'entends comme on le peut ici-bas ; car encore que ce soit l'esprit de Dieu, il est toujours bon de marcher avec crainte et retenue, parce qu'il pourra arriver que le démon se transformera en ange de lumière sans que l'âme s'en aperçoive, à moins que d'être déjà très-exercée à l'oraison.

» J'ai d'autant plus de besoin d'une assistance particulière de Notre Seigneur pour bien expliquer ceci, que j'ai très-peu de loisir, parce qu'étant dans une maison qui commence ainsi qu'on le verra dans la suite, les heures que je suis obligée de passer avec la communauté, et tant d'autres occupations, emportent et consument tout mon temps : ce qui fait qu'au lieu d'écrire de suite, je n'écris qu'à diverses reprises, quoiqu'il me fallût du repos et que je désirasse d'en avoir, parce que, quand on n'écrit que par le mouvement de l'esprit de Dieu, on le fait beaucoup mieux et avec plus de facilité, car alors c'est comme si on avait devant les yeux un modèle que l'on n'a qu'à suivre ; au lieu que, quand cela manque et que l'on n'agit que par soi-même, on n'entend pas plus ce langage que si c'était de l'arabe, bien qu'on ait passé plusieurs années dans l'exercice de l'oraison. Ainsi, je trouve un si grand avantage d'y être quand je travaille à cette relation, que je vois clairement que ce n'est pas mon esprit qui conduit ma main, et qu'il a si peu de part à ce que je fais, que je ne saurais, après l'avoir écrit, dire comment je l'ai écrit : ce que j'ai éprouvé diverses fois.

» Il faut revenir à notre jardin spirituel, et dire comment ces plantes commencent à pousser des boutons pour produire ensuite des fleurs et des fruits, et de quelle sorte ces fleurs se préparent à parfumer l'air par leur odeur. Cette comparaison me donne de la joie, parce que, quand je commençai à servir Dieu, ainsi qu'on le verra dans la suite de ma vie, s'il est vrai qu'il m'a fait la grâce de commencer véritablement, il m'est souvent arrivé de considérer avec un extrême plaisir que mon âme était comme un jardin dans lequel il se promenait. Je le priais alors de vouloir augmenter la bonne odeur de ces vertus, qui, semblables à de petites fleurs, paraissaient vouloir s'ouvrir ; de les faire fleurir pour sa gloire que je recherchais seule, et non la mienne ; de les nourrir après les avoir fait croître, et de couper et tailler ces plantes comme il le jugerait à propos, afin de les faire pousser avec plus de force. J'use de ce terme, parce qu'il arrive des temps auxquels l'âme ne reconnaît plus ce jardin, tant il lui paraît sec et aride, sans qu'elle ait aucun moyen de l'arroser pour le faire reverdir, se trouvant elle-même si sèche et si stérile, qu'elle ne se souvient point d'avoir jamais eu aucune vertu. Le pauvre jardinier souffre beaucoup en cet état, parce que Notre Seigneur veut qu'il lui semble avoir perdu toute la peine qu'il a prise à arroser et cultiver ce jardin ; mais c'est alors le temps le plus propre pour arracher jusqu'aux moindres racines de ce peu de mauvaises herbes qui y restent, et qui ne peuvent être arrachées que par l'humilité que nous donne la connaissance que nous ne pouvons rien de nous-mêmes, et que tous nos travaux sont inutiles, si Dieu ne nous favorise de l'eau de sa grâce ; mais il ne recommence pas plus tôt à nous la donner, que l'on voit ces plantes pousser et croître de nouveau.

« O mon Seigneur et mon Dieu, qui faites toute
» ma béatitude, je ne saurais, sans répandre des
» larmes de joie, dire, en toute vérité, que vous pre-
» nez plaisir d'être en nous comme vous êtes dans
» l'eucharistie, et que, si nous n'y mettons obsta-
» cle, nous pouvons jouir de cet incomparable bon-
» heur, puisque vous avez dit vous-même que vous
» preniez plaisir d'être avec les enfants des hommes.
» Quelle parole, ô mon Sauveur ! Je n'ai jamais
» pu l'entendre sans une extrême consolation,
» lors même que mes péchés m'avaient le plus éloi-
» gnée de vous. Est-il possible, mon Dieu, qu'a-
» près avoir accordé de si grandes faveurs à une
» âme, et lui avoir donné de telles preuves de votre
» amour, qu'il lui est impossible de douter qu'elle
» les ait reçues, tant les effets les lui rendent évi-
» dentes, elle continue à vous offenser ? Oui, cer-
» tes, Seigneur, cela n'est que trop possible, puis-
» qu'il ne m'est pas seulement arrivé une fois,
» mais plusieurs fois, et je souhaite de tout mon
» cœur d'être la seule coupable d'une si noire in-
» gratitude. Il a plu néanmoins à votre infinie
» bonté d'en tirer quelque bien, et de faire voir
» que c'est dans les plus grands maux que vous
» prenez plaisir à faire éclater la grandeur de votre
» miséricorde. Combien me trouvé-je donc obligée
» de la publier toute ma vie ! Je vous supplie, mon
» Dieu, de m'accorder la grâce de ne jamais y man-
» quer, et de faire comprendre à tout le monde jus-
» qu'où va l'excès des faveurs dont je vous suis
» redevable. Elles sont grandes, et ceux qui en ont
» connaissance ne les peuvent considérer sans s'éton-
» ner, et qu'elles me font souvent sortir hors de moi-
» même, afin de vous mieux louer que je ne le pour-
» rais autrement ; car si je demeurais seule sans
» votre assistance, ne me trouverais-je pas réduite
» à voir sécher dans ce jardin de mon âme les fleurs
» spirituelles des vertus que vous y avez fait croître,
» et cette misérable terre ne redeviendrait-elle pas
» aussi aride qu'elle l'était auparavant ? Ne me le
» permettez pas, mon Sauveur, ne souffrez pas
» qu'une âme que vous avez rachetée par tant de
» travaux, et que l'on peut dire que vous avez encore
» rachetée diverses fois en la tirant d'entre les griffes
» de ce dragon infernal, se perde misérablement. »

» Pardonnez-moi, mon père, si je parais m'éloigner de mon sujet, et ne vous en étonnez point, puisque ce n'est pas en effet en sortir, et que lorsque j'écris ceci, les extrêmes obligations que j'ai à Dieu se représentant à mon esprit, je n'ai pas souvent peu de peine à me retenir pour ne m'étendre pas encore davantage à publier ses louanges. Je veux espérer que vous ne l'aurez pas pour désagréable, parce qu'il me semble que je puis sur cela chanter avec vous le même cantique, mais avec cette différence que je lui suis beaucoup plus redevable que vous, parce qu'il m'a pardonné plus de péchés, comme vous ne l'ignorez pas.

» Il faut maintenant parler de la troisième manière d'arroser ce jardin spirituel, par le moyen d'une eau courante, tirée d'une fontaine ou d'un ruisseau; ce qui ne donne pas grande peine, parce qu'il n'y a qu'à la conduire; car Dieu soulage tellement le jardinier, que l'on peut dire, en quelque sorte, que lui-même est le jardinier, puisque c'est lui qui fait presque tout.

» Cette troisième sorte d'oraison est comme un sommeil de ces trois puissances, l'entendement, la mémoire et la volonté, dans lequel, encore qu'elles ne soient pas entièrement assoupies, elles ne savent comment elles opèrent. Le plaisir que l'on y reçoit est incomparablement plus grand que celui que l'on goûtait dans l'oraison de quiétude; et l'âme est alors tellement inondée et comme assiégée de l'eau de la grâce, qu'elle ne saurait passer outre, et ne voudrait pas, quand elle le pourrait, retourner en arrière, tant elle se trouve heureuse de jouir d'une grande gloire; c'est comme une personne agonisante, qui, avec le cierge bénit qu'elle tient en sa main, est prête à rendre l'esprit pour mourir de la mort qu'elle souhaite; car, dans une oraison si sublime, l'âme ressent une joie qui va au delà de toute expression; et cette joie me paraît n'être autre chose que de mourir presque entièrement à tout ce qui est dans le monde, pour ne posséder que Dieu; ce qui est la seule manière dont je puisse m'expliquer. L'âme ne sait alors ce qu'elle fait; elle ignore même si elle parle ou si elle se tait; si elle rit ou si elle pleure; c'est une heureuse extravagance, c'est une céleste folie, dans laquelle elle s'instruit de la véritable sagesse, d'une manière qui la remplit d'une consolation inconcevable.

» Depuis cinq ou six ans, Dieu m'a souvent donné avec abondance cette sorte d'oraison, sans que je comprisse ce que c'était, ni que je pusse le faire comprendre aux autres. Ainsi, quand je me suis trouvée dans cet endroit de ma relation, j'avais résolu de n'en point parler, ou de n'en dire que très-peu de chose; je voyais bien que ce n'était pas une entière union de toutes les puissances avec Dieu, et je connaissais encore plus clairement que c'était plus que ce qui se rencontre dans l'oraison de quiétude; mais je ne pouvais discerner quelle est la différence entre elles. Maintenant je crois, mon père, que l'humilité dont vous avez fait preuve en voulant vous servir, pour écrire sur un sujet si relevé, d'une personne aussi incapable que je le suis, a fait qu'il a plu à Dieu de me donner aujourd'hui cette troisième sorte d'oraison, lorsque je venais de communier, sans que j'aie pu m'occuper d'autre chose, de me mettre dans l'esprit ces comparaisons, de m'enseigner cette manière de les exprimer, et de m'apprendre ce que l'âme doit faire alors; sans que je puisse me lasser d'admirer de quelle manière il m'avait fait, dans un moment, connaître toutes ces choses. Je m'étais souvent vue transportée de cette sainte folie, et comme enivrée de cet amour, sans néanmoins pouvoir connaître comment cela se faisait. Je voyais bien que c'était Dieu, mais je ne pouvais comprendre de quelle manière il agissait alors en moi, parce qu'en effet, ma volonté, mon entendement et ma mémoire étaient presque entièrement unis à lui, mais non pas tellement absorbés, qu'ils n'agissent encore. J'ai une joie extrême de ce qu'il a plu à Dieu d'ouvrir ainsi les yeux de mon Père, et je le remercie de tout mon cœur de cette grâce.

» Dans le temps dont je viens de parler, les puissances sont incapables de s'appliquer à autre chose qu'à Dieu; il semble que nulle d'elles n'osant se mouvoir, nous ne saurions, sans leur faire une grande violence, les distraire d'un tel objet; et encore je ne sais pas si, avec tous nos efforts, nous le pourrions. En cet état, on n'a dans la bouche que des paroles d'actions de grâces, sans ordre et sans suite, si ce n'est que Dieu lui-même les arrange, car l'entendement n'y a point de part; et dans cet heureux état où l'âme se trouve, elle voudrait ne faire autre chose que louer et bénir Dieu. C'est alors que les fleurs commencent déjà à s'épanouir et à parfumer l'air de leur odeur; c'est alors que l'âme désirerait, pour l'intérêt de la gloire de son maître, que chacun pût voir quel est le bonheur dont il lui plaît qu'elle jouisse, afin de l'aider à l'en remercier et prendre part à sa joie, dont l'excès est tel, qu'elle en est presque suffoquée. Il me semblait que j'étais comme cette femme dont il est parlé dans une parabole de l'Évangile; elle appelait ses voisines pour se réjouir avec elles de ce qu'elle avait retrouvé sa drachme perdue; c'étaient les sentiments où devait être David, cet admirable prophète, quand il touchait sa harpe avec tant de ferveur et de zèle, pour chanter les louanges de Dieu. J'ai une grande dévotion à ce glorieux saint, et je désirerais que tout le monde en eût, particulièrement les pécheurs.

» Mon Dieu, en quel état se trouve l'âme, dans un si haut degré d'oraison! elle voudrait être toute convertie en langues, pour avoir plus de moyen de vous louer, et elle dit mille saintes extravagances, qui ne procèdent toutes que du désir de vous plaire. Je connais une personne qui, bien qu'elle ne sache point faire de vers, en faisait alors sur-le-champ, pleins de sentiments très-vifs et très-passionnés, pour se plaindre à Dieu de l'heureuse peine qu'un tel excès de bonheur lui faisait souffrir; son entendement n'avait point de part à ces vers, c'était une production de son amour, et non pas de son esprit; et que n'aurait-elle point voulu faire pour donner des marques de la joie dont cette peine était mêlée? il n'y a point de tourments qui ne lui eussent paru doux, si l'occasion se fût offerte de les endurer pour témoigner à Dieu sa reconnaissance de ses faveurs, et elle voyait clairement que l'on ne devait presque rien attribuer aux martyrs de la constance avec laquelle ils souffraient tant d'effroyables supplices, parce que toute leur force venait de lui.

» Mais quelle peine n'est-ce point à une âme de

se voir contrainte de sortir de cet état heureux et glorieux, pour se rengager dans les soins et les occupations du monde, puisque je crois n'avoir rien dit des joies que l'on ressent alors, qui ne soit au-dessous de la vérité? « Que vous soyez béni à ja-
» mais, Seigneur, et que toutes les créatures ne
» cessent point de vous louer! Je vous supplie, ô
» mon Roi, qu'en écrivant ceci, je me trouve en-
» core dans cette céleste et sainte folie de votre
» amour, dont votre miséricorde me favorise, vous y
» fassiez entrer tous ceux à qui je m'efforcerai de la
» communiquer. Permettez, Seigneur, que je ne
» converse plus avec personne, et délivrez-moi de
» tous les embarras du siècle, ou faites finir mon
» exil sur la terre pour me retirer à vous. Votre ser-
» vante, mon Dieu, ne peut souffrir une aussi grande
» peine que celle d'être éloignée de votre présence,
» et, si elle a plus longtemps à vivre, elle ne sau-
» rait goûter d'autres consolations que les vôtres;
» elle brûle du désir d'être affranchie des liens du
» corps; le manger lui est insupportable, le dor-
» mir l'afflige; elle voit qu'en cette vie tout le temps
» se passe à satisfaire le corps, et rien ne peut la
» contenter que vous seul, parce que, ne voulant
» vivre qu'en vous, c'est renverser l'ordre que de
» vivre en elle-même. O mon véritable maître et
» toute ma gloire! que la croix imposée à ceux qui
» arrivent jusqu'à cette manière d'oraison, est lé-
» gère et pesante tout ensemble! légère par sa dou-
» ceur; pesante, parce qu'en certains temps on la
» trouve insupportable, sans que néanmoins l'âme
» voulût s'en décharger, si ce n'était pour se voir
» unie à vous dans une autre vie. Mais, d'autre
» part, quand elle se représente qu'elle ne vous a
» jamais rendu de service, et qu'en demeurant dans
» le monde elle pourrait vous en rendre, elle vou-
» drait que cette croix fût encore plus pesante, et
» la porter jusqu'au jour du jugement, parce qu'elle
» ne compte pour rien tous ces travaux, lorsqu'il
» s'agit de vous rendre le moindre service; ainsi,
» elle ne sait que désirer, mais elle sait bien qu'elle
» ne désire que de vous plaire. »

» Mon fils, puisque votre humilité m'oblige, pour vous obéir, à vous nommer ainsi, si, lorsque j'écris ceci par votre ordre, vous trouvez que j'excède en quelque chose, je vous prie qu'il ne soit vu que de vous, et de considérer que l'on ne doit pas prétendre que je puisse rendre raison de ce que je dis, lorsque Notre Seigneur me tire hors de moi-même; car je ne saurais croire que ce soit moi qui parle : depuis cette communion dont je viens de parler, tout ce qui se présente à mon esprit me paraît un songe, et je voudrais ne voir autre chose que des personnes malades de cette heureuse maladie dans laquelle je me trouve. Que nous soyons tous frappés de cette sainte folie, pour l'amour de Celui qui a bien voulu, pour l'amour de nous, passer pour un insensé! Puisque vous me témoignez tant d'affection, mon père, faites-la-moi paraître, s'il vous plaît, en demandant à Dieu qu'il m'accorde cette grâce si rare, que je ne vois presque personne sans des soins excessifs pour ce qui le touche en particulier; et détrompez-moi, je vous prie, si je suis, comme il se peut faire, plus que toute autre dans cette erreur, en me le disant tout franchement, avec la liberté dont on use si peu en semblables choses.

» Je souhaiterais, mon père, que, comme on voit en ce temps des méchants s'unir pour conspirer contre Dieu et répandre dans le monde des hérésies, nous cinq qui nous aimons en lui, nous nous unissions pour nous désabuser les uns les autres, en nous reprenant de nos défauts, afin de nous rendre plus capables de plaire à Dieu; nul ne se connaissant si bien soi-même qu'il connaît les personnes aimées; mais cela doit se pratiquer en particulier, parce que c'est un langage dont on use si peu dans le monde, que même les prédicateurs prennent garde dans leurs sermons de ne mécontenter personne : je veux croire qu'ils ont bonne intention; ce n'est pas néanmoins le moyen de faire un grand fruit; et si leurs prédications convertissent peu de personnes, je l'attribue à ce qu'ils ont trop de prudence et trop peu de ce feu de l'amour de Dieu dont brûlaient les apôtres; de ce feu qui leur faisait tellement mépriser l'honneur et la vie, qu'ils étaient toujours prêts à les perdre pour gagner tout lorsqu'il s'agissait d'annoncer et de soutenir les vérités touchant la gloire de Dieu. Je ne me vante pas d'être en cet état; mais je m'estimerais heureuse d'y être. Oh! que c'est bien reconnaître la liberté, que de considérer comme une véritable servitude la manière dont on vit et converse dans le monde; et que ne doit point faire un esclave pour obtenir de la miséricorde de Dieu l'affranchissement de cette captivité, afin de pouvoir retourner dans sa patrie! Ainsi, puisque ce que je viens de dire en est le chemin, et que nous ne saurions arriver à un si grand bonheur qu'à la fin de notre vie, nous devons sans cesse y marcher sans nous arrêter. Je prie Dieu de tout mon cœur de nous en faire la grâce, et vous, mon père, si vous le jugez à propos, de déchirer ce papier écrit pour vous, et de me pardonner ma trop grande hardiesse.

» Dieu veuille, s'il lui plaît, mettre sa parole en ma bouche, pour pouvoir dire quelque chose de la quatrième manière dont l'âme obtient de l'eau pour arroser ce jardin spirituel. J'ai en ceci encore beaucoup plus besoin de son assistance que je n'en avais pour parler de cette troisième eau reçue dans l'oraison d'union; car alors l'âme sentait bien qu'elle n'était pas entièrement morte au monde, mais qu'elle y vivait encore, quoique dans une grande solitude, et était capable de faire entendre, au moins par des signes, l'heureux état où Dieu là mettait.

» Dans toutes les précédentes manières d'oraison, il faut que le jardinier travaille, bien qu'il soit vrai que dans celle d'union son travail est accompagné de tant de consolations et de tant de gloire, que l'âme voudrait le voir durer toujours, et le considère plutôt comme une félicité que comme un travail. Mais, en cette quatrième manière d'oraison, on est dans une joie parfaite et toute pure; on connaît que l'on en jouit, quoique sans savoir comment on en jouit, et l'on ne sait que ce bonheur comprend tous les biens imaginables, sans pouvoir néanmoins concevoir quel il est; tous les sens sont tellement remplis et occupés de cette joie, qu'ils ne sauraient s'appliquer à quoi que ce soit d'intérieur ou d'extérieur. Ils pouvaient, comme je l'ai dit dans les autres manières d'oraison, donner quelques marques de leur joie; mais en celle-ci, bien qu'elle soit incomparablement plus grande, l'âme et le corps sont incapables de la témoigner, parce que, quand ils le voudraient, ils ne le pourraient sans troubler, par cette distraction, le merveilleux bonheur dont ils jouissent; et que, s'ils le pouvaient, cette union de toutes les puissances cesserait d'être.

» Je ne saurais bien faire entendre ce que c'est que ce que l'on appelle en cela *union*, ni comment elle se fait, je le laisse à expliquer à ceux qui sont savants dans la théologie mystique, dont j'ignore tous les termes. Je ne sais pas bien ce que c'est qu'*esprit*, ni quelle différence il y a entre l'esprit et l'âme; il me paraît que ce n'est que la même chose, quoiqu'il me semble parfois que l'âme sorte d'elle-même ainsi que la flamme sort du feu, et s'élève au-dessus de lui avec impétuosité, sans néanmoins que l'on puisse dire que ce soit deux corps différents, puisque c'est un même feu. Je laisse donc aux savants, tels que vous êtes, mon père, à comprendre sur ce sujet ce que je ne puis bien démêler.

» Je prétends seulement faire voir ce que l'âme sent dans cette divine union, qui fait que deux choses, auparavant distinctes et séparées, n'en font plus qu'une. « Que vous êtes bon, mon Dieu ! Soyez
» béni à jamais et que toutes les créatures vous
» louent de ce que votre amour pour nous fait que
» nous pouvons parler avec certitude de cette communication que vous avez avec quelques âmes,
» même durant cette vie; car, encore qu'elles soient
» justes, cette faveur est un effet si extraordinaire de
» votre grandeur et de votre magnificence, qu'elle
» surpasse tout ce que l'on en peut dire. O libéralité
» sans bornes, d'accorder des faveurs excessives
» à des personnes qui vous ont tant offensé ! Peut-on
» n'en être point épouvanté, à moins que d'avoir
» l'esprit si occupé des choses de la terre, que l'on
» soit entièrement incapable d'envisager les merveilles de vos œuvres ? J'avoue qu'un tel excès de
» bonté surpasse tout ce que j'en saurais comprendre, et je me perds dans cette considération, sans
» pouvoir passer outre; car où pourrais-je aller sans
» reculer au lieu d'avancer, puisque nulles paroles
» ne sont capables d'exprimer les remerciements que
» je vous dois pour tant de grâces ? Quelquefois, pour
» me soulager, je vous dis des extravagances, non
» pas durant cette sublime union, étant alors incapable d'agir, mais au commencement ou à la fin
» de mon oraison, et je vous parle en cette sorte :
» Prenez garde, Seigneur, à ce que vous faites; et
» bien qu'en me pardonnant tant de péchés, vous
» ayez voulu les oublier, souvenez-vous-en, je vous
» prie, afin de modérer les faveurs dont vous me
» comblez : ne mettez pas, ô mon Créateur, une liqueur si précieuse dans un vase à demi brisé,
» puisque vous avez vu si souvent qu'elle ne peut
» demeurer sans se répandre; n'enfermez pas un
» tel trésor dans une âme incapable de le conserver,
» parce qu'elle n'a pas encore entièrement renoncé
» aux consolations de la vie présente : ne confiez
» pas une place à une personne si lâche, qu'elle en
» ouvrirait les portes aux premiers efforts des ennemis; que l'excès de votre amour ne vous fasse
» pas, ô mon Roi, en exposant des pierreries de si
» grand prix, donner sujet de croire que vous n'en
» tenez pas grand compte, puisque vous les laisseriez en garde à une créature faible et misérable;
» quelque soin qu'elle prît pour tâcher, avec votre
» assistance, d'en bien user, elle ne pourrait en
» profiter pour personne; et enfin, pour dire tout en
» un mot, entre les mains d'une femme aussi méchante que je suis, et qui, au lieu de faire valoir
» ses talents, ne se contente pas de les laisser inutiles, mais les enterre. Vous ne faites d'ordinaire,
» mon Dieu, de si grandes grâces, qu'afin de fournir le moyen de servir les autres, et vous savez
» que c'est de tout mon cœur que je vous ai dit autrefois : je m'estimerais heureuse si vous me priviez du plus grand bien que l'on puisse posséder
» sur la terre, afin de l'accorder à un autre qui en
» ferait un meilleur usage pour votre gloire. »

» Il m'est, comme je l'ai dit souvent, arrivé de tenir de semblables discours à Dieu, et je m'apercevais ensuite de mon ignorance, puisque je ne connaissais pas qu'il savait mieux que moi ce qui m'était propre; combien j'avais d'humilité de ne pas voir que j'étais incapable de travailler à mon salut, s'il ne m'en eût donné la force par d'aussi grandes faveurs que celles qu'il me faisait.

» J'ai maintenant à parler des grâces et des effets que produit cette oraison, et à dire si l'âme peut, ou ne peut pas, contribuer à quelque chose pour s'élever à un état si sublime. Il arrive souvent, dans l'union dont j'ai parlé, que cette élévation et cette union d'esprit viennent avec l'amour céleste, mais, selon ce que je puis comprendre, il y a de la différence dans cette union entre l'élévation de l'esprit et l'union. Ceux qui ne l'ont pas éprouvé seront persuadés du contraire; mais, pour moi, il me semble qu'encore que cette union et cette élévation ou transport d'esprit soient la même chose, Dieu opère l'une et l'autre en diverses manières, et que plus l'âme se détache des créatures, plus l'esprit prend son vol vers le ciel. Ainsi je connus clairement que ce sont des grâces différentes, quoique, comme je l'ai dit, elles ne paraissent être que la même chose; de même qu'un petit feu est un feu aussi bien qu'un grand, encore qu'il y ait de la différence entre l'un et l'autre; car il faut beaucoup de temps pour faire qu'un petit morceau de fer devienne tout rouge dans un petit feu; au lieu qu'il n'en faut guère pour faire qu'un gros morceau de fer devienne ardent en un grand feu, et ne lui reste plus aucune apparence de ce qu'il était auparavant; et ainsi j'ai sujet de croire que ce sont deux grâces différentes que Dieu accorde dans cette sorte d'oraison. Je suis assurée que ceux qui auront eu des ravissements n'auront pas de peine à le comprendre; mais ceux qui n'en ont point eu le considéreront comme une folie, et ce pourrait bien en être une, qu'une personne comme moi ose se mêler de parler d'une chose qu'il paraît impossible d'expliquer, et de trouver seulement des termes qui puissent la faire comprendre grossièrement.

» Néanmoins, comme Notre Seigneur sait que je n'ai d'autre intention en ceci que d'obéir et de faciliter quelques moyens aux âmes pour acquérir un si grand bien, j'espère qu'il m'aidera dans cette entreprise, et je ne dirai rien qu'une longue expérience ne m'ait fait connaître. J'ai d'autant plus sujet de me promettre son assistance divine, que quand je commençai à vouloir écrire cette quatrième manière d'oraison, que je compare à la quatrième sorte d'eau dont ce jardin spirituel se trouve arrosé, cela me parut aussi impossible que de parler grec; ainsi je quittai la plume et m'en allai communier. Béni soyez-vous à jamais, Seigneur, qui instruisez les ignorants. O vertu de l'obéissance, que vous avez de pouvoir! Dieu éclaira mon esprit en me disant et en me représentant ce que je devais dire, et il veut maintenant, ce me semble, faire la même chose, en me mettant dans la bouche ce que je suis incapable par moi-même de comprendre et d'écrire. Comme ce que je viens de rapporter est très-véritable, il est évident que ce que je dirai de bon viendra de Dieu, et que ce que je dirai de mauvais tirera sa source de cet océan de misère qui est en moi.

» S'il y a quelques personnes, comme il y en a sans doute plusieurs, qui soient arrivées à ces degrés d'oraison dont il a plu à Notre Seigneur de me favoriser, tout indigne que je suis, et si, dans la crainte qu'elles auront de s'égarer, elles désirent de me communiquer leurs sentiments, j'espère que son adorable bonté fera la grâce à sa servante de les aider à passer plus avant sans crainte de tromper.

» Il me reste donc à parler de cette eau qui tombe du ciel en si grande abondance, qu'elle arrose entièrement le jardin; et il est facile de juger de quel repos et de quel plaisir jouirait toujours le jardinier, si Notre Seigneur ne manquait jamais de la donner lorsqu'il en serait besoin, et si l'air était toujours si tempéré que, n'y ayant point d'hiver, les plantes fussent sans cesse couvertes de fleurs et chargées de fruits; mais, parce que c'est un bonheur que l'on ne peut espérer en cette vie, il faut que le jardinier soit dans un soin continuel de ne pas demeurer sans eau, afin que quand l'une manque, on puisse y suppléer par l'autre. Celle qui vient du ciel tombe quelquefois lorsque le jardinier y pense le moins; et il arrive presque toujours que c'est en suite d'un long exercice d'oraison mentale que notre âme, étant comme un petit oiseau que Notre Seigneur, après l'avoir vu voltiger longtemps pour s'élever vers lui avec son entendement et sa volonté, qui sont ses ailes, le prend de sa divine main pour le remettre dans son nid, afin d'y être en repos, et le récompenser ainsi dès cette vie. « Que cette récompense
» est grande, ô mon Dieu, puisqu'un moment de
» joie qu'elle donne suffit pour payer tous les tra-
» vaux que nous saurions souffrir ici-bas pour votre
» service! »

» Lorsque dans cette quatrième manière d'oraison une personne cherche ainsi son Dieu, peu s'en faut qu'elle ne se sente entièrement défaillir; elle est comme évanouie; à peine peut-elle respirer; toutes ses forces corporelles sont si affaiblies, qu'il lui faudrait faire un grand effort pour pouvoir seulement remuer les mains; les yeux se ferment d'eux-mêmes; et s'ils demeurent ouverts, ils ne voient presque rien, et ne sauraient lire quand ils le voudraient; ils connaissent bien que ce sont des lettres, mais ils ne peuvent les distinguer ni les assembler, parce que l'esprit n'agit point alors; et si on parlait à cette personne, elle n'entendrait rien de ce qu'on lui dirait. Ainsi, ses sens non-seulement lui sont inutiles, mais ne servent qu'à troubler son contentement; elle tâcherait en vain de parler, parce qu'elle ne saurait ni former ni prononcer une seule parole; toutes ses forces extérieures l'abandonnent, et celles de son âme s'augmentent pour pouvoir mieux posséder la gloire dont elle jouit; mais elle ne laisse pas d'éprouver au dehors un fort grand plaisir.

» Quelque longtemps que dure cette sorte d'oraison, on ne s'en trouve jamais mal; et je ne me souviens pas que Dieu m'en ait favorisée lorsque j'étais malade, sans que je ne me sois ensuite portée beaucoup mieux; car comment un si grand bien pourrait-il causer du mal? Les effets de cette sublime oraison sont si manifestes, que l'on ne saurait douter qu'il n'en augmente la vigueur de l'âme, et qu'après avoir ainsi fait perdre au corps avec plaisir toute la sienne, elle ne lui en redonne une nouvelle beaucoup plus grande.

» Il est vrai, selon ce que j'en puis juger par ma propre expérience, que, dans le commencement, cette sorte d'oraison finit promptement, et ne se fait pas connaître par des marques extérieures; mais l'on voit, par les avantages que l'on en reçoit, qu'il faut que les rayons du soleil aient été bien vifs et bien ardents pour avoir pu pénétrer l'âme de telle sorte, qu'elle l'ait comme fait fondre; et il est fort remarquable que cette suspension de toutes les puissances ne dure, à mon avis, jamais longtemps; c'est beaucoup quand elle va jusqu'à une demi-heure; et je ne crois pas qu'elle m'ait jamais tant duré. Il est vrai qu'il est difficile d'en juger, puisque l'on a perdu tout sentiment; et j'ajoute que, même alors, il ne se passe guère de temps sans que quelqu'une des puissances se réveille. La volonté est celle qui se maintient davantage; mais l'entendement et la mémoire recommencent bientôt à l'importuner; néanmoins, comme elle demeure dans le calme, elle les ramène et les oblige à se recueillir; ainsi ils demeurent tranquilles durant quelques moments et se laissent emporter ensuite à de nouvelles distractions. On peut, en cette manière, passer quelques heures en oraison, et on les passe, en effet, parce que l'entendement et la mémoire, après avoir goûté de ce vin céleste, le trouvent si délicieux, qu'ils s'en enivrent et se perdent heureusement pour se réunir avec la volonté dans la jouissance d'un si grand bonheur; mais le temps qu'ils demeurent en cet état, incapables, ce me semble, de s'imaginer quoi que ce soit, est fort court; et lorsqu'ils commencent à revenir à eux, ce n'est pas de telle sorte qu'ils ne paraissent, durant quelques heures, comme stupides, parce que Dieu les ramène peu à peu à lui.

» J'aurais maintenant à dire ce que l'âme sent intérieurement, lorsqu'elle est en cet état; mais je laisse en parler ceux qui en sont capables, car comment pourrais-je écrire une chose que je ne saurais comprendre? Lorsqu'au sortir de cette oraison, et après avoir communié, je pensais de quelle manière je pourrais exprimer ce que l'âme fait quand elle jouit d'un si grand bonheur, Notre Seigneur me dit : « Ma fille, elle s'oublie entièrement elle-
» même pour se donner tout entière à moi, ce n'est
» plus elle qui vit, mais c'est moi qui vis en elle;
» et cela est si incompréhensible, que tout ce qu'elle
» peut comprendre est qu'elle n'y comprend rien. »

» Ceux qui l'auront éprouvé entendront quelque chose à ceci; et il est si obscur, que je ne saurais l'expliquer plus clairement; tout ce que je puis ajouter, c'est qu'il est impossible de douter alors que l'on ne soit proche de Dieu, et que toutes les puissances sont tellement suspendues et comme hors d'elles-mêmes, qu'elles ne savent ce qu'elles font. Si l'on pense méditer sur quelques mystères, la mémoire n'en représente non plus le souvenir que si elle n'en avait jamais entendu parler; si on lit, on ne comprend rien à ce qu'on lit; et il en arrive de même des oraisons vocales. Ainsi, les ailes de ce petit papillon, auxquelles on peut comparer les distractions que donne la mémoire, se trouvant brûlées, il tombe par terre, sans pouvoir se remuer; la volonté est tout occupée à aimer, sans comprendre de quelle manière elle aime; et quant à l'entendement, s'il entend, il ne comprend rien à ce qu'il entend; mais je crois qu'il n'entend rien, puisque, comme je l'ai dit, il ne s'entend pas lui-même; et je n'entends rien non plus à tout cela.

» J'étais au commencement dans une si grande ignorance, que je ne savais pas que Dieu est dans toutes les créatures; et il me paraissait néanmoins si clairement qu'il était présent, qu'il m'était impossible d'en douter; ceux qui n'étaient point savants me disaient que ce n'était que par sa grâce; mais comme j'étais persuadée du contraire, je ne pouvais les croire, et cela me donnait de la peine. Un savant religieux, de l'ordre de saint Dominique, m'en tira, et me consola beaucoup en m'assurant que Dieu était alors présent, et qu'il se communique ainsi aux hommes.

» Je finirai ce chapitre en disant : Il faut remarquer que Dieu ne fait jamais, que par une grâce très-particulière, tomber du ciel cette eau dont j'ai parlé, et que l'âme en reçoit toujours de très-grands avantages, ainsi qu'on le verra dans la suite.

» Je ferai remarquer ici une chose qui me paraît importante et qui pourra, mon père, si vous l'approuvez, servir d'avis utile à quelques personnes : c'est que l'on voit dans certains livres qui traitent de l'oraison, qu'encore qu'une âme ne puisse par elle-même arriver à l'état dont j'ai parlé, parce que c'est une chose surnaturelle, et que Dieu seul opère en elle, elle pourra y contribuer en élevant avec humilité son esprit au-dessus de toutes les choses créées, après avoir passé plusieurs années dans la vie purgative et s'être avancée dans l'illuminative; je n'entends pas bien ce dernier mot, si ce n'est qu'il signifie que l'âme ait fait du progrès dans la vertu. Ces livres recommandent expressément de ne rien imaginer de corporel, et de contempler seulement la divinité, parce que, disent-ils, l'humanité même de Jésus-Christ embarrasse ceux qui sont déjà si avancés dans l'oraison, et les empêche d'arriver à une contemplation plus parfaite. Ils allèguent sur cela les paroles de Jésus-Christ à ses apôtres, lors de son ascension dans le ciel avant la venue du Saint-Esprit; mais il me semble que si les apôtres eussent cru dès lors aussi fermement qu'ils le crurent après la venue du Saint-Esprit, que Jésus-Christ était Dieu et homme tout ensemble, la vue de son humanité n'aurait pu servir d'obstacle à leur plus sublime contemplation, puisqu'il n'a rien dit de cela à sa sainte mère, quoiqu'elle l'aimât plus qu'eux tous. Ce qui fait entrer ces contemplatifs dans ce sentiment, c'est qu'il leur semble que, comme la contemplation est une chose toute spirituelle, la représentation des corporelles ne saurait qu'y nuire, et tout ce qu'on doit tâcher de faire, est de se considérer comme environné de toutes parts et tout abîmé en lui. Cette dernière pensée se peut, à mon avis, pratiquer quelquefois inutilement; mais quant à se séparer de Jésus-Christ, en se séparant de la vue de sa sacrée humanité, et la mettre ainsi au rang de nos misérables corps et du reste des choses créées, c'est ce que je ne saurais du tout souffrir, et je le prie de me faire la grâce de bien m'expliquer sur ce sujet. Je ne prétends pas disputer contre les auteurs de ces livres; je sais qu'ils sont savants et spirituels; qu'ils ne parlent pas sans savoir sur quoi ils se fondent, et que Dieu se sert de divers moyens pour attirer des âmes à lui, comme il lui a plu d'attirer la mienne. Sans m'engager donc à parler de tout le reste, je veux seulement rapporter ici le péril où je me trouvai, pour avoir voulu pratiquer sur ce sujet ce que je trouvais dans ces livres. Je n'ai pas de peine à croire que celui qui sera arrivé à l'oraison d'union sans passer aux ravissements, aux visions et aux autres grâces extraordinaires que Dieu fait à quelques âmes, estimera ne pouvoir rien faire de mieux que de suivre l'avis porté dans ces livres, ainsi que j'en étais persuadée. Mais si j'en fusse demeurée là et n'eusse point changé de sentiment, je ne serais jamais arrivée à l'état où il a plu à Dieu de me mettre, parce qu'à mon avis, il y a en cela de la tromperie. Peut-être me trompé-je moi-même, et on en pourra juger par ce que je vais dire.

» N'ayant point alors de directeur, je croyais que la lecture de ces livres pourrait peu à peu m'instruire; mais je connus dans la suite que si Dieu ne m'eût lui-même donné l'intelligence, ils ne m'auraient guère servi, parce que ce qu'ils apprenaient n'était presque rien, jusqu'à ce qu'il me l'eût fait comprendre par ma propre expérience. Ainsi je ne savais ce que je faisais; et quand je commençai à entrer un peu dans l'oraison de quiétude, je tâchais d'éloigner de ma pensée toutes les choses corporelles, et n'osais élever mon âme à Dieu, parce qu'étant toujours si imparfaite, je croyais qu'il y aurait en cela trop de hardiesse. Je sentais néanmoins, ce me semble, la présence de Dieu; en quoi je ne me trompais pas, et faisais tout ce que je pouvais pour ne pas m'éloigner de lui. Comme la satisfaction et l'avantage que l'on croit trouver dans cette manière d'oraison la rendent très-agréable, rien n'aurait été capable de me faire arrêter mes pensées à l'humanité de Notre Seigneur, parce qu'il me paraissait que ce m'aurait été un obstacle au contentement dont je jouissais. « O Dieu de mon âme,
» Jésus-Christ crucifié, qui êtes mon souverain bien,
» je ne me souviens jamais sans douleur de cette
» folle imagination que j'avais alors, parce que je
» ne puis la considérer que comme une grande tra-
» hison que je vous faisais, quoique ce ne fût que
» par ignorance. »

» Lorsque ceci m'arriva, Dieu ne m'avait point encore donné de ravissements ni de visions, et j'avais toujours eu auparavant une grande dévotion à cette humanité sacrée de Notre Seigneur. Je ne demeurai guère dans cette erreur, et n'ai jamais cessé depuis de ressentir une grande joie d'être en la présence de Jésus-Christ, principalement quand je communie; et je voudrais alors toujours avoir quelqu'une de ses images devant mes yeux, afin de l'imprimer encore plus fortement dans mon âme.

« Est-il possible, ô mon Sauveur, qu'il me soit entré dans l'esprit durant seulement une seule heure, que vous m'auriez été un obstacle pour m'avancer dans la piété! et quel bien ai-je reçu, si ce n'est par vous qui êtes la source éternelle de tous les biens? Je ne veux pas croire que j'aie péché en cela, ce me serait une trop grande douleur. Je suis persuadée de n'avoir failli que par ignorance, et qu'ainsi vous voulûtes y remédier par votre bonté, faisant que l'on me tirât de cette erreur, et vous montrant depuis tant de fois à moi, afin de me faire encore mieux connaître la grandeur de mon aveuglement, et qu'après l'avoir dit, comme j'ai fait à tant de personnes, je le déclarasse encore ici. J'attribue à cette cause que la plupart de ceux qui arrivent jusqu'à l'oraison d'union ne passent pas plus avant, et ne jouissent pas d'une grande liberté d'esprit. »

» Deux raisons me le font croire, quoique peut-être je me trompe ; mais je ne dirai rien dont je n'aie l'expérience, m'étant très-mal trouvée de détourner ainsi ma vue de l'humanité de Jésus-Christ, jusqu'à ce qu'il m'ait fait connaître ma faute; car les contentements et les consolations que je recevais n'étaient que par intervalles, parce que je ne me trouvais pas, au sortir de l'oraison, dans la compagnie de Jésus-Christ, comme j'ai fait depuis, et qu'ainsi je n'avais pas la force qu'il me donne maintenant pour supporter les travaux et les tentations.

» La première de ces deux raisons est qu'il y avait en cela un défaut d'humilité, quoiqu'il fût si caché que je ne m'en apercevais point. Car qui est celui qui, encore qu'il ait passé toute sa vie en travaux, en pénitences, en prières, et souffert toutes les persécutions imaginables, sera, comme je l'étais, si superbe et si misérable, que de ne pas se trouver trop dignement récompensé, lorsque Notre Seigneur lui permet d'être avec saint Jean au pied de la croix? Quel autre que moi aurait été capable de ne pas se contenter d'une si grande faveur, ainsi que je n'en étais pas alors satisfaite, parce que j'étais si malheureuse que de tourner à ma perte ce qui aurait dû me profiter?

» Que si notre complexion et notre infirmité ne nous permettent pas de considérer ce divin Sauveur dans les tourments de sa passion, accablé de travaux et de douleurs, persécuté de ceux à qui il avait fait tant de bien, déchiré de coups, nageant dans son sang et abandonné de ses apôtres ; parce que ce nous serait une peine insupportable, qui nous empêche de demeurer en sa compagnie depuis qu'il est ressuscité, l'ayant maintenant si près de nous dans l'eucharistie, plein de gloire, et tel qu'il était lorsqu'avant de monter dans le ciel il animait et encourageait les siens à se rendre dignes de régner un jour éternellement avec lui? S'il semble, ô mon Sauveur, par la faveur que vous nous faites d'être toujours proche de nous dans ce très-saint et auguste sacrement, que vous ne puissiez durant un seul moment nous quitter, comment ai-je pu m'éloigner de vous sous prétexte de vous mieux servir! Lorsque je vous offensais, je ne vous connaissais pas bien encore; mais, qu'après vous avoir connu, je me sois éloignée de vous dans la créance de prendre un meilleur chemin, c'est que je ne puis maintenant comprendre. N'était-ce pas, au contraire, m'égarer entièrement; et cet égarement n'aurait-il pas toujours duré, si vous ne m'eussiez remise par votre bonté dans la bonne voie, et donné sujet de ne rien craindre en me trouvant si proche de vous, parce qu'on ne peut rien appréhender en la compagnie d'un protecteur tout-puissant, et qui est la source de tous les biens?

» Il ne m'est point depuis arrivé de peines que je n'aie souffertes avec joie, me voyant en la compagnie d'un ami si généreux, qu'il ne manque jamais de nous assister; d'un capitaine si vaillant, qu'il s'expose le premier au péril pour nous en garantir et pour nous sauver. J'ai connu clairement que, pour plaire à Dieu et obtenir de lui de grandes faveurs, il veut que nous les lui demandions et les recevions par Jésus-Christ, son Fils, Dieu et homme, en qui il a dit qu'il prenait son bon plaisir. Je l'ai éprouvé diverses fois; Notre Seigneur me l'a dit lui-même; et je vois clairement que c'est le chemin que nous devons tenir, et la porte par laquelle nous devons entrer, si nous désirons que sa suprême Majesté nous révèle de grands secrets.

» Aussi, mon père, quoique vous soyez arrivé au comble de la contemplation, ne prenez point, s'il vous plaît, un autre chemin. On ne s'égare jamais en le suivant; c'est par ce divin Sauveur que nous devons pratiquer toutes les vertus; il nous en apprend les moyens, il nous en donne l'exemple dans sa vie, il en est le parfait modèle; et que pouvons-nous désirer davantage, que d'avoir toujours à nos côtés un tel ami, qui ne nous abandonne jamais dans les travaux et dans les souffrances, comme font les amis de ce monde? Heureux donc celui qui l'aime véritablement et se tient toujours près de lui ! Ne voyons-nous pas que le glorieux saint Paul avait continuellement son nom dans la bouche, parce qu'il l'avait profondément gravé dans le cœur? et depuis que j'ai connu cette vérité, et considéré avec soin la vie de quelques saints grands contemplatifs, j'ai remarqué qu'ils n'ont point tenu d'autre chemin. On le voit dans saint François, par l'amour qu'il avait pour les plaies de ce divin Sauveur; dans saint Antoine de Padoue, par son affection pour sa sacrée et divine enfance; dans saint Bernard, par le plaisir qu'il prenait à considérer sa très-sainte humanité; dans sainte Catherine de Sienne, par la dévotion qu'elle y avait, et dans plusieurs saints, dont vous êtes, mon père, beaucoup mieux instruit que moi.

» Je ne doute point qu'il soit bon de détacher sa pensée des choses corporelles, puisque tant de personnes spirituelles le disent ; mais ce ne doit être que lorsqu'on est fort avancé dans l'exercice de l'oraison ; car il est évident que, jusque-là, il faut chercher le Créateur par les créatures, selon la grâce que Notre Seigneur fait à chacun, dont je n'entreprends point de parler. Ce que je prétends seulement dire, et que je voudrais pouvoir bien expliquer, parce qu'on ne saurait trop le remarquer, c'est que l'on ne doit point mettre en ce rang la très-sacrée humanité de Jésus-Christ.

» Lorsque Dieu suspend toutes les puissances de l'âme, de la sorte que nous avons vu dans les diverses manières d'oraison dont j'ai traité, il est évident que, quand même nous ne le voudrions pas, nous perdrons alors cette présence de l'humanité de Jésus-Christ; mais nous aurions tort de nous plaindre d'une si heureuse perte, puisque nous acquérons par elle un bonheur encore plus grand que le bonheur perdu. Car l'âme s'occupe alors tout entière à aimer celui que son entendement avait travaillé à lui faire connaître; elle aime ce qu'elle ne comprenait point auparavant, et possède un bien dont elle ne pouvait jouir qu'en se perdant elle-même, comme je l'ai dit, pour gagner beaucoup plus qu'elle ne perd. Mais que nous employions tous nos efforts pour éloigner de notre vue cette très-sainte humanité de Jésus-Christ, c'est ce que je répète encore ne pouvoir du tout approuver, parce qu'il me semble que c'est marcher en l'air, comme on dit d'ordinaire, et sans appui, quoique l'on s'imagine être plein de Dieu.

Puisque nous sommes hommes, il nous importe extrêmement, pendant que nous sommes en cette vie, de nous représenter Jésus-Christ comme homme aussi bien que comme Dieu; c'est l'autre point dont j'ai à parler. Quant au premier, j'avais déjà commencé à dire que l'âme ne peut, sans quelque petit défaut d'humilité, vouloir s'élever plus haut que Notre Seigneur ne l'élève, en ne se contentant pas de prendre pour sujet de sa méditation une chose aussi précieuse qu'est l'humanité de Jésus-Christ, et prétendre ressembler à Madeleine, avant d'avoir travaillé avec Marthe. Que s'il veut, dès le premier jour, lui accorder cette grâce, il n'y a point alors sujet de craindre; mais, quant à nous, humilions-nous, comme je crois l'avoir déjà dit; quoique ce petit défaut d'humilité paraisse n'être presque rien, il peut nous être un grand obstacle pour nous avancer dans la contemplation.

» Il faut revenir maintenant à mon second point. Comme nous ne sommes pas des anges, mais des hommes revêtus d'un corps mortel, nous ne pourrions, sans folie, vouloir passer pour des anges tandis que nous sommes encore sur la terre et aussi enfoncés que je l'étais dans les misères de cette vie. Ainsi, bien que quelquefois notre âme soit pleine de l'esprit de Dieu, que, s'élevant au-dessus d'elle-même, elle n'a pas besoin pour se recueillir de considérer aucune des choses créées, elle en a d'ordinaire besoin pour arrêter ses pensées, et particulièrement dans les peines, les travaux, les persécutions et les sécheresses qui troublent sa tranquillité et son repos. Car, nous représentant alors que Jésus-Christ a souffert en qualité d'homme les mêmes peines, nous éprouvons combien son assistance nous est nécessaire; et il nous sera facile de nous trouver ainsi près de lui, si nous nous y accoutumons. Il arrivera néanmoins, peut-être, que l'on ne pourra faire ni l'un ni l'autre de ce que je viens de dire, et alors on éprouvera quel est l'avantage de ne point rechercher des consolations spirituelles, et qu'au contraire il y en a un très-grand d'être toujours résolu, quoi qu'il arrive, à embrasser de bon cœur la croix. Notre divin Sauveur ne s'est-il pas vu privé de toute consolation? et si ses disciples l'ont abandonné dans ses travaux, devons-nous les imiter? Il s'éloigne et s'approche de nous, et élève notre âme au-dessus d'elle-même, selon qu'il juge nous être le plus utile. Tous nos efforts sont vains sans son assistance, et nous n'avons qu'à le laisser faire.

» Dieu se plaît à voir une âme prendre avec tant d'humilité son Fils pour médiateur auprès de lui, que lorsqu'il veut l'élever à un haut degré de contemplation, elle s'en reconnaisse si indigne, qu'elle dise avec saint Pierre: *Retirez-vous de moi, Seigneur, car je suis un homme pécheur.* Je l'ai éprouvé, et ce fut la conduite que Dieu a tenue envers moi. D'autres prendront un chemin différent; tout ce que je puis comprendre de celui-ci, est que cet édifice de l'oraison étant fondé sur l'humilité, plus l'âme s'abaisse, plus Dieu l'élève. Je ne me souviens point qu'il m'ait jamais fait aucune de ces grâces signalées, dont je parlerai dans la suite, sinon quand j'étais dans une grande confusion de me voir si imparfaite et si misérable, et ne savais que devenir; alors, pour m'aider à me connaître moi-même, il me faisait entendre des choses que je n'eusse jamais pu m'imaginer.

» Je suis persuadée que si dans cette oraison d'union l'âme veut s'efforcer d'y contribuer, quoiqu'il lui paraisse sur l'heure que cela lui sert, elle tombera bientôt, et apprendra par sa chute qu'elle avait bâti sur un mauvais fondement. J'appréhende même beaucoup pour elle qu'elle n'arrive jamais à la véritable pauvreté d'esprit, laquelle consiste à ne chercher aucune consolation non-seulement dans les choses de la terre auxquelles elle doit déjà avoir renoncé, mais dans l'oraison; à mettre toute sa satisfaction à souffrir pour Celui qui a passé pour l'amour de nous toute sa vie dans la souffrance, et à demeurer tranquille dans ses travaux et ses sécheresses, sans s'en inquiéter, quoiqu'elle les sente; ni s'en tourmenter, ainsi que font certaines personnes qui s'imaginent que tout est perdu si leur entendement n'agit sans cesse et si elles n'ont une forte dévotion sensible; comme si elles pouvaient, par leur travail, mériter un si grand bien. Je ne prétends pas néanmoins que l'on manque de faire tout ce que l'on peut pour se tenir en la présence de Dieu; je dis seulement que quand même on n'aurait pas une seule bonne pensée, il ne faut pas pour cela se désespérer; car étant comme nous sommes des serviteurs inutiles, ne serait-ce pas nous flatter que de nous croire propres à quelque chose? Dieu veut, pour nous faire connaître notre impuissance, nous rendre semblables à de petits ânons, qui, ayant encore les yeux bandés, et ne sachant ce qu'ils font, tournent la roue de la machine avec laquelle on tire de l'eau, et en fournissent plus que le jardinier avec toute sa peine et tout son travail.

» On doit marcher sans contrainte dans ce chemin, en s'abandonnant entre les mains de Dieu. S'il veut nous élever aux principales charges de sa maison et nous honorer de sa confiance, recevons de si grandes faveurs avec joie; sinon, servons-le avec plaisir dans les emplois les plus bas et les plus vils, sans être si hardis que de nous asseoir aux premières places, ainsi que je l'ai dit ailleurs. Il sait mieux que nous à quoi nous sommes propres; et, après lui avoir donné toute volonté, devons-nous prétendre qu'il nous soit permis de nous conduire selon notre fantaisie? Cela nous serait moins pardonnable que dans le premier degré d'oraison, et nous nuirait bien davantage, parce que les biens dont il s'agit sont naturels. Un homme qui a mauvaise voix peut-il, par les efforts qu'il fait pour chanter, la rendre bonne? Et s'il l'a bonne naturellement, quel besoin a-t-il de se tourmenter? Nous pouvons bien prier Dieu de nous favoriser de ses grâces, mais avec soumission et confiance en sa bonté, puisqu'il nous permet d'être aux pieds de Jésus-Christ, tâchons de n'en point partir; demeurons-y en quelque manière que ce soit, à l'imitation de Madeleine; et quand notre âme sera plus forte, il la conduira dans le désert.

» C'est, mon père, ce que je vous conseille de faire jusqu'à ce que vous ayez trouvé quelqu'un qui en soit plus instruit que moi et qui en ait plus d'expérience; mais, si ce sont des personnes qui ne fassent que de commencer à goûter les douceurs qui se rencontrent dans l'oraison, ne les croyez pas, parce qu'elles se persuadent qu'il leur est avantageux de contribuer quelque chose pour se les procurer. Oh! que Dieu, quand il lui plaît, fait, sans ces petits secours, voir manifestement sa puissance! quoi que nous puissions faire et quelque résistance que nous y apportions, il enlève notre âme comme un géant enlèverait une paille. Que, s'il voulait qu'un crapaud volât, peut-on croire qu'il attendrait que cet animal prît par lui-même l'essor pour s'élever vers le ciel? Et n'est-il pas encore plus dificile à notre esprit de réussir sans l'assistance de Dieu dans une chose si surnaturelle, étant comme il est tout chargé de terre et arrêté par mille et mille autres obstacles? car bien qu'il soit par sa nature plus capable de voler que le crapaud, le péché l'a tellement enfoncé dans la fange, qu'il lui a fait perdre cet avantage.

» Je finirai ceci en disant: Toutes les fois que nous pensons à Jésus-Christ, nous devons nous représenter quel est l'amour qui l'a porté à nous faire tant de grâce, et combien grand est celui que son Père éternel nous a témoigné, en nous donnant son propre Fils; car l'amour attire l'amour. Ainsi, quoique nous ne fassions que commencer et soyons de grands pécheurs, nous devons nous efforcer d'avoir toujours devant les yeux ce que je viens de dire, afin de nous exciter à aimer Dieu; puisque, s'il nous fait une fois la grâce de nous imprimer cela dans le cœur, nous nous verrons bientôt capables de ne rien trouver de difficile pour son service. Je le prie de vouloir, par l'amour qu'il a pour nous et par celui que son glorieux Fils nous a témoigné aux depens de sa propre vie, nous remplir de cette sainte ardeur qu'il sait nous être si nécessaire.

» Je voudrais bien, mon père, vous demander d'où vient que quand Dieu a fait la grande faveur à une âme, de la mettre dans une parfaite contemplation, pourquoi il ne lui donne pas aussitôt toutes les vertus, comme apparemment elle aurait sujet de l'espérer; il semble que la grâce extraordinaire des ravissements doit la détacher de tous les sentiments de la terre et peut la sanctifier en un moment. J'avoue que j'en ignore la raison; mais je sais bien qu'il y a de la différence entre la force que donnent au commencement ces ravissements, lorsqu'ils ne durent qu'un clin d'œil et ne se sentent que par les effets, et la force que l'âme en reçoit lorsqu'ils durent beaucoup plus. J'ai souvent pensé que cette différence peut procéder de ce que l'âme ne s'abandonne entièrement à Dieu qu'à mesure qu'il l'y pousse, ainsi qu'il opéra si promptement cet effet dans la Madeleine; il agit dans les personnes conformément à la manière dont elles le laissent disposer d'elles, et nous devons croire que, même dès cette vie, il nous récompense au centuple de ce que nous faisons par le désir de lui plaire.

» Cette comparaison m'est ainsi venue dans l'esprit: que ces grâces si extraordinaires sont comme une excellente viande que Dieu donne à ceux qui s'avancent le plus dans son service; celles qui n'en mangent qu'un peu conservent durant un peu de temps le goût d'un mets si agréable; ceux qui en mangent davantage s'en nourrissent; ceux qui en mangent beaucoup en tirent de la vigueur et de la force; et l'on peut tant manger de cette divine viande qui donne la vie, qu'elle fait, par l'avantage que l'on en reçoit, mépriser toutes les autres; le plaisir que l'on y trouve étant si grand, que l'on ne voudrait pour rien au monde perdre, par le mélange d'une autre nourriture, le goût d'une viande si délicieuse à l'âme. Ne voit-on pas que l'on ne profite pas tant en un jour qu'en plusieurs dans la compagnie d'un saint; mais y demeurant longtemps, on peut, avec l'assistance de Dieu, se rendre semblable à lui? Enfin tout dépend de ce souverain maître de nos cœurs; il favorise de ses grâces qui il lui plaît et quand il lui plaît; mais il importe extrêmement à ceux qui commencent à en recevoir, d'en faire l'estime qu'elles méritent et de prendre une ferme résolution de se détacher entièrement de toutes choses.

» Il me paraît aussi que Dieu, pour augmenter l'amour de ceux qui l'aiment, en se faisant voir à eux dans sa majesté et dans sa gloire, et ranimer leur espérance des faveurs qu'il leur veut faire, laquelle était comme morte, les fait jouir de cet inconcevable plaisir, et semble leur dire: Ouvrez les yeux et regardez; ce que vous voyez n'est qu'une goutte de cet océan des biens infinis dont je suis la source. Ce qui montre qu'il n'y a rien qu'il ne veuille faire pour ceux qui l'aiment; et, lorsqu'ils reçoivent ses grâces comme ils doivent, il ne les honore pas seulement, mais il se donne lui-même à eux; car il aime ceux qui l'aiment; eh! qui mérite tant que lui d'être infiniment aimé? quel ami lui est comparable?

« Dieu de mon âme, qui me donnera des paroles
» pour faire entendre quelles sont vos libéralités
» envers ceux qui mettent toute leur confiance en
» vous, et ce que perdent au contraire ceux qui,
» étant arrivés à un état aussi heureux que celui
» dont j'ai parlé, demeurent encore attachés à eux-
» mêmes? Ne permettez pas, mon Sauveur, qu'un
» si grand malheur m'arrive après la grâce que vous
» m'avez faite de me vouloir honorer de votre pré-
» sence, et prendre quelque repos dans une âme
» aussi indigne de vous recevoir qu'est la mienne. »

» Je vous supplie encore, mon père, que si vous conférez de ce que je vous ai écrit touchant l'oraison avec des personnes aussi spirituelles, de prendre garde qu'elles le soient véritablement, parce que, si elles ne connaissent en cela qu'une seule voie et qu'elles soient demeurées à moitié chemin, elles ne pourront en bien juger. Il y en a que Dieu élève bientôt à un état fort sublime, et il leur paraît alors que les autres pourront aussi facilement qu'eux y arriver, sans se servir de l'entendement et de la considération des choses corporelles. Ainsi ils font que ces âmes demeurent sèches et arides; et d'autres, se trouvant avoir un peu d'oraison de quiétude, s'imaginent pouvoir aussitôt passer aux manières d'oraison plus sublimes; ce qui les fait reculer au lieu d'avancer, et montre que l'on a besoin en toutes choses de discrétion et d'expérience. Dieu veuille, s'il lui plaît, nous les donner! »

Voilà comme sainte Thérèse, après sainte Catherine de Gênes, nous parle de ces communications intimes de l'âme pieuse avec Dieu et de Dieu avec l'âme; communications dont les génies les plus élevés du paganisme, Socrate, Platon et leurs disciples avaient quelque idée obscure, mais qui ne les empêchait pas de s'égarer dans des erreurs grossières. Pour en parler avec la grâce, la lumière, la simplicité et l'élévation des Thérèse et des Catherine, il faut, comme elles, avoir pour maître l'esprit des apôtres, des patriarches et des prophètes, l'Esprit de Dieu.

Et ainsi, depuis le commencement du monde jusqu'au commencement du XVI⁰ siècle de l'ère chrétienne; depuis Abel jusqu'à sainte Catherine de Gênes et sainte Thérèse du Carmel, toujours nous voyons des saints dans l'Eglise. *Car*, nous dit saint Paul, *vous ne vous êtes point associés à la montagne matérielle et fumante du Sinaï, mais à la montagne de Sion, à la cité du Dieu vivant, à la Jérusalem céleste, aux myriades d'anges, à l'église des premiers-nés qui sont inscrits dans le ciel, à Dieu qui juge l'univers, aux esprits des justes parfaits, à Jésus le médiateur de la nouvelle alliance, à l'aspersion d'un sang qui parle mieux que celui d'Abel* (Hebr., 12, 18-24).

Puissent tous les chrétiens bien comprendre cette éternelle unité de l'Eglise de Dieu, et s'y édifier les uns les autres par la foi, l'espérance et la charité!

LIVRE QUATRE-VINGT-QUATRIÈME.

De l'an 1517, commencement de l'anarchie religieuse et intellectuelle en Allemagne, à l'an 1545, commencement du concile œcuménique de Trente.

Ier.

Hérésies de Luther, jusqu'à sa condamnation par le pape Léon X.

En 1517, l'Eglise de Dieu se voyait dans une position digne de remarque. L'ancien et le nouveau monde, toutes les sciences et tous les arts se présentaient devant elle, pour apprendre de sa bouche à bien servir Dieu et les hommes. Et l'Eglise répondait convenablement à l'ancien et au nouveau monde, à toutes les sciences et à tous les arts. Elle vient de terminer le cinquième concile de Latran, sous la présidence du pape Léon X. Dans ce concile, elle a non-seulement décrété, mais effectué la restauration des mœurs cléricales dans son chef et ses principaux membres. D'ailleurs, l'Esprit de vérité et de sainteté qui demeure éternellement avec elle n'y demeure jamais oisif. Et de fait, dans les soixante-dix ans que comprend le précédent livre, on trouve bien plus de soixante-dix personnages que l'Eglise honore d'un culte public : il y en a plusieurs des ordres de Saint-François, de Saint-Dominique, de Saint-Augustin ; mais il en est beaucoup d'autres de toute condition et de tout rang. C'est, entre autres, saint Jean de Capistran, l'ami, le compagnon de Huniade et de Scander-beg ; c'est saint Casimir, prince de Pologne ; c'est le bienheureux Nicolas de Flue, le sauveur de la confédération suisse ; c'est une veuve, sainte Catherine de Gênes, morte en 1510, auteur de certains opuscules de théologie mystique ; pour la hauteur, la profondeur et la justesse des idées, ces opuscules lui mériteraient bien une place parmi les docteurs de l'Eglise ; c'est le bienheureux Primaldi, martyrisé à Otrante par les Turcs, en 1480, avec huit cents de ses compatriotes.

Quant aux sciences, lettres et arts, jamais époque ne leur fut plus favorable. Le pape Léon X était leur nourrisson, leur ami, leur protecteur héréditaire ; Léon X était le cardinal Jean de Médicis, fils de Laurent le Magnifique et arrière-petit-fils de Cosme, surnommé le *Grand et Père de la patrie ;* famille incomparable, qui a eu l'honneur de donner son propre nom au plus beau siècle de la littérature et de l'art modernes. Léon X était encore leur protecteur héréditaire, comme pape. Toujours nous avons vu les Pontifes romains s'en montrer les pères par toute l'Europe, particulièrement depuis Nicolas V à Jules II. Léon X ne commençait pas, il couronnait seulement cette grande époque.

En effet, lorsqu'il monte sur le trône pontifical, il trouve Michel-Ange qui fait le tombeau de Jules II, peint la chapelle Sixtine, et transporte le panthéon dans les nues, pour en faire la coupole de Saint-Pierre ; il trouve Raphaël produisant d'autres merveilles, avec Pérugin, Jules Romain, Léonard de Vinci et autres. Parmi les trente cardinaux qu'il nomme en 1517, il y en a plusieurs d'éminemment habiles dans la littérature grecque et la latine, et l'ancienne philosophie. Ses deux secrétaires sont Bembe et Sadolet, deux modèles d'une latinité cicéronienne. Si chez quelques-uns l'enthousiasme pour l'antiquité littéraire excède un peu, il n'y a pas beaucoup à craindre : tous ces savants sont enfants soumis de l'Eglise, qui, au concile général de Latran, vient de poser les bornes que ne doit point outre-passer la sagesse humaine.

Tous les royaumes d'Europe sont en paix les uns avec les autres. L'empereur d'Allemagne, Maximilien Ier ; François Ier, roi de France ; le roi d'Angleterre, Henri VIII ; le roi d'Espagne, Charles Ier, autrement Charles-Quint ; le roi de Portugal, Emmanuel le Fortuné, sont dans les meilleurs termes avec le chef de l'Eglise universelle. On peut espérer une expédition générale pour la défense de la chrétienté, contre les armes toujours menaçantes des Turcs sous Sélim Ier. Les Espagnols et les Portugais continuent leurs découvertes et leurs conquêtes en Amérique, en Afrique et en Asie. Nous avons vu un évêque de Saint-Domingue au concile de Latran. Les Portugais touchent à la Chine. Partout, les prédicateurs de l'Evangile accompagnent et suivent les navigateurs. Le combat entre l'Eglise et l'enfer va s'agrandissant sous tous les rapports. Ce n'est plus seulement l'empire romain, c'est l'univers entier qui sera le champ de bataille. On se battra, non plus pour telle vérité particulière, mais pour toutes les vérités ensemble. La lutte sera générale et durera jusqu'à la fin. L'enfer mettra en œuvre tout ce qu'il a de ruse et de violence, toutes les profondeurs de Satan. Il s'agit de l'empire du monde.

Nations chrétiennes, soyez sur vos gardes ! Vous avez à craindre, non moins que les individus. Et depuis trop longtemps, plusieurs d'entre vous s'endorment dans le bien ou plutôt dans le mal. Depuis trop longtemps on ne voit plus de saints, ou du moins on en voit très-peu, en Angleterre, en France, en Allemagne et dans les royaumes du Nord. Depuis trop longtemps on n'y voit plus de zèle pour la défense de la chrétienté contre les Mahométans, ni pour la propagation de la foi chrétienne parmi les infidèles. Ce zèle n'apparaît plus guère qu'en Italie, en Espagne et en Portugal. Aussi Dieu récompensera-t-il ces nations par la paix et la gloire. Mais malheur à vous, qui n'aurez pas voulu employer, pour le service de Dieu, la puissance que Dieu vous a donnée. Laissées à vous-mêmes, vous l'emploierez à vous déchirer les entrailles, à briser votre unité intellectuelle et morale, en sorte que l'Angleterre ne sera plus une, la France plus une, l'Allemagne plus une, mais deux, mais plusieurs, et cela pour des siècles ; et l'Allemagne en particulier, divisée en autant de sectes que d'individus, et en autant de partis que de sectes, deviendra une proie facile au premier ou dernier peuple barbare.

Lorsque Notre Seigneur eût parlé de la ruine de Jérusalem et de la ruine du monde, figure de bien d'autres ruines, les Apôtres lui demandèrent : *Quand est-ce qu'arriveront ces choses, et quel sera le signe de votre avénement ?* Le Seigneur leur répondit : *Prenez garde que personne ne vous séduise ! car il en viendra beaucoup en mon nom, disant : Je suis le Christ, et ils en séduiront beaucoup* (Matth., 24, 4 et 5). *Et il s'élèvera beaucoup de faux prophètes, et ils en séduiront un grand nombre* (Ibid., 11). *Si donc quelqu'un vous dit : Voici ! le Christ est ici, il est là ; ne le croyez point ! Car il s'élèvera de faux Christs et de faux prophètes ; et ils donneront de grands signes et des prodiges, en sorte que les élus mêmes y seraient trompés, s'il était possible. Voilà ! je vous l'ai prédit. Si donc ils vous disent : Voici ! il est dans le désert, ne sortez pas ; voici ! il est dans l'intérieur de la maison, n'y croyez point ! car comme l'éclair sort de l'Orient et paraît jusqu'en Occident, ainsi en sera-t-il de l'avénement du Fils de l'homme* (Ibid., 23-27). *Prenez donc garde à vous ! que vos cœurs ne s'appesantissent point par la bonne chère, et par l'ivrognerie, et par les soins de la vie présente* (Luc, 21-34). Tels sont les suprêmes avertissements du Seigneur pour ces formidables épreuves auxquelles il soumet, quand il juge à propos, et les individus, et les nations, et l'humanité entière.

Or, voici quel était l'état moral de la nation allemande au commencement du XVIe siècle. C'est un frère Augustin qui nous l'apprend.

Le dimanche après l'Ascension, exhortant ses auditeurs à une vie chrétienne, il leur disait entre autres, autant du moins qu'on peut traduire la hardiesse de son langage :

« Chaque pays a son démon : l'Italie a le sien, la France a le sien et l'Allemagne a le sien, la bouteille ; on appelle *boire* se gorger de vin et de bière. On boira, j'en ai peur, jusqu'au jour du jugement dernier. Les prédicateurs crient en chaire et font entendre la parole de Dieu, les seigneurs font des ordonnances, la noblesse même quelquefois prend de belles résolutions ; le scandale, le désordre, des maux de toute espèce, pour le corps et pour l'âme, viennent à leur tour comme enseignements : rien n'y fait. L'ivrognerie, notre dieu, s'étend de jour en jour, semblable à la mer, qui a beau boire les courants et a toujours soif.

» Je voudrais bien aujourd'hui vous parler des funestes penchants à l'ivrognerie de nos pauvres Allemands ; mais où trouver une parole assez puissante pour chasser loin de nous cette crapule d'enfer, qui chaque jour s'étend de plus en plus dans toutes les classes de la société, en haut, en bas, de façon que prédications, instructions, sont tout à fait inutiles. Qu'en dire, quand nous la voyons, cette fille du diable, se glisser du peuple des grandes cités dans la cabane des paysans, des tavernes dans le ménage ? Dans mon jeune âge, s'enivrer, aux yeux de la noblesse, passait pour un scandale ; aujourd'hui, le noble boit plus encore que le rustre. Les princes et les grands ont reçu d'excellentes leçons de leurs chevaliers, et ils boivent sans rougir : boire est une vertu princière. Noble, bourgeois, qui ne s'enivre avec eux comme un goujat, est un homme méprisable ; qui ribotte avec ces chevaliers de la bouteille, gagne en cuvant son vin ses armes et ses éperons (Walch, *Œuvres de Luther*, t. XII, p. 786 (en allemand). »

Le même frère disait des princes en particulier : « Les princes sont communément les plus grands fous et les plus fieffés coquins de la terre ; on n'en saurait attendre rien de bon, mais toujours ce qu'il y a de pire (Cité par Starck : *Triomphe de la philosophie*, t. I, p. 52 (en allemand). » Il s'était même fait, à cet égard, une sorte de proverbe qui disait : *Principem esse, et non esse latronem, vix possibile est* ; c'est-à-dire : Etre prince et n'être pas brigand, c'est ce qui paraît à peine possible (*Ibid.*). Ce qu'il y a de plus singulier, c'est que le frère tient un pareil langage dans une espèce d'instruction pastorale à un prince d'Allemagne, sur le devoir des sujets envers le souverain (Walch, t. X, p. 460 et seqq.). Ce qui ne l'est pas moins, c'est que le plus grand poète de l'Allemagne moderne, Schiller, nous montre sur la scène un prince allemand du XVIe siècle, ruinant son peuple pour amuser un troupeau de concubines, réduisant en esclavage les victimes de l'incendie, vendant à l'étranger la liberté de ses sujets, et faisant mitrailler quiconque y trouve à redire (Schiller, *Kabale und Liebe*, acte II, scènes 2 et 3). Tel était donc l'état moral des peuples et des princes d'Allemagne, vers l'an 1517. Celui du clergé ne valait pas mieux, au dire du même frère Augustin.

Ce frère naquit l'an 1483, à Islèbe, comté de Mansfeld, dans la Saxe. Il vint au monde le 10 novembre, et fut baptisé le jour suivant dans l'église paroissiale de Saint-Pierre : comme c'était la fête de Saint-Martin, on le lui donna pour patron. Son père s'appelait Jean, de son nom de baptême. Quant à son nom de famille, le fils l'écrivait d'abord *Luder* ; mais comme, en allemand, ce mot signifie charogne, tant au physique qu'au moral, il lui substitua celui de *Luther*, qu'on suppose le même que Lothaire. Ses parents étaient pauvres, son père bêchait la terre, sa mère portait du bois sur ses épaules ; son père, devenu dans la suite ouvrier mineur, amassa quelque petite fortune. Son père et sa mère étaient catholiques-romains, ainsi que son grand-père, avec tous ses ancêtres. Du reste, on avait par toute l'Europe, la même croyance que les catholiques d'aujourd'hui.

A l'âge de quatorze ans, Martin Luther commença ses études à Magdebourg, près de certains frères d'école. Comme il était pauvre, il mendiait son pain deux fois par semaine, en chantant aux fenêtres des maisons. Les habitants de Magdebourg se montrant peu charitables, il se rendit à Eisenach, où une veuve le prit en pitié, et lui acheta même une flûte et une guitare. Dans ses intervalles d'études, il essayait sur l'un de ces instruments quelque vieux cantique, comme : *Bénissons le petit enfant qui nous est né* ; ou, *Bonne Marie, étoile du pèlerin !*

L'année 1501, il vint achever ses études à l'Université d'Erfürth, où son père put dès lors venir à son aide. En 1503, il fut reçu bachelier, et, en 1505, maître ès-arts. Bientôt après, il commença d'enseigner lui-même, et d'expliquer la physique et les *Morales* d'Aristote; il s'appliquait en même temps à l'étude du droit, parce que tel était l'avis de ses parents.

Quand il pensait à la colère de Dieu et aux punitions terribles qu'il exerce de temps à autre, il en était tellement épouvanté, qu'il était près de rendre l'âme. Cette terreur fut à son comble, lorsqu'en 1505, un de ses amis intimes fut tué à ses côtés par le tonnerre. Craignant d'être foudroyé lui-même, il invoqua le secours de sainte Anne, et résolut d'embrasser la vie monastique. Le 17 juillet, il réunit une dernière fois ses amis pour faire de la musique ensemble. La nuit suivante, sans rien dire à personne, il se rendit chez les ermites de Saint-Augustin d'Erfürth, demanda et obtint d'y être reçu comme novice. Il n'emportait qu'un Plaute et un Virgile. Le lendemain, il écrivit à ses amis et à ses parents ce qu'il venait de faire. Bien surpris, ils accoururent au monastère pour l'en tirer; mais, pendant un mois, il ne se laissa voir de personne. Son père surtout était mécontent. Quand le fils lui représentait l'apparition effrayante qui l'avait appelé du ciel, le père répétait : Dieu veuille que ce ne soit pas une illusion, ni un fantôme du diable! C'est le fils lui-même qui nous apprend cette particularité (Walch, t. I, p. 79).

La sollicitude du père était juste. Mais le fils était en âge d'homme, il avait vingt-deux ans, était maître ès-arts; de plus, il avait une année entière pour éprouver sa vocation. Ce fut l'année 1506, à l'âge de vingt-trois ans, qu'il fit vœu de pauvreté, de chasteté et d'obéissance. Dès lors, il était obligé de garder ses vœux, puisqu'il ne les fit qu'après l'avoir mûrement pensé, et avec pleine liberté. L'Esprit-Saint nous dit par le prophète David : *Accomplissez les vœux que vous faites au Seigneur* (Ps. 40). Et le Seigneur lui-même dit au Nombres : *Si quelqu'un a fait un vœu au Seigneur, il ne rendra pas vaine sa parole, mais il accomplira tout ce qu'il a promis* (Num., 30, 3). Enfin, l'année suivante 1507, le 4ᵉ dimanche après Pâques, il fut ordonné prêtre, et son père vint à sa première messe avec vingt chevaux, et lui fit présent de vingt florins d'or. Le fils profita de la circonstance pour l'apaiser tout à fait sur son entrée en religion (*Ibid.*, p. 83).

Avec l'habit religieux, Martin Luther reçut le nom de frère Augustin. Nouveau nom, nouvelle vie. C'est ainsi que l'Eternel, au moment d'élever le père des croyants à un état plus parfait, lui change son nom d'Abram en celui d'Abraham; c'est ainsi encore que Jésus-Christ, voulant commencer à exécuter sur un de ses apôtres les desseins de sa providence, lui donne un autre nom : Tu t'es appelé Simon, tu t'appelleras désormais Céphas, c'est-à-dire Pierre. D'ailleurs, le nom d'Augustin ne pouvait être plus favorable pour un religieux de ce saint docteur. Seul, ce nom suffisait pour le préserver de toute erreur opiniâtre en fait de doctrine; seul, il lui rappelait continuellement cette fameuse sentence : *Je ne croirais pas même à l'Evangile, si l'autorité de l'Eglise catholique ne m'y amenait*; et cette autre non moins fameuse : *Rome a parlé, la cause est finie; puisse également finir l'erreur!*

Son noviciat fut d'abord pénible : les moines, qui peut-être s'étaient aperçus de son penchant à l'orgueil, le soumirent à diverses épreuves : Luther était obligé de nettoyer les immondices de la maison, de balayer les dortoirs, d'ouvrir et de fermer les portes de l'église, de remonter l'horloge et d'aller, un sac sur le dos, mendier publiquement : il trouvait cela dur, mais il le faisait par obéissance. Le provincial des Augustins, Jean de Staupitz, étant survenu, recommanda de le traiter plus doucement, et de lui laisser du temps pour l'étude. Voici donc quelle fut la vie de frère Augustin au monastère d'Erfürth : « Je jeûnais, dit-il, je veillais, je me mortifiais et je pratiquais les rigueurs cénobitiques jusqu'à compromettre ma santé; ce ne sont pas nos ennemis qui croiront à mon récit, eux qui ne parlent que des douceurs de la vie monacale, et qui n'ont jamais aucune tentation spirituelle (*Mathes. in vitâ Lutheri*). » Mais surtout il étudiait; il étudiait l'Ecriture sainte, les ouvrages de saint Augustin et les théologiens scholastiques. Il savait presque par cœur Gabriel Biel et Pierre d'Ailly; il avait beaucoup lu Guillaume Occam, et en préférait la pénétration à Thomas d'Aquin et à Scot. Il avait aussi lu assidûment Gerson. Mais pour les ouvrages de saint Augustin, il les avait tous lus plusieurs fois, et se les était imprimés dans la mémoire. Voilà ce que nous apprend un de ses amis (Mélancthon; Walch, t. XIV, p. 509).

Cependant cette inquiétude de conscience, cette terreur d'esprit, qui l'avait poussé dans le monastère, ne le quittait pas; partout il cherchait à se rassurer : c'était même le but de ses études. Un vieux moine du couvent d'Erfürth, auquel il lui racontait souvent son état et ses craintes, le consola beaucoup, en lui recommandant la foi, et en le ramenant à cet article du Symbole : *Je crois la rémission des péchés*. D'après cet article, disait-il, ce n'est point assez de croire en général que les péchés sont remis à quelques-uns, comme à David et à Pierre; mais Dieu veut que chacun de nous croie que ses péchés lui sont pardonnés. « Cette explication, disait Luther à Mélanchton, qui le rapporte, non-seulement me consola, mais me fit comprendre toute la pensée de saint Paul, qui ne cesse de dire : *Nous sommes justifiés par la foi*. Je reconnus que les interprétations ordinaires ne signifient rien. Je vis clair dans l'Ecriture, les Pères et la théologie (Walch, t. XIV, p. 508). »

Hélas! cette clarté était un faux jour; cette explication lumineuse est une grande erreur et une illusion! Saint Paul dit bien que *nous sommes justifiés par la foi en Jésus-Christ, sans la loi de Moïse*; mais il ne parle pas du tout de la foi à notre justification personnelle. Il enseigne même le contraire, quand il dit aux Corinthiens : *Encore que je ne me sente coupable de rien, je ne suis pas néanmoins justifié pour cela, mais c'est le Seigneur qui doit me juger*. Et aux Philippiens : *Travaillez à votre salut avec crainte et tremblement* (Philipp., 2, 12). Salomon avait déjà dit dans les Proverbes (20, 19) : *Qui peut dire : Mon cœur est pur, je suis exempt de tout péché?* Et dans l'Ecclésiaste (9, 1) : *L'homme ne* sait pas s'il est digne d'amour ou de haine. Les catholiques ont donc raison de dire que les gens craignant Dieu peuvent avoir une certitude morale qu'ils sont en état de grâce, mais non pas une certitude de foi. Et frère Augustin Luther, avec son consolateur, est dans une illusion déplorable.

Tels furent ses premiers égarements sur la doctrine. Nous ne nous souvenons pas de l'avoir vu remarqué nulle part. Ce qui épouvante surtout pour ce pauvre frère, c'est le mépris qu'il conçut dès lors pour l'interprétation commune des Pères et des Docteurs.

Un autre trait saillant dans la vie de Luther, c'est que cette vie entière n'est qu'une suite de combats avec le diable, dont il nous a conservé le récit, et où le moine reste toujours vainqueur. Le diable ne se rebute pas, il revient à la charge ; le combat recommence, et il finit toujours de même. Le démon ne lui laisse pas un moment de repos ; il apparaît et vient le tourmenter le jour, la nuit, à table, dans son sommeil, à l'église, au milieu de ses livres, dans son ménage et jusque dans sa cave. Luther a noté toutes ces visions et tenu registre de ces assauts, afin, dit-il, d'apprendre comment on peut déjouer ce grand pipeur.

Au couvent de Wittemberg, où il alla d'Erfürth, quand il commençait à lire la Bible, ou qu'il était à son pupitre traduisant les psaumes, le diable venait à petit bruit et en traître, et lui soufflait toutes sortes de mauvaises pensées. S'il avait l'air de ne pas comprendre, alors Satan entrait en fureur, bouleversait les papiers, fermait et déchirait les livres, puis éteignait la chandelle. Quand Luther se mettait au lit, le diable y était déjà.

C'était au réveil de Luther qu'il apparaissait surtout. — Pécheur, lui dit-il un jour, pécheur entêté ! — Tu n'as rien de plus nouveau à me dire ? répondit Luther : je le sais aussi bien que toi que j'ai péché ; mais Dieu m'a pardonné. Son Fils a pris mes iniquités, elles ne m'appartiennent plus, elles sont au Christ, et je ne suis pas assez fou pour ne pas reconnaître cette grâce de mon Sauveur. N'as-tu plus rien à me demander ? Tiens, et il prenait son vase de nuit, voici, mon drôle, de quoi te savonner la figure !

Un jour que l'on parlait à souper du sorcier Faust, Luther dit sérieusement : « Le diable n'emploie pas contre moi le secours des enchanteurs. S'il pouvait me nuire par là, il l'aurait fait depuis longtemps. Il m'a déjà souvent tenu par la tête ; mais il a pourtant fallu qu'il me laissât aller : J'ai bien éprouvé quel compagnon c'est que le diable ; il m'a souvent serré de si près, que je ne savais si j'étais mort ou vivant. Quelquefois il m'a jeté dans le désespoir au point que j'ignorais même s'il y avait un Dieu, et que je doutais complètement de notre cher Seigneur (Michelet, *Mémoires de Luther*, t. II, p. 186 ; Audin, *Hist. de Luther*, t. II, c. 22 ; Luther, *Propos de table*). »

Maintenant, comment expliquer d'une manière satisfaisante ce fait irrécusable, qui remplit toute la vie de Luther ? Il est évident que Luther y croyait. Cependant ce n'était pas un esprit médiocre, ni un caractère pusillanime. La manière la plus rationnelle de l'expliquer, ou plutôt la seule, n'est-ce pas d'y reconnaître une action incessante, une espèce d'obsession de celui que l'Évangile appelle l'esprit de ténèbres, le prince de ce monde, le dieu de ce siècle ; qui séduit d'abord nos premiers parents, qui séduit le monde entier par les idoles, qui séduit l'Orient par le mahométisme, qui séduit les Grecs et d'autres peuples par le schisme et l'hérésie ? Il se laissera vaincre par Luther dans quelques détails ridicules, mais c'est pour le mieux tromper sur le fond, mais c'est pour fausser plus irrémédiablement son esprit enflé d'orgueil, mais c'est pour le pousser plus sûrement à la révolte et à l'apostasie, mais c'est pour le précipiter finalement dans l'abîme, lui et bien des millions d'âmes.

En 1502, l'électeur de Saxe, Frédéric le Sage, à la persuasion de son frère Ernest, archevêque de Magdebourg, avait fondé une Université à Wittemberg, et donné commission à Jean de Staupitz, provincial des Augustins en Misnie et en Thuringe, d'y amener des hommes savants et habiles. Entre autres, Staupitz proposa frère Augustin Luther, qui vint à Wittemberg en 1508, âgé de vingt-six ans, y enseigna la dialectique et la physique d'Aristote, fut reçu bachelier en théologie et employé à la prédication. Vers l'an 1510, comme le vicaire général de l'ordre des Augustins voulait faire une nouvelle distribution des provinces d'Allemagne et que sept couvents s'y opposaient, frère Augustin Luther fut envoyé pour cette affaire à Rome. Il y arriva plein d'enthousiasme ; tombant à genoux, il leva les mains au ciel et s'écria : « Salut, sainte Rome, vraiment sanctifiée par le sang des saints martyrs et par leur sang qui y a été versé ; » courut toutes les églises et les catacombes, croyant tout ce qu'on y enseignait, y offrit la sainte messe une dizaine de fois, et aurait bien voulu la dire le samedi à Saint-Jean de Latran, pour sa mère, mais il n'y eut pas moyen, tant la presse y était grande ; il regrettait presque que ses parents ne fussent pas morts, afin de pouvoir les délivrer du purgatoire par ses messes, ses bonnes œuvres et ses prières. C'est Luther lui-même qui nous apprend ces choses, et cela dans un temps où il s'en moquait (Walch, t. V, p. 1646 ; t. XXII, p. 2374).

Voici du reste comme il parle des hôpitaux de ce pays, dans son *Traité des bonnes œuvres* : « En Italie, les hôpitaux sont bien pourvus, bien bâtis. On y donne une bonne nourriture ; il y a des serviteurs attentifs et de savants médecins. Les lits et les habits sont très-propres ; l'intérieur des bâtiments orné de belles peintures. Aussitôt qu'un malade y est amené, on lui ôte ses habits en présence d'un notaire, qui en dresse une note et un inventaire exact, pour qu'ils soient bien gardés. On le revêt d'un sarreau blanc, on le met dans un lit bien fait et dans des draps blancs ; on ne tarde pas à lui amener deux médecins, et les serviteurs viennent lui apporter à manger et à boire dans des verres bien propres, qu'ils touchent du bout du doigt. Il vient aussi des dames et matrones honorables, qui se voilent pendant quelques jours pour servir les pauvres , de sorte qu'on ne sait point qui elles sont, et elles retournent ensuite chez elles. — J'ai vu aussi à Florence que les hôpitaux étaient servis avec tous ces soins ; de même les maisons des enfants trouvés, où les petits enfants sont nourris au mieux, élevés, enseignés et instruits. Ils les ornent tous d'un costume uniforme et en prennent le plus grand soin (Walch, t. XXII, p. 786). »

« A Rome, disait-il encore, la police est très-sévère. Chaque nuit, le capitaine parcourt la ville à cheval avec trois cents hommes, et maintient en nombre tous les corps-de-garde. Quiconque est saisi dans la rue subit sa peine : s'il a des armes, il est pendu ou jeté dans le Tibre. — Enfin, rien n'y est à louer que le consistoire et le tribunal de la Rote, où les affaires sont instruites et jugées avec beaucoup de justice. » Ces paroles de Luther sont remarquables (*Ibid.*, p. 2376).

Le consistoire est l'assemblée des cardinaux, présidée par le Pape, pour délibérer sur les affaires générales et les plus importantes de toute l'Eglise. La Rote est un tribunal de douze docteurs, pris d'entre les principales nations chrétiennes, pour juger les affaires des particuliers qu'on lui défère. Finalement, l'an de grâce 1510, Luther ne trouve à louer, dans Rome et dans l'Italie, que la police pour le bon ordre, que la justice pour les particuliers et pour les nations, que la charité pour les pauvres et pour les malades, et enfin que la foi de tout le monde, puisque lui-même croyait alors ce que tout le monde y croyait. Jamais il n'a dit autant de bien de l'Allemagne, même luthérienne.

Que s'il a dit aussi bien du mal de l'Italie et de Rome, il y a ceci à considérer. En bonne justice, le témoignage d'un ennemi est recevable contre lui et pour son adversaire, mais non pas pour lui et contre l'autre.

De retour à Wittemberg, frère Augustin Luther continua d'enseigner et de prêcher. Le 19 octobre 1512, il fut reçu docteur en théologie, sous la présidence d'André Carlostadt, archidiacre de l'église de Tous-les-Saints. L'électeur de Saxe fit les frais de la cérémonie. Comme docteur, frère Augustin Luther prêta serment d'enseigner la foi catholique et de la défendre contre toutes les hérésies, même jusqu'à effusion de son sang.

L'Eglise seule, c'est-à-dire saint Pierre et les autres apôtres, le Pape et les évêques, a reçu de Jésus-Christ le devoir et le droit d'enseigner tout ce qu'il leur a recommandé, lui qui est avec eux tous les jours jusqu'à la consommation des siècles. L'Eglise seule peut donc conférer à un homme, en qualité de pasteur ou de docteur, le droit et le devoir d'enseigner, mais enseigner ce qu'elle-même croit et enseigne. Jamais elle n'a donné, jamais elle ne peut donner à personne le droit d'enseigner le contraire d'elle. Le prétendre, ce serait fouler aux pieds les premières notions du bon sens.

Frère Augustin Luther ne fut pas longtemps fidèle à son serment de docteur, si jamais il le fut. On suppose généralement qu'il ne commença à innover que sur la fin de 1517, à propos des indulgences. C'est une erreur. En 1517 le volcan commença d'éclater et de répandre ses laves pestilentielles; mais dès auparavant il fermentait, il bouillonnait, il fondait et confondait tous les métaux, il minait les bases des montagnes et des empires, et donnait les signes d'une éruption et d'une dévastation prochaines.

Luther a dit de lui-même un mot épouvantable, dans la préface du premier volume de ses œuvres : « Je n'aimais pas, je haïssais au contraire un Dieu juste et punissant les pécheurs, et, si ce n'est par un blasphème tacite, du moins avec un immense murmure, je m'indignais, j'entrais en fureur dans ma conscience bourrelée de remords (Raynald, an 1517, n. 72; Nicolas Sanderus, *De visib. monarch.*, l. 7). »

Nous l'avons vu, au milieu des terreurs de cette conscience et des obsessions du malin esprit, ne trouver de refuge que ce principe faux : « Je dois croire, comme article de foi, que je suis en état de grâce et que mes péchés sont remis; en douter, serait pécher contre la foi et soupçonner Dieu de mensonge. » C'était dire, en d'autres termes : « Je dois croire, comme article de foi, tout ce que je m'imagine ou que j'ai intérêt de m'imaginer, fût-il mille fois contraire à la croyance des fidèles et à l'enseignement des docteurs. » Or, de ce principe, voici ce que frère Augustin Luther tira dès avant la fin de 1517.

Le 8 février 1516, il écrit au prieur des Augustins d'Erfürth : « Mon père, j'envoie à l'excellent Josse d'Eisenach cette lettre pleine de questions contre la logique, la philosophie et la théologie, c'est-à-dire pleine d'anathèmes et d'exécrations contre Aristote, Porphyre et les scholastiques, savoir les mauvaises études de notre temps. Car ainsi l'interpréteront ceux qui ont résolu de se taire avec les morts, non pas cinq ans comme les Pythagoriciens, mais à tout jamais; de tout croire, de ne faire qu'écouter, sans se permettre une seule fois la plus petite escarmouche ou escrime contre Aristote et la scholastique, ni dire un seul mot. Car que ne croiraient-ils pas, eux qui ont cru une fois Aristote et tiennent pour vrai ce que cet archicalomniateur impute aux autres, encore que ce fût si absurde qu'un âne ou une pierre même ne pourrait s'en taire.

» C'est pourquoi, veuillez faire tenir cette lettre à cet excellent homme, et vous informer exactement de ce que lui et d'autres pensent de moi là-dessus, et puis que je l'apprenne. Je ne désire rien avec tant d'ardeur, si j'en avais le temps, que de mettre à nu devant un grand nombre et de montrer dans toute sa honte ce comédien, qui a bercé si longtemps l'Eglise avec le masque grec. J'ai en main les commentaires sur ses livres de physique, et je veux y jouer la fable d'Aristée contre ce Protée, qui fait raffoler les têtes les plus sages, à tel point que si Aristote n'avait pas été de chair, je ne craindrais pas de l'appeler un diable. Une des principales portions de ma croix, c'est d'être obligé de voir les meilleures têtes de nos frères, qui seraient propres aux beaux-arts, perdre leur temps et leur peine dans cette boue et ces immondices. Et cependant les universités ne cessent pas de brûler de bons livres et de crier : Les méchants enseignaient ou rêvaient encore quelque chose!

» Je voudrais que M. Using et celui d'Eisenach se désistassent tout ensemble d'un pareil travail, ou même l'abandonnassent tout à fait. J'ai toutes les armoires pleines contre de semblables éditions, que je tiens pour complètement inutiles. Tous les autres penseraient de même, si, comme il a été dit plus haut, ils n'étaient pas enchaînés dans un éternel silence. Portez-vous bien et priez pour moi. Wittemberg, le 8 février 1516. Frère Martin Luther, Augustin (Walch, t. XVIII, p. 4-5). »

Nous avons vu, au XIIIe siècle, les plus grands et les plus saints docteurs de l'Eglise, ayant à leur tête saint Thomas d'Aquin, concilier dans un harmonieux ensemble toutes les sciences divines et humaines, les organiser entre elles comme une armée rangée en bataille, sous le suprême commandement du Verbe de Dieu, la sagesse éternelle, de laquelle toutes elles émanent. Nous les avons vu concilier la philosophie païenne avec la doctrine chrétienne, et faire servir la première à la seconde. Nous les avons vus, pour cela, résumer Platon et Aristote, adopter ce qu'ils ont de bon, rectifier ce qu'ils ont d'inexact, ajouter ce qui leur manque. Nous les avons vus, moyennant la méthode scholastique ou géométrique, distribuer tout l'ensemble, comme un camp, comme une place forte, où la philosophie fait l'avant-garde, le boulevard extérieur, et la théologie le corps de l'armée, le corps de la place.

Naturellement, l'ennemi n'aime point cette discipline et cette tactique dans les défenseurs de la patrie chrétienne, il n'aime point cette savante combinaison de toutes les forces, elle est trop favorable à la défense de la place, à la défense du camp. Il aimerait mieux y voir tout en confusion, et chacun n'y voulant recevoir d'ordre que de soi-même. Il criera donc contre, par quelques esprits de travers ou myopes; il criera contre le boulevard extérieur, contre la philosophie christianisée de Platon et d'Aristote; il criera contre la stratégie, contre la distribution intérieure de la place, contre l'ordre scholastique de la théologie, il criera contre les exercices militaires, contre le maniement des armes, contre la logique et la dialectique, exercices militaires de l'esprit. Est-ce que la place n'est pas assez forte par elle-même? Pourquoi tout ce terrain perdu en forts détachés, en redoutes, en bastions, en fossés? Ne vaut-il pas mieux changer ces inutiles boulevards en charmantes avenues, où vous vous promènerez tranquillement à l'ombre? A quoi bon ces ponts-levis, ces portes massives en zig-zag, cette enceinte continue, qui vous emprisonnent comme des criminels? Est-ce que vous n'êtes pas dignes de respirer un air plus libre? Est-ce que vous n'êtes pas hommes à vous défendre tout seuls? Pourquoi enfin vous tuer à manier le sabre, le fusil, le canon? Vous n'avez d'ennemis que parce que vous apprenez à manier les armes et à connaître les ruses de guerre. Laissez la prudence du serpent, ne conservez que la simplicité de la colombe; n'ayez dans une main que le bâton de pèlerin, qu'un rameau d'olivier dans l'autre, et vous ne ferez plus peur à personne, et tout le monde vous aimera à croquer.

Voilà ce que, vers l'an 1516, l'ennemi de Dieu et des hommes soufflait dans le camp des chrétiens, par une sentinelle séduite et gagnée, esprit de travers et myope, mais hardi et emporté, qui signait : Frère Martin Luther. Bien des Allemands et des autres y laisseront prendre, briseront tout sous son nom de *Réforme*, en sorte qu'après trois siècles il n'y aura pas pierre sur pierre, pas deux vérités ensemble : les plus sages, reconnaissant leur tort, rentreront peu à peu dans le camp des soldats demeurés fidèles; les plus furieux, continuant l'œuvre de destruction et d'anarchie, finiront par déclarer que l'ordre est un abus, le bon sens une chimère et la raison humaine une éternelle et irrémédiable mystification de soi-même à soi-même. Voilà où ils en étaient en 1843 (1).

Quant aux questions ou thèses, frère Martin Luther envoyait de côté et d'autre en 1516, et voici comme il en demandait des nouvelles l'année suivante, au même prieur d'Erfürth : « J'attends avec grande douleur, anxiété et envie, ce que vous dites de nos paradoxes. Car je pense bien que les vôtres les prendront pour des propositions paradoxales, et même archimauvaises, quoiqu'elles ne puissent être qu'orthodoxes pour nous. Informez-moi donc le plus tôt possible, et assurez les Révérends Pères de la Faculté de théologie que je suis prêt à venir en disputer publiquement, soit en conférence, soit dans le monastère, afin qu'ils ne s'imaginent pas que je veux marmotter dans un coin rien de semblable, notre Université étant en effet assez médiocre pour paraître un coin (Walch, t. XVIII, p. 15). »

Cette lettre, qui est du 4 septembre 1517, nous montre que frère Martin Luther sentait fort bien que ses thèses prodigieuses choqueraient tout le monde; mais il n'y tient pas moins, et ne s'en cache pas plus. Dans une autre lettre, du 11 novembre de la même année, à Georges Spalatin, secrétaire intime de l'électeur de Saxe, il soutient en particulier l'une des plus révoltantes, et cela contre l'enseignement de tous les docteurs (*Ibid.*, p. 16 et 17). Il en faisait soutenir plusieurs à l'Université de Wittemberg, sous sa présidence. Le 16 juillet 1517, il mande au prieur d'Erfürth qu'il prépare six ou sept candidats à l'examen, pour confusionner Aristote (*Ibid.*, p. 2488). Dès l'année précédente, il écrivait au même : « Notre théologie et saint Augustin sont en progrès, Aristote est en baisse avec les scholastiques. » Frère Martin, en l'absence du provincial Staupitz, remplissait les fonctions de vicaire et de visiteur de la province : ce qui dut augmenter sa hardiesse (p. 2486).

Enfin nous avons de frère Martin Luther, sur l'année 1517 et avant la question des indulgences, une série de quatre-vingt-dix-neuf conclusions ou thèses contre la théologie des scholastiques et les rêves d'Aristote, où il dépose tout le venin de ses plus graves erreurs. Voici quelle nous en paraît être la filiation.

Nous avons vu frère Augustin, tourmenté de ses pensées de désespoir et obsédé des apparitions du diable, se réfugier dans cet article du Symbole : *Je crois la rémission des péchés*. Nous l'avons vu expliquer cet article, non pas comme les catholiques : Je crois que Dieu a donné à son Eglise le pouvoir de remettre tous les péchés, je crois qu'il les a remis à David et à saint Pierre; j'espère, j'ai confiance qu'il m'a remis ou qu'il me remettra les miens. Non, telle n'était pas l'explication de Luther, il donnait cette autre toute nouvelle : Je crois fermement, comme un article de foi, que Dieu m'a pardonné à moi-même tous mes péchés, et que je suis en état de grâce; j'y crois aussi fermement qu'à la bonté et à la puissance de Dieu, qu'au mystère de la sainte Trinité; en douter, serait pécher contre la foi; tout ce qui ne se fait pas dans ou par cette conviction, tout cela est péché, même la prière, l'aumône et les autres bonnes œuvres.

---

(1) Voir : *Der Protestantismus in seiner selbstauflœsung : Dissolution du protestantisme en lui-même et par lui-même.* Schaffouse, 1843, 2 vol. in-12 (en allemand).

Luther abusait étrangement, pour cela, d'un mot de saint Paul. Parlant aux Romains des scrupules de certains fidèles touchant les viandes immolées aux idoles, dont ils ne se croyaient pas permis de manger, tandis que les autres mangeaient de toutes les viandes sans faire de distinction, l'apôtre établit cette règle pour les premiers : *Quant à celui qui distingue, dès qu'il en mange, il se rend coupable, parce qu'il ne le fait pas de* (bonne) *foi. Or, tout ce qui ne se fait pas de* (bonne) *foi, est péché* (Rom., 14, 23). Évidemment, il est ici question d'un fidèle qui mange contre sa conscience, le croyant défendu ; évidemment, le mot *foi* veut ici dire bonne foi, conscience, persuasion intime. Deux fois, dans ses écrits, Luther convient que cette interprétation des catholiques est juste (Walch, t. IV, p. 1066, n. 9 ; t. XVIII, p. 875, n. 5). Cependant, partout il y donne une interprétation contraire, savoir, cette interprétation inouïe : Tout ce que vous ne faites point dans cette foi, dans cette conviction inébranlable que tous vos péchés vous sont pardonnés et que vous êtes en état de grâce, tout cela est péché, même vos prières, vos jeûnes, vos aumônes et vos autres œuvres de pénitence. Voilà ce que Luther donne partout comme l'essence même de sa doctrine (1).

Les quatre-vingt-dix-neuf thèses contre la théologie des scholastiques et les rêves d'Aristote, en sont le développement.

La trente-neuvième nie le libre arbitre en ces termes : « Nous ne sommes pas maîtres de nos actions, mais esclaves, depuis le commencement jusqu'à la fin. » Contre les philosophes (*Ibid*, t. XVIII, p. 10, n. 39).

De cette proposition, la raison et Aristote concluraient avec tout le monde : « Puisque l'homme n'est pas maître, mais esclave de ses actions, il n'en est pas responsable ; on ne peut ni l'en récompenser ni l'en punir. » Par aversion d'Aristote et des scholastiques, Luther raisonne différemment. Il a une vingtaine de thèses pour établir que l'homme peut le mal et ne peut que le mal. En voici quelques-unes des plus remarquables :

« Il est faux que la volonté puisse, de sa nature, se diriger d'après la saine raison. Contre Scot et Biel. — Mais la volonté, sans la grâce de Dieu, ne peut agir sans déraisonnablement et mal. — De là ne suit pas que la volonté est mauvaise de sa nature, c'est-à-dire quelle est la nature du mal, comme enseignaient les Manichéens. — Cependant la nature est naturellement et inévitablement mauvaise (*Ibid.*, n. 6, 7, 8, 9, p. 7). — Il n'est pas étonnant que l'homme puisse se diriger d'après la raison fausse, et non d'après la raison droite. — Car telle est sa nature, qu'il se dirige uniquement d'après la raison faussée, et non d'après la raison droite (N. 14 et 15). — En un mot, la nature n'a ni raison pure ni bonne volonté. Contre tous les scholastiques. — La nature est nécessairement orgueilleuse au dedans, même dans les œuvres qui paraissent bonnes au dehors (N. 34 et 37). »

La justice et le bon sens concluront toujours avec les scholastiques et Aristote : Si l'homme fait nécessairement le mal, et non pas librement, ce n'est plus un péché dont il soit juste de le punir. Luther dira, en dépit des scholastiques et d'Aristote, en dépit de justice et du bon sens :

« L'homme, hors de la grâce de Dieu, pèche toujours et sans cesse, lorsqu'il ne commet point de meurtre, d'adultère, ni de vol. — Et il pèche en cela, parce qu'il n'accomplit pas la loi spirituellement. — Ne commettre point de fait et à l'extérieur de meurtre, d'adultère, de vol, c'est une justice d'hypocrites (N. 63, 64 et 65). »

Certainement, voilà qui est prodigieux, voilà qui est énorme. Luther ne s'en tient pas là, il va toujours plus loin et dit : « La loi, encore qu'elle soit bonne, devient néanmoins nécessairement mauvaise par la volonté naturelle. — Toute œuvre de la loi paraît bonne au dehors, mais au dedans c'est un péché. Contre les scholastiques. — Maudits sont tous ceux qui font les œuvres de la loi. — Non-seulement la loi de l'Église n'est pas bonne, mais encore les dix commandements, quoi qu'on puisse enseigner et dire. — Il est donc clair que toute volonté naturelle est injuste et mauvaise (N. 71, 77, 80, 83, 84 et 89). »

Demanderez-vous à Luther si du moins l'ignorance invincible excuse de péché ? Il vous répondra par les deux propositions suivantes : « Il n'est pas vrai que l'ignorance invincible excuse de péché. Contre tous les scholastiques. — Car l'ignorance, par laquelle on ne connaît ni Dieu, ni soi-même, ni ce que c'est que les bonnes œuvres, est toujours invincible (N. 35 et 36). »

Révolté de ces propositions monstrueuses, vous écrierez-vous : Mais c'est absurde, mais c'est contraire à la raison, au bon sens et à la logique. — Luther a une douzaine de thèses contre la raison et la logique, sous le nom d'Aristote (N. 41-53).

Voyez-vous maintenant le plan astucieusement combiné de l'ennemi ? Parmi ses ruses sans nombre, il crie contre les armuriers, contre les maîtres d'armes, contre les officiers instructeurs, afin d'endormir le soldat, afin de lui faire négliger l'exercice et le maniement des armes les plus nécessaires. Cette ruse ne lui a que trop bien réussi. Aujourd'hui même, combien de catholiques fidèles ne se laissent pas encore prendre à ces vieilles criailleries contre Aristote et les scholastiques ? Ouvrons au moins les yeux après trois siècles d'expérience.

Ce n'est pas tout : dans ses quatre-vingt-dix-neuf thèses contre la théologie des scholastiques et contre les rêves d'Aristote, Luther en a trois en faveur de saint Augustin, et ce sont les trois premières. C'est encore une ruse, et des plus malicieuses. Voici comment :

Nous avons vu que, dans ses discussions avec les Pélagiens, surtout avec Julien d'Éclane, saint Augustin s'est mépris sur le sens littéral de ce mot de saint Paul : *Omne autem, quod non est ex fide peccatum est* (Rom., 14-53). Au lieu d'entendre : *Tout ce qui n'est pas selon la conscience, est péché*, ce qui est évidemment et incontestablement le sens naturel et littéral, il entendait : Tout ce qui ne procède pas de la foi, est péché. D'où il se voyait obligé de conclure, bon gré malgré lui, que toutes les actions des infidèles sont des péchés : proposition con-

---

(1) Walch, t. II, p. 1987 et seqq.; t. III, p. 1595; t. IV, p. 417 et seqq.; *ibid.*, p. 1066; t. VI, p. 1877; t. VIII, p. 1809, 1810, 2398, 2729; t. IX, p. 2800; t. X, p. 1569 et seqq.; t. XI, p. 1263; t. XII, p. 2084; t. XVI, p. 1004, 1364, 1485; t. XIX, p. 1847; t. XXI, p. 837, addition; t. XXII, p. 351.

damnée depuis par l'Eglise. Les docteurs catholiques disaient donc communément, au XVIe siècle, que saint Augustin avait excédé en quelque chose. Luther dresse donc contre eux les trois propositions suivantes :

« Quiconque affirme que saint Augustin a dit quelque chose de trop en écrivant contre les hérétiques, celui-là dit que saint Augustin a menti presque partout. Ceci va contre le dire commun. — C'est donner lieu aux Pélagiens et à tous les hérétiques de triompher, et même leur attribuer la victoire. — C'est encore exposer au mépris l'autorité de tous les anciens Pères (Walch, t. XVIII, p. 6 et 7, n. 1, 2 et 3). »

Voyez-vous la ruse de l'ennemi? Les Pères de l'Eglise font autorité décisive, lorsqu'ils sont d'accord, non quand ils diffèrent. En voilà un à qui, au milieu d'une mêlée terrible avec les hérétiques, il échappe une méprise; méprise évidente pour quiconque a des yeux et de la bonne foi. Vite l'ennemi s'en empare et bâtit là-dessus une tour de blasphèmes contre Dieu. Donc toutes les actions des infidèles sont des péchés; donc naturellement l'homme ne peut plus faire que le mal; donc il le fait nécessairement; et Dieu le punit, et Dieu est juste. Et si vous ne confessez pas tout cela, vous outragez saint Augustin, vous outragez tous les Pères, vous donnez la victoire aux Pélagiens et à tous les hérétiques.

A ce vacarme de Luther et de Jansénius, le catholique répond tranquillement : Saint Augustin dit : Je ne croirais pas même à l'Evangile, si l'autorité de l'Eglise catholique ne m'y amenait. Et encore : Rome a parlé, la cause est finie; puisse également finir l'erreur ! Eh bien ! comme saint Augustin, je crois l'Eglise catholique, et non à tel ou tel docteur. Ce n'est pas à Augustin, mais à Pierre et à ses successeurs, qu'il a été dit : *Tu es Pierre, et sur cette pierre je bâtirai mon Eglise, et les portes de l'enfer ne prévaudront point contre elle. Simon, Simon! j'ai prié pour toi, afin que ta foi ne défaille point; lors donc que tu seras converti, affermis tes frères. Simon, fils de Jean : Pais mes agneaux, pais mes brebis.*

La quatre-vingt-dix-neuvième et dernière thèse de Luther est ainsi conçue : « Dans tout cela nous prétendons ne rien dire ni avoir rien dit qui ne s'accorde avec l'Eglise catholique et avec les docteurs de l'Eglise (N. 99, p. 14). » Ces paroles méritent attention. Dans une occasion semblable, saint Thomas d'Aquin, l'ange de l'Ecole, et avant lui saint Jérôme, soumettaient humblement au jugement et à la correction de l'Eglise romaine et du Pape tout ce qu'ils avaient écrit. Ici il n'est pas question du Pape, pas question du Siège apostolique, pas question de l'Eglise romaine, mais de l'Eglise catholique; surtout il n'est pas question de soumission, mais d'accord, comme de puissance à puissance. Dès le premier pas, Luther se pose l'égal de l'Eglise universelle.

Telles étaient donc les vues, les idées et les dispositions bien prononcées de Luther, même avant qu'il fût question des indulgences; car il n'en est pas dit un mot dans les quatre-vingt-dix-neuf thèses. Aussi l'éditeur protestant de ses œuvres complètes a-t-il soin de remarquer, que Luther a composé et publié ces premiers écrits avant le commencement de la réformation prétendue, et presque toujours de son propre mouvement. Il partage ces premiers écrits de Luther en deux séries : 1º contre les successeurs d'Aristote; 2º contre les défenseurs du libre arbitre (Walch, t. XVIII, p. 18-1). Ce titre de la seconde série, qui se trouve la plus longue, est d'une naïveté remarquable. On y voit le premier principe, la première essence de la soi-disant réformation, est et a été de nier le libre arbitre de l'homme, c'est-à-dire de nier le bien et le mal, la vertu et le vice, la loi et la société parmi les hommes; car si l'homme n'a point de libre arbitre, s'il veut et agit nécessairement, comme la pierre qui tombe nécessairement de haut en bas, il est absurde de lui prescrire des ordres et des défenses, absurde de le louer ou de le blâmer, absurde de le récompenser ou de le punir : les lois, les gouvernements, les tribunaux sont une absurde et odieuse tyrannie. Telle est donc la nature première et dernière de cette révolution religieuse et intellectuelle, qui s'est appelée d'abord *réformation*, ensuite *protestantisme*.

Quant à l'histoire des indulgences, qui donna lieu à Luther de répandre tout le venin amassé dans son cœur, en voici les principaux faits :

Les enfants mêmes du catéchisme savent que l'indulgence est une remise des peines temporelles dues au péché, dont on a reçu l'absolution au sacrement de pénitence; et que, pour gagner l'indulgence, il faut être en état de grâce et accomplir ce qui est ordonné par l'Eglise. L'indulgence plénière est la remise de toutes les peines dues au péché. Nous avons vu les Papes l'accorder pour la croisade et pour le jubilé. Ils en accordèrent encore, soit de plénières, soit de partielles, pour d'autres œuvres de piété et de miséricorde, comme à ceux qui contribuaient à la construction des églises ou des hôpitaux. Ainsi, l'an 1381, l'archevêque de Magdebourg ayant fait la dédicace du nouvel hôpital de la Halle, avec son église et son cimetière, accorda quatre-vingts jours d'indulgence à tous les fidèles qui, sincèrement contrits et confessés, visiteraient cette église et ce cimetière, et donneraient, selon leurs moyens, une aumône pour les pauvres de l'hospice (*Ibid.*, t. XV, p. 26). Dans le même but, les Papes accordaient quelquefois certaines dispenses pour le carême. Ainsi, l'église cathédrale de Freyberg en Saxe, ayant été brûlée en 1484, le pape Innocent VIII accorda pour vingt ans la permission de manger du beurre et du laitage pendant le carême, à condition de contribuer d'un vingtième de florin chaque année à la réédification de cette église (*Ibid.*, p. 81). Dans tous ces indults, une condition indispensable pour gagner l'indulgence, est toujours qu'on soit vraiment contrit et confessé.

Marchant donc sur les pas de ses prédécesseurs, en particulier de Jules II, le pape Léon X, par une bulle du 13 septembre 1517, contresignée Sadolet, et à valoir pour un an, accorda une indulgence plénière aux fidèles de vingt-cinq provinces, qui, vraiment pénitents, contrits et confessés, contribueraient de leurs aumônes à l'achèvement de la basilique de Saint-Pierre. Le cardinal de Sainte-Marie *in Ara Cœli*, Christophe de Forli, général des frères Mineurs de l'observance, y est nommé commissaire général, avec les plus amples pouvoirs pour accorder diverses dispenses et subdéléguer d'autres commissaires ou nonces. Les fidèles sont autorisés à se choisir pour confesseur un prêtre quelconque, séculier ou régulier de tout ordre, même des ordres mendiants, qui pourra les absoudre de toutes les censures et de tous les péchés, même de ceux réservés au Pape; excepté cinq ou six des plus énormes, comme la conjuration contre la personne du Pape ou le meurtre d'un évêque. Nul ordre religieux n'y est chargé exclusivement de prêcher l'indulgence : ce détail est laissé au commissaire général, qui était de l'ordre de Saint-François. Au commencement de la bulle, Léon X rappelle par quel pouvoir il octroie ces grâces. « Tous les chrétiens savent assez, dit-il, que saint Pierre a été institué prince des apôtres par notre Sauveur Jésus-Christ, et qu'à lui a été donnée, par la grâce divine, la puissance de lier et de délier les âmes, en ces paroles : *Tu es Pierre, et sur cette pierre je bâtirai mon Eglise, et je te donnerai les clés du royaume des cieux; et tout ce que tu lieras sur la terre sera aussi lié dans les cieux, et tout ce que tu délieras sur la terre sera aussi délié dans les cieux* (Walch, t. XV, p. 285 et seqq.).

Le commissaire ou nonce particulier pour les provinces du Rhin et du voisinage, fut le docteur Arcimbold, protonotaire du Siége apostolique, qui déjà précédemment avait rempli les mêmes fonctions pour l'indulgence du jubilé. Nous avons de lui une instruction fort détaillée aux sous-commissaires, prédicateurs et confesseurs dans l'indulgence de la basilique de Saint-Pierre. Elle se trouve dans l'édition allemande des *Œuvres complètes de Luther*; malgré cela, nous n'y avons rien trouvé de répréhensible. Il veut que les prédicateurs et les confesseurs soient d'une conscience timorée, de bonne vie, d'une science au moins médiocre, et déterminés à procurer la gloire de Dieu et du Saint-Siége, le salut des fidèles, et qu'ils excitent le peuple à profiter de toutes les grâces de l'indulgence. Ils feront serment entre les mains du commissaire d'observer les instructions qui les regardent.

Dans l'église où commencent les exercices de l'indulgence, on élèvera une croix, les confessionnaux sont à l'entour, avec les noms des confesseurs et les armes du Pape; on ne confessera que dans l'église, excepté les malades et les infirmes. On prêchera au moins trois fois par semaine; les prédicateurs prendront pour matière de leurs instructions les divers articles de la bulle pontificale; ils montreront que le Pape a le pouvoir d'accorder l'indulgence plénière pour les vivants et les morts, comme ayant reçu de Jésus-Christ la pleine puissance de lier et de délier sur la terre et dans les cieux : qui en douterait ne serait plus chrétien. Ils exposeront au peuple les motifs pressants de contribuer à l'achèvement de la basilique de Saint-Pierre; les revenus de l'Eglise romaine ne pouvant y suffire; il est juste, d'ailleurs, que tous les chrétiens contribuent à une basilique qui doit leur être appartenir à tous, et pour laquelle saint Pierre leur accorde de si grandes grâces.

Ces grâces sont au nombre de quatre principales, dont on peut gagner l'une sans l'autre. La première est une entière rémission de tous les péchés, en sorte que si on mourait après l'avoir obtenue, on irait droit au ciel. Pour cela, il faut la contrition du cœur et la confession de bouche, visiter sept églises, y réciter cinq *Pater* et cinq *Ave* à l'honneur des cinq plaies du Sauveur, par qui nous avons été rachetés, ou bien le *Miserere*. Les malades suppléeront à la visite des églises par d'autres actes de piété. De plus, il faut contribuer, suivant ses moyens, pour la basilique de Saint-Pierre : ceux qui ne peuvent, y suppléeront par des prières, des jeûnes ou d'autres bonnes œuvres. A ceux-là mêmes qui ne voudraient pas contribuer suivant leurs moyens, pourvu qu'ils contribuent de quelque manière, les confesseurs ne refuseront pas la grâce de l'indulgence; car on cherche ici autant le salut des fidèles que le progrès de l'édifice.

La seconde grâce est le privilége de vous choisir un confesseur capable, qui pourra, une fois dans la vie et puis à la mort, vous absoudre de toutes les censures et cas réservés; des autres, chaque fois qu'il y aura lieu; vous accorder l'indulgence plénière une fois dans la vie, puis à la mort; commuer en d'autres bonnes œuvres tous les vœux, excepté d'entrer en religion, de garder la chasteté, de faire le pèlerinage de Jérusalem; enfin de vous administrer la sainte communion, hormis à Pâques et à la mort.

La troisième grâce est une participation spéciale à tous les biens spirituels, à toutes les bonnes œuvres qui se font dans l'Eglise militante. La quatrième, une indulgence plénière applicable aux défunts. Pour ces dernières grâces, il y a une aumône proportionnelle, comme pour la première. Ces aumônes en argent se verseront, non entre les mains des prédicateurs, des confesseurs ni des commissaires, mais par les pénitents mêmes ou leurs envoyés, dans le tronc placé pour cela dans l'église et fermé à trois clés, qui resteront entre les mains de trois personnes différentes, lesquelles ne l'ouvriront qu'en présence des personnes notables de l'endroit. Excommunication majeure et amende considérable contre tout prédicateur, confesseur, sous-commissaire ou autre, qui contreviendrait à ces dispositions. Les prédicateurs apprendront aussi au peuple les pouvoirs extraordinaires qu'ont les commissaires ou nonces pour réhabiliter des mariages nuls et lever d'autres empêchements canoniques (Walch, t. XV, p. 315 et seqq.).

Il existe une instruction semblable d'Albert de Brandebourg, archevêque de Magdebourg et de Mayence, commissaire spécial du Pape pour l'indulgence de Saint-Pierre; il la publia conjointement avec le gardien des frères Mineurs de Mayence, qui lui était associé (*Ibid.*, p. 370 et seqq.).

Un des sous-commissaires ou subdélégués de l'archevêque Albert, aussi bien que du nonce Arcimbold, fut le Dominicain Tetzel, inquisiteur de la foi, qui avait déjà prêché en Allemagne l'indulgence du jubilé. Il existe de lui une courte instruction, avec deux modèles de sermon à des curés, sur la manière de recommander la grâce de l'indulgence à leurs paroissiens. Voici la dernière de ces pièces :

« Très-révérend monsieur! Je vous prie de vouloir bien parler ainsi à vos ouailles en mon nom, afin qu'ils ouvrent enfin les yeux de l'esprit, et qu'ils considèrent quelle grâce et quel don ils ont eus et ont encore devant la porte. Ah ! véritablement bienheureux les yeux qui voient ce que vous voyez et observez, savoir, que vous avez un sauf-conduit très-sûr, avec lequel vous pouvez conduire votre âme à travers cette vallée de larmes, à travers la mer orageuse de ce monde, si fertile en tempêtes et en périls, jusqu'à la bienheureuse patrie du ciel. Vous devez savoir que la vie de l'homme est une milice sur la terre. Nous avons à combattre contre la chair, contre le monde et le démon, qui cherchent sans cesse à perdre les âmes. Notre mère nous a conçus dans le péché. Hélas! les filets des péchés nous ont enlacés, il est difficile, impossible même, sans le secours de Dieu, d'arriver au port du salut, parce qu'il nous a sauvés, non pour nos œuvres, mais par sa miséricorde. Il faut donc revêtir l'armure de Dieu. Prenez donc le sauf-conduit du vicaire de Notre Seigneur Jésus-Christ, avec lequel vous délivrerez votre âme de la main des ennemis, et la conduirez au royaume de la béatitude, moyennant la contrition et la confession, sûrement et intacte, sans aucune peine du purgatoire. Vous devez savoir que dans ce sauf-conduit sont imprimés tous les mérites de Jésus-Christ, qui est représenté en croix. Vous devez savoir que, pour chaque péché mortel, on doit, après la confession et la contrition, satisfaire par sept ans de pénitence, soit en cette vie, soit dans le purgatoire. Combien de péchés mortels se commettent bien le jour, combien le mois, combien dans l'année, combien dans toute la vie? Ils sont presque sans nombre, et ont ainsi des peines innombrables à subir dans les flammes du purgatoire. Or, avec ces indults, vous pouvez, une fois dans la vie, recevoir l'absolution de tous les cas réservés au Pape, hormis quatre, et l'indulgence plénière de toutes les peines encourues; recevoir ensuite, toute votre vie durant, chaque fois que vous voulez vous confesser, l'absolution de tous les cas non réservés au Pape; enfin, à l'article de la mort, recevoir l'indulgence plénière de toutes les peines et de tous les péchés, et participer à tous les biens spirituels qui se font dans l'Eglise militante et dans tous ses membres.

» Ne voyez-vous donc pas que si quelqu'un allait à Rome ou à d'autres endroits périlleux, et mettait son argent à la banque, il donnerait cinq, six, ou même dix pour cent, afin de le récupérer ailleurs avec un billet? Et pour un quart de florin, vous ne voudriez pas ce sauf-conduit, en vertu duquel vous pouvez faire entrer dans la patrie du ciel, sûrement et librement, non pas quelque peu d'argent, mais une âme divine et immortelle? C'est pourquoi je vous conseille, je vous exhorte, et, autant que le peut un pasteur, je vous commande, particulièrement à ceux qui ne se sont point confessés pendant le jubilé, d'accepter aussitôt avec moi et les autres prêtres ce trésor inappréciable qui vous est offert encore une fois. Car il pourrait vous arriver le cas où vous voudriez bien, mais ne le pourriez plus.

» Ensuite, de la part de notre Saint-Père le Pape, du Saint-Siège apostolique et de Monseigneur le légat, tous ceux qui ont fait saintement leur jubilé et ont reçu ou recevront sous peu les billets d'indult, et contribueront pieusement à l'édifice du Prince des apôtres, participeront à toutes les prières, litanies, aumônes, jeûnes, offices d'église, messes, heures canoniales, mortifications, pèlerinages, stations pontificales, bénédictions et autres biens spirituels, qui maintenant et à jamais sont et pourront être dans l'Eglise militante et dans tous ses membres; ils y participeront, tant pour euxmêmes que pour leurs parents, amis et bienfaiteurs défunts, toujours et de toute manière; et comme ils ont été mus par la charité, ainsi daigne Dieu, et saint Pierre, et saint Paul, et tous les saints dont les corps reposent à Rome, les conserver dans la paix en cette vallée et les conduire au royaume céleste !

» Vous rendrez aussi, en mon nom, d'infinies actions de grâces à tous les révérendissimes prêtres et prélats qui auront aidé à la bonne œuvre (Walch, t. XV, p. 422). »

Telle est donc l'instruction de Tetzel aux curés pour annoncer l'indulgence de Saint-Pierre. On y voit que c'est une erreur de croire et de dire que les Dominicains fussent seuls employés à cette prédication. On y employait tous les prêtres et religieux de bonne volonté et de bon exemple. Jusqu'ici c'est une erreur de dire ou de croire que Tetzel fût un homme emporté et sans mesure; son langage est calme et dans la mesure convenable.

Il vint prêcher l'indulgence à Intterbach en Saxe, non loin de Wittemberg ; tout le monde y courait, ceux de Wittemberg comme les autres; le confessional de Luther demeurait désert; ses pénitents, revenus avec des indults personnels, demandaient qu'il leur fît l'application de l'indulgence plénière au tribunal de la pénitence. Luther s'y refusait, témoignait de l'humeur, se mit à parler contre l'indulgence. Et pourquoi ? A l'en croire lui-même, il ne savait pas du tout ce que c'était : ignorance d'autant plus condamnable dans un docteur en théologie, qu'il pouvait l'apprendre facilement dans les bulles des Papes et dans les instructions de leurs commissaires. Mais cette ignorance affectée n'était qu'un orgueilleux mensonge, pour dire qu'il rejetait la doctrine de l'Eglise sur les indulgences, aussi bien que sur le libre arbitre. Nous l'avons vu, au mépris de tous les hommes et de tous les chrétiens, nier le libre arbitre de l'homme dans quatre-vingt-dix-neuf thèses. Or, il y tenait opiniâtrement, et traitait de spectres et de vampires ceux de ses confrères qui blâmaient ces énormités. On le voit par sa lettre du 11 novembre 1517 à l'ancien prieur d'Erfürth (*Ibid.*, p. 484).

Donc la veille de la Toussaint 1517, comme il y avait une affluence considérable de pèlerins à Wittemberg à cause d'une indulgence particulière à cette église, Luther afficha aux portes de l'église du château quatre-vingt-quinze thèses contre les indulgences et pour en détourner les fidèles. Mais, ô merveilleuse précaution de la Providence! en attaquant l'Eglise et son chef, l'iniquité est forcée de lui rendre hommage, de se condamner et de se maudire d'avance elle-même. Dans les quatre-vingt-quinze propositions, on remarque les suivantes :

« Les évêques et les pasteurs des âmes sont obligés d'accueillir avec toute sorte de respect les commissaires de l'indulgence apostolique. — Mais ils doivent beaucoup plus encore veiller des yeux et des oreilles, pour que lesdits commissaires ne prêchent pas leurs propres rêves à la place de l'ordonnance du Pape. — Quiconque parle contre la vérité de l'indulgence papale, qu'il soit anathème et maudit ! — Mais qui a du zèle contre les paroles téméraires et scandaleuses des prédicateurs d'indulgence, qu'il soit béni ! — Comme le Pape, avec justice, frappe de disgrâce et d'excommunication ceux qui d'une manière quelconque agissent au détriment de l'indulgence, de même, et d'autant plus, il cherche à jeter la disgrâce et l'excommunication sur ceux qui, sous prétexte d'indulgence, agissent au détriment de la sainte charité et de la vérité (Walch, t. XVIII, p. 262, n. 69-74). »

Dans d'autres propositions, il reconnaît l'existence du purgatoire (N. 10, 11, 15, 16, 17, 18, 19, 22, 25, 26, 29, etc.). Mais dans d'autres, il attaque la doctrine de l'Eglise sur le sacrement de pénitence, sur la vertu de l'absolution, sur les peines satisfactoires et sur la vertu de l'indulgence pontificale (N. 1-6, 20-25, etc.), et se frappe ainsi lui-même de l'anathème et de la malédiction qu'il vient de prononcer.

Luther envoya ces nouvelles thèses au cardinal-archevêque de Mayence, avec une lettre contre son instruction pastorale sur l'affaire des indulgences. Il confesse n'avoir pas entendu les prédicateurs, mais prétend que le simple peuple a pris dans leurs prédications bien des idées fausses, comme de croire qu'avec des lettres d'indulgence ils étaient sûrs de leur salut; que les âmes étaient délivrées du purgatoire aussitôt qu'on avait mis dans le tronc l'offrande pour l'indulgence plénière qui devait leur être appliquée; que l'indulgence est si efficace, qu'il n'y a pas de péché énorme qu'elle ne puisse remettre, quelqu'un eût-il violé la Mère de Dieu; que par cette indulgence, l'homme est absous de tout péché et de toute peine. Luther blâme l'instruction pastorale d'avoir dit que l'indulgence plénière réconciliait l'homme parfaitement avec Dieu, et lui remettait toutes les peines à souffrir dans le purgatoire; de plus, d'avoir dit qu'il n'est pas nécessaire que les personnes qui font l'offrande pour procurer aux âmes l'indulgence plénière, soient elles-mêmes contrites et confessées, attendu que cette grâce est fondée sur la charité dans laquelle sont morts les défunts, et sur la simple donation des vivants, comme il appert manifestement par la bulle; enfin d'avoir dit que la contrition actuelle n'était pas nécessaire pour obtenir, contre une offrande, l'indult d'une indulgence plénière, applicable dans la suite une fois dans la vie et puis à l'article de la mort (*Ibid.*, t. XV, p. 479 et seqq.).

Tels sont les articles qui échauffaient la bile du moine de Wittemberg; articles fort inoffensifs et très-catholiques, même le premier; car il revient à dire que, si, en vertu d'un indult apostolique, vous recevez l'indulgence plénière à l'article de la mort, vous êtes assuré de votre salut. Le moine menaçait l'archevêque, s'il ne remédiait promptement à ces scandales, de l'en faire repentir par une réfutation plus virulente. L'archevêque ne fit point de réponse. Le moine envoya ses nouvelles thèses à d'autres, nommément à l'ancien prieur des Augustins d'Erfürth, avec une lettre où il traitait avec mépris ceux qui blâmaient ses premières thèses contre le libre arbitre (*Ibid.*, t. XV, p. 484).

Aux quatre-vingt-quinze propositions erronées du moine de Wittemberg, le Dominicain Jean Tetzel, inquisiteur de la foi, opposa cent six propositions orthodoxes, et offrit de les soutenir publiquement dans l'Université de Francfort-sur-l'Oder. Voici les principales thèses du Dominicain :

« C'est une erreur de dire que Jésus-Christ, en prêchant la pénitence, n'entendait la pénitence que comme vertu, et non comme sacrement, ayant pour parties nécessaires la confession et la satisfaction; satisfaction qui s'opère par la peine ou son équivalent; peine imposée par le prêtre suivant son arbitrage ou suivant les canons; mais aussi quelquefois exigée par la justice divine, soit ici, soit dans le purgatoire. C'est une erreur de penser que le Pape ne peut pas remettre totalement cette peine par l'indulgence; erreur de penser que la remise des œuvres de pénitence, comme peines satisfactoires, en ôte la nécessité perpétuelle comme remèdes et préservatifs du péché (N. 1-16).

» C'est une erreur de penser ou de dire que les prêtres de la loi nouvelle n'ont pas le pouvoir de remettre les péchés, mais seulement de déclarer qu'ils sont remis; une erreur de croire que le dernier prêtre chrétien n'a pas plus de pouvoir sur les péchés que toute l'ancienne synagogue des Juifs; une erreur de dire que les mourants paient tout par la mort, et ne doivent plus rien aux canons de l'Eglise; une erreur de dire qu'il n'est pas démontré que les âmes du purgatoire sont assurées de leur salut; erreur de dire que tout chrétien, vraiment repenti, est complètement déchargé de la peine et de la coulpe, sans aucune indulgence; erreur de dire que tout chrétien, vivant ou mort, participe à tous les biens, en tant que remise légitime de la peine; erreur de dire que c'est une même communication de tous les biens, et celle qui se fait par la charité, et celle qui se fait par l'application ou l'appropriation de qui en a pouvoir; erreur de dire que c'est la même communion de tous les biens, de mériter et d'augmenter les mérites, avec la communication de tous les biens pour la satisfaction ou la pénitence.

» Les œuvres de charité valent plus pour mériter; mais l'indulgence plénière vaut plus pour payer ou satisfaire, être entièrement déchargé et absous. Qui ne sait pas cela ou ne le croit pas, qui enseigne l'un au peuple et lui tait l'autre, celui-là est dans l'erreur. L'indulgence plénière sert plus à satisfaire et à obtenir une rémission prompte et entière. Les œuvres de la charité sont plus utiles pour mériter la grâce, augmenter le mérite, la récompense et la gloire. Celui donc qui ne pense pas que le Pape veut qu'on enseigne ainsi le peuple, celui-là est dans l'erreur. Celui qui donne aux pauvres et prête aux nécessiteux, fait mieux, quant à l'augmentation de mérite; celui qui gagne l'indulgence par une offrande, fait mieux, quant à la promptitude de la satisfaction. Qui enseigne le peuple autrement et le séduit, et celui qui croit que de procurer une indulgence par quelque offrande n'est pas aussi une œuvre de miséricorde, celui-là est dans l'erreur, quoique l'homme devienne premièrement plus libre et plus sûrement déchargé de la peine par l'indulgence, néanmoins, comme l'œuvre qui acquiert l'indulgence est une œuvre de charité, celui qui l'acquiert devient aussi plus pieux par une dévotion intérieure; celui qui enseigne autrement le peuple, celui-là erre doublement.

» C'est une erreur de dire que le trésor de l'Eglise, d'où le Pape donne l'indulgence, n'est point assez nommé ni connu; une erreur de penser que ce trésor du Christ n'est pas formé de ses mérites et de ceux des saints; une erreur de penser que ces mérites produisent une satisfaction prompte et complète, sans l'application du Pape.

» Supposer qu'un certain péché contre la sainte Vierge ne puisse pas être remis par l'indulgence, à qui s'en repent, est un blasphème contre le Seigneur et son évangile. Supposer, dans des écrits publics, que les prédicateurs de l'indulgence avancent des propositions inconvenantes et téméraires, qu'on n'a cependant pas entendues, c'est répandre le mensonge et la fable pour la vérité, c'est se montrer crédule, léger et se tromper grossièrement. Quiconque nie que la puissance de saint Pierre et celle de ses successeurs soit la même, celui-là se trompe. Et celui qui tient que saint Pierre a plus de pouvoir pour l'indulgence que le pape Léon, celui-là se trompe encore davantage, il va jusqu'au blasphème. Celui-là se trompe également, qui adore, avec l'honneur dû à Dieu seul, la croix propre du Christ ou bien une autre quelconque, comme étant la chose essentielle, et non pas comme en étant le signe. De même, quoique sous bien des rapports qui motivent l'adoration, la croix propre du Christ soit meilleure et plus à honorer, cependant celui qui l'adore avec un autre culte et honneur, et non pas avec le même qu'on doit adorer la croix ornée des armes pontificales, celui-là commet une idolâtrie et se trompe. »

Tetzel ajoute à la fin : « Confiant en la vérité, l'auteur soumet tout ce qui précède au Saint-Siége apostolique, comme au juge suprême dans les matières de la foi; en même temps, aux ordinaires de chaque lieu et aux inquisiteurs de la dépravation hérétique. » Et pour que cette soumission ne paraisse pas suspecte, il soumet le même au jugement des quatre principales universités d'Italie, de France et d'Allemagne, et même à toutes les universités non suspectes de la nation allemande; et je suis prêt, en tout cas, à subir leur jugement (Walch, t. XVIII, p. 266-281).

La même année 1517, Tetzel soutint à Francfort une autre série de cinquante propositions, sur l'autorité du Pontife romain, de l'Eglise romaine, de la tradition, sur le caractère de l'hérétique et de l'hérétique opiniâtre, et sur le devoir des catholiques en pareille circonstance (*Ibid.*, p. 283-289).

Ce qu'il dit de plus fort en faveur du Pape et de l'Eglise romaine consiste à mettre en thèses scolastiques : 1º le vieil axiome de Tertullien, saint Cyprien, saint Optat, saint Grégoire de Nysse et autres saints Pères : que le Seigneur a donné les clés du royaume des cieux à Pierre seul, et par lui à l'Eglise; 2º cette loi ecclésiastique déjà ancienne au IVᵉ siècle, et rappelée par le pape saint Jules, ainsi que les historiens grecs Sozomène et Socrate : que, sans l'autorité du Pontife romain, rien ne peut se conclure définitivement dans l'Eglise, ni concile, ni dogme de foi, ni règlement de discipline, ni jugement de cause majeure; 3º le formulaire du pape saint Hormisda, confirmé et souscrit par les conciles œcuméniques, et décidant que, par le privilège infaillible de Jésus-Christ, le siège de saint Pierre est inaccessible à l'erreur, et que, pour être catholique, il faut être d'accord avec lui en toutes choses.

Quant à la tradition, il ne fait que l'opposer généralement à la nouvelle hérésie, comme tous les Pères de l'Eglise l'ont opposée aux hérétiques de tous les temps. Sur le caractère de l'hérétique et de l'hérésie, ainsi que sur les devoirs des fidèles en pareille circonstance, il ne fait que redire scolastiquement ce que disaient d'une manière plus oratoire les anciens Pères, notamment Vincent de Lérins et Tertullien.

Huit cents exemplaires de ces thèses, où cependant Luther n'était pas nommé, ayant été apportés à Wittemberg, les écoliers de l'Université achetèrent les uns, prirent les autres, et les brûlèrent publiquement sur la place. Luther parle de cette équipée en deux lettres, proteste n'y avoir point eu de part et regrette l'injure qu'on a faite à un homme de cette dignité; il ne touche ni de loin ni de près l'historiette répandue depuis, que Tetzel avait commencer à brûler les thèses de Luther à Francfort; preuve bien claire que cette fable n'était pas encore inventée (Walch, t. XVIII, p. 40, notes *u* et *x*).

Luther publia une défense de ses quatre-vingt-quinze thèses, qui commence par une protestation ordinaire dans les universités, et finit par un appel au Pape. La protestation est conçue en ces termes :

« D'abord je proteste et affirme clairement que je ne veux absolument rien dire ni tenir qui n'ait été trouvé et démontré, ou ne puisse l'être, premièrement *dans* et *par* l'Ecriture sainte, ensuite *dans* les écrits des saints Pères, reconnus et tenus jusqu'à présent par l'Eglise romaine, et enfin dans le droit et les décrétales des Papes; mais si quelque chose ne peut être démontré ou renversé par lesdits écrits des Pères, les canons ou décrétales, cela seul je veux le tenir comme une chose sur quoi l'on peut disputer, d'après le jugement de la raison et l'expérience : de manière toutefois que le jugement et la sentence de mes supérieurs conserve toujours sa force.

» J'y ajoute un seul point, que je prétends me réserver comme un privilège de la liberté chrétienne : c'est que, quant aux simples opinions, conjectures ou pensées de saint Thomas, Bonaventure et autres scholastiques ou canonistes, qu'ils se contentent de poser sans texte ni preuve, je veux les rejeter ou les admettre comme je le jugerai à propos, suivant le conseil de l'Apôtre : *Eprouvez tout, et retenez ce qui est bon*. Et je ne me soucie point de la prétention de quelques thomistes qui veulent soutenir que saint Thomas a été approuvé et reçu par l'Eglise en tout; car on sait combien vaut et jusqu'où va l'autorité de saint Thomas.

» Par cette mienne protestation et déclaration, j'espère avoir montré suffisamment que je puis bien me tromper, mais que je ne veux pas être trouvé hérétique, dussent ceux qui le prétendent en faire mille fois de rage et de tempête, et même expirer de colère (*Ibid.*, p. 290). »

Dans la conclusion, il dit : « Je ne me serais point permis, avec un écrit si peu considérable, d'en appeler au Pape, si je n'avais pas vu que mes ennemis comptaient singulièrement, par le nom du Pape, m'inspirer de la crainte et de la terreur. D'ailleurs, son office l'oblige à se reconnaître le débiteur des savants et des ignorants, des Grecs et des autres (*Ibid.*, p. 532). »

Quant à ses quatre-vingt-quinze propositions, il les reproduit et les soutient toutes. Ainsi, il répète la soixante-onzième en ces termes : *Si quelqu'un nie la vérité des indulgences du Pape, qu'il soit anathème !* Mais, sur la proposition soixante-huitième, il dira que l'indulgence plénière, bien loin d'être la plus grande des grâces, comme avançaient les prédicateurs, était la moindre de toutes, ou plutôt qu'elle était nulle et de nul effet, parce que la grâce de Dieu opérait plutôt le contraire (Walch, t. XVIII, p. 508). Sur d'autres, il dit et répète que toutes les peines temporelles que le Pape peut remettre, sont celles qu'il a imposées lui-même, et encore qu'il ne le peut que pour les vivants, mais nullement pour les mourants ni pour les morts. C'est à quoi se réduit finalement cette solennelle protestation : « Si quelqu'un nie la vérité des indulgences du Pape, qu'il soit anathème ! »

Luther ne s'en tint pas là : Il prêcha dans Wittemberg et publia par la presse un sermon en vingt articles, où il attaque ouvertement la doctrine du *Maître des sentences*, de saint Thomas et des autres docteurs scholastiques, sur le sacrement de pénitence et sur les indulgences. Tetzel l'ayant su, réimprima le sermon, avec une réfutation article par article, mettant d'abord les paroles mêmes de Luther, puis la réfutation orthodoxe. Comme cette pièce est indispensable pour bien connaître l'état des hommes et des choses, nous la mettons tout entière.

Réfutation, par Jean Tetzel, du sermon de Luther sur l'indulgence et la grâce. — An 1518.

Afin que les fidèles ne soient pas scandalisés et séduits par un sermon téméraire en vingt articles erronés, contre les parties du sacrement de pénitence et la vérité de l'indulgence, ayant pour titre : *Sermon sur l'indulgence et la grâce*, par Martin Luther, an 1517, et commençant par ces mots : Premièrement, vous devez savoir que quelques nouveaux docteurs, tels que *le Maître des sentences*, saint Thomas et ceux qui les suivent, etc., et se terminant ainsi dans le vingtième article : « Cependant, que Dieu leur donne, à eux et à nous, la droite intelligence : » moi, frère Jean Tetzel, de l'ordre des Prédicateurs, inquisiteur de la foi, etc., j'ai fait réimprimer ce sermon de vingt articles erronés, avec son titre, son commencement et sa conclusion, réfutant chaque article par l'Ecriture sainte, comme chacun s'en convaincra ci-après. De plus, il est écrit dans le dix-neuvième article dudit sermon : « Pour les docteurs scholastiques, je les laisse pour des scholastiques ; tous ensemble, ils ne suffisent point, avec leurs opinions, pour consolider un sermon. » Ces paroles ne doivent ébranler aucun chrétien ; car pour que ce sermon pût obtenir quelque apparence auprès des hommes, il faudrait que son inventeur mît premièrement de côté les docteurs scholastiques, qui tous, dans leurs écrits, sont unanimement contre lui.

Saint Augustin dit : Lorsqu'on veut disputer contre les hérétiques, on le fait principalement par des autorités, c'est-à-dire par la sainte Ecriture et par les sentences uniformes des docteurs éprouvés ; mais quand on veut instruire les fidèles, on le fait plus volontiers par des raisonnements et des explications.

Voilà ce que savent les hérétiques. Aussi, veulent-ils répandre une hérésie parmi le peuple, ils commencent par rejeter et mépriser tous les docteurs qui ont écrit publiquement contre leur erreur. Ainsi ont fait Wiclef et Jean Hus : ce dernier a tenu pour non nécessaire, non-seulement la satisfaction pour le péché, mais encore la confession sacramentelle, et il a fait entrer cette imagination dans le peuple. C'est pourquoi le saint concile général de Constance l'a condamné au feu. Or, dans le sermon erroné des vingt articles, on use des mêmes moyens : on y méprise le sublime *Maître des sentences*, avec des milliers de docteurs, dont un grand nombre sont inscrits parmi les saints. De plus, la sainte Eglise romaine tient avec eux dans les trois parties de la pénitence, elle n'a point prononcé de blâme contre eux, mais les a reçus tous comme éprouvés. Jamais non plus on n'a ouï ni démontré qu'ils aient écrit contre la sainte Ecriture et les quatre principaux docteurs un seul mot discordant, mais toujours on les a reconnus pour de fidèles interprètes de l'Ecriture et des anciens Pères. D'où il est à conclure, et c'est ce que doivent tenir tous les fidèles, que les articles subséquents du téméraire sermon sont suspects, erronés, entièrement séductifs et contraires à la sainte Eglise chrétienne, ainsi que ci-après, avec la grâce de Dieu, je le montrerai en particulier et à fond contre chaque article. Je soumets tout ceci à la connaissance et au jugement de Sa Sainteté apostolique, de toute l'Eglise chrétienne et de toutes les universités.

Sermon sur l'indulgence et la grâce, etc. Le premier article erroné est de la teneur suivante :

Vous devez d'abord savoir que quelques nouveaux docteurs, comme le Maître des sentences, saint Thomas et ceux qui les suivent, donnent à la pénitence trois parties, savoir : la contrition, la confession et la satisfaction ; et quoique cette distinction de leur part ne se trouve guère ou point du tout fondée dans la sainte Ecriture ni dans les premiers saints docteurs chrétiens, nous voulons toutefois en un moment la laisser pour ce qu'elle est, et parler d'après leur manière.

Réfutation. — D'abord, cet article est erroné et sans fondement ; car il avance que les trois parties de la pénitence ne sont fondées ni dans l'Ecriture sainte ni dans les anciens docteurs du christianisme : en quoi il dissimule la vérité ; car l'Ecriture sainte, les anciens et les nouveaux saints docteurs, dont il y a bien des milliers, tiennent que le Dieu tout-puissant exige réparation et satisfaction pour le péché. Notre Seigneur Jésus-Christ ordonne dans l'Evangile aux pécheurs : *Faites de dignes fruits de pénitence ;* ce que les saints docteurs de tout l'univers ont interprété et entendu d'une pénitence satisfactoire. C'est pourquoi Dieu envoya son Fils unique, afin de satisfaire pour le péché des hommes, quoique Adam et Eve l'eussent déploré souverainement et qu'ils eussent été chassés du paradis pour en faire pénitence. Que si le Seigneur Jésus a donné l'absolution de tous les péchés à Marie-Madeleine, à la femme adultère, au paralytique, sans leur imposer de pénitence, cela ne prouve pas que Dieu demande uniquement au pécheur qu'il se repente et qu'il porte sa croix ; car Jésus-Christ savait que la contrition de ces personnes, contrition que d'ailleurs il leur avait donnée, était suffisante, et il les délia par le pouvoir des clés d'excellence. Mais comme les prêtres ne connaissent pas la contrition des hommes, qu'ils ne peuvent pas la leur donner, et qu'ils ont uniquement les clés du ministère, si fort que l'homme regrette le péché et porte la croix, dès qu'il méprise la confession ou la satisfaction comme partie du sacrement de pénitence, jamais la peine pour le péché ne lui sera remise. Je soumets ceci à l'examen et au jugement du Saint-Siége apostolique, ainsi que de toutes les universités et de tous les docteurs chrétiens.

Le second et le troisième article du sermon sont de la teneur qui suit :

Ils disent en second lieu : L'indulgence n'emporte pas la première partie ou la seconde, c'est-à-dire la contrition ou la confession, mais bien la troisième, savoir, la satisfaction.

En troisième lieu : La satisfaction est ultérieurement divisée en trois parties, la prière, le jeûne, l'aumône; la prière comprend toute sorte d'œuvres propres à l'âme, comme de lire, de méditer, d'ouïr la parole, de prêcher, d'enseigner, et choses semblables; le jeûne comprend toute espèce de mortifications du corps, comme de veiller, de travailler, de coucher sur la dure, etc.; l'aumône comprend toutes œuvres de charité et de miséricorde envers le prochain.

Réfutation. — Premièrement, ces deux articles sont erronés et tout à fait trompeurs; car on y supprime la vérité. En effet, au saint concile de Constance, il a été décidé de nouveau : Qui veut gagner une indulgence, doit joindre la confession à la contrition, suivant l'ordonnance de la sainte Eglise; mais, d'après l'ordonnance de la même Eglise, continuer toujours. Et c'est ce que prescrivent aussi communément toutes les bulles et lettres pontificales pour les indulgences. Cette confession, l'article premier la divise et la sépare implicitement d'avec la pénitence véritable, ce qui est erroné. Je soumets ceci à l'examen et au jugement de Sa Sainteté apostolique, de toutes les universités et docteurs chrétiens.

Le quatrième article du sermon erroné porte comme suit :

En quatrième lieu : Parmi eux tous, il est indubitable que l'indulgence enlève toutes les œuvres de satisfaction dues ou imposées pour les péchés. Or, si elle doit enlever toutes ces œuvres, il ne resterait plus rien de bon que nous puissions faire.

Réfutation. — L'indulgence plénière ôte les œuvres de satisfaction, en ce sens : Quiconque obtient la pleine rémission de la peine, celui-là est délié par l'autorité pontificale de l'obligation de faire les œuvres satisfactoires mentionnées dans le troisième article, et qui lui ont été imposées pour des péchés déplorés et confessés. Mais parce que l'homme, après la parfaite rémission du péché et de la peine, n'est pas moins tenté par le démon, par sa propre chair et par le monde, qu'il ne l'était avant la rémission ; et aussi parce que, après la rémission du péché et de la peine, il reste dans l'homme de mauvaises habitudes et une certaine promptitude à retomber dans le péché : à cause de cela, pour résister au démon, à la chair et au monde, et pour dompter les mauvaises habitudes, inclinations et promptitude à retomber dans le péché, l'homme, même après plénière rémission du péché et de la peine, ne doit point cesser les œuvres de pénitence, qui lui sont un remède salutaire contre sa faiblesse, et de plus méritoires pour la vie éternelle. Il n'y a non plus ni bulle de pape ni lettre d'évêque qui dise que les hommes, quand ils ont mérité une indulgence, doivent s'abstenir des bonnes œuvres et de la satisfaction. Ces bonnes œuvres, nous les devons à Dieu, au seul titre de ses créatures, n'eussions-nous pas même péché; et quand nous aurons fait ces bonnes œuvres selon tout notre pouvoir, nous devrons dire : Nous sommes des serviteurs inutiles de Dieu. C'est pourquoi cet article est entièrement erroné, trompeur et uniquement inventé au détriment de l'indulgence. Je soumets ceci à l'examen et au jugement du Saint-Siége de Rome, de toutes les universités et de tous les docteurs chrétiens. Tetzel répète cet acte de soumission après chacune de ses réponses.

En cinquième lieu : Ça été parmi un grand nombre une opinion considérable et encore indécise, si l'indulgence ôte quelque chose de plus que les bonnes œuvres imposées pour pénitence; autrement, si elle ôte aussi la peine que la divine justice exige pour le péché.

Réfutation. — Premièrement, cet article est tout à fait erroné et frauduleux ; car l'indulgence plénière ôte la peine que la divine justice exige pour les péchés pleurés et confessés, mais non suffisamment imposés par le prêtre. Le Pape succède à saint Pierre dans le siège et l'office pontifical, il a par conséquent, comme saint Pierre, autorité et puissance pour remettre tous les péchés. Et il l'a par ces paroles du Seigneur : *Tout ce que tu délieras sur la terre sera délié dans le ciel.* Le Pape pouvant donc remettre tous les péchés, il peut aussi remettre par l'indulgence toute la peine du péché ; car toutes les peines que les hommes doivent subir pour leurs péchés, c'est principalement et premièrement Dieu, contre qui sont tous les péchés mortels, qui les impose et les assigne au pécheur. Ensuite et secondairement, c'est le prêtre à la place de Dieu. Aussi, dans l'imposition de la pénitence, le prêtre doit-il se conformer avec grand soin à la justice divine, qui se manifeste dans les canons pénitentiaux. C'est pourquoi personne ne doit tenir pour opinion, que l'indulgence n'ôte pas la peine que la justice divine exige pour des péchés pleurés et confessés, et non suffisamment imposés par le prêtre ; car telle est la pratique de l'Eglise romaine, ainsi que de tous les docteurs chrétiens, dont il y a plusieurs milliers, et qui n'ont jamais été rejetés par l'Eglise romaine en ce point. En conséquence, cet article est erroné et tend à égarer les hommes.

En sixième lieu : Je laisse pour le moment leur opinion, sans la réfuter. Mais je dis qu'on ne peut démontrer par aucune Ecriture que la justice divine demande ou exige du pécheur quelque peine ou satisfaction, sinon sa contrition ou conversion cordiale et véritable, avec la résolution de porter désormais la croix de Jésus-Christ, et de pratiquer les œuvres susdites, n'eussent-elles été imposées par personne ; car le Seigneur dit par Ezéchiel : *Si le pécheur se convertit et fait le bien, je ne me souviendrai plus de ses péchés.* — Item, c'est ainsi que lui-même a donné l'absolution à Marie-Madeleine, au paralytique, à la femme adultère. Et je voudrais bien entendre qui prouverait le contraire, quoique quelques docteurs aient ainsi pensé.

Réfutation. — Premièrement, cet article est complètement erroné, sans fondement et trompeur, inventé au préjudice de l'indulgence. Car la sainte Ecriture, Ancien et Nouveau Testament, fait voir que Dieu exige satisfaction pour le péché ; on le voit au chapitre vingt-cinquième du Deutéronome. Les saints docteurs disent la même chose, notamment saint Grégoire dans sa vingt-troisième homélie : Le médecin céleste, Notre Seigneur Jésus-Christ, ordonne pour chaque vice un remède différent. Saint Augustin dit aussi : Dieu n'a permis à personne de pécher, mais il pardonne miséricordieusement les péchés commis, dès que la satisfaction convenable et nécessaire pour le péché n'est pas omise. Dieu pardonne l'adultère à David ; cependant, pour la satisfaction, il faut qu'il souffre la guerre, l'outrage en ses femmes, la mort en son propre enfant, et cela après la contrition et la confession. David eut également un grand regret de son péché d'avoir compté son peuple ; cependant, outre la contrition, il lui fallut satisfaire à Dieu pour ce même péché. Car l'ange lui tua pour cette cause, sur l'ordre de Dieu, soixante-dix mille hommes, comme on le voit au long dans le livre des Rois. Avec les paroles et l'insinuation de ce sixième article, les hérétiques Wiclef et Jean Hus, il y a des années, ont voulu conclure que la confession et la satisfaction n'étaient pas nécessaires ; aussi, dans quelque pays, le prêtre n'impose point de satisfaction aux pénitents ; mais leur dit : Allez, et ayez la volonté de ne plus pécher. Cet article est erroné et ne doit pas être cru.

En septième lieu : On trouve bien que Dieu punit quelques-uns selon sa justice, et par la peine les presse à la contrition, comme au psaume quatre-vingt-huitième : *Si ses enfants viennent à pécher, je visiterai leur péché avec la verge, mais je n'éloignerai pas d'eux ma miséricorde.* Mais cette peine, il n'est au pouvoir de personne de la remettre, sinon de Dieu ; or, au lieu de la remettre, il promet de l'imposer.

Réfutation. — D'abord, cet article est un bavardage et un argument pour rien. Car Dieu dit : *Si les enfants pèchent, je visiterai leurs péchés avec des verges, cependant je ne détournerai pas d'eux ma miséricorde,* ce même Dieu a donné la plénitude de sa puissance sur la sainte Église, à saint Pierre et à chaque Pape canoniquement élu ; en sorte que, dans la sainte Eglise, le Pape a pouvoir de faire tout ce qui est nécessaire et à l'Eglise et à l'homme pour le salut. C'est pourquoi le Pape a pouvoir de remettre, moyennant l'indulgence plénière, la peine que Dieu a imposée aux pécheurs pour leurs péchés, après qu'ils les ont pleurés et confessés. Or, qu'un homme soit délié de la peine que Dieu lui a imposée et assignée pour ses péchés, lorsqu'après la contrition et la confession, la peine et la pénitence imposées par le prêtre n'ont pas été suffisantes, cela est très-profitable à l'homme pour le salut de son âme. C'est aussi une grande miséricorde de Dieu, que son vicaire, le Pape, décharge l'homme de la peine de son péché, moyennant l'indulgence. C'est pourquoi les paroles de David, dans cet article erroné, sont alléguées sans leur sens chrétien et véritable et d'une manière captieuse. Il faut donc lire cet article avec des yeux bien attentifs, et ne pas répéter en aveugle et à l'aventure : Quand Dieu dit qu'il visiterait les péchés de ses enfants avec la verge, cela veut dire qu'il les amènerait à la contrition par la peine ; car ce n'est pas contre cette peine que sert l'indulgence, mais uniquement contre la peine des péchés que l'on a pleurés et confessés. Car on voit dans l'Ecriture que Dieu afflige quelquefois les hommes pour leur faire croître en mérite, comme Job ; quelquefois pour leur conserver la vertu, comme à saint Paul ; quelquefois pour punir du péché, comme Marie, sœur de Moïse ; quelquefois pour la gloire de Dieu, comme l'aveugle-né ; quelquefois pour faire commencer dès ce monde les peines éternelles de l'autre, comme à Hérode. Ces peines et ces châtiments de Dieu, Dieu seul peut les imposer à l'homme ; toutefois cette peine que Dieu impose d'ordinaire à l'homme pour ses péchés, lorsqu'il les a pleurés et confessés, et que la peine imposée par le prêtre n'est pas suffisante, le Pape peut en décharger par l'indulgence plénière. Cet article est donc erroné et fallacieux.

En huitième lieu : Aussi ne peut-on donner aucun nom à cette peine imaginaire, et personne ne sait ce qu'elle est, si elle n'est ni cette punition, ni les bonnes œuvres mentionnées plus haut.

Réfutation. — D'abord, cet article est erroné. Car cette peine que la justice de Dieu impose à l'homme pour ses péchés, qui n'ont pas été soit assez pleurés, soit assez punis par le prêtre dans la confession, s'appelle une vindicte de Dieu et un digne fruit de pénitence, qui peut être compensée, non par toute contrition quelconque, mais seulement par une satisfaction équivalente, comme le disent saint Augustin et tous les docteurs de la chrétienté. Quant aux noms particuliers que cette peine imposée de Dieu aura en purgatoire, cela est connu de ceux qui la souffrent dès maintenant, et le sera un jour de ceux qui séduisent aujourd'hui si misérablement les fidèles, si toutefois ils ne vont pas même en enfer.

En neuvième lieu, je dis : Lors même que l'Eglise chrétienne déciderait encore aujourd'hui et déclarerait que l'indulgence ôte plus que les œuvres de satisfaction, il vaudrait encore mille fois mieux qu'aucun chrétien ne demandât ni ne se procurât d'indulgence, mais qu'il préférât faire les œuvres et subir la peine. Car l'indulgence n'est et ne peut être qu'une remise, une omission de bonnes œuvres et de peine salutaire, qu'on devrait plutôt choisir que de laisser, quoique quelques-uns des nouveaux prédicateurs aient inventé deux espèces de peine, les unes médicinales, et les autres satisfactoires. Mais, Dieu merci ! nous avons encore plus de liberté chrétienne pour mépriser un pareil bavardage, qu'ils n'en ont pour l'inventer ; car toute peine, et même tout ce que Dieu impose, est corrigible et supportable aux chrétiens.

Réfutation. — Cet article tend à séduire. Car la sainte Eglise romaine tient et décide par sa pratique et sa coutume, que l'indulgence plénière n'ôte pas seulement les œuvres de satisfaction imposées par le prêtre ou par les canons, mais encore celles qu'impose la justice de Dieu, lorsque les péchés n'ont pas été pleurés suffisamment, ni la satisfaction portée assez haut par le prêtre dans la confession. Car saint Augustin dit que les coutumes observées par le peuple de Dieu ou les chrétiens, ainsi que les institutions des anciens, doivent passer pour loi, encore que, dans la sainte Ecriture, il ne soit rien dit de particulier de ces coutumes et de ces choses. C'est pour cela que le Pape, puisque telle est la coutume du siége de Rome, peut ôter toute la peine par l'indulgence plénière. Cet article erroné insinue aussi que nul homme ne doit demander l'indulgence, lors même qu'elle lui ôterait plus que la pénitence imposée par le prêtre ou par les canons : paroles contraires à la vérité chrétienne ; car il suppose en ces paroles qu'un homme peut obtenir l'indulgence sans contrition, il sépare aussi l'indulgence d'avec la contrition et l'accomplissement des œuvres en considération desquelles l'indulgence est donnée : ce que certainement on ne prouvera jamais par une doctrine chrétienne. Car ceux qui méritent l'indulgence sont dans une véritable contrition et charité de Dieu, qui ne les laissent demeurer ni paresseux ni tièdes, mais les enflamment à servir Dieu et à faire de grandes bonnes œuvres en son honneur. En effet, il est clair comme le jour que ce sont les gens chrétiens, pieux et fervents, et non les paresseux et les lâches, qui s'empressent à gagner les indulgences.

Cet article est donc plein de venin, et cherche à inspirer aux hommes de la répugnance pour l'indulgence, cependant si nécessaire et si salutaire aux pauvres pécheurs. Car dans la dispensation des indulgences se manifeste clairement la grande libéralité de Dieu; pour toute la peine que les hommes sont tenus de souffrir pour les péchés qu'ils n'ont point assez pleurés ou qui n'ont point été assez imposés par le prêtre, Dieu veut bien se laisser contenter par la satisfaction de Jésus-Christ, dès qu'elle lui est offerte comme une satisfaction par l'autorité du Pape. Il est également chrétien de croire que quand quelqu'un fait une aumône, une prière, une visite d'église, un pèlerinage, un jeûne ou d'autres bonnes œuvres favorisées d'indulgence, et qu'il les fait avec le même amour de Dieu qu'il les ferait, s'il n'y avait pas d'indulgence attachée, il est chrétien de croire que ces œuvres indulgentiées sont bien meilleures et plus méritoires à l'homme que les autres. C'est pourquoi cet article tend à séduire misérablement les infortunés humains.

En dixième lieu : Ce n'est rien dire qu'il y a trop de peine et d'œuvres, que l'homme ne saurait les accomplir, à cause de la brièveté de la vie, et que l'indulgence lui est ainsi nécessaire. Je réponds qu'il n'y a aucun fondement à ceci, et que c'est une pure fiction; car Dieu et la sainte Eglise n'imposent jamais à personne plus qu'il ne peut porter, ainsi que, suivant saint Paul, Dieu ne laisse tenter personne au-dessus de ses forces : et ce n'est pas une médiocre confusion à la chrétienté, qu'on puisse l'accuser de nous imposer plus que nous ne pouvons porter.

Réfutation. — L'indulgence ne se donne pas uniquement, parce que la vie de l'homme, à cause de sa brièveté, ne peut accomplir les œuvres de satisfaction qui lui sont imposées. Il est clair comme le jour que le plus grand pécheur, avec une contrition véritable et parfaite, peut satisfaire à la justice de Dieu pour la peine de tous ses péchés, si d'ailleurs il ne méprise point la confession et la satisfaction sacramentelles ; car, avec le mépris de ces deux choses, la contrition est nulle et impuissante. C'est donc contre la vérité qu'on nous impute, à nous sous-commissaires et prédicateurs des grâces, d'injurier Dieu et la chrétienté, en nous faisant dire que Dieu et l'Eglise imposent à l'homme des choses impossibles ; paroles qu'on ne saurait trouver nulle part. Car l'indulgence se donne quelquefois pour des aumônes ; quelquefois pour des travaux personnels, comme quand on prend la croix contre les infidèles et les hérétiques, qu'on bâtit des ponts et qu'on répare des chemins; quelquefois pour les périls de la vie, comme à ceux qui passent la mer pour aller en terre sainte; ainsi que le dit clairement le droit canon. L'indulgence ne s'accorde donc pas uniquement à cause de la brièveté de la vie, que l'on suppose empêcher l'homme d'accomplir la pénitence imposée.

En onzième lieu : Lors même que les pénitences, établies par le droit canon, seraient encore en vigueur et qu'on imposât sept ans de pénitence pour chaque péché mortel, la chrétienté devrait cependant laisser cette loi, et n'imposer à chacun que ce qu'il peut porter. A combien plus forte raison, aujourd'hui que ces lois n'existent plus, faut-il se garder d'imposer à qui que ce soit plus qu'il ne saurait porter.

Réfutation. — L'article renferme un exposé infidèle. Quoique les canons, d'après lesquels on a réglé les pénitences, ne soient plus en usage à cause de la fragilité humaine, on ne donne pas pour cela pouvoir aux hommes de pécher; et la justice divine ne punit pas moins les péchés, soit par des pénitences conformes aux canons, soit par des peines qu'elle-même envoie. Car celui qui ne fait pas la pénitence imposée par les canons doit souffrir quelque autre chose que la justice de Dieu accepte pour fruits équivalents de la pénitence. Aussi le prêtre, qui absout le pécheur, ne doit pas considérer seulement la contrition, dans l'imposition de la pénitence pour les péchés confessés, mais encore la mesure de la pénitence, exprimée dans les canons pénitentiaux, afin de ne pas contrevenir, autant que possible, à la justice divine, manifestée dans les canons, comme il est dit dans le droit; et après avoir ainsi bien considéré tant la contrition que la satisfaction imposée par les canons, alors il imposera au pécheur la satisfaction sacramentelle. C'est ainsi, et non d'après leur bon plaisir, que les prêtres doivent imposer la satisfaction au pécheur dans la confession, pour les péchés dont il a le repentir. Cette imposition de la pénitence par le prêtre fait que le pécheur absous ne pèche pas, s'il ne fait pas la pénitence réglée par le droit pour ses péchés. Cependant, le prêtre impose-t-il une pénitence insuffisante, Dieu exigera de l'homme le surplus, soit en ce monde, soit en l'autre. Celui qui enseigne les hommes autrement, celui-là les trompe.

En douzième lieu : On dit bien que, pour le surplus de la peine, le pécheur est renvoyé au purgatoire ou à l'indulgence; mais on dit bien des choses sans fondement ni preuve.

Réfutation. — Cet article est d'abord entièrement

LIVRE LXXXIV. — § I. HÉRÉSIES DE LUTHER.

errone, et avancé sans aucune preuve ni témoignage de la sainte Ecriture, aussi bien que sans aucun appel au droit canon, comme si son contenu n'était nullement contraire au saint Evangile, quoique dans la vérité ils différent autant l'un de l'autre que le jour de la nuit. De plus, c'est une vérité chrétienne que, pour le surplus de la peine, le pécheur doit être renvoyé au purgatoire ou à l'indulgence. Car la sainte Eglise catholique et l'unanimité de tous les docteurs anciens et nouveaux tiennent que Dieu est miséricordieux de telle sorte ,, qu'il remet la coulpe et le péché, mais demeure néanmoins juste, de manière à ne pas les laisser impunis. C'est pourquoi, lorsque la contrition intérieure ne suffit point pour l'expiation ou la vindicte du péché, et que la satisfaction extérieure n'est point accomplie ou parfaite, Dieu, qui connaît la mesure et le nombre des péchés, exigera dans le purgatoire le surplus de la pénitence et de la satisfaction, que l'homme n'aura point accomplies en ce monde. En outre, comme le dit saint Anselme dans son livre *Pourquoi Dieu s'est fait homme*, l'homme peut satisfaire pour le péché uniquement par les bonnes œuvres qui ne peuvent être exigées de l'homme, à moins qu'il n'ait péché. Or, les bonnes œuvres des commandements de Dieu, l'homme y est obligé en vertu de la création, et Dieu les exigerait de lui, lors même qu'il n'eût pas péché. Ce douzième article est donc erroné et trompeur, parce que la satisfaction doit avoir lieu en ce monde ou en l'autre.

En treizième lieu : C'est une grande erreur à quelqu'un de s'imaginer qu'il satisfera pour ses péchés, attendu que Dieu les pardonne toujours gratuitement, par une grâce inestimable, sans rien demander pour cela, sinon de bien vivre désormais. La chrétienté exige bien quelque chose, mais elle pourrait et devrait en faire la remise, et ne rien imposer de difficile ni d'intolérable.

Réfutation. — D'abord, cet article est sans fondement et séducteur; car, comme il a été démontré plus haut de plus d'une manière, Dieu et son Eglise exigent satisfaction pour les péchés. Ainsi concluent tous les anciens et les nouveaux docteurs de la sainte Eglise, au nombre de plusieurs mille, et dont plusieurs sont au ciel, lesquels disent tous : Si grande que la contrition puisse être, dès que l'homme méprise la confession et la satisfaction, la contrition seule ne sert de rien, encore que l'homme ne puisse satisfaire à Dieu pour aucun péché mortel, sans la coopération de la passion de Jésus-Christ. Et si l'inventeur de cet article avait eu quelque respect pour saint Augustin, il n'aurait point avancé une telle erreur. Car saint Augustin dit : « Dieu ne donne à personne la licence de pécher, en effaçant par sa miséricorde les péchés déjà commis, si l'on ne néglige pas la satisfaction convenable. Toutefois, ne regardez pas cet article erroné comme nouveau; car Wiclef et Jean Hus ont déjà tenu cette erreur, et particulièrement que la confession, dans laquelle la satisfaction est imposée à l'homme, n'est point nécessaire; et c'est pour cela que Jean Hus a été brûlé à Constance par le concile général, et que Wiclef est mort en hérétique.

En quatorzième lieu : L'indulgence s'accorde pour les chrétiens imparfaits et lâches, qui ne veulent as s'exercer courageusement dans les bonnes œuvres, ni supporter quelque chose; car l'indulgence n'exige de personne une vie meilleure, mais laisse et tolère en chacun son imperfection; il ne faut donc point parler contre l'indulgence, ni non plus y engager personne.

Réfutation. — Cet article se réfute ainsi chrétiennement. Quand même l'homme gagnerait toutes les indulgences, il ne devrait point abandonner les œuvres de pénitence pour cela. Ainsi parle le pape Innocent. Car, après la rémission des péchés et de toute la peine par l'indulgence, il reste toujours dans l'homme l'inclination à pécher de nouveau, qu'il doit médicamenter par de bonnes œuvres. Veut-il, de plus, après la rémission du péché et de toute la peine, acquérir des mérites auprès de Dieu et les augmenter, il ne doit pas interrompre les bonnes œuvres de pénitence, mais porter la croix de Jésus-Christ jusqu'à sa fin. L'indulgence n'ôte pas cela; au contraire, elle y excite l'homme, elle le rend dispos et enclin, non point paresseux, pour ces œuvres à la fois bonnes et pénales. C'est pourquoi cet article est erroné et un bavardage en l'air; car il dit qu'il ne faut point parler contre les indulgences, ce qui se fait cependant dans presque tous les articles; ensuite qu'il ne faut y exhorter personne, ce qui est manifestement contre la pratique de la sainte Eglise romaine, qui, à l'approche de l'année sainte, la fait publier longtemps d'avance. Cet article est encore contraire à l'usage de toutes les églises particulières du monde entier, lesquelles toujours publient les indulgences du Pape et de leurs propres évêques. En outre, les chrétiens prennent la croix contre les hérétiques et les infidèles, en partie à cause de l'indulgence plénière que gagnent les croisés, et on y exhorte les hommes avec beaucoup de soin. Les derniers mots de cet article sont donc contraires à toute vérité.

En quinzième lieu : Il serait beaucoup plus sûr et meilleur de donner à la basilique de Saint-Pierre ou ailleurs, pour l'amour de Dieu, que pour gagner l'indulgence; car il est dangereux de faire de ces dons pour l'indulgence, et non à cause de Dieu.

Réfutation. — D'abord cet article est une pure invention, sans aucune preuve de l'Ecriture sainte; car il insinue dans la conclusion que l'homme peut donner une aumône pour l'indulgence, sans la donner pour Dieu; comme si quelqu'un donnait une aumône pour l'indulgence, sans entendre honorer Dieu par là : tandis que l'homme qui donne l'aumône pour l'indulgence, la donne aussi pour l'amour de Dieu; car toute indulgence est premièrement accordée pour l'honneur de Dieu. C'est pourquoi, quiconque donne une aumône pour l'amour d'une indulgence, la donne principalement pour l'amour de Dieu, attendu que personne ne mérite une indulgence, qu'il ne soit dans une contrition véritable et dans l'amour de Dieu ; or, quiconque fait des bonnes œuvres par l'amour de Dieu, les ordonne à Dieu et à sa louange. Cet article ne mérite donc aucune créance de la part des chrétiens.

En seizième lieu : L'œuvre faite à un nécessiteux vaut beaucoup mieux que ce que l'on donne à Saint-Pierre, beaucoup mieux encore que l'indulgence qui est accordée pour cela; car, comme il a été dit, il vaut mieux faire une bonne œuvre que d'obtenir la rémission de beaucoup. Or, indulgence est rémission de beaucoup de bonnes œuvres, ou bien ce n'est remise de rien.

Oui, pour que je vous instruise comme il faut, remarquez bien ceci : Avant toutes choses, sans faire attention à la basilique de Saint-Pierre ni à l'indulgence, vous devez donner à votre prochain qui est pauvre. Mais s'il arrive que dans votre ville il n'y ait plus personne qui ait besoin de secours, chose qui, d'après la parole du Seigneur, n'arrivera jamais, alors vous donnerez, si vous voulez, aux églises, aux autels qui sont dans votre ville. S'il n'y a plus de besoin de ce côté même, alors seulement, si vous voulez, vous pourrez donner à Saint-Pierre et ailleurs. Encore ne le faut-il pas faire pour l'indulgence; car saint Paul dit : *Qui ne fait pas de bien aux gens de sa maison, n'est pas chrétien, mais pire qu'un païen.* Regardez donc cela comme une chose libre. Quiconque vous dit le contraire, vous trompe, ou bien il cherche votre âme dans votre bourse, et s'il y trouvait quelques centimes, il les aimerait mieux que toutes les âmes.

Vous dites : Mais alors je ne donnerai jamais rien pour gagner une indulgence. Je réponds : Je l'ai déjà dit, ma volonté, mon désir, ma prière et mon avis, c'est que personne ne donne ni ne fasse rien pour gagner une indulgence. Laisse faire cela aux chrétiens paresseux et endormis; pour toi, va ton chemin.

Réfutation. — Cet article est d'abord sans fondement, et de plus entièrement obscur; on y touche une chose, et on y dissimule l'autre. Car donner l'aumône à un pauvre vaut mieux pour augmenter les mérites; mais gagner une indulgence plénière ou toute indulgence quelconque, vaut mieux pour satisfaire promptement pour la peine du péché. Chacun doit aussi savoir que le gain d'une indulgence est aussi une œuvre de miséricorde; car, gagner l'indulgence, c'est avoir pitié de son âme, et par là même plaire à Dieu. C'est pourquoi l'article conclut à faux quand il dit que gagner une indulgence n'est pas une œuvre de miséricorde; à la fin il conclut, d'une manière tout à fait contraire à la doctrine chrétienne, que l'indulgence est une remise de beaucoup de bonnes œuvres, car il ne le prouve par aucun texte de l'Ecriture sainte. On n'en trouvera jamais aucun pour le prouver, attendu que, pour gagner l'indulgence, il faut être dans l'amour de Dieu, et où est cet amour, là se fait beaucoup de bonnes œuvres, et de grandes. Cet article erroné est encore contraire à la teneur de toutes les bulles et lettres d'indulgence, qui généralement toutes indiquent que l'indulgence est accordée pour que les hommes soient par là excités à la contrition, à la confession et aux bonnes œuvres. Cet article erroné est donc tout à fait à mépriser. Je m'en réfère là-dessus au jugement du Saint-Siège de Rome et de toutes les universités et des docteurs chrétiens.

Cet article avance encore que ce sermon erroné contient une instruction exacte pour les hommes : ce qui est entièrement contraire à la vérité; car, dans cet article, on demande, on prie, on conseille que personne ne fasse rien pour gagner une indulgence : conseil qui est loin d'être utile au salut. L'article dit encore que les paresseux et les lâches doivent seuls rechercher les indulgences; conseil qui tend à séduire misérablement la chrétienté, vu

que l'homme se fait beaucoup plus de bien à lui-même en gagnant une indulgence dont il a besoin, que s'il donnait son aumône à un pauvre qui ne serait pas dans un besoin extrême; car l'aumône ou la bonne œuvre par laquelle l'homme mérite une indulgence, étant faite par amour de Dieu, est aussi méritoire pour la vie éternelle que l'aumône faite à un pauvre. De plus, comme par l'indulgence qu'il gagne par son aumône, l'homme se libère promptement de la peine qu'il doit subir pour ses péchés, il lui vaut mieux mériter une indulgence que de donner l'aumône à des pauvres qui ne sont pas dans un besoin extrême. Notre Seigneur dit aussi dans le chapitre de saint Luc : *Pour le reste, faites-en des aumônes,* savoir, à ceux qui ne sont pas dans un besoin extrême; car à ceux qui sont dans l'extrême nécessité, Dieu ordonne de faire l'aumône, même des biens dont l'homme a besoin pour l'entretien de sa vie et de son état. C'est donc mal à propos qu'on allègue saint Paul dans cet article. L'Apôtre dit bien : *Quiconque n'a pas soin des gens de sa maison, a renié la foi, et il est pire qu'un infidèle.* Mais il ne défend pas de faire du bien plutôt à soi-même qu'aux gens de sa maison, lorsque ceux-ci ne sont pas dans la nécessité extrême. Chacun doit aussi, dans la manière de donner l'aumône, observer l'ordre de la charité, se secourir d'abord soi-même, ensuite les plus proches, comme il a été touché plus haut. C'est pourquoi les chrétiens fidèles ne doivent ajouter aucune foi aux paroles nues, isolées, mal fondées de l'article, car il n'est appuyé d'aucune preuve solide tirée de l'Ecriture sainte.

En dix-septième lieu : L'indulgence n'est point commandée ni conseillée, mais du nombre de ces choses qui sont tolérées et permises; ce n'est donc pas une œuvre d'obéissance ni une œuvre méritoire, mais une exception à l'obéissance. C'est pourquoi, bien qu'il ne faille empêcher personne d'en gagner, on devrait cependant en détourner tous les chrétiens, et les exciter aux œuvres et aux peines qu'on leur remet.

Réfutation. — C'est vrai qu'on ne commande pas de gagner une indulgence, mais cela est fidèlement conseillé par Sa Sainteté apostolique, par les conciles généraux, par tous les pieux prélats de la sainte Eglise, qui accordent des indulgences pour la pratique des bonnes œuvres, pour la gloire de Dieu, pour le bien de la chrétienté, pour procurer du mérite aux hommes qui font des bonnes œuvres à cause de l'indulgence; aussi pour le bien de l'homme, en ce qu'il se libère de la peine due à ses péchés, comme il a été dit plus haut. C'est pourquoi l'indulgence n'est pas du nombre de ces choses qui sont uniquement tolérées et permises. Cet article est encore que mériter une indulgence n'est pas une œuvre méritoire, mais une exception à l'obéissance : article qui jamais, non plus que tous les autres, ne pourra être démontré par aucune Ecriture sainte; car les œuvres gratifiées d'une indulgence sont toujours meilleures que les mêmes, sans indulgence, quoique faites au même degré de charité. Cet article est donc contraire à la liberté du Saint-Siège de Rome; car Dieu a confié à son vicaire, le Pape, et au Siège apostolique, l'autorité souveraine de toutes les choses qui servent au salut de l'homme.

En dix-huitième lieu : Si les âmes sont tirées du

LIVRE LXXXIV. — § I. HÉRÉSIES DE LUTHER.

purgatoire par l'indulgence, je ne le sais pas et ne le crois pas même encore, quoique quelques nouveaux docteurs le disent; mais il leur est impossible de le démontrer : aussi l'Eglise ne l'a-t-elle pas encore décidé. C'est pourquoi, pour plus de sûreté, il vaut mieux prier vous-mêmes et faire des œuvres pour elles; car c'est plus sûr et certain.

Réfutation. — Premièrement, cet article est plein d'astuce; car il dit que l'Eglise n'a point décidé que les âmes puissent être délivrées du purgatoire par l'indulgence. Cependant, en pratique, la sainte Eglise romaine tient que, par l'indulgence, les âmes sont délivrées du purgatoire. Il y a bien des autels, des églises et des chapelles à Rome, où l'on délivre les âmes en y célébrant la messe ou en y pratiquant d'autres bonnes œuvres. Cela vient de ce que les Papes y ont accordé une indulgence plénière pour la délivrance des âmes, lorsqu'on y dit la messe ou qu'on y fait d'autres bonnes œuvres, suivant qu'il est d'usage à Rome. Ni le Pape ni l'Eglise romaine ne toléreraient à Rome cette délivrance des âmes, si elle n'était bien fondée; car le Pape et le Siège de l'Eglise romaine et l'autorité papale n'errent point dans les choses qui regardent la foi. Or, l'indulgence est de ce nombre; car qui ne croit pas que le Pape puisse accorder une indulgence et une indulgence plénière aux vivants et aux défunts, qui sont dans l'amitié de Dieu, celui-là tient que le Pape n'a pas reçu de Notre Seigneur Jésus-Christ la plénitude de la puissance sur les fidèles : ce qui est contraire aux saints canons.

Cet article avance encore que quelques nouveaux docteurs disent que les âmes sont délivrées du purgatoire par l'indulgence, mais qu'il leur est impossible de le prouver. Sur quoi il faut savoir que les saints docteurs modernes l'ont très-bien démontré, et que jamais ils n'ont été condamnés pour cela par la sainte Eglise romaine, particulièrement saint Thomas, dont les papes Urbain et Innocent ont reçu pour chrétienne et approuvée la doctrine touchant la foi et le salut des âmes, sans qu'aucun Pape l'ait condamnée depuis. Puis donc que la doctrine de saint Thomas est reconnue orthodoxe, cet article est suspect quant à la vérité. Saint Jérôme dit de son côté : Dès que Votre Béatitude, qui tient le siège et la foi de Pierre, approuve ma créance, quiconque la condamne se déclare lui-même insensé, méchant ou hérétique. Tel on doit donc tenir celui qui condamne saint Thomas comme n'étant pas sûr dans ce qu'il enseigne et écrit sur la foi chrétienne.

En dix-neuvième lieu : Dans ces points je n'ai point de doute, et ils sont suffisamment fondés en l'Ecriture. C'est pourquoi vous ne devez avoir aucun doute vous-mêmes, et laissez les docteurs scholastiques être des scholastiques; tous ensemble, avec leurs opinions, ils ne suffisent pas pour affirmer une seule prédication.

Réfutation. — Cet article et tous les autres n'ont aucun fondement dans l'Ecriture; car ils sont contraires à la pratique de la sainte Eglise romaine et à l'enseignement de tous les saints docteurs modernes. Et si saint Augustin, avec les trois anciens docteurs, avaient eu révélation que la puissance du Pape et de l'Eglise romaine sur les indulgences devait être ainsi méprisée un jour par des hommes égarés, ils les auraient réfutés d'avance dans leurs écrits. Cependant les saints docteurs modernes, ayant appris que des hommes pervers ont parlé, prêché et écrit contre le Pape et contre la vérité de l'indulgence, ils les ont attaqués avec des raisons chrétiennes, et jamais la sainte Eglise romaine ne les a punis ni condamnés pour cela.

L'article dit encore : Il faut laisser les docteurs scholastiques pour des scholastiques, car tous ensemble ne suffisent point, avec leurs opinions, pour affirmer une seule prédication. Penser ainsi des docteurs scholastiques, c'est être insensé; car ces saints docteurs signalent et combattent toutes les nouvelles erreurs. Les mépriser, c'est errer soi-même. La sainte Eglise romaine, avec toute la sainte chrétienté catholique, tient unanimement que les saints docteurs scholastiques, par leur salutaire enseignement, suffisent pour confirmer la foi chrétienne contre les hérétiques, combien plus un sermon. C'est pourquoi, dans cet article, on les méprise et les outrage injustement, et contre toute raison et vérité.

En outre, tous les articles erronés sont obscurs dans leur brièveté; peut-être parce qu'on pense les expliquer comme on veut, et dans tous les sens. Cependant on aurait dû penser d'avance au grand scandale qu'ils excitent; car, à cause de ces articles, beaucoup de gens mépriseront l'autorité et le pouvoir du Pontife romain et du Saint-Siège apostolique. On omettra les œuvres de satisfaction sacramentelle. On ne croira plus jamais aux prédicateurs et aux docteurs. Chacun voudra expliquer la sainte Ecriture suivant son bon plaisir. Les âmes seront en grand péril dans toute la chrétienté, car chacun croira ce qu'il lui plaît. Comme, d'après cet article, les saints docteurs modernes, à qui, pendant plusieurs siècles, la chrétienté a ajouté une grande foi, ne méritent aucune créance, cet article est absolument erroné.

En vingtième lieu : Encore que je sois traité d'hérétique par quelques-uns à qui cette vérité est préjudiciable pour la caisse, je ne me soucie pas beaucoup de leur criaillerie, attendu qu'il n'y a pour le faire que quelques sombres cervelles qui n'ont jamais flairé la Bible, jamais lu les docteurs chrétiens, jamais compris leur propre doctrine, mais présument beaucoup trop de leurs opinions trouées et déchirées; car, s'ils en avaient l'intelligence, ils sauraient qu'ils ne doivent diffamer personne sans l'avoir ouï et convaincu. Mais Dieu veuille leur donner, ainsi qu'à nous, le bon sens. Amen.

Réfutation. — Cet article est d'abord entièrement erroné et demande qu'on sache ce que c'est qu'un hérétique. En conséquence, moi, frère Jean Tetzel, de l'ordre des prédicateurs, je publierai encore d'autres thèses que j'espère soutenir, avec la grâce de Dieu, dans l'Université de Francfort-sur-l'Oder. Dans ces thèses, ainsi que dans le présent écrit et ceux qui l'ont précédé, chacun pourra voir et comprendre, même avec une cervelle incomplète, ce que c'est qu'un hérésiarque, un hérétique, un schismatique, un errant, un téméraire, etc. On y reconnaîtra aussi qui a une sombre cervelle, qui n'a jamais flairé l'Ecriture, qui n'a jamais lu les docteurs chrétiens, qui n'a jamais compris sa propre doctrine. Dans la certitude de la vérité, je soumets toutes ces miennes thèses et doctrines à l'examen et au jugement de Sa

Sainteté apostolique, de la sainte Eglise romaine, de toutes les universités et de tous les docteurs non suspects, avec l'engagement de subir tout ce qui sera décidé, la prison, la fustigation, l'eau et le feu.

J'avertis charitablement tous les chrétiens de n'ajouter désormais aucune foi au sermon en vingt articles erronés ni aux thèses y relatives, à moins que l'auteur ne les soumette au jugement de Sa Sainteté apostolique, de la sainte Eglise romaine et de toutes les universités non suspectes, et qu'il ne l'ait montré par les effets, bien convaincu que, sans cette soumission, le sermon en vingt articles et les thèses qui s'y rapportent, au lieu d'être une prédication et une doctrine salutaires, seront une séduction et une perversion des hommes; car Jésus-Christ dit lui-même : *Quiconque n'écoute pas l'Eglise, qu'il vous soit comme un païen et un publicain.* Et si l'auteur du sermon erroné en vingt articles composait quelque chose contre cette mienne réfutation, sans le prouver par l'Ecriture sainte, le droit canon et les saints docteurs, ou sans produire des raisons naturelles et suffisantes, nul chrétien ne doit s'en scandaliser, car ce ne seraient que des paroles en l'air. Et si dans son ouvrage, l'auteur ne se soumet pas publiquement et par écrit au jugement du Pape, du Saint-Siège et des universités non suspectes, je n'écrirai point contre désormais, mais le tiendrai indigne de réponse et de réfutation. C'est de quoi je proteste publiquement ici.

Pour la gloire de Dieu, le salut de l'homme et l'honneur du Saint-Siège apostolique (Walch, t. XVIII, p. 538-564).

Tels sont textuellement, d'un côté, le sermon de Luther contre les indulgences, de l'autre, la réfutation qu'en fit le Dominicain Jean Tetzel : réfutation calme et mesurée, dont le fond consiste à opposer au novateur de Wittemberg ce que saint Irénée, Tertullien, Vincent de Lérins et les autres Pères ont opposé aux hérétiques de tous les temps, savoir : la croyance, la pratique, la tradition, l'enseignement de toutes les Eglises, principalement de l'Eglise romaine. Et à la fin de la controverse, et à chaque question particulière, Tetzel a soin de la porter au pied du tribunal suprême ; d'avance il se soumet au jugement : que Luther s'y soumette à son exemple, la discussion pourra continuer entre eux, comme entre deux fils dociles de la même mère ; mais si Luther n'écoute pas l'Eglise, il n'y a plus de discussion ; Luther lui sera comme un païen et un publicain.

Luther fit une réponse superficielle et sophistique sur quelques points secondaires ; quant au fond, on y découvre le caractère de l'hérésiarque, esprit faux, orgueilleux, opiniâtre. La soumission au jugement suprême de l'Eglise, il l'esquive par une équivoque bouffonne. Pour la comprendre, il faut savoir que le même mot allemand signifie *soumettre, présenter*, et *offrir* (en allemand, *erbieten*). Luther dit donc de Tetzel :

Pour donner plus d'apparence à son dessein, il me veut contraindre à soumettre (offrir) mon sermon à la connaissance de Sa Sainteté papale, du Saint-Siège apostolique et des universités non suspectes. A quoi je réponds : Je n'ai besoin d'aucun ellébore, je n'ai pas non plus un si gros rhume, que je ne sente pas cela. Cependant, cela ne tardera guère, je présenterai ma matière, peut-être plus qu'il ne leur sera agréable. Pour le moment, c'est assez qu'il ne soit pas nécessaire de charger Sa Sainteté papale et le Siége de Rome avec des prédications non nécessaires, à moins qu'il n'y eût un siège de bois vacant ; encore moins avec des textes évidents de l'Ecriture, que l'on prêche et que l'on comprend de concert avec toute la chrétienté (Walch, t. XVIII, p. 580, n. 54 et 55).

Quant à l'autorité de la coutume et de la tradition, voici comme il la rejette. Tetzel dit : La coutume et la pratique de l'Eglise doivent être tenues pour une loi. Or, la coutume et la pratique de la chrétienté, par rapport aux indulgences, est telle. Donc c'est une loi de l'Eglise. Je réponds : Il est vrai que ce qui est de pratique et de coutume dans la chrétienté équivaut à une loi de l'Eglise ; mais cela s'entend des bonnes pratiques et des bonnes coutumes, et non pas des mauvaises (*Ibid.*, p. 570, n. 20). On comprend, du reste, que Luther se réservait à lui-même le droit de décider quelles étaient les pratiques bonnes ou mauvaises de l'Eglise universelle, à peu près comme le rebelle ou le voleur consent à se soumettre aux lois de la société civile, pourvu que ce soit à lui de juger si ces lois sont bonnes et de s'en faire lui-même l'application. Luther ne se gêne pas plus avec les Pères et les docteurs de l'Eglise. Pour lui, fussent-ils des milliers, ce ne sont que de vains échos de saint Thomas, de saint Bonaventure, du *Maître des sentences*, d'Alexandre de Halès. Leurs sentiments, même unanimes, n'étant pas appuyés sur l'Ecriture ni sur de bonnes preuves, de quoi Luther reste juge en dernier ressort, ne sont que des opinions, des conjectures incertaines, et ne peuvent être que cela, d'autant plus que ce n'est point à eux, mais au concile général, qu'appartient le pouvoir de déclarer définitivement la vérité qui se parle sans Ecriture (*Ibid.*, p. 556, n. 6 et 7). Enfin, quand même un grand nombre, que dis-je ! quand même plusieurs milliers encore, et cela tous de saints docteurs, auraient tenu ceci ou cela, ils n'auraient cependant aucune valeur contre une seule sentence de l'Ecriture, comme dit saint Paul, chapitre premier, verset huitième, aux Galates : Quand nous-même ou un ange du ciel vous annoncerions autre chose que ce que nous avons annoncé, qu'il soit anathème (*Ibid.*, n. 9). Bien entendu que ce n'est point aux Pères de l'Eglise, fussent-ils des milliers, d'interpréter la sentence en question, mais à Luther seul. Telle était la modestie du moine de Wittemberg.

Tetzel avait protesté cesser la discussion, si Luther ne promettait soumission au jugement de l'Eglise ; lui-même s'y était soumis, prêt à subir la prison, l'eau et le feu. Luther lui répond, entre autres gentillesses, qu'il se moque de ses cris comme des braiments d'un âne (*Ibid.*, p. 578, n. 45). Au lieu de son eau et de son feu, il lui conseille le jus de la treille et le feu qui s'évapore des oies rôties (N. 46). Tout en l'appelant un mangeur de fer rouge et un pourfendeur de rochers, il lui fait savoir qu'on trouve à Wittemberg bonne hospitalité, porte ouverte et table à convenance (N. 49). Enfin, dit-il, Tetzel se plaint que mon sermon excite un grand scandale et le mépris du Siége de Rome, le mépris de la foi, du sacrement, des docteurs de l'Eglise. Tout ceci, je ne saurais le comprendre que de cette manière : Aujourd'hui même le ciel va tomber, et demain il n'y aura pas un vieux pot qui ne soit en pièces (N. 50). Avec ces bouffonneries dans une affaire aussi grave, Luther feint toujours de supposer qu'il ne s'agit que de cette simple question : Les indulgences sont-elles commandées ou non? tandis qu'il attaquait audacieusement le pouvoir même qu'a l'Église d'octroyer des indulgences, qu'il niait l'autorité de la tradition, l'autorité des Pères et des docteurs, et avant cela même le libre arbitre de l'homme, le fondement de toute morale et de toute société. Cette originelle et profonde hypocrisie de Luther n'a point été assez remarquée.

Le 15 février 1518, il écrivait à Spalatin, secrétaire intime de l'électeur de Saxe : Vous me faites deux petites questions. La première, quelle intention doit avoir celui qui veut offrir ou faire une autre bonne œuvre. Je réponds en deux mots : Dans toutes les œuvres, il faut avoir la pensée du désespoir et celle de l'assurance ; du désespoir, à cause de toi et de ton œuvre ; de la joie, à cause de Dieu et de sa miséricorde. Car ainsi parle l'Esprit : *Le Seigneur se plaît en ceux qui le craignent et qui espèrent en sa miséricorde. Car la crainte est comme un commencement du désespoir.* Et pour parler nettement : Chaque fois que tu veux offrir ou faire quelque chose de bon, sache et crois fermement qu'une telle œuvre ne saurait plaire à Dieu, si grande, si bonne, si pénible qu'elle puisse être, mais qu'elle mérite d'être réprouvée. C'est pourquoi, commencez par vous accuser, vous et votre bonne œuvre, et par vous en confesser à Dieu (Walch, t. XV, *append.*, p. 9, *epist.* 4, n. 2).

Nous voyons ici de nouveau le principe satanique de Luther, que, de leur nature, les bonnes œuvres sont des péchés, et qu'il n'y a de salut pour l'homme que de croire comme article de foi que Dieu les lui pardonne, ainsi que ses autres crimes. C'est comme si Satan disait à Dieu : Tu as beau faire, tout est à moi, car le bien même est un mal.

La seconde question, dit Luther, concerne la vertu de l'indulgence, ce qu'elle peut. Cette affaire est encore douteuse, et ma controverse à cet égard flotte encore parmi les injures ; cependant je dirai deux choses. L'une, en secret, à vous et à nos amis, jusqu'à ce que l'affaire devienne publique : Je pense que les indulgences, de nos jours, ne sont qu'une tromperie des âmes, et qu'elles ne servent qu'aux paresseux et aux lâches. Notre Carlostadt n'est pas de cet avis ; mais je sais néanmoins qu'il n'en fait nulle estime. C'est pour abolir cette tromperie, que, par amour de la vérité, je me suis engagé dans le dangereux labyrinthe de la dispute, et me suis mis à dos tant de centaines de minotaures, de rhadamantotaures et de cacotaures (*Ibid.*, n. 4). — Ce sont les gracieux titres que Luther donne à ses juges.

La seconde chose qu'il présente comme certaine, et même avouée de ses adversaires, c'est que donner l'aumône ou faire du bien au prochain, vaut infiniment mieux que l'indulgence ; et il décide que celui qui laisse le pauvre pour gagner une indulgence, mérite la colère. Mais c'est déguiser la question par un sophisme. Nous avons vu que les indulgences sont toujours accordées pour des œuvres de bienfaisance envers le prochain : bâtir des églises, des hôpitaux, des ponts, réparer des chemins, entretenir les pauvres d'un hospice, soulager les âmes du purgatoire, défendre les chrétiens contre les infidèles, se libérer soi-même des dettes que l'on a contractées envers la justice divine ; car, après tout, nous sommes notre premier prochain, et nous devons aimer les autres comme nous-mêmes, mais non pas plus que nous. La question est de savoir si une bonne œuvre envers nous ou envers les autres, récompensée d'une indulgence par l'Église, ne vaut pas mieux que sans cette indulgence. Luther dira que non ; sans doute comme il dit qu'une œuvre quelconque, si bonne qu'elle puisse être, est et sera toujours un péché, foulant aux pieds, dans la même lettre, et la logique du philosophe et la foi du chrétien.

Le dimanche de la sainte Trinité 1518, Luther adressa au pape Léon X une lettre, avec une défense de ses quatre-vingt-quinze propositions touchant les indulgences. Il se plaint d'avoir été décrié près du Saint-Père, comme un hérétique, un schismatique, un parjure : ce qui le console, c'est qu'il a la conscience innocente et tranquille. A l'en croire, les auteurs de tout ce mal sont les prédicateurs d'indulgence ; il les accuse vaguement d'excès, mais sans rien articuler de précis ; il accuse de même leurs instructions imprimées, que nous avons vues irréprochables. Ayant écrit contre ces instructions à quelques prélats, sans recevoir de tous une réponse favorable, il se vit obligé de publier une série de propositions qui, au dire de ses adversaires, ont allumé un grand incendie par tout le monde. Cela vient peut-être de ce qu'ils me refusent à moi seul, qui cependant, par l'autorité de Votre Sainteté apostolique, suis maître en théologie, le droit de disputer librement comme les autres dans les universités, non-seulement sur les indulgences, mais sur des articles plus importants, comme la puissance et la miséricorde de Dieu. Si je m'étonne quand ils me refusent le droit que j'ai reçu de la puissance de Votre Sainteté, c'est que, bien malgré moi, je suis contraint de leur accorder des choses bien plus considérables, savoir : de mêler les rêveries d'Aristote à la théologie, et de ne produire dans leurs disputes que des mensonges sur la Majesté divine, contrairement au pouvoir qu'ils ont reçu de Votre Sainteté (Walch, t. XV, p. 492 et seqq., n. 9 et 10).

Ces paroles de Luther sont bien à remarquer. Il y confesse, de son propre mouvement, que son droit de docteur en théologie, aussi bien que celui des autres, lui vient de l'autorité suprême du Pape, et qu'il lui a été donné uniquement pour et non pas contre la foi catholique. Bien des docteurs modernes, en France et ailleurs, ne feraient pas mal de méditer cet aveu de Luther.

Il s'étonne ensuite que ses thèses sur les indulgences se soient si promptement répandues partout, et s'écrie : Maintenant, que dois-je faire? Me rétracter, je ne le puis ni ne le veux (*Ibid.*, p. 492 et seqq., n. 12).

Cependant il dit à la fin de sa lettre : C'est pourquoi, Très-Saint-Père, je me jette aux pieds de Votre Béatitude et me remets à elle avec tout ce que je suis et tout ce que j'ai. Donnez la vie ou la mort, appelez ou rappelez, approuvez ou réprouvez, comme il vous plaira, j'écouterai votre voix comme celle de Jésus-Christ même, qui préside en vous et qui parle par votre bouche; et si j'ai mérité la mort, je ne refuse pas de mourir (Walch, t. XV, p. 492 et seqq., n. 16).

Ces paroles sont assurément fort belles. Cependant la parole importante n'y est pas; il s'offre bien à mourir, mais non point à se rétracter : au contraire, il s'y refuse. Il y a du calcul dans cette rhétorique.

La veille de la Pentecôte de la même année 1518, Luther adressa une lettre semblable, avec la défense de ses thèses, à Jérôme Scultet, évêque de Brandebourg, dans le diocèse duquel se trouvait Wittemberg. Il y proteste qu'il ne conclut rien comme certain, mais qu'il soumet tout à la sainte Eglise et à son jugement. Il supplie l'évêque de prendre une plume et de l'encre, d'effacer de ses thèses ce qu'il jugerait à propos, de les jeter même au feu, assuré que lui, Luther, n'en prendrait point de peine (*Ibid.*, p. 501). Et cependant tout cela paraît n'avoir été qu'une comédie; car, dès le 15 février de la même année, nous l'avons vu écrire confidemment à Spalatin qu'il regardait les indulgences comme une tromperie des âmes, et ceux qui les défendaient comme des minotaures (*Ibid., append.*, p. 11 et 12).

D'ailleurs, dans cette apologie de ses quatre-vingt-dix-neuf thèses sur les indulgences, Luther n'en rétracte aucune, mais les maintient toutes, entre autres la sixième et la trente-huitième, où il soutient que le Pape même ne peut remettre le péché ou la coulpe, mais seulement déclarer que Dieu l'a remis (*Ibid.*, t. XVIII, p. 311 et 449). Ce qui va jusqu'à nier le sacrement de pénitence.

Enfin, le 26 avril de la même année 1518, dans une conférence publique au monastère des Augustins de Heidelberg, Luther soutint ses quatre-vingt-dix-neuf thèses contre la doctrine de l'Eglise romaine sur le libre arbitre, sur la grâce, la foi, la justification et les bonnes œuvres (*Ibid.*, t. I, p. 404 et 405). Lui-même écrit le 18 mai à Spalatin, que les docteurs de Heidelberg ont trouvé sa théologie nouvelle; que ceux d'Erfürth la regardaient comme un venin doublement mortel, que particulièrement le docteur d'Eisenach condamnait toutes ses propositions dans une lettre qu'il venait d'en recevoir; que le docteur Using lui-même était demeuré stupéfait, tant c'est une grande affaire quand on s'est endurci dans de vieilles opinions. Mais l'esprit des jeunes docteurs et de toute la jeunesse studieuse est tout autrement disposé, et j'ai un magnifique espoir que, comme le Christ a passé aux gentils après avoir été rejeté par les Juifs, ainsi maintenant la vraie théologie, rejetée par les vieux entêtés, passera à la jeunesse (*Ibid.*, t. XV, *append.*, p. 20 et 21, n. 3, 4 et 5).

Voilà ce qu'écrivait Luther le 18 mai 1518. Et cette théologie si nouvelle et si merveilleuse n'était autre que l'impiété de Mahomet, détruisant le libre arbitre, faisant de Dieu un tyran cruel qui punit l'homme de ce que l'homme n'a pu éviter, et justifiant ainsi d'avance le plus horrible athéisme.

L'affaire était déférée à Rome et par l'accusé et par les accusateurs. Le pape Léon X commença la procédure. Il ordonne d'abord à l'évêque d'Ascoli de mander Luther pour l'examiner sur la foi, au sujet de certaines thèses et libelles qu'il avait répandus en Allemagne, et qui contenaient quelques articles hérétiques. L'évêque cita le moine à comparaître à Rome dans soixante jours. Le moine, que l'électeur de Saxe prit sous sa protection, et pour qui intercéda auprès du Pape l'Université de Wittemberg, ne comparut point, mais continua de répandre ses erreurs dans de nouvelles thèses et de nouveaux libelles. Alors, par un bref du 23 août, signé Sadolet, Léon X ordonne à son légat en Allemagne, le cardinal Cajétan, de mander Luther, en provoquant au besoin l'assistance de l'empereur, des princes de l'empire, des universités, et de l'enfermer jusqu'à ce que de nouveaux ordres lui enjoignent de l'envoyer. Si le coupable se repent, le légat est autorisé à le recevoir dans l'unité de l'Eglise, qui ne ferme jamais ses entrailles à qui revient. S'il s'opiniâtre, le légat procédera contre lui et contre ses fauteurs par toutes les censures canoniques, sans excepter qui que ce soit, sinon la personne de l'empereur (Walch, t. I, p. 408; t. XV, p. 657 et seqq.).

L'électeur de Saxe et l'Université de Wittemberg obtinrent du Pape que Luther ne serait point obligé de comparaître à Rome, mais seulement à Augsbourg, devant le légat. Il arriva le 7 octobre : voici dans quelles dispositions. Il n'y a rien ici de nouveau ni d'extraordinaire, écrit-il à Mélanchthon, du 11 ; sinon que dans toute la ville chacun parle du docteur Luther et veut voir ce nouvel Erostrate, qui vient d'allumer un si grand incendie. Montrez-vous un homme, ainsi que vous faites déjà, et enseignez la chère jeunesse. Je vais me sacrifier pour cette chère jeunesse et pour vous, et j'aime mieux mourir que rétracter ce que j'ai bien enseigné, et donner lieu à ces stupides et furieux ennemis de tous les arts, mais particulièrement de la doctrine divine, de ruiner les beaux-arts et les études. L'Italie, comme autrefois l'Egypte, est plongée dans des ténèbres palpables, au point qu'ils ne savent rien du Christ ni du christianisme; cependant il nous faut supporter qu'ils dominent sur nous et qu'ils nous enseignent à leur manière et la foi et les bonnes mœurs. Ainsi s'accomplit sur nous la colère de Dieu, suivant la plainte du prophète : *Je leur donnerai les jeunes gens pour princes, et des enfants les domineront* (*Ibid.*, t. XV, p. 672).

Luther eut trois audiences du cardinal, qui lui notifia que le Pape exigeait trois choses : 1° rétracter les erreurs qu'il avait répandues jusqu'alors dans des écrits et des sermons; 2° promettre de les abandonner entièrement et de ne plus les reproduire; 3° s'abstenir dorénavant de tout ce qui pourrait mettre le trouble dans l'Eglise. Le moine s'y refusa, prétendant qu'il n'était venu que pour argumenter, comme dans une dispute d'école. C'était le 12 octobre 1518.

Le lendemain, dans la seconde audience, il présenta la protestation suivante : « Je, frère Martin Luther, Augustin, proteste avant tout et publiquement que je vénère particulièrement la sainte Eglise romaine, et me soumets à elle dans toutes les paroles et œuvres présentes, passées et futures. Si j'ai dit quelque chose de contraire, je veux qu'on le tienne pour non dit. Mais comme Son Eminence, sur un prétendu ordre de Sa Sainteté, à propos d'une dis-

LIVRE LXXXIV. — § 1. HÉRÉSIES DE LUTHER.

pute que j'ai eue sur l'indulgence, a voulu m'amener et m'obliger à ces trois choses : 1° me reconnaître et rétracter mes propositions; 2° lui assurer qu'à l'avenir je ne renouvellerai point l'affaire ; 3° promettre de m'abstenir de ce qui troublerait l'Eglise de Dieu : moi, qui ai cherché la vérité par ces disputes, je ne puis être contraint d'agir contre la vérité dans ces recherches, encore moins de me rétracter sans être ouï ni convaincu.

» En conséquence, je proteste aujourd'hui que je ne sache pas avoir rien dit qui fût contre la sainte Ecriture, contre les docteurs de l'Eglise, contre les décrétales ou les lois des Papes, ou contre la droite raison ; mais tout ce que j'ai dit, je le tiens encore aujourd'hui pour juste, vrai et chrétien.

» Néanmoins, étant homme et pouvant me tromper, je me suis soumis et me soumets par ces présentes à l'examen et à la légitime décision de l'Eglise et de tous ceux qui en savent plus.

» Cependant, par surabondance, je m'offre à donner ici ou ailleurs, publiquement et en personne, raison et réponse de tout ce que j'ai dit.

» Si cela ne devait point suffire à mon seigneur le légat, je suis disposé à mettre par écrit ma réponse à ses remontrances, et à attendre humblement le jugement des célèbres Universités de l'empire, Bâle, Fribourg et Louvain, ou, si cela ne suffisait pas, de l'Université de Paris, qui, depuis les anciens temps, est estimée la plus chrétienne et la première dans l'Ecriture sainte (Walch, t. XV, p. 687). »

Le cardinal se mit à rire de la protestation, insista de nouveau sur la soumission et la rétractation, parce que telle était la volonté du Pape, et ajouta : « Cher fils, je n'ai point disputé avec vous ; mais, par complaisance pour le duc Frédéric, je suis prêt à vous écouter paternellement et amicalement, et à vous instruire de la vérité, et même, si vous le voulez, vous réconcilier avec notre Saint-Père le pape Léon X et avec l'Eglise romaine. »

Le lendemain, Luther présenta un écrit sur quelques thèses, ajoutant qu'il ne pouvait se rétracter, à moins qu'on ne le convainquît du contraire par l'Ecriture. Ce n'était point se soumettre au jugement de l'Eglise, mais soumettre l'Eglise à son propre jugement. Le cardinal insista de nouveau sur la soumission, et, sur le refus de Luther, il le congédia. Saint Paul avait dit aux évêques : « Ne combattez point de paroles, mais, après une réprimande ou deux, évitez l'homme hérétique, sachant qu'il est perverti et qu'il pèche, étant condamné par son propre jugement (Tim., 2, 14; Tit., 3, 10). »

Cependant, le soir même, le cardinal manda Staupitz et Wenceslas Link, et les chargea d'essayer sur l'esprit de Luther quelques paroles plus efficaces que les siennes. Il les pressa si vivement, au nom de Léon X, de la paix publique, du repos de la Saxe, qu'ils lui promirent d'aller sur-le-champ trouver Luther. Ils tinrent parole.

Luther fut ému jusqu'aux larmes de cette mission de charité, et il écrivit au légat une lettre pleine de sentiments affectueux, où il disait entre autres : « Je reviens à vous, mon Père. J'ai vu notre vicaire, Jean Staupitz, notre maître Wenceslas Linck. Vous ne pouviez choisir de médiateurs qui me plussent davantage. Je suis ému... Je n'ai plus de crainte ; ma crainte s'est changée en amour et en respect filial; vous auriez pu employer la force, vous avez fait choix de la persuasion et de la charité... Je l'avoue maintenant... Oui, j'ai été violent, hostile, insolent envers le nom du Pape. Poussé à tous ces emportements, j'aurais dû traiter avec plus de révérence une matière si grave, et, en répondant à un fou, éviter de lui ressembler. Je suis affecté, repentant; je vous demande pardon; je dirai mon repentir à qui voudra m'entendre. Désormais je vous promets, mon Père, de parler et d'agir tout autrement; Dieu m'aidera. Je ne dirai plus rien des indulgences, pourvu que vous imposiez silence à tous ceux qui m'ont jeté dans cette tragédie.

» Quant à la rétractation, mon révérend et doux Père, que vous et notre vicaire demandez avec tant d'instance, ma conscience ne me permet en aucune manière de la donner, et rien au monde, ni des ordres, ni des conseils, ni la voix de l'amitié, ne pourraient me faire parler ou agir contre ma conscience. Il reste une voix à entendre, qui vaut toutes les autres, c'est celle de l'épouse, qui n'est que la voix même de l'époux.

» Je vous supplie donc en toute humilité de porter cette affaire sous les yeux de notre Très-Saint-Père le pape Léon X, afin que l'Eglise prononce sur ce qu'il faut croire ou rejeter; car je ne demande que d'entendre le jugement de l'Eglise, et de m'y soumettre (Walch, t. XV, p. 714 et seqq.; Audin, t. I, p. 147). »

Cette lettre est du 17 octobre ; mais dès la veille il avait rédigé par devant notaire une longue protestation, où, déclarant suspects les juges qu'on lui avait donnés jusqu'alors, et l'évêque d'Ascoli, avec son assesseur, Priérias, et le cardinal Cajétan, il appelle du Pape mal informé au Pape mieux informé (*Ibid.*, p. 720 et seqq.).

Le 9 novembre 1518, le pape Léon X décida la question des indulgences, par une bulle adressée au cardinal Cajétan et contre-signée, *Bembe*. Le souverain Pontife y déclare que la doctrine de l'Eglise romaine, mère et maîtresse de toutes les autres, est que le Pontife romain, successeur de saint Pierre et vicaire de Jésus-Christ, a le pouvoir de remettre, en vertu des clés, la coulpe et la peine des péchés : la coulpe, par le sacrement de pénitence, et la peine temporelle due pour les péchés actuels à la justice divine, par le moyen des indulgences; peut les accorder pour de justes causes aux fidèles qui, par l'union de la charité, sont membres de Jésus-Christ; leur utilité s'étend non-seulement aux vivants, mais encore aux fidèles décédés dans la grâce de Dieu ; ces indulgences sont tirées de la surabondance des mérites de Jésus-Christ et des saints, du trésor desquels le Pape est le dispensateur, tant par forme d'absolution que par forme de suffrage; les vivants et les défunts, jouissent de ces indulgences, sont libérés d'une peine temporelle équivalente à l'indulgence accordée ou acquise; la créance de ces articles est indispensable; quiconque croira ou prêchera le contraire sera retranché de la communion de l'Eglise catholique et frappé d'une excommunication réservée au souverain Pontife. Enfin le Pape enjoint à son légat de notifier ce décret à tous les archevêques et évêques d'Allemagne et de le faire mettre à exécution : ce qui fut exactement observé (Pallavic., *Hist. conc. Trid.*, l. 1, c. 12, n. 8; Le Plat, *Monumenta conc. Trid.*, t. II, p. 21 et seqq.). La bulle fut publiée à Lintz et imprimée à Vienne en Autriche.

Dans cette bulle, le nom de Luther n'est pas même prononcé. Cependant, dès le 28 novembre, sachant que l'on continuait la procédure contre lui à Rome, il avait appelé du Pape au concile général. Dans cet acte, passé devant notaire, il proteste que son intention n'était pas de s'éloigner des sentiments de l'Eglise, ni d'affaiblir l'autorité des Papes dans leurs constitutions; qu'il ne prétendait ni douter de la primauté du Saint-Siége et de sa puissance, ni rien dire qui fût contraire au pouvoir du souverain Pontife bien avisé et bien instruit. Cependant, comme Léon X n'était point exempt des imperfections communes, et que, tout pape qu'il est, il peut errer, aussi bien que saint Pierre, lorsqu'il fut repris par saint Paul, ceux qui se croient lésés par son autorité et opprimés sans raison, ont la voie d'appel pour se délivrer de l'oppression; ainsi, ayant appris que l'on procédait contre lui à Rome et que ses juges prétendus, sans avoir égard à sa soumission et à ses protestations, pensaient à le condamner, il se trouvait obligé d'appeler du pape Léon X, mal informé, au concile général légitimement assemblé, représentant l'Eglise universelle, qui est au-dessus du Pape dans les causes concernant la foi, de tout ce qu'on pourrait faire contre lui, instruction du procès, excommunication, censures, et tout ce qui s'en était ensuivi et s'ensuivrait, protestant poursuivre son appel et le relever autant qu'il le jugerait à propos (Le Plat, t. II, p. 37 et seqq.).

Tel était le langage de Luther dans cet appel notarié. Il se gênait moins dans ses lettres confidentielles. A propos de cette ordonnance du Pape ou de la précédente, il écrivait à Spalatin : « Avec mon appellation, je fais imprimer quelques observations théologiques sur le bref apostolique, ou plutôt diabolique, dont vous m'avez envoyé un exemplaire; car il est incroyable qu'un pareil bref monstrueux puisse provenir du souverain Pontife, surtout de Léon X. Mais quel que soit le polisson qui, sous le nom de Léon X, essaie de me faire peur, qu'il sache bien que je comprends la plaisanterie. Que si la bulle émane de la chancellerie, je leur ferai savoir bientôt leurs impudentes témérités et leur ignorance impie (Walch, t. XV, *app.*, p. 36, n. 3). »

Léon X avait décidé la question des indulgences; mais c'étaient les moindres erreurs de Luther. En restaient d'autres plus graves, par où même il avait commencé, et qui renversaient le fondement de toute morale, de toute société, de toute justice, de toute religion et même de toute raison naturelle. Non-seulement il niait le libre arbitre de l'homme, base première de tout ordre moral, politique et religieux; il soutenait que l'homme, lors même qu'il fait ce qui est en lui, pèche mortellement et mérite l'enfer; que le juste même pèche dans tout ce qu'il fait de bon, et mérite ainsi châtiment. Impiété absurde, qui fait de la justice de Dieu une cruauté plus que satanique, de punir l'homme, non-seulement du mal qu'il ne peut éviter, mais encore du bien qu'il fait de son mieux. Certes, c'est ici le plus furieux venin qui soit sorti de la gueule du dragon. Or, telle est l'essence même du luthéranisme.

Luther continua de soutenir cette doctrine, et par écrit et de vive voix : nous l'avons vu dans la conférence de Heidelberg et d'Erfürth. Il la soutint, aussi bien que Carlostadt, dans ses disputes avec le Dominicain Eckius, notamment dans leur conférence de Leipsick, en 1519. Aux treize propositions d'Eckius, Luther en opposa treize autres. La seconde est ainsi conçue : « Nier que l'homme pèche dans le bien et qu'un péché véniel n'est pas tel de sa nature, ou que le péché demeure encore dans un enfant après le baptême; nier cela, c'est fouler aux pieds tout ensemble et saint Paul et Jésus-Christ. Cette proposition, ajoute-t-il, renferme trois choses : 1° que dans une bonne œuvre il y a péché; 2° que le péché n'est point véniel en soi, mais uniquement par la grâce de Dieu; 3° que le péché reste après le baptème (Walch, t. XVIII, p. 882). »

La septième proposition porte : « Celui-là montre qu'il ne sait ce que c'est, ni la contrition, ni le libre arbitre, qui prétend que le libre arbitre est maître de ses actions, bonnes ou mauvaises, ou qui rêve que quelqu'un n'est pas justifié uniquement par la foi de la parole, ou que la foi n'est pas détruite et perdue par chaque péché grave. J'indique ici trois erreurs d'Eckius, ajoute-t-il : la première, que le libre arbitre est maître de ses actions; la seconde, qui est encore pire, en ce qu'il nie que l'homme soit justifié par la foi seule; la troisième, en ce qu'il n'accorde pas que la foi se perd par chaque péché mortel (*Ibid.*, t. XVIII, p. 907 et seqq.). »

La treizième proposition est un pas de plus dans le chemin de la révolte; elle est de la teneur suivante : « Que l'Eglise romaine soit sur toutes les autres, cela se prouve par les simples décrets des Pontifes romains, fabriqués depuis quatre cents ans; mais ils sont combattus par les histoires authentiques de onze cents ans, par les passages de l'Ecriture sainte et par la décision du concile de Nicée (*Ibid.*, p. 925). »

On s'étonnera peut-être de cette hardiesse. Luther écrit confidentiellement à son ami Spalatin, « que c'est un piège pour prendre Eckius; car il ne manquera pas de crier que je ne puis le prouver et que je n'ai pas bien compté les années, puisque, il y a plus de quatre cents et même mille ans, l'Eglise romaine, notamment le pape Jules Ier, qui vivait peu après le concile de Nicée, enseignait déjà dans un décret que l'Eglise romaine est au-dessus de toutes les autres, et que sans elle on ne peut ordonner aucun concile. A coup sûr, il triomphera là-dessus et rira de mon incroyable imprudence et témérité. Alors je dirai : Que ces décrets n'ont jamais été reçus, et que si Grégoire IX, Boniface VIII et Clément V n'avaient pas rassemblé les décrétales des livres, l'Allemagne certainement n'en saurait rien. C'est donc à ces trois Papes qu'il faut attribuer d'avoir publié les décrets des Pontifes romains et affermi la tyrannie romaine (*Ibid.*, t. XV, p. 986).»

Tel est le fameux piége de Luther, qui n'est au fond qu'un misérable sophisme : « La décrétale de Jules Ier n'a jamais été reçue, parce que Grégoire IX n'a publié sa collection des décrétales que dans le XIIIe siècle. » Autant vaudrait dire : L'Evangile n'a jamais été reçu, parce qu'il n'a été imprimé que dans le XVe. Quant à la décrétale du pape saint Jules, les historiens grecs Sozomène et Socrate

LIVRE LXXXIV. — § I. HÉRÉSIES DE LUTHER.

nous apprennent que c'était dès lors une ancienne règle de l'Eglise qu'on ne devait ni assembler de concile, ni rien décider en matière ecclésiastique, sans l'autorité du Pontife romain.

Luther composa une longue diatribe pour soutenir sa treizième proposition. Il y avance, avec une audace incroyable, que jamais les Eglises d'Orient n'ont été soumises à l'Eglise romaine. Le seul témoignage de Socrate et de Sozomène suffit pour lui donner le démenti, sans compter saint Athanase d'Alexandrie, saint Paul de Constantinople, les conciles œcuméniques d'Ephèse et de Chalcédoine, la lettre de l'Eglise d'Orient au pape saint Symmaque, et le formulaire du pape saint Hormisda, souscrite par tous les Orientaux. Mais tous les moyens étaient bons à Luther. Lui-même dira plus tard à Mélanchthon : « Quand nous serons à l'abri de la violence et que nous aurons la paix, nous ferons oublier facilement nos artifices, nos mensonges et nos fautes. » C'est ainsi que Chytrée et Célestin, deux historiens protestants du XVIe siècle, citent et entendent une lettre de Luther à Mélanchthon, du 30 août 1530 (1).

Un vieux Dominicain, Sylvestre Priérias, maître du sacré palais, ayant vu les propositions de Luther contre les indulgences, en écrivit une réfutation en forme de dialogue entre Luther et lui, et adressée à Luther même, qu'il qualifie encore de *cher frère*. Tout l'opuscule est dédié au pape Léon X. Priérias y pose d'abord quatre principes, comme règles fondamentales dans toute discussion entre théologiens. — *Premier principe*. L'Eglise universelle est essentiellement la société de tous les fidèles : virtuellement, l'Eglise romaine, chef de toutes les Eglises, et le souverain Pontife. L'Eglise romaine est représentativement le collège des cardinaux, et virtuellement le Pape, chef de l'Eglise, mais d'une autre manière que Jésus-Christ. — *Second principe*. Comme l'Eglise universelle ne peut errer, lorsqu'elle prononce sur la foi ou les mœurs, de même un concile légitime, y compris le Pape, ne peut errer lorsqu'il fait ce qui est en lui pour connaître la vérité; autant en est-il de l'Eglise romaine ou du Pape, lorsqu'il prononce comme pape, suivant son office. — *Troisième principe*. Celui qui ne tient pas à la doctrine de l'Eglise romaine et du Pontife romain, comme à la règle infaillible de la foi, de laquelle la sainte Ecriture elle-même tire son autorité, celui-là est hérétique. — *Quatrième principe*. L'Eglise romaine peut décider sur la foi et les mœurs, soit par des paroles, soit par des actions. Et comme celui-là est hérétique qui tient quelque chose de contraire à la vérité de l'Ecriture sainte, de même est hérétique, celui-ci qui conclut contrairement à la doctrine et à la pratique de l'Eglise, dans ce qui regarde la foi et les mœurs. — *Corollaire*. Quiconque dit des indulgences, que l'Eglise romaine ne peut pas faire ce qu'elle fait réellement, celui-là est un hérétique (Walch, t. XVIII, p. 83 et 84).

Ces quatre principes du vieux Dominicain, avec leur corollaire, nous paraissent très-bien résumer la doctrine des Pères et des Docteurs orthodoxes, notamment de saint Augustin, qui a dit : *Je ne croirais pas même à l'Evangile, si l'autorité de l'Eglise catholique ne m'y amenait;* et encore : *Rome a parlé, la cause est finie; puisse ainsi finir l'erreur.*

Après avoir posé ces règles fondamentales, comme la pierre angulaire contre laquelle viendront se briser à jamais toutes les hérésies, le maître du sacré palais reproduit chaque proposition de Luther, la discute avec calme et en peu de mots, se bornant d'ordinaire à faire sentir combien elles sont contraires à la foi et à la pratique de l'Eglise.

Luther y répondit dans les premiers mois de 1518; il y répondit, non pas sérieusement, mais pour se jouer et se moquer de son antagoniste, comme d'un vieux radoteur, qui ne savait pas le premier mot de l'Ecriture sainte, mais était enfoncé dans les ténèbres du thomisme, dans les décrets menteurs des Papes, dans les ignorants écrivains de Rome. C'est dans ces termes gracieux que Luther s'en explique lui-même (Walch, t. XVIII, p. 212 et 213). Pour les quatre principes de Priérias, il les passe momentanément sous silence, en ayant plutôt deviné le sens, dit-il, qu'il ne l'a compris. Il se moque d'Aristote et de saint Thomas; mais, ce qui est à remarquer, il se loue beaucoup de Gerson (*Ibid.*, p. 120 et seqq.). Du reste, il soutient opiniâtrement toutes ses erreurs.

Priérias répliqua par une réponse modérée et polie, où il repousse les personnalités injurieuses que Luther lui avait adressées. Cette réplique fut accompagnée ou suivie du sommaire d'un ouvrage plus considérable en deux livres, dont le premier prouverait l'autorité du Pontife romain ; le second, la doctrine de l'Eglise romaine sur les indulgences.

Le premier livre avait ou devait avoir seize chapitres dont voici les sommaires : 1° L'Eglise est une monarchie et une hiérarchie, dont le Pape est le chef suprême. — 2° L'Eglise militante est le royaume du ciel sur la terre, la monarchie du Christ, la cinquième après celles des Assyriens, des Perses, des Grecs, des Romains, et la plus excellente de toutes. — 3° Dans ce royaume spirituel, le Pontife romain a la primauté, non-seulement d'honneur, mais encore de juridiction. — 4° Dans le gouvernement ecclésiastique, le Pontife romain est le souverain de l'univers, ayant la même puissance que saint Pierre. — 5° Dans l'empire ou gouvernement ecclésiastique, le Pape seul est le chef suprême, et il l'est partout. — 6° Il l'est toujours. — 7° Il est la source de toute juridiction ecclésiastique. — 8° Sa juridiction est la plus haute, et il n'y en a point qui lui soit comparable. — 9° Dans l'empire ecclésiastique, le Pontife romain est le suprême législateur, et ses lois obligent tous ceux qui veulent obtenir le salut. — 10° Il y est le juge suprême, et cela par institution divine. — 11° Il l'est, sans avoir de juge au-dessus de lui, s'entend toujours d'un Pape certain. — 12° Il l'est, sans collège. — 13° Il l'est, sans appel. — 14° Seul, il est le juge suprême des controverses sur la foi et les mœurs. — 15° Il en est juge infaillible, lorsqu'il agit comme Pape ou chef, se servant du secours de ses membres, et faisant loyalement ce qui est en lui pour connaître la vérité : ce serait autre chose, s'il agissait sans loyauté. — 16° Le Pape seul a cette prérogative, et non pas le concile sans le Pape.

---
(1) Chytræus, *Historia augustanæ confessionis* (Francforti ad Mænum 1578, p. 275, in-4°). — Georg. Cœlestin., *Hist. comitior.* anno 1530. *Augustæ* (*Francf. ad Oderam* 1597, t. III, fol. 24, p. 2).

Ces seize propositions, même dans ce qu'elles ont de plus fort, ne sont que le développement de cette ancienne loi ecclésiastique, rappelée par les Grecs Sozomène et Socrate, qu'on ne peut rien ordonner ni terminer dans l'Eglise, sans l'autorité du pontife romain ; et de cette autre non moins ancienne, que toutes les causes majeures doivent être réservées au Saint-Siége ; enfin de cette loi toujours vivante, que tant que Rome n'a pas parlé, la cause n'est pas finie.

Le second livre de Priérias avait ou devait avoir également seize chapitres, où il expose sur les indulgences la doctrine catholique, telle que Luther lui-même confesse l'avoir prêchée d'abord avec zèle.

Luther réimprima cette pièce, entremêlée de quelques apostilles moqueuses, avec une préface et un épilogue. Dans la préface, il dit entre autres : « Tient-on et enseigne-t-on librement et publiquement de pareilles choses à Rome, à la connaissance et avec la permission du Pape et des cardinaux (ce que je n'espère pas), alors je dis et je confesse publiquement par cet écrit, que le véritable antechrist est assis dans le temple de Dieu, et qu'il règne dans la vraie Babylone, vêtu de pourpre et d'écarlate, et que la cour romaine est la synagogue et l'école de Satan (Walch, t. XVIII, p. 213). Dans son épilogue, Luther ne s'emporte pas moins. Il y appelle le vieux Priérias un organe de Satan ; les romanistes ou catholiques romains, des Nemrods, des Ismaélites, des hommes de sang, des sybarites, des sodomites, des antechrists, qui séduisent toute la terre par des mensonges. Il s'écrie enfin : « Si nous punissons les voleurs par la corde, les meurtriers par le glaive, les hérétiques par le feu, pourquoi ne courons-nous pas plutôt sus à ces pernicieux docteurs de perdition, tels que papes, cardinaux, évêques, et toute cette purulence de la Sodome romaine, qui empoisonnent sans cesse et perdent entièrement l'Eglise de Dieu ; pourquoi ne pas les attaquer avec toute espèce d'armes et laver nos mains dans leur sang, puisque nous voudrions bien nous arracher, nous et nos descendants, au feu le plus grand et le plus à craindre (Ibid., p. 245). »

Voilà comme Luther s'exprimait dans une controverse théologique, dès l'année 1519 ou 1520, lorsqu'il se disait encore soumis au Pape et avant qu'il eût été condamné nommément. Le volcan fermente d'une manière terrible, il bouillonne, il écume, il est prêt à faire irruption. Déjà on entend les portes de l'enfer rugir contre l'Eglise et contre la pierre sur laquelle elle est fondée.

Un autre antagoniste de Luther fut Jérôme Emser, licencié en droit canon et prêtre à Dresde. Il avait d'abord été l'ami du moine ; mais l'ayant vu en 1519, dans la dispute de Leipsick, attaquer non-seulement les indulgences, mais l'autorité du Pape et le libre arbitre, il se déclara contre lui pour la vérité. Il écrivit d'abord à Jean Zaken, administrateur de l'Eglise de Prague et prévôt de Leitmeritz, qui, par son zèle, ses prédications et ses vertus, était comme l'apôtre de la Bohème et y avait ramené un grand nombre d'habitants des erreurs de Jean Hus à la foi catholique. Ce qui restait de Hussites espéraient beaucoup dans les innovations de Luther : deux de leurs prédicants lui avaient même écrit pour lui faire connaître ces dispositions. Cependant, en la dispute de Leipsick, il les désapprouva de s'être séparés du Pape, même dans la supposition qu'il ne fût le chef de l'Eglise que par institution humaine. Emser crut utile de mander cette particularité à l'administrateur de Prague, avec quelques réflexions pour affermir les catholiques et convertir les Hussites de Bohème (Walch, t. XVIII, p. 1479-1489).

Luther répondit de son style accoutumé. Emser était de race noble et portait un capricorne dans ses armoiries. Conformément à son urbanité littéraire, Luther adressa sa réponse au bouc Emser, le traitant de Judas, d'indigne théologien, d'idole du monde, qui ne savait pas un mot de l'Ecriture sainte, et autres gentillesses de ce genre. Quant au fond, Luther ne reconnaît d'autre règle que l'Ecriture interprétée par lui-même, il rejette ouvertement l'autorité de la tradition, des Pères et des docteurs, la primauté du Pape de droit divin, l'interprétation constante et unanime de ces paroles de Jésus-Christ à saint Pierre : *Pais mes agneaux, pais mes brebis*, et félicite l'Université de Paris de ce qu'elle venait d'appeler du Pape au concile, à l'occasion du concordat entre Léon X et François Ier (Ibid., p. 1489 et seqq.). La lutte continua ; Mélanchthon y prit part ; Luther allait toujours en avant : il attaqua les vœux de religion, le célibat des prêtres, la distinction des prêtres et des laïques, sous prétexte que saint Pierre dit à tous les chrétiens : *Vous êtes le sacerdoce royal* ; d'où il prétend conclure : Donc tous les chrétiens sont prêtres. — Oui, comme tous les chrétiens sont rois.

Dans une de ses réponses, Emser rappela une parole mémorable que Luther avait prononcée dans la dispute de Leipsick, et qui dévoile le secret de son âme : *Ce n'est pas au nom de Dieu que j'ai commencé ce jeu, ce n'est pas au nom de Dieu qu'il finira*. Luther convient l'avoir dit ; seulement il prétend l'avoir dit, non pour lui-même, mais pour Emser et consorts (Ibid., introduct.). Réponse tout à fait digne d'une comédie où le loup voudrait singer l'agneau.

D'autres défenseurs de la foi catholique s'élevèrent encore contre les hérésies de Luther. De ce nombre furent les frères Mineurs ou Franciscains de Iutterbock, de Wittemberg et de Weimar. Les premiers, dans un chapitre provincial de Saxe (avril 1519) dressèrent une liste de quatorze ou quinze propositions hérétiques soutenues par Luther, et les dénoncèrent à l'évêque diocésain de Brandebourg. L'un d'eux, lecteur ou professeur du couvent, y joignit une liste de huit erreurs qu'il avait entendues de la bouche de Luther même, dans un entretien à Wittemberg. Les principales de toutes ces erreurs étaient : que l'homme n'a point de libre arbitre, que Dieu lui commande des choses impossibles, que le Pape n'est point chef de l'Eglise par institution divine, que les conciles généraux peuvent se tromper sur la foi et la morale. Luther répondit, par une lettre du troisième dimanche après Pâques, aux Franciscains d'Iutterbock, et par une défense de ses propositions adressées au public. Suivant sa coutume, il parle avec un souverain mépris, non-seulement de ses adversaires, mais encore de saint Thomas et saint Bonaventure. Quant à ces erreurs,

Il soutient les plus capitales mêmes avec une opiniâtreté insultante.

« Vous ne lisez rien, dit-il aux frères Mineurs, encore moins comprenez-vous quelque chose, et cependant vous voulez juger de la doctrine. Cela vous arrive particulièrement dans la doctrine du libre arbitre, lequel, d'après le témoignage d'Augustin, n'est rien; car l'homme ne peut faire que le mal, et jamais rien de bon, si ce n'est par la grâce de Dieu. Par conséquent, le libre arbitre, laissé à lui-même, n'est point libre, mais asservi au péché, comme Augustin l'enseigne dans son deuxième livre contre Julien. Mes chers, gardez donc vos inepties pour vous, et abandonnez vos rêves extravagants. Dans la doctrine chrétienne vous entendez moins que rien; soyez hâbleurs pour vous, et laissez-nous lire les saints Pères (Walch, t. XVIII, p. 1676). »

Dans la défense adressée au public, à propos de l'article 9 : *Il dit que l'homme n'a pas de libre arbitre;* Luther répond : Voilà ce qu'on appelle l'hérésie des manichéens..... — Je dis donc que l'homme a un libre arbitre, non pas qu'il le soit encore, mais parce qu'il l'a été; autrement ce n'est qu'un arbitre ou une volonté véritablement esclave. C'est pourquoi Augustin, deuxième livre contre Julien, l'appelle un serf arbitre..... — De même donc qu'une ville ruinée ou une maison écroulée conservent le nom et le titre qu'elles avaient auparavant et qu'elles auront dans la suite, mais ne peuvent plus faire ce qu'elles pouvaient auparavant, ainsi en est-il du libre arbitre (*Ibid.*, p. 1722-1724).

Ici reviennent naturellement les observations que nous avons faites au livre trente-huitième de cette histoire.

« Les Pélagiens reprochaient aux catholiques de dire que le libre arbitre avait péri par le péché d'Adam. Saint Augustin répond que le libre arbitre n'a point péri, mais qu'il est déchu de l'état où se trouvait le premier homme; qu'en conséquence il ne peut plus faire de bonnes œuvres qui méritent la vie éternelle, mais qu'il peut pécher encore : ce qui est vrai. Saint Augustin va plus loin, et conclut que le libre arbitre n'a plus de puissance que pour pécher (*Contra duas epist. Pélag.*, l. 2, n. 9; item *Op. imp. contr. Jul.*, l. 3, n. 112, 119) : ce qui est faux, et ce que l'Eglise a justement condamné dans les propositions vingt-septième et vingt-huitième de Baïus. Le saint docteur se trompe dans son raisonnement, parce qu'il ne distingue pas d'une manière assez nette et précise entre la nature et la grâce, entre l'ordre naturel et l'ordre surnaturel, entre les biens de l'un et de l'autre ordre. Le premier homme fut créé, non-seulement dans un état de nature parfaite, mais encore dans un état de justice et de sainteté surnaturelles. Par le péché, il est déchu de l'ordre surnaturel, il n'y peut plus faire aucun bien, il a été même lésé dans la perfection de sa nature; en sorte que, de ses seules forces et sans le secours d'une grâce divine, il ne peut plus faire, dans l'ordre naturel, que quelques biens, éviter que quelques péchés, et non pas tous. Voilà des choses que saint Augustin ne démêlait point assez, mais que la théologie scholastique a distinguées avec beaucoup de justice et de justesse, et que l'Eglise a confirmées par ses décisions.

» Le saint docteur ne présentait pas non plus une idée assez exacte du libre arbitre, nécessaire à la créature pour mériter ou démériter. Dans un endroit, il appelle libre arbitre le désir invincible et inamissible que nous avons d'être heureux (*Op. imp. contr. Jul.*, l. 6, n. 26). Ailleurs, à cette observation que celui-là n'est pas libre qui ne peut vouloir qu'une chose, il répond : Mais Dieu est libre, quciqu'il ne puisse vouloir que le bien; mais les anges sont libres, quoique, par une heureuse nécessité, ils ne puissent vouloir que ce qui est bon (*Ibid.*, l. 1, n. 100-105); et par là il veut conclure que l'homme aussi est libre, quoiqu'il ne puisse vouloir que le mal. En quoi il confond liberté, exemption de contrainte et de violence, avec liberté, exemption de nécessité. Pour mériter ou démériter en voulant une chose, il faut qu'on puisse vouloir autrement; si on ne peut vouloir autrement qu'on ne veut, on ne mérite ni ne démérite. Ainsi nous désirons, nous voulons notre propre bonheur, non par contrainte et malgré nous, mais par une inclination invincible et nécessitante, et sans que nous puissions vouloir autrement. Aussi, en cela, nous ne méritons ni ne déméritons. La théologie scholastique a encore très-bien distingué toutes ces choses, et l'Eglise a condamné avec beaucoup de justice ces propositions de Baïus : Ce qui se fait volontairement, quoique nécessairement, se fait néanmoins librement; l'homme se rend coupable, même dans ce qu'il fait nécessairement.

» Une méprise non moins grave, et qui est peut-être la source des autres, c'est le sens que saint Augustin suppose à ces paroles de saint Paul : *Tout ce qui n'est pas d'après la foi, est péché* (Rom., 14, 23). L'Apôtre, après avoir dit que ceux qui mangeaient des viandes immolées aux idoles, contre leur conscience, croyant que c'était un péché, péchaient réellement, en donne cette raison générale : Car tout ce qui n'est pas d'après la foi, c'est-à-dire d'après la persuasion intime ou la conscience, est péché. Or, en vingt endroits de ses ouvrages, saint Augustin suppose aux paroles de l'Apôtre ce sens : Tout ce qui n'est pas d'après la foi chrétienne, tout ce qui ne l'a pas pour principe, est péché (*Cont. Jul.*, l. 4, n. 30-32). D'où il conclut formellement que toutes les bonnes œuvres des infidèles, comme de faire l'aumône, de garder la foi conjugale, sont des péchés, attendu qu'ils n'ont pas la foi. Erreur très-grave condamnée par l'Eglise et uniquement fondée sur la fausse interprétation d'un texte de saint Paul (t. III, l. 38 de cette Histoire). »

Les docteurs catholiques avaient donc raison de dire, au temps de Luther, que saint Augustin avait excédé en quelque chose; qu'avant tout et après tout il faut s'en tenir à l'autorité et à la doctrine de l'Eglise, suivant le Symbole des apôtres : *Je crois la sainte Eglise catholique*, et suivant l'exemple même de saint Augustin, qui dit : *Je ne croirais pas même à l'Evangile, si l'autorité de l'Eglise catholique ne me le persuadait;* et encore : *Rome a parlé, la cause est finie.* Ces principes des docteurs du XVIe siècle sont les principes de tous les siècles chrétiens, les principes du bon sens.

Que fait maintenant Luther? Il élude, puis rejette l'autorité de l'Eglise, l'autorité du Pape, l'autorité du concile, l'autorité des Pères, l'autorité des docteurs, même l'autorité de saint Augustin, si ce n'est pour une méprise ou deux qui lui sont échappées; puis, abusant de cette méprise, que lui-même reconnaît deux fois pour telle, Luther pose en principe que l'homme n'a point de libre arbitre, qu'il pèche néanmoins dans tout ce qu'il fait, et que Dieu lui commande des choses impossibles; c'est-à-dire qu'il pose en principe le blasphème et le désespoir, un Dieu punissant l'homme de ce qu'il ne peut éviter. — Mais les docteurs scholastiques, saint Thomas à leur tête, ont éclairci avec netteté et précision ce qui était encore obscur au temps de saint Augustin; pour éviter tous les malentendus, éventer tous les sophismes, ils se sont servis de la logique rigoureuse, non pas inventée, mais constatée par Aristote et sanctionnée par l'expérience des siècles. Et voilà précisément pourquoi Luther s'emporte avec tant de violence contre les scholastiques, contre saint Thomas, contre Aristote, afin de pouvoir plus facilement ramener parmi les hommes la confusion des idées et des mots. Autrefois, et c'est saint Augustin qui en fait la remarque, les Donatistes se prévalurent d'une erreur momentanée, échappée à saint Cyprien, pour diviser l'Afrique par un schisme déplorable, la remplir de troubles et de sang, et la préparer à sa ruine sous les fers des Vandales et des Mahométans. Luther abuse d'une méprise de saint Augustin pour diviser l'Allemagne par le schisme et l'hérésie, la remplir de troubles, de guerres et de haines, la plonger dans un chaos intellectuel, dans une confusion d'idées et de mots, dont elle n'a encore pu sortir après trois siècles, et qui peut-être la prépare à sa ruine sous le fer ou le knout de quelques nouveaux Barbares.

Nous avons vu que, dans sa controverse avec Luther, le Dominicain Tetzel s'en rapportait toujours au jugement du Pape et des Universités catholiques. Pareillement, dans la dispute ou conférence de Leipsick, entre Carlostadt et Luther d'une part, et le Dominicain Eckius de l'autre, on était convenu des deux côtés de s'en rapporter au jugement des Universités d'Erfürth et de Paris. Le 30 août 1519, l'Université de Cologne, et le 7 novembre, l'Université de Louvain, condamnèrent comme hérétiques, erronées, scandaleuses, plusieurs propositions tirées des opuscules de Luther, notamment : que les meilleures œuvres sont au moins des péchés véniels, que Dieu nous commande des choses impossibles, que la concupiscence ou l'inclination au mal est un péché continuel, même lorsqu'on y résiste. Le cardinal Adrien, depuis pape, qui était docteur de Louvain, approuva le jugement de l'Université par une réponse du 4 décembre de la même année (Walch, t. XV, p. 1589 et seq.).

Luther fut prodigieusement piqué de cette condamnation. Il écrivit contre les docteurs de Louvain dès l'an 1520; il écrivit encore contre eux vingt-huit thèses sur la fin de sa vie. Jamais homme honnête ne se ferait une idée de ses emportements. Tantôt il fait le bouffon, mais de la manière du monde la plus plate; il remplit toutes ses thèses de ces misérables équivoques : *vaccultas*, au lieu de *facultas*; *cacolyca Ecclesia*, au lieu de *catholica*, parce qu'il trouve dans ces deux mots, *vaccultas* et *cacolyca*, une froide allusion avec les vaches, les méchants et les loups. Pour se moquer de la coutume d'appeler les docteurs *nos maîtres*, il appelle toujours ceux de Louvain *nostrolli magistrolli*, *bruta magistrolia*, croyant les rendre fort odieux ou fort méprisables par ces ridicules diminutifs qu'il invente. Quand il veut parler plus sérieusement, il appelle ces docteurs « de vraies bêtes, des pourceaux, des épicuriens, des païens et des athées, qui ne connaissent d'autre pénitence que celle de Judas et de Saül, qui prennent non de l'Écriture mais de la doctrine des hommes, tout ce qu'ils vomissent; » et il ajoute, ce que je n'ose traduire, *quidquid ructant, vomunt et cacant*. C'est ainsi qu'il oubliait toute pudeur et ne se souciait pas de s'immoler lui-même à la risée publique, pourvu qu'il poussât tout à l'extrémité contre ses adversaires (Bossuet, *Hist. des Variat.*, l. 6, n. 39; *Cont. art. Lov. thes.* 28; *Hosp.* 199; Walch, t. XIX).

Cependant le Pasteur suprême ne négligeait rien pour ramener cette brebis égarée, qui menaçait de devenir un loup dévorant. Dès l'an 1518, il envoya en Saxe un nouveau nonce, Charles de Miltitz, son camérier et gentilhomme saxon. Il espérait que, dans cette dernière qualité surtout, il pourrait inspirer plus facilement à l'électeur de Saxe des sentiments dignes d'un prince catholique, et ramener à son devoir le moine de Wittemberg, son compatriote. Pour mieux disposer l'électeur, Miltitz était chargé de lui annoncer et de lui présenter ensuite la rose d'or, que le souverain Pontife a coutume de bénir le quatrième dimanche de Carême. Il apportait en même temps les lettres pontificales du mois d'octobre 1518, à l'électeur, à un de ses ministres et à son conseiller ecclésiastique Spalatin, pour les exhorter tous les trois, d'un côté, à favoriser l'expédition générale contre les Turcs; d'un autre, à réprimer les innovations téméraires et hérétiques de l'Augustin Luther.

Pour ramener ce dernier, le nonce Miltitz eut avec lui jusqu'à trois conférences, l'une à Altenbourg, l'autre à Liebenwerda, la troisième à Lichtenberg. Le résultat de la première fut que Luther écrirait une lettre de soumission au pape Léon X, et qu'il soumettrait sa cause au jugement de quelque archevêque d'Allemagne. Il écrivit donc en ces termes, le 3 mars 1519 :

« Au Très-Saint-Père, le pape Léon X, frère Martin Luther souhaite le salut éternel.

» Très-Saint-Père! la nécessité me contraint de nouveau, moi, lie des hommes et poussière de terre, à m'adresser à une aussi grande majesté que la vôtre. Daigne donc Votre Sainteté, à la place du Christ, prêter une oreille miséricordieuse à une pauvre petite brebis, et écouter avec bienveillance mes bêlements!

» Le révérendissime Charles de Miltitz, camérier de Votre Sainteté, m'a accusé en votre nom, auprès de l'illustre prince Frédéric, de présomption, d'irrévérence envers l'Église romaine et Votre Sainteté, et a demandé, en conséquence, que je fisse une rétractation. J'ai été bien contristé d'avoir été assez malheureux pour qu'on me soupçonnât d'irrévérence envers l'Église romaine, moi qui n'ai en vue que d'en défendre l'honneur.

» Que faire, Très-Saint-Père? Les conseils me manquent. Je ne puis m'exposer à votre colère; comment y échapper? je ne le sais. Me rétracter? Si la rétractation qu'on me demande est possible je suis prêt. Grâce à mes adversaires, à leurs résistances et à leurs hostilités, mes écrits se sont répandus beaucoup plus que je ne m'y attendais. Mes doctrines ont pénétré trop profondément dans les cœurs, pour qu'il soit possible d'en effacer les traces. L'Allemagne fleurit aujourd'hui en hommes de génie, d'érudition, de jugement. Si je veux honorer l'Eglise romaine, c'est de ne rien révoquer. Une rétractation ne ferait que la souiller et la livrer aux accusations des peuples.

» Ceux-là, Très-Saint-Père, l'ont injuriée et souillée, cette Eglise de Rome, chez nous autres Germains, ceux-là que je n'ai cessé de combattre, et qui, dans leurs discours insensés, sous le nom de Votre Sainteté, n'ont cherché qu'un gain sordide, ont jeté sur le sanctuaire l'opprobre de l'Egypte, et en ont fait une abomination; comme si ce n'était pas assez de toutes ces iniquités, moi qui ai lutté contre leurs attentats impies, ils me chargent de tout le poids de leurs témérités.

» Ah! Très-Saint-Père, devant Dieu et devant toutes ses créatures, j'affirme que je n'ai jamais eu et n'ai point encore la pensée d'affaiblir ou d'attaquer sérieusement en rien l'autorité de l'Eglise romaine et de Votre Sainteté. Je confesse que la puissance de cette Eglise est au-dessus de tout; ni au ciel, ni sur la terre, il n'est rien au-dessus d'elle, Jésus excepté. Que Votre Sainteté n'ajoute aucune foi à ceux qui parlent autrement de Luther.

» Quant aux indulgences, je promets à Votre Sainteté de ne plus m'en occuper, de garder le silence, pourvu que mes adversaires le gardent à leur tour; de prêcher dans mes sermons au peuple d'aimer Rome, de ne pas lui imputer les folies des autres, et de ne pas croire aux paroles amères dont j'ai usé et abusé envers elle en combattant ces jongleurs. Car tout mon but était que l'Eglise de Rome, notre mère commune, ne fût pas contaminée de la souillure de ces hommes d'argent, et que le peuple apprît à préférer la charité aux indulgences (Walch, t. XV, p. 850 et seqq.). »

Charles de Miltitz était tellement convaincu de la bonne foi de Luther, qu'il écrivit à Tetzel une lettre d'amers reproches. Le pauvre Dominicain en tomba malade et mourut de chagrin. Luther lui-même en eut pitié, et lui adressa quelques paroles de consolation, mais qui arrivèrent trop tard. Cependant le confiant Miltitz était la dupe du moine, son compatriote. Il ne voyait pas que sa lettre, en apparence si soumise, refusait opiniâtrement le point capital, une rétractation. Luther promettait bien de se taire, mais seulement sur les indulgences, et à condition que les catholiques se tairaient de même. Il ne promet nullement le silence sur des articles beaucoup plus graves : que l'homme n'a point de libre arbitre; qu'il pèche dans tout ce qu'il fait, même dans ses bonnes œuvres, et que Dieu lui commande des choses imposibles.

D'ailleurs, voulez-vous savoir sous quels traits le moine dépeignait le crédule nonce à cette même époque, dans ses lettres confidentielles ? « C'est un trompeur, un menteur, qui l'a quitté lui donnant un baiser, baiser de Judas, et en versant des larmes de crocodile (*Feb.* 1419; *Sylvio Egrano*); avec qui il a fait bonne chère, vraiment, et dont il a feint de ne comprendre ni la ruse, ni les italianités; qui venait armé de soixante-dix brefs apostoliques, pour le prendre et le conduire captif dans son homicide Jérusalem, dans sa Babylone pourprée, comme on l'a dit à la cour du prince (20 *Feb. Staupitio*). »

Désirez-vous connaître ce qu'il pense de la cour de Léon X? « Ah! que je voudrais qu'on répandît ce dialogue de Jules et de Pierre, où nous sont révélées les abominations de Rome; révélées, non pas, car où ne sont-elles pas connues? et que les cardinaux vissent leur tyrannie et leur impiété traduites à tous les regards (*Feb. Christoph. Scheurl.*). »

Sur la proposition de Miltitz, il a consenti à choisir pour juge de sa doctrine un évêque. Tournez quelques feuillets de sa correpondance, et vous verrez quel cas il fait de l'épiscopat : « Ils m'appellent superbe et audacieux, ces évêques; je ne dis pas non; mais que sont-ils ces hommes-là, pour savoir ce qu'est Dieu et ce que nous sommes (*Feb. Spalatino*)? »

Dans la conférence d'Altenbourg, Luther s'était engagé à prendre pour juge l'archevêque de Trèves; ensuite il refusa, sous divers prétextes, de remplir son engagement. Au mois d'octobre de la même année 1519, dans la conférence de Liebenwerda, Miltitz lui demanda s'il persistait dans la convention de prendre pour juge l'archevêque de Trèves. Luther répondit qu'il le voulait bien. C'est Luther lui-même qui nous apprend ces engagements divers (Walch, t. XV, p. 902). Il n'y fut pas plus fidèle la seconde fois que la première; il se sentait protégé de plus en plus par l'électeur de Saxe, qui avait reçu la rose d'or, et dont le conseiller ecclésiastique Spalatin était son ami de cœur.

En automne 1520, dans une dernière conférence à Lichtenberg, Luther promit à Miltitz d'écrire une nouvelle lettre au Pape; Il l'écrivit en effet le 6 septembre. Le collecteur protestant de ses œuvres complètes la qualifie de *très-humble*. On jugera de cette *humilité* par les passages suivants :

« Au milieu des monstres de ce siècle, avec qui je suis en guerre depuis trois ans, ma pensée et mon souvenir se lèvent vers vous, Très-Saint-Père... Je le proteste, et ma mémoire est fidèle, jamais je n'ai parlé de vous qu'avec honneur et respect... S'il en était autrement, je serais tout prêt à me rétracter. Ne vous appelai-je pas le Daniel dans la fournaise? n'est-ce pas moi qui défendis votre innocence contre un homme tel que Sylvestre Prièrias, qui osait la souiller?... Vous ne sauriez le nier, mon cher Léon, ce siège où vous êtes assis surpasse en corruption et Babylone et Sodome; c'est contre cette Rome impie que je me suis révolté. Je me suis soulevé d'indignation, en voyant qu'on se jouait si indignement, sous votre nom, du peuple de Jésus-Christ; c'est contre cette Rome que je combats, que je combattrai tant qu'un souffle de foi vivra en moi. Non pas que je croie, ce qui est impossible, que mes efforts prévaudront contre la tourbe d'adulateurs qui règne dans cette Babylone désordonnée; mais chargé de veiller sur le sort de mes frères, je voudrais qu'ils ne fussent pas la proie de toutes ces pestes romaines. Rome est une sentine de corruption et d'iniquité. Car il est plus clair que la lumière, que l'Eglise romaine, de toutes les églises la plus chaste autrefois, est devenue une fétide caverne de voleurs; un lupanar de débauches, le trône du péché, de la mort et de l'enfer, et que sa malice ne pourrait pas monter plus haut, quand l'antechrist y régnerait en personne...

» Vous, Léon, vous voilà comme un agneau au milieu des loups, comme Daniel au milieu des lions, comme Ezéchiel parmi les scorpions. A tous ces monstres, qu'allez-vous opposer? trois ou quatre cardinaux, hommes de foi et de science : qu'est-ce que cela au milieu de ce peuple de mécréants? Vous mourrez de leur venin, avant même d'avoir songé au remède... Les jours de Rome sont comptés, la colère de Dieu a soufflé sur elle. Elle hait les sages conseils, elle craint la réforme, elle ne veut pas qu'on mette un frein à sa fureur d'impiété. On dira d'elle ce qu'on a dit de sa mère : Nous avons prévenu Babylone, elle ne peut être guérie, laissons-la. C'était à vos cardinaux à remédier à tant de maux, mais la podagre rit de la main du médecin, le char n'écoute plus les rênes...

» Plein d'amour pour votre personne, j'ai souvent gémi de vous voir élevé sur le siège pontifical, dans un siècle comme le nôtre : vous méritiez de naître à une autre époque. Le Siège de Rome n'est pas digne de vous, il devrait être occupé par Satan, qui, en vérité, règne beaucoup plus que vous dans cette Babylone... N'est-il pas vrai que, sous ce vaste ciel, il n'y a rien de plus corrompu, de plus inique, de plus pestilentiel que Rome? Vraiment, Rome surpasse en impiété le Turc lui-même; elle, autrefois la porte du ciel, est aujourd'hui la gueule de l'enfer, que la colère de Dieu empêche de fermer; à peine s'il nous est permis de sauver quelque âme du gouffre infernal.

Après avoir raconté à sa manière comment la querelle s'est engagée entre lui et les courtisans du Pape, Luther termine ainsi :

« Je ne veux pas venir à vous les mains vides, je vous offre un petit traité, sous votre nom; gage de mon amour pour la paix, témoignage de ce dont j'aurais aimé à occuper mes loisirs, si vos adulateurs me l'avaient permis; présent de peu de valeur, si vous considérez la forme de l'œuvre; bien précieux, si je ne me trompe, si vous vous attachez à l'esprit du livre. Moi, pauvre moine, je n'ai rien de mieux à vous offrir, vous n'avez besoin d'autre don que d'un don tout spirituel (*Traduction d'Audin*, t. I). »

Luther traduisit en allemand sa lettre à Léon X. Cette traduction diffère en quelques passages de l'original. Le texte allemand est beaucoup plus énergique et plus violent. Sodome et Gomorrhe y reviennent bien plus souvent. La version allemande était destinée à ses concitoyens, la version latine aux lettrés (Walch, t. XV, p. 934 et seqq.).

Veut-on connaître maintenant ce livre de prédilection que Luther envoie à Léon X, en témoignage d'amour et de piété filiale? C'est son traité ou sermon de la liberté chrétienne, où il avance que tout chrétien est roi et prêtre, qu'il est libre de toute loi et de toute bonne œuvre, qu'il devient juste par la foi seule à sa justification, que la justice ou la grâce ne se perd que par l'infidélité, que de croire les bonnes œuvres nécessaires c'est perdre la foi, c'est perdre avec la foi tout le reste, comme le chien qui, portant un morceau de viande dans la gueule, en voulut happer l'image dans l'eau et perdit ainsi et la viande et l'image. C'est la noble comparaison de Luther même (Walch, t. XIX, p. 1219, n. 29). Et pour qu'on ne pût se méprendre sur le sens et la portée d'une pareille doctrine, il dira l'année suivante à Mélanchthon : « Il nous suffit de croire à l'agneau qui efface les péchés du monde, le péché ne saurait nous arracher à cet agneau, quand nous forniquerions et tuerions mille fois par jour (*Melanchthoni*, 1er août 1521). » Et voilà les doctrines infernales qu'il voulait faire approuver au pape Léon X, en lui offrant la paix avec une apparence de soumission.

Avec ses amis, il était plus franc : « Je ne veux pas, écrivait-il à Spalatin en février 1520, je ne veux pas que d'un glaive on fasse une plume; la parole de Dieu est une épée, c'est la guerre, c'est la ruine, c'est le scandale, c'est la perdition, c'est le poison, c'est, comme parle Amos, l'ours sur le grand chemin et la lionne dans la forêt.

» Si tu connais bien l'esprit de la Réforme, tu dois comprendre qu'elle ne peut s'opérer sans tumulte, sans scandale, sans sédition. Je sens Dieu qui m'enlève. Oui, je l'avoue, je suis trop violent peut-être; mais on me connaissait bien, on ne devait pas irriter le chien, il fallait me laisser en repos. Jette les yeux, cher Spalatin, sur le Christ. Calomniait-il, lui, quand il appelait les Juifs race adultère et perverse, enfants de vipères, hypocrites, fils du diable? Et Paul, quand il les nommait chiens, insensés, imbéciles? quand il s'élevait contre un faux prophète avec une violence qui pourrait passer pour de la folie, et qu'il le traitait de fils du diable, d'ennemi de la vérité, d'âme pleine de dol et de tromperie? La vérité ne connaît pas de vains ménagements...

« Grand Dieu! que de ténèbres, que d'iniquités Rome a vomies sur la terre, et par quel jugement de Dieu a-t-elle vécu tant de siècles? Tromper les hommes par d'impures décrétales et des mensonges effrontés, dont elle faisait autant d'articles de foi! J'en suis presque convaincu, le Pape, c'est l'antechrist, le fils de perdition qu'attend le monde. Tout ce qu'il fait, tout ce qu'il dit, tout ce qu'il prescrit sent l'antechrist (Wencesl. Linck, 19 août). »

« Qu'on ne me parle plus de mes emportements. Voyez! tout ce qu'on fait dans notre siècle avec calme s'évanouit et tombe. Le ventre de Rebecca porte des embryons qui se battent ensemble. On me juge mal aujourd'hui. La postérité me rendra pleine et entière justice... Le révérend père vicaire m'écrit d'Erfürth, de ne pas publier mon livre *De la réforme à faire dans l'état des chrétiens;* c'est trop tard... Il faut que l'Esprit-Saint me pousse, puisque ce n'est ni l'amour de l'or, ni l'amour des plaisirs, ni la passion de la gloire. Je ressemble au Christ qu'on crucifia, parce qu'il avait dit : *Je suis le Roi des Juifs.* On me condamne pour des doctrines que je n'ai pas enseignées, la communion sous les deux espèces, par exemple (Spalatin, 14 janvier). »

« L'évêque de Misnie, avec lui d'autres évêques, m'accusent! Je saurai bien leur répondre; je ne souffrirais pas que des erreurs condamnées dans l'Evangile soient enseignées même par des anges du ciel, à plus forte raison par ces idoles d'évêques. Je veux bien leur pardonner pour le moment; qu'on leur écrive donc de se taire, de ne rien faire contre

LIVRE LXXXIV. — § I. HÉRÉSIES DE LUTHER.

Luther. Qu'ils prennent garde à eux ; ils croient éviter la grêle, ils mourront sous une avalanche de neige. Que si Dieu ne m'ôte pas la raison, le fumier qu'ils voudraient remuer sentira bien mauvais... Quels imbéciles que vos docteurs de Misnie et de Leipsick ! est-ce qu'on leur a enlevé le sens commun ? jamais je n'eus de semblables adversaires ; les niais (Spalatin, 18 février) ! »

« A la volonté de Dieu, me voici : aux vents et aux flots le navire ! Je ne puis plus rien à cette heure, que prier Dieu. Je lis dans l'avenir ; le Seigneur m'en a levé un coin ; je vois des tempêtes prochaines, si Satan n'est enchaîné. Les pensées de mes ennemis sont des pensées d'artifices et de méchanceté. Que voulez-vous, mon ami ? la parole divine ne marche jamais sans troubles, sans tumulte ; cette parole de toute majesté qui opère de si grandes merveilles, qui gronde sur les hauteurs et les sublimités, et qui tue les âmes paresseuses d'Israël. Il faut ou renoncer à la paix ou renoncer à la parole divine. Le Seigneur est venu apporter la guerre et non la paix... Je suis tout frappé de terreur... Malheur à la terre (*Staupitio*, février) ! »

« Des visions nouvelles ont paru dans le ciel ; à Vienne, des flammes et des incendies. Je voudrais les voir ; c'est ma tragédie que ces signes annoncent (Spalatin, 19 mars). Que je le veuille ou non, chaque jour ma science s'accroît. Il n'y a pas deux ans que j'écrivais sur les indulgences ; je voudrais détruire mes livres. J'étais alors sous le joug de la tyrannie de Rome ; je ne voulais pas qu'on les rejetât ces indulgences, et, en vérité, à quoi bon s'en émerveiller ? J'étais seul à rouler ce rocher. Mais bientôt mes yeux se sont ouverts, et j'ai vu que ces pardons n'étaient que de misérables impostures, inventées pour voler l'argent aux hommes et leur foi en Dieu... Ah ! que je voudrais qu'on brûlât mes livres sur les indulgences (*Archidiac. Elsterwic.*, 30 mai 1520) !... Gloire et paix dans le Seigneur... Mon cher Nicolas, il ne faut rien répondre à Emser, parce que c'est un homme dont l'apôtre Paul dit : « Il est condamné, évitez-le, son parler est mortel. » Encore un peu de temps, et je prierai contre lui ; je demanderai à Dieu qu'il lui rende selon ses œuvres ; qu'il meure ; il vaut mieux qu'il périsse, que de continuer de blasphémer contre le Christ... Je ne veux pas que vous priiez pour ce misérable, priez pour nous seulement (Nicolas Haussmann, 26 avril, traduct. d'Audin). »

Cependant Luther voyait contre lui la presque totalité du clergé, tous les évêques, mais principalement le Pape, qui ne pouvait manquer de le condamner. Il chercha son refuge dans la puissance séculière, par un pamphlet adressé à l'empereur et à la noblesse allemande. L'empereur était Charles-Quint, élu le 28 juin 1519, à la place de son aïeul, Maximilien Ier, mort le 12 janvier de la même année. Le pamphlet est accompagné d'une dédicace du 24 juin 1520, où Luther dit qu'il adresse à la noblesse allemande quelques fragments sur la réformation du christianisme, pour voir si Dieu voudrait secourir son Eglise par l'état laïque, puisque le clergé, à qui cela convenait davantage, y était devenu tout à fait indifférent (Walch, t. X, p. 297 et seqq.).

« Les romanistes, dit-il, se sont entourés de trois murs derrière lesquels ils éludent toute réformation, ce qui cause à la chrétienté une décadence effroyable. D'abord, les presse-t-on par la puissance séculière ? ils ont établi et disent que la puissance séculière n'a aucun droit, mais que la puissance ecclésiastique est supérieure à celle du siècle. En second lieu, les a-t-on voulu réprimer et punir par l'Ecriture sainte ? ils opposent que ce n'est qu'au Pape à interpréter l'Ecriture. En troisième lieu, les menace-t-on d'un concile ? ils avancent que personne ne peut convoquer de concile que le Pape (Walch, t. X, p. 301). »

Pour renverser le premier mur, Luther pose en principe que, d'après ces paroles de saint Pierre : *Vous êtes un sacerdoce royal et un royaume sacerdotal* (1. Petr., 2, 9), tous les chrétiens sont également prêtres et rois. De là il conclut que les barons allemands ayant reçu le baptême sont tout aussi prêtres, évêques et papes que ceux qui en portent le nom, et qu'ils ont le pouvoir et le devoir de corriger, même par la force du glaive, toutes les fois qu'ils le jugent à propos. De là aussi on pouvait conclure que les paysans ont tout autant de droits aux domaines des barons, des princes, des rois et des empereurs allemands, que ceux qui en portent les titres, et que, toutes les fois qu'ils le jugeront à propos, ils pourront se mettre à leur place ; mais Luther avait trop d'esprit, et les barons allemands trop peu, pour tirer tout de suite une conclusion aussi naturelle. Il fut seulement conclu que c'était aux barons allemands de mettre le Pape à la raison, fût-ce à coups d'épée. Et voilà comme, avec sa trompette de Jéricho, ce sont ses expressions, Luther renversa le premier mur des romanistes.

Le second mur ne tint pas plus longtemps. Comment, en effet, le Pape serait-il le seul interprète infaillible de l'Ecriture sainte, puisque, d'après saint Paul, l'homme spirituel juge de tout et n'est jugé par personne. Or, tout luthérien est un homme spirituel, puisqu'il le dit. Donc il juge de tout, de l'Ecriture comme du Pape, et ne peut être jugé par personne, à moins que ce ne soit par un concile œcuménique de sa façon et de son avis. Cela se prouve même par l'Ancien Testament. En effet, si une ânesse a repris le prophète Balaam, pourquoi un luthérien quelconque ne pourrait-il pas reprendre le Pape ? C'est un des derniers arguments de Luther. — Conclusion finale : Tout savetier, tout maçon luthérien est un interprète infaillible de l'Ecriture : donc le Pape, avec tous ses cardinaux, avec toute l'Eglise romaine, n'y voit pas plus qu'une taupe. Et voilà comme, avec sa trompette de Jéricho, Luther renverse le second mur des romanistes.

Le troisième mur était tombé de lui-même sur les deux autres. En effet, comment le Pape de Rome aurait-il seul le droit de convoquer un concile général, puisque chaque baron allemand est prêtre, évêque et pape ? C'est donc à chaque baron allemand de convoquer un concile œcuménique, d'y présider, d'y décider sur la foi et les mœurs, d'autant plus qu'il a une épée à la main. Et voilà comme, avec sa trompette de Jéricho, Luther renverse le troisième et dernier mur des romanistes.

Cela fait, il examine ce qu'il conviendra de traiter dans le concile œcuménique des barons allemands. D'abord, le Sauveur a dit : *Mon royaume n'est pas de ce monde.* Donc les barons allemands devront ôter au Pape sa tiare, sa cour, ses revenus, la suzeraineté sur le royaume de Naples, la souveraineté de la Romagne et des autres provinces ecclésiastiques, ses droits particuliers sur les Eglises d'Allemagne, garantis par le concordat; car, envers le Pape, les barons allemands ne sont tenus qu'à ce qui leur plaît. Du reste, plus de célibat, plus d'interdit, plus de pèlerinage, plus de ces fêtes d'Eglise qui font autant de tort à l'âme qu'au corps, plus de dispenses ni d'indulgences, plus d'abstinence de viandes, plus de messes privées, plus de peines ecclésiastiques : que tout cela soit enterré à dix pieds sous terre! Enfin, plus de chapitres de chanoines, plus de grasses prébendes, si ce n'est pour les enfants des barons allemands (Walch, t. X, p. 369, n. 121). En effet, la chronique rapporte que, si l'électeur de Saxe se montra si favorable aux nouveautés de l'hérésiarque, c'est que le Pape lui avait refusé une dignité ecclésiastique pour un de ses bâtards.

Quant aux barons allemands du XVIᵉ siècle, nous en avons un échantillon dans Ulric de Hutten, qui fut à la fois chevalier et littérateur. Il publia les épîtres de quelques hommes obscurs, pour tourner en dérision les clercs et les moines. C'est une débauche d'esprit malade, où on se tourmente à chercher quelque fine raillerie, et où on ne trouve la plupart du temps que des équivoques, dont nul idiome vivant ne saurait rendre la saleté; que des polissonneries de tréteaux, que des plaisanteries ordurières, balayures de mauvais lieux, qu'Ulric ramasse comme des diamants, et auxquelles, par la plus horrible des profanations, il mêle à chaque page les paroles de l'Ecriture sainte. Or, Ulric de Hutten était précisément un de ces enfants de nobles nourris aux dépens du sacerdoce. L'histoire nous le montre élevé d'abord dans le monastère de Fulde, puis entrant dans le monde littéraire sous le patronage de l'archevêque de Mayence, qui lui prête deux cents ducats, quittant les lettres pour le camp où il gagne une maladie honteuse, abandonnant le corps-de-garde et trouvant sur sa route du bois de gaïac dont il se met à chanter la vertu dans les maladies invétérées de la débauche; puis en guerre ouverte avec les couvents, et finissant par aller mourir dans une petite île du lac de Constance, rongé par la lèpre napolitaine (Audin, t. I, c. 5). Voilà l'homme qui encourageait Luther au nom de la noblesse allemande, et dont Luther regardait les lettres comme des modèles de style épistolaire, des trésors d'heureuse raillerie : ce qui prouve du moins combien l'un et l'autre avaient le goût pur et honnête.

Et voilà quels hommes et quels moyens plongeront l'Allemagne, pour des siècles, dans le chaos d'une anarchie religieuse, intellectuelle et morale, où disparaissent confondus, urbanité, pudeur, religion, serment, autorité légitime, subordination, lien social, libre arbitre de l'homme, idée d'un Dieu bon et juste, pour faire place à l'horrible fantôme d'un Dieu cruel, qui punit l'homme du mal qu'il ne peut éviter et même du bien qu'il fait de son mieux.

— Qui donc sauvera l'Allemagne, qui donc sauvera l'Europe, qui donc sauvera l'humanité parmi l'invasion de ces nouveaux Mahométans, de ces nouveaux Barbares? — Qui les a sauvés, qui les sauvera toujours : l'Eglise romaine, le successeur de saint Pierre.

L'an 1520, 15 juin, le souverain pasteur à qui, dans la personne du prince des apôtres, le Fils de Dieu a dit : *Pais mes agneaux, pais mes brebis; affermis tes frères; tout ce que tu lieras sur la terre sera lié dans les cieux :* le Pontife romain prononça l'irrévocable sentence de condamnation en ces termes :

« Léon, évêque, serviteur des serviteurs de Dieu, pour mémoire perpétuelle de la chose.

» Levez-vous, Seigneur, et jugez votre cause; souvenez-vous des insultes qu'on vous fait, de celles que vous font les insensés tout le jour; inclinez votre oreille à nos prières, car des renards ont surgi, qui cherchent à démolir votre vigne, elle dont vous avez foulé le pressoir tout seul, et dont, en remontant à votre Père, vous avez commis le soin, le gouvernement et l'administration à Pierre, comme au chef et à votre vicaire, ainsi qu'à ses successeurs, à l'instar de l'Eglise triomphante. Le sanglier de la forêt s'efforce de l'exterminer, et une bête singulièrement farouche la ravage.

» Levez-vous, Pierre, et, conformément au soin pastoral qui vous a été divinement confié, prenez en main la cause de la sainte Eglise romaine, la mère de toutes les Eglises et la maîtresse de la foi; elle que, d'après l'ordre de Dieu, vous avez consacrée par votre sang; contre laquelle, ainsi que vous avez daigné nous en prévenir, s'insurgent des maîtres de mensonge, introduisant des sectes de perdition et s'attirant à eux-mêmes une prompte ruine; qui, ayant un zèle amer et des contentions dans le cœur, se glorifient et sont menteurs contre la vérité.

» Levez-vous aussi, Paul, nous vous en prions, vous qui avez éclairé et illustré cette Eglise et par votre doctrine et par votre martyre; car un nouveau Porphyre s'élève : comme le premier critiqua autrefois injustement les saints Apôtres, de même celui-ci, usant, non pas de prières, mais de reproches, contrairement à votre doctrine, ne rougit pas de critiquer et de déchirer les saints pontifes, nos prédécesseurs, et, quand il se défie, de recourir aux injures, selon la coutume des hérétiques, dont le dernier refuge est, comme dit saint Jérôme, lorsqu'ils s'aperçoivent que leurs causes vont être condamnées, de commencer à épandre par la langue le venin du serpent, et, lorsqu'ils se voient condamnés, de s'emporter aux outrages. Encore que vous ayez dit qu'il faut des hérésies pour exercer les fidèles, cependant, de peur qu'elles ne prennent de l'accroissement, comme de petits renards prêts à ravager la vigne, il est nécessaire, par votre intercession et votre secours, de les éteindre à leur naissance.

» Qu'elle se lève enfin toute l'Eglise des saints et le reste de l'Eglise universelle, de qui méprisant la vraie interprétation des saintes lettres, quelques-uns, dont le père du mensonge a aveuglé les intelligences, suivant l'ancien usage des hérétiques, sages par devers eux-mêmes, interprètent ces mêmes Ecritures autrement que ne le demande l'Esprit-Saint, et cela d'après leur propre sens, par ambition et pour une renommée populaire, ou plutôt, comme l'atteste l'Apôtre, ils les torturent et les *adultèrent*; en sorte que, selon saint Jérôme, ce n'est plus l'Evangile du Christ, mais celui de l'homme, ou, ce

LIVRE LXXXIV. — § I. HÉRÉSIES DE LUTHER.

qui est pire, celui du diable. Qu'elle se lève donc la sainte Eglise de Dieu, et, conjointement avec les bienheureux Apôtres, qu'elle intercède auprès du Dieu tout-puissant, afin que, toutes les erreurs de ses brebis étant purgées, et toutes les hérésies étant éliminées d'entre les fidèles, il daigne conserver la paix et l'unité de sa sainte Eglise.

» Depuis longtemps, chose que nous pouvons à peine exprimer dans l'excès de notre affliction, nous avons appris par la relation de personnes dignes de foi et par la renommée publique que, par la suggestion de l'ennemi du genre humain, des erreurs nombreuses et diverses ont été renouvelées et répandues depuis peu parmi certaines personnes légères dans l'illustre nation germanique, erreurs dont quelques-unes ont déjà été condamnées par les conciles et par les constitutions de nos prédécesseurs, et qui contiennent expressément l'hérésie des Grecs et des Bohémiens; d'autres respectivement ou hérétiques, ou fausses, ou scandaleuses, ou offensant les oreilles pieuses, ou pouvant séduire les âmes simples; que ces erreurs ont été renouvelées et répandues par de faux fidèles qui ont perdu la crainte de Dieu et qui, ambitionnant la gloire du monde par une orgueilleuse curiosité, veulent, contre la doctrine de l'Apôtre, être plus sages qu'il ne faut; dont le babil, selon saint Jérôme, ne trouverait aucune créance, s'ils n'avaient l'air de confirmer leur perverse doctrine par des témoignages divins, mais mal interprétés. Nous sommes d'autant plus affligé que cela soit arrivé en Germanie, que nous et nos prédécesseurs avons toujours eu pour cette nation une charité plus intime. Car, après que l'Eglise romaine eût transféré l'empire des Grecs aux Germains, nos prédécesseurs et nous avons toujours pris d'entre eux les avocats et les défenseurs de cette même Eglise, lesquels se sont en effet toujours montrés les ardents adversaires des hérésies. Témoin les louables constitutions des empereurs germaniques pour la liberté de l'Eglise, pour l'expulsion des hérétiques de toute la Germanie, sous les peines les plus graves, même de la perte des terres et des domaines contre ceux qui les recevraient ou ne les expulseraient pas; constitutions confirmées par nos prédécesseurs, et dont l'observation, si elle avait lieu aujourd'hui, nous eût préservés de ce chagrin, et nous et eux. Témoin la perfidie des Hussites et des Wicléfites, ainsi que de Jérôme de Prague, condamnée et punie au concile de Constance; témoin le sang des Germains versé tant de fois contre les Bohèmes; témoin la réfutation, réprobation et damnation, non moins docte que vraie et sainte, desdites erreurs ou de plusieurs d'entre elles par les Universités de Cologne et de Louvain, qui cultivent avec tant de piété et de religion le champ du Seigneur. Nous pourrions alléguer encore beaucoup d'autres choses, que nous croyons devoir passer sous silence, pour n'avoir pas l'air d'écrire une histoire. D'après la charge pastorale qui nous a été enjointe par la grâce divine, nous ne pouvons donc plus ni tolérer ni dissimuler le venin pestilentiel desdites erreurs, sans flétrissure pour la religion chrétienne et sans injure pour la foi orthodoxe. Or, de ces erreurs, nous avons jugé à propos d'insérer ici quelques-unes, dont la teneur est telle :

» 1° C'est une opinion hérétique, mais assez commune de dire que les sacrements de la nouvelle loi confèrent la grâce justifiante à ceux qui n'y mettent point d'obstacle.

» 2° Nier que le péché demeure dans un enfant après le baptême, c'est fouler aux pieds tout ensemble et saint Paul et Jésus-Christ.

» 3° Le foyer du péché (ou la concupiscence), quand même il n'y aurait point de péché actuel, suffit pour empêcher une âme, à la sortie du corps, d'entrer dans le ciel.

» 4° La charité imparfaite d'un homme mourant emporte avec soi nécessairement une grande crainte, qui toute seule fait la peine du purgatoire et l'empêche d'entrer dans le ciel.

» 5° Qu'il y a trois parties de la pénitence : la contrition, la confession et la satisfaction; cela n'est fondé ni sur l'Ecriture sainte ni sur l'autorité des anciens docteurs du christianisme.

» 6° La contrition qui s'acquiert par l'examen, la comparaison et la détestation des péchés, par laquelle un pénitent repasse ses années dans l'amertume de son âme, en pesant la grièveté, la multitude et la laideur de ses péchés, la perte de la béatitude éternelle et la peine de l'enfer qu'on mérite; cette contrition ne sert qu'à rendre l'homme hypocrite et plus grand pécheur.

» 7° La maxime la plus excellente et la meilleure de tout ce qu'on a dit jusqu'à présent touchant la contrition, est que la nouvelle vie est la meilleure et la souveraine pénitence, en ne faisant plus ce qu'on a fait.

» 8° Ne présumez en aucune manière de confesser les péchés véniels, ni même tous les mortels, parce qu'il est impossible que vous connaissiez tous les péchés mortels : de là vient que, dans la primitive Eglise, on ne confessait que les péchés mortels manifestes.

» 9° Quand nous voulons entièrement confesser tous nos péchés nous ne faisons autre chose que ne vouloir rien laisser à pardonner à la miséricorde de Dieu.

» 10° Les péchés ne sont remis à aucun, s'il ne croit pas qu'ils lui sont remis, quand le prêtre les lui remet; et le péché demeurerait, si on ne croyait pas qu'il fût remis; car la rémission du péché et le don de la grâce ne suffisent pas, il faut croire encore que le péché est remis.

» 11° N'ayez pas cette confiance que vous êtes absous à cause de votre contrition, mais à cause de cette parole du Christ : *Tout ce que vous aurez délié sur la terre*, etc. Croyez, dis-je, si vous avez reçu l'absolution du prêtre, et croyez fortement que vous êtes absous, et vous serez véritablement absous, quoi qu'il en soit de votre contrition.

» 12° Si, par impossible, celui qui se confesse n'était point contrit, ou que le prêtre l'eût absous par dérision et non sérieusement, si toutefois il croit être absous, il l'est véritablement.

» 13° Dans le sacrement de pénitence et dans la rémission de la coulpe, le Pape ou l'évêque ne fait pas plus que le dernier des prêtres; bien plus, quand il n'y a point de prêtre, chaque chrétien, même une femme et un enfant, peut alors exercer cette fonction.

» 14° Aucun ne doit répondre à un prêtre, s'il a la contrition ou non, et le prêtre ne doit pas l'interroger là-dessus.

» 15° C'est une grande erreur dans ceux qui s'approchent du sacrement de l'eucharistie, fondés sur ce qu'ils se sont confessés, et qu'ils ne se sentent coupables d'aucun péché mortel, et qu'ils s'y sont préparés par des prières; tous ceux-là mangent et boivent leur condamnation. Mais s'ils croient et s'ils ont cette confiance qu'ils recevront la grâce, cette foi seule les rend purs et dignes de recevoir l'eucharistie.

» 16° Il serait à propos que l'Eglise, dans une assemblée ou un concile, ordonnât que les laïques communiassent sous les deux espèces; et les Bohémiens, qui communient de cette manière, ne sont pas hérétiques, mais seulement schismatiques.

» 17° Les trésors de l'Eglise d'où le Pape donne les indulgences, ne sont ni les mérites de Jésus-Christ, ni ceux des saints.

» 18° Les indulgences sont de pieuses tromperies des fidèles, des dispenses de bonnes œuvres et du nombre des choses qui sont permises, mais qui ne conviennent pas.

» 19° Les indulgences, dans ceux qui les gagnent véritablement, ne leur remettent pas les peines dues à la justice divine pour les péchés actuels.

» 20° C'est se tromper et se séduire, de croire que les indulgences soient salutaires et utiles.

» 21° Les indulgences sont seulement nécessaires pour les crimes publics, et ne s'accordent proprement qu'aux endurcis et aux impénitents.

» 22° Elles ne sont ni utiles ni nécessaires à six sortes de personnes : aux morts, ou à ceux qui sont sur le point d'expirer; aux malades, ou à ceux qui ont des empêchements légitimes; à ceux qui n'ont point commis de crimes; à ceux qui n'en ont commis que de secrets, et à ceux qui pratiquent les œuvres de la plus haute perfection.

» 23° Les excommunications ne sont que des peines extérieures, qui ne privent pas l'homme de la participation aux prières spirituelles et publiques de l'Eglise.

» 24° Il faut enseigner aux chrétiens à plus aimer les excommunications qu'à les craindre.

» 25° Le Pontife romain, successeur de saint Pierre, n'a pas été établi par Jésus-Christ son vicaire sur toutes les églises, dans la personne de saint Pierre.

» 26° Cette parole du Christ à Pierre : *Tout ce que tu auras lié sur la terre sera lié dans les cieux*, s'étend seulement à ce qui a été lié par Pierre même.

» 27° Il est certain qu'il n'est pas au pouvoir de l'Eglise ou du Pape d'établir des articles de foi, ni même des lois touchant les mœurs et les bonnes œuvres.

» 28° Si le Pape, avec une grande partie de l'Eglise, avait décidé telle et telle chose, et que sa décision fût véritable, il n'y aurait ni péché ni hérésie de penser le contraire, principalement dans une chose non nécessaire au salut, jusqu'à ce que le concile général eût approuvé un sentiment et condamné l'autre.

» 29° Nous avons une voie pour expliquer l'autorité des conciles, et contredire librement leurs actes, et juger de leurs décrets, et avouer avec confiance tout ce qui semble véritable, qu'un concile l'ait approuvé ou rejeté.

» 30° Quelques articles de Jean Hus, condamnés dans le concile de Constance, sont très-orthodoxes, très-vrais et tout à fait évangéliques, et l'Eglise universelle ne pouvait les censurer.

» 31° Le juste pèche dans toutes les bonnes œuvres.

» 32° Une bonne œuvre, même très-bien faite, est un péché véniel.

» 33° Que les hérétiques soient brûlés, c'est contre la volonté de l'Esprit.

» 34° Combattre contre les Turcs, c'est résister à Dieu qui visite par eux nos iniquités.

» 35° Personne n'est certain qu'il ne pèche pas toujours mortellement, à cause du vice très-caché de l'orgueil.

» 36° Le libre arbitre, depuis le péché, n'est plus qu'un vain titre; et lors même qu'il fait ce qui est en lui, il pèche mortellement.

» 37° On ne peut prouver le purgatoire par aucun livre canonique de l'Ecriture sainte.

» 38° Les âmes qui sont en purgatoire ne sont point assurées de leur salut, du moins toutes; et l'on n'a pu prouver par aucune raison, ni par l'Ecriture, qu'elles y soient hors d'état de mériter et de croître en charité.

» 39° Les âmes en purgatoire pèchent sans interruption, tant qu'elles cherchent le repos et qu'elles ont horreur des peines.

» 40° Les âmes délivrées du purgatoire par les suffrages des vivants, ne jouissent pas d'un bonheur si parfait, que si elles satisfaisaient par elles-mêmes à la justice divine.

» 41° Les prélats ecclésiastiques et les princes séculiers ne feraient point mal, s'ils abolissaient toutes les besaces des mendiants.

» Nous donc, ajoute le Pape, après de longs, de mûrs, de soigneux examens, discussions et délibérations avec nos frères les cardinaux, des prieurs ou généraux d'ordre, des professeurs ou docteurs en théologie, ainsi que dans l'un et l'autre droit, nous avons trouvé lesdites propositions respectivement hérétiques, ou scandaleuses, etc., ou non catholiques, mais contraires à la doctrine et à la tradition de l'Eglise, à l'interprétation vraie et commune des divines Ecritures, l'autorité de laquelle mérite à tel point notre acquiescement, suivant saint Augustin, que lui-même dit qu'il n'aurait pas cru à l'Evangile, si l'autorité de l'Eglise catholique n'était intervenue. Car, de ces mêmes erreurs, ou de quelques-unes, il suit que la même Eglise, régie par l'Esprit-Saint, erre et a toujours erré. Ce qui est contraire à la promesse que le Christ a faite à ses disciples en son ascension : *Voici que je suis avec vous jusqu'à la consommation des siècles*; contraire encore aux déterminations des saints Pères, aux ordonnances expresses ou canons des conciles et des souverains Pontifes, à qui ne pas obéir a été toujours, au témoignage de saint Cyprien, le foyer et la cause de toutes les hérésies et de tous les schismes.

» En conséquence, de l'avis et de l'assentiment des cardinaux, après mûre délibération sur chacun desdits articles, par l'autorité du Dieu tout-puissant, ainsi que des bienheureux apôtres Pierre et Paul, et par la sienne, le pape Léon X condamne ces propositions comme respectivement hérétiques, ou scandaleuses, ou fausses, ou choquant les oreilles pieuses, ou capables de séduire l'esprit des simples, et contraires à la vérité catholique; fait défense, sous peine d'excommunication et de privation de toutes dignités, qui seront encourues par le seul fait, de croire ces propositions, de les soutenir, de les défendre, et même de les favoriser, de les prêcher et de souffrir que d'autres les enseignent directement ou indirectement, tacitement ou en termes exprès, en public ou en particulier; ordonnant aux ordinaires et autres de faire une exacte perquisition des écrits qui contiennent ces propositions, et de les faire brûler solennellement en présence du clergé et devant tout le peuple, sous les mêmes peines. »

Le Pape expose ensuite tout ce qu'il a fait pour ramener Luther et lui faire quitter ses erreurs; « il l'a cité à Rome, voulant le traiter avec beaucoup de douceur; il l'a exhorté par ses légats et par ses lettres à rentrer en lui-même; il lui a offert un sauf-conduit et de l'argent pour les frais du voyage, en lui promettant toute sûreté, persuadé que, s'il eût fait cette démarche, il aurait reconnu sincèrement ses erreurs, et ne se serait pas si furieusement emporté contre la cour de Rome, qu'il a déchirée par les plus insignes calomnies. Mais, au mépris de tout cela, il a dédaigné de venir, est demeuré contumace plus d'une année sous les censures, et, ajoutant le mal au mal, a témérairement appelé au futur concile, contrairement aux constitutions de Pie II et de Jules II, qui ont déclaré ces appels punissables des peines imposées aux hérétiques : appellation d'ailleurs illusoire, puisqu'il professe publiquement de ne pas croire au concile. Le Pape pourrait donc dès à présent le condamner comme notoirement suspect sur la foi, ou plutôt vraiment hérétique.

» Toutefois, de l'avis de nos frères, imitant la clémence du Seigneur, qui ne veut point la mort du pécheur, mais qu'il se convertisse et qu'il vive; oubliant tous les outrages faits à nous et au Siège apostolique, nous avons résolu d'user de toute la bonté possible et de faire tout ce qui est en nous, pour que, par la voie de miséricorde que nous lui proposons, il revienne à lui-même et qu'il s'éloigne de ses erreurs, afin que nous le recevions avec bienveillance, comme l'enfant prodigue revenant au sein de l'Eglise. C'est pourquoi, et Martin lui-même, et tous ses adhérents, protecteurs et fauteurs, nous les conjurons par les entrailles de la miséricorde de notre Dieu et par le sang de Notre Seigneur Jésus-Christ, en qui et par qui a été faite la rédemption du genre humain et l'édification de la sainte Eglise notre mère; nous les exhortons et les conjurons de tout notre cœur de cesser de troubler la paix, l'unité et la vérité de l'Eglise, pour laquelle le Sauveur lui-même a prié si instamment son Père, et de s'abstenir entièrement desdites erreurs si pernicieuses; assurés de trouver auprès de nous, s'ils obéissent réellement et nous donnent des preuves légitimes de leur obéissance, les sentiments de la charité paternelle et la fontaine ouverte de la mansuétude et de la clémence. »

Après ces voies miséricordieuses de père, Léon X passe aux voies sévères du juge. Il interdit provisoirement la prédication à Luther. Et si les précédents moyens de douceur ne le ramènent pas à pénitence, il lui fixe, à lui et à ses adhérents, trois termes de vingt jours, soixante en tout, pour révoquer ses erreurs et brûler les livres qui les contiennent. « Que si, ce qu'à Dieu ne plaise! Luther et ses partisans s'obstinent, le Pape, suivant le précepte de l'Apôtre, d'éviter l'homme hérétique après une première et une seconde correction, les déclare hérétiques notoires et opiniâtres; condamne tous les écrits de Luther, avec défense de les imprimer, vendre ou lire; soumet Luther et ses adhérents à toutes les peines de droit, défend aux fidèles de les fréquenter ni de les recevoir, interdit les lieux où ils se retireront, ordonne aux autorités de leur courir sus, de se saisir de leurs personnes, de les dénoncer hérétiques et de publier partout cette constitution, sous peine d'excommunication contre ceux qui y mettraient obstacle (Labbe, t. XIV; Le Plat, t. II). »

Ainsi donc, le 13 juin 449, le pape Léon Ier condamne l'hérésie particulière d'un moine de Constantinople, Eutychès, qui, par une impiété ou ignorance grossière, confond en Jésus-Christ la nature divine avec la nature humaine. Le 15 juin 1520, le pape Léon X condamne l'hérésie générale, l'hérésie monstre d'un moine d'Allemagne, Luther, qui, par une ignorance ou impiété plus grossière encore, confond tout, nie tout, blasphème tout, l'Eglise, le Pape, les conciles, les docteurs, les Pères, la tradition, la foi ancienne, le bon goût, le bon sens, les premiers fondements de la morale, de la religion, de la société, le libre arbitre de l'homme, la bonté et la justice de Dieu, pour nous présenter un Dieu nouveau, qui commande à l'homme des choses impossibles, qui le punit du mal inévitable, et même du bien qu'il fait de son mieux, un Dieu injuste et cruel, c'est-à-dire Satan à la place de Dieu. Le moine hérésiarque de Constantinople a pour lui des grands, des princes : pour lui, un patriarche d'Alexandrie, Dioscore, transforme un concile œcuménique en brigandage et porte la fureur jusqu'à excommunier le pape Léon Ier; des peuples entiers, ceux de l'Egypte, d'autres de l'Orient, embrasseront l'hérésie d'Eutychès; mais le grand coup est porté, Pierre a parlé par Léon, la cause est finie, Dieu attendra quelques siècles le retour des peuples séduits; après ces siècles d'attente, il les livrera au glaive des Arabes et des Turcs pour servir de leçon à d'autres. Le moine hérésiarque de Wittemberg aura pour lui des grands, des princes, des hommes de lettres, des moines apostats, des populations égarées, qui renouvelleront les profanations sacrilèges des Vandales, s'emporteront contre le vicaire de Jésus-Christ avec bien plus de frénésie que Dioscore; mais le grand coup est porté, Pierre a parlé par Léon, la cause est finie, le nom de Luther est à jamais dans l'Eglise de Dieu un nom plus infamant que celui d'Eutychès, Dieu attendra quelques siècles le retour des populations égarées. Puissent-elles profiter de la leçon que Dieu leur donne par d'autres!

Attila, *le fléau de Dieu*, ayant ravagé les Gaules et l'Allemagne, entrait en Italie, menaçait Rome, lorsque le moine hérésiarque de Constantinople divisa les chrétiens entre eux, comme pour faciliter les dévastations des Huns. Les Turcs, maîtres de Constantinople, menaçaient l'Allemagne, menaçaient la France, menaçaient l'Italie, menaçaient Rome, menaçaient toute l'Europe, lorsque le moine hérésiarque de Wittemberg jeta la division parmi les chrétiens d'Europe, surtout parmi les chrétiens d'Allemagne, comme pour préparer les voies et ouvrir la porte à l'empire antichrétien de Mahomet. Que dis-je? il fait aux chrétiens un péché de résister aux envahissements de cet empire antichrétien. Et il faudra, dans un temps comme dans un autre, que les Papes sauvent l'Europe et la chrétienté et contre l'invasion des Huns ou des Turcs, et contre la contagion plus dangereuse d'un moine hérésiarque.

Au Vᵉ siècle, lorsque le moine hérésiarque de Constantinople égarait bien des chrétiens en Orient, Dieu fit enfanter à son Eglise, en Occident, la première des nations chrétiennes, la nation française. Au XVIᵉ siècle, lorsque le moine hérésiarque de Wittemberg égare les populations d'origine allemande, Dieu amène à son Eglise les populations de l'Amérique, de l'Inde et du Japon. Oui, tandis que les moines apostats d'Allemagne, parjures à leurs vœux et à leurs serments, se vautrent dans la fange, nous verrons des moines d'autres pays s'élever au plus haut degré de la perfection chrétienne, renouveler les vertus et les prodiges des apôtres, et conquérir à Dieu des peuples nouveaux.

La bulle ou constitution du pape Léon X ayant été publiée à Rome, le docteur Eckius fut chargé, en qualité de nonce, de la répandre et de la publier en Allemagne. Celui qui avait soutenu avec tant de gloire dans la dispute de Leipsick la cause de l'Eglise romaine, méritait l'honneur que lui faisait aujourd'hui le Saint-Siège. D'ailleurs, qui, mieux que lui, connaissait l'état des esprits en Saxe, les ressources de Luther et de son parti, les dispositions des princes, des cours, des universités, des prélats et du clergé? Qui alliait à plus de fermeté des formes plus conciliantes? Eckius partit donc de Rome, traversa rapidement une partie de l'Allemagne, fit parvenir les bulles aux évèques de Misnie, de Mersbourg et de Brandebourg; s'arrêta à Louvain, à Cologne, et dans chaque ville universitaire, où les écrits de l'hérésiarque furent brûlés publiquement, en même temps que la bulle était affichée aux portes des églises.

Le parti de l'hérésiarque jeta feu et flammes. L'ordurier Ulric de Hutten répandit une édition de la bulle, avec des remarques de sa façon. Quant à la doctrine, ces remarques sont nulles ou pitoyables. A cette sentence si péremptoire de saint Augustin, citée dans la bulle : *Je ne croirais pas même à l'Evangile, si l'autorité de l'Eglise catholique n'était intervenue*, voici tout ce que Hutten trouve à répondre : Aujourd'hui saint Augustin ne parlerait pas de même. Cessez donc d'abuser des saints Pères et de pervertir à votre profit ce qu'ils disent. Autre exemple. Pour montrer que l'Eglise catholique, étant gouvernée par l'Esprit-Saint, ne peut point tomber dans l'erreur, Léon X rappelle la promesse du Fils de Dieu : *Voici que je suis avec vous tous les jours jusqu'à la consommation des siècles.* — Aussi, réplique Hutten, aussi le Seigneur sera-t-il avec nous : si nous n'en étions pas certains, nous n'aurions pas ce courage de le résister (Walch, t. XV, p. 1711). Voilà par quels arguments Hutten réfute la constitution pontificale. Où il est plus fort, c'est pour dire des grossièretés ; mais, dans cette partie même, il reste infiniment au-dessous de Luther.

La bulle de Léon X est digne de la majesté apostolique, par sa gravité, son calme, l'élévation de la pensée et du style, sa brève mais solide réfutation de l'hérésie, l'heureux mélange de la tendresse paternelle avec la sévérité de juge, le tout rehaussé d'une belle latinité. Or, voici comme en parle le moine hérésiarque de Wittemberg, dans son libelle *contre l'exécrable bulle de l'antechrist.*

« On m'apprend, mon cher lecteur, qu'une bulle a été lancée contre moi : le monde la connaît; elle n'est pas venue jusqu'ici. Peut-être que, fille de la nuit et des ténèbres, elle aura eu peur de me regarder en face... Enfin, il m'a été donné de la voir, cette chouette, et dans toute sa beauté. En vérité, je ne sais si les papistes se moquent de moi. Non, ce ne peut-être que l'œuvre de Jean Eck, cet homme de mensonges, d'iniquités, cet hérétique damné. Ce qui ajoute à mes soupçons, c'est que cet Eck vient de Rome, bel apôtre, bien digne d'un tel apostolat!... Il y a quelques jours j'avais entendu dire qu'on préparait dans la ville une bulle bien méchante à l'instigation de ce bourreau d'Eck, qui y a répandu son style et sa bave... Qui a écrit cette bulle, je la tiens pour l'antechrist; je la maudis, comme une insulte et un blasphème contre le Fils de Dieu. *Amen.* Je reconnais, je proclame en mon âme et conscience, comme vérités, les articles qui y sont condamnés; je voue tout chrétien qui la recevrait, cette bulle infâme aux tortures de l'enfer. Je le tiens pour païen, pour l'antechrist en personne. *Amen.* Voilà comme je me rétracte, moi, Bulle, fille d'une bulle de savon. Mais, dis-moi donc, ignorantissime antechrist, tu es donc bien bête, pour croire que l'humanité va se laisser effrayer! S'il suffisait, pour condamner, de dire : Ceci me déplaît, non, je ne veux pas; mais il n'y a pas de mulet, d'âne, de taupe, de souche qui ne pût faire le métier de juge. Quoi! ton front de prostituée n'a pas rougi d'oser ainsi, avec des paroles de fumée, se prendre aux foudres de la parole divine (*Advers. exsecr. Antichr. bullam, opera Luth.*, t. II, p. 89)?...

» On dit souvent, continue Luther, que l'âne ne chante mal que parce qu'il entonne trop haut. Cette bulle eût été bien mieux chantée, si d'abord elle n'eût posé sa bouche de blasphème contre le ciel... Ah! bulliste, vous ne tremblez pas que la pierre et le bois ne suent du sang à l'audition des blasphèmes que vous vomissez? Où êtes-vous donc, empereurs? où êtes-vous, rois et princes de la terre? Vous avez donné votre nom à Jésus dans le baptême, et vous souffrez cette voix tartaréenne de l'antechrist? Où êtes-vous, docteurs? où êtes-vous, évèques? Vous tous qui prêchez le christianisme, garderez-vous le silence devant un tel prodige d'impiété? Malheureuse Eglise! devenue le jouet et la proie de Satan! Misérables qui vivez dans ce siècle! voici, voici venir la colère de Dieu sur tout ce qui a nom papiste. Léon X et vous, nos seigneurs les cardinaux romains, écoutez : Je vous le dis à la face, si c'est vous qui avez enfanté cette bulle, si vous l'avouez comme votre œuvre, j'use, moi, de la puissance que Christ m'a faite au baptême, en m'instituant son fils et son héritier. Appuyé sur ce roc, qui ne craint ni les portes de l'enfer, ni le ciel, ni la terre, je vous le répète : Revenez à Dieu, renoncez à vos sataniques blasphèmes contre Jésus-Christ, et tout de suite. Autrement, sachez-le bien, le Christ vit

LIVRE LXXXIV. — § I. HÉRÉSIES DE LUTHER.

et règne encore. Voici venir le Seigneur qui, d'un souffle de sa bouche, dissipera cet homme d'iniquité, ce fils de perdition. Si le Pape a écrit cette bulle, je le proclame l'antechrist, venu pour bouleverser le monde (*Advers. execr. Antich. bullam, opera Luth.*, t. II, p. 91). »

Ce même emportement lui faisait dire, au sujet de la citation à laquelle il n'avait pas comparu : « J'attends, pour y comparaître, que je sois suivi de vingt mille hommes de pied et de cinq mille chevaux, et alors je me ferai croire. » On le reprenait dans la bulle d'avoir soutenu quelques-unes des propositions de Jean Hus. Au lieu de s'en excuser, comme il avait fait autrefois : « Oui, disait-il, en parlant au Pape, tout ce que vous condamnez dans Jean Hus, je l'approuve ; tout ce que vous approuvez, je le condamne : voilà la rétractation que vous m'avez ordonnée ; en voulez-vous davantage ? »

Luther publia un autre écrit pour la défense des articles condamnés par la bulle. Là, bien loin de se rétracter d'aucune de ses erreurs ou d'adoucir du moins un peu ses excès, il enchérit par-dessus et confirme tout, jusqu'à cette proposition, que c'était résister à Dieu que de combattre contre le Turc. Au lieu de se corriger sur une proposition si absurde et si scandaleuse, il l'appuyait de nouveau, et, prenant un ton de prophète, il parlait en cette sorte : « Si l'on ne met le Pape à la raison, c'est fait de la chrétienté. Fuie qui peut dans les montagnes, ou qu'on ôte la vie à cet homicide Romain. Jésus-Christ le détruira par son glorieux avénement : ce sera lui, et non pas un autre. » Puis, empruntant les paroles d'Isaïe : O Seigneur, s'écriait ce nouveau prophète, qui croit à votre parole ? et concluait en donnant aux hommes ce commandement comme un oracle venu du ciel : Cessez de faire la guerre au Turc, jusqu'à ce que le nom du Pape soit ôté de dessous le ciel. J'ai dit (*Assert. art. per bull. damn.*; Walch, t. XV).

Le 17 novembre 1520, il appela du pape Léon X, comme d'un juge inique, hérétique, opiniâtre et apostat, ennemi de toute l'Ecriture sainte, blasphémateur de la sainte Eglise catholique et des conciles ; il en appela au concile universel, comme au-dessus du Pape, et qui, nous l'avons vu, devait être dominé par les barons allemands.

Luther ne s'en tint pas aux paroles : le **10 décembre** suivant, sur la place de Wittemberg, en présence des écoliers et du peuple, il brûla dans un vaste bûcher les livres du droit canon, les diverses collections des décrétales des Papes, la nouvelle bulle de Léon X, la *Somme* de saint Thomas, avec les écrits d'Eckius, d'Emser et d'autres catholiques qui avaient écrit contre son hérésie. Le lendemain, il s'écria du haut de la chaire : « J'ai fait brûler hier, en place publique, les œuvres sataniques des Papes. Il vaudrait mieux que ce fût lui-même qui eût rôti ainsi, je veux dire le Siége pontifical. Si vous ne rompez avec Rome, point de salut pour vos âmes... Que tout chrétien réfléchisse bien qu'en communiquant avec les papistes, il renonce à la vie éternelle. Abomination sur Babylone ! Tant que j'aurai un souffle dans la poitrine, je dirai : Abomination (*Assert. art. per bull. damn.*; Walch, t. XV, p. 320 ; *Ienæ*, 1600). »

Parut bientôt un nouvel ouvrage de Luther, son livre de la *Captivité de Babylone*. Bon gré mal gré lui, Luther acquérait tous les jours de nouvelles lumières ; lui-même a la modestie de nous l'apprendre. Il s'apercevait donc que précédemment il ne voyait que d'un œil, et eût voulu détruire ses premiers livres, comme ne renfermant que la moitié de la vérité. Par exemple, il avait bien vu et soutenu que la primauté du Pape n'était pas de droit divin, mais il accordait qu'elle fût de droit humain. « Or, maintenant, je sais et je suis certain que la papauté est l'empire de Babylone et la puissance de Nemrod, le grand chasseur. Je prie donc les libraires et les lecteurs de brûler ce que j'ai écrit là-dessus et d'adopter en place cette proposition : La papauté est une grande chasse du Pontife romain. »

Un des moyens les plus efficaces par où le nouveau Nemrod tient l'univers captif, ce sont les sept sacrements. En conséquence, Luther se voit obligé de nier qu'il y en ait sept. Pour le moment, il veut bien en admettre trois. « Car, ajoute-t-il, à parler avec l'Ecriture, il n'y en a qu'un, et trois signes sacramentels. » Les trois sacrements qu'il veut bien admettre pour le moment, sont le baptême, la pénitence, le pain. Il dit *le pain*, à bon escient ; car il veut que le pain subsiste, sans être changé ou transsubstantié au corps du Seigneur. Seulement il permet que le corps du Seigneur se trouve *avec*, *sous* ou *dans* le pain ; car il n'a pas encore pris de résolution définitive à cet égard. Quant à la messe, c'est différent ; il décide sans appel que ce n'est pas un sacrifice. Il décide de même que ce n'est pas le baptême qui justifie, mais la foi seule, et que les sacrements de la nouvelle loi ne produisent pas plus la grâce que ceux de l'ancienne, mais que seulement ils la signifient. Du nombre des sacrements, il raie d'un trait de plume la confirmation, l'extrême-onction, l'ordre et le mariage. Quant à l'extrême-onction, le texte si formel de l'apôtre saint Jacques l'embarrasse quelque peu. Mais il s'en tire, en expliquant ce texte à sa manière, et en disant que cette épître ne paraît pas authentique (Walch, t. XIX, p. 4 et seqq.). Plus tard, il décidera hardiment que ce n'est qu'une épître de paille. En effet, non-seulement elle parle de l'extrême-onction, mais elle dit expressément que la foi seule ne suffit pas, et qu'il faut encore les bonnes œuvres. Or, le moine Luther a décidé sans appel que c'est la foi seule qui sauve, que les bonnes œuvres non-seulement ne sont pas nécessaires, mais encore nuisibles, attendu que ce sont autant de péchés. Donc, l'épître de saint Jacques, étant contraire à la décision du moine allemand, ne peut être qu'une épître de paille. A tout ceci, la logique trouverait bien à redire ; mais le moine a eu la précaution de décider en premier et dernier ressort que la logique, surtout la logique d'Aristote, était une invention du diable.

Mais, demandera-t-on, qui donc a établi ce moine juge suprême, surtout depuis qu'il a rompu avec l'Eglise catholique et son chef ? La chose est toute simple. C'est le moine lui-même qui s'est établi juge. Dans une lettre pleine d'insolences qu'il écrivit aux évêques papistes, *qu'on appelait*, disait-il, *faussement évêques*, il prit le titre d'*ecclésiaste* ou de prédicateur de Wittemberg. Aussi ne dit-il autre chose, sinon qu'il s'était donné lui-même ; que tant de bulles et tant d'anathèmes, tant de condamnations du Pape et de l'empereur lui avaient ôté tous ses anciens titres, et avaient effacé en lui le caractère de la bête; qu'il ne pouvait pourtant pas demeurer sans titre, et qu'il se donnait celui-ci, pour marque du ministère auquel il avait été appelé de Dieu, et qu'il avait reçu non des hommes, ni par l'homme, mais par le don de Dieu et par la révélation de Jésus-Christ. Sur ce fondement, il se qualifie, à la tête et dans tout le corps de la lettre : *Martin Luther, par la grâce de Dieu, ecclésiaste de Wittemberg*, et déclare aux évêques, afin qu'ils n'en prétendent cause d'ignorance, que c'est là sa nouvelle qualité qu'il se donne lui-même, avec un magnifique mépris d'eux et de Satan; qu'il pourrait à aussi bon titre s'appeler évangéliste par la grâce de Dieu; et que, très-certainement, Jésus-Christ le nommait ainsi, et le tenait pour ecclésiaste (*Ep. ad falsò nominat. ord. Episcop.*, t. II, fol. 305).

Dans l'édition allemande qu'il fit de la même lettre, il dit aux évêques : « C'est pourquoi je vous fais savoir que désormais je ne vous ferai plus l'honneur, ni à vous ni même à un ange du ciel, de juger ou d'informer de ma doctrine; car, de cette sotte humilité, j'ai eu assez, sans qu'il ait servi de rien : mais je veux me faire entendre, et, comme dit saint Pierre, rendre raison de ma doctrine à tout le monde, sans permettre qu'elle soit jugée par personne, pas même par tous les anges. Car, puisque j'en suis certain, je veux, par elle, être le juge et de vous et des anges, comme dit saint Paul aux Galates (ch. 1, v. 8); en sorte que celui qui ne reçoit pas ma doctrine, ne peut être sauvé. Car elle est la doctrine de Dieu et non la mienne; par conséquent, mon jugement est le jugement de Dieu, et non le mien (Walch, t. XIX, p. 838, n. 4). »

Ainsi donc, un moine refuse à l'Église et à son chef, refuse aux conciles, à la tradition, à l'accord des Pères et des docteurs, l'infaillibilité doctrinale que pourtant Jésus-Christ leur a promise et garantie par sa parole; et il se la donne à lui-même, sans que personne la lui ait promise ni garantie; il se la donne en vertu de son évidence individuelle, de sa certitude individuelle; et sur cet unique fondement, il s'érige en juge suprême de tous les hommes et de tous les anges, il s'égale à Dieu même. C'est un exemple à considérer dans les discussions philosophiques sur la certitude.

Les barons allemands crurent le moine de Wittemberg sur sa mission divine, tout comme les Arabes crurent Mahomet sur ses entretiens nocturnes avec l'ange Gabriel. Plusieurs lui offrirent le secours de leurs épées; entre autres, le vénérien Ulric de Hutten. En attendant à égorger le Pape et les moines, Hutten les rendait ridicules et odieux par des chansons et d'ignobles caricatures. Luther et Mélanchthon travaillaient eux-mêmes à cette dernière bonne œuvre. L'Allemagne protestante conserve encore religieusement plusieurs de ces images, inventées par son patriarche, entre autres les deux suivantes.

Dans la première, le Pape, en habits pontificaux, siège sur un trône, les mains jointes, avec deux énormes oreilles d'âne qui se dressent comme celles de l'animal en colère. Autour du pontife, nagent, volent une myriade de démons de toutes formes; les uns sont occupés à poser solennellement sur la tête sacrée la triple couronne que surmonte un amas d'excréments humains; d'autres le tirent à force de cordes dans les enfers; d'autres apportent du bois et du feu pour le faire brûler; d'autres enfin lui soulèvent les pieds, afin qu'il descende doucement dans la géhenne.

La seconde, qui est connue en Allemagne sous le nom de la *Truie papale*, représente le pontife assis sur une truie aux larges flancs, aux mamelles gonflées, que le cavalier pique, comme le cheval de Job, à grands coups d'éperon; d'une main, il bénit ses adorateurs, de l'autre, il présente le même emblème stercoral, mais dans un nuage odorant. La truie alléchée lève le groin et hume avec délices le nectar fécal. Le Pape, la bouche ouverte, laisse tomber ces mots : « Mauvaise bête, veux-tu bien aller? tu m'as donné assez d'ennui avec ton concile... Va donc, voici ce concile que tu désirais ardemment. »

D'autres caricatures antipapales sont encore dues au moine de Wittemberg : dans toutes, la truie, le Pape et les excréments humains occupent les plans divers de l'image.

Mais rien n'est au-dessus d'une caricature aujourd'hui encore très-commune dans l'Allemagne protestante : *le Pape-âne*, avec une histoire et un commentaire biblique, rédigés par Mélanchthon et perfectionnés par Luther, qui ajoute son *amen*. Jamais l'univers n'aurait pu croire que deux hommes, fussent-ils Luther et Mélanchthon, pussent descendre à des impostures aussi ignobles et aussi impies, pour tromper les pauvres peuples. Jamais l'univers n'aurait pu croire qu'aucun peuple de la terre, fût-ce le peuple allemand, pût se laisser tromper à des impostures aussi ignobles et aussi impies. Et cependant cela est. Nous demandons pardon à Dieu et aux hommes de reproduire ces abominables profanations du nom de Dieu et des divines Ecritures. Mais il est bon que l'on connaisse enfin ces grands séducteurs des peuples.

On lit donc dans les *Œuvres complètes de Luther*, même dans celles qui ont été recueillies et publiées par un ministre protestant, en l'année 1746, lorsque les esprits avaient eu deux siècles pour se remettre et revenir au bon sens :

« Explications de deux monstres horribles, l'une du Pape-âne, rédigée par Mélanchthon, avec l'Amen de Luther; l'autre du Moine-veau, rédigée par Luther l'an 1523.

» *Le Pape-âne, expliqué par Mélanchthon, et perfectionné par Luther :*

» En tout temps, Dieu a préfiguré sa miséricorde et sa colère par certains signes miraculeux, notamment en ce qui regarde les empires, comme nous voyons en Daniel (8, 24), où il annonce aussi l'empire de l'antechrist romain, afin que les vrais chrétiens se pussent garder de sa malice, laquelle est si perfide, que les élus mêmes pourraient être séduits, comme dit le Christ en Matthieu (24, 24). C'est pourquoi, vers le milieu de cet empire, Dieu a donné beaucoup de signes, et tout récemment cette horrible figure de pape-âne, qui a été trouvé mort à Rome dans le Tibre, en 1496, et qui retrace si exactement l'essence de l'empire papal, qu'il eût été impossible à des hommes de l'inventer, et qu'on est forcé de convenir que Dieu même l'a dépeint.

» Et d'abord, 1° la tête d'âne signifie le Pape. Car l'Eglise est un corps spirituel, un empire spirituel, qui ne saurait avoir ni tête, ni supérieur visible, mais le Christ seul, régnant dans les cœurs par la foi. Or, le Pape s'est imposé pour chef extérieur et visible à l'Eglise; donc le Pape est signifié par la tête d'âne sur un corps d'homme. Car comme une tête d'âne va au corps humain; ainsi le Pape comme chef à l'Eglise. Aussi les saintes Ecritures entendent-elles par âne, quelque chose d'extérieur et de charnel (Exode, 13, 13).

» 2° La main droite, semblable au pied d'un éléphant, signifie le pouvoir spirituel du Pape, dont il frappe et brise les consciences tremblantes; comme l'éléphant, qui, de sa trompe, appréhende, foule, brise et déchire. Car le papisme, est-ce autre chose qu'une sanglante immolation des consciences, au moyen de la confession, des vœux, du célibat, des œuvres apparentes, des messes, d'une fausse pénitence, des piperies indulgentielles, du culte superstitieux des saints?... suivant ce qui dit Daniel (8, 24) : *Il tuera le peuple des saints.*

» 3° Main gauche d'un homme : c'est le pouvoir temporel du Pape, que le Christ lui a dénié (Luc, 22), et qu'il s'est conféré à l'aide du diable, pour se constituer le maître des rois et des princes.

» 4° Pied droit à sabot de bœuf indique les ministres spirituels de la papauté, qui aident et soutiennent le papisme pour l'oppression des âmes, c'est-à-dire les docteurs papistes, les prédicateurs, les curés, les confesseurs, et surtout les théologiens, scholastiques. Car plus cette maudite engeance multiplie, plus elle tient captives les malheureuses consciences sous le pied de l'éléphant : base et fondement du papisme, qui sans eux n'aurait pu subsister aussi longtemps. Car la théologie scholastique, qu'enferme-t-elle, sinon des songes délirants, fous, ineptes, exécrables, sataniques, des rêves de moines, dont on se sert pour troubler, fasciner, endormir, perdre les âmes? Comme il est dit en Matthieu (24, 34) : *Il viendra de faux christs et de faux prophètes.*

» 5° Pied gauche d'un griffon : ministres du pouvoir temporel, c'est-à-dire les canonistes. Quand le griffon tient dans son ongle une proie, il ne la laisse plus aller; de même ces satellites du papisme, qui, à l'aide des hameçons canoniques, ont pêché les biens de l'Europe, qu'ils gardent et retiennent comme le diable, en sorte que l'univers entier, corps et âme, bien et honneur, soit écrasé, opprimé et anéanti par ce monstre.

» 6° Ventre et poitrine de femme : le corps papal, savoir: les cardinaux, les évêques, les prêtres, les moines, les étudiants et toute cette race de paillards et de cochons d'Epicure, qui n'a souci que de boire, de manger et de se vautrer dans toutes sortes de voluptés, avec l'un et l'autre sexe. Comme le pape-âne montre à qui veut son ventre de femme, eux vont tête levée et font parade de leurs souillures, comme il est dit en Daniel et en saint Paul : *Leur dieu, c'est leur ventre.*

» 7° Ecailles de poisson aux bras, aux pieds, au cou, mais non à la poitrine ni au ventre : ce sont les princes et les seigneurs temporels de ce royaume. Les écailles (Job, 41), c'est union ou étreinte; ainsi les princes, les puissances de la terre sont unis et collés à la papauté. Et bien qu'ils ne puissent, ces grands du monde, dissimuler, approuver, pallier le luxe, le libertinage, les infâmes instincts du papisme, car le ventre est là tout nu pour montrer son dévergondage, cependant ils dissimulent, ils se taisent, ils souffrent et s'attachent à son cou, à ses bras, à ses pieds, c'est-à-dire qu'ils l'embrassent, l'étreignent et défendent ainsi son pouvoir tyrannique, comme s'il était de Dieu.

» 8° La tête de vieillard sur le postérieur signifie la vieillesse, décadence et chute de l'empire papalin. Car, dans l'Ecriture, la face signifie le lever et le progrès; le dos ou postérieur, le coucher et la mort. Cela nous montre que la tyrannie pontificale touche à son terme, qu'elle vieillit et meurt de sa maladie ou de consomption, usée par toutes violences extérieures. Enfin nous voyons que cette image s'accorde parfaitement avec toute la prophétie de Daniel, et que l'une et l'autre s'appliquent au papisme, sans qu'il y manque rien.

» 9° Le dragon qui sort du postérieur, la gueule béante et vomissant des flammes, veut dire les menaces, les bulles virulentes, les blasphèmes que le Pape et les siens vomissent sur le globe, au moment où ils s'aperçoivent que leur destin est accompli et qu'il faudra dire adieu à cette terre.

» 10° De ce que le pape-âne a été trouvé à Rome et non ailleurs, cela confirme tout ce qui précède, et qu'on ne peut l'entendre que de la puissance romaine; or, à Rome, il n'y a point de puissance égale ou supérieure à celle du Pape. D'ailleurs, Dieu montre toujours ces signes là où leur signification s'applique, comme à Jérusalem.

» 11° Et de ce qu'on l'a trouvé mort, cela confirme que la papauté touche à sa fin, et qu'elle ne sera pas détruite par le glaive ni de main d'homme, mais qu'elle périra d'elle-même.

» Donc, vous tous, tant que vous êtes, et qui me lirez ! je vous prie de ne pas mépriser un si grand prodige de la Majesté divine, et de vous arracher de la contagion de l'antechrist et de ses membres. Le doigt de Dieu est ici, dans cette peinture si fidèle, si ornée, comme dans un tableau ; c'est une preuve que Dieu a eu pitié de vous, et qu'il a voulu vous tirer de cette sentine de péché.

» Réjouissons-nous, nous autres chrétiens, et saluons-le, ce signe, comme l'aurore qui nous annonce le jour de Notre Seigneur et de notre libérateur Jésus-Christ (Walch, t. XIX, p. 2403). »

Telle est cette farce sacrilège, où le nom adorable de Dieu et de Jésus-Christ, les paroles sacrées des divines Ecritures, sont mêlés à ce qu'il y a de plus sale et de plus obscène, et cela par deux hommes qui se disent les envoyés de Dieu ! et cela pour accréditer la plus grossière comme la plus infâme des impostures ! et, cela pour tromper la crédule bonhomie des populations allemandes ! Séduction incroyable, et qui dure depuis trois siècles. « Nous avons vu, dit un témoin oculaire, nous avons vu dans le Wittemberg la figure du pape-âne suspendue au chevet du lit des pauvres paysans, à la place de l'ancien bénitier catholique, de la vierge Marie, consolatrice des affligés, ou du saint patron de la paroisse; nous l'avons retrouvée derrière les vitres des libraires, comme au temps de Luther, et sur l'étalage des échoppes d'Eisenach et de Francfort (Audin, *Hist. de Luther*, t. II, c. 8).

Mon Dieu! ayez pitié du pauvre peuple d'Allemage! Le cœur se serre de tristesse et de dégoût à la vue de pareilles choses, à la vue d'un pareil aveuglement. Portons un instant nos regards vers quelque nation plus sensée, plus polie, plus chrétienne.

§ II.

Tandis que l'Allemagne se dégrade de toutes manières par l'hérésie, l'Italie et l'Espagne s'honorent en produisant des personnes et des œuvres saintes.

Tandis qu'en Allemagne les littérateurs et les artistes trempaient leur plume ou leur pinceau dans la fange, pour avilir aux yeux des peuples ce qu'il y a de plus respectable au monde, et pervertir ainsi leur goût, leur intelligence, leur religion : en Italie, les peuples admiraient et admirent encore les chefs-d'œuvre de Michel-Ange, de Raphaël et de leurs émules, chefs-d'œuvre qui élèvent le goût des peuples, perfectionnent leur intelligence, leur rendent la religion plus belle et plus aimable. Tandis qu'en Allemagne un moine hérésiarque, par ses déclamations sataniques contre le libre arbitre, contre les bonnes œuvres, contre les sacrements, contre l'obligation de garder à Dieu ses serments et ses promesses, préparait la ruine de toute morale, de toute société, de toute religion, à commencer par l'apostasie des moines et des religieuses : en Italie, Dieu suscitait plusieurs hommes apostoliques, qui, par leur zèle et surtout leurs exemples, ranimaient dans le clergé et dans le peuple l'amour de la piété, la pureté des mœurs, la pratique de toutes les bonnes œuvres. De leur nombre fut saint *Gaëtan de Thienne*.

Gaëtan naquit en 1480, à Vicence en Lombardie. Il était fils de Gaspar, seigneur de Thienne, et de Marie Porta, tous deux de familles distinguées par la noblesse et la piété. La maison de Thienne, illustre par l'ancienneté de la noblesse, les alliances et les charges militaires, subsiste encore à Vicence. On donna au saint le nom de Gaëtan à cause du célèbre Gaëtan de Thienne, son grand-oncle, chanoine de Padoue, philosophe célèbre par sa piété autant que par ses vastes connaissances, et auteur d'un commentaire sur les *Météores* d'Aristote. Nous avons vu la mère de saint Bernard offrir ses enfants à Dieu dès leur naissance. La mère de saint Gaëtan fit une chose semblable. A peine l'eut-elle mis au monde, qu'elle l'offrit à la sainte Vierge et le posa de ses mains devant son image. La Mère de Dieu parut agréer cette offrande de la piété maternelle. Dès le commencement et toujours, Gaëtan se montra digne de son auguste patronne, par sa piété, sa modestie, son amour de la prière. Mais rien n'était admirable comme sa tendresse pour les pauvres. Encore enfant, il allait quêter auprès des personnes de la maison, même auprès des étrangers, et ensuite portait lui-même aux pauvres ce qu'il avait amassé; en outre, pour l'amour d'eux, il se privait souvent de son déjeûner et de son goûter, jeûnant pour nourrir les autres : sacrifice bien remarquable dans la première enfance. Bien des fois on le trouvait dans un coin de la maison, occupé à lire de pieux livres, ou prosterné devant un petit autel, devant une sainte image, et priant avec une ferveur angélique. Dès lors on le surnommait *le Saint*.

Après les lettres humaines, il étudia la philosophie avec autant de succès que d'ardeur. Ayant ensuite entrepris le droit civil et le droit canonique, il fut reçu docteur en l'un et en l'autre. Mais cette science du droit pour les affaires de ce monde lui parut peu, en comparaison de la science des choses divines ou de la théologie. Il s'appliqua donc à cette princesse des sciences avec d'autant plus d'ardeur, que son cœur était plus épris des choses qu'il avait à y étudier. Mais il ne travaillait pas moins à faire des progrès dans la vertu que dans les connaissances. Embrasé d'un ardent désir de mener une vie plus parfaite, il commença à exercer son adolescence avec plus de zèle aux œuvres de piété. Il épiait et suivait les exemples des personnes édifiantes qu'il y avait dans la ville, fréquentait les églises et les sacrements, évitait la foule et la place publique, aimait la retraite pour y prier ou s'y entretenir pieusement avec des amis. En sorte que bientôt ce fut la commune renommée, que le jeune comte de Thienne était l'encouragement et le modèle des bons, la terreur et le frein des méchants. Cette bonne renommée augmenta de beaucoup encore, lorsque Gaëtan, aidé de son frère, bâtit et dota une chapelle de Sainte-Marie-Madeleine, dans leur domaine de Rampazzo, afin que les habitants trop éloignés de la paroisse, ayant une église plus près, eussent plus de zèle à s'instruire et à servir Dieu. Gaëtan profitait ainsi d'âge en âge. Enfant, il faisait de petits autels à la maison; adolescent, il fonde une chapelle pour l'instruction et l'édification d'un village; homme fait, il fondera une congrégation d'hommes apostoliques, pour l'instruction et l'édification de toute l'Italie, de tout l'univers.

Pour le préparer à cette grande et bonne œuvre, la Providence le conduisit à Rome, afin qu'il pût voir de plus près le bien et le mal, et se concerter avec les hommes de Dieu pour augmenter l'un et diminuer l'autre. Son mérite le fit bientôt connaître, malgré lui, et le pape Jules II le nomma protonotaire apostolique. Ni les fonctions de cette dignité ni le séjour à la cour pontificale ne diminuèrent son recueillement. Pour se maintenir dans la ferveur, y croître même, il entra dans la confrérie de l'*Amour divin*. C'était une association d'hommes éminents en vertu et en piété, qui, par certains exercices, travaillaient de tout leur pouvoir à procurer la gloire de Dieu et le salut des âmes. De ce nombre étaient Gaspar Contarini, Sadolet, Pierre Caraffe, depuis archevêque de Théate, et d'autres grands personnages de la cour romaine. C'était un heureux effet des décrets du dernier concile de Latran pour la réformation de cette cour. Ce fut pour saint Gaëtan comme le berceau de sa congrégation. Il se sentit appelé à quelque chose de plus que les dignités ecclésiastiques, conçut de l'indifférence pour celles qu'il avait déjà et pour la faveur du Pontife; il résolut de se consacrer entièrement au service de Dieu.

Il reçut les ordres sacrés et la prêtrise en 1516.

Il célébrait la sainte messe avec une dévotion de séraphin. Il employait habituellement huit heures à s'y préparer par la prière et de pieuses méditations. Son humilité croissait avec sa ferveur. Il écrivait de Rome, le 18 janvier 1518, à une sainte religieuse de Bresci : « Quand je le voudrais, ô mère, jamais je ne pourrais oublier votre nom, surtout lorsque moi, vermisseau et boue au milieu du paradis et de la très-sainte Trinité, j'ose toucher celui qui a éclairé le soleil et créé l'univers. Quel n'est pas mon aveuglement! Il me faudrait certainement de deux choses l'une : ou bien m'abstenir du saint sacrifice comme indigne; ou bien, comme dispensateur fidèle de ce trésor, servir Dieu avec toute l'humilité possible. Tous les jours je prends qui me crie à haute voix : *Apprends de moi que je suis doux et humble de cœur*; et cependant je ne quitte pas mon orgueil! Je prends celui qui est la lumière et la voie, et je l'entends dire : *Je suis la voie;* et cependant je n'entre pas dans cette voie et je ne fuis pas le monde! Il brûle dans ma bouche et dans mes mains, ce divin feu qui dit : *Je suis venu apporter le feu sur la terre;* et cependant mon cœur reste engourdi et glacé. J'ai eu la hardiesse, à l'heure où l'auguste Vierge est devenue mère du Verbe éternel, de m'approcher de la crèche (qui est dans la basilique de Sainte-Marie-Majeure à Rome); j'y ai été encouragé par les exemples de saint Jérôme, si amateur de cette crèche, et dont les ossements reposent tout près; avec la confiance du saint vieillard, j'ai reçu de la main de ma patronne son tendre enfant, et embrassé la chair et les vêtements du Verbe éternel. Oh! que mon cœur est dur! Ne s'étant pas liquéfié alors, il faut qu'il soit de diamant (*Acta Sanct.*, 7 août; *De S. Cajetano*, n. 17-19). »

On entend généralement ces dernières paroles, d'une apparition réelle et sensible de l'enfant Jésus à saint Gaëtan.

Vers la fin de l'an 1518, la mort lui enleva sa mère et son frère. Ayant appris que sa mère était dangereusement malade, il fit pour elle le pèlerinage de Notre-Dame de Lorette, et l'assista dans ses derniers moments avec beaucoup de charité, la recommandant surtout à sainte Monique et à saint Michel archange, par l'assistance desquels il sut plus tard qu'elle avait été sauvée. Son frère laissait une fille de dix ans, nommée Elisabeth; saint Gaëtan eut soin de son éducation, de ses biens, et de lui procurer un établissement convenable. On a une lettre où il l'exhorte paternellement à la fréquente communion.

Pendant qu'il était à Vicence, il entra dans la confrérie de *saint Jérôme*, instituée en cette ville sur le plan de celle de l'*Amour divin* à Rome, mais qui n'était composée que de personnes du peuple et vivant du travail de leurs mains. Autant cette circonstance lui causait de joie, autant elle fit de peine aux amis qu'il avait dans le monde, et qui, jugeant des choses d'après leurs préjugés, l'accusaient hautement de déshonorer sa famille. Bien loin d'abandonner sa résolution, il la mit en pratique avec une ardeur toujours nouvelle. Les confrères ne communiaient que quatre fois par an : il leur persuada de communier chaque mois, et à plusieurs chaque semaine. Pour les encourager de plus en plus aux œuvres de piété et de charité, il leur obtint de Rome des priviléges et des indulgences. Partout et pour tout il leur donnait l'exemple. Les malades et les pauvres de la ville devenaient l'objet de sa tendresse et de ses soins. Il s'attachait surtout aux pauvres de l'hôpital des incurables; il les servait de ses propres mains, et se montrait encore plus assidu près de ceux dont les maladies dégoûtantes révoltaient davantage la nature. Il augmenta considérablement les revenus de cet hôpital.

En vérité! qui oserait faire un crime à Dieu et à son Église d'accorder des indulgences, des grâces spéciales à ces hommes du peuple, qui, sur les pas de saint Gaëtan de Thienne, et pour l'amour de Dieu, vont servir les pauvres et les malades? En vérité! il faudrait être possédé du démon.

Le saint avait pour confesseur le Père Jean de Crema, Dominicain, homme recommandable par sa prudence, son savoir et sa piété. Ce sage directeur lui ayant conseillé de se retirer à Venise, il quitta aussitôt parents, amis, et partit pour cette dernière ville. Il se logea dans l'hôpital qu'on venait de faire bâtir, et s'y consacra au service des malades, comme il avait fait dans sa patrie. Il se montra si zélé pour cette maison, qu'il en est regardé comme le principal fondateur. Il macérait en même temps son corps par les austérités de la pénitence, et retraçait en lui les vertus des plus célèbres contemplatifs. On disait communément de lui à Venise, à Vicence et à Rome, qu'il était un séraphin à l'autel, et un apôtre en chaire.

Ayant ainsi fondé et consolidé des confréries et des hôpitaux à Rome, à Vicence, à Vérone et à Venise, il revint à Rome vers l'an 1521, toujours de l'avis de son confesseur. Il cherchait comment il exécuterait un projet qu'il avait depuis longtemps, et dont il parla ainsi à un pieux ami de Vicence : « Je ne cesserai de distribuer aux indigents tout ce que j'ai, jusqu'à ce que je devienne si pauvre pour l'amour de Jésus-Christ, qu'à ma mort je n'obtienne un sépulcre que par charité. » Ses vœux furent accomplis. Après s'être exercé quelque temps aux œuvres de piété avec les confrères de l'*Amour divin*, il distribua son ample patrimoine, partie aux pauvres, partie à ceux de ses parents qui étaient le moins à l'aise, résigna tous ses bénéfices entre les mains du souverain Pontife, et, devenu fondateur d'une congrégation de clercs réguliers, se réduisit, comme il l'avait désiré, à une extrême indigence. Ce qui arriva de la manière suivante.

Gaëtan, qui était d'un génie élevé et toujours occupé à procurer la gloire de Dieu, s'aperçut insensiblement que la corruption des esprits et des mœurs était trop grande pour pouvoir être guérie par les efforts d'une seule confrérie de clercs séculiers, et qu'un mal si enraciné demandait un remède perpétuel et puissant. D'ailleurs, les soixante hommes qui formaient la confrérie de l'*Amour divin* n'étaient pas toujours à Rome, et, même y étant, ne pouvaient pas toujours vaquer aux œuvres de la confrérie, occupés ailleurs par des devoirs personnels.

Il lui vint donc en pensée que, si l'on rétablissait l'ancien institut apostolique, où l'on s'engageait à perpétuité par des vœux solennels, ce serait un moyen non sans efficace pour restaurer la république chrétienne. Les clercs avaient autrefois puissamment secouru l'Eglise, mais, comme toutes les choses mortelles, ils avaient perdu leur première vigueur. Il fallait donc réveiller les hommes par un nouvel esprit apostolique, et aux clercs déchus opposer d'autres clercs, pour réparer les funestes suites de leurs mauvais exemples. C'est ainsi que saint Augustin renouvela l'Afrique et presque toute l'Europe par sa congrégation de clercs, formée sur le modèle des apôtres.

Ayant longtemps médité son projet, il en fit part à l'un des confrères de l'*Amour divin*, Boniface de Colle, d'une noble famille d'Alexandrie, qui aussitôt l'approuva et s'offrait pour compagnon. Peu après, la projet fut comme deviné par Jean-Pierre Caraffe, évêque de Théate, qui depuis longtemps désirait quitter la mer orageuse de ce monde pour se réfugier dans quelque port. Dès qu'il eût entrevu quel ordre on voulait établir, il en fut transporté de joie, car il voyait réunis les offices et les vertus de la vie monastique et de la vie cléricale.

Il vint donc de lui-même trouver Gaëtan, le pria instamment de le recevoir pour compagnon; s'il n'avait point assez de mérite, du moins il avait conçu depuis assez longtemps l'idée d'un institut semblable, mais sans oser s'ouvrir à personne. On ne pouvait donc refuser à un ami et à un évêque au moins la dernière place. Gaëtan, émerveillé de voir un tel évêque ambitionner la vie des pauvres clercs, s'excusa le mieux qu'il put, lui représentant qu'il ne convenait pas à un évêque de quitter son troupeau pour entrer dans le cloître; que, dans le moment actuel, l'Eglise avait plus besoin que jamais de vaillants capitaines; qu'il continuât donc avec les autres évêques à commander la milice chrétienne, laissant les particuliers, comme lui, s'enrôler parmi les simples soldats. Pierre ne se rendit point, mais insista toujours davantage. Enfin, mettant les deux genoux en terre, d'un visage moitié fâché et presque menaçant, il dit à son saint ami : « Eh bien! au jour du jugement, je vous demanderai compte de mon âme devant Jésus-Christ, si à l'instant même vous ne m'admettez du milieu des tempêtes du siècle dans le port tranquille de la vie religieuse. » Etonné d'une pareille constance, Gaëtan se jette à ses genoux, l'embrasse tendrement et s'écrie : Ah! seigneur, jamais je ne vous abandonnerai!

L'évêque de Théate, qui fut depuis pape sous le nom de Paul IV, était un de ces soixante prélats de la cour romaine qui formaient la confrérie de l'*Amour divin*, et qui depuis plusieurs années, travaillaient avec zèle et succès à la réformation morale du clergé et du peuple. Soixante prélats exemplaires dans une cour que l'hérésiarque de Wittemberg nous représentait tout à l'heure comme un abîme de corruption! quelle calomnie!

Les deux amis, saint Gaëtan de Thienne et Pierre Caraffe de Naples, ne cherchaient plus, avec Boniface de Colle, que les moyens de réaliser leur projet avec la grâce du Seigneur. Un quatrième vint se joindre à eux, ami particulier de l'évêque de Théate, Paul Consigliari, de l'illustre maison de Ghisleri, dont nous verrons sortir le saint pape Pie V. Ce furent les quatre colonnes du nouvel ordre de clercs réguliers. C'était en 1524, sous le pontificat de Clément VII, successeur d'Adrien VI, qui le fut de Léon X.

L'affaire ayant été portée devant le souverain Pontife, avec le plan de l'institut, souleva bien des difficultés parmi les cardinaux et les prélats. Afin d'extirper le poison de l'avarice, ordinairement si funeste au clergé, et de conduire au plus parfait détachement des choses du monde, les quatre serviteurs de Dieu ne voulurent point avoir de revenus même en commun, persuadés que la Providence leur ferait trouver de quoi subsister dans les oblations volontaires des fidèles. Cet article éprouva beaucoup d'opposition de la part des cardinaux; ils crurent qu'il ne pouvait s'accorder avec les lois ordinaires de la prudence. Ils cédèrent pourtant à la fin aux instances des fondateurs, qui leur représentèrent que le genre de vie dont il s'agissait avait été celui de Jésus-Christ, des apôtres et des hommes apostoliques, et que ceux qui étaient honorés du même ministère pouvaient encore le suivre. D'ailleurs, Jésus-Christ ne dit-il pas : *Cherchez avant tout le royaume de Dieu et sa justice, et le reste vous sera donné par surcroît*. Une autre difficulté fut relative à l'évêque de Théate. Le Pape et les cardinaux représentaient qu'un tel prélat était plus utile et plus nécessaire à l'Eglise dans l'épiscopat que dans le cloître. Les serviteurs de Dieu répondirent que l'évêque de Théate ne serait pas moins utile à l'Eglise dans la congrégation des clercs réguliers dont il serait le père, que dans un diocèse particulier, et qu'après avoir combattu jusqu'alors à la tête des phalanges chrétiennes, il combattrait désormais du haut d'une tour sacrée avec sa compagnie : exemple non moins utile que l'autre. Enfin le Pape et les cardinaux cédèrent : le nouvel ordre fut approuvé; l'affaire, commencée à l'Invention de la Sainte-Croix, 3 mai, fut terminée à l'Exaltation de la Sainte-Croix, 14 septembre. La croix fut comme l'étendard du nouvel ordre. Ce dernier jour, 14 septembre, dans la basilique de Saint-Pierre, devant le grand autel, après la messe, la communion et la lecture des bulles pontificales, les nouveaux religieux firent leurs vœux solennels entre les mains de l'évêque de Caserte, tenant la place du Pape, avec promesse d'obéissance au supérieur à élire. Le commissaire du souverain Pontife les bénit de sa part, et les revêtit solennellement de l'habit de clercs réguliers. Pierre Caraffe en fut élu premier supérieur, et, comme il portait toujours le titre d'évêque de Théate, les clercs réguliers dont il était supérieur reçurent le nom de *Théatins*.

Les fins principales que les Théatins se proposèrent, furent d'instruire le peuple, d'assister les malades, de combattre les erreurs dans la foi, de rétablir parmi les laïques l'usage saint et fréquent des sacrements, de faire revivre dans le clergé l'esprit de désintéressement, de régularité et de ferveur, l'amour de l'étude de la religion, le respect pour les choses saintes, et surtout pour ce qui a rapport aux sacrements et aux cérémonies du culte divin.

On s'aperçut bientôt à Rome et dans toute l'Italie des heureux effets produits par le zèle de Gaëtan et de ses associés. L'odeur de sainteté que répandait leur vie multipliait tous les jours le nombre de leurs coopérateurs. Ils demeurèrent d'abord à Rome dans une maison qui appartenait à Boniface de Colle;

cette maison étant devenue trop petite, ils en prirent une plus grande au mont Pincio. L'année suivante, ils virent leur ordre en danger de périr, lorsqu'à peine il venait de naître.

Comme nous le verrons plus en détail dans son lieu, la ville de Rome fut prise d'assaut, le 6 mai 1527, par l'armée de Charles-Quint, sous les ordres du connétable de Bourbon, et composée en grande partie de luthériens et d'ennemis du Saint-Siège. Le Pape et les cardinaux se retirèrent au château Saint-Ange. Les soldats vainqueurs pillèrent la ville, et y commirent plus de cruautés que n'avaient fait les Goths mille ans auparavant. La maison des Théatins fut presque entièrement démolie. Un soldat, qui avait connu saint Gaëtan à Vicence, s'imaginant qu'il possédait des richesses, le représenta comme tel à son officier. On arrêta sur-le-champ le serviteur de Dieu, et on lui fit souffrir mille tortures et mille indignités, pour l'obliger à livrer un trésor qu'il n'avait pas. A la fin cependant on le mit en liberté, mais extrêmement faible et tout meurtri des coups qu'il avait reçus. Il partit de Rome avec ses compagnons. Ils n'emportèrent tous que leurs bréviaires et les habits qui les couvraient.

S'étant retirés à Venise, ils y furent reçus avec empressement, et s'établirent dans le couvent de Saint-Nicolas-Tolentin. On élut Gaëtan supérieur de cette maison. Sa sainteté, son zèle à procurer la gloire de Dieu, son application à inspirer aux ecclésiastiques l'esprit de ferveur et le mépris du monde, firent universellement estimer son ordre. Cette estime s'accrut encore par la charité dont il parut animé durant la peste qui affligea Venise, et durant la famine qui fut la suite de ce fléau.

De Venise, Gaëtan fut envoyé à Vérone, où son zèle et sa présence étaient nécessaires. Il y avait une grande fermentation. Les laïques s'opposaient de toutes leurs forces à certains règlements que leur évêque venait de faire par rapport au rétablissement de la discipline. Le saint calma peu à peu les esprits; lorsque tout fut tranquille, il engagea facilement le peuple à recevoir la réforme introduite par l'évêque, dont les intentions avaient pour but la gloire de Dieu et l'utilité de ses diocésains.

Quelque temps après, il fut appelé à Naples, pour y fonder une maison de son ordre. Le comte d'Oppino lui donna un bâtiment propre à loger sa communauté; mais il ne put, malgré toutes ses instances, lui faire accepter la donation d'un fonds de terre qu'il avait dessein de lui faire. Les exemples et les prédications de Gaëtan, soutenus par des miracles, produisirent bientôt une révolution générale dans les mœurs du clergé et du peuple. Les travaux du ministère ne lui faisaient pas négliger le soin de sa propre sanctification. Il avait des moments marqués pour ses exercices, il y donnait quelquefois six ou sept heures de suite, et il y était souvent favorisé de grâces extraordinaires.

Etant retourné à Venise en 1537, Gaëtan y fut fait supérieur une seconde fois. Les trois ans de sa supériorité révolus, il revint à Naples, où il gouverna la maison de son ordre jusqu'à sa bienheureuse mort. Ses austérités, jointes à ses travaux continuels, lui causèrent une maladie de langueur, et il s'aperçut bientôt qu'il approchait de son dernier moment. Le médecin lui conseillant de renoncer à la coutume qu'il avait de coucher sur des planches, il lui répondit : « Mon Sauveur est mort sur la croix, laissez-moi du moins mourir sur la cendre. » Il voulut qu'on le couchât sur un cilice couvert de cendres et étendu par terre. Ce fut en cet état qu'il reçut les derniers sacrements. Il expira dans de vifs sentiments de componction, le 7 août 1547. Il s'opéra plusieurs miracles par son intercession, et la vérité en fut constatée à Rome, après un examen rigoureux. On en trouve l'histoire dans les Bollandistes. Saint Gaëtan fut béatifié en 1629, et canonisé en 1691. On garde ses reliques dans l'église de Saint-Paul, à Naples (*Acta Sanct.*, et Godescard, 7 août).

A la mort de saint Gaëtan, les Théatins n'avaient que deux maisons, celle de Venise et celle de Saint-Paul, de Naples. Ils eurent ensuite quatre provinces en Italie : la province de Naples, la province de Sicile, et deux en Lombardie. Ils eurent aussi une province en Allemagne, une en Espagne, deux maisons en Pologne, une en Portugal et une à Goa. En France, ils ne possédèrent que la maison de Paris, qui a produit plusieurs personnages recommandables, entre autres, le *Père Boyer*, évêque de Mirepoix, précepteur du dauphin, père de Louis XVI.

Un ami et contemporain de saint Gaëtan de Thienne fonda une autre congrégation : ce fut saint *Jérôme Emiliani* ou *Emilien*. Il naquit à Venise l'an 1481, et eut pour père Ange Emiliani, et pour mère Éléonore Morocini, tous deux issus de maisons nobles, qui ont donné à l'Eglise plusieurs prélats, et à la république vénitienne des procurateurs de Saint-Marc, des sénateurs et de grands capitaines; son père même était actuellement sénateur, lorsqu'il vint au monde. Jérôme fit paraître dans son jeune âge beaucoup d'inclination pour la vertu, il s'adonna à l'étude des lettres humaines, et il fit même assez de progrès jusqu'à l'âge de quinze ans; le bruit des armes interrompit alors le cours de ses études, et réveilla en lui le courage martial que quelques-uns de ses ancêtres avaient fait paraître.

En 1495, les Vénitiens levèrent des troupes, et Jérôme Emilien s'engagea dans cette milice, sans avoir égard aux pleurs de sa mère, qui, ayant perdu son mari depuis peu, recevait de nouveaux chagrins par l'éloignement de Jérôme; elle le regardait comme l'unique consolation qui lui restât dans son veuvage, quoiqu'il fût le dernier de ses enfants : elle appréhendait de le perdre, peut-être de plus d'une manière.

Ce fut donc à l'âge de quinze ans que Jérôme prit le parti des armes, et il se laissa bientôt entraîner au torrent des dissolutions qui règnent parmi la plupart des personnes de cette profession. Les reproches de sa mère et de ses frères n'y faisaient rien : il n'y eut que l'ambition qui mit quelques bornes à ses désordres. Pour parvenir aux grandes charges de la république, il fallait avoir tenu une conduite honorable. L'an 1508, il servit de nouveau dans l'armée que les Vénitiens levèrent pour s'opposer à la ligue de Cambrai. Le sénat de Venise commit à Emilien la défense de Castelnovo sur les confins de Trévise; il y fut à peine entré avec quelques troupes, que le gouverneur, voyant les murailles ruinées par l'artillerie, les ennemis prêts à donner un assaut général, se retire secrètement la nuit, laissant l'épouvante parmi la garnison. Emilien, pour réparer la lâcheté du gouverneur, fit refaire les brèches, et résolut de défendre la place jusqu'à la dernière extrémité. Il soutint plusieurs assauts; mais enfin le château fut forcé, une partie de la garnison passée au fil de l'épée, et Emilien jeté dans une obscure prison. Les Allemands lui mirent les fers au cou, aux mains et aux pieds avec un boulet de marbre, ne lui donnant pour toute nourriture que du pain et de l'eau, et lui firent mille outrages.

Rien ne lui semblait plus affreux que la mort qu'il attendait à tout moment. Mais bientôt il craignit quelque chose bien plus vivement que la perte de son corps, c'était la perte de son âme. Sans aucun secours humain, il ne voyait de ressource qu'en Dieu : Dieu qu'il avait si longtemps oublié, Dieu qu'il avait si grièvement offensé! De là des regrets amers sur ses désordres : il reconnut, en versant un torrent de larmes, que Dieu n'était que juste, et qu'il avait mérité ce qu'il souffrait. Pendant que ces tristes pensées le jettent dans une affliction extrême, tout une illumination divine éclaire son âme et y ramène le calme : il se ressouvient de Notre-Dame de Trévise, la Consolatrice des affligés, le Refuge des pécheurs. Aussitôt, fondant en larmes et en prières, il la supplie d'avoir pitié du plus misérable des pécheurs, et de lui obtenir de son Fils grâce et miséricorde. Il fait vœu de visiter nu-pieds son saint temple à Trévise, d'y faire célébrer des messes, d'y publier ses bienfaits et de vive voix et par des tableaux.

A peine a-t-il prononcé son vœu, que la prison est éclairée d'une lumière céleste. La Mère de Dieu, la Consolatrice des affligés lui apparaît, l'appelle par son nom, lui donne les clés de ses fers et de son cachot, lui commande de sortir et d'exécuter fidèlement sa promesse. Elle le conduit de même à travers l'armée ennemie, jusqu'à la porte de Trévise. Il y entre, se rend à l'église de la Vierge, dépose au pied de son autel les clés de sa prison, les fers de son cou, de ses pieds et de ses mains, suspend à la voûte son boulet de marbre, publie tous ces faits de vive voix, les fait enregistrer par-devant notaire et peindre dans des tableaux.

A la paix, les villes qui avaient été prises sur les Vénitiens leur ayant été rendues, ils n'eurent pas plus tôt reçu Castelnovo, que le sénat, pour reconnaître la générosité d'Emilien, le courageux défenseur de cette place, donna ce château à sa famille pour en jouir pendant trente ans, et Emilien en fut fait podestat ou chef de la justice; mais il n'exerça pas longtemps cet emploi, l'ayant quitté après la mort de son frère, pour aller à Venise prendre la tutelle de ses neveux. En faisant valoir leurs biens, il eut grand soin de les élever dans la piété : il leur servit même d'exemple; car, depuis qu'il eut quitté la charge de podestat, il s'acquitta des promesses qu'il avait faites à Dieu de changer de vie; et ne voulant rien faire sans l'avis d'un sage directeur, il choisit un chanoine régulier de la congrégation de Latran, qui joignait beaucoup de piété à un profond savoir; il s'abandonna entièrement à la conduite de ce saint religieux, qui lui fit fouler aux pieds tout ce qui sentait la vanité et le luxe.

Emilien renonça donc à toutes les douceurs et les commodités de la vie. Il n'eut plus d'autres sentiments de lui-même que ceux d'une humilité profonde. Il oublia la noblesse et les dignités de sa maison, et ne retint de tous les avantages de sa naissance qu'une certaine politesse, qui lui servit dans la suite à gagner beaucoup d'âmes à Dieu. Il affligeait son corps par des jeûnes et des macérations extraordinaires, il ne lui accordait que quelques heures de sommeil, passant le reste de la nuit à la prière et à l'oraison. Ses occupations pendant la journée étaient de visiter les églises et les hôpitaux, procurant aux malades tous les secours spirituels et temporels dont ils avaient besoin. Ses libéralités ne s'étendaient pas seulement sur les pauvres des hôpitaux et les indigents qu'il trouvait dans les rues, mais, lorsqu'il prévoyait que quelques filles étaient en danger de prostituer leur honneur, il leur procurait des dots et des partis avantageux pour les pourvoir.

Tout le monde fut surpris de ce changement; mais Emilien l'était encore davantage lui-même, lorsqu'il considérait qu'il avait été si longtemps sans ressentir la pesanteur des chaînes et toutes les horreurs de l'esclavage dont Dieu l'avait délivré : il ne pouvait penser aux désordres de sa vie passée, qu'il ne versât des torrents de larmes. Plus il avançait dans le chemin de la vertu, plus il se sentait embrasé d'amour pour Dieu et pour le prochain. Il eut occasion d'exercer cette vertu dans une famine générale dont l'Italie se ressentit l'an 1528. Les peuples de la campagne, faute de pain, étaient obligés de manger jusqu'aux animaux les plus immondes, ou de se contenter de quelques racines pour conserver leur vie languissante. La mort en enlevait tous les jours et laissait sur le visage de ceux qui restaient de funèbres indices que leur tour ne tarderait guère. Les préfets de l'*annone* ou des approvisionnements, à Venise, surent d'abord, par leurs soins, remédier à la disette, en faisant venir des blés de plusieurs endroits; mais cette espèce d'abondance qu'ils avaient procurée à la capitale, y attira de toutes parts une si grande quantité de monde, que la disette recommença bientôt. Emilien plus que tous les autres eut compassion de tant de misérables, il vendit jusqu'à ses meubles pour les soulager, et sa maison devint un hôpital où il les recevait et leur procurait tous les secours possibles.

Une espèce de maladie contagieuse ayant succédé à cette famine, saint Jérôme Emilien en fut attaqué et réduit à une telle extrémité, qu'après avoir reçu tous les sacrements, il n'attendait que le moment de la mort. Mais, appréhendant qu'il n'eût pas assez satisfait pour ses péchés par la pénitence, il demanda à Dieu la santé, pour faire en ce monde une pénitence plus longue et pour exécuter ce qu'il jugerait à propos de lui ordonner pour le salut du prochain. Sa prière fut exaucée, ses forces revinrent, il continua ses exercices de piété avec plus de zèle encore. Pour s'acquitter des promesses qu'il venait de faire à Dieu, il rendit compte de l'administration de leur bien à ses neveux, se dépouilla de la robe de sénateur, revêtit un habit pauvre qu'il avait acheté pour quelque indigent, prit de méchants souliers et parut dans cet état au milieu des rues de Venise. Les uns en faisaient des risées, comme d'un homme qui avait perdu l'esprit; d'autres, qui le connaissaient mieux admiraient son humilité; plusieurs restèrent en suspens et attendirent quels seraient les effets de cette nouvelle manière de vie. On ne tarda guère à les voir.

La famine et la contagion avaient enlevé un grand nombre de personnes, tant à la ville qu'à la campagne; on trouvait partout une foule d'orphelins, privés de parents et de secours, réduits à la mendicité, sans aucune éducation, et par là même exposés à tous les vices. Pour l'amour de Dieu, Émilien se fit le père et la mère de ceux qui n'en avaient plus. Il disposa une maison pour les recevoir, alla les chercher par les rues et les places, leur procura des maîtres pour leur apprendre des métiers, sans permettre qu'aucun d'eux mendiât davantage, suppléant par sa charité à ce qui manquait encore au bénéfice de leur petit travail. Il avait encore bien plus soin du salut de leurs âmes. Le matin, il leur faisait dire leurs prières, entendre la sainte messe, apprendre à lire, pour écarter toute mauvaise pensée : le travail manuel était varié par des moments de silence, par des lectures qu'on leur faisait, par le chant des hymnes et des litanies, en particulier du saint rosaire. Deux fois par jour, avant et après le travail, il leur apprenait les éléments de la doctrine chrétienne. En se lavant les mains, avant de se mettre à table, ils récitaient à haute voix le *Miserere* pour les âmes du purgatoire. Ils se confessaient tous les mois et aux principales fêtes de Notre Seigneur et de la sainte Vierge. Ils étaient tous vêtus de blanc. Les jours de fête, il les conduisait en procession et chantant des litanies, par les rues et les places de Venise, visiter les principaux sanctuaires ou entendre quelque sermon. Tout la ville accourait à cet édifiant spectacle. On était ému jusqu'aux larmes de voir ce noble sénateur, ce brave capitaine vêtu en pauvre et devenu le père des orphelins.

La piété, la modestie de ces enfants attendrissaient tous les cœurs : la plupart des spectateurs pleuraient de joie; d'autres, faisant chœur avec les enfants qui chantaient les litanies de la sainte Vierge, répondaient dévotement *Ora pro nobis*. Ce fut une commotion de piété par toute la ville. Tout le monde voulut voir la maison des orphelins. Ce que l'on y vit d'admirable attira bientôt des secours suffisants.

Saint Émilien se mit alors à visiter les environs de Venise. Il trouva une misère plus grande, des jeunes et des vieux réduits à mourir de faim : il eut soin des uns et des autres. Venise lui confia l'hôpital des incurables. Émilien s'en chargea de grand cœur, de concert avec ses deux amis, saint Gaëtan de Thienne et Pierre Caraffe de Naples. D'ailleurs il avait encore d'autres puissants soutiens. Quand il voulait obtenir de Dieu quelque grâce particulière, il faisait prier avec lui quatre petits orphelins au-dessous de huit ans, et jamais il ne manquait d'obtenir ce qu'il demandait.

Le zèle d'Émilien pour les œuvres de miséricorde croissait avec le succès. Voyant donc celles de Venise dans un état prospère, il en confia le soin à quelques pieux amis et vint en fonder de semblables à Padoue et à Vérone. Dans cette dernière ville, il vécut quelque temps inconnu parmi les pauvres, mendiant son pain comme eux, afin d'avoir une occasion plus naturelle de les instruire des vérités de la religion chrétienne. L'hôpital de Vérone fut bâti par son entremise. Passé de cette ville à Brescia, il y fonda une seconde maison d'orphelins, avec le même règlement qu'à Venise. Un riche bourgeois de Brescia voulut en mourant le faire son légataire universel; mais il refusa la donation et persuada à cet homme de donner son bien au grand hôpital, à condition qu'il serait obligé de fournir les orphelins de médicaments lorsqu'ils seraient malades, de donner des ornements à leur église et de faire bâtir leur maison : ce que saint Charles Borromée, faisant la visite à Brescia en qualité de visiteur apostolique, fit exécuter par les administrateurs de cet hôpital.

A Bergame et dans les environs, il trouva d'autres occasions d'exercer sa charité. Par suite de la famine et de la peste, la plupart des maisons étaient vides d'habitants, surtout à la campagne. C'était le temps de la moisson; les blés étaient mûrs, mais il n'y avait ni moissonneur ni faucille, la récolte allait être perdue. Émilien, se faisant tout à tous, ramasse de toutes parts des faucilles et ce qu'il peut engager de paysans; se met à leur tête et coupe les blés, malgré les chaleurs insupportables de la canicule en Italie. Pendant que les autres prennent leur repos ou leur repas, lui s'applique à la prière, se contentant pour toute nourriture d'un peu de pain et d'eau. Ce n'est pas tout. Pour alléger leur pénible travail, les moissonneurs avaient l'habitude de chanter quelques chansons frivoles ou même mauvaises. Émilien, avec sa grâce ordinaire, sut les en détourner. Il entonnait lui-même d'une voix harmonieuse, tantôt l'Oraison dominicale, tantôt la Salutation angélique ou le Symbole des apôtres; les autres moissonneurs répétaient après lui, en sorte que toute la campagne retentissait des louanges de Dieu.

Dans la ville même de Bergame, il fonda deux établissements d'orphelins, l'un pour les garçons, l'autre pour les filles. Mais surtout il entreprit une œuvre tout à fait nouvelle : c'était de retirer du désordre les filles et les femmes perdues. En ayant converti quelques-unes, il les plaça d'abord chez des dames vertueuses. Il alla trouver les propriétaires dont les maisons servaient au libertinage, et obtint qu'ils les fermeraient désormais au scandale. Un plus grand nombre de prostituées s'étant converties alors, il les réunit dans une maison à part, avec un règlement pour les affermir dans leurs bonnes résolutions et les préserver de la rechute.

L'évêque de Bergame était alors Louis Lippomani, prélat illustre par sa doctrine et par l'innocence de sa vie, que nous verrons un des présidents du concile œcuménique de Trente. Il est auteur de plusieurs ouvrages, et fut un généreux soutien de saint Jérôme Émiliani dans ses bonnes œuvres à Bergame.

Avec la bénédiction de ce pieux et savant évêque, Émilien parcourut en apôtre les villages et les hameaux les plus reculés du diocèse accompagné de quelques enfants des plus instruits dans la doctrine chrétienne. Voici quelle était sa méthode. Arrivés dans un endroit, il allait d'abord à l'église, implorer la grâce de Dieu et l'intercession du saint patron sur son entreprise. Une clochette, apportée exprès, invitait ensuite tous les habitants à se réunir. Quand ils étaient un certain nombre, Émilien s'adressait aux plus pauvres et aux enfants, leur apprenait d'une manière familière les principaux mystères de la foi chrétienne, l'Oraison dominicale, la Salutation angélique, le Symbole des apôtres, les Commandements de Dieu et de l'Eglise, quelquefois même à faire le signe de la croix; car l'ignorance de quelques-uns allait jusque-là. Ses petits catéchistes le secondaient à merveille et s'attachaient de préférence aux enfants de leur âge. Le succès fut prodigieux. Mieux instruits, les pauvres gens de la campagne commencèrent une meilleure vie, renoncèrent à leurs inimitiés, à leurs jurements et à se voler les uns les autres. Tous ces vices furent remplacés par les vertus contraires. L'exemple de saint Emilien était encore plus efficace que ses paroles : nuit et jour ils le voyaient occupé à instruire, à prier, ou bien à visiter et à servir les malades.

Quand il revint à Bergame, où la renommée avait publié toutes ces merveilles, deux saints prêtres se joignirent à lui : c'étaient Alexandre Besuzio et Augustin Barilo, tous deux riches, mais qui tous deux distribuèrent leurs biens aux pauvres, pour imiter la pauvreté volontaire de saint Emilien. Dans ce temps-là même celui-ci faisait deux nouveaux établissements à Côme, par les libéralités de Bernard Odescalchi, qui finit par lui donner sa propre personne. Un autre associé illustre fut le comte Primus, issu d'une sœur de Didier, l'ancien roi des Lombards, contemporain de Charlemagne.

Il fut alors question plus que jamais entre les pieux amis de se former en congrégation régulière et de choisir un chef-lieu. Ils ne voulaient point le mettre dans les villes, mais dans quelque endroit retiré qui pût leur servir de séminaire. Le village de Somasque, entre Milan et Bergame, leur parut favorable pour cela. De là leur nom de *Clercs réguliers Somasques*. Après avoir cherché une maison commode pour y recevoir les pauvres orphelins, ils y firent leur demeure, et le saint fondateur y prescrivit les premiers règlements pour le maintien de la congrégation. La pauvreté y paraissait sur toutes choses, tant dans les habits que dans les meubles. Les mets délicats étaient bannis de leur table, et ils se contentaient de la nourriture des paysans et des pauvres. On y faisait la lecture pendant les repas. Le silence y était exactement observé et les austérités fort fréquentes. Il y avait une sainte émulation entre eux à qui pratiquerait le plus de mortification, et Emilien était le premier à exciter les autres par son exemple. Ils joignaient à la mortification une prompte obéissance et beaucoup d'humilité. Ils employaient une partie de la nuit à l'oraison; pendant le jour, ils conféraient ensemble des choses saintes, ou ils s'occupaient de quelque travail manuel, et ils allaient dans les environs, servir les malades et instruire les pauvres gens de la campagne. Le but principal des Somasques était dès lors et l'est encore l'instruction des enfants et des jeunes ecclésiastiques.

Saint Jérôme Emiliani se rendit à Milan et à Pavie pour faire d'autres établissements, auxquels François Sforce, duc de Milan, contribua beaucoup. Repassant par Somasque, il alla jusqu'à Venise, mais n'y fit pas un long séjour. Une horrible peste ayant envahi le territoire de Bergame, il y revint promptement servir les malades. Il en fut attaqué lui-même et mourut à Somasque le 8 février 1537, à l'âge de 56 ans. Il fut béatifié par Benoît XIV et canonisé par Clément XIII. En 1769, le Saint-Siège approuva un office composé en son honneur, et permit de le réciter le 20 juillet.

En 1540, la congrégation des Somasques fut approuvée comme ordre religieux, par Paul III. Pie V et Sixte V confirmèrent cette approbation sous la règle de saint Augustin, l'un en 1571, l'autre en 1586. Les Somasques n'ont de maisons qu'en Italie et dans les cantons suisses demeurés fidèles à la religion catholique. Leur ordre est divisé en trois provinces, celle de Lombardie, celle de Venise et celle de Rome. Le général est triennal et tiré alternativement de chacune de ces provinces (*Acta Sanct.*, 8 fév.; Godescard, 20 juillet; Hélyot, *Ordres religieux*, t. IV, in-4º).

Trois gentilshommes italiens, l'un de Crémone, deux de Milan, établirent, vers 1530, une congrégation semblable, connue sous le nom de *Barnabites*.

Antoine-Marie Zacharie naquit à Crémone l'an 1500, de parents qui tenaient rang parmi la première noblesse de cette ville. Son père se nommait Lazare Zacharie, et sa mère Antoinette Piscarola; elle le mit au monde le septième mois de sa grossesse, et peu après se trouva veuve à la fleur de son âge. Elle ne songea point à convoler à de secondes noces. La perte de son mari la rendit plus libre de vaquer à ses exercices de piété, et sa plus grande attention aux affaires de ce monde, fut de donner une bonne éducation à son fils, l'unique qu'elle avait eu de son mariage. Les jeûnes, les veilles, les oraisons étaient ses occupations continuelles. Il semblait que le petit Antoine-Marie voulût déjà l'imiter dans son jeune âge, en faisant tout ce qu'il lui voyait faire, n'ayant pas de plus grand plaisir que quand, ne faisant encore que bégayer, il récitait les prières que l'on apprend d'ordinaire aux enfants. Sa mère, lui voyant de si heureuses inclinations, les fortifiait encore plus par ses exemples que par ses paroles. Elle fut secondée par la grâce de Dieu au delà de son attente. Un jour le petit Antoine-Marie vint lui dire qu'il avait donné son habit à un pauvre, et que, si c'était une faute, il venait subir sa peine. La pieuse mère lui témoigna au contraire une joie sensible. Depuis ce temps, il ne voulut plus porter de soie, et se contenta d'habits humbles et modestes.

Après ses études d'humanités, il se rendit à Padoue, étudia la philosophie et la médecine, reçut le grade de docteur à vingt ans, et revint à Crémone. Sa mère lui confia le soin des affaires domestiques. Il hésita longtemps s'il devait exercer la médecine, pour éviter l'oisiveté et pour avoir lieu de secourir les pauvres dans leurs maladies. Un Père Dominicain, qu'il avait pris pour son directeur, lui conseilla d'embrasser l'état ecclésiastique. Il étudia pour cet effet la théologie, lisant avec application la sainte Ecriture et les saints Pères, où il fit un grand progrès. Ayant reçu la prêtrise, il se dévoua tout entier au salut du prochain, prêchant tous les dimanches, et avec tant de succès, qu'on vit en peu de temps des conversions considérables à Crémone. Sa compassion pour les pauvres s'accrut avec le sacerdoce. Il les recevait en son logis, leur donnait à manger et les soulageait dans leurs misères. Les étrangers venaient également à lui pour recevoir ses avis et ses conseils.

Obligé de faire plusieurs voyages à Milan, il s'y lia d'amitié avec deux pieux gentilshommes, Barthélemy Ferrari et Antoine Morigia.

Barthélemy, né à Milan même en 1497, perdit tout jeune son père et sa mère, étudia le droit à Pavie, sans se laisser entraîner au mal. De retour à Milan, il entra dans la confrérie de la *Sagesse éternelle*, formée à l'instar de celle de l'*Amour divin* à Rome, et prit en même temps l'habit clérical. Il s'acquitta très-fidèlement de tous les devoirs dont les confrères étaient chargés. On le voyait avec un soin infatigable visiter les hôpitaux, soulager les malades, leur donner ce qui leur était nécessaire, les exhorter à la patience et les consoler par de ferventes exhortations. Les pauvres honteux étaient soulagés dans leurs misères, et il fournissait abondamment de quoi marier les pauvres filles que la nécessité contraignait à prostituer leur honneur. L'état déplorable où était réduit le Milanais par suite des guerres ne lui fournissait que trop de moyens divers pour exercer sa charité.

Jacques-Antoine Morigia naquit l'an 1493, d'une ancienne famille de Milan, qui compte parmi ses ancêtres les saints Nabor et Félix, martyrisés sous Maximilien Hercule. Il perdit son père peu après sa naissance : sa mère, femme du monde, négligea son éducation sous le rapport de la religion et de la vertu. Après ses études, il se livra donc à tous les plaisirs et désordres de la jeunesse. Cependant, de temps à autre il allait rendre visite à quelques-unes de ses parentes, qui étaient religieuses. Leurs exhortations finirent par le ramener. Il conçut un tel dégoût pour les vanités du monde, que, déposant ses habits précieux, il se revêtit d'une pauvre soutane et demanda d'être inscrit parmi les clercs du diocèse. Il entra aussi dans la société de la *Sagesse éternelle*.

Mais cette société était bien déchue. Les confrères étaient réduits à un petit nombre, le tumulte de la guerre et une cruelle peste avaient interrompu les œuvres de charité auxquelles ils étaient engagés, comme de fréquenter les sacrements, d'enseigner la jeunesse, de vaquer à la prédication, à l'oraison et à la prière, visiter les pauvres, les soulager dans leurs misères, et autres exercices semblables. Barthélemy Ferrari et Antoine Morigia gémissant de ces désordres, ne trouvèrent d'autre moyen d'y remédier que de s'unir à Zacharie de Crémone, pour former ensemble une congrégation de clercs réguliers, dont les principales obligations seraient de confesser, prêcher, enseigner la jeunesse, diriger les séminaires, faire des missions et conduire les âmes, selon que les évêques les emploieraient dans leurs diocèses. Ce fut donc l'an 1530 qu'ils s'unirent ensemble pour ce sujet à Milan. En peu de temps ils eurent d'autres compagnons, dont les premiers furent de simples prêtres d'une éminente piété. Ils prirent le nom de *Clercs réguliers de saint Paul*, mais sont plus connus sous le nom de *Barnabites*, à cause d'une église de saint Barnabé, qui leur fut donnée plus tard. Leur institut fut approuvé par Clément VII, Paul III, Grégoire XIII. Saint Charles en avait la plus haute estime. Il choisit son confesseur parmi les Barnabites : ce fut le bienheureux Alexandre Sauli, évêque d'Aléria et apôtre de la Corse (Hélyot, t. XIV).

Ce qui est peut-être encore plus merveilleux, à Ravenne, une congrégation semblable, celle des *Clercs réguliers du bon Jésus*, fut établie par une pauvre fille aveugle, et aveugle depuis l'âge de trois mois. La bienheureuse *Marguerite de Ravenne*, née dans un petit village des environs de cette ville, perdit en effet la vue à l'âge de trois mois, Dieu permettant que celle qui était née pour contempler les choses célestes, fût privée de voir les choses terrestres. A peine eut-elle atteint l'âge de cinq ans, que, voulant de bonne heure châtier son corps, elle s'accoutuma à marcher nu-pieds : ce qu'elle a toujours continué de faire dans quelque saison fâcheuse et par quelque froid que ce pût être. A sept ans, elle augmenta sa vie pénitente par des jeûnes et des abstinences, elle ne prenait son repos que sur la terre nue ou quelquefois sur un peu de sarment; enfin, voulant imiter la pauvreté de celui qu'elle avait choisi pour époux, elle renonça à tout ce qu'elle pouvait posséder et prétendre, et ne reçut que sous le titre d'aumône tout ce qui était nécessaire pour l'entretien de sa vie.

Après avoir demeuré quelques années à la campagne, elle vint à Ravenne. Dieu voulant y éprouver sa patience comme il avait fait celle du saint homme Job, il l'affligea l'espace de quatorze ans par diverses maladies, pendant lesquelles elle ne reçut aucune consolation des hommes. Comme les amis de Job, le voyant couvert d'ulcères et couché sur un fumier, venaient insulter à ses maux, il y eut aussi un grand nombre de personnes qui ne venaient visiter cette sainte fille dans ses maladies que pour s'en moquer et lui reprocher ses maux comme la preuve de ses péchés, et en particulier de son hypocrisie, par laquelle elle trompait les peuples. Au milieu de ces persécutions, son esprit ne perdit point le calme et la tranquillité; plus on l'offensait, plus elle témoignait de joie, persuadée qu'on la traitait encore doucement et qu'elle méritait de plus grands opprobres. Cependant Dieu, qui avait permis qu'elle fût ainsi méprisée, permit aussi que ceux mêmes qui étaient ses accusateurs fussent les premiers à publier ses louanges. Les discours qu'elle leur tenait de temps en temps étaient si vifs et si touchants, qu'ils rentrèrent en eux-mêmes et se convertirent tout à fait. Il y eut plus de trois cents personnes de l'un et de l'autre sexe qui, persuadées de la sainteté de sa vie et de ses lumières surnaturelles, la voulurent avoir pour guide dans les voies du salut.

C'est ce qui lui donna occasion d'établir la Confrérie du bon Jésus, à laquelle elle donna des règlements en vingt-quatre articles. Elle oblige principalement ses disciples d'avoir sur toutes choses un grand amour pour Dieu; elle leur recommande la simplicité de cœur, l'humilité, le mépris de soi-même; de conserver la paix, l'union, la concorde entre eux, de fuir les jugements téméraires, de fréquenter souvent les sacrements, et de châtier leurs corps par les jeûnes et les abstinences, qui sont marqués dans le vingt-quatrième article, savoir : de jeûner, outre les jours prescrits par l'Eglise, tout l'Avent, tous les mercredis, vendredis et samedis de l'année ; au pain et à l'eau les veilles des fêtes de l'Annonciation de la sainte Vierge et le vendredi saint. Elle survécut encore quelques années à l'établissement de cette confrérie, et mourut le 23 janvier 1505, âgée de soixante-trois ans (*Acta Sanct.*, 23 janvier).

Parmi les disciples de cette sainte vierge, il y eut une veuve, nommée *Gentile*, qui mérita aussi par la sainteté de sa vie le titre de bienheureuse. Elle naquit à Ravenne l'an 1471, d'un orfèvre, Thomas Giusti, craignant Dieu, aussi bien que sa femme Dominica. Ils eurent grand soin de l'éducation de leur fille, et elle profita si bien de leurs bonnes instructions, que dès sa jeunesse elle fit paraître de grandes marques de sainteté. C'est ce qui l'attira de bonne heure dans la société ou confrérie de la bienheureuse Marguerite de Ravenne, dont elle fut une des premières disciples; elle fit sous sa conduite de si grands progrès dans la vertu, qu'après la mort de cette sainte fille, elle devint la directrice des autres.

Ses parents l'ayant engagée au mariage, elle épousa un Vénitien, tailleur d'habits, homme cruel et farouche, qui non-seulement la traitait comme une esclave, la frappant souvent et la maltraitant cruellement, mais la dénonça même un jour à l'archevêque de Ravenne comme sorcière et magicienne. Son innocence ayant été reconnue, et son mari ne pouvant plus supporter l'éclat de sa sainteté, il l'abandonna dans un temps de famine, ne lui laissant rien pour sa subsistance. Mais cette sainte femme, ayant mis toute sa confiance en la Providence divine, en ressentit souvent les effets merveilleux. Elle demeura plusieurs années ainsi abandonnée de son mari, qui revint enfin à la maison tout changé, et qui, de cruel et barbare, devint doux comme un agneau, n'eut plus que de l'estime et de la vénération pour sa femme, avec laquelle il vécut encore quelque temps et mourut ensuite de la mort des justes. Il s'appelait Jacques Pianella.

C'est aux prières de cette sainte femme que l'on peut attribuer la conversion de son mari; mais ce ne fut pas la seule qu'elle procura. Il y avait à Ravenne un jeune homme de vingt-cinq ans, qui, après la mort de ses père et mère, s'était abandonné à toutes sortes de licences et était le scandale de la ville; il y avait même plusieurs années qu'il n'avait approché des sacrements. Mais ayant été sollicité par sa sœur d'aller voir la bienheureuse Gentile, il fut si touché de ses discours et des avis qu'elle lui donna, qu'il se convertit entièrement. Ce fut le vénérable Père *Jérôme Maluselli*, natif de Mensa, au territoire de Cusène, principal fondateur des prêtres de l'ordre *du bon Jésus*. Ayant été ainsi converti par la bienheureuse, il devint l'un de ses disciples et mena une vie si sainte et si exemplaire, qu'ayant été ordonné prêtre, la sainte veuve le prit pour son directeur. Comme il lui était resté de son mariage un fils nommé Léon, également prêtre et qui demeurait chez elle avec une de ses cousines, elle engagea Jérôme Maluselli à venir demeurer avec eux; et ils pratiquèrent ensemble les règles qui avaient été laissées par la bienheureuse Marguerite, observant exactement les jeûnes, les abstinences et les autres exercices de piété qu'elle avait prescrits à ses disciples.

Le démon, voyant le progrès que cette sainte compagnie faisait dans la vertu et combien leur exemple lui enlevait tous les jours de pécheurs convertis suscita des personnes dans la ville qui les ac- cusèrent auprès de l'archevêque de mener une vie pleine de superstitions sous une fausse apparence de sainteté. Mais la vérité ayant été reconnue, le démon, trompé dans ses artifices, leur suscita une nouvelle persécution, et réussit enfin à les faire chasser de Ravenne. La peste ayant affligé cette ville l'an 1512, la bienheureuse Gentile, Léon, son fils, sa parente et Maluselli furent envoyés hors de la ville, quoiqu'ils n'eussent aucun mal et qu'ils eussent été préservés de la contagion; ils ne retournèrent à Ravenne que lorsque cette ville fut entièrement délivrée de ce fléau. La sainteté de la bienheureuse Gentile augmentait tous les jours, et l'estime que l'on en faisait était si grande, que le Pape lui permit d'entendre la messe dans sa chambre, parce qu'elle ne pouvait aller à l'église à cause de ses infirmités continuelles. Elle perdit son fils en 1528; mais Jérôme Maluselli lui en tint lieu. Elle le fit même héritier de ses biens à sa mort, qui arriva l'an 1530, le 28 janvier. Elle lui laissa entre autres une maison, qu'elle lui ordonna de convertir en église, l'assurant que Dieu susciterait plusieurs personnes pieuses, qui, par leurs aumônes, contribueraient à cet ouvrage (*Acta Sanct.*, 28 janvier).

Jérôme Maluselli exécuta la même année les dernières volontés de la bienheureuse Gentile, et avec la permission de l'archevêque de Ravenne, il jeta les fondements de cette église le 23 septembre 1530, quoiqu'il n'eût en main qu'une somme fort médiocre. Mais ce que Gentile avait prédit arriva, les aumônes de ceux qui contribuèrent à cet édifice se trouvèrent suffisantes pour le conduire au couronnement, et il fut consacré l'an 1531, le 1er août, par le même archevêque.

Mais une nouvelle persécution s'éleva aussitôt contre le saint fondateur. Quelques prêtres, ayant conçu de la jalousie contre lui, cherchèrent les moyens de lui ôter cette église. Il y en eut quelques-uns qui, pour soulever contre lui le peuple, prêchèrent publiquement que c'était un hérétique, un trompeur et un superstitieux; et déjà on voyait accourir le peuple pour raser cette église, mais il ne s'en trouva aucun d'assez hardi pour l'entreprendre. Le pape Jules II en ayant eu avis, envoya des commissaires à Ravenne pour prendre connaissance de cette affaire, qui fut décidée à l'avantage de Maluselli et à la confusion de ses ennemis.

Ce saint fondateur, se voyant paisible dans la jouissance de son église, dressa les règlements de la congrégation de prêtres qu'il projetait d'établir. Il les tira des règlements qui avaient été dictés par la bienheureuse Marguerite, retranchant ce qui n'était propre que pour les personnes vivant dans le monde. Paul III approuva la congrégation des clercs réguliers du bon Jésus; Jérôme Maluselli en fut le premier supérieur, et la gouverna jusqu'en 1541, où il mourut le 20 août (Hélyot, t. IV).

L'Italie ne fut pas la seule terre qui produisit alors des personnes et des œuvres saintes. En Espagne, un vieux soldat, devenu berger, devint, par son seul exemple, le fondateur d'un ordre de charité qui s'est propagé dans tous les royaumes. Nous voulons parler de saint *Jean de Dieu*.

Il naquit le 8 mars 1495, à Monte-Major, petite ville du royaume de Portugal, dans l'archevêché d'Évora, de parents peu fortunés et peu distingués

LIVRE LXXXIV. — § II. SAINTS PERSONNAGES EN ITALIE ET EN ESPAGNE.

parmi le peuple. Son père, André Ciudad, et sa mère, dont on ne sait pas le nom, l'élevèrent dans tous les exercices de piété dont son enfance était capable. Mais ils le perdirent à l'âge de huit ou neuf ans. Comme ils exerçaient volontiers l'hospitalité, ils logèrent chez eux un voyageur qui se disait prêtre et allait du côté de Madrid. Dans la conversation, il parla de la piété qui régnait dans cette capitale de l'Espagne, et des églises célèbres qu'on y voyait. Cela fit une telle impression sur le petit Jean, qu'il voulut suivre le voyageur. Il se déroba de son père et de sa mère, et se mit en route pour Madrid. Mais il n'y arriva point : le voyageur le laissa dans la ville d'Oropesa en Castille. Des personnes pieuses eurent pitié de l'enfant. François, chef des bergers du comte d'Oropesa, le prit à son service. Cependant sa mère, après beaucoup de perquisitions inutiles, ne l'ayant pu trouver, en mourut de chagrin au bout de vingt jours; son père, non moins affligé de son absence, se retira à Lisbonne et s'y fit religieux de l'ordre de Saint-François.

En attendant, Dieu bénissait les soins et le travail de leur fils. Les biens de son maître, qui l'en avait établi l'économe, s'augmentaient entre ses mains, les troupeaux se multipliaient et la prospérité régnait dans la maison. Le maître le prit en grande affection, et, pour se l'attacher sans retour, lui offrit sa fille en mariage. Jean, qui avait une tendre dévotion à la sainte Vierge, et disait tous les jours le rosaire en son honneur, refusa cette alliance et prit parti dans une compagnie de soldats au service de Charles-Quint, pour marcher contre les Français à Fontarabie.

Le tumulte des armes, le mauvais exemple de ses camarades lui firent oublier ses exercices de piété; il s'accoutuma insensiblement à faire comme les autres. La Providence lui ménagea des accidents, qui le firent rentrer en lui-même. Un jour, on manquait de vivres; Jean, comme le plus jeune, fut chargé d'en trouver dans un village voisin. Il montait une jument nouvellement prise sur les Français; reconnaissant les lieux, elle courut à toute bride vers le camp accoutumé; Jean voulant la retenir, elle se cabra et le jeta sur des pierres sans mouvement et sans vie. Étant un peu revenu à soi, il se mit à genoux, implora le secours de la sainte Vierge, pour ne pas tomber entre les mains de l'ennemi dont il était tout proche. Rentré au camp des Espagnols, il pleura ses désordres, et promit à Dieu d'être plus fidèle à le servir. De ce malheur, il tomba dans un autre. Son capitaine lui ayant confié la garde de quelque butin qu'il avait fait sur l'ennemi, des voleurs l'enlevèrent. Le capitaine l'accusa d'infidélité, le maltraita et voulut le mettre entre les mains de la justice. Plusieurs personnes s'intéressèrent pour lui et obtinrent sa grâce, à condition qu'il renoncerait à la profession des armes.

Il revint à Oropesa, alla trouver son ancien maître, qui le reçut avec beaucoup de tendresse, et lui confia de nouveau le soin de tous ses biens. Il s'acquitta de cette commission avec encore plus d'exactitude, de telle sorte que son maître le sollicita de nouveau à devenir son gendre. Jean s'y refusa toujours, et, pour se délivrer de ces poursuites, prit une seconde fois le parti des armes. C'était dans la guerre de Charles-Quint contre les Turcs. Jean la regardait comme une expédition sainte, où il pouvait souffrir quelque chose pour Jésus-Christ. Il évita tous les désordres où il était tombé dans la première, et, bien loin d'interrompre ses exercices de piété; il les augmenta.

La guerre finie et les troupes licenciées, il revint en Portugal et voulut aller voir ses parents à Monte-Major; il apprit qu'ils étaient morts l'un et l'autre de regret de l'avoir perdu. Il résolut alors de quitter le pays, pour aller servir Dieu ailleurs. Il passa dans l'Andalousie, et se mit au service d'une dame riche, en qualité de berger. Il passa les jours et les nuits dans les exercices de la pénitence et à implorer la miséricorde de Dieu. Il crut enfin qu'il ne pouvait rien faire de plus propre à satisfaire la justice divine, que de se dévouer au service des malheureux. Pour exécuter son dessein, il passa en Afrique, afin de procurer aux esclaves chrétiens toute la consolation et tous les secours qui dépendraient de lui; il espérait encore trouver dans ce pays la couronne du martyre, après laquelle il soupirait ardemment. Étant à Gibraltar, il y rencontra un gentilhomme portugais, que le roi Jean III avait dépouillé de tous ses biens et condamné à l'exil. Les officiers du prince étaient chargés de le conduire, avec sa femme et ses enfants, à Ceuta en Barbarie. Jean, par charité, se mit gratuitement à son service. Mais à peine fut-on arrivé à Ceuta, que le chagrin et l'intempérie causèrent au gentilhomme une maladie fâcheuse; il fut bientôt réduit à une extrême nécessité, et obligé de vendre, pour sa subsistance et pour celle de sa famille, le peu qu'il avait apporté. Cette ressource ayant manqué, notre saint y suppléa en vendant tout ce qu'il possédait. Il ne s'en tint pas là, il alla encore travailler aux ouvrages publics, et employa le salaire de ses journées au soulagement de ses malheureux maîtres. La joie pure qu'il goûtait dans les exercices de sa charité, fut troublée par l'apostasie d'un de ses compagnons. Ceci joint aux avis de son confesseur, qui lui représenta qu'il y avait de l'illusion à rechercher le martyre, le détermina à repasser en Espagne.

De retour à Gibraltar, il se mit à y vendre des images et des livres de piété; ce qui lui fournissait l'occasion d'exhorter à la pratique de la vertu ceux qui s'adressaient à lui. Comme ses fonds s'étaient considérablement augmentés, il se rendit à Grenade, où il établit une boutique en 1538. Il était âgé alors d'environ 43 ans.

Sachant que la ville de Grenade célébrait avec beaucoup de dévotion la fête de saint Sébastien, il se transporta dans l'ermitage du nom de ce saint. La foule y fut grande cette année, parce que Jean d'Avila, prêtre d'une grande sainteté, le plus célèbre prédicateur d'Espagne, et surnommé l'Apôtre de l'Andalousie, devait y prêcher. Jean, l'ayant entendu, fut si touché de son sermon, qu'il versa un torrent de larmes, et remplit l'église de ses cris et de ses lamentations. Il détestait publiquement sa vie passée, se frappait la poitrine, et demandait tout haut miséricorde pour les péchés qu'il avait commis. Non content de cette première démarche, il se mit à courir les rues, s'arrachant les cheveux, et faisant tant d'autres choses extraordinaires, que la populace le poursuivit, comme un insensé, à coups de pierres et de bâton. Enfin il rentra chez lui, tout couvert de boue et de sang: Il donna aux pauvres tout ce qu'il avait, et se réduisit à une pauvreté complète. Il recommença à contrefaire l'insensé, et à courir les rues comme auparavant. Quelques personnes eurent pitié de lui; elles l'arrêtèrent et le conduisirent au vénérable Jean d'Avila. Ce grand homme, plein de l'Esprit de Dieu, découvrit bientôt que notre saint n'était point tel qu'il paraissait à l'extérieur; il lui parla en particulier, entendit sa confession générale, lui donna des avis salutaires, et lui promit de l'assister en toute occasion.

Cependant notre saint, brûlé d'un ardent désir des humiliations, contrefit de nouveau l'insensé; en sorte qu'on crut devoir l'enfermer comme un frénétique. On employa les meilleurs les plus violents pour le guérir de sa prétendue maladie. Il souffrit tout en esprit de pénitence et en expiation de ses péchés passés. Jean d'Avila, informé de ce qui se passait, alla le visiter: Il le trouva épuisé de forces et tout couvert des plaies faites par les coups de fouet qu'on lui avait donnés; mais si son corps était dans un état de faiblesse, son âme était pleine de vigueur et de courage, et saintement avide de nouvelles souffrances et de nouvelles humiliations. D'Avila fut extrêmement édifié d'un amour si extraordinaire de la pénitence. Cependant, après avoir donné aux motifs du saint les éloges qu'ils méritaient, il lui conseilla de changer son genre de vie, et de s'occuper désormais à quelque chose dont il pût résulter une plus grande utilité pour le public. Jean profita des avis de son directeur, et revint aussitôt à son état naturel, ce qui surprit beaucoup les personnes chargées de le garder. Il servit quelque temps les malades de l'hôpital où il était, il en sortit le jour de la Sainte-Ursule de l'année 1530.

Il ne pensa plus qu'au moyen d'exécuter le dessein qu'il avait formé de faire quelque chose pour le soulagement des pauvres. Mais, avant de rien entreprendre, il se mit sous la protection de la sainte Vierge, et fit un pèlerinage à Notre-Dame de Guadeloupe en Estramadure. A son retour, il commença à vendre du bois au marché, et il employait au soulagement des malheureux le gain qui lui en revenait. Il loua ensuite une maison pour y retirer les pauvres malades, et il pourvoyait à tous leurs besoins avec une activité, une vigilance et une économie qui étonnèrent toute la ville. Ceci arriva l'an 1540. Telle fut la fondation de l'*ordre de la Charité*, qui, par une bénédiction visible du ciel, s'est depuis répandu dans toute la chrétienté. Le saint passait les jours auprès des malades, et employait les nuits à en transporter de nouveaux dans son hôpital. Les habitants de Grenade furent si édifiés de cet établissement, qu'ils s'empressèrent à l'envi de fournir toutes les choses dont les malades avaient besoin. L'archevêque, témoin des grands biens qui en résultaient et de l'ordre admirable qui y régnait par rapport à l'administration des secours spirituels et temporels, le prit sous sa protection, et donna des sommes considérables pour le rendre fixe et permanent. L'exemple du prélat produisit les meilleurs effets, et excita la charité de plusieurs personnes vertueuses. Comment, en effet, n'aurait-on pas favorisé un institut aussi utile, et dont le fondateur était un modèle accompli de charité, de patience et de modestie?

L'évêque de Tuy, président de la Chambre royale de Grenade, le retint un jour à dîner. Il lui fit diverses questions, auxquelles le saint répondit avec tant de justesse, que l'évêque conçut de lui la plus haute idée. Le prélat lui ayant demandé son nom, il répondit qu'il s'appelait Jean. Vous vous appellerez désormais *Jean de Dieu*, répliqua l'évêque, et ce nom lui demeura. Il lui prescrivit en même temps une forme d'habit convenable, et l'en revêtit de ses propres mains. Jean n'avait jamais eu l'intention de fonder un ordre religieux; aussi ne dressa-t-il point de règle pour ceux qui se consacraient à son exemple, au soulagement des malades; car celle qui porte son nom ne fut faite que six ans après sa mort, c'est-à-dire en 1556. Quant aux vœux de religion, ils ne furent introduits parmi ses disciples qu'en 1570.

Le marquis de Tarisa voulut un jour mettre à l'épreuve le désintéressement du saint. Il l'alla trouver déguisé, et lui demanda de quoi poursuivre un procès qu'il disait juste et indispensable. Jean lui donna aussitôt vingt-cinq ducats, qui étaient tout ce qu'il possédait. Le marquis fut extrêmement édifié d'une pareille générosité; il rendit les vingt-cinq ducats, et y joignit cent cinquante écus d'or. Pendant qu'il fut à Grenade, il envoya chaque jour d'abondantes provisions à l'hôpital du saint.

Jean avait une tendresse singulière pour les pauvres malades; il en donna les preuves les plus frappantes, un jour que le feu prit à son hôpital. Vivement alarmé du danger que couraient les malades, il résolut de s'exposer à tout pour les sauver. Il les mettait sur son dos les uns après les autres, et les emportait à travers les flammes. Il éprouva bien visiblement la protection de la Providence; car ni lui ni les malades ne furent atteints par l'incendie.

Mais sa charité ne se concentrait pas dans l'enceinte de son hôpital; elle était trop active pour ne pas se produire au dehors. Il était pénétré de douleur, lorsqu'il apprenait que quelques personnes étaient dans l'indigence. Il fit faire une exacte recherche de tous les pauvres de la province, afin de pourvoir à leurs besoins. Il fournissait aux uns de quoi vivre dans leurs maisons, et procurait du travail aux autres. Enfin, il n'y avait pas de moyen qu'il n'employât pour consoler et pour assister les membres souffrants de Jésus-Christ. Il avait un soin tout particulier des jeunes filles que la misère aurait pu précipiter dans le crime; il travaillait en même temps à retirer de la débauche celles qui avaient eu le malheur de s'y laisser entraîner, et lui arriva plus d'une fois d'aller trouver, le crucifix à la main, les pécheresses publiques, et de les conjurer, avec larmes, d'entrer dans les voies de la pénitence. Il en convertit plusieurs et pourvut à leur subsistance, afin de leur ôter l'occasion de retomber dans leurs premiers désordres.

A une vie aussi active, il joignait une prière continuelle et de grandes austérités. Il avait le don des larmes et possédait supérieurement l'esprit de contemplation. Toute sa conduite portait l'empreinte d'une profonde humilité, et il était si affermi dans cette vertu, que rien n'était capable de l'altérer. Cela parut surtout à la cour de Valladolid, où ses affaires l'avaient appelé. Le roi et les princes lui donnèrent à l'envi des marques éclatantes de leur estime, et lui remirent des sommes considérables, qu'il distribua avec une économie admirable dans Valladolid même et dans les environs. Quant aux honneurs dont on le combla, il les reçut avec une sainte insensibilité, qui caractérise un homme vraiment mort à lui-même. Il s'accommodait bien mieux des humiliations, qui faisaient ses délices; il les supportait avec joie et les recherchait même avec empressement. Une femme l'ayant un jour traité d'hypocrite et accablé de mille injures, il lui donna secrètement de l'argent, pour répéter dans la place publique ce qu'elle lui avait dit.

Il y avait dix ans que notre saint soutenait avec un courage invincible les fatigues qu'entraînait le service de son hôpital, lorsqu'il tomba malade. On attribua principalement la cause de sa maladie aux peines qu'il s'était données dans une inondation, pour tirer de l'eau des effets appartenant aux pauvres et pour sauver la vie à un homme qui allait se noyer. Il dissimula d'abord le mauvais état de sa santé, de peur qu'on ne l'obligeât à relâcher quelque chose de ses travaux et de ses austérités. Il travailla en même temps à faire l'inventaire de ce qui était dans son hôpital et à recevoir tous les comptes; il revit aussi les sages règlements qu'il avait dressés pour l'administration du spirituel et du temporel. L'archevêque de Grenade lui ayant fait part d'une plainte portée contre lui, sur ce qu'il avait reçu des vagabonds et des hommes de mauvaise vie, il se jeta à ses pieds et lui dit : « Le Fils de Dieu est venu au monde pour le salut des pécheurs, et nous sommes obligés de travailler à leur conversion par nos soupirs, nos prières et nos exhortations. J'ai été infidèle à ma vocation en négligeant ce devoir, et j'avoue, à ma confusion, que je ne connais d'autre pécheur dans mon hôpital que moi-même, qui suis indigne de manger le pain des pauvres. » Il prononça ces paroles avec une telle candeur, que tous ceux qui les entendirent en furent attendris, et que l'archevêque, plein de respect pour le saint, laissa le soin de tout à sa discrétion.

Cependant la santé du bienheureux Jean s'affaiblissait de jour en jour, et sa maladie devint si dangereuse, qu'il ne lui fut plus possible de la cacher. Le bruit s'en étant répandu, une dame vertueuse nommée Anne Osorio, le vint voir. Elle le trouva couché avec ses habits dans sa petite cellule, n'ayant d'autre couverture qu'une vieille casaque. Le saint avait seulement substitué à la pierre qui lui servait habituellement d'oreiller, le panier dans lequel il avait coutume de mettre les aumônes qu'il ramassait dans la ville. Les malades et les pauvres fondaient en larmes autour de son lit. Anne Osorio fut vivement touchée de ce spectacle, et avertit secrètement l'archevêque de l'état où était le saint. Le prélat envoya aussitôt dire à Jean qu'il eût à obéir à cette dame comme à lui-même. Anne, ainsi autorisée, obligea le serviteur de Dieu à quitter son hôpital; mais avant que d'en sortir, il nomma supérieur Antoine Martin, donna quelques instructions à ses frères et leur recommanda surtout la pratique de l'obéissance et de la charité. Il visita ensuite le saint Sacrement et répandit son cœur en la présence de Jésus-Christ. Sa prière fut si longue, qu'Anne Osorio se vit obligée de l'interrompre pour le faire monter dans son carrosse. Elle le conduisit à sa maison, se réservant à elle et à ses filles le soin de le servir dans sa maladie. On lui faisait souvent la lecture de la passion de Jésus-Christ, ce qui le portait à produire des actes d'humilité, en considérant qu'il était bien traité tandis que le Sauveur mourant l'avait été si mal.

Les progrès de sa maladie furent si rapides, qu'on n'eut bientôt plus d'espérance. Tout le monde fut alarmé du danger où était l'homme de Dieu; toute la noblesse le vint visiter, et les magistrats accoururent pour le prier de donner sa bénédiction à la ville. Le saint répondit à ces derniers qu'ils ne devaient point demander la bénédiction d'un aussi grand pécheur que lui; il leur recommanda ensuite les pauvres et ses frères qui avaient soin de l'hôpital. L'archevêque lui ayant enfin ordonné de se rendre aux instances des magistrats, il donna sa bénédiction à la ville de Grenade, et fit les exhortations les plus pathétiques à tous ceux qui étaient présents. Il s'entretenait continuellement avec Dieu par une prière accompagnée des sentiments de la componction la plus vive et de l'amour le plus ardent. L'archevêque dit la messe dans sa chambre, et lui administra les derniers sacrements, après avoir entendu sa confession. Il lui promit de payer ses dettes et de pourvoir aux besoins des pauvres dont son hôpital était chargé. Jean encore à genoux devant l'autel, expira le 8 mars 1550. Il avait cinquante-cinq ans accomplis. Il fut enterré par l'archevêque avec beaucoup de solennité. Le clergé séculier et régulier de Grenade assista à ses funérailles, ainsi que la cour et la noblesse. Dieu ayant glorifié son serviteur par plusieurs miracles, Urbain VIII le béatifia l'an 1630, et Alexandre VIII le canonisa l'an 1690. Ses reliques furent transférées l'an 1664 dans l'église de ses disciples.

L'ordre des Frères de la Charité, institué pour le service des malades, fut approuvé par le pape Pie V. Les Frères de la Charité d'Espagne ont un général particulier; ceux de France et d'Italie en ont un qui réside à Rome : ils suivent tous la règle de saint Augustin. En Italie, on ne les connaît que sous le nom de Frères (*Fate ben Fratelli*), ou, par abréviation, *Ben Fratelli*, parce qu'ils demandaient ainsi l'aumône autrefois, à l'exemple de leur saint fondateur, qui disait : *Mes frères, faites-vous du bien pour l'amour de Dieu* (Hélyot, t. IV; *Acta Sanct.*, et Godescard, 8 mars). C'était dans le temps où l'hérésiarque de Wittemberg, soutenant que les bonnes œuvres étaient autant de péchés, disait par là même à tout le monde : Frères, ne vous faites pas de bien, car c'est du mal; — Aussi le premier est-il surnommé saint Jean *de Dieu*.

A cette même époque, l'ordre de Saint-François présentait au monde un autre prodige de sainteté et de pénitence : nous parlons de saint *Pierre d'Alcantara.*

Il naquit l'an 1499 dans Alcantara, petite ville de la province d'Estramadure en Espagne. Son père, nommé Alphonse Garavito, était magistrat et gouverneur de la ville. Sa mère sortait d'une famille noble, et elle se distinguait, comme son mari, par ses vertus et sa piété. A peine le jeune Pierre faisait-il usage de sa raison, qu'il paraissait déjà rempli d'amour pour Dieu. Sa fidélité à ses devoirs, sa ferveur et son application à la prière le faisaient regarder comme une espèce de prodige. La mort lui enleva son père lorsqu'il finissait son cours de philosophie à Alcantara; quelque temps après, il fut envoyé à Salamanque pour y étudier le droit canonique. Pendant les deux ans qu'il passa dans l'université de cette ville, il partagea régulièrement son temps entre l'étude, la prière et le service des pauvres dans les hôpitaux.

En 1513, il fut rappelé dans sa patrie. Son premier soin fut de délibérer sur le genre de vie qu'il embrasserait. D'un côté, la fortune qui l'attendait dans le monde se présentait à lui; mais de l'autre, il considérait les dangers auxquels on est exposé dans le siècle, les avantages et le bonheur de la solitude. Enfin la grâce l'emporta, et il résolut d'embrasser l'état religieux. Il fixa son choix sur l'ordre de Saint-François, et il en prit l'habit à seize ans, dans le couvent de Manjarèz, situé sur les montagnes qui séparent la Castille du Portugal. On le distingua des autres moines par son zèle pour les humiliations, pour les veilles, pour le jeûne, pour les autres pratiques de la pénitence. Sa ferveur était si grande, que les plus rigoureuses austérités n'avaient rien d'effrayant pour lui. Son détachement était si parfait et si entier, qu'il était véritablement crucifié au monde et qu'il ne trouvait que peine et affliction dans tout ce qui flatte les sens et la vanité des hommes. Son union avec Dieu était si continuelle, que rien n'était capable de l'interrompre. On lui donna divers emplois, dont il s'acquitta à la plus grande satisfaction de ses supérieurs. Il veillait si exactement sur ses sens et particulièrement sur ses yeux, qu'il fut un temps considérable sans savoir comment l'église du couvent était faite. Le supérieur l'ayant repris de ce que, depuis plusieurs mois qu'on lui avait confié le soin du réfectoire, il ne servait point aux frères le fruit qui était dans la dépense, il répondit avec humilité qu'il n'avait point regardé le plancher, où les fruits étaient suspendus, comme cela se pratique dans le pays, surtout par rapport aux grappes de raisin, que l'on garde après les avoir fait sécher. Il avoua depuis à sainte Thérèse qu'il avait été trois ans dans une maison, sans connaître les frères autrement que par la voix.

Depuis son entrée dans l'état religieux jusqu'à sa mort, il ne regarda jamais en face aucune femme. Pendant plusieurs années il ne vécut que de pain trempé dans de l'eau et d'herbes insipides; et lorsqu'il menait la vie érémitique, il en faisait bouillir une grande quantité à la fois, afin de donner moins de temps au soin de son corps. Il ne faisait alors qu'un repas léger par jour, et il lui arriva souvent de passer trois jours de suite sans prendre aucune nourriture. Les grandes fêtes, il ajoutait quelquefois à sa portion d'herbes une espèce de potage fait avec du sel et du vinaigre. Il ne buvait que de l'eau, encore n'en buvait-il qu'en petite quantité. A force de se mortifier, il en était venu au point de perdre presque entièrement le sens du goût; en sorte qu'il ne savait ordinairement ce qu'il mangeait. Un cilice étendu par terre lui servait de lit; il dormait peu, et le repos qu'il accordait à la nature, il le prenait communément assis et la tête appuyée contre la muraille. La longueur et la continuité de ses veilles étaient incroyables; il s'était accoutumé par degrés à ce genre de mortification, afin de ne point endommager sa santé; et, comme il était d'une constitution robuste, il fut en état de la supporter. Il eut de violentes tentations; mais il en triompha par la prière et par l'humilité.

Quelques mois après sa profession, Pierre d'Alcantara fut envoyé dans un couvent situé près de Belviso dans un lieu solitaire. Il y construisit, à quelque distance de la communauté, une cellule avec des branches d'arbres et de la terre; il y pratiqua des austérités extraordinaires, qui ne furent connues que de Dieu. Trois ans après, on le fit supérieur d'un petit couvent qui venait d'être fondé à Badajoz, métropole de l'Estramadure, quoiqu'il n'eût encore que vingt ans. Le temps de sa supériorité expiré, son provincial lui dit de se préparer à recevoir les saints ordres. Il demanda inutilement un plus long délai. Il fut ordonné prêtre en 1524; et peu de temps après, on le chargea d'annoncer la parole de Dieu. L'année suivante, il fut fait gardien du couvent de Placentia. Dans toutes les places de supériorité qui lui furent confiées, il se regarda toujours comme le serviteur de ses frères, et il se croyait obligé de les instruire, surtout par ses exemples. De là cette ferveur qu'il inspirait à tous ceux qui vivaient sous sa conduite. Après son second gardiennat, il fut pendant six ans uniquement occupé du soin de prêcher l'Évangile aux peuples. Il paraissait dans les chaires sacrées comme un ange envoyé de Dieu pour inspirer l'esprit de pénitence aux pécheurs, et pour les embraser du feu de l'amour divin. Aussi opérait-il des conversions innombrables. Il joignait aux talents naturels une connaissance parfaite des voies intérieures, et ce vif sentiment des choses de Dieu qui ne s'acquiert point par l'étude, mais qui est le fruit de la grâce et de la prière. La vue seule du saint instruisait, et on disait de lui qu'il suffisait qu'il parût pour opérer des conversions, pour toucher et faire couler des larmes.

L'amour de la retraite étant toujours, pour ainsi dire, son inclination dominante, il pria ses supérieurs de lui permettre d'aller vivre dans quelque couvent solitaire, où il pût s'adonner librement à l'exercice de la contemplation. Il obtint enfin ce qu'il demandait. On le mit dans le couvent de Saint-Onuphre à Lapa, près Soriana. Cette maison était dans une solitude affreuse. La permission de s'y retirer ne fut cependant accordée au saint qu'à condition qu'il en prendrait le gouvernement. Ce fut là qu'il composa son traité de *l'Oraison mentale*. Il l'écrivit à la prière d'un gentilhomme rempli de piété, qui l'avait souvent entendu parler sur cette matière. Ce traité a été regardé comme un chef-d'œuvre par sainte Thérèse, par Louis de Grenade, par saint François de Sales, par le pape Grégoire XV, etc. L'auteur y prouve la nécessité de *l'oraison mentale*; il en explique la méthode et les avantages. Il y donne quelques méditations courtes sur les fins dernières et sur la passion de Jésus-Christ, pour servir de modèle. C'est d'après le même plan que Louis de Grenade et d'autres écrivains ascétiques ont tâché de faciliter aux chrétiens la pratique de l'oraison mentale, qui est si négligée, et cependant si nécessaire pour entretenir la piété. Nous avons de notre saint un autre traité qui n'est pas moins excellent, et intitulé : *De la paix de l'âme*. Il établit cette maxime fondamentale, que la vertu de la perfection consistant dans la pureté et la ferveur de l'amour divin, nous devons tendre à ce but de toutes nos forces. La première chose que nous avons à faire, dit-il, c'est de crucifier tous nos désirs désordonnés et de soumettre nos passions; ce qui réglera notre intérieur, établira la paix dans nos cœurs, et y excitera de vifs sentiments d'humilité, de douceur et des autres vertus chrétiennes. Nous devons avoir soin que tous nos exercices et toutes nos actions soient animés de l'esprit intérieur; les austérités mêmes sont perdues et deviennent quelquefois pernicieuses, si elles ne sont fondées sur ce principe. A ce soin, qui a pour objet d'arracher la semence des inclinations terrestres et vicieuses, nous joindrons celui de remplir tous nos devoirs avec affection et avec suavité, aimant les devoirs eux-mêmes, et ne faisant rien par contrainte; car cette mauvaise disposition est principalement contraire à la paix intérieure. Rien de plus essentiel que d'éviter toutes les occasions de trouble. Il faut donc ne rien négliger pour conserver son âme en paix, pour ne jamais perdre Dieu de vue, et se proposer en tout le désir de ne plaire qu'à lui. Le trouble commence-t-il à naître en nous? recourons à Dieu par la prière, tournons nos cœurs vers lui, imitons Jésus qui, dans le jardin des Olives, pria trois fois, prosterné devant son Père céleste. On ne bâtit point une ville en un jour. Pensons que c'est une entreprise aussi importante que de bâtir une maison à Dieu et un temple au Saint-Esprit, quoique le principal architecte soit dans le ciel. L'humilité doit être la pierre angulaire de notre édifice spirituel. « Désirons d'être méprisés aux yeux du monde, et de ne jamais faire notre propre volonté. Mettons tous nos désirs devant Dieu; demandons-lui l'accomplissement de sa volonté, afin qu'il puisse régner seul en nous. Quiconque nous tire de l'humilité, quelque spécieux prétexte qu'il apporte, est un faux prophète, un loup ravissant qui se couvre de la peau d'une brebis pour dévorer ce que nous avons amassé avec beaucoup de temps et de peine. »

Le saint veut que l'on joigne à l'humilité le renoncement à soi-même et le recueillement. Il veut aussi que l'on se défie du zèle pour le salut des âmes, quand on néglige les moyens de procurer son propre salut. Il observe, pour la consolation de ceux qui sont tourmentés de scrupules et de peines intérieures, que Dieu permet souvent ces épreuves pour faire faire à une âme des progrès dans l'humilité et la pureté de cœur. La tranquillité qu'il recommande, comme la plus efficace des préparations pour faire d'une âme la demeure du Saint-Esprit, n'est rien moins qu'un état d'inaction. En effet, quoique l'âme ne soit point couverte de ténèbres, ni agitée par le souffle impétueux des passions, il n'est pas moins vrai qu'elle est tout action et tout feu, étant pénétrée du vif sentiment de toutes les vertus, et occupée à en produire les actes les plus fervents.

Pierre d'Alcantara était lui-même un grand contemplatif; son union avec Dieu était habituelle. Il célébrait la messe avec une dévotion extraordinaire, et souvent avec des torrents de larmes. On le vit rester en prières pendant une heure, les bras étendus et les yeux levés au ciel, sans mouvement. Il avait fréquemment des extases qui duraient longtemps. Il aimait surtout à méditer sur l'incarnation et sur le saint Sacrement de l'autel; le nom seul de ces mystères d'amour suffisait quelquefois pour lui causer des ravissements. Il ne serait pas possible d'exprimer les douceurs et les consolations qu'il recevait de Dieu dans l'oraison. Quelquefois il ne pouvait contenir les transports de l'amour divin, et on l'entendait chanter tout haut les louanges du Seigneur, d'une manière toute merveilleuse. De temps en temps, il se retirait dans les bois pour avoir plus de liberté; et les paysans qui l'entendaient, le prenaient pour un homme qui n'était point en son bon sens.

Jean III, roi de Portugal, informé de la réputation de sainteté dont jouissait le serviteur de Dieu, voulut le consulter sur quelques difficultés relatives à sa conscience. Il pria donc son provincial de le lui envoyer à Lisbonne. Le saint refusa de se servir des voitures qu'on avait préparées pour lui; il fit le voyage à pied et sans sandales, suivant sa coutume. Le roi fut si satisfait de ses réponses et si édifié de toute sa conduite, qu'il le fit encore revenir quelque temps après. Dans ces deux visites, Pierre d'Alcantara convertit un grand nombre de seigneurs de la cour. L'infante Marie, sœur du roi, renonça à toutes les pompes du monde, et fit en particulier les trois vœux de religion; se réservant néanmoins le droit de porter l'habit séculier et de vivre à la cour, parce que la conduite de quelques affaires importantes y rendait sa présence nécessaire. Cette princesse fonda à Lisbonne un monastère de Pauvres Clarisses pour les dames de qualité. Elle se joignit au roi pour retenir le saint; et, pour l'y déterminer, on lui construisit une cellule avec un oratoire, afin qu'il pût vaquer à ses exercices ordinaires. Mais Pierre d'Alcantara trouvait trop d'inconvénients dans la proposition qu'on lui faisait, pour l'accepter.

Une grande division s'étant élevée parmi les habitants d'Alcantara, il se rendit dans cette ville pour y rétablir la paix. Sa présence et ses discours produisirent l'effet qu'on en avait attendu. Les troubles cessèrent, et les semences de discorde furent étouffées. A peine cette affaire était-elle terminée, qu'on l'élut, en 1538, provincial de l'Estramadure. Cette province, qui appartenait aux religieux dits *Conventuels*, avait adopté depuis quelque temps certaines constitutions de réforme. Comme le saint n'avait point encore l'âge que l'on exigeait ordinairement pour le provincialat, il allégua cette raison pour se dispenser d'accepter; mais on n'eut point d'égard à ses représentations, et l'on crut que ses vertus et sa prudence suppléeraient au défaut de l'âge. Il profita de l'autorité que lui donnait sa place pour établir une réforme sévère; et les règlements qu'il dressa relativement à ce projet furent reçus de toute la province, dans un chapitre qui se tint à Placentia l'an 1540.

Le temps de son provincialat étant expiré, il retourna l'année suivante à Lisbonne pour rejoindre le Père Martin de Sainte-Marie, qui jetait les fondements d'une réforme austère, et qui était occupé à bâtir un ermitage sur des montagnes arides, appelées Arabida, et situées à l'embouchure du Tage, sur la rive opposée à Lisbonne. Le duc d'Aveiro donna le terrain, et fournit, de plus, ce qui était nécessaire pour construire les cellules. Saint Pierre anima la ferveur des religieux qui avaient embrassé la réforme, et leur proposa divers règlements qu'ils adoptèrent. Les ermites d'Arabida marchaient nu-pieds, couchaient sur des paquets de sarments ou sur la terre nue; ils s'interdisaient l'usage de la viande et du vin, et ne mangeaient de poisson que les jours de fête. Ils disaient matines à minuit, et le saint se chargea du soin de les éveiller; matines finies, ils restaient à prier dans l'église jusqu'au point du jour. Ils récitaient alors prime, qui était suivie d'une messe, conformément à la règle primitive de saint François. Ensuite ils se retiraient dans leurs cellules, d'où ils ne sortaient que pour réciter ensemble tierce et les autres heures canoniales. Le temps qu'il y avait entre vêpres et complies était employé au travail des mains. Les cellules des frères étaient petites et basses; celle de notre saint était si petite, qu'il ne pouvait s'y tenir debout ni s'y coucher, sans avoir le corps plié. Le Père Jean Calas, général de l'ordre, étant venu en Portugal, voulut voir Pierre d'Alcantara; il lui fit une visite dans son ermitage. Il fut si édifié de ce qu'il avait vu, qu'il permit au Père Martin de Sainte-Marie de recevoir des novices. Il lui permit aussi d'établir sa réforme dans les couvents de Palhaës et de Santarem, et il y érigea une custodie. Son compagnon, touché des exemples qu'il avait sous les yeux, le quitta pour embrasser la réforme. Le couvent de Palhaës fut désigné pour servir de noviciat; on en donna la conduite au saint, ainsi que celle des novices.

Pierre d'Alcantara fut chargé du noviciat pendant deux ans, c'est-à-dire jusqu'en 1544, que ses supérieurs le rappelèrent en Espagne. Ses frères de la province d'Estramadure témoignèrent la plus grande joie en le revoyant. Il exerça les fonctions du ministère par obéissance; mais son attrait pour la contemplation lui fit demander la permission de demeurer dans les couvents les plus solitaires de l'ordre. Quatre ans se passèrent de la sorte. Il fut rappelé en Portugal par le prince Louis, frère du roi, et par le duc d'Aveiro. Durant les trois ans qu'il passa dans ce royaume, il donna la dernière perfection à la réforme d'Arabida, et l'an 1550 il fonda un nouveau couvent près de Lisbonne. Dix ans après, la custodie fut érigée en province de l'ordre. Les vertus de Pierre d'Alcantara lui attirant beaucoup d'admirateurs, ce qui le troublait dans sa solitude, il se hâta de retourner en Espagne, où il espérait être moins connu. Il arriva à Placentia l'an 1551, et les frères le prièrent d'accepter le provincialat; mais il demanda la liberté de vivre quelque temps pour lui-même, et elle lui fut enfin accordée. Deux ans après, il fut élu custode dans un chapitre général qui se tint à Salamanque.

En 1554, il forma le plan d'une congrégation qui suivrait une réforme encore plus austère que celle qui existait déjà. Mais il commença par se faire autoriser, en obtenant un bref du pape Jules III. Son projet fut aussi approuvé par la province d'Estramadure et par l'évêque de Coria, dans le diocèse duquel il essaya, avec un autre religieux, le genre de vie qu'il se proposait d'introduire. Quelque temps après, il fit un voyage à Rome, et il obtint un second bref par lequel il lui était permis de bâtir un couvent conformément à son plan. Ce couvent fut bâti tel qu'il le désirait, près de Pedroso, dans le diocèse de Palentia. On en met la fondation en 1555; et c'est de là que l'on date la réforme des Franciscains déchaussés, ou de l'étroite observance de saint Pierre d'Alcantara. Le couvent dont il s'agit n'avait que trente-deux pieds de long sur vingt-huit de large. Les cellules étaient extrêmement petites, et le lit du religieux, qui consistait en trois planches, en occupait la moitié. Celle du saint était la plus petite et la plus incommode de toutes. L'église était comprise dans le bâtiment dont nous venons de parler, et elle en faisait partie. Il suffisait à chaque religieux, pour s'exciter à la pénitence, de considérer sa cellule, qui ressemblait à un vrai tombeau.

Le comte d'Oropesa fit bâtir au saint deux nouveaux couvents sur ses terres; la réforme y fut établie, ainsi que dans plusieurs autres maisons. En 1561, ces différents couvents furent érigés en province. Pierre d'Alcantara régla par des statuts particuliers les dimensions que devaient avoir les cellules, l'infirmerie et l'église de chaque maison. La circonférence d'un couvent n'excédait point quarante ou cinquante pieds. Il ne devait y avoir que huit frères, qui étaient obligés d'être toujours nu-pieds. Ils couchaient sur des planches ou sur des nattes étendues par terre. Leurs lits étaient élevés à un pied de terre quand le lieu devenait malsain par l'humidité. L'usage de la viande, du poisson, des œufs et du vin n'était permis qu'aux malades. On employait chaque jour trois heures à l'oraison mentale, et on ne recevait rien pour la célébration de la messe.

Saint Pierre d'Alcantara était commissaire de l'ordre, lorsqu'on le fit provincial de sa réforme. Il se rendit à Rome peu de temps après, et il demanda la confirmation de son institut. Le pape Paul IV, par une bulle du mois de février 1562, affranchit la congrégation du saint de la juridiction des Franciscains conventuels, et la soumit au ministre général des Observantins, avec la clause qu'elle suivrait toujours les règlements donnés par le saint réformateur. Elle s'est formé des établissements en Italie et dans plusieurs provinces de l'Espagne. Chaque province de cette réforme est composée d'environ dix maisons.

L'empereur Charles-Quint s'était retiré, après son abdication, dans la province d'Estramadure, et il avait choisi pour sa demeure le monastère de Saint-Just, de l'ordre des Hiéronymites. Ce prince crut devoir prendre Pierre d'Alcantara pour confesseur, dans la persuasion que personne n'était plus propre à le préparer à la mort. Mais le saint, qui prévoyait que cette espèce de ministère ne s'accordait point avec ses exercices ni avec son genre de vie, allégua diverses raisons pour ne point accepter la place qui lui était offerte, et il vint à bout d'obtenir le désistement de l'empereur.

Il faisait la visite de son ordre en qualité de commissaire général, lorsqu'il vint à Avila, l'an 1559. Sainte Thérèse, qui demeurait dans cette ville, éprouvait alors une dure persécution de la part de ses amis et de ses propres confesseurs. Elle était aussi tourmentée par des scrupules et par d'autres peines intérieures. On lui disait qu'elle pouvait être séduite par les illusions du démon, et cette idée lui causait de temps à autre des troubles désolants. Guiomera d'Ulloa, veuve d'une piété éminente, qui lui était tendrement attachée et qui connaissait son état, lui fit passer huit jours dans sa maison, après en avoir obtenu la permission de ses supérieurs. Le but qu'elle se proposait était de lui faciliter les moyens de s'entretenir à loisir avec Pierre d'Alcantara. Le saint, qui avait été lui-même favorisé de grâces extraordinaires, eut bientôt connu son état; il dissipa ses inquiétudes, et l'assura que tout ce qui se passait en elle venait de l'esprit de Dieu. Il se déclara hautement contre ses calomniateurs, et parla en sa faveur à celui qui dirigeait sa conscience. Après lui avoir suggéré les plus puissants motifs de consolation, il l'exhorta fortement à établir sa réforme dans l'ordre des Carmes, et à la fonder principalement sur la pauvreté. Touché de compassion pour sainte Thérèse, et voulant augmenter la confiance qu'elle prenait en ses conseils, il lui fit diverses confidences sur le genre de vie qu'il menait depuis quarante-sept ans. Écoutons la sainte elle-même raconter ce qu'elle apprit de lui dans cette circonstance.

« Il me dit que, durant l'espace de quarante ans, il n'avait dormi qu'une heure et demie par jour, et que cette mortification lui avait le plus coûté dans les commencements; pour surmonter le sommeil, il se tenait toujours debout ou à genoux; il dormait assis, et la tête appuyée sur un morceau de bois attaché à la muraille de sa cellule. Quand il aurait voulu se coucher de son long, il n'aurait pu le faire, parce que sa cellule n'avait que quatre pieds et demi de longueur. Durant tout ce temps-là, jamais il ne se couvrit de son capuce, quelque chaleur qu'il fît et quelque pluie qu'il tombât. Il marcha toujours les pieds nus, sans aucune chaussure. Il ne porta que son seul habit de bure fort étroit, et son manteau fort court, tous deux d'une étoffe très-commune. Pendant le plus grand froid, il était sans manteau, et laissait la porte et la fenêtre de sa cellule ouvertes, afin que, reprenant ensuite son manteau et fermant sa porte, son corps sentît quelque soulagement. Il ne mangeait qu'une fois en trois jours, et il assurait que cela était facile lorsqu'on s'y accoutumait. Un de ses compagnons me dit qu'il se passait quelquefois huit jours sans manger : c'était sans doute durant ses extases et ses ravissements, dont j'ai été une fois témoin. Sa pauvreté était extrême; il était si mortifié, même dans sa jeunesse, qu'il me dit avoir demeuré trois ans dans un couvent de son ordre, sans connaître aucun religieux qu'à la parole; il ne connaissait point les lieux réguliers du couvent, et il n'y allait qu'en suivant les autres. Ceci lui arrivait aussi par les chemins...... Il était déjà fort âgé lorsque je le connus. Son corps était si faible et si décharné, que sa peau ressemblait plutôt à une écorce d'arbre desséchée qu'à de la chair. Sa sainteté ne le rendait point farouche. Il parlait peu, à moins qu'on ne l'interrogeât; mais comme il avait un très-bon esprit, son entretien était très-doux et très-agréable (*Vie de sainte Thérèse*, par elle-même, c. 27). »

Tandis que le saint faisait la visite des maisons qui avaient embrassé la réforme, il tomba malade dans le couvent de Viciosa. Le comte d'Oropesa n'en fut pas plus tôt instruit, qu'il le força de venir chez lui, afin de lui procurer les secours dont il avait besoin. Mais les remèdes et les adoucissements qu'on s'empressait de lui procurer ne servirent qu'à augmenter sa maladie; la fièvre redoubla, et il se forma un ulcère à une de ses jambes. Le serviteur de Dieu, s'apercevant que sa fin approchait, se fit porter au couvent d'Arenas, afin d'y mourir entre les bras de ses frères. A peine y fut-il arrivé, qu'il voulut qu'on lui administrât les sacrements de l'Église. Il ne cessa d'exhorter ses religieux à chérir les vertus de leur état, et surtout la pauvreté. Il expira tranquillement le 19 octobre 1562, à la 63º année de son âge, en récitant à genoux ce psaume : *Lœtatus sum in his quæ dicta sunt mihi : In domum Domini ibimus* : Je me suis réjoui quand on m'a dit cette nouvelle : Nous irons dans la maison du Seigneur.

Sainte Thérèse, après avoir rapporté cette bienheureuse fin de saint Pierre d'Alcantara, s'exprime de la sorte :

« Dieu a permis que depuis sa mort il m'ait encore plus assistée en diverses rencontres, qu'il n'avait fait durant sa vie. Je l'ai vu plusieurs fois tout resplendissant de gloire, et, la première, il me dit que bienheureuses étaient les austérités qui lui avaient fait mériter une si grande récompense, et autres choses semblables. Un an avant sa mort, étant absent, il m'apparut, et comme j'appris dans cette vision qu'il mourrait bientôt, je lui en donnai avis au lieu où il était, distant de quelques lieues de mon monastère. Il m'apparut encore, et me dit qu'il allait reposer. Je n'ajoutai point de foi à cette vision, que je rapportai cependant à diverses personnes, et nous reçûmes dix jours après la nouvelle qu'il était mort, ou, pour mieux dire, qu'il était mort pour devenir immortel. Ce fut ainsi qu'une vie si pénitente fut couronnée d'une si grande gloire; et il me paraît que ce saint homme m'assiste encore beaucoup plus depuis qu'il est dans le ciel, que lorsqu'il était sur la terre. Notre Seigneur me dit un jour qu'on ne lui demanderait rien en son nom qu'il ne l'accordât, et je l'ai éprouvé diverses fois. Que sa divine Majesté soit éternellement louée (*Vie de sainte Thérèse*, par elle-même, c. 27) »

Saint Pierre d'Alcantara fut béatifié par Grégoire XV, en 1622, et canonisé par Clément IX, l'an 1669 (Godescard, 19 octobre).

Mais au temps de saint Pierre d'Alcantara, de saint Jean de Dieu, de saint Jérôme Emiliani, il eut peut-être quelque chose de plus merveilleux encore. Tandis que l'ange apostat, tombé du ciel en enfer, suscitait à Wittemberg un moine apostat, pour blasphémer contre les bonnes œuvres, contre les vœux de chasteté, de pauvreté et d'obéissance religieuse, pousser à l'apostasie les moines et les religieuses d'Allemagne, y corrompre les générations présentes et futures : Dieu suscitait en Italie une jeune orpheline, pour devenir la mère de plusieurs congrégations de saintes filles dévouées à donner une éducation chrétienne aux enfants de leur sexe et à conserver ainsi la foi, la piété, le zèle des bonnes œuvres dans bien des royaumes. Nous voulons parler de sainte *Angèle de Merici* ou *de Brescia*, fondatrice des religieuses *Ursulines*.

Sainte Angèle naquit au commencement du XVe siècle, à Decenzano, près du lac de Garde, dans le territoire de Brescia. Ses parents étaient nobles, suivant les uns, de pauvres artisans, suivant d'autres. Ils l'élevèrent dans la crainte de Dieu; mais elle les perdit de bonne heure. Elle fut mise, avec une sœur aînée, près d'un oncle qui, avec une grande piété, eut pour l'une et l'autre un cœur de père et de mère. Les deux enfants, quoique si jeunes, n'avaient pas de plus grand plaisir que de s'occuper des pratiques de dévotion; non pas des pratiques communes et ordinaires, mais des plus ferventes. La nuit, elles prenaient quelque peu de repos sur la terre nue ou sur quelques planches, puis se levaient pour faire leurs prières : à cette mortification, elles ajoutaient des jeûnes fréquents et de grandes austérités. Le désir de la solitude et de la retraite avait fait de si fortes impressions sur leurs cœurs, elles la trouvaient si favorable à leur dessein de ne communiquer qu'avec Dieu seul, qu'un jour elles s'enfuirent pour se retirer dans un ermitage; mais elles en furent détournées par leur oncle, qui les suivit et les ramena chez lui. Sainte Angèle n'avait point de plus grande consolation que d'être toujours avec sa sœur. Dieu la lui retira. Cette mort lui fut bien sensible, d'autant plus qu'elle regardait cette sœur comme son appui et son guide dans le chemin de la vertu. Néanmoins elle souffrit cette séparation douloureuse avec une parfaite soumission à la volonté de Dieu.

Peu de temps après, elle perdit encore son oncle. Ainsi deux et trois fois orpheline, elle redoubla ses oraisons et ses austérités. Attirée de plus en plus par la grâce divine à quitter le monde, elle entra dans le tiers-ordre de Saint-François. Elle ne se contenta pas d'en observer exactement la règle, elle ajoutait de nouvelles austérités à celles qui y sont prescrites. La pauvreté de saint François fut le principal objet de sainte Angèle : elle ne voulut rien dans sa chambre, ni dans ses habits, ni dans ses meubles, que de pauvre et de simple. Elle se revêtit d'un cilice qu'elle ne quittait ni jour ni nuit. Son lit était composé de quelques branches d'arbres, sur lesquelles elle étendait une natte. Ses mets ordinaires n'étaient que du pain, de l'eau et quelques légumes. Elle ne buvait du vin qu'aux fêtes de Noël et de Pâques : pendant le carême, elle ne mangeait que trois fois la semaine.

Elle fit le pèlerinage de Jérusalem, pour visiter les saints lieux que Notre Seigneur Jésus-Christ a honorés de sa présence. A son retour, elle visita les tombeaux des saints apôtres et de tant de glorieux martyrs qui sont à Rome. Elle voulut encore témoigner de sa piété sur le mont de Varalle dans le Milanais, où sont représentés plusieurs mystères tant de l'Ancien que du Nouveau Testament, dans des oratoires séparés.

Elle finit par venir se fixer à Brescia.

Bientôt plusieurs personnes pieuses, attirées par la sainteté de sa vie, demandèrent à vivre en communauté avec elle; mais la sainte les engagea à rester dans le monde, pour l'édifier par leurs vertus, pour instruire les pauvres et les ignorants, visiter les hôpitaux et les prisons, et secourir les malheureux de toute espèce. D'après ses conseils, ces saintes filles s'associèrent en effet pour ce but charitable, sans se lier par aucun vœu. Elles s'engagèrent seulement par une simple promesse; et pour un temps très-court, à observer la règle générale de la société, Angèle s'était aidée des lumières de personnes expérimentées pour rédiger cette règle; mais prévoyant que les changements futurs dans les habitudes et les mœurs du monde pourraient y rendre nécessaires dans la suite plusieurs modifications, elle y inséra cette clause expresse : Que l'on y ferait de temps à autre les corrections que la force des circonstances exigerait. Les membres de l'association la choisirent d'une voix unanime pour supérieure; elle accepta à regret et dans les sentiments de la plus profonde humilité; mais de peur qu'on ne donnât son nom à l'ordre, elle le mit sous l'invocation de sainte Ursule et la nomma la société des Ursulines. Cette société produisit en peu de temps un si grand bien, qu'à Brescia et dans les contrées voisines, on l'appelait *la divine compagnie;* mais elle ne fut admise au rang des ordres religieux que plus tard, quatre ans après la mort de la sainte fondatrice.

Sous Paul V, les Ursulines furent cloîtrées et autorisées à faire des vœux perpétuels; dès lors leur ordre n'a plus subi de changement dans sa règle. Ces saintes filles, vouées particulièrement à l'éducation de la jeunesse, se sont attiré le respect universel des pays catholiques; partagées en diverses congrégations, comme l'ordre de Saint-François, à qui elles tiennent, elles se sont établies partout à la satisfaction des parents chrétiens, qui ont trouvé en elles des institutrices également sages et éclairées pour former leurs enfants à la vertu, en leur inculquant les premières connaissances.

Angèle gouverna sa congrégation pendant plusieurs années avec une rare prudence, et mourut saintement le 27 janvier 1540. Saint Charles Borromée, qui estimait singulièrement les Ursulines, s'occupa de la béatification d'Angèle; mais il n'eut pas la consolation de l'obtenir avant sa mort. Elle ne fut déclarée bienheureuse que le 30 avril 1768, par le pape Clément XIII, et Pie VII la canonisa solennellement le 24 mai 1807 (Hélyot, t. IV; Godescard, 27 janv.).

Dans le temps même que le tiers-ordre de Saint-François produisait la fondatrice des Ursulines, il produisait encore une autre sainte, la bienheureuse *Louise d'Albertone*, née à Rome l'an 1470, de parents distingués par leur rang. Elle désira dès sa jeunesse se consacrer au Seigneur ; mais par obéissance pour la volonté de ses père et mère, elle épousa Jacques de Cithare, gentilhomme rempli de bonnes qualités, dont elle eut trois filles, et qui la laissa veuve après quelques années de mariage. Libre alors de ses actions, elle embrassa le tiers-ordre de Saint-François et se montra digne fille de son bienheureux patriarche, par son amour pour la pénitence et la mortification, ainsi que par son détachement des choses de la terre. Dans une famine qui désola l'Italie, elle vendit ses biens pour soulager les pauvres, et se réduisit ainsi elle-même à l'indigence. A l'aumône corporelle elle joignit la miséricorde spirituelle; elle adressait aux pauvres des paroles de salut, en pourvoyant à leurs besoins. Dieu lui fit connaître le moment de sa mort; elle s'y prépara pour la réception des sacrements, et manifesta une sainte joie en voyant arriver la fin de sa course sur la terre. Cette sainte femme s'endormit du sommeil des justes le 31 janvier 1530; elle était âgée de soixante ans. L'ordre de Saint-François honore ce même jour sa mémoire, par permission du pape Clément X (Godescard, 31 janv.).

Le tiers-ordre de Saint-Dominique préparait pour le ciel une âme non moins pure, la bienheureuse *Catherine Mathéi*, née à Raconi en Piémont, l'an 1486. Ce ne fut ni l'illustration de sa naissance ni une grande fortune qui la rendirent remarquable. Privée de ces avantages que les mondains estiment tant, elle en posséda de beaucoup plus précieux; elle fut comblée de faveurs spirituelles, dont elle sut profiter dès son enfance. Sa vie est remplie de traits qui font connaître avec quelle libéralité Dieu répandait ses grâces sur cette âme pure, et avec quelle fidélité elle y répondait. Le jeûne et les austérités étaient ses pratiques ordinaires. Ayant embrassé le tiers-ordre de Saint-Dominique, elle s'appliqua sans relâche à l'imitation des vertus de son saint fondateur et de sainte Catherine de Sienne, qui avait professé la même règle. Ses efforts furent heureux, et on a dit qu'il n'y avait de différence entre Catherine de Sienne et Catherine de Raconi que la canonisation. Profondément affligée des maux que causait la guerre en Italie, elle s'offrit à Dieu comme victime de propitiation. Après une longue et douloureuse maladie, cette sainte fille mourut à Carmagnole, l'an 1547. Son corps ayant été, cinq mois après, transporté à Garessio, y opéra plusieurs miracles qui lui attirèrent la vénération des fidèles. Le culte de la bienheureuse Catherine s'étant accru, Pie VII, en 1819, permit d'en faire l'office. Sa fête a été fixée au 5 septembre (*Ibid.*, 5 sept.).

Une autre vierge du tiers-ordre de Saint-Dominique, fut la bienheureuse *Stéphanie Quinzani*. Des parents pauvres, mais vertueux, lui donnèrent le jour. Elle vint au monde à Orsi-Nuovi, dans le Bressan, le 5 février 1457. Son père, nommé Laurent Quinzani, transféra son domicile, en 1463, à Soncino, dans la même contrée. Il embrassa le tiers-ordre séculier de la pénitence de Saint-Dominique et s'attacha au service des Dominicains qui y avaient le couvent de Saint-Jacques. Laurent assistait assidûment aux sermons du Père Matthieu Carieri, qui prêchait avec le zèle d'un apôtre et avec des fruits extraordinaires. Stéphanie, l'y accompagnait ordinairement, et écoutait les prédications avec une attention aussi grande que si toutes les paroles du ministre de l'Evangile lui eussent été particulièrement adressées.

Les rapports qu'avaient ensemble Laurent et le Père Matthieu ayant fourni à ce dernier l'occasion de voir Stéphanie, il fut frappé de l'air doux et modeste de cette enfant. Persuadé que le Seigneur la destinait à de grandes choses, il voulut être son guide dans les sentiers de la perfection et du salut. La jeune disciple profita tellement des soins de son saint directeur, qu'il était lui-même étonné des progrès de cette âme innocente dans la vertu. On remarquait dès lors en elle une humilité profonde, un ardent désir de souffrir pour l'amour de Jésus-Christ, une tendre charité pour le prochain, un attrait singulier pour la prière. Les œuvres de miséricorde et le travail étaient non-seulement son occupation ordinaire, mais même elle en faisait ses délices.

Stéphanie, à l'âge de quinze ans, suivit l'exemple de son père, et prit à Crème l'habit du tiers-ordre de Saint-Dominique. Dès qu'elle eut contracté avec Dieu cet engagement, elle se dévoua tout entière au soulagement du prochain. Aider les indigents, consoler les affligés, donner de sages conseils à ceux qui en avaient besoin, procurer le salut des âmes, telles étaient les pratiques auxquelles se livrait sans relâche cette sainte fille. Obligée de gagner chaque jour son pain par des travaux manuels, et privée par son extrême pauvreté des ressources personnelles dont elle eût pu soulager les nécessiteux, elle allait pour eux demander des aumônes, qu'elle distribuait ensuite avec discrétion, ayant soin d'assister les personnes infirmes et malheureuses, sans jamais favoriser les mendiants fainéants et vicieux. Ces secours temporels étaient toujours accompagnés de discours consolants et affectueux, d'encouragements à faire le bien, et même, lorsque l'occasion l'exigeait, de réprimandes pleines de zèle et de charité. Elle vivait dans une pauvre chaumière; mais, quoique dans une situation si peu relevée aux yeux du monde, elle ne put échapper aux traits de l'envie, de la malignité et de la calomnie. On la traita d'hypocrite, et même on essaya de ternir sa réputation. Mais Dieu ne permit pas que les efforts des méchants pussent réussir, et cette rude épreuve fit encore éclater davantage la patience invincible de sa servante. Bientôt même il manifesta l'innocence et la sainteté de Stéphanie, en la favorisant du don des miracles. Les deux voyages que fit à Lorette cette vertueuse fille, contribuèrent à étendre sa réputation et donnèrent occasion à un plus grand nombre de personnes d'admirer en elle les merveilles de la grâce. Les habitants les plus recommandables des villes par où elle passait se faisaient un honneur de la recevoir chez eux et de lui donner l'hospitalité. C'est ainsi qu'à Mantoue, elle logea chez Paul Carera, où elle se trouva au même temps que la bienheureuse Ozanne Andreasi, avec laquelle elle s'entretint à loisir des choses de Dieu. C'était surtout à Brescia qu'elle était accueillie avec joie et respect. Les Bressans avaient pour elle tant d'estime et de vénération, qu'ils recouraient à elle dans leurs besoins, persuadés qu'ils devaient obtenir de Dieu, par son moyen, tout ce qu'ils pouvaient désirer.

Ce ne fut pas seulement le peuple qui manifesta son respect pour Stéphanie, les princes partageaient le sentiment commun, et lui marquaient beaucoup d'égards. Le sénat de Venise, ainsi qu'Hercule, duc de Ferrare, firent tous leurs efforts pour la retenir et la fixer dans leurs Etats, persuadés que sa présence aurait été pour leurs peuples une source féconde d'avantages spirituels et temporels. Mais celui qui montra le plus d'empressement à l'obtenir, fut François de Gonzague, duc de Mantoue. Il se mit, ainsi que la duchesse, son épouse, sous la conduite spirituelle de cette sainte fille, et recommanda spécialement à ses prières sa personne, sa famille et ses Etats. Non content de lui avoir donné ces marques de confiance, il voulut encore lui témoigner publiquement son estime, en lui accordant par diplôme le droit de bourgeoisie de Mantoue. Ce diplôme, qui est conçu en des termes très-honorables, porte la date du 11 février 1519.

Stéphanie, qui regardait Soncino comme sa seconde patrie, désirait beaucoup y établir un monastère. Dans l'espoir d'y réussir, elle avait refusé les propositions que lui avaient faites la république de

Venise et le duc de Mantoue, de venir en fonder dans leurs États. Dieu bénit le dessein de sa servante. Elle commença par réunir quelques enfants de son sexe, dont elle choisit une partie avec beaucoup de discrétion; les autres lui avaient été confiées par leurs parents, et appartenaient aux familles les plus considérables de la ville. C'est dans sa pauvre demeure qu'elle les rassembla et qu'elle les forma aux exercices de la piété, au travail et à toutes les pratiques de la vie religieuse. Elle réussit tellement, que cette maison devint bientôt l'objet de l'admiration générale. En 1510, elle entreprit de bâtir, dans un des faubourgs de la ville, un monastère qu'elle mit sous l'invocation de saint Paul, et qui fut approuvé par un bref du pape Jules II.

Ce fut surtout dans cette circonstance que Stéphanie montra toute l'élévation de son esprit et qu'elle parut vraiment inspirée. Pauvre et humble fille, elle n'avait pas la moindre ressource pour venir à bout de son entreprise, mais elle était pleine de confiance en Dieu, qu'elle croyait l'auteur de son dessein. Des aumônes abondantes lui prouvèrent bientôt que sa confiance n'était pas vaine; elle en reçut de publiques et de particulières, non-seulement de Soncino et des pays voisins, mais aussi de divers princes d'Italie, et notamment du duc de Mantoue, qui se montra toujours très-généreux envers elle. La bénédiction du ciel sur l'œuvre de Stéphanie fut si sensible, que, dès l'année 1519, elle se trouvait dans sa maison avec trente filles qui appartenaient à des familles nobles, et qui, sous l'habit du tiers-ordre de Saint-Dominique, travaillaient à acquérir la perfection religieuse. La réputation de ce monastère s'étendit bientôt de tous côtés, et devint assez grande pour engager les personnes les plus illustres à le visiter. Tous ceux qui virent cette sainte maison purent se convaincre que la renommée n'avait point exagéré la sagesse de l'éducation que l'on y recevait, et les exemples de vertu que donnaient au monde les vierges chrétiennes qui l'habitaient. Pendant que François Iᵉʳ, roi de France, fut maître du Milanais, il chargea son gouverneur de Soncino d'aller visiter Stéphanie et de lui annoncer qu'il accordait au monastère de Saint-Paul le privilège d'être exempté de tout droit et impôt. Sainte Angèle de Mérici, allant en pèlerinage au mont Varalle, passa par Soncino pour voir notre bienheureuse et ses filles spirituelles, et y eut avec elles de pieuses conférences, qui la remplirent, ainsi que ces saintes âmes, de la plus douce consolation. On raconte que Louis Sforce, duc de Milan, ayant voulu voir Stéphanie et se recommander à ses prières, se présenta à elle sous un déguisement et cachant avec soin son nom. Une inspiration divine lui fit reconnaître tout de suite ce prince; elle lui donna avec une sainte liberté les plus utiles avis, et lui prédit que, s'il n'écoutait pas patiemment les plaintes des veuves et des orphelins, le pauvre peuple crierait vers Dieu, et que lui-même perdrait ses États. Effectivement, l'an 1500, il fut fait prisonnier par les Français, au moment où il cherchait à se sauver de Novarre, déguisé en soldat suisse.

La servante de Dieu n'eut pas la consolation de terminer sa course mortelle dans la maison qu'elle avait fondée. Elle prédit à ses religieuses qu'elles seraient obligées d'en sortir, et que, pour elle, elle n'y retournerait plus. En effet, au mois de novembre 1529, une armée nombreuse et indisciplinée s'approchant de Soncino, on crut prudent de faire sortir les sœurs de Saint-Paul de leur monastère, qui, étant hors des murs et sur le penchant d'une colline, se trouvait exposé aux attaques et à la licence du soldat. Stéphanie revint donc avec ses filles habiter la maison qu'elle avait d'abord occupée dans l'intérieur de la ville. Elle y tomba malade dans le courant du mois de décembre, et elle connut que sa fin était proche. Pendant tout le temps que dura sa maladie, elle donna à ses religieuses et aux séculiers qui venaient en foule la visiter un exemple admirable de résignation chrétienne, conservant au milieu des plus vives douleurs une sérénité de visage qui était l'indice certain de la paix de son âme. Chaque jour elle se confessait, se nourrissait et se fortifiait par la sainte communion qu'elle recevait avec une ferveur inexprimable. Souvent elle appelait son céleste époux et lui disait : O mon Dieu! je désire d'être réunie à vous, prenez mon âme, afin qu'elle puisse parfaitement vous aimer!

Les pieux sentiments qui remplissaient le cœur de Stéphanie se manifestèrent également dans les exhortations qu'elle crut devoir adresser à ses religieuses. « Mes chères filles, leur dit-elle, je vous prie et vous supplie, par l'amour que nous a témoigné notre Dieu en mourant pour nous en croix, d'avoir continuellement devant les yeux sa sainte crainte, afin que vous ne l'offensiez jamais, et que vous observiez toujours ses commandements. Aimez, par-dessus tout, ce divin Époux; fixez en lui toutes vos pensées, et mettez en lui toute votre espérance; qu'il soit votre soutien dans toutes les adversités, et recourez à lui dans toutes vos peines, parce qu'il ne vous manquera jamais. Mes filles! conservez toujours la paix du cœur; elle est un bien si agréable à Dieu, qu'il est venu du ciel en terre pour l'apporter au monde. Que cette paix repose en vous! ne permettez jamais que la haine et l'inimitié y prennent sa place. Supportez-vous les unes les autres, comme Dieu lui-même supporte nos défauts et nos transgressions; c'est ainsi que vous vous aiderez réciproquement dans la voie du Seigneur. » Enfin, le 2 janvier 1530, ainsi qu'elle l'avait prédit, elle rendit son dernier soupir, à l'âge de soixante-treize ans. Son trépas fut accompagné de miracles par lesquels Dieu se plut à manifester que la mort des saints est précieuse à ses yeux. On fit à cette vertueuse fille des obsèques honorables; mais elles le furent moins encore par la pompe que par les acclamations et les larmes du peuple qui se porta en foule à cette cérémonie.

A peine Stéphanie fut-elle morte, qu'elle reçut les honneurs que l'Église rend aux saints, non-seulement de la part des habitants de Soncino, mais de tous les pays voisins et de toutes les villes qu'elle avait visitées, et qui connaissaient ses vertus, ainsi que les choses merveilleuses qu'elle avait opérées pendant sa vie. Il se fit à sa tombe un concours extraordinaire, soit pour y obtenir des grâces, soit pour y porter des offrandes. L'autorité ecclésiastique permit de célébrer sa fête et d'exposer ses reliques à la vénération des fidèles. Enfin, l'an 1740, le pape Clément XII approuva, par son décret du 10 décembre, le culte rendu à la servante de Dieu,

Quoique le monastère de Soncino, soit supprimé, elle est toujours vénérée par les habitants de Soncino, qui la regardent comme leur protectrice près du Tout-Puissant, et qui, plusieurs fois, ont éprouvé les effets salutaires de sa protection (Godescard, 16 janvier).

Voilà comme, au XVIe siècle, les saints d'Italie et d'Espagne édifiaient, restauraient l'Eglise de Dieu. Lorsque fut bâti le temple de Salomon, figure de cette Eglise, nous avons vu tous les matériaux, et les pierres, et les bois, et les métaux, préparés d'avance avec tant de soin, que, dans la construction de la maison sainte, on n'entendit ni marteau, ni cognée, ni le bruit d'aucun instrument. Ainsi en est-il de l'édification, de la restauration de l'Eglise chrétienne : elle se fait en silence, sans bruit, sans fracas, par des pierres vivantes que Dieu lui-même taille dans les montagnes, à l'écart, et viennent ensuite se mettre tranquillement à leur place et en attirer d'autres. Nous avons vu tout le contraire, lorsque le temple de Salomon fut détruit par Nabuchodonosor, ensuite par les Romains. Nous avons vu les révolutions, les guerres, les séditions, les meurtres, le sang, le tumulte, les vociférations, la flamme, l'incendie, le fracas du sanctuaire s'écroulant sur l'autel et le prêtre, le fer et la sape achevant ce que le feu avait épargné et ne laissant pas pierre sur pierre. C'est la destruction que nous allons voir en Allemagne sous le nom de *Réforme*, destruction de l'unité nationale, destruction de l'unité religieuse, destruction de l'unité intellectuelle, destruction de tout ordre, pour ne laisser qu'un amas de décombres fumants.

§ III.

Suite des hérésies de Luther : elles sont réfutées par le roi d'Angleterre, Henri VIII.

Les principes de cette destruction universelle, nous les avons vu enseigner opiniâtrement par l'hérésiarque de Wittemberg, et justement condamnés par le chef de l'Eglise catholique, gardien suprême de l'unité, de la vérité et de l'ordre sur la terre. Comme le coupable, bien loin de se corriger, se montrait toujours pire, le pape Léon X, par une nouvelle constitution du 5 janvier 1521, le frappe d'anathème, lui et ses sectateurs. L'Eglise avait fait son devoir, c'était au bras séculier à faire le sien. Des princes intelligents, des princes amis de l'humanité et de l'Allemagne n'y eussent pas manqué. Ils auraient compris que nier le libre arbitre, faire de l'homme une machine, déclamer contre les bonnes œuvres, les transformer en autant de péchés, soutenir que le chrétien, par son seul baptême, est à la fois roi et prêtre; ils auraient compris que c'était là ruiner la base de toute morale, de tout ordre, de toute justice, de toute propriété, de toute subordination civile et religieuse. Mais, depuis longtemps, les rois ne voyaient qu'eux-mêmes dans leur royaume et dans l'humanité. Telle était au fond toute la politique du roi d'Angleterre, Henri VIII, du roi de France, François Ier, de l'empereur d'Allemagne, Charles-Quint. Un incendie se déclare-t-il chez le voisin ? au lieu de lui aider à l'éteindre, on profite de son embarras pour lui enlever la moitié de son jardin, et, s'il se peut, la maison même. Quant à la justice, la religion, l'Eglise de Dieu, on en gardera chez soi tout juste ce qu'il faut pour le peuple; mais ailleurs, chez le voisin, on en verra la destruction avec plaisir, on y aidera même, tantôt en cachette, tantôt ouvertement. Telle sera désormais la conduite générale des gouvernements séculiers.

Pour ce qui est en particulier des princes et des barons d'Allemagne, déjà Luther nous les a fait voir plongés dans la crapule et l'ivrognerie. De plus, il leur a jeté une amorce, à laquelle de pareils hommes ne résistent guère : il les a débarrassés de l'obligation incommode de faire des bonnes œuvres, de réprimer ses passions par l'abstinence et le jeûne : vol, adultère, homicide, ils peuvent tout commettre hardiment, pourvu qu'ils se mettent fortement dans la tête que Dieu ne leur en veut pas pour cela et qu'ils demeurent toujours dans sa grâce. Il leur a promis, en compensation, les biens des couvents, des hôpitaux, des chapelles, des cathédrales; car on ne conservera plus de prébendes que pour leurs enfants, bâtards ou autres. Enfin, comme tout chrétien est prêtre, les barons allemands seront naturellement grands-prêtres, présideront dans les conciles et y réglementeront à coups d'épée la foi et la morale des peuples. Certes, avec de telles amorces, ce qui étonne le plus, c'est que tous les barons allemands ne s'y soient pas laissé prendre.

Charles-Quint venait d'être couronné à Aix-la-Chapelle le 23 octobre 1520, et avait quitté cette ville pour se rendre à Cologne. Une diète avait été convoquée à Nuremberg pour le mois de janvier 1521. La peste chassa la diète, qui se réunit à Worms. Les discussions s'étant ouvertes sur l'état de l'Eglise germanique, le célèbre littérateur Aléandro, ambassadeur du Pape, prit la parole en ces termes :

« César, princes, députés! jamais, devant aucune assemblée, orateur ne se présenta avec une parole moins trompeuse que la mienne. Vous savez que l'orateur, pour flatter ceux qui l'écoutent, s'annonce comme tout plein de zèle pour leurs intérêts, libre de toute passion dans la question qu'il doit agiter. C'est la bienveillance de l'auditoire, et rarement la raison, qui assure son triomphe. Je viens devant vous en confessant tout d'abord que j'apporte dans la cause que je vais plaider le plus vif intérêt, la passion la plus puissante. Je ne suis pas libre, car il s'agit pour moi d'empêcher qu'on ne porte atteinte à la couronne qui orne le front du prince que je représente. Cependant vous n'ajouterez foi à mes arguments qu'autant qu'ils auront éclairé vos consciences.

» A entendre les novateurs, de quoi s'agit-il dans ces débats religieux ? Tout au plus de quelques points controversés entre Luther et la Papauté, et qui regardent spécialement l'autorité du Saint-Siége. C'est une grave erreur, puisque, sur quarante articles condamnés dans la bulle, quelques-uns seulement intéressent la dignité du Saint-Siége. Voici les livres que Luther a écrits en latin et en allemand, qu'il a imprimés et répandus en son nom. Il suffit d'ouvrir les yeux pour rester convaincu. Mais peut-être que les erreurs flétries par la bulle sont de peu d'importance? Voyez, Luther nie la nécessité des bonnes œuvres pour le salut; il nie la liberté de l'homme dans l'observation de la loi naturelle et de la loi divine; il affirme que l'homme en toute action pèche damnablement. Trouvez-vous que la Papauté seule ait intérêt à proscrire de telles maximes? qu'au Pape seul il appartient de s'élever contre le mépris que le novateur enseigne pour les sacrements, et cette manne céleste que le Fils de Dieu fit pleuvoir de la croix pour le salut de l'humanité? Que dirons-nous de ce pouvoir monstrueux d'absoudre qu'il confère aux laïques; et aux laïques de l'un et de l'autre sexe?

» Laissons cette folle doctrine de Luther, affirmant qu'il est défendu de résister aux Turcs, parce que Dieu nous visite par les infidèles : apparemment comme il est défendu de recourir aux remèdes dans les maladies du corps, parce que Dieu nous envoie ces maladies pour châtier nos fautes. Mais admirez le cœur de Luther, qui aimerait mieux voir l'Allemagne déchirée par les chiens de Constantinople que gardée par le pasteur de Rome!

» J'ai parlé de Rome, de cette Rome dont la tyrannie pèse si fort à Luther. A l'entendre, Rome est le séjour de l'hypocrisie; cela suppose que Rome est l'asile des vertus : on ne fait pas de l'or faux dans un pays où l'or véritable n'est pas à un haut prix.

» Luther continue : Le Pape a usurpé la puissance qu'il s'arroge! Usurpé! et comment? peut-être avec les phalanges d'Alexandre, l'épée de César ou la hache du bourreau? Quoi! tous ces peuples qui parlent une langue différente, qui vivent sous des cieux divers, de mœurs, d'origine, d'intérêts opposés, s'accorderaient à reconnaître, comme vicaire de Jésus, un pauvre prêtre sans puissance, ne possédant pour patrimoine qu'un petit coin de terre; et les évêques auraient incliné leur mitre, les rois leur diadème, si l'antique tradition ne leur avait enseigné que ces hommages de foi, d'obéissance, s'adressaient à l'héritier de Pierre, et qu'ils exécutaient le testament du Fils de Dieu? Mais supposons que le Christ abandonne son Eglise, que cette assemblée, frappée de vertige, dépouille la Papauté de sa primauté : cette primauté détruite, comment gouverner l'Eglise? Chaque évêque, dites-vous sera souverain absolu dans son diocèse! Alors, au lieu d'une tyrannie, en voilà mille que vous voudrez bientôt détruire; c'est l'épiscopat qui se fractionne et se divise, c'est l'anarchie qui entre dans le temple du Seigneur; c'est la couronne jetée à tout baron qui possède un château. On ajoute : Au-dessus des évêques régnera le concile; évêques, baissez la tête! Sans doute un concile permanent? et où seront alors les pasteurs? loin de leurs troupeaux. Et le concile dissous, à qui recourir pour administrer les remèdes que réclament les maladies de la communauté générale? qui convoquera le concile? l'autorité séculière, peut-être? Mais voilà le pouvoir séculier qui envahit l'Eglise. Et qui le présidera, le concile? Et ne voyez-vous pas que chaque question posée est grosse de troubles, de révoltes et d'inquiétudes? Quel dédale de lois, de règlements, de rites et de doctrines va sortir d'un semblable conciliabule, où chaque fidèle soutiendra que son évêque seul a maintenu l'intégrité de la foi! Bientôt, dans cette polyarchie, vous verrez les recteurs ou curés envier le pouvoir aux évêques, les prêtres aux recteurs; alors surgira tout à coup cette Babylone que Luther place isolément dans sa Rome moderne.

» Mais on oppose cet argument suranné : Comment vivait-on dans les premiers siècles de l'Eglise, quand le pouvoir du Pape était loin d'être aussi grand? Avec une argumentation semblable, nous pourrions demander à notre tour : Comment l'homme a-t-il cessé de se nourrir de glands, les princes de marcher sans escorte, les filles des rois de laver leurs vêtements? Qui ne sait que le corps politique ressemble au corps humain, que le siècle avance comme l'âge, que l'adolescence ne porte pas les habits de l'enfance? »

Après avoir montré les efforts inutiles tentés par le Saint-Siége pour ramener Luther, Aléandro demande ce qu'il reste à faire pour vaincre l'opiniâtreté du novateur, et quels remèdes pour arrêter l'hérésie. Il n'en trouve pas de plus efficaces qu'un édit de l'empereur contre l'hérésiarque.

« Voulez-vous l'expérience et les garanties de la sagesse pour vous décider? Les plus célèbres académies ont condamné la doctrine luthérienne. — Les hautes dignités des personnes? Les prélats de Germanie, les évêques, les docteurs, les recteurs, les ecclésiastiques l'ont proscrite. — Les puissances terrestres? L'empereur a fait brûler publiquement dans ses Etats les œuvres du moine augustin; les barons, les grands de l'Allemagne ont en abomination ses enseignements. Mais peut-être craignez-vous le contre-coup de cette lutte dans les royaumes étrangers? Le roi de France vient de défendre l'entrée de ses états aux livres de Luther, et l'Université parisienne, dans une discussion récente, s'est élevée de toute la force de son nom et de ses lumières contre les maximes nouvelles. Le roi d'Angleterre n'a voulu laisser à personne le soin de défendre l'intégrité de la foi catholique; il a pris la plume, et vous savez avec quelle éloquence et quelle logique? La Hongrie, l'Espagne ont jeté un cri d'effroi. Vos voisins mêmes, qui ont accueilli l'erreur, applaudiront aux mesures énergiques que vous prendrez, parce que, si l'on est content que la fièvre vienne descendre dans la maison de son ennemi, on a peur que la peste ne s'y établisse. Que si la malice des hommes, les malheurs du temps, la colère de Dieu voulaient que, malgré le grand coup que vous allez porter, cette plante maudite restât encore, elle vivrait peut-être, mais languissante, malade, et ses germes seraient étouffés dans des temps meilleurs. Que si vous ne prenez la cognée, je le vois, cet arbre de Nabuchodonosor, étendre ses rameaux, s'épanouir et étouffer la vigne du Seigneur; l'hérésie aura fait de l'Allemagne ce que l'épée de Mahomet aura fait de l'Asie (Audin, *Hist. de Luther*, t. I; Pallavic., *Hist. cont. Trid.*, l. 1, c. 25, *ex act. Wormal. Arch. vat.*) »

Ce discours fit une vive impression sur l'assemblée. Si l'on avait été aux voix sur-le-champ, on eût pris apparemment quelque mesure efficace pour arrêter le mal. Mais déjà l'Allemagne n'était plus une, déjà son unité nationale était brisée pour des siècles, sinon pour toujours. Frédéric, électeur de Saxe, patron de l'hérésiarque, demanda à répondre au nonce du Pape : la diète s'ajourna au lendemain.

L'électeur protesta de son respect pour les décisions de Rome, mais mit en doute que les livres cités fussent de Luther, ou qu'il soutînt réellement ses erreurs : il témoignait donc le désir que le moine, muni d'un sauf-conduit, vînt librement exprimer sa pensée devant la diète ; que, s'il persistait, alors il promettait de l'abandonner. C'était colorer adroitement un refus de soumission aux décisions de l'autorité religieuse. Aléandro répliqua que, le Pape ayant prononcé, il ne s'agissait plus de disputer, mais d'obéir. Quelques hommes politiques de l'assemblée furent du même avis. Mais l'empereur se joignit à l'électeur ; toutefois il promit qu'une seule question serait adressée à Luther, s'il rétractait ou non ses erreurs.

Le 17 avril 1521, Luther comparut devant la diète. L'official de l'archevêque de Trèves l'interrogea en ces termes : « Martin Luther, sa sacrée et invincible Majesté, d'après l'avis des ordres de l'empire, vous appelle devant sa face, afin que vous répondiez aux deux questions que je vais vous adresser : — Vous reconnaissez-vous l'auteur des écrits publiés sous votre nom et que voici devant vous, et consentez-vous à rétracter quelques-unes des doctrines qui s'y trouvent enseignées ? » Luther répondit à la première question, qu'il reconnaissait comme de lui les livres qui portaient son nom. Sur la seconde, s'il voulait rétracter les erreurs qu'il y avait établies, il pria l'empereur de lui accorder le temps nécessaire pour répondre en toute connaissance de cause. Cette hésitation surprit beaucoup de monde, et l'empereur dit aussitôt : Cet homme ne me rendra pas hérétique.

Les chefs des ordres délibérèrent un moment, et l'official se leva de nouveau : « Martin Luther, dit-il, bien que vous connaissiez depuis longtemps le message de Sa Majesté Impériale et le but de votre comparution devant la diète, et qu'on puisse vous refuser le délai demandé, toutefois la clémence insigne du souverain veut bien vous accorder un jour pour préparer votre réponse. »

Le lendemain, l'official lui demanda de nouveau : « Voulez-vous défendre toutes vos œuvres, ou bien en désavouer quelques-unes ? » Luther fit une longue dissertation en faveur de ses livres, et contre les décrétales des Papes, mais ne répondit point à la question. L'official en fit la remarque, ajoutant qu'il ne s'agissait pas de discuter des maximes déjà condamnées par les conciles ; qu'on demandait une réponse simple et non détournée, s'il voulait ou non se rétracter. Luther reprit alors : « Puisque Votre Sacrée Majesté et vos dominations demandent une réponse simple, je la ferai : elle ne sera ni cornue, ni dentée, et la voici. A moins qu'on ne me convainque d'erreur par le témoignage de l'Ecriture ou de l'évidence, je ne puis ni ne veux me rétracter ; car je ne crois pas à la seule autorité du Pape et des conciles, qui si souvent ont erré et se sont contredits, et je ne reconnais de maître que la Bible et la parole de Dieu. »

Les ordres se retirèrent pour délibérer, puis l'official prit ainsi la parole : « Martin Luther, vous venez de parler avec un ton qui ne sied point à un homme tel que vous ; et vous n'avez point répondu à la question. Sans doute vous avez composé divers écrits, dont quelques-uns pourraient n'être l'objet d'aucune censure. Si vous aviez désavoué les livres où sont répandues vos erreurs, Sa Majesté, dans sa bonté infinie, n'aurait pas permis qu'on poursuivît ceux où ne sont enseignées que de pures doctrines. Vous venez de ressusciter des dogmes condamnés par le concile de Constance, et vous demandez à être convaincu par les Ecritures. Mais si chacun avait la liberté de disputer sur des points depuis tant de siècles désapprouvés par l'Eglise et les conciles, il n'y aurait plus de doctrine, plus de dogme, rien de certain, rien de fixe ; plus de croyances qu'on devrait tenir sous peine du salut éternel. Car aujourd'hui, vous qui rejetez l'autorité du concile de Constance, demain vous proscrirez tous les conciles puis les Pères, les Docteurs : alors, plus d'autorité que cette parole individuelle que vous appelez en témoignage et que nous invoquons aussi. C'est pourquoi Sa Majesté demande une réponse simple et précise, affirmative ou négative. Voulez-vous défendre comme catholiques tous vos enseignements, ou en est-il que vous soyez prêt à désavouer ? »

Luther laissa passer le reste de la séance sans vouloir donner une réponse plus nette et plus précise.

Deux jours après, le secrétaire de la diète y lut à haute voix le rescrit impérial, conçu en ces termes : « Nos ancêtres, les rois d'Espagne, les archiducs d'Autriche, les ducs de Bourgogne, protecteurs et défenseurs de la foi catholique, en ont défendu l'intégrité de leur sang et de leur épée, en même temps qu'ils veillaient à ce qu'on rendît aux décrets de l'Eglise l'obéissance qui leur est due. Nous ne perdrons pas de vue ces beaux exemples, nous marcherons sur les traces de nos aïeux, et nous protégerons de toutes nos forces cette foi que nous avons reçue en héritage. Et comme il s'est trouvé un frère qui a osé attaquer à la fois et les dogmes de l'Eglise et le chef de la catholicité, défendant avec opiniâtreté les erreurs où il était tombé, et refusant de se rétracter, nous avons jugé qu'il fallait s'opposer aux progrès de ces désordres, même au péril de notre sang, de nos biens, de nos dignités, de la fortune de l'empire, afin que la Germanie ne se souillât pas du crime de parjure. Nous ne voulons plus désormais entendre Martin Luther, dont les princes ont appris à connaître l'inflexible opiniâtreté ; et nous ordonnons qu'il ait à s'éloigner et à se retirer sous la foi de la parole que nous lui avons donnée, sans qu'il puisse sous son chemin prêcher ou exciter des désordres (Audin, t. I, p. 324). »

Depuis ce moment, il n'y eut plus de séance publique ; mais les ordres de l'empire, dans l'intérêt du repos public, voulurent tenter de fléchir l'obstination de Luther. Ils députèrent quelques membres de la diète auprès de l'empereur, qui consentit à ce qu'on essayât de nouvelles voies d'accommodement. Les conférences particulières n'avancèrent pas plus que les séances publiques. Luther se montra toujours opiniâtre. Un des interlocuteurs l'ayant adjuré de soumettre ses écrits au jugement des princes et des ordres de l'empire, il répondit qu'il ne voulait pas qu'on crût qu'il déclinât le jugement de l'empereur et des ordres ; mais que la parole de Dieu sur laquelle il s'appuyait était à ses yeux si claire, qu'il ne pourrait se rétracter qu'autant qu'on apporterait dans la discussion une parole plus lumineuse ; — que saint Paul avait dit : *Si un ange vient du ciel avec un nouvel évangile, qu'il soit anathème!* — qu'on voulût bien ne pas violenter sa conscience, enchaînée dans les liens de l'Ecriture. — Mais, reprit le margrave de Brandebourg, n'avez-vous pas dit que vous ne céderiez qu'autant que vous seriez convaincu par le texte même de l'Ecriture ? — Ou par des raisons de toute évidence, dit Luther. — Mais vous admettez donc une raison supérieure à la parole de Dieu, objecta vivement le premier interlocuteur? Luther resta silencieux. C'était en effet le point capital. Au-dessus de l'Eglise de Dieu, avec sa tradition toujours vivante, avec ses Ecritures toujours interprétées par elle, avec ses Pères, ses Docteurs, ses conciles, ses pontifes, vicaires du Christ, Luther mettait sa raison individuelle, avec ses variations. C'est pour la raison variable de ce moine que l'Allemagne rompra son unité nationale et religieuse. Enfin l'official de Trèves manda Luther, afin de lui lire la sentence impériale. « Luther, dit-il, puisque vous n'avez pas voulu écouter les conseils de Sa Majesté et les ordres de l'empire, et confesser vos erreurs, c'est à César d'agir maintenant. De par ordre de l'empereur, il vous est accordé vingt jours pour retourner à Wittemberg, libre, et sous la sauvegarde de la parole du prince; pourvu que sur votre passage vous n'excitiez aucun trouble par vos paroles ou vos discours. » Luther témoigna beaucoup de reconnaissance envers l'empereur, et partit le 26 avril.

L'électeur Frédéric de Saxe avait mis en doute que Luther enseignât réellement les erreurs énormes qu'on lui attribuait. Si ce n'était pas une pure feinte de l'électeur, Luther eut soin de le détromper bien vite. A peine sorti de Worms, il composa le Credo luthérien dans les dix-huit articles que voici :

« Le chrétien baptisé ne peut perdre le royaume céleste, de quelques péchés qu'il se souille, pourvu qu'il croie. — Car la foi ôte tous les péchés du monde. — Au chrétien, ni l'Eglise ni les anges ne peuvent imposer des croyances. — C'est la doctrine de saint Paul (Coloss. 2). — Il n'est pas d'Etat qui puisse être heureusement gouverné pas des rois. — C'est l'enseignement de l'expérience. — Tout homme peut confesser et absoudre. — Il est écrit dans saint Matthieu : *Ce que vous lierez sur la terre sera lié dans les cieux, et ce que vous délierez sur la terre sera délié dans les cieux* : ces paroles s'adressent à tous. — Le péché est de sa nature toujours le même : il ne s'aggrave pas parce qu'il est commis avec une mère, une sœur, une fille. Le Christ l'enseigne. — Tout homme peut confesser, dédier une église, conférer les ordres. — Vilités qu'on doit abandonner aux subalternes : à l'évêque de prêcher l'évangile. — Quand saint Pierre lui-même trônerait à Rome, je ne le reconnaîtrais pas pour pape. — C'est que la papauté n'est qu'une fiction. — Libre arbitre ! chimère, non-sens ! — C'est la nécessité qui nous pousse et nous régit. — L'homme ne peut opérer que l'iniquité, je l'ai prouvé. — Le Pape est hérétique, schismatique, idolâtre; salut Satan ! — C'est la vérité (Audin, p. 838; *Opera Lutheri*, t. II, p. 172, *Wittembergœ*). »

Tel est le Credo luthérien de 1521; Credo tellement impie, tellement scandaleux, tellement subversif de tout ordre, de toute société, de toute morale, de toute religion, que Luther lui-même, malgré son audace, n'osa point le professer à la diète de Worms.

Luther viola sur la route les ordres formels de l'empereur et les conditions du sauf-conduit : il prêcha et à Hirsfeld et à Eisenach. Il tombait ainsi au ban de l'empire. Comme on approchait d'Actenstein, des chevaliers masqués se présentèrent tout à coup à l'entrée d'une forêt, se jetèrent sur les rênes des chevaux, et feignirent d'enlever le moine. C'était une comédie jouée et arrangée par l'électeur, du consentement de Luther (*Manuscrits de Spalatin*). Un cheval était tout prêt, ainsi qu'un vêtement de cavalier et une barbe postiche, pour déguiser le fugitif. On erra dans la forêt pendant quelques heures, et, la nuit venue, vers les onze heures, on frappait à la porte du château de la Wartbourg, célèbre par le séjour qu'y fit et les héroïques vertus qu'y pratiqua sainte Elisabeth de Thuringe.

Ceux des compagnons de Luther qui n'étaient pas dans le secret crurent être tombés dans une embuscade, et répandirent à Wittemberg le bruit de sa mort. Cependant il vivait bien tranquille et dans les délices aux dépens du prince, dont il ne laissait pas de se moquer. « Je crois bien que c'est le prince qui paie, dit-il dans une lettre du 25 août à Spalatin, car je ne voudrais pas rester une heure ici, si je savais que je mange le pain de mon hôte (le gardien du château). Le pain du prince, soit; car enfin, s'il faut manger la fortune de quelqu'un, ce doit être des princes, car prince et larron c'est à peu près synonyme (Spalatin, 25 août 1521). »

Maintenant, comment Luther, le prétendu apôtre, vivait-il dans ce qu'il appelait sa *Patmos*, dans cette solitude sanctifiée par les vertus si chastes, si douces de sainte Elisabeth? Ecoutons-le lui-même. « Ah! c'en est fait, écrit-il le 13 juin à Mélanchthon, je ne puis plus ni prier ni gémir; la chair me brûle, cette chair qui bout en moi, quand ce devrait être l'esprit. Paresse, sommeil, mollesse, volupté, toutes les passions m'assiègent; c'est sans doute parce que vous avez cessé d'intercéder pour moi, que Dieu s'est ainsi retiré..... Voilà huit jours que je n'écris ni ne prie, à cause des tentations de la chair (*Melanchthoni*, 13 juin).

Certes, voilà l'état d'un réprouvé, non d'un apôtre. Dans la tentation, saint Paul redoublait de prières, il châtiait son corps, il rendait son corps livide de coups, de peur qu'après avoir prêché aux autres, il ne fût lui-même réprouvé. Il ne se sentait coupable de rien, mais il ne se croyait pas justifié pour cela. Chez l'apôtre de la prétendue Réforme, c'est tout l'opposé. Il ne prie pas, il ne châtie pas son corps. Qu'est-ce donc qui le rassure ? la présomption la plus impie. Ecoutons ce qu'il écrit au même Mélanchthon le 1er août : « Sois pécheur et pêche énergiquement, mais que ta foi soit plus grande sur ton péché....... Il nous suffit que nous ayons connu l'Agneau de Dieu qui efface les péchés du monde; le péché ne peut détruire en nous le règne de l'Agneau, quand nous forniquerions et tuerions mille fois par jour (*Melanchthoni*, 1er août). »

Voilà comme Luther, le prétendu apôtre, abuse de la miséricorde de Dieu, de la passion de Jésus-Christ, pour offenser Dieu, pour outrager Jésus-

Christ avec plus de liberté et d'audace. Ceci est-il de l'homme seul ou d'un être plus méchant encore, et dont Luther prenait des leçons ? Écoutons encore Luther lui-même.

« Il m'arriva une fois de m'éveiller tout à coup sur le minuit, et Satan commença ainsi à disputer avec moi : — Écoute, me dit-il, docteur éclairé. Tu sais que durant quinze ans tu as célébré presque tous les jours des messes privées. Que serait-ce, si de telles messes privées étaient une horrible idolâtrie ? que serait-ce, si le corps et le sang de Jésus-Christ n'y avaient pas été présents, et que tu n'eusses adoré et fait adorer aux autres que du pain et du vin ? — Je lui répondis : J'ai été fait prêtre, j'ai reçu l'onction et la consécration des mains de l'évêque, et j'ai fait tout cela par le commandement de mes supérieurs et par l'obéissance que je leur devais. Pourquoi n'aurais-je pas consacré, puisque j'ai prononcé sérieusement les paroles de Jésus-Christ, et que j'ai célébré ces messes avec un grand sérieux, tu le sais ? — Tout cela est vrai, me dit-il; mais les Turcs et les païens font aussi toutes choses dans leurs temples par obéissance, et ils y font sérieusement toutes leurs cérémonies. Les prêtres de Jéroboam faisaient aussi toutes choses avec zèle et de tout leur cœur contre les vrais prêtres qui étaient à Jérusalem. Que serait-ce, si ton ordination et ta consécration étaient aussi fausses que les prêtres des Turcs et des Samaritains sont faux, et leur culte faux et impie ? — Premièrement, tu sais, me dit-il; que tu n'avais alors ni connaissance de Jésus-Christ, ni vraie foi, et qu'en ce qui regarde la foi, tu ne valais pas mieux qu'un Turc; car le Turc et tous les diables croient l'histoire de Jésus-Christ, qu'il est né, qu'il a été crucifié, qu'il est mort, etc.; mais le Turc et nous autres esprits réprouvés nous n'avons point de confiance en sa miséricorde et nous ne le tenons pas pour notre Médiateur et notre Sauveur; au contraire, nous avons peur de lui comme d'un juge sévère. C'était là ta foi, tu n'en avais point d'autre quand tu reçus l'onction de l'évêque, et tous ceux qui donnaient ou recevaient cette onction avaient ces sentiments de Jésus-Christ : ils n'en avaient point d'autres... Vous avez donc reçu l'onction, vous avez été tondu, et vous avez sacrifié à la messe comme des païens et non comme des chrétiens. Comment donc avez-vous pu consacrer à la messe ou célébrer vraiment la messe, puisqu'il y manquait une personne qui eût la puissance de consacrer : ce qui est, selon votre propre doctrine, un défaut essentiel. »

Tel fut, suivant le récit de Luther, le premier argument ou sophisme de Satan. En quoi le maître avance pour le moins deux gros mensonges, dont le disciple ne s'est pas aperçu ou n'a pas voulu s'apercevoir. 1° Mensonge historique, que le Turc croit que Jésus-Christ a été crucifié et qu'il est mort, puisque Mahomet dit positivement, dans son Alcoran, que Dieu enleva Jésus-Christ et qu'un autre fut crucifié à sa place. 2° Mensonge énorme et contemporain, que les catholiques n'eussent pas plus de confiance en Jésus-Christ que le Turc et que les diables, puisque Luther même est témoin du contraire, lui qui reproche aux catholiques d'appuyer leurs indulgences sur les mérites surabondants de Jésus-Christ.

Dans ses autres arguments, le père du mensonge ne raisonne pas plus vrai.. « Tu vois maintenant, dit-il à Luther, qu'il manque dans la messe, premièrement, une personne qui puisse consacrer, c'est-à-dire un homme chrétien; qu'il y manque, en second lieu, une personne pour qui on consacre et à qui on doit donner le sacrement, c'est-à-dire l'Église, le reste des fidèles et le peuple. » Mais si Luther s'était rappelé son catéchisme ou les simples prières de la messe, il aurait pu répondre à son maître que le sacrifice des messes privées, comme des messes solennelles est offert à Dieu pour toute l'Église, tant militante que souffrante, pour tous les fidèles orthodoxes, tant absents que présents mais spécialement pour ces derniers; que l'application du sacrifice de la messe aux personnes absentes n'offre pas plus de difficulté que l'application qu'on leur ferait d'une prière quelconque.

Martin Luther, ce grand docteur, cet ecclésiaste de Wittemberg, qui se mettait au-dessus de tous les Docteurs et de tous les Pères, ne sut pas faire à Satan des réponses aussi simples. Il se laissa vaincre honteusement. Lui-même en convient dans ces paroles : « Je vois d'ici les saints Pères qui rient de moi et s'écrient : Quoi ! c'est là ce docteur célèbre qui est demeuré court et n'a pu répondre au diable ? Ne vois-tu pas, docteur, que le diable est un esprit de mensonge ? Grâce, mes Pères ! j'aurais ignoré jusqu'à présent que le diable est un menteur, si vous ne me l'aviez affirmé, mes doctes théologiens. Certes, s'il vous fallait souffrir les rudes assauts de Satan et disputer avec lui, vous ne parleriez pas comme vous le faites de l'exemple et des traditions de l'Église; car le diable est un rude joûteur, et il vous presse si violemment, qu'il n'est pas possible de lui résister sans un don particulier du Seigneur. Tout d'un coup, en un clin d'œil, il remplit l'esprit de ténèbres et d'épouvantements, et s'il a affaire à un homme qui n'ait pas pour lui répondre une parole de Dieu toute prête, il n'a besoin que du petit doigt pour l'abattre (*De missâ angulari*, t. VI, *Ienæ*, p. 81, 83 ; t. VII, *Op. Luther. Witt.*, fol. 228; Audin, t. I).

A ce récit, Luther ajoute pour conclusion : « Voilà qui m'explique comment il arrive quelquefois qu'on trouve des hommes morts dans leur lit : c'est Satan qui leur tord le cou et qui les tue. Emser, Œcolampade et d'autres qui leur ressemblent, tombés sous les traits enflammés et les lances de Satan, sont ainsi morts subitement (*De missâ privatâ*). »

Telle était la confiance de Luther dans cet esprit d'en bas, qu'il s'écrie ailleurs : « Savez-vous pourquoi les sacramentaires Zwingle, Bucer, Œcolampade n'ont jamais eu l'intelligence des divines Écritures ? C'est qu'ils n'ont jamais eu le diable pour adversaire; car, quand nous n'avons pas le diable attaché au cou, nous ne sommes que de piètres théologiens (*Luth. in colloq. Isleb. de Verbo Dei*, fol. 23). »

Cependant l'empereur Charles-Quint, le 8 mai 1521, publia dans la diète de Worms un édit impérial contre l'hérésiarque de Wittemberg, pour être mis à exécution au bout de vingt jours. L'édit commence en ces termes :

« Charles-Quint, par la clémence divine, empereur

élu des Romains, toujours auguste, et roi de Germanie, des Espagnes, de l'une et l'autre Sicile, de Jérusalem, de Hongrie, de Dalmatie, de Croatie, etc.; archiduc d'Autriche, duc de Bourgogne, de Brabant, de Styrie, de Carinthie, de Carniole; comte de Habsbourg, de Flandre et de Tyrol, etc. » Dans ce dernier *et cætera* on pourrait comprendre le titre de *seigneur du Nouveau-Monde*; car ce fut cette année-là même que Fernand Cortèz lui conquit l'empire du Mexique, en attendant que François Pizarre lui conquît l'empire du Pérou.

L'édit expose de nobles pensées dans un noble langage. Le devoir de l'empereur romain est d'étendre les limites de cet empire, pour la défense de la sainte Église romaine et universelle, et de veiller avec grand soin à prévenir ou à étouffer, suivant la règle de l'Eglise romaine, toutes les hérésies qui pourraient infecter les nations déjà soumises. Que si tout empereur a cette obligation, combien plus celui que Dieu a rendu maître de tant de royaumes; qui descend, par son père, des très-chrétiens empereurs, archiducs d'Autriche, ducs de Bourgogne, et, par sa mère, des rois catholiques d'Espagne, de Sicile et de Jérusalem. Or, depuis trois ans, de nouvelles hérésies, ou plutôt des hérésies depuis longtemps condamnées, par les conciles et par les décrets des souverains Pontifes, avec l'approbation de l'Église, mais ramenées de nouveau du fond des enfers, menacent de précipiter toute la nation allemande, et, par suite de la contagion, toute la république chrétienne dans des déchirements effroyables, la perte des bonnes mœurs, de la paix, et enfin dans leur propre ruine. Pour prévenir si grands maux, le pape Léon X, à qui il appartient de veiller sur la foi catholique et les sacrements de l'Eglise, exhorte paternellement frère Martin Luther à révoquer ses erreurs. Celui-ci en ajoute de plus mauvaises encore. Le Pape est obligé, avec le sacré collège, de condamner ses écrits, de le déclarer lui-même hérétique, s'il ne se rétracte dans un temps donné. La bulle est apportée à l'empereur, comme vrai et suprême défenseur de la foi chrétienne, premier fils et avocat du Siège apostolique, ainsi que de la sainte Église romaine et universelle, avec prière de la faire publier et observer, suivant son office, d'abord dans tout l'empire romain, et ensuite dans tous les royaumes soumis au même prince.

La constitution pontificale ayant été publiée et exécutée dans plusieurs provinces, ledit Martin Luther, bien loin de s'amender et de rentrer dans son devoir, répandit chaque jour, par des écrits soit latins, soit allemands, des hérésies pires les unes que les autres. Il renverse le nombre, l'ordre et l'usage des sept sacrements observés depuis tant de siècles par l'Eglise; il dégrade scandaleusement les lois inviolables du mariage, renouvelle l'erreur de Wiclef sur l'extrême-onction, celle des Bohémiens sur la communion, transforme la confession en confusion, attribue le sacerdoce aux femmes et aux enfants même, excite les laïques à se laver les mains dans le sang des prêtres; outrage par des invectives inouïes le souverain Pontife de notre religion, le successeur de saint Pierre, le vicaire du Christ; soutient avec Manès et Wiclef qu'il n'y a point de libre arbitre, que tout se fait par une nécessité fatale, que le sacrifice de la messe ne profite qu'au célébrant, et non à d'autres, ni vivants, ni défunts; reproduit les erreurs des Vaudois et des Wicléfites sur le purgatoire, des Pélagiens et des Hussites sur l'Eglise militante; méprise l'autorité des Pères reçus par l'Église; vilipende même quelquefois le culte qu'on leur rend. Il détruit enfin toute obéissance et tout gouvernement; de manière à provoquer les peuples à la défection et à la rébellion contre leurs seigneurs, tant spirituels que temporels, pour se livrer aux brigandages, aux meurtres, aux incendies; au péril manifeste de la république chrétienne. Bien plus, comme il s'efforce d'introduire une certaine manière de vie sans règle ni loi aucune, mais licencieuse et vraiment sauvage, cet homme, sans loi et hors la loi, condamne et méprise tellement toutes les lois elles-mêmes, qu'il n'a pas craint de brûler publiquement les décrets des saints Pères et les sacrés canons; prêt à faire pis encore au droit civil, s'il n'avait pas plus redouté le glaive du siècle que les excommunications et les censures du pontife.

Après ces observations frappantes de justesse et en quelque sorte prophétiques, le rescrit impérial signale le mépris du moine pour les conciles, notamment pour le concile de Constance, la gloire de la nation allemande, en ce qu'il avait rendu la paix à l'Eglise, divisée d'avec elle-même. A la honte de l'Allemagne, Luther soutient que ce concile a erré très-grièvement; il l'appelle *une synagogue de Satan*, et l'empereur Sigismond *un antechrist;* les princes de l'empire *des apôtres de l'antechrist, des homicides et des pharisiens;* il approuve tout ce qui a été condamné dans l'hérésiarque Jean Hus, et condamne tout ce qu'on y a toléré; s'emportant jusqu'à dire que, si Jean Hus a été hérétique, lui Martin se glorifie de l'être dix fois davantage; homme tellement avide d'innover et de perdre les hommes, qu'il n'a presque rien écrit ni publié, où ne se trouve une peste ou quelque aiguillon mortel : chacune de ses paroles paraît empoisonnée. On dirait enfin que ce n'est pas un homme, mais, sous la figure humaine et la cuculle d'un moine, le démon même qui, rassemblant dans une même sentine les plus exécrables des anciennes hérésies avec quelques hérésies nouvelles qu'il vient d'inventer, détruit entièrement la foi véritable sous prétexte de prêcher la foi; introduit le joug et la servitude du démon, sous une apparence de liberté, et, sous le nom de *profession évangélique*, cherche à renverser, ébranler et ruiner complètement toute paix et charité évangélique, tout ordre dans les choses humaines, et la face si belle de l'Eglise entière.

Quoiqu'il fût contre tout droit d'entendre un homme condamné par le souverain Pontife et le Siège apostolique, endurci dans sa perversité, séparé de la communion de l'Eglise catholique et hérétique notoire; cependant, pour ôter prétexte à toute chicane, de l'avis des princes et de ses conseillers, avant d'exécuter la constitution pontificale, nous avons fait citer ledit Martin à la diète, non pour juger ni connaître des choses de la foi, ce qui appartient sans aucun doute au Pontife romain et au Siège apostolique, ni non plus pour les laisser remettre en discussion après tant de siècles, mais pour ramener cet homme dans le bon chemin par de fortes et salutaires exhortations.

L'empereur expose ensuite comment Luther comparut à la diète, y reconnut ses écrits, mais demanda du temps pour dire s'il voulait les rétracter. Qu'enfin il osa soutenir que les décrets des souverains Pontifes et les conciles contenaient beaucoup d'erreurs et de contradictions; qu'il n'en tenait nul compte, et qu'il ne rétracterait rien de ce qu'il avait écrit, à moins qu'on ne le convainquît par l'Ecriture et l'évidence de manière à le satisfaire, répétant sans cesse qu'il ne voulait point agir contre sa conscience ni ne pouvait changer la parole de Dieu. Mauvais prétexte. Comme si nous lui demandions qu'il changeât la parole de Dieu, et non pas que, suivant la vraie parole de Dieu, il revînt au giron de la sainte mère Eglise, d'où il s'était écarté d'une manière aussi impie que honteuse, Eglise à qui Notre Seigneur Jésus-Christ a donné une autorité si grande, que celui qui ne l'écoute pas doit être regardé comme un païen et un publicain. Qu'il faille donc la préférer, même seule, à toutes les inventions des hérétiques, personne ne l'a jamais mis en doute, si ce n'est l'hérétique Luther, qui, pour donner à de mauvais commencements une fin pire encore, n'a pu dissimuler, même en notre présence, ce qu'il avait au fond du cœur et combien il se réjouissait de la perte des fidèles. Car, abusant de cette parole de l'Evangile : *Je ne suis pas venu envoyer la paix, mais le glaive*, il témoigna ne voir rien de plus agréable que des partis et des dissensions pour la parole de Dieu, c'est-à-dire des dissensions, des schismes, des guerres, des meurtres, des brigandages entre chrétiens pour les opinions hétérodoxes de Luther, qu'il décore du nom de parole de Dieu comme d'une fausse enseigne.

Après avoir rappelé sa conduite à l'égard de Luther à Worms, l'empereur conclut en ces termes :

« Avant tout, pour l'honneur de Dieu tout-puissant, la révérence que nous devons au Pontife romain et au Saint-Siége apostolique, suivant l'office et le devoir de la dignité impériale, le zèle dont nous avons hérité de nos ancêtres, nous sommes prêt à exposer toutes nos forces, empire, royaumes, domaines, amis, vie et âme même, pour la défense de la foi catholique, l'honneur et la protection de la sainte Eglise romaine et universelle. Puis, de son autorité impériale et royale, du conseil et du consentement des électeurs, des princes et des Etats de l'empire, en exécution de la sentence du Pape, vrai juge en cette partie, il déclare tenir Martin Luther pour hérétique notoire, et commande à tous de le tenir pour tel, défendant à tous de le recevoir et de le protéger en aucune façon; ordonne à tous les princes et Etats de l'empire, sous les peines accoutumées, de le prendre et emprisonner, après le terme expiré de vingt et un jours, et de poursuivre tous ses complices, adhérents et fauteurs, les dépouillant de tous leurs biens, meubles et immeubles, suivant les lois et les constitutions de l'empire. Il défend encore de lire et de garder aucun de ses livres, quand même il y en aurait quelqu'un où se trouveraient de bonnes choses; car on rejette les mets les plus délicats, dès qu'on les soupçonne infectés d'une goutte de venin; d'ailleurs, ce qui peut s'y trouver de bon a déjà été dit et répété par les saints Pères, et peut se lire en eux sans péril. Il ordonne donc aux princes et aux magistrats de les brûler et de les abolir entièrement. Et d'autant qu'il s'est fait et imprimé en divers endroits des abrégés de ses livres, il défend absolument de les imprimer, comme aussi de garder aucune de ces estampes et images inventées pour rendre odieux et ridicules, non-seulement des personnes privées, mais le souverain Pontife, les prélats et les princes. Il commande aux magistrats de s'en saisir et de les brûler, punissant les imprimeurs et tous ceux qui en vendront ou en achèteront. Enfin, il fait une défense générale d'imprimer aucun livre en matière de foi, si petit qu'il puisse être, sans la permission de l'évêque diocésain (Le Plat, *Monument. conc. Trid.*, t. II, p. 116). »

Dans les commencements, Luther avait pris la Faculté de théologie de Paris pour juge de ses différends avec le Saint-Siége. Le 4 avril 1521, la Faculté de théologie de Paris censura les ouvrages et les erreurs de Luther, et condamna sa doctrine en plus de cent propositions. Cette censure fut arrêtée et confirmée du consentement unanime de tous les docteurs.

La Faculté y expose d'abord la nécessité de s'opposer au poison des nouvelles erreurs, capables d'infecter les fidèles, saint Paul ayant recommandé à Timothée de se conduire comme un ministre irréprochable du Seigneur, sachant dispenser à propos la parole de vérité et fuir les discours vains et profanes, qui contribuent beaucoup à inspirer l'impiété; car si ces erreurs saisissent une fois l'esprit des simples, elles s'étendent toujours davantage, elles gagnent comme la grangrène, qui, aussitôt qu'elle a atteint les chairs vives, ne manque pas d'infecter tout ce qu'elle approche, jusqu'à ce qu'elle ait causé la mort. La censure le prouve par les exemples d'Hermogènes, de Philet, d'Hyménée, d'Ebion, de Marcion, d'Apelles, de Sabellius, de Manès, d'Arius; dans ce dernier temps, par ceux de Valdo, de Wicleff, de Jean Hus, et enfin par celui de Luther et de ses sectateurs. « Nés de cette race de vipères, dit la Faculté, ces enfants d'iniquité s'efforcent de déchirer le sein de l'Eglise, leur mère. Luther tient entre eux le premier rang, comme un autre Ahiel, qui, contre l'anathème de Josué, voulut rebâtir Jéricho. Il ramène les anciennes erreurs, s'applique à en forger de nouvelles, et croit avoir seul plus de sagesse que tous ceux qui sont ou ont été dans l'Eglise. Il ose préférer son jugement à celui de toutes les universités. Il méprise les autorités des saints Pères et des anciens Docteurs de l'Eglise, et, pour mettre le comble à son impiété, il s'efforce de détruire les décisions des sacrés conciles, comme si Dieu avait réservé au seul Luther la connaissance de plusieurs vérités nécessaires au salut, que l'Eglise aurait ignorées dans les siècles précédents, et comme si elle eût été abandonnée jusqu'à présent par Jésus-Christ, son époux, aux ténèbres de l'erreur. »

La Faculté montre ensuite que Luther a tiré ses erreurs des anciens hérétiques; qu'il suit l'hérésie des Manichéens sur le libre arbitre, des Hussites sur la contrition, des Wicléfites sur la confession, des Bégards sur les préceptes de la loi, des Cathares sur la punition des hérétiques, des Vaudois et des Bohémiens sur les immunités ecclésiastiques et les conseils évangéliques. Sur les serments, il est d'accord avec ces hérétiques qui se vantaient d'être de l'ordre des Apôtres; son opinion sur l'observance des cérémonies légales approche fort de l'hérésie des Ebionites. Au reste, il renverse la doctrine de l'absolution sacramentelle, de la satisfaction, de la préparation à l'eucharistie, des péchés, des peines du purgatoire, des conciles généraux. Il parle en ignorant des principes de la hiérarchie, comme de la puissance ecclésiastique et des indulgences; et non content d'avoir souvent prêché des erreurs si pernicieuses, il les a voulu perpétuer dans un ouvrage auquel il a donné le titre *De la Captivité de Babylone*, ouvrage rempli de tant d'erreurs, qu'il mérite d'être comparé à l'Alcoran, puisqu'il y renouvelle des hérésies tout à fait éteintes, dont il ne restait aucun vestige, principalement sur ce qui concerne les sacrements de l'Eglise. Un tel écrivain peut passer pour l'écrivain le plus pernicieux de l'Eglise du Christ, comme ne travaillant qu'à rétablir les blasphèmes des Albigeois, des Vaudois, des Héracléonites, de Pépuziens, des Ariens, des Jovinianistes, des Artotyrites et d'autres monstres semblables.

On entre ensuite dans le détail des propositions que l'on censure. La Faculté s'attache d'abord au livre *De la Captivité de Babylone*, comme renfermant plus d'erreurs. Elle réduit le tout à cinq articles, qui regardent les sacrements, les lois de l'Eglise, l'égalité des œuvres, les vœux et l'essence divine.

Sur les sacrements, voici les propositions qu'elle condamne : 1° Les sacrements sont d'une nouvelle invention : cette proposition est téméraire, impie et manifestement hérétique. — 2° L'Eglise du Christ ne connaît point le sacrement de l'ordre : proposition hérétique, qui appartient aux Pauvres de Lyon, aux Albigeois et aux Wicléfites. — 3°, 4° et 5° Tous les chrétiens ont la même puissance pour prêcher et pour administrer les sacrements; les clés sont communes à tous les fidèles; tous les chrétiens sont prêtres : chacune de ces trois positions est destructive de la hiérarchie et hérétique, c'est l'erreur des hérétiques susdits, ainsi que des Pépuziens ou Montanistes. — 6° La confirmation et l'extrême-onction ne sont point des sacrements institués par le Christ : cette proposition est hérétique et renouvelle l'erreur des Albigeois et des Wicléfites sur le premier sacrement, et des Héracléonites sur le second. — 7° On croit ordinairement que la messe est un sacrifice que l'on offre à Dieu, d'où Jésus-Christ est appelé *la victime de l'autel*; l'Evangile ne permet pas de dire que la messe soit un sacrifice : la seconde partie de cette proposition est impie, blasphématoire et hérétique. — 8° C'est une erreur manifeste d'appliquer et d'offrir la messe pour les péchés, pour les satisfactions, pour les défunts, pour ses besoins et pour ceux des autres : cette proposition est outrageuse envers l'Eglise catholique, l'épouse du Christ; elle est hérétique et conforme à l'hérésie des Ariens et des Artotyrites. — 9° Il n'y a point de doute que tous les prêtres, les moines, les évêques et leurs prédécesseurs n'aient été et ne soient des idolâtres, et dans un très-grand péché, à cause de l'ignorance où ils sont du sacrement, et de l'abus et de la risée qu'ils en font : cette proposition est fausse, souverainement scandaleuse, outrageuse à tout l'ordre ecclésiastique et proférée avec une arrogance insensée; et en ce qu'elle prétend que nul n'est en état de salut, s'il n'acquiesce à de pareilles erreurs,

elle renouvelle la perfidie des Donatistes, qui soutenaient que l'Eglise de Dieu n'était demeurée que chez eux. — 10° Je crois fermement que le pain est le corps du Christ, dit Luther : cette crédulité de Luther est absurde, hérétique et condamnée depuis longtemps. — 11° C'est une impiété et une tyrannie de refuser les deux espèces aux laïques : cette proposition est erronée, schismatique, impie, et renouvelle l'erreur déjà condamnée des Bohémiens. — 12° Ce ne sont pas les Bohémiens qu'il faut appeler schismatiques et hérétiques, mais les Romains : cette proposition est fausse, favorise l'impiété des Bohémiens, et est injurieuse à l'Eglise romaine. — 13° Le mariage n'est pas un sacrement divinement institué, mais inventé dans l'Eglise par les hommes : cette proposition est hérétique et a été condamnée autrefois. — 14° et 15° L'union d'un homme et d'une femme doit tenir, quoiqu'elle ait été faite contre les lois; les prêtres doivent approuver tous les mariages contractés contre les lois ecclésiastiques, dont les Papes peuvent dispenser, à l'exception de ceux qui sont expressément défendus dans l'Ecriture : ces deux propositions sont fausses, dérogent d'une manière impie à la puissance de l'Eglise et sont du nombre des erreurs des Vaudois. — 16° Tout l'efficace des sacrements de la loi nouvelle est la foi : cette proposition est hérétique et déroge à l'efficace des sacrements de la loi nouvelle. — 17° Tout ce que nous croyons recevoir, nous le recevons réellement, quoi que fasse ou ne fasse pas le ministre, qu'il agisse par feinte ou par dérision : cette proposition est absurde, hérétique et appuyée sur un sens erroné de l'Ecriture. — 18° Il est dangereux et même faux de croire que la pénitence est une seconde planche après le naufrage : cette proposition est téméraire, erronée, avancée follement et injurieuse à saint Jérôme, qui affirme ce qu'elle attaque. — 19° Celui qui, s'étant confessé spontanément ou étant repris de sa faute, demande pardon devant quelqu'un de ses frères; je ne doute pas qu'il ne soit absous de ses péchés : cette proposition, qui insinue que les laïques, tant hommes que femmes, ont le pouvoir des clés, est fausse, injurieuse aux sacrements de l'ordre et de la pénitence, hérétique et conforme aux erreurs des Vaudois.

Le second titre des propositions extraites du même livre, que la Faculté condamne, est *Des constitutions de l'Eglise*. Il ne renferme qu'une seule proposition : « Ni le Pape, ni les évêques, ni aucun homme n'a droit de rien ordonner à un chrétien, pas même la valeur d'une syllabe, sans son consentement, et tout ce qui se fait autrement ne provient que d'une espèce de tyrannie. » cette proposition, qui soustrait les sujets de la soumission et de l'obéissance dues à leurs supérieurs, tend à la sédition et à détruire les lois positives; elle est erronée dans la foi et dans les mœurs, et du nombre des erreurs des Vaudois et des Ariens.

Le troisième titre est *De l'égalité des œuvres*, et ne renferme qu'une proposition, conçue en ces termes : « Les œuvres ne sont rien devant Dieu, où elles sont toutes égales en mérite. » proposition fausse, contraire aux saintes Ecritures et tirée des Jovinianistes.

Le quatrième titre, *touchant les vœux*, contient deux propositions : 1° Il faut conseiller d'abolir tous les vœux et de n'en faire aucun ; proposition contraire à la doctrine de Jésus-Christ et à la conduite des Pères, qui ont conseillé des vœux, et elle provient de l'erreur des Wicléfites. — 2º Il est probable que les vœux, aujourd'hui, ne servent qu'à donner de l'orgueil et de la présomption : cette proposition est fausse, injurieuse à l'état religieux et conforme aux mêmes Wicléfites.

Le cinquième titre est *De la divine essence*, et on y condamne cette proposition unique : « Depuis trois cents ans, on a déterminé plusieurs choses sans raison et mal à propos ; par exemple : que l'essence divine n'engendre point et n'est point engendrée, que l'âme est la forme substantielle du corps humain : » cette proposition est fausse, avancée avec beaucoup d'arrogance par un ennemi de l'Eglise catholique, et injurieuse aux conciles généraux (Le Plat, *Ubi suprà*, p. 98 et seqq.).

On condamne ensuite les propositions tirées des autres ouvrages de Luther, qu'on résume sous dix-neuf titres. Le 1er traite de la conception de la sainte Vierge ; le 2e de la contrition ; le 3e de la confession ; le 4e de l'absolution ; le 5e de la satisfaction ; le 6e de ceux qui s'approchent de l'eucharistie ; le 7e de la certitude de la justification ; le 8e des péchés ; le 9e des commandements de Dieu ; le 10e des conseils évangéliques ; le 11e du purgatoire ; le 12e de l'autorité des conciles généraux ; le 13e de l'espérance ; le 14e de la peine des hérétiques ; le 15e de l'observation et de la cessation des cérémonies légales ; le 16e de la guerre contre les Turcs ; le 17e de l'immunité des ecclésiastiques ; le 18e du libre arbitre ; le 19e de la philosophie et de la théologie scholastique.

L'avant-dernier titre ou le 18e renferme cinq propositions : 1º Le libre arbitre n'est pas maître de ses actions : proposition fausse, contraire aux saints docteurs et à la morale, conforme à l'erreur des Manichéens, et hérétique. 2º En vain les sophistes disent et avancent qu'une bonne action est toute de Dieu, mais non pas totalement : cette proposition est injurieuse aux saints docteurs qui l'ont enseignée, principalement à saint Ambroise, à saint Augustin et à saint Bernard, que Luther traite ici de sophistes ; et, quant à ce qu'il prétend que toute bonne action est totalement de Dieu, et non du libre arbitre, c'est une hérésie. 3º Le libre arbitre, en faisant ce qui est en soi, pèche mortellement : cette proposition est scandaleuse, impie, erronée dans la foi et dans les mœurs. 4º Le libre arbitre, avant la grâce, n'a de vertu que pour pécher, et non pour se repentir ; ce qui est le sentiment de saint Augustin : cette proposition, en prenant la grâce pour la grâce sanctifiante, dont parle l'auteur, est erronée, conforme à l'erreur des Manichéens, contraire aux saintes Ecritures et citée de saint Augustin dans un sens pervers et tronqué. 5º Le libre arbitre, sans la grâce, s'approche d'autant plus de l'iniquité, qu'il s'applique plus fortement à l'action ; ce qui est le sentiment de saint Ambroise : cette proposition, en prenant la grâce comme ci-dessus, est fausse, offense les oreilles pieuses, détourne des bonnes œuvres et est tronquée méchamment de saint Ambroise.

Le 19e et dernier titre, *de la Philosophie et de la Théologie scholastique*, renferme sept propositions :

1º La philosophie d'Aristote, sur la vertu morale, sur l'objet, sur l'acte de la volonté, est telle, qu'elle ne peut être enseignée au peuple, ne sert de rien pour l'intelligence de l'Ecriture, parce qu'elle ne contient que de grands mots inventés pour la dispute : cette proposition, quant à toutes ses parties, en parlant de la philosophie d'Aristote, principalement dans les choses où il ne s'écarte pas de la foi, est fausse, avancée avec folie et arrogance par un ennemi de la science. 2º Toutes les vertus morales et toutes les sciences spéculatives ne sont ni vraies vertus ni sciences, mais des péchés et des erreurs : cette proposition, quant à la première partie, que les vertus morales sont des péchés, doit être qualifiée de la même manière que cette autre de Luther : « Que toutes les actions, avant la charité, sont des péchés. » Quant à la seconde partie, savoir, que les sciences spéculatives sont des erreurs, elle est manifestement fausse. 3º La théologie scholastique est une fausse intelligence de l'Ecriture et des sacrements, et a banni d'entre nous la théologie véritable et sincère : cette proposition est fausse, téméraire, avancée avec orgueil et ennemie de la saine doctrine. 4º Luther dit : « Je trouve dans les sermons de Jean Tauler, écrits en langue allemande, plus de théologie solide et sincère qu'on n'en trouve dans tous les docteurs scholastiques des universités : » cette proposition de Luther est manifestement téméraire. 5º Dans le même temps que la théologie scholastique a commencé à paraître pour nous tromper, dans le même temps la théologie de la Croix a été anéantie, et tout est entièrement renversé : cette proposition est fausse, présomptueuse, avancée sans raison et approche de l'erreur déjà condamnée des Bohémiens. 6º Depuis trois cents ans l'Eglise souffre, à sa ruine entière, que les docteurs scholastiques se soient donné la licence de corrompre les Ecritures : cette proposition est fausse et avancée follement et méchamment. 7º Les théologiens scholastiques ont menti, en disant que les *Morales* d'Aristote s'accordent entièrement avec la doctrine de Jésus-Christ et de saint Paul : par cette proposition, l'auteur impute faussement et impudemment aux théologiens scholastiques, parce qu'ils n'ont pas parlé ainsi, quoiqu'il soit assez prouvé qu'en beaucoup de choses les *Morales* d'Aristote s'accordent avec la doctrine de Jésus-Christ et de saint Paul (Le Plat, *Ubi suprà*, p. 98 et seqq.; et d'Argentré : *Collectio judiciorum*).

En Angleterre, la bulle de Léon X contre les erreurs de Luther avait été reçue avec une soumission religieuse. Les livres de l'hérésiarque avaient été brûlés publiquement. L'évêque de Rochester, Jean Fisher, prélat singulièrement distingué par sa science et ses vertus, prononça un discours dans cette circonstance, en faveur de l'antique religion reçue des apôtres et de leurs successeurs, et que Luther attaquait. Il fit voir que l'Esprit de vérité demeure toujours avec l'Eglise, qu'il la préserve de toutes les fausses opinions, n'importe d'où elles viennent ; que le Pontife romain préfiguré par Aaron est le chef suprême de l'Eglise, et réfuta le faux dogme de Luther touchant la justification par la loi sans les œuvres.

Venant aux choses avantageuses qu'on répandait sur le compte de l'hérésiarque, il les discute en cette manière : « Chrétiens! lorsque vous entendez dire que Luther est d'une grande doctrine, bien versé dans les saintes lettres, doué de vertu, qu'il a beaucoup de partisans, considérez en vous-mêmes qu'avant lui il y en a eu beaucoup d'autres dans l'Eglise du Christ, qui, par leur doctrine et leur perverse interprétation des paroles divines, ont soulevé des tempêtes semblables. Par quelle tempête ce fameux hérétique Arius n'a-t-il pas affligé l'Eglise? combien d'âmes n'a-t-il pas perdues? Il était d'une grande doctrine, d'une singulière éloquence et d'une vie, en apparence, sainte. N'a-t-il pas appuyé sur la sainte Ecriture ses opinions, par lesquelles il a séduit tant d'âmes? Saint Jérôme dit de lui : Arius fût une étincelle dans Alexandrie; mais parce qu'elle n'a pas été éteinte aussitôt, sa flamme a ravagé tout l'univers. Cette étincelle a vexé l'Eglise du Christ, elle a perdu des âmes innombrables, jusqu'à ce que, avec le temps, par l'Esprit de vérité, qui est le consolateur de l'Eglise et qui parle par la bouche de ses Pères et de ses Docteurs, elle a été convaincue et entièrement rejetée.

» De plus, quand vous entendrez dire que Martin Luther a une âme constante, fixée en Dieu, et que nulle autorité ne l'empêche de dire la vérité, mais qu'il regarde comme séparés de l'Eglise catholique tous ceux qui ne suivent pas ses opinions, au point qu'il a excommunié le Saint-Père : présomption inouïe! folie intolérable! Quand vous entendrez de pareils propos, sachez bien que d'autres hérétiques ont fait de même, se regardant eux seuls et leurs sectateurs comme étant l'Eglise catholique; et comme séparés d'elle, tous ceux qui ne suivaient pas leur dogme. Ainsi fit Novatien à Rome, lorsqu'il exclut de ses églises les prêtres et les évêques catholiques; ainsi firent les Ariens en Grèce, les Donatistes en Afrique. Mais l'Eglise du Christ n'est autre que l'Eglise une, sainte, catholique et apostolique. Cette Eglise est une, ayant un seul chef, savoir, le Pape, qui est le vicaire du Christ, d'où elle est appelée *Une*. Et quoique dans cette Eglise il y ait beaucoup de pécheurs, cependant, à cause des saints sacrements qui y demeurent et qui rétablissent les pécheurs chaque jour, et aussi à cause de l'Esprit-Saint qui demeure toujours en elle, elle est appelée *sainte*. Et parce qu'elle n'est point assignée à une certaine nation, mais commune à toutes, elle est appelée *catholique*, c'est-à-dire *universelle*. Enfin, parce qu'elle vient des Apôtres, principalement du prince des apôtres, saint Pierre, elle est appelée *apostolique*. Seule cette Eglise est l'épouse du Christ : les autres n'en sont pas, mais ce sont des synagogues de Satan et des conciles de démons.

» Enfin, quand vous entendrez dire que Martin Luther a pour Dieu un zèle ardent; qu'il se croit en conscience obligé de faire ce qu'il fait; que par là il pense plaire à Dieu et lui rendre un éminent service, en ce qu'il se persuade avoir gagné au Dieu tout-puissant toutes les âmes, que par sa fausse doctrine, il tue et égorge : soyez néanmoins fermes dans votre foi, et considérez que le Sauveur vous a prévenus de cela même, en disant : *Il viendra même un temps où quiconque vous tuera croira rendre service à Dieu* (Raynald, an 1520, n. 64). »

Le roi d'Angleterre, Henri VIII, fit plus encore : l'année suivante 1551, il composa lui-même une défense des sept sacrements contre l'ouvrage de Luther, *De la captivité de Babylone*. Le royal auteur dédia son livre au pape Léon X, comme un monument de sa dévotion filiale pour sa mère, la sainte Eglise de Dieu.

Parlant d'abord des indulgences reconnues par tous les catholiques, mais représentées par Luther comme des fourberies d'adulateurs romains et comme de purs moyens d'amasser de l'argent, Henri VIII raisonne de la manière suivante : « Si Luther dit vrai, tous ont été des imposteurs. Combien plus raisonnable n'est-il pas de croire que ce petit frère est une brebis galeuse, que de supposer que tant de pontifes ont été de perfides pasteurs! Car quel homme c'est que Luther! combien il est étranger à toute charité, il le montre évidemment lorsqu'il ne rougit pas d'imputer un tel crime à tant de saints et souverains Pontifes. Mais, quelques disputes qu'on élève sur les indulgences du Pontife, toujours faut-il qu'elles demeurent inébranlables ces paroles du Christ par lesquelles il a confié les clés de l'Eglise à Pierre : *Tout ce que tu lieras sur la terre sera lié dans le ciel, et tout ce que tu délieras sur la terre sera délié dans les cieux.* Et encore : *Les péchés seront remis à ceux à qui vous les remettrez, et ils seront retenus à ceux à qui vous les retiendrez.* Si par les paroles il est constant que tout prêtre à le pouvoir d'absoudre les péchés mortels et de remettre l'éternité de la peine, à qui ne paraîtra-t-il pas absurde que le prince de tous les prêtres n'ait aucun droit sur la terre temporaire? Certainement, si les pontifes qui ont accordé des indulgences ont péché, l'assemblée entière des fidèles n'était pas non plus exempte de péché, puisque ces fidèles ont reçu ces indulgences si longtemps et avec un tel accord. Pour moi, je crois devoir plutôt acquiescer à leur jugement et à la pratique des saints, qu'au seul Luther, qui condamne si furieusement toute l'Eglise (Raynald, an 1521, n. 54 et 55). »

Le roi d'Angleterre réfute ensuite les blasphèmes de Luther contre la Papauté. Qui ne s'étonnerait ici de l'inconstance de cet homme, à moins qu'il ne connaisse sa malice? D'abord il avait nié que la Papauté fût de droit divin, mais avait accordé qu'elle était de droit humain; maintenant, en désaccord avec lui-même, il soutient qu'elle n'est ni de l'un ni de l'autre, mais que le pontife s'est arrogé et a usurpé la tyrannie par la seule violence. Il pensait donc autrefois que c'était au moins par un consentement humain, pour le bien public, qu'avait été déférée au Pontife romain la puissance sur l'Eglise catholique, et il le pensait tellement, qu'il détestait le schisme des Bohémiens, parce qu'ils se séparaient de l'obéissance de la Chaire de Rome, déclarant que tous ceux-là péchaient d'une manière damnable, qui n'obéissaient pas au Pape. Ayant donc écrit cela depuis peu, maintenant il tombe dans ce qu'il détestait alors. Voici un autre échantillon de sa constance. Après avoir dit dans un sermon au peuple que l'excommunication est un remède à supporter avec obéissance et patience, peu après, étant excommunié lui-même, il endure la sentence avec si peu de retenue, que, transporté d'une espèce de rage, il s'emporte à des injures, et des outrages, des blasphèmes que nulle oreille ne saurait entendre, prouvant ainsi par sa fureur que ceux qui sont expulsés du sein de l'Eglise sont aussitôt saisis par les furies et agités par les démons. Mais, je le demande, cet homme qui naguère voyait ces choses-là, comment s'aperçoit-il tout à coup de son aveuglement antérieur? Quels nouveaux yeux s'est-il procurés? aurait-il la vue plus perçante depuis qu'à la superbe accoutumée sont venues se joindre la colère et la haine, lunettes bien propres sans doute pour voir plus loin?

Je ne ferai pas l'injure au Pontife de discuter avec anxiété son droit, comme s'il pouvait être mis en doute; c'est assez pour le présent que son ennemi entraîné par la fureur, s'ôte à lui-même toute croyance, et fasse voir clairement que, aveuglé par sa malice, il n'est point d'accord avec lui-même et ne sait ce qu'il dit. Il ne peut nier que toute l'Eglise des fidèles reconnaisse et révère la sainte Chaire de Rome comme sa mère et comme ayant la primauté, au moins les fidèles que la distance des lieux ou la grandeur des périls n'empêchent pas d'approcher. Encore les Indiens, qui viennent de si loin et d'au delà de tant de mers et de solitudes, se soumettent au Pontife romain. Si donc ce Pontife n'a obtenu une si grande puissance ni par l'ordre de Dieu ni par la volonté des hommes, mais qu'il se la soit arrogée lui-même, Luther voudra bien nous dire à quelle époque il a usurpé une telle domination. Le commencement d'un pouvoir si immense ne saurait être obscur, surtout s'il est né depuis les temps dont les hommes conservent le souvenir. S'il dit que c'est au delà d'un ou de deux âges, il nous montrera le fait par les histoires. Si l'origine d'une si grande chose est tellement ancienne qu'on en ait perdu le souvenir, il saura que, d'après toutes les lois, tout droit qui dépasse toute mémoire humaine, en sorte qu'on ne peut savoir quelle en fut l'origine, est censé avoir eu une origine légitime, et que, d'après le droit de toutes les nations, il n'est pas permis d'ébranler ce qui est demeuré immuable si longtemps.

Si l'on parcourt les annales de l'histoire, on trouvera que, depuis la paix rendue au monde, généralement toutes les églises de l'univers chrétien obéissaient à l'Eglise romaine; la Grèce même, quoique l'empire eût passé chez elle, appartenait à la primauté de cette Eglise, et sauf le temps de schisme, elle lui était soumise. Saint Jérôme, qui n'était pas Romain, nous montre la déférence dont nous devons user envers le Saint-Siège : Il me suffit, dit-il, que le Pape approuve ma foi! Les autres contradicteurs m'importent peu!

Décrivant ensuite la perfidie de Luther, qui avait rompu le triple lien du chrétien, du prêtre et du moine, le roi ajoute que, par l'abolition des indulgences et de la papauté, Luther se préparait la voie à l'abolition des sacrements. « Aussi, des sept, il n'en laisse que trois; encore n'est-ce que pour un temps, donnant à entendre que peu lui ôterait encore les autres. Car, des trois il en ôte bientôt un dans le même livre, par où il déclare assez ce qu'il prétend faire du reste. » Henri établit ensuite la doctrine de l'Eglise sur les sept sacrements, et, commençant par l'eucharistie, il convainc de perfidie Luther, pour avoir commencé à l'appeler le *sacrement du pain*, tandis que saint Ambroise dit expressément : Quoiqu'on voie sur l'autel la figure du pain et du vin, il faut néanmoins croire que ce n'est rien autre chose que la chair et le sang du Christ.

Plus loin, Henri réfute les arguties de Luther, prétendant que le Christ a donné aux apôtres le pain avec son corps, en ce qu'il est dit que le Christ a pris du pain. « Mais, répond le roi, comme ayant de donner le pain à manger aux apôtres, il le convertit en chair, ce n'est plus le pain qu'il avait pris qu'ils reçoivent, mais son corps auquel il avait converti le pain. Si quelqu'un, ayant pris une semence, eût donné à un autre la fleur née de là, il ne lui aurait pas donné ce qu'il avait pris, quoique l'ordre commun de la nature eût changé l'un en l'autre; de même et beaucoup moins le Christ a-t-il donné aux apôtres ce qu'il avait pris en ses mains, après avoir changé, par un si grand miracle, en sa propre chair le pain qu'il avait pris. A moins que quelqu'un ne soutienne que, parce que Aaron a pris la verge en sa main et a jeté la verge de sa main, la substance de la verge a subsisté avec le serpent, ou la substance du serpent avec la verge rétablie. Que si la verge n'a pu subsister avec le serpent, combien moins le pain pourra-t-il subsister avec la chair du Christ, cette substance incomparable. »

Le roi Henri prouve ensuite amplement que la transsubstantiation n'a pas été inventée par des modernes, comme prétendait Luther, mais qu'elle a été crue par les anciens, tels qu'Eusèbe d'Emèse, Augustin, Grégoire de Nysse, Théophile, Cyrille, Ambroise. Puis il ajoute : « Mais Luther lui-même avoue qu'il n'y a point de péril à penser là-dessus comme toute l'Eglise. Or, toute l'Eglise décide de son côté que celui-là est hérétique qui pense comme Luther. Donc Luther ne doit exciter personne, à qui il veuille du bien, à penser comme lui, puisque toute l'Eglise condamne sa manière de penser; mais il doit persuader à ceux qu'il aime, de s'adjoindre à ceux qu'il avoue n'être exposés à aucun péril. Elle est donc fausse la voie de Luther contre la foi publique, non-seulement de ce temps, mais de tous les âges; il ne délivre pas de la captivité ceux qui l'en croient, mais les tirant de la liberté de la foi, c'est-à-dire d'un lieu que Luther lui-même avoue être sûr, il les captive sous l'erreur, les conduisant au précipice et par des voies perdues, incertaines, douteuses, et par là même pleines de péril ; or, qui aime le péril y périra (N. 58 et 59).

Le même roi pulvérise d'autres sophismes de Luther contre le sacrifice de la messe, et enseigne que le sacrifice de la messe a été institué à la place de tous les sacrifices qui s'offraient sous la loi de Moïse. « Si Luther objecte que le prêtre ne peut pas offrir, parce que le Christ n'a pas offert dans la cène, qu'il se rappelle ce qu'il a dit lui-même, que le testament implique la mort du testateur, et qu'il n'a ni force ni perfection complète avant la mort de celui qui a testé. C'est pourquoi au testament du Christ appartient, non-seulement ce qu'il a fait d'abord dans la cène, mais aussi son oblation sur la croix; car c'est sur la croix qu'il a consommé le sacrifice commencé dans la cène. Et la commémoration de tout l'ensemble, savoir, de la consécration dans la cène et de l'oblation sur la croix, se célèbre et se représente dans le sacrement de la messe. C'est pourquoi la mort y est plus représentée que la cène; car, quand l'Apôtre écrit aux Corinthiens :

« Chaque fois que vous mangerez ce pain et que vous boirez ce calice, il ajoute : Vous annoncerez, non pas la cène du Seigneur, mais la mort du Seigneur (N. 60). »

Luther avait prétendu que le troisième genre de captivité était le sacrifice de la messe offert pour les péchés. Voici comme le roi Henri cite ses vaines arguties et comme il les réfute par les sentences opposées des saints. « Pour n'avoir pas l'air d'imiter Luther, qui n'a pour lui que ce qu'il forge de sa tête, nous rappellerons ce que saint Ambroise dit de la messe : Avec quelle contrition de cœur et quelle fontaine de larmes, dit-il, avec quel respect et quel tremblement, avec quelle chasteté de corps et quelle pureté d'âme faut-il célébrer, ô Seigneur Dieu, ce divin et céleste mystère, où l'on mange en vérité votre chair, où l'on boit en vérité votre sang; où ce qu'il y a de plus bas s'unit à ce qu'il y a de plus haut; l'humain au divin; où, d'une manière merveilleuse et ineffable, vous êtes à la fois prêtre et sacrifice? Qui peut célébrer dignement ce sacrifice, si vous, Dieu tout-puissant, n'en rendez digne celui qui l'offre? Vous voyez comme ce bienheureux Père appelle la messe une oblation, et dit que le Christ y est à la fois prêtre et sacrifice, comme il le fut sur la croix ; c'est maintenant à Luther de voir quel égard il aura pour l'autorité d'Ambroise. Quel égard avait pour lui le bienheureux Grégoire, il le fait assez connaître lorsqu'il dit à son imitation : — Qui des fidèles peut douter que dans le moment même de l'immolation, à la voix du prêtre, les cieux s'ouvrent; dans ce mystère du Christ les anges sont présents; ce qu'il y a de plus bas s'unit à ce qu'il y a de plus haut, la terre au ciel, et des choses visibles et invisibles il s'en fait une même ? — Et ailleurs : — Cette victime unique délivre les âmes de la perdition éternelle, en ce qu'elle renouvelle pour nous la mort du Fils unique. — Et non moins clairement, lorsqu'il dit : — Pensons de là quel est pour nous ce sacrifice, qui imite toujours la passion du Fils unique. — Nous voyons comme saint Ambroise et saint Grégoire non-seulement appellent la messe une immolation et un sacrifice, mais confessent que la passion du Seigneur y est représentée, et non simplement la cène, comme dit Luther. Et cependant ce ne sont pas les seuls Pères qui aient ainsi parlé; car saint Augustin confesse plus d'une fois la même chose, entre autres quand il dit : Cette oblation se réitère chaque jour, quoique le Christ ait souffert une seule fois, parce que nous tombons chaque jour, le Christ est immolé pour nous chaque jour (N. 61). »

La quatrième captivité babylonienne de Luther fut la liberté de la chair, pour attirer les pécheurs à l'assurance du salut sans les œuvres de la loi évangélique. Le roi le réfute ainsi. « Il relève les richesses de la foi, mais pour nous rendre pauvres des bonnes œuvres, sans lesquelles, comme dit saint Jacques, la foi est morte. Mais Luther nous recommande la foi de telle sorte, que non-seulement il nous permet de ne pas faire de bonnes œuvres, mais qu'il nous suggère encore l'audace de tous les crimes. Car il dit : « Voyez combien est riche le chrétien ou l'homme baptisé, puisque, le voulût-il, il ne peut perdre son salut, par quelques grands péchés que ce soit, à moins qu'il ne veuille pas croire ; car nul péché ne peut le damner, si ce n'est la seule incrédulité. » Parole impie et source de toute impiété ! parole si odieuse aux oreilles pieuses, qu'il n'est pas besoin de la réfuter ! Donc on ne sera damné ni pour l'adultère, ni pour l'homicide, ni pour le parjure, ni pour le parricide, pourvu qu'on croie qu'on sera sauvé par la promesse du baptême. — De la foi même, il ne fait autre chose qu'un patronage de la vie criminelle. Et pour y parvenir plus sûrement, après avoir dépouillé les sacrements de la grâce, il dépouille l'Eglise de tous les vœux et de toutes les lois, sans être touché de cette parole de Dieu : *Faites des vœux et accomplissez-les* (v. 75, n. 61). »

Parmi les prétendues inventions de la captivité babylonienne, Luther avait compté les lois pontificales et impériales, pour amener les fidèles, dégagés de la crainte de toute loi, à la condition des Barbares. Henri le réprimande de cette sorte. « Quant aux lois, je m'étonne qu'un homme ait pu sans rougir avoir des pensées aussi absurdes : comme si les chrétiens ne pouvaient pas pécher, ou que l'immense multitude des croyants fût si parfaite, qu'il n'y eût rien à régler ni pour le culte de Dieu, ni pour éviter les désordres. Mais par le même dessein, il abolit à la fois toute puissance et toute autorité, et celle des princes et celle des prélats. Car que fera le prince ou le prélat, s'il ne peut établir de loi, ni exécuter celle qui est établie, mais que le peuple flotte sans loi, comme un navire sans gouvernail ? Où est donc ce mot de l'Apôtre : *Que toute créature soit soumise aux puissances supérieures?* Et cet autre : *Si vous faites mal, craignez le roi, car ce n'est pas en vain qu'il porte le glaive?* et d'autres paroles semblables. Ce n'est pas en vain, dit saint Augustin, qu'ont été institués et la puissance du roi, et le droit du juge, et la hache du bourreau, l'arme du soldat, la discipline du maître, et même la sévérité d'un bon père. Toutes ces choses ont leurs modes, leurs causes, leurs raisons, leurs utilités; et lorsqu'on redoute ces choses, les méchants sont réprimés ; et les bons vivent tranquilles parmi les méchants. J'évite de parler des rois, pour ne pas avoir l'air de plaider ma propre cause. Je demande seulement : Si personne, ni homme, ni ange, ne peut établir de loi sur un chrétien, pourquoi l'Apôtre établit-il tant de lois touchant l'élection des évêques, touchant les veuves, touchant le voile que doivent mettre les femmes? pourquoi règle-t-il que le conjoint fidèle ne se sépare point de l'infidèle, à moins qu'il n'en soit abandonné ? pourquoi ose-t-il dire : Aux autres je dis, moi, non pas le Seigneur ? pourquoi a-t-il exercé une si grande puissance, jusqu'à livrer l'incestueux à Satan pour la perte de sa chair ? pourquoi Pierre a-t-il frappé Ananie et Saphire d'une peine semblable, parce qu'ils s'étaient réservé un peu de leur argent ? Si les apôtres ont statué tant de choses sur le peuple chrétien, outre le précepte spécial du Seigneur, pourquoi ceux qui ont succédé aux apôtres n'en feraient-ils pas autant pour l'avantage du peuple (N. 63) ? »

Passant au sacrement de pénitence, Henri confond d'abord ainsi l'impudence de Luther par les autorités des saints Pères. « Si l'autorité des saints Pères doit valoir quelque chose, c'est surtout ce que dit saint Ambroise : Nul ne peut être justifié du péché, s'il ne l'a confessé. — Que peut-on dire de plus clair? Et saint Chrysostome : On ne peut recevoir la grâce de Dieu, si on n'est purifié de tout péché par la confession. — Et saint Augustin : Faites pénitence comme on le fait dans l'Eglise. Que personne ne se dise : Je fais pénitence en secret, je fais pénitence près de Dieu. C'est donc en vain qu'il a été dit : Tout ce que vous délierez sur la terre; c'est donc en vain qu'ont été données les clés. — Quant aux paroles du Christ touchant les clés, Luther affirme qu'elles ont été dites aux laïques, Augustin le nie; à qui pensez-vous qu'il faille croire davantage? Luther affirme, Ambroise nie; à qui pensez-vous qu'il faille croire davantage? Luther affirme, l'Eglise entière nie; à qui pensez-vous qu'il faille croire davantage (N. 64)?

Sur la satisfaction que l'hérésiarque voulait abolir, voici comme le roi le réfute : « Lorsqu'il dit qu'on ne satisfait pas à Dieu par les œuvres, mais par la foi seule, s'il pense que ce n'est pas par les œuvres seules sans la foi, c'est sottement qu'il s'emporte contre le Siége de Rome, car jamais il n'y a eu personne assez insensé pour dire qu'on pouvait satisfaire à Dieu par les œuvres sans la foi. S'il pense que les œuvres sont superflues, et que la foi seule suffit, quelles que soient les œuvres, alors il dit quelque chose, et se trouve vraiment en opposition avec le Siége de Rome, qui croit avec saint Jacques que *la foi sans les œuvres est morte* (N. 65). »

Luther avait aussi déprisé le sacrement de confirmation, parce qu'il ne lisait point les paroles expresses par lesquelles il avait été institué. Le roi lui prouve qu'il faut croire plusieurs choses que l'Eglise a reçues du Christ, et qui ne sont point exprimées dans l'Evangile. « De cette manière, dit-il, supposé qu'il n'y eût que l'évangile de saint Jean, il nierait l'institution du sacrement de l'eucharistie, à cause que Jean ne dit rien de cette institution, l'ayant passé par le même conseil de Dieu que tous ont passé beaucoup d'autres choses que Jésus a faites. Lesquelles, dit l'Evangéliste, n'ont pas été écrites dans ce livre, et que le monde entier ne pourrait comprendre. Plusieurs de ces choses ont été communiquées de vive voix aux fidèles par les apôtres, et puis conservées par la foi perpétuelle de l'Eglise catholique. Et pourquoi ne le croiriez-vous pas sur certains articles, quoiqu'ils ne se lisent pas dans les évangiles? puisque, comme dit saint Augustin, sans la tradition de l'Eglise vous ne pourriez pas même savoir quels sont les Evangiles. Et quand même il n'y en aurait jamais eu d'écrit, il resterait toujours écrit dans les cœurs des fidèles un Evangile plus ancien que les exemplaires de tous les évangélistes : il resterait toujours les sacrements, plus anciens que tous les Evangiles. Luther ne peut donc pas regarder comme un argument efficace qu'un sacrement a été reçu à tort, s'il ne le trouve pas institué dans l'Evangile. » Après avoir confirmé tout cela par les autorités de plusieurs saints Pères, Henri ajoute : « Beaucoup de passages de l'Ecriture parlent de la confirmation, notamment celui des actes, avec beaucoup de clarté, lorsqu'il rapporte que le peuple qui avait été baptisé à Samarie reçut l'Esprit-Saint par l'imposition des mains de Pierre et de Jean, qui étaient descendus vers eux (N. 66 et 67). »

Le roi presse le même argument contre Luther pour le sacrement de mariage. « L'Eglise croit que c'est un sacrement, institué de Dieu, transmis par Jésus-Christ aux apôtres, des apôtres aux saints Pères, des saints Pères à nous, pour l'être de nous jusqu'à la fin du monde. Voilà ce que croit l'Eglise, et ce qu'elle croit, elle vous le dit. Elle vous le dit, comme elle nous dit que les évangélistes ont écrit l'Evangile. Car si l'Eglise ne vous disait pas que l'Evangile de saint Jean est l'Evangile de saint Jean, vous ne sauriez pas qu'il est de lui; car vous n'étiez pas assis à ses côtés quand il écrivait. Pourquoi donc ne croyez-vous pas l'Eglise quand elle vous dit : Voilà ce que Jésus-Christ a fait, voilà les sacrements qu'il a institués, voilà ce que les apôtres ont transmis, comme vous la croyez quand elle vous dit : Voilà ce qu'a écrit tel évangéliste (N. 67)? »

Le roi défend aussi la cause des prêtres contre Luther; et après avoir accumulé plusieurs arguments tirés de saint Matthieu, de saint Paul à Timothée, pour prouver la dignité du sacerdoce, il réfute ainsi les sophismes de l'hérésiarque. « Si l'ordre de la prêtrise n'est rien, parce que tout chrétien est prêtre, il s'ensuivra que le Christ n'a rien eu au-dessus de Saül, car David a dit de Saül : *J'ai péché en touchant le Christ du Seigneur.* Il s'ensuivra que Christ n'a rien eu au-dessus de ceux dont il est dit : *Ne touchez point à mes christs.* Il s'ensuivra enfin que Dieu même n'a rien au-dessus d'aucun de tous ceux dont il a dit lui-même par le prophète : *Moi j'ai dit, vous êtes tous des-dieux et des fils du Très-Haut.* Enfin, comme tous les chrétiens sont prêtres, de même ils sont tous rois; car il n'est pas dit seulement, vous êtes le sacerdoce royal, mais encore le royaume sacerdotal. Il faut bien considérer à quoi vise ce serpent : je le crois trop rusé, pour attacher aucune valeur à un argument si frivole. Il lèche seulement les laïques, pour les mordre plus tard. C'est pourquoi il abolit la prêtrise, afin de réduire les prêtres au rang des laïques. Car il nie que la prêtrise soit un sacrement, mais dit que c'est un simple rite pour élire un prédicateur; car ceux qui ne prêchent pas, il prétend qu'ils ne sont rien moins que prêtres, et qu'ils ne sont pas plus prêtres qu'un homme en peinture n'est un homme réel. Ce qui est contraire à saint Paul écrivant à Timothée : « Les prêtres qui président bien sont dignes d'un double honneur, principalement ceux qui travaillent dans la parole et dans la doctrine. » Par où l'Apôtre enseigne manifestement qu'il y a des prêtres qui, sans prêcher, peuvent être dignes d'un double honneur, quoique ceux-là en soient principalement dignes, qui, étant prêtres, s'appliquent à la prédication et à l'enseignement (N. 68). »

Contre le sacrement de l'extrême-onction, Luther s'était emporté à ce degré de pétulance que, se voyant convaincu par l'oracle manifeste de saint Jacques, il osa prétendre que l'épître de cet apôtre ne devait pas être comptée parmi les Ecritures saintes, et cela du même droit que Mahomet rejeta les Evangiles et y substitua l'Alcoran; enfin Luther osa soutenir que l'Eglise avait pu errer dans le discernement des saintes Ecritures. Ce que le roi combat ainsi : « A Luther je n'opposerai que Luther même; car personne ne contredit plus souvent ou plus fortement Luther que Luther. Dans le sacrement de l'ordre, il dit que l'Eglise a ce don de pouvoir discerner les paroles de Dieu d'avec les paroles des hommes. Comment donc aujourd'hui dit-il être indigne de l'esprit apostolique une épître que l'Eglise, dont il dit le jugement infaillible, a jugée remplie de l'esprit apostolique (N. 69)? »

« J'ai admiré quelque temps, ajoute le royal auteur, pourquoi cette épître de saint Jacques déplait si fort à Luther. En la lisant plus souvent et avec plus d'attention, j'ai cessé de m'étonner. Car l'Apôtre écrit de manière qu'il semble avoir connu Luther d'avance par l'esprit prophétique, tant il dépeint l'homme au naturel. Sous prétexte de la foi, Luther méprise les œuvres; au contraire, saint Jacques démontre par la raison, par les Ecritures et par des exemples que la foi sans les œuvres est morte. Quant au pétulant babil de Luther, il le censure en plus d'un endroit, et sévèrement. Si quelqu'un, dit-il, se croit religieux, ne réprimant pas sa langue, mais séduisant son cœur, sa religion est vaine. Luther peut encore appliquer à sa langue ces paroles qu'il ne saurait lire sans dépit : La langue est un mal inquiet, plein d'un venin mortel. Il voit enfin que c'est sur ses dogmes que tombe ce que dit le même apôtre de certains disputeurs. — Y a-t-il quelqu'un parmi vous qui soit sage et savant? qu'il fasse paraître ses œuvres dans la suite d'une bonne vie, avec une sagesse pleine de douceur. Mais si vous avez dans le cœur un zèle, une jalousie pleine d'amertume et un esprit de contention, ne vous glorifiez point, et ne mentez point contre la vérité. Car ce n'est pas là la sagesse qui vient d'en-haut, mais c'est une sagesse terrestre, animale et diabolique. Car où il y a de la jalousie et de la contention, il y a aussi du trouble et toute sorte de mal. Mais la sagesse qui vient d'en-haut est premièrement chaste, puis amie de la paix, modérée, docile, susceptible de tout bien, pleine de miséricorde et de fruits de bonnes œuvres : elle ne juge point, elle n'est point dissimulée. Or, les fruits de la justice se sèment dans la paix, par ceux qui font des œuvres de paix. — Voilà, cher lecteur, ce qui indispose Luther; l'apôtre le dépeint, comme s'il l'avait vu (N. 70). »

Le roi lui-même décrit d'une manière piquante l'inconstance et les fraudes de Luther dans la dispute, son impudence à éluder les saintes Ecritures, et conclut ainsi : « Que sert-il de discuter encore avec lui, puisqu'il ne s'accorde ni avec les autres ni avec lui-même? Il nie dans un endroit ce qu'il affirme dans un autre; ce qu'il affirme, il le niera de nouveau. Lui opposez-vous la foi ? il se défend par la raison. Le combattez-vous par la raison ? il prétexte la foi. Lui alléguez-vous les philosophes ? il en appelle à l'Ecriture. Proposez-vous l'Ecriture ? il s'amuse à des sophismes. Il n'a honte de rien ni crainte de personne, et ne se croit tenu à aucune loi. Les anciens docteurs de l'Eglise, il les méprise; les nouveaux, il les tourne en dérision; le souverain Pontife, il le poursuit de ses outrages; les coutumes, les dogmes, les mœurs, les lois, les décrets, la foi de l'Eglise, l'Eglise elle-même tout entière, il en tient si peu de compte, qu'à peine avoue-t-il qu'il y en ait une. Le souverain Pontife, il se défend par la raison. Le.combattez-vous par la raison ? il qu'il compose lui-même de deux ou trois hérétiques, et dont il serait le chef (N. 71). »

Le roi d'Angleterre, Henri VIII, ayant composé son livre, le dédia au pape Léon X, et le lui fit présenter par une ambassade solennelle, dans un consistoire public, au milieu de tous les cardinaux. C'est un beau volume in-quarto sur vélin, écrit par un calligraphe d'une rare habileté. Le roi s'est fait peindre sur la première page du manuscrit. Il est dans l'attitude de la dévotion, à genoux : Léon X, sur son trône, semble écouter l'enfant qui vient offrir à son père le livre composé pour la gloire du Christ. L'acte d'hommage est signé de la main du prince. A la fin du volume sont deux vers latins, dont le sens est : *Léon X, le roi des Anglais, Henri, vous envoie cet ouvrage, témoin de sa foi et de son amitié!* Le souverain Pontife reçut le présent avec joie et amour, fit l'éloge de l'auteur, et lui accorda enfin un titre qu'il avait déjà demandé. Un authographe du pape Léon X, daté de Saint-Pierre le 11 octobre 1521, et que l'on conserve dans les archives de la couronne d'Angleterre, donne à Henri VIII et à ses successeurs le titre de : *Défenseur de la foi.* Les rois d'Angleterre ont continué à porter ce titre. — Tel l'enfant prodigue, même après avoir quitté et oublié la maison paternelle, conserva toujours et les traits et le sang du père dans toute sa personne.

FIN DU TOME NEUVIÈME.

TABLE DES MATIÈRES DU TOME NEUVIÈME.

LIVRE QUATRE-VINGTIÈME.

Pontificat de Grégoire XI. — Vie de sainte Brigitte de Suède et de sainte Catherine de Sienne.

De l'an 1370 à l'an 1378.

Vie intime de l'Eglise catholique. Il faut comprendre cette vie, si l'on veut comprendre l'histoire de l'Eglise et celle du genre humain, page 1.
Famille de sainte Brigitte de Suède, 4.
Naissance et commencements de sainte Brigitte, 4.
Son mariage, ses enfants. Son instruction à son fils Charles, sur les devoirs de la chevalerie chrétienne, 5. Son instruction à son fils Birger, sur les devoirs du magistrat chrétien, 6.
Sa vie dans le mariage, à la cour. Mort de son époux, 6.
Elle fonde des monastères et un nouvel ordre religieux. Elle a des révélations, 7.
Le docteur Mathias, le prieur Pierre, l'évêque Alphonse, ses directeurs et biographes, 8.
Jugement du cardinal Turre-Cremata, sur les révélations de sainte Brigitte, 8.
Objets de ces révélations ou contemplations, 8.
Voyage et séjour de Brigitte à Rome. Révélations qu'elle y a sur les papes de son temps, 9.
Election de Grégoire XI. Commencements de Tamerlan, 9.
Etat toujours plus pitoyable de l'empire grec, 9.
Fin du royaume d'Arménie, à la honte de l'Angleterre et de la France, 10.
Guerre civile entre la France et l'Angleterre pour une femme qui a tué son mari. Mort pitoyable d'Edouard III, 11.
Efforts, souvent heureux, de Grégoire XI, pour concilier les différends politiques en Espagne, à Naples, en Allemagne, 11.
Progrès de la foi catholique chez les diverses nations slaves, tartares et autres de l'Orient, par le zèle des religieux franciscains et dominicains, 12.
Nouvelles propositions aux Grecs de se réunir à l'Eglise romaine. Quelques-uns en profitent, 13.
Soins de Grégoire XI pour éteindre le schisme grec en Candie, 13.
Bel exemple d'un prince espagnol pour la conversion de ses esclaves mahométans, 13.
Fin de Philippe de Maizières. Il fait célébrer en Occident la fête de la Présentation de la sainte Vierge, 13.
Plusieurs conciles provinciaux sous Grégoire XI, 14.
Arrangement provisoire pour certains bénéfices d'Angleterre, 14.
Commencements et erreurs de Wiclef, 14.
Autres sectaires, 15.
Commencements de sainte Catherine de Sienne. Sa famille. Grâces extraordinaires qu'elle reçoit de Dieu dès son enfance, 16.
Epreuves auxquelles la soumet sa famille pour la faire consentir à se marier. Catherine persiste à demeurer vierge, 17.
Laissée libre, elle entre dans le tiers-ordre de Saint-Dominique. Ses austérités, ses tentations, ses extases, ses révélations, 18.
Ce qu'en pensait son confesseur et son biographe, Raymond de Capoue, 20.
Elle commence la vie active. Sa charité héroïque pour les malades délaissés, 21.
Elle ne vit plus que de la sainte communion. Grâces extraordinaires qu'elle reçoit, 22.

Grâce particulière de sainte Catherine pour convertir les plus grands pécheurs. Effets prodigieux de cette grâce, 23.
Elle retient dans la fidélité plusieurs villes d'Italie et prédit le grand schisme d'Occident, 24.
Le peuple de Florence envoie sainte Catherine de Sienne en ambassade au Pape, 25.
Grandes vues de sainte Catherine de Sienne sur les moyens de pacifier la chrétienté, 25.
Trois points sur lesquels elle insiste auprès du Pape : meilleur gouvernement des provinces italiennes, choix de pasteurs plus dignes, retour du Pape à Rome, 26.
Pèlerinage de sainte Brigitte à Jérusalem. Ses révélations prophétiques touchant le royaume de Chypre, 27.
Sa sainte mort, 28.
Avertissements prophétiques de sainte Brigitte au pape Grégoire XI, 28.
Grégoire XI annonce son prochain retour à Rome et s'y prépare. Conseils que lui donne sainte Catherine de Sienne, 30.
Grégoire XI quitte Avignon et arrive à Rome, 31.
Mort du vénérable Thomas de Foligni, 32.
Ambassade de sainte Catherine de Sienne à Florence, courage qu'elle y déploie. Elle finit par triompher de tous les obstacles et par faire accepter la paix, 32.
Derniers actes et mort du pape Grégoire XI, 33.

LIVRE QUATRE-VINGT-UNIÈME.

Grand schisme d'Occident. — Concile de Constance. — Réunion de toute l'Eglise sous le pape Martin V.

De la mort de Grégoire XI, 1378, à la mort de Martin V, 1431.

Election d'Urbain VI, reconnu par tous les cardinaux et par toute l'Eglise, 34.
Salutaires conseils que sainte Catherine de Sienne donne au nouveau Pape, 36.
Urbain VI s'aliène les cardinaux français, qui jettent des doutes sur son élection et commencent le grand schisme d'Occident, 36.
Lettres qu'écrit à ce sujet sainte Catherine de Sienne, 39.
Manifeste des cardinaux français, réponse d'un magistrat de Florence, 39.
Urbain VI crée de nouveaux cardinaux, 40.
Les cardinaux français font un autre pape, sous le nom de Clément VII, 40.
Lettre de sainte Catherine de Sienne aux cardinaux italiens, 40.
Le roi de France, Charles V, quitte le pape Urbain VI pour Robert de Genève, dit Clément VII. Lettre que lui écrit à ce sujet sainte Catherine de Sienne, 41.
La plus grande partie de la chrétienté continue à reconnaître Urbain VI, 42.
Réponse mémorable de la nation anglaise aux cardinaux français et à la nation française. Réflexions, 42.
Prédictions consolantes de sainte Catherine de Sienne sur des temps qui viendront après les maux qu'elle avait annoncés, 43.
Nous commençons à voir l'accomplissement de ces prédictions, 44.
Dernières actions, vertus et mort édifiante du roi Charles V, 44.
Christine de Pisan, 47.
Bertrand Duguesclin, 47.

TABLE DES MATIÈRES.

Mort de Charles le Mauvais, roi de Navarre, 48.
Commencement de Charles VI. Analyse de son règne par Châteaubriand, 48.
Vertus guerrières et chrétiennes du maréchal de Boucicaut, 50.
Soulèvements et révolutions en Angleterre par les sectateurs de Wiclef ou les Lollards, 52.
Richard II est détrôné par Henri IV, qui le fait mourir de faim, et qui, après un règne plein de troubles et de révolte, meurt lui-même frappé de Dieu, 54.
Son fils, Henri V, étouffe une nouvelle insurrection des Lollards, 55.
Henri V gagne la bataille d'Azincourt, se voit maître de la France et de l'Angleterre, et meurt dans la force de l'âge, 56.
Sous ces trois règnes, l'Angleterre continue à reconnaître les pontifes romains et non celui d'Avignon. Bon usage que les Papes faisaient en Angleterre de certaines nominations à eux réservées, 57.
Révolution en Allemagne. Wenceslas est déposé de l'empire, 58.
Vie, vertus et martyre de saint Jean Népomucène, 58.
Vie de saint Pierre de Luxembourg, évêque de Metz, 61.
Etat de l'Orient. Le sultan Bajazet menace de faire manger l'avoine à ses chevaux à Saint-Pierre de Rome, 63.
Il est vaincu et mis dans une cage de fer par Tamerlan. Guerres effroyables de ce dernier, 64.
Successions sanglantes sur les trônes de Hongrie et de Naples, 65.
Etat de l'Espagne et du Portugal, 66.
Découvertes du prince Henri de Portugal sur l'Océan et en Afrique, 66.
Commencement de saint Vincent Ferrier, 67.
Comment des saints pouvaient se trouver dans les deux obédiences. Réflexion de saint Antonin, 70.
Travaux apostoliques, miracles et vertus de saint Vincent Ferrier, 70.
Dernières actions et extases, et mort de sainte Catherine de Sienne, 74.
Sainte Catherine de Suède, 77.
Défauts d'Urbain VI, ses vertus et sa mort, 77.
Election et premières actions de Boniface IX, 78.
Il propose des moyens de terminer le schisme, 79.
Mort de Robert de Genève, dit Clément VII. Son caractère. Ce que Clémangis dit de lui et de l'état de l'Eglise, 79.
Les cardinaux d'Avignon élisent Pierre de Lune sous le nom de Benoît XIII, qui manque à son serment de concourir à la réunion. La France se retire de son obédience, sans entrer dans celle de Boniface, 80.
La ville de Rome se soumet de toute manière à la souveraineté de Boniface IX. Dernières actions et mort de ce pape, 81.
Pontificat d'Innocent VII, 81.
Election de Grégoire XII, 82.
Ses négociations avec Pierre de Lune pour la réunion ne paraissent pas sincères, 83.
Efforts des anciens cardinaux des deux obédiences pour procurer la réunion. Ils tiennent le concile de Pise et élisent Alexandre V, qui meurt peu après, 83.
Concile d'Udine, tenu par Grégoire XII, 85.
Les cardinaux de l'obédience d'Alexandre V lui donnent pour successeur Jean XXIII. Ses premières actions, 85.
Commencements de saint Antonin, 86.
Le bienheureux Jean Dominique, frère Prêcheur, 87.
Commencement de saint Laurent Justinien, 88.
Etendue des trois obédiences, 91.
Ouverture du concile de Constance par Jean XXIII.
Ordre des questions à traiter, droit de suffrages, manière de les recueillir, 92.
Le bienheureux Jean Dominique, cardinal de Raguse, nonce de Grégoire XII à Constance, pour céder volontairement le pontificat en son nom, 92.
Le concile, sans mentionner pourtant le bel exemple des anciens évêques d'Afrique, penche et insiste de plus en plus pour que les trois Papes se démettent pour procurer l'union, 93.
Jean XXIII, qui a de la peine à y entendre, s'enfuit de Constance, 94.
Quatrième et cinquième session du concile. Scission entre les cardinaux et les autres Pères. Décrets fameux de ces deux sessions, 95.
Quel est le sens de ces décrets, 95.
Quelle autorité peuvent-ils avoir dans l'Eglise, 96.
De la sixième à la douzième session, les prélats de Constance procèdent contre Jean XXIII et finissent par le déposer, et il y acquiesce, 99.
Parallèle entre la conduite de l'empereur Sigismond et des prélats de Constance au XVe siècle, et la conduite du roi arien Théodoric et des évêques d'Italie et de France, au commencement du VIe, 100.

La rigueur dont on use envers Jean XXIII est désapprouvée à la cour de France, 101.
Grégoire autorise le concile de Constance et y abdique par son ambassadeur, 101.
Voyage de l'empereur Sigismond en Espagne pour procurer la réunion. Le concile procède contre Pierre de Lune, dit Benoît XIII, et le dépose, 102.
Règlements du concile pour la tenue du conclave, 102.
Election de Martin V, qui réunit toute la chrétienté, 103.
Mystère de l'unité de l'Eglise catholique, d'après Bossuet, 103.
Les Pères de l'Eglise ont signalé quelque chose de plus intime encore dans l'unité de sa hiérarchie, 106.
Qu'est-ce qu'un hérétique? 107.
Quelle était l'hérésie de Wiclef, 107.
Son ignorance et ses blasphèmes réfutés d'avance par le formulaire du pape saint Hormisdas, 108.
Les erreurs de Wiclef pénètrent en Bohême, 109.
Jean Hus et Jérôme de Prague répandent en Bohême les erreurs de Wiclef, 109.
Leurs violences contre le Pape qui les condamne et contre les catholiques, 110.
Jean Hus est cité au concile de Constance, auquel il en avait appelé lui-même, 111.
D'après ses propres paroles, il part de Prague et arrive à Constance sans sauf-conduit, 112.
Le sauf-conduit de l'empereur Sigismond est tout bonnement un passeport, qui ne pouvait le soustraire au tribunal où il était cité et où il avait appelé lui-même, 112.
Circonstances équivoques concernant l'époque précise où Jean Hus reçut ce passeport, 112.
Confiance de Jean Hus le long du chemin. Son arrivée à Constance; il y est mis en arrestation, puis s'échappe de la ville, mais est repris et renfermé dans le palais pontifical, 113.
Jérôme de Prague, arrivé clandestinement à Constance, s'enfuit, et demande à se justifier devant le concile, sauf à subir la peine des hérétiques, si on peut le convaincre. Jean Hus parle de même, 114.
Double sens du mot convaincre. Abus qu'en font Jean Hus et Jérôme de Prague. Langage de Jean Hus, plein d'équivoques, 115.
Jean Hus est entendu plusieurs fois en audience publique par le concile, 115.
Jean Hus promet de se rétracter, puis refuse, 117.
Ses livres sont condamnés au feu. Lui-même condamné comme hérétique et livré au bras séculier. Substance de ses principaux écrits, 117.
Jérôme de Prague se rétracte, puis retombe. Sa condamnation, 118.
Le concile décide que la communion sous les deux espèces n'est pas nécessaire, 118.
Doctrine de Jean Petit sur le tyrannicide. Ce que le concile en condamne, 118.
Doctrine de Gerson, de Major et d'Almain sur l'origine et la responsabilité du pouvoir temporel, 119.
Doctrine des théologiens du concile de Constance sur le même sujet, 120.
Les mêmes idées au temps de Charlemagne, et dans les théologiens et les jurisconsultes, 120.
Caractère différent du pouvoir spirituel. Mauvais raisonnements de Gerson et de ses semblables; doivent être lus avec précaution, 121.
Le concile de Constance prononce déposition contre les rois, reines, etc., qui ne se conformeraient pas à certains de ses décrets, 121.
Deux bulles de Martin V pour la condamnation des erreurs. Son projet de réforme, 122.
Concordats de Martin V avec chaque nation. Ses articles généraux de réforme, 122.
Dénonciation de la doctrine de Jean de Falkenberg, déjà condamnée pour le fond dans celle de Jean Petit. Martin V défend, comme saint Gélase, d'appeler du Pape au concile, 123.
En quel sens Martin V approuve les décisions de Constance. Fin du concile, 124.
Martin V va de Constance à Rome, 124.
Balthasar Cossa, autrefois Jean XXIII, vient se jeter à ses pieds, et le reconnaît pour chef de l'Eglise, 125.
Mort de Pierre de Lune. Extinction des restes de son schisme, 125.
Derniers travaux et mort de saint Vincent Ferrier, 126.
Le bienheureux Marcolin, du même ordre de Saint-Dominique, 128.
Le bienheureux Jacques d'Ulm, item, 129.
La bienheureuse Clara Gambacorti, item, 130.
Le bienheureux Pierre de Palerme, 131.
Saint Bernardin de Sienne, de l'ordre de Saint-François, 132.
Commencement de saint Jean de Capistran, du même ordre, 135.

Le bienheureux Matthieu d'Agrigente, 136.
La bienheureuse Angeline de Dorbara, fondatrice du tiers-ordre régulier de Saint-François, 136.
Les bienheureuses Lucie et Elisabeth, du tiers-ordre de Saint-François, 137.
Sainte Radegonde ou Radiane, servante en Bavière, 137.
Le bienheureux Bourcard, curé en Suisse, 137.
Le bienheureux Oddin Barotto, curé de Fossano en Piémont, 137.
Merveilleuse réformation dans l'ordre des Bénédictins par un monastère ruiné de Padoue, 139.
Le bienheureux Nicolas de Prusse, 141.
La bienheureuse Marguerite d'Ombrie, religieuse augustine, 142.
La bienheureuse Lidwine, vierge en Hollande, 143.
Le bienheureux Louis Allamani, cardinal, 143.
Le bienheureux Louis Albergati, Chartreux, cardinal et évêque de Bologne, 143.
Martin V reçoit les ambassadeurs de l'empereur grec Paléologue pour la réunion; indique un concile à Pavie, puis à Sienne, où il est encore interrompu, et indiqué à Bâle. Le Pape confirme les Universités de Rostock et de Louvain. Sa mort, 145.

LIVRE QUATRE-VINGT-DEUXIÈME.

Du salut de la France par Jeanne d'Arc, à la réunion des chrétiens d'Orient avec l'Eglise romaine sous le pape Eugène IV. — Concile de Bâle. — Concile œcuménique de Florence.

De l'an 1431 à l'an 1447.

Crise de la France, de l'empire grec et de l'Europe. Lutte entre le mahométisme et la chrétienté, 146.
Hostilité entre les princes français d'Angleterre et ceux de France, envenimée par la postérité de Philippe le Bel. La France réduite à deux doigts de sa perte, 146.
Son roi, Charles VII, désespère, 147.
Jeanne d'Arc. Son histoire depuis sa naissance jusqu'à son départ de Vaucouleurs, 147.
Son voyage à travers la France. Son arrivée auprès de Charles VII. Interrogatoires qu'on lui fait subir, 153.
Elle marche sur Orléans, et en fait lever le siège aux Anglais, 159.
Ce que l'on pensait d'elle en Allemagne et ailleurs, 167.
Autres exploits de Jeanne, 169.
Elle conduit Charles VII à Reims, 171.
Sa lettre au duc de Bourgogne, 172.
Après le sacre du roi, elle demande à se retirer; sa mission étant finie, mais ne peut l'obtenir, 172.
Ce que Henri de Gorcum, théologien hollandais, écrivait alors de Jeanne d'Arc, 172.
Occupations de Jeanne d'Arc depuis le sacre de Charles VII. Toujours pieuse, chaste, compatissante, elle n'est point crédule, 173.
Elle est avertie par ses saintes qu'elle serait prise, et l'est en effet devant Compiègne, 175.
Conduite peu honorable des Français et des Anglais en cette conjoncture, 177.
Anglais et Français font à Jeanne d'Arc un procès des plus iniques, et la condamnent à être brûlée, malgré son appel au Pape, 178-191.
Derniers moments et martyre de Jeanne d'Arc, 192.
Sort de ses principaux ennemis. Accomplissement de ses prédictions, 195.
Révision du procès de Jeanne d'Arc et réhabilitation de sa mémoire, par ordre du Pontife romain, 196.
Combien l'Angleterre et la France sont coupables envers Jeanne d'Arc, et qu'elles n'ont pas encore réhabilité leur propre honneur, 197.
Lutte honorable et loyale de la confédération suisse avec les ducs d'Autriche. Victoires des Suisses à Laupen et à Sempach, qu'ils consacrent à perpétuité par un service religieux pour amis et ennemis, 198.
Vie merveilleuse du bienheureux Nicolas de Flue, 199, 416.
Sainte Colette, réformatrice des Clarisses, 205.
Sagesse des saints et sagesse des hérétiques, 206.
Commencement de la guerre des Hussites sous le commandement de Ziska. Cruautés effroyables de ces sectaires, divisés en Calixtins, Taborites, Orébites, Adamites ou Picards, 206.
Mort de Ziska, 208.
Secte des Orphelins, 209.

Négligence et mauvais exemple des archevêques de Prague, 209.
Martin V et Eugène IV travaillent à ramener les Hussites, 209.
Le cardinal Julien les invite au concile de Bâle, 210.
Arrivée des députés hussites ou bohémiens à Bâle, 210.
Conférences des Bohémiens avec les commissaires du concile. Les Calixtins se réduisent à quatre articles de discipline, plus que de croyance. Les députés s'en retournent en Bohême, 210.
Ambassade du concile à Prague. Nouvelles conférences avec les Bohémiens. Conclusion d'un concordat, 212.
Conduite équivoque de Roquesane, élu à l'archevêché de Prague. Le concile lui refuse sa confirmation, 213.
Mort de l'empereur Sigismond. Les Hongrois se divisent entre deux rois, 213.
Sbinko, évêque de Cracovie. Son amitié et sa sévérité pour Jagellon, roi de Pologne, 214.
Etat de la Bohême après la mort de l'empereur Albert II, et sous l'administration de Georges Podiébrad, 214.
Légation d'Æneas Sylvius en Bohême pour ramener les Hussites. Tableau qu'il en fait, 215.
Saint Jean de Capistran vient y travailler également, et avec grand succès, 218.
Election d'Eugène IV. Ses commencements, 218.
Vie de sainte Françoise, dame romaine. Ses vertus, ses miracles, ses révélations sur l'enfer, le purgatoire et le paradis. Elle fonde la congrégation des Oblates, 219.
Conduite séditieuse des neveux de Martin V, 227.
Commencements un peu étranges du concile de Bâle, qui informe lui-même le pape Eugène IV du petit nombre de prélats qui s'y trouvent, 227.
Informé par le député même du concile, du petit nombre de prélats, et pour faciliter la réunion des Grecs, Eugène IV déclare le concile de Bâle dissous, et en convoque un autre à Bologne, 228.
Les quatorze prélats de Bâle, parmi lesquels une demi-douzaine d'évêques, blâment hautement la résolution d'Eugène, se déclarent eux-mêmes concile œcuménique et supérieurs au Pape, écrivent contre celui-ci de toutes parts, le somment de venir au concile; et s'emparent même du gouvernement de l'Eglise, 229.
Le pape Eugène IV envoie des nonces pour prévenir la rupture, 230.
Les prélats de Bâle, alors au nombre de trente, repoussent grossièrement les offres de conciliation du Pape, et par les arguments les plus pitoyables, 231.
Les prélats de Bâle commencent des procédures contre le Pape, 232.
Le pape Eugène IV fait de nouvelles tentatives pour prévenir la rupture. Les prélats de Bâle y répondant par des procédés toujours plus violents, 233.
Réconciliation telle quelle entre le Pape et les prélats de Bâle, qui font d'étranges raisonnements pour prouver la supériorité du concile sur le Pape, 236.
Négociations avec les Grecs pour la réunion, 237.
Le concile de Bâle, avec quelques règlements utiles, en fait plusieurs d'intempestifs, d'indigestes, pour taquiner le Pape, 238.
Négociations souvent contradictoires du Pape et de Rome avec les Grecs. Ceux-ci, avec la plupart des évêques de Bâle, se rangent du côté du Pape, qui transfère le concile à Ferrare, 239.
La conciliabule de Bâle, où il ne restait presque plus d'évêques, se livre à des excès plus énormes les uns que les autres, jusqu'à déposer Eugène IV et faire un antipape, 242.
Analogie entre la *fête des Fous* et le concile de Bâle, 244.
L'empereur Jean Paléologue, le patriarche de Constantinople et un bon nombre de prélats grecs se mettent en route pour venir au concile de Ferrare, qui s'ouvre au jour indiqué, 244.
Vertus épiscopales du bienheureux Nicolas Albergati, président du concile, 245.
Vertus et travaux apostoliques de saint Laurent Justinien, évêque de Venise, 245.
Arrivée du pape Eugène IV à Ferrare et au concile, 246.
Arrivée de l'empereur Jean Paléologue, du patriarche Joseph et des autres prélats grecs, 247.
Session d'ouverture, commune aux Latins et aux Grecs, 247.
Conférence particulière sur le purgatoire, où l'on se trouve d'accord, 248.
Première et seconde session, etc. Les Latins cherchent à entamer la question du *Filioque*. Le grec Marc d'Ephèse cherche à l'esquiver par des questions préjudicielles, 249.
Dans la session sixième et les suivantes, les Latins, notamment André, archevêque de Colosse, traitent à fond et admirablement bien la question du *Filioque* et de la procession du Saint-Esprit, 249.
Le continuateur de Fleury altère les faits pour dépriser les Latins, tandis que le célèbre Bessarion, archevêque de Nicée, les admire, 250.

Dans la session dix, onze et douze, les orateurs Latins, surtout le cardinal Julien Césarini, traitent la question du Saint-Esprit, et réfutent les objections avec un génie aussi merveilleux qu'il est peu connu, 251.

Arrivée des ambassadeurs du duc de Bourgogne. Prodigieuse présence d'esprit avec laquelle le cardinal Julien répond à un très-long discours de Marc d'Ephèse, 252.

Les Grecs se découragent, parce que, suivant Bessarion, ils ne s'étaient pas attendus à tant de science et d'esprit de la part des Latins, 253.

Le concile transféré à Florence à cause de la peste, 253.

De la session dix-huit à vingt-trois, Jean de Montenegro, provincial des Dominicains, prouve très-doctement par les Pères grecs, particulièrement saint Epiphane, que le Saint-Esprit procède du Père et du Fils. Les Grecs, quoique convaincus d'avoir falsifié un passage de saint Basile, finissent néanmoins par se réjouir de voir que les Latins ne disaient pas deux causes du Fils et du Saint-Esprit, mais une seule, le Père, 253.

Isidore, métropolitain de Russie, est le premier à conseiller la réunion avec les Latins. Il est appuyé par Bessarion, métropolitain de Nicée, 255.

Les Grecs, ne pouvant s'accorder entre eux, prient le Pape de leur indiquer lui-même les moyens d'opérer la réunion. Il leur en propose quatre auxquels ils ne trouvent rien à dire; cependant ils lui en demandent encore un autre, 256.

Bessarion fait un discours mémorable en faveur de la réunion, 256.

Georges Scholarius en fait plusieurs dans le même sens, où il fait un grand éloge de la science des Latins, et un fort petit de celle des Grecs, 257.

Les esprits se rapprochent, les doutes s'éclaircissent. Les métropolitains de Russie, de Nicée, de Lacédémone, de Mitylène, se déclarent formellement pour la réunion, 258.

Les autres s'y joignent, à l'exception de quatre. La formule proposée par les Grecs est approuvée par le Pape. On s'embrasse de part et d'autre, 259.

Mort du patriarche Joseph, après avoir écrit son acte de réunion avec l'Eglise romaine, 259.

Conférences sur les autres articles et sur la rédaction de la bulle de réunion, 259.

Session solennelle pour consommer la réunion et en promulguer la bulle, qui est souscrite par les députés des quatre patriarches, et par les métropolitains de Grèce, de Trébisonde, d'Ibérie et de Russie, 260.

Philothée, patriarche d'Alexandrie, accède de grand cœur à la réunion que le Pape notifie à toute la chrétienté, 262.

Les députés de Constantin, patriarche des Arméniens, arrivent à Florence avant le départ des Grecs, à qui le Pape accorde plus qu'il n'avait promis, 262.

Eugène IV fait une promotion de cardinaux, parmi lesquels Bessarion de Nicée, Isidore de Russie, Sbinco de Cracovie, 262.

Le Pape, entouré de cardinaux, est comme Moïse, entouré des septante-deux sénateurs d'Israël, 263.

Le pape Eugène IV, avec l'approbation du concile œcuménique de Florence, condamne l'interprétation donnée par les prélats de Bâle aux décrets de Constance, 263.

Réunion des Arméniens à qui Eugène IV, avec l'approbation du concile œcuménique, donne un abrégé de la foi orthodoxe, 264.

Doutes mal fondés de certains théologiens sur l'œcuménicité du concile de Florence au moment de la réunion des Arméniens. Motif probable de ces doutes, 265.

Ambassadeurs du patriarche des Jacobites et de l'empereur d'Ethiopie, 265.

Autres ambassadeurs éthiopiens venus de Jérusalem. Discours remarquables des uns et des autres au pape Eugène IV, 266. Plainte mémorable de l'Ethiopie au Saint-Siège, 266.

Lettre de créance de l'abbé éthiopien de Jérusalem, 267.

Réunion des Jacobites avec l'Eglise romaine, 267.

Réunion des Syriens, des Chaldéens et des Maronites, 268.

Le roi de Bosnie envoie un ambassadeur à Rome abjurer les erreurs des Manichéens, 268.

Etat de l'Italie, de la Sardaigne, de la Corse et de l'Espagne, 268.

Pragmatique sanction de Bourges. Défaut de cet acte, 269.

Sage discours de l'ambassadeur de Charles VII à Eugène IV, sur les moyens d'éteindre le schisme de l'antipape de Ripaille, 270.

Eugène IV crée gonfalonier ou généralissime de l'Eglise romaine, le dauphin de France, 270.

L'Allemagne, qui gardait une espèce de neutralité, se déclare tout à fait pour Eugène IV contre l'assemblée de Bâle et l'antipape, 271.

Saint Antonin, archevêque de Florence, 274.

Mort du bienheureux Nicolas Albergati et de saint Bernardin de Sienne, 275.

Derniers moments et pieuse mort du pape Eugène IV, 276.

LIVRE QUATRE-VINGT-TROISIÈME.

Fin de ce que l'on appelle le moyen-âge. — Commencement de l'âge moderne.

De l'an 1447, mort d'Eugène IV, à l'an 1517, cinquième concile général de Latran.

§ Ier.

Résultats inattendus et prodigieux des croisades. — Invention de l'imprimerie. — Découverte du Nouveau-Monde. — Le cardinal Ximenès. — Inquisition d'Espagne. — Découvertes des Portugais dans l'Inde.

Nécrologie des papes et des princes pendant soixante-dix ans, 277.

Développement des vues de la Providence, 278.

Vie et science astronomique du cardinal Nicolas de Cusa, 278.

Vie et science astronomique de l'évêque Regiomontanus, 279.

Vie et science astronomique du chanoine Copernic, 279.

Invention de l'imprimerie par Guttenberg, Fust et Schœffer, 281.

A qui cette découverte et plusieurs autres du même genre sont dues, 281.

Les Espagnols achèvent d'expulser les Mahométans. Exploits de Ferdinand et d'Isabelle. Prise de Grenade, 282.

Commencements de Christophe Colomb, 283.

Sa découverte du Nouveau-Monde, 284.

Son retour en Espagne, ses autres voyages, sa mort, 287.

Améric Vespuce, 287.

Etat intellectuel du Nouveau-Monde, lors de sa découverte. Ses traditions religieuses, 288.

Proclamation des conquérants espagnols dans le Nouveau-Monde, 289.

Politique différente des Anglais dans l'Inde, 280.

Histoire du moine et cardinal Ximenès. Ses grandes œuvres, 290.

Il convertit les Mahométans de Grenade, 293.

Inquisition royale établie en Espagne par Ferdinand et Isabelle. L'inquisition se trouve dans toute société, dans la loi de Moïse, dans le gouvernement divin de l'univers, dans l'Eglise catholique, 295.

Pourquoi des inquisiteurs à titre spécial, 296.

Raisons et caractère de l'inquisition royale d'Espagne, d'après un auteur protestant, 297.

Ne pas confondre le cardinal Jean de Torquemada avec l'inquisiteur Thomas de Torquemada. Vie et écrits du premier, 297.

Vie et administration du second, 298.

Les Juifs font assassiner un des inquisiteurs et sont obligés de quitter l'Espagne, à moins de se convertir au christianisme, 298.

Il est canonisé par Pie IX, 299, *note*.

Règlements constitutifs de l'inquisition royale d'Espagne. Quelle était sa nature, sa ressemblance avec d'autres tribunaux, 299.

Résultat général de l'inquisition d'Espagne. Son apologie par Voltaire, 300.

Expédition et conquêtes du cardinal Ximenès en Afrique, 301.

A la mort du roi Ferdinand, Ximenès est nommé régent de Castille. Sagesse avec laquelle il règle l'état des Indiens dans le Nouveau-Monde, desquels le dominicain Las-Casas s'était fait l'avocat, 303.

Réflexion sur cette affaire, 306.

Humanité industrieuse de Ximenès pour guérir la reine Jeanne, dite la Folle, 306.

Mort du cardinal Ximenès, 306.

Premières découvertes des Portugais en Afrique. Bulle du pape Eugène IV au prince Henri de Portugal, sur ce sujet. Découvertes ultérieures des Portugais en Afrique et dans l'Inde, 307.

§ II.

Rechute et obstination des Grecs dans le schisme. — Ruine de leur empire et prise de Constantinople par les Turcs.

Les Grecs ressemblent beaucoup au peuple juif, 308.

Partis de Florence, où ils avaient tous signé l'acte de réunion, excepté Marc d'Ephèse, ils retournent tous au schisme, à l'exception d'un très-petit nombre, 308.

Fidélité de Métrophanes de Cyzique, patriarche de Constantinople, 309.

Fidélité de Grégoire, protosyncelle. Ses excellents écrits contre Marc d'Ephèse, pour la cause de l'union, 309.

… Autre écrit remarquable, probablement du même. Supercherie honteuse de Marc d'Éphèse pour falsifier un texte de saint Basile, 310.
Mort funeste de Marc d'Éphèse, 311.
Grégoire, protosyncelle, devenu patriarche de Constantinople, se retire à Rome, 312.
État déplorable de l'empire grec et de sa dernière dynastie impériale, qui prend pour arbitre le sultan Amurath, 312.
Commencements et caractère de Mahomet II, 312.
Constantin Dragasès, dernier empereur de Constantinople, demande des secours au pape Nicolas V, qui lui adresse, par le cardinal Isidore de Russie, une lettre prophétique, comme autrefois Jérémie au roi Sédécias, 312.
Suites de cette négociation, d'après Michel Ducas. Le peuple se laisse séduire par un faux prophète. Ceux mêmes qui consentent à l'union avec l'Église romaine ne le font pas sincèrement, 313.
Siège de Constantinople par Mahomet II. Les Grecs s'aveuglent et s'opiniâtrent dans le schisme, comme les Juifs au siège de Jérusalem par Vespasien, 314.
Prise de Constantinople par les Turcs. Mort du dernier empereur grec, 315.
Particularité remarquable et peu remarquée : Mahomet II s'assied sur l'autel de la grande église de Constantinople, 316.
Comment Mahomet II traite le grand-duc Notaras, qui avait dit : « J'aimerais mieux voir régner à Constantinople le turban de Mahomet que la tiare du Pape, » 316.
Aventures du cardinal grec Isidore de Russie, 317.
Les Grecs acceptent un patriarche de la main de Mahomet II, 317.
Endurcissement des Grecs, semblable à celui des Juifs, 317.

§ III.

État de l'Allemagne, de la France, de l'Angleterre et du reste de l'Europe, gouvernée d'après les principes de la politique moderne, résumés par Machiavel.

L'Allemagne, la France et l'Angleterre, au lieu de sauver la Grèce et l'Orient, au lieu de marcher, avec les Espagnols et les Portugais, à la conquête d'un nouveau monde, s'occupent à se faire la guerre l'une à l'autre, 318.
Règne et caractère de l'empereur Frédéric III ou IV, 318.
Règne et caractère de l'empereur Maximilien Ier, 319.
Dégénération des rois de France, comparés à leurs ancêtres, notamment à saint Louis, 320.
Caractère du roi Charles VII, 320.
Son fils, Louis XI, praticien accompli de la politique moderne, qui est déjà vieille. Conséquences naturelles de cette politique en France et ailleurs, 320.
Commencements de Louis XI, 321.
Tableau de la littérature française à cette époque, par le protestant Sismondi. Réflexion à ce sujet, 322.
Conduite de Philippe le Bon, duc de Bourgogne, 325.
Mort de Charles VII, avènement de Louis XI. Parallèle entre l'un et l'autre, 325.
Sacre du nouveau roi à Reims. Ses premiers actes, 326.
Ligue des princes français contre le roi Louis XI, 327.
Conduite honorable de Louis XI en ces conjonctures, 328.
Louis XI profite de ses fautes. Ses vues pour l'unité de la France, que les princes français cherchent toujours à démembrer, 328.
Projets ambitieux du nouveau duc de Bourgogne, Charles le Téméraire. Au mépris de son serment; il retient Louis XI dans l'entrevue de Péronne. Ses projets pour se faire roi de la Gaule-Belgique. Récriminations entre les deux princes. Charles le Téméraire promet au roi d'Angleterre, Édouard IV, de lui livrer la France, 329.
Charles le Téméraire est obligé de lever le siège de Nuits, 333.
Il se rend maître de Nancy, 333.
Il fait égorger la garnison suisse de Granson, malgré la parole qu'on avait donnée, 334.
Charles le Téméraire est défait par les Suisses à Granson, 334.
Aventures et belles qualités du jeune duc de Lorraine, René II, 334.
Charles le Téméraire est battu à Morat, par les Suisses et le duc de Lorraine, 335.
Les Bourguignons forcés de rendre Nancy au duc de Lorraine, 336.
Nancy assiégé par Charles le Téméraire. Bataille de Nancy, 336.
Mort du dernier duc de Bourgogne. Monument actuel de cette bataille. Sort divers de la postérité des ducs de Bourgogne et de Lorraine, 337.

Louis XI profite de l'occasion pour punir certains princes français qui trahissaient la France et son roi, 338.
Louis XI réunit la Provence à la France. Si la politique moderne a des reproches à lui faire sur les moyens qu'il emploie, 338.
Dernières années et mort de Louis XI, 341.
Règne et caractère de son fils, Charles VIII, 341.
Avènement de Louis XII. Il fait déclarer nul son mariage avec sa femme, sainte Jeanne de Valois, qui fonde les *Annonciades*, 342.
Précis du règne de Louis XII, qui a pour successeur François Ier, 342.
Depuis le supplice de Jeanne d'Arc, les Plantagenêt d'Anjou, rois d'Angleterre, divisés en deux branches, se font l'une à l'autre une guerre d'extermination, 343.
Avènement des Tudor, Henri VII et Henri VIII, 346.
Révolutions presque continuelles dans la Scandinavie, 347.
État de la Russie, 347.
Politique de Mahomet II et des autres gouvernements, 347.
L'italien Machiavel ne fait que résumer cette politique dans son livre *Des Principautés*. Substance de cet ouvrage, 347.
Si les gouvernements et les diplomates modernes font autrement que Machiavel ne dit, 350.

§ IV.

Soins des Pontifes romains pour sauver l'Europe au dedans et au dehors. — Grand nombre de savants, d'artistes et de saints en Italie.

Périls pour l'humanité de la part des politiques modernes. Après Dieu, ce sont les Papes qui la sauvent, 350.
Le cardinal Thomas de Sarzane devient pape sous le nom de Nicolas V. Les restes du conciliabule de Bâle se soumettent. Mort de Louis d'Alleman, cardinal d'Arles, 351.
Le pape Nicolas V confirme le concordat germanique, 351.
Sa déclaration en faveur des Juifs convertis d'Espagne, 352.
Jubilé de 1450, 352.
Saint Laurent Justinien, premier patriarche de Venise. Ses œuvres et sa mort, 352.
Frédéric III ou IV, couronné empereur à Rome, 353.
Dégénération des chevaliers Teutoniques. Péril, de la part des Turcs, pour l'Europe divisée contre elle-même, et que les Papes devront sauver presque sans elle, 353.
Jean Huniade, vaivode de Transylvanie, 353.
Georges Castriot, autrement Scander-beg, prince d'Épire, 354.
Trêve imprudente et nulle de Ladislas de Hongrie avec les Turcs, 355.
Bataille de Varna, mort de Ladislas ; Huniade élu gouverneur de la Hongrie, 356.
Suites des exploits de Scander-beg contre les Turcs. Ce qui serait advenu, si les Grecs avaient été plus sincères dans leur union avec l'Église romaine, 357.
Le pape Nicolas V sauve et multiplie les trésors littéraires des Grecs et des Latins, 357.
Jannoce Manetto, 357.
Sainte mort du pape Nicolas V, 353.
Léonard d'Arezzo, 358.
Le Pogge, 358.
Philelphe, 359.
Georges de Trébisonde, 359.
Théodore Gaza, 359.
Laurent Valla, 360.
Erreur de croire que la restauration des sciences, lettres et arts n'a commencé en Italie qu'après la prise de Constantinople, 360.
Erreur plus grande encore de croire que cette restauration est due à la révolution religieuse de Luther, 360.
Science et piété de Pic de la Mirandole, 360.
Famille des Médicis, amie et patronne des sciences, lettres et arts. Cosme de Médicis, 361.
Jean Argyropule, 362.
Georges Gémiste, surnommé Pléthon, 362.
Le chanoine Marsile Ficin, traducteur de Platon, 362.
Le chanoine Ange Politien, littérateur, 363.
Laurent de Médicis, 364.
Ce qu'il faudrait pour bien juger les platoniciens de cette époque, 364.
Peintres : Pérugin, Léonard de Vinci, Bramante, 365.
Commencements de Michel-Ange, 365.
Raphaël, d'Urbin, 365.
Suite et fin de Michel-Ange, 366.
Commencements, œuvres et autorité du dominicain Savonarole à Florence, 366.
Mort chrétienne de Nicolas Machiavel, 370.

TABLE DES MATIÈRES.

François Guichardin, 370.
Vertus, bonnes œuvres et écrits de saint Antonin, archevêque de Florence, 370.
Le bienheureux Matthieu Carrieri, de l'ordre de Saint-Dominique, 371.
Le Dominicain Antoine Nayrot, martyrisé en Afrique, 372.
Le bienheureux Constant de Fabiano, dominicain, 373.
— André Grégo, item, 373.
— Bernard de Scammaca, item, 373.
— Jean Liccis, item, 374.
— Sébastien Maggi, item, 374.
— Antoine Roddi, item, 275.
La bienheureuse Madeleine Panatiéri, du tiers-ordre de Saint-Dominique, 375.
Saint André, jeune enfant, martyrisé par les Juifs en Tyrol, 376.
Saint Simon, autre enfant, martyrisé par les Juifs à Trente, 376.
Miracle sur une sainte hostie, vendue par un voleur à un Juif, dans le Brandebourg, 376.
Le nouveau pape, Calixte III, excite puissamment les chrétiens à se défendre contre les Turcs, 377.
Huniade et saint Jean de Capistran remportent une victoire complète sur Mahomet II et meurent tous deux quelque temps après, 377.
Un roi de Perse et un roi des Tartares, à la sollicitation du Pape, prennent les armes contre les Turcs et les battent en Asie. Facilité qu'il y aurait eu pour les princes chrétiens d'en finir avec les Turcs, 378.
Un seul prince, Scander-beg, défend l'Europe chrétienne. Il n'est soutenu que par un seul homme, le Pape. Une jeune fille sauve Mitylène contre les Turcs, 378.
Les Allemands, au lieu de faire une guerre d'épées au Turc, font une guerre de chicanes au Pape. Réponses d'Æneas Sylvius, 378.
Les abus en cette matière ne venaient pas du Pape, 379.
Calixte III ordonne la révision du procès de Jeanne d'Arc, qui est déclarée innocente, 379.
Il institue la fête de la Transfiguration, donne un archevêque à des peuples de la Perse et de la Géorgie, 379.
Vie du franciscain saint Jacques de la Marche, 379.
Mort de Calixte III; qui eût été un excellent pape, s'il n'avait été plus oncle que pape, 380.
Désordres secrets de son neveu, Rodrigue Lenzuoli, qui deviennent plus tard un scandale public et perpétuel, 380.
Règlements des cardinaux en conclave, 380.
Æneas Sylvius est élu pape sous le nom de Pie II, 381.
Premiers actes de son pontificat. Congrès de Mantoue pour la défense de la chrétienté contre les Turcs, 381.
Pie II condamne les appellations du Pape au futur concile, 383.
Il rétracte ce qu'il avait écrit comme particulier en faveur du concile de Bâle, 384.
Louis XI fait serment d'abolir la pragmatique sanction de Bourges, et l'exécute par une lettre au Pape, 384.
Pie II reçoit les députés des patriarches d'Orient, 384.
Pie II reçoit une ambassade des Spartiates, qui demandent à être vassaux de l'Eglise romaine, 384.
Pie II reçoit une ambassade de l'empereur de Trébisonde, du roi de Perse et de plusieurs princes d'Orient, qui se montrent prêts à combattre les Turcs, 384.
Il écrit à Mahomet II, 385.
Il prend la résolution de se mettre lui-même à la tête de la croisade, et meurt, 385.
Sainte Catherine de Bologne, du tiers-ordre de Saint-François, 385.
Saint Didace ou Diégo, de l'ordre de Saint-François, 386.
Autres saints du même ordre :
Le bienheureux Antoine de Stroncio, 387.
La bienheureuse Séraphine, 387.
Le bienheureux Pacifique de Cérédano, 387.
— Jean de Dukla, 387.
La bienheureuse Eustochie, 388.
Saint Jacques d'Esclavonie, 388.
Le bienheureux Pierre de Moliano, 388.
— Ange de Clavasio, 288.
— Vincent d'Aquila, 388.
— Ladislas de Gielniow, 389.
Somnolence de l'ordre de Saint-Benoît, 389.
Election et premiers actes de Paul II, 389.
Derniers exploits et mort de Scander-beg, 390.
Soins du Pape pour le royaume de Bohême, 390.
Affaire de la pragmatique sanction en France, 391.
Pèlerinage de l'empereur Frédéric IV à Rome, 391.
Troubles en Castille, apaisés par le Pape, 392.
Derniers actes et mort de Paul II, 392.

Election de Sixte IV, 392.
Il envoie des légats pour procurer la défense de la chrétienté contre les Turcs, 392.
Légation du cardinal Bessarion en France. Sa mort, 393.
Mauvais succès de ces légations, 393.
Les Turcs battus par le cardinal Caraffe et par le roi de Perse. Si les chrétiens avaient été unis, c'en était fait des Turcs, 393.
Prise d'Otrante par les Turcs. Huit cents chrétiens y souffrent le martyre, 394.
Tandis que les plus grands princes mettent leur gloire à se tromper et à se trahir, les moines-soldats, connus sous le nom de *frères* ou *chevaliers de Rhodes*, aident le Pape à sauver l'Europe, 395.
Fin sanglante de l'empire de Trébisonde, 396.
Prise de Lesbos et de Négrepont par Mahomet II. Martyre d'une jeune vierge, Anne Erizzo, 396.
Les chevaliers ou moines-soldats de Rhodes, commandés par frère d'Aubusson, défendent leur ville contre toutes les forces de Mahomet II, 396.
Mahomet II rassemble de nouveau une armée de trois cent mille hommes, et meurt, 398.
Divers actes de Sixte IV, 398.
La reine de Bosnie donne son royaume au Saint-Siége. Pèlerinage à Rome du roi de Danemarck pendant le jubilé de 1475, 399.
Le duc de la Russie-Blanche demande au Pape le titre de roi, avec un légat pour corriger ce qui aurait besoin de correction chez les Russes. Le Pape reçoit également une ambassade de l'empereur d'Ethiopie, 399.
Malheur de Sixte IV d'aimer trop ses proches. Un de ses neveux participe à l'assassinat de Julien de Médicis, 399.
Condamnation de neuf propositions de Pierre d'Osma, qui se soumet, 400.
Condamnation de seize propositions du docteur Ruchrad, qui se soumet également, 400.
Vie de saint François de Paule, fondateur des Minimes, 400.
Mort de Sixte IV, 403.
Election d'Innocent VIII. Diversité des historiens sur sa jeunesse, 403.
Efforts du nouveau pontife pour pacifier les princes chrétiens et les réunir contre les Turcs, qui menacent l'Europe de plus en plus, 403.
Guerres peu honorables pour le royaume de Naples, 404.
Sollicitude pastorale d'Innocent VIII pour tous les pays du monde. Sa mort, 404.
Election d'Alexandre VI. Sa mauvaise renommée pour n'avoir pas mieux vécu que la plupart des princes temporels. Qui est-ce qui a droit de le condamner ! Leçon terrible pour les papes et les cardinaux, 405.
Histoire de Lucrèce Lenzuoli, dite Borgia, d'après les auteurs contemporains et le protestant Roscoë, 406.
Observation d'Audin à ce sujet, 407.
Histoire de César Lenzuoli, dit Borgia, d'après Audin, 407.
Premiers actes d'Alexandre VI : Il prévient par une bulle les collisions entre l'Espagne et le Portugal, touchant leurs découvertes ou conquêtes dans le Nouveau-Monde et ailleurs, 408.
Révolutions dans le royaume de Naples, fief de l'Eglise romaine, 409.
Fin du dominicain Savonarole, 410.
Derniers actes et mort d'Alexandre. Faux bruits sur les causes de sa mort, 410.
Election et mort de Pie III, 411.
Election de Jules II, 411.
Il rétablit la liberté et l'indépendance de l'Eglise romaine contre les petits princes d'Italie, à commencer par César Borgia. Fin de celui-ci, 412.
Le bienheureux Bernard, margrave de Bade, 412.
La bienheureuse Marguerite de Savoie, 413.
Le bienheureux Amédée, duc de Savoie, 413.
Saint Casimir, prince de Pologne, 415.
Saint Jean de Kenti, prêtre polonais, 415.
Le bienheureux Nicolas de Flue est le sauveur de la Suisse. Sa sainte mort, 416.
Jules II commence à rétablir la liberté de l'Italie, et contre les princes du dedans et contre les princes du dehors, 418.
Son légat, Jean de Médicis, triomphe dans sa captivité, 419.
Politique mesquine de Louis XII, qui, battu par le Pape, s'en venge par des conventicules schismatiques et par d'ignobles calomnies contre le vieux pontife, 420.
Les autres princes n'avaient pas plus de sens ni de conscience que Louis XII, 421.
Jules II et Michel-Ange, 421.
Jules II accorde à Henri VIII la dispense pour se marier avec la veuve de son frère, et proscrit les duels, 422.

§ V.

Cinquième concile général de Latran. — Autres savants et saints personnages de cette époque.

Ouverture du cinquième concile général de Latran, 422.
Discours de l'Augustin Égidius de Viterbe, 423.
Première session du concile de Latran, 423.
Discours de Bernard, archevêque de Spalatro. Manque de sens de Louis XII et de l'empereur Maximilien, se servant de cinq cardinaux schismatiques pour échafauder un conciliabule contre le chef de l'Eglise universelle, présidant le concile œcuménique. Bulle de Jules II contre cet attentat, 424.
Deuxième session. Discours de Cajétan, général des Dominicains, 426.
Alliance du Pape avec Henri VIII, 427.
Troisième session. Discours d'Alexis, évêque de Melphi, 427.
Ambassadeurs de l'empereur Maximilien et du roi d'Espagne. Bel exemple des rois de Danemarck, de Norwége et d'Ecosse. A cet accord de l'humanité chrétienne, Louis XII préféra insensément quatre cardinaux schismatiques, que le concile Pape et le concile condamnent unanimement, 428.
Arrivée à Rome du prince Henri, fils du roi de Congo, en Afrique, 429.
Quatrième session. Bulle de Jules II touchant l'élection du Pape, 429.
Dernière maladie et mort édifiante de Jules II, 430.
Election de Léon X. Ses commencements, 431.
Cinquième session du concile. Discours de Simon, évêque de Modrusse en Croatie, 431.
Les Français battus en Italie par les Suisses. Belle conduite de Léon X dans ces conjonctures, 432.
Septième session du concile. Discours de Baltassar del Rio, 433.
Progrès de Sélim Ier. Soumission de deux cardinaux schismatiques, 434.
Promotion de cardinaux, 435.
Huitième session. Discours d'un chevalier de Rhodes. Les idées les plus élevées de nos jours étaient les idées communes au concile de Latran, 435.
Louis XII, devenu plus sensé à force de revers, envoie une ambassade au Pape, renonce au conciliabule de Pise, et reconnaît le concile de Latran, 436.
Décret du Pape, approuvé par le concile, et condamnant certaines erreurs philosophiques, 437.
Pierre Pomponace ne mérite nullement le nom d'*impie* ou d'*athée*, 438.
Bulles de Léon X pour la pacification des princes et pour la réformation des officiers de la cour romaine. Mort de plusieurs cardinaux, 438.
Neuvième session. Discours d'Antoine Pucci, clerc de la Chambre apostolique, 438.
Ambassadeurs du Portugal et d'autres pays. Excuses des prélats français en retard. Réconciliation de plusieurs avec le Pape, 439.
Règlements pour la réformation de la cour romaine, 439.
Progrès des Portugais dans l'Inde. Grand caractère et vertus chrétiennes d'Albuquerque, surnommé *le Grand* et *le Mars* portugais, 441.
Lettres de Léon X à David, roi des Abyssins, 442.
Efforts de Léon X pour réunir les princes chrétiens à la défense de l'Europe contre les Turcs, 442.
Mort de Louis XII. Avénement de François Ier. Politique étroite de l'un et de l'autre, 442.
Dixième session. Décret sur les monts-de-piété, fondés par les Franciscains Burnabé et le bienheureux Bernardin de Feltre; et critiqués par le Dominicain Cajétan, 442.
Décret sur les exemptions ecclésiastiques, 444.
Décret sur l'impression des livres, 445.
Décret concernant les affaires de France, 445.
Les papes, notamment Nicolas V et Léon X, favorisent généreusement et les livres, et les bibliothèques et les savants, 446.
Universités italiennes. Collège romain, 447.
Matthieu Schinner, évêque de Sion en Valais, et cardinal, 448.
Bataille de Marignan, entre François Ier et les Suisses, 449.
Entrevue de François Ier et de Léon X à Bologne, 450.
Dévotion du roi et des Français pendant la messe du Pape, 450.
Léon X calomnié pour sa conduite entre François Ier et les Suisses, 452.
Onzième session du cinquième concile général de Latran. Députés du patriarche des Maronites. Règles pour les prédicateurs, 453.
Concordat entre François Ier et Léon X, approuvé par le concile, 453.
Abus dans les élections, 455.

Bulle, approuvée par le concile, condamnant et abolissant la pragmatique sanction de Bourges, 456.
Bulle, approuvée par le concile, touchant les priviléges des religieux, 457.
Douzième et dernière session, 458.
Suites du concordat en France, 458.
Conspiration de quelques cardinaux pour empoisonner le Pape, qui en nomme d'autres plus dignes, 460.
Sadolet et Bembe, 460.
Jean Trithème, 461.
Albert Krantz, 462.
Denys le Chartreux, 462.
Autres Chartreux distingués par leur doctrine, 463.
Auteurs contemporains parmi les Carmes, 463.
La bienheureuse Jeanne Scopello, carmélite, 464.
Nicaise de Voerd et Charles Fernand, quoique privés de la vue dès leur bas âge, deviennent des prodiges de science, 464.
Thomas à Kempis, 465.
Commencements de Gérard, autrement Erasme, 466.
Hommes savants parmi les ermites de Saint-Augustin, 466.
Le bienheureux André de Mondola, du même ordre, 467.
Le bienheureux Gonsalve, *item*, 467.
Albert de Sarzane, frère Mineur, 467.
La bienheureuse Catherine de Palanza, 467.
Le bienheureux André de Montréal, 468.
Saint Jean de Sahagun, également des ermites de Saint-Augustin, 468.
Sainte Véronique de Milan, augustine, 469.
Vie et écrits de sainte Catherine de Gênes, 470-477.
Commencements de la vie de sainte Thérèse, écrite par elle-même. Avant-propos, 477.
Son histoire depuis sa naissance jusqu'à son entrée en religion, 477.
Ses premières années dans l'ordre des Carmélites, 480-499.
Ce qu'elle dit des quatre sortes d'oraisons, 499.
Sainte Thérèse et sainte Catherine de Gênes l'emportent incomparablement sur Platon et Socrate, 512.
Eternelle unité de l'Eglise, 512.

LIVRE QUATRE-VINGT-QUATRIÈME.

De 1517, commencement de l'anarchie religieuse et intellectuelle en Allemagne, à 1545, commencement du concile œcuménique de Trente.

§ Ier.

Hérésies de Luther, jusqu'à sa condamnation par le pape Léon X.

Position mémorable de l'Eglise de Dieu en 1517, 513.
Etat inquiétant de l'Angleterre, de la France, de l'Allemagne et des royaumes du Nord, en particulier de la nation allemande, 514.
Naissance de Martin Luther. Son entrée chez les Augustins, 514.
Ses inquiétudes de conscience. Erreur qu'on lui suggère et qu'il adopte, pour se rassurer. Principe de ses égarements, 515.
Ses rapports continuels avec le diable, 516.
Il est fait professeur à l'Université de Wittemberg, 516.
Son voyage à Rome. Ce qu'il pensait alors de Rome et de l'Italie, 516.
Il est reçu docteur en théologie. Serment qu'il fait en cette qualité, 517.
Dès 1516 et avant la querelle des indulgences, Luther publie quatre-vingt-dix-neuf thèses contre les scholastiques et contre le libre arbitre, où il soutient, entre autres, que les bonnes œuvres sont autant de péchés, 517.
Ce que c'est que les indulgences. Exemples des indulgences accordées précédemment par les Papes aux Eglises d'Allemagne, 520.
Indulgences de Léon X, relatives à l'achèvement de la basilique de Saint-Pierre, 520.
Le commissaire général est un Franciscain; le commissaire particulier pour les provinces du Rhin est un prêtre séculier. Ses instructions n'ont rien de répréhensible, 521.
Le commissaire subdélégué pour la Saxe est le dominicain Tetzel. Ses instructions aux curés, qu'on a encore, sont calmes et dans la mesure convenable, 521.
Piqué de voir son concessionnel désert, Luther publie, à la Toussaint 1517, quatre-vingt-quinze thèses contre les indulgences, où il se condamne lui-même, 522.
Tetzel y oppose cent six propositions orthodoxes, 523.

Les écoliers de l'Université de Wittemberg les brûlent sur la place publique, 524.
Luther persiste dans ses erreurs et les prêche dans un sermon, 524.
Tetzel, citant les propres termes de Luther, en fait une réfutation calme, complète et méthodique, en vingt articles, 524-532.
Réponse superficielle et sophistique de Luther, 532.
Luther dévoile sa propre hypocrisie et impiété dans une lettre à Spalatin, 533.
Lettre de Luther au pape Léon X, avec une défense de ses quatre-vingt-quinze propositions touchant les indulgences, 533.
Lettre semblable à l'évêque de Brandebourg, 534.
Dans une conférence à Heidelberg, en 1518, Luther soutient ses quatre-vingt-dix-neuf thèses contre la doctrine de l'Eglise romaine, sur le libre arbitre, la grâce, la foi, la justification et les bonnes œuvres, 534.
Luther, déféré à Rome, est cité et comparaît à Augsbourg devant le cardinal Cajétan. Refuse de se rétracter; appelle, le 16 octobre 1518, au Pape mieux informé, 534.
Le 9 novembre, Léon X confirme la doctrine de l'Eglise romaine et excommunie quiconque soutiendrait le contraire, 535.
Luther, qui n'était pas nommé dans la bulle, appelle du Pape au concile général, 536.
Luther soutient opiniâtrément ses erreurs plus graves et premières contre le libre arbitre, 536.
Réfutation qu'en fait le dominicain Priérias, 537.
Réponse emportée de Luther, 538.
Il répond d'une manière semblable à Jérôme Emser, 538.
Sa dispute avec les frères Mineurs de Saxe sur le libre arbitre, 538.
Abus que Luther fait de saint Augustin, 539.
Luther est condamné par les docteurs de Louvain, auxquels il s'en était rapporté. Ses ignobles emportements contre eux, 540.
Léon X s'efforce de ramener Luther, qui se joue de lui et de ses nonces, surtout dans sa correspondance particulière, 540.
Luther adresse au Pape son sermon de la liberté chrétienne. Ses emportements contre Rome et les évêques, 542.
Pamphlet de Luther à la noblesse allemande, personnifiée dans Ulric de Hutten, 543.
Le pape Léon X condamne irrévocablement les erreurs de Luther, et provisoirement sa personne, 544.
Parallèle de la constitution de Léon X contre Luther, avec la constitution de Léon Ier contre Eutichès, au temps d'Attila, 547.
Emportements furieux de Luther contre la bulle qui le condamne, 548.
Il la brûle sur la place de Wittemberg, avec les décrétales, le droit canon, les écrits de saint Thomas et d'autres écrivains catholiques, 549.
Livre de Luther de la *Captivité de Babylone*, contre les sacrements. Il se donne lui-même le titre d'*ecclésiaste*, 549.
Imposture incroyable de Luther et de Mélanchthon pour accréditer, comme une révélation divine, une caricature infâme dans l'Allemagne protestante, qui, après trois siècles, y croit encore, 550.

§ II.

Tandis que l'Allemagne se dégrade de toutes manières par l'hérésie, l'Italie et l'Espagne s'honorent en produisant des personnes et des œuvres saintes.

Vie de saint Gaëtan de Thienne. Confréries de *l'Amour divin*, à Rome, *de Saint-Jérôme*, à Vicence. Fondation des Théatins. Mort de saint Gaëtan, 552.
Conversion, vie, œuvres et mort saintes de saint Jérôme Emiliani, fondateur des Somasques, 555.
Fondation des Barnabites à Milan, par Antoine-Marie-Zacharie de Crémone, Barthélemy Ferrari et Jacques-Antoine de Morigia de Milan même, 558.
La bienheureuse Marguerite, de Ravenne, 559.
La bienheureuse Gentile, de Ravenne encore. Fondation des clercs réguliers du Bon-Jésus, 560.
Saint Jean de Dieu, instituteur des frères de la Charité, 560.
Saint Pierre d'Alcantara, franciscain, établit une réforme plus sévère, 563.
Ses relations avec sainte Thérèse. Sa mort, 567.
Sainte Angèle de Mérici, fondatrice des Ursulines, 567.
La bienheureuse Louise d'Albertone, de l'ordre de Saint-Dominique, 568.
La bienheureuse Catherine, *item*, 569.
La bienheureuse Stéphanie Quinzani, *item*, 569.
Parallèle de la réforme catholique et de la réforme protestante, avec la construction et la destruction du temple de Jérusalem, 571.

§ III.

Suites des hérésies de Luther. Elles sont réfutées par le roi d'Angleterre, Henri VIII.

Conduite diverse de l'Eglise et des princes dans l'anarchie religieuse de Luther. Les barons allemands à la diète de Worms en 1521. Discours que leur fait le nonce Aléandro, 571.
Luther devant la diète de Worms. Son interrogatoire. Il est congédié, à des conditions qu'il viole. Son *Credo* en 1521, 573.
Son enlèvement simulé en route. Sa retraite à la Wartbourg. Ce qu'il y fait, 574.
Conférence de Luther avec le diable, racontée par Luther même, 575.
Edit impérial de Charles-Quint contre Luther, 575.
Condamnation étendue et motivée des erreurs de Luther par la Faculté de théologie de Paris, que Luther avait prise pour juge, 577.
La bulle de Léon X contre Luther est reçue en Angleterre avec une soumission religieuse. Le roi Henri VIII réfute très-solidement les blasphèmes de l'hérésiarque, et fait hommage de son travail au Pape, 579-584.

FIN DE LA TABLE DES MATIÈRES DU TOME NEUVIÈME.

NOTES RECTIFICATIVES ET COMPLÉMENTAIRES

LA RÈGLE DE SAINTE BRIGITTE AU MONASTÈRE DE WATSTEIN (p. 7).

Rohrbacher rapporte que la règle, donnée à ce monastère par sainte Brigitte, avait été dictée par Notre-Seigneur lui-même.

Le cardinal Bona ne paraît pas douter de la vérité de ce fait. « Lorsque Dieu, dit-il, révèle quelque chose, il ne parle pas d'une manière humaine, en disant les paroles les unes après les autres; mais il fait entendre en un moment, tout à la fois plusieurs pensées, à peu près comme des gens experts à compter payent des sommes; ils ne comptent pas les espèces les unes après les autres, mais ils en jettent sur une table plusieurs à la fois. Sainte Brigitte témoigna (*Reg.*, cap. XXIX) que ce fut en cette manière que Notre-Seigneur Jésus-Christ lui révéla la règle qu'elle a écrite; laquelle étant assez étendue, lui fut néanmoins dictée en très peu de temps; en sorte qu'elle n'a pu raconter ni personne comprendre comment tant de paroles ont pu être proférées ou reçues en si peu de temps. Saint Grégoire le Grand traite dans ses *Morales* (l. XXVIII, cap. VII) de cette admirable façon de parler de Dieu, disant entre autres choses : « lorsque Dieu parle par lui-même, il instruit le cœur de la parole sans employer de parole extérieure ni de syllabe. C'est un langage qui ne fait point de bruit, qui ouvre les oreilles et qui ne fait point entendre de son (1). »

RÉVÉLATIONS DE SAINTE BRIGITTE (p. 8).

Les révélations de sainte Brigitte furent aussi approuvées par Boniface IX. Plus tard, ayant été déférées au concile de Constance — et non au concile de Bâle, comme le dit Rohrbacher répétant Feller — le célèbre Jean de Turre-Cremata, qui devint cardinal, fut chargé par ordre du Concile de les examiner et de les approuver comme utiles pour l'instruction des fidèles. On peut lire le cardinal Turre-Cremata, *in Prologo defens. earumdem revelationum*, et l'on y trouvera la plus forte et la plus solide défense de ces révélations.

Feller, dans son *Dictionnaire historique*, dit que « Gerson et d'autres théologiens voulaient qu'on en censurât. » Mais c'est là une erreur comme on le voit par les déclarations d'un auteu, peu suspect, Jacques Lenfant, dans son *Histoire du concile de Constance*. Cet écrivain protestant écrit ceci : « Après la canonisation de sainte Brigitte, le roi et la reine de Suède avaient écrit à Jean XXIII pour obtenir celle de trois autres saints, savoir : de Nicolas, évêque de Lincopen, mort en odeur de sainteté en 1391 ; de Brynolphe, évêque de Scarren, mort de même en 1317, et d'un certain Nigris, moine de l'ordre de Saint-Augustin. Mais, comme Jean XXIII commençait à chanceler lorsque cette lettre arriva, elle ne lui fut point rendue, et l'affaire fut portée au Concile, après son évasion. C'est ce qui donna lieu à une commission pour examiner les Saints, leur vie et leurs miracles, et pour voir s'il ne serait pas plus à propos d'en diminuer que d'en augmenter le nombre. Gerson, qui était un des commissaires, composa donc alors son *Traité de l'examen des Esprits* (1). » On voit par là que sainte Brigitte avait été canonisée avant cette circonstance, et que ce n'est point à cause de la Sainte que Gerson entreprit son *Traité*, mais en vue de nouveaux saints qu'on proposait. Aussi l'historien protestant ajoute-t-il, après avoir analysé le livre du chancelier de l'Université : « Ce discours de Gerson ne fut pas inutile. La canonisation fut renvoyée à une autre fois par une bulle du Concile, et les Suédois eurent ordre d'en faire un rapport plus exact au pape futur (2). » Il est donc bien évident que tout ceci ne touchait en rien sainte Brigitte, puisque l'acte de sa canonisation était consommé.

SAINTE CATHERINE DE SIENNE (p. 17).

Quatre saintes femmes du nom de Catherine s'offrent à nous à la fin du XIVe et au XVe siècle : Catherine de Sienne, qui entreprit le voyage d'Avignon par amour pour l'Italie et pour l'Église, et exhorta le pape à rentrer en Italie (3); puis sainte Catherine de

---

(1) Le cardinal Bona, *Traité du Discernement des esprits*, chap. XX. Trad. franç. approuvée par lui.

(1) *Hist. du concile de Constance*, 1714, t. I, lib. IV, § 8, pp. 307. et 308.
(2) Id., *Ibid.* § 9, p. 310.
(3) Chavin de Malan, *Histoire de sainte Catherine de Sienne*, Paris, 1847; E. Cartier, *Vie de sainte Catherine de Sienne*, Tours, 1854. Alf. Capecelatro, *Storia di S. Caterina da Siena*, Naples, 1858 ; C. Hase, *Katharina von Siena*, Leipzig, 1864; Voir *Opere scelte, di S. Caterina da Siena*, Parme, 1843.

Suède, fille de sainte Brigitte (1). La troisième, sainte Catherine de Bologne, abbesse de l'ordre de Sainte-Claire (morte en 1463), dont le corps intact se voit encore aujourd'hui à Bologne, nous a laissé, entre autres, le livre des « sept armes spirituelles (2). » Nous possédons également de sainte Catherine de Gênes (veuve, morte en 1510), un touchant opuscule sur les souffrances des âmes du purgatoire, auxquelles elle s'associe et compatit (3). Sainte Rose de Viterbe, et sainte Marguerite de Cortone, tertiaires de Saint-François, ont été, comme sainte Catherine de Bologne, favorisées de l'incorruptibilité (4).

GRÉGOIRE XI ET LA RÉVOLTE DES FLORENTINS (p. 25, col. 1).

En rééditant des poésies de Franco Sacchetti, composées à l'occasion de la lutte entre Grégoire XI et les Florentins, M. Giovanni Sforza attaque le pape en termes que n'employèrent même jamais à son égard les Florentins ses ennemis (5). Grégoire XI s'attira, il est vrai, les observations de sainte Catherine de Sienne qui s'interposa en faveur de la paix entre le Souverain Pontife et les républicains ; mais il n'y a aucun rapport entre les respectueuses remontrances de la sainte et les diatribes violentes des adversaires de la papauté. Ces questions ont été traitées dernièrement avec plus de modération et de vérité historique par M. Alessandro Gherardi (6).

CANONISATION DE SAINTE BRIGITTE (p. 29).

Sainte Catherine de Suède revint à Rome en 1376, afin d'obtenir la canonisation de sainte Brigitte, sa mère, au nom des évêques, du roi et des seigneurs de Suède. Elle poursuivit l'affaire pendant cinq ans. Le schisme étant survenu et mettant obstacle à la canonisation, elle déposa toutes les pièces aux archives de l'Église romaine, et s'en retourna dans sa patrie où elle mourut sans avoir eu le bonheur de voir sa sainte mère honorée d'un culte public (1). Sainte Brigitte ne fut, en effet, canonisée qu'en 1391, par une bulle du Pape Boniface IX, en date du 7 octobre : il mit sa fête au 23 juillet, jour de sa naissance à la bienheureuse éternité ; mais, depuis, elle a été transférée au 8 octobre. Cependant l'autorité douteuse de Boniface IX fit que les peuples du Nord ne comptaient pas trop sur son décret, et, à la prière des ambassadeurs de Suède, de Danemark et de Norvège, le pape Jean XXIII canonisa solennellement la sainte dans les premiers jours de février 1415. La même raison fit apparemment qu'ils s'adressèrent encore, depuis à Martin V, pour réhabiliter tout ce qu'il y aurait eu de défectueux dans le jugement de Jean XXIII. Ainsi sainte Brigitte reçut trois fois les honneurs de la canonisation. Au concile de Constance, tenu en 1414 et années suivantes, on entendit un grand nombre de témoins sur les merveilles qu'elle avait opérées durant sa vie et après sa mort (2), et ce fut alors que Jean XXIII la canonisa.

LE RETOUR DE GRÉGOIRE XI A ROME (p. 31, col. 2).

Ce fut une joie pour l'Italie que le retour de Grégoire XI, soixante-douze ans après que les papes avaient quitté Rome. Devant voyager par mer, le pape annonça qu'il débarquerait à Livourne. La république de Pise fit de grands préparatifs pour le recevoir. Le 25 et le 27 août, le sénat décide qu'on ira au-devant de la flottille pontificale, formée de navires de plusieurs États d'Italie ; deux anciens et huit ou dix citoyens, sans compter les ecclésiastiques, prendront part au cortège. On offrira au Pontife quatre tonneaux de vin, quatre veaux, huit moutons, cinquante paires de poulets, dix sacs de pain, etc. Viennent ensuite les présents pour chaque cardinal, pour le trésorier, pour le camerlingue, pour les parents du pontife, etc. (3). Les chroniqueurs de l'époque s'accordent à dire que la république de Pise fit de grandes dépenses pour recevoir dignement Grégoire XI ; qu'elle arma des galères et fit meubler des palais *pro ejus statione in terra Liburnæ*.

PAROLES DE GRÉGOIRE XI MOURANT (p. 33, col. 2).

Au sujet de la mort de ce vertueux pontife, sous lequel s'accomplit le retour de la papauté à Rome, il y a une légende adoptée par certains historiens, sur la foi de Gerson. Celui-ci rapporte, en effet, qu'étant près de rendre le dernier soupir, le pape, tenant entre ses mains le corps du Christ, avertit ceux qui l'entouraient « de se garder des hommes ou des femmes qui, sous une apparence de religion, débitaient les visions de leur cerveau, attendu que lui-même, séduit par de telles gens, et ayant négligé les

---

(1) *Vita S. Catherinæ Sueciæ filiæ S. Brigittæ*, auct. *Ulphonse monacho ord. Sanctæ Brigittæ in cœnobio Wadstonensi*, ap. Bolland. 24 mars, t. III, p. 505-531. ; J. H. Schrœder, *Translatio S. Catherinæ*, 1589 *Vadsionis celebrata*. Upsal., 1832-1833, 3 part. in-4 ; L. Clarus, *Das Leben der heiligen Brigitta*, Rgsb., 1856.
(2) *Libellus de revelationibus* (cum vita). Bonon., 1653, 1 vol. in-4. — *Alia vita ex Italico Jacobi Grassetti, Acta sanct.*, 9 mars, t. II, p. 35-48. — J. Crasset, *Vie de sainte Catherine de Bologne*. Clermont-Ferr. 1840.
(3) *Vita S. Catherinæ Fliscæ Adurnæ viduæ Genuæ*, auct. Marabotti, Romæ, 1737 ; ap. Bolland., 15 sept., v. p. 149-196-295 ; — Stickeri *Comment. prav.*, p. 123-149. ; P. Petrus Lechner, *Leben und Schriften der heiligen Catharine von Genua*, 1859 ; Pliche, *Sainte Catherine de Gênes*. Paris, 1880.
(4) *Acta S.*, 4 sept. t. II, p. 433-479. — Outre sainte Catherine de Gênes, au xive siècle, et Sainte Catherine de Ricci, au xve, on trouve encore sainte Catherine de Palantina, fondatrice du couvent de Sainte Marie de *Monte supra Varesium*, près de Milan (morte en 1478), *Vita ex Italico Cæsaris Tettamanti*, ap. Bolland. 6 avril, t. I, p. 644-654, et la vénérable Catherine de Parc en Brabant, de l'ordre des cisterciennes, au xiiie siècle (4 mai, t. I, p. 532-534).
(5) *Rime di Franco Sacchetti contra papa Gregorio undecimo*, Lucques, 1868.
(6) *La guerra dei Fiorentini con papa Gregorio XI detta la guerra degli ottosancti* dans *Archivio storico*, an. 1867.

(1) *Spicil.*, suppl., lib. XVII, nos 12, 28.
(2) *Hist. de l'Égl. gall.*, t. XLV ou t. XIX, pp. 467, 468, de l'édit. in-12, 1826-1827.
(3) Voir les *Délibérations du Sénat* dans l'*Archivio della società romana di storia patria* (1880), t. III, p. 489.

conseils raisonnables des siens, s'était mis, lui et l'Eglise, dans un péril imminent de schisme. » Cette anecdote, qui viserait directement sainte Catherine de Sienne et sainte Brigitte, est rejetée par les plus graves critiques, notamment par Mansi (1) et par Noël Alexandre (2), qui en démontrent la fausseté et l'invraisemblance. Malgré le peu d'autorité de Gerson en matière historique et les réfutations dont il a été l'objet, son assertion a encore trouvé créance dans des ouvrages récents, tels que l'*Histoire d'Urbain V*, par M. l'abbé Magnan. Avec son sens si judicieux, Rohrbacher s'est bien gardé de rapporter un fait aussi peu fondé et aussi invraisemblable.

LE GRAND SCHISME D'OCCIDENT (p. 36, col. 2)

La manière dont Rohrbacher a traité l'affaire du grand schisme d'Occident, laisse un peu à désirer sous le rapport de l'ordre et de la clarté. Quelques additions et éclaircissements sont ici nécessaires (3).

Le grand schisme d'Occident fut, sinon une conséquence, du moins une suite du séjour des papes à Avignon. C'était certainement un fait providentiel que le retour de la papauté à Rome, accompli sous Grégoire XI; mais ce long exil du Saint-Siège, qui n'avait pas encore donné tous ses enseignements au monde, ne devait cesser que pour soumettre l'Eglise à la plus terrible des épreuves, afin de réaliser le plan de la Providence et mieux montrer la divinité de l'institution. En quittant cette terre paisible du Comtat, cette ville d'Avignon embellie par les soins de plusieurs pontifes, la papauté, en rentrant à Rome, trouvait une ville pleine de souvenirs augustes et sacrés, mais devenue comme étrangère et, de plus, appauvrie, déserte et ruinée; ajoutez à cela la turbulence des esprits, née des révolutions et de guerres intestines qui furent le fléau des républiques italiennes. Aussi Grégoire XI en statuant que, après son décès, les cardinaux présents à Rome pourraient, sans appeler ni attendre les absents, entrer sur-le-champ en conclave, pour y élire le plus promptement possible, à la simple majorité des voix, celui qui leur paraîtrait le plus digne, malgré la sagesse de ces dispositions, exposait-il l'élection du pape aux tristes éventualités qui suivirent.

D'abord, comme conséquence du retour à Rome, il aurait fallu, pour assurer l'avenir, avoir une majorité italienne dans le sacré collège. Les papes d'Avignon avaient eu le tort de créer trop de cardinaux français et surtout des cardinaux trop français. Sur vingt-trois cardinaux alors existants, il y en avait seulement seize présents à Rome au moment de la mort de Grégoire XI : *onze* français, en comptant Robert de Genève, savoyard de nation; *quatre* italiens et *un* espagnol. Ce dernier était le fameux Pierre de Luna, qui eut une si grande part au schisme, et par ses tendances il appartenait au parti français. Dans ce parti figurait la fraction des Limousins, au nombre de sept ; or cette province ayant, durant le séjour d'Avignon, fourni trois papes, Clément VI, Innocent VI et Grégoire XI, et comptant toujours plusieurs de ses enfants dans le sacré collège, avait fini par se croire une sorte de droit sur la tiare et désirait la garder cette fois encore. Les quatre autres Français auraient, sans doute, désiré un pape de leur nation, mais, comme le disait l'un d'entre eux, le cardinal de Saint-Eustache, « le monde était las de la domination des Limousins (1) », et, pour les exclure, ils s'entendaient volontiers avec les Italiens. Toutefois, comme l'accord s'arrêtait là; on n'était pas près d'arriver à fixer sur la même tête une simple majorité.

Et cependant, il y avait, en dehors du conclave, une autre voix, celle du peuple romain, qui n'avait pas, sans doute, l'autorité légitime, mais qui réclamait impérieusement et sans délai un pape selon ses vœux. Aussitôt après la mort de Grégoire XI, la magistrature populaire des Bannerets avait fait des remontrances pour obtenir un pape romain ou au moins italien; ils représentaient combien Rome et l'État ecclésiastique avaient souffert de l'absence des papes; combien le gouvernement des étrangers était devenu intolérable; enfin ils avaient déclaré que le peuple voulait une élection conforme à ses besoins, et qu'agir autrement serait s'exposer au ressentiment des masses et provoquer des excès (2).

Dans la circonstance présente, il y avait une sorte de nécessité de satisfaire le peuple, non précisément parce qu'il le demandait, mais parce que c'était le moyen le plus assuré de maintenir la papauté dans sa résidence naturelle et de guérir les maux causés par son absence.

Le conclave ne dura qu'un jour, du 7 au 8 avril. Comment les choses s'y passèrent-elles ? La contrainte extérieure alla-t-elle jusqu'à détruire complètement la liberté du suffrage, au point de rendre toute élection radicalement nulle ? C'est là, comme le fait observer Rohrbacher, la question principale de l'affaire; mais il ne l'élucide pas suffisamment.

La confusion et l'incertitude viennent de ce qu'on se trouve en présence de deux relations, faites également après coup, et qui, malgré un fonds commun, sont divergentes et inconciliables.

La première relation est celle des auteurs italiens et des Mémoires du Vatican ; les sources en sont nombreuses et variées (3). C'est celle-là que rap-

---

(1) Ap. Raynaldi *ad an.* 178, n° 2, *pro Gregorio*.
(2) *Hist. eccles.*, in sæcul. xiv.
(3) Nous, nous sommes servi principalement pour cela de l'*Etude historique et critique sur le grand schisme d'Occident*, de M. l'abbé Delalonde. Rouen, 1875, in-8.

(1) Ap. Raynaldi, *ad an.* 1378, n° 70.
(2) Cette demande, faite par le sénateur Gui de Prolni et d'autres magistrats, est représentée comme humble et dévote supplique, *humiliter et devote supplicaverunt*, dans une relation favorable à la liberté du conclave (Jacques de Serra, de Sena ou de Seva, ap. Duboulay, *Hist. Univ. Paris*, t. V.) Les cardinaux, dans leur relation, ne s'écartent pas sensiblement de ces expressions, et disent : *Pluries supplicaverunt eosque requisiverunt*. Dans cette même relation, les dangers prévus par les Bannerets n'y sont pas annoncés sur un ton aussi comminatoire qu'on pourrait le penser : *Aliquibus vicibus subjunxerunt quod ultor dubitabant de maximis et irreparabilibus periculis et scandalis, quum viderent et cognoscerent corda civium nimium sublata*. (Relat. Cardin. adv. Barth. Bar.)
(3) Raynaldi, pour la continuation de Baronius, a puisé largement dans les manuscrits du Vatican qui forment une précieuse et vaste collection des monuments sur le schisme, « manuscrits, dit le docte oratorien, qui sont très dignes de foi et d'une autorité d'autant plus grande qu'ils ont été conservés par les adversaires et transportés d'Avignon à Rome. » (*Ad an.* 1378, n° 1.) M. l'abbé Chris-

porte et qui a suivie Rohrbacher et qui nous paraît, comme à lui, la plus digne de foi ; elle est favorable à la cause d'Urbain VI. L'autre émane des douze cardinaux qui firent défection quatre mois après l'élection; elle est datée du 2 août 1378, à Anagni.

Celle-ci tend à établir que les Bannerets, avant même l'ouverture du conclave, avaient essayé d'exercer une pression violente sur les cardinaux, en entretenant l'agitation dans le peuple. Il ne fut pas tenu compte, d'après ce récit, des demandes des cardinaux ; on fit sortir de Rome les nobles qui auraient pu les défendre et les portes de la ville furent gardées. Quand les cardinaux entrèrent dans le conclave, il y eut une invasion de la populace et des menaces proférées contre eux s'ils n'élisaient pas un Romain. A quoi les cardinaux répondirent d'abord que celui qui serait élu sous la pression de ces menaces ne serait pas vrai pape. La foule stationna armée autour du conclave ; elle ne permit pas qu'on en murât la porte et continua de réclamer, en criant, un Romain ou au moins un Italien pour pape.

Voici ensuite comment les choses se seraient passées d'après la relation en question. Les cardinaux, menacés d'être forcés à tout moment, chargèrent trois d'entre eux de dire au peuple qu'on ferait droit à la demande. Dans une délibération accomplie au milieu des troubles, les cardinaux français déclarèrent qu'ils n'auraient pas nommé d'eux-mêmes un Italien, mais qu'ils le faisaient à cause du péril de mort qui les menaçait ; plusieurs Italiens déclarèrent de leur côté que s'ils étaient élus dans de telles circonstances, ils n'accepteraient pas une élection viciée par la crainte et la violence. Le nom de Barthélemy Prignano (Urbain VI) ayant été prononcé, il fut accepté par presque tous, mais avec des clauses diverses. Plusieurs déclarèrent qu'ils le nommaient pape purement et simplement, bien que ce fût par crainte de la mort ; d'autres l'élurent, mais avec l'intention de procéder à une réélection en sa faveur, quand ils seraient en lieu sûr ; trois Français déclarèrent que l'élection à leurs yeux était nulle ; un d'entre eux, le cardinal de Glandève, avait même protesté par devant notaire, avant d'entrer au conclave, que la seule crainte de la mort lui ferait élire un Italien. Enfin le cardinal Orsini fut le seul qui refusa de voter. Cependant l'élection faite ainsi, les cardinaux n'osaient pas encore la publier ; mais sur une nouvelle promesse faite à la foule, il y eut une sorte de trêve, et grâce à quelques interventions, on put rétablir l'ordre dans le peuple. Le calme s'étant fait, on proposa de recommencer l'élection ; les uns dirent que l'impression durait encore ; plusieurs déclarèrent que bien qu'ils ne fussent pas pleinement libres, ils maintenaient l'élection.

C'est à ce moment que le bruit de l'élection s'étant répandu dans le peuple, le conclave fut envahi par quatre côtés. Les cardinaux, réfugiés dans la chapelle privée, virent tomber la porte sous la hache et une foule furieuse se précipiter en demandant le pape. Dans la crainte de plus grands maux et ne croyant pas que l'archevêque de Bari élu pût se considérer comme vrai pape, ils résolurent de lui rendre extérieurement tous les hommages dus au souverain pontife, mais sans entendre lui conférer aucun droit nouveau et se réservant pour le moment où ils seraient en sûreté. Or ils ne pouvaient se prononcer dans Rome sans exposer leur vie, et ce ne fut que quatre mois après qu'ils purent s'enfuir à Anagni, et de là ils protestèrent contre tout ce qui s'était fait (1).

Rohrbacher expose suffisamment dans quelles circonstances, quatre mois après l'élection d'Urbain VI, la presque totalité des cardinaux l'abandonna. Les causes qu'il donne de la rupture du sacré collège avec le pape sont celles admises par tous les historiens autorisés.

Jusqu'à la veille de la rupture, tous les cardinaux entretinrent des relations avec Urbain VI comme avec un pape légitime. Etait-ce incertitude ou dissimulation de leur part? On ne saurait le dire. Vers la fin de juillet commence une série de négociations et d'actes dans un sens tout à fait opposé à la précédente attitude du sacré collège.

La lettre du 20 juillet aux cardinaux italiens est le premier document officiel constatant que les cardinaux français se plaignent de la violence subie pendant le conclave. Un peu avant ou un peu après, mais à une date certainement antérieure au 2 août, Urbain reçut de ces derniers une lettre violente lui signifiant la nullité de son élection et le sommant de déposer une dignité usurpée (2). Le 2 août paraissait, sous forme d'encyclique à tous les fidèles, la relation du conclave donnée comme authentique par les cardinaux français (3). Enfin, les 5 et 6 août, dans une église de campagne près Préneste, ont lieu des conférences entre trois cardinaux italiens et trois députés des cardinaux français (4). On en connaît le résultat par la lettre des cardinaux italiens à Urbain VI, lettre datée du 6 à Zagarola (5). Ce document très court est d'une haute importance dans la question. Les cardinaux qui y traitent Urbain VI *comme pape*, disent que, après avoir parlé *conformément à ce qui avait été convenu en sa présence, ils ont finalement ouvert la voie du*

---

tophe, dans son *Histoire de la Papauté au XIVᵉ siècle* : t. III, liv. XIII, p. 33, note 2) reproche, il est vrai, à Raynaldi « d'user avec partialité de ces documents. » Mais, comme l'observe M. l'abbé Delaonde, il n'y aurait que la publication *in extenso* de ces trente volumes manuscrits, qui permettrait de juger du choix fait par Raynaldi. Tout le monde néanmoins reconnaît l'importance des sources auxquelles il a puisé. Mansi, le docte annotateur de Raynaldi, tout en reconnaissant qu'il aurait pu éviter à cause de se montrant moins acrimonieux envers les Français, dit que celui qui voudrait étudier ou écrire l'histoire de ces siècles sans Raynaldi, ignorerait ou laisserait passer bien des choses. Les historiens français Fleury, Lenglet et Baluze lui-même « son adversaire aussi injuste que passionné », dit Mansi, se sont servis de lui. (*Præfat. sup. contin. Annal. Baron.*)

(1) On cite à l'appui de la relation des cardinaux quelques dires de chroniqueurs français, d'après lesquels plusieurs membres du conclave auraient écrit au roi de France « qu'il ne donnast foy en chose qui eust été faite en la nomination d'Urbain et que plus à plein le certifyeroient de la vérité, et aussi ne donnast réponse aux messages qui de par Barthélemy lui veinssent » (Christine de Pisan, *Hist. de Charles V* part. III, ch. LII. Cf. Du Boulay. *Hist. Univ. Paris*, t. VI) « Malheureusement, dit M. l'abbé Christophe, on ne connaît ni ces cardinaux ni leurs lettres. » C'est dire que ces assertions ont peu ou point de valeur ; la relation des cardinaux reste seule avec son authenticité et l'autorité qu'on croira devoir lui accorder.

(2) Ap. Du Boulay, *l. c.*, t. IV ; ap. Raynaldi, *ad an.* 1378, n° 47.

(3) Ap. Du Boulay, *ibid.*, et partim ap. Raynaldi, 19, sqq.

(4) Il y a chez Rohrbacher, dans cette partie du récit, quelques inexactitudes de faits et de dates, et quelques omissions d'incidents importants.

(5) Ap. Raynaldi, n° 49

concile. Ainsi donc, dès le début et avant une rupture consommée, la voie du concile, à laquelle il fallut recourir finalement après quarante ans de schisme, fut offerte aux cardinaux français, avec l'autorisation d'Urbain VI. Ceux-ci, disent leurs propres actes, la « repoussèrent d'un commun accord, comme nuisible et préjudicielle. » Rohrbacher rejette donc avec raison sur les cardinaux français la responsabilité du schisme d'Occident.

Le 9 août ils publièrent une nouvelle pièce plus significative encore que la première ; c'était une sorte d'encyclique aux fidèles, non plus sous forme de relation, mais conçue en manière d'acte d'accusation, dans laquelle ils dénonçaient comme intrus Barthélemy Prignano (1). Après cet acte, ils se retirèrent à Fondi sous la protection du comte Nennovato et de la reine de Naples, qui déjà négociait avec eux. Les cardinaux italiens ne retournèrent pas vers le pape, auquel ils firent seulement connaître l'insuccès de leur négociation, et se retirèrent au château de Vicovan, gardant une sorte de neutralité équivoque qui allait devenir bientôt une défection ouverte. Un seul italien resta fidèle jusqu'au bout à Urbain ; ce fut le vieux cardinal de saint Pierre, Francesco Thebaldeschi, qui mourut après avoir protesté en faveur de l'élection d'Urbain par un acte public du 22 août (2).

Urbain se trouvait donc abandonné de tous les cardinaux. C'est alors qu'en une seule promotion, à la date du 18 septembre, il en créa vingt-neuf nouveaux, dont vingt-quatre au moins acceptèrent. A ceux qui ont dit que cette mesure détermina le schisme, M. l'abbé Christophe répond avec raison qu'elle ne put influer sur la conduite des cardinaux retirés à Fondi, puisque la nouvelle ne leur en arriva pas à temps, et que, d'ailleurs, leur parti était déjà pris de donner un concurrent à Urbain (3).

Quoi qu'il en soit des moyens de corruption employés par les cardinaux français auprès de leurs collègues italiens (4), ceux-ci vinrent certainement rejoindre les premiers à Fondi, et, tous ensemble, ils entrèrent en conclave le 20 septembre. Au premier tour de scrutin, Robert de Genève fut élu ; il prit le nom de Clément VII. Le schisme était consommé (5).

II

Rohrbacher ne s'arrête pas à discuter de la légitimité respective d'Urbain VI et de Robert de Genève, Clément VII: tenant avec raison le premier pour vrai et indubitable pape. Ce point cependant, qui a divisé autrefois la chrétienté, divise encore aujourd'hui les historiens. Est-il impossible d'arriver à la certitude sur cette question ? Avec M. l'abbé Delalonde, nous ne le croyons pas, et pour les mêmes raisons que lui.

(1) Ap. Rayn., *ibid.*, n° 48.
(2) Ap. Rayn., n° 41.
(3) *Hist. de la papauté au XIVe siècle*, t. III, p. 31.
(4) Cf. Rayn., 55.
(5) Tel est l'ordre historique des événements nettement établi par M. l'abbé Delalonde. On voit par là que Rohrbacher a mêlé un peu les faits.

La vraie thèse des historiens catholiques est celle-ci : L'élection d'Urbain VI doit être regardée comme valide, et, par conséquent, ce pape et ses successeurs à Rome sont les seuls vrais papes.

Entre les deux versions, si l'on ne peut rejeter absolument celle des cardinaux français et admettre l'autre sans réserve, on peut du moins se prononcer sûrement d'après les circonstances de l'affaire, et en pesant les témoignages, pour celle des deux que la doctrine confirme.

En accordant même qu'il y eût intimidation avant et pendant le conclave, cela n'infirme pas l'élection d'Urbain VI. L'auteur que nous suivons de préférence établit cette thèse dans les trois points suivants :

1° Le fait d'un tumulte populaire, même en vue de peser sur une élection, n'entache pas en soi l'élection de nullité ; il faut encore que les électeurs n'aient réellement agi que sous une pression violente et d'une manière qui indique qu'ils n'ont pas été libres.

Or, dans l'élection d'Urbain VI, les cardinaux ne subirent pas réellement de pression quant à la liberté du choix et à la détermination de la personne ; il y a plus, ils firent même précisément ce qui pouvait ôter à leur choix le caractère d'un acte violenté. En effet, il est incontestable que les Romains voulaient surtout un compatriote, et cependant les cardinaux, qui auraient pu nommer un pape romain très légitimement, malgré les clameurs, ne le firent pas. Pourquoi, puisqu'ils étaient sûrs par là de satisfaire complètement le peuple et se réservaient aussi en même temps, d'une façon beaucoup plus plausible, un moyen de déclarer plus tard l'élection nulle ? Ils élurent un Napolitain, et de l'ensemble de toutes les sessions il résulte qu'ils redoutaient le mécontentement du peuple, lorsqu'il fut question de promulguer le nom de l'élu. Les cardinaux pouvaient-ils mieux prémunir à l'avance leur acte contre le reproche d'être dépourvu de liberté (1) ?

Quant à la nécessité d'élire au moins un Italien, on peut dire qu'elle provenait, non de la pression accidentelle que le peuple put faire peser sur le sacré collège, mais de la situation elle-même qui commandait ce choix. Or, quand quelqu'un fait par peur ce qu'il serait tenu de faire par raison et par justice, cet acte est valide. Ainsi les cardinaux ne pouvaient pas être regardés, dans l'espèce, comme *rationabiliter inviti*. Nous concluons donc au sujet de l'élection d'Urbain que, le fait d'intimidation étant même admis, il n'en résulte pas que les cardinaux aient agi seulement par peur et sans la liberté nécessaire. La vérité est dans cette parole des magistrats de Florence aux cardinaux : « Tout ce que l'on peut vous accorder, c'est que vous l'avez élu dans la crainte, mais non par crainte (2). »

2° Même en admettant que les cardinaux eussent élu Urbain VI sous le coup d'une crainte qui viciait l'élection, l'acte fut validé par les événements ultérieurs.

Les cardinaux, sortis du château Saint-Ange ou de leurs maisons, se réunirent le lendemain du

(1) Cf. Mansi, in Rayn., *ad an*, 1378.
(2) Ap. Rayn., *ad an.* 1578, n° 53.

trouble, 9 avril, pour ratifier l'élection et la promulguer dans les formes ordinaires. Quelques jours après, ceux qui s'étaient retirés dans des châteaux hors de Rome s'étant réunis à la majorité, tous ils intronisèrent et couronnèrent le nouvel élu avec la solennité accoutumée. Ici, il est impossible d'admettre que les cardinaux n'aient pas été libres, puisque c'est d'eux-mêmes qu'ils agirent. C'était pourtant le moment ou jamais de protester contre la violence qui leur eût été faite, d'en aviser leurs collègues d'Avignon, les cours de la chrétienté, et de réserver ainsi leur action ultérieure. Pendant quatre mois, ils persévèrent dans l'obédience d'Urbain VI, demandant et acceptant de lui des faveurs et notamment des bénéfices ecclésiastiques; ils écrivent même des lettres publiques en faveur du nouveau pape.

La lettre de Robert de Genève à Charles IV, quoique d'un caractère privé, est surtout décisive (1). Le futur concurrent d'Urbain écrit à l'empereur, le 14 avril, cinq jours seulement après l'élection, ce qui s'est passé depuis la mort de Grégoire XI, dont il l'avait déjà informé. Il lui raconte que les cardinaux « renfermés en conclave », *clausi in conclavi*, ont élu un Napolitain, l'archevêque de Bari, « maintenant pape, » *nunc summum pontificem*, et qu'ils l'ont élu à l'unanimité des voix : *dicti cardinales et ego unanimiter direximus voces nostras*. Il y parle de ses anciennes relations amicales avec le nouveau pape, et l'assure des bonnes dispositions de l'élu à l'égard de l'empereur et de son fils.

Que conclure de cette lettre du principal auteur du schisme, sinon qu'à cette date l'opinion était parfaitement fixée dans le sacré collège, touchant la validité de l'élection récente? Aussi Charles IV ne reconnut-il jamais d'autre pape que Urbain VI.

Aux arguments de droit et de fait en faveur d'Urbain VI, s'ajoute l'argument d'autorité. Sans parler de la consultation des deux plus célèbres jurisconsultes d'alors que mentionne Rohrbacher (2), ni de l'opinion de sainte Catherine de Sienne, du B. Alphonse d'Aragon, de sainte Catherine de Suède et d'un grand nombre d'autres personnages considérables en sainteté et en science, ni de l'adhésion de la plus grande partie de la chrétienté, il y a une autorité qui prime toutes les autres, c'est celle de l'Eglise romaine, laquelle a toujours compté Urbain VI et ses successeurs dans la série des pontifes romains, tandis qu'elle a donné le nom de Clément VII pris par Robert de Genève, et celui de Benoît XIII pris par Pierre de Luna, à un pape du XVIᵉ siècle et à un autre du XVIIᵉ (3).

3° Quand même, par impossible, l'élection d'Urbain VI aurait été nulle au début et non suffisamment revalidée dans la suite, l'élection de Robert de Genève n'en resterait pas moins illégitime et son intrusion n'en serait pas moins certaine.

En effet, on doit regarder comme nulle l'élection faite par ceux qui avaient perdu le droit de la faire; or les cardinaux avaient perdu le droit de faire par eux-mêmes une seconde élection, sans la convocation préalable d'un concile général. Donc l'élection de Robert de Genève était nulle.

Il est, en effet, de la nature d'un mandat électoral qu'il soit éteint, quand l'acte est officiellement accompli et notifié, et il n'appartient plus aux électeurs de revenir, de leur propre autorité, sur un acte consommé officiellement; fût-il, d'ailleurs, entaché d'un cas de nullité ; mais on doit en référer à un autre pouvoir pour casser ou valider l'élection, et les cardinaux électeurs avaient épuisé leur mandat dans un premier acte, ils n'en avaient plus pour un second, et si le premier était nul ou douteux, c'était à l'Eglise qu'ils devaient en référer. Ils avaient d'ailleurs trompé l'Eglise en lui présentant un pape faux et intrus à leurs yeux, mais que l'Eglise acceptait de bonne foi comme véritable, et dès lors, en mandataires qui ont trompé le mandant sur la substance même de l'acte, ils étaient déchus de leur droit d'élire à nouveau un autre pape.

En outre, par le fait même de leur rupture avec Urbain VI, les cardinaux avaient ouvert un procès entre eux et le premier élu, et l'élection d'un second pape dans les circonstances présentes était un acte juridiquement nul, puisqu'elle les constituait juges et parties dans la même cause.

Pour finir, nous ferons remarquer encore avec M. Delalonde, que la question du schisme d'Occident a été souvent mal posée, parce que l'on est parti d'un faux principe, celui du doute égal, et par conséquent de l'égalité des deux partis devant l'histoire. « Mais qui ne voit, dit très bien cet auteur, qu'un pontife, même discuté, est encore bien au-dessus d'un pontife certainement faux et intrus ? » Quelques historiens ont accusé Urbain VI de n'avoir pas cédé pour éviter un schisme. Mais, dit encore M. Delalonde au sujet de l'invincible résistance du Pontife : « Quand on examine les choses de près, on peut regarder ce schisme comme un moindre mal que le précédent funeste qui aurait été établi par le procédé des cardinaux. Qu'Urbain VI l'ait vu ou non, il a providentiellement contribué à maintenir le principe hiérarchique, lorsqu'il disait au B. Alphonse d'Aragon : « En vérité, devant Dieu, « je tiens peu au pontificat; toutefois je ne le quitte-« rai point, pour ne pas céder au démon et augmenter « la force des pécheurs (1). »

LES DEUX OBÉDIENCES PENDANT LE SCHISME
D'OCCIDENT (p. 42, col. 1).

Il est certain que la plus grande partie de la chrétienté fut toujours avec le pape de Rome. Toutefois il serait très difficile de faire la démarcation des deux obédiences, en raison des divisions et des

---

(1) Mansi l'a publiée pour la première fois d'après un ms. du Vatican dans son édition annotée de Noël Alexandre. (*Hist. eccl.* sæc. XVI, t. XIII, p. 131.)
(2) On trouve leur traité dans la nouvelle édition des *Annales ecclesiasticm* (Bar-le-Duc, 1872, à la fin du tome XXVI.)
(3) Voir Benoît XIV, *De servorum Dei beat. et canon.*, lib. I, sqq. n° 10.

(1) On peut consulter aussi sur le grand schisme, l'*Histoire des Conciles* de Mgr Héfélé, t. IX (édit. fr.) Le savant auteur arrive également à cette double conclusion : 1° Urbain a été légitimement élu par les cardinaux; 2° Ce sont moins les scrupules sur la validité de l'élection que la conduite du pape après l'élection et le conflit d'influences étrangères qui ont amené la rupture entre le pape et le collège des cardinaux.

fluctuations d'opinions dans le même pays. Ainsi la France ne fut ni si promptement ni si universellement acquise à l'antipape qu'on l'a dit (1). Quant à la Flandre, que Rohrbacher compte parmi les pays rangés à l'obédience d'Urbain VI, elle fut loin d'être constante avec elle-même pendant toute la durée du schisme ; elle subit notamment l'influence du duc de Bourgogne, soutien de l'antipape (2).

MOUVEMENT LITTÉRAIRE ECCLÉSIASTIQUE SOUS CHARLES V (p. 45, col. 1).

Le juste éloge que fait Rohrbacher de Charles le Sage a besoin d'un complément. Ce prince éminent en piété se distingua aussi par son goût des lettres.

Il se produisit sous Jean II (3), et surtout sous Charles V, un mouvement littéraire assez considérable, provoqué du reste par ces souverains. On le voit notamment par les nombreuses traductions que Charles fit faire et au sujet desquelles Christine de Pisan s'exprime comme il suit. « Non obstant, que bien entendist le latin, et que ja ne feust besoing que on lui exposast, de si grant providence fu, pour le grand amour qu'il avoit à ses successeurs, que au temps à venir les voult pourveoir d'enseignements et sciences introduisables à toutes vertus, dont pour celle cause fist par Solempnelz maistres souffisans en toutes les sciences et arts, translater de latin en françois tous les plus notables livres, si comme la Bible en III manières, c'est assavoir le teste, et puis le teste et les gloses ensemble, et puis d'une autre manière allégorisée. Item le grant livre de saint Augustin de la Cité de Dieu. Item le livre du Ciel et du Monde. Item le livre de saint Augustin de Soliloquio. Item des livres d'Aristote Ethiques et Politique, et mettre nouveaux exemples. Item Vigèce, de chevalerie. Item les XIX livres des propriétés des choses. Item Valerius Maximus. Item Policratique. Item Titulivius, et très grant foison d'aultres, comme sans cesser y eust maistres qui grant gages en recevoient de ce embesoignés (4). »

M. Léopold Delisle a recherché quels étaient ces maistres ou traducteurs et sur sept on en trouve cinq qui appartiennent au clergé ; ce sont :

Denis Foulechat. Le manuscrit 326 A de la Sorbonne est un bel exemplaire du Policratique de Jean de Salisbury, « lequel fist translater de latin en françois très-excellent et puissant, très-crestien et misericort prince, le très-noble roy de France Charles Quint de ce nom, l'an de grâce MCCCLXXII et de son règne le IX°. » Le traducteur, suivant l'article 500 du catalogue des livres de Charles V, était frère Denis Foulechat.

Jean Corbichon. En 1372, Jean Corbichon, Augustin, reçut une gratification du roi pour avoir translaté de latin en français le livre des Propriétés des choses.

Jean Doudin ou *Daudin*, chanoine de la Sainte Chapelle et bachelier en théologie, traduisit pour Charles V les dialogues de Pétrarque, sur les remèdes de l'une et de l'autre fortune. On doit au même écrivain la version française du livre de Vincent de Beauvais sur l'instruction des enfants nobles.

Jean Goulain ou *Golein*, provincial des Carmes de France, traduisit, en 1370, plusieurs opuscules historiques de Bernard Gui, puis les collections de Cassien, les Chroniques de Guillaume, évêque de Burgos, les leçons sur les nouvelles fêtes ; le Rational des divins offices et le livre de l'Information des Princes.

Nicolas Oresme, doyen du chapitre de Rouen, consacra plusieurs années de sa vie à traduire les ouvrages d'Aristote.

SAINT JEAN NÉPOMUCÈNE (p. 58)

Saint Jean Népomucène fut précipité dans la Moldau, le 20 mars 1393, comme on l'a établi par plusieurs documents, quoique la bulle de canonisation donnée le 19 mars 1729, par Benoît XIII, assigne le 16 mai 1383 pour le jour de la mort du saint. De ce fait, joint à d'autres circonstances, on a voulu conclure qu'il y avait eu à Prague deux chanoines, Pomucken et Népomucken, lesquels, dans un intervalle de dix ans, auraient subi, pour des causes diverses, le même genre de supplice (1).

Jean fonctionnait déjà en 1374, sous les notaires de la Chancellerie archiépiscopale. A partir de là, les témoignages certains vont jusqu'au 14 mars 1393, six jours avant son martyre. Selon Ant. Tingel

---

(1) Voir Delalonde, o. c., p. 71, sqq.
(2) Voir Neeffs dans *Revue catholique de Louvain*, livr. des 15 sept. et 15 octobre 1876. Vers la fin du XV° siècle, l'auteur du *Magnum chronicon Belgicum* écrit : *Adeo perplexum erat* (schisma) *ut etiam doctissimi et conscientes viri non scirent, cui esset magis adherendum. Et ideo ab isto Urbano VI usque ad Martinum V, nescio qui fuerit papa.*
(3) Le règne du roi Jean fut marqué par plusieurs entreprises littéraires auxquelles ce roi accorda de généreux encouragements : telle est la Bible française avec commentaires, dont il confia l'exécution à maistre Jean de S. et dont les frais furent mis à charge des juifs. Cette bible ne fut jamais achevée, mais nous en avons, selon toute apparence un fragment considérable, dans le no 15397 du fonds français de la bibliothèque nationale, qui comprend la majeure partie d'une traduction et d'une exposition du Pentateuque, avec un petit traité de l'année 1356, sur les âges du monde. Ce manuscrit, copié avec le plus grand soin, devait recevoir des enluminures dont quelques-unes sont seulement esquissées ou ébauchées.
Lorsqu'en 1356, le roi Jean fut fait prisonnier à la journée de Poitiers, il avait dans ses bagages une bible historiale, que l'Angleterre a gardée comme un trophée de ses victoires, et sur laquelle on lit cette inscription : « Ce livre fust pris ove le roi de France à la bataille de Peyters ; et le boun counte de Saresbirs, William Montague, la acheta pour cent marsz, et la donna a sa compaigne, la bonne countesse, qe Dieux assoile... laquele lyvre la dite countesse assigna à ses executours de le vendre pour XL livres. »
(4) *Faits de Charles V*, t. III, XII.

(1) Potthast cité déjà cinquante-six ouvrages sur Jean Népomucène. Cfr. Steinsberg, *Abhandlung, ob der heil. Johannes v. N. jemals existirt habe?*. Prag, 1784, contre : M. J. Brada, *Gibt es einen heil. Johann v. N.? An den irrenden Ritter von Steinsberg*, Prag., 1784. — Gel. Dobner, *Vindiciæ sigillo confessionis div. Joann. Nepomuceni asservatæ*. Prag., 1784. — Fr. Pubitschka, *Ehrenrettung des heil. Johann von Pomuck oder Nepomuck*. Prag., 1791. — J.-N. Zimmermann, *Verbote einer Lebensgeschichte des heil. Johann v. N. Bichtvaters der Koenigin Johanna*. Prag., 1829. — W. Neumann, *Hundertjaehrige Jubelfeier des Heiligsprechung Johannes v. N.* Prag. 1829. — Fr.-J. Effenberger, *Legende des heil. Johann. v. N.* Prag., 1829. — O. Abel, *Die Legende von heil. Johann. v. N.* Berlin, 1855. — Des preuves décisives sont fournies par Ant. Frind, *Der geschichtliche heil. Johannes v. N.* Eger, 1861. — Du même, *die Kirchengeschichte Boehmens*, t. II, Prag., 1864-1866. — J.-A. Tingl., *Acta judiciaria archiepiscopatus Pragensis sub Joanne Pomuk conscripta et nunc edita*, Prague, 1865.

Népomucène approuva trois documents comme vicaire général (1).

Wenzel, qui dissimulait la vraie cause des tortures infligées au martyr, assista, participa même en partie à ses supplices; n'ayant pu lui arracher son secret, il le fit conduire à la mort avec un coin dans la bouche. Ce fut seulement après la mort de Wenzel (16 août 1419), que la reine Sophie se serait ouverte à quelques familiers sur la vraie cause du martyre de Jean, dont le tombeau était déjà glorifié par des miracles.

Doit-on vénérer dans saint Jean Népomucène un martyr du secret de la confession, ou ne voir en lui qu'une victime de la cruauté de Wenceslas? Rohrbacher a suivi la première opinion, qui est de beaucoup la plus répandue; la seconde a été soutenue à Prague même en 1783. Dans un livre dédié au chapitre de la cathédrale de cette ville, le chevalier de Steinberg examine ces deux questions : 1° A-t-il jamais existé un saint Jean Népomucène? Peut-on accepter à sa place comme un saint martyr Johanko de Pomuk? Il est certain qu'en 1393, Wenceslas fit noyer dans la Moldau le vicaire général de l'archevêque, nommé Jean de Pomuck. D'après plusieurs biographes, le même supplice aurait été infligé, dix ans auparavant, à un autre personnage presque du même nom, confesseur de la reine, pour avoir refusé de révéler à Wenceslas la confession de la reine. Steinberg conclut ainsi : « L'histoire ne peut reconnaître qu'un seul Jean de Népomuk, lequel ne fut jamais confesseur de la reine, mais simplement vicaire général de l'archevêque. Il fut jeté dans la Moldau, non pour le motif allégué communément, mais pour s'être opposé aux volontés tyranniques du roi, particulièrement pour avoir confirmé l'élection d'un nouvel abbé à Kladrau, où Wenceslas voulait ériger un évêché pour un de ses favoris. Il fut donc plutôt le martyr de la liberté ecclésiastique. »

La même thèse a été reprise récemment par M. Ed. Reinman. Selon lui, le mécontentement soulevé par les cruautés et la conduite insensée de Wenceslas aura porté les catholiques à donner au supplice de Jean Népomuk, dont ils ignoraient peut-être la vraie raison, une cause qui le grandissait à leurs yeux. Puis, quand il fut constaté que le saint, déjà vénéré comme le patron de la Bohême, n'était pas un confesseur de la reine, mais un vicaire général de l'archevêque, on imagina un autre Jean Népomuk, mis à mort dix ans avant l'autre. Les documents relatifs à la querelle de Wenceslas avec l'archevêque de Prague, Jean de Jenzenstein, établissent que plusieurs favoris du roi avaient été excommuniés par l'archevêque et que le vicaire général avait fulminé cette excommunication, ce qui lui attira le courroux du prince. Wenceslas le fit emprisonner, puis conduire publiquement à travers la ville, la corde au cou, les mains liées derrière le dos, un bâillon dans la bouche, jusque sur le pont de la Moldau, d'où on le précipita le 20 mars 1393, vers neuf heures du soir (1).

Quoi qu'il en soit, Jean Népomucène mourut victime du devoir et ce devoir il l'eût aussi bien rempli à l'égard du secret de la confession (si l'autre opinion sur sa mort est adoptée), qu'en défendant les droits et les immunités ecclésiastiques contre Wenceslas. L'Église en effet a toujours environné la confession des plus grandes garanties et imposé à ses ministres l'obligation de garder un secret rigoureux sur les aveux qu'ils reçoivent. Dès les premiers siècles de l'Église, c'était une doctrine incontestée : le prêtre, selon la parole de saint Augustin « doit savoir moins ce qu'on lui a avoué que ce qu'il ignore (2). »

A diverses reprises, les conciles s'occupèrent de cette question. Les canons qu'ils promulguèrent ne laissent planer aucun doute, aucune incertitude sur ce point. Le quatrième concile de Latran, tenu sous le pontificat d'Innocent, s'exprime en termes formels (3), et cette prescription du droit ecclésiastique a été depuis rappelée en toutes occasions; elle figure dans les recueils des lois canoniques (4). Partout comme en France, elle fut reçue sans aucune contestation, et toujours les théologiens y ont vu un motif de plus pour engager les hommes à se confesser avec la plus entière sincérité (5).

A côté du concile œcuménique qui vient d'être rapporté, et qui prononçait des peines sévères contre les prêtres prévaricateurs, se placent naturellement les conciles particuliers et les synodes provinciaux. Les uns insistent sur la règle, pour que jamais, en aucun lieu, elle ne soit mise en doute; les autres appuient sur la peine à infliger aux coupables. Ainsi le quatrième canon du concile de Dalmatie prive de leurs bénéfices les prêtres qui révèlent quoi que ce soit de la confession (6); celui de Pennafiel les condamne à la prison perpétuelle ainsi qu'au pain et à l'eau (7). En Angleterre, le prêtre devait être dégradé sans rémission (8), et à Mayence, la prison était édictée de nouveau (9). Pour parler plus spécialement de la France, le concile de Reims, en 1338, prescrivait également la prison perpétuelle (10). Le synode de Langres, en 1404, reproduisait presque intégralement le canon du concile de Latran (11) et également celui de Troyes (12). En 1524, le synode de Sens croit utile de rappeler de nouveau le principe en des termes

---

(1) Libri quinti confirmationum ob beneficia ecclesiastica per archidiœces. Pragenam nunc prima vice in vulgus prolati, 1390, 1391 et 1392, Prague, 1865 (Vicarius reverendissimi archiep. Pragensis in spiritualibus generalis; Ginzel, art. Jean de Népomucène, dans l'Encycl. théol.; Palacky, Geschichte von Bœhmem, t. III, chap. 1, p. 62.)

(1) Ed. Reimann, Johann von Nepomuk nach der Sage und nach der Geschichte (Le ton de l'auteur est en général peu révérencieux, ce qui met en garde contre son opinion.)
(2) S. Aug., Sup. Psalm.
(3) A. 1215, Cap. IV, Can. XXI, Labbe, t. XI, col. 172
(4) Corpus Jur. Can. de Pœn. Distinct VI, Can. II et I. Ce dernier canon est attribué au pape Grégoire, vers l'an 600.
(5) Odo Parisiensis, Constit., (XIIIe siècle in fine, cité par les Conférences d'Angers, t. XIII, p. 435.)—S. Thom. Summ. add. queq. XI, art. I et s. — Sentent. IV, etc.
(6) A. 1199, sous Innocent III. Concil. Dalmat., IVe, can. Labbe, t. XI, col. 9.
(7) A. 1302 Concil. Pennaf., can. V. Raynaldi, t. IV, A. 1302 t. XXXI.
(8) A. 1330. Can. III, Concil. Lambeth. Labbe, t. XI, col. 1786.
(9) A. 1549. Can. XXIX, Mogunt., Labbe, t. XIV, col. 678.
(10) Concil. Remense. Bouchel, Decret. eccl. Gallic., l. II, c. 153, Paris, 1621. — Confér. de Luçon. Paris, 1699, t. VI, p. 337.
(11) V. Bouchel, c. 165. — Conf. de Luçon, p. 337.
(12) Le même, l. II, c. 174.

LE ROYAUME D'ADRIE (p. 79, col. 1).

Dans le court résumé que Rohrbacher donne des actes du faux pape Clément VII (Robert de Genève), il omet de signaler le fait suivant. L'antipape étant dans la ville de Spolongue, le 17 avril 1379, de l'avis et du consentement de ses cardinaux, érigea en royaume la marche d'Ancône, la Romagne, le duché de Spolète, la Masse Trébaire ou duché d'Urbin, les villes de Bologne, de Ferrare, de Ravenne, de Pérouse et de Todi; tous les comtés, territoires et districts dépendant de ces cinq villes, et généralement toutes les terres qui étaient possédées alors par le Saint-Siège en Italie; desquelles il exemptait la ville de Rome et son territoire, les provinces du patrimoine de Saint-Pierre, en Toscane, la campagne de Rome, la Sabine et autres pays de commission particulière.

La bulle porte la date citée; elle érige ces provinces et ces villes en royaume, les honore du titre royal et règle toutes les conditions de constitution.

Le royaume d'Adrie ayant été ainsi érigé, Clément VII le donne en fief à Louis de France, duc d'Anjou et de Touraine, frère du roi Charles VI, et à ses héritiers descendant de lui légitimement.

Louis, roi de Sicile et de Naples, en vertu de cette investiture, a pris aussi le titre de roi d'Adrie; ses successeurs en ont usé de même, comme il paraît par plusieurs actes.

Louis II, son fils, et René, son petit-fils, qui ont été rois de Sicile et de Naples, ont été appelés à la succession du royaume d'Adrie par les lettres de l'érection. La clause porte expressément que le duc Louis Ier reçut en fief le royaume d'Adrie pour lui et ses hoirs descendant de lui légitimement.

Après la mort de René d'Anjou, Charles d'Anjou, comte du Maine, son neveu, fut appelé à la succession de ses Etats par la disposition qu'il fit en sa faveur. Le royaume d'Adrie fut compris dans cette succession.

La disposition de René d'Anjou avait lieu à l'égard du royaume d'Adrie par la permission que Clément VII avait donnée aux rois d'Adrie, de se nommer, s'ils voulaient, des successeurs princes du sang royal de France.

Charles d'Anjou, comte du Maine, héritier du royaume d'Adrie comme de ceux de Sicile et de Naples, n'ayant pas d'enfants, fit un testament le 9 décembre 1481, par lequel il institua héritiers dans tous ses royaumes, le roi Louis XI, le Dauphin Charles, son fils aîné et tous ses successeurs descendants de la couronne de France. Il confirma ce testament par deux codicilles du 11 décembre 1481. Ce testament et ces deux codicilles ont appelé Louis XI et les rois ses successeurs aux royaumes qui appartenaient à Charles d'Anjou, de fait ou de droit. La chose fut jugée de cette manière, comme le rapporte Philippe de Commines. Le royaume d'Adrie était compris dans cette disposition comme appartenant à Charles d'Anjou, comte du Maine, qui avait succédé à Louis Ier, son bisaïeul. Charles en pouvait disposer en faveur de la maison de France, suivant les termes de l'érection du royaume d'Adrie, qui permettait aux rois d'Adrie de se nommer, faute d'héritiers, des princes descendants en ligne masculine du sang royal de France.

« Si vero (c'est Clément VII qui parle) te, quod absit, sine liberis ex te legitime descendentibus mori contigerit, possit tibi in regno prædicto succedere unus de descendentibus ex regia stirpe regum Franciæ, masculus dumtaxat, quem tu quandocumque ad successionem hujusmodi, qualitercumque duxeris nominandum (1). »

BONIFACE IX ET ROBERT DE GENÈVE, DIT CLÉMENT VII (p. 79, col. 1).

En parlant des démarches faites à l'avènement de Boniface, par ce pape et par son concurrent Clément VII, pour le rétablissement de la paix, Rohrbacher dit avec Sponde : « Mais on reconnut bientôt que l'un et l'autre voulaient la paix, de telle sorte que chacun d'eux, en particulier, prétendait son droit indubitable, et qu'il devait l'emporter sur son compétiteur. » Ici, Rohrbacher n'est pas conséquent avec lui-même, ni juste envers Boniface. Celui-ci fit les premières avances. Dans une lettre remarquable au duc Henri de Bavière, il offrit de donner à son compétiteur Clément VII la légation à vie dans les parties de son obédience actuelle. Ses tentatives furent renouvelées, comme le signale Rohrbacher, auprès de la cour de France directement; et il faut remarquer que ce ne fut pas sans entraves de la part de Clément que les lettres du pape de Rome purent arriver au roi. Il est vrai que Boniface, en voulant la fin du schisme et en proposant même un concile général, entendait bien qu'il était le seul vrai pape, et que la conséquence devait être l'élimination de son rival; mais lorsque les historiens, dont Rohrbacher a suivi inconsidérément l'opinion, le trouvent aussi peu désintéressé que Robert de Genève, qui faisait prier pour la fin du schisme au lieu de la procurer lui-même, ils se placent trop au point de vue de l'égalité absolue de droits qu'ils établissent entre les deux obédiences. Or, en fait, Boniface représentait celui qui avait la priorité de possession, et il avait une obédience beaucoup plus étendue que celle de son rival. A ce point de vue seulement, qui formait déjà une présomption favorable, Boniface faisait des avances plus considérables et pouvait émettre des préten-

---

(1) A. 1524. Synod. Senon. Bouchel, *Decret. eccl. Gallic.*, l. II, ch. CLXXI. — *Confer. eccl. de Luçon*, t. VI, p. 324. — *Confer. d'Angers*, Paris, 1830, t. XII, p. 435.
(2) A. 1528. Can. XII, Conc. prov. de Bourges. Labbe, t. XIII, col. 427.
(3) Bouchel, l. II, c. 172.

(1) *Analecta Juris Pontificii*, 112e liv., mars-avril 1874, col. 147 et suiv.

tions plus hautes que Robert de Genève. Cette observation vaut également pour le successeur de ce pape.

L'ANTIPAPE BENOIT XIII EN ROUSSILLON (p. 83, col. 2).

En mettant à profit la publication de dom Prosper de Boffanull : *Colleccion de documentos ineditos del Archivo general de la corona de Aragon*, l'abbé Tolra de Bordas a précisé les rapports de l'antipape avec ses partisans, notamment avec le roi d'Aragon, et éclairci, à l'honneur de saint Vincent Ferrier, les relations de ce grand missionnaire avec le pontife obstiné que le Concile de Constance dut enfin déposer (1).

LE CONCILE DE PISE (p. 84, col. 2).

Rohrbacher se borne à relater les principaux faits relatifs au concile de Pise. Il n'a pas assez insisté sur cet événement inouï dans les fastes de l'Eglise et qui a soulevé de si longues et si ardentes discussions.

Que penser de l'œcuménicité du concile de Pise, de la légitimité d'Alexandre V et de son successeur Jean XXIII? Qu'y a-t-il à blâmer, à excuser dans cette affaire? Quels inconvénients, quels bons effets en résultèrent? Tout cela a été apprécié très diversement.

Entre l'opinion des partisans et celle des adversaires de l'œcuménicité du concile de Pise, on trouve dans les auteurs un sentiment qui tient le milieu entre la réprobation de saint Antonin, qui l'a traité de conciliabule, et les éloges de Bossuet et de Noël Alexandre, qui l'ont salué comme représentant l'Eglise universelle. Ce sentiment a été formulé par Bellarmin, lorsqu'il a dit de ce concile qu'il n'est ni *approuvé*, ni *réprouvé*, « nec approbatum, nec reprobatum. » M. l'abbé Blanc dit que c'est le sentiment commun et il observe avec raison que cela équivaut à dire que cette œcuménicité est nulle au point de vue de l'autorité du concile (2). Nous nous servirons encore de l'abbé Delalonde pour établir et expliquer ce dernier sentiment dans les propositions suivantes (3) :

I. Le concile de Pise ne peut être réputé œcuménique.

Deux conditions sont requises pour l'œcuménicité. Il faut : 1° que le concile représente l'Eglise universelle ; 2° qu'il soit convoqué et présidé par l'autorité légitime. Or, ces deux conditions font défaut au concile de Pise :

1° Il ne représentait pas réellement l'Eglise universelle ; tout l'épiscopat n'ayant pas, comme il le faut pour donner l'œcuménicité, répondu à la convocation, soit explicitement, par sa présence ou sa procuration, soit tacitement, en adhérant à l'assemblée et à ses actes. Le concile de Pise s'est

---
(1) *L'Antipape Benoît XIII en Roussillon, Episode de l'histoire du schisme d'Occident* dans *Revue du Monde catholique*, 20 avril 1866.
(2) *Histoire de l'Eglise*, t. II, p. 217.
(3) *Etude sur le grand schisme d'Occident*, p. 125 sqq.

bien proclamé œcuménique, mais il n'a pas été reconnu comme tel par tout l'épiscopat. En effet, l'obédience de Pierre de Luna comprenait encore l'Espagne et l'Ecosse ; celle Grégoire XII le royaume de Naples, de Hongrie et plusieurs provinces d'Allemagne. Bossuet a fait trop bon marché de cette portion géographiquement considérable de la chrétienté lorsqu'il a traité ces deux obédiences de *frustula*. On ne peut dire non plus avec l'évêque de Meaux que l'obédience de Benoît (XIII) avait adhéré au concile de Pise par l'envoi d'une députation ; cette députation chargée de porter la renonciation de Benoît, si Grégoire XII en faisait autant, prouve bien, par le caractère conditionnel de ses propositions, que ceux qu'elle représentait restaient provisoirement dans la neutralité. Enfin, on ne saurait objecter que les parties dissidentes de la chrétienté fussent en état de schisme à l'égard de l'Eglise, puisque la question était précisément de savoir où était le chef qui donne à l'Eglise son unité et que le concile n'était en union avec ni l'un ni l'autre de ceux qui étaient considérés dans les différentes obédiences comme papes légitimes.

2° Il a manqué au concile de Pise la convocation et la présidence d'une autorité légitime.

En parlant de la légitimité moralement certaine, d'Urbain VI, et de Grégoire XII, son successeur, vrai pape ayant protesté contre le concile de Pise, il en résulte que ce concile est *acéphale*. Mais, même au point de vue des diverses obédiences de l'époque, on ne saurait établir ni une convocation, ni une présidence régulière de ce concile. Benoît (XIII) et Grégoire XII ont protesté avec leurs obédiences respectives ; pour eux, évidemment, la condition n'existe pas. Les Pères de Pise l'ont-ils réalisée ? Non, ils ne l'ont pu, ni en droit ni en fait.

Quand le concile de Pise fut convoqué par le sacré collège, on souleva aussitôt cette question : Peut-on tenir un concile général sans l'autorité du Pontife romain ? Les cardinaux prétendirent qu'on le pouvait par exception, en l'absence d'un pape certain. Mais, au milieu du doute, il n'y en avait pas moins un seul vrai et légitime pape, et les cardinaux, en se séparant des deux à la fois, comme étant l'un et l'autre douteux, n'avaient plus eux-mêmes, puisqu'ils ne tenaient leurs droits et prérogatives que de cette double source déclarée douteuse, qu'une compétence également douteuse et par conséquent nulle, vu l'état de schisme, soit pour convoquer le concile, soit pour élire un nouveau pape. Certains partisans du concile firent appel à un autre ordre d'idées. Le principe de la supériorité du concile général sur le pape, même certain et indubitable, commençait à se faire jour. Gerson, dans son livre *De auferibilitate papæ*, et dans les discours qu'il prononça au concile, produisit une grande sensation ; mais il fut loin de porter la conviction dans tous les esprits. L'argument du concile sans le pape ne put même prévaloir alors.

Ainsi on ne saurait établir en droit la légitimité de la convocation du concile de Pise. En fait, le concile ne fut pas accepté par les dissidents ; les deux obédiences se maintinrent et l'on n'arriva qu'à en créer une nouvelle. Mais il y a plus, les cardinaux ont désavoué, en fait, le concile, et par leurs actes, et par leurs paroles. Au concile suivant de Constance, le pape, issu par son prédécesseur du concile de Pise, fut déposé par ceux-là mêmes qui avaient acclamé une troisième élection, et le pape déposé à Pise fut admis, par une fiction officielle, à convoquer le concile déjà réuni, avant d'abdiquer en forme. On a dit pour expliquer cela que le concile avait agi *économiquement* et qu'on avait voulu *enterrer avec honneur la synagogue* de Grégoire XII. Sans doute, on peut atténuer dans l'application la rigueur des principes; mais, pourtant, si le concile de Pise eût été tenu pour vraiment œcuménique par ses défenseurs, comment expliquer les paroles des deux plus illustres d'entre eux, Pierre d'Ailly et Gerson, disant à Constance, le premier : qu'on peut soutenir avec probabilité la non-canonicité des actes de Pise; le second : qu'il serait téméraire et scandaleux d'en regarder les sentences comme certainement valides? Il est évident que, même pour les défenseurs du concile de Pise, son œcuménicité restait douteuse et qu'ils ont été fort aises de se servir de cette opinion pour hâter la fin du schisme.

II. Quoique n'étant pas œcuménique, le concile de Pise ne mérite pas d'être flétri comme un conciliabule; il a eu son utilité pour la cessation du schisme. Le nombre de ses adhérents et leur provenance diverse, qui lui ôtait le caractère de cabale et de coterie qu'ont toujours les conciliabules; la qualité des Pères qui, par leur dignité, leur autorité, leurs lumières, se distinguaient complètement de ceux que l'on voit siéger dans les faux conciles; l'appui que ce concile trouvait dans la plus grande partie des gouvernements et des peuples chrétiens; les intentions généreuses qui l'animaient : ce sont là des éléments qui ne permettent pas d'infliger au concile de Pise la note infamante de conciliabule.

Quant au résultat, le concile de Pise eut sans doute un inconvénient immédiat, celui d'amener un troisième pape et, par conséquent, « d'augmenter le schisme, » selon le mot de saint Antonin; mais on peut ajouter avec Sponde, qu'il contribua à « le détruire dans sa racine, » en convainquant Grégoire XII de la nécessité d'abdiquer pour procurer l'union (1).

Comme conséquence de ces deux propositions, on doit en tirer une troisième touchant la légitimité d'Alexandre V et de Jean XXIII, issus du concile de Pise.

Ni l'un ni l'autre ne sont papes vrais et légitimes; ils ne sont pas non plus intrus ni antipapes, au sens ordinaire du mot; mais ils sont papes devant l'histoire et l'Eglise, en raison de leur titre coloré et, à ce titre, ils figurent tous deux dans la série des Pontifes romains.

Ils ne furent pas élus comme Robert de Genève, en opposition avec un pape universellement reconnu comme était Urbain VI; mais ils le furent pour remplacer deux papes en lutte et respectivement douteux à l'égard de l'obédience opposée; ils ne créèrent pas le schisme par leur élection, laquelle avait au contraire pour but de mettre fin au schisme, bien que l'événement ait trompé les espérances; leurs électeurs n'avaient pas agi sous l'empire de leurs idées personnelles, mais par l'autorité formelle d'une assemblée de l'Eglise; élus, ils furent reconnus par la majorité du peuple chrétien, de telle sorte que leur seule obédience surpassa les deux autres réunies; ils furent reconnus et siégèrent à Rome; Alexandre V en droit, Jean XXIII en fait (1).

LUTTE ENTRE LADISLAS ET JEAN XXIII (p. 86, col. 1).

Il y a une lacune dans le récit de Rohrbacher sur les entreprises de Ladislas contre les Etats de l'Eglise. Après sa fuite de Rome, Jean XXIII nomma le cardinal Isolanus légat à Rome et dans l'Etat pontifical. Celui-ci réussit à faire rentrer plusieurs villes dans l'obédience du Saint-Siège : ainsi Corneto, Viterbe, Orte et autres firent leur soumission.

L'*Archivio della societa romana di storia patria* a publié dernièrement quatre pièces se rapportant à la légation du cardinal Isolanus, dont Rohrbacher a omis de faire mention (2).

Voici l'énoncé des quatre documents : 1° Lettre de Jean XXIII au cardinal Isolanus, datée de Constance, le 24 janvier 1414, recommandation d'évoquer le jugement des querelles entre les barons romains; — 2° Lettre de la reine Jeanne de Naples, du 21 novembre 1414, confirmant la trêve qui avait été conclue avec le cardinal Isolanus; — 3° Conditions de l'amnistie accordée aux habitants de Corneto par le légat; — 4° Convention du cardinal Isolanus et du peuple romain avec le condottiere Tartaglia.

LETTRES DE JEAN XXIII (p. 86, col. 1).

Plusieurs lettres inédites de Jean XXIII, qu'il sera intéressant pour les historiens de consulter, ont été publiées dans l'*Archivio storico italiano* en 1879, sous le titre : *Giovanni XXIII ed il commune di Todi*. Un manuscrit de la bibliothèque Angelica, de Rome, contient la copie de lettres apostoliques de ce pape, du Concile de Constance et de Martin V. Elles sont cotées : T. 3, 17. — Plusieurs autres pièces sont conservées dans le manuscrit du Vatican numéroté 7931. D'autres se trouvent dans la bibliothèque Barberini (XL, 14).

---

(1) Ap. Palma, *Sæc. XV*, c. 11.

(1) Pour les documents relatifs au concile de Pise, voir Mansi, t. XXVI-XXVII; Hard., t. VIII; Leufant, *Histoire du concile de Pise*. Amsterdam, 1724-27, 2 vol. Cf. Héfélé, *Hist. des Conciles*, t. X, p. 1-303 et Christophe, *o. c.* (le *Grand Schisme*), t. III, p. 50-279, tant pour le récit des tentatives d'union faites jusqu'au Concile que pour l'histoire du Concile lui-même. Pour la question du schisma, voir Théodoric de Niem, *De schismate*, lib. IV, Théod. de Niem, secrétaire de Grégoire XI, et fidèle à Urbain VI, vécut jusqu'à sa mort, (1419) à la *cour pontificale*. Voir aussi Conrad de Geinhausen, *Tractatus de Congreg. concilio tempore schismatis*.

(2) Elles ont été publiées sous ce titre : *Nuovi Documenti sulla legazione del Card. Isolano, a Roma*, t. III, fasc. 2 (1880).

LE CARDINAL DE RAGUSE (p. 88).

Jean Dominique ou Dominici, dominicain et réformateur de son ordre, fut nommé par Grégoire XII, archevêque de Raguse et cardinal à la première promotion qu'il fit, avec ou avant les deux neveux du pape, Antoine Corario, qui devint évêque de Porto et d'Ostie (mort en 1445) et l'évêque de Sienne, Gabriel Candelmurio, qui devint pape sous le nom d'Eugène IV. En 1413, Grégoire XII le chargea d'aller annoncer son abdication au concile de Constance, et en 1417, Martin V l'envoya en Pologne, en Hongrie et en Bohême pour y combattre l'hérésie des Hussites. Tombé malade en Hongrie, il mourut à Pesth le 10 juin 1419 (1), et eut pour successeur dans les régions de l'est le célèbre cardinal Julien Césarini (2) et saint Jean Capistran. Il a été déclaré bienheureux par l'Eglise.

LE CONCILE DE CONSTANCE (p. 96, col. 1).

Bien que la controverse provoquée par le célèbre décret de la 4ᵉ session n'ait plus de raison d'être aujourd'hui, au point de vue dogmatique, elle conserve encore un intérêt historique (3). Rohrbacher a suivi dans cette question le sentiment le plus autorisé, mais sans donner toutes les raisons à l'appui.

En disant comme lui, que d'après les circonstances du décret, on ne doit appliquer ce décret qu'à un pape douteux, M. l'abbé Delalonde s'appuie sur les arguments suivants :

1° Cette interprétation est ancienne et autorisée. Au concile de Florence, le savant cardinal Jean de Turre-Cremata, qui avait lui-même assisté au concile de Constance, l'émit formellement. Le concile de Bâle s'étant fondé sur le décret de Constance comme sur une règle absolue, qu'il prétendait appliquer en déposant Eugène IV, pape unique et indubitable, le pontife répondit dans sa constitution *Moyses*, portée avec l'approbation du concile œcuménique de Florence (4 sept. 1439) : « que les propositions susdites entendues dans le sens mauvais » des prélats de Bâle, « sens contraire à l'Ecriture, aux Pères, au concile de Constance lui-même, étaient impies, scandaleuses et condamnées comme telles. » Le sens véritable du décret de Constance s'appliquait donc uniquement à un pape douteux.

2° Le texte même du concile indique : 1° que le concile de Constance ne s'occupe que de lui seul et du but pour lequel il est réuni : « Ce saint synode de Constance *agissant pour l'extirpation du présent schisme* (1), etc. Ce saint synode de Constance *formant un concile général pour l'extirpation du présent schisme* (2) » ; 2° que ses paroles s'appliquent exclusivement au temps et aux circonstances dans lesquelles on se trouvait : « Afin d'atteindre plus facilement, sûrement et pleinement l'union et la réforme de l'Eglise, règle, définit, décrète et déclare (3). » — Le but qu'on se proposait était donc spécial et de circonstance ; et pour mieux marquer sa pensée, le concile formulant une règle qui pût servir dans un cas où un autre concile serait nécessaire pour le même objet, a soin, en parlant de *tout autre concile général*, d'ajouter ces mots déterminatifs : *convoqué pour les choses ci-dessus énoncées ou s'y rapportant* (4).

---

(1) Aubery, *Hist. des cardinaux*; *Vita B. Joannis Dominici*, auct. Fr. Joanne Caroli Florentino, ap. Bolland., 10 juin, t. II, pp. 396-418.

(2) *Vita card. Jul. Cæsar.*, ap. Mai, *Spicileg. roman.*, t. I; Vespasiani Florent., mort en 1493, *Vite di homini illustri del secolo XV*, dans *Spicil. rom.*, t. I, p. I-682. Cet écrit contient les vies des papes Eugène IV, et Nicolas V, d'Alphonse, roi de Naples, des ducs Frédéric Urbino, Alexandre et Constantin Sforza, de 16 cardinaux 49 archevêques, évêques, prélats et religieux et de 29 auteurs, Voir encore le Pogge, *Oratio in funere cardinalis Juliani de Cæsarinis*, dans le *Spicileg roman.*, t. X, p. 373-364.

(3) Il faut noter d'abord que l'authenticité du texte, dans la rédaction habituellement reçue, est loin de présenter des garanties complètes et absolues. Scheistrate, dont l'autorité est grande en matière de critique, observe que les mots *ad fidem* (ce qui appartient à la foi), ne sont pas dans les premières éditions du concile et ne se lisent que dans l'édition de Cologne, publiée en 1538 par Pierre Crabbe (dans ses *Concilia omnia tam generalia quam particularia*), laquelle est la quatrième ou la cinquième. En outre, il soutient que les mots : *la réformation générale de l'Eglise, de Dieu dans son chef et dans ses membres*, ont été ajoutés dans la copie authentique qui fut tirée du concile de Bâle, et d'après laquelle fut faite la première édition du concile de Constance, celle de Haguenau en 1500. Schelstrate se fonde sur ce que sept manuscrits, consultés par lui et dont plusieurs remontent au concile lui-même, ne contiennent pas ces mots. (*De vero sensu, session. IV et V, conc. Const.* Cf. Palma, *XV Sæcul.*, t. III, c. IV) Le protestant von der Hardt a constaté la même lacune dans cinq manuscrits des bibliothèques d'Allemagne. Si l'interpolation pouvait être démontrée manifeste, toute discussion tomberait, puisque le texte serait réduit à un cas accepté de tout le monde. Par contre, Schlestrate accuse mal à propos les Pères de Bâle d'avoir supprimé dans "exemplaire authentique, *sub plumbo*, du concile, les mots *ad fidem* qu'ils avaient pourtant tout intérêt à y mettre.

Les premières éditions portent donc simplement : *In his quæ pertinent ad extirpationem dicti schismatis*. Si d'anciens manuscrits portent *ad fidem*, la plupart contiennent la version des premières éditions où lisent : *ad finem et extirpationem dicti schismatis*. Cette dernière leçon est plus rationnelle. « A quel propos le concile de Constance, fait remarquer le rédacteur des *Analecta*, cité plus loin, parlerait-il de la foi ? Le préambule de son decret mentionne simplement l'extinction du schisme et la réforme de l'Eglise ; conçoit-on que le dispositif renferme un troisième élément, la foi ? D'ailleurs, Jean XXIII et les autres prétendants n'étaient pas accusés d'hérésie. Ils n'avaient pas rendu de décision doctrinale qui fût suspecte : au contraire, Jean XXIII, au concile de Rome et dans diverses bulles, avait rendu contre les Hussites des décisions irréprochables au point de vue de l'orthodoxie, décisions que Martin V jugea dignes de sa confirmation ; en effet il les confirma par la constitution *In eminenti*, rendue à Constance le 22 février 1418. Le concile de Constance n'avait aucun besoin d'affirmer sa suprématie doctrinale vis-à-vis de la dignité pontificale. Baluze a laissé dans ses papiers la copie du plus ancien manuscrit de Constance qu'il ait trouvé ; et malgré l'intérêt qu'il avait à confirmer ses principes de prédilection, il a transcrit de sa main : *In his quæ pertinent ad finem et extirpationem schismatis*. Plusieurs érudits de nos jours admettent que c'est le vrai texte, et l'on s'explique justement que la copie qui fut faite à Bâle ait supprimé les mots *ad finem* et conservé seulement ceux-ci : *ad extirpationem schismatis* qui offrent un sens complet. »

En l'absence d'une édition officielle, authentique (et celle de Rome de 1612, quoique entreprise par l'ordre de Paul V, ne l'est pas), on peut donc adopter la leçon la plus rationnelle, la plus vraisemblable et même la plus propre à terminer la discussion. Par cette seule raison de texte, on peut donc dire que le concile de Constance a simplement entendu déclarer qu'en temps de schisme, toute personne, même celle qui serait revêtue de la dignité papale, doit se soumettre au concile en ce qui concerne l'extinction du schisme, parce que le salut de l'Eglise est la suprême loi. Il est à remarquer que les écrits de Gerson relatifs au concile de Constance ne contiennent aucun passage qui oblige à lire *fidem* au lieu de *finem*.

(1) 4ᵉ sess.
(2) 5ᵉ sess.
(3) *Ibid.*

(4) Ainsi tombe une objection de Noël Alexandre. Une autre faite par le même historien regarde les mots *ad fidem* ; ces mots, dit-il, ne peuvent pas concerner uniquement un pontife douteux, puisque le pontife certain doit être également soumis dans les choses que regardent la foi. Mais pour bien comprendre le sens de ces paroles, il faut se pénétrer de la pensée du concile relativement à la fin du schisme. Chaque pape pouvait dire à son obédience : je suis pape certain pour vous, donc vous n'avez aucun droit sur moi, sauf le cas où je deviendrais hérétique. Jean XXIII lui-même cet argument dans les débats qui précédèrent sa déposition ; or le concile s'emparait à l'avance, de ce principe reconnu et l'appliquait au temps du schisme, contre un pape se refusant à approuver la réunion de toutes les obédiences. « Par votre opiniâtreté, lui disait-il, vous niez l'article à symbole de Nicée : *Unam Ecclesiam* ; donc vous êtes hérétique et

3° Les mots employés dans le décret achèvent de montrer que celui-ci ne s'applique qu'à un pape douteux. Le concile déclare que « toute personne de quelque condition, état, dignité qu'elle soit, même papale, » est tenue d'obéir. Si les Pères de Constance avaient voulu par là formuler un principe absolu, ils auraient dit simplement que le pontife romain est soumis au concile. Mais cette énumération dans laquelle on englobait tous ceux qui pouvaient se prévaloir de la dignité papale, convenait parfaitement dans un temps de schisme et avec plusieurs papes douteux à l'égard des obédiences douteuses.

L'argument tiré par Rohrbacher des propositions des cardinaux et des réponses des évêques (p. 496, col. 2) complète la démonstration.

Il faut ajouter que, quoi qu'il en soit des décrets de la 4ᵉ et de la 5ᵉ session, ils n'ont pas d'autorité dans l'Eglise.

1° Par défaut d'œcuménicité dans le concile, comme il a été dit pour le concile de Pise. L'étendue respective des obédiences n'avait pas changé notablement; le concile ne devint réellement la représentation de l'Eglise universelle que par la réunion des trois obédiences.

2° Par défaut de forme conciliaire, la question fut nouvelle et jetée à l'improviste, discutée sommairement, et, loin qu'il y ait eu accord, les dissidences furent profondes, persistantes, et le vote collectif qui eut lieu par nation, contrairement à la tradition et aux règles canoniques, ne permet pas de juger s'il eut pour lui la véritable autorité. Ce défaut de caractère conciliaire explique très bien que les décrets de la 4ᵉ et de la 5ᵉ session ne puissent s'autoriser de la seule sanction capable de leur donner vigueur. En effet, le pape Martin V approuva tout ce qui avait été *déterminé, conclu et décrété conciliairement dans les matières de foi dans le concile de Constance, et non ce qui avait été fait autrement;* or ces paroles ne peuvent s'entendre que des décrets, sentences et condamnations concernant les erreurs de Wicklef et de Jean Huss, parce que ces seules matières réunissent les conditions requises comme concernant la fin et comme ayant été traitées conciliairement; autrement il faudrait dire que Martin V entendait condamner comme une erreur le sentiment qui ne reconnaît point de concile œcuménique sans le pape, ce qui est absolument invraisemblable (1).

Bien des auteurs cependant ont soutenu l'œcuménicité du concile de Constance (1). Les raisons à l'appui de cette opinion sont exposées avec une force particulière, quoique avec peu d'ordre, dans les *Analecta juris pontificii*. Voici, entre autres choses, ce qu'on y dit :

« A partir de la 8ᵉ session, le concile de Constance traita l'affaire des Hussites; il censura les propositions de l'hérésiarque, et, vu son insurmontable obstination, il le condamna au dernier supplice. Les Pères de Constance pouvaient-ils exécuter cette sentence de condamnation dans le doute sur l'œcuménicité de leur assemblée? Ne devaient-ils pas ajourner l'exécution jusqu'à l'élection du pape, et attendre la confirmation pontificale? Puisque les Pères n'ont pas ajourné l'irrévocable exécution, puisqu'ils n'ont pas attendu l'élection de Martin V, c'est qu'ils furent persuadés que le concile œcuménique, en temps de schisme, peut compter sur l'assistance de l'Esprit-Saint et prononcer des arrêts, qui permettent de punir irrévocablement les rebelles dont l'opiniâtreté ne peut être surmontée.

« Cet argument a d'autant plus de force que le cardinal Colonna, pape futur, prit part aux sessions du concile de Constance, qui décidèrent des doctrines de Jean Huss et du malheureux sort de cet hérésiarque. Schelstrate, bibliothécaire du Vatican, a retrouvé, à ce qu'il dit, le registre authentique du concile de Constance et les procès-verbaux qui furent dressés par quatre protonotaires; il est profondément regrettable que ces pièces soient encore inédites, car nous ne pouvons préciser l'époque de la participation de Martin V aux actes du concile. Nous savons pourtant, grâce aux documents publiés dans les conciles de Mansi, que le pape futur assistait à la 9ᵉ session et à toutes les suivantes. (Mansi, t. XXVII, *Conciliorum*, col. 640, 650, 713, 727, 931, 746, 747, 769, 793, 840, 980, 1144, 1159, etc.). N'a-t-il pas ratifié par sa présence tout ce qui s'est fait dans l'affaire de Jean Huss?

« Martin V assista (comme cardinal) à la 9ᵉ session, qui lança la citation juridique contre Jean XXIII; à la 10ᵉ, qui porta la suspension de la juridiction pontificale; à la 11ᵉ, qui autorisa le procès canonique pour déposer le pontife.

« La sentence définitive de la déposition de Jean XXIII fut rendue dans la 12ᵉ session, 29 mai 1415. Le cardinal Odon Colonna (Martin V) est nommément désigné comme présent (Mansi, p. 713).

comme tel, soumis au jugement de l'Eglise qui vous frappe ou qui constate que vous vous êtes mis hors de son sein. » La foi était considérée ici non dans l'étendue de son objet, mais dans son affinité spéciale avec le principe d'unité.

(1) Cette hypothèse absurde est d'ailleurs démontrée par la conduite de Martin V, pendant le concile même. Les députés polonais l'avaient menacé d'appeler au concile s'il ne condamnait l'ouvrage de leur compatriote, Jean de Talkenberg sur le- régicide. Le pape, désormais certain, fit sentir tout de suite son autorité en leur répondant par une bulle du 10 mars 1418, où il disait qu' « il n'est permis à personne d'appeler du pontife romain ou de rejeter ses décisions en matière de foi. » L'occasion était favorable pour en appeler au concile, puisque celui de Constance siégeait encore : on ne le fit point cependant. Cet incident est significatif, il précéda l'approbation du concile, et détermina ainsi parfaitement le sens de cette approbation. On s'y trompa si peu que Gerson, qui avait été le principal auteur de la doctrine de la supériorité du concile sur le pape, écrivit un traité contre la bulle de Martin V.

Nous raisonnons ici avec M. l'abbé Delalonde. Pas plus que Rohrbacher, il n'émet aucun doute sur la bulle promulguée dans le consistoire du 10 mars 1418; mais le rédacteur des *Analecta*, que nous citons plus loin, présente plusieurs objections contre l'authenticité de ce document. « Les constitutions apostoliques, dit-il, défendent l'*appel* au *futur concile*, sous peine d'excommunication réservée; les souverains pontifes, tout au moins depuis l'époque de Pie II, ont constamment sanctionné cette discipline. Il s'en-suit que, nous devions admettre le consistoire et la bulle attribuée à Martin V. Voici quatre difficultés. 1. Personne n'a jamais produit ni vu cette bulle. Pie II, qui avait le plus grand intérêt à la mentionner, n'en parle pas. 2. La publication en consistoire n'est pas une des formes admises pour la promulgation des lois générales. 3. Le fait n'est connu que par le témoignage de Gerson, qui s'exprime dubitativement, *ut dicitur*. 4. Vraisemblablement Gerson fut consulté par le pape Martin V; les derniers mots du mémoire trahissent une consultation adressée au pontife lui-même; cet écrit fut donc composé à Constance, antérieurement à la dernière session, car Gerson conseille de contenter les Polonais, en condamnant les livres de Frankenberg. S'il est vrai que Martin V ait proposé au consistoire une constitution sur l'objet en question, on peut supposer que le mémoire de Gerson le détourna de donner suite au projet

(1) Il est à remarquer que le concile a pris constamment le titre de concile œcuménique; il faut noter encore que si les actes du concile de Bâle n'entrèrent pas dans la collection des conciles œcuméniques faite à Rome de 1603 à 1612, le concile de Constance a été inséré tout entier dans cette collection entreprise par l'ordre du pape Paul V.

Le cardinal évêque d'Ostie, président du concile, dit : « Si quelqu'un veut former opposition à la sentence définitive ou à sa promulgation, qu'il se lève et parle; car le concile donne plein pouvoir à chacun d'exprimer sa volonté. Et si on ne dit rien, on sera regardé comme consentant. — Personne ne répond et ne prend la parole. Et subséquemment tous ceux présents là dans le Concile et faisant partie du Concile, répondent : « *Placet.* »

« Dans la même session, le concile de Constance se réserva la nomination du futur pape, en frappant de nullité toute tentative contraire.

« Dans la 14e session, l'on propose que les cardinaux ne procèdent pas à l'élection du pape sans le consentement du concile. Les députés des nations approuvent, les cardinaux sont interpellés, le cardinal-évêque d'Ostie répond, au nom du sacré collége : *Placet.* Martin V assista à cette session. (Mansi, p. 713.)

« Une sommation juridique est adressée à Benoît XIII (Pierre de Luna) pour qu'il abdique. Le sacré collège répond : *Placet.*

« Dans la 19e session, le concile reçut l'abjuration de Jérôme de Prague et fit un règlement disciplinaire pour les Franciscains. Le cardinal-évêque d'Ostie répond au nom des cardinaux : *Placet.* Martin V assista à la session. (Mansi, p. 793.)

« Dans la 25e session, le concile de Constance confie à l'évêque de Litomeritz l'administration spirituelle et temporelle du diocèse d'Olmutz, jusqu'à l'élection du futur pape. Le procès-verbal atteste la présence de Martin V. (P. 918.)

« Dans la 14e session, qui fut tenue le 4 juillet 1415, on traite de l'abdication de Grégoire XII. Le cardinal-évêque d'Ostie dit, au nom de tous les cardinaux : *Placet quod fiat cessio, ut prædicitur, hic in Constantia.* Le cardinal Colonna est présent. (Col. 731.)

« Le concile propose « quod cardinales non procedant ad electionem futuri pontificis absque consensu concilii, nec eligendus recipiatur sub pœna maledictionis æternæ. » Les députés des nations approuvent la proposition. Les cardinaux sont interpellés, et le cardinal évêque d'Ostie répond en leur nom : *Placet.*

« Quod electio Romani pontificis fiat modo et forma per concilium ordinandis..... dominus Joannes episcopus Ostiensis nomine collegii cardinalium respondit : *Placet,*

« A la 15e session, tenue le 6 juillet, la présence de Martin V est mentionnée par le procès-verbal. (Mansi, col. 747.)

« Il en est de même de la 16e session, tenue le 11 juillet. Les cardinaux adhèrent à tout : *Placet.* (Col. 760.)

« Le 4 février 1416, les cardinaux et les évêques présents à Constance ratifient sous la foi du serment le concordat passé avec l'obédience de Benoît XIII. Parmi les signataires du concordat, on remarque : *Odo de Columna.*

« Une congrégation générale est tenue le 2 mars pour Jérôme de Prague. Le procès-verbal fait mention expresse de la présence de Martin V. (Col. 840.)

« Dans la 36e session, tenue le 22 juillet 1417, le concile de Constance met à néant les censures édictées par Benoît XIII. Le cardinal Colonna y prend part. (Col. 1138.)

« Dans la 37e session, tenue le 26 juillet, le concile de Constance prononce, par bulle du concile, la sentence de déposition contre Benoît XIII. Le cardinal-évêque d'Ostie, président, consent, au nom de tout le concile : « Nomine totius synodi sive concilii, respondit : *Placet.* » (Col. 1144.)

« Nous voici à la 39e session, où fut promulguée la célèbre constitution *Frequens*, qui prescrit de convoquer un concile œcuménique tous les dix ans et prend diverses précautions contre les schismes futurs. Martin V assistait à la session; sa présence est mentionnée expressément dans le procès-verbal. (Mansi, col. 1159.)

« La 40e session fut tenue le 30 octobre 1417. On lit dans le procès-verbal : *Præsentibus Odone de Columna* (Martin V), etc. Le concile détermina le mode et la forme de l'élection du pape. « Du consentement spécial et formel et de la volonté unanime « des cardinaux de la sainte Eglise romaine personnellement présents au concile; *de speciali et « expresso consensu et voluntate concordi sanctæ « Romanæ Ecclesiæ cardinalium in eadem synodo personaliter existentium.* Le concile de Constance adjoint aux cardinaux six prélats de chaque nation pour faire l'élection du pape, et il donne à ces prélats le pouvoir d'élire; *quibus omnibus eadem synodus eligendi Romanum pontificem secundum formam hic expressam quatenus opus est, tribuit potestatem.*

« Martin V fut élu le 11 novembre 1417. Il n'a pu accepter la dignité pontificale que par l'acceptation de tout ce qui s'était fait dans les sessions précédentes. S'il a fait des réserves, il aurait dû en conscience n'accepter la couronne qu'en exprimant ces réserves.

« La 42e session fut tenue le 28 décembre. Il y eut une congrégation générale le 24 janvier 1418.

« Martin V a dû approuver, outre les sessions 41-45, celle dans laquelle il a été élu et proclamé ; c'est le titre même de sa légitimité. Autrement il aurait dû refuser la tiare.

« Puisque Martin V a accepté la papauté, il était donc très convaincu que le siège apostolique était vacant *jure et facto.* Donc il regardait la déposition de Jean XXIII et de Benoît XIII comme valable, et les sessions du concile de Constance qui portèrent ce grand coup, comme légitimes et régulières (1).

---

(1) Mgr Héfélé dit à propos de la déposition de Jean XXIII : « Le « concile de Constance n'aurait eu aucun droit de déposer Jean XXIII, « si la validité de l'élection de ce pape n'avait été douteuse, et s'il « n'avait été soupçonné d'hérésie. Du reste il a lui-même abdiqué, « ralliant par là la déposition qui avait été prononcée » Plus loin, il observe que le concile de Constance perdit le caractère d'œcuménicité dès qu'il se sépara de Jean XXIII. A quoi le rédacteur des *Analecta* répond : « On se demande si le concile eut le droit de déposer Jean XXIII, puisque, en se séparant de lui, il perdit le caractère d'œcuménicité ? D'ailleurs, est-ce bien exact d'affirmer que le concile général n'a le pouvoir de déposer le pape que si l'élection de ce pontife est douteuse ? En ce cas, on ne pourra jamais prévenir un schisme, car les diverses obédiences retiennent opiniâtrement que l'élection de leur pontife est certaine et légitime ; il est donc nécessaire, pour le plus grand bien de l'Eglise, que le concile s'arme du pouvoir de déposer tous les prétendants, et même celui qui serait peut-être le vrai pape. Inutile d'énoncer « que dans ce cas il appartient au « Concile d'examiner les titres de ces prétendants, et de déposer ceux « qui ne pourraient en fournir de suffisants. » Le concile, juge suprême, peut tout pour rétablir l'union dans l'Eglise. »

« Sans cette persuasion très ferme, Martin V ne pouvait en conscience accepter la papauté, car il eût fourni un nouvel aliment au schisme, au lieu de fermer les plaies de l'Eglise. Les procédures contre Jean XXIII commencèrent tout au moins dans la 9ᵉ session, où l'on expédia la première citation juridique : donc Martin V a ratifié tontes ces sessions par un fait plus éloquent que toutes les déclarations verbales, par la libre acceptation de la tiare pontificale. Objectera-t-on l'abdication de Jean XXIII ? mais tout le monde sait qu'elle fut forcée, et non spontanée et libre. D'ailleurs, le concile de Constance s'étant fondé sur la sentence de déposition qu'il avait rendue et non sur l'abdication de Balthazar, c'eût été une rigoureuse obligation pour Martin V de s'expliquer hautement sur ce point avant d'accepter la tiare, sous peine de trahir la vérité et la justice et de laisser un immense scandale dans l'histoire de l'Eglise. Ainsi Martin V a nécessairement approuvé et ratifié les sessions du concile de Constance, tout au moins à partir de la 9ᵉ. Il serait facile de remonter plus haut, en prouvant que cette session et les suivantes ne furent que la suite et le corollaire logique des précédentes.

« Evidemment Martin V a ratifié par sa présence tous ces actes du concile de Constance. S'il ne les approuvait pas, il devait en conscience s'abstenir de paraître aux séances ; personne ne le contraignit d'y assister. Changea-t-il d'opinion dans la suite ? En ce cas il devait s'expliquer, comme Pie II sentit la nécessité de rétracter sa participation au concile de Bâle. Martin V n'eût-il assisté à aucune des sessions de Constance, le seul et unique fait de la libre acceptation de la dignité pontificale serait déjà la ratification plus que suffisante des actes du concile. Or le cardinal Colonna ayant assisté aux séances et concouru aux décisions, le désaveu devenait une rigoureuse obligation de conscience pour Martins V, sous peine de scandaliser les contemporains et la postérité (1).

« Nous parvenons à la constitution *Inter cunctas* rendue par Martin V à Constance, le 22 février 1418. Quelques écrivains forcés de sauvegarder les définitions dogmatiques de Constance, tout en rejetant l'œcuménicité de ce concile, se sont principalement fondés sur la constitution *Inter cunctas*, qui a confirmé, disent-ils, ces définitions dogmatiques, en leur conférant le caractère de l'infaillibilité, qu'elles n'auraient pas sans cette confirmation pontificale.

« D'autre part, un écrivain qui n'est pas suspect, Schelstrate, bibliothécaire du Vatican, reconnaît de bonne foi que la constitution *Inter cunctas* n'est nullement la confirmation des actes de Constance, parce que ce n'est pas une constitution générale, adressée à l'Eglise universelle, comme c'est nécessaire pour une bulle dogmatique dont l'objet est de confirmer explicitement les décisions d'un concile général. En effet, Schelstrate a retrouvé dans le bullaire de Martin V (tome VIII, *Variorum*) deux exemplaires de la constitution *Inter cunctas*, le premier adressé aux évêques de Bohême et à quelques évêques d'Allemagne ; le second envoyé aux évêques d'Angleterre, à cause des erreurs de Wicleff. Schelstrate (p. 191) donne toute l'inscription, qui constate à la dernière évidence que la constitution n'est pas universelle, et qu'elle n'est adressée qu'à certains évêques en particulier. Impossible donc de la regarder comme une définition générale : c'est une circulaire qui a été envoyée à quelques évêques (1).

« D'ailleurs, la constitution *Inter cunctas* ne renferme pas un mot qui exprime la confirmation des décisions doctrinales de Constance. Martin V suppose constamment que ces décisions sont valables ; il dit qu'elles ont été justes et salutaires ; il décerne au concile de Constance le titre de *concile général* pour l'époque où ces décisions ont été prises, c'est-à-dire à partir tout au moins de la 8ᵉ session. Il déclare qu'il rend sa constitution avec l'approbation du saint concile, *sacro approbante concilio Constantiensi* ; conçoit-on que le concile ait été consulté et qu'il ait approuvé que le pape approuvât ses actes ?

« Quel est donc l'objet de l'encyclique *Inter cunctas* ? Nul autre que de stimuler le zèle des évêques de Bohême, d'Allemagne et d'Angleterre contre les partisans de Wicleff et de Huss (2)...

« Tous les théologiens et canonistes enseignent que le concile œcuménique est seul compétent pour juger la cause de la papauté en temps de schisme ; les canonistes de l'école de Jacobatius n'hésitent pas à soutenir que dans ce cas le concile reçoit immédiatement de Dieu son pouvoir et sa juridiction. C'est ce que le concile de Constance énonce dans plusieurs décrets, par voie d'exposition et d'affirmation, sans en faire une définition rigoureuse. D'ailleurs, il a pris constamment le titre de *Concile œcuménique*. Or Mgr Héfélé lui refuse ce titre. La conclusion logique doit être que le grand schisme n'a jamais été légalement terminé. « Il appartenait à cette déposition, le concile « n'a cependant fait que l'autorité d'un concile œcuménique ; il ne peut avoir « cette autorité que quand le pape reconnaît légitime entre lui en rapport « avec lui, et l'accepte comme œcuménique. » Le syllogisme se présente naturellement : De l'aveu de tous les théologiens et canonistes, le concile œcuménique est le seul tribunal qui puisse mettre fin au schisme produit par diverses obédiences et divers prétendants. Or, le Concile de Constance, qui a prétendu déposer Jean XXIII et Benoît XIII, n'était pas œcuménique à l'époque de sa procédure contre les deux prétendants. Donc le grand schisme d'Occident n'a jamais été juridiquement éteint ; il ne l'a été qu'en fait, après l'abdication du successeur de Benoît XIII ; la légitimité de Martin V ne devient certaine qu'à partir de cette époque (1429). Cependant, les interrogatoires rédigés dans la huitième session contraignent les Hussites de confesser que le concile de Constance est vraiment œcuménique. Martin V, approuvant solennellement la procédure contre les hérétiques, insère textuellement les interrogatoires dans son encyclique ; mais si le concile de Constance n'a pas été œcuménique lorsque, déposant Jean XXIII et Benoît XIII, il a procédé à l'élection du nouveau pape, la légitimité de Martin V est douteuse, et tout est remis en question. »

(1) Le rédacteur des *Analecta* reproduit en particulier cette argumentation suivant de Mgr Héfélé qui en parlant du concile de Constance : « Le concile de Constance a été convoqué d'une manière légitime, mais nous croyons qu'il a perdu le caractère d'œcuménicité dès qu'il s'est séparé du Saint-Siège (de Jean XXIII). Quant aux sessions qui se sont tenues après l'élection de Martin V, et avec son consentement et son approbation, c'est-à-dire les sessions 41-45, on peut les regarder comme celles d'une assemblée œcuménique constituée. Les décrets des sessions antérieures qui ont trait à la foi, *res fidei*, et qui ont été formulées *conciliariter*, ont aussi force de loi, car ils ont été approuvés par le pape Martin V. Le pape n'a pu indiquer *in specie* quels sont ces décrets, mais il est évident qu'il entendait par là ceux qui condamnaient les hérésies de Huss et de Wicleff. » — « N'est-ce pas regrettable, dit le rédacteur des *Analecta* qu'un historien aussi consciencieux adopte des sophismes surannés ? » Et il reprend contre lui son raisonnement en continuant ainsi : « C'est un vrai enfantillage de limiter la confirmation (par le Saint-Siège du concile de Constance) aux sessions présidées par Martin V après son élection. »

(1) Nous devons faire remarquer que tel est aussi le sentiment de Rohrbacher, qui dit que la Constitution *Inter cunctas* est « une encyclique particulière qui fut adressée aux évêques et aux inquisiteurs des divers pays où il y avait des Hussites (et des Wicleffites) », c'est-à-dire aux évêques de Bohême, de Moravie et provinces voisines et d'Angleterre. L'historien ne prétend pas que cette encyclique soit la confirmation des décrets de Constance. Ces décrets, selon le rédacteur des *Analecta*, furent promulgués et mis à exécution longtemps avant l'élection de Martin V, qui d'ailleurs en suppose constamment la validité.

(2) Martinus episcopus, servus servorum Dei, venerabilibus fratribus archiepiscopis et episcopis, ac inquisitoribus Bohemiæ, Moraviæ, etc.

« Martin V fait exécuter les décisions dogmatiques de Constance ; il suppose constamment qu'elles sont valides et définitives.

« La circulaire *Inter cunctas* contient aussi les interrogatoires que les évêques de Bohême et d'Angleterre devaient déférer aux Hussites et aux Wicleffites.

« Martin V oblige les Hussites et les Wicleffites à croire et confesser (sous peine d'être livrés au bras séculier) que le concile de Constance est œcuménique ; qu'il représente l'Église universelle ; que tout ce qu'il a condamné est dûment réprouvé ; que la condamnation de Jean Huss et de ses doctrines a été légale et juste (*fuerint rite et juste facta*), et que l'assemblée qui a rendu cette condamnation était, à l'époque où elle l'a prononcée, un concile général (*per sacrum generale Constantiense concilium*), nonobstant l'interrègne pontifical.

« Le dernier interrogatoire est plus formel encore ; car le pape oblige les Hussites et les Wicleffites de croire que la censure doctrinale du concile de Constance sur les articles de Wicleff et de Huss a été vraie et catholique, suivant les diverses notes théologiques dont le concile de Constance **a frappé** chaque article.

« Est-ce possible de nier que Martin V croyait à l'autorité de ces décisions ? Il oblige les Hussites (sous peine d'être livrés au bras séculier) de reconnaître l'autorité et les actes du concile général de Constance, sans distinction d'époques et de sessions, et l'on voudrait maintenant contester l'œcuménicité de ce concile ! Toute la difficulté est venue, on le sait, des sessions IV et V ; comment n'a-t-on pas eu l'idée de la résoudre en compulsant les manuscrits, afin de rectifier le texte et de concilier ainsi tous les esprits ?

« Schelstrate, contraint d'abandonner l'encyclique *Inter cunctas*, se rejette sur une autre pièce qu'il a découverte dans le bullaire de Martin V. C'est un diplôme qui commence par les mots *In eminenti*, et porte la même date que l'encyclique, 22 février 1418. Le bibliothécaire a cru voir dans ce document la vraie bulle de confirmation des actes de Constance.

« Il est difficile de souscrire à cette assertion, pour trois motifs.

« Premièrement, une bulle générale, comme celle-ci, aurait dû être publiée, légalement promulguée. Or, nul historien n'en fait mention, personne n'en a soupçonné l'existence, jusqu'au jour où Schelstrate l'a fortuitement découverte dans un volume de Martin V ; le savant bibliothécaire se plaît à l'attester : « Aliud quærendo, aliud repererim. Incidi namque præter spem omnem in bullam Martini longe a superiori (Const. *Inter cunctas*) diversam (p. 193). » La promulgation est une condition essentielle de tous les actes de ce genre.

« Secondement, Schelstrate n'a pas donné la pièce intégralement. Deux lacunes de la plus haute importance sont visibles. D'abord, l'inscription du préambule est mutilée, en sorte que nous ignorons si la pièce est adressée à toute l'Église, ou si c'est simplement une circulaire envoyée aux évêques de Bohême et d'Angleterre, comme la précédente ; le doute est d'autant plus fondé que la pièce n'a pour objet que d'authentiquer les décisions du concile romain de Jean XXIII et du concile de Constance, afin que la copie des décisions transcrites dans la bulle serve de titre légal pour la procédure contre les hérétiques. La seconde lacune concerne les décrets mêmes du concile de Constance, insérés dans le diplôme de Martin V. Après avoir cité textuellement les actes de Jean XXIII et du concile romain, Schelstrate juge inutile de transcrire ce qui concerne le concile de Constance, parce qu'on le trouve ailleurs, dit-il, comme si nous n'avions pas le plus grand intérêt à connaître toute la vérité. Cela nous autorise à supposer, sans témérité, que Schelstrate n'eût rien supprimé s'il eût trouvé dans la pièce en question des arguments favorables à la thèse pour laquelle il combattait. Le bibliothécaire du Vatican avait en main, d'après ce qu'il affirme lui-même, non seulement les diplômes susdits, mais aussi le registre original du concile de Constance et les procès-verbaux dressés par quatre protonotaires : qu'y a-t-il puisé ? Des lambeaux sans importance sur lesquels il raisonne à l'infini. Et pourtant la vérité historique n'a jamais été nuisible à la cause de l'Église. Vingt ans après Schelstrate, Van der Hardt a publié les actes de Constance d'après les manuscrits conservés en Allemagne. Quarante ans après, le cardinal Orsi, chargé de réfuter *ex professo* Bossuet, examine à son tour les manuscrits du Vatican, et il déclare qu'ils s'accordent pleinement avec ceux d'Allemagne. Enfin, vingt ans après Orsi, le savant archevêque de Lucques, Mansi, puise amplement dans Van der Hardt, sans le nommer. Nous en sommes encore là pour le concile de Constance (1).

« Troisièmement, le diplôme *In eminenti* ne parle pas de confirmation pour les décisions de Constance. Martin V rappelle la condamnation doctrinale de Jean Huss, sa dégradation et son châtiment, et ajoute : « Nous voulons que toutes ces choses et « chacune d'elles parviennent à la connaissance « publique de tous les fidèles présents et futurs, « afin que nul ne puisse prétexter, ou alléguer « l'ignorance, et que tous soient informés avec « certitude de ce qui a été fait jusqu'ici pour « l'extirpation des hérésies et des erreurs de « Jean Huss et de Jérôme de Prague. » Martin V transcrit les actes de Jean XXIII, puis ceux de Constance (ces derniers sont entièrement supprimés dans Schelstrate), et il conclut ainsi : « Ces déclara-

---

(1) Plus loin, le rédacteur des *Analecta* dit : « Dans le diplôme *In eminenti*, Martin V inséra la copie authentique de tous les décrets rendus par Jean XXIII et le concile de Constance, et les ratifia, suppléant, au besoin, les manquements de procédure qui pourraient s'y rencontrer. En examinant les actes de Jean XXIII et du concile romain, l'on conçoit que la clause *supplentes* pouvait paraître nécessaire ou utile : Martin V parle uniquement des fautes de procédure, jamais du défaut de pleine compétence et de juridiction. Or, la plupart des historiens suppriment les mots *in procedendo*, et laissent croire que Martin V reconnut des nullités de tout genre dans les décrets en question. Rohrbacher tombe dans cet écueil : Martin V, dit-il, approuve « et ratifie tous ces statuts et décrets, et il supplée tous les manquements qui pourraient s'y rencontrer. » Nous avons dit que Schelstrate a supprimé les passages essentiels du diplôme *In eminenti*, c'est-à-dire toute la partie qui regarde le concile de Constance : dès lors, pouvons-nous y puiser des arguments contre ce concile ? Il est indispensable de publier le document tout entier, tel qu'il se trouve dans le registre VIII *Variorum* de Martin V, aux archives du Vatican ; en l'état actuel, nous ne pouvons faire aucun usage du diplôme, vu surtout que nous ne savons pas si c'est un acte privé, ou bien une constitution générale, Schelstrate ayant pris plaisir à tronquer l'inscription du commencement. »

« tions, décrets, définitions, réprobations, mandats, défenses, statuts, condamnations et sentences susdites, nous, les ratifiant, les agréant, et les confirmant de science certaine, par autorité apostolique, par la teneur des présentes, et les munissant du patronage du présent écrit; suppléant aussi tous les défauts, si par hasard il s'en est glissé quelques-uns à cause des formalités de droit que l'on n'aurait pas observées dans la procédure; nous voulons aussi et ordonnons par la même autorité que les déclarations, définitions, réprobations, mandats, inhibitions, statuts, condamnations et sentences insérées plus haut, obtiennent partout, en toute chose, la pleine force, et la pleine efficacité et vigueur; et que, pour le prouver légalement en tout lieu, nos présentes lettres suffisent pleinement, quelle que soit l'époque ou le lieu où l'on pourra les exhiber, ou montrer, soit en jugement, soit ailleurs. »

« Le concile de Constance tint sa 43ᵉ session le 21 mars 1418. On y promulgua des statuts (*Statuta per papam et synodum facta*) sur les exemptions, les dispenses; la régularité ecclésiastique, la nomination des cardinaux et leur nombre (24 ad summum), la résidence des évêques, etc. Le concordat germanique et le concordat anglais viennent à la suite.

« Dans la 44ᵉ session, célébrée le 19 avril 1418, Martin V, désirant et voulant remplir le décret de la 39ᵉ session qui avait prescrit la convocation d'un concile œcuménique tous les dix ans, rendit le décret d'indiction d'un concile à Pavie.

« La 45ᵉ session fut la dernière. C'est là que Martin V déclara hautement qu'il n'entendait observer et ratifier que les choses faites conciliairement. Ce grand argument contre l'œcuménicité de toutes les sessions de Constance mérite un examen approfondi.

« Mansi ne s'est pas contenté des anciens actes; il a compulsé aussi le manuscrit Barberin et le manuscrit de Leipzig.

« On était arrivé au dernier moment : l'évêque de Catane était monté en chaire pour promulguer la clôture du concile.

« Alors les ambassadeurs de Pologne présentent une requête propre à tout arrêter. Ils demandent instamment que le livre de Jean de Frankenberg, déjà condamné par les commissaires de la foi, par toutes les nations du concile, et par le sacré collège des cardinaux, soit proscrit publiquement, dans la *session publique* du saint concile.

« Cette circonstance de la session publique est capitale, pour faciliter l'interprétation du mot de Martin V, *conciliariter*. La plupart des écrivains se tirent d'affaire en passant sous silence cette circonstance essentielle.

« Que fait Martin V? Il impose silence et dit « que toutes et chacune des choses déterminées, conclues, et décrétées en matière de foi par le présent saint concile général de Constance conciliairement, il voulait les tenir et les observer inviolablement, et ne jamais y contrevenir en quoi que ce fût; et que, ces choses ainsi faites conciliairement, il les approuve, et les ratifie, et non autrement, ni d'une autre manière. »

« 1° Nous n'avons ici qu'un simple procès-verbal qui n'a jamais été publié sous forme authentique et probante. Il semble néanmoins que l'importance du sujet requerrait un acte émanant directement de Martin V, et cet acte est d'autant plus nécessaire que le pape, auquel on prête l'intention de renverser les trois quarts des actes du concile général, a sanctionné par sa présence tout ce qui s'y est fait.

« 2° Fût-il certain que Martin V n'a ratifié dans cette circonstance que les décrets rendus en matière de foi, nous ne pouvons en conclure que les autres décrets sont privés de confirmation, parce que l'on peut constater d'ailleurs l'approbation spéciale ou l'approbation explicite des autres décrets. Schelstrate en convient de bonne foi.

« 3° Conçoit-on que Martin V déclare qu'il veut observer, sans la moindre contravention, les décrets dogmatiques? C'est lui prêter gratuitement une énormité.

« 4° Il faut donc que la ratification comprenne d'autres décrets que les décisions dogmatiques. Le sens serait clair si les mots in *materia fidei* étaient immédiatement placés avant *determinata*, *conclusa*, etc.; mais il en est autrement, tous les manuscrits s'accordent, et Schelstrate ne fait que commettre un acte d'habileté, lorsque, pour les besoins de sa cause, il transporte *passim*, constamment : « omnia et singula in materiis fidei conciliariter determinata conclusa et decreta. »

« 5° Pouvons-nous supposer sans témérité que la conjonction *et*, avant *decreta in materia fidei*, signifie, dans les manuscrits, *etiam*? Cela résoudrait la difficulté, et le sens est naturel. On représente au pape que les théologiens, les nations, le sacré collège ont été unanimes dans la condamnation du livre dont il s'agit; et Martin V répond que les décisions en matière de foi subissent la règle commune, et qu'elles ne sont conclues et expédiées que lorsqu'elles sont approuvées et promulguées dans la session publique. N'oublions pas que nous n'avons ici qu'un procès-verbal dont l'édition officielle nous manque.

« 6° Quant au sens du mot *conciliariter*, il nous semble déterminé nécessairement par la requête des Polonais, qui demandent instamment la session publique. La bonne foi doit présider à toutes les discussions. Nous tenons pour certain que Martin V a voulu ratifier tout ce qui s'est fait dans les sessions publiques de Constance, à l'exclusion du travail des bureaux et des commissions. Les écrivains les plus dévoués au Saint-Siège n'ont aucun intérêt à le nier, s'ils veulent bien adopter le texte rectifié des sessions IV et V (1). »

Quoi qu'il en soit de l'œcuménicité du Concile de Constance, affirmée par les uns, niée par les autres, on voit que la question de suprématie du souverain

---

(1) *Analecta Juris pontificii*, 162ᵉ livr. Juillet-Août 1879, col. 770 et suivantes.

Rohrbacher, contrairement à M. l'abbé Delalonde, paraît adopter cette interprétation : « Nous croyons, dit-il, que Martin V prétend simplement approuver ce qui avait été décidé en matière de foi dans les sessions du concile, et qu'il exclut de cette approbation ce qui ne regarde pas la foi, qui avait été traité ou même conclu dans les congrégations particulières. Suivant cette explication, le terme *conciliairement* ou synodalement serait dit par opposition aux assemblées des nations, soit entre elles, soit en congrégation, et ces termes *en matière* de foi, seraient dits par opposition aux décrets de pure discipline. »

Pontife sur le Concile, aujourd'hui tranchée par la proclamation du dogme de l'infaillibilité, n'y est pas intéressée, soit qu'on accepte les judicieuses observations présentées, à la suite de divers auteurs graves, par M. l'abbé Delalonde, sur le sens et la portée des décrets de la 4ᵉ et 5ᵉ session, soit qu'on s'en tienne à la rectification du texte proposée avec la plus grande vraisemblance par le rédacteur des *Analecta*, et qu'on lise *ad finem* au lieu de *ad fidem* (1). C'est la conclusion à retenir.

A un point de vue spécial, M. l'abbé Corblet a étudié le concile de Constance pour montrer que « le concile de Constance, par sa conduite envers Jean XXIII, par ses décrets touchant la prétendue supériorité du concile sur le pape, par les discussions qui ont ébranlé l'organisation hiérarchique de l'Eglise, par les témérités doctrinales qui ont attaqué des traditions séculaires, a engendré le gallicanisme. » M. Corblet conclut ainsi : « Ces textes suffisent pour montrer que le concile de Constance tendait à changer la monarchie papale en une espèce de gouvernement représentatif, où la puissance pontificale, injurieusement enchaînée, aurait été soumise aux statuts, aux règlements, aux canons de ces étranges conciles, qui auraient pu s'assembler contre la volonté du pape.. Absorbé par les nécessités du moment, il s'est laissé entraîner à saper dans ses bases l'institution de la papauté, et ne s'est point aperçu que c'était ébranler les fondements mêmes de l'Eglise (2) ? »

JEAN XXIII (p. 99, col. 2) (3).

Le pape Jean XXIII avait convoqué le concile de Constance, comme une continuation de celui de Pise; il y réunit d'abord presque tous les témoignages de vénération des cardinaux, des évêques, des princes et des populations; il ouvrit la première session (16 novembre 1414), sans la moindre contestation. Jusqu'à la fin de 1414, la légitimité de son élection était encore à peu près unanimement reconnue à Constance. Ce fut à la fin de janvier 1415, qu'un écrit traitant des moyens de parvenir à l'union (*De causa Unionis*) et proposant ouvertement, comme le plus sûr, la démission des trois prétendants, vint à ébranler la situation du pontife. On y disait : « qu'il pouvait être contraint à se démettre et qu'il pouvait même être déposé par le concile. » Ce mémoire était d'un français, le cardinal Guillaume Filastre de Saint-Marcs-d'Ailly; l'empereur Sigismond, et beaucoup d'autres l'approuvèrent. Une polémique s'engagea insensiblement pour ou contre Jean XXIII, dont la cause perdait du terrain, sans être encore compromise, quand un inconnu fit remettre secrètement aux quatre nations, française, anglaise, italienne, allemande du concile, un libelle contenant une longue série de crimes honteux à la charge du pontife et sur lesquels une prompte information était demandée. A cette nouvelle, Jean XXIII anxieux consulta quelques cardinaux sur la ligne de conduite qu'il avait à tenir. D'après Theodoric de Niem, il aurait voulu confesser devant le concile quelques-uns des faits allégués et se déclarer innocent du reste; mais sur l'avis des plus notables députés d'Allemagne et d'Angleterre, il se déclara prêt à se démettre pour éviter des discussions scandaleuses, et il fit lire, le soir même (16 février 1415), par le cardinal Zabarella, dans une congrégation générale, un acte dans lequel il disait qu'ayant résolu en toute liberté de rendre la paix à l'Eglise, il consentait à résigner ses pouvoirs, pourvu que Pierre de Luna et Ange Corrario, déjà condamnés comme hérétiques et schismatiques, en fissent autant.

Il ouvrit encore la seconde session le 2 mars 1415, en célébrant la grand'messe, et il dut lire l'acte de *cession de la papauté*. Arrivé aux mots : « Je promets et je jure », il se leva de son siège et s'agenouilla devant l'autel. Ensuite l'empereur Sigismond lui baisa le pied en signe de reconnaissance, et les cardinaux, le patriarche d'Antioche et les députés de l'Université de Paris imitèrent l'empereur. D'après un manuscrit de la bibliothèque de Saint-Victor de Paris, cité par Sponde et Mainbourg, on lui promit alors de l'aider contre ses rivaux, s'ils refusaient de se démettre; mais ce point est resté incertain : tous les Actes du concile gardent le silence à cet égard, et la seconde formule de cession, proposée par Jean lui-même, et dans laquelle il réclame cette assistance, fut absolument rejetée.

Cependant le pape, mis en demeure de faire sa renonciation, publia le 7 mars une bulle formelle de cession; mais il ne s'exécuta pas, se brouilla avec l'empereur Sigismond et s'enfuit à Schaffouse.

Les sessions suivantes furent des sessions d'atermoiement pour l'engager à revenir, et l'on s'y occupa de Jean Huss et de Wicleff. A la dixième (14 mai 1415), le cardinal Filastre informa le concile que la commission chargée de recueillir les dépositions contre Jean XXIII avait déjà entendu une dizaine de témoins, et que les faits étaient suffisamment établis. Au nom de toute l'assemblée, le patriarche d'Antioche déclara, « qu'il avait mal rempli sa mission, « que par sa vie scandaleuse et son impiété, il avait « présenté au peuple chrétien le plus déplorable « spectacle... et qu'il fallait procéder à sa déposi- « tion. » Le surlendemain, lecture fut faite de soixante-douze chefs d'accusation dirigés contre

---

(1) Vingt ans après Constance, Jean de Turre-Cremata, faisant devant le concile de Florence, l'apologie d'Eugène IV contre les Pères de Bâle, traite à son tour des décrets des sessions IV et V. Or il dit assez clairement que les Pères de Bâle ont falsifié les décrets de Constance : « Il ne semble pas vrai que le concile de Bâle ait renou- « velé le décret de Constance : car il a plutôt fait un nouveau décret ; « pour s'en convaincre, l'on n'a qu'à examiner la lettre et le sens, « qui diffèrent notablement dans l'un ou l'autre décret. » (*Responsio ad Basileenses.*) Turre-Cremata n'insiste pas, et discute le décret tel qu'on le lui présente : « In his quæ pertinent *ad fidem*. » Ce décret, ajoute-t-il, comporte plusieurs sens.

Parmi les ouvrages récents à consulter sur le Concile de Constance, nous indiquerons : H. Wessenberg, *Versuch einer Geschichte der Bestrebungen nach Kirchenverb. in den grossen Kirchenvers. zu Basel und Kostnez.* Constance, 1840. 4 vol. ; Christophe, *Histoire de la papauté au xvᵉ siècle*, t. III, p. 280-345 ; Rossmam, Wih, *De externo concilii Constantiensis apparatu.* Iena, 1856; Tosti, *Storia del concilio di Constanza.* Naples, 1853, 2 vol. ; Steinhausen, *Analecta ad Historiam concilii Constantiensis.* Berlin, 1862 ; Bernhard, Huebler, *Die Constanzer Reformation und die Concordaten von 1418.* Leipzig, 1867; Hefele, *Distoire des conciles* (Ed. franç.), t. X, p. 303 et suiv., t. XI, p. 1-103.) M. Sevin a publié en 1880, à Mosbach, un journal inédit contenant des détails sur les principaux personnages du Concile (*Manuscripte und Denkwuerdigkeiten ueber das Concilium von Constanz.*)

(2) *Le concile de Constance et les Origines du Gallicanisme*, dans *Revue des questions historiques*, livr. de juin 1869.

(3) Voir Mansi, t. XXVII, p. 531 et seq., Van der Hardt, *Magnum et œcumenicum Constantiense concilium* t. IV. Mgr Héfélé, liv. XLV, § 746 et seq.

lui. Outre sa jeunesse impudique et ses menées pour se faire élire pape, on lui reprochait de s'acquitter comme un païen du service de Dieu; d'avoir débauché des vierges et des religieuses, d'avoir vécu dans le libertinage avec des femmes mariées; d'avoir vendu six paroisses à des laïques; d'avoir nommé des employés spéciaux pour ses trafics simoniaques, d'avoir écrasé d'impôts la ville de Rome et le territoire d'Avignon..., commis des assassinats et des empoisonnements.

Ces articles furent plus tard réduits à cinquante-quatre. On procéda ensuite à son arrestation, et après quelque résistance il céda en implorant la clémence du concile.

Plusieurs contemporains, notamment Théodoric de Niem, ont tracé de lui le portrait le plus odieux. On racontait qu'il avait exercé dans sa jeunesse la piraterie sur la mer de Sicile; qu'ensuite il était venu à Bologne soi-disant pour étudier, et sans prendre de grades dans aucune faculté. Platina et Onuphrius soutiennent au contraire qu'il y obtint le double diplôme de docteur en droit, et qu'ayant attiré l'attention de Boniface IX, son compatriote, il fut nommé archidiacre de Bologne, et camérier du pape. C'est dans cette charge qu'il aurait largement pratiqué la simonie et le commerce des indulgences. Sans aucun doute, il avait des talents militaires et administratifs qui le firent nommer cardinal diacre et légat de Bologne. Cette ville fut le théâtre de ses débordements, de ses viols et de ses exactions (1).

Ces couleurs si noires sont fort adoucies par d'autres écrivains du temps. Le Florentin Barthélemy Valory trace de Jean XXIII un portrait presque flatteur: « Balthasar Cossa, dit-il, s'était adonné à l'étude dès « sa jeunesse avec une telle application qu'il était « devenu non seulement orateur et poète distingué, « mais encore profond philosophe. Il dirigea ses « aptitudes dans les sens les plus divers. Ainsi « il renonça aux lettres, entra dans l'armée et s'y « distingua si fort que bientôt il fut mis au rang des « premiers hommes de guerre de l'Italie. Puis, « après de nombreux faits d'arme, il se tourna « brusquement du côté de l'Eglise, dont il rechercha « les honneurs jusqu'à la papauté. Dès lors il laissa « de côté la guerre, se donna tout entier à la reli« gion, et parvint en peu de temps à atteindre « le but de ses désirs (2). »

Le chroniqueur de Charles VI, le moine de Saint-Denis, l'appelle « un homme noble et habile dans les affaires » : *Virum utique nobilem et expertem in agendis elegerunt* (lib. XXXI, cap. I). Son immoralité prétendue n'est pas bien prouvée. Il faut se garder de le juger d'après les déchaînement qui se fit contre lui dans le temps de sa déposition.

Tout au moins doit-on s'en tenir au jugement de son contemporain d'Arezzo, reproduit par saint Antonin : *C'était un homme grand dans les choses temporelles, mais tout à fait nul et inepte dans les choses spirituelles.* « *Vir in temporalibus quidem magnus, in spiritualibus vero nullus omnino atque ineptus* (3). »

(1) Theod. de Niem. *De Vita et factis Joan. XXIII*, dans Van der Hardt, *Concil. Const.* t. II, p. 355-399.
(2) *Archivio storico Ital.*, 1843, t. IV, p. 261.
(3) Muratori, *Script.*, t. XIX, p. 927.

LE SUPPLICE DE JEAN HUSS (p. 117, col. 2).

Si le supplice de Jean Huss paraît aujourd'hui rigoureux, il était ordinaire, d'après la législation de son temps. Aux termes du code pénal de Charles-Quint, édité en 1532, le blasphème contre Dieu ou la sainte Vierge était puni de la peine capitale (§ 106); la sodomie, de la peine du feu (§ 116); la magie, du dernier supplice (§ 106). La même rigueur était employée pour réprimer les crimes contre la société. Ainsi le faux monnayeur et celui qui s'était servi sciemment de la fausse monnaie, devaient être brûlés; le falsificateur des poids et mesures était déchiré à coups de verges, et, dans certains cas plus graves, mis à mort (§ 111 et 113). Le vol avec effraction était puni de la corde, ou bien le coupable avait les yeux crevés, les mains coupées..., etc... La récidive de tout vol entraînait la peine capitale (§ 159 et 162). De même, en France, les moindres attentats contre la sûreté des routes étaient punis de mort, et l'on sait avec quelle rigueur on traitait alors les braconniers. D'ailleurs, la justice civile au moyen âge prononçait unanimement la peine de mort contre le crime d'hérésie. Telle est la disposition des codes de Saxe et de Souabe, aux termes desquels l'hérétique qui aura été convaincu par le juge ecclésiastique, doit être livré au bras séculier et brûlé sur le bûcher. Les ordonnances de l'empereur Frédéric II présentent les mêmes dispositions. Dès l'année 1220, aussitôt après son couronnement, il décréta que les cathares, patarins, spéronistes..., etc.., seraient frappés d'infamie, et il établit des inquisiteurs pour *poursuivre ces vipères*, car c'était son devoir de ne pas leur laisser la vie.

LE MEURTRE DE JEAN SANS PEUR (p. 118, col. 2).

A propos du meurtre de Montereau, Rohrbacher admet la version généralement accréditée qui voit dans l'attentat dont Jean sans Peur fut victime une trahison et un guet-apens.

A l'encontre de cette opinion, M. de Beaucourt croit pouvoir conclure, d'après les documents nouveaux publiés par lui, que tout a été fortuit dans l'événement. Par sa déloyauté, par son insistance intéressée à faire revenir le Dauphin à la Cour, au lieu de s'employer à l'exécution sincère du traité de Pouilly, Jean sans Peur a été lui-même l'artisan de sa ruine. Le ton arrogant qu'il avait déjà fait paraître au Ponceau, et dont il usa dans les explications échangées; la sorte d'intimation faite au Dauphin; le démenti qui lui fut donné : tout contribua à exciter l'indignation et à faire naître l'alarme chez les conseillers du jeune prince. Au milieu des paroles aigres échangées de part et d'autre, un conflit s'engagea. On en vint aux mains, et les anciens serviteurs de la maison d'Orléans, plus prompts à tirer l'épée, firent justice de l'insolence et des menaces du duc.

Ainsi, il n'y eut ni d'un côté ni de l'autre complot prémédité; Jean sans Peur a péri dans un conflit soudain provoqué par son emportement et sa violence (1).

MARTIN V ET LA BULLE IN CŒNA DOMINI
(p. 122, col. 1; et 125, col. 2).

Les historiens ne s'accordent pas sur l'origine de la célèbre bulle *In cœna Domini*, que le Pape publiait à Rome le jeudi saint de chaque année.

On a cru que Martin V fut le premier instituteur de la cérémonie dont il s'agit, et que la bulle commença à être publiée en 1420, après que le concile de Constance eut condamné les erreurs de Wicleff et de Jean Huss. Mais le cardinal Tolet atteste que l'on conserve dans la bibliothèque du Vatican la bulle *In cœna Domini* de Grégoire IX, antérieur de 50 ans à Martin V. En effet, Pierre Amélius, pénitencier et bibliothécaire de ce pape, décrit dans son *Ordo* la cérémonie de la publication de cette bulle avec tous les rites qui furent constamment observés (2). Il y a plus. Dans l'*Ordo* romain, rédigé sous Boniface VIII, par le cardinal Cajétan, celui-ci parle du rite de la publication comme fort ancien dès cette époque (3). On ne peut donc pas davantage attribuer la bulle *In cœna Domini* à Boniface VIII, comme quelques écrivains l'ont fait. Il faut en reculer l'origine au moins à la fin du XIIe siècle.

On peut citer comme un des plus anciens exemples de l'excommunication solennelle des hérétiques, la Constitution *Ad abolendam*, promulguée par le pape Lucius III, à Vérone, l'an 1184, en présence de l'empereur Frédéric-Barberousse et des princes de l'empire. Lucius excommunia solennellement les Cathares, Patarins, Humiliés, Pauvres de Lyon, Passagins, Joséphins, Arnaldistes, et autres hérétiques désignés ensuite sous le nom générique de Bogomiles et d'Albigeois (4).

Anciennement la bulle *In cœna Domini* était publiée trois fois par an : le jeudi saint, le jour de l'Ascension, et le 18 novembre, jour de la dédicace des basiliques des saints apôtres Pierre et Paul. Cette triple publication fut réduite ensuite à une, qui se fit le jeudi saint, d'où est venue à la bulle le nom de *In cœna Domini* (5).

SAINT BERNARDIN DE SIENNE (p. 134, col. 1).

Les sermons latins de saint Bernardin de Sienne, dont Rohrbacher rappelle la merveilleuse éloquence, ont été imprimés de bonne heure; mais on a négligé longtemps les sermons italiens qui sont pourtant si importants pour l'histoire de la langue *aurea* que le quinzième siècle parlait. Il en existe plusieurs manuscrits, dont le principal est à Palerme et fut écrit un an avant la mort de saint Bernardin; il contient quarante-cinq sermons. La bibliothèque municipale de Sienne en possède trois du XVe siècle. C'est de là que M. Gaëtane Milanesi a tiré les sermons qu'il a publiés en 1853. Quinze autres sermons inédits ont paru dernièrement par les soins de M. Lucciano Banchi, qui fait connaître dans une introduction la vie de saint Bernardin, l'époque et les lieux de sa prédication, l'importance des sermons, surtout au point de vue philologique (1).

LA BIENHEUREUSE MARGUERITE D'OMBRIE
(p. 142, col. 2).

Avant la bienheureuse, dont parle Rohrbacner, le nom de Marguerite fut illustré par plusieurs autres saintes femmes qu'il n'a pas toutes mentionnées. Nous citerons : Sainte Marguerite, reine d'Ecosse, morte en 1093 (2);

Les pieuses vierges Marguerite de Louvain, vierge et martyre au XIIIe siècle (3);

Marguerite (Albonensis), fille du comte de Bourgogne, vers 1163 (4);

La bienheureuse Marguerite Fontana, du tiers ordre de Saint-Dominique, de Modène, vers 1113;

La bienheureuse Marguerite d'Ypres, morte en 1263;

Sainte Marguerite de Cortone, dans l'Ombrie morte en 1297, pénitente de l'ordre de Saint-François (5);

La bienheureuse Marguerite de Hongrie, dominicaine, fille du roi Béla IV, morte en 1271 (6).

Sainte Marguerite de Faenza, abbesse de l'ordre de Vallombreuse, à Florence, morte en 1330 (7);

La bienheureuse Marguerite de Tiferno, dans l'Ombrie, du tiers ordre de Saint-Dominique, morte en 1320 (8).

Après la bienheureuse Marguerite d'Ombrie, on peut citer encore du même nom, la sainte veuve Marguerite (*apud septempivanos Piceni in Italia*), morte en 1395 (9) et sainte Marguerite de Ravenne, vierge, morte en 1505 (10).

LES SAINTS AU XVe SIÈCLE (p. 143).

Les biographies détachées que donne Rohrbacher, des Saints qui ont illustré le XVe siècle, sont résu-

---

(1) Voir *Revue des questions historiques*, juillet 1868, p. 189 et suiv.
(2) L'*Ordo* de Pierre Amelius a été publié avec les autres dans le *Musœum italicum* de Mabillon (§ 64).
(3) Cajetanus, *Ordo romanus* 14. § 92.
(4) Voir le résumé de la Constitution *Ad abolendam* dans l'*Epitome* de Guerra (t. I, p. 175).
(5) Cf. Benoît XIV, *De festis Domini*, c. VI.

(1) *Prediche volgari di san Bernardino da Siena dette nella piazza del campo l'anno 1437*. Sienne, 1880. A la suite de l'introduction on trouve la vie de saint Bernardin par Vespasien de Bisticci.
(2) *Sainte Marguerite reine d'Ecosse; Marguerite de Provence, reine de France*, par J. d'Argis, Par., 1866.
(3) *Acta*, auctore Ciasario Heisterbacenti, *Dialog.* t. VIe 34.
(4) Martène, *Amplis. collect.*, t. VI, 1201-1214.
(5) *Vita*, auct. F. Juncta Bevagerate: Bolland., 22 févr. t. III, p. 298-300-357; Petr. Lechner, *Das mystiche Leben der heil. Margaretha von Cortona*, Rgsb. 1862.
(6) *Vita*, auct. F. Garino, O. S. D., 340; Bolland., 23 janv. t. II, 897-909.
(7) *Vita*, auct. Petro Florentino, ap. Bolland., 26 août, t. V, p. 845-854.
(8) Bolland., 13 avril, t. II, p. 191-198.
(9) *Fragment.*, auct. Pompilio Caccialupo, ap. Bolland. 5 août, t. II. p. 117-121.
(10) *Vita*, auct. Seraphino Firmano, ital. scripta, ap. Bolland 25 janv. t. II, p. 548-551. — *Alia vita*, auct. Hieron. Rubeo (Rossi) dans *Histor. Ravennat.*, lib. VIII, *ibid.*, p. 553-554.

mées et complétées dans un aperçu général du Dr J. Friedrich : « Sur les plus beaux phénomènes du xve siècle (1). »

« Nos regards, dit-il, découvrent un Jacques de Portugal, qui aima mieux mourir que de suivre les conseils des médecins en faisant usage d'une femme ; un cardinal Dominique de Capranica, qui, à l'exemple de l'humaniste Pocci, ne tolérait chez lui aucune personne du sexe, fussent même des parentes ; un Vincent Ferrier, un saint Laurent Justinien, un Denys le Chartreux, un Jean de Kant, un Jean de Sainte-Faconde, un Didace, un Nicolas de Flüe, un prince Casimir de Pologne, un prince Ferdinand de Portugal, une sainte Catherine de Bologne, une Véronique, une Colette, une Lidwine, une Françoise Romaine. Jean Capistran, Bernardin de Sienne, mettaient au service de leur temps leur éloquence enflammée. Trithéim cite aussi avec éloge le margrave Bernard de Bade (1465), qui avait toujours gardé la chasteté virginale, et était resté exempt des vices de la cour au sein même de la cour impériale. Portant un cilice sous la livrée de l'homme d'Etat, il priait et pleurait souvent, et ne se couchait jamais sans s'être confessé à son aumônier. »

LA SARDAIGNE, DOMAINE PONTIFICAL (p. 145).

Les empereurs d'Allemagne, notamment Rodolphe de Habsbourg et les princes de l'Empire reconnurent explicitement que la Sardaigne faisait partie du patrimoine pontifical.

En 1346, Charles IV, se portant candidat à la couronne impériale, promit de ne jamais occuper ni prendre Rome et les autres domaines du Saint-Siège, et notamment les royaumes de Sardaigne et de Corse. Le P. Theiner a publié le serment en question (2).

Le serment que fit Wenceslas à Grégoire XI, en 1376, est conçu dans les mêmes termes; en effet, le futur empereur promit de ne jamais usurper Rome et les autres domaines du Saint-Siége, et notamment la Sardaigne et la Corse (3).

Les papes ne se bornèrent pas aux diplômes des empereurs ; mais ils crurent devoir affirmer fréquemment leurs droits, de façon à les sauvegarder contre les prescriptions et l'oubli, surtout après le grand schisme, qui avait compromis si gravement les intérêts du Saint-Siège. Avant ce schisme, plusieurs pontifes, Jean XXII, Clément VI, Innocent VI et Urbain V, avaient porté les censures canoniques contre les envahisseurs et les usurpateurs des domaines pontificaux, et ils avaient désigné nominativement plusieurs de ces possessions, tant dans des constitutions spéciales que dans la bulle In Cœna Domini, qui était promulguée le jeudi saint de chaque année. Le bienheureux Urbain V est le premier, à ce qu'il semble, qui mit dans la bulle In Cœna Domini, l'article relatif aux usurpateurs du domaine pontifical, c'est ce qu'on remarque dans la bulle Apostolatus officium, datée d'Avignon, le 12 octobre 1363. Cet exemple fut suivi par les papes suivants.

Après l'extinction du schisme, il était nécessaire de revendiquer hautement les droits apostoliques si longtemps violés. Aussi remarque-t-on que la bulle In Cœna Domini de Martin V est plus complète que les précédentes, en ce qu'elle nomme explicitement les diverses provinces de l'Etat pontifical. Cette bulle n'est pas dans le Bullaire romain, mais Theiner l'a publiée (1). Or la Sardaigne est expressément désignée dans l'énumération des provinces pontificales. La bulle est de 1422.

C'est l'Etat pontifical complet, excepté Modène, Parme et Plaisance, qui sont comprises dans la disposition générale : la Corse, la Sicile, la Sardaigne, le royaume de Naples en entier, ce sont les terres citra Pharum. Les souverains pontifes n'ont jamais perdu de vue les vraies limites de l'Etat pontifical, tel que Charlemagne et les autres donateurs l'avaient constitué, et tel qu'il existait et qu'il était reconnu depuis le viiie siècle.

Les collecteurs ont laissé dans l'ombre la bulle In Cœna Domini de Nicolas V, mais nous avons celle de Paul II. La Sardaigne est formellement comprise dans les Etats pontificaux. L'article de la bulle de 1470 est identique au passage que nous avons cité de celle de 1422.

La bulle de Jules II, de 1510, est dans le Bullaire romain (2). Elle reproduit fidèlement les précédentes, et la Sardaigne y est revendiquée au même titre que Rome et les autres provinces pontificales (3).

Il serait fastidieux de citer toutes les bulles In Cœna Domini. Il suffit de savoir que l'article relatif au domaine temporel est invariablement le même, et que la Sardaigne est toujours comprise dans les possessions pontificales. Nous nous contenterons de rapporter la bulle de Paul III, de 1536. Modène, Reggio et plusieurs autres villes dont le Saint-Siège venait de reprendre l'administration immédiate, y furent mises à l'abri de l'usurpation (4).

Les diplômes des anciens empereurs et les bulles In Cœna Domini fixent les vraies limites de l'Etat pontifical. Ce n'est nullement le domaine, tel que la diplomatie moderne l'a constitué : c'est un Etat d'environ quinze millions d'habitants.

L'AVARICE DE MARTIN V (p. 145, col. 2).

Muratori affirme que Martin V, vraiment digne d'être appelé par Rohrbacher grand et excellent pape, fut très avare; qu'il vécut misérablement dans son palais, et qu'il ne songea qu'à thésauriser (5). Platina ne parle pas autrement dans sa Vie d'Eugène IV, et Voigt a soutenu la même opinion (6).

---

(1) C'est le 12e paragraphe de son ouvrage : Joh. Wessel, ein Bild aus der Kirchengeschichte des XV Jahrh. Ratisb., 1862.
(2) Theiner, Codex diplomaticus domini temporalis S. Sedis, t. II, p. 156.
(3) Ibid., p. 588.

(1) Ibid., t. III, p. 276.
(2) T, III, part. III, p. 320.
(3) Cf. Analecta juris pontificii, CIIe, CIIIe, et CVe livr. (an. 1872).
(4) Bull. rom., t. IV, pars. I, p 140.
(5) Muratori, R. I. S., t. III, 2e partie, p. 859.
(6) Stimmen aus Rom uber den papstlichen Hof in xve Jahrhundert dans l'Historisches Taschenbuch de Raumer, 1833, p. 114 et suiv.

M. Eugène Müntz vient de prouver que c'est bien à tort que l'on a accusé ce pape d'avarice (1). Les documents que nous avons consultés, dit-il, témoignent au contraire de son goût pour la magnificence. Nous le voyons sans cesse occupé à commander de riches bijoux, des étoffes précieuses; les émaux, les nielles, brillaient jusques sur les moindres pièces du harnachement de ses chevaux ou de ses mules. Désirant faire exécuter une tiare et un fermoir de pluvial, ce fut au plus grand sculpteur du temps, à Ghiberti, qu'il demanda de se charger de ce travail. Il préludait ainsi dignement à ce luxe de bon goût, qui ne tarda pas à faire de la cour de Rome le principal foyer de l'art italien au xv° siècle. »

Martin V s'installa, dès son arrivée à Rome, dans le palais du Vatican, quelque délabré que fût alors cet édifice (2). Plus tard, il choisit pour résidence le palais des saints Apôtres. Le nouveau pape s'occupa tout d'abord de remettre en état non seulement le palais, mais encore la basilique du Vatican. D'après un témoignage rapporté dans le savant ouvrage de Bonanni (3), il aurait été dépensé, rien que pour la toiture de Saint-Pierre, la somme énorme de 50,000 florins.

LE PROCÈS ET LES JUGES DE JEANNE D'ARC
(p. 179, col. 2).

M. Ch. de Beaurepaire a complété la grande publication de M. Quicherat (4), en donnant de curieux renseignements sur le tribunal et les juges qui condamnèrent Jeanne d'Arc (5).

Après un exposé des circonstances politiques du procès, l'auteur montre que la société religieuse n'était pas moins que la société civile en proie à des divisions et à des troubles, par suite de la domination anglaise en Normandie : l'anarchie régnait dans l'ordre spirituel comme dans l'ordre temporel. « L'iniquité du procès, dit très bien M. de Beaurepaire, ne put être consommée que par le mépris de l'autorité du Saint-Siège. » On retrouve, parmi les orateurs les plus séditieux du concile de Bâle, quelques-uns des juges de Jeanne d'Arc. L'autorité épiscopale elle-même avait perdu de sa force. Au moment du procès, le diocèse était sans archevêque, le chapitre sans chef, et tandis que le pouvoir civil empruntait à la présence du jeune roi d'Angleterre et du grand conseil un degré de force plus considérable, l'autorité ecclésiastique était faiblement représentée, et de l'ancien clergé il ne restait que des hommes sans influence et tenus à l'écart. Il est douteux que Bedford se soit mêlé directement au procès; il quitta Rouen dès le 15 janvier 1431.

Quant à la procédure elle-même, M. de Beaurepaire fait ressortir par des exemples contemporains les rigueurs exceptionnelles et les illégalités dont les juges de Jeanne se rendirent coupables. Il reconnaît contrairement à l'opinion de Rohrbacher et de la plupart des historiens, que Charles VII ne pouvait rien faire, ni par la force des armes, ni par les négociations, en vue de la délivrance de l'héroïque pucelle; mais il regrette qu'il n'ait pas employé la voie d'un appel au pape, qui seul pouvait la sauver. Tout en insistant sur les vices de la procédure et sur les irrégularités monstrueuses dont les juges se rendirent coupables, il rectifie plusieurs erreurs qui se trouvent dans les dépositions des témoins de la réhabilitation.

M. de Beaurepaire montre aussi que la plupart des juges de Jeanne d'Arc finirent misérablement.

JEANNE D'ARC, SA MISSION ET SON ORTHODOXIE
(p. 184, col. 1).

En étudiant *la mission de Jeanne d'Arc*, M. A. Nettement conclut avec raison que, bien que Jeanne d'Arc eût reçu une mission de Dieu, il ne faut pas en déduire que tout ce que Jeanne d'Arc a dit ou fait dans sa vie, appartient à l'inspiration (1). Elle était inspirée quand il s'agissait de la mission qu'elle avait à remplir, mais elle avait conservé son libre arbitre d'après lequel elle agissait naturellement, quand elle n'agissait pas surnaturellement. Ses voix ne parlaient pas toujours, souvent elles se taisaient. On doit penser d'après les dépositions de Jeanne elle-même, qu'elles ne parlèrent presque plus, après Reims, que pour lui annoncer sa captivité prochaine, des revers et des épreuves, et dans sa prison, pour la préparer au martyre. Elle agissait alors sans être guidée par ses voix. Elle pouvait même agir contre les conseils de ses voix. C'est ce qu'elle fit quand elle quitta Saint-Denis, pour aller assiéger la Charité, et, d'une manière plus marquée encore, quand elle sauta du donjon de sa prison de Beauvoir pour aller délivrer Compiègne, et quand elle consentit à l'espèce d'abjuration qu'on lui arracha au cimetière de Saint-Ouen.

Il y a ici deux remarques à faire. La première, c'est que cette explication, justifiée par l'étude attentive des textes, est conforme aux lois par lesquelles la Providence, qui ne reçoit pas de loi de personne, gouverne elle-même la conduite de ses desseins. Notre faible raison comprend que Dieu, qui est la raison même, fasse surnaturellement les choses qui ne peuvent être naturellement faites. La délivrance d'Orléans et le sacre du roi à Reims, qui sauvaient la France de la domination et de l'absorption anglaises, sont au nombre de ces choses. Une fois Charles VII sacré à Reims, il suffisait à terminer la tâche, c'est-à-dire à chasser l'Anglais du territoire français; il était donc logique que l'on rentrât dans l'ordre naturel. La sagesse de Dieu ne prodigue pas les moyens inutiles, elle fait ce qui est nécessaire.

La seconde considération, que M. Michelet a entrevue dans son *Histoire de France*, n'est pas

---
(1) *Les Arts à la cour des Papes.* Paris, 1878, 1re partie, p. 5 et suiv.
(2) Voir le *Diarium* d'Infessura dans les *Scriptores* de Muratori, t. III, 2° partie, p. 1121.
(3) *Numismata summorum pontificum templi Vaticani fabricam indicantia (Templi Vaticani historia)*, éd. de 1700, pp. 36 et 37.
(4) *Procès de condamnation et de réhabilitation de Jeanne d'Arc.* Paris. 18...
(5) *Recherches sur le procès de condamnation de Jeanne d'Arc.* Rouen, 1869.

(1) Voir *Revue des questions historiques*, Octobre 1866, p. 526.

moins forte. Les voix avaient fait deux promesses à Jeanne d'Arc : qu'elle sauverait la France, et Jeanne d'Arc l'a sauvée ; qu'elle se sauverait elle-même et qu'elles la conduiraient en paradis. Or la seconde partie de la vie de Jeanne d'Arc, ses épreuves, ses défaites, sa captivité, son martyre, n'étaient-ils pas nécessaires au salut de Jeanne d'Arc, comme les victoires de Jeanne d'Arc, jusqu'au sacre de Reims, étaient nécessaires au salut de la France ? En détestant l'injustice, l'iniquité et la basse et impitoyable cruauté des Anglais envers cette sainte et héroïque fille, on peut se demander si les conseils de vengeance et de fureur des vaincus d'Orléans et de Patay ne cachaient pas les conseils de miséricorde de Dieu envers leur victime. Ne la préservaient-ils pas, par ces adversités et ces abaissements, de ce souffle d'orgueil qui vient quelquefois ternir l'âme de ces créatures glorieuses par lesquelles s'accomplissent les desseins d'en haut. Ne l'épuraient-ils pas dans le creuset de la souffrance ? En un mot, le bûcher de Rouen, qui est devenu un piédestal dans l'histoire, n'était-il pas un degré qui le rapprochait du ciel, et n'était-ce pas à cette pensée qu'elle répondait quand elle disait, au moment de monter sur le bûcher : « Où serai-je, ce soir ? » et qu'elle ajoutait : « Par la grâce de Dieu, je serai en paradis. — Non, mes voix ne m'avaient pas trompée ! »

M. H. Wallon, qui a abordé ce sujet dans sa *Jeanne d'Arc* (1) et dans les *Biographies nationales (Jeanne d'Arc)* (2), ne partage pas l'opinion de M. Nettement ; mais, s'il ne compte pas parmi les adversaires de l'inspiration de Jeanne d'Arc et les auteurs du système de « la mission manquée », sa thèse n'en est pas moins remplie de contradictions.

La mission de Jeanne a-t-elle été *manquée* ? M. G. du Fresne de Beaucourt a pleinement répondu à cette question dans la *Revue des questions historiques*. M. Wallon, dit-il, ne nous fournit-il pas lui-même la réponse quand il nous dit : Si Jeanne « n'a pas fait elle-même tout ce qu'elle était appelée à faire »; c'est qu'il fallait qu'on la suivit ? « Rien ne pouvait se faire sans un libre concours à la grâce, » disait-il dans sa première édition. C'est la même explication qu'a donnée M. de Carné : « Si abondante et si extraordinaire que soit la grâce, elle ne saurait agir que dans la mesure où l'homme l'accepte et concourt à son action par l'usage de sa liberté.... »

Il n'est pas vrai, ajoute M. de Beaucourt, que Jeanne n'ait pas rempli sa mission, qui se terminait avec le sacre ; il ne l'est pas davantage qu'elle dût se retirer après Reims. Ses voix la laissèrent libre de rester. Seulement elle demeura livrée à ses seules forces, ou à l'influence des hommes de guerre ; elle ne marcha plus poussée par l'ordre d'en haut. De là l'explication de ses revers, qui « rentrent dans l'ordre naturel des choses humaines (3). »

C'est pour avoir confondu l'ardeur de Jeanne avec son inspiration (1) qu'on a été amené à donner à certaines paroles et certains faits une portée qu'ils n'ont pas ; c'est pour avoir regardé comme faisant partie de sa mission des faits qu'elle se borna à prédire à Poitiers, comme elle les prévit encore à Rouen, qu'on a pu prétendre que, ne les ayant pas accomplis par elle-même, sa mission a été *manquée*.

Sans être aussi net et aussi concluant sur la mission de l'héroïque pucelle d'Orléans, M. Marius Sepet a su montrer la Jeanne d'Arc de l'histoire (2) et non la *Jeanne d'Arc* de convention que M. Henri Martin a composée avec tant de parti pris et de prévention.

C'est dans l'ouvrage de M. de Bourbon-Lignières que la mission et l'orthodoxie de Jeanne d'Arc ont été le mieux étudiées (3).

L'auteur examine d'abord les différents systèmes mis en avant pour expliquer d'une manière naturelle les faits relatifs à Jeanne d'Arc. Aurait-elle été l'instrument de la Cour, des politiques, des princes ? Son génie supérieur, ses merveilleux dons pouvaient-ils suffire à la guider à travers tant de difficultés extraordinaires et à lui faire atteindre le but ? A-t-elle eu pour auxiliaire, soit l'enthousiasme, soit l'exaltation ? Que penser de ceux qui attribuent les succès de Jeanne et ses visions à des causes pathologiques ? Quel est le vrai caractère des perceptions intimes de la Pucelle et quelles sont les explications naturelles qu'on donne de ces phénomènes ? Autant de questions que l'auteur examine et résout pleinement. Aucun des systèmes étudiés, conclut-il, ne peut éclaircir le mystère qui enveloppe la Pucelle et son œuvre : « C'est donc plus haut que la terre, en dehors de l'humanité, qu'il faut chercher le principe de l'inspiration qui nous a sauvés. »

En second lieu, M. de Bourbon-Lignières discute toutes les attaques dirigées contre l'orthodoxie de la Pucelle ; car il s'est trouvé et il y en a même de catholiques en Allemagne, pour renouveler contre elle les accusations de ses juges et l'attaquer dans sa foi. M. de Bourbon-Lignières soutient la réalité et la sincérité de son orthodoxie, et il démontre victorieusement que le procès de réhabilitation a été ce qu'il devait être, contrairement aux assertions de certains historiens qui voudraient y voir une œuvre intéressée et tronquée.

Dans un appendice, l'auteur passe en revue les précurseurs et imitateurs de la Pucelle, examine les causes de l'opposition qui lui a été faite, et enfin étudie le miracle au point de vue de la philosophie et de l'histoire.

Le rôle de Jeanne d'Arc, si glorieux pour la religion et pour la patrie, a été éloquemment apprécié par M. l'abbé Deguerry, dans l'*Eloge de Jeanne d'Arc*, qu'il prononça en 1856 ; par M. l'abbé Freppel, aujourd'hui évêque d'Angers, dans son *Panégyrique de Jeanne d'Arc*, prononcé dans la cathédrale d'Orléans à la fête du 8 mai 1867 et par M. l'abbé Pie, depuis évêque et cardinal, dans son *Eloge de Jeanne d'Arc*.

---

(1) Paris, 1875 (3e édit.) 12 vol. in-8.
(2) Paris, 1867, gr. in-8.
(3) *Jeanne d'Arc a-t-elle accompli sa mission?* par le P. Gazeau, dans Études religieuses, historiques et littéraires. Janv. et mars 1866, p. 329.

(1) C'est ce qu'a très-bien remarqué le P. Gazeau, p. 77 à 88.
(2) *Jeanne d'Arc*. Tours, 1869.
(3) *Étude sur Jeanne d'Arc et les principaux systèmes qui contestent son inspiration surnaturelle et son orthodoxie*. Paris, 1875.

En terminant, nous nous demanderons, avec M. de Beaucourt, si Jeanne n'est pas digne d'une auréole nouvelle, et si le vœu formulé par Mgr Freppel ne se réalisera pas un jour. L'Eglise, qui honore d'un culte public Clotilde, la grande reine qui donna la France au catholicisme ; Geneviève, l'humble fille du peuple qui sauva Paris du flot des Barbares, n'accordera-t-elle pas le même honneur à cette vierge chrétienne, dont les vertus héroïques et la vie merveilleuse « présentent tous les caractères qui permettraient de lui décerner « la plus haute des récompenses terrestres » et le « plus éclatant des suffrages ? » Jeanne d'Arc, qui a sauvé la France ; Jeanne d'Arc, qui est morte martyre de ses croyances, de son dévouement à l'Eglise et à la Patrie ; Jeanne d'Arc, qui a conservé à la France un trésor plus précieux encore que celui de sa nationalité, le trésor de sa foi, ne mérite-t-elle pas d'être offerte à notre vénération et à notre culte, après avoir été l'objet de la reconnaissance et des hommages de notre patriotisme ?

L'ABJURATION DE JEANNE D'ARC (p. 190, col. 2).

Rohrbacher montre que la formule d'abjuration proposée à Jeanne d'Arc était absolument différente de celle qui fut insérée au procès de condamnation. Il aurait pu s'appuyer encore sur les témoignages de ses propres juges, et faire ressortir plus vivement leurs odieuses machinations pour la déshonorer avant de la perdre (1).

La formule d'abjuration qui figure au procès est très longue, et cependant elle était fort courte, si l'on en croit ceux qui l'ont vue et entendue. « Elle « dura à peu près comme un *Pater noster*, dit « Pierre Miget, et elle fut lue deux fois, Jeanne « répétant les mots après Massieu. Elle avoit six « lignes de grosse écriture, dit le greffier Taquel, « qui était proche ; six ou sept lignes, disent « J. Monnet et G. de la Chambre ; et ce dernier « ajoute qu'il était assez près pour en voir les « mots. Celui qui l'a lue à Jeanne, Massieu, « déclare que la formule contenait huit lignes au « plus, et qu'il sait fermement que ce n'est pas « celle dont il est parlé au procès, que celle-ci « n'est pas celle qu'il a lue lui-même et que Jeanne « a signée »

Pourquoi M. Wallon, qui cite ces autorités, semble-t-il encore douter d'une substitution de pièce, inventée par ces hommes iniques ? (*Jeanne d'Arc*, pag. 328 et 329.). Le doute est d'autant moins possible que Haimond de Macy, un Anglais, qui était là, rapporte que Jean Calot, secrétaire du roi d'Angleterre, s'approcha, dès que Jeanne eut cédé, et tira de sa manche un petit papier qu'il lui donna à signer, et ensuite, mécontent du signe qu'il y avait tracé, il lui tint la main et la guida pour qu'elle y mît en toutes lettres son nom.

L'évêque de Beauvais savait bien où il voulait en venir ; après avoir demandé au cardinal de Winchester, présent à cette comédie, ce qu'il fallait faire de l'accusée, et avoir entendu de sa bouche « qu'il fallait l'admettre à la pénitence », il déclara qu'elle était absoute de l'excommunication. Toutefois, ajouta-t-il, comme elle avait péché contre Dieu et l'Eglise, pour sa salutaire pénitence il la condamnait à la prison perpétuelle, « au pain de douleur et à l'eau d'angoisse, afin qu'elle y apprît à pleurer ses fautes et à ne plus les commettre. »
— Comme J. Loyseleur la félicitait d'avoir fait une bonne journée, Jeanne disait à ceux qui l'entouraient : « Or çà, entre vous, gens d'Eglise, menez-moi en « vos prisons et que je ne sois plus en la main des « Anglais. » — Mais l'évêque dit : « Menez-la où vous l'avez prise. » — Warwick s'étant plaint qu'elle échappât, un docteur lui répondit : « Sire, n'ayez cure, nous la rattraperons bien. »

On avait obtenu la moitié de ce qu'on désirait, on avait persuadé au peuple que dans sa rétractation elle avait désavoué ses visions et sa mission divine ; on avait cru la marquer au front d'un signe d'infamie. Il ne restait plus qu'à la trouver *relapse* et l'on était assuré d'avance que c'était facile, car elle ne consentirait jamais à dire qu'elle avait menti.

Elle avait d'abord repris ses habits d'homme pour se protéger contre les violences brutales des soldats qui la gardaient et qui avaient voulu attenter à sa pudeur. Le greffier Manchon déclare au procès de révision « qu'elle avait dit n'être point en sûreté sous ses habits de femme avec ses gardiens, qui cherchaient à lui faire violence. » — De plus, comme elle était restée deux jours avec ses habits de femme on était impatienté d'en finir et on les lui enleva pour la forcer de reprendre les autres. « Le dimanche matin, raconte l'huissier Massieu, Jeanne dit à ses gardiens : « Déferrez-moi et je me lèverai. » — Mais l'un d'eux s'approchant lui retira ses vêtements de femme, et ils lui jetèrent ses habits d'homme que l'on gardait dans un sac en quelque coin de la prison. — « Messieurs, leur dit Jeanne ; vous savez qu'il m'est défendu ; sans faute, je ne le prendrai pas. » Mais ils ne voulurent point lui en donner d'autre, et à la fin, forcée de se lever, elle le dut prendre et garder, nonobstant ses protestations (1). »

SAINTE COLETTE (p. 205, col. 1).

Outre les vies connues de sainte Colette, il en existe une écrite par Dom Grenier, qui se trouve dans le t. CLXX des Mss. de ce religieux, conservés à la Bibliothèque nationale à Paris.

Cette histoire, avec documents justificatifs, a été publiée dans les *Analecta Juris Pontificii*, livraison CLX.

LE MOUVEMENT HUSSITE (p. 206, col. 2).

Diverses publications sont venues préciser e compléter, depuis Rohrbacher, l'histoire du mou

---

(1) Voir Quicherat, *Procès de Jeanne d'Arc*. Paris, 1841 ; Wallon, *Jeanne d'Arc*. Paris, 1860 (l'Abjuration), pag. 323 et suiv.

(1) Wallon, *l. c.*, pp. 338-339.

vement hussite retracée par lui d'après les auteurs antérieurs. Comme cet épisode touche de près à l'histoire de l'Eglise, nous indiquerons les travaux récents à consulter, en tête desquels il faut placer le recueil de tous les documents relatifs au célèbre réformateur publiés par M. Palacky (1).

LE CARDINAL JULIEN (p. 210).

Julien Cesarini, né à Rome, en 1398, étudia le droit ecclésiastique et le droit civil, les beaux-arts, la philosophie et la théologie. Doué d'une rare éloquence, dit J.-A. Moehler, d'une excellente mémoire, d'une grande pénétration d'esprit et d'une activité infatigable, en 1421, il accompagna, dans les missions de Bohême, où il se fit remarquer, le cardinal Branda de Plaisance, successeur du cardinal Jean Dominici. Envoyé plus tard en France en qualité de légat, il se signala par son habileté et sa droiture. Une autre mission plus délicate lui fut confiée pour le roi Henri VI d'Angleterre (1422-1461). Il exhorta les évêques intimidés à prendre courage et à se rattacher étroitement au Saint-Siège. Après de si brillants succès, il fut élevé à la dignité de cardinal (1426 ou 1430) et chargé de la légation de Hongrie, qui prit une fin malheureuse. L'armée des croisés allemands fut battue par les Hussites, et Julien lui-même fut réduit à prendre la fuite.

Le 1er janvier 1431, Martin V le nomma président du concile de Bâle, et ce pape étant mort le 20 février, Eugène IV le confirma dans cette dignité (31 mai). Rien de plus difficile que la présidence d'un concile qui prit tout d'abord une attitude hostile, et dans lequel les docteurs parlaient à la place des évêques. Si cette assemblée turbulente remplit sa tâche au moins pour quelque temps, c'est à Julien qu'on le doit. Son attachement à ce concile, qui lui valut de sévères reproches, s'explique par ce désir de voir la réforme de l'Eglise et la réunion des Hussites. « Il commença ce qu'il espérait conduire à bonne fin ; il persévéra tant qu'il ne fut pas obligé de renoncer à tout espoir ; il s'éloigna dès qu'il vit clairement que l'effort des autres tendait à la ruine de l'Eglise et à la division des fidèles. » Depuis 1437, il se tourna vers le pape, et quand tout espoir de conciliation fut évanoui, il se rendit à Ferrare, où il fit éclater dans tout leur jour, aussi bien qu'à Florence, ses talents et sa science. Ses travaux pour le rétablissement de l'union sont remarquables ; on a vanté avec raison son discours sur le *Filioque* (2).

Envoyé en Hongrie après la clôture du Concile, il eut le bonheur de prévenir une guerre civile imminente. Mais comme le principal danger venait du Sultan Murad (1422-1451), il conseilla au roi de Hongrie, Ladislas, de rompre la trêve de dix ans, qu'il avait conclue avec lui. Julien, pressentant sa fin prochaine, écrivit à Eugène IV qu'il courait au martyre, mais qu'il méprisait tout au prix du salut de la chrétienté. Il demanda de sacrifier sa vie en combattant les infidèles. Les Chrétiens furent vaincus dans le combat de Varna (10 novembre 1444) ; le roi resta sur le champ de bataille ainsi que Julien, âgé de quarante-six ans. Si Julien n'était pas un saint, il était certainement un grand homme, ainsi que l'appelle Æneas Sylvius. « Il n'avait pas mérité une si triste fin, mais c'est par elle qu'il fut jugé digne d'entrer en possession de la gloire éternelle. » Le Pogge, dans le discours funèbre qu'il prononça devant les cardinaux, le félicite d'avoir, dans une cause si sainte et si salutaire, sacrifié sa vie pour la liberté et le bien de l'Eglise, et enseigné par son exemple, non seulement à mépriser la vie, mais à chercher la mort pour l'exaltation de la foi et la défense des fidèles. La mort de Julien parut glorieuse à ses contemporains, sa perte irréparable pour l'Eglise. Le Pogge raconte, dans son Oraison funèbre, qu'Eugène IV, digne d'être rangé parmi les Saints de son temps, versa des larmes abondantes sur une perte si amère (1).

LE CONCILE DE BALE (p. 227, col. 1).

Des documents importants sur le concile de Bâle ont été publiés en 1857, par les soins de l'Académie impériale autrichienne des sciences, dans les *Monumenta conciliorum generalium sœculi XV* (2). Ce sont deux écrits ignorés de Jean de Raguse, qui joua au concile un rôle prépondérant. L'un a pour titre : *Initium et prosecutio Basileensis concilii;* le second : *Tractatus de reductione Bohemorum.* Ces deux sources très riches d'informations permettent de compléter Rohrbacher sur beaucoup de points et de le rectifier, notamment aux endroits où il représente l'abbé de Vézelai ouvrant seul le concile dès le 3 mars 1431, et où, sans relater les pouvoirs présidentiels conférés à Jean de Polencar par le cardinal Julien, il le montre déclarant de son chef que le saint concile général de Bâle était légitimement assemblé et constitué.

Comme on approchait de l'époque fixée par le décret de Constance pour la réunion de tous les évêques à Bâle, et que le pape Martin V gardait le silence, quoiqu'il eût reçu du roi d'Angleterre des lettres pressantes à ce sujet, un manifeste anonyme parut affiché dans les principaux quartiers de Rome le 8 novembre 1430, le jour de la promotion de Julien Cesarini au cardinalat. C'était un programme des menées secrètes tramées contre la chaire de Saint-Pierre, et poursuivies avec tant d'opiniâtreté. Il y était dit : « Puisque personne ne prend sur sui
« de réprimer les hussites, deux princes chrétiens
« ont l'intention d'adresser à toute la chrétienté

---

(1) Palacky, *Documenta Mag. Huss spectantia.* Prague, 1869; J. Loserth, *Beitrage zur Geschichte der Hussitischen Bewegung.* Vienne, 1877. (La première partie contient le *Codex epistolaris* de l'archevêque de Prague Jean de Janzenstein. Les lettres adressées au pape Urbain VI, au cardinal Pileus, à l'évêque d'Olmutz, offrent un intérêt particulier); Bezold, *Konig Sgmundi und die Reichskriege gegen die Hussiten.* Munich, 1875-1877; L. Schlesinger, *Mag. Joh. Lconis Die älteste Ersahlung von der siegreichen vertheidigung der Stadt Brüx gegen die Hussiten im J...* 1491... etc. Prague, 1877.
(2) Ed. græce et lat. à R. Andosilla, O. S. B., Florence, 1762. Ne se trouve dans aucune collection des Conciles.

(1) *Cardinal Julien Cesarini,* dans *Wurzb. Katholische Wochenschrift*, 1855, no 24-25.
(2) Vienne, 1857, in-fo. Cf. Héfélé, *Histoire des Conciles,* t. XI, liv. XLVII.

« les résolutions suivantes, qui devront être sou-
« tenues par des théologiens et des juristes instruits,
« au prochain concile, lequel, d'après les décrets
« de Constance, doit être célébré au mois de mars
« suivant :
« 1re. La foi catholique est si précieuse, que,
« pour le bon plaisir de qui que ce soit, fût-il même
« très haut placé, on ne doit omettre ce qui con-
« tribue à son avantage.
« 2e. Les princes temporels sont également obli-
« gés à défendre la foi chrétienne.
« 3e. Les anciennes hérésies ont été éteintes au
« moyen des conciles généraux; en conséquence,
« il est absolument nécessaire de célébrer un
« concile au mois de mars prochain à cause des
« hussites.
« 4e. Tout chrétien est tenu sous peine de péché
« mortel de faire son possible pour cela.
« 5e. Si le pape et les cardinaux ne pressent pas
« la célébration du concile, ou bien s'ils s'y
« opposent, on doit les considérer comme fauteurs
« d'hérésie.
« 6e. Si le pape n'ouvre pas le concile au mois de
« mars prochain en personne ou par ses représen-
« tants, les individus déjà dénommés sont obligés
« de lui dénier obéissance au nom de toute la
« chrétienté, et tous les fidèles doivent obéir aux
« prélats présents au concile.
« 7e. Si le pape et les cardinaux ne veulent pas
« convoquer le concile, ou empêchent sa convoca-
« tion, ou bien refusent d'y paraître, le concile a le
« droit devant Dieu de les déposer. »
Une pareille déclaration n'était pas de nature à
inspirer de la confiance à Martin V. Cependant, sur
l'avis des cardinaux, il se décida à nommer pour
présider le concile de Bâle le cardinal Julien Cæsa-
rini, d'une famille princière de Rome et désigné
précédemment pour terminer l'affaire des hussites
en Allemagne. Le cardinal de Sienne, plus tard
Eugène IV, lui fit adjoindre Jean de Raguse, ainsi
bien placé pour nous donner des renseignements.
Le pape Martin V étant mort le 20 février 1431,
son successeur Eugène IV avait, le jour même de
son couronnement, confirmé le cardinal Julien dans
sa légation à propos des hussites et du concile de
Bâle. Dans sa bulle, il lui recommandait de le tenir
au courant des événements et de lui dire son avis
sur ce qu'il y avait à faire, attendu que sur beaucoup de points il était survenu des changements à
propos du concile (1). Ces dernières paroles trahissaient une hésitation de la part du pontife. Il ne
s'en expliquait pas davantage; mais des démarches
avaient été faites alors par l'empereur de Constantinople, Jean Paléologue, pour obtenir du Saint-
Siège la célébration d'un concile en Calabre, auquel
assisteraient le patriarche de Constantinople, trois
autres patriarches orientaux avec un grand nombre
d'évêques de l'empereur, et où l'on traiterait de la
réunion de l'Église grecque et de l'Église latine et
de la défense de la chrétienté contre les Turcs, qui
venaient de s'emparer de la ville de Thessalonique
(mars 1430), défendue depuis sept ans par les
Vénitiens. Ces nouvelles étaient trop graves pour
ne pas attirer principalement l'attention d'Eugène IV

et pour ne pas la distraire du concile de Bâle, si
menaçant d'orages. Pendant sa légation à Constantinople, il avait toujours témoigné le plus vif désir
d'une réconciliation des Grecs avec Rome, et maintenant qu'il était sur la chaire de Saint-Pierre, il se
croyait plus en état que jamais de l'obtenir. On
comprend dès lors qu'il ne se pressait pas d'envoyer les évêques à Bâle.
Au moment où l'ouverture du concile devait y
avoir lieu, le 4 mars 1431, l'abbé de Vézelai, qui
était seul arrivé, se plaignit de l'abstention des
évêques, en présence du chapitre cathédral de
Bâle, et il proposa aux chanoines de délibérer, en
attendant, sur les questions à traiter : retour des
hussites dans le giron de l'Eglise, réforme de
l'Église et rétablissement de la paix entre les
princes chrétiens (1). En réalité, ce n'était pas commencer les sessions comme le dit Rohrbacher (3).
Un mois plus tard, trois députés de l'université de
Paris arrivèrent avec l'évêque de Châlon-sur-Saône
Hugues, et l'abbé de Cîteaux. Le 11 avril, ils déclarèrent devant le chapitre de Bâle qu'ils étaient
prêts à s'occuper des affaires du concile. De son
côté, le cardinal Julien, retenu en Allemagne pour
y prêcher la guerre sainte contre les hussites, dé-
pêchait à Bâle le comte palatin Louis de Bavière et
Jean de Raguse, pour modérer l'impatience des
Pères et pour leur dire de ne pas entraver la croisade par un zèle outré en faveur du concile, parce
que la répression des hussites était la plus impé-
rieuse nécessité du moment. Les Pères répondirent
par une lettre au cardinal que le concile et la croisade pouvaient très bien se mener de front, et ils
envoyèrent, le 7 mai, une ambassade au roi Sigismond pour le prier de vouloir bien hâter l'ouverture du concile. Durant tout le trajet pour rejoindre
le roi, qui était dans le voisinage d'Egra, ils trouvèrent des traces de la barbarie des hussites : villes
détruites, églises et châteaux en ruines, image du
Christ et des saints brûlés, etc.; ce qui les porta à
engager Sigismond à n'accorder ni paix ni trêve aux
hérétiques.
A la fin de juin 1431, un messager remit au cardinal Julien, qui venait d'arriver à Nuremberg, une
lettre d'Eugène IV, dans laquelle celui-ci disait :
« que les prélats réunis à Bâle étant si peu nom-
« breux, il n'était pas nécessaire de désigner un
« autre président à la place de Julien; on devait
« plutôt attendre dans cette ville que les affaires
« de Bohême fussent arrangées; alors Julien se ren-
« drait lui-même à Bâle. » Dans les collections des
conciles on trouve la remarque « que cette bulle ne
fut pas pleinement reconnue à Bâle », sans doute à
cause des choses désagréables qu'elle contenait.
A la suite d'un entretien avec Sigismond, le cardinal Julien résolut de diriger en personne la croisade contre les hussites, et il désigna, le 3 juillet 1431, Jean de Polemar et Jean de Raguse pour
remplir en son nom les fonctions présidentielles à
Bâle, où ils arrivèrent le 19 juillet. Ayant convoqué
le clergé dans la cathédrale, ceux-ci lurent le décret
de Constance relatif à la célébration du concile, la

(1) Voir Mansi, t. XXIX, p. 561.

(1) *Monumenta....* etc., pp. 68 et 70.
(2) Les Actes font commencer le concile à la première session
générale qui eut lieu le 14 décembre 1431, sous la présidence du cardinal légat.

bulle de Martin V nommant Julien à la présidence ; ils déclinèrent leurs titres de vice-présidents et se déclarèrent prêts à procéder dans les formes voulues (*rite et debite*) à la célébration du saint concile général. Ce n'était pas la faute du pape, ajoutèrent-ils, si l'on n'y avait pas déjà procédé. » Alors les députés de l'université de Paris leur présentèrent deux requêtes demandant, l'une, que les vice-présidents reconnussent le concile présentement commencé de fait ; l'autre, qu'ils ordonnassent à l'évêque de Bâle, à son chapitre cathédral, aux autres collèges et prélats de la ville, de comparaître au synode, en personne ou par des représentants. Les vice-présidents répondirent, sur le premier point, que le concile, en vertu des faits qui s'y étaient déjà passés, était définitivement constitué (*stabilitum et firmatum*). (23 juillet 1431.)

Le 6 août eut lieu une deuxième réunion préparatoire du concile, dans laquelle les deux vice-présidents eurent à expliquer que le pape Eugène IV avait bien confirmé les pouvoirs présidentiels du cardinal Julien, quoique l'on ne pût donner lecture de sa lettre de confirmation, laquelle n'était pas destinée à la publicité. L'insuccès de la campagne contre les hussites et l'arrivée du cardinal Julien le 9 septembre, concentrèrent plus spécialement les regards sur l'assemblée de Bâle. Dans la congrégation synodale du 11, le légat ratifia tout ce que ses représentants avaient fait, notamment « en constituant le concile » (*in statuendo et firmando concilium*). Le 14, il communiqua la bulle pontificale (*Certificati*), dans laquelle Eugène IV lui confirmait son titre de président, et il ouvrit le concile.

C'est à tort, observe Mgr Héfélé, que des historiens ont prétendu qu'on avait fixé dès la fin d'octobre 1431, avant la tenue de la première session solennelle, l'ordre suivant lequel les affaires seraient traitées. Ce ne fut que l'année suivante, après la sixième session générale, que ce règlement fut adopté. Le journal de Jean de Raguse se termine à ces préliminaires ; il ne conduit l'histoire du concile de Bâle que jusqu'au 19 novembre 1431.

Le pape n'augurant pas favorablement de cette assemblée et ayant écrit au cardinal Julien de la dissoudre, s'il le jugeait à propos, les Pères lui envoyèrent une ambassade pour empêcher la dissolution et pour mettre dans leurs intérêts l'empereur Sigismond, qui venait de recevoir la couronne de fer à Milan. Rohrbacher les accuse de ne pas avoir attendu la réponse : ils auraient dû le faire assurément ; mais le cardinal était laissé juge des nécessités de la situation, et ce fut lui et non l'évêque de Coutances qui continua de la diriger, en sorte qu'elle ne fut pas encore irrégulière.

II

Les sessions solennelles du concile commencèrent donc. Le 14 décembre 1431, le cardinal-président en proclama l'existence légale, fit un discours du haut de son trône, tandis que la grand'messe était célébrée par l'évêque de Coutances, Philibert, dont Æneas Sylvius, plus tard Pie II, loue la probité et la réputation intègre dans son *Commentarius de rebus Basileæ gestis* (1). Après un résumé succinct de ce qui venait de se passer, on lut une déclaration attestant que le concile était constitué (*firmatum et stabilitum*). Peu de jours après, le nonce pontifical Daniel, évêque de Parenzo, se présenta parmi les Pères, sans déclarer le sujet de sa mission, ce qui éveilla des soupçons même parmi les bourgeois de la ville. Mais sa conduite montre que le pape ne voulait pas encore absolument dissoudre l'assemblée, et lui-même l'affirmait en termes positifs. Il ajouta même une parole significative, savoir, que « le pape ignorait qu'il y eût déjà tant de Pères réunis à Bâle, et que, pour lui, il croirait faire l'œuvre du diable, s'il poussait à la dissolution. » La bulle dont il était porteur était celle qui conférait au cardinal Julien *le pouvoir de dissoudre le concile s'il le jugeait à propos*. Celui-ci protesta publiquement que tout était remis à sa décision pour suspendre ou continuer le concile, car les esprits s'échauffaient, et Daniel, ne se croyant plus en sûreté, avait disparu.

Le cardinal a laissé une brève relation de l'entretien qu'il eut avec ce nonce, peu de temps avant son départ précipité, et il y confirme la demi-liberté qui lui restait encore au sujet de la dissolution. Quoique le nonce, y dit-il, ait paru la désirer vivement, il avait assuré que son seul but était de conférer avec le cardinal et de se conduire d'après son avis. Il avait aussi insisté pour qu'on n'écrivît pas immédiatement au pape. En quittant Bâle précipitamment, il y avait laissé au jeune docteur, nommé Jean Céparelli, lequel avait les copies des deux bulles du souverain pontife. Elles avaient été montrées à Julien. Par l'une, Eugène IV prononçait la dissolution du concile ; par l'autre, il donnait à Daniel le pouvoir de la prononcer. Il avait désiré, lui légat, voir les originaux de ces deux pièces ; mais on ne les lui avait pas communiqués. Il avait, en outre, prié Céparelli d'aller trouver l'évêque Daniel et de le décider, au cas où il aurait l'ordre de dissoudre le concile, à en différer pendant deux mois l'exécution, jusqu'à ce qu'il en eût lui-même référé au pape. S'il ne voyait pas les originaux, ajouta-t-il, il ne pourrait croire les copies, car il était contradictoire que le pape lui laissât, à lui légat, la faculté de dissoudre le concile, et qu'en même temps il le déclarât dissous lui-même.

Il ne faut pas oublier que l'on était encore sous le coup des alarmes causées dans les esprits par le grand schisme, et que l'hésitation était bien naturelle de la part du souverain pontife et de ses représentants.

La bulle de dissolution devint certaine au commencement de l'année 1432 ; elle est adressée à tous les fidèles et fut expédiée le 14 décembre 1431. Cette date est d'autant plus admissible que, le même jour, Eugène IV écrivit également au roi Sigismond et à l'archevêque de Gênes, pour les informer que le concile était dissous et pour les ranger à son sentiment. Le pontife y disait « que l'accès de la ville de Bâle n'était pas sûr ; que pour cette raison très peu de prélats avaient pu s'y rendre, qu'en outre les Grecs désirant tenir un concile unio-

_____
(1) Edité par Fea dans *Pius II a calumniis vindicatus*. Rome, 1833, p. 28.

niste et promettant de venir à Bologne, il avait résolu, dans sa lettre au cardinal Julien, de dissoudre le concile de Bâle, *si c'était encore un concile*. Depuis que cette lettre avait été envoyée, les hérétiques tchèques, déjà condamnés par les conciles de Constance et de Sienne, avaient été invités à Bâle, afin de disputer sur leurs quatre articles, concession qui serait de nature à diminuer la considération due au Saint-Siège et aux saints conciles ; en conséquence, il *dissolvait le concile de Bâle, s'il existait encore*, et il indiquait pour Bologne un nouveau synode, qui aurait lieu dans un an et demi. »

Le roi Sigismond envoya aux Pères de Bâle, le 10 janvier 1432, une copie de cette bulle et en même temps il écrivait au pape une lettre pressante pour le prier de revenir sur cette détermination, lui affirmant que les Pères n'avaient point annoncé l'intention de disputer avec les hussites sur les quatre articles.

Le 13 janvier 1432, Jean Céparelli voulut donner lecture dans une congrégation synodale de la bulle de dissolution ; mais les Pères se séparèrent dès qu'ils s'aperçurent de son intention. Alors le cardinal légat écrivit au pape cette lettre véhémente quoique respectueuse, dont l'authenticité a été mise en doute, mais que la gravité des circonstances explique. Il voulait d'abord quitter la présidence ; mais lorsqu'il vit que l'assemblée était fermement résolue à rester en permanence; qu'elle ne manquerait pas de nommer un autre président et de s'engager dans la voie du schisme, il préféra rester à son poste et essaya de faire revenir le pape sur sa décision. Il lui disait.... « Vous m'avez vous-même
« expressément ordonné d'aller à Bâle, par votre
« lettre du 31 mai, et le reproche que vous me faites
« de m'être trop hâté, est bien injuste. Qu'il me
« soit permis de penser que vous n'eussiez certai-
« nement pas signé cette bulle de dissolution, si l'on
« avait bien prévu à Rome les dangers que créera
« cette mesure. La seule connaissance de cette bulle
« a déjà soulevé des tempêtes ; que sera-ce si on la
« met à exécution ? » Il expose ensuite une série de raisons, dont les principales sont que les Tchèques invités au concile crieront victoire, comme si l'Eglise s'était déclarée vaincue, en refusant de les entendre ; que les hussites auraient raison et qu'on n'a pas pu leur répondre... ; que lui-même a empêché plusieurs villes et plusieurs seigneurs de Bohême et des environs, de conclure des traités de paix avec les hussites et de s'attacher à eux, en leur faisant espérer un concile général ; or, si l'on ne tient point parole, plusieurs se rattacheront à ces redoutables hérétiques. Puis, si l'on transfère le concile, les murmures éclateront et les ennemis de l'Eglise auront le temps de répandre leur poison. Mais il s'avançait beaucoup lorsqu'il assurait que les Pères de Bâle ne voudraient nullement empiéter sur l'autorité papale, et qu'ils seraient d'autant plus réservés envers le pontife que celui-ci aurait plus de déférence pour eux, tandis qu'un schisme était à redouter si la dissolution était maintenue... A la fin, il déclarait qu'il ne pouvait croire à l'existence de la bulle, tant qu'il n'en aurait pas vu l'original, et il priait Eugène de la révoquer ou du moins d'en différer la promulgation jusqu'au mois de juillet, afin que l'on eût le temps de mener à bien les négociations entamées avec les commissaires tchèques et la noblesse allemande, ainsi que de publier les décrets relatifs à la réforme du clergé allemand. Il ne dissimula pas que, s'il se retirait, les Pères éliraient un autre président. Il revint encore sur cette idée dans une lettre plus courte qu'il écrivit à Eugène le 22 janvier 1432, et qu'il expédia au sacré collège.

Le cardinal Julien se rendait bien compte de la disposition factieuse des prélats, car le 21 janvier, ceux-ci avaient adressé à tous les fidèles une encyclique, dans laquelle ils se déclaraient « décidés à rester fermes à leur poste, quoique le bruit se fût répandu en différents lieux que le concile devait être dissous, ajourné ou transféré. Ils étaient persuadés qu'un pontife aussi recommandable qu'Eugène IV accorderait aide et faveur à la continuation du concile. Ils lui avaient envoyé des ambassadeurs, et les fidèles ne devaient recevoir aucun écrit renfermant quelque chose de contraire à la continuation du synode (1). »

Cette lettre synodale fut revêtue du sceau de l'évêque de Coutances, Philibert, que les Pères de Bâle avaient le même jour élu président pour un mois, parce que le cardinal Julien, par suite du décret papal, ne voulait plus occuper la présidence. Le 14 mars 1432, Philibert fut de nouveau confirmé dans sa fonction et Julien ne remonta sur son fauteuil que le 4 septembre de cette année (2). Ce fut après la constitution du règlement définitif de l'ordre à tenir dans les affaires (automne 1432, VIIIe session), que le cardinal Julien, dit Æneas Sylvius, reprit la présidence sur les instances du concile.

Outre l'encyclique, plusieurs prélats firent rédiger par notaires un appel en forme *au pape mieux informé*, s'appuyant principalement sur ce que les motifs invoqués pour la dissolution étaient faux, et que le pape avait été induit en erreur. Ils y déclaraient de plus que le concile était commencé, par conséquent que le pontife n'avait pas le droit d'y opérer des changements sans l'avis des Pères. Des ambassadeurs furent chargés de le porter à Rome et de le soutenir, c'était l'évêque de Lausanne, Louis de la Palud, et Henri Stater, doyen d'Utrecht. En même temps, le roi Sigismond envoyait de Plaisance (31 janvier) un message aux Pères de Bâle pour les féliciter de leur fermeté, et pour leur apprendre qu'il avait dépêché trois ambassades au souverain pontife, dans le but de faire retirer la bulle de dissolution. Le 1er février, le duc de Milan leur annonçait que son archevêque et deux autres prélats iraient bientôt prendre part aux délibérations du concile.

Cet appui des princes contribua beaucoup à les enhardir. Le 15 février 1432, ils tinrent la seconde séance publique, sans toutefois, depuis ce moment jusqu'à la dix-septième séance, mentionner aucun président dans les protocoles. Leur premier soin fut de dissimuler leur révolte et de se donner pour canoniquement assemblés en concile général. Ils

---

(1) Mansi, t. XXIX, pp. 237, seqq.
(2) Cecconi a puisé ces renseignements dans un manuscrit de la bibliothèque vaticane, *Codex Reg.*, n° 1017, p. 55. (*Studi storici sul Concilio di Firenze*, t. I. Docum. VII et VIII, p. XX, 319.)

invoquaient pour cela les décisions des synodes de Constance et de Sienne, et même l'autorité apostolique. Leur audace allait jusqu'à les faire insérer dans leurs actes les deux décrets suivants du concile de Constance (3ᵉ session), attentatoires aux prérogatives de la papauté : 1° Un concile général reçoit « immédiatement son pouvoir de Jésus-« Christ, et tout homme, même le pape doit lui « obéir; » « 2° tout homme, même le pape, qui « refuse obstinément d'acquiescer aux décrets et « ordonnances d'un concile général, doit être puni « ainsi qu'il le mérite. » Ensuite ils statuèrent « que le synode de Bâle, légitimement assemblé dans le Saint-Esprit, ne pouvait être dissous, transféré ou ajourné par personne, pas même par le pape, sans le consentement de ses membres. » C'était faire pressentir déjà jusqu'où l'on pousserait la résistance.

Ces prétentions déplorables furent encouragées, au moins d'une manière générale, dans une réunion de plusieurs évêques de France et du Dauphiné, tenue à Bourges, le 26 février 1432, sous la présidence de l'archevêque de Lyon. Après un mûr examen de la mesure prise par Eugène IV, ces prélats déclarèrent que le concile de Bâle avait été canoniquement convoqué, qu'il y avait dans son sein des évêques de presque toutes les parties du monde, et que sa célébration était nécessaire à cause de l'hérésie tchèque ou bohémienne, afin qu'il ne semblât pas que l'Église était impuissante à réfuter leurs sophismes. Ils constataient les progrès incessants de la doctrine qui réprouvait les dîmes payées à l'Église, et ils suppliaient le roi de France d'intervenir auprès des deux partis pour les réconcilier. L'archevêque de Lyon porta ces résolutions à Bâle et conjura les Pères d'agir avec douceur envers le pape, parce qu'il était le chef de l'Église et d'une conduite irréprochable. Rohrbacher expose bien la suite.

Cependant les négociations entamées avec les tchèques pour les amener au concile se poursuivaient activement. Nider, prieur des dominicains de Bâle et Jean de Maulbronn, envoyés à eux, les avaient assurés que les Pères ne se sépareraient pas et étaient tout disposés à entendre leurs délégués. Ils eurent beaucoup de peine à les calmer; mais enfin il fut résolu que les députés tchèques se rendraient à Bâle, et ils y arrivèrent au nombre de trois cents dans les premiers jours de l'année 1433. Il n'y avait que quinze notabilités ecclésiastiques représentant les diverses catégories de hussites. Le roi de Pologne leur avait adjoint une ambassade. Grande fut l'émotion à Bâle quand on sut leur prochaine arrivée. On décida qu'un certain nombre de prélats iraient au-devant d'eux à quelque distance de la ville ; mais ils arrivèrent en bateau, à l'improviste, le 4 mars 1433, en sorte que la réception solennelle qu'on leur avait préparée, ne put avoir lieu.

On ne remarquait rien de particulier dans les rites religieux des partis modérés, si ce n'est qu'ils admettaient les laïques à la participation du calice. Toutefois Procope et ses taborites excitaient un vif étonnement, car ils n'usaient ni d'autel, ni d'ornements sacrés, ni d'aucune cérémonie, réduisant tout le culte à quelques prières, à la prédication, à la communion sous les deux espèces. Le chef de ces étranges sectaires invita, le 7 janvier, Jean de Raguse et deux autres Pères à sa table et l'on en vint dès lors aux discussions. Dans un discours en réponse à celui du cardinal Julien, qui avait repris la présidence du concile, Rokycana, l'orateur des tchèques, développa les principales idées et les principaux griefs qui les amenaient au concile. Comme on était dans l'octave de l'Epiphanie, il paraphrasa le texte : *Ubi est qui natus est rex Judæorum; vidimus enim stellam ejus in Oriente et venimus adorare eum* (1).

Dans les congrégations générales des 16, 17 et 19 janvier, Rokycana, leur orateur, chercha à prouver la nécessité de la communion sous les deux espèces. Procope demanda que ce fût un point de doctrine reconnu par le concile. Un prêtre waise disserta deux jours durant sur la *libre prédication;* l'anglais Pierre Payne, au nom des hussites, essaya de démontrer, pendant trois jours consécutifs, que la loi divine ne permet pas au clergé la propriété des biens temporels. Rokycana demanda que les membres du synode chargés de leur répondre, missent par écrit leurs propositions, comme ils avaient fait eux-mêmes. De son côté, le cardinal Julien dit que les tchèques auraient à répondre *oui* ou *non* sur chacun des vingt-huit articles qui leur seraient proposés et dont voici les principaux :

1° Substantia panis et vini materialis manet in sacramento altaris post consecrationem... 2° Accidentia panis et vini non possunt esse sine subjecto in prædicto sacramento... 3° Christus non est in ipso sacramento identice et realiter in propria præsentia corporali... 4° In calice altaris pro conficiendo sacramento sanguinis aqua nullatenus est admiscenda... 6° Si homo de peccatis suis fuerit rite contritus, confessio oris exterior apud sacerdotem est supervacua et inutilis... 10° Post hanc vitam non est purgatorium... 11° Vanum est orare pro mortuis... 12° Non sunt orandi sancti Dei ; 13° Imagines Jesu Christi aut salutiferæ crucis ac beatæ Virginis et sanctorum Dei, non sunt venerandæ, sed confringeudæ et comburendæ ; 14° Jejunia, non sunt tenenda nec servanda... 20° Omnia de necessitate absoluta eveniunt... 23° Universitates, studia, collegia et graduationes et magisteria in eisdem sunt vana gentilitate introductæ, et tantum prosunt ecclesiæ sicut diabolus. 24° Nulla excommunicatio papæ vel alterius prælati est timenda. 25° Fatuum est credere indulgentiis papæ et episcoporum.

Des discussions s'engagèrent ensuite sur ces divers points. Elles étaient interminables. Ægidius Carlier, professeur de théologie et doyen du chapitre de Cambrai, parla pendant quatre jours; Palomar, archidiacre de Barcelone, en fit autant. La réplique de Rokycana dura cinq jours et ne se termina que le 10 mars 1433; celle de Payne en dura deux. Cette éloquence n'aboutissait à rien ; les tchèques, très fâchés d'être appelés hérétiques, prétendaient n'être pas hors de l'Église; ils voulaient au contraire y faire rentrer les autres, par exemple, les membres du synode. Rokycana raillait ceux-ci en leur disant que le pape ne regardait pas le concile comme légitime, et n'y assistait pas plus qu'un grand nombre de cardinaux. Dans une réunion subséquente, il remarqua que les tchèques ne pouvaient avoir confiance en un concile, après la conduite que celui de Constance avait tenue à leur égard

(1) Mansi, t. XXX, pp. 262-269

Aucun d'eux ne voulut d'ailleurs s'expliquer nettement sur les vingt-huit articles qu'on leur proposait. « Il était évident, dit un ancien manuscrit de la bibliothèque de Paris, cité par Palaky, que toutes ces négociations n'aboutiraient point à une solution complète et définitive au concile de Bâle. Les tchèques s'étaient flattés jusqu'alors de faire entrer dans l'enseignement de l'Eglise une partie de leur doctrine maintenant connue, et ils espéraient améliorer de cette façon l'ensemble dogmatique ; mais le concile se montra fermement décidé à ne pas subir leur influence. Il se contentait de les laisser exprimer librement leurs opinions, ce qui les refroidit beaucoup et les amena à demander aux Pères d'envoyer en Bohême une ambassade qui traiterait directement avec le peuple réuni en assemblée. Le concile finit par être persuadé de la nécessité absolue de faire cette démarche, quoiqu'elle dût entraîner bien des retards et occasionner bien des frais. Par conséquent, il fut décidé qu'une ambassade du concile accompagnerait les Tchèques à leur retour en Bohême, pour continuer les négociations commencées. » Cette foule incohérente de sectaires partit dans la matinée du mardi de Pâques 14 avril 1433. Avec eux étaient Philibert, évêque de Coutances, Jean de Palomar, Jean de Geilhausen, moine à Maulbronn, le cardinal Pierre d'Augsbourg, etc. Là s'arrête le *Liber diurnus* de Pierre de Saaz (1).

III

La vue de ces opiniâtres sectaires aurait dû ouvrir les yeux aux prélats de Bâle et leur montrer la nécessité, plus absolue que jamais, de rester unis au souverain pontife : évidemment leurs discordes n'aboutiraient qu'à accroître les récriminations et les haines contre l'Eglise, déjà si prononcées parmi les députés de la Bohême. Cependant ils continuaient leur œuvre de discorde, malgré tout le chemin qu'ils avaient déjà fait. Dans la troisième session générale du 29 avril 1432, une véritable sommation avait été adressée au pape, afin de l'obliger à retirer le décret de dissolution, à comparaître au concile dans le délai de trois mois ou à s'y faire représenter par des légats munis de pouvoirs illimités. S'il refusait, le synode pourvoirait lui-même aux nécessités de l'Eglise selon la justice et l'inspiration du Saint-Esprit. Le 5 juin, le cardinal Julien réitéra ses instances auprès du pape pour l'engager à venir à Bâle. « Une raison nouvelle, disait-il, devait le décider à reconnaître le concile, c'est que les prélats, réunis à Bourges, s'étaient déclarés en sa faveur; et, de fait, ajoutait-il, ce concile est canonique tout aussi bien que celui de Constance, et quiconque le récuse conteste également la canonicité de l'élection de Martin V et d'Eugène. » Il allait jusqu'à essayer d'établir que la dissolution prononcée par le pape était nulle.

Le 6 juin 1432, Nicolas, procureur du roi Sigismond, afficha devant quelques témoins, aux portes de Saint-Pierre de Rome, la citation du pape et des cardinaux prononcée par les Pères de Bâle. De son côté, Sigismond fut assiégé dans Lucques par les troupes pontificales et faillit être fait prisonnier.

La quatrième session (20 juin 1432), arma le concile, par de nouveaux décrets, contre l'autorité du pontife. « Aucun cardinal, évêque, prince et même individu quelconque ne devait être empêché de se rendre à Bâle à cause d'une promesse qu'il aurait faite au pape ou à qui que ce fût. Les actes du synode devaient être désormais marqués avec un sceau synodal particulier, lequel porterait d'un côté l'image de la descente du Saint-Esprit sous la forme d'une colombe, et de l'autre l'inscription : *Sacrosancta generalis synodus Basileensis*. Pendant toute la durée du concile, le pape ne devait créer aucun cardinal, à moins qu'il ne fût présent au synode. »

Le pape se tourna vers le roi Sigismond, lui promit la couronne impériale, et le pria de remettre aux Pères de Bâle une lettre contenant d'importantes concessions. Il y disait notamment « qu'il voyait avec plaisir les Pères assemblés à Bâle, en vertu de l'autorité qu'il voulait bien leur déléguer, et sous la présidence de ses légats, s'occuper de l'hérésie des hussites, pourvu toutefois que, s'il s'élevait des doutes graves, ils en laissassent la décision au pape ou à un futur concile général, qu'il voulait présider lui-même ; 2° les Pères pouvaient prendre des mesures relatives à la réforme de l'Eglise, mais ils devaient les soumettre au pape pour être confirmées... ; 3° toutes les menaces de châtiments faites par les Pères de Bâle contre le pape, contre ses adhérents et ceux qui avaient quitté le concile, devaient être nulles et sans effet ; 4° le pontife était disposé à devancer la convocation du concile général de Bologne, et même, si les Pères le désiraient, à le célébrer dans une autre ville, mais seulement de l'Italie et, en outre, de l'Etat de l'Eglise (1). »

Sigismond demanda aux Pères leur avis sur ces déclarations; il les assura de nouveau de son attachement et les exhorta cependant à ne pas trop s'avancer dans leur opposition au Saint-Siège. Les quatre plénipotentiaires pontificaux, parmi lesquels figuraient Jean, archevêque de Tarente, et Bertrand, évêque de Maguelone, furent introduits dans une congrégation générale de la cinquième session (22 août 1432), montrèrent la nécessité d'une union entière entre le pape et le concile, pour ramener les Grecs et les hussites à l'Eglise. L'archevêque de Tarente affirma, dans la réunion du 26 août, qu'il était impossible au pape de se rendre à Bâle, vu la maladie dont il était notoirement affligé ; puis il affirma nettement que c'était au pape qu'il appartient de convoquer le concile et de communiquer aux membres qui le composent l'autorité dont ils ont besoin ; que l'obstination des Pères de Bâle à rester réunis après la promulgation du décret de dissolution avait été déplorable, et même contraire au droit..... Du reste, si les Pères sont absolument persuadés que la réforme de l'Allemagne et l'entente avec les Tchèques peuvent plus aisément être

---

(1) Le principal document à consulter sur l'histoire de cette ambassade est le mémoire important de Gilles Carlier, qui en fit partie : *Liber de legationibus concilii Basiliensis pro reductione Bohemorum*, dans Birck. *Monumenta concil. gener.*, pp. 361-700.

(1) Mansi, t. XXX, pp. 161-163.

réalisés a Bâle que dans le nouveau synode, Eugène IV veut bien leur céder sur ce point et permettre que son légat s'occupe encore à Bâle de ces deux affaires, de concert avec les prélats ; mais ces questions une fois réglées, ceux-ci seraient tenus de comparaître au nouveau concile (1). »

La réponse du synode aux envoyés d'Eugène fut très âpre et très détaillée. Il y était dit « que le pape est soumis au concile général en trois points, à savoir, en tout ce qui touche la foi, l'extirpation du schisme et les réformes générales, selon les définitions de Constance.... Le synode avait eu raison de continuer ses opérations malgré le décret du pape, attendu que celui-ci avait agi d'une façon contraire au droit, et qu'on doit obéir à Dieu plutôt qu'aux hommes... Jamais les Pères ne se feraient les complices de ceux qui voulaient anéantir les principes proclamés à Constance ; et ils suppliaient le pape de se montrer favorable au concile. »

D'un autre côté, ils engagèrent le roi Sigismond à rompre toute négociation avec Rome et à se rendre promptement à Bâle ; mais le prince répondit qu'il attendait de jour en jour une ambassade pontificale, et il priait les Pères de suspendre les procédures commencées contre Eugène, jusqu'à ce qu'elle fût arrivée.

Cette lettre fut reçue trop tard ou fut sans résultat. La sixième session générale s'ouvrit le 6 septembre 1432, sous la présidence de Philibert, évêque de Coutances, en présence de trois cardinaux et de trente-deux autres prélats. Les deux promoteurs synodaux proposèrent de déclarer contumaces le pape et les cardinaux qui n'avaient pas obtempéré aux citations canoniques. Sur ces entrefaites, survinrent quatre députés d'Eugène, qui supplièrent l'assemblée de ne pas tant se hâter et promirent leur intervention auprès du pontife pour aboutir à un accommodement. Une commission fut nommée pour examiner les raisons des cardinaux absents. Les Pères fermaient l'oreille à toute proposition ; ils écrivirent au roi Sigismond, qui travaillait à les apaiser, de rompre toute négociation avec le pape. Lui, au contraire, leur conseilla de nouveau la modération et continua de négocier avec Rome.

L'animation ne se calma point dans les septième et huitième sessions. Il y eut quelques semblants de condescendance dans cette dernière ; on y assigna un délai de soixante jours dans l'intervalle desquels Eugène devait retirer le décret dissolvant le concile et publier qu'il était sincèrement attaché au saint concile de Bâle.

Des défiances réciproques avaient amené de la froideur entre les Pères de Bâle et le roi des Romains ; l'on sentait la nécessité d'un rapprochement parce que dès la neuvième session, tenue le 22 janvier 1433, le concile songea à déposer le pontife, et il avait besoin de se fortifier contre lui ; de son côté, Sigismond n'avait pas abandonné son rôle de conciliation, et il devait en user avec succès. Ce fut lui qui, voyant les mauvaises dispositions des prélats et les offres inutiles du Saint-Siége, amena celui-ci à des concessions fort étendues, à la suite desquelles on se prit à espérer une entente. Dans une bulle du 14 février 1433, Eugène acceptait la ville de Bâle même comme lieu de réunion du concile, spécifiant toutefois que les décisions à prendre n'auraient de valeur légale qu'à partir du moment où le pontife aurait autorisé les réunions (1).

Sigismond envoya aux Pères de Bâle cette nouvelle bulle pontificale ; mais il les blessa en leur recommandant d'éviter un schisme, et quoiqu'ils fussent obligés de reconnaître que le pape faisait un pas sérieux vers la paix, ce n'était point assez ; il leur fallait davantage. Les nonces s'en aperçurent aussitôt et députèrent à Rome l'un d'eux, l'évêque de Servia, pour obtenir que le pontife ne s'en tînt pas là. En attendant l'on s'était occupé, dans l'intervalle de la dixième à la onzième session, des démêlés survenus entre les princes d'Allemagne. A la onzième, qui s'ouvrit le 27 avril 1433, la prétention autocratique des Pères se manifesta par une série de décrets. Le premier portait que le pape devait assister en personne à un concile général, ou bien s'y faire représenter par un ou plusieurs légats, qu'il devait choisir d'accord avec les deux tiers des cardinaux... Celui qui restait quatre mois sans venir au concile était frappé d'une suspense temporaire ; le pape ne faisait pas exception à cette règle, et si ce dernier cas venait à se produire, c'était au concile que passait le pouvoir du Saint-Siége. Si l'absence se prolongeait encore pendant deux mois, l'assemblée devait en venir aux mesures de rigueur, même à la déposition, aussi bien contre le pape que contre les autres. Dans le second décret, il était stipulé que le pape ne devait empêcher personne, pas plus les cardinaux que les autres, de se rendre au concile général ; dans le troisième, que le pape n'avait pas le droit de proroger le terme de la célébration d'un concile général, et qu'un concile général légitimement réuni ne pouvait être ni dissous, ni prorogé, sans l'adhésion de ce même concile... Dans le quatrième, il était dit « que le présent concile de Bâle ne pouvait être dissous ou transféré par personne, pas même le pape, à moins que les deux tiers de chaque députation n'y consentissent et également les deux tiers de l'assemblée générale. Tous les membres du synode devaient jurer, de par le sang du Christ et par tout ce qui était saint, de ne jamais accepter la dissolution ou la translation du synode jusqu'à ce que la réforme générale de l'Eglise dans son chef et dans ses membres fût devenue une réalité... Enfin, le huitième déclarait nulles et sans valeur toutes les défenses, toutes les menaces que pourrait faire le pape ou qui que ce fût en son nom, pour empêcher les membres de l'officialité romaine et les employés de la curie de se rendre à Bâle (2).

Le roi Sigismond ayant reçu à Rome la couronne impériale (fin de mai 1433), en informa les Pères de Bâle, en les invitant à la concorde, puisque Eugène avait donné son assentiment à la tenue du concile. Cette nouvelle ne les arrêta pas. Le 16 juin 1433, ils rejetèrent les propositions du pape, refusèrent de reconnaître ses légats pour présidents. « Ils avaient espéré, disaient-ils, que le pape vaincu par leur douceur viendrait au concile général ; mais

---

(1) Mansi, t. XXIX, pp. 482-492.

(1) Mansi, t. XXIX, p. 169.
(2) Id., ibid., pp. 52-56.

ils devaient avouer, non sans verser des larmes, qu'ils s'étaient trompés. L'évêque de Servia, qu'on avait envoyé auprès de lui pour rapporter une complète adhésion, n'était pas revenu... On leur demandait de sacrifier l'autorité du concile de Constance; mais ils aimaient mieux mourir que de commettre cette faute... C'était un article de foi que le pape est au-dessous du concile général; aussi le pape Eugène était-il un véritable païen et un publicain, s'il n'écoutait pas l'Eglise, c'est-à-dire le synode. »

Il était évident qu'on ne s'arrêterait pas en pareil chemin et qu'on en viendrait aux dernières extrémités contre le pape. Les nonces le comprirent et demandèrent qu'on différât de lui faire son procès jusqu'à l'arrivée de l'empereur à Bâle. Le théologien espagnol Jean Torquémada, plus tard cardinal, présenta un mémoire en faveur du Saint-Siège et contre les principes du concile de Constance; d'autres membres de l'assemblée témoignaient de dispositions meilleures. Le cardinal Julien insista auprès de l'empereur pour qu'il décidât le pontife à reconnaître pleinement le concile. Le duc Guillaume eut beaucoup de peine à empêcher un éclat dans la douzième session. L'on s'y borna encore à des menaces, puis l'on supprima presque entièrement la collation de toutes les dignités ecclésiastiques conférées par Eugène depuis un temps assez long. Dans des considérations pleines d'aigreur, le synode déclarait qu'il était de son devoir de procéder contre le pape Eugène avec des remèdes plus énergiques; toutefois, à la demande de l'empereur, il voulait bien accorder encore un délai de soixante jours. Ce terme écoulé, s'il n'adhérait pas simplement au concile par des bulles solennelles, il serait dénoncé comme opiniâtre incurable, comme un scandale pour l'Eglise; il serait suspendu de tout exercice de la puissance papale, qui appartiendrait dès lors au concile.

Cette décision n'était pas encore connue à Rome que le pape, convaincu que ses propositions seraient acceptées, travaillait à garantir sa personne et son siège contre les entreprises du synode. Lorsqu'il sut l'animation des Pères, il céda aux instances de l'empereur et, par la bulle *Dudum sacrum* (1er août 1433), il confirma pleinement la célébration du concile à Bâle. « Comme la translation du concile de Bâle à Bologne avait suscité de grandes difficultés, disait-il, que quelques-uns des motifs invoqués pour cette translation n'existaient plus, et que rien, d'ailleurs, ne lui tenait plus à cœur que d'éteindre toute discorde, il consentait, et acceptait volontiers que le susdit concile de Bâle eût une valeur légale à partir du moment de son ouverture, et qu'il se continuât pour remplir la mission indiquée... Il y adhérait franchement, simplement et cordialement; il était résolu à le soutenir et à le favoriser de toutes ses forces, à la condition toutefois que ses légats eussent la présidence, et que tout ce qui avait été fait contre sa personne, contre ses adhérents et outre l'autorité du siège apostolique fût abrogé et que les choses fussent remises sur l'ancien pied (1). »

(1) Mansi, t. XXIX, p. 575.

Sigismond trouva que le pape avait fait plus qu'il ne devait. Il intervint auprès des Pères de Bâle avec le roi de France, Charles VII, pour leur représenter les avantages d'une réconciliation. Il partit pour Bâle et arriva le 11 octobre 1433. On n'osa pas aller contre ses vœux; mais le cardinal Julien, dans la réunion du 16 octobre, se livra à de violentes récriminations contre Eugène, trouva insuffisantes ses concessions du 1er août, et dit que les princes avaient le devoir d'abandonner ce pontife. Dans la quatorzième session du 7 novembre, on vota une longue prorogation de 90 jours, et l'on exigeait du pape qu'il fît des modifications à la bulle *Dudum sacrum*. Sigismond y assistait revêtu de ses habits impériaux.

On attendit assez paisiblement. La quinzième session générale, 26 novembre 1433, fut consacrée à des décrets sur les conciles provinciaux. Une agression à main armée dans les Etats de l'Eglise par des bandes appartenant au duc de Milan, causa un grand trouble dans Rome, d'autant plus que le duc prétendait agir au nom du concile de Bâle dont il se disait le vicaire. Eugène, désolé, appela à son secours Venise, Florence et l'empereur Sigismond. Dans sa lettre à ce dernier (13 octobre 1433) il lui disait : « Je ne puis pas croire que le concile ait donné de « pareilles missions; mais tout s'est fait du consen« tement et par la volonté de quelques synodistes de « Bâle, que je prie Votre Majesté de réprimer. Il est « de son devoir de protéger l'Etat de l'Eglise. »

Une congrégation du synode affirma qu'aucun ordre de ce genre n'avait été transmis au duc de Milan, qui fut réprimandé par l'empereur, et l'on continua d'avancer dans la voie des accommodements

IV

Le 15 décembre 1433, Eugène IV accepta une des formules que les Pères lui avaient présentées, en y faisant toutefois quelques modifications. Ces nouvelles lettres, lues dans la seizième session générale, le 5 février 1434, annulaient les trois bulles précédentes, avec les censures portées contre les adhérents au concile, aussi bien que tout ce qui avait été fait, tenté, affirmé par lui ou en son nom au préjudice du concile. En conséquence, les légats et présidents nommés par le pape furent introduits dans l'assemblée le 24 avril 1434; ils durent jurer les trois points suivants : 1° que le concile de Constance et tout autre concile œcuménique tient immédiatement sa puissance du Christ et que tout homme, même le pape, doit leur obéir en tout ce qui concerne la foi, l'extirpation du schisme et la réforme générale de l'Eglise dans son chef et dans ses membres; 2° que tout homme, même le pape, s'il s'obstine à ne pas obéir à ce saint concile ou à tout autre canoniquement convoqué, relativement aux trois points indiqués, doit être puni selon les canons; 3° qu'ils donneront toujours l'avis qui leur paraîtra le plus salutaire d'après leur conscience, qu'ils ne trahiront jamais les votes des autres membres... (1). Sur

(1) Mansi, t. XXIX, p. 409.

ces trois points, ils protestèrent que c'était en leur nom personnel et nullement au nom du pape qu'ils souscrivaient.

Deux jours après, l'on célébra la dix-septième session générale, en présence de l'empereur Sigismond (26 avril 1434), sous la présidence du cardinal Julien, de l'archevêque de Tarente et de deux autres représentants du pape. Celui-ci protesta toujours qu'il n'avait jamais approuvé tous les décrets de Bâle, mais seulement la continuation du concile.

Les doctrines professées à Bâle, mais qui n'avaient pas l'assentiment du Saint-Siège, eurent une influence funeste sur les ouvrages de théologie et de droit canon publiés à cette époque. Le temps n'était pas venu de protester hautement; les papes pour ne pas heurter de front des susceptibilités redoutables, se tinrent sur la réserve, se promettant d'expliquer la doctrine quand les esprits seraient mieux disposés à la recevoir.

Dans les sessions dix-neuvième, vingtième et vingt-unième, on s'occupa des ordres mendiants, de la réunion des Grecs à l'Église romaine. On envoya des députés à Constantinople et on reçut ceux qui arrivaient, sans tenir le pape au courant des négociations. Celui-ci s'en étonna, fit même des représentations aux Pères; toutefois, pour leur prouver son amour de la paix, il approuvait leur convention.

Le 22 janvier 1435, les décrets de la vingt-unième session, sur les réformes ecclésiastiques, furent publiés à Bâle.

Malgré la réconciliation, il était toujours resté un levain de discorde au fond de bien des cœurs. Cette insistance des Pères à proclamer constamment la supériorité du concile général sur le pape, leur empressement à négocier avec l'empereur de Constantinople pour la réunion, comme étant les maîtres absolus et n'ayant pas besoin du consentement d'Eugène IV; des menaces formulées contre le pape dans le cas où il serait délinquant, avaient entretenu le feu qui couvait sous la cendre, et il se ralluma au sujet des annates. Dans leur vingt-unième session, les Pères avaient décrété qu'on « ne devait pas recevoir d'argent ni dans la curie romaine ni ailleurs, pour confirmation d'une élection, concession d'une demande, collations, présentations... honoraires pour le sceau des bulles, etc... »

C'était supprimer d'un seul coup des revenus considérables du Saint-Siège : les présidents protestèrent; le pape envoya le 13 août une bulle de protestation et des députés pour l'expliquer. L'insolence du concile allait toujours croissant. Le 6 août 1435, il enjoignit, sous peine d'excommunication, aux collecteurs de la chambre apostolique et autres fonctionnaires de ce genre, d'avoir à se rendre à Bâle dans un délai fixé, pour y rendre compte de leurs recettes. Ordre rigoureux fut aussi donné, toujours avec menace d'excommunication et d'interdit, de diriger non pas sur Rome mais sur Bâle, toutes les sommes d'argent versées ou dues, qu'elles aient été demandées pour le pape ou pour le concile. On menaçait de frapper des peines canoniques, s'ils ne se rétractaient, deux légats pontificaux, présidents du concile, lesquels s'étaient élevés contre les décrets de Constance prescrivant à tout homme, même au pape, d'obéir à un concile général.

Un envoyé d'Eugène IV, Antonius de Vito, défendit, le 26 août 1435, la coutume de percevoir les annates; elles appartenaient au pape de droit divin, naturel et humain.

Le nonce Traversari, envoyé de Bâle par le pape à l'empereur Sigismond, nous dépeint d'une façon énergique l'état du concile à cette époque, dans une lettre du 28 janvier 1436. « Ce n'étaient pas, disait-il, les évêques qui décidaient les affaires, car ils étaient à peine vingt au milieu d'une assemblée de cinq ou six cents membres; tous les autres étaient des clercs inférieurs de différents ordres et même des laïques, en sorte que la partie bonne et bien intentionnée se trouvait opprimée par la multitude des opiniâtres et des méchants. Les Français, sous la conduite des archevêques d'Arles et de Lyon, voulaient de leur côté tirer profit de la situation pour tâcher de ramener le siège de la papauté en France. Tout personnage appartenant au concile, voire même les cuisiniers, ont autant le droit de voter qu'un évêque, un archevêque ou un légat, et on attribue ensuite à l'Esprit-Saint toutes ces fantaisies d'une multitude insensée. Aussi le concile dure-t-il depuis cinq ans, sans aucune utilité, en usurpant les droits de la papauté. Le soussigné prie l'empereur de remédier à cette situation (1). »

Ces passions tumultueuses qui fermentaient dans l'assemblée de Bâle, faisaient pressentir le plus fâcheux dénouement, et éloignaient des meneurs la partie saine du concile pour la rattacher au pontife. Au commencement de la vingt-cinquième session, l'on en serait venu aux mains, selon Æneas Sylvius, si les bourgeois de Bâle n'y avaient mis obstacle. Chaque parti voulait l'emporter sur l'autre par la prise de possession de la chaire et de l'autel; mais les bourgeois occupèrent militairement l'église. Dans les jours suivants, il y eut des coups et l'on tira l'épée. C'était comme deux armées prêtes à engager la bataille. La majorité décréta que le synode d'union avec les Grecs serait célébré à Bâle, ou à Avignon, ou dans une ville de Savoie. Tous les ecclésiastiques, même le pape et les cardinaux, devaient verser un dixième de leurs revenus. Le décret de la minorité fut, au contraire, que le concile devait être tenu à Florence, à Udine ou dans une autre ville antérieurement désignée, qui agréerait au pape et aux Grecs. Depuis le 6 mai 1436 jusqu'au 14, l'on s'efforça d'arriver à un accommodement, mais sans y réussir. L'archevêque de Tarente fût arrêté à Bâle et son avocat frappé à coups de bâton; mais lui fut nommé cardinal par Eugène IV. Celui-ci avait mis de côté toute hésitation; il assura, le 20 juillet, que le décret de la minorité du 7 mai serait fidèlement exécuté par lui. Il alla plus loin; pour répondre au *monitoire* très menaçant du concile, dont le cardinal Julien avait refusé de présider la vingt-sixième session, il publia le 18 septembre 1437, une bulle solennelle (*Doctoris gentium*) dans laquelle il dénonçait à la chrétienté l'étonnante infécondité du synode de Bâle, les criminelles intrigues des Pères, et prononçait la trans-

---

(1) *Epist.* dans Cocconi *Docum.* p. 76.

lation immédiate du concile à Ferrare, dans le cas où l'on oserait tenter quelque chose contre le pape ou les cardinaux. De leur côté, les ordonnances se succédaient à Bâle pour hâter le procès du pontife. Dans la vingt-huitième session (1ᵉʳ octobre 1437), il fut déclaré contumace, et quelques jours plus tard menacé de suspense et de déposition.

La nouvelle que les Grecs s'étaient embarqués (novembre 1437) sur les navires pontificaux pour se rendre en Italie, causa des émotions diverses dans l'assemblée de Bâle. Le cardinal Julien essaya de dissiper les haines contre le pape, et n'ayant pu réussir il quitta Bâle avec ses amis, qui étaient en nombre assez considérable. Ils venaient tous se ranger sous l'obédience d'Eugène IV et prendre part au concile de Ferrare, tandis que les rebelles allaient se livrer à Bâle aux dernières violences et consommer le schisme (1).

LE DÉNOUEMENT DU CONCILE DE BALE (p. 244, col. 1 ; et p. 351, col. 2).

Il y a des lacunes dans Rohrbacher et quelque exagération de ridicule au sujet de l'assemblée de Bâle. On l'a vu pour le commencement ; il en est de même pour la fin.

Depuis l'élection de Félix V en 1439, le pseudo-concile siégea encore dix ans. Rohrbacher ne parle de cette période qu'incidemment, à propos du concile de Florence et de l'avènement de Nicolas V.

Pendant que les négociations qu'il rapporte (p. 271, col. 2), avaient lieu avec l'Allemagne aux diètes de Mayence et de Francfort (février et novembre 1441) et aboutissaient, tant du côté de la France qu'il y avait aussi des délégués, que du côté de l'Allemagne, à la demande d'une convocation d'un nouveau concile général pour la pacification de l'Eglise, des dissensions avaient éclaté au concile de Bâle et l'avaient de plus en plus discrédité. Dans un sermon fait le jour de la Pentecôte 1441, l'archevêque de Palerme avait déclaré que le concile avait tort de mettre son nom avant celui du pape ; que celui-ci ne relevait du concile que pour certaines questions déterminées, que pour les autres il était maître de plein droit et qu'il avait le privilége exclusif de porter les *définitions de foi*, même en l'absence d'un concile général. Ce fut un grand scandale parmi les Pères, qui obligèrent l'archevêque à une sorte de rétractation. Ils étaient en outre très malheureux avec leur pape Félix V, dont ils auraient voulu employer les richesses et la puissance à se faire des protecteurs. Ils le pressèrent d'envoyer des nonces dans un grand nombre de pays ; mais Félix V s'y refusa, alléguant qu'un tel mode de propagande serait trop coûteux et n'amènerait d'ailleurs pas beaucoup de résultats. Ses cardinaux ayant réclamé la moitié des dîmes qui lui étaient accordées à lui-même sur des bénéfices ecclésiastiques, il résista et fit arrêter quelques membres du concile par son maître du palais, sous-prétexte qu'ils avaient détourné de l'argent (1). A la suite de ces violents débats, le synode prit des décisions pour protéger sa propre dignité.

Le roi Frédéric avait convoqué à Francfort pour le 15 avril 1442, une nouvelle diète à laquelle se rendirent les députés d'Eugène et ceux du concile de Bâle ; il s'y trouva lui-même le 27 mai, laissant à des commissaires le soin de terminer les différends pendant qu'il irait se faire couronner empereur à Aix-la-Chapelle (2). Mais il se flattait en vain que les discussions pacifieraient les esprits. Les deux partis s'efforçaient de le gagner à leur cause. Les députés d'Eugène lui représentaient qu'il fallait absolument reconnaître leur maître pour le pape légitime ; ceux de Bâle lui disaient, par l'entremise de l'archevêque de Palerme, « qu'en sa qualité de défenseur de l'Eglise, il était obligé de défendre le droit et la liberté du concile. » Le cardinal archevêque d'Arles voulut l'accompagner à Aix-la-Chapelle ; il revendiquait l'honneur de le couronner, comme plusieurs de ses prédécesseurs avaient fait aux descendants de Charlemagne. Après son départ, l'archevêque de Palerme essaya de prouver, dans un discours qui dura trois jours, que le concile de Bâle était encore légitime, qu'Eugène avait été déposé justement et Félix mis canoniquement à sa place. » Nicolas de Cusa, qui lui répondit, déclara qu'on n'aurait pas même dû entendre les Amédéistes ; que les fruits du concile de Bâle étaient la division et le schisme, tandis que ceux du concile de Florence étaient la réunion des Grecs, des Arméniens, des Jacobites, des Ibériens à l'Eglise romaine. Un rapport fut fait de ces débats pour être présenté au roi des Romains.

Au retour de l'empereur, la question n'avait pas avancé. Il fut décidé qu'on enverrait des ambassadeurs à Eugène et aux Pères de Bâle, pour les prier instamment d'adhérer à la célébration d'un concile général dans une autre ville. Sans sortir encore de la neutralité, ils devaient rendre à ce pontife tous les honneurs dus au véritable successeur de saint Pierre, et ceux qui avaient mission d'aller à Bâle ne devaient pas même s'entretenir avec Félix ; ils ne négocieraient avec lui que par un intermédiaire.

Ni le pape, ni les Pères de Bâle n'accueillirent favorablement les propositions élaborées à la diète de Francfort. Ceux-ci voulaient choisir eux-mêmes la résidence du nouveau concile, et ils demandaient au roi des Romains et aux électeurs de reconnaître les décrets de cette future assemblée, même si le parti d'Eugène n'y était pas représenté. Eugène, de son côté, répondit dans un consistoire du 8 décembre 1442, comme le rapporte Rohrbacher (p. 272, col. 1).

Les tiraillements continuèrent entre les princes

---

(1) On peut consulter encore sur le Concile de Bâle : Aug. Patricii. *Hist. Conc. Basil.* dans Hard. t. IX ; Lenfant, *Histoire de la guerre des Hussites et du Concile de Bâle*, Amsterdam, 1731 ; Dux, *D. deutsche card. Nicol. von Cusa*. Ratisbonne, 1847, t. I ; Gr. Voigt, *Ænea Silvio de Piccolomini und sein Zeitalter*, t. 1, Berlin, 1856, p. 47-336 ; A. Kluchohn. *Herzog Wilhelm III von Bayern, der Protektor des Caseler Concils* dans *Forschungen zur deutschen Geschichte*. Gœtt., 1862, t. II ; Dollinger, *Materialen zur Geschichte des XV et XVI s. Jahrhunderts.* Rausb. 1863, t. II ; Christophe, *Hist. de la Papauté au XVᵉ s.* t. 1 ; Puckert, *Die churfurstliche Neutraldät während des Basler Concil.* Leipzig, 1858 ; Schärpff, *Der Cardinal und Bischof Nicolas von Cusa als Reformator in Kirche*, Tubingue, 1871 ; les ouvrages cités plus haut sur les Hussites.

(1) Hardouin, t. IX, p. 1177-1182, et t. VIII, p. 1292 ; Patricii *Hsit. concil. Basil.* c. cix-cxxv.
(2) Rohrbacher confond les deux diètes de Francfort en une seule. C'est de la seconde qu'il est question chez lui.

d'Allemagne, Eugène IV et les Pères de Bâle, sans que l'intervention du roi de France pût y apporter un accommodement.

Cependant Frédéric avait à cœur d'en finir. Il se rendit à Bâle le 11 novembre 1442, et y fut reçu avec une pompe extraordinaire. Dans sa visite à Félix V, il évita de le considérer comme pape et l'exhorta à entrer sans détour dans la voie de la pacification de l'Église. Il eut pour lui de la déférence, mais il refusa d'accepter sa fille en mariage, Marguerite de Savoie, que l'antipape lui offrait avec une riche dot.

Un contre-temps très fâcheux pour le concile de Bâle fut le départ de Félix pour sa résidence de Lausanne (fin de 1442), d'où il ne voulut pas revenir, parce qu'il avait, dit-il, bien assez dépensé de sa fortune privée pour la cause des Pères. Dans le même temps l'Écosse se détacha d'eux également, et le duc de Milan, qui avait promis de soumettre avant deux mois l'État de l'Église et de leur livrer Eugène prisonnier, ne fit que les impliquer dans une aventure sans succès, et ils étaient eux-mêmes divisés par des querelles scandaleuses, pour des questions d'argent et de bénéfices.

Leur avant-dernière session eut lieu le 9 août 1442, et la dernière le 16 mai 1448 (1). Dans l'intervalle ils ne firent plus que traiter des affaires de médiocre importance. Alphonse, roi d'Aragon et de Naples, leur porta un grand coup en rappelant du milieu d'eux tous ses sujets, notamment le savant Tudeschi, archevêque de Palerme, élevé par Félix au cardinalat; le duc de Milan suivit cet exemple (1443).

Le roi Frédéric fit encore une tentative auprès des membres de l'assemblée de Bâle pour obtenir la réunion d'un concile à Constance ou à Augsbourg; ses propositions ne furent pas accueillies. Il négocia alors pour se rapprocher d'Eugène IV, dans les circonstances que rapporte Rohrbacher (p. 272).

L'accord se fit entre le prince et le pontife (février 1446), aux conditions marquées par notre historien (p. 273).

Après la diète d'Aschaffenbourg, le roi Frédéric se prononça de nouveau et solennellement à Vienne en faveur du pape Nicolas V, successeur d'Eugène IV, et le 21 août 1447 il publia un édit général qui ordonnait à toute la nation allemande de reconnaître ce pape; puis, le 17 février 1448, il conclut à Vienne avec le nonce Carvajal un concordat général au nom de toute la nation allemande et de l'assentiment des électeurs ainsi que de tous les grands de l'Empire. (Voir Rohrbacher, p. 351, col. 2).

Ce concordat de Vienne ne fut promulgué que successivement dans chaque pays allemand, à la suite de négociations que le pape engagea avec chaque prince. Il fut comme le glas funèbre du concile de Bâle. Dès le 20 juillet 1447, le roi Frédéric ordonna au bourgmestre de cette ville de supprimer les sauf-conduits accordés jusqu'alors à l'assemblée, et de ne plus tolérer de synodistes dans la ville impériale. Toutefois ses volontés n'étaient pas bien respectées : il fut obligé de publier trois édits menaçants. Les Pères s'éloignèrent escortés de cinq cents hommes et rejoignirent leur antipape à Lausanne. Ils y déclarèrent le 24 juillet 1448 que, forcés de quitter Bâle, ils avaient transféré le synode à Lausanne (1). N'ayant plus pour eux que la Savoie et la Suisse, ils comprirent qu'ils avaient à conclure une réconciliation aussi honorable que possible. Le roi de France Charles VII voulut bien employer sa médiation; il proposa pour conditions, de concert avec le roi d'Angleterre et d'autres princes, que Félix abdiquerait et serait pécuniairement indemnisé par Nicolas. Il serait le premier des cardinaux et conserverait, en qualité de légat pontifical, la juridiction sur la Savoie, la principauté de Lyon et les évêchés de Constance, de Coire, de Bâle, de Strasbourg et de Wallis. Le cardinal d'Arles serait maintenu dans sa dignité et recouvrerait son évêché. Les autres Pères auraient le même avantage...

Quelque temps après Félix déclara, avec l'assentiment du synode de Lausanne, qu'il était prêt à renoncer à la dignité papale. Aussitôt Nicolas V, par une bulle du 18 janvier 1449, leva complètement toutes les confiscations, suspenses, excommunications et censures portées contre Félix, les Pères de Bâle et leurs adhérents. À son exemple, le synode de Lausanne publia dans sa deuxième session un décret par lequel il retirait les censures fulminées contre le véritable pape et ses adhérents. L'abdication ayant été donnée dans les formes, les synodistes de Lausanne, comme si le Saint-Siège vaquait, élurent dans leur troisième session le 19 avril 1449, le pape Nicolas V, déclarant savoir qu'ils acceptaient et croyaient le dogme suivant : « qu'un concile général tient immédiatement son autorité du Christ, et que tout fidèle, même le pape, doit lui obéir. » Enfin, dans sa quatrième et dernière session, le 25 avril 1449, il prononça sa dissolution.

Le rétablissement de la paix fut fêté à Rome par de grandes solennités, et le 18 juin 1449, le pape

---

(1) « D'après les actes imprimés dans Hardouin et dans Mansi, dit Héfélé (*Histoire des conciles*, t. XI, p. 532), cette dernière session des Pères de Bâle aurait été tenue le 16 mai 1442, mais il est impossible que cette date soit exacte quant à l'année, car au mois de mai 1442, Félix était encore à Bâle, et même plusieurs mois après, lorsque le roi romain était à Bâle, on ne voulait encore entendre parler d'aucune façon d'une translation du synode. Ajoutons à cela que l'avant-dernière session de Bâle eut lieu le 9 août 1442, or la dernière n'a pu se célébrer qu'après l'avant-dernière. » En conséquence, Héfélé corrige la date donnée dans toutes les collections de conciles et met 1443 au lieu de 1442. Il a raison dans ses remarques, mais il a tort dans sa correction.

La dernière session de Bâle eut lieu le 16 mai 1448, comme portent les actes publiés pour la première fois par Pierre Crabbe. (*Concilia omnia tam generalia quam particularia*, etc. Cologne, 1538, sess. 45a et ultima) d'après l'exemplaire original, et comme en fait foi le manuscrit appartenant aujourd'hui à M. le comte de Ségur-Lamoignon, lequel est une copie authentique des actes de Bâle. C'est le long intervalle entre l'avant-dernière et la dernière session qui aura trompé Labbe qui, le premier, a corrigé mal à propos Crabbe.

(1) Aucune collection de conciles ne donne les actes du synode de Lausanne. Ils ont pu être reconstitués en partie à l'aide des documents publiés par dom Martène, d'Achery et Raynaldi; c'est ainsi que Mgr Héfélé a achevé l'histoire du concile de Bâle, dans les sessions de Lausanne, dont Rohrbacher ne dit rien. Mais il y a différentes inexactitudes dans Héfélé. Il compte cinq sessions au lieu de quatre, il attribue à la cinquième ce qui est de la quatrième, et ainsi de suite. Ce n'est pas dans une session publique, qu'Héfélé compte pour la deuxième, mais dans une congrégation générale, tenue le 7 avril, avant la deuxième session, que fut lu et signé l'acte d'abdication de Félix V. Dans la quatrième et dernière session le synode prononça purement et simplement sa dissolution, il n'y est point question que les Pères de Lausanne conférèrent à Félix la juridiction sur le territoire de son obédience, ni qu'ils lui assurèrent le deuxième rang après le pape avec le droit de porter une partie des insignes de la papauté.

Les actes du synode de Lausanne se trouvent dans le manuscrit précité de M. le comte de Ségur-Lamoignon, à la suite des actes de Bâle.

Nicolas V publia une bulle dans laquelle il confirmait toutes les promotions, collations de bénéfices, consécrations, remises de dîmes, d'annates, dispenses de toute sorte provenant des Pères de Bâle et de Félix. Deux ans après son abdication, Félix, mourut à Ripaille dans les sentiments d'une grande piété.

LE CONCILE DE FERRARE ET LE SCHISME AU CONCILE DE BALE (p. 245, col. 1).

Les comptes rendus officiels du concile de Ferrare, rédigés en grec et en latin par les notaires assermentés, n'existent plus.
La principale source d'informations qui nous reste est l'histoire du concile de Florence, écrite en grec, et connue sous le nom d'*Acta græca*, reproduisant plusieurs actes et donnant beaucoup de renseignements (1). L'auteur, resté incertain, est l'un des trois archevêques auxquels Eugène IV fit part de ses condoléances après la mort du patriarche grec (2).
Un autre ouvrage, concordant avec celui-là dans les points principaux, est le recueil des Actes, publié en 1638, par Justiniani, bibliothécaire du Vatican (3). Il se compose des faits et documents originaux fournis par l'avocat pontifical André de Sainte-Croix (Andreas de Santa Croce), qui avait assisté en personne au concile, et aussi de pièces trouvées dans les archives vaticanes et dans plusieurs bibliothèques romaines (4). C'est cette tradition du Vatican que Rohrbacher a suivie.
La troisième source importante, surtout pour le concile de Florence, est l'ouvrage du prêtre grec Sylvestre Syropoulos, appartenant à l'entourage de l'empereur et du patriarche, et cachant sous un apparent désir de l'union une grande hostilité contre Rome, hostilité qu'il ne pouvait d'ailleurs s'empêcher toujours de manifester.
Depuis Rohrbacher, Mgr Cecconi a publié aussi des documents nombreux, dont beaucoup sont inédits, sur les conciles de Ferrare et de Florence (5). Malgré la perte des procès-verbaux officiels, on peut donc avoir l'histoire des conciles d'une manière presque complète (6). Nous suppléerons ici à Rohrbacher sur les préliminaires du concile de Ferrare qui ont par eux-mêmes une certaine importance.

L'empereur grec Jean Paléologue avait, dès l'année 1436, envoyé des ambassadeurs aux princes, patriarches, évêques, habitant hors de l'empire byzantin, notamment à l'empereur de Trébizonde, aux princes de Russie et de Valachie, ainsi qu'aux patriarches d'Alexandrie, d'Antioche et de Jérusalem, afin de les inviter de prendre part au synode d'union. Les patriarches déclarèrent, au commencement de l'année 1437, qu'il leur serait trop dangereux et même impossible de venir en personne ; mais ils désignèrent pour les représenter des évêques et des prêtres distingués de nationalité byzantine, qui avaient plein pouvoir « pour acquiescer à tout ce qui serait décrété de conforme aux conciles généraux et à l'Ecriture, sans que le synode puisse rien y ajouter ou rien y changer. » Jean de Raguse ayant observé que cette formule était insuffisante, l'empereur grec envoya, dans l'été de 1437, de nouveaux ambassadeurs aux patriarches et il réussit à obtenir d'eux une délégation illimitée. On voit percer dans ces premières démarches le mauvais vouloir des patriarches, leurs défiances à l'égard des latins et leur esprit de servilisme à l'égard de l'empereur. C'était la politique et la peur des Turcs qui rendaient dociles un grand nombre des hauts dignitaires décidés à se rendre en Italie. Grégoire Scholarius dit, dans une assemblée de notables laïques et ecclésiastiques, tenue à Constantinople, que l'union n'aurait aucune consistance si elle ne reposait pas sur une entente doctrinale. En conséquence, on se mit à rassembler les livres nécessaires aux discussions, et à choisir les savants les plus capables de soutenir les thèses en faveur de la vérité.

Lorsque tout fut réglé, l'empereur s'achemina vers l'Italie avec le patriarche, beaucoup d'évêques, de prêtres, de fonctionnaires et de grands, en tout sept cents personnes, et ils abordèrent à Venise le 28 février 1438. La mer était couverte de galères richement ornées pour les recevoir. Loin d'être indécis pour savoir s'il irait à Ferrare ou à Bâle, Jean Paléologue avait écrit, le 25 février, une lettre spéciale aux Pères de Bâle pour les presser de venir, eux aussi, à Ferrare.

Dès le principe on se heurta à des questions d'étiquette, et ce fut pour ainsi dire constamment une cause de meurtrissures secrètes pour le patriarche de Constantinople et ses adhérents, qui les empêchèrent d'embrasser pleinement l'union. Le patriarche n'arriva à Ferrare que le 7 mars ; il avait été mécontent que l'empereur ne l'eût pas attendu et y fût arrivé le 4. Pendant la traversée, il était en peine de ses bagages, et surtout il craignait d'être soumis à un cérémonial humiliant pour saluer le pape.

Pendant son séjour à Venise, il disait : « Si le pape est plus âgé que moi, je l'honorerai comme un père ; s'il est du même âge, je le traiterai comme un frère ; s'il est plus jeune, comme un fils. » A peine arrivé à Ferrare, avant d'avoir mis pied à terre, il protesta contre le baisement des pieds, et assura qu'il aimait mieux s'en retourner que de s'y soumettre. Eugène alors l'en dispensa ainsi que tous les évêques et dignitaires grecs, et

---

(1) Voir : *Historia Concilii Florentini*, dans Labbe, t. XIII; dans Hardouin, t. IX; dans Mansi, t. XXXI. Cf. Héfélé, *Histoire des Conciles*, t. XI, liv. XLVIII.
(2) L'auteur se fait connaître comme l'un des trois archevêques dans *Acta* (édit. Labbe, id. 496-497). On croyait jusqu'ici que c'était Dorothée, archevêque de Mithylène; M. Vast (*Le Cardinal Bessarion*. Appendices, p. 437 et suiv.) prouve assez bien que c'est plutôt Bessarion, archevêque de Nicée. Le même écrivain pense que les *Acta* ont été composés vers 1449 ou 1450.
(3) Dans Hardouin, t. IX, pp. 669-1080.
(4) Les notes de Audrea de Santa Croce, publiées sous forme de dialogue, se trouvent dans Labbe, t. XIII, col. 825 et suiv.
(5) Cecconi, *Studi storici sul concilio di Firenze, con documenti inediti*, etc. Florence, 1869.
(6) On peut encore consulter, parmi les ouvrages récents, avec l'*Historie des Conciles* de Mgr Héfélé : Tzhishman, *Die Unions Verhandlungen zwischen der orientalischen und Römischen Kirche seit dem Anfange die XV Jahrhunderts*. Vienne, 1858 ; *The history of the Council of Florence, translated from the Russian, by Basil Popof*. Londres, 1861 ; Th. Fromman, *Kritische Beiträge zur Geschichte der Florentiner Kircheneinigung*, Halle, 1872 ; Wolfgang von Gothe, *Studien und Forschungen über das Leben und die Zeit des Cardinals Bessarions* ; mais ces ouvrages, écrits au point de vue schismatique et protestant, doivent être consultés avec réserve.

lui permit de le saluer selon le rite qui lui conviendrait : ce fut de baiser le pape à la joue. Ces minuties auraient pu faire pressentir ce qu'il était permis d'attendre de ceux qui venaient finalement se reconnaître soumis à l'évêque de Rome.

Ils épiloguèrent encore, afin que leur empereur eût la première place au synode d'union et le pape une place secondaire. Après de longs débats, on convint que le trône du pape serait plus élevé que tous les autres, du côté de l'Évangile, et celui de l'empereur grec du côté de l'épître, en face de celui qu'on avait dressé pour l'empereur allemand. Les Grecs eurent la permission de célébrer dans la ville de Ferrare le service divin à leur manière, et quatre jours après leur arrivée, Eugène IV leur exprima le désir de voir entamer tout de suite les négociations. Dans la troisième conférence, le cardinal Julien énuméra quatre points capitaux qui divisaient les Grecs et les Latins : 1° la doctrine relative à la procession du Saint-Esprit ; 2° la question des azymes ; 3° celle du purgatoire ; 4° enfin celle du primat. Les discussions s'engagèrent dès la troisième session du 14 octobre 1438 ; elles sont longuement exposées par Rohrbacher.

Dans l'intervalle, le concile de Bâle redoublait d'efforts pour dominer celui de Ferrare et pour s'attribuer les pouvoirs d'un concile général. Dans la trente-deuxième session publique du 24 mars 1438, il chercha à prouver que la translation du synode à Ferrare était en contradiction avec les décrets de Constance et avec la conduite antérieure du pape. Il se plaignit des Grecs et en particulier de l'empereur, et à la fin renouvela la suspense prononcée contre Eugène IV, le 24 janvier 1438, exhortant tous les chrétiens à rester fidèles à l'assemblée de Bâle. On s'était trop ouvertement prononcé contre lui à Constantinople pour ne pas lui causer le plus vif déplaisir. L'ambassade que les Pères y avaient envoyée, en 1435, avait bien été reçue en audience par l'empereur ; elle avait essayé de démontrer que si toutes les tentatives d'union avaient échoué jusque-là, c'était surtout parce que les papes avaient voulu régler l'affaire par eux-mêmes et sans le concours des conciles généraux ; elle avait eu des conférences avec les commissaires grecs dans l'église de la Résurrection ; mais elle avait été grandement entravée par le nonce pontifical Garatoni. Un décret du concile de Bâle, très offensant pour les Grecs, qu'il taxait d'hérésie et qu'il assimilait aux hussites, avait été en vain effacé dans la vingt-quatrième session et remplacé par un autre ; l'empereur et le patriarche n'en déclarèrent pas moins qu'ils refusaient absolument Bâle comme lieu de résidence, et qu'ils ne voulaient aller que dans une ville maritime. Le patriarche ajouta que le pape devait assister en personne au concile d'union et que, pour ce motif, il fallait choisir une ville qui lui agréât (1). Privé de ces puissants appuis sur lesquels il comptait, le synode de Bâle ne pouvait plus que s'agiter dans l'impuissance et dans la colère. Il avait élaboré un long projet de réformes à introduire dans la curie romaine et l'avait promulgué dans la vingt-troisième session du 25 mars 1436 ; il y multipliait les remontrances aux cardinaux et au pape dont il prétendait régler la conduite et redresser tous les manquements ; ensuite il avait supprimé les *annales* ou revenus provenant des bulles pontificales et de la vacance des évêchés ; mais toutes ces prétentions autoritaires ne l'avaient que frappé d'un nouveau discrédit. Quand il eut cité plusieurs fois le pontife à sa barre, qu'il l'eut menacé de suspense, et qu'il l'eut enfin déclaré suspendu le 24 janvier 1438, Eugène IV avait à peine fait attention à ces foudres ridicules. Réunissant, le 8 février, les membres synodaux dans la chapelle de sa maison, il leur avait exposé ses relations avec les Pères de Bâle et les avait priés de travailler à la réforme de l'Église en se réformant eux-mêmes. C'était ce qu'il avait écrit précédemment au synode rebelle, en lui disant : « Ce ne sont pas les paroles qui sont nécessaires, mais les faits et surtout le bon exemple. » Dans la deuxième session, tenue le 15 février 1438, et à laquelle assistaient soixante-douze évêques et un grand nombre de prêtres et de docteurs, il renouvela contre les Pères de Bâle la sentence d'excommunication et les déclara privés de toutes leurs dignités et de tous leurs bénéfices. Tous ceux qui étaient présents à Bâle devaient quitter cette ville dans le délai de trente jours, et les bourgeois devaient, sous peine d'excommunication, expulser de leurs murs les clercs qui désobéiraient à cet ordre « et tous les chrétiens seraient tenus de rompre tout commerce avec la ville de Bâle » (1).

Malgré les remontrances et les supplications des princes, qui souhaitaient vivement la concorde, les Pères s'obstinaient à poursuivre leur procès contre Eugène IV. Ni le roi des Romains, ni le roi de France, ni les électeurs allemands, qui travaillaient à faire agréer une des trois villes de Strasbourg, de Constance et de Mayence pour lieu de réunion, ne purent les rappeler à la modération. Le bouillant cardinal d'Arles, appuyé par le théologien espagnol Jean de Ségovie et le Français Thomas de Courcelles, réussit, malgré les répliques de l'archevêque de Palerme, à faire passer dans la trente-troisième session, le 16 mai 1439, les trois propositions suivantes comme articles de foi : 1° un concile général est au-dessus du pape ; 2° le pape ne peut ni transférer, ni ajourner, ni dissoudre un concile général ; 3° quiconque contredit obstinément ces deux vérités doit être tenu pour hérétique.

Un peu plus tard, dans la trente-quatrième session (25 juin 1439), ce même cardinal fit voter la déposition formelle du pape. Beaucoup d'évêques essayèrent de détourner ce coup et protestèrent par leur absence : c'étaient tous les espagnols, tous les italiens à l'exception d'un seul et d'un abbé. Il n'y eut à la séance que vingt prélats, parmi lesquels sept évêques seulement ; mais, en revanche, on y compta environ trois cents prêtres et docteurs. Le cardinal d'Arles fit placer des reliques sur les sièges vacants, comme pour donner à la sentence un caractère de sainteté. Voici dans quels termes elle fut rendue : « Le saint synode, siégeant comme tribunal, déclare par cette sentence définitive que Gabriel, précédemment nommé Eugène IV, est notamment et manifestement opiniâtre, désobéissant aux ordres de l'Église universelle ; qu'il per-

---

(1) Mansi, t. XXXI, pp. 248 et seq ; Cecconi, *l. c.* Docum., 178.

(1) Voir Hardouin, t. IX, pp. 726-728 ; Cecconi, *Docum.*, 182.

siste dans une rébellion ouverte; qu'il viole constamment les saints canons; qu'il trouble la paix et l'unité de l'Église de Dieu ; qu'il est de plus simoniaque, parjure, schismatique, hérétique obstiné, indigne de tous ses titres, honneurs et emplois; à raison de quoi le saint synode proclame qu'il est *ipso jure* privé de la papauté et du pontificat romain, et que lui-même l'en dépose (1). »

Une vive douleur saisit les cœurs catholiques à cette nouvelle. Beaucoup de seigneurs allemands, les archevêques de Mayence, de Trèves et de Cologne, ainsi que l'évêque de Worms, protestèrent solennellement, le 13 août 1439, dans la salle capitulaire de la cathédrale de Mayence, contre les effets déplorables de ce conflit, et renouvelèrent leur neutralité. Le roi de Castille s'éleva plus énergiquement encore contre tout ce qui venait de se passer et contre l'élection d'un nouveau pape. Palomar assure que pas une seule grande nation ne reconnut la déposition d'Eugène (2).

Sans tenir compte de cette réprobation, les Pères de Bâle résolurent d'élire un nouveau pape dans l'intervalle de deux mois; quelques-uns même voulaient qu'il fût élu sans retard. Ils assurèrent à tous ceux qui prendraient part au concile six mois durant, la jouissance d'une indulgence plénière, et divers autres avantages spirituels et ecclésiastiques. Dans une lettre au duc Albrecht de Bavière (7 août 1439), ils l'invitèrent à ne plus tolérer que l'argent des indulgences perçu dans ses Etats fût affecté à des constructions d'église, etc., attendu qu'il devait être employé à couvrir les frais de l'union avec les Grecs et aux besoins généraux de l'Eglise. Des avertissements menaçants furent ensuite (8 août) fulminés contre les clercs qui suivaient le parti d'Eugène et s'étaient ralliés au synode de Ferrare-Florence; il leur était enjoint de comparaître à Bâle dans un délai déterminé. Par une singulière anomalie, ces hommes turbulents trouvèrent opportun de déclarer que la doctrine de l'Immaculée Conception de Marie *était une doctrine pieuse, conforme au culte ecclésiastique, à la saine raison et à la sainte Écriture*, qu'il fallait universellement l'accepter et en conserver la fête (3).

Le temps fixé pour la nomination du nouveau pape étant déjà passé, l'on régla dans la trente-septième session (24 octobre 1439) que trente-deux électeurs, qui seraient un moins diacres, seraient adjoints au cardinal d'Arles, et que l'élu devrait réunir au moins les deux tiers des suffrages. L'abbé de Cîteaux, Jean de Ségovie, et Thomas de Courcelles furent chargés de dresser la liste des électeurs, qui comprit douze évêques, sept abbés, cinq théologiens et neuf docteurs juristes et canonistes. Tous étaient prêtres et il y en avait huit de chaque nation. A la messe du 30 octobre 1439, ils communièrent tous de la main du cardinal d'Arles et ils entrèrent en conclave. Æneas Sylvius en raconte des particularités piquantes. L'archidiacre de Cracovie se plaignait de n'avoir qu'un plat pour son repas; on lui répondit que le cardinal d'Arles s'en contentait. Au premier vote, Amédée, duc de Savoie, obtint seize voix; au quatrième il en réunit vingt et une et au sixième vingt-six (5 novembre 1439). On se rendit à la cathédrale où l'on chanta le *Te Deum*. C'est par là que finit la relation d'Æneas Sylvius (1).

Amédée avait quarante-six ans. Riche et allié à de puissantes familles princières, il était un protecteur dont le concile pouvait attendre beaucoup. Après la mort de son épouse, Marie de Bourgogne, il s'était retiré, en 1434, dans l'ermitage de Ripaille, qu'il avait fait bâtir sur le lac de Genève, et là il devint prieur de l'ordre des chevaliers de Saint-Maurice, fondé par lui-même. Il menait, avec les sept premiers de ces chevaliers ermites, une vie moitié monacale et moitié laïque, quelque peu fantaisiste il est vrai, partageant le soin des affaires de l'Etat avec Louis, son fils aîné. La vie voluptueuse qu'il aurait menée à Ripaille et dont s'est raillé Voltaire, est une caricature inspirée par la malveillance (2). Toutefois Æneas Sylvius lui reproche d'être égoïste, avare, et d'avoir voulu acheter le suffrage des électeurs. Il prit le nom de Félix V, et chargea, le 8 janvier 1440, le cardinal d'Arles de présider le synode à sa place, en attendant son arrivée à Bâle. Elle se fit attendre jusqu'au mois de juillet 1440; il y fut couronné le 24, avec une pompe extraordinaire; il chanta la messe lui-même et fut assisté par ses deux fils.

A Rome, son élection avait d'abord causé quelque effroi, tant il paraissait riche et puissant; mais le cardinal Julien calma les inquiétudes et représenta qu'il n'était pas l'élu de Dieu, que son ascétisme n'était qu'un masque, et qu'il n'avait du moine que l'habit, n'ayant pas même renoncé à la souveraineté.

Dans l'intervalle de ces tristes événements, la peste qui avait éclaté à Ferrare avait obligé le pape à transférer le concile à Florence, où il avait continué ses importants travaux.

———

LE CONCILE DE FLORENCE (p. 253, col. 2).

Rohrbacher expose à fond les discussions qui eurent lieu à Florence (3) entre les théologiens grecs

---

(1) *Commentarius de rebus Basileæ gestis*, dans Fea, *Pius II a columniis vindicatus*. Rome, 1823, pp. 51-61.
(2) Les malins prétendirent que ces soi-disant solitaires menaient une vie délicieuse, et Rohrbacher dit avoir plus d'un témoignage avec eux qu'Amédée se faisait servir les meilleurs vins et les meilleures viandes « d'où vient, à ce qu'on croit, le proverbe *de faire ripaille*, » Rohrbacher est encore injuste lorsqu'il ajoute : « C'est ce qu'il a fait de plus mémorable et comme prince et comme antipape. » Avant de se retirer dans la solitude, Amédée avait gouverné ses Etats avec assez de sagesse pour être surnommé le Salomon de son siècle, et le Code des lois qu'il donna à la Savoie, en 1480, passait pour un chef-d'œuvre. Les historiens s'accordent assez généralement à reconnaître la sagesse et les vertus d'Amédée, tout en convenant qu'il ne sut pas s'affranchir de la dernière chose qui périt dans les princes, c'est-à-dire l'ambition et la vanité. C'est ce reste du vieil homme qui lui fit accepter la dignité offerte par les Pères du faux concile de Bâle. Tous s'accordent à dire qu'après sa soumission au pape Nicolas V, il vécut saintement dans sa retraite de Ripaille, édifiant le monde par toutes les vertus dignes de son état, et mourut pieusement à Genève, dans sa 67e année.
Quant à la règle des chevaliers de Saint-Maurice, elle n'était pas sans doute des plus sévères; mais sans ressembler par les austérités à celle des anachorètes, leur vie pouvait être sobre et relativement frugale et ne pas mériter les critiques exagérées ou même calomnieuses dont elle fut l'objet.
(3) Les sources à consulter pour le concile de Florence sont les mêmes que pour celui de Ferrare, mais il est de Mansi. Outre les ouvrages indiqués plus haut, il existe un résumé très fidèle et très substantiel des discussions et des actes du concile de Florence proprement

et latins; mais il n'a pas assez fait ressortir le zèle de l'empereur Jean Paléologue pour aboutir à l'union. Plusieurs fois les négociations conduites avec beaucoup de persévérance, avaient été sur le point d'échouer; le pape était intervenu pour les reprendre et l'empereur avait usé de son influence sur les patriarches et les évêques orientaux pour les amener à de sérieuses concessions. Quand les Grecs, à propos de la procession du Saint-Esprit et de l'addition du *Filioque* au symbole, reprochaient aux Latins d'admettre deux principes et deux causes dans la sainte Trinité, ceux-ci leur adressèrent par écrit la déclaration suivante : *Credimus in unum Deum Patrem et in unum Filium unigenitum ex Patre natum, et in unum Spiritum sanctum, habentem quidem ex Patre suam subsistentiam sicut et Filius, sed etiam ex Filio procedentem. Unam quippe dicimus Filii et Spiritus causam, nempe Patrem; illius quidem per generationem, hujus vero per processionem. Sed ne identitatem unitatemque substantiæ separemus, et ut substantiam ab hypostasibus non re differentem sed ratione tantum et actu intelligendi asserremus, et nulla suspicio sit Spiritum Sanctum esse ex solo Patre, triumque substantia, quæ unica est in tres partes dissecta cuipiam videatur, vocem illam ex Filio pronunciamus in symbolo; et propterea dicimus Spiritum Sanctum procedere ex Patre et Filio ut ab unico principio.*

Les Grecs se remirent alors à délibérer pendant deux jours. Isidore de Kiew produisit un écrit de Veccus, patriarche de Constantinople, contenant un grand nombre de témoignages des Pères grecs en faveur du *Filioque*. Après bien des incertitudes et malgré l'opposition de Marcus Eugenicus et de quelques autres, on se décida à rédiger la formule suivante, qui fut communiquée aux Latins. *Quoniam Latini fatentur unum principium Filii ac Spiritus Patrem, et quærunt a nobis quid et ipsi sentiamus, nos quoque dicimus fateri fontem ac radicem Filii ac Spiritus esse Patrem; floresque ac divina germina Patris esse Filium et Spiritum atque à Filio emitti, profluere et effundi Spiritum Sanctum.* Cette déclaration ne fut pas jugée suffisante parce que les Grecs pouvaient entendre, non la *procession éternelle du Saint-Esprit par le Fils, mais seulement une procession temporelle ou mission.*

C'est ici que le nœud de la difficulté parut le plus compliqué, les Grecs ayant fait un effort pour aller aussi loin que possible et pour braver les résistances de leurs collègues, et les Latins demandant des explications plus précises. Les négociations semblaient rompues; les Grecs parlaient de s'en retourner à Constantinople et s'en ouvrirent à l'empereur. Mais celui-ci insista; Syropoulos prétend même qu'il usa de menaces pour les faire rester. En même temps il négociait avec Bessarion, Isidore de Kiew et Grégoire pour faire reprendre les conférences et amener l'entente. Le 13 et le 15 mai, il eut deux entrevues avec le pape et le pria de ne pas exiger de déclaration plus explicite. Il dit au cardinal Julien : « Je ne suis pas le maître du synode... Les mots *scaturire, effundi* et *profluere* attribuent au Fils une vraie causalité, bien que nos prélats ne le disent pas clairement, parce que le peuple manque de la véritable intelligence de ces choses. Que voulez-vous de plus? Vous reconnaissez que le Fils est la cause (αἰτία) de l'Esprit; nous ne disons pas le contraire, bien plus, nous sommes d'accord avec vous pour cette expression, et c'est parce que nous sommes d'accord que nous ne vous contredisons pas. » Après avoir convoqué les prélats grecs le 17 mai et n'avoir rien obtenu de leurs délibérations, il se tourna encore vers le pape le 21 mai (1439), afin d'en obtenir de nouvelles propositions d'accommodement. Ce fut en vain; mais dans l'entrevue du 24 mai, Eugène IV félicita l'empereur du zèle qu'il déployait pour l'union, l'engagea à demander une déclaration plus expresse, puis il voulut voir les Pères orientaux et leur adressa un appel chaleureux à la conciliations.

Une députation de quatre prélats, parmi lesquel Bessarion et Dorothée, archevêque de Mytilène, s'étant présentée à l'empereur et lui ayant dit : « Si Votre Majesté veut l'union, nous la voulons aussi, » ce prince convoqua un synode grec pour le jeudi 28 mai, dans le palais du patriarche, et il ouvrit la séance par un discours où il recommandait instamment l'union ecclésiastique, et qui se terminait par ces mots : « Quiconque empêche cette sainte union est encore plus traître que Judas! » Les prélats grecs répondirent : « Oui, qu'il soit anathème celui qui n'aime pas l'union! seulement cette union doit être bonne et sainte. » Isidore de Kiew proposa ensuite qu'on lût publiquement les livres des Pères orientaux et occidentaux, ajoutant qu'on verrait bien qu'instruits par le même Esprit, ils donnent la même doctrine sur le même point. Cette proposition fut acceptée et pendant trois jours on fit la lecture des passages des Pères, concernant la question, après quoi Georges Scholarius adressa un discours à l'empereur, dont la conclusion était : « que, d'après les écrits des Pères orientaux et « occidentaux, le Saint-Esprit reçoit son être du « Père et du Fils comme d'un seul principe et d'un « seul générateur, et que le Père et le Fils sont un « même principe de l'Esprit-Saint. » Il adopta la formule suivante : « Le Saint-Esprit procède du « Père et du Fils, ou bien du Père par le Fils, « comme d'un seul principe et d'une seule cause. » On continua de citer des textes des Pères, et le patriarche dit : « Nous déclarons que le Saint-« Esprit procède du Père par le Fils, *éternellement* « *et substantiellement* comme d'un seul principe et « d'une seule cause, et que la proposition *par* « signifie ici la *cause de la procession du Saint-*« *Esprit.* » Tout en reconnaissant l'orthodoxie des Pères Latins, il dit « qu'il ne fallait pas introduire le *Filioque* dans le symbole; et que les Grecs étaient

---

dit, écrit vers la fin du XVe siècle par Aug. Patricio, chanoine de Sienne, et intitulé *Summa concilii Florentini* (dans Labbe, t. XIII, col. 825 et suiv.). Il faut aussi consulter l'espèce d'encyclique de Marc d'Éphèse aux Grecs, qui est un compte rendu sommaire du concile de Florence et du rôle qu'il y a joué. Marc d'Éphèse représente les adversaires déterminés de l'Union; aussi se montre-t-il fort hostile aux Latins et de mauvaise foi; mais pour les faits, la concordance avec le *Acta græca*, dont l'auteur est un partisan ardent de l'Union, est complète. Dans aucune histoire du concile de Florence, pas même dans Héfélé et dans Gothe, on ne trouve cité cet ouvrage de Marc d'Éphèse. (Voir Migne, t. CLIX, col. 1024 et suiv. et 1040 et suiv., avec le discours apologétique de Jean Plusiadème contre Marc d'Éphèse.) Dans les *Monumenta spectantia ad unionem Ecclesiarum Græcæ et Romanæ*, Vienne, 1872, publiés par A. Theiner et F. Miklosich, on trouve trois documents concernant l'empereur Jean Paléologue, à la suite d'autres documents relatifs à l'union opérée à Lyon.

décidés a s'unir aux Latins, pourvu qu'on leur laissât leurs rites particuliers. Alors l'empereur déclara qu'il se soumettrait, comme laïque, à la décision du concile général ou de la majorité, et que, comme empereur, il protégerait cette décision, car l'Eglise était infaillible dans le dogme, quand elle le décrétait *synodaliter*. Seulement on ne devait rien ajouter au symbole des Grecs ni rien changer à leurs rites.

Il n'y eut d'abord que dix évêques pour l'union et parmi eux Grégoire, représentant du patriarche d'Alexandrie. D'autres s'adjoignirent successivement à eux et l'opposition fut réduite au silence.

L'empereur voyant que ces heureuses dispositions allaient être couronnées de succès, s'informa des secours matériels que l'on pourrait attendre des Latins. Trois cardinaux promirent au nom du pape (1er juin 1439) : 1° que celui-ci supporterait les frais du retour de tous les Grecs à Constantinople ; 2° qu'il entretiendrait également à ses frais et continuellement trois cents soldats dans la ville capitale de l'empire pour la garder ; 3° qu'il entretiendrait aussi deux galères ; 4° que la croisade destinée à Jérusalem passerait par Constantinople ; 5° que le pape enverrait à l'empereur, si celui-ci en avait besoin, vingt grands vaisseaux armés pour six mois ou bien dix pour un an ; 6° enfin, que si une armée était nécessaire, le pape ferait en sorte de l'obtenir des princes chrétiens. Sur le désir de l'empereur, ces engagements furent réglés par écrit et marqués du sceau.

Dans une assemblée tenue le 3 juin, tous adhérèrent à la déclaration orthodoxe du patriarche, excepté Marcus Eugenicus.

Le 8 juin, on donna lecture de la nouvelle profession de foi des Grecs ; elle fut agréée et la question principale se trouva résolue.

Dans la session suivante on discuta sur la primauté du pape. Le 26 juin, le cardinal Bessarion présenta la rédaction suivante comme le dernier terme des concessions des Grecs : « Sur la primauté du pape, nous reconnaissons qu'il est le souverain Pontife, le mandataire, le représentant de Jésus-Christ ; qu'il régit et gouverne l'Eglise de Dieu, sauf tous les privilèges et droits de l'Eglise d'Orient. » Cette rédaction fut acceptée par les Latins, et, à partir de ce jour, on put considérer l'accord des deux Eglises comme rétabli.

« C'est dans la cathédrale de Florence, dont Brunelleschi venait d'achever en 1436 la majestueuse coupole, qu'eut lieu, dit M. Vast, la dernière séance solennelle de ce grand concile (6 juillet 1439). Le pape lui-même officiait. Tous les Latins en habits sacerdotaux, tous les représentants de Eglises grecques et orientales, avec leurs costumes si variés et si riches au nombre de plus de cinq cents, assistaient avec recueillement. Après la messe, le cardinal Julien Cesarini lut à haute voix la rédaction latine du décret d'union. Bessarion lut la rédaction grecque. Puis les deux prélats s'embrassèrent, symbole visible et touchant de l'union enfin réalisée ! La cérémonie se termina par un long défilé ; tous les Grecs, l'empereur en tête, et tous les Latins vinrent fléchir le genou devant le pape et lui baiser la main. Ce fut un grand et émouvant spectacle ; après un schisme de près de dix siècles, les deux communions chrétiennes se rapprochaient ; deux grandes nations confondaient leur croyances et leur foi ; à la veille de la réforme, l'union semblait définitivement rétablie dans l'Europe chrétienne (1). »

BESSARION ET LE CONCILE DE FLORENCE
(p. 256, col. 2).

Bessarion, le grand cardinal, homme d'Eglise et homme politique, ami passionné des lettres et ami des pauvres, né au commencement du XVe siècle, vit encore l'aurore de la Renaissance. Il vécut à la limite de deux âges. Il appartenait à la fois à la Grèce et à Rome, à l'ère de la Scolastique et à celle de la Renaissance. On a dit de lui qu'il resta grec chez les Latins, comme il était Latin chez les Grecs : *Latinorum Græcissimus, Græcorum Latinissimus* (2).

Bessarion fut le plus ardent promoteur de l'union entre les Grecs et les Latins proclamée (6 juillet 1439) au Concile de Florence. L'union des deux Eglises a été le rêve de sa vie, l'idée fixe de son existence publique, le mobile suprême de son activité comme de son dévouement. La délivrance de sa malheureuse patrie, tombée sous la domination turque, a été pour lui une autre préoccupation qui lui fit accepter de nombreuses et pénibles légations auprès des princes d'Italie, d'Allemagne et de France, en faveur d'une croisade contre l'ennemi commun de la croix. Enfin, la croisade littéraire, l'étude passionnée des lettres et des sciences, la protection qu'il accordait à tous ceux qui les cultivaient, constituent un nouveau trait distinctif de l'illustre prélat, unissant en lui ces deux choses, si rarement alliées ensemble, l'amour de l'étude et l'ardeur de l'action.

Quant à la question de savoir qui a écrit les *Acta Græca*, source principale de l'histoire du Concile de Florence (Labbe, t. XIII ; Hardouin, t. IX ; Mansi, t. XXXI), M. Vast établit que leur véritable rédacteur n'est autre que Bessarion ; qu'on ne peut les attribuer ni à Dorothée de Mitylène, le seul qui ait quelques titres en sa faveur, ni à plus forte raison à Georges Scholarius, à Xanthopulos, à Démétrakopulos ou à Isidore de Russie (3).

---

(1) *Le cardinal Bessarion*, p. 108. L'acte d'union se trouve en latin et en grec dans le livre cité de M. W. von Gothe (p. 201), et avec les signatures latines et grecques. Mgr Héfélé (*Hist. des Conciles*, t. XI, p. 461 et suiv.), donne deux mêmes textes sans les signatures. C'est le texte publié par M. Gothe qui est le seul exact et qui doit faire autorité. Le titre du décret d'union est : *Definitio Sanctæ Œcumenicæ Synodi Florentinæ*. L'acte original fut déposé à l'époque même du concile, par le cardinal Césarini, dans une cassette d'argent recouverte de velours qui fut confiée à la garde de la seigneurie de Florence, et conservée à la bibliothèque Médicéo-Laurentienne. Cet exemplaire est le seul authentique ainsi que l'a démontré M. Gothe (pp. 18-33), contre l'opinion de Bréquigny. (*Mémoire sur les exemplaires originaux du décret d'Union*, dans *Mémoires de l'Académie des Inscript. et belles-lettres*, t. XLIII, année 1786.) Il a été publié, par Carlo Milones, dans le *Giornale Storico degli archivi Toscani* (Florence, 1857, pp. 210-228) et, d'après lui, par M. Gothe (pp. 201-215).

(2) Voir : Henri Vast, *Le Cardinal Bessarion* (1403-1472). *Etude sur la chrétienté et la Renaissance vers le milieu du XVe siècle*. Paris 1873.

(3) *Ib*. p. 437, sqq.

LE DÉCRET DE FLORENCE SUR LA PRIMAUTÉ
(p. 262, col. 1).

A propos du décret du concile de Florence sur l'autorité du Pape, décret cité par les Pères du concile du Vatican dans leur *postulatum* pour l'infaillibilité, il faut rappeler la controverse engagée à l'époque de ce dernier concile sur un mot important du texte. Voici d'abord le document en latin :

« Diffinimus Sanctam Apostolicam sedem et Roma-
« num pontificem in universum orbem tenere
« primatum, et ipsum pontificem Romanum suc-
« cessorem esse beati Petri principis Apostolorum,
« et verum Christi vicarium, totiusque Ecclesiæ
« caput, et omnium Christianorum Patrem et Doc-
« torem existere; et ipsi in beato Petro pascendi,
« regendi ac gubernandi universalem Ecclesiam a
« Domino nostro Jesu Christo plenam potestatem
« traditam esse; quemadmodum ETIAM in gestis
« ycumenicorum conciliorum et in sacris cano-
« nibus continetur. »

Appuyé sur quelques éditions, M. Dœllinger prétendit que les Pères du Vatican avaient falsifié le décret de Florence, en mettant ETIAM pour ET (1). Avec *et*, M. Dœllinger prétendait que les prérogatives dont parlent les Pères de Florence doivent s'entendre telles qu'elles sont limitées et restreintes par les décisions des conciles précédents et des saints canons. Mais il n'y a pas de doute que le texte authentique et officiel porte ETIAM.

Les exemplaires originaux du célèbre décret d'union de l'Eglise grecque et de l'Eglise latine, souscrits par le pape Eugène IV, par l'empereur Paléologue et par les Pères du concile de Florence, étaient au nombre de cinq. De ces cinq exemplaires un seul subsiste encore, et il se trouve à la bibliothèque Laurentienne à Florence. On y lit incontestablement : ETIAM.

Outre ces cinq exemplaires primitifs, il a été fait un grand nombre de copies authentiques. Mgr Cecconi a examiné les six autres manuscrits qui se trouvaient à Florence, trois à la bibliothèque Laurentienne et trois aux Archives centrales d'Etat d'Italie (depuis transférées à Rome). Tous portent *etiam*, aussi bien que les manuscrits du *British Musœum*, de la Bibliothèque nationale de Paris, des Archives de Venise, du chapitre de Milan, du Vatican et de Saint-Pierre de Rome (2).

Outre ces manuscrits signalés par M. Cecconi, il y en a un très précieux à Dijon, qu'on trouve inscrit à l'inventaire de la Chambre des Comptes de Dijon, dès 1448 (3). On y lit également *etiam*, comme dans tous les autres.

L'authenticité du mot *etiam* dans le célèbre décret du concile de Florence est donc absolument certaine (4).

---

(1) Dans la *Gazette générale* du 21 janvier 1870.
(2) Voir l'*Armonia* de Florence du 1er février 1870; la *Civitta Cattolica* (1870, série VIII, vol. IX, p. 397 sqq. Cf. Fromma, *Tzur Kritik der Florentiner Unionsdecrets*, etc., p. 50-3. Leipzig, 1870.
(3) Ce ms. conservé aux Archives du département de la Côte-d'Or, à Dijon, est coté : B/11, 617.
(4) Voir l'*Univers* de Paris, 27 avril 1870.

LES ARTS SOUS EUGÈNE IV (p. 276).

Rohrbacher ne dit rien de la faveur accordée aux arts par Eugène IV. Mais, comme le montre M. Müntz, ce grand pape, au milieu des préoccupations de son règne, suivit la voie tracée par Martin V, son prédécesseur. Comme lui, il se voua tout d'abord à la restauration des monuments déjà existants. Les créations nouvelles furent relativement rares. Mais dans ces entreprises, en apparence si modestes, il y a une distinction, un éclat que l'on ne saurait méconnaître (4). Les relations d'Eugène IV avec les principaux humanistes du temps, le Pogge, Léonard d'Arezzo, Aurispa, Flavio Biondo de Forli, Georges de Trébizonde, Cyriaque d'Ancône, ont leur pendant dans les encouragements qu'il prodigua aux artistes, et surtout aux champions de la Renaissance, aux Florentins (5). Non content de fournir au Pisanello les moyens de mener à bonne fin les fresques commencées au Latran par Gentile da Fabriano, il appela auprès de lui Fra Angelico, ainsi que le prouvent les documents conservés aux archives de l'Etat à Rome. Un autre grand artiste, le chef des peintres français au XVe siècle, Jehan Fouquet, eut l'honneur de faire son portrait (5). Peu s'en fallut que Donatello ne fût attaché à son service. Lors du voyage que l'illustre sculpteur florentin fit à Rome, en 1432, le pape lui confia l'exécution de plusieurs ouvrages (2). Mais les troubles qui éclatèrent peu de temps après forcèrent, comme on sait, la cour pontificale à quitter la Ville Eternelle, et tous les projets de construction et d'embellissement durent être ajournés. A Florence, la vue du chef-d'œuvre de Ghiberti inspira à Eugène IV le désir de doter la basilique du Vatican de portes en bronze comparables à celles du Baptistère. Mais, si le maître auquel il s'adressa, Antonio Filarète, passait pour un théoricien habile, dont les écrits n'ont pas peu contribué à illustrer le règne de son protecteur, c'était, en revanche, un sculpteur fort médiocre. L'œuvre qu'il exécuta et qui existe encore rend un éclatant témoignage de la magnificence du pape, mais non pas du talent de l'artiste.

Le seul des édifices antiques qui eût échappé à la ruine, le Panthéon, fut restauré par les soins d'Eugène IV (3).

Les arts somptuaires durent à Eugène IV une impulsion nouvelle ; quelque modeste que fût ce pape, et quoique la timidité l'empêchât presque de lever les yeux en public (4), il était loin de fuir la magnificence. De même qu'il se montrait, d'après Platina, «, splendidus in victu familiæ, parcens in suo; » de même on le voit rechercher les plus riches joyaux, non point par vanité personnelle, mais afin de rehausser l'éclat du trône pontifical.

---

(1) Flavio Biondo, *Roma Instaurata*, liv. 1er, ch. 59 ; Platina (*Vie d'Eugène IV*).
(2) Cfr. les articles publiés par MM. de Reumont, de Zahn, Lübke et le vicomte H. Delaborde cités dans M. Müntz.
(3) Filarète, dans le *Carteggio* de Gaye, t. 1, p. 205 et 206.
(4) Vasari (*Vies des meilleurs peintres*, etc., en italien. — *Vie de Donatello*, t. III, p. 263 et 264).
(5) Flavio Biondo, *Roma Instaurata*, liv. III, ch. LXIV-LXVI ; *Diarium d'Infessura*, dans les *Scriptores rerum italicarum*, t. III, 2e partie, p. 1129.
(6) R. Volaterrano, *Commentarii rerum urbanarum (Anthropologia)*, liv. XXII.

La tiare dont il confia l'exécution à Ghiberti, ne pesait pas moins de vingt livres ; les pierres qui l'ornaient représentaient une somme énorme : 38,000 ducats d'or. A ces différents points de vue, on peut dire qu'Eugène IV prépara le règne des arts, et que Nicolas V eut en lui un digne prédécesseur.

SAINTE FRANÇOISE ROMAINE (p. 279).

Parmi les plus grandes saintes du xv⁰ siècle, il faut ranger Françoise Romaine, fondatrice des Oblats de la Sainte Vierge, morte en 1440. Elle fut favorisée de son vivant comme après sa mort de grâces extraordinaires et notamment de la présence sensible de son ange gardien, exemple unique dans la vie des saints (1).

LES INSCRIPTIONS CHRÉTIENNES AUX XIVᵉ ET XVᵉ SIÈCLES (p. 280, col. 2 et 357, col. 2).

Parmi les plus importantes entreprises littéraires des xivᵉ et xvᵉ siècles, dont parle Rohrbacher, et auxquelles la papauté fut mêlée, il faut citer, à côté de la recherche des manuscrits et des grands travaux d'imprimerie, la composition des recueils d'inscriptions, une des sources les plus précieuses pour l'histoire de l'empire romain et de l'Eglise primitive.

Dans une précédente note, nous avons fait remarquer que, d'Alcuin au xivᵉ siècle, il ne paraît pas qu'on se soit occupé de recueillir les inscriptions chrétiennes. C'est durant le xivᵉ et le xvᵉ siècle, qu'un grand nombre de recueils d'inscriptions anciennes ont été commencés en Italie. Nicolas Signorilis de Rome, Pogge de Florence, Cyriaque d'Ancône, Dalmatius Bérardeuc de la région subalpine (2), Félix Félicien de Vérone, Michel Ferrarini de Reggio, Jean Marcanova de Padoue, Laurent Pehem, allemand (3), Jucundus de Vérone, Marc Mérule de Spalatro (4), Hartmann Schedel de Nuremberg (5) et d'autres encore ont entrepris, à la fin du xivᵉ siècle et au commencement du xvᵉ, de décrire les anciennes inscriptions, ou de recueillir celles que d'autres avaient décrites. Au milieu d'un plus grand nombre d'inscriptions païennes, on remarque çà et là quelques inscriptions chrétiennes mêlées aux monuments païens. Maffeo Vegio décrivit dans le courant du xvᵉ siècle les inscriptions remarquables de la basilique du Vatican, notamment celles de Probus et de Proba (6). Pierre Sabinus (7),

(1) On peut consulter sur sainte Françoise : Acta SS., 9 mars, t. II, p. 92-211; C. A. Riedhofer, Die heil., Franc. Romana, Salzb. 1822; Louis Ponziloconi, Vita di S. Francisca Romana, Rome, 1829; M. T. Bussière, Vie de sainte Françoise Romaine ; Lady Georg. Fullerton, The life of S. Frances of Rome. Lond., 1855, 1 vol. in-4; J.-A. Mœhler, t. III, p. 44.
(2) Gazzera, Iscr. crit. del Piemonte, p. 6.
(3) M. de Rossi a trouvé la collection de ce savant dans le recueil de Munich, lat. 716, f° 89 et suivants.
(4) Burmann, Anthol. lat., t. II, p. 201.
(5) Recueil de Munich, lat. 716.
(6) Voir son livre sur la basilique du Vatican dans Bolland., Acta SS. Jun., t. II, p. 62 et suiv., que M. de Rossi regarde comme le plus exact des recueils de la Vaticane. 3750, Vat. Ott. 751 et 1863.
(7) Marini, Buolo dei professori dell' Archiginnasio romano dell' anno 1514, p. 80.

le premier, après la renaissance des lettres, composa, outre une collection d'inscriptions païennes, un livre d'inscriptions chrétiennes qu'il dédia à Charles VIII, roi de France, en l'année 1495, comme on le voit par sa lettre à Coccius Sabellicus (1).

L'exemple de Pierre Sabinus paraît avoir été imité par Jean Capotius dont on sait peu de chose (2).

Les autres contemporains de Sabinus et qui s'en sont fort rapprochés n'ont pas, à l'exemple de leurs prédécesseurs, séparé les inscriptions chrétiennes des païennes, et ne les ont admises qu'en petit nombre dans leur collection. Témoin : le livre d'inscriptions de la ville de Rome, que Mazochius y imprima, en 1521 ; le livre d'inscriptions anciennes d'Apianus et d'Amantius, publié, à Ingolstadt, en 1534 ; Mariangelus Accursius, dont les précieux manuscrits sont dans la bibliothèque Ambrosienne; Jean Bembo, auteur de la collection terminée en 1536 et conservée dans la bibliothèque de Munich; les recueils Borboniques de Naples, écrits, l'un par Thomas Scandianus, en 1505, l'autre par une main inconnue, en 1526. A Milan, à Dresde, à Paris, à Rome, plusieurs collections épigraphiques différentes portent le nom d'Alciatus et de plusieurs autres amateurs de l'antiquité, qui florissaient à cette époque, et qui ont donné des inscriptions chrétiennes en nombre restreint (3).

(1) Coccii Sabellici, litt. IX, 1, (édit. de Bâle. 1560), t. II p. 434.
Pour comprendre le grand intérêt qu'il y avait pour la science à retrouver ce livre, il suffira de rappeler que les anciennes églises de Rome et des environs, dans lesquelles Pierre Sabinus avait recueilli tant d'inscriptions, ont été renouvelées de fond en comble presque sous ses yeux ; les bibliothèques, après la prise de la ville par l'armée bourbonnienne, avaient été livrées à un affreux pillage et détruite par le fer et le feu. Cependant, au Vatican, dans le volume Ottobonien 2015, dans lequel on croyait communément que le travail épigraphique de Pierre Sabinus nous avait été conservé (Mai, Script. vet., t. V, préf., p. viii), n'apparaissait aucune trace du livre tant désiré: c'est dans un recueil fort différent, que M. de Rossi a trouvé à la bibliothèque Chigi (Recueil, t. IV, p. 168), et qu'il a reconnu pour avoir du rapport avec ce même ouvrage, qu'il a pu découvrir quelques fragments de ce livre de Sabinus. Des recherches entreprises dans le même but à la bibliothèque impériale de Paris et dans quelques autres villes n'ont pas donné de résultats. Hartmann Schedel de Nuremberg, en fait mention dans son grand ouvrage sur l'antiquité grecque et romaine, qui se trouve à la bibliothèque de Munich. Les efforts de M. de Rossi ont été couronnés de succès; il a fini par trouver à Venise, dans la bibliothèque de Saint-Marc, le recueil des inscriptions chrétiennes de Pierre Sabinus (Due monum. inéd. di due concilii Romani. Roma, 1854). Les inscriptions dont se compose cette collection sont en grande partie très claires, et beaucoup n'ont été décrites que par Sabinus ; mais il est regrettable qu'un grand nombre appartiennent à un âge inférieur, et paraissent tirées des bibliothèques d'Aracœli, de Saint-Augustin et du monastère dans le Champ de Mars.

(2) Le titre de son ouvrage est mentionné en ces termes par François Cancellerius dans le recueil du Vatican, 9200, p. 839 : Livre d'antiques inscriptions des églises de la ville de Rome, décrites par Jean Capotius, citoyen romain, l'an de l'Incarnation de Notre-Seigneur MCCCCXCVIII. » Ce volume était, suivant l'opinion de M. de Rossi, dans la bibliothèque d'Albani et renfermait les inscriptions d'un siècle moins riche.

(3) M. de Rossi ne croit pas qu'il faille beaucoup se préoccuper du recueil de Jean-Baptiste Brunelleschi, dont il a vainement cherché le livre d'inscriptions anciennes, écrit dans les années 1511-1513, et conservé autrefois à Naples par les frères Théatins, parce que dans le recueil contemporain de Marucelli, qui se trouve à Florence, il n'a également rien vu de chrétien ; et dans celui du Vatican 6041, qui est intitulé : « Epitaphes modernes de la Ville trouvées par moi, Dom Baptiste Petri de Brunelleschi, de Florence ; dixième jour de septembre 1514, commencement du livre, » la plupart sont d'une époque relativement récente; quelques-unes antiques mais très connues et provenant des collections de Signorilis et du Pogge. C'est aussi à des siècles inférieurs qu'appartiennent les inscriptions tirées des anciennes églises de la ville, qui avaient à peu près disparu, en partie par suite des réformes dans la construction des édifices sacrés, en partie par l'injure des temps, et extraire du recueil manuscrit de Farnèse et dont il est présent à la bibliothèque du Vatican. C'est dans le volume Alexandrin 770, que se lisent aujourd'hui les inscriptions parmi lesquelles M. de Rossi n'en a pas reconnu qui fût postérieure à l'année 1550, ni bien

L'IMPRIMERIE ET LE CLERGÉ (p. 281, col. 1).

Il convient, à propos de la découverte de l'imprimerie, dont parle ici Rohrbacher, de montrer la part du clergé dans le développement de cette invention.

Les moines et les prêtres qui avaient tant contribué à la diffusion des lumières par la transcription des manuscrits, se retrouvèrent encore pour rendre à la société le même service par l'imprimerie. On connaît des prêtres imprimeurs : Bonet-Locatel, de Bergame, en Italie, était habile dans cet art. Il travaillait pour Octavien Scoti, noble Monza, libraire à Venise, et fit publier, entre 1502 et 1509, des éditions fort correctes (1). Un autre, Jean Gianuvosius, était entré dans les ordres, après avoir perdu sa femme. Quoique archidiacre de Sandech et curé de Solech, il continua à imprimer et à publier divers ouvrages jusqu'à sa mort, arrivée en 1613 (2).

C'est à un prêtre de Strasbourg que Naples dut son premier livre, sorti des presses qu'il y établit en 1471. Des évêchés et d'autres dignités ecclésiastiques lui furent vainement offerts comme récompense des éminents services qu'il avait rendus; aussi modeste que méritant, il retourna dans sa patrie terminer sa vie dans la retraite.

Pierre Jacobi imprima, en 1503, à Saint-Nicolas-du-Port, et Jean Colini à Metz; rien jusqu'ici n'a enlevé à ces hommes, qui honorèrent le sacerdoce et la science, la gloire d'avoir introduit l'imprimerie en Lorraine (3).

A Bruxelles, les premiers essais typographiques sortirent, en 1476, des presses établies dans la maison de Nazareth, par les Frères de la vie commune (4).

Du reste, l'Eglise célébra elle-même, au concile de Latran, l'imprimerie, « cet art si heureusement inventé pour la gloire de Dieu, pour l'exaltation et la propagation de la Foi. » Elle déclara « la presse un moyen très opportun d'exercer les intelligences et de former les érudits qu'elle se réjouissait de voir se multiplier dans l'Eglise (5). »

M. l'abbé Ant. Mazzucotelli a très bien fait ressortir (6) tout le parti que Rome a tiré de l'invention de l'imprimerie pour la propagation de la Bible en langue vulgaire : « L'Eglise catholique, dit-il, n'a jamais interdit d'une manière absolue la lecture de nos livres saints en langue vulgaire ; la discipline ecclésiastique a toujours consulté, pour cette prohibition, les circonstances de temps et de lieu.

---

antérieure aux xiv⁰ et xv⁰ siècles. Depuis donc Pierre Sabinus jusqu'au milieu à peu près du xvi⁰ siècle, rien de bien précieux n'est venu accroître le trésor des inscriptions chrétiennes.
(1) Dom Liron: *Singularités historiques et littéraires*, Paris, 1738-40. Exemp. annot. de la Bibl. de Bourgogne, à Bruxelles, t. I, p. 357.
(2) *Singularités*, etc., t. I, p. 258.
(3) *Singularités*, etc., t. I, p. 357 ; Beaupré, *Rech. hist. et bibliog. sur les commencements de l'imp. en Lorraine*, Nancy, 1845.
(4) *Bull. du Bibliophile belge*, t. I, p. 54. Les Frères de la vie commune contribuèrent au développement de la science par la transcription des manuscrits et l'impression d'un grand nombre d'ouvrages, autant que par leur zèle à instruire la jeunesse. Dans le couvent de Saint-Martin, à Louvain, les frères devaient consacrer à la transcription huit heures par jour, et à Windesheim, celui qui se refusait à transcrire était privé de nourriture et de boisson.
(5) Labbe, *Concil.*, t. XIV, p. 257.
(6) *L'Arte de Gutenberg, ossia la Stampa*, Turin, 1863, p. VIII et 265.

Quand des traductions en idiome maternel ont semblé utiles, non seulement le Saint-Siège les a autorisées, mais il les a encouragées. La Bible fut traduite en polonais par ordre de Grégoire XIII, et elle fut imprimée à Cracovie avec l'approbation d'un autre pape. En Allemagne, parut d'abord une version ancienne sans date, probablement de 1460 ou 1462, à Mayence ; une deuxième vit le jour en 1467, deux autres en 1472, une cinquième en 1493. Nous avons deux versions de Nuremberg, l'une de 1477 et l'autre de 1483, éditées par Koburger ; Strasbourg en donna successivement deux en 1477 et 1518. On en publia deux en bas-allemand à Cologne, en 1472 et 1518, et une en Bohême en 1488 (1). »

La France produisit différentes traductions vulgaires des saintes Ecritures ; la première en 1478, la deuxième (de Menard) en 1484, la troisième en 1478, la quatrième (de Jacques Lefèvre d'Etaples), en 1512. Bossuet distribua vingt mille exemplaires du Nouveau Testament : la version de Fénelon est restée célèbre.

En Angleterre il y eut des traductions bibliques de beaucoup antérieures à celles de Tyndal et de Wicleff ; celle de Douai est fort connue.

En Italie, le pays le plus directement soumis à la domination du pape, nous trouvons, sans parler des travaux de Jacques de Voragine et du frère Guidon, que les saintes Ecritures furent traduites par Malermi Nicoli, à Venise, en 1471 : cette traduction eut trente-trois éditions avant la Bible de Luther ; une deuxième traduction fut éditée en 1472 ; une troisième à Rome, en 1471 ; une quatrième à Bruccioli, en 1552 ; une cinquième, par Marmocchini, en 1538 ; toutes ces éditions furent non seulement approuvées par les ordinaires, mais encore publiées, autorisées et distribuées par le tribunal de l'Inquisition lui-même. Le Long soutient qu'il circulait en Europe plus de deux cents versions bibliques en langue vulgaire avant que l'on connût ce que c'était qu'un protestant (2).

LES FERS DE CHRISTOPHE COLOMB (p. 287).

Est-il vrai, comme le prétend Rohrbacher avec d'autres historiens, que Christophe Colomb ait toujours conservé les fers qu'on lui avait mis aux pieds pendant son retour du troisième voyage en Amérique, et qu'il ait voulu les avoir dans son cercueil ? On a tout lieu d'en douter. M. Harris, le biographe très autorisé de Fernand Colomb, fils de Christophe, a étudié la question sur les documents de l'époque, et il trouve que le fait a été bien exagéré de nos jours. « Il est incontestable, dit-il ; que l'amiral revint de son troisième voyage avec les fers aux pieds. (Oviedo, *Historia gen.*, lib. III, cap. vi, fol. 26.). Il nous le dit lui-même, et Las Casas donne jusqu'au nom de l'homme qui eut le courage de les river. C'était un vil cuisi-

---

(1) Hain, *Repertorium bibliographicum*.
(2) On trouvera dans l'*Union Alsacienne*, année 1858, une série d'articles intéressants sur les traductions de la Bible eu langue vulgaire, pp. 52 et sqq., 241 et sqq., 287 et sqq.

nier du nom de Espinosa. Quant à avoir fait mettre dans son cercueil ces témoins, non de l'ingratitude des rois catholiques, qui n'y étaient pour rien et en furent désolés, mais de la brutalité d'un rival, Francisco de Bobadilla, c'est une assertion qu'on ne trouve que dans les *Historie*. En tout cas, lorsque, le 20 décembre 1796, on exhuma ses restes d'un caveau de la cathédrale de Saint-Domingue, afin de les transporter à la Havane, où ils sont encore, on ne trouva nulle trace de chaînes de fer (1). »

LA BÉATIFICATION DE CHRISTOPHE COLOMB
(p. 287).

La renommée de Christophe Colomb, si longtemps laissée dans l'oubli, a repris de nos jours un éclat qui a fini par dépasser peut-être les justes proportions. Non content de rendre hommage à son génie, à sa persévérance au milieu des plus dramatiques épreuves, à sa résignation dans la disgrâce et dans les fers, et à ses hautes espérances d'évangéliser le Nouveau Monde, l'on a prononcé pour lui le nom de *saint* et des démarches ont été faites auprès de Pie IX pour introduire sa cause de béatification.(2). Quelque bien disposée que fût l'opinion publique pour la réparation de l'immense injustice commise à l'égard du grand homme, elle n'allait pas jusque-là. Ça été une surprise. La réputation de sainteté qui doit toujours être établie en pareil cas, ne commence pas pour Colomb avec les contemporains, et n'a pas de fondement dans les traditions des siècles suivants; les miracles aussi font défaut, et ils sont une des marques essentielles de cette sainteté héroïque proposée par Dieu lui-même à la vénération des peuples. Christophe Colomb semble n'avoir pas dépassé la réputation d'un pieux et fervent chrétien (3).

(1) Harris, *Fernand Colomb, sa vie, ses œuvres*. Paris, 1872, ch. XXV.
(2) Le pour et le contre de cette cause de béatification a été débattu dans deux mémoires italiens, publiés à Gênes l'un par Antonio Doudro, favorable à Colomb (*L'Onesta di Cristoforo Colombo*, Gênes, 1877, l'autre par Angelo Sanguinetti) *Sull l'origine di Ferdinando Colombo*, Gênes, 1876, remplissant l'office de « l'avocat du Diable. » — Il avait paru en 1865, à Paris, une brochure du baron *Van Brocken*, se prononçant catégoriquement pour la canonisation, mais n'en donnant pas de fondements historiques. Elle a pour titre : *Des vicissitudes posthumes de Christophe Colomb et de sa béatification possible*. C'est comme un appendice de la Vie de Christophe Colomb par M. Rosely de Lorgues. *Christophe Colomb, histoire de sa vie*. 2 vol. In-8. Il en ressort bien que la sainteté de Christophe Colomb serait acclamée de toutes parts, mais non qu'elle soit facile à établir.
(3) Une polémique s'est engagée sur ce point, et elle n'a pas tourné à son avantage. Un des fils de Christophe Colomb n'était pas légitime, du moins tout l'indique, si l'on s'en rapporte aux historiens du temps et à Colomb lui-même. D'abord Oviédo dit : D. Juan, fils du roi de Portugal, accepta pour pages les deux fils de Colomb, qui étaient D. Diégo, le fils aîné et légitime, et son autre fils D. Ferdinand, aujourd'hui encore vivant. » — Herrera est plus explicite : « Il se maria avec Philippa Muniz de Perestrello et il en eut Diégo Colomb, et plus tard, de B. Enriquez, dame de Cordoue, D. Ferdinand, homme plein de science. » — Les deux ouvrages italiens d'Angelo Sanguinetti et d'Antonio Dondero, de Gênes, qui discutent ces textes à des points de vue contraires, ne peuvent rien ajouter ni retrancher au sens qui se présente naturellement à la pensée, savoir : que Colomb avait deux fils, l'un légitime et l'autre qui ne l'était pas. L'aveu de Christophe Colomb vient pleinement corroborer ces déclarations des historiens, d'ailleurs exempts de malveillance. Dans un codicille daté du 19 mai 1506, il fait les recommandations suivantes : « Je dis et ordonne à mon fils Diégo ou à toute autre personne, mon héritière, de payer qui y est indiqué, et de tout ce dont je pourrais en outre

Ni son siècle, ni les deux siècles suivants ne songèrent à la sainteté de Colomb, et ils furent bien plus éloignés encore de lui attribuer des miracles. Cependant, la réputation de sainteté et le bruit des miracles sont les deux préliminaires indispensables de toute béatification.

AMÉRIC VESPUCE ET CHRISTOPHE COLOMB
(p. 288, col. 1) (1).

Rohrbacher partage l'opinion longtemps admise, qui fait d'Améric Vespuce un usurpateur de la gloire de Christophe Colomb. De récents travaux font justice de cette accusation, et rendent à Vespuce une part importante dans les explorations du Nouveau Monde, au commencement du XVIᵉ siècle et sur la fin du XVᵉ. Il n'entra jamais dans sa pensée de se substituer au grand navigateur, dont il suivit les traces, dont il partageait les connaissances astronomiques et nautiques ; et il fut toujours avec lui en parfaite relation d'amitié. Alexandre de Humboldt, dans son *Examen critique de l'histoire de la géographie du Nouveau Monde* (Paris, 1837-1839, — tom. IV et V), l'avait déjà lavé de toute flétrissure par une discussion approfondie des documents contemporains; M. Wiesener a de nouveau examiné la thèse et aboutit à des conclusions péremptoires, toutes à la louange d'Améric Vespuce et tendant à faire ressortir son rôle d'explorateur intelligent et lettré, qui attira l'attention des érudits du XVIᵉ siècle (2).

L'ANCIENNE CIVILISATION DANS L'AMERIQUE CENTRALE ET DU SUD (p. 288, col. 1).

Rohrbacher déprécie trop l'ancienne civilisation du Mexique et du Pérou ; toute primitive qu'elle était, elle retenait des traits de parenté avec les arts et l'industrie du monde européen, sans compter les traditions religieuses évidemment empreintes de souvenirs bibliques. « Nulle part, dit-il, on ne connaissait l'usage du fer : dans tous les édifices du Nouveau Monde, pas un clou, pas une cheville. » Mais si le fer n'était pas connu, le bronze était d'un fréquent usage, et l'on avait, pour le travailler, des procédés qui lui donnaient la dureté presque de l'acier : beaucoup de haches de fabrication indigène en offrent la preuve. Cela permettrait de croire que

être redevable. Et je lui ordonne d'avoir pour recommandée Beatrix Enriquez, mère de mon fils Ferdinand. Qu'il lui assure le genre d'existence à laquelle a droit une personne à laquelle j'ai tant été à charge ; qu'il le fasse pour alléger ma conscience du lourd fardeau qui pèse sur elle : il ne m'est pas permis d'en révéler ici le motif. » Cf. *Revue des questions historiques*, t. XXV, p. 213. Enfin Birthélemy Las Casas, l'apôtre des Indiens, parle d'un fils légitime de Colomb, D. Diégo, et d'un autre fils illégitime : il avait pu les connaître tous deux.
(1) Wiesener, *Améric Vespuce et Christophe Colomb*, dans *Revue des questions historiques*, t. 1, p. 225 et suiv. (1ʳᵉ livr. juillet 1866). — Voir aussi Washington Irving. *Hist. de Christophe Colomb*, t. IV, app. 9, Arm. Vespuce.
(2) Une relation récente a été publiée « ce sujet. Le *Soleil* du 30 août 1880 en donne un extrait.

les peuples qui furent les premiers jetés sur les côtes de l'Amérique par un naufrage, ou qui en devinrent les colons par une émigration volontaire, avaient quitté le continent asiatique ou européen lorsque l'on se servait principalement du bronze pour les instruments de travail. Homère parle fréquemment de ce métal et très peu du fer : les armes, les ustensiles, sont de bronze dans la plupart des expéditions de ses héros.

Les dernières découvertes et publications tendent à montrer que l'Amérique centrale était en possession d'une civilisation d'importation étrangère avant l'arrivée des Espagnols (1).

LA DÉCOUVERTE DU NOUVEAU MONDE PAR LES IRLANDAIS AVANT L'AN 1000 (p. 289).

Des relations curieuses, tirées des manuscrits de l'Islande et de la Norvège, établissent que des navigateurs scandinaves avaient abordé dans le Groënland et dans les contrées plus méridionales du Nouveau-Monde plusieurs siècles avant les voyages de Christophe Colomb, et qu'ils y avaient été précédés par des chrétiens de langue irlandaise, dont les colonies furent assez importantes. *Les Antiquités Américaines*, publiées à Copenhague en 1837, avec traduction latine et danoise, avaient causé un vif étonnement par des récits très détaillés à cet égard. En 1838, trois volumes de *Monuments historiques du Groënland*, apportaient des faits nouveaux à l'appui des premiers. Une *Histoire de la Norvège*, découverte en Ecosse (1850) après la publication des *Antiquités Américaines*, a fourni des éclaircissements sur les personnages qui avaient joué le principal rôle dans ces explorations du nord de l'Amérique, à une époque reculée du moyen âge (2). M. Beauvois a donné un extrait de ces traditions scandinaves relatives à un célèbre navigateur islandais, nommé Gudhleif, qui, poussé par les vents contraires, aborda sur les côtes américaines vers l'an 1020. Ce qui lui arriva fut écrit au milieu du siècle suivant et consigné dans la *Eyrbyggia Saga* (3).

Aré Frodhé, qui a écrit ces particularités si précises, les tenait de la bouche des contemporains, notamment de son oncle Thorkell Gélisson, un des colonisateurs du Groënland, et de Thuride, laquelle était mariée à un arrière petit-fils d'Aré Marsson Il était né en 1068 et mourut en 1148. L'histoire de la Norvège (*Historia Norvegiæ*), découverte en 1850, après avoir parlé de sa naissance et de ses parents, ajoute « qu'il fut poussé par une tempête dans le *Pays des hommes blancs* (Hvitramannaland), que quelques-uns appellent *Grande Irlande* (Irland it mikla). Ce pays est situé à l'ouest, dans la mer, près du *Vinland it godha* (le bon pays du vin), et, dit-on, à six jours de navigation de l'Irlande. La même histoire affirme encore que les Islandais avaient appris de Thorfinn, duc des Orcades (Orkneys), que Aré avait été reconnu dans le pays des *Hommes blancs* (Hvitramannaland), et qu'il ne pouvait en sortir, mais qu'il y était traité avec honneur. »

Pourquoi nommait-on le nord de l'Amérique *Pays des hommes blancs*? Était-ce pour distinguer les habitants de leurs voisins les *Peaux-Rouges*, ou bien parce que l'on avait remarqué leurs prêtres vêtus de blanc dans les cérémonies de leur religion, qui était, dans plusieurs endroits, la religion chrétienne? C'est la première supposition qui paraît la plus vraisemblable. Des navigateurs différents de Gudhleif et de ses compagnons l'explorèrent encore à peu près dans le même temps, et rapportèrent des observations sur les productions du sol et sur les habitudes indigènes.

La *Saga* de Thorfinn Karlsefné, dont la plus ancienne rédaction est de la fin du XII° siècle, parle d'expéditions faites dans le Nouveau Monde, et raconte ce qu'y avaient vu des témoins oculaires. La vigne croissait spontanément sur les coteaux à Hop dans le Vinland (ch. IX), — ce qui est vrai pour certaines contrées des États-Unis; — le beuglement d'un taureau effraya les Skrœlings (ch. XI), lesquels se servaient d'armes de pierre et ne connaissaient pas l'usage du métal (1).

Dans des Groënland, peu après l'an 1000, on trouva des peuples dits troglodytes, qui disparurent sous terre à la vue des étrangers.

Les habitants de la Grande-Irlande étaient chrétiens, puisque Aré Marsson fut baptisé chez eux, et c'est probablement d'une procession qu'il s'agit dans la description en style de *peau-rouge* que les jeunes Skrœlings ont donnée d'hommes couverts d'aubes, qui marchaient en chantant et en portant des bannières..... Ainsi ils connaissaient les étoffes et ils avaient des chevaux et du bétail; ils parlaient un idiome dans lequel les navigateurs du Nord crurent reconnaître de l'irlandais, et leur pays s'appelait non seulement *Hvitramannaland* (pays des hommes blancs ou vêtus de blanc), mais encore Grande-Irlande ou colonie irlandaise dans le Nouveau Monde.

En un mot, les habitants du *Hvitramannaland* étaient infiniment supérieurs, à tous égards, aux Skrœllingars ou indigènes du nord de l'Amérique, que les relations scandinaves dépeignent comme des troglodytes faisant usage d'instruments de pierre,

---

(1) Voir l'abbé Brasseur de Bourbourg, *Histoire des nations civilisées du Mexique et de l'Amérique centrale avant Christophe Colomb*. Paris, 1857-1859 ; *Monuments anciens du Mexique, Palenqué et autres ruines de l'ancienne civilisation mexicaine*. Paris, 1864-1866; ib., *Quatre Lettres sur le Mexique*, Paris, 1868. (C'est dans cet ouvrage principalement que M. Brasseur de Bourbourg expose ses théories sur l'origine de la civilisation américaine et ses rapports avec celle de l'ancien monde); Angrand, *Antiquités mexicaines*. Lettre sur les antiquités de Tiaguanaco (dans *Revue générale d'architecture et de travaux publics*, t. XXIV). Pour les traditions bibliques voir en particulier H. de Charencey; *Le Mythe de Vatan*, Alençon, 1871 ; id., *Djemschid et Quitzalcoat* dans *Actes de la Société philologique*, 1873; id. le *Fils de la Vierge*, Paris, 1879; id, *Nouvelles recherches sur les traditions relatives au Fils de la Vierge* dans *Annales de philosophie catholique*, avril 1881.

(2) C. Rafn, *Antiquitates Americanæ, sive scriptores septentrionales rerum antecolumbianarum in America*, Copenhague, 1837. (Textes, traductions danoise et latine) ; *Monuments historiques du Groënland*, Copenhague, 1838-1845 ; *Historia Norvegiæ*, (découverte en Ecosse en 1850). M. Beauvois a résumé ces travaux dans sa brochure, *La Découverte du Nouveau-Monde par les Irlandais et les premières Traces du christianisme en Amérique*. Nancy, 1875.

(3) *L'Eyrbyggia Saga*, dont cette relation est extraite, a une très solide authenticité. La première partie fut composée, avant 1148, par Aré Frodhé; l'autre avant la soumission de l'Islande au roi de Norvège. On la trouve dans 22 manuscrits. Le voyage de Gudhleif eut lieu à la fin du règne de Saint-Olaf, qui disparut en 1030, à la bataille de Stiklastadhs; ce qui autorise à croire que le vieux chef américain était réellement l'islandais Bjoern, banni vers 986 ou 987, d'après le récit de la *Saga* (surtout ch. xxix).

(1) Voir : *Antiquitates Americanæ*

ne possédant point d'animaux domestiques et livrés au paganisme. Du reste, en s'aidant du texte des Sagas, on parvient à établir une corrélation entre le Hvitramannaland et une partie du Canada actuel, tandis que la *Grande-Irlande* doit répondre au nord de cette même région; le *Helluland il Mikla* ou *Grand Helluland*, au Labrador; le petit *Helluland*, à Terre-Neuve. Enfin, dans le *Vinland* l'on reconnaîtra forcément une partie de la côte des Etats-Unis. Ajoutons que les premiers missionnaires français signalèrent certaines réminiscences chrétiennes chez les tribus de la Gaspésie. L'on a même retrouvé dans ces parages quelques débris d'édifices qui n'ont pas dû être construits par des Peaux-Rouges.

Maintenant, d'où avait pu venir cette race de civilisateurs mystérieux? D'après les données scandinaves, M. Beauvois signale l'existence d'une population de *Pappars*, venue d'Irlande pour s'établir dans les archipels du nord de l'Ecosse. Sans cesse tourmentée par les incursions des pirates du Nord, ces hommes vont chercher un asile jusqu'en Islande, où les premiers découvreurs norvégiens signalèrent des vestiges de leur présence. Les *Pappars* étaient d'ordinaire vêtus de blanc, ce qui rappelle le nom de *Hvitramannaland*. Leur qualification technique qui signifiait « prêtre », leur fut sans doute donnée, non parce qu'ils étaient tous engagés dans les ordres sacrés, mais parce qu'ils formaient de petites *réductions* dirigées par des moines et analogues aux *réductions* du Paraguay. Maintenant, des navigateurs assez habiles pour franchir l'espace qui sépare les Orcades de l'Islande, ne devaient pas être fort embarrassés pour passer de là en Amérique. Ces terres nouvelles leur offraient un asile assuré contre les violences et les dévastations des pirates du Nord.

Il ne faut donc pas s'étonner des souvenirs bibliques retrouvés sur les monuments anciens de l'Amérique et dans les traditions des différents peuples indigènes, au moment de la découverte par Christophe Colomb. Ce serait une supposition hasardée que de les faire remonter aux époques primitives du monde, et à la dispersion des races adamiques à travers les contrées encore inhabitées. Tout cela peut être postérieur à la prédication de l'Evangile et provenir des doctrines chrétiennes, plus ou moins défigurées par les descendants ou les voisins de ces peuplades converties au christianisme avant l'an 1000 sur les côtes des Etats-Unis.

M. de Charencey, qui admet ces conclusions, pense que M. Beauvois va un peu loin en s'étayant de la relation des frères Zéni pour établir l'existence de la colonie irlandaise du Canada jusque vers l'an 1400. De graves inexactitudes ont été signalées dans le récit des voyageurs vénitiens, et on ne saurait accepter leur témoignage sans bien des réserves. Suivant toute probabilité, les chrétiens du Hvitramannaland durent disparaître vers la fin du xii° siècle, à la suite de cette grande invasion de tribus de Peaux-Rouges (Algonkins, Hurons et Tuscarovas) qui exterminèrent les Skroellingars ou Esquimaux du nord des Etats-Unis. M. de Charencey ne partage pas non plus l'avis de l'auteur en ce qui concerne l'identification du Thulé des anciens avec l'Islande. Malte-Brun semble avoir démontré, par d'assez bonnes raisons, que la découverte de Pythéas devait faire partie de la côte norvégienne (1).

RUPTURE DE L'UNION DE FLORENCE (p. 308, col. 2).

On ne trouve dans Rohrbacher, comme dans les autres historiens jusqu'à lui, que des données incomplètes sur les circonstances de la rupture de l'union conclue à Florence entre l'Église grecque et l'Église latine. Il raconte que les trois patriarches d'Alexandrie, d'Antioche et de Jérusalem fulminèrent en 1443 l'excommunication et l'interdit sur les fauteurs et les partisans de l'union; mais il ne dit pas qu'un concile eut lieu à Constantinople et d'après cela, le concile de Florence n'aurait été rejeté qu'en 1472 par un concile général de l'Orient tenu sous le patriarche Siméon de Trapezonte.

Rohrbacher n'a pas connu le Τόμος καταλλαγῆς publié à Jassy en 1692 par le patriarche Dosithée de Jérusalem, lequel contient: 1° le livre d'un inconnu contre les Latins écrit vers 1340; 2° le livre de Jean de Nomophylax contre le concile de Florence; 3° un livre de Georges Coressios de Chio écrit vers 1612. Les deux discussions synodales renfermées dans le Τόμος forment un complément essentiel à l'histoire du concile de Florence. Ce recueil donne d'abord le décret d'une conférence (συνέλευσις) qui eut lieu dans l'église de Sainte-Sophie, sous l'empereur Jean Paléologue. L'acte est en forme d'adresse (ἀπολογία) à l'empereur, pour protester contre l'union au nom d'une portion considérable du clergé de Constantinople. Le deuxième acte constitue le concile proprement dit : il est signé par quatre patriarches et plusieurs évêques. L'assemblée déposa le patriarche Grégoire et le remplaça par Athanase. L'année n'est pas donnée exactement, mais ce doit être après la mort de l'empereur de 1448 à 1449. Allatius combat l'authenticité des actes de ce concile par des raisons insuffisantes (2).

Les fragments publiés récemment par M. Simonides, d'après la correspondance du patriarche Gennade confirment, quant à l'essentiel, l'état d'effervescence et l'opposition à la réunion des deux Eglises qui résultent des actes du Τόμος (3).

Les accords conclus avec les Arméniens, les Jacobites, les chrétiens syriens et chaldéens n'eurent malheureusement pas plus de durée que l'union entre les Grecs et les Latins.

LA PRISE DE CONSTANTINOPLE (p. 315, col. 2).

La chronique grecque de Critobule, récemment publiée par M. Ch. Müller dans la collection Didot,

(1) *Revue des questions historiques*, 37 livr. janvier 1876, p. 375.
(2) *De Eccles. Occid. atque Orient. perpetuo consensu*, v. pp. 955 et 1380.
(3) Ὀρθοδόξων Ἑλλήνων θεολ. γράφαι, Londres, 1865.

a servi, avec quelques notes diplomatiques nouvelles, de source principale à M. H. Vast pour son récit du siège et de la prise de Constantinople (1). Embrassant les dix-sept premières années du règne de Mahomet, elle contrôle donc les témoignages déjà connus. Après avoir exposé les négociations entreprises par Constantin XII pour obtenir du secours des Vénitiens et du pape, M. Vast raconte que le jour où la réunion avec Rome allait se faire, du consentement de l'empereur, il y eut à Constantinople une violente émeute, appuyée sur la résistance des prêtres et des moines, qui fit tout échouer. Cette ville populace, loin de montrer la même énergie contre les Turcs, fournit à peine quelques hommes pour suivre, au dernier moment, le valeureux empereur sur la brêche et mourir avec lui.

La chronique de Critobule s'accorde, comme on le voit, pour le fond, avec le récit de Michel Ducas qu'a suivi Rohrbacher.

LES CROISADES AU XVᵉ SIÈCLE (p. 325, col. 1).

Les croisades, qui avaient si profondément remué l'Europe à la fin du XIᵉ siècle et dans les deux siècles qui suivirent, firent encore au XVᵉ siècle l'objet des préoccupations de quelques princes d'Europe. Sous les ducs de Bourgogne, les voyages en Terre sainte, qui avaient été un peu abandonnés pendant le siècle précédent, redevinrent en quelque sorte de mode. On sait que Philippe le Bon, pour lequel Rohrbacher se montre injuste sur la foi de Sismondi, rêvait la conquête de la Palestine et la prise de Jérusalem. A peine eut-il succédé à son père Jean sans Peur, qu'il saisit toutes les occasions de s'éclairer sur la situation de ces contrées.

On voit, par la relation de Guillebert de Lannoy, qui voyagea pendant plus de cinquante ans, que, dès l'année 1421, le duc Philippe, conjointement avec les rois de France et d'Angleterre, avait chargé ce gentilhomme d'une ambassade qui avait pour but de pressentir les intentions des princes chrétiens sur son projet d'entreprendre une nouvelle croisade contre les infidèles.

C'est aussi dans ce but que le même duc engagea Bertrandon de la Brocquière, son conseiller et premier écuyer tranchant, à rédiger le voyage qu'il avait fait en Terre sainte, comme pèlerin, en 1432 et 1433, dans la compagnie d'un grand nombre de seigneurs et d'officiers de ce prince. Bertrandon était revenu en France par la voie de terre, en traversant toute la partie occidentale de l'Asie et de l'Europe orientale, au milieu des populations musulmanes. Ce voyage, alors d'une difficulté inouïe, avait permis à l'auteur d'examiner de près la situation politique de l'empire des Turcs. C'en était assez pour piquer l'avide curiosité de Philippe le Bon sur ce point. Au reste, ce qui prouve bien que la relation de Bertrandon de la Brocquière avait été écrite avec l'intention que nous venons d'indiquer, c'est que ce voyageur y a inséré un traité sur les forces militaires des musulmans et la possibilité de soumettre ceux-ci à la puissance des princes chrétiens. Selon toutes les probabilités, ce traité était destiné à être communiqué à la brillante cour du grand duc d'Occident (1).

Un autre seigneur de la cour du duc de Bourgogne, le sire de Wavrin, qui était né dans le Hainaut vers la fin du XIVᵉ siècle, avait aussi vu la Palestine dans le même but.

Constantinople venait de tomber au pouvoir des Turcs. Philippe le Bon ne voulait pas retarder l'exécution de son projet favori. Il annonça une croisade générale, leva des troupes et s'avança même en Allemagne; mais il revint tout à coup dans ses États, sans cependant abandonner entièrement son dessein.

Jean de Torzelo avait été pendant douze ans à la cour du Grand Turc, pour étudier à fond la puissance alors déjà si menaçante de cet empire, et les moyens dont les chrétiens pourraient se servir pour en arrêter les progrès et l'abattre. Il était chevalier et chambellan de l'empereur de Constantinople. Il rédigea un long rapport sur sa mission, daté de Florence, le 16 mars 1439. Cette pièce fut envoyée dans la suite à Philippe le Bon par André de Pelazago; elle contenait un exposé des forces des musulmans, ainsi que des troupes dont l'empereur d'Orient pourrait disposer en faveur des chrétiens.

Bertrandon de la Brocquière et le sire de Wavrin furent invités par le duc à donner leur avis sur le travail de Torzelo, et le premier fut chargé de le traduire de l'italien en français. Le sire de Wavrin émit l'opinion que l'expédition n'aurait point de bon résultat, si on l'entreprenait immédiatement; il conseillait d'attendre encore une année, afin que tous les princes de la chrétienté pussent y prendre part (2). Dans le même temps, un chanoine de Sillé, Jean Miélot, qui avait visité plusieurs fois la Terre sainte, fut chargé par le duc de traduire en français le traité récemment écrit sur cette contrée par l'Allemand Burchard.

Vers la même époque, Martin Vilain, issu de l'illustre maison de Gand, partit pour la Terre sainte, comme pèlerin, mais probablement aussi en qualité d'envoyé secret du duc de Bourgogne, car nous voyons Philippe le Bon lui accorder un sauf-conduit, en date du 10 janvier 1458, afin que lui et les dix personnes qui l'accompagneraient fussent bien traités partout où ils se présenteraient, avec leurs bagages, chevaux, joyaux, lettres et papiers. A son retour de Jérusalem, Charlotte, reine de Chypre, lui remit à Nicosie, le 23 juillet 1459, les insignes de l'ordre royal de l'Épée, avec l'autorisation de les conférer à son tour à deux gentilshommes, chevaliers ou écuyers.

Le plus important projet de croisade fut celui de Pie II. En 1464, ce pape convoqua une diète à Mantoue et forma une coalition dont le but était la

---

(1) Dans *Revue historique*, mai-juin 1880.

(1) La relation de Bertrandon a été publiée, avec une intéressante introduction, dans les *Mémoires de l'Institut de France*, t. V, pp. 422-627, par Le Grand d'Aussy.
(2) Les rapport et avis de Torzelo, de la Brocquière et Wavrin, existent en manuscrit à la bibliothèque de Bourgogne, à Bruxelles, Nos 7250 et 7251. Voyez aussi les *Mémoires de l'Institut de France*, t. V, p. 455.

délivrance de Constantinople, que les Turcs avaient prise onze ans auparavant. La république de Venise entra dans la ligue et s'engagea à lever dix-huit mille hommes, à fournir cinq cent dix canons, quatorze mille fusils, sept mille cuirasses, deux navires chargés de lances, un navire de poudre, treize mille ducats de blé et de biscuits, plus un million de ducats. (Ms. 5594 du Vatican, p. 86.)

LE CARDINAL BALUE ET LA PRAGMATIQUE SANCTION DE BOURGES (p. 327 et 329).

Rohrbacher mentionne deux fois ce personnage : à l'année 1466, lorsqu'il fut envoyé à Paris, pour dissoudre la ligue dite du Bien public, et en 1468, lorsqu'il accompagna le roi à Péronne.

A ce moment, Balue venait d'obtenir le chapeau de cardinal qu'il ambitionnait.

Pour arriver à ses fins il commença, dit M. Guérin, par seconder la volonté du roi dans l'affaire de la Pragmatique sanction, que Louis XI consentait à abolir. Le maintien de cette Pragmatique ou son abrogation lui importait peu, il ne tenait qu'à ses propres intérêts; il s'insinua donc dans l'esprit du prince, le pressa de jouer toutes sortes de rôles auprès du pape Paul II : prières, promesses, menaces, rien ne fut négligé pour obtenir le chapeau tant convoité.

Cependant le pape se rendait difficilement, sans doute parce qu'il avait entendu parler de l'indignité du candidat royal (1). Louis XI fit tenter un dernier effort. Il envoya à Rome Adam Fumée, qui exerça depuis la charge de garde des sceaux (2). Celui-ci obtint une audience du pape; il lui représenta le désir extrême qu'avait le roi de voir son ministre cardinal. Paul II objecta les bruits qui couraient au désavantage de Balue, mais l'envoyé usa d'artifices et de mensonges pour tromper le pape (3).

Balue fut donc nommé cardinal-prêtre du titre de Sainte-Susanne, le 18 septembre 1467 (4), et le cardinal d'Albi reçut ordre d'en porter la nouvelle au roi.

La promotion de Balue n'était pas encore publique en France, lorsque Louis XI donna la déclaration contre la Pragmatique. Elle fut remise entre les mains du cardinal d'Albi, qui avait la qualité de légat, et celui-ci la remit à Balue pour qu'il la fît enregistrer au Parlement. Balue alla au palais le premier jour d'octobre 1467, et requit l'enregistrement. Mais il y trouva des oppositions invincibles de la part du procureur général, Jean de Saint-Romain (1), qui déclara que la Pragmatique était une ordonnance utile à l'Église gallicane et qu'il était à propos de la maintenir (2).

LES ARTS ET LES LETTRES A ROME SOUS NICOLAS V (p. 357, col. 2).

Le rôle de Nicolas V dans l'histoire artistique répond à la mission civilisatrice de la papauté.

« Lorsque Nicolas V monta sur le trône, dit M. Müntz, Rome se trouvait admirablement préparée, grâce aux efforts de Martin V et d'Eugène IV, pour devenir la capitale des arts. Le calme avait succédé aux troubles qui, pendant si longtemps, et jusqu'au commencement du XVe siècle, avaient désolé la Ville Éternelle. Le trésor pontifical était assez bien garni pour permettre d'affecter aux travaux d'architecture, de sculpture, de peinture, une dotation convenable en attendant que le Jubilé de 1450 vînt fournir des ressources plus considérables. Enfin le nouveau pape jouissait, en matière d'art, d'une liberté qu'il n'avaient pas connue ses prédécesseurs, Martin V et Eugène IV s'étant voués à des travaux de réparation urgents, mais obscurs et ingrats. Nicolas V pouvait s'occuper des embellissements proprement dits, et choisir, parmi les entreprises les plus brillantes, celles auxquelles il désirait attacher son nom...

« Des témoignages impartiaux nous montrent le pape sans cesse occupé à maintenir l'harmonie entre les différentes branches de l'art, et prodiguant à toutes les mêmes faveurs. Abstraction faite de ses constructions, qui s'élevaient partout avec une rapidité vertigineuse, on le voit, en même temps, réunir et dresser une véritable armée de peintres, de verriers, de calligraphes, d'enlumineurs, d'orfèvres, de brodeurs; installer à Rome un atelier de tapisseries ; envoyer dans les différentes parties de l'Europe des agents chargés de lui rapporter ce qu'il y avait de rare ou de précieux en tout genre. Qu'il s'agisse de la décoration du Vatican ; de celle d'une église située sur une colline déserte, telle que Santo-Stefano-Rotondo, ou des chapelles commémoratives du pont Saint-Ange, il tient à user de toutes les ressources que peut lui offrir la civilisation la plus délicate. Aux pilastres encore un peu maigres de Rossellino, aux fresques de Fra Angelico, il joindra les verrières de maître Giovanni d'Andréa de Florence, de Don Francesco Barone de Pérouse; et sa sollicitude s'étend jusqu'aux moindres meubles, jusqu'au missel destiné à figurer sur l'autel...

---

(1) Les auteurs de l'*Hist. de l'Egl. gall.* disent que « le pape se rendait difficile, soit pour obtenir *plus sûrement* la destruction totale de la pragmatique, soit parce qu'il se défiait du sujet qu'on lui présentait. » L'une des deux suppositions est peu respectueuse envers le pape; il est vrai que ces auteurs laissent percer une certaine affection pour la Pragmatique, protectrice de *nos libertés gallicanes.*
(2) Paul Emile, in *Lud.* XI.
(3) On est vraiment surpris de lire dans l'*Encyclopédie catholique*, t. III, p. 185, col. 2, des lignes comme celles-ci : « Balue vient à bout d'arracher à Louis XI un édit portant l'abolition de la Pragmatique sanction. Cette Pragmatique, que les parlements et l'Université regardaient comme le *Palladium de l'Église gallicane*, était l'ouvrage de Charles VII ; mais plus les parlements y tenaient, plus la cour de Rome désirait qu'elle fût anéantie. Balue promit l'édit à Rome. *Rome promit la pourpre à Balue*; le roi se laissa persuader et Balue fut cardinal. » Ainsi la nomination de Balue aurait été un marché convenu entre lui et le pape, à la condition que Balue le délivrerait de la Pragmatique; tout ceci n'eût été qu'affaire d'intrigues ; le pape connivait avec Balue et lui rendait les services qu'il tâchait d'obtenir de lui. Or il est certain que toutes les menées vinrent de Balue seul; le pape, bien qu'il désirât l'abolition de la Pragmatique, ne mit nullement, pour condition la nomination de Balue : on le trompa, voilà tout.
(4) Et non en 1464, comme disent Sponde et le continuateur de Fleury; il reçut en cérémonie le chapeau de cardinal le 27 novembre 1468, dans la cathédrale de Paris, en présence de plusieurs prélats et de presque tous les courtisans de Louis XI. Cfr. Rayn., *ad an.* 1467, n° 16.

(1) Du Boulay, t. V, p. 685.
(2) *Hist. de l'Égl. gall.*, t. XXI, p. 91.

« Son amour pour la littérature classique, les sacrifices immenses qu'il s'imposa pour créer au Vatican une bibliothèque sans rivale, et, dans un autre ordre d'idées, la reconstruction de la basilique et du palais du Vatican; ses projets grandioses pour la transformation de la Ville éternelle; tous ces titres lui assignent le premier rang parmi les papes artistes ou humanistes...

« Ce qu'il a fait pendant son pontificat relativement court, est immense : il suffit de rappeler la reconstruction ou restauration du Capitole, du château Saint-Ange, de Saint-Théodore, de Saint-Etienne-le-Rond, du palais de Sainte-Marie-Majeure, de la fontaine de Trévi, des murs de Rome, des citadelles des environs...

« Manetti (1), Platina (2) et Æneas Sylvius (3) célèbrent à l'envi le luxe déployé par Nicolas V; ils énumèrent avec complaisance les ornements d'or et d'argent, les étoffes précieuses, les pierres fines dont le trésor apostolique regorgeait sous ce pontife. Les deux premiers de ces auteurs s'accordent en outre à déclarer que, si le pape recherchait avec tant d'ardeur toutes ces belles choses, c'était pour la plus grande gloire de l'Eglise : il voulait ainsi donner plus d'éclat aux cérémonies religieuses, plus de prestige au Saint-Siège... Quoi qu'il en soit, depuis Boniface VIII, les Romains n'avaient vu une magnificence pareille (4). »

Muratori reproduit le testament de Nicolas V, qui est la preuve authentique du tableau que M. Müntz trace dans les lignes qui précèdent.

Quant à la science, Nicolas V lui rendit aussi de grands services que rappelle Rohrbacher (5).

LA RENAISSANCE DES LETTRES AU XVᵉ SIECLE
(p. 360).

Comme le fait justement remarquer Rohrbacher, c'est une erreur de supposer que la restauration des sciences, lettres et arts, ne commença en Italie qu'après la prise de Constantinople par les Turcs. Cette erreur cent fois ressassée a été soutenue encore par G.-J. Erhard, dans son Histoire de la Renaissance (6); mais Mœhler l'a solidement combattue dans son Histoire de l'Eglise (7).

Dans cette thèse, l'on soutient communément qu'avant le XVᵉ siècle de l'ère chrétienne, c'est-à-dire avant les humanistes, il n'y avait en Europe d'autre culture scientifique que celle des anciens Grecs et Romains, et de ce coup de plume on fait disparaître toutes ces écoles fameuses où des maîtres distingués enseignaient avec succès, et même avec éclat, la philosophie, la théologie, la jurisprudence, la médecine.

Les Grecs et les Romains, dit Mœhler, n'avaient point de théologie scientifique : la religion publique ne s'y prêtait point. Le mérite d'avoir élevé la théologie à la dignité d'une science proprement dite revient aux scolastiques. La *Somme* de saint Thomas contre les Gentils, est un des chefs-d'œuvre de l'intelligence humaine et tout ensemble un trésor de piété chrétienne. L'opuscule de saint Bonaventure, *De reductione artium ad theologiam*, a été qualifié, à juste titre, d'encyclopédie des sciences au moyen âge.

Nous avons déjà fait ressortir, dans diverses notes, le mérite et les services scientifiques et littéraires du moyen âge, pendant toute sa durée; nous avons rappelé, avec M. Léon Gautier, les mérites de nos poètes avant la soi-disant renaissance (1); en Allemagne, nous entendons le docte critique Wachler, à propos des *Niebelungen*, dire qu'un grand poète (peut-être Henri de Offerdingen) a mis en ordre les chants populaires déjà recueillis précédemment, et qu'il les a réunis en une seule et magnifique épopée, où l'exposition, la langue, la structure des vers sont également des chefs-d'œuvre (2). Rosenkranz, dans son *Histoire de la poésie allemande au moyen âge* (3), compare l'*Iliade* et la *Divine Comédie* du Dante avec les *Niebelungen*; il affirme que dans ces trois ouvrages, le génie grec, chrétien et germanique atteint à son plus haut développement épique, et que, si l'on cherche quelles sont les qualités intrinsèques qui donnent une si haute valeur aux *Niebelungen*, on découvre que c'est la justesse et la perfection avec lesquelles elles dépeignent le génie primitif du peuple allemand. Le même Rosenkranz compte le *Titurel* (simple fragment), pour le fond comme pour la forme, parmi les plus belles choses qui aient jamais été écrites, et il compare, pour la valeur poétique, le *Titurel* aux *Gardiens de Saint-Graal, Tristan et Isolde* de Godefroid de Strasbourg.

Quant à la littérature grecque en particulier, le moyen âge n'a attendu ni l'arrivée des émigrés de Constantinople ni la prétendue réforme pour la cultiver avec zèle. La connaissance de la langue grecque ne s'éteignit jamais complètement pendant le moyen âge, et, partout, on rencontre encore quelques hellénistes (4). L'Occident et l'Empire grec étaient en relations officielles et commerciales (5), et plusieurs Italiens étaient versés dans la langue grecque (6). La littérature classique de l'antiquité grecque n'était pas aussi inconnue et aussi négligée qu'on le croit communément. François Pétrarque (1304-1374) (7) et Jean Boccace (1313-1375), en recueillant les œuvres des Grecs, donnèrent par leur parole et par leur exemple une nouvelle impulsion aux études helléniques en Italie. A Florence, le grec était enseigné par Léonce Pilate (mort en 1364), compatriote et disciple de Barlaam, qui traduisit Homère en latin (8).

---

(1) *Rerum Italicarum scriptores*, t. III, 2ᵉ partie, p. 923.
(2) *Vita pontificum*, vie de Nicolas V, *in fine*.
(3) *De Europa*, ch. LVIII, p. 459 de l'éd. des *Opera*.
(4) Cf. Rio, *l'Art chrétien* (Nicolas V).
(5) Voir *Vita Nicolai V.P. M. ad fidem veterum monumentorum* a Domin. Geogio; *accedit ejusdem disquisitio de Nicolai erga litteras et litteratos viros patrocinio*, Rome, 1742; Christophe, *la Papauté au XVᵉ siècle*, t. I, p. 361-479.
(6) *Geschichte des Wiederaufblühens wissentschaftlicher Bildung*. Magdebourg, 3 vol.
(7) T. III, p. 10 et suiv.

(1) Voir en particulier, *la Chanson de Roland*, Tours, 1772, et les édit. suiv. *Introduction*; id., *les Epopées françaises*, 2ᵉ édit. Paris, 1878.
(2) *Manuel de l'Hist. de la litt.*, 2ᵉ édit., 2ᵉ part., p. 188 (en allemand).
(3) P. 126.
(4) Eichorn, *Geschichte der Literatur*, t. I, p. 824; t. II, p. 254. M. Egger a été sous ce rapport injuste envers le moyen âge dans son livre : l'*Hellénisme en France*, t. I, pp. 61 et 53. Voir : Gdel, *Nouvelles études sur la littérature grecque moderne*. Paris, 1879; l'abbé Tougard, *l'Hellénisme dans les écrivains du moyen âge* dans la *Revue des Lettres chrétiennes*, nᵒˢ 5 et 6, an. 1881.
(5) Fr. Cramer, *De Græcis medii ævi studiis*, 2ᵉ part., Sund., 1848, 1833, in-4.
(6) Giang. Gradenigo, *Ragionamento istorico-critico alla literatura greco-italiana*. Brescia, 1759.
(7) Ses mérites ont été appréciés par M. Blanc, dans l'*Encyclopédie* de Ersch et Gruber.
(8) Hody, *De Græcis illustribus linguæ græcæ litterarumque*

Pendant le schisme pontifical (1378-1409), nous voyons en Italie toute une phalange d'hellénistes, notamment : Manuel Chrysoloras(1) et son compagnon Démétrius Cydonis de Thessalonique (2). Les principaux disciples du premier furent en Italie : Léonard Arétin, ou Léonard Bruni d'Arezzo (1369-1444) (3), et surtout Poggio Bracciolini l'aîné (1380-1460) (4), qui fut pendant dix ans notaire apostolique sous Boniface IX, et depuis 1413, secrétaire apostolique pendant quarante ans sous différents papes. En 1414, il assista au concile de Constance, et en 1453 seulement il se retira à Florence, sa ville natale, où il mourut, en 1460, âgé de soixante-dix-huit ans (5). Parmi les disciples de Chrysoloras on compte encore : François Philelphus de Tolentino (né en 1398, mort à Florence en 1481), qui acquit sous la direction de son maître une connaissance complète de la langue grecque; Fr. Strozzi (Palla di Noferi, 1372-1462), qui fit venir Chrysoloras à Florence pour y enseigner le grec et recueillir à Constantinople une multitude de manuscrits grecs (6).

Jean Argyropulos (mort à Rome en 1473), arrivé de Constantinople en Italie en 1432, fut retenu à Padoue par Palla Strozzi, désireux d'apprendre de sa bouche la langue et la philosophie d'Aristote. Il était en grande estime auprès de Côme, Pierre et Laurent Médicis, ces grands protecteurs des lettres en Italie. Reuchlin l'entendit à Rome expliquer Thucydide. Georges Gémistus Pléthon, détesté de l'Eglise grecque en sa qualité de platonicien, et non comme partisan de l'Union, assista au concile de Florence dans les années 1438 et 1439, mais il retourna en Orient, et la dernière fois que nous le voyons paraître, il est fort avancé en âge (1). Il avait persuadé Côme de Médicis que le système de Platon l'emportait de beaucoup sur celui d'Aristote; c'est lui qui donna en Occident le branle aux études platoniciennes, dont les partisans s'engagèrent avec les doctrines positives du christianisme dans un conflit tout autrement sérieux que ne l'avaient été celui des Aristotéliciens. Le concile de Florence ne réalisa l'union que sur le papier ; toutefois, après la chute de Constantinople (1453), une multitude de savants byzantins affluèrent en Italie et même en France, et furent accueillis dans la demeure du cardinal de Bessarion, au Vatican, et par les Médicis de Florence. Ils se signalèrent comme grammairiens, commentateurs des auteurs grecs, professeurs de la philosophie d'Aristote et de Platon, calligraphes et propagateurs de manuscrits (2), correcteurs et réviseurs des éditions d'ouvrages grecs (3). Ils séjournèrent surtout à Rome et à Florence, où une académie platonicienne fut instituée par Côme de Médicis (1389-1464).

Sans doute l'humanisme bel esprit, qui envahit principalement l'Italie, conduisait aussi à la libre pensée, au mysticisme fanatique, à la propagande d'ouvrages semi-païens; et si le cardinal Jean Bessarion (4) fut toujours d'une orthodoxie irréprochable, quoique en sa qualité de disciple de Gémistius Pléthon il se montra fort épris de Platon (5), Laurent Valla (1406-1457), connu par sa polémique contre la donation de Constantin, c'est-à-dire contre la fondation de l'État ecclésiastique, suivit une direction antiecclésiastique et antichrétienne. Sa philosophie était complètement épicurienne (6). Marsile Ficin, de Florence (1433-1499), chanoine de la cathédrale de cette ville, et élève de Gémistius Pléthon, était tellement subjugué par la philosophie platonicienne, qu'il ne fallut rien moins que les discours enflammés de Savonarole pour le ramener au christianisme. Il vécut ensuite dans la solitude, tout entier aux exercices de la piété. Jean Reuchlin et d'autres contemporains lui envoyèrent des disciples (7), dont le plus illustre fut Ange Politien

---

humaniorum instauratoribus. Londres. 1742, p. 10 ; Meiners, *Historische Vergleichung der Sitten, der Wissenschaften und Lehrausshalten im Mittelalter mit denen unsers Jahrhunderts*, part. III, Honnov., 1794; Meiners, *Lebens beschreibungen berühmter Mænner aus den Zeiten der Wiederherstellung der Wissenschaften*, 3 vol. Zür., 1745; Laur. Mehus, *Vita (et epistolæ) Ambrosii Traversarii,* t. I, Florence, 1759, 1 vol. in-fol. ; *Vita di Giov. Boccacio,* da J.-B. Baldelli. Florence, 1806.

(1) Né à Constantinople vers 1355, mort à Constance, le 15 avril 1415 ; Heeren, t. II, pp. 201-203, Fabricius, t. VI, p. 392 ; Van der Hardt, *Memoria Chrysoloræ*, Helmst., 1718 ; Humfr. Hody, *l. c.*, p. 12 ; Ch. Frid. Bœrner, *De doctis hominibus græcis litterarum græcarum in Italia instauratorum liber*, Lips. (1750, 1782), 1801, p. 1 ; Tiraboschi, *l. c.*, t. XVI, p. 239.

(2) Mort après 1344. Parmi ses œuvres se trouve une lettre à Barlaam sur la procession du Saint-Esprit (ap. Canis, *Antiq. lect.*, Ingolst., 1604, t. VI), et un traité contre Grégoire Palamas (édité pour la première fois par P. Acudius, dans *Opuscula aurea theologiæ græca*, 1630, 1 vol. in-4) ; Fabricius Harles, t. XI, p. 398 ; Wharton, *Append. ad. Cave*, pp. 37-38 ; Mehus, *Vita Ambros. Traversarii*, p. 356 ; (les lettres, dans C.-F. Matthæi, *Epist. Græc. Isocratis et aliorum*, Mosquæ, 1776); *Binæ epist. nunc prim. editæ*, *altera Nili Cabasilæ, altera Demetrii Cydonii*. Dresd. 1789 ; deux nouvelles dans *Brevis historia annalium Anon.*, Mosquæ, 1811 (en partie aussi dans Ch. G. Kuinœl, *Auct. græci minores,* 2 vol. Lips., 1796) ; J. Fr. Boissonade, *Anecd. græca.* Par., 1829-1833, 5 vol.; *Anecd. nova.* Par., 1844.

(3) *Historia di popolo florentino.* Venet., 1473 ; Flor., 1492 ; Argentoræ, 1610 ; *Epistolar. familiarum, tib. IX*, 1472 ; *De temporibus suis.* Venet., 1485 ; *Commentarium rerum græcarum.* Lugd., 1539. Lips., 1546.

(4) J.-Fr. Poggio Bracciolini. *Opera*, Basileæ. 1538, 1 vol. in-fol. son *Historia florentina*, Venet. 1715. *De varietate fortunæ*, Par., 1723, surtout ses *Facetiæ*, Utr. 1797, souvent réimprimées.
Le *Spicilegium romanum* du cardinal Ang. Mai renferme divers écrits du Pogge, t. X, Rom., 1844, pp. 225, 373, 622, 628 ; Thorschmidt, *Vita Poggii*, 1713 ; Recanati, *Vita Poggii*, Venet., 1815 ; Lenfant, *Poggiana*, 1720; Shepherd, *Life of Poggio.* Lond., 1802 (Paris, 1819) ; *Poggi Epistolæ*. Florent., 1832, 1 vol. in-8. Un autre Poggio, François, plus jeune que ce dernier, fut secrétaire de Léon X, à qui il écrivit *de veri pastoris munere*, dont un fragment se trouve dans Mai, t. X, p. 372.

(5) Paul Jove, *Elogia virorum illustr.* Bas. 1567. Rosmini, *Vita di Filelfo.* — Menici, *Philelphi vita.* Florent., 1841. — Georg. Voigt, *Die Wiederbelebung des classischen alterthums, oder das erste Jahrhundert des Humanismus.* Berl. 1856, p. 489; ceux de sès écrits qui se rapportent à la question sont principalement : *Epistolarum libri,* t. XVI. Hamb., 1687.

(6) A. Reumont, *Beitraege zur Ital. Geschichte*, 6 vol. Berl., 1853-1857 ; t. V, *Uber das Geschlecht der Strozzi.*

---

(1) Ses meilleurs travaux sont des traductions d'Aristote. Voir sur lui Leo Allatius de Georgiis. Par. 1661 ; Fabricius, t. VIII, p. 79, t. XIII, pp. 85-102 ; Wharton, *l. c.*, p. 141; Pléthon, *Traité des lois*, par C. Alexandre. Par., 1858 ; Gass, *Gennadius u. Pletho*, Bresl., 1848.

(2) Parmi les copistes de manuscrits, nous citerons : Michel Lulluda d'Ephèse, Jean Rosos et Michel Apostolios de Byzance.

(3) Le premier ouvrage grec imprimé en Italie est la Grammaire grecque de Constantin Lascaris, ἘΡΩΤΗΜΑΤΑ. Mediol., 1476 ; Cf. Wolf, *Monumenta typograph.*; P. Namur, *Bibliographie paléographico-diplomatico Bibliographique générale*, t. I, Liège, 1838 ; K. Falkenstein, *Geschichte der Buchdrukerkunst.* Leipz., 1840, p. 224, sur les centres de l'imprimerie et ses destinées, voir Voigt, p. 323 ; J.-A. Saxius, *De studiis litterar. mediolaenns.* Mediol., 1720.

(4) Sur ses écrits voyez Fabricius, t. X, 401, XI, 680 ; *Oratio funebris*, par Mich. Apostolius, ed. Faelleborn. Lips., 1793 ; Alois Blandini, *De vita et rebus gestis Bessarionis.* Rom., 1717 ; Hase, dans *Encyclop.* de Ersch et Gruber ; *Monographie*, par Hacke. Harl., 1840.

(5) *Contra calumniatorem Platonis*, 1470, contre Georges de Trapezonte (mort en 1485 ou 1486 à Rome); ses deux ouvrages sur le Saint-Esprit se trouvent dans *Græcia orthodoxa*, de Léon Allatius, t. I, p. 469-582 ; Fabricius, t. III; pp. 102, 242, t. VII, p. 344 ; t. VIII, pp. 76, 552, 571 ; t. IX, pp. 22, 103, 404, t. XI, p. 397, t. XII, p. 70 ; Panzer, *Annales typographici.* Nuernb., 1797-1803 ; Nicéron, *Nachrichten von berühmten Gelehrten* (ed. all., t. XI, pp. 22-36.)

(6) Poggiali, *Memorie intorno alla vita edagli scritti di Laur. Valla.* Piacenza, 1790 ; J. Wildschut, *De vita et scriptis Laur. Vallæ.* Leyden, 1830, 1 vol. in-4.

(7) *Opera omnia.* Par., 1641, 2 vol. in-fol. (les traductions non comprises). *Epistol. libr. XII* ; Schelborn, *De vita, moribus et scriptis Marsilii Ficini commentat. Amœnitat. litterar.*, t. I; J. Corsi, *Commentar. de platonicæ philosophiæ post renatas litte-*

(1454-1494), philosophe, humaniste et poète en renom (1). Il fut le maître de Jean de Médicis, qui lui fut redevable de son goût prononcé pour les lettres humaines, et qui devint pape sous le nom de Léon X. En 1478, Politien eut de graves démêlés avec la mère des Médicis, Clarisse Orsini, qui revendiquait le droit d'élever elle-même ses fils Laurent et Jean de Médicis, tandis que Politien l'accusait de vouloir empiéter sur ses droits de précepteur. La mère insista pour que Politien fût éloigné. Outre Léon X, il y a à citer encore comme humanistes autour de lui : le cardinal Pierre Bembo (1470-1547) (2), que Léon X nomma son secrétaire, mais qui ne fut élu cardinal que par Paul III ; le cardinal Jacques Sadolet (3), évêque de Carpentras (1477-1547). Celui-ci ne doit pas être confondu avec son neveu Paul Sadolet, également évêque de Carpentras (4).

Tandis que Ambroise Vravesaro, religieux camaldule (né en 1378, mort à Florence en 1439), qui parlait grec au grand étonnement des Grecs eux-mêmes, et fut chargé par le concile de Florence de rédiger le décret de l'union entre les deux Eglises, faisait partie des humanistes orthodoxes (5) ; tandis que le prince Jean Pic de la Mirandole, esprit universel (1463-1494), mort à trente et un ans, essayait avec un zèle plein de franchise de réconcilier la religion et la philosophie, et, en philosophie, Platon et Aristote (6), Pierre Pomponat (né en 1462, mort en 1524 ou 1525) marchait dans une voie tout à fait antichrétienne et prétendait que le christianisme et la philosophie (aristotélicienne) étaient incompatibles ; il devint le précurseur et le représentant d'une école matérialiste et ennemie du surnaturel. Sa négation philosophique de l'immortalité de l'âme trouva de l'écho chez tous ceux qui, dans l'ivresse des sens, avaient déjà perdu la foi en cette doctrine. Pomponat fut condamné au cinquième concile de Latran (7). Le traité de l'*Immortalité de l'âme* ne fut publié qu'en 1516. Quant à Pomponat, il ne cessait de protester de son adhésion à tous les enseignements de l'Eglise. Il est l'avant-coureur de cette ère d'incrédulité qui se leva sur l'Italie des xvie et xviie siècles et dont les représentants, Giordano Bruno, Thomas Campanelle, Cardanus, Bernardin Télésius, Faust et Lælius Socin, devinrent la proie du théisme, de l'athéisme, du panthéisme, et d'une civilisation bâtarde, jointe à un mysticisme et à une superstition incroyables.

MARTYRE DE SAINT SIMON DE TRENTE (p. 376).

Nous avons donné dans une précédente note d'amples détails sur les infanticides commis par les Juifs, et notamment sur celui de Simon de Trente. Au sujet de ce dernier, on consultera avec fruit l'ouvrage publié à Trente, en 1747, sous ce titre : *Dissertazione apologetica sul martirio di beato Simone da Trento nell'anno MCCCCLXXV*. L'auteur y a joint un traité fort intéressant intitulé : *Riti e costumi degli Ebrei confutati*.

SAINT JEAN CAPISTRAN (p. 377).

L'histoire merveilleuse de ce héros de l'Evangile s'est enrichie des documents que les nouveaux Bollandistes ont mis récemment en circulation.

Jean Capistran entra chez les Franciscains à l'âge de trente ans. Sa manière de prêcher et d'agir sur les cœurs est unique dans l'histoire, dit J.-A. Mœhler. L'impression que sa seule présence produisait est extraordinaire. Général de son ordre, les Observantins, pendant six années, il introduisit partout les réformes nécessaires. Il travailla, dans la haute Italie, à la conversion des *fratricelles* qui se propageaient secrètement, et convertit un grand nombre de Juifs, principalement à Rome. L'Italie tout entière retentissait de sa gloire, et il n'était pas de ville qui ne s'estimât heureuse de le voir passer un seul jour dans ses murs.

En 1452, Capistran fut envoyé avec Nicolas de Cusa, en Bohème, à la demande de l'empereur Frédéric III. Tandis qu'ils cheminaient sur la route de Vienne, Nicolas annonçait partout la parole de Dieu ; il avait reçu, avec le don de convertir les pécheurs, celui de guérir les malades. En Carinthie, en Styrie, en Autriche, des troupes immenses de peuple accouraient à sa rencontre ; à Vienne, où il passa quinze jours, cent mille auditeurs l'écoutèrent prêcher en plein air. Il parlait en latin, et l'un de ses compagnons lui servait de truchement. Ce langage, quoique non compris, produisait d'incroyables effets et on se convertissait en masse. Il ne put pénétrer dans l'intérieur de la Bohème, mais il prêcha plusieurs années sur les frontières. Onze mille hussites abjurèrent leurs erreurs entre ses mains. Il prêcha à Olmutz, à Brunn, à Eger (déc. 1451 à fév. 1452), à Freiberg, à Meissen ; à Erfurt, soixante mille personnes assistèrent à ses prédications. Il prêcha aussi à Dresde, Leipzig, Hambourg, Halle, Magdebourg, Weimar, Bamberg, Augsbourg, Nuremberg, Amberg, Eichstaedt, Ratisbonne. A Breslau, il produisit une grande réforme dans les mœurs (1).

---

ras apud Italos restauratione, sive *M. Ficini vita* (script. 1596) ; éd. Bandini. Pisa. 1772 ; Ginguené, *Hist. littér. d'Italie*, t. III, (Par., 1824-1835, 14 vol.) ; Sieveking, *Geschichte der platonischen Akademie in Florenz*. Gœtt., 1812 ; A. Stœckel, t. III, pp. 151-167.

(1) *Illustrium virorum epistolæ, ab A. Politiano partim scriptæ, partim collectæ* : Bas., 1542 ; *Opera omnia*. Basil., 1555, 1 vol. in-fol. ; Moller, *De Politiano*. Altdorf, 1698 ; J.-Cl. Werner, *Politianus*. Magdg, 1718 ; Fr. Otto Mencken, *Historia A. Politiani*. Lips., 1736 ; Fabroni, *Elogii di Dante*, di A. Poliziano. Parma, 1800 ; Norb. A. Bonafous, *De Angeli Politiani vita et operibus disquisitiones*. Par., 1846.

(2) Cf. Lib. VI, *Epist. familiares*, on cicéronisme exagéré ; *La Casa, Vita P. Bembi*.

(3) *Opera omnia*. Verona, 1737-1738, 4 vol. in-4 ; Cancellieri *Elogio di Sadoleti*. Rom., 1828 ; Fiordebello, *Vita Sadoletti* (réimprimé dans l'édition *De liberis institut*. de Charpenne, 1855) ; Joly, *Etude sur Sadolet*. Caen, 1857.

(4) *S. Epistolæ et poëmat. lat. ed. Constans* dans *Jacob. Sadoleti epistolæ*. Rom., 1759 ; Jac. Sadoleti *Epistolæ*. Rom., 1760 ; *Epistolarum appendix*. Romæ, 1767 ; C.-J.-H. Barjavel, *Dictionnaire historique du département de Vaucluse*. Carpentras, 1842.

(5) Voir : *Hodoeporicon*. Florentiæ, 1680 ; *Epistolar. lib. XX* dans l'*Amplissima collectio* de Martène et Durand, t. III. Par., 1724 ; Laur. Mehusius, *Ambrosii Traversarii latinæ litteræ*. Florent., 1759.

(6) *Opera omnia*, Bononia, 1496 ; Venet. 1498, Strasb., 1504 ; Basileæ, 1557, 1573, 1601 ; *Heptaplus, sive de opere sex dierum* ; *Conclusiones philosophicæ, cabalisticæ et theologicæ*. Rom., 1489 ; A. Stœckl, t. III, pp. 167-180.

(7) Tubingæ, 1791, cum *Vita Pomponi*, auct. Bardili ; *Apologia adversus Contarenium*, 1517 ; J.-G. Olearius, *De Pomponatio*. Iena, 1705 ; A. Stœckl, *Geschichte der Scholast. Philosophie*, t. III, pp. 213-245 (Pierre Pomponat et Augustin Niphus).

(1) A Leipzig seulement, soixante seigneurs de haut rang entrèrent dans l'ordre des réformats ; trente-six furent envoyés à Nuremberg, et vingt-quatre à Breslau. Un de ses biographes, Barberius, assure

Invité en Pologne par le roi Casimir, il y prêcha également avec beaucoup de succès. A Cracovie, où il entra le jour de la fête de saint Augustin, il fut reçu avec les plus grands honneurs. Il opérait à la fois par des prédications et par des miracles. Cent trente jeunes gens entrèrent dans l'ordre de saint François. Au commencement de 1454, il bénit l'union de la princesse autrichienne Elisabeth avec Casimir III de Pologne, qui donnèrent le jour à saint Casimir (né en 1458, mort en 1484), lequel eut pour précepteur Jean Dlugoss, fameux historien polonais. Ange de Dieu sur la terre, Casimir disparut trop tôt, après avoir été élu roi de Hongrie (1).

CALIXTE III ET L'ÉTAT PONTIFICAL (p. 380, col. 1).

Quelque court qu'ait été le pontificat de Calixte III qui ne régna que trois ans et trois mois, Rohrbacher aurait pu s'y étendre un peu plus.

Il y a un acte important de son gouvernement qui n'est mentionné par aucun historien. On verra plus loin que saint Pie V, voulant abolir définitivement le régime féodal dans les Etats de l'Eglise, défendit de concéder à l'avenir, à titre d'investiture, les provinces du domaine pontifical, et voulut que le Saint-Siège en reprît le gouvernement immédiat. Or, un siècle auparavant, Calixte III eut la même pensée par rapport au royaume de Naples ; après la mort du roi Alphonse, il prononça que ce royaume faisait retour à l'Eglise romaine, et il défendit à tous les habitants du royaume de prêter serment de fidélité et d'hommage à d'autres qu'au souverain Pontife. On lit, en effet, dans l'inventaire des titres de la souveraineté temporelle des papes, dressé sous Léon X : *Declaratur per summun Pontificem Romanum (Calixtum III) regnum Siciliæ per mortem Alphonsi regis ad Ecclesiam Romanam esse devolutum, inhibetur que omnibus personis dicti regni, ne juramentum homagii et fidelitatis alteri quàm Romano Pontifici et sedi apostolicæ præstent* (2).

Malgré cette disposition, son successeur Pie II consentit à donner de nouveau l'investiture du royaume de Naples à Ferdinand d'Aragon. Ce prince prêta serment dans les mains du légat Latinus.

LES PATRIARCATS LATINS D'ORIENT (p. 384).

Les patriarches dont il est question dans l'ambassade envoyée à Pie II, comme ceux dont Rohrbacher

que, depuis le 1er août 1451 jusqu'au 10 novembre 1452, il rendit la vue à soixante-quatre aveugles, la plupart de naissance, la parole à trente-deux muets, l'ouïe à quatre-vingt-deux sourds, l'usage de leurs membres à deux cent trente-deux paralytiques, guérit subitement douze blessés à mort, quarante-huit agonisants, plusieurs possédés, etc., ressuscita plus de 20 morts. On ne saurait fixer exactement l'ordre dans lequel il parcourut chaque ville d'Allemagne.
(1) *Vita S. Casimiri*, auct. Zacharia Ferrerio, ep. Gardiensi, ap. Bolland, 4 mars, I, p. 347-351. *Hymnus Casimiri ad beatam Virginem Mariam: Omni die dic Mariæ, ibid.,* p. 357 ; *Miracula Casim.,* auct. Gregorio Suieciolo, *ibid.,* p. 351-356. Sur Jean Capistran, consulter : *Vita,* auct. Nicolao de Fara ; *Acta SS.,* 23 oct., X, pp. 439-483 ; *Vita alia,* auct. Hier. de Utino, *ib.,* pp. 483-491 ; *Vita,* auct. Christophoro à Varesio, pp. 491-552 ; Van Hecke, *Comment. Prævius,* pp. 269-439, pp. 915-916 ; H. Petri, *Leben des heil. Johannes Capistran.* Munich., 1844 ; B. Kirchhueber, *Leben desselben und des heil.* Paschalis. Bayton (Pinzel), 1847 ; l'abbé Guérard, *Saint Jean de Capistran et son temps.* Bourges, 1865.
(2) Voir ms. 214 de la bibl. du Vatican.

---

parlé à propos du concile de Florence, sont des patriarches grecs.

Nous avons, en effet, à constater au XIVe siècle la disparition des patriarcats latins d'Antioche et de Jérusalem, et au XVe celle du patriarcat latin de Constantinople.

Les croisés ne se contentèrent pas d'établir des évêques de leur rite, ils fondèrent aussi des chapitres latins ; les chanoines élisaient des évêques, et le pape les confirmait. Les patriarches recevaient le pallium du Saint-Siège, et le donnaient à leurs métropolitains, qui prêtaient dans leurs mains le serment de fidélité au pape.

Pascal II et Innocent II statuèrent sur la demande des rois latins de la Terre sainte, que toutes les villes dont ils feraient la conquête, dépendraient du patriarcat de Jérusalem. C'est ainsi que Tyr et sept autres villes qui dépendaient jadis d'Antioche, furent incorporées au patriarcat de Jérusalem.

On trouve dans Le Quien (*Oriens christianus*) la liste des archevêques et des évêques latins d'Antioche, Laodicée, Tripoli de Syrie, Séleucie, Tarse, Edesse, Apamée, Aréthuse, Larisse, Hiérapolis, Nicosie, et plusieurs autres.

Le premier patriarche latin d'Antioche fut Bernard, né à Valence, en France, attaché au légat apostolique ; il fut nommé en 1098, et gouverna environ trente-six ans ; le dernier, Geraldus Ottonis, franciscain, nommé en 1342, par Clément VI.

Malgré la destruction des royaumes latins, les papes continuèrent de nommer des patriarches *in partibus*, ainsi que les Grecs l'avaient fait par rapport aux villes détruites par les Turcs. On peut voir dans Le Quien la succession des patriarches latins d'Antioche et des évêques des principaux sièges d'Orient. Il ne serait pas difficile d'en continuer la liste jusqu'à nos jours, à l'aide des renseignements déposés dans les actes officiels du Saint-Siège.

D'après Jacques de Vitry, le patriarche de Jérusalem avait quatre métropolitains sous sa dépendance, outre les sièges épiscopaux qui relevaient immédiatement de sa juridiction métropolitaine. Tyr, Césarée, Nazareth et Pétra étaient métropoles ; Bethléem, Hébron et Lydda formaient la province de Jérusalem. Les chanoines réguliers de Saint-Augustin établis dans l'église patriarcale du Saint-Sépulcre, élisaient ce patriarche. Il y avait aussi des chanoines réguliers dans l'église du Temple, dans celle du Mont-Sion, et dans celle du Mont-Olivet. Les bénédictins noirs possédaient trois monastères : Sainte-Marie-des-Latins, Josaphat et le Thabor. Des bénédictins occupaient trois maisons : Jérusalem, Saint-Lazare à Béthanie, et Sainte-Anne, près la porte de de Josaphat. Cluny fonda toutes ces maisons.

Le premier patriarche latin de Jérusalem fut Daibert ou Dagobert, qui avait été évêque de Pise, il mourut en 1107 ; le dernier fut Guillaume de Militibus, nommé en 1369 et mort en 1374.

Depuis lors les patriarches latins de Jérusalem perdirent tout espoir de recouvrer leur siège. Les papes continuèrent de nommer des patriarches *in partibus*, qui résidèrent à Rome. Plusieurs auteurs en donnent la liste. Enfin, après cinq cents ans, le patriarcat latin a été rétabli, comme siège effectif, en 1847.

Le moyen âge ne reculait pas devant la création

d'évêques latins en Orient. Le Quien donne la liste des évêques de la Palestine : Hébron, Lydda, Bethléem, Ascalon, Césarée, Sébaste, Joppé, Nazareth, Tibériade, Pétra, Mont-Sinaï, Tyr, Sidon, Béryte, Saint-Jean-d'Acre, Sarepta et les autres. Les titres *in partibus* que le Saint-Siège a continué de conférer sont : Amat, Ascalon, Antedona, Dioclétianopolis, Hiérapolis, Hébron, Joppé, Jéricho et Rameta.

Des évêques et des chapitres latins ont existé à Constantinople et dans la plupart des villes de la Macédoine, de la Thrace et de la Grèce, au XIII° et au XIV° siècle.

En érigeant le patriarcat latin de Constantinople, Innocent III le forma de tous les pays dont les Européens feraient la conquête, excepté les sièges qui ne dépendaient pas du patriarcat grec; le patriarche latin eut donc sous sa juridiction : Thessalonique, l'Achaïe, la Troade, la Thrace jusqu'à la Bulgarie et une partie de la Bithynie. Plusieurs évêques grecs se soumirent spontanément aux patriarches et aux métropolitains latins; Innocent III prescrivit de les sacrer désormais d'après le rite latin. D'autres, en haine des latins, quittèrent leurs sièges. Le marquis de Montferrat ayant pris Athènes, Innocent III établit aussitôt un archevêque latin, auquel il assigna onze suffragants par une bulle du 13 février 1208. Une autre bulle, du 14 juillet de la même année, permit au chapitre latin d'Athènes de se conformer aux statuts capitulaires de Paris, en ce qui concerne les attributions canoniales (1). Corinthe accueillit aussi un archevêque latin escorté de plusieurs suffragants dont la liste se trouve dans le même auteur. Les sièges de l'Asie Mineure furent aussi occupés par les Latins.

Le premier patriarche latin de Constantinople fut Thomas Moresini, qui avait généreusement renoncé à son droit d'aînesse pour servir l'Eglise. Innocent III le consacra à Rome en 1205. Bessarion, le dernier patriarche latin de Constantinople, mourut en 1472.

La prise de Constantinople par les Turcs fit perdre l'espoir de rétablir le patriarche catholique latin sur son siège. Néanmoins les papes ont continué de nommer des patriarches comme ils l'ont fait pour les autres sièges de l'Orient. Le patriarche résida longtemps à Venise; il exerçait sa juridiction à l'aide d'un vicaire, et il avait les rentes de Candie, qui s'élevaient à 13,000 livres vénitiennes.

En 1631, le nombre des catholiques latins résidant à Constantinople s'étant augmenté, ils obtinrent de la S. Congrégation de la Propagande que le patriarche fût obligé de nommer un évêque suffragant en faveur duquel on prélèverait un traitement sur les rentes de Candie. Livio Lili fut le premier vicaire revêtu de la dignité épiscopale. Lorsque les Turcs se furent emparés de Candie, le patriarcat latin de Constantinople devint un simple titre *in partibus* que les papes continuèrent de conférer à un prélat de Rome. La S. Congrégation de la Propagande se réserva la nomination du vicaire apostolique patriarcal. C'est ce qui se fait encore aujourd'hui. Le vicaire patriarcal est archevêque *in partibus*; sa juridiction s'étend sur la Roumanie, la Macédoine et l'Anatolie. Les établissements latins,

(1) Voir Le Quien, *Oriens christianus*, t. III, p. 338.

écoles, hôpitaux, résidences des missionnaires, ont pris un grand essor dans ces derniers temps, et semblent appeler une réorganisation hiérarchique dans un avenir peu éloigné

PIE II (ÆNÉAS SYLVIUS) (p. 385, col. 2).

Rohrbacher ne fait pas assez ressortir le mérite extraordinaire de Pie II. « Aucun pape, dit Mœhler, n'a égalé Pie II, qui occupa le Saint-Siège de 1458 à 1464, et fut un des plus savants hommes de son temps (1). A la science il joignait l'habileté et l'éloquence, et, comme pape, une énergie surprenante. Il essaya d'appeler l'attention des souverains de l'Europe sur les dangers qui les menaçaient du côté de l'Orient, et déjà précédemment, dans une diète tenue à Ratisbonne, les princes avaient été émus jusqu'aux larmes par sa parole vigoureuse; mais ils n'en étaient pas venus aux actes. Comme pape il ne négligea rien pour réaliser ce plan (2)... »

PAUL II ET GEORGES DE PODIEBRAD (p. 390, col. 2).

On peut compléter Rohrbacher sur ce point curieux et peu étudié de l'histoire religieuse de la Bohême sous Georges de Podiebrad, à l'aide d'un travail récent de M. Adolf Bachmann, qui a publié un document contemporain très important, surtout pour l'époque de la ligue catholique des seigneurs contre le roi hussite (3). C'est le *Johannis Rubensteinensis dialogus*, écrit en 1449 par Johann de Rubenstein, archiprêtre de Wysehrad à Prague. L'auteur donne d'intéressants détails sur l'origine de la ligue, les idées religieuses de cette époque, leur influence sur les différents partis qui divisaient la Bohême.

Pour obtenir, avant son élection, l'appui des évêques et du pape, Georges de Podiebrad fit toutes les promesses et tous les serments qu'on exigea de lui. Il ne sut pas rester fidèle à sa parole et embrassa l'hérésie. A la suite du procès canonique qui lui fut intenté par Paul II, ses rapports avec

(1) En dehors de l'édition de Bâle des œuvres de Pie II, dont Rohrbacher se plaint avec raison, il existe un certain nombre d'écrits de ce savant pape édités séparément et mieux. Comme ouvrages historiques : *Historia Friderici III*, Strasbourg 1685; *Opera geographica et historica*, Francfort 1707 ; *Historia Austriaca* dans *Analecta monumentorum omnis ævi Vindobonensia*, Vienne 1762, t. II, pp. 1-550. Comme ouvrages dogmatiques : *Libellus dialog. de auctoritate generalis Concilii et gestis basileensium*, dans *Analecta monumentorum Ib.* p. 686-790; Cf. Carolus Fea, *Pius II a calumnis vindicatus*, Rome 1823, (contient de Pie II : *Epistola retractationis*; *Commentarii de rebus Basileæ gestis* et la bulle de rétractation du 26 avril 1463.). Comme œuvres littéraires : *Orationes politicæ et ecclesiasticæ...* (édit. Mansi), Lucques 1755-1759, 3 vol. in-4°.
En témoignage de la science de ce pape, outre ses écrits, on peut consulter : H. Duchesne, *De Codicibus mss. græcis Pii II*. Paris 1880. On y trouve un catalogue sommaire, et néanmoins très instructif de manuscrits grecs ayant appartenu au pape Pie II, et depuis déposés au Vatican. Plus de soixante-dix auteurs s'y trouvent représentés, et dans le nombre on voit figurer, non seulement les parties considérables de l'Ancien et du Nouveau Testament, de nombreux fragments des Pères, des Vies de Saints; mais encore les premiers chants de l'*Iliade*, les discours de Démosthènes, les œuvres d'Archimède, l'*Alexandra* de Lycophron, le *Manuel d'Epictète* par Arrien, et six livres des *Commentarii* de Proclus sur le *Parmenide*; quelques-uns de ces mss. remontent jusqu'au IX° siècle.
(2) K. Hagenbach, *Erinnerungen an Æneas Sylvius*, Bâle, 1840. Verdière, 1843; Heinemann, *Æneas Sylvius als Prædiger eines Kreuzuges geg. d. Turken*. Berne, 1855; G. Voigt. *P. Pius II*, 1863 3 vol. Cf. Christophe, o. c. Paris. 1866, t. II, 27-101.
(3) Voir l'*Archiv für œsterreichische Geschichte*, t. LIII (1878).

les princes voisins, Mathias de Hongrie, l'empereur Frédéric, Louis de Bavière, commencèrent à s'altérer. Enfin les seigneurs, en majorité catholiques, qui formaient le principal appui de son pouvoir en Bohême, se détachèrent de lui. M. H. Markgraf a donné aussi, de son côté, des détails sur l'origine de ces troubles et sur la formation de la ligue catholique (1). On y voit que le mouvement des seigneurs (*Herrenstand*) ne commença que pour protéger les intérêts du corps (*Standische Interesse*) et assurer l'influence des seigneurs dans le gouvernement. Bientôt la question devint religieuse et la ligue des seigneurs, à la diète de Breslau en 1467, se changea en une ligue catholique sous la conduite du légat apostolique contre le gouvernement de Georges. Celui-ci se défendit faiblement et mourut prématurément en 1471 (non en 1470 comme le dit Rohrbacher).

ACCUSATIONS PORTÉES CONTRE PAUL II (pp. 392, col. 2, et 404, col. 2).

Les accusations lancées contre ce pape ont été plusieurs fois réfutées, et en dernier lieu par Mgr Luigi Tripepi (2). Et d'abord l'auteur repousse l'accusation portée contre Paul II par Platina et répétée par Sismondi, Guinguéné, Roscoë, Grégorovius, Ampère, etc., de ne pas avoir aimé les sciences et d'avoir persécuté les savants. L'auteur montre très bien qu'il ne faut pas ajouter foi aux paroles de Platina, ennemi déclaré de Paul II, qui le destitua avec soixante autres employés à cause de leur inconduite et de leurs exactions. Platina s'étant emporté contre le pape et lui ayant écrit une lettre insolente, fut incarcéré, puis bientôt relâché; il s'adjoignit alors à la société de Pomponius Lætus, qui à la licence des opinions païennes joignait les opinions républicaines (3) ; arrêté de nouveau, puis rendu encore à la liberté, Platina poursuivit le pontife de sa haine. Mgr Tripepi montre, à l'encontre de l'assertion de Platina, que Paul II aima les sciences et protégea les savants ; il réunit un musée d'antiquités, une collection de médailles, fit venir des manuscrits, protégea l'imprimerie à ses débuts, pensionna les auteurs, les jeunes gens studieux, les médecins, les architectes, etc. (4). Les preuves abondent : c'est une apologie de Paul II, mais c'est aussi un chapitre de l'histoire intellectuelle et artistique de Rome, sous ce pontificat.

LE NÉPOTISME DE SIXTE IV (p. 399, col. 1).

A propos de Sixte IV si vivement attaqué par certains historiens dont Rohrbacher ne s'est pas assez séparé, nous citerons une défense de ce pape publiée par la *Civilta cattolica*. Le népotisme de Sixte IV et de plusieurs de ses successeurs ne peut être nié, dit le rédacteur de la savante revue romaine; mais il s'explique naturellement par une raison d'Etat. Ce point de vue a échappé à Rohrbacher. Les papes qui se fiaient alors très peu, et avec raison, aux barons des Etats de l'Eglise toujours en révolte, choisissaient de préférence leurs parents pour transmettre leurs ordres et les exécuter. L'intervention des familles papales dans le gouvernement des anciens fiefs de l'Eglise, fut comme le passage naturel du vieux système féodal au système monarchique de l'âge moderne. Le Saint-Siège commence par rentrer, au moyen des neveux du souverain, dans la possession de ses domaines, qui bientôt devaient lui revenir tout à fait. Considéré à ce point de vue très juste de l'intérêt des droits souverains des papes et du service rendu à l'Eglise, le népotisme peut s'expliquer. En tout cas, il est contraire à l'histoire de dire que le népotisme des papes vint seulement d'un amour aveugle de famille (1). Lorsqu'il y eut excès de tendresse naturelle, il ne faudrait pas, d'ailleurs, se faire l'écho d'une foule de calomnies comme on l'a fait pour les neveux de Sixte IV, dont deux surtout, le cardinal Pierre et le comte Jérôme ont mérité d'être défendus par le rédacteur de la *Civilta* (2).

SIXTE IV ET LA CONSPIRATION DES PAZZI (p. 399, col. 2).

M. l'abbé Christophe (3) et M. Henri de l'Epinois (4) ont traité ce sujet d'après les sources. L'étude de ce fait historique a été reprise dans les *Archives théologiques*, par M. l'abbé Laubeau. L'auteur justifie Sixte IV. Aux arguments qu'il donne en défendant Sixte IV contre les accusations de Sismondi, de Ranke, etc., il faut ajouter le témoignage si formel de Montesicco, dans sa déposition.

INNOCENT VIII ET L'INFAILLIBILITÉ (p. 404, col. 2).

On a prétendu que le Pape Innocent VIII avait permis aux prêtres de la Saxe (ou de la Norvège) de célébrer le saint sacrifice *sans vin* et même de consacrer de l'*eau* au lieu de vin. Le motif de cette concession aurait été que, dans ces pays-là, la rigueur du climat empêchait le vin de se conserver et le faisait aigrir très rapidement.

D'abord on ne trouve, dans les collections authentiques des actes pontificaux, aucune trace d'une permission pareille, ni de la part d'Innocent VIII ni d'aucun autre Pape. Il n'en est fait mention que dans deux auteurs : Maffei de Volterre (5), et Onuphre Panvini (6). Les deux, du

---

(1) Voir l'*Historische Zeitschrift*, t. XXXVIII (1378).
(2) *Religione e Storia, o tre pontifici e tre calunnie*. Rome 1872. Cf. H. de l'Epinois dans *Revue des questions historiques*, t. 1, p. 278 (Juillet 1866) qui a très bien fait justice aussi de ces malveillances.
(3) On trouvera des éclaircissements sur l'affaire de Pomponius Lætus dans M. H. de l'Epinois, *l. c.*
(4) C'est à Paul II. notamment, que l'on doit la première édition de Denys d'Halicarnasse. C'est lui, en effet, qui avant envoyé une copie de cet historien à Lupus Biragus, Florentin, le chargea de la traduire et de l'éditer.

(1) *Il nepotismo di Sisto IV*, livr. des 20 juin et 15 août 1868.
(2) *Il nepoti di Sisto IV*, livr. du 14 mars 1868.
(3) *Histoire de la papauté au XV° siècle*.
(4) *Le Gouvernement des papes et les révolutions dans les Etats de l'Eglise*.
(5) Volaterrani, *Commentar.* Urbanor, lib. 7 *Geographiæ*, cap. *de Saxonibus*. — Réimprimé avec les autres œuvres de l'auteur à Paris en 1526.
(6) Onuphrii, *Chronic. an.* 1490.

reste, ne comptent que pour un, car Onuphre n'a fait que répéter ce qu'avait dit le premier, et l'autorité de celui-ci, assez médiocre en fait d'exactitude historique, n'est pas suffisante par elle-même. Il est donc permis de ne pas le croire sur parole. Maffei a dû être trompé par une bulle falsifiée, écrite peut-être par les faussaires qui furent condamnés à mort sous Innocent VIII.

On doit aussi constater que ni l'un ni l'autre de ces deux écrivains ne parle de consécration de l'eau ni d'aucun autre liquide ; ce détail est donc de pure invention.

Nous ajouterons, avec Suarez (1), que les termes dans lesquels est rapportée la prétendue permission, lui ôtent toute vraisemblance, et en démontrent la fausseté.

Maffei dit, en effet, qu'Innocent VIII permit de « consacrer (ou d'offrir en sacrifice) le calice sans vin : *sine vino calicem sacrificare,* » c'est-à-dire, sans doute, de prononcer les paroles de la consécration sur le calice vide, ce qui serait une absurdité manifeste. Il semble qu'Onuphre ait voulu faire disparaître cette énormité, en supprimant le mot *calicem* et disant simplement que la permission donnée était celle de « sacrifier (dire la messe) sans vin » : *permisisse sine vino sacrificare.*

Or le soin même qu'il prend de corriger, en la reproduisant, l'assertion de son devancier, prouve qu'elle lui paraissait inadmissible ; dès lors l'amendement lui-même est de nulle autorité.

Ce n'est pas tout. Si l'assertion de ces auteurs était vraie, comment se fait-il que, moins d'un siècle après l'époque où le fait aurait eu lieu, il ne restait nulle trace, ni de l'autorisation ni de son usage ? C'est Suarez qui en fait la remarque (2). Il était né en 1548, Innocent VIII était mort en 1492, et c'est à l'année 1490 qu'Onuphre rapporte la concession prétendue.

Comment se fait-il, poursuit Suarez, que cet usage ait cessé, puisque les circonstances climatériques qui l'auraient motivé, doivent nécessairement durer encore aujourd'hui ?

Comment se fait-il enfin que l'on ait passé quatorze cents ans sans sentir le besoin de demander une permission, dont le motif existait non moins puissant dès l'origine de l'Eglise ?

Le fait de la concession qu'aurait faite Innocent VIII est donc dénué de toute espèce de fondement, et doit être classé, ce semble, parmi les fables dont on a voulu agrémenter l'histoire.

Cependant, il ne serait pas impossible que Maffei de Volterre eût voulu parler, non d'une dispense, d'une autorisation authentique, mais d'un *abus* local, sur lequel le souverain Pontife aurait provisoirement fermé les yeux, par raison de haute prudence, en attendant le moment favorable pour l'extirper sans secousse.

On a voulu s'armer de cette prétendue permission, pour en faire une difficulté contre l'infaillibilité pontificale. L'objection n'aurait été sérieuse que si elle avait eu pour base l'autorisation, réellement donnée, de consacrer de l'*eau* au lieu de vin ; car pour la consécration d'une seule espèce, la question de savoir si le Pape peut l'autoriser, dans des cas graves, est controversée entre les théologiens catholiques. — Ce qui serait contraire à l'orthodoxie, ce serait de remplacer le vin par l'eau, et de prononcer, sur cette matière indue, les paroles de la consécration du calice. Nous avons vu que rien de tel n'a jamais été autorisé. Mais, quand même l'assertion de Maffei s'appliquerait à ce cas, l'infaillibilité pontificale n'en serait pas atteinte, parce que, selon la remarque de Bellarmin (1), il ne s'agirait pas ici d'un *Décret*, c'est-à-dire d'une décision souveraine et universelle, en un mot, d'une décision donnée *ex cathedra* (2).

LE PAPE ALEXANDRE VI (RODRIGUE BORGIA)
(p. 405, col. 1).

Rohrbacher n'a même pas tenté de justifier ce pape sur lequel pèsent les plus graves accusations (3). Il accepte à son sujet le jugement des historiens antérieurs. Depuis lui, l'abbé Christophe a essayé une justification partielle d'Alexandre VI (4) ; M. Chantrel (5), l'abbé Laprie (6), et après eux M. Jacquier (7), son apologie plus complète. Le R. P. Ollivier a repris, en l'étendant, la thèse de M. Chantrel (8), mais il a été réfuté par le R. P. Matagne (9).

En dernier lieu la question a été renouvelée dans un ouvrage considérable du R. P. Leonetti, qui tend à réhabiliter entièrement Alexandre VI, d'après de nouveaux documents (10).

Pour expliquer les quatre enfants de Rodrigue Borgia, les uns disaient qu'il avait été marié en

---

(1) Suarez, in 3am *Partem. D. Thomæ.* Quæst. 74, art. 2, Disput. 43, Sect. 4, n. 12.
(2) *Ibid.* — Si res vera esset, cum non sit admodum antiqua, exstarent aliqua ejus vestigia vel aliquis hujusmodi usus.

(1) *Disputationes.* — 3am *Controv. gener. de S. Pont.* l, IV. *De potest. Spirit. S. Pont.*, c. 14, in fine : « Objicitur Innoc. VIII, Norwegis permisisse ut sine vino sacrificium celebrarent. — R. I. Non edidisse hac de re *Decretum.* — 2. Non permisisse in alio consecrari liquore. — Et proinde aut nullum, aut non exploratum errorem esse. »
(2) Heirn dans *La Ruche catholique* du 15 février 1881. Cf. Tripepi, *Religione e storia,* Rome 1872.
(3) Les accusateurs de ce pape, dit le P. Gams (sur Mœhler), sont Burckard, Guichardin (*Storia d'Italia*); que Bayle appelle un menteur, et Voltaire (*Dissertation sur la mort d'Henri IV*) un imposteur, et qui demandait lui-même, le jour de la mort, qu'on brûlât son histoire d'Italie ; Paul Jove, qui avouait lui-même qu'il avait une double plume et qui est traité d'homme vénal par Bayle, enfin Thomas Tomasi. Burckard et son *Diarium* paraît comme le principal accusateur. Il était originaire de Strasbourg, maître des cérémonies à la cour de Rome, évêque de *Citta di Castellana*. Deux siècles après sa mort, Leibnitz a composé, d'après des feuilles éparses, écrites en français, en latin et en italien, le *Diarium Burckhardi (Specimen historiæ, sive anecdota de vita Alexandri VI papæ, seu excerpta ex diario Ioannis Burckhardi,* Hanovre, 1696). G. Eccard l'a publié, mais avec des falsifications (*Corpus hist. medii œvi,* etc., Lipzig, 1723, t. II). La dernière édition est de Ach. Gennavelli, ennemi notoire de l'Eglise ; *J. Burckhardi, diarium Innoc. VIII. Alex. VI, Pii III et Jul. II, tempora complectens,* Florence, 1854. L'abbé Christophe (t. II, p. 575), cite, d'après le *Diarium Paridis, ad an.* 1506 (Paris était comme Burckard maître des cérémonies à la cour pontificale), le jugement suivant sur Burckard : « Non solum non humanus, sed supra omnes bestias bestialissimus, exhumanissimus, invidiosissimus. » L'ambition et le dépit portèrent Burckard à se faire calomniateur ; en effet, il ne devint pas cardinal, comme son poste l'y appelait, mais simple évêque d'un petit diocèse, et il fut condamné à voir nommer plusieurs cardinaux à côté de lui.
(4) *Hist. de la Papauté au XV*e s., t. II, p. 573.
(5) *Hist. populaire des Papes* (Alexandre VI), Paris, 1862 et 1864.
(6) *Alexandre VI devant l'histoire et le dogme catholique,* Bordeaux 1866.
(7) *L'Univers,* 29 avril 1867.
(8) *Le Pape Alexandre VI et les Borgia,* Paris, 1870.
(9) *Revue des questions historiques,* octobre 1871. (Pour la suite de la polémique entre les deux auteurs, voir *l'Univers* des 16 et 17 octobre 1871 et la *Revue des questions historiques,* janvier 1872, p. 181.
(10) *Il papa Alessandro VI, etc.,* Bologne, 1880, 3 vol.

Espagne à la Vannoza, étant officier de cavalerie; d'autres admettaient qu'il avait eu une de ces liaisons illicites trop communes dans l'état militaire, mais qu'alors il ne pensait pas à l'état ecclésiastique; d'autres enfin que Rodrigue, ecclésiastique et cardinal, avait été coupable, mais en montrant qu'alors il n'était pas encore dans les ordres sacrés. Contrairement à ces opinions mitigées, le P. Leonetti établit que Rodrigue Borgia est venu très jeune en Italie, appelé par son oncle le cardinal Alphonse Borgia, plus tard pape Calixte III. Il fut élevé à Pise et à Bologne par des précepteurs que son oncle lui avait choisis, et celui-ci, devenu pape, le fit cardinal à vingt-cinq ans, à cause de ses belles qualités. Rodrigue n'a jamais été marié, il n'a jamais connu Vannoza, et n'a jamais eu d'enfants; il a seulement adopté les trois fils et la fille d'un de ses neveux, Gandie, Joffré, César et Lucrèce, quand Vannoza leur mère prit fantaisie de convoler à de secondes, puis à de troisièmes noces, honnêtes en elles-mêmes, mais considérées à bon droit comme dérogeantes pour l'illustre maison de Borgia (1). Malgré les arguments du P. Leonetti, M. H. de l'Épinois n'a pas admis son système de réhabilitation sur là question du mariage et des enfants (2).

De toutes les pièces à charge contre Alexandre VI, la plus grave est une lettre que Pie II lui aurait écrite le 11 juin 1460, à propos d'une entrevue scabreuse que le jeune cardinal venait d'avoir à Sienne avec des dames de la ville. Toutes les imputations de mauvaises mœurs adressées à la mémoire d'Alexandre VI, si l'on écarte Guichardin, l'Infessura et Burckard, que le P. Leonetti réfute définitivement, reposent sur ce témoignage unique. Le P. Leonetti en a contesté l'authenticité quoique elle ait été donnée par Raynaldi. M. de l'Épinois répond que la lettre existe aux archives du Vatican (3). Il est vrai qu'elle se contredit elle-même, puisque Pie II, tout en reprochant au cardinal Rodrigue son aventure légère, l'appelle « un modèle de gravité et de bonnes mœurs (4). »

Quoi qu'il en soit, il faut reconnaitre sur la plupart des points les exagérations de la calomnie, et l'on ne saurait moins accorder à Alexandre VI, qu'à ses enfants, vrais ou faux, que la critique historique tend à justifier des accusations de la légende (5); leur réhabilitation est la sienne aussi.

(1) Cf. Citadella, *Saggio di albero genealogico e di memorie su la famiglia Borgia*, Turin 1872. La dernière livraison de 1880 de l'*Archivio della società romana di Storia patria* contient un bon nombre de nouveaux documents Borgiens, dont quelques-uns regardent Lucrèce et les relations de famille, les autres le gouvernement politique et l'administration des villes de l'État pontifical.
(2) Voir *Revue des questions historiques*, avril 1881, p. 357-427.
(3) L. c., p. 367. Il ne dit pas toutefois que ce soit un double de l'original. Dès lors, elle n'a que la valeur du recueil où elle se trouve.
(4) Voir le journal l'*Univers* du 6 janvier 1881.
(5) Le livre de M. Édouard Aloïsi sur César Borgia, publié en 1878, a fourni à M. Alfred Maury, peu suspect sous ce rapport, l'occasion d'un article intitulé : *Une réhabilitation de César Borgia* (*Revue historique*, mai-juin 1880). Déjà le protestant Grégorovius avait consacré, en 1876, à Lucrèce Borgia (*Lucrèce Borgia, d'après les documents originaux et les correspondances contemporaines*, trad. Regnault Paris 1876.) une étude dans laquelle cette princesse est loin de ressembler au portrait repoussant qu'ont fait d'elle particulièrement les historiens protestants. Au contraire, il la montre comme une femme pleine de grâce et d'innocence. Avant lui encore M. Armand Baschet (dans *Aldo Manuzio. Lettres et documents* 1495-1515. Venise 1867), avait entrepris une courageuse campagne en faveur de Lucrèce Borwia, l'amie d'Alde Manuce, à qui, dit-il, des romans, des opéras, un drame de génie ont fait une réputation monstrueuse qu'elle ne mérite aucunement. Pour renverser les préjugés répandus sur son compte il en appelle au témoignage des contemporains, du cardinal Bembo notamment, et aux dépêches des ministres étrangers résidant près la cour de Ferrare. M. Firmin Didot dans son *Alde Manuce*. Paris 1869, adopte cette opinion. M. de Reumont, tout en réfutant M. Cittadella sur Alexandre VI dans l'*Archivio Storico*, t. XVII, p. 319, se montra aussi favorable à Lucrèce.
De son côté, M. Maury déclare qu'il faut se mettre en garde contre les jugements portés généralement sur César Borgia. Il ne trouve pas à ce prince autant de perfidie qu'on lui en attribue. Lorsque, au commencement de 1495, César abandonna le roi de France Charles VIII, auquel il avait prêté serment de fidélité, cette conduite s'explique, sans se justifier complètement, par les sentiments des Italiens à ce moment et par les menaces des Espagnols. M. Maury reconnait de même que l'accusation de fratricide portée contre César, à l'occasion de la disparition du duc de Gandie, en 1497, ne repose sur des apparences peu vraisemblables. Le cardinal Jean Borgia ne fut pas non plus empoisonné par son cousin, comme on l'a dit : il mourut de la fièvre à Urbin, en se rendant à Rome pour les fêtes du Jubilé. « L'intervention d'un crime, dit encore M. Maury, est assurément impossible » dans la mort des deux Manfredi, prisonniers de César Borgia; des doutes sérieux pèsent sur l'imputation qui lui est faite de la mort d'Alphonse d'Aragon; enfin, « la cruauté reprochée à César dans la guerre, le goût du sang qu'on lui a attribué, sont en désaccord avec ses actes comme duc de Romagne; il gouverna ses États avec intelligence et modération. » M. Maury conclut que la carrière de César Borgia ne fut pas sans grandeur ni sans éclat.

SAVONAROLE (p. 410, col. 1).

Le moine dominicain condamné au bûcher, à la suite d'un procès criminel moitié politique, moitié religieux, a été diversement apprécié (1). Sans entrer dans les polémiques sur sa personne et sur son rôle, nous renvoyons au dernier essai de justification et d'apologie dû à l'un de ses frères en religion, le R. P. Bayonne (2), et réfuté par M. l'abbé J. Morel (3). Nous ne croyons pas qu'il y ait lieu, quelles qu'aient été les vertus et l'éloquence de Savonarole, de s'écarter du jugement que Rohrbacher porte sur sa conduite.

LE POUVOIR TEMPOREL DES PAPES AU XVIe SIÈCLE (p. 419).

En 1492, Alexandre VI succéda au pacifique Innocent VIII. En laissant de côté les crimes dont les historiens ont faussement chargé sa mémoire, on peut dire que c'était un véritable roi, sachant gouverner ses États, protéger la vie de ses sujets et réprimer l'audace des méchants. Il commit à César Borgia le soin de châtier la félonie de ses vassaux et d'arracher le patrimoine de l'Église aux factions qui le déchiraient. César s'en acquitta vigoureusement et parvint à reprendre Imola, Forli, Pesaro, Rimini et Faenza; il y ajouta encore d'autres provinces, et le pape érigea ses conquêtes en duché dont il investit l'heureux vainqueur. Mais à peine Alexandre VI fut-il mort, que Borgia chercha à se rendre indépendant lui-même dans son duché; les Vénitiens s'emparèrent de Ravenne et de Cervia; Pérouse résista au Saint-Siège, Bologne brava son autorité. Il fallait un pape guerrier, ferme dans le péril, ne reculant point devant le nombre de ses

(1) Voir parmi les récents travaux. Karl Hase, *Neue Propheten, Die Iungfrau Von Orleans, G. Savonarola*, Leipzig, 1861; Perrens, *Jérôme Savonarole*. Paris, 1853-1857, 2 vol.; Villari, *Storia di Savonarola*. Florence. 1859-1861. 2 vol. (traduit par Gruver. Paris 1874.) F. dei Guicciardini, *Professe politiche di Savonarola*, Florence, 1863. A. Capelli. *Documents sur Savonarole et son temps*. Modène 1869; Attilio Portioli, *Nuovi Documenti su Girolamo Savonarola*, dans l'*Archivio Storico-Lombardo*, Sept. 1874; Del Lungo, Gherardi, Cittadella, Guasti, *Nuovi Documenti interno a Girolamo Savonaroli* dans l'*Archivio Storico-italiano*, 1876-1878.
(2) *Étude sur Savonarole d'après de nouveaux documents*. Paris, 1879.
(3) Voir l'*Univers* des 20 mars, 6 mai et 1er juin 1880. Le Père Bayonne a publié aussi en français, *Œuvres spirituelles, choisies de J. Savonarole*. Paris 1879-1880, 3 vol.

ennemis, incapable de se laisser abattre au milieu des plus grandes adversités. Jules II est élu. Comme souverain légitime, comme dépositaire du pouvoir temporel du Saint-Siège, il avait le droit, il avait le devoir d'opposer la prudence à la force, les ligues à la puissance, les armes à la trahison. Il réussit à chasser de ses domaines les Vénitiens et les Français, à briser la résistance de ses sujets révoltés et à rétablir dans ses provinces sa domination immédiate, à l'exemple de tous les rois de son époque. De plus, il se montra clément et ne punit les villes rebelles qu'en leur restituant leurs vieilles franchises municipales, contrairement à la conduite que tenaient alors la plupart des souverains, dans de semblables occasions.

C'est ici surtout qu'on prononce le mot d'ambition, de conquête; on ne ménage pas même le mot d'usurpation. Le pape a simplement fait respecter son autorité et revendiqué ses droits. En Allemagne, en Angleterre, en Espagne, en France surtout, les rois cherchaient, à cette époque, à humilier la féodalité et à conquérir sur elle leurs royaumes. Cependant, ils étaient pour la plupart loin d'avoir sur leurs fiefs les mêmes droits que les papes avaient sur leurs domaines. Ailleurs, les vassaux étaient les véritables propriétaires de leurs Etats et ne devaient à leurs suzerains que l'hommage féodal. Hugues Capet avait été reconnu roi par ses égaux, parce qu'il était à peu près le seigneur le plus puissant et le plus considéré du royaume, mais pour cela il n'avait aucun titre au domaine direct sur les grands fiefs, tandis que le pape était souverain de toutes ses provinces, ses vassaux n'étaient que ses vicaires, et les malheurs du temps avaient seuls favorisé leur usurpation. Le pape ne faisait donc que rentrer dans ses droits, violés depuis longtemps par la noblesse, mais toujours reconnus par le peuple.

JULES II (p. 431, col. 1).

Rohrbacher rend justice à Jules II dont le règne a été attaqué à la fois par les protestants et les gallicans. On retrouve le préjugé allemand dans l'opinion suivante de Mœhler : « Beaucoup trop italien pour être un pape dans l'entière acception de ce mot, ses efforts ne tendaient qu'à affranchir l'Italie de la domination étrangère et la rendre autonome : de là ses nombreuses querelles avec les plus puissantes nations européennes (1). » Le pontificat de Jules II ne mérite pas ce reproche. En se proposant de restaurer et d'affermir les Etats de l'Eglise et de briser la domination des étrangers en Italie, ce grand pape avait en vue le bien général de l'Eglise. Le P. Léonetti montre ce qu'il faut penser de la prétendue humeur belliqueuse de Jules II, sur laquelle s'est exercée par dépit la satire des Français et des Allemands (2).

UNION DE L'ÉTHIOPIE AVEC L'ÉGLISE ROMAINE
(p. 442).

Tandis que Léon X travaillait à l'union de l'Ethiopie avec l'Eglise romaine, Jean Potken, de Cologne, imprimait, le premier, un livre en caractères éthiopiens, le Psautier publié à Rome en 1513. D'autres livres en cette langue, dit M. P. Nève (1), par exemple le Nouveau Testament (1548), virent le jour peu après en cette même ville, qui n'avait cessé d'entretenir des relations avec les chrétiens d'Orient. Dotée par les papes d'une imprimerie pourvue de caractères étrangers, la Propagande fit paraître successivement plusieurs textes en éthiopien et divers livres destinés à faciliter l'étude de cette langue en Europe : ceux qui s'en occupèrent dans d'autres pays ne purent s'empêcher de puiser à cette source. Des presses de la Propagande sortit en 1638 le Lexique éthiopien, accompagné d'une grammaire, dû à un religieux, belge de naissance, qui s'était préparé aux missions de l'Ethiopie. Jacques Wemmers, d'Anvers, de l'ordre des Carmes, le publia avant de partir pour ces missions en qualité de vicaire apostolique, et avec le titre d'évêque de Memphis; on sait qu'il mourut à Naples, au début de son voyage, le 21 août 1645 (2). Dès son arrivée à Rome, on remarqua les capacités du P. Wemmers, et particulièrement l'habileté qu'il avait acquise dans la langue éthiopienne. On le chargea de traduire en cette langue diverses bulles des souverains pontifes, et la congrégation de la Propagande lui confia en 1640 la surveillance de la mission d'Ethiopie. Le principal ouvrage qui lui valut sa réputation de linguiste, c'est un dictionnaire, le premier dans le vrai sens du mot, de la langue éthiopienne ou *ghez*, imprimé en caractères originaux et interprété en latin (3); il avait pour complément un index latin renvoyant aux mots appliqués dans la première partie et servant de second vocabulaire. Quant à la grammaire dont il a fait suivre le Lexique, le P. Wemmers l'a réduite à un simple formulaire, très imparfait sans doute, mais exposé dans un fort bon style et avec beaucoup de méthode.

LES RÉFORMATEURS CATHOLIQUES.
(p. 513, col. 1).

Certains protestants ont cherché des ancêtres à Luther; ils parlent volontiers des *Réformateurs avant la réforme*. Ils voudraient faire croire que Luther, Zwingle, Calvin n'ont fait que renouveler

---

(1) *Hist. de l'Eglise*, t. II, p. 406.
(2) *Il papa Alessandro VI*, t. III. Le politique et le souverain temporel ont été étudiés récemment dans Jules II par M. Moritz Brosch. (*Papst Julius II und die Gründung des Kirchenstaates*. Gotha, 1878.). Nous signalons ce livre pour les recherches curieuses et les documents inédits qu'il renferme, notamment au sujet de la lutte entre Jules II et la République de Venise. Malheureusement, M. Brosch est un adversaire de la Papauté. Sa haine l'aveugle et lui fait porter de faux jugements. L'auteur a eu le tort aussi de n'avoir consulté que les archives vénitiennes, ce qui le rend partial pour la République. Parmi les remarques critiques de l'appendice de son livre, il faut signaler celle qui met en doute l'opinion courante sur la trahison des Suisses en 1500, à la bataille de Novarre contre Ludovic Le More.
(1) *De la Littérature chrétienne de l'Ethiopie*. Louvain, 1860, p. 9.
(2) Voir la *Bibliotheca belgica* de Foppens, t. I, p. 544, et les *Mémoires d'histoire littéraire* de Paquot, t. I, p. 502 (éd. in-fol.).
(3) *Lexicon œthiopicum in quo omnes voces linguæ Gheez quæ et Chaldææ dicitur, ex Œthiopum libris et monumentis nunc primum collectæ, ordine alphabetico sub suis singulæ radicibus digestæ, continentur et explicantur; cum ejusdem linguæ Institutionibus grammat. et indice vocum latinarum.* Authore R. P. M. Jacobo Weummero Antwerpiano ordinis Carmelitarum Regul., observ.; Romæ, typis S. Congr. de Propag. Fide, 1638, 1 vol. in-4.

avec plus d'énergie et de succès les essais de réformation inutilement tentés avant eux. L'histoire de l'Eglise prouve que c'est là une vaine prétention. Ceux qu'il leur plaît quelquefois d'appeler les « précurseurs de la réforme », les Eckardt, les Tauler, les Suso, les Ruysbroek, les Ludolphe le Chartreux, les Gérard Groot, les Gerson, les Geiler de Kayserberg, les Nicolas de Cusa (1), étaient d'ardents et vertueux catholiques qui eussent combattu énergiquement la grande hérésie du xvi⁰ siècle. Ce que les prétendus réformateurs ont attaqué avec le plus de fureur aveugle, les indulgences, la confession, le culte de la sainte Vierge et des Saints, les vrais réformateurs l'ont aimé, enseigné, pratiqué et propagé. Ce qui excitait les saintes colères et les réprobations de ces derniers, ils l'auraient précisément anathématisé dans les grands révoltés de l'Allemagne et de la Suisse : la violation des vœux; les mariages incestueux des moines et des religieuses, le vol des biens ecclésiastiques, mal déguisé sous le nom de sécularisation; l'asservissement de l'Eglise aux caprices et à la tyrannie de princes impies ou corrompus; la dépravation des masses, favorisée par la suppression de tous les freins : car tel fut le résultat le plus clair de la Réforme protestante. Elle a été sans doute, un terrible instrument dans les mains de la divine justice qui voulait purifier l'Eglise; mais elle-même n'a rien réformé. Le rénovation devait, comme toujours, venir de l'Eglise et du Saint-Siège. On sait quelle fut, après le concile de Trente, la riche et brillante efflorescence de la vie catholique chez tous les peuples de race latine. La réforme des temps modernes, la vraie, non la fausse, a commencé dès la fin du xiv⁰ siècle, en Allemagne et dans les Pays-Bas, et s'est continuée avec succès sur les deux rives du Rhin, après les conciles de Constance et de Bâle (1).

Les protestants avaient cru pouvoir revendiquer plus particulièrement pour eux, Jean Geiler de Kayserberg, prédicateur de la cathédrale de Strasbourg, un des orateurs chrétiens les plus célèbres au début de la Réforme (2). Rien de plus faux que cette prétention, ainsi que M. l'abbé Dacheux notamment l'a prouvé (3).

Remarquons à propos de Geiler de Kayserberg qu'il n'est pas vrai de dire que la scolastique était alors complètement éteinte, que ses derniers représentants ressemblaient à des momies au milieu de la génération animée des humanistes et n'avaient plus guère d'influence qu'à Cologne, où les plus grands scolastiques avaient longtemps séjourné. Il n'en était point ainsi. Bâle même, où Geiler de Kaiserberg étudia la théologie, possédait alors toute une phalange d'hommes distingués, tels que : Jean Ulric Surgant, J. Mathias de Gengenbach, Sébastien Brant, Christophe de Übenheim, plus tard évêque de Bâle (1502-1526), Jean Amerbach, savant imprimeur, qui s'étaient réunis autour du célèbre Jean de la Pierre, un des derniers grands scolastiques. Geiler, qui suivit ses traces, joignait à une entière déférence pour l'ancienne méthode, notamment pour la théologie scolastique, un goût non moins prononcé pour les études classiques, tant qu'elles restaient dans les bornes de l'orthodoxie.

En 1476, sur la demande des bourgeois de Fribourg, Geiler fut appelé de Bâle comme professeur de théologie; mais il échangea bientôt ce poste contre celui de prédicateur de la cathédrale de Wurzbourg puis de Strasbourg, où une prébende venait d'être fondée à cet effet. Pendant une période de trente ans, et avec une réputation croissante, Geiler y prêcha chaque dimanche et chaque fête, en carême tous les jours, et dans certaines circonstances deux ou trois fois par jour. Comme tous les prédicateurs de l'empire, il parlait en allemand, mais il écrivait les canevas de ses sermons en latin. Maximilien I⁰ʳ, lors de son arrivée à Strasbourg, manifesta le désir de l'entendre; il le choisit pour conseiller intime et reçut de lui les plus sévères remontrances. En dehors de l'Evangile, Geiler abordait toutes les questions et attaquait tous les

---

(1) Le mouvement de rénovation inauguré au xiv⁰ siècle, et dont ces saints personnages sont les principaux représentants, fut marqué surtout par une nouvelle expansion du mysticisme et par une réaction contre les abus de la scolastique. Voir pour cette période si intéressante et les hommes qui l'ont illustrée : Schmid, *Essai sur les mystiques du XIV⁰ siècle*, Strasbourg, 1836 (ouvrage d'un protestant à consulter avec réserves); F. Pfeiffer, *Die deutschen mystiker*, Leipzig, 1845 ; C. Greith, *Die deutsche mystik im Predigerorden*, Fribourg, 1861 ; H. Martenson, *Meister Eckart, eine theologische Studie*, Kopenhague, 1851 ; J. Bacht, *Meister Eckart, der Vater der deutschen Speculation*, Vienne, 1864 ; W. Preger, *Kritische Studien zu Meister Eckart*, dans *Zeitschr. für die histor. Theologie*, livr. II, 1864, 1866, p. 453; C. Schmidt, *Johannes Tauler von Strasburg. Beitrag zur Geschichte der Mystik u. des religiœsen Lebens in XIV Jahrh.*, Hamb., 1841 ; id. *Die Gottesfreunde im XIV Jahrh.* Iéna, 1854; Testrup, *De Mysticismo Tauleri*. Gotha, 1826 ; Fr. Bœhringer, *Die Kirchengeschichte in Biographieen*, t. II, 3 part.; *Die deutschen mystiker des XIV und XV Jahrh.: Joannes Tauler, Heinrich Suso, Johannes Rusbrœk, Grh. Groote, Florentius Radewin, Thomas von Kempen*, Zurich, 1855 ; Bern. Bœhring, Joh. *Tauler und die Gottesfreunde*, Hambourg, 1853 ; Winkworth, *Life of J. Tauler*. Londres, 1857 ; — Diepenbrock. *Heinrich Suso's Leben und Schriften, mit Einleitung von Gœrres*, Ratisbonne, 1837 ; Chauvin du Malan, *La Vie et les Lettres du bienheureux H. Suso*, Paris, 1842; F. Bricka, *Henri Suso*, Strasbourg, 1854 ; H. Amandus, *H. Suso's Leben und Schriften*, Vienne, 1863 ; Cartier, *Œuvres du B. Henri Suso* (trad. Paris); de Bussière, *Fleurs Dominicaines, Les Mystiques d'Unterlinden à Colmar*, Paris ; — Engelhardt, *Hugo von Sanct. Victor u. Joh. Rusbroeck, zur Geschichte d. Mystischen Theologie*, Erl., 1838 ; Arnswald, *Vier Schriften von Joh. rusb. in Niederdeutscher Sprache*. Hann., 1848; — Engelhard, *De Gersonio mystico*, Erl., 1823; Lecoy, *Essai sur la vie de J. Gerson*. Paris, 1832 ; Ch. Schmidt, *Essai sur Jean Gerson*, Strasbourg et Paris, 1839 ; Thomassy, *Jean Gerson*, Paris, 1843 ; Vert, *Etudes historiques et critiques sur l'Imitation de J.-C. et Gersoniana*, Paris, 1856 ; D. Mettenleiter, *Joh. Gerson u. Seine Zeit*, Augsbourg, 1857 ; Schwab, Joh., *Gerson, Professor der Theologie und Kanzler der Universität Paris*, Wurzbourg, 1858; Jean Darche, *La Clef de l'Imitation*, Paris, 1872 (l'auteur y attribue à tort l'*Imitation* à Gerson; mais il y a des renseignements sur la vie et les œuvres du célèbre chancelier); le fruit le plus pur, le plus gracieux et le plus doux de la mystique des xiv⁰ et xv⁰ siècles est le célèbre opuscule de l'*Imitation de Jésus-Christ*, qui naquit sous la double influence de Tauler et de Gérard Groot et appartient à la Congrégation des chanoines réguliers de Windesheim dont Thomas à Kempis était membre (Voir Arthur Loth, dans *Revue des questions historiques*, liv. avril 1873, pp. 130 et suiv.)

(1) Janssen, *Geschichte des deutschen Volkes seit dem Ausgang des Mittelalters* I Band. I Abtheilung : *Deutschlands giestige Zustande beim Ausgang des Mittelalters*. Fribourg en Brisgau 1876.

(2) B. Ammon, *Geiler's von Kaiserberg Leben, Lehren und Predigten*. Erlangen, 1826 ; Ch. Hagem, *Deutschlands literiarsche und religiöse Verhaltnisse in reformationszeitalter*, 3 vol. Erlang., 1841-1844, t. I, p. 192; Oberlin, *Dissert. de J. Geileri scriptis germanicis*. Strasb. 1786; Beatus Rhevanus, *Joannis Geileri Caesaromontani vita*, réimpr. dans Riegger, *Amœnitates friburgenses*. Ulm, 1775, fasc. 1, p. 56. — Une édition incomplète de ses œuvres latines a paru à Strasbourg de 1510 à 1518. — Lui-même édita les œuvres de Gerson, J. *Gersonii, cancellari Paris. Opera*. Strasbourg, 1488, 3 vol. in-fol. — De sa traduction latine et de son explication du *Narrenschiff*, par Séb. Brant (né à Strasbourg en 1458, mort à Bâle 1520), deux éditions ont paru en 1501 et 1518, voir *Narrenschiff*, édité par Zarncke, 1854. Leipzig, 1854. — *Oratio in synodo Argentinensi habita*. Strasb. 1484. — *Sermones de Jubilœo*. Ibid. 1500. On peut rapprocher Geiler des orateurs dont s'est occupé M. G ruzez dans son *Histoire de l'éloquence sacrée au XV⁰ siècle*.

(3) Dacheux, *Un réformateur catholique à la fin du XIV⁰ siècle, Jean Geiler de Kaiserberg, prédicateur de la Cathédrale de Strasbourg (1478-1510)* Strasbourg et Paris, 1876. M. Lindemann a repris la matière dans un volume qui fait partie de la *Sammlung historischer Bildnisse*.

vices de son temps, également sévère aux princes de l'Église et aux souverains temporels.

Geiler travailla et s'illustra de la sorte jusqu'à sa mort, le 12 mars 1510 (1).

LES PAPES ET LA RENAISSANCE DE L'ANTIQUITÉ
(p. 513).

Faut-il louer, faut-il blâmer les papes d'avoir tant contribué, à la faveur du mouvement littéraire de la fin du XV° siècle, à la renaissance païenne ? Dans les arts, dans la littérature, dans les fêtes publiques, ils en favorisèrent l'épanouissement avec un luxe qui rappela quelquefois les empereurs romains. Rohrbacher ne s'arrête pas sur ce point; il rappelle sommairement les honneurs accordés aux peintres, aux sculpteurs, aux architectes, aux imitateurs de Cicéron et de Virgile. Des documents contemporains font entrer dans le détail des largesses répandues à profusion pour provoquer l'exécution des chefs-d'œuvre ou pour les récompenser (2). Les vies intimes des papes Paul II et Léon X, en particulier, font ressortir ce goût nouveau de l'antiquité profane dans les habitudes domestiques des princes de l'Église et dans les spectacles populaires. Paul II dépensa quarante mille écus d'or pour donner au peuple de Rome une fête renouvelée des Césars. On y voyait d'abord une troupe de géants, suivis de Cupidon, auquel ne manquaient ni les ailes ni le carquois. Diane venait ensuite sur un cheval de chasse et accompagnée d'un nombreux essaim de nymphes. Cent soixante jeunes gens habillés de blanc, comme au siècle d'Auguste, paraissaient avoir prêté le serment militaire dans cette circonstance et, suivant l'usage des anciens, ils recevaient tous une médaille du préfet des jeux. Comme témoins de leur valeur, après eux marchaient enchaînés les rois, les généraux jadis conduits en triomphe par leurs aïeux. Dans l'immense cortège de prisonniers, on distinguait surtout Cléopâtre vaincue par Auguste. Tout l'Olympe venait ensuite : Mars, les Faunes, Bacchus, une multitude confuse de dieux et de demi-dieux jadis adorés dans Rome.

On portait derrière les divinités de grands étendards de soie sur lesquels étaient écrits les plébiscites et les sénatus-consultes, les enseignes romaines, les faisceaux et les autres emblèmes militaires du peuple-roi. Les personnages consulaires et le sénat marchaient environnés des différents ordres de la magistrature. Le cortège était fermé par quatre chars d'une hauteur immense, sur lesquels de nombreux personnages chantaient les louanges du pontife, le proclamant *père de la patrie, fondateur de la paix, restaurateur de l'abondance.*

Cette fête avait émerveillé les Romains; Léon X voulut la renouveler et, s'il était possible, la surpasser à son avènement au trône pontifical, le 11 avril 1513. Pour aller prendre possession de la basilique de Saint-Jean de Latran, il marcha d'arc de triomphe en arc de triomphe, comme un triomphateur romain, et il entraînait à sa suite tous les dieux de l'Olympe : Apollon la lyre en main, Neptune avec le trident, Diane, Mars, Mercure, Pluton avec leur cortège obligé... Plus loin c'étaient les muses et une multitude de nymphes, dont plusieurs adressèrent des vers au pontife. On n'avait pas cependant oublié les souvenirs chrétiens. L'arc de triomphe des marchands florentins portait les statues dorées de saint Pierre et de saint Paul, de saint Cosme et saint Damien..., etc... avec cette inscription : *Mirabilis Deus in sanctis suis.*

Ce n'était pas un vain amusement que cette prise de possession du trône pontifical, c'était une manifestation des goûts du nouveau pape, et l'annonce du zèle qu'il allait mettre à ressusciter les gloires du paganisme. A son invitation, l'on fouillait partout les vieux monastères, pour y tirer de la poussière les manuscrits grecs et latins, qui étaient payés au poids de l'or; on déterra les statues des dieux, les débris de leurs temples, les bustes des grands hommes, avec non moins d'empressement que le moyen âge en avait mis à retrouver les reliques des martyrs et à conquérir le tombeau du Sauveur. Les découvertes étaient fêtées par des solennités publiques. L'on transportait dans les jardins, dans les palais de Rome et de l'Italie, toutes les indécences, toutes les nudités de l'art païen, et des artistes éminents rivalisaient entre eux pour les reproduire, et pour en décorer les riches habitations des princes, même des princes de l'Eglise

Mgr Gaume, en s'étendant sur cet engouement, fait des reproches sévères à Léon X, et le rend en partie responsable des malheurs qui affligèrent l'Église à cette époque (1). Pallavicini, l'historien du Concile de Trente et l'ami intime d'Alexandre VII, adressa, dit-il, ces courageuses paroles à Léon : « Vous avez manqué à votre devoir « comme cardinal, en négligeant l'étude des lettres « chrétiennes; vous avez aggravé votre faute comme « pape en vous livrant avec passion au culte frivole « de l'antiquité païenne. Vous avez porté la juste « peine de cette double faute, dont les conséquences « désastreuses sont retombées sur l'Église elle- « même. »

De saints personnages contemporains, comme dom Barthélemy des Martyrs, reprochèrent aussi à Léon X son goût du faste et de l'antiquité (2).

Cette résurrection du paganisme dans la littérature et dans les arts eut assurément de fâcheuses influences sur le progrès de la Réforme; mais il ne faudrait pas les grossir outre mesure. C'est dans les passions de la chair et dans l'orgueil que Luther trouva son point d'appui; mais qui ne sait combien ces passions et cet orgueil s'étaient déchaînés en Allemagne, en Angleterre, en France, dans toute la chrétienté, et combien de cris de rébellion étaient déjà partis des monastères et des rangs du clergé,

---

(1) *Geiler von Kaisersberg und sein Verhaltnis zur Kirche*, dans *Histor. polit. Blätter* (par M. Kerker), t. XLVIII, p. 637-652, 721-734, 949-963, t. XLIX, p. 33-42, 280-293, 390-403, 748-757. — Ant. Steichele, *Friederich Graf v. Zollern, Bischof zu Augsburg (1486-1505 und Geiler von Kaisersberg*, dans *Auher für die Geschichte des Bisthums Augsburg*, t. I, livr. I et II (Augsbourg), 1854); où des lettres de Geiler à Frédéric sont publiées pour la première fois.

(2) Voir Muntz, *les Arts à la cour des Papes*, recueil de pièces authentiques sur la protection accordée aux arts et aux sciences par les souverains pontifes dès le XV° siècle. Paris, 1878.

(1) Voir *la Révolution. Le Protestantisme*, ch. IV, et *La Renaissance*, ch. XIII. Paris, 1864.

(2) Voir Sacy, *Vie de Dom. Barth. des Martyrs, archevêque de Brague en Portugal*. Paris, 1663.

principalement en Allemagne et en Angleterre? Les actes des conciles montrent les efforts continuels et souvent impuissants de l'Église pour arrêter cette marée montante et ces débordements d'immoralité. Les Albigeois, Jean Huss, Jérôme de Prague et tous ces sectateurs d'hérésies obscures et immondes, avaient suffisamment préparé le terrain à la Réforme pour qu'elle fût accueillie sans le secours de la littérature profane. Peu importaient les formes dont se revêtaient les instincts dépravés de la nature corrompue; ils cherchaient avant tout des moyens de s'assouvir.

Que la construction de la basilique de Saint-Pierre ait servi de prétexte à l'entreprise de Luther, on ne saurait le nier; mais, enfin, c'était un monument incomparable, qu'il s'agissait d'élever en l'honneur du culte chrétien; les papes pouvaient-ils être coupables d'y avoir songé? Jules II seul avait peut-être mérité quelque blâme en démolissant l'antique métropole de la chrétienté pour y substituer un temple dans le style de l'antiquité. Ranke rappelle que plusieurs cardinaux protestèrent et que des réclamations s'élevèrent dans le monde entier. L'on voyait avec douleur disparaître cet auguste monument où étaient réunis tant de précieux souvenirs de la vénération des siècles. Mais Jules II, ajoute-t-il, n'était pas homme à s'arrêter devant la contradiction, et il posa lui-même la pierre fondamentale de la nouvelle église (1). Ses successeurs ne pouvaient s'arrêter en chemin, leur devoir était d'ailleurs de se mettre à la tête du mouvement artistique et littéraire qui se manifestait avec tant de spontanéité. Ils avaient à essayer de le diriger ; on ne saurait leur demander d'en avoir prévu toutes les conséquences.

LE DÉMON ET LA RÉFORME (p. 516).

Le démon joue, dans la vie de Luther, un rôle que Rohrbacher regarde à bon droit comme surprenant. Il y a en effet de quoi s'étonner en voyant Luther rejeter l'autorité de l'Église et du pape et se livrer entièrement à l'esprit des ténèbres. « En 1521, après mon départ de Worms, écrit-il, j'étais emprisonné dans la Wartbourg, ma Pathmos, loin de tous les regards et où personne ne pouvait m'approcher que deux jeunes gens de famille noble, qui deux fois par jour m'apportaient à boire et à manger. Un jour ils déposèrent dans ma chambre un sac de noisettes, que je mangeai par intervalles. La nuit, après avoir éteint ma chandelle, et quand j'allais me mettre au lit, j'entendis un grand bruit ; il me semblait que mes noisettes se battaient ; je m'endormais et j'avais à peine fermé l'œil, que ce bruit recommença ; je crus que l'escalier allait crouler ; je me levai et j'adjurai le lutin au nom de celui dont il est écrit : *Omnia subjecisti pedibus ejus*, et j'allai me recoucher (2). »

Luther voit le diable partout:

« Le diable, dit-il, est semblable a une mouche : paraît-il un beau livre, la mouche vole, voyage sur les blanches feuilles qu'elle souille de son passage, comme si elle voulait nous dire : « Mes pattes ont « passé par là. » Ainsi du diable, quand il a trouvé un cœur bien net et bien blanc ; alors il s'abat, le souille et le corrompt (1). »

Superstitieux en tout, Luther fait intervenir le diable dans toutes les circonstances de sa vie.

Risque-t-il de se noyer dans la Sal, avec ses trois enfants et Justus Jonas ; « Avouez, Jonas, dit-il, que le diable rirait bien si Luther, ses trois enfants et le docteur Jonas, se noyaient dans la Sal (2). » La mort approche-t-elle : « Mes chers amis, dit-il, il ne faut mourir que lorsque nous aurons vu Lucifer par la queue. Je l'aperçus hier matin, qui me montrait le derrière sur les tours du château (3). »

Comme il arrive parfois entre amis, Luther et le diable se boudaient. Rien d'aussi curieux que les moyens employés par ce moine défroqué pour vaincre l'ange déchu. Là-dessus Audin dit (4) :

Les Anachorètes de la Thébaïde avaient trouvé dans la prière un remède efficace contre les révoltes du vieil homme. Luther essaya de la raison et n'en fut pas content. Or, voici son remède à lui, remède sérieux, car il le conseille à tous ses amis : « Pauvre Hiéronymus Weller, tu as des tentations, il faut en venir à bout. Quand vient le démon pour te tenter, — bois, mon ami, bois largement, étourdis-toi, folâtre et pèche en haine du malin et pour lui faire pièce. Si le diable te dit : Veux-tu bien ne pas boire, — réponds-lui : — Je boirai à plein verre, parce que tu me le défends ; je boirai à grandes rasades en l'honneur de Jésus-Christ. Imitemoi. Je ne bois si bien, je ne mange tant, je ne me réjouis si fort à table que pour vexer Satan. Je voudrais bien trouver quelque bon péché nouveau pour qu'il apprît à ses dépens que je me moque de tout ce qui est péché et que je n'en crois pas ma conscience chargée. Arrière le Décalogue, quand le diable vient nous tourmenter ! Quand il soufflera à notre oreille : Mais tu pèches, tu es digne de mort et d'enfer. — Eh ! mon Dieu, oui ! je ne le sais que trop, qu'est-ce que tu veux me dire ? — Mais tu seras condamné dans l'autre vie. — Pas vrai, je connais quelqu'un qui a souffert et satisfait pour moi ; il s'appelle Jésus-Christ, Fils de Dieu ; là où il est, là je serai (5). Si le diable ne s'en va pas, je lui crie : *In manum sume crepitum ventris, cum istoque baculo vade Romam* (6). Luther revient souvent dans ses écrits sur ce magnifique antidote ; c'est le plus sérieusement du monde que, pour faire taire les criailleries du diable, il conseille de boire, de manger, de se réjouir, de soigner son ventre et sa bile, en remplissant l'un de bon vin et l'autre de viandes exquises. « Un grand verre plein de vin jusqu'au bord, voilà quand on est vieux, dit-il, le meilleur ingrédient pour apaiser les sens, jeter dans le sommeil et échapper à Satan. »

---

(1) Ranke, *Histoire de la Papauté*, tome I, p. 71. — Il cite ces paroles de Pauvinius : *Qua in re* (pour cette construction Jules II) *adversos pene habuit cunctorum ordinum homines et præsertim cardinales*.
(2) *Tisch Reden*, Eisleben, 1566, 303 ; ap. Audin, t. II, p. 318.

(1) *Tisch Reden*, Francf. 355, ap. Audin, t. II, p. 320.
(2) *Histor. de Vita Luth.* Ulenberg, p. 643.
(3) Audin, t. II, p. 535.
(4) T. II, p. 363 et 364.
(5) 6 novembre, à Jérôme Weller, Op., p. 208 ; Librecht de Wette Dr *Luther's Briefe*, t. IV, p. 188.
(6) *Tisch Reden*.

NOTES RECTIFICATIVES ET COMPLÉMENTAIRES.

Il s'est cependant trouvé des protestants qui, honteux de voir le diable intervenir si ouvertement dans l'œuvre de la réforme, ont prétendu que Luther n'avait parlé qu'en parabole. Cette objection n'est pas soutenable. Luther, après avoir rapporté les arguments du démon et les faibles réponses qu'il y a faites, assure « qu'il est impossible de soutenir, dans ces occasions, l'impétuosité (1) du démon. » Il nous semble que ces paroles rejettent toute idée de parabole.

L'apostat de Wittenberg n'a pas hésité, du reste, à regarder l'assistance de l'esprit infernal comme indispensable au succès de la cause et à la ruine de ses adversaires.

« Savez-vous pourquoi Zwingle, Bucer, Œcolampade, n'ont jamais eu l'intelligence des saintes Écritures ? C'est, dit Luther, qu'ils n'ont jamais eu le diable pour adversaire ; car, quand nous n'avons pas le diable attaché au cou, nous ne sommes que de misérables théologiens (2). »

Dans le traité *De missa privata*, après avoir exalté la puissance dont est doué Satan, qui ne souffre pas qu'on dispute longtemps avec lui, « voilà dit Luther, qui m'explique comment il arrive que l'on trouve des hommes morts dans leur lit. Emser, Œcolampade et d'autres qui leur ressemblent, tombés sous les griffes et les carreaux de Satan, sont morts ainsi subitement (3). » Hospinian croit bien qu'Emser est mort de la mort diabolique dont parle Luther, mais il ne peut abandonner au démon Œcolampade, évangéliste à la vie pure et sainte (4), qui, selon le témoignage de Bèze, après un doux trépas, alla rejoindre Zwingle, son frère (5), le curé d'Einsiedeln, qui prétendait que Luther n'était pas possédé d'un esprit impur, mais occupé, comme un château fort, par une légion de diables (6).

On voit que les réformés n'étaient pas plus d'accord au sujet du diable que de la Bible.

Les imposteurs de tous les temps ont compris la nécessité de se dire envoyés par une puissance supérieure.

Au temps de la réforme, Carlostad outra le sacrilège jusqu'à prétendre que le Père éternel lui avait communiqué le vrai sens des paroles eucharistiques ; Zwingle se proclame illuminé par un esprit qu'il ne sait définir ; nous avons vu que Luther s'est donné pour le fondé de pouvoirs du diable.

Les calvinistes se moquaient du colloque de Luther et les luthériens du songe de Zwingle.

« Il est faux, dit Hospinian, que Zwingle ne sut pas si cet ange était noir ou blanc. Car Zwingle ne parle d'aucun ange ; et quand il en parlerait, qu'en voudrait conclure Hunnius, pour rendre notre doctrine absurde ? Ne sait-il pas que Luther, dans le tome IV de son œuvre, imprimée en allemand à Iéna, écrit au folio 83, non d'un ange, mais d'un diable, qui avait avec lui un entretien durant la nuit, et qu'il l'avait informé de beaucoup d'abus de la messe des papistes ? dira-t-il que ce soit une tache à la secte des Luthériens (1) ? »

Le même historien, après avoir rapporté le sommaire de la dispute qu'eut le diable avec Luther dit que « les disciples de Luther devraient se ressouvenir de cette dispute et cesser de reprocher à Zwingle le songe dans lequel il fut averti du vrai sens des paroles de la cène, non par le diable, comme Luther le fut des abus et des superstitions de la messe, mais par un autre avertisseur, comme lui-même l'écrit (2). »

Et David Paréus, pour qui le synode de Dordrecht a tant d'estime (3), parle en ces termes des Luthériens, qui attribuent au diable le songe de Zwingle :

« Que ne pensent-ils plutôt eux-mêmes à ce que raconte Luther de ses entretiens familiers avec l'esprit noir, qui est le diable, et aux choses qu'il déclare ouvertement lui avoir été suggérées dans ces conférences. Qu'ils réfutent donc la chanson ordinaire et l'argument tant rebattu des papistes. Luther, de son propre aveu, a appris de l'esprit noir, qui est le diable, les raisons pour lesquelles on doit condamner la messe privée, et l'onction des prêtres ; donc la doctrine de Luther, concernant la condamnation de la messe, est diabolique. Voilà, dis-je, à quoi il faut répondre. Ils ne peuvent nier l'antécédent : car les papistes leur objecteraient la longue légende de Luther, touchant la conférence qu'il a eue avec l'esprit noir, qui est le diable, et qu'il a lui-même écrite. Mais vous entendrez aussitôt les Luthériens s'écrier que c'est un sophisme, parce que le vrai est toujours vrai et ne devient point faux, quoiqu'il soit proféré et suggéré par l'esprit noir, qui est le diable. Pourquoi cela n'aurait-il pas plus de force pour Zwingle, puisqu'il ne dit point, comme Luther, que l'esprit noir lui ait rien suggéré, et que c'est une chose que ses calomniateurs ne sauraient prouver (4) ? »

Ces raisonnements n'empêchèrent pas Luther de regarder les sacramentaires comme des intrus sans foi ni loi, et il les poursuivit à outrance, sans songer qu'il se donnait ainsi à lui-même le plus honteux démenti. Car ce nouveau docteur, comme le fait remarquer l'abbé de Cordemoy, ne pouvant souffrir que d'autres que lui se mêlassent de faire les réformateurs, dit pour donner l'horreur des sacramentaires, que « le diable a parlé par leur bouche (5). » Si donc Luther veut qu'on rejette la doctrine des sacramentaires, parce qu'elle vient du diable, quoiqu'aucun n'ait dit qu'elle en venait, peut-on sans folie écouter Luther et suivre sa doctrine, après qu'il a hautement déclaré qu'il la tenait du diable même ? C'est néanmoins ce que font tous les protestants, et Luther a tant d'autorité sur leur esprit, qu'ils aiment mieux le croire, quoique le diable ait prévalu contre lui, que d'écouter l'Église catholique, contre laquelle Jésus-Christ a promis que les portes de l'enfer ne prévaudront jamais. Mais rien ne fait mieux voir jusqu'où va leur prévention et leur aveuglement, que les différents moyens dont ils se servent pour se justifier. »

---

(1) Œuvres, t. I, fol. 230.
(2) Luther, *In coll. Isl. de verbo Dei*, fol. 23, coll. Francf., fol. 58.
(3) Hospin., *Hist. sacram.*, t. II, p. 220.
(4) Id., p. 126.
(5) Bèze, *Port. des hommes illustr.*, pp. 84 et 85.
(6) *Non obsessum ab uno spiritu, sed occupatum a caterva dæmonum.* Zwingli, *contra Luth.*

(1) O. c., fol. 26.
(2) O. c., fol. 131.
(3) Synod. Dordrac., sess. 99.
(4) David Paréus. *Lib. controv. Euchar.*, c. VIII, p. 257.
(5) Luther, t. VII, fol. 212.

En résumé on peut dire avec M. Ch. Louandre :
« Le diable commente avec Luther la Bible et les conciles ; on dirait que les sympathies de l'orgueil et de la révolte rapprochent le réformateur et le démon. Que Luther écrive ou médite, qu'il veille ou qu'il dorme, le diable est près de lui qui l'encourage, le gourmande, l'approuve ou le désapprouve par des arguments tirés de saint Thomas, de Scott ou de saint Paul. Tantôt il encourage Luther à la guerre ; tantôt, comme effrayé des ruines qu'il prépare, il lui conseille la paix, et lui demande avec des reproches amers : « Luther, qu'as-tu fait de l'autorité ? » Et par ces reproches, il jette dans l'âme du réformateur cette souffrance du doute, cette tristesse de l'incertitude, que le réformateur avait jetées dans la conscience du monde catholique. C'était bien la peine de nier le pape et les saints, pour affirmer Satan. C'était bien la peine d'invoquer l'esprit des temps modernes, pour se plonger dans les ténèbres du passé et se montrer plus crédule encore que les docteurs du moyen-âge, dont l'hérésie insultait la foi ! Pour Luther, le diable est le maître absolu, le prince de la terre ; il est partout, dans l'air que nous respirons; dans le pain que nous mangeons. On dirait que Satan s'est relevé de son antique déchéance et qu'il vient de conquérir l'ubiquité qui n'appartient qu'à Dieu. Ainsi se confondent souvent dans un même homme, dans un même temps, toutes les grandeurs, toutes les misères. Luther croit reconnaître le diable dans les mouches qui se posent sur sa Bible et sur son nez, et le retrouver même dans des noisettes (1). »

ORIGINE DE LA PRÉTENDUE RÉFORME (p. 518).

On place d'ordinaire le commencement de la réforme au jour (31 oct. 1517) où Luther ne pouvant, dit-on, se résigner aux criants abus de la prédication des indulgences, « s'achemina courageusement vers l'Église de Tous-les-Saints, à Wittenberg, pour y afficher ses quatre-vingt-quinze propositions contre la doctrine des indulgences (2). »

« Ce n'est pas l'Eglise, dit d'Aubigné, qu'il pense attaquer; ce n'est pas le pape qu'il va mettre en cause, au contraire, c'est son respect pour le pape qui ne lui permet pas de se taire plus longtemps sur des prétentions par lesquelles on l'offense. Il faut prendre le parti du pape contre des hommes audacieux qui viennent mêler son nom vénérable à leur odieux trafic. Bien loin de penser à une révolution qui renverse la primauté de Rome, Luther croit avoir le pape et la catholicité pour alliés contre des maximes imprudentes (3). »

Merle d'Aubigné se trompe sur les dispositions du novateur au début de son œuvre. Hérétique depuis plusieurs années, préparant de longue main sa révolte, et n'épiant qu'une circonstance favorable pour jeter le masque, pourquoi aurait-il hésité à attaquer l'Église et à mettre le pape en cause ? Il se vante lui-même d'avoir écrit contre le pape en 1516 (1). Longtemps avant qu'ait éclaté la querelle des indulgences, Luther avait rompu avec l'enseignement catholique sur les points les plus fondamentaux. Il professa plus ou moins explicitement, dès les années 1512 à 1516, et très vraisemblablement déjà en 1508, toutes les erreurs qui forment le fond de sa théologie : l'Écriture sainte considérée comme unique règle de foi, le serf arbitre, l'inutilité des bonnes œuvres, la justice imputative, la justification par la foi seule. Ses leçons à l'Université et ses écrits, les joutes académiques qu'il provoquait, comme ses querelles avec les savants, ses sermons au peuple, non moins que sa correspondance avec ses amis, en fournissent les preuves (2).

D'après Mathesius, Luther, promu au doctorat théologique en 1512, contestait dès lors l'inutilité des bonnes œuvres pour le salut (3).

Loescher fournit du reste des données qui, bien qu'incomplètes, suffisent pour caractériser l'enseignement de Luther pendant les années 1511 à 1517, et pour justifier l'appréciation qu'en fait Jurgens, le plus sérieux et le plus savant des biographes du réformateur. « La théologie, dit-il, que Luther enseignait, s'écartait du système doctrinal de l'Église en des points qui passaient pour les plus importants, et n'en tenait aucun compte, non plus que de la méthode jusqu'alors usitée. Elle suivait, pour l'interprétation de l'Écriture sainte, des principes que l'Église improuvait depuis des siècles. Elle ne s'attaquait pas seulement à certains dogmes, à certaines institutions et coutumes, mais à l'existence même de l'enseignement catholique ; de l'Église, elle s'en prenait aux autorités de l'École, déclinait toute soumission à une autorité quelconque, et réclamait un enseignement rationnel de sa théologie à l'exclusion de toute autre (4).

Le novateur paraît du reste, s'être signalé par de grandes hardiesses d'opinion dès le début de sa carrière de professeur, puisque Pollict de Melrichstadt, l'un de ses collègues, put prédire de lui déjà en 1508, c'est-à-dire l'année même où Luther entra à l'Université : « Ce moine jettera le trouble dans les écoles; il inventera une doctrine nouvelle et réformera l'Église romaine (5). »

La publicité ne faisait certes pas défaut à l'enseignement de Luther; disputeur ardent et opiniâtre, il se lança tête baissée dans les luttes savantes, si fort goûtées au XVI° siècle. Son premier livre, qui fut imprimé en 1513, sous le titre de *Preceptorium doct. Martini Lutheri*, et que nous ne possédons plus, ne renfermait guère, suivant le témoignage d'Oldekolp (6), que des matières à discuter. » Il s'agissait de savoir, dit Mathésius (7), si l'on peut et si l'on doit puiser la véritable foi chrétienne dans l'Écriture sainte ou dans Aristote. Ce qui signifie tout simplement que son maître ne tenait aucun compte de l'enseignement traditionnel des doc-

---

(1) *Revue des Deux-Mondes*, t. XXXI, p. 579.
(2) Merle d'Aubigné, *Hist. de la Réformation*, t. I, p. 360.
(3) Id., *ibid.*, p. 359.

(1) *Cod. Chart. Bibl. duc. goth.*, in-fol. p. 262, in-4, p. 148.
(2) Voir J. Bockenmeyer, dans *la Vérité historique*, t. VII, p. 329 et suiv.
(3) Johann Mathesius, *Leben doctor Martin Luthers, in Siebenzehn Predigten*. Pred. I, p. 16.
(4) Jurgens, *Luther von seiner geburt bis zum Ablars streit*. t. II, p. 480.
(5) Seckendorf, *Comment. hist. et apol. du Luthérianisme*. Lib. I, sect. VIII, § 8.
(6) Cité par Hüntzel, *Die Annahme des evangelischen, Glaubensbekenntnisser von Seiten der Stadt Hilderheim*, p. 154.
(7) Mathesius, *l. c.* p. 15.

teurs catholiques, et regardait, dès ce temps, l'Ecriture sainte, expliquée d'après ses idées, comme la règle unique de la foi. Luther, de son côté, donne à entendre que dans toutes ses discussions, c'étaient les principes qui étaient en question (1).

La correspondance de Luther, si peu nombreuses que soient, d'ailleurs, les lettres qui se rapportent à notre sujet, nous autorise à faire remonter jusqu'en 1509 les premiers symptômes hétérodoxes, et nous fournit plus d'une preuve de son endurcissement dans l'hérésie, longtemps avant la querelle des indulgences. Voici ce qu'il dit, dans une lettre du 17 mars 1509, adressée à Jean Braun d'Eisenach : « Dès le commencement, j'aurais échangé très volontiers l'enseignement de la philosophie contre celui de la théologie ; je vous parle de cette théologie qui pénètre jusqu'au fruit de la noix, jusqu'à la substance du froment, jusqu'à la moelle des os (2). » Ce qui était pour Luther ce fruit de la noix, cette substance du froment, cette moelle des os, un de ses biographes nous l'explique dans les termes suivants : « Il cherchait la moelle de la vérité pour lui et pour ses auditeurs, dans l'Ecriture sainte, et surtout dans l'Epître aux Romains et dans les Psaumes; c'est dans ses leçons sur ces deux livres que la lumière évangélique brilla de nouveau après un si long obscurcissement (3). »

Or, nous savons que le thème de ces leçons c'était l'inutilité des bonnes œuvres et la justification par la foi seule.

Cette obstination dans l'hérésie, ces efforts non discontinués durant neuf ans pour la propager, mettent dans tout leur jour les véritables sentiments de Luther pendant cette période de sa vie; et fait toucher au doigt le motif qui le poussa à la révolte contre l'Eglise.

Ce ne furent ni les jalousies d'ordres, ni les abus existant dans l'Eglise, ni les excès des prédicateurs d'indulgences, qui firent de Luther un réformateur; il devint hérésiarque, parce qu'il était depuis longtemps hérétique; il le devint à son moment et dans les circonstances choisies par lui comme les plus favorables. Un examen rapide des causes que, de part et d'autre, on assigne ordinairement à la Réforme, ne laissera là-dessus aucun doute.

Prierias d'abord, puis Emser et Cochlæus (4), ont cru trouver la première cause de la réformation luthérienne dans une jalousie d'ordre (5); suivant eux, les Augustins auraient vu avec peine confier aux Dominicains la charge de prêcher les indulgences, qu'ils avaient eux-mêmes exercée jusqu'alors. C'est une erreur. En effet, Pallavicini affirme positivement (6) que c'était aux Franciscains et non aux Augustins que l'on confiait communément cette mission.

« Néanmoins, ajoute l'historien (7), les Augustins furent choqués de voir la prédication des indulgences confiée aux Frères prêcheurs, tant à cause de la diminution des aumônes qui en résultait pour tous les ordres mendiants, que par suite de certaines querelles qui venaient de s'élever entre les deux ordres. »

A ces motifs généraux d'aversion contre les Dominicains s'en joignaient d'autres; l'un intéressant toute la communauté augustine de Wittenberg, l'autre particulier à ceux de ses membres qui enseignaient à l'Université. L'électeur Frédéric avait obtenu pour l'église de Tous-les-Saints une indulgence dont le produit devait être affecté à la construction d'un couvent d'Augustins dans sa résidence. Il saute aux yeux que ces religieux ne durent voir que de fort mauvais œil la publication d'une indulgence qui suspendait les autres et qui ajournait indéfiniment la réalisation des bonnes intentions de leur protecteur à l'endroit de leur communauté (1), et ceux d'entre eux qui étaient professeurs à l'Université n'avaient-ils pas quelque raison d'appréhender que l'indulgence dont tout le monde parlait, à laquelle tous couraient, ne détournât trop l'attention d'une école qui commençait seulement à se faire un nom (2), et des savants qui en faisaient l'ornement. (3)?

Remarquons enfin que dans la querelle touchant les livres juifs, laquelle devint plus tard celle des humanistes, Luther avait pris parti pour Reuchlin contre Pfefferkorn, patronné par les Dominicains, etc.; l'on comprendra dès lors que le futur réformateur avait plus d'un sujet de se montrer hostile aux Dominicains et à l'indulgence qu'ils prêchaient (4).

Il est certainement permis de supposer que ces ressentiments étaient pour quelque chose dans la guerre faite à Tetzel et aux indulgences, et rien n'empêche de croire que ces ressentiments étaient encore grossis par le dépit de se voir préférer, pour une charge si propre à mettre en relief, un homme moins savant et moins versé dans la connaissance de la langue allemande que Luther ne croyait l'être lui-même (5). Cependant, il n'est pas besoin de chercher dans ces mesquines rivalités l'unique, ni même le principal mobile d'un événement qui s'explique sans aucun effort par la direction hétérodoxe qu'avaient prises depuis longtemps les idées religieuses du prétendu réformateur.

Les écrivains protestants ont voulu découvrir à l'œuvre de Luther une origine plus honorable. Les abus, disent-ils, auxquels l'Eglise était en proie, étaient montés à un degré qui les rendait intolérables; et si Luther se leva, ce fut pour y porter remède et restituer à l'Eglise sa pureté primitive. Voici notre réponse.

On doit reconnaître que des abus s'étaient introduits dans l'Eglise par le malheur des temps ; toutefois, « le contraste qu'offraient, » à l'époque de la réformation, « les mœurs d'un grand nombre de prêtres avec la sainteté de leurs' fonctions, ne saurait être considéré, ni comme général, ni comme absolu, puisque la réforme mit au jour un fonds considérable de force, de piété et de savoir,

---

(1) Jürgens, *Luther*, t. II, p. 10.
(2) De Wette, *Luth. Briefe*, t. I, p. 3.
(3) *Realencyclopedie für protestantische Theologie*, art. Luther.
(4) *Comment. de act. M. Luth.*, in-fol. 3, 4.
(5) Merle d'Aubigné, *Hist. de la réf.* t. I, p. 334, croit que cette imputation n'a été inventée que par les ennemis de Luther, qu'après sa mort (18 février 1546). Il se trompe. Prierias la formula déjà en 1517; Emser la répéta en 1519, longtemps avant que Cochlæus la consignât dans sa vie de Luther, publiée en 1549.
(6) *Hist. conc. Trid.*, lib. I; c. III, part. I.
(7) *Ibid.*, c. IV, p. I.

(1) P. Pred. Myconii, *Hist. reformationis*, t. XXIV.
(2) La fondation ne datait que de 1502.
(3) Grœne, *Tetzel und Luther*, 29.
(4) De Wette, *Luth. Briefe*, t. I, p. 7.
(5) Nic. Serrarius, *Mogunt. rerum*, lib. V, p. 888.

qui n'aurait pu prendre naissance que dans le sein de l'Eglise et du clergé (1).

Quels que fussent, d'ailleurs, les abus existants, ils ne justifiaient en aucune façon le bouleversement opéré par la Réforme ; car, dit l'historien que nous venons de citer, « si l'on faisait la somme de toutes les indignités, de toutes les transgressions de la loi, plus ou moins publiques, qui, dans l'étendue d'un grand Etat, pourraient être mises à la charge des membres isolés du clergé, cela attesterait, aujourd'hui comme à l'époque de la Réforme, la fragilité de la nature humaine ; ceux qui ne réfléchissent pas, s'étonneraient à coup sûr du grand nombre de ces délits, sans que pour cela les hommes sensés se crussent autorisés à conclure que le clergé en masse avait perdu de vue sa destination, et qu'il était besoin d'une réforme radicale des conditions de son existence et de son ministère (2). »

Sans nier la nécessité d'une réforme, on peut répondre que l'esprit, ni l'ardent désir de réformer les abus n'ont jamais manqué à l'Eglise. Il suffit de rappeler les conciles de Pise (1409), de Constance (1414), de Bâle (1431), et les nombreux conciles provinciaux réunis par les soins du cardinal Nicolas de Cusa, tant en Allemagne qu'en Hollande, dans lesquels on condamnait les abus, et où la sainteté des mœurs et l'observance de la discipline étaient incessamment inculquées. « Le concile de Latran, terminé le 16 mars 1517, opposa également aux grossiers déportements que le siècle dernier avait vu surgir au sein de l'Eglise, une série de décrets aux auteurs desquels ne sauraient être déniées ni la connaissance des maux qui pesaient sur l'Eglise, ni la bonne volonté d'y porter remède (3). »

La réforme de la cour papale que Léon X proposa et décréta au même concile, révèle non moins manifestement l'intention où l'on était de faire disparaître tous les scandales.

Luther lui-même convient qu'avant sa révolte, on travaillait grandement à faire disparaître les abus (4).

Cette constance de l'Eglise à lutter contre le relâchement avait déjà produit des fruits. « Au commencement du XVIe siècle, dit Balmès, c'est-à-dire à l'époque où le protestantisme naquit, nous voyons les abus incomparablement moins nombreux, les mœurs notablement améliorées, la discipline devenue plus rigoureuse et observée avec une suffisante régularité. Une preuve incontestable que l'Eglise n'était pas alors plongée dans une ignorance et une corruption telles qu'on a voulu le dire, c'est qu'elle présente l'excellent assemblage des saints qui jetèrent un si vif éclat sur ce siècle même, et des hommes qui brillèrent par une si éminente sagesse au concile de Trente (5). »

On peut donc repousser, avec M. Guizot, l'opinion des partisans de la Réforme, « qui ont essayé de l'expliquer par le seul besoin de réformer en effet des abus existants dans l'Eglise, » et qui « l'ont présentée comme un redressement des griefs religieux, comme une tentative conçue et exécutée de reconstituer une Eglise pure, une Eglise primitive (1). » « A mon avis, dit M. Guizot, la réforme n'a été ni une simple amélioration religieuse, ni le fruit d'une utopie d'humanité et de vérité (2). » Les scandaleuses ignominies de la vie du réformateur, et le débordement d'ignorance, de vices, de barbarie tant intellectuelle que morale, qui, d'après son propre aveu, fut le résultat le plus visible et le plus immédiat de ses doctrines, ne le démontrent que trop évidemment (3).

Nous conclurons donc : « que, s'il existait des abus, ce que nous ne nions pas, l'intention de Luther ne fut jamais de les corriger, mais plutôt de s'en faire un prétexte pour abandonner la foi de l'Eglise, se soustraire au joug de l'autorité légitime, briser tous les liens de la discipline, et introduire par là le désordre et la licence (4). »

Mais la prédication des indulgences, « ce vaste marché, dit d'Andigné, ouvert par l'Eglise sur la terre, où des moines, avec force cris et plaisanteries, faisaient valoir et offraient au rabais le salut des âmes (5) », est-elle une explication plus péremptoire de la Réforme ? Oui, si l'on croyait à toutes les sottes ou odieuses accusations qui pèsent depuis si longtemps sur la mémoire du prédicateur des indulgences. Or les absurdités, les bouffonneries, les blasphèmes, les écarts de doctrine et les scandales de mœurs qu'on se plaît à imputer à Tetzel, sont autant d'audacieux mensonges, et ne sauraient, par conséquent, avoir motivé l'entreprise du prétendu réformateur. D'abord, rien de plus suspect que les emportements de Luther contre la prédication des indulgences. Dans un système théologique qui attribue la justification à la foi seule, et qui, déniant aux bonnes œuvres tout le mérite, n'y voit que des péchés mortels, l'indulgence n'avait évidemment pas de place ; elle était une impossibilité. Mais elle n'était, après tout, ni plus impossible, ni plus criminelle que les autres bonnes œuvres. Pourquoi donc la colère de Luther se tournait-elle exclusivement contre la prédication des indulgences ? Y a-t-il là autre chose qu'une feinte adroite pour donner le change sur le motif réel de ses récriminations ? Et tant d'ignobles expressions contre Tetzel, le prédicateur des indulgences, ne s'adresseraient-elles en réalité qu'à Tetzel le grand inquisiteur, chargé comme tel de veiller à l'intégrité de la foi et à réprimer les écarts de la libre pensée d'alors ?

On objecte les scandales de la prédication des indulgences. Mais ce point capital est-il donc placé hors de toute contestation ? Voici ce que répond Jurgens : « Quand nous lisons ce que l'on reproche à Tetzel, nous nous sentons, pour l'honneur du cœur et de l'esprit humain, pour celui de la chrétienté, de la nation, du monde, des princes contemporains et séculiers, qui tolérèrent un pareil scandale, vivement porté à croire que l'on exagère, tant que

---

(1) K. Ad. Menzel, *Neuere Geschichte der Deutschen*, etc., t. I, p. 15.
(2) K. Ad. Menzel, *ibid.*.
(3) *Ibid.* I, 5.
(4) Walch, *Luthers Werke*, Halle, t. II, p. 360.
(5) Balmès, *le Protestantisme comparé au Catholicisme*, t. I, pp. 28 et 29.

(1) Guizot, *Hist. de la civil. en Europe*, 12e leçon, p. 352.
(2) Id., *ibid*.
(3) Doellinger, *Die Reformation*, t. I, pp. 278-348.
(4) Balmès, o. c., t. I, p. 31.
(5) Merle d'Aubigné, *Hist. de la Réf.*, t. I, p. 315.

les témoignages les plus irrécusables n'auront pas exclu la possibilité du doute (1). »

Or, que penser d'une accusation qu'un panégyriste de Luther, son plus docte biographe, n'estime pas tellement irrécusable qu'on ne puisse en douter, et à laquelle le réformateur lui-même ne semble pas avoir ajouté foi? En effet, dans une lettre qu'Emser avait eue en sa possession (2) et qui s'est malheureusement perdue, Luther s'exprime ainsi, en parlant de Tetzel : « Il n'a nul sujet de se chagriner, la chose n'ayant pas été commencée à cause de lui; l'enfant a un tout autre père. »

Ce ne furent pas conséquemment les excès de la prédication de Tetzel qui donnèrent naissance à la réforme luthérienne; *cet enfant avait un autre père;* il provenait en ligne directe du ferment hérétique dont son auteur était depuis longtemps imprégné.

Il paraît singulier que Luther, hérétique depuis neuf ans déjà, ait tant tardé à en venir à une rupture ouverte. Le passage suivant du pamphlet d'Emser donne le mot de l'énigme :

« Ainsi, beaucoup de gens savent que quelqu'un de son ordre (il parle de Luther), a dit souvent en plus d'un endroit, que, s'il avait un prince qui voulût le protéger, il ferait voir beau jeu au pape, aux évêques et à la prêtraille (3). »

Ainsi, ce n'est pas la volonté de rompre avec l'Église qui fait défaut au novateur, c'est l'occasion. Peu désireux de la gloire du martyre, Luther veut être hérésiarque impunément et à coup sûr. Aussi ne jette-t-il le masque que lorsqu'il a obtenu, par les bons soins de Spalatim, la faveur de l'électeur Frédéric, et avec elle la certitude que la protection de ce prince le mettra à couvert des peines édictées contre l'hérésie par les lois du Saint-Empire.

La prédication des indulgences, qui se faisait en ce moment, lui offrait le prétexte qu'en d'autres circonstances lui eût fourni aussi bien tout autre point de foi ou de pratique. Car il ne lui fallait qu'un prétexte, et c'est ce qui explique à notre sens que Luther, sur des « on dit », dont il ne se donne même pas la peine de vérifier l'exactitude, se soit rué contre une doctrine à laquelle pourtant il avoue ne rien comprendre.

En résumé, Luther était hérétique : il enseignait, prêchait, propageait l'erreur plusieurs années avant la querelle des indulgences. Il rompit ouvertement avec l'Église, aussitôt qu'il crut pouvoir le faire impunément. La prédication des indulgences fut pour lui un prétexte de circonstance, le ressentiment contre les Dominicains un stimulant opportun; quant à l'intention de corriger les abus, les écrivains protestants l'ont prêtée après coup au réformateur; il ne l'eut certainement pas. Telle est la vérité.

TETZEL (p. 522).

Pour mieux exalter Luther, les écrivains protestants ont décrié son premier et principal adversaire Jean Tetzel, en le représentant comme un sot et un ignorant. La vie, l'éducation, les mérites du célèbre dominicain protestent contre cette accusation (1).

« On ne saurait donc admettre, peut-on dire avec le protestant Vogel, son historien, bien que ce soit l'opinion généralement reçue, que Tetzel eût été un idiot ou un ignorant, un *fraterculus ignobilis*, c'est-à-dire un moine sans capacité, sans culture et sans vocation. Il ne fut pas non plus un pauvre hère, dépourvu d'instruction, ni un âne grossier et ignare. Jean Linder, appelé *le moine de Pirna*, le juge beaucoup plus équitablement, en le plaçant parmi les savants docteurs et les hommes distingués sortis en grand nombre du couvent dominicain de Saint-Paul à Leipzig (2). »

La charge d'inquisiteur dont Tetzel était revêtu fournit à l'historien que nous citons un argument qui lui semble péremptoire en faveur de sa vaste et solide science. « Un inquisiteur d'hérésie, dit-il, en s'appuyant du témoignage de Bernard de Lutzelbourg (3) et du théologien Daniel Cramer (4), doit être savant et expérimenté ; il doit briller dans la science théologique, non moins que dans celle du droit. Si donc, conclut il, Tetzel eût été un moine dépourvu d'instruction, de jugement ou d'expérience, l'archevêque Albert de Mayence ne lui eût pas confié les fonctions de commissaire et d'inquisiteur, et le pape Léon X l'eût beaucoup moins encore investi de la charge de nonce ou de légat pontifical (5). »

En présence de ces témoignages, d'autant plus décisifs qu'ils émanent d'adversaires, on peut affirmer que Tetzel ne méritait en aucune façon le reproche d'ignorance, et que sa « théologie de moine, » à l'endroit de laquelle Charles d'Aubigné affecte de si superbes dédains, pouvait figurer sans honte à côté de la science, d'ailleurs grandement surfaite, des prétendus réformateurs.

Du reste, les historiens protestants qui s'occupent de Tetzel, tout en lui attribuant les plus monstrueuses énormités, sont néanmoins forcés de convenir qu'il possédait à un haut degré toutes les qualités qui font l'orateur populaire (6). Ce sont eux, en effet, qui nous apprennent qu'il était doué d'un esprit fin et pénétrant (7), d'une mémoire heureuse (8), d'une merveilleuse facilité d'élocution (9), et qu'à ces avantages il joignait un port majestueux (10), une voix sonore (11), une action animée (12), une gravité imposante (13), une douceur admirable (14) et une affabilité qui lui gagnait tous les cœurs (15).

---

(1) Emser, *Auf des Stiers zu Wittemberg wiettende Replica*, A. III, b., cité par Groene, *Tetzel und Luther*, 172.
(2) Jurgens, *Luthers Leben*, B. III, p. 457.
(3) Emser, *l. c.*, cité par Groene, p. 30.

(1) Voir Vogel, *Leben des pæpstlichen Gnadenpredigers Johann Tetzels*. Leipzig, 1727, p. 39; Groene, *Tetzel und Luther*.
(2) Vogel, *ibid.*, p. 44 et 45.
(3) *Catalog. hæreticorum*, cité par Vogel, p. 45.
(4) *In arbore hæreticæ consanguinitatis*.
(5) Vogel, *ibid.*, p. 46.
(6) Jürgens, *Luther von seiner Geburt vis zum Ablasstreit*, t. II, p. 702; Hofmann, *Lebensbeschreibung des Ablaszpredigers Dr Johann Tetzel*, p. 36.
(7) Mayer, *Disput. de Luth. thesibus, Texelio oppositis*, quæst. 2, cité par Vogel, p. 60.
(8) Vogel, *o. c.*, p. 39.
(9) Mayer, *ibid*.
(10) Binhart, *Thuringische Chronik*, p. 73, cité par Vogel, p. 59.
(11) Pfefferkorn, *Merkwürd. Geschicht. d. Landschaft Thuringen*, p. 89, *ibid*.
(12) Albinus, *Meisnische Land und Bergchronik*, lit. XXV, pp. 344, 687, 691, cité par Vogel, p. 59; Binhart, *ibid*.
(13) Albinus, *ibid.*; Hecht, *Vita J. Tetzelii*.
(14) *Ibid*.
(15) Albinus, *ibid*.

La vérité est plutôt dans le jugement porté par Grœne : « Tetzel, dit-il, était un de ces hommes qui ne sauraient rester dans l'ombre, quelle que soit la position qui leur est assignée dans le monde. Comme dominicain, il devint un prédicateur de grand renom et inquisiteur ; avec moins de piété et d'humilité, il eût été peut-être un Luther ; transporté sous le ciel de l'Italie, au milieu des luttes ardentes de la République florentine, il eût pu devenir un Savonarole (1). »

LE DOMINICAIN TETZEL EST-IL L'AUTEUR DES CENT SIX PROPOSITIONS? (P. 523.)

Rohrbacher le pense. C'est aussi l'opinion de Valentin Grœne (2). Alzog et J.-A. Mœhler croient que les cent six propositions furent publiées sous le nom de Tetzel, mais qu'elles ont été rédigées en réalité par Conrad Wimpina, professeur de théologie à Francfort-sur-l'Oder (3).

On trouve les thèses de Luther et les contre-thèses attribuées à Tetzel, dans les *OEuvres allemandes de Luther*, édition de Iéna, t. I ; dans les *OEuvres latines*, t. I, et dans Lœscher : *Actes complets de la Réformation* (1517-1519). Leipzig, 1720, t. I, p. 367.

LES ADVERSAIRES DE LUTHER (p. 532).

Dans sa réfutation des thèses de Luther, Tetzel se montrait très supérieur à son adversaire par sa science des dogmes et la clarté de son exposition. Le dominicain Sylvestre Prièrias (*magister sacri palatii*) à Rome (4), et Hoogstraten à Cologne, déjà connu par sa controverse contre Reuchlin, écrivirent aussi chacun un livre contre les propositions de Luther. Ces écrivains crurent devoir s'attaquer en même temps aux Humanistes, auxquels ils attribuaient tout le tort, et la méthode qu'ils suivirent dans la polémique élargit considérablement le champ de la discussion. Luther, en combattant avec raison le point de vue auquel se plaçaient ses adversaires, tomba lui-même dans les principes erronés touchant la puissance de l'Eglise. Des idées étranges, et dont il n'avait encore qu'une conscience confuse, s'éveillèrent en lui touchant la rémission des péchés et ne lui permirent plus d'accepter les indulgences, sous quelque forme qu'on les présentât.

DU CULTE DES IMAGES ET DE L'INFAILLIBILITÉ D'APRÈS LUTHER (p. 533).

Une des graves erreurs du protestantisme luthérien, est l'abolition du culte des images. Depuis Luther, les protestants ont constamment attaqué ce culte, et ils ont accumulé à ce sujet une foule d'erreurs, qui ont été victorieusement combattues, entre autres par le P. Gautrelet (1).

Le culte des images est prouvé de la manière la plus palpable par les catacombes, où l'on rencontre dans presque toutes les galeries l'image du Sauveur, celle de la Vierge, celle des apôtres ; et par les savants travaux de Bosio, d'Aringhius, de Mamachi, de Boldetti, de Macchi, de Perret, de De Rossi et de Northcote, interprètes des catacombes (2). Il est attesté par le témoignage des saints Pères. Saint Basile, entre autres, dit : « J'honore et je baise les images des saints, parce que cette pratique nous a été transmise par la tradition apostolique, et que, bien loin d'être défendues, elles sont peintes dans toutes nos églises (3). »

Les ouvrages de Luther lui-même contiennent les passages les plus surprenants et les plus catégoriques sur le culte des images.

« Il n'est pas mauvais, dit-il, d'avoir des images. L'Ancien Testament nous apprend que Dieu a lui-même fait élever dans le désert le serpent d'airain, et placer des chérubins autour de l'arche d'or : mais il a défendu de les adorer (4).

« On peut élever à Dieu un autel bien construit en pierre, pourvu que son commandement ne soit pas transgressé par l'adoration de cette matière ; aussi faut-il que mes briseurs d'images me laissent un crucifix ou une image de la Vierge (5).

« Je sais tout aussi certainement que Dieu veut que nous écoutions ses paroles et surtout que nous lisions la passion de Jésus-Christ. Si j'y fais attention ou si j'y réfléchis, comment m'empêcher que je ne m'en fasse une image dans le cœur ? Que je le veuille ou que je ne le veuille pas, si j'entends parler du Christ, mon âme conçoit l'image d'un homme suspendu à la croix, tout aussi naturellement que si, regardant dans l'eau, j'y aperçois mon image. Si donc ce n'est pas un mal, mais un bien, que j'aie le Christ dans le cœur, pourquoi serait-ce un péché de l'avoir devant les yeux (6) ?

« On représente l'Enfant Jésus foulant un serpent aux pieds. Ceci n'est à la vérité qu'une peinture extérieure et une image grossière, mais elle rend bien distinctement l'idée de la première promesse que Dieu fit à Adam et à Ève, et ainsi au genre humain, en leur disant que le Christ, né de la femme, écraserait la tête du serpent. Moïse élève un serpent d'airain dans le désert, et celui qui le regardait était guéri de la morsure des serpents de feu. Cela est aussi une grossière image et ressemblance, mais voyez comment cela vous peint d'une manière toute aimable le Christ élevé sur la croix, comme il nous l'explique lui-même (7). En effet, de même que les juifs regardaient dans

---

(1) Grœne, *Tetzel und Luther*, p. 4.
(2) *Tetzel und Luther oder Lebensgeschichte und Rechtfertigung des Ablasspredigers und Inquisitors J. Tetzel*. Soest, 1863.
(3) Sur Wimpina, cfr. *Notitia univers. Francofortanæ*, 1707, p. 77 et suiv.
(4) *Dialogus in præsumptuosas Lutheri conclusiones de potestate papæ* (1517), dans Lœscher, t. II, p. 18. *Rép. de Luther* (Œuv. allem., Iéna, P. I, fol. 68-61, contre Hoogstraten, *ibid.*, fol. 61, et suiv.)

(1) *La Divinité de l'Eglise catholique démontrée et vengée contre les principales objections du Protestantisme*. Clermont-Ferrand, 1854.
(2) M. de Rossi tient lieu de tous les autres dans sa *Roma sotterranea*, qu'on peut appeler l'encyclopédie des catacombes. Voir, pour la plus ancienne image de la Sainte Vierge, bien antérieure au concile d'Éphèse, *Bulletin d'archéologie chrétienne* (trad. franç.), 3e série, Ve année, liv. 1-2, p. 25.
(3) Ep. 360, ad Jul. de Imag.
(4) T. II, Herit. Christ., Rodinger, Jen. 1558, fol. 102 A.
(5) T. III, Donat. Richzenhain, Jen. 1560, fol. 99 B.
(6) T. III, o. c., fol. 43.
(7) Joan., III.

le désert le serpent d'airain pour être guéri de la morsure des serpents de feu, ainsi celui qui considère le Christ élevé sur la croix, c'est-à-dire, qui croit en lui, est guéri du venin et de la morsure du diable, et possède la vie éternelle. Mais si je veux représenter cette promesse à l'aide d'une image quelconque, l'approfondir, la rendre sensible comme elle le fut pour ceux qui la virent, je parviendrai aussi peu à me faire comprendre que mes auditeurs à m'entendre. Les signes extérieurs, les images, les reproductions par la peinture sont donc des choses bonnes; elles sont utiles pour rendre une pensée, la saisir et la retenir. Les images servent aussi à combattre le diable qui, avec ses traits de feu, tente de nous détourner de la parole par des pensées orgueilleuses et de subtiles questions; mais nous serons retenus dans le vrai sens de la parole par le moyen d'images que l'homme simple comprend clairement et facilement (1). »

Voilà ce que Luther dit du culte des images. Ce qu'il écrit de l'Église catholique et de son infaillibilité est encore plus étonnant : « Il n'y a pas de doute, dit-il, que l'Église romaine soit honorée entre toutes les autres, c'est là que saint Pierre et saint Paul, quarante-six papes et des centaines de mille martyrs ont versé leur sang et triomphé de l'enfer et du monde; on peut donc bien comprendre que Dieu a pour elle une affection particulière (2).

« Nous convenons que c'est sous la papauté que nous avons reçu beaucoup de bienfaits, voire même tous les bienfaits du christianisme. Nous reconnaissons donc que dans la papauté se trouvent la véritable sainte Écriture, le véritable baptême, le véritable sacrement de l'autel, la véritable clef pour le pardon des péchés, le véritable saint ministère, le véritable catéchisme, comme les commandements de Dieu, les articles de foi, le *Pater*... Je dis que le véritable christianisme est sous l'autorité du pape; oui, le véritable miracle du christianisme et cette pieuse multitude de grands saints. Si donc le véritable christianisme est sous l'autorité du pape, il doit être le corps, le membre du Christ, et s'il est son corps, il a son véritable esprit, son évangile, son baptême, sa clef, son ministère, sa prière, sa sainte Écriture, et enfin tout ce que doit avoir le christianisme (3).

« Il est certain que dans la papauté est la parole de Dieu, ainsi que le ministère des apôtres, et que nous avons en elle la sainte Écriture, le baptême, les sacrements et la chaire de vérité : sinon, qu'en saurions-nous? C'est pourquoi la foi, l'Église, le Saint-Esprit doivent aussi être chez les catholiques (4).

« C'est pourquoi la sainte Église ne doit et ne peut souffrir aucun mensonge, aucun enseignement faux; elle doit tout enseigner saintement et en vérité. C'est la pure parole de Dieu, ou la vérité essentielle et non l'erreur que l'Église doit enseigner, et comment pourrait-il en être autrement, puisque la bouche de Dieu est la bouche de l'Église? Dieu ne saurait mentir, l'Église par conséquent ne saurait mentir.

« Il est donc prouvé que l'Église ne doit enseigner que la parole de Dieu. Il ne peut en être autrement, parce qu'elle est appelée le fondement et le pilier de la vérité, assis sur le roc, saint et irréprochable. Il est donc vrai, et on le dira en toute justice, que l'Église ne peut errer, parce que la parole de Dieu qu'elle enseigne ne peut errer (1). »

MÉLANCHTHON (p. 550).

La farce diabolique, inventée par Mélanchthon, et que rapporte Rohrbacher, aurait dû, à bien meilleur droit, s'appliquer à Luther qu'au pape. Mélanchthon lui-même en fait l'aveu, lorsqu'il écrit dans une lettre à Théodore de Bèze : « Je frémis en songeant aux passions de Luther ; les emportements d'Hercule ne sont pas plus violents. » Et certes ce n'était pas une calomnie, car Luther lui-même s'écrie, dans sa *Réponse au maudit roi d'Angleterre* : « Je suis consumé par l'ardeur de « mes désirs. Je n'ai de ferveur que pour l'impu« reté, la paresse, etc. Fort de mon savoir, « il n'est ni empereur, ni roi, ni diable à qui je « voulusse céder, pas même à l'univers entier. »

Le succès de Mélanchthon n'est d'autant plus difficile à justifier que, dès le principe, les Luthériens déclarèrent en plein synode « qu'il avait si souvent changé d'opinion sur la primauté du pape, sur la justification par la foi seule, sur la cène, sur le libre arbitre, que toutes ses incertitudes avaient fait chanceler les faibles dans ces questions fondamentales, empêché un grand nombre d'embrasser la confession d'Augsbourg; qu'en changeant et rechangeant ses écrits, il n'avait donné que trop de sujet aux pontificaux de relever ses variations, et aux fidèles de ne savoir plus à quoi s'en tenir sur la véritable doctrine. » Ils ajoutent « que son fameux ouvrage sur les *lieux théologiques* pourrait plus convenablement s'appeler *Traité sur les jeux théologiques*. »

Dans le fait, les *Lieux théologiques* ne sont autre chose qu'un résumé succinct des opinions de Luther éparses dans ses divers écrits, y compris toutes ses erreurs, souvent exagérées encore par Mélanchthon. Mélanchthon nie complètement le libre arbitre et condamne jusqu'à l'emploi du mot *volonté*, parce qu'il indiquerait que l'homme peut quelque chose de lui-même, tandis qu'il n'a que des désirs et des attraits résumés par le mot *cœur*. Il enseigne donc la prédestination la plus absolue. Comme conséquence, il rejetait avec la même sévérité toute spéculation théologique, tout procédé rigoureusement scientifique, il désirait même que le mot *raison* fût banni de la langue des chrétiens, parce qu'il n'y a de place en théologie, que pour l'esprit

---

(1) *Haus-Postil* (Sommertheil), Donat. Richzenhain, Jen. 1572, fol. 2.
(2) T. II, Jen., fol. 163 B.
(3) T. IV, Donat. Richzenhain, Jen., 1560, fol. 390 A. Est-il croyable que Luther s'exprimait ainsi en 1528, ONZE ANS APRÈS SA PRÉTENDUE RÉFORME.
(4) T. VII, Thom. Robart, Jen., 1561, fol. 169 B. Voilà ce que prêchait Luther en 1538, VINGT ET UN ANS APRÈS SA PRÉTENDUE RÉFORME.

(1) T. VII, fol. 416 B, 417 A et 418. Luther a écrit ce passage étonnant sous sa plume, en 1541, CINQ ANS AVANT SA MORT.

de Dieu. De là vient que ses *Lieux théologiques*, comptent parmi les travaux les moins scientifiques qui aient été faits sur le dogme. Cependant son style populaire et coulant lui valut une grande vogue et contribua largement à la propagation des nouvelles doctrines (1).

CONFÉRENCE DE LUTHER AVEC LE DIABLE (p. 575)

Il n'y a pas le moindre doute sur l'authenticité du récit de cette conférence, quoi qu'en pensent certains protestants, honteux de voir intervenir aussi directement le diable dans l'œuvre de la réforme. Voici ce qu'en dit l'abbé de Cordemoy, dans son ouvrage *La Réforme*, p. 156.

« Le livre où cette conférence est rapportée parut d'abord en allemand dès l'année 1533 (2), c'est-à-dire environ treize ans avant la mort de Luther (3), qui, bien loin de se plaindre qu'on lui eût attribué ce livre par malice, écrivit à Justus Jonas, son ami intime, pour le prier de le lui traduire en latin (4). Cette traduction fut faite en 1534. Et après la mort de Luther, ses disciples, et principalement Philippe Mélanchthon, eurent soin de la mettre parmi ses œuvres, qui furent imprimées en latin à Wittemberg.

« Les calvinistes aussi bien que les luthériens reconnaissent que cette pièce est de Luther. Hospinian, qui est un historien calviniste, parle sur l'année 1533, de cette conférence en ces termes :

« Cette année, Luther mit au jour son livre de « la *Messe privée* et de la *Consécration des prêtres*, « au commencement duquel il rapporte l'entretien « qu'il eut avec le diable au milieu de la nuit, et « avoue que c'est par ce malin esprit qu'il a été « averti de plusieurs abus de la messe privée. » Cet auteur ajoute que le sommaire de cette conférence est que Luther a appris du diable que la messe privée est une mauvaise chose, et qu'ayant été convaincu par les raisons du diable, il l'a abolie. »

Drelincourt, ministre protestant, dit à peu près la même chose : « Le serpent ancien attaqua Luther, et s'en promettait la victoire. Parce que le serviteur de Dieu avait été prêtre et que durant quinze ans il avait célébré des messes privées, il lui prouve par des arguments invincibles que ces messes sont contre Dieu et contre l'Ecriture divinement inspirée (5). » Le ministre Claude fait le même aveu : « Luther, dit-il, rapporte que s'étant une fois réveillé pendant les ténèbres de la nuit, le diable se prit à l'accuser d'avoir fait idolâtrer le peuple de Dieu et d'avoir idolâtré lui-même pendant quinze

---

(1) On peut consulter sur Mélanchthon :
J. Camerarii, *de Philippi Melanchthonis Vita, totius vitæ curriculo et morte narratio*. Leipzig., 1566 (ed. G. Th. Strobel, Hal., 1777, se trouve aussi dans *Vitæ quatuor reformatorum*, Berlin, 1841 ; Fr. Galle, *Versuch einer Characteristik Melanchton's des Theologen und einer Entwicklung seines Lehrebegriffs*. Halle, 1840 (1845) ; Fr. Ch. Matthes, *Philipp. Melanchthon, sein Leben und Wirken aus dus Quellen dargestillt*., 1841 (2e édit. augm. Altbry, 1846); Ad. Plank, *Phil. Melanchthon, præceptor Germaniæ*. Noerdl. 1860 ; Ch. Schmidt, *Phil. Melanchthon's Leben u. Ausgew. Schriften* Elberf., 1861.
(2) Ed. de Jena, t. I, f° 82.
(3) Hospinianus, *Hist. rei sacrament*. Zurich, 1602, t. II, p. 131.
(4) Ad. Just. Johani, t. VIII, f° 226, v° ; Hospinianus, *Hist. rei sacrament*. ad. ann. 1546.
(5) *Faux Pasteur*, sect. 48, p. 373.

ans qu'il avait dit ses messes privées. » Claude ajoute que « Luther fut saisi d'une violente agitation d'esprit, accompagnée d'une sueur générale par tout son corps, et que la confusion où il se trouva lui ayant fait comprendre que sa défense n'était pas solide, il fit résolution de renoncer aux messes privées (1). »

LA FACULTÉ DE THÉOLOGIE DE PARIS ET LE PROTESTANTISME (p. 577).

La Faculté de théologie de Paris ne se borna pas à censurer les ouvrages et les erreurs de Luther et à condamner sa doctrine. Prévoyant les agitations funestes et les troubles que l'erreur susciterait en France, elle dressa, dès le 18 janvier 1542, un formulaire ou précis des dogmes controversés. Voici le texte de ce décret, un des monuments importants de l'Eglise de France ; il est spécialement dirigé contre les erreurs des hérétiques du XVIe siècle.

« Comme nous sommes obligés, à l'exemple de saint Paul, de faire attention aux dangers évidents qui menacent les chrétiens en ces temps-ci, par l'impudente et détestable doctrine de quelques prédicateurs, qui ne rougissent point d'avancer dans leurs discours et d'inspirer aux fidèles, avec une hardiesse téméraire, des propositions erronées, scandaleuses, séditieuses, schismatiques, hérétiques et blasphématoires, cherchant en cela à plaire plutôt aux hommes qu'à Dieu ; nous, voulant obvier à tant de maux, autant qu'il est en notre pouvoir, et suivant les obligations de notre état, qui nous engage à maintenir la doctrine salutaire des Ecritures saintes et de l'Eglise catholique, nous avons cru devoir renfermer en abrégé, sous certains titres, quelques articles de foi que tout chrétien doit croire, afin qu'on connaisse plus facilement les opinions d'un chacun, et ce qu'il faut plus particulièrement prêcher au peuple en ce temps-ci (2).

ARTICLE Ier. — Il faut croire de certaine et ferme foi, que le baptême est à tous nécessaire pour le salut, même aux petits enfants, et que par icelui est donnée la grâce du Saint-Esprit.

ART. II. — Par une même constance et fermeté de foi est à croire que l'homme a son franc et libéral arbitre, par lequel il peut, ou bien ou mal faire, et par lequel aussi, combien qu'il soit en péché mortel, Dieu aidant, se peut relever à grâce.

ART. III. — Et n'est moins certain qu'à ceux qui sont en âge et usant de raison, après avoir commis péché mortel, la pénitence est nécessaire, laquelle consiste en contrition, confession sacramentelle, qu'il faut verbalement faire au prêtre et pareillement en satisfaction.

ART. IV. — Davantage est à croire que le pécheur n'est point justifié par la seule foi, mais aussi par les bonnes œuvres, qui sont tellement nécessaires, que sans icelles l'homme qui est en usage de raison ne peut obtenir la vie éternelle.

---

(1) *Défense de la réforme*, p. 156.
(2) Ces articles dressés par la Sorbonne, se trouvent au code Louis XIII, dans d'Argentré, in *Coll. judic*., t. I, p. 413 et t. II. p. 133. Le continuateur de l'*Histoire Ecclésiastique* de Fleury les rapporte aussi, t. XXVIII, p. 411.

ART. V. — Tout chacun chrétien est tenu de croire fermement qu'en la consécration qui se fait au saint Sacrement de l'autel, le pain et le vin sont convertis au vrai corps et sang de Jésus-Christ, et après ladite consécration, ne demeurent que les espèces dudit pain et vin, sous lesquelles est réellement contenu le vrai corps de Jésus-Christ, lequel né de la Vierge Marie, a souffert en l'arbre de la croix.

ART. VI. — Le sacrifice de la messe est de l'institution de Jésus-Christ, et est utile et profitable pour les vivants et les trépassés.

ART. VII. — La communion sous les deux espèces de pain et de vin, n'est nécessaire aux gens laïcs; pourquoi à bon droit, pour certaines et justes causes, a ja lontemps été ordonné par l'Eglise qu'aux dits laïcs, soit communié seulement sous l'espèce du pain.

ART. VIII. — Outre plus, la puissance de consacrer le vrai corps de Jésus-Christ a été par lui donnée seulement aux prêtres ordinés et sacrés selon la coutume et observance de l'Eglise et aussi d'absoudre les péchés au sacrement de pénitence.

ART. IX. — Lesquels prêtres pour certain (combien qu'ils soient mauvais et en péché mortel), consacrent le vrai corps de Jésus-Christ, pourvu qu'ils aient intention de le consacrer.

ART. X. — Confirmation et extrême-onction sont deux sacrements institués de Jésus-Christ, par lesquels est donnée la grâce du Saint-Esprit.

ART. XI. — Et ne point douter que tous les saints qui sont en autre vie mortelle, que ceux qui sont en paradis, ne fassent miracles.

ART. XII. — C'est chose sainte et agréable à Dieu prier la bienheureuse mère de Dieu, Vierge Marie, et les saints étant au ciel, à ce qu'ils soient avocats et intercesseurs pour nous envers Dieu.

ART. XIII. — Et pourtant ne devons iceux saints régnant avec Jésus-Christ, imiter seulement et ne suivre, mais honorer et prier.

ART. XIV. — Et à cette cause, ceux qui, par dévotion, visitent les lieux et églises dédiés aux dits saints, font saintement et religieusement.

ART. XV. — Si quelqu'un en l'église ou hors, addresse d'entrée son oraison à la glorieuse Vierge Marie, ou à quelque saint, premier qu'à Dieu, il ne pèche point.

ART. XVI. — Et ne faut aucunement douter que soi agenouiller devant l'image du crucifix et de la Vierge Marie et d'autres saints, pour prier notre Sauveur Jésus-Christ et les saints, ne soit bonne œuvre.

ART. XVII. — Outre, faut croire fermement, et nullement douter qu'il y a un purgatoire auquel les âmes détenues sont aidées par oraisons, jeûnes, aumônes et autres bonnes œuvres, afin qu'elles soient plus tôt délivrées de leurs peines.

ART. XVIII. — Un chacun chrétien est tenu de croire fermement qu'il y a en terre une Eglise universelle visible, qui ne peut errer en la foi et bonnes mœurs, à laquelle tous chrétiens sont tenus obéir en ce qui touche la foi et les bonnes mœurs.

ART. XIX. — Que si aucune chose venait ès saintes Ecritures en controverses ou doute, à icelle Eglise appartient à la définir et déterminer.

ART. XX. — Il est aussi certain qu'on doit croire beaucoup de choses qui ne sont expressément et spécialement contenues aux saintes Ecritures, lesquelles toutefois est de nécessité recevoir par la tradition de l'Eglise.

ART. XXI. — Par une même certitude de vérité, faut croire que la puissance d'excommunier est de droit divin, immédiatement octroyée par Jésus-Christ à l'Eglise, et pour cette cause sont à craindre grandement les censures ecclésiastiques.

ART. XXII. — Il est aussi certain que le concile général légitimement et duement congrégé, représentant l'Eglise universelle, ne peut errer ès détermination de la foi et bonnes mœurs.

ART. XXIII. — Et n'est moins certain que de droit divin il y a un pape, qui est chef souverain de l'Eglise militante de Jésus-Christ, auquel tous chrétiens doivent obéir, qui a aussi puissance de conférer les indulgences.

ART. XXIV. — Les constitutions de l'Eglise, comme de jeûne, discrétion de viandes, abstinence de chair et plusieurs autres choses véritablement obligent la conscience même s'éclud tout scandale.

ART. XXV. — Les vœux et mesmement monastiques et de religion, comme de perpétuelle continence, pauvreté et obéissance, obligent la conscience.

ART. XXVI. — Qu'il y a de saintes et louables coutumes que les prédicateurs doivent observer en prêchant, comme celles d'implorer la grâce du Saint-Esprit par l'intercession de la bienheureuse Vierge.

ART. XXVII. — Qu'en prêchant on ne doit pas dire le Christ, mais Jésus-Christ, et qu'il faut ajouter le titre de saint, quand on cite les apôtres, les Pères et autres.

ART. XXVIII. — Qu'il est salutaire de recommander aux prières du peuple les âmes des défunts (1).

L'autorité civile se joignit à l'autorité religieuse pour protester énergiquement contre les attentats de la Réforme, et par ordonnance de juillet 1543, François Ier ordonna l'observation des articles dressés par la Faculté de théologie de Paris. Le préambule de cet acte est conçu en termes énergiques et solennels. « Désirant sur toutes choses et de tout notre cœur, qu'en notre royaume très chrétien soit continuée, gardée et entretenue l'unité, l'intégrité et sincérité de la foi catholique, comme principal fondement, dont dépend la prospérité de vous et d'icelui; et qu'après avoir fait par notre conseil privé voir certains articles de la détermination et censure doctrinale de la Faculté de théologie de notre première fille l'Université de Paris, et qu'ils ont été trouvés entièrement conformes à la doctrine et observance catholique, définition et détermination de notre chère sainte Eglise; desquelles, comme roi très chrétien, sommes en notre royaume protecteur, garde, conservateur et exécuteur, et que pour la division des doctrines qui seraient semées par les prédicateurs de notre royaume, terres

---

(1) L'art. XXVII fut ajouté par la faculté en 1562. Elle exigea alors la signature des articles, de tous les docteurs, des bacheliers, ne voulant point, dit-elle, nourrir de loups ni de désobéissans dans son troupeau, elle résolut encore de chasser pour toujours de sa compagnie ceux qui refuseraient de signer. Cf. d'Argentré, Coll., t. II, p. 329.

et seigneuries, s'en pourraient suivre plusieurs divisions et séditions entre notre peuple, à la grande perturbation du repos d'icelui : pour à ce obvier et qu'en unité de foi et de doctrine, notre peuple chrétien soit exhorté et admonesté par ceux qui prêcheront la parole de Dieu sans aucune division ou contention : avons, comme conservateur et exécuteur tant qu'à nous est, autorisé et autorisons lesdits articles, et ordonnons, etc., etc. »

Les articles furent enregistrés le 9 juin 1562 au Parlement de Paris, dont tous les membres en jurèrent ce même jour la stricte observance.

Six ans après, le Parlement, par un arrêt du 13 juillet 1568, défendit de recevoir dans aucune charge ou emploi ceux qui ne feraient pas profession de la religion catholique, apostolique et romaine (1).

Le célèbre collège de Poissy, tenu en 1561, termina aussi ses règlements par une profession de foi, pour l'opposer aux hérésies principales du temps ; en voici les termes : « Nous croyons d'une ferme foi et nous confessons que le vrai corps et le vrai sang de Jésus-Christ sont réellement, et transsubstantiellement sous les espèces du pain et du vin par la vertu de la parole de Dieu prononcée par le prêtre, seul ministre ordonné pour cet effet, suivant la loi de Notre-Seigneur Jésus-Christ ; que les Ecritures de l'Ancien et du Nouveau Testament sont divinement inspirées ; qu'il n'y a qu'une Eglise catholique et apostolique sous un seul Vicaire de Jésus-Christ, dont il faut tenir la foi ; qu'on doit respecter l'autorité certaine et indubitable des conciles généraux, et qu'on ne doit point révoquer en doute ce qu'ils ont défini ; qu'on doit garder les traditions apostoliques, suivre le sens orthodoxe des saints Pères, obéir aux constitutions et aux lois de l'Eglise, reconnaître sept sacrements, leur usage, leur vertu et leur fruit, ainsi que l'Eglise les a reconnus et reçus jusqu'à présent, et enfin retenir exactement tout ce que nos ancêtres ont observé religieusement et saintement ; avoir en horreur toutes sortes de nouveautés, se donner de garde des schismes, déserter toutes hérésies et particulièrement les erreurs de Zwingle, de Calvin et des autres sectaires, comme aussi celle des anabaptistes. »

L'EUCHARISTIE ET LE PROTESTANTISME (p. 584).

Rohrbacher rapporte qu'Henri VIII releva vivement l'expression de *sacrement du pain* appliquée à l'Eucharistie. Un peintre de l'époque eut l'heureuse idée de réunir les trois cènes — catholique, luthérienne et calviniste — sur une même toile. On voyait au milieu le divin Sauveur distribuant le pain sacré aux apôtres et proférant ces paroles : *Ceci est mon corps*. A droite, un peu plus bas, Luther donnant la cène aux siens, en disant : *Ceci contient mon corps*. A gauche, Calvin faisant la même chose, en murmurant : *Ceci est la figure de mon corps*. Au fond, l'artiste avait écrit en grosses lettres : « Quel est celui des trois qui dit vrai (1) ? »

Trente ans plus tard, l'artiste aurait pu garnir sa toile de quatre-vingt-cinq personnages.

Le sens privé aidant, les interprétations des paroles sacramentelles atteignirent le chiffre de deux cents, un siècle après la réforme ; voici les plus saillantes :

1. Dans ce lieu est mon corps (2).
2. Mon corps est ceci, est du pain (3).
3. Mon corps est une nourriture spirituelle (4).
4. Ceci est mon pain (5).
5. Mon corps est dans, avec, sous le pain (6).
6. Autour du pain se trouve mon corps, comme l'air qui l'environne (7).
7. Mon corps est ceci en tant qu'il est à table (8).
8. Ceci signifie mon corps (9).
9. Ceci est ma nature humaine (10).
10. Ceci est ma passion et ma mort (11).
11. Ceci est la commémoration de mon corps (12).
12. Ceci est la protestation et la mémoire de mes bienfaits (13).
13. Ceci est mon corps que je donne à manger spirituellement, comme le pain corporellement (14).
14. Ceci est mon corps mystique, l'Eglise rachetée par mon corps (15).
15. Ceci est mon corps transformé dans la divinité (16).
16. Cette cène, ce repas est le gage de mon corps (17).

PORTRAIT DE LUTHER (p. 584).

Nous compléterons la citation que Rohrbacher emprunte au livre d'Henri VIII, en reproduisant le passage caractéristique où le roi trace le portrait de l'hérésiarque allemand en ces termes :

« Je m'esmerveille plus, ô Luther, comment tu n'es pas honteux à bon escient, et comment tu oses lever les yeux et devant Dieu et devant les hommes,

---

(1) D'Argentré, t. XX.

(1) Martinet, *Solution des grands problèmes*, 1852, t. II, p. 206, Note.
(2) *Hic sive in hoc loco est corpus meum*. Bibl. de Genève.
(3) *Corpus meum est hoc, nempe panis*, Swenckfeld.
(4) *Corpus meum est hoc, id est cibus spiritualis*. Joh. Lang., Comm. ad apol. II, Justini.
(5) *Hic est meus panis*. Anabaptistes.
(6) *In, cum, sub pane est corpus meum, ut pilula in ovo*. Brentius, contra Œcolamp.
(7) *Circa panem est corpus meum*. Swencfeld, ap. Luther, in Confess. Euchar.
(8) *Corpus meum est hoc quatenus mensæ accumbit*. Carlostad, Dialog. de Euchar.
(9) *Hoc significat corpus meum*. Bèze, contr. Westphal., Zwiglius, in Subs. Euchar.
(10) *Hæc est natura mea*. Zwingl., *Exposi. rei Euch*.
(11) *Hæc est mors et passio mea*. Zwinglius, lib. II, de Instit. Cœnæ.
(12) *Hæc est commemoratio corporis mei*. Œcolamp., ad Theobald. Billicanum.
(13) *Hæc est protestatio et μνήμη meorum beneficiorum*. Bucer, Apol. de doct. Cœn. Domin.
(14) *Hoc est corpus meum quod do vobis animo edendum, sicut panem ore*. Petr. martyr., Tract. de Euchar.
(15) *Hoc est mysticum corpus meum, seu Ecclesia sanctorum redempta meo corpore*. Bulling, Tract. de Eccles. sacr., Calv. in Cap. 5, ad Ephes.
(16) *Hoc est corpus meum in divinitatem transformatum*. Swenekfeld.
(17) *Hæc cœna est tessera et arrhabo corporis mei*. Staucharus.

puisque tu as été si léger et si volage de t'être laissé transporter, par l'instigation du diable, à tes folles concupiscences. Toi, frère de l'ordre de Saint-Augustin, as le premier détourné une religieuse de ses devoirs; lequel péché eût été, dans ce temps, si rigoureusement puni, qu'elle eût été enterrée vive, et toi, fouetté jusqu'à rendre l'âme. Mais tant s'en faut que tu aies corrigé ta faute, qu'encore, chose exécrable, tu l'as publiquement prise pour femme, ayant contracté avec elle des noces incestueuses, et abusé de la pauvre et misérable, au grand scandale du monde, reproche et vitupère de ta nation, mépris du saint mariage, très grand déshonneur et injure des vœux faits à Dieu. Finalement, qui est encore plus détestable, au lieu que le déplaisir et honte de ton incestueux mariage te dût abattre et accabler, ô misérable, tu en fais gloire, et au lieu de requérir pardon de ton malheureux forfait, tu provoques tous religieux débauchés par tes lettres, par tes écrits d'en faire de même. »

Dieu pour châtier l'orgueil et la superbe de Luther, qui se découvre dans tous ses écrits, dit un des premiers sacramentaires, retira son esprit de lui, l'abandonnant à l'esprit d'erreur et de mensonge, lequel possédera toujours ceux qui ont suivi ses opinions, jusqu'à ce qu'ils s'en retirent.

« Luther nous traite de secte exécrable et damnée; mais qu'il prenne garde qu'il ne se déclare lui-même pour archihérétique, par cela même qu'il ne veut et ne peut s'associer avec ceux qui confessent le Christ. Mais que cet homme se laisse étrangement emporter par ses démons! que son langage est sale et que ses paroles sont pleines des diables de l'enfer; il dit que le diable habite maintenant et pour toujours dans le corps des Zwingliens, que les blasphèmes s'exhalent de leur sein ensatanisé, sursatanisé et persatanisé; que leur langue n'est qu'une langue mensongère, remuée au gré de Satan, infusée, perfusée et transfusée dans son venin infernal. Vit-on jamais de tels discours sortis d'un démon en fureur.

« Voyez-vous, s'écriait Zwingle, comme Satan s'efforce d'entrer totalement en possession de cet homme? Il a écrit tous ses livres par l'impulsion et sous la dictée du démon, avec lequel il eut affaire, et qui dans la lutte paraît l'avoir terrassé par des arguments victorieux.

« Il n'est pas rare, disait-il, ailleurs, de voir Luther se contredire d'une page à l'autre... et à le voir au milieu des siens, vous le croiriez obsédé d'une phalange de démons. »

Erasme écrivait à Luther lui-même : « Les gens de bien gémissent du schisme funeste dont tu ébranles le monde, par ton esprit arrogant, effréné et séditieux. »

« Luther, écrivait encore Erasme, commence de ne plus plaire à ses disciples, au point qu'ils le traitent d'hérétique, et affirment que, dénué de l'esprit de l'Evangile, il est livré aux délires de l'esprit humain. »

« Véritablement Luther est fort vicieux, disait Calvin; plût à Dieu qu'il eût pris soin de réfréner davantage l'intempérance qui bouillonne en lui de tous côtés! Plût à Dieu qu'il eût songé davantage à reconnaître ses vices! »

Calvin disait encore « que Luther n'avait rien fait qui vaille... qu'il ne faut point s'amuser à suivre ses traces, être papiste à demi; qu'il vaut mieux bâtir une église tout à neuf... » Quelquefois, il est vrai, Calvin donnait des louanges à Luther, jusqu'à l'appeler le restaurateur du Christianisme. Il ne pouvait souffrir cependant qu'on l'honorât du nom de dernier Élie. Ses disciples ont depuis protesté de même : « Ceux, disent-ils, qui mettent Luther au rang des prophètes et constituent ses livres pour règle de l'Eglise, ont très mal mérité de l'Eglise du Christ, et exposent soi et leurs Eglises à la risée et coupe-gorge de leurs adversaires. »

« Ton école, répondait Calvin au luthérien Wesphal, n'est qu'une puante étable à pourceaux... m'entends-tu, chien? m'entends-tu, frénétique? m'entends-tu, grosse bête? »

Zwingle, indigné de l'accueil que Luther avait fait à sa version des Ecritures, s'emporte à son tour contre celle de Luther, l'appelant un imposteur qui change et rechange la sainte Parole.

Carlostadt retiré à Orlamunde, avec sa femme, s'y était tellement fait goûter des habitants, qu'ils faillirent lapider Luther, accouru pour le gourmander sur ses mauvaises opinions touchant l'Eucharistie. Luther nous l'apprend dans sa lettre à ceux de Strasbourg : « Ces chrétiens me chargèrent à coups de pierre, me donnant cette malédiction : Va-t'en à tous les mille diables! te puisses-tu rompre le col, avant d'être de retour chez toi! »

Le P. Schœn admet que Luther était dans un état de surexcitation nerveuse voisin de la folie, qu'il y avait manque d'équilibre dans ses facultés, et partant de là, il croit pouvoir expliquer facilement bien des paroles et des actes du Réformateur qui, dans toute autre hypothèse, resteront incompréhensibles (1).

A partir de 1526, fait remarquer J.-A. Mœhler (2), on peut dire que Luther avait divorcé avec le monde; ce qui domine dans ses sermons et ses lettres, ce sont les gémissements et les lamentations sur le mépris où est tombé son Evangile. Nobles, bourgeois, paysans, il se plaint de tout le monde, excepté de son prince : « Je chante, disait-il, la chanson de celui dont je mange le pain. » Tous n'ont d'autre dessein, ajoutait-il, que de faire mourir de faim les ecclésiastiques, afin de ruiner l'Evangile (3).

La popularité de Luther parmi les siens ne dura guère au delà de 1525, elle s'éteint subitement et définitivement lors de la guerre des paysans. Les princes de la Réforme, en s'emparant des biens de l'Eglise, mais Luther n'était plus l'âme du mouvement. C'était plutôt Philippe de Hesse, depuis la victoire qu'il avait remportée sur les paysans près de Franken-hausen, jusqu'à sa captivité (1525-1547), puis, durant quelques années, Maurice de Saxe, dont la mort prématurée (1553) fut bientôt suivie de la paix religieuse d'Augsbourg. Luther était même si impopulaire en Saxe, qu'il osa à

---

(1) D' *Martin Luther auf dem Standpunkte der Psychiatre beurtheilt.* Vienne 1874.
(2) T. III, p. 139.
(3) Walch, *OEuvres de Luther*, t. 1, p. 2,441; t. III, p. 620.

peine sortir des portes de la ville. Son vieux père lui avait mandé de Eisleben, qu'il était malade et le désirait voir une dernière fois. Luther lui répondit (le 15 février 1530), qu'il était lui-même inquiet de cette maladie, qu'il serait sorti volontiers de cette cohue pour l'aller voir, mais que ses amis l'en avaient dissuadé, et qu'il ne devait pas tenter Dieu en faisant ce voyage. « Vous savez, poursuit-il, jusqu'à quel point les seigneurs et les paysans me sont défavorables. » Une des causes de ce refroidissement, est que ces derniers n'avaient point profité du pillage des églises. Et pour mieux expliquer sa pensée, il écrit en marge, après avoir relu sa lettre : « J'irais volontiers vous voir, mais il y aurait danger pour moi à revenir. » Cette lettre, pour qui veut apprécier la situation de Luther, vaut à elle seule les volumes innombrables où il est parlé de l'enthousiasme dont il était l'objet (1).

Luther avouait lui-même, en 1532, qu'au fond de son cœur le peuple était encore attaché à l'ancienne religion. « Je me tiendrais fort, disait-il, avec deux ou trois sermons, de le ramener tout entier au papisme, d'établir de nouvelles messes et de nouveaux pèlerinages (2). » Et il le répète plus d'une fois. Le mariage des prêtres n'était pas encore populaire non plus : « On ne voit rien de bon, rien de joyeux dans les ministres de l'Eglise. Ceux qui vivent dans le mariage sont méprisés et chassés (3). » Les juristes de Wittemberg enseignaient encore dans leurs leçons publiques que le mariage des clercs n'était pas de plein droit, que ce n'était au fond qu'un concubinage. Suivant cette maxime, les parents des prêtres ne croyaient pas que leurs enfants fussent capables d'hériter et s'emparaient de leur héritage (4). La même perspective étant réservée à sa descendance et à sa fortune, Luther prit ses mesures en conséquence, il adressa son testament au prince électeur, lui notifia sa volonté formelle et l'institua son exécuteur testamentaire (1542). L'électeur confirma le testament et déclara qu'il devait être tenu pour valide, malgré l'absence de formalités juridiques (5).

La mort surprit inopinément Luther dans sa ville natale (6).

(1) Luther lui-même disait de ses futurs partisans : *Adorabunt stercora mea.*
(2) Cfr. de Wette, *Luthers Briefe*, t. III, p. 650 ; *Luthers Werke*, Walch, t. VII, p. 913.
(3) Walch, t. XXII, p. 49.
(4) *Corpus reformatorum* (op. Melanchth., t. III, p. 366), p. 537.
(5) *Hist. polit. Blætter*, t. LX, p. 131.
(6) Voici comment les ouvrages de Luther ont été publiés :
1° Wittemberg, ouvrages allemands, 1539-1559, 12 vol. in-fol. ; ouvrages latins, 1545-1558, 7 vol. in-fol. ;
2° Ouvrages allemands, Iéna, 8 vol. in-fol. ; latins, 4 vol. in-fol. 1555-1558. — Suppl., 1564, 1565, 2 vol.
3° Edition d'Altenbourg, par Sagittarius, 1661, 1664, 10 vol. (Ne renferme que des écrits allemands.)

HENRI VIII, « DÉFENSEUR DE LA FOI »
(p. 584, col. 2).

C'est par une lettre que Henri VIII dédia à Léon X son livre contre Luther. Dans cette lettre, publiée par le cardinal Angelo Maï, le roi, après avoir parlé de la lettre qu'il avait écrite aux princes d'Allemagne pour les prémunir contre les erreurs de Luther, ajoute : « Sed nostro in Christianam rempublicam ardori, in catholicam fidem zelo, et in apostolicam sedem devotioni, non satis adhuc fecisse existimantes, propriis quoque nostris scriptis quo animo simus in Lutherum, quodve de improbis ejus libellis nostrum sit judicium, innuere voluimus, omnibusque apertius demonstrare, nos sanctam Romanam Ecclesiam non solum vi et armis, sed etiam ingenii opibus, christianisque officiis in omne tempus defensuros ac tutaturos esse (1). » Le savant cardinal pense avec raison que ce sont ces paroles qui portèrent Léon X à donner à Henri, par une bulle du 5 des ides d'octobre 1521, le titre de *Défenseur de la foi*, dont les rois d'Angleterre se décorent encore.

Maï a publié en outre quatre autres lettres de Henri VIII à Léon X et au cardinal Sixte (2), et la lettre doctrinale aux princes d'Allemagne, à laquelle il est fait allusion dans la première, intitulée : « Contra Lutherum ejusque hæresim epistola. « S. Regis Angliæ ad ill. Saxoniæ duces pie admonitoria (3). » Cette lettre d'Henri VIII est fort curieuse à cause du ton ferme qu'il emploie vis-à-vis des princes, et des sages prévisions qu'elle contient.

4° Leipzig, 1729-1740, 22 vol. in-fol.
5° Edition de Hall, par G. Walch. *Die deutschen Schr. und die lateinischen übersetzt*, 1740 à 1752, 24 part. in-4 (mit einzel Urkd. od. Stücken aus der Reform. Geschichte).
6° Luther, Martin, tous les ouvrages allemands, 67 vol. en 4 part. avec table, publiés par J. Georg. Plochmann et J.-E. Irmischi, Erl. et Francf., 1826-1857.
7° *Luther's Werke, in einer Auswahl*, par Vont., 3e édit. 10 part. Hamb., 1844.
8° *L. Werke, Vollst. Auser. seiner Hauptschriften*, avec une introd. histor., des remarques et une table générale, par Othon Gerlach, 24 vol. Berl., 1840 à 1848.
9° *L. reformatorische Schriften*, in chronol. Folge (du 31 octobre 1517 jusqu'en 1545), par Ch. Zimmermann, 4 vol. Darmst., 1840-1850.
10° *Lutheri exegetica opp. latina*, cur. Christ. Theoph. Elsberger (Schmid et Irmischer), t. I-XXIII, Erl. et Francf., 1839-1861, t. XXVIII-XXX ; Erl. 1843-1844.
11° *Luthers Briefe, Sendschreiben und Bedenken*, publiés par de Witte. Berl. ; 1825-1828, 5 part.
12° Dr. *Mart. Luther's Briefwechsel. Mit. Vielen unbekannten Briefe u. unter vorzügl. Berücksichtigung der vorigen Ausgabe.* A. M. Burkhardt. Leipz. 1866.
13° *M. Lutheri colloquia, meditationes, consolationes, etc.*, éd. Bindseil, 3 vol. Detmold, 1866.
(1) *Spicilegium romanum*, t. VI, pp. XLI-XLIX.
(2) Id., *ib.*
(3) Id., t. III, pp. 741-749.

FIN DU TOME NEUVIÈME.

Paris. — F. Levé, imprimeur de l'Archevêché, rue Cassette, 17